D1640822

Gehrlein · Ekkenga · Simon

GmbHG, Gesetz betreffend die Gesellschaften mit beschränkter Haftung, Kommentar

Gehrlein · Ekkenga · Simon

GmbHG

Gesetz betreffend die Gesellschaften mit beschränkter Haftung, Kommentar

Herausgegeben von

Prof. Dr. Markus Gehrlein
Richter am BGH, Karlsruhe

Prof. Dr. Jens Ekkenga
Universität Giessen

Prof. Dr. Stefan Simon
Rechtsanwalt/Steuerberater, Flick Gocke Schaumburg, Bonn

Carl Heymanns Verlag 2012

Zitiervorschlag: *Bearbeiter*, in: Gehrlein/Ekkenga/Simon, GmbHG, § 1 Rn. 2

Bibliografische Information der Deutschen Nationalbibliothek

Die Deutsche Nationalbibliothek verzeichnet diese Publikation in der Deutschen Nationalbibliografie; detaillierte bibliografische Daten sind im Internet über http://dnb.d-nb.de abrufbar.

ISBN 978-3-452-27515-8

www.wolterskluwer.de

www.heymanns.com

Umschlagkonzeption: Martina Busch, Grafikdesign, Fürstenfeldbruck

Satz: TypoScript GmbH, München

Druck und Weiterverarbeitung: L.E.G.O. S.p.A. – Lavis, Italy

Gedruckt auf säurefreiem und alterungsbeständigem Papier

Vorwort

Mit der vorliegenden Kommentierung soll allen auf dem Gebiet des GmbH-Rechts Tätigen ein den täglichen Anforderungen der Praxis entsprechendes Arbeitsmittel an die Hand gegeben werden. Das Werk rückt im Interesse der Praktikabilität die höchstrichterliche Rechtsprechung in den Mittelpunkt der Darstellung, freilich ohne dort, wo es geboten ist, auf die Erörterung wissenschaftlicher Streitfragen zu verzichten.

Einen Schwerpunkt bilden die durch das MoMiG hervorgerufenen Neuerungen und ihre praktische Umsetzung in Rechtsprechung und Schrifttum. Ein weiterer Schwerpunkt liegt in der Kommentierung des Bilanz- und Konzernrechts. Infolge der zunehmenden Verzahnung von Gesellschafts- und Insolvenzrecht finden auch insolvenzrechtliche Bezüge in der Kommentierung verstärkt ihren Niederschlag.

Die Herausgeber hatten ursprünglich beabsichtigt, neben der GmbH auch die Societas Privata Europaea (SPE) zu kommentieren und sich in das Gesamtprojekt zu gleichen Anteilen einzubringen. Nachdem sich der europäische Gesetzgeber von seinen Regulierungsplänen einstweilen verabschiedet hat, erschien die weitere Verfolgung dieses Vorhabens in der 1. Aufl. nicht mehr sinnvoll. Es ist aber beabsichtigt, den Bezugsrahmen in der 2. Aufl. bei Bedarf auszuweiten. Das betrifft nicht nur die SPE, sollte sie doch noch kommen, sondern auch besondere Gestaltungsvarianten der GmbH wie die GmbH & CoKG und die GmbH & Still.

Unser Dank gilt den Autoren für die Erstellung und Überarbeitung der Manuskripte, die neben der enormen zeitlichen Belastung durch das Tagesgeschäft geleistet wurde. Ebenfalls danken möchten wir dem Verlag für die Betreuung sowohl bei der Konzeption, auf dem langen Weg der Erstellung der Kommentierungen und schließlich bei Satz und Korrektur. Wir bitten unsere Leser, Anregungen, Kritik und Verbesserungsvorschläge zu übermitteln. Wir werden diese für die Zukunft und die weiteren Auflagen gerne berücksichtigen.

Landau, Gießen, Köln im März 2012

Prof. Dr. Markus Gehrlein

Prof. Dr. Jens Ekkenga

Prof. Dr. Stefan Simon

Autorenverzeichnis

Prof. Dr. Roland Michael Beckmann

Universität des Saarlandes, Saarbrücken

Dr. Axel Boetticher

Richter am BGH a.D., Bremen

Dr. Michael Bormann

Rechtsanwalt, Simmons&Simmons LLP, Düsseldorf

Prof. Dr. Petra Buck-Heeb

Universität Hannover

Dr. Andreas Frantzmann

Rechtsanwalt, Flick Gocke Schaumburg, Bonn

Prof. Dr. Markus Gehrlein

Richter am Bundesgerichtshof, Karlsruhe

Honorarprofessor der Universität Mannheim

Johannes Hecht

Notar, Hengersberg

Prof. Dr. Christian Hofmann, LL.M.oec.int.

Private Universität im Fürstentum Lichtenstein

Dr. André Kowalski

Rechtsanwalt, Franz Rechtsanwälte, Düsseldorf

Dr. Thilo Kuntz, LL.M. (University of Chicago)

Universität Gießen

Dr. Mario Leitzen, M.Jur.

Notarassessor, Düsseldorf

Dr. Jan Link, Dipl.-Kfm.

Notar, Buchholz & Link, Moers

Eric Marx, LL.B.

Rechtsanwalt, Flick Gocke Schaumburg, Bonn

Dr. Silja Maul

Rechtsanwältin, Mannheim

Dr. Tobias Nießen

Rechtsanwalt, Flick Gocke Schaumburg, Bonn

Dr. Daniel Rubner

Rechtsanwalt, Flick Gocke Schaumburg, Bonn

Dr. Sebastian Sandhaus, LL.M.

Rechtsanwalt, Flick Gocke Schaumburg, Bonn

Dr. Peter Schmitz

Notar, Köln

Dr. Jörn-Christian Schulze

Rechtsanwalt, ARQuis Rechtsanwälte, Düsseldorf

Prof. Dr. Stefan Simon

Rechtsanwalt/Steuerberater, Flick Gocke Schaumburg, Bonn

Patricia Sirchich von Kis-Sira

Rechtsanwältin, Flick Gocke Schaumburg, Bonn

Prof. Dr. Christoph Teichmann

Universität Würzburg

Dr. Michael Winter

Rechtsanwalt/Steuerberater, Flick Gocke Schaumburg, Bonn

Im Einzelnen haben bearbeitet

GmbHG

Einleitung	*Prof. Dr. Markus Gehrlein*
§ 1	*Dr. Peter Schmitz*
§ 2	*Dr. Peter Schmitz*
§ 3	*Prof. Dr. Stefan Simon*
§ 4	*Johannes Hecht*
§ 4a	*Dr. Peter Schmitz*
§ 5	*Dr. Andreas Frantzmann*
§ 5a	*Dr. Peter Schmitz*
§ 6	*Prof. Dr. Petra Buck-Heeb*
Anh. § 6	*Prof. Dr. Petra Buck-Heeb*
§ 7	*Dr. Jan Link*
§ 8	*Dr. Jan Link*
§ 9	*Dr. Tobias Nießen*
§ 9a	*Dr. Tobias Nießen*
§ 9b	*Dr. Tobias Nießen*
§ 9c	*Dr. Jan Link*
§ 10	*Dr. Jan Link*
§ 11	*Dr. Jan Link*
§ 12	*Dr. Mario Leitzen*
§ 13	*Dr. Silja Maul*
Anh. § 13	*Dr. Silja Maul*
§ 14	*Dr. Michael Winter*
§ 15	*Dr. Michael Winter*
§ 16	*Dr. Michael Winter*
§ 17 (weggefallen)	
§ 18	*Dr. Michael Winter*
§ 19	*Patricia Sirchich von Kis-Sira*
§ 20	*Patricia Sirchich von Kis-Sira*
§ 21	*Dr. Thilo Kuntz, LL.M.*
§ 22	*Dr. Thilo Kuntz, LL.M.*
§ 23	*Dr. Thilo Kuntz, LL.M.*
§ 24	*Dr. Thilo Kuntz, LL.M.*
§ 25	*Dr. Thilo Kuntz, LL.M.*
§ 26	*Dr. Thilo Kuntz, LL.M.*
§ 27	*Dr. Thilo Kuntz, LL.M.*
§ 28	*Dr. Thilo Kuntz, LL.M.*
§ 29	*Prof. Dr. Roland Michael Beckmann/Dr. Christian Hofmann*
§ 30	*Dr. Thilo Kuntz, LL.M.*
§ 31	*Dr. Thilo Kuntz, LL.M.*
§ 32	*Dr. Thilo Kuntz, LL.M.*
§ 32a (weggefallen)	

§ 32b (weggefallen)	
§ 33	*Dr. Sebastian Sandhaus*
§ 34	*Dr. Sebastian Sandhaus*
Vor. § 35	*Prof. Dr. Petra Buck-Heeb*
§ 35	*Prof. Dr. Petra Buck-Heeb*
§ 35a	*Prof. Dr. Petra Buck-Heeb*
§ 36 (weggefallen)	*Prof. Dr. Petra Buck-Heeb*
§ 37	*Prof. Dr. Petra Buck-Heeb*
§ 38	*Prof. Dr. Petra Buck-Heeb*
§ 39	*Prof. Dr. Petra Buck-Heeb*
§ 40	*Dr. Michael Winter*
§ 41	*Dr. Michael Winter/Eric Marx*
§ 42	*Dr. Michael Winter/Eric Marx*
§ 42a	*Dr. Michael Winter/Eric Marx*
Anh. § 42a	*Dr. Michael Winter/Eric Marx*
§ 43	*Prof. Dr. Petra Buck-Heeb*
§ 43a	*Prof. Dr. Petra Buck-Heeb*
§ 44	*Prof. Dr. Petra Buck-Heeb*
§ 45	*Prof. Dr. Christoph Teichmann*
§ 46	*Prof. Dr. Christoph Teichmann*
§ 47	*Prof. Dr. Christoph Teichmann*
Anh. § 47	*Prof. Dr. Christoph Teichmann*
§ 48	*Prof. Dr. Christoph Teichmann*
§ 49	*Prof. Dr. Christoph Teichmann*
§ 50	*Prof. Dr. Christoph Teichmann*
§ 51	*Prof. Dr. Christoph Teichmann*
§ 51a	*Prof. Dr. Christoph Teichmann*
§ 51b	*Prof. Dr. Christoph Teichmann*
§ 52	*Dr. Tobias Nießen*
§ 53	*Dr. Mario Leitzen*
§ 54	*Dr. Mario Leitzen*
§ 55	*Dr. Michael Bormann*
§ 55a	*Dr. Michael Bormann*
§ 56	*Dr. Michael Bormann*
§ 56a	*Dr. Michael Bormann*
§ 57	*Dr. Michael Bormann*
§ 57a	*Dr. Michael Bormann*
§ 57b (weggefallen)	*Dr. Michael Bormann*
Vor. §§ 57c-o	*Dr. André Kowalski*
§ 57c	*Dr. André Kowalski*
§ 57d	*Dr. André Kowalski*
§ 57e	*Dr. André Kowalski*
§ 57f	*Dr. André Kowalski*
§ 57g	*Dr. André Kowalski*
§ 57h	*Dr. André Kowalski*

§ 57i	*Dr. André Kowalski*
§ 57j	*Dr. André Kowalski*
§ 57k	*Dr. André Kowalski*
§ 57l	*Dr. André Kowalski*
§ 57m	*Dr. André Kowalski*
§ 57n	*Dr. André Kowalski*
§ 57o	*Dr. André Kowalski*
§ 58	*Dr. Jörn-Christian Schulze*
§ 58a	*Dr. Jörn-Christian Schulze*
§ 58b	*Dr. Jörn-Christian Schulze*
§ 58c	*Dr. Jörn-Christian Schulze*
§ 58d	*Dr. Jörn-Christian Schulze*
§ 58e	*Dr. Jörn-Christian Schulze*
§ 58f	*Dr. Jörn-Christian Schulze*
§ 59 (weggefallen)	
Vor. § 60	*Prof. Dr. Roland Michael Beckmann/Dr. Christian Hofmann*
§ 60	*Prof. Dr. Roland Michael Beckmann/Dr. Christian Hofmann*
§ 61	*Prof. Dr. Roland Michael Beckmann/Dr. Christian Hofmann*
§ 62	*Prof. Dr. Roland Michael Beckmann/Dr. Christian Hofmann*
§ 63 (weggefallen)	
Vor. § 64	*Prof. Dr. Markus Gehrlein*
§ 64	*Dr. Sebastian Sandhaus*
§ 65	*Prof. Dr. Roland Michael Beckmann/Dr. Christian Hofmann*
§ 66	*Prof. Dr. Roland Michael Beckmann/Dr. Christian Hofmann*
§ 67	*Dr. Christian Hofmann*
§ 68	*Dr. Christian Hofmann*
§ 69	*Dr. Christian Hofmann*
§ 70	*Dr. Christian Hofmann*
§ 71	*Dr. Christian Hofmann*
§ 72	*Dr. Christian Hofmann*
§ 73	*Dr. Christian Hofmann*
§ 74	*Dr. Christian Hofmann*
§ 75	*Dr. Daniel Rubner*
§ 76	*Dr. Daniel Rubner*
§ 77	*Dr. Daniel Rubner*
§ 78	*Dr. Mario Leitzen*
§ 79	*Dr. Mario Leitzen*
§ 80 (weggefallen)	
§ 81 (weggefallen)	
Vor. §§ 82 ff.	*Dr. Axel Boetticher*
§ 82	*Dr. Axel Boetticher*
§ 83 (weggefallen)	
§ 84	*Dr. Axel Boetticher*
§ 85	*Dr. Axel Boetticher*

EGGmbHG

§ 1	*Dr. Mario Leitzen*
§ 2	*Prof. Dr. Stefan Simon*
§ 3	*Dr. Daniel Rubner*

Inhaltsverzeichnis

Vierter Abschnitt

Fünfter Abschnitt

Abkürzungsverzeichnis (einschließlich der abgekürzt zitierten Literatur)

a.A.	anderer Ansicht
AAA	American Arbitration Association
a.a.O.	am angegebenen Ort
ABGB	Allgemeines Bürgerliches Gesetzbuch für Österreich
Abk.	Abkommen
abl.	Ablehnend
ABl.	Amtsblatt
ABl. EG	Amtsblatt der Europäischen Gemeinschaften
Abs.	Absatz
Abschn.	Abschnitt
Abt.	Abteilung
abw.	abweichend
AbzG	Gesetz betreffend die Abzahlungsgeschäfte (Abzahlungsgesetz) vom 16.5.1894, aufgehoben durch VerbrKrG zum 1.1.1991
abzgl.	Abzüglich
AcP	Archiv für die zivilistische Praxis (Band, Jahr, Seite)
ADHGB	Allgemeines Deutsches Handelsgesetzbuch von 1861
ADR	accord européen relatif au transport international des marchandises dangereuses par route – Europ. Übereinkommen vom 30.9.1957 über die internationale Beförderung gefährlicher Güter auf der Straße, Gesetz vom 18.8.1969 (BGBl. II, 1489)
ADS/*Bearbeiter*	*Adler/Düring/Schmaltz*, Rechnungslegung und Prüfung der Unternehmen
ADSp	Allgemeine Deutsche Spediteurbedingungen
a.E.	am Ende
AEG	Allgemeines Eisenbahngesetz vom 27.12.1993 (BGBl. I, 2378/96)
A/E/S/*Bearbeiter*	*Achilles/Ensthaler/Schmidt*, Kommentar zum GmbHG
a.F.	alte Fassung
AfA	Absetzung für Abnutzungen
AFG	Arbeitsförderungsgesetz vom 25.6.1969 (BGBl. I, 582), aufgehoben, jetzt SGB III
AfP	Archiv für Presserecht
AFRG	Arbeitsförderungsreformgesetz
AG	Amtsgericht; Aktiengesellschaft; Die Aktiengesellschaft (Zeitschrift)
AGB	Allgemeine Geschäftsbedingungen
AGB-Banken	Allgemeine Geschäftsbedingungen der (privaten) Banken
AGBG	Gesetz zur Regelung des Rechts der Allgemeinen Geschäftsbedingungen vom 9.12.1976 (BGBl. I, 3317), aufgehoben durch SchuldRModG)
AGBGB	Ausführungsgesetz zum BGB

AGB-Spark.	Allgemeine Geschäftsbedingungen der Sparkassen und Girozentralen
AGH	Anwaltsgerichtshof
AgrarR	Agrarrecht (Zeitschrift)
AKB	Allgemeine Bedingungen für die Kraftfahrtversicherung
AktG	Gesetz über die Aktiengesellschaften und Kommanditgesellschaften auf Aktien (Aktiengesetz) vom 6.9.1965 (BGBl. I, 1089)
AKV	Deutscher Auslandskassenverein AG
ALB	Allgemeine Leistungsbedingungen der Deutschen Bahn AG, DB Cargo
allg.	allgemein
allg.M.	allgemeine Meinung
Alt.	Alternative
a.M.	anderer Meinung
AMG	Gesetz über den Verkehr mit Arzneimitteln (Arzneimittelgesetz)
ÄndAufhG	Gesetz über die Änderung oder Aufhebung von Gesetzen der DDR
ÄndG	Änderungsgesetz
AnfG	Gesetz betreffend die Anfechtung von Rechtshandlungen eines Schuldners außerhalb des Insolvenzverfahrens (Anfechtungsgesetz) vom 5.10.1994 (BGBl. I, 2911)
Anh.	Anhang
Anm.	Anmerkung
AnSVG	Gesetz zur Verbesserung des Anlegerschutzes (Anlegerschutzverbessungsgesetz) vom 28.10.2004 (BGBl. I, 2630)
AnwBl	Anwaltsblatt
AnwK-AktR/*Bearbeiter*	*Heidel*, AnwaltKommentar Aktienrecht
AnwK-BGB/*Bearbeiter*	*Dauner-Lieb/Heidel/Ring*, AnwaltKommentar BGB, 5 Bände
AO	Abgabenordnung i.d.F. vom 1.10.2002 (BGBl. I, 3866)
AöR	Archiv für öffentliches Recht (Zeitschrift – Band, Seite)
AP	Nachschlagewerk des Bundesarbeitsgerichts (seit 1954, vorher: Arbeitsrechtliche Praxis)
ApothG	Gesetz über das Apothekenwesen
AR	Aufsichtsrat
ArbeitserlaubnisVO	Arbeitserlaubnisverordnung
ArbG	Arbeitsgericht
ArbGG	Arbeitsgerichtsgesetz i.d.F. vom 2.7.1979 (BGBl. I, 853, ber 1036)
ArbNErfG	Gesetz über Arbeitnehmererfindungen (Arbeitnehmererfindungsgesetz)
ArbPlSchutzG	Gesetz über den Schutz des Arbeitsplatzes bei Einberufung zum Wehrdienst (Arbeitsplatzschutzgesetz) i.d.F. vom 14.2.2001 (BGBl. I, 253)
arg.(e.)	argumentum ex
Art.	Artikel

Aufl.	Auflage
AÜG	Gesetz zur Regelung der gewerbsmäßigen Arbeitnehmerüber-lassung (Arbeitnehmerüberlassungsgesetz) i.d.F. vom 3.2.1995 (BGBl. I, 158)
ausführl.	ausführlich
AuslInvestmG	Gesetz über den Vertrieb ausländischer Investmentanteile und über die Besteuerung der Erträge aus ausländischen Investmentanteilen i.d.F. vom 9.9.1998 (BGBl. I, 2820), aufgehoben durch InvG 2003
AusfG	Ausführungsgesetz
ausschl.	ausschließlich
AVB	Allgemeine Versicherungsbedingungen
AVG	Angestelltenversicherungsgesetz i.d.F. vom 28.5.1924 (RGBl. I 563), aufgehoben
AVO	Ausführungsverordnung
AWD	Außenwirtschaftsdienst des Betriebsberaters (Zeitschrift)
AWG	Außenwirtschaftsgesetz vom 28.4.1961 (BGBl. I, 481)
Az.	Aktenzeichen
BaBiRiLiG	Gesetz zur Durchführung der Richtlinie des Rates der Europäischen Gemeinschaften über den Jahresabschluss und den konsolidierten Abschluss von Banken und anderen Finanzinstituten (Bankbilanzrichtlinie-Gesetz) vom 30.11.1990 (BGBl. I, 2570)
BaFin	Bundesanstalt für Finanzdienstleistungsaufsicht (seit 1.5.2002)
BAG	Bundesarbeitsgericht; Bundesamt für Güterverkehr
BAGE	Entscheidungen des Bundesarbeitsgerichts (Band, Seite)
BAKred	Bundesaufsichtsamt für das Kreditwesen, seit 2002 BaFin
BankA	Bankarchiv, Zeitschrift für Bank- und Börsenwesen
Bank-Betrieb	Die Bank, Zeitschrift für Bankpolitik und Bankpraxis (bis 1976: Bank-Betrieb)
BAnz	Bundesanzeiger
BausparKG	Gesetz über Bausparkassen (Bausparkassengesetz) i.d.F. vom 15.2.1991 (BGBl. I, 454)
BayObLG	Bayerisches Oberstes Landesgericht
BayOLGZ	Entscheidungen des Bayerischen Obersten Landesgerichts in Zivilsachen
BayStiftG	Bayerisches Stiftungsgesetz
BB	Betriebs-Berater (Zeitschrift)
BBankG	Gesetz über die Deutsche Bundesbank i.d.F. vom 22.10.1992 (BGBl. I, 1782)
BBiG	Berufsbildungsgesetz vom 23.3.2005 (BGBl. I, 931)
BBl	Betriebswirtschaftliche Blätter (Zeitschrift)
BBRL	Bankbilanzrichtlinie
Bd.	Band
BdF	Bundesminister der Finanzen

BDSG	Gesetz zum Schutz vor Missbrauch personenbezogener Daten bei der Datenverarbeitung (Bundesdatenschutzgesetz) i.d.F. vom 20.12.1990 (BGBl. I, 2954)
Bearb.	Bearbeiter
Begr.	Begründung
Beil.	Beilage
Bem.	Bemerkung
ber.	berichtigt
BErzGG	Gesetz über die Gewährung von Erziehungsgeld und Erziehungsurlaub (Bundeserziehungsgeldgesetz)
BeschFG	Beschäftigungsförderungsgesetz vom 26.4.1985 (BGBl. I, 710)
bestr.	bestritten
betr.	betreffend
BetrR	Betriebsrat
BetrAVG	Gesetz zur Verbesserung der betrieblichen Altersversorgung (Betriebsrentengesetz) vom 19.12.1974 (BGBl. I, 3610)
BetrVG	Betriebsverfassungsgesetz i.d.F. vom 25.9.2001 (BGBl. I, 2518)
BeurkG	Beurkundungsgesetz vom 28.8.1969 (BGBl. I, 1513)
BewG	Bewertungsgesetz i.d.F. vom 1.2.1991 (BGBl. I, 230)
BezG	Bezirksgericht
BFG	Bundesfinanzgericht
BFH	Bundesfinanzhof
BFHE	Sammlung der Entscheidungen und Gutachten des BFH
BFuP	Betriebswirtschaftliche Forschung und Praxis (Zeitschrift)
BGB	Bürgerliches Gesetzbuch vom 18.8.1896 (RGBl., 195), i.d.F. vom 2.1.2002 (BGBl. I, 42)
BGBl. I, II	Bundesgesetzblatt, Teil I und II (Teil, Seite)
BGH	Bundesgerichtshof
BGH EBE	Eildienst der Entscheidungen des BGH
BGHSt	Entscheidungen des BGH in Strafsachen (Band, Seite)
BGHZ	Entscheidungen des BGH in Zivilsachen (Band, Seite)
BilKomm/*Bearbeiter*	*Ellrott/Förschle/Hoyos/Winkeljohann*, Beck'scher Bilanzkommentar, Handelsbilanz Steuerbilanz
BilReG	Gesetz zur Einführung internationaler Rechnungslegungsstandards und zur Sicherung der Qualität der Abschlussprüfung (Bilanzrechtsreformgesetz) vom 4.12.2004 (BGBl. I, 3166)
BiRiLiG	Gesetz zur Durchführung der Vierten, Siebenten und Achten Richtlinie des Rates der Europäischen Gemeinschaften zur Koordinierung des Gesellschaftsrecht (Bilanzrichtlinien-Gesetz) vom 19.12.1985 (BGBl. I 1985, 2335)
BKartA	Bundeskartellamt
BKR	Zeitschrift für Bank- und Kapitalmarktrecht
Bl.	Blatt

B/L/A/H/*Bearbeiter*	*Baumbach/Lauterbach/Albers/Hartmann*, Zivilprozessordnung: ZPO
BMF	Bundesministerium der Finanzen
BMJ	Bundesministerium der Justiz
BMW	Bundesministerium für Wirtschaft (und Technologie)
BMinBlF	Bundesministerialblatt für Finanzen
BNotO	Bundesnotarordnung vom 24.2.1961 (BGBl. I, 1998)
BO	Börsenordnung
BörsG	Börsengesetz vom 21.6.2002 (BGBl. I, 2010)
BörsZulVO	Verordnung über die Zulassung von Wertpapieren zum amtlichen Markt an einer Wertpapierbörse (Börsenzulassungsverordnung) i.d.F. vom 9.9.1998 (BGBl. I, 2832)
BPatG	Bundespatentgericht
BR	Bundesrat
BRAGO	Bundesgebührenordnung für Rechtsanwälte (Bundesrechtsanwaltsgebührenordnung) vom 26.7.1957 (BGBl. I, 907), aufgehoben zum 1.7.2004 durch KostRMoG vom 5.5.2005 (BGBl. I, 718), jetzt: RVG
BRAK	Bundesrechtsanwaltskammer
BRAK-Mitt.	BRAK-Mitteilungen (Zeitschrift)
BRAO	Bundesrechtsanwaltsordnung vom 1.8.1959 (BGBl. I, 565)
BR-Drs.	Bundesratsdrucksache
BSG	Bundessozialgericht
BSHG	Bundessozialhilfegesetz
BStBl. I, II	Bundessteuerblatt, Teil I und II (Teil, (Jahr) und Seite)
bspw.	beispielsweise
BT	Bundestag; Bulletin des Transports
BT-Drs.	Bundestags-Drucksache
Buchst.	Buchstabe
BuW	Betrieb und Wirtschaft (Zeitschrift)
BVerfG	Bundesverfassungsgericht
BVerfGE	Entscheidungen des Bundesverfassungsgerichts (Band, Seite)
BVerfGG	Gesetz über das Bundesverfassungsgericht
BVerwG	Bundesverwaltungsgericht
BVG	Besonderes Verhandlungsgremium
BVR	Bankvertragsrecht
BvS	Bundesanstalt für vereinigungsbedingte Sonderaufgaben (Treuhandanstalt)
BZRG	Gesetz über das Zentralregister und das Erziehungsregister (Bundeszentralregistergesetz) i.d.F. der Bekanntmachung vom 21.9.1984 (BGBl. I, 1229, ber. 1985 I, 195)
bzw.	beziehungsweise
Cc	Code civil, Codice civile, Código civil
CDH	Centralvereinigung Deutscher Wirtschaftsverbände für Handelsvermittlung und Vertrieb
CESR	Committee of European Securities Regulators

cic	culpa in contrahendo
CR	Computer und Recht (Zeitschrift)
DArbR	Deutsches Arbeitsrecht (Zeitschrift)
DAV	Deutscher Anwaltverein
DB	Der Betrieb (Zeitschrift)
DBA	Doppelbesteuerungsabkommen
DBW	Die Betriebswirtschaft (Zeitschrift); vor 1977: Zeitschrift für Handelswissenschaft und Handelspraxis
DCF	Discounted Cashflow
DCGK	Deutscher Corporate Governance Kodex i.d.F. vom 2.6.2005
D/E/J/W/*Bearbeiter*	*Dötsch/Eversberg/Jost/Witt*, Die Körperschaftsteuer, Loseblatt-Sammlung
DepotG	Gesetz über die Verwaltung und Anschaffung von Wertpapieren (Depotgesetz) vom 4.2.1937 (RGBl. I, 171) i.d.F. vom 11.1.1995 (BGBl. I, 34)
ders.	derselbe
dgl.	dergleichen
DGVZ	Deutsche Gerichtsvollzieherzeitung (Zeitschrift)
d.h.	das heißt
DIS	Deutsche Institution für Schiedsgerichtsbarkeit e.V.
DIS-ERGeS	DIS-Ergänzende Regeln für gesellschaftsrechtliche Streitigkeiten 2009
DIS-SchGO	Schiedsgerichtsordnung der Deutschen Institution für Schiedsgerichtsbarkeit e.V.
Diss.	Dissertation
DJ	Deutsche Justiz (Zeitschrift)
DJZ	Deutsche Juristenzeitung (Zeitschrift)
DMBilG	Gesetz über die Eröffnungsbilanz in Deutscher Mark und die Kapitalneufestsetzung (D-Mark-Bilanzgesetz) i.d.F. vom 28.7.1994 (BGBl. I, 1842)
DNotZ	Deutsche Notarzeitung (Zeitschrift)
DÖV	Die öffentliche Verwaltung (Zeitschrift)
DR	Deutsches Recht (Zeitschrift)
DRS	Deutscher Rechnungslegungs Standard
DrittelbG	Gesetz über die Drittelbeteiligung der Arbeitnehmer im Aufsichtsrat (Drittelbeteiligungsgesetz) vom 18.5.2004 (BGBl. I, 974)
DRpfl	Deutsche Rechtspflege (Zeitschrift)
DStR	Deutsches Steuerrecht (Zeitschrift); vor 1962: Deutsche Steuer-Rundschau
DStRE	Deutsches Steuerrecht – Entscheidungsdienst
DStZ	Deutsche Steuerzeitung
DVO	Durchführungsverordnung
DZWir	Deutsche Zeitschrift für Wirtschaftsrecht
e.A.	Einstweilige Anordnung
ebd.	ebenda

EBE/BGH	Eildienst Bundesgerichtliche Entscheidungen
EBIT	Earnings before Interests and Taxes
EBITA	Earnings before Interests, Taxes and Amortisation
EBITDA	earnings before interest, taxes, depreciation and amortization
E/B/J/*Bearbeiter*	*Ebenroth/Boujong/Joost*, HGB, 2 Bände und Aktualisierungsband
EFG	Entscheidungen der Finanzgerichte
eG	eingetragene Genossenschaft
EG	Europäische Gemeinschaft; Einführungsgesetz; Vertrag zur Gründung der europäischen Gemeinschaft (ab 1.5.1999; vorher: EGV)
EGAktG	Einführungsgesetz zum Aktiengesetz vom 6.9.1965 (BGBl. I, 1185)
EGBGB	Einführungsgesetz zum Bürgerlichen Gesetzbuch vom 18.8.1896 (RGBl. 604)
EGGmbHG	Einführungsgesetz zum GmbH-Gesetz
EGHGB	Einführungsgesetz zum Handelsgesetzbuch vom 10.5.1897 (RGBl. 437)
EGInsO	Einführungsgesetz zur Insolvenzordnung
EGStGB	Einführungsgesetz zum Strafgesetzbuch
EGV/EG-Vertrag	Vertrag zur Gründung der Europäischen Gemeinschaft (vor 1.5.1999; seither: EG)
EHUG	Gesetz über elektronische Handelsregister und Genossenschaftsregister sowie das Unternehmensregister vom 10.11.2006 (BGBl. I, 2553)
Einf.	Einführung
EinigV	Einigungsvertrag
Einl.	Einleitung
einschl.	einschließlich
EK	Eigenkapital
EKAG	Einheitliches Gesetz über den Abschluss von internationalen Kaufverträgen über bewegliche Sachen vom 17.7.1973 (BGBl. I, 868), außer Kraft 1.1.91 (BGBl. I, 2895)
EKG	Einheitliches Gesetz über den internationalen Kauf beweglicher Sachen vom 17.7.1973 (BGBl. I, 856), außer Kraft 1.1.91 (BGBl. I 2894)
EMRK	Europäische Konvention zum Schutz der Menschenrechte und Grundfreiheiten
entspr.	entsprechend
EnWG	Energiewirtschaftsgesetz
ErbStG	Erbschaftsteuer- und Schenkungsteuergesetz i.d.F. der Bekanntmachung vom 27.2.1997 (BGBl. I, 378)
erg.	ergänzend
Erg.Lfg.	Ergänzungslieferung
ERJuKoG	Gesetz über elektronische Register und Justizkosten für Telekommunikation vom 10.12.2001 (BGBl. I, 3422)
Erl.	Erlass; Erläuterung(en)

EStDV	Einkommensteuer-Durchführungsverordnung
EStG	Einkommensteuergesetz i.d.F. vom 19.10.2002 (BGBl. I, 4210)
EStR	Einkommensteuerrichtlinien
etc.	et cetera
EU	Europäische Union
EuBVO	Verordnung (EG) Nr. Nr. 1206/2000 des Rates über die Zusammenarbeit zwischen den Gerichten der Mitgliedstaaten auf dem Gebiet der Beweisaufnahme
EuGH	Gerichtshof der Europäischen Gemeinschaften
EuGVO	Europäische Verordnung über die gerichtliche Zuständigkeit und die Anerkennung und Vollstreckung von Entscheidungen in Zivil- und Handelssachen vom 22.12.2000, ABlEG 2001 Nr. L 12/1, zuvor EuGVÜbk
EuGVÜ	Europäisches Übereinkommen über die gerichtliche Zuständigkeit und die Vollstreckung gerichtlicher Entscheidungen in Zivil- und Handelssachen vom 27.9.1968 (BGBl. I, 1972)
EuInsVO	Verordnung (EG) Nr. 1346/2000 des Rates über Insolvenzverfahren (ABl. EG Nr. L 160 S. 1)
EuroEG	Gesetz zur Einführung des Euro vom 9.6.1998 (BGBl. I, 1242)
EuZVO	Verordnung (EG) Nr. Nr. 1348/2001 des Rates über die Zustellung gerichtlicher und außergerichtlicher Schriftstücke
EuZW	Europäische Zeitschrift für Wirtschaftsrecht (Zeitschrift)
e.V.	einstweilige Verfügung; eingetragener Verein
EWiR	Entscheidungen zum Wirtschaftsrecht (Zeitschrift)
EWIV	Europäische Wirtschaftliche Interessenvereinigung
EWIVG/EWIV-AG	Gesetz zur Ausführung der EWG-Verordnung über die Europäische wirtschaftliche Interessenvereinigung (EWIV-Ausführungsgesetz) vom 14.4.1988 (BGBl. I, 514)
EWIV-VO	Verordnung (EWG) Nr. 2137/85 über die Schaffung einer Europäischen Wirtschaftlichen Interessenvereinigung
EWR	Europäischer Wirtschaftsraum
EzA	Entscheidungen zum Arbeitsrecht
f., ff.	folgende (r)
F&E	Forschung und Entwicklung
Fa.	Firma
FamFG	Gesetz über das Verfahren in Familiensachen und in den Angelegenheiten der freiwilligen Gerichtsbarkeit
FamRZ	Zeitschrift für Familienrecht
FAS	Financial Accounting Standard
FAZ	Frankfurter Allgemeine Zeitung
FB	FinanzBetrieb (Zeitschrift)
FG	Finanzgericht

FG 50 Jahre BGH	*Canaris/Heldrich/Hopt/Schmidt/Roxin/Widmaier*, 50 Jahre Bundesgerichtshof, Festgabe aus der Wissenschaft, 4 Bände, 2000
FGG	Gesetz über die Angelegenheiten der freiwilligen Gerichtsbarkeit vom 17.5.1898 (RGBl. 189) i.d.F. vom 20.5.1898 (RGBl. 771)
FGO	Finanzgerichtsordnung
FGPrax	Praxis der freiwilligen Gerichtsbarkeit (Zeitschrift)
FinMin	Finanzministerium (eines Bundeslandes)
FK InsO/*Bearbeiter*	*Wimmer*, Frankfurter Kommentar zur Insolvenzordnung
FLF	Finanzierung Leasing Factoring (Zeitschrift)
Fn.	Fußnote
FR	Finanzrundschau Deutsches Steuerblatt (Zeitschrift)
FRA	Forward Rate Agreement
FS	Festschrift (für)
FusionsRL	Fusions-Richtlinie
G	Gesetz
GastG	Gaststättengesetz
GB	Grundbuch
GBA	Grundbuchamt
GBl.	Gesetzblatt
GBl. (DDR) I	Gesetzblatt Deutsche Demokratische Republik Teil I
GBO	Grundbuchordnung i.d.F. vom 26.5.1994 (BGBl. I, 1114)
GbR	Gesellschaft bürgerlichen Rechts
GebrMG	Gebrauchsmustergesetz i.d.F. vom 28.8.1986 (BGBl. I, 1455)
gem.	gemäß
GemSOGB	Gemeinsamer Senat der obersten Gerichtshöfe des Bundes
GenG	Gesetz betreffend die Erwerbs- und Wirtschaftsgenossenschaften (Genossenschaftsgesetz) vom 1.5.1889 (RGBl. 55) i.d.F. vom 19.8.1994 (BGBl. I, 220)
GenTG	Gentechnikgesetz
GeschmMG	Gesetz über den rechtlichen Schutz von Mustern und Modellen (Geschmacksmustergesetz) vom 12.3.2004 (BGBl. I, 390)
GesO	Gesamtvollstreckungsanordnung
GewArch	Gewerbearchiv (Zeitschrift)
GewO	Gewerbeordnung i.d.F. vom 22.2.1999 (BGBl. I, 202)
GewStG	Gewerbesteuergesetz i.d.F. vom 15.10.2002 (BGBl. I, 4167)
GG	Grundgesetz für die Bundesrepublik Deutschland vom 23.5.1949 (BGBl. I, 1)
ggf.	gegebenenfalls
G/H/E/K/*Bearbeiter*	*Geßler/Hefermehl/Eckhard/Kropff*, Münchener Kommentar Aktiengesetz, 9 Bände
GKG	Gerichtskostengesetz i.d.F. vom 15.12.1975 (BGBl. I, 3047)
GKV	Gesamtkostenverfahren

GmbH	Gesellschaft mit beschränkter Haftung
GmbHÄndG	Gesetz zur Änderung des Gesetzes betreffend die Gesellschaften mit beschränkter Haftung und anderer handelsrechtlicher Vorschriften vom 4.7.1980 (BGBl. I, 836)
GmbH-Hdb/*Bearbeiter*	*GmbH-Handbuch*, Loseblatt, 5 Ordner
GmbHG	Gesetz betreffend die Gesellschaften mit beschränkter Haftung vom 20.4.1892 (RGBl., 477) i.d.F. vom 20.5.1898 (RGBl., 846), zuletzt geändert durch EHUG
GmbHR	GmbH-Rundschau (Zeitschrift)
GmbH-Stb	Der GmbH-Steuerberater (Zeitschrift)
GoA	Geschäftsführung ohne Auftrag
GoB	Grundsätze ordnungsgemäßer Buchführung
GoI	Grundsätze ordnungsgemäßer Inventur
grds.	grundsätzlich
GrEStG	Grunderwerbsteuergesetz
GroßkommAktG/*Bearbeiter*	*Hopt/Wiedemann*, Aktiengesetz Großkommentar
GroßkommHGB/*Bearbeiter*	*Staub/Canaris/Schilling/Ulmer*, Handelsgesetzbuch Großkommentar zum HGB und seinen Nebengesetzen, 9 Bände
GrS	Großer Senat
GrSZ	Großer Senat in Zivilsachen
GRUR	Gewerblicher Rechtsschutz und Urheberrecht (Zeitschrift)
GS	Gedächtnisschrift; Preußische Gesetzsammlung (Jahr, Seite)
GüKG	Güterkraftverkehrsgesetz i.d.F. vom 22.6.1998 (BGBl. I, 1485)
GuV	Gewinn- und Verlust-Rechnung
GVBl.	Gesetz- und Verordnungsblatt (Jahr, Seite)
GV	Gerichtsvollzieher
GVG	Gerichtsverfassungsgesetz
GWB	Gesetz gegen Wettbewerbsbeschränkungen i.d.F. vom 15.7.2005 (BGBl. I, 2114)
h.A.	herrschende Auffassung
HaftpflG	Haftpflichtgesetz
HansOLG	Hanseatisches OLG
HausTWG	Gesetz über den Widerruf von Haustürgeschäften und ähnlichen Geschäften vom 16.1.1986 (BGBl. I, 122), aufgehoben durch SchuldRModG
Hdb AG/*Bearbeiter*	*Müller/Rödder*, Beck'sches Handbuch der AG, mit KGaA, Gesellschaftsrecht Steuerrecht Börsengang
Hdb CorpGov/*Bearbeiter*	*Hommelhoff/Hopt/v. Werder/Kleindieck*, Handbuch Corporate Governance
Hdb GmbH/*Bearbeiter*	*Müller/Hense*, Beck'sches Handbuch der GmbH, Gesellschaftsrecht Steuerrecht
Hdb PersGes/*Bearbeiter*	*Müller/Hoffmann*, Beck'sches Handbuch der Personengesellschaften, Gesellschaftsrecht Steuerrecht
HessStiftG	Hessisches Stiftungsgesetz
HFA	Hauptfachausschuss des Instituts der Wirtschaftsprüfer

HGB	Handelsgesetzbuch vom 10.5.1897 (RGBl., 219), zuletzt geändert durch EHUG vom 10.11.2006
HGrG	Gesetz über die Grundsätze des Haushaltsrechts (Haushaltsgrundsätzegesetz) vom 19.8.1969 (BGBl. I, 1273)
H/H/R/*Bearbeiter*	*Herrmann/Heuer/Raupach*, Einkommensteuer- und Körperschaftsteuergesetz mit Nebengesetzen, Loseblatt-Sammlung, 20 Ordner
HinterlO	Hinterlegungsordnung vom 10.3.1937 (RGBl. I, 285)
HK GmbHG/*Bearbeiter*	*Bartl/Fichtelmann/Schlarb*, Heidelberger Kommentar zum GmbH-Recht
HK InsO/*Bearbeiter*	*Eickmann/Flessner/Irschlinger/Kirchhof/Kreft/Landfehrmann/Marotzke/Stephan*, Heidelberger Kommentar zur Insolvenzordnung
h.L.	herrschende Lehre
h.M.	herrschende Meinung
HRefG	Gesetz zur Neuregelung des Kaufmanns- und Firmenrechts und zur Änderung anderer handels- und gesellschaftsrechtlicher Vorschriften (Handelsrechtsreformgesetz – HRefG) vom 22.6.1998 (BGBl. I, 1474)
HReg	Handelsregister
HRegGebNeuOG	Gesetz zur Neuordnung der Gebühren in Handels-, Partnerschafts- und Genossenschaftsregistersachen (Handelsregistergebühren-Neuordnungsgesetz) vom 3.7.2004 (BGBl. I, 1410)
HRegGebV	Verordnung über Gebühren in Handels-, Partnerschafts- und Genossenschaftsregistersachen (Handelsregistergebührenverordnung) vom 30.9.2004 (BGBl. I, 2562)
HRR	Höchstrichterliche Rechtsprechung (Zeitschrift)
HRV	Verordnung über die Einrichtung und Führung des Handelsregisters (Handelsregisterverordnung) vom 12.8.1937 (RMBl., 515), zuletzt geändert durch EHUG vom 10.11.2006
Hs.	Halbsatz
Hrsg.	Herausgeber
H/T/M-T/*Bearbeiter*	*Hesselmann/Tillmann/Mueller-Thuns*, Handbuch der GmbH & Co. KG
HV	Hauptversammlung
HwO	Handwerksordnung
HypBG	Hypothekenbankgesetz i.d.F. vom 9.9.1998 (BGBl. I, 2674), aufgehoben durch PfandBG
i.A(bw).	in Abwicklung
IAS	International Accounting Standard, ab 1.4.2001 IFRS
ICC	International Chamber of Commerce
ICC-SchGO	Schiedsgerichtsordnung des International Court of Arbitration of the International Chamber of Commerce

i.d.F.	in der Fassung
i.d.gelt.F.	in der geltenden Fassung
i.d.R.	in der Regel
IdW	Institut der Wirtschaftsprüfer in Deutschland e.V.
i.E.	im Einzelnen
i.Erg.	im Ergebnis
i.e.S.	im engeren Sinne
IFRS	International Financial Reporting Standard (seit 1.4.2001, zuvor: IAS)
IHK	Industrie- und Handelskammer
IHR	Richtlinien für Insidergeschäfte mit börsenorientierten oder öffentlich angebotenen Aktien (Insiderhandelsrichtlinien)
i.H.v.	in Höhe von
i.Ins.	in Insolvenz
i.L(iq).	in Liquidation
insbes.	insbesondere
InsO	Insolvenzordnung
InsVV	Insolvenzrechtliche Vergütungsverordnung
InvG	Investmentgesetz
InVo	Insolvenz und Vollstreckung (Zeitschrift)
IPR	Internationales Privatrecht
IPRax	Praxis des Internationalen Privat- und Verfahrensrechts (Zeitschrift)
IPRspr	Die Deutsche Rechtsprechung auf dem Gebiete des IPR (Zeitschrift)
i.S.	im Sinne
i.S.d.	im Sinne des (der)
IStR	Internationales Steuerrecht (Zeitschrift)
i.S.v.	im Sinne von
i.V.m.	in Verbindung mit
IZRspr	Sammlung der deutschen Entscheidungen zum internationalen Privatrecht
i.Zw.	im Zweifel
JA	Juristische Arbeitsblätter (Zeitschrift)
JKomG	Gesetz über die Verwendung elektronischer Kommunikationsformen in der Justiz (Justizkommunikationsgesetz) vom 22.3.2005 (BGBl. I, 837)
JR	Juristische Rundschau (Zeitschrift)
JuS	Juristische Schulung (Zeitschrift)
JurBüro	Das Juristische Büro (Zeitschrift)
JW	Juristische Wochenschrift (Zeitschrift)
JZ	Juristenzeitung (Zeitschrift)
KAGG	Gesetz über die Kapitalanlagegesellschaften i.d.F. vom 9.9.1998 (BGBl. I, 2726), aufgehoben durch InvG 2003
Kap.	Kapitel

KapAEG	Gesetz zur Verbesserung der Wettbewerbsfähigkeit deutscher Konzerne an Kapitalmärkten und zur Erleichterung der Aufnahme von Gesellschaftsdarlehen (Kapitalaufnahmeerleichterungsgesetz) vom 20.4.1998 (BGBl. I, 707)
KapErhG	Gesetz über die Kapitalerhöhung aus Gesellschaftsmitteln und über die Verschmelzung von Gesellschaften mit beschränkter Haftung vom 23.12.1959 (BGBl. I, 789), außer Kraft mit Wirkung vom 1.1.1995 durch Gesetz vom 28.10.1994 (BGBl. I, 3210)
KapErhStG	Gesetz über steuerrechtliche Maßnahmen bei Erhöhung des Nennkapitals aus Gesellschaftsmitteln vom 30.12.1959 (BGBl. I, 834; BStBl. I 1960, 14)
KapMuG	Gesetz zur Einführung von Kapitalanleger-Musterverfahren (Kapitalanleger-Musterverfahrensgesetz vom 16.8.2005 (BGBl. I, 2437, ber. BGBl. I, 3095)
Kfm.	Kaufmann
kfm.	kaufmännisch
KfW	Kreditanstalt für Wiederaufbau
KG	Kommanditgesellschaft; Kammergericht
KGaA	Kommanditgesellschaft auf Aktien
KGJ	Jahrbuch für die Entscheidungen des Kammergerichts (Band, Seite)
KO	Konkursordnung i.d.F. vom 20.5.1898 (RGBl. 612)
KK-AktG/*Bearbeiter*	*Zöllner/Noack*, Kölner Kommentar zum Aktiengesetz, 8 Bände
KK-WpÜG/*Bearbeiter*	*Hirte/v. Bülow*, Kölner Kommentar zum WpÜG
KonsularG	Gesetz über die Konsularbeamten, ihre Aufgaben und Befugnisse
KonTraG	Gesetz über die Kontrolle und Transparenz im Unternehmensbereich vom 27.4.1998 (BGBl. I, 786)
KostO	Gesetz über die Kosten in Angelegenheiten der freiwilligen Gerichtsbarkeit (Kostenordnung) i.d.F. vom 26.7.1957 (BGBl. I, 960)
K/R/M/*Bearbeiter*	*Koller/Roth/Mork*, HGB
KSchG	Kündigungsschutzgesetz vom 25.8.1969 (BGBl. I, 1317)
KStG	Körperschaftsteuergesetz 2002 i.d.F. vom 15.10.2002 (BGBl. I, 4144)
KStR	Körperschaftsteuerrichtlinien
KTS	Konkurs, Treuhand- und Schiedsgerichtswesen (Zeitschrift)
KunstUrhG	Gesetz betreffend das Urheberrecht an Werken der bildenden Künste und der Photographie (Kunsturhebergesetz)
KV	Kostenverzeichnis
KVO	Kraftverkehrsordnung für den Güterfernverkehr mit Kraftfahrzeugen i.d.F. vom 23.12.1958, aufgehoben
KVStG	Kapitalverkehrssteuergesetz i.d.F. vom 17.11.1972 (BGBl. I, 2129), aufgehoben

KWG	Gesetz über das Kreditwesen i.d.F. vom 9.9.1998 (BGBl. I, 2776)
LadschlG	Ladenschlussgesetz vom 28.11.1956 (BGBl. I, 875)
LAG	Landesarbeitsgericht
LAGE	Entscheidungssammlung Landesarbeitsgerichte
LFzG/LohnFG	Gesetz über die Fortzahlung des Arbeitsentgelts im Krankheitsfalle (Lohnfortzahlungsgesetz) vom 27.7.1969 (BGBl. I, 946)
LG	Landgericht
LHO	Landeshaushaltsordnung
lit.	litera, Buchstabe
LM	Lindenmaier-Möhring, Nachschlagewerk des Bundesgerichtshofs
LohnFG	s. LFzG
LPartG	Gesetz über die eingetragene Lebenspartnerschaft (Lebenspartnerschaftsgesetz) vom 16.2.2001 (BGBl. I, 66)
LPG	Landwirtschaftliche Produktionsgenossenschaft (DDR)
LS	Leitsatz
LSG	Landessozialgericht
LStDV	Lohnsteuer-Durchführungsverordnung
ltd./Ltd.	(engl.) Limited, private limited company by shares
LuftVG	Luftverkehrsgesetz i.d.F. vom 27.3.1999 (BGBl., 550)
LZ	Leipziger Zeitschrift für Deutsches Recht
MaBV	Verordnung über die Pflichten der Makler, Darlehens- und Anlagenvermittler, Bauträger und Baubetreuer (Makler- und Bauträgerverordnung) i.d.F. vom 7.11.1990 (BGBl. I, 2479)
MAH GmbH/*Bearbeiter*	*Römermann*, Münchener Anwaltshandbuch GmbH-Recht
MAH PersGes/*Bearbeiter*	*Gummert*, Münchener Anwaltshandbuch Personengesellschaftsrecht
m.Anm.	mit Anmerkung
MarkenG	Gesetz über den Schutz von Marken und sonstigen Kennzeichen (Markengesetz) vom 25.10.1994 (BGBl. I, 3082), ber. 1995 I 156
MDR	Monatsschrift für Deutsches Recht
MinBl.	Ministerialblatt
MindestKapG	RegE eines Gesetzes zur Neuregelung des Mindestkapitals der GmbH vom 14.6.2005 (BT-Drs. 15/5673), nicht beschlossen
MitbestErgG	Gesetz zur Ergänzung des Gesetzes über die Mitbestimmung der Arbeitnehmer in den Aufsichtsräten und Vorständen der Unternehmen des Bergbaus und der Eisen und Stahl erzeugenden Industrie vom 7.8.1956 (BGBl. I, 707)
MitbestG	Gesetz über die Mitbestimmung der Arbeitnehmer (Mitbestimmungsgesetz) vom 4.5.1976 (BGBl. I, 1153)
MittBl.	Mitteilungsblatt

MittBayNotK	Mitteilungen der Bayerischen Notarkammer
MittRhNotK	Mitteilungen der Rheinischen Notarkammer
MMR	MultiMedia und Recht (Zeitschrift)
m.N.	mit Nachweis(en)
MoMiG	Gesetze zur Modernisierung des GmbH-Rechts und zur Bekämpfung von Missbräuchen – RefE vom 29.5.2006
MontanMitbestG	Gesetz über die Mitbestimmung der Arbeitnehmer in den Aufsichtsräten und Vorständen der Unternehmen des Bergbaus und der Eisen und Stahl erzeugenden Industrie (Montan-Mitbestimmungsgesetz) vom 21.5.1951 (BGBl. I, 347)
MontanMitbestErgG	Gesetz zur Ergänzung des Gesetzes über die Mitbestimmung der Arbeit-nehmer in den Aufsichtsräten und Vorständen der Unternehmen des Bergbaus und der Eisen und Stahl erzeugenden Industrie (Montan-Mitbestimmungsgesetz)
MRK	Menschenrechtskonvention
MünchKommBGB/*Bearbeiter*	*Rebmann/Säcker/Rixecker*, Münchener Kommentar zum Bürgerlichen Gesetzbuch, 12 Bände und Loseblatt-Aktualisierungsband
MünchKommAktG/*Bearbeiter*	*Kropff/Semler*, Münchener Kommentar Aktiengesetz 9 Bände
MünchKommHGB/*Bearbeiter*	*K. Schmidt*, Münchener Kommentar zum Handelsgesetzbuch, 7 Bände und Ergänzungsband
MünchKommZPO/*Bearbeiter*	*Lüke/Wax*, Münchener Kommentar zur Zivilprozessordnung, 3 Bände und Aktualisierungsband
MünchHdb GesR I (II/III/IV/V)/*Bearbeiter*	Münchener Handbuch des Gesellschaftsrechts
MünchVertrHdb I/*Bearbeiter*	*Heidenhain/Meister/Waldner*, Münchener Vertragshandbuch Band 1: Gesellschaftsrecht)
MuSchG	Gesetz zum Schutze der erwerbstätigen Mutter (Mutterschutzgesetz) i.d.F. vom 20.6.2002 (BGBl. I, 1812)
m.w.N.	mit weiteren Nachweisen
m.w.V.	mit weiteren Verweisen
NachhBG	Gesetz zur zeitlichen Begrenzung der Nachhaftung von Gesellschaftern (Nachhaftungsbegrenzungsgesetz) vom 18.3.1994 (BGBl. I, 560)
NaStraG	Gesetz zur Namensaktie und zur Erleichterung der Stimmrechtsausübung (Namensaktiengesetz) vom 18.1.2001 (BGBl. I, 123)
n.F.	neue Fassung
NJ	Neue Justiz (Zeitschrift)
NJOZ	Neue Juristische Online-Zeitschrift
NJW	Neue Juristische Wochenschrift (Zeitschrift)
NJW-CoR	NJW-Computerreport (Zeitschrift)
NJW-RR	Neue Juristische Wochenschrift Rechtsprechungsreport (Zeitschrift)
NJWE-VHR	NJW-Entscheidungsdienst Versicherungs- und Haftpflicht (Zeitschrift)

NJWE-WettbR	NJW-Entscheidungsdienst für Wettbewerbsrecht (Zeitschrift)
Nr.	Nummer(n)
NRW	Nordrhein-Westfalen
NStZ	Neue Zeitschrift für Strafrecht
NStZ-RR	Neue Zeitschrift für Strafrecht Rechtsprechungsreport
NVwZ	Neue Zeitschrift für Verwaltungsrecht
NVwZ-RR	Neue Zeitschrift für Verwaltungsrecht Rechtsprechungsreport
NZA	Neue Zeitschrift für Arbeitsrecht
NZA-RR	Neue Zeitschrift für Sozialrecht
NZG	Neue Zeitschrift für Gesellschaftsrecht
o.ä. (Ä.)	oder ähnlich/oder Ähnliches
OECD-MA	OECD-Musterabkommen 2003 zur Vermeidung der Doppelbesteuerung auf dem Gebiet der Steuern vom Einkommen und vom Vermögen
OEEC	Organization for European Economic Cooperation
ÖJZ	Österreichische Juristenzeitung
o.g.	oben genannt(e/er/es)
OGH	Oberster Gerichtshof in Österreich
OGHZ	Amtliche Sammlung der Entscheidungen des OGH in Zivilsachen
OHG	Offene Handelsgesellschaft
OLG	Oberlandesgericht
OLGE	Sammlung der Rechtsprechung der Oberlandesgerichte (Band, Seite)
OLG-NL	OLG-Rechtsprechung Neue Länder
OLGR	OLG-Report (Zeitschrift)
OLGZ	Entscheidungen der Oberlandesgerichte in Zivilsachen einschließlich der freiwilligen Gerichtsbarkeit
ÖPNV	Öffentlicher Personennahverkehr
ÖV	Die öffentliche Verwaltung (Zeitschrift)
OVG	Oberverwaltungsgericht
OVGE	Entscheidungen der Oberverwaltungsgerichte (Band, Seite)
OWiG	Gesetz über Ordnungswidrigkeiten i.d.F. vom 19.2.1987 (BGBl. I, 602)
p.a.	per annum
PachtKG	Pachtkreditgesetz
Palandt/*Bearbeiter*	Palandt, Kurzkommentar zum BGB
PartGG	Gesetz über Partnergesellschaften Angehöriger Freier Berufe (Partnerschaftsgesellschaftsgesetz) vom 25.7.1994 (BGBl. I, 1744)
PatAO	Patentanwaltsordnung
PatG	Patentgesetz i.d.F. vom 16.12.1980 (BGBl. 1981 I 1)
PersBfG	Gesetz über die Beförderungen von Personen zu Lande (Personenbeförderungsgesetz) i.d.F. vom 8.8.1990 (BGBl. I, 1690)

PfandBG	Pfandbriefgesetz vom 22.5.2005 (BGBl. I, 1373)
PGH	Produktionsgenossenschaft des Handwerks (DDR)
PrAngV(O)	Preisangabenverordnung vom 18.10.2002 (BGBl. I, 4197)
PaxisHdb GmbH-GF/*Bearbeiter*	Praxishandbuch GmbH-Geschäftsführer
ProdHaftG	Gesetz über die Haftung für fehlerhafte Produkte (Produkthaftungsgesetz) vom 15.12.1989 (BGBl. I, 2198)
PrüfbV	Prüfungsberichtsverordnung
PRV	Partnerschaftsregisterverordnung
PublG	Gesetz über die Rechnungslegung von bestimmten Unternehmen und Konzernen (Publizitätsgesetz) vom 15.8.1969 (BGBl. I 1189), berichtigt 1970 I 1113
Publikumsges.	Publikumsgesellschaft
pVV	positive Vertragsverletzung
PWW/*Bearbeiter*	*Prütting/Wegen/Weinreich*, Kommentar zum BGB
RA	Rechtsanwalt
RAK	Rechtsanwaltskammer
RberG	Rechtsberatungsgesetz vom 13.12.1935 (RGBl. I, 1478)
RdA	Recht der Arbeit (Zeitschrift)
Rdn.	Randnummer innerhalb des Werkes
Recht	Das Recht (seit 1935 Beilage zu Deutsche Justiz) (Zeitschrift, Jahr und Nr. der Entscheidung bzw. Jahr und Seite)
RefE	Referentenentwurf
RefE MoMiG	Referentenentwurf eines »Gesetzes zur Modernisierung des GmbH-Rechts und zur Bekämpfung von Missbräuchen« vom 29.5.2006
RegBegr.	(Gesetzes-)Begründung der Bundesregierung
RegBl.	Regierungsblatt
RegE	Regierungsentwurf
RegE BilMoG	Regierungsentwurf eines »Gesetzes zur Modernisierung des Bilanzrechts« vom 21.5.2008 (BT-Drs. 344/08 vom 23.5.2008)
RegE EHUG	Regierungsentwurf eines »Gesetzes über elektronische Handelsregister und Genossenschaftsregister sowie das Unternehmensregister« vom 14.12.2005 (BT-Drs. 16/960 vom 15.3.2006)
RegE MoMiG	Regierungsentwurf eines »Gesetzes zur Modernisierung des GmbH-Rechts und zur Bekämpfung von Missbräuchen« vom 23.5.2007 (BT-Drs. 16/6140 vom 25.7.2007)
RFH	Reichsfinanzhof
RG	Reichsgericht
RGSt	Amtliche Sammlung der Entscheidungen des Reichsgerichts in Strafsachen (Band, Seite)
RGZ	Reichsgericht, Entscheidungen in Zivilsachen
RGBl.	Reichsgesetzblatt
Richtl.	Richtlinie
RIW/AWD	Recht der internationalen Wirtschaft/ Außenwirtschaftsdienst des Betriebs-Beraters (Zeitschrift)

RJM	Reichsministerium der Justiz
RL	Richtlinie
ROHG	Reichsoberhandelsgericht; mit Fundstelle: amtliche Entscheidungssammlung (Band, Seite)
Rn.	Randnummer in anderen Veröffentlichungen
Rpfleger	Der Deutsche Rechtspfleger (Zeitschrift)
RR	Rechtsprechungsreport
RS	Rechnungslegungsstand
R/S-L/*Bearbeiter*	*Rowedder/Schmidt-Leithoff*, Gesetz betreffend die Gesellschaften mit beschränkter Haftung (GmbHG)
Rspr.	Rechtsprechung
RStBl.	Reichssteuerblatt (Jahr, Seite)
RVG	Gesetz über die Vergütung der Rechtsanwältinnen und Rechtsanwälte (Rechtsanwaltsvergütungsgesetz) vom 5.5.2004 (BGBl. I, 718), Ablösung der BRAGO
S	Standard
s.	siehe
S.	Seite; Satz
s.a.	siehe auch
SAE	Sammlung arbeitsrechtlicher Entscheidungen (Jahr, Seite)
S/B/B/*Bearbeiter*	*Sagasser/Bula/Brünger*, Umwandlungen
SCE	Societas Cooperativa Europaea – Europäische Genossenschaft
ScheckG	Scheckgesetz vom 14.8.1933 (RGBl. I, 597)
SchiedsG	Schiedsgericht
SchiedsVZ	Zeitschrift für Schiedsverfahren
SchuldRÄndG	Gesetz zur Änderung schuldrechtlicher Bestimmungen im Beitrittsgebiet (Schuldrechtsänderungsgesetz) vom 21.9.1994 (BGBl. I, 2538)
SchuldRAnpG	Gesetz zur Anpassung schuldrechtlicher Nutzungsverhältnisse an Grundstücken im Beitrittsgebiet (Schuldrechtanpassungsgesetz) vom 21.9.1994 (BGBl. I, 2538)
SchuldRModG	Gesetz zur Modernisierung des Schuldrechts vom 26.11.2001 (BGBl. I, 3138); Inkrafttreten 1.1.2002
Sec.	Section
SE	Societas Europaea – Europäische Aktiengesellschaft
SEAG	Gesetz zur Ausführung der Verordnung (EG9 Nr. 2157/2001 des Rates vom 8.10.2001 über das Statut der Europäischen Gesellschaft (SE) (SE-Ausführungsgesetz) vom 22.12.2004 (BGBl. I, 3675)
SEBG	Gesetz über die Beteiligung der Arbeitnehmer in einer Europäischen Gesellschaft (SE-Beteiligungsgesetz) vom 22.12.2004 (BGBl. I, 3675, 3686)
SEEG	Gesetz zur Einführung der Europäischen Gesellschaft vom 22.12.2004 (BGBl. I, 3675)

SE-RL	Richtlinie 2001/86/EG des Rates zur Ergänzung des Statuts der Europäischen Gesellschaft hinsichtlich der Beteiligung der Arbeitnehmer (SE-Richtlinie) vom 8.10.2001 (ABl. EG L 294/22)
SEStEG	Gesetz über steuerliche Begleitmaßnahmen zur Einführung der Europäischen Aktiengesellschaft (SE) – RegE (BR-Drs. 542/06 vom 11.8.2006)
SE-VO	Verordnung (EG) Nr. 2157/2001 des Rates über das Statut der Europäischen Gesellschaft (SE), Abl. EG L 294/1 vom 10.11.2001
SG	Sozialgericht
SGB	Sozialgesetzbuch
SGG	Sozialgerichtsgesetz
S/H/S/*Bearbeiter*	*Schmitt/Hörtnagl/Stratz*, Umwandlungsgesetz Umwandlungssteuergesetz: UmwG/UmwStG
Slg.	Sammlung
s.o.	siehe oben
sog.	so genannte(r/s)
SozPraxis	SozialPraxis (Zeitschrift) (vor 1940)
SpruchG	Gesetz über das gesellschaftrechtliche Spruchverfahren (Spruchverfahrensgesetz) vom 12.6.2003 (BGBl. I, 838)
Sudhoff/*Bearbeiter*	*Sudhoff*, Personengesellschaften, 8. Auflage 2005/*Bearbeiter*
Sudhoff GmbH & Co. KG/ *Bearbeiter*	*Sudhoff*, GmbH & Co. KG, 6. Auflage 2005/*Bearbeiter*
S/S/S/*Bearbeiter*	*Singhof/Seiler/Schlitt*, Mittelbare Gesellschaftsbeteiligungen, Stille Gesellschaft Unterbeteiligungen Treuhand
StAnpG	Steueranpassungsgesetz vom 16.10.1934 (RGBl. I, 925)
Staudinger/*Bearbeiter*	J. von Staudingers Kommentar zum Bürgerlichen Gesetzbuch mit Einführungsgesetz und Nebengesetzen
StB	Der Steuerberater (Zeitschrift)
StBerG	Steuerberatungsgesetz i.d.F. vom 4.11.1975 (BGBl. I, 2735) Gesetz über die Rechtsverhältnisse der Steuerberater und Steuerbevollmächtigten vom 23.8.1961 (BGBl. I, 1301)
Stbg	Die Steuerberatung (Zeitschrift)
StBP	Die steuerliche Betriebsprüfung (Zeitschrift)
StGB	Strafgesetzbuch i.d.F. vom 13.11.1998 (BGBl. I, 3322)
stopp	Strafprozessordnung
str.	streitig
st.Rspr.	ständige Rechtsprechung
StSenkG	Steuersenkungsgesetz vom 23.10.2000 (BGBl. I, 1433)
StSenkErgG	Steuersenkungs-Ergänzungsgesetz vom 19.12.2000 (BGBl. I, 1812)
StuW	Steuer und Wirtschaft (Zeitschrift)
StV	Der Strafverteidiger (Zeitschrift)
s.u.	siehe unten

TDG	Gesetz über die Nutzung von Telediensten (Teledienstegesetz) vom 22.7.1997 (BGBl. I, 1870)
TKG	Telekommunikationsgesetz vom 22.6.2004 (BGBl. I, 1190)
TransportR	Transportrecht (Zeitschrift)
TransPuG	Gesetz zur weiteren Reform des Aktien- und Bilanzrechts, zu Transparenz und Publizität (Transparenz- und Publizitätsgesetz) vom 19.7.2002 (BGBl. I, 2681)
TreuhandG	Gesetz zur Privatisierung und Reorganisation des volkseigenen Vermögens vom 17.6.1990 (GBl. I, 300)
TRG	Gesetz zur Neuregelung des Fracht-, Speditions- und Lagerrechts (Transportrechtsreformgesetz) vom 25.6.1998 (BGBl. I, 1588)
TVG	Tarifvertragsgesetz i.d.F. vom 25.8.1969 (BGBl. I, 1323)
Tz.	Textziffer
u.a.	unter anderem
UBGG	Gesetz über Unternehmensbeteiligungsgesellschaften i.d.F. vom 9.9.1998 (BGBl. I, 2765)
UKV	Umsatzkostenverfahren
UMAG	Gesetz zur Unternehmensintegrität und Modernisierung des Anfechtungsrechts vom 22.9.2005 (BGBl. I, 2802)
UmwBerG	Gesetz zur Bereinigung des Umwandlungsrechts vom 28.10.1994 (BGBl. I, 3210)
UmwG	Umwandlungsgesetz i.d.F. vom 28.10.1994 (BGBl. I, 3210), berichtigt 1995 I 428
UmwStE	Umwandlungssteuererlass vom 25.3.1998
UmwStG	Umwandlungssteuergesetz 2002 i.d.F. vom 15.10.2002 (BGBl. I, 4133)
UmwVO	Umwandlungsverordnung
unstr.	unstreitig
UNÜ 1958	UN-Übereinkommen über die Anerkennung und Vollstreckung ausländischer Schiedssprüche vom 10.6.1958
unumstr.	unumstritten
UrhG	Gesetz über Urheberrecht und verwandte Schutzrechte (Urheberrechtsgesetz) vom 9.9.1965 (BGBl. I, 1273)
UrhRWahrnehmungsG	Urheberrechtswahrnehmungsgesetz
Urt.	Urteil
US-GAAP	United States Generally Accepted Accounting Principles
UStG	Umsatzsteuergesetz 1999 i.d.F. vom 9.6.1999 (BGBl. I, 1270)
UStR	Umsatzsteuer Rundschau (Zeitschrift)
u.U.	unter Umständen
UWG	Gesetz gegen den unlauteren Wettbewerb vom 3.7.2004 (BGBl. I, 1414)
VAG	Gesetz über die Beaufsichtigung der privaten Versicherungsunternehmen und Bausparkassen (Versicherungsaufsichtsgesetz) i.d.F. vom 17.12.1992 (BGBl. I, 1993 I 2)

vEK	verwendbares Eigenkapital
VereinsG	Gesetz zur Regelung des öffentlichen Vereinsrechts (Vereinsgesetz) vom 5.8.1964 (BGBl. I, 593)
VerbrKrG	Verbraucherkreditgesetz vom 17.12.1990 (BGBl. I, 2840), aufgehoben durch SchuldRModG
VerglO	Vergleichsordnung vom 26.2.1935 (RGBl. I, 321)
VerkProspG	Wertpapier-Verkaufsprospektgesetz i.d.F. vom 9.9.1998 (BGBl. I, 2701)
VermBG	Vermögensbildungsgesetz
VermVerkProspV	Verordnung über Vermögensanlagen-Verkaufsprospekte vom 16.12.2004 (BGBl. I, 3464)
VersR	Versicherungsrecht (Zeitschrift)
VersRiLi	Versicherungsbilanzrichtlinie
VersRiLiG	Gesetz zur Durchführung der Richtlinie des Rates der Europäischen Gemeinschaften über den Jahresabschluss und den konsolidierten Abschluss von Versicherungsunternehmen (Versicherungsbilanzrichtlinie-Gesetz) vom 24.6.1994 (BGBl. I, 1377)
vGA	verdeckte Gewinnausschüttung(en)
VG	Verwaltungsgericht
VGH	Verwaltungsgerichtshof
vgl.	vergleiche
VIZ	Zeitschrift für Vermögens- und Investitionsrecht
VO	Verordnung
VOB	Verdingungsordnung für Bauleistungen
VOBl.	Verordnungsblatt
Vorb(em).	Vorbemerkung
VorsRichter	Vorsitzender Richter
VRS	Verkehrsrechts-Sammlung
VStG	Vermögensteuergesetz
v.T.w.	von Todes wegen
VuR	Verbraucher und Recht (Zeitschrift)
VVaG	Versicherungsverein auf Gegenseitigkeit
vVG	verdeckte Vorteilsgewährung
VVG	Gesetz über den Versicherungsvertrag (Versicherungsvertragsgesetz) vom 30.5.1908 (RGBl, 263)
VV RVG	Vergütungsverzeichnis zum RVG
VW	Versicherungswirtschaft (Zeitschrift)
VwGO	Verwaltungsgerichtsordnung i.d.F. vom 19.3.1991 (BGBl. I, 686)
VwVfG	Verwaltungsverfahrensgesetz
VwVG	Verwaltungs-Vollstreckungsgesetz
VwZG	Verwaltungs-Zustellungsgesetz
WährG	Währungsgesetz
WaffenG	Waffengesetz
WEG	Gesetz über das Wohnungseigentum und das Dauerwohnrecht
WG	Wechselgesetz vom 21.6.1933 (RGBl. I, 399)

Wistra	Zeitschrift für Wirtschafts- und Steuerstrafrecht
WM	Wertpapiermitteilungen (Zeitschrift)
WPg	Die Wirtschaftsprüfung (Zeitschrift)
WP-Hdb	Wirtschaftsprüfer-Handbuch
WpHG	Gesetz über den Wertpapierhandel (Wertpapierhandelsgesetz) i.d.F. vom 9.9.1998 (BGBl. I, 2708)
WPO	Gesetz über eine Berufsordnung der Wirtschaftsprüfer (Wirtschaftsprüferordnung) i.d.F. vom 5.11.1975 (BGBl. I, 2803)
WpPG	Gesetz über die Erstellung, Billigung und Veröffentlichung des Prospekts, der beim öffentlichen Angebot von Wertpapieren oder bei der Zulassung von Wertpapieren zum Handel an einem organisierten Markt zu veröffentlichen ist (Wertpapierprospektgesetz) vom 22.6.2005 (BGBl. I, 1698)
WpÜG	Wertpapiererwerbs- und Übernahmegesetz vom 20.12.2001 (BGBl. I, 3822)
WRP	Wettbewerb in Recht und Praxis (Zeitschrift)
WRV	Weimarer Reichsverfassung
WuB	Entscheidungssammlung zum Wirtschafts- und Bankrecht (Loseblatt-Zeitschrift)
WuW	Wirtschaft und Wettbewerb (Zeitschrift)
WZG	Warenzeichengesetz
ZAP	Zeitschrift für die anwaltliche Praxis
z.B.	zum Beispiel
ZBB	Zeitschrift für Bankrecht und Bankwirtschaft
ZBR	Zurückbehaltungsrecht
ZEV	Zeitschrift für Erbrecht und Vermögensnachfolge
ZfA	Zeitschrift für Arbeitsrecht
ZfB	Zeitschrift für Betriebswirtschaft
Zfbf	Zeitschrift für betriebswirtschaftliche Forschung
ZfRV	Zeitschrift für Rechtsvergleichung
ZfS	Zeitschrift für Schadensrecht (Jahr, Seite)
ZfV	Zeitschrift für Versicherungswesen
ZG	Zollgesetz
ZGR	Zeitschrift für Unternehmens- und Gesellschaftsrecht
ZHR	Zeitschrift für das gesamte Handelsrecht und Wirtschaftsrecht (Band (Jahr), Seite)
ZInsO	Zeitschrift für das gesamte Insolvenzrecht
ZIP	Zeitschrift für Wirtschaftsrecht und Insolvenzpraxis
ZMR	Zeitschrift für Miet- und Raumrecht
ZPO	Zivilprozessordnung i.d.F. vom 12.9.1950 (BGBl. I, 533)
ZS	Zivilsenat
ZSteu	Zeitschrift für Steuern und Recht
z.T.	zum Teil
zust.	zustimmend
zutr.	zutreffend

ZVG	Gesetz über die Zwangsversteigerung und Zwangsverwaltung (Zwangsversteigerungsgesetz) vom 24.3.1897 (RGBl., 97)
ZVI	Zeitschrift für Verbraucher- und Privat-Insolvenzrecht
zzgl.	zuzüglich
ZZP	Zeitschrift für Zivilprozess
z.Zt.	zur Zeit

Literaturverzeichnis

Achenbach/Ransiek Handbuch Wirtschaftsstrafrecht, 2. Aufl. 2008

Adler/Düring/Schmaltz Rechnungslegung nach Internationalen Standards, Loseblattsammlung, Stand 2011

Adler/Düring/Schmaltz Rechnungslegung und Prüfung der Unternehmen, 6. Aufl. 1995 ff.

Armbrüster/Preuß/Renner Beurkundungsgesetz und Dienstordnung für Notarinnen und Notare, 5. Aufl. 2009

Backes/Lindemann Staatlich organisierte Anonymität als Ermittlungsmethode bei Korruptions- und Wirtschaftsdelikten, 2006

Baetge/Kirsch/Thiele, Bilanzrecht, Loseblattsammlung, Stand 2011

Bassenge/Roth FamFG/ RPflG, 12. Aufl. 2009

Baumbach/Hopt Handelsgesetzbuch, 34. Aufl. 2010

Baumbach/Hueck GmbH-Gesetz, 19. Aufl. 2010

Bayer Der grenzüberschreitende Beherrschungsverträge, 1988

BeckBilKomm Beck,scher Bilanzkommentar, Handelsbilanz Steuerbilanz, herausgegeben von *Ellrott/Förschle/Hoyos/Winkeljohann*, 6. Aufl. 2006

BeckBilKomm Beck,scher Bilanzkommentar, Handelsbilanz Steuerbilanz, herausgegeben von *Ellrott/Förschle/Kozikowski/Winkeljohann*, 7. Aufl. 2010

BeckNotarHdb Beck'sches Notar Handbuch, herausgegeben von *Brambring/Jerschke*, 5. Aufl. 2009

BeckOK BGB Online-Kommentar zum BGB, herausgegeben von *Bamberger/Roth*, 19. Edition 2011

BeckOK GmbHG Online-Kommentar zum GmbHG, herausgegeben von *Ziemons/Jaeger*, 7. Edition 2011

Binz/Sorg Die GmbH und Co. KG, 11. Aufl. 2010

Binnewies Konzerneingangskontrolle in der abhängigen Gesellschaft, 1996

Bork Einführung in das Insolvenzrecht, 5. Aufl. 2009

Bork/Jacoby/Schwab FamFG, 2009

Bork/Schäfer Kommentar zum GmbHG, 2010

Bormann/Kauka/Ockelmann Handbuch GmbH-Recht, 2009

Büchel/von Rechenberg Handbuch des Fachanwalts Handels- und Gesellschaftsrecht, 2. Aufl. 2011

Budde/Förschle/Winkeljohann Sonderbilanzen, 4. Aufl. 2008

Bunnemann/Zirngibl Die Gesellschaft mit beschränkter Haftung in der Praxis, 2. Aufl. 2011

Bunnemann/Zirngibl Auswirkungen des MoMiG auf bestehende GmbHs, 2008

Cahn	Kapitalerhaltung im Konzern, 1998
Ebenroth/Boujong/Joost/Strohn	Handelsgesetzbuch, in 2 Bänden, 2. Aufl. 2008/2009
Emmerich/Habersack	Aktien- und GmbH-Konzernrecht, 6. Aufl. 2010
Emmerich/Habersack	Konzernrecht, 9. Aufl. 2008
Ensthaler/Füller/Schmidt	Kommentar zum GmbHG, 2. Aufl. 2009
Erfurter Kommentar zum Arbeitsrecht	Erfurter Kommentar zum Arbeitsrecht, herausgegeben von Preis/Müller-Glöge/Schmidt, Begründet von: Dietrich/Hanau/Schaub, 11. Aufl. 2011
Erman	Handkommentar zum Bürgerlichen Gesetzbuch, herausgegeben von *Westermann*, 12. Aufl. 2008
Fezer	Markenrecht, 4. Aufl. 2009
Fischer	Kommentar zum Strafgesetzbuch, 57. Aufl. 2010
FK InsO	Frankfurter Kommentar zur Insolvenzordnung, herausgegeben von *Wimmer*, 6. Aufl. 2011
Fleckner	Antike Kapitalvereinigungen, 2010
Fleischhauer/Preuß	Handelsregisterrecht, 2. Aufl. 2010
Flume	Allg. Teil des Bürgerl. Rechts, Band I/2, 1983
Gehrlein	Das neue GmbH-Recht, 2009
Geßler/Hefermehl/Eckardt/Kropff	Kommentar zum Aktiengesetz, 1973 ff.
GmbH-Handbuch	GmbH-Handbuch, herausgegeben von *Kallmeyer*, Loseblatt, Stand 2011
Goette/Habersack	Das MoMiG in Wissenschaft und Praxis, 2009
Grauer	Konzernbildungskontrolle, 1991
Griebel	Die Einmanngesellschaft, 1933
Grogoleit	Gesellschafterhaftung für interne Einflussnahme im Recht der GmbH, 2006
Großfeld	Recht der Unternehmensbewertung, 6. Aufl. 2011.
GroßKommAktG	Großkommentar zum Aktiengesetz, herausgegeben von *Hopt/Wiedemann*, 4. Aufl. 1993–2008
Grundmann	Der Treuhandvertrag, 1997
Grüner	Die Beendigung von Gewinnabführungs- und Beherrschungsverträgen, 2003
Hachenburg	Großkommentar zum GmbH-Gesetz, 8. Aufl. 1992 ff.
Hacker/Appleby/Schiele	Cabinet reshuffles and government watchdogs, 2010
Happ	Die GmbH im Prozess, 1997
Hauschka	Coporate Compliance Handbuch der Haftungsvermeidung im Unternehmen, 2. Aufl. 2010
Hauschka/Hirtz/Schäfer	Gesellschaftsrecht in der Diskussion 2007, 2008
Häuser	Unbestimmte Maßstäbe als Begründungselement richterlicher Entscheidungen, 1981

Hdb AG	Beck'sches Handbuch der AG, mit KGaA, Gesellschaftsrecht Steuerrecht Börsengang, herausgegeben von *Müller/Rödder*, 2. Aufl. 2009
Hdb GesR	Kölner Handbuch Gesellschaftsrecht, herausgegeben von *Eckhardt/Hermanns,* 2011
Hdb Rechnungslegung- Einzelabschluss	Kommentar zur Bilanzierung und Prüfung, herausgegeben von *Küting/Pfitzer/Weber*, Loseblattsammlung, Stand 2011
Hdb GmbH	Beck'sches Handbuch der GmbH, Gesellschaftsrecht Steuerrecht, herausgegeben von *Müller/* Winkeljohann, 4. Aufl. 2009
Hdb RechnungslegungsR	Beck'sches Handbuch der Rechnungslegung, herausgegeben von *Böcking/Castan/Heymann/Pfitzer/Scheffler* u.a., Loseblattsammlung, Stand 2011
Heckschen/Heidinger	Die GmbH in der Gestaltungspraxis, 2. Aufl. 2009
Heckschen/Simon	Umwandlungsrecht, 2003
Heidel	Aktienrecht und Kapitalmarktrecht, 3. Aufl. 2011
Herchen	Agio und verdecktes Agio im Recht der Kapitalgesellschaften, 2004
Herrmann/Heuer/Raupach	Einkommensteuer- und Körperschaftsteuergesetz: EStG KStG • Grundwerk zur Fortsetzung, Loseblatt, Stand 2011
Henssler/Prütting	Bundesrechtsanwaltsordnung: BRAO, 3. Aufl. 2010
Henssler/Willemsen/Kalb	Arbeitsrecht, 4. Aufl. 2010
Heybrock	Praxiskommentar zum GmbH-Recht, 2. Aufl. 2010
Hirte	Bezugsrechtsausschluss und Konzernbildung, 1986
Hirte	Kapitalgesellschaftsrecht, 5. Aufl. 2006
Hirte	Kapitalgesellschaftsrecht, 6. Aufl. 2009
Hirte	Kapitalgesellschaftsrecht, 7. Aufl. 2011
HK InsO	Heidelberger Kommentar zur Insolvenzordnung, herausgegeben von *Kreft*, 5. Aufl. 2008
Hofmann	Der Minderheitsschutz im Gesellschaftsrecht, 2011
Holzapfel/Pöllath	Unternehmenskauf in Recht und Praxis, 13. Aufl. 2008
Holzapfel/Pöllath	Unternehmenskauf in Recht und Praxis, 14. Aufl. 2010
Hommelhoff	Die Konzernleitungspflicht, 1982
Hommelhoff/Semler/Doralt	Entwicklungen im GmbH-Konzernrecht, 1986
Hueck	Der Grundsatz der gleichmäßigen Behandlung im Privatrecht, 1958
Hüffer	Aktienrecht, 9. Aufl. 2010
Immenga	Die personalistische Kapitalgesellschaft, 1970
Jaeger	Insolvenzordnung, 2004 ff.
Jordans	Die verdeckte Sacheinlage und die verdeckte Finanzierung nach dem MoMiG, 2011

JurisPK-BGB	juris Praxiskommentar BGB, Schuldrecht, herausgegeben von *Herberger/Martinek/Rüßmann/Weth*, 5. Aufl. 2011
Kallmeyer	Umwandlungsgesetz, Kommentar, Verschmelzung, Spaltung und Formenwechsel bei Handelsgesellschaften, 3. Aufl. 2006
Keidel	FamFG – Kommentar zum Gesetz über das Verfahren in Familiensachen und in den Angelegenheiten der freiwilligen Gerichtsbarkeit, herausgegeben von *Engelhardt/Sternal*, 17. Aufl. 2011
KK-AktG	Kölner Kommentar zum Aktiengesetz, herausgegeben von *Zöllner/Noack*, 2./3. Aufl. 1983/2004 ff.
KK-UmwG	Kölner Kommentar zum Umwandlungsgesetz, herausgegeben von *Dauner-Lieb/Simon*, 2009
Kleine-Cosack	BRAO, 6. Aufl. 2009
Kley	Die Rechtsstellung der außenstehenden Aktionäre, 1986
Kruschwitz/Löffler/Essler	Unternehmensbewertung für die Praxis, 2009
Koller/Roth/Morck	Handelsgesetzbuch, 7. Aufl. 2011 f.
Korintenberg/Lappe/Bengel/Reimann	Kostenordnung: Gesetz über die Kosten in Angelegenheiten der freiwilligen Gerichtsbarkeit, 18. Aufl. 2010
Krafka/Willer/Kühn	Registerrecht, 8. Aufl. 2010
Kübler/Assmann	Gesellschaftsrecht, 6. Aufl. 2006
Kuhn	Strohmanngründung bei Kapitalgesellschaften, 1964
Kuntz	Informationsweitergabe durch die Geschäftsleiter beim Buyout unter Managementbeteiligung, 2009
Langenfeld	GmbH-Vertragspraxis, 6. Aufl. 2009
Liebscher	GmbH-Konzernrecht, 2006
Lutter/Hommelhoff	Kommentar zum GmbH-Gesetz, 17. Aufl. 2009
Lutter/Winter	Umwandlungsgesetz, 4. Aufl. 2009
Martens	Die existenzielle Wirtschaftsabhängigkeit, 1979
Melber	Die Kaduzierung in der GmbH, 1993
Melchior/Schulte	Handelsregisterverordnung, 2. Aufl. 2009
Meyer-Landrut	Formularbuch GmbH-Recht, 1. Aufl. 2011
Michalski	Kommentar zum GmbH-Gesetz, Bände I-II, Band I §§ 1-34. Band II §§ 35-85 und §§ 1-4 EGGmbHG, 2002
Michalski	Kommentar zum GmbH-Gesetz, Bände I-II, Band I §§ 1-34. Band II §§ 35-85 und §§ 1-4 EGGmbHG, 2. Aufl. 2010
Müller-Erzbach	Das private Recht der Mitgliedschaft als Prüfstein des kausalen Rechtsdenkens, 1948
Müller-Gugenberger/Bieneck	Wirtschaftsstrafrecht, 5. Aufl. 2011

MünchAnwHdbGmbHR	Münchener Anwaltshandbuch GmbH-Recht, herausgegeben von *Römermann*, 2. Aufl. 2009
MünchKommAktG	Münchener Kommentar zum Aktiengesetz, herausgegeben von *Goette/Habersack*, in 7 Bänden, 3. Aufl. 2008 ff.
MünchKommBGB	Münchener Kommentar zum Bürgerlichen Gesetzbuch, herausgegeben von *Rebmann/Säcker/Rixecker*, in 11 Bänden, 5. Aufl. 2006-2010
MünchKommHGB	Münchener Kommentar zum Handelsgesetzbuch, herausgegeben von *K. Schmidt*, in 7 Bänden, 2. Aufl. 2009 (bzw. 2005 ff.)
MünchKommInsO	Münchener Kommentar zur Insolvenzordnung, herausgegeben von *Kirchof/Lwowski/Stürner*, in 3 Bänden, 2. Aufl. 2008
MünchKommGmbHG	Münchener Kommentar zum Gesetz betreffend die Gesellschaften mit beschränkter Haftung – GmbHG, herausgegeben von *Fleischer/Goette*, in 3 Bänden, 2010-2011
MünchKommStGB	Münchener Kommentar zum Strafgesetzbuch, herausgegeben von *Joecks/Miebach*, in 8 Bänden, 2003-2011
Mülbert	Aktiengesellschaft, Unternehmensgruppe und Kapitalmarkt, 2. Aufl. 1996
MünchHdbGesR	Band 3: GmbH, herausgegeben von *Priester/Mayer*, 3. Aufl. 2009
MünchHdbGesR	Band 4: Aktiengesellschaft, herausgegeben von *Hoffmann-Becking*, 3. Aufl. 2007
MünchVertrHdb I	Münchener Vertragshandbuch Band 1: Gesellschaftsrecht, herausgegeben von *Heidenhain/Meister/Waldner*, 6. Aufl. 2005, 7. Aufl. 2011
Musielak	Kommentar zur Zivilprozessordnung, 7. Aufl. 2009
Noack	Gesellschaftervereinbarungen bei Kapitalgesellschaften, 1994
Oetker	Handelsrecht, 6. Aufl. 2010
Palandt	Kurzkommentar zum BGB, 70. Aufl. 2011
Passarge/Torwegge	Die GmbH in der Liquidation, 2008
Peters	GmbH-Mantel als gesellschaftsrechtliches Problem, 1989
Piltz	Die Unternehmensbewertung in der Rechtsprechung, 3. Aufl. 1994
Poertzgen	Organhaftung wegen Insolvenzverschleppung, 2006
Prütting/Wegen/Weinreich,	BGB, 6. Aufl. 2011
Raiser/Veil	Mitbestimmungsgesetz und Drittelbeteiligungsgesetz, 5. Aufl. 2009
Raiser/Veil	Recht der Kapitalgesellschaft, 5. Aufl. 2010

Rehbinder	Konzernaußenrecht und allgemeines Privatrecht, 1969
Richardi	Betriebsverfassungsgesetz, 12. Aufl. 2010
Ring/Grziwotz	Systematischer Praxiskommentar GmbH-Recht, 2009
Rödder/Herlinghaus/van Lishaut	Umwandlungssteuergesetz, 2007
Röhricht/Graf von Westphalen	Handelsgesetzbuch, 3. Aufl. 2008
Roth/Altmeppen	Kommentar zum GmbHG, 6. Aufl. 2009
Rowedder/Schmidt-Leithoff,	Kommentar zum GmbH-Gesetz, 4. Aufl. 2002
Saenger/Inhester	GmbH-Gesetz, Handkommentar, 2011
Schall	Kapitalgesellschaftsrechtlicher Gläubigerschutz, 2009
Schanze	Einmanngesellschaft und Durchgriffshaftung, 1975
Schmidt K.	Gesellschaftsrecht, 4. Aufl. 2002
Schmidt K./Lutter	Aktiengesetz, 2. Aufl. 2010
Schmidt/Riegger	Gesellschaftsrecht, 1999
Schmidt/Uhlenbruck	Die GmbH in Krise, Sanierung und Insolvenz, 4. Aufl. 2009
Schmitt/Hörtnagl/Stratz	Umwandlungsgesetz, Umwandlungssteuergesetz: UmwG/UmwStG, 5. Aufl. 2009
Schmolke	Kapitalerhaltung in der GmbH nach dem MoMiG, 2009
Schneider Uwe H.	Der GmbH-Konzern, 1976
Scholz	Kommentar zum GmbH-Gesetz, Bände I-III, Band I §§ 1-34, Band II §§ 35-52, Band III §§ 53-85, 10. Aufl. 2006-2010
Schöner/Stöber	Grundbuchrecht, 14. Auflage 2008
Schotten/Schmellenkamp	Das Internationale Privatrecht in der notariellen Praxis, 2. Aufl. 2007
Schulte-Bunert/Weinreich	FamFG, Kommentar, 3. Aufl. 2011
Schulz	Die masselose Liquidation der GmbH, 1997
Semler/Stengel	Kommentar zum UmwG, 2. Aufl. 2007
Semler/Volhard	Arbeitshandbuch für die Hauptversammlung, 2. Aufl. 2003
Simon	Kommentar zum Spruchverfahrensgesetz, 2007
Söder/Bömeke	Angelegenheiten moderner Gesellschaftsrechtsgesetzgebung, 2011
Soergel	Bürgerliches Gesetzbuch mit Einführungsgesetz und Nebengesetzen, 13. Aufl. 2000-2011
Spindler/Stilz	Kommentar zum Aktiengesetz, Bänden I-II, Band I §§ 1-149, Band II §§ 150-410, 2. Aufl. 2010
Staudinger	Kommentar zum BGB, 1993 ff.
Stein/Jonas	Kommentar zur Zivilprozessordnung, 22. Aufl. 2002
Theobald	Entwicklungen zur Durchgriffs- und Konzernhaftung, 2002

Thole	Gläubigerschutz durch Insolvenzrecht, 2010
Thomas/Putzo	ZPO-Kommentar, 32 Aufl. 2011
Tiedemann	Kommentar zum GmbH-Strafrecht, 4. Aufl. 2002
Tieves	Der Unternehmensgegenstand der Kapitalgesellschaft, 1998
Trölitzsch	Differenzhaftung für Sacheinlagen in Kapitalgesellschaften, 1998
Tröger	Treupflicht im Konzernrecht, 1999
Troll/Gebel/Jülicher	ErbStG, Loseblatt, 42. Aufl. 2011
Uhlenbruck	InsO, 13. Aufl. 2010
Uhlenbruck/Hirte/Vallender	Insolvenzordnung, 13. Aufl. 2010
Ulmer/Habersack/Henssler	Mitbestimmungsrecht, 2. Aufl. 2006
Ulmer/Habersack/Winter	GmbHG-Gesetz betreffend die Gesellschaften mit beschränkter Haftung: GmbH-Großkommentar, Gesamtwerk – Bände I-III, Band I: Einleitung, §§ 1-28, Band II: §§ 29-52, Band III, §§ 53-87 2005-2008
Verse	Der Gleichbehandlungsgrundsatz im Recht der Kapitalgesellschaften, 2006
Vogel	Gesellschafterbeschlüsse, 2. Aufl. 1986
Wachter	Fachanwaltshandbuch Handels- und Gesellschaftsrecht, 2. Auflage 2010
Weber	Vormitgliedschaftliche Treubindungen, 1999
Wicke	Gesetz betreffend die Gesellschaften mit beschränkter Haftung (GmbHG), 2008
Widmann/Mayer	Umwandlungsrecht, Looseblattsammlung Stand 2011
Wiedemann	Gesellschaftsrecht, Band II, 2004
Wiedemann/Frey	Gesellschaftsrecht, 7. Aufl. 2007
Wilhelm	Rechtsform und Haftung bei der juristischen Person, 1981
Wilhelm	Beendigung des Beherrschungs- und Gewinnabführungsvertrages, 1975
Willemsen/Hohenstatt/Schweibert/Seibt	Umstrukturierung und Übertragung von Unternehmen, 3. Aufl. 2008
Windbichler	Gesellschaftsrecht, 22. Aufl. 2009
Windbichler	Unternehmensverträge und Zusammenschlusskontrolle, 1977
Winnefeld	Bilanz-Handbuch, 4. Aufl. 2006
Winter, Martin	Mitgliedschaftliche Treubindungen im GmbH-Recht, 1988
Winter, Michael	Horizontale Haftung im Konzern, 2005
Wlotzke/Wißmann/Koberski/Kleinsorge	Mittbestimmungsrecht 4. Aufl. 2011
Zöller	Zivilprozessordnung, 28. Aufl. 2010

Gesetz betreffend die Gesellschaften mit beschränkter Haftung (GmbHG)

In der im Bundesgesetzblatt Teil III, Gliederungsnummer 4123-1, veröffentlichten bereinigten Fassung
Zuletzt geändert durch Artikel 5 des Gesetzes vom 31. Juli 2009 (BGBl. I S. 2509)

Erster Abschnitt Errichtung der Gesellschaft

§ 1 Zweck; Gründerzahl

Gesellschaften mit beschränkter Haftung können nach Maßgabe der Bestimmungen dieses Gesetzes zu jedem gesetzlich zulässigen Zweck durch eine oder mehrere Personen errichtet werden.

§ 2 Form des Gesellschaftsvertrags

(1) [1]Der Gesellschaftsvertrag bedarf notarieller Form. [2]Er ist von sämtlichen Gesellschaftern zu unterzeichnen.

(1a) [1]Die Gesellschaft kann in einem vereinfachten Verfahren gegründet werden, wenn sie höchstens drei Gesellschafter und einen Geschäftsführer hat. [2]Für die Gründung im vereinfachten Verfahren ist das in der Anlage bestimmte Musterprotokoll zu verwenden. [3]Darüber hinaus dürfen keine vom Gesetz abweichenden Bestimmungen getroffen werden. [4]Das Musterprotokoll gilt zugleich als Gesellschafterliste. [5]Im Übrigen finden auf das Musterprotokoll die Vorschriften dieses Gesetzes über den Gesellschaftsvertrag entsprechende Anwendung.

(2) Die Unterzeichnung durch Bevollmächtigte ist nur auf Grund einer notariell errichteten oder beglaubigten Vollmacht zulässig.

§ 3 Inhalt des Gesellschaftsvertrags

(1) Der Gesellschaftsvertrag muss enthalten:

1. die Firma und den Sitz der Gesellschaft,
2. den Gegenstand des Unternehmens,
3. den Betrag des Stammkapitals,
4. die Zahl und die Nennbeträge der Geschäftsanteile, die jeder Gesellschafter gegen Einlage auf das Stammkapital (Stammeinlage) übernimmt.

(2) Soll das Unternehmen auf eine gewisse Zeit beschränkt sein oder sollen den Gesellschaftern außer der Leistung von Kapitaleinlagen noch andere Verpflichtungen gegenüber der Gesellschaft auferlegt werden, so bedürfen auch diese Bestimmungen der Aufnahme in den Gesellschaftsvertrag.

§ 4 Firma

Die Firma der Gesellschaft muss, auch wenn sie nach § 22 des Handelsgesetzbuchs oder nach anderen gesetzlichen Vorschriften fortgeführt wird, die Bezeichnung »Gesellschaft mit beschränkter Haftung« oder eine allgemein verständliche Abkürzung dieser Bezeichnung enthalten.

§ 4a Sitz der Gesellschaft

Sitz der Gesellschaft ist der Ort im Inland, den der Gesellschaftsvertrag bestimmt.

§ 5 Stammkapital; Geschäftsanteil

(1) Das Stammkapital der Gesellschaft muss mindestens fünfundzwanzigtausend Euro betragen.

(2) [1]Der Nennbetrag jedes Geschäftsanteils muss auf volle Euro lauten. [2]Ein Gesellschafter kann bei Errichtung der Gesellschaft mehrere Geschäftsanteile übernehmen.

(3) [1]Die Höhe der Nennbeträge der einzelnen Geschäftsanteile kann verschieden bestimmt werden. [2]Die Summe der Nennbeträge aller Geschäftsanteile muss mit dem Stammkapital übereinstimmen.

(4) [1]Sollen Sacheinlagen geleistet werden, so müssen der Gegenstand der Sacheinlage und der Nennbetrag des Geschäftsanteils, auf den sich die Sacheinlage bezieht, im Gesellschaftsvertrag festgesetzt werden. [2]Die Gesellschafter haben in einem Sachgründungsbericht die für die Angemessenheit der Leistungen für Sacheinlagen wesentlichen Umstände darzulegen und beim Übergang eines Unternehmens auf die Gesellschaft die Jahresergebnisse der beiden letzten Geschäftsjahre anzugeben.

§ 5a Unternehmergesellschaft

(1) Eine Gesellschaft, die mit einem Stammkapital gegründet wird, das den Betrag des Mindeststammkapitals nach § 5 Abs. 1 unterschreitet, muss in der Firma abweichend von § 4 die Bezeichnung »Unternehmergesellschaft (haftungsbeschränkt)« oder »UG (haftungsbeschränkt)« führen.

(2) [1]Abweichend von § 7 Abs. 2 darf die Anmeldung erst erfolgen, wenn das Stammkapital in voller Höhe eingezahlt ist. [2]Sacheinlagen sind ausgeschlossen.

(3) [1]In der Bilanz des nach den §§ 242, 264 des Handelsgesetzbuchs aufzustellenden Jahresabschlusses ist eine gesetzliche Rücklage zu bilden, in die ein Viertel des um einen Verlustvortrag aus dem Vorjahr geminderten Jahresüberschusses einzustellen ist. [2]Die Rücklage darf nur verwandt werden

1. für Zwecke des § 57c;
2. zum Ausgleich eines Jahresfehlbetrags, soweit er nicht durch einen Gewinnvortrag aus dem Vorjahr gedeckt ist;

3. zum Ausgleich eines Verlustvortrags aus dem Vorjahr, soweit er nicht durch einen Jahresüberschuss gedeckt ist.

(4) Abweichend von § 49 Abs. 3 muss die Versammlung der Gesellschafter bei drohender Zahlungsunfähigkeit unverzüglich einberufen werden.

(5) Erhöht die Gesellschaft ihr Stammkapital so, dass es den Betrag des Mindeststammkapitals nach § 5 Abs. 1 erreicht oder übersteigt, finden die Absätze 1 bis 4 keine Anwendung mehr; die Firma nach Absatz 1 darf beibehalten werden.

§ 6 Geschäftsführer

(1) Die Gesellschaft muss einen oder mehrere Geschäftsführer haben.

(2) [1]Geschäftsführer kann nur eine natürliche, unbeschränkt geschäftsfähige Person sein. [2]Geschäftsführer kann nicht sein, wer

1. als Betreuter bei der Besorgung seiner Vermögensangelegenheiten ganz oder teilweise einem Einwilligungsvorbehalt (§ 1903 des Bürgerlichen Gesetzbuchs) unterliegt,
2. aufgrund eines gerichtlichen Urteils oder einer vollziehbaren Entscheidung einer Verwaltungsbehörde einen Beruf, einen Berufszweig, ein Gewerbe oder einen Gewerbezweig nicht ausüben darf, sofern der Unternehmensgegenstand ganz oder teilweise mit dem Gegenstand des Verbots übereinstimmt,
3. wegen einer oder mehrerer vorsätzlich begangener Straftaten
   a) des Unterlassens der Stellung des Antrags auf Eröffnung des Insolvenzverfahrens (Insolvenzverschleppung),
   b) nach den §§ 283 bis 283d des Strafgesetzbuchs (Insolvenzstraftaten),
   c) der falschen Angaben nach § 82 dieses Gesetzes oder § 399 des Aktiengesetzes,
   d) der unrichtigen Darstellung nach § 400 des Aktiengesetzes, § 331 des Handelsgesetzbuchs, § 313 des Umwandlungsgesetzes oder § 17 des Publizitätsgesetzes oder
   e) nach den §§ 263 bis 264a oder den §§ 265b bis 266a des Strafgesetzbuchs zu einer Freiheitsstrafe von mindestens einem Jahr

   verurteilt worden ist; dieser Ausschluss gilt für die Dauer von fünf Jahren seit der Rechtskraft des Urteils, wobei die Zeit nicht eingerechnet wird, in welcher der Täter auf behördliche Anordnung in einer Anstalt verwahrt worden ist.

[3]Satz 2 Nr. 3 gilt entsprechend bei einer Verurteilung im Ausland wegen einer Tat, die mit den in Satz 2 Nr. 3 genannten Taten vergleichbar ist.

(3) [1]Zu Geschäftsführern können Gesellschafter oder andere Personen bestellt werden. [2]Die Bestellung erfolgt entweder im Gesellschaftsvertrag oder nach Maßgabe der Bestimmungen des dritten Abschnitts.

(4) Ist im Gesellschaftsvertrag bestimmt, dass sämtliche Gesellschafter zur Geschäftsführung berechtigt sein sollen, so gelten nur die der Gesellschaft bei Festsetzung dieser Bestimmung angehörenden Personen als die bestellten Geschäftsführer.

(5) Gesellschafter, die vorsätzlich oder grob fahrlässig einer Person, die nicht Geschäftsführer sein kann, die Führung der Geschäfte überlassen, haften der Gesellschaft solidarisch für den Schaden, der dadurch entsteht, dass diese Person die ihr gegenüber der Gesellschaft bestehenden Obliegenheiten verletzt.

§ 7 Anmeldung der Gesellschaft

(1) Die Gesellschaft ist bei dem Gericht, in dessen Bezirk sie ihren Sitz hat, zur Eintragung in das Handelsregister anzumelden.

(2) [1]Die Anmeldung darf erst erfolgen, wenn auf jeden Geschäftsanteil, soweit nicht Sacheinlagen vereinbart sind, ein Viertel des Nennbetrags eingezahlt ist. [2]Insgesamt muss auf das Stammkapital mindestens soviel eingezahlt sein, dass der Gesamtbetrag der eingezahlten Geldeinlagen zuzüglich des Gesamtnennbetrags der Geschäftsanteile, für die Sacheinlagen zu leisten sind, die Hälfte des Mindeststammkapitals gemäß § 5 Abs. 1 erreicht.

(3) Die Sacheinlagen sind vor der Anmeldung der Gesellschaft zur Eintragung in das Handelsregister so an die Gesellschaft zu bewirken, dass sie endgültig zur freien Verfügung der Geschäftsführer stehen.

§ 8 Inhalt der Anmeldung

(1) Der Anmeldung müssen beigefügt sein:

1. der Gesellschaftsvertrag und im Fall des § 2 Abs. 2 die Vollmachten der Vertreter, welche den Gesellschaftsvertrag unterzeichnet haben, oder eine beglaubigte Abschrift dieser Urkunden,
2. die Legitimation der Geschäftsführer, sofern dieselben nicht im Gesellschaftsvertrag bestellt sind,
3. eine von den Anmeldenden unterschriebene Liste der Gesellschafter, aus welcher Name, Vorname, Geburtsdatum und Wohnort der letzteren sowie die Nennbeträge und die laufenden Nummern der von einem jeden derselben übernommenen Geschäftsanteile ersichtlich sind,
4. im Fall des § 5 Abs. 4 die Verträge, die den Festsetzungen zu Grunde liegen oder zu ihrer Ausführung geschlossen worden sind, und der Sachgründungsbericht,
5. wenn Sacheinlagen vereinbart sind, Unterlagen darüber, dass der Wert der Sacheinlagen den Nennbetrag der dafür übernommenen Geschäftsanteile erreicht.

(2) [1]In der Anmeldung ist die Versicherung abzugeben, dass die in § 7 Abs. 2 und 3 bezeichneten Leistungen auf die Geschäftsanteile bewirkt sind und dass der Gegenstand der Leistungen sich endgültig in der freien Verfügung der Geschäftsführer befindet. [2]Das Gericht kann bei erheblichen Zweifeln an der Richtigkeit der Versicherung Nachweise (unter anderem Einzahlungsbelege) verlangen.

(3) [1]In der Anmeldung haben die Geschäftsführer zu versichern, dass keine Umstände vorliegen, die ihrer Bestellung nach § 6 Abs. 2 Satz 2 Nr. 2 und 3 sowie Satz 3 entgegenstehen, und dass sie über ihre unbeschränkte Auskunftspflicht gegenüber dem Gericht belehrt worden sind. [2]Die Belehrung nach § 53 Abs. 2 des Bundeszentralregistergesetzes kann schriftlich vorgenommen werden; sie kann auch durch einen Notar oder einen im Ausland bestellten Notar, durch einen Vertreter eines vergleichbaren rechtsberatenden Berufs oder einen Konsularbeamten erfolgen.

(4) In der Anmeldung sind ferner anzugeben:

1. eine inländische Geschäftsanschrift,
2. Art und Umfang der Vertretungsbefugnis der Geschäftsführer.

(5) Für die Einreichung von Unterlagen nach diesem Gesetz gilt § 12 Abs. 2 des Handelsgesetzbuchs entsprechend.

§ 9 Überbewertung der Sacheinlagen

(1) [1]Erreicht der Wert einer Sacheinlage im Zeitpunkt der Anmeldung der Gesellschaft zur Eintragung in das Handelsregister nicht den Nennbetrag des dafür übernommenen Geschäftsanteils, hat der Gesellschafter in Höhe des Fehlbetrags eine Einlage in Geld zu leisten. [2]Sonstige Ansprüche bleiben unberührt.

(2) Der Anspruch der Gesellschaft nach Absatz 1 Satz 1 verjährt in zehn Jahren seit der Eintragung der Gesellschaft in das Handelsregister.

§ 9a Ersatzansprüche der Gesellschaft

(1) Werden zum Zweck der Errichtung der Gesellschaft falsche Angaben gemacht, so haben die Gesellschafter und Geschäftsführer der Gesellschaft als Gesamtschuldner fehlende Einzahlungen zu leisten, eine Vergütung, die nicht unter den Gründungsaufwand aufgenommen ist, zu ersetzen und für den sonst entstehenden Schaden Ersatz zu leisten.

(2) Wird die Gesellschaft von Gesellschaftern durch Einlagen oder Gründungsaufwand vorsätzlich oder aus grober Fahrlässigkeit geschädigt, so sind ihr alle Gesellschafter als Gesamtschuldner zum Ersatz verpflichtet.

(3) Von diesen Verpflichtungen ist ein Gesellschafter oder ein Geschäftsführer befreit, wenn er die die Ersatzpflicht begründenden Tatsachen weder kannte noch bei Anwendung der Sorgfalt eines ordentlichen Geschäftsmannes kennen musste.

(4) [1]Neben den Gesellschaftern sind in gleicher Weise Personen verantwortlich, für deren Rechnung die Gesellschafter Geschäftsanteile übernommen haben. [2]Sie können sich auf ihre eigene Unkenntnis nicht wegen solcher Umstände berufen, die ein für ihre Rechnung handelnder Gesellschafter kannte oder bei Anwendung der Sorgfalt eines ordentlichen Geschäftsmannes kennen musste.

§ 9b Verzicht auf Ersatzansprüche

(1) [1]Ein Verzicht der Gesellschaft auf Ersatzansprüche nach § 9a oder ein Vergleich der Gesellschaft über diese Ansprüche ist unwirksam, soweit der Ersatz zur Befriedigung der Gläubiger der Gesellschaft erforderlich ist. [2]Dies gilt nicht, wenn der Ersatzpflichtige zahlungsunfähig ist und sich zur Abwendung des Insolvenzverfahrens mit seinen Gläubigern vergleicht oder wenn die Ersatzpflicht in einem Insolvenzplan geregelt wird.

(2) [1]Ersatzansprüche der Gesellschaft nach § 9a verjähren in fünf Jahren. [2]Die Verjährung beginnt mit der Eintragung der Gesellschaft in das Handelsregister oder, wenn die zum Ersatz verpflichtende Handlung später begangen worden ist, mit der Vornahme der Handlung.

§ 9c Ablehnung der Eintragung

(1) [1]Ist die Gesellschaft nicht ordnungsgemäß errichtet und angemeldet, so hat das Gericht die Eintragung abzulehnen. [2]Dies gilt auch, wenn Sacheinlagen nicht unwesentlich überbewertet worden sind.

(2) Wegen einer mangelhaften, fehlenden oder nichtigen Bestimmung des Gesellschaftsvertrages darf das Gericht die Eintragung nach Absatz 1 nur ablehnen, soweit diese Bestimmung, ihr Fehlen oder ihre Nichtigkeit

1. Tatsachen oder Rechtsverhältnisse betrifft, die nach § 3 Abs. 1 oder auf Grund anderer zwingender gesetzlicher Vorschriften in dem Gesellschaftsvertrag bestimmt sein müssen oder die in das Handelsregister einzutragen oder von dem Gericht bekanntzumachen sind,
2. Vorschriften verletzt, die ausschließlich oder überwiegend zum Schutze der Gläubiger der Gesellschaft oder sonst im öffentlichen Interesse gegeben sind, oder
3. die Nichtigkeit des Gesellschaftsvertrages zur Folge hat.

§ 10 Inhalt der Eintragung

(1) [1]Bei der Eintragung in das Handelsregister sind die Firma und der Sitz der Gesellschaft, eine inländische Geschäftsanschrift, der Gegenstand des Unternehmens, die Höhe des Stammkapitals, der Tag des Abschlusses des Gesellschaftsvertrages und die Personen der Geschäftsführer anzugeben. [2]Ferner ist einzutragen, welche Vertretungsbefugnis die Geschäftsführer haben.

(2) [1]Enthält der Gesellschaftsvertrag Bestimmungen über die Zeitdauer der Gesellschaft oder über das genehmigte Kapital, so sind auch diese Bestimmungen einzutragen. [2]Wenn eine Person, die für Willenserklärungen und Zustellungen an die Gesellschaft empfangsberechtigt ist, mit einer inländischen Anschrift zur Eintragung in das Handelsregister angemeldet wird, sind auch diese Angaben einzutragen; Dritten gegenüber gilt die Empfangsberechtigung als fortbestehend, bis sie im Handelsregis-

ter gelöscht und die Löschung bekannt gemacht worden ist, es sei denn, dass die fehlende Empfangsberechtigung dem Dritten bekannt war.

§ 11 Rechtszustand vor der Eintragung

(1) Vor der Eintragung in das Handelsregister des Sitzes der Gesellschaft besteht die Gesellschaft mit beschränkter Haftung als solche nicht.

(2) Ist vor der Eintragung im Namen der Gesellschaft gehandelt worden, so haften die Handelnden persönlich und solidarisch.

§ 12 Bekanntmachungen der Gesellschaft

[1]Bestimmt das Gesetz oder der Gesellschaftsvertrag, dass von der Gesellschaft etwas bekannt zu machen ist, so erfolgt die Bekanntmachung im elektronischen Bundesanzeiger (Gesellschaftsblatt). [2]Daneben kann der Gesellschaftsvertrag andere öffentliche Blätter oder elektronische Informationsmedien als Gesellschaftsblätter bezeichnen. [3]Sieht der Gesellschaftsvertrag vor, dass Bekanntmachungen der Gesellschaft im Bundesanzeiger erfolgen, so ist die Bekanntmachung im elektronischen Bundesanzeiger ausreichend.

Zweiter Abschnitt Rechtsverhältnisse der Gesellschaft und der Gesellschafter

§ 13 Juristische Person; Handelsgesellschaft*

(1) Die Gesellschaft mit beschränkter Haftung als solche hat selbstständig ihre Rechte und Pflichten; sie kann Eigentum und andere dingliche Rechte an Grundstücken erwerben, vor Gericht klagen und verklagt werden.

(2) Für die Verbindlichkeiten der Gesellschaft haftet den Gläubigern derselben nur das Gesellschaftsvermögen.

(3) Die Gesellschaft gilt als Handelsgesellschaft im Sinne des Handelsgesetzbuchs.

§ 14 Einlagepflicht

[1]Auf jeden Geschäftsanteil ist eine Einlage zu leisten. [2]Die Höhe der zu leistenden Einlage richtet sich nach dem bei der Errichtung der Gesellschaft im Gesellschaftsvertrag festgesetzten Nennbetrag des Geschäftsanteils. [3]Im Fall der Kapitalerhöhung bestimmt sich die Höhe der zu leistenden Einlage nach dem in der Übernahmeerklärung festgesetzten Nennbetrag des Geschäftsanteils.

§ 15 Übertragung von Geschäftsanteilen

(1) Die Geschäftsanteile sind veräußerlich und vererblich.

(2) Erwirbt ein Gesellschafter zu seinem ursprünglichen Geschäftsanteil weitere Geschäftsanteile, so behalten dieselben ihre Selbstständigkeit.

(3) Zur Abtretung von Geschäftsanteilen durch Gesellschafter bedarf es eines in notarieller Form geschlossenen Vertrages.

(4) [1]Der notariellen Form bedarf auch eine Vereinbarung, durch welche die Verpflichtung eines Gesellschafters zur Abtretung eines Geschäftsanteils begründet wird. [2]Eine ohne diese Form getroffene Vereinbarung wird jedoch durch den nach Maßgabe des vorigen Absatzes geschlossenen Abtretungsvertrag gültig.

(5) Durch den Gesellschaftsvertrag kann die Abtretung der Geschäftsanteile an weitere Voraussetzungen geknüpft, insbesondere von der Genehmigung der Gesellschaft abhängig gemacht werden.

§ 16 Rechtsstellung bei Wechsel der Gesellschafter oder Veränderung des Umfangs ihrer Beteiligung; Erwerb vom Nichtberechtigten

(1) [1]Im Verhältnis zur Gesellschaft gilt im Fall einer Veränderung in den Personen der Gesellschafter oder des Umfangs ihrer Beteiligung als Inhaber eines Geschäftsanteils nur, wer als solcher in der im Handelsregister aufgenommenen Gesellschafterliste (§ 40) eingetragen ist. [2]Eine vom Erwerber in Bezug auf das Gesellschaftsverhältnis vorgenommene Rechtshandlung gilt als von Anfang an wirksam, wenn die Liste unverzüglich nach Vornahme der Rechtshandlung in das Handelsregister aufgenommen wird.

(2) Für Einlageverpflichtungen, die in dem Zeitpunkt rückständig sind, ab dem der Erwerber gemäß Absatz 1 Satz 1 im Verhältnis zur Gesellschaft als Inhaber des Geschäftsanteils gilt, haftet der Erwerber neben dem Veräußerer.

(3) [1]Der Erwerber kann einen Geschäftsanteil oder ein Recht daran durch Rechtsgeschäft wirksam vom Nichtberechtigten erwerben, wenn der Veräußerer als Inhaber des Geschäftsanteils in der im Handelsregister aufgenommenen Gesellschafterliste eingetragen ist. [2]Dies gilt nicht, wenn die Liste zum Zeitpunkt des Erwerbs hinsichtlich des Geschäftsanteils weniger als drei Jahre unrichtig und die Unrichtigkeit dem Berechtigten nicht zuzurechnen ist. [3]Ein gutgläubiger Erwerb ist ferner nicht möglich, wenn dem Erwerber die mangelnde Berechtigung bekannt oder infolge grober Fahrlässigkeit unbekannt ist oder der Liste ein Widerspruch zugeordnet ist. [4]Die Zuordnung eines Widerspruchs erfolgt aufgrund einer einstweiligen Verfügung oder aufgrund einer Bewilligung desjenigen, gegen dessen Berechtigung sich der Widerspruch richtet. [5]Eine Gefährdung des Rechts des Widersprechenden muss nicht glaubhaft gemacht werden.

§ 17

(weggefallen)

§ 18 Mitberechtigung am Geschäftsanteil

(1) Steht ein Geschäftsanteil mehreren Mitberechtigten ungeteilt zu, so können sie die Rechte aus demselben nur gemeinschaftlich ausüben.

(2) Für die auf den Geschäftsanteil zu bewirkenden Leistungen haften sie der Gesellschaft solidarisch.

(3) [1]Rechtshandlungen, welche die Gesellschaft gegenüber dem Inhaber des Anteils vorzunehmen hat, sind, sofern nicht ein gemeinsamer Vertreter der Mitberechtigten vorhanden ist, wirksam, wenn sie auch nur gegenüber einem Mitberechtigten vorgenommen werden. [2]Gegenüber mehreren Erben eines Gesellschafters findet diese Bestimmung nur in bezug auf Rechtshandlungen Anwendung, welche nach Ablauf eines Monats seit dem Anfall der Erbschaft vorgenommen werden.

§ 19 Leistung der Einlagen

(1) Die Einzahlungen auf die Geschäftsanteile sind nach dem Verhältnis der Geldeinlagen zu leisten.

(2) [1]Von der Verpflichtung zur Leistung der Einlagen können die Gesellschafter nicht befreit werden. [2]Gegen den Anspruch der Gesellschaft ist die Aufrechnung nur zulässig mit einer Forderung aus der Überlassung von Vermögensgegenständen, deren Anrechnung auf die Einlageverpflichtung nach § 5 Abs. 4 Satz 1 vereinbart worden ist. [3]An dem Gegenstand einer Sacheinlage kann wegen Forderungen, welche sich nicht auf den Gegenstand beziehen, kein Zurückbehaltungsrecht geltend gemacht werden.

(3) Durch eine Kapitalherabsetzung können die Gesellschafter von der Verpflichtung zur Leistung von Einlagen höchstens in Höhe des Betrags befreit werden, um den das Stammkapital herabgesetzt worden ist.

(4) [1]Ist eine Geldeinlage eines Gesellschafters bei wirtschaftlicher Betrachtung und aufgrund einer im Zusammenhang mit der Übernahme der Geldeinlage getroffenen Abrede vollständig oder teilweise als Sacheinlage zu bewerten (verdeckte Sacheinlage), so befreit dies den Gesellschafter nicht von seiner Einlageverpflichtung. [2]Jedoch sind die Verträge über die Sacheinlage und die Rechtshandlungen zu ihrer Ausführung nicht unwirksam. [3]Auf die fortbestehende Geldeinlagepflicht des Gesellschafters wird der Wert des Vermögensgegenstandes im Zeitpunkt der Anmeldung der Gesellschaft zur Eintragung in das Handelsregister oder im Zeitpunkt seiner Überlassung an die Gesellschaft, falls diese später erfolgt, angerechnet. [4]Die Anrechnung erfolgt nicht vor Eintragung der Gesellschaft in das Handelsregister. [5]Die Beweislast für die Werthaltigkeit des Vermögensgegenstandes trägt der Gesellschafter.

(5) [1]Ist vor der Einlage eine Leistung an den Gesellschafter vereinbart worden, die wirtschaftlich einer Rückzahlung der Einlage entspricht und die nicht als verdeckte Sacheinlage im Sinne von Absatz 4 zu beurteilen ist, so befreit dies den Gesellschafter von seiner Einlageverpflichtung nur dann, wenn die Leistung durch einen vollwertigen Rückgewähranspruch gedeckt ist, der jederzeit fällig ist oder durch fristlose Kündigung durch die Gesellschaft fällig werden kann. [2]Eine solche Leistung oder die Vereinbarung einer solchen Leistung ist in der Anmeldung nach § 8 anzugeben.

(6) [1]Der Anspruch der Gesellschaft auf Leistung der Einlagen verjährt in zehn Jahren von seiner Entstehung an. [2]Wird das Insolvenzverfahren über das Vermögen der Gesellschaft eröffnet, so tritt die Verjährung nicht vor Ablauf von sechs Monaten ab dem Zeitpunkt der Eröffnung ein.

§ 20 Verzugszinsen

Ein Gesellschafter, welcher den auf die Stammeinlage eingeforderten Betrag nicht zur rechten Zeit einzahlt, ist zur Entrichtung von Verzugszinsen von Rechts wegen verpflichtet.

§ 21 Kaduzierung

(1) [1]Im Fall verzögerter Einzahlung kann an den säumigen Gesellschafter eine erneute Aufforderung zur Zahlung binnen einer zu bestimmenden Nachfrist unter Androhung seines Ausschlusses mit dem Geschäftsanteil, auf welchen die Zahlung zu erfolgen hat, erlassen werden. [2]Die Aufforderung erfolgt mittels eingeschriebenen Briefes. [3]Die Nachfrist muss mindestens einen Monat betragen.

(2) [1]Nach fruchtlosem Ablauf der Frist ist der säumige Gesellschafter seines Geschäftsanteils und der geleisteten Teilzahlungen zugunsten der Gesellschaft verlustig zu erklären. [2]Die Erklärung erfolgt mittels eingeschriebenen Briefes.

(3) Wegen des Ausfalls, welchen die Gesellschaft an dem rückständigen Betrag oder den später auf den Geschäftsanteil eingeforderten Beträgen der Stammeinlage erleidet, bleibt ihr der ausgeschlossene Gesellschafter verhaftet.

§ 22 Haftung der Rechtsvorgänger

(1) Für eine von dem ausgeschlossenen Gesellschafter nicht erfüllte Einlageverpflichtung haftet der Gesellschaft auch der letzte und jeder frühere Rechtsvorgänger des Ausgeschlossenen, der im Verhältnis zu ihr als Inhaber des Geschäftsanteils gilt.

(2) Ein früherer Rechtsvorgänger haftet nur, soweit die Zahlung von dessen Rechtsnachfolger nicht zu erlangen ist; dies ist bis zum Beweis des Gegenteils anzunehmen, wenn der letztere die Zahlung nicht bis zum Ablauf eines Monats geleistet hat, nachdem an ihn die Zahlungsaufforderung und an den Rechtsvorgänger die Benachrichtigung von derselben erfolgt ist.

(3) [1]Die Haftung des Rechtsvorgängers ist auf die innerhalb der Frist von fünf Jahren auf die Einlageverpflichtung eingeforderten Leistungen beschränkt. [2]Die Frist beginnt mit dem Tag, ab welchem der Rechtsnachfolger im Verhältnis zur Gesellschaft als Inhaber des Geschäftsanteils gilt.

(4) Der Rechtsvorgänger erwirbt gegen Zahlung des rückständigen Betrages den Geschäftsanteil des ausgeschlossenen Gesellschafters.

§ 23 Versteigerung des Geschäftsanteils

[1]Ist die Zahlung des rückständigen Betrages von Rechtsvorgängern nicht zu erlangen, so kann die Gesellschaft den Geschäftsanteil im Wege öffentlicher Versteigerung verkaufen lassen. [2]Eine andere Art des Verkaufs ist nur mit Zustimmung des ausgeschlossenen Gesellschafters zulässig.

§ 24 Aufbringung von Fehlbeträgen

[1]Soweit eine Stammeinlage weder von den Zahlungspflichtigen eingezogen, noch durch Verkauf des Geschäftsanteils gedeckt werden kann, haben die übrigen Gesellschafter den Fehlbetrag nach Verhältnis ihrer Geschäftsanteile aufzubringen. [2]Beiträge, welche von einzelnen Gesellschaftern nicht zu erlangen sind, werden nach dem bezeichneten Verhältnis auf die übrigen verteilt.

§ 25 Zwingende Vorschriften

Von den in den §§ 21 bis 24 bezeichneten Rechtsfolgen können die Gesellschafter nicht befreit werden.

§ 26 Nachschusspflicht

(1) Im Gesellschaftsvertrag kann bestimmt werden, dass die Gesellschafter über die Nennbeträge der Geschäftsanteile hinaus die Hinforderung von weiteren Einzahlungen (Nachschüssen) beschließen können.

(2) Die Einzahlung der Nachschüsse hat nach Verhältnis der Geschäftsanteile zu erfolgen.

(3) Die Nachschußpflicht kann im Gesellschaftsvertrag auf einen bestimmten, nach Verhältnis der Geschäftsanteile festzusetzenden Betrag beschränkt werden.

§ 27 Unbeschränkte Nachschusspflicht

(1) [1]Ist die Nachschußpflicht nicht auf einen bestimmten Betrag beschränkt, so hat jeder Gesellschafter, falls er die Stammeinlage vollständig eingezahlt hat, das Recht,

sich von der Zahlung des auf den Geschäftsanteil eingeforderten Nachschusses dadurch zu befreien, dass er innerhalb eines Monats nach der Aufforderung zur Einzahlung den Geschäftsanteil der Gesellschaft zur Befriedigung aus demselben zur Verfügung stellt. [2]Ebenso kann die Gesellschaft, wenn der Gesellschafter binnen der angegebenen Frist weder von der bezeichneten Befugnis Gebrauch macht, noch die Einzahlung leistet, demselben mittels eingeschriebenen Briefes erklären, dass sie den Geschäftsanteil als zur Verfügung gestellt betrachte.

(2) [1]Die Gesellschaft hat den Geschäftsanteil innerhalb eines Monats nach der Erklärung des Gesellschafters oder die Gesellschaft im Wege öffentlicher Versteigerung verkaufen zu lassen. [2]Eine andere Art des Verkaufs ist nur mit Zustimmung des Gesellschafters zulässig. [3]Ein nach Deckung der Verkaufskosten und des rückständigen Nachschusses verbleibender Überschuß gebührt dem Gesellschafter.

(3) [1]Ist die Befriedigung der Gesellschaft durch den Verkauf nicht zu erlangen, so fällt der Geschäftsanteil der Gesellschaft zu. [2]Dieselbe ist befugt, den Anteil für eigene Rechnung zu veräußern.

(4) Im Gesellschaftsvertrag kann die Anwendung der vorstehenden Bestimmungen auf den Fall beschränkt werden, dass die auf den Geschäftsanteil eingeforderten Nachschüsse einen bestimmten Betrag überschreiten.

§ 28 Beschränkte Nachschusspflicht

(1) [1]Ist die Nachschußpflicht auf einen bestimmten Betrag beschränkt, so finden, wenn im Gesellschaftsvertrag nicht ein anderes festgesetzt ist, im Fall verzögerter Einzahlung von Nachschüssen die auf die Einzahlung der Stammeinlagen bezüglichen Vorschriften der §§ 21 bis 23 entsprechende Anwendung. [2]Das Gleiche gilt im Fall des § 27 Abs. 4 auch bei unbeschränkter Nachschußpflicht, soweit die Nachschüsse den im Gesellschaftsvertrag festgesetzten Betrag nicht überschreiten.

(2) Im Gesellschaftsvertrag kann bestimmt werden, dass die Einforderung von Nachschüssen, auf deren Zahlung die Vorschriften der §§ 21 bis 23 Anwendung finden, schon vor vollständiger Einforderung der Stammeinlagen zulässig ist.

§ 29 Ergebnisverwendung

(1) [1]Die Gesellschafter haben Anspruch auf den Jahresüberschuß zuzüglich eines Gewinnvortrags und abzüglich eines Verlustvortrags, soweit der sich ergebende Betrag nicht nach Gesetz oder Gesellschaftsvertrag, durch Beschluss nach Absatz 2 oder als zusätzlicher Aufwand auf Grund des Beschlusses über die Verwendung des Ergebnisses von der Verteilung unter die Gesellschafter ausgeschlossen ist. [2]Wird die Bilanz unter Berücksichtigung der teilweisen Ergebnisverwendung aufgestellt oder werden Rücklagen aufgelöst, so haben die Gesellschafter abweichend von Satz 1 Anspruch auf den Bilanzgewinn.

(2) Im Beschluss über die Verwendung des Ergebnisses können die Gesellschafter, wenn der Gesellschaftsvertrag nichts anderes bestimmt, Beträge in Gewinnrücklagen einstellen oder als Gewinn vortragen.

(3) [1]Die Verteilung erfolgt nach Verhältnis der Geschäftsanteile. [2]Im Gesellschaftsvertrag kann ein anderer Maßstab der Verteilung festgesetzt werden.

(4) [1]Unbeschadet der Absätze 1 und 2 und abweichender Gewinnverteilungsabreden nach Absatz 3 Satz 2 können die Geschäftsführer mit Zustimmung des Aufsichtsrats oder der Gesellschafter den Eigenkapitalanteil von Wertaufholungen bei Vermögensgegenständen des Anlage- und Umlaufvermögens und von bei der steuerrechtlichen Gewinnermittlung gebildeten Passivposten, die nicht im Sonderposten mit Rücklageanteil ausgewiesen werden dürfen, in andere Gewinnrücklagen einstellen. [2]Der Betrag dieser Rücklagen ist entweder in der Bilanz gesondert auszuweisen oder im Anhang anzugeben.

§ 30 Kapitalerhaltung

(1) [1]Das zur Erhaltung des Stammkapitals erforderliche Vermögen der Gesellschaft darf an die Gesellschafter nicht ausgezahlt werden. [2]Satz 1 gilt nicht bei Leistungen, die bei Bestehen eines Beherrschungs- oder Gewinnabführungsvertrags (§ 291 des Aktiengesetzes) erfolgen oder durch einen vollwertigen Gegenleistungs- oder Rückgewähranspruch gegen den Gesellschafter gedeckt sind. [3]Satz 1 ist zudem nicht anzuwenden auf die Rückgewähr eines Gesellschafterdarlehens und Leistungen auf Forderungen aus Rechtshandlungen, die einem Gesellschafterdarlehen wirtschaftlich entsprechen.

(2) [1]Eingezahlte Nachschüsse können, soweit sie nicht zur Deckung eines Verlustes am Stammkapital erforderlich sind, an die Gesellschafter zurückgezahlt werden. [2]Die Zurückzahlung darf nicht vor Ablauf von drei Monaten erfolgen, nachdem der Rückzahlungsbeschluss nach § 12 bekanntgemacht ist. [3]Im Fall des § 28 Abs. 2 ist die Zurückzahlung von Nachschüssen vor der Volleinzahlung des Stammkapitals unzulässig. [4]Zurückgezahlte Nachschüsse gelten als nicht eingezogen.

§ 31 Erstattung verbotener Rückzahlungen

(1) Zahlungen, welche den Vorschriften des § 30 zuwider geleistet sind, müssen der Gesellschaft erstattet werden.

(2) War der Empfänger in gutem Glauben, so kann die Erstattung nur insoweit verlangt werden, als sie zur Befriedigung der Gesellschaftsgläubiger erforderlich ist.

(3) [1]Ist die Erstattung von dem Empfänger nicht zu erlangen, so haften für den zu erstattenden Betrag, soweit er zur Befriedigung der Gesellschaftsgläubiger erforderlich ist, die übrigen Gesellschafter nach Verhältnis ihrer Geschäftsanteile. [2]Beiträge, welche von einzelnen Gesellschaftern nicht zu erlangen sind, werden nach dem bezeichneten Verhältnis auf die übrigen verteilt.

(4) Zahlungen, welche auf Grund der vorstehenden Bestimmungen zu leisten sind, können den Verpflichteten nicht erlassen werden.

(5) [1]Die Ansprüche der Gesellschaft verjähren in den Fällen des Absatzes 1 in zehn Jahren sowie in den Fällen des Absatzes 3 in fünf Jahren. [2]Die Verjährung beginnt mit dem Ablauf des Tages, an welchem die Zahlung, deren Erstattung beansprucht wird, geleistet ist. [3]In den Fällen des Absatzes 1 findet § 19 Abs. 6 Satz 2 entsprechende Anwendung.

(6) [1]Für die in den Fällen des Absatzes 3 geleistete Erstattung einer Zahlung sind den Gesellschaftern die Geschäftsführer, welchen in betreff der geleisteten Zahlung ein Verschulden zur Last fällt, solidarisch zum Ersatz verpflichtet. [2]Die Bestimmungen in § 43 Abs. 1 und 4 finden entsprechende Anwendung.

§ 32 Rückzahlung von Gewinn

Liegt die in § 31 Abs. 1 bezeichnete Voraussetzung nicht vor, so sind die Gesellschafter in keinem Fall verpflichtet, Beträge, welche sie in gutem Glauben als Gewinnanteile bezogen haben, zurückzuzahlen.

§ 32a

(weggefallen)

§ 32b

(weggefallen)

§ 33 Erwerb eigener Geschäftsanteile

(1) Die Gesellschaft kann eigene Geschäftsanteile, auf welche die Einlagen noch nicht vollständig geleistet sind, nicht erwerben oder als Pfand nehmen.

(2) [1]Eigene Geschäftsanteile, auf welche die Einlage vollständig geleistet ist, darf sie nur erwerben, sofern sie im Zeitpunkt des Erwerbs eine Rücklage in Höhe der Aufwendungen für den Erwerb bilden könnte, ohne das Stammkapital oder eine nach dem Gesellschaftsvertrag zu bildende Rücklage zu mindern, die nicht zur Zahlung an die Gesellschafter verwandt werden darf. [2]Als Pfand nehmen darf sie solche Geschäftsanteile nur, soweit der Gesamtbetrag der durch Inpfandnahme eigener Geschäftsanteile gesicherten Forderungen oder, wenn der Wert der als Pfand genommenen Geschäftsanteile niedriger ist, dieser Betrag nicht höher ist als das über das Stammkapital hinaus vorhandene Vermögen. [3]Ein Verstoß gegen die Sätze 1 und 2 macht den Erwerb oder die Inpfandnahme der Geschäftsanteile nicht unwirksam; jedoch ist das schuldrechtliche Geschäft über einen verbotswidrigen Erwerb oder eine verbotswidrige Inpfandnahme nichtig.

(3) Der Erwerb eigener Geschäftsanteile ist ferner zulässig zur Abfindung von Gesellschaftern nach § 29 Abs. 1, § 122i Abs. 1 Satz 2, § 125 Satz 1 in Verbindung mit § 29 Abs. 1 und § 207 Abs. 1 des Umwandlungsgesetzes, sofern der Erwerb binnen sechs Monaten nach dem Wirksamwerden der Umwandlung oder nach der Rechtskraft der gerichtlichen Entscheidung erfolgt und die Gesellschaft im Zeitpunkt des Erwerbs eine Rücklage in Höhe der Aufwendungen für den Erwerb bilden könnte, ohne das Stammkapital oder eine nach dem Gesellschaftsvertrag zu bildende Rücklage zu mindern, die nicht zur Zahlung an die Gesellschafter verwandt werden darf.

§ 34 Einziehung von Geschäftsanteilen

(1) Die Einziehung (Amortisation) von Geschäftsanteilen darf nur erfolgen, soweit sie im Gesellschaftsvertrag zugelassen ist.

(2) Ohne die Zustimmung des Anteilsberechtigten findet die Einziehung nur statt, wenn die Voraussetzungen derselben vor dem Zeitpunkt, in welchem der Berechtigte den Geschäftsanteil erworben hat, im Gesellschaftsvertrag festgesetzt waren.

(3) Die Bestimmung in § 30 Abs. 1 bleibt unberührt.

Dritter Abschnitt Vertretung und Geschäftsführung

§ 35 Vertretung der Gesellschaft

(1) [1]Die Gesellschaft wird durch die Geschäftsführer gerichtlich und außergerichtlich vertreten. [2]Hat eine Gesellschaft keinen Geschäftsführer (Führungslosigkeit), wird die Gesellschaft für den Fall, dass ihr gegenüber Willenserklärungen abgegeben oder Schriftstücke zugestellt werden, durch die Gesellschafter vertreten.

(2) [1]Sind mehrere Geschäftsführer bestellt, sind sie alle nur gemeinschaftlich zur Vertretung der Gesellschaft befugt, es sei denn, dass der Gesellschaftsvertrag etwas anderes bestimmt. [2]Ist der Gesellschaft gegenüber eine Willenserklärung abzugeben, genügt die Abgabe gegenüber einem Vertreter der Gesellschaft nach Absatz 1. [3]An die Vertreter der Gesellschaft nach Absatz 1 können unter der im Handelsregister eingetragenen Geschäftsanschrift Willenserklärungen abgegeben und Schriftstücke für die Gesellschaft zugestellt werden. [4]Unabhängig hiervon können die Abgabe und die Zustellung auch unter der eingetragenen Anschrift der empfangsberechtigten Person nach § 10 Abs. 2 Satz 2 erfolgen.

(3) [1]Befinden sich alle Geschäftsanteile der Gesellschaft in der Hand eines Gesellschafters oder daneben in der Hand der Gesellschaft und ist er zugleich deren alleiniger Geschäftsführer, so ist auf seine Rechtsgeschäfte mit der Gesellschaft § 181 des Bürgerlichen Gesetzbuchs anzuwenden. [2]Rechtsgeschäfte zwischen ihm und der von ihm vertretenen Gesellschaft sind, auch wenn er nicht alleiniger Geschäftsführer ist, unverzüglich nach ihrer Vornahme in eine Niederschrift aufzunehmen.

§ 35a Angaben auf Geschäftsbriefen

(1) [1]Auf allen Geschäftsbriefen gleichviel welcher Form, die an einen bestimmten Empfänger gerichtet werden, müssen die Rechtsform und der Sitz der Gesellschaft, das Registergericht des Sitzes der Gesellschaft und die Nummer, unter der die Gesellschaft in das Handelsregister eingetragen ist, sowie alle Geschäftsführer und, sofern die Gesellschaft einen Aufsichtsrat gebildet und dieser einen Vorsitzenden hat, der Vorsitzende des Aufsichtsrats mit dem Familiennamen und mindestens einem ausgeschriebenen Vornamen angegeben werden. [2]Werden Angaben über das Kapital der Gesellschaft gemacht, so müssen in jedem Falle das Stammkapital sowie, wenn nicht alle in Geld zu leistenden Einlagen eingezahlt sind, der Gesamtbetrag der ausstehenden Einlagen angegeben werden.

(2) Der Angaben nach Absatz 1 Satz 1 bedarf es nicht bei Mitteilungen oder Berichten, die im Rahmen einer bestehenden Geschäftsverbindung ergehen und für die üblicherweise Vordrucke verwendet werden, in denen lediglich die im Einzelfall erforderlichen besonderen Angaben eingefügt zu werden brauchen.

(3) [1]Bestellscheine gelten als Geschäftsbriefe im Sinne des Absatzes 1. [2]Absatz 2 ist auf sie nicht anzuwenden.

(4) [1]Auf allen Geschäftsbriefen und Bestellscheinen, die von einer Zweigniederlassung einer Gesellschaft mit beschränkter Haftung mit Sitz im Ausland verwendet werden, müssen das Register, bei dem die Zweigniederlassung geführt wird, und die Nummer des Registereintrags angegeben werden; im übrigen gelten die Vorschriften der Absätze 1 bis 3 für die Angaben bezüglich der Haupt- und der Zweigniederlassung, soweit nicht das ausländische Recht Abweichungen nötig macht. [2]Befindet sich die ausländische Gesellschaft in Liquidation, so sind auch diese Tatsache sowie alle Liquidatoren anzugeben.

§ 36

(weggefallen)

§ 37 Beschränkungen der Vertretungsbefugnis

(1) Die Geschäftsführer sind der Gesellschaft gegenüber verpflichtet, die Beschränkungen einzuhalten, welche für den Umfang ihrer Befugnis, die Gesellschaft zu vertreten, durch den Gesellschaftsvertrag oder, soweit dieser nicht ein anderes bestimmt, durch die Beschlüsse der Gesellschafter festgesetzt sind.

(2) [1]Gegen dritte Personen hat eine Beschränkung der Befugnis der Geschäftsführer, die Gesellschaft zu vertreten, keine rechtliche Wirkung. [2]Dies gilt insbesondere für den Fall, dass die Vertretung sich nur auf gewisse Geschäfte oder Arten von Geschäften erstrecken oder nur unter gewissen Umständen oder für eine gewisse Zeit oder an einzelnen Orten stattfinden soll, oder dass die Zustimmung der Gesellschafter oder eines Organs der Gesellschaft für einzelne Geschäfte erfordert ist.

§ 38 Widerruf der Bestellung

(1) Die Bestellung der Geschäftsführer ist zu jeder Zeit widerruflich, unbeschadet der Entschädigungsansprüche aus bestehenden Verträgen.

(2) [1]Im Gesellschaftsvertrag kann die Zulässigkeit des Widerrufs auf den Fall beschränkt werden, dass wichtige Gründe denselben notwendig machen. [2]Als solche Gründe sind insbesondere grobe Pflichtverletzung oder Unfähigkeit zur ordnungsmäßigen Geschäftsführung anzusehen.

§ 39 Anmeldung der Geschäftsführer

(1) Jede Änderung in den Personen der Geschäftsführer sowie die Beendigung der Vertretungsbefugnis eines Geschäftsführers ist zur Eintragung in das Handelsregister anzumelden.

(2) Der Anmeldung sind die Urkunden über die Bestellung der Geschäftsführer oder über die Beendigung der Vertretungsbefugnis in Urschrift oder öffentlich beglaubigter Abschrift beizufügen.

(3) [1]Die neuen Geschäftsführer haben in der Anmeldung zu versichern, dass keine Umstände vorliegen, die ihrer Bestellung nach § 6 Abs. 2 Satz 2 Nr. 2 und 3 sowie Satz 3 entgegenstehen und dass sie über ihre unbeschränkte Auskunftspflicht gegenüber dem Gericht belehrt worden sind. [2]§ 8 Abs. 3 Satz 2 ist anzuwenden.

§ 40 Liste der Gesellschafter

(1) [1]Die Geschäftsführer haben unverzüglich nach Wirksamwerden jeder Veränderung in den Personen der Gesellschafter oder des Umfangs ihrer Beteiligung eine von ihnen unterschriebene Liste der Gesellschafter zum Handelsregister einzureichen, aus welcher Name, Vorname, Geburtsdatum und Wohnort der letzteren sowie die Nennbeträge und die laufenden Nummern der von einem jeden derselben übernommenen Geschäftsanteile zu entnehmen sind. [2]Die Änderung der Liste durch die Geschäftsführer erfolgt auf Mitteilung und Nachweis.

(2) [1]Hat ein Notar an Veränderungen nach Absatz 1 Satz 1 mitgewirkt, hat er unverzüglich nach deren Wirksamwerden ohne Rücksicht auf etwaige später eintretende Unwirksamkeitsgründe die Liste anstelle der Geschäftsführer zu unterschreiben, zum Handelsregister einzureichen und eine Abschrift der geänderten Liste an die Gesellschaft zu übermitteln. [2]Die Liste muss mit der Bescheinigung des Notars versehen sein, dass die geänderten Eintragungen den Veränderungen entsprechen, an denen er mitgewirkt hat, und die übrigen Eintragungen mit dem Inhalt der zuletzt im Handelsregister aufgenommenen Liste übereinstimmen.

(3) Geschäftsführer, welche die ihnen nach Absatz 1 obliegende Pflicht verletzen, haften denjenigen, deren Beteiligung sich geändert hat, und den Gläubigern der Gesellschaft für den daraus entstandenen Schaden als Gesamtschuldner.

§ 41 Buchführung

Die Geschäftsführer sind verpflichtet, für die ordnungsmäßige Buchführung der Gesellschaft zu sorgen.

§ 42 Bilanz

(1) In der Bilanz des nach den §§ 242, 264 des Handelsgesetzbuchs aufzustellenden Jahresabschlusses ist das Stammkapital als gezeichnetes Kapital auszuweisen.

(2) [1]Das Recht der Gesellschaft zur Einziehung von Nachschüssen der Gesellschafter ist in der Bilanz insoweit zu aktivieren, als die Einziehung bereits beschlossen ist und den Gesellschaftern ein Recht, durch Verweisung auf den Geschäftsanteil sich von der Zahlung der Nachschüsse zu befreien, nicht zusteht. [2]Der nachzuschießende Betrag ist auf der Aktivseite unter den Forderungen gesondert unter der Bezeichnung »Eingeforderte Nachschüsse« auszuweisen, soweit mit der Zahlung gerechnet werden kann. [3]Ein dem Aktivposten entsprechender Betrag ist auf der Passivseite in dem Posten »Kapitalrücklage« gesondert auszuweisen.

(3) Ausleihungen, Forderungen und Verbindlichkeiten gegenüber Gesellschaftern sind in der Regel als solche jeweils gesondert auszuweisen oder im Anhang anzugeben; werden sie unter anderen Posten ausgewiesen, so muss diese Eigenschaft vermerkt werden.

§ 42a Vorlage des Jahresabschlusses und des Lageberichts

(1) [1]Die Geschäftsführer haben den Jahresabschluss und den Lagebericht unverzüglich nach der Aufstellung den Gesellschaftern zum Zwecke der Feststellung des Jahresabschlusses vorzulegen. [2]Ist der Jahresabschluss durch einen Abschlussprüfer zu prüfen, so haben die Geschäftsführer ihn zusammen mit dem Lagebericht und dem Prüfungsbericht des Abschlussprüfers unverzüglich nach Eingang des Prüfungsberichts vorzulegen. [3]Hat die Gesellschaft einen Aufsichtsrat, so ist dessen Bericht über das Ergebnis seiner Prüfung ebenfalls unverzüglich vorzulegen.

(2) [1]Die Gesellschafter haben spätestens bis zum Ablauf der ersten acht Monate oder, wenn es sich um eine kleine Gesellschaft handelt (§ 267 Abs. 1 des Handelsgesetzbuchs), bis zum Ablauf der ersten elf Monate des Geschäftsjahrs über die Feststellung des Jahresabschlusses und über die Ergebnisverwendung zu beschließen. [2]Der Gesellschaftsvertrag kann die Frist nicht verlängern. [3]Auf den Jahresabschluss sind bei der Feststellung die für seine Aufstellung geltenden Vorschriften anzuwenden.

(3) Hat ein Abschlussprüfer den Jahresabschluss geprüft, so hat er auf Verlangen eines Gesellschafters an den Verhandlungen über die Feststellung des Jahresabschlusses teilzunehmen.

(4) [1]Ist die Gesellschaft zur Aufstellung eines Konzernabschlusses und eines Konzernlageberichts verpflichtet, so sind die Absätze 1 bis 3 entsprechend anzuwenden. [2]Das

Gleiche gilt hinsichtlich eines Einzelabschlusses nach § 325 Abs. 2a des Handelsgesetzbuchs, wenn die Gesellschafter die Offenlegung eines solchen beschlossen haben.

§ 43 Haftung der Geschäftsführer

(1) Die Geschäftsführer haben in den Angelegenheiten der Gesellschaft die Sorgfalt eines ordentlichen Geschäftsmannes anzuwenden.

(2) Geschäftsführer, welche ihre Obliegenheiten verletzen, haften der Gesellschaft solidarisch für den entstandenen Schaden.

(3) [1]Insbesondere sind sie zum Ersatze verpflichtet, wenn den Bestimmungen des § 30 zuwider Zahlungen aus dem zur Erhaltung des Stammkapitals erforderlichen Vermögen der Gesellschaft gemacht oder den Bestimmungen des § 33 zuwider eigene Geschäftsanteile der Gesellschaft erworben worden sind. [2]Auf den Ersatzanspruch finden die Bestimmungen in § 9b Abs. 1 entsprechende Anwendung. [3]Soweit der Ersatz zur Befriedigung der Gläubiger der Gesellschaft erforderlich ist, wird die Verpflichtung der Geschäftsführer dadurch nicht aufgehoben, dass dieselben in Befolgung eines Beschlusses der Gesellschafter gehandelt haben.

(4) Die Ansprüche auf Grund der vorstehenden Bestimmungen verjähren in fünf Jahren.

§ 43a Kreditgewährung aus Gesellschaftsvermögen

[1]Den Geschäftsführern, anderen gesetzlichen Vertretern, Prokuristen oder zum gesamten Geschäftsbetrieb ermächtigten Handlungsbevollmächtigten darf Kredit nicht aus dem zur Erhaltung des Stammkapitals erforderlichen Vermögen der Gesellschaft gewährt werden. [2]Ein entgegen Satz 1 gewährter Kredit ist ohne Rücksicht auf entgegenstehende Vereinbarungen sofort zurückzugewähren.

§ 44 Stellvertreter von Geschäftsführern

Die für die Geschäftsführer gegebenen Vorschriften gelten auch für Stellvertreter von Geschäftsführern.

§ 45 Rechte der Gesellschafter

(1) Die Rechte, welche den Gesellschaftern in den Angelegenheiten der Gesellschaft, insbesondere in bezug auf die Führung der Geschäfte zustehen, sowie die Ausübung derselben bestimmen sich, soweit nicht gesetzliche Vorschriften entgegenstehen, nach dem Gesellschaftsvertrag.

(2) In Ermangelung besonderer Bestimmungen des Gesellschaftsvertrages finden die Vorschriften der §§ 46 bis 51 Anwendung.

§ 46 Aufgabenkreis der Gesellschafter

Der Bestimmung der Gesellschafter unterliegen:

1. die Feststellung des Jahresabschlusses und die Verwendung des Ergebnisses;
1a. die Entscheidung über die Offenlegung eines Einzelabschlusses nach internationalen Rechnungslegungsstandards (§ 325 Abs. 2a des Handelsgesetzbuchs) und über die Billigung des von den Geschäftsführern aufgestellten Abschlusses;
1b. die Billigung eines von den Geschäftsführern aufgestellten Konzernabschlusses;
2. die Einforderung der Einlagen;
3. die Rückzahlung von Nachschüssen;
4. die Teilung, die Zusammenlegung sowie die Einziehung von Geschäftsanteilen;
5. die Bestellung und die Abberufung von Geschäftsführern sowie die Entlastung derselben;
6. die Maßregeln zur Prüfung und Überwachung der Geschäftsführung;
7. die Bestellung von Prokuristen und von Handlungsbevollmächtigten zum gesamten Geschäftsbetrieb;
8. die Geltendmachung von Ersatzansprüchen, welche der Gesellschaft aus der Gründung oder Geschäftsführung gegen Geschäftsführer oder Gesellschafter zustehen, sowie die Vertretung der Gesellschaft in Prozessen, welche sie gegen die Geschäftsführer zu führen hat.

§ 47 Abstimmung

(1) Die von den Gesellschaftern in den Angelegenheiten der Gesellschaft zu treffenden Bestimmungen erfolgen durch Beschlussfassung nach der Mehrheit der abgegebenen Stimmen.

(2) Jeder Euro eines Geschäftsanteils gewährt eine Stimme.

(3) Vollmachten bedürfen zu ihrer Gültigkeit der Textform.

(4) [1]Ein Gesellschafter, welcher durch die Beschlussfassung entlastet oder von einer Verbindlichkeit befreit werden soll, hat hierbei kein Stimmrecht und darf ein solches auch nicht für andere ausüben. [2]Dasselbe gilt von einer Beschlussfassung, welche die Vornahme eines Rechtsgeschäfts oder die Einleitung oder Erledigung eines Rechtsstreites gegenüber einem Gesellschafter betrifft.

§ 48 Gesellschafterversammlung

(1) Die Beschlüsse der Gesellschafter werden in Versammlungen gefasst.

(2) Der Abhaltung einer Versammlung bedarf es nicht, wenn sämtliche Gesellschafter in Textform mit der zu treffenden Bestimmung oder mit der schriftlichen Abgabe der Stimmen sich einverstanden erklären.

(3) Befinden sich alle Geschäftsanteile der Gesellschaft in der Hand eines Gesellschafters oder daneben in der Hand der Gesellschaft, so hat er unverzüglich nach der Beschlussfassung eine Niederschrift aufzunehmen und zu unterschreiben.

§ 49 Einberufung der Versammlung

(1) Die Versammlung der Gesellschafter wird durch die Geschäftsführer berufen.

(2) Sie ist außer den ausdrücklich bestimmten Fällen zu berufen, wenn es im Interesse der Gesellschaft erforderlich erscheint.

(3) Insbesondere muss die Versammlung unverzüglich berufen werden, wenn aus der Jahresbilanz oder aus einer im Laufe des Geschäftsjahres aufgestellten Bilanz sich ergibt, dass die Hälfte des Stammkapitals verloren ist.

§ 50 Minderheitsrechte

(1) Gesellschafter, deren Geschäftsanteile zusammen mindestens dem zehnten Teil des Stammkapitals entsprechen, sind berechtigt, unter Angabe des Zwecks und der Gründe die Berufung der Versammlung zu verlangen.

(2) In gleicher Weise haben die Gesellschafter das Recht zu verlangen, dass Gegenstände zur Beschlussfassung der Versammlung angekündigt werden.

(3) [1]Wird dem Verlangen nicht entsprochen oder sind Personen, an welche dasselbe zu richten wäre, nicht vorhanden, so können die in Absatz 1 bezeichneten Gesellschafter unter Mitteilung des Sachverhältnisses die Berufung oder Ankündigung selbst bewirken. [2]Die Versammlung beschließt, ob die entstandenen Kosten von der Gesellschaft zu tragen sind.

§ 51 Form der Einberufung

(1) [1]Die Berufung der Versammlung erfolgt durch Einladung der Gesellschafter mittels eingeschriebener Briefe. [2]Sie ist mit einer Frist von mindestens einer Woche zu bewirken.

(2) Der Zweck der Versammlung soll jederzeit bei der Berufung angekündigt werden.

(3) Ist die Versammlung nicht ordnungsmäßig berufen, so können Beschlüsse nur gefasst werden, wenn sämtliche Gesellschafter anwesend sind.

(4) Das gleiche gilt in bezug auf Beschlüsse über Gegenstände, welche nicht wenigstens drei Tage vor der Versammlung in der für die Berufung vorgeschriebenen Weise angekündigt worden sind.

§ 51a Auskunfts- und Einsichtsrecht

(1) Die Geschäftsführer haben jedem Gesellschafter auf Verlangen unverzüglich Auskunft über die Angelegenheiten der Gesellschaft zu geben und die Einsicht der Bücher und Schriften zu gestatten.

(2) [1]Die Geschäftsführer dürfen die Auskunft und die Einsicht verweigern, wenn zu besorgen ist, dass der Gesellschafter sie zu gesellschaftsfremden Zwecken verwenden und dadurch der Gesellschaft oder einem verbundenen Unternehmen einen nicht unerheblichen Nachteil zufügen wird. [2]Die Verweigerung bedarf eines Beschlusses der Gesellschafter.

(3) Von diesen Vorschriften kann im Gesellschaftsvertrag nicht abgewichen werden.

§ 51b Gerichtliche Entscheidung über das Auskunfts- und Einsichtsrecht

[1]Für die gerichtliche Entscheidung über das Auskunfts- und Einsichtsrecht findet § 132 Abs. 1, 3 bis 5 des Aktiengesetzes entsprechende Anwendung. [2]Antragsberechtigt ist jeder Gesellschafter, dem die verlangte Auskunft nicht gegeben oder die verlangte Einsicht nicht gestattet worden ist.

§ 52 Aufsichtsrat

(1) Ist nach dem Gesellschaftsvertrag ein Aufsichtsrat zu bestellen, so sind § 90 Abs. 3, 4, 5 Satz 1 und 2, § 95 Satz 1, § 100 Abs. 1 und 2 Nr. 2 und Abs. 5, § 101 Abs. 1 Satz 1, § 103 Abs. 1 Satz 1 und 2, §§ 105, 107 Abs. 4, §§ 110 bis 114, 116 des Aktiengesetzes in Verbindung mit § 93 Abs. 1 und 2 Satz 1 und 2 des Aktiengesetzes, § 124 Abs. 3 Satz 2, §§ 170, 171 des Aktiengesetzes entsprechend anzuwenden, soweit nicht im Gesellschaftsvertrag ein anderes bestimmt ist.

(2) [1]Werden die Mitglieder des Aufsichtsrats vor der Eintragung der Gesellschaft in das Handelsregister bestellt, gilt § 37 Abs. 4 Nr. 3 und 3a des Aktiengesetzes entsprechend. [2]Die Geschäftsführer haben bei jeder Änderung in den Personen der Aufsichtsratsmitglieder unverzüglich eine Liste der Mitglieder des Aufsichtsrats, aus welcher Name, Vorname, ausgeübter Beruf und Wohnort der Mitglieder ersichtlich ist, zum Handelsregister einzureichen; das Gericht hat nach § 10 des Handelsgesetzbuchs einen Hinweis darauf bekannt zu machen, dass die Liste zum Handelsregister eingereicht worden ist.

(3) Schadensersatzansprüche gegen die Mitglieder des Aufsichtsrats wegen Verletzung ihrer Obliegenheiten verjähren in fünf Jahren.

Vierter Abschnitt Abänderungen des Gesellschaftsvertrags

§ 53 Form der Satzungsänderung

(1) Eine Abänderung des Gesellschaftsvertrages kann nur durch Beschluss der Gesellschafter erfolgen.

(2) [1]Der Beschluss muss notariell beurkundet werden, derselbe bedarf einer Mehrheit von drei Vierteilen der abgegebenen Stimmen. [2]Der Gesellschaftsvertrag kann noch andere Erfordernisse aufstellen.

(3) Eine Vermehrung der den Gesellschaftern nach dem Gesellschaftsvertrag obliegenden Leistungen kann nur mit Zustimmung sämtlicher beteiligter Gesellschafter beschlossen werden.

§ 54 Anmeldung und Eintragung der Satzungsänderung

(1) [1]Die Abänderung des Gesellschaftsvertrages ist zur Eintragung in das Handelsregister anzumelden. [2]Der Anmeldung ist der vollständige Wortlaut des Gesellschaftsvertrags beizufügen; er muss mit der Bescheinigung eines Notars versehen sein, dass die geänderten Bestimmungen des Gesellschaftsvertrags mit dem Beschluss über die Änderung des Gesellschaftsvertrags und die unveränderten Bestimmungen mit dem zuletzt zum Handelsregister eingereichten vollständigen Wortlaut des Gesellschaftsvertrags übereinstimmen.

(2) Bei der Eintragung genügt, sofern nicht die Abänderung die in § 10 bezeichneten Angaben betrifft, die Bezugnahme auf die bei dem Gericht eingereichten Dokumente über die Abänderung.

(3) Die Abänderung hat keine rechtliche Wirkung, bevor sie in das Handelsregister des Sitzes der Gesellschaft eingetragen ist.

§ 55 Erhöhung des Stammkapitals

(1) Wird eine Erhöhung des Stammkapitals beschlossen, so bedarf es zur Übernahme jedes Geschäftsanteils an dem erhöhten Kapital einer notariell aufgenommenen oder beglaubigten Erklärung des Übernehmers.

(2) [1]Zur Übernahme eines Geschäftsanteils können von der Gesellschaft die bisherigen Gesellschafter oder andere Personen, welche durch die Übernahme ihren Beitritt zu der Gesellschaft erklären, zugelassen werden. [2]Im letzteren Falle sind außer dem Nennbetrag des Geschäftsanteils auch sonstige Leistungen, zu welchen der Beitretende nach dem Gesellschaftsvertrage verpflichtet sein soll, in der in Absatz 1 bezeichneten Urkunde ersichtlich zu machen.

(3) Wird von einem der Gesellschaft bereits angehörenden Gesellschafter ein Geschäftsanteil an dem erhöhten Kapital übernommen, so erwirbt derselbe einen weiteren Geschäftsanteil.

(4) Die Bestimmungen in § 5 Abs. 2 und 3 über die Nennbeträge der Geschäftsanteile sowie die Bestimmungen in § 19 Abs. 6 über die Verjährung des Anspruchs der Gesellschaft auf Leistung der Einlagen sind auch hinsichtlich der an dem erhöhten Kapital übernommenen Geschäftsanteile anzuwenden.

§ 55a Genehmigtes Kapital

(1) [1]Der Gesellschaftsvertrag kann die Geschäftsführer für höchstens fünf Jahre nach Eintragung der Gesellschaft ermächtigen, das Stammkapital bis zu einem bestimmten Nennbetrag (genehmigtes Kapital) durch Ausgabe neuer Geschäftsanteile gegen Einlagen zu erhöhen. [2]Der Nennbetrag des genehmigten Kapitals darf die Hälfte des Stammkapitals, das zur Zeit der Ermächtigung vorhanden ist, nicht übersteigen.

(2) Die Ermächtigung kann auch durch Abänderung des Gesellschaftsvertrags für höchstens fünf Jahre nach deren Eintragung erteilt werden.

(3) Gegen Sacheinlagen (§ 56) dürfen Geschäftsanteile nur ausgegeben werden, wenn die Ermächtigung es vorsieht.

§ 56 Kapitalerhöhung mit Sacheinlagen

(1) [1]Sollen Sacheinlagen geleistet werden, so müssen ihr Gegenstand und der Nennbetrag des Geschäftsanteils, auf den sich die Sacheinlage bezieht, im Beschluss über die Erhöhung des Stammkapitals festgesetzt werden. [2]Die Festsetzung ist in die in § 55 Abs. 1 bezeichnete Erklärung des Übernehmers aufzunehmen.

(2) Die §§ 9 und 19 Abs. 2 Satz 2 und Abs. 4 finden entsprechende Anwendung.

§ 56a Leistungen auf das neue Stammkapital

Für die Leistungen der Einlagen auf das neue Stammkapital finden § 7 Abs. 2 Satz 1 und Abs. 3 sowie § 19 Abs. 5 entsprechende Anwendung.

§ 57 Anmeldung der Erhöhung

(1) Die beschlossene Erhöhung des Stammkapitals ist zur Eintragung in das Handelsregister anzumelden, nachdem das erhöhte Kapital durch Übernahme von Geschäftsanteilen gedeckt ist.

(2) [1]In der Anmeldung ist die Versicherung abzugeben, dass die Einlagen auf das neue Stammkapital nach § 7 Abs. 2 Satz 1 und Abs. 3 bewirkt sind und dass der Gegenstand der Leistungen sich endgültig in der freien Verfügung der Geschäftsführer befindet. [2]§ 8 Abs. 2 Satz 2 gilt entsprechend.

(3) Der Anmeldung sind beizufügen:

1. die in § 55 Abs. 1 bezeichneten Erklärungen oder eine beglaubigte Abschrift derselben;
2. eine von den Anmeldenden unterschriebene Liste der Personen, welche die neuen Geschäftsanteile übernommen haben; aus der Liste müssen die Nennbeträge der von jedem übernommenen Geschäftsanteile ersichtlich sein;
3. bei einer Kapitalerhöhung mit Sacheinlagen die Verträge, die den Festsetzungen nach § 56 zu Grunde liegen oder zu ihrer Ausführung geschlossen worden sind.

(4) Für die Verantwortlichkeit der Geschäftsführer, welche die Kapitalerhöhung zur Eintragung in das Handelsregister angemeldet haben, finden § 9a Abs. 1 und 3, § 9b entsprechende Anwendung.

§ 57a Ablehnung der Eintragung

Für die Ablehnung der Eintragung durch das Gericht findet § 9c Abs. 1 entsprechende Anwendung.

§ 57b

(weggefallen)

§ 57c Kapitalerhöhung aus Gesellschaftsmitteln

(1) Das Stammkapital kann durch Umwandlung von Rücklagen in Stammkapital erhöht werden (Kapitalerhöhung aus Gesellschaftsmitteln).

(2) Die Erhöhung des Stammkapitals kann erst beschlossen werden, nachdem der Jahresabschluss für das letzte vor der Beschlussfassung über die Kapitalerhöhung abgelaufene Geschäftsjahr (letzter Jahresabschluss) festgestellt und über die Ergebnisverwendung Beschluss gefasst worden ist.

(3) Dem Beschluss über die Erhöhung des Stammkapitals ist eine Bilanz zu Grunde zu legen.

(4) Neben den §§ 53 und 54 über die Abänderung des Gesellschaftsvertrags gelten die §§ 57d bis 57o.

§ 57d Ausweisung von Kapital- und Gewinnrücklagen

(1) Die Kapital- und Gewinnrücklagen, die in Stammkapital umgewandelt werden sollen, müssen in der letzten Jahresbilanz und, wenn dem Beschluss eine andere Bilanz zu Grunde gelegt wird, auch in dieser Bilanz unter »Kapitalrücklage« oder »Gewinnrücklagen« oder im letzten Beschluss über die Verwendung des Jahresergebnisses als Zuführung zu diesen Rücklagen ausgewiesen sein.

(2) Die Rücklagen können nicht umgewandelt werden, soweit in der zu Grunde gelegten Bilanz ein Verlust, einschließlich eines Verlustvortrags, ausgewiesen ist.

(3) Andere Gewinnrücklagen, die einem bestimmten Zweck zu dienen bestimmt sind, dürfen nur umgewandelt werden, soweit dies mit ihrer Zweckbestimmung vereinbar ist.

§ 57e Zugrundelegung der letzten Jahresbilanz; Prüfung

(1) Dem Beschluss kann die letzte Jahresbilanz zu Grunde gelegt werden, wenn die Jahresbilanz geprüft und die festgestellte Jahresbilanz mit dem uneingeschränkten Bestätigungsvermerk der Abschlussprüfer versehen ist und wenn ihr Stichtag höchstens acht Monate vor der Anmeldung des Beschlusses zur Eintragung in das Handelsregister liegt.

(2) Bei Gesellschaften, die nicht große im Sinne des § 267 Abs. 3 des Handelsgesetzbuchs sind, kann die Prüfung auch durch vereidigte Buchprüfer erfolgen; die Abschlussprüfer müssen von der Versammlung der Gesellschafter gewählt sein.

§ 57f Anforderungen an die Bilanz

(1) [1]Wird dem Beschluss nicht die letzte Jahresbilanz zu Grunde gelegt, so muss die Bilanz den Vorschriften über die Gliederung der Jahresbilanz und über die Wertansätze in der Jahresbilanz entsprechen. [2]Der Stichtag der Bilanz darf höchstens acht Monate vor der Anmeldung des Beschlusses zur Eintragung in das Handelsregister liegen.

(2) [1]Die Bilanz ist, bevor über die Erhöhung des Stammkapitals Beschluss gefasst wird, durch einen oder mehrere Prüfer darauf zu prüfen, ob sie dem Absatz 1 entspricht. [2]Sind nach dem abschließenden Ergebnis der Prüfung keine Einwendungen zu erheben, so haben die Prüfer dies durch einen Vermerk zu bestätigen. [3]Die Erhöhung des Stammkapitals kann nicht ohne diese Bestätigung der Prüfer beschlossen werden.

(3) [1]Die Prüfer werden von den Gesellschaftern gewählt; falls nicht andere Prüfer gewählt werden, gelten die Prüfer als gewählt, die für die Prüfung des letzten Jahresabschlusses von den Gesellschaftern gewählt oder vom Gericht bestellt worden sind. [2]Im übrigen sind, soweit sich aus der Besonderheit des Prüfungsauftrags nichts anderes ergibt, § 318 Abs. 1 Satz 2, § 319 Abs. 1 bis 4, § 319a Abs. 1, § 319b Abs. 1, § 320 Abs. 1 Satz 2, Abs. 2 und die §§ 321 und 323 des Handelsgesetzbuchs anzuwenden. [3]Bei Gesellschaften, die nicht große im Sinne des § 267 Abs. 3 des Handelsgesetzbuchs sind, können auch vereidigte Buchprüfer zu Prüfern bestellt werden.

§ 57g Vorherige Bekanntgabe des Jahresabschlusses

Die Bestimmungen des Gesellschaftsvertrags über die vorherige Bekanntgabe des Jahresabschlusses an die Gesellschafter sind in den Fällen des § 57f entsprechend anzuwenden.

§ 57h Arten der Kapitalerhöhung

(1) [1]Die Kapitalerhöhung kann vorbehaltlich des § 57l Abs. 2 durch Bildung neuer Geschäftsanteile oder durch Erhöhung des Nennbetrags der Geschäftsanteile ausgeführt werden. [2]Die neuen Geschäftsanteile und die Geschäftsanteile, deren Nennbetrag erhöht wird, müssen auf einen Betrag gestellt werden, der auf volle Euro lautet.

(2) [1]Der Beschluss über die Erhöhung des Stammkapitals muss die Art der Erhöhung angeben. [2]Soweit die Kapitalerhöhung durch Erhöhung des Nennbetrags der Geschäftsanteile ausgeführt werden soll, ist sie so zu bemessen, dass durch sie auf keinen Geschäftsanteil, dessen Nennbetrag erhöht wird, Beträge entfallen, die durch die Erhöhung des Nennbetrags des Geschäftsanteils nicht gedeckt werden können.

§ 57i Anmeldung und Eintragung des Erhöhungsbeschlusses

(1) [1]Der Anmeldung des Beschlusses über die Erhöhung des Stammkapitals zur Eintragung in das Handelsregister ist die der Kapitalerhöhung zu Grunde gelegte, mit dem Bestätigungsvermerk der Prüfer versehene Bilanz, in den Fällen des § 57f außerdem die letzte Jahresbilanz, sofern sie noch nicht nach § 325 Abs. 1 des Handelsgesetzbuchs eingereicht ist, beizufügen. [2]Die Anmeldenden haben dem Registergericht gegenüber zu erklären, dass nach ihrer Kenntnis seit dem Stichtag der zu Grunde gelegten Bilanz bis zum Tag der Anmeldung keine Vermögensminderung eingetreten ist, die der Kapitalerhöhung entgegenstünde, wenn sie am Tag der Anmeldung beschlossen worden wäre.

(2) Das Registergericht darf den Beschluss nur eintragen, wenn die der Kapitalerhöhung zu Grunde gelegte Bilanz für einen höchstens acht Monate vor der Anmeldung liegenden Zeitpunkt aufgestellt und eine Erklärung nach Absatz 1 Satz 2 abgegeben worden ist.

(3) Zu der Prüfung, ob die Bilanzen den gesetzlichen Vorschriften entsprechen, ist das Gericht nicht verpflichtet.

(4) Bei der Eintragung des Beschlusses ist anzugeben, dass es sich um eine Kapitalerhöhung aus Gesellschaftsmitteln handelt.

§ 57j Verteilung der Geschäftsanteile

[1]Die neuen Geschäftsanteile stehen den Gesellschaftern im Verhältnis ihrer bisherigen Geschäftsanteile zu. [2]Ein entgegenstehender Beschluss der Gesellschafter ist nichtig.

§ 57k Teilrechte; Ausübung der Rechte

(1) Führt die Kapitalerhöhung dazu, dass auf einen Geschäftsanteil nur ein Teil eines neuen Geschäftsanteils entfällt, so ist dieses Tellrecht selbstständig veräußerlich und vererblich.

(2) Die Rechte aus einem neuen Geschäftsanteil, einschließlich des Anspruchs auf Ausstellung einer Urkunde über den neuen Geschäftsanteil, können nur ausgeübt werden, wenn Teilrechte, die zusammen einen vollen Geschäftsanteil ergeben, in einer Hand vereinigt sind oder wenn sich mehrere Berechtigte, deren Teilrechte zusammen einen vollen Geschäftsanteil ergeben, zur Ausübung der Rechte (§ 18) zusammenschließen.

§ 57l Teilnahme an der Erhöhung des Stammkapitals

(1) Eigene Geschäftsanteile nehmen an der Erhöhung des Stammkapitals teil.

(2) [1]Teileingezahlte Geschäftsanteile nehmen entsprechend ihrem Nennbetrag an der Erhöhung des Stammkapitals teil. [2]Bei ihnen kann die Kapitalerhöhung nur durch Erhöhung des Nennbetrags der Geschäftsanteile ausgeführt werden. [3]Sind neben teileingezahlten Geschäftsanteilen vollständig eingezahlte Geschäftsanteile vorhanden, so kann bei diesen die Kapitalerhöhung durch Erhöhung des Nennbetrags der Geschäftsanteile und durch Bildung neuer Geschäftsanteile ausgeführt werden. [4]Die Geschäftsanteile, deren Nennbetrag erhöht wird, können auf jeden Betrag gestellt werden, der auf volle Euro lautet.

§ 57m Verhältnis der Rechte; Beziehungen zu Dritten

(1) Das Verhältnis der mit den Geschäftsanteilen verbundenen Rechte zueinander wird durch die Kapitalerhöhung nicht berührt.

(2) [1]Soweit sich einzelne Rechte teileingezahlter Geschäftsanteile, insbesondere die Beteiligung am Gewinn oder das Stimmrecht, nach der je Geschäftsanteil geleisteten Einlage bestimmen, stehen diese Rechte den Gesellschaftern bis zur Leistung der noch ausstehenden Einlagen nur nach der Höhe der geleisteten Einlage, erhöht um den auf den Nennbetrag des Stammkapitals berechneten Hundertsatz der Erhöhung des Stammkapitals, zu. [2]Werden weitere Einzahlungen geleistet, so erweitern sich diese Rechte entsprechend.

(3) Der wirtschaftliche Inhalt vertraglicher Beziehungen der Gesellschaft zu Dritten, die von der Gewinnausschüttung der Gesellschaft, dem Nennbetrag oder Wert Ihrer Geschäftsanteile oder ihres Stammkapitals oder in sonstiger Weise von den bisherigen Kapital- oder Gewinnverhältnissen abhängen, wird durch die Kapitalerhöhung nicht berührt.

§ 57n Gewinnbeteiligung der neuen Geschäftsanteile

(1) Die neuen Geschäftsanteile nehmen, wenn nichts anderes bestimmt ist, am Gewinn des ganzen Geschäftsjahres teil, in dem die Erhöhung des Stammkapitals beschlossen worden ist.

(2) [1]Im Beschluss über die Erhöhung des Stammkapitals kann bestimmt werden, dass die neuen Geschäftsanteile bereits am Gewinn des letzten vor der Beschlussfassung über die Kapitalerhöhung abgelaufenen Geschäftsjahrs teilnehmen. [2]In diesem Fall ist die Erhöhung des Stammkapitals abweichend von § 57c Abs. 2 zu beschließen, bevor über die Ergebnisverwendung für das letzte vor der Beschlussfassung abgelaufene Geschäftsjahr Beschluss gefasst worden ist. [3]Der Beschluss über die Ergebnisverwendung für das letzte vor der Beschlussfassung über die Kapitalerhöhung abgelaufene Geschäftsjahr wird erst wirksam, wenn das Stammkapital erhöht worden ist. [4]Der Beschluss über die Erhöhung des Stammkapitals und der Beschluss über die Ergebnisverwendung für das letzte vor der Beschlussfassung über die Kapitalerhöhung abgelaufene Geschäftsjahr sind nichtig, wenn der Beschluss über die Kapitalerhöhung nicht binnen drei Monaten nach der Beschlussfassung in das Handelsregister eingetragen worden ist; der Lauf der Frist ist gehemmt, solange eine Anfechtungs- oder Nichtigkeitsklage rechtshängig ist.

§ 57o Anschaffungskosten

[1]Als Anschaffungskosten der vor der Erhöhung des Stammkapitals erworbenen Geschäftsanteile und der auf sie entfallenden neuen Geschäftsanteile gelten die Beträge, die sich für die einzelnen Geschäftsanteile ergeben, wenn die Anschaffungskosten der vor der Erhöhung des Stammkapitals erworbenen Geschäftsanteile auf diese und auf die auf sie entfallenden neuen Geschäftsanteile nach dem Verhältnis der Nennbeträge verteilt werden. [2]Der Zuwachs an Geschäftsanteilen ist nicht als Zugang auszuweisen.

§ 58 Herabsetzung des Stammkapitals

(1) Eine Herabsetzung des Stammkapitals kann nur unter Beobachtung der nachstehenden Bestimmungen erfolgen:

1. der Beschluss auf Herabsetzung des Stammkapitals muss von den Geschäftsführern in den Gesellschaftsblättern bekanntgemacht werden; in dieser Bekanntmachung sind zugleich die Gläubiger der Gesellschaft aufzufordern, sich bei derselben zu melden; die aus den Handelsbüchern der Gesellschaft ersichtlichen oder in anderer Weise bekannten Gläubiger sind durch besondere Mitteilung zur Anmeldung aufzufordern;
2. die Gläubiger, welche sich bei der Gesellschaft melden und der Herabsetzung nicht zustimmen, sind wegen der erhobenen Ansprüche zu befriedigen oder sicherzustellen;

3. die Anmeldung des Herabsetzungsbeschlusses zur Eintragung in das Handelsregister erfolgt nicht vor Ablauf eines Jahres seit dem Tage, an welchem die Aufforderung der Gläubiger in den Gesellschaftsblättern stattgefunden hat;
4. mit der Anmeldung ist die Bekanntmachung des Beschlusses einzureichen; zugleich haben die Geschäftsführer die Versicherung abzugeben, dass die Gläubiger, welche sich bei der Gesellschaft gemeldet und der Herabsetzung nicht zugestimmt haben, befriedigt oder sichergestellt sind.

(2) [1]Die Bestimmung in § 5 Abs. 1 über den Mindestbetrag des Stammkapitals bleibt unberührt. [2]Erfolgt die Herabsetzung zum Zweck der Zurückzahlung von Einlagen oder zum Zweck des Erlasses zu leistender Einlagen, dürfen die verbleibenden Nennbeträge der Geschäftsanteile nicht unter den in § 5 Abs. 2 und 3 bezeichneten Betrag herabgehen.

§ 58a Vereinfachte Kapitalherabsetzung

(1) Eine Herabsetzung des Stammkapitals, die dazu dienen soll, Wertminderungen auszugleichen oder sonstige Verluste zu decken, kann als vereinfachte Kapitalherabsetzung vorgenommen werden.

(2) [1]Die vereinfachte Kapitalherabsetzung ist nur zulässig, nachdem der Teil der Kapital- und Gewinnrücklagen, der zusammen über zehn vom Hundert des nach der Herabsetzung verbleibenden Stammkapitals hinausgeht, vorweg aufgelöst ist. [2]Sie ist nicht zulässig, solange ein Gewinnvortrag vorhanden ist.

(3) [1]Im Beschluss über die vereinfachte Kapitalherabsetzung sind die Nennbeträge der Geschäftsanteile dem herabgesetzten Stammkapital anzupassen. [2]Die Geschäftsanteile müssen auf einen Betrag gestellt werden, der auf volle Euro lautet.

(4) [1]Das Stammkapital kann unter den in § 5 Abs. 1 bestimmten Mindestnennbetrag herabgesetzt werden, wenn dieser durch eine Kapitalerhöhung wieder erreicht wird, die zugleich mit der Kapitalherabsetzung beschlossen ist und bei der Sacheinlagen nicht festgesetzt sind. [2]Die Beschlüsse sind nichtig, wenn sie nicht binnen drei Monaten nach der Beschlussfassung in das Handelsregister eingetragen worden sind. [3]Der Lauf der Frist ist gehemmt, solange eine Anfechtungs- oder Nichtigkeitsklage rechtshängig ist. [4]Die Beschlüsse sollen nur zusammen in das Handelsregister eingetragen werden.

(5) Neben den §§ 53 und 54 über die Abänderung des Gesellschaftsvertrags gelten die §§ 58b bis 58f.

§ 58b Beträge aus Rücklagenauflösung und Kapitalherabsetzung

(1) Die Beträge, die aus der Auflösung der Kapital- oder Gewinnrücklagen und aus der Kapitalherabsetzung gewonnen werden, dürfen nur verwandt werden, um Wertminderungen auszugleichen und sonstige Verluste zu decken.

(2) [1]Daneben dürfen die gewonnenen Beträge in die Kapitalrücklage eingestellt werden, soweit diese zehn vom Hundert des Stammkapitals nicht übersteigt. [2]Als Stammkapital gilt dabei der Nennbetrag, der sich durch die Herabsetzung ergibt, mindestens aber der nach § 5 Abs. 1 zulässige Mindestnennbetrag.

(3) Ein Betrag, der auf Grund des Absatzes 2 in die Kapitalrücklage eingestellt worden ist, darf vor Ablauf des fünften nach der Beschlussfassung über die Kapitalherabsetzung beginnenden Geschäftsjahrs nur verwandt werden

1. zum Ausgleich eines Jahresfehlbetrags, soweit er nicht durch einen Gewinnvortrag aus dem Vorjahr gedeckt ist und nicht durch Auflösung von Gewinnrücklagen ausgeglichen werden kann;
2. zum Ausgleich eines Verlustvortrags aus dem Vorjahr, soweit er nicht durch einen Jahresüberschuß gedeckt ist und nicht durch Auflösung von Gewinnrücklagen ausgeglichen werden kann;
3. zur Kapitalerhöhung aus Gesellschaftsmitteln.

§ 58c Nichteintritt angenommener Verluste

[1]Ergibt sich bei Aufstellung der Jahresbilanz für das Geschäftsjahr, in dem der Beschluss über die Kapitalherabsetzung gefasst wurde, oder für eines der beiden folgenden Geschäftsjahre, dass Wertminderungen und sonstige Verluste in der bei der Beschlussfassung angenommenen Höhe tatsächlich nicht eingetreten oder ausgeglichen waren, so ist der Unterschiedsbetrag in die Kapitalrücklage einzustellen. [2]Für einen nach Satz 1 in die Kapitalrücklage eingestellten Betrag gilt § 58b Abs. 3 sinngemäß.

§ 58d Gewinnausschüttung

(1) [1]Gewinn darf vor Ablauf des fünften nach der Beschlussfassung über die Kapitalherabsetzung beginnenden Geschäftsjahrs nur ausgeschüttet werden, wenn die Kapital- und Gewinnrücklagen zusammen zehn vom Hundert des Stammkapitals erreichen. [2]Als Stammkapital gilt dabei der Nennbetrag, der sich durch die Herabsetzung ergibt, mindestens aber der nach § 5 Abs. 1 zulässige Mindestnennbetrag.

(2) [1]Die Zahlung eines Gewinnanteils von mehr als vier vom Hundert ist erst für ein Geschäftsjahr zulässig, das später als zwei Jahre nach der Beschlussfassung über die Kapitalherabsetzung beginnt. [2]Dies gilt nicht, wenn die Gläubiger, deren Forderungen vor der Bekanntmachung der Eintragung des Beschlusses begründet worden waren, befriedigt oder sichergestellt sind, soweit sie sich binnen sechs Monaten nach der Bekanntmachung des Jahresabschlusses, auf Grund dessen die Gewinnverteilung beschlossen ist, zu diesem Zweck gemeldet haben. [3]Einer Sicherstellung der Gläubiger bedarf es nicht, die im Fall des Insolvenzverfahrens ein Recht auf vorzugsweise Befriedigung aus einer Deckungsmasse haben, die nach gesetzlicher Vorschrift zu ihrem Schutz errichtet und staatlich überwacht ist. [4]Die Gläubiger sind in der

Bekanntmachung nach § 325 Abs. 2 auf die Befriedigung oder Sicherstellung hinzuweisen.

§ 58e Beschluss über die Kapitalherabsetzung

(1) [1]Im Jahresabschluss für das letzte vor der Beschlussfassung über die Kapitalherabsetzung abgelaufene Geschäftsjahr können das Stammkapital sowie die Kapital- und Gewinnrücklagen in der Höhe ausgewiesen werden, in der sie nach der Kapitalherabsetzung bestehen sollen. [2]Dies gilt nicht, wenn der Jahresabschluss anders als durch Beschluss der Gesellschafter festgestellt wird.

(2) Der Beschluss über die Feststellung des Jahresabschlusses soll zugleich mit dem Beschluss über die Kapitalherabsetzung gefasst werden.

(3) [1]Die Beschlüsse sind nichtig, wenn der Beschluss über die Kapitalherabsetzung nicht binnen drei Monaten nach der Beschlussfassung in das Handelsregister eingetragen worden ist. [2]Der Lauf der Frist ist gehemmt, solange eine Anfechtungs- oder Nichtigkeitsklage rechtshängig ist.

(4) Der Jahresabschluss darf nach § 325 des Handelsgesetzbuchs erst nach Eintragung des Beschlusses über die Kapitalherabsetzung offengelegt werden.

§ 58f Kapitalherabsetzung bei gleichzeitiger Erhöhung des Stammkapitals

(1) [1]Wird im Fall des § 58e zugleich mit der Kapitalherabsetzung eine Erhöhung des Stammkapitals beschlossen, so kann auch die Kapitalerhöhung in dem Jahresabschluss als vollzogen berücksichtigt werden. [2]Die Beschlussfassung ist nur zulässig, wenn die neuen Geschäftsanteile übernommen, keine Sacheinlagen festgesetzt sind und wenn auf jeden neuen Geschäftsanteil die Einzahlung geleistet ist, die nach § 56a zur Zeit der Anmeldung der Kapitalerhöhung bewirkt sein muss. [3]Die Übernahme und die Einzahlung sind dem Notar nachzuweisen, der den Beschluss über die Erhöhung des Stammkapitals beurkundet.

(2) [1]Sämtliche Beschlüsse sind nichtig, wenn die Beschlüsse über die Kapitalherabsetzung und die Kapitalerhöhung nicht binnen drei Monaten nach der Beschlussfassung in das Handelsregister eingetragen worden sind. [2]Der Lauf der Frist ist gehemmt, solange eine Anfechtungs- oder Nichtigkeitsklage rechtshängig ist. [3]Die Beschlüsse sollen nur zusammen in das Handelsregister eingetragen werden.

(3) Der Jahresabschluss darf nach § 325 des Handelsgesetzbuchs erst offengelegt werden, nachdem die Beschlüsse über die Kapitalherabsetzung und Kapitalerhöhung eingetragen worden sind.

§ 59

(weggefallen)

Fünfter Abschnitt Auflösung und Nichtigkeit der Gesellschaft

§ 60 Auflösungsgründe

(1) Die Gesellschaft mit beschränkter Haftung wird aufgelöst:

1. durch Ablauf der im Gesellschaftsvertrag bestimmten Zeit;
2. durch Beschluss der Gesellschafter; derselbe bedarf, sofern im Gesellschaftsvertrag nicht ein anderes bestimmt ist, einer Mehrheit von drei Vierteilen der abgegebenen Stimmen;
3. durch gerichtliches Urteil oder durch Entscheidung des Verwaltungsgerichts oder der Verwaltungsbehörde in den Fällen der §§ 61 und 62;
4. durch die Eröffnung des Insolvenzverfahrens; wird das Verfahren auf Antrag des Schuldners eingestellt oder nach der Bestätigung eines Insolvenzplans, der den Fortbestand der Gesellschaft vorsieht, aufgehoben, so können die Gesellschafter die Fortsetzung der Gesellschaft beschließen;
5. mit der Rechtskraft des Beschlusses, durch den die Eröffnung des Insolvenzverfahrens mangels Masse abgelehnt worden ist;
6. mit der Rechtskraft einer Verfügung des Registergerichts, durch welche nach § 399 des Gesetzes über das Verfahren in Familiensachen und in den Angelegenheiten der freiwilligen Gerichtsbarkeit ein Mangel des Gesellschaftsvertrags festgestellt worden ist;
7. durch die Löschung der Gesellschaft wegen Vermögenslosigkeit nach § 394 des Gesetzes über das Verfahren in Familiensachen und in den Angelegenheiten der freiwilligen Gerichtsbarkeit.

(2) Im Gesellschaftsvertrag können weitere Auflösungsgründe festgesetzt werden.

§ 61 Auflösung durch Urteil

(1) Die Gesellschaft kann durch gerichtliches Urteil aufgelöst werden, wenn die Erreichung des Gesellschaftszweckes unmöglich wird, oder wenn andere, in den Verhältnissen der Gesellschaft liegende, wichtige Gründe für die Auflösung vorhanden sind.

(2) [1]Die Auflösungsklage ist gegen die Gesellschaft zu richten. [2]Sie kann nur von Gesellschaftern erhoben werden, deren Geschäftsanteile zusammen mindestens dem zehnten Teil des Stammkapitals entsprechen.

(3) Für die Klage ist das Landgericht ausschließlich zuständig, in dessen Bezirk die Gesellschaft ihren Sitz hat.

§ 62 Auflösung durch eine Verwaltungsbehörde

(1) Wenn eine Gesellschaft das Gemeinwohl dadurch gefährdet, dass die Gesellschafter gesetzwidrige Beschlüsse fassen oder gesetzwidrige Handlungen der Geschäftsfüh-

rer wissentlich geschehen lassen, so kann sie aufgelöst werden, ohne dass deshalb ein Anspruch auf Entschädigung stattfindet.

(2) Das Verfahren und die Zuständigkeit der Behörden richtet sich nach den für streitige Verwaltungssachen ... geltenden Vorschriften. ...

§ 63

(weggefallen)

§ 64 Haftung für Zahlungen nach Zahlungsunfähigkeit oder Überschuldung

[1]Die Geschäftsführer sind der Gesellschaft zum Ersatz von Zahlungen verpflichtet, die nach Eintritt der Zahlungsunfähigkeit der Gesellschaft oder nach Feststellung ihrer Überschuldung geleistet werden. [2]Dies gilt nicht von Zahlungen, die auch nach diesem Zeitpunkt mit der Sorgfalt eines ordentlichen Geschäftsmanns vereinbar sind. [3]Die gleiche Verpflichtung trifft die Geschäftsführer für Zahlungen an Gesellschafter, soweit diese zur Zahlungsunfähigkeit der Gesellschaft führen mussten, es sei denn, dies war auch bei Beachtung der in Satz 2 bezeichneten Sorgfalt nicht erkennbar. [4]Auf den Ersatzanspruch finden die Bestimmungen in § 43 Abs. 3 und 4 entsprechende Anwendung.

§ 65 Anmeldung und Eintragung der Auflösung

(1) [1]Die Auflösung der Gesellschaft ist zur Eintragung in das Handelsregister anzumelden. [2]Dies gilt nicht in den Fällen der Eröffnung oder der Ablehnung der Eröffnung des Insolvenzverfahrens und der gerichtlichen Feststellung eines Mangels des Gesellschaftsvertrags. [3]In diesen Fällen hat das Gericht die Auflösung und ihren Grund von Amts wegen einzutragen. [4]Im Falle der Löschung der Gesellschaft (§ 60 Abs. 1 Nr. 7) entfällt die Eintragung der Auflösung.

(2) [1]Die Auflösung ist von den Liquidatoren in den Gesellschaftsblättern bekanntzumachen. [2]Durch die Bekanntmachung sind zugleich die Gläubiger der Gesellschaft aufzufordern, sich bei derselben zu melden.

§ 66 Liquidatoren

(1) In den Fällen der Auflösung außer dem Fall des Insolvenzverfahrens erfolgt die Liquidation durch die Geschäftsführer, wenn nicht dieselbe durch den Gesellschaftsvertrag oder durch Beschluss der Gesellschafter anderen Personen übertragen wird.

(2) Auf Antrag von Gesellschaftern, deren Geschäftsanteile zusammen mindestens dem zehnten Teil des Stammkapitals entsprechen, kann aus wichtigen Gründen die Bestellung von Liquidatoren durch das Gericht erfolgen.

(3) [1]Die Abberufung von Liquidatoren kann durch das Gericht unter derselben Voraussetzung wie die Bestellung stattfinden. [2]Liquidatoren, welche nicht vom Gericht ernannt sind, können auch durch Beschluss der Gesellschafter vor Ablauf des Zeitraums, für welchen sie bestellt sind, abberufen werden.

(4) Für die Auswahl der Liquidatoren findet § 6 Abs. 2 Satz 2 und 3 entsprechende Anwendung.

(5) [1]Ist die Gesellschaft durch Löschung wegen Vermögenslosigkeit aufgelöst, so findet eine Liquidation nur statt, wenn sich nach der Löschung herausstellt, dass Vermögen vorhanden ist, das der Verteilung unterliegt. [2]Die Liquidatoren sind auf Antrag eines Beteiligten durch das Gericht zu ernennen.

§ 67 Anmeldung der Liquidatoren

(1) Die ersten Liquidatoren sowie ihre Vertretungsbefugnis sind durch die Geschäftsführer, jeder Wechsel der Liquidatoren und jede Änderung ihrer Vertretungsbefugnis sind durch die Liquidatoren zur Eintragung in das Handelsregister anzumelden.

(2) Der Anmeldung sind die Urkunden über die Bestellung der Liquidatoren oder über die Änderung in den Personen derselben in Urschrift oder öffentlich beglaubigter Abschrift beizufügen.

(3) [1]In der Anmeldung haben die Liquidatoren zu versichern, dass keine Umstände vorliegen, die ihrer Bestellung nach § 66 Abs. 4 in Verbindung mit § 6 Abs. 2 Satz 2 Nr. 2 und 3 sowie Satz 3 entgegenstehen, und dass sie über ihre unbeschränkte Auskunftspflicht gegenüber dem Gericht belehrt worden sind. [2]§ 8 Abs. 3 Satz 2 ist anzuwenden.

(4) Die Eintragung der gerichtlichen Ernennung oder Abberufung der Liquidatoren geschieht von Amts wegen.

§ 68 Zeichnung der Liquidatoren

(1) [1]Die Liquidatoren haben in der bei ihrer Bestellung bestimmten Form ihre Willenserklärungen kundzugeben und für die Gesellschaft zu zeichnen. [2]Ist nichts darüber bestimmt, so muss die Erklärung und Zeichnung durch sämtliche Liquidatoren erfolgen.

(2) Die Zeichnungen geschehen in der Weise, dass die Liquidatoren der bisherigen, nunmehr als Liquidationsfirma zu bezeichnenden Firma ihre Namensunterschrift beifügen.

§ 69 Rechtsverhältnisse von Gesellschaft und Gesellschaftern

(1) Bis zur Beendigung der Liquidation kommen ungeachtet der Auflösung der Gesellschaft in bezug auf die Rechtsverhältnisse derselben und der Gesellschafter die Vorschriften des zweiten und dritten Abschnitts zur Anwendung, soweit sich aus den Bestimmungen des gegenwärtigen Abschnitts und aus dem Wesen der Liquidation nicht ein anderes ergibt.

(2) Der Gerichtsstand, welchen die Gesellschaft zur Zeit ihrer Auflösung hatte, bleibt bis zur vollzogenen Verteilung des Vermögens bestehen.

§ 70 Aufgaben der Liquidatoren

[1]Die Liquidatoren haben die laufenden Geschäfte zu beendigen, die Verpflichtungen der aufgelösten Gesellschaft zu erfüllen, die Forderungen derselben einzuziehen und das Vermögen der Gesellschaft in Geld umzusetzen; sie haben die Gesellschaft gerichtlich und außergerichtlich zu vertreten. [2]Zur Beendigung schwebender Geschäfte können die Liquidatoren auch neue Geschäfte eingehen.

§ 71 Eröffnungsbilanz; Rechte und Pflichten

(1) Die Liquidatoren haben für den Beginn der Liquidation eine Bilanz (Eröffnungsbilanz) und einen die Eröffnungsbilanz erläuternden Bericht sowie für den Schluss eines jeden Jahres einen Jahresabschluss und einen Lagebericht aufzustellen.

(2) [1]Die Gesellschafter beschließen über die Feststellung der Eröffnungsbilanz und des Jahresabschlusses sowie über die Entlastung der Liquidatoren. [2]Auf die Eröffnungsbilanz und den erläuternden Bericht sind die Vorschriften über den Jahresabschluss entsprechend anzuwenden. [3]Vermögensgegenstände des Anlagevermögens sind jedoch wie Umlaufvermögen zu bewerten, soweit ihre Veräußerung innerhalb eines übersehbaren Zeitraums beabsichtigt ist oder diese Vermögensgegenstände nicht mehr dem Geschäftsbetrieb dienen; dies gilt auch für den Jahresabschluss.

(3) [1]Das Gericht kann von der Prüfung des Jahresabschlusses und des Lageberichts durch einen Abschlussprüfer befreien, wenn die Verhältnisse der Gesellschaft so überschaubar sind, dass eine Prüfung im Interesse der Gläubiger und der Gesellschafter nicht geboten erscheint. [2]Gegen die Entscheidung ist die Beschwerde zulässig.

(4) Im übrigen haben sie die aus §§ 37, 41, 43 Abs. 1, 2 und 4, § 49 Abs. 1 und 2, § 64 sich ergebenden Rechte und Pflichten der Geschäftsführer.

(5) Auf den Geschäftsbriefen ist anzugeben, dass sich die Gesellschaft in Liquidation befindet; im Übrigen gilt § 35a entsprechend.

§ 72 Vermögensverteilung

[1]Das Vermögen der Gesellschaft wird unter die Gesellschafter nach Verhältnis ihrer Geschäftsanteile verteilt. [2]Durch den Gesellschaftsvertrag kann ein anderes Verhältnis für die Verteilung bestimmt werden.

§ 73 Sperrjahr

(1) Die Verteilung darf nicht vor Tilgung oder Sicherstellung der Schulden der Gesellschaft und nicht vor Ablauf eines Jahres seit dem Tage vorgenommen werden, an welchem die Aufforderung an die Gläubiger (§ 65 Abs. 2) in den Gesellschaftsblättern erfolgt ist.

(2) [1]Meldet sich ein bekannter Gläubiger nicht, so ist der geschuldete Betrag, wenn die Berechtigung zur Hinterlegung vorhanden ist, für den Gläubiger zu hinterlegen. [2]Ist die Berichtigung einer Verbindlichkeit zur Zeit nicht ausführbar oder ist eine Verbindlichkeit streitig, so darf die Verteilung des Vermögens nur erfolgen, wenn dem Gläubiger Sicherheit geleistet ist.

(3) [1]Liquidatoren, welche diesen Vorschriften zuwiderhandeln, sind zum Ersatz der verteilten Beträge solidarisch verpflichtet. [2]Auf den Ersatzanspruch finden die Bestimmungen in § 43 Abs. 3 und 4 entsprechende Anwendung.

§ 74 Schluss der Liquidation

(1) [1]Ist die Liquidation beendet und die Schlussrechnung gelegt, so haben die Liquidatoren den Schluss der Liquidation zur Eintragung in das Handelsregister anzumelden. [2]Die Gesellschaft ist zu löschen.

(2) [1]Nach Beendigung der Liquidation sind die Bücher und Schriften der Gesellschaft für die Dauer von zehn Jahren einem der Gesellschafter oder einem Dritten in Verwahrung zu geben. [2]Der Gesellschafter oder der Dritte wird in Ermangelung einer Bestimmung des Gesellschaftsvertrags oder eines Beschlusses der Gesellschafter durch das Gericht bestimmt.

(3) [1]Die Gesellschafter und deren Rechtsnachfolger sind zur Einsicht der Bücher und Schriften berechtigt. [2]Gläubiger der Gesellschaft können von dem Gericht zur Einsicht ermächtigt werden.

§ 75 Nichtigkeitsklage

(1) Enthält der Gesellschaftsvertrag keine Bestimmungen über die Höhe des Stammkapitals oder über den Gegenstand des Unternehmens oder sind die Bestimmungen des Gesellschaftsvertrags über den Gegenstand des Unternehmens nichtig, so kann jeder Gesellschafter, jeder Geschäftsführer und, wenn ein Aufsichtsrat bestellt ist, jedes Mitglied des Aufsichtsrats im Wege der Klage beantragen, dass die Gesellschaft für nichtig erklärt werde.

(2) Die Vorschriften der §§ 246 bis 248 des Aktiengesetzes finden entsprechende Anwendung.

§ 76 Heilung von Mängeln durch Gesellschafterbeschluss

Ein Mangel, der die Bestimmungen über den Gegenstand des Unternehmens betrifft, kann durch einstimmigen Beschluss der Gesellschafter geheilt werden.

§ 77 Wirkung der Nichtigkeit

(1) Ist die Nichtigkeit einer Gesellschaft in das Handelsregister eingetragen, so finden zum Zwecke der Abwicklung ihrer Verhältnisse die für den Fall der Auflösung geltenden Vorschriften entsprechende Anwendung.

(2) Die Wirksamkeit der im Namen der Gesellschaft mit Dritten vorgenommenen Rechtsgeschäfte wird durch die Nichtigkeit nicht berührt.

(3) Die Gesellschafter haben die versprochenen Einzahlungen zu leisten, soweit es zur Erfüllung der eingegangenen Verbindlichkeiten erforderlich ist.

Sechster Abschnitt Ordnungs-, Straf- und Bußgeldvorschriften

§ 78 Anmeldepflichtige

Die in diesem Gesetz vorgesehenen Anmeldungen zum Handelsregister sind durch die Geschäftsführer oder die Liquidatoren, die in § 7 Abs. 1, § 57 Abs. 1, § 57i Abs. 1, § 58 Abs. 1 Nr. 3 vorgesehenen Anmeldungen sind durch sämtliche Geschäftsführer zu bewirken.

§ 79 Zwangsgelder

(1) [1]Geschäftsführer oder Liquidatoren, die §§ 35a, 71 Abs. 5 nicht befolgen, sind hierzu vom Registergericht durch Festsetzung von Zwangsgeld anzuhalten; § 14 des Handelsgesetzbuchs bleibt unberührt. [2]Das einzelne Zwangsgeld darf den Betrag von fünftausend Euro nicht übersteigen.

(2) In Ansehung der in §§ 7, 54, 57 Abs. 1, § 58 Abs. 1 Nr. 3 bezeichneten Anmeldungen zum Handelsregister findet, soweit es sich um die Anmeldung zum Handelsregister des Sitzes der Gesellschaft handelt, eine Festsetzung von Zwangsgeld nach § 14 des Handelsgesetzbuchs nicht statt.

§ 80

(weggefallen)

§ 81

(weggefallen)

§ 82 Falsche Angaben

(1) Mit Freiheitsstrafe bis zu drei Jahren oder mit Geldstrafe wird bestraft, wer

1. als Gesellschafter oder als Geschäftsführer zum Zweck der Eintragung der Gesellschaft über die Übernahme der Geschäftsanteile, die Leistung der Einlagen, die Verwendung eingezahlter Beträge, über Sondervorteile, Gründungsaufwand und Sacheinlagen,
2. als Gesellschafter im Sachgründungsbericht,
3. als Geschäftsführer zum Zweck der Eintragung einer Erhöhung des Stammkapitals über die Zeichnung oder Einbringung des neuen Kapitals oder über Sacheinlagen,
4. als Geschäftsführer in der in § 57i Abs. 1 Satz 2 vorgeschriebenen Erklärung oder
5. als Geschäftsführer einer Gesellschaft mit beschränkter Haftung oder als Geschäftsleiter einer ausländischen juristischen Person in der nach § 8 Abs. 3 Satz 1 oder § 39 Abs. 3 Satz 1 abzugebenden Versicherung oder als Liquidator in der nach § 67 Abs. 3 Satz 1 abzugebenden Versicherung

falsche Angaben macht.

(2) Ebenso wird bestraft, wer

1. als Geschäftsführer zum Zweck der Herabsetzung des Stammkapitals über die Befriedigung oder Sicherstellung der Gläubiger eine unwahre Versicherung abgibt oder
2. als Geschäftsführer, Liquidator, Mitglied eines Aufsichtsrats oder ähnlichen Organs in einer öffentlichen Mitteilung die Vermögenslage der Gesellschaft unwahr darstellt oder verschleiert, wenn die Tat nicht in § 331 Nr. 1 oder Nr. 1a des Handelsgesetzbuchs mit Strafe bedroht ist.

§ 83

(weggefallen)

§ 84 Verletzung der Verlustanzeigepflicht

(1) Mit Freiheitsstrafe bis zu drei Jahren oder mit Geldstrafe wird bestraft, wer es als Geschäftsführer unterläßt, den Gesellschaftern einen Verlust in Höhe der Hälfte des Stammkapitals anzuzeigen.

(2) Handelt der Täter fahrlässig, so ist die Strafe Freiheitsstrafe bis zu einem Jahr oder Geldstrafe.

§ 85 Verletzung der Geheimhaltungspflicht

(1) Mit Freiheitsstrafe bis zu einem Jahr oder mit Geldstrafe wird bestraft, wer ein Geheimnis der Gesellschaft, namentlich ein Betriebs- oder Geschäftsgeheimnis, das ihm in seiner Eigenschaft als Geschäftsführer, Mitglied des Aufsichtsrats oder Liquidator bekanntgeworden ist, unbefugt offenbart.

(2) [1]Handelt der Täter gegen Entgelt oder in der Absicht, sich oder einen anderen zu bereichern oder einen anderen zu schädigen, so ist die Strafe Freiheitsstrafe bis zu zwei Jahren oder Geldstrafe. [2]Ebenso wird bestraft, wer ein Geheimnis der in Absatz 1 bezeichneten Art, namentlich ein Betriebs- oder Geschäftsgeheimnis, das ihm unter den Voraussetzungen des Absatzes 1 bekanntgeworden ist, unbefugt verwertet.

(3) [1]Die Tat wird nur auf Antrag der Gesellschaft verfolgt. [2]Hat ein Geschäftsführer oder ein Liquidator die Tat begangen, so sind der Aufsichtsrat und, wenn kein Aufsichtsrat vorhanden ist, von den Gesellschaftern bestellte besondere Vertreter antragsberechtigt. [3]Hat ein Mitglied des Aufsichtsrats die Tat begangen, so sind die Geschäftsführer oder die Liquidatoren antragsberechtigt.

Einführungsgesetz zum Gesetz betreffend die Gesellschaften mit beschränkter Haftung (GmbHG-Einführungsgesetz – EGGmbHG)

Vom 23. Oktober 2008 (BGBl. I S. 2026, 2031)[1]
Geändert durch Artikel 9 des Gesetzes vom 25. Mai 2009 (BGBl. I S. 1102)

§ 1 Umstellung auf Euro

(1) [1]Gesellschaften, die vor dem 1. Januar 1999 in das Handelsregister eingetragen worden sind, dürfen ihr auf Deutsche Mark lautendes Stammkapital beibehalten; Entsprechendes gilt für Gesellschaften, die vor dem 1. Januar 1999 zur Eintragung in das Handelsregister angemeldet und bis zum 31. Dezember 2001 eingetragen worden sind. [2]Für Mindestbetrag und Teilbarkeit von Kapital, Einlagen und Geschäftsanteilen sowie für den Umfang des Stimmrechts bleiben bis zu einer Kapitaländerung nach Satz 4 die bis dahin gültigen Beträge weiter maßgeblich. [3]Dies gilt auch, wenn die Gesellschaft ihr Kapital auf Euro umgestellt hat; das Verhältnis der mit den Geschäftsanteilen verbundenen Rechte zueinander wird durch Umrechnung zwischen Deutscher Mark und Euro nicht berührt. [4]Eine Änderung des Stammkapitals darf nach dem 31. Dezember 2001 nur eingetragen werden, wenn das Kapital auf Euro umgestellt wird.

(2) [1]Bei Gesellschaften, die zwischen dem 1. Januar 1999 und dem 31. Dezember 2001 zum Handelsregister angemeldet und in das Register eingetragen worden sind, dürfen Stammkapital und Stammeinlagen auch auf Deutsche Mark lauten. [2]Für Mindestbetrag und Teilbarkeit von Kapital, Einlagen und Geschäftsanteilen sowie für den Umfang des Stimmrechts gelten die zu dem vom Rat der Europäischen Union nach Artikel 123 Abs. 4 Satz 1 des Vertrages zur Gründung der Europäischen Gemeinschaft unwiderruflich festgelegten Umrechnungskurs in Deutsche Mark umzurechnenden Beträge des Gesetzes in der ab dem 1. Januar 1999 geltenden Fassung.

(3) [1]Die Umstellung des Stammkapitals und der Geschäftsanteile sowie weiterer satzungsmäßiger Betragsangaben auf Euro zu dem nach Artikel 123 Abs. 4 Satz 1 des Vertrages zur Gründung der Europäischen Gemeinschaft unwiderruflich festgelegten Umrechnungskurs erfolgt durch Beschluss der Gesellschafter mit einfacher Stimmenmehrheit nach § 47 des Gesetzes betreffend die Gesellschaften mit beschränkter Haftung; § 53 Abs. 2 Satz 1 des Gesetzes betreffend die Gesellschaften mit beschränkter Haftung ist nicht anzuwenden. [2]Auf die Anmeldung und Eintragung der Umstellung in das Handelsregister ist § 54 Abs. 1 Satz 2 und Abs. 2 Satz 2 des Gesetzes betreffend die Gesellschaften mit beschränkter Haftung nicht anzuwenden. [3]Werden mit der Umstellung weitere Maßnahmen verbunden, insbesondere das Kapital verändert, bleiben die hierfür geltenden Vorschriften unberührt; auf eine Herabsetzung des Stammkapitals, mit der die Nennbeträge der Geschäftsanteile auf einen Betrag nach Absatz 1 Satz 4 gestellt werden, ist jedoch § 58 Abs. 1 des Gesetzes betreffend die

1 Red. Anm.: Artikel 2 des Gesetzes zur Modernisierung des GmbH-Rechts und zur Bekämpfung von Missbräuchen vom 23. Oktober 2008 (BGBl. I S. 2026)

Gesellschaften mit beschränkter Haftung nicht anzuwenden, wenn zugleich eine Erhöhung des Stammkapitals gegen Bareinlagen beschlossen und diese in voller Höhe vor der Anmeldung zum Handelsregister geleistet werden.

§ 2 Übergangsvorschriften zum Transparenz- und Publizitätsgesetz

§ 42a Abs. 4 des Gesetzes betreffend die Gesellschaften mit beschränkter Haftung in der Fassung des Artikels 3 Abs. 3 des Transparenz- und Publizitätsgesetzes vom 19. Juli 2002 (BGBl. I S. 2681) ist erstmals auf den Konzernabschluss und den Konzernlagebericht für das nach dem 31. Dezember 2001 beginnende Geschäftsjahr anzuwenden.

§ 3 Übergangsvorschriften zum Gesetz zur Modernisierung des GmbH-Rechts und zur Bekämpfung von Missbräuchen

(1) [1]Die Pflicht, die inländische Geschäftsanschrift bei dem Gericht nach § 8 des Gesetzes betreffend die Gesellschaften mit beschränkter Haftung in der ab dem Inkrafttreten des Gesetzes vom 23. Oktober 2008 (BGBl. I S. 2026) am 1. November 2008 geltenden Fassung zur Eintragung in das Handelsregister anzumelden, gilt auch für Gesellschaften, die zu diesem Zeitpunkt bereits in das Handelsregister eingetragen sind, es sei denn, die inländische Geschäftsanschrift ist dem Gericht bereits nach § 24 Abs. 2 der Handelsregisterverordnung mitgeteilt worden und hat sich anschließend nicht geändert. [2]In diesen Fällen ist die inländische Geschäftsanschrift mit der ersten die eingetragene Gesellschaft betreffenden Anmeldung zum Handelsregister ab dem 1. Novebmer 2008, spätestens aber bis zum 31. Oktober 2009 anzumelden. [3]Wenn bis zum 31. Oktober 2009 keine inländische Geschäftsanschrift zur Eintragung in das Handelsregister angemeldet worden ist, trägt das Gericht von Amts wegen und ohne Überprüfung kostenfrei die ihm nach § 24 Abs. 2 der Handelsregisterverordnung bekannte inländische Anschrift als Geschäftsanschrift in das Handelsregister ein; in diesem Fall gilt die mitgeteilte Anschrift zudem unabhängig von dem Zeitpunkt ihrer tatsächlichen Eintragung ab dem 31. Oktober 2009 als eingetragene inländische Geschäftsanschrift der Gesellschaft, wenn sie im elektronischen Informations- und Kommunikationssystem nach § 9 Abs. 1 des Handelsgesetzbuchs abrufbar ist. [4]Ist dem Gericht keine Mitteilung im Sinne des § 24 Abs. 2 der Handelsregisterverordnung gemacht worden, ist ihm aber in sonstiger Weise eine inländische Geschäftsanschrift bekannt geworden, so gilt Satz 3 mit der Maßgabe, dass diese Anschrift einzutragen ist, wenn sie im elektronischen Informations- und Kommunikationssystem nach § 9 Abs. 1 des Handelsgesetzbuchs abrufbar ist. [5]Dasselbe gilt, wenn eine in sonstiger Weise bekannt gewordene inländische Anschrift von einer früher nach § 24 Abs. 2 der Handelsregisterverordnung mitgeteilten Anschrift abweicht. [6]Eintragungen nach den Sätzen 3 bis 5 werden abweichend von § 10 des Handelsgesetzbuchs nicht bekannt gemacht.

(2) [1]§ 6 Abs. 2 Satz 2 Nr. 3 Buchstabe a, c, d und e des Gesetzes betreffend die Gesellschaften mit beschränkter Haftung in der ab dem 1. November 2008 geltenden Fassung ist auf Personen, die vor dem 1. November 2008 zum Geschäftsführer bestellt worden sind, nicht anzuwenden, wenn die Verurteilung vor dem 1. November 2008 rechtskräftig geworden ist. [2]Entsprechendes gilt für § 6 Abs. 2 Satz 3 des Gesetzes betreffend die Gesellschaften mit beschränkter Haftung in der ab dem 1. November 2008 geltenden Fassung, soweit die Verurteilung wegen einer Tat erfolgte, die den Straftaten im Sinne des Satzes 1 vergleichbar ist.

(3) [1]Bei Gesellschaften, die vor dem 1. November 2008 gegründet worden sind, findet § 16 Abs. 3 des Gesetzes betreffend die Gesellschaften mit beschränkter Haftung in der ab dem 1. November 2008 geltenden Fassung für den Fall, dass die Unrichtigkeit in der Gesellschafterliste bereits vor dem 1. November 2008 vorhanden und dem Berechtigten zuzurechnen ist, hinsichtlich des betreffenden Geschäftsanteils frühestens auf Rechtsgeschäfte nach dem 1. Mai 2009 Anwendung. [2]Ist die Unrichtigkeit dem Berechtigten im Fall des Satzes 1 nicht zuzurechnen, so ist abweichend von dem 1. Mai 2009 der 1. November 2011 maßgebend.

(4) [1]§ 19 Abs. 4 und 5 des Gesetzes betreffend die Gesellschaften mit beschränkter Haftung in der ab dem 1. November 2008 geltenden Fassung gilt auch für Einlagenleistungen, die vor diesem Zeitpunkt bewirkt worden sind, soweit sie nach der vor dem 1. November 2008 geltenden Rechtslage wegen der Vereinbarung einer Einlagenrückgewähr oder wegen einer verdeckten Sacheinlage keine Erfüllung der Einlagenverpflichtung bewirkt haben. [2]Dies gilt nicht, soweit über die aus der Unwirksamkeit folgenden Ansprüche zwischen der Gesellschaft und dem Gesellschafter bereits vor dem 1. November 2008 ein rechtskräftiges Urteil ergangen oder eine wirksame Vereinbarung zwischen der Gesellschaft und dem Gesellschafter getroffen worden ist; in diesem Fall beurteilt sich die Rechtslage nach den bis zum 1. November 2008 geltenden Vorschriften.

§ 4 Übergangsvorschrift zum Bilanzrechtsmodernisierungsgesetz

§ 52 Abs. 1 Satz 1 des Gesetzes betreffend die Gesellschaften mit beschränkter Haftung in Verbindung mit § 100 Abs. 5 und § 107 Abs. 4 des Aktiengesetzes in der Fassung des Bilanzrechtsmodernisierungsgesetzes vom 25. Mai 2009 (BGBl. I S. 1102) findet keine Anwendung, solange alle Mitglieder des Aufsichtsrats und des Prüfungsausschusses vor dem 29. Mai 2009 bestellt worden sind.

Einleitung

Übersicht **Rdn.**

Schrifttum

Bayer/Hoffmann, Forum. Zur Entwicklung der Unternehmergesellschaft, (NJW-aktuell), NJW 2010 NJW-aktuell Heft 51 S. 16 ff.; *Gehrlein*, Die Existenzvernichtungshaftung im Wandel der Rechtsprechung, (Zugleich Anmerkung zu BGH, Urt. v. 16.07.2007 – II ZR 3/04 –), WM 2008, S. 761; *Gehrlein*, Die Haftung in den verschiedenen Gründungsphasen einer GmbH, DB 1996, S. 561; *Kornblum*, Bundesweite Rechtstatsachen zum Unternehmens- und Gesellschaftsrecht, Stand: 01.01.2008, GmbHR 2009, S. 25 f.; *Lutter*, Zur Entwicklung der GmbH in Europa und in der Welt, GmbHR 2005, S. 1 ff.; *Niemeier*, Die »Mini-GmbH« (UG) trotz Marktwende bei der Limited?, ZIP 2007, S. 1781.

A. Rechtsgrundlagen des GmbH-Rechts

I. Schaffung des GmbHG

1 Die Rechtsform der GmbH wurde im Jahre 1892, ohne dass man auf geschichtliche Vorbilder zurückgreifen konnte, durch Einführung des GmbHG als **kleine Kapitalgesellschaft** neben der AG ins Leben gerufen. Damit sollte Bedürfnissen der mittelständischen Unternehmen Rechnung getragen und die Lücke zwischen der AG und den – wegen der persönlichen Haftung der Gesellschafter und der seinerzeit noch nicht bewältigten Schwierigkeiten einer Anteilsübertragung – für den Wirtschaftsverkehr nicht vorbehaltlos geeigneten Personenhandelsgesellschaften geschlossen werden. In der GmbH wurde eine Kapitalgesellschaft mit eigener Rechtspersönlichkeit unter Ausschluss der Haftung der Gesellschafter geschaffen, die im Vergleich zur AG geringere Anforderungen an die Gründung und insbesondere die Kapitalausstattung stellt und zudem im Innenverhältnis der Vertragsfreiheit breiten Raum lässt. Nach einer im Jahr 1898 erfolgten Angleichung an die Vorschriften des BGB blieb das GmbHG fast 80 Jahre lang in seinen Grundlagen praktisch unverändert. Die GmbH hat rasch – im Jahre 1991 existieren bereits 20.000, nach einem zwischenzeitlichen Anstieg auf 70.000 im Jahre 1936 immer noch 40.000 Gesellschaften – in der Praxis Akzeptanz gefunden und ist in anderen Staaten übernommen worden.[1]

II. Gesetzesänderungen

1. Zeitraum bis 1980

2 In Verbindung mit Aktienrechtsreformen stehende Vorschläge einer umfassenden Novellierung des GmbH-Rechts der Jahre 1939 und 1971/73 wurden von dem Gesetzgeber nicht verwirklicht. Der Reformentwurf der Jahre 1971/73 sah eine Verdreifachung der Bestimmungen sowie eine enge Anlehnung an das AktG vor. Erst die GmbH-Reform vom 4. Juli 1980[2] führte zu spürbaren Veränderungen des GmbH-Rechts, indem zum Zwecke des Gläubigerschutzes das Mindeststammkapital auf 50.000 DM (heute EUR 25.000) und die Mindesteinlage auf 25.000 DM (heute: EUR 12.500) angehoben, die Ein-Personen-Gesellschaft und ein Sachgründungsbericht eingeführt sowie die Informationsrechte der Gesellschafter im Interesse der Minderheit ausgeweitet wurden. Außerdem wurden als Frucht höchstrichterlicher Rechtsprechung die Differenzhaftung (§ 9) und das Eigenkapitalersatzrecht (§§ 32a, 32b) in Gesetzesform gekleidet. Gesetzeslücken im Bereich der Kontrolle von Gesellschafterbeschlüssen, dem Ausschluss und Austritt von Gesellschaftern sowie im Recht der verbundenen Unternehmen wurden nicht geschlossen, sondern sind weiterhin im Analogieschluss sowie durch höchstrichterliche Rechtsfortbildung zu bewältigen.

---

1 *Lutter*, GmbHR 2005, 1 ff.

2 BGBl. I 1980, 836.

2. Zeitraum von 1980 bis 2009

3 Bedeutsam für die GmbH war das **Bilanzrichtliniengesetz** vom 19. Dezember 1985[3], das eine Neuregelung des Bilanzrechts nicht nur für Kapitalgesellschaften, sondern auch für Kaufleute einführte. Das **UmwBerG** vom 28. Oktober 1994[4] fügte mit §§ 57 c bis 57 o Regelungen über die Kapitalerhöhung aus Gesellschaftsmitteln und mit §§ 58a bis 58f Regelungen über die vereinfachte Kapitalherabsetzung ein. ein. Im Zuge der Insolvenzrechtsreform vom 5. Oktober 1994 wurde durch Art. 48 Nr. 4 EGInsO[5] mit §§ 58a bis 58 f die Möglichkeit der vereinfachten Kapitalherabsetzung eingeführt. Die **Insolvenzordnung** kreierte den Insolvenzgrund der drohenden Zahlungsunfähigkeit (§ 18 InsO), konkretisierte den Überschuldungsbegriff (§ 19 Abs. 2 InsO) und belegte Gesellschafterdarlehen mit einem Nachrang (§ 39 Abs. 1 Nr. 5 InsO). Das **LöschG** wurde aufgehoben und nach Einfügung in § 60 über § 141a FGG zum 1. September 2009 in § 394 FamFG überführt. §§ 59c ff. BRAO gestatten seit dem 1. Januar 1999 die Gründung einer Rechtsanwalts-GmbH und §§ 52c ff. PatAnwO einer Patentanwalts-GmbH. Mit Hilfe des **EuroEG**[6] wurden auch im Bereich des GmbH-Rechts die DM-Beträge auf Euro umgestellt, namentlich das Mindeststammkapital von 50.000 DM auf EUR 25.000 und die Mindeststammeinlage von 200 DM auf EUR 100 Das **HRefG** vom 22. Juni 1998[7] liberalisierte das Firmenrecht (§§ 4, 18 HGB) durch die Möglichkeit der Wahl auch von Phantasienamen, beschränkte die Sitzwahl (§ 4a) und reduzierte zwecks Beschleunigung der Eintragung die Prüfungspflichten des Registerrichters (§ 9c Abs. 2). Das Eigenkapitalersatzrecht wurde durch das **KapAEG** vom 20. April 1998[8] um das Kleinbeteiligtenprivileg (§ 32a Abs. 3 Satz 2) und durch das **KontraG** vom 27. April 1998[9] um das Sanierungsprivileg (§ 32a Abs. 3 Satz 3) ergänzt. Die Umstellung der auf DM lautenden Beträge auf E wurde durch das EuroEG verwirklicht.[10] Das **BilReG** vom 4. Dezember 2004[11] modifizierte §§ 42a, 46, 52, 57 f. und 82. Durch die Schuldrechtreform aufgeworfene Verjährungsprobleme wurden durch das **Gesetz zur Anpassung von Verjährungsvorschriften** vom 15. Dezember 2004[12] bereinigt. An die Stelle des Bundesanzeigers ist durch Art. 12 **JKomG** vom 22. März 2005[13] der elektronische Bundesanzeiger als Pflichtmedium für Veröffentlichungen der GmbH getreten. Das **EHUG** vom 10. November 2006[14] stellte das Handelsregister auf elektronischen

---

3 BGBl. I 1985, 2355.
4 BGBl. I 1994, 3210.
5 BGBl. I 1994, 2911.
6 BGBl. I 1998, 1242.
7 BGBl. I 1998, 1474.
8 BGBl. I 1998, 707.
9 BGBl. I 1998, 786.
10 BGBl. I 1998, 1242.
11 BGBl. I 2004, 3214.
12 BGBl. I 2004, 3214.
13 BGBl. I 2005, 837.
14 BGBl. I 2006, 2553.

Betrieb um (§ 8 HGB), begründete das elektronische Unternehmensregister (§ 8b HGB) und schaffte die Pflichtpublizität handelsrechtlicher Bekanntmachungen in Zeitungen zum 1. Januar 2009 ab (Art. 61 Abs. 4 EGHGB). Anmeldungen sind weiterhin in öffentlich beglaubigter Form zum Handelsregister einzureichen; nach handschriftlicher Unterzeichnung nimmt der Notar die elektronische Anmeldung vor (§ 12 HGB). Das **BilMoG** vom 25. Mai 2009[15] paßt § 33 an geänderte Bilanzierungsvorschriften an und ergänzt die Verweisungen der §§ 52, 57 f. Das **ARUG** vom 30. Juli 2009[16] hat § 10 Abs. 2 hinsichtlich der Eintragung von Änderungen zum genehmigten Kapital umgestaltet; insoweit sind auch § 57 Abs. 2, § 57n Abs. 2, § 58 Abs. 1, § 58a Abs. 4, § 58e Abs. 3, § 58f Abs. 2, § 65 Abs. 2, § 67 Abs. 3 und § 73 Abs. 1 tangiert.

3. Große GmbH-Reform des Jahres 2008: MoMiG

4 Das Gesetz zur Modernisierung des GmbH-Rechts und zur Bekämpfung von Mißbräuchen (MoMiG) vom 28. Oktober 2008[17] stellt die umfassendste Reform seit Einführung des GmbHG im Jahre 1892 dar. Den wesentlichen Auslöser bildeten die Entscheidungen »Centros«, »Überseering« und »Inspire Art« des Gerichtshofs der Europäischen Gemeinschaften[18], die es – abweichend von der nach deutschem IPR maßgeblichen Sitztheorie – erlaubten, im Eu-Ausland gegründete Gesellschaften mit Hilfe einer Sitzverlegung in Deutschland unter ihrem Gründungsrecht weiterzuführen. Die durch diese Rechtsprechung eröffnete und anfangs vielfach wahrgenommene Möglichkeit, einen inländischen Geschäftsbetrieb in der Rechtsform einer im Vereinigten Königreich ohne Mindeststammkapital gegründeten, sodann hierher verlagerten »Limited« zu führen, setzte das GmbH-Recht unter einen erheblichen **Reformdruck**. Vielfach wurde die Befürchtung geäußert, dass inländische Gründer auf stammkapitalfreie ausländische Rechtsformen ausweichen, wenn das inländische Recht keine vergleichbare Alternative bereithält. Hinzu kam, dass das GmbH-Recht wegen der insbesondere Kapitalaufbringung (Hin- und Herzahlung, verdeckte Sacheinlage), Kapitalerhaltung (Cash-Pool) und Eigenkapitalersatz prägenden, aus dem Gesetz nicht ohne weiteres erschließbaren Rechtsprechungsregeln als besonders kompliziert und vereinfachungsbedürftig angesehen wurde. Mit Rücksicht auf die **Deregulierungstendenzen** ist die mit der Reform ebenfalls intendierte Bekämpfung von Mißbräuchen mehr und mehr in den Hintergrund getreten. Insbesondere sollte »stillen« **Unternehmensbestattungen** entgegengetreten werden, die nach dem gängigen Muster verlaufen, der GmbH ihre letzten Vermögensbestandteile zu entziehen und nach Abberufung des letzten Geschäftsführers und Vernichtung der Geschäftsunterlagen die Geschäftsanteile an einen professionellen Bestatter zu veräußern. Ein weiteres Anliegen war die Beschleunigung und Vereinfachung der Gründung einer GmbH. Die zentralen Neuerungen lassen sich wie folgt zusammenfassen.

15 BGBl. I 2009, 2479.
16 BGBl. I 2009, 2479.
17 BGBl. I 2008, 2026.
18 NJW 1999, 2027; 2002, 3614; 2003, 3331.

5 a) **Gründung.** Der Gesellschaftsvertrag kann in Standardsachen unter Verwendung eines notariell beurkundeten **Musterprotokolls** abgeschlossen werden (§ 2 Abs. 1a). **Geschäftsanteile** können bis auf den Betrag von EUR 1 gestückelt werden (§ 5 Abs. 2 Satz 1); der Gesellschafter kann schon bei der Gründung mehrere Geschäftsanteile übernehmen (§ 5 Abs. 2 Satz 2). Infolge der Streichung von § 17 wird die nunmehr in die alleinige Verantwortung der Gesellschafterversammlung (§ 46 Nr. 4) gelegte Teilung von Geschäftsanteilen erleichtert. Die Eintragung der GmbH hängt, wenn der Unternehmensgegenstand **staatlicher Genehmigung** bedarf, nach der Neufassung von § 8 Abs. 2 nicht mehr von der vorherigen Erteilung der Genehmigung ab. Das Mindeststammkapital beträgt weiterhin EUR 25.000 (§ 5 Abs. 1). Als Alternative zur GmbH sieht § 5a die Form der **Unternehmergesellschaft haftungsbeschränkt (UG haftungsbeschränkt)** vor, die mangels eines gesetzlich vorausgesetzten Mindeststammkapitals als Ein-Personen-Gesellschaft mit einem Stammkapital von nur EUR 1 gegründet werden kann. Als Antwort auf die Limited kann der Verwaltungs- und Betriebssitz einer GmbH im Ausland genommen werden (§ 4a).

6 b) **Kapitalaufbringung, Kapitalerhaltung.** Die praktisch bedeutsamsten Änderungen der Reform äußern sich im Bereich der Kapitalaufbringung und Kapitalerhaltung. Abweichend von der bisherigen Rechtsprechung führt die Einbringung einer **verdeckten Sacheinlage** in Höhe des tatsächlichen Sachwerts zur Tilgung der Bareinlageschuld (§ 19 Abs. 4) des Gesellschafters. Ebenfalls im Unterschied zur bisherigen Rechtsprechung gestattet § 19 Abs. 5 im Interesse der Verwirklichung eines **Cash-Pools** die Auskehr der Einlage als Darlehen an den Gesellschafter, sofern der gegen ihn gerichtete Rückzahlungsanspruch vollwertig ist. Die damit einhergehende Rückkehr zur **bilanziellen Betrachtungsweise** gilt auch im Rahmen der Kapitalerhaltung (§ 30 Abs. 1 Satz 2 HS 2), so dass durch einen vollwertigen Gegenleistungsanspruch gedeckte Auszahlungen aus dem Stammkapital an die Gesellschafter zulässig sind. Das **Eigenkapitalersatzrecht** wurde durch die in § 30 Abs. 1 Satz 3 getroffene ausdrückliche Anordnung gestrichen. An seine Stelle ist eine rein **insolvenzrechtliche rechtsformneutrale Regelung** getreten: Danach sind Gesellschafterdarlehen in der Insolvenz grundsätzlich nur **nachrangig** zu berücksichtigen (§ 39 Abs. 1 Nr. 5 InsO). Erstattet die GmbH ihrem Gesellschafter innerhalb eines Jahres vor Antragstellung ein Darlehen, kann die Rückgewähr unabhängig von der wirtschaftlichen Situation der GmbH im Rückzahlungszeitpunkt **angefochten** werden (§ 135 InsO). In Ergänzung zum existenzvernichtenden Eingriff unterwirft § 64 Satz 3 Geschäftsführer einer Erstattungspflicht, wenn von ihnen veranlasste Zahlungen an die Gesellschafter die Zahlungsunfähigkeit der GmbH auslösen.

7 c) **Missbrauchsbekämpfung.** Die Gründe für eine **Amtsunfähigkeit** (Inhabilität) als Geschäftsführer wurden in § 6 Abs. 3 Nr. 3 erweitert. Damit verbunden trifft die Gesellschafter durch § 6 Abs. 5 eine Innenhaftung gegenüber der GmbH, wenn sie einer amtsunfähigen Person die Geschäftsführung überlassen. Zwecks Vermeidung von Unternehmensbestattungen ist eine inländische Geschäftsanschrift zum Handelsregister einzureichen, unter der gegenüber den Geschäftsführern Zustellungen bewirkt und Willenserklärungen abgegeben werden können (§ 8 Abs. 4 Nr. 1, § 10

Abs. 1 Satz 1). Bei Eintritt von Führungslosigkeit wird die GmbH durch die Gesellschafter vertreten (§ 35 Abs. 1 Satz 2); in diesem Falle unterliegen die Gesellschafter der **Insolvenzantragspflicht** (§ 15a Abs. 3 InsO).

III. Europarechtliche Einflüsse

8 Auf der Grundlage von Art. 44 Abs. 3 EGV sind die Mitgliedstatten nach Art. 249 Abs. 3 EGV eine Fülle bindender Richtlinien auf dem Gebiet des GmbH-Rechts ergangen. Die **Publizitätsrichtlinie** vom 9. März 1968[19], geändert durch die Richtlinie vom 15. Juli 2003[20] erfuhr ihre Umsetzung im Blick auf in das Handelsregister einzutragende Tatschen und die Gestaltung von Geschäftsbriefen mit den Gesetzen vom 15. August 1969[21] und vom 10. November 2006.[22] Die **Kapitalrichtlinie** vom 13. Dezember 1976[23], geändert durch die Richtlinie vom 23. November 1992[24] und die weitere Richtlinie vom 6. September 2006[25], betrifft die Kapitalaufbringung und den Kapitalschutz; sie wurde, weil die Änderungsrichtlinie keinen Anpassungsbedarf auslöste, allein durch das Gesetz vom 13. Dezember 1978[26] innerstaatlich verwirklicht. Die **Fusionsrichtlinie** vom 9. Oktober 1978[27], geändert durch die Richtlinie vom 27. November 1984[28] befasst sich mit Verschmelzung innerhalb der Mitgliedsstaaten (nationale Fusion) und wurde mit Gesetz vom 25. Oktober 1982[29] innerstaatlich verbindlich. Die **Bilanzrichtlinie** vom 25. Juli 1978[30] wurde durch das Bilanzrichtliniengesetz vom 19. Dezember 1985[31] umgesetzt. Die **Mittelstandsrichtlinie** vom 8. November 1990[32] wurde durch das DM-Bilanzgesetz vom 25. Juli 1994[33] transformiert. Die **GmbH & Co KG-Richtlinie** vom 8. November 1990[34] erfuhr ihre die Rechnungslegung betreffende Umsetzung durch Gesetz vom 24. Februar 2000.[35] Die **Spaltungsrichtlinie** vom 17. Dezember 1982[36] wurde im Rahmen des UmwG vom 28. Oktober 1994[37] innerstaatliches Recht. Die **Zweigniederlassungsrichtlinie**

---

19 1. RL 68/151/EWG, Abl 1968, L 65/8.
20 RL 2003/58/EG, Abl 2003, L 221/3.
21 BGBl I 1969, 1146.
22 BGBl I 2006, 2253.
23 2. RL 77/91/EWG, Abl 1977, L 26/1.
24 RL 92/101/EWG, Abl 1992, L347/64.
25 RL 2006/68/EG, Abl 2006, L 264/32.
26 BGBl I 1978, 1959.
27 3. RL 78/855/EWG, Abl 1978, L 295/36.
28 RL 84/569/EWG, Abl 1984, L 314/28.
29 BGBl. I. 1982, 1425.
30 4. RL 78/660/EWG, Abl L 1978, 222/11.
31 BGBl. I 1985, 2355.
32 RL 90/605/EWG, Abl L 317/57.
33 BGBl I 1994, 1682 ff.
34 Abl 1990, L 317/60.
35 BGBl I 2000, 154.
36 6. RL 82/891/EWG, Abl 1982, L 378/47.
37 BGBl I 1994, 3210.

vom 21. Dezember 1989[38] wurde mit Gesetz vom 22. juli 1993[39], die **Einpersonengesellschaftsrichtlinie** vom 21. Dezember 1989[40] mit Gesetz vom 18. Dezember 1991[41] innerstaatlich verbindlich. Die **Richtlinie zur grenzüberschreitenden Verschmelzung** vom 26. Oktober 2005[42] wurde mit Gesetz vom 19. April 2007[43] verwirklicht. Die **Sitzverlegungsrichtlinie** wird derzeit nicht weiter verfolgt.

B. Grundstrukturen der GmbH

9 Die GmbH ist als eine in das Handelsregister eingetragene, mit selbstständiger Rechtspersönlichkeit ausgestattete Handelsgesellschaft zu definieren, die jeden erlaubten, auch nicht gewerblichen (§ 1) Zweck verfolgen kann und deren Gesellschafter mit Einlagen an dem in Teile zerlegten Stammkapital beteiligt sind, ohne persönlich für die Verbindlichkeiten der Gesellschaft zu haften. Bekanntlich ist die Bezeichnung »mit beschränkter Haftung« insoweit ungenau, als die GmbH ihren Gläubigern unbeschränkt haftet (§ 13 Abs. 2 GmbHG) und das Haftungsprivileg nur ihren Gesellschafter zustatten kommt.

I. Juristische Person

10 § 13 Abs. 1 verleiht der GmbH den Status einer juristischen Person. Sie erlangt mit der Eintragung in das Handelsregister volle Rechtsfähigkeit; die bei der KG, OHG und GbR geführten Diskussionen über die Rechtsfähigkeit erübrigen sich. Die Rechtsfähigkeit dauert bis zur Löschung der GmbH im Handelsregister fort. Die unbeschränkt handlungsfähige GmbH wird nach außen durch ihre Geschäftsführer vertreten. Notwendige Folge der Rechtsfähigkeit ist die Inanspruchnahme allein der GmbH für die Gesellschafsverbindlichkeiten unter Ausschluss einer Haftung der Gesellschafter (§ 13 Abs. 2). Die GmbH ist unabhängig von dem verfolgten Gesellschaftszweck (Form-)**Kaufmann** (§ 13 Abs. 3, § 6 Abs. 2 HGB).

II. Satzung

1. Inhalt

11 Grundlage des Innenverhältnisses der Gesellschafter bildet die notariell zu beurkundende **Satzung** (§ 2), die auf einem Rechtsgeschäft der oder des Gründers beruht und dem Mindestinhalt des § 3 zu genügen hat. Die von den Gesellschaftern ohnehin nur unter Beachtung der Voraussetzungen des § 53 abänderbare Satzung genießt mit der Eintragung gegenüber etwaigen Rechtsmängeln einen erhöhten Bestandsschutz, der

38 11. RL 89/666/EWG, Abl 1989, L 395/36.
39 BGBl I 1993, 1282.
40 12 RL 89/667/EWG, Abl 1989, L 395/10.
41 BGBl I 1991, 2206.
42 10. RL 2005/56/EG, Abl 2005, L 310/1.
43 BGBl I 2007, 542.

nur bei besonders gravierenden Mängeln und auch dann erst auf die Nichtigkeitsklage eines Gesellschafters (§ 75) zurücktritt. Die – auch künftige Gesellschafter bindenden – **korporativen Satzungsbestimmungen** unterliegen einer rein objektiven an Wortlaut, Sinn und Zweck orientierten Auslegung, so dass außerhalb der Vertragsurkunde liegende Umstände wie die Entstehungsgeschichte der Satzung, der Inhalt von Vorentwürfen oder Äußerungen der Beteiligten außer Betracht bleiben.[44] Für **individualrechtliche Bestandteile** gelten hingegen die üblichen Auslegungsregeln (§§ 133, 157 BGB). Die aus der Satzung folgenden Rechte und Pflichten treffen im Verhältnis zur Gesellschaft nur in der Gesellschafterliste aufgeführte Personen (§ 16 Abs. 1).

2. Satzungsautonomie

12 Als Kapitalgesellschaft ist die GmbH weithin der AG angeglichen. Im Unterschied zur AG stehen bei der GmbH die internen Rechts und Pflichten zur Disposition der Gesellschafter (§ 45 Abs. 1). Die Gestaltungsfreiheit ermöglicht es, sowohl Großunternehmen als auch Kleinstbetriebe als GmbH zu führen. Deswegen unterscheidet man die **kapitalistische** von der der Zahl nach stark überwiegenden **personalistischen** GmbH, wo sich zwei bis fünf Gesellschafter zusammenschließen, überwiegend als Geschäftsführer oder Angestellter in dem Unternehmen tätig sind und unerwünschten Außenstehenden durch Erwerbsbeschränkungen (Vinkulierung: § 15 Abs. 5) der Eintritt in die Gesellschaft verwehrt wird. Dank der Gestaltungsfreiheit kann die GmbH durch Abtretungsbeschränkungen und Vorkaufsrechte, Regelungen für den Erbfall, Ansprüche auf Teilhabe an der Geschäftsführung und Stimmrechtsbeschränkungen eine stark personalistische Prägung erfahren. In diesen Fällen stellt sich die GmbH weniger als kleine AG, sondern vielmehr als Mischform von Kapitalgesellschaft und Personengesellschaft dar. **Zwingend** ist die Beachtung des Formgebots der notariellen Beurkundung für den Verkauf und die Übertragung von Geschäftsanteilen (§ 15 GmbHG). Dadurch soll der leichte und spekulative Handel mit Gesellschaftsanteilen, die nicht wie Aktien in den Börsenhandel geraten sollen, unterbunden werden.[45] Als Folge dieser Regelung fehlt ein allgemeiner Markt für Geschäftsanteile.

III. Gesellschaftsorgane

13 Die vom Bestand ihrer Mitglieder unabhängige GmbH verfügt über eine eigenständige innere Organisation mit zwei, ausnahmsweise drei Organen: Oberstes Willensbildungsorgan ist die **Gesellschafterversammlung** (§§ 45 ff.), der kraft Gesetzes (§ 46 Nr. 1 bis 8, § 26 Abs. 1, § 29 Abs. 1, § 51a Abs. 2, § 53 Abs. 1, § 60 Abs. 2 Nr. 2, § 66 Abs. 1) bestimmte Aufgaben obliegen, durch die Satzung aber auch zusätzliche Aufgaben übertragen werden können. Die Gesellschafterversammlung ist im Unterschied zur AG (§ 76 AktG) berechtigt, der Geschäftsführung – auch bei Vorhandensein eines obligatorischen Aufsichtsrats – Weisungen zu erteilen (§ 37). Ohnehin

44 BGHZ 116, 359, 364.
45 BGHZ 141, 207, 211 f.

wird die Geschäftsführung durch die Gesellschafterversammlung (§ 46 Nr. 5) oder die Satzung (§ 6 Abs. 3 Satz 2) eingesetzt. Das Weisungsrecht findet seine Grenze in zwingenden gesetzlichen Regelungen (vgl. § 43 Abs. 3 Satz 3). Originäre Pflichten der Geschäftsführer statuieren § 49 Abs. 3, § 15a InsO: Bei Verlust der Hälfte des Stammkapitals ist die Gesellschafterversammlung einzuberufen, bei Insolvenzreife des Unternehmens ein Insolvenzantrag zu stellen. Das Handeln nach außen und insbesondere die Vertretung der GmbH nimmt die **Geschäftsführung** (§§ 35 ff) wahr. Die unbeschränkte Vertretungsmacht kann im Außenverhältnis nicht wirksam beschnitten werden. Bereits im Gründungsstadium der **Vor-GmbH** müssen Geschäftsführer vorhanden sein, weil nur sie die erst mit der Eintragung entstehende (§ 11 Abs. 1) Gesellschaft zum Handelsregister anmelden können (§ 78). Zu Geschäftsführern können nach dem System der **Drittorganschaft** auch außerhalb des Gesellschafterkreises stehende Personen bestellt werden (§ 6 Abs. 2). Geschäftsführer können grundsätzlich von der Gesellschafterversammlung (§ 46 Nr. 5) jederzeit aus ihrem Amt abberufen werden (§ 38), ohne dass davon notwendigerweise die Wirksamkeit des daneben bestehenden Dienstvertrags (§ 611 BGB) nebst dem aus ihm resultierenden Vergütungsanspruch berührt ist. Freilich sind in der Praxis häufig Gesellschafter zugleich als Geschäftsführer anzutreffen; mitunter wird Gesellschaftern das Geschäftsführeramt – mit der Folge einer Abberufbarkeit nur aus wichtigem Grund (§ 38 Abs. 2) – als Sonderrecht eingeräumt. Als fakultatives, in mitbestimmten Gesellschaften zwingend vorgesehenes Kontrollorgan fungiert der **Aufsichtsrat** (§ 52). Ihm kommt eine beratende, überwachende Funktion zu. Die Zahl der **Gesellschafter** wird von dem Gesetz nicht vorgegeben; infolge der Reduzierung der Nennbeträge der Geschäftsanteile auf EUR 1 (§ 5 Abs. 2 Satz 1) kann auch eine Publikumsgesellschaft als GmbH geführt werden; freilich dürfte sich insoweit das Beurkundungserfordernis (§ 15) mäßigend auswirken.

IV. Rechtsverhältnisse der Gesellschafter

14 Die Gesellschafter können über ihren Geschäftsanteil im Rahmen des § 15 Abs. 5 frei verfügen und ihn vererben (§ 15 Abs. 1). Ihnen stehen **Vermögens-** und **Verwaltungsrechte** zu. Sie haben entsprechend dem Inhalt der Beschlussfassung der Gesellschafterversammlung Anspruch auf den Jahresgewinn (§ 29); ferner sind sie an einem Liquidationserlös beteiligt (§ 72). An der Verwaltung wirken sie durch Teilnahme in der Gesellschafterversammlung und Ausübung ihres Stimmrechts mit. Die **Mitgliedschaftspflicht** äußert sich vornehmlich in der Pflicht zur Zahlung der Einlage (§ 19 Abs. 1), einer Differenzhaftung (§ 9) und einer etwaigen Ausfallhaftung (§ 24). Mitunter sind in der Satzung Nebenleistungspflichten (§ 3 Abs. 2) zur Zahlung eines **Aufgeldes** vorgesehen.[46] Insbesondere die **Treupflicht** kann Pflichten auch im Verhältnis der Gesellschafter untereinander begründen, etwa einer im Interesse der GmbH unabweisbaren Geschäftsführungsmaßnahme zuzustimmen.

46 BGH, NZG 2008, 73.

V. Innere Verfassung

15 Die Gesellschafterversammlung trifft ihre Entscheidungen durch Gesellschafterbeschlüsse (§ 48 Abs. 1), die zur Wirksamkeit lediglich der – sich nach den Kapitalanteilen und nicht den Köpfen errechnenden – **einfachen Mehrheit** bedürfen (§ 47 Abs. 1). Ein **Minderheitenschutz** ist nur insoweit gewährleistet, als **satzungsändernde Beschlüsse** wie Kapitalerhöhung und -herabsetzung über die notarielle Beurkundung hinaus eine Drei-Viertel-Mehrheit erfordern (§ 53 Abs. 2) und Beschlüsse, welche eine Vermehrung der Pflichten zum Gegenstand haben, von der Zustimmung der betroffenen Gesellschafter abhängen (§ 53 Abs. 3). Im Falle eines Interessenwiderstreits belegt § 47 Abs. 4 den betroffenen Gesellschafter mit einem Stimmverbot. Freilich hat die Mehrheitsmacht immanente Grenzen der Beschlussfassung zu beachten, die sich im **Gleichbehandlungsgrundsatz** und der **gesellschaftsrechtlichen Treuepflicht** manifestieren.[47] Der Minderheitenschutz kann gegen Gesellschafterbeschlüsse mit Hilfe von Anfechtungs- und Nichtigkeitsklage durchgesetzt werden. Minderheiten können nach § 50 Initiativrechte wahrnehmen. Im Zusammenhang damit steht der Auskunftsanspruch (§§ 51a, 51 b) des einzelnen Gesellschafters.

VI. Stammkapital

1. Bemessung

16 Die GmbH ist eine **Kapitalgesellschaft**: Das **Stammkapital** als Summe der von den Gesellschaftern aufzubringenden Nennbeträge aller Geschäftsanteile (§ 5 Abs. 3 Satz 2) muss mindestens EUR 25.000 betragen (§ 5 Abs. 1). Dieser Grundsatz wird freilich aufgeweicht, weil sich das Gesetz bei der Unternehmergesellschaft (UG) mit einem Mindeststammkapital von EUR 1 begnügt (§ 5a Abs. 1 GmbHG). Als Kompensation für das Haftungsprivileg einer fehlenden Außenhaftung haben die Gesellschafter die GmbH mit einem Stammkapital auszustatten. Die Pflicht zur Aufbringung des Stammkapitals soll einerseits ein Startkapital und zugleich einen Haftungsfonds sicherstellen, andererseits als Seriositätsschwelle von vornherein zum Scheitern verurteilten Unternehmensgründungen vorbeugen. Die von den Gesellschaftern zu leistenden **Nennbeträge auf die Geschäftsanteile** – der frühere Begriff der Stammeinlage ist aufgegeben[48] worden – haben auf voll Euro zu lauten (§ 5 Abs. 2), was eine Teilbarkeit mindestens durch eins voraussetzt und eine weitergehende Stückelung in Cent verbietet.[49] Als Mindeststammeinlage kommt danach EUR 1 in Betracht. Ein Gesellschafter kann bei der Gründung einen oder – im Unterschied zum früheren Recht – mehrere Geschäftsanteile übernehmen (§ 5 Abs. 2 Satz 2). Dies ermöglicht Ein-Personen-Gründungen unter Schaffung mehrerer Geschäftsanteile. Die im Zuge der Gründung der GmbH oder einer späteren Kapitalerhöhung zu leistenden Stammeinlagen haben dem Nennbetrag des jeweiligen

47 BGHZ 65, 15.
48 BT-Drs. 16/6140 S. 67.
49 Vgl. noch zum alten Recht BGH, NJW-RR 2005, 1619.

Geschäftsanteils zu entsprechen (§ 5 Abs. 2 Satz 1). Unter dem Begriff **Geschäftsanteil** versteht man die Summe der Rechte und Pflichten des Gesellschafters.

2. Gläubigerschutz

17 a) **Ordnungsgemäße Kapitalausstattung.** Das Gesetz sieht vor Anmeldung der GmbH zum Handelsregister aus Erwägungen des Gläubigerschutzes die Verpflichtung zur Zahlung von **Mindestbeträgen** in Höhe von insgesamt EUR 12.500 auf die Stammeinlage vor (§ 7 Abs. 2). Ergänzende Regelungen bis hin zu einer Ausfallhaftung der Mitgesellschafter sollen die Aufbringung der **Resteinlage** verwirklichen (§§ 19, 24). Im Falle einer **verdeckten Sacheinlage** hat der Gesellschafter die Lücke zwischen der vereinbarten Bareinlage und dem tatsächlich hingegebenen Sachwert durch Zahlung zu kompensieren (§ 19 Abs. 4). Die Rückzahlung der Einlage an den Gesellschafter als Darlehen befreit nur von der Einlagepflicht, wenn der Darlehensanspruch gegen den Gesellschafter vollwertig ist (§ 19 Abs. 5). In beiden Fällen hat der Gesetzgeber des **MoMiG** die Haftung des Gesellschafters im Vergleich zum früheren Rechtszustand abgemildert. **Sacheinlagen** müssen vor Anmeldung der GmbH in vollem Umfang erbracht werden (§ 7 Abs. 3). Werden Sacheinlagen im Vergleich zum Nennbetrag des Geschäftsanteils überbewertet, unterliegt der Gesellschafter einer **Differenzhaftung** (§ 5 Abs. 4, § 9 Abs. 1). Die Einlagepflicht darf dem Gesellschafter nicht **erlassen** werden (§ 19 Abs. 2 Satz 1); außerdem darf er sich davon nicht durch **Aufrechnung** gegen eine Forderung der GmbH befreien (§ 19 Abs. 2 Satz 2). Das GmbH-Recht kennt kein Verbot der **verdeckten Gewinnausschüttung.** Auch ohne Ausweis eines Bilanzgewinns darf Gesellschaftsvermögen, sofern das Stammkapital nicht tangiert wird, an Gesellschafter transferiert werden. Lediglich Zahlungen aus dem Stammkapital an die Gesellschafter sind im Interesse des Gläubigerschutzes verboten (§ 30 GmbHG); zu Unrecht empfangene Leistungen sind zu erstatten (§ 31). Aus der Warte des Gesetzgebers wird damit sichergestellt, dass die GmbH zumindest bei ihrer Entstehung über ihr satzungsmäßiges Stammkapital verfügt und spätere Verluste ausschließlich wirtschaftlich bedingt sind und nicht auf Abflüssen an die Gesellschafter beruhen. Deswegen darf bei Ausscheiden eines Gesellschafters eine Abfindung nur aus dem ungebundenen Gesellschaftsvermögen gezahlt werden (§ 34 Abs. 3, § 30). Von den Gesellschaftern kann freilich nicht verlangt werden, auch eine durch eine negative Geschäftsentwicklung hervorgerufene Auszehrung des Haftungsfonds auszugleichen, weil eine solche Verpflichtung entgegen § 13 Abs. 2 auf eine persönliche Haftung der Gesellschafter hinausliefe. Ist das Kapital im Insolvenzfall allein durch wirtschaftliche Verluste und nicht durch Ausschüttungen an die Gesellschafter aufgezehrt, besteht keine Nachschusspflicht der Gesellschafter.

18 b) **Unterkapitalisierung.** Mangels einer persönlichen Haftung der Gesellschafter liegt der Gläubigerschutz folglich allein in der ordnungsgemäßen Aufbringung und Erhaltung des Stammkapitals. Die Gesellschafter sind nicht verpflichtet, ein über den Mindestbetrag von EUR 25.000 hinausgehendes Stammkapital vorzuhalten, wenn die Art der angestrebten Geschäftstätigkeit (Beispiel: Betrieb einer Flugzeugfabrik)

aus betriebswirtschaftlichen Gründen einen höheren Finanzbedarf erfordert. Mithin kann aus einer **Unterkapitalisierung** der GmbH eine persönliche Haftung der Gesellschafter nicht hergeleitet werden.[50] Soweit die Geschäftstätigkeit durch Gesellschafterdarlehen ermöglicht wird, handelt es sich im Insolvenzfall um **nachrangig zu befriedigende Forderungen** (§ 39 Abs. 1 Nr. 5 InsO). Wird ein solches Darlehen binnen eines Jahres vor Antragstellung dem Gesellschafter zurückgewährt, kann die Zahlung **angefochten** werden (§ 135 InsO, §§ 6, 6a AnfG). Vorstehende Regelungen sind an die Stelle des früheren **Eigenkapitalersatzrechts** getreten. Aus der verspäteten Stellung eines Insolvenzantrags können gegen Geschäftsführer und im Falle der Führungslosigkeit der GmbH ausnahmsweise gegen Gesellschafter Schadensersatzansprüche erwachsen (§ 823 Abs. 2 BGB, § 15a Abs. 1, 3 InsO). Die Geschäftsführer haben Zahlungen zu erstatten, die sie nach Eintritt der Insolvenz vornehmen (§ 64 Satz 1 und 2). Gleiches gilt für an Gesellschafter bewirkte Zahlungen, welche die Zahlungsunfähigkeit der GmbH auslösen (§ 64 Satz 3).

19 c) **Durchgriffshaftung.** Im Zusammenhang mit der Regelung des § 64 Satz 3 besteht in Fällen eines Vermögensentzugs die aus § 826 BGB hergeleitete Haftung der Gesellschafter für **existenzvernichtende Eingriffe** zum Nachteil der GmbH. Dabei handelt es sich entgegen früherer Rechtsprechung[51] nicht um eine Durchgriffshaftung, sondern eine Innenhaftung und mithin einen – von dem Insolvenzverwalter zu verfolgenden – Anspruch der GmbH gegen ihren Gesellschafter.[52] Eine **Durchgriffshaftung** der Gläubiger direkt gegen die Gesellschafter kommt nur noch in der Fallgruppe der **Vermögensvermischung** in Betracht, wenn die Abgrenzung zwischen Gesellschafts- und Privatvermögen durch eine undurchsichtige oder gar fehlende Buchführung oder auf sonstige Weise verschleiert wird.[53] Die im Zusammenhang der Durchgriffshaftung erörtere **Haftung wegen Sphärenvermischung** betrifft die versäumte Offenlegung der verschiedenen von dem Gesellschafter vertretenen Rechtssubjekte, die bereits auf der Grundlage von § 164 Abs. 2 BGB eine Rechtsscheinhaftung des Gesellschafters auslöst.

20 d) **Publizitätspflichten.** Die Publizitätspflichten, die dem Schutz der Gläubiger sowie der Minderheits- und Kleingesellschafter dienen, sind je nach Größe der Gesellschaft ausgestaltet (§§ 267, 325 HGB): Kleingesellschaften haben lediglich die **verkürzte Bilanz** und den bereinigten Anhang zum elektronischen Bundesanzeiger einzureichen. Mittelgroße Gesellschaften sind verpflichtet, den **gesamten Jahresabschluss** (Bilanz, Gewinn- und Verlustrechnung, Anhang) sowie den Lagebericht zusammen mit dem Bestätigungsvermerk vorzulegen. Große Gesellschaften haben den vorbezeichneten Unterlagen den **Vorschlag über die Ergebnisverwen-**

50 BGHZ 176, 204.

51 BGHZ 149, 10; 150, 61; 151, 181.

52 BGHZ 173, 246; 179, 344; BGH, NJW-RR 2008, 629; 2008, 918; ZIP 2008, 1329; vgl. *Gehrlein,* WM 2008, 761.

53 BGHZ 125, 366, 368; 173, 246, 257 Rn. 27.

dung sowie – wenn ein Aufsichtsrat/Beirat besteht – dessen **Prüfungsbericht** hinzuzufügen.

VII. Gründungsstadium

1. Vorgründungsgesellschaft

21 Entschließen sich mehrere Personen zur Gründung einer GmbH, so entsteht bis zum Abschluss des notariellen Gesellschaftsvertrages eine als GbR zu qualifizierende Vorgründungsgesellschaft, deren Zweck darauf gerichtet ist, durch gemeinsames Zusammenwirken eine GmbH zu errichten. Für die Verbindlichkeiten der Vorgründungsgesellschaft als GbR haften die Gesellschafter persönlich. Mit der Beurkundung des Gesellschaftsvertrages wird die Vorgründungsgesellschaft infolge **Zweckerreichung** (§ 726 BGB) aufgelöst. Falls bis dahin ein Vermögen gebildet wurde, bedarf es einer Auseinandersetzung. Die Vorgründungsgesellschaft hat mit der künftigen GmbH im Rechtssinne keine Verbindung. Rechte und Verbindlichkeiten der Vorgründungsgesellschaft gehen darum nicht automatisch auf die durch den Abschluss des notariellen Vertrages geschaffene, bis zur Eintragung ins Handelsregister bestehende, weitgehend GmbH-Recht unterstehende Vor-GmbH und die mit der Eintragung verwirklichte fertige GmbH über.[54] Die Handelndenhaftung des § 11 Abs. 2 gilt nicht bei einem Tätigwerden für die Vorgründungsgesellschaft.[55]

2. Vor-GmbH

22 Eine mit Beurkundung der Satzung begründete Vor-GmbH darf am Geschäftsverkehr teilnehmen. Die durch die vertretungsberechtigten Geschäftsführer begründeten Verbindlichkeiten treffen die Vor-GmbH und gehen nach Eintragung in das Handelsregister auf die fertige GmbH über. Soweit die GmbH im Zeitpunkt der Eintragung aufgrund der durch die Vor-GmbH begründeten Verbindlichkeiten nicht mehr über ihr satzungsgemäßes Stammkapital verfügt, haben die Gesellschafter der GmbH nach dem Verhältnis ihrer Geschäftsanteile in Höhe der Differenz zwischen dem Stammkapital und dem (auch negativen) Wert des tatsächlichen Gesellschaftsvermögens unbeschränkt Ausgleich zu leisten (**Differenz- oder Vorbelastungshaftung**). Kommt es schon nicht mehr zur Eintragung der GmbH, haben die Gesellschafter ebenfalls unbeschränkt nach Maßgabe ihrer Geschäftsanteile die Gesellschaft von ihren Verlusten zu befreien (Verlustdeckungshaftung). Die jeweils als Innenregress ausgestaltete **Vorbelastungs-** und **Verlustdeckungshaftung** der Gesellschafter soll verhindern, dass das Stammkapital bis zur Handelsregistereintragung verloren geht.[56] Eine Handelndenhaftung (§ 11 Abs. 2) trifft nur solche Personen, die Geschäftsführungsaufgaben wahrgenommen haben, nicht bereits Gesellschafter, die intern der Geschäftsaufnahme zugestimmt haben.[57]

---

54 BGHZ 91, 148, 151; vgl. im einzelnen *Gehrlein,* DB 1996, 561.

55 BGHZ 91, 148, 150 f.

56 BGHZ 90, 129; 134, 333; 152, 290; BGH, NJW-RR 2006, 254; *Gehrlein,* DB 1996, 561 ff.

57 BGHZ 65, 378, 381; *Gehrlein,* DB 1996, 561, 564.

VIII. Mitbestimmung

23 § 31 **MitbestG 1976** und § 12 **MontanMitbestG** verlagern die Kompetenz zur Bestellung und Abberufung der Geschäftsführer wie auch für den Abschluss und die Kündigung des Anstellungsvertrages in Gesellschaften mit mehr als 2000 Arbeitnehmern von der Gesellschafterversammlung auf den paritätisch besetzten Aufsichtsrat. Das Weisungsrecht der Gesellschafterversammlung gegenüber der Geschäftsführung wird davon nicht berührt. Ist nach §§ 4 bis 12 DrittelbG ein zu ein Drittel durch Arbeitnehmer mitbestimmter Aufsichtsrat zu bilden, bleiben die Befugnisse der Gesellschafterversammlung auch hinsichtlich der Personalhoheit unangetastet.

IX. Verbreitung

24 Die GmbH ist die am weitesten verbreitete und erfolgreichste Unternehmensform in Deutschland. Für den Stichtag des 1. Januar 2008 wird eine Zahl von fast 987.000 bestehenden Gesellschaften ausgewiesen.[58] Die Zahl der – erst seit November 2008 zugelassenen – Unternehmergesellschaften belief sich am 1. November 2010 bereits auf rund 41.000.[59] Damit werden die ebenfalls auf den gewerblichen Mittelstand zugeschnittenen Unternehmensformen der KG und OHG weit überflügelt. Die Befürchtung einer Verdrängung der GmbH durch die britische Limited hat sich nicht bewahrheitet.[60] Allerdings begnügen sich rund drei Viertel der Gesellschaften mit dem gesetzlichen Mindeststammkapital. Deswegen kann der Befund kaum überraschen, dass die GmbH besonders insolvenzanfällig ist; dies schadet nicht zuletzt auch dem Ruf der Rechtsform.

C. Internationales Privatrecht

I. Errichtung einer GmbH

25 Eine GmbH wird im Inland nach deutschem Recht gegründet; ohne Bedeutung ist es, ob die Gesellschafter natürliche Personen deutscher oder ausländischer Staatsangehörigkeit sind oder ob bei Gründung eines Tochterunternehmens eine inländische oder ausländische juristische Person beteiligt ist. Von einer ausländischen juristischen Person, die im Inland eine GmbH gründet, wir regelmäßig kein Nachweis ihrer Rechtsfähigkeit verlangt. Diese Grundsätze gelten umgekehrt bei Gründung einer GmbH im Ausland. Eine andere Frage ist es, ob das jeweilige nationale Recht die Gründung eines Unternehmens durch ausländische Gesellschafter von einer behördlichen Genehmigung abhängig macht.

---

58 *Kornblum*, GmbHR 2009, 25, 26.

59 *Bayer/Hoffmann*, NJW 2010, NJW-aktuell Heft 51, 17, 18.

60 *Niemeier*, ZIP 2007, 1781.

II. Bestimmung des anwendbaren Rechts: Sitztheorie, Gründungstheorie

26 Das auf der Grundlage des IPR zu ermittelnde **Personalstatut** (Gesellschaftsstatut) erstreckt sich auf alle Rechtsverhältnisse der GmbH, von der Vor-GmbH über die Voraussetzungen für die Entstehung und den Erwerb der Rechtsfähigkeit bis hin zur inneren Organisation, die Handlungsfähigkeit nach außen nebst der Haftung und schließlich die Auflösung, Abwicklung und Beendigung. Unabhängig vom Gesellschaftsstatut ist auf eine im Inland tätige Gesellschaft deutsches Deliktsrecht (insbesondere § 826 BGB und damit die Existenzvernichtungshaftung) und im Falle eines inländischen **COMI** (centre of main interests, Art. 3 EuInsVO) Insolvenzrecht anwendbar.

1. Sitz- und Gründungstheorie

27 Probleme bei der Bestimmung des auf eine GmbH anwendbaren Rechts stellen sich nur, wenn die GmbH den Schwerpunkt ihrer Tätigkeit außerhalb ihres Gründungsstaats entfaltet, etwa eine nach britischem Recht gegründete Limited tatsächlich nur in Deutschland tätig ist. Bislang ist internationalprivatrechtlich nicht ausdrücklich geregelt, welcher Anknüpfungspunkt für die Bestimmung des auf die GmbH als juristische Person anwendbaren Rechts maßgeblich ist. Laut **Gründungstheorie** richtet sich das Gesellschaftsstatut nach dem Inhalt der Rechtsordnung, auf deren Grundlage die Gesellschaft gegründet wurde. Demgegenüber unterstellt die **Sitztheorie** die GmbH der Rechtsordnung, wo sie ihren tatsächlichen (Verwaltungs-)Sitz genommen hat.

2. EU-Gesellschaften

28 Innerhalb des **EU-Bereichs** ist nach der Rechtsprechung des EuGH[61] infolge der **Niederlassungsfreiheit** (Art. 43, 48 EGV) die Gründungstheorie einschlägig, die es einer Gesellschaft gestattet, unter Fortbestand ihrer Rechtsfähigkeit ihren Sitz ohne Rechtsformwechsel von einem in einen anderen EU-Staat zu verlegen. Abweichend davon gibt das deutsche IPR der Sitztheorie mit der Folge den Vorrang, dass sich die Rechtsfähigkeit einer in Deutschland ansässigen Gesellschaft nach deutschem Recht beurteilt und sich eine im Ausland errichtete Gesellschaft zum Erhalt ihrer Rechtsfähigkeit als juristischer Person einer entsprechenden inländischen Rechtsform zu bedienen hat.[62] Infolge des Vorrangs der EuGH-Rechtsprechung können freilich im EU-Ausland gegründete Gesellschaften ihren Sitz ins Inland verlegen, ohne zur Sicherung ihres rechtlichen Fortbestands in eine hiesige Rechtsform umwechseln zu müssen.[63] Für eine solche Gesellschaft bleibt das Gründungsrecht uneingeschränkt gültig. Diese Grundsätze gelten über den EU-Bereich hinaus aufgrund Niederlas-

61 NJW 1999, 2027; 2002, 3614; 2003, 3331.
62 BGHZ 97, 269, 271; 153, 353, 355; BGH, NJW 2009, 289, 291 Rn. 19.
63 BGHZ 154, 185; 164, 148.

sungsfreiheit gewährender zwischenstaatlicher Verträge im Verhältnis zu bestimmten Staaten wie den USA.[64]

3. Sonstige Auslandsgesellschaften

29 Handelt es sich dagegen um eine **außerhalb der EU** gegründete Gesellschaft, die – ob aus der Schweiz oder Singapur – ihren Sitz ins Inland verlegt, ist nach der Rechtsprechung des BGH weiterhin die Sitztheorie anzuwenden. Dies bedeutet, dass die ausländische Gesellschaft ihre auf dem Gründungsrecht beruhende Rechtsfähigkeit verliert. Allerdings ist eine solche Gesellschaft als rechtsfähige Personengesellschaft zu behandeln. Dies bedeutet aber, dass eine Schweizer AG als GbR mit der Folge einer persönlichen Haftung ihrer Gesellschafter anzusehen ist.[65] Ob Das deutsche IPR entsprechend einem Referentenentwurf durch einen neuen Art. 10 EGBGB von der Sitztheorie zur Gründungstheorie übergeht, kann gegenwärtig nicht abgesehen werden.

64 BGHZ 153, 353; BGH, ZInsO 2009, 2154 Rn. 4.
65 BGH, NJW 2009, 289, 291 Rn. 23; ZInsO 2009, 2154 Rn. 4 ff.

Gesetz betreffend die Gesellschaften mit beschränkter Haftung (GmbHG)

In der im Bundesgesetzblatt Teil III, Gliederungsnummer 4123-1, veröffentlichten bereinigten Fassung
Zuletzt geändert durch Artikel 5 des Gesetzes vom 31. Juli 2009 (BGBl. I S. 2509)

Erster Abschnitt Errichtung der Gesellschaft

§ 1 Zweck; Gründerzahl

Gesellschaften mit beschränkter Haftung können nach Maßgabe der Bestimmungen dieses Gesetzes zu jedem gesetzlich zulässigen Zweck durch eine oder mehrere Personen errichtet werden.

Übersicht **Rdn.**

Schrifttum

Behrens, Die Gesellschaft mit beschränkter Haftung im internationalen und europäischen Recht, 2. Aufl. 1997; *Goette*, Chancen und Risiken der GmbH-Novelle, WPg 2008, 231; *Habersack/Verse*, Europäisches Gesellschaftsrecht, 4. Aufl. 2011; *Happ/Holler*, Limited statt GmbH?, DStR 2004, 730; *Hirte*, Die »Große GmbH-Reform« – Ein Überblick über das

Gesetz zur Modernisierung des GmbH-Rechts und zur Bekämpfung von Missbräuchen (MoMiG), NZG 2008, 761; *König/Bormann*, Die Reform des Rechts der Gesellschaften mit beschränkter Haftung, DNotZ 2008, 652; *Krüger*, Zweckmäßige Wahl der Unternehmensform, 7. Aufl. 2002; *Lutter*, Zur Entwicklung der GmbH in Europa und in der Welt, GmbHR 2005, 1; *Stehle/Stehle*, Die rechtlichen und steuerlichen Wesensmerkmale der verschiedenen Gesellschaftsformen, 19. Aufl. 2005; *Tebben*, Die Reform der GmbH – das MoMiG in der notariellen Praxis, RNotZ 2008, 441; *Wachter*, Aktuelle Rechtsprechung zum MoMiG, GmbHR 2009, 785; *Wälzholz*, Die Reform des GmbH-Rechts, MittBayNot 2008, 425; *Wegen/Schlichte*, GmbH oder EU-inländische Gesellschaft – die Qual der Wahl für Unternehmen und Berater in der Praxis, RiW 2006, 801.

A. Einleitung

1 Das Gesetz beginnt anders als etwa das Aktiengesetz nicht mit einer Beschreibung des Wesens der durch das Gesetz geregelten Gesellschaftsform. Eine solche findet sich in § 13. Das GmbH-Gesetz verfolgt vielmehr einen pragmatisch-chronologischen Ansatz und widmet sich in seinem ersten Abschnitt der Errichtung der Gesellschaft. Dabei beantworten die §§ 1 bis 3 wichtige W-Fragen. § 1 befasst sich laut seiner amtlichen Überschrift mit dem Zweck und der Gründerzahl und gibt damit die Antwort auf das Wozu? bzw. das Warum der GmbH-Errichtung[1] und das Wer?.

2 Die Errichtung ist eine der Phasen der In-Gang-Setzung einer Gesellschaft mit beschränkter Haftung, die wie folgt beschrieben werden können:

- Vor-Gründungsphase als Zeitraum vor der wirksamen notariellen Beurkundung des Gesellschaftsvertrages[2],
- Zeitraum zwischen wirksamer notarieller Beurkundung des Gesellschaftsvertrages und Eintragung der GmbH in das Handelsregister[3],
- Eintragung in das Handelsregister und damit Entstehen der Gesellschaft als solcher (§ 11 Abs. 1).

3 Nach allgemeiner Meinung ist die Errichtung in Anlehnung an § 29 AktG mit der wirksamen notariellen Beurkundung abgeschlossen[4], während die Gründung als Gesamtvorgang erst mit der Eintragung in das Handelsregister ihren Abschluss findet. Diese Ansicht ist nicht ganz stimmig mit der Terminologie der Vor-Gründungsphase, die dann besser mit Vor-Errichtungsphase beschrieben wäre. Unabhängig von den terminologischen Feinheiten ist § 1 auf den gesamten Prozess der In-Gang-Setzung einer GmbH anwendbar. Während dieses gesamten Zeitraums können die nachfolgend dargestellten Anforderungen auf den Gründungsprozess ausstrahlen. Zu den Einzelheiten der Rechtsbeziehungen der Gesellschafter untereinander und gegenüber Dritten, insbesondere zu Status und Haftung, in den vorgenannten Phasen s. die Kommentierung zu § 11.

---

1 So *Wicke*, GmbHG, § 1 Rn. 2.

2 S. § 11 Rdn. 40 ff.

3 Phase der sogenannten Vorgesellschaft, s. § 11 Rdn. 6 ff.

4 *Hueck/Fastrich*, in: Baumbach/Hueck, GmbHG, § 11 Rn. 3; *Emmerich*, in: Scholz, GmbHG, § 1 Rn. 1; *Bayer*, in: Lutter/Hommelhoff, GmbHG, § 1 Rn. 1.

B. Zweck

4 Eine Gesellschaft mit beschränkter Haftung darf zu jedem gesetzlich zulässigen Zweck errichtet werden.

I. Zweck und Unternehmensgegenstand

5 Zweck (philosophisch: Beweggrund, Movens) ist nicht gleich bedeutend mit Unternehmensgegenstand. Während § 1 vom Zweck der Gesellschaft spricht, findet sich an anderer Stelle der Begriff Unternehmensgegenstand (§ 3 Abs. 1 Nr. 2, § 10 Abs. 1, § 75 Abs. 1). Gesellschaftsverträge unterscheiden in der Praxis häufig nicht: Sie beschreiben dem Wortlaut nach den Gesellschaftszweck, inhaltlich ist aber der Unternehmensgegenstand gemeint.[5] Die Gestaltungspraxis sollte wie in § 3 Abs. 1 Nr. 2 vorgesehen den Begriff Unternehmensgegenstand und nicht wie häufig anzutreffen, den Begriff Gesellschaftszweck verwenden, jedenfalls, wenn wie üblich der Gesellschaftszweck keine ausdrückliche Regelung erfährt.

6 Eine ausdrückliche Regelung des Gesellschaftszwecks findet sich in Gesellschaftsverträgen nur selten, vielmehr wird der Gesellschaftszweck bei Festlegung des Unternehmensgegenstandes gleichsam mitgedacht. Soll nach dem Willen der Gesellschafter ausnahmsweise der Gesellschaftszweck im Gesellschaftsvertrag ausdrücklich geregelt werden, häufig bei Verfolgung eines steuerbegünstigten Zwecks, so sollten sowohl der Zweck als auch der Gegenstand als solche bezeichnet werden.[6] Bei anderer Handhabung droht Unklarheit über die für eine Änderung erforderliche Mehrheit.[7]

7 Trotz der gesetzlichen Differenzierung ist eine trennscharfe Abgrenzung zwischen dem Gesellschaftsweck und dem Unternehmensgegenstand nicht möglich. Eine Abgrenzung wird versucht, wobei zwei Hauptrichtungen nebeneinanderstehen:

8 Der Zweck der Gesellschaft kennzeichne das Ziel des Zusammenschlusses der Gesellschafter bzw. der Betätigung des Alleingesellschafters, der Unternehmensgegenstand beschreibe den Weg, auf dem dieses Ziel erreicht werden solle.[8] Also beispielsweise:

---

5 Zu welchen Ergebnissen die Abgrenzungsprobleme rund um Gesellschaftszweck und Unternehmensgegenstand führen können, zeigt das Beispiel von *Peter/Dienst*, in: Meyer-Landrut, Formularbuch GmbH-Recht, Rn. 414. Dort ist in den Gesellschaftsvertragsmustern (nicht in den Anmerkungen) durchgängig vom »Gegenstand der Gesellschaft« die Rede. Diese Terminologie zeigt zusätzlich Probleme auf einer anderen Definitionsebene: Sie differenziert nicht zwischen der Gesellschaft und dem von ihr betriebenen Unternehmen.

6 Ein Beispiel ist die Formulierung bei der Weltjugendtag gGmbH, deren Aufgabe die Organisation des Weltjugendtages 2005 in Köln war. Der erste Absatz der entsprechenden Satzungs-Regelung lautet, dass die »Gesellschaft ausschließlich und unmittelbar gemeinnützige und kirchliche Zwecke im Sinne des Abschnitts steuerbegünstigte Zwecke der Abgabenordnung« verfolge. Ein zweiter Absatz konkretisiert diesen Zweck und erst in einem weiteren Absatz folgt der Unternehmensgegenstand, der ausdrücklich der »Verwirklichung dieser Zwecke« dient.

7 S. Rdn. 12 f.

8 *Bayer*, in: Lutter/Hommelhoff, GmbHG, § 1 Rn. 3; Wicke, GmbHG, § 1 Rn. 2.

Zweck ist die Erzielung von Gewinnen (Gesellschaftszweck), erreicht werden soll dieses Ziel durch den Handel mit Elektroküchengeräten (Unternehmensgegenstand). Spielarten dieser Zweck-Mittel-Einordnung sind die Ansicht, nach denen der Unternehmensgegenstand Haupterkenntnisquelle für den Gesellschaftszweck sei[9] und die Ansicht, nach der der Unternehmensgegenstand in Art einer Konkretisierung Teil des umfassenderen Gesellschaftszwecks sei.[10]

9 Andere unterscheiden nach dem Adressatenkreis: Der Zweck sei maßgebend für das Verhältnis der Gesellschafter zueinander, der Unternehmensgegenstand kennzeichne Bereich und Art der Betätigung und sei für das Verhältnis nach außen wesentlich.[11]

10 Bei näherer Betrachtung bilden beide Ansätze die zwei Seiten einer Medaille. So ist das Ziel eines Zusammenschlusses die Basis des Zusammenwirkens der Gesellschafter und wirkt damit primär nach innen, während erst das Instrument der Zielerreichung die Gesellschaft im Außenverhältnis mit Leben erfüllt.

11 Aus dieser Einordnung folgt, dass die Grenze zwischen Zweck und Gegenstand leicht verwischen kann. Gesellschaftszweck und Unternehmensgegenstand stehen nicht nebeneinander, es besteht vielmehr ein innerer Zusammenhang zwischen Zweck und Gegenstand: Der konkrete Unternehmensgegenstand füllt den abstrakten Gesellschaftszweck mit Leben. Die praktischen Konsequenzen dieser in der Literatur uneinheitlich behandelten Fragen stehen freilich nicht im Verhältnis zu dem Argumentationsaufwand, der um die Differenzierung betrieben wird.[12] Dies gilt auch im Lichte der unterschiedlichen Rechtsfolgen der Unzulässigkeit von Zweck und Gegenstand.[13]

12 Relevanz kommt der Unterscheidung allerdings im Hinblick auf die Abänderbarkeit zu: Die Änderung des Gesellschaftszwecks unterliegt als Entscheidung über eine Grundlage der Gesellschaft der Einstimmigkeit der Gesellschafter (vgl. § 33 Abs. 1 S. 2 BGB), während die Änderung des Unternehmensgegenstandes mit der ¾-Mehrheit des § 53 Abs. 2 möglich ist.

13 Wollen also die Gesellschafter einer GmbH von einem rein erwerbswirtschaftlichen Unternehmen zu einer gemeinnützigen Tätigkeit wechseln, so müssen dieser Zweckänderung sämtliche Gesellschafter zustimmen. Soll die Gesellschaft jedoch in Zukunft statt des Früchteim- und –exports eine Gaststätte betreiben, so ist diese

---

9 Basierend auf RGZ 164, 129, 140.

10 *K. Schmidt,* Gesellschaftsrecht, § 4 II 3. b).

11 *Hueck/Fastrich,* in: Baumbach/Hueck, GmbHG, § 1 Rn. 5, *Ulmer,* in: Ulmer/Habersack/Winter, GmbHG, § 1 Rn. 8.

12 Das ganze Dilemma der definitorischen Versuche wird deutlich, wenn *Zöllner,* in: Baumbach/Hueck, GmbHG, § 53 Rn. 29, 30 vom »*Gesellschaftszweck im Sinne des Grundzwecks*« spricht und vom Unternehmensgegenstand, der »*zum Zweck im weiteren Sinne*« rechne.

13 S. Rdn. 41 ff.

Änderung des Gesellschaftsvertrages mit ¾-Mehrheit möglich.[14] Ob die Mehrheitsfrage in der Praxis eine große Rolle spielt, lässt sich schwer einschätzen. Eine einschlägige Rechtsprechung lässt sich jedenfalls nicht ausmachen.[15]

II. Zulässige und unzulässige Zwecke

1. Mögliche Zwecke

14 Die Überlegungen zum möglichen Zweck einer GmbH zeigen den weiten Anwendungsbereich der GmbH gegenüber den Personengesellschaften des HGB.[16] Während letztere nur auf den Betrieb eines Handelsgewerbes einschließlich des Kleingewerbes und der Verwaltung eigenen Vermögens gerichtet sein dürfen (§ 105 Abs. 1 und 2 HGB), kann eine GmbH auch zum Zusammenschluss von Freiberuflern oder zu ideellen Zwecken gegründet werden.

15 a) **Erwerbswirtschaftliche Zwecke.** Ganz überwiegend werden GmbH zu erwerbswirtschaftlichen Zwecken gegründet. Nicht erwerbswirtschaftliche Zwecke, also rein ideelle Zwecke, dürften jedenfalls wenn man dem hier vertretenen weiten Begriff der Erwerbswirtschaft folgt[17], nur im Ausnahmefall anzutreffen sein. Erwerbswirtschaftlich orientierte GmbH sind typischerweise als Produktions-, Handels-, Vertriebs- oder Dienstleistungsunternehmen Teilnehmer am Wirtschaftsleben und auf die Erwirtschaftung von Erträgen gerichtet. Dabei reicht das Spektrum von der 1,00 EUR-Unternehmergesellschaft, deren Unternehmensgegenstand der häusliche Betrieb einer Künstleragentur ist, bis zur Holdinggesellschaft eines international tätigen Unternehmens.

16 Bei Letzteren und überhaupt bei lediglich vermögensverwaltenden GmbH wird wie bei nicht gewinnbeteiligten Komplementär-GmbH der erwerbswirtschaftliche Zweck teilweise in Frage gestellt; es fehle an der Gewinnerzielungsabsicht.[18] Die unmittelbare Gewinnerzielungsabsicht ist jedoch nicht das entscheidende Kriterium.[19] Vielmehr ist in einer Gesamtbetrachtung, also unter Berücksichtigung des Zwecks der Konzerngesellschaften bzw. des Zwecks der GmbH & Co. KG, zu ermitteln, ob ein

---

14 *Ulmer*, in: Ulmer/Habersack/Winter, GmbHG, § 1 Rn. 10, setzt die Schwelle niedriger und fordert Einstimmigkeit bereits bei Beschluss eines »*grundlegend abweichenden Unternehmensgegenstandes*«.

15 Entsprechende Rechtsprechung zum Vereinsrecht, etwa BGHZ 96, 245, lässt sich nicht ohne Weiteres auf die GmbH übertragen, da dem Vereinsrecht die Unterscheidung zwischen Zweck und Gegenstand in der Form, wie sie bei der GmbH zu finden ist, fremd ist.

16 *Wicke*, GmbHG, § 1 Rn. 3: »Allzweckinstrument im Rechtsverkehr«.

17 S. Rdn. 29.

18 So wohl bei fehlender unmittelbarer Gewinnerzielungsabsicht zu verstehen: *Bayer*, in: Lutter/Hommelhoff, GmbHG, § 1 Rn. 7; *Ulmer*, in: Ulmer/Habersack/Winter, GmbHG, § 1 Rn. 14 für Komplementär-GmbH.

19 *Hopt*, in: Baumbach/Hopt, HGB, § 1 Rn. 16 ff hinsichtlich des Betriebs eines Handelsgewerbes.

erwerbswirtschaftlicher Charakter vorliegt. So kann denn auch eine Komplementär-GmbH, die wie üblich nicht an den Gewinnen der KG beteiligt ist, gleichwohl erwerbswirtschaftliche Zwecke verfolgen.[20] Im Übrigen darf in diesem Zusammenhang die regelmäßig vereinbarte Haftungsvergütung für die Komplementär-GmbH nicht ausgeblendet werden. Diese dürfte zu einem zumindest geringfügigen Gewinn führen.

17 Treuhand-GmbH existieren in vielen Variationen. In der Regel verfolgen auch sie erwerbswirtschaftliche Zwecke, wenn sie im Rahmen von Fonds-Modellen Dienstleistungen für den Fonds oder die Anteilinhaber übernehmen oder im eigenen Namen fremde Vermögensangelegenheiten besorgen.[21] Verbreitet findet man darunter vermögensverwaltende GmbH, insbesondere zur Verwaltung von Familienvermögen oder Verbandsvermögen. Da sich auch solche GmbH in der Regel am Wirtschaftsverkehr durch gezielte Vermögensanlage beteiligen, sollten sie der Erwerbswirtschaft zugeordnet werden.

18 Der Begriff der Erwerbswirtschaft geht damit über den des Handelsgewerbes hinaus, so dass auch Gesellschaften, deren Unternehmen kein Gewerbe im Sinne des § 1 HGB betreiben, auf einen erwerbswirtschaftlichen Zweck gerichtet sein können. So sind trotz § 3 Abs. 1 HGB auch Betriebe der Land- und Forstwirtschaft erwerbswirtschaftlich orientiert.[22]

19 Sonderfälle der erwerbswirtschaftlichen, aber nicht gewerblichen Tätigkeit sind:

20 **b) Insbesondere: Freiberufliche Zwecke.** Auch die Angehörigen freier Berufe[23] verfolgen einen erwerbswirtschaftlichen Zweck. Je nach Berufsrecht ist die Rechtsform der GmbH für die Ausübung eines freien Berufs zulässig. Dabei reicht das Spektrum von einer Zulässigkeit auch ohne ausdrückliche berufsrechtliche Zulassung bis zu einer gesetzlichen Ausgestaltung im entsprechenden Berufsrecht, z. B. für Rechtsanwälte, Patentanwälte, Wirtschaftsprüfer und Steuerberater.[24]

21 Dabei folgt die Gesetzgebung regelmäßig einer vorangehenden liberalisierenden Rechtsprechung. So darf man auf die Entwicklung bei den Heilberufen gespannt sein. Der Bundesgerichtshof hat einer Öffnung der GmbH auch für Heilberufe bereits den Weg bereitet.[25] Die Gesetzeslandschaft im heilberuflichen Bereich ist freilich unübersichtlich: Einzelne Ländergesetze verbieten ausdrücklich die ärztliche

---

20 So auch *Wicke*, GmbHG, § 1 Rn. 3.

21 Zu einer solchen GmbH und zur Frage der Zulässigkeit der Firmierung als Treuhand-GmbH: BayObLGZ 1989, 44.

22 *Emmerich*, in: Scholz, GmbHG, § 1 Rn. 12.

23 Einen Katalog freier Berufe enthält § 1 Abs. 2 S. 2 PartGG.

24 §§ 59c ff. BRAO; §§ 52c ff. PAO, §§ 27 ff. WPO, §§ 49 ff. StBerG.

25 BGHZ 124, 224 = NJW 1994, 786 (Zahnärzte); s. auch OLG Düsseldorf, NZG 2007, 190 (Tierärzte).

Betätigung in Form einer juristischen Person[26], andere Länder sehen zumindest die Möglichkeit eines Zusammenschlusses als Kapitalgesellschaft vor[27] oder überlassen die Regelung der satzunggebenden Berufskammer, nicht jedoch ohne gewisse Mindestanforderungen aufzustellen.[28] Eine einheitliche berufsrechtliche Regelung steht aus.

22 Im Falle der Architekten setzen inzwischen die meisten Landesgesetze über Architekten bzw. deren Kammern die Möglichkeit der Berufsausübung in Form einer GmbH voraus[29], so dass abweichende Rechtsprechung[30] als überholt gelten kann.

23 Für Apotheker verbietet der Umkehrschluss aus § 8 des Bundesgesetzes über das Apothekenwesen den Betrieb einer Apotheke in Form der GmbH.[31]

24 Notare sind Träger eines öffentlichen Amtes, das lediglich ergänzend freiberufliche Züge hat.[32] Als Amtsträgern ist Notaren der Zusammenschluss in Rechtsform einer GmbH verwehrt.[33]

25 c) **Insbesondere: Öffentliche Zwecke.** Aus gesellschaftsrechtlicher Perspektive ist die erwerbswirtschaftliche Betätigung der öffentlichen Hand in Form einer GmbH kein Sonderfall. Geschieht dies, etwa durch Kommunen bei der Müllentsorgung oder beim Betrieb eines Theaters, so gilt für solche GmbH kein Sonderrecht, ihre zivil- und gesellschaftsrechtliche Behandlung unterscheidet sich nicht von der anderer GmbH.

26 Allerdings erfordert die Vertragsgestaltung die Berücksichtigung öffentlich-rechtlicher Vorgaben, insbesondere im Kommunalbereich. In der Regel bedarf eine wirtschaftliche Betätigung der öffentlichen Hand besonderer Rechtfertigung. So erlaubt etwa § 107 NWGO die wirtschaftliche Betätigung der Gemeinde nur dann, wenn dies ein öffentlicher Zweck fordert, die wirtschaftliche Betätigung nicht außerhalb der Leistungsfähigkeit der Gemeinde liegt und jenseits von Infrastrukturaufgaben das Subsidiaritätsprinzip eingehalten ist. Diese Einschränkung hat drittschützende Wirkung zugunsten der örtlichen Wettbewerber.[34]

---

26 Z. B. Art. 18 Abs. 1 S. 2 Heilberufe-Kammergesetz Bayern, bestätigt durch Bayer. VerfGH, NJW 2000, 3418; dagegen hat verfassungsrechtliche Bedenken *Emmerich*, in: Scholz, GmbHG, § 1 Rn. 14b.

27 § 25 Nr. 18 Heilberufegesetz Hessen.

28 § 29 Abs. 2 Heilberufsgesetz NRW.

29 Z. B. Art. 8 ff. BauKaG Bayern; § 6 HASG Hessen.

30 Z. B. OLG Frankfurt, NJW-RR 2001, 172.

31 Hierzu kritisch *Emmerich*, in: Scholz, GmbHG, § 1 Rn. 14.

32 Löwer, MittRhNotK 1998, 310, 312.

33 *Roth*, in: Roth/Altmeppen, GmbHG, § 1 Rn. 8; a. A.: *Ulmer*, in: Ulmer/Habersack/Winter, GmbHG, § 1 Rn. 28.

34 OVG NRW, NJW 2004, 314.

27 Schließlich muss der Gesellschaftsvertrag bestimmten Mindestanforderungen an Aufsichts- und Kontrollstrukturen genügen, um die bestimmende Einflussnahme der öffentlichen Hand zu gewährleisten.

28 **d) Insbesondere: Steuerbegünstigte Zwecke.** Die GmbH kann steuerbegünstigte Zwecke nach §§ 51 ff. AO verfolgen. Darunter fallen gemeinnützige, mildtätige oder kirchliche Zwecke. Die entsprechenden Paragraphen der AO, insbesondere der Katalog des § 52 Abs. 2 AO, beschreiben das ganze Spektrum der steuerbegünstigten Zwecke, die auch in Form der GmbH verfolgt werden können. Insbesondere Kirchen, Arbeitnehmereinrichtungen, wissenschaftliche oder andere öffentliche Institutionen bedienen sich der so genannten gemeinnützigen GmbH (»gGmbH«).[35]

29 Auch die Verfolgung eines steuerbegünstigten Zwecks ist erwerbswirtschaftliche Betätigung, wenngleich ohne Gewinnorientierung, das heißt, die erwerbswirtschaftliche Betätigung ist fremdnützig.[36] In dieser Hinsicht unterscheidet sich die Verfolgung eines steuerbegünstigten Zwecks vom rein ideellen Zweck ohne den erwerbswirtschaftlichen Aspekt. Allerdings ist die GmbH im ideellen Bereich aufgrund ihrer strukturellen Anforderungen (z. B. Bilanzierungspflicht, Form der Anteilsübertragung) selten anzutreffen.

2. Unzulässigkeit

30 Der verfolgte Zweck darf nicht unzulässig sein. Da der Gesellschaftszweck regelmäßig nicht schriftlich fixiert ist, kann zur Beurteilung nicht auf einen Wortlaut zurückgegriffen werden.

31 Je abstrakter der Gesellschaftszweck, desto weniger denkbar ist seine Unzulässigkeit. Der Gesellschaftszweck Gewinnerzielungsabsicht etwa ist für sich genommen niemals unzulässig. Die Unzulässigkeit eines solch abstrakten Zwecks wird sich in der Regel nur aus seiner Konkretisierung durch den Unternehmensgegenstand ergeben.

32 Aber auch dem Wortlaut des Unternehmensgegenstands allein lässt sich häufig eine Verbotswidrigkeit nicht entnehmen. Gleichwohl ist es denkbar, dass aus hinter Zweck und Unternehmensgegenstand stehenden Beweggründen ein weitergehender Zweck verfolgt wird, der seinerseits verbotswidrig ist. Wer eine Gewinnerzielungsabsicht verfolgt, um mit den erzielten Gewinnen eine terroristische Vereinigung zu finanzieren, verstößt damit gegen ein gesetzliches Verbot.

33 Ob solche Motive, die sich nicht im Wortlaut von Zweck oder Gegenstand finden, bei der Beurteilung der Unzulässigkeit zu berücksichtigen sind, wird nicht einheitlich beantwortet. Während ein Teil der Literatur auf den wirklichen, nicht auf einen angegebenen Zweck bzw. einen den Zweck prägenden ausdrücklichen Unterneh-

---

35 S. zur Zulässigkeit der Firma mit dem Zusatz gGmbH OLG München, NJW 2007, 1601 und § 4 Rdn. 30.

36 *Hueck/Fastrich*, in: Baumbach/Hueck, GmbHG, § 1 Rn. 10; *Bayer*, in: Lutter/Hommelhoff, GmbHG,§ 1 Rn. 9.

mensgegenstand abstellt[37], könnte ein Urteil des BGH aus dem Jahre 1976 eine Orientierung ausschließlich am Wortlaut nahe legen.[38] Da der Gesellschaftszweck ohnehin ein amorphes Gebilde ist und eine Beurteilung der Unzulässigkeit am Wortlaut es in der Regel erforderlich macht, den Unternehmensgegenstand heranzuziehen, der seinerseits nur Hilfsmittel ist, um den Zweck zu ermitteln, greift eine Orientierung ausschließlich am Wortlaut zu kurz.

34 Eine weitere Dimension des verfolgten Zwecks in Form des zugrunde liegenden Willens der Gesellschafter ist mit zu berücksichtigen und kann einen Verstoß gegen § 1 zeitigen. Dem steht die Entscheidung des Bundesgerichtshofs vom 05. Mai 2003[39] nicht entgegen, wonach die konkrete Durchführung eines Gesellschaftszwecks nicht zur Nichtigkeit führt, wenn der Gesellschaftszweck als solcher nicht zu beanstanden sei. Diese Entscheidung ist deshalb nicht zu berücksichtigen, weil sich die der Entscheidung zugrunde liegende konkrete Durchführung jederzeit korrigieren ließ und lediglich zur Nichterteilung einer Konzession hätte führen müssen. Prägen jedoch die hinter dem eigentlichen Gesellschaftszweck stehenden Beweggründe diesen, so sind sie entscheidend bei der Beurteilung der Zulässigkeit des Gesellschaftszwecks zu berücksichtigen. Dieser Befund entspricht der Reichweite der §§ 134 und 138 BGB.

35 Ist der Zweck der Gesellschaft konkret, so kann sich die Unzulässigkeit ohne weitere Auslegungshilfen ergeben. So findet man in der Regel bei gemeinnützigen GmbH eine ausdrückliche Zweckangabe, um steuerlichen Anforderungen zu genügen. Hier kann der konkret formulierte Zweck unzulässig sein, wobei zu beachten ist, dass der Zweck »Steuerersparnis« nicht per se unzulässig ist.[40]

36 Dass das Unternehmen einer behördlichen Zulassung bedarf, führt nicht in jedem Fall zu einem unzulässigen Zweck. Im Unterschied zu den meisten Äußerungen zu diesem Thema wird man differenzieren müssen: Steht schon die Wahl der Rechtsform »GmbH« einer behördlichen Erlaubnis entgegen, so ist ein zu Grunde liegender Gesellschaftszweck unzulässig. So erhalten etwa Versicherungsunternehmen im Rahmen des § 7 VAG keine Erlaubnis der Aufsichtsbehörde, wenn sie als GmbH organisiert sind. In einem solchen Fall werden die Registergerichte auch nach Wegfall des § 8 Abs. 1 Nr. 6 (Vorlage der staatlichen Genehmigung zur Eintragung) stets die Eintragung verweigern, weil eine Erlaubnis gar nicht zu erlangen ist. Anders stellt sich dies bei Genehmigungsbedürftigkeit des konkret ausgeübten Unternehmens, insbesondere nach Gewerberecht, dar. In diesen Fällen sind Sanktionen vorrangig dem Gewerberecht zu entnehmen, etwa in Gestalt der Verhinderung des weiteren Betriebs gemäß § 15 Abs. 2 GewO.

37 *Hueck/Fastrich*, in: Baumbach/Hueck, GmbHG, § 1 Rn. 13; *K. Schmidt*, in: Scholz, GmbHG, § 75 Rn. 11.

38 BGH, WM 1976, 1026 f.; allerdings hält auch der BGH in diesem Urteil Zweck und Unternehmensgegenstand nicht auseinander.

39 BGHR, BGB § 138 Abs. 1 – Gesellschaftsvertrag 1.

40 *Emmerich*, in: Scholz, GmbHG, § 1 Rn. 18.

37 a) **Fallgruppen der Unzulässigkeit.** Die Unzulässigkeit lässt sich in folgende Fallgruppen einteilen:

38 **Spezialgesetzliche Normen** verbieten den Betrieb eines Unternehmens in Form einer GmbH. Beispiele sind: § 8 ApoG (Apotheken), § 7 Abs. 1 VAG (Versicherungsunternehmen), § 2 Abs. 1 BauSparkG (Bausparkassen), § 34b Abs. 5 GewO (öffentlich bestellte besonders sachkundige Versteigerer). In dieser Fallgruppe manifestiert sich der fließende Übergang zwischen dem Gesellschaftszweck und dem Unternehmensgegenstand. Tatsächlich geht es in dieser Fallgruppe eher um die Unzulässigkeit des Unternehmensgegenstands. Es ist nicht Gesellschaftszweck, eine Versicherung zu betreiben, sondern es ist der Gegenstand des Unternehmens. Zweck ist vielmehr die Gewinnerzielung, freilich durch den Betrieb einer Versicherung.

39 Grundlage für ein **Verstoß gegen ein gesetzliches Verbot** ist § 134 BGB. Der Gesellschaftszweck einer GmbH darf in diesem Sinne nicht gegen ein Verbotsgesetz verstoßen. Gesetze sind wie bei Art. 2 EGBGB sämtliche Rechtnormen unabhängig von ihrer hierarchischen Ordnung. Der Begriff des Verbotsgesetzes des § 134 BGB ist weit: Umfasst sind nicht nur Gesetze im formellen Sinne, sondern auch Rechtsverordnungen, autonome Satzungen und Tarifverträge sowie Gewohnheitsrecht.[41] Beispielsweise ist der Bundesmanteltarifvertrag zwischen den Kassenärztlichen Bundesvereinigungen und den Spitzenverbänden der Krankenkassen in diesem Sinne Verbotsgesetz und kann Auswirkungen auf die Zulässigkeit des Gesellschaftszwecks einer Ärzte-GmbH haben.[42]

40 Schließlich ist ein Gesellschaftszweck unzulässig, der im Sinne des § 138 BGB **gegen die guten Sitten verstößt**. Das Anstandsgefühl aller billig und gerecht Denkenden, an das die Rechtsprechung im Rahmen des § 138 BGB anknüpft[43] ist stets schwierig und immer schwieriger zu ermitteln. Aus der Rechtsprechung lassen sich zitieren: Organisierter Austausch von Wechselaktzepten[44] oder Steuerhinterziehung.[45] Der überall zitierte Betrieb eines Bordells wird nur noch in dem Sinne herangezogen, dass er in der Regel nicht mehr sittenwidrig sei, insbesondere nach In-Kraft-Treten des Prostitutionsgesetzes.[46] In allen diesen Fällen kann natürlich durch Weiterungen des Sachverhalts die Schwelle zur Strafbarkeit überschritten und damit ein Verbotsgesetz im Sinne des § 134 BGB betroffen sein.

41 b) **Folgen eines unzulässigen Zwecks.** Bei der Frage nach den Folgen eines unzulässigen Zwecks kommt es scheinbar zum Schwur, denn das Gesetz knüpft unterschiedliche Folgen an einen Mangel des Gesellschaftszwecks (§ 61) und einen solchen

41 *Thorn*, in: Palandt, BGB, Art. 2 EGBGB Rn. 1.
42 LG Arnsberg, BeckRS 2009, 03980.
43 BGH, NJW 2004, 2668, 2670.
44 BGHZ 27, 172 ff.
45 OLG Koblenz, WM 1979, 1435, 1436 f.
46 *Emmerich*, in: Scholz, GmbHG, § 1 Rn. 19; von BGHZ 41, 341 wurde noch Sittenwidrigkeit angenommen; differenzierend *Ellenberger* in: Palandt, BGB, § 138 Rn. 52.

des Unternehmensgegenstands (§ 75). Ob diese Anknüpfung praxisrelevant ist, kann nur nach einer Analyse der beiden Vorschriften beurteilt werden.

42 Ausgangspunkt ist, dass eine GmbH, die in das Handelsregister eingetragen wird, trotz eines unzulässigen Gesellschaftszwecks grundsätzlich als solche entsteht.

43 § 61 sieht die Auflösung der GmbH durch Urteil vor, wenn die Erreichung des Gesellschaftszwecks unmöglich wird. Das ist nicht gleich bedeutend mit der Unzulässigkeit des Gesellschaftszwecks.[47] Denn die Unmöglichkeit der Erreichung ist nicht zwingend im Gesellschaftszweck angelegt, sondern beruht in der Regel auf anderen Umständen. Zudem ist § 61 auf zukünftige Entwicklungen gerichtet, eine Fortsetzung der Gesellschaft muss unzumutbar sein.[48] § 61 setzt also geradezu einen zulässigen Gesellschaftszweck voraus. Mit anderen Worten: mit der Unzulässigkeit des Gesellschaftszwecks beschäftigt sich § 61 überhaupt nicht.

44 § 75 hingegen befasst sich dem Wortlaut nach nicht mit dem Gesellschaftszweck, sondern soweit hier von Interesse mit dem Unternehmensgegenstand. Bei dessen Nichtigkeit lässt das Gesetz eine Nichtigkeitsklage zu. Nichtig ist ein Unternehmensgegenstand, wenn er gegen ein gesetzliches Verbot oder die guten Sitten verstößt oder wenn er nur vorgeschoben ist.[49] Nach den Ausführungen zu Rn. 11 besteht ein innerer Zusammenhang zwischen Zweck und Gegenstand, der zu Folge hat, dass die Nichtigkeit des Unternehmensgegenstandes die Nichtigkeit des Gesellschaftszwecks indiziert. Damit ist – entgegen der herrschenden Literaturmeinung – sedes materiae für die Folgen eines unzulässigen Gesellschaftszwecks ausschließlich § 75.[50]

45 Im Übrigen unterscheiden sich die Rechtsmittel der §§ 61 und 75 nach h. M. in ihrer Wirkung nicht wesentlich: Entgegen des Wortlauts führt eine erfolgreiche Klage nach § 75 nicht zur Nichtigkeit der Gesellschaft, sondern wie § 61 zur Auflösung[51], jedenfalls gleicht § 77 die Folgen der Nichtigkeit der Auflösung an.

46 Aus der Verortung der Rechtsfolgen eines unzulässigen Zwecks im Verhältnis der Gesellschafter untereinander in § 75 folgt für das registerrechtliche Verfahren die Anwendung des § 397 FamFG, der die Amtslöschung unter den Voraussetzungen des § 75 vorsieht. § 397 FamFG ist gegenüber § 395 FamFG lex specialis.

---

47 So aber *Bayer*, in: Lutter/Hommelhoff, GmbHG,§ 1 Rn. 19, der von der Auflösungsklage gemäß § 61 bei Unzulässigkeit des Gesellschaftszwecks spricht.

48 *K. Schmidt/Bitter*, in: Scholz, GmbHG, § 61 Rn. 16.

49 KG, GmbHR 1914, 347.

50 So wohl auch *Hueck/Fastrich*, in: Baumbach/Hueck, GmbHG, § 1 Rn. 17 i.V.m. Rn. 13; a. A. *Ulmer*, in: Ulmer/Habersack/Winter, GmbHG, § 1 Rn. 46; *Emmerich*, in: Scholz, GmbHG, § 1 Rn. 22; *Bayer*, in: Lutter/Hommelhoff, GmbHG,§ 1 Rn. 19, der allerdings der gesetzlichen Differenzierung die Sinnhaftigkeit abspricht.

51 *K. Schmidt*, in: Scholz, GmbHG, § 75 Rn. 21; *Kleindiek*, in: Lutter/Hommelhoff, GmbHG,§ 75 Rn. 1; *Paura*, in: Ulmer/Habersack/Winter, GmbHG, § 75 Rn. 1; a. A.: *Haas*, in: Baumbach/Hueck, GmbHG, § 75 Rn. 5.

47 In Betracht kommt schließlich auch die Auflösung durch Verwaltungsakt nach § 62. Dessen Voraussetzungen sind freilich noch unschärfer als die der §§ 61 und 75. § 62 ist daher nicht geeignet, als Basis für eine Differenzierung zwischen der Unzulässigkeit des Unternehmensgegenstandes und des Zwecks zu dienen.

48 Bei der Heilung des Mangels erübrigt sich eine Differenzierung: § 76 sieht für Mängel des Unternehmensgegenstands eine Heilung durch einstimmigen Gesellschafterbeschluss vor. Dabei bedeutet das Einstimmigkeitserfordernis nach herrschender Auffassung die Zustimmung aller Gesellschafter.[52] Nichts anderes gilt für die »Heilung« eines unzulässigen Zwecks, dessen Änderung auch der Zustimmung aller Gesellschafter bedarf.

49 Es besteht daher auch aus dem Blickwinkel der Rechtsfolgen einer Unzulässigkeit keine zwingende Notwendigkeit, Gesellschaftszweck und Unternehmensgegenstand trennscharf auseinanderzuhalten. Beleg für diesen Befund ist auch ein weitgehendes Schweigen der Rechtsprechung zu einer Differenzierung. Dies mag daran liegen, dass weder dem § 61[53] noch dem § 75[54] sonderliche praktische Relevanz zugemessen wird. Wenn sich einmal eine Entscheidung mit dieser Frage befasst, verheddern sich selbst die Richter in dem Begriffsknäuel, so etwa in einer Entscheidung des OLG Düsseldorf.[55] Das OLG zitiert das Landgericht, wie es zunächst auf einen nicht zulässigen Zweck rekurriert, wobei es eigentlich einen nicht zulässigen Unternehmensgegenstand meint, wie sich einige Zeilen später herausstellt. Dies verwundert nicht, da, wie das OLG in derselben Entscheidung feststellt, »wegen derselben Rechtsfolge vor der Eintragung der GmbH nicht zwischen Zweck und Gegenstand unterschieden werden [braucht]«.[56]

50 In der Tat ist vor der Eintragung der Gesellschaft ohnehin nicht zu differenzieren: Sowohl bei Unzulässigkeit des Gesellschaftszwecks als auch des Unternehmensgegenstands hat das Registergericht die Eintragung abzulehnen, sei es insgesamt auf Grundlage des § 9c Abs. 1 Nr. 1[57] oder im Hinblick auf die Unzulässigkeit des Gesellschaftszwecks aufgrund Nr. 3.

51 Wird die Gesellschaft vor Eintragung in Vollzug gesetzt, dadurch dass sie nach außen im Rechtsverkehr in Erscheinung tritt, gelten die Regeln über die fehlerhafte Gesellschaft.[58]

---

52 *Haas*, in: Baumbach/Hueck, GmbHG, § 76 Rn. 8; *Kleindiek,* in: Lutter/Hommelhoff, GmbHG,§ 76 Rn. 2; a. A. mit guten Gründen: *Paura*, in: Ulmer/Habersack/Winter, GmbHG, § 76 Rn. 6; *K. Schmidt*, in: Scholz, GmbHG, § 76 Rn. 6.

53 *K. Schmidt*, in: Scholz § 75 Rn. 4.

54 *Haas*, in: Baumbach/Hueck, GmbHG, § 75 Rn. 2.

55 NZG 2007, 190.

56 OLG Düsseldorf, NZG 2007, 191.

57 *Wicke*, GmbHG, § 1 Rn. 7, hält diesen sowohl bei Unzulässigkeit des Zwecks als auch des Gegenstands für einschlägig.

58 *Ulmer*, in: Ulmer/Habersack/Winter, GmbHG, § 1 Rn. 45.

C. Errichtende Personen (Gründer)

I. Zahl

52 Die Errichtung durch nur eine Person ist seit der Novelle von 1980 zulässig.[59] Auch vor diesem Zeitpunkt war die Ein-Personen-GmbH anerkannt, musste aber aufgrund der unzulässigen Ein-Personen-Errichtung durch Strohmann-Konstruktionen und anschließende Vereinigung der Geschäftsanteile bei einem Gesellschafter erreicht werden. Die praktische Bedeutung von Ein-Personen-Gründungen ist hoch und noch gestiegen, seit das MoMiG die Erforderlichkeit der Sicherheitsleistung bei Ein-Personen-Gründungen und nicht voller Einzahlung abgeschafft hat. Dieser Umstand war bis zuletzt noch ein Grund für Strohmann-Gründungen gewesen.

53 »Eine« Person kann eine natürliche oder eine juristische Person sein. Aufgrund des Wortlauts des § 1 (»Personen«) könnte man bezweifeln, dass die Errichtung durch eine Gesamthandsgemeinschaft eine Ein-Personen-Errichtung ist. Jedoch sind diese Zweifel im Falle von Gemeinschaften, die im Außenverhältnis handlungsfähig sind und sich aufgrund dieser Rechtsnatur an GmbH beteiligen können, ausgeräumt.[60] Wenn sie sich an einer GmbH beteiligen können (s. dazu unten Rdn. 68 ff.), dann sind sie auch als »eine« Person zu betrachten.

54 Nach den Änderungen durch das MoMiG, insbesondere im Hinblick auf den Wegfall der Volleinzahlung bei Ein-Personen-GmbH, ergeben sich kaum noch Anhaltspunkte im Gesetz für eine unterschiedliche Behandlung von Ein-Personen- und Mehr-Personen-Gründungen. Grundsätzlich folgt die Errichtung der Ein-Personen-GmbH den gleichen Regeln wie die Errichtung einer Mehr-Personen-GmbH. Ein wesentlicher Unterschied liegt darin, dass die Errichtung durch eine Person nicht durch Vereinbarung eines Gesellschaftsvertrages erfolgt, sondern durch einseitige nicht empfangsbedürftige – jedoch vor dem Notar abzugebende – Erklärung des Alleingesellschafters. Diese Einordnung führt zur Nichtigkeit einer Ein-Personen-GmbH-Gründung durch einen Vertreter ohne Vertretungsmacht, § 180 BGB. Eine Genehmigung ist nicht möglich.

55 Auch bei den Notarkosten wird entsprechend differenziert: Während bei der Mehr-Personen-Gründung eine doppelte Gebühr anfällt, unterliegt die Ein-Personen-Gründung einer einfachen Gebühr.

56 Trotz dieser Differenzierung geht das GmbH-Gesetz begrifflich durchgehend vom Gesellschaftsvertrag aus, der freilich im Fall der Ein-Personen-Gründung reinen Satzungscharakter hat.[61]

---

59 BGBl. I, 836.

60 *Emmerich*, in: Scholz, GmbHG, § 1 Rn. 29.

61 Ohnehin mutiert der Gesellschaftsvertrag nach Abschluss des Errichtungsakts zu einer Verbandsverfassung, für den die Bezeichnung Satzung entsprechend anderen juristischen Personen (Verein, Aktiengesellschaft) treffender ist, vgl. *K. Schmidt*, Gesellschaftsrecht, § 5 I 1 c) .

II. Taugliche Gründer

1. Natürliche und juristische Personen

57 Eine GmbH kann – soweit besteht Klarheit – durch natürliche und juristische Personen errichtet werden.

58 **a) Natürliche Personen.** Bei natürlichen Personen wird Geschäftsfähigkeit vorausgesetzt. Die Errichtung einer GmbH durch einen Minderjährigen, vertreten durch seine Sorgeberechtigten, bedarf gemäß § 1822 Nr. 3 BGB der Genehmigung des Familiengerichts, jedenfalls wenn die GmbH zum Betrieb eines Erwerbsgeschäfts errichtet wird. Dies gilt unabhängig vom Alter des Minderjährigen, da die Errichtung einer GmbH nicht lediglich rechtlich vorteilhaft ist.[62] Sind weitere Gesellschafter Eltern oder Großeltern, so ist gemäß § 1909 Abs. 1 BGB ein Ergänzungspfleger zu bestellen.

59 Die Genehmigungspflicht für die Beteiligung eines Minderjährigen an einer GmbH ist nicht selbstverständlich, denn Wesen der GmbH ist ja eben die Haftungsbeschränkung auf das Gesellschaftsvermögen. Damit entfalle für den Minderjährigen das unternehmerische Risiko, das § 1822 Nr. 3 BGB im Blick habe.[63] Die überwiegende Meinung – höchstrichterliche Rechtsprechung fehlt soweit ersichtlich – geht jedoch von einer Genehmigungspflicht auch bei Errichtung einer GmbH aus.[64] Dies ist wegen der bis zur Eintragung der GmbH drohenden persönlichen Haftung auch richtig.

60 Ein Erwerbsgeschäft liegt bei den GmbH vor, die zu erwerbswirtschaftlichen Zwecken gegründet werden (Rdn. 14 ff.). Aufgrund der hier vertretenen weiten Bedeutung dieses Begriffes unter Einschluss von Gesellschaften mit steuerbegünstigten Zwecken, dürfte das Erwerbsgeschäft der Regelfall sein. Die Beteiligung Minderjähriger an einer GmbH, deren Zweck Ausübung eines freien Berufs ist, wird in der Regel daran scheitern, dass der Minderjährige kein Berufsträger ist[65]; ansonsten betreibt auch die freiberuflichen Zwecken dienende GmbH ein Erwerbsgeschäft.[66] Keine Genehmigung ist also nach § 1822 Nr. 3 BGB erforderlich für die Beteiligung an einer GmbH, die lediglich ideelle Zwecke verfolgt. Unklar ist die Lage bei reinen Vermögensverwaltungsgesellschaften. Das LG Münster schließt eine Genehmigungsbedürftigkeit aus[67], andere Gerichte stellen offenbar auf den Umfang des verwalteten Vermögens ab.[68] Letztere Ansicht führt zu einer erheblichen Rechtsunsicherheit.

---

62 *Bürger*, RNotZ 2006, 156, 157.

63 *Zelz*, GmbHR 1995, 92.

64 *Emmerich*, in: Scholz, GmbHG, § 2 Rn. 43; *Bayer*, in: Lutter/Hommelhoff, GmbHG, § 2 Rn. 5; *Ulmer*, in: Ulmer/Habersack/Winter, GmbHG, § 2 Rn. 73; *Bürger*, RNotZ 2006, 156, 157.

65 S. z. B. § 59e Abs. 1 BRAO.

66 KG, NJW 1976, 1946.

67 LG Münster, FamRZ 1997, 842.

68 So etwa BayObLG, NJW-RR 1997, 1163.

Schließlich besteht eine Genehmigungspflicht nach § 1822 Nr. 10 BGB. Der Anwendungsbereich dieser Vorschrift ist über die Haftungsvorschriften der §§ 24 und 31 eröffnet. Das dadurch eröffnete Haftungsrisiko wird auch nicht durch zunächst erfolgende Volleinzahlung beseitigt.[69] Kein Raum für § 1822 Nr. 10 BGB ist freilich bei der Ein-Personen-Gründung. **61**

Auf Willenserklärungen eines Betreuers im Rahmen der rechtlichen Betreuung gemäß §§ 1896 ff. BGB sind die vorgenannten Vorschriften sinngemäß anzuwenden (§ 1908i Abs. 1 BGB). Dies gilt immer dann, wenn der Betreuer für den Betreuten handelt, unabhängig von der Frage, ob ein Einwilligungsvorbehalt angeordnet ist oder nicht. Ist der Betreute selbst noch geschäftsfähig, so ist er neben dem Betreuer – dieser allerdings immer nur in dem ihm zugewiesenen Aufgabenkreis – befugt, Willenserklärungen abzugeben. Die Willenserklärungen können einander widersprechen, es kommt auf den Zugang an.[70] **62**

Bei Eheleuten kann im Hinblick auf das Erwerbsverhältnis der Güterstand eine Rolle spielen. Weit häufiger als die Besonderheiten des deutschen Güterrechts, insbesondere in Form der Gütergemeinschaft, spielen in der Praxis ausländische Güterstände eine Rolle. So ist der gesetzliche Güterstand des italienischen Rechts beispielsweise die Errungenschaftsgemeinschaft: Vermögen, das auch nur einer der Ehegatten nach Eheschließung erwirbt, wird Gesamtgut. Eine Ausnahme gilt, soweit hier von Interesse, nur dann, wenn der Vermögensgegenstand der Berufsausübung des Erwerbers dient.[71] **63**

Überhaupt bestehen gegen die Beteiligung von Ausländern als Gesellschafter grundsätzlich keine Bedenken.[72] Sofern Ausländer einem Erwerbstätigkeitsverbot unterliegen, ist auch dieser Umstand gesellschaftsrechtlich grundsätzlich unbeachtlich. Die Grenze mag überschritten sein, wenn der Gesellschaftszweck primär auf die Umgehung ausländerrechtlicher Vorschriften gerichtet ist.[73] Folge wäre die Unzulässigkeit des Gesellschaftszwecks. **64**

b) Juristische Personen. Die Beteiligung juristischer Personen jeglicher Provenienz an der Errichtung einer GmbH ist problemlos möglich. Bezüglich ausländischer juristischer Personen sind die hohen Anforderungen an die Vertretungsnachweise zu berücksichtigen, die aufgrund fehlender öffentlicher Register oder deren mangelhafter Beweiskraft häufig schwierig zu erfüllen sind. **65**

---

69 *Emmerich*, in: Scholz, GmbHG, § 2 Rn. 43a; a. A. *Ulmer*, in: Ulmer/Habersack/Winter, GmbHG, § 2 Rn. 74 mit der allerdings unzutreffenden Begründung, das Familiengericht könne das zukünftige Risiko nicht abschätzen; das Abschätzen von – auch künftigen – Risiken ist gerade die Aufgabe des Familiengerichts im Rahmen der Genehmigung.

70 *Emmerich*, in: Scholz, GmbHG, § 1 Rn. 43b.

71 Einzelheiten bei *Priemer*, in: Schotten/Schmellenkamp, Anhang II – Italien.

72 Die Übernahme des Geschäftsführeramtes durch Ausländer kann im Einzelfall anders zu beurteilen sein, s. § 6 Rdn. 27 ff.

73 *Emmerich*, in: Scholz, GmbHG, § 2 Rn. 41 ff.

66 Auch eine Vor-GmbH und eine Vor-AG sind taugliche Gründer einer GmbH. Ihre Rechtsnatur[74] lässt die Mitwirkung am Gründungsakt ohne weiteres zu.

67 Nicht möglich ist allerdings die Gründung einer GmbH durch diese selbst. Der Erwerb eigener Geschäftsanteile ist zwar bei bestehender GmbH unter den Voraussetzungen des § 33 möglich, weil durch die Anforderungen des § 33 die ausreichende Kapitalausstattung der GmbH gesichert ist. Bei einer Selbstzeichnung im Gründungsstadium ist die Erbringung des Stammkapitals dagegen denknotwendig ausgeschlossen.

2. Gesamthandsgemeinschaften

68 Die Personenhandelsgesellschaften des Handelsgesetzbuchs sind kraft Gesetzes (§§ 124, 161 HGB) Trägerinnen eigener Rechte und Pflichten und als solche in der Lage, Gesellschafter und Gründer einer GmbH zu sein.

69 Es ist heute unstreitig, dass auch die Gesellschaft bürgerlichen Rechts (GbR) Gründer einer GmbH sein kann. Sie besitzt Rechtsfähigkeit.[75] Eine GmbH, die ausschließlich von einer GbR gegründet wird, ist eine Ein-Personen-GmbH. Soweit der materiell-rechtliche Befund. Die Beteiligung einer GbR an einer GmbH birgt allerdings verfahrensrechtliche Probleme: Von allen Gründungsbeteiligten muss die Frage geklärt werden, wie der Nachweis gegenüber Notar und Registergericht geführt wird, dass die GbR existiert und wie sie vertreten wird. Unproblematisch ist dieser Nachweis, wenn die GbR in notarieller Urkunde aus Anlass der GmbH-Gründung ihrerseits gegründet wird. Schwieriger zu beurteilen ist die Gründung durch eine existente GbR, die – wenn überhaupt – auf lediglich privatschriftlichem Vertrag gründet. Ob hier das Urteil des OLG Hamm zur Geschäftsführerbestellung[76] hilft, ist fraglich. Das OLG ist beim Nachweis der Befugnis der GbR-Gesellschafter zur Vertretung der GbR bei der Stimmrechtsausübung in der GmbH-Gesellschafterversammlung großzügig und lässt die Vorlage einer Kopie des – privatschriftlichen – Gesellschaftsvertrages genügen. Allein: das Gericht beschränkt diese Anforderung auf deklaratorische Eintragungen (hier: eines Geschäftsführers). Darüber hinaus ist der Entscheidung nichts zu entnehmen. Die Praxis wird sich mit einer notariellen Bestätigung der GmbH-Gründung oder eidesstattlichen Versicherungen der GbR-Gesellschafter über Existenz und Vertretungsverhältnisse der GbR behelfen müssen.[77]

70 Bei der Frage, wie die GbR in die Gesellschafterliste einzutragen ist, sollte den Grundsätzen des § 162 Abs. 1 S. 2 HGB zur Eintragung einer GbR als Kommanditist in das Handelsregister gefolgt werden.[78] Das heißt, sie ist unter der Bezeichnung in

74 Dazu s. § 11 Rdn. 6 ff.

75 BGH, NJW 2001, 1056.

76 OLG Hamm, DB 2010, 2551.

77 Die Entscheidung des BGH zur Grundbucheintragung einer GbR (BGH, NJW 2011, 1958 f.) hilft in dem Zusammenhang nicht.

78 *Wicke*, GmbHG, § 40 Rn. 5.

die Gesellschafterliste einzutragen, die ihre Gesellschafter im Gesellschaftsvertrag für sie vorgesehen haben, daneben sind auch deren Gesellschafter einzutragen. Fehlt eine Bezeichnung der GbR, erfolgt der Eintrag unter »*Gesellschaft bürgerlichen Rechts bestehend aus* …« und den Namen und weiteren Identifikationsmerkmalen ihrer Gesellschafter.[79] Von einer Eintragung der GbR nur unter ihrer Bezeichnung ist abzuraten, da eine solche Eintragung ungeeignete Grundlage des möglichen gutgläubigen Erwerbs ist.

71 Die Beteiligung einer Erbengemeinschaft an der Gründung einer GmbH, die im Grundsatz anerkannt ist[80], wirft die Haftungsfrage auf. Gründet eine Erbengemeinschaft eine GmbH, so können sich die Miterben, die bewusst an der Gründung mitwirken, nicht auf die beschränkte Erbenhaftung des § 2059 BGB berufen. Diese Möglichkeit muss dem Miterben, der aktiv an der GmbH-Gründung mitwirkt, im Interesse des vorrangig zu beachtenden zentralen Erfordernisses der Kapitalaufbringung verwehrt bleiben.[81] Die Haftungssituation mag sich anders darstellen bei der Rechtsnachfolge einer Erbengemeinschaft in Gründerstellung des Erblassers.[82]

72 Die Überlegungen zur Rechtsnachfolge von Todes wegen sollen abgerundet werden durch die Antwort auf die Frage, ob und unter welchen Bedingungen sich ein Testamentsvollstrecker an der Gründung einer GmbH beteiligen darf. Wegen der Beschränkung des Testamentsvollstreckers, Verbindlichkeiten für den Nachlass einzugehen (§ 2206 BGB), wird weithin die Gründung einer GmbH durch den Testamentsvollstrecker nur mit Zustimmung der Erben für zulässig gehalten.[83] Dies soll vor allem mit Rücksicht auf die persönliche Haftung der Gesellschafter nach § 24 geschehen. Damit ist die Einbindung der Erben der sicherste und damit vorzugswürdige Weg.

3. Treuhänder

73 Die Gründung einer GmbH durch einen Treuhänder, der für einen Dritten, den Treugeber handelt, unterliegt keinen Besonderheiten. Abzustellen ist auf die Person des Treuhänders. Dieser wird Gesellschafter mit allen Rechten und Pflichten.

74 Überraschungen kann das Haftungs-Regime für den Treugeber bereiten: Nicht nur das Gesetz sieht in bestimmten Fällen ausdrücklich eine Haftung des Treugebers vor (§ 9a Abs. 4), sondern auch die Rechtsprechung eröffnet den Durchgriff auf die hinter dem Treuhänder stehende Person.[84]

79 *Emmerich*, in: Scholz, GmbHG, § 2 Rn. 53a; Einzelheiten zur Gesellschafterliste: Kommentierung zu § 40.

80 *Bayer*, in: Lutter/Hommelhoff, GmbHG,§ 2 Rn. 8.

81 *Ulmer*, in: Ulmer/Habersack/Winter, GmbHG, § 2 Rn. 81.

82 *Winter/Seibt*, in: Scholz, GmbHG, § 18 Rn. 27.

83 *Emmerich*, in: Scholz, GmbHG, § 2 Rn. 47 ff. m.w.N.

84 BGHZ 31, 258; BGH, NJW 1992, 2023; kritisch: *Ulmer*, in: Ulmer/Habersack/Winter, GmbHG, § 2 Rn. 62 ff.

§ 2 Form des Gesellschaftsvertrags

(1) [1]Der Gesellschaftsvertrag bedarf notarieller Form. [2]Er ist von sämtlichen Gesellschaftern zu unterzeichnen.

(1a) [1]Die Gesellschaft kann in einem vereinfachten Verfahren gegründet werden, wenn sie höchstens drei Gesellschafter und einen Geschäftsführer hat. [2]Für die Gründung im vereinfachten Verfahren ist das in der Anlage bestimmte Musterprotokoll zu verwenden. [3]Darüber hinaus dürfen keine vom Gesetz abweichenden Bestimmungen getroffen werden. [4]Das Musterprotokoll gilt zugleich als Gesellschafterliste. [5]Im Übrigen finden auf das Musterprotokoll die Vorschriften dieses Gesetzes über den Gesellschaftsvertrag entsprechende Anwendung.

(2) Die Unterzeichnung durch Bevollmächtigte ist nur auf Grund einer notariell errichteten oder beglaubigten Vollmacht zulässig.

Übersicht Rdn.

Schrifttum

Böhringer, Das neue GmbH-Recht in der Notarpraxis, BWNotZ 2008, 104; *Bormann/Urlichs*, Kapitalaufbringung und Kapitalerhaltung nach dem MoMiG, GmbHR-Sonderheft Oktober 2008, 37; *Eidenmüller*, Die GmbH im Wettbewerb der Gesellschaftsformen, ZGR 2007, 168; *Heckschen*, Gründungserleichterungen nach dem MoMiG – Zweifelsfragen in der Praxis, DStR 2009, 166; *Herrler*, Aktuelles zur Kapitalerhöhung bei der GmbH, DNotZ 2008, 903; *Herrler*, Kapitalaufbringung nach dem MoMiG, DB 2008, 2347; *Ries*, Muster ohne Wert?, NZG 2009, 739; vgl. auch die Angaben bei § 5a.

A. Einleitung

1 Bevor § 3 Mindestanforderungen an den Inhalt des Gesellschaftsvertrages stellt, regelt § 2 die Form des Gründungsaktes. Die Gründung der GmbH erfolgt durch die Vereinbarung (bei Mehr-Personen-GmbH) bzw. durch die Erklärung (bei Ein-Perso-

nen-GmbH) des Gesellschaftsvertrages. Die entsprechenden Willenserklärungen bedürfen der notariellen Form (Absatz 1). Der mit dem MoMiG neu eingefügte Absatz 1a sieht in bestimmten Konstellationen die Möglichkeit der Gründung in einem vereinfachten Verfahren vor. Schließlich unterwirft Absatz 2 auch entsprechende Gründungs-Vollmachten der notariellen Form.

B. Der Gesellschaftsvertrag

§ 2 führt den Begriff des Gesellschaftsvertrages ein. Das ist eine durchaus untypische Bezeichnung der Organisationsverfassung einer juristischen Person. So sieht das Gesetz für den Verein (§§ 57 f. BGB) oder für die Aktiengesellschaft (§ 23 AktG) den Begriff der Satzung vor. Hingegen ist Grundlage einer Personengesellschaft ein Gesellschaftsvertrag (z. B. § 705 BGB). Die Wahl des Begriffs Gesellschaftsvertrag für eine GmbH im Gegensatz zu dem Begriff der Satzung bei Verein und Aktiengesellschaft ist nicht unmittelbar einleuchtend und möglicherweise auf die regelmäßige personalistische Struktur der GmbH zurückzuführen.[1] In der Praxis ist daher die Bezeichnung Satzung für den Gesellschaftsvertrag der GmbH sowie der Begriff der Satzungsänderung für die Änderung des Gesellschaftsvertrages verbreitet. 2

Tatsächlich hat der Gesellschaftsvertrag eine Doppelnatur: er ist einerseits echter Vertrag, andererseits stellt er die Organisationsverfassung der GmbH dar und ist damit »Satzung«.[2] 3

I. Vertragscharakter

Der Befund, dass der Gesellschaftsvertrag echter Vertrag ist, bedarf Einschränkungen. 4

1. Ein-Personen-Gründung

Zunächst gilt dies nicht bei der Ein-Personen-Gesellschaft. Der Abschluss eines Vertrages setzt im Sinne des § 311 BGB voraus, dass mindestens zwei Beteiligte übereinstimmende Erklärungen abgeben. Dies ist bei der Ein-Personen-Gesellschaft naturgemäß nicht der Fall. Später als im Aktiengesetz, und zwar mit der GmbH-Reform des Jahres 1980, hat sich im Recht der GmbH der Korporationsgedanke durchgesetzt, nach dem die Gesellschaft auch durch einseitige Erklärung errichtet werden kann. Die einseitige Erklärung durch den Einzelgründer ist nicht empfangsbedürftig[3], jedenfalls nicht durch einen sich selbst in übereinstimmender Weise bindenden Vertragspartner. Allerdings bedarf auch die Ein-Personen-Gründungserklärung zu ihrer Wirksamkeit der Entgegennahme durch den Notar, ansonsten die Form nicht 5

1 *K. Schmidt*, Gesellschaftsrecht, § 5 I 2. a).

2 Statt vieler: *Ulmer*, in: Ulmer/Habersack/Winter, GmbHG, § 2 Rn. 4; für den Verein: BGHZ 47, 172, 179 f.

3 *Ellenberger*, in: Palandt, BGB, Überblick vor § 104 Rn. 11.

gewahrt wäre. Dieser Umstand macht die Gründungserklärung allerdings nicht zu einer amtsempfangsbedürftigen Erklärung im Sinne des § 130 Abs. 3 BGB.[4]

6 Allerdings entfaltet die Willenserklärung der einen Person verpflichtende Wirkung gegenüber der Gesellschaft. Diese kann vom Gründer vor allem die Leistung der Einlage fordern. Es gelten außerdem die allgemeinen Regeln über Willenserklärungen, soweit sie auf einseitige nicht empfangsbedürftige Willenserklärungen anwendbar sind. Von besonderem Interesse ist dabei, an wen eine etwaige Anfechtung der Gründungserklärung zu richten ist. Nimmt die Vor-GmbH ihre Geschäfte auf, so ist Anfechtungsgegner die GmbH gemäß § 143 Abs. 4 S. 1 BGB. Häufiger werden jedoch die Fälle sein, in denen die Vor-GmbH keinerlei Aktivitäten entfaltet, so dass entsprechend Abs. 4 S. 2 die Anfechtung gegenüber dem Notar oder dem Registergericht zu erklären ist.[5]

2. Anwendung der allgemeinen Regeln über Rechtsgeschäfte

7 Weiter ergeben sich Einschränkungen bei der Anwendung der Regelungen des BGB über Rechtsgeschäfte auf den Gesellschaftsvertrag.

8 Vor der Eintragung der GmbH stehen die vertragsrechtlichen Beziehungen der Gesellschafter im Vordergrund. Dabei ist die Pflicht der Gesellschafter zur Erbringung ihrer Einlage auf den übernommenen Geschäftsanteil zentral. Diese Pflicht besteht nicht nur gegenüber der GmbH, die als Vorgesellschaft nach notariellem Gründungsakt besteht, sondern auch gegenüber den Mitgesellschaftern.[6]

9 Grundsätzlich finden auf die Willenserklärungen der Gesellschafter bei einer mehrgliedrigen GmbH die allgemeinen Regeln über Rechtsgeschäfte und vertragliche Beziehungen Anwendung.[7] Freilich gilt dies mit Einschränkungen. Solche ergeben sich insbesondere aus spezielleren Regelungen des GmbH-Gesetzes (z. B. Formbedürftigkeit der Vollmacht, § 2 Abs. 2 GmbHG im Verhältnis zu § 167 Abs. 2 BGB).

10 Auch die Rechtsnatur des Gesellschaftsvertrages kann zur eingeschränkten Geltung rechtsgeschäftlicher Regelungen führen. So sollen etwa nach überwiegender Meinung die §§ 320 ff. BGB keine Anwendung finden, da der Gesellschaftsvertrag kein gegenseitiger Vertrag sei.[8] Für diese Ansicht sprechen gute Gründe, insbesondere lässt sich die Gegenseitigkeit im Sinne eines Austauschs[9] nur über das Dreieck unter Einbeziehung der Gesellschaft konstruieren. Letztlich wird man im Einzelfall entscheiden müssen, in welchem Umfang die Regelungen der §§ 320 ff. BGB Anwendung finden.

---

4 *Grooterhorst*, NZG 2007, 605, 608.

5 *Roth*, in: Staudinger, BGB, § 143 Rn. 30; *Grooterhorst*, NZG 2007, 605, 608 f.

6 *Emmerich*, in: Scholz, GmbHG, § 2 Rn. 3.

7 Soweit besteht Übereinstimmung: *Hueck/Fastrich* in: Baumbach/Hueck, GmbHG, § 2 Rn. 6 m. w. N.

8 *Hueck/Fastrich*, in: Baumbach/Hueck, GmbHG, § 2 Rn. 6; *Wicke*, GmbHG, § 2 Rn. 3; a. A. *Emmerich*, in: Scholz, GmbHG, § 2 Rn. 9.

9 *Bamberger/Roth*, BeckOK BGB, § 320 Rn. 4.

11 Vorstehende Grundsätze gelten bis zur Aufnahme der Tätigkeit der Vorgesellschaft. Tritt die Gesellschaft mit Aufnahme ihrer Tätigkeit nach außen in Erscheinung, rücken drittschützende Aspekte in den Vordergrund, die über das Verhältnis der Gesellschafter untereinander hinausgehen und eine weitere Einschränkung der allgemeinen Regeln des BGB rechtfertigen. Die Gesellschaft ist jetzt trotz Gründungsmängeln oder Leistungsstörungen als bestehend anzusehen und allenfalls mit Wirkung für die Zukunft auflösbar. Nach Eintragung in das Handelsregister gelten gar die speziellen Regelungen der §§ 61 und 75 mit ihrem eingeschränkten Anwendungsbereich.[10]

II. Satzungscharakter

12 Spätestens mit der Eintragung der GmbH in das Handelsregister tritt der Satzungscharakter des Gesellschaftsvertrages in den Vordergrund.

13 Der Gesellschaftsvertrag ist die mal mehr mal weniger ausgestaltete Verfassung[11] der Gesellschaft. Als solche ist der Gesellschaftsvertrag unabhängig vom Gesellschafterbestand, hinzutretende Gesellschafter sind der Verfassung der GmbH unterworfen. Der Gesellschaftsvertrag emanzipiert sich gleichsam von den einzelnen Personen der Gesellschafter.[12] Verfassung bedeutet mehr als Organisationsstatut. Die innere Organisation ist eine Seite und schlägt sich nieder in Regelungen über die Geschäftsführung, die Gesellschafterversammlung oder Ausscheidensregelungen. Der Gesellschaftsvertrag enthält jedoch auch verbindliche Regelungen mit identitätsstiftender Außenwirkung: Firma, Stammkapital oder Vertretung seien genannt.

14 Verfassungscharakter hat der Gesellschaftsvertrag bereits vor der Eintragung, wobei dieser noch im Hintergrund steht und die vertraglichen Elemente überwiegende Bedeutung haben. Der Gesellschaftsvertrag durchläuft gleichsam eine Metamorphose von überwiegend vertraglicher bis überwiegend satzungsgemäßer Prägung in den Stadien Gründung, In-Vollzug-Setzung und Eintragung.

III. Änderungen vor Eintragung

15 Der prägende vertragliche Charakter vor der Eintragung der GmbH wird deutlich bei der Frage, wie Änderungen des Gesellschaftsvertrages vor Eintragung bewirkt werden können. Hier gilt das Erfordernis der zustimmenden Mitwirkung aller Gesellschafter. Die Änderung erfolgt im Wege des Vertrages und nicht im Wege des Beschlusses nach § 53.[13] Daraus folgt zwanglos, dass auch die Form des § 2 und damit auch die Form für die Vollmacht nach § 2 Abs. 2 eingehalten werden muss.[14]

16 Auch der Gesellschafterwechsel in der Vorgesellschaft (nicht zu verwechseln mit der Übertragung eines künftigen Geschäftsanteils, aufschiebend bedingt auf die Eintra-

---

10 S. für den Fall von Formmängeln Rdn. 45 ff.
11 Mit Verfassung bezeichnet § 25 BGB die Organisationsgrundlage des Vereins.
12 BGHZ 47, 172, 179.
13 OLG Düsseldorf, NJW-RR 1996, 550.
14 OLG Düsseldorf, NJW-RR 1996, 550.

gung der Gesellschaft) ist Vertragsänderung.[15] Vor der Eintragung der GmbH bestehe noch kein Geschäftsanteil, der nach den Regeln des § 15 übertragen werden könne. Der Gesellschafterwechsel bedarf also der Zustimmung aller Gesellschafter und der Form des § 2. Die Ansicht des BGH ist nicht unbestritten. Nach der Gegenmeinung soll auch schon für den Anteil an der Vorgesellschaft § 15 gelten.[16] Auch eine solche Verfügung bedürfte allerdings der Zustimmung der übrigen Gesellschafter, die freilich nicht an die Form des § 2 gebunden wäre.[17]

IV. Auslegung

17 Hätte der Gesellschaftsvertrag rein vertraglichen Charakter, so wäre die Frage der Auslegung keine Frage: Vertragsauslegung wäre das Gebot der Stunde. Allein: wie festgestellt hat der Gesellschaftsvertrag auch Verfassungscharakter, unabhängig vom Willen einzelner Gesellschafter, so sich dieser nicht in einer »verfassungs«ändernden Mehrheit niederschlägt.

18 Der Bundesgerichtshof unterscheidet Bestimmungen mit körperschaftlichem Charakter und schuldrechtlichem beziehungsweise individualrechtlichem[18] Charakter.[19] Zur Auslegung körperschaftlicher Bestimmungen führt der BGH aus: »*Satzungsbestimmungen, denen körperschaftliche Bedeutung zukommt, müssen nach objektiven Gesichtspunkten einheitlich aus sich heraus ausgelegt werden. Wortlaut, Sinn und Zweck der Regelung kommt dabei ebenso maßgebende Bedeutung zu wie dem systematischen Bezug der Klausel zu anderen Satzungsvorschriften. Umstände, für die sich keine ausreichenden Anhaltspunkte in der Satzung finden, können zur Auslegung grundsätzlich nicht herangezogen werden.*«[20] Dieser Befund hat neben der methodischen eine zivilverfahrensrechtliche Dimension: Der BGH ist in der Würdigung der entsprechenden Klausel frei und nicht an die Auslegung des Berufungsgerichts gebunden.

19 Handelt es sich hingegen um eine gesellschaftsvertragliche Bestimmung mit individualrechtlichem Charakter, können auch außerhalb des Gesellschaftsvertrages liegende Umstände sowie insbesondere personenbezogene Umstände berücksichtigt werden.

20 Die unterschiedlichen Auslegungsmethoden setzen die Unterscheidbarkeit zwischen körperschaftlichen und individualrechtlichen Bestimmungen des Gesellschaftsvertrages voraus. Körperschaftliche Bestimmungen sind alle, die nicht nur zwischen einzelnen, häufig den ursprünglichen Vertragschließenden, gelten, sondern auch alle künftig hinzukommenden Gesellschafter binden. Das wird der Regelfall einer Bestimmung im Gesellschaftsvertrag sein.

---

15 BGH, NZG 2005, 263.

16 *K. Schmidt*, in: Scholz, GmbHG, § 11 Rn. 41.

17 *Emmerich*, in: Scholz, GmbHG, § 2 Rn. 22a.

18 Der Begriff findet etwa Verwendung in der Entscheidung BGHZ 123, 347, 350.

19 Immer wieder seit BGHZ 14, 25, zuletzt, so weit ersichtlich, BGHZ 123, 347; kritisch: *Emmerich*, in: Scholz, GmbHG, § 2 Rn. 38 f.

20 BGHZ 123, 347, 350.

21 Individualrechtliche Bestimmungen des Gesellschaftsvertrages, also solche, die nur einen bestimmten Kreis von Vertragschließenden – in der Regel aus dem Kreis der Gründer – binden, werden hingegen die Ausnahme bilden. Wohlgemerkt: Nicht die Rede ist von schuldrechtlichen Abreden außerhalb des Gesellschaftsvertrages. Je stärker die persönliche Bindung der Gesellschafter ist, etwa bei einer Familien-GmbH, desto eher wird man von der Möglichkeit individualrechtlicher Bestimmungen ausgehen können. Dann mag etwa eine Regelung über die Bestellung von bestimmten Gesellschaftern zu Geschäftsführern individualrechtlichen Charakter haben. Aus der Rechtsprechung lässt sich noch die gesellschaftsvertragliche Pensionszusage für Geschäftsführer-Witwen nennen.[21]

C. Das Musterprotokoll (vereinfachtes Gründungsverfahren)

22 Mit dem MoMiG ist durch Absatz 1a die Gründung in einem vereinfachten Verfahren eingeführt worden. Für die Gründung im vereinfachten Verfahren darf nur das Musterprotokoll verwendet werden (Musterprotokoll s.u. Rdn. 52 f.). Dieses ist als Anhang des GmbHG Gesetzesbestandteil. Abweichungen sind grundsätzlich unzulässig.

23 Das Musterprotokoll erfüllt drei Funktionen: es ist Gesellschaftsvertrag, eingebettet in die Gründungserklärung, Geschäftsführerbestellung und Gesellschafterliste.[22] Nach der Praxis der Registergerichte wird das Musterprotokoll in Erfüllung dieser drei Funktionen in die elektronischen Handelsregisterakten unter die jeweilige Rubrik, also insgesamt dreimal, eingestellt.

24 Voraussetzung für die Gründung im vereinfachten Verfahren ist, dass die Gesellschaft höchstens drei Gesellschafter und nur einen Geschäftsführer hat. Die Gründung im vereinfachten Verfahren führt vor allem zu einer Kostenprivilegierung bei den Notarkosten. Eine Verfahrensbeschleunigung wird kaum erreicht, da auch die Eintragungszeiten für eine reguläre GmbH inzwischen bei den meisten Registergerichten sehr kurz sind. Im Übrigen finden die Vorschriften über den Gesellschaftsvertrag entsprechende Anwendung, so dass auch das Musterprotokoll notariell zu beurkunden ist.

25 Die Verwendung des Musterprotokolls ist nicht auf die Unternehmergesellschaften des § 5a beschränkt. In der Praxis wird es aber wegen der dann ohnehin keine Rolle mehr spielenden Kostenprivilegierung kaum »ausgewachsene« GmbH auf Grundlage eines Musterprotokolls geben.[23]

---

21 BGH, WM 1955, 65; die Entscheidung stammt aus einer Zeit, als es noch kaum Witwer von Geschäftsführerinnen gab.

22 OLG München, NZG 2010, 795 f.; der Listencharakter ergibt sich schon aus Abs. 1a S. 4.

23 Hingegen existieren durchaus Unternehmergesellschaften mit ausgearbeitetem Gesellschaftsvertrag. Dies mag man als Zeichen dafür nehmen, dass die notarielle Begleitung und Beratung bei der Gründung im vereinfachten Verfahren Früchte trägt.

26 Das starre Korsett des Musterprotokolls zieht manches Problem nach sich. Starr ist es deshalb, weil Absatz 1a keine vom Gesetz abweichenden Bestimmungen zulässt. Gemeint ist mit Gesetz nicht das GmbH-Gesetz insgesamt, sondern das Gesetz gewordene Musterprotokoll[24], an dem weder Änderungen noch Ergänzungen vorgenommen werden dürfen. Dabei waren die Registergerichte nach Einführung des Musterprotokolls teilweise kleinlich vorgegangen, so dass das OLG München klarstellen musste, dass »völlig unbedeutende Abwandlungen bei Zeichensetzung, Satzstellung und Wortwahl, die keinerlei Auswirkungen auf den Inhalt haben, keine unzulässigen Abänderungen und Ergänzungen des Musterprotokolls darstellen«.[25] Unzulässig sind aber eben inhaltliche Änderungen oder Erweiterungen. Damit sind insbesondere wichtige Regelungen, die üblicherweise bei Mehr-Personen-Gesellschaften Verwendung finden (z. B. Vinkulierung, abweichendes Verfahren der Gesellschafterversammlung, Einziehung), nicht möglich. Vor diesem Hintergrund ist es nicht recht verständlich, dass der Gesetzgeber das Musterprotokoll nicht auf die Verwendung durch einen Gesellschafter beschränkt hat.[26]

27 Im Einzelnen ist Stand der Dinge derzeit:

Die Multifunktionalität des Musterprotokolls (s.o. Rdn. 23) führt zu Unsicherheiten hinsichtlich der Geschäftsführerbestellung. Wäre die Geschäftsführerbestellung echter Bestandteil des Gesellschaftsvertrages, gar Sonderrecht des als solchen bestellten geschäftsführenden Gesellschafters, wäre die Änderung entweder nur mit satzungsändernder Mehrheit oder mit Zustimmung des betreffenden Gesellschafters möglich. Jedoch folgt die obergerichtliche Rechtsprechung[27] der herrschenden Literatur[28], wonach die Geschäftsführerbestellung ein unechter Bestandteil des Gesellschaftsvertrages ist und also mit einfachem Gesellschafterbeschluss ein neuer Geschäftsführer bestellt werden kann. Es kann aber nicht nur ein neuer, sondern auch ein zusätzlicher Geschäftsführer bestellt werden, da die Bestimmung, wonach nur ein Geschäftsführer bestellt werden kann, nur für den Gründungsvorgang gilt.[29]

28 Bei der Bestellung eines weiteren Geschäftsführers stellt sich dann allerdings die Frage nach dessen und des ursprünglich bestellten Geschäftsführers Vertretungsbefugnis. Da das Musterprotokoll keine Regelung zur abstrakten Vertretungsbefugnis enthält, gilt die gesetzliche Regelung des § 35.[30] Das bedeutet, dass bei Bestellung eines oder mehrerer weiterer Geschäftsführer diese die Gesellschaft gemeinschaftlich vertreten (§ 35 Abs. 2). Ist etwas anderes gewollt, so müsste – unter Wegfall der Kostenprivilegierung – der Gesellschaftsvertrag geändert werden.

---

24 *Herrler/König*, DStR 2010, 2138, 2140.

25 OLG München, DNotZ 2011, 69; Leitsatz auch in NZG 2011, 29.

26 So auch *Bayer*, in: Lutter/Hommelhoff, GmbHG, § 2 Rn. 54.

27 OLG Rostock, GmbHR 2010, 872 = BeckRS 2010, 11072; OLG Bremen, NZG 2009, 1193.

28 *Bayer*, in: Lutter/Hommelhoff, GmbHG, § 2 Rn. 47 m.w.N.; *Ries*, NZG 2009, 1293.

29 OLG Rostock, a.a.O.

30 OLG Stuttgart, DNotZ 2010, 71, 72.

29 Komplizierter liegen die Dinge bei der im Musterprotokoll vorgesehenen Befreiung von den Beschränkungen des § 181 BGB. In diesem Zusammenhang wird in Rechtsprechung und Literatur fast jede Variante vertreten.[31] Richtigerweise wird man die Befreiung von den Beschränkungen des § 181 BGB als nur für den Gründungsgeschäftsführer geltenden echten Bestandteil des Gesellschaftsvertrages sehen müssen[32], eine Auslegung, die nicht sonderlich praxisorientiert ist, aber gemessen an der unglücklichen gesetzlichen Regelung des Musterprotokolls noch am besten passt. In allen Zweifelsfragen empfiehlt sich eine Absprache mit dem zuständigen Registergericht.

30 Enthält das Musterprotokoll – inhaltliche und nicht bloß redaktionelle – Abweichungen vom gesetzlich vorgegebenen Text, so besteht weitgehend Einigkeit, dass es sich um die Gründung einer »normalen« GmbH, also nach den allgemeinen Regeln des GmbH-Gesetzes, handelt.[33] Die Bedenken des OLG München, dass der Gesellschaftsvertrag im Hinblick auf die Befreiung des Geschäftsführers von den Beschränkungen des § 181 BGB keine Öffnungsklausel enthalte, können nach der hier vertretenen Auffassung (echter Bestandteil des Gesellschaftsvertrages) nicht überzeugen. Es muss also nur eine gesondert zu erstellende Gesellschafterliste nachgereicht werden. Die Kostenprivilegierung entfällt allerdings.

31 Weitere Besonderheiten der im vereinfachten Verfahren gegründeten GmbH (Änderungen des Gesellschaftsvertrages, Kapitalaufbringung) werden bei den betreffenden Regelungen behandelt.

32 Aufgrund der fehlenden Flexibilität der vereinfachten Gründung und der damit einhergehenden Unsicherheiten wird man uneingeschränkt zu einer Gründung im vereinfachten Verfahren nur raten können, wenn es sich um eine Ein-Personengesellschaft handelt, bei der jedenfalls kurzfristig keinerlei Änderungen in der Geschäftsführung oder in der Gestaltung des Gesellschaftsvertrages geplant sind.

D. Form des Gesellschaftsvertrages

I. Notarielle Form

33 Der Gesellschaftsvertrag, genauer: der Abschluss desselben, und damit die gesamte Gründungsverhandlung, allerdings mit Ausnahme der Geschäftsführerbestellung, wenn sie im Beschlusswege erfolgt, bedürfen der notariellen Form. Dies gilt unabhängig von der Errichtung im regulären oder im vereinfachten Verfahren nach Absatz 1a.

---

31 S. die Nachweise bei *Herrler/König*, DStR 2010, 2138, 2139 f.

32 *Herrler/König*, DStR 2010, 2138, 2140; *Ries*, NZG 2009, 739 gegen OLG Stuttgart, DNotZ 2010, 71; wohl auch *Bayer*, in: Lutter/Hommelhoff, GmbHG, § 2 Rn. 47; für ungeklärt hält dies *Westermann* in: Scholz, GmbHG, Nachtrag MoMiG, § 2 Rn. 9.

33 OLG München, NZG 2010, 795; *Westermann*, in: Scholz, GmbHG, Nachtrag MoMiG, § 2 Rn. 19.

34 Das Formerfordernis dient zum einen der Rechtssicherheit: dem Gesellschaftsvertrag kommt quasi dingliche Bedeutung zu, er ist für jeden neu hinzutretenden Gesellschafter verbindlich. Der verbindlichen Erkennbarkeit durch jeden wird durch die Form und die Einstellung einer notarbescheinigten Vertragsfassung in die elektronische Registerakte Rechnung getragen.

35 Darüber hinaus sichert die notarielle Beteiligung die fachliche Begleitung durch neutrale und unabhängige Beratung. Daher hat der Gesetzgeber auch im Hinblick auf das vereinfachte Gründungsverfahren das Beurkundungserfordernis nicht aufgegeben. Nur so kann die gerade bei Ungewandten erforderliche rechtliche Beratung gewährleistet werden. Die Beratung durch den Notar erfüllt gleichzeitig eine Warnfunktion: Viele Gesellschafter gehen im Hinblick auf die Haftungsbeschränkung der GmbH sorglos mit den Haftungsrisiken im Gründungsstadium und darüber hinaus um; in der Praxis ergibt sich diesbezüglich ein auch im Vergleich mit Personengesellschaften großes Beratungs- und Belehrungspotenzial.

36 Notarielle Form bedeutet das Einhalten der Vorschriften über die Beurkundung von Willenserklärungen gemäß § 8 ff. BeurkG. Daraus folgt auch, dass sämtliche Erklärungen der Beteiligten, die nach dem Willen auch nur einer der Beteiligten Bestandteil des Gesellschaftsvertrages sein sollen, der notariellen Form unterliegen. Dazu gehört mindestens der obligatorische Inhalt gemäß § 3, im Übrigen jedoch alles, was nach Ansicht der Beteiligten zum dinglichen Inhalt des Gesellschaftsvertrages zählt. Damit wird einem der Zwecke der Form Rechnung getragen, nämlich der Rechtssicherheit im Hinblick auf später beitretende Gesellschafter, die sich durch ihren Beitritt den Regelungen des Gesellschaftsvertrages unterwerfen.

37 Zusätzliche schuldrechtliche Vereinbarungen der Gesellschafter untereinander außerhalb des Gesellschaftsvertrages unterliegen hingegen nicht der notariellen Form. Unterscheidungskriterium ist die Antwort auf die Frage, wen eine solche Vereinbarung binden soll: nur diejenigen, die die Abrede treffen oder auch später Hinzutretende? In letzterem Fall besteht Beurkundungspflicht.[34] So hat der BGH das Sonderrecht eines Gesellschafters, das Geschäftsführeramt auszuüben, der notariellen Form unterworfen, weil es für einen Erwerber eines Geschäftsanteils von unmittelbarer rechtlicher Bedeutung sei.[35] In dieser Entscheidung wird als Gegenbeispiel eine Vereinbarung mit einem geschäftsführenden Gesellschafter über dessen Bezüge genannt. Vereinbarungen über finanzielle Nebenleistungspflichten sind darauf hin zu prüfen, ob sie nicht doch statutarischer Natur sind, weil sie den Kapitalerhaltungsregeln des GmbH-Gesetzes geschuldet sind.

38 Der KG-Vertrag einer GmbH & Co. KG unterfällt nicht allein deswegen der Beurkundungspflicht, weil der GmbH-Vertrag der Komplementärin der notariellen Form bedarf.[36] Allerdings können weitere Umstände zur notariellen Formbedürftigkeit füh-

---

34 *Ulmer*, in: Ulmer/Habersack/Winter, GmbHG, § 2 Rn. 23.

35 BGH, NJW 1969, 131.

36 *Eckhardt*, in: KölnerHdbGesR, 2. Kapitel, Teil A Rn. 119.

ren, so etwa die Verpflichtung, Grundstücke einzubringen oder Geschäftsanteile an der GmbH zu übertragen. Letzteres ist die Regel bei beteiligungsidentischen GmbH & Co. KG, bei der der Gesellschafterbestand der GmbH stets den Kommanditisten der KG entsprechen muss. Zur Einhaltung dieser Verpflichtung regelt der KG-Vertrag üblicherweise die Pflicht zur Übertragung von GmbH-Anteilen bei einem Kommanditistenwechsel in der KG. Es besteht Beurkundungspflicht des gesamten KG-Vertrages gemäß § 15 Abs. 4.[37]

39 Leicht irreführend ist § 2 Abs. 1 S. 2, nach dem der Gesellschaftsvertrag von sämtlichen Gesellschaftern zu unterzeichnen ist. Nicht gemeint ist damit die gleichzeitige Anwesenheit der Gesellschafter, sei es persönlich, sei es in Person von Vertretern. Ausgeschlossen wird nur eine so genannte Stufengründung, nach der zunächst Gesellschafter eine GmbH gründen und sodann weitere Gesellschafter ihren Beitritt erklären.[38] Vielmehr muss unmittelbar feststehen, wer welchen Geschäftsanteil übernimmt. Möglich soll aber eine Errichtung in der Form sein, dass die Gründungserklärungen nacheinander abgegeben werden, ein in der Praxis allerdings unübliches Verfahren. Eher wird mit Vollmacht oder mit Vertretern ohne Vertretungsmacht gearbeitet. § 2 Abs. 1 S. 2 hat damit faktisch keinen großen eigenen Regelungsbereich. Unabhängig von dieser Vorschrift soll eine Aufspaltung der Gründung in Angebot und Annahme nicht möglich sein.[39] Grund ist offenbar die fehlende Gegenseitigkeit des Gesellschaftsvertrages.[40]

40 Auch Änderungen und Ergänzungen des Gesellschaftsvertrages bedürfen bis zur Eintragung der Gesellschaft der Form des § 2 Abs. 1.[41]

41 Auch ein Gründungsvorvertrag bedarf der notariellen Beurkundung.[42] Beim Vorvertrag steht freilich weniger die Rechtssicherheit im Hinblick auf den Rechtsverkehr im Vordergrund, sondern vielmehr die Schutz- und Warnfunktion der Beurkundung.[43] Erforderlich für die Annahme eines Vorvertrages ist jedoch nicht nur eine bloße Absichtserklärung, sondern eine gewisse Bestimmtheit, die die essentialia des Hauptvertrages bereits enthält. Aus diesem Grunde bilden echte Gründungsvorverträge die Ausnahme.

42 Die Diskussion um die Beurkundung der GmbH-Gründung im Ausland nimmt in der Literatur teilweise breiten Raum ein. Dabei scheinen GmbH-Gründungen, möglicherweise im Gegensatz zum Verkauf und zur Abtretung von Geschäftsanteilen, eher selten im Ausland zu erfolgen. Mit der Auslandsbeurkundung etwa verfolgte

---

37 *Eckhardt*, in: KölnerHdbGesR, 2. Kapitel, Teil A Rn. 124; *Langenfeld*, GmbH-Vertragspraxis Rn. 349.

38 *Emmerich*, in: Scholz, GmbHG, § 2 Rn. 16; *Bayer*, in: Lutter/Hommelhoff, GmbHG, § 2 Rn. 15.

39 *Ulmer*, in: Ulmer/Habersack/Winter, GmbHG, § 2 Rn. 12.

40 S. o. Rdn. 10.

41 OLG Düsseldorf, NJW-RR 1996, 550 und oben Rdn. 15 f.

42 BGH, NJW-RR 1988, 288.

43 *Emmerich*, in: Scholz, GmbHG, § 2 Rn. 83.

Kosteneinsparungen sind bei der GmbH-Gründung zu vernachlässigen. Zu unterscheiden sind zwei Fragen: Gilt bei der Gründung im Ausland die Formvorschrift des § 2? Bejaht man dies, so schließt sich die Frage an, ob die Beurkundung vor einem ausländischen Notar der Form des § 2 genügt. Die Antwort auf die erste Frage ist im Rahmen des § 11 EGBGB zu suchen. Hier gilt nach wohl überwiegender Meinung das Wirkungsstatut, nicht das Ortstatut gemäß Art. 11 Abs. 1 2. Alt. EGBGB.[44] Wiederum eine überwiegende Ansicht will dann aber die Beurkundung vor einem ausländischen Notar genügen lassen, wenn diese der Beurkundung vor einem deutschen Notar gleichwertig ist.[45]

II. Mängel der Form

43 Formmängel, um die es im Zusammenhang mit § 2 primär geht, sind von inhaltlichen Mängeln des Gesellschaftsvertrages und von Mängeln der Beitrittserklärung zu unterscheiden.

44 Grundsätzlich ist ein ohne Einhaltung der Form geschlossener Gesellschaftsvertrag gemäß § 125 BGB nichtig, er entfaltet keine Wirksamkeit. Dies trifft ohne Einschränkungen zu, solange die (Vor-)Gesellschaft noch nicht in Vollzug gesetzt wurde, also ihre Tätigkeit nach außen noch nicht entfaltet hat. Ab dann gelten die Grundsätze der fehlerhaften Gesellschaft: die Gesellschaft wird als wirksam gegründet angesehen, kann jedoch ex nunc aufgelöst werden.[46]

45 Nach – nicht statthafter – Eintragung einer GmbH trotz Formmangels ist dieser geheilt, die GmbH ist wirksam entstanden.[47] Auflösungs- oder Nichtigkeitsklage nach §§ 61 und 75 sind aufgrund ihrer anders gelagerten Tatbestandsvoraussetzungen[48] nicht auf reine Formmängel anwendbar.

46 Die vorgenannten Grundsätze gelten grundsätzlich auch für Mängel der Beitrittserklärung. Im Grunde handelt es sich gar nicht um eine eigene Kategorie, da es einen »Beitritt« nicht gibt. Vielmehr sind Mängel der Beitrittserklärung ein Unterfall der Vertragsmängel, die aber eben nur einen oder einzelne Vertragspartner treffen. Aus diesem Befund ergeben sich die Besonderheiten der »Beitrittsmängel«: Es ist ein Ausgleich zu schaffen zwischen dem Verkehrsschutz und dem Schutz des Einzelnen, dessen »Beitritt« von dem Mangel betroffen ist. Dabei haben sich folgende Grundsätze herausgebildet:

---

44 *Hueck/Fastrich*, in: Baumbach/Hueck, § 2 Rn. 9; *Wicke*, GmbHG, § 2 Rn. 5; jeweils m. w. N.; a. A. OLG Düsseldorf, NJW 1989, 2200, allerdings nicht explizit im Hinblick auf eine Gründung, aber betreffend »*Rechtsgeschäfte, die die Verfassung der Gesellschaft betreffen*«.

45 BGH, NJW 1981, 1160 für die Änderung eines Gesellschaftsvertrages; *Hueck/Fastrich* in: Baumbach/Hueck, § 2 Rn. 9 m. w. N. und Aufzählung einzelner Staaten bzw. Regionen, in denen die Beurkundung gleichwertig sein soll.

46 *Ulmer*, in: Ulmer/Habersack/Winter, GmbHG, § 2 Rn. 25.

47 *Wicke*, GmbHG, § 2 Rn. 9; *Ulmer*, in: Ulmer/Habersack/Winter, GmbHG, § 2 Rn. 26 m. w. N.

48 S. o. § 1 Rdn. 43 ff.

Sowohl nach In-Vollzug-Setzung als auch nach Eintragung der Gesellschaft gibt es ein besonderes Schutzbedürfnis des einzelnen Vertragspartners nur bei nicht voll Geschäftsfähigen oder bei gänzlichem Fehlen der Erklärung (Vertretung ohne Vertretungsmacht ohne Genehmigung oder Fälschung). Dem Verkehrsschutz wird dadurch Rechnung getragen, dass die Gesellschaft als zwischen den übrigen Vertragspartnern bzw. einem übrig bleibenden Gesellschafter als wirksam entstanden angesehen wird. Dabei bestehen gerade nach neuem Recht noch nicht gelöste Probleme im Hinblick auf den Ausfall des betreffenden Geschäftsanteils.[49] Der Mechanismus versagt, wenn alle Erklärungen an einem schwerwiegenden Mangel der vorgenannten Art leiden. Dies soll nach verbreiteter Meinung die Amtslöschung der GmbH nach sich ziehen.[50] Dem ist mit dem Argument entgegen getreten worden, dass auch in diesem Falle der Verkehrsschutz zu beachten sei und lediglich eine Nichtigkeitsklage zur Auflösung führen solle.[51] 47

E. Vertretung und Form

Wie festgestellt, ist Vertretung bei der GmbH-Gründung zulässig. Geschieht dies durch einen rechtsgeschäftlich Bevollmächtigten, verlangt § 2 Abs. 2 eine notariell errichtete oder beglaubigte Vollmacht. Absatz 2 weicht damit von der allgemeinen Vollmachts-Regelung des § 167 Abs. 2 BGB ab, wonach die Vollmacht nicht der Form des Rechtsgeschäfts bedarf, auf das sich die Vollmacht bezieht. Das Formerfordernis des § 2 Abs. 2 dient der Identitätssicherung, die Grundlage der besonderen Wirkungen der Handelsregistereintragung ist. 48

Nichts anderes gilt für die Errichtung durch einen Vertreter ohne Vertretungsmacht. Auch die Genehmigung durch den Vertretenen bedarf der Form des § 2 Abs. 2. Dabei ist zu berücksichtigen, dass Vertretung ohne Vertretungsmacht bei einer Ein-Personen-Gründung unzulässig ist, § 180 BGB. Eine so erfolgte Gründung kann auch nicht durch formgerechte Genehmigung Wirksamkeit erlangen[52], nur durch Neuvornahme in Form der Bestätigung gemäß § 141 BGB. 49

Eine Generalvollmacht in gehöriger Form reicht aus, ebenso eine Prokura, deren Bestehen durch Einsicht in das Handelsregister nachweisbar ist. Aufgrund ihres engeren Anwendungsbereichs ist eine Handlungsvollmacht in der Regel nicht ausreichend. 50

Neben rechtsgeschäftlich bestellten Bevollmächtigten kommen gesetzliche Vertreter oder Organe juristischer Personen als Beteiligte in Frage. Ihre Vertretungsmacht wird durch amtliche Urkunden wie Bestellungsurkunden oder Registerauszüge nachgewiesen. 51

49 *Bayer*, in: Lutter/Hommelhoff, GmbHG, § 2 Rn. 30; *Wicke*, GmbHG, § 2 Rn. 11.
50 *Hueck/Fastrich*, in: Baumbach/Hueck, GmbHG, § 2 Rn. 46.
51 *Ulmer*, in: Ulmer/Habersack/Winter, GmbHG, § 2 Rn. 97.
52 LG Berlin, GmbHR 1996, 123.

F. Anlage zu § 2 Abs. 1a

a)

52 ▶

Musterprotokoll
für die Gründung einer Einpersonengesellschaft
UR. Nr. ....

Heute, den

....,

erschien vor mir,

....,

Notar/in mit dem Amtssitz in

....,

Herr/Frau [1)]

.... [2)].

1. Der Erschienene errichtet hiermit nach § 2 Abs. 1a GmbHG eine Gesellschaft mit beschränkter Haftung unter der Firma .... mit dem Sitz in ....
2. Gegenstand des Unternehmens ist ....
3. Das Stammkapital der Gesellschaft beträgt .... EUR (i.W. .... Euro) und wird vollständig von Herrn/Frau [1)] .... (Geschäftsanteil Nr. 1) übernommen. Die Einlage ist in Geld zu erbringen, und zwar sofort in voller Höhe/zu 50 Prozent sofort, im Übrigen sobald die Gesellschafterversammlung ihre Einforderung beschließt [3)].
4. Zum Geschäftsführer der Gesellschaft wird Herr/Frau [4)] ...., geboren am ...., wohnhaft in ...., bestellt. Der Geschäftsführer ist von den Beschränkungen des § 181 des Bürgerlichen Gesetzbuchs befreit.
5. Die Gesellschaft trägt die mit der Gründung verbundenen Kosten bis zu einem Gesamtbetrag von 300 EUR, höchstens jedoch bis zum Betrag ihres Stammkapitals. Darüber hinausgehende Kosten trägt der Gesellschafter.
6. Von dieser Urkunde erhält eine Ausfertigung der Gesellschafter, beglaubigte Ablichtungen die Gesellschaft und das Registergericht (in elektronischer Form) sowie eine einfache Abschrift das Finanzamt – Körperschaftsteuerstelle -.
7. Der Erschienene wurde vom Notar/von der Notarin insbesondere auf Folgendes hingewiesen:

   ....

Hinweise:

1) Nicht Zutreffendes streichen. Bei juristischen Personen ist die Anrede Herr/Frau wegzulassen.
2) Hier sind neben der Bezeichnung des Gesellschafters und den Angaben zur notariellen Identitätsfeststellung ggf. der Güterstand und die Zustimmung des Ehegatten sowie die Angaben zu einer etwaigen Vertretung zu vermerken.
3) Nicht Zutreffendes streichen. Bei der Unternehmergesellschaft muss die zweite Alternative gestrichen werden.
4) Nicht Zutreffendes streichen.

b)

53

Musterprotokoll
für die Gründung einer Mehrpersonengesellschaft
mit bis zu drei Gesellschaftern
UR. Nr. ....

Heute, den

....,

erschien vor mir,

....,

Notar/in mit dem Amtssitz in

....,

Herr/Frau [1)]

....[2)].

Herr/Frau [1)]

....[2)].

Herr/Frau [1)]

....[2)].

1. Die Erschienenen errichten hiermit nach § 2 Abs. 1a GmbHG eine Gesellschaft mit beschränkter Haftung unter der Firma ....mit dem Sitz in ....
2. Gegenstand des Unternehmens ist ....
3. Das Stammkapital der Gesellschaft beträgt .... EUR (i.W. .... Euro) und wird wie folgt übernommen:
   Herr/Frau [1)] .... übernimmt einen Geschäftsanteil mit einem Nennbetrag in Höhe von .... EUR (i.W. .... Euro) (Geschäftsanteil Nr. 1),
   Herr/Frau [1)] .... übernimmt einen Geschäftsanteil mit einem Nennbetrag in Höhe von .... EUR (i.W. .... Euro) (Geschäftsanteil Nr. 2),
   Herr/Frau [1)] .... übernimmt einen Geschäftsanteil mit einem Nennbetrag in Höhe von .... EUR (i.W. .... Euro) (Geschäftsanteil Nr. 3).
   Die Einlagen sind in Geld zu erbringen, und zwar sofort in voller Höhe/zu 50 Prozent sofort, im Übrigen sobald die Gesellschafterversammlung ihre Einforderung beschließt [3)].
4. Zum Geschäftsführer der Gesellschaft wird Herr/Frau [4)] ...., geboren am ...., wohnhaft in ...., bestellt. Der Geschäftsführer ist von den Beschränkungen des § 181 des Bürgerlichen Gesetzbuchs befreit.
5. Die Gesellschaft trägt die mit der Gründung verbundenen Kosten bis zu einem Gesamtbetrag von 300 EUR, höchstens jedoch bis zum Betrag ihres Stammkapitals. Darüber hinausgehende Kosten tragen die Gesellschafter im Verhältnis der Nennbeträge ihrer Geschäftsanteile.
6. Von dieser Urkunde erhält eine Ausfertigung jeder Gesellschafter, beglaubigte Ablichtungen die Gesellschaft und das Registergericht (in elektronischer Form) sowie eine einfache Abschrift das Finanzamt – Körperschaftsteuerstelle –.
7. Die Erschienenen wurden vom Notar/von der Notarin insbesondere auf Folgendes hingewiesen: ....

Hinweise:
1) Nicht Zutreffendes streichen. Bei juristischen Personen ist die Anrede Herr/Frau wegzulassen.
2) Hier sind neben der Bezeichnung des Gesellschafters und den Angaben zur notariellen Identitätsfeststellung ggf. der Güterstand und die Zustimmung des Ehegatten sowie die Angaben zu einer etwaigen Vertretung zu vermerken.
3) Nicht Zutreffendes streichen. Bei der Unternehmergesellschaft muss die zweite Alternative gestrichen werden.
4) Nicht Zutreffendes streichen.

§ 3 Inhalt des Gesellschaftsvertrags

(1) Der Gesellschaftsvertrag muss enthalten:

1. die Firma und den Sitz der Gesellschaft,
2. den Gegenstand des Unternehmens,
3. den Betrag des Stammkapitals,
4. die Zahl und die Nennbeträge der Geschäftsanteile, die jeder Gesellschafter gegen Einlage auf das Stammkapital (Stammeinlage) übernimmt.

(2) Soll das Unternehmen auf eine gewisse Zeit beschränkt sein oder sollen den Gesellschaftern außer der Leistung von Kapitaleinlagen noch andere Verpflichtungen gegenüber der Gesellschaft auferlegt werden, so bedürfen auch diese Bestimmungen der Aufnahme in den Gesellschaftsvertrag.

Übersicht **Rdn.**

Schrifttum

Hommelhoff, Gestaltungsfreiheit im GmbH-Recht in: Hommelhoff/Wiedemann, Gestaltungsfreiheit im Gesellschaftsrecht, 1998, 36 ff; *Noack*, Gesellschaftervereinbarungen bei Kapitalgesellschaften, 1994; *Teichmann*, Gestaltungsfreiheit in Gesellschaftsverträgen, 1970; *Ulmer,* »Satzungsgleiche« Gesellschaftervereinbarungen bei der GmbH?, FS Röhricht, 2005, 633; *Wicke,* Echte und unechte Bestandteile im Gesellschaftsvertrag der GmbH, DNotZ 2006, 419; *Zöllner,* Inhaltsfreiheit bei Gesellschaftsverträgen, FS GmbHG, 1992, 85 ff.

A. Allgemeines

1 § 3 beschreibt in seinem Abs. 1 den zwingenden Inhalt der GmbH-Satzung, er wird dabei durch §§ 4, 4a und 5 ergänzt. In seinem Abs. 2 regelt § 3 einen Ausschnitt des fakultativen Satzungsinhalts, der aber seinerseits nur Formwirksam im Gesellschaftsvertrag niedergelegt werden kann. Neben den in Abs. 2 genannten Regelungen einer GmbH auf Zeit und der Vereinbarung weiterer Leistungsverpflichtungen der Gesellschafter kennt das GmbHG noch eine ganze Reihe weiterer fakultativer aber satzungsbedürftiger Gesellschaftervereinbarungen (hierzu im einzelnen Rdn. 58 ff.) Die Unterscheidung zwischen dem zwingen (Abs. 1) und dem fakultativen (Abs. 2) Satzungsinhalt ist insbesondere von Bedeutung für mögliche Rechtsfolgen bei fehlerhaften Satzungsregelungen (zu Mängeln am zwingenden Satzungsinhalten: Rdn. 27 ff.; für Mängeln bei fakultativen Satzungsinhalten: Rdn. 60).

2 Die in § 3 Abs. 1 und Abs. 2 angesprochenen Satzungsbestandteile mit ihren zwingenden und fakultativen Inhalten werden auch als materielle Satzungsinhalte bezeichnet, weil sie als mitgliedschaftsrechtliche Regelungen nur in der Satzung wirksam vereinbart werden können bzw. müssen. Davon zu differenzieren sind sogenannte formelle Satzungsinhalte. Bei diesen handelt es sich um Regelungen, die nach dem GmbHG sowohl in die Satzung aufgenommen als auch außerhalb des Gesellschaftsvertrages vereinbart werden können (hierzu im Einzelnen: Rdn. 36 ff.).

B. Zwingender Satzungsinhalt (Abs. 1)

I. Firma und Sitz (Nr. 1)

3 Die im Rahmen des § 3 Abs. 1 Nr. 1 zu regelnden Mindestinhalte der Satzung richten sich hinsichtlich Firma nach § 4 und hinsichtlich des Sitzes nach § 4a. Es kann daher auf die Kommentierung zu diesen Vorschriften verwiesen werden.

II. Unternehmensgegenstand (Nr. 2)

4 Der Gegenstand des Unternehmens ist nach Abs. 1 Nr. 2 zwingender Inhalt der Satzung. Er beschreibt den **konkreten Tätigkeitsbereich** der Gesellschaft über den sich die beteiligten Verkehrskreise anhand der Beschreibung in der Satzung ein möglichst exaktes und individuelles Bild machen können sollen.[1] Die Angabe des Unternehmensgegenstands hat dabei sowohl Bedeutung für das Innen- wie auch für das Außenverhältnis der GmbH. Im **Innenverhältnis** wird insbesondere die Geschäftsführungsbefugnis der Geschäftsführer durch die Festlegung des Unternehmensgegenstandes begrenzt (§ 37 Abs. 1).[2] Die grundsätzlich unbeschränkte Vertretungsbefugnis der Geschäftsführer bleibt hiervon zwar unberührt (§ 37 Abs. 2), ein Überschreiten der Geschäftsführungsbefugnis kann und wird aber gegebenenfalls Schadensersatzansprüche gegenüber den Geschäftsführern nach § 43 begründen. Die Begrenzung der Geschäftsführungsbefugnis führt auch zu einem Schutz der (Minderheits-)Gesellschafter, da sie eine willkürliche Ausweitung und Änderung des Betätigungsfelds der Gesellschaft beschränkt.[3]

5 Im **Außenverhältnis** dient die Beschreibung des Unternehmensgegenstandes dazu, den Geschäftsverkehr über das tatsächliche Tätigkeitsfeld der Gesellschaft zu informieren.[4] Gleichzeitig werden auch das Registergericht und gegebenenfalls auch andere öffentliche Stellen in den Stand gesetzt, zu prüfen, ob die Gesellschaft eine erlaubte oder erlaubnispflichtige Tätigkeit verfolgt.[5]

6 Der Unternehmensgegenstand ist vom **Zweck der Gesellschaft** zu differenzieren. Während der Unternehmensgegenstand zwingender Inhalt der Satzung ist, müssen Beschreibungen oder Ausführungen zum Unternehmenszweck nicht in die Satzung aufgenommen werden. Vereinfachend lässt sich der Gegenstand des Unternehmens als das Instrument beschreiben, mit dem die GmbH ihren Unternehmenszweck ver-

---

1 BGHZ 117, 323, 334; BGH, DB 1981, 466; BayObLG, GmbHR 2003, 414, 415.

2 BayObLG, NZG 2000, 987, 988.

3 BayObLG, NZG 2000, 987, 988; *Ulmer*, in: Ulmer/Habersack/Winter, GmbHG, § 3 Rn. 15; *Hueck/Fastrich*, in: Baumbach/Hueck, GmbHG, § 3 Rn. 7; *Bayer*, in: Lutter/Hommelhoff, GmbHG, § 3 Rn. 5, *Michalski*, in: Michalski, GmbHG, § 3 Rn. 7.

4 BayObLG, NZG, 2000, 987, 988; BGH; DB 1981, 466.

5 *Emmerich*, in: Scholz, GmbHG, § 3 Rn. 12; *Michalski*, in: Michalski, GmbHG, § 3 Rn. 7; *Bayer*, in: Lutter/Hommelhoff, GmbHG § 3 Rn. 5.

folgt.[6] Als Zweck der Gesellschaft kommen neben wirtschaftlicher Tätigkeit auch soziale und ideelle Ziele, insbesondere im Rahmen von »Non-Profit-GmbH« bzw. »gGmbH« in Betracht.[7]

7 Die Beschreibung des Unternehmensgegenstandes kann auch ausdrücklich bestimmte Tätigkeitsbereiche ausnehmen (**negative Abgrenzung**). Dies allerdings nur im Kontext eines ausreichend individualisierten Unternehmensgegenstandes. Beispielhaft sei erwähnt, dass Tätigkeiten nach § 34c GewO vom Unternehmensgegenstand ausgenommen sind.[8]

8 Nach zutreffender, in der Sache aber bestrittener, Auffassung muss der Unternehmensgegenstand einer Komplementär- GmbH einer **GmbH & Co. KG** nicht auch den Unternehmensgegenstand der KG selbst umfassen.[9] Ausreichend, in der Sache aber auch erforderlich, ist die Angabe, dass die Gesellschaft die unbeschränkte Haftung und die Geschäftsführung in der GmbH & Co. KG übernehmen soll. Allerdings verlangt die herrschende Meinung insoweit die konkrete Bezeichnung der KG in der die GmbH die Komplementärstellung übernimmt.[10]

9 Der Unternehmensgegenstand im Sinne des § 3 Abs. 1 Nr. 2 muss derart **konkret und individualisiert** beschrieben sein, dass er geeignet ist, den Normzweck (dazu oben Rdn. 4) zu erfüllen. Deshalb sind floskelhafte Leerformeln nicht ausreichend, andererseits aber auch bis in Detail gehende Beschreibungen nicht erforderlich. Der Schwerpunkt der Geschäftstätigkeit muss er sichtlich werden.[11]

10 Diese Grundsätze gelten auch bei Gründung einer GmbH unter Verwendung des Musterprotokolls nach § 2 Abs. 1a.

11 Die noch im MoMiG-RegE[12] enthaltenen **vordefinierten Unternehmensgegenstände**, dort umschrieben mit Handel, Produktion oder Dienstleistung, wurden schließlich nicht Gesetz. Damit hat der Gesetzgeber zu Recht auf die in der Literatur

---

6 Hierzu im Einzelnen *Ulmer*, in: Ulmer/Habersack/Winter, GmbHG, § 1 Rn. 5 m.w.N.; *Reuter*, ZHR 151, (1987), 237, 240; *Emmerich*, in: Scholz, GmbHG, § 3 Rn. 10.

7 *Ulmer*, in: Ulmer/Habersack/Winter, GmbHG, § 3 Rn. 11; *Priester*, GmbHR; OLG Köln, WM 1981, 805; *Michalski*, in: Michalski, GmbHG, § 3 Rn. 11; Abweichend *Siena*, GmbHR 2001, 661.

8 BayObLG, DB 1993, 2225.

9 BayObLG, GmbHR 1996, 360; BayObLG, BB 1995, 1814; *Bayer*, in: Lutter/Hommelhoff, GmbHG, § 3 Rn. 6; *Hueck/Fastrich*, in: Baumbach/Hueck, GmbHG, § 3 Rn. 9; *Ulmer*, in: Ulmer/Habersack/Winter, GmbHG, § 3 Rn. 19; *Michalski*, in: Michalski, GmbHG, § 3 Rn. 19; anderer Auffassung noch: BayObLG, 1976, 1694; OLG Hamburg, BB 1968, 267; *Tieves*, Unternehmensgegenstand, 525 f.

10 *Hueck/Fastrich*, in: Baumbach/Hueck, GmbHG, § 3 Rn. 9; *Bayer*, in: Lutter/Hommelhoff, GmbHG, § 3 Rn. 7; *Michalski*, in: Michalski, GmbHG, § 3 Rn. 12.

11 BGH, DB 1881, 466; BayObLG, BB 1995, 18, 14; BayObLG, BB 1994, 18, 11; BayObLG, ZG 2000, 987, 98; OLG Köln, WM 1981, 805, 806; *Ulmer*, in: Ulmer/Habersack/Winter, GmbHG, § 3 Rn. 14; *Emmerich*, in: Scholz, GmbHG, § 3 Rn. 12.

12 MoMiG-RegE, BT-Drucks 16/6140, S. 20 ff.

vorgebrachte Kritik[13] reagiert. Anderenfalls hätte das MoMiG zu einer faktischen Abschaffung des Individualisierungsgebots geführt, was die satzungsmäßige Beschreibung des Unternehmensgegenstandes im Sinne von § 3 Abs. 1 Nr. 2 sinnentleert hätte.

12 Mit dem Individualisierungsgebot nicht vereinbar sind allgemeine und im Wesentlichen **inhaltsleere** Beschreibungen wie »Betrieb kaufmännischer Geschäfte«[14], »Handel mit Waren aller Art«[15], »Produktion und Vertrieb von Waren aller Art«.[16] Eine sehr weitreichende Umschreibung der Tätigkeit des Unternehmens kann dem Individualisierungsgebot nur dann genügen, wenn die tatsächliche Tätigkeit derart weitgehend angelegt ist und damit eine nähere Eingrenzung ausscheidet.[17]

13 **Ausreichend konkret** sind in jedem Falle Beschreibungen wie »Betrieb von Gaststätten«[18], »Import von Wein und Südfrüchten«.[19] Weitere Zusätze, die den zulässig individualisierten Unternehmensgegenstand weiter beschreiben, konkretisieren oder abgrenzen, sind zulässig. Häufig sind sie allerdings materiell nichtssagend, so etwa Formulierungen wie, »und damit zusammenhängende Geschäfte«. Auch materielle Bedeutung haben hingegen Zusätze die eine Erweiterung des Unternehmensgegenstandes auch auf Beteiligungen und Zweigniederlassungen vorsehen, etwa folgendes Inhalts »einschließlich des Erwerbs von Beteiligungen und der Gründung von Zweigniederlassungen«. Mit dem Individualisierungsgebots nicht zu vereinbaren sind hingegen Zusätze die den Unternehmensgegenstand unspezifiziert zu erweitern suchen, etwa »die Gesellschaft sei zu allen Geschäften und Rechtshandlungen befugt, die ihrem Zweck dienlich sind«.[20]

14 Eine **Änderung des Unternehmensgegenstandes** ist nur durch Satzungsänderung möglich. Abgesehen von einer geplanten und gewollten Änderung des Unternehmensgegenstandes sind für die Praxis von besonderer Bedeutung die Unterschreitung des Unternehmensgegenstandes und so genannte faktische Veränderungen im Unternehmensgegenstand. Bleibt die tatsächliche Geschäftstätigkeit der GmbH hinter dem satzungsmäßigen Unternehmensgegenstand zurück, stellt dies nicht notwendig eine Satzungsänderung erfordernde Änderung des Unternehmensgegenstades dar. Entscheidend ist, dass die verbleibende Tätigkeit von der satzungsmäßigen Beschreibung umfasst ist und in ihrer Reichweite auch nicht als bloße Alibi-Tätigkeit im Verhältnis

---

13 *Karsten Schmidt*, GmbHR 2007, 958, 962; *Heckschen*, GmbHR 2007, 198; *Schröder/Cannivé*, NZG 2008, 1.

14 *Ulmer*, in: Ulmer/Habersack/Winter, GmbHG, § 3 Rn. 17; BayObLG, GmbHR 1995, 722, 723.

15 BayObLG, GmbHR 2003, 1414.

16 BayObLG, GmbHR 1994, 705.

17 *Hueck/Fastrich*, in: Baumbach/Hueck, GmbHG, § 3 Rn. 18; *Ulmer*, in: Ulmer/Habersack/Winter, GmbHG, § 3 Rn. 17; *Michalski*, in: Michalski, GmbHG, § 3 Rn. 10.

18 OLG Frankfurt, DB 1980, 75.

19 *Roth*, in: Roth/Altmeppen, GmbHG, § 3 Rn. 6.

20 *Priester*, GmbHR 1999, 149; *Michalski*, in: Michalski, GmbHG, § 3 Rn. 6.

zum Satzungsmäßigen Unternehmensgegenstand qualifiziert werden muss.[21] Dementsprechend kann auch eine nur vorübergehende Einstellung der Unternehmenstätigkeit ohne Satzungsänderung von statten gehen, wenn die Fortsetzung des Unternehmensgegenstandes geplant ist.[22]

15 Eine **faktische Änderung des Unternehmensgegenstandes** erfordert eine Satzungsänderung, widrigenfalls die Geschäftsführer ihre Geschäftsführungsbefugnis überschreiten (dazu oben Rdn. 4). Problematisch ist eine faktische Änderung des Unternehmensgegenstandes, wenn diese von einer (satzungsändernden) Mehrheit der Gesellschafter, aber ohne formelle Satzungsänderung, getragen wird. Nach wohl herrschender Meinung sind in diesem Fall die § 75 GmbHG, § 397 FamFG jedenfalls analog anzuwenden, da es sonst an einem Sanktionsmechanismus fehle.[23] Dem ist im Ergebnis trotz dogmatischer Bedenken[24] zuzustimmen.

III. Betrag des Stammkapitals (Nr. 3)

16 Nach § 3 Abs. 1 Nr. 3 muss die Satzung auch den genauen Betrag des Stammkapitals enthalten. Es handelt sich dabei um einen in Euro ausgedrückten Betrag, dessen Höhe durch § 5 Abs. 1 und § 5a (für die Unternehmergesellschaft) weiter reglementiert ist. Die Angabe des Betrags des Stammkapitals hat in der Satzung selbst zu erfolgen, nicht ausreichend ist es, diese Angabe in anderen dem Handelsregister mit einzureichenden Unterlagen vorzunehmen.[25] Die Angabe zum Betrag des Stammkapitals ist von der Angabe der Zahl und Höhe der Nennbeträge der übernehmenden Geschäftsanteile (§ 3 Abs. 1 Nr. 4) zu differenzieren. Deshalb ist es nicht ausreichend, wenn sich das Stammkapital lediglich aus der Summe der Nennbeträge aller Geschäftsanteile errechnen lässt.[26]

17 Die Satzung der GmbH kann auch bei Gründung bereits ein **genehmigtes Kapital** (§ 55a) vorsehen. Dieses zählt allerdings nicht zum nach § 3 Abs. 1 Nr. 3 anzugebenden Stammkapital. Erst mit Ausübung, Durchführung und Handelsregistereintragung ist das Stammkapital durch Ausnutzung des genehmigten Kapitals erhöht, was aber keiner weiteren materiellen Änderung der Satzung bedarf.

---

21 *Ulmer*, in: Ulmer/Habersack/Winter, GmbHG, § 3 Rn. 20; OLG Stuttgart, DB 2001, 845; *Michalski*, in: Michalski, GmbHG, § 3 Rn. 14.

22 *Emmerich*, in: Scholz, GmbHG, § 3 Rn. 18.

23 *Karsten Schmidt*, in: Scholz, GmbHG, § 75 Rn. 11; *Ulmer*, in: Ulmer/Habersack/Winter, GmbHG, § 3 Rn. 21; *Hueck/Fastrich*, in: Baumbach/Hueck, GmbHG, § 3 Rn. 10, *Lutter/Kleindiek*, in: Lutter/Hommelhoff, GmbHG, § 75 Rn. 3; *Michalski*, in: Michalski, GmbHG, § 3 Rn. 18.

24 *Ulmer*, in: FS Raiser, 2005, 439, 446.

25 Statt aller *Ulmer*, in: Ulmer/Habersack/Winter, GmbHG, § 3 Rn. 24, *Michalski*, in: Michalski, GmbHG, § 3 Rn. 37.

26 *Emmerich*, in: Scholz, GmbHG, § 3 Rn. 49; *Michalski*, in: Michalski, GmbHG, § 3 Rn. 38; *Bayer*, in: Lutter/Hommelhoff, GmbHG, § 3 Rn. 25; tendenziell nachsichtiger *Ulmer*, in: Ulmer/Habersack/Winter, GmbHG, § 3 Rn. 24; *Hueck/Fastrich*, in: Baumbach/Hueck, GmbHG, § 3 Rn. 15.

18 Eine **Änderung des Betrages** des Stammkapitals vor Handelsregistereintragung der GmbH, ist nur unter Mitwirkung aller Gesellschafter nach Maßgabe von § 2 möglich.[27] Nach Handelsregistereintragung der GmbH gelten insoweit die Regelungen zur Kapitaländerung nach §§ 55 ff. Nach einer Kapitalmaßnahme, das heißt außerhalb der Gründungssatzung, muss die Satzung nur noch den neuen Betrag des Stammkapitals, nicht hingegen mehr den ursprünglichen Stammkapitalbetrag angeben.[28]

IV. Zahl und Nennbetrag der Geschäftsanteile (Nr. 4)

19 Nach § 3 Abs. 1 Nr. 4 hat die Satzung die Zahl und Nennbeträge der von den Gründungsgesellschaftern übernommenen Geschäftsanteile anzugeben. Das MoMiG hat mit der neuen Gesetzesfassung den **Geschäftsanteil** in den Mittelpunkt der Angabepflicht gerückt. Mit dieser Regelung wird deutlich, dass die Gesellschafter eine Einlageverpflichtung trifft, die nicht mehr aus der Übernahme der Stammeinlage, sondern aus der Übernahme von Geschäftsanteilen und deren Benennung in der Satzung folgt. Dem entspricht § 14 Satz 2.

20 Zudem ist nach § 3 Abs. 1 Nr. 4 auch die **Zahl** der von jedem Gründungsgesellschafter zu übernehmenden **Geschäftsanteile** anzugeben. Diese Ergänzung wurde notwendig, nachdem § 5 Abs. 2 Satz 2 in der Fassung MoMiG auch bei Gründung die Übernahme mehrerer Geschäftsanteile zulässt. Aus der Angabepflicht nach § 3 Abs. 1 Nr. 4 folgt aber auch, dass sämtliche Geschäftsanteile von den Gründungsgesellschaftern zu übernehmen sind. Die einen Gesellschafter treffende Einlageverpflichtung ergibt sich damit aus der Gründungssatzung und möglichen weiteren von ihnen abgegebenen Übergabeerklärungen im Zusammenhang von Kapitalerhöhungen.

21 Das **Verhältnis** zwischen **Einlageverpflichtung und Nennbetrag** des Geschäftsanteils ist dergestalt, dass die Höhe der Einlageverpflichtung immer mindestens dem Nennbetrag des Geschäftsanteils entspricht. Letzterer kann höher, nicht aber niedriger als ersterer sein. Der Nennbetrag des Geschäftsanteils kann die Einlageverpflichtung des Gesellschafters insbesondere dann übersteigen, wenn es im Zuge der Einziehung eines Geschäftsanteils eines anderen Gesellschafters zu einer nominellen Aufstockung gekommen ist (§ 34), im Falle einer Kapitalerhöhung aus Gesellschaftsmitteln nach § 57c ff. und bei möglichen Sondervergünstigungen.[29]

22 Inhaltlich drückt der Nennbetrag des Geschäftsanteils die **Beteiligung des Gesellschafters** an der GmbH aus. Die Vermögens- und Verwaltungsrechte des Gesellschafters können und werden in der Praxis häufig durch satzungsmäßige Regelungen hiervon abweichen (hierzu auch: Rdn. 58 ff.).

---

27 Statt aller: *Emmerich*, in: Scholz, GmbHG, § 3 Rn. 50; *Bayer*, in: Lutter/Hommelhoff, GmbHG, § 3 Rn. 25.

28 *Ulmer*, in: Ulmer/Habersack/Winter, GmbHG, § 3 Rn. 25; *Emmerich*, in: Scholz, GmbHG, § 3 Rn. 50; *Hueck/Fastrich*, in: Baumbach/Hueck, GmbHG, § 3 Rn. 15; noch weitergehend, für die Möglichkeit, gänzlich auf die Angabe des Stammkapitals zu verzichten: *Michalski*, in: Michalski, GmbHG, § 3 Rn. 40.

29 Begründung RegE MoMiG, BR-Drucks. 354/07, 64.

23 Die Angaben nach § 3 Abs. 1 Nr. 4 müssen in der Gründungssatzung selbst enthalten sein, Bezugnahme auf andere Gründungsdokumente sind nicht ausreichend.[30] Nach zutreffender Ansicht können die Angaben bei einer **späteren Satzungsänderung** entfallen[31], und zwar selbst dann, wenn die von den Gesellschaftern übernommenen Einlagen noch nicht vollständig geleistet sind. Die im Handelsregister hinterlegte Gründungssatzung ist insoweit ausreichende Dokumentation. Im Falle von Sacheinlagen ist nach teilweiser Auffassung allerdings die fünf Jahresfrist analog §§ 26 Abs. 4, 27 Abs. 5 AktG einzuhalten.[32] Dem ist im Ergebnis nicht zu folgen (hierzu auch: Rdn. 25).

V. Bezeichnung der Gesellschafter

24 Die Gründungssatzung muss auch die **Gründungsgesellschaft namentlich bezeichnen.** Denn nach § 3 Abs. 1 Nr. 4 sind die einzelnen Geschäftsanteile den Gesellschaftern individualisiert zuzuordnen. Damit wird auch sichergestellt, dass stets ermittelbar ist, wen die aus den übernommenen Geschäftsanteilen resultierende Einlageverpflichtung trifft. Deshalb greift das Gebot der namentlichen Bezeichnung der Gründungsgesellschaft auch bei einer Einpersonen-Gründung.[33]

25 Mit Eintragung der GmbH in das Handelsregister können die Angaben zu den Gründungsgesellschaftern im Rahmen einer Satzungsänderung (§ 55 ff.) gestrichen werden. Nach inzwischen herrschender und zutreffender Auffassung gilt dies auch dann, wenn die Einlagen der einzelnen Gesellschafter noch nicht voll erbracht sind, denn die Angaben zu den Gründungsgesellschaftern sind mit der Gründungssatzung in jedem Falle beim Handelsregister hinterlegt.[34] Im Falle der Vereinbarung von Sacheinlagen soll analog § 26 Abs. 5, 27 Abs. 5 AktG hierfür eine fünfjährige Sperrfrist greifen.[35] Allerdings erscheint es zweifelhaft, ob hier eine vergleichbare Sach- und Rechtslage vorliegt, die eine Analogie zum Aktienrecht rechtfertigt. Die vom Gesetzgeber in §§ 26 Abs. 5, 27 Abs. 5 AktG angeordnete Sperrfrist erklärt sich aus der typischer Weise kapitalistischen Struktur der AG; die Gesellschafter und Geschäftsführer/Insolvenzverwalter einer regelmäßig personalistischer gestalteten GmbH können hingegen auch für Sacheinlagen auf die beim Handelsregister vorhandene Gründungssatzung verwiesen werden.

---

30 OLG Hamm, GmbHR 1986, 311.

31 *Emmerich,* in: Scholz, GmbHG, § 3 Rn. 56; *Ulmer,* in: Ulmer/Habersack/Winter, GmbHG, § 3 Rn. 29, *Bayer,* in: Lutter/Hommelhoff, GmbHG, § 3 Rn. 30.

32 Hierzu auch *Ulmer,* in: Ulmer/Habersack/Winter, GmbHG, § 3 Rn. 30; *Emmerich,* in: Scholz, GmbHG, § 3 Rn. 56; *Bayer,* in: Lutter/Hommelhoff, GmbHG, § 3 Rn. 30.

33 *Hueck/Fastrich,* in: Baumbach/Hueck, GmbHG, § 3 Rn. 16; *Michalski,* in: Michalski, GmbHG, § 3 Rn. 46; OLG Hamm, NJW 1987, 263.

34 Ausführlich: *Ulmer,* in: Ulmer/Habersack/Winter, GmbHG, § 3 Rn. 29; ihm folgend: *Michalski,* in: Michalski, GmbHG, § 3 Rn. 47; *Bayer,* in: Lutter/Hommelhoff, GmbHG, § 3 Rn. 31; *Hueck/Fastrich,* in: Baumbach/Hueck, GmbHG, § 3 Rn. 18.

35 *Ulmer,* in: Ulmer/Habersack/Winter, GmbHG, § 3 Rn. 30; *Hueck/Fastrich,* in: Baumbach/Hueck, GmbHG, § 3 Rn. 18; offenlassend: *Bayer,* in: Lutter/Hommelhoff, GmbHG, § 3 Rn. 31; anderer Ansicht: *Michalski,* in: Michalski, GmbHG, § 3 Rn. 47.

VI. Bekanntmachungen

26 § 12 Satz 1 bestimmt, dass für alle gesetzlichen oder gesellschaftsvertraglichen Bekanntmachungen der elektronische Bundesanzeiger als Gesellschaftsblatt zu verwenden ist. Die (Gründungs-) Satzung muss hierzu mithin keine Angaben enthalten; nach § 12 Satz 2 kann die Satzung allerdings weitere Gesellschaftsblätter vorsehen.

VII. Mängel der Satzung

27 Sind die Pflichtabgaben nach § 3 Abs. 1 in der Gründungssatzung fehlerhaft oder fehlen sie gänzlich, hat das Registergericht die Eintragung der Gesellschaft nach § 9c Abs. 2 Nr. 1 abzulehnen. Erfolgt gleichwohl eine Handelsregistereintragung ist nach Art des Mangels und der betroffenen Pflichtangabe zu differenzieren.

28 Fehlen die Angaben zum Betrag des Stammkapitals (Abs. 1 Nr. 3) oder die Angaben über den Gegenstand des Unternehmens (Abs. 1 Nr. 2) gänzlich, kommt die Nichtigkeitsklage nach § 75 oder auch das Amtslöschungsverfahren nach § 397 FamFG in Betracht. Gleiches gilt wenn die Angaben über den Unternehmensgegenstand zwar vorhanden, in der Sache aber nichtig sind. Dies ist allerdings nur in den seltenen Fällen anzunehmen, dass der Unternehmensgegenstand gegen § 134 BGB oder gegen § 138 BGB verstößt; denkbar sind auch Fälle, dass der Unternehmensgegenstand laut Satzung im Vergleich zum tatsächlich geplanten Unternehmensgegenstand nur zum Schein (§ 117 BGB) vereinbart ist. Schließlich mag es Fälle geben, in denen die gesamte Satzung an einem schwerwiegenden und unheilbaren Mangel leidet.[36]

29 Ist der **Unternehmensgegenstand nicht** hinreichend **individualisiert** (hierzu Rdn. 9 ff.), liegt kein Nichtigkeitsgrund vor. Ein solcher Mangel des Unternehmensgegenstandes stellt zwar ein Eintragungshindernis nach § 9c Abs. 2 dar, nach erfolgter Registereintragung kann dieser Mangel hingegen nicht mehr gerügt werden.[37]

30 Fehlen die Angaben zu Firma und Sitz der Gesellschaft (Abs. 1 Nr. 1) oder über die von den Gründungsgesellschaftern übernommenen Geschäftsabteile (Abs. 1 Nr. 4), kommt das Amtsauflösungsverfahren (§ 399 Abs. 4 FamFG) in Betracht. Gleiches gilt wenn diese Angaben oder aber Bezeichnung des Betrages des Stammkapitals (Abs. 1 Nr. 3) nichtig sind. Diese Mängel können aber während des Verfahrens durch Änderungen des Gesellschaftsvertrages geheilt werden (§ 399 Abs. 2 FamFG).

31 Auch eine Auflösungsklage seitens der Gesellschafter nach § 61 Abs. 1 kommt in Betracht, wenn einer der in Rede stehenden Mängel einen Auflösungsgrund darstellt.[38]

---

36 *Ulmer,* in: Ulmer/Habersack/Winter, GmbHG, § 3 Rn. 13; *Michalski,* in: Michalski, GmbHG, § 3 Rn. 15.

37 *Fastrich,* in: Baumbach/Hueck, GmbHG, § 3 Rn. 10; *Ulmer,* in: Ulmer/Habersack/Winter, GmbHG, § 3 Rn. 13; *Michalski,* in: Michalski, GmbHG, § 3 Rn. 16; *Emmerich,* in: Scholz, GmbHG, § 3 Rn. 12.

38 *Ulmer,* in: Ulmer/Habersack/Winter, GmbHG, § 3 Rn. 6 ff.

32 Liegt einer der benannten Nichtigkeits- oder Auflösungsgründe vor, sind die Gesellschafter zur **Beseitigung dieses** Mangels nicht verpflichtet, weil sie können die Auflösung bzw. Löschung der Gesellschaft in Kauf nehmen. Unter den Gesellschaftern wird sich aus dem mangelhaften Gesellschaftsvertrag aber in der Regel eine schuldrechtliche Verpflichtung ableiten, soweit mögliche an einer Heilung des Mangels mitzuwirken. Diese Mitwirkungspflicht kann von jedem Gesellschafter klageweise geltend gemacht werden.[39]

C. Fakultative Satzungsbestandteile

33 Die GmbH-Satzung kann neben den zwingenden Inhalten nach Abs. 1 in weitem Umfang weitere (fakultative) Bestandteile regeln. Insoweit ist die in Abs. 2 enthaltene Aufzählung von Zeitbestimmungen und Nebenleistungsverpflichten nicht abschließend, sondern nur beispielhaft. Im Übrigen enthält das GmbHG auch an anderer Stelle weitergehende Satzungsvorbehalte (z.B. § 4, § 15 Abs. 5, § 17 Abs. 3, § 19 Abs. 5, § 26 Abs. 1, § 34 Abs. 1, § 52 Abs. 1)[40], die ihrerseits wiederum nicht abschließend sind, sondern den Gesellschaftern auch darüber hinausgehenden Gestaltungsspielraum lassen.

34 Wenn Abs. 2 davon spricht, dass entsprechende fakultative Satzungsbestandteile in den Gesellschaftsvertrag aufgenommen werden müssen, so ist dies Ausdruck des allgemeinen Grundsatzes, dass **mitgliedschaftsrechtliche Abreden nur in der Satzung** selbst getroffen werden können. Vor diesem Hintergrund sind fakultative Satzungsbestandteile inhaltlich abzugrenzen von nur schuldrechtlich wirkenden Gesellschaftervereinbarungen und von nicht mitgliedschaftsrechtlichen (formellen) Satzungsregelungen (hierzu: Rdn. 39).

I. Abgrenzung

1. Mitgliedschaftsrechtliche (materielle) Satzungsregelungen

35 Die mitgliedschaftsrechtlichen Festlegungen der GmbH müssen in den Gesellschaftsvertrag aufgenommen werden. Sie regeln die Rechtsverhältnisse der Gesellschaft, die Beziehungen zwischen den Gesellschaftern und zwischen den Gesellschaftern und der Gesellschaft.[41] Besonderer Ausfluss der kooperationsrechtlichen Abreden ist, dass sie auch künftige Gesellschafter binden. Auslegung solcher materiellen Satzungsbestandteile erfolgt abweichend von §§ 133, 157 BGB nach objektivierten Maßstäben.[42]

---

39 Ähnlich: *Ulmer*, in: Ulmer/Habersack/Winter, GmbHG, § 3 Rn. 8; *Michalski*, in: Michalski, GmbHG, § 3 Rn. 4; zurückhaltender: *Emmerich*, in: Scholz, GmbHG, § 3 Rn. 8.

40 Dazu im Einzelnen: Rdn. 58.

41 Zum Ganzen *Ulmer*, in: Ulmer/Habersack/Winter, GmbHG, § 3 Rn. 34 ff.

42 Hierzu: § 2 Rdn. 17 f.

2. (Schuldrechtliche) Gesellschaftervereinbarung

36 Als Ausfluss der Vertragsfreiheit ist es den Gesellschaftern unbenommen und in der Praxis weit verbreitet, dass neben mitgliedschaftsrechtlichen Abreden auch schuldrechtliche Gesellschaftervereinbarungen geschlossen werden.[43] Diese bedürfen grundsätzlich keiner besonderen Form. In Abgrenzung zu kooperationsrechtlichen Regelungen vermögen schuldrechtliche Abreden hingegen keine Bindung künftiger Gesellschafter zu erzeugen. Desweitere können sie auch nicht unmittelbar Rechte und Pflichten der Gesellschafter zur Gesellschaft begründen. Im Gegensatz zu kooperationsrechtlichen Abreden werden schuldrechtliche Gesellschaftervereinbarungen nach den für Willenserklärungen geltenden Grundsätzen der §§ 133, 157 BGB ausgelegt.

37 Haben die Gesellschafter außerhalb der Satzung Abreden getroffen, die ihr Verhältnis untereinander oder die Rechtsverhältnisse der Gesellschaft betreffen, kann es im Einzelfall problematisch sein abzugrenzen, ob es sich um – mangels Form dann nichtige – kooperationsrechtliche Regelungen oder um – grundsätzlich wirksame – schuldrechtliche Abreden handelt.[44]

38 Haben die Gesellschafter außerhalb des Gesellschaftsvertrags Abreden getroffen, spricht in der Regel eine Vermutung, zumindest aber ein Indiz dafür, dass es sich insoweit um eine schuldrechtliche Nebenabrede mit nicht kooperationsrechtlichem Charakter handeln soll. Nur wenn die Auslegung der Abrede ergibt, dass diese nach dem Parteiwillen mitgliedschaftsrechtlichen Charakter haben soll, wird man zu dem (gravierenden) Urteil kommen, dass es sich materiell um eine Satzungsregelung handelt, die dann allerdings wegen Formverstoßes nichtig ist. Ein solches Urteil kann z.B. angezeigt sein, wenn die Vertragsparteien zum Ausdruck gebracht haben, dass die Abrede nur wirksam sein soll, wenn sie auch künftige Gesellschafter bindet. Ob in all diesen Fällen der formnichtigen Gesellschafterabreden eine Umdeutung nach § 140 BGB in eine schuldrechtliche Vereinbarung eingreifen kann[45] erscheint zweifelhaft. Näher liegen dürfte, dass der für § 140 BGB erforderliche Geltungswille der Vertragsparteien im Rahmen der Auslegung schon unmittelbar zur Annahme einer schuldrechtlichen Gesellschaftervereinbarung drängt.

3. Formelle Satzungsregelungen

39 Es steht den Gesellschaftern frei, in den Text des Gesellschaftsvertrages auch nicht kooperationsrechtliche Abreden aufzunehmen; diese werden dann als unechte Sat-

---

43 Zu Inhalt und Grenzen: Rdn. 61 f.

44 Hierzu auch *Emmerich*, in: Scholz, GmbHG, § 3 Rn. 67; *Ulmer*, in: Ulmer/Habersack/Winter, GmbHG, § 3 Rn. 37, jeweils m.w.N.

45 Dafür etwa: *Ulmer*, in: Ulmer/Habersack/Winter, GmbHG, § 3 Rn. 37; *Roth*, in: Roth/Altmeppen, GmbHG, § 3 Rn. 21.

zungsbestandteile bezeichnet.[46] Solche unechten Satzungsbestandteile unterliegen nicht den für die Satzung geltenden Formvorschriften (§ 2), weshalb sie ohne (formelle) Satzungsänderung i.S.d. § 53 geändert werden können.[47] Die Auslegung unechter Satzungsbestandteile erfolgt nach den für Willenserklärungen geltenden Regelungen gem. §§ 133, 157 BGB.[48] Da es sich insoweit um nicht kooperationsrechtliche Regelungen handelt, binden diese nur die von ihnen betroffenen Gesellschafter, nicht hingegen künftige Gesellschafter oder die Gesellschaft selbst. Schuldrechtliche Abreden ist auf ihre Durchführung das Recht der Leistungsstörungen anwendbar, wie auch eine AGB-Kontrolle nach §§ 305 ff. BGB einschlägig ist.[49]

40 Die Abgrenzung echter von unechten Satzungsbestandteilen erfolgt im Wege der Auslegung.[50] Entscheidend ist mithin, ob die Beteiligten eine kooperationsrechtliche Wirkung ihrer Absprache intendiert haben (hierzu: Rdn. 38). Bestehen insoweit Zweifel, so ist die Aufnahme einer Regelung in den Gesellschaftsvertrag jedenfalls als Indiz dafür zu werten, dass es sich um einen echten Satzungsbestandteil handeln soll.[51]

41 Beispiele unechter Satzungsbestandteile sind Regelungen über die Besetzung, die Bestellung und Ausgestaltung der Rechtstellung von Gesellschaftsorganen, d.h. insbesondere der Geschäftsführer[52] und Beiräte/Aufsichtsräte. In Betracht kommen können auch Abreden zwischen einzelnen Gesellschaftern, etwa hinsichtlich Gewinnverteilung[53].

4. Rechtsverhältnisse zu Dritten

42 Der Gesellschaftsvertrag kann nicht in kooperationsrechtlicher Art und Weise Rechte und Pflichten für bzw. gegenüber Dritten begründen.[54] Möglich sind insoweit allein schuldrechtliche Abreden, die als unechte Satzungsbestandteile im

---

46 *Wicke*, DNotZ 2006, 419; *Michalski*, in: Michalski, GmbHG, § 3 Rn. 86 ff.; *Ulmer*, in: Ulmer/Habersack/Winter, GmbHG, § 3 Rn. 38; *Emmerich*, in: Scholz, GmbHG, § 3 Rn. 67; *Priester*, DB 1979, 681.

47 BGH, NJW-RR 1993, 607; BGHZ 18, 205, 208; *Bayer*, in: Lutter/Hommelhoff, GmbHG, § 3 Rn. 69.

48 *Priester*, DB 1979, 681, 686; *Wicke*, DNotZ 2006, 419, 421.

49 *Bayer*, in: Lutter/Hommelhoff, GmbHG, § 3 Rn. 72; *Michalski*, in: Michalski, GmbHG, § 3 Rn. 87.

50 *Priester*, DB 1979, 681, 684; *Bayer*, in: Lutter/Hommelhoff, GmbHG, § 3 Rn. 69; *Michalski*, in: Michalski, GmbHG, § 3 Rn. 89; *Wicke*, DNotZ 2006, 419, 434.

51 Wie hier: *Emmerich*, in: Scholz, GmbHG, § 3 Rn. 108; *Bayer*, in: Lutter/Hommelhoff, GmbHG, § 3 Rn. 70; *Michalski*, in: Michalski, GmbHG, § 3 Rn. 89; *Roth*, in: Roth/Altmeppen, GmbHG, § 3 Rn. 48; *Wicke*, DNotZ 2006, 419, 434; *Priester*, DB 1979, 681, 684; anderer Ansicht *Hueck/Fastrich*, in: Baumbach/Hueck, GmbHG, § 3 Rn. 55.

52 Siehe hierzu insbesondere: § 6 Abs. 3 Satz 2.

53 Hierzu: *Ulmer*, in: Ulmer/Habersack/Winter, GmbHG, § 3 Rn. 38.

54 Grundlegend: *Ulmer*, in: FS Werner, 911; *Ulmer*, in: FS Wiedemann, 1297; *Ulmer*, in: Ulmer/Habersack/Winter, GmbHG, § 3 Rn. 39 ff. m.w.N.

Gesellschaftsvertrag aufgeführt sind. Eigene Rechte kann der Dritte insoweit nur nach Maßgabe von § 328 BGB herleiten. Ohne seine Mitwirkung können dem Dritten aus unechten Satzungsbestandteilen hingegen keine Verpflichtungen auferlegt werden. Unabhängig davon können wegen des Grundsatzes der Fremdorganschaft die Gesellschaftsorgane, insbesondere die Geschäftsführung, natürlich mit Nicht-Gesellschaftern besetzt werden.

II. Befristungen (Abs. 2, 1. Alt.)

43 Die Gesellschaft ist grundsätzlich auf unbestimmte Zeit gegründet. Ausweislich Abs. 2, 1. Alt. kann der Gesellschaftsvertrag aber mit kooperationsrechtlicher Wirkung eine Befristung der Gesellschaft vorsehen. Mit Eintritt des für die Befristung maßgeblichen Ereignisses ist die Gesellschaft nach § 60 Abs. 1 Nr. 1 aufgelöst. Diese verbandrechtlichen Wirkungen kann eine Abrede aber nur entfalten, wenn sie als echter Satzungsbestandteil (dazu: Rdn. 35) im Gesellschaftsvertrag selbst aufgenommen ist. Dabei ist eine konkludente Regelung ausreichend, eine Bezugnahme auf Urkunden außerhalb des Gesellschaftsvertrages hingegen nicht.[55] Die Befristung i.S.v. Abs. 2, 1. Alt. ist gem. § 10 Abs. 2 Satz 1 ins Handelsregister einzutragen, wobei dem nur deklaratorische Wirkung zukommt.[56]

44 In Abgrenzung zu Befristungen nach Abs. 2, 1. Alt. können die Gesellschafter auch rein schuldrechtliche Abreden betreffend die Lebensdauer der Gesellschaft schließen. Solche Regelungen können entweder als (schuldrechtliche) Gesellschaftervereinbarungen oder als unechte Satzungsbestandteile im Gesellschaftsvertrag enthalten sein. Ihnen kommt aber keine kooperationsrechtliche Wirkung nach § 60 Abs. 1 Nr. 1 zu. Die Gesellschafter können aber hieraus verpflichtet sein, an einem Auflösungsbeschluss nach § 60 Abs. 1 Nr. 2 mitzuwirken.[57]

45 Eine **Befristung** i.S.v. Abs. 2, 1. Alt. kann in der Bestimmung eines festen Datums oder einer bestimmten Frist liegen. Zulässig und ausreichend ist auch jede Regelung, die auf ein Ereignis Bezug nimmt, dessen Eintritt als solches gewiss, der Zeitpunkt hierfür aber ungewiss ist. Typische Fälle sind der Tod einer Person oder die Dauer von Schutzrechten.[58] In Abgrenzung hierzu stellen Bedingungen, deren Eintritt ungewiss ist, keine Regelungen i.S.v. Abs. 2, 1. Alt. dar.[59] Sie sind deshalb nicht nach

---

55 RGZ 79, 418, 422; *Emmerich*, in: Scholz, GmbHG, § 3 Rn. 64; *Ulmer*, in: Ulmer/Habersack/Winter, GmbHG, § 3 Rn. 45; *Michalski*, in: Michalski, GmbHG, § 3 Rn. 52; *Hueck/Fastrich*, in: Baumbach/Hueck, GmbHG, § 3 Rn. 24.

56 Hierzu auch Link zu § 60 Rdn. 20 ff.

57 *Emmerich*, in: Scholz, GmbHG, § 3 Rn. 67; *Ulmer*, in: Ulmer/Habersack/Winter, GmbHG, § 3 Rn. 46; *Michalski*, in: Michalski, GmbHG, § 3 Rn. 52.

58 *Michalski*, in: Michalski, GmbHG, § 3 Rn. 53; *Hueck/Fastrich*, in: Baumbach/Hueck, GmbHG, § 3 Rn. 27; *Emmerich*, in: Scholz, GmbHG, § 3 Rn. 64; *Ulmer*, in: Ulmer/Habersack/Winter, GmbHG, § 3 Rn. 48.

59 So auch: *Ulmer*, in: Ulmer/Habersack/Winter, GmbHG, § 3 Rn. 47; *Michalski*, in: Michalski, GmbHG, § 3 Rn. 53 m.w.N.

§ 10 Satz 1 ins Handelsregister einzutragen, noch vermögen sie die Wirkung des § 60 Abs. 1 Nr. 1 auszulösen. Bei ausreichender Bestimmtheit kann hierin aber ein Fall des § 60 Abs. 2 zu sehen sein.[60]

46 Nach heute h.M. können Satzungsregelungen zur Befristung i.S.v. Abs. 2, 1. Alt. mit satzungsändernder Mehrheit nach § 53 Abs. 2 geändert werden. Dies gilt sowohl bei einer **Verkürzung** wie auch bei einer **Verlängerung der Befristung**.[61] Enthält der Gesellschaftsvertrag für einzelne Gesellschafter ein Sonderrecht i.S.v. § 35 BGB, dass die Gesellschaft auf bestimmte Zeit geschlossen ist, so kann eine Änderung der Befristung nur mit ihrer Zustimmung beschlossen werden.[62] Soweit schützenswerte Belange einzelner Gesellschafter betroffen sind, kann dem ggf. durch ein Austrittsrecht begegnet werden.[63] Allerdings dürften solche Konstellationen vor dem Hintergrund der gesellschafterlichen Treuepflicht auf absolute Ausnahmefälle begrenzt sein. Zu denken ist etwa an Situationen, in denen durch die Verlängerung der Befristung satzungsrechtliche Nebenleistungsverpflichtungen einzelner Gesellschafter vermehrt werden.[64]

III. Nebenleistungspflichten (Abs. 2, 2 Alt)

47 Der Gesellschaftsvertrag kann ausweislich Abs. 2, 2. Alt. mit mitgliedschaftsrechtlicher Wirkung den Gesellschaftern weitere Verpflichtungen gegenüber der GmbH auferlegen. Die Praxis macht hiervon in großem Umfang Gebrauch. Es handelt sich dabei häufig um gestalterische Instrumente mit deren Hilfe der GmbH eine personalistische Struktur gegeben werden kann.[65] Solche Nebenleistungsverpflichtungen sind in mehrfacher Hinsicht von anderen Verpflichtungen der Gesellschafter abzugrenzen. Zunächst sind sie zu unterscheiden von rein schuldrechtlich wirkenden Verpflichtungen aus Gesellschaftervereinbarungen bzw. schuldrechtlichen Rechtsverhältnissen zwischen Gesellschaft und Gesellschafter. Über die kooperationsrechtliche bzw. schuldrechtliche Einordnung entscheidet die Auslegung der Vereinbarung (hierzu oben Rdn. 37 f).

---

60 Hierzu auch Beckmann/Hofmann zu § 60 Rdn. 55; *Michalski*, in: Michalski, GmbHG, § 3 Rn. 53.

61 *Ulmer*, in: Ulmer/Habersack/Winter, GmbHG, § 3 Rn. 53; *Emmerich*, in: Scholz, GmbHG, § 3 Rn. 66; *Michalski*, in: Michalski, GmbHG, § 3 Rn. 54; *Hueck/Fastrich*, in: Baumbach/Hueck, GmbHG, § 3 Rn. 29; *Bayer*, in: Lutter/Hommelhoff, GmbHG, § 3 Rn. 35.

62 *Karsten Schmidt*, in: Scholz, GmbHG, § 60 Rn. 10; *Ulmer*, in: Ulmer/Habersack/Winter, GmbHG, § 3 Rn. 53; *Michalski*, in: Michalski, GmbHG, § 3 Rn. 54.

63 Hierzu *Karsten Schmidt*, in: Scholz, GmbHG, § 60 Rn. 10; *Bayer*, in: Lutter/Hommelhoff, GmbHG, § 3 Rn. 35.

64 Wie hier: *Bayer*, in: Lutter/Hommelhoff, GmbHG, § 3 Rn. 27; anderer Ansicht: *Ulmer*, in: Ulmer/Habersack/Winter, GmbHG, § 3 Rn. 53; *Hueck/Fastrich*, in: Baumbach/Hueck, GmbHG, § 3 Rn. 31; *Michalski*, in: Michalski, GmbHG, § 3 Rn. 31.

65 Grundlegend: *Immenga*, Die personalistische Kapitalgesellschaft, 1970, 101 ff.; BGH, DB 1958, 1038; *Ulmer*, in: Ulmer/Habersack/Winter, GmbHG, § 3 Rn. 54.

48 Handelt es sich nach diesen Maßstäben um einen echten Satzungsbestandteil (dazu: Rdn. 35), ist die Nebenleistungsverpflichtung ggf. von den Einlageverpflichtungen einerseits und von den Nachschusspflichten nach § 26 andererseits zu differenzieren. Alle drei Verpflichtungen eines Gesellschafters sind grundsätzlich unabhängig voneinander bestehen. Sie können jeweils aus Geldleistungen und Sachleistungen, weshalb es im Einzelfall Abgrenzungsschwierigkeiten geben kann. Die vorzunehmende Differenzierung hat auch materielle Bedeutung, insbesondere, da nur die Einlageverpflichtungen den Vorschriften zur Kapitalaufbringung und Kapitalerhaltung unterliegen.[66] Andererseits bedarf nur die Einforderung von Nachschüssen gem. § 26 Abs. 1 eines zwingenden Gesellschafterbeschlusses, während Nebenleistungen gem. Abs. 2, 2. Alt. grundsätzlich durch die Geschäftsführer eingefordert werden.[67] Die konkrete Einordnung der Satzungsbestimmung in eines der drei Rechtsinstitute hat wiederum durch Auslegung zu erfolgen.

49 Als kooperationsrechtliche Regelungen sind Nebenleistungsverpflichtungen i.S.v. Abs. 2, 2. Alt. nur als (echte) Satzungsbestandteile wirksam. Eine weitere Wirksamkeitsvoraussetzung für kooperationsrechtliche Nebenleistungsverpflichtungen ist, dass diese inhaltlich derart bestimmt sind, dass die betroffenen Gesellschafter in den Stand versetzt werden, zu erkennen, welche Verpflichtung sie trifft.[68] Dies setzt voraus, dass die Nebenleistungsverpflichtungen betragsmäßig und zeitlich begrenzt sind.[69] Dem genügt es auch, wenn der Umfang der Leistungspflicht nach §§ 315, 317, 319 BGB bestimmt wird.[70]

50 Im Übrigen sind die Gesellschafter bei der Ausgestaltung der Nebenleistungsverpflichtungen weitgehend frei. Sie können befristet oder bedingt und auch mit einem Rücktritts- oder Kündigungsrecht verbunden sein. Die Leistung des Gesellschafters kann unentgeltlich, aber auch entgeltlich zu erbringen sein, ein vereinbartes Entgelt muss auch grundsätzlich nicht »at arm,s length« ermittelt werden; mögliche Wechselwirkungen mit Kapitalerhaltungsregelungen und verdeckten Sacheinlagen sind dann aber zu beachten.[71]

51 Da es sich bei den Nebenleistungsverpflichtungen i.S.v. Abs. 2, 2. Alt. um kooperationsrechtliche Regelungen handelt, richtet sich auch die Leistungserbringung grund-

---

66 *Ulmer*, in: Ulmer/Habersack/Winter, GmbHG, § 3 Rn. 58; *Emmerich*, in: Scholz, GmbHG, § 3 Rn. 75.

67 Gleichwohl kann im Innenverhältnis die Einforderung von Nebenleistungen ebenfalls an einen positiven Gesellschafterbeschluss gebunden werden: BGH, NJW RR 1989, 228; *Michalski*, in: Michalski, GmbHG, § 3 Rn. 58.

68 BGH, NJW-RR 1989, 228, 229; OLG Hamm, NZG 2002, 421; *Ulmer*, in: Ulmer/Habersack/Winter, GmbHG, § 3 Rn. 78; *Michalski*, in: Michalski, GmbHG, § 3 Rn. 59.

69 OLG Brandenburg, NZG 2006, 756; und die in Fn. 68 genannten.

70 *Schilling/Winter*, in: FS Stiefel, 665; *Bayer*, in: Lutter/Hommelhoff, GmbHG, § 3 Rn. 46 m.w.N.

71 BGH, NJW 1996, 589; *Emmerich*, in: Scholz, GmbHG, § 3 Rn. 78; *Ulmer*, in: Ulmer/Habersack/Winter, GmbHG, § 3 Rn. 75.

sätzlich nach verbandsrechtlichen Maßstäben. Auch wenn die Parteien in Ausführung der Nebenleistungsverpflichtung einzelner Verträge geschlossen haben, finden zwar die allgemeinen Regeln des BGB Anwendung, dies aber ergänzt und teilweise überlagert durch gesellschaftsrechtliche Grundsätze.[72] Es findet etwa wegen § 310 Abs. 4 Satz 1 BGB keine AGB-Kontrolle statt und mögliche Kündigungs- bzw. Rücktrittsrechte richten sich primär nach den einschlägigen gesellschaftsrechtlichen Maßstäben.[73]

52 Eine Nebenleistungsverpflichtung kann sowohl höchstpersönlicher Natur als auch mit einem spezifischen Geschäftsanteil verbunden sein. Im Falle höchstpersönlicher Verpflichtungen gehen diese nicht mit Anteilsübertragung auf den neuen Gesellschafter über, die Verpflichtungen enden mit dem Tod des Verpflichteten. Bei mit einem Geschäftsanteil verbundenen Nebenleistungsverpflichtungen gehen diese auf einen neuen Gesellschafter über, unabhängig davon, ob der Erwerber diese Verpflichtungen kannte.[74] Den Erwerber trifft insoweit auch eine Haftung entsprechend § 16 Abs. 2.[75]

53 Nebenleistungsverpflichtungen i.S.d. Abs. 2, 2. Alt. können nur durch Satzungsänderung **geändert oder aufgehoben** werden. Weder kann der verpflichtete Gesellschafter sich einseitig von diesen Verpflichtungen lösen, noch kann der Geschäftsführer hiervon befreien.[76]

54 Ob und in welchem Umfang der verpflichtete Gesellschafter auch im Falle der Insolvenz der Gesellschaft weiterhin zur Erfüllung der Nebenleistung verpflichtet ist, ist durch Auslegung zu ermitteln. Im Falle entgeltlicher Nebenleistungen ist der Gesellschafter einfacher Insolvenzgläubiger bei Insolvenzen der GmbH.[77] Die GmbH ist ihrerseits einfache Insolvenzgläubigerin im Falle der Insolvenz des verpflichteten Gesellschafters.[78]

55 Inhaltlich beziehen sich Nebenleistungsverpflichtungen typischerweise auf Geld- oder Sachleistungen, Dienstleistungen und Unterlassungsverpflichtungen. Als **Geldleistungsverpflichtung** kommen etwa die einmalige Zahlung eines Agios[79] oder auch

72 Hierzu im Einzelnen: *Ulmer*, in: Ulmer/Habersack/Winter, GmbHG, § 3 Rn. 81 ff. m.w.N.

73 *Michalski*, in: Michalski, GmbHG, § 3 Rn. 68 m.w.N.

74 *Emmerich*, in: Scholz, GmbHG, § 3 Rn. 81; *Michalski*, in: Michalski, GmbHG, § 3 Rn. 66.

75 RG, DR 1940, 213; *Hueck/Fastrich*, in: Baumbach/Hueck, GmbHG, § 3 Rn. 49; *Michalski*, in: Michalski, GmbHG, § 3 Rn. 66.

76 *Hueck/Fastrich*, in: Baumbach/Hueck, GmbHG, § 3 Rn. 50; *Michalski*, in: Michalski, GmbHG, § 3 Rn. 67.

77 *Emmerich*, in: Scholz, GmbHG, § 3 Rn. 79; *Michalski*, in: Michalski, GmbHG, § 3 Rn. 70.

78 *Hueck/Fastrich*, in: Baumbach/Hueck, GmbHG, § 3 Rn. 52; *Emmerich*, in: Scholz, GmbHG, § 3 Rn. 79; *Michalski*, in: Michalski, GmbHG, § 3 Rn. 70; anderer Ansicht: *Ulmer*, in: Ulmer/Habersack/Winter, GmbHG, § 3 Rn. 96.

79 BGH, NZG 2008, 73.

wiederkehrende Zahlungen von Umlagen und Deckungsbeiträgen in Betracht.[80] Anzutreffen sind auch Verlustdeckungszusagen einzelner Gesellschafter. Diese sind aber wegen des Bestimmbarkeitserfordernisses (hierzu: Rdn. 49) nur wirksam, wenn sie zeitlich und betragsmäßig begrenzt sind.[81] Gleiche Grundsätze gelten auch für alle anderen Arten von Finanzierungszusagen und Sicherheiten.

56 Typische **Sachleistungsverpflichtungen** sind die Überlassung von Mobilien, Immobilien und Schutzrechten, sei es entgeltlich oder unentgeltlich. Nicht selten sind auch Dienstleistungsverpflichtungen einzelner Gesellschafter, etwa zur Geschäftsführung, anzutreffen.[82] Allerdings ist die im Gesellschaftsvertrag enthaltene Bestellung zum Geschäftsführer gem. § 6 Abs. 3 Satz 2 grundsätzlich nicht als Nebenleistungsverpflichtung auszulegen. Typische Unterlassungsverpflichtungen sind Wettbewerbsverbote, die gerade auch kartellrechtlich nicht unproblematisch sein können.[83]

57 Den Gesellschaftern können auch mitgliedschaftsrechtliche **Vorzugsrechte** eingeräumt werden. Als echte Satzungsbestandteile sind diese aber wiederum nur bei Aufnahme in den Gesellschaftsvertrag wirksam.[84] Ergibt die Auslegung hingegen, dass eine mitgliedschaftsrechtliche Wirkung nicht gewollt ist, spricht man von – nur schuldrechtlich wirkenden – Sondervorteilen. Diese können sich als unechte Satzungsbestandteile im Gesellschaftsvertrag finden oder in Gesellschaftervereinbarungen niedergelegt sein. Der Struktur nach unterliegen Vorzugsrechte vergleichbaren Regelungen wie die Nebenleistungsverpflichtungen i.S.v. Abs. 2, 2. Alt. Sie können höchstpersönlicher Natur oder mit einem Geschäftsanteil verbunden sein. In letzterem Falle gehen sie mit der Anteilsübertragung auf den Erwerber über. Vorzugsrechte sind nicht selten auch mit Nebenleistungsverpflichtungen gekoppelt – zu nennen sind nur die Pflicht und das Recht zur Geschäftsführung. Weitere typische Fallgestaltungen von Vorzugsrechten sind das Recht auf erhöhten Gewinnanteil, Ankaufs- und Andienungsrechte, Entsende- oder Benennungsrechte für Geschäftsführung bzw. Beirat und vom Kapitalanteil abweichende Stimmrechte.

IV. Weitere fakultative Satzungsbestandteile

58 Der Gesellschaftsvertrag der GmbH gibt den Gesellschaftern einen weiten Gestaltungsspielraum, neben den in Abs. 2 genannten Reglungsgegenständen weitere fakultative Satzungsbestandteile mit kooperationsrechtlicher Wirkung (hierzu: Rdn. 33 f.) vorzusehen. Etliche dieser möglichen Regelungsgegenstände sieht das GmbHG ausdrücklich vor. Hierzu gehören die Vereinbarung von Sacheinlagen (§§ 5 Abs. 4, 19 Abs. 2 Satz 2), die Vinkulierung von Geschäftsanteilen (§ 15 Abs. 5), Regelungen zu weiteren Gesellschaftsblättern (§ 12 Satz 2), die Vereinbarung von Nachschusspflich-

80 BGH, NJW RR 1993, 607.
81 BGH, GmbHR 2008, 258.
82 OLG Hamm, NZG 2002, 421.
83 Hierzu auch: *Michalski*, in: Michalski, GmbHG, § 3 Rn. 74 m.w.N.
84 Hierzu auch: *Ulmer*, in: Ulmer/Habersack/Winter, GmbHG, § 3 Rn. 110 f.; *Michalski*, in: Michalski, GmbHG, § 3 Rn. 76 ff.

ten (§§ 26 bis 28 Abs. 1), Regelungen zur Gewinnverwendung (§ 29), die Amortisierung (§ 34 Abs. 1), Regelungen zur gemeinschaftlichen Vertretungsbefugnis (§ 35 Abs. 2), Beschränkungen der Geschäftsführungsbefugnis (§ 37 Abs. 1), die Beschränkung des Widerrufs der Geschäftsführerbestellung (§ 38 Abs. 2), Bedingungen zu den Rechten der Gesellschafter (§ 45 Abs. 2), die Bestellung eines freiwilligen Aufsichtsrats (§ 52 Abs. 1), weitergehende Anforderungen an Satzungsänderungen (§ 53 Abs. 2), Mehrheitserfordernisse für einen Auflösungsbeschluss (§ 60 Abs. 1 Nr. 2), Bestimmungen zu Auflösungsgründen (§ 60 Abs. 2), die Auswahl von Liquidatoren (§ 66 Abs. 1) oder Regelungen zur abweichenden Vermögensverteilung (§ 72 Satz 2).

59 Da dem GmbH-Recht der Grundsatz der Satzungsstrenge im Sinne des § 23 Abs. 5 AktG fremd ist, können die Gesellschafter auch über die vorstehend genannten gesetzlich ausdrücklich vorgesehenen Regelungsgegenstände hinaus im großen Umfang Abreden mit kooperationsrechtlicher Wirkung (hierzu; Rdn. 35) treffen. Hierzu gehören etwa Regelungen wie die Übernahme des Gründungsaufwands durch die Gesellschaft analog § 26 AktG[85], Befreiungen von den Beschränkungen des § 181 BGB bzw. dahingehende Ermächtigungsklauseln[86], Regelungen zur Kündigung, dem Ausscheiden von Gesellschaftern und deren Abfindung, Vorkaufsrechte und Andienungspflichten in Bezug auf Geschäftsanteile sowie Schiedsklauseln und Gerichtsstandsklauseln.

V. Mängel fakultativer Satzungsbestandteile

60 Sind fakultative (echte) Satzungsbestandteile fehlerhaft, berührt dies grundsätzlich den Bestand der eingetragenen GmbH nicht. Insbesondere bekommt keine Nichtigkeitsklage nach § 75 und auch kein Amtslöschung oder Amtsauflösungsverfahren nach § 397 ff. FamFG in Betracht.[87] Einschlägig ist allenfalls eine Auflösungsklage nach § 61, wenn insoweit ein wichtiger Grund vorhanden ist. Abhängig von der mangelbehafteten Satzungsregelung und der Art des Mangels können auch spezifische Nichtigkeits- oder Anpassungsmechanismen greifen, so insbesondere bei fehlerbehafteten Abfindungsklauseln.[88]

D. (Schuldrechtliche) Gesellschaftervereinbarungen

I. Mögliche Inhalte

61 Die Gesellschafter der GmbH können und tun dies in der Praxis in erheblichen Umfang auch, außerhalb des Gesellschaftsvertrages Abreden treffen, die ihr Gesellschaftsverhältnis betreffen. Solche nicht mitgliedschaftsrechtlich sondern nur schuld-

---

85 Hierzu auch: BGH, NJW 1998, 233; BGHZ 107, 104; *Bayer*, in: Lutter/Hommelhoff, GmbHG § 3 Rn. 64.

86 BGHZ 87, 59; OLG Hamm, GmbHR 1998, 682.

87 *Michalski*, in: Michalski, GmbHG, § 3 Rn. 51.

88 Hierzu im Einzelnen: Sandhaus zu § 34 Rdn. 65 ff.

rechtlich wirkenden Abreden[89] können zwischen sämtlichen Gesellschaftern oder nur zwischen einzelnen von ihnen getroffen werden. Besonders häufig sind Stimmrechts- bzw. Pool-Vereinbarungen[90], Regelungen zu Vorkaufsrechten und Andienungspflichten.[91] Gerade in Gemeinschafts- bzw. Joint-Venture-Unternehmen kommt dem Konsortialvertrag erhebliche Bedeutung für die Steuerung des Unternehmens zu. Typische Regelungsgegenstände sind die Sitzungen von Gesellschaftsorganen, die Gewinnverteilung, geplante Exit-Strategien und Finanzierungszusagen. Dabei sind insbesondere durch die Gesellschafter erklärte Verlustübernahmen im Rahmen einer Gesellschaftervereinbarung auch ohne die zeitlichen und betragsmäßigen Beschränkungen einer kooperationsrechtlichen Regelung (hierzu: Rdn. 49) möglich und zulässig. Nicht selten wird durch entsprechende Abreden zwischen den Gesellschaftern eine BGB (Innen-) Gesellschaft begründet.[92]

II. Kooperationsrechtliche Wechselwirkungen

62 Grundsätzlich stehen die mitgliedschaftsrechtlichen Regelungen der Satzung und mögliche schuldrechtliche Abreden einer Gesellschaftervereinbarung nebeneinander, sie folgen auch unterschiedlichen Regelungsprinzipien (hierzu und zur Abgrenzung: Rdn. 37 f). Insbesondere im Anschluss an zwei Entscheidungen des BGH ist Diskussion zu der Frage entstanden, ob und in welchem Umfang es Wechselwirkungen zwischen verbandsrechtlichen Satzungsregelungen und schuldrechtlichen Vereinbarungen gibt. Der BGH hatte Anfechtungsklagen wegen Verletzung von Gesellschaftervereinbarungen für begründet erachtet, an denen sämtliche Gesellschafter beteiligt waren; im Wesentlichen haben hier prozessökonomische Argumente den Ausschlag gegeben.[93] Weitere Wechselwirkungen werden diskutiert.[94] Diesen Tendenzen ist im Ergebnis nicht zu folgen, denn sie führen zu einer gänzlichen Verwischung der Trennlinie zwischen verbandsrechtlichen und schuldrechtlichen Abreden und damit auch von echten und unechten Satzungsbestandteilen.

---

89 Zur Abgrenzung: Rdn. 37 f.

90 Bei Gesellschaftervereinbarungen: *Passim*, Seite 4; *Hoffmann/Becking*, ZGR 1994, 442, 459; *Priester*, in: FS Klaussen, 319; *Wicke*, DSDR 2006, 1137.

91 OLG Karlsruhe, WM 1990, 725; BGH, NJW 1987, 890; *Michalski*, in: Michalski, GmbHG, § 3 Rn. 93.

92 *Emmerich*, in: Scholz, GmbHG, § 3 Rn. 108; *Michalski*, in: Michalski, GmbHG, § 3 Rn. 93; *Hueck/Fastrich*, in: Baumbach/Huck, GmbHG, § 3 Rn. 57.

93 BGH, NJW 1987, 1890, 1892; BGH, NJW 1983, 1910.

94 Statt aller: *Noack*, Gesellschaftervereinbarung, *passim*, Seite 123; *Priester*, in: FS Claussen, 330; *Hoffmann/Becking*, ZGR 1994, 452; *Ulmer*, in: Ulmer/Habersack/Winter, GmbHG, § 3 Rn. 121 ff. m.w.N.

E. Mantelverwendung und Vorratsgründung

I. Ausgangslage

63 Die GmbH besteht nach erfolgreichem Gründungsverfahren als juristische Person unabhängig davon, ob sie ein Unternehmen betreibt und am Geschäftsverkehr teilnimmt. Auch der nach Abs. 1 Nr. 2 zwingend festzulegende Unternehmensgegenstand impliziert nichts anderes; dies schon allein deshalb nicht, weil die GmbH nicht notwendig Unternehmensträger sein muss[95] und weil auch die Verwaltung eigenen Vermögens einen ausreichenden Unternehmensgegenstand darstellt.[96] Die GmbH besteht als juristische Person mithin auch dann, wenn sie nur die geleistete (Bar-) Einlage hält und auch dann, wenn sie nach dem Verlust ihres Eigenkapitals vermögenslos geworden ist. Man spricht in diesen Fällen von der GmbH als (leerem) Mantel oder auch einer (leeren) Hülse.[97]

64 Ursprünglich stammt die Diskussion um GmbH-Mäntel aus dem Bereich von GmbH, die ihren Geschäftsbetrieb eingestellt hatten und in der Regel vermögenslos waren und dann, häufig im Nachgang zu einem Mantelkauf, durch Wiederaufnahmen einer anderweitigen Unternehmenstätigkeit, wieder reaktiviert wurden. Für solche **Mantelverwendungen** gab es im Wesentlichen drei **Motive**. Da war zunächst der ausgeprägte Handel mit steuerlichen Verlustvorträgen im GmbH-Mantel, die sich ein Erwerber durch Verlagerung von steuerpflichtigen Erträgen in die GmbH oder aber durch Verschmelzung der GmbH und damit verbundener Übertragung der steuerlichen Verlustvorträge auf eine andere Körperschaft zu Nutze machen konnte. Der Gesetzgeber hat solche Gestaltungen den Mantelkaufregelungen nach § 8 Abs. 4 KStG[98] und dann mit der Anschlussregelung in § 8c KStG ganz massiv eingeschränkt bzw. den Übergang von Verlustvorträgen in Rahmen der Verschmelzung nach § 12 Abs. 3 2. HS in Verbindung mit § 4 Abs. 2 Satz 2 UmwStG gänzlich ausgeschlossen.[99] Ein weiterer Grund für die früher weitverbreitete Verwendung von GmbH-Mänteln war die Umgehung der Regelungen zur Mindestkapitalausstattung der GmbH und der Gründungskosten. Insbesondere die Umgehung der Kapitalaufbringungsgrundsätze war ein maßgeblicher Grund dafür, die »wirtschaftliche Neugründung« von GmbH-Altmäntel in Analogie zum Gründungsrecht zu behandeln.[100]

65 Die sich hieran in der Literatur anschließende Diskussion war und ist bis heute allerdings sowohl in den rechtlichen Grundlagen, als auch in der Ausgestaltung der Details heillos zerstritten und uneinheitlich. Exemplarisch genannt seien: Die Frage,

95 Hierzu auch Schmitz zu § 1 Rdn. 25 ff.
96 Statt aller: *Ulmer*, in: Ulmer/Habersack/Winter, GmbHG, § 3 Rn. 126.
97 Zu dieser Diktion: KG, JW 1924, 1535, 1537.
98 Hierzu nur: *Simon*, in: Heckschen/Simon, Umwandlungsrecht, § 13 m.w.N.
99 Hierzu nur: *Rödder*, in: Rödder/Herlinghaus/van Lishaut, Umwandlungssteuergesetz, § 12 Rn. 104 ff.
100 Grundlegend: *Ulmer*, BB 1983, 1123; *Priester*, DB 1983, 2291; *Ulmer*, in Ulmer/Habersack/Winter, GmbHG, § 3 Rn. 134 ff. m.w.N.

ob die Kapitalaufbringung im Rahmen der wirtschaftlichen Neugründung auf das Mindeststammkapital oder aber auf das Stammkapital laut Satzung abzustellen ist, ob ein Sachgründungsbericht oder nur ein Wertnachweis[101] beigebracht werden muss, die Reichweite der registergerichtlichen Kontrolle im Rahmen der wirtschaftlichen Neugründung[102], oder ob eine Vorbelastungshaftung und eine Handelndenhaftung eingreifen soll. Die Unübersichtlichkeit wird weiter dadurch genährt, dass die Sach- und Rechtslage zur Behandlung der Reaktivierung eines vermögenslosen GmbH-Mantels nicht bzw. nur sehr bedingt mit der Situation der Reaktivierung eines GmbH-Mantels mit weiterhin vorhandenem Vermögen vergleichbar ist.[103]

66 Von der Reaktivierung und damit wirtschaftlichen Neugründung eines GmbH-Altmantels ist auch die erstmalige Aktivierung einer zunächst nur auf Vorrat gegründeten GmbH abzugrenzen, sog. **Vorratsgründung**. Typischerweise nimmt die Vorrats-GmbH nach Übertragung der Geschäftsanteile auf einen Erwerber und nach grundlegender Neugestaltung der Satzung, insbesondere im Bereich des Unternehmensgegenstandes, der Firma und des Sitzes, am Geschäftsverkehr teil. Es handelt sich mithin nicht um eine wirtschaftliche Neugründung im Sinne der Mantelverwendung; vielmehr lässt sich das Ganze als ein gestreckter Gründungsvorgangverstehen, bei dem die rechtliche Gründung der juristischen Person und weitere Schritte zur Aufnahme wirtschaftlicher Geschäftstätigkeit auseinanderfallen.[104]

II. BGH-Rechtsprechung

67 Der BGH hat in seiner Rechtsprechung die vielfältigen Streitfragen rund um Mantelverwendung und Vorratsgründung ohne große dogmatische Referenzierung und damit auch teilweise sehr simplifizierend, einem einheitlichen Institut der wirtschaftlichen (Neu-)Gründung unterworfen. Danach sind die Gründungsvorschriften des GmbHG analog auf die Reaktivierung eines GmbH-Mantels anwendbar und zwar unabhängig davon, ob die GmbH vermögenslos ist.[105] Gleiches gilt auch bei der erstmaligen Aktivierung einer Vorrats-GmbH.[106] Die Gemüter der juristischen Literatur hat dies nicht zu beruhigen vermocht, vielmehr sind sowohl Detailfragen als auch dogmatische Grundlagen der wirtschaftlichen Neugründung in einem durch die Rechtsprechung zugespitzten Maße kritisch diskutiert und in Frage gestellt.[107]

---

101 ZTB 1983, 2291, 2296.

102 Statt aller: *Ihrig*, BB 1988, 1197, 1203; *Schick*, GmbHR 1997, 982, 985; *Peters*, GmbH-Mantel als gesellschaftsrechtliches Problem, 1989, 102.

103 Hierzu nur: *Ulmer*, in Ulmer/Habersack/Winter, GmbHG, § 3 Rn. 158 einerseits und Rn. 164 andererseits.

104 Hierzu auch: *Goette*, DSDR 2003, 887, 890; *Goette*, DSDR 2004, 461, 462.

105 BGHZ 153, 158.

106 BGHZ 155, 318.

107 Statt aller destruktiv: *Ulmer*, in: Ulmer/Habersack/Winter, GmbHG, § 3 Rn. 137 ff. m.w.N.

68 Die durch den BGH angeordnete analoge Anwendung der Gründungsvorschriften knüpft zunächst an einem Offenlegungsgebot und eine sich daran anschließende anknüpfende registergerichtliche Kontrolle an. Die Geschäftsführer der GmbH haben die erstmalige Aktivierung einer Vorratsgesellschaft bzw. die wirtschaftliche Neugründung eines GmbH-Mantels dem Registergericht offenzulegen. Bei der Vorratsgesellschaft erfolgt diese Offenlegung regelmäßig mit der Registeranmeldung der ohnehin vorgenommenen Änderungen der Satzung. Bei der Reaktivierung eines GmbH-Mantels der Satzungsänderung muss eine gesonderte Anzeige an das Registergericht erfolgen. Im Rahmen dieser Offenlegung haben die Geschäftsführer analog §§ 8 Abs. 2, 7 Abs. 2, 3 zu versichern, dass die Kapitalausstattung der GmbH gemessen am satzungsmäßigen Stammkapital (nach wie vor) ordnungsgemäß ist. In Höhe der gesetzlichen Mindesteinzahlung muss sich mithin entsprechendes Vermögen zur freien Vermögen der Geschäftsführer befinden. Analog §§ 7 Abs. 1, 78 ist diese Offenlegung von sämtlichen Geschäftsführern vorzunehmen. Die sich anschließende registergerichtliche Prüfung vollzieht sich analog § 9c GmbHG. Im Rahmen der Anzeige trifft die Geschäftsführer ggf. eine Haftung aus § 9a, wenn unrichtige oder unvollständige Angaben gemacht werden.

69 Sanktioniert wird das Institut der wirtschaftlichen Neugründung durch eine die Gesellschafter treffende **Unterbilanzhaftung**. Abweichend von der regulären Unterbilanzhaftung ist aber als maßgeblicher Stichtag insoweit nicht auf die Handelsregistereintragung, sondern auf den Zeitpunkt der Offenlegung der wirtschaftlichen Neugründung ggü. dem Registergericht abzustellen.[108] Darüber hinaus trifft insbesondere die Geschäftsführer ggf. eine Handelndenhaftung analog § 11 Abs. 2, wenn sie ohne Zustimmung sämtlicher Gesellschafter vor der Offenlegung ggü. dem Registergericht bereits Geschäfte für die Vorrats-GmbH bzw. den GmbH-Mantel vorgenommen haben. Sowohl die Unterbilanzhaftung als auch die Handelndenhaftung wird erst mit der Offenlegung ggü. dem Registergericht unterbrochen[109]; insoweit schützt auch Unkenntnis von den Umständen einer wirtschaftlichen Neugründung vor diesen Haftungsfolgen nicht.

III. Mantelverwendung

1. Abgrenzungen

70 Die Anwendung der Regelungen zur wirtschaftlichen Neugründung auf die Reaktivierung von Alt-Mänteln rechtfertigt sich insbesondere aus dem Argument einer Umgehung des Gründungsrecht und dort insbesondere der Kapitalaufbringungsgrundsätze. Eine analoge Anwendung des Gründungsrechts leitet sich dabei (ursprünglich) insbesondere aus Sachverhaltskonstellationen ab, in denen eine zuvor unternehmerisch

108 BGHZ 155, 318; zum Streitstand auch: *Priester*, ZHR 168 (2004), 248, 264; *Karsten Schmitt*, NJW 2004, 1345, 1349; *Ulmer*, in: Ulmer/Habersack/Winter, GmbHG, § 3 Rn. 51.

109 *Heidinger*, ZGR 2005, 101, 25; *Karsten Schmidt*, NJW 2004, 1345, 1350; *Michalski*, in: Michalski, GmbHG, § 3 Rn. 31.

tätige GmbH ihren Geschäftsbetrieb einstellt, im Wesentlichen **vermögenslos** ist und dann längere Zeit inaktiv bleibt.[110] Ist die Alt-GmbH hingegen nicht vermögenslos, lässt sich die Anwendung der Grundsätze der wirtschaftlichen Neugründung – wenn überhaupt – nur mit erhöhtem Begründungsaufwand rechtfertigen. Man kann insoweit bereits daran zweifeln, ob eine die Analogie zum Gründungsrecht rechtfertigende vergleichbare Sach- und Rechtslage vorliegt. Alternativ kann man auf der Rechtsfolgenseite das Gründungsrecht nur mit Einschränkungen zur Anwendung bringen.[111] Jedenfalls gebietet die Tatsache, dass die **nichtvermögenslose** GmbH noch über (ggf. begrenzte) Kapitaldeckung verfügt eine differenzierten Betrachtung, im Vergleich zu einer vermögenslosen GmbH-Hülse (hierzu: Rdn. 75 ff. einerseits und Rdn. 78 ff. andererseits).

71 Darüber hinaus besteht Einigkeit, dass die Grundsätze der wirtschaftlichen Neugründung nicht anzuwenden sind auf **Reorganisationsakte**. Auch eine grundlegende Neuausrichtung der unternehmerischen Tätigkeit einer GmbH selbst verbunden mit einer neuen Gesellschafterstruktur führt nicht zu einer analogen Anwendung des Gründungsrechts. Die Organisationsfreiheit der Gesellschafter und der Geschäftsführung ist insoweit nicht beschränkt.[112] Die Abgrenzung zwischen wirtschaftlicher Neugründung einer nichtvermögenslosen Alt-GmbH und einem bloßen Reorganisationsakt stößt in der Praxis auf massive Schwierigkeiten. Der BGH stellt insoweit darauf ab, ob die Gesellschaft vor der Reorganisation noch ein aktives Unternehmen betrieb, an das die Fortführung des Geschäftsbetriebs – mit oder ohne Modifikation – in irgendeiner wirtschaftlich noch gewichtbaren Weise anknüpft, oder ob es sich um einen tatsächlich leer gewordenen Mantel ohne Geschäftsbetrieb handelt, der den (neuen oder auch bisherigen) Gesellschaftern nur dazu dient, unter Vermeidung einer rechtlichen Neugründung eine gänzlich neue Geschäftstätigkeit aufzunehmen.[113] Dabei ist aber kaum zu erklären, dass, warum und in welchem Umfang der (neue) Geschäftsbetrieb des Unternehmens in wirtschaftlich noch gewichtbarer Weise an bisherige Tätigkeiten des Unternehmens anknüpfen muss. Dementsprechend haben die Abgrenzungskriterien in der Literatur weitgehende Ablehnung erfahren.[114]

72 Ganz ähnliche **Abgrenzungsfragen** enthielt die seinerzeitige Mantelkaufregelung in § 8 Abs. 4 Satz 2 KStG mit dem Tatbestandsmerkmal der **Betriebsvermögenszuführung**. Für das Eingreifen der Verlustverrechnungsbeschränkung war u.a. entscheidend, ob die GmbH ihren Geschäftsbetrieb mit überwiegend neuem Betriebsvermö-

110 *Ulmer*, in: Ulmer/Habersack/Winter, GmbHG, § 3 Rn. 135 ff. m.w.N.

111 So etwa: *Ulmer*, in: Ulmer/Habersack/Winter, GmbHG, § 3 Rdn. 64 ff.

112 *Michalski*, in: Michalski, GmbHG, § 3 Rn. 24; *Emmerich*, in: Scholz, GmbHG, § 3 Rn. 22; *Ulmer*, in: Ulmer/Habersack/Winter, GmbHG, § 3 Rn. 153.

113 BGHZ 155, 318, 324.

114 *Altmeppen*, DB 2003, 2053; *Heidinger/Meyding*, NZG 2003, 1129, 1131; *Karsten Schmitt*, NJW 2004, 1351; *Bayer*, in: Lutter/Hommelhoff, GmbHG, § 3 Rn. 21.

gen wieder aufgenommen oder fortgesetzt hat.[115] Letztlich hat auch die Finanzverwaltung dieses Tatbestandsmerkmal in der Rechtsanwendung nicht wirklich in den Griff bekommen. Dies war der maßgebliche Grund dafür, dass der Gesetzgeber sodann einen Konzeptwechsel vorgenommen hat und mit § 8c KStG die Beschränkung der Verlustverrechnung nur noch auf den Gesellschafterwechsel stützt und es damit auf Fragen der Wiederaufnahme eines geänderten Geschäftsbetriebs nicht mehr ankommt.

73 Im Rahmen der analogen Anwendung des GmbH-Gründungsrechts auf Fälle der wirtschaftlichen Neugründung gehen diese vergleichbaren **Rechtsunsicherheiten** zu Lasten der Geschäftsführer und Gesellschafter. Letztlich ist dies weder sachgerecht noch erforderlich, denn es ist nicht wirklich erkennbar, dass und warum die Wiederaufnahmen des Geschäftsbetriebs einer inaktiven, aber nicht vermögenslosen GmbH als Umgehung der Kapitalaufbringungsgrundsätze zu werten sein soll.

74 Der Fallgruppe der »GmbH-Reorganisation« zuzurechnen sind regelmäßig auch die Verwendung von **GmbH-Mänteln im Konzern.** In der Regel handelt es sich nicht, jedenfalls nicht dauerhaft, um vermögenslose Gesellschaften. Ihr häufiges Einsatzfeld als Beteiligungs- und Zwischen-Holding dient im Wesentlichen den konzerninternen Organisationsanforderungen. Eine die analoge Anwendung des Gründungsrechts rechtfertigende Gefährdungslage für den Rechtsverkehr ist damit regelmäßig nicht erkennbar.[116]

2. Vermögensloser-Alt-Mantel

75 Bei der Reaktivierung vermögensloser Alt-Mäntel hat die Gestaltungspraxis die von der BGH-Rechtsprechung vorgegebenen Grundsätze zur Offenlegung und materiellen Prüfung im Rahmen der wirtschaftlichen Neugründung zu beachten (dazu oben: Rdn. 67 ff.). Allerdings sind diese Fallgestaltungen in der Praxis recht selten geworden. Steuerlich motivierte Mantelverwendungen sind wegen der massiv verschärften steuerrechtlichen Rahmenbedingungen kaum noch anzutreffen (dazu oben: Rdn. 64). Und mit der Einführung der Unternehmergesellschaft haftungsbeschränkt (§ 5a) ist auch das Mindeststammkapital und der Gründungsaufwand kein wirklicher Ansporn mehr dazu Alt-Mäntel zu verwenden, zumal diese stets auch mit wenig kalkulierbaren Altverbindlichkeiten belastet sein können.

76 In formaler Hinsicht können die Rechtshandlungen zur Aktivierung des Alt-Mantels, insbesondere die zu diesem Zwecke erforderlichen Satzungsänderungen mit satzungsändernder Mehrheit nach § 53 Abs. 2 Satz 1 GmbHG vorgenommen werden. Allerdings ist zu berücksichtigen, dass die Gesellschafter im Rahmen der wirtschaftli-

---

115 Hierzu statt aller: *Simon*, in: Heckschen/Simon, Umwandlungsrecht, § 13 Rn. 33 ff. m.w.N.

116 So auch: *Altmeppen*, DB 2003, 2050, 2053; *Ulmer*, in: Ulmer/Habersack/Winter, GmbHG, § 3 Rn. 133; *Karsten Schmitt*, NJW 2004, 1351; ebenfalls zurückhaltend: *Goette*, DSTR 2004, 461, 465.

chen Neugründung das Stammkapital der (vermögenslosen) GmbH erneut aufzufüllen haben, was aus einer analogen Anwendung der §§ 5, 7 Abs. 2, Abs. 3, 19 folgt. Unter diesem Gesichtspunkt setzt die Reaktivierung wegen der damit übernommenen Einlageversprechen entsprechend § 53 Abs. 3 die Zustimmung aller verpflichteten Gesellschafter voraus.[117]

77 Die Kapitaldeckungspflicht der Gesellschafter und dementsprechend auch die von den Geschäftsführern abzugebende Versicherung über ihre freie Verfügung über die Stammeinlage im Zeitpunkt der Offenlegung gegenüber dem Registergericht bezieht sich analog § 8 Abs. 2 nur auf die Leistung der Mindesteinlage.

3. Nicht-vermögensloser Alt-Mantel

78 Die Rechtsprechungsgrundsätze zur wirtschaftlichen Neugründung sind auch auf die Reaktivierung inaktiver aber nicht vermögensloser Alt-Mäntel anzuwenden; auf die hiergegen bestehenden grundsätzlichen Bedenken wurde bereits eingegangen (oben: Rdn. 70). Für die Gestaltungspraxis bedeutet dies, dass die Reaktivierung der GmbH dem Registergericht durch die Geschäftsführer offenzulegen ist. Im Rahmen dieser Offenlegung haben die sämtlichen Geschäftsführer zu versichern, dass ein noch zur Deckung des statuarischen Stammkapitals ausreichendes Vermögen der Gesellschaft vorhanden ist und ihnen zur freien Verfügung steht. Maßgeblicher Zeitpunkt ist auch hier der Tag der Offenlegung gegenüber dem Registergericht. Für die Kapitaldeckungsverpflichtung der Gesellschafter bedeutet dies, dass sie nur zur Erbringung weiterer Einlagen verpflichtet sind, wenn die GmbH in diesem Zeitpunkt eine Unterbilanz aufweist.[118] Vor diesem Hintergrund werden die Geschäftsführer schon zur eigenen Absicherung regelmäßig eine Stichtagsbilanz aufstellen wollen.

79 Sind laut Gesellschaftsvertrag ursprünglich Sacheinlagen geschuldet, so kommt es im Rahmen der wirtschaftlichen Neugründung nicht darauf an, dass sich die nämlichen Gegenstände noch im Vermögen der GmbH befinden. Ausreichend ist, wenn sich entsprechende Bar- oder Sachwerte zur Deckung des statuarischen Stammkapitals im GmbH-Vermögen befinden. Ob der Wertnachweis gegenüber dem Registergericht allerdings durch Vorlage einer zeitnahen Jahresbilanz entsprechend den Grundsätzen über die Kapitalerhöhung aus Gesellschaftsmitteln nach § 57 i) Abs. 1, Abs. 2 erbracht werden kann, erscheint zweifelhaft.[119] Denn entscheidend ist, dass der der Wertermittlung, d.h. dieser Bilanzen, zugrunde gelegte Stichtag sein. Dieser muss eine Aussage zur Wertdeckung auf den Tag der Registeranmeldung zulässt.

80 Hinsichtlich der **Haftungssanktionen** spricht einiges dafür, die Gesellschafter im Falle der Reaktivierung einer nicht-vermögenslosen Alt-GmbH nur auf eine Diffe-

117 So auch: *Ulmer*, in: Ulmer/Habersack/Winter, GmbHG, § 3 Rn. 158.

118 Statt aller: *Ulmer*, in: Ulmer/Habersack/Winter, GmbHG, § 3 Rn. 164.

119 Dafür etwa: *Ulmer*, in: Ulmer/Habersack/Winter, GmbHG, § 3 Rn. 165.

renzhaftung analog § 9, nicht aber auf eine uneingeschränkte Unterbilanzhaftung in Anspruch zu nehmen.[120]

IV. Vorratsgründung

81 Es ist heute geklärt, dass die offene Vorratsgründung einer GmbH rechtlich zulässig ist.[121] Im Unternehmensgegenstand nach Abs. 1 Nr. 2 hat dies dadurch zum Ausdruck zu kommen, dass die Gesellschaft (nur) eigenes Vermögen verwaltet.[122] Demgegenüber ist eine verdeckte Vorratsgründung nicht zulässig; sie wird regelmäßig mit einem fiktiven und deshalb nichtigen Unternehmensgegenstand i.S.v. Abs. 1 Nr. 2 einhergehen.[123]

82 Die Aktivierung der Vorrats-GmbH geht grundsätzlich mit grundlegenden Veränderungen des Gesellschaftsvertrages, insbesondere im Bereich des Unternehmensgegenstandes, der Firma und des Sitzes einher und wird regelmäßig von einem Gesellschafterwechsel begleitet. Für die entsprechenden Satzungsänderungen ist satzungsändernde Mehrheit nach § 53 Abs. 2 Satz 1 GmbHG ausreichend.[124]

83 Die Offenlegung der Aktivierung der Vorrats-GmbH erfolgt im Rahmen der Handelsregisteranmeldung der Satzungsänderungen; eine darüber hinausgehende besondere Anzeige- oder Offenlegungsflicht besteht nicht. Die Registeranmeldung ist allerdings analog §§ 7 Abs. 1, 78 durch die sämtlichen Geschäftsführer zu bewirken. Bei fehlerhaften Angaben im Rahmen der Registeranmeldung trifft die Geschäftsführer eine Haftung analog § 9a.

84 Im Rahmen der Handelsregisteranmeldung haben die Geschäftsführer analog §§ 7 Abs. 2, Abs. 3, 8 Abs. 2 zu versichern, dass die zu erbringenden Mindesteinlagen durch die Gesellschafter bewirkt und diese sich nach wie vor in ihrer freien Verfügung befinden. Ggf. haben die Gesellschafter eine entsprechende Mittelaufstockung vorzunehmen, was aber in der Praxis mangels Teilnahme am Geschäftsverkehr selten ist. Prüfungsmaßstab für die durch das Registergericht durchzuführende Kontrolle ist analog § 9c.

85 Die Gesellschafter trifft eine Vorbelastungshaftung, wenn die Geschäftsführer mit Zustimmung der Gesellschafter vor der Registeranmeldung Geschäfte vorgenommen haben,[125] was aber wiederum in der Literatur teilweise kritisiert wird (hierzu: Rdn. 80) Darüber hinaus kann die Gesellschafter analog § 9 Abs. 1 eine Differenzhaftung treffen.

---

120 *Schütz*, NZG 2004, 746, 750; *Ulmer*, in: Ulmer/Habersack/Winter, GmbHG, § 3 Rn. 166; für Altfälle auch: OLG Thüringen, BB 2004, 2116, 2207.

121 BGHZ 155, 318, 322.

122 BGHZ 117, 323, 336.

123 Zu den Rechtsfolgen: Rdn. 29 f.

124 *Ulmer*, in: Ulmer/Habersack/Winter, GmbHG, § 3 Rn. 147.

125 BGHZ 153, 158, 162.

86 Das Eingreifen einer Handelndenhaftung im Falle der Aktivierung einer Vorrats-GmbH ist im Ergebnis abzulehnen, da eine den Schutz des Rechtsverkehrs erfordernde vergleichbare Sach- und Rechtslage mit § 11 Abs. 2 nicht anzunehmen ist.[126]

§ 4 Firma

Die Firma der Gesellschaft muß, auch wenn sie nach § 22 des Handelsgesetzbuchs oder nach anderen gesetzlichen Vorschriften fortgeführt wird, die Bezeichnung »Gesellschaft mit beschränkter Haftung« oder eine allgemein verständliche Abkürzung dieser Bezeichnung enthalten.

Übersicht **Rdn.**

126 Im Ergebnis auch: *Priester*, ZHR 168 (2004), 263; *Heidinger/Meyding*, NZG 2003, 1134; zweifelnd: *Ulmer*, in: Ulmer/Habersack/Winter, GmbHG, § 3 Rn. 151; *Goette*, DStR 2004, 464.

Schrifttum

Brinkmann, Zur Haftung von Geschäftsführer und sonstigen Vertretern ausländischer Gesellschaften wegen Fehlens des Rechtsformzusatzes, IPRax 2008, 30; *Canaris*, Anmerkung zu BGH, Urt. v. 24.6.1991 – II ZR 293/90, NJW 1991, 2628; *Gehrlein*, Der aktuelle Stand des neuen GmbH-Rechts, Der Konzern 2007, 771; *Haas*, Die Vertreterhaftung bei Weglassen des Rechtsformzusatzes nach § 4 II GmbHG, NJW 1991, 2628; *Kögel*, Die deutliche Unterscheidbarkeit von Firmennamen, Rpfleger 1998, 317; *Lutter/Welp*, Das neue Firmenrecht der Kapitalgesellschaften, ZIP 1999, 1073; *Miras*, Anmerkung zu KG, Beschl. v. 8.9.2009 – 1 W 244/09, GWR 2010, 14; *Stenzel*, Die Pflicht zur Bildung einer gesetzlichen Rücklage bei der UG (haftungsbeschränkt) und die Folgen für die Wirksamkeit des Gesellschaftsvertrags einer UG (haftungsbeschränkt) & Co. KG, NZG 2009, 168; *Stolz*, Anmerkung zu OLG Dresden, Beschl. v. 15.11.2010 – 13 W 890/10, GRURprax 2001, 59; *Veil*, Die Unternehmergesellschaft nach dem Regierungsentwurf des MoMiG, GmbHR 2007, 1080; *Wachter*, Die GmbH & Co. KG nach MoMiG, GmbHR, Sonderheft Oktober 2008, 87; *Wilhelm*, »Unternehmergesellschaft (haftungsbeschränkt)« – Der neue § 5a GmbHG in dem RegE zum MoMiG, DB 2007, 1510.

A. Rechts- und Normentwicklung

1 Die jüngere Geschichte des Firmenrechts der GmbH wurde im Zuge des Handelsrechtsreformgesetzes vom 22.6.1998[1] zunächst von einer erheblichen Liberalisierung geprägt, die durch das MoMiG[2] vom 23.10.2008 freilich ein Stück weit relativiert wurde. So wurde das in § 4 GmbHG seit seinem Inkrafttreten 1892 unverändert statuierte Erfordernis der Anlehnung der Firma an den Unternehmensgegenstand

1 BGBl I S. 1474; Inkrafttreten des § 4 GmbHG n.F. am 1.1.1998; zur Übergangsregelung vgl. Art. 38 Abs. 1 EGHGB i.d.F. bis zum 24.4.2006.

2 Gesetz zur Modernisierung des GmbH-Rechts und zur Bekämpfung von Missbräuchen, BGBl I S. 2026, Inkrafttreten am 1.11.2008.

(»Sachfirma«[3] wie z.B. Rhein-Chemie GmbH) oder an die Namen der Gesellschafter (»Personenfirma«[4] wie etwa Egon Ohlsen GmbH) mit Wirkung vom 1.7.1998 zu Gunsten des **Grundsatzes der freien** (wenngleich nicht willkürlichen) **Firmenbildung**[5] aufgegeben. Die Vorschrift des § 4 enthält seitdem keine eigenständigen *inhaltlichen* Anforderungen an die Firma der GmbH, sondern konkretisiert lediglich die allgemeinen Firmengrundsätze der §§ 17-37a HGB, indem sie den **Rechtsformzusatz »Gesellschaft mit beschränkter Haftung«** bzw. eine allgemein verständliche Abkürzung als zwingendes Additivum des Gesellschaftsnamens vorschreibt. Entsprechendes gilt für die Vorschrift des § 59k BRAO, die in ihrer seit 1.9.2009 geltenden Fassung nicht mehr die frühere Vorgabe enthält, wonach die Firma der **Rechtsanwaltsgesellschaft** den Namen wenigstens eines Gesellschafters enthalten musste, der Rechtsanwalt ist.

2 Andererseits ist die Fassung des § 4 nach dem Handelsrechtsreformgesetz im Vergleich zur ursprünglichen Konzeption dieser Norm insoweit **restriktiver**, als letztere den Zusatz »mit beschränkter Haftung« genügen ließ, auf das Wort »Gesellschaft« in der Firma mithin verzichtete (unzulässig ist seitdem bspw. »SIXT mbH«).[6] Eine erhebliche Einschränkung der Firmenwahlfreiheit haben schließlich die Gründer einer GmbH mit einem Stammkapital von weniger als EUR 25.000 hinzunehmen, da sie gemäß § 5a Abs. 1 in ihrer Firma obligatorisch den Zusatz **»Unternehmergesellschaft (haftungsbeschränkt)«** führen müssen und dabei lediglich das Wort »Unternehmergesellschaft« (»UG«) abkürzen[7] dürfen.[8] Besondere gesetzliche Restriktionen des Prinzips der freien Firmenbildung sind schließlich von bestimmten Freiberuflern – z.B. von Rechtsanwälten und Steuerberatern – sowie von Banken, Sparkassen, Kapitalanlage- und Investmentgesellschaften zu beachten.[9]

3 Im Zuge des Handelsrechtsreformgesetzes wurde schließlich zum 1.11.1998 die bis dahin erforderliche *handschriftliche* Zeichnung der Firma von (Komplementär-)-GmbHs als vertretungsbefugte Gesellschafter einer Personengesellschaft (§ 108 Abs. 2 HGB a.F.) durch eine bloße Pflicht zur Zeichnung der Namensunterschrift unter

3 Vgl. *Heidinger*, in: MünchKommHGB, § 18 Rn. 28 ff.; *Zimmer*, in: Ebenroth/Boujong/Joost/Strohn, HGB, § 18 Rn. 15.

4 Vgl. *Hopt*, in: Baumbach/Hopt, GmbHG, § 17 Rn. 6.

5 *Michalski*, in: Michalski, GmbHG, § 4 Rn. 6; *Bayer*, in: Lutter/Hommelhoff, GmbHG, § 4 Rn. 4.

6 Zur seit dem 1.4.2003 bestehenden Pflicht zur Firmierung nach neuem Recht s.u. Fn. 188.

7 Die Abkürzung des Begriffs »haftungsbeschränkt« ist indes unzulässig, vgl. *Jaeger*, in: BeckOKGmbHG, § 4 Rn. 43 unter Verweis auf Begr. RegE MoMiG, BT-Drs. 16/6140, S. 31.

8 Kritisch zur Divergenz zwischen der »irreführende[n]» (*Mayer*, in: MünchKommGmbHG, § 4 Rn. 17) Bezeichung der UG (haftungsbeschränkt) und ihrer rechtlichen Einordnung als GmbH *Wilhelm*, DB 2007, 1510, 1511.

9 S. Rdn. 70.

(maschinenschriftlicher o.ä.) Angabe der Firma ersetzt.[10] Mit dem EHUG[11] ist § 108 Abs. 2 HGB a.F. und damit auch die Namenszeichnungspflicht endgültig entfallen.[12] Die Bestimmung des § 41 Satz 1 BeurkG, wonach Zeichnungen von Namensunterschriften zur Aufbewahrung beim Gericht in Gegenwart des Notars *vollzogen* werden müssen, ist insoweit obsolet.[13] Vielmehr genügt inzwischen die bloße *Anerkennung* solcher Unterschriften vor dem Notar.

B. Systematische Verortung im GmbHG

4 Die Firma i.S.v. § 4 ist zwingender Bestandteil des Gesellschaftsvertrags (§ 3 Abs. 1 Nr. 1). Sie ist ins Handelsregister einzutragen (§ 10 Abs. 1), wobei geringfügige Eintragungsfehler in Ansehung der Firma das Entstehen der Gesellschaft nicht hindern.[14] Entsprechendes gilt für spätere Änderungen der Firma (§ 54). Gemäß § 23 Satz 2 HRV kann das Registergericht bei Zweifeln über die Zulässigkeit der Firma ein IHK-Gutachten einholen. Jeder Verstoß gegen Firmierungsrecht zieht ein Eintragungshindernis nach § 9c Abs. 2 Nr. 1 i.V.m. § 3 Abs. 1 Nr. 1 nach sich.[15] Besonderheiten gelten für die Firma der »Unternehmergesellschaft (haftungsbeschränkt)«, § 5a Abs. 1 und Abs. 5 Hs. 2 (s. Rdn. 18 ff.) und der aufgelösten Gesellschaft (Liquidationsfirma i.S.v. § 68 Abs. 2: bisherige Firma mit dem Zusatz »in Liquidation«, »in Abwicklung«[16] o.ä., nicht jedoch »i.A.«[17], vgl. Rdn. 25).

C. Verhältnis zu Vorschriften außerhalb des GmbHG

5 Voraussetzungen und Einschränkungen des Firmenrechts der GmbH ergeben sich in erster Linie **aus den allgemeinen Firmengrundsätzen der §§ 17-37a HGB.** Die Vorschrift des **§ 24 HGB** (Firmenfortführung bei Änderungen im Gesellschafterbestand) findet indes auf Kapitalgesellschaften wie die Gesellschaft mit beschränkter Haf-

10 *Langhein*, in: MünchKommHGB, § 108 Rn. 2, 22 (2. Aufl. 2006).

11 Gesetz über elektronische Handelsregister und Genossenschaftsregister sowie das Unternehmensregister vom 10.11.2006, BGBl I S. 2553, vollständig in Kraft getreten am 1.1.2007.

12 Änderung in Kraft getreten am 1.1.2007.

13 Gleiches gilt für die Überschrift des § 41 BeurkG, die auch nach Inkrafttreten des Handelsrechtsreformgesetzes den Begriff der »Zeichnung einer *Firma*« enthält.

14 Vgl. *Hecht*, in: Ring/Grziwotz, GmbHG, § 10 Rn. 6 m.w.N.

15 Allg.M., vgl. nur *Michalski*, in: Michalski, GmbHG, § 4 Rn. 99 m.w.N sowie Rdn. 77, 83, 86.

16 *Grziwotz*, in: Ring/Grziwotz, GmbHG, Rn. 9; *Lorscheider*, in: BeckOKGmbHG, § 68 Rn. 8.

17 Zutreffend *Altmeppen*, in: Roth/Altmeppen, GmbHG, § 4 Rn. 14 unter Hinweis auf die Verwechslungsgefahr mit der gleichlautenden Abkürzung für »im Auftrag«.

tung – anders als auf Personengesellschaften – keine Anwendung.[18] Bei der Firmenbildung der GmbH zu beachten sind darüber hinaus insbesondere das Namensrecht des § 12 BGB[19], das Wettbewerbs- und Markenrecht (§ 8 UWG, § 15 MarkenG), sowie das Umwandlungsrecht (vgl. Rdn. 35) und u.U. auch die **europäischen Grundfreiheiten** (vgl. Rdn. 16). Ein i. S. d. § 4 GmbHG i. V. m. §§ 17 ff. HGB *firmenrechtlich* zulässiger Gesellschaftsname kann im Einzelfall durchaus gegen die vorgenannten, vom Registergericht indes – mit Ausnahme der Art. 49 ff. AEUV[20] – nicht zu prüfenden[21] Bestimmungen außerhalb des GmbHG/HGB verstoßen und insoweit ggf. Unterlassungs- oder Schadensersatzansprüche nach sich ziehen.[22]

D. Übersicht über die Bedeutung der Firma

6 Der Begriff »Firma« bezeichnet im Italienischen die Unterschrift einer Person und entstammt dem lateinischen »firmare«, gleichbedeutend mit »bekräftigen«. Die umgangssprachliche Gleichsetzung der Firma mit dem wirtschaftlichen Unternehmen bzw. Betrieb als solchen ist mithin etymologisch nicht zu rechtfertigen. Der juristische Gebrauch des Terminus »Firma« kommt dessen sprachlicher Herkunft freilich schon näher. So ergibt sich aus § 17 HGB unmissverständlich, dass die Firma entgegen dem allgemeinen Wortgebrauch gerade nicht mit dem wirtschaftlichen Betrieb einer GmbH gleichzusetzen ist, sondern vielmehr (lediglich) der **Name** ist, unter dem diese im Rechtsverkehr auftritt.[23] Es empfiehlt sich daher, in der Rechtssprache anstelle des umgangssprachlichen Ausdrucks »Firma Konnowski Beton GmbH« die Formulierung »Gesellschaft *in Firma* Konnowski Beton GmbH« zu wählen.

7 Die Firma i.S.v. §§ 4 GmbHG, 17 HGB dient mithin – positiv gewandt – der Individualisierung bzw. Kennzeichnung eines Unternehmens (»Kennzeichnungseignung« i.S.v. § 18 Abs. 1, Alt. 1 HGB) **und**[24] – negativ gefasst – der Unterscheidbarkeit von anderen kaufmännischen Gesellschaften (»Unterscheidungskraft« i.S.v. § 18 Abs. 1,

---

18 BGH, NJW-RR 1992, 367, 368; OLG Köln, DNotZ 2009, 140, 141; a.A. *Zimmer*, in: Ebenroth/Boujong/Joost/Strohn, HGB, § 24 Rn. 7; kritisch *Heidinger*, in: MünchKommHGB, § 24 Rn. 3 f.

19 Bspw. bedarf es zur Aufnahme eines Familiennamens in die Firma der Zustimmung des betreffenden Namensträgers, vgl. *Hueck/Fastrich*, in: Baumbach/Hueck, GmbHG, § 4 Rn. 3.

20 Vgl. *Heidinger*, in: MünchKommHGB, § 17 Rn. 33, 43.

21 *Bayer*, in: Lutter/Hommelhoff, GmbHG, § 4 Rn. 39.; *Mayer*, in: MünchKommGmbHG, § 4 Rn. 111.

22 *Michalski*, in: Michalski, GmbHG, § 4 Rn. 71; *Roth*, in: Roth/Altmeppen, GmbHG, § 4 Rn. 61.

23 Vgl. *Roth*, in: Roth/Altmeppen, GmbHG, § 4 Rn. 2; *Michalski*, in: Michalski, GmbHG, § 4 Rn. 2.

24 Die Tatbestandsmerkmale »Kennzeichnungseignung« und »Unterscheidungskraft« müssen kumulativ vorliegen (str.). Ausführlich hierzu Rdn. 38.

Alt. 2 HGB). Hieraus wird gefolgert, dass die GmbH nur unter **einer**[25] Firma im Rechtsverkehr auftreten darf, wobei von der h.M.[26] die Führung einer selbständigen weiteren Firma – genauer: eines selbständigen Firmen*kerns*[27] – durch **Zweigniederlassungen** zugelassen wird, sofern diese den Zusammenhang mit der Firma der Hauptniederlassung erkennen lässt (a.A.[28]: nur Zusatz zur Firma der Hauptniederlassung möglich, vgl. Rdn. 13).

8 Die zum früheren Recht (§ 108 Abs. 2 HGB) vertretene Auffassung, wonach das Erfordernis der *handschriftlichen* Zeichnung der Firma unter Seriositäts- und Authentizitätsgesichtspunkten gerechtfertig sei[29], ist im Zeitalter des elektronischen Rechtsverkehrs – d.h. der obligatorischen elektronischen Übermittlung von Handelsregisteranmeldungen durch Notare an die Registergerichte (§ 12 HGB i.d.F. des EHUG) – freilich als überholt anzusehen. Gleichwohl verdeutlicht dieses zwischenzeitlich obsolete Zeichnungserfordernis die oben (Rdn. 6) bereits angedeutete Nähe des juristischen Begriffs der Firma zu dessen sprachlicher Herkunft.

9 Eine gewisse Lockerung erfährt das Dogma der Identifizierungs- bzw. Kennzeichnungsfunktion der Firma bei sog. **»unternehmensbezogenen Geschäften«** (z.B. Abschluss eines Wertpapierkaufvertrags mit einem Bankangestellten in den Geschäftsräumen der Bank[30]), bei denen der Wille der Beteiligten im Zweifel dahin geht, dass Vertragspartei der Inhaber des Unternehmens und nicht der für das Unternehmen Handelnde werden soll.[31] Diese Auslegungsregel knüpft die Rechtsprechung allein an den erkennbaren Unternehmensbezug des Geschäfts, ohne dass es auf die firmenrechtlich korrekte Bezeichnung des Unternehmens ankomme.[32] Allerdings kann ein Verstoß gegen §§ 4, 5a Abs. 1, wenngleich der Vertrag nach den vorbeschriebenen Grundsätzen mit der GmbH zustande gekommen ist, ggf. das Haftungsprivileg des § 13 Abs. 2 beseitigen, d.h. zu einer **unbeschränkten Außenhaftung** der Gesellschafter bzw. der für die Gesellschaft Handelnden führen (s. Rdn. 80 ff.).[33]

---

25 Grundsatz der »Firmeneinheit«, vgl. *Mayer*, in: MünchKommGmbHG, § 4 Rn. 9.

26 *Michalski*, in: Michalski, GmbHG, § 4 Rn. 86; *Hueck/Fastrich*, in: Baumbach/Hueck, GmbHG, § 4 Rn. 17; BayObLG, NJW-RR 1992, 1062, 1063; *Bayer*, in: Lutter/Hommelhoff, GmbHG, § 4 Rn. 3.

27 Zutreffend *Hopt*, in: Baumbach/Hopt, GmbHG, der terminologisch von einem selbständigen »Firmen*kern*« der Zweigniederlassung spricht, die Möglichkeit einer eigenen Firma der Zweigniederlassung jedoch ablehnt, vgl. hierzu auch Rdn. 14.

28 *Roth*, in: Roth/Altmeppen, GmbHG, der jedoch für den Fall der Firmenfortführung durch eine Zweigniederlassung gemäß § 22 HGB der h.M. folgt; *Schmidt-Leithoff*, in: Rowedder/Schmidt-Leithoff, GmbHG, § 4 Rn 72.

29 Vgl. *Langhein*, in: MünchKommHGB, § 108 Rn. 2 (2. Aufl. 2006).

30 BGH, NJW 1984, 1347.

31 St. Rspr., vgl. nur BGH, NJW 1990, 2678 m.w.N.

32 BGH, NJW 1990, 2678, 2679, *Michalski*, in: Michalski, GmbHG, § 4 Rn. 3.

33 Vgl. *Michalski*, in: Michalski, GmbHG, § 4 Rn. 109.

E. Tatbestand und Regelungsgehalt des § 4: der obligatorische Rechtsformzusatz

10 Der Regelungsgehalt des § 4 ist seit Inkrafttreten des Handelsrechtsreformgesetzes (s. Rdn. 1) denkbar gering. Er beschränkt sich darauf, den Zusatz »Gesellschaft mit beschränkter Haftung« oder eine allgemein verständliche Abkürzung dieser Bezeichnung als zwingenden Bestandteil der Firma einer GmbH vorzuschreiben. Der Gesetzgeber verzichtet selbst darauf, in § 4 eine eindeutige Rechtsfolge (s. hierzu Rdn. 77 ff.) für den Fall des Verstoßes gegen die Führung des obligatorischen Rechtsformzusatzes anzuordnen.

I. Gesellschaft

1. Vorgesellschaft; Vorgründungsgesellschaft

11 Bereits die Vorgesellschaft – d.h. die formwirksam gegründete, aber noch nicht im Handelsregister eingetragene Gesellschaft – ist als (teil-)rechtsfähige[34] Gesellschaft eigener Art[35] berechtigt und *verpflichtet*, im Rechtsverkehr unter einer Firma i.S.v. § 4 aufzutreten.[36] Dies gilt – im Gegensatz zur bloßen Vorgründungsgesellschaft[37] – unabhängig davon, ob die Vorgesellschaft ein kaufmännisches Unternehmen führt.[38] Denn zum einen muss die Firma bereits im Rahmen der notariellen Gründung festgelegt werden (§ 3 Abs. 1 Nr. 1), auch wenn die GmbH als solche erst mit ihrer Eintragung im Handelsregister entsteht (§ 11 Abs. 1).[39] Zum anderen geht die GmbH durch formwechselnde Umwandlung[40] im Wege der Gesamtrechtsnachfolge[41] unmittelbar aus der Vorgesellschaft hervor. Unter diesem Gesichtspunkt dürfte die Vorgesellschaft neben dem allgemeinen Namensschutz des § 12 BGB[42] auch Firmensschutz gemäß § 37 HGB[43] genießen.

---

34 *Jaeger*, BeckOKGmbHG, § 11 Rn. 6.

35 Gesellschaft »*sui generis*«, vgl. *Mayer*, in: MünchKommGmbHG, § 4 Rn. 124.

36 Grundlegend BGHZ 120, 103 = NJW 1993, 459 = MittBayNot 1993, 31.

37 D.h. ein Zusammenschluss von Gesellschaftern *vor* Beurkundung des GmbH-Gesellschaftsvertrags. Die Vorgründungsgesellschaft ist firmenfähig, falls sie bereits ein Handelsgewerbe betreibt und damit OHG i.S.v. § 105 Abs. 1 HGB und nicht »lediglich« GbR ist, vgl. *Jaeger*, in: BeckOKGmbHG, § 2 Rn. 35 f.

38 Zutreffend *Michalski*, in: Michalski, GmbHG, § 4 Rn. 90; *Bayer*, in: Lutter/Hommelhoff, GmbHG, § 4 Rn. 42; *Schmidt*, in: MünchKommHGB, § 6 Rn. 12; *Fezer*, in: Fezer, Markenrecht, § 15 MarkenG Rn. 68; die Führung eines Handelsgewerbes als zusätzliche Voraussetzung für die Firmenfähigkeit der Vor-GmbH verlangen *Roth*, in: Roth/Altmeppen, GmbHG, § 4 Rn. 51; *Hueck/Fastrich*, in: Baumbach/Hueck, GmbHG, § 4 Rn. 18 und *Emmerich*, in: Scholz, § 4 Rn. 62.

39 *Hecht*, in: Ring/Grziwotz, GmbHG, § 10 Rn. 14.

40 *Ulmer*, in: Ulmer/Habersack/Winter, GmbHG, § 11 Rn. 89.

41 *Jaeger*, in: BeckOKGmbHG, § 11 Rn. 44; BGH, NJW 1989, 710.

42 *Mayer*, in: MünchKommGmbHG, § 4 Rn. 124; BGH, NJW 1993, 459, 460.

43 *Hueck/Fastrich*, in: Baumbach/Hueck, GmbHG, § 4 Rn. 18; einschränkend *Bayer*, in: Lutter/Hommelhoff, GmbHG, § 4 Rn. 42 (bei Aufnahme eines Handelsgewerbes).

12 Nach überwiegender Auffassung[44] hat die Vorgesellschaft der Firma der künftigen GmbH entsprechend § 68 Abs. 2[45] einen auf das Gründungsstadium hindeutenden Zusatz hinzuzufügen (z.B. »in Gründung« oder »i.G.«). Überzeugender erscheint es, im Hinblick auf einen solchen Zusatz mehr von einer **Obliegenheit** der für die Vorgesellschaft Handelnden als von einer Pflicht zu sprechen.[46] Kommt es nämlich – wie im Regelfall – zur Eintragung der GmbH, so erlischt die Handelndenhaftung nach § 11 Abs. 2 ohnehin.[47] Machen die Vertreter der Vorgesellschaft deren Gründungsstatus durch einen entsprechenden Firmenzusatz deutlich, so scheidet auch bei einem späteren Scheitern der Eintragung der Vorgesellschaft eine Haftung gemäß § 11 Abs. 2 mangels Handeln im Namen der *künftigen* GmbH aus (str.[48]). Wer hingegen mit der überwiegenden neueren Literatur[49] § 11 Abs. 2 auch im Falle des Handelns für die Vor-GmbH – und nicht nur bei einem Handeln namens der künftigen GmbH – für anwendbar hält, müsste folgerichtig die Beifügung eines Zusatzes »in Gründung« o.ä. zur Firma der Vorgesellschaft für nicht zwingend oder vielmehr für überflüssig[50] erachten, zumal nach dieser Auffassung selbst bei einem Auftreten unter einer Firma »in Gründung« eine Enthaftung der Handelnden nicht möglich wäre.

2. Zweigniederlassung

13 Bei der Zweigniederlassung einer GmbH handelt es sich um einen Unternehmensteil, der einerseits von einer gewissen organisatorischen Selbständigkeit[51] geprägt, andererseits jedoch nicht rechtsfähig ist.[52] Anknüpfend an diese Zwitterstellung der Zweigniederlassung gestattet eA[53] nur geringere Abweichungen deren Namens von der Firma der Gesellschaft in Form von Zusätzen, während die h.M.[54] die freie Bildung einer eigenständigen Firma (genauer: eines eigenständigen Firmen*kerns*, s.

44 *Heinrich*, in: Ulmer/Habersack/Winter, GmbHG, § 4 Rn. 86; *Bayer*, in: Lutter/Hommelhoff, GmbHG, § 4 Rn. 42; *Fezer*, in: Fezer, MarkenG, § 15 Rn. 68 (andernfalls Verstoß gegen das Irreführungsverbot des § 5 UWG); etwas großzügiger *Roth*, in: Roth/Altmeppen, GmbHG, der einen solchen Zusatz als »ratsam« erachtet.

45 *Mayer*, in: MünchKommGmbHG, § 4 Rn. 124.

46 In diese Richtung *Roth*, in: Roth/Altmeppen, GmbHG a.a.O.

47 *Roth*, in: Roth/Altmeppen, GmbHG, § 11 Rn. 33; *Hueck/Fastrich*, in: Baumbach/Hueck, GmbHG, § 11 Rn. 67; BGH, NJW 1981, 1373, 1376.

48 BGHZ 51, 33; 53, 214; 65, 380 f.; *Roth*, in: Roth/Altmeppen, GmbHG, § 11 Rn. 23 f.; a.A. *Ulmer*, in: Ulmer/Habersack/Winter, GmbHG, § 11 Rn 137; *Schmidt*, in: Scholz, § 11 Rn 107; *Bayer*, in: Lutter/Hommelhoff, GmbHG, § 11 Rn 24; *Hueck/Fastrich*, in: Baumbach/Hueck, GmbHG, § 11 Rn 48.

49 Vgl. die unter Fn. 48 aufgeführten Vertreter der a.A.

50 Konsequent insofern *Ulmer*, in: Ulmer/Habersack/Winter, GmbHG a.a.O.

51 *Ring*, in: Ring/Grziwotz, GmbHG, § 4a Rn. 17.

52 *Leible*, in: Michalski, GmbHG, Systematische Darstellung Internationales Gesellschaftsrecht Rn. 225 bezeichnet die Zweigniederlassung daher als »eigenartig hybride[s] Gebilde«.

53 *Roth*, in: Roth/Altmeppen, GmbHG, § 4 Rn. 50.

54 Vgl. Fn. 26.

Rdn. 7, 14) der Zweigniederlassung für zulässig erachtet, solange der Zusammenhang mit der Firma der Hauptniederlassung erkennbar bleibt.

14 Abzulehnen ist die Auffassung des BayObLG[55], derzufolge bei einer Abweichung des Firmenkerns von Haupt- und Zweigniederlassung die Firma der Zweigniederlassung entweder in der Gründungssatzung enthalten sein oder später durch Satzungsänderung gebildet werden müsse. § 3 Abs. 1 Nr. 1 betrifft eben nur Firma und Sitz der rechtsfähigen Gesellschaft als solcher, nicht aber der bloßen Organisationseinheit Zweigniederlassung. Letzterer ist – wie aus § 13 Abs. 1 HGB hervorgeht – weder eine selbständige »Firma«[56] noch ein eigener »Sitz«, sondern allenfalls ein autonomer Firmen*kern* bzw. »Ort« zugewiesen. Da der von der Firma der Gesellschaft ggf. abweichende Firmenkern der Zweigniederlassung durch einen entsprechenden Filialzusatz die rechtliche Identität von Gesellschaft und Zweigniederlassung zwingend erkennen lassen muss (z.B. »Franz Meyr Kies Zweigniederlassung der Seitz Betonwerke GmbH«[57]), erübrigt sich auch unter Berücksichtigung des Verkehrsschutzes[58] die Aufnahme des Namens der Zweigniederlassung in die Satzung.

15 Besteht an dem Ort, wo eine Zweigniederlassung errichtet wird, bereits eine gleiche eingetragene Firma, sind bei der Namensbildung der Zweigniederlassung zudem die Besonderheiten des § 30 Abs. 2 HGB zu beachten (§ 30 Abs. 3 HGB).

16 Für die Bildung der Firma der inländischen Zweigniederlassung einer **ausländischen Kapitalgesellschaft** mit beschränkter Haftung (§§ 13e, 13g HGB) gelten neben den jeweils maßgeblichen ausländischen Sachnormen des Gesellschaftsstatuts[59] grundsätzlich die Maßstäbe *deutschen* Firmenrechts, d.h. insbesondere die Grundsätze der Firmenwahrheit und -klarheit sowie der Unterscheidungs- bzw. Kennzeichnungskraft.[60] Allerdings ist bei der Auslegung der nationalen firmenrechtlichen Vorschriften der **Niederlassungsfreiheit** (Art. 49, 54 AEUV) Rechnung zu tragen, sofern die Gesellschaft nach dem Recht eines EU-Staates gegründet worden ist.[61]

17 Dem Registergericht obliegt die Prüfung der Zulässigkeit einer ausländischen Firma; fremde Schriftzeichen sind in die lateinische Schrift zu übertragen.[62]

---

55 NJW-RR 1992, 1062, 1063; dem BayObLG zustimmend *Wicke*, GmbHG, § 4 Rn. 12; *Emmerich*, in: Scholz, § 4 Rn. 60; *Michalski*, in: Michalski, GmbHG, § 4 Rn. 86; *Heinrich*, in: Ulmer/Habersack/Winter, GmbHG, § 4 Rn. 91; *Jaeger*, in: BeckOKGmbHG, § 4 Rn. 26; ablehnend *Schmidt-Leithoff*, in: Rowedder/Schmidt-Leithoff, GmbHG, § 12 Rn 25.

56 Vgl. auch Fn. 27.

57 Vgl. *Krafka*, in: MünchKommHGB, § 13 Rn. 22.

58 Vgl. *Ring*, in: Ring/Grziwotz, GmbHG, § 3 Rn. 10.

59 Vgl. *Krafka*, in: MünchKommHGB, § 13d Rn. 18.

60 *Roth*, in: Roth/Altmeppen, GmbHG, § 4a Rn. 69 f.; *Zimmer*, in: Ebenroth/Boujong/Joost/Strohn, Anhang nach § 17 Rn. 28.

61 OLG München, NJW-RR 2007, 1677.

62 Vgl. *Krafka*, in: MünchKommHGB, § 13d Rn. 19; *Roth*, in: Roth/Altmeppen, GmbHG, § 4a Rn. 69.

3. UG (haftungsbeschränkt)

18 Die Firma einer GmbH, deren Stammkapital bei Gründung den Mindestbetrag von EUR 25.000 (§ 5 Abs. 1) unterschreitet, muss gemäß § 5a Abs. 1 anstelle des Zusatzes »GmbH« die Bezeichnung »Unternehmergesellschaft (haftungsbeschränkt)« oder »UG (haftungsbeschränkt) führen (»**Warnfunktion**«[63] im Hinblick auf die geringe Kapitalausstattung). Eine Abkürzung des Additivums »haftungsbeschränkt« ist unzulässig (s. Rdn. 2). Eine Modifizierung der Bezeichnung »Unternehmergesellschaft» (z.B. UGes.) kommt – abgesehen von der gesetzlich vorgesehenen Abkürzung »UG« – nicht in Betracht, da § 5a Abs. 1 anders als § 4 keine »allgemein verständliche Abkürzung« des Firmenzusatzes als Option vorsieht.[64]

19 Erhöht die UG (haftungsbeschränkt) ihr Stammkapital auf mindestens EUR 25.000, so darf sie ihre bisherige Firma beibehalten, § 5a Abs. 5 Hs. 2. Alternativ darf die Gesellschaft nach einer solchen Kapitalerhöhung den »vertrauenswürdigeren» Rechtsformzusatz des § 4 verwenden, § 5a Abs. 5 Hs. 1 (z.B. von »Möbelamateure Berlin UG (haftungsbeschränkt)« in »Möbelamateure Berlin GmbH«). Erforderlich für die Umfirmierung ist die notarielle Beurkundung eines entsprechenden Gesellschafterbeschlusses zur Abänderung des Gesellschaftsvertrags (§§ 53, 3 Abs. 1 Nr. 1), der mit dem Kapitalerhöhungsbeschluss (§§ 57c, 5a Abs. 3 Satz 2 Nr. 1) verbunden werden kann und wie dieser mit Eintragung im Handelsregister wirksam wird (§ 54 Abs. 3).

20 Eine Änderung der Firma als solcher im Zuge der Kapitalerhöhung (z.B. in »Möbelprofis Berlin GmbH«) ist nach den allgemeinen Vorschriften freilich ebenfalls zulässig, sofern im Zuge der Firmenänderung der Zusatz UG (haftungsbeschränkt) zu Gunsten eines Zusatzes i.S.v. § 4 aufgegeben wird. Eine Änderung des Firmenkerns unter Beibehaltung des Zusatzes UG (haftungsbeschränkt)[65] dürfte dagegen unzulässig sein, da § 5a Abs. 5 Hs. 2 lediglich das Interesse der Gesellschafter an der Kontinuität ihrer *bisherigen* Firma wahrt.[66]

4. GmbH & Co. KG/OHG und UG (haftungsbeschränkt) & Co. KG/OHG

21 Nach h.M.[67] ist eine UG (haftungsbeschränkt) taugliche Komplementärin einer KG, wenngleich sie die gesetzliche Pflicht zur Bildung einer Gewinnrücklage (§ 5a Abs. 3) mangels Kapital- und damit Gewinnbeteiligung an der KG faktisch nicht erfüllen kann.

---

63 *Miras*, GWR 2010, 14.

64 *Roth*, in: Roth/Altmeppen, GmbHG, § 5a Rn. 7; *Wicke*, GmbHG, § 5a Rn. 6.

65 Z.B. von Möbelamateure Berlin UG (haftungsbeschränkt) in Möbelprofis Berlin UG (haftungsbeschränkt) nach Erhöhung des Stammkapitals auf mindestens EUR 25.000.

66 *Wicke*, GmbHG, § 5a Rn. 14.

67 *Stenzel*, NZG 2009, 168, 172; *Roth*, in: Roth/Altmeppen, GmbHG, § 4a Rn. 19; *Miras*, in: BeckOKGmbHG, § 5a Rn. 98b m.w.N.; a.A. *Veil*, GmbHR 2007, 1080, 1084; *Wicke*, GmbHG, § 5a Rn. 19.

22 Übernehmen ausschließlich Unternehmergesellschaften (haftungsbeschränkt) die persönliche Haftung als Gesellschafter einer KG bzw. OHG, so muss dies aus der Firma der Personengesellschaft (z.B. Baufix UG (haftungsbeschränkt) & Co. KG bzw. & Cie KG[68]) ersichtlich sein. Die Verwendung der Firma »Baufix GmbH & Co. KG« ist in diesem Fall aufgrund der Vorgaben des § 5a Abs. 1 unzulässig.[69] Unzureichend ist darüber hinaus die bloße Firmierung »GmbH & Co.« bzw. UG (haftungsbeschränkt) & Cie ohne die Abkürzung OHG bzw. KG (§ 19 Abs. 1 Nr. 2, 3 HGB). Mit dem Wortlaut und dem Schutzzweck des § 5a Abs. 1 unvereinbar ist schließlich die Auffassung[70], die unter Hinweis auf § 19 Abs. 2 HGB (»eine« Bezeichnung, welche die Haftungsbeschränkung [des Komplementärs] kennzeichnet), Bezeichnungen wie »Mini-GmbH & Co. KG« oder »1-Euro GmbH & Co. KG« für darstellbar erachtet.

23 Zur Zulässigkeit der Bildung der Firma der GmbH & Co. KG mit Namen von Personen, die weder Gesellschafter der Komplementärin noch Kommanditisten sind s.u. Rdn. 62.

24 Die Firmen von KG/OHG und Komplementär-GmbH/UG (haftungsbeschränkt) müssen voneinander unterscheidbar sein, sofern beide Gesellschaften ihren Sitz am gleichen Ort haben, § 30 HGB. Üblich ist die Verwendung eines Zusatzes zur Firma der Komplementärin (z.B. Baufix Verwaltungs-GmbH als phG der Baufix GmbH & Co. KG).[71] Im Übrigen können Komplementär-GmbH/UG und KG/OHG in den Grenzen der §§ 18 ff. HGB voneinander verschiedene Firmen führen.[72]

5. Liquidationsgesellschaft

25 Ist die Gesellschaft aufgelöst (§ 60), so ist deren bisherige Firma als »Liquidationsfirma« zu bezeichnen (§ 68 Abs. 2). Gebräuchlich ist der Zusatz »in Liquidation«, »i.L.« o.ä.[73] Hierbei handelt es sich nach allg.M.[74] nicht um eine förmliche, zum Handelsregister anzumeldende Firmenänderung. Zum Erlöschen der Firma bei Beendigung der Gesellschaft s. Rdn. 97.

---

68 *Roth*, in: Roth/Altmeppen, GmbHG, § 4 Rn. 66; *Hopt*, in: Baumbach/Hopt, GmbHG, § 19 Rn. 28.

69 KG, NZG 2009, 1159.

70 *Mayer*, in: MünchKommGmbHG, § 4 Rn. 133; zweifelnd *Wachter*, GmbHR, Sonderheft Oktober 2008, 87, 92, der jedenfalls eine Bezeichnung als »beschränkt haftende Kommanditgesellschaft« für zulässig erachtet.

71 Vgl. *Roth*, in: Roth/Altmeppen, GmbHG, § 4 Rn. 69; *Hopt*, in: Baumbach/Hopt, GmbHG, § 19 HGB Rn. 36.

72 *Hueck/Fastrich*, in: Baumbach/Hueck, GmbHG, § 4 Rn. 35; *Mayer*, in: MünchKommGmbHG, § 4 Rn. 130.

73 *Jaeger*, in: BeckOKGmbHG, § 4 Rn. 30.

74 *Jaeger*, in: BeckOKGmbHG, a.a.O.; *Hueck/Fastrich*, in: Baumbach/Hueck, GmbHG, § 4 Rn. 19.

26 Bei Eröffnung des **Insolvenzverfahrens** über das Vermögen der Gesellschaft ist § 68 Abs. 2 nicht anwendbar;[75] ein besonderer Firmenzusatz ist im Insolvenzverfahren mithin nicht vorgesehen.sVerbind[76] Allerdings bedarf eine Änderung der Firma der insolventen Gesellschaft der Zustimmung des Insolvenzverwalters (s. Rdn. 93).

II. Rechtsformzusatz

27 Der eigentliche Regelungsgehalt des § 4 beschränkt sich im Wesentlichen darauf, den Rechtsformzusatz »Gesellschaft mit beschränkter Haftung« oder eine allgemein verständliche Abkürzung dieser Bezeichnung in deutscher Sprache[77] (also nicht: »ltd.«) als zwingenden Bestandteil der Firma der GmbH vorzuschreiben.

1. Bezeichnung »Gesellschaft mit beschränkter Haftung»

28 Die mit dem Handelsrechtsreformgesetz im Vergleich zum früheren Recht eingeführte Verpflichtung zur Aufnahme des Bestandteils »Gesellschaft«[78] erstaunt. Der mit § 4 bezweckten Information des Rechtsverkehrs über die beschränkte, d.h. auf die Höhe der Einlage begrenzte[79] Haftung der Gesellschaft*er* wäre auch ohne den Zusatz »Gesellschaft« Genüge getan. Im Übrigen ist die Bezeichnung »Gesellschaft« mit beschränkter Haftung insoweit ungenau, als die GmbH als solche eben *unbeschränkt* mit ihrem gesamten Gesellschaftsvermögen haftet, § 13 Abs. 2.[80] Richtigerweise kann allenfalls von Gesellschaft*ern* mit beschränkter Haftung[81] gesprochen werden.

29 Zulässig ist eine Abgrenzung des Begriffs »Gesellschaft« von der – unter Verständlichkeits- bzw. Verkehrschutzgesichtspunkten ihrerseits untrennbaren – Wortfolge »mit beschränkter Haftung«.[82]

---

75 *Zimmer*, in: Ring/Grziwotz, GmbHG, § 4 Rn. 49.

76 *Hueck/Fastrich*, in: Baumbach/Hueck, GmbHG a.a.O.

77 *Bayer*, in: Lutter/Hommelhoff, GmbHG, § 4 Rn. 23; *Michalski*, in: Michalski, GmbHG, § 4 Rn. 37.

78 Nicht ausreichend ist der Rechtsformzusatz »mit beschränkter Haftung«, z.B. Müller-Meinkowsky mbH«, vgl. *Roth*, in: Roth/Altmeppen, GmbHG, § 4 Rn. 45; *Michalski*, in: Michalski, GmbHG, § 4 Rn. 41; s. auch Fn. 188.

79 *Michalski/Funke*, in: Michalski, GmbHG, § 13 Rn. 11; s. hierzu auch Fn. 81.

80 *Ring*, in: Ring/Grziwotz, GmbHG, § 13 Rn. 17.

81 Streng dogmatisch haften die Gesellschafter Gläubigern der Gesellschaft gegenüber freilich überhaupt nicht, auch nicht beschränkt auf ihre Einlagen, da letztere zum Gesellschaftsvermögen zählen, *Drinkuth*, in: BeckOKGmbHG, § 13 Rn. 10. Bei einer wirtschaftlichen Betrachtung erscheint es indes gerechtfertigt, von einer (mittelbaren) Haftung des Gesellschafters mit seiner Einlage zu sprechen.

82 Z.B. »Gesellschaft für Erdinger Weißbier mit beschränkter Haftung«, vgl. *Michalski*, in: Michalski, GmbHG, § 4 Rn. 38; *Mayer*, in: MünchKommGmbHG, § 4 Rn. 16.

2. Allgemein verständliche Abkürzung

30 Denkbar sind neben den gebräuchlichen Abkürzungen »GmbH« bzw. »Gesellschaft mbH« auch andere *allgemein verständliche*, deutschsprachige (s. Rdn. 27) Abkürzungen wie z.B. »Ges. mbH« bzw. »Ges. m.b.H.« oder »G. m. beschr. H.«.[83] An der Verständlichkeit der Abkürzung »Gmbh« dürfte es hingegen angesichts der unterschiedlichen Groß- und Kleinschreibung der Buchstaben »G« und »h« fehlen.[84] Unter dem Gesichtspunkt der mangelnden Verständlichkeit hat das OLG München[85] zu Recht die Zulässigkeit der Abkürzung »gGmbH« abgelehnt. Denkbar dürfte jedoch eine Kombination des ausgeschriebenen Wortes »gemeinnützig« mit einer verständlichen Abkürzung des in § 4 geforderten Rechtsformzusatzes sein.

3. UG (haftungsbeschränkt)

31 Zum abweichenden Rechtsformzusatz bei Gesellschaften mit einem Stammkapital von weniger EUR als 25.000 vgl. Rdn. 18 ff.

III. Firmenfortführung nach § 22 HGB oder nach anderen gesetzlichen Vorschriften

32 Die Firma der Gesellschaft hat den Rechtsformzusatz »Gesellschaft mit beschränkter Haftung« gemäß § 4 ausdrücklich auch dann zu enthalten, wenn sie gemäß § 22 HGB oder nach anderen gesetzlichen Vorschriften fortgeführt wird.

1. Erwerb eines bestehenden Handelsgeschäfts nach § 22 HGB

33 Mit der Vorschrift des § 22 HGB schützt der Gesetzgeber unter Durchbrechung des Grundsatzes der Firmenwahrheit[86] den immateriellen Firmenwert (»Goodwill«) eines Handelsgeschäfts. § 4 nimmt diesen Schutz des Firmenwertes durch die zwingende Anordnung der Führung des Rechtsformzusatzes »Gesellschaft mit beschränkter Haftung« im Interesse des Verkehrsschutzes ein Stück weit zurück. Erwirbt eine GmbH ein einzelkaufmännisches Unternehmen oder eine Personengesellschaft, so ist der Firmenzusatz »e.K.« bzw. »OHG« oder »KG« zu streichen[87] und durch den Begriff »Gesellschaft mit beschränkter Haftung« zu ersetzen.

---

83 Vgl. *Bayer*, in: Lutter/Hommelhoff, GmbHG, § 4 Rn. 23.

84 Im Ergebnis ebenso *Michalski*, in: Michalski, GmbHG, § 4 Rn. 40, der indes die Abkürzung »gmbh« in Verbindung mit einer durchgehend in Kleinbuchstaben geschriebenen Firma für zulässig erachtet. Kritisch hierzu *Mayer*, in: MünchKommGmbHG, § 4 Rn. 15.

85 MittBayNot 2007, 236 = NJW 2007, 1601; a.A. *Michalski*, in: Michalski, GmbHG, § 4 Rn. 37; *Bayer*, in: Lutter/Hommelhoff, GmbHG, § 4 Rn. 26;

86 So darf der Erwerber eines Handelsgeschäfts insbesondere eine Personen- bzw. Sachfirma beibehalten, obgleich (neue) Gesellschafter bzw. Unternehmensgegenstand von dieser abweichen (z.B. die »Berger Bau-GmbH«, deren Erwerber Manfred Müller ein Busunternehmen betreibt). Ausführlich hierzu *Roth*, in: Roth/Altmeppen, GmbHG, § 4 Rn. 31 ff. sowie *Heidinger*, in: MünchKommHGB, § 22 Rn. 3 ff.

87 *Heidinger*, in: MünchKommHGB, § 22 Rn. 64.

34 Zur Beibehaltung akademischer Grade beim Erwerb eines Handelsgeschäfts s.u. Rdn. 67.

2. Firmenfortführung nach anderen gesetzlichen Vorschriften

35 Hierunter fallen insbesondere die Verschmelzung nach §§ 1 Abs. 1 Nr. 1, 2, 18 Abs. 1 UmwG sowie der Formwechsel nach §§ 1 Abs. 1 Nr. 4, 190, 200 UmwG. Auf die Spaltung in Form der Abspaltung und der Ausgliederung ist die Anwendbarkeit des § 18 UmwG (Sondertatbestand des § 22 HGB[88]) gemäß § 125 UmwG ausgeschlossen und damit der Anwendungsbereich der allgemeinen Firmenfortführungsregelung des § 22 HGB (vgl. vorstehend Ziff. 1.) eröffnet.[89]

36 Zur fehlenden Anwendbarkeit des § 24 HGB (Firmenfortführung bei Änderungen im Gesellschafterbestand) auf Gesellschaften mit beschränkter Haftung s.o. Rdn. 5.

F. Allgemeine Grundsätze der Firmenbildung

37 Der Gesetzgeber hat sich bei der Fassung des § 4 mit der Anordnung der Führung des Rechtsformzusatzes »Gesellschaft mit beschränkter Haftung« begnügt, im Übrigen jedoch keine speziellen inhaltlichen Bestimmungen zur Bildung der Firma der GmbH getroffen. Insoweit bleibt es bei den allgemeinen Firmengrundsätzen der §§ 17 ff. HGB. Hierzu gehören neben den Prinzipien der Kennzeichnungs- und Unterscheidungskraft (§ 18 Abs. 1 HGB: »**Firmenklarheit**«) insbesondere das Irreführungsverbot (§ 18 Abs. 2 HGB: »**Firmenwahrheit**«) und die **Firmenausschließlichkeit** (§ 30 HGB).

I. Kennzeichnungs- und Unterscheidungskraft (§ 18 Abs. 1 HGB: »Firmenklarheit«)

38 Nach zutreffender Ansicht[90] müssen die beiden Merkmale der »Kennzeichnungseignung« i.S.v. § 18 Abs. 1, Alt. 1 HGB und der Unterscheidungskraft« i.S.v. § 18 Abs. 1, Alt. 2 HGB **kumulativ** vorliegen. So mag eine in chinesischen Schriftzeichen verfasste Firma zwar zur Abgrenzung von den Firmen anderer Unternehmen grundsätzlich gut geeignet sein. Kennzeichungskraft kommt einer solchen Firma indes – mangels allgemeiner Aussprechbarkeit in Deutschland[91] – nicht zu. Umgekehrt besitzt ein sog. »Allerweltsname« wie z.B. »Müller GmbH« durchaus Kennzeichnungskraft; aufgrund der einer solchen Firma immanenten Verwechslungsgefahr ist sie jedoch zur hinreichenden Unterscheidung von anderen Unternehmen ohne wei-

88 *Heidinger*, in: MünchKommHGB, § 22 Rn. 96.

89 *Michalski*, in: Michalski, GmbHG, § 4 Rn. 76.

90 *Bayer*, in: Lutter/Hommelhoff, GmbHG, § 4 Rn. 7; ausführlich zum Meinungsstand *Mayer*, in: MünchKommGmbHG, § 4 Rn. 22.

91 Vgl. *Bayer*, in: Lutter/Hommelhoff, GmbHG, § 4 Rn. 15; *Michalski*, in: Michalski, GmbHG, § 4 Rn. 10.

tere individualisierende Zusätze nicht geeignet (str.).[92] Freilich ist die Grenze zwischen den beiden Tatbestandsmerkmalen des § 18 Abs. 1 HGB bisweilen fließend. So dürfte einer aus einer sehr langen, unübersichtlichen Buchstaben- bzw. Zahlenfolge bestehenden Firma (z.B. »AAAAB-GmbH« oder »1234567-GmbH«) mangels (vernünftiger) Aussprechbarkeit sowohl die Kennzeichnungseignung als auch die erforderliche Unterscheidungskraft fehlen.[93]

1. Kennzeichnungskraft (§ 18 Abs. 1, Alt. 1 HGB)

39 In folgenden Konstellationen bzw. Fallgruppen wird die Kennzeichnungseignung i.S.v. § 18 Abs. 1, Alt. 1 HGB, d.h. die Verständlichkeit der Firma als **aussprechbarer Name**[94] als problematisch angesehen:

40 a) **Nichtlateinische Zeichen; Bilder.** Die Zusammensetzung der Firma aus nichtlateinischen Zeichen ist nach allg.M. regelmäßig unzulässig, da deren Lesbarkeit und Artikulation im Rechtsverkehr nicht gewährleistet ist.[95] Eine Ausnahme gilt für allgemein bekannte nichtlateinische Zeichen wie z.B. »Ω«.[96]

41 Die Aussprache des »@»-Zeichens entweder als »modisches«[97] »a« wie z.B. in »@rtist« oder als englisches »at« in »working@home« kann jedenfalls im Jahr 2011 – anders als (womöglich) noch im Jahr 2001[98] – als im Rechtsverkehr allgemein bekannt vorausgesetzt werden. Damit ist die Eignung des »@-Zeichens« zur eindeutigen Namenskennzeichnung heute zu bejahen.[99] Hiervon unabhängig zu beurteilen ist freilich die Frage, ob die Gesellschaft einen Anspruch darauf hat, mit dem als »a« auszusprechenden Zeichen »@« in ihrer Firma ins Handelsregister eingetragen zu werden.[100]

---

92 *Mayer*, in: MünchKommGmbHG, § 4 Rn. 33; *Hueck/Fastrich*, in: Baumbach/Hueck, GmbHG, § 4 Rn. 6b; *Michalski*, in: Michalski, GmbHG, § 4 Rn. 15; *Wicke*, § 4 Rn. 4; a.A. *Roth*, in: Roth/Altmeppen, GmbHG, § 4 Rn. 7 f.

93 *Bayer*, in: Lutter/Hommelhoff, GmbHG, § 4 Rn. 15 (»kaum aussprechbar und ebensowenig unterscheidungskräftig«).

94 BGH, NJW-RR 1998, 253, 254; *Mayer*, in: MünchKommGmbHG, § 4 Rn. 22; *Michalski*, in: Michalski, GmbHG, § 4 Rn. 9.

95 *Michalski*, in: Michalski, GmbHG, § 4 Rn. 10; *Heidinger*, in: MünchKommHGB, § 18 Rn. 14.

96 *Michalski*, in: Michalski, GmbHG a.a.O.; a.A. *Lutter/Welp*, ZIP 1999, 1073, 1077, welche diese Kenntnis der Allgemeinheit offenbar abstreiten.

97 *Heidinger*, in: MünchKommHGB, § 18 Rn. 13.

98 Vgl. hierzu die Entscheidung BayObLG, NJW 2001, 2337, 2338, welche die firmenrechtliche Zulässigkeit des »@»-Zeichens verneint.

99 Ebenso *Michalski*, in: Michalski, GmbHG, § 4 Rn. 11; *Bayer*, in: Lutter/Hommelhoff, GmbHG, § 4 Rn. 19; LG Berlin, NJW-RR 2004, 835; LG Cottbus, CR 202, 134, 135; differenzierend *Zimmer*, in: Ring/Grziwotz, GmbHG, § 4 Rn. 12, der die Zulässigkeit des @-Zeichens bejaht, wenn es die Buchstaben »at« ersetzen soll, nicht jedoch, wenn es als Surrogat des Buchstabens »a« verwendet wird; ähnlich *Heidinger*, in: MünchKommHGB, a.a.O.

100 Einen solchen Anspruch verneinen *Michalski*, in: Michalski, GmbHG, § 4 Rn. 10 sowie *Heidinger*, in: MünchKommHGB, § 18 Rn. 13.

Bilder repräsentieren – anders als das »@»- Zeichen – kein konkretes Schriftzeichen und können daher nicht Bestandteil der Firma sein.[101] 42

Dagegen sind gebräuchliche Sonderzeichen wie »&«, Bindestrich, Punkt, Klammern u.ä. zur Kennzeichnung geeignet[102], solange sie nicht isoliert (z.B. »-&/-GmbH«), sondern in Kombination mit Buchstaben bzw. Zahlen (z.B. »1&1 GmbH«) verwendet werden. 43

b) **Buchstaben- und Zahlenkombinationen**. Seit der Liberalisierung des Firmenrechts durch das Handelsrechtsreformgesetz 1998 (s. Rdn. 1) ist die Zulässigkeit von Buchstaben- und Zahlenkombinationen im Rahmen sog. »Phantasiebezeichnungen«[103] mit einer gewissen Großzügigkeit zu beurteilen.[104] Nach allg.M. unzulässig sind jedenfalls **überlange Zahlen- und Buchstabenkombinationen** (vgl. Rdn. 38), da diese nicht hinreichend einprägsam bzw. aussprechbar und damit zur näheren Kennzeichnung eines Unternehmens ungeeignet sind. 44

Freilich kann die These, wonach nur aus Buchstaben bzw. Ziffern gebildete Firmen aufgrund ihrer Gestaltung »besonders einprägsam und originell«[105] sind und damit Kennzeichnungskraft besitzen, nicht verallgemeinert werden. An der Einprägsamkeit bzw. Originalität fehlt es beispielsweise bei einer rein mechanischen bzw. zufälligen Aneinanderreihung von Zahlen und/oder Buchstaben. Firmen wie »DEF-GmbH«, »GHI-GmbH«, »AA-AA-GmbH«[106] oder 1111-GmbH« sind daher zur Kennzeichnung eines Unternehmens grundsätzlich nicht geeignet. Etwas anders gilt freilich, falls solche Kombinationen im Einzelfall ein **Mindestmaß an Originalität und damit Einprägsamkeit** – wenngleich auch keine besondere Bedeutung – besitzen, wie z.B. die »2011-GmbH«, die »08/15-GmbH« oder die »AHA-GmbH«. Etwas anderes gilt schließlich auch für Buchstabenkombinationen, die im Sprachgebrauch übliche Abkürzungen von Unternehmensbezeichnungen darstellen (z.B. BMW oder VW).[107] 45

Der BGH[108] bejaht die firmenrechtliche Zulässigkeit der Aneinanderreihung einer Buchstabenkombination, wenn sie im Rechts- und Wirtschaftsverkehr zur Identifikation der dahinter stehenden Gesellschaft ohne Schwierigkeiten akzeptiert werden kann. Hierfür reiche als notwendige, aber zugleich hinreichende Bedingung die Aussprechbarkeit der Firma im Sinne der **Artikulierbarkeit** (»HM & A«). 46

---

101 *Michalski*, in: Michalski, GmbHG, § 4 Rn. 11; *Roth*, in: Roth/Altmeppen, GmbHG, § 4 Rn. 26; *Bayer*, in: Lutter/Hommelhoff, GmbHG, § 4 Rn. 19.

102 Vgl. *Meyer*, in: MünchKommGmbHG, § 4 Rn. 29.

103 *Roth*, in: Roth/Altmeppen, GmbHG, § 4 Rn. 22.

104 *Michalski*, in: Michalski, GmbHG, § 4 Rn. 25.

105 *Bayer*, in: Lutter/Hommelhoff, GmbHG, § 4 Rn. 18.

106 Dieses Beispiel einer unzulässigen Firma nennt *Roth*, in: Roth/Altmeppen, GmbHG, § 4 Rn. 24; das OLG Celle, DB 1999, 40 und DNotZ 2007, 56 hat unter diesem Gesichtspunkt die Firmen »AAA AAA AAA AB ins Lifesex-TV.de GmbH« und »AKDV GmbH« beanstandet.

107 OLG Celle, DNotZ 2007, 56, 57.

108 DNotZ 2009, 469.

47 c) **Slogans (Wahlsprüche)**. Auch Werbeslogans wie z.B. »Nimm 2« oder »nix wie hin« wird grundsätzlich Kennzeichnungskraft attestiert.[109] Bei rein werbenden, sehr allgemein beschreibenden Wahlsprüchen wie z.B. »Perfekt in Form und Funktion« dürfte es mangels Originalität bzw. Individualisierung an der erforderlichen Unterscheidungskraft i.S.v. § 18 Abs. 1, Alt. 2 HGB fehlen.[110]

2. Unterscheidungskraft (§ 18 Abs. 1, Alt. 2 HGB)

48 An der gemäß § 18 Abs. 1, Alt. 2 HGB erforderlichen, vom Prinzip der Firmenausschließlichkeit (*Konkrete* Unterscheidbarkeit der Firmen vor Ort, § 30 HGB) zu differenzierenden[111] *allgemeinen* Unterscheidungskraft können sowohl bei Personen- und Sachfirmen als auch bei sog. Phantasiefirmen unter folgenden Gesichtspunkten Zweifel aufkommen:

49 a) **Allerweltsnamen**. An der erforderlichen Unterscheidbarkeit mangelt es sowohl bei sog. **Allerweltsnamen** wie z.B. »Müller« oder »Meier«, als auch bei Personennamen, die mit Sachbezeichnungen identisch sind (z.B. »Hecht« oder »Wurst«). Da die Grenze zwischen »Allerwelts»- und »besonderen« Namen indes fließend ist[112] empfiehlt es sich unter praktischen Gesichtspunkten, Personenfirmen durch Beifügung von Vornamen oder Sachbezeichnungen hinreichend zu individualisieren (z.B. »Theo Müller GmbH« oder »Wurst KFZ-Betriebs GmbH«). Auf diese Weise kann insbesondere der Gefahr einer Sperrwirkung einer bereits eingetragenen Firma gegenüber neuen Unternehmen vorgebeugt werden.[113]

50 b) **Sachfirma**. Bei der Darstellung der firmenrechtlichen Zulässigkeit von Slogans (Rdn. 47) wurde bereits darauf hingewiesen, dass **allgemein beschreibende Bezeichnungen** mangels Individualisierung nicht die erforderliche Unterscheidungskraft besitzen. Hierunter fallen insbesondere bloße Branchen- oder Gattungsnamen wie z.B. »Transportbeton GmbH«[114] »Deutsche Biogas GmbH«[115] oder »Bau GmbH«.

51 In diesen Fällen kann einer Firma auch nicht durch Anfügen einer sog. **»Top-Level-Domain«** wie z.B. ».com«, ».de« oder ».eu« Unterscheidungskraft verliehen wer-

---

109 *Bayer*, in: Lutter/Hommelhoff, GmbHG, § 4 Rn. 17; *Wicke*, GmbHG, § 4 Rn. 3; kritisch *Roth*, in: Roth/Altmeppen, GmbHG, § 4 Rn. 27.

110 Vgl. Harmonisierungsamt für den Binnenmarkt (HABM), Urt. v. 21.10.2005, BeckRS 2006, 01421.

111 *Roth*, in: Roth/Altmeppen, GmbHG, § 4 Rn. 29; *Michalski*, in: Michalski, GmbHG, § 4 Rn. 12.

112 Kritisch hierzu *Roth*, in: Roth/Altmeppen, GmbHG, § 4 Rn. 7.

113 Vgl. *Roth*, in: Roth/Altmeppen, GmbHG; *Mayer*, in: MünchKommGmbHG, § 4 Rn. 33.

114 OLG Hamm, NJW 1961, 2018.

115 LG Oldenburg, Beschl. v. 24.9.2009, BeckRS 2010, 05397; der Zusatz »Deutsche« sei zur hinreichenden Individualisierung nicht ausreichend.

den.[116] Die Gegenansicht des OLG Dresden überzeugt schon allein deshalb nicht, da derzeit (Stand: September 2011) mehrere Hundert Top-Level-Domains existieren.[117] Gattungsbegriffe wie »Transportbeton« könnten auf diese Weise hundertfach zu vermeintlich unterscheidungskräftigen Firmen wie »Transportbeton.de GmbH«, »Transportbeton.eu GmbH«, »Transportbeton.com GmbH« usw. geklont werden. Dem Interesse des Rechtsverkehrs und der Unternehmen selbst[118] an der Unterscheidbarkeit von anderen Unternehmen dürfte hierdurch nicht gedient sein.

52 Die erforderliche Unterscheidungskraft kann indes – sofern in der Firma der Gesellschaft auf einen Gattungsbegriff zurückgegriffen werden soll – durch originelle Abkürzungen eines solchen Begriffs (»Transpobet GmbH«[119]) oder durch Beifügung eines individualisierenden Zusatzes wie z.B. einer geographischen Bezeichnung (»Transportbeton Hengersberg GmbH«), eines Personennamens (»Transportbeton Meister GmbH«) oder eines Phantasiezusatzes (»Transportbeton-007 GmbH«) hergestellt werden.

53 Für **fremdsprachige Gattungsbegriffe** gelten die vorgenannten Grundsätze entsprechend, sofern diese Bezeichnungen in der Alltagssprache allgemein verwendet werden (z.B. »Fast Food« oder »Internet«).[120] Ist dies nicht der Fall, so ist Unterscheidungskraft auch dann zu bejahen, falls es sich bei der wörtlichen Übersetzung des betreffenden Begriffs um eine Gattungsbezeichnung handelt (z.B. »manufactum«, »dream car«). Anders ausgedrückt wird die Unterscheidbarkeit in diesen Fällen alleine durch die mangelnde Gebräuchlichkeit dieser Begriffe in der deutschen Sprache hergestellt.

54 c) **Phantasiefirma.** Phantasiebezeichnungen (z.B. »1und1 GmbH«, »STOXX GmbH«) besitzen im Hinblick auf ihre Originalität und Individualität naturgemäß eine große Unterscheidungskraft.[121] Eine Ausnahme gilt indes – wie bereits dargestellt wurde (Rdn. 44, 47) – für nicht artikulierbare bzw. mechanisch zusammengestellte Buchstaben- und Zahlenketten sowie für allgemein beschreibende Werbeslogans.

55 Bei Phantasiefirmen kann es darüber hinaus leicht zu einer Verwechslungsgefahr i.S.v. § 30 HGB zwischen ähnlich klingenden Firmen am gleichen Ort/in der gleichen Gemeinde bzw. innerhalb eines Firmenbezirks (§ 30 Abs. 4 HGB) kommen.[122]

---

116 OLG Frankfurt a.M., GRUR-RR 2011, 96 f. (»Outlets.de GmbH«); LG Köln, RNotZ 2008, 553 (»brillenshop.de«); a.A. OLG Dresden, GRUR-Prax 2011, 59 (»fashion-shop-germany.eu e.Kfr.«).

117 Quelle: Internet Assigned Numbers Authority (IANA; www.iana.org/domains/root/db).

118 Kritisch *Stolz*, GRURPrax 2011, 59.

119 *Michalski*, in: Michalski, GmbHG, § 4 Rn. 18.

120 *Michalski*, in: Michalski, GmbHG, § 4 Rn. 22; *Mayer*, in: MünchKommGmbHG, § 4 Rn. 43 jeweils mit guter Darstellung der verschiedenen Ansichten.

121 *Mayer*, in: MünchKommGmbHG, § 4 Rn. 45.

122 *Bayer*, in: Lutter/Hommelhoff, GmbHG, § 4 Rn. 22; *Michalski*, in: Michalski, GmbHG, § 4 Rn. 32.

II. Irreführungsverbot (§ 18 Abs. 2 HGB: »Firmenwahrheit«)

56 Das Verbot zur Aufnahme von Firmenangaben, die (objektiv)[123] geeignet sind »irrezuführen« (§ 18 Abs. 2 HGB) unterliegt seit Inkrafttreten des Handelsrechtsreformgesetzes (s. Rdn. 1) verschiedenen Einschränkungen:

57 Zum einen muss sich die Täuschungseignung der betreffenden Firmenangabe auf »**geschäftliche** (d.h. auf nicht lediglich rein private[124]) Verhältnisse« beziehen, »die für die angesprochenen Verkehrskreise **wesentlich** sind«. Hierunter fallen namentlich Hinweise auf Art, Umfang, Marktstufe, Spezialisierung und Größe[125] eines Unternehmens, die von einem aufmerksamen, verständigen, selbständigen und mündigen »**Durchschnitts**verbraucher« bzw. -geschäftsmann[126] als wesentlich wahrgenommen werden. Unter diesem Gesichtspunkt sind bspw. von kleinen Unternehmen verwandte Firmenbestandteile wie »Börse«, »Center« oder »Zentrale« nach der heutigen Verkehrsanschauung nicht mehr als täuschend anzusehen[127], auch wenn vereinzelte Adressaten von einer »Schuhbörse« oder einem »Krawattencenter« noch immer eine gewisse Größe oder Vorzugsstellung am Ort erwarten mögen. Etwas anderes gilt wiederum für Bezeichnungen wie **»Supermarkt« oder »Großmarkt«**, die ihre ursprüngliche Bedeutung im Sprachgebrauch beibehalten haben[128] und daher insoweit mit einer entsprechenden Erwartungshaltung der betreffenden Marktteilnehmer verbunden werden, während Zusätze wie **»deutsch«, »Welt« oder »inter«**, sofern sie in Phantasiefirmen Eingang finden (z.B. »InterhandyGames GmbH«) bzw. wenn sie zur Abgrenzung eines deutschen Tochterunternehmens von der ausländischen Muttergesellschaft dienen (z.B. »Deutsche Fiat«[129]) vom Verkehr regelmäßig nicht als Hinweis auf eine besonders international bzw. auf den deutschen Markt ausgerichtete Tätigkeit (miss-)verstanden werden.[130]

---

123 *Mayer*, in: MünchKommGmbHG, § 4 Rn. 53; *Bayer*, in: Lutter/Hommelhoff, GmbHG, § 4 Rn. 28.

124 *Heidinger*, in: MünchKommHGB, § 18 Rn. 52. Nach Ansicht des LG Passau, Rpfleger 2000, 397 ist bspw. die Verwendung des Namens »Schwarzmüller GmbH« anstelle des tatsächlichen Doppelnamens »Hasenberger-Schwarzmüller« mangels geschäftlicher Relevanz nicht zu beanstanden.

125 *Mayer*, in: MünchKommGmbHG, § 4 Rn. 51; *Michalski*, in: Michalski, GmbHG, § 4 Rn. 48.

126 *Hopt*, in: Baumbach/Hopt, GmbHG, § 18 Rn. 12; *Heidinger*, in: MünchKommHGB, § 18 Rn. 53; EuGH, Rs. C-470/793, WRP 1995, 677 f.

127 *Bayer*, in: Lutter/Hommelhoff, GmbHG, § 4 Rn. 29; *Hopt*, in: Baumbach/Hopt, GmbHG, § 18 Rn. 30 (m. umf. Darst. der Kasuistik zum Irreführungsverbot).

128 Vgl. die Beschreibung eines Supermarktes im Online-Lexikon Wikipedia (Stand: September 2011) als »großes Einzelhandelsgeschäft« mit einer »Verkaufsfläche von mindestens 400 m²«. Nach *Mayer*, in: MünchKommGmbHG, § 4 Rn. 82 erwarte der Verkehr von einem »Supermarkt« indes »keinen Größenanspruch mehr«, sondern »nur ein entsprechend breitgefasstes Angebot«.

129 *Heidinger*, in: MünchKommHGB, § 18 Rn. 155.

130 Eine ausführliche Darstellung der firmenrechtlichen Zulässigkeit der Verwendung geographischer Bezeichnungen findet sich bspw. bei *Mayer*, in: MünchKommGmbHG, § 4 Rn. 96 ff. sowie bei *Heidinger*, in: MünchKommHGB, § 18 Rn. 147 ff.

58 Im Übrigen, d.h. außerhalb der Verwendung im Zusammenhang mit Phantasiebezeichnungen, ist für die vorgenannten oder für vergleichbare Zusätze wie »Euro» unter dem Gesichtspunkt der Firmenwahrheit zu fordern, dass das betreffende Unternehmen in nicht völlig unbedeutendem Umfang auf dem deutschen, europäischen bzw. internationalen Markt tätig ist.[131]

59 Zum anderen wird ein materiell-rechtlicher Verstoß gegen das Irreführungsverbot vom Registergericht gemäß § 18 Abs. 2 Satz 2 HGB nur berücksichtigt, wenn er »ersichtlich« ist, d.h., wenn er sich dem Registerrichter ohne umfangreiche Beweiserhebung **aufdrängt**.[132] In diesem Sinne nicht ersichtliche Verstöße – wie z.B. die Berühmung eines lokal begrenzt tätigen Gemüsehändlers mit der Firma »Bayerischer Gemüsekontor Egon Müller GmbH» – sind daher im Registerverfahren nicht aufzugreifen. Eine entsprechende Sanktionierung bliebe einer zivilrechtlichen Unterlassungs- bzw. Schadensersatzklage (§§ 37 Abs. 2 HGB, §§ 8, 9 i. V. m. 3 UWG) vorbehalten.[133]

60 Neben den vorstehend skizzierten Fallgruppen »Größe und Bedeutung« und »geographische Bezeichnungen« eines Unternehmens finden sich in der Kasuistik u.a. folgende Beispiele irreführender Firmen:

1. Rechtsformzusätze

61 Unzulässig sind das In-Klammer-Setzen des Rechtsformzusatzes »GmbH«[134] sowie das Beifügen weiterer Zusätze, die zu Verwechslungen mit anderen Gesellschaftsformen führen können (z.B. »Elektro Huber & Partner KG GmbH«; »Gesellschaft für Autozubehör Bachmann mbH-AG«).[135] Sind *per se* zur Irreführung geeignete Buchstaben wie z.B. »AG« oder »KG« hingegen lediglich Bestandteil eines (Phantasie-)namens, so ist ein Verstoß gegen den Grundsatz der Firmenwahrheit aus der maßgeblichen Sicht eines verständigen Durchschnittsverbrauchers (s. Rdn. 57) zu verneinen (z.B. »MAHAG GmbH«, »OBAG GmbH«[136], »WISAG GmbH«[137] oder »TKKG GmbH«; str.[138]).

2. Divergenz zwischen Personenfirma und tatsächlichen Gesellschafternamen

62 Die Abweichung einer Personenfirma von den tatsächlichen Namen der Gesellschafter ist firmenrechtlich im Hinblick auf den Charakter der GmbH als *Kapital*gesell-

131 *Zimmer*, in: Ring/Grziwotz, GmbHG, § 4 Rn. 22; *Mayer*, in: MünchKommGmbHG, § 4 Rn. 102 ff.

132 *Heidinger*, in: MünchKommHGB, § 18 Rn. 58.

133 *Michalski*, in: Michalski, GmbHG, § 4 Rn. 55.

134 KGJ 19, 15, 17.

135 *Bayer*, in: Lutter/Hommelhoff, GmbHG, § 4 Rn. 147.

136 OLG Dresden, NZG 2010, 1237.

137 OLG Köln, GRUR-RR 2007, 163, 165.

138 A.A. BGH, NJW 1956, 1873 (»INDROHAG GmbH«); wie hier *Mayer*, in: MünchKommGmbHG, § 4 Rn. 70.

schaft[139] grundsätzlich nicht als irreführend i. S. v. § 18 Abs. 2 HGB anzusehen, kann jedoch einen Unterlassungsanspruch gemäß § 12 BGB[140] nach sich ziehen (Newcomer berühmt sich in der Firma seines Unternehmens des Namens eines ortsbekannten, bewährten Geschäftsmannes). Ebenso wenig ist die Verwendung des Namens einer fiktiven Person in der Firma einer GmbH irreführend.[141] Des weiteren kann die Personenfirma bei einer GmbH & Co. KG grundsätzlich mit dem Namen eines Nichtgesellschafters gebildet werden, der weder Komplementär noch Kommanditist ist.[142]

63 Findet sich in der Firma indes der Name einer (lebenden bzw. kürzlich verstorbenen[143]) Person der Zeitgeschichte wieder, welcher vom Rechtsverkehr besonderes Vertrauen oder große Sympathie entgegengebracht wird (z.B. »Günther Jauch Unterhaltungs GmbH« oder »Heike Makatsch Fernsehproduktions GmbH«), so ist eine firmenrechtlich relevante Täuschungseignung zu bejahen.[144]

3. Divergenz zwischen Sachfirma und Unternehmensgegenstand

64 Zwar muss seit dem Handelsrechtsreformgesetz (s. Rdn. 1) eine Sachfirma nicht mehr im Sinne einer »absoluten Firmenwahrheit« zwingend dem Unternehmensgegenstand entnommen sein bzw. das Unternehmen vollkommen zutreffend charakterisieren.[145] Gleichwohl darf eine Firma auch nach neuem Recht nicht mit beliebigen, unzutreffenden Angaben über verkehrswesentliche Eigenschaften eines Unternehmens (z.B. Alter, Größe, Bedeutung, vgl. o. Rdn. 57) täuschen. Bei Phantasiebezeichnungen ist insoweit naturgemäß ein großzügiger Maßstab anzulegen, zumal hinter einer Firma wie z.B. »Dreamsport GmbH« zahlreiche unterschiedliche (mögliche) Unternehmensgegenstände vermutet werden können (Fitnessstudio, Autohandel, Sportartikelverkauf etc.).[146]

65 Im Falle einer **wesentlichen Änderung** des Unternehmensgegenstandes (ehemalige Schreinerei verkauft nur noch Fertigmöbel), muss eine etwa verwendete Sachfirma entsprechend geändert werden (z.B. von »Schreinerei Friedmann GmbH« in »Friedmann Möbelhandels GmbH«).[147]

139 *Bayer*, in: Lutter/Hommelhoff, GmbHG, § 4 Rn. 34; *Mayer*, in: MünchKommGmbHG, § 4 Rn. 72 verlangt jedoch, dass bei einer Personenfirma grundsätzlich wenigstens der Name eines Gesellschafters angegeben wird.
140 Vgl. *Bayreuther*, in: MünchKommBGB, § 12 Rn. 17.
141 OLG Jena, NZG 2010, 1354.
142 OLG Karlsruhe, RNotZ 2010, 482, 484 f.
143 Vgl. *Bayer*, in: Lutter/Hommelhoff, GmbHG, § 4 Rn. 35.
144 *Mayer*, in: MünchKommGmbHG, § 4 Rn. 81.
145 *Michalski*, in: Michalski, GmbHG, § 4 Rn. 58; *Roth*, in: Roth/Altmeppen, GmbHG, § 4 Rn. 21.
146 Vgl. *Bayer*, in: Lutter/Hommelhoff, GmbHG, § 4 Rn. 36.
147 *Bayer*, in: Lutter/Hommelhoff, GmbHG, § 4 Rn. 36, 48.

4. Akademische Grade/Amtsbezeichnungen/Titel

66 Aus Sicht des verständigen Durchschnittsverbrauchers spiegeln akademische Grade, namentlich der Doktortitel, sowie Amtsbezeichnungen wie z.B. »Professor« eine besondere Kompetenz bzw. Vertrauenswürdigkeit wider. Die Verwendung solcher Grade bzw. Amtsbezeichnungen in der Firma eines Unternehmens ohne entsprechende Führungsberechtigung wenigstens *eines* Gesellschafters unterliegt daher nach allg.M.[148] grundsätzlich dem Irreführungsverbot des § 18 Abs. 2 HGB. Dies soll jedenfalls dann gelten, wenn der Unternehmensgegenstand eine besondere Qualifikation oder Vertrauenswürdigkeit voraussetzt[149], somit bspw. nicht bei einem Filmverleih (»Dr. Wirths Videothek GmbH«), ebensowenig bei der Verwendung von Phantasienamen[150] als »Titelträger« (z.B. Dr. Snuggles Babybedarfs GmbH«).

67 Muss nach den vorbeschriebenen Grundsätzen zumindest ein Gesellschafter titelführungsbefugt sein, so darf bei dessen **Ausscheiden** der akademische Grad in der Firma nicht fortgeführt werden.[151] Die überwiegende Ansicht[152] verneint insoweit – entgegen den Wortlaut des § 22 HGB – sogar die Berechtigung zur Firmenfortführung beim Erwerb eines bestehenden Handelsgeschäfts.

68 Übertrieben erscheint schließlich die Ansicht[153], welche bei branchenfremden akademischen Graden die Aufnahme eines Fakultätszusatzes in die Firma fordert (z.B. »Dr. jur. Müller Pharmatechnologie GmbH«). Die Aufnahme eines promovierten Gesellschafters als »Strohmann«[154] mit der Absicht, sich die Führung des akademischen Grades in der Firma zu »erschleichen«, mag zwar objektiv zur Irreführung des Rechtsverkehrs geeignet sein, wird indes im registerlichen Verfahren mangels Ersichtlichkeit (§ 18 Abs. 2 Satz 2 HGB) regelmäßig unberücksichtigt bleiben.

69 Das unbefügte Führen von Adelsprädikaten dürfte firmenrechtlich unter dem Gesichtspunkt des Täuschungsverbots grundsätzlich unbeachtlich sein, kann jedoch

148 *Mayer*, in: MünchKommGmbHG, § 4 Rn. 75; *Bayer*, in: Lutter/Hommelhoff, GmbHG, § 4 Rn. 33; *Roth*, in: Roth/Altmeppen, GmbHG, § 4 Rn. 13.

149 OLG Köln, DNotZ 2009, 140, 142 (»Personalberatung«).

150 *Bayer*, in: Lutter/Hommelhoff, GmbHG, § 4 Rn. 32.

151 OLG Köln, a.a.O; BGH, DB 1992, 519 f.

152 *Roth*, in: Roth/Altmeppen, GmbHG, § 4 Rn. 32; OLG Düsseldorf, DB 1992, 467 mit der im konkreten Fall fragwürdigen Begründung, dass »unter Maklern ein Promovierter etwas besonderes ist«; einen Nachfolgezusatz verlangen in diesem Fall BGH, NJW 1970, 704 und *Zimmer*, in: Ebenroth/Boujong/Joost/Strohn, HGB, § 22 Rn. 63 (»Dr. Merkel Immobilienverwaltungs GmbH Inhaber K.T. Guttenberg«); großzügiger *Heinrich*, in: Ulmer/Habersack/Winter, GmbHG, § 4 Rn. 22, 60.

153 *Bayer*, in: Lutter/Hommelhoff, GmbHG, § 4 Rn. 32; *Zimmer*, in: Ebenroth/Boujong/Joost/Strohn, HGB, § 18 Rn. 62; wie hier ablehnend *Zimmer*, in: Ring/Grziwotz, GmbHG, § 4 Rn. 24.

154 Vgl. hierzu *Mayer*, in: MünchKommGmbHG, § 4 Rn. 77.

zivilrechtliche Unterlassungs- bzw. Schadensersatzansprüche (§§ 12, 823 BGB) nach sich ziehen.[155]

5. Gesetzlich geschützte Bezeichnungen; Sonstiges

70 Zu beachten ist schließlich, dass die unbefugte Verwendung gesetzlich geschützter Zusätze wie z.B. »(Volks-)Bank« (§ 39 Abs. 1, 2 KWG), »(Bau-)Sparkasse« (§ 40 KWG, § 16 BauSparkG), »Kapitalanlage-« bzw. »Investmentgesellschaft« (§ 3 InvG), »Versicherung« (§ 4 Abs. 1 VAG) sowie »Rechtsanwalts-« bzw. »Steuerberatungs-« oder »Wirtschaftsprüfungsgesellschaft« (§ 59k Abs. 2 BRAO, § 53 StBerG, § 31 Satz 1 WPO) grundsätzlich gegen das Irreführungsverbot des § 18 Abs. 2 HGB verstößt.[156]

71 Gleiches gilt für den Gebrauch von Bezeichnungen hoheitlicher, staatlicher bzw. kirchlicher Institutionen (z.B. »Polizei«, »Kommunal«, »bischöflich«)[157], es sei denn, diese Begriffe werden offensichtlich nicht zu dem Zweck verwendet, sich ein besonderes Vertrauen zu erschleichen (zulässig daher: »Hochschulbedarf Klug GmbH«). Ebenso können Begriffe wie »Akademie«, »Seminar« oder »Institut« in zulässiger Weise Eingang in die Firma einer Gesellschaft finden, sofern diese sich hierdurch nicht zu Unrecht einer besonderen wissenschaftlichen Qualifikation berühmt (z.B. »Café an der Akademie GmbH« oder »VIP Partnervermittlung Institut GmbH« im Gegensatz zu »Institut für Dermatologie GmbH).[158]

III. Firmenausschließlichkeit (§ 30 HGB)

72 Während § 18 Abs. 1, Alt. 2 HGB (»Unterscheidungskraft«) die *abstrakte* Eignung der jeweiligen Firma betrifft, im Rechtsverkehr überhaupt als selbständiger, individueller Unternehmensname wahrgenommen zu werden, enthält § 30 HGB die **zusätzliche Vorgabe**, wonach sich eine *per se* unterscheidungskräftige »neue» Firma *in concreto* von den übrigen, tatsächlich existenten – d.h. im Handelsregister eingetragenen[159] – Firmen am Ort unterscheiden muss (gemessen am »Klangbild, wie es sich Auge und Ohr einprägt«[160]). So besitzt die Firma »Strasser Bau GmbH« zwar ohne weiteres Unterscheidungskraft i.S.d. § 18 Abs. 1, Alt. 2 HGB, vermag sich jedoch nicht hinreichend von der am selben Ort bereits bestehenden und damit Prioritätsschutz genießenden

155 Zur Einordnung von Adelsprädikaten als Namensbestandteil vgl. *Ellenberger*, in: Palandt, BGB, § 12 Rn. 6; *Bayreuther*, in: MünchKommBGB, § 12 Rn. 31.

156 *Zimmer*, in: Ring/Grziwotz, GmbHG, § 4 Rn. 24; ausführlich *Mayer*, in: MünchKommGmbHG, § 4 Rn. 89 ff.

157 *Mayer*, in: MünchKommGmbHG, § 4 Rn. 106.

158 Vgl. *Mayer*, in: MünchKommGmbHG, § 4 Rn. 105.

159 *Roth*, in: Koller/Roth/Morck, HGB, § 4 Rn. 4.

160 Vgl. *Heidinger*, in: MünchKommHGB, § 30 Rn. 23 m.w.N.; *Bayer*, in: Lutter/Hommelhoff, GmbHG, § 4 Rn. 20.

»Strasser Bau KG« zu unterscheiden.[161] Die Beifügung des Vornamens des Gesellschafters soll die erforderliche Firmenausschließlichkeit auch dann herstellen, falls die Firma der weiteren Gesellschaft keinen Vornamen enthält (z.B. »Günther Strasser Bau KG« und »Strasser Bau GmbH«).[162] Überzeugender scheint es, bei nachnamensgleichen Firmen *jeweils* unterschiedliche Vornamen zu fordern (»Günther Strasser Bau KG« und »Rudolf Strasser Bau GmbH«). Zur Identität von Vor- *und* Familiennamen vgl. § 30 Abs. 2 HGB.

73 Zur Gewährleistung der erforderlichen Unterscheidungskraft der Firmen von GmbH & Co. KG und Komplementär-GmbH durch Beifügen von Zusätzen wie »Verwaltungs-« oder »Betriebs-« s.o. Rdn. 24.

74 Besondere Beachtung ist den Vorgaben des § 30 HGB bei der Bildung von **Sach- und Phantasiefirmen** zu schenken, da die Literatur[163] höhere Anforderungen an deren Unterscheidbarkeit stellt als bei Personenfirmen. So dürfte den Vorgaben des § 30 HGB im Verhältnis der Firmen »Handyshop 2000« und »Computerworld 2000« Genüge getan sein, nicht jedoch im Verhältnis der Firmen »Fitness 2011« und »Fit & Fun 2011«.

IV. Sonstige Schranken der Firmenbildung

75 Bei der Firmenbildung ist schließlich – auch im registerlichen Verfahren[164] – das allgemeine Verbot von Verstößen gegen die **öffentliche Ordnung und die guten Sitten** zu beachten. Vor dem Hintergrund der Liberalisierung des Firmenrechts zu weit geht jedoch die Auffassung, die den Gebrauch religiöser Bezeichnungen wie z.B. »Jesus« oder »Mekka« *generell* für unzulässig erachtet[165], zumal etwa der Begriff »Mekka« in der Umgangssprache durchaus (positiv) gleichbedeutend mit einem bevorzugten Ort für Liebhaber eines bestimmten Produkts gebraucht wird (»Café Huber Mekka für Kaffeefreunde GmbH«; m.E. ebenfalls zulässig: »Jesu meine Freude Musikzubehör GmbH« oder »Christshop München[166] GmbH«). Ebenso wird die (geläufige) Bezeichnung »Sex Shop« oder »Lack und Leder« heute nicht mehr dem Anstandsge-

161 Unterschiedliche Rechtsformzusätze reichen alleine nicht zur Gewährleistung der erforderlichen Firmenausschließlichkeit i.S.d. § 30 HGB, vgl. BGH, NJW 1966, 1813, 1815 f.; a.A. *Kögel*, Rpfleger 1998, 317, 320.

162 *Heidinger*, in: MünchKommHGB, § 30 Rn. 27.

163 *Heidinger*, in: MünchKommHGB, § 30 Rn. 30 ff.; *Roth*, in: Koller/Roth/Morck, HGB, § 30 Rn. 5; ausführlich zu Phantasiebezeichnungen *Bayer*, in: Lutter/Hommelhoff, GmbHG, § 4 Rn. 21 f.

164 *Bayer*, in: Lutter/Hommelhoff, GmbHG, § 4 Rn. 39 (einschränkend auf »ersichtliche« Verstöße); *Michalski*, in: Michalski, GmbHG, § 4 Rn. 69; *Mayer*, in: MünchKommGmbHG, § 4 Rn. 108.

165 So aber *Mayer*, in: MünchKommGmbHG, § 4 Rn. 108; *Bayer*, in: Lutter/Hommelhoff, GmbHG, § 4 Rn. 40.

166 Die Ortsangabe »München« weist nicht auf eine führende oder besondere Stellung der Gesellschaft in München hin und ist demzufolge nicht irreführend i.S.v. § 18 Abs. 2 HGB, vgl. OLG München, DNotZ 2010, 933.

fühl des Rechtsverkehrs zuwiderlaufen, während derbe, geschmacklose Bezeichnungen wie »Schlüpferstürmer«[167] gegen die guten Sitten verstoßen und damit nicht eintragungsfähig sind.

76 Zu den (vom Registergericht grundsätzlich nicht zu prüfenden) gesetzlichen Schranken der Firmenbildung außerhalb des GmbHG und des HGB s.o. Rdn. 5.

G. Rechtsfolgen eines Verstoßes gegen § 4

77 Mit § 4 normiert der Gesetzgeber lediglich in Tatbestandsform das Gebot zur Führung des Rechtsformzusatzes »Gesellschaft mit beschränkter Haftung«, ohne gleichzeitig die Rechtsfolgen eines Verstoßes gegen diese Pflicht ausdrücklich und unmittelbar zu regeln. Aufschluss ergibt insoweit eine Zusammenschau weiterer Normen des GmbHG: So gehört die (zulässige) Firma gemäß § 3 Abs. 1 Nr. 1 zum zwingenden Inhalt des Gesellschaftsvertrags, der bei Verstößen gegen § 4 mithin entsprechend § 139 BGB nichtig sein kann.[168] Unabhängig von einer solchen (etwaigen) Nichtigkeit des Gesellschaftsvertrags (vgl. § 9c Abs. 2 Nr. 3) hat das Registergericht die **Eintragung** der Gesellschaft im Falle einer gegen § 4 verstoßenden Firma jedenfalls gemäß § 9c Abs. 2 Nr. 1 **abzulehnen**, da die Firma eine ins Handelsregister einzutragende Tatsache ist, § 10 Abs. 1 Satz 1.

78 Wird eine Gesellschaft ins Handelsregister **eingetragen**, obwohl ihre Firma den Vorgaben des § 4 (ordnungsgemäßer Rechtsformzusatz) nicht genügt, so ist sie **wirksam entstanden**.[169] Die »Heilung« eines Verstoßes gegen § 4 durch Eintragung ist indes unter zwei Gesichtspunkten als problematisch und unvollständig anzusehen:

79 Zum einen hat das Registergericht bei anfänglicher Unzulässigkeit der Firma ein **Auflösungsverfahren** nach § 399 Abs. 4 FamFG i.V.m. § 3 Abs. 1 Nr. 1 anzustrengen mit dem Ziel, in erster Linie eine Änderung der Firma[170], andernfalls deren Löschung herbeizuführen.

80 Zum anderen droht den Gesellschaftern der **Verlust des Privilegs der fehlenden Außenhaftung** gegenüber Gläubigern der Gesellschaft, sofern diese im Handelsregister mit einem fehlenden bzw. fehlerhaften Rechtsformzusatz eingetragen ist. Schließlich dient die Vorschrift des § 4 dem Verkehrsschutz[171], d.h. der Information der Verkehrsteilnehmer über die »beschränkte« Haftung der Gesellschaft(er).[172] Im Falle der

---

167 *Bayer*, in: Lutter/Hommelhoff, GmbHG, § 4 Rn. 42.

168 *Michalski*, in: Michalski, GmbHG, § 139 Rn. 98.

169 Allg.M., *Michalski*, in: Michalski, GmbHG, § 4 Rn. 100; *Roth*, in: Roth/Altmeppen, GmbHG, § 4 Rn. 58; *Hueck/Fastrich*, in: Baumbach/Hueck, GmbHG, § 4 Rn. 20; *Bayer*, in: Lutter/Hommelhoff, GmbHG, § 4 Rn. 47.

170 *Mayer*, in: MünchKommGmbHG, § 4 Rn. 141.

171 *Michalski*, in: Michalski, GmbHG, § 4 Rn. 39.

172 Rechtsdogmatisch besteht freilich eine unbeschränkte Außenhaftung der Gesellschaft neben einer fehlenden Außenhaftung der Gesellschaft*er*, vgl. Rdn. 28 und Fn. 81.

Eintragung einer Gesellschaft ohne (zutreffenden) Rechtsformzusatz i. S. d. § 4 wird entsprechend dem Rechtsgedanken des § 15 Abs. 1 HGB von einer unbeschränkten Haftung der Gesellschafter gegenüber Gläubigern auszugehen sein, es sei denn, letzteren ist die Tatsache, dass es sich bei der Gesellschaft um eine GmbH handelt, positiv bekannt. Hiervon wird i.d.R. auszugehen sein, falls die im Handelsregister mit fehlendem bzw. fehlerhaften Rechtsformzusatz eingetragene Gesellschaft bei Vertragsschluss unter einer i.S.d. § 4 zulässigen Firma auftritt.

81 Umgekehrt droht dem im Namen der Gesellschaft Handelnden in entsprechender Anwendung des § 179 BGB (»**Rechtsscheinhaftung**«[173]) bzw. gemäß § 823 Abs. 2 BGB i.V.m. §§ 4, 35, 35a oder nach §§ 280, 311 Abs. 2, 241 Abs. 2 BGB[174] eine (unbeschränkte) Außenhaftung mit dem gesamten Vermögen, falls er durch **Weglassen des in § 4 geforderten Firmenzusatzes** dem redlichen Vertragspartner die Tatsache der »Haftungsbeschränkung« verschweigt. Diese Haftung greift insbesondere auch dann, wenn die Gesellschaft mit zutreffendem Rechtsformzusatz im Handelsregister eingetragen ist. Sie kommt schließlich in Betracht, falls der im Namen der Gesellschaft Handelnde einen den Anforderungen des § 4 nicht genügenden Firmenzusatz (z.B. »Gesellschaft mit beschränkter Haftpflicht«[175]) gebraucht. Freilich wird dem Handelnden im Falle der Verwendung eines lediglich mangelhaften Rechtsformzusatzes – anders als bei dessen völligen Fehlen – u.U. eher die Darlegung gelingen, dass der Vertragsgegner ungeachtet der unzulässigen Firmierung die Tatsache, dass es sich beim Vertragspartner um eine GmbH handelt, kannte.

H. Rechtsfolgen eines Verstoßes gegen § 5a Abs. 1

82 § 5a Abs. 1 ordnet ebenso wenig wie § 4 eine ausdrückliche Rechtsfolge im Falle eines Verstoßes gegen die Pflicht zur Führung des Rechtsformzusatzes »Unternehmergesellschaft (haftungsbeschränkt)« an.

83 Grundsätzlich gelten die unter Abschnitt G. entwickelten Grundsätze zu den Rechtsfolgen eines Verstoßes gegen § 4 im Falle der Verwendung einer nach § 5a Abs. 1 unzulässigen Firma entsprechend (Eintragungshindernis gemäß § 9c Abs. 2 Nr. 1; ggf. Anstrengung eines Auflösungsverfahrens nach § 399 Abs. 4 FamFG; Verlust des Haftungsprivilegs bzw. **Rechtsscheinhaftung**[176] der im Namen der Gesellschaft Handelnden).

---

173 *Roth*, in: Roth/Altmeppen, GmbHG, § 4 Rn. 49; *Michalski*, in: Michalski, GmbHG, § 4 Rn. 109; BGH, NJW 1975, 1166; BGH, NJW 1991, 2627, 2628 m. grds. zust. Anm. *Canaris*; BGH, NJW 2007, 1529 ff.

174 Diesen dogmatischen Ansatz einer Haftung aus c.i.c. zieht *Haas*, NJW 1997, 2854, 2857 der von der h.M. vertretenen Rechtsscheinhaftung vor; ebenfalls kritisch *Brinkmann*, IPRax 2008, 30, 35 f.

175 Vgl. *Jaeger*, in: BeckOKGmbHG, § 4 Rn. 20.

176 *Fastrich*, in: Baumbach/Hueck, GmbHG, § 5a Rn. 9.

84 Verwendet eine UG (haftungsbeschränkt) im Rechtsverkehr den Rechtsformzusatz »GmbH« i. S. v. § 4, oder wurde dieser Rechtsformzusatz im Handelsregister eingetragen, so dürfte grds. eine persönliche Außenhaftung der Gesellschafter (bei unzutreffender Eintragung) bzw. der im Namen der Gesellschaft Handelnden auf die Differenz zwischen dem Mindeststammkapital i.S.v. § 5 Abs. 1 (derzeit EUR 25.000) und dem im Handelsregister eingetragenen Stammkapital greifen.[177] Denn bei einem Auftreten der UG (haftungsbeschränkt) unter der Firma »GmbH« wird das Vertrauen des Rechtsverkehrs darauf enttäuscht, dass die Gesellschaft mit einem Stammkapital von mindestens EUR 25000 ausgestattet wurde, mag dieser Kapitalstock auch bei Vertragsschluss (teilweise) aufgezehrt sein.

85 Diese Rechtsscheinhaftung dürfte indes erlöschen, falls die UG (haftungsbeschränkt) ihr Stammkapital gemäß § 5a Abs. 5 Hs. 1 wirksam erhöht hat, im Handelsregister (was gemäß § 5a Abs. 5 Hs. 2 zulässig ist) weiterhin unter der bisherigen Firma eingetragen bleibt, im Rechtsverkehr jedoch unter der Bezeichnung »GmbH« auftritt. Freilich wird eine Kapitalerhöhung i.S.v. § 5a Abs. 5 Hs. 1 gemäß §§ 57 Abs. 1, 54 Abs. 3 erst mit ihrer Eintragung im Handelsregister nach außen wirksam und löst dann die positive Publizitätswirkung des § 15 Abs. 2 HGB aus.

I. Rechtsfolgen der Verwendung aus sonstigen Gründen unzulässiger Firmen

I. Verstoß gegen die allgemeinen firmenrechtlichen Grundsätze der §§ 17 ff. HGB

86 Für die Fallgruppe des Verstoßes gegen die firmenrechtlichen Grundsätze der §§ 17 ff. HGB können die Ausführungen unter Abschnitt G. zu den Rechtsfolgen einer gemäß § 4 unzulässigen Firma im Wesentlichen entsprechend herangezogen werden (Eintragungshindernis gemäß § 9c Abs. 2 Nr. 1; ggf. Anstrengung eines **Auflösungsverfahrens** nach § 399 Abs. 4 FamFG, alternativ[178] eines **Firmenmissbrauchverfahrens** gemäß § 37 Abs. 1 HGB i. V. m. § 392 FamFG). Im Hinblick auf das Irreführungsverbot ist indes die verfahrensrechtliche Einschränkung der »Ersichtlichkeit« eines etwaigen Verstoßes zu beachten, § 18 Abs. 2 Satz 2 HGB (s.o. Rdn. 59).

87 Nach zutreffender Auffassung[179] ist ein Auflösungsverfahren gemäß § 399 FamFG durch das Registergericht auch dann einzuleiten, wenn eine Firma zeitlich unmittelbar nach Eintragung einer gleichlautenden anderen Firma eingetragen wird. Der Pri-

---

177 *Wicke*, GmbHG, § 5a Rn. 6; ähnlich *Mayer*, in: MünchKommGmbHG, § 4 Rn. 151 (»Haftung in Höhe des Mindeststammkapitals«); a.A. *Gehrlein*, Der Konzern 2007, 771, 780; *Veil*, GmbHR 2007, 1080, 1082 (keine Sanktion).

178 *Michalski*, in: Michalski, GmbHG, § 4 Rn. 102 f.; *Hueck/Fastrich*, in: Baumbach/Hueck, GmbHG, § 4 Rn. 31.

179 *Roth*, in: Roth/Altmeppen, GmbHG, § 4 Rn. 58 f.; *Michalski*, in: Michalski, GmbHG, § 4 Rn. 98; *Bayer*, in: Lutter/Hommelhoff, GmbHG, § 4 Rn. 47; *Emmerich*, in: Scholz, GmbHG, § 4 Rn. 63; a.A. *Jaeger*, in: BeckOKGmbHG, § 4 Rn. 38; *Hueck/Fastrich*, in: Baumbach/Hueck, GmbHG, § 4 Rn. 28.

oritätsgrundsatz des § 30 HGB beansprucht als objektives Wirksamkeitskriterium nämlich unabhängig von einer subjektiven Vorhersehbarkeit Geltung.

88 **Dritte** können im Falle eines unbefugten Firmengebrauchs i. S. v. § 37 Abs. 1 HGB, d.h. bei einem Verstoß gegen die Bestimmungen der §§ 17 ff. HGB[180] nach Maßgabe des § 37 Abs. 2 HGB Unterlassungs- bzw. Schadensersatzansprüche geltend machen.[181]

89 Wird eine ursprünglich zulässige **Firma nachträglich unzulässig** (z.B. aufgrund wesentlicher Änderung des Unternehmensgegenstandes bei Sachfirmen, s.o. Rdn. 65), dürfte das Registergericht neben dem ohne weiteres zulässigen[182] Missbrauchsverfahren (§ 37 HGB i. V. m. § 392 FamFG) auch zur Einleitung eines Auflösungsverfahrens nach § 399 Abs. 4 FamFG berechtigt sein, wenngleich der Wortlaut des § 399 Abs. 4 FamFG streng genommen wohl nur den Fall der anfänglichen Nichtigkeit der Firma betrifft.[183]

90 Wandelt die Gesellschaft im Wege der Satzungsänderung ihre ursprünglich zulässige Firma in eine unzulässige, so gelten die für die Ersteintragung einer nichtigen Firma dargestellten Grundsätze entsprechend (Eintragungshindernis aufgrund nichtigen Gesellschafterbeschlusses, § 54 Abs. 3; nach Eintragung Anstrengung eines Auflösungs- bzw. Firmenmissbrauchsverfahrens, §§ 399 Abs. 4 FamFG; §§ 37 Abs. 1 HGB i. V. m. § 392 FamFG).[184]

II. Verstoß gegen Vorschriften außerhalb des Firmenrechts

91 Verstöße gegen Vorschriften außerhalb des Firmenrechts (§ 4, §§ 17 ff. HGB) sind zwar im registerlichen Verfahren grundsätzlich[185] nicht zu prüfen mit der Folge, dass eine bspw. nach § 12 BGB, § 3 UWG oder § 15 MarkenG unzulässige Firma ins Handelsregister einzutragen ist, sofern die allgemeinen firmenrechtlichen Vorgaben gewahrt sind. Bei offensichtlichen derartigen Verstößen wird man dem Registergericht indes ein Eintragungsverweigerungsrecht im Sinne einer **Evidenzkontrolle** zubilligen müssen (z.B. »Koka-Kola GmbH«).[186]

---

180 *Krebs*, in: MünchKommHGB, § 37 Rn. 41.

181 *Michalski*, in: Michalski, GmbHG, § 4 Rn. 115; *Mayer*, in: MünchKommGmbHG, § 4 Rn. 152.

182 *Michalski*, in: Michalski, GmbHG, § 4 Rn. 106.

183 Ebenso *Michalski*, in: Michalski, GmbHG a.a.O.; *Bayer*, in: Lutter/Hommelhoff, GmbHG, § 4 Rn. 48; *Hueck/Fastrich*, in: Baumbach/Hueck, GmbHG, § 4 Rn. 33; a.A. BayObLG GmbHR 1980, 11.

184 *Michalski*, in: Michalski, GmbHG, § 4 Rn. 107; *Bayer*, in: Lutter/Hommelhoff, GmbHG, § 4 Rn. 49.

185 Zu beachten sind insoweit jedoch die europäischen Grundfreiheiten, insb. die Niederlassungsfreiheit (Art. 49, 54 AEUV), vgl. Rdn. 5.

186 Im Ergebnis ebenso *Michalski*, in: Michalski, GmbHG, § 4 Rn. 120, der seine Auffassung indes damit begründet, dass bei schwerwiegenden Verstößen ohnehin § 18 Abs. 2 HGB (Täuschungsverbot) einschlägig sei; ähnlich *Bayer*, in: Lutter/Hommelhoff, GmbHG, § 4 Rn. 51.

92 Ungeachtet der fehlenden registerlichen Berücksichtigung ziehen Verstöße gegen Vorschriften außerhalb des Firmenrechts regelmäßig **Unterlassungs- und Schadensersatzansprüche Dritter** nach sich (s.o. Rdn. 65).

J. Änderung der Firma

93 Die Änderung der eingetragenen[187] Firma kann jederzeit im Wege der Satzungsänderung gemäß §§ 53, 54 erfolgen; sie wird wirksam mit Eintragung der Satzungsänderung im Handelsregister, § 54 Abs. 3, wobei die bisherige Firma erlischt. Für die Änderung der Firma gelten die gleichen Vorgaben wie bei der Ersteintragung der Gesellschaft, wobei freilich das Firmenrecht im Zeitpunkt der Änderung maßgeblich ist.[188] Während der Insolvenz der Gesellschaft bedarf die Firmenänderung der Zustimmung des Insolvenzverwalters.[189]

94 Eine **Pflicht zur Änderung** der (Sach-)Firma kann sich namentlich vor dem Hintergrund des Irreführungsverbots ergeben, falls sich der Unternehmensgegenstand nachträglich wesentlich ändert (s.o. Rdn. 65).

95 Das Recht zur Änderung einer eingetragenen Firma wird im Falle der **Firmenfortführung nach § 22 HGB** nicht aufgehoben, sondern lediglich eingeschränkt. So sind unwesentliche Änderungen (z.B. »Juwelier FRIDRICH GmbH« anstelle von »Juwelier Fridrich GmbH«; wohl auch Streichung des Vornamens[190]) ohne weiteres[191] zulässig, wesentliche Änderungen zumindest dann, wenn sie im Interesse der Allgemeinheit sachlich gerechtfertigt bzw. wünschenswert sind (z.B. bei Einschränkung des Geschäftszweigs oder Sitzverlegung).[192] Im Hinblick auf in der Firma enthaltene **akademische Grade** wird sogar überwiegend eine Pflicht zur Firmenänderung angenommen, sofern in der Gesellschaft, deren Firma gemäß §§ 22 HGB fortgeführt wird, kein titelführungsbefugter Akademiker (mehr) vorhanden ist (s.o. Rdn. 67).

96 Mit dem Grundsatz des Rechts auf freie Firmenwahl nicht vereinbar wäre schließlich eine immerwährende Bindung der Gesellschaft an die einmal gemäß § 22 HGB fort-

---

187 Vor Eintragung der Gesellschaft ist die Beurkundung eines Nachtrags zum Gesellschaftsvertrag erforderlich, *Mayer*, in: MünchKommGmbHG, § 4 Rn. 135.

188 Vgl. *Roth*, in: Roth/Altmeppen, GmbHG, § 4 Rn. 52, der in diesem Zusammenhang auf die Möglichkeit älterer Gesellschaften hinweist, durch eine Firmenänderung vom neuen, liberalisierten Firmenrecht zu profitieren (s.o. Rdn. 1). Umgekehrt muss seit dem 1.4.2003 (vgl. Art. 38 Abs. 1 EGHGB i.d.F. bis 25.4.2006) der vor dem Handelsrechtsreformgesetz entbehrliche Begriff »Gesellschaft« im Rechtsformzusatz ergänzt werden (s.o. Rdn. 2 sowie *Mayer*, in: MünchKommGmbHG, § 4 Rn. 4).

189 *Michalski*, in: Michalski, GmbHG, § 4 Rn. 92; *Mayer*, in: MünchKommGmbHG, § 4 Rn. 135.

190 *Hopt*, in: Baumbach/Hopt, GmbHG, § 25 Rn. 7.

191 *Heidinger*, in: MünchKommHGB, § 22 Rn. 48.

192 BGH NJW 1965, 1915 f.; *Heidinger*, in: MünchKommHGB, § 22 Rn. 54; *Bayer*, in: Lutter/Hommelhoff, GmbHG, § 4 Rn. 44.

geführte Firma. Die abgeleitete Firma darf daher nach einem gewissen Zeitablauf auch ohne sachlichen Grund geändert werden.[193] In Betracht kommt insoweit eine spiegelbildliche Heranziehung des Gedankens der fünfjährigen Enthaftungsfrist des § 26 Abs. 1 Satz 1 HGB, welche den *früheren* Geschäftsinhaber vor einer »Endloshaftung«[194] schützen will. Nach Ablauf dieser Zeitspanne sollte umgekehrt der Gesellschaft das Recht zur beliebigen Änderung der nach § 22 HGB fortgeführten Firma zugebilligt werden. Hiervon unberührt bleibt freilich die ungeachtet einer solchen Firmenänderung fortbestehende *Erwerber*haftung nach § 25 Abs. 1 Satz 1 HGB.[195]

K. Erlöschen der Firma

97 Von der Liquidation (Auflösung) der Gesellschaft ist deren Beendigung, d.h. die Eintragung der Löschung der vermögenslosen[196] Gesellschaft im Handelsregister (§ 74 Abs. 1 Satz 2) zu unterscheiden. Die (lediglich) aufgelöste Gesellschaft führt ihre bisherige Firma mit einem Liquidationszusatz (§ 68 Abs. 2; z.B. »in Liquidation» oder »i.L.«) fort (s.o. Rdn. 25). Die Beendigung der Gesellschaft hat hingegen auch das Erlöschen der Firma zur Folge.[197] § 74 Abs. 1 Satz 2 gestattet als *lex specialis*[198] zu § 31 Abs. 2 HGB ebenso wie § 394 Abs. 1 FamFG (Vermögenslosigkeit) die Löschung der Gesellschaft *von Amts wegen*.

98 Die (bisherige) Firma erlischt darüber hinaus im Falle ihrer Änderung (s.o. Rdn. 93), bei Fortführung einer bestehenden Firma (§ 22 HGB)[199] oder beim Untergang der Gesellschaft durch Umwandlung[200], nicht jedoch bei bloßer – wenngleich endgültiger[201] – Einstellung des Geschäftsbetriebs.

---

193 Im Ergebnis ebenso *Bayer*, in: Lutter/Hommelhoff, GmbHG a.a.O.; *Mayer*, in: MünchKommGmbHG, § 4 Rn. 135.

194 *Thiessen*, in: MünchKommHGB, § 26 Rn. 1.

195 *Mayer*, in: MünchKommGmbHG, a.a.O.; *Roth*, in: Roth/Altmeppen, GmbHG, § 4 Rn. 42.

196 Vgl. Baumbach/Hueck/*Haas*, § 74 Rn. 16; *Lorscheider*, in: BeckOKGmbHG, § 74 Rn. 8.

197 *Michalski*, in: Michalski, GmbHG, § 4 Rn. 93; *Roth*, in: Roth/Altmeppen, GmbHG, § 4 Rn. 54.

198 Vgl. *Hopt*, in: Baumbach/Hopt, GmbHG, § 31 Rn. 7; *Paura*, in: Ulmer/Habersack/Winter, GmbHG, § 74 Rn. 13 (§ 74 Abs. 1 i.V.m. § 394 Abs. 1 FamFG); a.A. *Haas*, in: Baumbach/Hueck, GmbHG § 74 Rn. 5; *Lorscheider*, in: BeckOKGmbHG, § 74 Rn. 7, die jeweils auf § 31 Abs. 2 HGB als Rechtsgrundlage für die Amtslöschung abstellen.

199 *Mayer*, in: MünchKommGmbHG, § 4 Rn. 136.

200 *Michalski*, in: Michalski, GmbHG, § 4 Rn. 93.

201 Z.T. wird vertreten, dass bei endgültiger Einstellung des Geschäftsbetriebs die Firma erlösche (so BGH, BB 1985, 1932; *Roth*, in: Koller/Roth/Morck, HGB, § 31 Rn. 5); ablehnend *Michalski*, in: Michalski, GmbHG, § 4 Rn. 94; *Hueck/Fastrich*, in: Baumbach/Hueck, GmbHG, § 4 Rn. 27.

§ 4a Sitz der Gesellschaft

Sitz der Gesellschaft ist der Ort im Inland, den der Gesellschaftsvertrag bestimmt.

Übersicht **Rdn.**

Schrifttum

Franz, Internationales Gesellschaftsrecht und deutsche Kapitalgesellschaften im In- bzw. Ausland, BB 2009, 1250; *Hellgardt/Illmer*, Wiederauferstehung der Sitztheorie?, NZG 2009, 94; *Kindler*, Ende der Diskussion über die so genannte Wegzugsfreiheit, NZG 2009, 130; *Leible/Hoffmann*, Cartesio – fortgeltende Sitztheorie, grenzüberschreitender Formwechsel und Verbote materiellrechtlicher Wegzugsbeschränkungen, BB 2009, 58; *Lieder/Kliebisch*, Nichts Neues im Internationalen Gesellschaftsrecht: Anwendbarkeit der Sitztheorie auf Gesellschaften aus Drittstaaten?, BB 2009, 338; *Paefgen*, »Cartesio«: Niederlassungsfreiheit minderer Güte – Zum Urteil des EuGH vom 16. 12. 2008 (»Cartesio«), WM 2009, 529; *Peters*, Verlegung des tatsächlichen Verwaltungssitzes der GmbH ins Ausland, GmbHR 2008, 245; *Preuß*, Die Wahl des Gesellschaftssitzes im geltenden Gesellschaftsrecht und nach dem MoMiG-Entwurf, GmbHR 2007, 57; *Sethe/Weimar*, Der Umzug von Gesellschaften in Europa nach dem Cartesio-Urteil, WM 2009, 536; *Süß/Wachter*, Handbuch des internationalen GmbH-Rechts, 2. Aufl. 2011; *Teichmann*, Cartesio: Die Freiheit zum formwechselnden Wegzug, ZIP 2009, 393; *Werner*, Das deutsche Internationale Gesellschaftsrecht nach »Cartesio« und »Trabrennbahn«, GmbHR 2009, 191; *Wernicke*, Die Niederlassung der ausländischen Gesellschaft als Hauptniederlassung, BB 2006, 843; *Zimmer/Naendrup*, Das Cartesio-Urteil des EuGH: Rück- oder Fortschritt für das internationale Gesellschaftsrecht?, NJW 2009, 545.

A. Einleitung

1 Die Vorschrift des § 4a konkretisiert den notwendigen Satzungsbestandteil »Sitz der Gesellschaft« des § 3 Abs. 1 Nr. 1. § 4a wurde 1999 nachträglich in das GmbH-Gesetz eingefügt. Beweggrund war eine liberale Rechtsprechung, die die freie Sitzwahl einer GmbH bis zur Grenze der Rechtsmissbräuchlichkeit zuließ.[1] Demgemäß bestimmte § 4a Abs. 2 in seiner ursprünglichen Fassung, dass der Gesellschaftsvertrag als Sitz der Gesellschaft regelmäßig den Ort des Betriebes, der Geschäftsleitung oder der Verwaltung zu bestimmen habe. Durch das MoMiG wurde § 4a nunmehr libera-

1 Z. B. BayObLG, NJW-RR 1988, 96.

lisiert und dem Rechtszustand vor seiner Einführung angenähert, freilich unter anderen Vorzeichen.

Die Änderung erschließt sich durch einen Vergleich mit der alten Fassung. Während diese in Absatz 2 die Freiheit der Gesellschafter zur Sitzwahl einschränkte, führt dessen Streichung zurück zur vollständigen, allerdings auf das Inland beschränkten, Satzungsautonomie der Gesellschafter. 2

B. Bedeutung des Sitzes

Die Kombination von Firma und Sitz macht wegen § 30 HGB (Unterscheidbarkeit einer Firma von allen anderen an demselben Ort) die Einzigartigkeit einer GmbH aus. Daher ist der Sitz ein Haupt-Identifikationsmerkmal einer GmbH.[2] Mit Hilfe von Firma und Sitz lassen sich über das Unternehmensregister das Handelsregister einsehen und weitere Informationen einholen. Daher gehört die Angabe des Sitzes auch zu den Pflichtangaben auf Geschäftsbriefen, § 35a. 3

Der Sitz ist entscheidend für die örtliche Zuständigkeit des Registergerichts, § 7 Abs. 1. Dabei gibt es eine von Bundesland zu Bundesland unterschiedlich ausgeprägte Konzentration der Handelsregister bei größeren Amtsgerichten.[3] 4

Die örtliche Zuständigkeit des Körperschaft-Finanzamts bestimmt sich ebenfalls nach dem Sitz, allerdings erst in zweiter Linie. Nach § 20 Abs. 1 AO ist in erster Linie das Finanzamt zuständig, in dessen Bezirk sich die Geschäftsleitung befindet. Gerade nach MoMiG kann dies durchaus ein vom Satzungssitz abweichender Ort sein (s.u. Rdn. 12 ff.). Befindet sich die Geschäftsleitung im Ausland oder lässt sich der Ort der Geschäftsleitung nicht feststellen, so ist das Finanzamt örtlich zuständig, in dessen Bezirk die GmbH ihren Sitz hat (§ 20 Abs. 2 AO). Und Sitz im Sinne der Abgabenordnung ist gemäß § 11 AO in Übereinstimmung mit § 4a der Ort, den der Gesellschaftsvertrag bestimmt. Notare sind verpflichtet, gemäß § 54 EStDV bei bestimmten Vorgängen dem nach § 20 AO zuständigen Finanzamt eine beglaubigte Abschrift der errichteten Urkunde zu übersenden. Sollte sich der Sitz der Geschäftsleitung aber weder am Satzungssitz noch an der inländischen Geschäftsanschrift befinden, so erfährt der Notar im Zweifel den Sitz der Geschäftsleitung nicht. Im Ergebnis wird der Notar jedoch stets seiner Anzeigepflicht genügen, wenn er die Urkunde an das für den Satzungssitz zuständige Finanzamt sendet, da dieses dadurch in die Lage versetzt wird, eigenständig die erforderlichen Informationen herauszufinden. 5

Die IHK ist nach § 2 Abs. 1 IHKG für alle GmbH örtlich zuständig, die eine Betriebsstätte im Kammerbezirk unterhalten. Die IHK, in deren Bezirk der Satzungssitz liegt, ist also nur zuständig, wenn am Satzungssitz auch eine Betriebsstätte unterhalten wird. 6

---

2 Ausführlich *Löbbe*, in: Ulmer/Habersack/Winter, Ergänzungsband MoMiG, § 4a Rn. 9 f.

3 So sind die Handelsregister in Baden-Württemberg auf vier Amtsgerichte konzentriert: Freiburg, Mannheim, Stuttgart und Ulm.

7 § 17 Abs. 1 ZPO knüpft im Hinblick auf den allgemeinen Gerichtsstand an den Sitz an. Die Fiktion des Satzes 2, wonach als Sitz der Ort gilt, an dem die Verwaltung geführt wird, ist nur von Bedeutung, wenn sich nichts anderes ergibt. Die Festlegung eines in das Handelsregister einzutragenden Satzungssitzes ergibt jedoch etwas anderes, so dass nicht auf den Verwaltungsort abgestellt werden muss. Da § 3 Abs. 1 InsO auf den allgemeinen Gerichtsstand verweist, ist der Sitz auch in diesem Zusammenhang von Bedeutung. Allerdings sieht die Insolvenzordnung vor, dass der Sitz dann nicht entscheidend ist, wenn der Mittelpunkt einer selbständigen wirtschaftlichen Tätigkeit des Schuldners an einem anderen Ort liegt. In diesem Falle richtet sich die örtliche Zuständigkeit nach diesem Ort. Diese Fälle werden nach der Neufassung des § 4a mit dem frei wählbaren Satzungssitz zunehmen.

8 Die Anwendbarkeit der gesetzlichen Regeln über die Arbeitnehmermitbestimmung richten sich grundsätzlich nach zwei Kriterien: der Rechtsform und der Zahl der Arbeitnehmer im Inland (z.B. § 1 Abs. 1 MitBestG). Auf den Satzungssitz kommt es nicht primär an. Gleichwohl haben sich durch die Änderung des § 4a, insbesondere die dadurch geschaffene Möglichkeit, den Verwaltungssitz in das Ausland zu verlegen, neue Fragen ergeben.[4]

C. Wahl des Sitzes

9 Die Wahl des Sitzes der Gesellschaft unterliegt der Autonomie der Gesellschafter: Der Gesellschaftsvertrag bestimmt den Sitz. § 4a stellt nur zwei Anforderungen: es muss sich um einen Ort handeln und dieser muss im Inland liegen.

10 **Ort** ist eine politische Gemeinde, so dass weder größere Einheiten (z.B. Kreis) oder kleinere Einheiten (z.B. Stadtteil) ein tauglicher Sitz im Sinne des GmbH-Gesetzes sind. Zusätze dieser Art sind allerdings unschädlich, eine Eintragungspflicht besteht regelmäßig nicht. Konkretisierende Zusätze können allerdings erforderlich sein bei häufig auftretenden Ortsnamen. So verlangt etwa das Amtsgericht Potsdam bei der Ortsbezeichnung Neuenhagen den Zusatz »bei Berlin«. Besteht eine Großstadt aus mehreren Gerichtsbezirken ist ein Zusatz denkbar, der die Zuordnung zu dem Gerichtsbezirk konkretisiert. Allerdings wird auch diese Notwendigkeit wegen der Zuständigkeitskonzentration der Handelsregister immer seltener.

11 Der Ort muss sich im **Inland** befinden. Dieser Zusatz ist in seiner Ausdrücklichkeit neu. Tatsächlich forderten Rechtsprechung und Literatur bereits vor dem MoMiG, dass der Satzungssitz einer GmbH nur in Deutschland liegen dürfe[5]: Der Gesellschaft sei sonst durch die Entkoppelung von deutschen Gerichten und Behörden die Existenzgrundlage entzogen. Mit der Ergänzung der Wörter »im Inland« hat der Gesetzgeber also lediglich die Rechtsprechung und überwiegende Literaturmeinung umgesetzt.

---

4 Ausführlich *Waldenmaier/Ley*, BB 2009, 1694: »neuer Zündstoff«.

5 BGHZ 29, 320, 328; zuletzt: BayObLG, NJW-RR 2004, 836; *Ulmer*, in: Ulmer/Habersack/Winter, GmbHG, § 4a Rn. 10.

12 Weitere Anforderungen stellt § 4a nun aber nicht mehr. Weder Betrieb noch Verwaltung oder Geschäftsleitung müssen ihren Sitz am Satzungssitz haben. Mehr noch: sie müssen auch nicht an einem Ort im Inland sitzen. Bewusst hat der Gesetzgeber Absatz 2 des § 4a a.F. gestrichen, um die Gesellschaftsform der deutschen GmbH in das Ausland zu exportieren. Der Gesetzgeber wollte die Unterlegenheit der GmbH in ihrer Mobilität gegenüber ausländischen Gesellschaften abschaffen. Allerdings erfordert die höhere Mobilität eine Kompensation in Form einer zwingend anzugebenden und in das Handelsregister einzutragenden inländischen Geschäftsadresse, an die Zustellungen bewirkt werden können[6] oder wie es die Gesetzesbegründung ausdrückt: Die Neuregelungen zur Zustellung in Deutschland erhalten durch die Mobilitätserleichterungen zusätzliches Gewicht.[7]

13 Ein Beispiel macht es plastisch: Der von den Gesellschaftern gewählte Sitz im Gesellschaftsvertrag ist Köln (weil das Handelsregister dort sehr schnell ist), der faktische Sitz ist Paris (weil dort das Essen besser ist) und die inländische Geschäftsanschrift ist in Chemnitz (weil es dort preiswerte Bürodienstleister gibt).

14 Motive für die Abweichung von Satzungssitz und faktischem Sitz im Inland können unterschiedlicher Natur sein: Ein Konzern kann seine Tochtergesellschaften bei einem Registergericht führen wollen, obwohl jede dieser Tochtergesellschaften über einen faktischen Sitz an einem anderen Ort verfügt. Hintergrund kann auch die besondere Effizienz eines Registergerichts sein. Schließlich kann die spätere Verlegung des faktischen Sitzes, die nunmehr nicht mehr zwingend eine Satzungsänderung erfordert, zu einem Auseinanderfallen von Satungs- und faktischem Sitz führen.

15 Ob der vom reinen Satzungssitz abweichende faktische Hauptsitz im Verhältnis zum Satzungssitz wie eine Zweigniederlassung nach § 13 HGB zu bewerten ist[8], ist zweifelhaft. Der reine Satzungssitz ist ein Rechtssitz, der keinerlei Infrastruktur am Ort des Satzungssitzes erfordert. Daher ist dort auch nicht notwendigerweise die Hauptniederlassung im Sinne des § 13 HGB. Hauptniederlassung ist vielmehr der faktische Hauptsitz.[9] Scheinbar ergeben sich dann aber Schwierigkeiten bei der Eintragung einer tatsächlich errichteten Zweigniederlassung. Diese ist nämlich nach § 13 beim Gericht der Hauptniederlassung anzumelden. Dieser Wortlaut passt nicht mehr. Gemeint ist nach der Änderung des § 4a, dass die Zweigniederlassung beim Gericht des Satzungssitzes anzumelden ist. Denn weicht der faktische Hauptsitz vom Satzungssitz ab, gibt es nach hier vertretener Auffassung kein Gericht der Hauptniederlassung.

16 Auch hier konkret: De lege lata ist folgende Konstellation möglich: Satzungssitz in Düsseldorf (im Handelsregister eingetragen), faktischer Hauptsitz (=Hauptniederlassung) in

6 S. § 8 Abs. 4 Nr. 1 und die dortige Kommentierung.
7 RegE MoMiG, S. 12.
8 So *Löbbe*, in: Ulmer/Habersack/Winter, Ergänzungsband MoMiG, § 4a Rn. 7; *Wicke*, GmbHG, § 4a Rn. 7.
9 Krafka/Willer/Kühn, Registerrecht, Rn. 926.

Nürnberg (nicht im Handelsregister eingetragen), inländische Geschäftsanschrift in Hamburg (im Handelsregister eingetragen), Zweigniederlassung in Berlin (im Handelsregister eingetragen). Dieses Ergebnis mag verwundern, ist aber aufgrund der nicht vollständigen Harmonisierung des § 4a mit § 13 HGB hinzunehmen.

17 Grenze der Wahlfreiheit hinsichtlich des Satzungssitzes ist wie vor dem Handelsrechtsreformgesetz 1998 der Rechtsmissbrauch. Jedoch sind nach dem MoMiG weniger strenge Maßstäbe anzulegen als zuvor. Schließlich ist die Satzungsautonomie durch MoMiG in den Vordergrund getreten. Daher werden sich die Ausnahmefälle des Rechtsmissbrauchs auf die Konstellationen beschränken, in denen Dritte einen erheblichen Nachteil erleiden. Die Bevorzugung eines Gerichts, das effektiv oder auch eintragungsgeneigt arbeitet (»forum shopping«) dürfte heutzutage unbedenklich sein.[10] Es muss jedoch eine Grenzlinie gezogen werden, wenn die Wahl des Gerichts erfolgt, um eine Eintragung zu erschleichen.[11] Problematisch kann auch die Sitzverlegung im Liquidationsstadium sein.[12]

18 Doppelsitze kommen bei der GmbH seltener vor als bei der Aktiengesellschaft, bei der sie nach wie vor in Ausnahmefällen für zulässig gehalten werden.[13] Die in der Regel geringere wirtschaftliche Bedeutung der einzelnen GmbH im Vergleich zur Aktiengesellschaft scheint der Grund dafür zu sein. So verwundert es nicht, dass ein Doppelsitz bei der GmbH teilweise für schlechthin unzulässig gehalten wird.[14] Die Rechtsprechung lässt ausnahmsweise einen Doppelsitz zu.[15] Abgesehen von der rechtlichen Möglichkeit sollten die tatsächlichen Schwierigkeiten eines Doppelsitzes bedacht werden: Alle Anmeldungen sind zu beiden Registergerichten einzureichen.[16] Dort werden sie unabhängig bewertet und es wird unabhängig über sie entschieden. Denkbar ist danach etwa, dass Umwandlungsvorgänge zu verschiedenen Zeitpunkten eingetragen werden und damit zu unterschiedlichen Zeiten wirksam werden oder fatal: von einem Gericht eingetragen werden, von dem anderen aber der Antrag zurückgewiesen wird.

D. Sitzverlegung

19 Nur die Verlegung des Satzungssitzes bedarf einer Änderung des Gesellschaftsvertrages. Bedeutete die Änderung des Verwaltungs-, Betriebs- oder Geschäftsführungssitzes bisher wegen des § 4a Abs. 2 a.F. eine immanente Änderung des Gesellschaftsvertrages, so ist die Verlegung des faktischen Sitzes nunmehr weder eine Änderung des

10 *Löbbe*, in: Ulmer/Habersack/Winter, Ergänzungsband MoMiG, § 4a Rn. 17; *Preuss*, GmbHR 2007, 57.
11 AG Memmingen, NZG 2006, 70.
12 LG Berlin, GmbHR 1999, 720.
13 *Hüffer*, AktG, § 5 Rn. 10.
14 *Hueck/Fastrich*, in: Baumbach/Hueck, GmbHG, § 4a Rn. 6.
15 OLG Brandenburg, NotBZ 2006, 22.
16 BayObLG, NJW 1962, 1014.

Gesellschaftsvertrages (sofern der faktische Sitz nicht Inhalt des Gesellschaftsvertrages ist[17]) noch bedarf es einer Anmeldung zum Handelsregister. Ändert sich die inländische Geschäftsanschrift, so ist diese Änderung lediglich zur Eintragung in das Handelsregister anzumelden. Auch und erst recht die Sitzverlegung darf ebenso wenig wie die Wahl des Gründungsitzes rechtmissbräuchlich sein (s. o. Rdn. 17).

20 Das Verfahren der Sitzverlegung richtet sich nach § 13h HGB. Die Anmeldung erfolgt zum Gericht des bisherigen Sitzes. Dieses übersendet, sofern mit der Sitzverlegung der Gerichtsbezirk überschritten wird, dem Gericht des neuen Sitzes Anmeldung, bisherige Eintragungen und die Registerakten. Dieses Verfahren kann derzeit noch längere Zeit in Anspruch nehmen, da die Registerakten in Altfällen noch nicht vollständig elektronisch erfasst sind. Auf der anderen Seite werden Änderungen des Gesellschaftsvertrages erst wirksam mit ihrer Eintragung in das Handelsregister. Werden mit der Sitzverlegung weitere Änderungen des Gesellschaftsvertrages beschlossen, kann es sich zur Beschleunigung im Einzelfall daher empfehlen, zunächst die übrigen Änderungen noch beim Gericht des alten Sitzes zur Eintragung zu bringen und erst im zweiten Schritt die Sitzverlegung zu vollziehen.

E. Faktischer Sitz im Ausland

21 Ausdrückliches gesetzgeberisches Ziel der Streichung des § 4a Abs. 2 a.F. ist es, »den Spielraum deutscher Gesellschaften zu erhöhen, ihre Geschäftstätigkeit auch ausschließlich im Rahmen einer (Zweig-)Niederlassung, die alle Geschäftsaktivitäten erfasst, außerhalb des deutschen Hoheitsgebiets zu entfalten«.[18] Damit sollen für deutsche GmbH die gleichen Bedingungen wie für eine Reihe ausländischer Gesellschaften geschaffen werden (»level playing field«), denen es durch die europäische Rechtsprechung oder durch völkerrechtliche Verträge ermöglicht wurde, ihren faktischen Sitz ohne weitere gesetzliche Hürden im Empfängerstaat in ein anderes Land, mithin auch nach Deutschland, zu verlegen.[19]

22 Verlegt nun eine deutsche GmbH ihren faktischen Sitz in das Ausland kommt es zu einem Auseinanderfallen von Satzungssitz und faktischem Sitz über die Grenzen hinweg. Denn der Satzungssitz lässt sich nach dem eindeutigen Wortlaut des § 4a nicht in das Ausland verlegen; die Worte »im Inland« sind durch den Gesetzgeber eingefügt worden. Dies dürfte auch europäischem Recht nach derzeitiger Lage nicht widersprechen.[20]

23 Die Ermöglichung eines ausländischen faktischen Sitzes wirft hingegen kollisionsrechtliche Fragen auf. Was passiert aus kollisionsrechtlicher Sicht mit der GmbH, wenn deren faktischer Sitz in das Ausland verlegt wird? Folgte man der bislang in der

---

17 So empfiehlt es *Wicke*, GmbHG, § 4a Rn. 5, im Interesse des Minderheitenschutzes.
18 RegE zum MoMiG, BT-Drs. 16/6140, Rn. 12.
19 EuGH, NJW, 2002, 3614 – Überseering; EuGH, NJW 2003 – Inspire Art.
20 OLG München, NZG 2007, 915.

deutschen Rechtsprechung herrschenden Sitztheorie[21], so beurteilte sich das Schicksal der GmbH mit faktischem Sitz im Ausland aufgrund des deutschen IPR nach dem ausländischen Recht einschließlich dessen IPR. Wendet das ausländische Recht wie die meisten EU-Staaten die Gründungstheorie an, so würde auf das deutsche Sachrecht, also auf das GmbH-Gesetz zurückverwiesen; weitere Probleme ergäben sich nicht.

24 Schwieriger ist die Konstellation, wenn das ausländische Recht seinerseits die Sitztheorie anwendet; dann beurteilte sich das auf die GmbH anzuwendende Sachrecht nach dem Recht des Zielstaates[22]; es käme womöglich in der Folge zu einer Auflösung der GmbH.

25 Dies war jedoch jedenfalls auf EU-Ebene offensichtlich nicht das Ziel des MoMi-Gesetzgebers. Nach dessen Gesetzesbegründung ist es das Ziel, die deutsche GmbH den vergleichbaren EU-Gesellschaften gleich zu stellen. Dieses Ziel lässt sich vollständig nur dann erreichen, wenn man in § 4a eine versteckte Kollisionsnorm sieht, die jedenfalls für den Bereich der EU bestimmt, dass eine in Deutschland eingetragene GmbH deutschem Recht unterliegt, unabhängig davon wo sie ihren faktischen Sitz hat.[23] Letztlich ist das die Anerkennung der Gründungstheorie für die deutsche GmbH im Hinblick auf die EU.[24]

26 Das Kollisionsrecht wird also weiter differenziert: Der BGH unterscheidet bereits zwischen der Geltung der Gründungstheorie für EU-Auslandsgesellschaften und der Geltung der Sitztheorie für andere Auslandsgesellschaften.[25] Man wird nun hinzufügen müssen, dass auch für deutsche GmbH mit faktischem Sitz im EU-Ausland die Gründungstheorie heranzuziehen ist. Ob dies auch für einen faktischen Sitz außerhalb der EU gilt, muss an dieser Stelle offen bleiben.

27 Im Übrigen ist die Behandlung der GmbH durch das Recht des Zielstaates gesondert zu beurteilen. Innerhalb der EU sollte dies kein Problem sein, da durch die Rechtsprechung des EuGH gewährleistet ist, dass eine ordnungsgemäß in einem EU-Staat gegründete Gesellschaft ihre Rechtspersönlichkeit behält. Anders ist dies jedoch für Staaten außerhalb der EU zu beurteilen: erkennt eine solche Rechtsordnung die GmbH nicht an, so kann es zu einer Statutenspaltung kommen.[26]

---

21 BGH, NJW 2009, 289 – Trabrennbahn: Der BGH macht deutlich, dass er außerhalb der EU weiterhin von der Sitztheorie ausgehe, nur für Gesellschaften, die in einem Mitgliedstaat der EU gegründet wurden, die Gründungstheorie anwende, S. 290.

22 *Wicke*, GmbHG, § 4a Rn. 13.

23 Ausführlich *Behrens*, in: Ulmer/Habersack/Winter, Ergänzungsband MoMiG, § 4a Rn. 6 ff; für die Annahme einer versteckten Kollisionsnorm auch *Bayer*, in: Lutter/Hommelhoff, GmbHG, § 4a Rn. 15.

24 *Tebben*, RNotZ 2008, 441, 447: »Abkehr von der Sitztheorie«.

25 S.o. Fn. 21.

26 *Bayer*, in: Lutter/Hommelhoff, GmbHG, § 4a Rn. 15.

F. Zweigniederlassung

I. Einleitung

Die Zweigniederlassung führt neben Satzungs- und faktischem Sitz zu einem weiteren handelsrechtlich relevanten Ort, der für die Gesellschaft von Bedeutung ist. Es handelt sich um eine organisatorisch von der Hauptniederlassung in räumlicher, sachlicher und personeller Hinsicht trennbare Einheit, jedoch ohne eigene Rechtspersönlichkeit[27], wobei die Grenzziehung zur unselbständigen bloßen Betriebsstelle im Einzelfall schwierig sein kann.[28] Ob eine Zweigniederlassung auch über eigenes Vermögen verfügen muss[29], ist zweifelhaft. Alleine die Tatsache, dass die Zweigniederlassung aufgrund ihrer organisatorischen Selbständigkeit eines gesonderten Buchungskreises bedarf, heißt nicht zwingend, dass sie auch ein eigenes Vermögen haben muss. Denn die gesondert gebuchten Geschäftsvorfälle können auch im Gesamtvermögen des Rechtsträgers aufgehen. **28**

Die fehlende eigene Rechtspersönlichkeit führt dazu, dass die Zweigniederlassung nicht Träger eigener Rechte und Pflichten sein kann. Daran ändert § 21 ZPO nichts. Der Gerichtsstand der Niederlassung bedeutet lediglich, dass die GmbH – aber eben nicht die Zweigniederlassung als solche – am Ort der Zweigniederlassung und unter deren Firma verklagt werden kann; Partei ist jedoch die GmbH. Allerdings bedarf es zur Begründung des Gerichtsstands der Zweigniederlassung eines Bezugs zum Geschäftsbetrieb der Niederlassung.[30] **29**

Zweigniederlassungen sind im vorliegenden Zusammenhang in zweifacher Hinsicht von Interesse: zum einen als inländische Zweigniederlassung einer deutschen GmbH und zum anderen als inländische Zweigniederlassung einer ausländischen GmbH oder vergleichbaren Rechtsform. Die rechtformübergreifenden Regelungen zu Zweigniederlassungen finden sich in den §§ 13 ff. HGB, wobei sich § 13 HGB mit der Errichtung einer inländischen Zweigniederlassung einer deutschen GmbH und die §§ 13 d, e und g HGB mit der Errichtung einer inländischen Zweigniederlassung einer ausländischen Gesellschaft mit beschränkter Haftung befassen. **30**

Der Regelungsinhalt der §§ 13 ff. HGB beschränkt sich auf das Registerverfahren, da die Errichtung einer Zweigniederlassung materiell-rechtlich ein faktischer Vorgang und, sofern der Gesellschaftsvertrag nichts anderes vorsieht, eine Maßnahme der Verwaltung ist.[31] Die Eintragung einer Zweigniederlassung in das Handelsregister hat also lediglich deklaratorische Wirkung.[32] **31**

---

27 *Krafka*, in: MünchKommHGB, § 13 Rn. 9 ff.
28 *Krafka*, in: MünchKommHGB, § 13 Rn. 7.
29 So *Bayer*, in: Lutter/Hommelhoff, GmbhG, Anh. I zu § 4a Rn. 2.
30 So schon der Wortlaut des § 21 ZPO, bestätigt von BGH, NJW 1975, 2142.
31 BayObLGZ 1992, 59, 60.
32 *Hopt*, in: Baumbach/Hopt, HGB, § 13 Rn. 6.

II. Inländische Zweigniederlassung einer deutschen GmbH

32 Im Unterschied zum alten Recht wird die Zweigniederlassung – einschließlich ihrer inländischen Geschäftsanschrift – nur noch auf dem Registerblatt der Hauptniederlassung eingetragen, § 13 Abs. 2 HGB. Diese Verfahrenserleichterung hat zu einer erheblichen Beschleunigung der Eintragung einer Zweigniederlassung geführt. Befindet sich die Hauptniederlassung einer deutschen GmbH im Ausland oder weicht die Hauptniederlassung vom Satzungssitz ab, so kann die Eintragung der Zweigniederlassung nur bei dem Gericht des Satzungssitzes erfolgen (s. Rdn. 15).

33 Die Eintragung hat zu unterbleiben, wenn die Zweigniederlassung offensichtlich nicht errichtet wurde. Damit beschränkt sich der Prüfungsumfang des Gerichts auf offensichtliche Errichtungsmängel. In der Praxis allerdings prüfen viele Registergerichte regelmäßig positiv, häufig über die Einholung eines IHK-Gutachtens, ob eine Zweigniederlassung errichtet wurde. Diese Praxis führt zu nicht unerheblichen Verzögerungen bei der Eintragung.

34 Die Unterscheidbarkeit der Firma der Zweigniederlassung[33] gegenüber Firmen am gleichen Ort im Sinne des § 30 HGB ist nicht mehr Gegenstand der Prüfung durch das Registergericht.[34] Diese Frage muss gegebenenfalls auf dem reinen Zivilrechtsweg inter partes geklärt werden.

35 Die Geschäftsführungsbefugnis erstreckt sich auf die Zweigniederlassung; die Verantwortung der Geschäftsführer kann jedoch nicht auf eine Zweigniederlassung begrenzt werden. Die Beschränkung von Prokuren auf den Betrieb der Zweigniederlassung hingegen ist unter den Voraussetzungen des § 50 Abs. 3 HGB zulässig. Den unterschiedlichen Umfang von Prokuren kann man sich bei der Gesamtprokura zu Nutze machen. So kann die Vertretungsbefugnis eines auf den Betrieb einer Zweigniederlassung beschränkten Prokuristen an die Mitwirkung eines Prokuristen für das Gesamtunternehmen geknüpft werden.

III. Inländische Zweigniederlassung einer ausländischen »GmbH«

36 Die Regelungen des HGB zu den Zweigniederlassungen ausländischer Gesellschaften sind unübersichtlich, ein Umstand, der möglicherweise der Herkunft aus dem europäischen Recht geschuldet ist.

37 Die §§ 13d, e und g HGB, die die Gesellschaften mit beschränkter Haftung betreffen, beschreiten den Weg von allgemein bis speziell. § 13d HGB betrifft allgemein inländische Zweigniederlassungen ausländischer Kaufleute, § 13e HGB regelt Zweigniederlassungen ausländischer Kapitalgesellschaften und § 13g HGB stellt besondere

33 Zur Firmenbildung bei der Zweigniederlassung *Krafka*, in: MünchKommHGB, § 13 Rn. 21 ff.

34 *Hopt*, in: Baumbach/Hopt, HGB, § 13 Rn. 13.

Anforderungen an die Zweigniederlassungen ausländischer Gesellschaften mit beschränkter Haftung.[35]

38 Da es bei ausländischen Gesellschaften in Deutschland kein Register der Hauptniederlassung gibt, stellt § 13d Abs. 1 HGB klar, dass die Anmeldung zu dem Gericht erfolgt, in dessen Bezirk die Zweigniederlassung errichtet wurde. Nach MoMiG ist nun auch bei der Zweigniederlassung einer ausländischen Gesellschaft eine inländische Geschäftsanschrift zu registrieren.

39 Durch § 13e Abs. 2 S. 5 Nr. 3 HGB wird eine zentrale Figur für die Zweigniederlassungen ausländischer Kapitalgesellschaften eingeführt: der ständige Vertreter mit dem Zusatz »für die Tätigkeit der Zweigniederlassung«. Ein solcher, der allerdings nicht zwingend zu bestellen ist[36], ist befugt, die Gesellschaft gerichtlich und außergerichtlich zu vertreten. Prokuristen und Handlungsbevollmächtigte können bei entsprechender Ausgestaltung ihrer Vertretungsmacht ständige Vertreter sein.[37] Ob auch eine Doppeleintragung als Prokurist und ständiger Vertreter in Frage kommt, ist nicht abschließend geklärt.[38]

40 Im Übrigen stellen die §§ 13e und g HGB hohe Anforderungen an das Eintragungsverfahren und die beizubringenden Dokumente und Erklärungen. Aufgrund unterschiedlicher Registerstandards und materiellen Rechte prallen in der Praxis häufig Rechtskulturen aufeinander, die eine zügige Abwicklung erschweren. Zur Aufrechterhaltung des hohen deutschen Registerstandards ist dies jedoch hinzunehmen.

41 Im Einzelnen muss Inhalt der Anmeldung einer Zweigniederlassung einer ausländischen GmbH sein:

42 Bezüglich der Zweigniederlassung:

- Firma
- Anschrift
- Gegenstand
- ggfls. Person des ständigen Vertreters und seine Vertretungsbefugnis

43 Bezüglich der ausländischen Gesellschaft:

- Anwendbares Recht nur bei einer GmbH außerhalb EU/EWR
- Rechtsform
- Register
- Registernummer

---

35 Überblick über der GmbH vergleichbare Auslandsgesellschaften bei *Bayer*, in: Lutter/Hommelhoff, GmbHG, Anhang I zu § 4a Rn. 9 und bei *Krafka*, in: MünchKommHGB, § 13e Rn. 5.

36 OLG München, DNotZ 2008, 627.

37 Ausführlich zum ständigen Vertreter *Heidinger*, MittBayNot 1998, 72.

38 Zweifelnd *Heidinger*, MittBayNot 1998, 75; bejahend *Hopt*, in Baumbach/Hopt, HGB, § 13e Rn. 3.

- Unternehmensgegenstand
- Gesellschaftskapital
- Datum des Abschlusses des Gesellschaftsvertrages
- Geschäftsführer
- Vertretungsbefugnis
- Zeitdauer der Gesellschaft

44 Folgende Anlagen müssen eingereicht werden:

- Unterlagen über die Legitimation der Geschäftsführer in gehöriger Form, ggfls. beglaubigter Handelsregisterauszug ggfls. nebst beglaubigter deutscher Übersetzung,
- Gesellschaftsvertrag in öffentlich beglaubigter Abschrift ggfls. nebst beglaubigter deutscher Übersetzung.

45 Anmeldepflichtig sind die Geschäftsführer in vertretungsberechtigter Zahl.[39] Die Geschäftsführer der ausländischen GmbH müssen die Voraussetzungen des § 6 Abs. 2 Satz 2 und 3 GmbHG erfüllen, wie § 13 e Abs. 3 HGB neuerdings klarstellt. Entsprechend haben sie nunmehr zu versichern, dass keine Umstände vorliegen, die der Eintragung der Geschäftsführer entgegenstehen, § 13g Abs. 2 S. 2 HGB in Verbindung mit § 8 Abs. 3 GmbHG. Da diese Versicherung anders als im GmbHG nicht strafbewehrt ist, folgert *Krafka*, dass sie nicht höchst persönlich abzugeben sei.[40] Die Versicherung könnte danach von den (in vertretungsberechtigter Zahl) anmeldenden Geschäftsführern auch im Hinblick auf andere Geschäftsführer abgegeben werden; eine Praxis, der nicht alle Registergerichte folgen. Eine vorherige Absprache empfiehlt sich.

§ 5 Stammkapital; Geschäftsanteil

(1) Das Stammkapital der Gesellschaft muss mindestens fünfundzwanzigtausend Euro betragen.

(2) [1]Der Nennbetrag jedes Geschäftsanteils muss auf volle Euro lauten. [2]Ein Gesellschafter kann bei Errichtung der Gesellschaft mehrere Geschäftsanteile übernehmen.

(3) [1]Die Höhe der Nennbeträge der einzelnen Geschäftsanteile kann verschieden bestimmt werden. [2]Die Summe der Nennbeträge aller Geschäftsanteile muss mit dem Stammkapital übereinstimmen.

(4) [1]Sollen Sacheinlagen geleistet werden, so müssen der Gegenstand der Sacheinlage und der Nennbetrag des Geschäftsanteils, auf den sich die Sacheinlage bezieht, im Gesellschaftsvertrag festgesetzt werden. [2]Die Gesellschafter haben in einem

39 *Krafka*, in: MünchKommHGB, § 13 e Rn. 7.
40 *Krafka*, in: MünchKommHGB, § 13 g Rn. 4.

Sachgründungsbericht die für die Angemessenheit der Leistungen für Sacheinlagen wesentlichen Umstände darzulegen und beim Übergang eines Unternehmens auf die Gesellschaft die Jahresergebnisse der beiden letzten Geschäftsjahre anzugeben.

Übersicht Rdn.

Schrifttum

Blath, Einziehung und Nennbetragsanpassung – Konvergenzgebot und Konvergenzherstellung vor dem Hintergrund des MoMiG –, GmbHR 2011, 1177; *Boehme*, Sacheinlagefähigkeit von Lizenzen, GmbHR 2000, 841; *Bork*, Die Einlagefähigkeit obligatorischer Nutzungsrechte, ZHR 154 (1990), 205; *Braun*, Nochmals: Einziehung von GmbH-Geschäftsanteilen und Konvergenz nach § 5 III 2 GmbHG, NJW 2010, 2700; *Drygala*, Stammkapital heute – Zum veränderten Verständnis vom System des festen Kapitals und seinen Konsequenzen, ZGR 2006, 587; *Gesell*, Verdeckte Sacheinlage & Co. im Lichte des MoMiG, BB 2007, 2241; *Giedinghagen/Lakenberg*, Kapitalaufbringung durch Dienstleistungen?, in: NZG 2009, 201; *Haberstroh*, Nichtigkeit des Beschlusses zur Einziehung von Geschäftsanteilen wegen Verstoßes gegen § 5 III 2 GmbHG, NZG 2010, 1094; *Hannemann*, Zur Bewertung von Forderungen als Sacheinlagen bei Kapitalgesellschaften, DB 1995, 2055; *Lutter*, Fehler schaffen neue Fehler, GmbHR 2010, 1177; *Meyer*, Die Einziehung von GmbH-Anteilen im Lichte des MoMiG, NZG 2009, 1201; *Rudorf*, Sachgründung und Kapitalerhöhung durch Sacheinlagen bei der GmbH, MittRhNotK 1988, 163; *Schneider*, Die Sicherung der Kapitalaufbringung bei Gründung der GmbH, MittRhNotK 1992, 165; *Sosnitza*, Die Einlagefähigkeit von Domain-Namen bei der Gesellschaftsgründung, GmbHR 2002, 821; *Sudhoff/Sudhoff*, Die Sacheinlage bei Gründung einer GmbH, NJW 1982, 129; *Ulmer*, Die Einziehung von GmbH-Anteilen – ein Opfer der MoMiG-Reform?, DB 2010, 321; *Wanner-Laufer*, Die Zwangseinziehung von Geschäftsanteilen nach § 34 GmbHG – Veränderungen durch die Reform des GmbH-Rechts, NJW 2010, 1499.

A. Einleitung

1 Die Vorschrift des § 5 regelt die Mindesthöhe des Stammkapitals, den Zuschnitt und die Zuordnung der Geschäftsanteile sowie die Voraussetzungen, unter denen Sacheinlagen geleistet werden können. § 5 Abs. 1 sieht ein **Mindeststammkapital** in Höhe von 25.000 Euro vor, wobei höhere Festsetzungen zulässig sind.[1] Mit der Normierung eines Mindeststammkapitals hat sich der Gesetzgeber für eine Mindestausstattung der Gesellschaft mit Eigenkapital entschieden. Vor dem Hintergrund der beschränkten Haftung der Gesellschafter (§ 13 Abs. 2 GmbHG) dient die Mindestkapitalausstattung als gesetzlich garantierter Haftungsfonds dem Gläubigerschutz und normiert zusammen mit anderen Vorschriften (z.B. §§ 7 Abs. 2 und 3, 9, 19, 24,

1 *Bayer*, in: Lutter/Hommelhoff, GmbHG, § 5 Rn. 5; *Hueck/Fastrich*, in: Baumbach/Hueck, GmbHG, § 5 Rn. 4.

30) den Grundsatz der realen Kapitalaufbringung.[2] Zudem werden durch das Garantiekapital der Bestandsschutz und die Seriosität der Gründung gefördert.[3] Der **Geschäftsanteil** verkörpert den mitgliedschaftlichen Anteil des einzelnen Gesellschafters an der Gesellschaft.[4] Nach § 3 Abs. 1 Nr. 4 muss der Gesellschaftsvertag die Zahl und die Nennbeträge der Geschäftsanteile, die jeder Gesellschafter übernimmt, enthalten. Von der Höhe des Nennbetrages hängen grds. die Rechte und Pflichten des einzelnen Gesellschafters gegenüber der Gesellschaft und seinen Mitgesellschaftern ab.[5] Insbesondere ist der Nennbetrag maßgeblich für die Höhe der Einlageverpflichtung und das Stimmrecht (§ 47 Abs. 2).[6] § 5 Abs. 4 regelt schließlich die Voraussetzungen einer **Sachgründung** und sieht dabei die Aufnahme der Sacheinlagevereinbarung in den Gesellschaftsvertrag sowie die Erstellung eines Sachgründungsberichts vor.

2 § 5 hat durch das **MoMiG** sowohl redaktionelle als auch inhaltliche Änderungen erfahren. In redaktioneller Hinsicht wurde der Begriff der Stammeinlage durch den des Geschäftsanteils ersetzt, wodurch die Mitgliedschaft anstelle der Einlageverpflichtung hervorgehoben werden sollte.[7] In inhaltlicher Hinsicht hat das MoMiG zu einer Liberalisierung hinsichtlich des Zuschnitts und der Zuordnung der Geschäftsanteile geführt.[8] Während nach altem Recht Gründungsgesellschafter nicht mehrere Stammeinlagen übernehmen konnten, ist die Übernahme mehrerer Geschäftsanteile bei Gründung nunmehr zulässig (§ 5 Abs. 2 S. 2). Zudem muss der Nennbetrag eines Geschäftsanteils nach neuem Recht nicht mehr mindestens 100 Euro betragen und durch 50 teilbar sein, sondern nur noch auf volle Euro lauten (§ 5 Abs. 2 S. 1). Da § 3 EGGmbHG keine Übergangsregelung für die Neuregelungen in § 5 vorsieht, sind die Neuerungen ab dem Inkrafttreten des MoMiG am 1.11.2008 anwendbar.[9]

3 Letztlich nicht durchgesetzt hat sich im Gesetzgebungsverfahren die Absenkung des Mindeststammkapitals von 25.000 auf 10.000 Euro, da dies die Bedeutung des Stammkapitals generell in Frage gestellt und möglicherweise die Reputation der Rechtsform der GmbH beschädigt hätte.[10] Da aber auch das Interesse von Existenzgründern an einer haftungsbeschränkten Rechtsform mit einem geringeren Garantiekapital berücksichtigt werden sollte, wurde in § 5a die Möglichkeit der Gründung einer Unternehmergesellschaft (haftungsbeschränkt) eingeführt.

---

2 *Hueck/Fastrich*, in: Baumbach/Hueck, GmbHG, § 5 Rn. 1.
3 *Bayer*, in: Lutter/Hommelhoff, GmbHG, § 5 Rn. 1.
4 *Bayer*, in: Lutter/Hommelhoff, GmbHG, § 5 Rn. 3; *Casper*, in: Ulmer/Habersack/Winter, GmbHG, Ergänzungsband MoMiG, § 5 Rn. 5.
5 *Bayer*, in: Lutter/Hommelhoff, GmbHG, § 5 Rn. 3.
6 *Casper*, in: Ulmer/Habersack/Winter, GmbHG, Ergänzungsband MoMiG, § 5 Rn. 5.
7 *Casper*, in: Ulmer/Habersack/Winter, GmbHG, Ergänzungsband MoMiG, § 5 Rn. 1.
8 *Veil*, in: Scholz, GmbHG, Nachtrag MoMiG, § 5 Rn. 6 ff.
9 *Märtens*, in: MünchKommGmbHG, § 5 Rn. 20.
10 *Casper*, in: Ulmer/Habersack/Winter, GmbHG, Ergänzungsband MoMiG, § 5 Rn. 4; *Veil*, in: Scholz, GmbHG, Nachtrag MoMiG, § 5 Rn. 3.

B. Stammkapital

4 Der Betrag des Stammkapitals ist nach § 3 Abs. 1 Nr. 3 im Gesellschaftsvertrag festzusetzen und nach § 10 Abs. 1 in das Handelsregister einzutragen. Diese dem Gläubigerschutz dienende Publizität wird abgesichert durch § 75 Abs. 1, der bei fehlender Festsetzung im Gesellschaftsvertrag auch noch nach Eintragung zur Erhebung der Nichtigkeitsklage berechtigt. Das Stammkapital der Gesellschaft muss nach § 5 Abs. 1 mindestens 25.000 Euro betragen. Damit das festgesetzte Stammkapital der Gesellschaft auch tatsächlich zugeführt und von Seiten der Gesellschafter nicht wieder entzogen wird, sichern mehrere Normen die reale Kapitalaufbringung (§§ 7 Abs. 2 und 3, 9, 19 bis 24) und -erhaltung (§§ 30, 31) ab.

5 Die Höhe des Stammkapitals kann von den Gesellschaftern – unter Beachtung der Mindestkapitalziffer von 25.000 Euro – grundsätzlich frei bestimmt werden. Das Gesetz kennt keine Höchstgrenze und enthält auch keine Pflicht, die Gesellschaft mit dem betriebswirtschaftlich notwendigen Eigenkapital auszustatten[11] Es gilt der Grundsatz der **Freiheit der Finanzierungsentscheidung.**[12]

6 Diese gesetzgeberische Grundentscheidung hat zur Folge, dass nicht alle Gesellschaften mit dem für ihre Geschäftstätigkeit erforderlichen Eigenkapital ausgestattet sind. Eine **formelle Unterkapitalisierung** liegt vor, wenn die Gesellschafter ihrer Gesellschaft zwar ausreichende Mittel zur Verfügung stellen, dies aber teilweise in der Form von Gesellschafterdarlehen erfolgt.[13] Das Gesetz toleriert diese Entscheidung, ordnet aber im Fall der Insolvenz die Nachrangigkeit der Rückzahlungsansprüche (§ 39 Abs. 1 Nr. 5 InsO) sowie die Anfechtbarkeit etwaiger Rückzahlungen und Besicherungen (§ 135 InsO) an. Eine **materielle Unterkapitalisierung** zeichnet sich dadurch aus, dass die Gesellschafter die erforderlichen Eigenmittel überhaupt nicht, also weder durch ausreichendes Stammkapital noch durch zusätzliche Gesellschafterdarlehen bereitstellen.[14] Umstritten ist, ob, unter welchen Voraussetzungen (verschuldensabhängig oder -unabhängig) und mit welchen Rechtsfolgen (Außen- oder Innenhaftung) es in diesen Fällen zu einer Haftung der Gesellschafter kommen kann (dazu ausführlich § 13 Rdn. 22 Während einige Stimmen in der Literatur[15] und das BSG[16] eine Haftung der Gesellschafter grundsätzlich bejahen, lehnen die zivilgerichtliche

---

11 *Hueck/Fastrich*, in: Baumbach/Hueck, GmbHG, § 5 Rn. 5; *Märtens*, in: MünchKommGmbHG, § 5 Rn. 33.

12 *Hueck/Fastrich*, in: Baumbach/Hueck, GmbHG, § 5 Rn. 5.

13 *Märtens*, in: MünchKommGmbHG, § 5 Rn. 35.

14 *Hueck/Fastrich*, in: Baumbach/Hueck, GmbHG, § 5 Rn. 6; *Märtens*, in: MünchKommGmbHG, § 5 Rn. 36; *Leuering*, NJW-Spezial 2008, 431.

15 *Banerjea*, ZIP 1999, 1153; *Lutter*, in: Lutter/Hommelhoff, GmbHG, § 13 Rn. 15 ff.; *Lutter/Hommelhoff*, ZGR 1979, 31, 57.

16 BSG, NJW 1984, 2117.

Rechtsprechung[17] und weite Teile der Literatur[18] ein eigenständiges Haftungsinstitut der materiellen Unterkapitalisierung ab. Nach der Rechtsprechung des BGH[19] kann sich lediglich in Ausnahmefällen eine Haftung aus § 826 BGB ergeben.

7 Nach Eintragung der Gesellschaft ist eine Änderung des Stammkapitals nur noch durch Kapitalerhöhung bzw. -herabsetzung (§§ 55 ff.) als Sonderformen der Satzungsänderung möglich. Auch bei einer Kapitalherabsetzung darf das Mindeststammkapital nicht unterschritten werden (§ 58 Abs. 2 S. 1). Eine Ausnahme gilt insoweit bei einer mit einer Barkapitalerhöhung kombinierten vereinfachten Kapitalherabsetzung (§ 58a Abs. 4 S. 1).

8 Das Stammkapital ist nicht gleichzusetzen mit dem Eigenkapital der Gesellschaft, sondern stellt einen Teil des Eigenkapitals dar. Ebenfalls als bilanzielles Eigenkapital sind nach § 272 HGB Kapitalrücklagen (z.B. Aufgelder (Agio), Nachschüsse gemäß §§ 26 ff.) und Gewinnrücklagen einzuordnen.[20] Bilanziell wird das Stammkapital als »gezeichnetes Kapital« an der ersten Stelle der Passivseite (§ 266 Abs. 3) ausgewiesen.[21]

C. Geschäftsanteil

I. Allgemeines

9 Der Geschäftsanteil verkörpert als **Inbegriff der Rechte und Pflichten** den mitgliedschaftlichen Anteil des jeweiligen Gesellschafters an der Gesellschaft.[22] Durch das MoMiG wurde der Begriff der Stammeinlage aus sprachlichen Gründen ersetzt durch den Begriff des Geschäftsanteils. Die damit verbundene Betonung der Mitgliedschaft anstelle der Einlageverpflichtung führt in der Sache zu keinen Änderungen.[23] Der Begriff der Stammeinlage ist nicht völlig aus dem Gesetz verschwunden, sondern wird in § 3 Abs. 1 Nr. 4 als Einlage auf das Stammkapital definiert.

10 Jeder Geschäftsanteil lautet auf einen Nennbetrag (§ 3 Abs. 1 Nr. 4) und bestimmt damit die Beteiligung der Gesellschafter am Stammkapital der Gesellschaft. In Höhe dieser Beteiligung sind die Gesellschafter zur Leistung der Einlage verpflichtet (§ 14). Unabhängig davon, ob eine Bar- oder Sacheinlage erbracht werden soll, sind die Nennbeträge der Geschäftsanteile als Geldbeträge festzusetzen.[24] Die Übernahme eines Geschäftsanteils durch die Gesellschaft ist bei Gründung nicht zulässig, da dies

---

17 BGH, NJW 2008, 2437 (GAMMA); NJW 1977, 2163; BAG NJW 1999, 740.

18 *Hueck/Fastrich*, in: Baumbach/Hueck, GmbHG, § 5 Rn. 6; *Märtens*, in: MünchKommGmbHG, § 5 Rn. 38; *Zeidler*, in: Michalski, GmbHG, § 5 Rn. 17 ff. jeweils m.w.N.

19 BGH, NJW 2008, 2437 (GAMMA).

20 *Roth*, in: Altmeppen/Roth, GmbHG, § 5 Rn. 4a.

21 *Roth*, in: Altmeppen/Roth, GmbHG, § 5 Rn. 4a.

22 *Hueck/Fastrich*, in: Baumbach/Hueck, GmbHG, § 5 Rn. 3; *Roth*, in: Altmeppen/Roth, GmbHG, § 5 Rn. 18.

23 *Casper*, in: Ulmer/Habersack/Winter, GmbHG, Ergänzungsband MoMiG, § 5 Rn. 1.

24 *Hueck/Fastrich*, in: Baumbach/Hueck, GmbHG, § 5 Rn. 14.

wegen des fehlenden Kapitalzuflusses mit dem Grundsatz der realen Kapitalaufbringung nicht vereinbar wäre (**Verbot der Selbstzeichnung**).[25] Nach der Gründung ist der Erwerb eigener Geschäftsanteile nach Maßgabe des § 33 GmbHG zulässig.

II. Stückelung und Mehrfachbeteiligung

11 Der Nennbetrag jedes Geschäftsanteils muss auf volle Euro lauten (§ 5 Abs. 2 S. 1). Diese Vorgabe ist auch bei Umwandlungen (§§ 46 Abs. 1 S. 3, 54 Abs. 3 S. 1 HS. 2, 243 Abs. 3 S. 2 UmwG) sowie bei späteren Änderungen des Nennbetrages durch Kapitalerhöhung (§§ 57h Abs. 1 S. 2, 57l Abs. 2 S. 4) oder -herabsetzung (§§ 58a Abs. 3 S. 2 GmbHG) zu berücksichtigen. Durch das MoMiG wurde das Erfordernis einer Mindesthöhe (§ 5 Abs. 1 a.F.) und der Teilbarkeit durch fünfzig (§ 5 Abs. 3 S. 1 a.F.) aufgehoben. Die Höhe der Nennbeträge der einzelnen Geschäftsanteile kann verschieden bestimmt werden (§ 5 Abs. 3 S. 1). Obwohl das GmbHG keine § 9 Abs. 1 AktG entsprechende Regelung enthält, entspricht es ganz h.M., dass auch für GmbH-Geschäftsanteile das **Verbot der Unterpari-Emission** gilt.[26] Danach ist die Vereinbarung einer den Nennbetrag des übernommenen Geschäftsanteils unterschreitenden Einlageleistung (Disagio) unzulässig.[27] Begründet wird dieses Verbot überwiegend mit dem in den Vorschriften der §§ 19 Abs. 2, 9 zum Ausdruck kommenden Gebot der realen Kapitalaufbringung.[28]

12 Das MoMiG hat die Möglichkeit geschaffen, dass ein Gesellschafter bei Errichtung der Gesellschaft **mehrere Geschäftsanteile** übernimmt (§ 5 Abs. 2 S. 2). Der Reformgesetzgeber sah die Gründe für die bisherige Beschränkung auf die Übernahme eines Geschäftsanteils – Stärkung der persönlichen Verbundenheit der Gesellschafter und Verhinderung eines aktienähnlichen Handels mit Geschäftsanteilen – als nicht mehr stichhaltig an, zumal auch nach alter Rechtslage die Teilung sowie der Hinzuerwerb von Geschäftsanteilen nach der Gründung zulässig waren.[29] Unübersichtliche Beteiligungsverhältnisse sollen nunmehr durch die Nummerierung der Geschäftsanteile in der Gesellschafterliste (§ 8 Abs. 1 Nr. 3) verhindert werden.[30] § 1 EGGmbHG enthält schließlich Übergangsregelungen für die Euro-Einführung.

III. Summe der Nennbeträge (Konvergenzgebot)

13 Die Summe der Nennbeträge aller Geschäftsanteile muss mit dem Stammkapital übereinstimmen (§ 5 Abs. 3 S. 2). Nach § 55 Abs. 4 gilt dieses **Konvergenzgebot** auch bei einer Stammkapitalerhöhung.

---

25 *Bayer*, in: Lutter/Hommelhoff, GmbHG, § 5 Rn. 10; *Zeidler*, in: Michalski, GmbHG, § 5 Rn. 36.

26 BGHZ 68, 191, 195; *Bayer*, in: Lutter/Hommelhoff, GmbHG, § 5 Rn. 8; *Winter/Westermann*, in: Scholz, GmbHG, § 5 Rn. 34.

27 *Märtens*, in: MünchKommGmbHG, § 5 Rn. 49.

28 *Märtens*, in: MünchKommGmbHG, § 5 Rn. 49 m.w.N. Nach *Bayer*, in: Lutter/Hommelhoff, GmbHG, § 5 Rn. 8 analoge Anwendung des § 9 Abs. 1 AktG.

29 *Casper*, in: Ulmer/Habersack/Winter, GmbHG, Ergänzungsband MoMiG, § 5 Rn. 8.

30 *Märtens*, in: MünchKommGmbHG, § 5 Rn. 47.

14 Umstritten ist, ob mit der durch das MoMiG eingefügten sprachlichen Änderung – der Begriff »Stammeinlagen« wurde durch »Geschäftsanteile« ersetzt – eine inhaltliche Änderung verbunden ist. Hinsichtlich des § 5 Abs. 3 Satz 3 a.F. war anerkannt, dass eine Konvergenz lediglich bei Gründung und Kapitalerhöhung erforderlich war und eine spätere Auseinanderentwicklung – insbesondere bei einer Einziehung nach § 34 – nicht ausgeschlossen war.[31] Ausweislich der Gesetzesbegründung[32] soll nunmehr ein Auseinanderfallen der Summe der Nennbeträge der Geschäftsanteile und des Nennbetrages des Stammkapitals unzulässig sein. Diese Auffassung wird von einigen Stimmen in der Literatur geteilt.[33] Neben der Gesetzesbegründung wird als Begründung auch der Wortlaut der Neuregelung angeführt. Anders als der Begriff der »Sacheinlage« sei der Begriff des »Geschäftsanteils« nicht auf den Gründungsprozess beschränkt.[34] Auch die ersten untergerichtlichen Entscheidungen gehen unter Berufung auf den klar geäußerten gesetzgeberischen Willen von einem erweiterten Konvergenzgebot aus.[35] Unberücksichtigt bleibt bei dieser Argumentation aber, dass die Gesetzesbegründung nicht gleichzusetzen ist mit dem Willen des Gesetzgebers.[36] Auch ergibt sich aus dem Wortlaut des § 5 Abs. 3 S. 2 nicht zwingend eine Erweiterung des Konvergenzgebots.[37] Gegen eine inhaltliche Änderung sprechen auch die systematische Stellung der Regelung im Abschnitt »Errichtung der Gesellschaft« und der bei einer umfassenden Geltung nicht erforderliche Verweis in § 55 Abs. 4.[38] Mangels gläubigerschützender Wirkung ist eine extensive Auslegung der Neuregelung auch nicht erforderlich.[39] Zudem würde ein umfassendes Konvergenzgebot zu erheblichen praktischen Problemen bei der Einziehung von Geschäftsanteilen nach § 34 führen (§ 34 Rdn. 47 ff.) und damit das gesetzgeberische Ziel der Vereinfachung des GmbH-Rechts konterkarieren.[40] Im Ergebnis ist daher mit anderen Stimmen in der Literatur[41] von einer Begrenzung des Konvergenzgebots auf die Gründung und Kapitalerhöhung auszugehen.

31 Dazu *Ulmer*, in: Ulmer/Habersack/Winter, GmbHG, § 5 Rn. 11.

32 BT-Drs. 16/6140, S. 31.

33 *Bayer*, in: Lutter/Hommelhoff, GmbHG, § 5 Rn. 6; *Haberstroh*, NZG 2010, 1094; *Meyer*, NZG 2009, 1201; *Römermann*, NZG 2010, 96, 99; *Veil*, in: Scholz, GmbHG, Nachtrag MoMiG, § 5 Rn. 10, *Wanner-Laufer*, NJW 2010, 1499, 1500; *Zeidler*, in: Michalski, GmbHG, § 5 Rn. 34.

34 *Braun*, NJW 2010, 1499, 1501.

35 LG Neubrandenburg, ZIP 2011, 1214; LG Essen, NZG 2010, 867, 868.

36 *Blath*, GmbHR 2011, 1177, 1179.

37 *Blath*, GmbHR 2011, 1177, 1179.

38 *Ulmer*, DB 2010, 321, 322.

39 *Casper*, in: Ulmer/Habersack/Winter, GmbHG Ergänzungsband MoMiG, § 5 Rn. 14; *Ulmer*, DB 2010, 321, 322.

40 *Hueck/Fastrich*, in: Baumbach/Hueck, GmbHG, § 5 Rn. 10.

41 *Blath*, GmbHR 2011, 1177, 1178 f.; *Braun*, NJW 2010, 2700, 2701; *Casper*, in: Ulmer/Habersack/Winter, GmbHG Ergänzungsband MoMiG, § 5 Rn. 14; *Hueck/Fastrich*, in: Baumbach/Hueck, GmbHG, § 5 Rn. 10; *Lutter*, GmbHR 2010, 1177, 1179 f.; *Märtens*, in: MünchKommGmbHG, § 5 Rn. 44; *Ulmer*, DB 2010, 321, 322 f.

D. Rechtsfolgen von Verstößen gegen § 5 Abs. 1 bis 3

15 Verstöße gegen die zwingenden Regelungen in § 5 Abs. 1 bis 3 führen zur Nichtigkeit der entsprechenden Festsetzung nach § 134 BGB und damit aufgrund des Fehlens eines nach § 3 Abs. 1 Nr. 3 und 4 notwendigen Bestandteils zur Nichtigkeit des ganzen Gesellschaftsvertrages.[42] Die Grundsätze zur fehlerhaften Gesellschaft finden Anwendung und es besteht ein Eintragungshindernis.[43] Wird die Gesellschaft trotzdem eingetragen, so wird die Nichtigkeit des Gesellschaftsvertrages vorläufig überwunden.[44] Die weiteren Folgen richten sich nach der Art des Verstoßes. Fehlt eine Regelung zur Höhe des Stammkapitals ganz, so kann nach § 75 Nichtigkeitsklage erhoben und nach § 397 Satz 2 FamFG ein Amtslöschungsverfahren betrieben werden.[45] Ob eine Heilung durch einen satzungsändernden Beschluss entsprechend § 76 oder durch Bestätigung nach § 141 BGB möglich ist, ist umstritten.[46] Bei allen anderen Verstößen kommt lediglich das Amtsauflösungsverfahren gemäß § 399 Abs. 4 FamFG i.V.m. § 60 Abs. 1 Nr. 6 in Betracht, wobei eine Heilung des Verstoßes durch Satzungsänderung möglich ist.[47]

16 Weicht die Summe der Nennbeträge aller Geschäftsanteile – entgegen dem Konvergenzgebot des § 5 Abs. 3 S. 2 – von dem Stammkapital ab, so treten nach allgemeiner Meinung die gleichen Rechtsfolgen wie bei einer unwirksamen Beitrittserklärung eines Gesellschafters ein.[48] Der Verstoß kann dadurch geheilt werden, dass durch die Ausgabe weiterer Geschäftsanteile oder durch eine Kapitalherabsetzung Konvergenz hergestellt wird. Bis zur Heilung sind Gewinnausschüttungen nach § 30 erst dann zulässig, wenn die Differenz durch stehengelassene Gewinne ausgeglichen wurde.[49] Eine Ausfallhaftung der Gesellschafter entsprechend § 24 ist abzulehnen, da die Einlageverpflichtung von vornherein auf den Nennbetrag ihres Geschäftsanteils begrenzt war.[50]

42 *Hueck/Fastrich*, in: Baumbach/Hueck, GmbHG, § 5 Rn. 12; *Ulmer*, in: Ulmer/Habersack/Winter, GmbHG, § 5 Rn. 22.

43 *Hueck/Fastrich*, in: Baumbach/Hueck, GmbHG, § 5 Rn. 12; *Ulmer*, in: Ulmer/Habersack/Winter, GmbHG, § 5 Rn. 22; *Märtens*, in: MünchKommGmbHG, § 5 Rn. 51, 53.

44 *Zeidler*, in: Michalski, GmbHG, § 5 Rn. 21.

45 *Hueck/Fastrich*, in: Baumbach/Hueck, GmbHG, § 5 Rn. 13.

46 Bejahend *Märtens*, in: MünchKommGmbHG, § 5 Rn. 52; verneinend *Hueck/Fastrich*, in: Baumbach/Hueck, GmbHG, § 5 Rn. 13 m.w.N.

47 *Hueck/Fastrich*, in: Baumbach/Hueck, GmbHG, § 5 Rn. 13; *Märtens*, in: MünchKommGmbHG, § 5 Rn. 54.

48 *Hueck/Fastrich*, in: Baumbach/Hueck, GmbHG, § 5 Rn. 13; *Märtens*, in: MünchKommGmbHG, § 5 Rn. 55; *Ulmer*, in: Ulmer/Habersack/Winter, GmbHG, § 5 Rn. 23.

49 *Ulmer*, in: Ulmer/Habersack/Winter, GmbHG, § 5 Rn. 23.

50 *Hueck/Fastrich*, in: Baumbach/Hueck, GmbHG, § 5 Rn. 13 i.V.m. § 2 Rn. 45; *Ulmer*, in: Ulmer/Habersack/Winter, GmbHG, § 5 Rn. 23; a.A. *Märtens*, in: MünchKommGmbHG, § 5 Rn. 55; *Zeidler*, in: Michalski, GmbHG, § 5 Rn. 40.

E. Sacheinlagen und Sachübernahmen (§ 5 Abs. 4)

I. Allgemeines

17 Das Gesetz sieht als Regelfall die Bargründung vor. So sind im Gesellschaftsvertrag der Betrag des Stammkapitals und die Nennbeträge der Geschäftsanteile stets in Euro-Beträgen festzusetzen (§ 3 Abs. 1 Nr. 2 und 4, § 5 Abs. 1 und 2).[51] Hierdurch wird ein objektiver Maßstab für das bei der Gründung aufzubringende Kapital geschaffen. Das Gesetz stellt es den Gesellschaftern in § 5 Abs. 4 allerdings frei, anstelle von Bareinlagen Sacheinlagen zu vereinbaren. Die Sacheinlagevereinbarung ist als eine besondere Erfüllungsvereinbarung zu verstehen, durch die die subsidiär weitergeltende Geldleistungspflicht lediglich modifiziert wird.[52] Praktische Konsequenzen ergeben sich hieraus bei Mängeln der Sacheinlagevereinbarung (dazu Rdn. 54 ff.).

18 Die Vereinbarung von Sacheinlagen birgt spezifische Gefahren für die Gesellschaft und ihre Gläubiger. Die Einlage überbewerteter oder mangelhafter Sachen kann dazu führen, dass das gesellschaftsvertraglich garantierte Stammkapital nicht zur Verfügung steht. Zudem sind Sachen weniger liquide als Bareinlagen. Vor diesem Hintergrund sieht das Gesetz gewisse Schutzmechanismen bei der Sachgründung vor. So müssen der Gegenstand der Sacheinlage und der Nennbetrag, auf den sich die Sacheinlage bezieht, im Gesellschaftsvertrag festgesetzt und ein Sachgründungsbericht erstellt werden (§ 5 Abs. 4). Weiterhin sind die Sacheinlagen vor Anmeldung vollständig zu bewirken (§ 7 Abs. 3) und vom Registergericht daraufhin zu überprüfen, ob sie nicht unwesentlich überbewertet worden sind (§ 9c Abs. 1 S. 2). Bei einer Überbewertung trifft den Sacheinleger nach § 9 Abs. 1 eine Differenzhaftung. Um Umgehungsgestaltungen zu verhindern, sieht das Gesetz in § 19 Abs. 4 Regelungen zur verdeckten Sacheinlage vor (dazu § 19 Rdn. 32 ff.). § 82 stellt schließlich Falschangaben unter Strafe.

II. Begrifflichkeiten

19 Als **Sacheinlage** ist die »Einbringung von Sachen oder sonstigen Vermögensgegenständen gegen Ausgabe von Beteiligungsrechten«[53] zu verstehen. Gesellschaftsvertragliche Nebenleistungspflichten nach § 3 Abs. 2 können zwar auch auf die Einbringung von Sachen gerichtet sein, erfolgen aber nicht gegen Ausgabe von Geschäftsanteilen.

20 **Sachübernahmen** unterscheiden sich von Sacheinlagen dadurch, dass sie nicht unmittelbar auf eine Sacheinlage gerichtet sind. Der Inferent schuldet bei einer Sachübernahme eine Bareinlage, auf die ein Vergütungsanspruch aus der entgeltlichen

---

51 *Hueck/Fastrich*, in: Baumbach/Hueck, GmbHG, § 5 Rn. 14.

52 *Bayer*, in: Lutter/Hommelhoff, GmbHG, § 5 Rn. 13; *Ulmer*, in: Ulmer/Habersack/Winter, GmbHG, § 5 Rn. 99.

53 *Ulmer*, in: Ulmer/Habersack/Winter, GmbHG, § 5 Rn. 27.

Überlassung einer Sache (z.B. Kaufpreisanspruch) angerechnet werden soll.[54] Vertragspartner des schuldrechtlichen Erwerbsgeschäfts kann der Inferent, aber auch ein Dritter sein.[55] Da auch bei einer Sachübernahme aus wirtschaftlicher Sicht eine Sache eingelegt werden soll, finden die Sachgründungsvorschriften Anwendung (dazu Rdn. 63 ff.).

21 Keine Sachübernahme liegt vor, wenn nach der Gründung eine Sachleistung an die Gesellschaft vereinbart wird und die dafür versprochene Vergütung nicht auf die Geldeinlagepflicht angerechnet werden soll.[56] Da das GmbHG keine § 52 AktG entsprechende Nachgründungsvorschrift enthält, bedürfen solche Vereinbarungen keiner Aufnahme in den Gesellschaftsvertrag.[57] Stets zu prüfen ist allerdings, ob die Voraussetzungen einer verdeckten Sacheinlage vorliegen (dazu § 19 Rdn. 36 ff.).[58]

III. Sacheinlagevereinbarung, Einbringungsvertrag, Vollzugsgeschäfte

22 Im Zusammenhang mit einer Sacheinlage sind mehrere Rechtsgeschäfts zu unterscheiden.

23 In der **Sacheinlagevereinbarung**, die nach § 5 Abs. 4 S. 1 in den Gesellschaftsvertrag aufzunehmen und unselbständiger Teil desselben ist, verpflichtet sich der Inferent mit körperschaftlicher Wirkung zur Einbringung der vereinbarten Sachleistung. Als unselbständiger Teil des Gesellschaftsvertrages unterliegt auch die Sacheinlagevereinbarung der objektivierten Auslegung (dazu § 2 Rdn. 18).[59] Der Gegenstand der einzubringenden Sacheinlage muss so genau bestimmt sein, dass über seine Identität kein Zweifel besteht.[60]

24 Neben die Sacheinlagevereinbarung tritt in der Praxis häufig ein **Einbringungsvertrag**, in dem die Einbringungsgegenstände konkretisiert und die Abwicklungsmodalitäten festgelegt werden. Bei der Einbringung von Sach- und Rechtsgesamtheiten wie Unternehmen oder Unternehmensteilen können Regelungen zur Fälligkeit, zur zeitlichen Ergebnisabgrenzung, zur Gewährleistung und zur Mitwirkung bei der Erlangung behördlicher Genehmigungen getroffen werden.[61] Nach § 8 Abs. 1 Nr. 4 ist der Einbringungsvertrag der Anmeldung zur Eintragung in das Handelsregister beizufügen.

---

54 *Hueck/Fastrich*, in: Baumbach/Hueck, GmbHG, § 5 Rn. 16; *Rudorf*, MittRhNotK 1988, 163, 164.

55 *Hueck/Fastrich*, in: Baumbach/Hueck, GmbHG, § 5 Rn. 16; *Märtens*, in: MünchKommGmbHG, § 5 Rn. 193.

56 *Ulmer*, in: Ulmer/Habersack/Winter, GmbHG, § 5 Rn. 111.

57 *Hueck/Fastrich*, in: Baumbach/Hueck, GmbHG, § 5 Rn. 17; *Ulmer*, in: Ulmer/Habersack/Winter, GmbHG, § 5 Rn. 111.

58 *Hueck/Fastrich*, in: Baumbach/Hueck, GmbHG, § 5 Rn. 17.

59 *Hueck/Fastrich*, in: Baumbach/Hueck, GmbHG, § 5 Rn. 21; *Märtens*, in: MünchKommGmbHG, § 5 Rn. 64.

60 BGH, NZG 2000, 1226, 1227.

61 *Hoffmann-Becking*, in: MünchHdbAG, § 4 Rn. 6; *Ulmer*, in: Ulmer/Habersack/Winter, GmbHG, § 5 Rn. 29, 131.

25 Die zur Erfüllung der Sacheinlageverpflichtung erforderlichen **Vollzugsgeschäfte** richten sich nach den für die Übertragung der einzelnen Gegenstände maßgeblichen allgemeinen Vorschriften (bei beweglichen Sachen Einigung und Übergabe nach §§ 929 ff. BGB, bei Grundstücken Auflassung und Eintragung nach §§ 873, 925 BGB sowie bei Forderungen Abtretung nach § 398 BGB).[62] Dabei kann die Übertragung im Gesellschaftsvertrag selbst, in dem Einbringungsvertrag oder gesondert erfolgen. In jedem Fall sind die für die Übertragung der einzelnen Gegenstände geltenden Formvorschriften (z.B. § 15 Abs. 3 bei Einbringung von GmbH-Geschäftsanteilen) zu beachten.[63] Nach § 7 Abs. 3 müssen die Vollzugsgeschäfte mit der (Vor-) Gesellschaft bis zur Anmeldung abgeschlossen sein.[64]

IV. Einlagefähigkeit

1. Allgemeine Kriterien

26 Wie bei Bareinlagen muss auch bei Sacheinlagen gewährleistet sein, dass der Wert der Einlage dem Nennbetrag des dafür übernommenen Geschäftsanteils entspricht. Nachdem die Einlagefähigkeit zunächst nach eher formellen Kriterien[65] wie der Bilanzfähigkeit und der Übertragbarkeit des Vermögensgegenstandes beurteilt wurde, hat sich mittlerweile eine funktionale Betrachtungsweise durchgesetzt.[66] Erforderlich ist eine »funktionale Äquivalenz der Sacheinlage«[67] zur Bareinlage.

27 Dies setzt erstens voraus, dass dem einzulegenden Vermögensgegenstand ein gegenwärtiger messbarer Wert zukommt (§ 27 Abs. 2 AktG analog).[68] Zweitens müssen die Vermögensgegenstände auf die Gesellschaft übertragbar sein, da sie nur dann den Geschäftsführern zur freien Verfügung stehen (§ 7 Abs. 3).[69] Nicht erforderlich ist, dass der einzulegende Gegenstand auch ansonsten isoliert veräußerbar und in der Zwangsvollstreckung verwertbar ist.[70] Die Gesellschaftsgläubiger sind ausreichend geschützt, wenn der Gegenstand wie z.B. eine Firma im Rahmen des Gesamtunternehmens verwertbar ist.[71] Drittens folgt aus dem Grundsatz der realen Kapitalaufbringung, dass der Gegenstand aus dem Vermögen des Sacheinlegers ausgesondert

62 *Hueck/Fastrich*, in: Baumbach/Hueck, GmbHG, § 5 Rn. 22; *Märtens*, in: MünchKommGmbHG, § 5 Rn. 66; *Ulmer*, in: Ulmer/Habersack/Winter, GmbHG, § 5 Rn. 30.

63 *Ulmer*, in: Ulmer/Habersack/Winter, GmbHG, § 5 Rn. 29, 31.

64 *Hueck/Fastrich*, in: Baumbach/Hueck, GmbHG, § 5 Rn. 22.

65 Dazu *Ulmer*, in: Ulmer/Habersack/Winter, GmbHG, § 5 Rn. 40 ff.

66 *Hueck/Fastrich*, in: Baumbach/Hueck, GmbHG, § 5 Rn. 23.

67 *Ulmer*, in: Ulmer/Habersack/Winter, GmbHG, § 5 Rn. 40.

68 BGH, NZG 2004, 910, 911; *Bayer*, in: Lutter/Hommelhoff, GmbHG, § 5 Rn. 14; *Hueck/Fastrich*, in: Baumbach/Hueck, GmbHG, § 5 Rn. 23; *Märtens*, in: MünchKommGmbHG, § 5 Rn. 69; *Ulmer*, in: Ulmer/Habersack/Winter, GmbHG, § 5 Rn. 42.

69 *Ulmer*, in: Ulmer/Habersack/Winter, GmbHG, § 5 Rn. 45.

70 *Märtens*, in: MünchKommGmbHG, § 5 Rn. 75; *Ulmer*, in: Ulmer/Habersack/Winter, GmbHG, § 5 Rn. 45.

71 *Hueck/Fastrich*, in: Baumbach/Hueck, GmbHG, § 5 Rn. 23.

werden muss.[72] Dem Inferenten darf keine Einwirkungsmöglichkeit auf den Gegenstand verbleiben.[73] Relevant wird dieses Kriterium vor allem bei Forderungen gegen den Gesellschafter. Während der Gesellschafter auf dingliche Rechte (wie z.B. Grundpfandrechte, Nießbrauchrechte, Erbbaurechte) nach ihrer Einräumung nicht mehr einwirken kann, scheidet die Begründung obligatorischer Ansprüche gegen den Gesellschafter mangels hinreichender Aussonderung als Sacheinlage aus.[74] Gleiches gilt für schuldrechtliche Forderungen gegen Mitgesellschafter.[75] Denn die Einbringung einer Forderung gegen einen (Mit-)Gesellschafter würde lediglich zu einem Austausch der durch §§ 19, 24 gesetzlich abgesicherten Einlageforderung gegen einen rein schuldrechtlichen Anspruch führen und so die Umgehung der Kapitalaufbringungsvorschriften ermöglichen.[76] An dieser Rechtslage hat sich auch nach Inkrafttreten des MoMiG nichts geändert, da der neu gefasste § 19 Abs. 5 keinen allgemeinen Grundsatz enthält, sondern lediglich bestimmte Fälle des sog. Hin- und Herzahlens (vor allem Cash-Pools) erfasst.[77]

2. Einzelfälle

28 a) **Sachen. Bewegliche** wie **unbewegliche** Sachen sind einlagefähig. Unerheblich ist, ob die Sache durch den Inferenten oder für seine Rechnung durch einen Dritten auf die Gesellschaft übertragen wird.[78] Auch ein gutgläubiger Erwerb ist möglich, wobei grundsätzlich die Gutgläubigkeit des Geschäftsführers maßgeblich ist.[79] **Künftige** Sachen sind wegen § 7 Abs. 3 nur einlagefähig, wenn sie spätestens im Zeitpunkt der Handelsregisteranmeldung existieren.[80] Können oder sollen die einzubringenden Sachen erst danach beschafft bzw. hergestellt werden, kann der Inferent einen Beschaffungs- bzw. Herstellungsanspruch gegen einen Dritten nach den für die Einbringung von Forderungen geltenden Grundsätzen (dazu Rdn. 29 ff.) einlegen.[81] Nicht einlagefähig ist hingegen ein gegen den Inferenten selbst gerichteter Beschaffungs- bzw. Herstellungsanspruch.[82]

---

72 *Ulmer*, in: Ulmer/Habersack/Winter, GmbHG, § 5 Rn. 46.

73 *Märtens*, in: MünchKommGmbHG, § 5 Rn. 77.

74 BGH, NZG 2009, 463, 464; KG, NZG 2005, 718.

75 *Hueck/Fastrich*, in: Baumbach/Hueck, GmbHG, § 5 Rn. 24.

76 BGH, NZG 2009, 463, 464; KG, NZG 2005, 718; *Hueck/Fastrich*, in: Baumbach/Hueck, GmbHG, § 5 Rn. 24; *Ulmer*, in: Ulmer/Habersack/Winter, GmbHG, § 5 Rn. 45.

77 *Giedinghagen/Lakenberg*, NZG 2009, 201, 202.

78 *Ulmer*, in: Ulmer/Habersack/Winter, GmbHG, § 5 Rn. 47.

79 *Ulmer*, in: Ulmer/Habersack/Winter, GmbHG, § 5 Rn. 48; a.A. *Roth*, in: Altmeppen/Roth, GmbHG, § 5 Rn. 41: auch Gutgläubigkeit der Mitgesellschafter erforderlich.

80 *Bayer*, in: Lutter/Hommelhoff, GmbHG, § 5 Rn. 16; *Hueck/Fastrich*, in: Baumbach/Hueck, GmbHG, § 5 Rn. 25.

81 *Hueck/Fastrich*, in: Baumbach/Hueck, GmbHG, § 5 Rn. 25; *Märtens*, in: MünchKommGmbHG, § 5 Rn. 79.

82 *Märtens*, in: MünchKommGmbHG, § 5 Rn. 79.

29 b) **Forderungen.** Die Sacheinlagefähigkeit von Forderungen richtet sich vorrangig nach der **Person des Schuldners.** Forderungen gegen den Inferenten sind mangels hinreichender Aussonderung aus dem Gesellschaftervermögen nicht einlagefähig (zu Ausnahmen bei obligatorischen Nutzungsrechten Rdn. 33).[83] Gleiches gilt mangels realen Vermögenszuflusses für Forderungen gegen Mitgesellschafter,[84] nicht hingegen für Forderungen gegen dem Inferenten nahestehende Personen oder verbundene Unternehmen.[85] Bei Letzteren können mögliche Durchsetzungsschwierigkeiten bei der Bewertung berücksichtigt werden. Auch Forderungen des Inferenten gegen abhängige Unternehmen der Gesellschaft sind einlagefähig.[86] Gegenstand einer Sacheinlage können auch Forderungen des Inferenten gegen die (Vor-) Gesellschaft sein (z.B. Auslagen der Gründer, Forderung gegen ein von anderer Seite eingebrachtes Unternehmen, nicht hingegen Gründerlohn[87]), da auch die Verringerung der Gesellschaftsverbindlichkeiten zu einem Vermögenszufluss führt.[88] Entsprechendes gilt für die Befreiung der Gesellschaft von Verbindlichkeiten gegenüber Dritten durch Erfüllung oder befreiende Schuldübernahme.[89]

30 Weiterhin kann der **Entstehungsgrad** einer Forderung Auswirkungen auf ihre Sacheinlagefähigkeit haben. Unproblematisch einlagefähig sind noch nicht fällige Forderungen, da lediglich ihre Durchsetzbarkeit vorübergehend ausgeschlossen ist.[90] Gleiches gilt für befristete Forderungen, da nur ihr Entstehungszeitpunkt unsicher ist.[91] Umstritten ist die Behandlung aufschiebend bedingter und künftiger Forderungen.

---

83 BGH, GmbHR 2006, 43, 44; *Bayer*, in: Lutter/Hommelhoff, GmbHG, § 5 Rn. 15; *Hueck/Fastrich*, in: Baumbach/Hueck, GmbHG, § 5 Rn. 27; *Märtens*, in: MünchKommGmbHG, § 5 Rn. 109; *Ulmer*, in: Ulmer/Habersack/Winter, GmbHG, § 5 Rn. 54; *Zeidler*, in: Michalski, GmbHG, § 5 Rn. 85.

84 *Hueck/Fastrich*, in: Baumbach/Hueck, GmbHG, § 5 Rn. 27; *Märtens*, in: MünchKommGmbHG, § 5 Rn. 113; *Ulmer*, in: Ulmer/Habersack/Winter, GmbHG, § 5 Rn. 54; *Zeidler*, in: Michalski, GmbHG, § 5 Rn. 88.

85 *Gesell*, BB 2007, 2241, 2244; *Märtens*, in: MünchKommGmbHG, § 5 Rn. 115; differenzierend *Zeidler*, in: Michalski, GmbHG, § 5 Rn. 95; offenlassend *Bayer*, in: Lutter/Hommelhoff, GmbHG, § 5 Rn. 17.

86 *Zeidler*, in: Michalski, GmbHG, § 5 Rn. 96.

87 Str.; *Bayer*, in: Lutter/Hommelhoff, GmbHG, § 5 Rn. 17; *Märtens*, in: MünchKommGmbHG, § 5 Rn. 125; *Ulmer*, in: Ulmer/Habersack/Winter, GmbHG, § 5 Rn. 59.

88 BGH, NJW 1991, 1754, 1755; NJW 2001, 67, 69; *Bayer*, in: Lutter/Hommelhoff, GmbHG, § 5 Rn. 17; *Hueck/Fastrich*, in: Baumbach/Hueck, GmbHG, § 5 Rn. 28; *Märtens*, in: MünchKommGmbHG, § 5 Rn. 124; *Ulmer*, in: Ulmer/Habersack/Winter, GmbHG, § 5 Rn. 56. Zur Behandlung von eigenkapitalersetzenden Gesellschafterforderungen nach altem Recht vgl. *Märtens*, in: MünchKommGmbHG, § 5 Rn. 131 ff.; *Ulmer*, in: Ulmer/Habersack/Winter, GmbHG, § 5 Rn. 58.

89 *Märtens*, in: MünchKommGmbHG, § 5 Rn. 135; *Ulmer*, in: Ulmer/Habersack/Winter, GmbHG, § 5 Rn. 70.

90 *Märtens*, in: MünchKommGmbHG, § 5 Rn. 116.

91 *Bayer*, in: Lutter/Hommelhoff, GmbHG, § 5 Rn. 17; *Hueck/Fastrich*, in: Baumbach/Hueck, GmbHG, § 5 Rn. 26; *Märtens*, in: MünchKommGmbHG, § 5 Rn. 116; *Ulmer*, in: Ulmer/Habersack/Winter, GmbHG, § 5 Rn. 55.

Da die Forderungen in beiden Fällen bei Abschluss des Gesellschaftsvertrages noch nicht entstanden sind, lehnt die überwiegende Auffassung ihre Sacheinlagefähigkeit zu Recht ab.[92] Die Gegenauffassung, nach der eine Einbringung möglich sein soll, wenn die Entstehung der Forderung sicher bzw. überwiegend wahrscheinlich ist,[93] führt zu schwierigen Abgrenzungsproblemen und ist daher abzulehnen.

31 Besonderer Beachtung bedarf die **Bewertung** der einzubringenden Forderung, insbesondere wenn sie sich gegen die (Vor-) Gesellschaft richtet. Eine Ansatz zum Nennwert ist nur dann möglich, wenn die Forderung aufgrund der Vermögensverhältnisse der (Vor-) Gesellschaft vollwertig, fällig und liquide ist.[94] Reicht das Vermögen der Gesellschaft zur Deckung der Verbindlichkeiten nicht aus, so ist mangels Vollwertigkeit in entsprechender Höhe ein Wertabschlag vorzunehmen.[95] Nicht fällige Forderungen können nur dann zum Nennwert angesetzt werden, wenn sie marktüblich zu verzinsen sind.[96] Schließlich ist ein Wertabschlag erforderlich, wenn eine Forderung bestritten und daher nicht liquide ist.[97]

32 c) **Beschränkt dingliche Rechte; Erbbaurechte**. Sacheinlagefähig sind weiterhin beschränkt dingliche Rechte (z.B. Grundpfandrechte, Nießbrauchsrechte, Dienstbarkeiten) und Erbbaurechte.[98] Die Rechte können auch an Sachen des Inferenten bestehen, da dieser wegen der dinglichen Wirkung keine Einwirkungsmöglichkeit hat.[99] Wenn dingliche Rechte – wie z.B. das Nießbrauchsrecht oder die beschränkt persönliche Dienstbarkeit – nicht übertragbar sind, kann die Einbringung durch die Überlassung der Ausübung erfolgen (§§ 1059 S. 2, 1092 Abs. 1 S. 2 BGB).[100]

33 d) **Obligatorische Nutzungsrechte**. Auch obligatorische Nutzungsrechte können Gegenstand einer Sacheinlage sein. Unproblematisch ist dies bei Nutzungsrechten an Sachen gesellschafsfremder Dritter, wenn die Rechte auf die Gesellschaft übertragen

92 *Bayer*, in: Lutter/Hommelhoff, GmbHG, § 5 Rn. 17; *Hueck/Fastrich*, in: Baumbach/Hueck, GmbHG, § 5 Rn. 27; *Ulmer*, in: Ulmer/Habersack/Winter, GmbHG, § 5 Rn. 55.

93 *Märtens*, in: MünchKommGmbHG, § 5 Rn. 116, 117.

94 *Ulmer*, in: Ulmer/Habersack/Winter, GmbHG, § 5 Rn. 57.

95 BGH, NJW 2001, 1754, 1755; *Bayer*, in: Lutter/Hommelhoff, GmbHG, § 5 Rn. 17; *Märtens*, in: MünchKommGmbHG, § 5 Rn. 127; *Roth*, in: Altmeppen/Roth, GmbHG, § 5 Rn. 45; *Ulmer*, in: Ulmer/Habersack/Winter, GmbHG, § 5 Rn. 57.

96 *Märtens*, in: MünchKommGmbHG, § 5 Rn. 129; a.A. *Ulmer*, in: Ulmer/Habersack/Winter, GmbHG, § 5 Rn. 57.

97 *Märtens*, in: MünchKommGmbHG, § 5 Rn. 128; *Ulmer*, in: Ulmer/Habersack/Winter, GmbHG, § 5 Rn. 57.

98 *Zeidler*, in: Michalski, GmbHG, § 5 Rn. 78; *Roth*, in: Altmeppen/Roth, GmbHG, § 5 Rn. 39.

99 *Märtens*, in: MünchKommGmbHG, § 5 Rn. 83; *Ulmer*, in: Ulmer/Habersack/Winter, GmbHG, § 5 Rn. 62.

100 *Hueck/Fastrich*, in: Baumbach/Hueck, GmbHG, § 5 Rn. 25; *Roth*, in: Altmeppen/Roth, GmbHG, § 5 Rn. 39; *Ulmer*, in: Ulmer/Habersack/Winter, GmbHG, § 5 Rn. 62; a.A. *Zeidler*, in: Michalski, GmbHG, § 5 Rn. 80.

werden können und aufgrund einer konkret vereinbarten Mindestdauer oder festen Gesamtlaufzeit (Unkündbarkeit) einen feststellbaren wirtschaftlichen Wert haben.[101] Auch ein unkündbarer Anspruch auf zinslose Kapitalnutzung (Darlehen) für eine bestimmte Mindestdauer ist einlagefähig, wobei sich der Einlagewert nach der Zinsersparnis bestimmt.[102] Auch ein Domain-Name kann als Konnektierungsanspruch Gegenstand einer Sacheinlage sein.[103] Nach mittlerweile h.M. können auch Nutzungsrechte an Gegenständen des Inferenten einlagefähig sein, wenn der Besitz an der Sache auf die Gesellschaft übertragen wird.[104] Nach zutreffender Auffassung gilt dies auch für Nutzungsrechte an Immobilien des Inferenten.[105]

e) **Ansprüche auf Dienstleistungen**. Problematisch ist die Sacheinlagefähigkeit von Ansprüchen auf Dienstleistungen. Richtet sich der Anspruch gegen einen Gesellschafter, so scheidet der Anspruch nach allgemeiner Meinung mangels Aussonderung als Sacheinlage aus.[106] Soll eine Dienstleistungspflicht des Gesellschafters im Gesellschaftsvertrag festgehalten werden, kann dies als Nebenleistungsverpflichtung nach § 3 Abs. 2 erfolgen.[107] Im Ergebnis ebenfalls nicht sacheinlagefähig sind Ansprüche gegen Dritte, da ein wirtschaftlicher Wert aufgrund des persönlichen Elements nicht verlässlich festgestellt werden kann (vgl. auch § 27 Abs. 2 HS. 2 AktG).[108] Nichts anderes kann für stark personenbezogene Werkverträge gelten.[109] 34

f) **Mitgliedschaftsrechte**. Als Mitgliedschaftsrechte sind insbesondere Aktien und GmbH-Geschäftsanteile sacheinlagefähig.[110] Eigene Anteile können mangels realen Ver- 35

101 *Hueck/Fastrich*, in: Baumbach/Hueck, GmbHG, § 5 Rn. 25; *Ulmer*, in: Ulmer/Habersack/Winter, GmbHG, § 5 Rn. 52; *Zeidler*, in: Michalski, GmbHG, § 5 Rn. 105.

102 *Bayer*, in: Lutter/Hommelhoff, GmbHG, § 5 Rn. 23; *Märtens*, in: MünchKommGmbHG, § 5 Rn. 93; *Zeidler*, in: Michalski, GmbHG, § 5 Rn. 109.

103 *Sosnitza*, GmbHR 2002, 821, 826 f.

104 BGH, NJW 2000, 2356, 2357 (zur AG); NJW-RR 2004, 1341, 1342 f. (zur GmbH); *Hueck/Fastrich*, in: Baumbach/Hueck, GmbHG, § 5 Rn. 25; *Ulmer*, in: Ulmer/Habersack/Winter, GmbHG, § 5 Rn. 53.

105 *Bork*, ZHR 154 (1990), 205, 217 f.; *Märtens*, in: MünchKommGmbHG, § 5 Rn. 93; *Winter/Westermann*, in: Scholz, GmbHG, § 5 Rn. 46; a.A. *Zeidler*, in: Michalski, GmbHG, § 5 Rn. 103.

106 BGH, NZG 2009, 463, 464; *Bayer*, in: Lutter/Hommelhoff, GmbHG, § 5 Rn. 18; *Hueck/Fastrich*, in: Baumbach/Hueck, GmbHG, § 5 Rn. 24; *Ulmer*, in: Ulmer/Habersack/Winter, GmbHG, § 5 Rn. 60.

107 *Ulmer*, in: Ulmer/Habersack/Winter, GmbHG, § 5 Rn. 60.

108 *Bayer*, in: Lutter/Hommelhoff, GmbHG, § 5 Rn. 18; *Hueck/Fastrich*, in: Baumbach/Hueck, GmbHG, § 5 Rn. 27; *Ulmer*, in: Ulmer/Habersack/Winter, GmbHG, § 5 Rn. 60; a.A. *Märtens*, in: MünchKommGmbHG, § 5 Rn. 83; *Zeidler*, in: Michalski, GmbHG, § 5 Rn. 112.

109 *Bayer*, in: Lutter/Hommelhoff, GmbHG, § 5 Rn. 18.

110 *Bayer*, in: Lutter/Hommelhoff, GmbHG, § 5 Rn. 19; *Hueck/Fastrich*, in: Baumbach/Hueck, GmbHG, § 5 Rn. 26; *Ulmer*, in: Ulmer/Habersack/Winter, GmbHG, § 5 Rn. 64; *Zeidler*, in: Michalski, GmbHG, § 5 Rn. 117.

mögenszuflusses nicht Gegenstand einer Sacheinlage sein.[111] Beteiligungen an Personengesellschaften sind nur dann übertragbar und damit sacheinlagefähig, wenn der Gesellschaftsvertrag die Übertragung zulässt oder die Mitgesellschafter zustimmen.[112]

36 **g) Sonstige Rechte und Rechtspositionen.** Gegenstand einer Sacheinlage können auch andere auf die Gesellschaft übertragbare Rechte und Rechtspositionen sein.[113] Dies betrifft in erster Linie sonstige absolute Rechte wie Immaterialgüterrechte (Patent-, Urheber[114]-, Geschmacksmuster-, Gebrauchsmuster[115]-, Verlags- und Markenrechte).[116] Auch Lizenzen an diesen Rechten sind einlagefähig.[117] Da die Sacheinlagefähigkeit eines Gegenstandes nicht von dessen Rechtsnatur abhängt, können auch nicht geschützte Erfindungen, Fertigungstechniken und gewerblich verwertbares Know-how Gegenstand einer Sacheinlage sein, wenn ihnen ein feststellbarer wirtschaftlicher Wert zukommt.[118] Die Firma eines Unternehmens bzw. der sog. Goodwill können nur zusammen mit dem Unternehmen bzw. einem Betriebsteil eingebracht werden.[119]

37 **h) Sach- und Rechtsgesamtheit; Unternehmen.** Einlagefähig sind auch Sach- und Rechtsgesamtheiten.[120] Die erfassten Fallgruppen zeichnen sich dadurch aus, dass verschiedene Einzelgegenstände räumlich oder sachlich zu einer Einheit verbunden sind und vom Rechtsverkehr als Einheit wahrgenommen werden.[121] Dies trifft insbesondere auf Handelsgeschäfte (Unternehmen) oder Teile davon, Insolvenzmassen, Warenlager, Wertpapierdepots, Fuhrparks, Produktionsanlagen und Geschäftsausstat-

---

111 *Hueck/Fastrich*, in: Baumbach/Hueck, GmbHG, § 5 Rn. 26; *Zeidler*, in: Michalski, GmbHG, § 5 Rn. 117.

112 *Hueck/Fastrich*, in: Baumbach/Hueck, GmbHG, § 5 Rn. 26; *Ulmer*, in: Ulmer/Habersack/Winter, GmbHG, § 5 Rn. 64.

113 *Hueck/Fastrich*, in: Baumbach/Hueck, GmbHG, § 5 Rn. 26.

114 BGH, NJW 1959, 934, 935.

115 BGH, NJW 1999, 143; OLG Köln, GmbHR 1998, 42.

116 *Ulmer*, in: Ulmer/Habersack/Winter, GmbHG, § 5 Rn. 62.

117 BGH, NJW 2000, 2356, 2357; *Ulmer*, in: Ulmer/Habersack/Winter, GmbHG, § 5 Rn. 63.

118 *Hueck/Fastrich*, in: Baumbach/Hueck, GmbHG, § 5 Rn. 26; *Ulmer*, in: Ulmer/Habersack/Winter, GmbHG, § 5 Rn. 69.

119 BGH, NJW 2001, 67, 69; *Hueck/Fastrich*, in: Baumbach/Hueck, GmbHG, § 5 Rn. 26; *Roth*, in: Altmeppen/Roth, GmbHG, § 5 Rn. 47.

120 *Bayer*, in: Lutter/Hommelhoff, GmbHG, § 5 Rn. 20; *Hueck/Fastrich*, in: Baumbach/Hueck, GmbHG, § 5 Rn. 29; *Ulmer*, in: Ulmer/Habersack/Winter, GmbHG, § 5 Rn. 65; *Sudhoff/Sudhoff*, NJW 1982, 129, 131.

121 *Märtens*, in: MünchKommGmbHG, § 5 Rn. 99; *Ulmer*, in: Ulmer/Habersack/Winter, GmbHG, § 5 Rn. 65.

tungen zu.[122] Auch Erbschaften und Miterbenanteile können eingelegt werden.[123] Zur Individualisierung in der Sacheinlagevereinbarung reicht die Verwendung einer Sammelbezeichnung aus; eine Aufzählung der Einzelgegenstände ist grds. nicht erforderlich.[124] Die zur Erfüllung der Einlageverpflichtung vorzunehmenden Vollzugsgeschäfte haben dagegen dem sachenrechtlichen Bestimmtheitsgrundsatz zu entsprechen.[125]

38 Bei der Einbringung von Unternehmen oder Unternehmensteilen sind konkretisierende Regelungen in der Sacheinlagevereinbarung und/oder im Einbringungsvertrag (dazu Rdn. 22 ff.) ratsam.[126] Neben den einzelnen zu übertragenden bzw. zurückbleibenden Vermögensgegenständen sollte insbesondere festgelegt werden, ob auch die Verbindlichkeiten und die Firma übergehen sollen. Fehlt es an einer solchen Regelung, so ist im Zweifel davon auszugehen, dass jedenfalls die dem Unternehmen bzw. Unternehmensteil wirtschaftlich zuzuordnenden Aktiva einschließlich der immateriellen Werte (z.B. Goodwill, Kundenstamm usw.) eingebracht werden sollen.[127] Von der Übertragung der Firma ist wegen § 22 HGB nur bei ausdrücklicher Einwilligung des bisherigen Geschäftsinhabers auszugehen.[128] Fehlt eine Regelung zur Übernahme der Verbindlichkeiten ist zu differenzieren. Wird die Firma fortgeführt und haftet die Gesellschaft daher im Außenverhältnis nach § 25 HGB, ist im Zweifel auch von einer Übernahme der Verbindlichkeiten im Innenverhältnis auszugehen.[129] Ohne Firmenfortführung können zur Auslegung der Sacheinlagevereinbarung die Wertansätze für die Sacheinlage und die Einbringungsbilanz herangezogen werden.[130] Werden insolvente Unternehmen in eine Auffanggesellschaft eingebracht, werden im Zweifel nur die Aktiva übertragen.[131]

---

122 *Hueck/Fastrich*, in: Baumbach/Hueck, GmbHG, § 5 Rn. 29; *Märtens*, in: MünchKommGmbHG, § 5 Rn. 99; *Ulmer*, in: Ulmer/Habersack/Winter, GmbHG, § 5 Rn. 66.

123 *Märtens*, in: MünchKommGmbHG, § 5 Rn. 107 f.; *Ulmer*, in: Ulmer/Habersack/Winter, GmbHG, § 5 Rn. 67 f.

124 *Hueck/Fastrich*, in: Baumbach/Hueck, GmbHG, § 5 Rn. 29.

125 *Märtens*, in: MünchKommGmbHG, § 5 Rn. 100.

126 Zu weitgehend OLG Düsseldorf, NJW 1993, 2123, 2124 und ihm folgend *Märtens*, in: MünchKommGmbHG, § 5 Rn. 104, nach denen die Festsetzungen nach § 5 Abs. 4 S. 1 eine ausdrückliche Regelung zur Übernahme von Verbindlichkeiten enthalten muss.

127 *Hueck/Fastrich*, in: Baumbach/Hueck, GmbHG, § 5 Rn. 30; *Märtens*, in: MünchKommGmbHG, § 5 Rn. 102.

128 *Hueck/Fastrich*, in: Baumbach/Hueck, GmbHG, § 5 Rn. 30; *Märtens*, in: MünchKommGmbHG, § 5 Rn. 102.

129 *Hueck/Fastrich*, in: Baumbach/Hueck, GmbHG, § 5 Rn. 30; *Ulmer*, in: Ulmer/Habersack/Winter, GmbHG, § 5 Rn. 75; a.A. *Märtens*, in: MünchKommGmbHG, § 5 Rn. 104.

130 *Märtens*, in: MünchKommGmbHG, § 5 Rn. 103; *Ulmer*, in: Ulmer/Habersack/Winter, GmbHG, § 5 Rn. 76.

131 *Hueck/Fastrich*, in: Baumbach/Hueck, GmbHG, § 5 Rn. 30; *Ulmer*, in: Ulmer/Habersack/Winter, GmbHG, § 5 Rn. 66.

39 Als Alternative zur Einbringung eines Unternehmens in eine GmbH im Wege der Sachgründung stellt das UmwG für Gesellschaften den **Formwechsel** (§ 190 ff. UmwG) und für Einzelkauflaute die **Ausgliederung** zur Neugründung (§§ 152, 158 ff. UmwG) zur Verfügung.[132] Umwandlungen bieten unter anderem den Vorteil der Gesamtrechtsnachfolge im Gegensatz zu den bei der Sachgründung erforderlichen Einzelübertragungen.[133]

V. Bewertung

1. Allgemeines

40 Aus dem Verbot der Unterpari-Emission und den Vorschriften der §§ 8 Abs. 1 Nr. 5, 9c folgt, dass Sacheinlagen höchstens mit ihrem **Zeitwert** auf den Nennbetrag des Geschäftsanteils angerechnet werden dürfen.[134] Ist die Sacheinlage »nicht unwesentlich überbewertet« worden, darf das Registergericht die Gesellschaft nicht eintragen (§ 9c Abs. 1 S. 2). Kommt es dennoch zur Eintragung, hat der Inferent in Höhe der Differenz zwischen Nennbetrag des übernommenen Geschäftsanteils und Wert der Sacheinlage eine Einlage in Geld zu leisten (Differenzhaftung nach § 9). Daneben kommt bei schuldhaft unrichtigen Angaben im Sachgründungsbericht ein Schadensersatzanspruch gegen die Gründer und Geschäftsführer nach § 9a in Betracht.[135] Auch Schadensersatzansprüche aus allgemeinen Vorschriften wie § 826 BGB oder § 823 Abs. 2 BGB i.V.m. § 263 StGB können gegeben sein.[136]

2. Bewertungszeitpunkt

41 Aus § 9 ergibt sich, dass der maßgebliche Bewertungszeitpunkt grds. die Anmeldung der Gesellschaft zur Eintragung in das Handelsregister ist.[137] Da der Inferent die Sache nach § 7 Abs. 3 bereits vor Anmeldung einbringen muss, trägt er bis zur Anmeldung das Wertminderungsrisiko.[138] Nach h.M. hat das Registergericht aber auch Wertminderungen zwischen Anmeldung und Eintragung zu berücksichtigen (dazu § 9c Rdn. 30).[139]

---

132 *Hueck/Fastrich*, in: Baumbach/Hueck, GmbHG, § 5 Rn. 31; *Roth*, in: Altmeppen/Roth, GmbHG, § 5 Rn. 48.

133 *Bayer*, in: Lutter/Hommelhoff, GmbHG, § 5 Rn. 21.

134 *Bayer*, in: Lutter/Hommelhoff, GmbHG, § 5 Rn. 24; *Ulmer*, in: Ulmer/Habersack/Winter, GmbHG, § 5 Rn. 80.

135 *Ulmer*, in: Ulmer/Habersack/Winter, GmbHG, § 5 Rn. 95.

136 *Hueck/Fastrich*, in: Baumbach/Hueck, GmbHG, § 5 Rn. 35; *Ulmer*, in: Ulmer/Habersack/Winter, GmbHG, § 5 Rn. 95.

137 *Bayer*, in: Lutter/Hommelhoff, GmbHG, § 5 Rn. 28; *Hueck/Fastrich*, in: Baumbach/Hueck, GmbHG, § 5 Rn. 34; *Ulmer*, in: Ulmer/Habersack/Winter, GmbHG, § 5 Rn. 83.

138 *Hueck/Fastrich*, in: Baumbach/Hueck, GmbHG, § 5 Rn. 34; *Ulmer*, in: Ulmer/Habersack/Winter, GmbHG, § 5 Rn. 83.

139 BGH, NJW 1981, 1373, 1375; a.A. *Hueck/Fastrich*, in: Baumbach/Hueck, GmbHG, § 5 Rn. 34, § 9c Rn. 8.

3. Bewertungsmethode

42 Der für die Bewertung des Sacheinlagegegenstandes maßgebliche Zeitwert entspricht dem Wert, um den nach objektivem Maßstab das Gesellschaftsvermögen erhöht wird.[140] Er stimmt mit dem in der Eröffnungsbilanz zulässigen Höchstwert überein.[141] Da sich für die Gesellschaft der Wert eines Gegenstandes nach seiner Verwendungsmöglichkeit richtet, ist nach der Zweckbestimmung des Gegenstandes zu differenzieren.[142] Da Gegenstände des Anlagevermögens dazu bestimmt sind, dauernd dem Geschäftsbetrieb zu dienen (§ 247 Abs. 2 HGB), ist der Nutzwert für die Gesellschaft maßgeblich. Dieser entspricht häufig dem Wiederbeschaffungs- oder Reproduktionswert.[143] Kann ein solcher Wert wegen der einmaligen Natur des Gegenstandes (z.B. Firma, Goodwill, Patente, Know-how) nicht ermittelt werden, ist unter Berücksichtigung des Vorsichtsprinzips der Ertragswert zu schätzen.[144] Gegenstände des Umlaufvermögens sind entsprechend ihrer Zweckbestimmung grds. mit ihrem Einzelveräußerungswert abzüglich zu erwartender Veräußerungsaufwendungen und wahrscheinlicher Erlöseinbußen anzusetzen.[145] Zur Bewertung von Forderungen Rdn. 31.

43 Besondere Bedeutung kommt der Bewertung bei der Einbringung von Sach- und Rechtsgesamtheiten wie Unternehmen zu. Anerkannt sind die **Ertragswertmethode** und das **Discounted-Cash-Flow-Verfahren** (DCF-Verfahren).[146] Bei der Ertragswertmethode wird der Unternehmenswert durch Diskontierung der zukünftig zu erwartenden Erträge des betriebsnotwendigen Vermögens zuzüglich des Barwertes des nicht betriebsnotwendigen Vermögens ermittelt.[147] Das DCF-Verfahren ermittelt den Unternehmenswert dagegen durch die Diskontierung von Zahlungsströhmen (Cash-Flows).[148]

44 Praktische Probleme bei der Einbringung von Unternehmen resultieren daraus, dass sich der Wert eines Unternehmens laufend und daher auch zwischen Abschluss des Gesellschaftsvertrages, tatsächlicher Einbringung, Anmeldung und Eintragung

---

140 OLG Düsseldorf, NJW-RR 1992, 426; *Märtens*, in: MünchKommGmbHG, § 5 Rn. 145; *Ulmer*, in: Ulmer/Habersack/Winter, GmbHG, § 5 Rn. 82.

141 *Winter/Westermann*, in: Scholz, GmbHG, § 5 Rn. 57.

142 *Hueck/Fastrich*, in: Baumbach/Hueck, GmbHG, § 5 Rn. 34.

143 OLG Düsseldorf, NJW-RR 1992, 426; *Hueck/Fastrich*, in: Baumbach/Hueck, GmbHG, § 5 Rn. 34; *Ulmer*, in: Ulmer/Habersack/Winter, GmbHG, § 5 Rn. 82; *Winter/Westermann*, in: Scholz, GmbHG, § 5 Rn. 57.

144 *Bayer*, in: Lutter/Hommelhoff, GmbHG, § 5 Rn. 25; *Freitag/Riemenschneider*, in: MünchHdbGmbH, § 9 Rn. 34; *Winter/Westermann*, in: Scholz, GmbHG, § 5 Rn. 57.

145 OLG München, GmbHR 1994, 712; *Märtens*, in: MünchKommGmbHG, § 5 Rn. 148; *Winter/Westermann*, in: Scholz, GmbHG, § 5 Rn. 57.

146 *Hueck/Fastrich*, in: Baumbach/Hueck, GmbHG, § 5 Rn. 34.

147 *Hueck/Fastrich*, in: Baumbach/Hueck, GmbHG, § 34 Rn. 23; dazu ausführlich *Großfeld*, Recht der Unternehmensbewertung, Rn. 982 ff.

148 *Hueck/Fastrich*, in: Baumbach/Hueck, GmbHG, § 34 Rn. 23; dazu ausführlich *Großfeld*, Recht der Unternehmensbewertung, Rn. 1004 ff.

ändert. Zur Lösung dieses Problems kann im Gesellschaftsvertag vereinbart werden, dass eine etwaige Unterdeckung durch eine Geldleistung ausgeglichen wird (sog. **Differenzschuld**).[149] Da diese Regelung als eine auf die Sacheinlage bezogene Wertgarantie und nicht als Mischeinlage (dazu Rdn. 67) qualifiziert wird, hat der Sacheinleger auch den Differenzbetrag bis zur Anmeldung (§ 7 Abs. 3) zu leisten.[150] Durch schuldrechtliche Nebenabreden kann ein interner Ausgleich zwischen den Gesellschaftern hergestellt werden.[151] Für den Fall einer Überdeckung kann gesellschaftsvertraglich eine Ausgleichszahlung an den Sacheinleger geregelt werden (sog. gemischte Sacheinlage, dazu Rdn. 66).[152] Bei Fehlen einer solchen Vereinbarung ist umstritten, ob der wirkliche Wert durch Ausweis des Differenzbetrages in der Kapitalrücklage (§ 272 Abs. 2 Nr. 1 HGB) offenzulegen ist.[153]

VI. Festsetzung im Gesellschaftsvertrag (§ 5 Abs. 4 S. 1)

1. Allgemeines

45 § 5 Abs. 4 S. 1 bestimmt, dass der Gegenstand der Sacheinlage und der Nennbetrag des Geschäftsanteils, auf den sich die Sacheinlage bezieht, im Gesellschaftsvertrag festzusetzen sind. Mit dieser Offenlegungspflicht wird bezweckt, Dritte (insbesondere Gesellschaftsgläubiger) über die Art und Weise der Kapitalaufbringung zu informieren und dem Registergericht eine Kontrolle der Sachgründung nach § 9c Abs. 1 S. 2 zu ermöglichen.[154] Ausreichend sind insoweit auch Angaben in einer mitbeurkundeten Anlage zum Gesellschaftsvertrag (§ 9 Abs. 1 S. 2 BeurkG), nicht hingegen im Gründungsprotokoll.[155] Gesetzlich nicht geregelt ist, wie lange die Festsetzungen hinsichtlich der Sacheinlage im Gesellschaftsvertrag verbleiben müssen. In Anlehnung an die für die Differenzhaftung geltende Verjährungsfrist (§ 9 Abs. 2) ist mit der h.M. von einer Zehnjahresfrist auszugehen.[156]

149 *Bayer*, in: Lutter/Hommelhoff, GmbHG, § 5 Rn. 26.

150 *Märtens*, in: MünchKommGmbHG, § 5 Rn. 153; *Winter/Westermann*, in: Scholz, GmbHG, § 5 Rn. 58.

151 *Ulmer*, in: Ulmer/Habersack/Winter, GmbHG, § 5 Rn. 83; *Winter/Westermann*, in: Scholz, GmbHG, § 5 Rn. 58.

152 *Winter/Westermann*, in: Scholz, GmbHG, § 5 Rn. 58.

153 Für Offenlegungspflicht *Bayer*, in: Lutter/Hommelhoff, GmbHG, § 5 Rn. 27; *Hueck/Fastrich*, in: Baumbach/Hueck, GmbHG, § 5 Rn. 33; *Märtens*, in: MünchKommGmbHG, § 5 Rn. 153. Gegen Offenlegungspflicht *Roth*, in: Altmeppen/Roth, GmbHG, § 5 Rn. 54a; *Ulmer*, in: Ulmer/Habersack/Winter, GmbHG, § 5 Rn. 81; *Winter/Westermann*, in: Scholz, GmbHG, § 5 Rn. 56.

154 *Hueck/Fastrich*, in: Baumbach/Hueck, GmbHG, § 5 Rn. 43; *Ulmer*, in: Ulmer/Habersack/Winter, GmbHG, § 5 Rn. 127.

155 *Hueck/Fastrich*, in: Baumbach/Hueck, GmbHG, § 5 Rn. 43; *Märtens*, in: MünchKommGmbHG, § 5 Rn. 233; *Ulmer*, in: Ulmer/Habersack/Winter, GmbHG, § 5 Rn. 126.

156 *Hueck/Fastrich*, in: Baumbach/Hueck, GmbHG, § 5 Rn. 49; *Märtens*, in: MünchKommGmbHG, § 5 Rn. 220; *Ulmer*, in: Ulmer/Habersack/Winter, GmbHG, § 5 Rn. 130; für fünf Jahre *Winter/Westermann*, in: Scholz, GmbHG, § 5 Rn. 86.

2. Erforderliche Angaben

46 Erforderlich sind Angaben zur Person des Inferenten, zum Gegenstand der Sacheinlage, zum Anrechnungsbetrag und ggf. zu getroffenen Nebenabreden.

47 Angaben zur **Person des Inferenten** werden zwar von § 5 Abs. 4 S. 1 nicht ausdrücklich gefordert, sind aber nach ganz h.M. zum Verständnis der anderen Angaben zwingend erforderlich.[157] Ausreichend ist jede individualisierende Bezeichnung.[158]

48 Die Angaben zum **Gegenstand der Sacheinlage** müssen eine eindeutige Bestimmung seiner Identität ermöglichen. Die sich daraus ergebenden Anforderungen hängen von der Art des Gegenstandes ab. Während vertretbare Sachen (auch Wertpapiere) mit ihrer Gattungsbezeichnung und der Zahl- oder Mengenangabe festgesetzt werden können, müssen unvertretbare Sachen (auch Immobilien) individualisierend gekennzeichnet werden.[159] Bei Forderungen sind grds. Angaben zur Person des Schuldners, zum Schuldinhalt und zur Schuldursache erforderlich.[160] Bei Sachgesamtheiten wie Unternehmen reicht die Angabe der im Verkehr üblichen Bezeichnung (z.B. Firma, Handelsregisternummer).[161] Auf die Aufzählung der einzelnen Gegenständ kann grds. genauso verzichtet werden wie auf die Beifügung einer Einbringungsbilanz.[162] Sollen einzelne Aktiva oder Passiva nicht eingebracht werden, sind sie genau zu bezeichnen.[163]

49 § 5 Abs. 4 S. 1 fordert weiterhin die Angabe des Nennbetrages des Geschäftsanteils, auf den sich die Sacheinlage bezieht (**Anrechnungsbetrag**). Aus dieser Formulierung wird geschlossen, dass nicht der Wert des einzubringenden Gegenstandes, sondern der Betrag, auf den die Sacheinlage anzurechnen ist, festzusetzen ist.[164] Daher muss

---

157 *Bayer*, in: Lutter/Hommelhoff, GmbHG, § 5 Rn. 31; *Hueck/Fastrich*, in: Baumbach/Hueck, GmbHG, § 5 Rn. 44; *Ulmer*, in: Ulmer/Habersack/Winter, GmbHG, § 5 Rn. 133; *Winter/Westermann*, in: Scholz, GmbHG, § 5 Rn. 87.

158 *Winter/Westermann*, in: Scholz, GmbHG, § 5 Rn. 87.

159 *Ulmer*, in: Ulmer/Habersack/Winter, GmbHG, § 5 Rn. 136; *Winter/Westermann*, in: Scholz, GmbHG, § 5 Rn. 88.

160 *Märtens*, in: MünchKommGmbHG, § 5 Rn. 226; *Ulmer*, in: Ulmer/Habersack/Winter, GmbHG, § 5 Rn. 138.

161 *Hueck/Fastrich*, in: Baumbach/Hueck, GmbHG, § 5 Rn. 45; *Ulmer*, in: Ulmer/Habersack/Winter, GmbHG, § 5 Rn. 140; *Winter/Westermann*, in: Scholz, GmbHG, § 5 Rn. 88.

162 *Hueck/Fastrich*, in: Baumbach/Hueck, GmbHG, § 5 Rn. 45; *Ulmer*, in: Ulmer/Habersack/Winter, GmbHG, § 5 Rn. 140; nunmehr auch *Bayer*, in: Lutter/Hommelhoff, GmbHG, § 5 Rn. 31.

163 BGH, NZG 2000, 1226, 1227; *Bayer*, in: Lutter/Hommelhoff, GmbHG, § 5 Rn. 31; *Hueck/Fastrich*, in: Baumbach/Hueck, GmbHG, § 5 Rn. 45; *Ulmer*, in: Ulmer/Habersack/Winter, GmbHG, § 5 Rn. 140.

164 *Hueck/Fastrich*, in: Baumbach/Hueck, GmbHG, § 5 Rn. 46; *Ulmer*, in: Ulmer/Habersack/Winter, GmbHG, § 5 Rn. 141.

bei der Einbringung mehrerer Gegenstände der Anrechnungsbetrag auch nicht auf die verschiedenen Gegenstände verteilt werden.[165]

50 Schließlich bedarf es auch der Angabe etwaiger **Nebenabreden**, soweit diese Auswirkungen auf den Wert des einzubringenden Gegenstandes haben.[166] Das Fehlen solcher Angaben hat keine Auswirkungen auf die Wirksamkeit der Sacheinlagevereinbarung, sondern führt lediglich dazu, dass sich der Inferent nicht auf die ihn begünstigende Nebenabrede berufen kann.[167]

VII. Sachgründungsbericht (§ 5 Abs. 4 S. 2)

1. Allgemeines

51 Nach § 5 Abs. 4 S. 2 haben die Gesellschafter in einem Sachgründungsbericht die für die Angemessenheit der Leistungen für Sacheinlagen wesentlichen Umstände darzulegen. Hierdurch soll die Kontrolle durch das Registergericht nach § 9c Abs. 1 S. 2 erleichtert und der Schutz der Gesellschaftsgläubiger vor überbewerteten Sacheinlagen verbessert werden.[168] Nach § 8 Abs. 1 Nr. 4 ist der Sachgründungsbericht der Anmeldung zum Handelsregister beizufügen. Hieraus folgt, dass der Sachgründungsbericht schriftlich abzufassen ist.[169] Er ist nicht nach § 2 Abs. 1 zu beurkunden, da er nicht Teil des Gesellschaftsvertrages ist.[170] Er ist von allen Gründern persönlich zu unterzeichnen; eine rechtsgeschäftliche Vertretung ist nicht möglich.[171] Die Berichtspflicht trifft grds. nur Gründer, die der Vor-Gesellschaft im Zeitpunkt der Anmeldung angehören.[172] Gründer, die zwischen Anmeldung und Eintragung hinzukommen, haben nur dann einen Gründungsbericht zu erstellen, wenn sie ebenfalls eine Sacheinlage erbringen sollen.[173] Falsche Angaben können nach § 9a Ersatzansprüche der Gesellschaft begründen und sind nach § 82 Abs. 1 Nr. 2 strafbewährt. Ist der Sachgründungsbericht mangelhaft oder fehlt er vollständig, darf die Gesellschaft nach § 9c Abs. 1 S. 1 nicht eingetragen werden. Wird sie dennoch eingetragen, führen die Mängel nicht zur Unwirksamkeit der Sachgründung.[174]

---

165 *Hueck/Fastrich*, in: Baumbach/Hueck, GmbHG, § 5 Rn. 46; *Ulmer*, in: Ulmer/Habersack/Winter, GmbHG, § 5 Rn. 144.

166 *Märtens*, in: MünchKommGmbHG, § 5 Rn. 219; *Ulmer*, in: Ulmer/Habersack/Winter, GmbHG, § 5 Rn. 129.

167 *Märtens*, in: MünchKommGmbHG, § 5 Rn. 219; *Ulmer*, in: Ulmer/Habersack/Winter, GmbHG, § 5 Rn. 129.

168 *Winter/Westermann*, in: Scholz, GmbHG, § 5 Rn. 98.

169 *Bayer*, in: Lutter/Hommelhoff, GmbHG, § 5 Rn. 34; *Hueck/Fastrich*, in: Baumbach/Hueck, GmbHG, § 5 Rn. 54.

170 *Winter/Westermann*, in: Scholz, GmbHG, § 5 Rn. 102.

171 *Bayer*, in: Lutter/Hommelhoff, GmbHG, § 5 Rn. 34; *Hueck/Fastrich*, in: Baumbach/Hueck, GmbHG, § 5 Rn. 54; *Winter/Westermann*, in: Scholz, GmbHG, § 5 Rn. 100.

172 *Hueck/Fastrich*, in: Baumbach/Hueck, GmbHG, § 5 Rn. 54.

173 *Bayer*, in: Lutter/Hommelhoff, GmbHG, § 5 Rn. 34; *Ulmer*, in: Ulmer/Habersack/Winter, GmbHG, § 5 Rn. 158.

174 BGH, NZG 2004, 910, 911; *Märtens*, in: MünchKommGmbHG, § 5 Rn. 242.

2. Inhalt

52 Der konkrete Inhalt des Sachgründungsberichts wird – anders als in § 32 AktG – vom Gesetz nicht festgelegt. In jedem Fall muss er entsprechend seinem Zweck Angaben enthalten, anhand derer der Wert des Einbringungsgegenstandes beurteilt werden kann. Dies kann je nach Art des Gegenstandes durch unterschiedliche Angaben bzw. Unterlagen erfolgen. Als nicht bindende Orientierungshilfe kann § 32 Abs. 2 AktG dienen.[175] Je nach Einbringungsgegenstand können Angaben zu Art, Alter, Beschaffenheit, Menge, Zustand, Anschaffungs- oder Herstellungskosten, Markt- oder Börsenpreis erforderlich sein.[176] Dabei kann auf beigefügte Unterlagen (z.B. Inventarverzeichnis, Einbringungsbilanz, Gutachten) Bezug genommen werden.[177] Auch angewendete Bewertungsmethoden sind anzugeben.[178]

3. Besonderheiten bei Unternehmen

53 Soll ein Unternehmen oder Unternehmensteil eingebracht werden, haben die Gesellschafter nach § 5 Abs. 4 S. 2 HS. 2 zudem die Jahresergebnisse der beiden letzten Geschäftsjahre anzugeben. Die Pflicht gilt unabhängig davon, ob das Unternehmen selbst als Sach- und Rechtsgesamtheit oder die Anteile an dem Unternehmensträger eingebracht werden sollen.[179] Der Begriff »Jahresergebnisse« erfasst nach h.M. die Jahresüberschüsse oder -fehlbeträge nach § 266 Abs. 3 A. V. HGB, § 275 Abs. 2 Nr. 20 bzw. Abs. 3 Nr. 19 HGB.[180] Daneben ist die Einreichung vollständiger Jahresabschlüsse nicht vorgeschrieben, aber häufig sinnvoll.[181] Existiert das Unternehmen noch keine zwei Jahre, sind die bislang erzielten Ergebnisse offenzulegen.[182]

VIII. Mängel der Sacheinlagevereinbarung, Leistungsstörungen

1. Allgemeines

54 Das Sachgründungsrecht enthält keine eigenen Regeln für Mängel und Leistungsstörungen im Zusammenhang mit der Sacheinlagevereinbarung. Da diese körperschaftlichen Charakter hat und stets der Grundsatz der realen Kapitalaufbringung zu beachtet ist, können die allgemeinen Regeln des BGB nur mit gewissen Einschrän-

---

175 *Hueck/Fastrich*, in: Baumbach/Hueck, GmbHG, § 5 Rn. 55; *Märtens*, in: MünchKommGmbHG, § 5 Rn. 248.

176 *Bayer*, in: Lutter/Hommelhoff, GmbHG, § 5 Rn. 33; *Märtens*, in: MünchKommGmbHG, § 5 Rn. 249; *Winter/Westermann*, in: Scholz, GmbHG, § 5 Rn. 104.

177 *Bayer*, in: Lutter/Hommelhoff, GmbHG, § 5 Rn. 33; *Märtens*, in: MünchKommGmbHG, § 5 Rn. 249; *Winter/Westermann*, in: Scholz, GmbHG, § 5 Rn. 104.

178 *Märtens*, in: MünchKommGmbHG, § 5 Rn. 249; *Winter/Westermann*, in: Scholz, GmbHG, § 5 Rn. 104.

179 *Märtens*, in: MünchKommGmbHG, § 5 Rn. 251.

180 *Bayer*, in: Lutter/Hommelhoff, GmbHG, § 5 Rn. 33; *Märtens*, in: MünchKommGmbHG, § 5 Rn. 252; *Winter/Westermann*, in: Scholz, GmbHG, § 5 Rn. 105.

181 *Hueck/Fastrich*, in: Baumbach/Hueck, GmbHG, § 5 Rn. 55.

182 *Winter/Westermann*, in: Scholz, GmbHG, § 5 Rn. 105.

kungen Anwendung finden.[183] Weitere Besonderheiten ergeben sich daraus, dass die Sacheinlagevereinbarung als eine Erfüllungsvereinbarung anzusehen ist, durch die die subsidiär weiterbestehende Barleistungspflicht lediglich modifiziert wird (dazu Rdn. 17).[184] Schließlich ist das durch die Eintragung hervorgerufene öffentliche Vertrauen in den Bestand der Gesellschaft zu berücksichtigen.[185] Damit hängen die Fehlerfolgen auch davon ab, ob die Gesellschaft bereits eingetragen ist oder nicht.

2. Formmängel

55 Entspricht die gesellschaftsvertragliche Festsetzung der Sacheinlage nicht den Anforderungen des § 5 Abs. 4 S. 1 (dazu Rdn. 45 ff.) oder fehlt sie vollständig, so ist die Sacheinlagevereinbarung formnichtig (§ 125 S. 1 BGB).[186] Das Registergericht darf die Gesellschaft nicht eintragen (§ 9c Abs. 1 S. 1). Das Eintragungshindernis ist erst behoben, wenn entweder die Gesellschafter den Formmangel durch Änderung des Gesellschaftsvertrages beseitigen oder der betroffene Inferent seine Einlage durch Barzahlung erbringt.[187] Letzteres ist möglich, da die Barleistungspflicht subsidiär weiterbesteht. Mit der überwiegenden Auffassung in der Literatur ist davon auszugehen, dass sich auch vor Eintragung die Unwirksamkeit der Sacheinlagevereinbarung nicht auf die Wirksamkeit der Beitrittserklärung des betroffenen Inferenten auswirkt.[188] Eine Anrechnung des bereits eingebrachten Gegenstandes scheidet vor Eintragung aus (§ 19 Abs. 4 S. 4).

56 Wird die Gesellschaft trotz formnichtiger Sacheinlagevereinbarung eingetragen, bleibt der Inferent zur Bareinlage verpflichtet. Unabhängig davon, ob die gesellschaftsvertragliche Sacheinlagevereinbarung vollständig fehlt oder lediglich fehlerhaft ist, wird der bereits eingebrachte Gegenstand entsprechend § 19 Abs. 4 S. 4 auf die Bareinlageverpflichtung angerechnet.[189] Die Übertragung der Einbringungsgegenstände ist wirksam (§ 19 Abs. 4 S. 3), so dass eine Rückabwicklung ausscheidet.[190]

183 Statt vieler *Hueck/Fastrich*, in: Baumbach/Hueck, GmbHG, § 5 Rn. 36.
184 *Ulmer*, in: Ulmer/Habersack/Winter, GmbHG, § 5 Rn. 99.
185 *Ulmer*, in: Ulmer/Habersack/Winter, GmbHG, § 5 Rn. 99.
186 *Bayer*, in: Lutter/Hommelhoff, GmbHG, § 5 Rn. 32; *Winter/Westermann*, in: Scholz, GmbHG, § 5 Rn. 93.
187 *Bayer*, in: Lutter/Hommelhoff, GmbHG, § 5 Rn. 32; *Märtens*, in: MünchKommGmbHG, § 5 Rn. 234; *Ulmer*, in: Ulmer/Habersack/Winter, GmbHG, § 5 Rn. 101.
188 *Bayer*, in: Lutter/Hommelhoff, GmbHG, § 5 Rn. 32; *Ulmer*, in: Ulmer/Habersack/Winter, GmbHG, § 5 Rn. 101, a.A. *Winter/Westermann*, in: Scholz, GmbHG, § 5 Rn. 93. Für Anwendung des § 139 BGB *Märtens*, in: MünchKommGmbHG, § 5 Rn. 236.
189 *Bayer*, in: Lutter/Hommelhoff, GmbHG, § 5 Rn. 32; *Märtens*, in: MünchKommGmbHG, § 5 Rn. 240.
190 *Bayer*, in: Lutter/Hommelhoff, GmbHG, § 5 Rn. 32.

3. Willensmängel

57 Auch bei Vorliegen von Willensmängeln, die nach den allgemeinen Regeln zur Anfechtung der Sacheinlagevereinbarung nach §§ 119, 123 BGB berechtigen würden, ist entscheidend, ob die Gesellschaft bereits eingetragen worden ist. Vor Eintragung ist eine Anfechtung der Sacheinlagevereinbarung stets möglich, wobei § 139 BGB den Maßstab dafür bildet, ob der Beitritt insgesamt unwirksam ist. Von einer Gesamtnichtigkeit ist auszugehen, wenn der betroffene Inferent ohne die Sacheinlagevereinbarung nicht beigetreten wäre oder die anderen Gesellschafter ihn nicht aufgenommen hätten.[191] Ansonsten ist eine Teilanfechtung mit der Folge des Wiederauflebens der Geldeinlagepflicht möglich.[192] Nach Eintragung ist wegen des öffentlichen Vertrauens in den Bestand der Gesellschaft eine Anfechtung nur ausnahmsweise möglich, wenn die eben beschriebenen Voraussetzungen einer Teilanfechtung vorliegen. In diesem Fall ist lediglich die Sacheinlagevereinbarung nichtig mit der Folge, dass der bereits eingebrachte Gegenstand Zug um Zug gegen Geldeinlage herauszugeben ist.[193] Nach h.M. scheidet eine Anfechtung wegen des Grundsatzes der realen Kapitalaufbringung aus, wenn der Gesellschafter zur Barzahlung nicht in der Lage ist.[194]

4. Unmöglichkeit, Verzug

58 Im Fall der objektiven oder subjektiven Unmöglichkeit entfällt die Pflicht zur Leistung der Sacheinlage nach § 275 Abs. 1 BGB, wobei der Beitritt des Inferenten im Übrigen – auch bei anfänglicher Unmöglichkeit (§ 311a Abs. 1 BGB) – wirksam bleibt.[195] Der Inferent ist zur Bareinlage verpflichtet.[196] Ein weitergehender Schaden der Gesellschaft kann unter den Voraussetzungen des § 283 BGB (nachträgliche Unmöglichkeit) oder des § 311a Abs. 2 BGB (anfängliche Unmöglichkeit) geltend gemacht werden.[197] Stellt sich die Unmöglichkeit bereits vor Eintragung der Gesellschaft heraus, so ist ausnahmsweise der gesamte Beitritt des Inferenten unwirksam, wenn er ohne die Möglichkeit der Sacheinlage nicht beigetreten bzw. aufgenommen worden wäre.[198]

---

191 *Hueck/Fastrich*, in: Baumbach/Hueck, GmbHG, § 5 Rn. 37; *Märtens*, in: MünchKommGmbHG, § 5 Rn. 157; *Ulmer*, in: Ulmer/Habersack/Winter, GmbHG, § 5 Rn. 103.

192 *Märtens*, in: MünchKommGmbHG, § 5 Rn. 158.

193 *Hueck/Fastrich*, in: Baumbach/Hueck, GmbHG, § 5 Rn. 37; *Märtens*, in: MünchKommGmbHG, § 5 Rn. 160.

194 *Hueck/Fastrich*, in: Baumbach/Hueck, GmbHG, § 5 Rn. 37; *Ulmer*, in: Ulmer/Habersack/Winter, GmbHG, § 5 Rn. 103; a.A. *Märtens*, in: MünchKommGmbHG, § 5 Rn. 160: Fristsetzung mit Ablehnungsandrohung entsprechend § 321 Abs. 2 BGB.

195 *Hueck/Fastrich*, in: Baumbach/Hueck, GmbHG, § 5 Rn. 38; *Winter/Westermann*, in: Scholz, GmbHG, § 5 Rn. 63.

196 *Bayer*, in: Lutter/Hommelhoff, GmbHG, § 5 Rn. 30.

197 *Hueck/Fastrich*, in: Baumbach/Hueck, GmbHG, § 5 Rn. 38.

198 *Märtens*, in: MünchKommGmbHG, § 5 Rn. 171; *Winter/Westermann*, in: Scholz, GmbHG, § 5 Rn. 64.

59 Kommt der Inferent mit der Sacheinlage in **Verzug**, kann die Gesellschaft nach §§ 280 Abs. 1, Abs. 2, 286 BGB den Verzögerungsschaden geltend machen.[199] Unter den Voraussetzungen des § 280 Abs. 1, Abs. 3, 281 BGB – fruchtloser Ablauf einer dem Inferenten zur Leistung der Sacheinlage gesetzten Frist – kann die Gesellschaft wahlweise die wiederauflebende Bareinlageforderung oder Schadensersatz statt der Leistung geltend machen.[200]

5. Sach- und Rechtsmängel

60 Da die Einbringung einer Sache gegen Ausgabe von Geschäftsanteilen kein kaufähnliches Austauschgeschäft, sondern ein körperschaftlicher Akt ist, kann das kaufrechtliche Gewährleistungsrecht allenfalls analog auf mangelbehaftete Einbringungsgegenstände angewendet werden.[201] Zudem ist zu beachten, dass bereits das Sachgründungsrecht eine spezialgesetzliche Differenzhaftung (§ 9) bei der Überbewertung von Sacheinlagen vorsieht.

61 Dennoch können einzelne Gewährleistungsrechte Anwendung finden. Dies betrifft in erster Linie das Recht der Gesellschaft auf Nacherfüllung (§§ 437 Nr. 1, 439 BGB), durch welches dem Interesse der Gesellschaft an einer mangelfreien Sache Rechnung getragen werden kann.[202] Dieses Interesse an der Primärleistung würde bei der ausschließlichen Geltung der Differenzhaftung (§ 9) nicht ausreichend berücksichtigt. Weiterhin ist es interessensgerecht, der Gesellschaft die Geltendmachung eines weitergehenden Schadens unter den Voraussetzungen der §§ 437 Nr. 3 i.V.m. § 280 ff. BGB zu ermöglichen, wenn der Inferent den Mangel zu vertreten hat.[203] Es bleibt die Frage, ob der Gesellschaft auch ein Rücktrittsrecht nach §§ 437 Nr. 2, 323 BGB zustehen kann. Wegen des Bestandsschutzes kann sich das Rücktrittsrecht jedenfalls nach der Eintragung nur auf die Sacheinlagevereinbarung und nicht auf den gesamten Beitritt des Inferenten beziehen. Dies hätte in Übereinstimmung mit dem Grundsatz der realen Kapitalaufbringung zur Folge, dass die Geldeinlagepflicht des Inferenten wiederauflebt und Zug um Zug gegen Rückgabe der mangelhaften

199 *Hueck/Fastrich*, in: Baumbach/Hueck, GmbHG, § 5 Rn. 38; *Winter/Westermann*, in: Scholz, GmbHG, § 5 Rn. 65.

200 *Märtens*, in: MünchKommGmbHG, § 5 Rn. 173; *Ulmer*, in: Ulmer/Habersack/Winter, GmbHG, § 5 Rn. 107.

201 *Märtens*, in: MünchKommGmbHG, § 5 Rn. 179; *Winter/Westermann*, in: Scholz, GmbHG, § 5 Rn. 66.

202 *Hueck/Fastrich*, in: Baumbach/Hueck, GmbHG, § 5 Rn. 39; *Ulmer*, in: Ulmer/Habersack/Winter, GmbHG, § 5 Rn. 109.

203 *Hueck/Fastrich*, in: Baumbach/Hueck, GmbHG, § 5 Rn. 39; *Ulmer*, in: Ulmer/Habersack/Winter, GmbHG, § 5 Rn. 109. Einschränkend auf Mängel, die die Funktionstauglichkeit der Sache erheblich beeinträchtigen *Märtens*, in: MünchKommGmbHG, § 5 Rn. 181.

Sache zu erfüllen wäre.[204] Den in der Literatur[205] geäußerten Bedenken hinsichtlich eines Rücktrittsrechts bei nicht erheblichen Mängeln kann über die Anwendung des § 323 Abs. 5 S. 2 BGB angemessen begegnet werden.[206] Schließlich besteht auch ein Bedürfnis für ein Rücktrittsrecht. Denn die subsidiär weiterbestehende Geldeinlagepflicht lebt im Fall eines behebbaren Sachmangels nicht bereits kraft Gesetzes wieder auf, da die Sacheinlagevereinbarung – anders als im Fall eines Formmangels (§ 125 S. 1 BGB) oder der Unmöglichkeit (§ 275 Abs. 1 BGB) – nicht kraft Gesetzes unwirksam ist, sondern erst durch Ausübung des Rücktrittsrechts erlischt.[207] § 377 HGB ist nicht anwendbar.[208] Die Verjährung der Gewährleistungsansprüche richtet sich – unabhängig von der für die Differenzhaftung geltenden Verjährung (§ 9 Abs. 2) – nach § 438 BGB.[209]

IX. Sachübernahme

1. Allgemeines

62 Auf Sachübernahmen sind die für Sacheinlagen im engeren Sinne geltenden Sachgründungsvorschriften entsprechend anzuwenden (zum Begriff der Sachübernahme Rdn. 20).[210] Denn aus wirtschaftlicher Sicht macht es keinen Unterschied, ob von vornherein eine Sache eingebracht werden soll oder die Verrechnung der Bareinlageschuld mit einer gegen die Gesellschaft gerichteten Vergütungsforderung (z.B. aus einem Kaufvertrag) vereinbart wird.[211] An der früher in § 19 Abs. 5 a.F. ausdrücklich angeordneten Gleichbehandlung hat sich auch durch die Aufhebung dieser Vorschrift durch das MoMiG in der Sache nichts geändert.[212]

2. Gesellschaftsvertragliche Festsetzung

63 Bei einer Sachübernahme sind zu unterscheiden die sich aus dem Gesellschaftsvertrag ergebende **Bareinlageverpflichtung**, das **schuldrechtliche Erwerbsgeschäft**, welches die Grundlage für den Vergütungsanspruch bildet, und die **Anrechnungsabrede.**[213]

---

204 So wohl auch *Hueck/Fastrich*, in: Baumbach/Hueck, GmbHG, § 5 Rn. 39. *Winter/Westermann*, in: Scholz, GmbHG, § 5 Rn. 66 nehmen eine Vorleistungspflicht des Inferenten an.

205 *Märtens*, in: MünchKommGmbHG, § 5 Rn. 180.

206 Für die Anwendung des § 323 Abs. 5 S. 2 BGB ebenfalls *Winter/Westermann*, in: Scholz, GmbHG, § 5 Rn. 66.

207 Wohl anderer Auffassung *Ulmer*, in: Ulmer/Habersack/Winter, GmbHG, § 5 Rn. 99, 109.

208 *Bayer*, in: Lutter/Hommelhoff, GmbHG, § 5 Rn. 30; *Winter/Westermann*, in: Scholz, GmbHG, § 5 Rn. 68.

209 *Hueck/Fastrich*, in: Baumbach/Hueck, GmbHG, § 5 Rn. 39; *Winter/Westermann*, in: Scholz, GmbHG, § 5 Rn. 68.

210 *Hueck/Fastrich*, in: Baumbach/Hueck, GmbHG, § 5 Rn. 40.

211 *Märtens*, in: MünchKommGmbHG, § 5 Rn. 187.

212 *Hueck/Fastrich*, in: Baumbach/Hueck, GmbHG, § 5 Rn. 16.

213 *Märtens*, in: MünchKommGmbHG, § 5 Rn. 187.

Einigkeit besteht darin, dass jedenfalls die Anrechnungsabrede nach § 5 Abs. 4 S. 1 in den Gesellschaftsvertrag aufgenommen werden muss. Ob dies auch für das schuldrechtliche Verpflichtungsgeschäft gilt, ist umstritten, mit der überwiegenden Literaturauffassung aber abzulehnen, da allein die Anrechnungsabrede die Gleichstellung mit einer Sacheinlage rechtfertigt.[214] Aus praktischer Sicht ist die Aufnahme des schuldrechtlichen Verpflichtungsgeschäfts in den Gesellschaftsvertrag häufig allerdings sinnvoll, da die Anrechnungsabrede ohnehin die wesentlichen Angaben zur Sachübernahme enthalten muss.[215] Im Übrigen gelten für das Verpflichtungsgeschäft die allgemeinen Formvorschriften (z.B. § 311b Abs. 1 BGB, § 15 Abs. 4).[216]

3. Anwendung der Sachgründungsvorschriften

64 Auch im Übrigen sind die Sachgründungsvorschriften zu beachten. So muss es sich bei der auf die Gesellschaft zu übertragenden Sache um einen sacheinlagefähigen Gegenstand handeln.[217] Bis zur Anmeldung ist wegen § 7 Abs. 3 die Sache auf die Gesellschaft zu übertragen und der Vergütungsanspruch mit der Bareinlageschuld zu verrechnen.[218] Erst nach der Anmeldung entstehende Sachen können daher auch nicht Gegenstand einer Sachübernahme sein.[219] Weiterhin muss der Anrechnungsbetrag dem objektiven Zeitwert des Sachübernahmegegenstandes entsprechen. Andernfalls trifft den betroffenen Gesellschafter die Differenzhaftung nach § 9.[220] Bei nicht unwesentlicher Überbewertung darf nach § 9c Abs. 1 S. 2 nicht eingetragen werden. Schließlich ist nach § 5 Abs. 4 S. 2 ein Sachgründungsbericht zu erstellen.[221]

4. Mängel und Leistungsstörungen

65 Hinsichtlich der Auswirkungen von Mängeln und Leistungsstörungen ist zu differenzieren. Unterliegt die Anrechnungsabrede einem Form- oder Willensmangel, so gelten die Regeln für Sacheinlagen im engeren Sinne (dazu Rdn. 55 ff.) entsprechend.[222] Insbesondere bleibt im Fall einer unwirksamen Anrechnungsabrede die Geldeinlage-

---

214 *Märtens*, in: MünchKommGmbHG, § 5 Rn. 194; *Ulmer*, in: Ulmer/Habersack/Winter, GmbHG, § 5 Rn. 116; *Winter/Westermann*, in: Scholz, GmbHG, § 5 Rn. 74; a.A. *Schmidt-Leithoff*, in: Rowedder/Schmidt-Leithoff, GmbHG, § 5 Rn. 44 unter Berufung auf die insoweit nicht eindeutige Entscheidung BGHZ 45, 338, 343.

215 *Hueck/Fastrich*, in: Baumbach/Hueck, GmbHG, § 5 Rn. 40.

216 *Ulmer*, in: Ulmer/Habersack/Winter, GmbHG, § 5 Rn. 115.

217 *Bayer*, in: Lutter/Hommelhoff, GmbHG, § 5 Rn. 39.

218 *Hueck/Fastrich*, in: Baumbach/Hueck, GmbHG, § 5 Rn. 41; *Märtens*, in: MünchKommGmbHG, § 5 Rn. 198.

219 *Bayer*, in: Lutter/Hommelhoff, GmbHG, § 5 Rn. 39.

220 *Ulmer*, in: Ulmer/Habersack/Winter, GmbHG, § 5 Rn. 114.

221 *Märtens*, in: MünchKommGmbHG, § 5 Rn. 199; *Ulmer*, in: Ulmer/Habersack/Winter, GmbHG, § 5 Rn. 114; *Winter/Westermann*, in: Scholz, GmbHG, § 5 Rn. 104; a.A. unter Berufung auf den Verweis in § 19 Abs. 2 S. 2 *Roth*, in: Altmeppen/Roth, GmbHG, § 5 Rn. 33.

222 *Ulmer*, in: Ulmer/Habersack/Winter, GmbHG, § 5 Rn. 115 f.

pflicht bestehen.[223] Das schuldrechtliche Erwerbsgeschäft unterliegt den allgemeinen Regeln des BGB.[224] Soweit der Vergütungsanspruch nach diesen Regeln erlischt oder gekürzt wird, bleibt die Geldeinlagepflicht des Inferenten mangels verrechenbarer Forderung bestehen.[225] Wegen des Grundsatzes der realen Kapitalaufbringung entfällt die Anrechnungsmöglichkeit in Höhe des Minderwertes der Sache auch dann, wenn die Gewährleistungsansprüche nach §§ 444, 442 oder 326 Abs. 2 BGB ausgeschlossen sind.[226]

X. Gemischte Sacheinlage und Mischeinlage

66 Eine **gemischte Sacheinlage** zeichnet sich dadurch aus, dass der Wert des Einbringungsgegenstandes den Nennbetrag des übernommenen Geschäftsanteils übersteigt und der Unterschiedsbetrag dem Inferenten in Geld vergütet werden soll.[227] Die Vergütung kann beispielsweise durch Verrechnung mit einer Gegenforderung, durch Gutschrift als Darlehen oder durch Übernahme einer Schuld des Inferenten erfolgen.[228] Nach h.M. liegt ein einheitliches Rechtsgeschäft vor, auf welches die Regeln zur Sacheinlage Anwendung finden.[229] Demnach muss auch die Vergütungsregelung im Gesellschaftsvertrag festgesetzt werden, wobei der zu vergütende Betrag nicht beziffert werden muss. Insbesondere bei der Einbringung von Unternehmen, welche regelmäßig nicht unerheblichen Wertschwankungen unterliegen, reicht es aus, wenn der auf den Nennbetrag des Geschäftsanteils anzurechnende Betrag angegeben und bestimmt wird, dass der den Anrechnungsbetrag übersteigende Wert dem Inferenten zu vergüten ist.[230] Fehlt es an einer Regelung im Gesellschaftsvertrag und lässt sich eine Vergütungsabrede auch nicht durch Auslegung ermitteln, scheidet ein Ausgleichsanspruch des Inferenten aus.[231]

---

223 *Märtens*, in: MünchKommGmbHG, § 5 Rn. 201 f.; *Ulmer*, in: Ulmer/Habersack/Winter, GmbHG, § 5 Rn. 115 f.

224 *Bayer*, in: Lutter/Hommelhoff, GmbHG, § 5 Rn. 40; *Hueck/Fastrich*, in: Baumbach/Hueck, GmbHG, § 5 Rn. 42.

225 *Hueck/Fastrich*, in: Baumbach/Hueck, GmbHG, § 5 Rn. 42; *Märtens*, in: MünchKommGmbHG, § 5 Rn. 205; *Ulmer*, in: Ulmer/Habersack/Winter, GmbHG, § 5 Rn. 116 f.

226 *Hueck/Fastrich*, in: Baumbach/Hueck, GmbHG, § 5 Rn. 42; *Märtens*, in: MünchKommGmbHG, § 5 Rn. 206; *Winter/Westermann*, in: Scholz, GmbHG, § 5 Rn. 74.

227 *Ulmer*, in: Ulmer/Habersack/Winter, GmbHG, § 5 Rn. 118.

228 *Hueck/Fastrich*, in: Baumbach/Hueck, GmbHG, § 5 Rn. 20; *Märtens*, in: MünchKommGmbHG, § 5 Rn. 212.

229 *Ulmer*, in: Ulmer/Habersack/Winter, GmbHG, § 5 Rn. 120.

230 *Bayer*, in: Lutter/Hommelhoff, GmbHG, § 5 Rn. 41; *Märtens*, in: MünchKommGmbHG, § 5 Rn. 213.

231 *Märtens*, in: MünchKommGmbHG, § 5 Rn. 211.

67 Eine **Mischeinlage** stellt eine Kombination von Sach- und Geldeinlage dar. Auch sie wird als ein einheitliches Rechtsgeschäft angesehen und bedarf der Aufnahme in den Gesellschaftsvertrag.[232]

XI. Nachträgliche Änderung der Einlagevereinbarung und Wahlrechte

1. Nachträgliche Änderung der Einlagevereinbarung

68 Der Übergang von einer Bar- zur Sachgründung oder umgekehrt sowie die Auswechselung des Sacheinlagegegenstandes sind **bis zur Eintragung** der Gesellschaft unproblematisch möglich. Erforderlich ist eine entsprechende einstimmige Satzungsänderung in der Form des § 2.[233] Bei einem Wechsel zur Sachgründung sowie bei einem Austausch des Sacheinlagegegenstandes sind sämtliche Sachgründungsvorschriften einzuhalten. Wurde die Gesellschaft bereits angemeldet, so ist die Anmeldung unter Beachtung der Satzungsänderung zu wiederholen.[234]

69 **Nach Eintragung** der Gesellschaft ist der Übergang von einer Sach- zur Bareinlage nach h.M. möglich, da bei einer Sachgründung die Bareinlageverpflichtung subsidiär weiterbesteht und kein schutzwürdiges Interesse der Gesellschaftsgläubiger an der Ausstattung der Gesellschaft mit bestimmten Vermögensgegenständen besteht.[235] Für die Änderung bedarf es eines satzungsändernden Beschlusses, wobei umstritten ist, ob es hierzu vor dem Hintergrund einer drohenden Ausfallhaftung der Mitgesellschafter eines einstimmigen Beschlusses bedarf.[236] Die nachträgliche Umwandlung einer Bar- in eine Sacheinlage wurde lange Zeit kritisch gesehen,[237] wird nunmehr aber überwiegend anerkannt, da nach der jüngeren Rechtsprechung des BGH[238] eine verdeckte Sacheinlage durch satzungsändernden Mehrheitsbeschluss geheilt werden kann. Es ist daher konsequent, auch außerhalb von verdeckten Sacheinlagen eine nachträgliche Änderung der Einlagevereinbarung zuzulassen.[239] Gleiches gilt für den Austausch des Sacheinlagegegenstandes.[240] Voraussetzung ist ein satzungsändernder

---

232 *Hueck/Fastrich*, in: Baumbach/Hueck, GmbHG, § 5 Rn. 20; *Märtens*, in: MünchKommGmbHG, § 5 Rn. 216.

233 *Bayer*, in: Lutter/Hommelhoff, GmbHG, § 5 Rn. 37; *Märtens*, in: MünchKommGmbHG, § 5 Rn. 254.

234 *Hueck/Fastrich*, in: Baumbach/Hueck, GmbHG, § 5 Rn. 52.

235 *Bayer*, in: Lutter/Hommelhoff, GmbHG, § 5 Rn. 37; *Märtens*, in: MünchKommGmbHG, § 5 Rn. 263; *Winter/Westermann*, in: Scholz, GmbHG, § 5 Rn. 109.

236 Für Einstimmigkeit *Bayer*, in: Lutter/Hommelhoff, GmbHG, § 5 Rn. 37; *Hueck/Fastrich*, in: Baumbach/Hueck, GmbHG, § 5 Rn. 52. Gegen Einstimmigkeit *Märtens*, in: MünchKommGmbHG, § 5 Rn. 264; *Winter/Westermann*, in: Scholz, GmbHG, § 5 Rn. 109.

237 BayObLG, DB 1978, 337; OLG Frankfurt, DB 1983, 1249.

238 BGHZ 132, 141, 148 ff.; 155, 329, 333.

239 OLG Hamburg, ZIP 2005, 988, 989; *Hueck/Fastrich*, in: Baumbach/Hueck, GmbHG, § 5 Rn. 53; *Märtens*, in: MünchKommGmbHG, § 5 Rn. 256; *Winter/Westermann*, in: Scholz, GmbHG, § 5 Rn. 106.

240 *Hueck/Fastrich*, in: Baumbach/Hueck, GmbHG, § 5 Rn. 53; *Märtens*, in: MünchKommGmbHG, § 5 Rn. 262 m.w.N.

Beschluss, wobei nach h.M. Einstimmigkeit grds. nicht erforderlich ist.[241] Der Beschluss muss den Anforderungen an eine Sacheinlagevereinbarung nach § 5 Abs. 4 S. 1 gerecht werden.[242] Weiterhin ist ein Bericht nach den Vorgaben des § 5 Abs. 4 S. 2 zu erstellen und von allen Geschäftsführern sowie den betroffenen Gesellschaftern zu unterzeichnen.[243] Auch ein Wertnachweis durch eine von einem Wirtschaftsprüfer testierte Bilanz kann erforderlich sein.[244]

2. Wahlrechte

70 Dem Inferenten oder der Gesellschaft kann ein **Wahlrecht** zwischen Bar- oder Sacheinlage gewährt werden.[245] Die zur Wahl stehenden Sacheinlagegegenstände müssen nach § 5 Abs. 4 S. 1 im Gesellschaftsvertrag festgesetzt werden. Das Wahlrecht muss bis zur Anmeldung ausgeübt werden, da das Registergericht andernfalls die Voraussetzungen der § 7 Abs. 2, 3 nicht überprüfen kann.[246]

F. Gründungsaufwand; Sondervorteile

71 Unter dem Begriff **Gründungsaufwand** werden solche Leistungen der Gesellschaft verstanden, durch die Gesellschafter oder Dritte für ihre Aufwendungen und Leistungen im Zusammenhang mit der Gründung der Gesellschaft entschädigt bzw. entlohnt werden.[247] Erfasst sind insbesondere Notarkosten und Kosten der Handelsregisteranmeldung, aber auch Vergütungen für im Rahmen der Gründung erbrachte Beratungsleistungen (sog. Gründerlohn).[248] Nicht zum Gründungsaufwand gehören dagegen Kosten, die ihre Ursache bereits im Betrieb des Unternehmens haben (z.B. Miet- oder Pachtzinszahlungen, Lohnkosten).[249]

---

241 *Hueck/Fastrich*, in: Baumbach/Hueck, GmbHG, § 5 Rn. 53; *Märtens*, in: MünchKommGmbHG, § 5 Rn. 257; *Winter/Westermann*, in: Scholz, GmbHG, § 5 Rn. 107; a.A. *Roth*, in: Altmeppen/Roth, GmbHG, § 5 Rn. 64.

242 *Hueck/Fastrich*, in: Baumbach/Hueck, GmbHG, § 5 Rn. 53; *Märtens*, in: MünchKommGmbHG, § 5 Rn. 257.

243 *Hueck/Fastrich*, in: Baumbach/Hueck, GmbHG, § 5 Rn. 53; *Märtens*, in: MünchKommGmbHG, § 5 Rn. 258 jeweils unter Hinweis auf BGHZ 132, 141, 155.

244 *Hueck/Fastrich*, in: Baumbach/Hueck, GmbHG, § 5 Rn. 53; *Märtens*, in: MünchKommGmbHG, § 5 Rn. 258 jeweils unter Hinweis auf BGHZ 132, 141, 155.

245 *Bayer*, in: Lutter/Hommelhoff, GmbHG, § 5 Rn. 37; *Hueck/Fastrich*, in: Baumbach/Hueck, GmbHG, § 5 Rn. 48; *Märtens*, in: MünchKommGmbHG, § 5 Rn. 266; *Ulmer*, in: Ulmer/Habersack/Winter, GmbHG, § 5 Rn. 37; *Winter/Westermann*, in: Scholz, GmbHG, § 5 Rn. 110.

246 *Ulmer*, in: Ulmer/Habersack/Winter, GmbHG, § 5 Rn. 37; *Winter/Westermann*, in: Scholz, GmbHG, § 5 Rn. 110.

247 *Märtens*, in: MünchKommGmbHG, § 5 Rn. 272; *Ulmer*, in: Ulmer/Habersack/Winter, GmbHG, § 5 Rn. 200; *Winter/Westermann*, in: Scholz, GmbHG, § 5 Rn. 111.

248 *Märtens*, in: MünchKommGmbHG, § 5 Rn. 273.

249 BGH, NZG 2004, 773, 774; *Märtens*, in: MünchKommGmbHG, § 5 Rn. 274; *Winter/Westermann*, in: Scholz, GmbHG, § 5 Rn. 111.

72 § 26 Abs. 2 AktG bestimmt für die AG, dass der Gründungsaufwand in der Satzung gesondert festzusetzen ist. Hierdurch wird den Gesellschaftsgläubigern offengelegt, dass das Gesellschaftsvermögen bereits im Gründungsstadium belastet wird.[250] Obwohl es im GmbHG an einer entsprechenden Regelung fehlt, ist nach ganz h.M. auch für die GmbH von dem Erfordernis einer gesellschaftsvertragliche Festsetzung des Gründungsaufwands auszugehen (§ 26 Abs. 2 AktG analog, vgl. auch §§ 9a, 82 Abs. 1 Nr. 1).[251] Der Gründungsaufwand ist unter Angabe des (notfalls zu schätzenden) Gesamtbetrages anzugeben; die bloße Festsetzung der Kostenart ist nicht ausreichend.[252] Bei ordnungsgemäßer Festsetzung haben die Gesellschafter hinsichtlich des von ihnen getragenen Gründungsaufwands einen Erstattungsanspruch gegen die Gesellschaft.[253] Die Restriktionen des § 30 gelten nicht, soweit es sich um notwendigen Gründungsaufwand handelt.[254] Ohne eine gesellschaftsvertragliche Festsetzung ist der Gründungsaufwand von den Gesellschaftern zu tragen und gegebenenfalls zu erstatten.[255] Eine nachträgliche Heilung durch Satzungsänderung scheidet nach Eintragung aus.[256]

73 **Sondervorteile** unterscheiden sich vom Gründungsaufwand dadurch, dass der Leistung der Gesellschaft keine Gegenleistung des begünstigten Gesellschafters oder Dritten gegenübersteht.[257] Anders als Vorzugsrechte sind Sondervorteile nicht an die Gesellschafterstellung gebunden und können selbständig übertragen werden.[258] Als Sondervorteile kommen Vermögensrechte wie Ansprüche auf besondere Gewinnanteile oder Umsatzprovisionen sowie Kontroll- oder Herrschaftsrechte in Betracht.[259] Da auch die Einräumung von Sondervorteilen zu einer Belastung des Gesellschaftsvermögens führen kann, bedarf es analog § 26 Abs. 1 AktG einer Aufnahme in den Gesellschaftsvertrag.[260] Anders als beim Gründungsaufwand sind hier die Restriktionen des § 30 zu beachten.[261]

---

250 *Hueck/Fastrich*, in: Baumbach/Hueck, GmbHG, § 5 Rn. 57.

251 BGH, NJW 1989, 1610; *Hueck/Fastrich*, in: Baumbach/Hueck, GmbHG, § 5 Rn. 57; *Märtens*, in: MünchKommGmbHG, § 5 Rn. 271; *Ulmer*, in: Ulmer/Habersack/Winter, GmbHG, § 5 Rn. 216; *Winter/Westermann*, in: Scholz, GmbHG, § 5 Rn. 112.

252 *Märtens*, in: MünchKommGmbHG, § 5 Rn. 275; *Winter/Westermann*, in: Scholz, GmbHG, § 5 Rn. 113; a.A. *Zeidler*, in: Michalski, GmbHG, § 5 Rn. 203: lediglich gesetzlich anfallender Gründungsaufwand unterliegt nicht § 30.

253 *Märtens*, in: MünchKommGmbHG, § 5 Rn. 277.

254 *Hueck/Fastrich*, in: Baumbach/Hueck, GmbHG, § 5 Rn. 57; *Märtens*, in: MünchKommGmbHG, § 5 Rn. 277; *Winter/Westermann*, in: Scholz, GmbHG, § 5 Rn. 113.

255 *Hueck/Fastrich*, in: Baumbach/Hueck, GmbHG, § 5 Rn. 57.

256 *Hueck/Fastrich*, in: Baumbach/Hueck, GmbHG, § 5 Rn. 57; *Winter/Westermann*, in: Scholz, GmbHG, § 5 Rn. 113; *Zeidler*, in: Michalski, GmbHG, § 5 Rn. 202; a.A. *Roth*, in: Altmeppen/Roth, GmbHG, § 5 Rn. 71.

257 *Märtens*, in: MünchKommGmbHG, § 5 Rn. 278; *Ulmer*, in: Ulmer/Habersack/Winter, GmbHG, § 5 Rn. 202.

258 *Märtens*, in: MünchKommGmbHG, § 5 Rn. 278; *Zeidler*, in: Michalski, GmbHG, § 5 Rn. 204.

259 *Märtens*, in: MünchKommGmbHG, § 5 Rn. 279.

260 BGH, NJW 1969, 131; *Ulmer*, in: Ulmer/Habersack/Winter, GmbHG, § 5 Rn. 209 m.w.N.

261 *Hueck/Fastrich*, in: Baumbach/Hueck, GmbHG, § 5 Rn. 57; *Zeidler*, in: Michalski, GmbHG, § 5 Rn. 204.

§ 5a Unternehmergesellschaft

(1) Eine Gesellschaft, die mit einem Stammkapital gegründet wird, das den Betrag des Mindeststammkapitals nach § 5 Abs. 1 unterschreitet, muss in der Firma abweichend von § 4 die Bezeichnung »Unternehmergesellschaft (haftungsbeschränkt)« oder »UG (haftungsbeschränkt)« führen.

(2) [1]Abweichend von § 7 Abs. 2 darf die Anmeldung erst erfolgen, wenn das Stammkapital in voller Höhe eingezahlt ist. [2]Sacheinlagen sind ausgeschlossen.

(3) [1]In der Bilanz des nach den §§ 242, 264 des Handelsgesetzbuchs aufzustellenden Jahresabschlusses ist eine gesetzliche Rücklage zu bilden, in die ein Viertel des um einen Verlustvortrag aus dem Vorjahr geminderten Jahresüberschusses einzustellen ist. [2]Die Rücklage darf nur verwandt werden

1. für Zwecke des § 57c;
2. zum Ausgleich eines Jahresfehlbetrags, soweit er nicht durch einen Gewinnvortrag aus dem Vorjahr gedeckt ist;
3. zum Ausgleich eines Verlustvortrags aus dem Vorjahr, soweit er nicht durch einen Jahresüberschuss gedeckt ist.

(4) Abweichend von § 49 Abs. 3 muss die Versammlung der Gesellschafter bei drohender Zahlungsunfähigkeit unverzüglich einberufen werden.

(5) Erhöht die Gesellschaft ihr Stammkapital so, dass es den Betrag des Mindeststammkapitals nach § 5 Abs. 1 erreicht oder übersteigt, finden die Absätze 1 bis 4 keine Anwendung mehr; die Firma nach Absatz 1 darf beibehalten werden.

Übersicht Rdn.

Schrifttum

Vgl. zunächst die Angaben bei § 2; ferner *Bayer/Hoffmann*, Die Unternehmergesellschaft (haftungsbeschränkt) des MoMiG zum 1. 1. 2009 – eine erste Bilanz, GmbHR 2009, 124; *Cannivé/Seebach*, Unternehmergesellschaft (haftungsbeschränkt) versus Europäische Privatgesellschaft (SPE): Wettbewerb der Ein-Euro-Gesellschaften, GmbHR 2009, 519; *Heinemann*, Die Unternehmergesellschaft als Zielgesellschaft von Formwechsel, Verschmelzung und Spaltung nach dem Umwandlungsgesetz, NZG 2008, 820; *Joost*, Unternehmergesellschaft, Unterbilanz und Verlustanzeige, ZIP 2007, 2242; *Katschinski/Rawert*, Stangenware statt Maßanzug: Vertragsgestaltung im GmbH-Recht nach Inkrafttreten des MoMiG, ZIP 2008, 1993; *Kleindiek*, Aspekte der GmbH-Reform, DNotZ 2007, 200; *Klose*, Stammkapitalerhöhung bei der Unternehmergesellschaft (haftungsbeschränkt), GmbHR 2009, 294; *Miras*, Die neue Unternehmergesellschaft, 2008; *Römermann/Passarge*, Die GmbH & Co. KG ist tot – es lebe die UG & Co. KG!, ZIP 2009, 1497; *Veil*, Die Unternehmergesellschaft im System der Kapitalgesellschaften, ZGR 2009, 623; *Waldenberger/Sieber*, Die Unternehmergesellschaft (haftungsbeschränkt) jenseits der »Existenzgründer«. Rechtliche Besonderheiten und praktischer Nutzen, GmbHR 2009, 114.

A. Einleitung

1 Die systematische Stellung des § 5a nach § 5, der sich mit dem Stammkapital befasst, macht deutlich, worum es bei der Unternehmergesellschaft geht: um geringere Anforderungen an die Höhe des Stammkapitals (Absatz 1), die jedoch nur um den Preis höherer Anforderungen an die Erbringung des Stammkapitals (Absatz 2) und die verpflichtende Stärkung des Eigenkapitals im weiteren Leben der Gesellschaft (Absatz 3) zu haben sind. Absatz 4 sieht eine erforderliche Modifizierung der Pflicht zur Einberufung der Gesellschafterversammlung vor, Absatz 5 beschäftigt sich mit dem weiteren Schicksal der Gesellschaft, wenn diese das Mindeststammkapital des § 5 erreicht.

2 Die Unternehmergesellschaft ist die deutsche Antwort auf die Limited[1], jedenfalls in ihrer Erscheinungsform als Rechtsform für junge Unternehmensgründer wie Handwerker oder Unternehmer in der Informationstechnologie. Für diese war die Limited mit der für den Laien unüberschaubaren Geltung des englischen Rechts ungeeignet.

3 Mit Stand zum 28. Februar 2011, also etwa 21/2 Jahre nach der Einführung, gab es 47.605 Unternehmergesellschaften in der Bundesrepublik Deutschland.[2] Man kann also von einer gewissen Beliebtheit der GmbH-Variante ausgehen.

4 Die Unternehmergesellschaft ist keine neue Rechtsform, es handelt sich um eine Variante der Gesellschaft mit beschränkter Haftung .[3] Dies ergibt sich unzweifelhaft aus dem Wortlaut (»Stammkapital«), aus der Systematik (Bezugnahme auf Mindeststammkapital nach § 5 und andere Teile des GmbHG) und aus dem historischen Zusammenhang.[4]

5 Soweit § 5a nicht ausdrücklich von Regelungen des GmbHG abweicht, gelten das GmbHG und alle Regelungen des deutschen Rechts, soweit sie die GmbH treffen, in vollem Umfang.[5]

---

1 *Wicke*, GmbHG, § 5a Rn. 1.

2 Forschungsprojekt Unternehmergesellschaft an der Universität Jena: www.rewi.uni-jena.de/Forschungsprojekt_Unternehmergesellschaft.html, mit regelmäßiger Aktualisierung.

3 *Paura*, in: GroßKomm, Ergänzungsband MoMiG, § 5a Rn. 1.

4 Amtliche Begründung, BT-Drs. 16/6140, S. 31.

5 Amtliche Begründung, BT-Drs. 16/6140, S. 31; *Lutter*, in: Lutter/Hommelhoff, GmbHG, § 5a Rn. 4.

So folgt etwa die Errichtung der Unternehmergesellschaft den Regelungen des 1. Abschnitts des GmbHG. Häufig wird für die Errichtung der Unternehmergesellschaft das Musterprotokoll des § 2 Abs. 1a gewählt. Zwingend ist dies indes nicht, bei mehr als drei Gesellschaftern und mehreren Geschäftsführern auch gar nicht möglich. Allerdings tendiert ein Gründer, der das Mindeststammkapital des § 5 nicht aufbringen kann oder will, in der Regel dahin, auch beim Gründungsvorgang Kosten zu sparen und unter Verwendung des Musterprotokolls zu gründen, um so in den Genuss der Kostenprivilegierung des § 41d KostO zu kommen. 6

Die Unternehmergesellschaft ist juristische Person. Es gelten die Regelungen über die Organe der Gesellschaft und die Änderungen des Gesellschaftsvertrages unterliegen den Anforderungen des GmbH-Gesetzes. 7

Das Anwendungsspektrum der Unternehmergesellschaft ist weit: sie dient z.B. als schlank aufgestellte Beteiligungsgesellschaft. Die Verwendung etwa für Rechtsanwaltsgesellschaften wird erwogen.[6] Die weit überwiegende Anzahl jedoch sind Träger von kleinen Unternehmen. In der Praxis lässt sich beobachten, dass die letzt genannten Unternehmergesellschaften kein hohes Ansehen bei Dritten, vor allem Banken und Lieferanten, genießen, ein Umstand, der sich nachteilig auf die Kreditmöglichkeiten einer Unternehmergesellschaft auswirkt. 8

B. Gründung

Der Wortlaut des § 5a sieht nur die **Gründung** einer Gesellschaft vor, die das Mindeststammkapital nach § 5 unterschreitet. Damit scheidet die Erreichung dieses Ziels durch Kapitalherabsetzung bei einer normalen GmbH aus.[7] Eine Kapitalherabsetzung unter die Schwelle des § 5 Abs. 1 zwecks Schaffung einer Unternehmergesellschaft scheitert nicht nur am Wortlaut des § 5a, sondern schon an § 58 Abs. 2. Auch Umwandlungen in eine noch nicht bestehende Unternehmergesellschaft sind nicht möglich, weder durch Formwechsel, noch im Wege der Umwandlung zur Neugründung.[8] Letzteres scheitert nicht zuletzt auch am Sacheinlagenverbot des 5a Abs. 2. 9

C. Niedrige Einstiegsschwelle

Als Stammkapital der Unternehmergesellschaft reicht bei einem Gesellschafter 1,00 EUR. Dieser Betrag muss wegen der Regelung des § 5 Abs. 2 (Nennbetrag jedes Geschäftsanteils muss auf volle Euro lauten) mindestens aufgebracht werden.[9] Das bedeutet, dass bei mehr als einem Gründer ein entsprechendes Vielfaches von 10

6 *Axmann/Deister*, NJW 2009, 2941.
7 *Gehrlein*, Das neue GmbH-Recht, Rn. 26.
8 *Gehrlein*, Das neue GmbH-Recht, Rn. 26.
9 Die Einführung einer stammkapitallosen Gesellschaft ist laut BT-Drs. 16/6140, S. 31, nicht »auf ungeteilte Zustimmung gestoßen«.

1,00 EUR als Stammkapital vereinbart werden muss. Höchstens darf das Stammkapital allerdings 24.999,00 EUR betragen, denn anderenfalls ist der Tatbestand des § 5a Abs. 1 nicht gegeben und die Gesellschaft muss zwingend den Rechtsformzusatz gemäß § 4 (»Gesellschaft mit beschränkter Haftung« oder entsprechende Abkürzung) enthalten.

11 Es sind in der Praxis jedoch kaum Unternehmergesellschaften mit einem 5-stelligen Betrag des Stammkapitals anzutreffen. Dies mag vor allem daran liegen, dass im Hinblick auf die neuerdings auch bei einer Ein-Personengesellschaft mögliche hälftige Stammkapitaleinzahlung die Gründung einer normalen GmbH nahe liegt, wenn man einen fünfstelligen Betrag aufbringen kann; es reicht dann unmittelbar die Einzahlung von 12.500,00 EUR.

12 Der Schwerpunkt der UG-Gründungen wird bei einem Stammkapital zwischen 100,00 und 5.000,00 EUR liegen.[10] Viele Gründer erkennen, dass das Kriterium »Seriositätsschwelle«[11] durchaus eine Rolle im Rechtsverkehr spielt und eine solche bei einem Stammkapital von 1,00 EUR schwerlich überschritten wird.

13 Zudem wird zu Recht darauf hingewiesen, dass die Gefahr der Überschuldung bei einem Stammkapital von nur 1,00 EUR droht mit der Folge, dass der Geschäftsführer verpflichtet wäre, einen Insolvenzantrag zu stellen.[12] Ein Berater sollte auf diese mit einem zu niedrigen Stammkapital einhergehenden Probleme hinweisen.

D. Erbringung des Stammkapitals

14 Der niedrigen wertmäßigen Einstiegsschwelle wird durch höhere Anforderungen an die Erbringung des Stammkapitals begegnet. § 5a Abs. 2 postuliert:

- die Volleinzahlung des Stammkapitals,
- das Verbot von Sacheinlagen.

15 Bei der Unternehmergesellschaft wird die Bareinlage häufig nicht durch Einzahlung auf ein Konto, sondern durch Hingabe von Bargeld erbracht. Schon dieser Akt wird bei der Übergabe von 1,00 EUR von der rechten Hand des Gesellschafters in die linke Hand derselben Person nunmehr in seiner Funktion als Geschäftsführer von diesem häufig als lächerlich angesehen. Obwohl die Hingabe von Bargeld auch bei der Unternehmergesellschaft grundsätzlich möglich ist[13], sollte ein Berater, insbesondere der die Errichtung beurkundende Notar, darauf hinweisen, dass vor allem bei einer Ein-Personen-Gründung darauf zu achten ist, die Einzahlung in das Sonderver-

10 Vgl. *Bayer/Hoffmann*, GmbHR 2009, 124, 125.

11 BT-Drs. 16/6140, S. 31.

12 *Drygala*, NZG 2007, 561.

13 Zu eng *Lutter*, in: Lutter/Hommelhoff, § 5a Rn. 9; allgemein: *Bayer*, in: Lutter/Hommelhoff, § 7 Rn. 11.

mögen der Vorgesellschaft für Außenstehende erkennbar vorzunehmen[14] und damit auch für die Zukunft zu dokumentieren. Auch bei einem geringen Stammkapital sollte also ein Konto unter der Firma der zu gründenden Unternehmergesellschaft eröffnet und auf dieses eingezahlt werden.

16 Erhöht die Unternehmergesellschaft ihr Kapital, so ist ebenfalls das Volleinzahlungsgebot zu beachten. Streitig ist dies für den Fall der Erhöhung des Stammkapitals auf 25.000,00 EUR. Die widerstreitenden Ansichten argumentieren beide mit dem Wortlaut des § 5a Abs. 5. Danach fielen nach der Ansicht, die auch für die Kapitalerhöhung auf 25.000,00 EUR die Volleinzahlung fordert, die Beschränkungen der Absätze 1 bis 4 erst mit wirksamer, also eingetragener Kapitalerhöhung, fort.[15] Denn die Gesellschaft habe ihr Stammkapital erst erhöht, wenn diese im Handelsregister eingetragen sei. Demgegenüber argumentiert die Gegenansicht, dass § 5a Abs. 5 eben nicht fordere: »Hat die Gesellschaft ihr Stammkapital erhöht«, sondern »Erhöht die Gesellschaft ihr Stammkapital«. Damit sei also der Erhöhungsvorgang gemeint, so dass die Beschränkungen der Absätze 1 bis 4 schon im Vorgang der Erhöhung auf 25.000,00 EUR wegfielen.[16] Danach müsste bei einer Kapitalerhöhung, mit der das Stammkapital von 25.000,00 EUR ereicht werden soll, zwar nach der Erhöhung ein Betrag von insgesamt mindestens 12.500 EUR eingezahlt sein, im Übrigen würden für die Einzahlung im Rahmen der Kapitalerhöhung jedoch die allgemeinen Regeln der §§ 56a und 7 Abs. 2 gelten.

17 Überzeugend für die zuletzt genannte Ansicht spricht der Vergleich mit der Neugründung einer GmbH. Bei dieser reicht die hälftige Einzahlung aus. Es ist kein Grund erkennbar, insbesondere nicht im Hinblick auf den Schutz Dritter, der eine solche Ungleichbehandlung rechtfertigen würde. Schon gar kein Grund kann eine Art »Bestrafung« derjenigen sein, die den Weg der Unternehmergesellschaft gewählt haben.[17]

18 Konsequenterweise sollte dann auch eine ansonsten bei der Unternehmergesellschaft unzulässige Sachkapitalerhöhung möglich sein, sofern mit ihr das Stammkapital von 25.000,00 EUR erreicht wird.[18]

19 Wo eine Bareinzahlung stattfindet, lauert die verdeckte Sacheinlage. Deren Folgen sind durch § 19 Abs. 4 gemildert worden. Auch in diesem Zusammenhang gehen die Meinungen auseinander. Die einen argumentieren damit, dass Sacheinlagen schlechthin verboten sind und damit auch verdeckte Sacheinlagen.[19] Andere sind der

---

14 OLG Oldenburg, NZG 2008, 32.

15 OLG München, NZG 2010, 1303; *Fastrich*, in: Baumbach/Hueck, GmbHG, § 5a Rn. 33.

16 OLG Hamm, GmbHR 2011, 655; *Lange*, NJW 2010, 3686.

17 In diese Richtung *Fastrich*, in: Baumbach/Hueck, GmbHG, § 5a Rn. 33: »Preis für die Wahl des Einstiegsmodells«.

18 *Wicke*, GmbHG, § 5a Rn. 7; a. A. *Heckschen*, in: Heckschen/Heidinger, GmbH in der Gestaltungspraxis, § 5 Rn. 49.

19 *Heckschen*, in: Heckschen/Heidinger, GmbH in der Gestaltungspraxis, § 5 Rn. 52; *Wicke*, GmbHG, § 5a Rn. 8: Verstoß gegen ein gesetzliches Verbot, § 134 BGB.

Ansicht, dass § 19 Abs. 4 genau den Fall vor Augen habe: Zwar sei die der verdeckten Sacheinlage zu Grunde liegende Vereinbarung nicht zulässig, sie werde aber gemacht und es würden dann wirksam Gegenstände statt Geld geleistet.[20]

E. Firma

20 § 5a Abs. 1 bestimmt, dass in der Firma die Bezeichnung Unternehmergesellschaft (haftungsbeschränkt) oder UG (haftungsbeschränkt) geführt werden muss. Mit dem Begriff der Bezeichnung knüpft Absatz 1 an § 4 an. Die bloße Bezeichnung als Unternehmergesellschaft hätte leicht in die Irre führen können. Der Rechtsverkehr hätte annehmen können, dass ein oder mehrere Unternehmer hinter der Gesellschaft stehen und persönlich für die Verbindlichkeiten der Gesellschaft einstehen. Daher ist der ausdrückliche Hinweis auf die Haftungsbeschränkung, der sich bei der Abkürzung GmbH nur versteckt findet, aber eingebürgert ist, bei der Unternehmergesellschaft ausgeschrieben erforderlich. Dieser sonst im deutschen Recht nicht anzutreffende zwingend auszuschreibende Zusatz macht die Firma allerdings sperrig und nicht sonderlich attraktiv.

21 Die Firma mit der Bezeichnung UG (haftungsbeschränkt) oder Unternehmergesellschaft (haftungsbeschränkt) darf aufgrund der Anordnung des Absatzes 5 auch nach der Erhöhung des Stammkapitals auf 25.000,00 EUR beibehalten werden.

22 Auch bei der Unternehmergesellschaft gilt wie im Rahmen des § 4, dass bei Fortlassen des Rechtsformzusatzes der für die Gesellschaft Auftretende nach den Grundsätzen des § 179 BGB haftet.[21] Dies gilt wohl auch schon dann, wenn der Zusatz (haftungsbeschränkt) abgekürzt wird. Eine Haftung der Gesellschafter kommt in diesem Fall jedoch nur in Ausnahmefällen in Betracht.[22] Selbst ein (weiterer) Geschäftsführer, der jedoch nicht gehandelt hat, haftet nach der Rechtsprechung des Bundesgerichtshofs regelmäßig nicht nach den Grundsätzen der Rechtsscheinhaftung.[23]

23 Uneinheitlich wird die Frage beantwortet, ob auch dann eine Haftung besteht, wenn statt der in § 5a Abs. 1 geforderten Bezeichnung fälschlich der Zusatz GmbH gewählt wird. *Wicke* will den Geschäftsführer auf die Differenz zwischen dem Stammkapital der Unternehmergesellschaft und dem Mindeststammkapital des § 5 von 25.000,00 EUR haften lassen.[24] Demgegenüber sieht die Gegenansicht die Benutzung des Zusatzes GmbH nicht als Grundlage für eine Rechtsscheinhaftung, da über eine

---

20 *Lutter*, in: Lutter/Hommelhoff, § 5a Rn. 13, ausführlich *Paura*, in: GroßKomm, Ergänzungsband MoMiG, § 5a Rn. 50.

21 Zu den Grundsätzen zuletzt BGH, NZG 2007, 426 = NJW 2007, 1529; *Gehrlein*, Der Konzern 2007, 771, 780.

22 BGH, NZG 2007, 426 = NJW 2007, 1529; a. A.: *Gehrlein*, Der Konzern 2007, 771, 780; *Wicke*, GmbHG, § 5a Rn. 6.

23 BGH, NZG 2007, 426 = NJW 2007, 1529.

24 *Wicke*, GmbHG, § 5a Rn. 6.

Haftungsbeschränkung nicht getäuscht werde.[25] Dieser Ansicht ist zuzugeben, dass weder bei der Unternehmergesellschaft noch bei der regulären GmbH eine Aussage dazu getroffen werden kann, inwieweit die Gesellschaft ihre Haftung ausfüllen kann. Auf der anderen Seite soll die von § 5a Abs. 1 geforderte Bezeichnung eine über den Zusatz GmbH hinausgehende Warnfunktion haben.[26]

24 Im Übrigen gelten bei der Firma der Unternehmergesellschaft die allgemeinen Grundsätze des GmbH-Gesetzes und des Handelsgesetzbuches zur Firmenbildung (s. Kommentierung zu § 4).

F. Gesetzliche Rücklage

25 Absatz 3 fordert die Bildung einer gesetzlichen Rücklage in Höhe eines Viertels des um einen Verlustvortrag aus dem Vorjahr geminderten Jahresüberschusses. Dies gilt so lange, bis die Voraussetzungen des Absatzes 5 vorliegen, also bis zu einer Erhöhung des Stammkapitals auf 25.000,00 EUR. Das bedeutet, dass auch nach Ansammlung eines Betrages von 25.000,00 EUR in der nach Absatz 3 zu bildenden Rücklage weiterhin nach Absatz 3 vorzugehen ist, wenn keine Stammkapitalerhöhung auf 25.000,00 EUR erfolgt.[27] Erreicht die Rücklage also den Betrag von 25.000,00 EUR können sich die Gesellschafter für eine Stammkapitalerhöhung mit den Folgen des Absatzes 5 entscheiden oder aber auch nicht; dann bleibt es bei den Restriktionen der Absätze 1 bis 4. Der Gesetzgeber macht damit deutlich, dass die Unternehmergesellschaft nicht ausschließlich als Zwischenstadium zur vollwertigen GmbH dienen muss.[28] Vielmehr kann sie auch als endgültig gewählte Rechtsform bestehen bleiben.[29] Die Zukunft wird zeigen, in welchem Umfang Unternehmergesellschaften zu normalen GmbH werden.

26 Auf der anderen Seite macht der Gesetzgeber deutlich, dass er die mit wenig Kapital ausgestatte Unternehmergesellschaft zwar bewusst geschaffen hat, er aber mit Hilfe der Rücklagenbildung die dünne Eigenkapitalausstattung der Unternehmergesellschaft durch gesetzliche Anordnung verbessern will. Freilich setzt die Bildung der Rücklagen voraus, dass ein Jahresüberschuss erwirtschaftet wird. In diesem Zusammenhang lässt sich manches steuern; als Beispiel wird immer wieder die Auszahlung eines Geschäftsführergehalts angeführt[30], das dann mehr oder weniger üppig ausfällt

25 Paura; in: GroßKomm, Ergänzungsband MoMiG, § 5a Rn. 42.

26 *Seibert*, GmbHR 2007, 673, 675.

27 *Lutter*, in: Lutter/Hommelhoff, GmbHG, § 5a Rn. 23; *Heckschen*, in: Heckschen/Heidinger, Die GmbH in der Gestaltungspraxis, § 5 Rn. 55 mit dem Hinweis, dass dadurch auch Fehlanreize gesetzt werden könnten; a. A. *Kallmeyer*, DB 2007, 2755.

28 In diese Richtung aber Handelsrechtsausschuss des DAV, NZG 2007, 735, 737: »GmbH in der Startphase«.

29 *Paura,* in: GroßKomm, Ergänzungsband MoMiG, § 5a Rn. 8.

30 *Westermann*, in: Scholz, GmbHG, Nachtrag MoMiG § 5a Rn. 25; *Wicke*, GmbHG, § 5a Rn. 11; *Römermann*, NJW 2010 905, 908 mit weiteren Umgehungsbeispielen.

und so den Jahresüberschuss mindert oder gar aufzehrt. Die Folgen eines solchen Handelns werden nicht einheitlich beurteilt. Ein Teil der Literatur folgt der steuerlichen Beurteilung, nach der ein überhöhtes Gesellschafter-Geschäftsführergehalt als verdeckte Gewinnausschüttung gewertet wird mit der Folge, dass im Rahmen des § 5a entsprechend der Jahresüberschuss höher ausfallen müsste mit möglichen Folgen für die Rücklagenbildung nach Absatz 3.[31] Dem wird entgegengehalten, dass die steuerliche Figur der verdeckten Gewinnausschüttung nicht ohne weiteres in das Gesellschaftsrecht transportiert werden könne und dass sich dafür keine Anhaltspunkte im Gesetz ergäben.[32] In jedem Fall sollten der Tätigkeit angemessene Geschäftsführervergütungen auch dann uneingeschränkt zulässig sein, wenn sie den Gewinn aufzehren.[33]

27 Ein Verstoß gegen das Thesaurierungsgebot des Absatzes 3 führt nach der Gesetzesbegründung entsprechend § 256 AktG zur Nichtigkeit des Jahresabschlusses und damit entsprechend § 253 AktG zur Nichtigkeit eines darauf basierenden Gewinnverwendungsbeschlusses[34] mit der Folge, dass Ansprüche der Gesellschaft nach §§ 30 und 31 bestehen. Die Gesetzesbegründung regt Letzteres an[35] und die überwiegende Literaturmeinung folgt[36]; die systematische Einordnung ist jedoch durchaus skeptisch zu sehen.[37]

28 Absatz 3 legt außerdem die ausschließlich erlaubte Verwendung der Rücklage fest.

29 Zum einen kann sie zur Kapitalerhöhung aus Gesellschaftsmitteln verwendet werden. Das entspräche dem Idealbild der transitorischen Unternehmergesellschaft, die über die gesetzliche Rücklage Eigenkapital bis zur Höhe von 25.000,00 EUR anspart und diese Rücklage dann im Sinne de Absatzes 5 zu Stammkapital umwandelt.

30 Außerdem können Verluste ausgeglichen werden und zwar ein aktueller Jahresfehlbetrag, der nicht durch einen Gewinnvortrag aus dem Vorjahr gedeckt ist oder ein Verlustvortrag, sofern er nicht durch einen aktuellen Jahresüberschuss gedeckt ist.

---

31 *Wicke*, GmbHG, § 5a Rn. 11; *Fastrich*, in: Baumbach/Hueck, GmbHG,§ 5a Rn. 23.

32 *Römermann*, NJW 2010 905, 908.

33 So auch *Paura*, in: GroßKomm, Ergänzungsband MoMiG, § 5a Rn. 8; *Fastrich*, in: Baumbach/Hueck, GmbHG, § 5a Rn. 23.

34 BT-Drs. 16/6140, S. 32; dem folgend *Gehrlein*, Das neue GmbH-Recht, Rn. 29; *Fastrich*, in: Baumbach/Hueck, GmbHG, § 5a Rn. 26; *Lutter*, in: Lutter/Hommelhoff, GmbHG, § 5a Rn. 16; kritisch im Hinblick auf die Wirksamkeit dieser Sanktion: *Westermann*, in: Scholz, GmbHG, Nachtrag MoMiG, § 5a Rn. 25.

35 BT-Drs. 16/6140, S. 32.

36 *Gehrlein*, Das neue GmbH-Recht, Rn. 29, *Fastrich*, in: Baumbach/Hueck, GmbHG, § 5a Rn. 26; *Lutter*, in: Lutter/Hommelhoff, GmbHG, § 5a Rn. 16; *Wicke*, GmbHG, § 5a Rn. 12, a. A.: *Noack*, DB 2007, 1395, 1396.

37 *Paura*, in: GroßKomm, Ergänzungsband MoMiG, § 5a Rn. 55.

G. Einberufungspflicht bei drohender Zahlungsunfähigkeit

31 Wo kein Stammkapital ist, kann auch nicht die Hälfte verloren gehen. Da die Unternehmergesellschaft nahezu ohne Kapitalausstattung auskommen kann, statuiert Absatz 4 abweichend von § 49 Abs. 3 die Pflicht der Geschäftsführer, bei drohender Zahlungsunfähigkeit eine Gesellschafterversammlung einzuberufen. § 49 Abs. 3 bestimmt dagegen, dass eine solche Einberufungspflicht besteht, wenn die Hälfte des Stammkapitals verloren ist. Kann in einem solchen Falle das Ruder möglicherweise noch herumgerissen werden, ist dies bei bereits drohender Zahlungsunfähigkeit unwahrscheinlicher. Denn nach § 18 Abs. 2 InsO droht die Zahlungsunfähigkeit, wenn der Schuldner voraussichtlich nicht in der Lage sein wird, die bestehenden Zahlungspflichten im Zeitpunkt der Fälligkeit zu erfüllen. Bei Eigenantrag des Schuldners auf Eröffnung des Insolvenzverfahrens ist die drohende Zahlungsunfähigkeit sogar Eröffnungsgrund für ein Insolvenzverfahren. Daher scheint eine Einberufung unter den Voraussetzungen des Absatzes 4 zu spät.[38]

32 Der Vorschlag, statt dessen die Einberufungspflicht an die Krise der Gesellschaft zu knüpfen[39], wurde vom Gesetzgeber erwogen, jedoch von der Bundesregierung ausdrücklich abgelehnt[40] und ist nicht Gesetz geworden.

33 In der Literatur wird jedoch zu Recht darauf hingewiesen[41], dass die Krise der Gesellschaft in der Regel den Einberufungsgrund des 49 Abs. 2 auslösen wird (Einberufung im Interesse der Gesellschaft), der auch bei einer Unternehmergesellschaft zu beachten ist.[42]

34 Anders als der Verstoß gegen § 49 Abs. 3 ist der Verstoß gegen die Einberufungs- und Unterrichtungspflicht des § 5a Abs. 4 nicht strafbewehrt. Ob es sich dabei um ein Versehen des Gesetzgebers handelt oder nicht, ist gleichgültig: das strafrechtliche Analogieverbot steht einer Bestrafung eines unterlassenden Geschäftsführers entgegen.[43]

35 Ein Verstoß gegen die Vorschrift des § 5a Abs. 4 kann jedoch Schadenersatzanprüche auf Grundlage des § 43 Abs. 2 nach sich ziehen.

---

38 *Heckschen*, in: Heckschen/Heidinger, Die GmbH in der Gestaltungs- und Beratungspraxis, § 5 Rn. 66; *Wicke*, GmbHG, § 5a Rn. 13.

39 *Veil*, GmbHR 2007, 1080, 1083.

40 BT-Drs. 16/6140, S. 75.

41 *Wachter*, GmbHR-Sonderheft Oktober 2008 (GmbH-Beratung nach dem MoMiG), 35; *Joost*, ZIP 2007, 2242, 2248.

42 *Lutter*, in: Lutter/Hommelhoff, GmbHG, § 5a Rn. 31.

43 *Fastrich*, in: Baumbach/Hueck, GmbHG, § 5a Rn. 28 mit der Erwägung, dann jedoch entsprechend dem Wortlaut des § 84 eine Strafbarkeit anzunehmen, wenn der Verlust der Hälfte des Stammkapitals nicht angezeigt wird.

H. Wegfall der für die Unternehmergesellschaft geltenden Beschränkungen

36 Erhöht die Unternehmergesellschaft ihr Stammkapital auf 25.000,00 EUR oder mehr, so entfallen die Beschränkungen der Absätze 1 bis 4 automatisch. Der Rechtsformzusatz UG (haftungsbeschränkt) oder Unternehmergesellschaft (haftungsbeschränkt) darf beibehalten werden, wobei sich die Frage stellt, ob dies nicht Theorie bleiben wird. Es ist kaum vorstellbar, dass die doch eher sperrige und deutlich weniger Seriosität ausstrahlende Bezeichnung der Unternehmergesellschaft der im Vergleich dazu gleichsam als »Gütesiegel« scheinenden Bezeichnung GmbH vorgezogen wird.

37 Die Erhöhung des Stammkapitals kann aus Gesellschaftsmitteln, nämlich vor allem aus der nach Absatz 3 angesparten Rücklage erfolgen – für diesen Zweck sieht das Gesetz die Rücklage nach Absatz 3 S. 2 Nr. 1 ausdrücklich vor-, oder auch als Barkapitalerhöhung erfolgen. Zur Frage der Höhe der Einzahlung und der Möglichkeit einer Sachkapitalerhöhung s. o. Rdn. 16 ff. Im Gegensatz zur Kapitalerhöhung aus Gesellschaftsmitteln (hier ist auch die 8-Monatsfrist im Hinblick auf die zugrunde gelegte Bilanz zu beachten, § 57i Abs. 2) lässt die Barkapitalerhöhung auch die Beteiligung Dritter zu und kann daher als Alternative reizvoll sein.[44]

38 Erhöht die Gesellschaft ihr Stammkapital nicht auf das nach § 5 geforderte Mindeststammkapital, bleibt es bei den Einschränkungen nach Absätzen 1 bis 4, auch wenn die nach Absatz 3 gebildete Rücklage noch so groß ist; eine Pflicht zur Kapitalerhöhung bei ausreichender Rücklage besteht nicht.[45]

I. Unternehmergesellschaft ohne Gewinnstreben

39 Aus § 5a Abs. 3 und der darin geregelten Thesaurierungspflicht wird teilweise geschlossen, dass eine Unternehmergesellschaft stets die Erzielung von Gewinnen anstreben müsse, ansonsten die die Thesaurierungspflicht leerlaufe.[46] Davon wären unterschiedliche Bereiche betroffen:

40 Die Beteiligung der Unternehmergesellschaft als nicht kapitalbeteiligte persönlich haftende Gesellschafterin einer UG (haftungsbeschränkt) & Co. KG wäre zweifelhaft.[47]

41 Die Gründung einer gemeinnützigen Unternehmergesellschaft, deren Zweck ebenfalls nicht die Gewinnerzielung ist, würde Bedenken begegnen.[48]

---

44 S. *Heckschen*, in: Heckschen/Heidinger, Die GmbH in der Gestaltungs- und Beratungspraxis, § 5 Rn. 75.

45 *Wicke*, GmbHG, § 5a Rn. 14.

46 So im Zusammenhang mit der UG (haftungsbeschränkt) & Co. KG: *Wachter*, GmbHR-Sonderheft Oktober 2008 (GmbH-Beratung nach dem MoMiG), 89.

47 *Wachter*, GmbHR-Sonderheft Oktober 2008 (GmbH-Beratung nach dem MoMiG), 89; *Wicke*, § 5a Rn. 19 mit dem Rat zur Vorsicht.

48 Die Bedenken aber verwerfend *Heckschen*, in: Heckschen/Heidinger, Die GmbH in der Gestaltungs- und Beratungspraxis, § 5 Rn. 86.

42 Schließlich würde der Abschluss von Gewinnabführungsverträgen ein Problem darstellen.[49]

43 Einen Zwang zum Gewinnstreben anzunehmen, hieße jedoch zu viel in den Absatz 3 hineinzuinterpretieren. Prämisse einer Pflicht zur Gewinnerzielung ist der Gedanke, dass die Unternehmergesellschaft stets ein transitorischer Zustand sei. Das lässt sich dem Gesetz jedoch nicht entnehmen. Der Gesetzgeber hat mit § 5a die Möglichkeit geschaffen, dass die Unternehmergesellschaft dauerhaft mit einer geringen Eigenkapitalausstattung bestehen bleibt. Absatz 3 setzt Gewinne voraus, Gewinne sind aber keine Voraussetzung für die Unternehmergesellschaft und deren spezifische Verwendung.

44 Allenfalls ist zu erwägen, ob bei einer beherrschten Unternehmergesellschaft, die ihren Gewinn an die Obergesellschaft abführen muss, zunächst, also vor Abführung, ein Viertel des Gewinns der Rücklage im Sinne des § 5 Abs. 3 zuzuführen ist.[50]

J. Unternehmergesellschaft und Umwandlung

45 Als bloße Variante der GmbH ist die Unternehmergesellschaft prinzipiell taugliches Umwandlungsobjekt. Allerdings ergeben sich Einschränkungen daraus, dass eine Unternehmergesellschaft nur durch Gründung entstehen kann. Damit scheidet ein Formwechsel in die Unternehmergesellschaft aus, während die Unternehmergesellschaft selbst formwechselnder Rechtsträger sein kann. Der Übergang in die normale GmbH nach Absatz 5 freilich ist kein Formwechsel.

46 Die Gründung durch Verschmelzung oder Spaltung zur Neugründung dürfte ebenfalls ausscheiden. Da die Umwandlung zur Neugründung Sachgründung ist, steht dieser Möglichkeit das Sacheinlagenverbot des § 5a Abs. 2 S. 2 entgegen.[51]

47 Nichts anderes gilt für eine Umwandlung, bei der die aufnehmende Unternehmergesellschaft ihr Kapital (eben durch Sacheinlage) erhöhen müsste. Ist eine Kapitalerhöhung jedoch im Rahmen des § 54 UmwG ausgeschlossen, kann beispielsweise die Verschmelzung auf die Unternehmergesellschaft reizen, um auf diesem Wege eine Kapitalherabsetzung bei der oder den übertragenden Gesellschaften unter Umgehung der §§ 58 ff. zu erreichen.[52]

---

49 *Veil*, GmbHR 2007, 1080, 1084.

50 So *Heckschen*, in: Heckschen/Heidinger, Die GmbH in der Gestaltungs- und Beratungspraxis, § 5 Rn. 90.

51 *Tettinger*, Der Konzern 2008, 75; *Wicke*, GmbHG, § 5a Rn. 15 ff.; *Meister*, NZG 2008, 767; *Heckschen*, in: Heckschen/Heidinger, Die GmbH in der Gestaltungs- und Beratungspraxis, § 5 Rn. 90; a. A.: *Lutter*, in: Lutter/Hommelhoff, GmbHG, § 5a Rn. 33.

52 *Heckschen*, in: Heckschen/Heidinger, Die GmbH in der Gestaltungs- und Beratungspraxis, § 5 Rn. 105; *Wicke*, GmbHG, § 5a Rn. 16.

§ 6 Geschäftsführer

(1) Die Gesellschaft muss einen oder mehrere Geschäftsführer haben.

(2) [1]Geschäftsführer kann nur eine natürliche, unbeschränkt geschäftsfähige Person sein. [2]Geschäftsführer kann nicht sein, wer

1. als Betreuter bei der Besorgung seiner Vermögensangelegenheiten ganz oder teilweise einem Einwilligungsvorbehalt (§ 1903 des Bürgerlichen Gesetzbuchs) unterliegt,
2. aufgrund eines gerichtlichen Urteils oder einer vollziehbaren Entscheidung einer Verwaltungsbehörde einen Beruf, einen Berufszweig, ein Gewerbe oder einen Gewerbezweig nicht ausüben darf, sofern der Unternehmensgegenstand ganz oder teilweise mit dem Gegenstand des Verbots übereinstimmt,
3. wegen einer oder mehrerer vorsätzlich begangener Straftaten
   a) des Unterlassens der Stellung des Antrags auf Eröffnung des Insolvenzverfahrens (Insolvenzverschleppung),
   b) nach den §§ 283 bis 283d des Strafgesetzbuchs (Insolvenzstraftaten),
   c) der falschen Angaben nach § 82 dieses Gesetzes oder § 399 des Aktiengesetzes,
   d) der unrichtigen Darstellung nach § 400 des Aktiengesetzes, § 331 des Handelsgesetzbuchs, § 313 des Umwandlungsgesetzes oder § 17 des Publizitätsgesetzes oder
   e) nach den §§ 263 bis 264a oder den §§ 265b bis 266a des Strafgesetzbuchs zu einer Freiheitsstrafe von mindestens einem Jahr

   verurteilt worden ist; dieser Ausschluss gilt für die Dauer von fünf Jahren seit der Rechtskraft des Urteils, wobei die Zeit nicht eingerechnet wird, in welcher der Täter auf behördliche Anordnung in einer Anstalt verwahrt worden ist.

[3]Satz 2 Nr. 3 gilt entsprechend bei einer Verurteilung im Ausland wegen einer Tat, die mit den in Satz 2 Nr. 3 genannten Taten vergleichbar ist.

(3) [1]Zu Geschäftsführern können Gesellschafter oder andere Personen bestellt werden. [2]Die Bestellung erfolgt entweder im Gesellschaftsvertrag oder nach Maßgabe der Bestimmungen des dritten Abschnitts.

(4) Ist im Gesellschaftsvertrag bestimmt, dass sämtliche Gesellschafter zur Geschäftsführung berechtigt sein sollen, so gelten nur die der Gesellschaft bei Festsetzung dieser Bestimmung angehörenden Personen als die bestellten Geschäftsführer.

(5) Gesellschafter, die vorsätzlich oder grob fahrlässig einer Person, die nicht Geschäftsführer sein kann, die Führung der Geschäfte überlassen, haften der Gesellschaft solidarisch für den Schaden, der dadurch entsteht, dass diese Person die ihr gegenüber der Gesellschaft bestehenden Obliegenheiten verletzt.

Übersicht **Rdn.**

Schrifttum

Altmeppen, Zur vorsätzlichen Gläubigerschädigung, Existenzvernichtung und materiellen Unterkapitalisierung in der GmbH, ZIP 2008, 1201; *Bauer/Arnold*, AGG-Probleme bei vertretungsberechtigten Organmitgliedern, ZIP 2008, 993; *Bauer/Großerichter*, Zur Durchsetzung deutscher Bestellungshindernisse von Geschäftsleitern gegenüber ausländischen Gesellschaften, NZG 2008, 253; *Deutler*, »Betreute« als Geschäftsführer – Versicherungen bei der Anmeldung, GmbHR 1992, 252; *Drygala*, Zur Neuregelung der Tätigkeitsverbote für Geschäftsleiter von Kapitalgesellschaften, ZIP 2005, 423; *Eßer/Baluch*, Bedeutung des Allgemeinen Gleichbehandlungsgesetzes für Organmitglieder, NZG 2007, 321; *Gundlach/Müller*, Die Verurteilung wegen Insolvenzverschleppung als Hindernis der Geschäftsführerbestellung, NZI 2011, 480; *Heßeler*, Der »Ausländer als Geschäftsführer« – das Ende der Diskussion durch das MoMiG?!, GmbHR 2009, 759; *Horstmeier*, Geschäftsführer und Vorstände als »Beschäftigte« – Diskriminierungsschutz für Organe nach dem Allgemeinen Gleichbehandlungsgesetz, GmbHR 2007, 125; *Jäger*, Der Betreuer als gesetzlicher Vertreter des Gesellschafter-Geschäftsführers und des Gesellschafters, DStR 1996, 108; *Kögel*, Die Not mit der Notgeschäftsführung bei der GmbH, NZG 2000, 20; *Lutter*, Anwendbarkeit der Altersbestimmungen des AGG auf Organpersonen, BB 2007, 725; *Melchior*, Ausländer als GmbH-Geschäftsführer, DB 1997, 413; *Reufels/Molle*, Diskriminierungsschutz von Organmitgliedern, NZA-RR 2011, 281; *Weyand*, Strafrechtliche Aspekte des MoMiG im Zusammenhang mit juristischen Personen, ZInsO 2008, 702.

A. Einführung

1 § 6 enthält eine Regelung zur Auswahl und Bestellung des Geschäftsführers und bezieht sich auf die Gewährleistung der Handlungsfähigkeit der Vor-Gesellschaft.[1] Eine GmbH muss schon für die Gründung (Vor-GmbH) zwingend einen oder mehrere Geschäftsführer haben (Abs. 1), welche die Gesellschaft zum Handelsregister anmelden.[2] Die Art der Bestellung des Geschäftsführers sowie die Gestaltungsmöglichkeiten des Gesellschaftsvertrags sind in Abs. 3 geregelt. Die Rechtsstellung und Aufgaben der Geschäftsführung sind in den §§ 35 ff. geregelt. Die Regelung erfuhr im Rahmen des MoMiG eine Erweiterung in Abs. 2 (zwingende persönliche Voraussetzungen für die Bestellung zum Geschäftsführer sowie Ausschlussgründe), neu aufgenommen wurde Abs. 5 (besonderer Haftungstatbestand für Gesellschafter, die eine ausgeschlossene Person zum Geschäftsführer bestellen bzw. nicht abberufen). Die Bestellung zum Organ der GmbH ist vom schuldrechtlichen Anstellungsvertrag zu unterscheiden. Regelmäßig ist letzterer von der organschaftlichen Stellung unabhängig (näher Anhang § 6).

B. Erforderlichkeit von Geschäftsführern (Abs. 1, Abs. 3 S. 1)

2 Der Geschäftsführer ist neben den Gesellschaftern (§§ 45 ff.) und ggf. dem obligatorischen Aufsichtsrat (§ 52) zwingendes Organ der GmbH (Abs. 1). Die **Anzahl** der Geschäftsführer kann im Gesellschaftsvertrag bzw. von der Gesellschafterversammlung (§ 46 Nr. 5) frei festgelegt werden. Nur in Einzelfällen ist zwingend ein Arbeitsdirektor als Geschäftsführer zu bestellen (§ 33 MitbestG, § 13 MontanMitbestG, § 13 MitbestErgG) oder sind zwei Geschäftsführer vorzusehen (§ 33 Abs. 1 Nr. 5 KWG). In der Satzung kann eine Höchst- oder Mindestanzahl an Geschäftsführern festgelegt werden. Gibt der Gesellschaftsvertrag eine bestimmte Höchstzahl von Geschäftsführern vor und geht der Gesellschafterbeschluss darüber hinaus, ist er anfechtbar.[3]

3 Geschäftsführer kann nicht nur eine dritte Person (Dritt- oder **Fremdorganschaft**), sondern auch ein Gesellschafter sein (Gesellschafter-Geschäftsführer). Gesellschaftsrechtlich sind beide gleichgestellt. Im Steuer-, Sozialversicherungs- und Altersversorgungsrecht können Unterschiede bestehen.[4] Auch der Alleingesellschafter kann (Allein-)Geschäftsführer sein.[5]

---

1 *Schäfer*, in: Bork/Schäfer, GmbHG, § 6 Rn. 1.
2 BGHZ 80, 212, 214 f.
3 OLG Stuttgart, GmbHR 1999, 537, 538.
4 *Altmeppen*, in: Roth/Altmeppen, GmbHG, § 6 Rn. 2.
5 *Zöllner/Noack*, in: Baumbach/Hueck, GmbHG, Vor § 35 Rn. 5.

4 Die **Bezeichnung** »Geschäftsführer« ist sowohl bei der Eintragung im Handelsregister als auch für die Angabe auf Geschäftsbriefen gemäß § 35a zwingend. Umstritten ist, inwiefern die Gesellschafter im Gesellschaftsvertrag oder durch Gesellschafterbeschluss[6] eine andere Bezeichnung vorsehen können. Zulässig sollen Benennungen wie »Direktor«, »Unternehmensleiter«[7] oder »CEO« sein. Entscheidend soll es darauf ankommen, dass sie nicht irreführend sind. Abzulehnen ist daher regelmäßig das Auftreten als »Vorstand«.[8] Der Geschäftsführer selbst ist kein Kaufmann i.S. des § 1 HGB.[9] Daran ändert auch eine Eintragung dieser Bezeichnung ins Handelsregister nichts.[10] Er ist aufgrund seiner Angestelltentätigkeit auch kein Unternehmer i.S. des § 14 BGB.[11]

C. Ausschluss von der Geschäftsführung

I. Ausschluss nach Abs. 2 S. 1, Abs. 3

5 Zwar können die Gesellschafter grundsätzlich frei darüber bestimmen, wen sie zum Geschäftsführer haben wollen, nach Abs. 2 S. 1 kann diese Position aber nur eine natürliche, uneingeschränkt geschäftsfähige Person einnehmen. Damit scheidet eine juristische Person oder eine Personengesellschaft als Geschäftsführer aus. Eine entsprechende Bestellung ist unwirksam.[12] Selbst bei einer Ermächtigung nach §§ 112, 113 BGB oder einer Einwilligung des gesetzlichen Vertreters sowie einer familiengerichtlichen Genehmigung sind beschränkt Geschäftsfähige von der Geschäftsführung ausgeschlossen.[13]

6 Dagegen stellt etwa eine Privatinsolvenz noch keinen zwingenden Ausschlussgrund dar.[14] Zudem ergibt sich aus Abs. 3, dass nur Gesellschafter oder andere Personen bestellt werden können. Aufsichtsratsmitglieder können nicht Geschäftsführer der von ihnen zu beaufsichtigenden Gesellschaft sein (§ 52 Abs. 1 GmbHG i.V.m. § 105 AktG). Dies ist auch nicht in der Satzung abdingbar.[15]

---

6 Letzteres bejahend *Wicke*, GmbHG, § 6 Rn. 2; verneinend *Schmidt-Leithoff*, in: Rowedder/Schmidt-Leithoff, GmbHG, § 6 Rn. 4.
7 *Füller*, in: Ensthaler/Füller/Schmidt, GmbHG, § 6 Rn. 3.
8 *Altmeppen*, in: Roth/Altmeppen, GmbHG, § 6 Rn. 3; *Schneider*, in: Scholz, GmbHG, § 6 Rn. 6; *Wicke*, GmbHG, § 6 Rn. 2; großzügiger *Bayer*, in: Lutter/Hommelhoff, GmbHG, § 6 Rn. 5; bejahend aber *Lenz*, in: Michalski, GmbHG, § 35 Rn. 10.
9 BGH, NJW 1996, 1467, 1468.
10 OLG Düsseldorf, BB 1994, 2101, 2102.
11 BGH, NJW 2004, 3039, 3040; BGH, NJW 2006, 431, 432.
12 *Füller*, in: Ensthaler/Füller/Schmidt, GmbHG, § 6 Rn. 6.
13 OLG Hamm, NJW-RR 1992, 1253.
14 BGHZ 49, 11, 16 f.; *Füller*, in: Ensthaler/Füller/Schmidt, GmbHG, § 6 Rn. 6.
15 OLG Frankfurt, BB 1981, 1542 f.; OLG Frankfurt, NJW-RR 1987, 482, 483.

II. Ausschluss nach Abs. 2 S. 2

1. Betreuung, Berufs- oder Gewerbeverbot

7 Nach Abs. 2 S. 2 Nr. 1 kann auch ein Betreuter nicht Geschäftsführer sein, sofern er ganz oder teilweise einem Einwilligungsvorbehalt gemäß § 1903 BGB unterliegt.[16] Allerdings ändert die Bestellung eines Betreuers grundsätzlich nichts an einer bereits bestehenden Geschäftsführerstellung, sofern der Betreuer nicht ausdrücklich auch für die Geschäftsführertätigkeit zuständig sein soll.[17]

8 Nicht Geschäftsführer werden kann jemand, dem ein gerichtliches oder behördliches Berufs- oder Gewerbeverbot auferlegt ist (Abs. 2 S. 2 Nr. 2). Als Beispiel kann ein Verbot nach § 35 GewO, § 36 Abs. 1 KWG oder § 70 StGB angeführt werden. Dies soll aber nicht für Berufsverbote nach § 132a StPO[18] oder § 16 Abs. 3 HandwO[19] gelten. Das Verbot muss sich ganz oder teilweise auf den gesellschaftsvertraglichen oder tatsächlichen Unternehmensgegenstand beziehen,[20] jedoch nicht notwendig auf die Tätigkeit gerade als Geschäftsführer.[21] Voraussetzung ist, dass die behördliche Anordnung unanfechtbar oder sofort vollziehbar ist, d.h. Rechtsmittel dürfen keine aufschiebende Wirkung haben.[22] Unterliegt der Geschäftsführer einem Bestellungshindernis, kann eine inländische Zweigniederlassung einer ausländischen Kapitalgesellschaft nicht in das Handelsregister eingetragen werden (§ 13a Abs. 3 HGB). Da die Rechtsprechung die registerrechtliche Anknüpfung auf die gesellschaftsrechtliche Bestellung übertragen hat, ist in diesem Fall auch die Bestellung als Geschäftsführer der Zweigniederlassung unwirksam.[23]

2. Rechtskräftige Verurteilung

9 Weiterer Ausschlussgrund für die Bestellung zum Geschäftsführer ist das Vorliegen einer oder mehrerer der in Abs. 2 S. 1 Nr. 3 genannten vorsätzlich begangenen Straftaten. Diese Regelung wurde durch das MoMiG insbesondere durch die Aufnahme der allgemeinen Vermögensdelikte (Abs. 2 S. 1 Nr. 3 lit e) erweitert. Daneben finden sich auch in Abs. 2 S. 2 Nr. 3 lit. a, c und d neue Ausschlussgründe. Diese neuen Bestimmungen erlangen aufgrund der Übergangsregelung des § 3 Abs. 2 EGGmbHG für nach dem 1.11.2008 bestellte Geschäftsführer Geltung, wenn die

---

16 *Deutler*, GmbHR 1992, 252, 253; *Jäger*, DStR 1996, 108 f.

17 *Schäfer*, in: Bork/Schäfer, GmbHG, § 6 Rn. 7; *Ulmer*, in: Ulmer/Habersack/Winter, GmbHG, § 6 Rn. 9.

18 *Ulmer*, in: Ulmer/Habersack/Winter, GmbHG, § 6 Rn. 20.

19 *Wicke*, GmbHG, § 6 Rn. 4.

20 Vgl. OLG Düsseldorf, GmbHR 1997, 71.

21 OLG Frankfurt, GmbHR 1994, 802, 803.

22 Vgl. BGH, NJW 2007, 2328, 2329 (zur Zweigniederlassung einer Limited); *Bauer/Großerichter*, NZG 2008, 253 ff.; *Eidenmüller/Rehberg*, NJW 2008, 28, 29.

23 BGHZ 172, 200, 204.

Verurteilung nach Inkrafttreten des MoMiG rechtskräftig wurde.[24] Beginnend mit dem Eintritt der Rechtskraft[25] darf eine verurteilte Person für die Dauer von fünf Jahren nicht zum Geschäftsführer bestellt werden (§§ 314, 341 StPO).

10 Somit gilt als ausschließende Straftat erstens die Insolvenzverschleppung (Abs. 2 S. 2 Nr. 3 lit. a) nach § 15a Abs. 4 InsO[26], § 84 Abs. 1 Nr. 2 GmbHG, § 401 Abs. 1 Nr. 2 AktG und §§ 130b, 177a HGB,[27] zweitens vorsätzliche Insolvenzdelikte nach §§ 283-283d StGB (Abs. 2 S. 2 Nr. 3 lit. b), drittens die Strafbarkeit wegen falscher Angaben nach § 82 GmbHG oder § 399 AktG (Abs. 2 S. 2 Nr. 3 lit. c), viertens diejenige wegen vorsätzlicher unrichtiger Darstellung nach § 400 AktG, § 331 HGB, § 313 UmwG und § 17 PublG) und fünftens wegen der allgemeinen Vermögensdelikte der §§ 263-266a, §§ 265b-266a StGB.[28] Bei letzteren erfolgt eine Beschränkung auf eine mindestens einjährige Freiheitsstrafe, da Bagatelldelikte ausgenommen sein sollen. Eine entsprechende Anwendung dieser Vorschrift auf nicht im Gesetz genannte Tatbestände ist ausgeschlossen.[29]

11 Abs. 2 S. 3 wurde ebenfalls durch das MoMiG neu gefasst. Danach bildet die Verurteilung wegen mit S. 2 Nr. 3 vergleichbarer ausländischer Straftaten ein Bestellungshindernis. Dabei wird das Registergericht die Gleichwertigkeit im Zweifel mit Hilfe eines Rechtsgutachtens feststellen können.[30] Der Gesetzgeber hat sich ausdrücklich dagegen entschieden, die Bestellungsverbote entsprechend Abs. 2 S. 2 Nr. 2 auf ausländische Behördenentscheidungen zu erstrecken.[31]

III. Rechtsfolgen eines Verstoßes gegen Abs. 2

1. Nichtigkeit der Bestellung

12 Ein Verstoß gegen Abs. 2 stellt einen absoluten Eignungsmangel dar und hat die Nichtigkeit der Geschäftsführerbestellung zur Folge.[32] Tritt ein solcher Eignungsmangel nachträglich ein, endet das Geschäftsführeramt automatisch, ohne dass es einer Abberufung bedarf.[33] Die Eintragung als Geschäftsführer ist dann grundsätzlich bereits von Amts wegen im Handelsregister zu löschen.[34] Auch wenn der unent-

---

24 *Altmeppen*, in: Roth/Altmeppen, GmbHG, § 6 Rn. 12; *Schäfer*, in: Bork/Schäfer, GmbHG, § 6 Rn. 2.

25 BGH, NJW-RR 2011, 1257 f. (nicht Zeitpunkt der Verurteilung).

26 Zum Umfang der Berücksichtigung von Insolvenzverschleppungstatbeständen *Gundlach/Müller*, NZI 2011, 480 ff.

27 Jeweils a.F.; so *Altmeppen*, in: Roth/Altmeppen, GmbHG, § 6 Rn. 14.

28 Kritisch *Altmeppen*, in: Roth/Altmeppen, GmbHG, § 6 Rn. 18.

29 RegE MoMiG S. 74.

30 *Weyand*, ZInsO 2008, 702, 703.

31 Vgl. BT-Drs. 16/6140 Anlage 3 S. 4.

32 OLG Naumburg, GmbHR 2000, 378, 380; OLG Frankfurt, NJW-RR, 1995, 298.

33 BGHZ 115, 78, 80; OLG Düsseldorf, GmbHR 1994, 114.

34 BayObLG, NJW-RR 1989, 934, 935; OLG Naumburg, GmbHR 2000, 378, 380; OLG Zweibrücken, NZG 2001, 857.

deckte Mangel später wegfällt, wird dadurch eine unwirksame Bestellung nicht nachträglich geheilt. Erforderlich ist eine Neubestellung des Geschäftsführers i.S. des Abs. 3 S. 2.[35]

2. Rechtsscheinhaftung

13 Führt ein Geschäftsführer trotz nichtiger Bestellung die Geschäfte der Gesellschaft, sind Dritte in ihrem Vertrauen auf die Eintragung der Bestellung aufgrund § 15 Abs. 1, 3 HGB sowie den Grundsätzen der Rechtsscheinhaftung geschützt. Das Vertrauen Dritter in die Geschäftsfähigkeit des Geschäftsführers erfasst § 15 HGB nicht, da es sich hierbei nicht um eine eintragungspflichtige Tatsache handelt.[36] Geholfen wird dem Dritten jedoch damit, dass ggf. eine Zurechnung des Geschäftsführerverhaltens nach allgemeinen Rechtsscheingrundsätzen stattfindet.[37] Dagegen wird im Schrifttum eingewandt, dass mit dieser Figur allein die Scheinvertretungsmacht, aber nicht eine Scheingeschäftsführung herbeigeführt werden kann.[38]

3. Gesellschafterhaftung (Abs. 5)

14 a) **Allgemeines.** Nach dem durch das MoMiG neu eingeführten Abs. 5 kommt eine – dem § 43 Abs. 2 nachempfundene[39] – Haftung der Gesellschafter in Betracht, wenn die Führung der Geschäfte einer Person überlassen wird, die nicht Geschäftsführer sein kann. Die Haftung auf Schadensersatz besteht gegenüber der Gesellschaft. Für die Geltendmachung der Ersatzansprüche ist nach § 46 Nr. 8 die Gesellschafterversammlung zuständig, wobei der Gesellschafter, der einer amtsunfähigen Person die Geschäftsführung überlassen hat, gemäß § 47 Abs. 4 sein Stimmrecht nicht ausüben darf. Durch die Haftung nach Abs. 5 soll den Gesellschaftern der Anreiz genommen werden, Geschäftsführer unter Verstoß gegen Abs. 2 einzusetzen.[40] Dies gilt auch für den Fall, dass sich ein Mehrheitsgesellschafter zum Geschäftsführer bestellt, obwohl dies nach Abs. 2 nicht möglich ist.

15 b) **Voraussetzungen.** Für eine Haftung aus Abs. 5 muss der jeweilige Gesellschafter eine vorsätzliche oder grob fahrlässige Pflichtverletzung durch Überlassen der Geschäftsführung begangen haben. Aufgrund des Begriffs »**Überlassen**« ist es unerheblich, ob die Amtsunfähigkeit von vornherein bestand oder erst nachträglich eingetreten ist.[41] Eine Haftung soll auch bei Duldung von faktischen Geschäftsführern eintreten.[42]

---

35 BayObLG, NJW-RR 1993, 612, 613 (in Bezug auf die Wiedererlangung der Geschäftsfähigkeit); *Schäfer*, in: Bork/Schäfer, GmbHG, § 6 Rn. 4.

36 BGHZ 115, 78, 83; a.A. OLG München, JZ 1990, 1029 f. m. Anm. *Roth*.

37 So BGHZ 115, 78, 83.

38 *Altmeppen*, in: Roth/Altmeppen, GmbHG, § 6 Rn. 25.

39 *Altmeppen*, in: Roth/Altmeppen, GmbHG, § 6 Rn. 27.

40 BR-Drs. 354/07 S. 10; siehe auch BT-Drs. 16/6140 S. 64.

41 *Altmeppen*, in: Roth/Altmeppen, GmbHG, § 6 Rn. 27; *Schäfer*, in: Bork/Schäfer, GmbHG, § 6 Rn. 20.

42 *Altmeppen*, in: Roth/Altmeppen, GmbHG, § 6 Rn. 29; *Schäfer*, in: Bork/Schäfer, GmbHG, § 6 Rn. 20.

Zudem muss die Überlassung der Geschäftsführung **schuldhaft**, d.h. vorsätzlich oder grob fahrlässig geschehen. Es müssen sich dem Gesellschafter mindestens weitere Erkundigungen aufdrängen.[43] Die Beweislast für einen Mangel an Verschulden trägt der Gesellschafter.[44] Die Haftung nach Abs. 5 setzt weiter voraus, dass der Gesellschaft durch eine Pflichtverletzung des Geschäftsführers ein Schaden entstanden ist. **16**

Umstritten ist, ob bei einem mehrköpfigen Gremium auch diejenigen Gesellschafter haften, welche als **Minderheitsgesellschafter** gegen die Geschäftsführung einer Person, die nach Abs. 2 ausgeschlossen ist, gestimmt haben.[45] Allein die Berufung darauf, dass man gegen einen entsprechenden Beschluss votiert hat, vermag nach Sinn und Zweck der Norm nicht auszureichen. Schließlich genügt es, wenn der Gesellschafter grob fahrlässig gehandelt hat. Darüber hinaus wird darauf abgehoben, dass die unterlegenen Gesellschafter die Möglichkeit haben, in solchen Fällen geeignete Schritte zu unternehmen.[46] So wird etwa darauf hingewiesen, dass die Minderheitsgesellschafter auf die Einberufung einer Gesellschafterversammlung hinwirken müssen.[47] Welche Handlungen vom Minderheitsgesellschafter darüber hinaus aber zu verlangen sind, damit die Haftung des Abs. 5 nicht eintritt, wird im Schrifttum bislang kaum erörtert. **17**

Da die actio pro socio ausschließlich auf mitgliedschaftliche Ansprüche der Gesellschaft gegenüber ihren Gesellschaftern Anwendung findet,[48] scheidet eine Unterlassungsklage des Minderheitsgesellschafters für die GmbH gegen den amtsunfähigen Geschäftsführer aus. Zu überlegen ist jedoch, ob der Minderheitsgesellschafter aufgrund der mitgliedschaftlichen Treuepflicht einen Erfüllungsanspruch gegen seine Mitgesellschafter hat, einer Abberufung des Geschäftsführers zuzustimmen.[49] Ob eine Verpflichtung des Minderheitsgesellschafters besteht, diesen Anspruch notfalls klageweise geltend zu machen, um seiner Haftung nach Abs. 5 zu entgehen, ist jedoch zurückhaltend zu bewerten. **18**

Rechtsfolge ist bei Vorliegen der Voraussetzungen eine Haftung der Gesellschafter nach Abs. 5 als Gesamtschuldner i.S. des § 426 BGB. Die Verjährung beträgt fünf Jahre (§ 43 Abs. 4).[50] **19**

---

43 So *Schäfer*, in: Bork/Schäfer, GmbHG, § 6 Rn. 22.

44 *Kleindiek*, in: Lutter/Hommelhoff, GmbHG, § 6 Rn. 60; *Schäfer*, in: Bork/Schäfer, GmbHG, § 6 Rn. 20.

45 Bejahend *Wicke*, GmbHG, § 6 Rn. 21; ablehnend *Altmeppen*, in: Roth/Altmeppen, GmbHG, § 6 Rn. 28; *Kleindiek*, in: Lutter/Hommelhoff, GmbHG, § 6 Rn. 48; *Schäfer*, in: Bork/Schäfer, GmbHG, § 6 Rn. 21.

46 *Altmeppen*, in: Roth/Altmeppen, GmbHG, § 6 Rn. 28.

47 *Altmeppen*, in: Roth/Altmeppen, GmbHG, § 6 Rn. 28; *Schäfer*, in: Bork/Schäfer, GmbHG, § 6 Rn. 21; *Wicke*, GmbHG, § 6 Rn. 21.

48 BGH, WM 1982, 928, 929; *Hueck/Fastrich*, in: Baumbach/Hueck, GmbHG, § 13 Rn. 38; a.A. *Altmeppen*, in: Roth/Altmeppen, GmbHG, § 13 Rn. 27.

49 Zur Durchsetzung einer Stimmpflicht BGHZ 48, 163 ff.; *Winter*, in: Scholz, GmbHG, § 14 Rn. 62.

50 *Schäfer*, in: Bork/Schäfer, GmbHG, § 6 Rn. 24.

20 c) **Haftung des Aufsichtsrats.** Für den Fall, dass anstelle der Gesellschafter ein Aufsichtsrat für die Bestellung des Geschäftsführers zuständig ist, wird zum Teil eine Haftung der Aufsichtsratsmitglieder in analoger Anwendung des Abs. 5 befürwortet.[51] Hierdurch soll in erster Linie der Gefahr begegnet werden, dass sich die Gesellschafter durch die Einrichtung eines Aufsichtsrats der Haftung nach Abs. 5 entziehen. Sofern ein fakultativer Aufsichtsrat handelt, sollen die Gesellschafter neben diesem ebenfalls aus Abs. 5 haften, wenn sie vorsätzlich oder grob fahrlässig nicht dagegen einschreiten, dass der Aufsichtsrat seine (Überwachungs-)Pflichten gegenüber den Geschäftsführern verletzt. Für eine analoge Anwendung des Abs. 5 auf die Aufsichtsratsmitglieder besteht indes keine Notwendigkeit, da sich ihre Haftung bereits aus § 52 i.V.m. §§ 93, 116 AktG ergibt und es daher an einer Regelungslücke fehlt.[52]

21 d) **Dritthaftung.** Bei schuldhafter Bestellung eines geschäftsunfähigen Geschäftsführers kommt eine Haftung der Gesellschafter gegenüber Dritten aus §§ 280 Abs. 1, 311 Abs. 2 BGB (culpa in contrahendo), weil die Gesellschafter die Geschäftsunfähigkeit des Geschäftsführers erkannt haben oder hätten erkennen müssen,[53] oder bei vorsätzlichem sittenwidrigen Verhalten aus § 826 BGB[54] in Betracht. Hat die GmbH insoweit nach §§ 31, 278 BGB für das schädigende Verhalten des Geschäftsführers einzustehen, kann der Geschädigte die GmbH, die Gesellschafter und den deliktisch handelnden Geschäftsführer als Gesamtschuldner in Anspruch nehmen. Dies gilt in Bezug auf die Gesellschafter selbst dann, wenn diese der GmbH nach Abs. 5 im Innenverhältnis haften.[55]

22 Anders liegt der Fall, wenn der unqualifizierte (faktische) Geschäftsführer das Vermögen der GmbH schädigt, während die Gläubiger der (insolventen) GmbH deshalb nur einen Reflexschaden erleiden. Dann hat die Haftung nach Abs. 5 den Vorrang: Gläubiger einer Kapitalgesellschaft, die nur einen Reflexschaden erleiden, weil ihre insolvente Schuldnerin von Gesellschaftern, Geschäftsführern etc geschädigt wurde, haben niemals einen Direktanspruch gegen diese Schädiger, weil anderenfalls der Kapitalerhaltungsgrundsatz verletzt würde (arg. §§ 117 Abs. 1 S. 2, 317 Abs. 1 S. 2 AktG).[56]

IV. Ausschluss durch Gesellschaftsvertrag

23 Im Gesellschaftsvertrag können neben den in Abs. 2 genannten, weitere persönliche oder sachliche Voraussetzungen für eine Geschäftsführerposition vorgesehen sein. Aufgrund der Verbandsautonomie sollen selbst geschlechtsspezifische Vorgaben mög-

---

51 *Altmeppen*, in: Roth/Altmeppen, GmbHG, § 6 Rn. 30; *Wicke*, GmbHG, § 6 Rn. 22.

52 *Hueck/Fastrich*, in: Baumbach/Hueck, GmbHG, § 6 Rn. 18; *Tebben*, in: Michalski, GmbHG, § 6 Rn. 99.

53 BGHZ 115, 78, 83.

54 BGH, NZG 2006, 350, 353.

55 *Altmeppen*, in: Roth/Altmeppen, GmbHG, § 6 Rn. 31.

56 *Altmeppen*, ZIP 2008, 1201, 1203.

lich sein.[57] Allerdings schränkt das **Allgemeine Gleichbehandlungsgesetz** (AGG) die Möglichkeiten, die Bestellung als Geschäftsführer von spezifischen Kriterien abhängig zu machen, erheblich ein. Gemäß § 6 Abs. 3 AGG finden die Benachteiligungsverbote auch auf Organmitglieder, insbesondere Geschäftsführer, entsprechende Anwendung.[58] Dies gilt auch für den Fall, dass ein Geschäftsführer nach Auslaufen eines Vertrags von der dort vorgesehenen Regelung Gebrauch macht und Verhandlungen über eine Fortsetzung seiner Tätigkeit aufnehmen will.[59] Ob aufgrund der lediglich »entsprechenden« Anwendung des § 6 Abs. 3 AGG in Bezug auf Organe von juristischen Personen ein großzügigerer Ermessensspielraum bei der Beurteilung einzuräumen ist, wird unterschiedlich beurteilt.[60]

24 Daher müssen statutarische Bestellungsvoraussetzungen grundsätzlich sachlich gerechtfertigt sein.[61] Die Auswahl des Geschäftsführers nach fachlicher Qualifikation und Berufserfahrung unterliegt hierbei keinen Bedenken. Einschränkungen aufgrund ethnischer Herkunft, Geschlecht, Religion oder Weltanschauung sind jedoch faktisch ausgeschlossen, da nur selten gesellschaftsspezifische Gründe vorliegen werden, die eine solche Benachteiligung rechtfertigen könnten.[62] **Altersklauseln** sollen demgegenüber als vertragliche Bestellungsvoraussetzung prinzipiell möglich sein.[63]

25 Wird ein Geschäftsführer bestellt, obwohl er die im Gesellschaftsvertrag festgelegten Voraussetzungen nicht erfüllt, kann er zwar aus wichtigem Grund abberufen werden. Der Beschluss zur Bestellung des Geschäftsführers ist gleichwohl wirksam und lediglich anfechtbar.[64]

V. Sonstige Ausschlussgründe?

1. Genehmigungserfordernisse, berufsständische/gewerberechtliche Voraussetzungen

26 Die Wirksamkeit der Bestellung wird weder durch beamtenrechtliche Genehmigungserfordernisse[65] noch durch berufsständische oder gewerberechtliche Vorausset-

57 *Kleindiek*, in: Lutter/Hommelhoff, GmbHG, § 6 Rn. 20; *Wicke*, GmbHG, § 6 Rn. 8.

58 *Horstmeier*, GmbHR 2007, 125, 126; *Eßer/Baluch*, NZG 2007, 321 f.; *Reufels/Molle*, NZA-RR 2011, 281 ff.

59 OLG Köln, DB 2010, 1878 ff.

60 OLG Köln, DB 2010, 1878, 1882, Rn. 76 ff. m.w.N.

61 *Tebben*, in: Michalski, GmbHG, § 6 Rn. 37.

62 *Schäfer*, in: Bork/Schäfer, GmbHG, § 6 Rn. 13.

63 *Lutter*, BB 2007, 725, 729; *Bauer/Arnold*, ZIP 2008, 993, 1000.

64 *Hueck/Fastrich*, in: Baumbach/Hueck, GmbHG, § 6 Rn. 33; *Koppensteiner*, in: Rowedder/Schmidt-Leithoff, GmbHG, § 35 Rn. 75; *Tebben*, in: Michalski, GmbHG, § 6 Rn. 39; *Zöllner/Noack*, in: Baumbach/Hueck, GmbHG, § 35 Rn. 13.

65 *Hueck/Fastrich*, in: Baumbach/Hueck, GmbHG, § 6 Rn. 12; zu Mitgliedern der Bundesregierung und Landesministern vgl. *Schmidt-Leithoff*, in: Rowedder/Schmidt-Leithoff, GmbHG, § 6 Rn. 20.

zungen in Bezug auf die Stellung als Geschäftsführer (z.B. § 59i BRAO, § 50 Abs. 1 StBerG, § 28 Abs. 1 S. 1 WPO)[66] beeinflusst.

2. Ausländische Geschäftsführer

27 Da für eine Geschäftsführerbestellung die Staatsangehörigkeit des Geschäftsführers, dessen Wohnsitz oder gewöhnlicher Aufenthalt sowie dessen deutsche Sprachkenntnissen unerheblich sind,[67] können auch Ausländer Geschäftsführer sein. Umstritten ist allerdings, ob nicht eine Bestellung nur dann in Betracht kommt, wenn der Geschäftsführer jederzeit nach Deutschland einreisen kann bzw. wenn er jederzeit in der Lage ist, seine gesetzlichen Mindestpflichten (z.B. §§ 7 ff., 30 f., 41, 43 Abs. 3, 49 Abs. 3, 51a, 64, 78 ff. GmbHG, § 15a InsO) zu erfüllen.[68]

28 Unproblematisch erscheint die Lage bei **EU-Ausländern** und Angehörigen von Nicht-EU-Staaten, wenn sie für eine Dauer von bis zu drei Monaten ohne Visum in die Bundesrepublik Deutschland einreisen dürfen.[69] Von Nicht-EU-Ausländern wird dagegen der Nachweis verlangt, dass sie jederzeit zur Erfüllung ihrer gesetzlichen Aufgaben nach Deutschland einreisen können. Sofern dieser nicht erbracht werden kann, soll der Bestellungsakt zum Geschäftsführer unwirksam sein.[70] Formal könnte dann ein Bestellungshindernis analog Abs. 2 vorliegen,[71] indem die Nichterteilung oder Einschränkung der ausländerrechtlichen Aufenthaltserlaubnis einem Verbot i.S. des Abs. 2 gleichsteht. Ob eine Vergleichbarkeit möglich ist, wird teilweise angezweifelt.[72]

29 Eine andere Ansicht lehnt eine solche Unterscheidung zu Lasten von bestimmten Nicht-EU-Ausländern ab. Sie sei zum einen vom Gesetz nicht gedeckt, da auch eine Delegation von Leitungsaufgaben in Betracht kommt, und zum anderen verkenne sie die praktischen Erfordernisse und realen Möglichkeiten moderner Kommunikations-

---

66 *Füller*, in: Ensthaler/Füller/Schmidt, GmbHG, § 6 Rn. 13; *Tebben*, in: Michalski, GmbHG, § 6 Rn. 33.

67 LG Hildesheim, GmbHR 1995, 655.

68 Vgl. OLG Hamm, NJW-RR 2000, 37; OLG Köln, NZG 1999, 269, 270; OLG Zweibrücken, NJW-RR 2001, 1689; OLG Frankfurt, NJW-RR 2001, 1616 f.; OLG Stuttgart, NZG 2006, 789; OLG Celle, NJW-RR 2007, 1673, 1675; *Wicke*, GmbHG, § 6 Rn. 7.

69 Vgl. OLG Frankfurt, NZG 2001, 757; OLG Stuttgart, NZG 2006, 789.

70 Bejahend OLG Hamm, NJW-RR 2000, 37, 38; OLG Zweibrücken, NJW-RR 2001, 1689; OLG Celle, NJW-RR 2007, 1679 f.; *Heyder*, in: Michalski, GmbHG, § 6 Rn. 30; *Schmidt-Leithoff*, in: Rowedder/Schmidt-Leithoff, GmbHG, § 6 Rn. 13; *Schneider*, in: Scholz, GmbHG, § 6 Rn. 19; *Wicke*, GmbHG, § 6 Rn. 7; verneinend OLG Dresden, NZG 2003, 628, 629; *Altmeppen*, in: Roth/Altmeppen, GmbHG, § 6 Rn. 34; *Ulmer*, in: Ulmer/Habersack/Winter, GmbHG, § 6 Rn. 15 ff.; offen gelassen bei OLG Stuttgart, NZG 2006, 789.

71 *Schneider*, in: Scholz, GmbHG, § 6 Rn. 19.

72 Vgl. *Melchior*, DB 1997, 413, 415.

mittel.[73] Dem ist insbesondere angesichts der technischen Möglichkeiten (z.B. Internet), die Geschäftsführerpflichten wahrzunehmen, aber auch unter Berücksichtigung der Änderungen durch das MoMiG zuzustimmen.[74]

D. Bestellung des Geschäftsführers (Abs. 3 S. 2, Abs. 4)

I. Allgemeines

30 Die Bestellung des Geschäftsführers ist unabhängig vom Anstellungsverhältnis (Trennungsprinzip). Der Geschäftsführer ist entweder im Gesellschaftsvertrag oder durch einfachen Beschluss (vgl. § 47 Abs. 1) zu bestellen (Abs. 3 S. 2). Regelmäßig ist die Gesellschafterversammlung zuständig (§ 46 Nr. 5).

31 Allerdings kann die **Zuständigkeit** im Gesellschaftsvertrag auf den Aufsichtsrat oder einzelne Gesellschafter verlagert werden.[75] Ob der Gesellschaftsvertrag die Bestellungskompetenz auch auf außenstehende Dritte delegieren kann, ist umstritten. Dies ist zu bejahen, da die Gesellschafter die Möglichkeit haben, den Geschäftsführer abzuberufen, und im Wege der Satzungsänderung die Zuständigkeit wieder an sich ziehen können.[76] In der mitbestimmten GmbH ist, sofern nicht das DrittelBG gilt, der Aufsichtsrat für die Bestellung der Geschäftsführer zuständig (§ 84 AktG i.V.m. §§ 31 Abs. 1 MitbestG, 12 MontanMitbestG, 13 MitbestErgG). Schon im Gründungsstadium muss die Gesellschaft einen oder mehrere Geschäftsführer bestellt haben,[77] die dann bei der Anmeldung der Gesellschaft auftreten (vgl. § 8 Abs. 1 Nr. 2, Abs. 3, Abs. 4 Nr. 2).

32 Die **Beschlussfassung** über die Bestellung kann schon vor Eintragung der GmbH mit einfacher Mehrheit erfolgen, da für die Vor-GmbH grundsätzlich die Regeln der GmbH gelten.[78] Auch derjenige Gesellschafter, der Geschäftsführer werden will, ist stimmberechtigt, da er mit der Stimmabgabe nur sein Mitgliedschaftsrechts ausübt.[79]

---

73 OLG Dresden, NZG 2003, 628, 629; LG Berlin, GmbHR 2004, 951; *Altmeppen*, in: Roth/Altmeppen, GmbHG, § 6 Rn. 34 f.; *Hommelhoff/Kleindiek*, in: Lutter/Hommelhoff, GmbHG, § 6 Rn. 14a; *Hueck/Fastrich*, in: Baumbach/Hueck, GmbHG, § 6 Rn. 9; *Schäfer*, in: Bork/Schäfer, GmbHG, § 6 Rn. 5; *Ulmer*, in: Ulmer/Habersack/Winter, GmbHG, § 6 Rn. 12 ff.

74 So auch OLG München, NJW-RR 2010, 338 f.; OLG Düsseldorf, NZG 2009, 678 f.

75 OLG Stuttgart, GmbHR 1999, 537, 538; *Altmeppen*, in: Roth/Altmeppen, GmbHG, § 6 Rn. 53; *Tebben*, in: Michalski, GmbHG, § 6 Rn. 44.

76 Wie hier *Hueck/Fastrich*, in: Baumbach/Hueck, GmbHG, § 6 Rn. 31; *Schmidt-Leithoff*, in: Rowedder/Schmidt-Leithoff, GmbHG, § 6 Rn. 28; *Tebben*, in: Michalski, GmbHG, § 6 Rn. 63; a.A. *Hüffer*, in: Ulmer/Habersack/Winter, GmbHG, § 46 Rn. 77; *Schneider*, in: Scholz, GmbHG, § 6 Rn. 34b ff., § 38 Rn. 24 f., § 52 Rn. 136.

77 BGHZ 80, 212, 214 f.

78 BGHZ 80, 212, 214 f.

79 BGHZ 18, 205, 210.

33 Die Bestellung ist dem Geschäftsführer gegenüber rechtsgeschäftlich zu erklären (**Bestellungserklärung**). Erforderlich ist zudem die (formfreie) Annahme durch den Geschäftsführer, die wiederum der Gesellschaft, und damit dem Geschäftsführer oder den Geschäftsführern als Vertreter (§ 35 Abs. 2), zugehen muss. Eine konkludente Annahme ergibt sich für Fremd-Geschäftsführer aus der Anmeldung zum Handelsregister bzw. aus der Aufnahme der Tätigkeit,[80] für Gesellschafter-Geschäftsführer grundsätzlich aus der Unterzeichnung des Gesellschaftsvertrags, sofern dieser die Bestellung vorsieht. Zu berücksichtigen ist, dass die Wirksamkeit der Bestellung bereits mit der Annahme eintritt, so dass es hierfür nicht auf die (rein deklaratorische) Eintragung im Handelsregister ankommt.[81]

34 Sofern die Bestellung **unwirksam** ist, weil etwa in der mitbestimmten GmbH die Geschäftsführer von der Gesellschafterversammlung und nicht vom Aufsichtsrat bestellt wurden, gelten die Regeln über die fehlerhafte Gesellschaft. Der Geschäftsführer ist daher bis zur Geltendmachung des Mangels mit den Rechten und Pflichten eines wirksam bestellten Geschäftsführers ausgestattet.[82] Wird der Geschäftsführer ohne Bestellungsakt tätig (**faktischer Geschäftsführer**), ist sein Handeln der Gesellschaft nur über Rechtsscheingrundsätze zurechenbar.[83]

35 Erfolgt die Geschäftsführerbestellung im Gesellschaftsvertrag, ist dies regelmäßig kein **echter Satzungsbestandteil**. Sofern im Vertrag nichts anderes vorgesehen ist, kann daher eine spätere Abberufung auch ohne Satzungsänderung durchgeführt werden.[84] Allein die im Gesellschaftsvertrag erfolgende Bestellung eines Gesellschafters zum Geschäftsführer ist regelmäßig nicht als **Sonderrecht** i.S. des § 35 BGB zu verstehen. Eine Abberufung des Betreffenden ohne seine Zustimmung bedarf daher grundsätzlich keines wichtigen Grundes. Zugleich beinhaltet die Vereinbarung eines Sonderrechts nicht eine Nebenpflicht zur Geschäftsführung gemäß § 3 Abs. 2.[85]

36 Eine **Amtsniederlegung** beeinträchtigt den Fortbestand eines satzungsmäßig eingeräumten Sonderrechts zur Geschäftsführung nicht. Der sonderberechtigte Gesellschafter kann vielmehr nach der Rechtsprechung ohne Gesellschafterbeschluss durch einseitige Erklärung seine Stellung als Geschäftsführer wieder einnehmen.[86]

80 *Füller*, in: Ensthaler/Füller/Schmidt, GmbHG, § 6 Rn. 16.
81 BGH, NJW 1996, 257, 259.
82 *Schmidt*, in: Ensthaler/Füller/Schmidt, GmbHG, § 35 Rn. 5.
83 *Zöllner/Noack*, in: Baumbach/Hueck, GmbHG, § 35 Rn. 9; siehe § 35 Rdn. 5.
84 BGHZ 18, 205, 207 f.; *Altmeppen*, in: Roth/Altmeppen, GmbHG, § 6 Rn. 29.
85 OLG Hamm, NZG 2002, 421 f.
86 OLG Düsseldorf, DNotZ 2007, 394; a.A. *Altmeppen*, in: Roth/Altmeppen, GmbHG, § 6 Rn. 61.

II. Selbstbestellung

37 Der Alleingesellschafter einer **Einpersonen-GmbH** kann sich ohne Beachtung des § 35 Abs. 3 GmbHG i.V.m. § 181 BGB selbst zum Geschäftsführer bestellen.[87] Den Beschluss hat er zu protokollieren (§ 48 Abs. 3). Besteht ein Konzernverhältnis zwischen der GmbH (Tochtergesellschaft) und dem Alleingesellschafter (Muttergesellschaft), kann sich der organschaftliche Vertreter der Muttergesellschaft nur dann zum Geschäftsführer der GmbH bestellen, wenn er vom Verbot des § 181 BGB befreit ist.[88] Ist die Muttergesellschaft eine Aktiengesellschaft, muss der Aufsichtsrat mitwirken (§ 112 AktG).[89]

III. Sonderrecht zur Geschäftsführung

38 Im Gesellschaftsvertrag kann einzelnen oder allen Gesellschaftern ein unentziehbares Sonderrecht zur Geschäftsführung zugesprochen werden. Die Gesellschafter können auch ein **Benennungsrecht** erhalten.[90] Sieht der Gesellschaftsvertrag vor, dass sämtliche Gesellschafter zur Geschäftsführung berechtigt sein sollen, sind hiervon nur die Gründungsgesellschafter erfasst (Abs. 4). Hieraus wird abgeleitet, dass entsprechende Satzungsbestimmungen restriktiv auszulegen sind.[91]

39 Ist der Gesellschafter aufgrund eines als unentziehbar bezeichneten **Sonderrechts** zur Geschäftsführung berechtigt, bleibt dennoch seine Abberufung aus wichtigem Grund (§ 38 Abs. 2) stets möglich. Ob und in welchem Umfang der Gesellschaftsvertrag ein solches Sonderrecht einräumt, ist Auslegungsfrage. Dies gilt insbesondere, wenn die Satzung lediglich eine Regelung zur Geschäftsführerbestellung enthält und zugleich für den Beschluss über das Anstellungsverhältnis Einstimmigkeit verlangt.[92] Ist die nach Satzung oder Gesellschafterbeschluss zulässige Gesamtzahl der Geschäftsführer bereits ausgeschöpft, ist einer der Geschäftsführer notfalls abzuberufen, um das Sonderrecht auf Bestellung verwirklichen zu können.[93]

IV. Bedingung oder Befristung

40 Die Bestellung des Geschäftsführers erfolgt zwar grundsätzlich unbefristet (bei freiem Widerrufsrecht nach § 38 Abs. 1), sie kann aber auch, etwa auf eine Amtsperiode, **befristet** werden. In der mitbestimmten GmbH ist die Bestellung zwingend auf fünf Jahre beschränkt (§§ 84 Abs. 1 AktG, §§ 31 Abs. 1 MitbestG, 12 MontanmitbestG,

---

87 *Altmeppen*, in: Roth/Altmeppen, GmbHG, § 6 Rn 57; *Hueck/Fastrich*, in: Baumbach/Hueck, GmbHG, § 6 Rn. 28; a.A. *Schmidt-Leithoff*, in: Rowedder/Schmidt-Leithoff, GmbHG, § 6 Rn. 27.

88 BayObLG, GmbHR 2001, 72; LG Berlin, NJW-RR 1997, 1534 f.; a.A. LG Nürnberg, AG 2001, 152.

89 *Wicke*, GmbHG, § 6 Rn. 11.

90 BGH, WM 1973, 1295, 1296; BGH, NZG 2004, 516, 517.

91 *Altmeppen*, in: Roth/Altmeppen, GmbHG, § 6 Rn. 59.

92 BGH, NJW 1969, 131; BGH, NJW-RR 1989, 542; BGH, ZIP 2004, 80.

93 OLG Stuttgart, GmbHR 1999, 537.

13 MitbestErgG).[94] Auch eine **auflösend bedingte** Bestellung ist nach der Rechtsprechung möglich.[95] Andere sehen für eine auflösende Bedingung der Geschäftsführerstellung kein Bedürfnis, da die Bestellung nach § 38 Abs. 1 frei widerruflich ist.[96] Die Bestellung eines Geschäftsführers unter aufschiebender Bedingung wird regelmäßig, da die Eintragung zukünftiger Ereignisse registerrechtlich nicht möglich ist, für unzulässig gehalten.[97]

E. Notgeschäftsführung

I. Grundsatz

41 Bei Fehlen eines Geschäftsführers oder dessen rechtlicher Verhinderung erfolgt in dringenden Fällen die **gerichtliche Bestellung** eines Notgeschäftsführers nach § 29 BGB analog im Verfahren nach dem FamFG.[98] Gegen die Entscheidung des Registergerichts über die Bestellung ist binnen eines Monats Beschwerde möglich (§§ 58 Abs. 1, 63 Abs. 1 FamFG). Bei der Mitbestimmung unterliegenden Gesellschaften richtet sich die Notbestellung nach § 85 AktG, § 31 Abs. 1 MitbestG. Antragsberechtigt sind die Beteiligten, d.h. die Gesellschafter, ein Geschäftsführer, sofern zur Vertretung ein weiterer Geschäftsführer erforderlich oder zweifelhaft ist, ob eine Abberufung wirksam erfolgte,[99] eine Verwaltungsbehörde[100] sowie die Gläubiger.[101] Die Gesellschafter können Vorschläge hinsichtlich des Notgeschäftsführers machen.[102]

42 Die Geschäftsführungsbefugnis des Notgeschäftsführers muss auf das sachlich Notwendige beschränkt werden.[103] Die organschaftliche Vertretungsbefugnis ist nicht eingrenzbar (§ 37 Abs. 2).[104] Allerdings kann seine Geschäftsführungsbefugnis beschränkt werden.[105] Das Registergericht ist an die satzungsmäßigen Vorgaben

94 BGH, WM 1962, 109.

95 BGH, NZG 2006, 62, 63 f.; OLG Stuttgart, ZIP 2004, 951, 953.

96 *Altmeppen*, in: Roth/Altmeppen, GmbHG, § 6 Rn. 62; *Hommelhoff/Kleindiek*, in: Lutter/Hommelhoff, GmbHG, § 6 Rn. 25; *Schneider*, in: Scholz, GmbHG, § 6 Rn. 38.

97 *Altmeppen*, in: Roth/Altmeppen, GmbHG, § 6 Rn. 62; *Füller*, in: Ensthaler/Füller/Schmidt, GmbHG, § 6 Rn. 16; a.A. *Schumacher*, GmbHR 2006, 925, 927; wohl auch *Wicke*, GmbHG, § 6 Rn. 14, der allein darauf abhebt, dass ein solcher Umstand nicht eintragungsfähig wäre.

98 BGH, NJW-RR 2004, 1408, 1409; BayObLG, NZG 1998, 73, 74; OLG Hamm, NJW-RR 1996, 996; OLG Zweibrücken, NJW-RR 2001, 1058; *Schneider*, in: Scholz, GmbHG, § 6 Rn. 57 ff.; *Ulmer*, in: Ulmer/Habersack/Winter, GmbHG, § 6 Rn. 30 f.; a.A. *Kögel*, NZG 2000, 20, 23: § 85 AktG analog.

99 BayObLG, NJW-RR 1999, 1259, 1261.

100 *Schneider*, in: Scholz, GmbHG, § 6 Rn. 61.

101 *Hueck/Fastrich*, in: Baumbach/Hueck, GmbHG, § 6 Rn. 32.

102 BayObLG, NJW-RR 2000, 254, 255.

103 BayObLG, NJW-RR 1999, 1259, 1261; OLG München, BB 2007, 2311, 2312.

104 BayObLG, GmbHR, 1998, 1123, 1125; BayObLG, GmbHR 1999, 1291.

105 BayObLG, NJW-RR 1986, 523; BayObLG, NJW-RR 1999, 1259, 1260.

gebunden.[106] Sofern in der Satzung eine Ermächtigung zur Erteilung von Einzelvertretungsbefugnis[107] oder eine solche zur Befreiung von § 181 BGB enthalten ist, darf das Gericht bei Vorliegen eines sachlichen Grundes davon Gebrauch machen.[108] Ein Notgeschäftsführer kann nicht gegen seinen Willen bestellt werden.[109]

43 Ein **Vergütungsanspruch** des gerichtlich bestellten Notgeschäftsführers besteht nur gegenüber der GmbH.[110] Dessen dogmatische Grundlage ist umstritten.[111] Da sich der Anspruch gegen die (häufig notleidende) GmbH richtet, wird sich nur schwer eine dazu bereite Person finden. Ein Zwang, die Bestellung anzunehmen, besteht nicht.[112] Derjenige, der den Antrag auf Bestellung eines Notgeschäftsführers stellt, kann eine entsprechende Person vorschlagen, wobei das Registergericht nicht an diesen Vorschlag gebunden ist.[113] Das Gericht kann den Antrag eines der Beteiligten auf Bestellung eines Notgeschäftsführers ablehnen, wenn keine hierfür geeignete und bereite Person vorgeschlagen wurde und trotz Beteiligung der Organe des Handelsstandes eine solche Person nicht zu finden ist.[114]

II. Dringender Fall i.S. des § 29 BGB

44 Ein dringender Fall i.S. des § 29 BGB liegt nur dann vor, wenn die Bestellung des Notgeschäftsführers unumgänglich ist, um Schäden der Gesellschaft oder eines Beteiligten[115] abzuwenden. Dies ist vor allem dann der Fall, wenn die Gesellschaftsorgane selbst mangels Einigung nicht alsbald eine Lösung finden können.[116] Als einfacherer Weg ist teilweise die Bestellung eines Prozesspflegers nach § 57 ZPO möglich.[117]

45 Abzulehnen ist ein dringender Fall, sofern durch den für das Insolvenzverfahren der Gesellschaft bestellten Prozess-/Verfahrenspfleger drohende Schäden abgewendet

---

106 BayObLG, NJW 1981, 995, 996.

107 BayObLG, GmbHR, 1998, 1123, 1125.

108 OLG Düsseldorf, NZG 2002, 338, 339.

109 OLG München, BB 2007, 2311, 2313; KG, BB 2000, 998, 999.

110 BGH, NJW 1985, 637; *Schneider*, in: Scholz, GmbHG, § 6 Rn 65.

111 *Altmeppen*, in: Roth/Altmeppen, GmbHG, § 6 Rn. 50.

112 OLG Hamm, DB 1996, 369, 370; vgl. auch *Zöllner/Noack*, in: Baumbach/Hueck, GmbHG, § 35 Rn. 7 (unter Hinweis auf einen Vorschuss durch den Antragsteller).

113 *Füller*, in: Ensthaler/Füller/Schmidt, GmbHG, § 6 Rn. 28; *Schneider*, in: Scholz, GmbHG, § 6 Rn. 61.

114 OLG Frankfurt, NJOZ 2006, 895, 896; OLG Frankfurt, GmbHR 2006, 204, 205.

115 OLG München, DStR 2007, 1925; OLG Zweibrücken, NJW-RR 2001, 1057, 1058; OLG Frankfurt, GmbHR 2001, 436.

116 BayObLG, ZIP 1997, 1785; BayObLG, NZG 1998, 944, 945 und BayObLG, NJW-RR 2000, 409, 410; OLG Frankfurt, GmbHR 2006, 204, 205.

117 OLG München, NZG 2008, 160; *Zöllner/Noack*, in: Baumbach/Hueck, GmbHG, § 35 Rn. 7 a.E.

werden können.[118] Ein dringender Fall soll auch dann nicht vorliegen, wenn der einzige Geschäftsführer während des Insolvenzeröffnungsverfahrens stirbt, die GmbH aber anwaltlich vertreten ist.[119] Die Bestellung eines Notgeschäftsführers ist bei einer unwirksamen Abberufung unzulässig.[120] Unwirksamkeit liegt auch dann vor, wenn der einzige Alleingesellschafter-Geschäftsführer rechtsmissbräuchlich sein Amt niederlegt.[121]

III. Beendigung

46 Das Notgeschäftsführeramt endet mit der Bestellung eines neuen Geschäftsführers durch das zuständige Gesellschaftsorgan.[122] Beendigung tritt auch ein, wenn die Frist einer zulässigen Befristung abgelaufen ist.[123] Der Notgeschäftsführer kann nicht durch die Gesellschafter abberufen werden, sondern es kann lediglich ein Antrag beim Registergericht auf **Abberufung** aus wichtigem Grund gestellt werden, mit der Begründung, es liege ein wichtiger Grund in der Person des Notgeschäftsführers oder seinem Verhalten vor oder es liege eine der Bestellungsvoraussetzungen nicht mehr vor.[124] Gegen die Entscheidung des Registergerichts über die Abberufung ist Beschwerde binnen eines Monats möglich (§§ 58 Abs. 1, 63 Abs. 1 FamFG).

Anhang zu § 6 Anstellungsverhältnis

Übersicht **Rdn.**

---

118 OLG Zweibrücken, ZIP 2001, 973, 974; ähnlich auch OLG Zweibrücken, GmbHR 2007, 544, 545; OLG München, GmbHR 2007, 1108; a.A. OLG Köln, ZIP 2000, 280, 283.

119 AG Hamburg, ZIP 2006, 1880, 1881.

120 BayObLG, ZIP 1999, 1845 f.

121 BayObLG, ZIP 1999, 1599; OLG Düsseldorf, ZIP 2001, 25, 26.

122 BGH, NJW 1981, 1041; *Altmeppen*, in: Roth/Altmeppen, GmbHG, § 6 Rn. 36; *Paefgen*, in: Ulmer/Habersack/Winter, GmbHG, § 35 Rn. 35; *Schneider*, in: Scholz, GmbHG, § 6 Rn. 68; *Tebben*, in: Michalski, GmbHG, § 6 Rn. 82.

123 OLG München, BB 2007, 2311, 2312.

124 OLG München, GmbHR 1994, 259; OLG Düsseldorf, ZIP 1997, 846, 847; OLG Düsseldorf, GmbHR 2002, 158, 159; *Altmeppen*, in: Roth/Altmeppen, GmbHG, § 6 Rn. 23; *Schmidt*, in: Ensthaler/Füller/Schmidt, GmbHG, § 35 Rn. 8; *Zöllner/Noack*, in: Baumbach/Hueck, GmbHG, § 6 Rn. 32.

Schrifttum

Bauer/Arnold, Kann die Geltung des KSchG für GmbH-Geschäftsführer vereinbart werden?, ZIP 2010, 709; *Bauer/Diller*, Koppelung von Abberufung und Kündigung bei Organmitgliedern, GmbHR 1998, 809; *Fichtelmann*, Die Rechtsstellung des Geschäftsführers der GmbH in der Insolvenz der Gesellschaft, GmbHR 2008, 76; *Fischer*, Die Bestellung von Arbeitnehmern zu Organmitgliedern juristischer Personen und das Schicksal ihres Arbeitsvertrags, NJW 2003, 2417; *Fischer*, Die Fremdgeschäftsführerin und andere Organvertreter auf dem Weg zur Arbeitnehmereigenschaft, NJW 2011, 2329; *Freckmann*, Der GmbH-Geschäftsführer im Arbeits- und Sozialversicherungsrecht, DStR 2008, 52; *Gravenhorst*, Das Anstellungsverhältnis des

GmbH-Geschäftsführers nach seiner Abberufung, GmbHR 2007, 417; *Heidenhain*, Nachvertragliches Wettbewerbsverbot des GmbH-Geschäftsführers, NZG 2002, 605; *Kühn*, Kündigung des Geschäftsführer-Dienstvertrags – Zulässigkeit und Grenzen der Genehmigung durch Gesellschafterbeschluss, BB 2011, 954; *Leitzen*, Auswirkungen des VorstAG auf die Geschäftsführervergütung in mitbestimmten GmbHs, Der Konzern 2010, 87; *Leuering/Dornhegge*, Geschäftsverteilung zwischen GmbH-Geschäftsführern, NZG 2010, 13; *Lunk*, Mutterschutz für die GmbH-Geschäftsführerin? – Deutsches Arbeitsrecht im Widerstreit mit Verfassungs- und Europarecht, FS J.-H. Bauer, 2010, S. 705; *Menke*, Gestaltung nachvertraglicher Wettbewerbsverbote mit GmbH-Geschäftsführern, NJW 2009, 636; *Mohr*, Die Angemessenheit der Gesamtvergütung des GmbH-Geschäftsführers im Gesellschaftsrecht, GmbHR 2011, 402; *Picker*, Die krankheitsbedingte Kündigung des Dienstvertrags eines GmbH-Geschäftsführers, GmbHR 2011, 629; *Reichold/Heinrich*, Zum Diskriminierungsschutz des GmbH-Geschäftsführers, in: FS Westermann, 2008, S. 1315; *Reiserer/Fallenstein*, Neues zur Statusfeststellung von GmbH-Geschäftsführern, DStR 2010, 2085; *Tschöpe/Wortmann*, Abberufung und außerordentliche Kündigung von geschäftsführenden Organvertretern – Grundlagen und Verfahrensfragen, NZG 2009, 85; *Van Kann/Keiluweit*, Nachvertragliches Wettbewerbsverbot und Karenzentschädigung bei Organmitgliedern einer Gesellschaft – ein Überblick, BB 2010, 2050.

A. Anstellungsvertrag und Bestellung

1 Rechtlich ist zwischen der Organstellung des Geschäftsführers und dem zugrunde liegenden Anstellungsvertrag zu unterscheiden (Trennungstheorie).[1] Während die Bestellung zum Geschäftsführer zahlreiche organschaftliche Rechte und Pflichten gegenüber der Gesellschaft begründet, werden im Anstellungsvertrag die internen Rechtsbeziehungen zwischen Gesellschaft und Geschäftsführer näher ausgestaltet. Auch mit einem Gesellschafter-Geschäftsführer kann ein Anstellungsvertrag geschlossen oder ein Auftrag erteilt werden, das Geschäftsführungsverhältnis kann jedoch auch mitgliedschaftsrechtlich ausgestaltet werden.[2]

2 Der Anstellungsvertrag oder zumindest ein entsprechender Vorvertrag können im Ausnahmefall auch stillschweigend abgeschlossen werden. Dies setzt voraus, dass sich die Beteiligten bereits vor der Bestellung über die wesentlichen Bedingungen der Tätigkeit geeinigt haben.[3] Durch den Verlust der Organstellung, etwa durch Abberufung, ändert sich grundsätzlich nichts am Anstellungsverhältnis.[4]

3 Auch die Organstellung ist unabhängig vom Zustandekommen des Anstellungsvertrags wirksam. Da es aber für den Geschäftsführer problematisch sein kann, ohne schuldrechtlichen Vertrag die Organpflichten auszuüben, wird, sofern eine Auslegung der getroffenen Regelungen nichts anderes ergibt und ein Anstellungsvertrag in

1 BGHZ 89, 48, 51 ff.; BAG, DB 2008, 355, 356.

2 *Schneider/Sethe*, in: Scholz, GmbHG, § 35 Rn. 152 ff.; *Zöllner/Noack*, in: Baumbach/Hueck, GmbHG, § 35 Rn. 163.

3 So *Zöllner/Noack*, in: Baumbach/Hueck, GmbHG, § 35 Rn. 166.

4 BGH, NJW 2000, 1864, 1865; BAG, NJW 2003, 2473, 2475; anders OLG Frankfurt, NZA-RR 2000, 385.

angemessenem Zeitraum nicht zustande kommt, dem Geschäftsführer ein Recht zur Amtsniederlegung bzgl. der Organstellung zuzugestehen sein.[5]

4 Trotz der grundsätzlichen Trennung zwischen Anstellung und Bestellung sind Überschneidungen möglich.[6] Im Gesellschaftsvertrag kann eine **Koppelung** von Anstellungs- und Organverhältnis im Falle der Abberufung oder Amtsniederlegung vorgesehen werden.[7] Es empfiehlt sich, eine solche Koppelung im Anstellungsvertrag zu vereinbaren, damit Nachteile für die Gesellschaft vermieden werden. Zu beachten ist allerdings, dass die Kündigungsfristen aus dem Anstellungsvertrag nicht durch eine solche Koppelung ausgehöhlt werden können.[8] Der Anstellungsvertrag kann durch auflösende Bedingung von der Organstellung des Geschäftsführers abhängig sein, so dass er mit der Abberufung bzgl. der Organstellung endet. Teilweise wird eine solche Verknüpfung bei einem Anstellungsverhältnis von längerer Dauer oder mit langer Kündigungsfrist nur dann als zulässig angesehen, wenn eine angemessene Kompensation geboten wird.[9] Fehlen wichtige Gründe, soll dem Betroffenen der Mindestschutz des § 622 BGB bleiben.[10]

5 Aufgrund der Trennung von Anstellung und Bestellung führt die Abberufung eines Geschäftsführers nicht automatisch zur Beendigung des Anstellungsverhältnisses. Ob eine Kündigung des Anstellungsvertrags grundsätzlich dahin auszulegen ist, dass zugleich die Abberufung erklärt wird, ist höchstrichterlich nicht entschieden.[11] Anstellungsverhältnis und Organstellung stehen zwar in einem engen tatsächlichen Zusammenhang, sind rechtlich aber voneinander zu trennen. Daher ist es vorzugswürdig anzunehmen, dass die Organstellung des Geschäftsführer durch die Kündigung des Anstellungsvertrags unberührt bleibt, dem Geschäftsführer aber das Recht zusteht, im Fall der Kündigung sein Amt niederzulegen.[12]

6 Möglich ist es auch, im Geschäftsführervertrag Fragen des Organverhältnisses zu regeln.[13] Stehen Vereinbarungen im Anstellungsvertrag in **Widerspruch zur Satzung**, hat letztere aufgrund der Publizität des Gesellschaftsvertrags als Organisationsverfassung grundsätzlich Vorrang.[14] Dennoch sind die satzungswidrigen Bestimmungen im

---

5 *Zöllner/Noack*, in: Baumbach/Hueck, GmbHG, § 35 Rn. 16.

6 BGH, NJW-RR 1990, 1123, 1124; BGH, ZIP 1999, 1669 f.; *Schneider/Sethe*, in: Scholz, GmbHG, § 35 Rn. 150 f.; gegen eine strikte Trennung von Organstellung und Anstellungsverhältnis, *Reuter*, FS Zöllner, 1998, Bd. 2, S. 487 ff.

7 BGH, NJW 1999, 3263 f.; BGH, NJW 1998, 1480; *Flatten*, GmbHR 2000, 922, 924 f.; *Tschöpe/Wortmann*, NZG 2009, 85, 86 ff.

8 BGH, NJW 1998, 1480.

9 *Bauer/Diller*, GmbHR 1998, 809 ff.

10 BGHZ 112, 103, 115.

11 Offen gelassen in: BGH, NJW 1981, 757, 758.

12 So auch *Zöllner/Noack*, in: Baumbach/Hueck, GmbHG, § 38 Rn. 96.

13 BGH, NJW 2002, 3777, 3778.

14 *Kleindiek*, in: Lutter/Hommelhoff, GmbHG, § 35 Rn. 13 ff.; *Paefgen*, in: Ulmer/Habersack/Winter, GmbHG, § 35 Rn. 134 ff.; *Schneider/Sethe*, in: Scholz, GmbHG, § 35 Rn. 156 ff.

Verhältnis zwischen Gesellschaft und Geschäftsführer schuldrechtlich wirksam. Zugleich muss der Geschäftsführer die Pflichten, die für ihn aus der Satzung erwachsen, einhalten. Aus diesem Grund kann der Geschäftsführer bei einer Abweichung des Anstellungsvertrags vom Organisationsrecht sein Amt niederlegen, den Anstellungsvertrag ggf. aus wichtigem Grund kündigen (§ 626 BGB) und Schadensersatz (§ 628 Abs. 2 BGB) von der Gesellschaft verlangen.[15]

7 Schadensersatzansprüche der GmbH gegen den Geschäftsführer wegen Verletzung der Pflichten aus dem Anstellungsvertrag scheiden aus.[16] Ob die GmbH ihrerseits berechtigt ist, den Geschäftsführer abzuberufen und den Anstellungsvertrag außerordentlich zu kündigen sowie Schadensersatzansprüche gemäß § 43 Abs. 1 geltend zu machen, wenn der Geschäftsführer sich zwar an die Pflichten aus seinem Anstellungsvertrag hält, aber gleichzeitig die vorrangigen Satzungsregelungen verletzt, wird unterschiedlich beurteilt.[17] Ob dem Geschäftsführer ein Erfüllungsanspruch gegenüber der Gesellschaft auf Einräumung des vertraglich vereinbarten Zuständigkeitsbereichs zuzubilligen ist, wenn sich sämtliche Gesellschafter einer Stimmbindung zugunsten der organisationsrechtlichen Einräumung des Geschäftsbereichs unterworfen haben, ist umstritten. Dies wird im Ergebnis jedoch abzulehnen sein.[18]

8 Um den Vorrang der Satzung zu gewährleisten, ist eine entsprechende Haftung des Geschäftsführers und ein Recht der GmbH zur Abberufung und außerordentlichen Kündigung zu bejahen. Damit empfiehlt es sich, in den Anstellungsvertrag eine sog. **Öffnungsklausel** aufzunehmen, wonach der Geschäftsführer auf Verlangen der Gesellschaft auch andere als die ihm bereits zugewiesenen Zuständigkeiten übernehmen muss bzw. auf Anweisung der Gesellschaft auch eine Einschränkung der zugewiesenen Zuständigkeitsbereiche hinzunehmen hat.[19]

9 Da Vereinbarungen im Anstellungsvertrag, die dem Gesellschaftsvertrag widersprechen können, den Geschäftsführer nicht »schützen«, empfiehlt sich eine entsprechende **Satzungsänderung**. Selbst wenn im Zeitpunkt des Vertragsschlusses noch kein Widerspruch zum Gesellschaftsvertrag vorliegt, können sich die Gesellschafter später durch Einzelweisungen oder eine Geschäftsordnung über den Anstellungsver-

---

15 OLG Frankfurt, NJW-RR 1993, 1259; *Altmeppen*, in: Roth/Altmeppen, GmbHG, § 6 Rn. 41; *Leuering/Dornhegge*, NZG 2010, 13, 16 f.; *Marsch-Barner/Diekmann*, in: MünchHdbGmbHG, § 43 Rn. 7; *Tebben*, in: Michalski, GmbHG, § 6 Rn. 108.

16 *Tebben*, in: Michalski, GmbHG, § 6 Rn. 117; *Kleindiek*, in: Lutter/Hommelhoff, GmbHG, Anh. § 6 Rn. 17.

17 Bejahend *Kleindiek*, in: Lutter/Hommelhoff, GmbHG, § 35 Rn. 17; *Tebben*, in: Michalski, GmbHG, § 6 Rn. 117; *Marsch-Barner/Diekmann*, in: MünchHdbGmbHG, § 43 Rn. 7; a.A. OLG Düsseldorf, ZIP 1984, 1476, 1478 f.

18 So auch *Leuering/Dornhegge*, NZG 2010, 13, 17; vgl. aber *Schneider/Sethe*, in: Scholz, GmbHG, § 35 Rn. 159.

19 *Leuering/Dornhegge*, NZG 2010, 13, 17.

trag hinwegsetzen. Zur Absicherung des Geschäftsführers empfiehlt sich daher eine Verankerung der Absprachen im Anstellungsvertrag auch in der Satzung.[20]

B. Rechtliche Einordnung des Anstellungsverhältnisses

I. Abschluss des Vertrags

1. Rechtliche Einordnung des Vertrags

10 Der Anstellungsvertrag zur Geschäftsführung ist bei Unentgeltlichkeit ein Auftrag i.S. des § 662 BGB, bei Entgeltlichkeit ein **Dienstvertrag**[21] in Gestalt eines Geschäftsbesorgungsvertrags mit dienstvertragsrechtlichen, evtl. auch arbeitsrechtlichen Bestimmungen (§§ 675, 611 BGB). Dies bedeutet etwa, dass der Geschäftsführer Anspruch auf ein Arbeitszeugnis nach § 630 BGB hat.[22] Der Dienstvertrag kann auch mündlich oder konkludent zustande kommen, da **kein Formzwang** besteht.[23] Sofern der Anstellungsvertrag für Änderungen die Schriftform vorsieht, kann eine mündliche Vertragsänderung dennoch Wirksamkeit erlangen, sofern die Parteien den nur mündlich geschlossenen Vertrag einverständlich durchführen.[24] Abgesehen davon kann die Berufung auf einen Formmangel auch gegen Treu und Glauben verstoßen.

11 In der Praxis wird zumeist kein konkludenter (Erst-)Abschluss, sondern lediglich eine konkludente Verlängerung eines Anstellungsvertrags in Betracht kommen, etwa wenn eine wiederholte Bestellung erfolgt.[25] Auch wenn Schriftform nicht vorgeschrieben ist, können der Aspekt der Streitvermeidung sowie steuerliche Gründe insbesondere bei Vereinbarungen mit einem Gesellschafter-Geschäftsführer eine solche erforderlich machen.[26] Gelingt der Nachweis einer entsprechenden Vereinbarung nicht, könnte eine ausgezahlte Vergütung als verdeckte Gewinnausschüttung gesehen werden.[27] Sofern der Anstellungsvertrag mit einem bisherigen Arbeitnehmer schriftlich[28] geschlossen wird, soll darin zugleich die (konkludente) Aufhebung des bestehenden Arbeitsvertrags liegen.[29]

---

20 *Marsch-Barner/Diekmann*, in: MünchHdbGmbHG, § 43 Rn. 6.

21 *Lenz*, in: Michalski, GmbHG, § 35 Rn. 116; *Schneider/Sethe*, in: Scholz, GmbHG, § 35 Rn. 167 ff.; *Zöllner/Noack*, in: Baumbach/Hueck, GmbHG, § 35 Rn. 163.

22 BGHZ 49, 30, 31.

23 BGH, NJW-RR 1997, 669; *Altmeppen*, in: Roth/Altmeppen, GmbHG, § 6 Rn. 39; *Lenz*, in: Michalski, GmbHG, § 35 Rn. 118.

24 BGH, NJW-RR 1997, 669, 670.

25 *Zöllner/Noack*, in: Baumbach/Hueck, GmbHG, § 35 Rn. 166.

26 *Axhausen*, in: BeckHdbGmbHG, § 5 Rn. 30 f.; *Zöllner/Noack*, in: Baumbach/Hueck, GmbHG, § 35 Rn. 168.

27 *Axhausen*, in: BeckHdbGmbHG, § 5 Rn. 36 ff.

28 BAG, NJW 2008, 2521 f. (Namenskürzel nicht ausreichend); LAG Rheinland-Pfalz, DB 2008, 821, 822 (Zusatz i.A. nicht ausreichend).

29 BAG, NJW 2007, 3228 ff.; a.A. *Fischer*, NJW 2003, 2417, 2418; zur Vermutungswirkung BAG, NJW 2006, 1899 ff.; BAG, NJW 2007, 3228 ff.; BAG, NJW 2008, 3514, 3515.

12 Wird der Anstellungsvertrag nur mündlich abgeschlossen, fehlt es wegen der nach § 623 BGB erforderlichen Schriftform der Kündigung an einer Beendigung des Arbeitsverhältnisses.[30] Dieses ruht vielmehr und wird nach Beendigung der Organstellung fortgesetzt.[31]

13 Neben dem Anstellungsvertrag kann noch ein **Beratervertrag** geschlossen werden, sofern die Beratungstätigkeit des Geschäftsführers gesondert geregelt werden soll.[32] In Sonderfällen kann auch der Beratervertrag anstelle eines Anstellungsvertrags die Rechtsstellung des Geschäftsführers bestimmen.[33]

2. Inhalt des Anstellungsvertrags

14 Der Inhalt des Anstellungsvertrags bezieht sich grundsätzlich auf alle Materien, die nicht die Organstellung betreffen. Letztere können nämlich, sofern sie nicht im Gesetz festgeschrieben sind, nur durch die Satzung festgelegt werden. Anderes gilt lediglich dann, wenn die Gesellschafterversammlung in der Satzung dazu ermächtigt wird.[34] Damit dürfen dienstvertragliche Abreden aufgrund der **Nachrangigkeit** des Anstellungsverhältnisses gegenüber der Organstellung nicht in die gesetzliche oder statutarische Ausgestaltung des Organverhältnisses eingreifen.[35]

15 Typischer Inhalt für einen Anstellungsvertrag sind u.a. die Regelung von Vergütungsfragen, Fragen der Altersvorsorge sowie eines Wettbewerbsverbots. Zudem bietet es sich an, nicht nur die Tätigkeitsfelder des Geschäftsführers und seine Pflichten detailliert festzulegen, sondern auch in den Anstellungsvertrag einen Katalog von zustimmungspflichtigen Geschäften aufzunehmen, bei denen ohne die vorherige Zustimmung der Gesellschafter dem Geschäftsführer eine außerordentliche Kündigung durch die Gesellschafter droht.

16 Die Laufzeit des Anstellungsvertrags ist frei vereinbar. Anders als § 84 Abs. 1 S. 5 AktG für die Aktiengesellschaft, enthält das GmbH-Gesetz keine gesetzliche Regelung der maximalen Laufzeit des Vertrages.

17 Es empfiehlt sich, auch eine **Verfallklausel** in den Vertrag aufzunehmen, da die Gesellschaft, außer in den Fällen des § 43 Abs. 3, frei darüber entscheiden kann, ob sie Ansprüche gegen den Geschäftsführer aus § 43 Abs. 2 geltend machen will (§ 46 Nr. 8). Insofern kann die Frist für die Verjährung dieses Anspruchs abgekürzt werden. Als vorteilhaft wird eine solche Regelung insbesondere für Gesellschafter-

---

30 Vgl. *Lenz*, in: Michalski, GmbHG, § 35 Rn. 117.

31 BAG, GmbHR 1986, 263, 265; BAG, GmbHR 2000, 1092, 1093; *Lenz*, in: Michalski, GmbHG, § 35 Rn. 117; *Zöllner/Noack*, in: Baumbach/Hueck, GmbHG, § 35 Rn. 173.

32 BGH, NJW-RR 1996, 145.

33 BGH, NJW-RR 1997, 984.

34 *Zöllner/Noack*, in: Baumbach/Hueck, GmbHG, § 35 Rn. 171 (mit Verweis auf eine Haftungsminderungsklausel für den Geschäftsführer, die allein in der Satzung vorgesehen werden kann).

35 BGH, NJW 2010, 2343, 2344.

Geschäftsführer oder familiär verbundene Fremdgeschäftsführer angesehen. Hier mache regelmäßig nur der Insolvenzverwalter Ansprüche gegen die Geschäftsführer geltend, so dass eine solche Klausel, zumindest eingeschränkt, vor Ansprüchen durch den Insolvenzverwalter schütze.[36]

3. Zuständigkeit für den Vertragsabschluss

18 Zustande kommt der Dienstvertrag grundsätzlich zwischen dem Geschäftsführer und der GmbH. Rechtsbeziehungen zu den Gesellschaftern oder zu Dritten werden dadurch nicht begründet.[37] Die Zuständigkeit für den Abschluss des Anstellungsvertrags liegt grundsätzlich bei der **Gesellschafterversammlung** (Annexkompetenz zu § 46 Nr. 5).[38]

19 Im Gesellschaftsvertrag kann abweichend ein Beirat oder **Aufsichtsrat** für zuständig erklärt werden.[39] In der mitbestimmten GmbH ist zwingend der Aufsichtsrat zuständig (§§ 31 MitbestG, 12 MontanMitbestG, 13 MitbestErgG, je i.V.m. § 84 AktG).[40] Anders verhält sich dies gemäß § 1 Abs. 1 Nr. 3 DrittelbG, wo die Gesellschafter, nicht der Aufsichtsrat, nicht nur für die Bestellung, sondern auch für den Abschluss des Anstellungsvertrags zuständig sind.[41] Das Gleiche gilt für die Änderung oder Aufhebung des Anstellungsvertrags.[42] Bestellung und Anstellung können in der Satzung auch unterschiedlichen Organen zugewiesen werden.[43] War der Geschäftsführer bislang Arbeitnehmer, steht dem für den Abschluss des Anstellungsvertrags zuständigen Organ auch die Annexkompetenz hinsichtlich des Aufhebungsvertrags in Bezug auf das Arbeitnehmerverhältnis zu.[44]

20 Überträgt die Satzung die Bestellung einem anderen Organ als der Gesellschafterversammlung, wird, sofern keine andere Auslegung geboten ist, auch von der Kompetenz zum Abschluss des Anstellungsvertrags auszugehen sein.[45] Möglich ist auch eine sog. **Drittanstellung**, d.h. dass der Geschäftsführer von einer anderen Institution angestellt wird.[46] In Betracht kommt hier die Anstellung bei einer Muttergesellschaft

---

36 *Karsten*, GmbH-Recht, 2009, § 5 Rn. 248.

37 BGH, NJW-RR 1997, 669 f.

38 BGH, NJW 1999, 3263, 3264; BGH, NJW 2000, 2983; BGH, NJW-RR 2008, 484.

39 BGH, NJW 2000, 2983; BGH, NJW-RR 2008, 484; OLG Düsseldorf, NZG 2004, 478, 479.

40 BGHZ 89, 48, 57; *Lenz*, in: Michalski, GmbHG, § 35 Rn. 119; *Zöllner/Noack*, in: Baumbach/Hueck, GmbHG, § 52 Rn. 303 m.w.N.

41 BGHZ 89, 48, 50 ff.

42 BGH, ZIP 2008, 117, 118; *Wicke*, GmbHG, § 35 Rn. 8; *Zöllner/Noack*, in: Baumbach/Hueck, GmbHG, § 35 Rn. 169.

43 *Zöllner/Noack*, in: Baumbach/Hueck, GmbHG, § 35 Rn. 167 m.w.N.

44 *Altmeppen*, in: Roth/Altmeppen, GmbHG, § 35 Rn. 73.

45 BGHZ 113, 237, 241 f.

46 BAG, DB 1972, 2358; BAG, NJW 2003, 3290, 3291.

als Dritter.[47] Die Gesellschaft muss nicht zwingend eigene Ansprüche aus dem Anstellungsvertrag haben.[48] Allerdings bedarf dies entweder einer Grundlage in der Satzung oder der Zustimmung des für die Anstellung zuständigen Gesellschaftsorgans.[49] Liegt der entsprechende Gesellschafterbeschluss nicht vor, ist der Anstellungsvertrag schwebend unwirksam (§ 177 BGB analog).[50] Denkbar ist bei einer GmbH & Co. KG der Vertragsschluss mit der KG.[51]

21 In der **Einpersonen-GmbH**, in der der einzige Gesellschafter Geschäftsführer sein soll, ist umstritten, ob bei Zuständigkeit der Gesellschafterversammlung der Gesellschafter den Anstellungsvertrag mit sich selbst abschließen kann oder ob er auch insoweit dem Verbot des Selbstkontrahierens unterliegt. Nach der h.M. findet § 181 BGB über § 35 Abs. 3 S. 1 auf den Abschluss des Anstellungsvertrags ebenfalls Anwendung, so dass der Alleingesellschafter sich auch diesbezüglich vom Verbot des Selbstkontrahierens befreien müsste.[52] Der Schutzzweck des § 35 Abs. 3 S. 1 liege im Publizitätsschutz des Rechtsverkehrs. Wegen der besonderen Missbrauchsgefahr sollen Rechtsgeschäfte zwischen dem Alleingesellschafter als Geschäftsführer und der Gesellschaft nur wirksam sein, wenn die Befreiung vom Verbot des Selbstkontrahierens im Handelsregister offengelegt ist.[53]

22 Die Gegenauffassung sieht in dem Erfordernis, eine Befreiung in die Satzung aufzunehmen oder ein Notorgan zu bestellen, einen unnötigen Formalismus, der vom Gesetzeszweck nicht gedeckt sei.[54] Daher gelte § 35 Abs. 3 S. 1 nicht für den Abschluss des Anstellungsvertrags, so dass der Alleingesellschafter insofern nicht dem Verbot des § 181 BGB unterliege.[55] Die Vorschrift des § 35 Abs. 3 S. 1 soll im Fall der Einpersonen-GmbH ausschließlich den Rechtsverkehr und nicht die Gesellschaft selbst schützen, da Gesellschaft und Alleingesellschafter wirtschaftlich identisch, Inte-

---

47 *Jacoby*, in: Bork/Schäfer, GmbHG, § 35 Rn. 14; *Schneider/Sethe*, in: Scholz, GmbHG, § 35 Rn. 190 ff.

48 *Koppensteiner*, in: Rowedder/Schmidt-Leithoff, GmbHG, § 35 Rn. 79; *Paefgen*, in: Ulmer/Habersack/Winter, GmbHG, § 35 Rn. 168.

49 *Kleindiek*, in: Lutter/Hommelhoff, GmbHG, Anh. § 6 Rn. 9; *Koppensteiner*, in: Rowedder/Schmidt-Leithoff, GmbHG, § 35 Rn. 79; *Schmidt*, in: Ensthaler/Füller/Schmidt, GmbHG, § 35 Rn. 59; *Zöllner/Noack*, in: Baumbach/Hueck, GmbHG, § 35 Rn. 165; a.A. *Paefgen*, in: Ulmer/Habersack/Winter, GmbHG, § 35 Rn. 170; *Schneider/Sethe*, in: Scholz, GmbHG, § 35 Rn. 193.

50 *Kleindiek*, in: Lutter/Hommelhoff, Anh. § 6 Rn. 9; *Schmidt*, in: Ensthaler/Füller/Schmidt, GmbHG, § 35 Rn. 59.

51 *Terlau*, in: Römermann, MünchAnwHdbGmbHR, 2. Aufl., 2009, § 9 Rn. 6.

52 *Koppensteiner*, in: Rowedder/Schmidt-Leithoff, GmbHG, § 46 Rn. 20; *Lenz*, in: Michalski, GmbHG, § 35 Rn. 120; *Paefgen*, in: Ulmer/Habersack/Winter, GmbHG, § 35 Rn. 65; *Schneider/Sethe*, in: Scholz, GmbHG, § 35 Rn. 121 ff.

53 *Paefgen*, in: Ulmer/Habersack/Winter, GmbHG, § 35 Rn. 65.

54 *Zöllner/Noack*, in: Baumbach/Hueck, GmbHG, § 35 Rn. 167.

55 *Altmeppen*, in: Roth/Altmeppen, GmbHG, § 35 Rn. 87; *Marsch-Barner/Diekmann*, in: MünchHdbGmbHG, § 43 Rn. 13; *Zöllner/Noack*, in: Baumbach/Hueck, GmbHG, § 35 Rn. 167.

ressenkonflikte demnach ausgeschlossen sind.[56] Der Anstellungsvertrag regelt in erster Linie das interne Verhältnis zwischen Gesellschaft und Geschäftsführer, so dass der Gesetzeszweck des § 35 Abs. 3 S. 1 eine Anwendung des § 181 BGB nicht erfordert. Aus diesem Grund erscheint die Gegenansicht vorzugswürdig. In der Praxis kommt es jedoch zumeist hierauf nicht an, da nahezu alle Gesellschaftsverträge einer Einpersonen-GmbH formularmäßig eine entsprechende Befreiung vom Verbot des Selbstkontrahierens vorsehen.[57]

II. Fehlerhaftigkeit des Anstellungsverhältnisses

23 Hat der Geschäftsführer seine Tätigkeit aufgenommen, kann die **Fehlerhaftigkeit** oder **Unwirksamkeit** des Anstellungsvertrags nach den Regeln über die faktischen Vertragsverhältnisse von beiden Seiten jederzeit, allerdings nur mit ex-nunc-Wirkung, durch einseitige Erklärung geltend gemacht werden.[58] Das bedeutet, dass der Anstellungsvertrag, sobald ein Mitglied des für den Vertragsschluss zuständigen Gesellschaftsorgans Kenntnis von der Aufnahme der Tätigkeit des Geschäftsführers hat, für die Dauer der Beschäftigung als wirksam behandelt wird. Dies liegt vor allem im Interesse der GmbH, denn anderenfalls wäre der Geschäftsführer nicht verpflichtet, die Sorgfalt eines ordentlichen Kaufmanns anzuwenden und bei Verletzung seiner Pflichten der Gesellschaft hierfür gemäß § 43 zu haften.[59]

24 Ausnahmsweise wird ein fehlerhafter Anstellungsvertrag dann nicht als wirksam behandelt, wenn es im Allgemeininteresse liegt oder um den Schutz gesetzlich privilegierter Personen (Geschäftsunfähige, Minderjährige usw.) geht.[60] Eine Beendigung des Anstellungsvertrags ex nunc soll wegen Verwirkung ausgeschlossen sein können, wenn ein unzuständiges Organ den Vertrag abgeschlossen und der Geschäftsführer seine Tätigkeit bereits eine bestimmte Zeit ausgeübt hat.[61]

III. Kein Arbeitsvertrag

25 Der Geschäftsbesorgungsvertrag unterliegt nach der Rechtsprechung des BGH nicht den Regeln des Arbeitsvertrags.[62] Der GmbH-Geschäftsführer ist grundsätzlich kein

56 *Paefgen*, in: Ulmer/Habersack/Winter, GmbHG, § 35 Rn. 65.

57 Vgl. BGH, NJW-RR 2004, 1035, 1036.

58 BGH, NJW 1995, 1158 f.; BGH, NJW 2000, 2983 f.; KG, NZG 2000, 43, 44; *Altmeppen*, in: Roth/Altmeppen, GmbHG, § 6 Rn. 73 f.; *Kleindiek*, in: Lutter/Hommelhoff, GmbHG, Anh. § 6 Rn. 73 f.; *Koppensteiner*, in: Rowedder/Schmidt-Leithoff, GmbHG, § 35 Rn. 108; *Schneider/Sethe*, in: Scholz, GmbHG, § 35 Rn. 208; *Zöllner/Noack*, in: Baumbach/Hueck, GmbHG, § 35 Rn. 170.

59 KG, NZG 2000, 43, 44.

60 *Marsch-Barner/Diekmann*, in: MünchHdbGmbHG, § 43 Rn. 19; *Schneider/Sethe*, in: Scholz, GmbHG, § 35 Rn. 208.

61 BGHZ 65, 190, 194; OLG Hamm, GmbHR 1991, 466.

62 BGH, NJW 2000, 1638 f.; BGH, NJW-RR 2002, 173, 174; BGH, ZIP 2003, 485, 487; siehe auch *Kleindiek*, in: Lutter/Hommelhoff, GmbHG, § 6 Rn. 3; *Zöllner/Noack*, in: Baumbach/Hueck, GmbHG, § 35 Rn. 172 m.w.N. (auch zur etwas anderen Sichtweise des BAG).

Arbeitnehmer, da er aufgrund seiner Organstellung den Arbeitnehmern gegenüber (für die Gesellschaft) die Arbeitgeberfunktion wahrnimmt.[63] Daher gelten bestimmte soziale Schutzvorschriften ausdrücklich nicht für ihn. Das gilt etwa bezüglich des Zugangs zur Arbeitsgerichtsbarkeit (§ 5 Abs. 1 S. 2 ArbGG) und der Kündigungsschutzvorschriften (§ 14 Abs. 1 Nr. 1 KSchG).[64]

26 Allerdings ist es möglich, im Anstellungsvertrag die Geltung der materiellen Regeln des Kündigungsschutzgesetzes zu vereinbaren.[65] Im Falle eines Betriebsübergangs findet § 613a BGB keine Anwendung.[66] Ebenso wenig unterfällt der Geschäftsführer dem Betriebsverfassungsgesetz (§ 5 Abs. 2 Nr. 1 BetrVG), dem Arbeitszeitgesetz (§ 18 Abs. 1 Nr. 1 ArbZG), dem Arbeitnehmererfindungsgesetz,[67] dem Gesetz zur Einführung des Elterngelds[68] sowie dem Gesetz über die Rehabilitation und Teilhabe behinderter Menschen.[69] Dies sollte nach h.M. auch für das Mutterschutzgesetz gelten[70], der EuGH stellt hierbei jedoch auf das Vorliegen eines Unterordnungsverhältnisses ab.[71]

27 Im Gegensatz zur Rechtsprechung des BGH vertritt das BAG die Auffassung, dass das Anstellungsverhältnis in eng begrenzten Ausnahmefällen ein Arbeitsverhältnis sein kann.[72] Da Organstellung und Anstellungsverhältnis des Geschäftsführers strikt voneinander zu trennen sind, seien die allgemeinen Abgrenzungskriterien zwischen freiem Dienstverhältnis und abhängigem Arbeitsverhältnis auch auf den Anstellungsvertrag des Geschäftsführers anzuwenden. Demnach kommt es darauf an, ob der Geschäftsführer derart in die Arbeitsorganisation der GmbH eingebunden ist, dass er einem umfassenden Weisungsrecht unterliegt, so dass ihm insbesondere Inhalt, Zeit, Dauer, Ort sowie Art und Weise seiner Tätigkeit vorgegeben sind. Angesichts des Trennungsprinzips reicht hierfür die gesellschaftsrechtliche Weisungsgebundenheit des Geschäftsführers nicht aus. Vielmehr muss der Gesellschaft allein aufgrund des Anstellungsvertrags ein darüber hinausgehendes arbeitsrechtliches Weisungsrecht zustehen. Daher ist nach Ansicht des BAG ein Arbeitsverhältnis ausnahmsweise zu

---

63 OLG Thüringen, GmbHR 2001, 673, 674.

64 BGH, NJW 2002, 3104, 3105; BAG, NJW 2008, 1018 f. (bei Arbeitsvertrag mit Konzernobergesellschaft).

65 BGH, NJW 2010, 2343, 2345; anders noch *Bauer/Arnold*, ZIP 2010, 709 ff.

66 BGH, NJW 2003, 2473; OLG Hamm, GmbHR 1991, 466.

67 BGH, GRUR 1965, 302, 304; BGH, NJW-RR 1990, 349.

68 *Paefgen*, in: Ulmer/Habersack/Winter, GmbHG, § 35 Rn. 144; *Schneider/Sethe*, in: Scholz, GmbHG, § 35 Rn. 182.

69 BGH, NJW 1978, 1435 (noch zum Schwerbehindertengesetz); *Schneider/Sethe*, in: Scholz, GmbHG, § 35 Rn. 322.

70 *Zöllner/Noack*, in: Baumbach/Hueck, GmbHG, § 35 Rn. 178; *Freckmann*, DStR 2008, 52, 56; kritisch *Lunk*, FS Jobst Hubertus Bauer, 2010, S. 705 ff. (zur Vereinbarkeit mit dem Verfassungs- und dem Europarecht).

71 EuGH, NJW 2011, 2343 ff.; dazu *Fischer*, NJW 2011, 2329 ff.

72 BAG, NZA 1999, 987; BAG, NZA 2006, 366; zu den divergierenden Auffassungen *Lücke*, NJOZ 2009, 3469 ff.

bejahen, wenn die GmbH die konkreten Modalitäten der Leistungserbringung bestimmen kann, indem sie ihrem Geschäftsführer arbeitsbegleitende und verfahrensorientierte Weisungen erteilt.[73]

28 Aufgrund von § 17 Abs. 1 BetrAVG sind Geschäftsführer jedenfalls in das Betriebsrentengesetz einbezogen. Ob auf sie der Gleichbehandlungsgrundsatz anwendbar ist, ist umstritten. Dies wird, außer es handelt sich um einen unselbstständigen Geschäftsführer,[74] abzulehnen sein.

29 Das **Allgemeine Gleichbehandlungsgesetz** (AGG) ist nach § 6 Abs. 3 AGG hinsichtlich des Zugangs zur Erwerbstätigkeit und des beruflichen Aufstiegs anwendbar. Ob es auch bezüglich der Kündigung und der Höchstaltersgrenze gilt, ist umstritten und wird überwiegend aufgrund des eindeutigen Wortlauts des § 6 Abs. 3 AGG abgelehnt.[75] Allerdings führt dies insofern zu einem Widerspruch, als eine Altershöchstgrenze bezüglich der Begründung eines Arbeitsverhältnisses nicht zulässig ist, im Hinblick auf die Beendigung des Organverhältnisses aber eine solche möglich sein soll, so dass das Verhältnis jederzeit beendet werden kann. Dieser Wertungswiderspruch lässt sich nur dadurch beheben, dass das AGG auch für die Beendigung von Organstellung und Anstellungsverhältnis durch Kündigung oder Überschreiten einer Höchstaltersgrenze gilt.[76]

30 Beim Abschluss eines Anstellungsvertrags sind die **§§ 305 ff. BGB** bezüglich der Allgemeinen Geschäftsbedingungen zu beachten.[77]

31 War der Geschäftsführer vor seiner Bestellung und dem Abschluss des Anstellungsvertrags bereits als Arbeitnehmer in der GmbH beschäftigt, ist im Regelfall davon auszugehen, dass das bisherige Arbeitsverhältnis einvernehmlich endet, sobald der Geschäftsführer den schriftlichen Dienstvertrag abschließt und zum Geschäftsführer bestellt wird.[78] Durch einen schriftlichen Geschäftsführerdienstvertrag ist dabei dem Schriftformerfordernis des § 623 BGB im Hinblick auf den Auflösungsvertrag genüge getan.[79]

32 Besteht das Anstellungsverhältnis bei einer GmbH & Co. KG nicht mit der Komplementär-GmbH, sondern mit der KG, macht dies den Geschäftsführer trotz seiner

73 BAG, NZA 1999, 987, 989.

74 BGH, NJW-RR 1990, 1313; BGH, NJW-RR 1994, 1055, 1056; a.A. *Lenz*, in: Michalski, GmbHG, § 35 Rn. 118.

75 Eine Anwendbarkeit verneinend *Zöllner/Noack*, in: Baumbach/Hueck, GmbHG, § 35 Rn. 178; bejahend *Marsch-Barner/Diekmann*, in: MünchHdbGmbHG, § 43 Rn. 15; *Reichold/Heinrich*, in: FS Westermann, 2008, S. 1315, 1330.

76 Vgl. *Marsch-Barner/Diekmann*, in: MünchHdbGmbHG, § 43 Rn. 15a.

77 *Freckmann*, DStR 2008, 52, 56.

78 BAG, NJW 2007, 3228; siehe auch BAG, NJW 2008, 1018.

79 BAG, NJW 2007, 3228, 3229 Tz. 20 ff. m.w.N.

Drittanstellung nicht zum Arbeitnehmer.[80] So beinhaltet die Tätigkeit der Komplementär-GmbH und hierdurch ihres Geschäftsführers die Geschäftsführung der KG, so dass beide Aufgabenbereiche identisch sind.[81]

33 Ist die GmbH Tochtergesellschaft in einem **Konzern**, ist wie folgt zu unterscheiden: Bestellt die Muttergesellschaft einen ihrer Arbeitnehmer zum Geschäftsführer der abhängigen GmbH und übt dieser seine Geschäftsführertätigkeit zusätzlich zu seinen bisherigen Aufgaben bei der Muttergesellschaft aus, besteht das Arbeitsverhältnis zwischen dem Geschäftsführer und dem beherrschenden Unternehmen unverändert fort. Die Geschäftsführertätigkeit bei der Tochtergesellschaft ist lediglich unselbstständiger Teil des Arbeitsvertrags mit der Muttergesellschaft, so dass der Geschäftsführer auch weiterhin Arbeitnehmer des herrschenden Unternehmens ist.[82]

34 Wird der bislang bei der Muttergesellschaft beschäftigte Arbeitnehmer nach seiner Bestellung zum Geschäftsführer nur noch oder fast ausschließlich für die abhängige GmbH tätig, ruht sein bisheriges Arbeitsverhältnis. Zwischen dem Geschäftsführer und der Tochtergesellschaft kommt ein Anstellungsvertrag zustande, der neben den ruhenden Arbeitsvertrag tritt. Bei diesem Anstellungsvertrag handelt es sich nicht um einen Arbeitsvertrag.[83] Sobald die Stellung als Geschäftsführer endet, lebt das bisherige Arbeitsverhältnis mit der Muttergesellschaft wieder auf.[84]

35 Ist der bisherige Arbeitnehmer nach seiner Bestellung zum Geschäftsführer nicht nur für die Tochtergesellschaft, sondern weiterhin für die Muttergesellschaft tätig und hat er zu diesem Zweck neben seinem Arbeitsvertrag auch einen Anstellungsvertrag mit der Tochter-GmbH, ist festzustellen, ob beide Verträge eine Einheit bilden. Liegt ein einheitliches Vertragsverhältnis vor, ist die Abgrenzung zwischen Dienstverhältnis und Arbeitsvertrag nach dem Schwerpunkt der Tätigkeit vorzunehmen.[85] Anderenfalls sind beide Verträge getrennt zu beurteilen.[86]

IV. Verbraucherstellung des Geschäftsführers

36 War die Einordnung des Fremdgeschäftsführers als Verbraucher lange umstritten, so hat das BAG diesen Punkt inzwischen dahingehend geklärt, dass auf diesen die Vorschriften über Verbraucherverträge gelten sollen (§ 310 Abs. 3 BGB).[87] Sofern also

80 BAG, NJW 2003, 3290 (zu § 5 Abs. 1 S. 3 ArbGG); OLG Hamm, GmbHR 1991, 466; *Tebben*, in: Michalski, GmbHG, § 6 Rn. 133; *Zöllner/Noack*, in: Baumbach/Hueck, GmbHG, § 35 Rn. 175; a.A. BAGE 39, 16; BAG, NJW 1983, 2405, 2407.

81 *Tebben*, in: Michalski, GmbHG, § 6 Rn. 133.

82 BAG, GmbHR 1994, 547, 549; BAG, GmbHR 1996, 289 f.; *OLG Frankfurt*, GmbHR 1997, 1106; *Tebben*, in: Michalski, GmbHG, § 6 Rn. 130.

83 BAG, GmbHR 1994, 547, 549.

84 BAG, GmbHR 1997, 837 ff.; BAG, GmbHR 1994, 547 ff.; BAG, NZA 1986, 792, 794.

85 BAG, DB 1972, 2358 f.; *Marsch-Barner/Diekmann*, in: MünchHdbGmbHG, § 43 Rn. 2; *Tebben*, in: Michalski, GmbHG, § 6 Rn. 132.

86 *Freckmann*, DStR 2008, 52, 55.

87 BAG, NJW 2010, 2827 ff.

der Geschäftsführer bestreitet, dass er auf die Vergütungsregelung Einfluss nehmen konnte (§ 310 Abs. 3 Nr. 2 BGB), liegt es bei der Gesellschaft darzutun, aus welchen Umständen auf eine Einflussnahme des Fremdgeschäftsführers geschlossen werden kann. So soll es nicht ausreichend sein, dass die Parteien die Laufzeit und Vergütung gegenüber dem ursprünglichen Vertragsentwurf geändert haben. Dies lasse nicht den Rückschluss darauf zu, dass die Gesellschaft auch die Regelung der Verfallfristen ernsthaft zur Disposition gestellt habe.[88]

C. Rechte und Pflichten des Geschäftsführers

I. Pflichten des Geschäftsführers

1. Allgemeine Pflichten

37 Durch den Anstellungsvertrag obliegt dem Geschäftsführer die Pflicht zur Übernahme der Organstellung und zur höchstpersönlichen Wahrnehmung der sich aus dieser sowie aus dem Anstellungsvertrag ergebenden Pflichten.[89] Ist im Anstellungsvertrag nichts anderes vereinbart, hat er dem Unternehmen seine gesamte Arbeitskraft zur Verfügung zu stellen. Da der Geschäftsführer Organ der Gesellschaft ist, obliegt ihm eine organschaftliche Treuepflicht, die ihn vor allem zu einem gegenüber der Gesellschaft loyalen Verhalten sowie dazu verpflichtet, zum Wohlergehen der Gesellschaft beizutragen und Schaden von ihr abzuwenden.[90] Näher zu den Pflichten siehe die Kommentierung von § 43.

2. Wettbewerbsverbot

38 a) **Allgemeines Wettbewerbsverbot**. Das Wettbewerbsverbot des Geschäftsführers wird aus der allgemeinen, aus der Organstellung resultierenden Treuepflicht gegenüber der GmbH hergeleitet. Die §§ 87 ff. AktG können aufgrund der Unterschiede zur GmbH, die nicht von öffentlichem Interesse geprägt ist, nur teilweise herangezogen werden. Vereinbarungen im Anstellungsvertrag können insoweit nur eine konkretisierende und **ergänzende Funktion** haben.

39 Die Einhaltung des Wettbewerbsverbots kann insbesondere bei Fremdgeschäftsführern im Anstellungsvertrag durch eine **Vertragsstrafe** abgesichert werden. Dabei ist jedoch die Verbraucherstellung des Geschäftsführers und damit die Anwendbarkeit der Inhaltskontrolle nach den §§ 305 ff. zu beachten, so dass eine solche Vertragsstrafe nicht unangemessen hoch sein sollte. Ein Alleingesellschafter-Geschäftsführer unterliegt dagegen seiner Gesellschaft gegenüber keinem Wettbewerbsverbot.[91] Er ist

88 BAG, NJW 2010, 2827 ff.
89 *Schneider/Sethe*, in: Scholz, GmbHG, § 35 Rn 211.
90 BGH, NJW 1989, 26, 27.
91 BGH, NZG 2008, 187, 188 Tz. 15.

jedoch auch persönlich an ein vertragliches Wettbewerbsverbot seiner Gesellschaft gebunden, sofern er allein das gewerbliche Handeln der Gesellschaft bestimmt.[92]

40 **b) Nachvertragliches Wettbewerbsverbot.** Ein gesetzlich festgelegtes Wettbewerbsverbot für die Zeit nach dem Ausscheiden des Geschäftsführers existiert nicht, so dass sich eine ausdrückliche Vereinbarung im Anstellungsvertrag empfiehlt.[93] Selbst wenn sich ein nachvertragliches Verbot auch aus einer ergänzenden Vertragsauslegung ergeben können soll, wird es häufig zu unpräzise sein.[94]

41 Neben einer vertraglichen Wettbewerbsverbotsklausel hat die allgemeine **Treuepflicht** nach dem Ausscheiden weiter Bedeutung, so dass der Geschäftsführer auch unter diesem Gesichtspunkt nicht auf Kosten der Gesellschaft persönlichen Nutzen aus seinem Wissen ziehen dürfen soll.[95] Nicht von einem nachvertraglichen Wettbewerbsverbot erfasst sein sollen bloße Vorbereitungshandlungen zum Aufbau eines eigenen Unternehmens oder zur Mithilfe am Aufbau eines fremden und zum Zeitpunkt der Vorbereitung noch nicht im Wettbewerb stehenden Konkurrenzbetriebs.[96] Siehe zum Wettbewerbsverbot auch die Kommentierung zu § 43.

42 Die **§§ 74 ff. HGB** sind nach der Rechtsprechung und der h.M. auf Wettbewerbsverbote für Geschäftsführer nicht, auch nicht entsprechend, anwendbar.[97] Vertraglich kann die Geltung dieser Normen jedoch vereinbart werden. Zu berücksichtigen ist aber, dass die Rechtsprechung dennoch der Wahrung der Interessen der Gesellschaft dienende Regelungen, allerdings inkonsequent,[98] analog anwendet[99] bzw. das Verbot durch die in den §§ 74 ff. HGB enthaltenen Wertungen konkretisiert wird.[100] Sofern man die §§ 74 ff. HGB nicht für anwendbar hält,[101] scheidet grundsätzlich das Erfordernis der Schriftform aus. Aus praktischen Erwägungen ist aber die Schriftform zu empfehlen.

92 BGH, WM 2005, 391.

93 OLG Frankfurt, GmbHR 1998, 376; OLG Düsseldorf, DB 1990, 1960; OLG Düsseldorf, GmbHR 1993, 581; OLG Düsseldorf, GmbHR 1999, 120 f.

94 *Zöllner/Noack*, in: Baumbach/Hueck, GmbHG, § 35 Rn. 195.

95 BGH, GmbHR 1977, 43, 44; BGH, NJW 1986, 585, 586; OLG Oldenburg, NZG 2000, 1038 f.

96 OLG Oldenburg, NZG 2000, 1038, 1039.

97 BGHZ 91, 1, 3 ff.; BGH, NJW 2002, 1875 f.; BGH, DStR 2008, 1394, 1395; BGH, NZG 2008, 753; *Kleindiek*, in: Lutter/Hommelhoff, GmbHG, Anh. § 6 Rn. 25; differenzierend für eine analoge Anwendbarkeit auf sozial abhängige oder arbeitnehmerähnliche Geschäftsführer *Koppensteiner*, in: Rowedder/Schmidt-Leithoff, GmbHG, § 35 Rn. 106 und *Schneider*, in: Scholz, GmbHG, § 43 Rn. 182; siehe auch *Altmeppen*, in: Roth/Altmeppen, GmbHG, § 6 Rn. 48; *Paefgen*, in: Ulmer/Habersack/Winter, GmbHG, § 35 Rn. 248 sowie *Zöllner/Noack*, in: Baumbach/Hueck, GmbHG, § 35 Rn. 197 (einzelne den §§ 74 ff. HGB nachgebildete Grundsätze können zur Anwendung kommen).

98 BGH, NZG 2008, 664 (§ 74c HGB nicht analog).

99 BGH, NJW 1992, 1892, 1893.

100 BGHZ 91, 1, 5.

101 BGHZ 91, 1, 3 ff.; BGH, DStR 2008, 1842, 1843 Tz. 3.

43 Die Vereinbarung eines vertraglichen Wettbewerbsverbots unterliegt strengen Regeln. So bestimmt sich dessen **Nichtigkeit nach § 138 BGB**. Zulässig ist eine solche Klausel daher nur dann, wenn das Wettbewerbsverbot dem berechtigten geschäftlichen Interesse der Gesellschaft dient und wenn es nicht nach Ort, Zeit und Gegenstand die Berufsausübung und die wirtschaftliche Tätigkeit des Geschäftsführers unbillig erschwert.[102] Daraus ergibt sich, dass ein nachvertragliches Wettbewerbsverbot gegenständlich, räumlich und zeitlich beschränkt sein muss. Ein schutzwürdiges Interesse an einem umfassenden (Konkurrenz-)Tätigkeitsverbot besteht nicht.[103] Das Wettbewerbsverbot muss also dem Schutz von in der Gesellschaft erworbenen Kenntnissen und Informationen dienen.[104]

44 Sog. **Mandantenschutzklauseln** sind daher nur dann zulässig, wenn sie gegenständlich begrenzt werden.[105] Das Wettbewerbsverbot erstreckt sich nur dann auf nach dem Ausscheiden des Geschäftsführers aufgenommene Wettbewerbstätigkeiten der Gesellschaft, wenn diese schon während der Beschäftigung des Geschäftsführers in der Gesellschaft geplant worden sind, da nur dann entsprechende Kenntnisse und ein schützenswertes Interesse der Gesellschaft vorliegen können.[106]

45 Bei einer Tätigkeit des Geschäftsführers im **herrschenden Unternehmen** ist eine Erstreckung des Wettbewerbsverbots auf die Tätigkeitsbereiche einer Tochtergesellschaft möglich, sofern der Geschäftsführer umfassend Kenntnis von den Vorgängen bei den Tochtergesellschaften hatte, weil er auf deren Leitung Einfluss und daher zu den relevanten Informationen Zugang hatte. Dann ist eine gegenständliche und örtliche Ausdehnung eines nachvertraglichen Wettbewerbsverbots gerechtfertigt.[107] Damit wird zu Recht die Zulässigkeit einer Kundenschutzklausel als unzulässig, weil zu weit, abgelehnt, die sich auf Kunden anderer – auch konzernmäßig verbundener – Gesellschaften bezieht, zu denen der ehemalige Geschäftsführer keinen Kontakt hatte.[108] Das nachvertragliche Wettbewerbsverbot soll jedoch nicht auf die Tätigkeit aller Konzernunternehmen ausgedehnt werden können, wenn diese in unterschiedlichen gegenständlichen oder örtlichen Bereichen tätig sind.[109]

---

102 BGHZ 91, 1, 5; OLG Düsseldorf, DB 1990, 1959, 1960; BGHZ 91, 1, 5; *Altmeppen*, in: Roth/Altmeppen, GmbHG, § 6 Rn. 48; *Kleindiek*, in: Lutter/Hommelhoff, GmbHG, Anh. § 6 Rn. 25; *Schneider*, in: Scholz, GmbHG, § 43 Rn. 175; kritisch *Zöllner/Noack*, in: Baumbach/Hueck, GmbHG, § 35 Rn. 198.

103 BGHZ 91, 1, 7; OLG Düsseldorf, GmbHR 1999, 120, 121.

104 *Zöllner/Noack*, in: Baumbach/Hueck, GmbHG, § 35 Rn. 198.

105 BGHZ 91, 1, 6; BGH, NJW 1986, 2945, 2946; BGH, NJW-RR 1990, 226, 227.

106 *Schneider*, in: Scholz, GmbHG, § 43 Rn. 180.

107 *Schneider*, in: Scholz, GmbHG, § 43 Rn. 181; *Zöllner/Noack*, in: Baumbach/Hueck, GmbHG, § 35 Rn. 199; vorsichtiger *Altmeppen*, in: Roth/Altmeppen, GmbHG, § 6 Rn. 81.

108 OLG Nürnberg, GmbHR 2010, 141 ff.

109 *Schneider*, in: Scholz, GmbHG, § 43 Rn. 181.

46 Das Wettbewerbsverbot muss **örtlich beschränkt** sein. Daher kann eine nur in einer bestimmten Region tätige Gesellschaft kein weltweites Wettbewerbsverbot aussprechen.[110] Es muss insofern **gegenständlich beschränkt** sein, als es mit der wirtschaftlichen Betätigung der Gesellschaft identisch sein muss. Andernfalls besteht kein schützenswertes Interesse für ein nachvertragliches Wettbewerbsverbot.[111]

47 Das Wettbewerbsverbot muss auch **zeitlich beschränkt** sein. Über das Ob besteht Einigkeit, umstritten ist lediglich, inwiefern sich das aus § 74a Abs. 1 S. 3 HGB analog, dem daraus resultierenden Grundgedanken oder anderweitig herleiten lässt. Als **Höchstgrenze** wird von der Rechtsprechung der Zeitraum von zwei Jahren angenommen.[112] Dann soll der Geschäftsführer nicht mehr über besondere, zum Nachteil der Gesellschaft verwendbare Kenntnisse verfügen. Andere wiederum wollen die Grenze an den konkreten Umständen festmachen und sehen als Höchstgrenze vier Jahre an.[113] Jedenfalls sind längere Fristen als zwei Jahre nur dann möglich, wenn ausnahmsweise darüber hinaus ein schützenswertes Interesse der Gesellschaft besteht.[114]

48 Beenden Gesellschaft und Geschäftsführer einvernehmlich den Anstellungsvertrag, kann fraglich sein, ob vom Aufhebungsvertrag auch das nachvertragliche Wettbewerbsverbot erfasst wird. Dies muss im Einzelfall der Aufhebungsvereinbarung durch Auslegung entnommen werden. Denn auch wenn die Wettbewerbsvereinbarung im Anstellungsvertrag enthalten ist, werden das Wettbewerbsverbot und die Karenzentschädigung erst nach Beendigung des Anstellungsverhältnisses fällig. Daher ist grundsätzlich davon auszugehen, dass der einvernehmliche Aufhebungsvertrag das nachvertragliche Wettbewerbsverbot unberührt lässt.[115]

49 Erfolgt aufgrund einer Freistellungsklausel im Anstellungsvertrag eine **Freistellung** des Geschäftsführers bis zur rechtlichen Beendigung des Anstellungsverhältnisses, so gilt für diesen Zeitraum ein umfassendes Wettbewerbsverbot.[116] Da für diese Zeit die strengen Anforderungen, die an das nachvertragliche Wettbewerbsverbot gestellt werden, nicht gelten, hat die Gesellschaft während der Freistellung die Bezüge des Geschäftsführers fortzuzahlen. Daher empfiehlt es sich, in den Anstellungsvertrag eine Klausel hinsichtlich der Reduzierung der Bezüge im Freistellungszeitraum aufzunehmen.

---

110 *Schneider*, in: Scholz, GmbHG, § 43 Rn. 179.

111 BGH, NJW 1997, 3089.

112 BGH, NJW 2000, 2584; BGH, NJW 2005, 3062.

113 *Kleindiek*, in: Lutter/Hommelhoff, GmbHG, Anh. § 6 Rn. 25; *Zöllner/Noack*, in: Baumbach/Hueck, GmbHG, § 35 Rn. 200.

114 *Schneider*, in: Scholz, GmbHG, § 43 Rn. 178.

115 OLG Köln, GmbHR 1997, 743; OLG Schleswig, NZG 2000, 894.

116 OLG Oldenburg, NZG 2000, 1038, 1039 f.; siehe auch *Van Kann/Keiluweit*, BB 2010, 2050, 2052.

50 c) **Entschädigung des Geschäftsführers.** Ob der vom Wettbewerbsverbot betroffene Geschäftsführer für die Dauer des Verbots einen Anspruch auf angemessenen Ausgleich hat (**Karenzentschädigung**), wird unterschiedlich gesehen.[117] Dem Fremdgeschäftsführer soll dabei prinzipiell eine Entschädigung in Höhe von mindestens der Hälfte seiner zuletzt bezogenen Vergütung zu zahlen sein (vgl. § 74 Abs. 2 HGB). Allerdings soll dies bei einem Gesellschafter-Geschäftsführer, dem auch nach Beendigung seiner Geschäftsführerstellung die Beteiligung und Gewinnanteile an der Gesellschaft verbleiben, überflüssig sein können, sofern diese Beträge höher sind als die Geschäftsführervergütung.

51 Nach einer Ansicht im Schrifttum soll das **Fehlen** einer Entschädigungsvereinbarung das Wettbewerbsverbot prinzipiell unverbindlich machen.[118] Der BGH geht dagegen davon aus, dass ein nachvertragliches Wettbewerbsverbot mit einem Geschäftsführer auch ohne Karenzentschädigung vereinbart werden kann, da ihm gegenüber die gesetzliche Regelung für Handlungsgehilfen des § 74 Abs. 2 HGB nicht gelte.[119] Daher muss ihm weder eine Karenzentschädigung versprochen noch eine solche später gezahlt werden.[120] Damit kann eine Karenzentschädigung im Anstellungsvertrag nicht nur für Fälle, wie etwa eine fristlose Kündigung, ausgeschlossen werden,[121] sondern grundsätzlich für sämtliche Fälle.[122] Daher ist auch die Überlegung, dass sich ein ehemaliger Geschäftsführer einen Erwerb durch eine anderweitige Tätigkeit analog § 74c HGB auf die Karenzentschädigung anrechnen lassen muss, hinfällig.[123] Entweder man scheidet dies richtigerweise schon von vornherein mangels analoger Anwendung dieser Regelung aus, oder man begründet dies damit, dass der Zweck des § 74c HGB, den Arbeitnehmer nicht nur wegen einer Entschädigung zur Kündigung zu verleiten, für den Geschäftsführer nicht passt.[124]

52 Ob und mit welchen Auswirkungen sich die Gesellschaft ihrerseits vom nachvertraglichen Wettbewerbsverbot lösen kann, ist umstritten. Die h.M. bejaht eine »**Verzichtsmöglichkeit**« analog § 75a HGB,[125] wohingegen eine a.A. dies ablehnt, wenn

---

117 Bejahend OLG Düsseldorf, NJW-RR 1994, 35, 36; OLG Düsseldorf, GmbHR 1998, 180 f.; siehe auch *Menke*, NJW 2009, 636 ff.

118 *Schneider*, in: Scholz, GmbHG, § 43 Rn. 183; *Zöllner/Noack*, in: Baumbach/Hueck, GmbHG, § 35 Rn. 202 (§ 74 Abs. 2 HGB analog); a.A. BGHZ 91, 1, 5; BGH, NJW 2002, 1875, 1876; BGH, NJW-RR 2008, 1421, 1422; *Paefgen*, in: Ulmer/Habersack/Winter, GmbHG, § 35 Rn. 254.

119 BGH, NJW 2002, 1875, 1876.

120 BGH, NJW-RR 2008, 1421, 1422.

121 BGH, NJW-RR 2008, 1421, 1422; OLG Köln, DB 2008, 1791, 1792.

122 BGH, NJW-RR 2008, 1421, 1422.

123 BGH, DStR 2008, 1394, 1395; *Zöllner/Noack*, in: Baumbach/Hueck, GmbHG, § 35 Rn. 202; *Paefgen*, in: Ulmer/Habersack/Winter, GmbHG, § 35 Rn. 255.

124 BGH, DStR 2008, 1394, 1395; *Zöllner/Noack*, in: Baumbach/Hueck, GmbHG, § 35 Rn. 202.

125 BGH, NJW 1992, 1892 f.; bestätigt durch BGH, NJW 2002, 1875 f.; OLG Koblenz, NZG 2000, 653, 654; *Zöllner/Noack*, in: Baumbach/Hueck, GmbHG, § 35 Rn. 203.

kein Rücktrittsrecht vom nachvertraglichen Wettbewerbsverbot vereinbart wurde.[126] Folgt man der h.M., so ist jedoch dem Geschäftsführer eine angemessene Dispositionsfrist zuzugestehen und in dieser Zeit eine Entschädigung zu leisten.[127] Bei einem Verzicht soll die Gesellschaft nach überwiegender Ansicht eine Karenzentschädigung für eine Frist von drei Monaten bezahlen.[128] Eine starre Bestimmung wird jedoch zugunsten einer Auslegung im Einzelfall zurücktreten müssen. Der Verzicht muss dann aber nach einer Ansicht entsprechend der Regelung des § 75a HGB vor Beendigung des Dienstverhältnisses erklärt werden.[129] Die Gegenauffassung lehnt zu Recht eine analoge Anwendung des § 75a HGB auf den GmbH-Geschäftsführer ab, so dass der Verzicht nicht, wie in § 75a HGB gefordert, vor Beendigung des Dienstverhältnisses erklärt zu werden braucht.[130]

53 d) **Rechtsfolgen eines unzulässigen Wettbewerbsverbots.** Liegen die Voraussetzungen für ein nachvertragliches Wettbewerbsverbot bzw. für dessen konkrete Ausgestaltung nicht vor, da ein berechtigtes Interesse der Gesellschaft hieran fehlt, hat dies regelmäßig dessen **Unwirksamkeit**, d.h. dessen Nichtigkeit zur Folge.[131] Dies gilt unabhängig davon, ob eine Karenzentschädigung versprochen wurde.[132] Eine teleologische Reduktion oder eine Umdeutung kommt nicht in Betracht. Lediglich bei fehlerhafter zeitlicher Beschränkung des Verbots wird ausnahmsweise eine geltungserhaltende Reduktion auf die zulässige Frist vorgenommen. Bei überlanger Bindungsdauer kann damit das Wettbewerbsverbot auf die maximal zulässige Laufzeit reduziert werden.[133]

54 e) **Rechtsfolgen eines Verstoßes gegen das Wettbewerbsverbot.** Verstößt der ehemalige Geschäftsführer gegen das Wettbewerbsverbot, hat die Gesellschaft gegen ihn einen Anspruch auf Unterlassung und Schadensersatz. Der einstweilige Rechtsschutz ist möglich.[134] Um Wettbewerbsverstöße durch ausgeschiedene Geschäftsführer zu vermeiden, empfiehlt es sich, in den Anstellungsvertrag für den Fall einer Zuwiderhandlung eine Vertragsstrafe aufzunehmen.[135]

---

126 OLG Koblenz, NZG 2000, 653, 654; *Altmeppen*, in: Roth/Altmeppen, § 6 Rn. 81; *Heidenhain*, NZG 2002, 605, 606.

127 Vgl. BGH, NJW 2002, 1875, 1876.

128 OLG Düsseldorf, DB 1996, 2273, 2274; offengelassen in BGH, NJW-RR 1990, 1312 f.

129 *Haas/Ziemons*, in: Michalski, GmbHG, § 43 Rn. 152b; *Zöllner/Noack*, in: Baumbach/Hueck, GmbHG, § 35 Rn. 203; abweichend OLG Düsseldorf, DB 1996, 2273; *Paefgen*, in: Ulmer/Habersack/Winter, GmbHG, § 35 Rn. 203.

130 OLG Düsseldorf, DB 1996, 2273.

131 BGH, NJW 1968, 1717 f.; BGH, DB 1989, 1620, 1621; BGH, ZIP 2000, 1452 f.; OLG Düsseldorf, GmbHR 1999, 120, 122; a.A. *Zöllner/Noack*, in: Baumbach/Hueck, GmbHG, § 35 Rn. 201.

132 BGHZ 91, 1, 6; BGH, NJW 2002, 1875 f.; OLG Düsseldorf, GmbHR 1999, 120, 122.

133 BGH, GmbHR 1991, 15, 17; BGH, NJW 1997, 3089; BGH, DStR 1997, 2038; BGH, NJW 2000, 2584, 2585; *Schneider*, in: Scholz, GmbHG, § 43 Rn. 184.

134 *Zöllner/Noack*, in: Baumbach/Hueck, GmbHG, § 35 Rn. 205.

135 Vgl. OLG Oldenburg, NZG 2000, 1038, 1039 f.

55 f) **Befreiung vom Wettbewerbsverbot.** Eine anfängliche oder nachträgliche Befreiung vom Wettbewerbsverbot durch die **Satzung** ist aufgrund der internen Gestaltungsfreiheit der Gesellschafter möglich.[136] Da das Wettbewerbsverbot zu den organisationsrechtlichen Pflichten des Geschäftsführers gehört, sind für eine Befreiung die Gesellschafter zuständig. Eine Befreiung nur im Anstellungsvertrag soll, da es hier um Organisationsrecht geht, nicht genügen.[137] Ausreichend soll jedoch eine sog. Öffnungsklausel in der Satzung sein, wonach die Gesellschafter im Einzelfall über eine Befreiung – regelmäßig durch einfachen Gesellschafterbeschluss – entscheiden können.[138]

56 Sofern die Satzung nichts vorsieht, ist m.E. auch eine Befreiung durch **Gesellschafterbeschluss** möglich,[139] da die Pflichten des Geschäftsführers auch hierdurch ausgestaltet werden können. Überwiegend wird angenommen, dass hierfür ebenfalls eine einfache Mehrheit ausreichend ist.[140] Der Gesellschafter-Geschäftsführer kann zusätzlich einem Wettbewerbsverbot aufgrund seiner Stellung als Gesellschafter unterliegen. Sieht die Satzung nicht die Möglichkeit vor, den Gesellschafter vom Wettbewerbsverbot zu befreien, kommt zwar eine Befreiung mittels eines Gesellschafterbeschlusses in Betracht, doch setzt dies voraus, dass der Beschluss als Satzungsdurchbrechung mit satzungsändernder Mehrheit gefasst wird.[141]

57 Ob der Gesellschafterbeschluss neben der notariellen Beurkundung auch der Eintragung im Handelsregister bedarf, hängt davon ab, ob der Gesellschafter generell oder nur für einen einzelnen Vorgang vom satzungsmäßigen Wettbewerbsverbot befreit werden soll.[142] Da es sich im ersten Fall um eine zustandsändernde Satzungsdurchbrechung handelt, ist eine Eintragung im Handelsregister zum Schutz des Rechtsverkehrs notwendig.[143] Im zweiten Fall ist die Satzungsdurchbrechung punktuell und erschöpft sich daher in der einzelnen Maßnahme, so dass Publizitätsgründe eine Registereintragung nicht erfordern.

58 **Entbehrlich** ist eine Befreiung bei einem Gesellschafter-Geschäftsführer der Einpersonen-GmbH, da hier nach überwiegender Ansicht kein Wettbewerbsverbot besteht.

136 *Kleindiek*, in: Lutter/Hommelhoff, GmbHG, Anh. § 6 Rn. 23; *Schneider*, in: Scholz, GmbHG, § 43 Rn. 185.

137 *Schneider*, in: Scholz, GmbHG, § 43 Rn. 187.

138 *Paefgen*, in: Ulmer/Habersack/Winter, GmbHG, § 43 Rn. 47; *Schneider*, in: Scholz, GmbHG, § 43 Rn. 189.

139 *Altmeppen*, in: Roth/Altmeppen, GmbHG, § 43 Rn. 31; *Kleindiek*, in: Lutter/Hommelhoff, GmbHG, Anh. § 6 Rn. 23; *Schneider*, in: Scholz, GmbHG, § 43 Rn. 191; *Zöllner/Noack*, in: Baumbach/Hueck, GmbHG, § 35 Rn. 43; a.A. *Lenz*, in: Michalski, GmbHG, § 35 Rn. 132.

140 *Altmeppen*, in: Roth/Altmeppen, GmbHG, § 43 Rn. 31; *Haas/Ziemons*, in: Michalski, GmbHG, § 43 Rn. 109; *Kleindiek*, in: Lutter/Hommelhoff, GmbHG, Anh. § 6 Rn. 23; a.A. *Schneider*, in: Scholz, GmbHG, § 43 Rn. 192.

141 So *Schneider*, in: Scholz, GmbHG, § 43 Rn. 193.

142 *Hoffmann*, in: Michalski, GmbHG, § 53 Rn. 35; *Zöllner/Noack*, in: Baumbach/Hueck, GmbHG, § 53 Rn. 45.

143 Vgl. BGHZ 123, 15, 19.

Auch wenn die Gesellschafter bei der Bestellung des Geschäftsführers von dessen unternehmerischer Tätigkeit wussten und er diese nach seiner Bestellung fortführen will, ist keine Befreiung erforderlich.[144] Das muss im Hinblick auf das gesellschafterliche Wettbewerbsverbot selbst dann gelten, wenn den Gesellschaftern bei der Gesellschaftsgründung die Tätigkeit eines Mitgesellschafters und dessen Fortführungsbegehren bekannt ist.[145] Allerdings soll eine Befreiung notwendig werden, wenn ein neuer Gesellschafter hinzutritt und für diesen die Befreiung nicht erkennbar war.[146] Haben die Gesellschafter in der Satzung ein Wettbewerbsverbot iSd § 112 HGB vereinbart, ist für die von § 112 HGB geforderte Einwilligung weder eine besondere Befreiung in der Satzung noch ein förmlicher Gesellschafterbeschluss erforderlich. Vielmehr reicht es aus, dass alle Gesellschafter formlos ihre Einwilligung in die Wettbewerbshandlung erklären.[147]

II. Rechte des Geschäftsführers

1. Bestellung

59 Aus dem Anstellungsvertrag kann schon aufgrund des Trennungsprinzips kein Anspruch gegenüber der GmbH auf Berufung zum Geschäftsführer folgen.[148] Umgekehrt kann aber in der Bestellung oder in Vorgesprächen ein Vorvertrag bzgl. des Abschlusses eines Anstellungsvertrags liegen.[149] Erfolgt keine Bestellung, kann der Geschäftsführer fristlos kündigen und gegebenenfalls Schadensersatzansprüche geltend machen. Zudem hat der Geschäftsführer aus dem Anstellungsvertrag einen Anspruch darauf, seine Tätigkeit in angemessener leitender Stellung tatsächlich auszuüben, es sei denn, die GmbH hat ausnahmsweise ein anerkennenswertes Interesse daran, den Geschäftsführer nicht zu beschäftigen.[150]

2. Vergütung

60 **a) Vergütungsanspruch.** Ein Anspruch des Geschäftsführers auf Zahlung einer **Vergütung** ergibt sich aus dem Anstellungsvertrag,[151] nicht aus dem Organverhältnis, da grundsätzlich auch eine Organtätigkeit ohne Vergütung denkbar ist.[152] Fehlt im Anstellungsvertrag eine Vergütungsregelung, besteht ein Anspruch auf angemessene

144 BGH, GmbHR 1987, 302, 303.
145 BGH, GmbHR 1987, 302, 303.
146 *Schneider*, in: Scholz, GmbHG, § 43 Rn. 196.
147 BFH, NJW 1998, 3663.
148 *Schneider/Sethe*, in: Scholz, GmbHG, § 35 Rn. 294.
149 *Zöllner/Noack*, in: Baumbach/Hueck, GmbHG, § 35 Rn. 63.
150 *Leuchten*, GmbHR 2001, 750, 751.
151 *Paefgen*, in: Ulmer/Habersack/Winter, GmbHG, § 35 Rn. 181 ff.; *Schneider/Sethe*, in: Scholz, GmbHG, § 35 Rn. 217 ff.
152 *Leitzen*, Der Konzern 2010, 87 ff. (zur Frage, welche Auswirkungen das VorstAG auf die Geschäftsführer-Vergütungsregelung in der mitbestimmten GmbH hat).

Vergütung i.S.d. § 612 BGB,[153] wobei insbesondere bei einem Gesellschafter-Geschäftsführer festgestellt werden muss, ob er nur gegen Entgelt tätig sein wollte.[154] Für Überstunden kann eine Vergütung nur bei Vereinbarung verlangt werden.[155] Da der Vergütungsanspruch ein Anspruch auf Geldzahlung ist, der durch den schriftlichen Anstellungsvertrag und damit durch Urkunden bewiesen werden kann, kann der Geschäftsführer seinen Vergütungsanspruch im Wege des Urkundenprozesses (§§ 592 ff. ZPO) geltend machen.[156]

61 Regelmäßig teilt sich der Vergütungsanspruch auf in ein festes Gehalt, Sachleistungen (private Nutzung eines Telefons oder Geschäftswagens, zinsgünstige Darlehen[157]) , Gewinnbeteiligungen (Tantiemen)[158] und eventuell auch freiwillige Leistungen zu besonderen Anlässen (Gratifikationen).[159] Ist eine **Tantieme** zwar vertraglich zugesagt, deren Höhe aber nicht bestimmt, erfolgt eine Festlegung nach billigem Ermessen (§ 315 BGB analog). Sofern die Bemessungsgrundlage nicht geregelt wurde, wird empfohlen § 86 Abs. 2 S. 1 AktG a.F.[160] heranzuziehen.[161] Sofern diese Grundlage jedoch erkennbar nicht maßgebend sein soll, soll ebenfalls eine Bestimmung nach billigem Ermessen erfolgen.[162]

62 Bei der Zahlung von Gewinnbeteiligungen an einen beherrschenden Gesellschafter-Geschäftsführer besteht die Gefahr von unzulässigen verdeckten Gewinnausschüttungen. Um dies zu vermeiden, muss sich die Höhe der Gewinnbeteiligung allein rechnerisch auf der Grundlage der Tantiemenvereinbarung ermitteln lassen. Die Tantiemen müssen nicht nur der Höhe nach, sondern auch zeitlich beschränkt sein. Daher reicht es nicht aus, wenn die Vereinbarung über die Gewinnbeteiligung erst kurz vor der Auszahlung der Tantiemen getroffen wird. Vielmehr muss die vertragliche Abrede bereits vor Beginn des Zeitraums zustande gekommen sein, der für die Berechnung der Tantiemen maßgeblich ist.[163]

---

153 *Altmeppen*, in: Roth/Altmeppen, GmbHG, § 6 Rn. 84; *Heyder*, in: Michalski, GmbHG, § 6 Rn. 145; *Kleindiek*, in: Lutter/Hommelhoff, GmbHG, Anh. § 6 Rn. 31; *Paefgen*, in: Ulmer/Habersack/Winter, GmbHG, § 35 Rn. 187.

154 OLG Frankfurt, GmbHR 1993, 358, 359 f.; LG Essen, DB 2000, 2421; BGH, NZG 2008, 783, 785 (zur angemessenen Vergütung).

155 OLG Dresden, NJW-RR 1997, 1535 f.; *Altmeppen*, in: Roth/Altmeppen, GmbHG, § 6 Rn. 52; *Zöllner/Noack*, in: Baumbach/Hueck, GmbHG, § 35 Rn. 182.

156 Ebenso *Zöllner/Noack*, in: Baumbach/Hueck, GmbHG, § 35 Rn. 63 a.E.

157 Hierbei ist § 43a zu beachten.

158 OLG Celle, NZG 2008, 79.

159 Vgl. BGH, NJW-RR 1990, 1313.

160 Aufgehoben durch Art. 1 Nr. 4 TransPubG vom 19.7.2002, BGBl. I, 2681.

161 *Zöllner/Noack*, in: Baumbach/Hueck, GmbHG, § 35 Rn. 188; ablehnend dagegen BGH, GmbHR 2003, 584, 585; *Paefgen*, in: Ulmer/Habersack/Winter, GmbHG, § 35 Rn. 210; *Schneider/Sethe*, in: Scholz, GmbHG, § 35 Rn. 228.

162 *Zöllner/Noack*, in: Baumbach/Hueck, GmbHG, § 35 Rn. 188 mit Verweis auf BGH, GmbHR 1994, 546 und OLG Oldenburg, NZG 2000, 939.

163 Vgl. *Zöllner/Noack*, in: Baumbach/Hueck, GmbHG, § 35 Rn. 185; *Altmeppen*, in: Roth/Altmeppen, GmbHG, § 6 Rn. 99.

63 Im Hinblick auf **Überstundenvergütungen** oder Feiertagszuschläge usw. hat der BFH in Bezug auf den Gesellschafter-Geschäftsführer entschieden, dass diese Zahlungen nicht mit dem Aufgabenbild eines Geschäftsführers vereinbar sind, so dass sie als verdeckte Gewinnausschüttungen anzusehen sind.[164] Für Fremdgeschäftsführer ist ein Anspruch auf Überstundenvergütung ebenfalls auszuschließen.[165]

64 Eine **Verjährung** von Vergütungsansprüchen des Geschäftsführers tritt nach 3 Jahren ein (§ 195 BGB). Die Frist beginnt dabei mit dem Ende des Jahres zu laufen, in dem der Anspruch entstanden ist (§ 199 Abs. 1 BGB).

65 **b) Unangemessene Vergütung.** Die Höhe der Geschäftsführervergütung ist grundsätzlich frei vereinbar. Allerdings sind dem Grenzen gesetzt.[166] So kann eine unangemessen hohen Vergütung an einen Gesellschafter-Geschäftsführer nach § 30 unzulässig sein, wenn die Zahlung aus dem gebundenen Vermögen erfolgt.[167] Erfolgt die Zahlung aus dem freien Vermögen, kann eine erhöhte Vergütung gegen den gesellschaftsrechtlichen Grundsatz der Treuepflicht und gegen das Gleichbehandlungsgebot verstoßen.[168] Jedenfalls führt die Treuepflicht auch des beherrschenden Gesellschafters dazu, dass er seine Stimmrechtsmacht bei der Festsetzung seiner Bezüge nicht rücksichtslos im eigenen Interesse ausnutzen darf.[169] Andernfalls ist die gesellschaftsrechtliche Anfechtung des betreffenden Beschlusses möglich. Hinzu kommt, dass überhöhte Bezüge von Gesellschafter-Geschäftsführern steuerrechtlich als verdeckte Gewinnausschüttungen angesehen werden können.[170]

66 Ob eine Vergütung angemessen ist oder nicht, hat das Anstellungsorgan, dem ein weiter Ermessensspielraum zugebilligt wird, zu entscheiden.[171] Ob für die Frage nach der Unangemessenheit einer Gesellschafter-Geschäftsführer-Vergütung neben deren gesellschaftsrechtlicher Zulässigkeit und der Ertragsaussicht der Gesellschaft auch ein Vergleich mit der Vergütung eines Fremdgeschäftsführers möglich ist, wird unterschiedlich beurteilt. Jedenfalls soll dieser nicht als alleiniges Kriterium herangezogen werden können.[172] Als Vergleichsmaßstab soll der Betrag gelten, den die Gesellschaft bzw. eine vergleichbare Gesellschaft einem Dritten gezahlt hätte. Ein »interner Betriebsvergleich« soll dagegen nicht zulässig sein.[173]

---

164 *Axhausen*, in: BeckHdbGmbHG, § 35 Rn. 86.
165 *Schmidt*, in: Ensthaler/Füller/Schmidt, GmbHG, § 35 Rn. 66.
166 Vgl. *Mohr*, GmbHR 2011, 402 ff.
167 BGH, NJW 1992, 2894, 2895; *Schneider/Sethe*, in: Scholz, GmbHG, § 35 Rn. 220.
168 BGH, NJW-RR 1990, 1313.
169 *Schneider/Sethe*, in: Scholz, GmbHG, § 35 Rn. 219 ff.
170 BFH, NJW-RR 2007, 915, 917; BFH, GmbHR 2006, 1339, 1340; BFH, GmbHR 2006, 1163 f.
171 BGHZ 111, 224, 227 f.; BGH, NJW 1992, 2894, 2895.
172 BGHZ 111, 224, 227 f.; BGH, NJW 1992, 2894, 2895; *Axhausen*, in: BeckHdbGmbHG, § 5 Rn. 43.
173 *Axhausen*, in: BeckHdbGmbHG, § 5 Rn. 46.

67 Da die Gesellschafter-Geschäftsführer regelmäßig eine **verdeckte Gewinnausschüttung** vermeiden wollen, stellt sich die Frage, ob und wie der Betrag der »richtigen« Vergütung exakt zu ermitteln ist. Der BFH sieht bei einer geringfügigen Überschreitung der Angemessenheitsgrenze noch keine verdeckte Gewinnausschüttung, sondern erst dann, wenn die Angemessenheitsgrenze um mehr als 20 % überschritten ist.[174]

68 Eine **Entgeltfortzahlung** bei Krankheit ergibt sich aus § 616 S. 1 BGB, wenn der Geschäftsführer für eine verhältnismäßig nicht erhebliche Zeit durch einen in seiner Person liegenden Grund ohne sein Verschulden an der Dienstleistung verhindert wird.[175] Es empfiehlt sich, im Anstellungsvertrag genau zu regeln, was unter »verhältnismäßig nicht erhebliche Zeit« zu verstehen ist, d.h. für welchen Zeitraum eine Entgeltfortzahlung erfolgt. Es bietet sich auch an, im Anstellungsvertrag zu regeln, unter welchen Voraussetzungen bei einer langfristigen Erkrankung die dauernde Dienstunfähigkeit festgestellt wird und das Anstellungsverhältnis endet.[176]

69 c) **Anpassung der Vergütung.** Eine Anpassung von Geschäftsführerbezügen an veränderte Umstände der Gesellschaft kann die GmbH nur dann verlangen, wenn der Anstellungsvertrag eine entsprechende Klausel enthält. Ansonsten bleibt lediglich die Möglichkeit, eine Störung der Geschäftsgrundlage (§ 313 BGB) geltend zu machen.[177] Dies wird nur dann anzunehmen sein, wenn beide Parteien bestimmte Erwartungen hinsichtlich der Entwicklung der Gesellschaft zur Grundlage des Anstellungsvertrags gemacht haben und diese nicht eintreten. Voraussetzung ist, dass sich der Geschäftsführer bei Kenntnis redlicherweise auf einen den tatsächlichen Umständen entsprechenden Vertrag eingelassen hätte.[178]

70 Tritt eine die Existenz bedrohende Verschlechterung der wirtschaftlichen Verhältnisse der Gesellschaft ein, kann die Treuepflicht des Geschäftsführers diesen gegenüber der Gesellschaft verpflichten, einer **Herabsetzung** seiner Bezüge zuzustimmen.[179] Das geschieht regelmäßig durch einen Änderungsvertrag.

71 Das Gesagte gilt jedoch auch, wenn sich die Lage der Gesellschaft positiv so verändert, dass die vereinbarte Vergütung aufgrund der Veränderung unangemessen niedrig ist. Dann sind die Gesellschafter gegebenenfalls auch unter dem Gesichtspunkt des Wegfalls der Geschäftsgrundlage zur **Erhöhung** der Tätigkeitsvergütung ver-

---

174 BFH, DB 1989, 2049, 2050.

175 BSG, NZS 1996, 343.

176 *Karsten*, GmbH-Recht, 2009, § 5 Rn. 213.

177 So auch *Altmeppen*, in: Roth/Altmeppen, GmbHG, § 6 Rn. 87.

178 *Schneider/Sethe*, in: Scholz, GmbHG, § 35 Rn. 240 f.; *Zöllner/Noack*, in: Baumbach/Hueck, GmbHG, § 35 Rn. 187.

179 BGH, NJW 1992, 2894, 2896; *Altmeppen*, in: Roth/Altmeppen, GmbHG, § 6 Rn. 54; dezidierter OLG Köln, ZIP 2009, 36, 37 und *Marsch-Barner/Diekmann*, in: MünchHdbGmbHG, § 43 Rn. 24 (§ 87 AktG analog); siehe auch *Zöllner/Noack*, in: Baumbach/Hueck, GmbHG, § 35 Rn. 187 (§ 87 Abs. 2 AktG zur Konkretisierung).

pflichtet.[180] Ist der Geschäftsführer zugleich Gesellschafter, kann er von seinen Mitgesellschaftern verlangen, dass diese einer Gehaltsanpassung zustimmen. Das setzt jedoch voraus, dass sich nur auf diese Weise dic gebotene Gleichbehandlung untern den Gesellschaftern verwirklichen lässt.[181] Hierbei kann auf die für Personengesellschaften aufgestellten Prinzipien sinngemäß zurückgegriffen werden.[182]

72 Unter den entsprechenden Voraussetzungen hat auch der Fremdgeschäftsführer einen Anpassungsanspruch gegen die Gesellschaft. Dies soll insbesondere gelten, wenn es für den Geschäftsführer tatsächlich oder rechtlich ausgeschlossen bzw. unzumutbar ist, seine Anstellung bei der GmbH zu beenden, etwa weil er in Kürze die Altersgrenze erreicht. Ebenso soll er eine Gehaltsanpassung verlangen können, wenn er die GmbH in deren Aufbauphase geleitet hat und in seinem Vertrauen schützenswert ist, im Fall der Erholung und Konsolidierung eine entsprechend erhöhte Vergütung zu erhalten.[183]

73 **d) Vergütung für Erfindungen**. Eine Vergütung für Erfindungen des Geschäftsführers hat regelmäßig zu erfolgen, außer es ist im Anstellungsvertrag oder anderweitig Abweichendes vereinbart.[184] Das Arbeitnehmererfindungsgesetz ist nicht anwendbar.[185] Daher hat der Geschäftsführer das Recht, über seine Erfindung eigenständig zu verfügen. Ungeachtet dessen ist er aber verpflichtet, der Gesellschaft die Erfindung anzubieten, sofern die Erfindung in den Geschäftsbereich der Gesellschaft fällt.[186] Empfehlenswert ist, sofern aufgrund der Tätigkeit des Geschäftsführers Erfindungen möglich sind, eine Regelung im Anstellungsvertrag.

74 Haben Gesellschaft und Geschäftsführer keine entsprechende Abrede im Anstellungsvertrag getroffen, bemisst sich die Höhe der Vergütung nach § 612 Abs. 2 BGB.[187] Der Begriff der üblichen Vergütung ist nicht generell mit der Lizenzgebühr gleichzusetzen, die ein freier Erfinder erhalten würde. Ebenso wenig bestimmt sich die Vergütungshöhe entsprechend den Vergütungsrichtlinien des Arbeitnehmererfindungsgesetzes.[188] Ausgangspunkt für die Bemessung der Vergütungshöhe ist daher die übliche Vergütung eines freien Erfinders. Hiervon ist ein angemessener Betrag in Abzug zu bringen, der sich vor allem danach bemisst, ob und inwieweit für die erfinderische Tätigkeit des Geschäftsführers betriebliche Mittel und Einrichtungen benutzt wurden und in welchem Ausmaß die Tätigkeit des Geschäftsführers an Vor-

---

180 *Paefgen*, in: Ulmer/Habersack/Winter, GmbHG, § 35 Rn. 197; *Schmidt*, in: Ensthaler/Füller/Schmidt, GmbHG, § 35 Rn. 67.
181 BGHZ 111, 224, 226; *Schmidt*, in: Ensthaler/Füller/Schmidt, GmbHG, § 35 Rn. 67.
182 *Zöllner/Noack*, in: Baumbach/Hueck, GmbHG, § 35 Rn. 187.
183 *Zöllner/Noack*, in: Baumbach/Hueck, GmbHG, § 35 Rn. 187.
184 BGH, NJW-RR 2007, 103; OLG München, NJOZ 2007, 4716, 4721 f.
185 BGH, NJW-RR 1990, 349; OLG Düsseldorf, GmbHR 1999, 1093, 1094.
186 *Zöllner/Noack*, in: Baumbach/Hueck, GmbHG, § 35 Rn. 64; *Schneider/Sethe*, in: Scholz, GmbHG, § 35 Rn. 246.
187 BGH, NJW-RR 2007, 103.
188 BGH, NJW-RR 1990, 349; OLG Düsseldorf, GmbHR 1999, 1093, 1094.

arbeiten oder laufende Projekte im Betrieb der Gesellschaft anknüpft.[189] Ist der Geschäftsführer gerade mit dem Ziel in der GmbH beschäftigt, durch seine persönliche Tätigkeit auf Neuerungen hinzuarbeiten, die zwangsläufig zu Schutzrechten führen, kann ein Vergütungsanspruch ausgeschlossen oder jedenfalls gemindert sein.[190]

75 e) **Ansprüche bei Insolvenz der Gesellschaft.** Bezüge, die bei Insolvenzeröffnung bereits bestanden, aber noch nicht gezahlt worden sind, kann der Geschäftsführer als einfache Insolvenzforderungen geltend machen (§ 38 InsO). Vergütungsansprüche, die erst nach Insolvenzeröffnung entstanden sind, sind dagegen Masseverbindlichkeiten (§ 55 Abs. 1 Nr. 2 InsO). Der Insolvenzverwalter ist nach § 113 InsO berechtigt, den Anstellungsvertrag mit einer Höchstfrist von 3 Monaten zum Monatsende zu kündigen. Soweit kürzere Fristen für eine ordentliche Kündigung im Einzelfall maßgeblich sind, gelten diese (§ 113 Abs. 1 S. 2, 2. HS InsO).[191] Längere Kündigungsfristen sind für den Insolvenzverwalter ebenso unbeachtlich wie ein Ausschluss der ordentlichen Kündigung.[192] In diesem Fall kann der Geschäftsführer jedoch als Insolvenzgläubiger Schadensersatz von der Gesellschaft verlangen (§ 113 S. 3 InsO).

76 Soweit die Voraussetzungen für einen wichtigen Grund i.S.d. § 626 BGB erfüllt sind, kann der Insolvenzverwalter den Anstellungsvertrag außerordentlich kündigen. Die Insolvenz der GmbH allein reicht für eine solche Kündigung jedoch nicht aus,[193] wohl aber eine schuldhafte Insolvenzverschleppung.[194]

77 Fremdgeschäftsführer gelten insolvenzrechtlich als Arbeitnehmer.[195] Daher haben sie gemäß § 183 SGB III einen Anspruch auf Zahlung von Insolvenzgeld für die letzten drei Monate vor Eröffnung des Insolvenzverfahrens.[196] Ob dies in gleicher Weise für Gesellschafter-Geschäftsführer gilt, wird von den Zivil- und Sozialgerichten unterschiedlich beurteilt. Zumindest dann, wenn die Kapitalbeteiligung unter 10 % liegt, kann davon ausgegangen werden, dass der Gesellschafter-Geschäftsführer Zahlung

189 BGH, NJW-RR 2007, 103; BGH, NJW-RR 1990, 349; OLG Düsseldorf, GmbHR 1999, 1093, 1094.

190 BGH, NJW-RR 2007, 103; BGH, NJW-RR 2001, 472.

191 BAG, NJW 2001, 317.

192 *Altmeppen*, in: Roth/Altmeppen, GmbHG, § 6 Rn. 118; *Zöllner/Noack*, in: Baumbach/Hueck, GmbHG, § 35 Rn. 190; a.A. *Fichtelmann*, GmbHR 2008, 76, 81.

193 OLG Düsseldorf, NZG 2000, 1044, 1045; OLG Naumburg, GmbHR 2004, 423 f.; *Fichtelmann*, GmbHR 2008, 76, 81; *Zöllner/Noack*, in: Baumbach/Hueck, GmbHG, § 35 Rn. 190.

194 BGH, NJW 2005, 3069.

195 BGH, NZG 2003, 327, 328.

196 *Altmeppen*, in: Roth/Altmeppen, GmbHG, § 6 Rn. 104; *Marsch-Barner/Diekmann*, in: MünchHdbGmbHG, § 43 Rn. 58; *Schneider/Sethe*, in: Scholz, GmbHG, § 35 Rn. 366; kritisch *Zöllner/Noack*, in: Baumbach/Hueck, GmbHG, § 35 Rn. 191.

von Insolvenzgeld verlangen kann.[197] Verfügt er dagegen über eine Mehrheitsbeteiligung oder eine Sperrminorität, scheidet ein solcher Anspruch aus.[198]

78 f) **Pfändungsschutz.** Da § 850 Abs. 2 ZPO nach seinem eindeutigen Wortlaut auch sonstige Vergütungen für Dienstleistungen aller Art erfasst, die die Erwerbstätigkeit des Schuldners vollständig oder zu einem wesentlichen Teil in Anspruch nehmen, fallen die Bezüge des Geschäftsführers unter den Pfändungsschutz der §§ 850 ff. ZPO.[199] Dies gilt in gleicher Weise für Gewinnbeteiligungen und sonstige Nebenleistungen als Teil der Tätigkeitsvergütung des Geschäftsführers[200] sowie für Karenzentschädigungen aus einem nachvertraglichen Wettbewerbsverbot.[201] Pfändungsschutz genießt selbst der Gesellschafter-Geschäftsführer, der als Unternehmer einzuordnen ist.[202]

3. Ruhegehalt, Hinterbliebenenversorgung

79 Das Ruhegehalt sowie die Hinterbliebenenversorgung werden üblicherweise im Anstellungsvertrag vereinbart. Die Ruhegehaltszusage ist auch **formlos** möglich.[203] Teilweise wird angenommen, dass sich Versorgungsbezüge des Geschäftsführers auch aus der Unternehmensüblichkeit herleiten lassen[204] Dies wird von anderen jedoch verneint.[205] Daher empfiehlt es sich, zur Sicherheit in den Anstellungsvertrag eine entsprechende Regelung aufzunehmen.

80 Sofern das Ruhegehalt das letzte Einkommen als **Bezugsgröße** hat, ist regelmäßig das Gesamteinkommen gemeint. Dagegen sollen Provisionen, Gratifikationen und Naturalleistungen keine Berücksichtigung finden. Sofern etwas anderes gewollt ist, empfiehlt sich eine entsprechende Regelung im Anstellungsvertrag.

81 Auf Ruhegehaltszusagen findet grundsätzlich das Gesetz zur Verbesserung der betrieblichen Altersversorgung (**Betriebsrentengesetz** – BetrAVG) Anwendung (§ 17

---

197 BGH, NZG 2003, 1020, 1021.

198 BSG, GmbHR 2007, 1324.

199 BGH, NJW 1978, 756; OLG Rostock, NJW-RR 1995, 173; *Zöllner/Noack*, in: Baumbach/Hueck, GmbHG, § 35 Rn. 192.

200 BGH, NJW 1978, 756.

201 OLG Rostock, NJW-RR 1995, 173.

202 *Kleindiek*, in: Lutter/Hommelhoff, GmbHG, Anh. § 6 Rn. 35; *Paefgen*, in: Ulmer/Habersack/Winter, GmbHG, § 35 Rn. 163; *Schneider/Sethe*, in: Scholz, GmbHG, § 35 Rn. 250; *Zöllner/Noack*, in: Baumbach/Hueck, GmbHG, § 35 Rn. 192.

203 BGH, NJW-RR 1994, 357 f.

204 BGH, WM 1973, 506, 507; *Kleindiek, in:* Lutter/Hommelhoff, GmbHG, § 6 Rn. 36; *Zöllner/Noack*, in: Baumbach/Hueck, GmbHG, § 35 Rn. 194.

205 *Altmeppen*, in: Roth/Altmeppen, GmbHG, § 6 Rn. 88; *Koppensteiner*, in: Rowedder/Schmidt-Leithoff, GmbHG, § 35 Rn. 93; *Paefgen*, in: Ulmer/Habersack/Winter, GmbHG, § 35 Rn. 218; *Schneider/Sethe*, in: Scholz, GmbHG, § 35 Rn. 251.

Abs. 1 S. 2 BetrAVG),[206] es sei denn, es handelt sich um einen Gesellschafter-Geschäftsführer.[207] Daher sind bei arbeitnehmerähnlichen Geschäftsführern, vor allem bei Fremdgeschäftsführern, die Ansprüche auf Ruhegehalt gemäß § 7 BetrAVG insolvenzgesichert.[208] Bis zu welcher Unternehmensbeteiligung ein Gesellschafter-Geschäftsführer gleichfalls noch als arbeitnehmerähnlich i.S.d. § 17 Abs. 1 S. 2 BetrAVG gilt, so dass auch seine Ansprüche auf Ruhegehalt im Fall der Insolvenz der GmbH geschützt sind, lässt sich der höchstrichterlichen Rechtsprechung nicht eindeutig entnehmen. Es kann bereits eine Beteiligung von 10 % an der GmbH ausreichen, um den Gesellschafter-Geschäftsführer als (Mit-)Unternehmer zu qualifizieren, zumindest wenn er gemeinsam mit anderen Gesellschafter-Geschäftsführern in der Gesellschafterversammlung die Kapital- und Stimmenmehrheit besitzt.[209] Demnach kommt es entscheidend darauf an, ob der Gesellschafter-Geschäftsführer allein oder mit anderen aufgrund der Mehrheitsbeteiligung die Geschicke der Gesellschaft bestimmen kann. Ein Minderheitsgesellschafter kann demgegenüber das Handeln der Gesellschaft nicht maßgeblich beeinflussen und übt daher seine Dienste als Geschäftsführer für die GmbH arbeitnehmerähnlich aus. Er kann somit auf die Ausgestaltung der Ruhegehaltsansprüche keinen wesentlichen Einfluss nehmen.[210]

82 Eine **Verwirkung** des Ruhegehaltsanspruchs kommt in Betracht, wenn eine entsprechende vertragliche Vereinbarung zwischen den Parteien vorliegt (Widerrufsvorbehalt).[211] Ansonsten ist eine Verwirkung nur bei schwersten Verfehlungen des Geschäftsführers möglich.[212] Der Rechtsmissbrauchseinwand greift, wenn die Pflichtverletzung in so grober Weise erfolgte, dass sich die Betriebstreue des Geschäftsführers nachträglich als erheblich entwertet oder gar wertlos herausstellt. Nicht ausreichend hierfür ist ein wichtiger Grund für die sofortige Beendigung des Anstellungsverhältnisses oder ein Verstoß gegen strafrechtliche Vorschriften. Der Geschäftsführer muss die Gesellschaft in eine ihre Existenz bedrohende Lage gebracht haben.[213] Fraglich ist, ob in diesem Fall auch lediglich eine Kürzung der Altersversorgungszusage in Betracht kommt.[214] Hat die Gesellschaft ihrem Geschäftsführer wegen Insolvenzverschleppung fristlos gekündigt, bedeutet dies nicht zwingend, dass auch die Ansprüche des Geschäftsführers auf

---

206 *Kleindiek*, in: Lutter/Hommelhoff, GmbHG, Anh. § 6 Rn. 37; *Zöllner/Noack*, in: Baumbach/Hueck, GmbHG, § 35 Rn. 104.

207 BGHZ 77, 94 ff.; BGHZ 77, 233, 242; BGHZ 108, 330 ff.; BGH, NJW-RR 2003, 1474, 1476; BGH, DB 2008, 287, 288.

208 *Zöllner/Noack*, in: Baumbach/Hueck, GmbHG, § 35 Rn. 194; siehe auch BGH, NJW 1998, 312, 313.

209 BGHZ 77, 233, 242 f.; NJW 1990, 49, 50 f.; BAG, GmbHR 1998, 84, 86; BGH, NZG 2003, 1020 f.

210 *Altmeppen*, in: Roth/Altmeppen, GmbHG, § 6 Rn. 92.

211 *Paefgen*, in: Ulmer/Habersack/Winter, GmbHG, § 35 Rn. 233 f.

212 BGH, ZIP 2000, 1452, 1454; OLG Jena, NZG 1999, 1069, 1071 (bzgl. Vorstand einer AG); OLG Stuttgart, GmbHR 1998, 1034, 1036; OLG Düsseldorf, GmbHR 2000, 666.

213 BGH, ZIP 2002, 364 f.; BGH, DB 2002, 1206, 1207.

214 Vgl. *Axhausen*, in: BeckHdbGmbHG, § 35 Rn. 77.

Ruhegehalt entfallen. Vielmehr kommt es entscheidend auf die konkrete Gestaltung der Versorgungszusage an.[215]

4. Aufwendungsersatz

83 Der Geschäftsführer kann Ersatz seiner im Rahmen der Geschäftsführung entstandenen Aufwendungen verlangen (§§ 675, 670 BGB). Erfasst sind hiervon nicht nur Reise- und Übernachtungskosten etc., sondern auch Ersatz für Schäden, die im Zusammenhang mit der Geschäftsführung erlitten wurden. Sofern ein Aufwendungsersatz nicht gewünscht ist, empfiehlt sich eine entsprechende Regelung im Anstellungsvertrag.[216]

84 Ob im Zusammenhang mit der Geschäftsführertätigkeit entstandene Gerichtsverfahrenskosten und **Strafverteidigergebühren** geltend gemacht werden können, ist umstritten. Dies wird zu bejahen sein, wenn zum einen der Geschäftsführer die Aufwendungen für erforderlich halten durfte und zum anderen ein solcher Ersatzanspruch nicht eingeschränkt oder ausgeschlossen ist.[217] Dies führt dazu, dass der Geschäftsführer solche Aufwendungen nicht für erforderlich halten durfte, die die Rechtsordnung wegen §§ 134, 138 BGB missbilligt.

85 Konsequenterweise besteht damit kein Anspruch auf Erstattung von im Zusammenhang mit der Geschäftsführertätigkeit verhängten **Geldbußen** oder –strafen.[218] Ob die Gesellschaft befugt ist, diese freiwillig zu erstatten, ist umstritten. Teilweise wird hierbei ein Verstoß gegen § 134 BGB ebenso verneint[219] wie ein solcher gegen § 138 BGB.[220] Andere sehen hierin unter bestimmten Voraussetzungen einen Verstoß gegen § 134 BGB.[221] Zumeist wird eine Erstattungszusage vor der Tat bei fahrlässigen Ordnungswidrigkeiten als zulässig angesehen, bei vorsätzlicher Begehung dagegen nicht.[222] Da die Gesellschaft im Voraus auf eine Haftung des Geschäftsführers wegen Vorsatzes nicht verzichten kann (§ 276 Abs. 3 BGB), kann eine Erstattungszusage vor der Tat nur bei fahrlässigen Ordnungswidrigkeiten zulässig sein, bei vorsätzlicher Begehung dagegen nicht.

---

215 BGH, ZIP 2008, 267.

216 *Terlau*, in: Römermann, MünchAnwHdbGmbHR, 2. Aufl., 2009, § 9 Rn. 15.

217 *Schmidt*, in: Ensthaler/Füller/Schmidt, GmbHG, § 35 Rn. 70; *Schneider/Sethe*, in: Scholz, GmbHG, § 35 Rn. 243; siehe auch *Paefgen*, in: Ulmer/Habersack/Winter, GmbHG, § 35 Rn. 241.

218 *Kleindiek*, in: Lutter/Hommelhoff, GmbHG, Anh. § 6 Rn. 30; *Schmidt*, in: Ensthaler/Füller/Schmidt, GmbHG, § 35 Rn. 71.

219 *Schmidt*, in: Ensthaler/Füller/Schmidt, GmbHG, § 35 Rn. 71; a.A. *Kleindiek*, in: Lutter/Hommelhoff, Anh. § 6 Rn. 30.

220 *Schmidt*, in: Ensthaler/Füller/Schmidt, GmbHG, § 35 Rn. 71.

221 *Kleindiek*, in: Lutter/Hommelhoff, GmbHG, Anh. § 6 Rn. 30.

222 *Kleindiek*, in: Lutter/Hommelhoff, GmbHG, Anh. § 6 Rn. 30; *Schmidt*, in: Ensthaler/Füller/Schmidt, GmbHG, § 35 Rn. 71.

86 Daher ist es auch konsequent, **Schmiergeldzahlungen** als nicht ersatzfähig anzusehen.[223] Wenn früher eine Ersatzfähigkeit bei Üblichkeit von Schmiergeldzahlungen im Ausland bejaht wurde, so dürfte sich dies mit den Änderungen bzgl. der Amtsträgerbestechung und der Ausdehnung der Strafbarkeit der Angestelltenbestechung auf den Weltmarkt erledigt haben.[224]

5. Urlaub

87 Das Bundesurlaubsgesetz findet auf den Geschäftsführer keine Anwendung.[225] Sofern eine ausdrückliche Regelung des Urlaubs im Anstellungsvertrag fehlt, besteht dennoch ein Anspruch des Geschäftsführers auf einen angemessenen **Erholungsurlaub**. Ein solcher Anspruch ergibt sich aus der Treue- und Fürsorgepflicht der Gesellschaft.[226] Kann der Urlaub aus betrieblichen Gründen oder wegen Beendigung des Anstellungsverhältnisses nicht angetreten werden, soll der Geschäftsführer einen Ausgleich in Geld verlangen können (Anspruch auf Abgeltung), unabhängig davon, ob der Anstellungsvertrag eine entsprechende Regelung enthält.[227] In anderen Fällen ist ein finanzieller Ausgleich nicht möglich.

6. Sozialversicherung

88 Selbst wenn der Geschäftsführer kein Arbeitnehmer ist, kann er unter bestimmten Voraussetzungen **sozialversicherungspflichtig** sein und der Renten-, Kranken-, Pflege-, Unfall- und Arbeitslosenversicherung unterliegen.[228] Dies ist der Fall bei Bestehen eines abhängigen Beschäftigungsverhältnisses i.S. des § 7 Abs. 1 SGB IV. Der Geschäftsführer ist nur dann nicht in die Sozialversicherungspflicht einbezogen, wenn er durch seine Kapitalbeteiligung über maßgeblichen Einfluss verfügt oder aus anderen Gründen eine selbstbestimmte Tätigkeit ausübt.[229] Der Fremdgeschäftsführer wird daher regelmäßig abhängig Beschäftigter sein, ebenso Geschäftsführer, die in ihrer gleichzeitigen Position als Gesellschafter weder über die Mehrheit der

223 BGH, NJW 2001, 1065, 1067 (zur Sittenwidrigkeit); *Paefgen*, in: Ulmer/Habersack/Winter, GmbHG, § 43 Rn. 33; *Schmidt*, in: Ensthaler/Füller/Schmidt, GmbHG, § 35 Rn. 70; zur Untreue BGHSt 52, 323 ff.

224 Siehe *Paefgen*, in: Ulmer/Habersack/Winter, GmbHG, § 43 Rn. 33; *Schmidt*, in: Ensthaler/Füller/Schmidt, GmbHG, § 35 Rn. 70; vgl. auch BGH, WM 2010, 1957 ff.

225 OLG Düsseldorf, NJW-RR 2000, 768, 769.

226 *Schmidt*, in: Ensthaler/Füller/Schmidt, GmbHG, § 35 Rn. 73; *Paefgen*, in: Ulmer/Habersack/Winter, GmbHG, § 35 Rn. 243; *Schneider/Sethe*, in: Scholz, GmbHG, § 35 Rn. 247.

227 *Koppensteiner*, in: Rowedder/Schmidt-Leithoff, GmbHG, § 35 Rn. 105; *Paefgen*, in: Ulmer/Habersack/Winter, GmbHG, § 35 Rn. 243.

228 BSG, BB 2000, 674, 675; *Freckmann*, DStR 2008, 52, 57; *Reichold/Heinrich*, in: FS Westermann, 2008, S. 1315, 1317; *Zöllner/Noack*, in: Baumbach/Hueck, GmbHG, § 35 Rn. 181.

229 Siehe nur etwa BSG, GmbHR 1991, 461; BSG, GmbHR 1998, 1127; *Freckmann*, DStR 2008, 52, 57 f.

Geschäftsanteile noch über eine sog. Sperrminorität verfügen.[230] Sofern ein Gesellschafter-Geschäftsführer jedoch maßgeblichen Einfluss auf die Entscheidungen der Gesellschaft hat, unterliegt er mangels Beschäftigteneigenschaft nicht mehr der Sozialversicherungspflicht.[231] Dies soll etwa bei einer mehr als 50 %igen Kapitalbeteiligung eines Gesellschafter-Geschäftsführers oder dann der Fall sein, wenn eine gesellschaftsrechtliche Sperrminorität besteht.[232] Daran ändert sich auch durch das neue gemeinsame Rundschreiben der Spitzenorganisationen der Sozialversicherung vom 13. April 2010 grundsätzlich nichts.[233]

89 Eine **Rentenversicherungspflicht** besteht ferner nach § 2 S. 1 Nr. 9 SGB VI für arbeitnehmerähnliche Selbstständige (»Scheinselbstständige«). Von diesem Begriff sind nach der Legaldefinition solche Personen erfasst, die im Zusammenhang mit ihrer selbstständigen Tätigkeit keinen versicherungspflichtigen Arbeitnehmer beschäftigen, dessen regelmäßiges monatliches Entgelt also nicht die 400 Euro-Schwelle übersteigt, und die auf Dauer und im Wesentlichen nur für einen Auftraggeber tätig sind. Angesichts eines Urteils des BSG aus dem Jahr 2005 sah sich der Gesetzgeber gezwungen, die Regelung des § 2 S. 1 Nr. 9 SGB VI zu ergänzen und § 2 S. 4 SGB VI hinzuzufügen. Das BSG hatte entschieden, dass selbst ein Geschäftsführer, der zugleich Alleingesellschafter der GmbH ist, dem § 2 S. 1 Nr. 9 SGB VI unterfalle, sofern er ausschließlich für die Gesellschaft tätig sei.[234]

90 Durch die Neuregelung ist nunmehr klargestellt, dass es für die Versicherungspflicht darauf ankommt, ob die Gesellschaft nur für einen Auftraggeber tätig ist (§ 2 S. 1 Nr. 9b SGB VI). Damit müssen die Voraussetzungen für eine Versicherungspflicht bei der GmbH und nicht in der Person des Gesellschafters erfüllt sein.[235] Dementsprechend unterliegt der Gesellschafter-Geschäftsführer dann nicht der Rentenversicherungspflicht, wenn die GmbH zumindest einen versicherungspflichtigen Arbeitnehmer im Zusammenhang mit ihrer selbstständigen Tätigkeit beschäftigt oder die Gesellschaft auf Dauer und im Wesentlichen für mehr als einen Auftraggeber tätig ist. Geschäftsführer sind in der Praxis zumeist nicht in der gesetzlichen Krankenversicherung pflichtversichert, da ihr Jahresarbeitsentgelt in den meisten Fällen die Versicherungsgrenze überschreitet. Daher kommt vielfach nur eine Versicherungspflicht des Geschäftsführers in der Renten- und Arbeitslosenversicherung in Betracht.[236]

---

230 BSG, GmbHR 2002, 324; BSG, GmbHR 2004, 494, 496; BSG, GmbHR 2007, 1324.

231 *Koppensteiner*, in: Rowedder/Schmidt-Leithoff, GmbHG, § 35 Rn. 110; *Schneider/Sethe*, in: Scholz, GmbHG, § 35 Rn. 382.

232 *Freckmann*, DStR 2008, 52, 57.

233 *Reiserer/Fallenstein*, DStR 2010, 2085, 2090 (auch zu den Ausnahmen).

234 BSG, NJW 2006, 1162.

235 *Zöllner/Noack*, in: Baumbach/Hueck, GmbHG, § 35 Rn. 181.

236 *Reichold/Heinrich*, in: FS Westermann, 2008, S. 1315, 1317.

D. Beendigung des Anstellungsvertrags

I. Beendigungsgründe

91 Da der Bestand des Anstellungsvertrags grundsätzlich unabhängig von der Organstellung ist, führt die Beendigung der **Organstellung** nicht automatisch zur Beendigung des Anstellungsvertrags.[237] Nur ausnahmsweise soll schon im Abberufungsbeschluss konkludent die Kündigung des Anstellungsverhältnisses liegen können.[238] Ansonsten ist gleichzeitig mit der Abberufung eine außerordentliche Kündigung des Anstellungsvertrags erforderlich, d.h. das Anstellungsverhältnis muss aus wichtigem Grund fristlos gekündigt werden können.[239] Daher empfiehlt es sich, im Anstellungsvertrag eine Verknüpfung zwischen Organstellung und Anstellungsvertrag vorzunehmen, indem der Anstellungsvertrag durch die Beendigung der Organstellung auflösend bedingt wird.[240]

92 Das Anstellungsverhältnis endet durch ordentliche oder außerordentliche Kündigung, durch einvernehmliche Aufhebung oder durch Tod des Geschäftsführers (§§ 675, 673 BGB), bei Befristung oder Bedingung nach Ablauf der Frist oder mit Eintritt der Bedingung. Eine Beendigung des Anstellungsvertrags findet jedoch nicht schon mit der Auflösung der Gesellschaft oder der Eröffnung des Insolvenzverfahrens statt.[241]

93 Haben der Geschäftsführer und die GmbH einen auf fünf Jahre befristeten Anstellungsvertrag abgeschlossen und hat sich die Gesellschaft hierin das einseitige Recht vorbehalten, innerhalb der ersten zwölf Monate mit einer Frist von zwölf Monaten ordentlich zu kündigen, ist der Geschäftsführer während dieser einjährigen Probezeit gegenüber der GmbH benachteiligt. Diese Ungleichbehandlung kann auf zwei Wegen behoben werden. So kann in analoger Anwendung des § 89 Abs. 2 S. 2 HGB (i.V.m. § 622 Abs. 6 BGB) das einseitige Kündigungsrecht der Gesellschaft unwirksam sein, so dass für beide Teile die fünfjährige Laufzeit gilt.[242] Vorzugswürdig ist demgegenüber eine ergänzende Vertragsauslegung dahin, dass auch der Geschäftsführer innerhalb der ersten zwölf Monate zur ordentlichen Kündigung berechtigt ist.[243]

---

237 BGH, NJW 2000, 1864, 1865; *Gravenhorst*, GmbHR 2007, 417 ff. (zum Anstellungsverhältnis nach Abberufung).

238 OLG Düsseldorf, NZG 2004, 478, 479 f. (wo die Gesellschaft selbst nicht zwischen Anstellung und Bestellung unterschieden hatte).

239 BGHZ 79, 38, 41; *Schneider*, in: Scholz, GmbHG, § 38 Rn. 33 f.; *Kleindiek*, in: Lutter/Hommelhoff, GmbHG, Anh. § 6 Rn. 45; *Marsch-Barner/Diekmann*, in: MünchHdbGmbHG, § 43 Rn. 78.

240 *Schneider/Sethe*, in: Scholz, GmbHG, § 35 Rn. 333; *Zöllner/Noack*, in: Baumbach/Hueck, GmbHG, § 35 Rn. 211.

241 BGH, NJW 2005, 3069, 3070.

242 Vgl. BAG, NJW 2005, 3230 (für einen Arbeitnehmer).

243 OLG Hamm, GmbHR 2008, 542.

II. Kündigung

1. Kündigungserklärung

94 Für die Kündigung durch die Gesellschaft ist die Gesellschafterversammlung zuständig, sofern nicht dem Aufsichtsrat oder einem Beirat die Zuständigkeit für das Anstellungsverhältnis übertragen ist.[244] Sofern die Bestellung in der Satzung einem anderen Organ als der Gesellschafterversammlung übertragen wurde, besteht im Zweifel Annexkompetenz für die Abberufung sowie den Abschluss und die Kündigung des Anstellungsvertrags.[245]

95 Ist hiernach der Aufsichtsrat für die Kündigung des Anstellungsvertrags zuständig, vertritt er gemäß § 52 GmbHG i.V.m. § 112 AktG die Gesellschaft auch gerichtlich, es sei denn, der Gesellschaftsvertrag trifft insoweit eine abweichende Regelung oder die Gesellschafterversammlung hat etwas anderes beschlossen.[246] Ansonsten ist es gemäß § 46 Nr. 8 allein Aufgabe der Gesellschafter, über die Prozessvertretung zu entscheiden. Die Kündigung entfaltet nur dann gegenüber dem Geschäftsführer Wirkung, wenn das zuständige Organ einen entsprechenden Beschluss gefasst hat. Fehlt ein solcher Beschluss, ist die Kündigung unwirksam. Eine rückwirkende Genehmigung ist ausgeschlossen.[247]

96 Die Kündigungserklärung muss als empfangsbedürftige Willenserklärung dem Geschäftsführer zugehen (§ 130 BGB). Nur für den Fall, dass der Geschäftsführer bei der Beschlussfassung des zuständigen Organs anwesend war, wird die Kündigung bereits wirksam, wenn der Geschäftsführer das Beschlussprotokoll unterzeichnet. Einer Beurkundung bedarf es dafür nicht.[248]

97 Wird die Kündigungserklärung dem Geschäftsführer durch einen Vertreter oder Boten übermittelt, kann der Geschäftsführer gemäß § 174 BGB die Erklärung zurückweisen, wenn nicht zugleich eine entsprechende Vollmachtsurkunde vorgelegt wird oder der Geschäftsführer zuvor von der Bevollmächtigung in Kenntnis gesetzt worden ist.[249] Handelt es sich um eine mitbestimmte GmbH, ist der Aufsichtsrat zwingend für die Kündigung des Anstellungsvertrags zuständig, wobei für den erforderlichen Beschluss gemäß § 29 MitbestG die einfache Mehrheit ausreicht.[250]

98 Kündigt der Geschäftsführer, so kann er dies entweder gegenüber einem Mitgeschäftsführer oder den Gesellschaftern oder einem einzelnen Gesellschafter erklären. Sofern der Aufsichtsrat für die Eingehung und Beendigung des Anstellungsverhält-

---

244 BGHZ 91, 217, 218 f.; BGH, NJW 1997, 2055.

245 BGHZ 113, 237, 241 f.; *Paefgen*, in: Ulmer/Habersack/Winter, GmbHG, § 38 Rn. 69 ff.; *Schneider/Sethe*, in: Scholz, GmbHG, § 35 Rn. 307.

246 BGH, NJW-RR 2004, 330; BGH, DStR 2007, 1358, 1359.

247 OLG Köln, GmbHR 1993, 734; vgl. auch *Kühn*, BB 2011, 954 ff.

248 OLG Nürnberg, NZG 2001, 810, 811.

249 OLG Düsseldorf, DB 2004, 920, 922; *Zöllner/Noack*, in: Baumbach/Hueck, GmbHG, § 35 Rn 217.

250 *Schmidt*, in: Ensthaler/Füller/Schmidt, GmbHG, § 35 Rn. 78.

nisses zuständig ist, kann die Erklärung einem Aufsichtsratsmitglied gegenüber erfolgen. Die Kündigungserklärung bedarf keiner bestimmten Form. Sie ist daher auch mündlich möglich. Da kein Arbeitsverhältnis vorliegt, gilt § 623 BGB nicht.[251] Eine Begründung oder die Angabe eines Kündigungsgrunds sind nicht erforderlich.[252] Allerdings muss aus der Kündigungserklärung deutlich werden, wenn eine Kündigung aus wichtigem Grund ausgesprochen werden soll.[253] Nach § 626 Abs. 2 S. 3 BGB hat der Kündigende bei einer außerordentlichen Kündigung dem Gekündigten die Kündigungsgründe unverzüglich schriftlich mitzuteilen.

99 Eine außerordentliche Kündigung, die mangels Vorliegens eines wichtigen Grundes unwirksam ist, kann in eine ordentliche Kündigung umgedeutet werden (§ 140 BGB), sofern anzunehmen ist, dass eine ordentliche Kündigung dem Willen des Kündigenden entspricht und dieser Wille auch in seiner Kündigungserklärung erkennbar zum Ausdruck kommt.[254] Da eine solche Möglichkeit der **Umdeutung** mit Unsicherheiten behaftet ist, empfiehlt es sich, in der Gesellschafterversammlung gleichzeitig mit der außerordentlichen Kündigung vorsorglich auch eine ordentliche Kündigung zum nächstmöglichen Zeitpunkt zu beschließen und dies dem Gekündigten in der Kündigungserklärung auch darzutun.[255]

2. Ordentliche Kündigung

100 Die Kündigungsfrist für eine ordentliche Kündigung eines Fremdgeschäftsführers oder eines nicht beherrschenden Gesellschafter-Geschäftsführers ergibt sich zumeist aus dem Anstellungsvertrag.[256] Hier ist auch eine Verkürzung der Frist nach **§ 622 Abs. 1 S. 2 BGB** auf einen Monat zum Ende eines Kalendermonats möglich.[257] Ist dies nicht der Fall, soll jedenfalls für den entgeltlich tätigen Geschäftsführer bzw. den nicht beherrschenden Gesellschafter § 622 BGB entweder direkt oder analog anwendbar sein.[258] Eine Kündigung kann damit bei Beschäftigungsverhältnissen, die mindestens zwei Jahre bestanden haben, mit einer Frist von vier Wochen zum Ende eines Kalendermonats erfolgen (§ 622 Abs. 2 BGB). Hat das Beschäftigungsverhältnis noch nicht die Grenze von zwei Jahren erreicht, findet § 622 Abs. 1 BGB Anwendung, so dass eine Kündigung mit einer Frist von vier Wochen zum 15. oder zum

251 *Altmeppen*, in: Roth/Altmeppen, GmbHG, § 6 Rn. 91; *Schmidt*, in: Ensthaler/Füller/Schmidt, GmbHG, § 35 Rn. 81.
252 BGH, NJW-RR 1995, 416, 417; BGH, WM 2004, 127, 128; BGH, NJW 2005, 3069, 3070.
253 OLG Hamm, NJW-RR 1993, 493.
254 BGH, NJW 1998, 1551; BGH, NJW-RR 2000, 987, 988; BAG, NJW 2002, 2972, 2973 f.
255 BGH, NJW 1998, 76.
256 *Schneider/Sethe*, in: Scholz, GmbHG, § 35 Rn 311.
257 *Axhausen*, in: BeckHdbGmbHG, § 5 Rn. 109.
258 BGHZ 91, 217, 220; BGH, NJW 1987, 2073, 2074; OLG Düsseldorf, NZG 2004, 478, 481; *Schneider/Sethe*, in: Scholz, GmbHG, § 35 Rn. 312 ff.

Ende des Kalendermonats möglich ist. Bei einer Vertragsdauer von mehr als fünf Jahren oder auf Lebenszeit ist § 624 BGB zu beachten.

101 Der Anstellungsvertrag mit einem beherrschenden Gesellschafter-Geschäftsführer soll dagegen, sofern nicht im Anstellungsvertrag etwas anderes geregelt ist, nach § 621 Nr. 3 BGB spätestens am 15. eines Monats für den Schluss des Kalendermonats zulässig sein.[259] Im Insolvenzfall soll, wenn nicht der Anstellungsvertrag eine anderweitige Regelung enthält, die in § 113 InsO bestimmte Kündigungsfrist von drei Monaten zum Monatsende auch für den GmbH-Geschäftsführer gelten.[260] Das Kündigungsschutzgesetz findet auf Geschäftsführer keine Anwendung (§ 14 Abs. 1 Nr. 1 KSchG), allerdings kann im Anstellungsvertrag die Geltung der materiellen Regeln des Kündigungsschutzgesetzes vereinbart werden.[261]

102 Die ordentliche Kündigung des Anstellungsverhältnisses ist wirksam, auch wenn sie keine Begründung enthält.[262] Sie bedarf auch keines sie rechtfertigenden Grundes. Die Motive der Gesellschafter für die Kündigung sind damit unerheblich. Der BGH verneint diesbezüglich eine besondere Schutzbedürftigkeit des Geschäftsführers mit Verweis auf die ihm zukommende organschaftliche Leitungsfunktion.[263]

3. Außerordentliche Kündigung

103 a) **Allgemeines.** Erfolgt eine außerordentliche Kündigung, so ist das Anstellungsverhältnis grundsätzlich mit sofortiger Wirkung beendet. Geboten kann es sein, eine solche Kündigung mit einer Auslauffrist auszusprechen, wenn dies die mildere Maßnahme darstellt. Der Gekündigte braucht sich auf eine solche jedoch nicht einzulassen.[264]

104 Eine fristlose Kündigung ist gemäß § 626 Abs. 1 BGB nur zulässig, wenn ein **wichtiger Grund** vorliegt und dem Kündigenden unter Berücksichtigung aller Umstände und Abwägung der Interessen beider Vertragsparteien die Fortsetzung des Anstellungsvertrags bis zu dessen ordentlichen Ablauf **unzumutbar** ist.[265] Das Kriterium der Unzumutbarkeit bedeutet, dass bei der Abwägung hinsichtlich einer fristlosen Kündigung auch die noch ausstehende Dauer des Anstellungsverhältnisses bei ordentlichem Ablauf zu berücksichtigen ist.[266]

---

259 OLG Hamm, NJW-RR 1993, 493; a.A. *Schneider/Sethe*, in: Scholz, GmbHG, § 35 Rn. 314.
260 OLG Hamm, NJW-RR 2000, 1651; *Fichtelmann*, GmbHR 2008, 76, 82.
261 BGH, NJW 2010, 2343, 2345.
262 BGHZ 27, 220, 225.
263 BGH, NJW-RR 2004, 540 f.
264 BAG, GmbHR 2003, 105, 111.
265 BGHZ 15, 75, 76.
266 OLG Celle, GmbHR 2005, 541, 542.

105 Anders als bei der Abberufung ist es nicht ausreichend, dass die Gesellschafter dem Geschäftsführer ihr Vertrauen entziehen.[267] Die Maßstäbe für das Vorliegen eines wichtigen Grundes nach § 38 Abs. 2 (für die Abberufung) und § 626 Abs. 1 BGB (für die Kündigung) sind nicht völlig deckungsgleich.[268] Der Kündigende trägt die Darlegungs- und Beweislast für das Vorliegen eines wichtigen Grundes.[269]

106 Empfehlenswert ist es, im **Anstellungsvertrag** einzelne Punkte, die eine außerordentliche Kündigung rechtfertigen, aufzulisten. Insbesondere sollte vorgesehen werden, dass die Abberufung vom Amt des Geschäftsführers einen wichtigen Grund zur Kündigung darstellt.[270] Dann jedoch endet das Anstellungsverhältnis nicht sofort, sondern erst nach Ablauf der in den §§ 621, 622 Abs. 1 BGB vorgesehenen Mindestfristen.[271] Geschäftsführer und Gesellschaft können das Recht, aus wichtigem Grund gemäß § 626 BGB außerordentlich fristlos zu kündigen, nicht durch Vereinbarung ausschließen oder wesentlich erschweren.[272] Eine solche Vereinbarung ist gemäß § 134 BGB unwirksam.[273] Vor allem können die Beteiligten nicht vereinbaren, dass eine außerordentliche Kündigung von der Zahlung einer Abfindung abhängig gemacht wird, da die Ausübung des Kündigungsrechts sonst unzumutbar erschwert würde.[274]

107 Die außerordentliche Kündigung durch die Gesellschaft bedarf nach Ansicht des BGH keiner vorherigen **Abmahnung** des Geschäftsführers.[275] § 314 Abs. 2 S. 1 BGB ist nicht anwendbar, weil § 626 BGB als lex specialis vorgeht. Teilweise wird jedoch angenommen, dass eine Abmahnung dann dem Ausspruch einer außerordentlichen Kündigung vorauszugehen hat, wenn der Geschäftsführer mit vertretbaren Gründen annehmen konnte, sein Tun sei nicht vertragswidrig oder werde von den Gesellschaftern als nicht kündigungserheblich angesehen.[276] Es ist auch nicht zwingend, dass der Geschäftsführer vorher angehört wird.[277] Er kann aber verlangen, dass ihm die Gründe für die fristlose Kündigung unverzüglich schriftlich mitgeteilt werden (§ 626 Abs. 2 S. 3 BGB).

108 b) **Außerordentliche Kündigung durch die Gesellschaft.** Eine fristlose Kündigung durch die Gesellschaft ist aus personenbedingten, verhaltensbedingten und betriebsbedingten Gründen möglich. Sofern der Kündigungsgrund in der Person des

267 BGHZ 15, 71, 75; BGH, DB 1975, 1548.
268 *Paefgen*, in: Ulmer/Habersack/Winter, GmbHG, § 38 Rn. 41.
269 BGH, NJW-RR 1995, 669, 670; BGH, NJW 2003, 431, 432.
270 BGHZ 112, 103, 115; BGH, NJW 1999, 3263, 3264.
271 BGH, NJW 1989, 2683, 2684.
272 BGH, NJW-RR 1995, 416, 417.
273 BGH, NJW 2000, 2983; BGH, NJW-RR 2008, 1488.
274 BGH, NJW 2000, 2983; BGH, NJW-RR 2008, 1488.
275 BGH, NJW 2000, 1638; BGH, NJW-RR 2002, 173; BGH, NJW-RR 2007, 1520; OLG Saarbrücken, WM 2006, 2364, 2366.
276 *Schmidt*, in: Ensthaler/Füller/Schmidt, GmbHG, § 35 Rn. 91.
277 *Schneider/Sethe*, in: Scholz, GmbHG, § 35 Rn. 343.

Geschäftsführers liegt (**personenbedingte Kündigung**), ist nicht dessen schuldhaftes Verhalten erforderlich.[278] Insgesamt ist eine Abwägung aller Faktoren vorzunehmen, d.h. der Schwere der Verfehlung, der Folgen dieser Verfehlung für die Gesellschaft, das Maß eines möglichen Verschuldens, die sozialen Folgen für den Geschäftsführer usw.[279] Einzubeziehen ist zudem die Dauer des Anstellungsverhältnisses für den Fall einer ordentlichen Kündigung. Als ausreichend für eine personenbedingte Kündigung wird die dauerhafte Erkrankung des Geschäftsführer angesehen, der aufgrund der Krankheit zu einer ordnungsgemäßen Geschäftsführung nicht mehr in der Lage ist.[280]

109 Eine **verhaltensbedingte Kündigung** ist etwa bei vorsätzlich begangenen Straftaten möglich (z.B. Annahme von Schmiergeldern).[281] Auch fahrlässig begangene Straftaten können in bestimmten Fällen eine Kündigung aus wichtigem Grund rechtfertigen. Dies ist jedoch abhängig vom Unrechtsgehalt und von der Schwere des persönlichen Vorwurfs.[282] Eine Verletzung der Verschwiegenheitspflicht[283] oder der Buchführungspflicht,[284] grobe Nachlässigkeiten bei der Vorbereitung des Jahresabschlusses,[285] die Weigerung zur Erfüllung der Informationsrechte nach § 51a,[286] die Weigerung der Zusammenarbeit mit dem Aufsichtsrat oder einem anderen Geschäftsführer[287] können ein wichtiger Grund sein. Eine außerordentliche Kündigung ist möglich bei Ausnutzung von Erwerbschancen des Unternehmens durch den Geschäftsführer zur Verfolgung privater Zwecke,[288] bei die Gesellschaft schädigenden Geschäften mit Unternehmen, bei denen der Geschäftsführer eine Beteiligung hält,[289] bei Vermischung privater und dienstlicher Gelder,[290] bei unerlaubter Verwendung von Materialien oder Arbeitskräften der Gesellschaft für private Zwecke[291] bzw. der privaten Verwendung der Firmenkreditkarte.[292]

110 Ein wichtiger Grund ist auch ein Vertrauensbruch[293] und eine schwere Loyalitätspflichtverletzung.[294] Dies gilt gleichfalls bei Überschreitung der Geschäftsführerbe-

---

278 BGH, WM 1975, 761.
279 *Schmidt*, in: Ensthaler/Füller/Schmidt, GmbHG, § 35 Rn. 89.
280 OLG Zweibrücken, NJW-RR 2003, 1398; siehe auch *Picker*, GmbHR 2011, 629 ff.
281 BAG, NJW 1973, 533.
282 *Schneider/Sethe*, in: Scholz, GmbHG, § 35 Rn. 328.
283 OLG Hamm, GmbHR 1985, 157, 158.
284 BGH, DB 2009, 557, 558.
285 OLG Bremen, NJW-RR 1998, 468, 469.
286 OLG Frankfurt, NJW-RR 1994, 498, 499.
287 LG Berlin, GmbHR 2004, 741, 743.
288 BGH, NJW-RR 1989, 1255, 1257 f.
289 OLG Brandenburg, NZG 2000, 143, 145.
290 BGH, DStR 1993, 1752, 1753.
291 BGH, GmbHR 1997, 998, 999.
292 OLG Brandenburg, GmbHR 2007, 874, 875.
293 BGH, DStR 1995, 695 f.
294 BGH, GmbHR 2000, 431.

fugnis,[295] bei einer ständigen Nichtbefolgung von Weisungen der Gesellschafter[296] oder der Nichtumsetzung von Gesellschafterbeschlüssen,[297] bzw. einem schwerwiegenden Verstoß gegen die innergesellschaftliche Kompetenzordnung[298] oder bei Ankündigung eines Boykotts bestimmter geschäftlicher Angelegenheiten der Gesellschaft.[299] Ein wichtiger Grund liegt ferner vor bei einer schuldhaften Insolvenzverschleppung[300] sowie bei unberechtigter Amtsniederlegung,[301] zudem bei sexueller Belästigung[302] bzw. Nichteinschreiten gegen sexuelle Belästigungen von Mitarbeitern.[303] Ausreichend kann auch ein längerfristiges geschäftliches Versagen sein.[304] Auch ein tiefgreifendes Zerwürfnis kann ein wichtiger Grund sein, wenn der Geschäftsführer dazu beigetragen hat,[305] ebenso ehrverletzende Äußerungen über einen Gesellschafter[306] und Gewalttätigkeiten gegenüber Gesellschaftern.[307]

111 Auch eine Verdachtskündigung kann möglich sein. Der bloße dringende Verdacht eines strafbaren oder vertragswidrigen Verhaltens kann als Kündigungsgrund in bestimmten Fällen ausreichen. Es müssen aber objektive Anzeichen vorliegen, welche die Überzeugung rechtfertigen, die fragliche Handlung sei tatsächlich begangen worden, so dass die Fortsetzung des Anstellungsverhältnisses wegen zerstörten Vertrauens unzumutbar geworden ist.[308] Hierbei sind die Grundsätze, die das BAG zur Verdachtskündigung im Arbeitsverhältnis entwickelt hat, auch für das Anstellungsverhältnis des Geschäftsführers zu berücksichtigen. Die Gesellschaft ist daher vor einer Kündigung verpflichtet, im Rahmen des Zumutbaren zur Aufklärung des Sachverhalts beizutragen.[309] Dies umfasst insbesondere die Verpflichtung, den betroffenen Geschäftsführer zu den konkreten Vorwürfen anzuhören, um ihm auf diese Weise zu ermöglichen, die gegen ihn bestehenden Verdachtsmomente auszuräumen.[310]

112 **Nicht ausreichend** für einen wichtigen Grund ist die bloße Gefahr der Insolvenz,[311] die Eröffnung des Insolvenzverfahrens oder die Betriebsstilllegung aufgrund einer

295 BGH, NJW-RR 2002, 173.
296 BGH, NJW 1995, 1358, 1359; OLG Frankfurt, NJW-RR 1997, 736, 737.
297 OLG Celle, GmbHR 2004, 425 ff.
298 BGH, NJW-RR 2008, 774; OLG München, DB 2009, 1231, 1233.
299 BGH, DStR 2007, 1923, 1924.
300 BGH, NJW 2005, 3069, 3070.
301 BGHZ 78, 82, 85; OLG Celle, GmbHR 2004, 425 ff.
302 BGH, GmbHR 2009, 488 ff.
303 OLG Hamm, GmbHR 2007, 823 f.
304 BGH, WM 1976, 379, 380.
305 BGH, WM 1984, 29 f.; BGH, NJW-RR 1992, 993, 994; BGH, DB 2009, 557, 559; OLG Saarbrücken, GmbHR 2007, 143, 147.
306 BGH, NJW 1998, 3274, 3276.
307 BGH, DStR 1994, 1746, 1747.
308 BAGE 92, 184, 190; OLG Celle, GmbHR 2003, 773, 774.
309 BGH, WM 1984, 1187; LAG Berlin, GmbHR 1997, 839, 841.
310 BAGE 49, 39, 54 f.
311 OLG Naumburg, GmbHR 2004, 423.

geänderten Geschäftspolitik eines Alleingesellschafters[312] oder sonstige dringende betriebliche Erfordernisse.[313] Auch lediglich unzureichende Arbeitsleistungen genügen noch nicht.[314] Ein Vertrauensentzug durch die Gesellschafterversammlung ohne sachlichen Grund vermag ebenfalls keine außerordentliche Kündigung zu rechtfertigen.[315]

113 c) **Außerordentliche Kündigung durch den Geschäftsführer.** Ein wichtiger Grund zur fristlosen Kündigung durch den Geschäftsführer ist in erster Linie der unzulässige Widerruf seiner Bestellung durch die Gesellschaft.[316] Weitere wichtige Gründe sollen sein die vertragswidrig nicht erfolgte Bestellung zum Geschäftsführer,[317] die ungerechtfertigte fristlose Kündigung durch die Gesellschaft,[318] das Verlangen von ungesetzlichem Verhalten.[319] Ein wichtiger Grund soll auch bestehen bei grundloser Beschränkung der anstellungsvertraglich eingeräumten Geschäftsführungs- und Vertretungsbefugnis,[320] Vorenthaltung von Dienstbezügen in erheblicher Höhe oder über einen erheblichen Zeitraum hinweg,[321] systematischer Vorenthaltung von Informationen zur Buchführung,[322] Verweigerung der Entlastung durch die Gesellschafter aus sachfremden Erwägungen,[323] grob beleidigenden Äußerungen oder unberechtigten Vorwürfen gegenüber seiner Person.[324] Ein Kündigungsgrund soll auch dann vorliegen, wenn die Gesellschaft liquidiert wird und die Übernahme des Liquidatorenamts unzumutbar ist.[325]

114 Nicht ausreichen für das Vorliegen eines »wichtigen Grundes« sollen die zulässige, nicht dem Anstellungsvertrag widersprechende Abberufung als Geschäftsführer,[326] die Verweigerung der Entlastung des Geschäftsführers an sich[327] sowie kritische, auf tatsächlichen Grundlagen beruhende Beurteilungen und Äußerungen der Gesellschafter.[328]

---

312 BGH, NJW 2003, 431, 433; *Schneider/Sethe*, in: Scholz, GmbHG, § 35 Rn. 327 ff.
313 BAG, ZIP 2008, 2376, 2381.
314 OLG Düsseldorf, BB 1987, 567, 568.
315 Vgl. BGH, NJW 1989, 2683.
316 BGH, NJW 2003, 351 f.; *Koppensteiner*, in: Rowedder/Schmidt-Leithoff, GmbHG, § 38 Rn. 51; *Schneider*, in: Scholz, GmbHG, § 38 Rn. 34.
317 BAG, GmbHR 2003, 105, 109.
318 BGH, NJW 1994, 443, 444.
319 BGH, NJW 1978, 1435, 1436.
320 OLG Karlsruhe, WM 2011, 1856 ff.
321 BAG, GmbHR 2003, 105, 109.
322 BGH, NJW 1995, 2850, 2851.
323 BGHZ 94, 324, 327.
324 BGH, NJW-RR 1992, 992, 993; BGH, NJW 1995, 2850, 2851; LG Frankfurt, NJW-RR 1988, 221 (herabwürdigende Äußerungen).
325 *Schulze-Osterloh/Noack*, in: Baumbach/Hueck, GmbHG, § 66 Rn. 12.
326 BGH, NJW 2003, 351, 352.
327 *Hüffer*, in: Ulmer/Habersack/Winter, GmbHG, § 46 Rn. 74.
328 BGH, NJW 2003, 351, 352.

115 Wegen Verstoßes gegen § 134 BGB ist es nicht möglich, das Recht des Geschäftsführers zur fristlosen Kündigung durch eine Klausel im Anstellungsvertrag etwa im Hinblick auf eine Abfindung einzuschränken.[329]

116 **d) Frist für die außerordentliche Kündigung.** Die außerordentliche Kündigung aus wichtigem Grund kann nach § 626 Abs. 2 BGB lediglich innerhalb von **zwei Wochen** erfolgen.[330] Die Frist beginnt in dem Zeitpunkt zu laufen, in dem die Gesellschaft von den für die Kündigung maßgeblichen Umständen sicher und umfassend Kenntnis erlangt.[331] Grob fahrlässige Unkenntnis kann nicht ausreichen.[332] Die Darlegungs- und Beweislast für die Einhaltung der Kündigungsfrist liegt beim Kündigenden.[333]

117 Eine **Hemmung** der Frist besteht so lange, wie der Kündigungsberechtigte aus verständigen Gründen und mit der gebotenen Eile die für die Sachverhaltsklärung erforderlichen Ermittlungen durchführt.[334] Dazu soll auch gehören, dem Geschäftsführer Gelegenheit zur Stellungnahme zu geben.[335] Jedenfalls aber ist der Gesellschaft zuzubilligen, zunächst den Ausgang eines Strafverfahrens abzuwarten, sofern nicht, etwa aufgrund eines Geständnisses des Geschäftsführers, ein klares Bild vom Sachverhalt möglich ist.[336] Schwierig ist die Bestimmung der Kündigungsfrist, wenn ein fortdauernder Kündigungsgrund besteht. Hier soll es für die Fristeinhaltung ausreichen, wenn ein nicht ganz unbedeutender Teil des Sachverhalts in die Kündigungsfrist fällt.[337]

118 Bei einer Kündigung durch die Gesellschaft kommt es auf die **Kenntnis** des für die Kündigung zuständigen Organs in seiner Gesamtheit an.[338] Regelmäßig ist dies die **Gesellschafterversammlung**, d.h. alle abstimmungsberechtigten anwesenden Gesellschafter.[339] Kenntnis der Gesellschafterversammlung liegt erst dann vor, wenn ihr die für die Kündigung maßgeblichen Tatsachen unterbreitet werden.[340] Dass die einzelnen Gesellschafter möglicherweise schon vor der Sitzung von den Umständen Kenntnis erlangen, ist unerheblich. Damit verbunden ist, dass eine Gesellschafterversammlung, sofern die Frage der fristlosen Kündigung im Raum steht, mit zumutba-

---

329 BGH, NJW 2000, 2983 f.
330 BGH, NJW 1991, 1681, 1682.
331 BGH, GmbHR 1997, 998, 999.
332 BAG, NJW 1994, 3117, 3118.
333 BGH, GmbHR 1997, 998, 999.
334 BAG, NJW 1994, 3117, 3118.
335 *Schmidt*, in: Ensthaler/Füller/Schmidt, GmbHG, § 35 Rn. 96.
336 BAG, NJW 1976, 1766; BGH, WM 1984, 1187.
337 BGH, NJW 1995, 2850, 2851; BGH, NJW 2005, 3069, 3070.
338 BGH, NJW-RR 2002, 173, 174.
339 BGH, GmbHR 1997, 998, 999; BGH, NJW-RR 2002, 173, 174; siehe auch *Buck*, Wissen und juristische Person, 2001, S. 294 ff.
340 OLG München, ZIP 2009, 1377, 1379.

rer Beschleunigung einzuberufen ist.[341] Bei einer Verzögerung hat sich die Gesellschaft so behandeln zu lassen, als sei die Gesellschafterversammlung in zumutbarer Eile einberufen worden.[342] Sofern die Ermittlungen der Gesellschafter mehr als zwei Wochen stillstehen, soll dies ein Indiz für die unangemessene Verzögerung der Einberufung der Gesellschafterversammlung sein.[343]

119 Sofern es auf die Kenntnis des **Aufsichtsrats** als für die Kündigung zuständigem Organ ankommt, gilt Vergleichbares. Auch hier ist die Kenntnisnahme der Mitglieder in ihrer Eigenschaft als Mitwirkende an der kollektiven Willensbildung dieses Organs entscheidend. Die private oder dienstliche Kenntnisnahme durch einzelne Aufsichtsratsmitglieder soll nicht ausreichend sein.[344]

120 Ein **Nachschieben** von Kündigungsgründen nach Ablauf der Ausschlussfrist des § 626 Abs. 2 BGB soll möglich sein, wenn der Kündigende von diesen nicht länger als zwei Wochen vor der Kündigungserklärung Kenntnis hatte.[345] Allerdings hat das für die Kündigung zuständige Organ, sofern es die Gesellschaft nicht selbst im Prozess vertritt und den neuen Umständen selbstständige Bedeutung zukommt, hierüber Beschluss zu fassen, da ansonsten der Sachverhalt der Beurteilung durch das oberste Willensbildungsorgan entzogen wird.[346] In der Zweipersonen-GmbH soll eine solche Beschlussfassung jedoch entbehrlich sein.[347]

III. Folgen der Beendigung des Anstellungsvertrags

121 Sobald das Anstellungsverhältnis beendet ist, hat der Geschäftsführer, da eine **Vergütung** nur für geleistete Dienste zu zahlen ist, für die Zukunft keine Vergütungsansprüche mehr. Bei einer unberechtigten Kündigung durch die Gesellschaft bleibt der Vergütungsanspruch nur dann erhalten, wenn der Geschäftsführer die Gesellschaft in **Annahmeverzug** setzt.

122 Hierfür ist es an sich erforderlich, dass der Geschäftsführer der GmbH seine Dienste tatsächlich anbietet (§ 294 BGB). Ein wörtliches Angebot kann gemäß § 295 BGB ausreichen, wenn die Gesellschaft deutlich gemacht hat, sie werde eine weitere Tätigkeit des gekündigten Geschäftsführers ablehnen. Dies ist insbesondere der Fall, wenn die Gesellschaft den Anstellungsvertrag aus wichtigem Grund gekündigt hat. Widerspricht der Geschäftsführer in dieser Situation der Kündigung[348] oder verlangt er die Weiterzahlung seines Gehalts,[349] liegt hierin bereits das erforderliche wörtliche Ange-

---

341 BGH, NJW 1998, 3274, 3275; *Buck*, Wissen und juristische Person, 2001, S. 298.

342 BGHZ 139, 89, 92; OLG München, ZIP 2005, 1781, 1784; OLG Saarbrücken, WM 2006, 2364, 2366; OLG München, ZIP 2009, 1377, 1379.

343 OLG München, ZIP 2009, 1377, 1379.

344 BGH, NJW 1981, 166.

345 BGH, WM 2004, 127, 128; BGH, NJW 2005, 3069, 3070.

346 BGHZ 60, 333, 336 (für Genossenschaft); BGH, NJW-RR 1998, 1409, 1410.

347 BGH, NJW-RR 1992, 292, 294.

348 OLG Koblenz, NJW-RR 1994, 1058.

349 BGH, NJW 2001, 287, 288.

bot. Hat die Gesellschaft einen neuen Geschäftsführer eingesetzt,[350] bringt die GmbH zum Ausdruck, dass sie die Dienste des gekündigten Geschäftsführers endgültig nicht mehr annehmen wird. Selbst ein wörtliches Angebot ist in diesem Fall gemäß § 296 BGB entbehrlich, so dass sich die Gesellschaft unmittelbar in Annahmeverzug befindet.[351] Soweit der Geschäftsführer Einkünfte aus einer anderen beruflichen Tätigkeit erzielt, sind diese gemäß § 615 S. 2 BGB auf das von der Gesellschaft geschuldete Geschäftsführergehalt anzurechnen.[352]

123 In Bezug auf noch ausstehende Vergütungen hat er **kein Zurückbehaltungsrecht** i.S.d. § 273 BGB an geschäftlichen Unterlagen oder anderen Gegenständen, welche die Gesellschaft zur Fortführung ihrer Tätigkeit benötigt.[353] Er kann jedoch bei Vorliegen eines rechtlichen Interesses nach § 810 BGB **Einsicht** in die Geschäftsunterlagen verlangen.[354] Außerdem hat er Anspruch auf die Erstellung eines Zeugnisses.[355]

124 Die Gesellschaft kann nach Abberufung und Kündigung des Anstellungsverhältnisses bis zum Ablauf des Vertrags grundsätzlich eine **Weiterbeschäftigung** des Geschäftsführers in einem anderen Aufgabenbereich vorsehen. Erforderlich ist jedoch, dass es sich dabei um eine andere, den Kenntnissen und Fähigkeiten des Geschäftsführers entsprechende, angemessene leitende Funktion handelt.[356] Jedenfalls kann der Geschäftsführer nicht verlangen, in einer leitenden Funktion, die mit einer früheren Tätigkeit vergleichbar ist, beschäftigt zu werden, da der Anstellungsvertrag regelmäßig lediglich die Beschäftigung als Geschäftsführer vorsieht. Auch eine Tätigkeit unterhalb der Organebene ist damit typischerweise nicht vereinbart, so dass der Geschäftsführer eine solche Beschäftigung nicht einfordern kann.[357] Etwas anderes kann nur gelten, wenn der Anstellungsvertrag die Möglichkeit einer anderen Beschäftigung vorsieht. Ist keine geeignete Weiterbeschäftigung des Geschäftsführers möglich, ist die Gesellschaft immerhin durch § 615 S. 2 BGB geschützt.[358] Zudem kann der Geschäftsführer der Gesellschaft gegenüber rechnungslegungspflichtig sein (§§ 675, 666 BGB).[359]

125 Sofern mit der Kündigung gleichzeitig eine **Freistellung** des Geschäftsführers von seiner bisherigen Tätigkeit erfolgt, bleibt dessen Beschäftigungsanspruch dennoch grundsätzlich erhalten. Anders kann dies nur sein, wenn die Gesellschaft ein schüt-

350 BGH, NJW-RR 1997, 537, 538; BGH, NJW 2001, 287, 288.
351 BGH, NJW 2001, 287, 288.
352 BGH, NJW 2001, 287, 288.
353 BGH, NJW 1977, 2944, 2946.
354 *Buck-Heeb*, in: Prütting/Wegen/Weinreich, 6. Aufl., 2011, § 810 BGB Rn. 6.
355 BGHZ 49, 30, 31.
356 BGH, WM 1966, 968, 969; BGH, NJW 1978, 1435, 1436.
357 BGH, WM 2011, 38 ff.
358 BGH, NJW 1978, 1435, 1436.
359 *Koppensteiner*, in: Rowedder/Schmidt-Leithoff, GmbHG, § 38 Rn. 45.

zenswertes Interesse an der Freistellung hat. Zur Sicherheit empfiehlt sich die Aufnahme einer Klausel in den Anstellungsvertrag, dass eine Freistellung im Kündigungsfall möglich ist.[360]

E. Rechtsstreitigkeiten aus dem Anstellungsverhältnis

126 Die **Rechtswegzuständigkeit** für Streitigkeiten aus dem Anstellungsvertrag liegt bei den ordentlichen Gerichten, nicht bei den Arbeitsgerichten (§ 5 Abs. 1 S. 3 ArbGG). Dies gilt selbst dann, wenn aufgrund der intensiven Weisungsabhängigkeit des Geschäftsführers ein Anstellungsverhältnis vorliegt bzw. ein solches von einer der Parteien behauptet wird.[361] Eine Zuständigkeit der Arbeitsgerichte ergibt sich auch nicht aus dem Gesichtspunkt der Arbeitnehmerähnlichkeit wegen wirtschaftlicher Unselbstständigkeit (§ 5 Abs. 1 S. 2 ArbGG).[362] Für Streitigkeiten zwischen Gesellschaft und Geschäftsführer kann sich die Zuständigkeit des Arbeitsgerichts aber aus einer rügelosen Einlassung des Beklagten zur Hauptsache ergeben (§ 39 ZPO).[363]

127 War der Geschäftsführer vor seiner Bestellung als Arbeitnehmer beschäftigt und wurde das Arbeitsverhältnis nicht durch den Anstellungsvertrag ersetzt, so dass der alte Arbeitsvertrag nach der Abberufung des Geschäftsführers wieder auflebt, kann dies ebenfalls ausnahmsweise eine Zuständigkeit des Arbeitsgerichts begründen.[364] Gleiches gilt, wenn der Geschäftsführer nach dem Widerruf seiner Bestellung seine Tätigkeit nunmehr in unselbstständiger Stellung ausübt. In diesem Fall ist von einer stillschweigenden Vertragsänderung auszugehen.[365]

128 Die Zuständigkeit der ordentlichen Gerichte führt dazu, dass diese gegebenenfalls materielles Arbeitsrecht anwenden müssen.[366] Sofern das von den Parteien nicht gewollt ist, empfiehlt es sich, im Anstellungsvertrag die Arbeitsgerichtsbarkeit als zuständig zu vereinbaren (§ 2 Abs. 4 ArbGG).[367] Ist nicht das Amts-, sondern das Landgericht zuständig, liegt dort die Zuständigkeit nach § 95 Abs. 1 Nr. 4a GVG bei den Kammern für Handelssachen.

129 **Vertreten** wird die Gesellschaft im Prozess gegen den Geschäftsführer vom Aufsichtsrat, wenn ein solcher gebildet worden ist (s. § 112 AktG).[368] Allerdings kann, sofern

360 *Schmidt*, in: Ensthaler/Füller/Schmidt, GmbHG, § 35 Rn. 77.

361 BAG, NJW 2003, 3290, 3291; BAG, NJW 2007, 3228.

362 *Marsch-Barner/Diekmann*, in: MünchHdbGmbHG, § 43 Rn. 114; *Zöllner/Noack*, in: Baumbach/Hueck, GmbHG, § 35 Rn. 179 (mit Nachweisen zur Rechtsprechung).

363 *Zöllner/Noack*, in: Baumbach/Hueck, GmbHG, § 35 Rn. 179.

364 BAG, ZIP 1988, 91; BAG, NJW 1995, 675, 676.

365 OLG Frankfurt, GmbHR 1999, 859; *Zöllner/Noack*, in: Baumbach/Hueck, GmbHG, § 35 Rn. 179.

366 *Schmidt*, in: Ensthaler/Füller/Schmidt, GmbHG, § 35 Rn. 98.

367 *Paefgen*, in: Ulmer/Habersack/Winter, GmbHG, § 35 Rn. 265; *Zöllner/Noack*, in: Baumbach/Hueck, GmbHG, § 35 Rn. 179.

368 BGH, DStR 2007, 1358, 1359.

es sich nicht um eine mitbestimmte GmbH handelt, der Gesellschaftsvertrag dies auch anders regeln (§ 52 Abs. 1). Ansonsten ist es Aufgabe der Gesellschafter, über die Vertretung der Gesellschaft im Prozess gegen den Geschäftsführer zu beschließen (§ 46 Nr. 8).

130 Will der Geschäftsführer gegen eine **unberechtigte Kündigung** vorgehen, kann er erstens einen Antrag auf Zahlung der Vergütung stellen und zweitens die Feststellung begehren, dass der Anstellungsvertrag aufgrund unwirksamer Kündigung nicht beendet ist.[369] Der Vergütungsanspruch des Geschäftsführers kann als Anspruch auf Geldzahlung im Wege des Urkundenprozesses (§§ 592 ff. ZPO) geltend gemacht werden. Der Anspruch wird durch den schriftlichen Anstellungsvertrag als Urkunde bewiesen.[370] Als vorteilhaft wird dieser Weg insbesondere bei einer außerordentlichen Kündigung durch die Gesellschaft angesehen, da die Gesellschaft den Kündigungsgrund kaum durch Urkunden wird beweisen können.[371]

§ 7 Anmeldung der Gesellschaft

(1) Die Gesellschaft ist bei dem Gericht, in dessen Bezirk sie ihren Sitz hat, zur Eintragung in das Handelsregister anzumelden.

(2) [1]Die Anmeldung darf erst erfolgen, wenn auf jeden Geschäftsanteil, soweit nicht Sacheinlagen vereinbart sind, ein Viertel des Nennbetrags eingezahlt ist. [2]Insgesamt muss auf das Stammkapital mindestens soviel eingezahlt sein, dass der Gesamtbetrag der eingezahlten Geldeinlagen zuzüglich des Gesamtnennbetrags der Geschäftsanteile, für die Sacheinlagen zu leisten sind, die Hälfte des Mindeststammkapitals gemäß § 5 Abs. 1 erreicht.

(3) Die Sacheinlagen sind vor der Anmeldung der Gesellschaft zur Eintragung in das Handelsregister so an die Gesellschaft zu bewirken, dass sie endgültig zur freien Verfügung der Geschäftsführer stehen.

Übersicht **Rdn.**

369 BGH, GRUR 1992, 112, 114.

370 KG, NJW-RR 1997, 1059; *Zöllner/Noack*, in: Baumbach/Hueck, GmbHG, § 35 Rn. 63 a.E.

371 *Schmidt*, in: Ensthaler/Füller/Schmidt, GmbHG, § 35 Rn. 101.

Schrifttum

Haverkamp, Zeitenwende im Recht der Kapitalaufbringung – Die Einzahlung von GmbH Stammeinlagen auf ein debitorisches Konto ist wirksam, ZInsO 2008, 1126; *Ihrig*, Die endgültig freie Verfügung über die Einlage von Kapitalgesellschaften, 1991; *Leitzen*, Die Geltendmachung von Einlageansprüchen durch den Insolvenzverwalter – Haftungsrisiken für (Ex-)-GmbH-Gesellschafter im Lichte der jüngeren Rechtsprechung, RNotZ 2010, 254; *Pluskat/Marquardt*, Keine verdeckte Sacheinlage bei der Erbringung von entgeltlichen Dienstleistungen durch Gesellschafter nach Bareinlageleistung, NJW 2009, 2353; *Rezori*, Die Kapitalaufbringung bei der GmbH-Gründung – Ausgewählte Gesichtspunkte und Neuregelung der §§ 19 Abs. 4 und Abs. 5 GmbHG, RNotZ 2011, 125; *Rohles-Puderbach*, Vorrats- und Mantelgesellschaften: Entwicklung, Haftungsrisiken und Umsetzung in der Praxis, RNotZ 2006, 274; *Roth*, Die wertgleiche Deckung als Eintragungsvoraussetzung, ZHR 167, 2003; *Schulte*, Zwei Jahre MoMiG – aktuelle Problemfelder im Handelsregisterverfahren, GmbHR 2010, 1128; *Servatius*, Die besondere Zweckbindung des Stammkapitals bei Drittgeschäften mit Gesellschaftern, DStR 2004, 1176.

A. Bedeutung der Vorschrift

1 Aus § 7 Abs. 1 folgt, dass die Eintragung einer GmbH in das Handelsregister und somit die Entstehung der GmbH als juristische Person (§ 11 Abs. 1) eine entsprechende Handelsregisteranmeldung voraussetzt. Ferner wird in § 7 Abs. 1 das zuständige Registergericht festgelegt. Der Inhalt und die Anlagen der Anmeldung richten sich grundsätzlich nach § 8 GmbHG, die Form der Errichtung und Einreichung der Anmeldeurkunde nach § 12 HGB. § 29 HGB (allgemeine Anmeldepflicht für Kaufleute) wird durch § 7 Abs. 1 verdrängt.[1] § 7 Abs. 2 und Abs. 3 regeln, welche Mindesteinlagen die Gesellschafter leisten müssen, bevor die Geschäftsführer die Handelsregisteranmeldung abgeben dürfen. § 5a Abs. 2 enthält insoweit eine Sonderregelung für die UG (haftungsbeschränkt).

1 *Hueck/Fastrich*, in: Baumbach/Hueck, GmbHG, § 7 Rn. 1.

B. Handelsregisteranmeldung (Abs. 1)

I. Anmeldebefugte Personen

2 Die Gesellschaft ist durch sämtliche Geschäftsführer zur Eintragung in das Handelsregister anzumelden (§ 78). Die Anmeldung muss im Namen der GmbH i. Gr. erfolgen,[2] wovon im Zweifel auch dann auszugehen ist, wenn die Geschäftsführer nicht ausdrücklich in deren Namen handeln.[3] Die Versicherungen nach § 8 Abs. 2/3 müssen durch die Geschäftsführer höchstpersönlich abgegeben werden; ob dies auch für die eigentliche Anmeldung nach § 7 Abs. 1 gilt, ist umstritten.[4] Weder die Gesellschafter noch die Mitglieder eines etwaigen Aufsichtsrats müssen die Handelsregisteranmeldung mitunterzeichnen (anders im Aktienrecht, § 36 Abs. 1 AktG).

3 Erfolgt die Anmeldung nicht durch alle Geschäftsführer oder durch Unbefugte, hat das Registergericht die Eintragung abzulehnen, wenn die Anmeldungen der Zuständigen nicht nachgeholt werden (§ 9c);[5] dies gilt ebenfalls, wenn vor Eintragung der Gesellschaft auch nur ein Geschäftsführer die Anmeldung zurücknimmt.[6] Wird die Gesellschaft dementgegen in das Handelsregister eingetragen, ist die Gründung gleichwohl wirksam; ein Recht zur Löschung (§ 395 FamFG) besteht nur dann, wenn zusätzlich nachgewiesen wird, dass Eintragung dem Willen der nichtmitwirkenden Geschäftsführer widersprach (wobei der Wille der Gesellschafter insoweit unerheblich ist).[7]

II. Form der Anmeldung, zuständiges Gericht

4 Die Form der Registereinreichung – und mittelbar die Form der Errichtung – der Anmeldung ergibt sich aus § 12 Abs. 1 HGB: Die Anmeldung muss in öffentlich beglaubigter Form existieren und ist daher von den Geschäftsführern schriftlich (unstreitig nicht elektronisch) abzufassen,[8] wobei die Unterschriften von einem Notar zu beglaubigen sind (§ 129 BGB). Umstritten ist dabei, ob der notarielle Vermerk über die Unterschriftsbeglaubigung auch elektronisch errichtet werden kann (§ 39a BeurkG).[9] Unstreitig ist wiederum, dass die Einreichung der Anmeldung nicht in Papierform erfolgen kann (Ausnahme: Ausfall des Computersystems, § 54

2 BGHZ 105, 327.

3 OLG Naumburg GmbHR 1998, 236; *Hueck/Fastrich*, in: Baumbach/Hueck, GmbHG, § 7 Rn. 2.

4 Höchstpersönlichkeit ablehnend: OLG Köln, GmbHR 1987, 394; *Roth*, in: Roth/Altmeppen, GmbHG, § 7 Rn. 7; befürwortend: *Hueck/Fastrich*, in: Baumbach/Hueck, GmbHG, § 7 Rn. 3; *Ulmer*, in: Ulmer/Habersack/Winter, GmbHG, § 7 Rn. 14.

5 *Ulmer*, in: Ulmer/Habersack/Winter, GmbHG, § 7 Rn. 11.

6 *Bayer*, in: Lutter/Hommelhoff, GmbHG, § 7 Rn. 1; *Ulmer*, in: Ulmer/Habersack/Winter, GmbHG, § 7 Rn. 21

7 *Ulmer*, in: Ulmer/Habersack/Winter, GmbHG, § 7 Rn. 11/15; *Hueck/Fastrich*, in: Baumbach/Hueck, GmbHG, § 7 Rn. 4.

8 Vgl. nur *Preuß*, in: Oetker, HGB, § 12, Rn. 25.

9 *Preuß*, in: Oetker, HGB, § 12, Rn. 28 m.w.N.

Abs. 3 HRV):[10] Die Einreichung muss elektronisch in öffentlich beglaubigter Form erfolgen (§ 12 Abs. 1 S. 1 HGB). Dies bedeutet, dass das mit einer Unterschriftsbeglaubigung versehene Papierdokument eingescannt und der scan von einem Notar mit einer qualifizierten elektronischen Signatur nach dem Signaturgesetz versehen werden muss (§ 39a BeurkG). Nach den Verordnungen der Länder gemäß § 8a Abs. 2 HGB ist die Einreichung per einfacher E-Mail nicht möglich, sie erfolgt vielmehr über das Elektronische Gerichts- und Verwaltungspostfach (EGVP).

5 Wenn die Gesellschaft mehrere Geschäftsführer hat, muss zwar jeder die Anmeldung unterzeichnen (§ 78), es muss aber nicht dasselbe Papierdokument von allen unterzeichnet werden, solange sich die unterzeichneten Anmeldungen nur inhaltlich entsprechen.[11] Unterzeichnung und Beglaubigung kann auch im Ausland erfolgen; gegebenenfalls ist eine Apostille oder eine Legalisation erforderlich. Die elektronische Handelsregistereinreichung (§ 12 HGB) kann dann durch einen deutschen Notar erfolgen (was insbesondere dann praktisch wird, wenn der ausländische Notar nicht über die technischen Voraussetzungen für die qualifizierte elektronische Signatur sowie die Einreichung über EGVP verfügt).

6 Die Anmeldung ist an dasjenige Registergericht zu richten, in dessen Bezirk die Gesellschaft den im Gesellschaftsvertrag genannten Gesellschaftssitz hat (§ 376 FamFG). Anmeldung bei einem unzuständigen Gericht ist von diesem zurückzuweisen (§ 9c); eine gleichwohl erfolgte Eintragung durch ein unzuständiges Gericht hindert die Gründung allerdings nicht (§ 2 Abs. 3 FamFG).[12]

III. Zugang, Widerruflichkeit, Bedingungen, Befristungen

7 Die Handelsregisteranmeldung ist eine empfangsbedürftige Erklärung, die mit ihrem Zugang beim zuständigen Registergericht wirksam wird (entsprechend § 130 Abs. 1 BGB). Es ist anerkannt, dass die Anmeldung bis zur Eintragung in das Register frei und formlos von jedem Geschäftsführer – unabhängig von seiner sonstigen Vertretungsbefugnis – widerrufen werden kann.[13]

Die Handelsregisteranmeldung ist bedingungs- und befristungsfeindlich.

IV. Veränderungen zwischen Anmeldung und Eintragung

8 Wenn die Gesellschafter vor Eintragung der Gesellschaft in das Handelsregister eine Änderung des Gesellschaftsvertrags vereinbaren, ist die Änderungsvereinbarung nebst vollständigem Wortlaut des Gesellschaftsvertrages (einschließlich Bescheinigung des Notars nach § 54) dem Registergericht einzureichen. Einer weiteren Handelsregisteranmeldung bedarf es grundsätzlich nicht (zu Einzelheiten siehe Kommentierung bei § 8 Rdn. 7).

---

10 Vgl. nur *Preuß*, in: Oetker, HGB, § 12, Rn. 58 ff.

11 *Schmidt-Leithoff*, in: Rowedder/Schmidt-Leithoff, GmbHG, § 7 Rn. 9.

12 *Ulmer*, in: Ulmer/Habersack/Winter, GmbHG, § 7 Rn. 17 m.w.N.

13 *Schaub*, in: MünchKommGmbHG, § 7 Rn. 15.

Wird nach Zugang der Anmeldung beim Registergericht ein neuer Geschäftsführer bestellt, ist eine erneute Anmeldung der Gesellschaft als solche nicht erforderlich;[14] allerdings ist die Änderung in den Personen der Geschäftsführer gemäß § 39 anzumelden. Ob und unter welchen Voraussetzungen der neu bestellte Geschäftsführer die Versicherung nach § 8 Abs. 2 abgeben muss, ist streitig.[15] 9

V. Pflicht zur Anmeldung?

Da die Anmeldung der Gesellschaft ebenso wie ihre Errichtung dem freien Belieben der Gesellschafter obliegt, besteht keine öffentlich-rechtliche Anmeldepflicht (§ 79 Abs. 2). Die Anmeldung ist daher vom Registergericht nicht erzwingbar. Allerdings ergibt sich aus § 7 Abs. 1 eine zivilrechtliche Pflicht der Geschäftsführer zur Anmeldung:[16] Die Pflicht besteht gegenüber den Gesellschaftern (sie besteht hingegen nicht bei entgegenstehenden Weisungen der Gesellschafter). 10

C. Voraussetzungen der Anmeldung (Abs. 2)

I. Einordnung in die Praxis

Ohne die Mindesteinzahlungen auf jeden einzelnen Geschäftsanteil (Abs. 2 S. 1) und ohne die Mindestgesamteinlageleistung (Abs. 2 S. 2) dürfen die Geschäftsführer die Anmeldung nicht beim Handelsregister einreichen und nicht die straf- (§ 82 Abs. 1 Nr. 1) und haftungsbewehrte (§ 9a) Versicherung im Sinne des § 8 Abs. 2 abgeben. Die Regelungen in Abs. 2 sind zwingend, das Registergericht kann keine Befreiung erteilen. Hierdurch werden die Gesellschafter im Interesse der Seriosität der Rechtsform gezwungen, ihren »Worten« (Einlageversprechen) »Taten« (Erfüllung des Versprechens in dem in § 8 Abs. 2 vorgegebenen Umfang) folgen zu lassen. 11

In der Praxis üblich ist, dass die Geschäftsführer in dem Notartermin, in dem die Gesellschaft errichtet wird (Beurkundung des Gesellschaftsvertrags), auch die Handelsregisteranmeldung einschließlich der Versicherungen im Sinne des § 8 Abs. 2/3 unterzeichnen, obwohl zu diesem Zeitpunkt die Einlageleistungen noch nicht bewirkt sind. Dabei wird zwischen den Geschäftsführern und dem Notar die (in der Regel mündliche) Treuhandvereinbarung getroffen, dass der Notar die Anmeldung dem Registergericht erst dann übersendet, wenn die Geschäftsführer dem Notar die Einlageleistung bestätigt bzw. nachgewiesen (durch einen Beleg über die Zahlungsgutschrift) haben. Dieses Verfahren ist nach ganz herrschender Meinung zulässig,[17] 12

14 *Ulmer*, in: Ulmer/Habersack/Winter, GmbHG, § 7 Rn. 10; *Schmidt-Leithoff*, in: Rowedder/Schmidt-Leithoff, GmbHG, § 7 Rn. 9.

15 *Schmidt-Leithoff*, in: Rowedder/Schmidt-Leithoff, GmbHG, § 8 Rn. 16; *Fastrich*, in: Baumbach/Hueck, GmbHG, § 8 Rn. 11 m.w.N.

16 *Schaub*, in: MünchKommGmbHG, § 7 Rn. 8.

17 *Heidinger*, in: Heckschen/Heidinger, Die GmbH in der Gestaltungs- und Beratungspraxis, § 2 Rn. 117 f. m.w.N.

da es nach dieser für den Zeitpunkt der Richtigkeit der Angaben auf den Zugang beim Registergericht ankommt,[18] und die Unterzeichnung als solche nur vorbereitenden Charakter besitzt.[19] Zwar ist der Notar gemäß § 53 BeurkG grundsätzlich zur unverzüglichen Einreichung der Urkunden zum Registergericht verpflichtet; dies gilt aber nicht bei abweichenden Anweisungen der Beteiligten.

13 Der Notar ist grundsätzlich berechtigt, übereinstimmenden Erklärungen tatsächlicher Art der Beteiligten ohne eigene Sachprüfung zu vertrauen. Wenn der Notar aber positive Kenntnis davon hat, dass die Einlageleistung noch nicht in gesetzmäßiger Weise erfolgt ist, darf er die Handelsregisteranmeldung dem Registergericht nicht zum Vollzug einreichen, selbst wenn die Beteiligten ihn hierzu einvernehmlich anweisen (§ 14 Abs. 2 BNotO).

14 Ist für die Einlagen, die über die Mindesteinlageleistungen im Sinne des Abs. 2 hinausgehen, im Gesellschaftsvertrag kein bestimmter Fälligkeitstermin vereinbart, sind diese nach ganz herrschender Meinung erst fällig, wenn die Einlagen durch einen Gesellschafterbeschluss gemäß § 46 Nr. 2 nebst Zahlungsaufforderung durch die Geschäftsführer eingefordert werden.[20] Im Übrigen gelten für die Leistung der ausstehenden Einlagen die §§ 19 ff.

II. Mindesteinzahlung auf einzelne Geschäftsanteile

15 Da auf jeden Geschäftsanteil, soweit nicht Sacheinlagen vereinbart sind (Sacheinlagen sind stets vollständig zu bewirken, Abs. 3), ein Viertel des Nennbetrags einzuzahlen ist (Abs. 2 S. 1), beträgt der kleinstmögliche Einzahlungsbetrag 25 ct (bei dem Nennbetrag eines Geschäftsanteils von EUR 1,–, § 5 Abs. 2 S. 1). Mehrzahlungen auf Geschäftsanteile eines Gesellschafters können den Umstand, dass auf die Geschäftsanteile eines anderen Gesellschafters weniger als ein Viertel eingezahlt worden sind, nicht kompensieren. Wenn ein Gesellschafter mehrere Geschäftsanteile übernommen hat, muss jede einzelne Stammeinlage in Höhe des gesetzlichen Mindestbetrags eingezahlt sein. Bei den Zahlung auf die Mindesteinlage werden Agiozahlungen (Beträge, die über den Nennbetrag hinaus zu leisten sind) und andere Zuzahlungen, die Gesellschafter in das Eigenkapital leisten, nicht berücksichtigt.

16 Auf welche Einlageforderung bzw. sonstige Verbindlichkeit eine Zahlung des Gesellschafters anzurechnen ist, bestimmt sich nach § 366 BGB.[21] Ob eine Zahlung eines Gesellschafters eine Leistung auf eine bestimmte Stammeinlageverpflichtung oder auf eine Agio- oder sonstige Verpflichtung darstellt, richtet sich dementsprechend grundsätzlich nach der Tilgungsbestimmung des Gesellschafters (z.B. nach Angabe des

18 BayObLG, GmbHR 1992, 109, 110; *Fastrich*, in: Baumbach/Hueck, GmbHG, § 8 Rn. 12; *Winter/Veil*, in: Scholz, GmbHG, § 7 Rn 21; *Roth*, in: Roth/Altmeppen, GmbHG, § 7 Rn 20.

19 *Ulmer*, in: Ulmer/Habersack/Winter, GmbHG, § 7 Rn. 20.

20 *Bayer*, in: Lutter/Hommelhoff, GmbHG, § 19 Rn. 9.

21 OLG Hamm, RNotZ 2011, 437, 439.

Verwendungszwecks bei der Überweisung). Liegt keine eindeutige Tilgungsbestimmung vor, kann unterstellt werden, dass der Gesellschafter zunächst seine Mindesteinlageverpflichtung und erst dann seine sonstigen Verbindlichkeiten erfüllen will.[22] Bei der Übernahme mehrerer Geschäftsanteile durch einen Gesellschafter, ist seine Zahlung anteilig auf alle Geschäftsanteile anzurechnen.[23]

III. Mindestgesamteinlage

17 Insgesamt muss mindestens ein Stammkapital von EUR 12.500,-- aufgebracht werden; bei einer UG (haftungsbeschränkt) ist die Volleinzahlung des Stammkapitals erforderlich, wobei Sacheinlagen ausgeschlossen sind (§ 5a Abs. 2). Die frühere Sonderreglung für die Einpersonengründung ist im Jahr 2008 (durch das MoMiG) aufgehoben worden. Wenn die Gesellschaft mit einem Stammkapital von mehr als EUR 25.000,-- gegründet wird, steigt lediglich die Mindesteinzahlungen auf jeden einzelnen Geschäftsanteil (Abs. 2 S. 1), nicht jedoch die Mindestgesamteinlageleistung (Abs. 2 S. 2). Wenn das Stammkapital geringer ist als EUR 50.000,–, muss aufgrund Abs. 2 S. 2 mindestens ein Gesellschafter mehr als das in Abs. 2 S. 1 vorgesehene Viertel des Nennbetrages der von ihm übernommenen Geschäftsanteile aufbringen. Haben die Gesellschafter keiner Vereinbarung darüber getroffen, wer diese Mehrleistung erbringen muss, sind die erforderlichen Zahlungen von allen Gesellschaftern nach dem Verhältnis ihrer Geldeinlagen zu leisten (§ 19 Abs. 1), es sei denn die Gesellschafterversammlung beschließt etwas anderes.

IV. Leistungsempfängerin

18 Die Einlageleistung muss an die Vor-GmbH – die erst durch Beurkundung des Gesellschaftsvertrages entsteht – bewirkt werden. In der Praxis wird hierzu regelmäßig unter Vorlage der notariellen Gründungsdokumente ein Bankkonto der Vor-GmbH eröffnet. Ausreichend ist auch die Zahlung auf ein Konto eines Geschäftsführers, das dieser treuhänderisch für die Vor-GmbH führt;[24] nur im Ausnahmefall ausreichend ist die Zahlung auf ein von den Gründungsgesellschaftern eröffnetes Treuhandkonto.[25] Zahlt ein Gesellschafter auf ein eigenes Konto, das zugleich als Geschäftskonto der Vorgesellschaft genutzt wird, ist die Einlageschuld grundsätzlich erst dann getilgt, wenn und soweit der Geschäftsführer im Interesse der Vor-GmbH über den Einlagebetrag verfügt, insbesondere zur Befriedigung von Gesellschaftsgläubigern.[26]

19 Gesellschaftsrechtlich wird auch die Einzahlung auf ein Notaranderkonto als ausreichend erachtet;[27] es allerdings stets im Einzelfall zu prüfen, ob ein berechtigtes Siche-

---

22 *Schaub*, in: MünchKommGmbHG, § 7 Rn. 57.

23 OLG Hamm, RNotZ 2011, 437, 439.

24 *Fastrich*, in: Baumbach/Hueck, GmbHG, § 7 Rn. 8.

25 Vgl. hierzu OLG Naumburg, NJW-RR 1998, 1648.

26 BGH, NJW 2001, 1647.

27 *Fastrich*, in: Baumbach/Hueck, GmbHG, § 7 Rn. 8.

rungsinteresse der Gründer, das gemäß § 54a Abs. 2 Nr. 1 BeurkG Voraussetzung für die Errichtung eines Notaranderkontos ist, vorliegt.

20 Eine Leistung an die Vorgründungsgesellschaft (vor Beurkundung des Gesellschaftsvertrags) reicht nicht aus; in diesem Fall liegt eine Einzahlung in Sinne des Abs. 2 erst vor, wenn die erhaltenen Leistungen an die Vor-GmbH weitergeleitet worden sind. Das gleiche gilt, wenn im Falle einer GmbH & Co. KG an die KG geleistet wird. Ob die Leistung an einen GmbH-Gläubiger auf Veranlassung der Vor-GmbH eine Einzahlung im Sinne des Abs. 2 darstellt, ist umstritten und wird von der herrschenden Meinung verneint.[28]

V. Zahlungsmodalitäten

21 Eine Einzahlung im Sinne des Abs. 2 liegt nur insoweit vor, als die Beschränkungen des § 19 zu berücksichtigt werden. Im Übrigen gilt Folgendes:

22 Die Bewirkung von Geldeinlagen erfolgt grundsätzlich durch die Leistung von Buchgeld oder die Übereignung von Bargeld.[29] In der Praxis üblich ist die Überweisung auf ein Bankkonto der Vor-GmbH, das nach der Beurkundung der Gesellschaftsgründung eröffnet wird (Vor-GmbH ist kontofähig). Wie die Gesellschaft in dem Kontoeröffnungsunterlagen bezeichnet wird (»GmbH«, »GmbH i.Gr.«, »Vor-GmbH« etc.) ist regelmäßig ohne Belang, da sich grundsätzlich aus der Auslegung ergeben wird, dass Kontoinhaber die Vor-GmbH ist. Kontoführende Stelle muss ein inländisches Kreditinstitut, die inländische Zweigniederlassung eines ausländischen Kreditinstituts oder ein ausländisches Kreditinstitut mit Sitz in einem EWR-Mitgliedstaat sein.[30]

23 Abs. 2 erfordert bei ausländischen Zahlungsmitteln sowie bei der Hingabe von Schecks und Wechseln, dass die Vorgesellschaft aufgrund Umtausch bzw. Einlösung den entsprechenden Eurobetrag als Bar- oder Buchgeld zur freien Verfügung erhält.[31] Eine Annahme an Erfüllungs Statt ist keine Einzahlung im Sinne des Abs. 2 (möglich bleibt die Behandlung der Einlage als Sacheinlage). Das gleiche gilt, wenn ein Gesellschafter zur Erbringung der Bareinlage eine Forderung an die Vorgesellschaft abtritt; Einzahlung im Sinne des Abs. 2 liegt in diesem Fall also erst vor bei Zahlung des Schuldners an die Vorgesellschaft.[32] Bei verdeckter Sacheinlage liegen die Voraussetzungen des Abs. 2 nicht vor; eine Anrechnung gemäß § 19 Abs. 4 S. 3 erfolgt gemäß § 19 Abs. 4 S. 4 vor Eintragung der Gesellschaft in das Handelsregister nicht. Für Fälle des »Hin- und Herzahlens« (insbesondere Cash Pool) gilt die Sonderregelung des § 19 Abs. 5.

---

28 *Bayer*, in: Lutter/Hommelhoff, GmbHG, § 8 Rn. 16.

29 *Ulmer*, in: Ulmer/Habersack/Winter, GmbHG, § 7 Rn. 59; *Bayer*, in: Lutter/Hommelhoff, GmbHG, § 7 Rn. 11.

30 *Schaub*, in: MünchKommGmbHG, § 7 Rn. 65.

31 *Roth*, in: Roth/Altmeppen, GmbHG, § 7 Rn. 26; *Ulmer*, in: Ulmer/Habersack/Winter, GmbHG, § 7 Rn. 33.

32 *Bayer*, in: Lutter/Hommelhoff, GmbHG, § 7 Rn. 13.

Die Einzahlung kann auch durch Dritte erfolgen (§ 267 BGB), allerdings nicht aus Mitteln der Vorgesellschaft und auch nicht, soweit dem Leistendem aufgrund einer von der Vorgesellschaft gewährten Sicherheit ein Darlehen gewährt wurde.[33] 24

Die Leistung von Bargeld hat in der Praxis eine gewisse Bedeutung bei der Gründung von Unternehmergesellschaften (haftungsbeschränkt). Vorzeigen von Bargeld beim Notar genügt aber nicht.[34] Die Aussonderung des Bargelds aus dem Vermögen des Gesellschafters und die Zuführung zum Gesellschaftsvermögen muss für Dritte objektiv erkennbar sein (Übergabe an den Geschäftführer, wenn dieser nicht mit dem Gesellschafter personenidentisch ist; Einlage in eine Barkasse der Gesellschaft). 25

VI. Leistung zur endgültig freien Verfügung

Aus § 8 Abs. 2 S. 1 ergibt sich, dass die Mindesteinlagen nicht nur an die Vor-GmbH bewirkt sein müssen, sondern sich der Gegenstand der Leistungen auch »endgültig in der freien Verfügung der Geschäftsführer« befinden muss. Dies bedeutet, dass der Gegenstand der Einlage aus dem Herrschaftsbereich des Einlegers ausgesondert und der Gesellschaft vollständig – insbesondere ohne Abzug von Bankarbeitsgebühren – auf Dauer und ohne Beschränkungen zugeflossen sein muss.[35] Die Einzahlung im Sinne des Abs. 2 setzt also grundsätzlich über die Überweisung von Buchgeld bzw. Übereignung von Bargeld voraus, dass weder Rückzahlungs- oder Verrechnungsanweisungen erteilt noch entsprechende Vereinbarungen zwischen der Gesellschaft und dem Einleger getroffen worden sind.[36] Eine Ausnahme hiervon gilt lediglich unter den Voraussetzungen des § 19 Abs. 5. Schädlich sind daher regelmäßig alle Weisungen der Gesellschafter und Vereinbarungen mit ihnen, soweit sie darauf abzielen, dass die Einlagen unmittelbar oder mittelbar zugunsten des Inferenten verwendet werden. Auf die Wirksamkeit der Weisungen und Vereinbarungen kommt es nicht an.[37] Die der Gesellschaft zugeflossenen Mindesteinlagen müssen in dem Zeitpunkt, in dem die Handelsregisteranmeldung beim Registergericht eingeht, allerdings nicht mehr gegenständlich vorhanden sein; die Anmeldung der Gesellschaft zur Eintragung in das Handelsregister ist daher auch dann zulässig, wenn die Einlagen bereits für den Erwerb bestimmter Gegenstände von Dritten (den Gesellschaftern nicht nahestehenden Personen) verwendet worden sind, oder wenn entsprechende Weisungen oder Vereinbarungen vorliegen. 26

Soll eine GmbH & Co. KG gegründet werden und soll die an die (Vor-)GmbH geleistete Einlage der KG als Darlehen zur Verfügung gestellt werden (wie der Praxis üblich), ist diese Abrede gemäß § 19 Abs. 5 in der Anmeldung nach § 8 anzugeben. 27

33 *Bayer*, in: Lutter/Hommelhoff, GmbHG, § 7 Rn. 13; *Ulmer*, in: Ulmer/Habersack/Winter, GmbHG, § 7 Rn. 33.

34 OLG Oldenburg, NZG 2008, 32.

35 *Ulmer*, in: Ulmer/Habersack/Winter, GmbHG, § 7 Rn. 53; BGHZ 113, 335, 347.

36 *Ulmer*, in: Ulmer/Habersack/Winter, GmbHG, § 7 Rn. 54.

37 *Ulmer*, in: Ulmer/Habersack/Winter, GmbHG, § 7 Rn. 61.

28 Wenn der Gesellschaftsvertrag den Gründungsaufwand in zulässiger Weise der Gesellschaft auferlegt, gelten die Voraussetzungen des Abs. 2 auch dann als erfüllt, wenn die entsprechenden Verbindlichkeiten vor Anmeldung der Gesellschaft zu Lasten der Mindesteinlagen beglichen worden sind.[38] Allerdings ist dies in der Versicherung über die Einlageleistungen offen zu legen.

29 Die Leistung auf ein debitorisches Bankkonto der Vor-GmbH steht zur freien Verfügung der Geschäftsführer, wenn die Geschäftsführer innerhalb einer nicht gekündigter Kreditlinie oder eines Überziehungskredits über Einlageleistung verfügen können. Im Übrigen ist die Leistung auf ein debitorisches Bankkonto grundsätzlich nicht ausreichend.[39] Hintergrund ist, dass das kontoführende Kreditinstitut gleichzeitig Kontoführer und Gläubiger der GmbH ist sowie dass eine Leistung an einen Gläubiger der Vor-GmbH grundsätzlich nicht ausreichend ist.[40] Wenn das Kreditinstitut die Einlage mit dem Debetsaldo verrechnet, wird der Einleger so behandelt, als habe er an das Kreditinstitut, nicht an die Vor-Gesellschaft geleistet.

30 Umstritten und wohl zu bejahen ist die Zulässigkeit einer sogenannten »Kaskaden-«, »Stafetten-« bzw. »Pyramidengründung«.[41] In diesen Fällen ist von vornhinein beabsichtigt, dass die neu gegründete GmbH eine weitere GmbH oder AG errichtet und dieser aus ihrem Stammkapital dann das zur Gründung erforderliche Kapital zur Verfügung stellt. Im Ergebnis wird hierbei das Stammkapital nur einmal aufgebracht, aber gleichwohl eine weitere oder gar eine Vielzahl von Tochtergesellschaften gegründet. Der neu gegründeten (Mutter-)Gesellschaft verbleiben letztlich keine baren Einlagemittel, sondern die Beteiligung an einer weiteren neu gegründeten Gesellschaft. Die Einlage wird allerdings nicht an den Inferenten zurückgewährt.

D. Erbringung einer Sacheinlage (Abs. 3)

31 Da bei Sacheinlagen die Gefahr unseriöser Gründungen erhöht ist, sind Sacheinlagen vollständig vor der Anmeldung der Gesellschaft zum Handelsregister zu bewirken. Wenn als Sacheinlage die Eigentumsverschaffung vereinbart worden ist, müssen die betreffenden Gegenstände übereignet sein, Rechte müssen übertragen sein, bei vereinbarter Gebrauchsüberlassung müssen Geschäftsführer die entsprechende Nutzungsmöglichkeit eingeräumt erhalten haben, etc. Bei Einbringung von Kfz-Eigentum muss dem Geschäftsführer auch der Kfz-Brief übergeben worden sein.[42] Bei einer Unternehmergesellschaft (haftungsbeschränkt) sind Sacheinlagen ausgeschlossen (§ 5a Abs. 2 S. 2).

---

38 *Schaub*, in: MünchKommGmbHG, § 7 Rn. 101.

39 *Fastrich*, in: Baumbach/Hueck, GmbHG, § 7 Rn. 11; siehe zu Sonderkonstellationen auch OLG Oldenburg, NZG 2008, 951.

40 *Roth*, in: Roth/Altmeppen, GmbHG, § 7 Rn. 27c.

41 Überblick bei *Wälzholz/Bachner*, NZG 2006, 361.

42 *Fastrich*, in: Baumbach/Hueck, GmbHG, § 7 Rn. 13.

32 Bei der Einbringung eines Grundstücks ist umstritten, ob dieses erst dann zur freien Verfügung der Geschäftsführer steht, wenn die Vor-GmbH im Grundbuch als Eigentümerin eingetragen ist. Teilweise wird vertreten, dass es genüge, wenn der (vollzugsreife) Antrag auf Eigentumsumschreibung beim Grundbuchamt eingereicht worden ist und diesem keine anderen Anträge vorangehen.[43] Teilweise wird auch die Eintragung einer Eigentumsvormerkung zugunsten der Vor-GmbH als für die Anmeldung der Gesellschaft hinreichende Einbringung angesehen.[44] Dass hiernach bei Grundstücken abweichend von anderen Einlagegegenständen kein abgeschlossener Erwerbstatbestand erforderlich sein soll, wird insbesondere damit begründet, dass sich das Eintragungsverfahren beim Handelsregister auf diese Weise beschleunige und die Notwendigkeit entfalle, eine auf die Vor-GmbH lautende Grundbucheintragung nach Eintragung der GmbH in das Handelsregister zu berichtigen. Ob diese praktische Erwägungen eine Privilegierung von Immobiliarvermögen rechtfertigen, erscheint allerdings zweifelhaft. Gegebenenfalls ist als Einlagegegenstand nicht das Volleigentum an dem Grundbesitz, sondern das entsprechende Anwartschaftsrecht zu definieren.

33 In der Praxis können bei der Einbringung von Grundbesitz weitere nicht unerhebliche Schwierigkeiten entstehen:[45] Zwar ist anerkannt, dass die Vor-GmbH grundbuchfähig ist; auch besteht Einigkeit, dass die Geschäftsführer für den Erwerb einer Sacheinlage hinreichende Vertretungsmacht besitzen (nur wenn der Erwerb nicht für Zwecke der Gründung erfolgt, muss die Vertretungsmacht zunächst durch Zustimmung aller Gesellschafter gesondert begründet werden). Die Vertretungsmacht muss aber gegenüber dem Grundbuchamt in der Form des § 29 GBO nachgewiesen werden, wobei vor Eintragung der Gesellschaft in das Handelsregister ein Zeugnis des Registergerichts im Sinne des § 32 GBO noch nicht erteilt werden kann und auch eine notarielle Vertretungsbescheinigung ausscheidet. Das Grundbuchamt kann für die Eigentumsumschreibung auch einen Nachweis dafür verlangen, dass die Eintragung in das Handelsregister weiterhin betrieben wird (die Vertretungsmacht der Geschäftsführer entfällt und geht auf die Gesellschafter über, wenn die Eintragungsabsicht aufgegeben wird). Sollte allerdings zwischen dem (in den Gründungsdokumenten notariell beurkundeten) Beschluss über die Bestellung der Geschäftsführer und der Auflassung nebst Beantragung der Eigentumsumschreibung im Grundbuch nur ein üblicher Zeitraum liegen, besteht für das Grundbuchamt richtigerweise kein Anlass für die Anforderung weiterer Nachweise.

34 Wenn beabsichtigt ist, eine GmbH durch Einbringung eines Unternehmens zu errichten, wird die GmbH aus praktischen und steuerlichen Gründen regelmäßig nicht im Wege einer entsprechenden einfachen Sachgründung errichtet. Häufig bietet sich vielmehr eine Einbringung durch eine Umwandlungsmaßnahme nach dem

43 *Roth*, in: Roth/Altmeppen, GmbHG, § 7 Rn. 34.
44 *Ulmer*, in: Ulmer/Habersack/Winter, GmbHG, § 7 Rn. 51.
45 Eingehend *Heckschen*, in: Heckschen/Heidinger, Die GmbH in der Gestaltungs- und Beratungspraxis, § 3 Rn. 12 ff.

UmwG an, z.B. ein Formwechsel oder eine Ausgliederung. Denkbar sind auch Ab- und Aufspaltungen, jeweils zur Neugründung oder zur Aufnahme durch eine bestehende GmbH. Kleinere Unternehmen werden auch häufig gegen Erhöhung der Rücklage in eine durch Bargründung errichtete GmbH eingebracht.

E. Beweislast für Erfüllung der Einlageforderung

35 Die Frage nach der Beweislast für die Erbringung der Stammeinlage stellt sich in der Praxis vor allem in der Insolvenz der Gesellschaft: Wird über das Vermögen einer GmbH das Insolvenzverfahren eröffnet, wird von dem Insolvenzverwalter standardmäßig geprüft, ob sämtliche Einlagen ordnungsgemäß geleistet worden sind. Für die Erfüllung der Einlageforderung trägt grundsätzlich der Gesellschafter die Darlegungs- und Beweislast. Der Bundesgerichtshof hat klargestellt, dass den Gesellschafter auch dann die Beweislast für die Erfüllung trifft, wenn die Zahlungsvorgänge sehr lange Zeit zurückliegen.[46] Es obliege der Entscheidung des Tatrichters, welche Umstände dargelegt und bewiesen werden müssen, um die Zahlung zu seiner Überzeugung nachzuweisen. Der Nachweis kann dabei nicht nur durch einen Bankbeleg erbracht werden. Denkbar ist z.B. eine Zeugenvernehmung des Steuerberaters der Gesellschaft. Der Beweis soll aber nicht schon allein dadurch erbracht sein, dass der Geschäftsführer bei der Gründung im Rahmen der Handelsregisteranmeldung die Einlageleistung versichert hat und in dem ersten Jahresabschluss der Gesellschaft die Zahlung verzeichnet ist. Der Bundesgerichtshof räumt dem im Einzelfall zuständigen Tatrichter insoweit ein erhebliches Ermessen einräumt.

§ 8 Inhalt der Anmeldung

(1) Der Anmeldung müssen beigefügt sein:

1. **der Gesellschaftsvertrag und im Fall des § 2 Abs. 2 die Vollmachten der Vertreter, welche den Gesellschaftsvertrag unterzeichnet haben, oder eine beglaubigte Abschrift dieser Urkunden,**
2. **die Legitimation der Geschäftsführer, sofern dieselben nicht im Gesellschaftsvertrag bestellt sind,**
3. **eine von den Anmeldenden unterschriebene Liste der Gesellschafter, aus welcher Name, Vorname, Geburtsdatum und Wohnort der letzteren sowie die Nennbeträge und die laufenden Nummern der von einem jeden derselben übernommenen Geschäftsanteile ersichtlich sind,**
4. **im Fall des § 5 Abs. 4 die Verträge, die den Festsetzungen zu Grunde liegen oder zu ihrer Ausführung geschlossen worden sind, und der Sachgründungsbericht,**
5. **wenn Sacheinlagen vereinbart sind, Unterlagen darüber, dass der Wert der Sacheinlagen den Nennbetrag der dafür übernommenen Geschäftsanteile erreicht.**

---

46 BGH, NZG 2005, 261; eingehend zu der Thematik *Leitzen*, RNotZ 2010, 254 ff.

(2) [1]In der Anmeldung ist die Versicherung abzugeben, dass die in § 7 Abs. 2 und 3 bezeichneten Leistungen auf die Geschäftsanteile bewirkt sind und dass der Gegenstand der Leistungen sich endgültig in der freien Verfügung der Geschäftsführer befindet. [2]Das Gericht kann bei erheblichen Zweifeln an der Richtigkeit der Versicherung Nachweise (unter anderem Einzahlungsbelege) verlangen.

(3) [1]In der Anmeldung haben die Geschäftsführer zu versichern, dass keine Umstände vorliegen, die ihrer Bestellung nach § 6 Abs. 2 Satz 2 Nr. 2 und 3 sowie Satz 3 entgegenstehen, und dass sie über ihre unbeschränkte Auskunftspflicht gegenüber dem Gericht belehrt worden sind. [2]Die Belehrung nach § 53 Abs. 2 des Bundeszentralregistergesetzes kann schriftlich vorgenommen werden; sie kann auch durch einen Notar oder einen im Ausland bestellten Notar, durch einen Vertreter eines vergleichbaren rechtsberatenden Berufs oder einen Konsularbeamten erfolgen.

(4) In der Anmeldung sind ferner anzugeben:

1. eine inländische Geschäftsanschrift,
2. Art und Umfang der Vertretungsbefugnis der Geschäftsführer.

(5) Für die Einreichung von Unterlagen nach diesem Gesetz gilt § 12 Abs. 2 des Handelsgesetzbuchs entsprechend.

Übersicht Rdn.

Schrifttum

Heidenhain, Anwendung der Gründungsvorschriften des GmbH-Gesetzes auf die wirtschaftliche Neugründung einer Gesellschaft, NZG 2003, 1051; *Heidinger*, Die wirtschaftliche Neugründung, ZGR 2005, 101; *ders.*, Der Zeitpunkt der Richtigkeit der Geschäftsführerversicherung, RPfleger 2003, 545; *Heinze*, »Präventivkontrolle« der Kapitalaufbringung bei der wirtschaftlichen Neugründung?, GmbHR 2011, 962; *Hüffer*, Die Haftung bei wirtschaftlicher Neugründung unter Verstoß gegen die Offenlegungspflicht, NJW 2011, 1772; *Komo*, Kapitalaufbringung im Cash Pool – aktuelle Entwicklungen in Rechtsprechung und Literatur, BB 2011, 2307; *Leitzen*, Die GmbH mit Verwaltungssitz im Ausland, NZG 2009, 728; *Ries*, Der ausländische Geschäftsführer, NZG 2010, 298; *Schall*: »Cessante ratione legis« und das Richterrecht zur wirtschaftlichen Neugründung, NZG 2011, 656.

A. Bedeutung der Vorschrift

1 § 8 enthält Regelungen zum Inhalt und den Anlagen einer gemäß § 7 abzugebenden Handelsregisteranmeldung. Abs. 1 führt die im Rahmen einer solchen Anmeldung einzureichenden Unterlagen auf. Aus Abs. 2 und 3 ergibt sich, dass die Geschäftsführer in der Anmeldung bestimmte Versicherungen über die Einlageleistungen und die Geschäftsführerbestellung abzugeben haben. Abs. 4 gibt weiteren zwingenden Inhalt der Anmeldung vor (inländische Geschäftsanschrift; Art und Umfang der Vertretungsbefugnis der Geschäftsführer). Weder Inhalt noch Anlagen der Handelsregisteranmeldung werden in § 8 abschließend geregelt (vgl. etwa die Pflicht zur Angabe von Rückzahlungsvereinbarungen in § 19 Abs. 5 S. 2 oder etwa die Pflicht zur Beifügung der Urkunden über die Bestellung der Mitglieder eines etwaigen Aufsichtsrats nebst Liste der Aufsichtsratsmitglieder, § 52 Abs. 2 i.V.m. § 37 Abs. 4 Nr. 3, 3a AktG).

2 Schließlich folgt aus der Verweisung in Abs. 5, dass Unterlagen nur elektronisch zum Handelsregister eingereicht werden können.

3 Ist die Gesellschaft nicht ordnungsgemäß angemeldet, so hat das Registergericht bei behebbaren Mängeln eine Zwischenverfügung zu erlassen (§ 382 Abs. 2 S. 1 FamFG) und bei unbehebbaren – sowie bei trotz Zwischenverfügung nicht beseitigten Mängeln – die Eintragung abzulehnen (§ 9c Abs. 1 S. 1).

B. Anlagen der Handelsregisteranmeldung (Abs. 1)

I. Gesellschaftsvertrag und Vollmachten (Nr. 1)

4 Als »Gesellschaftsvertrag« ist der Handelsregisteranmeldung nach herrschender Meinung nicht nur der eigentliche Satzungstext einschließlich fakultativer Satzungsbestimmungen, sondern auch die notarielle Mantelurkunde, dem die Satzung in der Praxis regelmäßig als Anlage beigefügt ist (§ 9 Abs. 1 S. 2 BeurkG), beizufügen.[1] Das Registergericht soll die Feststellung der Satzung und die Übernahme der Geschäftsanteile prüfen können. Auch etwaige Anlagen des Satzungstextes sind einzureichen (z.B. Anlagen, die Sacheinlagen näher beschreiben).

5 Ist die Gesellschaft durch die Beurkundung des Musterprotokolls errichtet worden, ist dieses der Anmeldung beizufügen (vgl. § 2 Abs. 1a S. 5).

---

1 *Fastrich*, in: Baumbach/Hueck, GmbHG, § 8 Rn. 4; *Schaub*, in: MünchKommGmbHG, § 8 Rn. 3; *Tebben*, in: Michalski, GmbHG, § 8 Rn. 3.

6 Schuldrechtliche Vereinbarungen, die anlässlich der Gründung der Gesellschaft zwischen den Gesellschaftern geschlossen werden (z.B. Gesellschaftervereinbarungen, Treuhandabreden, Optionsverträge) müssen selbst dann nicht zum Handelsregister eingereicht werden, wenn sie beurkundungspflichtig sind, da sie für die Wirksamkeit der Gesellschaftserrichtung und die Eintragungsfähigkeit der Gesellschaft ohne Bedeutung sind.[2] Allerdings darf die Versicherung gemäß § 8 Abs. 2 nicht abgegeben werden, wenn mit der Gesellschaft oder den Geschäftsführern Vereinbarungen über die Einlageleistung getroffen worden sind, die dazu führen, dass der Gegenstand der Leistungen sich nicht endgültig in der freien Verfügung der Geschäftsführer befindet. Ist die Errichtung der Gesellschaft mit weiteren Erklärungen (z.B. Gründung weiterer Gesellschaften) in einer Urkunde verbunden (selten), genügt die Einreichung einer auszugsweisen beglaubigten Ablichtung (mit dem Vermerk des Notars, dass die Urkunde über den in dem Auszug wiedergegebenen Gegenstand keine weiteren Bestimmungen enthält, § 42 Abs. 3 BeurkG).

7 Wenn der Gesellschaftsvertrag zwischen seiner Beurkundung und der Eintragung der Gesellschaft im Handelsregister geändert wird (wozu auch der Ein- und Austritt von Gesellschaftern gehört), ist § 54 Abs. 1 S. 2 analog anzuwenden. Dem Handelsregister ist neben der Änderungsvereinbarung dementsprechend ein neuer vollständiger Gesellschaftsvertrag vorzulegen mit der notariellen Bescheinigung, dass die geänderten Bestimmungen mit der Vereinbarung über die Änderung des Gesellschaftsvertrags (nicht mit einem »Beschluss«, da – so jedenfalls die herrschende Meinung – Änderungen im Gründungsstadium von allen Gesellschaftern zu vereinbaren, nicht von der Mehrheit zu beschließen sind) und im Übrigen mit dem zuletzt zum Handelsregister eingereichten Gesellschaftsvertrag übereinstimmen.[3] Nach herrschender Meinung ist in diesem Fall eine weitere förmliche Handelsregisteranmeldung grundsätzlich nicht erforderlich, wenn die Gründung der Gesellschaft bereits zur Eintragung in das Handelsregister angemeldet ist.[4] Die Vorlage der Änderungsvereinbarung und des geänderten Gesellschaftsvertrags kann auch durch ein einfaches Begleitschreiben erfolgen (allerdings nicht auf dem Postwege, sondern zwingend elektronisch mit qualifizierter Signatur, § 12 Abs. 2 HGB); dabei können sich die Geschäftsführer eines Bevollmächtigten bedienen, beispielsweise der Mitwirkung des beurkundenden Notars (vgl. § 378 FamFG).[5] Dass keine förmliche ergänzende Handelsregisteranmeldung erforderlich ist, lässt sich damit begründen, dass die Erstanmeldung auch etwaige Nachträge abdeckt. Die Registerpraxis ist allerdings nicht einheitlich.[6] Richtigerweise dürfte lediglich dann eine ergänzende Handelsregisteranmeldung verlangt werden dürfen, wenn eintragungspflichtige Tatsachen wie die Höhe des Stammkapitals, der Sitz, der

2 *Tebben*, in: Michalski, GmbHG, § 8 Rn. 3.
3 KG, NJW-RR 1997, 794; *J. Mayer*, in: MünchKommGmbHG, § 2 Rn 58.
4 OLG Zweibrücken, DNotZ 2001, 411; BayObLG, Rpfleger 1978, 143; BayObLG, MittBayNot 1974, 228.
5 *Krafka/Kühn*, in: Krafka/Willer/Kühn, Registerrecht, 8. Auflage 2010, Rn. 972.
6 Diese Beobachtung macht auch *Heidinger*, in: Heckschen/Heidinger, Die GmbH in der Gestaltungs- und Beratungspraxis, § 3 Rn. 85.

Unternehmensgegenstand oder die Vertretungsbefugnis der Geschäftsführer geändert werden.[7]

8 Wenn ein Gründer bei der Beurkundung der Gesellschaftserrichtung durch einen Bevollmächtigten vertreten wird, ist dessen Vollmacht der Handelsregisteranmeldung beizufügen. Üblicherweise ist die Vollmacht – urschriftlich oder in Ausfertigung (oder in beglaubigter Abschrift der Urschrift/Ausfertigung) – bereits Anlage der notariellen Niederschrift des Gesellschaftsvertrags; die Vollmacht muss dann der Handelsregisteranmeldung nicht nochmals zusätzlich beigefügt werden. Ist ein Gründer vollmachtlos oder aufgrund einer (form-)unwirksamen Vollmacht (vgl. § 2 Abs. 2) vertreten worden und wurden die Erklärungen des Bevollmächtigten durch den Gründer genehmigt (wobei nach herrschender Meinung das vollmachtlose Vertreterhandeln nur bei der Mehrpersonengründung, nicht bei der Einpersonengründung genehmigungsfähig ist[8]), ist der Handelsregisteranmeldung die – nach herrschender Meinung gemäß § 2 Abs. 2 beglaubigungsbedürftige[9] – Genehmigungserklärung beizufügen.

9 Auch gesetzliche Vertreter müssen ihre Vertretungsbefugnis im Zweifel gegenüber dem Handelsregister nachweisen (§ 10 f. FamFG). Die im (deutschen) Handels-, Genossenschafts-, Partnerschafts- oder Vereinsregister eingetragenen Vertretungsberechtigungen können auch durch die Bezugnahme auf das jeweilige Register nachgewiesen werden (entsprechend § 32 Abs. 2 GBO), wobei jeweils das Registergericht und das Registerblatt anzugeben sind. Möglich ist auch z.B. die Vorlage eines (beglaubigten) Handelsregisterauszugs oder eine Notarbescheinigung gemäß § 21 BNotO. Die Existenz und die Vertretung ausländischer Rechtsträger ist grundsätzlich ebenfalls durch öffentliche Urkunden nachzuweisen, allerdings nur soweit dies nach der jeweiligen Rechtsordnung möglich ist. Wenn der ausländische Rechtsträger mit einer Zweigniederlassung im deutschen Handelsregister eingetragen ist, kann der Nachweis mit Hilfe dieser Eintragung geführt werden. Welche Unterlagen in anderen Fällen erforderlich sind, ist weitgehend ungeklärt und von den jeweils betroffenen Rechtsordnungen abhängig.[10] Jedenfalls ist auch ein deutscher Notar zuständig, unter Einsichtnahme in ausländische Register Bescheinigungen über eine Vertretungsberechtigung auszustellen, die sich auf eine ausländische Gesellschaft bezieht.[11]

10 Die Abfassung des Gesellschaftsvertrags einer GmbH in einer fremden Sprache ist zulässig; die Gesellschaft hat jedoch der Anmeldung zur Eintragung in das Handelsregister eine deutsche Übersetzung des Gesellschaftsvertrags beizufügen.[12]

---

7 *Schaub*, in: MünchKommGmbHG, § 8 Rn. 6.

8 *J. Mayer*, in: MünchKommGmbHG, § 2 Rn. 72, 74.

9 OLG Düsseldorf, NJW-RR 1996, 550.

10 Siehe hierzu etwa *Heckschen*, in: Heckschen/Heidinger, Die GmbH in der Gestaltungs- und Beratungspraxis, § 2 Rn. 84 ff.; *Schaub*, in: MünchKommGmbHG, § 8 Rn. 10.

11 LG Aachen, MittRhNotK 1988, 157; für das Grundbuchverfahren: *Schöner/Stöber*, Grundbuchrecht, 14. Auflage 2008, Rn. 3636b.

12 LG Düsseldorf, NZG 1999, 730.

II. Legitimation der Geschäftsführer (Nr. 2)

11 Mit der »Legitimation« der Geschäftsführer ist der Nachweis ihrer Bestellung durch Vorlage der Niederschrift über den Bestellungsbeschluss gemeint (einfache Schriftform genügt); der Anstellungsvertrag ist dem Registergericht nicht vorzulegen. In der Praxis werden die Geschäftsführer regelmäßig in der notariellen Mantelurkunde des Gesellschaftsvertrags bestellt. Dann hat § 8 Nr. 2 keine eigenständige Bedeutung. Bei einer Gründung im vereinfachten Verfahren (§ 2 Abs. 1a) genügt die Vorlage des beurkundeten Musterprotokolls.

12 In jedem Fall sind die Geschäftsführer mit Vor- und Zunamen sowie Geburtsdatum und Wohnort in der Handelsregisteranmeldung zu nennen (siehe hierzu Rdn. 46).[13]

13 Ein Nachweis darüber, dass die Gründer nicht nur die Bestellung beschlossen, sondern die Gründer die Bestellung auch den Geschäftsführern bekannt gemacht und die Bestellung von diesen angenommen wurde, bedarf es grundsätzlich nicht; der Umstand, dass die Geschäftsführer die Handelsregisteranmeldung unterzeichnet haben, belegt dies mittelbar.[14] Dass keine Tatsachen vorliegen, die der Bestellung der Geschäftsführer nach § 6 Abs. 2 S. 2 Nr. 2 und 3 vorliegen, wird hinreichend durch die Versicherung nach § 8 Abs. 3 nachgewiesen.

14 Wenn ein Gründer bei der Gesellschaftserrichtung durch einen Bevollmächtigten vertreten wird und die Vollmacht die Befugnis zur Bestellung der ersten Geschäftsführer nicht ausdrücklich enthält, besteht hierfür im Zweifel gleichwohl hinreichende Vertretungsmacht, da der Wille des Vollmachtgebers regelmäßig dahin geht, dass der Bevollmächtige alle zur Gründung notwendigen Schritte umsetzen kann.

III. Liste der Gesellschafter (Nr. 3)

15 In der Gesellschafterliste ist grundsätzlich der Familienname und mindestens ein Vorname (möglichst der Rufname), das Geburtsdatum und der Wohnort jedes Gesellschafters anzugeben. Bei der Angabe des Wohnortes genügt nach herrschender Meinung grundsätzlich die Nennung der Gemeinde, wobei bei Identitätszweifeln auch die vollständige Adresse verlangt werden kann.[15] Bei einer Erbengemeinschaft sind deren sämtliche Mitglieder mit den gleichen Angaben aufzuführen, die auch bei einer unmittelbaren Beteiligung an der GmbH erforderlich wären (ebenso bei einer Gütergemeinschaft).[16] Erbquoten müssen nicht genannt werden. Wenn eine Gesellschaft bürgerlichen Rechts Inhaber eines GmbH-Geschäftsanteils ist, kann sie unter der Bezeichnung, die ihre Gesellschafter im Gesellschaftsvertrag vorgesehen haben, in der Gesellschafterliste eingetragen werden; allerdings sind analog § 47 Abs. 2 S. 1 GBO auch die Gesellschafter in die Liste einzutragen. Hat der Gesellschaftsvertrag keinen Namen für die Gesellschaft vorgesehen, wird die Gesellschaft als »Gesellschaft

---

13 *Tebben*, in: Michalski, GmbHG, § 8 Rn. 10.
14 *Wicke*, in: MünchKommGmbHG, § 9c Rn. 31.
15 Zum Streitstand *Seibert/Wedemann*, GmbHR 2007, 17, 19.
16 *Wachter*, DB 2009, 159, 163.

bürgerlichen Rechts bestehend aus ...« eingetragen. Bei juristischen Personen als Gesellschafter ist der Firmenname und der Sitz oder das zuständige Registergericht nebst HRA/HRB-Nummer bzw. die Registerdaten des jeweiligen sonstigen Registers (z.B. Vereins- oder Genossenschaftsregister) anzugeben. Die Angabe von Vorname und Geburtsdatum entfällt naturgemäß. Bei juristischen Personen ausländischen Rechts sollten möglichst die Registrierungsdaten angegeben werden (insbesondere Firmenname, Sitz, Registerbehörde und Registernummer, ggf. auch die Geschäftsanschrift).

16 Nennbeträge müssen ausdrücklich angegeben werden. Eine bloße Verweisung auf die übrigen Gründungsunterlagen genügt nicht. Die Vergabe der Nummern für die einzelnen Geschäftsanteile ist den Geschäftsführern überlassen, jedenfalls soweit die Gründer die Nummerierung nicht selbst festgelegt haben. Wie sich aus dem gesetzlichen Musterprotokoll für die Gründung einer Einpersonengesellschaft ergibt (Anlage zu § 2 Abs. 1a), geht der Gesetzgeber davon aus, dass auch bei der Existenz nur eines Geschäftsanteils eine Nummer zu vergeben ist (nämlich die Nr. 1). Bei der Nummerierung muss nicht jeder Geschäftsanteil einzeln aufgeführt werden; die Geschäftsanteile können vielmehr zusammengefasst werden (z. B. »Gesellschafter A, Nummern 1-10 000, Nennbeträge je EUR 1«).

17 Die Gesellschafterliste ist ausweislich des Gesetzeswortlauts von allen Geschäftsführern zu unterschreiben (trotz der Beurkundung des Gesellschaftsvertrags durch den Notar nicht von diesem; anders bei einer späteren Veränderung in den Personen der Gesellschafter oder des Umfangs ihrer Beteiligung unter Mitwirkung eines Notars, vgl. § 40 Abs. 2).[17]

18 Bei Gründung im vereinfachten Verfahren muss keine eigenständige Gesellschafterliste eingereicht werden. Es genügt die Vorlage des Musterprotokolls (§ 2 Abs. 1a S. 4).

IV. Einbringungsverträge und Sachgründungsbericht (Nr. 4)

19 Wenn eine Sacheinlage geleistet werden soll, sind der Handelsregisteranmeldung alle Verträge zwischen Einleger und Gesellschaft beizufügen, die schuldrechtliche oder dingliche Vereinbarungen betreffend die Einbringung enthalten. Dies sind z.B. Verträge betreffend die Übereignung beweglicher oder unbeweglicher Sachen, die Abtretung von Forderungen oder die Übertragung bestimmter Rechte (z.B. gewerblicher Schutzrechte). Solche Verträge enthalten häufig auch z.B. Bestimmungen über eine Gewährleistung oder den Zeitpunkt des wirtschaftlichen Übergangs. Sind mündliche oder konkludente Einbringungsabreden getroffen worden, müssen diese Rechtsgeschäfte in der Anmeldung genannt werden (nebst Angabe, dass Aufzeichnungen nicht vorliegen).[18]

17 OLG Hamm, RNotZ 2010, 144.

18 *Fastrich*, in: Baumbach/Hueck, GmbHG, § 8 Rn. 8.

Nr. 4 gilt auch, wenn im Gesellschaftsvertrag zwar eine Bareinlage vorgesehen ist, die Einlageschuld aber durch Verrechnung mit einer gegen die Gesellschaft gerichteten Vergütungsforderung getilgt werden darf, die aus einem Vertrag (z.B. Kaufvertrag) über die Übertragung eines bestimmten Gegenstands resultiert (sogenannte Sachübernahme).[19] **20**

Auch der Sachgründungsbericht (§ 5 Abs. 4 S. 2) ist dem Registergericht vorzulegen. Verträge über den Gründungsaufwand, der von der Gesellschaft zu tragen ist, müssen der Handelsregisteranmeldung hingegen grundsätzlich nicht beigefügt werden (anders § 37 Abs. 4 Nr. 2 AktG).[20] **21**

Wenn weder eine Sacheinlage noch eine Sachübernahme vereinbart wird, ist Nr. 4 nicht anwendbar. **22**

V. Nachweis der Werthaltigkeit von Sacheinlagen (Nr. 5)

Wenn Sacheinlagen nicht unwesentlich überbewertet worden sind, hat das Registergericht die Eintragung der Gesellschaft abzulehnen (§ 9c Abs. 1 S. 2). Die nach § 8 Abs. 1 Nr. 5 der Anmeldung beizufügenden Unterlagen sollen dem Registergericht die danach erforderliche Wertprüfung ermöglichen. Welche Anforderungen an die Werthaltigkeitsunterlagen zu stellen sind, ist von der jeweiligen Sacheinlage abhängig. Bei vom Inferenten neu angeschafften oder neu hergestellten Vermögensgegenständen genügt es grundsätzlich, wenn die Anschaffungs- oder Herstellungskosten durch Ablichtungen der Kaufverträge, der Rechnungen etc. belegt werden.[21] Im Übrigen sind regelmäßig Wertgutachten eines Sachverständigen vorzulegen. Entsprechend § 33a Abs. 1 Nr. 2 AktG hat das Gutachten eine Bewertung zu enthalten, die ein unabhängiger, ausreichend vorgebildeter und erfahrener – nicht notwendig öffentlich bestellter – Sachverständiger nach allgemein anerkannten Bewertungsgrundsätzen vorgenommen hat, wobei der Bewertungsstichtag grundsätzlich nicht mehr als sechs Monate vor der tatsächlichen Einbringung liegen darf. Bei der Einbringung eines KfZ können auch Vertragswerkstätten als Sachverständige herangezogen werden. In der Praxis weit verbreitet und stets ausreichend ist die Bestätigung eines Wirtschaftsprüfers, dass die Sacheinlage mindestens den Nennbetrag des entsprechenden Geschäftsanteils erreicht.[22] **23**

Bei der Einbringung von Unternehmen – Beteiligungen oder (Teil-)Betrieben – kann die Werthaltigkeit grundsätzlich durch eine von einem Wirtschaftsprüfer testierte oder einem Steuerberater bescheinigte Einbringungsbilanz, die auf einen höchstens acht Monate vor der Anmeldung liegenden Stichtag bezogen ist (analog § 17 UmwG), nachgewiesen werden (wenn das ausgewiesene Eigenkapital die Einlage- **24**

---

19 Siehe zur Sachübernahme *Märtens*, in: MünchKommGmbHG, § 5 Rn. 187 ff.
20 *Schaub*, in: MünchKommGmbHG, § 8 Rn. 21.
21 *Wicke*, in: MünchKommGmbHG, § 9c Rn. 35.
22 *Tebben*, in: Michalski, GmbHG, § 8 Rn. 18.

schuld übersteigt).[23] Wenn bis zur Anmeldung außerordentliche Wertminderungen eingetreten sind, ist dies anzugeben. Für die Vorjahre müssen gemäß § 5 Abs. 4 S. 2 lediglich die Jahresergebnisse angegeben, aber grundsätzlich nicht belegt werden.

25 Wenn weder eine Sacheinlage noch eine Sachübernahme vereinbart wird, ist Nr. 5 nicht anwendbar.

VI. Weitere Anlagen

26 Belege über die Einzahlung der Bareinlagen kann das Registergericht gemäß § 8 Abs. 2 S. 2 nur bei erheblichen Zweifeln an der Richtigkeit der nach § 8 Abs. 2 S. 1 abzugebenden Versicherung verlangen. Einzahlungsbelege müssen daher der Anmeldung grundsätzlich nicht beigefügt werden.

27 Wenn die Gründer meinen, das Registergericht könnte an der Zulässigkeit der gewählten Firmierung zweifeln, wird der Anmeldung zur Beschleunigung des Registerverfahrens häufig eine vorab eingeholte Stellungnahme der örtlich zuständigen Industrie- und Handelskammer beigefügt. Wenn im Einzelfall objektiv ein zweifelhafter Fall vorliegt, kann das Registergericht eine solche Stellungnahme auch gemäß § 380 Abs. 2 FamFG anfordern. Eine routinemäßige Anforderung ist hingegen nicht zulässig.

28 Der Unternehmensgegenstand der Gesellschaft kann eine öffentlich-rechtliche Genehmigung erforderlich machen (z.B. Betrieb einer Gaststätte oder eines zulassungspflichtigen Handwerks, Tätigkeit als Makler oder Bauträger). Diese Genehmigung muss dem Registergericht aber im Rahmen der Gründung grundsätzlich nicht vorgelegt werden (abweichend von der früheren Gesetzeslage). Etwas anders gilt nur, soweit dies spezialgesetzlich angeordnet ist (z.B. § 43 Abs. 1 KWG). Für Rechtsanwalts-, Steuerberatungs- und Wirtschaftsprüfungsgesellschaften gilt die Besonderheit, dass eine Bezeichnung der Berufszugehörigkeit in die Firma aufzunehmen ist (vgl. etwa §§ 59c, 59g, 59k BRAO, § 53 StBerG). Hierfür ist die Anerkennung durch die zuständige berufsständige Kammer erforderlich. Solange diese Anerkennung dem Registergericht nicht nachgewiesen ist, wird in der Registerpraxis teilweise die Eintragung der Gesellschaft wegen »ersichtlicher Unzulässigkeit der Firmierung« nicht vollzogen (§ 18 Abs. 2 S. 2 HGB).

29 Wenn im Gesellschaftsvertrag (oder aufgrund einer im Gesellschaftsvertrag enthaltenen Ermächtigung) ein gesetzlich nicht vorgeschriebener Aufsichtsrat gebildet wurde und dessen Mitglieder bereits vor der Anmeldung bestellt worden sind, müssen der Anmeldung gemäß § 37 Abs. 4 Nr. 3 AktG i.V.m. § 52 Abs. 2 GmbHG Nachweise über die Bestellung der Aufsichtsratsmitglieder (z.B. Ablichtung des Bestellungsbeschlusses beigefügt werden; häufig bereits in der notariellen Gründungsurkunde enthalten). Ferner muss dem Registergericht gemäß § 37 Abs. 4 Nr. 3a AktG i.V.m. § 52 Abs. 2 GmbHG eine Liste der Aufsichtsratsmitglieder vorgelegt werden, aus der sich

23 *Schaub*, in: MünchKommGmbHG, § 8 Rn. 26.

Name, Vorname, Beruf und Wohnort (politische Gemeinde genügt, Wohnanschrift muss nicht angegeben werden) ergibt. Wenn zwar ein Aufsichtsrat gebildet werden soll, dessen Mitglieder im Zeitpunkt der Anmeldung der Gesellschaft aber noch nicht bestellt wurden, sollte dies dem Registergericht anlässlich der Anmeldung der Gesellschaft mitgeteilt werden. Ein Eintragungshindernis besteht dann nicht, da es den Gesellschaftern im Falle eines freiwillig gebildeten Aufsichtsrats frei steht, ob sie auf eine Bestellung von Aufsichtsratsmitgliedern verzichten. Die Mitglieder eines gesetzlich zwingend zu bildenden Aufsichtsrats (z.B. im Anwendungsbereich des Drittelbeteiligungsgesetzes oder des MitbestimmungsG) müssen erst nach Eintragung der Gesellschaft in das Handelsregister bestellt werden, so dass der Anmeldung weder Bestellungsnachweise noch eine Liste der Aufsichtsratsmitglieder beigefügt werden müssen.

C. Versicherungen der Geschäftsführer (Abs. 2 und 3)

I. Abgabe der Versicherungen

30 Die nach Abs. 2 und 3 von den Geschäftsführern abzugebenden Versicherungen dienen dem Registergericht als Nachweis, dass die in § 7 Abs. 2 und 3 sowie in § 6 Abs. 2 Satz 2 Nr. 2 und 3 sowie Satz 3 genannten Voraussetzungen der Anmeldung bzw. der Geschäftsführerbestellung erfüllt sind. Weitere Versicherungen und weitere sonstige Nachweise darf das Registergericht insoweit grundsätzlich nicht – auch nicht stichprobenartig – verlangen (es sei denn es bestehen erhebliche Zweifel an der Richtigkeit der Versicherungen, vgl. § 8 Abs. 2 S. 2).[24] Da die Versicherungen haftungs- (§ 9a Abs. 1) und strafbewehrt (§ 82 Abs. 1 Nr. 1 und 5) sind und der Notar bei der Gründung über die gravierenden Folgen einer falschen Versicherung aufklärt,[25] hat das Registergericht regelmäßig auf deren Richtigkeit zu vertrauen. Dies gilt auch bei einer Einpersonengründung.[26]

31 Die Versicherungen sind von allen Geschäftsführern abzugeben (§ 78), auch wenn im Übrigen eine organschaftliche Vertretung der Gesellschaft durch Einzelne vorgehsehen ist. Eine Stellvertretung ist bei der Abgabe der Versicherungen nicht zulässig,[27] da es sich bei ihnen um Wissenserklärungen – nicht um Willenserklärungen – handelt. Die Begriffe »Versicherung« und »versichern« müssen in den Erklärungen der Geschäftsführer nicht ausdrücklich verwendet werden.

32 Auch wenn die Versicherungen nach dem Gesetzeswortlaut »in der Anmeldung« abzugeben sind, ist anerkannt, dass sie auch in einem gesonderten Dokument enthalten sein können. Die Unterschriften unter diesem gesonderten Dokument sind dann

---

24 Im Einzelnen *Wicke*, in: MünchKommGmbHG, § 9c Rn. 33.

25 *Mayer/Weiler*, in: BeckNotarHdb, 5. Auflage, 2009, D I Rn. 18.

26 LG Erfurt, Rpfleger 1994, 420; *Böhringer*, Rpfleger 2002, 551, 552.

27 *Fastrich*, in: Baumbach/Hueck, GmbHG, § 8 Rn. 11.

wie die Unterschriften unter der eigentlichen Anmeldung öffentlich zu beglaubigen (§ 12 Abs. 1 S. 1 HGB).[28]

II. Zeitpunkt

33 Die Versicherungen müssen zum Zeitpunkt des Eingangs beim Registergericht zutreffend sein;[29] in diesem Zeitpunkt »erfolgt« die Anmeldung i.S.d. § 7 Abs. 2 und 3. Stellen die Geschäftsführer nachträglich fest, dass eine Versicherung zu diesem Zeitpunkt unrichtig war, müssen sie das Registergericht unverzüglich informieren;[30] eine Mitteilungspflicht besteht nicht, wenn eine Versicherung bei ihrem Eingang beim Registergericht zutreffend war und sie es lediglich zu einem späteren Zeitpunkt (auch wenn dieser vor der Eintragung der Gesellschaft in das Handelsregister liegt) nicht mehr ist. Hat das Registergericht eine Anmeldung zu Recht beanstandet und muss diese daher wiederholt – nicht lediglich geändert oder ergänzt – werden, muss auch eine neue Versicherung bezogen auf den Zeitpunkt des Eingangs der neuen Anmeldung beim Registergericht abgegeben werden.[31]

34 Statthaft ist die übliche Praxis, dass die Geschäftsführer die – normalerweise in der Anmeldung enthaltenen – Versicherungen unmittelbar nach Beurkundung des Gesellschaftsvertrags unterzeichnen, obwohl zu diesem Zeitpunkt die Einlagen noch nicht geleistet worden sind (die Abgabe der Versicherung vor dem Beschluss über die Bestellung der Geschäftsführer wäre allerdings unzulässig).[32] Regelmäßig wird der Notar (mündlich) angewiesen, die Versicherung dem Registergericht erst vorzulegen, wenn einer der Geschäftsführer die tatsächlich erfolgte Einlageleistung bestätigt oder diese z.B. durch Vorlage der Ablichtung eines Bankkontenauszugs der Gesellschaft belegt hat.

35 Dauert das Verfahren zur Eintragung einer neu gegründeten GmbH mehr als drei Monate, so sollen die Geschäftsführer auf Anforderung des Registergerichts eine ergänzende Versicherung über das zur Zeit vorhandene Eigenkapital und eine aktuelle Bilanz vorlegen müssen.[33]

III. Mindesteinlageleistungen (Abs. 2)

36 Für die Versicherung nach § 8 Abs. 2 S. 1 verlangt die Rechtsprechung grundsätzlich Angaben über die konkreten ziffernmäßige Beträge der Zahlungen jedes Gesellschafters. Dies ist entbehrlich, wenn die Volleinzahlung versichert wird (bei Gründung

28 OLG München, NZG 2010, 1036.

29 OLG Köln, GmbHR 1988, 227; BayObLG, GmbHR 1992, 109.

30 *Schaub*, in: MünchKommGmbHG, § 8 Rn. 35.

31 LG Gießen, GmbHR 1986, 162.

32 *Tebben*, in: Michalski, GmbHG, § 8 Rn. 30; *Schaub*, in: MünchKommGmbHG, § 8 Rn. 35.

33 OLG Düsseldorf, NJW-RR 1998, 898.

einer UG (haftungsbeschränkt) ist eine Volleinzahlung zwingend, § 5a Abs. 2 S. 1).[34] Ein Erfordernis, stets auch die Art und Weise der Einlageleistung zu versichern, wird heute überwiegend zu Recht abgelehnt, da sie für die Prüftätigkeit des Registergerichts nicht relevant ist.[35]

37 Die Versicherung darf sich nicht darauf beschränken, dass die Leistungen auf die Geschäftsanteile bewirkt sind, sondern hat auch die Erklärung zu umfassen, dass der Gegenstand der Leistungen sich endgültig in der freien Verfügung der Geschäftsführer befindet. Bei einer Bargründung muss der Gesellschaft, der Mindesteinlagebetrag als Bar- oder Buchgeld effektiv zufließen, d.h. die Geschäftsführer müssen rechtlich und tatsächlich in der Lage sein, die eingezahlten Mittel uneingeschränkt für die Gesellschaft zu verwenden.[36] Dabei müssen die eingezahlten Mindestbeträge bei Eingang der Anmeldung beim Registergericht nicht mehr gegenständlich, sondern lediglich als Eigenkapital noch zur Verfügung stehen.[37] Ist das Eigenkapital bei der Anmeldung bereits unter das mindestens aufzubringende Stammkapital gesunken, darf die erforderliche Versicherung nicht abgegeben werden. Vielmehr sind die Vorbelastungen bis zu den Mindestbeträgen wieder auszugleichen; auf welche Weise dies geschehen ist, muss in der Versicherung dargelegt werden.[38] Es ist auch anzugeben, wenn vor der Anmeldung bereits Gründungskosten angefallen sind; die Gründungskosten müssen dabei allerdings nicht konkret beziffert werden. Soweit der Gesellschaftsvertrag den (geschätzten) Gesamtbetrag der von der Gesellschaft zu übernehmenden Gründungskosten angibt, müssen die entsprechenden Aufwendungen nicht ausgeglichen werden.

38 Einzahlungsbelege oder andere weitere Nachweise kann das Registergericht gemäß § 8 Abs. 2 S. 2 nur ausnahmsweise bei erheblichen Zweifeln verlangen. Nachweise können z.B. verlangt werden, wenn das Registergericht wegen gerichtsbekannter Zwangsvollstreckungsmaßnahmen von nachhaltigen Liquiditätsschwierigkeiten des alleinigen Gesellschafter/Geschäftsführers Kenntnis hat.

39 Bei Sacheinlagen ist unter konkreter Bezeichnung des Einlagegegenstands zu versichern, dass die Sacheinlagen ordnungsgemäß – in vollem Umfang – so an die Gesellschaft bewirkt sind, dass sie endgültig zur freien Verfügung der Geschäftsführer stehen.

IV. Keine Bestellungshindernisse (Abs. 3)

40 Die Versicherung nach Abs. 3 hat jeder Geschäftsführer für sich abzugeben, eine Versicherung hinsichtlich der Mitgeschäftsführer ist nicht erforderlich. Nach der Anmeldung bestellte Geschäftsführer haben die Versicherung ebenfalls abzugeben (vgl. § 39 Abs. 1 und 3).

---

34 *Fastrich*, in: Baumbach/Hueck, GmbHG, § 8 Rn. 12.
35 Vgl. etwa *Schaub*, in: MünchKommGmbHG, § 8 Rn. 39.
36 OLG Dresden, GmbHR 2000, 34.
37 *Schaub*, in: MünchKommGmbHG, § 8 Rn. 40.
38 *Ulmer*, in: Ulmer/Habersack/Winter, GmbHG, § 8 Rn. 31.

41 Die Versicherung, dass die Geschäftsführer über ihre unbeschränkte Auskunftspflicht gegenüber dem Gericht belehrt worden sind, bezieht sich auf die in § 8 Abs. 3 S. 2 genannte Belehrung nach § 53 Abs. 2 BZRG. Diese Belehrung eröffnet dem Registergericht das unbeschränkte Auskunftsrecht nach § 41 Abs. 1 Nr. 1 BZRG. Die Belehrung hat zur Folge, dass eine unter § 6 Abs. 2 S. 2 und 3 fallende Verurteilung auch dann angegeben werden muss, wenn sie nicht mehr in das Führungszeugnis oder nur noch in ein Führungszeugnis für Behörden aufgenommen wird; mit der Belehrung entfällt das Recht, eine nicht in das Führungszeugnis aufzunehmende Verurteilung zu verschweigen.[39] In der Praxis erfolgt die Belehrung regelmäßig mündlich durch den die Geschäftsführerunterschrift unter der Handelsregisteranmeldung beglaubigenden Notar. Sie kann auch durch einen anderen Notar (auch einen im Ausland bestellten), das Registergericht oder einen Konsularbeamten erfolgen. Das Gesetz sieht ferner eine Belehrung durch einen Vertreter eines dem Notar vergleichbaren rechtsberatenden Berufs vor. Dies soll insbesondere Rechtsanwälte meinen.[40] Wirtschaftsprüfer, Steuer- und Unternehmensberater gehören nicht dazu. Es ist nicht erforderlich, dass der Geschäftsführer vor demjenigen, der die Belehrung vornimmt, erscheint; auch eine schriftliche Belehrung ist zulässig; eine Belehrung per Fax, E-Mail oder Telefon dürfte ebenfalls zulässig sein. Häufig wird von dem Geschäftsführer ein Belehrungsschreiben zu Nachweiszwecken gegengezeichnet und urschriftlich an den die Belehrung vornehmenden Notar zurückgesandt, der das Schreiben verwahrt. Erforderlich ist dies nicht. Da sich das Registergericht mit der Versicherung nach § 8 Abs. 3 begnügen muss, braucht das gegengezeichnete Belehrungsschreiben dem Gericht nicht vorgelegt zu werden.

42 Wenn eine Belehrung nicht oder nicht ordnungsgemäß erfolgt, darf die Versicherung nach § 8 Abs. 3 nicht abgegeben werden. Eine gleichwohl abgegebene Versicherung macht weder die Gesellschaftsgründung noch die Geschäftsführerbestellung unwirksam.[41] Sie kann allerdings strafrechtliche Folgen haben (§ 82 Abs. 1 Nr. 5). Wurde die ausdrückliche Versicherung zur Belehrung zunächst vergessen, müssen die Geschäftsführer in einer weiteren unterschriftsbeglaubigten Erklärung bestätigen, dass sie vor Abgabe der Versicherung über die unbeschränkte Auskunftspflicht belehrt worden sind; es genügt nicht, dass die ursprüngliche Versicherung nachträglich in derselben Urkunde ohne erneute Unterschriftsbeglaubigung ergänzt wird.[42]

43 Früher hat die ganz herrschende Meinung in Rechtsprechung und Literatur verlangt, dass jedes einzelne Bestellungshindernis einzeln aufgeführt und dessen Fehlen versichert werden muss; der Bundesgerichtshof ist dieser Auffassung zu Recht nicht gefolgt und hat klargestellt, dass z.B. hinsichtlich der in § 6 Abs. 2 S. 2 und 3 genannten Straftatbestände die von einem Geschäftsführer abgegebene Versicherung

39 OLG München, NZG 2010, 1036.

40 Kritisch *Preuss*, RNotZ 2009, 529, 532.

41 *Schaub*, in: MünchKommGmbHG, § 8 Rn. 51.

42 OLG München, NZG 2010, 1036.

»noch nie, weder im Inland noch im Ausland, wegen einer Straftat verurteilt» worden zu sein, genügt.[43]

44 Um dem Registergericht eine Prüfung in eigener Verantwortung zu ermöglichen, müssen Berufsverbote nach herrschender Meinung auch dann angegeben werden, wenn der Anmeldende der Auffassung ist, dass der Unternehmensgegenstand weder ganz noch teilweise mit dem Gegenstand des Verbots übereinstimmt.[44]

D. Weitere Angaben in der Handelsregisteranmeldung

I. Inländische Geschäftsanschrift

45 Die nach § 8 Abs. 4 Nr. 1 anzumeldende inländische Geschäftsanschrift hat Straße, Hausnummer sowie Gemeinde nebst Postleitzahl zu beinhalten. Ohne Anmeldung einer solchen Anschrift wird die Gesellschaft nicht in das Handelsregister eingetragen und entsteht somit nicht. Die Eintragung der inländischen Geschäftsanschrift in das Handelsregister (§ 10 Abs. 1 S. 1) soll es Dritten ermöglichen, den Zugang von Erklärungen bei der Gesellschaft, einschließlich förmlicher Zustellungen, zu bewirken. Mehrere Geschäftsanschriften können nicht angemeldet werden (möglich ist allerdings die zusätzliche Anmeldung eines besonderen Empfangsberechtigten, § 10 Abs. 2 S. 2).[45] Die inländische Geschäftsanschrift kann von dem Verwaltungssitz (Ort der tatsächlichen Geschäftsführung) und dem Satzungssitz (§ 4a) abweichen und somit frei gewählt werden. Es müssen sich noch nicht einmal Räumlichkeiten der Gesellschaft an der angemeldeten Anschrift befinden, vielmehr genügt die Anmeldung einer c/o-Anschrift (z.B. Anschrift eines Gesellschafters, Rechtsanwalts oder Steuerberaters);[46] unter der Anschrift muss lediglich ein Vertreter oder Bevollmächtigter der Gesellschaft erreichbar sein, wobei die Bevollmächtigung oder Beauftragung dem Registergericht grundsätzlich nicht dargelegt oder gar nachgewiesen werden muss (anders nur, wenn das Registergericht erhebliche Zweifel an der Zulässigkeit der angemeldeten inländischen Geschäftsanschrift haben muss). Wenn eine Bevollmächtigung oder Beauftragung nicht vorliegt, besteht für einen Gläubiger die Möglichkeit einer erleichterten öffentlichen Zustellung.

II. Person der Geschäftsführer; Art und Umfang der Vertretungsbefugnis

46 Die Eintragung der Personen der Geschäftsführer in das Handelsregister muss nicht ausdrücklich beantragt werden. Nach § 7 Abs. 1 genügt es, wenn »die Gesellschaft« zur Eintragung angemeldet wird. Das Registergericht hat allerdings bei der Eintra-

43 BGH, NZG 2010, 829.

44 OLG Frankfurt, RNotZ 2010, 591; BayObLG, DNotZ 1982; Überblick über den Streitstand bei *Wachter*, ZNotP 2009, 82, 87 f.

45 *Schaub*, in: MünchKommGmbHG, § 8 Rn. 56.

46 OLG Naumburg, DB 2009, 1698 unter Bezugnahme die Gesetzesbegründung BT-Drs. 16/6140, S. 35 f.

gung der Gesellschaft nach § 10 Abs. 1 auch die Personen der Geschäftsführer anzugeben; zu diesem Zweck sind in der Anmeldung Vornamen, Familiennamen, Geburtsdatum und Wohnort (nicht Ort einer beruflichen Tätigkeit) der Geschäftsführer zu nennen (vgl. §§ 24 Abs. 1, 43 Nr. 4 HRV). Eine Berufsangabe wird nicht gefordert, auch nicht die eine Straßenangabe enthaltende Wohnanschrift (Angabe der politischen Gemeinde genügt; allerdings hat der Notar im Beglaubigungsvermerk eine vollständige Anschrift zu vermerken, wobei dies auch die Geschäftsanschrift sein kann).[47]

47 Aufgrund von § 8 Abs. 4 Nr. 2 sind sowohl die sich aus dem Gesellschaftsvertrag ergebende allgemeine Vertretungsregelung als auch eine etwaige aufgrund eines bestimmten Gesellschafterbeschlusses abweichende besondere Vertretungsregelung anzumelden. Trifft der Gesellschaftsvertrag keine Regelung zu der allgemeinen Vertretungsregelung (z.B. im Fall einer Gründung im vereinfachten Verfahren nach § 2 Abs. 1a) muss die sich aus § 35 Abs. 2 ergebende Gesamtvertretung angegeben werden. Hintergrund ist, dass die Vertretungsbefugnis von Gesellschaftsorganen nach der 1. gesellschaftsrechtlichen EG-Richtlinie vom 9. März 1968 unmittelbar aus dem zuständigen Register ersichtlich sein soll.

48 Die Vertretungsbefugnis eines bestimmten Geschäftsführers muss nur bei einer Abweichung von der allgemeinen Vertretungsregelung (»besondere Vertretungsregelung«) angegeben werden (die in der Praxis verbreitete Mitteilung, der Geschäftsführer vertrete »satzungsgemäß«, ist nicht erforderlich).[48] Ergibt sich aus dem Gesellschaftsvertrag, dass die Gesellschaft einen oder mehrere Geschäftsführer haben kann, darf – im Interesse weitgehender Transparenz der Beteiligungsverhältnisse – auf die ausdrückliche Angabe nicht verzichtet werden, dass die Gesellschaft durch einen Geschäftsführer einzeln vertreten wird, wenn dieser einziger Geschäftsführer ist (es sei denn, es wird ohnehin allgemein Einzelvertretungsbefugnis angemeldet).[49] Umgekehrt ist bei der Anmeldung von Einzelvertretungsbefugnis ausdrücklich klarzustellen, ob dies auch gilt, wenn mehrere Geschäftsführer bestellt sind.

49 Wenn in der allgemeinen oder in der besonderen Vertretungsregelung eine Befreiung von den Beschränkungen des § 181 BGB enthalten ist, muss auch diese angemeldet werden.[50] Dabei kann sich die Befreiung auf Fälle der Mehrfachvertretung, der Selbstkontrahierung oder bestimmte Arten von Geschäften beschränken. Der Umfang der Vertretungsbefugnis muss dabei immer aus dem Handelsregister ersichtlich sein. Daher ist z.B. eine Befreiung von den Beschränkungen des § 181 BGB, die auf Rechtsgeschäfte mit verbundenen Unternehmen beschränkt ist, nicht eintragungsfähig, solange die verbundenen Unternehmen nicht abschließend durch Firma und Sitz bzw. Handelsregisternummer bezeichnet sind.[51]

---

47 DNotI-Report 2004, 89.

48 *Krafka/Kühn*, in: Krafka/Willer/Kühn, Registerrecht, Rn. 995.

49 BGHZ 63, 261.

50 BGHZ 87, 59; OLG Stuttgart, NZG 2008, 36.

51 *Krafka/Kühn*, in: Krafka/Willer/Kühn, Registerrecht, Rn. 1000, 1002.

Eine im Gesellschaftsvertrag enthaltene Ermächtigung der Gesellschafterversammlung, eine von der allgemeinen Vertretungsbefugnis abweichende besondere Vertretungsbefugnis zu beschließen, muss nicht angemeldet werden. **50**

E. Elektronische Einreichung von Unterlagen (Abs. 5)

Der in § 8 Abs. 5 enthaltene Verweis auf § 12 Abs. 2 HGB ist deklaratorischer Natur. Die Handelsregisteranmeldung, das Gründungsprotokoll (Gesellschaftervertrag mit Mantelurkunde) sowie alle sonstigen beurkundeten oder beglaubigten Anlagen sind mit einer qualifizierten elektronischen Signatur – verbunden mit der Bestätigung der Notareigenschaft (»Notarattribut«) – zu versehen (§ 12 Abs. 2 S. 2 HGB). Für die von den Geschäftsführern unterzeichnete Gesellschafterliste sowie alle etwaigen sonstigen nicht beurkundungs- oder beglaubigungsbedürftigen Anlagen (z.B. Sachgründungsbericht) genügt die Übermittlung einer einfachen elektronischen Aufzeichnung (Scan). Die Einreichung erfolgt über das Elektronische Gerichts- und Verwaltungspostfach »EGVP« (vgl. z. B. § 9 ERegister-VO NW). Eine Übersendung in Papierform oder als E-Mail-Anhang ist nicht zulässig (vgl. die entsprechenden Bestimmungen in den Verordnungen der Bundesländer gemäß § 8a Abs. 2 HGB). **51**

§ 9 Überbewertung der Sacheinlagen

(1) [1]Erreicht der Wert einer Sacheinlage im Zeitpunkt der Anmeldung der Gesellschaft zur Eintragung in das Handelsregister nicht den Nennbetrag des dafür übernommenen Geschäftsanteils, hat der Gesellschafter in Höhe des Fehlbetrags eine Einlage in Geld zu leisten. [2]Sonstige Ansprüche bleiben unberührt.

(2) Der Anspruch der Gesellschaft nach Absatz 1 Satz 1 verjährt in zehn Jahren seit der Eintragung der Gesellschaft in das Handelsregister.

Übersicht **Rdn.**

Schrifttum

Gienow, Zur Differenzhaftung nach § 9 GmbHG, FS Semler, 1993, S. 175; *Herchen*, Agio und verdecktes Agio im Recht der Kapitalgesellschaften, 2004; *Hirte*, Die »Große GmbH-Reform« – Ein Überblick über das Gesetz zur Modernisierung des GmbH Rechts und zur Bekämpfung von Missbräuchen (MoMiG), NZG 2008, 761, 763; *Ihrig*, Gläubigerschutz durch Kapitalaufbringung bei Verschmelzung und Spaltung nach neuem Umwandlungsrecht, GmbHR 1995, 622, 634 f.; *Kallmeyer*, Differenzhaftung bei Verschmelzung mit Kapitalerhöhung und Verschmelzung im Wege der Neugründung, GmbHR 2007, 1121; *Kerschbaum*, Praktische Probleme bei der Anwendung der GmbH-Gründungsvorschriften beim Formwechsel von der AG in die GmbH nach § 197 UmwG, NZG 2011, 892; *Lieb*, Zum Spannungsverhältnis zwischen Vorbelastungshaftung und Differenzhaftung – Versuch einer Harmonisierung, in FS Zöllner, 1998, S. 347; *Schmidt*, Zur Differenzhaftung des Sacheinlegers nach gegenwärtigem Stand von Gesetzgebung, Rechtsprechung und Lehre, GmbHR 1978, 5; *Thoß*, Differenzhaftung bei der Kapitalerhöhung zur Durchführung einer Verschmelzung, NZG 2006, 376; *Trölitzsch*, Differenzhaftung für Sacheinlagen in Kapitalgesellschaften, 1998; *Urban*, Die Differenzhaftung des GmbH-Gesellschafters im Zusammenhang mit der Überbewertung von Sacheinlagen, FS Sandrock, 2000, S. 305; *Wälzholz*, Aktuelle Probleme der Unterbilanz- und Differenzhaftung bei Umwandlungsvorgängen, AG 2006, 474; *Wiedemann*, Sacheinlagen in der GmbH, FS E. Hirsch (1968), S. 257.

A. Allgemeines

I. Entstehungsgeschichte

1 § 9 in seiner heutigen inhaltlichen Ausgestaltung wurde vom Grundsatz her im Rahmen der GmbH-Novelle[1] aus dem Jahr 1980 eingeführt. Er fasst die in Rechtsprechung und Lehre bis dato gewonnenen Erkenntnisse im Bereich der Kapitalsicherung zusammen.[2] Zuletzt geändert wurde § 9 durch das MoMiG.[3] Neben sprachlichen Folgeanpassungen aufgrund anderer gesetzlicher Änderungen wurde in Abs. 1 ein neuer Satz 2 angefügt.

II. Regelungszweck und Anwendungsbereich

2 § 9 verpflichtet den Sacheinleger zur Leistung einer Geldeinlage in Höhe einer etwaigen Differenz zwischen dem Nennbetrag des übernommenen Geschäftsanteils und dem objektiven Wert des Gegenstands der Sacheinlage, sofern der Nennbetrag des übernommenen Geschäftsanteils den Wert der Sacheinlage im Zeitpunkt der Anmeldung der Gesellschaft übersteigt. Sinn und Zweck dieser Verpflichtung ist die Sicherung der Kapitalaufbringung bei Vereinbarung von Sacheinlagen. Damit wird das im

1 BGBl. I 1980, 836.

2 Vgl. BGHZ 68, 191, 195 f. = NJW 1977, 1196; *Boesebeck*, DR 1939, 436; *Fischer*, LM Nr. 1 zu § 5 GmbHG; *Schmidt*, GmbHR 1978, 5.

3 Gesetz zur Modernisierung des GmbH-Rechts und zur Bekämpfung von Missbräuchen vom 23.10.2008, BGBl. I 2008, 2026.

Aktiengesetz in § 9 Abs. 1 AktG ausdrücklich verankerte Verbot der Unterpari-Emission materiell auch für das GmbH-Recht abgebildet.[4]

Anwendung findet die Vorschrift sowohl im Stadium der **Gründung** als auch im Rahmen späterer **Kapitalerhöhungen** gegen Sacheinlagen über die Verweisung in § 56 Abs. 2. 3

Im Umwandlungsrecht ist umstritten, ob im Rahmen einer **verschmelzungs- oder spaltungsbedingten Neugründung oder Kapitalerhöhung** beim aufnehmenden Rechtsträger und Zurückbleiben des Wertes der Sacheinlage hinter den Nennwert der ausgegebenen Geschäftsanteile § 9 zur Anwendung gelangt. Nach der wohl herrschenden Ansicht in der Literatur[5] trifft die Anteilsinhaber eines übertragenden Rechtsträgers eine entsprechende Differenzhaftung gem. § 9, wenn der tatsächliche Wert des Vermögens des übertragenden Rechtsträgers den Gesamtnennbetrag der seinen Anteilsinhabern gewährten Anteile (ggf. zuzüglich etwaiger barer Zuzahlungen) unterschreitet. Begründet wird dies mit der Erwägung, dass die neuen Geschäftsanteile den Anteilsinhabern des übertragenden Rechtsträgers als Gegenleistung für die Einbringung des Vermögens des übertragenden Rechtsträgers gewährt werden. Die Anteilsinhaber erhielten die Geschäftsanteile, die dem Wert des Vermögens des übertragenden Rechtsträgers entsprechen, das die übernehmenden GmbH mit der Eintragung der Verschmelzung erwirbt (§ 20 Abs. 1 Nr. 1 UmwG). Deshalb müssten sie auch für etwaige Fehlbeträge einstehen. Nach Ansicht des BGH[6] rechtfertigt sich die Differenzhaftung aus der mit der Übernahme des Geschäftsanteils bzw. der Zeichnung von Aktien in einem bestimmten Nennbetrag zwangsläufig verbundenen Kapitaldeckungszusagen in Verbindung mit dem Verbot einer Unter-pari-Emission.[7] Jedenfalls für den Fall einer Verschmelzung von Aktiengesellschaften mit Kapitalerhöhung bei der übernehmenden Gesellschaft (§ 69 UmwG) folgt nach Auffassung des BGH daraus, dass eine Differenzhaftung nicht besteht und zwar u.a. deshalb, da § 69 Abs. 1 UmwG die Anwendung des § 185 AktG ausschließt. Dieser betrifft den Zeichnungsschein, der Grundlage für eine Einlageverpflichtung des zeichnenden Aktionärs ist. Nach Auffassung des BGH trägt der Ausschluss des § 185 AktG dem Umstand Rechnung, dass die Anteilsinhaber des übertragenden Rechtsträgers ihre Mitgliedschaft an der übernehmenden AG nicht durch die Zeichnung der neuen Aktien, sondern durch den Verschmelzungsvertrag erlangen (§ 20 Abs. 1 Nr. 3 UmwG) und dass sie insbesondere auch keine persönliche Leistungspflicht hinsichtlich der »Sacheinlage« übernehmen. Weder der Verschmelzungsbeschluss noch der 4

4 *Ulmer*, in: Ulmer/Habersack/Winter, GmbHG, GmbHG, § 9 Rn. 1.

5 *Stratz*, in: Schmitt/Hörtnagl/Stratz, UmwG, § 55 Rn. 5; *Mayer*, in: Widmann/Mayer, UmwG, § 55 Rn. 80; *Kallmeyer*, in: Kallmeyer, UmwG, § 55 Rn. 5; *Reichert*, in: Semler/Stengel, UmwG, § 55 Rn. 11; *Winter*, in Lutter, UmwG, § 55 Rn. 12; *Ihrig*, GmbHR 1995, 622, 634 f.; a.A. *Zimmermann*, in: Rowedder/Schmidt-Leithoff, GmbHG, 4. Aufl. Anh. Nach § 77 Rn. 385.

6 BGH, ZIP 2007, 1104 ff; siehe als Vorinstanz auch OLG München, ZIP 2005, 2108.

7 Vgl. dazu BGHZ 64, 52, 62; BGHZ 68, 191, 195.

Kapitalerhöhungsbeschluss enthalten eine Deckungszusage der Aktionäre, die als Grundlage für eine Differenzhaftung dienen könnte. Der BGH hat es jedoch im Hinblick darauf, dass § 55 UmwG iVm. § 56 Abs. 2 die Anwendung des § 9 nicht ausschließt, explizit offen gelassen, ob auch im Falle einer GmbH-Verschmelzung mit Kapitalerhöhung eine Differenzhaftung der Anteilsinhaber nach § 9 ausscheidet. Auch wenn vor dem Hintergrund der BGH-Entscheidung in der Literatur nach wie vor die Anwendbarkeit einer Differenzhaftung auch im Fall der verschmelzungsbedingten Kapitalerhöhung angenommen wird,[8] fehlt es auch hier an einer Übernahmeerklärung der Anteilsinhaber des übertragenden Rechtsträgers. § 55 Abs. 1 UmwG schließt explizit den § 55 Abs. 1 aus, der bei einer Kapitalerhöhung eine Übernahmeerklärung des neuen Gesellschafters fordert. Die Übernahmeerklärung des § 55 Abs. 1 hat im Ergebnis die gleiche Funktion wie der Zeichnungsschein nach § 185 AktG. Darüber hinaus spricht auch § 9 von einer *übernommenen* Stammeinlage, setzt also voraus, dass der Anteilsinhaber die Anteile nicht nur »bekommen« hat.[9] Insofern gelten die Erwägungen des BGH auch im Rahmen einer verschmelzungsbedingten Kapitalerhöhung bei einer GmbH.

5 Bei einem **Formwechsel** kommt eine Differenzhaftung nach § 9 jedenfalls dann nicht in Betracht, wenn der formwechselnde Rechtsträger eine andere Kapitalgesellschaft war. Für diese Konstellation ist anerkannt, dass weder der Grundsatz der Kapitalaufbringung noch eine Differenzhaftung für überbewertete Sacheinlagen bestehen.[10] Dies wird aus dem fehlenden Verweis in § 245 Abs. 4 UmwG auf § 220 UmwG, der den Kapitalschutz bei einem Formwechsel unter Beteiligung einer Personenhandelsgesellschaft in eine Kapitalgesellschaft regelt, hergeleitet. Bei einem Rechtsformwechsel einer Personengesellschaft in eine GmbH soll dagegen § 9 Anwendung finden.[11] Allerdings stellt sich auch in dieser Konstellation die Frage, ob auf Basis der BGH-Rechtsprechung[12] mangels entsprechender Übernahmeerklärung der Gesellschafter eine Differenzhaftung bestehen kann.

6 Auch wenn der Gesellschaft ein Differenzhaftungsanspruch gegen die Inferenten zusteht, hat das Registergericht eine Unterdeckung des im Gesellschaftsvertrag vereinbarten Nennbetrages durch Überbewertung der Sacheinlage als **Eintragungshindernis** gemäß § 9c Abs. 1 Satz 2 zu berücksichtigen.[13] Die Eintragung kann dann nur

---

8 A. A. *Kallmeyer*, GmbHR 2007, 1121; zur Vorinstanz auch *Thoß*, NZG 2006, 376; *Wälzholz*, AG 2006, 474.

9 Vgl. dazu ausführlich *Simon/Nießen*, in: KK-UmwG, § 55 Rn. 22 ff.

10 *Dirksen*, in: Kallmeyer, UmwG, § 245 Rn. 5; *Happ*, in: Lutter, UmwG, § 245 Rn. 24; *Rieger*, in: Widmann/Mayer, UmwG, § 245 Rn. 46 ff.

11 Vgl. § 219 S. 1 UmwG.

12 BGH, ZIP 2007, 1104 ff; siehe als Vorinstanz auch OLG München, ZIP 2005, 2108.

13 *Ulmer*, in: Ulmer/Habersack/Winter, GmbHG, § 9 Rn. 18; *H. Winter/Veil*, in: Scholz, GmbHG, § 9 Rn. 22.

vorgenommen werden, wenn die Sacheinlagen nicht nur unwesentlich überbewertet worden sind oder die Gründer den Differenzbetrag ausgleichen.[14]

B. Voraussetzungen der Differenzhaftung

I. Vorliegen einer Sacheinlage

7 Eine Differenzhaftung kommt nur bei Vorliegen einer Sacheinlage in Betracht. Maßgeblich ist der in § 5 Abs. 4 Satz 1 verwendete Begriff der Sacheinlage. Er ist weit auszulegen und umfasst neben der **Sacheinlage im engeren Sinne** auch die **Sachübernahme**, die **gemischte Sacheinlage** und den **Sachleistungsteil bei der Mischeinlage.**[15]

8 Nicht erfasst ist hingegen die **verdeckte Sacheinlage**, bei der die Sacheinlage gesellschaftsrechtlich nicht oder nicht wirksam vereinbart wurde.[16] Diesbezüglich regelt § 19 Abs. 4, dass auf die fortbestehende Geldeinlagepflicht des Gesellschafters der Wert des Vermögensgegenstandes im Zeitpunkt der Anmeldung der Gesellschaft zur Eintragung in das Handelsregister oder im Zeitpunkt seiner Überlassung an die Gesellschaft, falls diese später erfolgt, angerechnet wird. Daneben besteht keine »weitere« Differenzhaftung nach § 9, da es sich bei einer verdeckten Sacheinlage im Ergebnis nicht um eine Sach-, sondern um eine Bareinlage handelt.

II. Unterdeckung

1. Wert der Sacheinlage

9 Weitere Voraussetzung einer Differenzhaftung nach § 9 ist ein Unterschreiten des Wertes der Sacheinlage im Verhältnis zum Nennbetrag des dafür übernommenen Geschäftsanteils. Im Gegensatz zur Regelung des § 9c, wonach eine Eintragung der Gesellschaft nur dann abzulehnen ist, wenn die Sacheinlagen *nicht unwesentlich* überbewertet worden sind, kommt es im Rahmen des § 9 auf eine **vollständige Deckung des Nennbetrags** des übernommenen Geschäftsanteils durch den Wert der Sacheinlage an. Auch eine unwesentliche Unterschreitung des Nennbetrags löst daher eine Differenzhaftung nach § 9 aus. Dabei steht den Gesellschaftern bei der Wertfeststel-

---

14 *Märtens*, in: MünchKommGmbHG, § 9 Rn. 32; *Ulmer*, in: Ulmer/Habersack/Winter, GmbHG, § 9 Rn. 19; *H. Winter/Veil*, in: Scholz, GmbHG, § 9 Rn. 22.

15 *Märtens*, in: MünchKommGmbHG, § 9 Rn. 8; *Ulmer*, in: Ulmer/Habersack/Winter, GmbHG, § 9 Rn. 5; *H. Winter/Veil*, in: Scholz, GmbHG, § 9 Rn. 4; *Tebben*, in: Michalski, GmbHG, § 9 Rn. 5.

16 *Märtens*, in: MünchKommGmbHG, § 9 Rn. 8; *Trölitzsch*, Differenzhaftung für Sacheinlagen in Kapitalgesellschaften, 1998, S. 194; *Ulmer*, in: Ulmer/Habersack/Winter, GmbHG, § 9 Rn. 5; *H. Winter/Veil*, in: Scholz, GmbHG, § 9 Rn. 4.

lung kein Beurteilungsspielraum zu,[17] so dass ausschließlich die **objektiven Wertverhältnisse**, die nach angemessenen und sachgerechten Bewertungsmethoden zu ermitteln sind,[18] maßgeblich sind. Ist der Wert der geleisteten Sacheinlage negativ, was z.B. bei einem Unternehmen mit negativem Ertrags- und Liquidationswert oder Altlastengrundstücken der Fall kann, kann der Differenzhaftungsanspruch den Wert des Geschäftsanteils sogar übersteigen.[19]

10 Bewertungsstichtag für die Feststellung der Differenz zwischen Nennbetrag des übernommenen Geschäftsanteils und (Zeit-)Wert des geleisteten Sacheinlagegegenstandes ist gem. § 9 Abs. 1 S. 1 der **Zeitpunkt der Anmeldung der Gesellschaft** zum Handelsregister. Wertschwankungen des Einlagegegenstandes vor und nach dem Zeitpunkt der Anmeldung haben keinen Einfluss auf den Anspruch aus § 9.[20] Eine Differenzhaftung kann also auch dann entstehen, wenn sich noch vor der Anmeldung zum Zeitpunkt der Beschlussfassung nicht erkennbare Sachmängel zeigen oder der Gegenstand aufgrund anderer Umstände, z.B. sonstige Verschlechterungen oder Abnutzungen oder aufgrund veränderter Bewertungsmaßstäbe, an Wert verliert.[21] Dies gilt auch dann, wenn sich der Wert des einzulegenden Gegenstandes durch das Verschulden eines Dritten oder aber auch von Organen der Gesellschaft selbst oder Mitgesellschaftern reduziert. Der Gesellschaft steht auch in diesem Fall der Anspruch nach § 9 Abs. 1 gegen den Inferenten zu, der jedoch im Gegenzug verlangen kann, dass etwaige Ersatzansprüche der Gesellschaft gegen den Schädiger an ihn abgetreten werden.[22] Hat die Gesellschaft gegenüber dem Inferenten selbst Schadensersatz- oder Garantieansprüche, so treten diese neben den Anspruch aus § 9 und die Gesellschaft

---

17 *K. Schmidt,* GmbHR 1978, 5, 8; *Wiedemann,* in: FS E. Hirsch (1968), S. 257, 261; *Trölitzsch,* Differenzhaftung für Sacheinlagen in Kapitalgesellschaften, 1998, S. 205; *Ulmer,* in: Ulmer/Habersack/Winter, GmbHG, § 9 Rn. 13; *H. Winter/Veil,* in: Scholz, GmbHG, § 9 Rn. 9; diesbezüglich noch großzügiger: BGHZ 68, 191, 196 = NJW 1977, 1196.

18 *Märtens,* in: MünchKommGmbHG, § 9 Rn. 15; *Ulmer,* in: Ulmer/Habersack/Winter, GmbHG, § 9 Rn. 13; *H. Winter/Veil,* in: Scholz, GmbHG, § 9 Rn. 9.

19 H.M. *Urban,* in: FS Sandrock, 2000, S. 305, 312 f.; *H. Winter/Veil,* in: Scholz, GmbHG, § 9 Rn. 14; *Ulmer,* in: Ulmer/Habersack/Winter, GmbHG, § 9 Rn. 11; *Bayer,* in: Lutter/Hommelhoff, GmbHG, § 9 Rn. 4; a.A. *Lutter,* in: KK-AktG, § 188 Rn. 66; *Hohner,* DB 1975, 629, 631; *Trölitzsch,* Differenzhaftung für Sacheinlagen in Kapitalgesellschaften, 1998, S. 228 ff.

20 OLG Köln, GmbHR 1998, 42, 43; *Trölitzsch,* Differenzhaftung für Sacheinlagen in Kapitalgesellschaften, 1998, S. 202 f.; *Ulmer,* in: Ulmer/Habersack/Winter, GmbHG, GmbHG, § 9 Rn. 16; *H. Winter/Veil,* in: Scholz, GmbHG, § 9 Rn. 11; *Schmidt-Leithoff,* in: Rowedder/Schmidt-Leithoff, GmbHG, § 9 Rn. 5; *Tebben,* in: Michalski, GmbHG, § 9 Rn. 10; *Bayer,* in Lutter/Hommelhoff, GmbHG, § 9 Rn. 5; a.A. *Lieb,* in: FS Zöllner, 1998, S. 347, 359 f.

21 *H. Winter/Veil,* in: Scholz, GmbHG, § 9 Rn. 10; *Ulmer,* in: Ulmer/Habersack/Winter, GmbHG, § 9 Rn. 11; *Bayer,* in: Lutter/Hommelhoff, GmbHG, § 9 Rn. 5.

22 *H. Winter/Veil,* in: Scholz, GmbHG, § 9 Rn. 10.

hat insoweit ein Wahlrecht, welchen der Ansprüche sie geltend machen will.[23] Werterhöhungen bis zum Zeitpunkt der Anmeldung können vorher bestehende Fehlbeträge ausgleichen und insofern dem Inferenten zugute kommen.

11 Werden **mehrere Sacheinlagegegenstände** im Rahmen einer Sachkapitalerhöhung eingebracht, so ist deren Gesamtwert für die Ermittlung eines Differenzhaftungsanspruchs aus § 9 Abs. 1 maßgeblich.[24] Der Wert der Sacheinlage im Sinne des § 9 besteht in diesem Fällen aus dem Gesamtwert der eingebrachten Gegenstände, so dass (veranschlagte) Überbewertungen einzelner Gegenstände durch die Unterbewertung anderer Gegenstände ausgeglichen werden können.[25] Dies ergibt sich daraus, dass der Inferent nicht für jeden einzelnen eingebrachten Gegenstand einen Geschäftsanteil erhält, sondern nur einen oder mehrere Geschäftsanteile für die Einbringung sämtlicher Gegenstände insgesamt. Entspricht daher die Summe der inferierten Gegenstände dem Nennbetrag des übernommenen Geschäftsanteils, ist der Grundsatz der vollen Kapitalaufbringung nicht gefährdet und § 9 Abs. 1 nicht anwendbar.

12 **Übersteigt der Wert der Sacheinlage den Nennbetrag** des dafür übernommenen Geschäftsanteils, kann der Gesellschafter den überschießenden Betrag von der Gesellschaft erstattet verlangen, wenn dies entsprechend vereinbart ist. In diesem Fall ist für die Bestimmung des Werts der Sacheinlage ein ggf. vereinbarter Erstattungsanspruch zu berücksichtigen. Besteht keine entsprechende Vereinbarung unter den Gesellschaftern, findet eine Erstattung des überschießenden Betrages nicht statt.[26] In der Praxis wird häufig zwischen den Gesellschaftern explizit vereinbart, dass ein überschießender Betrag ohne Ausgleich in die freie Kapitalrücklage der Gesellschaft gebucht wird.

2. Nennbetrag des Geschäftsanteils

13 Zur Berechnung der Differenzhaftung ist der im Gesellschaftsvertrag nach § 5 Abs. 4 Satz 1 vereinbarte Nennbetrag, der sich auf die Sacheinlage bezieht, zugrunde zu legen. Ist eine Mischeinlage mit Sach- und Barleistungsbestandteilen vereinbart, so ist nur der Teil des Nennbetrags maßgeblich, der nach der Sacheinlagevereinbarung nicht durch eine Barleistung erbracht werden soll.[27]

---

23 *Märtens*, in: MünchKommGmbHG, § 9 Rn. 35; *Ulmer*, in: Ulmer/Habersack/Winter, GmbHG, § 9 Rn. 21; *H. Winter/Veil*, in: Scholz, GmbHG, § 9 Rn. 23.

24 OLG Düsseldorf, NJW-RR 1992, 426, 427; *Bayer*, in: Lutter/Hommelhoff, GmbHG, § 9 Rn. 5; *Schmidt-Leithoff*, in: Rowedder/Schmidt-Leithoff, GmbHG, § 9 Rn. 5.

25 *Märtens*, in: MünchKommGmbHG, § 9 Rn. 16; *Bayer*, in: Lutter/Hommelhoff, GmbHG, § 9 Rn. 5.

26 *H. Winter/Veil*, in: Scholz, GmbHG, § 9 Rn. 11; *Märtens*, in: MünchKommGmbHG, § 9 Rn. 17.

27 *H. Winter/Veil*, in: Scholz, GmbHG, § 9 Rn. 8; *Märtens*, in: MünchKommGmbHG, § 9 Rn. 11; *Ulmer*, in: Ulmer/Habersack/Winter, GmbHG, § 9 Rn. 11.

14 Bei der Sachübernahme ist entscheidend, ob und inwieweit der Wert des an die Gesellschaft veräußerten Gegenstandes hinter dem Betrag der dafür vereinbarten, auf die Stammeinlageverpflichtung anzurechnenden Vergütung zurückbleibt. Erfolgt die Aufrechnung oder Verrechnung später tatsächlich mit einem geringeren als dem vereinbarten Betrag, so ist der Betrag, mit dem die Verrechnung tatsächlich vorgenommen wurde und nicht der im Gesellschaftsvertrag festgesetzte Stammeinlagebetrag maßgeblich.[28]

15 Nach der herrschenden Ansicht in der Literatur ist ein **Aufgeld (Agio)** bei der Ermittlung des für den Differenzhaftungsanspruch nach § 9 Abs. 1 maßgeblichen Nennbetrages nicht zu berücksichtigen.[29] Dem ist zuzustimmen, da § 9 lediglich das gesellschaftsvertraglich fixierte Stammkapital sichern soll, nicht hingegen zusätzlich übernommene Nebenleistungspflichten der Gesellschafter untereinander.[30] Für diese Auslegung spricht auch die im Rahmen des MoMiG erfolgte Ergänzung des § 9 Abs. 1 um den neu angefügten Satz 2, wonach »sonstige Ansprüche« unberührt bleiben. Bei diesen handelt es sich vornehmlich um zusätzliche Ansprüche der Gesellschaft wegen vereinbarten Aufgeldes, die die Gesellschaft neben dem Differenzhaftungsanspruch geltend machen können soll.[31]

3. Verschulden des Inferenten

16 Als Anspruch gesellschaftsrechtlicher Prägung stellt § 9 Abs. 1 eine Garantiehaftung dar, die unabhängig von einem ggf. fehlenden Verschulden des Inferenten besteht.[32] Selbst wenn eine Verschlechterung oder der Untergang des Sacheinlagegegenstandes nachweislich von einem Dritten verschuldet ist, trifft den Einleger die Differenzhaftung aus § 9 Abs. 1, die sich im Falle des Untergangs zu einer vollen Barleistungsverpflichtung auswachsen kann.[33] Der nach § 9 Abs. 1 in Anspruch genommene Gesellschafter kann aber ggf. Zug um Zug gegen Erfüllung der eigenen Verbindlichkeiten von der Gesellschaft Abtretung ihrer Ansprüche gegen den Drittschädiger verlangen.

---

28 *H. Winter/Veil*, in: Scholz, GmbHG, § 9 Rn. 6; *Märtens*, in: MünchKommGmbHG, § 9 Rn. 12; *Tebben*, in: Michalski, GmbHG, § 9 Rn. 7.

29 *H. Winter/Veil*, in: Scholz, GmbHG, § 9 Rn. 7; *Märtens*, in: MünchKommGmbHG, § 9 Rn. 13; *Bayer*, in: Lutter/Hommelhoff, GmbHG, § 9 Rn. 4; *Freitag/Riemenschneider*, in: MünchHdbGmbH, § 9 Rn. 82; a.A. LG Bonn, GmbHR 1999, 1291; *Gienow*, in: FS Semler, 1993, S. 175; *Herchen*, Agio und verdecktes Agio im Recht der Kapitalgesellschaften, 2004, S. 161.

30 *Märtens*, in: MünchKommGmbHG, § 9 Rn. 13.

31 Vgl. dazu RegE, BT-Drs. 16/6140, 36; *Märtens*, in: MünchKommGmbHG, § 9 Rn. 13.

32 Begr. RegE, BT-Drs. 8/1347, 35; OLG Köln, GmbHR 1998, 42, 43; *Hueck/Fastrich*, in: Baumbach/Hueck, GmbHG, § 9 Rn. 5; *Ulmer*, in: Ulmer/Habersack/Winter, GmbHG, § 9 Rn. 10; *H. Winter/Veil*, in: Scholz, GmbHG, § 9 Rn. 15; *Tebben*, in: Michalski, GmbHG, § 9 Rn. 12.

33 *Ulmer*, in: Ulmer/Habersack/Winter, GmbHG, § 9 Rn. 15; *Märtens*, in: MünchKommGmbHG, § 9 Rn. 19.

III. Entstehung und Fälligkeit des Anspruchs aus Differenzhaftung

17 Die Frage der **Anspruchsentstehung** wird nicht einheitlich beantwortet. Vereinzelt wird auf die **Eintragung** als Entstehungszeitpunkt abgestellt.[34] Die Wahl des Zeitpunkts der Anmeldung als Bewertungsstichtag sei lediglich ein vom Gesetzgeber gefundener Kompromiss zwischen dem Zeitpunkt der Einbringung der Sache einerseits und dem Zeitpunkt der Eintragung andererseits. Damit habe der Gesetzgeber einerseits dem Risiko nachträglicher Entwertung zwischen Einbringung und Anmeldung, das zu Lasten der Inferenten geht und andererseits der ab Anmeldung fehlenden Einflussnahmemöglichkeit des Inferenten hinsichtlich der Eintragungsgeschwindigkeit durch das Registergericht Rechnung tragen wollen. Dies ändere aber nichts daran, dass ein schützenswertes öffentliches Vertrauen in die volle Kapitalaufbringung erst mit der Eintragung der Gesellschaft begründet werde.[35]

18 Nach einer anderen Ansicht entsteht der Anspruch bereits **mit Bewirkung der Sacheinlage,**[36] wobei innerhalb dieser Auffassung zum Teil differenzierend von der Fälligkeit des Anspruchs erst im Zeitpunkt der Anmeldung ausgegangen wird.[37]

19 Nach der wohl h.M. kommt es hingegen für die Entstehung des Differenzhaftungsanspruchs wie auch für dessen Fälligkeit ausschließlich auf den Zeitpunkt der **Anmeldung** an.[38] Der Wortlaut des § 9 sehe keine weiteren Entstehungserfordernisse als die Anmeldung vor.[39] Dabei wird zum Teil jedoch zwischen der Entstehung des Anspruchs dem Grunde und der Höhe nach differenziert. **Dem Grunde nach** entstehe der Anspruch bereits zum Zeitpunkt der **Gründung** der Gesellschaft durch notarielle Beurkundung der Satzung. Die **Höhe** der im Rahmen des Anspruchs auszugleichenden Wertdifferenz ließe sich allerdings erst zum **Zeitpunkt der Anmeldung** als gesetzlicher Stichtag feststellen.[40]

20 Der h.M. ist zu folgen, nach der der Anspruch vollumfänglich erst bzw. schon im Zeitpunkt der Anmeldung entsteht. Zum einen spricht hierfür der klare Wortlaut des § 9 Abs. 1 Satz 1, zum anderen stellt dies auch den maßgeblichen Bewertungs-

---

34 *Freitag/Riemenschneider,* MünchHdbGmbH, § 9 Rn. 84; *Märtens,* in: MünchKommGmbHG, § 9 Rn. 26 ff.; vgl. auch *Trölitzsch,* Differenzhaftung für Sacheinlagen in Kapitalgesellschaften, 1998, S. 152 ff: Fälligkeit erst ab Eintragung.

35 *Märtens,* in: MünchKommGmbHG, § 9 Rn. 26 ff.

36 *Hueck/Fastrich,* in: Baumbach/Hueck, GmbHG, § 9 Rn. 8; *Roth,* in: Roth/Altmeppen, GmbHG, § 9 Rn. 7.

37 *Schmidt-Leithoff,* in: Rowedder/Schmidt-Leithoff, GmbHG, § 9 Rn. 6 ff., Fn. 17.

38 *H. Winter/Veil,* in: Scholz, GmbHG, § 9 Rn. 17; *Tebben,* in: Michalski, GmbHG, § 9 Rn. 18; *Bayer,* in: Lutter/Hommelhoff, GmbHG, § 9 Rn. 7; *Gummert,* in: MünchHdbGmbH, § 50 Rn. 195; nunmehr auch *Ulmer,* in: Ulmer/Habersack/Winter, GmbHG, § 9 Rn. 7 unter Aufgabe seiner Auffassung in Hachenburg, § 9 Rn. 8, die unter Zugrundelegung schutzwürdiger Interessen des Inferenten noch von der Eintragung als Zeitpunkt der Anspruchsentstehung ausging.

39 *Bayer,* in: Lutter/Hommelhoff, GmbHG, § 9 Rn. 7.

40 *Ulmer,* in: Ulmer/Habersack/Winter, GmbHG, § 9 Rn. 7.

zeitpunkt dar. Würde man dagegen auf das Bewirken der Sacheinlage oder die Eintragung abstellen, würde Bewertungs- und Entstehungszeitpunkt des Anspruchs auseinanderfallen, ohne dass hierfür ein Anhaltspunkt im Gesetz zu finden wäre.

21 Als die Sacheinlage ergänzender, auf Geld gerichteter Anspruch unterliegt der Anspruch auf Differenzhaftung – abgesehen von Entstehen und Fälligkeit – **im Übrigen denselben Regeln wie der Anspruch auf Erbringung von Bareinlagen.**[41] Er kann daher weder erlassen noch durch Aufrechnung getilgt werden (vgl. § 19 Abs. 2 und 3). Ferner sind die Regelungen zur Kaduzierung (§ 21) sowie zur Ausfallhaftung (§ 24) anwendbar.[42] Im Falle der Anteilsveräußerung bleibt der Veräußerer nach § 16 Abs. 2 neben dem Erwerber zur Leistung verpflichtet.[43]

IV. Durchsetzung des Anspruchs auf Differenzhaftung

22 Der **Anspruch** aus § 9 steht – wie sich aus § 9 Abs. 2 ergibt – **der Gesellschaft** zu, die diesen auch klageweise gegen den Gesellschafter geltend machen kann. In diesem Fall trifft die Darlegungs- und Beweislast im Hinblick auf die Unterdeckung vor Gericht die Gesellschaft. Ist sie insolvent, trifft sie den Insolvenzverwalter als gesetzlichen Prozessstandschafter.[44] Im Schrifttum wird – zum Teil mit der Begründung der Kapitalsicherungsfunktion der Differenzhaftung[45] – überwiegend eine **Beweislastumkehr** zugunsten der Gesellschaft gefordert, wenn diese Umstände vorträgt, aus denen sich der Verdacht einer Überbewertung ergeben könnte.[46] Es sei dann Sache des Gesellschafters, Zweifel an der Werthaltigkeit des Sacheinlagegegenstandes auszuräumen. Die Gegenauffassung[47] lehnt eine solche Beweislastumkehr im Hinblick auf die vorangegangene Werthaltigkeitsprüfung durch die Gesellschaft (vgl. § 8 Abs. 1 Nr. 4

41 So Begr. RegE, BT- Drs. 8/1347, 35; allg. M.: *H. Winter/Veil*, in: Scholz, GmbHG, § 9, Rn. 3; *Ulmer*, in: Ulmer/Habersack/Winter, GmbHG, § 9 Rn. 4; *Schmidt-Leithoff*, in: Rowedder/Schmidt-Leithoff, GmbHG, § 9 Rn. 7; *Roth*, in Roth/Altmeppen, GmbHG, § 9 Rn. 6.

42 *Bayer*, in: Lutter/Hommelhoff, GmbHG, § 9 Rn. 9; *H. Winter/Veil*, in: Scholz, GmbHG, § 9, Rn. 3; *Hueck/Fastricht*, in: Baumbach/Hueck, GmbHG, § 9 Rn. 5.

43 *Bayer*, in: Lutter/Hommelhoff, GmbHG, § 16 Rn. 41; *Ebbing*, in: Michalski, GmbHG, § 16 Rn. 136.

44 OLG München, GmbHR 1994, 712; OLG Köln, GmbHR 1998, 42, 43; *Hueck/Fastrich*, in: Baumbach/Hueck, GmbHG, § 9 Rn. 8; *Ulmer*, in: Ulmer/Habersack/Winter, GmbHG, § 9 Rn. 14; *H. Winter/Veil*, in: Scholz, GmbHG, § 9 Rn. 15; seit der 6. Aufl. nunmehr auch *Roth*, in: Roth/Altmeppen, GmbHG, § 9 Rn. 4a.

45 So *Ulmer*, in: Ulmer/Habersack/Winter, GmbHG, § 9 Rn. 14.

46 OLG Naumburg, GmbHR 1998, 385, 386; *Ulmer*, in: Ulmer/Habersack/Winter, GmbHG, § 9 Rn. 14; *Trölitzsch*, Differenzhaftung für Sacheinlagen in Kapitalgesellschaften, 1998, S. 288; *Hueck/Fastrich*, in: Baumbach/Hueck, GmbHG, § 9 Rn. 8; *Bayer*, in: Lutter/Hommelhoff, GmbHG, § 9 Rn. 10.

47 So insbesondere *H. Winter/Veil*, in: Scholz, GmbHG, § 9 Rn. 15. Ebenfalls gegen eine Beweislastumkehr: *Märtens*, in: MünchKommGmbHG, § 9 Rn. 20; *Schmidt-Leithoff*, in: Rowedder/Schmidt-Leithoff, GmbHG, § 9 Rn. 9; *Freitag/Riemenschneider*, in: Münch-HdbGmbH, § 9 Rn. 82.

und 5) und das Registergericht (§ 9c Abs. 1 Satz 2) ab. Auch der Gesetzgeber hat bereits zum Ausdruck gebracht, dass er einer solchen Beweislastumkehr ablehnend gegenüber steht,[48] so dass in der Praxis die Gesellschaft die fehlende Deckung darzulegen und zu beweisen hat. Für den Fall der Differenzhaftung im Rahmen von insolvent gewordenen Einpersonengesellschaften sollen nach Auffassung des Gesetzgebers[49] dagegen die in der Rechtsprechung entwickelten **Grundsätze der sekundären Behauptungslast**[50] zur Anwendung kommen, wenn sich der Insolvenzverwalter tatsächlich dem Gründer und langjährigen Gesellschaftergeschäftsführer gegenüber sieht.

C. Verhältnis zu sonstigen Ansprüchen (Abs. 1 S. 2)

23 Absatz 1 Satz 2 stellt klar, dass der Gesellschaft neben der Differenzhaftung aus § 9 auch andere Ansprüche zustehen können.[51] Der Gesetzgeber hatte mit dieser Klarstellung insbesondere Ansprüche auf ein durch den Wert der Sacheinlage nicht vollständig gedecktes Agio im Blick.[52] Insofern werden durch § 9 keine anderweitig bestehenden Ansprüche der Gesellschaft verdrängt oder eingeschränkt.

I. Verhältnis zur Gründungshaftung, § 9a

24 Neben den Differenzhaftungsanspruch aus § 9 können auch Schadensersatzansprüche gegen Gesellschafter und Geschäftsführer aus § 9a Abs. 1 und 2 treten. Zwischen den Ansprüchen aus § 9 und § 9a Abs. 1 und 2 besteht nach h.M. kein Gesamtschuldverhältnis.[53]

25 Der Schaden im Rahmen des § 9a entfällt nicht bereits durch das bloße Bestehen eines Differenzhaftungsanspruchs nach § 9. Erforderlich für die Beseitigung eines Schadens ist vielmehr, dass der Inferent tatsächlich auf den Differenzhaftungsanspruch zahlt und der Gesellschaft durch die Überbewertung sonstiger Schaden nicht entstanden ist.[54] Im Falle der Zahlung auf den Schadensersatzanspruch nach § 9a

---

48 Begr. RegE zum Gesetz zur Anpassung von Verjährungsvorschriften an das Gesetz zur Modernisierung des Schuldrechts, BT-Drs. 15/3653, 24 f.

49 BT-Drs. 15/3653, 25; s. dazu auch *H. Winter/Veil*, in: Scholz, GmbHG, § 9 Rn. 14.

50 St. Rspr. BGHZ 86, 23, 29; 100, 190, 195; NJW 1990 3151. Zu Fällen sekundärer Behauptungslast aufgrund Informationsgefällen zwischen den Parteien *Meyke*, NJW 2000, 2232.

51 *Hueck/Fastrich*, in: Baumbach/Hueck, GmbHG, § 9 Rn. 9; *Hirte*, NZG 2008, 761, 763.

52 Begr. RegE, BT-Drs. 16/6140, S. 36.

53 *Trölitzsch*, Differenzhaftung für Sacheinlagen in Kapitalgesellschaften, 1998, S. 282 f.; *Ulmer*, in: Ulmer/Habersack/Winter, GmbHG, § 9 Rn. 20 – insoweit jedoch widersprüchlich in § 9a Rn. 55; dort wird das Verhältnis als unechte Gesamtschuld skizziert; *Schmidt-Leithoff*, in: Rowedder/Schmidt-Leithoff, GmbHG, § 9 Rn. 11; a.A. *H. Winter/Veil*, in: Scholz, GmbHG, § 9 Rn. 24.

54 *Ulmer*, in: Ulmer/Habersack/Winter, GmbHG, § 9 Rn. 20; *Märtens*, in: MünchKommGmbHG, § 9 Rn. 34.

können die Schadensersatzschuldner von der Gesellschaft die Abtretung der Differenzhaftungsansprüche verlangen.[55]

II. Verhältnis zum Leistungsstörungsrecht

26 Bei zu vertretenden Leistungsstörungen oder Garantiezusagen des Inferenten sind neben einem ggf. bestehenden Differenzhaftungsanspruch Schadensersatzansprüche der Gesellschaft gegeben. Soweit sich eingetretener Schaden und Differenz zwischen Wert der Sacheinlage und Sacheinlageanspruch decken, hat die Gesellschaft ein Wahlrecht, welchen Anspruch sie geltend machen will. Betragsmäßig relevant wird ein zusätzlicher Schadensersatzanspruch, wenn die Sacheinlage auf ein vereinbartes Agio geleistet wurde oder wenn der Gesellschaft adäquat-kausal durch die zu vertretende Unterdeckung in Form der Leistungsstörung ein weiterer Schaden entsteht.[56]

III. Verhältnis zur Unterbilanzhaftung

27 Die von der Rechtsprechung in Analogie zu § 9 entwickelte Unterbilanzhaftung besteht unabhängig von der aus der unmittelbaren Anwendung des § 9 folgenden Differenzhaftung. Die Unterbilanzhaftung unterscheidet sich von der Haftung des § 9 vor allem dadurch, dass die Haftung für jegliche Unterschreitung der Stammkapitalziffer gilt (und nicht nur für die auf einer Überbewertung des Sacheinlagegegenstandes beruhenden), dass sie alle Gesellschafter trifft (und nicht nur den jeweiligen Inferenten der überbewerteten Sacheinlage) und dass sie erst zum Zeitpunkt der Eintragung entsteht (und nicht schon zum Zeitpunkt der Anmeldung).[57] Beruht die Unterbilanz auf einem Minderwert der Sacheinlage, ist zu unterscheiden: Steht die Wertminderung im Zusammenhang mit einer Geschäftsaufnahme oder –fortführung durch die Vorgesellschaft vor Eintragung, im Zuge derer sich der Wert des Einlagegegenstandes durch Beschädigung oder Nutzung vermindert oder der Wert des als Sacheinlage eingebrachten Unternehmens bis zur Eintragung sinkt, gelangt allein die allgemeine Unterbilanzhaftung zur Anwendung.[58] Treten diese Wertminderungen bereits vor der Anmeldung auf, steht daneben ein Anspruch aus § 9.[59] In diesem Fall kann aber der Sacheinleger bei Inanspruchnahme durch die Gesellschaft von den übrigen Gesellschaftern Ausgleich nach Maßgabe der Beteiligungsquoten am Stamm-

55 *Märtens*, in: MünchKommGmbHG, § 9 Rn. 34; *Tebben*, in: Michalski, GmbHG, § 9 Rn. 17.

56 *Ulmer*, in: Ulmer/Habersack/Winter, GmbHG, § 9 Rn. 21; *Märtens*, in: MünchKommGmbHG, § 9 Rn. 35; *H. Winter/Veil*, in: Scholz, GmbHG, § 9 Rn. 23; *Trölitzsch*, Differenzhaftung für Sacheinlagen in Kapitalgesellschaften, 1998, S. 277 ff.

57 *Märtens*, in: MünchKommGmbHG, § 9 Rn. 36.

58 *H. Winter/Veil*, in: Scholz, GmbHG, § 9 Rn. 25; *Märtens*, in: MünchKommGmbHG, § 9 Rn. 37.

59 *H. Winter/Veil*, in: Scholz, GmbHG, § 9 Rn. 25; a.A. für eine alleinige Haftung des Sacheinlegers: *Stimpel*, in: FS Fleck, 1988; *Schmidt-Leithoff*, in: Rowedder/Schmidt-Leithoff, GmbHG, § 11 Rn. 28.

kapital verlangen.[60] Die Geschäftsaufnahme vor Eintragung fällt nämlich insofern in die Risiko- und somit auch Haftungssphäre aller Gesellschafter.[61] Tritt die Wertminderung hingegen unabhängig von Geschäftsaufnahme oder –fortführung und vor der Anmeldung ein, so haftet allein der Sacheinleger nach § 9.

D. Verjährung des Anspruchs (Abs. 2)

28 Nach Absatz 2 verjährt der Anspruch aus § 9 Abs. 1 Satz 1 in zehn Jahren seit der Eintragung der Gesellschaft. Nach § 187 Abs. 1 BGB beginnt die Frist mit dem auf die Eintragung folgenden Tag und endet nach § 188 Abs. 2 Hs. 1 BGB mit Ablauf desjenigen Tages des letzten Monats der Frist, dessen Zahl dem Tag der Eintragung entspricht. Die §§ 203 ff. BGB über Hemmung, Ablaufhemmung und Neubeginn der Verjährung sind anwendbar.[62]

29 § 9 Abs. 2 ist durch das Gesetz zur Anpassung von Verjährungsvorschriften an das Gesetz zur Modernisierung des Schuldrechts vom 9.12.2004 geändert worden, wobei Ziel der Gesetzesänderung die Harmonisierung der Fristen im Bereich der Kapitalaufbringung und -erhaltung war.[63] Im Zuge dessen ist die Verjährungsfrist für den Anspruch aus § 9 Abs. 1 von fünf auf zehn Jahre erhöht worden. Die maßgeblichen Übergangsvorschriften befinden sich in Art. 229 § 12 Abs. 1 i.V.m. § 6 EGBGB. Danach gilt die neue Verjährungsfrist lediglich für Ansprüche, die seit dem 15.12.2004 »entstanden« sind.[64] Mit dem Begriff der »Entstehung« des konkreten Anspruchs auf Differenzhaftung ist dabei das zugrunde liegende Rechtsverhältnis, also die Gründung der GmbH, gemeint.[65] Maßgeblich ist also der Abschluss des jeweiligen Gesellschaftsvertrages.[66]

§ 9a Ersatzansprüche der Gesellschaft

(1) Werden zum Zweck der Errichtung der Gesellschaft falsche Angaben gemacht, so haben die Gesellschafter und Geschäftsführer der Gesellschaft als Gesamtschuldner fehlende Einzahlungen zu leisten, eine Vergütung, die nicht unter den Gründungsaufwand aufgenommen ist, zu ersetzen und für den sonst entstehenden Schaden Ersatz zu leisten.

---

60 BGHZ 80, 129, 141.

61 *K. Schmidt*, in: Scholz, GmbHG, § 11 Rn. 124; *H. Winter/Veil*, in: Scholz, GmbHG, § 9 Rn. 25.

62 *Ulmer*, in: Ulmer/Habersack/Winter, GmbHG, § 9 Rn. 17; *Bayer*, in: Lutter/Hommelhoff, GmbHG, § 9 Rn. 8; *H. Winter/Veil*, in: Scholz, GmbHG, § 9 Rn. 21.

63 Begr. RegE, BT-Drs. 15/3653, 20.

64 *Märtens*, in: MünchKommGmbHG, § 9 Rn. 41.

65 BGHZ 129, 282, 287; a.A. *Wagner*, ZIP 2005, 558.

66 *Märtens*, in: MünchKommGmbHG, § 9 Rn. 42.

(2) Wird die Gesellschaft von Gesellschaftern durch Einlagen oder Gründungsaufwand vorsätzlich oder aus grober Fahrlässigkeit geschädigt, so sind ihr alle Gesellschafter als Gesamtschuldner zum Ersatz verpflichtet.

(3) Von diesen Verpflichtungen ist ein Gesellschafter oder ein Geschäftsführer befreit, wenn er die die Ersatzpflicht begründenden Tatsachen weder kannte noch bei Anwendung der Sorgfalt eines ordentlichen Geschäftsmannes kennen musste.

(4) [1]Neben den Gesellschaftern sind in gleicher Weise Personen verantwortlich, für deren Rechnung die Gesellschafter Geschäftsanteile übernommen haben. [2]Sie können sich auf ihre eigene Unkenntnis nicht wegen solcher Umstände berufen, die ein für ihre Rechnung handelnder Gesellschafter kannte oder bei Anwendung der Sorgfalt eines ordentlichen Geschäftsmannes kennen musste.

Übersicht Rdn.

Schrifttum

Dreher, Die Gründungshaftung bei der GmbH, DStR 1992, 33; *Ihrig*, Gläubigerschutz durch Kapitalaufbringung bei Verschmelzung und Spaltung nach neuem Umwandlungsrecht, GmbHR 1995, 622; *Lowin*, Die Gründungshaftung bei der GmbH nach § 9a GmbHG, 1987; *Schmidt*, Grundzüge der GmbH-Novelle, NJW 1980, 1771; *Strohn/Simon*, Haftungsfallen für Gesellschafter und Geschäftsführer im Recht der GmbH, GmbHR 2010, 1181; *Trölitzsch*, Differenzhaftung für Sacheinlagen in Kapitalgesellschaften, 1998; *van Venrooy*, Vertrauen des Geschäftsführers bei der Anmeldung einer Sachkapitalerhöhung und die Folgen enttäuschten Vertrauens, GmbHR 2002, 701; *Wälzholz*, Aktuelle Probleme der Unterbilanz- und Differenzhaftung bei Umwandlungsvorgängen, AG 2006, 474.

A. Allgemeines

I. Entstehungsgeschichte

Die in § 9a geregelte sogenannte Gründerhaftung wurde im Rahmen der GmbHG-Novelle 1980 eingeführt und orientierte sich an den §§ 46 ff. AktG. Mit Einführung des § 9a wurde die bis dahin geltende Rechtslage der »Anmelderhaftung« nach § 9 a.F. vor dem Hintergrund der Verstärkung des Gläubigerschutzes deutlich ausgebaut. Zuletzt wurde § 9a durch das MoMiG[1] geändert, wobei die Änderungen jedoch rein redaktioneller Art waren. Der Begriff »Stammeinlage« wurde ohne sachliche Änderung durch den Terminus »Geschäftsanteil« ersetzt. 1

II. Regelungszweck und Anwendungsbereich

Abs. 1 begründet eine zwingende,[2] verschuldensabhängige Haftung der Gesellschafter und Geschäftsführer für falsche Angaben zum Zwecke der Errichtung der Gesellschaft,[3] Abs. 2 eine ergänzende Gesellschafterhaftung bei vorsätzlicher oder grob fahrlässiger Schädigung der Gesellschaft durch Einlagen oder Gründungsaufwand. Insofern ergänzt die Regelung die sonstigen Kapitalaufbringungsvorschriften des GmbHG, insb. § 9 und § 24, und dient damit dem Schutz der Gesellschaft und damit mittelbar dem Gläubigerschutz.[4] Darüber hinaus ist § 9a auch im Zusammenhang mit der Strafbarkeit der Gesellschafter/des Geschäftsführers wegen falscher Angaben gemäß § 82 Abs. 1 zu sehen. Um eine Umgehung im Rahmen der Gründung zu vermeiden, erweitert Abs. 4 die Haftung auf Personen, für deren Rechnung Gesellschafter Geschäftsanteile übernommen haben. Dies betrifft vor allem Treuhänder bei Strohmanngründungen. Neben der Haftung der Gesellschafter und Geschäftsführer im Rahmen der Gründung einer GmbH aus § 9a besteht analog § 37 Abs. 1 S. 4 AktG eine Haftung der Kreditinstitute für die Richtigkeit einer Bestätigung über die Einzahlung auf die Einlage.[5] 2

Der Anwendungsbereich des § 9a ist nicht auf die klassische GmbH-Gründung beschränkt. Gemäß § 57 Abs. 4 findet § 9a Abs. 1 und 3 entsprechende Anwendung 3

---

1 Gesetz zur Modernisierung des GmbH-Rechts und zur Bekämpfung von Missbräuchen v. 23.10.2008, BGBl. I S 2026.

2 Allg.M.; vgl. *Ulmer*, in: Ulmer/Habersack/Winter, GmbHG, § 9a Rn. 4; *Hueck/Fastrich*, in: Baumbach/Hueck, GmbHG, § 9a Rn. 1; *Winter/Veil*, in: Scholz, GmbHG, § 9a Rn. 7; im Hinblick auf einen nachträglichen Verzicht, Vergleich o.ä. sind die Vorgaben des § 9b Abs. 1 zu beachten.

3 Str. ist, ob es sich hierbei um eine gesellschaftsrechtliche (so z.B. *Ulmer*, in: Ulmer/Habersack/Winter, GmbHG, § 9a Rn 11; *Winter/Veil*, in: Scholz, GmbHG, § 9a Rn 6; *Hueck/Fastrich*, in: Baumbach/Hück, GmbHG, § 9a Rn 1) oder um eine deliktische (z.B. *Schmidt-Leithoff*, in: Rowedder/Schmidt-Leithoff, GmbHG, § 9a Rn. 16) Haftung handelt, was sich insbesondere bei der Frage des Gerichtsstands (§§ 22, 32 ZPO) auswirkt.

4 Begr. RegE, BT-Drs. 8/1347, S. 27.

5 BGH, NJW 1991, 1754; BGH, NJW 1992, 3300; *Schaub*, in: MünchKommGmbHG, § 9a Rn.44; *Tebben*, in: Michalski, GmbHG§ 9a Rn. 18.

auf die Verantwortlichkeit der Geschäftsführer bei Kapitalerhöhungen. Darüber hinaus haftet der Geschäftsführer analog § 9a Abs. 1, wenn er bei der Offenlegung der wirtschaftlichen Neugründung der Wahrheit zuwider versichert, dass sich das Stammkapital endgültig in seiner freien Verfügung befindet.[6]

4 Auch im Rahmen von Umwandlungsmaßnahmen bei der Verschmelzung oder Spaltung zur Neugründung (§§ 36 Abs. 2, 135 Abs. 2 UmwG)[7] oder beim Formwechsel (§ 197 S. 1 UmwG) stellt sich die Frage der entsprechenden Anwendung des § 9a.

5 Der BGH hat *obiter dictum* eine solche Haftung der *Anteilseigner* eines übertragenden Rechtsträgers für den Fall der Verschmelzung zur Neugründung einer Aktiengesellschaft abgelehnt.[8] Obwohl bei einer Verschmelzung durch Neugründung die übertragenden Rechtsträger erlöschen, bestimmt § 36 Abs. 2 Satz 2 UmwG,[9] dass als Gründer des neuen Rechtsträgers allein die übertragenden Rechtsträger anzusehen sind. Nur sie treffen daher die Gründerpflichten.[10] Deshalb sollen ihre Gesellschafter auch nicht einer Gründerhaftung nach § 9a unterliegen, obgleich sie es sind, die – wie sonst die Gründer – die Anteile des neuen Rechtsträgers erwerben.[11] Die Haftung aus § 9a trifft in diesen Fällen die übertragenden Rechtsträger als solche,[12] die allerdings im Rahmen der Umwandlungsmaßnahme erlöschen, und die Geschäftsführer der neuen Gesellschaft. Eine Ausnahme gilt nur im Fall der Ausgliederung zur Neugründung aus dem Vermögen eines Einzelkaufmanns, der Gesellschafter der neugegründeten Gesellschaft wird. Im Hinblick auf § 160 Abs. 1 UmwG trifft hier auch den ausgliedernden Einzelkaufmann eine entsprechende persönliche Haftung.[13] Beim Formwechsel einer Personenhandelsgesellschaft in eine GmbH unterliegen neben den Geschäftsführern der neuen Gesellschaft im Hinblick auf § 219 UmwG die der Umwandlung zustimmenden Gesellschafter des formwechselnden Rechtsträ-

6 BGH, AG 2011, 751.

7 Bei der Verschmelzung durch Aufnahme ist die Gründerhaftung unanwendbar (vgl. dazu den fehlenden Verweis in § 56 Abs. 2).

8 BGH, ZIP 2007, 1104 ff., für den Fall einer Verschmelzung durch Neugründung einer AG; ebenso die Vorinstanz OLG München, AG 2006, 209 zur Verschmelzung durch Aufnahme.

9 Für die Spaltung gilt über § 135 Abs. 2 S. 2 UmwG Entsprechendes.

10 *Ihrig*, GmbHR 1995, 622, 634.

11 *Bärwaldt*, in: Semler/Stengel, UmwG, § 36 Rn. 56; *Simon/Nießen*, in: KK-UmwG, § 36 Rn. 50 und § 135 Rn. 38; *Ihrig*, GmbHR 1995, 622, 634; *Marsch-Barner*, in: Kallmeyer, UmwG, § 36 Rn. 8; *Mayer*, in: Widmann/Meyer, UmwG, § 36 Rn. 160; *Wälzholz*, AG 2006, 469, 471; *Kallmeyer*, ZIP 1994, 1746, 1753; a.M. *Winter*, in: Lutter, UmwG, § 56 Rn. 27.

12 A.A. *Winter/Veil*, in: Scholz, GmbHG, § 9a Rn. 25, die auf die Mitglieder des Vertretungsorgans des übertragenden Rechtsträgers abstellen wollen. Dagegen spricht jedoch, dass § 9a auf die Gesellschafter oder Geschäftsführer der neuen GmbH abstellen, die Geschäftsführer der übertragenden Gesellschaften jedoch weder das eine noch das andere sind.

13 *Winter/Veil*, in: Scholz, GmbHG, § 9a Rn. 25.

gers der Gründungshaftung,[14] während beim Formwechsel einer AG oder KGaA in eine GmbH eine Gründerhaftung der Gesellschafter entfällt und eine Haftung nach § 9a nur im Hinblick auf die Geschäftsführer der neuen GmbH in Betracht kommt.[15]

B. Haftung für falsche Angaben (Abs. 1)

6 Gesellschafter und Geschäftsführer haften als Gesamtschuldner, wenn zum Zweck der Errichtung der Gesellschaft falsche Angaben gemacht werden.

I. Angaben zum Zweck der Errichtung

7 § 9a Abs. 1 gilt für alle Angaben, die im Zusammenhang mit der Errichtung gegenüber dem Registergericht gemacht oder diesem sonst offengelegt werden. Anders als § 46 AktG enthält die Vorschrift keinen Katalog der umfassten Angaben. Insofern ist der Anwendungsbereich des § 9a weit, da unter »Errichtung« der gesamte Gründungsvorgang bis zur Eintragung der GmbH im Handelsregister zu verstehen ist.[16]

8 Erfasst werden solche Angaben, die im Rahmen der konkreten Anmeldung gegenüber dem Registergericht zu erklären sind. Hauptanwendungsfall sind dabei die Angaben und Versicherungen nach § 8. Dazu zählen ferner aber z.B. auch Angaben über die Übernahme von Geschäftsanteilen, über die Einlageleistungen, die für die Sacheneinlage maßgeblichen Umstände und den Gründungsaufwand. § 9a erfasst dabei nicht nur Angaben, die zwingend erforderlich sind, sondern eine Haftung kann vielmehr auch aufgrund falscher (freiwilliger) Zusatzangaben ausgelöst werden. Dies gilt sogar dann, wenn die Angaben außerhalb des eigentlichen Eintragungsverfahrens als solchem gemacht wurden, also z.B. gegenüber einem sachverständigen Gründungsprüfer,[17] solange nur ein enger sachlicher Zusammenhang der Angaben mit dem Gründungsverfahren besteht.[18] Angaben gegenüber Mitgesellschaftern, die keinen unmittelbaren Bezug zur Eintragung der Gesellschaft haben, sind dagegen nicht erfasst.[19]

9 Eine Haftung nach § 9a setzt dabei nicht voraus, dass die Angabe für die Eintragung ursächlich ist. Aus dem Wortlaut der Norm (»zum Zwecke der Errichtung der

---

14 *Vossius*, in: Widmann/Mayer, UmwG, § 219 Rn. 21; vgl. zu der umstrittenen Frage, ob dies auch für Kommanditisten gilt *Petersen*, in: KK-UmwG, § 219 Rn. 3.

15 Vgl. dazu auch *Petersen*, in: KK-UmwG, § 245 Rn. 22; *Winter/Veil*, in: Scholz, GmbHG, § 9a Rn. 25.

16 *Schaub*, in: MünchKommGmbHG § 9a Rn. 17.

17 Vgl. dazu BGH, NJW 1999, 143; *Winter/Veil*, in: Scholz, GmbHG, § 9a Rn. 11; *Schaub*, in: MünchKommGmbHG, § 9a Rn. 48.

18 *Hueck/Fastrich*, in: Baumbach/Hueck, GmbHG, § 9a Rn. 11; *Tebben*, in: Michalski, GmbHG, § 9a Rn. 10.

19 *Hueck/Fastrich*, in: Baumbach/Hueck, GmbHG, § 9a Rn. 11; *Tebben*, in: Michalski, GmbHG, § 9a Rn. 10; *Ulmer*, in: Ulmer/Habersack/Winter, GmbHG, § 9a Rn 13.

Gesellschaft«) und dem Gesetzeszweck ergibt sich aber, dass die Angaben für die Ordnungsmäßigkeit der Gründung von Relevanz sein müssen.[20] Auf der anderen Seite werden durch die Vorschrift aber auch nur solche Angaben erfasst, die vor Eintragung der Gesellschaft gemacht wurden.[21]

II. Falsche Angaben

10 Voraussetzung für einen Anspruch nach § 9a ist, dass die Angaben falsch sind. Falsch sind zum einen inhaltlich unrichtige oder unvollständige Angaben, zum anderen aber auch solche die unterlassen wurden, obwohl sie gesetzlich zwingend hätten erklärt werden müssen.[22] Ob eine Angabe falsch ist, ist objektiv, also unabhängig von der Vorstellung der Gesellschafter oder Geschäftsführer, zu beurteilen.[23] Dabei ist aber der Gesamtzusammenhang der Angaben zu berücksichtigen. Ergibt sich hieraus, dass eine konkrete Angabe nur missverständlich oder falsch ausgedrückt wurde, ergibt sich die richtige Angabe aber aus dem Gesamtzusammenhang, scheidet eine Haftung aus.[24] In der Praxis von besonderer Relevanz sind falsche Angaben hinsichtlich der Kapitalaufbringung. Dies betrifft insbesondere die Versicherung des Geschäftsführers nach § 8 Abs. 2. Die entsprechenden Angaben des Geschäftsführers sind falsch, wenn sich die Bareinlage nicht endgültig zur freien Verfügung der Geschäftsführer befindet (§ 8 Abs. 2). Dies ist insbesondere dann der Fall, wenn eine verdeckte Sacheinlage vorliegt und dies in der Anmeldung nicht entsprechend offengelegt ist.[25] Gleiches gilt für die Angaben zum Hin- und Herzahlen nach § 19 Abs. 5 S. 2. Falsche Angaben liegen ferner dann vor, wenn bei Sacheinlagen im Sachgründungsbericht die Eigenschaften der Sacheinlage unrichtig dargestellt oder Mängel verschwiegen werden (§§ 8 Abs. 1 Nr. 4 und 5, 5 Abs. 4 S.2).[26]

---

20 *Winter/Veil*, in: Scholz, GmbHG, § 9a Rn. 9; *Ulmer*, in: Ulmer/Habersack/Winter, GmbHG, § 9a Rn 12; *Bayer*, in: Lutter/Hommelhoff, GmbHG, § 9a Rn. 3; eine Aufzählung relevanter Konstellationen findet sich bei *Schaub*, in: MünchKommGmbHG, § 9a Rn. 25 bis 34.

21 *Winter/Veil*, in: Scholz, GmbHG, § 9a Rn 9; *Schmidt-Leithoff*, in: Rowedder/Schmidt-Leithoff, GmbHG, § 9a Rn. 6.

22 Bericht des Rechtsausschusses BT-Drs. 8/3908, 71.

23 *Ulmer*, in: Ulmer/Habersack/Winter, GmbHG, § 9a Rn 16; *Schaub*, in: MünchKommGmbHG, § 9a Rn. 22.

24 RGZ 127, 186, 193 f; *Winter/Veil*, in: Scholz, GmbHG, § 9a Rn. 20; *Schaub*, in: MünchKommGmbHG § 9a Rn. 22.

25 OLG Celle, GmbHR 2001, 243; OLG Köln, NZG 1999, 459; *Roth*, in: Roth/Altmeppen, GmbHG, § 9a Rn. 5; *Winter/Veil*, in: Scholz, GmbHG, § 9a Rn 20; *Tebben*, in: Michalski, GmbHG, § 9a Rn. 11.

26 *Winter/Veil*, in: Scholz, GmbHG, § 9a Rn 17; *Ulmer*, in: Ulmer/Habersack/Winter, GmbHG, § 9a Rn 25; *Schaub*, in: MünchKommGmbHG, § 9a Rn. 31.

11 Für die Beurteilung, ob die Angabe falsch ist, kommt es auf die Verhältnisse zum **Zeitpunkt der Mitteilung** an.[27] Dies ist in der Regel der Zeitpunkt der Anmeldung. Wird eine zum Zeitpunkt der Mitteilung falsche Angabe bis zur Eintragung korrigiert, besteht keine Haftung nach § 9a.[28] Wird eine zum Zeitpunkt der Mitteilung richtige Angabe vor der Eintragung der Gesellschaft falsch, besteht keine Berichtigungspflicht.

III. Haftungsschuldner

1. Gesellschafter und Geschäftsführer

12 Gemäß § 9a Abs. 1 haften sämtliche Gesellschafter und Geschäftsführer der Gesellschaft als Gesamtschuldner. Dabei kommt es – vorbehaltlich der Regelung des Abs. 3 – nicht darauf an, dass der jeweilige Geschäftsführer bzw. Gesellschafter die falschen Angaben selbst erklärt hat. Ausreichend ist vielmehr, dass falsche Angaben zum Zweck der Errichtung der Gesellschaft gemacht worden sind, sei es z.B. auch von einem sachverständigen Dritten im Rahmen des Sachgründungsberichts/Bewertungsgutachtens.[29] Die strenge Zurechnung soll die Prüfung der Ordnungsmäßigkeit der Gründung durch alle Verantwortlichen gewährleisten.[30] Maßgeblicher Zeitpunkt für die Haftung ist dabei nach h.M. die Eintragung. Scheidet ein Gesellschafter oder Geschäftsführer vor Eintragung der Gesellschaft aus, haftet er – trotz ggf. erklärter falscher Angaben – nicht gemäß § 9a, da der Anspruch erst mit Eintragung entsteht.[31] Umgekehrt haftet nach überwiegender Ansicht auch ein Geschäftsführer, der nach Anmeldung, aber vor Eintragung der Gesellschaft bestellt wird, uneingeschränkt.[32] Ebenso haften auch die Gesellschafter, die zwar nicht Gründer der Gesellschaft waren, aber vor Eintragung der Gesellschaft durch Eintritt bzw. Gesellschafterwechsel hinzukommen.[33] Korrektiv ist in diesen Fällen Abs. 3.

---

27 OLG Bremen, GmbHR 1998, 40; *Winter/Veil*, in: Scholz, GmbHG, § 9a Rn. 21; *Schaub*, in: MünchKommGmbHG, § 9a Rn 51; *Hueck/Fastrich*, in: Baumbach/Hueck, GmbHG, § 9a Rn. 12; *Bayer*, in: Lutter/Hommelhoff, GmbHG, § 9a Rn. 5; a.A. OLG Rostock, GmbHR 1995, 658; *Roth*, in: Roth/Altmeppen, GmbHG, § 9a Rn 10; *Schmidt-Leithoff*, in: Rowedder/Schmidt-Leithoff, GmbHG, § 9a Rn 12, die als maßgeblichen Zeitpunkt die Eintragung ansehen.

28 *Hueck/Fastrich*, in: Baumbach/Hueck, GmbHG, § 9a Rn. 12; *Ulmer*, in: Hachenburg, GmbHG, § 9a Rn. 17; *Tebben*, in: Michalski, GmbHG, § 9a Rn. 15.

29 *Hueck/Fastrich*, in: Baumbach/Hueck, GmbHG, § 9a Rn. 2; *Winter/Veil*, in: Scholz, GmbHG, § 9a Rn. 10; *Roth*, in: Roth/Altmeppen, GmbHG, § 9a Rn. 11.

30 *Schaub*, in: MünchKommGmbHG, § 9a Rn. 38.

31 OLG Rostock, BB 1995, 1920; *Ulmer*, in: Ulmer/Habersack/Winter, GmbHG, § 9a Rn 32; *Winter/Veil*, in: Scholz, GmbHG, § 9a Rn 24; *Schmidt-Leithoff*, in: Rowedder/Schmidt-Leithoff, GmbHG, § 9a Rn 12.

32 *Schmidt-Leithoff*, in: Rowedder/Schmidt-Leithoff, GmbHG, § 9a Rn 13; *Schaub*, in: MünchKommGmbHG, § 9a Rn 37; einschränkend *Ulmer*, in: Ulmer/Habersack/Winter, GmbHG, § 9 Rn 32; *Tebben*, in: Michalski, GmbHG, § 9a Rn. 16.

33 *Hueck/Fastrich*, in: Baumbach/Hueck, GmbHG, § 9a Rn. 2; *Winter*, in: Scholz, GmbHG, § 9a Rn. 23 f.; *Tebben*, in: Michalski, GmbHG, § 9a Rn. 16.

13 a) **Geschäftsführer.** Die Haftung nach § 9a Abs. 1 trifft nicht nur diejenigen Geschäftsführer, die selbst falsche Angaben gemacht haben oder im Rahmen der Gründung aktiv beteiligt waren, sondern sämtliche Geschäftsführer. Sie erfasst auch einen fehlerhaft/unwirksam bestellten Geschäftsführer, der sein Amt tatsächlich ausübt.[34]

14 b) **Gesellschafter.** Im Hinblick auf die Haftung der Gesellschafter ist umstritten, ob die Haftung der nicht maßgeblich beteiligten Gesellschafter auf solche Angaben zu beschränken ist, die sie selbst gemacht oder veranlasst haben.[35] Dem tritt die ganz überwiegende Ansicht zu Recht entgegen.[36] Es entspricht der Konzeption des § 9a, dass durch eine strenge Zurechnung sichergestellt werden soll, dass alle Beteiligten die Ordnungsmäßigkeit der Gründung prüfen. Der Wortlaut des § 9a sieht insofern auch keine Einschränkung vor. Der Gesetzgeber hat als Korrektiv für die strenge Haftung das Verschuldenserfordernis nach Abs. 3 aufgestellt.

2. Hintermänner (Abs. 4)

15 Nach Abs. 4 sind in gleicher Weise Personen verantwortlich, für deren Rechnung die Gesellschafter Geschäftsanteile übernommen haben. Diese Personen haften gesamtschuldnerisch als dritte Gruppe neben den Geschäftsführern und den Gesellschaftern. Hierdurch soll die Umgehung der Gründerhaftung durch Vorschieben vermögensloser formeller Gründer verhindert werden. Erfasst werden insbesondere Treugeber im Rahmen von Treuhandverhältnissen.

16 Diese »Hintermänner« haften gem. Abs. 4 S. 2 nicht nur für eigenes Verschulden, sondern auch für die Kenntnis bzw. die Anwendung der Sorgfalt eines ordentlichen Geschäftsmanns des für sie handelnden Gesellschafters. Umstritten ist hierbei, ob die Haftung voraussetzt, dass der Hintermann eine beherrschende Stellung innehat, die ihm Einflussmöglichkeiten auf das Gründungsverfahren einräumt.[37] Diese Einschränkung findet – ebenso wie bei den Gesellschaftern – im Gesetz keine Stütze, würde zu erheblichen Abgrenzungsschwierigkeiten führen und ist abzulehnen. Auch im Hinblick auf diese Hintermänner bietet das Gesetz mit der Exkulpationsmöglichkeit nach Abs. 3 ein ausreichendes Korrektiv.

---

34 *Ulmer*, in: Ulmer/Habersack/Winter, GmbHG, § 9a Rn 32; *Winter/Veil*, in: Scholz, GmbHG, § 9a Rn. 23; *Bayer*, in: Lutter/Hommelhoff, GmbHG, § 9a Rn. 2.

35 So *Ulmer*, in: Ulmer/Habersack/Winter, GmbHG, § 9a Rn 33 mit weiteren Differenzierungen.

36 *Schaub*, in: MünchKommGmbHG, § 9a Rn 39; *Hueck/Fastrich*, in: Baumbach/Hueck, GmbHG, § 9a Rn. 2; *Schmidt-Leithoff*, in: Rowedder/Schmidt-Leithoff, GmbHG, § 9a Rn. 13; *Winter/Veil*, in: Scholz, GmbHG, § 9a Rn. 10.

37 So *Schmidt*, NJW 1980, 1771; *Ulmer*, in: Ulmer/Habersack/Winter, GmbHG, § 9a Rn 36; *Winter/Veil*, in: Scholz, GmbHG, § 9a Rn. 26; *Hueck/Fastrich*, in: Baumbach/Hueck, GmbHG, § 5 Rn. 4, a.A. *Schaub*, in: MünchKommGmbHG, § 9a Rn 42; *Schmidt-Leithoff*, in: Rowedder/Schmidt-Leithoff, GmbHG, § 9a Rn 28; *Bayer*, in: Lutter/Hommelhoff, GmbHG, § 9a Rn. 13; *Tebben*, in: Michalski, GmbHG, § 9a Rn. 17.

3. Sonstige Dritte

17 Die Regelung des § 9a ist abschließend. Eine Gründerhaftung auch z.B. für Aufsichtsratsmitglieder besteht daher, selbst bei einem zwingenden Aufsichtsrat, nicht. Gleiches gilt für sonstige im Rahmen des Gründungsverfahrens beteiligte Dritte, z.B. Gutachter oder sachverständige Prüfer. Diese haften lediglich nach den allgemeinen Regeln. Falsche Angaben durch solche dritten Personen können aber eine Haftung der Gesellschafter, Geschäftsführer oder Dritte auslösen, sofern diese ein Verschulden trifft.

IV. Anspruchsberechtigter

18 Anspruchsberechtigter ist allein die Gesellschaft, auch wenn diese im Zeitpunkt der Schädigungshandlung noch nicht bestand.[38] Die Entstehung des Anspruchs setzt aber die Eintragung der Gesellschaft voraus.[39] Die Haftung scheidet folglich aus, wenn das Registergericht die Eintragung ablehnt oder der Eintragungsantrag zurückgenommen wird.[40]

19 In Betracht kommen ferner Ansprüche der (Vor-)Gesellschaft oder Dritter nach § 826 BGB und § 823 Abs. 2 BGB i.V.m. § 82 sowie gegen die Gründer aus Vertragsverletzung oder gegen die Geschäftsführer aus § 43.[41] Soweit eine Eintragung der Gesellschaft erfolgt, gehen Ansprüche aus § 9a diesen Ansprüchen vor.

V. Verschulden (Abs. 3)

20 Gemäß Abs. 3 ist ein Geschäftsführer/Gesellschafter von der Gründerhaftung befreit, wenn er die die Ersatzpflicht begründenden Tatsachen weder kannte noch bei Anwendung der Sorgfalt eines ordentlichen Geschäftsmannes kennen musste. Die Gründerhaftung ist daher vom Grundsatz als Verschuldenshaftung aufgebaut, wobei im Hinblick auf das Verschulden eine Beweislastumkehr besteht. Der Haftungsschuldner muss den Beweis erbringen, dass er (bzw. im Fall des Abs. 4 zusätzlich der für ihn handelnde Gesellschafter) die Unrichtigkeit der Angabe weder kannte noch kennen musste. Haftungsmaßstab ist die Sorgfalt eines ordentlichen Geschäftsmanns. Insofern kann bereits leichte Fahrlässigkeit bzw. leicht fahrlässige Unkenntnis der haftungsbegründenden Handlung eines anderen die Haftung nach § 9a auslösen.[42] Da der Haftungsmaßstab rein objektiv ausgerichtet ist, kann sich der Schuld-

---

38 BGH, NJW 1975, 974; *Hueck/Fastrich*, in: Baumbach/Hueck, GmbHG, § 9a Rn. 1; *Bayer*, in: Lutter/Hommelhoff, GmbHG, § 9a Rn. 1.

39 *Ulmer*, in: Ulmer/Habersack/Winter, GmbHG, § 9a Rn 9; *Winter/Veil*, in: Scholz, GmbHG, § 9a Rn 3; *Roth*, in: Roth/Altmeppen, GmbHG, § 9a Rn 12; *Schaub*, in: MünchKommGmbHG, § 9a Rn 12.

40 *Ulmer*, in: Ulmer/Habersack/Winter, GmbHG, § 9a Rn 9; *Schaub*, in: MünchKommGmbHG, § 9a Rn 12.

41 *Winter/Veil*, in: Scholz, GmbHG, § 9a Rn 3.

42 *Hueck/Fastrich*, in: Baumbach/Hueck, GmbHG, § 9a Rn. 17; *Tebben*, in: Michalski, GmbHG, § 9a Rn. 20.

ner auch nicht damit entlasten, ihm habe die erforderliche Ausbildung oder Erfahrung gefehlt.[43] Gesellschafter und Geschäftsführer müssen sich auch das Verschulden von Vertretern oder Gehilfen zurechnen lassen.[44]

21 Der Haftende kann sich nicht auf mitwirkendes Verschulden der Gesellschaft gemäß §§ 254 Abs. 1, 31 BGB berufen. Die Berücksichtigung des Verschuldens der Geschäftsführer oder anderer Gesellschafter zulasten der Gesellschaft würde dem Schutzzweck der Vorschrift zuwiderlaufen.[45] Dagegen ist die Tatsache, dass ein Geschäftsführer nach Eintragung der Gesellschaft seiner Schadensminderungspflicht nicht nachkommt, beachtlich,[46] da insofern ein zweites, der Gesellschaft zurechenbares Verhalten ausgelöst worden ist.

VI. Beschlussfassung der Gesellschafter

22 Die Geltendmachung des Anspruchs gegen Geschäftsführer und Gesellschafter setzt gem. § 46 Nr. 8 einen Beschluss der Gesellschafter voraus. Ohne einen entsprechenden Gesellschafterbeschluss besteht kein Anspruch und eine entsprechende Klage ist als unbegründet abzuweisen.[47] Dies gilt nicht für den Fall, dass der Anspruch durch einen Insolvenzverwalter,[48] einen Pfändungsgläubiger[49] oder gegen einen Hintermann[50] nach Abs. 4 erhoben wird.

Der Anspruch verjährt gemäß § 9b Abs. 2 S. 1 in fünf Jahren. Dabei stellt § 9a Abs. 1 auf die falschen Angaben ab und nicht darauf, wann z.B. eine verdeckte Sacheinlage geheilt wird bzw. werden soll. Falsche Angaben im Rahmen eines Heilungsversuchs stellen auch keine zweite Verletzungshandlung im Sinne des § 9a Abs. 1 dar.[51]

---

43 *Bayer*, in: Lutter/Hommelhoff, GmbHG, § 9a Rn. 6; *Ulmer*, in: Ulmer/Habersack/Winter, GmbHG, § 9a Rn 38; *Winter/Veil*, in: Scholz, GmbHG, § 9a Rn. 27.

44 *Schaub*, in: MünchKommGmbHG, § 9a Rn. 59; *Schmidt-Leithoff*, in: Rowedder/Schmidt-Leithoff, GmbHG, § 9a Rn. 15.

45 BGH, NJW 1975, 974; *Ulmer*, in: Ulmer/Habersack/Winter, GmbHG, § 9a Rn. 45; *Hueck/Fastrich*, in: Baumbach/Hueck, GmbHG, § 9a Rn. 21; *Bayer*, in: Lutter/Hommelhoff, GmbHG, § 9a Rn 8; *Tebben*, in: Michalski, GmbHG, § 9a Rn. 23.

46 Zur AG: RZ 154, 285f.; BGHZ 64, 61f; für die GmbH auch *Winter*, in: Scholz, GmbHG, § 9a Rn. 34; *Bayer*, in: Lutter/Hommelhoff, GmbHG, § 9a Rn. 8; *Ulmer*, in: Ulmer/Habersack/Winter, GmbHG, § 9a Rn 45.

47 BGH, NJW 1959, 194; *Winter/Veil*, in: Scholz, GmbHG, § 9a Rn 4; *Schaub*, in: MünchKommGmbHG, § 9a Rn. 13.

48 OLG Schleswig, NZG 2001, 84; *Winter/Veil*, in: Scholz, GmbHG, § 9a Rn 4; *Tebben*, in: Michalski, GmbHG, § 9a Rn 25.

49 *Schaub*, in: MünchKommGmbHG, § 9a Rn 13; *Winter/Veil*, in: Scholz, GmbHG, § 9a Rn 4.

50 *Schmidt-Leithoff*, in: Rowedder/Schmidt-Leithoff, GmbHG, § 9a Rn. 29; *Winter/Veil*, in: Scholz, GmbHG, § 9a Rn 5; *Tebben*, in: Michalski, GmbHG, § 9a Rn 25.

51 KG Berlin, GmbHR 2011, 821.

C. Anspruchsinhalt und Innenausgleich

I. Anspruchsinhalt

23 Der Anspruch richtet sich auf Ersatz des gesamten kausal entstandenen Schadens. Die Gesellschaft ist so zu stellen wie sie stünde, wenn die Angaben zutreffend gewesen wären. Nicht erheblich ist dagegen, wie sie stünde, wenn die falschen Angaben nicht gemacht worden wären. Der Schuldner kann sich folglich nicht darauf berufen, es fehle an einem Schaden, da ohne seine Falschangabe die Gesellschaft nicht entstanden wäre.[52] Zu ersetzen sind auch Folgeschäden, einschließlich entgangenen Gewinns.[53]

24 Als eine Art Mindestschaden sind nach § 9a explizit fehlende Einzahlungen und nicht unter den Gründungsaufwand aufgenommene Vergütungen zu ersetzen. Trotz des Wortlauts »Einzahlung« gilt die Vorschrift nicht nur für Bar-, sondern auch für Sacheinlagen.[54] Ansprüche aus § 9a stehen neben Ansprüchen aus noch offenen Einlagepflichten (§§ 9, 24), soweit sie nach Inhalt und Höhe deckungsgleich sind.[55] Die Forderungen stehen im Verhältnis einer (unechten) Gesamtschuld zueinander.[56] Insofern entfällt der Schaden im Sinne des § 9a nicht, wenn ein Anspruch auf Einlageschuld noch besteht. Die Gesellschaft kann folglich die Einlage- und Haftungsschuldner nebeneinander in Anspruch nehmen. Im Innenverhältnis zwischen Einlageschuldner und Schuldner aus § 9a trifft in diesen Fällen aber auf Grundlage der gesellschaftsvertraglichen Verpflichtungen alleine den Einlageschuldner die Ausgleichspflicht.[57]

25 Im Hinblick auf die ausdrückliche Nennung von »Vergütungen, die nicht unter den Gründungsaufwand aufgenommen sind« können Ansprüche in diesem Zusammenhang nur in der Satzung begründet werden.[58] Andernfalls sind sie der Gesellschaft zu erstatten. Die Gesellschaft steht die Möglichkeit offen, die entsprechenden Vergütungen auch auf Basis von § 9a von den Geschäftsführern oder Gesellschaftern zu verlangen.

---

52 BGH, NJW 1975, 974; RG RGZ 144, 348; *Winter/Veil*, in: Scholz, GmbHG, § 9a Rn 30; *Roth*, in: Roth/Altmeppen, GmbHG, § 9a Rn 15.

53 *Schaub*, in: MünchKommGmbHG, § 9a Rn. 62; *Bayer*, in: Lutter/Hommelhoff, GmbHG, § 9a Rn. 8; *Tebben*, in: Michalski, GmbHG, § 9a Rn. 26.

54 *Ulmer*, in: Ulmer/Habersack/Winter, GmbHG, § 9a Rn 42; *Winter/Veil*, in: Scholz, GmbHG, § 9a Rn 32; *Roth*, in: Roth/Altmeppen, GmbHG, § 9a Rn 16.

55 OLG Hamm, GmbHR 1994, 399, 401; OLG Celle, NZG 2000, 1178, 1179; *Bayer*, in: Lutter/Hommelhoff, GmbHG, § 9a Rn. 7; *Tebben*, in: Michalski, GmbHG, § 9a Rn. 27.

56 KG, NZG 2000, 841; *Schaub*, in: MünchKommGmbHG, § 9a Rn. 80; *Hueck/Fastrich*, in: Baumbach/Hueck, GmbHG, § 9a Rn. 6.

57 *Hueck/Fastrich*, in: Baumbach/Hueck, GmbHG, § 9a Rn. 6.

58 *Hueck/Fastrich*, in: Baumbach/Hueck, GmbHG, § 5 Rn. 57.

II. Innenausgleich

26 Mehrere für denselben Schaden verantwortliche Personen haften als Gesamtschuldner, sodass die Gesellschaft – unabhängig von der Frage, wer die falschen Angaben gemacht hat – alle Schuldner in voller Höhe in Anspruch nehmen kann. Die Ausgleichsansprüche der Haftpflichtigen zueinander bestimmen sich nach § 426 BGB. Maßgebend sind daher primär ggf. bestehende vertragliche Vereinbarungen und der Grad des Verschuldens entsprechend § 254 BGB. Unerheblich ist im Hinblick auf den Rechtsgrund der Haftung die jeweilige Beteiligungshöhe des Gesellschafters.[59]

D. Haftung für Schädigung durch Einlagen und Gründungsaufwand (Abs. 2)

27 Abs. 2 ergänzt die Regelung des Abs. 1 im Hinblick auf Fälle, in denen Gesellschafter die Gesellschaft durch Einlagen oder Gründungsaufwand schädigen. Im Gegensatz zu Abs. 1 sind daher potentielle Haftungsschuldner alleine die Gesellschafter bzw. über Abs. 4, der auch im Hinblick auf Abs. 2 Anwendung findet, die jeweiligen Hintermänner, nicht jedoch die Geschäftsführer der Gesellschaft. Anders als bei Abs. 1 kann die Schädigungshandlung auch noch nach der Eintragung der GmbH erfolgen.[60]

28 Fälle, in denen eine Haftung nach Abs. 2 einschlägig ist, sind in der Praxis eher selten. Denkbar ist eine Haftung wegen einer Schädigung durch Einlagen z.B. dann, wenn die Einlage zwar zutreffend bewertet wurde, aber für die Gesellschaft unbrauchbare oder mit hohen Folgekosten verbundene Gegenstände eingelegt werden.[61] Eine Schädigung durch Gründungsaufwand kommt beispielsweise in Betracht, wenn dieser zwar formal ordnungsgemäß in der Satzung festgesetzt wurde, aber unangemessen hoch ist.[62] Vom Haftungsumfang sind auch Folgeschäden erfasst.

29 Die Haftung nach Abs. 2 setzt ein qualifiziertes Verschulden voraus. Die Schädigung muss auf einem vorsätzlichen oder grob fahrlässigen Handeln eines Gesellschafters beruhen. Die Beweislast hierfür trägt die Gesellschaft.[63] Liegen diese Voraussetzungen vor, haften die übrigen Haftpflichtigen aber bereits bei leicht fahrlässiger

---

59 *Tebben*, in: Michalski, GmbHG, § 9a Rn. 19; *Hueck/Fastrich*, in: Baumbach/Hueck, GmbHG, § 9a Rn. 5; a.A. *Ulmer*, in: Ulmer/Habersack/Winter, GmbHG, § 9a Rn 53.

60 *Schmidt-Leithoff*, in: Rowedder/Schmidt-Leithoff, GmbHG, § 9a Rn 21; *Winter/Veil*, in: Scholz, GmbHG, § 9a Rn 36; *Ulmer*, in: Ulmer/Habersack/Winter, GmbHG, § 9a Rn 48 zur verdeckten Sacheinlage.

61 *Schaub*, in: MünchKommGmbHG, § 9a Rn. 71; *Tebben*, in: Michalski, GmbHG, § 9a Rn 30.

62 Bericht des Rechtsausschusses BT-Drs. 8/3908, S. 72; *Roth*, in: Roth/Altmeppen, GmbHG, § 9a Rn 18; *Bayer*, in: Lutter/Hommelhoff, GmbHG, § 9a Rn. 9; *Ulmer*, in: Ulmer/Habersack/Winter, GmbHG, § 9a Rn 49.

63 *Schaub*, in: MünchKommGmbHG, § 9a Rn. 75; *Winter/Veil*, in: Scholz, GmbHG, § 9a Rn 37.

Unkenntnis des objektiven Schädigungstatbestandes.[64] Insoweit ist die Verschuldensvermutung nach Abs. 3 einschlägig.

§ 9b Verzicht auf Ersatzansprüche

(1) [1]Ein Verzicht der Gesellschaft auf Ersatzansprüche nach § 9a oder ein Vergleich der Gesellschaft über diese Ansprüche ist unwirksam, soweit der Ersatz zur Befriedigung der Gläubiger der Gesellschaft erforderlich ist. [2]Dies gilt nicht, wenn der Ersatzpflichtige zahlungsunfähig ist und sich zur Abwendung des Insolvenzverfahrens mit seinen Gläubigern vergleicht oder wenn die Ersatzpflicht in einem Insolvenzplan geregelt wird.

(2) [1]Ersatzansprüche der Gesellschaft nach § 9a verjähren in fünf Jahren. [2]Die Verjährung beginnt mit der Eintragung der Gesellschaft in das Handelsregister oder, wenn die zum Ersatz verpflichtende Handlung später begangen worden ist, mit der Vornahme der Handlung.

Übersicht **Rdn.**

Schrifttum

Cahn, Vergleichsverbote im Gesellschaftsrecht, 1996; *Haas*, Der Verzicht und Vergleich auf Haftungsansprüche gegen den GmbH-Geschäftsführer, ZInsO 2007, 464.

64 *Ulmer*, in: Ulmer/Habersack/Winter, GmbHG, § 9a Rn 51; *Hueck/Fastrich*, in: Baumbach/Hueck, GmbHG, § 9a Rn. 18; *Winter/Veil*, in: Scholz, GmbHG, § 9a Rn 38; *Roth*, in: Roth/Altmeppen, GmbHG, § 9a Rn 18.

A. Allgemeines

I. Regelungszweck und Entstehungsgeschichte

1 § 9b dient dem Schutz der Gesellschaftsgläubiger. Er schränkt für die Gesellschaft die nach allgemeinen zivilrechtlichen Grundsätzen gegebenen Möglichkeiten ein, auf bestimmte Ansprüche zu verzichten oder sich über sie zu vergleichen.[1] § 9b sichert somit die Durchsetzbarkeit gläubigerschützender Ersatzansprüche. Die Gesellschaft selbst hingegen oder Minderheitsgesellschafter fallen nicht in den Schutzbereich der Norm.[2] Insofern beschränkt sich der durch das GmbHG vermittelte Schutz überstimmter Gesellschafter auf die allgemeinen Stimmrechtsschranken, insbesondere das Verbot treupflichtwidrigen Abstimmungsverhaltens.[3]

2 Eingefügt wurde § 9b unter geringfügiger Abänderung der Vorgängervorschrift des § 9 Abs. 2 und 3 a.F. durch die GmbH-Novelle 1980.[4] Im Zuge der Neuordnung des Insolvenzverfahrens wurde Abs. 1 Satz 2 durch Art. 48 Nr. 1 i.V.m. 110 Abs. 1 EGInsO angepasst.

II. Anwendungsbereich

3 § 9b gilt zunächst im Rahmen der Gründung von GmbHs. Allerdings erklärt § 57 Abs. 4 die §§ 9a Abs. 1 und 3 und 9b für entsprechend anwendbar und bezieht somit Ersatzansprüche der Gesellschaft gegen die Geschäftsführer im Zusammenhang mit falschen Erklärungen bei Bar- bzw. Sachkapitalerhöhungen in den Kreis der Ansprüche ein, hinsichtlich derer Vergleich und Verzicht seitens der Gesellschaft nur in den Grenzen des Abs. 1 zulässig sind.[5] Darüber hinaus gilt die Regelung des § 9b auch im Rahmen von Umwandlungsmaßnahmen, sofern in diesen Fällen § 9a Anwendung findet. Schließlich greift § 9b auch aufgrund Inbezugnahme im Hinblick auf andere zwingende Ersatzansprüche der Gesellschaft. Dies gilt namentlich für § 43 Abs. 3 sowie für § 64 Satz 1 und 3.

B. Unwirksamkeit von Verzicht und Vergleich (Abs. 1 Satz 1)

4 Gemäß § 9b Abs. 1 Satz 1 sind unter bestimmten Voraussetzungen ein Verzicht oder ein Vergleich der Gesellschaft auf Ersatzansprüche nach § 9a unwirksam.

---

1 *Ulmer*, in: Ulmer/Habersack/Winter, GmbHG, § 9b Rn. 1; *Schaub*, in: MünchKommGmbHG, § 9b Rn. 1.

2 Begr. RegE, BT-Drs. 8/1347, 36; *Ulmer*, in: Ulmer/Habersack/Winter, GmbHG, § 9b Rn. 2; *Winter/Veil*, in: Scholz, GmbHG, § 9b Rn. 1.

3 *Ulmer*, in: Ulmer/Habersack/Winter, GmbHG, § 9b Rn. 2; *Winter/Veil*, in: Scholz, GmbHG, § 9b Rn. 2; *Schaub*, in: MünchKommGmbHG, § 9b Rn. 10.

4 Gesetz v. 4.7.1980, BGBl. I S. 836.

5 *Schaub*, in: MünchKommGmbHG, § 9b Rn. 4.; *Winter/Veil*, in: Scholz, GmbHG, § 9b Rn. 2; *Schaub*, in: MünchKommGmbHG, § 9b Rn. 4.

I. Erfasste Rechtsgeschäfte

1. Verzicht

5 »Verzicht« im Sinne des § 9b Abs. 1 ist entsprechend seinem gläubigerschützenden Zweck weit auszulegen. Er betrifft zunächst die materiell-rechtlichen Institute des Erlassvertrages nach § 397 Abs. 1 BGB sowie des negativen Schuldanerkenntnisses nach § 397 Abs. 2 BGB. Erfasst werden auch ein Teilverzicht bezüglich eines Teils des Regressanspruchs sowie ein Verzicht gegenüber einzelnen, also nicht allen Gesamtschuldnern.[6]

6 Neben dem Verzicht im materiellrechtlichen Sinne unterliegen auch der prozessuale Verzicht nach § 306 ZPO und das prozessuale Anerkenntnis nach § 307 ZPO als Prozesshandlungen den durch § 9b Abs. 1 gezogenen Schranken.[7] Grundsätzlich kann der Kläger zwar über den Gegenstand des Verzichts verfügen, jedoch nur insoweit wie der Verzicht nicht im Widerspruch zu zwingenden Vorschriften des materiellen Rechts steht.[8] Sind die Ersatzansprüche zur Befriedigung der Gläubiger erforderlich, so widerspricht ein Verzicht im Rahmen einer Prozesshandlung der materiellrechtlichen Vorschrift des § 9b Abs. 1.

7 Auch eine Entlastung von Geschäftsführern nach § 46 Nr. 5 kann nach Ansicht des BGH einen Verzicht im Sinne des Abs. 1 darstellen,[9] sofern dieser Bezug zu haftungsbegründenden Vorgängen nach §§ 9a, 43 Abs. 3, 64 hat. Der in § 9b verankerte Gläubigerschutz mittels eingeschränkter Dispositionsbefugnis greift insofern auch ein, wenn ein gesellschaftsrechtliches Institut dieselben Wirkungen zeitigt wie ein zivilrechtlicher oder prozessualer Verzicht.

2. Vergleich

8 Maßgeblich für den »Vergleich« im Sinne des Abs. 1 ist der materiellrechtliche Begriff des § 779 BGB. Es muss also die Beseitigung eines Streits oder einer Ungewissheit der Parteien über ein Rechtsverhältnis im Wege gegenseitigen Nachgebens vorliegen.[10] Auch der Prozessvergleich unterliegt den Beschränkungen des Abs. 1, da er zugleich materielles Rechtsgeschäft ist.[11] Vergleiche im Sinne des Abs. 1 sind auch

---

6 *Winter/Veil*, in: Scholz, GmbHG, § 9b Rn. 6; *Schmidt-Leithoff*, in: Rowedder/Schmidt-Leithoff, GmbHG, § 9b Rn. 5; *Tebben*, in: Michalski, GmbHG, § 9b Rn. 2.

7 *Schaub*, in: MünchKommGmbHG, § 9b Rn. 14; *Ulmer*, in: Ulmer/Habersack/Winter, GmbHG, § 9b Rn. 11; *Tebben*, in: Michalski, GmbHG, § 9b Rn. 2.

8 *Musielak*, ZPO, 7. Aufl. 2009, § 306 Rn. 3.

9 BGHZ 94, 324, 327; BGHZ 97, 382, 384; BGH, NJW 1959, 192; *Schaub*, in: MünchKommGmbHG, § 9b Rn. 16; *Tebben*, in: Michalski, GmbHG, § 9b Rn. 2.

10 *Winter/Veil*, in: Scholz, GmbHG, § 9b Rn. 7; *Ulmer*, in: Ulmer/Habersack/Winter, GmbHG, § 9b Rn. 10; *Schaub*, in: MünchKommGmbHG, § 9b Rn. 15.

11 Näher *Ulmer*, in: Ulmer/Habersack/Winter, GmbHG, § 9b Rn. 11; *Roth*, in: Roth/Altmeppen, GmbHG, § 9b Rn. 2; *Schmidt-Leithoff*, in: Rowedder/Schmidt-Leithoff, GmbHG, § 9b Rn. 6; *Tebben*, in: Michalski, GmbHG, § 9b Rn. 4.

Teilerlass, Stundung oder Gewährung einer Ratenzahlung, wenn sie unter gegenseitigem Nachgeben vereinbart wurden, z.B. weil der Schuldner im Gegenzug seine Ersatzpflicht anerkannt hat.[12]

3. Sonstige Rechtsgeschäfte

9 Im Rahmen des Ersatzanspruchs nach § 9a sind Erfüllungssurrogate zu berücksichtigen. Bei einer Leistung an Erfüllungs statt nach § 364 Abs. 1 BGB darf jedoch der Wert des Erfüllungssurrogats die Höhe des Anspruchs der Gesellschaft nicht unterschreiten und aus diesem Grund die Gläubiger benachteiligen.[13] Andernfalls würde eine entsprechende Vereinbarung zwischen Gesellschaft und Gesellschafter/Geschäftsführer vor dem Hintergrund des § 9b Abs. 1 Satz 1 unwirksam sein. Ebenfalls von den Schranken des § 9b Abs. 1 erfasst wird nach h.M. die Abtretung des Regressanspruchs der Gesellschaft an einen Dritten ohne vollwertige Gegenleistung.[14] Im Ergebnis sind von Satz 1 daher auch sämtlich Rechtsgeschäfte erfasst, durch die eine vollwertige Schadensersatzleistung im Sinne des § 9a vereitelt wird.

II. Unwirksamkeit eines Verzichts/Vergleichs

10 Ein Verzicht oder ein Vergleich im Hinblick auf einen Anspruch nach § 9a ist jedoch nicht *per se* unwirksam, sondern nur dann, wenn und soweit die erlassenen Mittel zur Befriedigung der Gesellschaftsgläubiger erforderlich sind. Die Eröffnung des Insolvenzverfahrens nach § 27 InsO über das Vermögen der Gesellschaft oder die Ablehnung der Eröffnung mangels Masse[15] ist hierfür nicht zwingend, da die erlassenen Mittel auch dann als zur Befriedigung der Gesellschaftsgläubiger erforderlich anzusehen sind, wenn ein materieller, die Insolvenzantragspflicht nach §§ 15a, 17 ff InsO auslösender Insolvenzgrund vorliegt (Zahlungsunfähigkeit oder Überschul-

12 *Ulmer*, in: Ulmer/Habersack/Winter, GmbHG, § 9b Rn. 10; *Schaub*, in: MünchKommGmbHG, § 9b Rn. 15; *Winter/Veil*, in: Scholz, GmbHG, § 9b Rn. 7.

13 OLG Hamm, NZG 2001, 1144; *Winter/Veil*, in: Scholz, GmbHG, § 9b Rn. 5; *Schmidt-Leithoff*, in: Rowedder/Schmidt-Leithoff, GmbHG, § 9b Rn. 8; *Bayer*, in: Lutter/Hommelhoff, GmbHG, § 9b Rn. 1; *Schaub*, in: MünchKommGmbHG, § 9b Rn. 17; *Tebben*, in: Michalski, GmbHG, § 9b Rn. 5.

14 *Winter/Veil*, in: Scholz, GmbHG, § 9b Rn. 5; *Schmidt-Leithoff*, in: Rowedder/Schmidt-Leithoff, GmbHG, § 9b Rn. 8; *Bayer*, in: Lutter/Hommelhoff, GmbHG, § 9b Rn. 1; anders *Ulmer*, in: Ulmer/Habersack/Winter, GmbHG, § 9b Rn. 12, der für die Anwendung des § 9b zusätzlich eine besondere Umgehungskonstellation fordert, etwa ein Näheverhältnis zwischen Schuldner und Drittem, und in diesen Fällen § 9b lediglich analog anwenden will.

15 *Winter/Veil*, in: Scholz, GmbHG, § 9b Rn. 8; *Schmidt-Leithoff*, in: Rowedder/Schmidt-Leithoff, GmbHG, § 9b Rn. 9; *Schaub*, in: MünchKommGmbHG, § 9b Rn. 18; *Roth*, in: Roth/Altmeppen, GmbHG, § 9b Rn. 2.

dung). Ausreichend sind jedoch bereits ernsthafte, nicht nur vorübergehende Zahlungsschwierigkeiten in Form von Zahlungsstockungen.[16]

11 Die Beweislast für die Unwirksamkeit von Verzicht oder Vergleich obliegt der Gesellschaft als sich darauf berufender Teil bzw. dem Ansprüche nach § 9a pfändenden Gläubiger.[17]

12 Ein vereinbarter Verzicht oder Vergleich ist dadurch insoweit auflösend bedingt, dass das Vermögen der Gesellschaft nicht zur Befriedigung der Gläubiger der Gesellschaft ausreicht. Die Unwirksamkeit tritt dabei von selbst ein und muss nicht durch Ausübung eines Gestaltungsrechts herbeigeführt werden.[18] Es genügt, wenn sich einer der Beteiligten auf die Unwirksamkeit beruft. Dies kann – vorbehaltlich der bestehenden gesellschaftsrechtlichen Treuepflicht – auch der Schuldner sein, wenn er sich etwa aus anderen Gründen ohnehin von dem mit der Gesellschaft geschlossenen Vergleich lösen möchte. Pfändende Gesellschaftsgläubiger können sich auf die Unwirksamkeit berufen, indem sie die Zwangsvollstreckung in den Ersatzanspruch nach den §§ 829 ff. ZPO betreiben.[19]

C. Wirksamkeit eines Verzichts/Vergleichs

I. Nichtvorliegen der Voraussetzungen nach Abs. 1 Satz 1

13 Gemäß Abs. 1 S. 1 ist ein Verzicht oder ein Vergleich über Ansprüche gemäß § 9a nur dann unwirksam, wenn der Ersatz zur Befriedigung der Gläubiger der Gesellschaft erforderlich ist. Ist dies nicht der Fall, kann sich die Gesellschaft auch über Ansprüche nach § 9a vergleichen bzw. auf diese verzichten. Voraussetzung ist entsprechend § 46 Nr. 8 ein entsprechender Beschluss der Gesellschafterversammlung,[20] wobei betroffene Gesellschafter bei der Abstimmung gemäß § 57 Abs. 4 nicht stimmberechtigt sind.[21]

---

16 *Ulmer*, in: Ulmer/Habersack/Winter, GmbHG, § 9b Rn. 13; *Winter/Veil*, in: Scholz, GmbHG, § 9b Rn. 8; *Hueck-Fastrich*, in: Baumbach/Hueck, GmbHG, § 9b Rn. 2; *Bayer*, in: Lutter/Hommelhoff, GmbHG, § 9b Rn. 2; *Tebben*, in: Michalski, GmbHG, § 9b Rn. 7.

17 *Winter/Veil*, in: Scholz, GmbHG, § 9b Rn. 9; *Tebben*, in: Michalski, GmbHG, § 9b Rn. 9; *Schaub*, in: MünchKommGmbHG, § 9b Rn. 20.

18 *Winter/Veil*, in: Scholz, GmbHG, § 9b Rn. 11; *Schmidt-Leithoff*, in: Rowedder/Schmidt-Leithoff, GmbHG, § 9b Rn. 9; *Bayer*, in: Lutter/Hommelhoff, GmbHG, § 9b Rn. 2; *Hueck/Fastrich*, in: Baumbach/Hueck, GmbHG, § 9b Rn. 2.

19 *Schaub*, in: MünchKommGmbHG, § 9b Rn. 21; *Schmidt-Leithoff*, in: Rowedder/Schmidt-Leithoff, GmbHG, § 9b Rn. 10.

20 *Ulmer*, in: Ulmer/Habersack/Winter, GmbHG, § 9b Rn. 6; *Winter/Veil*, in: Scholz, GmbHG, § 9b Rn. 4; *Schaub*, in: MünchKommGmbHG, § 9b Rn. 9; *Hueck/Fastrich*, in: Baumbach/Hueck, GmbHG, § 9b Rn. 2; *Schmidt-Leithoff*, in: Rowedder/Schmidt-Leithoff, GmbHG, § 9b Rn. 4; *Schaub*, in: MünchKommGmbHG, § 9b Rn. 9.

21 *Ulmer*, in: Ulmer/Habersack/Winter, GmbHG, § 9b Rn. 6; *Winter/Veil*, in: Scholz, GmbHG, § 9b Rn. 4; *Schaub*, in: MünchKommGmbHG, § 9b Rn. 9.

14 Erfolgt der Verzicht oder Vergleich nur mit einem Teil der Regresspflichtigen, so entfaltet er nach §§ 423, 425 BGB nur Einzelwirkung gegenüber dem konkret beteiligten Schuldner. Ob eine schuldbefreiende Verfügung Einzel- oder Gesamtwirkung entfaltet, hängt dabei von der konkreten Abrede ab. Der BGH geht im Zweifel von Einzelwirkung aus.[22] Allerdings verbleiben in diesem Fall den nicht von der Schuldbefreiung begünstigten Gesellschaftern bzw. Geschäftsführern im Rahmen der Gesamtschuld interne Ausgleichsansprüche gegen die befreite Person.[23] Machen die nicht befreiten Schuldner geltend, dass der Verzicht bzw. der Vergleich über den Ersatzanspruch Gesamtwirkung für alle Gesamtschuldner haben sollte, so trifft sie wegen des umgekehrten Regel-Ausnahme-Verhältnisses die Beweislast für diese Tatsache.[24]

II. Ausnahmen (Abs. 1 Satz 2)

15 Von der Unwirksamkeitsfolge des Abs. 1 Satz 1 macht Satz 2 eine Ausnahme, wenn der Schuldner des Ersatzanspruchs im Sinne von § 17 Abs. 2 InsO zahlungsunfähig ist und sich zur Abwendung oder Beendigung des Insolvenzverfahrens mit seinen Gläubigern vergleicht oder wenn die Ersatzpflicht in einem Insolvenzplan geregelt wird (§§ 217 ff InsO).

16 Nach zum Teil vertretener Auffassung soll auch bereits die drohende Zahlungsunfähigkeit den Ausnahmetatbestand des Satzes 2 erfüllen können, allerdings nur wenn sie aufgrund eines Antrags des Schuldners zur Eröffnung des Insolvenzverfahrens geführt hat.[25]

1. Abwendungsvergleich

17 Da infolge der Insolvenzrechtsreform das gerichtliche Vergleichsverfahren entfallen ist, kann es sich bei dem in Satz 2 genannten Vergleich nur um einen außergerichtlichen Vergleich mit den am Insolvenzverfahren interessierten Gläubigern handeln.[26] Als Insolvenzgrund kommt dabei neben der ausdrücklich genannten Zahlungsunfähigkeit auch die Überschuldung in Betracht.[27] Wird nach Eröffnung des Insolvenzverfahrens ein Vergleich im Sinne von § 9b Abs. 1 Satz 2 geschlossen, müssen, wenn

---

22 BGH, NJW 2000, 1942.

23 BGHZ 11, 170, 174; BGH, NJW 1992, 2286, 2287.

24 *Schaub*, in: MünchKommGmbHG, § 9b Rn. 11.

25 *Winter/Veil*, in: Scholz, GmbHG, § 9b Rn. 12; *Schaub*, in: MünchKommGmbHG, § 9b Rn. 24.

26 *Winter/Veil*, in: Scholz, GmbHG, § 9b Rn. 14; *Schaub*, in: MünchKommGmbHG, § 9b Rn. 27.

27 In analoger Anwendung, vgl. zutreffend *Ulmer*, in: Ulmer/Habersack/Winter, GmbHG, § 9b Rn. 13; *Winter/Veil*, in: Scholz, GmbHG, § 9b Rn. 12; *Tebben*, in: Michalski, GmbHG, § 9b Rn. 10; *Bayer*, in: Lutter/Hommelhoff, GmbHG, § 9b Rn. 3; *Schaub*, in: MünchKommGmbHG, § 9b Rn. 26.

das Insolvenzverfahren durch diesen Vergleich beendet werden soll, gemäß § 213 InsO alle Gläubiger zustimmen.[28]

2. Insolvenzplan

18 Der in §§ 217 ff. InsO geregelte Insolvenzplan sieht im Hinblick auf die Ersatzforderung aus § 9a regelmäßig die Kürzung, Stundung oder anderweitige Modifizierungen vor. Der Plan erlangt durch mehrheitliche Annahme durch die Gläubiger (§ 244 InsO) sowie rechtskräftige Bestätigung durch das Insolvenzgericht (§§ 248, 254 InsO) Wirksamkeit.

D. Verjährung (Abs. 2)

19 Abs. 2 regelt Beginn und Dauer der Verjährung des Anspruchs aus § 9b. Im Übrigen – etwa bzgl. der Hemmung und Unterbrechung – gelten die allgemeinen zivilrechtlichen Vorschriften.[29] Eine vertragliche Verkürzung der Verjährungsfrist ist wegen des zwingenden Charakters des Abs. 2 ausgeschlossen.[30]

20 Die Verjährungsfrist für Ersatzansprüche nach § 9a beträgt 5 Jahre und beginnt mit der Eintragung der Gesellschaft im Handelsregister. Nicht maßgeblich ist dabei einerseits, dass anspruchsbegründende Tatsachen bereits vor Eintragung vorliegen,[31] andererseits, dass ein Schaden sich erst nach Eintragung realisiert.[32] Wurde die zum Ersatz verpflichtende Handlung erst nach Eintragung der Gesellschaft begangen, beginnt nach der Ausnahmeregelung des Abs. 2 Satz 2 Alt. 2 der Fristenlauf erst mit Vornahme der Handlung. Zum Tragen kann dies bei der Haftung nach § 9a Abs. 2[33] sowie im Rahmen wirtschaftlicher Neugründungen bei der Verwendung und Aktivierung von Vorrats- oder Mantelgesellschaften kommen.[34]

---

28 *Ulmer*, in: Ulmer/Habersack/Winter, GmbHG, § 9b Rn. 20; *Winter/Veil*, in: Scholz, GmbHG, § 9b Rn. 15; *Schmidt-Leithoff*, in: Rowedder/Schmidt-Leithoff, GmbHG, § 9b Rn. 7.

29 *Schaub*, in: MünchKommGmbHG, § 9b Rn. 30; *Winter/Veil*, in: Scholz, GmbHG, § 9b Rn. 16; *Tebben*, in: Michalski, GmbHG, § 9b Rn. 16.

30 *Schaub*, in: MünchKommGmbHG, § 9b Rn. 30; *Tebben*, in: Michalski, GmbHG, § 9b Rn. 14.

31 *Ulmer*, in: Ulmer/Habersack/Winter, GmbHG, § 9b Rn. 25.

32 *Winter/Veil*, in: Scholz, GmbHG, § 9b Rn. 17; *Hueck/Fastrich*, in: Baumbach/Hueck, GmbHG, § 9b Rn. 4.

33 *Schmidt-Leithoff*, in: Rowedder/Schmidt-Leithoff, GmbHG, § 9b Rn. 13; *Roth*, in: Roth/Altmeppen, GmbHG, § 9b Rn. 6; *Schaub*, in: MünchKommGmbHG, § 9b Rn. 32.

34 *Schaub*, in: MünchKommGmbHG, § 9b Rn. 32.

21 Durch den Abschluss eines wirksamen außergerichtlichen Vergleichs wird regelmäßig eine neue fünfjährige Verjährungsfrist in Gang gesetzt.[35] Dies gilt jedoch nicht, soweit das ursprüngliche Schuldverhältnis durch ein neues Rechtsverhältnis, z.B. bei Abgabe eines abstrakten Schuldanerkenntnisses, ersetzt wird. Für dieses gilt dann die Regelverjährung des § 195 BGB.[36] Bei Abschluss eines Prozessvergleichs bzw. nach rechtskräftiger Feststellung der Forderung ersetzt die 30-jährige Verjährungsfrist (§ 197 Abs. 1 Nr. 4 bzw. § 197 Abs. 1 Nr. 3 BGB) die Verjährungsfrist des Abs. 2.[37]

§ 9c Ablehnung der Eintragung

(1) [1]Ist die Gesellschaft nicht ordnungsgemäß errichtet und angemeldet, so hat das Gericht die Eintragung abzulehnen. [2]Dies gilt auch, wenn Sacheinlagen nicht unwesentlich überbewertet worden sind.

(2) Wegen einer mangelhaften, fehlenden oder nichtigen Bestimmung des Gesellschaftsvertrages darf das Gericht die Eintragung nach Absatz 1 nur ablehnen, soweit diese Bestimmung, ihr Fehlen oder ihre Nichtigkeit

1. **Tatsachen oder Rechtsverhältnisse betrifft, die nach § 3 Abs. 1 oder auf Grund anderer zwingender gesetzlicher Vorschriften in dem Gesellschaftsvertrag bestimmt sein müssen oder die in das Handelsregister einzutragen oder von dem Gericht bekanntzumachen sind,**
2. **Vorschriften verletzt, die ausschließlich oder überwiegend zum Schutze der Gläubiger der Gesellschaft oder sonst im öffentlichen Interesse gegeben sind, oder**
3. **die Nichtigkeit des Gesellschaftsvertrages zur Folge hat.**

Übersicht **Rdn.**

35 *Ulmer*, in: Ulmer/Habersack/Winter, GmbHG, § 9b Rn. 26; *Schaub*, in: MünchKommGmbHG, § 9b Rn. 33; *Tebben*, in: Michalski, GmbHG, § 9b Rn. 15; a.A. *Roth*, in: Roth/Altmeppen, GmbHG, § 9b Rn. 7 (nur beim Prozessvergleich).

36 *Schmidt-Leithoff*, in: Rowedder/Schmidt-Leithoff, GmbHG, § 9b Rn. 14; *Ulmer*, in: Ulmer/Habersack/Winter, GmbHG, § 9b Rn. 26; *Schaub*, in: MünchKommGmbHG, § 9b Rn. 33; a.A. *Roth*, in: Roth/Altmeppen, GmbHG, § 9b Rn. 7.

37 *Schaub*, in: MünchKommGmbHG, § 9b Rn. 34; *Schmidt-Leithoff*, in: Rowedder/Schmidt-Leithoff, GmbHG, § 9b Rn. 14; *Ulmer*, in: Ulmer/Habersack/Winter, GmbHG, § 9b Rn. 26.

Schrifttum

Ammon, Die Prüfungsbefugnisse des Registergerichts bei GmbH-Anmeldungen, Besteht Reformbedarf?, DStR 1995, 1311; *Haslinger*, Die Prüfungskompetenz des Registergerichts bei der Bildung von Kapitalrücklagen im Zusammenhang mit Sachgründungen oder Sachkapitalerhöhungen, MittBayNot 1996, 278; *Keilbach*, Die Prüfungsaufgaben der Registergerichte, MittRhNotK 2000, 365; *Müther*, Die Prüfungspflichten des Registergerichts im elektronischen Handelsregister, Rpfleger 2008, 233; *Priester*, Registersperre kraft Richterrechts?, GmbHR 2007, 296.

A. Bedeutung der Vorschrift

1 Die Existenz einer GmbH ist grundsätzlich davon abhängig, dass der Registerrichter die ordnungsgemäße Errichtung und Anmeldung der Gesellschaft feststellt. Die Haftung gegenüber den Gesellschaftsgläubigern soll nur dann auf das Gesellschaftsvermögen beschränkt sein, wenn die Einhaltung der rechtliche Anforderungen durch das Registergericht nachgeprüft worden ist. Dies bringt § 9c Abs. 1 zum Ausdruck.

2 § 9c Abs. 2 trägt dem Interesse der Gründer – und auch der Allgemeinheit – an einem unverzüglichen und kostengünstigen Abschluss des Gründungsverfahrens Rechnung.

B. Grundsätze der registergerichtlichen Prüfung

3 Das Registergericht ist nicht nur zur Prüfung der Gesellschaftserrichtung und -anmeldung berechtigt, sondern auch verpflichtet. Nach herrschender Meinung entsprechenden sich der Umfang des Prüfungsrechts und der Prüfungspflicht; Prüfungsbefugnisse bestehen danach nur insoweit, wie auch eine Prüfungspflicht besteht.[1] Insbesondere darf das Registergericht nur die Einhaltung rechtlicher Vorgaben, nicht aber etwa die Zweckmäßigkeit, Klarheit oder sprachliche Fassung einzelner Satzungsbestimmungen oder deren wirtschaftlichen Auswirkungen überprüfen. Das Registergericht hat nicht

1 *Ulmer*, in: Ulmer/Habersack/Winter, GmbHG, § 9c Rn. 8; *Bayer*, in: Lutter/Hommelhoff, GmbHG, § 9c Rn. 14.

die Beratung der Beteiligten zur Aufgabe; diese Aufgabe obliegt vielmehr dem Notar im Rahmen der Beurkundung des Gesellschaftsvertrags (Notar als »Außenstelle der Justiz«, doppelstöckige Überprüfung durch Notar und Richter, vgl. auch § 17 Abs. 1 BeurkG). Soweit die vom Registergericht zu prüfenden Anforderungen erfüllt sind, besteht ein Anspruch der Gründer auf unverzügliche Eintragung der Gesellschaft in das Handelsregister. Das Registergericht darf den Beteiligten Bedenken gegen die Zweckmäßigkeit der Satzungsgestaltung zwar mitteilen; durch die entsprechende Prüfung und Mitteilung dürfen allerdings keine Verzögerungen eintreten.[2]

4 Das Registergericht muss grundsätzlich umfassend prüfen, ob sämtliche formell- und materiellrechtlichen Anforderungen an die Gesellschaftsgründung erfüllt sind.[3] Die Prüfungspflicht beschränkt sich nicht lediglich z.B. auf die in das Handelsregister einzutragenden Umstände. Die Gründung ist auch auf Mängel zu prüfen, die durch die Eintragung der Gesellschaft in das Handelsregister geheilt würden. Allerdings nimmt § 9c Abs. 2 bestimmte Umstände von dem Prüfungsumfang aus (siehe dazu im Einzelnen unten Rdn. 12 ff.).

5 Das Registergericht darf grundsätzliche keine Angaben und Nachweise fordern, die über den gesetzlich vorgegebenen Inhalt der Anmeldung und ihrer Anlagen (insbesondere § 8) hinausgehen. Ein routinemäßiges oder stichprobenartiges[4] Anfordern von Nachweisen, die über die gesetzlichen Anmeldeunterlagen hinausgehen, ist unzulässig. Das Gericht darf grundsätzlich auch nicht die Vorlage schuldrechtlicher Nebenabreden verlangen, selbst wenn das Gericht von der Existenz von Nebenabreden weiss.[5] Das Interesse an einem unverzüglichen und kostengünstigen Abschluss des Gründungsverfahrens gebietet es, dass das Registergericht die Gesellschaft in das Handelsregister einzutragen hat, wenn als Ergebnis einer Plausibilitätsprüfung keine sachlich begründeten Zweifel an der Richtigkeit der Angaben und Nachweise verbleiben.[6] Es ist daher nicht Voraussetzung der Eintragung, dass das Registergericht zu einer vollen Überzeugung oder Gewissheit hinsichtlich der Richtigkeit aller relevanten Tatsachen gelangt.

6 Wenn das Registergericht durch besondere Umstände begründete Zweifel an der Richtigkeit oder Vollständigkeit der angemeldeten Tatsachen oder der vorgelegten Nachweise hat, ist es zu einer weiteren Sachverhaltsaufklärung verpflichtet. Dabei steht die Art und Weise der Aufklärung im pflichtgemäßen Ermessen des Registergerichts. Die Sachverhaltsaufklärung darf das Interesse der Beteiligten, eine zügige Handelsregistereintragung bei möglichst geringem Kostenaufwand zu erreichen,

---

2 *Wicke*, in: MünchKommGmbHG, § 9c Rn. 8; ähnlich *Tebben*, in: Michalski, GmbHG, § 9c Rn. 14.

3 BGH, NJW 1991, 1754, 1757; BayObLG, BB 1983, 83.

4 *Wolf*, Rpfleger 2010, 453, 455; a.A. noch *Krafka/Kühn*, in: Krafka/Willer/Kühn, Registerrecht, Rn. 980.

5 *Bayer*, in: Lutter/Hommelhoff, GmbHG, § 9c Rn. 2.

6 BGH, NJW1991, 1754, 1758; *Wicke*, in: MünchKommGmbHG, § 9c Rn. 12 m.w.N.

nicht unverhältnismäßig beeinträchtigten. Ein unaufklärbarer Sachverhalt geht allerdings zu Lasten der Gesellschafter.

C. Prüfungsgegenstände im Einzelnen

I. Wirksame Erklärungen der Gründer

7 Aus den dem Registergericht vorgelegten Unterlagen dürfen sich keine begründeten Zweifel daran ergeben, dass die Beteiligten bei der Errichtung der Gesellschaft wirksame Erklärungen abgegeben haben.[7] Weder aus § 9c Abs. 2 noch aus dem Umstand, dass auch der den Gründungsakt beurkundende Notar die Wirksamkeit des Rechtsaktes zu prüfen hat, ergeben sich insoweit Einschränkungen der registergerichtlichen Prüfungspflichten.[8]

8 Der Gesellschaftsvertrag muss wirksam beurkundet worden sein (§ 2 Abs. 1). Etwaige Mängel des Beurkundungsverfahrens, die die Wirksamkeit der Urkunde nicht beeinträchtigen (z.B. Verstoß des Notars gegen seine gemäß § 17 Abs. 1 BeurkG bestehenden Belehrungspflichten), sind vom Registergericht allerdings nicht zu prüfen, auch wenn solche Mängel für den Notar aufsichtsrechtliche und haftungsrechtliche Konsequenzen haben können. Der gesamte Gesellschaftsvertrag muss in einem in sich geschlossenen Schriftstück enthalten sein (Prinzip der urkundlichen Einheit, vgl. auch § 54 Abs. 1 S. 2).[9] Beitrittserklärungen dürfen nicht bedingt oder befristet abgegeben oder zwischenzeitlich angefochten werden sein. Vollmachten und Genehmigungen vollmachtlosen Handelns (nach herrschender Meinung nur bei der Mehrpersonengesellschaft zulässig) müssen formgerecht abgegeben worden sein (§ 2 Abs. 2) und inhaltlich die abgegebenen Erklärungen decken. Wenn eine Person im Namen mehrerer Gründer gehandelt hat, muss er von den entsprechenden Beschränkungen des § 181 BGB befreit sein (und zwar in der Form des § 2 Abs. 2). Auch bei gesetzlicher Vertretung ist die Vertretungsmacht zu überprüfen (z.B. bei juristischen Personen, Minderjährigen, Betreuten).

9 Ob die Gesellschaft aufgrund ihres Unternehmensgegenstands einer öffentlich-rechtlichen Genehmigung bedarf (z.B. Betrieb einer Gaststätte oder eines zulassungspflichtigen Handwerks, Tätigkeit als Makler oder Bauträger), betrifft nicht die Wirksamkeit des Gründungsakts und ist daher von dem Registergericht grundsätzlich nicht zu prüfen. Etwas anders gilt nur, soweit dies spezialgesetzlich angeordnet ist (z.B. § 43 Abs. 1 KWG).[10] Ob die sondergesetzlichen Vorgaben für die Gründung einer GmbH durch Angehörige eines freien Berufs im Gründungsverfahren zu prüfen sind, ist streitig.[11]

---

7 *Fastrich*, in: Baumbach/Hueck, GmbHG, § 9c Rn. 4.
8 *Winter/Veil*, in: Scholz, GmbHG, § 9c Rn. 9.
9 *Wicke*, in: MünchKommGmbHG, § 9c Rn. 16.
10 Siehe dazu auch *Wicke*, in: MünchKommGmbHG, § 9c Rn. 29, Fn 129.
11 Siehe hierzu *Leitzen*, GmbHR 2009, 480.

10 Bei der Gründung einer Gesellschaft unter Verwendung des Musterprotokolls dürfen keine vom Gesetz abweichenden Bestimmungen getroffen worden sein (§ 2 Abs. 1a S. 3). Sind solche abweichenden Bestimmungen getroffen worden, kann das Musterprotokoll keine Grundlage für den Nachweis der darin zusammengefassten Dokumente sein.[12]

11 Vereinbaren die Gesellschafter vor der Eintragung der Gesellschaft in das Handelsregister eine Änderung des Gesellschaftsvertrages (auch bei Änderungen im Mitgliederbestand der Gesellschaft), muss dem Registergericht eine Zustimmung aller Gesellschafter vorgelegt werden[13] sowie die Form des § 2 Abs. 1 gewahrt sein. Fehlt es im Zeitpunkt der Eintragung der Gesellschaft in das Handelsregister an diesen Voraussetzungen, entsteht die Gesellschaft mit dem ursprünglich vereinbarten Gesellschaftsvertrag; die Eintragung darf daher nicht wegen einer mangelhaften Änderungsvereinbarung abgelehnt werden.

II. Inhalt des Gesellschaftsvertrags

12 Wegen einer mangelhaften, fehlenden oder nichtigen Bestimmung des Gesellschaftsvertrages darf die Eintragung der Gesellschaft nur aus den in § 9c Abs. 2 genannten Gründen abgelehnt werden (anders bei Satzungsänderungen nach Eintragung der Gesellschaft in das Handelsregister, da § 57a nicht auf § 9c Abs. 2 verweist). Der Gesetzgeber wollte mit dieser Beschränkung der registergerichtlichen Prüfzuständigkeit das Eintragungsverfahren beschleunigen.[14] Ferner wird § 9c Abs. 2 von dem Gedanken getragen, dass eine staatliche Vorab-Verhütung unzulässiger, das Innenverhältnis der Gesellschafter betreffender Vertragsklauseln nicht die Gründung von Unternehmen behindern soll.[15] Die Wirksamkeit solcher Vertragsklauseln soll nicht im Registerverfahren, sondern gegebenenfalls in einem Rechtsstreit zwischen den Beteiligten geklärt werden. Da der Notar bei der Beurkundung des Gründungsakts sämtliche Vereinbarungen auf ihre Übereinstimmung mit zwingendem Recht überprüfen muss (§ 17 Abs. 2 BeurkG), besteht eine hinreichende präventive Inhaltskontrolle des Gesellschaftsvertrags.

1. Pflichtinhalt des Gesellschaftsvertrags und des Handelsregisters (Abs. 2 Nr. 1)

13 Das Registergericht ist nach § 9c Abs. 2 Nr. 1 gehalten, z.B. die folgenden Umstände zu prüfen (siehe im Einzelnen die Kommentierung der jeweils genannten Vorschriften):

---

12 OLG München, NZG 2010, 795; a.A. *J. Mayer*, in: MünchKommGmbHG, § 2 Rn. 233 m.w.N.: lediglich Gesellschafterliste sei nachzureichen.

13 Streitig, im Einzelnen hierzu *Heidinger*, in: *Heckschen/Heidinger*, Die GmbH in der Gestaltungs- und Beratungspraxis, § 3 Rn. 79 ff.

14 Begr. RegE, BT-Drs. 13/8444, S. 75 ff. = ZIP 1997, 997.

15 Begr. RegE a.a.O.; *Wicke*, in: MünchKommGmbHG, § 9c Rn. 19; *Gustavus*, GmbHR 1993, 259, 264.

Der Gesellschaftsvertrag muss die in § 3 genannten Bestimmungen enthalten, wobei diese den jeweiligen rechtlichen Vorgaben entsprechen müssen. Es muss daher eine zulässige Firma (vgl. §§ 17 ff. HGB) mit einem Rechtsformzusatz entsprechend §§ 4, 5a Abs. 1 und ein Gesellschaftssitz im Inland (§ 4a) gewählt worden sein. Die mögliche Irreführung über Verhältnisse, die für die angesprochenen Verkehrskreise wesentlich sind, wird von dem Registergericht allerdings nur berücksichtigt, wenn sie für dieses ersichtlich ist (§ 18 Abs. 2 HGB); damit ist die richterliche Prüfung insoweit auf ein Grobraster beschränkt. Der Unternehmensgegenstand hat hinreichende individualisiert zu sein. Gesetzes- oder sittenwidrige Unternehmensgegenstände führen ebenfalls zur Ablehnung der Handelsregistereintragung. Der Betrag des Stammkapitals, die Zahl und die Nennbeträge der Geschäftsanteile sowie die auf etwaige Sacheinlagen bezogenen Bestimmungen müssen den Anforderungen des § 5 entsprechen. 14

Der Gesellschaftsvertrag ist auch insoweit zu prüfen, als Tatsachen oder Rechtsverhältnisse betroffen sind, die in das Handelsregister einzutragen oder von dem Gericht bekanntzumachen sind (vgl. Wortlaut des § 9c Abs. 2 Nr. 1). Daher sind auch die gemäß § 10 in das Handelsregister einzutragende Bestimmungen über Art und Umfang der Vertretung durch die Geschäftsführer sowie Klauseln über die Zeitdauer der Gesellschaft und über genehmigtes Kapital zu kontrollieren. 15

2. Schutz der Gläubiger und öffentlicher Interessen (Abs. 2 Nr. 2)

Als gläubigerschützende Vorschriften im Sinne des § 9c Abs. 2 Nr. 2 gelten insbesondere die gesetzlichen Regelungen über die Aufbringung und Erhaltung des Stammkapitals. Es ist anerkannt, dass Bestimmungen des Gesellschaftsvertrages zu beanstanden sind, wenn sie im Widerspruch zu einer in §§ 7, 9 ff., 16 Abs. 2, 18 Abs. 2, 19, 21-24, 30 ff. enthaltenen Regelungen oder zu bestimmten insolvenzrechtlichen Vorschriften steht.[16] Das Schrifttum geht auch davon aus, dass die Eintragung einer extrem unterkapitalisierten Gesellschaft abzulehnen ist, um eine sittenwidrige Gläubigerschädigung zu verhindern.[17] In der Registerpraxis spielt dieser Gesichtspunkt allerdings nahezu keine Rolle. Es werden auch Unternehmergesellschaften (haftungsbeschränkt) mit sehr niedrigem Stammkapital (EUR 1,--) unabhängig von ihrem Unternehmensgegenstand regelmäßig ohne Thematisierung einer Unterkapitalisierung in das Handelsregister eingetragen. Ob die Eintragung einer Gesellschaft abgelehnt werden kann, weil für den Falle der Pfändung eines Geschäftsanteils oder der Insolvenz einer Gesellschaft ein unzulässig niedriges Einziehungsentgelt vorgesehen wurde, ist umstritten.[18] Dass der Gesellschaftsvertrag keine Bestimmung zum Gründungsaufwand enthält, kann nicht beanstandet werden, da das Gesetz (insbesondere § 3 Abs. 1) eine solche Bestimmung nicht zum zwingenden Bestandteil des Gesell- 16

16 *Wicke*, in: MünchKommGmbHG, § 9c Rn. 23.

17 *Wicke*, in: MünchKommGmbHG, § 9c a.a.O.; *Tebben*, in: Michalski, GmbHG, § 9c Rn. 45.

18 *Tebben*, in: Michalski, GmbHG, § 9c Rn. 19.

schaftsvertrags zählt;[19] eine unzulässige Bestimmung zum Gründungsaufwand – etwa wenn der von der Gesellschaft zu tragende Gründungsaufwand nicht der Höhe nach begrenzt ist – stellt hingegen ein Eintragungshindernis dar. Bestimmt die Satzung das Veröffentlichungsorgan der Gesellschaft nicht hinreichend eindeutig, kann das Registergericht diese Satzungsbestimmung beanstanden.[20]

17 Zu den Vorschriften, die im öffentlichen Interesse gegeben sind, werden neben den gläubigerschützenden Vorschriften die Straftats- und Ordnungswidrigkeitstatbestände, bestimmte Rechnungslegungs- und Bilanzierungsvorschriften sowie die zwingenden Vorschriften des Gewerbe-, Kartell- und Mitbestimmungsrechts gezählt, aber auch zwingende Vorschriften des GmbHG, die nicht ausschließlich oder überwiegend dem Individual- oder Minderheitenschutz oder anderen innergesellschaftlichen Interessen dienen. Normen über Verbandsstruktur und Mitgliedschaft stehen – anders als im Aktienrecht – nicht automatisch im öffentlichen Interesse.[21] Im öffentlichen Interesse stehen z.B. die Eignungsvoraussetzungen für die Geschäftsführer (§ 6 Abs. 2), nicht aber die in §§ 48, 51a, 50 Abs. 1 und 2, 61 Abs. 2, 66 Abs. 2 und 3 genannten Individual- und Minderheitenrechte (obwohl sie unentziehbar sind).

3. Nichtigkeit des Gesellschaftsvertrages (Abs. 2 Nr. 3)

18 Eine mangelhafte, fehlende oder nichtige Satzungsbestimmung, die das Registergericht nach § 9c Abs. 2 Nr. 1 und 2 nicht unmittelbar zur Ablehnung der Eintragung berechtigt, kann zu einer Gesamtnichtigkeit des Gesellschaftsvertrags und somit zu einer Ablehnung der Eintragung nach § 9c Abs. 2 Nr. 3 führen.[22] Das Registergericht bleibt daher trotz der mit § 9c Abs. 2 bezweckten Einschränkung der Prüfungspflichten verpflichtet, den gesamten Gesellschaftsvertrag durchzusehen. In diesem Zusammenhang ist umstritten, ob die Nichtigkeitsvermutung des § 139 BGB anwendbar ist und daher bei einer nichtigen Einzelregelung grundsätzlich Gesamtnichtigkeit des Gesellschaftsvertrags anzunehmen ist.[23] Dabei ist auch nicht abschließend geklärt, ob Mängel unechter Satzungsbestandteile die Wirksamkeit des gesamten Gesellschaftsvertrags in Frage stellen können.[24] Auf diese Fragen kommt es allerdings nur dann an, wenn nicht im konkreten Einzelfall aufgrund der Existenz einer salvatorischen Klausel oder durch Auslegung der weiteren Erklärungen ermittelt werden kann, ob die Gesellschafter bei Nichtigkeit bestimmter Klauseln eine Nichtigkeit des gesamten Gesellschaftsvertrages gewollt haben. Dies dürfte regelmäßig nur der Fall sein, wenn die betroffene Klausel erkennbar zentrale Bedeutung für zumindest einzelne Gesellschafter hat.

---

19 OLG Frankfurt a.M., NZG 2010, 593.
20 OLG München, NZG 2006, 35.
21 OLG München, DNotZ 2010, 937.
22 *Fastrich*, in: Baumbach/Hueck, GmbHG, § 9c Rn. 5.
23 *Wicke*, in: MünchKommGmbHG, § 9c Rn. 26 m.w.N.
24 *Wicke*, in: MünchKommGmbHG, § 9c Rn. 27 m.w.N.

III. Handelsregisteranmeldung

19 Das Registergericht ist im Hinblick auf die ordnungsgemäße Anmeldung der Gesellschaft verpflichtet, z.B. die Einhaltung der sich aus §§ 7, 8, 78 GmbHG sowie § 12 HGB ergebenden Vorgaben zu prüfen (siehe im Einzelnen die Kommentierung der genannten Vorschriften):

20 Die Anmeldung muss durch sämtliche Geschäftsführer bei dem zuständigen Registergericht (§§ 376, 377 FamFG) mit den in § 8 Abs. 1 genannten Unterlagen eingereicht worden sein. Die in § 8 Abs. 2, 3 genannten Versicherungen müssen abgegeben worden sein. Die Anmeldung hat die in § 8 Abs. 4 aufgeführten Angaben zu enthalten.

21 Die Anmeldung muss elektronisch in öffentlich beglaubigter Form eingereicht worden sein (§ 12 Abs. 1 S. 1 HGB), d.h. das mit einer Unterschriftsbeglaubigung versehene Papierdokument muss eingescannt und der scan von einem Notar mit einer qualifizierten elektronischen Signatur nach dem Signaturgesetz versehen worden sein (§ 39a BeurkG). Die Formerfordernisse hinsichtlich der Anlagen ergeben sich aus § 12 Abs. 2 HGB. Die Übermittlung per einfacher E-Mail ist unzulässig, sie erfolgt vielmehr über das Elektronische Gerichts- und Verwaltungspostfach (EGVP), vgl. die Verordnungen der Länder gemäß § 8a Abs. 2 HGB.

22 Bei Unterzeichnung des Handelsregisteranmeldung nebst Beglaubigung der Unterschriften im Ausland ist gegebenenfalls eine Apostille oder eine Legalisation erforderlich (Länderübersicht unter www.dnoti.de).

IV. Bestellung der Geschäftsführer

23 Da nur wirksam bestellte Geschäftsführer die Gesellschaft anmelden dürfen und bei der Eintragung der Gesellschaft in das Handelsregister auch die Personen der Geschäftsführer anzugeben sind (§ 10 Abs. 1), hat sich die Prüfung des Registergerichts auch auf den hinreichenden Nachweis der Geschäftsführerbestellung zu erstrecken. Es muss eine ordnungsgemäße Bestellung im Gesellschaftsvertrag oder durch Gesellschafterbeschluss erfolgt sein (§ 6 Abs. 2 S. 3). Die Bestellungsvoraussetzungen gemäß § 6 Abs. 2 müssen erfüllt sein. Allerdings darf des Registergericht grundsätzlich keine Nachweise fordern, die über die gemäß § 8 Abs. 1 Nr. 2 einzureichenden Unterlagen und die gemäß § 8 Abs. 3 abzugebende Versicherung hinausgehen. Auch die für die Begründung der Organstellung konstitutive Annahme der Bestellung durch die Geschäftsführer muss daher regelmäßig nicht gesondert belegt werden (sie ist durch den Umstand, dass der Geschäftsführer die Anmeldung unterzeichnet hat, regelmäßig nicht zweifelhaft). Umstände, die die Bestellung anfechtbar, aber nicht nichtig machen (z.B. Anforderungen des Gesellschaftervertrags an die Personen der Geschäftsführer), dürfen – solange keine konkreten Anhaltspunkte für eine Anfechtung erkennbar sind – vom Registergericht nicht beanstandet werden.[25] Nach der inzwischen überwiegend in der Rechtsprechung vertretenen Auffassung, ist auch die

25 *Wicke*, in: MünchKommGmbHG, § 9c Rn. 31.

Bestellung eines Nicht-EU-Ausländers nicht von weiteren, als den ausdrücklich in § 6 Abs. 2 gestellten Anforderungen abhängig, insbesondere nicht von einer jederzeitigen Einreisemöglichkeit des Geschäftsführers in die Bundesrepublik Deutschland.[26] Sofern eine besondere Vertretungsbefugnis eines Geschäftsführers angemeldet wurde, darf diese weder zu dem Bestellungsbeschluss noch zu der Satzung noch zum Gesetz im Widerspruch stehen.

V. Leistung der Einlagen

24 Das Registergericht hat zu prüfen, ob die gesetzlichen Bestimmungen über die Einlageleistungen erfüllt sind. Es sind z.B. die folgenden Umstände zu prüfen (siehe im Einzelnen die Kommentierung der jeweils genannten Vorschriften):

25 Bei vereinbarten Bareinlagen muss auf jeden Geschäftsanteil ein Viertel des Nennbetrags eingezahlt ist (§ 7 Abs. 2 S. 1). Insgesamt muss auf das Stammkapital mindestens soviel eingezahlt sein, dass der Gesamtbetrag der eingezahlten Geldeinlagen zuzüglich des Gesamtnennbetrags der Geschäftsanteile, für die Sacheinlagen zu leisten sind, die Hälfte des Mindeststammkapitals gemäß § 5 Abs. 1 erreicht (§ 7 Abs. 2 S. 2). Ob eine Verpflichtung der Gesellschafter zu einer unverzüglichen Leistung eines höheren Betrags auf die Einlageverpflichtung oder zur Leistung eines Agios erfüllt sind, hat das Registergericht nach herrschender Meinung nicht zu prüfen.[27] Bei der Gründung einer Unternehmergesellschaft (haftungsbeschränkt) ist eine Volleinzahlung des Stammkapitals erforderlich (§ 5a Abs. 2 S. 1).

26 Sacheinlagen müssen in zulässiger Weise vereinbart (vgl. insbesondere §§ 5 Abs. 4; 5a Abs. 2 S. 2) und vollständig an die Gesellschaft bewirkt sein (§ 7 Abs. 3). Auch eine nicht unwesentliche Überbewertung der Sacheinlagen hindert eine Eintragung der Gesellschaft (§ 9c Abs. 1 S. 2). Im Interesse eines zeit- und kosteneffizienten Eintragungsverfahrens hat das Gericht zu der Frage, ob der Wert der Sacheinlagen den Nennbetrag der Geschäftsanteile deckt, nur eine Plausibilitätsprüfung vorzunehmen (ohne allerdings an gutachterliche Schlussfolgerungen eines Sachverständigen oder der Gesellschafter gebunden zu sein). Soweit keine konkrete Anhaltspunkte für eine nicht unwesentliche Überbewertung vorliegen, ist eine weitergehende Prüfung nicht veranlasst.[28]

27 Der Gegenstand der Einlagen muss sich endgültig in der freien Verfügung der Geschäftsführer befinden (§ 8 Abs. 2 S. 1). § 19 Abs. 2, 4 und 5 müssen beachtet worden sind.

28 Das Registergericht hat die vorstehenden Umstände grundsätzlich ausschließlich anhand der gemäß § 8 Abs. 2 S. 1 von sämtlichen Geschäftsführern abzugebenden Versicherung und – im Fall von Sacheinlagen – anhand der gesellschaftsvertraglichen

---

26 OLG Düsseldorf, MittBayNot 2009, 483; OLG München, BB 2010, 268; anders noch OLG Celle, DStR 2007, 1314.

27 *Winter/Veil*, in: Scholz, GmbHG, § 9c Rn. 30.

28 *Wicke*, in: MünchKommGmbHG, § 9c Rn. 35.

Festsetzungen (§ 5 Abs. 4) sowie der gemäß § 8 Abs. 1 Nrn. 4, 5 der Anmeldung beizufügenden Unterlagen zu prüfen. Weitergehende Nachweise (insbesondere Einzahlungsbelege) dürfen regelmäßig nicht verlangt werden. Etwas anderes gilt nur bei erheblichen Zweifeln an der Richtigkeit der Versicherung (vgl. § 8 Abs. 2 S. 2).

29 Nimmt das Registergericht an, dass Sacheinlagen nicht unwesentlich überbewertet worden sind und daher die Einlagen auf das Stammkapital nicht ordnungsgemäß erbracht worden sind, haben die Gesellschafter – wenn sie das Stammkapital nicht durch Änderung des Gesellschaftsvertrags herabsetzen können oder wollen – nach herrschender Meinung die Möglichkeit, die Differenz in bar auszugleichen; eine Änderung des Gesellschaftsvertrags ist diesem Fall nicht erforderlich, wohl aber eine zusätzliche Versicherung entsprechend § 8 Abs. 2.[29] Es genügt auch, wenn der Einlagegegenstand nach der Anmeldung im Wert steigt.

VI. Relevanter Zeitpunkt

30 Dem Registergericht liegen regelmäßig nur auf den Anmeldezeitpunkt bezogene Erklärungen und Nachweise vor. Wenn dem Registergericht zwischen Anmeldung und Eintragung weitere relevante Umstände bekannt werden, hat das Registergericht diese aber nach herrschender Meinung zu berücksichtigen, z.B. soll bei nicht ausgeglichenem Wertverfall der Sacheinlage zwischen Anmeldung und Eintragung ein Eintragungshindernis bestehen.[30]

D. Entscheidung des Registergerichts

31 Das Registergericht hat unverzüglich nach Eingang der Anmeldung über den Eintragungsantrag zu entscheiden (§ 25 Abs. 1 S. 2, 3 HRV). Wenn alle Eintragungsvoraussetzungen erfüllt sind, wird die Gesellschaft in das Handelsregister eingetragen (siehe zum Verfahren § 27 HRV) und die Eintragung gemäß § 10 HGB bekanntgemacht. Nach § 383 Abs. 1 FamFG ist dem Anmeldenden eine Eintragungsnachricht zu übersenden; in der Praxis wird die Eintragungsnachricht regelmäßig dem den Eintragungsantrag stellenden Notar zur Weiterleitung an die Beteiligten übermittelt.

32 Stellt das Registergericht fest, dass der Eintragung der Gesellschaft ein durch den Antragsteller behebbares Hindernis entgegensteht, hat das Registergericht durch eine Zwischenverfügung Gelegenheit zur Beseitigung dieses Hindernisses zu geben (§ 382 Abs. 4 S. 1 FamFG). In der Zwischenverfügung hat das Registergericht das Eintragungshindernis konkret zu bezeichnen und eine angemessene Frist zur Erledigung einzuräumen. Möglich ist schließlich, dass das Registergericht im Rahmen der Amtsermittlung selbst – auf Kosten der Gesellschaft – weitere Ermittlungen anstellt, z.B. Einholung von Auskünften des Bundeszentralregisters über die Geschäftsführer oder eines – für das Registergericht allerdings nicht bindenden – Gutachtens der örtlichen

---

29 *Wicke*, in: MünchKommGmbHG, § 9c Rn. 37.
30 BGHZ 80, 136; a.A. etwa *Fastrich*, in: Baumbach/Hueck, GmbHG, § 9c Rn. 8.

Industrie- und Handelskammer bei Zweifeln an der Zulässigkeit der Firmierung (§ 380 Abs. 2 FamFG, § 23 HRV).

33 Stellt das Registergericht nicht behebbare Mängel der Errichtung oder Anmeldung fest oder werden in einer Zwischenverfügung mitgeteilten Eintragungshindernisse nicht innerhalb der gesetzten Frist beseitigt (wobei eine Fristverlängerung nach Ermessen des Gerichts zulässig ist), ist die Eintragung der Gesellschaft abzulehnen. Das Registergericht kann dem Antragsteller auch zunächst die Rücknahme des Antrags nahelegen. Das Registergericht kann ferner das Eintragungsverfahren aus wichtigem Grund aussetzen (§ 381 FamFG), z.B. wenn einer der Gründer seine im Rahmen der Gesellschaftserrichtung abgegebenen Erklärungen angefochten hat.

§ 10 Inhalt der Eintragung

(1) [1]Bei der Eintragung in das Handelsregister sind die Firma und der Sitz der Gesellschaft, eine inländische Geschäftsanschrift, der Gegenstand des Unternehmens, die Höhe des Stammkapitals, der Tag des Abschlusses des Gesellschaftsvertrages und die Personen der Geschäftsführer anzugeben. [2]Ferner ist einzutragen, welche Vertretungsbefugnis die Geschäftsführer haben.

(2) [1]Enthält der Gesellschaftsvertrag Bestimmungen über die Zeitdauer der Gesellschaft oder über das genehmigte Kapital, so sind auch diese Bestimmungen einzutragen. [2]Wenn eine Person, die für Willenserklärungen und Zustellungen an die Gesellschaft empfangsberechtigt ist, mit einer inländischen Anschrift zur Eintragung in das Handelsregister angemeldet wird, sind auch diese Angaben einzutragen; Dritten gegenüber gilt die Empfangsberechtigung als fortbestehend, bis sie im Handelsregister gelöscht und die Löschung bekannt gemacht worden ist, es sei denn, dass die fehlende Empfangsberechtigung dem Dritten bekannt war.

Übersicht — Rdn.

A. Bedeutung der Vorschrift

Wenn das Registergericht keine Gründe feststellt, die Eintragung gemäß § 9c abzulehnen, hat es die Gesellschaft unverzüglich in Abteilung B des Handelsregisters einzutragen (§§ 3 Abs. 3, 43 ff HRV). § 10 Abs. 1 beschreibt den stets zwingenden Inhalt der Eintragung. Die in § 10 Abs. 2 vorgesehenen Umstände sind hingegen nur dann in das Handelsregister einzutragen, wenn der Gesellschaftsvertrag entsprechende Bestimmungen enthält. 1

Die Eintragung soll auch das Eintragungsdatum und die – elektronisch signierte – Unterschrift des zuständigen Registerrichters enthalten (§§ 27 Abs. 4, 28 HRV). Der in § 10 vorgesehene Eintragungsinhalt ist im Übrigen abschließend; insbesondere werden weder die Personen der Gesellschafter (diese ergeben sich vielmehr aus der Gesellschafterliste, §§ 8 Abs. 1 Nr. 3, 40) noch der Gegenstand einer etwaigen Sacheinlage (dieser ergibt sich aus dem Gesellschaftsvertrag, § 5 Abs. 4) in das Handelsregister eingetragen. 2

§ 10 gilt auch, wenn eine GmbH durch Umwandlung entsteht (§§ 36 Abs. 2 S. 1; 135 Abs. 2 S. 1; 197 S. 1 UmwG). 3

Die Eintragungen im Handelsregister werden elektronisch veröffentlicht (§ 10 HGB). 4

B. Eintragungen, die stets erforderlich sind (Abs. 1)

I. Firma

Die Firma ist in Spalte 2 unter Buchstabe a einzutragen (§ 43 Nr. 2 lit. a) HRV). Der Wortlaut der Firma ist dem Gesellschaftsvertrag zu entnehmen. 5

Die Zulässigkeit einer Firma ergibt sich aus den §§ 17 ff. HGB sowie aus § 4. Danach muss die Firma Kennzeichnungseignung und Unterscheidungskraft besitzen (§ 18 Abs. 1 HGB). Erforderlich ist ferner die Unterscheidbarkeit der Firma (§ 30 Abs. 1 HGB) sowie die Beachtung des Täuschungsverbots (§ 18 Abs. 2 HGB). Die Firma muss den vorgeschriebenen Rechtsformzusatz (§§ 4, 5a Abs. 1) beinhalten. 6

Zwar ist der Richter im Übrigen (z.B. Schriftbild, Groß- und Kleinschreibung einzelner Buchstaben) nicht an den Formulierungsvorschlag der Beteiligten gebunden (vgl. § 27 Abs. 2 HRV), aber der Richter hat über die Eintragung nach pflichtgemäßen Ermessen zu entscheiden.[1] Das Registergericht hat auf das Interesse des Rechtsträgers an einer Übereinstimmung der von ihm gewählten Schreibweise mit der Eintragung Rücksicht zu nehmen.[2] Ein Anspruch des Rechtsträgers auf Eintragung einer bestimmten graphischen Gestaltung besteht nicht. 7

---

1 *Melchior/Schulte*, Handelsregisterverordnung, 2. Aufl. 2009, § 27 Rn. 6.
2 KG, GmbHR 2000, 1101.

8 Wenn die Firma im Gesellschaftsvertrag oder in der Handelsregisteranmeldung in Anführungszeichen gesetzt ist, dürfte dies im Zweifel dahingehend auszulegen sein, dass die Anführungszeichen nicht Bestandteil der Firma sind, so dass die Firma ohne Anführungszeichen in das Handelsregister einzutragen ist. Endet im Gesellschaftsvertrag oder der Handelsregisteranmeldung der Satz über die Bestimmung der Firma unmittelbar nach Wiedergabe ihres Wortlauts, ist ein unmittelbar anschließender Punkt in der Regel als Satzzeichen, also nicht als Firmenbestandteil zu werten und daher ebenfalls nicht in das Handelsregister einzutragen.

II. Sitz der Gesellschaft, inländische Geschäftsanschrift

9 Der im Gesellschaftsvertrag bestimmte Gesellschaftssitz (Satzungssitz, § 4a) und die in der Handelsregisteranmeldung angegebene inländische Geschäftsanschrift (§ 8 Abs. 4 Nr. 1) sind in Spalte 2 unter Buchstabe b in das Handelsregister einzutragen (§ 43 Nr. 2 lit. b) HRV). Als inländische Geschäftsanschrift ist die gesamte postalische Anschrift, einschließlich Straße, Hausnummer, Postleitzahl und politischer Gemeinde in die Eintragung zu übernehmen, bei einer c/o-Adresse[3] auch der Namen der entsprechenden natürlichen oder juristischen Person.

III. Unternehmensgegenstand

10 Der Unternehmensgegenstand ist in Spalte 2 unter Buchstabe c einzutragen (§ 43 Nr. 2 lit. c) HRV). Das Registergericht darf den im Gesellschaftsvertrag niedergelegten Wortlaut des Unternehmensgegenstands (der dem aus der Handelsregisteranmeldung ersichtlichen Wortlaut entsprechen muss) nicht verändern oder kürzen.[4] Bloße Leerfloskeln (z.B. der Unternehmensgegenstand umfasse auch »alle sonstigen Geschäfte, die dem Zweck der GmbH zu dienen geeignet sind«) müssen nicht in das Handelsregister eingetragen werden.[5] Zu diesen Leerfloskeln zählt aber nicht, dass bestimmte genehmigungsbedürftige Geschäfte von der Gesellschaft nicht ausgeübt werden.[6]

IV. Höhe des Stammkapitals

11 Die Höhe des Stammkapitals wird als Gesamtsumme in Spalte 3 eingetragen (§ 43 Nr. 3 HRV). Die Eintragung erfolgt mit Angabe der Euro-Währung (die Spaltenüberschrift enthält keine Währungsangabe); amtliche Abkürzungen (»EUR«, »€«) sind zulässig. Die Zahl der Geschäftsanteile, ihre Nennbeträge und laufenden Nummern sowie ihre Inhaber (Gesellschafter) sind hingegen nicht in das Handelsregister einzutragen. Diese Informationen können Dritte der in das Handelsregister aufzunehmenden Gesellschafterliste (§§ 8 Abs. 1 Nr. 3, 40) entnehmen.

---

3 Deren Zulässigkeit bestätigt OLG Naumburg, DB 2009, 1698.

4 LG Bielefeld, RNotZ 2001, 594.

5 BayObLG, GmbHR 1994, 60, 62.

6 BayObLG, a.a.O.; *Schaub*, in: MünchKommGmbHG, § 10 Rn. 20.

V. Tag des Abschlusses des Gesellschaftsvertrags

12 Der Tag des Abschlusses des Gesellschaftsvertrags ist in Spalte 6 unter Buchstabe a einzutragen (§§ 43 Nr. 6 lit. a) HRV). Dies meint das Datum der notariellen Beurkundung, die sich aus dem Rubrum der notariellen Niederschrift ergibt. Das Datum der Beurkundung ist auch dann einzutragen, wenn etwa erforderliche Genehmigungen (z.B. wenn ein Gründer vollmachtlos vertreten wurde) erst zu einem späteren Zeitpunkt erteilt werden; der Genehmigungszeitpunkt wird aufgrund der Rückwirkung gemäß § 184 BGB nicht vermerkt.[7] Wurde der Gesellschaftsvertrag nach seiner Beurkundung geändert und wurde die Änderungsurkunde dem Registergericht vor Eintragung der Gesellschaft vorgelegt, wird das Datum der Nachtragsbeurkundung zusätzlich vermerkt.[8]

VI. Personen der Geschäftsführer, Vertretungsbefugnis

13 Die Personen der Geschäftsführer (und ihrer Stellvertreter) sind mit Familiennamen, Vornamen, Geburtsdatum und Wohnort (nicht Ort einer beruflichen Tätigkeit) in Spalte 4 unter Buchstabe b einzutragen (vgl. § 43 Nr. 4 lit. b HRV). Der Beruf ist in der Eintragung nicht anzugeben, auch nicht die eine Straßenangabe enthaltende Wohnanschrift (nur Angabe der politischen Gemeinde erforderlich).

14 Die Vertretungsbefugnis der Geschäftsführer wird grundsätzlich in Spalte 4 unter Buchstabe a eingetragen (vgl. § 43 Nr. 4 lit. a HRV). Dabei ist – selbst wenn nur ein Geschäftsführer bestellt worden ist – die sich aus dem Gesellschaftsvertrag ergebende allgemeine, grundsätzlich für alle Geschäftsführer geltende Vertretungsregelung wiederzugeben. Wenn der Gesellschaftsvertrag keine allgemeine Bestimmung zur Vertretungsbefugnis enthält, muss die sich aus § 35 Abs. 2 S. 2 ergebende Gesamtvertretung wiedergegeben werden. Hintergrund ist, dass sich die Vertretungsbefugnis von Gesellschaftsorganen nach der 1. gesellschaftsrechtlichen EG-Richtlinie vom 9. März 1968 stets unmittelbar aus dem zuständigen Register ersichtlich sein soll, auch wenn die gesetzliche Vertretungsregelung nicht modifiziert worden ist.

15 Wenn für einen bestimmten Geschäftsführer eine Vertretungsregelung, die von der in Spalte 4 unter Buchstabe a einzutragenden allgemeinen Regelung abweicht, beschlossen oder vereinbart worden ist, muss diese »besondere Vertretungsregelung« bei der Person des Geschäftsführers vermerkt werden (§§ 43 Nr. 4 S. 2 HRV). Die konkrete Vertretungsbefugnis eines Geschäftsführers soll hingegen nicht ausdrücklich angegeben werden, wenn sie aus der allgemeinen Vertretungsregelung folgt.[9]

16 Wenn in der allgemeinen oder in der besonderen Vertretungsregelung eine Befreiung von den Beschränkungen des § 181 BGB enthalten ist, muss auch diese – im Interesse der vollständigen Verlautbarung der Vertretungsverhältnisse im Handelsregis-

---

7 *Schaub*, in: MünchKommGmbHG, § 10 Rn. 24.
8 *Melchior/Schulte*, Handelsregisterverordnung, 2. Aufl. 2009, § 27 Rn. 28.
9 BGHZ 87, 59; OLG Frankfurt, GmbHR 1994, 117.

ter – eingetragen werden, es sei denn die Befreiung bezieht sich nur auf bestimmte konkrete Geschäfte im Einzelfall (»ad-hoc-Befreiung«).[10] Dabei kann sich die Befreiung auf Fälle der Mehrfachvertretung, der Selbstkontrahierung oder bestimmte Arten von Geschäften beschränken. Ob sich die Befreiung aus dem Gesellschaftsvertrag oder aus einem einfachen Gesellschafterbeschluss (nur auf Grundlage einer Ermächtigung im Gesellschaftsvertrag zulässig) ergibt, ist für die Eintragungspflichtigkeit unerheblich. Der Umfang der Vertretungsbefugnis muss dabei immer unmittelbar aus dem Handelsregister ersichtlich sein. Daher ist z.B. eine Befreiung von den Beschränkungen des § 181 BGB, die auf Rechtsgeschäfte mit verbundenen Unternehmen beschränkt ist, nicht eintragungsfähig, solange die verbundenen Unternehmen nicht abschließend durch Firma und Sitz bzw. Handelsregisternummer bezeichnet sind. Auch ist es unzulässig, im Falle einer Befreiung von den Beschränkungen des § 181 BGB lediglich auf diese Vorschrift zu verweisen, ohne deren Inhalt ausdrücklich wiederzugeben.[11]

17 Eine im Gesellschaftsvertrag enthaltene Ermächtigung der Gesellschafterversammlung, eine von der allgemeinen Vertretungsbefugnis abweichende besondere Vertretungsbefugnis zu beschließen, muss als solche nicht in das Handelsregister eingetragen werden.[12]

18 Das Registergericht ist befugt, den zur Eintragung in das Handelsregister angemeldeten Wortlaut der allgemeinen oder der etwaigen besonderen Vertretungsregelungen redaktionell anders zu fassen, soweit dies unzweifelhaft keine inhaltlich Änderung zur Folge hat.[13] Das Registergericht darf z.B. die Begriffe »Alleinvertretungsbefugnis« und »Einzelvertretungsbefugnis« synonym verwenden.[14]

19 Bei einer durch Musterprotokoll (§ 2 Abs. 1a) gegründeten Gesellschaft muss die angemeldete allgemeine Vertretungsregelung der gesetzlichen Vertretungsregelung (§ 35 GmbHG) entsprechen.

C. Eintragungen, die nur ausnahmsweise erforderlich sind (Abs. 2)

I. Zeitdauer der Gesellschaft

20 Vereinbarungen, wonach das Unternehmen auf eine gewisse Zeit beschränkt sein soll, bedürfen zu ihrer Wirksamkeit einer Aufnahme in den Gesellschaftsvertrag (§ 3 Abs. 2). Sie sind in Spalte 6 unter Buchstabe b einzutragen (vgl. § 43 Nr. 6 lit. b aa HRV). Dies gilt allerdings nur für Vereinbarungen, die in der Weise auszulegen sind, dass der Eintritt des Endtermins unmittelbar die Auflösung der Gesellschaft zur Folge haben soll (§ 60 Abs. 1 Nr. 1). Möglich sind auch schuldrechtliche Zeitbestim-

---

10 BGHZ 87, 59; 114, 67.

11 *Schaub*, in: MünchKommGmbHG, § 10 Rn. 36.

12 BayObLG, GmbHR1990, 213; OLG Frankfurt, GmbHR 1994, 118.

13 *Tebben*, in: *Michalski*, GmbHG, § 10 Rn. 10.

14 BGH, NJW 2007, 3287.

mungen, die z.B. die Gesellschafter lediglich verpflichten, einen Auflösungsbeschluss zu fassen; solche schuldrechtlichen Zeitbestimmungen dürfen nicht in das Handelsregister eingetragen werden. Ebenso nicht eintragungsfähig ist der Umstand, dass die Zeitdauer der Gesellschaft – dem praktischen Regelfall entsprechend – nicht beschränkt ist.

21 Eine Beschränkung der Zeitdauer liegt nicht nur vor, wenn der Endtermin durch ein kalendermäßig angegebenes Datum oder durch eine kalendermäßig angegebene Frist bestimmt ist, sondern immer dann, wenn der Endtermin des Unternehmens an ein Ereignis anknüpft, dessen Eintritt sicher ist (wobei der genaue Zeitpunkt noch nicht feststehen muss). So ist die Zeitdauer der Gesellschaft etwa dann i.S.d. § 10 Abs. 2 beschränkt, wenn das Unternehmen beim Tode eines Gesellschafters oder einer anderen natürlichen Person beendet sein soll. Ist hingegen der Eintritt eines vereinbarten Endtermins ungewiss und liegt daher keine Befristung, sondern eine Bedingung vor, darf die entsprechende Vereinbarung nicht in das Handelsregister eingetragen werden. Dementsprechend ist auch ein Kündigungsrecht nicht eintragungsfähig.[15]

22 Ist eine im Gesellschaftsvertrag enthaltene (§ 3 Abs. 2) Bestimmung, die die Zeitdauer der Gesellschaft beschränkt, entgegen § 10 Abs. 2 S. 1 nicht in das Handelsregister eingetragen, ist die Zeitdauer gleichwohl wirksam beschränkt.[16]

II. Genehmigtes Kapital

23 Wenn der Gesellschaftsvertrag die Geschäftsführer ermächtigt, das Stammkapital durch Ausgabe neuer Geschäftsanteile gegen Einlage zu erhöhen (genehmigtes Kapital i.S.d. § 55a), so sind diese Bestimmungen in Spalte 6 unter Buchstabe b (vgl. § 43 Nr. 6 lit. b hh HRV) in das Handelsregister einzutragen. In der Eintragung sind der Beschluss der Gesellschafterversammlung betreffend die Einführung des genehmigten Kapitals bzw. die Feststellung der Gründungssatzung, die Höhe des genehmigten Kapitals und der Zeitpunkt, bis zu dem die Ermächtigung besteht, anzugeben.

III. Empfangsberechtigte Person

24 Eine empfangsberechtigte Personen kann zur Eintragung in das Handelsregister angemeldet werden (fakultative Eintragung). Eine Eintragung erfolgt dann mit Familien- und Vornamen sowie einer inländischen Anschrift in Spalte 2 unter Buchstabe b (vgl. § 43 Nr. 2 lit. b HRV). Die Pflicht zur Anmeldung einer inländischen Geschäftsanschrift der Gesellschaft (§ 8 Abs. 4 Nr. 1) bleibt bestehen, auch wenn eine empfangsberechtigte Person in das Handelsregister eingetragen werden soll.[17] In das Handelsregister kann jeweils nur eine empfangsberechtigte Person i.S.d. § 10 Abs. 2

15 BayObLG, BB 1975, 249; *Tebben*, in: *Michalski*, GmbHG, § 10 Rn. 12 m.w.N. auch zur Gegenansicht.

16 OLG Hamm, GmbHR 1971, 57.

17 *Wachter*, NotBZ 2008, 361, 383.

S. 2 eingetragen werden;[18] andernfalls würde für die Dritte die Möglichkeit der öffentlichen Zustellung, die einen vergeblichen Zustellversuch bei den empfangsberechtigten Personen voraussetzt, unangemessen erschwert. Juristische Personen können nicht empfangsberechtigte Person i.S.d. § 10 Abs. 2 S. 2 sein.[19]

D. Wirkung der Eintragung

I. Entstehung der Gesellschaft und Heilung von Errichtungsmängeln

25 Durch die Eintragung der Gesellschaft in das Handelsregister – nicht erst durch die Bekanntmachung (§ 10 HGB) – wird die Vor-GmbH zur GmbH und entsteht somit die GmbH als solche (§ 11 Abs. 1). Diese Wirkungen treten auch dann mit dem Tag der tatsächlichen Eintragung ein, wenn das Eintragungsdatum abweichend (also fehlerhaft) vermerkt ist.

26 Die Eintragung heilt grundsätzlich alle Errichtungsmängel.[20] Dies gilt allerdings nicht bei besonders schwerwiegenden Mängeln, insbesondere im Falle der Nichtigkeitsgründe des § 75 Abs. 1, die eine Nichtigkeitsklage oder Amtslöschung zur Folge haben können. Bei Mängeln, die keine Nichtigkeitsgründe darstellen, ist unter bestimmten Voraussetzungen eine Amtsauflösung (§ 399 FamFG) möglich. Eine Besonderheit gilt in Fällen, in denen bei der Errichtung der Gesellschaft Vorschriften, die im Interesse besonders schutzwürdiger Personen – z.B. geschäftsunfähiger Personen – unbedingt beachtet werden müssen, verletzt worden sind. Hier ist die Gründung der Gesellschaft regelmäßig nicht unwirksam; es kann lediglich geltend gemacht werden, dass die schutzwürdige Person nicht der Gesellschafter der im Übrigen wirksam gegründeten Gesellschaft ist.[21] Wenn alle Gesellschafter die Unwirksamkeit ihrer Beitrittserklärungen in diesem Sinne geltend machen, ist die dann bestehende Scheingesellschaft von Amts wegen zu löschen (§ 397 FamFG).

II. Fehlende und fehlerhafte Bestandteile der Eintragung

27 Ist die Eintragung der Gesellschaft fehlerhaft oder unvollständig, hat das Registergericht die Eintragung von Amts wegen zu berichtigen. Die Beteiligten können die Berichtigung durch einen formlosen Antrag oder eine Beschwerde (§ 59 Abs. 2 FamFG) herbeiführen. Fehlerhafte oder unvollständige Bestandteile der Eintragung hindern die Entstehung der GmbH nur dann, wenn sie ernsthafte Zweifel an der Identität der Gesellschaft begründen, etwa wenn die Eintragungen der Firma oder des Sitzes fehlen oder mit erheblichen Mängeln behaftet sind. Mangelhafte Eintragungen können Amtshaftungsansprüche (§ 839 BGB i.V.m. Art. 34 GG) auslösen, und zwar selbst dann, wenn die Gesellschaft wirksam entstanden ist.

18 *Tebben*, in: *Michalski*, GmbHG, § 10 Rn. 13.
19 *Tebben*, in: *Michalski*, GmbHG, § 10 Rn. 15.
20 *Haas*, in: Baumbach/Hueck, GmbHG, § 75 Rn. 1.
21 *Schaub*, in: MünchKommGmbHG, § 10 Rn. 47.

§ 11 Rechtszustand vor der Eintragung

(1) Vor der Eintragung in das Handelsregister des Sitzes der Gesellschaft besteht die Gesellschaft mit beschränkter Haftung als solche nicht.

(2) Ist vor der Eintragung im Namen der Gesellschaft gehandelt worden, so haften die Handelnden persönlich und solidarisch.

Übersicht **Rdn.**

Schrifttum

Altmeppen, Das unvermeidliche Scheitern des Innenhaftungskonzepts in der Vor–GmbH, NJW 1997, 3272; *Bergmann*, Die Handelndenhaftung als Ausgleich fehlender Registerpublizität, GmbHR 2003, 563; *Gehrlein*, Von der Differenz- zur Verlustdeckungshaftung, NJW 1996, 1193; *Heidinger/Blath*, Die Unterbilanzhaftung im Kapitalaufbringungssystem der GmbH, ZNotP 2007, 42; *Luttermann/Lingl*, Unterbilanzhaftung, Organisationseinheit der Vor-GmbH und Haftungskonzept, NZG 2006, 454; *Kersting*, Europäische Vorgaben zur Handelnden Haftung und zur Haftung in der Vorgesellschaft, GmbHR 2003, 1466; *Peetz*, Die Vor GmbH und der gewissenhafte Gründer, GmbHR 2003, 933; *Wiedenmann*, Zur Haftungsverfassung der Vor AG – Der Gleichlauf von Gründerhaftung und Handelnden-Regress, ZIP 1997, 2029.

A. Bedeutung der Vorschrift

1 Die rechtlichen Verhältnisse der Gesellschaft vor ihrer Eintragung in das Handelsregister werden in § 11 nur rudimentär geregelt. Aus § 11 Abs. 1 folgt, dass die Eintragung für die Existenz der GmbH konstitutiv ist. Allerdings ist anerkannt, dass schon vor der Eintragung – und zwar ab Beurkundung des GmbH-Gesellschaftsvertrags – ein eigenständiges Rechtsgebilde in Form der sogenannten Vor-GmbH besteht. Der Gesetzgeber hat die Ausgestaltung der die Vor-GmbH betreffenden Rechtsverhältnisse ausdrücklich der Rechtsfortbildung durch Rechtsprechung und Schrifttum überlassen.[1]

2 § 11 Abs. 2 begründet die sogenannte Handelndenhaftung. Diese Haftung soll für den Fall, dass im Namen der Gesellschaft vor ihrer Eintragung in das Handelsregister gehandelt worden ist, ein Korrelat dafür schaffen, dass im Zeitpunkt der Handlung die Aufbringung des Stammkapitals noch nicht durch das Registergericht überprüft werden konnte und die Kapitalerhaltung noch nicht hinreichend gesichert ist.

B. Vor-GmbH und Vorgründungsgesellschaft in Grundzügen

3 Die Vor-GmbH (»GmbH i.G.«) ist die Gesellschaft, die zwischen der Beurkundung des GmbH-Gesellschaftsvertrags – der sogenannten Errichtung der Gesellschaft – und der Eintragung der GmbH in das Handelsregister – dem Zeitpunkt, in dem die GmbH gemäß § 11 Abs. 1 »als solche« entsteht – existiert. Jede GmbH, die nicht durch eine Umwandlung nach dem UmwG entsteht, durchläuft das Stadium der Vor-GmbH als notwendige Vorstufe zur juristischen Person.[2] Die Rechtsnatur der Vor-GmbH ist umstritten. Die heute herrschende Meinung nimmt an, dass sie sich nicht in den Kanon der gesetzlich geregelten Gesellschaftsformen einordnen lässt, sondern eine Gesellschaftsform sui generis darstellt, die sich von der GmbH »als solche« nur durch die fehlende Handelsregistereintragung – einschließlich der vorangehenden registerlichen Prüfung – unterscheidet. Dieser Unterschied rechtfertigt das von Rechtsprechung und Schrifttum für die Vor-GmbH entwickelten Sonderrecht; im Übrigen – das heißt soweit die fehlende Handelsregistereintragung ein Sonderrecht nicht zu rechtfertigen vermag – gilt das Recht der GmbH (vorrangig der GmbH-Gesellschaftsvertrag, im Übrigen das GmbHG).[3]

4 Die Vor-GmbH ist zwar noch keine GmbH »als solche«, die Verbandsorganisation und die vermögensrechtliche Struktur der Vor-GmbH sind aber derjenigen der GmbH angenähert. Die Vor-Gesellschaft ist teilrechtsfähig und besitzt eine körperschaftsrechtliche Struktur.[4] Ihr Zweck besteht vorrangig darin, die Eintragung der Gesellschaft in das Handelsregister herbeizuführen und so die GmbH »als solche«

1 BT-Drs. VI/3088, S. 96.
2 BGH, NJW 1983, 2822.
3 Siehe *Merkt*, in: MünchKommGmbHG, § 11 Rn. 12.
4 BGHZ 80, 129, 132; 117, 323, 326.

entstehen zu lassen. Der Umfang der Geschäftsführungs- und nach herrschender Meinung auch der Vertretungsbefugnis der Geschäftsführer ist durch diesen Zweck beschränkt und umfasst nur die gründungsnotwendigen Geschäfte, es sei denn die Gesellschafter haben die Geschäftsführer im Einzelfall zu weitergehenden Geschäften ermächtigt.[5] Die Existenz der Vor-GmbH endet, wenn die GmbH durch Eintragung in das Handelsregister entsteht. Die Rechte und Pflichten der Vor-GmbH gehen dann kraft Gesetzes auf die GmbH über.[6]

5 Von der Vor-GmbH abzugrenzen ist die sogenannte Vorgründungsgesellschaft. Damit wird die Gesellschaft bezeichnet, die in dem Stadium zwischen dem Zeitpunkt, in dem die Gesellschafter erstmals die Gründung der Gesellschaft ernsthaft planen oder verhandeln, und dem Zeitpunkt des notariell beurkundeten Abschlusses des GmbH-Gesellschaftsvertrags besteht. Die Vorgründungsgesellschaft ist regelmäßig als Gesellschaft bürgerlichen Rechts (§§ 705 ff. BGB) einzuordnen, in der sich die Gesellschafter zum Zwecke der Gründung einer GmbH zusammengeschlossen haben.[7] Sollten die Gesellschafter schon vor Beurkundung des GmbH-Gesellschaftsvertrages den Geschäftsbetrieb aufnehmen und dieser ein Handelsgewerbe darstellen, liegt eine offene Handelsgesellschaft vor.[8] Das für die Vor-GmbH entwickelte Verbandsrecht gilt für die Vorgründungsgesellschaft nicht; im Stadium der Vorgründungsgesellschaft gibt es auch keine Handelndenhaftung im Sinne des § 11 Abs. 2. Vielmehr sind die §§ 705 ff. BGB bzw. §§ 105 ff. HGB anzuwenden. Die Vorgründungsgesellschaft erlischt regelmäßig mit der Beurkundung des GmbH-Gesellschaftsvertrags wegen Zweckerreichung (§ 726 BGB).[9] Die Vorgründungsgesellschaft setzt sich weder in der Vor-GmbH noch später in der GmbH fort, da es sich bei der Vorgründungsgesellschaft einerseits und der Vor-GmbH bzw. der GmbH andererseits nicht um identische Rechtsträger handelt;[10] existieren ausnahmsweise Rechte oder Pflichten der Vorgründungsgesellschaft, bleibt die Vorgründungsgesellschaft als Liquidationsgesellschaft trotz Entstehung der Vor-GmbH bestehen; die Rechte oder Pflichten der Vorgründungsgesellschaft gehen nicht auf die Vor-GmbH oder die GmbH über, es sei denn eine Übertragung wird gesondert vereinbart.[11]

---

5 BGHZ 53, 210, 212; 65, 378, 383; 72, 45, 49; 80, 129, 139; a.A. *K. Schmidt*, in: Scholz, GmbHG, § 11 Rn. 26, 63 (es bestehe im Außenverhältnis unbeschränkte Vertretungsmacht).

6 BGHZ 80, 129.

7 BGHZ 91, 148, 151.

8 *Merkt*, in: MünchKommGmbHG, § 11 Rn. 100.

9 *Merkt*, in: MünchKommGmbHG, § 11 Rn. 111; *Fastrich*, in: Baumbach/Hueck, GmbHG, § 11 Rn. 39.

10 BGHZ 91, 148, 150 f.

11 BGH aaO.

C. Die Vor-GmbH im Einzelnen

I. Allgemeines

6 Die Vor-GmbH kann Trägerin von Rechten und Pflichten sein.[12] Die Vor-GmbH genießt Namens- und Firmenschutz, wobei der Name bzw. die Firma der Firma der zukünftigen GmbH entspricht. Die Vor-GmbH hat zur Information des Rechtsverkehrs einen auf das Gründungsstadium hindeutenden Zusatz zu führen (»in Gründung«, »i.Gr.«, »i.G.«).[13] Die Vor-GmbH kann schuldrechtliche Verträge schließen sowie Eigentümerin von Gegenständen sein. Sie kann Trägerin eines Unternehmens sowie Gesellschafterin einer Gesellschaft (auch persönlich haftende Gesellschafterin) sein; sie ist konten-, wechsel- und scheckfähig. Die Vor-GmbH kann Anträge im Handelsregisterverfahren stellen, sie ist allerdings nicht Formkaufmann (anders als die GmbH nach Handelsregistereintragung, vgl. § 13 Abs. 3), sie unterliegt dem Handelsrecht daher nur dann, wenn sie bereits ein Handelsgewerbe i.S.d. § 1 Abs. 2 HGB betreibt; sie kann nicht als solche in das Handelsregister eingetragen werden. Die Vor-GmbH ist aktiv und passiv parteifähig sowie insolvenzfähig.[14] Die Zwangsvollstreckung in das Vermögen einer Vor-GmbH setzt einen gegen die Vor-GmbH gerichteten Titel voraus.[15]

7 Die Vor-GmbH ist auch grundbuchfähig. Sie kann somit Grundstückseigentümerin und Inhaberin dinglicher Rechte sein.[16] Dies darf allerdings nicht darüber hinwegtäuschen, dass es erhebliche praktische Schwierigkeiten bei Verfügungen zugunsten oder zulasten der Vor-GmbH geben kann, soweit die Vertretungsmacht der Geschäftsführer gegenüber dem Grundbuchamt in der Form des § 29 GBO nachzuweisen ist.[17]

8 Zu der »unechten Vor-GmbH«, bei der keine Eintragungsabsicht (mehr) besteht siehe unten Rdn. 25.

II. Mitgliedschaft, Gesellschafterrechte und -pflichten

9 Durch den notariell beurkundeten Abschluss des Gesellschaftsvertrags werden die Gründer Gesellschafter der Vor-GmbH. Wird der Gesellschaftsvertrag zwar beurkundet, ist der Vertragsschluss jedoch noch (schwebend) unwirksam (etwa mangels hinreichender Vertretungsbefugnis eines Bevollmächtigten), so entsteht keine Vor-GmbH, sondern die Gründung verbleibt im Stadium der Vorgründungsgesellschaft.[18]

---

12 BGHZ 80, 129, 132; 117, 323, 326; *Merkt*, in: MünchKommGmbHG, § 11 Rn. 47.

13 *Merkt*, in: MünchKommGmbHG, § 11 Rn. 48; *Fastrich*, in: Baumbach/Hueck, GmbHG, § 11 Rn. 13.

14 *Merkt*, in: MünchKommGmbHG, § 11 Rn. 53 ff.

15 *Merkt*, in: MünchKommGmbHG, § 11 Rn. 53; *Ulmer*, in: Ulmer/Habersack/Winter, GmbHG, § 11 Rn. 64; *Fastrich*, in: Baumbach/Hueck, GmbHG, § 11 Rn. 17.

16 BayObLG, Rpfleger 1979, 303; *Schöner/Stöber*, Grundbuchrecht, 14. Aufl. 2008, Rn. 990 ff.

17 Im Einzelnen *Heckschen*, in: Heckschen/Heidinger, Die GmbH in der Gestaltungs- und Beratungspraxis, 2. Aufl. 2009, § 3 Rn. 14 ff.

18 *Heidinger*, in: Heckschen/Heidinger, Die GmbH in der Gestaltungs- und Beratungspraxis, 2. Aufl. 2009, § 3 Rn. 8.

Wenn eine Vor-GmbH entstanden ist, sind die Gesellschafter verpflichtet, die vereinbarten Einlagen zu erbringen, einen Geschäftsführer zu bestellen (was in der Praxis in aller Regel im Zusammenhang mit der Beurkundung des Gesellschaftsvertrags erfolgt) und gegebenenfalls weitere zur Eintragung der Gesellschaft in das Handelsregister notwendige Maßnahmen (z.B. Erstellung Sachgründungsbericht, Erteilung von Auskünften gegenüber dem Registergericht) zu ergreifen.[19] Wenn der Gesellschaftsvertrag Unklarheiten oder Mängel aufweist, die vom Registergericht als Eintragungshindernis bewertet werden, können die Gesellschafter verpflichtet sein, an einer zumutbaren Modifizierung des Gesellschaftsvertrags (Klarstellung) mitzuwirken.[20] **10**

Den Gesellschaftern der Vor-GmbH stehen die gleichen Teilhabe- und Mitwirkungsrechte wie den Gesellschaftern einer in das Handelsregister eingetragenen GmbH zu.[21] **11**

III. Organe

1. Geschäftsführung und Vertretung durch Geschäftsführer

Die vor Eintragung der Gesellschaft in das Handelsregister bestellten Geschäftsführer der GmbH sind automatisch auch organschaftliche Vertreter der Vor-GmbH. Die Bestellung erfolgt gemäß § 6 Abs. 3 S. 2 entweder im Gesellschaftsvertrag (praktische Ausnahme) oder durch einen Beschluss der Gesellschafter (praktischer Regelfall, häufig bereits im notariellen Gründungsprotokoll). Für den Bestellungsbeschluss genügt eine einfache Stimmenmehrheit.[22] Die Geschäftsführer haben die Einlagen der Gesellschafter entgegenzunehmen und die Gesellschaft zur Eintragung in das Handelsregister anzumelden (§ 7 Abs. 1). Verletzen die Geschäftsführer ihre Pflichten, kann eine Haftung aus §§ 9a Abs. 1, 43 entstehen. **12**

Die Geschäftsführungs- und nach herrschender Meinung auch die Vertretungsbefugnis der Geschäftsführer sind grundsätzlich durch den Zweck der Vor-GmbH, die Eintragung der Gesellschaft in das Handelsregister herbeizuführen, beschränkt; der in § 37 Abs. 2 verankerte Grundsatz der im Außenverhältnis unbeschränkbaren Vertretungsmacht gilt für die Vor-GmbH nicht.[23] Die Geschäftsführer dürfen und können daher grundsätzlich nur Rechtsgeschäfts, die für die Vollendung der Gründung erforderlich sind, vornehmen. Die Geschäftsführungs- und Vertretungsbefugnis kann allerdings von den Gesellschaftern – auch bereits im Gesellschaftsvertrag – erweitert werden (Einstimmigkeit erforderlich). Im Falle einer Sacheinlage wird regelmäßig **13**

---

19 *Merkt*, in: MünchKommGmbHG, § 11 Rn. 19.

20 *Ulmer*, in: Ulmer/Habersack/Winter, GmbHG, § 11 Rn. 40; *Fastrich*, in: Baumbach/Hueck, GmbHG, § 11 Rn. 8.

21 *Merkt*, in: MünchKommGmbHG, § 11 Rn. 20.

22 BGHZ 80, 212, 214.

23 BGHZ 53, 210, 212; 80, 129, 139; *Ulmer*, in: Ulmer/Habersack/Winter, GmbHG, § 11 Rn. 35, 68; *Fastrich*, in: Baumbach/Hueck, GmbHG, § 11 Rn. 19; a.A. *K. Schmidt*, in: Scholz, GmbHG, § 11 Rn. 63.

von einer konkludenten Ermächtigung, die eingebrachten Gegenstände zu verwalten und zu erhalten, auszugehen sein. Bei Überschreitung der Vertretungsmacht kann eine Rechtsscheinhaftung eingreifen (insbesondere wenn die Gesellschafter das Handeln der Geschäftsführer geduldet haben).[24] Die Ermächtigung zur Aufnahme der Geschäfte ist grundsätzlich widerruflich. Unklar ist dabei, ob bereits der Widerruf eines einzelnen Gesellschafters genügt.[25]

14 Die von der Rechtsprechung entwickelten Grundsätze des unternehmensbezogenen Vertreterhandelns gelten auch im Rahmen der GmbH-Gründung.[26] Nach diesen Grundsätzen wird das Handeln eines Vertreters grundsätzlich dem Inhaber des Unternehmens zugerechnet, auch wenn das Unternehmen nicht richtig bezeichnet wurde. Für das Gründungsstadium einer GmbH bedeutet dies, dass bei einem Handeln vor Beurkundung des Gesellschaftsvertrag im Zweifel die Vorgründungsgesellschaft berechtigt verpflichtet wird (auch wenn ausdrücklich im Namen einer »GmbH i. Gr.« gehandelt wird). Bei einem Handeln zwischen Beurkundung des Gesellschaftsvertrags und Eintragung der Gesellschaft in das Handelsregister gilt die Erklärung im Zweifel als für die Vor-GmbH abgegeben (deren Rechte und Pflichten mit Eintragung automatisch auf die GmbH übergehen); ob dabei z.B. ausdrücklich im Namen der »GmbH«, der »GmbH i. Gr.« oder »Firma X« gehandelt wurde, ist unerheblich.

2. Gesellschafterversammlung

15 Die Gesellschafter üben ihren Willen durch Beschlussfassungen in der Gesellschafterversammlung aus. Die Gesellschafterversammlung sind bzw. im Falle einer Ein-Mann-Gesellschafter der alleinige Gesellschafter ist gegenüber den Geschäftsführern weisungsbefugt. Es gelten die in dem GmbH-Gesellschaftsvertrag für die Gesellschafterversammlung getroffenen Bestimmungen bzw. subsidiär die §§ 45 ff. entsprechend. Damit gilt auch grundsätzlich das in § 47 Abs. 1 verankerte Mehrheitsprinzip (soweit der Gesellschaftsvertrag nichts abweichendes regelt),[27] Satzungsänderungen bedürfen im Gründungsstadium allerdings der Zustimmung aller Gesellschafter (siehe im Einzelnen Rdn. 17 f.). Das Beschlussmängelrecht der GmbH – insbesondere die Unterscheidung zwischen nichtigen und anfechtbaren Beschlüssen – gilt ebenfalls bereits für die Vor-GmbH.[28]

24 *Heidinger*, in: Heckschen/Heidinger, Die GmbH in der Gestaltungs- und Beratungspraxis, 2. Aufl. 2009, § 3 Rn. 9.

25 *Heidinger*, a.a.O.

26 *Merkt*, in: MünchKommGmbHG, § 11 Rn. 68; *Fastrich*, in: Baumbach/Hueck, GmbHG, § 11 Rn. 18.

27 BGHZ 80, 212, 214; *Ulmer*, in: Ulmer/Habersack/Winter, GmbHG, § 11 Rn. 45; a.A. *Zöllner*, FS Wiedemann, 2002, S. 1421.

28 BGHZ 80, 212, 215; *K. Schmidt*, in: Scholz, GmbHG, § 11 Rn. 46; a.A. *Ulmer*, in: Ulmer/Habersack/Winter, GmbHG, § 11 Rn. 46.

3. Aufsichtsrat

16 Ob ein im Gesellschaftsvertrag vorgesehener Aufsichtsrat bereits im Stadium der Vor-GmbH gebildet bzw. besetzt werden muss, richtet sich vorrangig nach den Bestimmungen in dem Gesellschaftsvertrags selbst. Im Zweifel ist er bereits in der Vor-GmbH zu bestellen.[29] Dass die für die obligatorische Bildung eines Aufsichtsrats (§§ 1, 6 MitbestG, §§ 1, 4 DrittelbG) vorausgesetzte Mindestarbeitnehmerzahl bereits im Gründungsstadium erreicht wird, ist in der Praxis sehr selten, kann aber z.B. bei einer Sachgründung (Einbringung eines Unternehmens mit mehr als 500 oder gar mehr als 2.000 Arbeitnehmern) der Fall sein. Ob dann der Aufsichtsrat bereits im Gründungsstadium zu bilden ist bzw. ob § 31 AktG analog anzuwenden ist, wird nicht einheitlich beurteilt.[30]

IV. Änderungen des Gesellschaftsvertrags

17 Bis zur Eintragung der Gesellschaft in das Handelsregister bedürfen Änderungen des Gesellschaftsvertrags der Zustimmung aller Gesellschafter. Eine Satzungsänderung durch (qualifizierten) Mehrheitsbeschluss (§ 53) ist im Gründungsstadium nach herrschender Meinung nicht möglich, die Änderung erfolgt vielmehr durch Vereinbarung. Dies gilt auch dann, wenn der Gesellschaftsvertrag eine allgemeine Bestimmung enthält, wonach Satzungsänderungen durch (qualifizierten) Mehrheitsbeschluss erfolgen[31] (anders allerdings wohl, wenn sich diese Bestimmung ausdrücklich auch auf das Gründungsstadium bezieht, sehr selten).[32] Die Vereinbarung der Vertragsänderung bedarf gemäß § 2 Abs. 1 der notariellen Beurkundung; die Unterzeichnung durch Bevollmächtigte ist gemäß § 2 Abs. 2 nur aufgrund einer beurkundeten oder unterschriftsbeglaubigten Vollmacht möglich.

18 Dem Registergericht ist entsprechend § 54 Abs. 1 S. 2 eine mit Notarbescheinigung versehene – elektronisch signierte (§ 12 Abs. 2 S. 2 HGB) – vollständige Fassung des Gesellschaftsvertrags vorzulegen.[33] Nicht abschließend geklärt ist, ob die Neufassung in dem Stadium, in dem die Gesellschaft bereits zur Eintragung in das Handelsregister angemeldet, die Eintragung aber noch nicht erfolgt ist, dem Registergericht zwingend mit einer förmlichen Handelsregisteranmeldung der Geschäftsführer vorzulegen ist oder ob auch eine formlose Nachreichung genügt.[34]

---

29 *Michalski/Funke*, in: Michalski, GmbHG, § 11 Rn. 57.

30 Weitere Nachweise bei *Zöllner/Noack*, in: Baumbach/Hueck, GmbHG, § 52 Rn. 158.

31 *Merkt*, in: MünchKommGmbHG, § 11 Rn. 33.

32 *Ulmer*, in: Ulmer/Habersack/Winter, GmbHG, § 11 § 2 Rn. 20.

33 OLG Köln, GmbHR 1973, 11; OLG Hamm, GmbHR 1986, 311; BayObLG, DB 1988, 2354.

34 *Heidinger*, in: Heckschen/Heidinger, Die GmbH in der Gestaltungs- und Beratungspraxis, 2. Aufl. 2009, § 3 Rn. 85.

V. Gesellschafterwechsel

19 Bis zur Eintragung der Gesellschaft in das Handelsregister bestehen nach herrschender Meinung keine übertragbaren Geschäftsanteile. Eine Anteilsübertragung im technischen Sinne, die bereits im Gründungsstadium wirksam sein soll, ist nicht möglich; sie ist vielmehr unwirksam (die Grundsätze der fehlerhaften Gesellschaft sind nicht anwendbar).

20 Zulässig ist lediglich eine rechtsgeschäftliche Änderung in den Personen der Gesellschafter durch eine Änderung des Gesellschaftsvertrags, wobei die unter Rdn. 17 f. genannten Förmlichkeiten zu beachten sind. Der Ein- und der Austritt von Gesellschaftern bedarf daher bis zur Eintragung der Gesellschaft in das Handelsregister der Mitwirkung aller Gründer. Die »Übertragung« eines Geschäftsanteils auf den letzten verbleibenden Gründungsgesellschafter kann im Gründungsstadium unter Umständen als Änderung des Gesellschaftsvertrages ausgelegt werden. Unstreitig zulässig ist es ferner, dass die zukünftig entstehenden Geschäftsanteile unter der aufschiebenden Bedingung der Eintragung der Gesellschaft in das Handelsregister abgetreten werden.

21 In der Vor-GmbH ist der Ausschluss eines Gesellschafters aus wichtigem Grund möglich, nicht hingegen eine Kaduzierung (§ 21) und Einziehung (§ 34) von Geschäftsanteilen.

22 Stirbt ein Gesellschafter vor Eintragung der Gesellschaft in das Handelsregister, rückt dessen Erbe bzw. bei mehreren Erben die Erbengemeinschaft in die Position des Verstorbenen ein; eine Sondererbfolge nach personengesellschaftsrechtlichen Grundsätzen findet in der Vor-GmbH nicht statt.

VI. Haftung der Gründer für Verbindlichkeiten der Vor-GmbH (Verlustdeckungshaftung)

23 Die Rechtsprechung zu der Frage, ob, unter welchen Voraussetzungen und in welchem Umfang die Gesellschafter für die Verbindlichkeiten der Vor-GmbH mit ihrem Privatvermögen haften, hat sich in den letzten Jahrzehnten mehrfach grundlegend geändert und weiterentwickelt. Das Schrifttum zu dieser Frage ist kaum zu übersehen. Aus Sicht der Rechtsprechung des BGH und der heute herrschenden Meinung im Schrifttum gilt Folgendes:

24 Die Gesellschafter haften unbeschränkt mit ihren Privatvermögen für Verluste der Vor-GmbH (»Verlustdeckungshaftung«). Dies gilt unabhängig davon, ob die Verluste auf rechtsgeschäftlichen oder gesetzlichen Verbindlichkeiten basieren.[35] Allerdings besteht grundsätzlich keine unmittelbare Außenhaftung der Gründer gegenüber den Gläubigern der Gesellschaft. Vielmehr besteht regelmäßig lediglich eine Innenhaftung der Gesellschafter gegenüber der Gesellschaft (wobei die Gesellschaftsgläubiger Ansprüche der Gesellschaft gegen die Gesellschafter pfänden und sich überweisen lassen können). Die Gesellschafter haften dabei nicht gesamtschuldnerisch, sondern

35 *Merkt*, in: MünchKommGmbHG, § 11 Rn. 91 m.w.N.

nur anteilig entsprechend dem Verhältnis der Nennbeträge ihrer Geschäftsanteile; allerdings besteht eine Ausfallhaftung gemäß § 24.

25 Die Beschränkung der Gründerhaftung auf eine Binnenhaftung gegenüber der Gesellschaft gilt nicht ausnahmslos. Vielmehr haben Rechtsprechung und herrschende Meinung im Schrifttum aufgrund einer Abwägung der Gesellschafter- und der Gläubigerinteressen folgende Fallgruppen anerkannt, in denen eine unmittelbare Außenhaftung der Gründer gegenüber den Gesellschaftsgläubigern befürwortet wird (wobei es allerdings mit Ausnahme des Falls der unechten Vor-GmbH bei einer bloß anteiligen Haftung verbleibt):

- Unechte Vor-GmbH: Wenn die Gesellschafter die Eintragungsabsicht aufgegeben haben – oder gar von vornherein keine Eintragungsabsicht besessen haben – und die Geschäftstätigkeit der Vor-GmbH gleichwohl fortsetzen (oder erstmals aufnehmen), besteht keine Vorgesellschaft im eigentlichen Sinne, sondern vielmehr eine GbR oder eine oHG (je nachdem, ob die Gesellschaft ein Handelsgewerbe im Sinne des § 1 Abs. 2 HGB betreibt oder nicht). Diese Gesellschaft wird auch als »unechte Vor-GmbH« bezeichnet. Die Grundsätze der Verlustdeckungshaftung gelten dann nicht, vielmehr besteht eine unmittelbare gesamtschuldnerische Außenhaftung der Gesellschafter gemäß § 128 HGB (im Falle der GbR analog).[36] Diese Haftung gilt auch für Verbindlichkeiten, die bereits vor Scheitern der Eintragung entstanden sind;[37] für diese Verbindlichkeiten entsteht also eine rückwirkende Außenhaftung. Diese rückwirkende Außenhaftung können die Gründer nur vermeiden, wenn sie sich ab Scheitern der Eintragung jeder weiteren Geschäftstätigkeit enthalten und umgehend die Liquidation der Gesellschaft betreiben.[38] Für die vor Aufgabe der Eintragungsabsicht ausgeschiedenen Gesellschafter bleibt es hingegen bei der Verlustdeckungshaftung als Innenhaftung.[39]
- Einpersonen-Vor-GmbH: Wenn die Vor-GmbH nur einen Gesellschafter besitzt, trifft diesen eine unmittelbare Außenhaftung für Verbindlichkeiten der Gesellschaft.
- Nur ein Gläubiger der Vor-GmbH: Wenn die Vor-GmbH nur einen Gläubiger besitzt, besteht nicht das Risiko eines Gläubigerwettlaufs. Daher soll auch in diesem Fall ein unmittelbarer Anspruch des Gläubigers gegen die Gesellschafter besteht.
- Vermögenslosigkeit der Vor-GmbH: Von dem Grundsatz der Binnenhaftung wird auch dann abgewichen, wenn ein Insolvenzverfahren über das Vermögen der Vor-GmbH mangels Masse nicht eröffnet oder nach Eröffnung eingestellt wird oder würde und keine Anhaltspunkte bestehen, dass die Vor-GmbH trotzdem noch über Vermögen verfügt. Verlustdeckungsansprüche gegen die Gesellschafter sind bei der Feststellung dieser Voraussetzungen außer Betracht zu lassen.

36 BGHZ 152, 291, 294.
37 BGHZ 152, 291; eingehend *Merkt*, in: MünchKommGmbHG, § 11 Rn. 179.
38 OLG Bremen, GmbHR 2001, 25.
39 OLG Düsseldorf, GmbHR 1995, 824.

26 Die Voraussetzungen dieser Ausnahmetatbestände sind von dem Gläubiger darzulegen und zu beweisen,[40] was – mit Ausnahme des Falls der Einpersonen-Vor-GmbH – praktisch häufig nur schwer möglich ist. Die für das Bestehen einer unechten Vor-GmbH erforderliche Aufgabe der Eintragungsabsicht soll gegebenenfalls dadurch nachgewiesen werden können, dass den Beanstandungen des Registergerichts nicht umgehend abgeholfen wird,[41] dass die Gesellschafter die Auflösung der Gesellschaft beschließen[42] oder das die Geschäftsführer einen Insolvenzantrag stellen.[43] Eine überdurchschnittliche lange Dauer des Eintragungsverfahrens reicht hingegen alleine – ohne Hinzutreten weiterer Umstände – nicht aus, um auf die Aufgabe des Eintragungswillens schließen zu können.[44]

27 Die Verlustdeckungshaftung kann weder durch eine Bestimmung im Gesellschaftsvertrag noch dadurch ausgeschlossen werden, dass der Geschäftsführer ausdrücklich im Namen der Vor-GmbH auftritt.[45] Durch eine gesonderte Vereinbarung mit den jeweiligen Gläubigern ist allerdings eine Beschränkung der Haftung möglich.[46]

28 Die Verlustdeckungshaftung entsteht in jedem Fall erst bzw. wird jedenfalls erst fällig in dem Zeitpunkt, in dem die Eintragung endgültig scheitert.[47] Zu der sogenannten Unterbilanzhaftung, die eintritt, wenn die Gesellschaft in das Handelsregister eingetragen wird, siehe Rdn. 34 ff.

29 Auch in den Fällen der sogenannten Vorratsgründung und der sogenannten Mantelverwendung sind die Grundsätze der Verlustdeckungshaftung anwendbar.[48]

VII. Eintragung der Gesellschaft und Beendigung der Vor-GmbH

30 Mit Eintragung der Gesellschaft in das Handelsregister geht die Vor-GmbH in der GmbH auf und erlischt. Die bisherigen Rechte und Pflichten der Vor-GmbH sind nun solche der GmbH.

31 Wenn die Gesellschafter der Vor-GmbH hingegen die Eintragung der Gesellschaft nicht mehr weiter betreiben wollen und gleichwohl die Geschäftstätigkeit der Gesellschaft fortsetzen oder aufnehmen, wird die Gesellschaft zu einer sogenannten unechten Vor-GmbH, die als Gesellschaft bürgerlichen Rechts oder – wenn ein Handelsgewerbe vorliegt – als oHG einzuordnen ist (siehe zur unechten Vor-GmbH auch Rdn. 25).

---

40 *Merkt*, in: MünchKommGmbHG, § 11 Rn. 86.
41 BFH, NJW 1998, 2926, 2927.
42 BAG, NZG 1998, 103, 104.
43 BAG, NJW 2000, 2915, 2916.
44 BGHZ 152, 290, 296; a.A. *Drygala*, ZIP 2002, 2311, 2312 f.
45 BGH, NJW 1997, 1507.
46 *Merkt*, in: MünchKommGmbHG, § 11 Rn. 94.
47 BGHZ 134, 333, 387; *Merkt*, in: MünchKommGmbHG, § 11 Rn. 90 m.w.N. auch zur Gegenansicht.
48 BGHZ 153, 158, 160; 155, 318, 323; *Merkt*, in: MünchKommGmbHG, § 11 Rn. 86; *Ulmer*, in: Ulmer/Habersack/Winter, GmbHG, § 11 § 3 Rn. 140 ff. m.w.N. auch zur Gegenansicht.

32 In den Fällen des §§ 60 Abs. 1, 61 (insbesondere Beschluss der Auflösung mit qualifizierter Mehrheit, Eröffnung des Insolvenzverfahrens über das Vermögen der Vor-GmbH, Ablehnung der Eröffnung des Insolvenzverfahrens mangels Masse) oder wenn der Antrag auf Eintragung der Gesellschaft in das Handelsregister rechtskräftig abgelehnt worden ist, wird die Gesellschaft aufgelöst.

33 Muss die Gesellschaft im Falle ihrer Auflösung noch abgewickelt werden, ist sie durch den Eintritt in das Auflösungsstadium noch nicht beendet. Die Auflösung der Vor-GmbH erfolgt dann grundsätzlich durch Liquidation analog §§ 66 ff. Bei der Einpersonen-Vor-GmbH erlischt im Falle eines Auflösungstatbestands die Gesellschaft hingegen automatisch und alle Rechte sowie Pflichten fallen ohne Durchführung eines Liquidationsverfahrens dem Gesellschafter zu. War die Einpersonen-Vor-GmbH Grundstückseigentümerin, ist das Grundbuch dahingehend zu berichtigen, dass der Gesellschafter als Eigentümer eingetragen wird, wenn er dem Grundbuchamt die endgültige Aufgabe der Eintragungsabsicht durch öffentlich beglaubigte Erklärung nachgewiesen hat.

VIII. Unterbilanzhaftung

1. Unterbilanz: Eintragungshindernis und Auslöser einer Haftung

34 Wenn die Eintragung der Gesellschaft endgültig scheitert, besteht eine Verlustdeckungshaftung der Gesellschafter (siehe dazu unter Rdn. 23 ff.). Soll die Gesellschaft hingegen in das Handelsregister eingetragen werden und weiß das Registergericht, dass das Stammkapital nicht durch Aktiva gedeckt ist, darf das Registergericht nach herrschender Meinung die Eintragung nicht vornehmen.[49] Kommt es gleichwohl zur Eintragung tritt an Stelle der Verlustdeckungshaftung grundsätzlich die sogenannte Unterbilanzhaftung (auch Vorbelastungshaftung genannt). Sie ähnelt weitgehend der Verlustdeckungshaftung. Unterschiede bestehen vor allem in Folgendem:

- Bei der Verlustdeckungshaftung müssen die Gründer nur die nach Verbrauch des Stammkapitals verbleibenden Verluste persönlich tragen (»Auffüllung des Eigenkapitals bis auf 0«), da die Stammkapitalaufbringung bei Scheitern der Eintragung nicht gewährleistet sein muss.[50] Im Falle der Unterbilanzhaftung haben die Gesellschafter hingegen den Betrag auszugleichen, um den das tatsächliche Eigenkapital der Gesellschaft das Stammkapital unterschreitet (»Auffüllung des Eigenkapitals bis zur Höhe des Stammkapitals«).
- Im Fall der Unterbilanzhaftung besteht auch dann nur eine reine Binnenhaftung, wenn die Gesellschaft vermögenslos ist oder nur über einen Gesellschafter verfügt.[51]

---

49 *Merkt*, in: MünchKommGmbHG, § 11 Rn. 171 f.

50 *Ulmer*, in: Ulmer/Habersack/Winter, GmbHG, § 11 Rn. 120; a.A. wohl *Meister*, FS Werner (1984), S. 549.

51 BGH, BB 2005, 2773, 2774 m. Anm. *Gehrlein*.

2. Voraussetzungen und Rechtsfolgen der Unterbilanzhaftung

35 Eine Unterbilanzhaftung entsteht nur, soweit eine wirksame Verbindlichkeit der Gesellschaft entstanden ist, also im Falle von rechtsgeschäftlichen Verbindlichkeiten nur, soweit die Gesellschafter zugestimmt haben, dass die Gesellschaft vor ihrer Eintragung die Geschäftstätigkeit aufnimmt. Die Haftung besteht in der Höhe, in der das Gesellschaftsvermögen (Aktiva abzüglich Passiva) im Zeitpunkt der Eintragung der Gesellschaft das Stammkapital unterschreitet (sogenannte Unterbilanz); auf die Ursache der Unterbilanz kommt es nicht an, eine Haftung besteht nach herrschender Meinung z.B. auch für den Wertverlust von Sacheinlagen.[52] Eine Haftungsbegrenzung auf die Höhe des Stammkapitals (z.B. wenn die Gesellschaft mehr Verbindlichkeiten als Gesellschaftsvermögen besitzt, also überschuldet ist) oder auf die Einlageverpflichtungen der Gesellschafter besteht nicht; es könnte daher z.B. auch bei einer UG (haftungsbeschränkt) mit einem Stammkapital von nur Euro 1,-- die persönliche Haftung eines Gesellschafters in Millionenhöhe entstehen. Darlehen eines Gesellschafters oder eines Dritten reduzieren die Unterbilanz (und die Haftung der Gesellschafter) nicht, auch nicht im Falle eines Rangrücktritts.[53] Die Gesellschafter haften dabei nicht gesamtschuldnerisch, sondern nur anteilig entsprechend dem Verhältnis der Nennbeträge ihrer Geschäftsanteile; allerdings besteht eine Ausfallhaftung gemäß § 24.[54] Die Unterbilanzhaftungsforderungen sind – ohne Einforderungsbeschluss der Gesellschafter – sofort fällig.[55] Für die Verjährung gilt § 9 Abs. 2 analog. Es gelten ferner die §§ 19 ff.

36 Zur Feststellung, ob und in welcher Höhe eine Unterbilanz besteht, ist eine Vermögensbilanz zu erstellen (Stichtag: Eintragung der Gesellschaft in das Handelsregister). Dabei sind die Vermögensgegenstände grundsätzlich mit Fortführungswerten zu bewerten. Betreibt die Gesellschaft bereits ein Unternehmen, ist dieses nach dem Ertragswert zu bewerten (einschließlich Firmenwert).[56] Ist die Gesellschaft im Zeitpunkt der Handelsregistereintragung allerdings bereits überschuldet und kann nicht fortgeführt werden, so sind Veräußerungswerte anzusetzen.[57]

37 Nach Auffassung des BGH erlischt die Unterbilanzhaftung in dem Fall, dass die Unterbilanz nachträglich durch aufgelaufene Gewinne oder Aufgelder beseitigt wird, nicht automatisch.[58] Danach erlöschen die aus der Unterbilanzhaftung entstehenden Ansprüche nur durch Erfüllung.

---

52 Streitig; Nachweise bei *Merkt*, in: MünchKommGmbHG, § 11 Rn. 163.
53 BGHZ 124, 282, 284.
54 BGHZ 124, 282, 283.
55 *Merkt*, in: MünchKommGmbHG, § 11 Rn. 166.
56 BGH, NZG 1999, 70.
57 *Merkt*, in: MünchKommGmbHG, § 11 Rn. 165.
58 BGHZ 165, 391, 396.

Grundsätzlich reduzieren Ansprühe der Gesellschaft aus einer Differenzhaftung des Sacheinlegers (§ 9) die Unterbilanz und die korrespondierende Haftung. Einzelheiten zu dem Verhältnis der beiden Haftungsinstitute sind umstritten.[59] **38**

Auch in den Fällen der sogenannten Vorratsgründung und der sogenannten Mantelverwendung sind die Grundsätze der Unterbilanzhaftung nach der Rechtsprechung des BGH anwendbar.[60] **39**

D. Die Vorgründungsgesellschaft im Einzelnen

I. Entstehung der Vorgründungsgesellschaft und Rechtsnatur

Vor der Beurkundung des GmbH-Gesellschaftervertrags besteht noch keine Vor-GmbH, sondern vielmehr grundsätzlich die sogenannte Vorgründungsgesellschaft. Diese entsteht, sobald sich mehrere Gesellschafter mit dem Ziel, eine GmbH zu gründen, zusammenschließen.[61] Dieser Zusammenschluss erfolgt in der Praxis regelmäßig formlos und manifestiert sich darin, dass mit den Vorbereitungen der Gründung begonnen wird, z.B. ernsthaft Einzelheiten des Gesellschaftsvertrags (etwa Unternehmensgegenstand, Beteiligungsverhältnisse, Firma) unter den Gesellschaftern abgestimmt werden. Dieser Zusammenschluss der Gesellschafter bedarf nicht der in § 2 Abs. 1 vorgegebenen notariellen Form, wenn – wie in der Regel – nicht davon auszugehen ist, dass sich die Gründer bindend zum Abschluss des GmbH-Gesellschaftsvertrags verpflichten wollen.[62] **40**

Nach ganz herrschender Auffassung handelt es sich bei der Vorgründungsgesellschaft grundsätzlich um eine Gesellschaft bürgerlichen Rechts.[63] Wenn die Gesellschaft bereits vor Beurkundung des GmbH-Gesellschaftsvertrags unternehmerisch tätig wird und das entsprechende Unternehmen bereits als Handelsgewerbe (§ 1 Abs. 2 HGB) einzuordnen ist, stellt die Vorgründungsgesellschaft eine offene Handelsgesellschaft dar. Sämtliche Rechtsverhältnisse der Vorgründungsgesellschaft bestimmen sich daher anhand der §§ 705 ff. BGB und gegebenenfalls anhand der §§ 105 ff. HGB; das GmbHG und die Grundätze der Vor-GmbH gelten für die Vorgründungsgesellschaft nicht.[64] **41**

---

59 *Merkt*, in: MünchKommGmbHG, § 11 Rn. 170 m.w.N.

60 BGHZ 155, 318.

61 *Merkt*, in: MünchKommGmbHG, § 11 Rn. 103.

62 *Ulmer*, in: Ulmer/Habersack/Winter, GmbHG, § 11 § 2 Rn. 45; *Fastrich*, in: Baumbach/Hueck, GmbHG, § 11 Rn. 35; *Bayer*, in: Lutter/Hommelhoff, GmbHG, § 11 Rn. 3; *Merkt*, in: MünchKommGmbHG, § 11 Rn. 100

63 BGHZ 91, 148, 151; *Fastrich*, in: Baumbach/Hueck, GmbHG, § 11 Rn. 36; *Bayer*, in: Lutter/Hommelhoff, GmbHG, § 11 Rn. 2; *Merkt*, in: MünchKommGmbHG, § 11 Rn. 100; differenzierend *K. Schmidt*, GmbHR 1982, 6.

64 *Ulmer*, in: Ulmer/Habersack/Winter, GmbHG, § 11 § 2 Rn. 50; *Merkt*, in: MünchKommGmbHG, § 11 Rn. 105; differenzierend *Roth*, in: Roth/Altmeppen, GmbHG, § 11 Rn. 74.

42 Wenn die GmbH mit nur einem Gesellschafter gegründet werden soll, entsteht keine Vorgründungsgesellschaft, da es weder eine GbR noch eine oHG mit nur einem Gesellschafter gibt.[65]

II. Rechtsgeschäfte im Vorgründungsstadium und Haftungsverhältnisse

43 Die Vorgründungsgesellschaft ist als GbR oder oHG teilrechtsfähig und kann daher Trägerin von Rechten und Pflichten sein. Wird im Vorgründungsstadium ein Rechtsgeschäft im Namen einer »GmbH«, einer »GmbH in Gründung« oder einer »Vor-GmbH« getätigt, wird nach den Grundsätzen des unternehmensbezogenen Geschäfts grundsätzlich die Vorgründungsgesellschaft, nicht die zukünftige Vor-GmbH oder GmbH berechtigt und verpflichtet.[66]

44 Die Gesellschafter der Vorgründungsgesellschafter haften für deren Verbindlichkeiten gemäß § 128 HGB (im Falle der GbR analog) persönlich, unbeschränkt und gesamtschuldnerisch. Diese Haftung besteht auch dann fort, wenn später der GmbH-Gesellschaftsvertrag beurkundet wird (also die Vor-GmbH entsteht) oder die Gesellschaft in das Handelsregister eingetragen (also die GmbH entsteht) wird.[67] Auch eine Genehmigung des Rechtsgeschäfts durch die Vor-GmbH oder die GmbH lässt die Haftung der Vorgründungsgesellschaft und daher auch die Haftung der Gründer nicht entfallen.[68] Vermieden werden kann die Haftung durch eine Vereinbarung mit dem Gläubiger, dass nur das Gesellschaftsvermögen haftet, oder dadurch dass das Rechtsgeschäft unter die aufschiebende Bedingung der Beurkundung des Gründungsaktes (dann Haftung der Vor-GmbH) oder der Handelsregistereintragung (dann Haftung der GmbH) gestellt wird.[69] Die Gründer können den anderen des Rechtsgeschäfts auch veranlassen, ein Angebot zu erteilen, das die Vor-GmbH nach Beurkundung der Satzung oder die GmbH nach Handelsregistereintragung annimmt.[70] Schließlich ist denkbar, dass die Vor-GmbH oder die GmbH mit den betreffenden Gläubigern eine befreiende Schuldübernahme vereinbart.

45 Eine Handelndenhaftung entsprechend § 11 Abs. 2 gibt es im Stadium der Vorgründungsgesellschaft nicht;[71] es bedarf einer solchen Haftung auch nicht, da ohnehin die Gesellschafter nach personengesellschaftsrechtlichen Grundsätzen bzw. etwaige Vertreter ohne Vertretungsmacht nach § 179 BGB persönlich haften.

---

65 BGHZ 65, 79, 82; *Merkt*, in: MünchKommGmbHG, § 11 Rn. 104.

66 BGHZ 91, 148, 152; BGH, GmbHR 1992, 164, 165; *Fastrich*, in: Baumbach/Hueck, GmbHG, § 11 Rn. 36; *Merkt*, in: MünchKommGmbHG, § 11 Rn. 106.

67 BGH, NJW 1983, 2822; NJW-RR 2001, 1042; *Merkt*, in: MünchKommGmbHG, § 11 Rn. 108.

68 BGH, NJW 1998, 1645; *Merkt*, in: MünchKommGmbHG, § 11 Rn. 108.

69 *Merkt*, in: MünchKomm, GmbHG, aaO.

70 *Heidinger*, in: Heckschen/Heidinger, Die GmbH in der Gestaltungs- und Beratungspraxis, 2. Aufl. 2009, § 3 Rn. 5.

71 BGHZ 91, 148, 150 f.

III. Beendigung der Vorgründungsgesellschaft

46 Die Beendigung der Vorgründungsgesellschaft richtet sich nach personengesellschafsrechtlichen Grundsätzen. Wenn der GmbH-Gesellschaftsvertrag notariell beurkundet wird, wird die Vorgründungsgesellschaft regelmäßig gemäß § 726 BGB wegen Zweckerreichung aufgelöst. Wenn die Gesellschaft Rechte oder Pflichten gegenüber Dritten begründet hat, ist die Gesellschaft gemäß §§ 730 ff. BGB zu liquidieren. Diese Rechte und Pflichte gehen weder automatisch auf die Vor-GmbH noch auf die spätere GmbH über. Vermögensgegenstände müssen gegebenenfalls von der Vorgründungsgesellschaft auf die (Vor-)GmbH übertragen werden. Verbindlichkeiten sind – wenn ein Übergang auf die (Vor-)GmbH gewollt ist – entweder durch eine Schuldübernahme nach §§ 414, 415 BGB oder durch eine Vertragsübernahme zu übertragen, wobei jeder betroffener Gläubiger zustimmen muss, wenn die Vorgründungsgesellschaft und die Gründer von einer Haftung befreit werden sollen. Möglich ist es auch, sämtliche Gesellschaftsanteile der Vorgründungsgesellschaft in die (Vor-)GmbH einzubringen (Sachgründung, oder –kapitalerhöhung oder Einbringung in die Rücklage).[72] Dann erlischt die Vorgründungsgesellschaft, da sich alle Anteile in der Hand eines Gesellschafters vereinigen, und deren Vermögen geht auf die (Vor-)GmbH über; eine einmal entstandene Gründerhaftung besteht in diesem Fall allerdings fort.

47 Die Gesellschaft wird auch bei Unmöglichkeit der Zweckerreichung aufgelöst und ist – wenn eine Auseinandersetzung erforderlich ist – zu liquidieren.

E. Handelndenhaftung (Abs. 2)

I. Bedeutung und Anwendungsbereich

48 Die in § 11 Abs. 2 vorgesehene Handelndenhaftung soll den Gläubigern vor allem einen Ausgleich dafür verschaffen, dass die Aufbringung des Stammkapitals im Gründungsstadium noch nicht durch das Registergericht überprüft werden konnte und die Vorschriften über die Kapitalerhaltung noch nicht gelten.[73] Den Gläubigern wird mit dem Handelnden ein weiterer, häufig leichter in Anspruch zu nehmender Schuldner zur Verfügung gestellt.[74]

49 Der Anwendungsbereich der Handelndenhaftung ist nur eröffnet, wenn zwischen Beurkundung des GmbH-Gesellschaftsvertrags und der Eintragung der Gesellschaft in das Handelsregister für die Vor-GmbH gehandelt wurde. Für Handlungen vor und nach diesem Zeitraum gilt § 11 Abs. 2 nicht.

50 Ob die Haftung nach § 11 Abs. 2 auch bei Handlungen für Vorrats- oder Mantelgesellschaften gilt, ist umstritten; von der Rechtsprechung wird dies grundsätzlich befürwortet.[75]

---

72 *Heidinger*, a.a.O.
73 BGHZ 80, 129, 133; 91, 148, 152.
74 *Merkt*, in: MünchKommGmbHG, § 11 Rn. 121.
75 BGHZ 155, 318, 321; a.A. *Merkt*, in: MünchKommGmbHG, § 11 Rn. 124 m.w.N.

II. Begriff des Handelnden und der Handlung

51 Als »Handelnde« kommen nach heutigem Verständnis lediglich die Geschäftsführer in Betracht,[76] allerdings einschließlich sogenannter faktischer Geschäftsführer, die nicht wirksam bestellt sind, aber als Geschäftsführer auftreten.[77] Zu den Handelnden zählen im Übrigen weder die Gesellschafter – auch wenn sie dem vom Geschäftsführer getätigten Geschäft ausdrücklich zugestimmt haben – noch etwaige rechtsgeschäftlich Bevollmächtigte[78] (es haften die Geschäftsführer, soweit sich ein rechtsgeschäftlich Bevollmächtigter nach deren Weisungen richtet).[79]

52 Eine nach § 11 Abs. 2 haftungsbegründende »Handlung« liegt nur im Falle von rechtsgeschäftlichen Erklärungen vor, die von dem Geschäftsführer abgegeben worden oder diesem zurechenbar sind; in diesem Fall besteht eine Haftung für Primär- und Sekundäransprüche.[80] Die Haftung erfasst hingegen nicht gesetzliche Verbindlichkeiten. Auch deliktische Ansprüche fallen nicht unter § 11 Abs. 2.[81]

53 Es haftet nur derjenige Geschäftsführer, der die Erklärungen selbst oder zurechenbar durch einen Dritten abgibt. Dass ein Geschäftsführer das Handeln eines anderen Geschäftsführers lediglich duldet, genügt hingegen für eine Haftung nicht.[82]

54 Eine Haftung nach § 11 Abs. 2 setzt ferner voraus, dass im Namen der Gesellschaft gehandelt wird. Dabei kommt es nicht darauf an, wie die Gesellschaft bezeichnet wird (etwa als »GmbH i.Gr.« oder in anderer Weise); auch eine Erklärung ausdrücklich im Namen der zukünftigen GmbH lässt eine Handelndenhaftung entstehen, es sei denn, das Rechtsgeschäft steht ausnahmsweise unter der aufschiebenden Bedingung der Gesellschaftseintragung in das Handelsregister.[83] Ob die Handelndenhaftung eine hinreichende Vertretungsmacht des handelnden Geschäftsführer voraussetzt oder ob bei fehlender Vertretungsmacht eine Haftung nur nach den §§ 177 ff. BGB in Betracht kommt, ist umstritten.[84]

55 Gesellschafter können sich gegenüber den Geschäftsführern nicht auf eine Haftung nach § 11 Abs. 2 berufen, da diese Haftung nur bei gegenüber Dritten abgegebenen Erklärungen gilt.[85]

---

76 BGHZ 47, 25, 28; 65, 378, 381.
77 BGHZ 65, 378, 380; 66, 359, 360; *Merkt*, in: MünchKommGmbHG, § 11 Rn. 129.
78 *Merkt*, in: MünchKommGmbHG, § 11 Rn. 128, 130; *Ulmer*, in: Ulmer/Habersack/Winter, GmbHG, § 11 Rn. 134.
79 BGHZ 53, 206, 208.
80 *Merkt*, in: MünchKommGmbHG, § 11 Rn. 131; *K. Schmidt*, in: Scholz, GmbHG, § 11 Rn. 111.
81 *Merkt*, in: MünchKommGmbHG, § 11 Rn. 131.
82 *Merkt*, in: MünchKommGmbHG, § 11 Rn. 132.
83 *Ulmer*, in: Ulmer/Habersack/Winter, GmbHG, § 11 Rn. 137; *Schmidt-Leithoff*, in: Rowedder/Schmidt-Leithoff, GmbHG, § 11 Rn. 118.
84 *A. Meyer*, GmbHR 2002, 1176, 1185 ff.
85 BGHZ 76, 320, 325; *Merkt*, in: MünchKommGmbHG, § 11 Rn. 136.

III. Haftungsumfang

56 Wenn die Voraussetzungen des § 11 Abs. 2 erfüllt sind, haften die Handelnden persönlich und unbeschränkt (insbesondere nicht beschränkt auf das Stammkapital). Die Haftung entspricht nach Inhalt und Umfang der Verbindlichkeit der Gesellschaft.[86] Die Handelndenhaftung ist akzessorisch zu der Haftung der Gesellschaft; gegenüber einer Inanspruchnahme aufgrund der Handelndenhaftung können die der Gesellschaft zustehenden Einwendungen und Einreden geltend gemacht werden. Die Handelndenhaftung tritt grundsätzlich neben die Haftung der Gesellschaft; ist die Gesellschaft mangels hinreichender Vertretungsmacht nicht verpflichtet worden, besteht die Handelndenhaftung ausnahmsweise ohne eine gleichzeitige Haftung der Gesellschaft (in diesem Fall kann der Handelnde die Einwendungen und Einreden geltend machen, die der Gesellschaft zustünden, wenn sie wirksam verpflichtet worden wäre).[87] Mehrere Handelnde haften gesamtschuldnerisch.

57 Ein Haftungsausschluss aufgrund einer Vereinbarung des Handelnden und des Gläubigers ist möglich, aber regelmäßig nur anzunehmen, wenn die Vereinbarung ausdrücklich erfolgt ist oder im Einzelfall konkrete Anhaltspunkte für eine konkludente Vereinbarung vorliegen.[88]

IV. Regressansprüche und Erlöschen der Haftung

58 Der in Anspruch genommene Handelnde besitzt einen Freistellungsanspruch gegen die Gesellschaft, wenn seine im Außenverhältnis haftungsbegründenden Erklärungen im Innenverhältnis nicht als pflichtwidrig zu bewerten sind (§§ 675, 670 BGB). Ob der Handelnde im Falle eines pflichtgemäßen Handelns auch einen direkten Regressanspruch gegen die Gründer besitzt (wobei die Gründer jedenfalls gegenüber der Gesellschaft auf Ausgleich der Verluste haften), ist noch nicht abschließend geklärt.[89] Bestand keine Befugnis zur Abgabe der Erklärungen, können Regressansprüche nach den Grundsätzen der Geschäftsführung ohne Auftrag bestehen (§§ 677, 683, 670 BGB).

59 Mit Eintragung der Gesellschaft in das Handelsregister erlischt die Haftung aus § 11 Abs. 2 automatisch, da der Haftungszweck ab diesem Zeitpunkt entfallen ist (jedenfalls dann, wenn die Gesellschaft durch die Erklärungen des Handelnden wirksam verpflichtet worden ist)[90]: Die Gesellschaft stellt nun ein Haftungsobjekt dar, dessen Kapitalausstattung durch das Registergericht überprüft worden ist. Im Falle einer UG (haftungsbeschränkt) mit sehr geringem Stammkapital (»1-Euro-GmbH«) mag dies dem Gläubiger zwar wenig helfen, dies liegt aber in der Zulassung einer solchen Gesellschaft durch den Gesetzgeber begründet.

---

86 BGHZ 68, 95, 104; *Merkt*, in: MünchKommGmbHG, § 11 Rn. 137 f.

87 *Merkt*, in: MünchKommGmbHG, § 11 Rn. 141.

88 *Ulmer*, in: Ulmer/Habersack/Winter, GmbHG, § 11 Rn. 148.

89 Befürwortend *K. Schmidt*, in: Scholz, GmbHG, § 11 Rn. 115 f.

90 Besteht keine wirksame Verpflichtung der Gesellschaft, ist streitig, ob die Handelndenhaftung mit Eintragung der Gesellschaft in das Handelsregister erlischt; vgl. die Nachweise bei *Ulmer*, in: Ulmer/Habersack/Winter, GmbHG, § 11 Rn. 147.

F. Besonderheiten der Einpersonen-Vor-GmbH

60 Wenn eine Person alleine eine GmbH gründet, ist umstritten, ob mit der Beurkundung des Gesellschaftsvertrags eine Vorgesellschaft entsteht, die selbst Trägerin von Rechten und Pflichten sein kann. Überwiegend wird dies befürwortet. Teilweise wird allerdings hingegen angenommen, dass ein dem Einpersonen-Gründer zugeordnetes Sondervermögen mit eigenständiger Organisation entsteht, ohne dass es sich dabei um einen (teil-)rechtsfähigen Rechtsträger handeln würde.

61 Wenn man der herrschenden Meinung folgt und somit die Einpersonen-Vorgesellschaft grundsätzlich mit der Mehrpersonengesellschaft gleichstellt, gibt es nur wenige Besonderheiten. Allerdings soll die Einpersonen-Vorgesellschaft im Falle des Scheiterns der Gründung abweichend von der Rechtslage bei der Mehrpersonen-Vorgesellschaft automatisch erlöschen, so dass alle Rechte und Pflichten der Gesellschaft ohne Auflösung und Liquidation auf den Gründer übergehen.[91] Dementsprechend besteht die Verlustdeckungshaftung im Falle der Einpersonengründung auch nicht in einer bloßen Innenhaftung, vielmehr kann der Gläubiger ab Scheitern der Gründung seine gegen die Gesellschaft bestehenden Ansprüche und sonstigen Rechte unmittelbar gegenüber dem Gründer geltend machen. Führt der Gründer die Geschäfte der Vorgesellschaft trotz Scheitern der Gründung fort, so werden die Geschäfte als Eigengeschäfte des Gründers bzw. bei unternehmerischer Organisation als Geschäfte des – nicht rechtsfähigen – Einzelunternehmens gewertet.

§ 12 Bekanntmachungen der Gesellschaft

[1]Bestimmt das Gesetz oder der Gesellschaftsvertrag, dass von der Gesellschaft etwas bekannt zu machen ist, so erfolgt die Bekanntmachung im elektronischen Bundesanzeiger (Gesellschaftsblatt). [2]Daneben kann der Gesellschaftsvertrag andere öffentliche Blätter oder elektronische Informationsmedien als Gesellschaftsblätter bezeichnen. [3]Sieht der Gesellschaftsvertrag vor, dass Bekanntmachungen der Gesellschaft im Bundesanzeiger erfolgen, so ist die Bekanntmachung im elektronischen Bundesanzeiger ausreichend.

Übersicht Rdn.

91 *K. Schmidt*, in: Scholz, GmbHG, § 11 Rn. 148.

Schrifttum

Apfelbaum, Wichtige Änderungen für Notare durch das EHUG jenseits der elektronischen Handelsregisteranmeldung, DNotZ 2007, 166; *Deilmann/Messerschmidt*, Erste Erfahrungen mit dem elektronischen Bundesanzeiger, NZG 2003, 616; *Krafka*, Gesellschaftsrechtliche Auswirkungen des Justizkommunikationsgesetzes, MittBayNot 2005, 293; *Noack*, Pflichtbekanntmachungen bei der GmbH: Neuerungen durch das Justizkommunikationsgesetz, DB 2005, 599; *Oppermann*, Bekanntmachungen der GmbH und der AG im »Bundesanzeiger«, RNotZ 2005, 597; *Priester*, Registersperre kraft Registerrechts?, GmbHR 2007, 296; *Spindler/Kramski*, Der elektronische Bundesanzeiger als zwingendes Gesellschaftsblatt für Pflichtbekanntmachungen der GmbH, NZG 2005, 746; *Stuppi*, Bekanntmachungen der GmbH nach § 12 GmbHG, GmbHR 2006, 138; *Terbrack*, Neuregelung der Bekanntmachung bei der GmbH, DStR 2005, 2045.

A. Rechts- und Normentwicklung

1 Nachdem § 12 GmbHG in seiner ursprünglichen Fassung von 1892 Regelungen zur Anmeldung und Eintragung der Errichtung von Zweigniederlassungen enthalten hatte, war die Vorschrift nach dem Außerkrafttreten dieser Regelungen zum 1.11.1993 zwischenzeitlich nicht besetzt, bevor ihr durch das JKomG mit Wirkung zum 1.4.2005 in Gestalt der aktuellen Sätze 1 und 2 (in Anlehnung an die Änderung von § 25 AktG durch das TransPuG vom 19.7.2002[1]) neues Leben eingehaucht wurde. Durch das EHUG wurde dann zum 1.1.2007 Satz 3 hinzugefügt (so dass die Vorschrift insoweit über § 25 AktG hinausgeht); seitdem ist die Vorschrift unverändert, mit Ausnahme der Einfügung der amtlichen Überschrift durch das MoMiG. Besondere Übergangsvorschriften existieren zu den Vorschriften nicht.

B. Regelungsgegenstand

2 Die **Veröffentlichung bestimmter Angelegenheiten der Gesellschaft** in den »Gesellschaftsblättern« ist, nicht erst seit Einführung von § 12 n.F., teils gesetzlich vorgeschrieben (näher unten Rdn. 6), teils statutarisch bestimmt. **§ 12 regelt nicht das Bestehen von Bekanntmachungspflichten, sondern setzt diese voraus** und regelt lediglich Einzelheiten zu den Modalitäten von Pflichtbekanntmachungen. **Bis 2005 war dem GmbH-Recht ein zwingendes Basis-Gesellschaftsblatt fremd.**[2] Die gesetz-

1 Hierzu etwa *Noack*, DB 2002, 2025 ff.
2 Näher *Spindler/Kramski*, NZG 2005, 746, 747.

lichen Bekanntmachungspflichten dienen insbesondere dem Gläubigerschutz. Es handelt sich dabei um Pflichten der Gesellschaft, die grundsätzlich nichts mit der Verpflichtung der entsprechenden öffentlichen Stellen zur Bekanntmachung von Handelsregistereintragungen (§ 10 HGB) zu tun haben. Von den Pflichtbekanntmachungen der Gesellschaft zu unterscheiden sind auch die Publizitätspflichten nach § 325 HGB.[3] Streng genommen nicht zu § 12 gehören auch gesetzliche Bekanntmachungspflichten der GmbH, die nicht durch Veröffentlichung in den Gesellschaftsblättern, sondern explizit durch Veröffentlichung im elektronischen Bundesanzeiger zu erfüllen sind (§ 19 MitbestG, § 8 DrittelbG, vgl. auch § 37 Abs. 2 InvG).

3 Auf **fakultative Bekanntmachungen der Gesellschaft** findet **§ 12 keine Anwendung**[4], wohl aber auf statutarische Bekanntmachungspflichten.[5]

C. Regelungszweck

4 Die Bezeichnung des elektronischen Bundesanzeigers als »Basis-Gesellschaftsblatt« dient zugleich der **Vereinfachung (Deregulierung) und Vereinheitlichung der Bekanntmachungen**[6], daneben auch der Erleichterung der Kenntnisnahme durch die Öffentlichkeit.[7] Auch wenn der Bundesanzeiger in Print-Form derzeit noch herausgegeben wird, ist er in der Praxis durch den elektronischen Bundesanzeiger (kurz: eBAnz) verdrängt worden.

5 Zweck von Satz 1 ist die **Festlegung des elektronischen Bundesanzeigers als zwingendem Bekanntmachungsmedium** (aus den in Rdn. 4 genannten Gründen). Satz 2 ermöglicht es der Gesellschaft, daneben (fakultativ) noch andere Bekanntmachungsmedien (als weitere Pflichtorgane, s. Rdn. 2 a.E.) vorzusehen. **Die Gesellschaft kann hierdurch** im Interesse der jeweils Betroffenen **über den gesetzlichen Mindeststandard hinausgehen**[8], wovon in der Praxis allerdings nur selten Gebrauch gemacht wird. **Satz 3 dient schließlich der Klarstellung** im Interesse der Beseitigung aufgetretener Rechtsunsicherheiten bei der Auslegung bestehender Satzungsbestimmungen.[9] Die Einfügung wurde für notwendig befunden, nachdem das OLG München entsprechende Satzungsklauseln als unklar beanstandet hatte[10] und hierdurch in der Pra-

3 S. hierzu auch § 4 eBAnzV v. 15.12.2006, BGBl I 2006, 3202.
4 *Arnold*, in: KK-AktG, § 25 Rn. 3.
5 Ganz h.M., *Fastrich*, in: Baumbach/Hueck, GmbhG, § 12 Rn. 5; *Roth*, in: Roth/Altmeppen, § 12 Rn. 5; a.A. *Wicke*, in: MünchKommGmbHG, § 12 Rn. 11.
6 BR-Drs. 609/04, S. 137 f.
7 *Spindler/Kramski*, NZG 2005, 746, 747.
8 *Spindler/Kramski*, NZG 2005, 746, 749.
9 BT-Drs. 16/2781, S. 88 f. und BR-Drs. 942/05, S. 168 f.
10 NZG 2006, 35 = NotBZ 2005, 446 m. Anm. *Melchior*; anders LG Bielefeld, Rpfleger 2007, 32 sowie LG Darmstadt, NotBZ 2006, 63; zu § 25 AktG OLG Köln, Der Konzern 2004, 30, 33.

xis Zweifel aufgekommen waren. Stellungnahmen in der Literatur aus der Zeit vor Einfügung von Satz 3 sind durch die Gesetzesänderung teilweise überholt.[11]

D. Basis-Gesellschaftsblatt (Satz 1)

6 Die **Pflicht zur Bekanntmachung im elektronischen Bundesanzeiger gilt für alle Bekanntmachungspflichten, gleich ob gesetzlicher oder statutarischer Natur** (s. schon oben Rdn. 2). Im GmbHG sind Bekanntmachungspflichten in den §§ 30 Abs. 2 Satz 2, 52 Abs. 2 Satz 2, 58 Abs. 1 Nr. 1, 65 Abs. 2 Satz 1, 75 Abs. 2 (i.V.m. §§ 246 Abs. 4, 249 Abs. 1 AktG) enthalten, andere für GmbHs relevante Bekanntmachungspflichten enthalten §§ 97, 99 AktG (i.V.m. § 27 EGAktG), § 20 Abs. 6 AktG[12], § 267 Abs. 2 UmwG (vgl. auch § 231 Satz 2 UmwG).

7 Da **Satz 1 zwingendes Recht** ist, kann der Gesellschaftsvertrag kein abweichendes Publikationsmedium als Basismedium bestimmen[13], sondern nur die Pflicht (oder das Recht) zur weiteren Bekanntmachung in einem anderen Medium regeln. Satzungsbestimmungen, die hiergegen verstoßen, sind nichtig. Ob ein zweites Bekanntmachungsmedium bestimmt werden soll, ist Frage der Auslegung (s. auch unten Rdn. 11 f.).

8 Die **Bekanntmachung erfolgt im Teil »Gesellschaftsbekanntmachungen«**. Über die Internet-Präsenz des eBAnz (www.ebundesanzeiger.de) sind die Bekanntmachungen grundsätzlich unbefristet abrufbar. Herausgeber von BAnz und eBAnz ist das Bundesministerium der Justiz, für den technischen Betrieb des eBAnz ist die Bundesanzeiger Verlagsgesellschaft mbH mit Sitz in Köln zuständig.[14] Die Bekanntmachung ist erfolgt, sobald sie auf der Internetseite des BAnz abrufbar ist.[15] Die erforderliche Dauer der Veröffentlichung richtet sich nach Sinn und Zweck der jeweiligen Norm.[16] Zum Nachweis unten Rdn. 18.

E. Mehrfachbekanntmachungen (Satz 2)

9 Zwar legt Satz 1 das Basis-Gesellschaftsblatt nunmehr zwingend fest, jedoch steht es der Gesellschaft offen, weitere Gesellschaftsblätter zu bestimmen. Dies ist für nach dem 31.3.2005 gefasste Satzungsregelungen schon dann anzunehmen, wenn diese sich darauf beschränken, ein anderes Medium als das Gesellschaftsblatt zu bezeich-

11 Vgl. etwa die Erörterungen bei *Spindler/Kramski*, NZG 2005, 746, 748; Gutachten DNotI-Report 2005, 81 ff.

12 Hierzu LG Bonn, Der Konzern 2004, 491.

13 Allg. M., OLG Stuttgart, NZG 2011, 29; *Spindler/Kramski*, NZG 2005, 746, 747.

14 Näher *Seibert*, NZG 2002, 608, 609.

15 *Rühland*, in: Michalski, GmbHG, § 12 Rn. 8.

16 Näher *Wicke*, in: MünchKommGmbHG, § 12 Rn. 4.

nen.[17] Der Zusatz »neben dem elektronischen Bundesanzeiger« ist also nicht zwingend (wenn auch zur Klarstellung empfehlenswert). **»Andere öffentliche Blätter« sind insbesondere (auch regionale) Printmedien sowie der Print-Bundesanzeiger.** »Andere elektronische Informationsmedien« sind neben **Websites** (nicht zwingend diejenige des Unternehmens) insbesondere elektronische Periodika oder Nachrichtendienste.[18] Dabei muss sich nicht um deutschsprachige Medien handeln.

10 **Ordnet die Satzung zwingend eine Mehrfachbekanntmachung vor, werden die Folgen der vorgeschriebenen Bekanntmachung erst mit der letzten Bekanntmachung ausgelöst.**[19] Anderes gilt, wenn die gesetzliche Vorschrift von vornherein nicht auf die »Gesellschaftsblätter« abstellt, sondern ausdrücklich auf den eBAnz (§ 19 MitbestG, s. oben Rdn. 2).[20] Ist das Erscheinen des Zweitmediums eingestellt worden, genügt die Veröffentlichung im elektronischen Bundesanzeiger.[21]

11 **In praktischer Hinsicht** ist eine Mehrfachbekanntmachung **in aller Regel nicht empfehlenswert.** Dementsprechend selten sind entsprechende Satzungsregelungen. In jedem Fall zu empfehlen ist die Klarstellung ggf. auslegungsbedürftiger (s. Rdn. 12 ff.) Satzungsregelungen. Wegen § 12 Satz 1 n.F. kann auf eine Satzungsregelung zu Bekanntmachungen aber auch gänzlich verzichtet werden.

F. Auslegung von Satzungsbestimmungen

I. Bezugnahme auf Bundesanzeiger (Satz 3)

12 Für die einfache Bezugnahme auf den »Bundesanzeiger« in GmbH-Satzungen enthält **Satz 3 für Fälle vor und nach dem Inkrafttreten von § 12 n.F. zum 1.4.2005 eine Auslegungsregel.**[22] Insoweit geht das GmbH-Recht über die entsprechende Regelung in § 25 AktG hinaus. Für die Anwendung kommt es nicht darauf an, dass die Satzung ausdrücklich eine Beschränkung auf den Bundesanzeiger enthält (»ausschließlich im Bundesanzeiger«). Es ist zwar nicht ausgeschlossen, dass die Satzung den gedruckten Bundesanzeiger als weiteres Pflichtorgan bestimmt; abgesehen von Fällen ausdrücklicher Festlegung wird dies aber die seltene Ausnahme sein, die nur bei eindeutigen Anhaltspunkten für eine entsprechende Auslegung in Betracht

---

17 *Bayer*, in: Lutter/Hommelhoff, GmbHG, § 12 Rn. 8,

18 *Ulmer*, in: Ulmer/Habersack/Winter, GmbHG, § 12 Rn. 8.

19 *Wicke*, in: MünchKommGmbHG, § 12 Rn. 8, 16; *Ulmer*, in: Ulmer/Habersack/Winter, GmbHG, § 12 Rn. 8; vgl. zu § 25 AktG *Arnold*, in: KK-AktG, § 25 Rn. 14; LG Düsseldorf, EWiR 2008, 67.

20 *Pentz*, in: MünchKommAktG, § 25 Rn. 13; *Wicke*, in: MünchKommGmbHG, § 12 Rn. 16.

21 *Wicke*, in: MünchKommGmbHG, § 12 Rn. 16.

22 *Bayer*, in: Lutter/Hommelhoff, GmbHG, § 12 Rn. 5: *Roth*, in: Roth/Altmeppen, GmbHG, § 12 Rn. 8.

kommt. Für die übrigen Fälle hat sich die vor der Einfügung von Satz 3 geführte Diskussion um die Auslegung entsprechender Satzungsregelungen[23] aber erledigt.

II. Anderes Pflichtorgan

- **Unproblematisch** sind die **Fälle der ausdrücklichen Mehrfachveröffentlichung** im Bundesanzeiger – insoweit gilt nun Satz 3 – und in einem anderen Medium. Hier sind **nach wie vor zwei Bekanntmachungen erforderlich.**[24] 13
- **Problematisch** sind hingegen diejenigen Fälle, in denen als einziges Medium ein anderes Organ als der Bundesanzeiger bezeichnet wird, mit der Folge, dass Satz 3 nicht anwendbar ist. In diesen Fällen muss entschieden werden, ob – im Sinne einer dynamischen Verweisung – nur das jeweils geltende Pflichtmedium gemeint ist und keine weitere Bekanntmachung (neben derjenigen im elektronischen Bundesanzeiger) stattfinden soll[25] oder ob dem anderen Medium eigenständige Bedeutung zukommen soll, mit der Folge, dass es nach neuem Recht zweites Pflichtmedium ist. Dies ist zwar Auslegungsfrage; jedoch wird in aller Regel eine weitere Veröffentlichung in dem genannten Organ zwingend sein, weil das Vertrauen von Gesellschaftern und Öffentlichkeit in die Veröffentlichung in dem anderen Organ schutzwürdig ist.[26] Ein automatisches Außerkrafttreten kann als Regelfall also nicht angenommen werden.[27] 14

G. Rechtsfolgen; Fehlerfolgen; Nachweis

I. Folgen der ordnungsgemäßen Veröffentlichung

15 Wird durch die Veröffentlichung in den Gesellschaftsblättern eine Frist ausgelöst, ist **der Tag der ordnungsgemäßen Veröffentlichung** – bei Mehrfachbekanntmachung der letzte Tag – **Ereignis i.S.d. § 187 BGB** (vgl. oben Rdn. 10).[28]

II. Verstöße

16 **Verstößt eine Bekanntmachung gegen die gesetzlichen oder auch nur** – im Falle der Mehrfachveröffentlichung – **gegen die statutarischen Vorgaben, löst sie die an die Bekanntmachung geknüpften Rechtsfolgen grundsätzlich nicht aus.** Insoweit kann von einer »konstitutiven Wirkung« der formgerechten und richtigen Bekanntmachung

---

23 Hierzu etwa *Stuppi*, GmbHR 2006, 138, 138 f.; *Oppermann*, ZIP 2003, 793, 794 f.

24 *Spindler/Kramski*, NZG 2005, 746, 749.

25 Angedacht von *Spindler/Kramski*, NZG 2005, 746, 749.

26 OLG Stuttgart, NZG 2011, 29; *Spindler/Kramski*, NZG 2005, 746, 749; *Stuppi*, GmbHR 2006, 138, 139; *Rühland*, in: Michalski, GmbHG, § 12 Rn. 12; *Fastrich*, in: Baumbach/Hueck, GmbhG, § 12 Rn. 6; ausf. *Bayer*, in: Lutter/Hommelhoff, GmbHG § 12 Rn. 6 ff.

27 A.A. *Krafka*, MittBayNot 2005, 293, 294.

28 *Pentz*, in: MünchKommAktG, § 25 Rn. 13.

gesprochen werden.[29] Insbesondere **werden Fristen nicht in Gang gesetzt.**[30] Entsprechendes gilt für die zwar formgerechte, aber unrichtige Bekanntmachung sowie dann, wenn die Bekanntmachung gänzlich unterbleibt. Unwirksam ist auch eine verfrühte Bekanntmachung, was im Falle der aufschiebend befristeten Auflösung besondere Bedeutung erlangt.[31] Unschädlich sind nicht sinnverändernde Schreibfehler.[32]

17 Im übrigen lassen sich allgemeingültige Aussagen nicht treffen. Sieht eine GmbH-Satzung eine Bekanntmachung der Gesellschafterversammlung vor, kann auf die Grundsätze zu §§ 121 ff. AktG zurückgegriffen werden. **Verstöße gegen § 20 Abs. 6 AktG** ziehen **keine unmittelbare Sanktion** nach sich.[33] Hier wie auch in den übrigen Fällen von Bekanntmachungspflichten sind bei Verstößen, sei es auch nur in Gestalt von Verspätungen, Schadensersatzansprüche nach § 823 Abs. 2 BGB denkbar.[34]

III. Nachweis der Bekanntmachung

18 Soweit, insbesondere in Registerverfahren, die Bekanntmachung nachzuweisen ist, genügt als Nachweis entweder ein (unbeglaubigter) Ausdruck der entsprechenden Seite[35] oder ein Hinweis auf die Online-Fundstelle.[36]

---

29 So *Arnold*, in: KK-AktG, § 25 Rn. 12.

30 *Ulmer*, in: Ulmer/Habersack/Winter, GmbHG, § 12 Rn. 8.

31 *Paura*, in: Ulmer/Habersack/Winter, GmbHG, § 65 Rn. 38.

32 *Fastrich*, in: Baumbach/Hueck, GmbhG, § 12 Rn. 9; s. auch LG Düsseldorf, EWiR 2008, 67.

33 *Koppensteiner*, in: KK-AktG, § 20 Rn. 88.

34 Zu § 20 Abs. 6 AktG *Koppensteiner*, in: KK-AktG, § 20 Rn. 90.

35 *Kubis*, in: MünchKommAktG, § 121 Rn. 63; *Wicke*, in: MünchKommGmbHG, § 12 Rn. 4.

36 *Roth*, in: Roth/Altmeppen, GmbHG, § 12 Rn. 4; *Limmer*, in: Spindler/Stilz, AktG, § 25 Rn. 4.

Zweiter Abschnitt Rechtsverhältnisse der Gesellschaft und der Gesellschafter

§ 13 Juristische Person; Handelsgesellschaft

(1) Die Gesellschaft mit beschränkter Haftung als solche hat selbstständig ihre Rechte und Pflichten; sie kann Eigentum und andere dingliche Rechte an Grundstücken erwerben, vor Gericht klagen und verklagt werden.

(2) Für die Verbindlichkeiten der Gesellschaft haftet den Gläubigern derselben nur das Gesellschaftsvermögen.

(3) Die Gesellschaft gilt als Handelsgesellschaft im Sinne des Handelsgesetzbuchs.

Übersicht **Rdn.**

Schrifttum

Albrecht, Offene Fragen zur Schiedsfähigkeit II, NZG 2010, 486; *Altmeppen*, Zur vorsätzlichen Gläubigerschädigung, Existenzvernichtung und materiellen Unterkapitalisierung in der GmbH, ZIP 2009, 1201; ; *Cohn*, Der Grundsatz der gleichmäßigen Behandlung aller Mitglieder im Verbandsrecht, AcP 132 (1930), 129; *Ehricke*, Zur Begründbarkeit der Durchgriffshaftung in der GmbH, AcP 199 (1999), 257; *Emde*, Die GmbH als Handelsvertreter, GmbHR 1999, 1005; *Flume*, Juristische Person, 1983; *Griebel*, Die Einmanngesellschaft, 1933; *Grundmann*, Der Treuhandvertrag, 1997; *Haas*, Beruhen Schiedsabreden in Gesellschaftsverträgen nicht auf Vereinbarungen i.S.d. oder vielleicht doch?, SchiedsvZ 2007, 1, 4; *Häuser*, Unbestimmte Maßstäbe als Begründungselement richterlicher Entscheidungen, 1981; *Happ*, Die GmbH im Prozess, 1997 ; *Heermann*, Lizenzentzug und Haftungsfragen im Sport, in: Theobald, Entwicklungen zur Durchgriffs- und Konzernhaftung, 2002, S. 11; *Hennrichs*, Treupflichten im Aktienrecht, AcP 195 (1995), 221; *Hüffer*, Zur gesellschaftsrechtlichen Treupflicht als richterrechtlicher Generalklausel, FS Steindorff, 1999, 59; ; *G. Hueck*, Der Grundsatz der gleichen Behandlung im Privatrecht, 1958; *Kleindiek*, Materielle Unterkapitalisierung, Existenzvernichtung und Deliktshaftung – Gamma, NZG 2008, 686; *Kuhn*, Strohmanngründung bei Kapitalgesellschaften, 1964; *Lutter*, Die zivilrechtliche Haftung in der Unternehmensgruppe, ZGR 1982, 244; *Müller-Erzbach*, Das private Recht der Mitgliedschaft als Prüfstein des kausalen Rechtsdenkens, 1948; *Müller-Freienfels*, Zur Lehre vom sog. »Durchgriff« bei juristischen Personen im Privatrecht, ACP 1956 (1957), 522; *L. Raiser*, Der Gleichbehandlungsgrundsatz im Privatrecht, ZHR 111, (1946), 75; *Th. Raiser*, Die Haftungsbeschränkung ist kein Wesensmerkmal der juristischen Person, in: FS Lutter, 2000, 637; *Rehbinder*, Konzernaußenrecht und allgemeines Privatrecht, 1969; *ders.*, Zehn Jahre Rechtsprechung zum Durchgriff im Gesellschaftsrecht, in FS R. Fischer 1979, 579; *Riegger/Wilske*, Auf dem Weg zu einer allgemeinen Schiedsfähigkeit von Beschlussmängelstreitigkeiten, ZGR 2010, 733; *Serick*, Rechtsform und Realität juristischer Personen, 1955; *Schanze*, Einmanngesellschaft und Durchgriffshaftung, 1975; ; *Tröger*, Treupflicht im Konzernrecht, 1999; *Vogel*, GmbHG, 2. Aufl., 1956; *M. Weber*, Vormitgliedschaftliche Treubindungen, 1999; *Wilhelm*, Rechtsform und Haftung bei der juristischen Person, 1981; *M. Winter*, Mitgliedschaftliche Treubindungen im GmbH-Recht, 1988; *ders.*, Verdeckte Gewinnausschüttungen im GmbH-Recht, ZHR 148 (1948), 579; *Witte/Hafner*, Schiedsfähigkeit von Beschlussmängelstreitigkeiten im Recht der GmbH als Maßstab der neuen BGH-Rechtsprechung und ihre Auswirkungen, DStR 2009, 2052; *Wittkowski*, Haftung und Haftungsvermeidung bei Management Buy-Out einer GmbH, GmbHR 1990, 544.

A. Allgemeines

1 **Abs. 1** spricht der GmbH eine eigene Rechtspersönlichkeit zu und bestimmt damit die ihr zustehenden Rechte und ihr obliegenden Pflichten im Rechtsverkehr (s. Rdn. 2 ff.). **Abs. 2** beschränkt die Haftung der Gesellschaft auf das Gesellschaftsvermögen, was dem Trennungsprinzip, welches auch für andere juristische Personen zur Anwendung gelangt, entspricht (s. Rdn. 16 ff.). Allerdings existiert in besonderen Fallgestaltungen die Möglichkeit, dieses Prinzip zu durchbrechen, etwa bei materieller Unterkapitalisierung, Vermögensvermischung oder Institutsmissbrauch (s. Rdn. 22 ff.). **Abs. 3** legt fest, dass die GmbH als Handelsgesellschaft gilt (s. Rdn. 59).

B. Rechtspersönlichkeit

2 Die GmbH ist eigenes **Zuordnungsobjekt von Rechten und Pflichten**. Sie hat – wie die AG – eine eigene Rechtspersönlichkeit, welche sie durch Eintragung in das Handelsregister erlangt (§ 11 Abs. 1) und durch Vollbeendigung verliert (§ 60). Diese Rechtspersönlichkeit führt neben dem Umstand, dass die GmbH Trägerin eigener Rechte und Pflichten ist, dazu, dass eine strikte **Trennung** zwischen ihrem **Vermögen** und demjenigen der Gesellschafter besteht.[1] Dies Gesellschafter haften im Grundsatz nicht für die Verbindlichkeiten der Gesellschaft (§ 13 Abs. 2, s. aber Rdn. 19 ff. sowie Anh. § 13 Rdn. 66). Zudem ist sie in ihrem **Rechtsbestand unabhängig von ihren Gesellschaftern**; der Eintritt neuer Gesellschafter oder das Ausscheiden bisheriger ändern am Bestehen der GmbH nichts. Möglich ist sogar eine sog. »Kein-Mann-Gesellschaft«, bei der die GmbH sämtliche Anteile an sich selbst hält.[2]

1 *Pentz*, in: Rowedder/Schmidt-Leithoff, GmbHG, § 13 Rn. 4.
2 *Pentz*, in: Rowedder/Schmidt-Leithoff, GmbHG, § 13 Rn. 4; *Emmerich*, in: Scholz, GmbHG, § 13 Rn. 9; *Raiser*, in: Ulmer/Habersack/Winter, GmbHG, § 13 Rn. 5.

I. Stellung im Rechtsverkehr

1. Privatrecht

3 Die GmbH hat alle Rechte und Pflichten, die sie als juristische Person des Privatrechts haben kann. Ihre **Rechtsfähigkeit** ist insoweit umfassend und erfasst alle privatrechtlichen Rechte und Pflichten, soweit sie nicht alleine natürlichen Personen zustehen. Dem steht auch Abs. 1, Halbs. 2 nach allgemeiner Auffassung nicht entgegen, da er lediglich eine beispielhafte Aufzählung beinhaltet.[3]

4 Beispiele: Die GmbH ist **über ihre Organe** (insbes. § 35) im Geschäftsverkehr **handlungsfähig**; für das rechtswidrige Handeln ihrer Organe **haftet** sie nach **§ 31 BGB**). Sie kann bevollmächtigt werden und kann **Handelsvertreter**[4] sein; nicht aber Handlungsbevollmächtigter (streitig)[5], **Prokurist**, Handlungsgehilfe oder **Arbeitnehmer.**[6] Jedoch ist es ihr möglich, sich zu Dienst- und Werkleistungen zu verpflichten.[7] Auch kann die GmbH **Gesellschafter** von anderen Gesellschaften (GbR, OHG, KG GmbH, GmbH & Co. KG, AG sowie KGaA) sowie Mitglied eines Vereins oder einer Genossenschaft sein.[8]

5 Die GmbH schließt im eigenen Namen **Verträge** ab, erwirbt eigene Ansprüche und übernimmt eigene Verbindlichkeiten. Sie kann auch Verträge mit ihren Gesellschaftern eingehen, wobei letztere zur Vermeidung **verdeckter Gewinnausschüttungen** im Sinne des Steuerrechts Drittcharakter aufweisen müssen (§ 29 Rdn. 53 ff.). Beim Abschluss von Darlehnsverträgen mit Gesellschaftern ist § 135 InsO zu beachten. Zudem sind im Rahmen der Gründung und bei Kapitalerhöhungen die Regeln der verdeckten Sacheinlage zu berücksichtigen (§ 19 Rdn. 32 ff.).

6 Die GmbH kann Inhaberin von **gewerblichen Schutzrechten** sein (u.a. Marken, Gebrauchsmuster und Patente) sowie Rechte an geschützten Werken erwerben; jedoch kann sie nicht Urheber oder Erfinder sein (§ 7 UrhG).[9] Die GmbH kann **Eigentum** erwerben und übt **Besitz** durch ihre Geschäftsführer aus.[10] Sie genießt **Firmen- und Namensschutz** (§ 4 Rdn. 70 ff.) sowie zivil- und strafrechtlichen **Ehrenschutz.**[11] Das allgemeine **Persönlichkeitsrecht** steht ihr nur in eingeschränktem Umfang zu. Anerkannt ist der Schutz des Namens- und Zeichenrechts. Im Hinblick auf den Ehrschutz hat sich die Rechtsprechung indessen bisher zurückhaltend gezeigt

---

3 *Hueck/Fastrich*, in: Baumbach/Hueck, GmbHG, § 13 Rn. 3.

4 *Emmerich*, in: Scholz, GmbHG, § 13 Rn. 13; *Emde*, GmbHR 1999, 1005 ff.

5 *Pentz*, in: Rowedder/Schmidt-Leithoff, GmbHG, § 13 Rn. 17; a.A. *Hueck/Fastrich*, in: Baumbach/Hueck, GmbHG, § 13 Rn. 4.

6 *Emmerich*, in: Scholz, GmbHG, § 13 Rn. 13; *Weller*, in: Bork/Schäfer, GmbHG, § 13 Rn. 3.

7 *Emmerich*, in: Scholz, GmbHG, § 13 Rn. 13.

8 BGH, NJW 1997, 1923.

9 *Pentz*, in: Rowedder/Schmidt-Leithoff, GmbHG, § 13 Rn. 13.

10 BGHZ 56, 73, 77 = NJW 1971, 1358; *Emmerich*, in: Scholz, GmbHG, § 13 Rn. 12.

11 BGHSt 6 186.

und einen Anspruch nur bejaht, wenn die Gesellschaft in ihrem sozialen Geltungsbereich als Arbeitgeber oder als Wirtschaftsunternehmen in Frage gestellt wird.[12] Demgegenüber untersteht sie den Regeln des **Datenschutzes** für ihre nicht veröffentlichungspflichtigen internen Vorgänge in vollem Umfang.[13]

7 Die GmbH kann nicht selbst vererben (§ 1922 BGB), kann aber **Erbe** und **Vermächtnisnehmer** sowie Partei eines Erbvertrages sein, soweit sich nicht verfügt.[14] Sie kann **Testamentsvollstrecker** oder **Nachlasspfleger** sein, nicht aber **Nachlassverwalter** (letzteres h.M., aber streitig)[15], **Insolvenzverwalter**, **Vormund** oder **Pfleger** für natürliche Personen.[16] Möglich ist die Stellung der GmbH demgegenüber als **Liquidator** (§ 66). Die GmbH kann keine **öffentlichen Ämter** einnehmen und kann sich in bestimmten Geschäftszweigen nicht betätigen; sie kann kein Versicherungs-, Apotheken- oder Versteigerungsunternehmen betreiben.

2. Strafrecht

8 Unter dem Blickwinkel des Strafrechts können nur die für die GmbH handelnden Organmitglieder zur Verantwortung gezogen werden. Demgegenüber kann die GmbH für **Ordnungswidrigkeiten**, die ein Organmitglied für diese begangen hat, herangezogen werden; gegen sie kann eine Geldbuße ausgesprochen werden (**§ 30 OWiG**). Andererseits ist die GmbH vor Straftaten anderer geschützt und kann Strafanzeige stellen (§ 77 StGB).

3. Öffentliches Recht

9 Die GmbH ist **grundrechtsfähig**. Auf sie sind die Grundrechte anwendbar, die für juristische Personen gelten (Art. 19 Abs. 3 GG).[17] Im Verwaltungsverfahren und vor den Verwaltungsgerichten ist die GmbH beteiligungsfähig und ist durch ihre Geschäftsführer zu vertreten(§§ 11 Nr. 1, 12 Abs. 1 Nr. 3 VwVfG, §§ 61 Nr. 1, 62 Nr. 2 VwGO). Gleiches gilt vor dem BVerfG (§ 90 BVerfGG).

---

12 BGHZ 98, 94, 97 ff. = NJW 1986, 1951; BGHZ 78, 24, 25 f. = NJW 1980, 2807; für einen umfassenden Ehrschutz: *Emmerich*, in: Scholz, GmbHG, § 13 Rn. 11; *Michalski/Funke*, in: Michalski, GmbHG, § 13 Rn. 53 ff.

13 BGH, WM 1986, 189, 190.

14 *Lutter*, in: Lutter/Hommelhoff, GmbHG, § 13 Rn. 2; *Pentz*, in: Rowedder/Schmidt-Leithoff, GmbHG, *§ 13* Rn. 14.

15 A.A. *Vogel*, Anm. 3; zur h.M. vgl. *Emmerich*, in: Scholz, GmbHG, § 13 Rn. 15; *Pentz*, in: Rowedder/Schmidt-Leithoff, GmbHG, § 13 Rn. 14, 15.

16 *Greger*, in: Zöller, ZPO, § 402 Rn. 6.

17 BVerfGE 3, 359; s. im Einzelnen *Raiser*, in: Ulmer/Habersack/Winter, GmbHG, § 13 Rn. 16; *Pentz*, in: Rowedder/Schmidt-Leithoff, GmbHG, § 13 Rn. 20; *Emmerich*, in: Scholz, GmbHG, § 13 Rn. 21.

4. Steuerrecht

10 Im Steuerrecht ist die GmbH selbst **Steuerschuldnerin.**[18] Sie haftet für **Steuerstrafen** (§§ 33, 377 AO, § 30 OWiG).

II. Stellung im Prozess

11 Die GmbH ist **parteifähig.** Sie kann vor Gericht klagen und verklagt werden (§ 13 Abs. 1). Für die GmbH handeln im Prozess ihre **Geschäftsführer,** wobei umstritten ist, auf welcher rechtlichen Grundlage diese tätig werden. Nach h.A. ist die GmbH selbst **nicht prozessfähig,** so dass die Geschäftsführer im Rahmen des Prozesses in gesetzlicher Vertretung zu handeln haben (§ 51 Abs. 1 ZPO).[19] Nach anderer Ansicht wird die GmbH selbst als **prozessfähig** angesehen, so dass die Geschäftsführer die GmbH ohne den Umweg über § 51 Abs. 1 ZPO im Prozess verpflichten können.[20] Letzteres überzeugt, da die Organe Teil der Gesellschaft sind und nicht ersichtlich ist, warum dies im Prozess – anders als beim Abschluss von Verträgen (§ 52 Abs. 1 ZPO) – außer Acht gelassen werden soll. Die **Vertretung im Prozess** hat durch **sämtliche Geschäftsführer** zu erfolgen, wenn nicht der Gesellschaftsvertrag etwas Abweichendes vorsieht (z.B. Vertretung durch zwei Geschäftsführer oder unechte Gesamtvertretung).[21] Gesellschafter sind nicht vertretungsbefugt. Eine Ausnahme gilt nur, soweit es sich um einen Fall des § 46 Nr. 8 handelt und ein Gesellschafter als **besonderer Vertreter** bestellt wird (§ 46 Rdn. 47 ff.). Beim Fehlen eines Geschäftsführers kann bei Passivprozessen, soweit Gefahr im Verzug vorliegt, insoweit Abhilfe geschaffen werden, als ein Prozesspfleger bestellt wird (§ 57 Abs. 1 ZPO). Bei mitbestimmten Gesellschaften ist § 112 AktG analog anzuwenden (Vertretung durch den Aufsichtsrat). **Zustellungen** im Prozess haben grundsätzlich gegenüber der GmbH zu erfolgen. Wegen § 35 Abs. 2 S. 3 ist es aber ausreichend, wenn Zustellungen an einen Geschäftsführer bewirkt werden. **Prozesskostenhilfe** kann durch die GmbH beantragt werden. Sie ist aber nur zu gewähren, wenn die Kosten weder durch die GmbH noch von den Gesellschaftern als wirtschaftlich beteiligten aufgebracht werden können und das Unterlassen der Rechtsverfolgung oder -verteidigung allgemeinen Interessen zuwiderlaufen würde (§ 116 ZPO).[22]

---

18 *Hueck/Fastrich,* in: Baumbach/Hueck, GmbHG, § 13 Rn. 3; *Weller,* in: Bork/Schäfer, GmbHG, § 13 Rn. 3.

19 BGHZ 38, 71, 75 = NJW 1963, 441; BGHZ 36, 207; *Hüztege,* in: Thomas/Putzo, ZPO, § 51 Rn. 6, § 52 Rn. 4; *Bork,* in: Stein/Jonas, ZPO, § 51 Rn. 12; *Vollkommer,* in: Zöller, ZPO § 52 Rn. 2.

20 BGHZ 94, 108 = NJW 1985, 1836; BGH, NJW 1965, 1666; *Altmeppen,* in: Roth/Altmeppen, GmbHG, § 13 Rn. 6; *Fastrich,* in: Baumbach/Hueck, GmbHG, § 13 Rn. 6; *Pentz,* in: Rowedder/Schmidt-Leithoff, GmbHG, § 13 Rn. 24; *Emmerich,* in: Scholz, GmbHG, § 13 Rn. 23; *Raiser,* in: Ulmer/Habersack/Winter, GmbHG, § 13 Rn. 34.

21 *Raiser,* in: Ulmer/Habersack/Winter, GmbHG, § 13 Rn. 34 f.; *Emmerich,* in: Scholz, GmbHG, § 13 Rn. 24.

22 BGH, NJW 1986, 2059; OLG Hamburg, MDR 1988, 782.

Im Prozess sind die Geschäftsführer als **Partei zu vernehmen** (§§ 445 ff, 455 ZPO)[23] und haben ggf. erforderliche **eidesstattliche Versicherungen** abzugeben (§§ 807, 883 Abs. 2, 889 ZPO).[24] Demgegenüber können die Geschäftsführer als Zeugen vernommen werden, wenn sie nicht mehr im Amt sind, was bei der Vorbereitung des Prozesses zu berücksichtigen ist und ggf. eine Abberufung als sinnvoll erscheinen lassen kann. **Gesellschafter** (auch einer Einpersonen-GmbH) sind demgegenüber taugliche Zeugen, wenn sie nicht zugleich Geschäftsführer sind.[25] Ihr wirtschaftliches Interesse ist ggf. bei der Beweiswürdigung durch das Gericht zu berücksichtigen. Es begründet indessen kein **Zeugnisverweigerungsrecht**.[26] 12

Der allgemeine **inländische Gerichtsstand** der GmbH richtet sich nach § 17 Abs. 1 ZPO und befindet sich am statutarischen Sitz der Gesellschaft, d.h. dem Sitz, der sich aus der Satzung ergibt. Zu beachten ist, dass die Satzung einen besonderen Gerichtsstand begründen kann (§ 17 Abs. 3 ZPO). Soweit Klagen betroffen sind, die das Gesellschaftsverhältnis betreffen, kann auch ein ausschließlicher Gerichtsstand vereinbart werden.[27] 13

Für Streitigkeiten zwischen der Gesellschaft und den Gesellschaftern oder zwischen letzteren untereinander kann die Satzung nach hM die Zuständigkeit eines **Schiedsgerichts** vorsehen (§ 1066 ZPO).[28] Dies gilt dabei auch für Einlage- sowie Rückzahlungsansprüche aus § 31[29], nicht jedoch für Individualrechte.[30] Sieht die Satzung keine Klausel vor, kann ein Schiedsgericht nur bei Einhaltung der allgemeinen Regeln, die ein Abfassen der Schiedsklausel in einer allgemeinen Urkunde verlangen (§ 1029 ZPO), berufen werden. Soweit die Schiedsklausel bereits in der Gründungssatzung enthalten ist, bindet sie alle Gesellschafter – auch später eintretende. Ist die Schiedsklausel später Teil des Gesellschaftsvertrages geworden, müssen alle neu aufgenommenen Gesellschafter der Schiedsklausel zustimmen (Art 101 Abs. 1 S. 2 GG).[31] 14

---

23 *Fastrich*, in: Baumbach/Hueck, GmbHG, § 13 Rn. 6; *Emmerich*, in: Scholz, GmbHG, § 13 Rn. 25.

24 *Raiser*, in: Ulmer/Habersack/Winter, GmbHG, § 13 Rn. 35; *Pentz*, in: Rowedder/Schmidt-Leithoff, GmbHG, § 13 Rn. 26.

25 *Fastrich*, in: Baumbach/Hueck, GmbHG, § 13 Rn. 6; *Pentz*, in: Rowedder/Schmidt-Leithoff, GmbHG, § 13 Rn. 26; *Emmerich*, in: Scholz, GmbHG, § 13 Rn. 25.

26 *Fastrich*, in: Baumbach/Hueck, GmbHG, § 13 Rn. 6; *Pentz*, in: Rowedder/Schmidt-Leithoff, GmbHG, § 13 Rn. 26.

27 *Vollkommer*, in: Zöller, ZPO, § 17 Rn. 13.

28 *Raiser*, in: Ulmer/Habersack/Winter, GmbHG, § 13 Rn. 37; *Pentz*, in: Rowedder/Schmidt-Leithoff, GmbHG, § 13 Rn. 29; *Emmerich*, in: Scholz, GmbHG, § 13 Rn. 29; *Reichold*, in: Thomas/Putzo, ZPO, § 1066 Rn 1 alle m.w.N.; jetzt auch *Schlosser*, in: Stein/Jonas, ZPO, § 1066 Rn. 10 ff.; ausführlich *Haas*, SchiedsVZ 2007, 1, 4, 7 f.

29 BGHZ 160, 127 = NJW 2004, 2899.

30 BGHZ 38, 155.

31 *Raiser*, in: Ulmer/Habersack/Winter, GmbHG, § 13 Rn. 37; *Pentz*, in: Rowedder/Schmidt-Leithoff, GmbHG, § 13 Rn. 29; *Emmerich*, in: Scholz, GmbHG, § 13 Rn. 31.

15 Nach neuerer Rechtsprechung[32] sind auch **Anfechtungs- und Nichtigkeitsklagen** gegen Beschlüsse der Gesellschafterversammlung der schiedsgerichtlichen Entscheidung zugänglich, soweit ein Mindeststandard rechtsstattlicher Verfahrensgarantien gewährleistet wird, welcher sich in folgenden Voraussetzungen niederschlägt: (1) Die Schiedsabrede ist mit **Zustimmung aller Gesellschafter** in der Satzung oder einer gesonderten Abrede statuiert worden; (2) jeder Gesellschafter ist (neben den Gesellschaftsorganen) über die **Einleitung des Schiedsverfahrens und dessen Verlauf informiert**, so dass er dem Verfahren als Nebenintervenient beitreten kann; (3) an der **Auswahl und Bestellung der Schiedsrichter** können alle Gesellschafter mitwirken oder die Auswahl und Bestellung erfolgt durch eine neutrale Stelle, wobei im Rahmen des Auswahlvorgangs, soweit auf einer Seite mehrere Gesellschafter vertreten sind, das Mehrheitsprinzip zur Anwendung gelangen kann; (4) die **Konzentration** aller Beschlussmängelstreitigkeiten, die denselben Streitgegenstand betreffen, bei einem Schiedsgericht ist gewährleistet. Diese verfahrensrechtlichen Grundsätze sind bei der Abfassung von Schiedsklauseln in Gesellschaftsverträgen oder Änderungen derselben zwingend zu berücksichtigen. Ob die Gesellschafter gehalten sind, der Änderung von Schiedsklauseln in dem obigen Sinne aus Treupflicht zuzustimmen, hat der Bundesgerichtshof offen gelassen, s. hierzu auch unter Rdn. 14.

C. Haftung für Gesellschaftsschulden

I. Gesellschaft

16 Nach § 13 Abs. 2 ist die Haftung für Gesellschaftsschulden auf das **Vermögen der Gesellschaft** beschränkt. Diese **Haftung** der GmbH mit dem von ihren Gesellschaftern getrennten Vermögen entspricht der im deutschen Recht typischen Regelung für juristische Personen (sog. **Trennungsprinzip**). Das **Vermögen der GmbH** setzt sich aus Einlagen, Agio und Zuschüssen sowie allen weiteren Positionen auf der Aktivseite der Bilanz zusammen. Erfasst werden auch Ansprüche gegen Gesellschafter, welche über eine Zwangsvollstreckung in das Gesellschaftsvermögen gepfändet werden können (§§ 829, 835 ff. ZPO). Bei ausstehenden Stammeinlagen ist kein Gesellschafterbeschluss erforderlich. Anders gilt hingegen bei Ansprüchen auf Nachschusszahlung, wo der Anspruch mit einem entsprechenden Gesellschafterbeschluss entsteht (§ 26).

17 Die Gesellschafter haften den Gesellschaftsgläubigern daher ganz regelmäßig nicht gem. § 13 Abs. 2. Auch dann nicht, wenn noch Einlagen, Nachschüsse, Beträge aus Gründerhaftung oder Vorbelastungshaftung oder Erstattung aufgrund von verbotswidrigen Auszahlungen offen stehen.[33] Ihre Haftung ist lediglich unter den unter Rdn. 18 ff. dargestellten Grundlagen möglich.

---

32 BGHZ 180, 221 = NJW 2009, 1962 – in Abweichung von seiner bisheriger Rechtsprechung BGHZ 132, 278 = NJW 1996, 1753; zu der neuen Entscheidung s. *Albrecht*, NZG 2010, 486; *Reeger/Wilske*, ZGR 2010, 733; *Witte/Hafner*, DStR 2009, 2052.

33 *Hueck*, in: Baumbach/Hueck, GmbHG, § 13 Rn. 8.

II. Gesellschafter, Geschäftsführer

18 Zu einer Haftung der Gesellschafter und Geschäftsführer kommt es ohne weiteres bei Vorliegen eines selbständigen Verpflichtungsgrundes. Ein solcher kann zunächst in einer eigenen **vertraglichen Verpflichtung** liegen. Häufig anzutreffen sind eigene Verpflichtungen aus Bürgschaft oder Garantieversprechen.[34] Möglich ist auch ein Beitritt zu einem Vertrag. Hinzu treten können eigene Verpflichtungen der Gesellschafter bzw. Geschäftsführer aus eigener **unerlaubter Handlung.** Neben solchen der Gesellschaft aus § 823 BGB, bei denen die Gesellschafter nach § 31 BGB hinzutreten, sind nur die Gesellschafter treffende unerlaubte Handlungen nach § 826 BGB möglich (s. Rdn. 22 sowie Anh. § 13 Rdn. 66 ff.). Eine persönliche Haftung kann Geschäftsführer, aber auch Gesellschafter, aus **Rechtsscheinhaftung** treffen, wenn sie gegenüber einem gutgläubigen Partner den Eindruck einer persönlichen Haftung erweckt haben (bspw. durch Weglassen des Rechtsformzusatzes, s. § 4 Rdn. 81).[35] Eine Haftung kann vorgenannte auch aus **culpa in contrahendo** treffen, falls sie bei Vertragsanbahnung in besonderem Maße Vertrauen in Anspruch genommen haben.[36] Inwieweit es heute noch aufgrund der »**Durchgriffslehre**« zu einer Verpflichtung der Gesellschafter kommen kann, s. sogleich Rdn. 19 ff. und Rdn. 23.

D. Durchgriff

19 Hinter dem Begriff des Durchgriffs steht zunächst die für die Gesellschafter wesentliche Frage, inwieweit die Anordnung des § 13 Abs. 2 durchbrochen werden kann und Verbindlichkeiten über die GmbH hinaus auch den Gesellschaftern zugerechnet werden können (so gen. **Durchgriffshaftung**). Darüber hinaus geht es um die Frage, unter welchen Umständen Kenntnisse der GmbH den Gesellschaftern zugerechnet werden können und ob dies auch für den umgekehrten Fall gilt (so gen. **Zurechnungsdurchgriff**).

I. Durchgriffshaftung/Haftung wegen sittenwidriger Schädigung

1. Meinungsstand

20 In der **Literatur** herrschte bis zu der Gamma-Entscheidung des Bundesgerichtshofs im Jahr 2008 Einigkeit, dass unter bestimmten Bedingungen eine Durchbrechung des Prinzips des § 13 Abs. 2 möglich sein muss, auch wenn sich insoweit kein einheitlicher Ansatz herausgebildet hat. Im Wesentlichen lassen sich die unterschiedlichen Auffassungen in folgende Richtungen aufteilen: Die **institutionelle Missbrauchslehre**

---

34 BGHZ 31, 271; WM 77, 73; NJW 1986, 580; *Emmerich*, in: Scholz, GmbHG, § 13 Rn. 60 ff.

35 *Emmerich*, in: Scholz, GmbHG, § 13 Rn. 63; *Altmeppen*, in: Roth/Altmeppen, GmbHG, § 13 Rn. 70.

36 St. Rechtsprechung BGHZ 87, 27; BGH, NJW 1978, 1374; BGH, NJW 1983, 676; BGH, NJW 1990, 389; BGH, DB 1990 2313; BGH, 1991, 1765.

durchbricht das Trennungsprinzip, wenn die Verwendung der juristischen Person nicht der Rechtsordnung entspricht, insbesondere missbraucht wird.[37] Die subjektive Variante dieser Lehre setzt demgegenüber einen subjektiven Missbrauch der juristischen Person voraus, welcher dazu führt, dass eine Berufung auf die Trennung gegen Treu und Glauben verstoßen würde.[38] Die Lehre vom Durchgriff als Normanwendung (**Normanwendungstheorien**) setzt nicht bei der juristischen Person als solcher, sondern bei der jeweils anzuwendenden Norm an, deren Zweck ggf. eine entsprechende Zurechnung auf andere Personen (Gesellschafter) erfordere. Im Rahmen der Normanwendungstheorie gibt es wiederum unterschiedliche Strömungen, die der Selbständigkeit der juristischen Person ein unterschiedliches Gewicht beimessen. Manche sehen die juristische Peron und die Gesellschafter als nebeneinanderstehend an und rechtfertigen mit diesem Näheverhältnis die Einbeziehung der Gesellschafter in den Haftungskreis oder die Zurechnung bestimmter Sachverhalte.[39] Andere wiederum lassen den Durchgriff zu, wenn die Regelung, die den Zurechnungsumfang festlegt auf den konkreten Sachverhalt nicht passt; die dann entstehende Lücke ist nach dieser Auffassung durch die Anwendung einer anderen Regelung zu schließen.[40] Im Hinblick auf die Rechtsfolgen wird teilweise davon ausgegangen, dass es sich um eine gegenüber der Gesellschaft bestehende, auf den Ausgleich des Gläubigerausfalls gerichtete Innenhaftung der Gesellschafter handelt die mit der objektiven Erfüllung des Tatbestandes (bspw. der Unterkapitalisierung) entsteht.[41] Nach anderer Ansicht, die auch in der Rechtsprechung ihren Niederschlag gefunden hat, sind die §§ 128, 129 HGB entsprechend heranzuziehen, so dass es zu einer persönlichen Haftung der Gesellschafter für die Schulden der Gesellschaft kommt.[42] Wegen § 31 Abs. 3 wird indessen bezweifelt, ob es zu einer Haftung der Gesellschafter kommen kann, die an der den Durchgriff auslösenden Situation nicht mitgewirkt haben.[43]

21 **Die Rechtsprechung** ist einer Durchgriffshaftung stets zurückhaltend gegenüber gestanden und hat sich keinem der in der Literatur entwickelten Ansätze angeschlossen. Die **ältere Rechtsprechung**, die am ehesten der institutionellen Missbrauchslehre nahe stand, hat ihre Entscheidungen entweder auf ein treuwidriges Verhalten,

---

37 *Reuter*, in: MünchKommBGB, Vor. § 21 Rn. 20; *Kuhn*, Strohmanngründung bei Kapitalgesellschaften, S. 35 ff., 146 ff., 199; *Rehbinder*, Konzernaußenrecht und allgemeines Privatrecht, S. 119 f.

38 *Serick* Rechtsform und Realität juristischer Personen, 1955, S. 14 ff.

39 *K. Schmidt*, GesR, § 9 II, III m.w.N.; *Schanze*, Einmanngesellschaft und Durchgriffshaftung, S. 102 ff.

40 *Müller-Freienfels*, ACP 1956 (1957), 522; *Rehbinder*, in: FS R. Fischer, 1979, 579, 580; s. auch *Ulmer*, in: Hachenburg, GmbHG, Anh. § 30 Rn. 38 ff. m.w.N.

41 *K. Schmidt*, GesR, § 9 IV m.w.N.; *Schanze*, Einmanngesellschaft und Durchgriffshaftung, S. 102 ff.; *Heermann*, in: Theobald, Entwicklungen zur Durchgriffs- und Konzernhaftung, S. 11.

42 S. *Lutter*, in: Lutter/Hommelhoff, GmbHG, § 13 Rn. 11; *Pentz*, in: Rowedder/Schmidt-Leithoff, GmbHG, § 13 Rn. 153; s. auch BGHZ 95, 330, 332; BGHZ 165, 85 = NJW 2006, 1344, 1345 f. s. auch Rn. 23.

43 *Pentz*, in: Rowedder/Schmidt-Leithoff, GmbHG, Rn. 153.

Rechtsmissbrauch oder einen Verstoß gegen Treu und Glauben gestützt[44], wobei betont wurde, dass über die Rechtsfigur der juristischen Person nicht leichtfertig und schrankenlos hinweggegangen werden dürfe.[45] Die **jüngere Rechtsprechung** hat die Zurückhaltung gegenüber der Durchgriffshaftung – mit Ausnahme der Fallgruppe der der Vermögensvermischung (s. Rdn. 23) – beibehalten, aber in Abwendung von den bisherigen Begründungen unter Relativierung des insoweit notwendigen Vorsatzes auf § 826 BGB abgestellt. 2008 hat der Bundesgerichtshof in der *Gamma-Entscheidung*[46] der **Durchgriffshaftung** für eine **materielle Unterkapitalisierung** unter Hinweis, dass es für eine allgemeine gesellschaftrechtliche Haftung an einer Gesetzeslücke fehle, **eine klare Absage erteilt** und ist dem Ansatz des § 826 BGB gefolgt, wobei er im konkreten Fall offen gelassen hat, unter welchen Voraussetzungen eine Haftung nach **§ 826 BGB** in Betracht kommt. Betrachtet man die weitere Entscheidungspraxis des Bundesgerichtshofs – auch zur Existenzvernichtungshaftung (s. ausführlich Anh. § 13 Rdn. 66 ff.) – so stellt sich die Frage, ob zukünftig vom Konzept der Durchgriffshaftung gänzlich zugunsten einer Haftung nach § 826 BGB abgerückt wird, was u.a. auch die Fallgruppe der Vermögensvermischungshaftung einschließen würde, bei der der Bundesgerichtshof bisher von einer Durchgriffshaftung des Gesellschafters entsprechend § 128 BGB ausgegangen ist (s. Rdn. 23). Gänzlich ausgeschlossen erscheint dies nicht, da der Bundesgerichtshof an den Maßstab für eine sittenwidrige Schädigung in seiner jüngeren Entscheidungspraxis relativ geringe Anforderungen stellt (s. Anh. § 13 Rdn. 74).

2. Einzelfälle

22 **a) Materielle Unterkapitalisierung.** Eine Haftung der Gesellschafter für Gesellschaftsverbindlichkeiten kann den Tatbestand der **qualifizierten materiellen Unterkapitalisierung** auslösen. Dies setzt voraus, dass die Kapitalausstattung der Gesellschaft unter Berücksichtigung etwaiger Gesellschafterdarlehen eindeutig unzureichend ist und sie deshalb einen wirtschaftlichen Misserfolg zu Lasten der Gläubiger bei normalem Geschäftsverlauf mit hoher Wahrscheinlichkeit erwarten lässt.[47] Der Bundesgerichtshof hat seit den 80iger Jahren die Haftung der Gesellschafter für die Verbindlichkeiten der Gesellschaft mit § 826 BGB begründet, wobei er den zumindest bedingten Vorsatz bereits aus dem Vorliegen der objektiven Tatbestandsmerkmale gefolgert hat.[48] Durch die *Gamma-Entscheidung* des Bundesgerichtshofes[49], welche in dem zu entschei-

44 BGHZ 20, 4, 13 = NJW 1956, 785; BGHZ 22, 226, 230 = NJW 1957, 181; BGHZ 68, 312, 315 = NJW 1977, 1449

45 BGHZ 20, 4, 11 = NJW 1956, 785; BGHZ 26, 31, 37 = NJW 1958, 98; BGHZ 54, 222, 224 = NJW 1970, 2015; großzügiger demgegenüber BSG, NJW 1984, 2117 m. abl. Anm. *Kahler*, GmbHR 1985, 294; BSG, NJW-RR 1997, 94.

46 BGHZ 176, 204 = NJW 2008, 2437 – Gamma.

47 *Ulmer*, in: Hachenburg, GmbHG, § 30 Rn. 23; *Michalski/Funke*, in: Michalski, GmbHG, § 13 Rn. 381.

48 BGH, NJW 1979, 2104; DB 1988, 1848; NJW-RR 1991, 1312.

49 BGHZ 176, 204 = NJW 2008, 2437, 2440.

denden Fall offengelassen hat, ob die Voraussetzungen des § 826 erfüllt sind, ist diese Linie noch insoweit verdeutlicht worden, als der Bundesgerichtshof eine allgemeine Gesellschafterhaftung auf der **Grundlage des Durchgriffs** für den Fall der Unterkapitalisierung wegen des **Fehlens einer gesetzlichen Regelungslücke** im Grundsatz abgelehnt hat. Auch zukünftig muss daher davon ausgegangen werden, dass die Rechtsprechung die Fälle der qualifizierten materiellen Unterkapitalisierung unter Heranziehung von **§ 826 BGB** lösen wird, wobei die herrschende Meinung in der Literatur dieser Vorgehensweise zwischenzeitlich folgt.[50] Der die sittenwidrige Handlung begehende Gesellschafter – wobei dies für jeden einzeln zu prüfen ist – hat daher bei Nachweis des bedingten Vorsatzes (Rdn. 21) den den Gläubigern entstandenen Schaden gem. §§ 249 ff BGB zu ersetzen. Für die Verjährung gelten die allgemeinen Regelungen der §§ 195, 199 Abs. 1 BGB.

23 b) **Vermögensvermischung**. Eine Haftung der Gesellschafter für Gesellschaftsverbindlichkeiten kann wegen **Vermischung von Privat- und Gesellschaftsvermögen** begründet sein, wenn nicht mehr festgestellt werden kann, welcher Gegenstand der Gesellschaft und welcher dem Gesellschafter zuzuordnen ist. Dies kann insbesondere der Fall sein, wenn es an einer **Buchführung fehlt** oder letztere die Vermögenstrennung verschleiert.[51] Dass einzelne Gegenstände nicht zugeordnet werden können, ist für den Haftungstatbestand nicht ausreichend.[52] Der Bundesgerichtshof hat den Tatbestand der Vermögensvermischung an eine verhaltensbedingte Haftung geknüpft, die nur den Alleingesellschafter, den Mehrheitsgesellschafter oder den wirtschaftlichen Träger der GmbH[53] treffen kann, nicht aber den Minderheitsgesellschafter.[54] Bei dieser Haftung handelt es sich nach der bisherigen Entscheidungspraxis des Bundesgerichtshofs um eine Durchgriffshaftung, welche sich aus einer entsprechenden Anwendung des § 128 HGB ergibt. Ob dieses Konzept durch den Bundesgerichtshof in Zukunft noch beibehalten wird, ist allerdings nicht zweifelsfrei, s. oben Rdn. 21.

24 c) **Institutsmissbrauch**. Von einem **Institutsmissbrauch** ist auszugehen, wenn die GmbH zur Verfolgung rechtswidriger Ziele verwendet wird.[55] Beispiele aus der frü-

---

50 *Altmeppen*, ZIP 2009, 1201 ff.; *Kleindiek*, NZG 2008, 686 ff.; *Weller*, in: Bork/Schäfer, GmbHG, § 13 Rn. 36; kritisch: *Pentz*, in: Rowedder/Schmidt-Leithoff, GmbHG, § 13 Rn. 150.

51 BGHZ 165, 85 = NJW 2006, 1344, 1345 f.; BGHZ 125, 366 = NJW 1994, 1801, 1802; OLG Karlsruhe, DR 1943, 811; OLG Nürnberg, WM 55, 1566.

52 BGH BB 85, 77; *Fastrich*, in: Baumbach/Hueck, GmbHG, § 13 Rn. 45; *Weller*, in: Bork/Schäfer, GmbHG, Rn. 32.

53 KG, ZIP 2008, 1535 = NZG 2008, 344, 345.

54 BGHZ 165, 85 = NJW 2006, 1344, 1346 f.; *Hueck/Fastrich*, in: Baumbach/Hueck, GmbHG, § 13 Rn. 45.

55 *Hueck/Fastrich*, in: Baumbach/Hueck, GmbHG, § 13 Rn. 15; *Lutter*, in: Lutter/Hommelhoff, GmbHG, § 13 Rn. 22; *Lutter*, ZGR 1982, 244, 253; *Pentz*, in: Rowedder/Schmidt-Leithoff, GmbHG, § 13 Rn. 146; a.A, diese Fallgruppe nicht anerkennend *Ehricke*, AcP 199 (1999), 257, 301 ff.; zweifelnd auch *Raiser*, in: FS Lutter, 2000, 637, 650.

heren Judikatur bilden das Vorschieben der Gesellschaft zum Empfang von Schmiergeldern[56] oder zur Beauftragung für Sanierungsarbeiten am Hausgrundstück des Gesellschafters.[57] Genannt werden auch so gen. **Aschenputtelkonstellationen**, bei denen eine Aufteilung dergestalt stattfindet, dass die Gesellschaft alle Risiken trägt und sämtliche Gewinne bei den Gesellschaftern anfallen.[58] Es spricht vieles dafür, dass diese Fälle, von denen letzterer eher in die Fallgruppe der materiellen Unterkapitalisierung einzuordnen ist, durch den Bundesgerichtshof künftig nicht mehr auf der Grundlage der Durchgriffslehre, sondern an dem Maßstab des § 826 BGB gemessen werden (s. oben Rdn. 21).

25 d) **Sphärenvermischung**. In der Literatur wird für das Vorliegen einer Sphärenvermischung verlangt, dass es zu keiner ausreichenden Trennung zwischen Gesellschaft und Gesellschaftern bzw. von diesen weiter gegründeten Gesellschaften im organisatorischen Bereich kommt, beispielsweise durch das Nutzen gleicher Geschäftsräume, gleicher Mitarbeiter oder ähnlicher Namen.[59] Nach zutreffender Ansicht handelt es sich insoweit nicht um einen Fall der Durchgriffshaftung, sondern um einen solchen der **Rechtsscheinhaftung**.[60]

26 e) **Konzerntatbestände/Weisungen**. Konstellationen des Konzernrechts und der Weisungen sind nicht der Gruppe des Haftungsdurchgriff zuzurechnen. S. insoweit die Ausführungen unter Anh. § 13.

II. Zurechnungsdurchgriff

1. Allgemeines

27 Von dem Oberbegriff des **Zurechnungsdurchgriffs** werden Fälle erfasst, in denen sich die Gesellschaft Verhaltensweisen, Fähigkeiten oder Kenntnisse der Gesellschafter zurechnen lassen muss bzw. eine Zurechnung in umgekehrter Weise erfolgt.[61] Der Zurechnungsdurchgriff wird in der Literatur mit der oben dargestellten Normzwecklehre begründet (s. Rdn. 20), wonach der Zweck bestimmter Vorschriften eine Zurechnung gebietet, wenn sie ihrem Sinngehalt nur so vollzogen werden kann. Noch klarer formuliert geht es bei der Frage des Zurechnungsdurchgriff um das

---

56 RG, DR 40, 580.

57 BGH, DB 88, 1848.

58 BGH, NJW-RR 1992, 1061; NJW 1979, 2104; NJW-RR 1988, 1188; OLG Karlsruhe, GmbHR 1990, 303.

59 *Lutter*, in: Lutter/Hommelhoff, GmbHG, § 13, Rn. 20; *Lutter*, ZGR 1982, 244, 251.

60 *Brändel*, in: GroßKommAktG, § 1 Rn. 114; *Ingerl*, in: MünchHdB GesR III, § 35 Rn. 20; *Ehricke*, AcP 199 (1999), 257, 299 ff.; s. auch *Wiedemann*, Gesellschaftsrecht, S. 224; s. auch BGH, NJW-RR 1987, 335, 336; NJW 2001, 2716, 2718; *Hueck/Fastrich*, in: Baumbach/Hueck, GmbHG, § 13 Rn. 46; a.A. *Lutter*, in: Lutter/Hommelhoff, GmbHG, § 13 Rn. 20 m.w.N.

61 *Hueck/Fastrich*, in: Baumbach/Hueck, GmbHG, § 13 Rn. 15.

Erfordernis der Auslegung von Gesetzen und vertraglichen Regelungen[62] unter Beachtung der besonderen Konstellation von juristischen Personen des Gesellschaftsrechts.

2. Einzelfälle

28 Zu den Anwendungsfällen des Zurechnungsdurchgriffs zählen etwa:

29 a) **Anfechtung.** Die Möglichkeit der **Anfechtung nach § 119 Abs. 2 BGB** eines mit der Gesellschaft geschlossenen Vertrages, wenn sich der Vertragsschließende über die Zuverlässigkeit des Alleingesellschafters und faktischen Geschäftsführers geirrt hat.[63] Im Rahmen einer **Anfechtung wegen Täuschung nach § 123 BGB** gilt der Alleingesellschafter nicht als Dritter i.S.v. § 123 Abs. 2 BGB, mit der Folge, dass eine Anfechtung nach § 123 Abs. 1 BGB möglich ist.[64]

30 b) **Verträge/Schenkungen.** Ist durch die Gesellschafter ein Geschäft veranlasst worden, wird die Kenntnis bzw. fahrlässige Unkenntnis der Gesellschafter der Gesellschaft gem. **§ 166 Abs. 2 BGB** zugerechnet.[65] Bei der Vermittlung eines Geschäfts durch einen **Makler** an eine Gesellschaft, an der letzterer maßgeblich beteiligt ist, entsteht kein Lohnanspruch gem. **§ 654 BGB.**[66] Ist der GmbH das Grundstück vermittelt worden, erwerben aber tatsächlich die Gesellschafter das Grundstück, ist ein Anspruch auf Maklerprovision zugebilligt worden.[67] Die Überlassung eines Darlehns durch eine dritte Gesellschaft an eine GmbH wird als **Gesellschafterdarlehn** qualifiziert, wenn ein Gesellschafter der Darlehnsnehmerin alle Anteile an der Darlehnsgeberin hält.[68] Bei Vorhandensein eines **Versicherungs**vertrages mit der GmbH ist streitig, ob ihr die vorsätzliche oder grob fahrlässige Vorgehensweise (§ 91 VVG) des Alleingesellschafters oder der gemeinsam handelnden Gesellschafter bzw. des maßgeblich beteiligten Gesellschafters[69] zugerechnet werden kann.[70] Eine **Schenkung** an die GmbH kann durch den Schenker nach **§ 530 BGB** widerrufen werden, wenn sich alle Gesellschafter undankbar zeigen (streitig).[71] Demgegenüber zählen Sach-

---

62 *Hueck/Fastrich,* in: Baumbach/Hueck, GmbHG, § 13 Rn. 15; *Pentz,* in: Rowedder/Schmidt-Leithoff, GmbHG, § 13 Rn. 160; *K. Schmidt,* GesR III, § 9; *Emmerich,* in: Scholz, GmbHG, § 13 Rn. 68; *Wiedemann,* Gesellschaftsrecht, S. 230 ff.

63 RGZ 143, 429, 431.

64 BGH, NJW 1990, 1915.

65 *Emmerich,* in: Scholz, GmbHG, § 13 Rn. 72; s. auch BGHZ 132, 30 = NJW 1996, 1339.

66 BGH, NJW 1985, 2473.

67 BGH, NJW 1995, 3311; kritisch *Pentz,* in: Rowedder/Schmidt-Leithoff, GmbHG, § 13 Rn. 163.

68 BGHZ 81, 311.

69 Hierfür *Raiser,* in: Ulmer/Habersack/Winter, GmbHG, § 13 Rn. 103.

70 *Michalski/Funke,* in: Michalski, GmbHG, § 13 Rn. 329 m.w.N.

71 Offen gelassen durch OLG Düsseldorf, NJW 1966, 550; *Pentz,* in: Rowedder/Schmidt-Leithoff, GmbHG, § 13 Rn. 163; a.A. *Emmerich,* in: Scholz, GmbHG, § 13 Rn. 73.

mängelfragen beim Anteilskauf nicht zum Durchgriffstatbestand[72] (s. aber zu Möglichkeiten der Anfechtung oben Rdn. 29).

c) **Hypotheken/Vorkaufsrechte.** Streitig ist, ob eine **Bauhandwerker-Sicherungshypothek** am Grundstück des Gesellschafters verlangt werden kann, wenn die Gesellschaft Auftraggeber ist.[73] Der Bundesgerichtshof hat eine Zurechnung als solche abgelehnt; vielmehr hat er dem Verlangen nur stattgegeben, soweit der Grundstückseigentümer aus Durchgriff (s. oben Rdn. 19 ff.) oder aus eigener Verpflichtung für die Werklohnforderung haftete. Die Frage, ob auch ein Rechtsgeschäft zwischen der GmbH und ihrem Alleingesellschafter ein **Vorkaufsrecht** auslösen kann, wird von Teilen der Literatur zu Recht bejaht[74]; teilweise wird demgegenüber davon ausgegangen, dass erst eine Weiterveräußerung an einen Dritten zur Auslösung des Vorkaufsrechts führt.[75] 31

d) **Rechtsscheinerwerb.** Auf Geschäfte zwischen der Gesellschaft und dem alleinigen Gesellschafter bzw. allen Gesellschaftern finden die Regelungen über den **gutgläubigen Erwerb (§§ 892, 932 ff. BGB, § 366 HGB, Art. 16, 17 WG, Art. 21, 22 ScheckG)** keine Anwendung.[76] 32

e) **Stimmverbote. Stimmverbote (§ 47 Abs. 4, 136 AktG)** können auch den maßgeblich beteiligten Gesellschafter einer an der GmbH beteiligten Gesellschaft treffen. Erforderlich ist insoweit, dass ihn selbst, soweit er an der GmbH beteiligt wäre, ein Stimmverbot treffen würde (s. im Einzelnen § 47 Rdn. 32 ff.). Auch zu einem Stimmverbot kann es kommen, wenn eine natürliche Person an zwei GmbHs Anteile hält und es um die Zustimmung zu einem Geschäft der ersten GmbH mit der zweiten geht (s. § 47 Rdn. 32 ff.) 33

f) **Insolvenz.** In der Insolvenz gelten die Gesellschafter und deren nahe Angehörige als **»nahe Angehörige« der GmbH** i.S.v. § 138 Abs. 2 Nr. 1 InsO, § 3 Abs. 2 AnfG. 34

g) **Wettbewerbsverbote/Auskunftspflichten.** Soweit Verträge zwischen Dritten und der GmbH bestehen, können Verpflichtungen aufgrund einer Vertragsauslegung 35

72 *Hueck/Fastrich*, in: Baumbach/Hueck, GmbHG, § 13 Rn. 17.

73 Dagegen zutreffend BGHZ 102, 95, 100 ff., jedoch ggf. Durchgriff auf der Grundlage von § 242 BGB; dafür OLG München, NJW 1975, 220; zum Streitstand s. *Pentz*, in: Rowedder/Schmidt-Leithoff, GmbHG, § 13 Rn. 163; *Merkt*, in: MünchKommGmbHG, § 13 Rn. 350; *Weller*, in: Bork/Schäfer, GmbHG, § 13 Rn. 55.

74 *Pentz*, in: Rowedder/Schmidt-Leithoff, GmbHG, § 13 Rn. 163; *Griebel*, Die Einmanngesellschaft, S. 120.

75 *Raiser*, in: Ulmer/Habersack/Winter, GmbHG, § 13 Rn. 92.

76 BGHZ 78, 318 = NJW 1981, 525; *Emmerich*, in: Scholz, GmbHG, § 13 Rn. 74; *Hueck/Fastrich*, in: Baumbach/Hueck, GmbHG, § 13 Rn. 16; a.A. *Wilhelm* Rechtsform und Haftung bei der juristischen Person, S. 266 ff.; im Falle des Erwerbs durch die Gesellschaft auch *Flume*, Juristische Person, S. 71.

nach Treu und Glauben (insbesondere bei einer personalistischen Struktur) auch die Gesellschafter der GmbH treffen.[77] Dies gilt u.a. bei **Wettbewerbsverboten, Auskunfts**[78]**- und Unterlassungspflichten.** Auch können solche vertraglichen Verpflichtungen nicht durch das Dazwischenschalten einer Gesellschaft umgangen werden.[79]

E. Die GmbH als Verbandsperson

I. Treupflicht

1. Allgemeines

36 Die Treupflicht ist heute in der GmbH als verbandsrechtliches Instrument anerkannt[80], wobei auf die zum **Personengesellschaftsrecht** entwickelten Grundsätze zurückgegriffen werden kann. Die durch sie zu beachtenden Bindungen bestehen einerseits in Form einer Treupflicht der Gesellschafter gegenüber der GmbH und andererseits in Form einer Treupflicht unter den Mitgesellschaftern.[81] Herzuleiten sind diese Bindungen aus dem Umstand, dass die Gesellschafter einer GmbH Partner unter einem gemeinsamen Zweck sind (§ 705 BGB) und es der Mehrheit der Gesellschafter aufgrund ihrer Rechtsstellung möglich ist, durch ihre Beschlüsse oder den von ihnen ausgeübten Einfluss auf die Geschäftsführung in die Rechte der Minderheitsgesellschafter einzugreifen (im Einzelnen streitig).[82]

37 Die Treupflicht bildet den Oberbegriff für verschiedene Pflichten der Gesellschafter. Soweit das **Verhältnis zur Gesellschaft** betroffen ist, verpflichtet die Treupflicht zur Förderung und Verwirklichung des gemeinsamen Zwecks[83] und zum Unterlassen schädlicher Eingriffe.[84] Im **Verhältnis der Gesellschafter** untereinander verpflichtet

---

77 S. ausführlich *Wiedemann*, Gesellschaftsrecht, S. 230 ff.

78 Zur Vorlage von Bilanzen s. BGHZ 25, 115, 117 = NJW 1957, 1555; RGZ 99, 232, 234.

79 BGHZ 89, 162, 165.

80 Zur umfassenden Rechtsprechung s. Rdn. 40 ff.; zur Literatur bspw.: *Weller*, in: Bork/Schäfer, GmbHG, § 13 Rn. 7 ff.; *Bayer*, in: Lutter/Hommelhoff, GmbHG, § 14 Rn. 20 ff.; *Merkt*, in: MünchKommGmbHG, § 13 Rn. 88 ff.; *Pentz*, in: Rowedder/Schmidt-Leithoff, GmbHG, § 13 Rn. 36 ff.; *Altmeppen*, in: Roth/Altmeppen, GmbHG, § 13 Rn. 28 ff.; *K. Schmidt*, Gesellschaftsrecht, § 20 IV; *Emmerich*, in: Scholz, GmbHG, § 13 Rn. 36 ff.; *Raiser*, in: Ulmer/Habersack/Winter, GmbHG, § 14 Rn. 67 ff.

81 BGHZ 65, 15, 18 = NJW 1976, 191.

82 *Häuser*, Unbestimmte Maßstäbe als Begründungselement richterlicher Entscheidungen, S. 176 ff.; *M. Winter*, Mitgliedschaftliche Treubindungen im GmbH-Recht, S. 13 ff. Siehe zu den einzelnen Ansätzen auch: *Hennrichs*, AcP 195 (1995), 221, 225 ff.; *Hüffer*, in: FS Steindorff, 1990, S. 59, 61 ff.; *Grundmann*, Der Treuhandvertrag, S. 133 f.; *M. Weber*, Vormitgliedschaftliche Treubindungen, § 3 ff.; s. auch *Emmerich*, in: Scholz, GmbHG, § 13 Rn. 38 f.; *Raiser*, in: Ulmer/Habersack/Winter, GmbHG, § 14 Rn. 68 ff.; *Michalski/Funke*, in: Michalski, GmbHG, § 13 Rn. 140.

83 BGH, DStR 1994, 214.

84 BGHZ 14, 25, 38 = NJW 1954, 1401.

die Treupflicht zur Rücksichtnahme auf die unterschiedlichen Interessen der Mitgesellschafter.[85] Im Hinblick auf die Frage der Ausprägung ist die jeweilige Funktion des auszuübenden Rechts von Bedeutung. Zu unterscheiden ist zwischen **uneigennützigen** (gesellschaftsbezogenen) **Rechten** (z.B. Stimmrecht) und **eigennützigen Rechten** (z.B. Dividendenrecht). Im Hinblick auf die uneigennützigen Rechte kann die Treupflicht bestimmte Handlungs- und Unterlassungspflichten, namentlich positive und negative Stimmpflichten zur Folge haben. Die Treupflicht kann sich aber auch dahingehend verdichten, dass der jeweilige Gesellschafter einer **Satzungsänderung zuzustimmen** hat (**Zustimmungspflicht**). Nach der Rechtsprechung muss die Änderung der Satzung dabei mit Rücksicht auf das bestehende Gesellschaftsverhältnis oder im Hinblick auf die Rechtsbeziehungen der Gesellschafter untereinander, etwa zum Erhalt wesentlicher Werte oder zur Vermeidung erheblicher Verluste, die die Gesellschaft oder einer der Gesellschafter erleiden können, erforderlich sein.[86] Bejaht wurde dies bspw. bei Sanierungsfällen[87], einem Auflösungsbegehren bei fataler wirtschaftlicher Lage[88], bei einem Austrittswunsch aufgrund finanzieller Notlage[89], bei vorgeschlagenen und sinnvollen Nachfolgeklauseln[90] oder bei Kapitalerhöhungen, die aufgrund einer GmbH-Novelle (Auflösungsgefahr) erforderlich waren.[91] Im Hinblick auf die **eigennützigen Rechte** kommt der Berücksichtigung der Gesellschaftsinteressen demgegenüber nur dann eine Rolle zu, wenn die Rechtsausübung durch den Gesellschafter willkürlich und ohne Rücksicht auf die Gesellschaft oder die Gesellschafter ist oder in unverhältnismäßiger Weise erfolgt (Schrankenfunktion der Treupflicht).

38 Bei der **Einmann-GmbH** scheidet eine Treuplicht gegenüber den Mitgesellschaftern naturgemäß aus. Auch eine Treupflicht des Gesellschafters gegenüber der GmbH existiert aufgrund des Interessengleichlaufs nicht. Ebenfalls kann nicht von einer Treupflichtverletzung ausgegangen werden, wenn **alle Gesellschafter** der Maßnahme zustimmen. Zu verbundenen Unternehmen s. Rdn. 52 sowie im Einzelnen Anh. § 13.

39 Ob auch **vormitgliedschaftliche Treupflichten** bestehen können, etwa bei einer Anbahnung zum Erwerb von Anteilen (namentlich den dort erhaltenen Informationen), ist durch die Rechtsprechung bislang noch nicht entschieden worden. Jedenfalls dürfte es die Treupflicht verbieten, dass auf diese Weise erlangte Kenntnisse zum

---

85 BGHZ 103, 184 = NJW 1988, 1579 –Linotype; BGH, NJW 1992, 3167, 3171 – IHB/Scheich Kamel; BGHZ 129, 136, 142 = NJW 1995, 1739 – Girmes.

86 BGH, BB 1954, 456; BGH, NJW 1960, 434; BGH, NJW 1961, 724; BGH, NJW 1975, 1410, 1411; BGH, NJW 1976, 191 – ITT; BGH, NJW 1987, 189; BGH, NJW 1987, 952, 953; BGH, NJW 1987, 3192; BGHZ 129, 136, 142 = NJW 1995, 1739 – Girmes.

87 BGH, NJW 2010, 65, 67; BGH, NJW 1987, 189; BGH, NJW 1987, 3192.

88 BGH, NJW 1960, 434.

89 NJW 1961, 714.

90 NJW 1987, 952.

91 BGH, NJW 1987, 190; BGH, NJW 1987, 3192, 3193.

Nachteil der Gesellschaft oder der Gesellschafter verwendet werden.[92] Auch von **nachmitgliedschaftlichen** Treupflichten (etwa nach dem Ausscheiden des Gesellschafters) ist auszugehen. So ist es einem ausgeschiedenen Gesellschafter etwa untersagt, durch seine Mitgliedschaft gewonnene Erkenntnisse (Betriebsgeheimnisse) zum Nachteil der Gesellschaft oder der Gesellschafter zu verwerten.[93]

2. Einzelfälle

40 Die Ausfüllung des Rechtsbegriffs der Treupflicht ist in der Praxis durch zahlreiche Einzelfallentscheidungen erfolgt, die im Folgenden kurz zusammengefast werden:

41 a) **Krise.** Im Rahmen der Krise der GmbH ist in der Rechtsprechung von einer Treupflichtverletzung u.a. ausgegangen worden, wenn:

- eine Minderheit, die eine gewisse Einflussposition erlangt hat, ein mehrheitlich befürwortetes **Sanierungskonzept** – einschließlich einer Kapitalherabsetzung – aus eigennützigen Gründen ablehnt (Rechtsfolge: Zustimmungspflicht, s. Rdn. 37; Schadensersatz, s. Rdn. 53)[94];
- ein Beschluss zur **Sanierung** der Gesellschaft, indem das Kapital herabgesetzt wird und jedem Gesellschafter freigestellt wird, eine neue Beitragspflicht einzugehen, und nicht zahlungswillige Gesellschafter aus der Gesellschaft ausscheiden müssen, abgelehnt wird (Rechtsfolge: die nicht zahlungswilligen Gesellschafter trifft eine Zustimmungspflicht (s. Rdn. 37), wenn sie mit der durch das Ausscheiden verbundenen Pflicht, den Auseinandersetzungsfehlbetrag zu leisten, finanziell nicht schlechter stehen als bei der sofortigen Liquidation)[95];
- die Gesellschafter einen **Kapitalerhöhungsbeschluss** ablehnen, der aufgrund einer GmbH-Novelle notwendig ist und kein Nachteile für die zustimmungsunwilligen Gesellschafter eintreten (Zustimmungspflicht, s. Rdn. 37)[96];
- die Gesellschafter einen **Auflösungsbeschluss** zur Aufgabe des Geschäftsbetriebes ablehnen, obwohl die wirtschaftliche Lage der Gesellschaft unhaltbar ist (Rechtsfolge: Zustimmungspflicht zur Auflösung der Gesellschaft (s. Rdn. 37) und Abschluss des Kaufvertrages, s. auch Rdn. 53)[97];
- die Gesellschafter ein Gesellschafterdarlehn kündigen, obwohl dies zur **Liquiditätskrise** der GmbH führt[98];

---

92 *Pentz*, in: Rowedder/Schmidt-Leithoff, GmbHG, § 13 Rn. 39; *Tröger*, Treupflicht im Konzernrecht, S. 61 f.

93 *Wittkowski*, GmbHR 1990, 544, 549; Pentz, in: Rowedder/Schmidt-Leithoff, GmbHG, § 13 Rn. 39; *K. Schmidt*, Gesellschaftsrecht, § 20 IV 1 b.

94 BGHZ 129, 136, 142 = NJW 1995, 1739 – Girmes.
NJW 1976, 191 – ITT.

95 BGH, NJW 2010, 65, 67.

96 BGH, NJW 1987, 189, 190.

97 BGH, NJW 1960, 434 f.

98 RG, JW 1937, 1986.

– die Gesellschafter die Pflicht zur Verzinsung von Kapitaleinlagen aufheben, obwohl sie zur **Erhaltung der Gesellschaft** erforderlich ist[99] (Rechtsfolge: Zustimmungspflicht, s. Rdn. 37).

42 b) **Nachfolgeklausel.** Von einer Zustimmungspflicht (s. Rdn. 37) im Hinblick **auf die Einführung einer Nachfolgeklausel** in den Gesellschaftsvertrag ist ausgegangen worden, wenn der persönlich haftende Gesellschafter einer OHG vorgeschlagen hatte, dass diese Stellung auf einen von ihm bestimmten Nachfolger als Erben übergehen soll und dies ohne ersichtlichen Grund abgelehnt wurde.[100] Zudem wurde eine Zustimmungspflicht bei einer erforderlichen **Änderung der Nachfolgeklausel** nach Scheidung der Ehe befürwortet.[101]

43 c) **Abberufung Organe/Wirtschaftsprüfer.** Ein Treupflichtverstoß bei der Beschlussfassung über die Abberufung von Organen bzw. von Abschlussprüfern ist u.a. angenommen worden, wenn:

– die Gesellschafter nicht der **Abberufung eines Geschäftsführers** zuzustimmen, obwohl in der Person des Geschäftsführers wichtige Gründe vorliegen (hier: Verfolgen eigener Interessen zum Nachteil der Gesellschaft)[102]; (Rechtsfolge: Zustimmungspflicht, s. Rdn 37) und abgegebene Stimmen nichtig);
– die Gesellschaftermehrheit den **Abschlussprüfer** ohne sachlichen Grund auswechselt (hier: bisheriger Abschlussprüfer hatte sich geweigert, einen nichtigen Jahresabschluss zu prüfen und zu testieren, während der neu bestellte Abschlussprüfer hierzu bereit war)[103];
– die Gesellschaftermehrheit einen **Entlastungsbeschluss** für den Aufsichtsrat fasst, obwohl der Gegenstand des Entlastungsbeschlusses einen schwerwiegenden Gesetzes – oder Satzungsverstoß darstellt (hier: in dem Bericht des Aufsichtsrats kommt nicht gem. § 314 Abs. 2 S. 1 AktG zum Ausdruck, dass der Aufsichtsrat den Abhängigkeitsbericht geprüft hat und der Bestätigungsvermerk ist nicht in den Bericht des Aufsichtsrats gem. § 314 Abs. 2 S. 3 AktG aufgenommen worden).[104]

Demgegenüber muss kein Treupflichtverstoß bei der **Entsendung eines Konkurrenten in den Aufsichtsrat** gegeben sein (s. auch Rdn. 49).[105]

99 BGH, WM 1985, 195, 196.
100 BGH, NJW 1987, 952, 953.
101 BGH, NJW 1974, 1656 f.
102 BGH, NJW 1991, 846 f.
103 BGH, NJW-RR 1992, 167.
104 BGH, NJW 2003, 1032, 1033 – Macroton; hier auch Anfechtung des Entlastungsbeschlusses bejaht; s. auch BGH, NJW 1988, 1579 – Linotype.
105 RGZ 165, 68, 80 ff.

44 d) **Ausschluss/Ausscheiden Gesellschafter.** Im Hinblick auf den Ausschluss eines Gesellschafters oder seines Ausscheidens ist die Stimmabgabe als treuwidrig angesehen worden, wenn:

- durch den Mehrheitsgesellschafter (51 %) geringe Vorfälle genutzt werden (hier: behauptete Fehler bei der kaufmännischen Abwicklung von Garantiereparaturen der Kraftfahrzeughersteller), um den anderen Gesellschafter (49%) auszuschließen und um seine Lebensgrundlage zu bringen[106];
- ein Gesellschafter nicht der Ausschließung eines Mitgesellschafters zustimmt (Klage nach § 14 HGB), obwohl ein Ausschließungsgrund vorliegt (**Zustimmungspflicht**, s. Rdn. 37)[107];
- das vorzeitige Ausscheiden eines in **persönliche Zahlungsschwierigkeiten** geratenen Gesellschafters abgelehnt wird[108];
- der Einziehungsbeschluss auf der Grundlage eines erschlichenen Schuldanerkenntnisses, dem die Pfändung des Anteils folgt, gefasst wird.[109]

Zudem wurde die Berufung auf den Ausschluss eines Mitgesellschafters bei der vertraglich vorgesehenen Fortsetzung der Gesellschaft als treuwidrig angesehen, wenn ein Gesellschafter einen Privatgläubiger in arglistiger Weise veranlasst hatte, gegen seinen Mitgesellschafter einen Pfändungs- und Überweisungsbeschluss zu erwirken und die Gesellschaft zu kündigen, obwohl der Privatgläubiger zwischenzeitlich anderweitig befriedigt war und der Pfändungs- und Überweisungsbeschluss gegenstandlos war.[110]

45 e) **Gehalt Geschäftsführer.** Im Hinblick auf das Gehalt des Geschäftsführers wurde:

- keine Zustimmungspflicht zur Erhöhung desselben angenommen, wenn es sich bei dem die Geschäfte Führenden zugleich um einen Gesellschafter handelt (hier OHG), auch wenn letzterer nur eine geringe Tätigkeitsvergütung erhält, aber am Gewinn und der Gewinnsteigerung beteiligt ist[111];
- die Auszahlung desselben an einen Gesellschafter-Geschäftsführer ohne Wissen eines Gesellschafters nur dann als zu einem Schadensersatz führend angesehen, wenn der Gesellschafter nicht aus Treupflicht verpflichtet war, die Zahlung zu genehmigen (das ist der Fall, wenn der Gesellschafter-Geschäftsführer eine Arbeitsleistung erbringt, die nur gegen eine Vergütung zu erwarten ist)[112].

106 BGH, DStR 1994, 214, 216 mit Anm. *Goette.*
107 BGH, NJW 1975, 1410, 1411.
108 BGH, NJW 1961, 724 f.
109 BGHZ 101, 113, 118; auch nach Ablauf der Anfechtungsfrist.
110 BGH, NJW 1959, 1683, 1685.
111 BGH, NJW 1965, 1960 f.
112 BGH, NJW 2007, 917, 918.

f) Benachteiligung Mitgesellschafter/Gesellschaft. Von einer treuwidrigen Behandlung der Mitgesellschafter bzw. der Gesellschaft wurde ausgegangen, wenn: 46

- verdeckt **unberechtigte Vorteile an einen Gesellschafter** zum Nachteil der anderen Gesellschafter (hier: Verlust der Möglichkeit Körperschaft- und Kapitalertragsteuern in gleichem Umfang auf die persönlichen Steuern anzurechnen) gewährt wurden (Rechtsfolge: Schadensersatz, s. Rdn. 53)[113];
- der Mehrheitsgesellschafter einen Kapitalerhöhungsbeschluss – ohne dass den Gesellschaftern Bezugsrechte zustehen – fasst und die neuen Anteile praktisch ohne Gegenleistung in die Hand eine Unternehmens fallen, das dem Mehrheitsgesellschafter gehört[114];
- der Mehrheitsgesellschafter einen **Auflösungsbeschluss** fasst und entsprechend seinem zuvor gefassten Plan das gesamte Personal abwirbt, um es auf eine neu gegründete Gesellschaft zu übertragen, so dass der Gesellschaft die Existenzgrundlage entzogen wird[115];
- der Gesellschafter einen Kapitalerhöhungsbeschluss ablehnt, der aufgrund der GmbH-Novelle 1980 notwendig geworden ist, und ansonsten die **Zwangsauflösung** droht (Zustimmungspflicht, s. Rdn. 37).[116] Der Gesellschafter darf in diesem Fall seine Zustimmung nicht von der Erfüllung einer Forderung abhängig machen, die nicht in Zusammenhang mit der Kapitalerhöhung steht, auch wenn die Forderung als solche berechtigt ist[117];
- ein Gesellschafter ein Geschäft an sich zieht (**Geschäftschance**), das in den Zuordnungsbereich der Gesellschaft fällt (hier: Gesellschafter hatte zunächst für Gesellschaft Verhandlungen über den Ankauf eines Grundstücks geführt, ein Grundstück ankaufen wollen und es schließlich persönlich erworben).[118]

Auch unterliegt die **Feststellung des Jahresabschlusses** der Treupflichtkontrolle (hier: Minderheitsgesellschafter beweisfällig geblieben, ob die Einstellung von 40 % des Gewinns in die Rücklage treupflichtwidrig sind).[119] Demgegenüber ist der Beschluss, die Gesellschaft **aufzulösen**, als solcher nicht treurechtswidrig.[120]

g) Kapitalerhöhungen. Im Hinblick auf Kapitalerhöhungen begründet die Treupflicht ein **Bezugsrecht** der Gesellschafter.[121] Zudem kann sich aus der Treupflicht die Pflicht zur Zustimmung zu einem Kapitalerhöhungsbeschluss (hier: aufgrund GmbH-Novelle 1980) ergeben (s. Rdn. 41). 47

113 BGH, NJW 1992, 368 f.
114 RGZ 122, 159, 165.
115 BGH, NJW 1980, 1278.
116 BGH, NJW 1987, 190; BGH, NJW 1987, 3192, 3193.
117 BGH, NJW 1987, 3192, 3193.
118 BGH, NJW 1989, 2687, 2688; BGH, GmbHR 1977, 129; BGH, GmbHR 1985, 1482.
119 BGH, NJW 2007, 1685 - Otto; s. BGH, DStR 2009, 1544.
120 BGH, NJW 1980, 1278 f.
121 *Merkt*, in: MünchKommGmbHG, § 13 Rn. 149; *Pentz*, in: Rowedder/Schmidt-Leithoff, GmbHG, § 13 Rn. 67; *Ulmer*, in: Ulmer/Habersack/Winter, GmbHG, § 13 Rn. 44.

48 h) **Informationsrechte und -pflichten.** Im Hinblick auf **Informationsrechte** kann die Treupflicht eine **Einschränkung** derselben durch Beschluss der Gesellschafter untersagen, auch wenn es um die Aufnahme einer Konkurrenztätigkeit eines Gesellschafters (hier: Kommanditist) geht. Insoweit wurde eine Einschränkung hinsichtlich bestimmter besonders missbrauchsgefährdeter Unterlagen als ausreichend angesehen.[122] Aus der Treupflicht ergibt sich weiter, dass ein GmbH-Gesellschafter grundsätzlich ver**pflicht**et ist, seinen Mitgesellschafter über Vorgänge, die dessen mitgliedschaftliche Vermögensinteressen berühren und ihm nicht bekannt sein können (hier: Gewährung von etwaigen Sondervorteilen in Form eines Geschäftsführergehalts ohne zugrunde liegenden Gesellschafterbeschluss), **vollständig und zutreffend zu informieren** (Rechtsfolge: Schadensersatz, s. Rdn. 53, s. auch Anh. § 13 Rdn. 56).[123]

49 i) **Wettbewerber.** In Bezug auf einen Wettbewerber kann

- ein Beschluss über die **Befreiung** vom satzungsmäßigem **Wettbewerbsverbot**, der zugleich in die Abhängigkeit i.S.d. § 17 Abs. 1 AktG führt, treuwidrig sein, wenn er nicht durch sachliche Gründe im Interesse der Gesellschaft gerechtfertigt ist (s. ausführlich Anh. § 13 Rdn. 54)[124];
- eine Pflicht der Gesellschafter zum **Ausschluss** bestehen (s. Rdn. 44);
- die Einräumung einer **Unterbeteiligung** am Geschäftsanteil ohne Zustimmung der Gesellschafter (Offenlegung) treuwidrig sein.[125]

Zudem kann ein Gesellschafter, der über seinen Einfluss die Geschicke der Gesellschaft bestimmt, auch ohne Regelung in der Satzung einem sich aus der Treupflicht ergebenden Wettbewerbsverbot unterliegen, das sich auch auf mit ihm verbundene Unternehmen erstrecken kann (s. auch Anh. § 13 Rdn. 57).[126]

50 j) **Übertragung von Geschäftsanteilen.** Bei **vinkulierten Anteilen** kann sich aus Treupflicht ggf. eine Pflicht zur Zustimmung zur Übertragung der Anteile ergeben, wenn die Gesellschafterin zur Tilgung ihrer persönlichen Schulden die Anteile verkaufen muss (hier: offengelassen, da Gesellschafter selbst ein Angebot abgegeben hatten).[127] Demgegenüber kann sich aus der Treupflicht auch eine Pflicht ergeben, die Zustimmung zur Übertragung zu verweigern, bspw. bei einer Übertragung an einen **Konkurrenten.**[128]

---

122 BGH, NJW 1995, 196, 197.

123 BGH, NJW 2007, 917, 918; zur GbR s. BGH, NJW-RR 2003, 169.

124 BGH, NJW 1981, 1513, 1514.

125 OLG Frankfurt, DB 1992, 2489 f.

126 BGH, NJW 1984, 1351 zur KG.

127 BGH, NJW 1987, 1019; s. auch *Reichert/Winter*, in: FS GmbHG, 1992, 209 ff.

128 *Pentz*, in: Rowedder/Schmidt-Leithoff, GmbHG, § 13 Rn. 54; *Raiser*, in: Ulmer/Habersack/Winter, GmbHG, § 13 Rn. 60.

k) Gesellschafterbeschlüsse. Soweit es um die Abfassung von Gesellschafterbeschlüssen geht, kann sich aus der Treupflicht die Pflicht ergeben: 51

- auf eine bekannte **Verhinderung eines Gesellschafters** Rücksicht zu nehmen und die Gesellschafterversammlung so anzusetzen, dass der Gesellschafter teilnehmen kann[129];
- **unerfahrenen Gesellschaftern** (19 und 20 Jahre alt) den Beschluss zu erläutern, wobei dies insbesondere auch dann gilt, wenn ein persönliches Vertrauensverhältnis besteht (Onkel)[130];
- bei der Behandlung schwerwiegender Fragen die **Zuziehung** eines bestimmten **Rechtsanwalts** auch dann nicht zu verbieten, wenn es zwischen diesem und dem Mehrheitsgesellschafter zu erheblichen Auseinandersetzungen gekommen ist[131];
- an der Gesellschafterversammlung teilzunehmen, soweit hiervon die Beschlussfähigkeit der Gesellschafterversammlung abhängt.[132]

Aus Treupflicht folgt zudem die Pflicht zur **Umsetzung von Gesellschafterbeschlüssen** (Rechtsfolge bei Missachtung: Schadensersatz).[133] Weiter folgt aus dieser, dass **Anfechtungsklagen**, die u.a. mit dem Ziel geführt werden, sich die Rechtposition abkaufen zu lassen, rechtsmissbräuchlich sind[134] und zugleich Schadensersatzansprüche aus Treupflichtverletzung begründen.[135]

l) Verbundene Unternehmen/Konzerne. Treupflichten spielen eine tragende Rolle Im Rahmen von Unternehmensverbindungen, nachdem die Muttergesellschaft im Rahmen einfach faktischer Abhängigkeitsverhältnisse gegenüber der Tochtergesellschaft ein **Schädigungsverbot** aus Treupflicht trifft (s. hierzu ausführlich im Anhang § 13 Rdn. 60).[136] Hinzu kommen Mitteilungspflichten zur Offenlegung des Beteiligungsbesitzes aus Treupflicht (Anh. § 13 Rdn. 56). Inwieweit ein durch die Mehrheit erreichter zustimmender Beschluss zur Begründung eines faktischen Abhängigkeitsverhältnisses (zu den damit verbundenen Gefahren s. Anhang § 13 Rdn. 50) zu einer Treupflichtverletzung führen kann, ist durch die Rechtsprechung in dieser Allgemeinheit noch nicht entschieden. Jedenfalls aber, wenn das Eingehen der faktischen Abhängigkeit dadurch begründet wird, dass ein Mitgesellschafter von einem Wettbe- 52

129 BGH, WM 1985, 567, 568 (Kindstaufe); s. auch BGH, NJW-RR 2006, 831 (Nichtigkeit).

130 NJW 1992, 300, 301.

131 OLG Düsseldorf, GmbHR 2002, 67.

132 S. *Pentz*, in: Rowedder/Schmidt-Leithoff, GmbHG, § 13 Rn. 54; *Merkt*, in: MünchKommGmbHG, § 13 Rn. 78; s. dort auch zur Stimmpflicht.

133 BGH, NJW 1999, 781; *Pentz*, in: Rowedder/Schmidt-Leithoff, GmbHG, § 13 Rn. 60.

134 BGH, NJW 1989, 2689; BGH-RR 1992, 1388.

135 *Pentz*, in: Rowedder/Schmidt-Leithoff, GmbHG, § 13 Rn. 60; *K. Schmidt*, in: Scholz, GmbHG, § 45 Rn. 137.

136 BGHZ 65, 15, 18 ff. = BGH, NJW 1976, 191 f.

werbsverbot befreit wird, kann dies treuwidrig sein (s. Anh. § 13 Rdn. 54).[137] Demgegenüber werden die Vorgänge, die unter dem Begriff der **Existenzvernichtungshaftung** zusammengefasst werden, nicht auf der Grundlage der Treupflicht entschieden (s. hierzu Anhang § 13 Rdn. 66). Jedoch kann der Treupflicht im Vorfeld des Abschlusses von Unternehmensverträgen eine Rolle zukommen. Denn dort spielen die Treupflichten bei der Fassung der Beschlüsse zum Abschluss des Unternehmensvertrages eine Rolle, soweit für sie nicht – wie üblich – ein einstimmiger Beschluss erforderlich ist, sondern die Satzung eine qualifizierte ¾- Mehrheit ausreichen lässt (s. Anh. § 13 Rdn. 16). Handelt es sich um die Obergesellschaft, können **Ausgliederungen** außerhalb des Umwandlungsrechts, soweit den Minderheitsgesellschaftern das Einflussrecht entzogen wird, eine Treupflichtverletzung darstellen.[138]

3. Rechtsfolgen

53 Bei den Rechtsfolgen der Treupflichtverletzung ist wie folgt zu unterscheiden: Verletzt eine **Stimmrechtsausübung** die Treupflicht, so ist die Stimmabgabe unwirksam und die Stimme ist bei der Beschlussfassung nicht mitzuzählen.[139] Ist die Stimme dennoch abgegeben worden, kann der Beschluss **angefochten** werden (§ 243 Abs. 1 AktG).[140] Besteht aufgrund der Treupflicht die Pflicht zur Stimmabgabe, so sind pflichtwidrig abgegebene Stimmen so zu behandeln, als ob sie abgegeben worden wären.[141] Eine solche **Zustimmungspflicht** (s. auch Rdn. 37) kann durch die Mitgesellschafter im Wege der Leistungsklage eingefordert werden.[142] Bei drohenden Treupflichtverletzungen (z.B. drohende treuwidrige Stimmabgabe) ist zudem die Beantragung einer einstweiligen Verfügung möglich.[143] Handelt es sich um außerhalb von Beschlüssen ausgeübte Maßnahmen, etwa ein treuwidrig ausgeübtes **Auskunftsverlangen** oder treuwidrig ausgeübte **Erwerbsrechte,** so ist dieses Verlangen als unzulässig zu bewerten und die GmbH bzw. die Geschäftsführer können die Auskunft verweigern bzw. ist der Erwerb als unbeachtlich zu behandeln.[144] Zudem kann eine Treupflichtverletzung **Schadensersatzansprüche** gem. §§ 249 ff BGB auslösen. Ist die Gesellschaft geschädigt worden, können neben dieser die Gesellschafter den Schaden im Wege der **actio pro socio** geltend machen. Haben die Gesellschafter einen eigenen Schaden erlitten, der über den einen Reflexschaden der Gesellschaft hinausgeht,

---

137 BGH, NJW 1981, 1512, 1513 f.; weitergehend *Pentz*, in: Rowedder/Schmidt-Leithoff, GmbHG, § 13 Rn. 71.

138 Zum Aktienrecht: BGHZ 83, 122 = NJW 1982, 1703 – Holzmüller; BGHZ 159, 30 = NJW 2004, 1860 – Gelatine; s. zu den Unterschieden zum GmbH-Recht: *Pentz*, in: Rowedder/Schmidt-Leithoff, GmbHG, § 13 Rn. 75.

139 *Ulmer*, in: MünchKommBGB, § 705 Rn. 239; *Winter*, Treubindungen, S. 123.

140 BGH, NJW 1988, 969.

141 BGH, WM 1985, 195, 196.

142 BGHZ 64, 253, 258 = NJW 1975, 1410; BGHZ 68, 81, 82 = NJW 1977, 1013.

143 *Happ*, Die GmbH im Prozess, §§ 24 ff.; *Raiser*, in: Ulmer/Habersack/Winter, GmbHG, § 14 Rn. 89; Anh. § 47 Rn. 286 f.; *Merkt*, in: MünchKommGmbHG, § 13 Rn. 193.

144 *Winter*, Treubindungen, S. 123.

so können sie diesen Schaden gegenüber der Gesellschaft bzw. den Mitgesellschaftern geltend machen.[145] Außerdem können (wiederholte) Treupflichtverletzungen den **Ausschluss** eines Gesellschafters, die **Einziehung** seiner Geschäftsanteile (soweit in der Satzung zugelassen) oder die **Auflösung** der Gesellschaft begründen, wenn nicht mildere Mittel erfolgsversprechend sind.[146]

II. Gleichbehandlungsgrundsatz

1. Allgemeines

54 Der Grundsatz der Gleichbehandlung stellt ebenso wie derjenige der Treupflicht einen verbandsübergreifenden allgemeinen Grundsatz dar. Im GmbH-Recht erfährt er – anders als im Aktienrecht – keine ausdrückliche Regelung. Jedoch widerspiegelt er sich in verschiedenen Vorschriften (§§ 14, 19 Abs. 1, 24, 26 Abs. 3, 29 Abs. 3, 31 Abs. 3, 37 Abs. 2, 53 Abs. 3 und 72) und ist heute als allgemeines Prinzip des GmbH-Rechts anerkannt.[147] Seine Grundlage findet der Gleichbehandlungsgrundsatz in dem Bedürfnis, Vertretungsmacht zu regulieren, denn zu einer Ungleichbehandlung kommt es regelmäßig nur dann, wenn Macht ohne Rücksicht auf einen Konsens der Betroffenen durchgesetzt wird (streitig).[148]

55 Der Gleichbehandlungsgrundsatz, der nicht durch die **Satzung** abbedungen werden kann, beinhaltet einerseits das **Gebot**, Gesellschafter unter gleichen Voraussetzungen gleich zu behandeln, und andererseits das **Verbot** Gesellschafter ohne genügende sachliche Rechtfertigung ungleich zu behandeln. **Adressat** des Gleichbehandlungsgrundsatzes ist die Gesellschaft; untereinander können sich die Gesellschafter nicht auf das Gleichbehandlungsgebot berufen. Erfasst werden von dem Gleichbehandlungsgrundsatz alle Maßnahmen durch die Gesellschaft. Dies schließt so genannte vorgebliche Drittgeschäfte mit Gesellschaftern, die eine **verdeckte Gewinnausschüttung** nach sich ziehen, mit ein (s. auch gleich unten Rdn. 58). Demgegenüber besteht kein Grundsatz der Gleichbehandlung aller Gesellschafter. Es ist daher möglich, dass durch die Satzung Gesellschafterrechte mit unterschiedlichem Inhalt ausge-

145 BGHZ 105, 121, 130 = NJW 1988, 2794; BGH, NJW 1992, 369 f.; BGH, NJW 1995, 1739, 1746; *Raiser*, in: Ulmer/Habersack/Winter, GmbHG, § 13 Rn. 91; *Pentz*, in: Rowedder/Schmidt-Leithoff, GmbHG, § 13 Rn. 84.

146 BGHZ 16, 316, 322 = NJW 1955, 667; RGZ 164, 257, 262; RGZ 169, 330, 333 f.; *Bayer*, in: Lutter/Hommelhoff, GmbHG, § 14 Rn. 31; *Raiser*, in: Ulmer/Habersack/*Winter*, § 13 Rn. 90.

147 BGH, NJW 1992, 892, 895 f.

148 So *Müller-Erzbach*, Das private Recht der Mitgliedschaft als Prüfstein des kausalen Rechtsdenkens, 1948, S. 68 ff.; *L. Raiser*, ZHR 111 (1946), 75 ff.; *Pentz*, in: Rowedder/Schmidt-Leithoff, GmbHG, § 13 Rn. 96; *K. Schmidt*, Gesellschaftsrecht, § 16 II. 4, b) aa); *Wiedemann*, Gesellschaftsrecht I S. 428 f.; demgegenüber auf das Gemeinschaftsverhältnis abstellend: *G. Hueck*, Der Grundsatz der gleichen Behandlung im Privatrecht, S. 222 ff.; auf einen den Beteiligten zu unterstellenden Willen abstellend: *Cohn*, AcP 132 (1930), 129, 154 ff.

staltet werden (z.B. Gewinnvorrechte, Mehrstimmrechte, Entsendungsrechte).[149] Voraussetzung ist insoweit jedoch, dass die Gewährung unterschiedlicher Rechte sachlich berechtigt ist und nicht den Charakter der Willkür trägt.[150] So verletzt ein in der Satzung niedergelegtes Vorerwerbsrecht, das bei Erwerb an einen Gesellschafter verloren geht, nicht den Gleichbehandlungsgrundsatz, auch wenn ein Gesellschafter in der Folge keine Sperrminorität aufbauen kann.[151] Der einzelne Gesellschafter kann auf die Gleichbehandlung verzichten, indem er etwa der Errichtung der Gesellschaft oder später einem (satzungsändernden) Gesellschafterbeschluss zustimmt, der ihm sein Mitgliedschaftsrecht entzieht.

2. Maßstab für die Gleichbehandlung

56 Der Maßstab für die Gleichbehandlung richtet sich vorrangig nach der Satzung; ggf. auch nach einem vorhandenen Unternehmensvertrag. Ansonsten ist zwischen Haupt- und Nebenrechten zu unterscheiden. Im Hinblick auf die **Hauptrechte**, namentlich das Stimmrecht, das Gewinnrecht, das Recht auf den Liquidationserlös gem. §§ 47 Abs. 2, 29 Abs. 3, 72 richtet sich die Gleichbehandlung der Gesellschafter nach dem Verhältnis ihrer Geschäftsanteile. Für die **Hilfsrechte**, im Einzelnen das Recht zur Teilnahme an der Gesellschafterversammlung, das Rederecht, das Auskunftsrecht gem. § 51 a und das Recht auf Geltendmachung von Beschlussmängeln richtet sich die Gelichbehandlung nach Köpfen, so dass jedem Gesellschafter ohne, dass die Höhe seiner Beteiligung maßgeblich wäre, dieses Recht zusteht.

3. Verstoß

57 Ein Verstoß gegen das Gleichbehandlungsgebot setzt zunächst voraus, dass die von der Geschäftsführung vorgeschlagene Maßnahme oder ein Gesellschafterbeschluss nicht dem jeweiligen Gleichbehandlungsmaßstab entspricht und dass diese Ungleichbehandlung zudem nicht sachlich gerechtfertigt ist, also willkürlich ist.[152] Von einer sachlichen Rechtfertigung ist auszugehen, wenn der Eingriff in die Mitgliedschaft geeignet und erforderlich ist, ein bestimmtes Interesse der GmbH zu wahren und auch aus der Sicht der Gesellschafterinteressen verhältnismäßig erscheint.[153] Z.B. keine Willkür bei der Verweigerung der Zustimmung zur Übertragung vinkulierter Anteile, wenn der Erwerb eine Sperrminorität begründet.[154]

---

149 BGH, NJW 1992, 892, 896; BGH, DStR 1993, 1566, 1567; *Altmeppen*, in: Roth/Altmeppen, GmbHG, § 13 Rn. 61; *Hueck/Fastrich*, in: Baumbach/Hueck, GmbHG, § 13 Rn. 33; *Pentz*, in: Rowedder/Schmidt-Leithoff, GmbHG, § 13 Rn. 98.

150 BGH, NJW 1992, 892, 896.

151 BGH, DStR 1993, 1566; 1567.

152 BGH, NJW 1992, 892, 896; BGH, NJW 1961, 26; BGH, NJW 1978, 1316; *Hueck*, Der Grundsatz der gleichmäßigen Behandlung im Privatrecht, S. 341.

153 BGH, NJW 1961, 26; BGH, NJW 1978, 1316 – Kali und Salz; BGH, NJW 1999, 1579.

154 LG Aachen, AG 1992, 410, 412 – zur AG.

4. Folgen eines Verstoßes

58 Bei den Folgen eines Verstoßes ist wie folgt zu unterscheiden: Gesellschafterbeschlüsse, die gegen das Gleichbehandlungsgebot verstoßen, sind entsprechend § 243 AktG **anfechtbar** (nicht nichtig).[155] Wird der Gleichbehandlungsgrundsatz durch andere Maßnahmen verletzt, kann dies zur Unwirksamkeit der entsprechenden Handlung führen oder ihre Rechtwirkungen beeinträchtigen. So kann der Gesellschafter bei der Verweigerung der Zustimmung zur **Übertragung vinkulierter Anteile** die Zustimmung der Gesellschaft verlangen. Geht es um ungleiche **Einforderungen,** steht dem Gesellschafter ein Leistungsverweigerungsrecht zu. Bei der Zuwendung eines geldwerten Vorteils der Gesellschaft unter Verstoß gegen das Gleichbehandlungsgebot (**verdeckte Gewinnausschüttung**) hat die **Gesellschaft Rückgewähransprüche** zu verfolgen[156]; ein Anspruch auf eine verdeckte Gewinnausschüttung eines nicht bedienten Gesellschafters besteht nicht (kein Recht im Unrecht).[157] Zudem kann bei einer Pflichtverletzung der Organe **Schadensersatz** verlangt werden.

III. GmbH als Handelsgesellschaft

59 Gem. Abs. 3 gilt die GmbH als Handelsgesellschaft im Sinne des HBG (§ 61 HGB). Sie ist **Formkaufmann** (§ 6 Abs. 2 HGB). Auf das von ihr betrieben Gewerbe kommt es nicht an. Aufgrund ihrer Kaufmannseigenschaft finden auf die GmbH das 1., 3. und 4. Buch des HGB Anwendung. Ihre Geschäfte sind daher Handelsgeschäfte im Sinne des § 343 HBG.[158] Aufgrund der Verweisung auf das für die Kaufleute geltende Recht finden auf die GmbH u.a. die Regelungen des § 95 Abs. 1 Nr. 1 GVG, die bei Streitigkeiten die Zuständigkeit der **Kammer für Handelssachen** begründen, wenn auch die andere Seite Kaufmann ist, sowie die Rechnungslegungsvorschriften der §§ 238 ff., §§ 264 bis 335 HGB Anwendung. Ob auch Regelungen außerhalb des HGBs, die sich auf Kaufleute beziehen, auf die GmbH Anwendung finden, ist durch Auslegung zu ermitteln und regelmäßig zu bejahen.[159] So ist die GmbH ein **Unternehmen i.S.v. § 14 BGB** und finden auf sie das AGB-Recht nur eingeschränkt Anwendung (§ 310 BGB). Nach altem Recht galt die längere vierjährige **Verjährungsfrist** (§ 196 BGB), auf die heute indessen nicht mehr zurückgegriffen werden kann. Ob die GmbH **Gewerbebetrieb** im Sinne der GewO ist, hängt davon ab, ob sie tatsächlich ein entsprechendes Gewerbe betreibt.[160]

---

155 Vgl. BGH, NJW 1992, 892, 896 auch zur Auslegung eines Antrages; BGH, NJW 1990, 2625.

156 BGH, WM 1972, 931; *Hueck/Fastrich*, in: Baumbach/Hueck, GmbHG, § 13 Rn. 39; *Raiser*, in: Ulmer/Habersack/Winter, GmbHG, § 14 Rn. 72.

157 Ausführlich *Pentz*, in: Rowedder/Schmidt-Leithoff, GmbHG, § 13 Rn. 107; *M. Winter*, ZHR 148 (1984), 579, 598 ff.

158 *Emmerich*, in: Scholz, GmbHG, § 13 Rn. 34.

159 *Emmerich*, in: Scholz, GmbHG, § 13 Rn. 35.

160 *Hueck/Fastrich*, in: Baumbach/Hueck, GmbHG, § 13 Rn. 73; *Pentz*, in: Rowedder/Schmidt-Leithoff, GmbHG, § 13 Rn. 34.

Anhang zu § 13 Die GmbH als verbundenes Unternehmen (Konzernrecht)

Übersicht **Rdn.**

Schrifttum

Altmeppen, Zum richtigen Verständnis der neuen §§ 2983a-293g AktG zu Bericht und Prüfung beim Unternehmensvertrag, ZIP 1998, 1853; *Bayer,* Grenzüberschreitende Unternehmensverträge, 1988, 141; *Binnewies,* Konzerneingangskontrolle in der abhängigen Gesellschaft, 1996; *Clemm,* Die Grenzen der Weisungsfolgepflicht des Vorstands der beherrschten AG bei bestehendem Beherrschungsvertrag, ZHR 141 (1977), 197; *Dauner-Lieb,* Die Existenzvernichtungshaftung – Schluss der Debatte?, DStR 2006, 2034; *Emmerich,* Supermarkt und die Folgen – BGHZ 105, 324, Jus 1992, 102; *Geßler,* Bestandsschutz der beherrschten Gesellschaft im Vertragskonzern, ZHR 140 (1976), 433; *Grauer,* Konzernbildungskontrolle im GmbH-Recht, 1991; *Grüner,* Die Beendigung von Gewinnabführungs- und Beherrschungsverträgen, 2003; *Haas,* Anmerkung zu BGH, Urt. V. 25.7.2005 – II ZR 390/03, NZI 2006, 61; *Hahn,* Aktuelle Zweifelsfragen bei der Begründung und Beendigung von Unternehmensverträgen mit der GmbH als Untergesellschaft, NZG 2001, 728; *Heckschen,* Gelöste und ungelöste zivilrechtliche Fragen des GmbH-Konzernrechts, DB 1989, 29; *Hengeler/Hoffmann-Becking,* Insolvenz im Vertragskonzern, in: FS Hefermehl, 1976, S. 283; *Hoffmann-Becking,* Gelöste und ungelöste Fragen zum Unternehmensvertrag der GmbH, WIB 1994, 57; *Hommelhoff,* Die Konzernleitungspflicht, 1982; *Immenga,* Bestandsschutz der beherrschten Gesellschaft im Vertragskonzern?, ZHR 140 (1976), 301; *Kleindiek,* Fehlerhafte Unternehmensverträge im GmbH-Recht, ZIP 1988, 613; *ders.,* Strukturvielfalt im Personengesellschafts-Konzern 1991; Kley, Die Rechtsstellung der außenstehenden Aktionäre bei der vorzeitigen Beendigung von Unternehmensverträgen, 1986; *Koerfer/Selzner,* Minderheitenschutz beim Abschluss von GmbH-Beherrschungsverträgen, GmbHR 1997, 285; Koppensteiner, Zum Gewinnabführungsvertrag der

GmbH, RdW 1985, 170; *Krieger*, Beendigung von Beherrschungs- und Gewinnabführungsverträgen (Beiträge zum Wirtschafts-und Bankrecht Bd. 1), 1989, S. 99; *Krieger/Jannott*, Änderung und Beendigung von Beherrschungs- und Gewinnabführungsverträgen im Aktien- und GmbH-Recht, DStR 1995, 1473; *Lutter*, Die zivilrechtliche Haftung in der Unternehmensgruppe, ZGR 1982, 244; *ders.*, in: Hommelhoff/Semler/Doralt/G.H. Roth, Entwicklungen im GmbH-Konzernrecht, ZGR Sonderheft 6 (1986); *ders.*, Treupflichten und ihre Anwendungsprobleme, ZHR 162 (1998), 164; *Lutter/Banjera*, Die Haftung wegen Existenzvernichtung, ZGR 2002, 402; *Lutter/Timm*, Konzernrechtlicher Präventivschutz im GmbH-Recht, NJW 1982, 407; Martens, Die existentielle Wirtschaftsabhängigkeit, 1979; *Priester*, Bildung und Auflösung von GmbH-Konzernen, in: Hommelhoff/Semler/Doralt/G.H. Roth, Entwicklungen im GmbH-Konzernrecht, ZGR Sonderheft 6 (1986); *ders.*, Hinzutritt außenstehender Gesellschafter beim GmbH-Unternehmensvertrag, in: FS Peltzer2001, 327; ; *ders.*, »Holzmüller« im GmbH-Recht, FS Westermann, 2008, 1281; *Raiser*, Wettbewerbsverbote als Mittel des konzernrechtlichen Präventivschutzes, FS Stimpel, 1985, 855; *Röhricht*, Die GmbH im Spannungsfeld zwischen wirtschaftlicher Dispositionsfreiheit ihrer Gesellschafter und Gläubigerschutz, in: FS 50 Jahre BGH, Bd. I, 2000, S. 83; *ders.*, Insolvenzrechtliche Aspekte im Gesellschaftsrecht, ZIP 2005, 505; *K. Schmidt*, Konzernrecht, Minderheitenschutz und GmbH-Innenrecht, GmbHR 1979, 121; *U. H. Schneider*, Konzernbildung, Konzernleitung und Verlustausgleich im Konzernrecht der Personengesellschaften, ZGR 1980, 511; *ders.*, Stimmverbote im GmbH-Konzern ZHR 150 (1986), 609; *Sina*, Grenzen des Konzern-Weisungsrechts nach § 308 AktG, AG 1991, 1; Strohn, Existenzvernichtungshaftung – Vermögensvermischungshaftung – Durchgriffshaftung, ZInsO, 2008, 706; *Timm*, Treupflichten im Aktienrecht, WM 1991, 481; *ders.*, Rechtsfragen der Änderung und Beendigung von Unternehmensverträgen, in: FS Kellermann, 1991, S. 461; *P. Ulmer*, Der Gläubigerschutz im faktischen GmbH-Konzern bei Fehlen von Minderheitsgesellschaftern, ZHR 148 (1984), 391; *ders.*, Fehlerhafte Unternehmensverträge im GmbH-Recht, BB 1989, 10; *Ulrich*, Durchbrechung der Haftungsbeschränkung im GmbH-Unternehmensverbund und ihre Grenzen, GmbHR 2007, 1289; *Vetter*, Die Zuständigkeit der Hauptversammlung beim Abschluss eines Beherrschungs- und Gewinnabführungsvertrages mit einer GmbH, BB 1989, 2125; *Weller*, Die Neuausrichtrung der Existenzvernichtungshaftung durch den BGH und ihre Implikationen für die Praxis, ZIP 2007, 1681; Wiedemann, Reflexionen zur Durchgriffshaftung, ZGR 2002, 283; *H. Wilhelm*, Beendigung des Beherrschungs- und Gewinnabführungsvertrages, 1975 ; *J. Wilhelm*, Rechtsform und Haftung bei der juristischen Person, 1981; *Windbichler*, Unternehmensverträge und Zusammenschlusskontrolle, 1977; *Zöllner*, Inhalt und Wirkungen von Beherrschungsverträgen bei der GmbH, ZGR 21 (1992), S. 173; *ders.*, Gläubigerschutz durch Gesellschafterhaftung bei der GmbH, in: FS Konzen, 2006, S. 1.

A. Einführung

1 Das »GmbH-Konzernrecht« befasst sich mit dem Recht der GmbH bei dem Vorliegen einer Unternehmensverbindung (s. hierzu Rdn. 5). Zwar beinhaltet das GmbHG – anders als das AktG – insoweit keine Regelungen. Es ist aber heute anerkannt, wie diese Regelungslücke zu schließen ist. Insoweit wird ebenso wie bei der Aktiengesellschaft zwischen Vertragsverhältnissen und einer faktischer Beherrschung unterschieden.

2 Anerkannt ist zunächst, dass eine GmbH (auch) als untergeordnete Gesellschaft Teil eines **Vertragskonzerns** sein kann, indem sie sich durch Abschluss eines Unternehmensvertrages gem. den §§ 291 ff. AktG bspw. verpflichtet, den Weisungen des herr-

schenden Unternehmens Folge zu leisten (Beherrschungsvertrag) oder seinen Gewinn abzuführen (Gewinnabführungsvertrag). Die durch den Vertragsabschluss entstehende Gefahrenlage wird im GmbH-Konzernrecht durch eine partielle Analogie zu §§ 302 ff. AktG ausgeglichen. Der unternehmensvertraglich gebundenen GmbH steht daher ein Anspruch auf Verlustausgleich zu, wohingegen eine Pflicht zur Vereinbarung von Ausgleichs- und Abfindungsleistungen – wie sie die §§ 304, 305 AktG vorsehen – aufgrund des Umstandes, dass alle Gesellschafter dem Abschluss des Vertrages zustimmen müssen (streitig s. Rdn. 16), regelmäßig nicht besteht (s. Rdn. 19).

3 Liegt eine **faktische Beherrschung** vor, d.h. kann ein anderes Unternehmen unmittelbar oder mittelbar (insbesondere über seine Mehrheitsbeteiligung) einen beherrschenden Einfluss auf die GmbH ausüben, kommt es – wie auch bei der AktG – zu einer Steigerung des Gefährdungspotentials für die Minderheitsgesellschafter und Gläubiger der GmbH. Um dieser besonderen Gefahrenlage zu begegnen, wird indessen nicht auf die Regelungen der §§ 311 ff. AktG zurückgegriffen (s. Rdn. 50 ff.), welche der beherrschenden Gesellschaft die Möglichkeit nachteiliger Einflussnahme unter der Prämisse des Ausgleichs am Ende des Geschäftsjahres erlauben. Bei der abhängigen GmbH kommen vielmehr allgemeine Schutzinstrumente zur Anwendung. Die Rechtsprechung hat insoweit ein zweistufiges Modell entwickelt, welches zwischen **Konzerneingangskontrolle** und **Konzernleitungskontrolle** (Schranken der Einflussnahme) unterscheidet, wobei im Rahmen der Leitungskontrolle zwischen dem **Schädigungsverbot** und der Haftung für **existenzvernichtende Eingriffe** zu unterscheiden ist (s. Rdn. 60 ff., 66 ff.). Im Hinblick auf die Konzerneingangskontrolle, welche sich mit Maßnahmen befasst, die den Eintritt in die Abhängigkeit verhindern sollen, ist zwischen Vorkehrungen in der Satzung, (etwas Vinkulierungen s. Rdn. 53), der materiellen Beschlusskontrolle, aufgrund derer Beschlüsse der Gesellschafter, die die Abhängigkeit als Folge haben, unter Treupflichtgesichtspunkten kontrolliert werden können (im Einzelnen streitig, s. Rdn. 54) und Wettbewerbsverboten (s. Rdn. 57) zu unterscheiden. Hinzu kommen Mitteilungspflichten im Hinblick auf den Beteiligungsbesitz (s. Rdn. 56). Kern des GmbH-Konzernrechts ist das **Schädigungsverbot** des herrschenden Gesellschafters, welches sich aus der Treupflicht ableitet. Jede nachteilige Einflussnahme (z.B. Konzernumlage), die zu einem Schaden bei der GmbH führt, ist dem herrschenden Gesellschafter verboten, wobei es für die Anwendung des sich aus allgemeinen Grundsätzen ableitenden Schädigungsverbots nicht darauf ankommt, ob der herrschende Gesellschafter ein Unternehmen ist und tatsächlich die Voraussetzung des § 17 AktG erfüllt (s. Rdn. 60). Geschieht dies doch, haftet der herrschende Gesellschafter auf Schadensersatz. Neben das Schädigungsverbot tritt die Haftung des Gesellschafters aus **existenzvernichtendem Eingriff** auf der Grundlage von § 826 BGB, wobei es sich wiederum nicht um ein konzernspezifisches Instrument handelt (zu den Folgen auf die Unternehmenseigenschaft und die Abhängigkeit, s. Rdn. 75). Nach diesem Modell kommt es zu einer Haftung des Gesellschafters (Innenhaftung gegenüber der GmbH), wenn dieser missbräuchliche kompensationslose Eingriffe vorgenommen hat, welche zur Insolvenz der Gesellschaft führen oder diese vertiefen. Häufige Fälle sind die Übertragung von Vermögenswerten der Gesellschaft an einen Gesellschafter ohne marktgerechte Gegenleistung oder die mangelnde Abrufbarkeit von Geldern im Rahmen eines Cash-Pool-Systems (s. Rdn. 70). Demgegenüber hat die neuere Rechtsprechung die Rechtsfigur des **qualifiziert faktischen Konzerns aufgegeben**, bei welcher es zur entsprechenden Anwendung der §§ 302 ff AktG beim Vorliegen von nachteiligen nicht ausgleichsfähigen Maßnahmen kam (s. Rdn. 79).

4 Die Vorschriften über die **Eingliederung** (§§ 319 ff. AktG) finden auf die GmbH keine Anwendung (s. Rdn. 10). Gleiches gilt für die Regelungen zum **Squeeze-out** (§§ 327 a ff. AktG, s. Rdn. 10).

B. Überblick: Anwendbarkeit der aktienrechtlichen und handelsrechtlichen Regelungen

I. §§ 15 – 19 ff. AktG

5 Es ist allgemein anerkannt, dass die Regelungen der §§ 15 bis 19 AktG, die sich mit unterschiedlichen Unternehmensverbindungen befassen, namentlich der Mehrheitsbeteiligung oder Beherrschung durch ein Unternehmen (§§ 16, 17 AktG), der Konzernierung (§ 18 AktG), der wechselseitigen Beteiligung § 19 AktG) und der Verbindung durch Unternehmensvertrag (§§ 291, 292 AktG) rechtsformneutral ausgestaltet sind und daher auf die GmbH Anwendung finden. Auch der Begriff des »GmbH-Konzernrechts« (s. oben Rdn. 1) setzt an dieser Definition der Unternehmensverbindung an, was u.a. darauf zurückzuführen ist, dass bei dem Vorliegen einer solchen Unternehmensverbindung typische (konzernspezifische) Gefahren bestehen (s. u. a. Rdn. 12 sowie Rdn. 42, 52). Indessen kommt diesen Begrifflichkeiten im GmbH-Recht anders als im Aktienrecht eine geringere Bedeutung zu. Auch im Aktienrecht folgen aus den §§ 15 bis 19 ff. AktG keine unmittelbaren Rechtsfolgen, jedoch bauen verschiedene Regelungen auf die in den §§ 15 ff. AktG definierten Begrifflichkeiten auf (vgl. bspw. die §§ 311 ff. AktG für die Abhängigkeit i.S.v. § 17 AktG). Im GmbH-Konzernrecht ist dies nur sehr eingeschränkt der Fall. Die Vorschriften zum Vertragskonzern stellen (wie auch im AktG) nicht auf das Vorliegen eines Konzerns ab, sondern auf den Abschluss eines Unternehmensvertrages.[1] Zudem finden die Grundsätze zum Schädigungsverbot basierend auf Treupflichtverletzung ebenso wie diejenigen des existenzvernichtenden Eingriffs unabhängig von der Abhängigkeit und der Unternehmenseigenschaft des herrschenden Unternehmens Anwendung (s. Rdn. 60 sowie Rdn. 75). Die Bedeutung dieser Begrifflichkeiten spielt u.a. im Rahmen des § 56 Abs. 2 AktG (Verbot der Zeichnung von Aktien) und des § 71 d AktG (Erwerb von eigenen Aktien), welche auf eine GmbH, die von einer AG abhängig ist, anwendbar sind, eine Rolle, auch wenn insoweit nicht konzernspezifische Schutzgedanken verfolgt werden. S. insoweit auch Rdn. 38.

---

1 *Zöllner*, in: Baumbach/Hueck, GmbHG, SchlAnhKonzernR, Rn. 5.

II. §§ 291 ff. AktG

6 Die Regelungen der §§ 291 ff. AktG finden auf die GmbH als herrschende Gesellschaft bzw. Obergesellschaft unmittelbare Anwendung, wenn der andere Vertragsteil eine AG oder KGaA ist (s. Rdn. 11). Zu einer entsprechenden Anwendung der §§ 291 ff. AktG kommt es unter Beachtung verschiedener GmbH-spezifischer Modifikationen, soweit es sich bei der GmbH um den anderen Vertragsteil handelt (s. zu den Abweichungen im Einzelnen Rdn. 13 ff.).

III. §§ 311 ff. AktG

7 Die §§ 311 ff. AktG, welche den Schutz von abhängigen Aktiengesellschaften bezwecken, finden nur auf die GmbH Anwendung, wenn es sich bei der GmbH um das herrschende Unternehmen handelt und eine AG oder KGaA die abhängige Gesellschaft ist. Auf die GmbH als abhängige Gesellschaft finden sie keine Anwendung. Im GmbH-Recht wird der Schutz über das Schädigungsverbot und den existenzvernichtenden Eingriff hergestellt (s. im Einzelnen Rdn. 50 ff.).

IV. §§ 20 bis 22 AktG

8 Die Regelungen zu den Mitteilungspflichten nach § 20 finden nur Anwendung, wenn eine GmbH an einer AG oder KGaA beteiligt ist. Mitteilungspflichten einer AG gegenüber einer GmbH können sich aus § 21 AktG ergeben. Sonstige Offenlegungspflicht können unabhängig von der Rechtsform des Gesellschafters aus Treupflichtgesichtspunkten folgen (s. Rdn. 56).

V. §§ 290 ff. HGB

9 Die Rechnungslegungsvorschriften der §§ 290 ff. HGB finden auf eine Muttergesellschaft in der Rechtsform der GmbH Anwendung. Die dort verwendeten Begrifflichkeiten zur Feststellung des beherrschenden Einflusses unterscheiden sich allerdings von denjenigen des AktG (zu diesen oben Rdn. 5).

VI. §§ 319 – § 327a AktG

10 Die Regelungen zur Eingliederung und zum squeeze-out sind auf die GmbH nicht anwendbar.

C. Vertragskonzern

11 Das GmbH-Gesetz selbst enthält keine Regelungen zu Unternehmensverträgen. Nach allgemeiner Auffassung sind auf die GmbH jedoch (in großen Teilen) die Regelungen der §§ 291 ff. AktG in entsprechender Weise anwendbar. Eine GmbH kann sich daher ebenso wie andere Rechtsformen an Unternehmensverträgen der §§ 291, 292 AktG, namentlich Beherrschungs- und Gewinnabführungsverträgen sowie den sog. anderen Unternehmensverträgen im Sinne des § 292 AktG (Gewinn-

gemeinschaft, Teilgewinnabführungsvertrag und Betriebsführungsvertrag) beteiligen.[2] Ist die **GmbH der andere Vertragsteil** eines Unternehmensvertrags mit einer AG, ergeben sich im Vergleich zum Aktienrecht keine Besonderheiten. In diesem Fall finden die §§ 291 ff. AktG einschließlich der Berichtspflichten der §§ 293 a ff. AktG unmittelbar Anwendung. Handelt es sich bei der **GmbH** um die **abhängige bzw. konzernierte Gesellschaft**, sind gewisse Anpassungen der aktienrechtlichen Regelungen der §§ 291 ff. AktG erforderlich. Dies ist u.a. der Fall im Hinblick auf die erforderlichen Zustimmungsbeschlüsse der Gesellschaften zum Vertragsabschluss (s. Rdn. 16, 18), die Pflicht zur Festsetzung von Ausgleichs- und Abfindungsleistungen (s. Rdn. 19), die Pflicht zur Anwendung der Berichtspflichten gem. den §§ 293 a ff. AktG (s. Rdn. 20) und den Zustimmungsbeschlüssen für die Aufhebung, die Kündigung und die Änderung des Vertrages (s. Rdn. 27, 31, 36). Hinzu kommt beim Gewinnabführungsvertrag die Frage nach der Inanspruchnahme von vorvertraglichen Rücklagen (s. Rdn. 44). Die weitere Frage, ob der Abschluss eines Unternehmensvertrages für die einzelne GmbH sinnvoll ist, ist im Einzelfall unter Berücksichtigung ihres Gesellschaftszwecks, ihrer (typischen) Struktur, den steuerlichen Vorgaben (s. im Einzelnen Rdn. 13, 42) sowie den mit den verschiedenen Unternehmensverträgen verfolgten Zwecken zu entscheiden (s. hierzu Rdn. 12, 42).

I. Beherrschungsverträge

1. Inhalt des Beherrschungsvertrages

12 Beherrschungsverträge sind zunächst dadurch charakterisiert, dass eine Gesellschaft ihre Leitung einem anderen Vertragsteil unterstellt. Folge diese Unterstellung unter die fremde Leitung ist, dass die abhängige Gesellschaft dem Willen des herrschenden Unternehmens untergeordnet wird, indem sie den **Weisungen** des herrschenden Unternehmens – und damit regelmäßig seinen Interessen – zu folgen hat (analog § 308 Abs. 1 S. 2 AktG). Weitere Rechtsfolge des Beherrschungsvertrages ist die **Verlustausgleichspflicht**, welche den anderen Vertragsteil verpflichtet, während der Vertragsdauer alle Jahresfehlbeträge auszugleichen (§ 302 AktG). Sie rührt daher, dass ein beherrschungsvertraglich gebundenes Unternehmen unter wirtschaftlichen Aspekten und seines ggf. unvernünftigen Handelns keine Gewähr für seine Gesellschafter und Gläubiger bietet. Zudem steht den Gläubigern bei Beendigung des Beherrschungsvertrages ein Anspruch auf **Sicherheitsleistung** zu (§ 303 Abs. 1, zu Umwandlung in einen Zahlungsanspruch, s. Rdn. 24). **Ausgleichs- und Abfindungsansprüche** (§§ 304, 305 AktG) der Gesellschafter der gebundenen GmbH bestehen anders als im Aktienrecht nach h.M. nicht, soweit alle Gesellschafter dem Abschluss des Beherrschungsvertrages zugestimmt haben (s. aber Rdn. 19). Außerdem **haften** die gesetzlichen Vertreter des herrschenden Unternehmens der abhängigen GmbH für jeden Schaden, der durch die Erteilung von Weisungen entstanden ist und nicht der Sorgfalt eines ordentlich und gewissenhaft handelnden Geschäftsleiters entspricht (§ 309 Abs. 2 AktG analog, s. Rdn. 25).

---

2 Grundlegend BGHZ 105, 324, 332 = NJW 1995, 295; *Emmerich/Habersack*, Konzernrecht, § 32 Rn. 1.

2. Gründe zum Abschluss eines Beherrschungsvertrages

13 Da die Gesellschafterversammlung der GmbH – anders als dies bei der AG aufgrund § 76 AktG der Fall ist – ihren Geschäftsführern bereits Weisungen zu allen Maßnahmen der Geschäftsführung erteilen kann, wird teilweise darauf hingewiesen, dass das Bedürfnis in der GmbH nach einem Beherrschungsvertrag, um Weisungen durchsetzen zu können, naturgemäß geringer sei.[3] Teilweise wird weiter vertreten, dass mit besonderen Gesellschaftsvertragsgestaltungen ähnliche Ergebnisse erzielt werden könnten, wie mit einem Beherrschungsvertrag (z.B. durch Übertragung eines Weisungsrechts an einzelne Gesellschafter). Dies trifft nur zum Teil zu. Denn auf Grundlage eines Beherrschungsvertrages können nachteilige Weisungen im Konzerninteresse unter Missachtung der Minderheitsinteressen durchgesetzt werden (**Zulässigkeit von nachteiligen Weisungen** analog § 308 Abs. 1 S. 2 AktG; zu den Rechtsfolgen s. § 302, § 303 AktG – Verlustübernahmepflicht und Sicherheitsleistung s. Rdn. 24 ff.), was auf der Grundlage eines einfachen satzungsmäßigen Weisungsrechts oder über einen Gesellschafterbeschluss nicht zulässig wäre, sondern zu Schadensersatzansprüchen wegen Treupflichtverletzung führen würde (s. zur Schadensersatzpflicht aufgrund Treupflichtverletzung bei Konzernumlage die Ausführungen zu § 13, sowie sogleich Rdn. 60). Weiterhin bestehen Unterschiede insoweit als bei der nicht beherrschungsvertraglich gebundenen GmbH Weisungen des herrschenden Unternehmens den Weg über die Gesellschafterversammlung nehmen müssen, während dies bei Vorliegen eines Beherrschungsvertrages nicht der Fall ist. Dort kann die herrschende Gesellschaft die Geschäftsführer der GmbH direkt anweisen. Hinzu kommen die funktionssteigernden Regelungen des MoMiG. Der durch dieses eingeführte § 30 Abs. 1 S. 2 GmbHG befreit die beherrschungsvertraglich gebundene GmbH ebenso wie diejenige, die einen Gewinnabführungsvertrag abgeschlossen hat, von den **Eigenkapitalersatzvorschriften** (s. hierzu in Einzelnen die Ausführungen zu § 30), was in größeren Konzernen – insbesondere im Rahmen des **cash-poolings** – zu erheblichen Erleichterungen führen kann.[4] In der Praxis kommt dem Beherrschungsvertrag daher auch bei der Rechtsform der GmbH eine nicht unerhebliche Funktion zu, auch wenn seine Häufigkeit zurückgegangen ist, nachdem für die Anerkennung der **steuerlichen Organschaft** der Abschluss eines Gewinnabführungsvertrages ausreichend ist (§§ 14 und 17 KStG). Grenzüberscheitend haben die Beherrschungsverträge nur in beschränktem Umfang Bedeutung erlangt, was u.a. auf die mangelnde Anerkennung der steuerlichen Organschaft zurückzuführen ist.[5]

3. Voraussetzungen für das Zustandekommen eines Beherrschungsvertrages

14 Die Voraussetzung für den wirksamen Abschlusses eines Unternehmensvertrages sind seit der Supermarktentscheidung des BGH (BGHZ 105, 324) im Wesentlichen geklärt: Erforderlich sind ein schriftlicher Unternehmensvertrag, welcher die Leitung

---

3 *Lutter*, in: Lutter/Hommelhoff, GmbHG, Anh. § 13 Rn. 13.
4 *Ulrich*, GmbHR 2007, 1289, 1294; s. auch *Emmerich/Habersack*, Konzernrecht, § 31, Rn. 3.
5 S. ausführlich, *Bayer*, Grenzüberschreitende Beherrschungsverträge, 141.

der Untergesellschaft zum Gegenstand haben und ggf. Abfindungs- und Ausgleichsregelungen vorweisen muss (s. Rdn. 15). Hinzukommen die Zustimmungsbeschlüsse der abhängigen und der herrschenden Gesellschaft (s. Rdn. 16, 18, insbesondere zu den erforderlichen Mehrheiten, streitig). Demgegenüber ist nach h.M. eine Anwendung der Regelungen der §§ 293 a ff. AktG, welche sich namentlich mit der Berichterstellung, der Prüfung des Beherrschungsvertrages durch Vertragsprüfer und der Anfertigung des Prüfberichts befassen, bei einem einstimmigen Zustimmungsbeschluss zum Beherrschungsvertrag nicht erforderlich (im Einzelnen streitig, s. Rdn. 20). Gleiches gilt nach h.M. für die Ausgleichs- und Abfindungsleistungen (s. Rdn. 19; streitig)

15 a) **Vertragsschluss.** Für den Abschluss des Beherrschungsvertrages sind bei der abhängigen GmbH **formal die Geschäftsführer** zuständig (§ 35 GmbHG i.V.m. § 293 AktG analog). Jedoch bedarf der Abschluss zu seiner Wirksamkeit der Zustimmung der Gesellschafter der abhängigen und der herrschenden Gesellschaft (s. Rdn. 16, 18).[6] Der Abschluss des Beherrschungsvertrages ist nicht von der Vertretungsmacht der Geschäftsführung gedeckt.[7] Der Beherrschungsvertrag als von den Zustimmungsbeschlüssen zu unterscheidendes Subjekt bedarf der **Schriftform** (§ 293 Abs. 3 AktG entsprechend § 126 BGB).[8] Gem. § 291 Abs. 1 AktG muss der Beherrschungsvertrag seinem **Inhalt** nach die **Leitung der Untergesellschaft** zum Gegenstand haben, wobei diese Formulierung die Führung der Geschäfts – wie sie in § 45 Abs. 1 GmbHG vorgesehen ist – mit abdeckt.[9] Eine solche pauschale Umschreibung ist ausreichend; jedoch können der Umfang des Weisungsrechts sowie dessen Schranken im Vertrag näher umschrieben werden.[10] Soweit es zu einer Vereinbarung über einen Ausgleich bzw. eine Abfindung kommt, muss auch diese im Vertrag enthalten sein (s. hierzu Rdn. 19). Enthält der Vertrag ein Umtausch- oder Abfindungsangebot, besteht mit Rücksicht auf § 15 Abs. 4 GmbHG die Pflicht zur **notariellen Beurkundung.**[11]

16 **b) Zustimmungsbeschlüsse. aa) Zustimmungsbeschluss der beherrschten Gesellschaft.** Der Abschluss des Beherrschungsvertrages bedarf auf Seiten der beherrschten GmbH eines Zustimmungsbeschlusses der Gesellschafter. Hinsichtlich der erforderlichen Beschlussmehrheit geht die überwiegende Ansicht davon aus, dass der Beschluss

6 BGHZ 105, 324, 332 = NJW 1989, 295; LG Berlin, AG 1992, 918 (Interhotel).
7 BGHZ 105, 332 = NJW 1989, 295.
8 BGHZ 105, 324, 342.
9 *Casper*, in: Ulmer/Habersack/Winter, GmbHG, Anh. § 77 Rn. 182.
10 *Casper*, in: Ulmer/Habersack/Winter, GmbHG, Anh. § 77 Rn. 182.
11 *Zöllner*, in: Baumbach/Hueck, GmbHG, SchlAnhKonzernR, Rn. 54; *Emmerich/Habersack*, Konzernrecht, § 32 Rn. 11.

der **Zustimmung aller Gesellschafter** bedarf.[12] Sie begründet dies damit, dass eine Änderung des Zwecks der Gesellschaft und eine Vermehrung der den Gesellschaftern nach dem Vertrag obliegenden Leistungen entsprechend den Vorschriften der §§ 33 Abs. 1 S. 2 BGB und § 53 Abs. 3 GmbHG die Zustimmung aller Gesellschafter verlange. Demgegenüber lässt die Gegenmeinung eine qualifizierte Mehrheit in Form der ¾-Mehrheit ausreichen, soweit auf die Interessen der Minderheit zumindest durch die Aufnahme von Abfindungsregeln nach § 305 AktG Rücksicht genommen wird.[13] Dies ergebe sich aus dem Umstand, dass das UmwG in allen Fällen einer von einer Strukturänderung betroffenen Gesellschaft die satzungsändernde Mehrheit genügen lasse und dem Minderheitsgesellschafter die Möglichkeit des Ausscheidens gegen Abfindung gewähre. Zuzustimmen ist ersterer Meinung, da neben der Zweckänderung auch die Durchbrechung des Gleichheitsgrundsatzes und der durch den Beherrschungsvertrag stattfindende Eingriff in den Kernbereich der Mitgliedschaft die Zustimmung aller erfordert. Auch handelt es sich im Ergebnis nicht um einen mit einer Umwandlung vergleichbaren Fall, da der Gesetzgeber bei Abschluss eines Beherrschungsvertrages gerade nicht die Lösung bevorzugt hat, dass Gesellschafter, die die Maßnahme nicht mittragen wollen, ausscheiden sollen. Vielmehr geht das Grundkonzept des Aktienrechts durch das fakultative Anbieten einer Ausgleichspflicht von einem anderen Verständnis als das UmwG aus, welches eine solche Ausgleichspflicht neben der Abfindungspflicht nicht kennt. Die weitere Frage, ob das herrschende Unternehmen im Hinblick auf den Zustimmungsbeschluss ein **Stimmverbot** gem. § 47 Abs. 4 S. 2 GmbHG trifft[14], wird von der wohl h.M. unter Verweis auf den Umstand verneint, dass sich § 47 Abs. 4 S 2 nicht auf Satzungsfragen beziehe[15], was auch für Fragen gesellschaftsrechtlicher Organisationsakte in gleichem Maße gelten müsse. Im Ergebnis kommt es jedoch auf die Frage des Stimmverbots nicht an, wenn – wie von der h.M. angenommen – alle Gesellschafter dem Abschluss des Beherrschungsvertrages zustimmen müssen.

17 Der Zustimmungsbeschluss der Gesellschaft ist **notariell zu beurkunden.** Der Zustimmungsbeschluss und der Unternehmensvertrag sind zur Eintragung in das

---

12 *Zöllner*, in: Baumbach/Hueck, GmbHG, SchlAnhKonzernR, Rn. 39; *Weller*, in: Bork/Schäfer, GmbHG, Anh. § 13 Rn. 25; *Emmerich/Habersack*, Konzernrecht, § 31 Rn.16 m.w.N.; *Altmeppen*, in: Roth/Altmeppen, GmbHG, Anh. § 13 Rn. 33; *Emmerich*, in: Scholz, GmbHG, Anh. § 13 Rn. 252 ff. m.w.N.; *Casper*, in: Ulmer/Habersack/Winter, GmbHG, Anh. § 77 Rn. 191; *Kleindiek*, Strukturvielfalt, S. 77 ff.; *Raiser/Veil*, Kapitalgesellschaften, § 54 Rn. 26; *K. Schmidt*, GmbHR 1979, 121, 124, *P. Ulmer*, BB 1989, 10, 13.

13 *Lutter*, in: Lutter/Hommelhoff, GmbHG, Anh. § 13 Rn. 63 m.w.N.; *Koppensteiner*, in: Rowedder/Schmidt-Leithoff, GmbHG, Anh. § 52, Rn. 55; *Grauer*, Konzernbildungskontrolle, S. 168, 189 ff.; *Koppensteiner*, RdW 1985, 170; *Heckschen*, DB 1989, 29; *Hahn*, NZG 2001, 728, 731 ff.; *Koerfer/Selzner*, GmbHR 1997, 285, 287 ff.

14 So auch der Fall in BGHZ 324, 333.

15 OLG Stuttgart AG 1998, 585, 586 f.; *Weller*, in: Bork/Schäfer, GmbHG Anh. § 13 Rn. 25; *Emmerich*, in: Scholz, GmbHG, Anh. § 13 Rn. 147; *Lutter*, in: Lutter/Hommelhoff, GmbHG, Anh. § 13 Rn. 49; *Grauer*, Konzernbildungskontrolle, S. 192 f.; s. im Einzelnen *U. H. Schneider*, ZHR 150 (1986), 609; a.A. *J. Wilhelm*, Rechtsform, S. 119 ff.

Handelsregister der abhängigen Gesellschaft anzumelden (§§ 53 Abs. 2 und 54 Abs. 1 GmbHG).[16] In das Register sind neben dem Zustimmungsbeschluss und dessen Datum das Bestehen und die Art des Unternehmensvertrages, der andere Vertragsteil und das Datum des Unternehmensvertrages einzutragen. Der Eintragung kommt **konstitutive** Wirkung zu.

18 **bb) Zustimmungsbeschluss der herrschenden Gesellschaft.** Entsprechend § 293 Abs. 2 AktG haben die Gesellschafter der herrschenden Gesellschaft dem Abschluss eines Beherrschungsvertrages mit einer GmbH zuzustimmen. Der Grund hierfür liegt in der Wirkung des Beherrschungsvertrages als satzungsüberlagernd (materiell satzungsändernde Wirkung), weil das Weisungsrecht der Gesellschafterversammlung auf den anderen Vertragsteil übergeht und es zudem zu einer Änderung des Gesellschaftszwecks kommt. Ausreichend ist insoweit eine **qualifizierte Mehrheit** in Höhe von ¾ der bei der Beschlussfassung vertretenen Stimmen des Stammkapitals.[17] Da es zu einer Satzungsüberlagerung kommt, ist die für Satzungsänderungen vorgesehene Mehrheit erforderlich und ausreichend. Der Zustimmungsbeschluss bedarf lediglich dann der **notariellen Beurkundung**, wenn es sich bei der Obergesellschaft um eine AG oder SE handelt. Bei den anderen Gesellschaftsformen (auch GmbH) ist **Schriftform** ausreichend. Weder Zustimmungsbeschluss noch Vertrag bedürfen der **Eintragung in das Handelsregister** der herrschenden Gesellschaft noch der notariellen Beurkundung (vgl. § 294 AktG).[18]

19 cc) **Pflicht zur Vereinbarung von Ausgleichs- und Abfindungsleistungen?** Im GmbH-Recht ist die Festsetzung eines Ausgleichs oder einer Abfindung – wie in den §§ 304, 305 AktG für die Aktiengesellschaft vorgesehen – nicht erforderlich, soweit davon ausgegangen wird, dass alle Gesellschafter der untergeordneten GmbH dem Abschluss des Beherrschungsvertrages zustimmen müssen. Denn in diesem Fall können sie selbst für die Wahrung ihrer Rechte sorgen.[19] Geht man – wie teilweise vertreten – davon aus, dass für den Abschluss des Beherrschungsvertrages eine 3/4 Mehrheit ausreichend ist (s. Rdn. 16) oder beruht der Abschluss des Vertrages auf einer Verdichtung zu einer Zustimmungspflicht aus Treupflicht (bspw. wenn nur durch den Abschluss des Vertrages die Überlebensfähigkeit der Gesellschaft gesichert

---

16 BGHZ 105, 324, 331 f., 342 = NJW 1989, 292 (Supermarkt); BGHZ 116, 37, 43 f. = NJW 1992, 505 (Stromlieferung); BGH LM Nr. 2 zu § 293 AktG = NJW 1992, 1452 (Siemens/NRG).

17 BGHZ 105, 324, 333 f. (Supermarkt); BGHZ 115, 187, 192 (Video); BGH LM Nr. 2 zu § 293 AktG = NJW 1992, 1452 (Siemens/NRG); OLG Zweibrücken, GmbHR 1999, 665; *Emmerich*, in: Scholz, GmbHG, Anh. § 13 Rn. 148 ff. m.w.N.; a.A. *Vetter*, BB, 1989, 2125.

18 BGHZ 105, 324, 337.

19 *Zöllner*, in: Baumbach/Hueck, GmbHG, SchlAnhKonzernR, Rn. 43; *Emmerich/Habersack*, Konzernrecht, § 32 Rn. 25; *Zöllner*, ZGR 1992, 173, 193, 199 ff.

werden kann[20]), so muss zum Schutz der Minderheit jedenfalls in Analogie zu § 305 AktG eine angemessene **Barabfindung** im Vertrag festgesetzt werden.[21] Die Pflicht zur **Abfindung in Anteilen** der herrschenden Gesellschaft hängt von der Rechtsform der herrschenden Gesellschaft ab. Soweit es sich bei dieser um eine AG handelt, ist dies möglich. Handelt es sich bei ihr um eine GmbH, scheitert diese Verpflichtung demgegenüber regelmäßig an der mangelnden Fungibilität der Anteile. Ob auch eine **Ausgleichspflicht** entsprechend § 304 AktG besteht – soweit von einer Pflicht zur Anwendung des § 304 AktG – wie teilweise vertreten – ausgegangen wird (s. oben) -, ist streitig. Teilweise wird eine solche mit Verweis auf die Möglichkeit abgelehnt, dass die Abfindungsleistung und die Anfechtungsmöglichkeit bei nicht ausreichender Angemessenheit einen ausreichenden Schutz gewährten.[22] Nach a.A. ist demgegenüber von dem Bestehen eines Ausgleichsanspruchs auszugehen, da es nicht gerechtfertigt sei, die Gesellschafter zum Ausscheiden aus der Gesellschaft zu zwingen.[23] Letzterer Auffassung ist zuzustimmen. Denn die Regelungen zum Vertragskonzern gehen von einem Wahlrecht des Gesellschafters zwischen Ausgleich- und Abfindung aus, was bei der Verkürzung auf einen Abfindungsanspruch verkannt werden würde. Beinhaltet der Beherrschungsvertrag – soweit erforderlich (s. oben) – keine Ausgleichs- bzw. Abfindungsansprüche, ist er **nichtig** (streitig).[24] Bei nicht angemessenem Angebot ist der Zustimmungsbeschluss **anfechtbar** (§ 243 Abs. 2 AktG analog).

20 **dd) Weitere Wirksamkeitsvoraussetzungen?** Inwieweit die Regelungen der §§ 293 a ff. AktG, namentlich die **Berichterstellung** u.a. über die Art und Höhe des Ausgleichs bzw. der Abfindung, die Prüfung des Beherrschungsvertrages durch Vertragsprüfer und die Anfertigung des Prüfberichts, bei Abschluss eines Beherrschungsvertrages mit einer GmbH anzuwenden sind, ist umstritten. Zum Teil wird der Rückgriff auf diese Regelungen für erforderlich gehalten.[25] Nach a.A. ist eine entsprechende Anwendung auf die GmbH abzulehnen.[26] Nach zutreffender Ansicht ist je nach dem Schutzbedürfnis der Minderheitsgesellschafter zu differenzieren. Entscheidend für die entsprechende Anwendung der §§ 293 a ff. AktG, welche vor allem auf eine Erläuterung der Angemessenheit des Ausgleichs bzw. der Abfindung abstellen, muss sein, ob für den Abschluss

---

20 *Emmerich*, in: Scholz, GmbHG, Anh. § 13 Rn. 159; *Emmerich*, Jus 1992, 102, 104; *Timm*, WM 1991, 481, 483.

21 *Emmerich*, in: Scholz, GmbHG, Anh.§ 13 Rn. 160; *Emmerich/Habersack*, § 32 Rn. 26; *Grauer*, Konzernbildungskontrolle, S. 202; *Kleindiek*, ZIP 1988, 613, 617 f.; *Lutter*, in: Hommelhoff, Entwicklungen im GmbH-Konzernrecht, S. 197 f.; *Priester*, in: Hommelhoff, Entwicklungen im GmbH-Konzernrecht, S. 151, 156 ff.

22 *Ulmer*, in: Hachenburg, GmbHG, § 77 Anh. Rn. 213.

23 *Koppensteiner*, in: Rowedder/Schmidt-Leithoff, GmbHG, Anh. § 52, Rn. 58; *Emmerich*, in: Scholz, GmbHG, Anh. § 13 Rn. 161; *Emmerich/Habersack*, Konzernrecht, § 32 Rn. 27.

24 *Emmerich*, in: Scholz, GmbHG, Anh. § 13 Rn. 162; *Emmerich/Habersack*, Konzernrecht, § 32 Rn. 28; a.A. *Altmeppen*, in: Roth/Altmeppen, GmbHG, Anh. § 13 Rn. 88; *Koppensteiner*, in: Rowedder/Schmidt-Leithoff, GmbHG, Anh. § 52, Rn. 58.

25 *Lutter*, in: Lutter/Hommelhoff, GmbHG, Anh. § 13 Rn. 55 ff.

26 *Weller*, in: Bork/Schäfer, GmbHG, Anh. § 13 Rn. 26.

eines Beherrschungsvertrages bei der untergeordneten Gesellschaft Einstimmigkeit oder qualifizierte Mehrheit gefordert wird. Soweit Einstimmigkeit gefordert wird, kann auf die entsprechende Anwendung der §§ 293 a ff. AktG verzichtet werden, da der einzelne Gesellschafter in seiner Position selbst entscheiden kann, welche Berichte er für die Prüfung benötigt.[27] Wird demgegenüber eine Zustimmung zum Vertragsabschluss mit qualifizierter Mehrheit als ausreichend angesehen, so verbleibt es bei der Anwendung der §§ 293a ff.[28]

21 c) **Folgen des Beherrschungsvertrages. aa) Weisungsrecht.** Folge eines wirksam zustande gekommenen Beherrschungsvertrages ist, dass die abhängige GmbH der Leitung der Obergesellschaft in den zentralen **Leitungsfunktionen** unterstellt wird. Die Obergesellschaft kann den Geschäftsführern der gebundenen GmbH Weisungen erteilen (§ 308 Abs. 1 S. 2 AktG analog). Wie bei der Aktiengesellschaft können Weisungen erteilt werden, die für die abhängige GmbH **nachteilig** sind, wenn sie den Belangen des herrschenden Unternehmens oder konzernverbundenen Gesellschaften dienen.[29] Beispiele sind Konzernverrechnungspreise, die das herrschende Unternehmen begünstigen, Verlagerung von Aktivitäten mit Zukunft auf das herrschende Unternehmen, Einbeziehung in den Cash-Pool oder sonstiges Abziehen von Liquidität. Allen Maßnahmen ist als ungeschriebenes Tatbestandmerkmal gemein, dass sie die abhängige Gesellschaft nicht **unverhältnismäßig** beeinträchtigen dürfen.[30] Entscheidend ist insoweit, ob dem der Gesellschaft zugefügten Schaden ein mindestens genauso großer Vorteil bei einem anderen Konzernunternehmen gegenübersteht.[31] Weiter dürfen die Weisungen nach h.M. keinen **existenzvernichtenden** Charakter aufweisen (z.B. Weisung, die gesamte Produktion zu übertragen), auch wenn sie im Konzerninteresse liegen.[32] Zwar wird insoweit eingewandt, dass der Wortlaut des

27 *Zöllner*, in: Baumbach/Hueck, GmbHG, SchlAnhKonzernR, Rn. 43; *Emmerich/Habersack*, Aktien- und GmbH-Konzernrecht, § 293a Rn. 11; *Emmerich/Habersack*, Konzernrecht, § 32 Rn. 5; *Hüffer*, AktG, § 293a, Rn. 7; i.E. auch *Altmeppen*, in: Roth/Altmeppen, GmbHG, Anh. § 13 Rn. 48; *Altmeppen*, ZIP 1998, 1853, 1857 f.

28 A.A. insoweit *Emmerich/Habersack*, Konzernrecht, § 32 Rn. 5.

29 S. im Einzelnen *Hüffer*, AktG, § 308 Rn. 16 ff.

30 *Hüffer*, AktG, § 308 Rn. 17; *Emmerich*, in: Scholz, GmbHG, Anh. § 13 Rn. 176; *Koppensteiner*, in: KK-AktG, § 308 Rn. 47.

31 S. zum Begriff: *Koppensteiner*, in: KK-AktG, § 308 Rn. 53; *Krieger*, in: MünchHdbAG, § 70 Rn. 134; *Emmerich/Habersack*, Konzernrecht, § 23 Rn. 25 ff.; *Hommelhoff*, Die Konzernleitungspflicht, S. 149; *Sina*, AG 1991, 1, 7 f.

32 OLG Düsseldorf, AG 1990, 490, 492; *Hüffer*, AktG § 308 Rn. 19 m.w.N.; *Krieger*, in: MünchHdbAG, § 70 Rn. 134; *Weller*, in: Bork/Schäfer, GmbHG, Anh. § 13 Rn. 15; *Emmerich*, in: Emmerich/Habersack, Aktien- und GmbH-Konzernrecht, § 308 Rn. 60 ff.; *Hommelhoff*, Konzernleitungspflicht, S. 150; *Immenga*, ZHR 140 (1976), 301, 304 ff.; *Geßler, ZHR 140 (1976), 433, 436 ff.; Sina*, AG 1991, 1, 7 f.; *Clemm*, ZHR 141 (1977), 197, 204 ff.; *Ulmer*, ZHR 148 (1984), 391, 408 ff.; a. A. *Koppensteiner*, in: KK-AktG, § 308 AktG Rn. 50 ff.; *Altmeppen*, in: MünchKommAktG, § 308 Rn. 118 ff., welche der einzelnen Konzerngesellschaften keinen Schutz zubilligen und deshalb existenzvernichtende Weisungen zulassen wollen.

§ 308 AktG über die Förderung des Konzerninteresses hinaus keine Anforderungen stelle und die Gesellschafter auch in der Lage seien, den Abfindungsanspruch zu wählen, wenn sie eine ausreichende Sicherheit anstrebten.[33] Hiergegen spricht jedoch, dass die §§ 300 ff. und §§ 304 ff. AktG und dort insbesondere die Regelungen zum Gläubigerschutz vom Fortbestand der Gesellschaft ausgehen.

22 Unterschiede zur Situation bei der AG bestehen im Hinblick auf das Weisungsrecht insoweit, als das Weisungsrecht des herrschenden Unternehmens mit demjenigen der Gesellschafter über die Gesellschafterversammlung (§ 37 Abs. 1 GmbHG) in Kollision treten kann. Der Bundesgerichtshof hat im *Supermarkt-Beschluss* festgestellt, dass durch den Beherrschungsvertrag die Weisungskompetenz der Gesellschafterversammlung auf die herrschende Gesellschaft übertragen wird[34], und damit dem herrschenden Unternehmen das Recht zugebilligt, in die Kompetenzen des Weisungsorgans einzugreifen. Anders gilt jedoch für Fragen, die der Gesellschafterversammlung per Gesetz zugewiesen sind, wie insbesondere Satzungsänderungen (§ 53 GmbHG), Kapitalveränderungen (§§ 55 ff. GmbHG), Zustimmung zu Unternehmensverträgen (§§ 293 AktG analog) und Bestellung und Abberufung von Geschäftsführern. In diesen Fällen kann sich ein gegenläufiges Weisungsrecht des herrschenden Gesellschafters nicht gegenüber der Gesellschafterversammlung durchsetzten. Demgegenüber sind Grundlagengeschäfte, d.h. außergewöhnliche Maßnahmen, für die die Geschäftsführer in der unabhängigen Gesellschaft entsprechend § 116 HGB die Zustimmung der Gesellschafter einzuholen gehabt hätten, grds. durch das Weisungsrecht des herrschenden Gesellschafters erfasst. Anderes gilt nur, soweit die Maßnahmen nicht mehr durch den Zweck und den Gegenstand der Gesellschaft gedeckt sind.[35] Ob weiter dahin zu unterscheiden ist, ob es sich um eine ganz außergewöhnliche Geschäftsführungsentscheidung – wie etwa bei der Veräußerung wesentlicher Betriebsteile – handeln muss,[36] ist fragwürdig. Nach hier vertretener Ansicht ist zutreffender Weise alleine darauf abzustellen, ob der Tatbestand der Existenzgefährdung erfüllt ist bzw. ob es sich um ein durch Zweck und Gegenstand nicht gedecktes Grundlagengeschäft handelt, was in beiden Fällen der Durchsetzung der Weisung entgegensteht.

23 Der **Aufsichtsrat** der abhängigen Gesellschaft untersteht demgegenüber nicht den Weisungen des herrschenden Unternehmens. Indessen stellt sich die Frage, inwieweit dem Aufsichtsrart entsprechend § 111 Abs. 4 AktG Zustimmungsrechte zustehen, wenn es um eine Maßnahme geht, für die das herrschende Unternehmen eine konkrete Weisung ausgesprochen hat bzw. die dem allgemeinen Weisungsrecht unterliegt. Geht es um den fakultativen Aufsichtsrat, werden seine Zustimmungsrechte

33 *Koppensteiner*, in: KK-AktG, § 308 Rn. 50.

34 BGHZ 105, 324, 331; OLG Stuttgart, AG 1998, 585; *Zöllner*, ZGR 1992, 173, 182.

35 Zur Grenzziehung vgl. *Emmerich*, in: Scholz, GmbHG, Anh. § 13 Rn. 174.

36 Für Unzulässigkeit einer Weisung insoweit OLG Stuttgart, AG 1998, 585, 586; a.A. *Altmeppen*, in: Roth/Altmeppen, GmbHG, Anh. § 13 Rn. 51.

durch das Weisungsrecht überlagert.[37] Ist hingegen ein **obligatorischer Aufsichtsrat** aufgrund des Mitbestimmungsgesetzes betroffen, wendet die h.M. § 308 Abs. 3 AktG in entsprechender Weise an.[38]

24 **bb) Verlustausgleich/Sicherheitsleistung.** Folge des Abschlusses eines Beherrschungsvertrages ist, auch wenn er mit einer GmbH als abhängiger Gesellschaft zustande gekommen ist, dass die herrschende Gesellschaft zum **Verlustausgleich** gem. § 302 AktG analog[39] und zur **Sicherheitsleistung** gem. § 303 AktG analog verpflichtet ist. Die Verlustausgleichspflicht verpflichtet das herrschende Unternehmen als anderen Vertragsteil jeden während der Vertragsdauer entstandenen Jahresfehlbetrag auszugleichen, der nicht durch eine Entnahme aus anderen Gewinnrücklagen, die während der Vertragsdauer in sie eingestellt worden sind, kompensiert wurde. Auch für die GmbH gilt das Verbot der Auflösung vorvertraglicher Rücklagen zur Deckung eines Jahresfehlbetrages (§ 302 Abs. 1 AktG analog).[40] Anders kann nur gelten, wenn alle Gesellschafter im Beherrschungsvertrag einer anderen Regelung zugestimmt haben oder es sich um eine Einpersonengesellschaft handelt.[41] § 303 AktG analog eröffnet den Gläubigern der beherrschungsvertraglichen gebundenen GmbH bei Beendigung des Unternehmensvertrages gegenüber dem herrschenden Unternehmen zunächst einen Anspruch auf **Sicherheitsleistung.** Darüber hinaus gewährt diese Vorschrift, wenn die Inanspruchnahme des herrschenden Unternehmens an Stelle der anhängigen GmbH endgültig feststeht (z.B. bei Ablehnung der Eröffnung des Insolvenzverfahrens mangels Masse), einen Zahlungsanspruch.[42]

25 cc) **Haftung des herrschenden Unternehmens.** Die Regelungen zur Haftung des herrschenden Unternehmens und seiner Organmitglieder kommen in entsprechender Weise zur Anwendung, wenn beherrschte Gesellschaft eine GmbH ist. Dementsprechend haften das herrschende Unternehmen (gem. §§ 280, 249 ff. BGB) und die gesetzlichen Vertreter des herrschenden Unternehmens (§ 309 Abs. 2 AktG analog) gegenüber der Untergesellschaft auf **Schadensersatz** für die Erteilung von beherrschungsvertraglichen Weisungen, wenn sie die Schranken aus dem Beherrschungsvertrag, der Satzung oder dem Gesetz schuldhaft missachten (s. Rdn. 22). Gleiches gilt bei Missachtung des Verbots der Existenzgefährdung (s. Rdn. 21). Die Ersatzansprü-

---

37 Allg. Auffassung s. *Casper*, in: Ulmer/Habersack/Winter, GmbHG, Anh. § 77 Rn. 224; *Emmerich/Habersack*, Konzernrecht, § 32 Rn. 35.

38 *Emmerich/Habersack*, Konzernrecht, § 32 Rn. 35; *Casper*, in: Ulmer/Habersack/Winter, GmbHG, Anh. § 77 Rn. 224; *Lutter*, in: Lutter/Hommelhoff, GmbHG, Anh. § 13 Rn. 44; *Hoffmann-Becking*, WiB 1994, 57, 61; *Zöllner*, ZGR 1992, 173, 181; a. A. *Liebscher*, GmbH-Konzernrecht, Tz. 692; *Altmeppen*, in: Roth/Altmeppen, GmbHG, Anh. § 13 Rn. 55,welche nur von einer Pflicht zur rechtzeitigen Information ausgehen.

39 Allgemeine Auffassung, s. nur *Emmerich*, in: Scholz, GmbHG, Anh. 13, Rn. 180.

40 S. im Einzelnen *Hüffer*, AktG,§ 302 Rn. 2 ff.

41 So *Emmerich/Habersack*, Konzernrecht, § 32 Rn. 36; *Emmerich*, in: Scholz, GmbHG, Anh. § 13 Rn. 181.

42 BGHZ 95, 330 ff., 345, s. im Einzelnen *Hüffer*, AktG, § 303 Rn. 2 ff.

che der abhängigen Gesellschaft können durch Gesellschafter im Wege der actio pro socio verfolgt werden (§§ 309 Abs. 4 AktG analog, s. die Ausführungen zu § 13).

26 **dd) Haftung der Organmitglieder des abhängigen Unternehmens.** Neben dem herrschenden Unternehmen und dessen Organmitgliedern können auch die Organmitglieder des abhängigen Unternehmens haften. Dies ist der Fall, wenn sie in sorgfaltswidriger Weise unzulässige schädigende Weisungen befolgt haben (§ 310 AktG analog). Die Ersatzansprüche der abhängigen Gesellschaft können durch die Gesellschafter verfolgt werden (§§ 310 Abs. 4 AktG analog, s. die Ausführungen zu § 13).

4. Änderung des Vertrages

27 Von einer Änderung des Unternehmensvertrages ist dann auszugehen, wenn eine zweiseitige rechtsgeschäftliche Vereinbarung der Parteien gegeben ist, die noch während der Laufzeit des Vertrages wirksam werden soll.[43] Eine solche ist etwa bei der Auswechslung des herrschenden Unternehmens[44], dem Beitritt eines weiteren herrschenden Unternehmens[45] oder der Verlängerung des Vertrages[46] gegeben. Keine Änderung des Vertrages ist bei einer Änderungskündigung (einseitig)[47], dem Rechtsformwechsel einer der beteiligten Gesellschaften[48] oder der Gesamtrechtsnachfolge gegeben. Eine Änderung des Beherrschungsvertrages bedarf der gleichen **formalen Voraussetzungen** wie der Abschluss des Vertrages.[49] Im Ergebnis bedeutet dies, dass der Änderung ein **Zustimmungsbeschluss** zugrunde zu liegen hat, dem alle **Gesellschafter der beherrschten GmbH** zugestimmt haben (h.M.)[50], und dass die Änderung im Handelsregister anzumelden und einzutragen ist.[51] Weiter ist nach überwiegender Auffassung zur Änderung des Beherrschungsvertrages die **Zustimmung der Gesellschafter des herrschenden Unternehmens** notwendig (streitig)[52], wobei inso-

43 BGH NJW 1979, 2103.

44 BGHZ 65, 49, 53 = NJW 1976, 1653; BGHZ 72, 394, 398 f. = NJW 1979, 369.

45 BGHZ 119, 1 = NJW 1992, 2760; BGHZ 138, 136 = NJW 1998, 1866.

46 LG München I, AG 2000, 318, 319; *Hüffer*, AktG, § 295 Rn. 7.

47 BGH, AG 1979, 289; bestätigt durch BGHZ 122, 211, 232; OLG Celle, AG 1978, 318.

48 *Koppensteiner*, in: KK-AktG, § 295 Rn. 7.

49 *Zöllner*, in: Baumbach/Hueck, GmbHG, SchlAnhKonzernR, Rn. 62; *Emmerich/Habersack*, Konzernrecht, § 32 Rn. 39; *Lutter*, in: Lutter/Hommelhoff, GmbHG, Anh. § 13 Rn. 82; *Altmeppen*, in: Roth/Altmeppen, GmbHG, Anh. § 13 Rn. 101; s. auch *Liebscher*, GmbH-Konzernrecht Tz. 804 (nur für personalistische Gesellschaften).

50 Nach der in Fn. 13 zitierten Meinung wäre für die Änderung des Vertrages ebenso wie für die Zustimmung eine ¾ Mehrheit ausreichend; s. zum Erfordernis des Sonderbeschlusses bei Änderung der Vorgaben zum Ausgleich oder der Abfindung, *Hoffmann-Becking*, WiB 1994, 57.

51 Zu den Einzelheiten s. *Hüffer*, AktG, § 295 Rn. 9.

52 *Emmerich/Habersack*, Konzernrecht, § 32 Rn. 40; *Decher*, in: MünchHdbGmbH, § 70 Rn. 35; *Krieger*, in: U. Schneider, Beherrschungs- und Gewinnabführungsverträge, S. 99; *Liebscher*, GmbH-Konzernrecht, Tz. 799; a.A. *Casper*, in: Ulmer/Habersack/Winter, GmbHG, Anh. 77 Rn. 201; *Altmeppen*, in: Roth/Altmeppen, GmbHG, Anh. § 13 Rn. 103.

weit eine qualifizierte Mehrheit ausreichend ist (s. Rdn. 18). Grund hierfür ist, dass ansonsten die für den Abschluss von Unternehmensverträgen erforderlichen Voraussetzungen umgangen werden könnten, wenn an die Änderung des Vertrages geringere Anforderungen gestellt werden würden als an den Abschluss.[53] Eine **Ermächtigung in der Satzung** zugunsten der Geschäftsführer zur Änderung des Unternehmensvertrages ist nach überwiegender Meinung nicht ausreichend.[54] Ob eine solche zumindest im Hinblick auf **redaktionelle Änderungen** (s. § 179 AktG) genutzt werden kann, ist streitig[55], im Ergebnis aber zu verneinen, da der Unternehmensvertrag seinem Charakter nach als materieller Satzungsbestandteil zu verstehen ist.[56]

5. Beendigung des Vertrages

28 Für die **Kündigung** und die **Beendigung** eines Unternehmensvertrages mittels Aufhebungsvertrag gelten die §§ 296 bis 299 AktG grundsätzlich in entsprechender Weise (s. im Einzelnen unten Rdn. 29 ff.). Weitere Beendigungsgründe können- wie bei der AG – im Zeitablauf, der Insolvenz einer der Vertragsparteien und dem Rücktritt liegen (s. im Einzelnen unten Rdn. 38). Soweit die Wirksamkeitsvoraussetzungen für den Abschluss des Unternehmensvertragen nicht gegeben waren, kommen die Regelungen über die fehlerhafte Gesellschaft zur Anwendung (s. im Einzelnen unten Rdn. 39).

29 **a) Kündigung.** Zu unterscheiden ist zwischen der ordentlichen (s. Rdn. 30) und der außerordentlichen Kündigung (s. Rdn. 33).

30 **aa) Ordentliche Kündigung.** Beinhaltet der Unternehmensvertrag selbst die Möglichkeit zur **ordentlichen Kündigung**, kann er entsprechend der vorgesehen Regelung gekündigt werden. Ohne eine solche Regelung besteht kein Recht zur ordentlichen Kündigung des Beherrschungsvertrages.[57] Soweit der Vertrag Ausgleichs- oder Abfindungsregelungen enthalten sollte, was bei einer beherrschten GmbH nicht zwingend der Fall sein muss (s. Rdn. 19), ist ein Sonderbeschluss der außenstehenden Gesellschafter der beherrschten GmbH erforderlich (analog § 297 Abs. 2 AktG). Die

---

53 S. *Koppenstiener*, in: KK-AktG, § 295 Rn. 2.

54 *Emmerich/Habersack*, Konzernrecht, § 32 Rn. 40; *Lutter*, in: Lutter/Hommelhoff, GmbHG, Anh. § 13 Rn. 82; *Emmerich*, in: Scholz, GmbHG, Anh. § 13 Rn. 188; *Weller*, in: Bork/Schäfer, GmbHG, Anh. § 13 Rn. 39; a.A. *Liebscher*, GmbH-Konzernrecht, Tz. 799.

55 Ablehnend *Zöllner*, in: Baumbach/Hueck, GmbHG, Schlussanh. § 77 Rn. 61; demgegenüber für die Möglichkeit redaktioneller Änderungen *Emmerich/Habersack*, Konzernrecht, § 32 Rn. 40; s. insoweit auch *Lutter*, in: Lutter/Hommelhoff, GmbHG Anh. § 13 Rn. 82 und *Casper*, in: Ulmer/Habersack/Winter, GmbHG, Anh. § 77 Rn. 200, der aber redaktionelle Änderungen zulassen will, wenn in der Satzung eine Ermächtigung an den Aufsichtsrat enthalten ist.

56 *Zöllner*, in: Baumbach/Hueck, GmbHG, SchlAnhKonzernR, § 77 Rn. 61.

57 *Hüffer*, AktG, § 297 Rn. 11.

Kündigungsfrist bestimmt sich nach der getroffenen Vereinbarung; fehlt eine solche, sollte insoweit auf § 132 HGB (mindestens sechs Monate) zurückgegriffen werden.[58]

31 Streitig ist, ob die Kündigung seitens der beherrschten GmbH der **Zustimmung** der Gesellschafter bedarf, wobei teilweise die Zustimmung aller Gesellschafter[59] und teilweise die Zustimmung mit qualifizierter Mehrheit[60] gefordert wird, oder ob es sich um eine reine Geschäftsführungsmaßnahme handelt[61], so dass die Zustimmung entbehrlich ist und – soweit Abfindungs- und Ausgleichsleistungen im Vertrag vorgesehen sind – nur ein Sonderbeschluss der außenstehenden Gesellschafter erforderlich ist. **Der Bundesgerichtshof** hat sich jüngst gegen letztere Auffassung ausgesprochen.[62] Der Bundesgerichtshof hat die Kündigung eines Beherrschungsvertrages richtigerweise als innergesellschaftsrechtlichen Organisationsakt der beherrschten Gesellschaft eingestuft (u.a. Rückgabe des Weisungsrechts an die Gesellschafterversammlung, Wiedererlangung des Gewinnbezugsrechts und Verlust der Ausgleichsansprüche) und hat den Eingriff nicht schwächer als den Abschluss des Vertrages gewertet, so dass für die Kündigung die gleichen Bedingungen wie für den Abschluss des Beherrschungsvertrages gelten müssen (s. Rdn. 16). Welche Bedingungen dies im Einzelnen sein sollen – insbesondere im Hinblick auf die erforderliche Mehrheit hat der BGH zwar offengelassen. Aber seine Einstufung als innergesellschaftsrechtlicher Organisationsakt spricht für das Erfordernis der Einstimmigkeit. Zudem hat der Bundesgerichtshof festgestellt, dass der herrschende Gesellschafter der abhängigen GmbH bei der Beschlussfassung über die ordentliche Kündigung **stimmberechtigt** ist. Da der Beschluss über die Kündigung die inneren Angelegenheiten der Gesellschaft betreffe (u.a. Veränderung der Organisationsstruktur), komme es nach den

---

58 *Koppensteiner*, in: KK-AktG, § 297 Rn. 6; *Hüffer*, AktG, § 297 Rn. 15; a.A. für § 723 II BGB *Windbichler*, Unternehmensverträge und Zusammenschlusskontrolle, S. 75 f.

59 OLG Oldenburg NZG 2000, 1138, 1139 (aufgehoben durch BGH LM Nr. 11 zu § 53 GmbHG = NJW 2002, 822, wobei dies aus anderen Gründen geschehen ist); LG Konstanz ZIP 1992, 1736, 1737 (aufgehoben durch das OLG Karlsruhe Fn. 61; *Emmerich/Habersack*, Konzernrecht, § 32 Rn. 46; *Emmerich*, in: Scholz, GmbHG, Anh. § 13 Rn. 196; *Decher*, in: MünchHdbGmbH, § 70 Rn. 42; *Ebenroth/Wilken*, WM 1993, 1617 ff.; *Fleischer/Rentsch*, NZG 200, 1141; *Hoffmann-Becking*, WIB 1994, 57, 62 f.

60 *Casper*, in: Ulmer/Habersack/Winter, GmbHG, Anh. § 77 Rn. 199; *Grüner*, Die Beendigung von Gewinnabführungs- und Beherrschungsverträgen, S. 75; *Zöller*, in: Baumbach/Hueck, SchlAnhKonzernR, Rn. 72.

61 BayOblG, NJW-RR 2003, 907; OLG Frankfurt, AG 1994, 85 = NJW-RR 1994, 296; OLG Karlsruhe, AG 1995, 38 = NJW-RR 1994, 1062; LG Essen, AG 1999, 135 = NZG 1998, 860; *Altmeppen*, in: Roth/Altmeppen, GmbHG, Anh. § 13 Rn. 97; *Liebscher*, in: MünchKommGmbHG, Anh. § 13 Rn. 929; *Servatius*, in: Michalski, GmbHG, Syst. Darst. 4 Rn. 219, 234; *Koppensteiner*, in: Rowedder/Schmidt-Leithoff, GmbHG Anh. § 52 Rn. 119.

62 BGH, AG 2011, 668, 669.

von der Rechtsprechung entwickelten Grundsätzen zu einer Ausnahme vom Stimmverbot für so gen. körperschaftliche Sozialakte.[63]

32 Nach h.A. ist eine **Zustimmung der Gesellschafterversammlung der herrschenden Gesellschaft** demgegenüber nicht erforderlich, da die Beendigung aus Sicht der Obergesellschaft eine reine Geschäftsführungsmaßnahme darstellt.[64] Nach a.A., welche die Beendigung als außergewöhnliche Maßnahme einstuft, wird hingegen ein Beschluss der Gesellschafterversammlung mit einfacher Mehrheit verlangt, da es sich bei der Aufhebung um eine außergewöhnliche Maßnahme handele.[65] Zuzustimmen ist letzterer Auffassung, so dass entscheidend ist, welche Rechtsform die herrschende Gesellschaft hat (bei AG § 76 AktG), welche Folgen im konkreten Fall mit der Aufhebung und dort insbesondere der ggf. zu gewährenden Sicherheitsleistung gem. § 303 AktG verbunden sind und ob sie als außergewöhnlich einzustufen sind.

33 **bb) Außerordentliche Kündigung.** Eine **außerordentliche Kündigung** des Vertrages ist entspr. § 297 AktG bei Vorliegen eines wichtigen Grundes möglich (allg. Meinung)[66], wobei unerheblich ist, ob der Vertrag befristet oder unbefristet abgeschlossen worden ist. Ein wichtiger Grund kommt u.a. in Betracht, wenn das herrschende Unternehmen nicht in der Lage ist, seine Vertragspflichten zu erfüllen. Hierzu zählt insbesondere die Verpflichtung zum Verlustausgleich (§ 302 AktG) oder diejenige zur Ausgleichsleistung oder zur Abfindung (§ 304 f. AktG), wenn auch letztere bei der GmbH seltener zum Tragen kommen wird. Es muss nicht abgewartet werden, bis konkrete Leistungsausfälle eintreten.[67] Gekündigt werden kann vielmehr früher, wenn eine entsprechende Prognose vorliegt, wobei kurzfristige Schwierigkeiten noch nicht ausreichen. Liegen diese Voraussetzungen vor, kann neben der abhängigen GmbH auch der herrschende Vertragsteil kündigen, da ihm nicht zugemutet werden kann, bis zu seinem Untergang zu erfüllen. Weitere Fälle, die als wichtiger Grund einzustufen sind, sind schwerwiegende Vertragsverletzungen[68], die andauernde Erteilung unzulässiger Weisungen (s. hierzu Rdn. 21), die Eröffnung des Insolvenzverfahrens über einen der Vertragspartner oder die kartellrechtliche Untersagungsverfügung.[69] Zudem können die Vertragsparteien nach herrschender Ansicht im Vertrag

---

63 S. BGHZ 18, 205, 210; BGHZ 51, 209, 215 f. = GmbHR 2007, 260 mit Anm. *Wackerbarth*; BGHZ 48, 163, 166 f. = GmbHR 2003, 171 mit Anm. *Riehm*.

64 *Emmerich/Habersack*, Konzernrecht, § 32 Rn. 47; *Liebscher*, GmbH-Konzernrecht, Tz. 821.

65 *Zöllner*, in: Baumbach/Hueck, GmbHG, SchlAnhKonzernR, Rn. 72; *Grüner*, Die Beendigung von Gewinnabführungs- und Beherrschungsverträgen, S. 76 ff.

66 BGHZ 122, 211, 229 = NJW 1993, 1976 (SIS); *Koppensteiner*, in: Rowedder/Schmidt-Leithoff, GmbHG, Anh. 52, Rn. 118; *Lutter*, in: Lutter/Hommelhoff, GmbHG, Anh. § 13 Rn. 83; *Casper*, in: Ulmer/Habersack/Winter, GmbHG, Anh. § 77 Rn. 202; *Emmerich/Habersack*, Konzernrecht, § 32 Rn. 42.

67 S. *Hüffer*, AktG, § 297 Rn. 4.

68 AG 1989, 253, 254

69 *Windbichler*, Unternehmensverträge und Zusammenschlusskontrolle, S. 26, 80 ff.

den Eintritt bestimmter Sachverhalte als wichtigen Grund festlegen.[70] Nicht als wichtiger Grund anzuerkennen ist demgegenüber die Veräußerung der Beteiligung durch das herrschende Unternehmen (str.)[71], die Verschlechterung der Ertragslage der Gesellschaft[72] oder die bessere Verwertbarkeit nach dem Wegfall des Unternehmensvertrages.[73]

34 cc) **Erklärungszuständigkeit, Zustimmungsbeschluss, Form.** Die **Kündigungserklärung** – eine einseitige empfangsbedürftige Willenserklärung gem. § 130 BGB – ist vom jeweiligen Vertragsteil abzugeben. Die GmbH wird dabei durch ihre Geschäftsführer vertreten (§ 35 GmbHG). Für den anderen Vertragsteil hat das jeweils zuständige Vertretungsorgan zu handeln. Die Kündigung bedarf eines Beschlusses der Gesellschafter der abhängigen GmbH, wobei die gleichen Voraussetzungen wie für den Abschluss des Vertrages eingehalten werden müssen (s. oben im Einzelnen Rdn. 31). Den Mehrheitsgesellschafter der abhängigen Gesellschaft trifft insoweit kein Stimmverbot (s. oben Rdn. 31). Hinsichtlich der Anforderungen der Beschlussfassung seitens der herrschenden Gesellschaft ist entscheidend, ob es sich für sie als außergewöhnliche Maßnahme handelt, soweit es sich bei letzterer um eine GmbH handelt (für die AG gilt § 76 AktG, s. oben Rdn. 32). Die Kündigung kann nicht von der Zustimmung Dritter abhängig gemacht werden (streitig).[74] Hinsichtlich der Form der Kündigung verlangt § 297 AktG **Schriftform** (§ 126 BGB), was über die analoge Anwendung des § 297 AktG auch für die GmbH gilt.

6. Folgen der Kündigung

35 Durch die Kündigung wird der Beherrschungsvertrag beendet. Der **Eintragung im Handelsregister** kommt insoweit nur **deklaratorische Bedeutung** zu. Die erfolgte Kündigung begründet indessen die Pflicht zur Anmeldung der Änderung bei dem zuständigen Handelsregister. Endet der Beherrschungsvertrag während des Geschäftsjahres, besteht die **Verlustausgleichspflicht** für den entsprechenden zeitanteiligen Jahresfehlbetrag. Auch der Ausgleich – soweit existent – ist zeitanteilig zu begleichen. Gläubiger können gem. § 303 AktG analog **Sicherheitsleistung** verlangen. Mit Beendigung des Beherrschungsvertrages geht die Leitungsmacht unter. Zu der Frage, wie mit Verträgen zu verfahren ist, die während der Dauer des Beherrschungsvertrages zwischen den Parteien abgeschlossen worden sind und zu einer im Konzerninteresse liegenden Benachteiligung der abhängigen GmbH führen, besteht noch keine Recht-

---

70 BGHZ 122, 211 = NJW 1993, 1976; OLG Frankfurt, AG 2008, 826; KG AG 2009, 30, 34; OLG München WM 2009, 1038, 1042; a.A. LG Ingolstadt AG 1991, 24, 25; s. hierzu auch *Hüffer*, AktG, § 297 Rn. 8.

71 OLG Düsseldorf, AG 1995, 137, 138; LG Duisburg, AG 1994, 379 f.; LG Frankenthal AG 1989, 253, 254; *Emmerich/Habersack*, Konzernrecht, § 32 Rn. 43; *Hüffer*, AktG, § 297 Rn. 7; a.A. LG Bochum, ZIP 1986, 1386; *Krieger/Jannott*, DStR 1995, 1473, 1476.

72 *Koppensteiner*, in: KK-AktG, § 297 Rn. 18.

73 BGH, AG 2011, 668, 669.

74 *Hüffer*, AktG, § 297 Rn. 19; *Timm*, in: FS Kellermann, 1991, S. 461, 474 f.

sprechung. Richtigerweise muss der Gesellschaft ein Rücktritts- oder Kündigungsrecht zustehen; ggf. muss sie sich auch auf eine Anpassung des Vertrages an die geänderten Umstände berufen können.[75] Eine weitergehende Verpflichtung dahingehend, dass die herrschende Gesellschaft nach Aufhebung des Vertrages eine Art. **Wiederaufbauhilfe** leisten müsste, besteht nach zutreffender Ansicht nicht.[76]

36 a) **Aufhebung.** Der Beherrschungsvertrag kann durch **vertragliche Aufhebung** beendet werden. Dies setzt übereinstimmende Willenserklärungen der Vertragsparteien voraus. Die Aufhebung bedarf eines Beschlusses der Gesellschafter der abhängigen GmbH, wobei die gleichen Voraussetzungen wie für den Abschluss des Vertrages eingehalten werden müssen (s. oben im Einzelnen Rdn. 31). Den Mehrheitsgesellschafter der abhängigen Gesellschaft trifft insoweit kein Stimmverbot (s. oben Rdn. 31). Hinsichtlich der Anforderungen der Beschlussfassung seitens der herrschenden Gesellschaft ist entscheidend, ob sich die Aufhebung für es als außergewöhnliche Maßnahme darstellt, soweit es sich bei diesem um eine GmbH handelt (für die AG gilt § 76 AktG, s. oben Rdn. 32). Der Aufhebungsvertrag bedarf der **Schriftform** (§ 296 Abs. 1 S. 3 AktG analog). Entsprechend § 296 Abs. 1 S. 1 AktG ist eine Aufhebung nur zum Ende des Geschäftsjahres der verpflichteten Gesellschaft oder des sonst vertraglich bestimmten Abrechnungszeitraumes möglich. Eine rückwirkende Aufhebung ist gem. § 296 Abs. 1 S. 2 AktG analog nicht zulässig.[77]

37 Mit Eintritt des vereinbarten Aufhebungszeitpunkts enden die beherrschungsvertraglichen Bindungen. Die Eintragung in das **Handelsregister** hat nur **deklaratorische** Wirkung. Jedoch besteht eine Pflicht zur Anmeldung entsprechend § 298 AktG. Die Pflicht zur **Sicherheitsleistung** analog § 302 AktG (s. auch Rdn. 24) entsteht mit dem Beendigungszeitpunkt.[78] Der Ausgleichsanspruch analog § 304 AktG, soweit einschlägig, setzt sich bis zum Beendigungszeitpunkt fort (s. hierzu Rdn. 19). Ggf. gewährte Abfindungsleistungen sind nicht zurückzugewähren.[79] Eine weitergehende Verpflichtung dahingehend, dass die herrschende Gesellschaft nach Aufhebung des Vertrages eine Art. **Wiederaufbauhilfe** leisten müsste, besteht nach zutreffender Ansicht nicht.[80]

---

75 S. im Einzelnen *H. Wilhelm*, Die Beendigung des Beherrschungs- und Gewinnabführungsvertrages, S. 57 ff.; *Koppensteiner*, in: KK-AktG, § 297 Rn. 64.

76 *Hüffer*, AktG, § 296 Rn. 9; *Koppensteiner*, in: KK-AktG, § 297 Rn. 63 f. mit zahlreichen weiteren Nachweisen; *Priester*, ZIP 1989, 1301, 1305; a.A. *H. Wilhelm*, Beendigung des Beherrschungs- und Gewinnabführungsvertrages, S. 120; *Martens*, Die existenzielle Wirtschaftsabhängigkeit, S. 42 ff.; s. auch OLG Düsseldorf, AG 1990, 490, 492.

77 *Emmerich/Habersack*, Konzernrecht, § 32 Rn. 47.

78 *Koppensteiner*, in: KK-AktG, § 296 Rn. 17.

79 *Hüffer*, AktG, § 296 Rn. 9; *Koppensteiner*, in: KK-AktG, § 296. Rn. 17; *Altmeppen*, in: MünchKommAktG, § 296 Rn. 40.

80 *Hüffer*, AktG, § 296 Rn. 9; *Koppensteiner*, in: KK-AktG, § 297 Rn. 63 f. mit zahlreichen weiteren Nachweisen; *Priester*, ZIP 1989, 1301, 1305; a.A. *H. Wilhelm*, Beendigung des Beherrschungs- und Gewinnabführungsvertrages, S. 120; *Martens*, Die existenzielle Wirtschaftsabhängigkeit, S. 42 ff.; s. auch OLG Düsseldorf, AG 1990, 490, 492.

b) **Weiterte Beendigungsgründe.** Der Unternehmensvertrag kann auch auf andere Weise, ohne dass weitere Maßnahmen erforderlich wären, enden. Hierzu zählt Zeitablauf bei **befristeten Verträgen**, die Auflösung eines Vertragsteils etwa durch **Insolvenz (im Einzelnen streitig)**[81], die **Verschmelzung** oder **Eingliederung** der beherrschten Gesellschaft[82] oder ein **kartellrechtliche Verbot.**[83] Ein **Rücktrittsrecht** vom Beherrschungsvertrag nach den gesetzlichen Regelungen besteht nach der ganz h.M. in der Rechtsprechung nur bis der Unternehmensvertrag in Vollzug gesetzt wird[84]; anschließend kann der Vertrag nur aus wichtigem Grund gekündigt werden (s. hierzu Rdn. 29). Entscheidend ist insoweit beim Beherrschungsvertrag die Eintragung in das Handelsregister. Ein **vertraglicher Rücktrittsvorbehalt** ist ebenso zu behandeln. Auch er ist nur zulässig, wenn er sich auf die Zeit bis zur Eintragung in das Handelsregister bezieht.[85] Jedoch kann der Rücktrittsgrund als wichtiger Grund zur Kündigung des Vertrages aufzufassen sein.[86] Ob der **Wegfall der Unternehmenseigenschaft** bei dem anderen Vertragsteil zur Beendigung des Vertrages führen kann, ist streitig[87] und davon abhängig, welche Anforderungen an das Unternehmen i.S.v. § 291 AktG gestellt werden. Mit Blick auf den Sinn und Zweck der unternehmensvertraglichen Regelungen dürfte eine Vertragsbeendigung anzunehmen sein. Bezweifelt wird zudem, ob der Vertrag mit der nachträglichen Beteiligung eines neuen außenstehenden Gesellschafters analog § 307 AktG endet.[88] Diese Frage, die bei der GmbH in der Praxis nur selten von Bedeutung sein wird, ist im Ergebnis nur dann zu bejahen, soweit der Auffassung gefolgt wird, dass zum Abschluss des Vertrages nicht alle Gesellschafter zustimmen müssen (s. Rdn. 16), da in diesem Fall der durch das AktG verfolgte Sicherungszweck auch bei der GmbH einschlägig ist. **38**

7. Fehlerhafter Vertrag

Fehlt einem Unternehmensvertrag ein Wirksamkeitserfordernis, wendet die höchstrichterliche Rechtsprechung die Regeln über die **fehlerhafte Gesellschaft** an.[89] Folge **39**

---

81 BGHZ 103, 1, 6 = NJW 1988, 1326 (Familienheim); BayObLG, ZIP 1998, 1872; *Hüffer*, AktG, § 296 Rn. 22; abstellend auf die gerichtl. Bestätigung des Insolvenzplans mit Liquidationsregelung, *Kley*, Die Rechtsstellung der außenstehenden Aktionäre, 216; *Hengeler/Hoffmann-Becking*, in: FS Hefermehl, 1976, 283, 298; s. aber a.A. *Koppensteiner*, in: KK-AktG § 297 Rn. 44 f. m.w.N.

82 LG Mannheim, AG 1995, 89; *Koppensteiner*, in: KK-AktG, § 295 Rn. 51 m.w.N.

83 *Koppensteiner*, in: KK-AktG, § 296 Rn. 49 f.; s. auch *Windbichler*, Unternehmensverträge und Zusammenschlusskontrolle S. 26 f. m.w.N.

84 *Hüffer*, AktG, § 297 Rn. 23; *Koppensteiner*, in: KK-AktG, § 297, 14.

85 BGHZ 122, 211, 225 f. = NJW 1993, 1976 (SSI); LG Ingoldtst, AG 1991, 24, 26.

86 *Koppensteiner*, in: KK-AktG, § 296 Rn. 15.

87 Dafür: *Koppensteiner*, in: KK-AktG, § 296 Rn. 49 f.; dagegen: *Hüffer*, AktG, § 291 Rn. 8 m.w.N.

88 *Altmeppen*, in: Roth/Altmeppen, GmbHG, Anh. § 13 Rn. 95; s. zu dem ganzen auch *Priester*, in: FS Peltzer, 2001, S. 327.

89 BGHZ 103, 1, 4 f.; BGHZ 116, 37, 39 f.; BGH, ZIP 2002, 35, 36; OLG Oldenburg, NZG 2000, 1138, 1139, mit Anm. *Fleischer/Rentsch*.

hiervon ist, dass der Unternehmensvertrag für die Vergangenheit als wirksam behandelt wird. Von dem Fehlen eines solchen Wirksamkeitserfordernisses ist der BGH in der Entscheidung Familienheim[90] bei dem Fehlen des Zustimmungsbeschlusses, der nicht in das Handelsregister eingetragen war, ausgegangen. Weitere Wirksamkeitsmängel können bspw. Formfehler (§ 125 BGB) oder eine Anfechtung (§§ 119 ff. BGB) auf Seiten der beherrschten GmbH sein, ebenso wie Beschlussmängel oder Formmängel auf Seiten der herrschenden Gesellschaft (s. zu den Erfordernissen Rdn. 14 ff.). Weitere Voraussetzungen für die Anwendung der Regel über die fehlerhafte Gesellschaft sind, dass die Vertragsparteien einen wirksamen Vertragsschluss wollten[91] und der Vertrag zudem in Vollzug gesetzt worden ist. Für letzteres muss neben dem jedenfalls genügenden Verlustausgleich[92] jede weitere typische Handlung aufgrund des Vertrages ausreichen (z.B. Weisungen § 308 AktG analog oder Gewinnabführung).[93] Inwieweit weiter vorausgesetzt wird, dass der Beherrschungsvertrag in das Handelsregister eingetragen worden ist, ist streitig;[94] Die besseren Gründe sprechen dafür, eine Eintragung für die entsprechende Anwendung der Regeln über die fehlerhafte Gesellschaft nicht für notwendig zu erachten.

40 Folge der Anwendung der Grundsätze über die fehlerhafte Gesellschaft ist, dass der Vertrag als **wirksam behandelt wird**, bis sich einer der Vertragsparteien auf die **Nichtigkeit beruft** (nur zukünftige Geltendmachung der Nichtigkeit), was auch durch eine **Kündigung aus wichtigem Grund** erfolgen kann.[95] Demzufolge sind während der Dauer des fehlerhaften Vertrags Verlustausgleichsleistungen gem. § 302 AktG analog bzw. – soweit vereinbart – Ausgleichs- oder Abfindungszahlungen gem. §§ 304 f. AktG zu leisten.

41 Die Parteien können sich, solange es nicht zu einer Heilung des Mangels gekommen ist, auf die **Unwirksamkeit des Vertrages** berufen oder diesen durch **Kündigung aus wichtigem Grund** beenden. Insoweit reicht die Erklärung durch eine der Parteien

---

90 BGHZ 103, 1, 4 f. = NJW 1988, 1326; BGHZ 105, 168, 182 = NJW 1988, 3143 (HSW); BGHZ 116, 37, 39; BGHZ 116, 37, 39 = NJW 1992, 505 (Stromlieferung); OLG Koblenz AG 1991, 142; OLG München, AG 1991, 358, 361; OLG Oldenburg, NZG 2000, 1138, 1139; LG Ingolstadt AG 1991, 24, 25.

91 LG München, ZIP 2008, 242, 243 (HBV/Uni Credit).

92 BGHZ 103, 1, 4 f. = NJW 1988, 1326, 1327 (Familienheim); BGHZ 116, 37, 39; BGHZ 116, 37, 39 = NJW 1992, 505 (Stromlieferung).

93 *Weller*, in: Bork/Schäfer, GmbHG, Anh. § 13 Rn. 40.

94 Als nicht erforderlich ansehend: BGHZ 116, 37, 39 f. = NJW 1992, 505 (Stromlieferung); NJW 2002, 822, 823; BGH, ZIP 2005, 252; *Emmerich/Habersack*, Konzernrecht, § 32 Rn. 29; a.A. *Servatius*, in: Michalski, GmbHG, Syst. Darst. 4, Rn. 245; *Zöllner*, in: Baumbach/Hueck, GmbHG, SchlAnhKonzernR, Rn. 60; *Liebscher*, GmbH-Konzernrecht, Tz. 622; *Emmerich*, in: Scholz, GmbHG, Anh. § 13 Rn. 173; *Weller*, in: Bork/Schäfer, GmbHG, Anh. § 13 Rn. 40.

95 BGH, NZG 2005, 361, 262; BGH, ZIP 2002, 35, 36; BGHZ 103, 1, 4 f. = NJW 1988, 1326 (Familienheim); BGHZ 116, 37, 39 = NJW 1992, 505 (Stromlieferung).

des Vertrages aus.[96] Zuständig für die Beendigung des unzureichenden Zustandes ist vorrangig der Geschäftsführer der GmbH (§ 37 GmbHG). Er ist verpflichtet, sich gegenüber der GmbH auf die Unwirksamkeit des Vertrages zu berufen. Bei dem Unterlassen eines Tätigwerdens des Geschäftsführers ist eine Notzuständigkeit der Gesellschafter entsprechend § 744 Abs. 2 BGB zu bejahen.[97]

II. Gewinnabführungsvertrag

42 Ebenso kann eine GmbH Partner eines **Gewinnabführungsvertrages** als untergeordnete Gesellschaft sein. Charakteristisches Merkmal eines solchen Gewinnabführungsvertrages ist, dass sich die betreffende GmbH verpflichtet, ihren gesamten Gewinn, d.h. den Bilanzgewinn, der ohne Gewinnabführungsvertrag bestünde, an das (herrschende) Unternehmen abzuführen (§ 291 Abs. 1 S. 1 2. Alt. AktG analog). Teilweise werden Beherrschungs- und Gewinnabführungsvertrag zusammen abgeschlossen. In diesem Fall kommen die §§ 302 ff. AktG – wie oben zum Beherrschungsvertrag beschrieben (Rdn. 21 ff.) – auf die GmbH zur Anwendung. Möglich und heute häufiger anzutreffen[98] ist der Abschluss eines Gewinnabführungsvertrages ohne Beherrschungsvertrag. In dem Fall eines solchen **isolierten Gewinnabführungsvertrages** kommen die §§ 302 bis 307 AktG in entsprechender Weise zur Anwendung; nicht zur Anwendung gelangt indessen § 308 AktG, da der Gewinnabführungsvertrag kein Weisungsrecht begründet. In der Praxis sind solche isolierten Gewinnabführungsverträge häufig anzutreffen, da sie allein ausreichend sind, um ein **körperschaftsteuerliches Organschaftsverhältnis** nach den §§ 17, 14 KStG zu begründen und so das Einkommen der Organgesellschaft dem Organträger zuzurechnen.[99] Nur die Obergesellschaft ist dann Steuerschuldner.

1. Abschluss des Gewinnabführungsvertrages

43 Der Abschluss eines Gewinnabführungsvertrages führt zu einer Änderung des Zwecks der Gesellschaft (§ 33 BGB), da ihr Ziel nicht mehr die Gewinnerzielung im Gesellschaftsinteresse ist, sondern vielmehr diejenige im Sinne des herrschenden Unternehmens. Dementsprechend ist im Hinblick auf die untergeordnete GmbH ein **Zustimmungsbeschluss aller Gesellschafter** erforderlich[100] (h.M., s. auch Rdn. 16; s. dort auch zur abweichenden Meinung, die eine Dreiviertel-Mehrheit ausreichen lassen will). Seitens des herrschenden Unternehmens ist ein **Beschluss der Gesellschafter** mit einer **qualifizierten Mehrheit** von ¾ erforderlich.[101] Anders als der Beherrschungsver-

96 BGH, NJW 2002, 822, 823.
97 *Emmerich/Habersack*, Konzernrecht, § 32 Rn. 29.
98 *Emmerich/Habersack*, Konzernrecht, § 32 Rn. 48; *Casper*, in: Ulmer/Habersack/Winter, GmbHG, Anh. § 77 Rn. 180.
99 S. ausführlich *Wrede/Busch*, in: MünchHdbGesR, Band III, § 72.
100 *Emmerich*, in: Scholz, GmbHG, Anh. § 13 Rn. 291; *Emmerich/Habersack*, Konzernrecht § 32 Rn. 49.
101 *Emmerich*, in: Scholz, GmbHG, Anh. § 13 Rn. 201.

trag kann der Gewinnabführungsvertrag auch mit Rückwirkung abgeschlossen werden (zum Inhalt s. auch Rdn. 42).

2. Gewinnabführung

44 Besteht durch Vertrag eine Pflicht zur Gewinnabführung, ist für die GmbH fraglich, ob § 301 AktG entsprechend anzuwenden ist. Nach dieser Regelung zur Ermittlung des abführbaren Gewinns ist vom Jahresüberschuss auszugehen, wie er sich ohne eine Pflicht zur Gewinnabführung ergäbe, wobei von diesem Betrag gem. § 301 S. 1 AktG die Verlustvorträge aus dem Vorjahr sowie die Beträge, die in die gesetzliche Rücklage nach § 300 AktG einzustellen sind, abzuziehen sind. Die Vorschrift zur gesetzlichen Rücklagenbildung nach § 300 AktG gilt für die GmbH nicht, so dass auch die in § 301 AktG vorgesehen Beschränkung für die GmbH gegenstandslos ist.[102] Demgegenüber kommt der vorgeschriebene Abzug des Verlustvortrages auch bei der GmbH zur Anwendung.[103] Die weitere Frage, ob eine Abführung von Beträgen aus der **Auflösung von anderen Gewinnrücklagen**, die vor Vertragsbeginn gebildet wurden, zulässig ist, ist in der Literatur umstritten, auch wenn diese Frage in der Praxis nur selten eine Rolle spielen wird, da bei **Begründung einer steuerlichen Organschaft** die Anwendung der Regelungen der §§ 301 und 302 AktG im Vertrag festgeschrieben sein muss, mit der Folge, dass vorvertragliche Gewinnrücklagen nicht ausgeschüttet werden können.[104] Für den seltenen Fall, dass keine Organschaft angestrebt wird, stehen sich zwei Meinungen gegenüber, wonach die erste die Zulässigkeit der Ausschüttung vorvertraglicher Gewinnrücklagen in der Mehrpersonengesellschaft, wenn nicht alle Gesellschafter zustimmen, verneint[105], während die zweite eine solche zulässt.[106] Zu folgen ist ersterer Auffassung, da dies den gesetzlichen Vorgaben des Gewinnabführungsvertrages entspricht und nicht angenommen werden kann, dass ein stillschweigender Verzicht vorliegt. Bei der **Einpersonengesellschaft** bestehen hingegen keine Bedenken gegen die Auflösung, da der Gläubigerschutz über die §§ 30, 31 hergestellt wird.[107]

45 Demgegenüber können Beträge, die **während der Laufzeit** des Gewinnabführungsvertrages in **andere Gewinnrücklagen** eingestellt worden sind, entnommen und als Gewinn abgeführt werden (§ 301 Abs. 1 S. 2 AktG analog). Ein während der Laufzeit vorgetragener Gewinn darf analog § 301 S. 2 AktG dem Jahresüberschuss für die Berechnung des abzuführenden Gewinns zugerechnet werden. Sonstige Gewinnrücklagen können im Hinblick auf die Gewinnabführung nicht berücksichtigt werden.

---

102 *Hoffmann-Becking*, WIB 1994, 57, 61.

103 *Koppensteiner*, in: Rowedder/Schmidt-Leithoff, GmbHG, Anh. § 52 Rn. 65.

104 *Hoffmann-Becking*, WIB 1994, 57, 61.

105 *Liebscher*, GmbH-Konzernrecht, Tz. 732; *Altmeppen*, in: MünchKommAktG, § 301 Rn. 11.

106 Dafür: *Emmerich*, in: Scholz, GmbHG, Anh. § 13 Rn. 204; *Casper*, in: Ulmer/Habersack/Winter, GmbHG, Anh. § 77 Rn. 209.

107 S. *Emmerich*, in: Scholz, GmbHG, Anh. § 13 Rn. 206.

46 Eine weitere Grenze für die Gewinnabführung, welche in den GmbH-rechtlichen **Kapitalerhaltungsvorschriften** bestand, ist durch das MoMiG, namentlich § 30 Abs. 1 S. 2 GmbHG) abgeschafft worden[108], was insbesondere in Konzernen, welche einem cash-pooling nachgehen, zu Erleichterungen führen kann (s. oben Rdn. 13).

3. Folgen

47 Die §§ 302 und 303 AktG, welche die Verpflichtung zur **Verlustübernahme** und zur **Sicherheitsleistung** gegenüber der herrschenden Gesellschaft begründen, sind sowohl bei Bestehen von Beherrschungs- und Gewinnabführungsverträgen in Kombination als auch bei insolierten Gewinnabführungsverträgen anwendbar, wenn es sich bei der untergeordneten Gesellschaft um eine GmbH handelt.[109] Ist nur ein isolierter Gewinnabführungsvertrag abgeschlossen worden, bleiben die Regeln zum Schutz der Minderheit anwendbar, welche die Rechtsprechung im Hinblick auf die faktischen Konzernverhältnisse entwickelt hat (s. im einzelnen Rdn. 50 ff.).

4. Andere Unternehmensverträge

48 Die in § 292 AktG niedergelegten Regeln über die anderen Unternehmensverträge, namentlich die Gewinngemeinschaft, der Teilgewinnabführungsvertrag und der Betriebsführungsvertrag finden im GmbH Recht Anwendung.[110] Im Hinblick auf die **Gewinngemeinschaft** verpflichtet sich die GmbH, ihren Gewinn (bzw. den Gewinn einzelner ihrer Betriebe) ganz oder zum Teil mit dem Gewinn anderer Unternehmen zur Aufteilung eines gemeinschaftlichen Gewinns zusammenzulegen. Bei Beteiligung einer GmbH ist streitig, ob der Vertragsabschluss der Zustimmung der Gesellschafter der GmbH nebst anschließender Eintragung in das Handelsregister bedarf oder ob er von der Vertretungsmacht des Geschäftsführers abgedeckt ist.[111] Zuzustimmen ist ersterer Auffassung, nachdem mit solchen Verträgen große Gefahren verbunden sind. Hinsichtlich der erforderlichen Mehrheit des Zustimmungsbeschlusses herrscht ebenfalls Streit. Zu unterscheiden ist nach zutreffender Ansicht, ob die GmbH abhängig ist oder nicht. Ist sie abhängig, bedarf es wegen § 33 BGB der Zustimmung aller Gesellschafter; ist sie nicht abhängig, ist eine qualifizierte Mehrheit ausreichend.[112]

49 Die Regelungen zum **Teilgewinnabführungsvertrag**, durch den sich eine GmbH verpflichtet, nur einen Teil des Gewinns oder den einzelner ihrer Betriebe ganz oder zum Teil abzuführen, sind ebenfalls auf die GmbH anwendbar. Schließlich sind auch die Regeln zum **Betriebspachtvertrag** (§ 292 Abs. 1 Nr. 3 Alt. 1 AktG), durch den die

108 *Emmerich/Habersack*, Konzernrecht, § 32 Rn. 51.

109 *Emmerich/Habersack*, Konzernrecht, § 32 Rn. 51.

110 LG Berlin, ZIP 1991, 1180, 1182; *Emmerich*, in: Scholz, GmbHG, Anh. § 13 Rn. 212 f.; *Servatius*, in: Michalski, GmbHG, Syst. Darst. 4, Rn. 312; *Casper*, in: Ulmer/Habersack/Winter, GmbHG, Anh. § 77 Rn. 205.

111 *Altmeppen*, in: Roth/Altmeppen, GmbHG, § 13 Anh. Rn. 112.

112 *Emmerich/Habersack*, Konzernrecht, § 32 Rn. 53.

GmbH den Betrieb ihres Unternehmens an einen anderen verpachtet, auf die GmbH anwendbar. Gleiches gilt für den **Betriebsüberlassungsvertrag** gem. § 292 Abs. 1 Nr. 3 Alt. 2 AktG, bei dem die vertragliche Verpflichtung nicht in der Pacht, sondern in einer anderweitigen Überlassung des Betriebes besteht. Im Rahmen letzterer existieren u.a. Abweichungen bei der Kündigung, da insoweit befristete außerordentliche Kündigungen möglich sind.[113]

D. Schutzsystem bei faktischer Abhängigkeit der GmbH

I. Einführung

50 Von einer faktischen Abhängigkeit einer GmbH ist nach den Begrifflichkeiten des GmbH-Konzernrechts auszugehen, wenn eine GmbH von einem anderen **Unternehmen** abhängig ist, und zwar ohne dass ein Beherrschungsvertrag besteht. Im Hinblick auf den **Unternehmensbegriff** gilt im GmbH-Recht der zum Aktienrecht entwickelte, so dass Unternehmen jeder Gesellschafter ohne Rücksicht auf seine Rechtsform ist, wenn er neben der Beteiligung an der GmbH anderweitige wirtschaftliche Interessenbindungen aufweist, die nach Art und Intensität die ernsthafte Sorge begründen, dass er wegen dieser Bindungen seinen aus der Mitgliedschaft folgenden Einfluss auf die GmbH nachteilig ausüben könne.[114] Der **Abhängigkeitsbegriff** ergibt sich aus § 17 AktG, mit der Folge dass von einer Abhängigkeit der GmbH auszugehen ist, wenn das andere Unternehmen unmittelbar oder mittelbar einen beherrschenden Einfluss ausüben kann.[115] Jedoch sind die Folgen der faktischen Abhängigkeit bei der GmbH von derjenigen der AG zu unterscheiden. Nach allgemeiner Auffassung führt die faktische Abhängigkeit bei der GmbH als untergeordneter Gesellschaft nicht zur Anwendung der §§ 311 ff. AktG; vielmehr hat die Rechtsprechung für die faktisch abhängige SE ein zweistufiges Modell entwickelt, welches zwischen **Konzerneingangskontrolle** (s. Rdn. 51 ff.) und **Schranken der Einflussnahme** (**Schädigungsverbot**, s. Rdn. 60 ff.) und Haftung für **existenzvernichtende Eingriffe**, s. Rdn. 66 ff.) unterscheidet. Das Schädigungsverbot und die Haftung für existensvernichtende Eingriffe sind keine spezifischen Instrumente des Rechts der verbundenen Unternehmen, sondern folgen bereits aus allgemeinen Grundsätzen; sie erfordern deshalb nicht das Vorliegen eines Unternehmens bzw. das Vorliegen der Abhängigkeit (s. sogleich Rdn. 60, 75), auch wenn diese tatsächlich häufig gegeben sein dürften.

---

113 S. im Einzelnen *Hüffer*, AktG, § 297 Rn. 9.

114 BGHZ 69, 334, 336 = NJW 1978, 104; BGHZ, 74, 359, 364 f. = NJW 1979, 2401; BGHZ 80, 69, 72 = NJW 1981, 1512; BGHZ 95, 330, 337 = NJW 1986, 188; BGHZ 135, 107, 113 = NJW 1997, 1855; BGH, NJW 2001, 2973, 2974; s. im Einzelnen *Hüffer*, AktG, § 15 Rn. 8 m.w.N.

115 S. zu den Einzelheiten, *Hüffer*, AktG, § 17 Rn.4 ff.

II. Konzerneingangskontrolle

51 Die Konzerneingangskontrolle befasst sich vor diesem Hintergrund vor allem mit der Frage, welche Maßnahmen vor Eintritt der Abhängigkeit greifen, um dieser begegnen zu können. Hier ist zwischen statutarischen Vorkehrungen (s. Rdn. 53), der materiellen Beschlusskontrolle (im Einzelnen streitig, s. Rdn. 54 f.), Wettbewerbsverboten (s. Rdn. 57) und Mitteilungspflichten (s. Rdn. 56) zu unterscheiden.

1. Anfälligkeit der GmbH für Abhängigkeitssituationen

52 Wie bereits eingangs dargelegt, ist die GmbH wegen ihrer Organisation, die dadurch gekennzeichnet ist, dass über die Gesellschafterversammlung als oberstes Organ Weisungen an den Geschäftsführer gegeben werden können, besonders geeignet für eine Einbindung in einen faktischen Konzern. Indessen steigt für die Minderheitsgesellschafter das Gefährdungspotential bei dem Vorliegen von Abhängigkeit, da der Mehrheitsgesellschafter über die Weisungsmöglichkeit in der Gesellschafterversammlung Einfluss auf die Geschäftsführung ausüben kann und die abhängige GmbH tatsächlich auf eine an seinen Interessen ausgerichtete Konzernpolitik verpflichten kann. Daher besteht bei einem solchen Zustand die Gefahr, dass das herrschende Unternehmen auch zum Nachteil der GmbH von seiner Möglichkeit Gebrauch macht. Die Ursachen für das Entstehen dieser Abhängigkeit bei einer bisher nicht beherrschten GmbH bestehen vor allem im Anteilserwerb (ein Unternehmergesellschafter erwirbt eine weitere Beteiligung an der GmbH und damit die Mehrheit[116] oder ein neuer Unternehmergesellschafter tritt ein), dem Erlangen der Unternehmenseigenschaft (ein einfacher Mehrheitsgesellschafter nimmt eine wirtschaftliche Tätigkeit auf und wird Unternehmen[117]) oder dem Wegfallen eines Wettbewerbsverbots (s. Rdn. 57).[118]

53 a) **Statutarische Vorkehrungen.** Um den Eintritt dieser besonderen Gefahrenlage zu verhindern, stehen den Minderheitsgesellschaftern verschiedene Möglichkeiten zu. Zunächst können in die Satzung Regelungen aufgenommen werden, die den Eintritt einer Abhängigkeitssituation erschweren bzw. ausschließen. In der Praxis als besonders wirksam hat sich eine **Vinkulierung der Anteile** erwiesen, durch welche die Übertragung von Anteilen an die Zustimmung der Gesellschaft gebunden wird (§ 15 Abs. 5; zur Möglichkeit statt der Zustimmung der Gesellschaft diejenige der Gesellschafter in der Satzung vorzusehen, s. § 15 Rdn. 54). Da der übertragungswillige Gesellschafter insoweit nicht gem. § 47 Abs. 4 vom Stimmrecht ausgeschlossen ist, kann es sich anbieten, die Anteilsübertragung von der Zustimmung aller Gesellschaf-

---

116 BGH, ZIP 2008, 1872 = NJW-RR 2008, 1722.

117 BGH, NJW 1981, 1512, 1513.

118 S. *Lutter*, in: Lutter/Hommelhoff, GmbHG, Anh. § 13 Rn. 16; *Lutter/Timm*, NJW 1982, 407, 411; *Raiser*, in: FS Stimpel, 1985, S. 855; *Zöllner*, in: Baumbach/Hueck, GmbHG, SchlAnhKonzernR, Rn. 68; *Koppensteiner*, in: Rowedder/Schmidt-Leithoff, GmbHG, Anh. § 52 Rn 31 ff.; *Weller*, in: Bork/Schäfer, GmbHG, Anh. § 13 Rn. 42; *Binnewies*, Konzerneingangskontrolle in der abhängigen Gesellschaft, S. 143 ff.

ter abhängig zu machen oder ein Stimmverbot für den veräußernden und erwerbenden Gesellschafter vorzusehen.[119] Neben der Vinkulierung können **Abtretungspflichten** (im Erbfall), **An- und Vorkaufsrechte**, **Höchst- und Mehrfachstimmrechte**, **Ausschlussrechte** gegenüber fremden Unternehmergesellschaftern oder **Wettbewerbsverbote** in die Satzung eingeführt werden. Sieht die Satzung keine Regelungen zu der Frage vor, in welchen Fällen einem Gesellschafter Befreiung von einer statutarischen Vorkehrung zur Erschwerung der Abhängigkeit erteilt werden kann, ist zur Befreiung eine Satzungsänderung erforderlich (§ 53 GmbHG), wobei der Beschluss der materiellen Beschlusskontrolle (s. unter Rdn. 54 f.) zugänglich ist. Auch können die Stimmverbote des § 47 Abs. 4 bei der Befreiung von Satzungserfordernissen eine Rolle spielen (bei Befreiung vom Konkurrenzverbot Ausschluss des betroffenen Gesellschafters vom Stimmrecht).[120]

54 **b) Materielle Beschlusskontrolle.** Ist Voraussetzung für den Eintritt der Abhängigkeit ein Beschluss der Gesellschafter der abhängigen Gesellschaft (z.B. durch Aufhebung von Satzungsinstrumenten, die dem Konzerneingangsschutz dienen, s. Rdn. 53), können die Minderheitsgesellschafter gegen einen zustimmenden Beschluss im Wege der **Anfechtungsklage** vorgehen. Insoweit stellt sich die Frage nach einer **materiellen Beschlusskontrolle** durch die Gerichte. Der BGH hat in seiner Entscheidung *Süssen* im Hinblick auf einen Beschluss zur Befreiung von einem satzungsmäßigen Wettbewerbsverbot, das zugleich in die Abhängigkeit von einem Wettbewerber führte, festgestellt, dass ein solcher Beschluss grundsätzlich rechtwidrig ist.[121] Begründet hat der Bundesgerichtshof die Einziehung dieser Schranke damit, dass aufgrund der Herrschaftsmöglichkeit eine starke Gefahr für die Leistungs- und Wettbewerbsfähigkeit und damit den Bestand der abhängigen Gesellschaft entstehe. Streitig ist, ob diese Rechtsprechung auch auf andere Fälle von Beschlüssen anwendbar ist, die zwar zu einer Abhängigkeit führen, jedoch nicht von einem Konkurrenzunternehmen. Die h.M. bejaht dies unter Hinweis auf die allgemein aus der Abhängigkeit resultierende Gefahrenlage[122], während zum Teil ein Schutz der Minderheitsgesellschafter durch Stimmrechtsausschluss nach § 47 IV GmbHG als ausreichend angesehen bzw. das Konzept der Beschlusskontrolle als nicht ausreichend kalkulierbarer Faktor angesehen

---

119 *Zöllner*, in: Baumbach/Hueck, GmbHG, SchlAnhKonzernR Rn. 94; *Lutter*, in: Lutter/Hommelhoff, GmbHG, Anh. § 13 Rn. 18.

120 BGH, NJW 1981, 1512, 1513 (Süssen).

121 BGH, NJW 1981, 1513, 1514 = BGHZ 80, 69 (Süssen).

122 *Lutter*, in: Lutter/Hommelhoff, GmbHG, Anh. § 13 Rn. 19; *Casper*, in: Ulmer/Habersack/Winter, GmbHG, Anh. 77 Rn. 56, 58; *Emmerich/Habersack*, Aktien-und GmbH-Konzernrecht, Anh. § 318 Rn. 12; *Emmerich/Habersack*, Konzernrecht, § 8 Rn. 9; *Decher*, in: MünchHdbGmbH, § 68 Rn. 4; *Binnewies*, Die Konzerneingangskontrolle in der abhängigen Gesellschaft, S. 224 ff.; *Liebscher*, GmbH-Konzernrecht, Tz. 270; *Lutter/Timm*, NJW 1982, 409; *Koppensteiner*, in: Rowedder/Schmidt-Leithoff, GmbHG, Anh. § 52 Rn. 35; zurückhaltend *Emmerich*, in: Scholz, GmbHG, Anh. § 13 Rn. 51 f.

wird.[123] Zu folgen ist ersterer Auffassung. Zu sehen ist zunächst, dass das Stimmverbot des § 47 Abs. IV (wie gerade in der Süssen-Entscheidung) zahlreiche Gestaltungen (u.a. nahe stehende Personen des vom Stimmrecht ausgeschlossenen) nicht erfasst und dementsprechend nicht als Ersatz für die Beschlusskontrolle dienen kann. Entscheidend muss vielmehr sein, welche Gefahrenlage sich aus der Abhängigkeit ergibt. Sicherlich war diese aufgrund der Konkurrenztätigkeit des von dem Wettbewerbsverbot zu befreienden Gesellschafters besonders groß und führte nach den Urteilsgründen dazu, dass es an einem Maßstab für eine sachgerechte Maßnahme und damit für die Frage der Benachteiligung fehlte. Jedoch schließt diese dem Urteil zugrunde liegende besonders hohe Gefahrenlage nicht aus, dass auch anders gestaltete Abhängigkeitssituationen (ohne Konkurrenzgesellschafter) eine Gefahr für die abhängige Gesellschaft darstellen. Denn schon die Möglichkeit des herrschenden Unternehmens, per se nachteilige Einflussnahmen durchsetzen zu können, die nicht einzeln insolierbar und daher im Ergebnis nicht in vollem Umfang ausgleichbar sind, stellen eine Gefahrenlage dar, die eine Beschlusskontrolle rechtfertigt.

55 Im Rahmen der Beschlusskontrolle haben die Gerichte nach dem vom BGH entwickelten Maßstab zu untersuchen, ob die Begründung der Abhängigkeit im konkreten Fall durch sachliche Gründe im Interesse der Gesellschaft geboten ist, wobei die Interessen der Beteiligten abzuwägen sind und die Verhältnismäßigkeit von Mittel und Zweck sicherzustellen ist.[124] Dabei ist neben der Frage der **Konkurrenztätigkeit**, die als besonders gefährlich einzustufen ist (s. oben Rdn. 54)[125], u.a. derjenigen nachzugehen, ob die Gesellschaft personalistisch strukturiert ist oder nicht. Denn für ersteren Fall wird zu Recht darauf hingewiesen, dass der gemeinsame Zweckverfolgungswille durch die Abhängigkeitsbegründung gestört werden könnte.[126] Zu berücksichtigen ist ebenfalls das Tätigkeitsgebiet und der Unternehmensgegenstand der Gesellschaft und es ist zu fragen, ob sich mögliche nachteilige Einflussnahmen einfach abgrenzen lassen werden können oder ob das herrschende Unternehmen aufgrund seiner Marktposition von seiner Einflussmöglichkeiten breitflächig Gebrauch machen kann.[127] In letzterem Fall sind die aus der Abhängigkeit resultierenden Gefahren größer, so dass wiederum schwerwiegendere Gründe im Interesse der Leistungs- und Wettbewerbsfähigkeit der Gesellschaft dafür sprechen müssen, sie nicht in die Abhängigkeit führen zu dürfen.

56 c) **Mitteilungspflichten.** Im GmbH-Konzern gelten nicht die aktienrechtlichen Mitteilungspflichten der §§ 20 f. AktG (s. auch Rdn. 8). Jedoch besteht nach h.A.

---

123 *Altmeppen*, in: Roth/Altmeppen, GmbHG, Anh. § 13 Rn. 120; *Servatius*, in: Michalski, GmbHG, System. Darst. 4, Rn. 416.

124 BGH, NJW 1981, 1513, 1524 (Süssen).

125 BGH, NJW 1981, 1513, 1524 (Süssen); *Casper*, in: Ulmer/Habersack/Winter, GmbHG, Anh. § 77 Rn. 60.

126 *Casper*, in: Ulmer/Habersack/Winter, GmbHG, Anh. § 77 Rn. 60.

127 *Lutter*, in: Lutter/Hommelhoff, GmbHG, Anh. § 13 Rn. 19; *Koppensteiner*, in: Rowedder/Schmidt-Leithoff, GmbHG, Anh. § 52 Rn. 33; *Casper*, in: Ulmer/Habersack/Winter, GmbHG, Anh. § 77 Rn. 60.

eine treupflichtbedingte Offenlegungspflicht des herrschenden Unternehmens gegenüber den Mitgesellschaftern im Hinblick auf die Offenlegung ihres Beteiligungsbesitzes und ihrer Beziehung zu anderen Unternehmen, auch ohne vorherige Aufforderung.[128] Hierfür sprechen auch die Entscheidungen des Bundesgerichtshof, nach denen ein GmbH-Gesellschafter grundsätzlich verpflichtet ist, seinen Mitgesellschafter über Vorgänge, die dessen mitgliedschaftliche Vermögensinteressen berühren und ihm nicht bekannt sein können, vollständig und zutreffend zu informieren.[129]

57 d) **Ungeschriebenes Wettbewerbsverbot.** Zudem besteht, jedenfalls bei einem personalistischem Zuschnitt der Gesellschaft,[130] ein ungeschriebenes Wettbewerbsverbot analog § 112 HGB bei einer beherrschenden Stellung eines Gesellschafters in einer mehrgliedriger GmbH, welches sich auch auf mit ihm verbundene Unternehmen erstrecken kann.[131] Hiernach ist es dem herrschenden Mehrheitsgesellschafter untersagt, mit seiner GmbH in Wettbewerb zu treten.[132] Zur Befreiung von dem Wettbewerbsverbot s. Rdn. 53.

e) **Abhängigkeit: Vorlagepflichtige Maßnahme für Gesellschafterversammlung.**

58 Nach den Grundsätzen des GmbH-Rechts haben die Geschäftsführer der Gesellschafterversammlung Maßnahmen, die eine außergewöhnlichen Charakter haben und mit besonderen Risiken verbunden sind, der Gesellschafterversammlung vorzulegen.[133] Zu diesen Maßnahmen zählt die – durch die Satzung gedeckte – Begründung eines Abhängigkeitsverhältnisses[134], etwa wenn ein Gesellschafter seine Anteile veräußern will und der Erwerber dadurch herrschendes Unternehmen wird. Gleiches gilt für die Ausgliederung wesentlicher Betriebsteile, etwa durch »Umhängen« von einer auf die andere Gesellschaft. Handelt es sich insoweit um strukturändernde Maßnahmen im Sinne der Holzmüller- bzw. Gelatine-Rechtsprechung, ist ein Zustimmungsbeschluss mit qualifizierter Mehrheit von ¾ der abgegebenen Stimmen erforderlich (streitig).[135] Ein diese Vorgaben nicht beachtender Beschluss kann ange-

128 OLG Stuttgart, AG 2000, 229, 231; *Pentz*, in: Rowedder/Schmidt-Leithoff, GmbHG, § 13 Rn. 72; *Emmerich/Habersack*, Konzernrecht, § 20 Rn. 12; *Altmeppen*, in: Roth/Altmeppen, GmbHG, Anh. § 13 Rn. 126; *Weller*, in: Bork/Schäfer, GmbHG, Anh. § 13 Rn. 46.

129 BGH, NJW 2007, 917, 918; zur GbR s. BGH, NJW-RR 2003, 169.

130 ZT wird kein personalistischer Zuschnitt verlangt, S. *Emmerich/Habersack*, Konzernrecht § 318 Rn. 17; *Altmeppen*, in: Roth/Altmeppen, GmbHG, § 13 Rn. 123 f.; BGH, GmbHR 1987, 302.

131 BGH, NJW 1984, 1351 zur KG.

132 BGHZ 89, 162, 165 f. = NJW 1984, 1351; BGH, GmbHR 1987, 302.

133 S. statt aller *Zöllner/Noack*, in: Baumbach/Hueck, GmbHG, § 37 Rn. 6 ff.

134 *Emmerich/Habersack*, Konzernrecht, § 9 Rn. 10; *Casper*, in: Ulmer/Habersack/Winter, GmbHG, Anh. § 77 Rn. 69.

135 *Priester*, in: FS Westermann 2008, S. 1281, 1286 ff.; *Casper*, in: Ulmer/Habersack/Winter, GmbHG, Anh. § 77 Rn. 70; *Reichert*, AG 2005, 150; a.A. *Liebscher*, GmbH-Konzernrecht Tz. 935; *Koppensteiner*, in: Rowedder/Schmidt-Leithoff, GmbHG, Anh. § 52 Rn. 44.

fochten werden[136], wobei von einer Treuwidrigkeit insbesondere auszugehen ist, wenn Dritte mittelbar beteiligt werden sollen oder sich ein Gesellschafter einen Sondervorteil verschaffen will.[137]

III. Schranken des Einflusses

59 Soweit es um nachteilige Einflussnahmen seitens der übergeordneten Gesellschaft geht, folgt das GmbH-Konzernrecht anderen Grundsätzen als das Aktienrecht. Während letzteres eine gesetzliche Regelung in den §§ 311 ff. AktG erfahren hat, wonach dem herrschenden Unternehmen nachteilige Einflussnahmen unter der Voraussetzung des Ausgleichs am Ende des Geschäftsjahres erlaubt sind, gilt diese Privilegierung bei der GmbH nicht.[138] Vielmehr sind dem herrschenden Unternehmen jegliche nachteilige Veranlassungen auf die abhängige GmbH untersagt, soweit nicht alle Gesellschafter zustimmen oder kein Minderheitsgesellschafter vorhanden ist. Nach ganz herrschender Auffassung stützt sich dieses Schädigungsverbot auf die auch zwischen den Gesellschaftern zur Anwendung gelangenden Treupflichten und eröffnet Ansprüche auf Schadensersatz und ggf. Unterlassen (s. Rdn. 60 ff.). Neben dem Schädigungsverbot wird der Schutz der abhängigen Gesellschaft über das Verbot der Existenzvernichtung und die sich daran anschließende Haftung bewirkt (s. Rdn. 66 ff.). Die Frage, ob hierneben noch die Grundsätze zum qualifiziert faktischen Konzern Anwendung finden können, wird durch die höchstrichterliche Rechtsprechung abgelehnt (s. Rdn. 79).

1. Schädigungsverbot

60 a) **Grundlagen**. Befindet sich eine GmbH in einer Abhängigkeitssituation, finden die allgemeinen Grundsätze zur Treupflichtverletzung Anwendung, wobei dies unabhängig von der **Unternehmenseigenschaft** (s. hierzu Rdn. 52) der herrschenden Partei gilt. Aus diesen Grundsätzen ergibt sich, dass die herrschende Gesellschaft als Gesellschafter der abhängigen GmbH ebenso wie die sonstigen Gesellschafter ein **Schädigungsverbot trifft**.[139] Sie darf ihre Einflussmöglichkeiten nicht zum Nachteil

---

136 *Casper*, in: Ulmer/Habersack/Winter, GmbHG, Anh. § 77 Rn. 70 m.w.N.

137 S. *Decher*, in: MünchHdBGesR, § 68 Rn. 15; ähnlich *Emmerich*, in: Scholz, GmbHG, Anh. § 13 Rn. 62 b; LG Frankfurt, ZIP 1993, 830, 831.

138 Zur Nichtanwendung der §§ 311 ff. AktG auf die GmbH, s. *Emmerich/Habersack*, Konzernrecht, § 29 Rn. 6.

139 Ganz h.M. BGHZ 65, 15; BGHZ 95, 330, 340 = NJW 1986, 188 (Autokran); *Casper*, in: Ulmer/Habersack/Winter, GmbHG Anh. § 77 Rn. 71 ff.; *Emmerich/Habersack*, Konzernrecht, § 30 Rn. 7; *Emmerich*, in: Scholz, GmbHG, Anh. § 13 Rn. 68, 70; *Zöllner*, in: Baumbach/Hueck, GmbHG, SchlAnhKonzernR, Rn. 77; *Lutter*, in: Lutter/Hommelhoff, GmbHG Anh. § 13 Rn. 17; *Liebscher*, GmbH-Konzernrecht, Tz. 315 ff.; *Koppensteiner*, in: Rowedder/Schmidt-Leithoff, GmbHG, Anh. § 52 Rn. 74; a.A. *J. Wilhelm*, Rechtsform und Haftung bei der juristischen Person, S. 253, 326, 352 ff., für eine spezifische Konzernverschuldenshaftung *Lutter*, ZGR 1982, 244, 265 ff.; *U.H. Schneider*, ZGR 1980, 511, 532 ff.

der Gesellschaft nutzen. Anderes gilt nur, wenn alle Gesellschafter der nachteiligen Maßnahme **zugestimmt** haben bzw. wenn keine Minderheitsgesellschafter vorhanden sind.[140] In diesem Fall gilt das **Schädigungsverbot nicht (Disponibilität der Treupflicht)**. Vielmehr findet sich die Grenze der Einflussnahme dann in der Insolvenzverursacherhaftung (s. Rdn. 66 ff.).

61 Zurückzuführen ist das konzernrechtliche Schädigungsverbot auf die Grundsatzentscheidung ITT[141], in der der Bundesgerichtshof mitgliedschaftliche Treupflichten nicht nur für das Verhältnis zwischen den Gesellschaftern und der Gesellschaft anerkannt hat, sondern auch für das Verhältnis der Gesellschafter untereinander, welche gerade im Konzernrecht von entscheidender Bedeutung sind. In der Rechtsprechung ist von einer solchen Schädigung unter Verletzung der Treupflicht bspw. bei **Konzernumlagen** (s. Ausführungen zu § 13) ausgegangen worden. Weiter kommen etwa die Nutzung von Rechten und Sachen, der Abzug von Liquidität (u.a. im Rahmen eines stringenten cash-poolings[142]), die Verlagerung von Gewinnen (u.a. durch verdeckte Gewinnausschüttungen) oder die Umlenkung von Geschäftschancen als nachteilige Veranlassung in Betracht.[143] Über diese Fälle der einfachen Abhängigkeit setzt sich das Schädigungsverbot nach h.A. in **mehrstufigen Unternehmensverbindungen** fort, soweit es zu Einwirkungen der Mutter- auf die Enkelgesellschaft kommt, auch wenn die Mutter nicht direkt an der Enkelgesellschaft beteiligt ist.[144]

62 b) **Maßstab**. Der Maßstab für die Frage, wann eine Schädigung vorliegt, ist aus dem Nachteilsbegriff der §§ 311 ff. AktG abzuleiten. Ist es auf Seiten der abhängigen Gesellschaft zu einer Minderung oder konkrete Gefährdung der Vermögens- oder Ertragslage gekommen, muss daher geprüft werden, ob ein pflichtbewusster und ordentlicher Geschäftsführer einer unabhängigen Gesellschaft diese Maßnahme ebenfalls vorgenommen hätte.[145] Unerheblich ist insoweit allerdings auf welche Weise die Schädigung eingetreten ist. Erfasst werden direkte Weisungen außerhalb der gesetzlichen Zuständigkeitsordnung wie indirekte Einflussnahmen auf die Geschäftsführung über die Gesellschafterversammlung. Zum Wegfall des Schädigungsverbots bei Zustimmung der Gesellschafter bzw. nicht Vorhandensein von Minderheitsgesellschaftern s. Rdn. 60.

63 c) **Rechtsfolge**. Ist eine Schädigung der Gesellschaft durch nachteilige Maßnahmen festgestellt worden, besteht ein **Anspruch der Gesellschaft** aus Treupflichtverletzung, welcher sich auf **Schadensersatz, Unterlassen** und ggf. auf die **Rückgängigmachung**

---

140 *Emmerich/Habersack*, Konzernrecht, § 30 Rn. 8, 10.
141 BGHZ 65, 15, 18 ff = NJW 1976, 191 (ITT).
142 *Emmerich/Habersack*, Konzernrecht, § 30 Rn. 14.
143 BGH, BB 1977, 465; BGH, NJW 1989, 2104; BGH, WM 1978, 1205.
144 BGHZ 89, 162, 165 ff. = NJW 1984, 1351 (Heumann/Ogilvy).
145 S. zum Nachteilsbegriff *Hüffer*, AktG, § 311 Rn. 25 m.w.N.

der Maßnahme beziehen kann.[146] Der Anspruch auf Schadensersatz richtet sich nach den §§ 249 ff. BGB. Bei einer Wahrnehmung von Geschäftschancen der abhängigen Gesellschaft durch das herrschende Unternehmen kann der dabei erzielte Gewinn nach § 252 BGB heraus verlangt werden.[147] Das Vertretenmüssen ist entsprechend § 93 Abs. 2 AktG zu beurteilen, mit der Folge, dass das herrschende Unternehmen im Prozess die **Darlegungs- und Beweislast** trifft.[148] Geltend zu machen ist der Anspruch durch den Geschäftsführer der abhängigen GmbH auf der Grundlage eines Gesellschafterbeschlusses (§ 46 Nr. 8). Insoweit besteht für das herrschende Unternehmen ein **Stimmverbot** gem. § 47 Abs. 4 S. 2 (s. auch § 47 Rdn. 32 ff.).[149]

64 Den **Gesellschaftern** der abhängigen Gesellschaft steht die Möglichkeit der **actio pro socio** zu (entsprechend dem Rechtsgedanken der §§ 317 Abs. 1 Satz 2 AktG, 117 Abs. 1 Satz 2 AktG), mit welcher auf eine Leistung an die Gesellschaft geklagt werden kann (siehe die Ausführungen zu § 13). Bei Bestehen eines **unmittelbaren Eigenschadens** kann dieser durch den einzelnen Gesellschafter aus eigenem Recht geltend gemacht werden (s. die Ausführungen zu § 13). Nimmt das herrschende Unternehmen in **Umgehung der Gesellschafterversammlung** Einfluss, können den Gesellschaftern Unterlassungs- bzw. Beseitigungsansprüche aus eigenem Recht zustehen.[150] Zudem besteht die Möglichkeit der **Anfechtung** treupflichtwidriger Beschlüsse.

65 Die **Rechte der Gläubiger** bestehen bei einer Schädigung der abhängigen Gesellschaft in der Möglichkeit, sich die Schadensersatzansprüche der Gesellschaft pfänden und überweisen zu lassen.[151] In diesem Fall kommt es nicht zur Anwendung von § 46 Nr. 8 GmbHG (Beschlusserfordernis). Zudem besteht für die Gläubiger die Möglichkeit, das herrschende Unternehmen unmittelbar auf Leistung an sich in Anspruch zu nehmen, wobei dies nur bis zur Deckung der Forderung gegen die abhängige Gesellschaft möglich ist (§§ 317 Abs. 4, 309 Abs. 4 Satz 3 AktG analog).[152]

2. Existenzvernichtungshaftung

66 Wie oben ausgeführt, greift das Schädigungsverbot aufgrund gesellschafterlicher Treupflicht bei Mehrgliedrigkeit der Gesellschaft ein, versagt aber bei Fehlen von Minderheitsgesellschaftern oder bei der Zustimmung aller Gesellschafter zu der

---

146 BGHZ 65, 15, 18 ff. = NJW 1976, 191 (ITT); BGHZ 95, 330, 340; = NJW 1986, 188 (Autokran); *Casper*, in: Ulmer/Habersack/Winter, GmbHG, Anh. § 77 Rn. 87; *Emmerich*, in: Scholz, GmbHG, Anh. § 13 Rn. 87; *Emmerich/Habersack*, Konzernrecht, § 30 Rn. 18; a.A. für Klage aus eigenem Recht: *Lutter*, ZHR 162 (1998), 164, 180.

147 BGH, WM 1978, 1205.

148 *Koppensteiner*, in: Rowedder/Schmidt-Leithoff, GmbHG, Anh. § 52 Rn. 77.

149 *Emmerich/Habersack*, Konzernrecht, § 30 Rn. 16.

150 *Emmerich/Habersack*, Konzernrecht, § 30 Rn. 19.

151 *Koppensteiner*, in: Rowedder/Schmidt-Leithoff, GmbHG, § 46 Rn. 412; *Liebscher*, GmbH-Konzernrecht, Tz. 403.

152 BGHZ 95, 330, 340 = NJW 1986, 188.

Schädigung (Grund: Treupflicht ist grds. disponibel, s. oben Rdn. 60). Da auch ein Rückzug auf Kapitalerhaltungsvorschriften insoweit (etwa beim Entzug von Geschäftschancen[153]) keinen ausreichenden Schutz gewährt, hat die Rechtsprechung eine Haftung der Gesellschafter zur Vermeidung einer »kalten Liquidation« unter Umgehung der Liquidationsvorschriften zu Lasten der Gläubiger entwickelt. Diese hat sich über die Stufe der Missbrauchshaftung (s. Rdn. 67) zur heutigen **Existenzvernichtungshaftung** entwickelt.[154]

67 a) **Rechtsprechungsüberblick.** Erstmals wurde dieser neue Ansatz vom Bundesgerichtshof in seinem Urteil *Bremer Vulkan*[155] verfolgt. In dieser Entscheidung wurde eine **Missbrauchshaftung des Gesellschafters** einer GmbH bei kompensationslosen Eingriffen in das dem Gläubigerschutz dienende Gesellschaftsvermögen angenommen, sofern sie die Insolvenz der GmbH bewirkt oder vertieft haben. Zugleich hat der Bundesgerichtshof in der Entscheidung Bremer Vulkan die Rechtsprechung zum **qualifiziert faktischen Konzern** aufgegeben (hierzu noch bei Rdn. 79).

68 In den weiteren Entscheidungen *KBV, Autovertragshändler und Handelsvertreter*[156] hat der Bundesgerichtshof erstmals die Existenzvernichtungshaftung formuliert. In diesen Entscheidungen ist der Bundesgerichtshof unter Hinweis auf den dem Kapitalgesellschaftsrecht zugrunde liegenden Grundsatz, wonach das Gesellschaftsvermögen in der Gesellschaft zur Befriedigung ihrer Gläubiger verbleiben muss, von einem Missbrauch der GmbH als Rechtform ausgegangen, wenn Mittel durch gezielten, betriebsfremden Zwecken dienenden Eingriff entzogen wurden, die die Gesellschaft zur Erfüllung ihrer Verbindlichkeiten benötigte. Die Rechtsfolge dieses Eingriffs lag nach der damaligen Rechtsprechung im Verlust des Haftungsprivilegs und damit in der persönlichen Haftung der verantwortlichen Gesellschafter (analog § 128 HGB), soweit der der GmbH zugefügte Nachteil nicht bereits nach den §§ 30, 31 GmbHG ausgeglichen werden konnte.

69 In den Entscheidungen *Trihotel, Gamma und Sanitary*[157] hat der Bundesgerichtshof zwar noch an der Existenzvernichtungshaftung des Gesellschafters für missbräuchliche, zur Insolvenz der Gesellschaft führende oder diese vertiefende kompensationslose Eingriffe in das Gesellschaftsvermögen festgehalten, jedoch hat er das Bestehen einer eigenständigen Haftungsfigur und auch das Erfordernis der Subsidiarität zu §§ 30, 31 GmbHG aufgegeben (s. zur nun möglichen Anspruchskonkurrenz Rdn. 76). Nach der neuen Rechtsprechung ist Anknüpfungspunkt für die Existenz-

153 S. hierzu *Röhricht*, in: FS 50 Jahre BGH, Bd. I; 2000, S. 83, 92 ff.; *Fastrich*, in: Baumbach/Hueck, GmbHG, § 13 Rn. 18; *Zöllner*, in: FS Konzen, 2006 S. 1, 13.

154 *Röhricht*, in: FS 50 Jahre BGH , Bd. I, 2000 S. 83, 92 ff.; *ders.*, ZIP 2005, 505, 514; s. *Fastrich*, in: Baumbach/Hueck, GmbHG, § 13 Rn. 18.

155 BGH, NJW 2001, 3622.

156 BGHZ 151, 181 = NJW 2002, 3024 (KBV); BGH, NJW-RR 2005, 335 (Autovertragshändler); BGH, NZG 2005, 214 (Handelsvertreter), jeweils m.w.N.

157 BGH, NJW 2007, 2689 (Trihotel); BGHZ 176, 204 (GAMMA); BGH, NJW-RR 2008, 629; BGH, NJW-RR 2008, 1417; BGH, NZG 2009, 545 (Sanitary).

vernichtungshaftung die Schädigung des im Gläubigerinteresse zweckgebundenen Gesellschaftsvermögens, wobei der Haftungstatbestand eine besondere Fallgruppe des § 826 BGB darstellt und eine Haftung der Gesellschafter gegenüber der Gesellschaft begründet (Innenhaftung).[158] Erfasst wird namentlich die zur Insolvenz führende oder eine solche vertiefende planmäßige »Entziehung« von Vermögen der Gesellschaft, wenn dies zudem zum unmittelbaren oder mittelbaren Vorteil eines Gesellschafters oder eines Dritten geschieht. Die Existenzvernichtungshaftung soll wie eine über das gesetzliche Kapitalerhaltungssystem hinausgehende Entnahmesperre wirken, indem sie die Selbstbedienung der Gesellschafter vor den Gläubigern der Gesellschaft durch die Anordnung der Schadensersatzpflicht ausgleicht.[159]

b) Voraussetzungen der Existenzvernichtungshaftung. aa) Eingriff in Gesellschaftsvermögen. Voraussetzung der Existenzvernichtungshaftung ist zunächst ein **missbräuchlicher kompensationsloser Eingriff** in das Gesellschaftsvermögen, wobei unter das Gesellschaftsvermögen nicht nur das bilanzielle Vermögen der GmbH fällt, sondern etwa auch Geschäftschancen.[160] Für das weitere Erfordernis des Eingriffs ist jede Veranlassung einer nachteiligen Maßnahme ausreichend, welche u.a. dadurch gekennzeichnet sind, dass für das Entzogene gar keine oder keine marktgerechte Gegenleistung erbracht wird bzw. Ansprüche der Gesellschaft vereitelt werden. Im Einzelnen zählen hierzu die direkte Überführung von Mitteln aus dem Vermögen der Gesellschaft in die eigene Vermögenssphäre des Gesellschafters[161] oder die Übernahme des Kundenstamms (Geschäftschancen), wenn dies **ohne entsprechenden Ausgleich** geschieht.[162] Erfasst wird auch die Übertragung von Vermögenswerten der Gesellschaft an den Gesellschafter, soweit dafür **keine marktgerechte Gegenleistung** erbracht wird.[163]Gleiches gilt, wenn für die Übertragung der Vermögenswerte mit

70

158 BGH, NJW 2007, 2689, 2690, 2692 (Trihotel).

159 BGH, NJW 2007, 2689, 2692 (Trihotel).

160 *Pentz*, in: Rowedder/Schmidt-Leithoff, GmbHG, § 13 Rn. 113; s. auch *Strohn*, ZInsO 2008, 706, 708; *Weller*, in: Bork/Schäfer, GmbHG, § 13 Rn. 43; *Lutter*, in: Lutter/Hommelhoff, § 13 Rn. 34.

161 BGH, NJW-RR 2008, 918, der Überweisungen aus dem Gesellschaftsvermögen auf das eigene Konto betraf.

162 BGH, NJW-RR 2005, 335 (Autovertragshändler).

163 S. BGH, NJW-RR 2005, 335 (Autovertragshändler) und BGH, NJW 2002, 3024 (KBV), etwa durch die Übertagung sämtlicher Forderungen sowie des Warenbestandes einer insolvenzreifen Gesellschaft auf eine andere Gesellschaft gegen eine in der Summe nicht ausreichende Übernahme von Verbindlichkeiten (Fehlbetrag von DM 380.00); s. auch BGH, NJW 2007, 2689 (Trihotel), wo die Herabsetzung eines umsatzbezogenen Pauschalhonorars auf einen Betrag vereinbart worden war, der derart unvertretbar niedrig war, dass eine Insolvenz bereits im Zeitpunkt der Vereinbarung praktisch unausweichlich war.

einer Leistung gegen gerechnet wird, die **Eigenkapitalersatz** verhaftet ist.[164] Ein Eingriff kann auch gegeben sein, wenn Gelder durch eine Tochtergesellschaft in einen konzernübergreifenden **cash-pool** eingelegt werden, und die Tochter ihre eingezahlten Mittel wegen der Insolvenz der die Mittel verwaltenden Konzerngesellschaft nicht abrufen kann und bei der Verwaltung der Mittel keine ausreichende Rücksichtnahme auf die Interessen der Tochtergesellschaft gelegt wurde.[165]Als Eingriff wurde schließlich die durch einen Gesellschafter betrieben **prozessuale Vereitelung** der Durchsetzung eines gegen ihn als Alleingesellschafter bestehenden Anspruchs durch Herbeiführung eines rechtskräftigen Versäumnisurteils gewertet, soweit der Erhalt der Gesellschaft von der Begleichung der Forderung abhing.[166]

71 **Managementfehler** als solche begründen hingegen nicht den Tatbestand des existenzvernichtenden Eingriffs (bspw.: Anwachsen lassen von Forderungen gegenüber Tochtergesellschaften durch mangelnde Nutzung der Möglichkeit der Vorkasse).[167] Auch soweit eine marktgerechte Gegenleistung geleistet wird, scheidet der Tatbestand der Existenzvernichtungshaftung aus[168], da die Maßnahme in diesem Fall nicht nachteilig ist.[169] Nicht erfüllt war der Tatbestand zudem bei einer vorfristigen Aufhebung eines Pachtvertrages unter gleichzeitigem Neuabschluss mit einer anderen Gesellschaft[170] oder bei einem Ausschluss einer GmbH aus einem cash-pool-System.[171] Ebenfalls wurde in der Entscheidung GAMMA das **Unterlassen** einer **hinreichenden Kapitalausstattung** (hier: Unterlassen der Absicherung übernommener Arbeitnehmer gegen eine Insolvenz) **nicht** als existenzvernichtend Eingriff in diesem Sinne angesehen, da das Unterlassen einer hinreichenden Kapitalausstattung dem notwendigen »Eingriff« nicht gleichgestellt werden kann (s. insoweit aber auch die Ausführungen zu § 13).[172]

---

164 BGH, NJW 2002, 3024 (KBV), wo die Übertragung von Anlagegütern an einen Gesellschafter veranlasst worden war, wobei auf den zu leistenden Kaufpreis aufgelaufene Mietpreis- und Leasingforderungen verrechnet wurden, die Eigenkapitalersatz verhaftet waren.

165 BGH, NJW 2001, 3622 ff. (Bremer Vulkan), wo Mittel in einen Liquiditätsverbund (cash-pooling) eingebracht worden waren und die Verwaltung derselben ohne Rücksichtnahme auf das Interesse der einbringenden Gesellschaft an der Aufrechterhaltung ihrer Fähigkeit, ihren Verbindlichkeiten nachzukommen, durchgeführt worden war.

166 BGH, BB 2009, 1037, 1038.

167 BGH, NZG 2005, 214 (Handelsvertreter); *Pentz*, in: Rowedder/Schmidt-Leithoff, GmbHG, § 13 Rn. 113; *Lutter*, in: Lutter/Hommelhoff, § 13 Rn. 38.

168 *Pentz*, in: Rowedder/Schmidt-Leithoff, GmbHG, § 13 Rn. 114.

169 BGH, NJW 2007, 2689, 2693 (Trihotel), wo eine Sicherungsübereignung von Vermögensgegenständen (Hotelmobiliar) veranlasst worden war, wobei die Vermögensgegenstände weiter benutzt werden konnten und nicht nachgewiesen wurde, dass die Kreditfähigkeit der Gesellschaft durch die Sicherungsübereignung eingeschränkt war.

170 BGH, NJW 2007, 2689, 2694 (Trihotel).

171 OLG Köln, DStR 2009, 1490.

172 BGHZ 176, 204 = NJW 2008, 2437 (GAMMA); s. auch *Pentz*, in: Rowedder/Schmidt-Leithoff, GmbHG, § 13 Rn. 114.

bb) Insolvenzverursachung oder -vertiefung. Durch den Eingriff muss als Erfolg eine Insolvenzverursachung oder –vertiefung eingetreten sein, welche **kausal** zu einem Gläubigerausfall führt.[173] Mitursächlichkeit reicht aus.[174] Insoweit trifft den Insolvenzverwalter die Darlegungs- und Beweislast.[175] Eine Insolvenzgefährdung kann demgegenüber das Eingreifen der Existenzvernichtungshaftung nicht begründen. 72

cc) Sittenwidrigkeit. Zur Erfüllung des Merkmals der Sittenwidrigkeit, reicht im Ergebnis die Verwirklichung des objektiven Tatbestandes aus. Wird der Gesellschaft das Vermögen planmäßig mit der Folge ihrer mangelnden Solvenz zum eigenen Vorteil entzogen, ist nach der Rechtsprechung zugleich das Tatbestandsmerkmal der Sittenwidrigkeit erfüllt.[176] Liegt ein solcher *systematischer* Vermögenstransfer vor, wird die Sittenwidrigkeit indiziert und es ist Sache des Gesellschafters, die Sittenwidrigkeit zu widerlegen.[177] 73

dd) Verschulden. Im Hinblick auf das Verschulden im Rahmen des § 826 BGB ist mindestens **Eventualvorsatz**[178] erforderlich. Es muss durch den Gesellschafter (s. zum Adressaten Rdn. 75) also billigend in Kauf genommen worden sein, dass durch eine von ihm selbst oder mit seiner Zustimmung veranlassten Maßnahme das Gesellschaftsvermögen sittenwidrig geschädigt wird. Dafür reicht es aus, dass ihm die Tatsachen bewusst sind, die den Eingriff sittenwidrig machen, während ein Bewusstsein der Sittenwidrigkeit nicht erforderlich ist.[179] 74

ee) Haftungsadressat. Adressaten des Tatbestandes des existenzvernichtenden Eingriffs sind die **Gesellschafter** der GmbH. Die Unternehmenseigenschaft des Schädigers wird demgegenüber nicht vorausgesetzt (s. hierzu Rdn. 50).[180] Der Alleingesellschafter einer Einpersonen-GmbH kann dabei ebenso Adressat der Haftung sein wie die einvernehmlich handelnden Gesellschafter einer Mehrpersonengesellschaft, wobei dies auch gilt, wenn sie selbst kein Vermögen erhalten haben.[181] Gesellschafter, die 75

---

173 BGHZ 173, 246 = NJW 2007, 2689, 2692 (Trihotel); BGHZ 176, 204 = NJW 2008, 2437, 2440 (Gamma); *Pentz*, in: Rowedder/Schmidt-Leithoff, GmbHG,§ 13 Rn. 115; *Lutter*, in: Lutter/Hommelhoff, § 13 Rn. 40.

174 *Casper*, in: Ulmer/Habersack/Winter, GmbHG Anh. § 77 Rn. 132.

175 BGHZ 173, 246 = NJW 2007, 2689, 2692 (Trihotel).

176 BGHZ 173, 246 = NJW 2007, 2689, 2692 (Trihotel).

177 *Pentz*, in: Rowedder/Schmidt-Leithoff, GmbHG, § 13 Rn. 116; *Weller*, in: Bork/Schäfer, GmbHG § 13 Rn. 46; *Dauner-Lieb*, DStR 2006, 2034, 2037; *Weller*, ZIP 2007, 1681, 1685.

178 BGHZ 173, 246 = NJW 2007, 2689, 2692 (Trihotel).

179 BGHZ 173, 246 = NJW 2007, 2689, 2692 (Trihotel); BGHZ 179, 344 = NJW 2009, 2127, 2129 (Sanitary); *Pentz*, in: Rowedder/Schmidt-Leithoff, GmbHG, § 13 Rn. 116; s. auch *Lutter*, in: Lutter/Hommelhoff, § 13 Rn. 42.

180 BGH, NZG 2002, 520, 521 = NJW 2002, 1803.

181 BGH, NZG 2002, 520, 521 = NJW 2002, 1803; *Wiedemann*, ZGR 2003, 283, 292.

der Maßnahme **widersprochen** haben, haften demgegenüber nicht[182]; sie trifft auch keine Pflicht zur Abwendung des existenzvernichtenden Eingriffs.[183] Neben dem Gesellschafter als solchen kann Adressat des Tatbestandes des existenzvernichtenden Eingriffs auch derjenige sein, der nicht an der geschädigten GmbH, jedoch an einer GmbH beteiligt ist, die ihrerseits Gesellschafterin der geschädigten GmbH ist (**Gesellschafter-Gesellschafter**).[184] Weiter werden **mittelbare Beteiligungen** erfasst, namentlich wenn eine Muttergesellschaft bzw. deren Gesellschafter nachteilige Maßnahmen bei der Enkelgesellschaft veranlasst.[185] **Nichtgesellschafter** – einschließlich der **Geschäftsführer**[186] – können als **Anstifter** und **Gehilfen** gem. § 830 BGB haftbar sein.

76 **ff) Rechtsfolge.** Ist der Tatbestand erfüllt, kommt es als Rechtsfolge zu einer schadensersatzrechtlichen **Innenhaftung** des den Tatbestand erfüllenden Gesellschafters (s. auch Rdn. 75) gegenüber der geschädigten Gesellschaft. Soweit es zum Insolvenzverfahren der Gesellschaft gekommen ist, ist der Anspruch durch den **Insolvenzverwalter** geltend zu machen (§ 80 Abs. 1 InsO)[187], außerhalb der Insolvenz (keine Eröffnung mangels Masse) ist der Anspruch durch die Gläubiger selbst nach **Pfändung und Überweisung** des Anspruchs, welcher auf einem zuvor eingeklagten Titel beruht, geltend zu machen.[188] Der Schaden ist in Anwendung der **§§ 249 ff. BGB** zu ermitteln wobei der Schaden **begrenzt** ist, auf den Betrag, der zur Befriedigung der Gläubiger sowie zur Begleichung der weiteren Kosten – insbesondere des Insolvenzverfahrens – notwendig ist.[189] Eine Wiederherstellung der **Lebensfähigkeit der Gesellschaft** kann nicht verlangt werden.[190] Zur konkreten Berechnung ist entsprechende den Grundsätzen der §§ 249 ff. BGB darauf abzustellen, wie die GmbH ohne das schädigende Ereignis (Eingriff, der zur Verursachung bzw. Vertiefung der Insolvenz geführt hat) stehen würde. Der Schaden besteht daher in den durch den existenzvernichtenden Eingriff **abgezogenen Mitteln**, wobei auch Beeinträchtigun-

182 *Pentz*, in: Rowedder/Schmidt-Leithoff, GmbHG, § 13 Rn. 111; *Liebscher*, in: MünchKommGmbHG, Anh. § 13 Rn. 582; *Casper*, in: Ulmer/Habersack/Winter, GmbHG, Anh. § 77 Rn. 120; *Lutter/Banerjea*, ZGR 2002, 402, 439.

183 *Pentz*, in: Rowedder/Schmidt-Leithoff, GmbHG, § 13 Rn. 111; *Casper*, in: Ulmer/Habersack/Winter, GmbHG, Anh. § 77 Rn. 120.

184 BGHZ 173, 246 = NJW 2007, 2689, 2693 (Trihotel)

185 S. auch BGHZ 173, 246 = NJW 2007, 2689, 2693 (Trihotel); *Emmerich/Habersack*, Konzernrecht, § 31 Rn. 10.

186 *Pentz*, in: Rowedder/Schmidt-Leithoff, GmbHG, § 13 Rn. 111; *Casper*, in: Ulmer/Habersack/Winter, GmbHG, Anh. § 77 Rn. 123 m.w.N.

187 BGHZ 173, 246 = NJW 2007, 2689, 2693 (Trihotel).

188 BGHZ 173, 246 = NJW 2007, 2689, 2693 (Trihotel); s. auch BGH, NJW-RR 2600, 254.

189 BGHZ 173, 246 = NJW 2007, 2689, 2691 (Trihotel); BGHZ 179, 344 = NJW 2009, 2127, 2129 (Sanitary); *Pentz*, in: Rowedder/Schmidt-Leithoff, GmbHG, § 13 Rn. 118.

190 BGH, NJW-RR 2005, 335, 336 f.; *Pentz*, in: Rowedder/Schmidt-Leithoff, GmbHG, § 13 Rn. 118; *Weller*, in: Bork/Schäfer, GmbHG, § 13 Rn. 49.

gen einer **Erwerbsaussicht** oder des **Kundenstamms** sowie entgangene **Gewinne** (§ 252 BGB) zu berücksichtigen sind.[191] Werden die abgezogenen Mittel zur Verfügung gestellt und wird daraufhin das Insolvenzverfahren beendet, sind noch die **Kosten des Insolvenzverfahrens** und ggf. die **Prozesskosten** und die Kosten des **Prozessfinanzierers** zu begleichen.[192] Gelingt es demgegenüber nicht, das Insolvenzverfahren aufzuhalten, ist weiter wie folgt zu unterscheiden: Hat der existenzvernichtende Eingriff die Insolvenz der Gesellschaft verursacht, so muss dem jeweiligen Gläubiger seine volle Forderung erstattet werden, da das Gesellschaftsvermögen ohne die Insolvenz zur Erfüllung der Forderung ausgereicht hätte. Anzurechnen hat sich der jeweilige Gläubiger die im Insolvenzverfahren auf seine Forderung erzielte Quote.[193] Ist es durch den Eingriff hingegen nur zu einer Vertiefung des Insolvenzverfahrens gekommen, ist zu ermitteln, welches Gesellschaftsvermögen ohne den die Insolvenz vertiefenden Eingriff zu Verfügung gestanden hätte und welche Quote der Gläubiger bei Zugrundelegung desselben erreicht hätte. Der Schaden des Gläubigers besteht dann in der Verschlechterung seiner Quote. **Verzugszinsen** sind ab der Entziehung des Vermögens zu entrichten, da die Schadensersatzforderung auf einer unerlaubten Handlung beruht.[194] Die **Verjährung** richtet sich nach den allgemeinen Regelungen (§§ 195, 199 Abs. 1 BGB);[195] auf die Kenntnis des Schädigers kommt es dabei selbst dann nicht an, wenn er Organ der Gesellschaft ist.[196]

77 **gg) Darlegungs- und Beweislast.** Hinsichtlich der Darlegungs-und Beweislast gilt nach der BGH-Entscheidung *Trihotel*, dass die Gesellschaft im Rahmen des § 826 BGB als Gläubigerin grundsätzlich die Darlegungs- und Beweislast für alle objektiven und subjektiven Tatbestandsmerkmale des Delikts trifft, so dass durch sie u.a. auch der Nachweis der Kausalität zu erbringen ist.[197] Teilweise wird aus dieser Entscheidung abgeleitet, dass Beweiserleichterungen generell ausgeschlossen seien.[198] Nach anderen sollen Beweiserleichterungen demgegenüber weiterhin möglich sein, wobei wie folgt zu unterscheiden ist. Nach einer ersten Auffassung soll stets auf die

191 *Sprau*, in: Palandt, BGB, 70. Aufl., § 826 Rn. 14; zum Gewinnausfall s. BGHZ 173, 246 = NJW 2007, 2689, 2695 (Trihotel).

192 Obiter: BGHZ 173, 246 = NJW 2007, 2689, 2693 (Trihotel); *Altmeppen*, in: Roth/Altmeppen, GmbHG § 13 Rn. 91.

193 Im Ergebnis ebenso: *Haas*, NZI 2006, 61, 62; *Casper*, in: Ulmer/Habersack/Winter, GmbHG, Anh. § 77 Rn. 146; *Emmerich/Habersack*, Aktien- und GmbH Konzernrecht, Anh. § 318 Rn. 35a; kritisch *Altmeppen*, in: Roth/Altmeppen, GmbHG § 13 Rn. 92.

194 BGH, NJW-RR 2008, 918, 919.

195 *Pentz*, in: Rowedder/Schmidt-Leithoff, GmbHG, § 13 Rn. 118; *Casper*, in: Ulmer/Habersack/Winter, GmbHG, Anh. § 77 Rn. 153; a.A. *Liebscher*, GmbH-Konzernrecht, Tz. 558 für die Anwendung der §§ 128, 129 HGB.

196 BGHZ 179, 344 = NJW 2009, 2127 Tz. 34 – Sanitary (zu § 852 BGB a.F.); vgl. auch BGH, NJW-RR 1989, 1255, 1258 f.; BGH, DStR 2011, 930.

197 Eindeutig insoweit: BGHZ 173, 246 = NJW 2007, 2689, 2693.

198 *Liebscher*, in: MünchKommGmbHG, Anh. § 13 Rn. 570 f.

im TBB-Urteil[199] zugebilligten Beweiserleichterungen zurückgegriffen werden können.[200] Nach einer zweiten Auffassung soll auf eine Einzelfallbetrachtung abgestellt und von einer Minderung der Darlegungslast ausgegangen werden, wenn die beweispflichtige Partei außerhalb der von ihr darzulegenden Geschehensabläufe steht und keine nähere Kenntnis der maßgeblichen Tatsachen besitzt (insbesondere, wenn ein Gläubiger beweisbelastet ist).[201] Nach einer dritten Meinung soll ein Rückgriff auf Beweiserleichterungen zumindest bei der Schadenshöhe erforderlich sein.[202] Zu folgen ist der zweiten Auffassung. Sie entspricht den von der Rechtsprechung erarbeiteten allgemeinen Grundsätzen zur **sekundären Darlegungslast**[203] und lässt sich mit der *Trihotel*-Entscheidung, welche sich lediglich auf die Darlegungslast der Gesellschaft gegenüber den Gesellschaftern (Innenhaftung) bezieht und in der die von der Gesellschaft zu tragende Darlegungs- und Beweislast noch mit dem Begriff »grundsätzlich« abschwächt wurde, vereinbaren. Im Ergebnis ist daher wie folgt zu unterscheiden: Wird der existenzvernichtende Eingriff durch die Gesellschaft bzw. den Insolvenzverwalter gegenüber ihren (eigenen) Gesellschaftern geltend gemacht, so werden anhand der Bilanzen und sonstigen Unterlagen der Gesellschaft regelmäßig ausreichende Informationen zur Geltendmachung der Ersatzansprüche bestehen, so dass der Rückgriff auf eine Beweiserleichterung nicht gerechtfertigt ist. Wird der Eingriff hingegen durch einen nicht an der Gesellschaft Beteiligten (etwa einen Gläubiger, zu dieser Möglichkeit, s. oben Rdn. 75) verfolgt, erscheint eine Minderung der Darlegungslast des Gläubigers durch eine Mitwirkungspflicht bzw. sekundäre Behauptungslast des betreffenden Gesellschafters als angezeigt. Dies kann dabei auch die Schadenshöhe erfassen, soweit sich eine Schätzung nach § 287 ZPO nicht als ausreichendes Mittel darstellen sollte.

78 **hh) Konkurrenzen**. Die Ansprüche aus § 826 BGB bestehen neben Ansprüchen aus §§ 30, 31 GmbHG (Anspruchskonkurrenz). Hierdurch wird dem Insolvenzverwalter bzw. der Gesellschaft die Rechtsverfolgung vereinfacht, weil auch dann, wenn der Nachweis eines existenzvernichtenden Nachweises nicht gelingt, die Rechtsverfolgung auf verbotene Auszahlungen i.S.d. § 30, 31 GmbHG gestützt werden kann.[204] Ungeklärt ist indessen noch das Verhältnis des Anspruchs der Gesellschaft zu eigenen Ansprüchen der Gläubiger aus § 826 BGB.[205]

---

199 Nach dem Urteil reichte es aus, wenn der Kläger (ein Gläubiger) die Umstände darlegte, die eine Annahme nahe legten, dass bei der Unternehmensführung im Hinblick auf das Konzerninteresse die eigenen Belange der GmbH über einzelne Eingriffe hinaus beeinträchtigt worden seien, s. BGH, NJW 1993, 1200, 1203 (TBB).

200 *Emmerich/Habersack*, Konzernrecht, § 31 Rn. 23.

201 *Pentz*, in: Rowedder/Schmidt-Leithoff, GmbHG, § 13 Rn. 119; *Casper*, in: Ulmer/Habersack/Winter, GmbHG, Anh. § 77 Rn. 143.

202 *Altmeppen*, in: Roth/Altmeppen, GmbHG § 13 Rn. 97.

203 BGH, NJW 1990, 3151; BGH, NJW 1999, 714; *Wagner*, in: MünchKommZPO, § 138 Rn. 21.

204 BGHZ 173, 246 = NJW 2007, 2689, 2693 (Trihotel).

205 BGH, NZG 2009, 545, 548.

IV. Qualifiziert faktischer Konzern?

79 Bei einer Schädigung der GmbH aufgrund nachteiliger Einflussnahmen, die einem Einzelausgleich nicht zugänglich ist, hatte die Rechtsprechung vor der Entscheidung *Bremer Vulkan*[206] die Grundsätze zum qualifiziert faktischen Konzern[207] angewendet, bei denen es zu einer entsprechenden Anwendung der §§ 302 ff AktG (insbesondere Verlustausgleich) kam. In den Urteilen *Trihotel, Gamma und Sanitary* hat der Bundesgerichtshof, wie schon in seiner Entscheidung *Bremer Vulkan*, die Haftung im sog. qualifiziert faktischen Konzern aufgegeben.[208] Ob dies im Ergebnis überzeugen kann, erscheint allerdings fraglich, da das derzeit bestehende Schutzsystem des GmbH-Rechts keine Lösungen für die im Konzern nicht seltenen Fälle der fehlenden Quantifizierbarkeit der zugefügten Nachteile vorsieht.[209]

§ 14 Einlagepflicht

[1]Auf jeden Geschäftsanteil ist eine Einlage zu leisten. [2]Die Höhe der zu leistenden Einlage richtet sich nach dem bei der Errichtung der Gesellschaft im Gesellschaftsvertrag festgesetzten Nennbetrag des Geschäftsanteils. [3]Im Fall der Kapitalerhöhung bestimmt sich die Höhe der zu leistenden Einlage nach dem in der Übernahmeerklärung festgesetzten Nennbetrag des Geschäftsanteils.

Übersicht Rdn.

---

206 BGH, NJW 2001, 3622.

207 S. dazu BGHZ 122, 123, 130 = NJW 1993, 1200 (TBB).

208 Klar: BGH, NZG 2007, 667, 668 f. – Trihotel: »... unter Aufgabe der Haftung im sogenannten qualifiziert faktischen Konzern«; vgl. auch bereits BGH, NJW 2001, 3622, 3623: »Der Schutz einer abhängigen Gesellschaft gegenüber Eingriffen ihres Alleingesellschafters folgt nicht dem Haftungssystem des Konzernrechts des Aktiengesetzes [§§ 291 ff. AktG]«.

209 Für eine entsprechende Anwendung der §§ 302 ff. AktG: *Emmerich/Habersack*, Konzernrecht, § 30 Rn. 21.

Schrifttum

Armbrüster, Wettbewerbsverbote im Kapitalgesellschaftsrecht, ZIP 1997, 1269; *Lutter,* Treupflicht und ihre Anwendungsprobleme, ZHR 162 (1998), 164; *Tiedchen,* Wettbewerbsverbote im GmbH-Konzern, GmbHR 1993, 616; *Waldenberger,* Sonderrechte der Gesellschafter einer GmbH, GmbHR 1997, 49; *Wiedemann,* Gedanken zur Mitgliedschaft und zu den mitgliedschaftlichen Rechtsverhältnissen, in: FS Goette, 2011, S. 617; *Martin Winter,* Mitgliedschaftliche Treuebindungen im GmbH-Recht, 1988; *Witte/Rousseau,* Stammeinlage: Einlage auf das Stammkapital oder Nennbetrag des Geschäftsanteils, GmbHR 2009, R 321.

A. Überblick

1 § 14 definiert, aufbauend auf dem Begriff des Geschäftsanteils, die **Einlagepflicht**: Die Einlagepflicht ergibt sich sowohl dem Grunde (Satz 1) als auch der Höhe nach (Sätze 2 und 3) aus dem Geschäftsanteil.

2 Der **Geschäftsanteil** vermittelt die Mitgliedschaft in einer GmbH: Gesellschafter ist, wer einen oder mehrere Geschäftsanteile an der GmbH hält. Vor der GmbH-Reform durch das MoMiG führte erst § 14 a.F. diesen zentralen Begriff des Geschäftsanteils ein, indem es den Geschäftsanteil eines Gesellschafters aus dem Betrag der von ihm übernommenen Stammeinlage ableitete (die Stammeinlage ergab den Geschäftsanteil). Dies geschah im Anschluss an § 3 Abs. 1 Nr. 4 a.F. und § 5 a.F., die jeweils nur von der übernommenen »Stammeinlage« sprachen und so die Einlageverpflichtung des Gesellschafters in den Vordergrund rückten. Nachdem der modernere Begriff des Geschäftsanteils heute bereits in § 3 Abs. 1 Nr. 4 und § 5 verwendet wird, ergibt gemäß § 14 heute der Geschäftsanteil die zu leistende (Stamm-)Einlage.

B. Einlagepflicht

3 Die Einlagepflicht wird dem Grunde nach primär durch Satz 1, der Höhe nach durch die Sätze 2 und 3 geregelt. Zu den Modalitäten der Einlageleistung siehe die Kommentierungen zu § 5 Abs. 4, § 7 und § 19.

I. Dem Grunde nach (Satz 1)

4 Da schon § 3 Abs. 1 Nr. 4 erkennen lässt, dass der Gesellschafter auf den übernommenen Geschäftsanteil eine Einlage zu leisten hat, hält die Regierungsbegründung Satz 1 lediglich für klarstellend.[1] Richtigerweise ist die Norm – nach ihrer Neufassung und passend zu ihrer Überschrift – jedoch die eigentliche **Anspruchsgrundlage für die Leistung der Einlagen.**[2]

5 Diese Einlageleistung ist schon deshalb zwingend, weil die GmbH Kapitalgesellschaft ist und die Haftung für Gesellschaftsschulden auf ihr Gesellschaftsvermögen beschränkt ist (§ 13 Abs. 2). Dieser **Haftungsfonds** muss zunächst aufgebracht werden, und zwar in der Regel durch eine Einlage des Gesellschafters entweder schon bei Gründung der GmbH (dazu Satz 2 und § 3 Abs. 1 Nr. 4) oder im Rahmen einer späteren (effektiven) Kapitalerhöhung (dazu Satz 3 und § 55). Ausnahmsweise genügt jedoch auch die Umwandlung von Rücklagen der Gesellschaft im Rahmen einer Kapitalerhöhung aus Gesellschaftsmitteln (§§ 57c ff., dazu noch Rdn. 7).

II. Der Höhe nach (Sätze 2 und 3)

6 Die durch das MoMiG neu hinzugekommenen Sätze 2 und 3 sollen deutlich machen, dass die Einlagepflicht gerade in der Höhe entsteht, in welcher der Nennbetrag des jeweiligen Geschäftsanteils festgesetzt wird.[3] Die Bestimmungen schließen damit eine Unter-Pari-Emission aus, d.h. die Höhe der zu leistenden Einlage darf den Nennbetrag nicht unterschreiten; sie hindern aber selbstverständlich nicht die Vereinbarung eines zusätzlichen Aufgeldes (**Agio**) i.S.v. § 272 Abs. 2 Nr. 1 HGB. Zum Zeitpunkt der Einlageleistung vgl. § 7 Abs. 2 und 3 sowie § 56a.

7 Die Verknüpfung von Einlagenhöhe und Nennbetrag gilt im Fall der **Gründung** (Satz 2) und der in Satz 3 allein angesprochenen **effektiven Kapitalerhöhung**[4] (bei der Kapitalerhöhung aus Gesellschaftsmitteln entfällt die in Satz 3 vorausgesetzte Übernahmeerklärung[5]). Das Gesetz greift diese beiden Fälle gezielt auf, um im Übrigen einen Umkehrschluss zu ermöglichen: »Dadurch wird klargestellt, dass z.B. die Erhöhung des Nennbetrags der Geschäftsanteile nach § 57h Abs. 1 im Rahmen einer Kapitalerhöhung aus Gesellschaftsmitteln oder die Erhöhung des Nennbetrags der Geschäftsanteile im Zuge einer Einziehung gemäß § 34 keine Erhöhung der Einlageverpflichtung zur Folge hat.«[6] Damit begrenzen die Sätze 2 und 3, die vordergründig nur die Höhe der Einlagepflicht regeln, die Einlagepflicht in Randbereichen auch dem Grunde nach. Denn wenn im Zuge einer Kapitalerhöhung aus Gesellschafts-

---

1 BegrRegE MoMiG zu § 14, BT-Drs. 16/6140, S. 37.

2 *Reichert/Weller,* in: MünchKommGmbHG, § 14 Rn. 4; *Weller,* in: Bork/Schäfer, GmbHG, § 14 Rn. 1.

3 BegrRegE MoMiG zu § 14, BT-Drs. 16/6140, S. 37.

4 Formulierungsvorschläge hierfür bei *Witte/Rousseau,* GmbHR 2009, R321.

5 Vgl. *Zöllner,* in: Baumbach/Hueck, GmbHG, § 57i Rn. 13.

6 BegrRegE MoMiG zu § 14, BT-Drs. 16/6140, S. 37.

mitteln neue Geschäftsanteile gebildet werden (zulässig gemäß § 57h Abs. 1), leistet der Gesellschafter hierauf – technisch gesehen – gar keine Einlage.

C. Geschäftsanteil

I. Entstehung und Erlöschen

8 Der Geschäftsanteil **verkörpert die Mitgliedschaft** in der GmbH als Inbegriff der Rechte und Pflichten des jeweiligen Gesellschafters aus dem Gesellschaftsverhältnis (vgl. Rdn. 2).[7] Die Mitgliedschaft kann sowohl originär erworben werden – durch die Übernahme eines Geschäftsanteils gegen Einlage auf das Stammkapital bei Gründung der GmbH (§ 3 Abs. 1 Nr. 4) bzw. im Rahmen einer Kapitalerhöhung (§ 55) – als auch derivativ – durch nachträglichen Erwerb eines bestehenden Geschäftsanteils im Wege der Einzel- (§ 15 Abs. 3) oder Gesamtrechtsnachfolge (z.B. Erbfall, Umwandlung). Da die GmbH Kapitalgesellschaft mit einem aufzubringenden und zu erhaltenden Haftungsfonds ist (Rdn. 5), können Geschäftsanteile und damit auch die Mitgliedschaft nicht einfach (durch den Neueintritt eines Gesellschafters) aus dem Nichts entstehen oder sich (durch den Austritt eines Gesellschafters) in Nichts auflösen.

9 Der **Geschäftsanteil entsteht** wie bisher erst mit der Eintragung im Handelsregister und nicht schon mit der Errichtung der Gesellschaft, d.h. mit der notariellen Beurkundung des Gesellschaftsvertrages.[8] Aus dem Wortlaut des § 3 Abs. 1 Nr. 4 n.F. folgt insoweit nichts anderes: Im Gesellschaftsvertrag verpflichtet sich der Gesellschafter lediglich zur Übernahme des Geschäftsanteils »gegen« die erst noch zu leistende Einlage; es ist daher nicht ersichtlich, wieso er ihn ohne Einlageleistung sofort erhalten sollte. Hierin läge auch ein Wertungswiderspruch zum Fall einer Kapitalerhöhung (§ 55), bei welcher der Geschäftsanteil ebenfalls erst mit der Eintragung entsteht.[9] Im Fall einer wirksamen Teilung oder Zusammenlegung von Geschäftsanteilen (§ 46 Nr. 4) entsteht der neue Geschäftsanteil sofort, d.h. nicht erst mit Aufnahme der korrigierten Gesellschafterliste in das Handelsregister (vgl. § 16).

10 Der **Geschäftsanteil geht unter** mit der Löschung der GmbH im Handelsregister (§ 74 Abs. 1 Satz 2), durch eine gezielte Kapitalherabsetzung nur dieses Geschäftsanteils oder durch Einziehung (§ 34), nach h.M. hingegen nicht durch Kaduzierung (§ 21 Abs. 2).[10]

7 *Ebbing*, in: Michalski, GmbHG, § 14 Rn. 2; *Altmeppen*, in: Roth/Altmeppen, GmbHG, § 14 Rn. 2.

8 So aber *Reichert/Weller*, in: MünchKommGmbHG, § 14 Rn. 11; *Weller*, in: Bork/Schäfer, GmbHG, § 14 Rn. 2.

9 Vgl. hierzu *Reichert/Weller*, in: MünchKommGmbHG, § 15 Rn. 39.

10 *Hueck/Fastrich*, in: Baumbach/Hueck, GmbHG, § 21 Rn. 12; vgl. auch BGHZ 42, 89, 92.

II. Nennbetrag

Jeder Geschäftsanteil hat einen festen Nennbetrag (vgl. § 3 Abs. 1 Nr. 4 und § 5 Abs. 2 ff.). Dieser bildet grundsätzlich den **Maßstab** für die Rechte und Pflichten des Anteilsinhabers im Verhältnis zu den Mitgesellschaftern. Insbesondere entscheidet das Verhältnis der Geschäftsanteile (ihrer Nennbeträge) im Regelfall über die Stimmrechte in der Gesellschafterversammlung (§ 47 Abs. 2) und die Gewinnverteilung (§ 29 Abs. 3), ferner auch über die Einzahlung von Nachschüssen (§ 26 Abs. 2); »im Regelfall« deshalb, weil alle genannten Vorschriften jedenfalls satzungsdispositiv sind. So können insbesondere auch **Vorzugs-Geschäftsanteile** z.B. mit einem Mehrstimmrecht oder Gewinnvoraus geschaffen werden. 11

Wie sich bereits aus § 5 Abs. 2 Satz 1 ergibt, ist der Nennbetrag nicht in Form einer Beteiligungsquote, sondern als **Betrag** in vollen Euro festzulegen. Hierbei kann die Höhe der Nennbeträge der einzelnen Geschäftsanteile verschieden bestimmt werden; sie muss in der Summe jedoch mit dem Stammkapital übereinstimmen (§ 5 Abs. 3). Der Nennbetrag kann bzw. muss sich **ändern** durch Teilung oder Zusammenlegung von Geschäftsanteilen (§ 46 Nr. 4) sowie durch Kapitalerhöhung (§§ 55 ff.) oder -herabsetzung (§ 58). Im Fall der Einziehung eines Geschäftsanteils (§ 34) erlischt dieser ohne Änderung des Stammkapitals. Dies kann zu praktischen Problemen führen, weil § 5 Abs. 3 Satz 2 ein Auseinanderfallen der Nennbeträge der verbleibenden Geschäftsanteile und des Stammkapitals neuerdings für unzulässig erklärt.[11] 12

Dem Nennbetrag kam früher auch die Funktion zu, die Geschäftsanteile im Rechtsverkehr zu bezeichnen. Mit der nunmehr zumindest für die Gesellschafterliste zwingenden Nummerierung der Geschäftsanteile (vgl. §§ 8 Abs. 1 Nr. 3, 40 Abs. 1 Satz 1 einerseits sowie den nur auf Anzahl und Nennbeträge der Geschäftsanteile abstellenden § 3 Abs. 1 Nr. 4 andererseits) tritt diese **Identifizierungsfunktion** jedoch in den Hintergrund. 13

III. Wert des Geschäftsanteils

Vom Nennbetrag bzw. -wert zu unterscheiden ist der **wirtschaftliche Wert** des Geschäftsanteils. Dieser ist in aller Regel mit dem Nennwert nicht identisch, sondern kann schon bei Gründung über oder unter diesem liegen. Denn der Wert eines Unternehmens wird regelmäßig durch den Barwert der mit dem Eigentum an dem Unternehmen verbundenen Nettozuflüsse an die Unternehmenseigner bestimmt. Zur Ermittlung dieses Barwerts wird ein Kapitalisierungszinssatz verwendet, der die Rendite aus einer zur Investition in das zu bewertende Unternehmen adäquaten Alternativanlage repräsentiert. Demnach wird der Wert des Unternehmens allein aus seiner **Ertragskraft**, d.h. seiner Eigenschaft, finanzielle Überschüsse für die Unternehmenseigner zu erwirtschaften, abgeleitet; entscheidend sind hierbei die bei Fortführung des Unternehmens und Veräußerung etwaigen nicht betriebsnotwendigen Ver- 14

11 Vgl. Begr. RegE MoMiG zu § 5, BT-Drs. 16/6140, S. 31.

mögens zu erwartenden Überschüsse.[12] Der Geschäftsanteil repräsentiert sodann einen entsprechenden Bruchteil des so ermittelten Ertragswertes des Unternehmens. Demgegenüber haben der **Substanzwert**, der sich aus einer Gegenüberstellung und Bewertung der Aktiva und Passiva des Unternehmens ergibt, sowie der **Liquidationswert** als der Barwert der finanziellen Überschüsse bei Liquidation des gesamten Unternehmens für Bewertungszwecke in aller Regel keine eigenständige Bedeutung. Gleiches gilt für den **Buchwert**, mit dem der Geschäftsanteil ggf. in einer Handels- oder Steuerbilanz angesetzt ist.

15 Im **gesellschaftsrechtlichen** Bereich ist der Wert des Geschäftsanteils bedeutsam für die Berechnung der Höhe von Abfindungszahlungen insbesondere bei der Einziehung eines Geschäftsanteils (§ 34), bei in der Satzung ggf. vorgesehenen Abtretungs- oder Übernahmepflichten, in Umwandlungsfällen (vgl. etwa §§ 5 Abs. 1 Nr. 3, 29 UmwG) oder auch beim Abschluss von Beherrschungs- und Gewinnabführungsverträgen (vgl. §§ 304 f. AktG). Aus dem übrigen Zivilrecht sind vor allem Unternehmenskäufe, aber auch Erbauseinandersetzungen sowie die Berechnung von Pflichtteilen oder Zugewinnausgleich zu nennen.

IV. Anteilsscheine, Genussrechte

16 Eine **Verbriefung** von Geschäftsanteilen ist unüblich, aber zulässig. Das Gesetz schweigt zur Ausgabe von **Anteilsscheinen** (vgl. demgegenüber §§ 10, 13 AktG); erforderlich und ausreichend ist eine entsprechende Regelung in der Satzung oder durch Gesellschafterbeschluss.[13] Der Anteilsschein ist kein Wertpapier, sondern bloße Beweisurkunde.[14] Die Übertragung des Geschäftsanteils findet daher weiterhin nach § 15 statt; die Satzung kann ihre Wirksamkeit jedoch an die Übergabe des Anteilsscheins knüpfen (§ 15 Abs. 5).[15] Auch für einen Gutglaubenserwerb bleibt nach § 16 Abs. 3 die Gesellschafterliste der Rechtsscheinsträger, nicht der Anteilsschein.[16] Ferner bestehen auch keine Bedenken, die Ansprüche der Gesellschafter auf den festgestellten verteilbaren Jahresüberschuss (§ 29 Abs. 1) in **Dividendenscheinen** zu verbriefen. Diese können als bloße Beweisurkunden ausgestaltet sein oder als Rekta- bzw. Inhaber- (§ 793 BGB) oder Orderpapiere (§ 363 HGB) ausgegeben werden.[17] Ein Bedürfnis hierfür ist jedoch kaum je gegeben.

---

12 Näher IDW Standard: Grundsätze zur Durchführung von Unternehmensbewertungen« (IDW S1 i.d.F. 2008), WPg Supplement 3/2008, S. 68 ff.; jeweils instruktiv auch für Juristen *Simon/Leverkus*, in: Simon, SpruchG, 2007, Anh § 11; *Großfeld*, Recht der Unternehmensbewertung, 5. Aufl. 2009; *Kruschwitz/Löffler/Essler*, Unternehmensbewertung für die Praxis, 2009; *Piltz*, Die Unternehmensbewertung in der Rechtsprechung, 3. Aufl. 1994.

13 *Reichert/Weller*, in: MünchKommGmbHG, § 14 Rn. 42.

14 OLG Köln, GmbHR 1995, 293.

15 Allg. Meinung, s. *Bayer*, in: Lutter/Hommelhoff, GmbHG, § 14 Rn. 9.

16 *Altmeppen*, in: Roth/Altmeppen, GmbHG, § 14 Rn. 9; *H. Winter/Seibt*, in: Scholz, GmbHG, § 14 Rn. 66.

17 *H. Winter/Seibt*, in: Scholz, GmbHG, § 14 Rn. 66.

Genussrechte gewähren aufgrund eines schuldrechtlichen Verhältnisses Vermögensansprüche gegen die Gesellschaft (z.B. als Element einer Venture Capital-Finanzierung), jedoch keine Mitgliedschaftsrechte.[18] Die satzungsmäßige Festlegung der Bedingungen eines Genussrechts ist nur erforderlich, wenn es den Gesellschaftern im Rahmen des Gesellschaftsverhältnisses, z.B. als Gründervorteil, als Teilentgelt für eine gemischte Sacheinbringung oder als Entgelt für die Nebenleistungspflicht eines Gesellschafters gewährt werden soll. Das Genussrecht wird in der Regel in Form eines Genussscheins verbrieft und ist, sofern nicht anders vereinbart (§§ 399, 413 BGB), frei veräußerlich und vererblich.[19] 17

D. Mitgliedschaft

I. Rechtsnatur, Dauer, Schutz

Mitgliedschaft ist zuallererst Teilhabe an einem Verband; aus dieser Teilhabe entspringt zum einen eine **Dauerrechtsbeziehung** zum Verband und zu dessen übrigen Mitgliedern,[20] zum anderen auch ein komplexes, **subjektives Recht** des einzelnen Mitglieds.[21] Als Dauerrechtsbeziehung begründet die Mitgliedschaft Rechte und Pflichten, insbesondere Treuepflichten, deren Verletzung zum Schadensersatz verpflichten kann. Als subjektives Recht ist die Mitgliedschaft veräußerlich und vererblich (§ 15); gegen den Willen des Gesellschafters kann sie nur in den durch Gesetz und Satzung bestimmten Grenzen verändert werden.[22] 18

Die Mitgliedschaft in der GmbH wird durch das Innehaben eines oder mehrerer Geschäftsanteile vermittelt. Die Mitgliedschaft **entsteht** daher mit dem originären oder derivativen Erwerb eines Geschäftsanteils (oben Rdn. 8 f.); sie **endet** mit dem Untergang (Rdn. 10) bzw. dem sonstigen Verlust des Geschäftsanteils, etwa durch Veräußerung. Mit Errichtung der GmbH wird ein Gesellschafter zunächst Mitglied der bis zur Eintragung bestehenden Vorgesellschaft; diese Mitgliedschaft setzt sich sodann bei Eintragung der GmbH in das Handelsregister automatisch fort, nunmehr als Mitgliedschaft in der GmbH.[23] 19

Schutz genießt die Mitgliedschaft zunächst verfassungsrechtlich nach Art. 14 GG.[24] Deliktisch ist die Mitgliedschaft als sonstiges Recht i.S.v. § 823 Abs. 1 BGB zumindest gegen Eingriffe Außenstehender geschützt. Ein solcher Eingriff kann etwa darin liegen, dass ein Dritter den Geschäftsanteil zu Unrecht zur Zwangsversteigerung 20

---

18 BGHZ 119, 305.

19 Ausführlich zu Genussrechten *H. Winter/Seibt*, in: Scholz, GmbHG, § 14 Rn. 67 ff.

20 Letzteres noch offen gelassen in BGHZ 65, 15, 18 »ITT«.

21 So *K. Schmidt,* Gesellschaftsrecht, 4. Aufl. 2002, S. 549; zustimmend *Ebbing,* in: Michalski, GmbHG, § 14 Rn. 39.

22 Vgl. *Raiser*, in: Ulmer/Habersack/Winter, GmbHG, § 14 Rn. 18, 20.

23 *Bayer,* in: Lutter/Hommelhoff, GmbHG, § 14 Rn. 3.

24 BVerfGE 14, 263, 276 (Feldmühle), vgl. BGHZ 83, 123 (Holzmüller); näher *Wiedemann*, in: FS Goette, 2001, S. 617.

bringt; unzureichend ist eine Schädigung nur der GmbH (mit entsprechendem Reflexschaden des Gesellschafters).[25] Für das Vereinsrecht hat der BGH überdies entschieden, dass eine Verletzung der Mitgliedschaft auch durch Vereinsmitglieder oder Vereinsorgane möglich ist und der deliktische Schutzbereich auch bei solchen Schädigungen im Innenverhältnis eröffnet ist.[26] Für die GmbH wird eine solche Anspruchskonkurrenz zu gesellschaftsrechtlichen Ansprüchen überwiegend abgelehnt.[27]

II. Mitgliedschaftsrechte

21 Die gesellschaftsrechtlich begründeten Mitgliedschaftsrechte und -pflichten (zu letzteren Rdn. 38 ff.) sind von **schuldrechtlichen Beziehungen** zu unterscheiden, wie sie zwischen einem Gesellschafter und der Gesellschaft (z.B. auf der Grundlage eines Darlehensvertrages) oder zwischen Gesellschaftern (z.B. auf der Grundlage einer Stimmbindungsvereinbarung) bestehen können (dazu Rdn. 49).

22 **Mitgliedschaftsrechte** sind akzessorisch zur Mitgliedschaft, können nicht von ihr abgespalten werden und inhaltlich nur durch die Satzung modifiziert werden.[28] Während allgemeine Mitgliedschaftsrechte allen Gesellschaftern gleichmäßig zustehen, gewähren Sonderrechte (Rdn. 28 ff.) einzelnen Gesellschaftern Vorrechte gegenüber den übrigen Gesellschaftern.

1. Allgemeine Mitgliedschaftsrechte

23 Funktional lassen sich Vermögens- und Verwaltungsrechte unterscheiden. **Vermögensrechte** sind insbesondere Ansprüche auf Teilhabe am Gewinn (§ 29) und am Liquidationserlös (§ 72) sowie auf Abfindung bei vorzeitigem Ausscheiden, ferner das Bezugsrecht im Rahmen einer Kapitalerhöhung.[29] **Verwaltungsrechte** sind das Recht zur Teilnahme an der Gesellschafterversammlung (§ 48), das Stimmrecht (§ 47), das Auskunfts- und Einsichtsrecht nach §§ 51a, b, das Recht zur Anfechtung von Gesellschafterbeschlüssen sowie die in §§ 50, 61 Abs. 2 und § 66 Abs. 2 verankerten Minderheitsrechte.[30]

24 Aufgrund der im GmbH-Recht geltenden weitgehenden **Satzungsautonomie** (vgl. § 45) können diese Mitgliedschaftsrechte im Grundsatz frei ausgestaltet, beschränkt oder auch ausgeschlossen werden. Grenzen ergeben sich zum einen aus den allgemeinen Gesetzen, namentlich den §§ 134, 138 BGB, zum anderen aus dem Gedanken,

---

25 *Ebbing*, in: Michalski, GmbHG, § 14 Rn. 43.

26 BGHZ 110, 323, 334 »Schärenkreuzer«; zustimmend *Reichert/Weller*, in: MünchKommGmbHG, § 14 Rn. 58.

27 *Ebbing*, in: Michalski, GmbHG, § 14 Rn. 44; *H. Winter/Seibt*, in: Scholz, GmbHG, § 14 Rn. 8.

28 *Reichert/Weller*, in: MünchKommGmbHG, § 14 Rn. 74.

29 *Reichert/Weller*, in: MünchKommGmbHG, § 14 Rn. 77.

30 *Raiser*, in: Ulmer/Habersack/Winter, GmbHG, § 14 Rn. 21.

dass dem Gesellschafter jedenfalls ein solcher **Kernbereich** an Einzel- und Minderheitsrechten verbleiben muss, dass die Beteiligung nicht völlig sinnentleert wird und eine Teilnahme am Leben der Gesellschaft möglich bleibt.[31]

25 **Absolut unentziehbar** (= unverzichtbar) sind daher das Recht zur Einberufung der Gesellschafterversammlung und zur Aufnahme von Anträgen in die Tagesordnung (§ 50), das Recht auf Teilnahme an der Gesellschafterversammlung, die Auskunfts- und Einsichtsrechte nach § 51a, b, das Recht zur Geltendmachung der Nichtigkeit und zur Anfechtung von Gesellschafterbeschlüssen sowie das Recht zum Austritt aus wichtigem Grund; gleiches gilt auch für das Abandonrecht nach § 27 Abs. 4 und die Rechte aus §§ 61, 66.[32] Gesellschafterbeschlüsse, durch die solche absolut unentziehbaren Mitgliedschaftsrechte entzogen oder eingeschränkt werden sollen, sind in entsprechender Anwendung des § 241 Nr. 3 AktG nichtig.[33]

26 **Relativ unentziehbare Rechte** können hingegen mit Zustimmung des betroffenen Gesellschafters entzogen werden. Darunter fallen die Mitgliedschaft selbst und die regulären Rechte wie das Stimmrecht (§ 47), das Recht auf Beteiligung am Gewinn (§ 29) und das Recht auf den Liquidationsanteil.[34] Mit Zustimmung des Betroffenen können daher insbesondere **stimmrechtslose Geschäftsanteile** geschaffen werden. Nach einer BGH-Entscheidung von 1954 soll es allerdings nicht möglich sein, gleichzeitig das Stimmrecht und das Recht auf Beteiligung an Gewinn und Liquidationserlös auszuschließen.[35] Dagegen spricht jedoch, dass das erforderliche Mindestmaß an Teilhabe bereits im Rahmen der absolut unentziehbaren Rechte gewährleistet ist und im Übrigen – vorbehaltlich völliger Sinnentleerung der Beteiligung im Einzelfall – Gestaltungsfreiheit herrschen sollte.[36] Die Zustimmung des Betroffenen ist ausnahmsweise dann nicht erforderlich, wenn ein **wichtiger Grund** für die Beschränkung oder den Entzug eines relativ unentziehbaren Rechts vorliegt.[37] So kann auch die Mitgliedschaft durch Ausschluss aus wichtigem Grund[38] oder durch Kaduzierung nach § 21 Abs. 2 entzogen werden. Ohne Zustimmung und ohne Vorliegen eines wichtigen Grundes ist ein entsprechender Beschluss unwirksam.

31 Vgl. *Raiser*, in: Ulmer/Habersack/Winter, GmbHG, § 14 Rn. 34; vgl. im Zusammenhang mit Personengesellschaften BGHZ 170, 283 »OTTO« und BGHZ 179, 13 »Schutzgemeinschaft II«.

32 *Ebbing*, in: Michalski, GmbHG, § 14 Rn. 60.

33 *H. Winter/Seibt*, in: Scholz, GmbHG, § 14 Rn. 34.

34 *Raiser*, in: Ulmer/Habersack/Winter, GmbHG, § 14 Rn. 36; *Ebbing*, in: Michalski, GmbHG, § 14 Rn. 64.

35 BGHZ 14, 264, 273; zustimmend *Bayer*, in: Lutter/Hommelhoff, GmbHG, § 14 Rn. 11.

36 Vgl. *Raiser*, in: Ulmer/Habersack/Winter, GmbHG, § 14 Rn. 34; *Hueck/Fastrich*, in: Baumbach/Hueck, GmbHG, § 14 Rn. 15.

37 Vgl. BGH, DStR 1995, 226 zur Einschränkung des Informationsrechts wegen Aufnahme einer Konkurrenztätigkeit.

38 Der Ausschluss bleibt als – ungeregelte – *ultima ratio* zulässig, vgl. BGHZ 9, 157, 161 ff.

27 Der Gesellschafter kann ihm aus der Mitgliedschaft zustehende Ansprüche im Wege der **Leistungsklage** gegen die Gesellschaft einklagen (etwa den Gewinnanspruch). Für das Auskunfts- und Einsichtsrecht verweist § 51b auf das Verfahren nach § 132 AktG. Innerverbandliche Meinungsverschiedenheiten im Übrigen lassen sich mit einer Feststellungsklage (durch oder gegen die Gesellschaft) klären.

2. Sonderrechte

28 **Sonderrechte** gewähren einem einzelnen Gesellschafter oder einer Gesellschaftergruppe Vorrechte gegenüber den übrigen Gesellschaftern. Das Vorrecht kann in vermögensrechtlicher Hinsicht etwa in einem Gewinnvorzug (abweichende Gewinnverteilung nach § 29 Abs. 3 Satz 2), einem Vorkaufsrecht oder auch einem Belieferungs- oder Benutzungsrecht bestehen. Im Verwaltungsbereich sind z.B. ein Recht auf Geschäftsführung, ein Benennungs- oder Entsenderecht (für Geschäftsführung, Beirat oder Aufsichtsrat) sowie ein Mehrstimmrecht, Zustimmungsvorbehalt oder Vetorecht bei Gesellschafterbeschlüssen denkbar.[39] Es herrscht weitgehende Gestaltungsfreiheit (§ 45), die ihre **Grenzen** zum einen in den allgemeinen Gesetzen (§§ 134, 138 BGB), zum anderen im zwingenden GmbH-Recht findet. So dürfen auch Sonderrechte nicht gegen § 30 GmbHG verstoßen, absolut unentziehbare Rechte anderer Gesellschafter (Rdn. 25) beeinträchtigen oder zwingende Kompetenzvorschriften verletzen; namentlich dürfen Entsenderechte für Geschäftsführung oder Aufsichtsrat bei mitbestimmungspflichtigen Gesellschaften nicht in Konflikt zu den einschlägigen Vorschriften des MitbestG oder DrittelbG geraten.

29 Sonderrechte können nur im Gesellschaftsvertrag bzw. später im Rahmen einer Satzungsänderung **begründet** werden. Sie können entweder (als höchstpersönliches Recht) nur einem bestimmten Gesellschafter zugestanden werden, so üblicherweise beim Sonderrecht auf Geschäftsführung (etwa für den Unternehmensgründer), oder mit einem bestimmten Geschäftsanteil verbunden werden; ein solcher mit Sonderrechten ausgestatteter Geschäftsanteil wird als **Vorzugsgeschäftsanteil** bezeichnet. Die Einräumung kann zeitlich begrenzt oder dauerhaft sein; auch eine aufschiebende oder auflösende Bedingung kann vereinbart werden.[40] Da die Einräumung von Sonderrechten die Rechtsposition der nicht bevorrechtigten Gesellschafter nachteilig berührt, ist im Hinblick auf den **Gleichbehandlungsgrundsatz** (s.u. Rdn. 46 ff.) deren Zustimmung erforderlich (vgl. § 53 Abs. 3 GmbHG). Falls das vorgesehene Recht ein bestehendes, aber verzichtbares Sonderrecht eines anderen Gesellschafters beeinträchtigt, muss auch dieser zustimmen.[41]

30 Ein Sonderrecht kann nur auf Grundlage eines satzungsändernden Beschlusses und nur mit Zustimmung des Berechtigten (§ 35 BGB)[42] **entzogen** oder **beschränkt** werden. Bei Vorliegen eines wichtigen Grundes kann entgegen § 35 BGB das Sonder-

---

39 Weitere Beispiele bei *Reichert/Weller,* in: MünchKommGmbHG, § 14 Rn. 97 ff.

40 *H. Winter/Seibt,* in: Scholz, GmbHG, § 14 Rn. 23.

41 *Raiser,* in: Ulmer/Habersack/Winter, GmbHG, § 14 Rn. 28.

42 BGH, NJW-RR 1989, 542.

recht auch ohne Zustimmung des Berechtigten entzogen werden. Ein wichtiger Grund ist gegeben, wenn bei Abwägung der gegenseitigen Interessen das Fortbestehen des Sonderrechts für die Gesellschaft auf Dauer persönlich, wirtschaftlich oder organisatorisch unzumutbar erscheint.[43]

31 Das Sonderrecht ist Bestandteil der Mitgliedschaft und kann daher, wenn überhaupt, nur mit dem Geschäftsanteil **übertragen** werden. Ist das Sonderrecht nur einem bestimmten Gesellschafter zugestanden, wie z.B. ein höchstpersönliches Sonderrecht auf Geschäftsführung, so erlischt es mit dem Verlust der Gesellschafterstellung; im Übrigen geht es grundsätzlich mit dem Geschäftsanteil auf den Erwerber über.

32 Ein Beschluss, der ohne die erforderliche Mehrheit gefasst wird oder ohne wichtigen Grund in ein Sonderrecht eingreift, ist **(relativ) unwirksam.**[44] Der Berechtigte kann sich jederzeit auf die Unwirksamkeit des Beschlusses berufen, ohne ihn anfechten zu müssen; er kann nach § 256 ZPO das Fortbestehen seines Rechts oder die Unwirksamkeit des beeinträchtigenden Beschlusses feststellen lassen; er kann den Beschluss aber auch nachträglich genehmigen (§ 184 BGB) und ihn so wirksam werden lassen.[45]

3. Abspaltungsverbot

33 Einzelne Elemente der Mitgliedschaft können von ihr nicht abgespalten und isoliert auf Dritte oder auch Mitgesellschafter übertragen werden (**Abspaltungsverbot**).[46] Durch die Übertragung auf Dritte würde die Gesellschaft ihre durch die Mitgliedschaftsrechte gewährleistete Autonomie ganz oder teilweise verlieren. Durch die Übertragung auf Mitgesellschafter könnten Gesellschafter durch Einzelabreden untereinander die durch die Satzung festgelegte Verbandsstruktur verändern.[47]

34 Das Abspaltungsverbot gilt zunächst für sämtliche **Verwaltungsrechte** (vgl. Rdn. 23). Unzulässig ist damit insbesondere die Abtretung des Stimmrechts an einen gesellschaftsfremden Dritten, aber z.B. auch die Übertragung der Auskunfts- und Einsichtsrechte nach § 51a. Unzulässig sind auch Konstruktionen, die der Umgehung des Abspaltungsverbots dienen. Dies gilt namentlich für die Erteilung einer **unwiderruflichen Vollmacht** zur Ausübung von Verwaltungsrechten, die den Gesellschafter entweder schon »dinglich« verdrängen soll oder doch mit dessen Verzicht auf die eigene Wahrnehmung dieser Rechte einhergeht.[48] Ob Gleiches auch für die sog. Legitimationszession gilt, bei der ein Dritter ermächtigt wird, die dem Gesellschafter weiterhin zustehenden Rechte im eigenen Namen auszuüben, hat der BGH offen

---

43 *Reichert/Weller*, in: MünchKommGmbHG, § 14 Rn. 112.

44 BGHZ 15, 177, 181.

45 *Reichert/Weller*, in: MünchKommGmbHG, § 14 Rn. 116 f.

46 Ganz h.M., BGHZ 43, 261, 267; *Bayer*, in: Lutter/Hommelhoff, GmbHG, § 14 Rn. 15; *Raiser*, in: Ulmer/Habersack/Winter, GmbHG, § 14 Rn. 41; *Ebbing*, in: Michalski, GmbHG, § 14 Rn. 70 ff.

47 *Ebbing*, in: Michalski, GmbHG, § 14 Rn. 70; vgl. *Raiser*, in: Ulmer/Habersack/Winter, GmbHG, § 14 Rn. 42.

48 BGHZ 3, 354, 358 f.; BGH, GmbHR 1977, 244; OLG Hamburg, AG 1989, 327, 329.

gelassen.[49] Hilfsweise kann eine unzulässige verdrängende Stimmrechtsvollmacht oder Legitimationszession nach der Interessenlage der Beteiligten jedenfalls in eine (nicht verdrängende, widerrufliche) Stimmrechtsvollmacht umgedeutet werden.[50]

35 Weitergehend umfasst das Abspaltungsverbot auch **Vermögensrechte** (vgl. Rdn. 23), hier jedoch nur die mit der Mitgliedschaft untrennbar verbundenen sog. **Stammrechte.** Das Gewinnstammrecht als solches kann daher nicht isoliert abgetreten werden; der konkrete schuldrechtliche Anspruch auf Auszahlung des (festgestellten oder auch künftigen) Gewinns kann hingegen (als sog. Gläubigerrecht, s.u. Rdn. 50) isoliert abgetreten werden.[51]

36 **Zulässig** bleibt es, Geschäftsanteile in der Satzung so mit Sonderrechten (vorstehend Rdn. 28 ff.) zu versehen, dass im Einzelfall ganz ähnliche Ergebnisse wie im Fall einer (verbotenen) Abspaltung erreicht werden. Bspw. kann der eine Geschäftsanteil mit einem Mehrstimmrecht bzw. Gewinnvorzug ausgestattet, der andere hingegen stimmrechtslos gestellt bzw. von der Gewinnverteilung ausgeschlossen werden (vgl. Rdn. 26). Sofern der Gesellschaftsvertrag nicht entgegensteht, bleiben selbstverständlich auch Gestaltungen zulässig, die dem Gesellschafter Weisungs- und Widerrufsrechte hinsichtlich der Ausübung des Rechts belassen, etwa die einfache Bevollmächtigung.[52]

37 Nicht unter das Abspaltungsverbot fällt die Ausübung des Stimmrechts durch einen **gesetzlichen Vertreter** oder durch eine **Partei kraft Amtes** (Insolvenzverwalter, Testamentsvollstrecker).[53] Gleiches gilt für die dingliche Belastung des Geschäftsanteils mit einem Nießbrauch oder Pfandrecht. Umstritten ist, ob das Abspaltungsverbot auch im Fall der **Treuhand** eingreift, wenn der Treugeber als wirtschaftlich Berechtigter sich das Stimmrecht vorbehält.[54] Die Praxis behilft sich mit der Erteilung von Stimmrechtsvollmachten oder dem Abschluss von Stimmbindungsverträgen.[55]

III. Mitgliedschaftspflichten

38 Auch bei den Mitgliedschaftspflichten lässt sich systematisch zwischen allgemeinen und Sonderpflichten (dazu Rdn. 45) sowie funktional zwischen Vermögens- und Verhaltenspflichten unterscheiden.

---

49 BGH, GmbHR 2008, 702; für Unzulässigkeit *Raiser*, in: Ulmer/Habersack/Winter, GmbHG, § 14 Rn. 44.

50 OLG Hamburg, AG 1989, 327, 329.

51 *Bayer*, in: Lutter/Hommelhoff, GmbHG, § 14 Rn. 16; *Hueck/Fastrich*, in: Baumbach/Hueck, GmbHG, § 14 Rn. 20.

52 BGH, GmbHR 1977, 244.

53 *Ebbing*, in: Michalski, GmbHG, § 14 Rn. 73.

54 Ablehnend *Raiser*, in: Ulmer/Habersack/Winter, GmbHG, § 14 Rn. 45; für die Kapitalgesellschaft offengelassen in BGH, GmbHR 1977, 244, für die Personengesellschaft ablehnend BGHZ 3, 354.

55 *Schaub*, DStR 1995, 1634.

1. Allgemeine Pflichten, insbesondere Treuepflicht

39 Gesetzliche **Vermögenspflichten** (Beitragspflichten) sind v.a. die Einlagepflicht nach § 14, flankiert durch die Differenz- und Ausfallhaftung nach §§ 9, 9a, 24, 31 Abs. 3, und die Pflicht zur Erstattung verbotener Rückzahlungen nach § 31. Die Satzung kann weitere Nebenleistungs- (§ 3 Abs. 2) und Nachschusspflichten (§ 26) vorsehen.

40 Bei den **Verhaltenspflichten** steht die Treuepflicht im Vordergrund. Daneben existiert, anders als bei Personengesellschaften, keine allgemeine Mitwirkungspflicht: das Halten eines Geschäftsanteils geht nicht zwingend mit Pflichten beispielsweise zur Geschäftsführung, Rechnungslegung oder Teilnahme an Gesellschafterversammlungen einher. Im Einzelfall können sich derartige Pflichten jedoch aus der Satzung oder aus der Treuepflicht ergeben.[56] Die **Treuepflicht** hat ihren Grund in der Dauerrechtsbeziehung zur Gesellschaft und den übrigen Gesellschaftern (oben Rdn. 18) und den damit einhergehenden, mitgliedschaftlich vermittelten Einwirkungsmöglichkeiten jedes Gesellschafters auf die Interessen der anderen.[57] Daher gilt die Treuepflicht nicht nur im Verhältnis zur Gesellschaft, sondern auch unmittelbar unter den Gesellschaftern.[58] Weitergehend unterliegen der Treuepflicht auch ausgeschiedene Gesellschafter sowie ausnahmsweise auch Nichtgesellschafter wie der Treugeber, nach dessen Weisung und auf dessen Rechnung der Treuhänder den Geschäftsanteil hält. Eine wechselseitige Zurechnung findet u.U. auch in Konzernbeziehungen zwischen herrschendem und abhängigem Unternehmen,[59] regelmäßig jedoch nicht zwischen Schwestergesellschaften[60] statt.

41 Die Treuepflicht beinhaltet v.a. das **Gebot zu redlichem und loyalem Verhalten**, wie es von einem Gesellschafter aufgrund seiner Teilhabe an dem auf einen satzungsmäßigen Zweck ausgerichteten Gemeinschaftsverhältnis erwartet werden kann. Inhalt, Intensität und Tragweite der Treuepflicht hängen dabei von den Umständen, insbesondere der Art und dem Gegenstand der ausgeübten Rechtsmacht, v.a. davon ab, ob es im konkreten Fall um die Wahrnehmung eigen- oder fremdnütziger Mitgliedschaftsrechte geht.[61] Allgemein beschränkt die Treuepflicht v.a. unter dem Gesichtspunkt des **Minderheitenschutzes** die Ausübung von Gesellschafterrechten und Befugnissen der Organe.[62]

42 In der konkreten Ausgestaltung kann die Treuepflicht für den Gesellschafter eine **aktive Förderpflicht** i.S.v. § 705 BGB begründen, d.h. eine Pflicht zur Mitwirkung

56 Vgl. *Reichert/Weller*, in: MünchKommGmbHG, § 14 Rn. 131.

57 Vgl. *Raiser*, in: Ulmer/Habersack/Winter, GmbHG, § 14 Rn. 67; *Bayer*, in: Lutter/Hommelhoff, GmbHG, § 14 Rn. 20; grundlegend zur gesellschafterlichen Treuepflicht *Martin Winter*, Mitgliedschaftliche Treuebindungen im GmbH-Recht, 1988.

58 *Lutter*, ZHR 162 (1998), 164; noch offen gelassen in BGHZ 65, 15, 18 »ITT«.

59 *H. Winter/Seibt*, in: Scholz, GmbHG, § 14 Rn. 52.

60 Dazu *Michael Winter*, Horizontale Haftung im Konzern, 2005, insbes. S. 53 ff.

61 OLG Düsseldorf, GmbHR 1996, 1083, 1087; OLG Braunschweig, GmbHR 2009, 1276 mit Anm. *Michael Winter*.

62 *H. Winter/Seibt*, in: Scholz, GmbHG, § 14 Rn. 54.

an allen Maßnahmen, die zur Erhaltung des in der Gesellschaft Geschaffenen und zur Erreichung des Zwecks dringend geboten und den Gesellschaftern unter Berücksichtigung ihrer eigenen schutzwerten Belange zumutbar sind.[63] Dazu können gehören die Mitwirkung an Entscheidungen wie der Feststellung des Jahresabschlusses, die Änderung einer unzureichenden Satzung, die Sanierung der Gesellschaft, die Liquidation bei unbehebbaren finanziellen Schwierigkeiten sowie die Ausübung des Stimmrechts in Angelegenheiten der Gesellschaft.[64] Die Treuepflicht kann sich zur positiven Stimmpflicht verdichten[65] und den zeitweisen Verzicht auf Vermögensrechte gebieten.[66]

43 Den Gesellschafter treffen gegenüber der GmbH und den Mitgesellschaftern auch bestimmte **Loyalitäts-** und **Unterlassungspflichten**. So dürfen sie die GmbH Dritten gegenüber nicht diskreditieren, sich nicht in Geschäftschancen der GmbH drängen und die GmbH nicht unter Einsatz der eigenen Stimmkraft schädigen.[67] Ein ausdrückliches **Wettbewerbsverbot** für Gesellschafter der GmbH kennt das Gesetz nicht (anders bei Personengesellschaften, § 112 HGB). Ein Wettbewerbsverbot kann sich jedoch aus vertraglicher Vereinbarung oder im Einzelfall aus der Treuepflicht ergeben, wenn nämlich das Gesellschaftsverhältnis auf enge persönliche Bindung ausgelegt ist oder der Gesellschafter bestimmenden Einfluss auf die Gesellschaft ausüben kann.[68]

44 Jeder Gesellschafter kann einen treuwidrig handelnden Mitgesellschafter im Wege der **actio pro socio** in Anspruch nehmen und von diesem im eigenen Namen den Ersatz des Schadens verlangen, welcher der Gesellschaft durch eine schuldhafte Verletzung der gesellschaftsrechtlichen Treuepflicht entstanden ist, wobei der Schadensausgleich ggf. im Gesellschaftsvermögen vorzunehmen ist.[69] Bei unmittelbarer Schädigung der Mitgliedschaft durch treuwidriges Handeln eines Mitgesellschafters kann gegen diesen auch ein **eigener Anspruch** des Gesellschafters begründet sein.[70]

2. Sonderpflichten

45 Die Sonderbelastung **einzelner** Gesellschafter bedarf einer Festsetzung in der Satzung, wobei durch Auslegung zwischen mitgliedschaftlichen Sonderpflichten und

63 BGHZ 64, 253, 257.
64 *Bayer*, in: Lutter/Hommelhoff, GmbHG, § 14 Rn. 22.
65 OLG Hamm, GmbHR 1992, 612; vgl. OLG Braunschweig, GmbHR 2009, 1276 mit Anm. *Michael Winter*: Es ist nicht *per se* treuwidrig, wenn der Mehrheitsgesellschafters an einem Geschäftsführer auch nach dessen Pflichtverletzung festhält.
66 BGH, GmbHR 1985, 153 (zur Publikums-KG).
67 *Bayer*, in: Lutter/Hommelhoff, GmbHG, § 14 Rn. 24.
68 *H. Winter/Seibt*, in: Scholz, GmbHG, § 14 Rn. 59. Vgl. BGHZ 89, 162, 166; 122, 333, 336; *Armbrüster*, ZIP 1997, 1269; *Tiedchen*, GmbHR 1993, 616.
69 BGHZ 65, 15 »ITT«.
70 *Ebbing*, in: Michalski, GmbHG, § 14 Rn. 106.

schuldrechtlich gemeinten Pflichten zu differenzieren ist.[71] Beispiele für Sonderpflichten sind Aufgeld-, Nachschuss- und sonstige Leistungspflichten einzelner Gesellschafter oder Wettbewerbsverbote für einzelne Gesellschafter.[72] Eine Erweiterung der Sonderpflichten ohne Zustimmung des betroffenen Gesellschafters ist nicht zulässig, § 53 Abs. 3. Mit einem Geschäftsanteil verbundene Sonderpflichten gehen auf den Erwerber über, höchstpersönliche Sonderpflichten (z.B. zur Erbringung von Beratungsleistungen) erlöschen hingegen (vgl. Rdn. 31).

IV. Gleichbehandlungsgrundsatz

46 Die Geltung des Gleichbehandlungsgrundsatzes ist von Rechtsprechung und Literatur auch für die GmbH seit langem anerkannt,[73] auch wenn er hier (anders als für die AG in § 53a AktG) nicht ausdrücklich festgeschrieben ist. Er kann nicht generell ausgeschlossen werden, spezielle Abweichungen im Gesellschaftsvertrag oder mit Zustimmung des Betroffenen sind jedoch im Hinblick auf den Vorrang der Vertragsfreiheit immer möglich.[74]

47 Verboten ist die **willkürliche Differenzierung** zwischen den Gesellschaftern, also eine Bevorzugung oder Benachteiligung (nur) einzelner Gesellschafter. Eine verschiedene Behandlung von Gesellschaftern ist dann gegeben, wenn der nach Gesetz oder Gesellschaftsvertrag für den Gegenstand des betreffenden gesellschaftlichen Rechtsakts geltende Maßstab der Beteiligung der Gesellschafter in ihrem Verhältnis zueinander nicht für alle gewahrt ist.[75] Liegt eine solche Verschiedenbehandlung von Gesellschaftern vor, kann diese durch hinreichende **sachliche Gründe** im Gesellschaftsinteresse gerechtfertigt sein. Beweispflichtig für das Eingreifen solcher sachlicher Gründe ist der Urheber des Rechtsakts.[76]

48 Ein unter Verstoß gegen den Gleichbehandlungsgrundsatz gefasster Beschluss ist **anfechtbar**. Für die Rechtsfolgen bei anderen Rechtsakten ist maßgeblich, was im Einzelfall erforderlich ist, um einen der Gleichbehandlung entsprechenden Zustand herzustellen.[77] Als Maßnahmen kommen somit in Betracht Rückgängigmachung, Gewähr in gleicher Weise gegenüber dem Benachteiligten oder Ausgleich in bar.[78]

V. Rechte und Pflichten außerhalb der Mitgliedschaft

49 Von den mitgliedschaftlichen Rechten und Pflichten, die in der Mitgliedschaft als solcher wurzeln, sind **schuldrechtliche Beziehungen** zu unterscheiden. Diese können

---

71 *Reichert/Weller*, in: MünchKommGmbHG, § 14 Rn. 132.
72 *H. Winter/Seibt*, in: Scholz, GmbHG, § 14 Rn. 29.
73 *H. Winter/Seibt*, in: Scholz, GmbHG, § 14 Rn. 41 m.w.N.
74 *Bayer*, in: Lutter/Hommelhoff, GmbHG, § 14 Rn. 34.
75 *H. Winter/Seibt*, in: Scholz, GmbHG, § 14 Rn. 45a.
76 *H. Winter/Seibt*, in: Scholz, GmbHG, § 14 Rn. 45b.
77 *H. Winter/Seibt*, in: Scholz, GmbHG, § 14 Rn. 48.
78 *Bayer*, in: Lutter/Hommelhoff, GmbHG, § 14 Rn. 35.

im Verhältnis der Gesellschafter zur Gesellschaft (sog. **Drittgeschäfte** wie z.B. Kauf-, Miet-, Dienst- oder Darlehensvertrag) ebenso bestehen wie im Verhältnis der Gesellschafter untereinander (z.B. Stimmbindungsverträge, Vorkaufs- und Ankaufsrechte). Sie unterliegen nicht dem GmbH-, sondern dem Schuldrecht.[79] Anderes kann nur dann gelten, wenn das Geschäft auch einen gesellschaftsrechtlichen Gehalt hat, weil etwa der Gesellschafter als solcher zur Darlehensgewährung verpflichtet ist; in diesem Fall können ausnahmsweise die gesellschafterliche Treuepflicht und der Gleichbehandlungsgrundsatz zum Tragen kommen.[80] Pflichten aus Drittgeschäften können daher zwar im Wege der Gesamtrechtsnachfolge auf einen Erben übergehen, die rechtsgeschäftliche Nachfolge erfordert hingegen eine (mindestens stillschweigende) Abtretung oder Schuldübernahme (§§ 398, 414 BGB).[81]

50 **Gläubigerrechte** stehen zwischen den mitgliedschaftlichen und schuldrechtlichen Rechten. Sie sind aus dem Gesellschaftsverhältnis entstanden, haben sich in der Folge jedoch soweit verselbständigt, dass sie insbesondere selbständig (d.h. ohne die Mitgliedschaft) abtretbar und pfändbar sind. Hauptbeispiel ist der konkrete schuldrechtliche Anspruch auf Auszahlung eines (festgestellten oder auch künftigen) Gewinns (im Gegensatz zum Gewinnstammrecht, vgl. oben Rdn. 35). Anders als Rechte aus reinen Drittgeschäften unterliegen die Gläubigerrechte aufgrund ihrer Herkunft jedoch noch gewissen gesellschaftsrechtlichen Bindungen, insbesondere der Treuepflicht und dem Gleichbehandlungsgrundsatz.[82]

§ 15 Übertragung von Geschäftsanteilen

(1) Die Geschäftsanteile sind veräußerlich und vererblich.

(2) Erwirbt ein Gesellschafter zu seinem ursprünglichen Geschäftsanteil weitere Geschäftsanteile, so behalten dieselben ihre Selbständigkeit.

(3) Zur Abtretung von Geschäftsanteilen durch Gesellschafter bedarf es eines in notarieller Form geschlossenen Vertrages.

(4) [1]Der notariellen Form bedarf auch eine Vereinbarung, durch welche die Verpflichtung eines Gesellschafters zur Abtretung eines Geschäftsanteils begründet wird. [2]Eine ohne diese Form getroffene Vereinbarung wird jedoch durch den nach Maßgabe des vorigen Absatzes geschlossenen Abtretungsvertrag gültig.

(5) Durch den Gesellschaftsvertrag kann die Abtretung der Geschäftsanteile an weitere Voraussetzungen geknüpft, insbesondere von der Genehmigung der Gesellschaft abhängig gemacht werden.

---

79 BGH, NJW 1989, 166.

80 *Hueck/Fastrich*, in: Baumbach/Hueck, GmbHG, § 14 Rn. 12.

81 *Bayer*, in: Lutter/Hommelhoff, GmbHG, § 14 Rn. 14.

82 *Ebbing*, in: Michalski, GmbHG, § 14 Rn. 54.

Übersicht **Rdn.**

Schrifttum

Albers, Kauf und Übertragung von GmbH-Anteilen im Ausland, GmbHR 2011, 1078; *ders.*, Kauf und Übertragung von Anteilen an ausländischen »Quasi-GmbH«, GmbHR 2011, 1266; *Armbrüster*, Treuhänderische GmbH-Beteiligungen, GmbHR 2001, 941 und 1021; *ders.*, Die treuhänderische Beteiligung an Gesellschaften, 2001; *Binz/Mayer*, Beurkundungspflichten bei der GmbH & Co. KG, NJW 2002, 3054; *Brandi/Mühlmeier*, Übertragung von Gesellschaftsanteilen im Wege vorweggenommener Erbfolge und Vorbehaltsnießbrauch, GmbHR 1997, 734; *Bruhns*, Verpfändung von GmbH-Anteilen in der Finanzierungspraxis, GmbHR 2006, 587; *Bürger*, Die Beteiligung Minderjähriger an Gesellschaften mit beschränkter Haftung, RNotZ 2006, 156; *Carlé*, Unterbeteiligungen bei Personen- und Kapitalgesellschaften, KÖSDI 2008, 16166; *ders.*, Unterbeteiligungen: Zivil- und steuerrechtliche Hinweise, KÖSDI 2005, 14475; *Erbacher/Klarmann*, Beurkundungspflichten beim Unternehmenskauf, Corporate Finance Law 2011, 151; *Fetsch*, Zur Beurkundungsbedürftigkeit von Kaufverträgen über eine englische Private Limited Company, GmbHR 2008, 133; *Frank*, Der Nießbrauch an Gesellschaftsanteilen, MittBayNot 2010, 96; *Frenzel*, Nachträgliche Vinkulierung von Geschäftsanteilen, GmbHR 2008, 983; *Fricke*, Der Nießbrauch an einem GmbH-Geschäftsanteil – Zivil- und Steuerrecht, GmbHR 2008, 739; *Götze/Mörtel*, Zur Beurkundung von GmbH-Anteilsübertragungen in der Schweiz, NZG 2011, 727; *Grage*, Ausgewählte Aspekte der Verwaltungstreuhand an Geschäftsanteilen, RNotZ 2005, 251; *Greitermann*, Die Formbedürftigkeit der Erwerbstreuhand an GmbH-Anteilen, GmbHR 2005, 577; *Hadding*, Zum gesetzlich notwendigen Umfang der notariellen Beurkundung der »Vereinbarung«, einen GmbH-Geschäftsanteil zu übertragen, ZIP 2003, 2133; *Heuer*, Der GmbH-Anteil in der Zwangsvollstreckung, ZIP 1998, 405; *Ivens*, Leitlinien zur Unternehmensnachfolge: Die Vererbung von Kapitalgesellschaftsbeteiligungen, ZEV 2011, 177; *Ivo*, Die Vererbung von GmbH-Geschäftsanteilen, ZEV 2006, 252; *ders.*, Der minderjährige Gesellschafter, ZNotP 2007, 210; *König/Götte/Bormann*, Das Formstatut für die dingliche Abtretung von GmbH-Geschäftsanteilen nach geltendem und künftigem Recht, NZG 2009, 881; *Langner/Heydel*, Nachfolgeklauseln im GmbH-Gesellschaftsvertrag, GmbHR 2006, 291; *Leuering/Simon*, Die Verpfändung von GmbH-Geschäftsanteilen, NJW-Spezial 2005, 171; *Leuschner*, Die Teilverpfändung von GmbH-Anteilen, WM 2005, 2161; *Liebscher/Lübke*, Die zwangsweise Verwertung vinkulierter Anteile, ZIP 2004, 241; *Liese*, Die Beurkundungspflicht von Änderungsvereinbarungen zu Geschäftsanteilskaufverträgen, GmbHR 2010, 1256; *Loritz*, Die Reichweite von Vinkulierungsklauseln in GmbH-Gesellschaftsverträgen, NZG 2007, 361; *Lutter/Grunewald*, Zur Umgehung von Vinkulierungsklauseln in Satzungen von Aktiengesellschaften und Gesellschaften mbH, AG 1989, 109; *Mankowski*, Änderungen bei der Auslandsbeurkundung von Anteilsübertragungen durch das MoMiG oder durch die Rom I-VO?, NZG 2010, 201; *Mertens*, Typische Probleme bei der Verpfändung von GmbH-Anteilen, ZIP 1998, 1787; *Mohr/Jainta*, Nießbrauch an GmbH-Geschäftsanteilen, GmbH-StB 2010, 269; *Mühlhaus*, Die Unterbeteiligung als Gestaltungsmittel bei Familiengesellschaften, ErbStB 2009, 276; *Olk*, Beurkundungserfordernisse nach deutschem GmbH-Recht bei Verkauf und Abtretung von Anteilen an ausländischen Gesellschaften, NJW 2010, 1639; *Olk/Nikoleyczik*, Beurkundungserfordernisse nach deutschem GmbH-Recht bei Verkauf und Abtretung von Anteilen an ausländischen Gesellschaften, DStR 2010, 1576; *Reichert/Schlitt,* Nießbrauch an GmbH-Geschäftsanteilen, in: FS Flick, 1997, S. 217 ff.; *Reichert/Schlitt/Düll,* Die gesellschafts- und steuerrechtliche Gestaltung des Nießbrauchs an GmbH-Anteilen, GmbHR 1998, 565; *Reichert/Weller,* Geschäftsanteilsübertragung mit Auslandsberührung, DStR 2005, 250 und 292; *Reymann,* Die Verpfändung von GmbH-Geschäftsanteilen, DNotZ 2005, 425; *von Rom,* Zum Umfang der Beurkundungspflicht bei der Verpfändung von GmbH-Geschäftsanteilen, WM 2007, 2223; *Roth,* Pfändung und Verpfändung von Gesellschaftsanteilen, ZGR 2000, 187; *Schaub,* Treuhand an GmbH-Anteilen, DStR 1995, 1634; *ders.,* Treuhand an GmbH-Anteilen – Treuhandgefahren für den Treugeber, DStR 1996, 65; *Schindhelm/Pickhardt-Poremba/Hilling,* Das zivil- und steuerrechtliche Schicksal der Unterbeteiligung bei »Umwandlung« der Hauptgesellschaft, DStR 2003, 1444 und 1469; *Christian Schmitz,* Mängelhaftung beim Unternehmenskauf nach der Schuldrechtsreform, RNotZ 2006, 551; *Erich Schmitz,* Vinkulierungs- und Ausschließungsklauseln, in: FS Wiedemann, 2002, S. 1223; *Stoppel,* Reichweite der Heilung bei fehlender Beurkundung von Anteilsverkäufen, GmbHR 2010, 225; *Tebben,* Gesellschaftsvertraglicher Schutz gegen Treuhand- und Unterbeteiligungen an Geschäftsanteilen, GmbHR 2007, 63; *Transfeld,* Anteilsübertragung trotz Vinkulierung – ein vermeintlicher Widerspruch?, GmbHR 2010, 185; *Walz/Fembacher,* Zweck und Umfang der Beurkundung nach § 15 GmbHG, NZG 2003, 1134; *Wälzholz,* Rückforderungsrechte an Gesellschaftsanteilen für den Fall von Insolvenz und Zwangsvollstreckung, GmbHR 2007, 1319; *Weitnauer,* Der Unternehmenskauf nach neuem Kaufrecht, NJW 2002, 2511; *H.P. Werner,* Treuhandverhältnisse an GmbH-Anteilen, GmbHR 2006, 1248; *Westermann,* Vinkulierung von GmbH-Geschäftsanteilen und Aktien: Ermessensfreiheit der Zustimmungsentscheidung, in: FS Huber, 2005, S. 997; *Michael Winter,* Die Unternehmensübergabe gegen Versorgungsleistungen, NJW-Spezial 2010, 399; *Wolf/Kaiser,* Die Mängelhaftung beim Unternehmenskauf nach neuem Recht, DB 2002, 411.

A. Überblick

1 § 15 regelt die Übertragung von Geschäftsanteilen und damit die **Übertragung der Mitgliedschaft** an einer GmbH. Die GmbH nimmt insoweit eine Mittelstellung zwischen den Personengesellschaften und der AG ein. Während sich bei den Personengesellschaften die Übertragbarkeit der Mitgliedschaft erst relativ spät herausgebildet hat und zudem der Zustimmung aller Gesellschafter bzw. einer entsprechenden gesellschaftsvertraglichen Disposition bedarf, gilt im Aktienrecht der Grundsatz der freien Übertragbarkeit der Mitgliedschaft; außer durch die Vinkulierung bei Namensaktien (§ 68 Abs. 2 AktG) darf sie nicht erschwert werden. Abs. 1 erklärt GmbH-Geschäftsanteile ebenfalls für im Grundsatz frei übertragbar, sowohl unter Lebenden (»veräußerlich«) als auch von Todes wegen (»vererblich«). Anders als Aktien sollen Geschäftsanteile jedoch nicht zum Gegenstand des Börsenverkehrs und des spekulativen Handels werden können. Die Abs. 3 und 4 schreiben daher sowohl für die Abtretung von Geschäftsanteilen als auch schon für das zugrundeliegende Verpflichtungsgeschäft die notarielle Form vor. Nach Abs. 5 kann der Gesellschaftsvertrag die Abtretung zudem noch an weitere Voraussetzungen knüpfen, sie namentlich von der Zustimmung der Gesellschaft abhängig machen.

2 Die Vorschrift ist seit 1892 im Wesentlichen unverändert. Die im Rahmen der GmbH-Reform geäußerte Empfehlung, auf das Beurkundungserfordernis der Abs. 3

und 4 etwa zugunsten eines privatschriftlichen Vertrages mit Beglaubigung der Unterschriften zu verzichten,[1] wurde nicht umgesetzt.

B. Freie Übertragbarkeit von Geschäftsanteilen (Abs. 1)

I. Veräußerlichkeit (1. Alt.)

1. Allgemeines

3 Es gehört zu den Grundprinzipien des deutschen Schuldrechts, das schuldrechtliche Verpflichtungsgeschäft, z.B. einen Kaufvertrag, von dem dinglichen Verfügungsgeschäft zur Erfüllung der übernommenen Pflichten zu trennen (**Trennungsprinzip**). Entsprechend unterscheidet § 15 in den Abs. 4 und 3 zwischen der Vereinbarung, durch welche die Abtretungsverpflichtung begründet wird, und der Abtretung selbst. Die Grundaussage des Abs. 1, 1. Alt., dass Geschäftsanteile »**veräußerlich**« sind, ist demgegenüber auf das Verpflichtungs- *und* das Verfügungsgeschäft zu beziehen: Gesellschafter einer GmbH können ihre Geschäftsanteile »veräußern«, nämlich insbesondere verkaufen und abtreten. Diese Aussage ist deshalb bedeutsam, weil das GmbH-Gesetz im Grundsatz, d.h. von den in §§ 21, 27, 34 geregelten Sonderfällen abgesehen, keinen Austritt und Ausschluss von Gesellschaftern kennt.[2] Die Veräußerung ist somit »das« Mittel, um die Mitgliedschaft in einer GmbH zu beenden und ggf. zu Geld zu machen.

4 »**Veräußerung**« meint jedes auf die Übertragung eines Geschäftsanteils gerichtete Rechtsgeschäft,[3] und zwar (vgl. Rdn. 3) das Verpflichtungsgeschäft ebenso wie das Verfügungsgeschäft. Das Verfügungsgeschäft besteht in der Abtretung. Für das Verpflichtungsgeschäft kommen unterschiedliche Vertragstypen in Betracht – neben dem Verkauf (an Dritte, Mitgesellschafter oder auch die Gesellschaft selbst, § 33) bspw. auch die Schenkung, Einbringung oder Begründung einer Treuhand. Die **Gesamtrechtsnachfolge** wird hingegen regelmäßig aus dem Veräußerungsbegriff ausgeklammert.[4] Dies ist insofern zutreffend, als die Gesamtrechtsnachfolge (z.B. durch Erbfolge oder Verschmelzung des Gesellschafters) ohne Abtretung der Geschäftsanteile auskommt (vgl. § 1922 Abs. 1 BGB, § 20 Abs. 1 Nr. 1 UmwG) und die Abs. 3 bis 5 folglich keine Anwendung finden. Die Grundaussage des Abs. 1, dass Geschäftsanteile »veräußerlich« im Sinne von »übertragbar« sind, ist jedoch auch für die Gesamtrechtsnachfolge wichtig (vgl. etwa § 132 UmwG a.F.); dies belegt auch der Umstand, dass die »Vererblichkeit« in der 2. Alternative nochmals gesondert angesprochen wird.

---

1 Empfehlung Nr. 17 des Rechts-, Finanz- und Wirtschaftsausschusses, BR-Drs. 354/1/07, S. 18; vgl. auch *DAV,* NZG 2007, 735, 738.

2 Als – ungeregelte – *ultima ratio* bleiben Austritt und Ausschluss gleichwohl zulässig, vgl. RGZ 128, 1, 16 (Austritt); BGHZ 9, 157, 161 ff. (Ausschluss); BGH, GmbHR 2003, 1062 (Austritt aufgrund Satzungsregelung) mit Anm. *Blöse/Kleinert.*

3 *Reichert/Weller,* in: MünchKommGmbHG, § 15 Rn. 11.

4 Vgl. *Reichert/Weller,* in: MünchKommGmbHG, § 15 Rn. 14 sowie die Literatur zu § 16 a.F.

5 Die freie Veräußerlichkeit kann durch Gesellschaftsvertrag (Abs. 5, dazu Rdn. 53 ff.) oder durch Gesetz beschränkt werden. Solche gesetzlichen Einschränkungen bestehen namentlich für Freiberufler-GmbHs.

2. Freiberufler-GmbH

6 Für Freiberufler-GmbHs (vgl. auch § 1 Rdn. 20 ff.) fordern berufsrechtliche Vorschriften einen berufsspezifischen Gesellschafterkreis (§§ 59e Abs. 1 BRAO, 50a Abs. 1 Nr. 1, 3 StBerG, 28 Abs. 4 S. 1 Nr. 1 WPO).[5] Hier ist zu differenzieren: Gesellschafter einer Rechtsanwaltsgesellschaft »können« nach dem Gesetzeswortlaut nur Rechtsanwälte sein (sowie mit ihnen verbundene Steuerberater etc., § 59e Abs. 1 Satz 1 BRAO); die Abtretung eines Geschäftsanteils an eine nicht sozietätsfähige Person ist daher nichtig (§ 134 BGB).[6] Bestimmungen anderer Berufsordnungen regeln dagegen nur Anerkennungsvoraussetzungen (§§ 50a Abs. 1 Nr. 1, 3 StBerG, 28 Abs. 4 S. 1 Nr. 1 WPO); die Abtretung an einen Berufsfremden ist damit wirksam[7] (daher auch das Vinkulierungserfordernis nach § 28 Abs. 5 WPO), sie führt aber ggf. zum Widerruf der Anerkennung. Durch **Vererbung** können dagegen auch Berufsfremde Gesellschafter werden, auch bei der Rechtsanwalts-GmbH;[8] in diesem Fall droht nach Ablauf einer Übergangsfrist aber ebenfalls der Widerruf der Zulassung (vgl. § 59h Abs. 3 BRAO).

II. Vererblichkeit (2. Alt.)[9]

1. Allgemeines

7 Abs. 1, 2. Alt. erklärt Geschäftsanteile und damit die Mitgliedschaft in der GmbH auch für »vererblich«. Wenn ein Gesellschafter stirbt, gehören seine Geschäftsanteile daher zum Nachlass. Sie gehen nach § 1922 BGB auf den Erben bzw. auf die Erbengemeinschaft über. Eine Sonderrechtsnachfolge einzelner Erben, wie sie bei Personengesellschaften mittels »qualifizierter Nachfolgeklausel« möglich ist, findet nicht statt.[10] Miterben fällt der Geschäftsanteil daher zur gesamten Hand zu (§ 2032 Abs. 1 BGB); Gesellschafterin wird die **Erbengemeinschaft** (vgl. § 18). Die Mitteilungs- und Eintragungserfordernisse nach §§ 16, 40 gelten auch im Erbfall; zu Abs. 5 vgl. Rdn. 56.

---

5 Näher zur Ärzte-GmbH *Klose,* BB 2003, 2702.
6 *Henssler,* in: Henssler/Prütting, BRAO, 3. Aufl. 2010, § 59e Rn. 12.
7 Str., stets für Unwirksamkeit nach § 134 BGB *Reichert/Weller,* in: MünchKommGmbHG, § 15 Rn. 8.
8 *Kleine-Cosack,* BRAO, 6. Aufl. 2009, § 59e Rn. 5.
9 Näher hierzu *Ivens,* ZEV 2011, 177; *Ivo,* ZEV 2006, 252; *Langner/Heydal,* GmbHR 2006, 291.
10 OLG Koblenz, GmbHR 1995, 586, 587.

2. Vorsorge gegen »unerwünschte Erben«

8 Der Gesellschaftsvertrag kann die **Vererblichkeit** von Geschäftsanteilen **weder ausschließen noch beschränken:**[11] § 15 Abs. 1, 2. Alt. ist zwingend, Abs. 5 ist (wie auch die Abs. 3 und 4) schon mangels »Abtretung« nicht anwendbar.

9 Gesellschafter können jedoch auf unterschiedliche Weise Vorsorge gegen ein Eindringen »unerwünschter« Erben treffen. So kann ein Gesellschafter seine Geschäftsanteile bspw. schon zu Lebzeiten im Rahmen einer **vorweggenommenen Erbfolge** an geeignete Nachfolger übertragen; dabei kann er sich etwa durch die Bestellung eines Nießbrauchs (dazu Rdn. 90 ff.) oder durch die Vereinbarung von Versorgungsleistungen[12] finanziell absichern. Ein Gesellschafter kann seine Geschäftsanteile dem Nachlass auch dadurch entziehen, dass er sie aufschiebend befristet **auf seinen Tod abtritt** (unter der zusätzlichen Bedingung des Längerlebens des Begünstigten); dadurch unterwirft er sich allerdings bereits den aus §§ 160, 161 BGB folgenden Einschränkungen seiner Verfügungsbefugnis.[13] Ordnet der Gesellschafter für seine Geschäftsanteile **Testamentsvollstreckung** an, so ist der Testamentsvollstrecker im Allgemeinen berechtigt und verpflichtet, alle Rechte aus den Anteilen, auch das Stimmrecht, wahrzunehmen.[14]

10 **Gesellschaftsvertragliche Nachfolgeklauseln** können die Gesellschafter nicht wirksam verpflichten, in bestimmter Weise zu testieren (§ 2302 BGB),[15] und auch nicht verhindern, dass »unerwünschte« Erben zunächst Gesellschafter werden (Rdn. 7). Sie können jedoch verhindern, dass solche Erben auf Dauer Gesellschafter bleiben, indem sie für diesen Fall die Einziehung oder Zwangsabtretung von Geschäftsanteilen ermöglichen, am besten beides.

11 Die **Einziehung** (§ 34) bewirkt die Vernichtung der eingezogenen Geschäftsanteile. Da die Einziehung die Aufbringung und Erhaltung des Stammkapitals nicht beeinträchtigen darf, muss der einzuziehende Geschäftsanteil voll eingezahlt sein und darf die Zahlung des Einziehungsentgelts das zur Erhaltung des Stammkapitals erforderliche Vermögen nicht berühren (§§ 34 Abs. 3, 30 Abs. 1). Die Einziehung kann daher nicht automatisch erfolgen, sondern setzt – neben der Zulassung im Gesellschaftsvertrag – einen entsprechenden Gesellschafterbeschluss voraus (§ 46 Nr. 4).[16] Die Einziehungsklausel kann, sofern die Nachfolgeberechtigten anderweitig konkret oder abstrakt (z.B. »Mitgesellschafter, Ehegatten und Abkömmlinge«) bezeichnet sind, bspw. wie folgt lauten: *»Ein Geschäftsanteil kann ohne Zustimmung des betroffenen Gesellschafters durch Gesellschafterbeschluss eingezogen werden, wenn der Geschäftsanteil*

11 *Martin Winter/Löbbe,* in: Ulmer/Habersack/Winter, GmbHG, § 15 Rn. 9.

12 *Michael Winter,* NJW-Spezial 2010, 399.

13 *Langner/Heydel,* GmbHR 2006, 291, 292.

14 Vgl. *Bayer,* in: Lutter/Hommelhoff, GmbHG, § 15 Rn. 21.

15 *Ivo,* ZEV 2006, 252, 253.

16 H.M., etwa *Martin Winter/Löbbe,* in: Ulmer/Habersack/Winter, GmbHG, § 15 Rn. 10; *Hueck/Fastrich,* in: Baumbach/Hueck, GmbHG, § 15 Rn. 12.

von Todes wegen auf einen oder mehrere nicht nachfolgeberechtigte Gesellschafter übergegangen ist. Der betroffene Gesellschafter ist hierbei nicht stimmberechtigt. Über die Einziehung ist binnen 12 Monaten nach Kenntniserlangung der Gesellschaft vom Erbfall und von den Erben zu beschließen.«[17] Zweckmäßig ist es, nicht nachfolgeberechtigte Gesellschafter zusätzlich auch zur **Abtretung** der Geschäftsanteile zu verpflichten, so dass die Geschäftsanteile erhalten bleiben: *»Statt der Einziehung kann beschlossen werden, dass der Geschäftsanteil an die Gesellschaft oder auf einen oder mehrere von ihr benannte Nachfolgeberechtigte zu übertragen ist.«* Die Abtretungsklausel kann die Gesellschaft gemäß § 185 BGB ermächtigen, die Abtretung des Geschäftsanteils auch selbst vorzunehmen.[18] Bei Einziehung schuldet die Gesellschaft, bei Abtretung der Abtretungsempfänger eine **Abfindung**, grundsätzlich in Höhe des Verkehrswertes des Geschäftsanteils.[19] Gesellschaftsvertraglich kann die Abfindung begrenzt[20] und für den Todesfall auch ganz ausgeschlossen werden.[21] Zulässig ist ein solcher Abfindungsausschluss insbesondere bei Vererbung der Geschäftsanteile an nicht nachfolgeberechtigte Personen.[22]

12 **Erbschaftsteuerlich** ist eine Einziehung regelmäßig nachteilig: Sie führt nach § 7 Abs. 7 ErbStG zu einer steuerpflichtigen Bereicherung der verbleibenden Gesellschafter, wenn die Abfindung den Steuerwert unterschreitet (der seit dem 1.1.2009 dem Verkehrswert entspricht). Bei einer Einziehung können die Mitgesellschafter zudem nicht die Begünstigungen der §§ 13a, b, 19a ErbStG erhalten, weil die Einziehung zivilrechtlich keinen Anteilserwerb bewirkt und ein solcher wohl auch nicht nach § 7 Abs. 7 ErbStG fingiert wird.[23] Erbschaftsteuerlich ist daher eine Zwangsabtretung vorzugswürdig, besser noch ein Verkauf der Geschäftsanteile durch die nicht nachfolgeberechtigten Erben (mit der Folge, dass ein Kaufpreis, keine Abfindung gezahlt wird).[24]

C. Selbständigkeit jedes Geschäftsanteils (Abs. 2)

13 Bei Personengesellschaften gilt der Grundsatz der Einheitlichkeit der Mitgliedschaft; er verhindert dort eine Mehrfachmitgliedschaft oder uneinheitliche Ausgestaltung der Beteiligung. Bei der GmbH kann dagegen (seit der GmbH-Reform) ein Gesellschafter bereits bei der Errichtung der Gesellschaft mehrere Geschäftsanteile übernehmen (§ 5 Abs. 2 Satz 2). Ebenso kann er später durch Abtretung, Erbfolge oder

17 Vgl. *Langner/Heydel*, GmbHR 2006, 291, 293; BGH, BB 1977, 563, 564 (Stimmrechtsausschluss der Erben).
18 BGH, GmbHR 1984, 74; vgl. OLG Koblenz, GmbHR 1995, 586; *Bayer* in: Lutter/Hommelhoff, GmbHG, § 15 Rn. 15 f.
19 BGHZ 116, 359, 365, 375.
20 Vgl. BGHZ 116, 359; BGHZ 123, 281 (KG); *Michael Winter*, Ubg 2009, 822, 826 f.
21 BGH, BB 1977, 563, 564; *Lutter*, in: Lutter/Hommelhoff, GmbHG, § 34 Rn. 96.
22 BGH, BB 1977, 563, 564.
23 Vgl. *Jülicher*, in: Troll/Gebel/Jülicher, ErbStG, Stand Februar 2010, § 13a Rn. 311.
24 Vgl. *Michael Winter*, Ubg 2009, 822, 828; *Hübner/Maurer*, ZEV 2009, 361 und 428.

im Rahmen einer Kapitalerhöhung (§ 55 Abs. 3) weitere Geschäftsanteile hinzu erwerben. In all diesen Fällen »vereinigen« sich die Geschäftsanteile nicht etwa zu einem einzigen Geschäftsanteil, sondern bleiben nach § 15 Abs. 2 selbständig. Die **Gesellschaftsanteile** bleiben damit **rück- und weiterverfolgbar.** Dies erleichtert zunächst – unter dem Gesichtspunkt der Kapitalaufbringung – die Durchsetzung der in §§ 22, 28 GmbHG angeordneten Haftung von Rechtsvorgängern für nicht geleistete Stammeinlagen oder Nachschüsse: Der Rechtsvorgänger soll gegen Zahlung des rückständigen Betrags den Geschäftsanteil des säumigen (und deshalb nach § 21 ausgeschlossenen) Gesellschafters erwerben können.[25] In der Folge können die Geschäftsanteile auch unterschiedlich z.B. mit Pfand- oder Nießbrauchsrechten dinglich belastet oder veräußert werden; dabei ist jeweils (durch eindeutige Bezeichnung des betroffenen Geschäftsanteils) der **Bestimmtheitsgrundsatz** zu beachten.[26]

14 § 15 Abs. 2 ist eingeschränkt dispositiv: Wie § 46 Nr. 4 zeigt, können Geschäftsanteile sehr wohl durch Gesellschafterbeschluss **zusammengelegt** werden. Die Satzung kann insoweit auch vorsehen (vgl. § 45 Abs. 2), dass die Zusammenlegung – zusätzlich oder anstelle eines Gesellschafterbeschlusses – der Zustimmung des von der Zusammenlegung betroffenen Gesellschafters bedarf.[27] Entsprechend dem Zweck des § 15 Abs. 2, in bestimmten Fällen die Rück- und Weiterverfolgbarkeit von Geschäftsanteilen zu sichern (vorstehend Rdn. 13), darf eine Zusammenlegung jedoch nur erfolgen, soweit die Stammeinlagen voll eingezahlt sind, keine Nachschusspflicht besteht[28] und die Geschäftsanteile nicht unterschiedlich ausgestaltet (Sonderrechte) oder belastet sind (Pfandrecht, Nießbrauch).[29]

D. Notarielle Abtretung von Geschäftsanteilen (Abs. 3)

15 Die Abtretung von Geschäftsanteilen erfolgt nach §§ 398, 413 BGB, bedarf jedoch nach Abs. 3 zusätzlich der notariellen Beurkundung. Die notarielle Form soll zum einen den leichten und spekulativen **Handel mit Geschäftsanteilen erschweren**; die Anteilsrechte an einer GmbH sollen (im Unterschied zu Aktien) nicht Gegenstand des freien Handelsverkehrs sein (vgl. Rdn. 1). Zum anderen soll die Formbedürftigkeit der Rechtsübertragung den **Beweis der Anteilsinhaberschaft erleichtern**, da das Mitgliedschaftsrecht in einer GmbH regelmäßig nicht (in Form von Anteilsscheinen,

25 Vgl. BGHZ 42, 89, 91 f.

26 Vgl. BGH, DB 2010, 1636; OLG Brandenburg, NZG 1998, 951; KG, NJW-RR 1997, 1259; zur unschädlichen zusammenfassenden Fehlbezeichnung BGH, NJW-RR 1987, 807 f.

27 BegrRegE MoMiG zu § 46, BT-Drs. 16/6140, S. 45 hält die Zustimmung des betroffenen Gesellschafters nicht für (kraft Gesetzes) erforderlich; vgl. *Lohr,* GmbH-StB 2010, 212.

28 Vgl. BGHZ 42, 89, 91.

29 Wie hier *Reichert/Weller,* in: MünchKommGmbHG, § 15 Rn. 185; näher *Jasper/Rust,* DB 2000, 1549.

§ 14 Rdn. 16) verbrieft ist.[30] Weitergehende Zwecke werden nicht verfolgt; insbesondere soll die notarielle Form (anders als bei § 311b Abs. 1 BGB) nicht vor Übereilung schützen.[31]

I. Abtretung

16 Der Begriff der Abtretung (§§ 398, 413 BGB) meint nur die **rechtsgeschäftliche Einzelrechtsnachfolge**. Die Abtretung kann auch befristet (§ 163 BGB) oder bedingt (§ 158 BGB) erfolgen, z.B. unter der aufschiebenden Bedingung der vollständigen Kaufpreiszahlung.[32] Eine Rückbeziehung auf einen Zeitpunkt vor Vertragsschluss ist dagegen nur mit schuldrechtlicher, nicht auch mit dinglicher Wirkung möglich.[33] Keine Abtretung – und somit nicht nach Abs. 3 formbedürftig – sind der Übergang kraft Gesetzes, insbesondere durch Gesamtrechtsnachfolge im Erbfall (§ 1922 BGB)[34] oder nach dem Umwandlungsgesetz, und die Übertragung durch Hoheitsakt im Rahmen einer Zwangsversteigerung. Auch die Einziehung (§ 34) ist keine Abtretung.[35]

17 Das **Trennungsprinzip** (Rdn. 3) gestattet es, das Verpflichtungs- und Verfügungsgeschäft unabhängig voneinander zu schließen. Es kann daher unklar sein, ob eine Urkunde neben dem Verpflichtungsgeschäft auch bereits die Abtretung enthält (»A verkauft seinen Geschäftsanteil an B«).[36] In diesem Fall ist die Vereinbarung auszulegen.

II. Geschäftsanteil

18 Die Abtretung muss dem sachenrechtlichen **Bestimmtheitsgrundsatz** genügen und daher insbesondere bei mehreren Geschäftsanteilen zumindest durch Auslegung erkennen lassen, welcher hiervon (ganz oder teilweise) abgetreten werden soll.[37] Die Identifizierung wird dadurch erleichtert, dass gemäß § 8 Abs. 1 Nr. 3 in der Gesellschafterliste neben den Nennbeträgen auch die laufenden Nummern der Geschäftsanteile anzugeben sind. Eine zusammenfassende Falschbezeichnung mehrerer Geschäftsanteile ist unschädlich, wenn gleichwohl keine ernstlichen Zweifel am

---

30 BGH, GmbHR 2008, 589, 590; BGHZ 141, 207, 221 f. (jeweils zu § 15 Abs. 4); BGH, NJW 1996, 3338, 3339; BegrRegE MoMiG zu § 5, BT-Drs. 16/6140, S. 30.

31 Vgl. BGH, ZIP 2011, 2141; vgl. BGHZ 141, 207, 221 f.; BGH, BB 1996, 2427, 2428; BGH, GmbHR 1997, 605, 606; a.A. OLG Stuttgart, DB 1989, 1817.

32 Vgl. zum späteren (formlosen) Verzicht auf eine solche Bedingung BGHZ 127, 129, 133; 138, 195; zum Anwartschaftsrecht des Erwerbers BGH, DStR 1996, 1903.

33 BGH, NJW-RR 1987, 807, 808.

34 Näher zur Übertragung von Geschäftsanteilen in Erfüllung einer Teilungsanordnung oder eines Vermächtnisses OLG Düsseldorf, NJW-RR 1987, 732; *Lessmann*, GmbHR 1986, 409, 414 ff. einerseits sowie OLG Düsseldorf, GmbHR 1990, 504, 508; *Petzoldt*, GmbHR 1977, 25, 27; *Schmitz*, FS Wiedemann, 2002, S. 1223, 1237 andererseits.

35 OLG Karlsruhe, GmbHR 2003, 1482, 1483; zum Austritt aufgrund Satzungsregelung vgl. BGH, GmbHR 2003, 1062 mit Anm. *Blöse/Kleinert*.

36 Vgl. *H. Winter/Seibt*, in: Scholz, GmbHG, § 15 Rn. 89.

37 BGH, DB 2010, 1636; OLG Oldenburg, GmbHR 2008, 259; OLG Brandenburg, NZG 1998, 951; KG, NJW-RR 1997, 1259.

Gegenstand der Abtretung entstehen, z.B. weil ohnehin die gesamte Beteiligung abgetreten wird.[38] Eine Abtretung, die dem Bestimmtheitsgrundsatz nicht genügt, ist hingegen nichtig. Sie kann ggf. in ein wirksames Verpflichtungsgeschäft umgedeutet werden (§ 141 BGB), das nicht dem engen sachenrechtlichen Bestimmtheitsgrundsatz unterliegt.[39]

19 Bestehende Geschäftsanteile können (gerade auch zwecks Abtretung) **geteilt und zusammengelegt** werden; die früher für die Teilung in § 17 enthaltenen Beschränkungen sind aufgehoben. Über die Teilung und Zusammenlegung entscheidet, soweit nicht im Gesellschaftsvertrag anders geregelt, nicht der einzelne Gesellschafter, sondern die Gesellschafterversammlung (§ 46 Nr. 4).

20 Bei der **Vor-GmbH**, d.h. im Zeitraum zwischen dem notariellen Vertragsschluss (§ 2) und der Eintragung der GmbH in das Handelsregister (§ 11 Abs. 1), bestehen noch keine Geschäftsanteile. In diesem Stadium ist ein Mitgliederwechsel nach h.M. nur durch einstimmige Änderung des Gesellschaftsvertrags möglich, nicht auch durch Abtretung von Vorgesellschaftsanteilen (vgl. § 11 Rdn. 19).[40] Zwar wird vertreten, dass der Geschäftsanteil nach dem neuen Wortlaut des § 3 Abs. 1 Nr. 4 bereits mit dem Vertragsschluss entstehe und deshalb bereits nach § 15 abgetreten werden könne.[41] Diese Interpretation überzeugt aber weder sprachlich noch systematisch: Nach § 3 Abs. 1 Nr. 4 verpflichtet sich der Gesellschafter lediglich zur Übernahme des Geschäftsanteils »gegen« die erst noch zu leistende Einlage, nicht anders als im Fall einer Kapitalerhöhung (§ 55), bei welcher der Geschäftsanteil auch erst mit Eintragung entsteht.[42] Möglich ist es jedoch, die **künftigen Geschäftsanteile** abzutreten;[43] denn das GmbH-Gesetz kennt kein dem § 41 Abs. 4 S. 1 AktG entsprechendes Verbot.

21 Über den Wortlaut hinaus kann auch die **Abtretung eines Anspruchs** auf Übertragung eines Geschäftsanteils nach Abs. 3 formbedürftig sein (vgl. zu Treuhandfällen Rdn. 101). Die Übertragung von **GbR-Anteilen** bedarf dagegen auch dann nicht der notariellen Beurkundung, wenn sich der Zweck der GbR im Halten und Verwalten von GmbH-Geschäftsanteilen erschöpft. Der BGH hat daher für eine Mitarbeiterbeteiligungs-GbR Formbedürftigkeit verneint; im Fall einer (auf den freien Handelsverkehr zielenden) »Umgehung der Formvorschrift des § 15 Abs. 4 GmbHG unter Ausnutzung der personengesellschaftsrechtlichen Gestaltungsmöglichkeiten« würde er jedoch ggf. anders entscheiden.[44]

---

38 BGH, NJW-RR 1987, 807 f.; a.A. *Ebbing*, in: Michalski, GmbHG, § 15 Rn. 116.

39 *Reichert/Weller*, in: MünchKommGmbHG, § 15 Rn. 26; vgl. OLG Oldenburg, GmbHR 2008, 259.

40 Vgl. BGH, BB 2005, 400; *J. Mayer*, in: MünchKommGmbHG, § 2 Rn. 57.

41 So jetzt *Reichert/Weller*, in: MünchKommGmbHG, § 14 Rn. 11.

42 Vgl. hierzu *Reichert/Weller*, in: MünchKommGmbHG, § 15 Rn. 39.

43 BGH, BB 1994, 2373, 2374; BGH, NZG 2005, 263.

44 BGH, GmbHR 2008, 589, 590 mit Anm. *Werner*.

III. Notarielle Form

22 Zu beurkunden ist der **Abtretungsvertrag**, damit die Abtretungserklärung des Veräußerers ebenso wie die Annahme durch den Erwerber.[45] Veräußerer und Erwerber müssen hierfür nicht gleichzeitig anwesend sein; möglich ist auch die sukzessive Beurkundung der beiden Willenserklärungen, auch vor verschiedenen Notaren (§§ 128, 152 S. 1 BGB). Die notarielle Beurkundung kann ersetzt werden durch Prozessvergleich (§ 127a BGB), Schiedsvergleich (§ 1053 Abs. 3 ZPO) oder rechtskräftiges Urteil nach § 894 ZPO. Wird die Form nicht eingehalten, ist die Abtretung nichtig (§ 125 S. 1 BGB).

23 Vertretung durch Bevollmächtigte ist möglich. Die **Vollmacht** bleibt gemäß § 167 Abs. 2 BGB formfrei,[46] d.h. weder § 15 Abs. 3 oder 4 noch § 2 Abs. 2 finden entsprechende Anwendung. Da das Beurkundungserfordernis nach § 15 Abs. 3 und 4 nicht vor Übereilung schützen soll (Rdn. 15), gilt dies selbst bei Unwiderruflichkeit der Vollmacht.[47]

IV. Rechtsfolgen der Abtretung

24 Sofern keine Befristung oder Bedingung vereinbar ist, geht der Geschäftsanteil unmittelbar mit Vertragsschluss mit allen mitgliedschaftlichen Rechten auf den Erwerber über (§§ 413, 398 S. 2 BGB). Im Verhältnis zur Gesellschaft gilt der Erwerber jedoch erst als Gesellschafter, wenn die geänderte Gesellschafterliste im Handelsregister aufgenommen ist (§§ 16, 40); für die Interimszeit empfiehlt sich daher eine Bevollmächtigung des Erwerbers durch den Veräußerer, vgl. § 16 Rdn. 16.

25 Mit dem Geschäftsanteil gehen auch **Nebenrechte** und -pflichten auf den Erwerber über (§§ 413, 401 BGB), namentlich das Gewinnstammrecht (vgl. § 14 Rdn. 33 ff. zum Abspaltungsverbot). Soweit sich die aus dem Stammrecht resultierenden Gewinnansprüche nicht bereits durch Gewinnverwendungsbeschluss in der Person des Veräußerers zu Gewinnauszahlungsansprüchen verselbständigt haben, stehen sie dem Erwerber auch für zurückliegende Zeiträume zu.[48] Der Veräußerer kann jedoch, sofern nicht anders vereinbart, vom Erwerber im Innenverhältnis den Anteil am Gewinn verlangen, der auf die Zeit seiner Beteiligung an der GmbH entfällt (§ 101 Nr. 2 BGB). Mit der Abtretung gehen regelmäßig auch die Rechte und Pflichten aus einer **Schiedsvereinbarung** auf den Erwerber über, ohne dass es des gesonderten Beitritts des Erwerbers zur Schiedsvereinbarung in der Form des § 1031 ZPO bedarf.[49] **Höchstpersönliche Rechte** und Pflichten des Veräußerers gehen dagegen nicht auf den Erwerber über.

45 BGHZ 21, 242, 247.
46 BGHZ 13, 49, 51 ff. (mit Einschränkung für den Fall der Blankovollmacht).
47 *Reichert/Weller*, in: MünchKommGmbHG, § 15 Rn. 62; a.A. *Rösler*, NJW 1999, 1150, 1153.
48 BGH, NJW 1998, 1314; *Bascope/Hering*, GmbHR 2006, 183, 184.
49 BGH, NJW 1979, 2567 f.

V. Steuerfolgen der Abtretung

26 Ist der Veräußerer eine **natürliche Person**, ist ein Gewinn aus der Veräußerung von Geschäftsanteilen einkommensteuerpflichtig. Insoweit gilt seit dem 1.1.2009 grundsätzlich das **Teileinkünfteverfahren**, wenn (1.) der Geschäftsanteil im steuerlichen Betriebsvermögen gehalten wurde oder (2.) der Geschäftsanteil zwar im steuerlichen Privatvermögen gehalten wurde, der Veräußerungsgewinn jedoch nach § 17 EStG als Gewinn aus Gewerbebetrieb gilt. Das ist insbesondere der Fall, wenn der Gesellschafter zu einem Zeitpunkt innerhalb der letzten fünf Jahre zu mindestens 1 % am Nennkapital der GmbH beteiligt war. Auf der Grundlage des Teileinkünfteverfahrens ist ein Veräußerungsgewinn zu 60 %[50] dem individuellen Steuersatz des Gesellschafters (max. 45 %) zu unterwerfen. Wenn die natürliche Person (3.) den Geschäftsanteil im steuerlichen Privatvermögen gehalten hat, ohne dass die Voraussetzungen des § 17 EStG erfüllt waren (Beteiligung < 1 %), unterliegt ein Veräußerungsgewinn stattdessen einer 25 %igen **Abgeltungsteuer.**[51]

27 Ist der Veräußerer eine **Kapitalgesellschaft**, ist ein Gewinn aus der Veräußerung des Geschäftsanteils grundsätzlich körperschaftsteuerfrei, jedoch werden in Höhe von 5 % des Veräußerungsgewinns nicht abziehbare Betriebsausgaben fingiert.[52] Im Ergebnis ist der Veräußerungsgewinn damit nur zu **95 % steuerfrei**, bei voller Abzugsfähigkeit etwaiger Aufwendungen. Die Steuerfreiheit gilt auch für die Gewerbesteuer.[53] Veräußerungsverluste sind nicht abziehbar.[54]

28 Der **unentgeltliche Erwerb** von Geschäftsanteilen unterliegt der Erbschaft- und Schenkungsteuer. Die Bewertung erfolgt mit dem gemeinen Wert (Ertragswert, mindestens Substanzwert).[55] Geschäftsanteile können begünstigt übertragen werden, wenn die Beteiligung mehr als 25 % beträgt oder der Schenker mit anderen Gesellschaftern einen Poolvertrag geschlossen hat, der mehr als 25 % der Anteile umfasst. [56] In diesem Fall ist ein 85 %iger Verschonungsabschlag möglich, wenn die sog. Verwaltungsvermögensquote höchstens 50 % beträgt; darüber hinaus ist auch eine Option zur Vollverschonung möglich, wenn die Verwaltungsvermögensquote höchstens 10 % beträgt.[57] Bei Inanspruchnahme dieser Vergünstigungen sind die fünf- bzw. im Fall der Vollverschonung siebenjährige Behaltefrist und die Lohnsummenregelung zu beachten.

29 Die Übertragung von Geschäftsanteilen an einer GmbH mit Grundbesitz kann **Grunderwerbsteuer** auslösen. § 1 Abs. 3 GrEStG fingiert insbesondere dann einen

---

50 § 3 Nr. 40 EStG.
51 § 20 Abs. 2 Satz 2 Nr. 1, Abs. 8 EStG.
52 § 8b Abs. 2, Abs. 5 Satz 1 KStG.
53 § 7 Satz 1 GewStG.
54 § 8b Abs. 3 Satz 3 KStG.
55 § 12 Abs. 2 ErbStG, § 11 Abs. 2 BewG. Das frühere »Stuttgarter Verfahren« ist überholt.
56 § 13b Abs. 1 Nr. 3 ErbStG.
57 § 13a Abs. 8 ErbStG.

Grundstückserwerb, wenn sich alle bzw. mindestens 95 % der Anteile in der Hand eines Gesellschafters vereinigen. Die Übertragung von Geschäftsanteilen ist von der Umsatzsteuer befreit.[58]

30 Notare sind gemäß **§ 54 EStDV** verpflichtet, dem zuständigen Finanzamt eine beglaubigte Abschrift aller aufgenommenen oder beglaubigten Urkunden zu übersenden, die insbesondere »die Verfügung über Anteile an Kapitalgesellschaften zum Gegenstand haben«. Nach Auffassung der Finanzverwaltung unterliegen der Mitteilungspflicht neben den Verfügungsgeschäften auch Verpflichtungsgeschäfte, soweit die Verpflichtung eine Verfügung über Anteile an Kapitalgesellschaften zum Gegenstand hat.[59]

E. Notarielle Form und Heilung des Verpflichtungsgeschäfts (Abs. 4)

31 Das der Abtretung zugrunde liegende Verpflichtungsgeschäft bedarf nach Abs. 4 S. 1 ebenfalls der notariellen Form. Ein formnichtiges Verpflichtungsgeschäft kann jedoch durch formgerechte Abtretung geheilt werden, Abs. 4 S. 2. Damit tritt das Formerfordernis nach Abs. 4 ggf. hinter dasjenige nach Abs. 3 zurück. Dies impliziert, dass der **Formzweck** des Abs. 4 jedenfalls nicht weiterreicht als derjenige des Abs. 3 (vgl. dazu Rdn. 15): Auch hier soll die notarielle Form den Handel mit Geschäftsanteilen erschweren und den Beweis (vor allem) der Anteilsinhaberschaft erleichtern, aber nicht vor Übereilung schützen (vgl. zur Beweisfunktion noch Rdn. 43).[60] Der Vorschlag des DAV, den Beurkundungszwang zumindest für das Verpflichtungsgeschäft ersatzlos zu streichen,[61] wurde vom Gesetzgeber nicht aufgegriffen.

I. Notarielle Form des Verpflichtungsgeschäfts (Satz 1)

1. Vereinbarung

32 Formbedürftig ist jede »**Vereinbarung**, durch welche die Verpflichtung eines Gesellschafters zur Abtretung eines Geschäftsanteils begründet wird«. Da das Gesetz auf die gesamte Vereinbarung, nicht nur auf die Verpflichtung abstellt, sind die Erklärungen beider Vertragsparteien beurkundungsbedürftig.[62] Dies gilt auch bei der Schenkung eines Geschäftsanteils, so dass es nicht genügt, nach § 518 Abs. 1 S. 1 BGB nur das Schenkungsversprechen zu beurkunden.[63] Dispositiv ist jedoch der **Zugang** der

---

58 § 4 Nr. 7 f. UStG.

59 Vgl. etwa OFD Karlsruhe, v. 23.11.2009 – S 4540/22-St 345, S 3840/1-St 341, S 2500/37-St 111; zuvor schon BMF, DStR 1997, 822 mit Anm. *Heidinger*; a.A. *Küperkoch*, RNotZ 2002, 298, 308.

60 Enger *Martin Winter/Löbbe*, in: Ulmer/Habersack/Winter, GmbHG, § 15 Rn. 41, die dem Abs. 4 auch die Beweisfunktion absprechen.

61 *DAV*, NZG 2007, 735, 738, Rn. 35 f.

62 BGH, NZG 2007, 547, 548 Rn. 9.

63 BGH, GmbHR 1963, 188, 189.

formbedürftigen Willenserklärung. Damit können zumindest Zugangserleichterungen gegenüber den gesetzlichen Vorschriften (§§ 130, 132 BGB) vereinbart werden.[64]

33 **Mangels »Vereinbarung«** nicht nach Abs. 4 S. 1 beurkundungspflichtig sind Verpflichtungen, die durch Vermächtnis (§ 2174 BGB), Auflage (§ 1940 BGB) oder Teilungsanordnung (§ 2048 BGB) eines Erblassers, durch einen vom Testamentsvollstrecker aufgestellten Auseinandersetzungsplan (§ 2204 Abs. 2 BGB) oder durch Stiftungsgeschäft (§ 81 BGB) begründet werden.[65] Die Abtretungsverpflichtung kann damit formfrei entstehen; die Abtretung selbst bleibt allerdings formbedürftig nach Abs. 3.

34 **Vertretung** durch Bevollmächtigte ist möglich. Die Vollmacht bleibt gemäß § 167 Abs. 2 BGB formfrei,[66] ebenso die Genehmigung eines unter Genehmigungsvorbehalt abgeschlossenen Vertrages (§ 182 Abs. 2 BGB)[67] (vgl. zu beidem noch Rdn. 45).

2. Abtretungsverpflichtung

35 Die **Abtretungsverpflichtung** muss den **eigentlichen Vertragsgegenstand** bilden. Nicht erforderlich ist, dass sie den einzigen oder hauptsächlichen Vertragsgegenstand bildet. So ist etwa auch ein *Asset Deal,* bei dem neben zahlreichen anderen Vermögensgegenständen auch GmbH-Geschäftsanteile veräußert werden sollen, nach Abs. 4 S. 1 beurkundungspflichtig (näher Rdn. 44). Gleiches gilt für Vereinbarungen, in denen sich der Gesellschafter zur Abtretung nur unter einer Bedingung oder an Dritte verpflichtet.[68] Ein Gegenbeispiel bildet der Maklervertrag zur Vermittlung von Geschäftsanteilen; dieser bleibt selbst dann formfrei, wenn auch bei Nichtzustandekommen des Geschäfts eine Provisionspflicht besteht.[69]

36 Schwieriger zu beurteilen sind Verträge, die zwar nicht unmittelbar, aber doch **mittelbar** zur Abtretung von Geschäftsanteilen verpflichten. So bleibt nach einer BGH-Entscheidung von 1955 die Verpflichtung zur Abtretung formfrei, soweit sie sich bereits aus dem Gesetz (z.B. aus § 667 BGB) oder nur mittelbar aus einem Vertrag ergibt, dessen wesentlicher Inhalt nicht die Abtretungsverpflichtung ist.[70] Diese einschränkende Auslegung hat zwar den Wortlaut für sich, wonach gerade die Vereinbarung die Abtretungsverpflichtung begründen muss. Sie führt aber zu Abgrenzungsproblemen und wird namentlich auch bei Treuhandverhältnissen nicht immer durchgehalten. So hat der BGH 1999 eine Erwerbstreuhand für nach Abs. 4 formbedürftig erklärt, weil sie den Treuhänder für den Fall der Beendigung des Treuhandverhältnisses bereits zur Heraus-

64 BGH, NJW 1995, 2217: Übersendung einer beglaubigten Abschrift anstelle einer Ausfertigung.
65 Vgl. *Reichert/Weller,* in: MünchKommGmbHG, § 15 Rn. 83.
66 BGHZ 13, 49, 51 ff. (mit Einschränkung für den Fall der Blankovollmacht).
67 BGH, NJW 1996, 3338, 3339.
68 OLG Karlsruhe, GmbHR 1991, 19, 20 (Option).
69 BGH, GmbHR 1997, 605, 606.
70 BGHZ 19, 69, 70.

gabe des erworbenen Geschäftsanteils an den Treugeber verpflichtet (Rdn. 99).[71] Auch **Vorverträge**, aus denen auf Abschluss eines Hauptvertrages geklagt werden kann und die deshalb mittelbar bereits zur Abtretung eines Geschäftsanteils verpflichten, sind formbedürftig.[72]

37 Bei **Optionen** ist zu unterscheiden, ob die Option durch ein einseitiges Angebot oder einen zweiseitigen Vertrag begründet wird. Im ersten Fall gibt der eine Teil ein Angebot ab, das erst noch der Annahme durch den anderen Teil bedarf (§§ 145 ff. BGB); hier sind beide Erklärungen schon deshalb formbedürftig, weil sie erst zusammen die ganze Vereinbarung ergeben. Im zweiten Fall kann der Vertrag bereits die gesamte Vereinbarung im Sinne des Abs. 4 S. 1 enthalten mit der Folge, dass zwar dieser Vertrag formbedürftig ist, nicht jedoch die spätere **Ausübungserklärung**. Offensichtlich ist dies bei Vereinbarung einer *Call-Option*, die den Gesellschafter verpflichtet, den Geschäftsanteil auf Verlangen des anderen Teils abzutreten. Es gilt nach h.M. aber auch für die *Put-Option*, die den Gesellschafter zur Abtretung lediglich berechtigt, aber nicht verpflichtet. Die Ausübungserklärung aktualisiert dann jeweils nur diese Abtretungsverpflichtung und bleibt selbst formfrei.[73]

38 Über den Wortlaut des Abs. 4 S. 1 hinaus sind damit auch bloße **Abnahmeverpflichtungen** (z.B. aus *Put-Optionen*) formbedürftig. Denn zum einen korrespondiert mit der Erwerbspflicht, sofern sie ausgeübt wird, mittelbar eine Abtretungsverpflichtung. Zum anderen ist auch hier der Normzweck des Abs. 4 S. 1, den Handel mit Geschäftsanteilen zu erschweren, einschlägig.[74]

39 Auch der **Gesellschaftsvertrag** der GmbH kann bereits unter bestimmten Voraussetzungen die Verpflichtung zur Abtretung von Geschäftsanteilen vorsehen. So können sich die Gesellschafter bspw. verpflichten, ihren Geschäftsanteil im Fall der Kündigung auf Verlangen der Gesellschaft an einen zur Übernahme bereiten anderen Gesellschafter abzutreten.[75] Der Gesellschaftsvertrag einer Personengesellschaft wird formbedürftig, wenn sich ein Gesellschafter darin zur Einbringung von GmbH-Geschäftsanteilen verpflichtet (vgl. Rdn. 86 zur GmbH & Co. KG). Nicht formbedürftig ist dagegen die Verpflichtung, den Anteil an einer Personengesellschaft zu übertragen, in deren Gesamthandsvermögen sich ein GmbH-Geschäftsanteil befindet.[76] Beherrschungs- und/oder Gewinnabführungsverträge mit einer abhängigen GmbH schließlich sind beurkundungsbedürftig, sofern sie zugunsten außenstehen-

71 BGHZ 141, 207, 211 f.

72 Vgl. BGH, NJW 1986, 1983 (Grundstück).

73 OLG München, BB 1995, 427; *Martin Winter/Löbbe,* in: Ulmer/Habersack/Winter, GmbHG, § 15 Rn. 50; *Reichert/Weller,* in: MünchKommGmbHG, § 15 Rn. 94 ff.

74 OLG München, BB 1995, 427; *Martin Winter/Löbbe,* in: Ulmer/Habersack/Winter, GmbHG, § 15 Rn. 65.

75 BGH, NJW 1969, 2049; NJW 1986, 2642.

76 BGH, GmbHR 2008, 589, 590 mit Anm. *Werner*; BGHZ 86, 367, 369 ff.

der Gesellschafter ein Abfindungsangebot enthalten müssen (analog § 305 AktG; vgl. zur Annahme des Angebots § 128 BGB).[77]

40 Die **Aufhebung** einer noch nicht erfüllten Abtretungsverpflichtung wird von Wortlaut und Zweck des Abs. 4 nicht erfasst und ist daher formfrei möglich.

3. Vollständigkeitsgrundsatz[78]

41 Das Formerfordernis des Abs. 4 S. 1 bezieht sich nach herrschender Meinung auf die gesamte Vereinbarung, durch die die Abtretungsverpflichtung begründet wird, unter Einschluss aller mit ihr verbundenen Abreden, insbesondere derjenigen über die Gegenleistung (»**Vollständigkeitsgrundsatz**« bzw. »Einheitslösung«).[79] Der **BGH** stützt diese Erstreckung des Formzwangs primär auf die effektive Erschwerung des spekulativen Handels mit GmbH-Anteilen sowie die Beweissicherung (vgl. Rdn. 31). Daneben wird häufig der Verlust von Rechtssicherheit angeführt, der aus einer unnötigen Aufspaltung des Verpflichtungsgeschäfts resultiere.[80]

42 Nach der **Gegenansicht** beschränkt sich das Beurkundungserfordernis allein auf die Vereinbarung über die **Abtretungsverpflichtung** als solche.[81] Eine Erstreckung auf Nebenabreden sei nicht erforderlich, um die mit der Beurkundungspflicht verfolgten Zwecke zu verwirklichen. So werde der spekulative Handel mit GmbH-Anteilen auch dann effektiv erschwert, wenn lediglich die Abtretungsverpflichtung als solche beurkundet werden müsse.[82] Auch eine Beweissicherung sei nur im Hinblick auf den Übertragungsakt gemäß Abs. 3 erforderlich, weil angesichts der unkörperlichen Natur des Geschäftsanteils Klarheit darüber geschaffen werden müsse, wer objektiv Inhaber des Geschäftsanteils ist.[83] Schließlich könne auch das Argument einer gesteigerten Rechtssicherheit in Bezug auf Nebenabreden nur für das Verhältnis zwischen Veräußerer und Erwerber gelten, nicht jedoch für das Außenverhältnis zu Dritten und zur GmbH.[84]

43 *De lege lata* erscheint diese Kritik nicht durchgreifend. Sie berücksichtigt nicht hinreichend, dass der Zweck einer Vorschrift durch neue Verfahrensnormen verändert werden kann und bei der Auslegung ggf. auch Überlegungen, die außerhalb des his-

---

77 *Liebscher*, in: MünchKommGmbHG, Anh § 13 Rn. 707.

78 Näher hierzu *Erbacher/Klarmann*, Corporate Finance Law 2011, 151; *Hadding*, ZIP 2003, 2133; *Walz/Fembacher*, NZG 2003, 1134.

79 BGH, NJW 1983, 1843; NJW 1986, 2642; NJW 2002, 142, 143; OLG Düsseldorf, NJW-RR 1998, 756, 75.

80 *Ebbing*, in: Michalski, GmbHG, § 15 Rn. 89; *Hueck/Fastrich*, in: Baumbach/Hueck, GmbHG, § 15 Rn. 30.

81 *Hadding*, ZIP 2003, 2133, 2138; *Reichert/Weller*, in: MünchKommGmbHG, § 15 Rn. 113 ff.

82 *Hadding*, ZIP 2003, 2133, 2138; *Pohlmann*, GmbHR 2002, 41, 43.

83 *Reichert/Weller*, in MünchKommGmbHG, § 15 Rn. 114; ähnlich *Duhnkrack/Hellmann*, ZIP 2003, 1425, 1429.

84 *Pohlmann*, GmbHR 2002, 41, 43.

torischen Zweckes einer Norm liegen, Berücksichtigung finden müssen.[85] Dies dürfte insbesondere für **§ 54 EStDV** gelten, der den deutschen Notar im **Fiskalinteresse** verpflichtet, dem zuständigen Finanzamt eine beglaubigte Abschrift aller Urkunden zu übersenden, die ein Verfügungsgeschäft oder (nach Auffassung der Finanzverwaltung:) Verpflichtungsgeschäft über Geschäftsanteile zum Gegenstand haben (vgl. Rdn. 30). Dieses Fiskalinteresse bezieht sich ersichtlich nicht nur auf die Tatsache der Anteilsabtretung als solche, sondern gerade auch auf die Gegenleistung und etwaige Nebenabreden.[86] Im Einklang damit wertet der BFH die Nichteinhaltung der Form des § 15 Abs. 4 als Beweisanzeichen, das gegen die steuerliche Anerkennung der Vereinbarung spricht.[87] Schließlich gehen auch die Verfasser des MoMiG vom Bestehen des Vollständigkeitsgrundsatzes aus – im Bewusstsein der daraus resultierenden Erschwernisse für die Praxis,[88] die jedoch erst mit einer Novellierung des Beurkundungsgesetzes beseitigt werden sollen.[89]

44 Der Vollständigkeitsgrundsatz bringt es mit sich, dass etwa bei einem **Unternehmenskauf**, der auch die Abtretung von GmbH-Geschäftsanteilen enthält, der gesamte Unternehmenskaufvertrag einschließlich aller Nebenverträge (z.B. Miet-, Pacht-, Lizenz-, Lieferverträge) beurkundet werden muss. Dies gilt bei der Veräußerung einer **GmbH & Co. KG** auch für die schuldrechtlichen Vereinbarungen bezüglich der Kommanditanteile (vgl. Rdn. 85), beim kombinierten Share-/Asset-Deal auch für solche bezüglich der Assets (zum Unternehmenskauf noch Rdn. 71 ff.). Essentieller Bestandteil des Kaufvertrages und damit der notariellen Urkunde ist auch das Versprechen eines zusätzlichen Entgelts. Entspricht der in der notariellen Urkunde angegebene **Kaufpreis** nicht der tatsächlich vereinbarten Höhe, so ist der notarielle Kaufvertrag als Scheingeschäft nichtig (§ 117 Abs. 1 BGB).[90] Als **beurkundungspflichtige Bestandteile** eines einheitlichen Vertrages wurden ferner angesehen: eine Freistellungsvereinbarung, die »Bedingung« für die Anteilsübertragung sein soll;[91] etwaige Zusicherungen über Eigenschaften des Geschäftsanteils sowie die Regelung zur Kostentragung;[92] eine Vertragsstrafe, welche die Erwerbs- oder Abtretungspflicht flankiert;[93] eine Vereinbarung über den Übergang der Geschäftsfüh-

85 Vgl. *Walz/Fembacher*, NZG 2003, 1134, 1141.

86 Vgl. *Walz/Fembacher*, NZG 2003, 1134, 1138 f. und 1142.

87 BFH, DStR 2010, 1514, 1515 f.

88 Begr. RegE MoMiG, BT-Drs. 16/6140, S. 25, nennt das »stundenlange Verlesen von Unterlagen, das von den Beteiligten als leere Förmelei empfunden wird, zumal es sich um Unterlagen handelt, die von den Vertragsparteien ohnehin nicht oder nicht mehr geändert werden können«.

89 Begr. RegE MoMiG, BT-Drs. 16/6140, S. 26.

90 BGH, NJW 1983, 1843, 1844: Beratungshonorar als verdeckter Teil des Kaufpreises; BGHZ 127, 129.

91 BGH, NJW 2002, 142, 143; OLG Hamburg, ZIP 2007, 1008, 1010.

92 *Reichert/Weller*, in MünchKommGmbHG, § 15 Rn. 107; *Martin Winter/Löbbe*, in: Ulmer/Habersack/Winter, GmbHG, § 15 Rn. 77 f.

93 OLG München, BB 1995, 427, 428.

rung;[94] eine abweichend von der Satzung vereinbarte Berechnung der Abfindung bei Kündigung und Abtretung des Geschäftsanteils an einen zur Übernahme bereiten anderen Gesellschafter.[95] Spätere **Vertragsänderungen** sind mindestens bis zum Vollzug der Abtretung beurkundungspflichtig.[96]

45 Die Rechtsprechung beschränkt die Beurkundungspflicht allerdings auf solche Nebenabreden, die nach dem **Willen der Beteiligten** Bestandteil der Vereinbarung über die Verpflichtung zur Abtretung sein sollen.[97] Damit ist entsprechend § 139 BGB zu prüfen, ob die übrigen Abreden jeweils auch isoliert vereinbart worden wären.[98] Infolgedessen fallen jedenfalls Nebenabreden nicht unter die Vorschrift, die mit der Geschäftsanteilsübertragung in keinem rechtlichen Zusammenhang stehen, wie z.B. die Vollmachtserteilung (Rdn. 34) oder die Genehmigung eines vom Nichtberechtigten geschlossenen Abtretungsvertrages.[99] Schwieriger fällt die Abgrenzung, wenn untergeordnete oder **»technische« Fragen der Abwicklung** des Geschäfts betroffen sind. Nicht beurkundungspflichtig sollen jedenfalls einzelne Rechnungsposten in einer dem notariellen Vertrag beigefügten Anlage sein.[100] Zu weit dürfte es gehen, auch »Zahlungsmodalitäten« pauschal von der Beurkundungspflicht auszunehmen.[101] Nicht durchgesetzt, da zu unbestimmt, hat sich auch die zwischenzeitlich vom OLG München vertretene Beschränkung des Abs. 4 Satz 1 auf *wesentliche Vereinbarungen*, aus denen sich die Abtretung und/oder die Verpflichtung zur Abtretung ergibt.[102]

46 Nicht von Abs. 4 S. 1 erfasst sind **einseitig abhängige Abreden**. Darunter werden Abreden verstanden, von denen zwar nicht die Abtretungsverpflichtung abhängt, die aber umgekehrt selbst nur im Hinblick auf die Abtretungsverpflichtung vereinbart wurden. Wollen die Parteien die Abreden zu einer rechtlichen Einheit verbinden und

---

94 OLG Düsseldorf, NJW-RR 1997, 756.

95 BGH, NJW 1969, 2049.

96 Nach *Reichert/Weller*, in MünchKommGmbHG, § 15 Rn. 109 soll danach die Beurkundungspflicht entfallen können, weil ab diesem Zeitpunkt der primäre Zweck des Beurkundungserfordernisses, den Handel mit Geschäftsanteilen zu unterbinden, mangels weiterer Übertragung ins Leere laufe; näher zum Ganzen *Liese*, GmbHR 2010, 1256.

97 BGH, NJW 1986, 2642, 2643; BGH, NJW 2002, 142, 143; OLG Hamburg, ZIP 2007, 1008, 1010.

98 *Reichert/Weller*, in MünchKommGmbHG, § 15 Rn. 110.

99 *H. Winter/Seibt*, in: Scholz, GmbHG, § 15 Rn. 66a; *Martin Winter/Löbbe*, in: Ulmer/Habersack/Winter, GmbHG, § 15 Rn. 78; zur Formfreiheit der Verpflichtung zur Genehmigung eines unter Genehmigungsvorbehalt abgeschlossenen Vertrages BGH, NJW 1996, 3338, 3339.

100 BGH, DStR 2000, 1272, 1273: anderenfalls würde jeder Rechenfehler in einer derartigen Anlage den gesamten Vertrag unwirksam machen.

101 Dafür in einem Sonderfall OLG Hamm, GmbHR 1979, 59, 60.

102 So noch OLG München, NJW 1967, 1326, 1328; vgl. demgegenüber OLG München, BB 1995, 427, 428.

sind diese in verschiedenen Urkunden niedergelegt, so muss die wechselseitige Verknüpfung in den Urkunden selbst zum Ausdruck kommen.[103]

II. Heilung des Verpflichtungsgeschäfts (Satz 2)[104]

47 Der Formmangel des Verpflichtungsgeschäfts hat grundsätzlich die Nichtigkeit des ganzen Vertrages zur Folge (§ 125 Satz 1 BGB). Nach Abs. 4 Satz 2 kann ein formnichtiges Verpflichtungsgeschäft jedoch durch ein formwirksames Verfügungsgeschäft geheilt werden. Dies gilt auch dann, wenn beide Geschäfte in derselben Urkunde enthalten sind.[105] Das Gesetz will so aus Gründen der Rechtssicherheit die formgerecht vollzogene **Abtretung kondiktionsfest** machen.[106]

48 Voraussetzung ist daher zunächst eine endgültig wirksame Abtretung. Erfolgt die Abtretung hingegen **aufschiebend bedingt**, so wird das Verpflichtungsgeschäft erst geheilt, wenn die Bedingung eingetreten ist oder der Begünstigte auf sie wirksam verzichtet hat.[107] Weiter muss sich die Abtretung inhaltlich gerade **auf die nichtige Verpflichtung beziehen**. So wird eine im Vorfeld einer GmbH-Gründung formunwirksam getroffene Vereinbarung, die auf die Abtretung eines Geschäftsanteils gerichtet ist, nicht allein durch die notarielle Gründung der GmbH wirksam.[108] Ebenso wenig kommt es zur Heilung, wenn der Abtretungsvertrag später mit anderen Personen auf der Erwerberseite geschlossen wird. Der BGH lässt es insoweit nicht genügen, dass es den Beteiligten des Verpflichtungsgeschäfts wirtschaftlich auf eine Abtretung an eine bestimmte Unternehmensgruppe ankam (für die dann später ein anderer Erwerber auftrat). Unschädlich wäre hingegen – bei zwischenzeitlichem Weiterverkauf – eine »abgekürzte Lieferung« des Veräußerers direkt an den Enderwerber, sofern alle Parteien der dazwischen liegenden Kaufverträge der Direktabtretung zustimmen.[109] Schließlich muss die **Willensübereinstimmung der Vertragsparteien** über den Inhalt des formunwirksamen Verpflichtungsgeschäfts noch in dem Zeitpunkt fortbestehen, in dem die Bindung an das Verfügungsgeschäft eintritt.[110] Insoweit besteht eine unwiderlegliche Vermutung für das Fortbestehen dieser Willensübereinstimmung,

---

103 BGH, NJW 2001, 226 unter Berufung auf die Rechtsprechung zu § 313 S. 1 BGB a.F., BGH, NJW 2000, 951; so auch *Pohlmann*, GmbHR 2002, 41, 43.

104 Näher hierzu *Stoppel*, GmbHR 2010, 225.

105 BGH, GmbHR 1993, 106.

106 BGHZ 127, 129, 136; *Stoppel*, GmbHR 2010, 225, 228; *H. Winter/Seibt*, in: Scholz, GmbHG, § 15 Rn. 69.

107 BGHZ 127, 129, 133; 138, 195, 203; *Martin Winter/Löbbe*, in: Ulmer/Habersack/Winter, GmbHG, § 15 Rn. 95; a.A. *Schnorbus*, MDR 1995, 678, 681.

108 OLG Brandenburg, NJW-RR 1996, 291; *Ebbing*, in: Michalski, GmbHG, § 15 Rn. 102.

109 RGZ 71, 402; RGZ 132, 287, 290; BGH, NJW 2002, 142, 143; *Bayer*, in: Lutter/Hommelhoff, GmbHG, § 15 Rn. 55: Gedanke des § 362 Abs. 2 i.V.m. § 185 BGB.

110 BGHZ 127, 129, 135; OLG München, GmbHR 1996, 607, 609; OLG Hamburg, ZIP 2007, 1008, 1011; *Hueck/Fastrich*, in: Baumbach/Hueck, GmbHG, § 15 Rn. 36.

wenn keine Partei des Verpflichtungsgeschäfts erkennbar einen abweichenden Willen geäußert hat.[111]

49 Bei Geschäften mit **Auslandsbezug** (Rdn. 75 ff.) kann der Fall eintreten, dass das Verpflichtungsgeschäft wegen Nichtbeachtung des deutschen Formstatuts nichtig ist, die Abtretung hingegen unter Beachtung des ausländischen Gesellschaftsstatuts nach Art. 11 Abs. 1 Alt. 1 EGBGB wirksam ohne Beurkundung vorgenommen werden konnte. Aufgrund des eindeutigen Wortlauts des § 15 Abs. 4 Satz 2, der eine Abtretung »nach Maßgabe« des Abs. 3 voraussetzt, bedarf es zur Heilung einer teleologischen Reduktion der Vorschrift.[112] Dafür sprechen sich Rechtsprechung und Literatur auch im vergleichbaren Fall des § 311 b Abs. 1 Satz 2 BGB aus.[113]

50 Geheilt werden nur **Formmängel**, nicht alle sonstigen Mängel des Verpflichtungsgeschäfts.[114] Die Heilungswirkung erstreckt sich dem Vollständigkeitsgrundsatz entsprechend auch auf die nur in dem privatschriftlichen Verpflichtungsgeschäft enthaltenen (d.h. in dem notariellen Vertrag nicht wiederholten) **Nebenabreden**, etwa zur Stundung eines Teils des Kaufpreises.[115] Auch werden solche Bestandteile des Vertrages geheilt, die einer anderen, minderen Form bedürfen, z.B. eine Bürgschaftserklärung, die einer der beiden Vertragspartner in einem formunwirksamen schuldrechtlichen Vertrag über die Verpflichtung zur Abtretung eines Geschäftsanteils übernommen hat.[116] Hingegen ist die Heilung eines formlosen obligatorischen Vertrages, in dem als wesentlicher Bestandteil die Verpflichtung zur Auflassung eines Grundstücks übernommen wird, nicht nach Abs. 4 Satz 2 möglich: Da die Norm die Heilungswirkung allein an die formgerechte Übertragung des Geschäftsanteils koppelt, würde anderenfalls der Zweck des § 311 b Abs. 1 Satz 2 BGB vernachlässigt.[117] Ausgeschlossen ist in jedem Fall die Heilung eines unwirksamen Verfügungsgeschäftes.[118]

51 Gemäß dem Wortlaut der Vorschrift wirkt die Heilung nicht zurück, sondern erfolgt ***ex nunc*** im Zeitpunkt der formgerechten Abtretung.[119] In schuldrechtlicher Hinsicht ist jedoch an eine entsprechende Anwendung des § 141 Abs. 2 BGB zu denken.[120]

---

111 *Reichert/Weller*, in: MünchKommGmbHG, § 15 Rn. 123; *H. Winter/Seibt*, in: Scholz, GmbHG, § 15 Rn. 71; zu § 313 BGB a.F. BGH NJW-RR 1994, 317, 318.

112 *Olk*, NJW 2010, 1639, 1643; ähnlich *Wrede*, GmbHR 1995, 365, 368.

113 *Grüneberg*, in: Palandt, BGB, § 311 b Rn. 53; zu § 313 S. 2 BGB a.F. vgl. BGHZ 73, 391, 397.

114 *Bayer*, in: Lutter/Hommelhoff, § 15 Rn. 54 m.w.N.

115 BGH, NJW-RR 1987, 807.

116 *H. Winter/Seibt*, in: Scholz, GmbHG, § 15 Rn. 74; *Martin Winter/Löbbe*, in: Ulmer/Habersack/Winter, GmbHG, § 15 Rn. 101; a.A. *Ebbing*, in: Michalski, GmbHG, § 15 Rn. 109, weil der Warnfunktion des § 766 Abs. 1 BGB nicht genügt werde.

117 *Reichert/Weller*, in: MünchKommGmbHG, § 15 Rn. 128; *H. Winter/Seibt*, in: Scholz, GmbHG, § 15 Rn. 74.

118 KG, GmbHR 1997, 603, 605.

119 BGHZ 138, 195, 203.

120 *Hueck/Fastrich*, in: Baumbach/Hueck, GmbHG, § 15 Rn. 36; *Martin Winter/Löbbe*, in: Ulmer/Habersack/Winter, GmbHG, § 15 Rn. 104.

Danach sind die Vertragsparteien im Zweifel verpflichtet, einander zu gewähren, was sie haben würden, wenn der Vertrag von Anfang an gültig gewesen wäre.

52 *Ausnahmsweise* kann ein Formmangel wegen **unzulässiger Rechtsausübung** (§ 242 BGB) unbeachtlich sein, wenn das Scheitern des Geschäfts an der Formnichtigkeit zu einem für die betroffene Partei schlechthin untragbaren Ergebnis führt, so bei Existenzgefährdung und besonders schwerer Treuepflichtverletzung des anderen Teils.[121] Letzteres hat der BGH in einem Fall bejaht, in dem ein formnichtiges Treuhandverhältnis über einen Geschäftsanteil über 20 Jahre praktiziert wurde;[122] damit ist eine Rückforderung auch auf der Grundlage von § 812 BGB ausgeschlossen. Im Übrigen ist es aber grundsätzlich nicht treuwidrig, wenn sich der Gesellschafter weigert, den formunwirksamen Vertrag durch Vornahme der Abtretung zu erfüllen und zugleich zu heilen.[123]

F. Gesellschaftsvertragliche Beschränkung der freien Abtretbarkeit (Abs. 5)[124]

53 Abs. 5 erlaubt es, durch gesellschaftsvertragliche Regelung die nach den Abs. 1 (1. Alt.) und 3 grundsätzlich bestehende freie Abtretbarkeit der Geschäftsanteile einzuschränken. Die somit mögliche **Vinkulierung** (lat. für »Fesselung«) eines Geschäftsanteils beschränkt dessen Übertragbarkeit mit dinglicher Wirkung und damit weitergehend als ein nur schuldrechtlich vereinbartes Zustimmungserfordernis oder Vorkaufsrecht. Abs. 5 ist somit eine gesetzliche Ausnahme zu dem Grundsatz des § 137 Abs. 1 BGB, dass die Befugnis zur Verfügung über ein veräußerliches Recht nicht durch Rechtsgeschäft ausgeschlossen oder beschränkt werden kann. Ein aktienrechtliches Pendant findet sich in § 68 Abs. 2 AktG, wonach die Übertragung von Namensaktien an die Zustimmung der Gesellschaft gebunden werden kann.

54 Die für die Vinkulierung erforderliche gesellschaftsvertragliche Regelung kann **nachträglich** im Wege der Satzungsänderung **nur mit Zustimmung aller Gesellschafter** eingeführt werden. Es wird nämlich in die freie Veräußerlichkeit und damit in ein relativ unentziehbares Mitgliedschaftsrecht eingegriffen (vgl. § 14 Rdn. 26).[125] Bestätigt wird diese Sicht durch das Aktienrecht: Dort bedarf nach § 180 Abs. 2 AktG ein Beschluss, durch den die Übertragung von Namensaktien an die Zustimmung der

---

121 BGH, NJW 2004, 3330, 3331 (formnichtiger Grundstückskaufvertrag, im konkreten Fall verneint).

122 BGH, NZG 2006, 590.

123 *Bayer*, in: Lutter/Hommelhoff, GmbHG, § 15 Rn. 56.

124 Näher hierzu *Armbrüster*, GmbHR 2001, 941; *Frenzel*, GmbHR 2008, 983; *Loritz*, NZG 2007, 361; *Lutter/Grunewald*, AG 1989, 109; *Erich Schmitz*, in: FS Wiedemann, 2002, S. 1223; *Transfeld*, GmbHR 2010, 185; *H.P. Westermann*, in: FS Huber, 2005, S. 997.

125 OLG München, GmbHR 2008, 541, 542; *Altmeppen*, in: Roth/Altmeppen, GmbHG, § 15 Rn. 92; *Ebbing*, in: Michalski, GmbHG, § 15 Rn. 133; *Martin Winter/Löbbe*, in: Ulmer/Habersack/Winter, GmbHG, § 15 Rn. 217; zweifelnd *Frenzel*, GmbHR 2008, 983, 984 ff.

Gesellschaft gebunden wird, der Zustimmung aller Aktionäre.[126] Hingegen bedarf eine Satzungsänderung, welche die Vinkulierung **nachträglich aufhebt** oder erleichtert, nur der gesetzlich oder statutarisch vorgeschriebenen Mehrheit.[127] Keiner nachträglichen Einführung bedarf es im Falle einer Kapitalerhöhung, denn die neuen Geschäftsanteile werden von einer bestehenden Vinkulierung stets erfasst;[128] dies gilt ebenso für das Bezugsrecht.[129]

I. Ziele der Vinkulierung

55 Eine gesellschaftsvertragliche Klausel, welche die Abtretung von Geschäftsanteilen an die Zustimmung der Gesellschaft oder der Gesellschafter knüpft, kann unterschiedliche Zwecke verfolgen: Eher selten wird es den Beteiligten darum gehen, ein Eindringen Fremder in die Gesellschaft gänzlich zu verhindern (**Schutz vor Überfremdung**); dieses Motiv mag aber etwa in Familienunternehmen oder Unternehmen, in denen alle Gesellschafter persönlich mitarbeiten, eine Rolle spielen. Häufiger soll eine Vinkulierung die Veräußerung nicht grundsätzlich verhindern, den verbleibenden Gesellschaftern jedoch die Möglichkeit geben, ein **Vorkaufsrecht** auszuüben, ein **Veto gegen ungeeignete Erwerber** (z.B. Wettbewerber) einzulegen[130] oder **Beteiligungsquoten aufrechtzuerhalten**, insbesondere den Aufbau einer Mehrheitsbeteiligung zu verhindern. Im Gesellschaftsvertrag einer Einmann-GmbH kann eine Vinkulierungsklausel allenfalls vor dem Hintergrund Sinn machen, dass beim späteren Hinzutreten weiterer Gesellschafter (z.B. infolge Erbfalls) die nachträgliche Einführung der Vinkulierung nur mit Zustimmung aller betroffenen Gesellschafter möglich wäre (Rdn. 54). Im Gesellschaftsvertrag einer 100%igen Konzerngesellschaft ist eine Vinkulierung sinnlos, in der Praxis aber gleichwohl anzutreffen.

II. Geltungsbereich (»Abtretung«)

56 Der Geltungsbereich der Vinkulierung ist durch **Auslegung** der Klausel sowie des Gesellschaftsvertrages insgesamt zu bestimmen. Knüpft die Klausel z.B. nur ein konkretes Rechtsgeschäft (etwa die »Veräußerung« des Geschäftsanteils) an weitere Voraussetzungen, so ist zu fragen, ob nach ihrem objektiven Zweck auch andere Rechtsgeschäfte genehmigungsbedürftig sind. So erfasst nach h.M. eine Vinkulierungsklausel grundsätzlich, selbst wenn sie dies nicht explizit anordnet, auch den

126 So schon OLG München, GmbHR 2008, 541, 542.

127 OLG Hamm, NZG 2002, 783, 784 f.; OLG Stuttgart, NJW 1974, 1566, 1567; abweichend für den Fall, dass die Zustimmung zur Abtretung eines einstimmigen Gesellschafterbeschlusses bedarf, OLG Düsseldorf, GmbHR 1964, 250; OLG Stuttgart, NZG 2000, 159, 165.

128 *Bayer*, in: Lutter/Hommelhoff, GmbHG, § 15 Rn. 62; *Reichert/Weller*, in: MünchKommGmbHG, § 15 Rn. 395.

129 *Hueck/Fastrich*, in: Baumbach/Hueck, GmbHG, § 15 Rn. 39; *H. Winter/Seibt*, in: Scholz, GmbHG, § 15 Rn. 110.

130 Vgl. *Loritz*, NZG 2007, 361.

Abschluss von Treuhandverträgen hinsichtlich des Geschäftsanteils.[131] Hingegen ist im Rahmen der Auseinandersetzung einer Erbengemeinschaft davon auszugehen, dass eine im Gesellschaftsvertrag enthaltene Vinkulierungsklausel nicht anzuwenden ist.[132] Häufig sind auch Veräußerungen an Mitgesellschafter, innerhalb eines Familienstammes oder an verbundene Unternehmen im Sinne von § 15 AktG ausgenommen (sog. »**Konzernklausel**«).

1. Abtretung

57 Abs. 5 erlaubt es nur, die »Abtretung« an weitere Voraussetzungen zu knüpfen. Die Vinkulierung kann damit nur das in Abs. 3 angesprochene **Verfügungsgeschäft**, nicht auch das Verpflichtungsgeschäft nach Abs. 4, erfassen.[133] Wie Abs. 3 setzt Abs. 5 einen rechtsgeschäftlichen Erwerb voraus (Rdn. 16); auf Fälle nicht rechtsgeschäftlichen Erwerbs, insbesondere durch Gesamtrechtsnachfolge, ist Abs. 5 nicht anwendbar (beachte bei Umwandlungen § 13 Abs. 2 UmwG). Daneben kann das Verfügungsgeschäft (als »Minus« zur Abtretung) auch in der dinglichen Belastung durch die Bestellung eines **Nießbrauchs** (Rdn. 93) oder eines **Pfandrechts** (Rdn. 108) bestehen.

58 Abs. 5 ist **teleologisch zu reduzieren**, soweit eine Abtretung *ausnahmsweise* den Vinkulierungszweck (Rdn. 55) nicht berührt. Der BGH hat dies insbesondere für die **Einmann-GmbH** angenommen, so dass eine Vinkulierungsklausel dort keine Wirkung hat.[134] Gleiches gilt in der **Zweimann-GmbH**, wenn der eine Gesellschafter dem anderen seine Geschäftsanteile überträgt.[135] Eine zwischenzeitlich schwebend unwirksame Erstabtretung an einen Dritten wird dann in analoger Anwendung von § 185 Abs. 2 BGB wirksam.[136] Erwirbt die Gesellschaft einen Geschäftsanteil, so gilt die Vinkulierung nur dann nicht, wenn sie ausschließlich dem Schutz vor Überfremdung dient.[137]

2. Mittelbare Vinkulierung

59 Unter dem Schlagwort der »**mittelbaren Vinkulierung**« wird erörtert, inwieweit eine im Gesellschaftsvertrag der Untergesellschaft enthaltene Vinkulierungsklausel auch auf die Ebene der Obergesellschaft »durchschlagen« und dort einer Anteilsübertra-

---

131 OLG Köln, BeckRS 2007, 15125; *Martin Winter/Löbbe*, in: Ulmer/Habersack/Winter, GmbHG, 2005, § 15 Rz. 251 m.w.N.; a.A. *Armbrüster*, Die treuhänderische Beteiligung an Gesellschaften, 2001, S. 117 ff.

132 *Langner/Heydel*, GmbHR 2006, 291, 296; OLG Düsseldorf, GmbHR 1990, 504, 507 f.; a.A. OLG Düsseldorf, GmbHR 1987, 475, 476.

133 RGZ 159, 272, 281; 160, 225, 231; *Hueck/Fastrich*, in: Baumbach/Hueck, GmbHG, § 15 Rn. 37.

134 BGH, BB 1991, 1071.

135 OLG Hamm, NZG 1999, 600 f.

136 OLG Hamm, GmbHR 1985, 22; *Reichert/Weller*, in: MünchKommGmbHG, § 15 Rn. 367.

137 BGH, WM 1976, 204, 205; *H. Winter/Seibt*, in: Scholz, GmbHG, § 15 Rn. 134.

gung entgegenstehen kann. Denn wenn Anteile an der Obergesellschaft übertragen werden, wechseln zwar nicht unmittelbar, wohl aber »mittelbar« bzw. wirtschaftlich auch die Gesellschafter der Untergesellschaft mit der Folge, dass die Ziele der Vinkulierung (Rdn. 55) u.U. gefährdet sind.

60 Im Ausgangspunkt muss derjenige, der eine **Holdinggesellschaft** als Mitgesellschafter akzeptiert, auch mit einem Wechsel in deren Mitgliederbestand rechnen. Eine gewisse Absicherung lässt sich erreichen, indem man insbesondere für *Change-of-Control*-Fälle besondere Informationspflichten und eine Ausschließungsklausel in den Gesellschaftsvertrag aufnimmt.[138]

61 Problematischer ist der Fall, dass eine zur Abtretung von Geschäftsanteilen erforderliche Zustimmung (voraussichtlich) nicht erteilt wird und der veräußerungswillige Gesellschafter deshalb eine »**Zwischengesellschaft**» einschaltet:[139] Der Gesellschafter überträgt seine Geschäftsanteile auf eine Tochtergesellschaft, wozu entweder die Zustimmung bereits nicht erforderlich ist (so bei Bestehen einer Konzernklausel, vgl. Rdn. 56) oder aber erteilt wird; anschließend veräußert er die Anteile an dieser Zwischengesellschaft. Das OLG Köln hat hierin eine unzulässige Umgehung gesehen und die Übertragung der vinkulierten Anteile auf die Tochtergesellschaft als unwirksam erachtet.[140] Andere messen einem Verstoß nur bei Sittenwidrigkeit der Anteilsübertragung dingliche Wirkung bei und plädieren im Übrigen für eine Schadensersatzpflicht wegen Verletzung der Treuepflicht.[141] Nach zutreffender Ansicht greift auch hier die Vinkulierungsklausel nicht mit dinglicher Wirkung, da eine dingliche Bindung der Mitglieder in Drittgesellschaften wegen § 137 BGB von der Ermächtigung des § 15 Abs. 5 nicht gedeckt ist. Wie alle schuldrechtlichen Vereinbarungen können Vinkulierungsklauseln nur zwischen den jeweiligen Vertragspartnern wirken (und diese bei Verletzung ggf. zum Schadensersatz verpflichten).[142]

3. »Umgehung« der Vinkulierung

62 Sofern eine zur Abtretung von Geschäftsanteilen erforderliche Zustimmung (voraussichtlich) nicht erteilt wird, kommt ersatzweise in Betracht, auf einen Wechsel des Gesellschafters im Außenverhältnis zu verzichten und den veräußerungswilligen Gesellschafter im Innenverhältnis rein schuldrechtlich zu binden, etwa durch die Begründung einer Unterbeteiligung oder Treuhand. Derartige **schuldrechtliche Vereinbarungen** sind, ohne Beachtung der Vinkulierungsklausel geschlossen, nach überwiegender Ansicht jedoch kaum zielführend. Den größten Erfolg verspricht noch die

---

138 OLG Naumburg, NZG 2004, 775, 778.

139 Vgl. *Transfeld,* GmbHR 2010, 185.

140 OLG Köln, BeckRS 2005, 13618; *Liebscher,* ZIP 2003, 825, 832; *H. Winter/Seibt* in Scholz, GmbHG, § 15 Rn. 111a.

141 *Altmeppen,* in: Roth/Altmepen, GmbHG, § 15 Rn. 110; *Bayer,* in: Lutter/Hommelhoff, GmbHG, § 15 Rn. 81; H. Winter/Seibt, in: Scholz, GmbHG, § 15 Rn. 111a.

142 *Loritz,* NZG 2007, 361, 366; *Altmeppen,* in: Roth/Altmeppen, GmbHG, § 15 Rn. 111; ähnlich OLG Karlsruhe, BeckRS 2008, 12851.

Begründung einer **Unterbeteiligung**, bei der die Vinkulierung nur im (Grenz-)Fall der verdeckten Treuhand greifen soll (Rdn. 104). Begründet der veräußerungswillige Gesellschafter mit dem Erwerbsinteressenten hingegen von vornherein eine **Vereinbarungstreuhand**, soll die Vinkulierungsklausel auch für eine solche Treuhandabrede gelten – obwohl der Wortlaut des Abs. 5 nur Anteilsabtretungen, nicht aber schuldrechtliche Rechtsgeschäfte erfasst (näher Rdn. 94 ff.).[143] Ein der Veräußerung des Geschäftsanteiles nahekommendes Ergebnis ließe sich auch durch Abschluss eines **Stimmbindungsvertrages** erzielen. Darin verpflichten sich die Gesellschafter untereinander oder gegenüber Dritten, das Stimmrecht in bestimmter Weise auszuüben oder nicht wahrzunehmen. Jedoch will die überwiegende Ansicht Vinkulierungsklauseln auch auf solche Stimmbindungsverträge entsprechend anwenden (als Umgehungsgeschäft).[144] Ähnlich stellt sich das Meinungsbild hinsichtlich einer **Stimmrechtvollmacht** dar, die es einem Dritten ermöglicht, einen Gesellschafter in der Gesellschaftersammlung zu vertreten. Hier soll eine Umgehung der Vinkulierungsklausel vorliegen, wenn nach den Gesamtumständen offensichtlich ist, dass die Stimmrechtsvollmacht dem Dritten die Stellung eines Gesellschafters vermitteln soll. Ein Indiz soll z.B. die Vertretung durch einen zunächst abgewiesenen Erwerber sein.[145]

63 Dogmatisch ist das jeweils bemühte **Umgehungsargument wenig überzeugend.** Denn das Verbot der Gesetzesumgehung kann die Ausweitung einer Norm nur auf der Tatbestandsseite rechtfertigen, nicht auch auf der Rechtsfolgenseite: § 15 Abs. 5 ermöglicht es, Geschäftsanteile so auszugestalten, dass sie nur noch unter bestimmten Voraussetzungen abtretbar sind; die Norm trifft hingegen keine Bestimmungen zur Einschränkung der grundsätzlich bestehenden Vertragsfreiheit.[146]

III. »Weitere Voraussetzungen«, insbesondere Genehmigungsvorbehalt

64 Als praktisch bedeutsamen Vorbehalt nennt das Gesetz exemplarisch die **Genehmigung der Gesellschaft**. Gemeint ist die Zustimmung i.S.d. §§ 182 ff. BGB, damit auch die (vorherige) Einwilligung.[147] Jedoch genügt die (nachträgliche) Genehmigung selbst dann, wenn der Gesellschaftsvertrag eine vorherige Zustimmung fordert.[148] Die Zustimmung ist als empfangsbedürftige Erklärung im Außenverhältnis durch den Geschäftsführer abzugeben[149] – der im Innenverhältnis jedoch im Zweifel

---

143 BGH, NZG 2006, 590; OLG Frankfurt a.M., GmbHR 1992, 668; OLG Hamburg, GmbHR 1993, 507; *Hueck/Fastrich* in: Baumbach/Hueck, GmbHG, § 15 Rn. 58.

144 *Lutter/Grunewald,* AG 1989, 109, 111 f.; *Bayer,* in: Lutter/Hommelhoff, GmbHG, § 15 Rn. 80; *Winter/Löbbe,* in: Ulmer/Habersack/Winter, GmbHG, § 15 Rn. 251; *Römermann,* in: Michalski, GmbHG, § 15 Rn. 164; a.A. *Zöllner,* in Baumbach/Hueck, GmbHG, § 47 Rn. 113.

145 *H. Winter/Seibt,* in: Scholz, GmbHG, § 15 Rn. 111.

146 Vgl. *Tebben,* GmbHR 2007, 63, 66.

147 BGHZ 13, 179, 184 f.

148 BGH, NJW 1965, 1366, 1377; OLG Celle, NZG 1999, 447, 448.

149 *Martin Winter/Löbbe,* in: Ulmer/Habersack/Winter, GmbHG, § 15 Rn. 231 m.w.N.

einen Gesellschafterbeschluss einzuholen hat (arg e § 46 Nr. 4).[150] Der Gesellschaftsvertrag bestimmt, welche Anforderungen an diesen **Gesellschafterbeschluss** zu stellen sind; er kann insbesondere qualifizierte Mehrheitserfordernisse bis hin zur Einstimmigkeit vorsehen. Das Stimmrecht des betroffenen Gesellschafters ist bei der Abstimmung nicht gemäß § 47 Abs. 4 ausgeschlossen.[151]

65 Sofern die Erklärung des Geschäftsführers nicht von einem Beschluss der Gesellschafterversammlung gedeckt ist, misst dem die überwiegende Auffassung grundsätzlich keine Außenwirkung bei, § 37 Abs. 2.[152] Daraus kann der abtretungswillige Gesellschafter in der Praxis aber wenig Nutzen ziehen, weil stets auch die Grundsätze über den **Missbrauch der Vertretungsmacht** Anwendung finden. Selbst wenn man nämlich annähme, dass sich der abtretungswillige Gesellschafter überhaupt wie ein Dritter auf § 37 Abs. 2 berufen kann, wird regelmäßig ein evidenter Missbrauch der Vertretungsmacht vorliegen.[153]

66 Der Gesellschaftsvertrag kann auch jede andere Art von Zustimmung vorsehen. Dabei ist besonders auf die Eindeutigkeit der Regelung zu achten. Verlangt der Gesellschaftsvertrag die Zustimmung der **Gesellschafterversammlung**, so misst die herrschende Meinung dem Beschluss Außenwirkung bei.[154] Im Zweifel meint die Zustimmung »der Gesellschafter« kein individuelles Zustimmungsrecht aller Mitgesellschafter, sondern lediglich einen Gesellschafterbeschluss; anders ist dies, wenn nach dem Gesellschaftsvertrag »**alle Gesellschafter**« zustimmen müssen. Die Zustimmungserteilung kann schließlich auch in die Hände eines **Geschäftsführers**, des **Aufsichtsrates/Beirates**[155], oder sogar eines gesellschaftsfremden **Dritten** gelegt werden. Letzteres lässt sich mit dem weit gefassten Wortlaut (»weitere Voraussetzungen«) und dem Umstand rechtfertigen, dass die Zustimmungsbefugnis nicht zu den unabdingbaren Zuständigkeiten der Gesellschafterversammlung zählt.[156]

---

150 BGH, WM 1988, 704, 706; OLG Hamburg, GmbHR 1992, 609, 610; *Bayer,* in: Lutter/Hommelhoff, GmbHG, § 15 Rn. 66.

151 *Roth,* in: Roth/Altmeppen, GmbHG, § 47 Rn. 66.

152 RGZ 104, 413, 414 f.; 160, 225, 231 ff.; BGH, NJW 1988, 2241; OLG Hamburg, DB 1992, 1628; *Hueck/Fastrich,* in: Baumbach/Hueck, GmbHG, § 15 Rn. 42; a.A. *Immenga,* Die personalistische Kapitalgesellschaft, S. 80, der eine spezielle Ermächtigung durch Gesellschafterbeschluss annimmt.

153 BGH, WM 1988, 704, 706; *Altmeppen,* in: Roth/Altmeppen, GmbHG, § 15 Rn. 96; *Bayer,* in: Lutter/Hommelhoff, GmbHG, § 15 Rn. 66.

154 OLG Koblenz, ZIP 1989, 301, 302; *Hueck/Fastrich,* in: Baumbach/Hueck, GmbHG, § 15 Rn. 43; a.A. *Altmeppen,* in: Roth/Altmeppen, GmbHG, § 15 Rn. 106 in Parallele zum Aktienrecht.

155 Dann soll der betroffene Gesellschafter aber einem Stimmverbot unterliegen, vgl. OLG Schleswig, NZG 2003, 821, 823 f.

156 *Hueck/Fastrich,* in: Baumbach/Hueck, GmbHG, § 15 Rn. 38; *Reichert/Weller,* in: MünchKommGmbHG, § 15 Rn. 429; a.A. *Martin Winter/Löbbe,* in: Ulmer/Habersack/Winter, GmbHG, § 15 Rn. 240.

67 Darüber hinaus kann die Satzung **Gründe für die Erteilung oder Versagung** der Zustimmung regeln. Die Gesellschafter können die Zustimmung bis zur Grenze der Treuwidrigkeit oder der Sittenwidrigkeit verweigern.[157] Insbesondere kann die ablehnende Stimmabgabe eines Gesellschafters, der zu diesem Zeitpunkt bereits auszuscheiden beabsichtigt, rechtsmissbräuchlich und unbeachtlich sein.[158] Stets ist eine Abwägung zwischen dem Wohl der Gesellschaft und den Interessen des betroffenen Gesellschafters vorzunehmen, die durchaus auch außergesellschaftlicher Natur sein dürfen.[159] Erfolgt die Entscheidung über die Zustimmung nicht in angemessener Frist, gelten die §§ 177, 178 BGB analog, da der Zustand der Schwebelage im Rahmen der §§ 182 ff. BGB nicht geregelt worden ist und die Interessenlage vergleichbar ist.[160] Im Falle der Verweigerung kann der veräußerungswillige Gesellschafter klagen; passivlegitimiert ist die GmbH jedenfalls dann, wenn nur ihre Zustimmung erforderlich ist.[161] Das rechtskräftige Urteil ersetzt die fehlende Genehmigung (§ 894 ZPO).[162]

68 Die Abtretungsbeschränkung i.S.v. Abs. 5 muss nicht in einem Zustimmungsvorbehalt, sondern kann z.B. auch in einer Satzungsbestimmung bestehen, nach der die Wirkung einer Abtretung erst zum Ende des Geschäftsjahres eintritt.[163] Schließlich kann die **Abtretung** auch ganz **ausgeschlossen** werden (§ 399 BGB).[164] Dies steht nur scheinbar in Widerspruch zu Abs. 1, weil die Wiedereröffnung der Abtretungsmöglichkeit mittels einer späteren Satzungsänderung stets möglich bleibt und die Anforderungen an eine Satzungsänderung genauso hoch sein können wie an eine Genehmigung der Abtretung. Im Ergebnis machen dann allein die formellen Erschwernisse der §§ 53 Abs. 2, 54 den Unterschied. Zu beachten ist jedoch, dass dem Gesellschafter dann ein Austrittsrecht aus wichtigem Grund zusteht.[165]

IV. Rechtsfolgen der Vinkulierung

69 Ohne die entsprechende Zustimmung ist die dingliche Übertragung des Geschäftsanteils **schwebend unwirksam.**[166] Wird die Zustimmung versagt, ist die Übertragung endgültig unwirksam.

157 OLG München, DB 2008, 923, 924.

158 BGH, NZG 2006, 627, 628.

159 *Altmeppen*, in: Roth/Altmeppen, GmbHG, § 15 Rn. 98; a.A. offenbar OLG Brandenburg, NZG 2002, 872, 873; ausführlich *Westermann*, FS Huber, 2005, S. 997, 1005 ff.

160 *Altmeppen*, in: Roth/Altmeppen, GmbHG, § 15 Rn. 99; a.A. KG, GmbHR 1998, 641: Die Zustimmung gilt als verweigert.

161 Näher zu den übrigen Fällen *Reichert/Weller*, in: MünchKommGmbHG, § 15 Rn. 431.

162 LG Düsseldorf, DB 1989, 33.

163 So im Fall von BGH, NZG 2000, 647.

164 RGZ 80, 175, 179; BayObLG, DB 1989, 214, 215; *Bayer*, in: Lutter/Hommelhoff, GmbHG, § 15 Rn. 57.

165 *Bayer*, in: Lutter/Hommelhoff, GmbHG, § 15 Rn. 57; *Reichert/Weller*, in: MünchKommGmbHG, § 15 Rn. 393.

166 BGHZ 13, 179, 186; BGH, NZG 2006, 627, 628 (Treuhandvertrag).

70 Bei einem Verstoß gegen die Vinkulierungsklausel, etwa durch die Begründung eines Treuhandverhältnisses, kommen zugunsten von Mitgesellschaftern folgende **Ansprüche** in Betracht: (i) ein Unterlassungsanspruch (gegen die Begründung und – als milderes Mittel zur Ausschließung – auch gegen die Durchführung des Treuhandverhältnisses), der ggf. auch im Wege des einstweiligen Rechtsschutzes durchgesetzt werden könnte;[167] (ii) ein Auskunftsanspruch;[168] (iii) ein Schadensersatzanspruch, für den es jedoch i.d.R. an einem Schaden fehlen dürfte; (iv) ein Ausschließungsanspruch, wobei ein Ausschluss jedoch nur als *ultima ratio* zulässig wäre.[169]

G. Besondere Verpflichtungs- und Verfügungsgeschäfte

I. Anteils- und Unternehmenskauf[170]

71 Der Kauf eines Unternehmens vollzieht sich i.d.R. als Asset Deal oder Share Deal. Beim **Asset Deal** werden die Einzelwirtschaftsgüter des Unternehmens (Anlage- und Umlaufvermögen, Verbindlichkeiten) ohne den Rechtsträger übertragen. Kaufgegenstand ist das Unternehmen als Ganzes, als »sonstiger Gegenstand« i.S.d. § 453 Abs. 1 BGB. Beim **Share Deal** werden die Geschäftsanteile am Rechtsträger selbst veräußert und abgetreten. Bei komplexeren Transaktionen hat sich eine Veräußerung in zwei Schritten durchgesetzt: Die Parteien schließen zunächst nur das Verpflichtungsgeschäft über den Kauf der Anteile und die Abwicklung der Transaktion ab (»Signing«, § 15 Abs. 4); der dingliche Vollzug, insbesondere die Abtretung der Anteile (»Closing«, § 15 Abs. 3), findet erst zu einem späteren Zeitpunkt statt, zu dem dann auch erforderliche Gremienzustimmungen, Finanzierungsnachweise und ggf. die Kartellfreigabe vorliegen. Zum **Vollständigkeitsgrundsatz**, der für die Beurkundung des Verpflichtungsgeschäfts gilt, bereits Rdn. 41 ff.

72 Unternehmenskaufverträge enthalten regelmäßig ein eigenes Haftungsregime unter weitgehendem Ausschluss der gesetzlichen Haftungsbestimmungen. Wo dies nicht der Fall ist, ist der **Share Deal** Rechtskauf i.S.d. § 453 Abs. 1 BGB mit der Folge, dass der Verkäufer sowohl für Rechtsmängel als auch für Sachmängel haftet. Ein **Rechtsmangel** liegt vor, wenn Dritte in Bezug auf die gekauften Geschäftsanteile entgegen den Angaben des Verkäufers Rechte geltend machen können (§ 435 S. 1 BGB), z.B. weil die Anteile dem Verkäufer gar nicht zustehen oder mit einem Pfandrecht oder Nießbrauch belastet sind. Ein **Sachmangel** besteht zunächst, wenn die Parteien eine bestimmte, tatsächlich jedoch nicht gegebene Beschaffenheit der Anteile oder des Unternehmens vereinbart haben (§ 434 Abs. 1 S. 1 BGB); Beschaffenheiten des Unternehmens, etwa dessen Ertragsfähigkeit in Vergangenheit oder Zukunft, lassen

167 *Martin Winter/Löbbe*, in: Ulmer/Habersack/Winter, GmbHG, § 15 Rn. 260.
168 OLG Hamburg, BB 1993, 1030.
169 OLG Köln, BeckRS 2007, 15125.
170 Näher hierzu *Christian Schmitz*, RNotZ 2006, 551; *Weitnauer*, NJW 2002, 2511; *Wolf/Kaiser*, DB 2002, 411.

sich damit auch als Beschaffenheiten der zu kaufenden Anteile vereinbaren.[171] Auch ohne eine solche Beschaffenheitsangabe sind die Geschäftsanteile mangelhaft, wenn sie sich nicht für die vorausgesetzte oder die gewöhnliche Verwendung eignen (§ 434 Abs. 1 S. 2 BGB). In diesem Zusammenhang kommt es entscheidend darauf an, ob der Käufer nur einzelne Anteile oder aber eine so maßgebliche Beteiligung erwirbt, dass der Anteilskauf wirtschaftlich dem Kauf des Unternehmens gleichzusetzen ist; denn nur im letzten Fall gilt ein Mangel des Unternehmens (dessen Nicht-Eignung zur vorausgesetzten oder gewöhnlichen Verwendung) zugleich auch als Mangel der erworbenen Anteile.

73 Der Anteilskauf ist jedenfalls dann **Unternehmenskauf**, wenn der Käufer alle oder zumindest 75 % der Geschäftsanteile erwirbt.[172] Die Übernahme von nur 60 % des Stammkapitals soll nach dem BGH dagegen nicht ausreichen.[173] Ein Unternehmenskauf liegt auch dann vor, wenn sich mehrere Verkäufer *gemeinsam* zum Verkauf ihrer Anteile entschließen und der Käufer die maßgebliche Beteiligungsschwelle erst durch Zusammenrechnung der parallel erworbenen Anteile erreicht; vom Käufer bereits zuvor gehaltene Anteile sind hierbei jedoch nicht mitzurechnen.[174]

74 Die **Rechtsfolgen** bei Vorliegen eines Sach- oder Rechtsmangels regelt § 437 BGB einheitlich durch Weiterverweisung auf Nacherfüllung (§ 439 BGB), Rücktritt (§§ 440, 323 Abs. 1 BGB), Minderung (§ 441 BGB), Schadensersatz (§§ 440, 281 BGB) und Aufwendungsersatz (§ 284 BGB). Daneben bestehen i.d.R. keine Ansprüche aus *culpa in contrahendo* wegen unrichtig erteilter Informationen, weil das Kaufrecht insoweit eine abschließende Regelung enthält; anwendbar bleibt die Haftung aus c.i.c. aber jedenfalls bei Vorsatz des Verkäufers bzw. arglistiger Täuschung.[175]

II. Auslandsbezogene Geschäfte[176]

75 Eine Geschäftsanteilsübertragung hat **Auslandsbezug**, wenn (i) eine Partei ihren gewöhnlichen Aufenthaltsort oder Sitz im Ausland hat, (ii) ein Vertrag über Geschäftsanteile an einer deutschen GmbH im Ausland geschlossen wird oder (iii) ein Vertrag über Anteile an einer ausländischen Gesellschaft im Inland. In diesen Fäl-

171 *Holzapfel/Pöllath*, Unternehmenskauf in Recht und Praxis, 13. Auflage 2008, Rn. 768; *Wolf/Kaiser*, DB 2002, 411, 416.

172 OLG München, DB 1998, 1321; *H. Winter/Seibt*, in: Scholz, GmbHG, § 15 Rn. 153; vgl. auch *Weidenkaff*, in: Palandt, BGB, § 453 Rn. 23.

173 BGH, NJW 1980, 2410, 2411 (III. Senat).

174 OLG Naumburg, NJW-RR 1995, 799, 800; vgl. auch *Grunewald*, in: Erman, BGB, 12. Auflage 2008, § 453 Rn. 20.

175 BGH, NJW 2009, 2120; *Grüneberg*, in: Palandt, BGB, § 311 Rn. 13 ff.

176 Näher hierzu *Albers*, GmbHR 2011, 1078; *Fetsch*, GmbHR 2008, 133; *Götze/Mörtel*, NZG 2011, 727; *König/Götte/Bormann*, NZG 2009, 881; *Mankowski*, NZG 2010, 201; *Olk*, NJW 2010, 1639; *Olk/Nikoleyzik*, DStR 2010, 1576; *Reichert/Weller*, DStR 2005, 250 und 292.

len bestimmt jeweils das Internationale Privatrecht (IPR), welches nationale materielle Recht anwendbar ist.

76 Auch für die kollisionsrechtliche Anknüpfung ist zwischen dem Verfügungs- und dem Verpflichtungsgeschäft zu unterscheiden. Das auf die dingliche Abtretung anwendbare Recht unterliegt nicht der (im IPR grundsätzlich geltenden) Parteiautonomie und kann daher nicht frei gewählt werden; die Abtretung ist vielmehr als gesellschaftsrechtliche Frage zu qualifizieren mit der Folge, dass sich das auf die Abtretung anwendbare Recht nach dem **Gesellschaftsstatut** richtet.[177] Das Verpflichtungsgeschäft richtet sich demgegenüber nach dem **Schuldvertragsstatut**, welches von den Parteien grundsätzlich frei gewählt werden kann.[178] Das auf die **Form** des Rechtsgeschäfts anwendbare Recht schließlich wird im Wege einer Sonderanknüpfung bestimmt. Insoweit bestimmt sich die Formwirksamkeit der Abtretung weiterhin nach dem EGBGB (vgl. Art. 3 EGBGB, Art. 1 Abs. 2 lit. f Rom I-VO), diejenige des Verpflichtungsgeschäfts dagegen neuerdings nach der Rom I-VO.[179] Durch die Rom I-VO ist das Internationale Vertragsrecht zum 17.12.2009 neu geregelt worden. Vertragliche Schuldverhältnisse, die nach diesem Stichtag geschlossen werden, unterliegen seitdem der Rom I-VO (anstelle der Art. 27 bis 37 EGBGB a.F.). Sie gilt unmittelbar in allen EU-Mitgliedstaaten außer Dänemark.[180]

1. Formwirksame Übertragung deutscher Anteile im Ausland

77 Geschäftsanteile an einer deutschen GmbH können im Ausland unter Beachtung des § 15 Abs. 3 oder alternativ einer weniger strengen Ortsform formwirksam abgetreten werden (h.M., jedoch beides str.). Entsprechend ist für das Verpflichtungsgeschäft § 15 Abs. 4 oder alternativ eine weniger strenge Ortsform einzuhalten.

78 **a) Abtretung.** Die Abtretung ist nach Art. 11 Abs. 1 EGBGB formgültig, wenn sie die Formerfordernisse des Geschäftsrechts oder diejenigen des Ortsrechts erfüllt.

79 Da die Abtretung unmittelbaren Einfluss auf die Mitgliedsstruktur hat, ist **Geschäftsrecht** zwingend das Gesellschaftsstatut; bei einer deutschen GmbH ist also deutsches Recht und damit § 15 Abs. 3 maßgebend.[181] Eine Auslandsbeurkundung ist daher nur zulässig, soweit die dort vorgesehene Beurkundung seitens eines deutschen Notars[182] durch diejenige eines ausländischen Notars **substituiert** werden kann. Dies ist der Fall, wenn der ausländische Notar dem deutschen Notar nach

177 *Reichert/Weller*, DStR 2005, 250; *dies.*, DStR 2005, 292, 293.

178 *Reichert/Weller*, DStR 2005, 292, 294.

179 Art. 28 VO (EG) Nr. 593/2008, ABlEU Nr. L 177 v. 4.7.2008, S. 6.

180 Vgl. Erwägungsgrund Nr. 45, zu Großbritannien *Martiny*, in: MünchKommBGB, 5. Aufl. 2010, Art. 1 Rom I-VO Rn. 75.

181 *Martin Winter/Löbbe*, in: Ulmer/Habersack/Winter, GmbHG, § 15 Rn. 134; *Olk/Nikoleyczik*, DStR 2010, 1576, 1577.

182 Ein deutscher Notar darf nicht im Ausland beurkunden, vgl. BGHZ 138, 359, 361 und § 2 BeurkG.

Befähigung und Funktion gleichwertig ist und ebenso auch das ausländische Beurkundungsverfahren den tragenden Grundsätzen des deutschen entspricht.[183] Beides hat die Rechtsprechung insbesondere für die praktisch wichtigen Fälle einer Beurkundung vor einem Notar mit Amtssitz in Basel-Stadt oder Zürich-Altstadt bejaht,[184] ebenso für Österreich,[185] verneint dagegen für die Beglaubigung durch einen amerikanischen *notary public.*[186] An der Praxis der Auslandsbeurkundung wurden in letzter Zeit Zweifel im Hinblick auf die Reform sowohl des **Schweizer Obligationenrechts** als auch des deutschen GmbH-Rechts (MoMiG) geäußert. So genügt seit dem 1.1.2008 für die Abtretung von Stammanteilen an einer Schweizer GmbH die Schriftform (Art. 785 Abs. 1 OR); da das Beurkundungsverfahren als solches fortbesteht, wirkt sich diese erleichterte Ortsform nicht auf die Gleichwertigkeit der Beurkundung im Rahmen der Geschäftsform aus.[187] Seit Inkrafttreten des **MoMiG** gehört es zu den Amtspflichten eines deutschen Notars, gemäß § 40 Abs. 2 GmbHG eine aktualisierte Gesellschafterliste zum Handelsregister einzureichen; hierbei handelt es sich um eine »Folgeformalie« zur Beurkundung.[188] Dass der deutsche Gesetzgeber einen ausländischen Notar nicht in gleicher Weise verpflichten kann, hindert diesen nicht schon an der Beurkundung der Anteilsabtretung[189] und in der Praxis auch nicht an der tatsächlichen Einreichung der neuen Gesellschafterliste (die vor diesem Hintergrund zusätzlich auch durch die Geschäftsführer unterzeichnet werden sollte, § 40 Abs. 1 Satz 1).[190]

80 Alternativ genügt nach dem klaren Wortlaut des Art. 11 Abs. 1, 2. Alt. EGBGB auch die Einhaltung der **Ortsform**, sofern das ausländische Recht eine der GmbH entsprechende Gesellschaftsform kennt (sonst Fall der »Formenleere«).[191] Deutsche Geschäftsanteile können daher z.B. in der Schweiz auch privatschriftlich abgetreten

183 BGHZ 80, 76, 78.

184 BGHZ 80, 76 (Zürich-Altstadt); BGH, NJW-RR 1989, 1259, 1261; OLG Frankfurt a.M., GmbHR 2005, 764, 766 f. (Basel); die Gleichwertigkeit ist für jeden Kanton gesondert zu untersuchen.

185 BayObLG, NJW 1978, 500.

186 OLG Stuttgart, NZG 2001, 40.

187 OLG Düsseldorf, BB 2011, 785 mit zust. Anm. *Stabenau*; *Olk/Nikoleyczik,* DStR 2010, 1576, 1579; a.A. *Hermanns,* RNotZ 2010, 38, 41 f.

188 BegrRegE MoMiG zu § 40, BT-Drs. 16/6140, S. 44.

189 A.A. LG Frankfurt a.M., GmbHR 2010, 96 (obiter) mit zust. Anm. *Gerber*; *König/Göttel/Bormann,* NZG 2009, 881, 884.

190 OLG Düsseldorf, BB 2011, 785 mit zust. Anm. *Stabenau*; *Mankowski,* NZG 2010, 201, 204; *Olk/Nikoleyczik,* DStR 2010, 1576.

191 BGH, BB 2004, 2707, 2708 (polnische GmbH); BayObLG, NJW 1978, 500; *Martin Winter/Löbbe,* in: Ulmer/Habersack/Winter, GmbHG, § 15 Rn. 138a; im Fall des OLG Stuttgart, NZG 2001, 40, 43 scheiterte die Einhaltung der kalifornischen Ortsform auch an der fehlenden Übergabe von Anteilsscheinen.

werden. Die Praxis ist insoweit mit Blick auf einige Gegenstimmen[192] bisher gleichwohl zurückhaltend (vgl. Rdn. 79).

81 **b) Verpflichtungsgeschäft.** Die Formwirksamkeit des Verpflichtungsgeschäfts beurteilt sich nach Art. 11 Abs. 1 Rom I-VO, so dass es entweder der Geschäftsform oder der Ortsform genügen muss. Die **Geschäftsform** richtet sich insoweit jedoch nicht nach dem Gesellschaftsstatut, sondern nach dem Recht des Verpflichtungsgeschäfts. Dieses können die Parteien frei wählen (Art. 3 Rom I-VO). Nur wenn deutsches Recht von den Parteien gewählt wird oder (mangels Rechtswahl) nach objektiver Anknüpfung anzuwenden ist (Art. 4 Rom I-VO), ist die Vereinbarung nach § 15 Abs. 4 beurkundungsbedürftig. Zur Substituierbarkeit gelten die Ausführungen oben Rdn. 79 entsprechend – ohne dass es insoweit jedoch auf den Streit um § 40 Abs. 2 GmbHG ankäme.[193] Bis zur endgültigen Klärung dieses Streits kann es sich daher empfehlen, vorab (nur) das Verpflichtungsgeschäft in der Schweiz zu beurkunden, damit für die nachfolgende Beurkundung der Abtretung in Deutschland zumindest das Kostenprivileg des § 38 Abs. 2 Nr. 6 KostO (5/10 statt 20/10) genutzt werden kann.[194] Für das Verpflichtungsgeschäft genügt alternativ auch die **Ortsform.**[195]

2. Formwirksame Übertragung ausländischer Anteile in Deutschland

82 Anteile an einer ausländischen Gesellschaft, die der deutschen GmbH vergleichbar ist, können in Deutschland unter Beachtung der Formerfordernisse ihres Gesellschaftsstatuts oder alternativ nach deutschem Ortsrecht, d.h. gemäß § 15 Abs. 3, abgetreten werden. Entsprechend ist für das Verpflichtungsgeschäft das (gewählte) Geschäftsrecht oder alternativ die deutsche Ortsform, d.h. § 15 Abs. 4, einzuhalten.

83 **a) Abtretung.** Die Abtretung ist nach Art. 11 Abs. 1 EGBGB formgültig, wenn sie die Formerfordernisse des Geschäftsrechts oder diejenigen des Ortsrechts erfüllt. **Geschäftsrecht** ist das Gesellschaftsstatut, das sich für Gesellschaften aus der EU, dem EWR oder den USA nach der Gründungstheorie bestimmt, für Gesellschaften aus Drittstaaten dagegen nach der Sitztheorie.[196] Eine nach ausländischem Recht vorgesehene Beurkundung kann ggf. durch eine deutsche Beurkundung substituiert

192 Etwa *Kindler,* BB 2010, 74, 76; zweifelnd auch *Bayer,* in: Lutter/Hommelhoff, GmbHG, § 15 Rn. 28.

193 *Bayer,* in: Lutter/Hommelhoff, GmbHG, § 15 Rn. 43; *Olk/Nikoleyczik,* DStR 2010, 1576, 1581 f.; *Gerber,* GmbHR 2010, 97, 98 f.

194 *Gerber,* GmbHR 2010, 97, 99.

195 *Bayer,* in: Lutter/Hommelhoff, GmbHG, § 15 Rn. 43; *Olk/Nikoleyczik,* DStR 2010, 1576, 1582; *Reichert/Weller,* DStR 2005, 292, 294.

196 Vgl. BGH, DStR 2009, 59 mit Anm. *Goette;* BGHZ 151, 204; *Martin Winter/Löbbe,* in: Ulmer/Habersack/Winter, GmbHG, § 15 Rn. 138a; ausführlich *Leible,* in: Michalski, GmbHG, Syst. Darst. 2 Rn. 3 ff.

werden (vgl. Rdn. 79).[197] Alternativ ist deutsches **Ortsrecht** zu beachten und damit § 15 Abs. 3, sofern die ausländische Gesellschaft der deutschen GmbH vergleichbar ist.[198]

b) Verpflichtungsgeschäft. Die Formwirksamkeit des Verpflichtungsgeschäfts beurteilt sich nach Art. 11 Abs. 1 Rom I-VO, so dass es entweder der Geschäftsform oder der Ortsform genügen muss. Die **Geschäftsform** können die Parteien frei wählen (Art. 3 Rom I-VO). Wenn deutsches Recht entweder gewählt wird oder nach objektiver Anknüpfung anzuwenden ist und die ausländische Gesellschaft der deutschen GmbH vergleichbar ist, ist die Vereinbarung gemäß § 15 Abs. 4 beurkundungsbedürftig.[199] Gleiches gilt, wenn alternativ die deutsche **Ortsform** gewählt wird. **84**

III. GmbH & Co. KG

85 Bei der **beteiligungsidentischen GmbH & Co. KG** sind die Kommanditisten zugleich auch mit identischen Beteiligungsquoten an der (als Herrschaftsinstrument dienenden) Komplementär-GmbH beteiligt. Zur Wahrung dieser Beteiligungsidentität ist regelmäßig (i) im Gesellschaftsvertrag der Komplementär-GmbH geregelt, dass der Gesellschafter mit dem Kommanditanteil auch einen entsprechenden Geschäftsanteil an der GmbH abtreten muss, dieser anderenfalls eingezogen werden kann oder zwangsweise abzutreten ist, und (ii) im Gesellschaftsvertrag der KG, dass die Übertragung des Kommanditanteils nur wirksam ist, wenn auch der korrespondierende GmbH-Geschäftsanteil übertragen wird. Bei dieser Gestaltung ist der KG-Vertrag nicht nach § 15 Abs. 4 beurkundungspflichtig, da die Abtretungs*verpflichtung* ausschließlich in der Satzung der GmbH normiert ist. Veräußert der Gesellschafter später mit der Kommanditbeteiligung auch den zugehörigen GmbH-Geschäftsanteil, so sind – nach dem Vollständigkeitsgrundsatz (oben Rdn. 41 ff.) – beide Vereinbarungen nach § 15 Abs. 4 beurkundungspflichtig. Denn nach dem anzunehmenden Parteiwillen sollen sie nur gemeinsam gelten; das gilt unabhängig davon, ob sie in einer Urkunde zusammengefasst oder in getrennten Urkunden geregelt sind.[200]

86 Bei der **Einheits-GmbH & Co. KG** werden die Anteile an der Komplementär-GmbH nicht von den Kommanditisten, sondern von der KG selbst gehalten (zulässig, vgl. §§ 172 Abs. 6, 264c Abs. 4 HGB). Regelungen zur Wahrung der Beteiligungsidentität sind damit entbehrlich; im Gegenzug ist jedoch Vorsorge für die Rechtsausübung in der Gesellschafterversammlung der Komplementär-GmbH

---

197 ÖstOGH, IPRax 1990, 500: die deutsche Beurkundung ist der österreichischen gleichwertig.

198 Nicht vergleichbar ist z.B. die kanadische Ltd. (OLG München, NJW-RR 1993, 998, 999), streitig ist dies für die amerikanische *close corporation* (OLG Stuttgart, NZG 2001, 40, 43).

199 OLG Celle, NJW-RR 1992, 1126, 1127 f.; *Fetsch,* GmbHR 2008, 133 zur englischen Limited; offen gelassen von BGH, BB 2004, 2707, 2709.

200 BGHZ 183, 28, 34 Tz. 18; OLG Düsseldorf, NZG 2005, 507; *Binz/Mayer,* NJW 2002, 3054, 3059.

(durch die Kommanditisten) zu treffen.[201] In der Praxis gründen die Kommanditisten regelmäßig zunächst die GmbH und legen die Geschäftsanteile sodann – durch Abtretung – in die KG ein. Sofern sich die Gesellschafter daher im KG-Vertrag zur Abtretung der Geschäftsanteile an die KG verpflichten, bedarf der KG-Vertrag der notariellen Beurkundung nach § 15 Abs. 4. Bei nachfolgenden Veräußerungen muss hingegen nur noch der jeweilige Kommanditanteil veräußert werden. Auch wenn der im KG-Vermögen befindliche GmbH-Geschäftsanteil dadurch mittelbar (anteilig) mitbewegt wird, bleibt die Veräußerung des Kommanditanteils formfrei möglich;[202] zu Nachweiszwecken empfiehlt sich aber selbstverständlich Schriftform.

IV. Minderjährige[203]

87 Der Erwerb oder die Veräußerung von Geschäftsanteilen durch Minderjährige bedarf (nur) dann einer **Genehmigung des Familiengerichts**, wenn die Beteiligung über eine bloße Kapitalbeteiligung hinausgeht und wirtschaftlich als Beteiligung an dem von der GmbH betriebenen Erwerbsgeschäft anzusehen ist (§ 1822 Nr. 3 BGB). Der BGH bejaht dies etwa dann, wenn die Beteiligung des Minderjährigen 50 % übersteigt oder nur Minderjährige beteiligt sind, die sämtliche Anteile und damit das Unternehmen insgesamt veräußern.[204] Auch unterhalb dieser Schwelle kann der Erwerb eines Geschäftsanteils nach § 1822 Nr. 10 BGB genehmigungsbedürftig sein, wenn nämlich die Gefahr einer Haftung für rückständige Einlageverpflichtungen (§ 16 Abs. 2) oder einer Ausfallhaftung (§§ 24, 31 Abs. 3) besteht.[205] Durch Erbfolge, auch Vermächtnis, wird ein Minderjähriger auch ohne familiengerichtliche Genehmigung Anteilsinhaber; § 1822 Nr. 3 BGB ist insoweit nicht anwendbar.[206]

88 Wenn der Minderjährige den Geschäftsanteil von seinen Eltern erhält, sind diese nach §§ 1629 Abs. 2, 1795 Abs. 1 Nr. 1, 1795 Abs. 2, 181 BGB regelmäßig an der Vertretung ihres Kindes gehindert mit der Folge, dass nach § 1909 BGB ein **Ergänzungspfleger** zu bestellen ist. Anders wäre dies nur, soweit der schenkweise Erwerb des GmbH-Geschäftsanteils als lediglich rechtlich vorteilhaft i.S.d. § 107 BGB zu qualifizieren sein sollte. Die Schenkung jedenfalls einer Kommandit- oder GbR-Beteiligung beurteilt die Rechtsprechung als rechtlich nachteilhaft.[207] Ob der Erwerb einer GmbH-Beteiligung demgegenüber ausschließlich rechtlich vorteilhaft ist, ist streitig[208] und wegen der Haftungsrisiken aus §§ 16 Abs. 2, 24, 31 Abs. 3 GmbHG wohl zu verneinen.

---

201 Näher *Binz/Sorg,* Die GmbH & Co. KG, 11. Aufl. 2010, § 8 Rn. 8 ff.

202 *Binz/Mayer,* NJW 2002, 3054, 3061.

203 Näher hierzu *Bürger,* RNotZ 2006, 156; *Ivo,* ZNotP 2007, 210.

204 BGH, DNotZ 2004, 152, 153 (X. Senat).

205 BGHZ 107, 23.

206 *Bürger,* RNotZ 2006, 156, 167.

207 LG Köln, Rpfleger 1970, 245 (KG); LG Aachen, NJW-RR 1994, 1319 (GbR).

208 Dafür *Knothe,* in: Staudinger, BGB, § 107 Rn. 29; dagegen *Bürger,* RNotZ 2006, 156, 162.

89 Fehlt es an der erforderlichen Genehmigung des Familiengerichts oder an der erforderlichen Mitwirkung des Ergänzungspflegers, so ist das Rechtsgeschäft schwebend unwirksam, kann aber noch genehmigt werden. Möglich ist auch eine Genehmigung durch den Betroffenen selbst nach Eintritt der Volljährigkeit (§§ 108 Abs. 3, 1829 Abs. 3 BGB).[209] Besondere Vorsicht ist bei **Schenkungen** im Familienkreis geboten, da ein nachlässiger Umgang mit Genehmigungs- und Vertretungserfordernissen hier die steuerliche Anerkennung der Schenkung gefährden kann.[210]

V. Nießbrauch[211]

90 An einem Geschäftsanteil (oder einem Teil davon) kann gemäß §§ 1068 ff. BGB ein Nießbrauch bestellt werden, so dass der Nießbrauchsbesteller zwar Gesellschafter bleibt,[212] dem Nießbrauchsberechtigten jedoch die Nutzungen des Geschäftsanteils zustehen (§ 1030 BGB).[213] Der Nießbrauch eignet sich damit vor allem als Instrument im Rahmen der (vorweggenommenen) Erbfolge. Insoweit und für Steuerzwecke[214] wird zwischen Vorbehalts-, Zuwendungs- und Vermächtnisnießbrauch unterschieden: Beim **Vorbehaltsnießbrauch** überträgt der bisherige Gesellschafter seinen Geschäftsanteil bereits zu Lebzeiten schenkweise auf einen Dritten, behält sich jedoch die Erträge (und ggf. gewisse Mitspracherechte) vor. Beim **Zuwendungsnießbrauch** behält der Gesellschafter die Gesellschafterstellung, wendet jedoch einem Dritten (i.d.R. schenkweise) die Erträge zu. Beim **Vermächtnisnießbrauch** schließlich geht der Geschäftsanteil durch letztwillige Verfügung auf den Erben über, während der Nießbrauch einem Dritten (z.B. dem Ehegatten) vermacht wird.

91 Der Nießbrauch erfasst (nur) die **vermögensrechtlichen Ansprüche**. Der Nießbrauchsberechtigte kann daher, sobald die Ergebnisverwendung beschlossen ist, aufgrund seines dinglichen Rechts unmittelbar von der GmbH den auf ihn entfallenden Gewinnanteil verlangen;[215] zum Innenverhältnis mit dem Nießbrauchsbesteller vgl. § 101 Nr. 2 BGB. Die **Verwaltungsrechte**, insbesondere das Stimmrecht, verbleiben dagegen beim Gesellschafter;[216] der Nießbrauchsberechtigte kann aber z.B. ein Weisungsrecht und/oder Stimmrechtsvollmacht erhalten.

---

209 BGH, DB 1980, 1885.

210 Vgl. BFH, NJW 2006, 3743; dazu BMF, DB 2007, 945 (Nichtanwendungserlass).

211 Näher hierzu *Brandi/Mühlmeier*, GmbHR 1997, 734; *Frank*, MittBayNot 2010, 96; *Fricke*, GmbHR 2008, 739; *Mohr/Jainta*, GmbH-StB 2010, 269; *Reichert/Schlitt/Düll*, GmbHR 1998, 565; *Reichert/Schlitt*, in: FS Flick, 1997, S. 217 ff.

212 Ganz h.M., etwa *Reichert/Weller*, in: MünchKommGmbHG, § 15 Rn. 334.

213 Vgl. die Vertragsmuster von *Streck/Schwedhelm*, in: Formularbuch Recht und Steuern, A. 6.40 f.; *Pfisterer*, in: Beck'sches Formularbuch GmbH-Recht, D.IV.

214 Vgl. dazu BMF, v. 23.11.1983, BStBl I S. 508; *Kraus*, in: MüHdbGmbH, § 26 Rn. 90 ff.; *Mohr/Jainta*, GmbH-StB 2010, 269.

215 Vgl. *Frank*, in: Staudinger, BGB, Anh zu §§ 1068 f Rn. 103.

216 H.M., vgl. OLG Koblenz, NJW 1992, 2163, 2164; *Reichert/Weller*, in: MünchKommGmbHG, § 15 Rn. 335 ff.; *Fricke*, GmbHR 2008, 739, 744; für Grundlagengeschäfte bei einer GbR auch BGH, NJW 1999, 571, 572.

92 Der Nießbrauch erstreckt sich ferner auf **Surrogate** des Geschäftsanteils, namentlich auf ein Einziehungsentgelt (§ 34), ein Abfindungsguthaben sowie auf im Zuge einer Umwandlung gewährte Anteile des übernehmenden bzw. neuen Rechtsträgers (vgl. §§ 20 Abs. 1 Nr. 3 S. 2, 131 Abs. 1 Nr. 3 S. 2, 202 Abs. 1 Nr. 2 S. 2 UmwG). Im Falle einer **Kapitalerhöhung** steht das Bezugsrecht aus dem Geschäftsanteil dem Gesellschafter zu; erfolgt die Kapitalerhöhung aus Gesellschaftsmitteln (§§ 57c, h), erstreckt sich der Nießbrauch jedoch (automatisch kraft Surrogation oder aufgrund eines schuldrechtlichen Anspruchs) auch auf die neuen Anteile.[217]

93 **Abtretung (Abs. 3):** Die dingliche Bestellung des Nießbrauchs bedarf nach § 1069 Abs. 1 BGB i.V.m. § 15 Abs. 3 der notariellen Beurkundung.[218] Der Nießbrauch ist sodann weder übertragbar (§ 1059 S. 1 BGB; Ausnahme: § 1059a BGB) noch vererblich (§ 1061 BGB), kann einem anderen jedoch – schuldrechtlich[219] und damit formfrei – zur Ausübung überlassen werden (§ 1059 S. 2 BGB). Die Aufhebung ist formfrei möglich (§§ 1072, 1064 BGB). **Verpflichtungsgeschäft (Abs. 4):** Die Verpflichtung zur Nießbrauchsbestellung ist formfrei möglich.[220] Bei Schenkung ist § 518 Abs. 1 BGB zu beachten, bei Minderjährigen die etwaige Notwendigkeit eines Ergänzungspflegers (§§ 1909, 1795 Abs. 2, 181, 1629 BGB).[221] **Vinkulierung (Abs. 5):** Eine Vinkulierungsklausel ist wegen § 1069 BGB, insbesondere dessen Abs. 2, einzuhalten.[222]

VI. Treuhand[223]

94 Bei der **Vollrechtstreuhand** wird dem Treuhänder nach außen die Stellung eines Vollberechtigten eingeräumt, während er im Innenverhältnis zum Treugeber gehalten ist, über das Treugut nur in bestimmter Weise zu verfügen.[224] Der Treuhänder hält den Geschäftsanteil **im eigenen Namen, jedoch für Rechnung des Treugebers**. Gesellschafter ist daher zivilrechtlich der Treuhänder, wirtschaftlich und damit auch handelsbilanziell (§ 246 Abs. 1 S. 2 Hs. 2 HGB) und steuerlich (§ 39 Abs. 2 Nr. 1 S. 2 AO) jedoch der Treugeber. Damit die Treuhand steuerlich als solche anerkannt wird, muss die mit der Gesellschafterstellung verbundene Verfügungsmacht im Innenverhältnis so zugunsten des Treugebers eingeschränkt werden, dass sie nur noch als »leere Hülle« erscheint: Die Treuhandabrede muss klar erkennen lassen, dass der Treuhänder (i) den Geschäftsanteil ausschließlich auf Rechnung und Gefahr des Treugebers, d.h. im fremden Inte-

---

217 Vgl. *Brandi/Mühlmeier,* GmbHR 1997, 734, 735; *Fricke,* GmbHR 2008, 739, 741.

218 OLG Koblenz, NJW 1992, 2163, 2164.

219 Vgl. BGHZ 55, 111, 115 (Grundstücksnießbrauch).

220 *Martin Winter/Löbbe,* in: Ulmer/Habersack/Winter, GmbHG, § 15 Rn. 171.

221 Vgl. OLG Saarbrücken, DNotZ 1980, 113, 114.

222 OLG Koblenz, NJW 1992, 2163, 2164.

223 Näher hierzu *Armbrüster,* GmbHR 2001, 941 und 1021; *ders.*, Die treuhänderische Beteiligung an Gesellschaften, 2001; *Grage,* RNotZ 2005, 251; *Greitermann,* GmbHR 2005, 577; *Schaub,* DStR 1995, 1634; *ders.*, DStR 1996, 65; *Tebben,* GmbHR 2007, 63; *Werner,* GmbHR 2006, 1248.

224 RGZ 153, 366, 368.

resse, hält, dass er (ii) gegenüber dem Treugeber strikt weisungsgebunden ist und (iii) im Grundsatz zur jederzeitigen Rückgabe des Geschäftsanteils verpflichtet ist (wobei die Vereinbarung einer angemessenen Kündigungsfrist unschädlich ist).[225] Das Gegenstück zur Vollrechtstreuhand bildet die bloße **Ermächtigungstreuhand**, bei welcher der Treuhänder lediglich i.S.v. § 185 BGB ermächtigt wird, neben dem Treugeber über ein bestimmtes Gut zu verfügen.[226]

95 Nach der Interessenlage unterscheidet man (jeweils aus der Perspektive des Treuhänders) die eigen- und die fremdnützige Treuhand. Die eigennützige Treuhand dient primär den Interessen des Treuhänders (**Sicherungstreuhand**). Die fremdnützige Treuhand dient umgekehrt den Interessen eines Treugebers, der seine Rechte nicht selbst ausüben kann oder will (**Verwaltungstreuhand**).

96 Nach der Herkunft des Geschäftsanteils unterscheidet man die Übertragungstreuhand, die Erwerbstreuhand und die Vereinbarungstreuhand:

- Bei der **Übertragungstreuhand** erwirbt der Treuhänder den Geschäftsanteil unmittelbar vom Treugeber. Der Gesellschafter wechselt dinglich, aber nicht wirtschaftlich.
- Bei der **Erwerbstreuhand** erwirbt der Treuhänder den Geschäftsanteil nicht vom Treugeber, sondern im Auftrag des Treugebers unmittelbar von einem Dritten bzw. (durch Beteiligung an der Gesellschaftsgründung oder einer Kapitalerhöhung nach § 55) von der Gesellschaft.
- Bei der **Vereinbarungstreuhand** verpflichtet sich ein Gesellschafter, seinen Geschäftsanteil künftig nicht mehr für eigene Rechnung, sondern für den Treugeber zu halten. Der Gesellschafter wechselt wirtschaftlich, aber nicht dinglich.

97 Einen gesetzlichen Vertragstypus »Treuhandvertrag« gibt es nicht.[227] Die schuldrechtliche Treuhandabrede ist regelmäßig ein Auftrag oder Geschäftsbesorgungsvertrag (§§ 675, 662 ff. BGB) und kann nach § 15 Abs. 4 formbedürftig sein. Soweit eine Abtretung von Geschäftsanteilen erforderlich ist, sind auch die Abs. 3 und 5 zu beachten. Zur Absicherung des Treugebers enthalten Treuhandverträge häufig eine aufschiebend bedingte (Rück-)Abtreteung auf den Treugeber und/oder eine Vollmacht, wonach der Treugeber (unter Befreiung von den Beschränkungen des § 181 BGB) unwiderruflich bevollmächtigt wird, den Geschäftsanteil jederzeit auf sich oder einen Dritten zu übertragen.

1. Übertragungstreuhand

98 Bei der Übertragungstreuhand erwirbt der Treuhänder den Geschäftsanteil unmittelbar vom Treugeber. **Abtretung (Abs. 3):** Der Treugeber muss den Geschäftsanteil formgerecht nach Abs. 3 an den Treuhänder abtreten. Ebenso ist auch die spätere Rückabtretung

225 BFH, BStBl. II 2010, 590; BFH, BStBl. II 1998, 152 (Vereinbarungstreuhand).

226 Näher dazu *Martin Winter/Löbbe,* in: Ulmer/Habersack/Winter, GmbHG, § 15 Rn. 190.

227 Vgl. die Vertragsmuster von *Streck/Schwedhelm,* in: Formularbuch Recht und Steuern, Formular A 6.47; *Gerber,* in: Beck'sches Formularbuch GmbH-Recht, D.VI.

formbedürftig.[228] Wenn der Treuhänder die Treuhandanteile bereits beim Erwerb aufschiebend bedingt auf die Beendigung des Treuhandverhältnisses an den Treugeber zurückabtritt, entfällt bei Vertragsende die Notwendigkeit für eine solche gesonderte, formbedürftige Rückabtretung. **Verpflichtungsgeschäft (Abs. 4):** Die Treuhandabrede ist formbedürftig nach Abs. 4, schon weil sie die Abtretungsverpflichtung des Treugebers beinhaltet.[229] **Vinkulierung (Abs. 5):** Sofern die Übertragungstreuhand offen gelegt wird, ist die Genehmigung der Rückabtretung regelmäßig schon in der Genehmigung der zur Begründung erforderlichen Abtretung enthalten.[230]

2. Erwerbstreuhand

99 Bei der Erwerbstreuhand erwirbt der Treuhänder den Geschäftsanteil im Auftrag des Treugebers unmittelbar von einem Dritten bzw. von der Gesellschaft. **Abtretung (Abs. 3):** Damit fehlt es im Verhältnis zwischen Treugeber und Treuhänder schon an einer Abtretung; formbedürftig nach Abs. 3 sind der Erwerb vom Dritten und die spätere Weiterabtretung an den Treugeber. **Verpflichtungsgeschäft (Abs. 4):** Insoweit ist zu differenzieren, ob die Treuhandabrede den derivativen Erwerb bereits bestehender Geschäftsanteile oder aber die originäre Beteiligung an einer GmbH-Gründung (oder Kapitalerhöhung) zum Gegenstand hat. Im ersten Fall ist die Treuhandabrede (nur) nach Abs. 4 formbedürftig, weil sie den Treuhänder für den Fall der Beendigung des Treuhandverhältnisses bereits zur Herausgabe des erworbenen Geschäftsanteils an den Treugeber verpflichtet.[231] Jedoch bleibt der Treuhänder auch dann, wenn die Form nicht beachtet wird, zur Herausgabe verpflichtet, dann nach dem Recht der Geschäftsführung ohne Auftrag (§§ 667, 681 S. 2 BGB).[232] Im zweiten Fall, der »**Gründungstreuhand**«, bejaht der BGH demgegenüber traditionell Formfreiheit,[233] offenbar weil die Abrede weniger auf den künftigen Geschäftsanteil als auf die Beteiligung an der GmbH-Gründung (oder Kapitalerhöhung)[234] zielt. **Vinkulierung (Abs. 5):** Die Vinkulierung betrifft nur den Erwerb bestehender Geschäftsanteile durch Abtretung, nicht durch Beteiligung an einer GmbH-Gründung[235] oder Kapitalerhöhung.

---

228 BGH, GmbHR 1965, 155 (Sicherungsabtretung).

229 A.A. *Martin Winter/Löbbe,* in: Ulmer/Habersack/Winter, GmbHG, § 15 Rn. 197: teleologische Reduktion, sofern die Treuhand auf spätere Rückübertragung angelegt ist.

230 BGHZ 77, 392, 395 f. (Kommanditanteil); BGH, GmbHR 1965, 155 (Sicherungsabtretung).

231 BGHZ 141, 207, 211 f.

232 BGH, BB 2004, 2707, 2709 (polnische GmbH).

233 BGHZ 19, 69, 70 f.; BGHZ 141, 207, 213; BGH, NZG 2006, 590 verlangt eine Treuhandabrede im Vorgründungsstadium, die sich weder auf bestehende noch künftig entstehende Geschäftsanteile beziehen darf; kritisch *Kraus,* in: MünchHdbGmbH, § 26 Rn. 18 f.

234 OLG Köln, NZG 2001, 810 (LS).

235 Vgl. zum Auskunftsanspruch der Mitgesellschafter OLG Hamburg, GmbHR 1993, 507.

3. Vereinbarungstreuhand

100 Bei der Vereinbarungstreuhand verpflichtet sich ein Gesellschafter, seinen Geschäftsanteil künftig nicht mehr für eigene Rechnung, sondern für den Treugeber zu halten. **Abtretung (Abs. 3):** Im Verhältnis zwischen Treugeber und Treuhänder fehlt es zunächst an einer Abtretung. Gleichwohl wird vertreten, dass die Vereinbarungstreuhand wirtschaftlich der Anteilsabtretung gleichstehe und deshalb analog Abs. 3 formbedürftig sei.[236] Das Ergebnis – Formbedürftigkeit der Vereinbarungstreuhand – ist richtig, sollte wegen der Trennung von Verfügungs- und Verpflichtungsgeschäft jedoch ausschließlich auf Abs. 4 gestützt werden.[237] Selbstverständlich nach Abs. 3 formbedürftig ist die spätere Herausgabe an den Treugeber. **Verpflichtungsgeschäft (Abs. 4):** Die Vereinbarungstreuhand verpflichtet den Gesellschafter, den Geschäftsanteil später an den Treugeber herauszugeben, und unterfällt deshalb (nur) Abs. 4.[238] **Vinkulierung (Abs. 5):** Die Vereinbarungstreuhand kommt zwar (zunächst) ohne Anteilsabtretung aus, die h.M., implizit auch der BGH, unterstellt sie zur Abwehr des drohenden Fremdeinflusses aber gleichwohl dem Abs. 5 (analog bzw. unter Umgehungsgesichtspunkten).[239] Ein etwaiger Verstoß der Vereinbarungstreuhand gegen die Vinkulierung soll bis zur Erteilung der Genehmigung nach Abs. 5 zunächst die schwebende Unwirksamkeit der Treuhandabrede, nach Verweigerung der Genehmigung sodann deren endgültige Unwirksamkeit bewirken.[240] Dogmatisch überzeugt das nicht, denn die schuldrechtliche Treuhandabrede stellt schon keine Verfügung über Geschäftsanteile dar.[241] Das OLG Hamm hat dies 1992 bereits ausgesprochen, allerdings für den Sonderfall der Treuhand gerade zugunsten eines Mitgesellschafters.[242] Vgl. auch Rdn. 104 zur wirtschaftlich ähnlichen Unterbeteiligung.

4. Wechsel des Treugebers/Treuhänders

101 Bei der – vom Wortlaut des Abs. 3 nicht erfassten – **Abtretung eines Anspruchs** auf Übertragung eines Geschäftsanteils ist zu differenzieren: Der Wechsel des Treugebers ist formbedürftig, weil anderenfalls über den Handel mit solchen Ansprüchen ein vom Gesetz missbilligter Markt (oben Rdn. 15) aufgebaut werden könnte.[243] Wenn der Treugeber dagegen den Treuhänder auswechseln will und dem neuen Treuhänder deshalb den Anspruch auf Übertragung gegen den bisherigen Treuhänder abtritt, ist

---

236 *Hueck/Fastrich,* in: Baumbach/Hueck, GmbHG, § 15 Rn. 57; *Reichert/Weller,* in: MünchKommGmbHG, § 15 Rn. 215.

237 Wie hier *Martin Winter/Löbbe,* in: Ulmer/Habersack/Winter, GmbHG, § 15 Rn. 195; *Bayer,* in: Lutter/Hommelhoff, GmbHG, § 15 Rn. 92.

238 BGH, NZG 2006, 590; OLG Bamberg, NZG 2001, 509, 510 f.

239 BGH, GmbHR 2006, 875; *Hueck/Fastrich,* in: Baumbach/Hueck, GmbHG, § 15 Rn. 58; ausführlich *Martin Winter/Löbbe,* in: Ulmer/Habersack/Winter, GmbHG, § 15 Rn. 200.

240 BGH, GmbHR 2006, 875; *Martin Winter/Löbbe,* in: Ulmer/Habersack/Winter, GmbHG, § 15 Rn. 253.

241 Zutreffende Kritik bei *Armbrüster,* GmbHR 2001, 941, 947; *Tebben,* GmbHR 2007, 63.

242 OLG Hamm, GmbHR 1993, 656, 658.

243 BGHZ 75, 352, 354 f.

diese Abtretung formfrei; denn der Treuhänderwechsel kann den Handel mit Geschäftsanteilen nicht fördern.[244]

VII. Unterbeteiligung[245]

102 Bei der Unterbeteiligung geht ein Gesellschafter (der Hauptbeteiligte) mit einem oder mehreren Außenstehenden (den Unterbeteiligten) eine Innengesellschaft ein, um den oder die Unterbeteiligten an dem Gewinn, ggf. auch an der Substanz, seines Geschäftsanteils an der Hauptgesellschaft partizipieren zu lassen (»**Beteiligung an der Beteiligung**«).[246]

103 Die **Innengesellschaft** ist eine Gesellschaft bürgerlichen Rechts (§§ 705 ff. BGB sowie ggf. §§ 230 ff. HGB analog) und bezweckt wirtschaftlich das gemeinsame Halten und Nutzen des Geschäftsanteils. Dinglich wird der Geschäftsanteil nicht in die GbR eingebracht, sondern weiter allein durch den Hauptbeteiligten gehalten. Rechtsbeziehungen bestehen damit nur zwischen GmbH und Hauptbeteiligtem einerseits sowie zwischen Haupt- und Unterbeteiligten andererseits. Im Rahmen der GbR ist der Unterbeteiligte an dem Geschäftsanteil quotal schuldrechtlich beteiligt, und zwar je nach Vereinbarung nur an dem darauf entfallenden Gewinnanteil (**typische Unterbeteiligung**) oder auch an Wertveränderungen des Geschäftsanteils (**atypische Unterbeteiligung**).[247] Der Unterschied zeigt sich vor allem, wenn der Unterbeteiligte aus der GbR ausscheidet, weil er dann als Abfindung im ersten Fall regelmäßig nur eine von ihm ggf. erbrachte Einlage, im zweiten Fall dagegen auch einen Anteil an den offenen und stillen Reserven der GmbH erhält (»als ob« er Gesellschafter der GmbH wäre). Die Unterbeteiligung kann sich daher dort anbieten, wo eine unmittelbare Beteiligung an der GmbH nicht möglich ist (z.B. wegen Vinkulierung) oder (zunächst) nicht erwünscht ist (z.B. im Rahmen der vorweggenommenen Erbfolge, zur Vermeidung von Splitterbeteiligungen oder zwecks Geheimhaltung).

104 **Abtretung (Abs. 3):** Da der Geschäftsanteil beim Hauptbeteiligten verbleibt, ist Abs. 3 nicht einschlägig. **Verpflichtungsgeschäft (Abs. 4):** Die Begründung der Unterbeteiligungs-GbR ist formfrei möglich. Abs. 4 ist daher nur ausnahmsweise dann einschlägig, wenn der Geschäftsanteil z.B. bei Beendigung der Unterbeteiligung auf den Unterbeteiligten (anteilig) zu übertragen ist.[248] Bei Schenkung der Unterbeteiligung ist zudem § 518 Abs. 1 BGB zu beachten.[249] Bei Minderjährigen kann sich

244 BGHZ 19, 69.

245 Näher hierzu *Carlé*, KÖSDI 2008, 16166; *ders.*, KÖSDI 2005, 14475; *Mühlhaus*, ErbStB 2009, 276; *Schindhelm/Pickhardt-Poremba/Hilling*, DStR 2003, 1444 und 1469; *Tebben*, GmbHR 2007, 63.

246 Vgl. das Vertragsmuster von *Streck/Schwedhelm*, in: Formularbuch Recht und Steuern, Formular A 6.48.

247 Vgl. *Pupeter*, GmbHR 2006, 910.

248 Vgl. BFH/NV 2008, 2004.

249 Auf die Heilungswirkung des § 518 Abs. 2 BGB darf man sich nicht verlassen, vgl. *Karsten Schmidt*, DB 2002, 829 und *Wacker*, in: L. Schmidt, EStG, § 15 Rn. 773.

die Notwendigkeit eines Ergänzungspflegers (§§ 1909, 1795 Abs. 2, 181, 1629 BGB) sowie einer familiengerichtlichen Genehmigung (§ 1822 Nr. 3 BGB) ergeben. **Vinkulierung (Abs. 5):** Gesellschaftsvertragliche Abtretungsbeschränkungen hindern eine Unterbeteiligung nicht.[250] Dies gilt selbst dann, wenn die Vinkulierungsklausel die Einräumung einer Unterbeteiligung ausdrücklich verbietet; in diesem Fall kann jedoch der Satzungsverstoß zum Ausschluss des Hauptbeteiligten aus wichtigem Grund führen.[251] Greifen soll die Vinkulierung jedoch im Fall einer verdeckten Treuhand, bei welcher der Geschäftsanteil im Innenverhältnis völlig dem Unterbeteiligten zugeordnet wird und der Hauptbeteiligte somit praktisch nur noch die Stellung eines Treuhänders hat.[252]

VIII. Verpfändung[253]

105 Die **Verpfändung** eines Geschäftsanteils (oder eines Teils davon[254]) nach §§ 1273 ff. BGB soll eine Forderung sichern, die gegen den Inhaber des Geschäftsanteils oder einen Dritten besteht, häufig aus Anlass einer Kreditgewährung oder Akquisitionsfinanzierung.[255] Die Verpfändung ist gebräuchlicher als die **Sicherungsabtretung** (oben Rdn. 95), da der Gesellschafter in diesem Fall seine Gesellschafterstellung behält und der Sicherungsnehmer sie nicht übernehmen muss (was wegen der damit verbundenen Pflichten unerwünscht sein kann).

106 Durch die Verpfändung erhält der Pfandgläubiger nur das Recht, sich aus dem Geschäftsanteil durch dessen Verwertung nach den für die Zwangsvollstreckung geltenden Vorschriften zu befriedigen (§ 1277 BGB). Das Pfandrecht erstreckt sich daher, soweit nicht anders vereinbart, **nicht** auf **Gewinnbezugs- und Mitgliedschaftsrechte**; insbesondere bleibt der verpfändende Gesellschafter in der Ausübung seines Stimmrechts frei.[256] Bei abweichender Vereinbarung ist das Abspaltungsverbot zu beachten (§ 14 Rdn. 33 ff.).[257] Nicht abschließend geklärt ist, inwieweit gemäß § 1276 BGB die **Zustimmung des Pfandgläubigers** erforderlich wird, wenn eine gesellschaftsrechtliche Maßnahme zum Untergang des verpfändeten Geschäftsanteils führt oder das Pfandrecht beeinträchtigt. Die Bestimmung wird zu Recht restriktiv

---

250 OLG Frankfurt a.M., GmbHR 1992, 668; *Hueck/Fastrich,* in: Baumbach/Hueck, GmbHG, § 15 Rn. 59.

251 *Reichert/Weller,* in: MünchKommGmbHG, § 15 Rn. 254; vgl. LG Bremen, GmbHR 1991, 269.

252 BGH, DStR 1992, 1661, 1662 (*Ge*); OLG Schleswig, GmbHR 2002, 652, 654.

253 Näher hierzu *Bruhns*, GmbHR 2006, 587; *Leuering/Simon*, NJW spezial 2005, 171; *Leuschner*, WM 2005, 2161; *Martens*, ZIP 1998, 1787; *Reymann*, DNotZ 2005, 425; *von Rom*, WM 2007, 2223; *Roth*, ZGR 2000, 187.

254 Dazu *Wiegand,* in: Staudinger, BGB, Stand 2009, § 1274 Rn. 53.

255 Vgl. die Vertragsmuster von *Streck/Schwedhelm,* in: Formularbuch Recht und Steuern, Formular A 6.12; *Gerber,* in: Beck'sches Formularbuch GmbH-Recht, D.V.1.

256 BGHZ 119, 191, 194 f.

257 Vgl. BGHZ 43, 261, 267.

ausgelegt;[258] insbesondere kann dem Pfandgläubiger bei Maßnahmen, welche die übrigen Gesellschafter auch gegen den Anteilsinhaber beschließen können (z.B. dessen Ausschließung aus wichtigem Grund) oder die zuvorderst die Gesellschaftsverfassung betreffen (z.B. Satzungsänderung, Umwandlung[259]), kein Vetorecht zustehen.

107 Das Pfandrecht erstreckt sich ferner auf **Surrogate** des Geschäftsanteils, namentlich auf ein Einziehungsentgelt (§ 34), ein Abfindungsguthaben sowie auf im Zuge einer Umwandlung gewährte Anteile des übernehmenden bzw. neuen Rechtsträgers (vgl. §§ 20 Abs. 1 Nr. 3 S. 2, 131 Abs. 1 Nr. 3 S. 2, 202 Abs. 1 Nr. 2 S. 2 UmwG).[260] Erfolgt eine **Kapitalerhöhung** aus Gesellschaftsmitteln (§§ 57c, h), so erstreckt sich das Pfandrecht auch auf die neuen Anteile, nicht dagegen bei einer Kapitalerhöhung gegen Einlagen (§ 55).[261] Unberührt bleibt die Möglichkeit, solche künftigen Geschäftsanteile (unter Beachtung des Bestimmtheitsgrundsatzes, Rdn. 18) explizit mitzuverpfänden.[262]

108 **Abtretung (Abs. 3):** Die Verpfändung bedarf nach § 1274 Abs. 1 S. 1 BGB i.V.m. § 15 Abs. 3 der notariellen Beurkundung.[263] Da die Pfandrechtsbestellung eine zu sichernde Forderung voraussetzt (**Akzessorietät**), ist auch diese individualisierbar in die notarielle Urkunde aufzunehmen.[264] Gegenüber der Gesellschaft muss die Verpfändung nicht offengelegt werden; insbesondere ist § 1280 BGB nicht einschlägig, da keine Forderung, sondern das Mitgliedschaftsrecht verpfändet wird.[265] Das Pfandrecht kann sodann, da akzessorisch, nur durch Abtretung der gesicherten Forderung übertragen werden (§ 1250 BGB). Wird der Geschäftsanteil bei Pfandreife durch öffentliche Versteigerung verwertet, unterliegt der Zuschlag als Hoheitsakt nicht den Abs. 3, 4 und 5;[266] die Verwertung durch freihändigen Verkauf unterfällt dagegen Abs. 3.[267] Das Pfandrecht erlischt mit der gesicherten Forderung (§ 1252 BGB); seine Aufhebung ist formfrei möglich (§ 1255 Abs. 1 BGB). **Verpflichtungsgeschäft (Abs. 4):** Die schuldrechtliche Verpflichtung zur Bestellung eines Pfandrechts ist formfrei möglich,[268] so dass aus einer derartigen Zusage auf Verpfändung geklagt werden kann. **Vinkulierung (Abs. 5):** Eine Vinkulierungsklausel ist wegen § 1274

258 Vgl. *Martin Winter/Löbbe,* in: Ulmer/Habersack/Winter, GmbHG, § 15 Rn. 160 ff.; *Wiegand,* in: Staudinger, BGB, Stand 2009, § 1274 Rn. 60; kritisch *Roth,* ZGR 2000, 187, 217.

259 Vgl. dazu *Simon,* in: KK-UmwG, § 13 Rn. 70.

260 *Reichert/Weller,* in: MünchKommGmbHG, § 15 Rn. 304 ff.

261 *Reichert/Weller,* in: MünchKommGmbHG, § 15 Rn. 307 f.

262 *Martens,* ZIP 1998, 1787, 1789.

263 OLG Koblenz, NJW 1992, 2163, 2164.

264 *Heidenhain,* GmbHR 1996, 275; *v. Rom,* WM 2007, 2223, 2226.

265 RGZ 57, 414; *Reichert/Weller,* in: MünchKommGmbHG, § 15 Rn. 287.

266 *Reichert/Weller,* in: MünchKommGmbHG, § 15 Rn. 320.

267 RGZ 164, 162, 169 ff.

268 RGZ 58, 223, 225 f.; *v. Rom,* WM 2007, 2223, 2224 f.; zweifelnd *Leuering/Simon,* NJW Spezial 2005, 171.

BGB, insbesondere dessen Abs. 2, einzuhalten. In der Zustimmung zur Verpfändung liegt zugleich die Zustimmung zur Verwertung.[269]

IX. Zwangsvollstreckung und Insolvenz

1. Zwangsvollstreckung in den Geschäftsanteil[270]

109 Der Geschäftsanteil (oder ein Teil davon) kann nach §§ 857 Abs. 1, 829 ZPO gepfändet werden, indem das Vollstreckungsgericht einen Pfändungsbeschluss erlässt und dieser der GmbH als Drittschuldnerin[271] zugestellt wird. Die Pfändung verschafft dem Gläubiger ein **Pfändungspfandrecht** am Geschäftsanteil. Das damit einhergehende Verfügungsverbot (§ 829 Abs. 1 S. 2 ZPO) wird jedoch restriktiv ausgelegt und hindert den Gesellschafter nur an solchen Verfügungen, welche die Stellung des Gläubigers unmittelbar beeinträchtigen.[272] So verbleiben die **Verwaltungsrechte**, insbesondere das Stimmrecht, (bis zur Pfandverwertung) dem Gesellschafter. Er muss zur Ausübung seiner Mitgliedschaftsrechte auch nicht die Zustimmung des Gläubigers einholen. § 829 Abs. 1 S. 2 ZPO ist insoweit mangels »Verfügung« nicht unmittelbar einschlägig; im Ausnahmefall, nämlich bei freiwilliger Einziehung des Geschäftsanteils (§ 34) oder Kündigung ohne wichtigen Grund, kann sich ein Zustimmungserfordernis des Gläubigers jedoch aus einer entsprechenden Anwendung der Vorschrift ergeben (vgl. oben Rdn. 106 zu § 1276 BGB).[273] Die **Veräußerung des Geschäftsanteils** bleibt – wegen des fortbestehenden Pfandrechts – zustimmungsfrei.[274]

110 Das Pfandrecht erfasst auch **Surrogate** des Geschäftsanteils, insbesondere eine Abfindung[275] oder ein Einziehungsentgelt (§ 34) (zur Umwandlung und Kapitalerhöhung siehe Rdn. 107). Offen ist, ob auch der **Gewinnanspruch** des Gesellschafters mit dem Geschäftsanteil automatisch mitgepfändet wird[276] oder als Geldforderung gesondert nach § 829 ZPO gepfändet werden muss;[277] in der Praxis wird man daher den Gewinnanspruch ausdrücklich mitpfänden.

---

269 *Reichert/Weller,* in: MünchKommGmbHG, § 15 Rn. 322.

270 Näher hierzu *Heuer,* ZIP 1998, 405; *Liebscher/Lübke,* ZIP 2004, 241; *Wälzholz,* GmbHR 2007, 1319.

271 *Martin Winter/Löbbe,* in: Ulmer/Habersack/Winter, GmbHG, § 15 Rn. 290 m.w.N.

272 *Hueck/Fastrich,* in: Baumbach/Hueck, GmbHG, § 15 Rn. 62; *Martin Winter/Löbbe,* in: Ulmer/Habersack/Winter, GmbHG, § 15 Rn. 296.

273 *Reichert/Weller,* in: MünchKommGmbHG, § 15 Rn. 532 ff.; *Martin Winter/Löbbe,* in: Ulmer/Habersack/Winter, GmbHG, § 15 Rn. 296.

274 *Hueck/Fastrich,* in: Baumbach/Hueck, GmbHG, § 15 Rn. 62; *Martin Winter/Löbbe,* in: Ulmer/Habersack/Winter, GmbHG, § 15 Rn. 296; a.A. *Heuer,* ZIP 1998, 405, 408.

275 BGHZ 104, 351, 354.

276 So *Martin Winter/Löbbe,* in: Ulmer/Habersack/Winter, GmbHG, § 15 Rn. 293; *Stöber,* in: Zöller, ZPO, § 859 Rn. 13.

277 Dafür *Reichert/Weller,* in: MünchKommGmbHG, § 15 Rn. 522.

111 Die **Verwertung** des Geschäftsanteil erfolgt nach §§ 857 Abs. 5, 844 ZPO durch Veräußerung (öffentliche Versteigerung oder freihändiger Verkauf); sie gestaltet sich allerdings dann schwierig, wenn Gesellschafter und Gesellschaft die erforderlichen Informationen nicht erteilen.[278]

112 **Abtretung (Abs. 3)**: Nur beim freihändigen Verkauf bedarf die dann erforderliche Abtretung der Form des Abs. 3. **Vinkulierung (Abs. 5)**: Abs. 5 gilt nur für die freiwillige Veräußerung (Abtretung, Verpfändung); nach dem Rechtsgedanken der §§ 851 Abs. 2, 857 Abs. 3 ZPO können zudem Satzungsbestimmungen die Pfändung und Verwertung des Geschäftsanteils nicht erschweren.[279] Die Gesellschafter können ein Eindringen Dritter in die Gesellschaft gleichwohl verhindern, indem sie für den Fall der Pfändung die **Einziehung (oder Zwangsabtretung)** des Geschäftsanteils vorsehen; das Entgelt muss aber entweder vollwertig sein oder jedenfalls auch für vergleichbare Fälle gelten, etwa für die Ausschließung aus wichtigem Grund.[280] Die Vereinbarung eines Vorkaufsrechts scheitert an § 471 BGB.

2. Insolvenz des Gesellschafters

113 Mit der Eröffnung des Insolvenzverfahrens über das Vermögen des Gesellschafters fällt der Geschäftsanteil in die Insolvenzmasse, ohne Abtretung nach Abs. 3 und ungeachtet einer Vinkulierung nach Abs. 5 (allgemeine Meinung). Der Gesellschafter bleibt zwar Inhaber des Geschäftsanteils; der Insolvenzverwalter erhält aber die ausschließliche Verwaltungs- und Verfügungsbefugnis über den Anteil (§ 80 Abs. 1 InsO) und übt daher auch die Gesellschafterrechte, insbesondere das Stimmrecht, aus. Veräußert der Insolvenzverwalter den Anteil, sind selbstverständlich Abs. 3 und 4 zu beachten. Eine Vinkulierung (Abs. 5) kann die Verwertung dagegen nicht hindern (vgl. oben Rdn. 112).[281]

3. Insolvenz der Gesellschaft

114 Wird der Geschäftsanteil in der Insolvenz der Gesellschaft veräußert, sind Abs. 3, 4 und 5 zu beachten. Eine gemäß Abs. 5 etwa erforderliche Zustimmung wird weiterhin vom Geschäftsführer, nicht vom Insolvenzverwalter, erklärt.[282]

---

278 Vgl. zur Hilfspfändung von Informationsrechten des Gesellschafters nach § 836 Abs. 3 ZPO *Heuer,* ZIP 1998, 405, 411 f.

279 BGHZ 32, 151, 155 f.; 65, 22, 24 f.; a.A. *Liebscher/Lübke,* ZIP 2004, 241; *Bayer,* in: Lutter/Hommelhoff, GmbHG, § 15 Rn. 86.

280 BGHZ 32, 151, 155 f.; 65, 22, 24 f.; zu Rückforderungsrechten vgl. *Wälzholz,* GmbHR 2007, 1319.

281 BGHZ 32, 151, 155; a.A. *Liebscher/Lübke,* ZIP 2004, 241; *Bayer,* in: Lutter/Hommelhoff, GmbHG, § 15 Rn. 88.

282 *Reichert/Weller,* in: MünchKommGmbHG, § 15 Rn. 563.

§ 16 Rechtsstellung bei Wechsel der Gesellschafter oder Veränderung des Umfangs ihrer Beteiligung; Erwerb vom Nichtberechtigten

(1) [1]Im Verhältnis zur Gesellschaft gilt im Fall einer Veränderung in den Personen der Gesellschafter oder des Umfangs ihrer Beteiligung als Inhaber eines Geschäftsanteils nur, wer als solcher in der im Handelsregister aufgenommenen Gesellschafterliste (§ 40) eingetragen ist. [2]Eine vom Erwerber in Bezug auf das Gesellschaftsverhältnis vorgenommene Rechtshandlung gilt als von Anfang an wirksam, wenn die Liste unverzüglich nach Vornahme der Rechtshandlung in das Handelsregister aufgenommen wird.

(2) Für Einlageverpflichtungen, die in dem Zeitpunkt rückständig sind, ab dem der Erwerber gemäß Absatz 1 Satz 1 im Verhältnis zur Gesellschaft als Inhaber des Geschäftsanteils gilt, haftet der Erwerber neben dem Veräußerer.

(3) [1]Der Erwerber kann einen Geschäftsanteil oder ein Recht daran durch Rechtsgeschäft wirksam vom Nichtberechtigten erwerben, wenn der Veräußerer als Inhaber des Geschäftsanteils in der im Handelsregister aufgenommenen Gesellschafterliste eingetragen ist. [2]Dies gilt nicht, wenn die Liste zum Zeitpunkt des Erwerbs hinsichtlich des Geschäftsanteils weniger als drei Jahre unrichtig und die Unrichtigkeit dem Berechtigten nicht zuzurechnen ist. [3]Ein gutgläubiger Erwerb ist ferner nicht möglich, wenn dem Erwerber die mangelnde Berechtigung bekannt oder infolge grober Fahrlässigkeit unbekannt ist oder der Liste ein Widerspruch zugeordnet ist. [4]Die Zuordnung eines Widerspruchs erfolgt aufgrund einer einstweiligen Verfügung oder aufgrund einer Bewilligung desjenigen, gegen dessen Berechtigung sich der Widerspruch richtet. [5]Eine Gefährdung des Rechts des Widersprechenden muss nicht glaubhaft gemacht werden.

Übersicht **Rdn.**

Schrifttum

Barthel, § 16 Abs. 1 S. 2 GmbHG n.F. – Ein neuer Anwendungsbereich für eine wirksame Verpflichtung einer GmbH im Außenverhältnis nach den Grundsätzen der fehlerhaften Organstellung, GmbHR 2009, 569; *Böttcher/Blasche,* Gutgläubiger Erwerb von Geschäftsanteilen entsprechend der in der Gesellschafterliste eingetragenen Stückelung nach dem MoMiG, NZG 2007, 565; *Gasteyer/Goldschmidt,* Der schwebend unwirksam bestellte Geschäftsführer nach einem Gesellschafterwechsel, ZIP 2008, 1906; *Götze/Bressler,* Praxisfragen der Gesellschafterliste und des gutgläubigen Erwerbs von Geschäftsanteilen nach dem MoMiG, NZG 2007, 894; *Hasselmann,* Die Gesellschafterliste nach § 40 GmbHG: Inhalt und Zuständigkeit, NZG 2009, 449; *ders.*, Die Zuordnung des Widerspruchs zur Gesellschafterliste, NZG 2010, 207; *Hellfeld,* Ausschluss des gutgläubigen Zwischenerwerbs bei GmbH-Anteilen, NJW 2010, 411; *Krafczyk/Gerlach,* Keine Haftung des arglistig getäuschten Anteilskäufers für rückständige Stammeinlage, GmbHR 2006, 1038; *Link,* Gesellschafterliste und gutgläubiger Erwerb von GmbH-Anteilen aus Sicht der Notarpraxis, RNotZ 2009, 193; *Mayer/Färber,* Gutgläubiger Erwerb von GmbH-Geschäftsanteilen bei aufschiebend bedingter Anteilsabtretung?, GmbHR 2011, 785; *Müller/Federmann,* Praktische Hinweise zum Erwerb einer Vorrats-GmbH nach dem MoMiG, BB 2009, 1375; *Nolting,* Mitwirkung des Anteilserwerbers bei Gesellschafterbeschlüssen der GmbH vor Aufnahme in die Gesellschafterliste, GmbHR 2010, 584; *Reymann,* Gutgläubiger Erwerb und Rechte an GmbH-Geschäftsanteilen, WM 2008, 2095; *Ries*, Aktuelle Fragen der Praxis zur Gesellschafterliste, GWR 2011, 54; *Stadler/Bindl,* Gesellschafterliste und finanzielle Eingliederung bei der Organschaft, GmbHR 2010, 412; *Weigl,* Gesellschafterliste und Gutglaubenserwerb bei aufschiebend bedingten Geschäftsanteilsabtretungen, NZG 2009, 1173; *Wolff,* Die Verbindlichkeit der Gesellschafterliste für Stimmrecht und Beschlussverfahren, BB 2010, 454.

A. Überblick

1 Aufbauend auf der deutlich aufgewerteten Gesellschafterliste (§ 40) regelt § 16 in Abs. 1 zunächst die **Legitimation neuer Gesellschafter** gegenüber der Gesellschaft: Im Verhältnis zur Gesellschaft gilt als Gesellschafter nur, wer also solcher in der im Handelsregister aufgenommenen Gesellschafterliste eingetragen ist (Satz 1). Die Aufnahme dieser Liste im Handelsregister, nicht der vorausgegangene dingliche Erwerb des Geschäftsanteils, markiert damit den Zeitpunkt, ab dem ein Erwerber die mit dem Geschäftsanteil verbundenen Gesellschafterrechte ausüben kann. Dies führt zu Problemen, wenn sofort nach dem Erwerb eine Gesellschafterversammlung abgehalten werden soll, um z.B. notwendige Satzungsänderungen oder einen Geschäftsführerwechsel zu beschließen. Satz 2 kommt der Praxis entgegen, indem er solche Rechtshandlungen ausnahmsweise für von Anfang an wirksam erklärt,

wenn die Liste jedenfalls unverzüglich im Anschluss in das Handelsregister aufgenommen wird.

Der Ausweis der Gesellschafterstellung in der Gesellschafterliste hat für den Erwerber die weitere Konsequenz, dass er nach Abs. 2 für auf den Geschäftsanteil **rückständige Einlageverpflichtungen** haftet, und zwar gesamtschuldnerisch neben dem Veräußerer. 2

Abs. 3 erhebt die Gesellschafterliste zum Rechtsscheinträger, der einen **gutgläubigen Erwerb von Geschäftsanteilen** ermöglicht. Geschützt wird der gute Glauben des Erwerbers an die Verfügungsbefugnis des in der Liste eingetragenen Veräußerers: Der Erwerber kann den Geschäftsanteil auch von einem Nichtberechtigten erwerben, wenn die Liste entweder schon drei Jahre lang unrichtig ist oder die Unrichtigkeit dem nicht eingetragenen, wahren Berechtigten zuzurechnen ist. Nicht geschützt ist dagegen der gute Glaube an die Existenz oder die Lastenfreiheit eines Geschäftsanteils. 3

Nach **altem Recht**, d.h. bis zur Reform durch das MoMiG, war ein solcher gutgläubiger Erwerb nicht möglich und legitimierte die Gesellschafterliste auch nicht zur Ausübung von Gesellschafterrechten. Die Befugnis zur Ausübung von Gesellschafterrechten hing im Fall der Veräußerung eines Anteils vielmehr allein von der **Anmeldung** des Anteilserwerbs bei der Gesellschaft ab (§ 16 Abs. 1 a.F.). 4

B. Legitimation im Verhältnis zur Gesellschaft (Abs. 1)

I. Rechtsstellung ab Aufnahme (S. 1)

§ 16 Abs. 1 S. 1 regelt die Legitimation von Gesellschaftern relativ zur Gesellschaft und will **klare Verhältnisse** zwischen GmbH und Gesellschaftern schaffen.[1] Denn der Gesellschafterbestand kann sich ändern, ohne dass die GmbH oder ihre Geschäftsführer davon erfahren. Deshalb wird insoweit nicht auf die materielle Rechtslage, sondern auf den Inhalt der im Handelsregister aufgenommenen Gesellschafterliste abgestellt. 5

Die Liste ist »**im Handelsregister der Gesellschaft aufgenommen**«, sobald sie in den für das entsprechende Registerblatt bestimmten, elektronisch geführten Registerordner eingestellt und so zur Einsichtnahme freigegeben worden ist (§ 9 Abs. 1 Sätze 1 und 2 HRV, näher § 40 Rdn. 32).[2] Die Eintragung in der Liste und ihre Aufnahme in das Handelsregister sind weder Voraussetzung noch Ersatz für den materiell wirksamen Erwerb eines Geschäftsanteils; dieser erfolgt nach wie vor namentlich durch formgerechte Abtretung (§ 15 Abs. 3 und 5). Die Aufnahme der geänderten Liste im Handelsregister markiert jedoch den Zeitpunkt, ab dem der Erwerber im Verhältnis 6

1 *Bayer*, in: Lutter/Hommelhoff, GmbHG, § 16 Rn. 3; vgl. auch *Hueck/Fastrich*, in: Baumbach/Hueck, GmbHG, § 16 Rn. 1; *Heidinger*, in: MünchKommGmbHG, § 16 Rn. 10 (unter (3)), 13, 18.

2 Begr. RegE MoMiG, BT-Drs. 16/6140, S. 37.

zur Gesellschaft als Inhaber des Geschäftsanteils »gilt« und deshalb die Gesellschaft sowohl berechtigt wie auch verpflichtet ist, ihn als solchen zu behandeln.

1. Veränderung in den Personen oder des Beteiligungsumfangs

7 § 16 Abs. 1 S. 1 knüpft wie § 40 an eine »Veränderung in den Personen der Gesellschafter oder des Umfangs ihrer Beteiligung« an. Eine »**Veränderung in den Personen der Gesellschafter**« liegt vor, wenn sich der Gesellschafterkreis in seiner Zusammensetzung ändert bzw. – bei Gründung der GmbH – erstmalig konstituiert.[3] Im Übrigen kann die Änderung sowohl auf Einzelrechtsnachfolge (Abtretung, Versteigerung, Kaduzierung) als auch auf Gesamtrechtsnachfolge (Erbfall, Verschmelzung, Spaltung, Begründung einer Gütergemeinschaft, Anwachsung) beruhen. § 16 a.F. erfasste demgegenüber nach h.M. im Wesentlichen nur die rechtsgeschäftliche Übertragung durch Einzelrechtsnachfolge, nicht auch den Übergang durch Erbfall oder Umwandlung.[4]

8 Wechseln Gesellschafter ihren **Namen** (durch Heirat) oder **Wohnort** (durch Umzug), so ändern sich zwar die in der Gesellschafterliste anzugebenden gesellschafterbezogenen Daten und besteht insoweit im Rahmen des § 40 Aktualisierungsbedarf (vgl. § 40 Rdn. 17). Darin liegt aber keine »Veränderung in den Personen der Gesellschafter« im Sinne des § 16 Abs. 1 S. 1:[5] Solange zu Gesellschafterversammlungen der »alte« Gesellschafter erscheint, sind die klaren Verhältnisse, für die die Vorschrift sorgen will (Rdn. 5), nicht tangiert und wäre es insoweit vielmehr kontraproduktiv, Gesellschaftern z.B. unter Hinweis auf deren noch nicht eingetragenen Wohnortwechsel das Stimmrecht absprechen zu wollen. Der Zweck des § 16 ist insoweit (trotz gleicher Formulierung) enger als derjenige des § 40, der zusätzlich auch die Information Dritter sicherstellen möchte und deshalb erweiternd auszulegen ist. Hierfür ist bei § 16 kein Raum. Dies zeigt auch ein Blick auf die Rechtsfolge: Wechselt der Gesellschafter, erlaubt § 16 eine klare Abgrenzung, bis wann der alte Gesellschafter und ab wann der neue Gesellschafter berechtigt ist; bleibt der Gesellschafter hingegen identisch, hat dieser weiterhin »als Inhaber des Geschäftsanteils« zu gelten. Gleich zu stellen ist der Fall des identitätswahrenden,[6] jedoch mit einer Änderung der Firma verbundenen **Formwechsels eines Gesellschafters**: Auch hier ist die Gesellschafterliste zu aktualisieren (§ 40), dem Gesellschafter jedoch nicht nach § 16 Abs. 1 S. 1 die Anteilsinhaberschaft abzusprechen.[7]

---

3 Damit sind auch die Gründungsgesellschafterliste nach § 8 Abs. 1 Nr. 3 und das als Gesellschafterliste geltende Musterprotokoll (§ 2 Abs. 1a Satz 4) Gesellschafterlisten i.S.d. § 16, *Bayer* in: Lutter/Hommelhoff, GmbHG, § 16 Rn. 12.

4 Näher *Hueck/Fastrich,* in: Baumbach/Hueck, GmbHG, 18. Aufl. 2006, § 16 Rn. 2.

5 Vgl. *Bayer,* in: Lutter/Hommelhoff, GmbHG, § 40 Rn. 7; *Löbbe,* in: Ulmer/Habersack/Winter, GmbHG, § 16 (MoMiG) Rn. 46.

6 Vgl. § 202 Abs. 1 Nr. 1 UmwG; BT-Drs. 12/6699, S. 136.

7 *Löbbe,* in: Ulmer/Habersack/Winter, GmbHG, § 16 (MoMiG) Rn. 29; a.A. *Seibt,* in: Scholz, Nachtrag MoMiG, § 16 Rn. 18.

Zu einer »**Veränderung des Umfangs ihrer Beteiligung**« kommt es, wenn sich für einen Gesellschafter die geschäftsanteilsbezogenen Angaben ändern (lfd. Nr. oder Nennbetrag, vgl. § 40 Rdn. 9 ff., 18). Die Schnittmenge dieser zweiten Variante mit der ersten, der »Veränderung in den Personen der Gesellschafter«, ist recht groß. Veräußert oder vererbt z.B. ein Gesellschafter seinen Anteil vollständig an einen dadurch neu in die Gesellschaft eintretenden Dritten, ändert sich sowohl der Kreis der Gesellschafter als auch der Umfang ihrer jeweiligen Beteiligung. Veräußert der Gesellschafter dagegen lediglich einen Teil-Anteil an einen Mitgesellschafter, bleibt der Kreis der Gesellschafter unverändert, jedoch ändert sich der Umfang ihrer Beteiligung.[8] **9**

Die **dingliche Belastung** eines Geschäftsanteils (durch Pfändung, Verpfändung oder Nießbrauch) ist schon nicht in der Gesellschafterliste anzugeben (§ 40 Rdn. 12). Sie fällt auch nicht isoliert in den Regelungsbereich des § 16 Abs. 1 S. 1, der aus Sicht der Gesellschaft den »Inhaber eines Geschäftsanteils« ermitteln möchte. Bei Verpfändung oder Nießbrauch sollte jedoch gegenüber der Gesellschaft weiterhin eine entsprechende Anzeige erfolgen, auch nach Wegfall des § 16 Abs. 2 a.F. (vgl. § 407 BGB).[9] **10**

2. Aufgenommene Gesellschafterliste als Legitimationsgrundlage

Die **Legitimationswirkung** der in das Handelsregister aufgenommen Gesellschafterliste wird verbreitet davon abhängig gemacht, dass die nach § 40 zuständigen Personen gehandelt haben und die dort geregelten wesentlichen Verfahrensabläufe eingehalten worden sind.[10] Dafür lässt sich zwar die ausdrückliche Legalverweisung in § 16 Abs. 1 S. 1 auf § 40 anführen. Dagegen spricht jedoch, dass zu § 40 zahlreiche Fragen etwa zur Abgrenzung der Zuständigkeiten von Notar und Geschäftsführern und zu Inhalt und Form des jeweils erforderlichen Nachweises noch ungeklärt sind und die im Rahmen des § 40 bestehende erhebliche Rechtsunsicherheit somit auch auf § 16 »durchschlagen« würde.[11] Streitige Rechtsfragen werden im Vorfeld der Aufnahme nach § 40 zudem häufig im Sinne des jeweiligen Registergerichts »geklärt«, um eine schnelle Aufnahme der Liste im Handelsregister zu erreichen; der mit dem Registergericht ausgefochtene Streit sollte sodann nicht auch noch zwischen Gesellschaftern und Gesellschaft fortgeführt werden (können). **11**

Es genügt daher, dass eine für die Erstellung und Einreichung der Liste **abstrakt zuständige Person** sich für zuständig gehalten und daher die Gesellschafterliste erstellt und eingereicht hat und das Registergericht sie aufgenommen hat. Abstrakt zuständig sind die Geschäftsführer sowie deutsche und ausländische Notare (letztere **12**

---

8 A.A. *Löbbe,* in: Ulmer/Habersack/Winter, GmbHG, § 16 (MoMiG) Rn. 33, der auch insoweit bereits die 1. Variante bejaht.

9 Im Fall der Pfändung genügt die Zustellung des Pfändungsbeschlusses an die GmbH; vgl. *Seibt,* in: Scholz, GmbHG, Nachtrag MoMiG, § 16 Rn. 20 f.

10 Ausführlich *Löbbe,* in: Ulmer/Habersack/Winter, GmbHG, § 16 (MoMiG) Rn. 43 ff. mit Differenzierungen im Detail; *Bayer,* in: Lutter/Hommelhoff, GmbHG, § 16 Rn. 13; *Seibt,* in: Scholz, GmbHG, Nachtrag MoMiG, § 16 Rn. 22 ff.

11 Vgl. *Hasselmann,* NZG 2009, 449, 455 f.

nur, soweit sie einen deutschen Notar nach Befähigung und Funktion substituieren können, vgl. § 15 Rdn. 79). Es kommt nicht darauf an, ob nach der im Fluss befindlichen Rechtsauffassung auch gerade im konkreten Fall die Geschäftsführung oder dieser Notar als zuständig anzusehen war.[12] **Keine Legitimationswirkung** hätte demgegenüber eine Gesellschafterliste, die vom Gesellschafter selbst (z.B. dem Veräußerer oder Erwerber) oder sonst von einem unbefugten Dritten eingereicht oder gar gefälscht wurde.[13]

13 Geschäftsführer dürfen nicht eigenmächtig, sondern müssen aufgrund der **Mitteilung** eines Mitteilungsbefugten gehandelt[14] bzw. den Betroffenen zumindest die Möglichkeit zur Stellungnahme gegeben haben (§ 40 Rdn. 27 und 30). Auf die Vorlage des in § 40 Abs. 1 S. 2 ebenfalls vorgeschriebenen Nachweises kommt es dagegen nicht an. Etwaige Versäumnisse insoweit sind für Mitgesellschafter, die sich z.B. bei Abstimmungen auf die Angaben in der im Handelsregister aufgenommenen Gesellschafterliste verlassen müssen, regelmäßig nicht erkennbar. Die unmittelbar von der Änderung betroffenen Gesellschafter dagegen sind, wie auch die Gläubiger der Gesellschaft, immerhin durch Schadensersatzansprüche nach § 40 Abs. 3 geschützt.

14 Solange die in der Liste genannten Gesellschafter identifizierbar bleiben, ist es im Hinblick auf die Legitimationswirkung unschädlich, wenn einzelne **Angaben** (z.B. das Geburtsdatum oder der Wohnort) **fehlen oder falsch** sind.[15]

3. Rechtsfolge

15 Ab Aufnahme der geänderten Liste im Handelsregister »gilt« der Erwerber – im Sinne einer **unwiderleglichen Vermutung**[16] – im Verhältnis zur Gesellschaft als Inhaber des Geschäftsanteils. Erst ab diesem Zeitpunkt ist die Gesellschaft sowohl berechtigt wie auch verpflichtet, den Erwerber als Inhaber des Geschäftsanteils zu behandeln.[17] Der Erwerber ist daher z.B. auf einer unmittelbar nachfolgenden Gesellschafterversammlung teilnahme- und stimmberechtigt; ging die Ladung zutreffend noch an seinen Rechtsvorgänger, haben sowohl dieser als auch die Geschäftsführer den Erwerber zu informieren, um eine Verkürzung seiner Rechte zu verhindern.[18] Sofern der Erwerber eine Aktiengesellschaft ist, ist ggf. zusätzlich die Mitteilungspflicht nach **§ 21 AktG** zu beachten. Vorsicht ist im Hinblick auf § 14 Abs. 1 S. 1 Nr. 1 KStG auch angebracht, wenn mit der Gesellschaft eine ertragsteuerliche Organschaft

---

12 A.A. *Seibt,* in: Scholz, GmbHG, Nachtrag MoMiG, § 16 Rn. 23.

13 *Löbbe,* in: Ulmer/Habersack/Winter, GmbHG, § 16 (MoMiG) Rn. 56; weitergehend aber wohl *Hasselmann,* NZG 2009, 449, 456.

14 *Löbbe,* in: Ulmer/Habersack/Winter, GmbHG, § 16 (MoMiG) Rn. 56.

15 *Löbbe,* in: Ulmer/Habersack/Winter, GmbHG, § 16 (MoMiG) Rn. 46.

16 *Löbbe,* in: Ulmer/Habersack/Winter, GmbHG, § 16 (MoMiG) Rn. 18; zu § 67 Abs. 2 *Cahn,* in: Spindler/Stilz, AktG, § 67 Rn. 32; für gesetzliche Fiktion BGH, NJW 2009, 229 Rn. 7 (zu § 16 a.F.) und *Seibt,* in: Scholz, GmbHG, Nachtrag MoMiG, § 16 Rn. 6.

17 Vgl. BGH, NJW 1969, 133 (zu § 16 a.F.).

18 *Wolff,* BB 2010, 454, 457.

begründet werden soll und es hierfür auf den Zeitpunkt der finanziellen Eingliederung ankommt.[19]

16 Solange in der im Handelsregister aufgenommenen Liste noch der Rechtsvorgänger eingetragen ist, darf dieser weiterhin an Gesellschafterbeschlüssen mitwirken und Dividendenzahlungen entgegennehmen; seine Mitwirkung macht die Beschlüsse weder anfechtbar noch fehlt Dividendenzahlungen der Rechtsgrund.[20] Beruht der Rechtsübergang auf einem Kausalgeschäft, etwa einem Anteilskaufvertrag, sollte daher in diesem geregelt werden, dass der Veräußerer seine Gesellschafterrechte in der Interimszeit nicht oder nur noch mit Zustimmung des Erwerbers ausüben darf und dass der Erwerber bereits entsprechend informiert und **bevollmächtigt** wird, letzteres z.B. wie folgt: *»Im Hinblick auf § 16 Abs. 1 GmbHG bevollmächtigt hiermit der Veräußerer den Erwerber unter Befreiung von den Beschränkungen des § 181 BGB, ihn bei der Ausübung der Gesellschafterrechte gegenüber der Gesellschaft und Mitgesellschaftern in vollem Umfang zu vertreten, insbesondere das Stimmrecht in der Gesellschafterversammlung auszuüben.«*

17 Auch **Erben** sind gegenüber der Gesellschaft nicht bereits mit der Vorlage eines entsprechenden Nachweises, sondern erst mit der Aufnahme der geänderten Liste in das Handelsregister legitimiert.[21] Bis dahin steht der Geschäftsanteil aus Sicht der Gesellschaft noch dem (verstorbenen) Erblasser zu.[22] Die Erben haften jedoch für Verbindlichkeiten des Erblassers gegenüber der Gesellschaft gemäß §§ 1922, 1967 BGB auch ohne Eintragung, allerdings mit der Möglichkeit der Haftungsbeschränkung nach §§ 1975 ff. BGB. Ab Aufnahme der geänderten Liste in das Handelsregister entfällt wegen § 16 Abs. 2 für rückständige Einlageverpflichtungen auch diese Möglichkeit der Haftungsbeschränkung.[23]

II. Rückwirkung (S. 2)

18 Die Abhängigkeit von der Aufnahme der geänderten Liste in das Handelsregister führt zu Problemen, wenn sofort nach dem Erwerb der Anteile eine Gesellschafterversammlung abgehalten werden soll, um z.B. notwendige Satzungsänderungen oder einen Geschäftsführerwechsel zu beschließen; praktisch wird dies etwa beim Kauf einer Vorratsgesellschaft.[24] Satz 2 will in derartigen Fällen die **sofortige Handlungsfähigkeit des Erwerbers** sicherstellen. Er erklärt daher eine vom Erwerber in Bezug auf

19 Näher *Stadler/Bindl*, GmbHR 2010, 412.
20 *Seibt*, in: Scholz, GmbHG, Nachtrag MoMiG, § 16 Rn. 36; zur Einziehung vgl. *Wolff*, BB 2010, 454, 456.
21 *Bayer*, in: Lutter/Hommelhoff, GmbHG, § 16 Rn. 34; a.A. *Altmeppen*, in: Roth/Altmeppen, GmbHG, § 16 Rn. 18.
22 Zu Konsequenzen für die Ladung und die Möglichkeit einer (ggf. postmortalen) Vollmacht *Wolff*, BB 2010, 454, 455 f.
23 *Bayer*, in: Lutter/Hommelhoff, GmbHG, § 16 Rn. 34; a.A. *Altmeppen*, in: Roth/Altmeppen, GmbHG, § 16 Rn. 20.
24 Dazu *Müller/Federmann*, BB 2009, 1375.

das Gesellschaftsverhältnis vorgenommene Rechtshandlung für *ex tunc* wirksam, wenn die Liste unverzüglich nach Vornahme der Rechtshandlung in das Handelsregister aufgenommen wird. Dennoch verbleiben **Rechtsunsicherheiten**; diese lassen sich bei einer Anteilsabtretung vermeiden, indem (i) noch der Rechtsvorgänger die nötigen Beschlüsse fasst, (ii) der Rechtsvorgänger den Erwerber entsprechend bevollmächtigt (Rdn. 16) oder (iii) Beschlüsse doppelt, nämlich sowohl durch den Rechtsvorgänger als auch durch den Erwerber, gefasst werden.

1. Rechtshandlungen des Erwerbers

19 Satz 2 enthält keine Generalausnahme zu Satz 1, sondern eine **Sonderregelung (nur) für Rechtshandlungen des Erwerbers** in Bezug auf das Gesellschaftsverhältnis. Einschlägige »Rechtshandlungen« sind insbesondere die Wahrnehmung des Teilnahme-, Rede- und Fragerechts auf Gesellschafterversammlungen, die Ausübung des Stimmrechts und des Anfechtungsrechts bezogen auf Gesellschafterbeschlüsse sowie die Ausübung des Informationsrechts nach § 51a.[25] Die Regierungsbegründung nennt als Beispiele, dass der Erwerber an einem satzungsändernden Gesellschafterbeschluss oder einer Bestellung neuer Geschäftsführer »mitwirkt«.[26] Die Rechtshandlung besteht in diesen Fällen in der Stimmabgabe des Erwerbers und ist vom Beschluss der Gesellschafter zu trennen, auch in Bezug auf etwaige Fehlerfolgen. So zieht die (schwebende) Unwirksamkeit der Stimmabgabe nicht zwingend auch die (schwebende) Unwirksamkeit des Beschlusses nach sich (vgl. §§ 241 ff. AktG).[27] Der Rechtsgrund des Erwerbs ist unerheblich: Auch wenn der Gesetzgeber vorrangig den Erwerb eines (maßgeblichen) Geschäftsanteils durch eine sofort wirksame Abtretung vor Augen hatte, muss Satz 2 nach Sinn und Zweck für jede von Satz 1 erfasste Art des Erwerbs gelten, damit z.B. auch für die Gesamtrechtsnachfolge durch Erbfall (Rdn. 7).[28]

20 **Rechtshandlungen der Gesellschaft** gegenüber dem Erwerber wie z.B. die Auszahlung der Dividende sind (vorbehaltlich Rdn. 27) nicht erfasst; der Ausnahmecharakter der Vorschrift spricht hier gegen eine erweiternde Auslegung.[29]

2. Unverzüglichkeit der Aufnahme

21 Die nachfolgende Aufnahme der Liste in das Handelsregister (dazu § 40 Rdn. 32) entfaltet nur dann Rückwirkung, wenn sie **unverzüglich** nach Vornahme der Rechtshandlung erfolgt. »Unverzüglich« bedeutet nach der Legaldefinition des § 121 Abs. 1 S. 1 BGB »ohne schuldhaftes Zögern«; insoweit wird einerseits eine angemessene Prüfungs- und Überlegungsfrist zugestanden, andererseits (zu § 121 BGB) oft eine

---

25 *Seibt* in: Scholz, Nachtrag MoMiG, § 16 Rn. 46; a.A. für die Teilnahme als rein faktische Ausübung von Mitwirkungsrechten *Nolting,* GmbHR 2010, 584, 585.

26 RegBegr. MoMiG, BT-Drs. 16/6140, 37 f.

27 *Wolff,* BB 2010, 454, 458 f.; vgl. für den Alleingesellschafter BayObLG, NZG 2001, 128.

28 *Heidinger* in: MünchKommGmbHG, § 16 Rn. 142.

29 *Löbbe,* in: Ulmer/Habersack/Winter, GmbHG, § 16 (MoMiG) Rn. 87.

Obergrenze von zwei Wochen genannt.[30] Da § 16 Abs. 1 S. 2 nicht auf die Einreichung, sondern auf die Aufnahme der Liste in das Handelsregister abstellt, können nach dem Wortlaut sogar Verzögerungen im Gerichtsablauf das Wirksamwerden der Rechtshandlungen vereiteln.[31] Dem liegt die in der Regierungsbegründung geäußerte Annahme zugrunde, dass die Aufnahme »regelmäßig ebenfalls binnen sehr kurzer Zeit« nach Übermittlung erfolge.[32] Diese Annahme hat sich in der Praxis jedoch als unzutreffend erwiesen, schon wegen der mangelnden Personalausstattung vieler Gerichte, aber auch wegen Rückfragen aufgrund der zu § 40 bestehenden Rechtsunsicherheit (§ 40 Rdn. 32). Daher ist die Obergrenze im Rahmen des § 16 Abs. 1 S. 2 um diese (vom Gesetzgeber so nicht vorhergesehenen) Gerichtslaufzeiten angemessen auf jedenfalls vier Wochen zu verlängern.[33] Kürzere Fristen sind nur dann akzeptabel, wenn man – entsprechend dem Rechtsgedanken des § 167 ZPO – für den Fristenlauf Verzögerungen im Verantwortungsbereich des Registergerichts ausklammert.[34] Nicht mit dem Gesetz vereinbar ist der weitergehende Vorschlag, auch Verzögerungen im Bereich der Geschäftsführer oder des Notars für unbeachtlich zu erklären.[35]

22 Der **Fristbeginn** wird oft nicht oder nur sehr ungenau angegeben,[36] steht jedoch eindeutig im Gesetz: Anders als bei § 40 ist Bezugspunkt für die Unverzüglichkeit nicht das »Wirksamwerden jeder Veränderung«, sondern die spätere »Vornahme der Rechtshandlung«.[37] Es ist daher unschädlich, wenn die Korrektur der Liste nach einer Veränderung in den Personen der Gesellschafter oder ihres Beteiligungsumfangs zunächst versäumt wird, jedoch im Anschluss an die zu beurteilende Rechtshandlung unverzüglich nachgeholt wird. Denn die Unverzüglichkeit ist angeordnet, damit nach Vornahme einer Rechtshandlung schnellstmöglich Gewissheit über ihre Wirksamkeit besteht, nicht dagegen zur Sanktionierung vorausgegangener Säumigkeit. Deshalb ist die Unverzüglichkeit auch mit Blick auf jede Rechtshandlung gesondert zu prüfen.

23 Wird der Geschäftsanteil unter einer **aufschiebenden Bedingung** (z.B. Kaufpreiszahlung) abgetreten, so gehen Rechtshandlungen, die der Erwerber *vor* Eintritt der

---

30 *Ellenberger,* in: Palandt, BGB, § 121 Rn. 3; *Ebbing,* in: Michalski, GmbHG, § 16 Rn. 129.

31 So *Ebbing,* in: Michalski, GmbHG, § 16 Rn. 130; *Heidinger,* in: MünchKommGmbHG, § 16 Rn. 144; *Löbbe,* in: Ulmer/Habersack/Winter, GmbHG, § 16 (MoMiG) Rn. 89; *Gasteyer/Goldschmidt,* ZIP 2008, 1906, 1909.

32 Begr. RegE zu § 16, BT-Drs. 16/6140, S. 38.

33 Vgl. *Seibt,* in: Scholz, GmbHG, Nachtrag MoMiG, § 16 Rn. 47: vier Wochen bis Einreichung; a.A. *Bayer,* in: Lutter/Hommelhoff, GmbHG, § 16 Rn. 37: 1-2 Monate wesentlich zu lang.

34 Dafür *Krafka/Willer/Kühn,* Registerrecht, Rn. 1102; *Hueck/Fastrich,* in: Baumbach/Hueck, GmbHG, § 40 Rz. 21.

35 Dafür *Link,* RNotZ 2009, 193, 212; *Nolting,* GmbHR 2010, 584, 586.

36 Vgl. etwa *Seibt,* in: Scholz, GmbHG, Nachtrag MoMiG § 16 Rn. 47 f., der die Frist »vom Eintritt der Veränderung« an rechnet.

37 Zutreffend *Löbbe,* in: Ulmer/Habersack/Winter, GmbHG, § 16 (MoMiG) Rn. 89; *Nolting,* GmbHR 2010, 584, 586, Fn. 21.

Bedingung vornimmt, ins Leere. § 16 Abs. 1 S. 2 greift nicht, weil es sich nicht um eine »vom Erwerber« vorgenommene Rechtshandlung, sondern um die Rechtshandlung eines materiell Noch-Nicht-Berechtigten handelt. Die Vorschrift will lediglich die Interimszeit zwischen dem materiell wirksamen Erwerb des Geschäftsanteils und der formellen Legitimation des Erwerbers überbrücken.

3. Rechtsfolge

24 Die vor Aufnahme der geänderten Liste in das Handelsregister vorgenommene Rechtshandlung (Rdn. 19) ist zunächst **schwebend unwirksam**. Sie wird rückwirkend (*ex tunc*) wirksam, wenn die geänderte Liste unverzüglich aufgenommen wird; sonst ist sie endgültig unwirksam.[38] In der Literatur werden daher Parallelen zur ebenfalls rückwirkenden Genehmigung nach § 184 Abs. 1 BGB gezogen.[39]

25 Diese **Rückwirkung** kann, **umfassend verstanden**, teilweise absonderliche Konsequenzen haben. Dies gilt insbesondere in dem praktisch wichtigen Fall, dass dem noch nicht eingetragenen Erwerber E bereits die Teilnahme an einer Gesellschafterversammlung erlaubt wird, in der z.B. über eine Satzungsänderung abgestimmt werden soll; die hierfür erforderliche Dreiviertelmehrheit mag nur erreicht werden, wenn man die Stimmen des E mitzählt, sonst verfehlt werden. Der Versammlungsleiter gerät hierdurch in eine »Zwickmühle»: Wenn er die Stimmen des E nicht mitzählt, entspricht das der Rechtslage (§ 16 Abs. 1 S. 1) und ist ein entsprechend festgestellter Beschluss zunächst fehlerfrei; falls die den E ausweisende Liste unverzüglich danach in das Handelsregister aufgenommen wird, soll der Beschluss wegen der in Satz 2 angeordneten Rückwirkung jedoch nachträglich anfechtbar werden.[40] Wenn er die Stimmen des E dagegen mitzählt, ist der Beschluss zunächst anfechtbar; nach unverzüglicher Aufnahme der Liste wäre eine etwaige Anfechtungsklage jedoch für erledigt zu erklären. Als Ausweg wird vorgeschlagen, dass der Versammlungsleiter den Beschlussinhalt nicht förmlich feststellt, sondern nur die Stimmverhältnisse aufnimmt, so dass sich der Beschlussinhalt nach der endgültigen materiellen Rechtslage richtet.[41]

26 Ein solches **rückwirkendes Umschlagen** eines fehlerfreien Beschlusses in einen fehlerhaften Beschluss ist unter dem Gesichtspunkt der Rechtssicherheit kaum akzeptabel und zu vermeiden, indem man Satz 2 als bloße **Heilungsvorschrift** versteht: Vielfach liegt es im Interesse aller Beteiligten, einen Erwerber in Erwartung »seiner« bevorstehenden Aufnahme in das Handelsregister bereits als Gesellschafter behandeln zu können, um insbesondere von diesem gewünschte oder sonst erforderliche Änderungen der Satzung oder Geschäftsführung zu beschließen. Typische Beispiele sind der Verkauf des gesamten Unternehmens, der Einstieg eines dringend benötigten Investors, die Begründung eines Joint Venture oder der Erwerb einer Vorratsgesell-

38 Begr. RegE zu § 16, BT-Drs. 16/6140, S. 38.

39 *Gasteyer/Goldschmidt*, ZIP 2008, 1906, 1907 f.

40 *Nolting*, GmbHR 2010, 584, 585; ähnlich *Wolff*, BB 2010, 454, 459.

41 *Nolting*, GmbHR 2010, 584, 586.

schaft. Daneben wird es Fälle geben, in denen die Gesellschafterliste aus Rechtsunkenntnis, wegen eines Versäumnisses der betroffenen Gesellschafter oder Geschäftsführer oder auch ganz einfach aufgrund der zeitlichen Abläufe (z.B. bei einem plötzlichen Erbfall) nicht rechtzeitig geändert wurde. In all diesen Fällen kann Satz 2 einen Verstoß gegen Satz 1 heilen und einen zunächst (gewollt oder ungewollt) fehlerhaft festgestellten Beschluss *ex tunc* in einen fehlerfreien Beschluss verwandeln. Ein vergleichbares Bedürfnis, umgekehrt auch Beschlüsse, die nach Recht und Gesetz (§ 16 Abs. 1 S. 1) zunächst fehlerfrei gefasst worden sind, nachträglich für *ex tunc* fehlerhaft erklären zu können, besteht m.E. nicht. Denn abgesehen davon, dass in vielen Fällen noch der Rechtsvorgänger an der Beschlussfassung teilnehmen oder Vollmacht erteilen kann (Rdn. 18), geht bei derivativem Erwerb auch dessen etwaiges Anfechtungsrecht auf den Erwerber über;[42] in den danach verbleibenden Fällen dürfte das Interesse der übrigen Gesellschafter an Rechtssicherheit das Schutzinteresse des Erwerbers regelmäßig überwiegen.

27 Der **Erbe des einzigen Gesellschafter-Geschäftsführers** kann sich die Rückwirkung nach Satz 2 zunutze machen, indem er sich selbst oder einen Dritten zum Geschäftsführer bestellt und sodann eine korrigierte Gesellschafterliste einreicht bzw. einreichen (lässt). Der neu bestellte Geschäftsführer ist, auch wenn man seine Bestellung für schwebend unwirksam hält (vgl. Rdn. 24),[43] jedenfalls legitimiert, die neue Gesellschafterliste einzureichen (im Fall der Anteilsabtretung kann sich das Problem wegen der verdrängenden Zuständigkeit des Notars, § 40 Abs. 2, nur bei Auslandsbeurkundung stellen).[44] Auch andere **Rechtshandlungen eines neu bestellten Geschäftsführers** werden nach Satz 2 zusammen mit den Rechtshandlungen des ihn bestellenden Erwerbers rückwirkend wirksam.[45] Wenn die Voraussetzungen des S. 2 dagegen nicht eintreten, insbesondere die geänderte Liste nicht unverzüglich aufgenommen wird, gelten die allgemeinen Regeln. Ab Eintragung des neuen Geschäftsführers im Handelsregister wären Dritte daher durch § 15 Abs. 3 HGB geschützt;[46] regelmäßig wird das Registergericht die Eintragung des Geschäftsführerwechsels mit der Aufnahme der geänderten Liste verbinden bzw. von dieser abhängig machen. Größere Relevanz dürften daher die Annahme einer Anscheins- oder Duldungsvollmacht sowie die Grundsätze der fehlerhaften Organstellung haben.[47]

42 Vgl. *K. Schmidt,* in: Scholz, GmbHG, § 45 Rn. 130, 132.

43 Vgl. BayObLG, NZG 2001, 128.

44 *Seibt,* in: Scholz, GmbHG, Nachtrag MoMiG, § 16 Rn. 49.

45 *Löbbe,* in: Ulmer/Habersack/Winter, GmbHG, § 16 (MoMiG) Rn. 91; *Seibt,* in: Scholz, GmbHG, Nachtrag MoMiG, § 16 Rn. 49.

46 *Löbbe,* in: Ulmer/Habersack/Winter, GmbHG, § 16 (MoMiG) Rn. 91; *Seibt,* in: Scholz, GmbHG, Nachtrag MoMiG, § 16 Rn. 49.

47 Ausführlich *Barthel,* GmbHR 2009, 569.

C. Haftung für rückständige Einlageverpflichtungen (Abs. 2)

28 § 16 Abs. 3 a.F. bestimmte, dass der Erwerber für die zur Zeit der (damals maßgeblichen) Anmeldung auf den Geschäftsanteil rückständigen Leistungen neben dem Veräußerer haftet. Abs. 2 schreibt diese Regelung fort, ersetzt jedoch – Abs. 1 folgend – die Anmeldung bei der Gesellschaft durch den Zeitpunkt der Aufnahme der entsprechend geänderten Liste in das Handelsregister und den Begriff der »auf den Geschäftsanteil rückständigen Leistungen« durch den der rückständigen »Einlageverpflichtungen«. Mit Aufnahme der geänderten Liste in das Handelsregister tritt der Erwerber grundsätzlich in alle Mitgliedschaftsrechte und -pflichten ein und wird der Veräußerer entsprechend von allen Verpflichtungen gegenüber der Gesellschaft befreit. Für Einlageverpflichtungen, die zu diesem Zeitpunkt rückständig sind, ordnet Abs. 2 jedoch die gesamtschuldnerische Haftung von Erwerber und Veräußerer an.

29 **Rückständig** sind Einlageverpflichtungen, die fällig geworden, aber nicht bewirkt sind. Die Fälligkeit richtet sich nach dem Gesellschaftsvertrag. Sofern dieser lediglich bestimmt, dass Einlagen in bar zu leisten sind, aber nicht die sofortige Leistung anordnet, müssen die Gesellschafter diese erst noch einfordern (§ 46 Nr. 2).[48] Häufig erlaubt die Satzung auch die Anforderung durch den Geschäftsführer; dann tritt Fälligkeit erst mit deren Zugang beim Gesellschafter ein. Hat der Veräußerer die Einlage ordnungsgemäß bewirkt, haftet er nicht, wenn der Erwerber diese nach Aufnahme der geänderten Liste wieder entnimmt.[49]

30 Die Verengung des Wortlauts auf »**Einlageverpflichtungen**« durch das MoMiG sollte den früheren Haftungsumfang offenbar nicht einschränken; Veräußerer und Erwerber haften daher gesamtschuldnerisch auch für andere »auf den Geschäftsanteil bezogene rückständige Leistungen«.[50] Dies betrifft neben der Differenzhaftung nach § 9[51] auch Nachschüsse (§ 26) und Nebenleistungspflichten (§ 3 Abs. 2) sowie Einstandspflichten nach § 24 und § 31 Abs. 3. Die Rückgewährpflicht nach § 31 Abs. 1, die den Veräußerer im Fall einer verbotenen Stammkapitalauszahlung treffen kann, dürfte dagegen keine rückständige Einlageverpflichtung sein, so dass der Erwerber hierfür (über § 31 Abs. 3 hinaus) nicht haftet.[52]

31 Die **gesamtschuldnerische Haftung von Veräußerer und Erwerber** kann weder durch die Satzung noch durch vertragliche Vereinbarung zulasten der Gesellschaft ausgeschlossen oder beschränkt werden. Im Innenverhältnis zwischen Veräußerer und Erwerber wird das Risiko jedenfalls beim Anteilskauf durch die Vereinbarung ent-

48 BGH, GmbHR 1961, 144, 145 (zu § 16 Abs. 3 a.F.).

49 BGHZ 165, 352 (zu § 16 Abs. 3 a.F.).

50 *Hueck/Fastrich,* in: Baumbach/Hueck, GmbHG, § 16 Rn. 22 f.; *Seibt,* in: Scholz, GmbHG, Nachtrag MoMiG, § 16 Rn. 52.

51 BGHZ 68, 191, 196 (zu § 16 Abs. 3 a.F.).

52 Früher sehr str.; wie hier *Altmeppen,* in: Roth/Altmeppen, GmbHG, § 16 Rn. 24 f.; *Löbbe,* in: Ulmer/Habersack/Winter, GmbHG, § 16 (MoMiG) Rn. 100 f.

sprechender Zusicherungen regelmäßig dem Veräußerer zugewiesen. Insoweit ist streitig, inwieweit auch ein **arglistig getäuschter (Schein-)Erwerber** für rückständige Einlageverpflichtungen haften muss. Nach dem BGH kann sich der Erwerber der Haftung auch durch Anfechtung gemäß § 123 BGB nicht rückwirkend entziehen.[53] Das OLG Hamm und eine neuere Meinung in der Literatur will den Abs. 3 a.F. bzw. Abs. 2 n.F. dagegen auf bereits abgeschlossene Sachverhalte teleologisch reduzieren. Damit bildet die Anmeldung bzw. heute Aufnahme der Liste einen Rechtsgrund nur für bis dahin erbrachte Zahlungen des Scheinerwerbers; nach dem Widerruf der Anmeldung bzw. der Korrektur der Liste sei es jedoch nicht mehr gerechtfertigt, den nur vorübergehend legitimierten Scheinerwerber für rückständige Leistungen weiterhin in Anspruch zu nehmen.[54] Angesichts der zwischenzeitlichen Aufwertung der im Handelsregister aufgenommenen Gesellschafterliste durch das MoMiG ist offen, ob der BGH dem folgen würde.[55] Haftungsfrei bleibt jedenfalls ein Zwischenerwerber, der (im Zuge einer Kettenveräußerung) nie selbst in der aufgenommenen Liste eingetragen war.[56]

32 Für eine vom Veräußerer nicht bewirkte Sacheinlage haftet der Erwerber in bar. Für Leistungen, die erst nach der Aufnahme der Liste fällig werden, haftet der Veräußerer nicht mehr.

D. Erwerb vom Nichtberechtigten (Abs. 3)

33 Der durch das MoMiG neu eingeführte Abs. 3 ermöglicht in Anlehnung an § 892 BGB den gutgläubigen Erwerb vom Nichtberechtigten: Wer einen Geschäftsanteil oder ein Recht daran durch Rechtsgeschäft erwirbt, soll grundsätzlich auf die Verfügungsbefugnis des Veräußerers vertrauen dürfen, wenn dieser in der im Handelsregister aufgenommenen Gesellschafterliste als Inhaber des Geschäftsanteils eingetragen ist. Die Gesellschafterliste wird damit zum **Rechtsscheinträger**. Ziel ist die Minderung unnötig hoher Transaktionskosten und sonst bestehender Rechtsunsicherheiten.[57] Denn während Aktien, sofern sie verbrieft sind, seit jeher auch gutgläubig vom Nichtberechtigten erworben werden können (durch Übereignung nach §§ 929 ff., 932 ff. BGB bzw. Indossament nach § 68 AktG i.V.m. Art. 16 WG), war dies bei GmbH-Geschäftsanteilen bisher nur in einem Ausnahmefall möglich: Möglich war und ist der gutgläubige Erwerb vom »**Scheinerben**« auf der Grundlage eines Erbscheins (§ 2366 BGB). In allen übrigen Fällen ging die Abtretung von Geschäftsanteilen nach §§ 398, 413 BGB dagegen ins Leere, wenn der in die Gesellschafterliste eingetragene Veräußerer in Wahrheit gar nicht verfügungsbefugt war. In der Folge musste bei der Veräuße-

53 BGHZ 84, 47; BGH, NJW 2007, 1058, 1059 Rn. 20 (VIII. Senat).

54 OLG Hamm, GmbHR 2006, 252 mit zust. Anm. *K.J. Müller*; *Krafczyk/Gerlach*, GmbHR 2006, 1038; *Bayer*, in: Lutter/Hommelhoff, GmbHG, § 16 Rn. 46 f.

55 Zweifelnd auch *Heidinger*, in: MünchKommGmbHG, § 16 Rn. 180.

56 *Seibt*, in: Scholz, GmbHG, Nachtrag MoMiG, § 16 Rn. 56.

57 Begr. RegE MoMiG zu § 16, BT-Drs. 16/6140, S. 38.

rung von Geschäftsanteilen im Rahmen der Due Diligence jeweils die gesamte bisherige **Anteilshistorie** nachvollzogen werden und der Veräußerer zudem garantieren, dass ihm der Geschäftsanteil auch tatsächlich zustand. Völlige Rechtssicherheit war auf diese Weise jedoch nicht zu erlangen, da Zwischenverfügungen weiterhin unerkannt bleiben konnten und auch die Rechtsmängelhaftung des Veräußerers keinen Anteilserwerb gegen den Willen des wahren Berechtigten ermöglichte.[58]

I. Grundsatz (S. 1)

1. Erwerb eines Geschäftsanteils oder Rechts daran

34 Gegenstand des gutgläubigen Erwerbs kann nur ein tatsächlich bestehender »Geschäftsanteil oder ein Recht daran« sein. Da die Vorschrift nur den guten Glauben an die Verfügungsbefugnis schützen will, können in der Liste zwar aufgeführte, jedoch **nicht existente Geschäftsanteile** nicht gutgläubig erworben werden. Die Regierungsbegründung ist insoweit eindeutig;[59] relevant wird dies etwa im Fall einer (unerkannt) nichtigen Kapitalerhöhung.[60]

35 Streitig ist, ob deshalb auch bereits ein gutgläubiger Erwerb von »so nicht existenten«, nämlich in der Gesellschafterliste **unrichtig gestückelten Geschäftsanteilen** ausscheidet. Hierzu kann es schon kommen, wenn die Teilung oder Zusammenlegung von Anteilen in der Gesellschafterliste nicht zutreffend abgebildet ist; so mag der Veräußerer statt der beiden ausgewiesenen Anteile zu je 250 Euro einen einheitlichen Anteil zu 500 Euro halten bzw. umgekehrt. Schon früher hat die Rechtsprechung in Fällen einer zusammenfassenden Falschbezeichnung von Anteilen gelegentlich durch Auslegung geholfen, wenn nämlich keine ernstlichen Zweifel am Gegenstand der Abtretung entstehen, weil z.B. die gesamte Beteiligung abgetreten wird.[61] Der überwiegende Teil des Schrifttums geht nunmehr zutreffend weiter und erlaubt den gutgläubigen Erwerb von Anteilen in der in der Gesellschafterliste (unrichtig) ausgewiesenen Stückelung, mit der Folge einer Teilung oder Zusammenlegung *ex lege*: Wer einen Geschäftsanteil von einem Nichtberechtigten erwerben kann, sollte dies erst recht von einem »Nicht-so-Berechtigten« können, sofern diesem in Summe entsprechende Geschäftsanteile gehören. Die Zulassung einer »Neustückelung« *ex lege* greift dann lediglich in die Kompetenz der Gesellschafterversammlung zur Teilung und Zusammenlegung von Anteilen (§ 46 Nr. 4) ein.[62] Weitergehend sollte man (insoweit entgegen der h.M.) einen gutgläubigen Erwerb auch dann zulassen, wenn der Veräu-

---

58 Vgl. Begr. RegE MoMiG zu § 16, BT-Drs. 16/6140, S. 38.

59 Begr. RegE MoMiG zu § 16, BT-Drs. 16/6140, S. 39.

60 Näher *Seibt,* in: Scholz, GmbHG, Nachtrag MoMiG, § 16 Rn. 69.

61 BGH, NJW-RR 1987, 807 f.

62 *Wicke,* GmbHG, § 16 Rn. 15; *Böttcher/Blasche,* NZG 2007, 565; *Götze/Bressler,* NZG 2007, 894, 897; mit Differenzierungen *Seibt,* in: Scholz, GmbHG, Nachtrag MoMiG § 16 Rn. 70 ff.; *Löbbe,* in: Ulmer/Habersack/Winter, GmbHG, § 16 (MoMiG) Rn. 128 ff.; a.A. *Bayer,* in: Lutter/Hommelhoff, GmbHG, § 16 Rn. 59; *Heidinger,* in: MünchKommGmbHG, § 16 Rn. 282.

ßerer z.B. nur Inhaber eines Anteils zu 500 Euro ist, die Liste diesen jedoch – zu Lasten eines anderen Gesellschafters – mit 600 Euro ausweist; in diesem Fall existiert der überschießende Betrag immerhin als Teil eines anderen Geschäftsanteils (im Unterschied zu Rdn. 34).[63] Die S. 2 ff. enthalten die insoweit notwendigen Restriktionen.

36 Von einem Nichtberechtigten kann nicht nur der Geschäftsanteil selbst, sondern auch ein **(dingliches) Recht an dem Geschäftsanteil**, namentlich ein Pfandrecht (§ 1274 BGB) oder Nießbrauch (§ 1068 BGB), gutgläubig erworben werden. Die Unterbeteiligung fällt als rein schuldrechtliche Position nicht unter Abs. 3.

37 Davon zu trennen ist der **gutgläubig lastenfreie Erwerb** eines in Wahrheit (mit einem Pfandrecht oder Nießbrauch) belasteten Geschäftsanteils. Dieser ist – nachdem diese Möglichkeit im Gesetzgebungsverfahren umfassend diskutiert, aber nicht umgesetzt wurde – *de lege lata* nicht möglich.[64] Die Gesellschafterliste hat hierzu ohnehin keine Eintragungen zu enthalten. Gleiches gilt für das (Nicht-)Bestehen von Verfügungsbeschränkungen über Geschäftsanteile aufgrund satzungsmäßiger **Vinkulierungsklauseln** (§ 15 Abs. 5).[65]

38 Bei einer **aufschiebend bedingten Anteilsabtretung** schützt § 161 Abs. 1 S. 1 BGB den Erst-Erwerber vor Zwischenverfügungen des Veräußerers – diese werden mit Bedingungseintritt unwirksam. Nach § 161 Abs. 3 BGB kommen jedoch Gutglaubensvorschriften zur Anwendung. Ob und in welchem Umfang § 161 Abs. 3 BGB auf § 16 Abs. 3 GmbHG verweist und dies den Schutz des Erst-Erwerbers relativiert, wird unterschiedlich beurteilt. § 16 Abs. 3 regelt explizit den Erwerb des Geschäftsanteils vom Nichtberechtigten und stellt damit zwar eine Vorschrift i.S. von § 161 Abs. 3 BGB dar.[66] Etwaige aufschiebend bedingte Verfügungen sind in der Gesellschafterliste jedoch nicht zu vermerken. Nach dem BGH kann daher die Gesellschafterliste auch keinen Rechtsschein setzen, dass der in der Liste eingetragene Inhaber des Geschäftsanteils über diesen nicht bereits aufschiebend bedingt verfügt hat. Aus diesem fehlenden Rechtsschein schließt der BGH, dass § 16 Abs. 3 vor Bedingungseintritt auch keinen gutgläubigen Zweiterwerb ermöglicht.[67] Diese Nichtanwendung von § 16 Abs. 3 dürfte dem Grundgedanken des § 161 Abs. 3 BGB zuwiderlaufen; danach ist ein Erwerber, der ein Recht kraft guten Glaubens auch vom Nichtberechtigten hätte erwerben können, *erst recht* schutzwürdig, wenn er es vom (noch)

63 So schon *Wicke,* GmbHG, § 16 Rn. 15.

64 *Seibt,* in: Scholz, GmbHG, Nachtrag MoMiG, § 16 Rn. 73 ff. (befürwortend *de lege ferenda*); a.A. *Reymann,* WM 2008, 2095, 2098 ff.

65 Dazu *Seibt,* in: Scholz, GmbHG, Nachtrag MoMiG, § 16 Rn. 76.

66 BGH, ZIP 2011, 2141, 2144 Rn. 19; LG Köln, ZIP 2009, 1915; dazu *Oppermann,* DB 2009, 2306; vgl. auch *Löbbe,* in: Ulmer/Habersack/Winter, GmbHG, § 16 (MoMiG) Rn. 184.

67 BGH, ZIP 2011, 2141; OLG Hamburg, ZIP 2012, 2097; *Mayer/Färber,* GmbHR 2011, 785, 791 f.

Berechtigten erwirbt.[68] Zur Möglichkeit der Absicherung des Erwerbers durch Zuordnung eines Widerspruchs s. Rdn. 55.

2. Erwerb durch Rechtsgeschäft

39 Wie bei § 892 BGB wird der Gutglaubensschutz nur im Zusammenhang mit einem **rechtsgeschäftlichen Erwerb** gewährt. Daher kann ein Geschäftsanteil weder im Rahmen der Zwangsvollstreckung noch im Wege der Gesamtrechtsnachfolge (durch Erbfall, Umwandlung, Anwachsung) gutgläubig erworben werden.[69] Dem Erwerb muss zudem ein **Verkehrsgeschäft** zugrunde liegen, d.h. Veräußerer und Erwerber dürfen nicht rechtlich oder wirtschaftlich identisch sein. Diese auch zu § 892 BGB anerkannte teleologische Reduktion verhindert, dass sich der Nichtberechtigte das zu Unrecht eingetragene Recht selbst verschafft. Daher ist ein gutgläubiger Erwerb z.B. ausgeschlossen bei der Schenkung an ein Kind, das durch den Nichtberechtigten vertreten wird, und bei der Einbringung in eine Gesellschaft, deren Allein- oder Mehrheitsgesellschafter der Berechtigte ist.[70]

3. Erwerb vom eingetragenen Nichtberechtigten

40 Schließlich muss der Nichtberechtigte in der im Handelsregister aufgenommenen Gesellschafterliste als Inhaber des Geschäftsanteils eingetragen sein. Der parallele Wortlaut in Abs. 1 S. 1 und Abs. 3 S. 1 spricht dafür, an die **Tauglichkeit einer Gesellschafterliste als Rechtsscheinsträger** in beiden Regelungsbereichen grundsätzlich gleiche Anforderungen zu stellen: Wer nach Abs. 1 S. 1 im Verhältnis zur Gesellschaft als Inhaber eines Geschäftsanteils gilt (Rdn. 11 ff.), von dem sollte ein Dritter eben diesen Geschäftsanteil unter den Voraussetzungen des Abs. 3 auch gutgläubig erwerben können, und umgekehrt. Während im Rahmen des Abs. 1 jedoch Unstimmigkeiten im Innenverhältnis zur Gesellschaft zeitnah geklärt werden können und deshalb einer sofortigen Legitimationswirkung entgegenstehen, hat Abs. 3 deutlich längere Zeiträume (vgl. S. 2) und zudem das Außenverhältnis zu gesellschaftsfremden Dritten im Blick. Für den gutgläubigen Erwerb nach Abs. 3 genügt daher weitergehend schon eine *scheinbar* ordnungsgemäß zustande gekommene Liste. Die Einreichung durch einen (abstrakt) Unzuständigen, fehlende Mitteilung nach § 40 Abs. 1 S. 2 oder gar Fälschung hindern den Erwerb vom Nichtberechtigten daher nur, wenn der Erwerber diesen Mangel erkannt hat oder erkennen musste (S. 3).[71]

68 Vgl. *Ellenberger*, in: Palandt, BGB, § 161 Rn. 3.

69 *Löbbe*, in: Ulmer/Habersack/Winter, GmbHG, § 16 (MoMiG) Rn. 140.

70 *Seibt*, in: Scholz, Nachtrag MoMiG § 16 Rn. 65; *Bayer*, in: Lutter/Hommelhoff, GmbHG, § 16 Rn. 66; vgl. zu § 892 BGB BGH, NJW 2007, 3204 Rn. 21 f.

71 Ähnlich *Löbbe*, in: Ulmer/Habersack/Winter, GmbHG, § 16 (MoMiG) Rn. 142 ff.; a.A. *Altmeppen*, in: Roth/Altmeppen, GmbHG, § 16 Rn. 49: Veranlassung durch befugte Person erforderlich.

II. Ausschlussgründe (S. 2 ff.)

41 Auch wenn der Veräußerer in der im Handelsregister aufgenommenen Gesellschafterliste als Inhaber des Geschäftsanteils eingetragen ist, scheidet ein Erwerb vom Nichtberechtigten aus, wenn

- die Unrichtigkeit dem Berechtigten nicht zuzurechnen und die Liste hinsichtlich des Geschäftsanteils weniger als drei Jahre unrichtig ist;
- der Erwerber die mangelnde Berechtigung kennt oder infolge grober Fahrlässigkeit nicht kennt; oder
- der Liste insoweit ein Widerspruch zugeordnet ist.

Ins Positive gewendet ist ein *gutgläubiger* Erwerb also möglich, wenn die Liste seit mindestens drei Jahren unrichtig ist oder sogar ohne diese Dreijahresfrist, wenn die Unrichtigkeit dem Berechtigten zuzurechnen ist. Die kompliziertere Formulierung des Gesetzes ist der Beweislastverteilung geschuldet. Sie soll deutlich machen, dass jeweils der Berechtigte die **Beweislast** für die noch laufende Dreijahresfrist, die fehlende Zurechenbarkeit und die fehlende Gutgläubigkeit des Erwerbers trägt.[72]

42 Diese den Gutglaubensschutz erheblich einschränkenden Bestimmungen finden keine Entsprechung bei § 892 BGB.

1. Dreijahresfrist

43 Ein Geschäftsanteil kann gutgläubig erworben werden, wenn die Liste hinsichtlich dieses Geschäftsanteils bereits seit drei Jahren unrichtig ist. Es empfiehlt sich daher für Gesellschafter, die in das Handelsregister aufgenommene Liste in regelmäßigen Abständen online auf ihre Richtigkeit hin zu überprüfen bzw. die Geschäftsführer zu verpflichten, in regelmäßigen Abständen (z.B. mit dem jeweiligen Jahresabschluss) die aktuelle Gesellschafterliste zu übersenden.[73]

44 Die **Dreijahresfrist beginnt** in dem Zeitpunkt, in dem eine unrichtige Liste in das Handelsregister aufgenommen wird oder in dem eine bei Aufnahme zunächst noch richtige Liste unrichtig wird. Dass der Veräußerer seit drei Jahren in die Liste eingetragen ist, ermöglicht daher nicht in jedem Fall einen gutgläubigen Erwerb vom Nichtberechtigten.

45 ▶ **Beispiel:**[74]

A ist seit 2008 als Gesellschafter in die Liste eingetragen und veräußert seinen Geschäftsanteil 2010 an B; die Einreichung einer neuen Liste unterbleibt. 2012 veräußert A den Geschäftsanteil erneut an den gutgläubigen C. – Die Liste war 2012 erst zwei Jahre unrichtig, ein gutgläubiger Erwerb von dem dort seit drei Jahren eingetragenen A somit nicht möglich.

---

72 Vgl. *Heidinger,* in: MünchKommGmbHG, § 16 Rn. 239, 244.
73 Vgl. *Wachter,* ZNotP 2008, 378, 395.
74 Vgl. *Grunewald,* Der Konzern 2007, 13, 15.

46 Bei **Erwerbsketten** ist entscheidend, dass der- oder diejenigen, die im Laufe der vorangegangenen drei Jahre als Inhaber in der Gesellschafterliste eingetragen waren, durchgehend nicht die wahren Berechtigten waren. Unerheblich ist, ob mehrere Listen eingereicht wurden, die den Geschäftsanteil verschiedenen Personen zuweisen; sämtliche im Handelsregister aufgenommenen Listen werden insoweit als eine fortgeschriebene Liste behandelt.[75]

47 ▶ **Beispiel:**[76]

A veräußert in 2008 einen Geschäftsanteil an B, der ihn 2010 an C weiterveräußert. Sowohl B als auch anschließend C werden in die Liste eingetragen. Beide Veräußerungen waren wegen Nichtbeachtung einer Vinkulierungsklausel unwirksam. Nach Abschaffung der Vinkulierungsklausel veräußert C den Geschäftsanteil 2012 an den gutgläubigen D. – Obwohl die Liste 2012 erst seit zwei Jahren den C als Gesellschafter auswies, war sie doch bereits seit vier Jahren unrichtig und somit ein gutgläubiger Erwerb möglich.

48 Nur wenn zwischenzeitlich eine hinsichtlich des betreffenden Geschäftsanteils richtige Liste eingereicht wird, anschließend aber erneut eine unrichtige Liste aufgenommen wird, beginnt die Dreijahresfrist erneut.[77]

2. Zurechenbare Unrichtigkeit

49 Ist die Unrichtigkeit dem Berechtigten sogar zuzurechnen, kann der Geschäftsanteil sofort, d.h. ohne Rücksicht auf die Dreijahresfrist, gutgläubig erworben werden. **Nicht zuzurechnen** ist etwa der Fall, dass der Geschäftsführer ohne Wissen des Gesellschafters eine falsche Liste einreicht, in der dessen Rechtsstellung nicht mehr vollständig aufgeführt ist.[78] In diesem Fall könnte daher ein Dritter erst nach Ablauf der Dreijahresfrist gutgläubig erwerben. **Dem Berechtigten zuzurechnen** soll demgegenüber nach der Regierungsbegründung der Fall sein, dass zunächst ein Scheinerbe des früheren Gesellschafters in der Liste eingetragen wird und der wahre Erbe es unterlässt, die Geschäftsführer zur Einreichung einer korrigierten Liste zu veranlassen.[79]

3. Bösgläubigkeit

50 Stets ausgeschlossen ist ein gutgläubiger Erwerb, wenn dem Erwerber die mangelnde Berechtigung bekannt oder infolge grober Fahrlässigkeit unbekannt ist (Abs. 3 S. 3). Eine solche **grob fahrlässige Unkenntnis** hat der BGH zu § 932 Abs. 2 BGB angenommen, »wenn ganz naheliegende Überlegungen nicht angestellt oder beiseite geschoben wurden und dasjenige unbeachtet geblieben ist, was im gegebenen Fall

75 Begr. RegE MoMiG zu § 16, BT-Drs. 16/6140, S. 39.
76 Vgl. *Götze/Bressler*, NZG 2007, 894, 897.
77 Vgl. Begr. RegE MoMiG zu § 16, BT-Drs. 16/6140, S. 39.
78 Begr. RegE, BT-Drs. 16/6140, S. 39.
79 Begr. RegE, BT-Drs. 16/6140, S. 39.

sich jedem aufgedrängt hätte.«[80] Da die Möglichkeit des gutgläubigen Erwerbs Transaktionskosten gerade mindern und den mit einer Due Diligence verbundenen Aufwand begrenzen soll (oben Rdn. 33), rechtfertigt der Verzicht auf eine Due Diligence nicht den Vorwurf grober Fahrlässigkeit. Es kommt vielmehr darauf an, ob dem Erwerber auch ohne nähere Untersuchung Hinweise auf die fehlende Inhaberschaft des Veräußerers vorliegen.[81]

51 Den **Zeitpunkt** des guten Glaubens legt Abs. 3 S. 3 nicht besonders fest, doch ist dies grundsätzlich auch hier die Vollendung des Rechtserwerbs. Bei Vereinbarung einer aufschiebenden Bedingung wird verbreitet danach unterschieden, ob diese noch in den Händen der Parteien liegt (z.B. Kaufpreiszahlung) oder nicht (so u.U. bei der kartellrechtlichen Genehmigung); im ersten Fall soll auf den Zeitpunkt des Bedingungseintritts, im zweiten bereits auf den der Einigung abgestellt werden (arg. § 892 Abs. 2 BGB).[82] Der zweite Fall, damit die Ausnahme, hat allerdings keine große Bedeutung, da die Kaufpreiszahlung regelmäßig erst nach Vorliegen aller übrigen, von den Parteien möglicherweise nicht beeinflussbaren Bedingungen erfolgen wird.

4. Zuordnung eines Widerspruchs

52 Ein gutgläubiger Erwerb ist ferner ausgeschlossen, wenn der Gesellschafterliste ein **Widerspruch** zugeordnet ist (Abs. 3 S. 3 ff.). Der Widerspruch ist für Jedermann online einsehbar und zerstört den guten Glauben. Er beeinträchtigt dagegen nicht die relative Berechtigung nach § 16 Abs. 1 und bewirkt auch keine Veräußerungssperre; der tatsächlich Berechtigte kann somit weiterhin über den Geschäftsanteil wirksam verfügen.[83]

53 Ein solcher Widerspruch kann der Liste auf Initiative desjenigen, der vorgibt, wahrer **Anteilsinhaber** zu sein, oder auch des **Geschäftsführers** zugeordnet werden. Ersteres ergibt sich daraus, dass Antragsteller in dem in Satz 4 angesprochenen einstweiligen Verfügungsverfahren nur derjenige sein kann, der wahrer »Berechtigter« ist bzw. dies zumindest behauptet.[84] Letzteres folgt aus § 40, der den Geschäftsführern in Abs. 1 die Verantwortung für die Gesellschafterliste zuweist und sie in Abs. 3 für Verletzungen ihrer diesbezüglichen Pflichten überdies in Haftung nimmt.[85] **Mitgesellschafter** sind dagegen nicht widerspruchsbefugt, im Übrigen ja auch nicht zur Einreichung einer Gesellschafterliste berechtigt (§ 40 Rdn. 25).

54 Der Widerspruch ist elektronisch einzureichen (§ 12 Abs. 2 S. 1 HGB). Er wird der Liste **zugeordnet**, indem er mit dem entsprechenden tiff-Dokument der Gesellschaf-

---

80 BGH, NJW-RR 2000, 576.

81 *Brandes,* in: Bork/Schäfer, GmbHG, § 16 Rn. 60; *Götze/Bressler,* NZG 2007, 894, 898.

82 *Bayer,* in: Lutter/Hommelhoff, GmbHG, § 16 Rn. 69; *Heidinger,* in: MünchKomm-GmbHG, § 16 Rn. 246.

83 Begr. RegE, BT-Drs. 16/6140, S. 39.

84 *DAV,* NZG 2007, 735, 739.

85 *Brandes,* in: Bork/Schäfer, GmbHG, § 16 Rn. 68.

terliste im dafür vorgesehenen Registerordner verbunden wird.[86] Die Zuordnung erfolgt damit zwar technisch zur Liste insgesamt, inhaltlich richtet sich der Widerspruch jedoch nur gegen eine (bestimmte) Eintragung in der Gesellschafterliste (vgl. § 9 Abs. 1 S. 3 HRV).[87] Der Widerspruch ist also so **zu konkretisieren**, dass – bei Vorhandensein mehrerer Geschäftsanteile – der betroffene Geschäftsanteil genau bezeichnet wird, etwa durch Angabe der laufenden Nummer. Unvollständig wäre daher eine Formulierung, wonach lediglich allgemein »die Zuordnung eines Widerspruchs zu der Gesellschafterliste der XY GmbH bewilligt und beantragt» wird.[88]

55 Im Fall der **aufschiebend bedingten Abtretung** von Geschäftsanteilen kann der Anwartschaftsberechtigte seine Rechtsstellung auch durch Widerspruch gegen die an sich richtige Liste absichern.[89] Ein entsprechendes Bedürfnis besteht, sofern man es – entgegen dem BGH[90] – für möglich hält, dass der Ersterwerber seine Anwartschaft ggf. durch den gutgläubigen Erwerb eines Zwischenerwerbers verlieren könnte (s. Rdn. 38). Dem wird zwar z.T. entgegengehalten, dass ein Widerspruch begrifflich eine unrichtige Liste voraussetze.[91] Bei § 16 Abs. 3 fehlt aber gerade die in §§ 892, 899 Abs. 1 BGB vorhandene Eingrenzung der Widerspruchsrichtung »gegen die Richtigkeit« des Rechtsscheinträgers.[92]

56 In Anlehnung an § 892 Abs. 1 S. 1 i.V.m. 899 Abs. 2 BGB erfolgt die Zuordnung entweder aufgrund einer **Bewilligung** desjenigen, gegen dessen Berechtigung sich der Widerspruch richtet, oder – praktisch häufiger – aufgrund einer **einstweiligen Verfügung** (Satz 4). Antragsgegner im einstweiligen Verfügungsverfahren ist, wie auch im Hauptsacheverfahren, der (angeblich) zu Unrecht als Anteilsinhaber Ausgewiesene. Eine Gefährdung des Rechts des Widersprechenden muss nicht glaubhaft gemacht werden (Satz 5). Erweist sich die Anordnung einer einstweiligen Verfügung jedoch als ungerechtfertigt, ist ggf. Schadensersatz nach § 945 ZPO zu leisten; ein Schaden kann – auch ohne Übertragungssperre (siehe Rdn. 52) – z.B. daraus entstehen, dass eine beabsichtigte Veräußerung infolge des aus dem Register ersichtlichen Widerspruchs scheitert.[93]

57 Die **Löschung** des Widerspruchs erfolgt nicht automatisch, sondern bedarf einer Bewilligung des Widersprechenden oder einer Aufhebung der Widerspruchszuord-

86 *Löbbe,* in: Ulmer/Habersack/Winter, GmbHG, § 16 (MoMiG) Rn. 174.

87 *Brandes,* in: Bork/Schäfer, GmbHG, § 16 Rn. 66.

88 Formulierungsbeispiele bei *Hasselmann*, NZG 2010, 207, 209.

89 Dafür LG Köln, ZIP 2009, 1915; *Altmeppen,* in: Roth/Altmeppen, GmbHG, § 16 Rn. 69.

90 BGH ZIP 2011, 2141.

91 *Krafka/Willer/Kühn*, Registerrecht, 8. Aufl. 2010, Rn. 1105; *Ries*, GWR 2011, 54; *Weigl*, NZG 2009, 1173.

92 *Hellfeld*, NJW 2010, 411, 414.

93 *DAV,* NZG 2007, 735, 739.

nung im Wege einstweiliger Verfügung.[94] Der Eingetragene kann, auch wenn er den Widerspruch zuvor bewilligt hat, nicht einseitig dessen Löschung beantragen.[95]

III. Übergangsregelung

§ 3 Abs. 3 EGGmbHG trifft nur für § 16 Abs. 3 die folgende Übergangsregelung: **58**

Bei Gesellschaften, die vor dem 1. November 2008 gegründet worden sind, findet § 16 Abs. 3 in der ab dem 1. November 2008 geltenden Fassung für den Fall, dass die Unrichtigkeit in der Gesellschafterliste bereits vor dem 1. November 2008 vorhanden und dem Berechtigten zuzurechnen ist, hinsichtlich des betreffenden Geschäftsanteils frühestens auf Rechtsgeschäfte nach dem 1. Mai 2009 Anwendung. Ist die Unrichtigkeit dem Berechtigten im Fall des Satzes 1 nicht zuzurechnen, so ist abweichend von dem 1. Mai 2009 der 1. November 2011 maßgebend.

59 Die Übergangsregelung soll nach der Gesetzesbegründung den Altgesellschaftern ein **allmähliches Hineinwachsen** in die Möglichkeit des gutgläubigen Erwerbs nach § 16 ermöglichen, ohne sie mit Verwaltungsaufwand zu belasten und ohne unangemessene Härten aufgrund nachlässiger Führung der Gesellschafterlisten in der Vergangenheit eintreten zu lassen.[96]

§ 17

(weggefallen)

§ 18 Mitberechtigung am Geschäftsanteil

(1) Steht ein Geschäftsanteil mehreren Mitberechtigten ungeteilt zu, so können sie die Rechte aus demselben nur gemeinschaftlich ausüben.

(2) Für die auf den Geschäftsanteil zu bewirkenden Leistungen haften sie der Gesellschaft solidarisch.

(3) [1]Rechtshandlungen, welche die Gesellschaft gegenüber dem Inhaber des Anteils vorzunehmen hat, sind, sofern nicht ein gemeinsamer Vertreter der Mitberechtigten vorhanden ist, wirksam, wenn sie auch nur gegenüber einem Mitberechtigten vorgenommen werden. [2]Gegenüber mehreren Erben eines Gesellschafters findet diese Bestimmung nur in bezug auf Rechtshandlungen Anwendung, welche nach Ablauf eines Monats seit dem Anfall der Erbschaft vorgenommen werden.

---

94 *Löbbe,* in: Ulmer/Habersack/Winter, GmbHG, § 16 (MoMiG) Rn. 181.
95 *Bayer,* in: Lutter/Hommelhoff, GmbHG, § 16 Rn. 75.
96 Begr. RegE, BT-Drs. 16/6140, S. 48.

Übersicht Rdn.

Schrifttum

Apfelbaum, Gütergemeinschaft und Gesellschaftsrecht, MittBayNot 2006, 185; *Berner/Stadler,* Die uneinheitliche Stimmabgabe beim GmbH-Geschäftsanteil, GmbHR 2003, 1407.

A. Überblick

1 Die seit 1892 unveränderte Norm schützt die Gesellschaft vor Nachteilen und Erschwernissen, die sich anderenfalls aus der **Mitberechtigung mehrerer Rechtssubjekte** an einem Geschäftsanteil (durch Bruchteilsgemeinschaft oder Gesamthand) ergeben könnten. Die Abs. 1 und 3 sollen der Gesellschaft den Rechtsverkehr mit den Mitberechtigten erleichtern: Nach Abs. 1 können die Mitberechtigten ihre Rechte aus dem Geschäftsanteil nur gemeinschaftlich, d.h. einheitlich, ausüben. Für den umgekehrten Fall, dass die Gesellschaft Rechtshandlungen gegenüber den Mitberechtigten vornimmt, lässt Abs. 3 die Vornahme gegenüber einem Mitberechtigten genügen. Die Bestellung eines gemeinsamen Vertreters ist zwar möglich (vgl. Abs. 3 S. 1), anders als bei der aktienrechtlichen Parallelvorschrift § 69 AktG jedoch nicht zwingend erforderlich. Abs. 2 schließlich ordnet für bestehende Leistungspflichten die gesamtschuldnerische Haftung der Mitberechtigten an; diese können sich also nicht schon dadurch von ihren Leistungspflichten befreien, dass sie die nach dem Innenverhältnis der Rechtsgemeinschaft geschuldeten Teilleistungen erbringen.

B. Mitberechtigung mehrerer an einem Geschäftsanteil

I. Formen der Mitberechtigung

2 Eine **Mitberechtigung mehrerer** i.S.d. § 18 liegt nur vor, wenn mehrere Rechtssubjekte gemeinsam dingliche Inhaber eines Geschäftsanteils sind. Das BGB stellt für ein solches gemeinschaftliches Halten abschließend die beiden Rechtsinstitute der Bruchteilsgemeinschaft und der Gesamthand zur Verfügung.

3 Die **Bruchteilsgemeinschaft** (§§ 741 ff. BGB) an einem Geschäftsanteil ist stets eine Mitberechtigung mehrerer i.S.d. § 18. Eine Bruchteilsgemeinschaft entsteht, wenn mehrere Rechtssubjekte (ohne bereits eine Gesamthand zu bilden) bei der Gründung oder einer Kapitalerhöhung gemeinschaftlich einen Geschäftsanteil übernehmen; sie

kann auch später noch entstehen, indem – ohne reale Teilung – ein ideeller Anteil an einen weiteren Berechtigten oder auch der gesamte Geschäftsanteil ungeteilt an mehrere Berechtigte abgetreten wird.[1]

4 Bei der **Gesamthand** ist jeweils zu prüfen, ob diese soweit rechtlich verselbständigt ist, dass sie selbst die (alleinige) dingliche Inhaberin des Geschäftsanteils ist, oder ob ihre Mitglieder den Geschäftsanteil gemeinsam (in gesamthänderischer Verbundenheit) innehaben. Im ersten Fall ist nur ein einziges Rechtssubjekt dinglicher Inhaber des Geschäftsanteils, so dass sich die von § 18 in den Blick genommenen Probleme schon nicht stellen und es an einer Mitberechtigung mehrerer fehlt (Rdn. 1). Im zweiten Fall sind mehrere Rechtssubjekte i.S.d. § 18 an einem Geschäftanteil mitberechtigt.

5 § 18 ist daher **nicht anwendbar**, wenn der Geschäftsanteil zum Gesellschaftsvermögen einer **Außen-GbR, OHG, KG, Partnerschaftsgesellschaft, EWIV, Vorgesellschaft**, eines nichtrechtfähigen Vereins oder gar einer juristischen Person gehört. Die Außen-GbR ist nach einem Grundsatzurteil des BGH von 2001[2] ein gegenüber ihren Mitgesellschaftern verselbständigtes Rechtssubjekt, vergleichbar den Personenhandelsgesellschaften OHG und KG.[3] Diese sind gemäß §§ 124, 161 Abs. 2 HGB (als Übergangsform zur juristischen Person) selbst Träger von Rechten und Pflichten. Gleiches gilt für Partnerschaftsgesellschaften (§ 7 Abs. 2 PartGG i.V.m. § 124 HGB) und die EWIV (§ 1 EWIV-AusfG). Auch die Vorgesellschaft kann Gesellschafterin, insbesondere Gründerin, einer GmbH sein[4] (vgl. § 11 Rdn. 6) und ist dann eigenständiges Zuordnungssubjekt. Entsprechendes gilt aufgrund seiner körperschaftlichen Struktur auch für den nichtrechtsfähigen Verein (§ 54 BGB).

6 **Anwendbar** ist § 18 dagegen vor allem auf die **Erbengemeinschaft** nach §§ 2032 ff. BGB; dies ergibt sich schon aus Abs. 3 S. 2. Die Erbengemeinschaft entsteht kraft Gesetzes, wenn ein Gesellschafter stirbt und mehrere Erben hinterlässt; der Geschäftsanteil wird dann gemeinschaftliches Vermögen der Erben (§ 15 Abs. 1, 2. Alt. i.V.m. § 2032 Abs. 1 BGB). Eine Sonderrechtsnachfolge, wie sie bei Personengesellschaften durch qualifizierte Nachfolgeklausel möglich ist, kommt bei GmbH-Geschäftsanteilen nicht in Betracht (§ 15 Rdn. 7). Die Erbengemeinschaft kann sich als solche auch (mit Mitteln des Nachlasses, § 2041 BGB) an der Gründung der GmbH[5] oder an einer Kapitalerhöhung[6] beteiligen. Anwendbar ist § 18 schließlich auch auf die letzte im BGB geregelte Form der Gesamthand, die eheliche **Gütergemeinschaft** (§§ 1415 ff. BGB) – vorausgesetzt, der Geschäftsanteil gehört zum Gesamtgut, nicht zum Vorbehaltsgut eines Ehegatten.[7]

1 *Reichert/Weller,* in: MünchKommGmbHG, § 18 Rn. 14 f.
2 BGHZ 146, 341.
3 Nach BGHZ 78, 311 kann die GbR auch als Gründerin einer GmbH auftreten; die dortige Anwendung noch des § 18 ist überholt. Näher zur GbR § 1 Rdn. 69 f.
4 *Hueck/Fastrich,* in: Baumbach/Hueck, GmbHG, § 1 Rn. 31.
5 *Hueck/Fastrich,* in: Baumbach/Hueck, GmbHG, § 1 Rn. 36; vgl. § 1 Rdn. 71.
6 OLG Hamm, OLGZ 1975, 164.
7 Vgl. näher *Apfelbaum,* MittBayNot 2006, 185.

7 Die **Unterbeteiligung** (§ 15 Rdn. 102 ff.) führt nicht zur Mitberechtigung i.S.d. § 18, weil der Unterbeteiligte nicht dinglich am Geschäftsanteil beteiligt ist. **Nießbraucher** (§ 15 Rdn. 90 ff.) und **Pfandgläubiger** (§ 15 Rdn. 105 ff.)sind zwar neben dem Vollrechtsinhaber dinglich am Geschäftsanteil beteiligt, nach allgemeiner Meinung aber gleichwohl nicht als Mitberechtigte i.S.d. § 18 anzusehen: Die Vorschrift umfasst nur die *gleichstufige* dingliche Beteiligungspluralität, weil nur in diesem Fall die Gefahr einer uneinheitlichen Ausübung von Mitgliedschaftsrechten, insbesondere des Stimmrechts, besteht.[8]

II. Gesellschafterstellung der Mitberechtigten

8 Da der Geschäftsanteil den Mitberechtigten »ungeteilt zusteht«, ist auch **jeder Mitberechtigte je für sich Gesellschafter** der GmbH[9] und als solcher insbesondere zur Teilnahme an Gesellschafterversammlungen berechtigt. Denn nur dies gewährleistet eine gemeinschaftliche Rechtsausübung auch ohne die – von § 18 nicht geforderte – Bestellung eines gemeinsamen Vertreters.[10] Im Übrigen schließt das Vorhandensein eines gemeinsamen Vertreters die unmittelbare gemeinsame Rechtsausübung nur aus, wenn das einschlägige Gemeinschaftsrecht oder der Gesellschaftsvertrag dies bestimmt (vgl. Rdn. 11).[11] Die Mitberechtigten sind in der **Gesellschafterliste** (§ 40) aufzuführen. Gegenüber der Gesellschaft gilt die Mitberechtigung nur nach Maßgabe des § 16 Abs. 1.

C. Gemeinschaftliche Ausübung der Mitgliedschaftsrechte (Abs. 1)

I. Gemeinschaftliche Ausübung

9 Nach Abs. 1 können die Mitberechtigten ihre Rechte aus dem Geschäftsanteil gegenüber der Gesellschaft nur gemeinschaftlich und damit **einheitlich ausüben**. Insbesondere kann (jedenfalls bei Fehlen einer entsprechenden Satzungsregelung) aus einem ungeteilten Geschäftsanteil das Stimmrecht nicht unterschiedlich, entsprechend den ideellen Anteilen der einzelnen Mitberechtigten, ausgeübt werden.[12] Dies gilt auch für die Ausübung der übrigen **Mitverwaltungsrechte** (etwa des Informationsrechts nach § 51a, des Rechts zur Anfechtung von Gesellschafterbeschlüssen und der Befugnis zur Einberufung von Gesellschafterversammlungen) und für die Geltendmachung von **Vermögensrechten** (insbesondere auf Auszahlung des Gewinnanteils).[13]

---

8 *Reichert/Weller,* in: MünchKommGmbHG, § 18 Rn. 10.

9 *Martin Winter/Löbbe,* in: Ulmer/Habersack/Winter, GmbHG, § 18 Rn. 9.

10 *Reichert/Weller,* in: MünchKommGmbHG, § 18 Rn. 42 f.

11 *H. Winter/Seibt,* in: Scholz, GmbHG, § 18 Rn. 21.

12 OLG Karlsruhe, NJW-RR 1995, 1189, 1190; *Reichert/Weller,* in: MünchKommGmbHG, § 18 Rn. 50; zur Nichtigkeit eines entgegenstehenden Treuhandvertrags LG Berlin, BeckRS 2010, 19606; a.A. bei entsprechender Satzungsregelung LG München I, GmbHR 2006, 431 mit Anm. *Schüppen/Gahn*; *Berner/Stadler,* GmbHR 2003, 1407.

13 *Martin Winter/Löbbe,* in: Ulmer/Habersack/Winter, GmbHG, § 18 Rn. 19.

10 Können sich die Mitberechtigten **nicht einigen**, ist zwischen der Willensbildung in der jeweiligen Rechtsgemeinschaft und deren Umsetzung gegenüber der Gesellschaft zu unterscheiden. Das gemeinschaftliche Recht aus dem Geschäftsanteil kann in diesem Fall grundsätzlich nicht ausgeübt werden. Ausnahmen gelten für Handlungsbefugnisse einzelner Mitberechtigter und Mehrheitsentscheidungen nach den für die jeweilige Rechtsgemeinschaft anwendbaren Regeln, wenn diese zum **wirksamen Handeln im Außenverhältnis** berechtigen.[14] Denn Ziel des § 18 ist es nur, zu verhindern, dass Mitberechtigte das Mitgliedschaftsrecht aus dem ungeteilten Geschäftsanteil unterschiedlich ausüben; diese Gefahr besteht nicht, wenn nur einer oder ein Teil der Mitberechtigten das Recht mit Wirkung für alle ausübt.[15] Zu denken ist hier insbesondere an § 744 Abs. 2 BGB (Handeln bei notwendigen Erhaltungsmaßnahmen), § 745 Abs. 1 BGB (Ordnungsgemäße Verwaltung des gemeinschaftlichen Rechts), § 2038 Abs. 1 S. 2 und Abs. 2 BGB (Mehrheitsentscheidung bei Maßnahmen der laufenden Verwaltung, Alleinentscheidung im Rahmen eines Notverwaltungsrechts).

II. Gemeinsamer Vertreter

11 Die Mitberechtigten können ihre Rechte **alternativ** auch durch einen **gemeinsamen Vertreter** ausüben (vgl. Abs. 3 S. 1).[16] Zum Teil müssen sie es sogar, wenn nämlich nach dem Recht der jeweiligen Rechtsgemeinschaft nur eine bestimmte Person mit Wirkung für die Mitberechtigten handeln kann: Sofern eine Verwaltungstestamentsvollstreckung (§ 2205 BGB), eine Nachlassverwaltung (§ 1984 BGB) oder die Eröffnung des Nachlassinsolvenzverfahrens (§ 80 InsO) angeordnet ist, übt der jeweilige Testamentsvollstrecker, Nachlassverwalter bzw. Nachlassinsolvenzverwalter die Rechte aus dem im Nachlass befindlichen Geschäftsanteil aus; dieser ist dann **kraft Amtes** der gemeinsame Vertreter i.S.d. § 18.[17] Entsprechendes gilt für die eheliche Gütergemeinschaft, wenn die Verwaltung durch den Ehevertrag einem Ehegatten übertragen worden ist (§ 1421 S. 1 BGB). Im Übrigen lässt das Gesetz den Mitberechtigten die Wahl, ob sie (nach Maßgabe des jeweiligen Gemeinschaftsrechts) einen gemeinsamen Vertreter bestellen wollen; jedoch kann der Gesellschaftsvertrag, abweichend von Abs. 1 und in Anlehnung an § 69 AktG, die Rechtsausübung durch einen gemeinsamen Vertreter auch festschreiben:[18] *»Sofern ein Geschäftsanteil mehreren Erben oder Vermächtnisnehmern zusteht, können sie ihre Rechte aus dem Geschäftsanteil nur durch einen gemeinsamen Vertreter ausüben.«*

---

14 BGHZ 108, 21; *Goette*, DStR 1995, 1395, 1397; *Hueck/Fastrich*, in: Baumbach/Hueck, GmbHG, § 18 Rn. 4; a.A. *H. Winter/Seibt*, in: Scholz, GmbHG, § 18 Rn. 20; nur für Anfechtungsklagen von einzelnen Mitgliedern *Ebbing*, in: Michalski, GmbHG, § 18 Rn. 45.

15 *H. Winter/Seibt*, in: Scholz, GmbHG, § 18 Rn. 21.

16 BGHZ 49, 183, 191.

17 *Reichert/Weller*, in: MünchKommGmbHG, § 18 Rn. 71 f.

18 *Reichert/Weller*, in: MünchKommGmbHG, § 18 Rn. 52 f.

D. Gesamtschuldnerische Haftung (Abs. 2)

12 Abs. 2 lässt die Mitberechtigten für die auf den Geschäftsanteil zu bewirkenden Leistungen der Gesellschaft solidarisch, d.h. **gesamtschuldnerisch** nach § 421 BGB, nicht nur teilschuldnerisch (§ 420 BGB), haften. Diese gesamtschuldnerische Haftung umfasst neben der Verpflichtung zur Leistung der Einlage (§ 19) und diesbezüglichen Gewährleistungspflichten insbesondere auch etwaige Nachschusspflichten (§§ 26 ff.) und Nebenleistungspflichten (§ 3 Abs. 2), sofern letztere nicht – wie z.B. die Verpflichtung zur Übernahme der Geschäftsführung – höchstpersönlicher Natur sind.

13 Im Verhältnis zur GmbH geht Abs. 2 als **Spezialregelung** der allgemeinen Haftungsverfassung der betreffenden Rechtsgemeinschaft (Bruchteilsgemeinschaft bzw. Gesamthand) vor; die für diese sonst geltenden, ggf. abweichenden Regelungen zur Haftungsaufteilung im Innenverhältnis und zum Umfang der Außenhaftung sind insoweit unerheblich.[19] Für die **Bruchteilsgemeinschaft** fehlt es insoweit in den §§ 741 ff. BGB ohnehin an einer besonderen Außenhaftungsregelung. Bei der **Erbengemeinschaft** würden die einzelnen Miterben für Nachlassverbindlichkeiten auch nach § 2058 BGB gesamtschuldnerisch haften, sofern sie die Erbschaft nicht fristgemäß ausschlagen (§§ 1942, 1953 BGB). Der in Anspruch genommene Miterbe kann seine Haftung nach § 2059 Abs. 1 S. 1 BGB jedoch bis zur Nachlassteilung auf den Nachlass beschränken; § 18 hindert dies nicht.[20] Bei der ehelichen **Gütergemeinschaft** entscheidet die gewählte Verwaltungsform (vgl. § 1421 BGB) über die Haftungsmasse, mit denen die Mitberechtigten nach § 18 jeweils haften.[21]

E. Rechtshandlungen der Gesellschaft (Abs. 3)

14 Nach Abs. 3 S. 1 genügt es, wenn die Gesellschaft eine Rechtshandlung nur gegenüber einem Mitberechtigten vornimmt; diese wirkt dann gegen alle Mitberechtigten (vgl. § 1450 Abs. 2 BGB, § 125 Abs. 2 S. 3 HGB). Eine Ausnahme gilt, wenn die Mitberechtigten einen **gemeinsamen Vertreter** haben (Rdn. 11); dann ist die Rechtshandlung gerade diesem gegenüber vorzunehmen.

15 **Rechtshandlungen** in diesem Sinne sind grundsätzlich alle im Hinblick auf den Geschäftsanteil erfolgenden Rechtsgeschäfte und rechtsgeschäftsähnlichen Handlungen der Gesellschaft. Hierzu gehören beispielsweise die Einforderung von Leistungen auf die Stammeinlage, Mahnungen wegen ausstehender Leistungen, Einladungen zur Gesellschafterversammlung und die Mitteilung über die Einziehung des Geschäftsan-

---

19 *Reichert/Weller,* in: MünchKommGmbHG, § 18 Rn. 86.

20 Nach *Reichert/Weller,* in: MünchKommGmbHG, § 18 Rn. 89 wäre eine unbeschränkte Haftung der Miterben auch mit ihrem Privatvermögen für die GmbH ein unverdienter Glücksfall.

21 *Reichert/Weller,* in: MünchKommGmbHG, § 18 Rn. 96; a.A. *H. Winter/Seibt,* in: Scholz, GmbHG, § 18 Rn. 30.

teils nach § 34.[22] Auch wenn die Vorschrift der Gesellschaft damit vor allem die Abgabe von im Rahmen der Verwaltung erforderlichen Erklärungen erleichtern will, besteht kein Grund, beim Abschluss von Verträgen anders zu verfahren; vielmehr kann die Gesellschaft nach Abs. 3 z.B. auch ein Vertragsangebot oder eine Vertragsannahme gegenüber einem Mitberechtigen mit Wirkung gegenüber allen erklären.[23] Nicht erfasst sind hingegen **Zahlungen** der Gesellschaft; diese müssen nach allgemeiner Ansicht an sämtliche Mitberechtigte erfolgen (vgl. § 432 BGB).[24]

16 Für **Erben** gilt nach Abs. 3 S. 2 zunächst eine »**Schonfrist**«:[25] Die Erben sollen sich innerhalb des ersten Monats nach dem Todesfall einen Überblick verschaffen und ggf. einen gemeinsamen Vertreter bestellen können (vgl. auch die Überlegungsfristen nach §§ 1958, 2014 BGB).[26] Während dieses Zeitraums entfalten Rechtshandlungen der Gesellschaft gegenüber der Erbengemeinschaft nur dann Wirkung, wenn sie allen Erben gegenüber vorgenommen werden. Sobald ein Testamentsvollstrecker, Nachlassverwalter oder Nachlassinsolvenzverwalter ernannt ist, sind die Rechtshandlungen diesem gegenüber vorzunehmen (Rdn. 11).

§ 19 Leistung der Einlagen

(1) Die Einzahlungen auf die Geschäftsanteile sind nach dem Verhältnis der Geldeinlagen zu leisten.

(2) [1]Von der Verpflichtung zur Leistung der Einlagen können die Gesellschafter nicht befreit werden. [2]Gegen den Anspruch der Gesellschaft ist die Aufrechnung nur zulässig mit einer Forderung aus der Überlassung von Vermögensgegenständen, deren Anrechnung auf die Einlageverpflichtung nach § 5 Abs. 4 Satz 1 vereinbart worden ist. [3]An dem Gegenstand einer Sacheinlage kann wegen Forderungen, welche sich nicht auf den Gegenstand beziehen, kein Zurückbehaltungsrecht geltend gemacht werden.

(3) Durch eine Kapitalherabsetzung können die Gesellschafter von der Verpflichtung zur Leistung von Einlagen höchstens in Höhe des Betrags befreit werden, um den das Stammkapital herabgesetzt worden ist.

(4) [1]Ist eine Geldeinlage eines Gesellschafters bei wirtschaftlicher Betrachtung und aufgrund einer im Zusammenhang mit der Übernahme der Geldeinlage getroffenen Abrede vollständig oder teilweise als Sacheinlage zu bewerten (verdeckte Sach-

---

22 *Reichert/Weller,* in: MünchKommGmbHG, § 18 Rn. 105.

23 *Reichert/Weller,* in: MünchKommGmbHG, § 18 Rn. 110 f.; *Martin Winter/Löbbe,* in: Ulmer/Habersack/Winter, GmbHG, § 18 Rn. 32; a.A. *Bayer,* in: Lutter/Hommelhoff, GmbHG, § 18 Rn. 6.

24 *Reichert/Weller,* in: MünchKommGmbHG, § 18 Rn. 109.

25 *Bayer,* in: Lutter/Hommelhoff, GmbHG, § 18 Rn. 6.

26 *Reichert/Weller,* in: MünchKommGmbHG, § 18 Rn. 116.

einlage), so befreit dies den Gesellschafter nicht von seiner Einlageverpflichtung. [2]Jedoch sind die Verträge über die Sacheinlage und die Rechtshandlungen zu ihrer Ausführung nicht unwirksam. [3]Auf die fortbestehende Geldeinlagepflicht des Gesellschafters wird der Wert des Vermögensgegenstandes im Zeitpunkt der Anmeldung der Gesellschaft zur Eintragung in das Handelsregister oder im Zeitpunkt seiner Überlassung an die Gesellschaft, falls diese später erfolgt, angerechnet. [4]Die Anrechnung erfolgt nicht vor Eintragung der Gesellschaft in das Handelsregister. [5]Die Beweislast für die Werthaltigkeit des Vermögensgegenstandes trägt der Gesellschafter.

(5) [1]Ist vor der Einlage eine Leistung an den Gesellschafter vereinbart worden, die wirtschaftlich einer Rückzahlung der Einlage entspricht und die nicht als verdeckte Sacheinlage im Sinne von Absatz 4 zu beurteilen ist, so befreit dies den Gesellschafter von seiner Einlageverpflichtung nur dann, wenn die Leistung durch einen vollwertigen Rückgewähranspruch gedeckt ist, der jederzeit fällig ist oder durch fristlose Kündigung durch die Gesellschaft fällig werden kann. [2]Eine solche Leistung oder die Vereinbarung einer solchen Leistung ist in der Anmeldung nach § 8 anzugeben.

(6) [1]Der Anspruch der Gesellschaft auf Leistung der Einlagen verjährt in zehn Jahren von seiner Entstehung an. [2]Wird das Insolvenzverfahren über das Vermögen der Gesellschaft eröffnet, so tritt die Verjährung nicht vor Ablauf von sechs Monaten ab dem Zeitpunkt der Eröffnung ein.

Übersicht **Rdn.**

Schrifttum

Altmeppen, Cash Pooling und Kapitalaufbringung, NZG 2010, 441; *Avvento*, Hin- und Herzahlen: Offenlegung als konstitutive Voraussetzung des Eintritts der Erfüllungswirkung?, BB 2010, 202; *Bayer/Illhardt*, Darlegungs- und Beweislast im Recht der GmbH anhand praktischer Fallkonstellationen, GmbHR 2011, 505; *Bormann/Urlichs*, in: Römermann/Wachter, GmbH-Beratung nach dem MoMiG, GmbHR 2008 Sonderheft Oktober 2008, 37; *Eßers/Sirchich von Kis-Sira*, Haftungs-Fallen – GmbH-Reform: Neue Haftungsrisiken für Geschäftsführer und Gesellschafter, GmbH-Stpr. 2009, 14; *dies.*, MoMiG-Synopse, GmbH-Stpr. 2009, 48; *Göhmann*, Sind bei der wirtschaftlichen Neugründung einer GmbH die Sacheinlagevorschriften und § 19 Abs. 5 GmbHG zu beachten?, RNotZ 2011, 290; *Heckschen*, Gründungserleichterungen nach dem MoMiG – Zweifelsfragen in der Praxis, DStR 2009, 166; *Henkel*, Kapitalaufbringung bei der GmbH nach dem MoMiG – Hin- und Herzahlen, NZI 2010, 84; *Hermanns*, Grauzonen im Kapitalaufbringungsrecht der GmbH – die Abgrenzung der verdeckten Sacheinlage vom Hin- und Herzahlen, DNotZ 2011, 325; *Herrler*, Erleichterung der Kapitalaufbringung durch § 19 Abs. 5 GmbHG (sog. Hin- und Herzahlen)? Zweifelsfragen und Ausblick, DStR 2011, 2255; *ders.*, Heilung einer nicht erfüllungstauglichen Einlagenrückzahlung, GmbHR 2010, 785; *Jordans*, Die verdeckte Sacheinlage und die verdeckte Finanzierung nach dem MoMiG, 2011; *Kollrus*, Cash-Pooling – Strategien zur Vermeidung der Haftungsgefahren, MDR 2011, 208; *Merkner/Schmidt-Bendun*, Haftung von Rechtsanwälten und Steuerberatern nach Empfehlung einer (verdeckten) gemischten Sacheinlage, NZG 2009, 1054; *Pentz*, Die Anrechnung bei der verdeckten (gemischten) Sacheinlage, GmbHR 2010, 673; *ders.*, Die Bedeutung der Sacheinlagefähigkeit für die verdeckte Sacheinlage und den Kapitalersatz sowie erste höchstrichterliche Aussagen zum Hin- und Herzahlen nach MoMiG, GmbHR 2009, 505; *v. Schnurbein*, Verdeckte Sacheinlage im Konzern – Vereinfachung durch das MoMiG?, GmbHR 2010, 568; *Sernetz*, Anrechnung und Bereicherung bei der verdeckten Sacheinlage, ZIP 2010, 2173; *Theiselmann*, Die Kapitalaufbringung in der GmbH & Co. KG, GmbHR 2008, 521; *Ulmer*, Sacheinlageverbote im MoMiG – umgehungsfest?, GmbHR 2010, 1298; *Veil/Werner*, Die Regelung der verdeckten Sacheinlage – eine gelungene Rechtsfortbildung des GmbH-Rechts und bürgerlich-rechtlichen Erfüllungsregimes?, GmbHR 2009, 729; *Wachter*, Leitlinien der Kapitalaufbringung in der neueren Rechtsprechung des Bundesgerichtshofs, DStR 2010, 1240.

A. Überblick

1 § 19 befasst sich mit den Erfüllungsvoraussetzungen und Modalitäten des Einlageanspruchs der Gesellschaft. In erster Linie verfolgt die Regelung den Zweck, den **Grundsatz der realen Kapitalaufbringung** in materieller Hinsicht sicherzustellen,[1] und ist insoweit als flankierende Norm zu den formellen Schutzvorschriften wie insbesondere § 7 Abs. 2 und 3 und § 8 Abs. 2 zu begreifen. Der Grundsatz der realen Kapitalaufbringung beinhaltet, dass die von den Gesellschaftern übernommenen Einlagen unverkürzt und in der Form erfüllt werden, wie sie von ihnen zugesagt und in der Satzung festgesetzt wurden.[2]

2 Jegliche Vereinbarung, die diesem Grundsatz zuwiderläuft und geeignet ist, den Einlageanspruch der Gesellschaft auszuhöhlen, ist nach § 19 **unzulässig**.[3] Dies gilt namentlich für die Aufrechnung mit der Einlageforderung (Abs. 2 S. 2), die verdeckte Sacheinlage (Abs. 4) und die Konstruktion des Hin- und Herzahlens ohne vollwertigen und jederzeit fälligen oder durch fristlose Kündigung fällig stellbaren Rückgewähranspruch der Gesellschaft (Abs. 5). Darüber hinaus dient die Vorschrift auch dem **Gläubigerschutz**. Die Haftungsbeschränkung auf das Gesellschaftsvermögen erfordert zum Schutz der Gläubiger, dass ihnen die Haftsumme tatsächlich zur Verfügung steht und das in der Satzung festgelegte Stammkapital real aufgebracht wird.[4] Der Erhalt des Stammkapitals gewährleistet den Gesellschaftsgläubigern eine Mindesthaftsumme.[5] Aufgrund dieses drittschützenden Charakters bilden die Abs. 2 bis 6 **zwingendes Recht** und sind einer abweichenden Regelung zum Nachteil der Gläubiger nicht zugänglich.[6]

3 Die Vorschrift hat durch das **MoMiG** insgesamt tiefgreifende Änderungen erfahren.[7]

---

1 Vgl. *Roth*, in: Roth/Altmeppen, GmbHG, § 19 Rn. 1; *Schneider/Westermann*, in: Scholz, GmbHG, § 19 Rn. 1.

2 BGH, NJW 1991, 1754.

3 Vgl. *Jordans*, S. 12.

4 *Theiselmann*, GmbHR 2008, 521, 522.

5 *Ebbing*, in: Michalski, GmbHG, § 19 Rn. 1; *Casper*, in: Ulmer/Habersack/Winter, GmbHG, Erg.band MoMiG, § 19 Rn. 1; kritisch zur Gläubigerschutzfunktion *Jordans*, S. 10, der das Mindestkapital lediglich als »Seriositätssignal im ordnungspolitischen Sinne« versteht.

6 *Ebbing*, in: Michalski, GmbHG, § 19 Rn. 1; *Casper*, in: Ulmer/Habersack/Winter, GmbHG, Erg.band MoMiG, § 19 Rn. 1; vgl. auch *Bayer*, in: Lutter/Hommelhoff, GmbHG, § 19 Rn. 1.

7 Für einen synoptischen Überblick über alle Änderungen s. *Eßers/Sirchich von Kis-Sira*, GmbH-Stpr. 2009, 48.

Inhaltlich unverändert blieb dabei Abs. 1, der lediglich insoweit eine redaktionelle Anpassung erfuhr als er mit Blick auf die Neufassung der §§ 5 und 14 nun nicht mehr von Stammeinlagen, sondern von Geschäftsanteilen spricht.[8] Unverändert beibehalten bzw. geringfügig redaktionell modifiziert wurden Abs. 2 und Abs. 3. Der ehemalige Abs. 5 Alt. 2 a.F. wurde im Zuge der Reform in Abs. 2 S. 2 überführt, ohne dass damit eine Änderung in der Sache verbunden wäre. Abs. 6, der die Verjährung regelt, blieb unberührt. Der generelle Wegfall von Sonderregelungen für die Ein-Personen-GmbH führte zur ersatzlosen Streichung von Abs. 4 a.F. Die entscheidende Neuregelung brachte die Gestaltung von Abs. 4 (gesetzliche Regelung der verdeckten Sacheinlage) und Abs. 5 (gesetzliche Regelung des Hin- und Herzahlens). Zu Recht werden diese beiden Regelungen als das »**Herzstück**« der Reform bezeichnet.[9] Vor der Reform führte nach der Rechtsprechung weder die verdeckte Sacheinlage noch das Hin- und Herzahlen zu einer Erfüllung der Einlagepflicht: Das zugrunde liegende Rechtsgeschäft war **nichtig** und die verdeckte Sacheinlage **nicht wirksam** erbracht, sodass die Bareinlagepflicht fortbestand. Ebenso wenig befreite das Hin- und Herzahlen im Rahmen der Kapitalaufbringung von der Bareinlagepflicht. Der Reformgesetzgeber sorgte bei beiden Fallvarianten für eine deutliche **Abmilderung** der vielfach als zu hart kritisierten Rechtsfolgen,[10] hat gleichzeitig aber auch das Pflichtenprogramm insbesondere für Geschäftsführer verschärft (s. Rdn. 53).

B. Leistung von Einzahlungen auf die Geschäftsanteile (Abs. 1)

I. Anspruch und Fälligkeit

4 Abs. 1 verlangt von den Gesellschaftern Einzahlungen auf die Geschäftsanteile (früher: Stammeinlagen). Eine eigenständige **Anspruchsgrundlage** stellt die Vorschrift jedoch nicht dar; denn anders als bei der AG (§§ 54, 185 AktG) werden Einlageforderungen der Gesellschaft nicht durch Gesetz begründet, sondern durch rechtsgeschäftliche Verpflichtung, sei es im **Gesellschaftsvertrag** (Neugründung) oder in einem **Übernahmevertrag** (Kapitalerhöhung, § 55 Abs. 1).[11] Der Wortlaut des Abs. 1 bezieht sich zunächst auf alle **Bareinlagen**, unabhängig davon, ob sie vor oder nach der Handelsregistereintragung zu leisten sind.[12] Für **Sacheinlagen** schreibt das Gesetz in § 7 Abs. 3 hingegen ausdrücklich vor, dass sie schon vor Anmeldung der Gesellschaft zur Eintragung in das Handelsregister vollständig zu erbringen sind. Über die Verweisung in § 56a gilt dies auch bei Kapitalerhöhungen. Anerkannt ist im Schrifttum die Anwendbarkeit von Abs. 1 auch für alle Fälle von Zahlungsverpflichtungen,

---

8 *Casper*, in: Ulmer/Habersack/Winter, GmbHG Erg.band, § 19 Rn. 8; *Veil*, in: Scholz, GmbHG, Nachtrag MoMiG § 19 Rn. 1.

9 *Bormann/Urlichs*, GmbHR Sonderheft Oktober 2008, 37.

10 Zur Reformdiskussion s. beispielsweise *Casper*, in: Ulmer/Habersack/Winter, GmbHG, Erg.band MoMiG, § 19 Rn. 4 ff., *Jordans*, S. 33 ff.

11 *Ebbing*, in: Michalski, GmbHG, § 19 Rn. 3.

12 *Bayer*, in: Lutter/Hommelhoff, GmbHG, § 19 Rn. 2.

die wie Einzahlungen auf Geschäftsanteile gleichmäßig auf alle Gesellschafter verteilt werden sollen, also für ein vereinbartes **Agio**[13], für **Nachschüsse** (§ 26 Abs. 1) und Zahlungsverpflichtungen aus einer Ausfall- bzw. Rechtsvorgängerhaftung (§§ 16 Abs. 2, 21 Abs. 3, 22, 24) oder aus einer Vorbelastungshaftung.[14] Insoweit handelt es sich um **Surrogate** der Einlagen auf die Geschäftsanteile.[15]

5 Die **Mindesteinlage** nach § 7 Abs. 2 können die Geschäftsführer vorbehaltlich abweichender Satzungsregelungen sofort und ohne Gesellschafterbeschluss anfordern.[16]

6 Maßgeblich für den Eintritt der Fälligkeit der **Resteinlage** ist vorrangig ein im Gesellschaftsvertrag oder im Kapitalerhöhungsbeschluss festgesetzter fester Zahlungstermin.[17] Die Einforderung der Einlage auf die Geschäftsanteile bedarf ansonsten bei einem offenen Zahlungstermin nach § 46 Nr. 2 eines **Beschlusses der Gesellschafterversammlung** (1. Stufe), sofern sie in der Satzung oder im Beschluss über die Kapitalerhöhung nicht gemäß § 45 Abs. 2 etwa durch Übertragung auf ein anderes Gesellschaftsorgan abweichend geregelt wird. Das Stimmverbot des § 47 Abs. 4 Satz 2 Alt. 1 kommt nicht zur Anwendung.[18] Eines Beschlusses bedarf es nicht im Fall der **Insolvenz** und der **Zwangsvollstreckung**.[19] Gleiches gilt für das Stadium der Liquidation; für den Insolvenzverwalter und den Liquidator besteht keine Bindung an die im Gesellschaftsvertrag oder durch Gesellschafterbeschluss bestimmten Fälligkeitstermine.[20] Zu Einzelheiten s. § 46 Rdn. 18 ff.

7 Die konkrete Anforderung der Einlagen auf ein Konto der Gesellschaft obliegt dann dem **Geschäftsführer** (2. Stufe). Die Ermächtigung hierfür bildet der Gesellschafterbeschluss über die Einforderung. Eine davon nicht gedeckte Anforderung macht diese nichtig.[21] Dies gilt aufgrund der auch in der Krise maßgeblichen Kompetenzzuweisung der Finanzierungsverantwortung an die Gesellschafter auch bei **dringendem Kapitalbedarf** der Gesellschaft.[22] Zur Verletzung des Gleichbehandlungsgebots s. Rdn. 9.

---

13 Vgl. hierzu auch BGH, NZG 2008, 73; *Bayer*, in: Lutter/Hommelhoff, GmbHG, § 19 Rn. 2, a.A. *Hueck/Fastrich*, in: Baumbach/Hueck, GmbHG, § 19 Rn. 2.

14 *Ebbing*, in: Michalski, GmbHG, § 19 Rn. 7; *Roth*, in: Roth/Altmeppen, GmbHG, § 19 Rn. 2 (der auch die Differenzhaftung miteinbezieht).

15 *Roth*, in: Roth/Altmeppen, GmbHG, § 19 Rn. 2.

16 *Märtens*, in: MünchKommGmbHG, § 19 Rn. 14; *Ebbing*, in: Michalski, GmbHG, § 19 Rn. 11.

17 BGH, DStR 1991, 952; *Ebbing*, in: Michalski, GmbHG, § 19 Rn. 15; *Hueck/Fastrich*, in: Baumbach/Hueck, GmbHG, § 19 Rn. 6.

18 BGH, NJW 1991, 172; *Ebbing*, in: Michalski, GmbHG, § 19 Rn. 11; *Bayer*, in: Lutter/Hommelhoff, GmbHG, § 19 Rn. 9.

19 *Bayer*, in: Lutter/Hommelhoff, GmbHG, § 19 Rn. 9.

20 *Schneider/Westermann*, in: Scholz, GmbHG, § 19 Rn. 28.

21 *Ebbing*, in: Michalski, GmbHG, § 19 Rn. 12.

22 *Ebbing*, in: Michalski, GmbHG, § 19 Rn. 13; *Schneider/Westermann*, in: Scholz, GmbHG, § 19 Rn. 11; *Hueck/Fastrich*, in: Baumbach/Hueck, GmbHG, § 19 Rn. 8 (Stimmpflicht für Einforderungsbeschluss).

II. Grundsatz der Gleichbehandlung

8 Nach Abs. 1 sind alle Gesellschafter bei Geldeinlagen im Hinblick auf Einzahlungsbetrag und -zeitpunkt gleich zu behandeln;[23] insoweit ergeben sich keine Änderungen durch das MoMiG. Ob die Einlagepflicht durch den Gründungsvertrag oder durch eine Kapitalerhöhung begründet wurde, ist unerheblich.[24] Eine Differenzierung zwischen den Gesellschaftern erfolgt lediglich hinsichtlich des **Nennbetrags** ihrer Geschäftsanteile. Zahlungsunfähigkeit oder Zahlungsunwilligkeit eines Gesellschafters stehen der Heranziehung der übrigen Gesellschafter nicht entgegen.[25]

9 Die Verletzung des Gleichbehandlungsgebots macht den Einforderungsbeschluss **anfechtbar**. Die disproportionale Anforderung begründet darüber hinaus ein **Leistungsverweigerungsrecht** des benachteiligten Gesellschafters bis zur Festsetzung der Anforderung gegenüber den anderen Gesellschaftern; flankierend steht dem benachteiligten Gesellschafter ein **Auskunftsanspruch** über alle Anforderungen zu.[26] Abs. 1 hat dispositiven Charakter und lässt eine abweichende Regelung durch die Gesellschafter etwa für Quoten für die einzelnen Gesellschafter oder eine Zahlung zu unterschiedlichen Zeitpunkten zu.[27]

III. Abtretung, Verpfändung, Pfändung

10 Die Möglichkeit der **Abtretung** der Einlageforderung (§ 398 BGB) – unabhängig davon, ob es sich um die Mindest- oder die Resteinlage handelt – besteht nur unter der Voraussetzung, dass der Forderung ein vollwertiger Erlös gegenübersteht.[28] Diese Einschränkung der Verfügungsfreiheit rechtfertigt sich aus dem Gedanken, dass die Aufbringung des Stammkapitals nicht durch nachteilige Rechtsgeschäfte gefährdet werden soll.[29] Wirksam wird die Abtretung, sobald die Gesellschaft die Gegenleistung erworben hat. In der Folge verliert die Einlagenforderung ihren Eigenkapitalcharakter und ist in der Hand des neuen Inhabers keinen Sonderregelungen mehr unterworfen; insbesondere entfällt die Bindung an § 19 Abs. 2.[30] Im Übrigen finden die allgemeinen Regeln Anwendung; dies gilt etwa für den Ausschluss der Abtretung nach § 399 BGB und den Schuldnerschutz nach § 404 BGB.

---

23 Im Aktienrecht ist dieser Grundsatz in § 53a AktG positiv geregelt. Die ausdrückliche Regelung beruht dort auf der Umsetzung europarechtlicher Vorgaben der EG-Kapitalrichtlinie (ABl. EG 1977 Nr. L 26 S. 1).

24 *Schneider/Westermann*, in: Scholz, GmbHG, § 19 Rn. 15.

25 *Bayer*, in: Lutter/Hommelhoff, GmbHG, § 19 Rn. 5; *Schneider/Westermann*, in: Scholz, GmbHG, § 19 Rn. 19.

26 *Bayer*, in: Lutter/Hommelhoff, GmbHG, § 19 Rn. 7; *Schneider/Westermann*, in: Scholz, GmbHG, § 19 Rn. 24.

27 *Schneider/Westermann*, in: Scholz, GmbHG, § 19 Rn. 20.

28 *Bayer*, in: Lutter/Hommelhoff, GmbHG, § 19 Rn. 38; *Ebbing*, in: Michalski, GmbHG, § 19 Rn. 125.

29 *Ebbing*, in: Michalski, GmbHG, § 19 Rn. 126.

30 *Ebbing*, in: Michalski, GmbHG, § 19 Rn. 128.

11 Für die **Verpfändung** der Einlageforderung (§ 1274 BGB) gelten dieselben Voraussetzungen, Maßstäbe und Rechtsfolgen wie für die Abtretung (Rdn. 10).

12 Nach der Rechtsprechung und im Schrifttum überwiegend vertretener Ansicht unterliegt auch die **Pfändung** der Einlageforderung (§ 851 ZPO) der Voraussetzung eines vollwertigen Anspruchs des Gläubigers gegen die Gesellschaft.[31] Anderes gilt nur, wenn nach Einstellung des Geschäftsbetriebs das Vermögen der Gesellschaft sich in der Einlageforderung erschöpft und wenn entweder keine weiteren Gläubiger vorhanden sind oder diese ihre Ansprüche nicht weiterverfolgen und die Gesellschaft die Mittel für einen Prozess gegen den Einlageschuldner weder besitzt noch von einem dieser Gläubiger vorgeschossen erhält.[32] Folge der Pfändung ist, dass die Einlageforderung sofort auch ohne Einforderungsbeschluss fällig wird; der Gleichbehandlungsgrundsatz tritt insoweit hinter den Gläubigerinteressen zurück.[33]

C. Verbot der Befreiung von der Einlageverpflichtung (Abs. 2 S. 1, Abs. 3)

I. Tatbestände

13 Im Interesse der Gesellschaftsgläubiger beschränkt Abs. 2 S. 1 die **Verfügungsmacht** der Gesellschafter und Geschäftsführer über den Einlageanspruch der Gesellschaft.[34] Nach dieser Vorschrift ist – vorbehaltlich des Eingreifens von Ausnahmetatbeständen wie Abs. 4 oder 5 – jede rechtsgeschäftliche Befreiung von der Pflicht zur Leistung der Einlage verboten und zieht die Nichtigkeitsfolge des § 134 BGB nach sich. Dies gilt namentlich für **Erlass** (§ 397 BGB) und **Stundung.**[35] Beides entspricht im Ergebnis einer unzulässigen Kapitalherabsetzung ohne Beachtung der dafür vorgesehenen Publizitäts- und Verfahrensvorschriften; gleiches gilt für ein **negatives Schuldanerkenntnis** (§ 397 Abs. 2 BGB)[36] und die Annahme einer anderen **Leistung an Erfüllungs statt** (§ 364 Abs. 1 BGB).[37] Nach allgemeiner Meinung erfasst der Begriff der Befreiung in der gebotenen weiten Auslegung auch jede sonstige Vereinbarung, die mit formal anderen Mitteln wirtschaftlich zum gleichen Ergebnis führt, wie etwa eine **befreiende Schuldübernahme** nach §§ 414, 415 BGB, ein **pactum de non**

---

31 BGH, NJW 1992, 2229; BGH, WM 1970, 160; OLG Celle, NZG 2001, 228; *Bayer*, in: Lutter/Hommelhoff, GmbHG, § 19 Rn. 44; *Schneider/Westermann*, in: Scholz, GmbHG, § 19 Rn. 132; *Hueck/Fastrich*, in: Baumbach/Hueck, GmbHG, § 19 Rn. 42; a.A. *Ebbing*, in: Michalski, GmbHG, § 19 Rn. 114 ff.

32 BGH, NJW 1992, 2229; BGH, NJW 1968, 398; BGH, NJW 1963, 102.

33 *Schneider/Westermann*, in: Scholz, GmbHG, § 19 Rn. 26; *Ebbing*, in: Michalski, GmbHG, § 19 Rn. 120.

34 *Ebbing*, in: Michalski, GmbHG, § 19 Rn. 54.

35 Begr. RegE BT-Drs. 8/1347, S. 38.

36 *Ebbing*, in: Michalski, GmbHG, § 19 Rn. 46.

37 Kritisch: *Veil*, in: Scholz, GmbHG, Nachtrag MoMiG, § 19 Rn. 13.

petendo, die Annahme einer fehlerhaften Sacheinlage oder der Verzicht auf eine Garantie, die Bestandteil der Sacheinlage ist.[38]

14 Als unzulässig angesehen wird des Weiteren die Umwandlung der Einlageforderung in eine gewöhnliche schuldrechtliche Forderung (**Novation**).[39] Eine solche schuldrechtliche Forderung stellt schon mangels Bindung an die Grundsätze von Kapitalaufbringung und -erhaltung ein nicht gleichwertiges Minus zur Einlageforderung dar.

15 Auch der Fall, dass die Einlage direkt oder indirekt mit Mitteln aus dem **Gesellschaftsvermögen** geleistet wird, stellt einen anerkannten Verstoß gegen Abs. 2 S. 1 dar. Dies kann zum einen dadurch geschehen, dass die Gesellschaft dem Gesellschafter zur Einlagenfinanzierung ein Darlehen gewährt, und zum anderen dadurch, dass die Gesellschaft einem Dritten Sicherheiten für einen Kredit an den Gesellschafter stellt, mit dem dieser seine Einlageleistung erbringt.[40]

16 Der Fall der konzerninternen Finanzierung durch **Cash Pool** ist nunmehr in Abs. 5 geregelt.

17 Die Möglichkeit eines **Vergleichs** gemäß § 779 BGB dürfte nicht von vorneherein ausgeschlossen sein.[41] Jedoch sind die engen Voraussetzungen zu beachten, was die praktische Relevanz mindert: über die Tatsachen- oder Rechtslage muss Unklarheit in so hohem Maße bestehen, dass unter Berücksichtigung der Erfolgsaussichten einer Klage und des Prozesskostenrisikos die vergleichsweise Beilegung der Streitigkeit gegenüber der Durchsetzung im streitigen Verfahren vorzugwürdig ist.[42] In jedem Fall unzulässig ist ein Verzicht auf die Einlageforderung im Vergleichswege bei drohender **Zahlungsunfähigkeit** des Gesellschafters; das vorrangige Instrument bildet hier die Möglichkeit der **Kaduzierung** (§ 21).[43] Der Vergleich bedarf entsprechend § 46 Nr. 2 der Zustimmung der **Gesellschafterversammlung**.[44]

---

38 *Bayer*, in: Lutter/Hommelhoff, GmbHG, § 19 Rn. 18.

39 *Ebbing*, in: Michalski, GmbHG, § 19 Rn. 59; *Hueck/Fastrich*, in: Baumbach/Hueck, GmbHG, § 19 Rn. 19.

40 *Ebbing*, in: Michalski, GmbHG, § 19 Rn. 62.

41 So auch *Ebbing*, in: Michalski, GmbHG, § 19 Rn. 71; *Roth*, in: Roth/Altmeppen, GmbHG, § 19 Rn. 23. Im Ergebnis genauso, aber für grundsätzliche Unzulässigkeit vorbehaltlich des Vorliegens sämtlicher Vergleichsvoraussetzungen plädierend *Bayer*, in: Lutter/Hommelhoff, GmbHG, § 19 Rn. 18; *Hueck/Fastrich*, in: Baumbach/Hueck, GmbHG, § 19 Rn. 20 (»im Hinblick auf Kapitalerhaltungsgrundsatz bedenklich«); im Ergebnis kritisch auch *Schneider/Westermann*, in: Scholz, GmbHG, § 19 Rn. 49.

42 *Bayer*, in: Lutter/Hommelhoff, GmbHG, § 19 Rn. 20.

43 *Bayer*, in: Lutter/Hommelhoff, GmbHG, § 19 Rn. 20.

44 *Roth*, in: Roth/Altmeppen, GmbHG, § 19 Rn. 23; *Bayer*, in: Lutter/Hommelhoff, GmbHG, § 19 Rn. 20; im Ergebnis auch *Schneider/Westermann*, in: Scholz, GmbHG, § 19 Rn. 52, die allerdings die entsprechende Anwendung von § 46 Nr. 2 ablehnen.

18 In einer rechtlichen Auseinandersetzung über Bestand und Inhalt der Einlageforderung kann die Entscheidung auf ein **Schiedsgericht** übertragen werden (vgl. § 1030 ZPO).[45]

II. Ausnahme: Kapitalherabsetzung

19 Eine Ausnahme vom Verbot der Befreiung von der Einlageverpflichtung sieht Abs. 3 ausschließlich für den Fall der wirksamen **Kapitalherabsetzung** vor. Sofern die strengen Vorschriften für die Kapitalherabsetzung (die Publizitätsregeln des § 58 Abs. 1 Nr. 1, die Sperrfrist des § 58 Abs. 1 Nr. 3 und die Befriedigungs- bzw. Sicherungspflicht des § 58 Abs. 1 Nr. 2) gewahrt sind, besteht kein entsprechendes Schutzbedürfnis der Gesellschaftsgläubiger im Hinblick auf den Kapitalaufbringungsgrundsatz.[46]

20 Über die Kapitalherabsetzung hinaus bedarf der Erlass der Einlageforderung eines wirksamen **Erlassvertrages** (§ 397 BGB) zwischen den Geschäftsführern und den Gesellschaftern, der nicht vor vollständiger Durchführung der Kapitalherabsetzung geschlossen werden darf.[47] Die Voraussetzungen des § 58, insbesondere die Einhaltung des Sperrjahrs, müssen also erfüllt sein. Die Zustimmung zur Kapitalherabsetzung und deren Entgegennahme durch die Geschäftsführer gilt dabei als konkludenter Vertragsabschluss.[48]

21 Der **Höhe** nach ist der Erlass der Einlageforderung auf den Betrag der Kapitalherabsetzung beschränkt, ein weitergehender Erlass ist in Höhe des überschießenden Betrags nichtig.[49]

D. Aufrechnung und Zurückbehaltungsrecht (Abs. 2)

I. Aufrechnung durch den Gesellschafter

22 Das einseitige Aufrechnungsverbot schließt die Aufrechnung durch den Gesellschafter (Schuldner der Einlageforderung) mit einer eigenen Forderung gegen die Einlageforderung aus. Auch das Aufrechnungsverbot ist Ausfluss des Grundsatzes der realen Kapitalaufbringung; es soll verhindert werden, dass der Gesellschafter seine Einlageverpflichtung anstatt durch Barzahlung durch Aufrechnung mit einer Gegenforderung zum Erlöschen bringen kann. Andernfalls hätte der Gesellschafter, der seine

45 *Bayer*, in: Lutter/Hommelhoff, GmbHG, § 19 Rn. 22; *Roth*, in: Roth/Altmeppen, GmbHG, § 19 Rn. 23.

46 *Märtens*, in: MünchKommGmbHG, § 19 Rn. 153; *Ebbing*, in: Michalski, GmbHG, § 19 Rn. 106.

47 *Ebbing*, in: Michalski, GmbHG, § 19 Rn. 107; *Märtens*, in: MünchKommGmbHG, § 19 Rn. 154.

48 *Märtens*, in: MünchKommGmbHG, § 19 Rn. 154.

49 *Ebbing*, in: Michalski, GmbHG, § 19 Rn. 108; *Märtens*, in: MünchKommGmbHG, § 19 Rn. 154.

Forderung gegen die Gesellschaft schnell, einfach und kostengünstig vollstrecken könnte, auch einen strukturellen Vorteil gegenüber außenstehenden Gläubigern.[50] Darüber hinaus soll sichergestellt werden, dass die Gesellschafter bei einer Einbringung anderer Vermögenswerte als Geld die strengen Sacheinlagevorschriften nicht umgehen. Der Einwand von **Treu und Glauben** gegen die Unzulässigkeit der Aufrechnung ist ausgeschlossen.[51]

23 Das Aufrechnungsverbot umfasst jede Gegenforderung;[52] insbesondere kommt es auf deren **Rechtsnatur** und **Werthaltigkeit** nicht an. Ohne Bedeutung ist auch, ob es sich um eine originäre Forderung des Gesellschafters oder eine durch Abtretung erworbene Forderung handelt.[53] Abs. 2 S. 2 steht der **Pfändung** der gegen ihn gerichteten Einlageforderung durch den Gesellschafter entgegen, da diese aufgrund des Untergangs der Forderung durch Konfusion mit Überweisung an den Gesellschafter zur Einziehung im Ergebnis einer Aufrechnung gleichstünde.[54] Auch die Verrechnung mit Ansprüchen auf Rückzahlung von zuvor an die Gesellschaft darlehenshalber geleisteten Beträgen ist als Aufrechnung gegen den Anspruch der Gesellschaft auf Leistung einer Bareinlage zu qualifizieren und nach Abs. 2 S. 2 unzulässig.[55]

24 Eine Ausnahme vom Aufrechnungsverbot besteht nur bei einer Forderung aus der Überlassung von Vermögensgegenständen, deren Anrechnung auf die Einlageverpflichtung nach § 5 Abs. 4 S. 1 vereinbart worden ist. Dies meint also den Fall der ordnungsgemäß gesellschaftsvertraglich festgesetzten **Sachübernahme** oder den Fall der **Sachkapitalerhöhung** unter Einhaltung der dafür vorgesehenen Voraussetzungen der §§ 56 Abs. 2, 5 Abs. 4. Mangels Verstoß gegen die Sacheinlagevorschriften bedarf es des Verbotes hier nicht.

II. Aufrechnung durch die Gesellschaft

25 Eine ausdrückliche Regelung der Aufrechnung durch die Gesellschaft enthält das Gesetz nicht. Daraus folgt jedoch nicht, dass eine Aufrechnung durch die Gesellschaft keinen Beschränkungen unterliegt. **Zulässig** ist die Aufrechnung durch die Gesellschaft ebenso wie die Aufrechnung durch den Gesellschafter im Hinblick auf Sachübernahmen, die im Gesellschaftsvertrag oder im Kapitalerhöhungsbeschluss festgelegt worden sind.

---

50 *Ebbing*, in: Michalski, GmbHG, § 19 Rn. 78.

51 BGH, GmbHR 1983, 194; *Märtens*, in: MünchKommGmbHG, § 19 Rn. 80; *Hueck/Fastrich*, in: Baumbach/Hueck, GmbHG, § 19 Rn. 30; *Bayer*, in: Lutter/Hommelhoff, GmbHG, § 19 Rn. 24.

52 *Märtens*, in: MünchKommGmbHG, § 19 Rn. 81; *Bayer*, in: Lutter/Hommelhoff, GmbHG, § 19 Rn. 24; *Ebbing*, in: Michalski, GmbHG, § 19 Rn. 81.

53 *Märtens*, in: MünchKommGmbHG, § 19 Rn. 81; *Bayer*, in: Lutter/Hommelhoff, GmbHG, § 19 Rn. 24.

54 *Ebbing*, in: Michalski, GmbHG, § 19 Rn. 82.

55 OLG Celle, GmbHR 2006, 433.

26 Darüber hinaus ist eine Aufrechnung der Gesellschaft mit ihrer Einlageforderung gegen eine Gesellschafterforderung jedenfalls dann zulässig (und keine Umgehung des Abs. 2), wenn die Gesellschafterforderung **fällig**, **liquide** und **vollwertig** ist.[56] Die Gesellschaft darf also nur aufrechnen, wenn sie den vollen wirtschaftlichen Wert der geschuldeten Leistung tatsächlich erhält.[57] Dies entspricht dem Grundsatz der realen Kapitalaufbringung, der durch die Reform unangetastet geblieben ist. Das Erfordernis der **Liquidität** ist erfüllt, wenn die Gesellschafterforderung nach Grund und Höhe unzweifelhaft feststeht und der Durchsetzung keine Einwendungen und Einreden entgegenstehen.[58] **Vollwertigkeit** setzt voraus, dass die Gesellschaft in der Lage ist, alle gegen sie gerichteten Forderungen (einschließlich der Gesellschafterforderung) zu begleichen.[59] Die Gesellschaft muss also uneingeschränkt zahlungsfähig und darf nicht überschuldet sein.[60] Ein kurzfristiger Liquiditätsengpass ist unschädlich.[61] Den maßgeblichen Zeitpunkt, in dem die Kriterien vorliegen müssen, bildet nach objektiven Maßstäben die Erklärung der Aufrechnung, auf eine subjektive Sichtweise kommt es nicht an.[62] Darlegungs- und beweisbelastet für das Vorliegen der Aufrechnungsvoraussetzungen ist nach h.M. der Einlageschuldner.[63]

27 Diese Grundsätze gelten auch uneingeschränkt für die **Ein-Personen-GmbH**.[64]

28 Für **Altforderungen**, also bereits vor Entstehung der Einlageschuld existente Gesellschafterforderungen, wird insbesondere von der Rechtsprechung die Unzulässigkeit der Aufrechnung angenommen.[65]

29 Die **Rechtsfolge** einer unzulässigen Aufrechnung durch die Gesellschaft entnimmt die überwiegende Auffassung im Schrifttum Abs. 4 S. 3 in analoger Anwendung, um den Gesellschafter nicht auf den Umweg der verdeckten Sacheinlage zu verweisen.[66]

---

56 BGH, NZG 2009, 427; BGH, NZG 2003, 168; BGH, NZG 2002, 1172; *Bayer*, in: Lutter/Hommelhoff, GmbHG, § 19 Rn. 27; *Roth*, in: Roth/Altmeppen, § 19 Rn. 35; *Veil*, in: Scholz, GmbHG, Nachtrag MoMiG, § 19 Rn. 8; *Casper*, in: Ulmer/Habersack/Winter, GmbHG, Erg.band MoMiG, § 19 Rn. 19.

57 *Bayer*, in: Lutter/Hommelhoff, GmbHG, § 19 Rn. 26; vgl. *Casper*, in: Ulmer/Habersack/Winter, GmbHG, Erg.band MoMiG, § 19 Rn. 20 (»Gegenanspruch, der so gut wie Bargeld ist«).

58 *Bayer*, in: Lutter/Hommelhoff, GmbHG, § 19 Rn. 30; *Roth*, in: Roth/Altmeppen, GmbHG, § 19 Rn. 35.

59 BGH, NZG 2003, 168.

60 *Bayer*, in: Lutter/Hommelhoff, GmbHG, § 19 Rn. 28.

61 OLG Köln, WM 1987, 537.

62 *Bayer*, in: Lutter/Hommelhoff, GmbHG, § 19 Rn. 30.

63 OLG Köln, ZIP 1986, 569; OLG Düsseldorf, DB 1993, 1714; *Bayer*, in: Lutter/Hommelhoff, GmbHG, § 19 Rn. 34.

64 OLG München, Urt. v. 30.4.2009 – 8 U 4778/08[juris].

65 BGH, NZG 2002, 1172; OLG Celle, GmbHR 2006, 433; *Ebbing*, in: Michalski, GmbHG, § 19 Rn. 87; *Casper*, in: Ulmer/Habersack/Winter, GmbHG, Erg.band MoMiG, § 19 Rn. 21; a.A. *Scholz/Veil*, in: GmbHG Nachtrag MoMiG, § 19 Rn 9.

66 *Casper*, in: Ulmer/Habersack/Winter, GmbHG, Erg.band MoMiG, § 19 Rn. 22; *Bayer*, in: Lutter/Hommelhoff, GmbHG, § 19 Rn. 33; *Roth*, in: Roth/Altmeppen, GmbHG, § 19 Rn. 37; *Hueck/Fastrich*, in: Baumbach/Hueck, GmbHG, § 19 Rn. 52.

III. Zurückbehaltungsrecht

Gemäß Abs. 2 S. 3 steht dem Gesellschafter ein Zurückbehaltungsrecht an **Sacheinlagen** nur zu, soweit sich die Gegenforderung, mit der er das Zurückbehaltungsrecht geltend macht, unmittelbar auf den Gegenstand der Sacheinlage bezieht. Dies gilt namentlich für fällige Ansprüche auf **Verwendungsersatz** nach §§ 1000 S. 1, 1001 BGB oder **Schadensersatz** nach § 273 Abs. 2 BGB.[67] Als lex specialis verdrängt Abs. 2 S. 3 die Vorschrift des § 273 Abs. 1 BGB. **30**

Ein Zurückbehaltungsrecht an **Bareinlagen** können Gesellschafter generell nicht geltend machen. Dies folgt aufgrund vergleichbarer Interessenlage aus analoger Anwendung von Abs. 2 S. 2.[68] Der Ausschluss erstreckt sich auch auf das kaufmännische Zurückbehaltungsrecht nach § 369 HGB.[69] **31**

E. Verdeckte Sacheinlage (Abs. 4)

I. Problemstellung

Die gesetzliche Unterscheidung zwischen **Bareinlagen** und **Sacheinlagen** hat der Reformgesetzgeber nicht angetastet. Regelmäßig erbringen die Gesellschafter Bareinlagen durch bare Zahlung von Geld, meistens durch Überweisung auf ein Bankkonto der Vor-GmbH. Die ausnahmsweise Erbringung von Sacheinlagen (alle Vermögenswerte außer Geld) gegen Gewährung von Gesellschaftsanteilen setzt eine wirksame Vereinbarung im Gesellschaftsvertrag voraus (§ 5 Abs. 4) und unterliegt zusätzlich in formeller Hinsicht strengen Anforderungen wie der Kontrolle der Werthaltigkeit durch das Registergericht (§§ 7 Abs. 3, 9c Abs. 1 S. 2) und der Notwendigkeit, einen Sachgründungsbericht zu erstellen (§ 5 Abs. 4 S. 2). Das Auseinanderfallen des Werts der Sacheinlage und der geschuldeten Einlageleistung führt zur **Differenzhaftung** nach § 9. Falschangaben werden zivilrechtlich nach § 9a ff. und strafrechtlich nach § 82 Abs. 1 Nr. 1 – 3 sanktioniert. Der Schutzzweck der genannten Vorschriften und des komplexen Verfahrens liegt darin, einer Gefährdung der Aufbringung des Stammkapitals durch die Erbringung von Sacheinlagen entgegenzuwirken; es sollen im Interesse der Gläubiger keine Sacheinlagen eingebracht werden, die nicht dem Wert der übernommenen Sacheinlage entsprechen.[70] **32**

Von Gesetzes wegen sind Sacheinlagen aus den genannten Gründen deshalb nur unter sehr engen Voraussetzungen erlaubt. Ausdrückliche Verbotstatbestände finden sich in §§ 2 Abs. 1a, 5a Abs. 2 S. 2, 55a Abs. 3 und 58a Abs. 4 S. 1 GmbHG. **33**

---

67 Allg. Meinung, s. *Ebbing*, in: Michalski, GmbHG, § 19 Rn. 104; *Bayer*, in: Lutter/Hommelhoff, GmbHG, § 19 Rn. 37.

68 *Ebbing*, in: Michalski, GmbHG, § 19 Rn. 104; vgl. auch *Hueck/Fastrich*, in: Baumbach/Hueck, GmbHG, § 19 Rn. 41.

69 *Bayer*, in: Lutter/Hommelhoff, GmbHG, § 19 Rn. 37.

70 *Ebbing*, in: Michalski, GmbHG, § 19 Rn. 131.

34 Bei der **verdeckten Sacheinlage** werden die gesetzlichen Vorschriften zur Sacheinlage im Wesentlichen dadurch umgangen, dass der Gesellschafter eine Bareinlage leistet, gleichzeitig die Gesellschaft aber aufgrund entsprechender Vereinbarung einen Sachwert des Gesellschafters in Höhe der Bareinlage erwirbt, sodass **wirtschaftlich betrachtet** im Ergebnis die Bareinlage unmittelbar an den Gesellschafter zurückfließt.[71] Ausführliche Darstellung von Fallgruppen s. Rdn. 48 ff. In der Folge geht das Handelsregister von einer Bargründung aus und macht die Eintragung nicht vom Wert der Sacheinlage **abhängig**, so dass die GmbH den Vermögensgegenstand zu einem deutlich über dessen Wert liegenden Kaufpreis erwerben kann und sich das Eigenkapital nicht um den Betrag der Bareinlage erhöht.

35 Dass Gesellschafter dieses Gestaltungsmittel bewusst wählen oder die Vorschriften über die Sacheinlage fahrlässig umgehen, wird überwiegend mit dem als sehr kompliziert und aufwendig empfundenen bzw. **zeit- und kostenintensiven** Sacheinlageverfahren begründet.[72]

II. Tatbestandliche Voraussetzungen

36 Die Figur der verdeckten Sacheinlage ist nunmehr in § 19 Abs. 4 S. 1 Hs. 1 legaldefiniert. Der Gesetzgeber hat sich dabei bewusst für eine Anknüpfung an die bisher in der Rechtsprechung entwickelte Definition entschieden.[73] Der Tatbestand der verdeckten Sacheinlage[74] besteht demnach aus einem **objektiven** Element (= vollständige oder teilweise Bewertung der Geldeinlage eines Gesellschafters als Sacheinlage bei wirtschaftlicher Betrachtung) und einem **subjektiven** Element (= im Zusammenhang mit der Übernahme der Geldeinlage getroffene Absprache zwischen den Beteiligten). Beide Voraussetzungen müssen erfüllt sein, um die Rechtsfolgen der verdeckten Sacheinlage auszulösen.

1. Objektiver Tatbestand: Wirtschaftliche Entsprechung

37 Der Gesetzgeber hat den objektiven Tatbestand der verdeckten Sacheinlage nicht selbst konkretisiert, sondern die Definition der Ausfüllung durch Rechtsprechung

---

71 St. Rspr., beispielsweise BGH, NJW 2009, 3091 (*Cash Pool II*); BGH, NZG 2009, 865; BGH, ZIP 2008, 788; BGH, NJW 2009, 2375 (*Qivive)*; BGH, WM 2008, 638.

72 Vgl. *Wachter,* DStR 2010, 1240, 1243; *v. Schnurbein,* GmbHR 2010, 568, 569; auch *Jordans*, S. 31, geht zu Recht davon aus, dass den Gesellschaftern nicht immer der Vorwurf vorsätzlicher Umgehung der Sacheinlagevorschriften gemacht werden kann, sondern es oft nur an einem entsprechenden gesellschaftsrechtlichen Kenntnisstand fehlt.

73 Begr. RegE MoMiG, BT-Drs. 16/6140, S. 40; dem folgend die einheitliche Meinung im Schrifttum, statt aller *Casper,* in: Ulmer/Habersack/Winter, GmbHG, Erg.band MoMiG, § 19 Rn. 31 m.w.N. Anzumerken ist aber, dass die Legaldefinition die Definition des BGH nicht vollkommen trifft. Zur insofern »missglückten« gesetzlichen Definition s. *Pentz,* GmbHR 2009, 505, 507.

74 Eine gleichlautende Definition hat das ARUG nunmehr auch für das Aktienrecht eingeführt, § 27 Abs. 3 AktG.

und Literatur überlassen; überwiegend wird deshalb auf die bisher entwickelten Grundsätze zurückgegriffen.[75] Demnach ist es erforderlich, dass der Gesellschaft wirtschaftlich nicht die vereinbarte Bareinlage, sondern eine **Sacheinlage** (zum Begriff s. § 5 Rdn. 19) zufließt; bei der Einbringung einer verdeckten Sacheinlage wird der wirtschaftlich gewollte einheitliche Vorgang in zwei rechtlich getrennte Geschäfte **aufgeteilt**, bei denen der Gesellschafter zwar formal Bargeld als Einlage einbringt, dieses jedoch im Zusammenhang mit einem zweiten Rechtsgeschäft gegen die Zuführung eines anderen Gegenstandes zurückgewährt wird.[76]

38 Einen solchen Sachwert stellt neben der Leistung eines mit der Einlage bezahlten **Gegenstandes** auch die Befreiung von einer gegenüber dem Inferenten bestehenden **Verbindlichkeit** durch Rückzahlung dar. In der **Qivive-Entscheidung**[77] hat der BGH am Erfordernis der **Sacheinlagefähigkeit** des eingebrachten Gegenstandes festgehalten (vgl. dazu § 5 Rdn. 26 ff.); **Dienstleistungen** können demnach nicht Gegenstand der verdeckten Sacheinlage sein.[78] Der Grund dafür liegt darin, dass die Durchsetzung von Dienstleistungsverpflichtungen auf Schwierigkeiten stößt (§§ 887, 888 Abs. 3 ZPO) und sie deshalb als Einlage ungeeignet sind.[79] Darüber hinaus setzt der Vorwurf der Umgehungshandlung voraus, dass die Gesellschafter den im Ergebnis erstrebten Erfolg einer Sacheinlage rechtmäßig unter Beachtung der dafür geltenden Vorschriften hätten erreichen können und diesen Weg auch hätten wählen müssen.[80] Auch eine **analoge** Anwendung der Rechtsfolgen der verdeckten Sacheinlage scheidet aus; denn andernfalls hätten Gesellschafter, die sich an einer Bargründung oder Barkapitalerhöhung beteiligen, keine Möglichkeit, anschließend als Geschäftsführer der GmbH tätig zu werden, ohne dass dies den Gläubigern der Gesellschaft zum Vorteil gereichen würde.[81]

39 **Keine** verdeckte Sacheinlage liegt vor, wenn Zahlungen in die freie Kapitalrücklage i.S.d. § 272 Abs. 2 Nr. 4 HGB geleistet und unmittelbar danach zur Tilgung von Verbindlichkeiten der Gesellschaft gegenüber dem Inferenten verwendet werden.[82] Gleiches gilt, wenn mit der Bareinlage ein Darlehen abgelöst wird, für dessen Rückzahlung sich der Inferent verbürgt hat.[83]

---

75 Vgl. *Veil*, in: Scholz, GmbHG, Nachtrag MoMiG, § 19 Rn. 20; *Ebbing*, in: Michalski, GmbHG, § 19 Rn. 134; *Hermanns*, DNotZ 2011, 325.

76 BGH, ZIP 2007, 178.

77 BGH, NJW 2009, 2375 (*Qivive*).

78 BGH, NJW 2009, 2375 (*Qivive*). Zur Frage der Sacheinlagefähigkeit von Nutzungsrechten s. *Pentz*, GmbHR 2009, 505, 508 f.

79 BGH, NJW 2009, 2375 (*Qivive*).

80 BGH, NJW 2009, 2375 (*Qivive*).

81 Vgl. BGH, NJW 2009, 2375 (*Qivive*).

82 BGH, NZG 2008, 76 (unter Hinweis auf »verbale und tatsächliche Trennung« der echten Einlagen und der darüberhinausgehenden freiwilligen Zahlungen auf verschiedenen Bankkonten).

83 BGH, NZG 2011, 667.

2. Subjektiver Tatbestand: Vorherige Absprache

40 In subjektiver Hinsicht erfordert der Tatbestand der verdeckten Sacheinlage keine Umgehungsabsicht, sondern lediglich eine vorherige **Absprache** zwischen den Beteiligten, nach der mit dem Austauschgeschäft die geleistete Bareinlage an den Inferenten zurückgezahlt bzw. die Forderung auf die noch nicht gezahlte Bareinlage angerechnet werden soll.[84] Es genügt, wenn die Abrede sich auf das Gegengeschäft bezieht und einen Zusammenhang zur Bareinlage herstellt, d.h. es bedarf keiner expliziten Bezugnahme auf den Einlagenrückfluss.[85]

41 Bei der **Ein-Personen-GmbH** genügt die Willensrichtung des Alleingesellschafters, ohne dass sie nach außen artikuliert werden muss.[86]

42 Bei engem zeitlichen und sachlichen Zusammenhang zwischen dem Umsatzgeschäft und der Begründung bzw. Erfüllung der Bareinlagepflicht wird eine Absprache i.S.v. § 19 Abs. 4 **vermutet**. Dies gilt regelmäßig für einen Zeitraum von **sechs Monaten**;[87] bei einem Zeitraum von mehr als **acht Monaten** wird die Vermutung abgelehnt.[88] Bei einer erwiesenen Abrede kommt es jedoch für das Vorliegen der verdeckten Sacheinlage nicht auf den zeitlichen Zusammenhang an.[89]

3. Zurechnung des Handelns Dritter

43 Die Grundsätze der Behandlung verdeckter Sacheinlagen kommen auch zur Anwendung, wenn die Voraussetzungen für die Zurechnung des Handelns dritter Personen erfüllt sind. Hierzu muss die Leistung des Dritten an den Inferenten einer Leistung der Gesellschaft oder die Leistung an den Dritten einer Leistung an den Inferenten in jeder Hinsicht gleichstehen.[90] In Betracht kommen als Grundlage **persönliche Nähebeziehungen** wie Verwandtschaft,[91] Handeln Dritter **für Rechnung** des Einlegers (Treuhandfälle),[92] und **Konzernverhältnisse**.[93]

---

84 *Casper*, in: Ulmer/Habersack/Winter, GmbHG, Erg.band MoMiG, § 19 Rn. 43.

85 BGH, ZIP 2008, 788, 789; *Casper*, in: Ulmer/Habersack/Winter, GmbHG, Erg.band MoMiG, § 19 Rn. 44; *Veil*, in: Scholz, GmbHG, Nachtrag MoMiG, § 19 Rn. 27.

86 BGH, WM 2008, 638, 639; *Roth*, in: Roth/Altmeppen, GmbHG, § 19 Rn. 64; *Casper*, in: Ulmer/Habersack/Winter, GmbHG, Erg.band MoMiG, § 19 Rn. 45.

87 KG Berlin, GmbHR 2011, 821; OLG Hamburg, NZG 2007, 393 (zum Hin- und Herzahlen); OLG Köln, NZG 1999, 459 (zum alten Recht).

88 BGH, NJW 2002, 3774 (zum alten Recht); *Veil*, in: Scholz, GmbHG, Nachtrag MoMiG, § 19 Rn. 28.

89 BGH, NJW 1996, 1473; *Bayer*, in: Lutter/Hommelhoff, GmbHG, § 19 Rn. 57.

90 Vgl. BGH, NZG 2006, 344; BGH, NJW 2003, 825; BGH, NJW 1994, 1477; *Lieder*, in: MünchKommGmbHG, § 56 Rn. 70.

91 *Märtens*, in: MünchKommGmbHG, § 19 Rn. 212.

92 BGH, NJW 1990, 982.

93 Ausführliche Darstellung von Fallgruppen bei *Märtens*, in: MünchKommGmbHG, § 19 Rn. 214 ff.

III. Rechtsfolgen und Haftungsrisiken

1. Anrechnungslösung

44 Vor Inkrafttreten der Reform führte die verdeckte Sacheinlage nicht nur zu einer Unwirksamkeit der schuldrechtlichen Abrede, vielmehr blieb auch dem dinglichen Erfüllungsgeschäft analog § 27 Abs. 3 AktG die Wirksamkeit versagt. Der betroffene Gesellschafter war weiterhin zur Einbringung der Einlage in bar verpflichtet und wurde auf einen **Rückforderungs-** bzw. **Kondiktionsanspruch** gegen die Gesellschaft mit den entsprechenden Risiken bei der Durchsetzung verwiesen.[94] War der Herausgabe- und Bereicherungsanspruch, wie regelmäßig in der Insolvenz der Gesellschaft, wirtschaftlich wertlos, musste der Gesellschafter seine Einlage oft **doppelt** leisten, was immer wieder als unangemessene Rechtsfolge kritisiert wurde.[95] Mit dem MoMiG reagierte der Gesetzgeber auf diesen Reformdruck.

45 Nach **neuem Recht** kommt der verdeckten Sacheinlage zwar immer noch keine befreiende Wirkung für die Einlageverpflichtung des Gesellschafters zu; jedoch sind die Verträge über die Sacheinlage nicht nichtig und der Sachwert, welcher der GmbH zugeflossen ist, wird **kraft Gesetzes** auf die Geldeinlagepflicht **angerechnet.** Den Gesellschafter trifft nur noch eine Haftung in Höhe der Wertdifferenz zwischen der vereinbarten Bareinlage und der geleisteten Sacheinlage. Maßgeblich sind die Wertverhältnisse im Zeitpunkt der Anmeldung der Gesellschaft zum Handelsregister bzw. im Zeitpunkt der Überlassung des Vermögensgegenstandes; bei der Kapitalerhöhung kommt es für die Anrechnung auf die Verhältnisse im Zeitpunkt der Anmeldung der Kapitalerhöhung bzw. im Zeitpunkt der Überlassung des Vermögensgegenstandes an.[96] Die **Beweislast** für die Werthaltigkeit der Sacheinlage weist Abs. 4 S. 5 allerdings dem Gesellschafter zu; dies entspricht allgemeinen Grundsätzen bei Einwendungen, erlangt aber Bedeutung für den Anspruch der Gesellschaft im Rahmen der **Ausfallhaftung** nach § 24.[97] Damit der Beweis der Werthaltigkeit gelingt, empfiehlt sich eine sorgfältige **Dokumentation** und die Anfertigung entsprechender **Wertgutachten.**[98] Ausweislich der Gesetzesbegründung steht es der Anrechnung auch

---

94 *Ebbing*, in: Michalski, GmbHG, § 19 Rn. 154.

95 Zur Reformdiskussion s. beispielsweise *Casper*, in: Ulmer/Habersack/Winter, GmbHG, Erg.band MoMiG, § 19 Rn. 4 ff., *Jordans*, S. 33 ff.

96 BGH, GmbHR 2010, 700.

97 *Heinze*, GmbHR 2008, 1065, 1067.

98 So auch *v. Schnurbein*, GmbHR 2010, 568, 576. Zivilprozessual handelt es sich dabei um Privatgutachten, d.h. keinen Strengbeweis i.S.d. ZPO, sondern lediglich um urkundlich belegten, qualifizierten Parteivortrag, auf den die Regeln des Sachverständigenbeweises keine Anwendung finden, vgl. BGH, NJW 2001, 77; BGH, NJW 1993, 2382; *Huber*, in: Musielak, ZPO, § 402 Rn. 5. Kritisch zum Beweiswert von bereits im Einbringungszeitpunkt angefertigten »Schubladengutachten« *Märtens*, in: MünchKommGmbHG, § 19 Rn. 259.

nicht entgegen, wenn die Gesellschafter die Sacheinlagevorschriften **vorsätzlich** umgangen haben.[99]

46 Umstritten ist zunächst die dogmatische Einordnung des Begriffs der Anrechnung bzw. deren Rechtsnatur.[100] Vertreten werden dazu mehrere Ansätze: ein Verständnis als **nachträgliche Erfüllung** ex nunc (§ 362 BGB),[101] eine Deutung als gesetzlich statuierte **Annahme an Erfüllungs statt** (§ 364 Abs. 1 BGB),[102] eine Einordnung als **Vorteilsausgleich** ähnlich § 326 Abs. 2 S. 2 BGB[103] oder als Parallele zur **Differenzhaftung** bei einer offenen Sachübernahme,[104] schließlich eine Kennzeichnung als **verrechnungsähnliches Erfüllungssurrogat sui generis.**[105] Gegen das Verständnis der Anrechnung als Erfüllungssurrogat der herkömmlichen Kategorien oder gar als Erfüllung bestehen grundsätzliche Bedenken. Eine Annahme an Erfüllungs statt scheitert schon daran, dass die Anrechnung nicht vom Willen der Parteien abhängt.[106] Ein Verständnis als Erfüllung lässt sich auch mit dem gesetzgeberischen Willen nicht vereinbaren. Mit der Neuregelung will der Gesetzgeber ganz klar zum Ausdruck bringen, dass die verdeckte Sacheinlage weiterhin **unzulässig** bleibt, die Erfüllung sollte also gerade nicht zugelassen werden.[107] Vergleichbar ist die Anrechnung der Erfüllung lediglich in ihrem **wirtschaftlichen Ergebnis.**[108] Der Lösungsvorschlag, der sich auf einen gesetzlich angeordneten Vorteilsausgleich stützt, sieht sich zutreffend dem Kritikpunkt ausgesetzt, dass diese Figur dem Schadensersatzrecht entstammt und deshalb nicht ohne Weiteres auf den hier relevanten Bereich der Vertragserfüllung übertragbar ist.[109] Abzulehnen ist auch die Ansicht, die eine Parallele zur Differenzhaftung bei der offenen Sacheinlage ziehen möchte. Dagegen spricht, dass dieses Modell sich rechtspolitisch im Reformprozess gerade nicht durchzusetzen vermochte; auf den letzten Metern des Gesetzgebungsverfahrens wurde von der ursprünglich diskutierten Erfüllungslösung mit Differenzhaftung zugunsten der Anrechnungslösung Abstand genommen.[110]

---

99 Begr. RegE MoMiG, BT-Drs. 16/6140, S. 95.

100 Explizit offengelassen von BGH, GmbHR 2010, 700. Zum Meinungsstand s. *Pentz*, GmbHR 2010, 673, 680; *Müller*, NZG 2011, 761; *Sernetz*, ZIP 2010, 2173, 2174 f.; *Märtens*, in: MünchKommGmbHG, § 19 Rn. 233 ff.

101 *Hueck/Fastrich*, in: Baumbach/Hueck, GmbHG, § 19 Rn. 63.

102 *Maier-Reimer/Wenzel*, ZIP 2008, 1449.

103 *Ulmer*, ZIP 2009, 293; *Märtens*, in: MünchKommGmbHG, § 19, Rn. 237.

104 *Bayer*, in: Lutter/Hommelhoff, GmbHG, § 19; in diese Richtung tendierend wohl auch *Ebbing*, in: Michalski, GmbHG, § 19 Rn. 152.

105 *Pentz*, GmbHR 2010, 673, 683; *Müller*, NZG 2011, 761, 763.

106 *Veil*, in: Scholz, GmbHG, Nachtrag MoMiG § 19 Rn. 19; *Märtens*, in: MünchKommGmbHG, § 19 Rn. 234.

107 *Casper*, in: Ulmer/Habersack/Winter, GmbHG, Erg.band MoMiG, § 19 Rn. 60.

108 *Casper*, in: Ulmer/Habersack/Winter, GmbHG, Erg.band MoMiG, § 19 Rn. 60.

109 *Sernetz*, ZIP 2010, 2173, 2175 (mit eigener Lösung über gesetzlich angeordnete Verrechnung der offenen Bareinlageforderung mit der Bereicherungsforderung des Inferenten).

110 BT-Drs. 16/9737, S. 97 zu Nr. 17 (§ 19), zu Abs. 4; wie hier *Lieder*, in: MünchKommGmbHG, § 56 Rn. 76.

Es ist zuzugeben, dass es kaum gelingt, die Anrechnung auf den ersten Blick einleuchtend und dogmatisch einwandfrei unter eine der herkömmlichen Formen der Erfüllungssurrogate zu fassen. Jegliche Einordnung muss jedenfalls die **Wertungen des Gesetzgebers** zugrunde legen: erstens muss eine doppelte Inanspruchnahme des Gesellschafters verhindert werden, zweitens darf der Gesellschafter umgekehrt nicht in den Genuss der Rückerstattung der Barleistung kommen, und drittens darf der Inferent haftungsrechtlich nicht besser stehen als bei einer ordnungsgemäßen Sacheinlage.[111] Dem Charakter und Zweck der Anrechnung ebenso wie der gesetzgeberischen Intention noch am ehesten gerecht wird die Ansicht, die die Anrechnung als ein neues Institut eigener Art begreift.[112] Die unterschiedlichen Begründungsansätze führen jedoch regelmäßig zu demselben Ergebnis (s. Rdn. 48 ff.). 47

2. Ansprüche von Gesellschaft und Inferenten

Auswirkungen der Anrechnung ergeben sich in verschiedenen Fallgruppen, die ausgehend von einem Fallbeispiel dargestellt werden.[113] *Beispiel*: An der zur Eintragung ins Handelsregister angemeldeten X-GmbH ist unter anderem auch der Gesellschafter G beteiligt. Dieser schuldet und leistet eine Einlage in Höhe von EUR 25.000. Absprachegemäß kommt zwischen Gesellschafter G und der X-GmbH ein Kaufvertrag über einen Vermögenswert des G zustande, der auch beidseitig erfüllt wird. Kurz darauf wird die X-GmbH ins Handelsregister eingetragen. Der Kaufpreis betrage a) EUR 25.000, was dem Gegenstandswert entspricht, b) EUR 30.000 bei einem Gegenstandswert von EUR 27.000, c) EUR 22.000, was dem Gegenstandswert entspricht, d) EUR 25.000 bei einem Gegenstandwert von EUR 30.000. 48

a) Vollwertige verdeckte Sacheinlage. Die geschuldete Einlage deckt sich mit dem Kaufpreis und dem Wert des Vermögensgegenstandes. Sowohl das zugrundeliegende Kausalgeschäft als auch die Übereignung sind wirksam. Der Wert der Sacheinlage (EUR 25.000) wird auf den in voller Höhe fortbestehenden Einlageanspruch angerechnet.[114] 49

b) Verdeckte gemischte Sacheinlage. Der tatsächliche Wert der Sacheinlage (EUR 27.000) liegt unter dem Kaufpreis, aber über der geschuldeten Einlage. Für diese Konstellation hat der BGH im »**AdCoCom-Urteil**« entschieden, dass ein Minderwert der Sacheinlage wegen des Grundsatzes der realen Kapitalaufbringung nicht zu Lasten des Gesellschaftsvermögens gehen dürfe; vielmehr müsse vor einer Anrechnung von dem tatsächlichen Wert der Sacheinlage der Betrag abgezogen werden, den 50

111 *Müller*, NZG 2011, 761, 762.

112 *Veil*, in: Scholz, GmbHG, Nachtrag MoMiG § 19 Rn. 19; *Casper*, in: Ulmer/Habersack/Winter, GmbHG, Erg.band MoMiG, § 19 Rn. 60; ähnlich *Müller*, NZG 2011, 761, 763.

113 Die Darstellung ist angelehnt an *Veil*, in: Scholz, GmbHG, Nachtrag MoMiG § 19 Rn. 42 ff. und *Jordans*, S. 113 ff.; ausführlich dazu auch *Casper*, in: Ulmer/Habersack/Winter, GmbHG, Erg.band MoMiG, § 19 Rn. 68 ff.

114 S. zu den Begründungen der anderen Ansätze ausführlich *Jordans*, S. 114 f.

die Gesellschaft über den Nominalwert der Bareinlage hinaus als Gegenleistung entrichtet habe.[115] Im Fall hat die X-GmbH einen Betrag von EUR 30.000 bezahlt, EUR 5.000 mehr als die Einlageschuld des G beträgt. Dieser Betrag ist vom tatsächlichen Wert (EUR 27.000) abzuziehen, sodass eine Differenz von EUR 22.000 verbleibt. In dieser Höhe findet eine Anrechnung statt, im Ergebnis schuldet G also noch EUR 3.000.[116]

51 c) **Minderwert der Sacheinlage bei angemessenem Kaufpreis**. Der tatsächliche Wert der Sacheinlage (EUR 22.000) deckt sich mit dem Kaufpreis, liegt aber unter der geschuldeten Einlage. Diesen Fall regelt der Wortlaut des Gesetzes auf **Rechtsfolgenseite** nicht unmittelbar, da die Verweigerung der Erfüllungswirkung sich auf die gesamte Geldeinlage bezieht und nicht nur auf den teilweise als Sacheinlage zu bewertenden Teil. Die überwiegende Ansicht im Schrifttum liest in den Wortlaut der Norm daher auf der Rechtsfolgenseite das Wort »soweit« hinein und beschränkt die erfüllungshindernde Wirkung der verdeckten Sacheinlage auf den Teilbetrag, der an den Inferenten zurückfließt.[117] Im Ergebnis erhält die X-GmbH einen Vermögenswert von EUR 22.000 und einen Barbetrag von EUR 3.000. Die Einlageschuld des G erlischt demnach in Höhe von EUR 3.000; in Höhe von EUR 22.000 besteht die Forderung fort. Da der Kaufpreis sich jedoch mit dem Wert des eingebrachten Gegenstandes deckt, findet kraft Gesetzes die volle Anrechnung in dieser Höhe statt. Es bestehen keine Ansprüche mehr zwischen den Beteiligten.[118]

52 d) **Mehrwert der Sacheinlage**. Der tatsächliche Wert der Sacheinlage (EUR 30.000) liegt über dem Kaufpreis und der geschuldeten Einlage. Der Anspruch auf die Bareinlageleistung ist wegen der Anrechnungswirkung in voller Höhe erloschen. Hinsichtlich des überschießenden Betrages von EUR 5.000 ist zu berücksichtigen, dass G wissentlich und willentlich mehr geleistet hat als er schuldete. Mit unterschiedlichen dogmatischen Ansätzen lehnt das Schrifttum daher im Ergebnis einhellig einen Rückerstattungsanspruch des G ab.[119] Der überschießende Betrag kann bei der X-GmbH der **Kapitalrücklage** nach § 272 Abs. 2 HGB zugeführt werden.

---

115 BGH, ZIP 2010, 978 (*AdCoCom*).

116 Zu den Begründungen der im Schrifttum vertretenen Ansätze ausführlich *Jordans*, S. 115 ff.

117 *Bayer*, in: Lutter/Hommelhoff, GmbHG, § 19 Rn. 78; *Jordans*, S. 121 m.w.N.; a.A. *Veil*, in: Scholz, GmbHG, Nachtrag MoMiG, § 19 Rn. 50.

118 Zu den Begründungen der im Schrifttum vertretenen Ansätze und zur Behandlung eines Unterfalls dieser Konstellation, bei der der Kaufpreis über dem Wert der Sache liegt, ausführlich *Jordans*, S. 120 ff.

119 *Casper*, in: Ulmer/Habersack/Winter, GmbHG, Erg.band MoMiG, § 19 Rn. 70; Ausführlich *Jordans*, S. 129 ff.

3. Compliance und Haftungsrisiken

53 Vor Eintragung hat der Geschäftsführer in der Anmeldung zu versichern, dass die Bareinlage erbracht und zu seiner endgültigen und freien Verfügung in das Vermögen der Gesellschaft geleistet wurde. Dies ist bei der verdeckten Sacheinlage jedoch nicht wahrheitsgemäß möglich, da die eingebrachten Barmittel entweder bereits an den Gesellschafter zurückgeflossen sind oder zurückfließen werden.[120] **Frühester Zeitpunkt** einer Anrechnung ist gemäß Abs. 4 S. 6 die Eintragung in das Handelsregister; eine Berufung auf Abs. 4 bleibt dem Geschäftsführer damit bei der Versicherung verwehrt.[121] Nach wie vor werden bewusste Falschangaben in Kenntnis der verdeckten Sacheinlage sowohl mit der Entstehung von **Schadensersatzansprüchen** (§ 9a) als auch mit einer **Freiheitsstrafe** von bis zu drei Jahren oder einer Geldstrafe (§ 82) sanktioniert. Letzteres wirkt sich gemäß § 6 Abs. 2 S. 2 Nr. 3 lit. c wiederum auf die Inhabilität als Geschäftsführer einer GmbH aus. Nimmt der Geschäftsführer pflichtwidrig eine Sacheinlage statt einer Bareinlage an, kann dies auch eine Kündigung des Anstellungsvertrages aus wichtigem Grund nach sich ziehen.[122]

54 Noch ungeklärt ist die Frage, ob die Sacheinlagevorschriften auch im Rahmen der **wirtschaftlichen Neugründung** bei Aktivierung einer Vorratsgesellschaft Anwendung finden. Der BGH verlangt die Einhaltung der Kapitalaufbringungsvorschriften sowohl für wirtschaftliche Neugründung[123] als auch für die Wiederverwendung eines zwischenzeitlich leer gewordenen Gesellschaftsmantels.[124] Da die Ausgangslage im Grundsatz unverändert geblieben ist, spricht vieles dafür, dass die Anforderungen des Abs. 4 insbesondere hinsichtlich der abzugebenden Geschäftsführerversicherung auch bei der wirtschaftlichen Neugründung jedenfalls vorsorglich einzuhalten sind.[125]

55 Der **Gesellschafter** setzt sich einem Haftungsrisiko nach § 9a Abs. 1 aus. Ferner tendiert die Rechtsprechung zur Annahme einer Haftung des Gesellschafters gegenüber Dritten unter Anwendung des § 823 Abs. 2 BGB i.V.m. § 82 Abs. 1 Nr. 1 Var. 2.[126]

56 Die deutliche Abmilderung der Rechtsfolgen im Zuge der Reform darf also nicht darüber hinwegtäuschen, dass vor dem Einsatz verdeckter Sacheinlagen als Gestaltungsmittel aufgrund der zivil-, gesellschafts- und strafrechtlichen Sanktionen auch nach neuem Recht zu **warnen** und dringend davon **abzuraten** ist.[127] Die Reform hatte es sich lediglich auf die Fahnen geschrieben, eine doppelte Inanspruchnahme des Gesellschafters in der Insolvenz oder aufgrund eines Wertverfalls der Sache nach

---

120 *v. Schnurbein*, GmbHR 2010, 568, 570.

121 *Ebbing*, in: Michalski, GmbHG, § 19 Rn. 153.

122 *Ebbing*, in: Michalski, GmbHG, § 19 Rn. 155; *Veil*, ZIP 2007, 1244.

123 BGH, GmbHR 2003, 227. Zu den Voraussetzungen der Mantelverwendung s. auch BGH, GmbHR 2010, 474.

124 BGH, GmbHR 2003, 1125.

125 Zutreffend *Göhmann*, RNotZ 2011, 290, 295.

126 KG Berlin, GmbHR 2011, 821.

127 *Eßers/Sirchich von Kis-Sira*, GmbH-Stpr. 2009, 14, 15; ähnlich auch *Rezori*, RNotZ 2011, 125, 139.

Einbringung zu verhindern, ohne dass damit eine Legalisierung der verdeckten Sacheinlage verbunden gewesen wäre.[128]

57 Unter dem Gesichtspunkt des Haftungsrisikos von **Steuerberatern** und **Rechtsanwälten**[129] stellt die Empfehlung einer verdeckten Sacheinlage ohne Aufklärung über die damit verbundenen gesellschaftsrechtlichen Risiken nach neuem wie nach altem Recht einen **Beratungsfehler** dar, der zu entsprechenden Ersatzansprüchen des (ggf. in den Schutzbereich des mit der Gesellschaft abgeschlossenen Beratungsvertrags einbezogenen) Inferenten führt.[130] Dies gilt nach neuem Recht insbesondere dann, wenn dem Inferenten der Nachweis der **Werthaltigkeit** des Vermögensgegenstandes (§ 19 Abs. 4 S. 5) nicht gelingt.[131]

4. Heilung

58 Die von der Rechtsprechung entwickelten Heilungsmöglichkeiten ex nunc[132] wollte der Gesetzgeber im Rahmen der Neuregelung von Abs. 4 unberührt lassen.[133] Aufgrund der nunmehr stattfindenden Anrechnung dürfte diese Möglichkeit jedoch nur noch eingeschränkte Bedeutung haben.[134]

---

128 Vgl. *Casper*, in: Ulmer/Habersack/Winter, GmbHG, Erg.band MoMiG, § 19 Rn. 30 (»keine Lizenz zum Lügen«).

129 Zur Aufklärungspflicht des beurkundenden Notars über Umstände einer Kapitalerhöhung s. BGH, NJW 1996, 524; OLG Oldenburg, DB 2006, 777; vgl. auch *Göhmann*, RNotZ 2011, 290, 296. Zur möglichen Beihilfestrafbarkeit des Notars bei falscher Versicherung des Geschäftsführers s. *Altmeppen*, NZG 2010, 441, 444.

130 BGH, NZG 2009, 865. Im zugrundeliegenden Sachverhalt sollten im Zuge einer Kapitalerhöhung Patente, die im Eigentum des Inferenten und seines Bruders standen, in die GmbH eingebracht werden. Die GmbH beauftragte den beklagten Rechtsanwalt und Steuerberater, die beabsichtigte Kapitalerhöhung unter steuerlichen Gesichtspunkten zu begleiten. Dieser empfahl der GmbH, von einer Kapitalerhöhung im Wege einer Sacheinlage der Patente abzusehen, den Verkaufserlös der Patente auszuzahlen und die Kapitalerhöhung mittels einer Bareinlage vorzunehmen. Nach Insolvenz der GmbH wurde der Inferent vom Insolvenzverwalter unter dem Gesichtspunkt der verdeckten Sacheinlage auf nochmalige Zahlung der Einlage in Anspruch genommen. Zur Schutzwirkung eines Beratungsvertrags zwischen Rechtsanwalt und GmbH in Ansehung des Risikos verdeckter Sacheinlagen zugunsten der an einer Kapitalerhöhung teilnehmenden Altgesellschafter s. auch BGH, NJW 2000, 725.

131 *Merkner/Schmidt-Bendun*, NZG 2009, 1054, 1058.

132 BGH, NJW 1996, 1473.

133 Begr. RegE MoMiG, BT-Drs. 16/6140, S. 40.

134 *Hueck/Fastrich*, in: Baumbach/Hueck, GmbHG, § 19 Rn. 68; *Roth*, in: Roth/Altmeppen, § 19 Rn. 90.

F. Hin- und Herzahlen (Abs. 5)

I. Problemstellung

59 Die zweite wichtige Konstellation zur Umgehung der Kapitalerhaltungsvorschriften durch Einlagenrückfluss bildet die Figur des sog. **Hin- und Herzahlens.** Diese betrifft den Fall, dass eine Bareinlage des Gesellschafters aufgrund einer vorher getroffenen Vereinbarung von der Gesellschaft etwa als **Darlehen** faktisch wieder an den Gesellschafter zurückfließt. Einen weiteren Fall des Hin- und Herzahlens bildet etwa der Rückfluss der Einlageleistung aufgrund einer **Treuhandabrede.**[135] Für den Gesellschafter bietet das Hin- und Herzahlen den Vorteil, dass er seine Einlagenpflicht erfüllen kann, ohne dass er die erforderlichen Barmittel aus seinem Vermögen aufbringen muss.[136] Aus Sicht der Gesellschaft fehlt es aber dann an liquiden Mitteln, die sie gerade in der Gründungsphase benötigt.[137]

60 Die **Abgrenzung** der verdeckten Sacheinlage nach Abs. 4 vom Hin- und Herzahlen nach Abs. 5 bereitet oft Schwierigkeiten.[138] Beiden Figuren ist gemeinsam, dass im Widerspruch zum Grundsatz der realen Kapitalaufbringung eine vom Gesellschafter geleistete Einlage bei wirtschaftlicher Betrachtung nicht bei der Gesellschaft verbleibt, sondern wieder an den Gesellschafter zurückfließt. Während bei der verdeckten Sacheinlage der Empfang eines Sachwertes im Mittelpunkt steht, geht es beim Hin- und Herzahlen darum, dass aufgrund einer entsprechenden Abrede die Gesellschaft erhaltene Beträge an den Gesellschafter zurückzahlt und damit in eine **Gläubigerstellung** gegenüber dem Gesellschafter einrückt. Die vormalige Einlageforderung wird also entgegen dem Schutzzweck von Abs. 2 S. 1 durch eine schwächere (schuldrechtliche) Forderung ausgetauscht, so dass im Ergebnis eine **verdeckte Finanzierung** der Einlagemittel durch die Gesellschaft selbst stattfindet.[139] **Bilanziell** betrachtet mindert die verdeckte Sacheinlage die Passiva der Gesellschaft, während beim (vollwertigen) Hin- und Herzahlen ein Aktivtausch stattfindet, indem die Gesellschaft nicht die vormaligen Barmittel, sondern eine Forderung gegen den Gesellschafter erwirbt.[140]

II. Tatbestandliche Voraussetzungen

61 Die Figur des Hin- und Herzahlens umschreibt der Gesetzgeber in § 19 Abs. 5 als vor der Einlage vereinbarte Leistung an den Gesellschafter, die wirtschaftlich einer Rückzahlung der Einlage entspricht und die nicht als verdeckte Sacheinlage zu beurteilen ist. Abs. 5 ordnet hierfür zunächst eine **formelle Subsidiarität** des Hin- und Herzahlens gegenüber der verdeckten Sacheinlage an. Ist also der Tatbestand einer verdeckten Sacheinlage erfüllt, findet Abs. 5 keine Anwendung.

135 BGH, NZG 2006, 227.
136 *Jordans*, S. 173.
137 *Jordans*, S. 173.
138 S. dazu auch OLG Köln, GmbHR 2010, 1213.
139 BGH, NJW 2009, 2375 (*Qivive*).
140 *Hermanns*, DNotZ 2011, 325, 329.

62 Vor Leistung der Bareinlage (**Hinzahlen**) muss zwischen Gesellschaft und Gesellschafter eine Vereinbarung über die Rückgewähr (**Herzahlen**) getroffen worden sein. Bei engem sachlichen und zeitlichen Zusammenhang zwischen Einlagenleistung und Rückgewähr gilt wie bei der verdeckten Sacheinlage eine Vermutung für eine solche Vereinbarung.[141] Auch im Übrigen gelten die Ausführungen zur Absprache bei der verdeckten Sacheinlage (Rdn. 40 ff.) für das Hin- und Herzahlen entsprechend.

63 Auf die Reihenfolge von Einlagenleistung und Rückgewähr kommt es nicht an. Zwar ist der Fall, dass die Gesellschaft dem Inferenten im Vorfeld der Bareinlage Geldmittel zur Verfügung stellt und der Gesellschafter daran anschließend seine Bareinlageleistung erbringt (**Her- und Hinzahlen**), nicht unmittelbar vom Wortlaut erfasst, dennoch findet § 19 Abs. 5 **direkt**[142] oder **analog**[143] Anwendung. Für die wirtschaftliche Vergleichbarkeit der Vorgänge ist die Reihenfolge der Leistungen ohne Belang.[144]

III. Rechtsfolgen und Haftungsrisiken

1. Ausnahmsweise Befreiung von der Leistungspflicht

64 Nach bisheriger Rechtsprechung bestand die Konsequenz des Hin- und Herzahlens darin, dass die Einlageschuld des Gesellschafters nicht wirksam erfüllt und auch die zugrundeliegende schuldrechtliche Abrede unwirksam war; insoweit lag ein Verstoß gegen das Befreiungsverbot vor, und die Leistung stand nicht zur freien Verfügung der Geschäftsführung.[145] Anders als bei der verdeckten Sacheinlage lehnte die Rechtsprechung eine Rückabwicklung über Bereicherungsrecht hier ab. Unter dem Gesichtspunkt der Kapitalaufbringung sei überhaupt nichts geleistet worden, sodass es auch an einer ungerechtfertigten Bereicherung fehle.[146] Soweit der Gesellschafter später die vermeintliche Darlehensvaluta an die Gesellschaft zurückgezahlt hat, hat er damit die Einlageschuld getilgt.[147] Diese Grundsätze galten auch für die beiden Hauptanwendungsfälle des Hin- und Herzahlens, zum einen die Kapitalaufbringung in der **GmbH & Co. KG** (s. Rdn. 78 ff.) und zum anderen das **Cash Pooling** im Konzern (s. Rdn. 82 ff.).

65 Grundsätzlich bleibt es auch nach **neuem Recht** dabei, dass die Einlageschuld im Fall des Hin- und Herzahlens nicht wirksam erfüllt ist (vgl. die Regelung des Abs. 2 S. 1). Eine Ausnahme statuiert Abs. 5 nur für den Fall, dass die Leistung durch einen vollwertigen Rückgewähranspruch gedeckt ist, der jederzeit fällig ist oder durch fristlose Kündigung durch die Gesellschaft fällig werden kann (S. 1) und diese Leistung

---

141 BGH, GmbHR 2008, 818; *Bayer,* in: Lutter/Hommelhoff, GmbHG, § 19 Rn. 92.

142 BGH, NJW 2010, 1747 (*Eurobike*).

143 *Lieder,* in: MünchKommGmbHG, § 56a Rn. 74; *Bayer,* in: Lutter/Hommelhoff, GmbHG, § 19 Rn. 103.

144 BGH, NJW 2010, 1747 (*Eurobike*).

145 BGH, NJW 2003, 825; BGH, NZG 2006, 227.

146 BGH, NZG 2006, 227; BGH, NZG 2006, 24; *Bayer,* in: Lutter/Hommelhoff, GmbHG, § 19 Rn. 86.

147 BGH, NZG 2006, 227; BGH, NZG 2006, 24.

gegenüber dem Handelsregister offengelegt wird (S. 2). Dem neuen Recht liegt auch hier eine **bilanzielle Betrachtungsweise** zugrunde: Der Gesetzgeber ermöglicht die Substitution der Einlageforderung durch eine schuldrechtliche Forderung gegen den Inferenten.[148]

66 a) **Voraussetzungen der Befreiung von der Leistungspflicht.** Der Rückgewähranspruch der Gesellschaft muss den an den Gesellschafter geflossenen Betrag in voller Höhe **abdecken**[149] und das Kriterium der **Vollwertigkeit** erfüllen. Letzteres ist dann der Fall, wenn das Vermögen des Inferenten objektiv zur Erfüllung aller Verbindlichkeiten ausreicht[150], bzw. unter Rekurs auf bilanzielle Beurteilungskriterien dann, wenn der Rückgewähranspruch entsprechend der Bewertung von Forderungen aus Drittgeschäften im Rahmen der Bilanzierung gemäß § 253 HGB auf der Grundlage einer vernünftigen kaufmännischen Beurteilung in der vollen Höhe des Nennbetrags aktivierbar ist, also bilanziell kein Abwertungsbedarf besteht.[151] Die Frage, ob das Deckungs- und Vollwertigkeitsgebot stets eine angemessene **Verzinsung** der Forderung verlangt, ist zu bejahen.[152] Dafür spricht unter Gläubigerschutzgesichtspunkten, dass unverzinsliche und unterverzinsliche Forderungen in der Handelsbilanz mit dem Barwert anzusetzen, also abzuzinsen sind,[153] und insoweit eine Wertminderung eintritt.[154] Maßgeblicher **Zeitpunkt**, in dem die Vollwertigkeit gegeben sein muss, ist der Zeitpunkt der Leistung der Gesellschaft an den Gesellschafter; ein späteres Entfallen der Vollwertigkeit lässt die Anwendbarkeit des Abs. 5 unberührt.[155]

67 Der Rückgewähranspruch muss jederzeit **fällig** sein oder jederzeit durch fristlose Kündigung seitens der Gesellschaft fällig gestellt werden können. Die Vereinbarung eines jederzeitigen Rückforderungsrechts im Vertrag ist also unerlässlich.

68 Das (ungeschriebene) Erfordernis der **Liquidität** des Anspruchs ist erfüllt, wenn die Forderung nach Grund und Höhe unzweifelhaft ist, ihre Durchsetzbarkeit also weder an Einwendungen noch an Einreden, wie z.B. Verjährung, scheitert.[156]

---

148 *Märtens*, in: MünchKommGmbHG, § 19 Rn. 277.

149 Bei Fremdwährungsansprüchen muss das Kursrisiko zu Lasten des Schuldners gehen, *Märtens*, in: MünchKommGmbHG, § 19 Rn. 302.

150 *Ebbing*, in: Michalski, GmbHG, § 19 Rn. 173; *Bayer*, in: Lutter/Hommelhoff, GmbHG, § 19 Rn. 95.

151 *Märtens*, in: MünchKommGmbHG, § 19 Rn. 304; *Henkel*, NZI 84, 87; *Herrler*, DStR 2011, 2255, 2260; vgl. auch *Veil*, in: Scholz, GmbHG, Nachtrag MoMiG, § 19 Rn. 68.

152 Umstritten ist dies bei kurzfristigen Darlehen mit einer Laufzeit von bis zu einem Jahr, bei denen eine Abzinsung handelsbilanziell nicht vorgeschrieben ist. Für eine Übertragung dieses Grundsatzes *Kiefner/Theusinger*, NZG 2008, 801, 804.

153 *Ellrott/Roscher*, in: BeckBilKomm, § 253 Rn. 592.

154 Wie hier: *Märtens*, in: MünchKommGmbHG, § 19 Rn. 306; *Henkel*, NZI 84, 87; *Herrler*, DStR 2011, 2255, 2260 (Abweichungen vom Marktwert bis zu 1 % unschädlich).

155 *Veil*, in: Scholz, GmbHG, Nachtrag MoMiG, § 19 Rn. 69.

156 *Bayer*, in: Lutter/Hommelhoff, GmbHG, § 19 Rn. 95.

69 **b) Offenlegung und Nachweis der Vollwertigkeit des Rückgewähranspruchs.** Der Gesetzeswortlaut verlangt in Abs. 5 S. 2 eine **Offenlegung** des Hin- und Herzahlens in der Handelsregisteranmeldung. Diese bildet nach der Rechtsprechung des BGH eine zwingende Voraussetzung für die Erfüllungswirkung und hat damit **konstitutive** Bedeutung.[157] Aus dem Wortlaut des Gesetzes ergibt sich diese erfüllungshindernde Wirkung jedoch nicht unmittelbar; näher liegt es nach zutreffender Ansicht, dass das Erfordernis der Offenlegung lediglich einen Gleichlauf mit der verdeckten Sacheinlage nach Abs. 4 hinsichtlich der Sanktionsmöglichkeit wegen Falschangaben nach § 9a oder § 43 Abs. 2 herstellt.[158] In der Praxis dürfte aufgrund der höchstrichterlichen Rechtsprechung (*Qivive*, *Cash Pool II*) jedoch das Offenlegungserfordernis als konstitutive Voraussetzung der Erfüllungswirkung zu beachten sein.[159]

70 Das Unterlassen der Angabe in der Anmeldung zum Handelsregister zieht Haftungsrisiken und eine Strafbarkeit nach § 82 Abs. 1 Nr. 1 nach sich. Zu weiteren Erfordernissen der Offenlegung und zum **Prüfungsumfang** des Registergerichts schweigt das Gesetz jedoch. Das OLG München lässt bloße Angaben in der Handelsregisteranmeldung nicht genügen und verlangt die Vorlage des **Darlehensvertrages** sowie einen Nachweis über die **Bonität** des Rückgewährschuldners.[160] Das Registergericht müsse in die Lage versetzt werden, die vom Geschäftsführer vorgenommene Bewertung des Anspruchs als vollwertig und liquide nachzuvollziehen; dies ergebe sich aus dem Sinn und Zweck des Abs. 5 S. 2. Bei der Einführung des Abs. 5 habe nicht der Gesichtspunkt der Vereinfachung und Beschleunigung des Eintragungsverfahrens im Vordergrund gestanden, ein gesetzgeberischer Wille zu einer Herabsetzung der Anforderungen an die mit der Anmeldung vorzulegenden Unterlagen sei nicht ersichtlich. Welche Nachweise im Allgemeinen geeignet sind, zu belegen, dass die Leistung durch einen vollwertigen Rückgewähranspruch gedeckt ist, lässt das Gericht ausdrücklich offen. Im konkreten Fall akzeptierte das Gericht eine positive Bewertung durch eine international anerkannte **Rating-Agentur** als hinreichenden Nachweis, stellte aber unter Beweislastaspekten klar, dass das Registergericht nicht gehalten sei,

157 BGH, NJW 2009, 3091 (*Cash Pool II*). Nach anderer Ansicht stellt das Offenlegungserfordernis nur eine formell-rechtliche Verpflichtung des Geschäftsführers dar, so *Hueck/Fastrich*, in: Baumbach/Hueck, GmbHG § 19 Rn. 80; *Altmeppen*, NZG 2010, 441, 446; *Herrler*, GmbHR 2010, 785, 787 (auch zur Möglichkeit der Heilung durch nachträgliche Offenlegung); gegen die erfüllungshindernde Wirkung auch *Avvento*, BB 2010, 202, 203.

158 Ausführlich dazu *Avvento*, BB 2010, 202, 203 m.w.N.

159 So auch *Avvento*, BB 2010, 202, 204.

160 OLG München, GmbHR 2011, 422. Im zugrundeliegenden Sachverhalt hatte eine börsennotierte AG eine Tochtergesellschaft gegründet und das Stammkapital von EUR 25.000 in voller Höhe auf ein Konto der Gesellschaft einbezahlt. Die Geschäftsführer haben im Rahmen der Anmeldung neben der Versicherung nach § 8 auch die Einlagenrückgewähr offengelegt und angegeben, dass der Rückgewähranspruch jederzeit durch fristlose Kündigung fällig gestellt werden könne und aufgrund der Vermögensverhältnisse der Muttergesellschaft vollwertig sei. Das Registergericht hat per Zwischenverfügung beanstandet, dass der Darlehensvertrag und ein Bonitätsnachweis der Muttergesellschaft nicht beigefügt worden seien, und die Eintragung abgelehnt.

sich die benötigten Informationen selbst zu beschaffen, es vielmehr der Gesellschaft aufgrund ihrer Mitwirkungspflicht im Anmeldungsverfahren obliege, das Rating konkret vorzutragen und zu belegen.

71 Nach hier vertretener Auffassung **überspannt** das OLG München die Anforderungen an eine ordnungsgemäße Offenlegung nach Abs. 5 deutlich. Die Entscheidung vermag daher nicht zu überzeugen.[161] Das Hin- und Herzahlen verbindet der Gesetzgeber nicht mit strengen Formanforderungen, wie sie etwa in Form eines Berichts für die Sachgründung oder die Sachkapitalerhöhung vorgesehen sind; anders als § 8 regelt Abs. 5 auch nicht die Pflicht zur Einreichung bestimmter Unterlagen. Im Umkehrschluss lässt sich daraus entnehmen, dass der Gesetzgeber das Hin- und Herzahlen als weniger formstrengen Vorgang konzipiert hat. Ein vergleichender Blick in die annähernd wortlautidentische **Parallelvorschrift** des Aktienrechts (§ 27 Abs. 4 AktG) stützt diese Auffassung: für die Vollwertigkeit bzw. Fälligkeit des Rückgewähranspruchs sind nicht einmal in diesem äußerst formstreng ausgestalteten Regelungssystem besondere Nachweise erforderlich.[162]

72 Auch die **Beweislastverteilung**, wie sie das OLG München vornimmt, begegnet erheblichen Bedenken. **§ 26 FamFG** statuiert für die Sachverhaltsaufklärung den Amtsermittlungsgrundsatz. Nach dem Wortlaut der Vorschrift hat das Gericht nur die »erforderlichen« Ermittlungen durchzuführen. Die von Amts wegen einzuleitenden und durchzuführenden Ermittlungen sind danach so weit auszudehnen, wie es die Sachlage erfordert.[163] Dies gilt auch für vorzulegende Nachweise. Solange nach der Sachlage **konkrete Zweifel** nicht angebracht sind, ist das Gericht also weder berechtigt noch verpflichtet, die Mitwirkungspflicht der Beteiligten auf die Vorlage weiterer Nachweise auszudehnen.[164] Vielmehr muss das Gericht sich regelmäßig auf die Angaben des anmeldenden Geschäftsführers verlassen. § 8 Abs. 2 S. 2 findet über die Verweisung in Abs. 5 auch im Fall des Hin- und Herzahlens Anwendung.[165]

73 Für die Praxis empfiehlt es sich aufgrund der noch nicht eindeutig geklärten Rechtslage dennoch, dem Registergericht bei der Anmeldung **vorsorglich** Nachweise für die Angaben der Geschäftsführer vorzulegen. In Betracht kommen dafür neben der Bewertung durch eine Rating-Agentur auch eine Bescheinigung durch einen Sach-

161 Wie hier *Wachter*, GmbHR 2011, 422, 424; für eine Vorlagepflicht *Heckschen*, DStR 2009, 166, 174; wohl auch *Märtens*, in: MünchKommGmbHG, § 19, Rn. 313.

162 *Wachter*, GmbHR 2011, 422, 425.

163 *Steidel*, in: Keidel, FamFG, § 26 Rn. 16.

164 Vgl. auch OLG Hamm, GmbHR 2011, 29 (zum Nachweis der Vertretungsbefugnis bei einer GbR als Gesellschafterin einer GmbH); OLG Hamm, FGPrax 2011, 32 (zur inhaltlichen Überzeugungskraft der Versicherung vor Beginn der Wirksamkeit der Bestellung zum Geschäftsführer nach § 39 Abs. 3) und OLG Düsseldorf, FGPrax 2011, 134 (zu Anforderungen an die Feststellung der Vermögenslosigkeit als Voraussetzung für die Löschung einer GmbH).

165 A.A. OLG München, GmbHR 2011, 422.

verständigen[166] oder die Substantiierung durch Darlegung werthaltiger Sicherheiten oder einer zeitnah erfolgten Werthaltigkeitsprüfung durch ein Kreditinstitut.[167]

74 c) **Rechtsfolgen**. Wenn die genannten Voraussetzungen erfüllt sind, kommt der Leistung des Gesellschafters Erfüllungswirkung zu und der Gesellschafter wird von seiner Leistungspflicht damit befreit. Wenn es an der Vollwertigkeit des Anspruchs hingegen fehlt, weil beispielsweise die Forderung handelsbilanziell abzuschreiben wäre, gilt auch nach neuer Rechtslage, dass die Einlage keine Befreiungswirkung hat (**Alles-oder-Nichts-Prinzip**[168]). Dies ergibt sich schon aus der bewussten Entscheidung des Gesetzgebers für das Wort »wenn« anstelle von »soweit«. Maßgeblicher **Zeitpunkt** der Vollwertigkeit ist nach überwiegender Ansicht das Herzahlen an den Gesellschafter.[169]

2. Haftungsrisiken

75 Den erleichterten Rechtsfolgen steht jedoch auch hier ein verschärftes Pflichtenprogramm des Geschäftsführers gegenüber; denn dieser muss nun **ständig**, d.h. nicht nur einmal zum Zeitpunkt der Darlehensabrede, die Vollwertigkeit der Darlehensforderung der Gesellschaft überprüfen und laufend überwachen.[170] Tut er dies nicht oder unterlässt eine ggf. erforderliche Kündigung des Darlehens oder Anforderung von Sicherheiten, setzt er sich bei einem Schadenseintritt dem Haftungsrisiko nach § 43 Abs. 2 aus.

76 Darüber hinaus gelten die Ausführungen zu Haftungsrisiken bei der verdeckten Sacheinlage hier entsprechend.

IV. Hin- und Herzahlen in der GmbH & Co. KG

1. Konkurrenz der Kapitalschutzsysteme

77 Bei der GmbH & Co. KG stellt es weit verbreitete Praxis dar, die Stammeinlage der Komplementär-GmbH ganz oder teilweise an die KG als Darlehen weiterzuleiten. Fraglich war bisher, ob dadurch der Tatbestand des Hin- und Herzahlens gegeben

166 Dass die Kosten für entsprechende Gutachten ggf. den wirtschaftlichen Vorteil der Einlagenrückgewähr deutlich übersteigen können, konzediert auch *Heckschen*, DStR 2009, 166, 174. *Wachter*, GmbHR 2011, 422, 425 spricht sogar davon, dass deshalb die Neuregelung zum Hin- und Herzahlen »faktisch tot« sei.

167 *Herrler*, DStR 2011, 2255, 2261.

168 *Herrler*, GmbHR 2010, 785.

169 BGH, NJW 2009, 3091 (*Cash Pool II*); *Roth*, in: Roth/Altmeppen, GmbHG, § 19 Rn. 102; *Henkel*, NZI 2010, 84, 88 m.w.N.

170 *Eßers/Sirchich von Kis-Sira*, GmbH-Stpr. 2009, 14, 15; *Henkel*, NZI 2010, 84, 88; *Märtens*, in: MünchKommGmbHG, § 19 Rn. 320.

und die Einlageverpflichtung damit nicht wirksam erfüllt war. Der BGH[171] erstreckte die strenge Rechtsprechung zur Kapitalaufbringung auch auf die Komplementär-GmbH einer GmbH & Co. KG. Bei **wirtschaftlicher Betrachtung** liege die Situation nicht anders als wenn sich der Übernehmer des Geschäftsanteils die Einlagemittel zurückzahlen lasse und damit der KG **selbst** ein Darlehen gewähre. Für eine besondere Behandlung der Komplementär-GmbH wegen der wirtschaftlichen Identität mit »ihrer« KG sieht der BGH keinen Raum. Vielmehr seien die Komplementär-GmbH und die KG für die Zwecke der Kapitalaufbringung und -erhaltung grundsätzlich als jeweils **selbständige** Unternehmen anzusehen. Bei beiden Gesellschaften treffen nach dem BGH unterschiedliche **Kapitalschutzsysteme** aufeinander, mit der Folge, dass die Gesellschafter beider Gesellschaften ihre Einlageverpflichtungen den Gesellschaftern gegenüber gesondert zu erfüllen und die Vermögensmassen beider getrennt zu halten haben.

78 Der Grundsatz der Kapitalerhaltung ist bei der **KG** geringer ausgeprägt als bei der GmbH, da nach dem gesetzlichen Leitbild der Komplementär unbegrenzt in Anspruch genommen werden kann; infolgedessen sind in der KG Ausschüttungen an die Gesellschafter zu Lasten des Stammkapitals möglich.[172] Folge der Ausschüttung ist lediglich das summenmäßig begrenzte Wiederaufleben der persönlichen Haftung des Kommanditisten gemäß § 172 Abs. 4 HGB.

2. Änderung durch MoMiG

79 Die Einlageverpflichtung gilt nach neuem Recht nunmehr unter der Voraussetzung als erfüllt, dass die Leistung (hier: das Darlehen der GmbH) durch einen vollwertigen Rückgewähranspruch gedeckt ist, der jederzeit **fällig** ist oder durch **fristlose Kündigung** der Gesellschaft fällig werden kann. Die Vollwertigkeit der Darlehensforderung hängt in dieser Fallkonstellation davon ab, ob sie seitens der Komplementärin durchsetzbar ist und die KG zudem alle fälligen Verpflichtungen erfüllen kann.[173] Um die Voraussetzungen des Abs. 5 zu erfüllen, muss insbesondere auch das **fristlose Kündigungsrecht** im Vertrag verankert werden.

---

171 BGH, NZG 2008, 143. Im zugrundeliegenden Sachverhalt hatten im Zuge der Errichtung einer GmbH & Co. KG die beiden Gründungsgesellschafter der Komplementärin die jeweils von ihnen übernommene Stammeinlage in bar dem Geschäftsführer übergeben, der sie gemäß einer vorher getroffenen Vereinbarung an die KG als Darlehen weiterreichte. Ein eigenes Bankkonto wurde für die Komplementärin nicht eingerichtet. Die Darlehensforderung der GmbH wurde seitens der KG nie getilgt. Nachdem die beiden Gesellschaften einige Jahre später in die Insolvenz geraten waren, verlangte der Insolvenzverwalter von den beiden Gründungsgesellschaftern klageweise erneute Zahlung der seiner Ansicht nach nicht wirksam geleisteten Stammeinlagen.

172 *Theiselmann*, in: GmbHR 2008, 521, 523.

173 *Mayer/Weiler*, in: BeckNotarHdb, 5. Aufl. 2009, D. Rn. 96 f.; *Theiselmann*, in: GmbHR 2008, 521, 523.

80 Unter den Voraussetzungen des Abs. 5 ist bei der GmbH & Co. KG die darlehensweise Weiterreichung der Stammeinlage der Komplementärin an die KG nach Inkrafttreten des MoMiG nunmehr ein **zulässiges** Gestaltungsinstrument.[174]

V. Konzernfinanzierung und Cash Pool

81 Die Neuregelung erfasst als weiteren Hauptanwendungsfall auch den Fall des konzerninternen Liquiditätsausgleichs mittels des darlehensweisen Einlagenrückflusses im **Cash Pool.** Dabei schließen die teilnehmenden Konzerngesellschaften und die kontoführenden Institute einen Cash-Management-Vertrag, auf dessen Grundlage bankarbeitstäglich eine Übertragung der Salden der laufenden Bankkonten auf ein Zentralkonto und damit ein Ausgleich stattfindet.[175] Ein Rückgriff auf Außenfinanzierungen erfolgt erst, wenn der konzerninterne Liquiditätsausgleich nicht mehr ausreicht, um die Zahlungsfähigkeit zu erhalten.[176] Die rechtliche Grundlage des Cash Pools bilden **Darlehensbeziehungen**: Bei einem positiven Saldo des Zentralkontos gewährt die Gesellschaft dem Cash Pool-Führer ein Darlehen mit entsprechendem Rückzahlungsanspruch, bei einem negativen Saldo empfängt umgekehrt die Gesellschaft ein Darlehen.[177]

82 Hinsichtlich der **Zulässigkeit** dieses Gestaltungsinstruments bestanden in der Unternehmenspraxis insbesondere aufgrund der November-Entscheidung des BGH[178] bisher Unklarheiten und Rechtsunsicherheiten, die nun im Grundsatz geregelt sind. Die Praxisrelevanz und ökonomische Sinnhaftigkeit dieser Art von Liquiditätsssteuerung hat auch der Reformgesetzgeber gesehen und sie dem Regime von Abs. 5 unterworfen, unter dessen Voraussetzungen sie nun zulässig ist. Die Kapitalaufbringung im Cash Pool zu erleichtern, war das erklärte Ziel des Reformgesetzgebers bei der Ausgestaltung von Abs. 5.[179]

83 Einen Meilenstein mit Blick auf die auch im Cash Pool bedeutsame, nunmehr im Gesetz angelegte Unterscheidung zwischen verdeckter Sacheinlage und Hin- und Herzahlen hat die **Cash Pool II – Entscheidung**[180] des BGH gesetzt. Keine der bei-

174 S. dazu auch *Herrler*, GmbHR 2010, 787, 792.
175 *Weiler*, MittBayNot 2010, 58, 63.
176 *Herrler*, MDR 2011, 208.
177 Vgl. *Weiler*, MittBayNot 2010, 58, 63.
178 BGH, NJW 2004, 1111.
179 RegE MoMiG, BT-Drs. 16/6140, S. 34 f.
180 BGH, NJW 2009, 3091 (*Cash Pool II*). Im zugrundeliegenden Sachverhalt hatten zwei von mehreren Gründungsgesellschafterinnen einer GmbH aufgrund vertraglicher Vereinbarung in zweijährigem Wechsel das Cash-Management der GmbH übernommen. Die GmbH sollte ihren gesamten Zahlungsverkehr über ein Bankkonto abwickeln, das mit einem Konto des jeweiligen Cash-Managers gekoppelt war und im Rahmen des Zero-Balancing ausgeglichen werden sollte. Die Gründungsgesellschafterinnen zahlten die vereinbarten Einlagebeträge auf das in den Cash Pool einbezogene Konto der GmbH. Nach Insolvenz der GmbH wurden beide Verwalterinnen des Cash Pools vom Insolvenzverwalter auf erneute Zahlung der Einlage in Anspruch genommen.

den Varianten erfasst die Einlageleistung des Gesellschafters, der keine **Verfügungsgewalt** über das Zentralkonto hat; diese ist vielmehr wirksam erbracht.[181] Die geleisteten Einlagemittel fließen an den Inferenten zurück, wenn sie auf ein in einen Cash Pool eingebundenes Konto der Gesellschaft eingezahlt werden, von dort auf ein Zentralkonto weitergeleitet werden und der Inferent über dieses Zentralkonto mittelbar oder unmittelbar **verfügungsberechtigt** ist.[182] Die weitere Abgrenzung erfolgt nach der Rechtsprechung des BGH beim Cash Pool dann anhand des Saldos des vom Inferenten geführten Zentralkontos.[183]

84 Ist dieser Saldo im Zeitpunkt der Weiterleitung der Einlage zulasten der Gesellschaft **negativ**, liegt eine verdeckte Sacheinlage vor; die notwendige, auf den wirtschaftlichen Erfolg einer Sacheinlage abzielende Vereinbarung liegt bereits in der Vereinbarung der Zahlung auf ein in den Cash Pool einbezogenes Konto.[184] Bei wirtschaftlicher Betrachtung wird die Gesellschaft von dem Darlehensrückzahlungsanspruch des das Zentralkonto führenden Inferenten frei, ohne dass sie eine Bareinlage erhält; der Verzicht des Inferenten auf diesen Anspruch bildet einen der Gesellschaft zufließenden Sachwert.[185]

85 Ist der Saldo **ausgeglichen** oder **positiv**, handelt es sich um einen Fall des Hin- und Herzahlens, so dass der Inferent bei Erfüllung der besonderen Voraussetzungen von § 19 Abs. 5 von seiner Einlageverpflichtung frei wird.[186] Denn in diesem Fall gewährt die Gesellschaft ein Darlehen und fließt im Rahmen des bankarbeitstäglichen Ausgleichs die überschüssige Liquidität zurück an das Zentralkonto. Um die Voraussetzungen des Abs. 5 zu erfüllen, kommt es somit darauf an, dass

- die Weiterleitung der Einlagezahlung an das Zentralkonto des Cash Pools durch einen vollwertigen Rückgewähranspruch der GmbH gedeckt ist, welcher jederzeitig fällig ist oder durch fristlose Kündigung fällig gestellt werden kann, was nur durch die Vereinbarung eines jederzeitigen uneingeschränkten, fristlosen Kündigungsrechts der GmbH im Vertrag sichergestellt werden kann, und dass
- die Vereinbarung über die Weiterleitung der Einlagezahlung im Rahmen der Handelsregisteranmeldung ggf. unter Beifügung entsprechender Liquiditätsnachweise (s. Rdn. 73) offengelegt wird.

86 Eine angemessene **Verzinsung** (s. Rdn. 66) wird im Schrifttum teilweise für entbehrlich erachtet, wenn tatsächliche und rechtlich nicht entziehbare anderweitige Vorteile

181 BGH, NJW 2009, 3091 (*Cash Pool II*).
182 BGH, NJW 2009, 3091 (*Cash Pool II*).
183 Kritisch zu dieser Differenzierung und für eine einheitliche Anwendung von Abs. 5 auf jede Form der Einlagenerbringung im Zusammenhang mit einem Cash Pool *Casper*, in: Ulmer/Habersack/Winter, GmbHG, Erg.band MoMiG, § 19 Rn. 115.
184 BGH, NJW 2009, 3091 (*Cash Pool II*).
185 *Weiler*, MittBayNot 2010, 58, 64.
186 BGH, NJW 2009, 3091 (*Cash Pool II*).

für die Tochter-GmbH aufgrund ihrer Beteiligung am Cash Pool bestehen, welche die entzogenen Kapitalnutzungsmöglichkeiten aufwiegen.[187]

87 Die Einlagezahlung ist nach Ansicht des BGH **teilbar**; übersteigt die Einlagezahlung den negativen Saldo zulasten der Gesellschaft im Zentralkonto, führt dies zu einer Beurteilung des Vorgangs teilweise als verdeckte Sacheinlage, teilweise als Hin- und Herzahlen.[188] *Beispiel*: Die Einlage beträgt EUR 25.000 und der negative Saldo EUR 10.000; die Anrechnung nach Abs. 4 findet demnach statt in Höhe von EUR 10.000, während für die restlichen EUR 15.000 zu prüfen ist, ob die Voraussetzungen von Abs. 5 erfüllt sind und ggf. in dieser Höhe Erfüllungswirkung eintritt.

G. Verjährung (Abs. 6)

88 Der Einlageanspruch der Gesellschaft unterliegt nach Neufassung des Abs. 6[189] einer **zehnjährigen** Verjährung. Vorher war die Regelverjährung des BGB anwendbar, ursprünglich also 30 Jahre, nach den verkürzten Verjährungsfristen durch das Schuldrechtsmodernisierungsgesetz 3 Jahre. Nach Ansicht des Gesetzgebers stand die Anwendung dieser Vorschriften jedoch im Widerspruch zu dem kapitalschützenden Zweck des Einlageanspruchs, der zwar der Gesellschaft zustehe, jedoch vor allem im Interesse der Gesellschaftsgläubiger gewährt werde.[190] Die Regelung einer zehnjährigen Verjährungsfrist orientiert sich nach dem Willen des Gesetzgebers an der Parallelregelung im Aktienrecht und soll hier wie dort Abreden der Gesellschafter vorbeugen, mit denen sie zu Lasten der Gesellschaftsgläubiger die kurze Regelverjährungsfrist frühzeitig in Gang setzen könnten.[191]

89 Mit Inkrafttreten dieser kürzeren Verjährungsfrist hat sich das früher diskutierte Problem, welches **Beweismaß** im Einzelfall dem für die Einlageleistung beweispflichtigen Inferenten bei lange zurückliegenden Zahlungen abverlangt werden kann, weitgehend entschärft, da insoweit nun ein Gleichlauf mit der gesetzlichen Aufbewahrungsfrist von Zahlungsbelegen nach § 257 Abs. 4 HGB hergestellt ist.[192]

90 **Beginn** der Verjährungsfrist ist in Übereinstimmung mit § 200 BGB die Entstehung der Einlageforderung; gemeint ist die **Fälligkeit**, also der im Gesellschaftsvertrag festgesetzte **Zahlungstermin** oder die **Einforderung** bzw. **Anforderung** i.S.v. § 20.[193] Maßgeblich ist also nicht die Ultimoverjährung des § 199 Abs. 1 BGB. Wie im Aktienrecht werden die Gesellschaftsgläubiger dadurch geschützt, dass mit dem Eröff-

187 *Lieder*, in: MünchKommGmbHG, § 56a Rn. 67.

188 BGH, NJW 2009, 3091 (*Cash Pool II*).

189 Gesetz zur Anpassung der Verjährungsvorschriften an das Schuldrechtsmodernisierungsgesetz v. 9.12.2004, BGBl. I 3214, in Kraft ab 15.12.2004.

190 Begr. RegE, BT-Drs. 15/3653, S. 25.

191 Begr. RegE, BT-Drs. 15/3653, S. 25.

192 *Bayer/Illhardt*, GmbHR 2011, 505, 510.

193 *Roth*, in: Roth/Altmeppen, GmbHG, § 19 Rn. 111; *Ebbing*, in: Michalski, GmbHG, § 19 Rn. 190.

nungsbeschluss des Insolvenzgerichts (§ 27 InsO) eine **Ablaufhemmung** von sechs Monaten eintritt, Satz 2; der Insolvenzverwalter soll die Möglichkeit haben, Ansprüche zu prüfen und ggf. verjährungshemmende Maßnahmen zu ergreifen.[194]

91 In den sachlichen Anwendungsbereich der Vorschrift fallen **Einlageforderungen**, hingegen nicht Ansprüche auf **Nebenleistungen** oder **Agio**; denn diese bestehen nicht primär im Gläubiger-, sondern im Gesellschaftsinteresse.[195] Für solche Ansprüche gilt weiterhin die regelmäßige Verjährung gemäß §§ 195, 199 BGB.

92 In zeitlicher Hinsicht ist die **Übergangsregelung** in Art. 229 § 12 Abs. 2 EGBGB zu beachten. Demnach gilt die Verjährungsfrist des Abs. 6 für alle Einlageansprüche, die am 15.12.2004 noch nicht verjährt waren, wobei nur die bereits vor diesem Datum seit Inkrafttreten des Schuldrechtsmodernisierungsgesetzes verstrichenen Verjährungszeiträume auf die Zehn-Jahres-Frist anzurechnen sind.[196]

§ 20 Verzugszinsen

Ein Gesellschafter, welcher den auf die Stammeinlage eingeforderten Betrag nicht zur rechten Zeit einzahlt, ist zur Entrichtung von Verzugszinsen von Rechts wegen verpflichtet.

Übersicht **Rdn.**

A. Überblick

1 § 20 dient der Förderung der **ordnungsgemäßen Kapitalaufbringung** insoweit als er die Gesellschafter zu rechtzeitiger Leistung der Einlage anhalten soll.[1] Darüber

---

194 *Hueck/Fastrich*, in: Baumbach/Hueck, GmbHG, § 19 Rn. 86; *Roth*, in: Roth/Altmeppen, GmbHG, § 19 Rn. 111; *Ebbing*, in: Michalski, GmbHG, § 19 Rn. 192.

195 *Hueck/Fastrich*, in: Baumbach/Hueck, GmbHG, § 19 Rn. 86; *Ebbing*, in: Michalski, GmbHG, § 19 Rn. 191; vgl. auch BGH, GmbHR 2008, 147.

196 BGH, GmbHR 2008, 483 (gesetzeskonforme Auslegung); *Hueck/Fastrich*, in: Baumbach/Hueck, GmbHG, § 19 Rn. 87; *Ebbing*, in: Michalski, GmbHG, § 19 Rn. 193.

1 *Märtens*, in: MünchKommGmbHG, § 20 Rn. 1; *Bayer*, in: Lutter/Hommelhoff, GmbHG, § 20 Rn. 1; *Altmeppen*, in: Roth/Altmeppen, GmbHG, § 20 Rn. 1; *H. Winter/Westermann*, in: Scholz, GmbHG, § 20 Rn. 1.

hinaus bezweckt die Vorschrift auch, den der Gesellschaft durch verspätete Zahlung entstehenden Schaden auszugleichen.[2] Im Gegensatz zu anderen Vorschriften hat das MoMiG § 20 redaktionell nicht angepasst, so dass der Wortlaut der Norm weiterhin von »Stammeinlage« spricht.

2 Unabhängig vom Vorliegen der Voraussetzungen des Verzugs nach §§ 286, 288 BGB begründet die Vorschrift als selbstständige Anspruchsgrundlage entgegen ihrem Wortlaut einen Anspruch auf **Fälligkeitszinsen**.[3] Hier fehlt es an einer terminologischen Abstimmung der seit Inkrafttreten des GmbHG 1892 unveränderten Vorschrift mit dem später entstandenen BGB.[4]

3 Eine satzungsmäßige Erhöhung des Zinssatzes ist nach allgemeiner Auffassung zulässig.[5] Umstritten ist jedoch der dispositive Charakter der Vorschrift in Bezug auf die Herabsetzung des Zinssatzes und ein gänzliches Abbedingen der Zinspflicht. Für eine solche Dispositionsbefugnis könnte sprechen, dass § 25 keinen Verweis auf § 20 enthält.[6] Überzeugender scheint es demgegenüber jedoch, unter Rekurs auf die Regierungsbegründung zu § 25 von einem **Redaktionsversehen** auszugehen; unter Gläubigerschutzgesichtspunkten wird dort der zwingende Charakter der Vorschrift bejaht.[7] Dafür spricht darüber hinaus die systematische Stellung der Vorschrift im Anschluss an § 19, der die normative Grundlage des Grundsatzes der realen Kapitalaufbringung bildet. Soll die Zinspflicht diesen Zweck effektiv fördern und die vom Gesetz angedrohte Sanktion nicht leerlaufen, wäre es systemwidrig und widersprüchlich, die Verpflichtung zur Disposition der Gesellschafter zu stellen. Vom **zwingenden Charakter** der Vorschrift ist demnach auszugehen.[8]

B. Voraussetzungen

4 Die Vorschrift findet Anwendung lediglich für den »auf die Stammeinlage eingeforderten Betrag«. Des Weiteren gilt § 20 wegen des einlageähnlichen Charakters entsprechend auch für die **Vorbelastungshaftung** (§ 11), nicht aber für andere Lei-

---

2 *Ebbing*, in: Michalski, GmbHG, § 20 Rn. 1.

3 BGH, NZG 2009, 944; OLG Oldenburg, NZG 2008, 32; Niedersächsisches FG, DStRE 2007, 883; *Ebbing*, in: Michalski, GmbHG, § 20 Rn. 2; *Hueck/Fastrich*, in: Baumbach/Hueck, GmbHG, § 20 Rn. 6; *Altmeppen*, in: Roth/Altmeppen, GmbHG, § 20 Rn. 11.

4 *Ebbing*, in: Michalski, GmbHG, § 20 Rn. 2; *Märtens*, in: MünchKommGmbHG, § 20 Rn. 2.

5 *Altmeppen*, in: Roth/Altmeppen, GmbHG, § 20 Rn. 12; *H. Winter/Westermann*, in: Scholz, GmbHG, § 20 Rn. 1;

6 *H. Winter/Westermann*, in: Scholz, GmbHG, § 20 Rn. 1; *Hueck/Fastrich*, in: Baumbach/Hueck, GmbHG, § 20 Rn. 1.

7 S. Nachweise bei *Altmeppen*, in: Roth/Altmeppen, GmbHG, § 20 Rn. 12.

8 Wie hier *Altmeppen*, in: Roth/Altmeppen, GmbHG, § 20 Rn. 12 (»Zinspflicht [...] sollte ernstgenommen werden«); *Bayer*, in: Lutter/Hommelhoff, GmbHG, § 20 Rn. 5; *Märtens*, in: MünchKommGmbHG, § 20 Rn. 21; a.A. *H. Winter/Westermann*, in: Scholz, GmbHG, § 20 Rn. 1; *Hueck/Fastrich*, in: Baumbach/Hueck, GmbHG, § 20 Rn. 1.

stungspflichten wie Nebenleistungspflichten (z.B. § 3 Abs. 2), Haftungsfälle aus §§ 22, 24 oder Nachschusspflichten (§ 26 ff.).[9] Hierfür sind die allgemeinen Verzugsvorschriften (§§ 286 ff. BGB) einschlägig. **Sacheinlagen** sind im Gegensatz zu Bareinlagen vor der Anmeldung der Gesellschaft zum Handelsregister vollständig zu leisten (§ 7 Abs. 3); insoweit gelten auch hier die allgemeinen Verzugsvorschriften (§§ 286 ff. BGB).[10]

5 Die Zinspflicht knüpft daran an, dass die Einlageschuld **eingefordert** ist. Denn vorher wird die Einlageschuld nicht **fällig**, die Gesellschafter trifft keine Leistungspflicht. Die Einlageschuld muss also durch Gesellschafterbeschluss nach § 46 Nr. 2 fällig gestellt und in Vollziehung dieses Beschlusses durch die Geschäftsführung angefordert sein, es sei denn, der Gesellschaftsvertrag legt einen Zahlungstermin gemäß § 286 Abs. 2 Nr. 1 BGB fest (vgl. im Einzelnen § 19 Rdn. 4 ff.).

6 Nicht »**zur rechten Zeit**« ist eine Zahlung erfolgt, wenn sie nicht innerhalb einer gesetzten Zahlungsfrist oder nicht sofort (§ 271 BGB) nach dem Zugang der Anforderung erfolgt.[11] Nach Eintritt der Fälligkeit muss die Leistung so schnell wie objektiv möglich bewirkt werden; als genügend werden zwei bis drei Tage nach Eintritt der Fälligkeit angesehen.[12] Auf ein **Verschulden** des Gesellschafters hinsichtlich der verspäteten Einlagenleistung kommt es dabei nicht an; anders als im Rahmen des § 121 BGB, bei dem unverschuldete Verzögerungen nicht zu Lasten des Schuldners gehen, werden Zinsen nach § 20 verschuldensunabhängig verwirkt.[13] Möglich ist die Bestimmung eines **Zahlungstermins** in der Anforderung; die Zahlungsfrist darf jedoch die für den Zugang der Anforderung notwendige Zeitspanne nicht wesentlich überschreiten, um nicht den Tatbestand der **Stundung** (§ 19 Rdn. 13) zu erfüllen.

7 Der jeweils säumige Einlagenschuldner ist auch **Schuldner** des Zinsanspruchs.[14] Veräußerer und Erwerber eines Geschäftsanteils haften gemäß § 16 Abs. 2 **gesamtschuldnerisch** für den bis zum Erwerbszeitpunkt (§ 16 Abs. 1 S. 1) rückständigen Zinsanspruch.[15] Mitgesellschafter (§ 24) oder Rechtsvorgänger (§ 22) haften nicht für Zinsansprüche der Gesellschaft gegen die übrigen Gesellschafter bzw. ihre Rechtsnachfolger.[16]

---

9 *H. Winter/Westermann*, in: Scholz, GmbHG, § 20 Rn. 3; *Bayer*, in: Lutter/Hommelhoff, GmbHG, § 20 Rn. 1; *Hueck/Fastrich*, in: Baumbach/Hueck, GmbHG, § 20 Rn. 2.

10 *H. Winter/Westermann*, in: Scholz, GmbHG, § 20 Rn. 2; *Altmeppen*, in: Roth/Altmeppen, GmbHG, § 20 Rn. 2.

11 *H. Winter/Westermann*, in: Scholz, GmbHG, § 20 Rn. 15.

12 OLG Köln, WM 1995, 490; OLG Brandenburg, NZG 2001, 366; OLG Oldenburg, NZG 2008, 32; *Hueck/Fastrich*, in: Baumbach/Hueck, GmbHG, § 20 Rn. 5.

13 *Ebbing*, in: Michalski, GmbHG, § 20 Rn. 22; *Altmeppen*, in: Roth/Altmeppen, GmbHG, § 20 Rn. 6.

14 *Märtens*, in: MünchKommGmbHG, § 20 Rn. 21; *H. Winter/Westermann*, in: Scholz, GmbHG, § 20 Rn. 19; *Altmeppen*, in: Roth/Altmeppen, GmbHG, § 20 Rn. 8.

15 *Märtens*, in: MünchKommGmbHG, § 20 Rn. 14; *Ebbing*, in: Michalski, GmbHG, § 20 Rn. 34.

16 *Ebbing*, in: Michalski, GmbHG, § 20 Rn. 34.

8 Als **Gläubiger** des Zinsanspruchs steht dem Schuldner die Gesellschaft gegenüber. Im Falle der **Abtretung** der Einlageforderung (§ 19 Rdn. 10) gelten keine Besonderheiten: auch die aus § 20 entstandenen Zinsansprüche sind als selbständige Ansprüche nicht von den von Gesetzes wegen nach § 401 BGB übergehenden Ansprüchen erfasst. Vielmehr kann die Hauptforderung ohne die Zinsansprüche abgetreten werden, und es ist eine Frage der Auslegung, ob im Einzelfall die Abtretung sich auch auf die Zinsansprüche erstreckt.[17] Neue Zinsansprüche können jedoch nicht entstehen, insoweit handelt es sich um ein unübertragbares gesellschaftsrechtliches Sonderrecht.[18]

C. Rechtsfolge

I. Fälligkeitszinsen

9 Die Höhe der Zinsen ergibt sich aus **§ 246 BGB**, da entgegen dem missverständlichen Wortlaut der Vorschrift ein Anspruch auf Fälligkeitszinsen begründet wird (s. Rdn. 2) und deshalb nicht §§ 288, 247 BGB zur Anwendung kommen. Der Zinssatz beträgt demnach 4 %.[19] Der in §§ 342, 352 HGB vorgesehene höhere Zinssatz kommt regelmäßig mangels Vorliegen eines Handelsgeschäfts nicht zur Anwendung.[20]

II. Weitere Verzugsfolgen

10 Unberührt bleiben zunächst Ansprüche auf weitergehenden **Schadensersatz**, soweit die allgemeinen Voraussetzungen erfüllt sind (§ 288 Abs. 4 BGB);[21] insbesondere bedarf es einer **Mahnung**, sofern die Leistungszeit nicht kalendermäßig bestimmt ist, § 286 Abs. 2 BGB. Als Verzugsschaden i.S.d. §§ 280, 286 BGB kommen v.a. Kosten in Betracht, die der Gesellschaft entstanden sind, weil sie aufgrund des Verzugs einen Kredit aufnehmen musste oder nicht zurückführen konnte.

11 Zulässigerweise kann im Gesellschaftsvertrag unter Wahrung des Gleichbehandlungsgebots auch eine **Vertragsstrafe** vorgesehen werden.[22] Maßgeblich sind hier die allgemeinen Regeln der §§ 336 ff. BGB.[23] Aufgrund der Bereichsausnahme in § 310 Abs. 4 BGB greift das Klauselverbot des § 309 Nr. 6 BGB bei Regelungen über Ver-

---

17 BGH, NJW 1961, 1524 (zur Höhe der auf den zahlenden Bürgen übergehenden Zinsforderung).

18 *Ebbing*, in: Michalski, GmbHG, § 20 Rn. 36.

19 Für die AG gilt mit 5 % ein ähnlich hoher Zinssatz, § 63 Abs. 2 AktG.

20 OLG Köln, WM 1995, 490; *Bayer*, in: Lutter/Hommelhoff, GmbHG, § 20 Rn. 5; *H. Winter/Westermann*, in: Scholz, GmbHG, § 20 Rn. 17; *Märtens*, in: MünchKommGmbHG, § 20 Rn. 12; *Ebbing*, in: Michalski, GmbHG, § 20 Rn. 30.

21 Allg. Meinung, vgl. *Hueck/Fastrich*, in: Baumbach/Hueck, GmbHG, § 20 Rn. 8.

22 Allg. Meinung, vgl. *H. Winter/Westermann*, in: Scholz, GmbHG, § 20 Rn. 22.

23 Ausführlich hierzu *H. Winter/Westermann*, in: Scholz, GmbHG, § 20 Rn. 22 ff.

tragsstrafen in Gesellschaftsverträgen nicht ein.[24] Gesellschaftsvertraglich festgelegte Vertragsstrafen stellen Nebenverpflichtungen dar und binden somit auch Rechtsnachfolger.[25] Eine nachträgliche Einführung durch Satzungsänderung erfordert gemäß § 53 Abs. 3 die Zustimmung aller gegenwärtigen Gesellschafter, die dadurch betroffen werden oder betroffen werden können.[26]

III. Einwendungen

12 Die Frage der Anwendbarkeit von § 19 Abs. 2 auf Zinsansprüche nach § 20, d.h. die Frage, ob dem Gesellschafter die Berufung auf **Erlass, Stundung** oder **Aufrechnung** offenstehen kann, wird uneinheitlich beantwortet. Es ließe sich mit Teilen des Schrifttums argumentieren, dass die Zinsen nicht Teil des Stammkapitals sind und damit auch nicht Kapitalaufbringungsvorschriften unterfallen.[27] Dagegen sprechen jedoch letztlich dieselben Erwägungen, die zur Annahme eines zwingenden Charakters der Vorschrift führen (Rdn. 3). Genauso wenig wie das »Ob« der Zinspflicht vollständig zur Disposition der Gesellschafter stehen kann, können die Gesellschafter über das »Wie« entscheiden. In § 19 hat der Gesetzgeber die Verfügungsmacht der Gesellschafter über die Einlageforderung einschließlich des Hinausschiebens der Zahlung aus Gläubigerschutzgründen beschränkt (s. § 19 Rdn. 13 ff.). Konsequenterweise darf dann für die Zinsforderung, die denselben Zweck fördern soll, nichts anderes gelten. Auch wenn die Ansprüche gegen die Gesellschafter aus Kapitalaufbringung und Kapitalerhaltung zwar formal der Gesellschaft zugewiesen sind, bilden sie jedoch dem Grundkonzept nach ein Gegengewicht für die Gefährdung, die den Gesellschaftsgläubigern daraus erwächst, dass sie ihre Ansprüche mangels persönlicher Haftung der Gesellschafter allein aus dem Gesellschaftsvermögen befriedigen können. Der Zinsanspruch muss daher das Schicksal der Einlageforderung teilen; Stundung, Erlass und Aufrechnung sind damit **ausgeschlossen.**

IV. Verjährung

13 Fraglich ist, ob die zehnjährige Verjährung, die **§ 19 Abs. 6** für die Einlageforderung statuiert, auch für den Zinsanspruch Anwendung findet. Der Wortlaut gibt dies nicht unmittelbar her, sodass die Regelverjährung nach §§ 195, 199 BGB zur Anwendung käme. Der Gesetzgeber wollte jedoch im Aktien- wie im GmbH-Recht eine einheitliche Zehnjahresfrist für Kapitalaufbringung und Kapitalerhaltung nor-

---

24 Der Ausschluss gilt für Rechtsverhältnisse zwischen Gesellschaft und Gesellschafter, wenn sie unmittelbar auf dem Gesellschaftsvertrag beruhen, mitgliedschaftlicher Natur sind und dazu dienen, den Gesellschaftszweck zu verwirklichen, BGH, WM 1992, 99.

25 *H. Winter/Westermann*, in: Scholz, GmbHG, § 20 Rn. 23.

26 *H. Winter/Westermann*, in: Scholz, GmbHG, § 20 Rn. 23; *Hueck/Fastrich*, in: Baumbach/Hueck, GmbHG, § 20 Rn. 9.

27 *H. Winter/Westermann*, in: Scholz, GmbHG, § 20 Rn. 20; *Hueck/Fastrich*, in: Baumbach/Hueck, GmbHG, § 20 Rn. 7.

mieren, die im Regelfall mit der **Entstehung des Anspruchs** beginnen soll.[28] Die regelmäßige Verjährungsfrist mit ihrem subjektiven Beginn verfehlt nämlich ihren Zweck, wenn das Gesetz wie hier Ansprüche primär im Interesse Dritter gewährt; denn die Gesellschaftsgläubiger haben häufig weder von den anspruchsbegründenden Tatsachen noch von der Person des Schuldner Kenntnis.[29] Verjährungssystematische, der gesetzgeberischen Intention Rechnung tragende Erwägungen sprechen also für eine **entsprechende Anwendung** von § 19 Abs. 6 auf die Zinsforderung nach § 20.[30]

14 Anwendung findet auch die Vorschrift des **§ 217 BGB.**[31]

D. Bilanzrechtliche Aspekte

15 Weder Verzugszinsen noch Ansprüche auf Vertragsstrafen unterliegen der Kapitalbindung.[32] Die entsprechenden Einnahmen stellen außerordentliche Erträge gemäß § 275 Abs. 2 Nr. 15 bzw. Abs. 3 Nr. 14, § 277 Abs. 4 HGB dar.[33] In der Verwendung ist die Gesellschaft frei.[34] Gegen die Ausschüttung im Rahmen der Ergebnisverwendung bestehen – vorbehaltlich § 30 – nach allgemeiner Ansicht keine Bedenken.[35]

§ 21 Kaduzierung

(1) [1]Im Fall verzögerter Einzahlung kann an den säumigen Gesellschafter eine erneute Aufforderung zur Zahlung binnen einer zu bestimmenden Nachfrist unter Androhung seines Ausschlusses mit dem Geschäftsanteil, auf welchen die Zahlung zu erfolgen hat, erlassen werden. [2]Die Aufforderung erfolgt mittels eingeschriebenen Briefes. [3]Die Nachfrist muss mindestens einen Monat betragen.

(2) [1]Nach fruchtlosem Ablauf der Frist ist der säumige Gesellschafter seines Geschäftsanteils und der geleisteten Teilzahlungen zugunsten der Gesellschaft verlustig zu erklären. [2]Die Erklärung erfolgt mittels eingeschriebenen Briefes.

---

28 RegE zum Gesetz der Anpassung von Verjährungsvorschriften an das Gesetz zur Modernisierung des Schuldrechts, BT-Drs. 15/3653, S. 13.

29 RegE zum Gesetz der Anpassung von Verjährungsvorschriften an das Gesetz zur Modernisierung des Schuldrechts, BT-Drs. 15/3653, S. 13.

30 Wie hier *Märtens*, in: MünchKommGmbHG, § 20 Rn. 17; *Ebbing*, in: Michalski, GmbHG, § 20 Rn. 25 (allerdings ohne Begründung).

31 *Märtens*, in: MünchKommGmbHG, § 20 Rn. 18; *Ebbing*, in: Michalski, GmbHG, § 20 Rn. 25.

32 *Märtens*, in: MünchKommGmbHG, § 20 Rn. 44.

33 *H. Winter/Westermann*, in: Scholz, GmbHG, § 20 Rn. 31; *Märtens*, in: MünchKommGmbHG, § 20 Rn. 44.

34 *H. Winter/Westermann*, in: Scholz, GmbHG, § 20 Rn. 31.

35 *H. Winter/Westermann*, in: Scholz, GmbHG, § 20 Rn. 31; *Märtens*, in: MünchKommGmbHG, § 20 Rn. 44.

(3) Wegen des Ausfalls, welchen die Gesellschaft an dem rückständigen Betrag oder den später auf den Geschäftsanteil eingeforderten Beträgen der Stammeinlage erleidet, bleibt ihr der ausgeschlossene Gesellschafter verhaftet.

Übersicht

Schrifttum

Goette, Kaduzierung und Einziehung eines Gesellschaftsanteils, DStR 1997, 1257; *Melber*, Kaduzierung in der GmbH, 1993; *Schuler*, Die Kaduzierung von GmbH-Anteilen, GmbHR 1961, 98; *Thiessen*, Zur Neuregelung der Verjährung im Handels- und Gesellschaftsrecht, ZHR 168 (2004), 503.

A. Grundlagen

1 Als Teil der Vorschriften zur Sicherstellung der Kapitalaufbringung regeln die §§ 21 – 25 den Ausschluss des Gesellschafters aus der Gesellschaft gegen seinen Willen wegen nicht rechtzeitiger Einzahlung der Bareinlage. Auf Sacheinlageverpflichtungen sind die Normen nicht anwendbar (sh. noch Rdn. 2).[1] Die Durchführung des Kaduzierungsverfahrens steht im Ermessen der Gesellschaft, seine Möglichkeit schließt andere Wege der Einlagenbeitreibung, etwa eine Klage, nicht aus.[2] Wie auch sonst gilt für die Durchführung des Kaduzierungsverfahrens der Gleichbehandlungsgrundsatz. Sind mehrere Gesellschafter säumig, bedarf es für ein differenziertes Vorgehen eines Sachgrundes (z.B. Klage gegen liquiden Gesellschafter, Kaduzierung des vermögenslosen).[3] Der Zweck der §§ 21 ff. liegt vor allem in der präventiven Wir-

1 H.M., s. mit Nachw. zum Streitstand *Schütz*, in: MünchKommGmbHG, § 21 Rn. 13 f.
2 *Hueck/Fastrich*, in: Baumbach/Hueck, § 21 Rn. 1.
3 *Emmerich*, in: Scholz, GmbHG, § 21 Rn. 14.

kung, indem der Gesellschaft ein Druckmittel an die Hand gegeben wird.[4] Der Ausschluss des Gesellschafters nach den §§ 21 ff. ist von der Einziehung des Geschäftsanteils gemäß § 34 zu unterscheiden, die ebenfalls den Ausschluss des Gesellschafters zum Ziel hat. Während jedoch Kaduzierungsanlass lediglich die fehlende Einlageleistung ist, soll § 34 die Entfernung eines missliebigen Gesellschafters ermöglichen (s. § 34 Rdn. 6). Auch hinsichtlich der Rechtsfolgen gibt es erhebliche Unterschiede.[5]

B. Voraussetzungen

I. Bareinlage

2 Grundsätzlich kommt die Kaduzierung nur für Bareinlageleistungen in Betracht. Darüber hinaus ist sie nach allg. Ansicht möglich hinsichtlich der **Differenz- und Vorbelastungshaftung**, hinsichtlich des Bareinlageanteils von **Mischeinlagen** sowie **Bareinlageverpflichtungen, die an die Stelle einer Sacheinlageverpflichtung getreten** sind.[6] Die §§ 21 ff. sind auch im Fall der Verwendung eines **GmbH-Mantels** anwendbar, wenn es sich um eine sog. wirtschaftliche Neugründung handelt.[7] § 28 Abs. 1 S. 1 verweist auf die §§ 21 – 23 für die verzögerte Einzahlung von **Nachschüssen**.

3 Soweit **Verzögerungen** eintreten, **die nicht die Einlagepflicht selbst betreffen**, sondern anderweitig begründete Pflichten, unabhängig davon, ob sie aus Gesetz oder Gesellschaftsvertrag resultieren, kommen die §§ 21 ff. nur zur Anwendung, wenn der Gesellschaftsvertrag dies gestattet.[8] Das betrifft etwa die §§ 20, 24, Agio und Nebenleistungspflichten.[9] Die §§ 21 ff. gelten nicht, auch nicht entsprechend, wenn die Gesellschaft entgegen §§ 7 Abs. 3, 8 Abs. 2 vor vollständiger Sacheinlageleistung eingetragen wurde.[10] Gleichfalls nicht in Betracht kommt die Kaduzierung, wenn die Gesellschaft die Einlageforderung gegen eine vollwertige Gegenleistung i.S.d. § 19 (dazu § 19 Rdn. 66) **abgetreten** oder **verpfändet** hat.[11] Wird die Einlageforderung der Gesellschaft **gepfändet**, bleibt Kaduzierung möglich.[12]

---

4 *Bayer*, in: Lutter/Hommelhoff, GmbHG, § 21 Rn. 1; *Müller*, in: Ulmer/Habersack/Winter, GmbHG, Vor § 21 Rn. 8.

5 Zur Abgrenzung von § 34 *Goette*, DStR 1997, 1257; zur Abgrenzung von § 60 *Müller*, in: Ulmer/Habersack/Winter, GmbHG, Vor § 21 Rn. 5.

6 *Schütz*, in: MünchKommGmbHG, § 21 Rn. 12 ff.

7 *Müller*, in: Ulmer/Habersack/Winter, GmbHG, § 21 Rn. 12.

8 Kritisch zur Möglichkeit der Regelung im Gesellschaftsvertrag *Emmerich*, in: Scholz. GmbHG, § 21 Rn. 6.

9 Weitere Fälle bei *Schütz*, in: MünchKommGmbHG, § 21 Rn. 16.

10 Heute ganz h.M., *Emmerich*, in: Scholz, GmbHG, § 21 Rn. 5; *Hueck/Fastrich*, in: Baumbach/Hueck, GmbHG, § 21 Rn. 3. A.A. *Pentz*, in: Rowedder/Schmidt-Leithoff, GmbHG, § 21 Rn. 26.

11 *Emmerich*, in: Scholz, GmbHG, § 21 Rn. 12; *Schütz*, in: MünchKommGmbHG, § 21 Rn. 18.

12 OLG Celle, GmbHR 1994, 801, 802.

II. Verzögerte Einzahlung

4 Eine verzögerte Einzahlung liegt nur vor, wenn die Verpflichtung **fällig** und durchsetzbar war.[13] Das setzt die ordnungsgemäße Einforderung der Einlage und Aufforderung zur Zahlung voraus, wenn diese nicht ausnahmsweise entbehrlich sind.[14] Im Regelfall bedarf es hierfür eines Gesellschafterbeschlusses nach § 46 Nr. 2 sowie der anschließenden Aufforderung durch den Geschäftsführer, soweit nicht der Gesellschaftsvertrag die Einforderung durch den Geschäftsführer erlaubt[15] oder im Gesellschaftsvertrag Fälligkeitstermine festgelegt sind.[16] Gegenüber bei der Beschlussfassung anwesenden Gesellschaftern bedarf es keiner besonderen Aufforderung, wenn der Beschluss einen hinreichend bestimmbaren Fälligkeitszeitpunkt enthält.[17] Die Aufforderung unterliegt keinem Formzwang.[18] Die **Höhe des Rückstandes** ist für die Zulässigkeit des Kaduzierungsverfahrens irrelevant.

III. Erneute Aufforderung

5 Abs. 1 S. 1 setzt eine »erneute« Aufforderung voraus. Anforderung der Einlage und Aufforderung zur Zahlung sind demnach zwingend getrennt und in angemessenem zeitlichen Abstand vorzunehmen.[19] Die erneute Aufforderung darf erst nach Eintragung ergehen, während die erste Anforderung der Einlage vor Eintragung möglich ist.[20] **Inhaltliche Vorgaben**: Die Aufforderung muss an den säumigen Gesellschafter gehen, die Aufforderung zur konkret bezifferten Leistung enthalten, eine angemessene Nachfrist vorsehen und den Ausschluss mit dem Geschäftsanteil, auf den die Zahlung zu erfolgen hat, androhen.[21]

6 Für die Bezifferung der Leistung sind die Kriterien heranzuziehen, die für § 286 Abs. 1 S. 1 BGB gelten.[22] **Über- oder Unterschreitung** des ausstehenden Betrages **führt** nach zutreffender h.M. grundsätzlich **nicht zur Unwirksamkeit** der Aufforderung.[23] Die Betragsangabe hat keine forderungsbegründende Wirkung, sondern soll

13 Zur Verjährung *Thiessen,* ZHR 168 (2004), 503, 522 f.

14 OLG Celle, GmbHR 1997, 748, 749.

15 OLG Celle, GmbHR 1997, 748, 749.

16 Im Einzelnen *Schütz,* in: MünchKommGmbHG, § 21 Rn. 24 ff.

17 H.M., *Bayer,* in: Lutter/Hommelhoff, GmbHG, § 21 Rn. 7; *Emmerich,* in: Scholz, GmbHG, § 21 Rn. 7c; *Schütz,* in: MünchKommGmbHG, § 21 Rn. 31. A.A. OLG München, GmbHR 1985, 56 f.; *Hueck/Fastrich,* in: Baumbach/Hueck, GmbHG, § 21 Rn. 4.

18 *Schütz,* in: MünchKommGmbHG, § 21 Rn. 28.

19 OLG München, GmbHR 1985, 56; *Müller,* in: Ulmer/Habersack/Winter, GmbHG, § 21 Rn. 27.

20 OLG München, GmbHR 1985, 56, 57; *Müller,* in: Ulmer/Habersack/Winter, GmbHG, § 21 Rn. 27.

21 Zu den Anforderungen an die Androhung OLG Hamm, GmbHR 1993, 360, 361.

22 *Hueck/Fastrich,* in: Baumbach/Hueck, § 21 Rn. 5.

23 H.M., OLG Hamburg, NJW-RR 1994, 1528, 1529; *Schütz,* in: MünchKommGmbHG, § 21 Rn. 57. A.A. *Altmeppen,* in: Roth/Altmeppen, GmbHG, § 21 Rn. 11; *Pentz,* in: Rowedder/Schmidt-Leithoff, GmbHG, § 21 Rn. 15.

Kapitalaufbringung über anderweitig festgesetzte Verpflichtungen sicherstellen. Den Gesellschafter trifft keine Pflicht, mehr als den geschuldeten Betrag einzuzahlen, im Fall einer zu niedrigen Bezifferung kann er die Kaduzierung mit Zahlung des niedrigen Betrages abwenden.[24]

7 § 21 Abs. 1 S. 3 sieht eine Nachfrist von mindestens einem Monat vor, für die Berechnung ist auf § 188 Abs. 2 BGB zu verweisen. Die Aufforderung mit zu kurz gesetzter Frist (oder gar »prompt«) kann das Kaduzierungsverfahren nicht in Gang bringen.[25] § 21 Abs. 1 S. 2 verlangt eingeschriebenen Brief. »Nach oben« kann bei der konkreter Aufforderung abgewichen werden, z.B. mittels öffentlicher Zustellung.[26] In der Satzung ist dagegen keine Verschärfung des Formerfordernisses möglich, weil ansonsten zugunsten der Gesellschafter und damit unter Verstoß gegen § 25 vom Gesetz abgewichen würde.[27] Voraussetzung ist förmlicher Zugang, Erklärung zu Protokoll genügt daher trotz § 127a BGB nicht.[28] Gleiches gilt für elektronische Form (§ 126 Abs. 3 BGB).[29]

IV. Gesellschafter

8 Für die Bestimmung der Gesellschaftereigenschaft gilt § 16. Die materielle Inhaberschaft des Geschäftsanteils genügt nicht mehr, maßgeblich ist die Eintragung in der Gesellschafterliste. Das gilt auch für den Erwerb der Gesellschafterstellung im Wege der Gesamtrechtsnachfolge. Der Ausweis im Erbschein als **Erbe** des Gesellschafters genügt nicht.[30] Zu beachten ist § 18 Abs. 3 bei Mitberechtigten. Hat der Gesellschafter **mehrere Geschäftsanteile** inne, muss erkennbar sein, auf welchen Anteil sich die erneute Aufforderung bezieht.[31] Kaduzierung ist auch möglich, wenn sich der Gesellschafter im Insolvenzverfahren befindet, richtiger Adressat der Aufforderung ist in diesem Fall der Insolvenzverwalter.[32]

---

24 *Hueck/Fastrich*, in: Baumbach/Hueck, GmbHG, § 21 Rn. 5.

25 Heute ganz h.M., *Emmerich*, in: Scholz, GmbHG, § 21 Rn. 17; *Müller*, in: Ulmer/Habersack/Winter, GmbHG, § 21 Rn. 32 m. Nachw. zur früher vertretenen Mindermeinung. A.A. aus jüngerer Zeit *Ebbing*, in: Michalski, GmbHG, § 21 Rn. 71.

26 OLG Zweibrücken, ZIP 2007, 335, 336; *Hueck/Fastrich*, in: Baumbach/Hueck, GmbHG, § 21 Rn. 8.

27 *Bartels*, in: Bork/Schäfer, GmbHG, § 21 Rn. 6; *Müller*, in: Ulmer/Habersack/Winter, GmbHG, § 21 Rn. 37. A.A. *Emmerich*, in: Scholz, GmbHG, § 21 Rn. 19b.

28 Ausführlich OLG Rostock, GmbHR 1997, 449, 450.

29 *Emmerich*, in: Scholz, GmbHgG, § 21 Rn. 19a.

30 Vgl. ausführlich *Heidinger*, in: MünchKommGmbHG, § 16 Rn. 129 ff. A.A. *Emmerich*, in: Scholz, GmbHG, § 21 Rn. 13a unter Berufung auf veraltetes Schrifttum.

31 Ausführlich zum Ganzen *Schütz*, in: MünchKommGmbHG, § 21 Rn. 40 ff.

32 *Hueck/Fastrich*, in: Baumbach/Hueck, GmbHG, § 21 Rn. 7.

V. Zuständigkeit

9 Das Kaduzierungsverfahren wird von der Gesellschaft betrieben, vertreten durch die Geschäftsführer nach Maßgabe der für diese geltenden Vertretungsregeln.[33] Es bedarf keiner Ermächtigung durch die Gesellschaftversammlung, ein Beschluss bindet die Geschäftsführer aber (§ 37 Abs. 1).[34] Die Geschäftsführer haben nach pflichtgemäßem Ermessen zu entscheiden.[35] In der **Insolvenz der Gesellschaft** hat ausschließlich der Insolvenzverwalter die Befugnis zur Einforderung und Aufforderung, ein Gesellschafterbeschluss ist nicht notwendig.[36]

VI. Fruchtloser Fristablauf

10 Abs. 2 S. 1 setzt für die Verlustigerklärung den fruchtlosen Ablauf der in der erneuten Aufforderung gesetzten Frist voraus. Der Gesellschafter kann die Kaduzierung durch Erfüllung auch nach Ablauf der Frist abwenden, sofern ihm die Kaduzierungserklärung noch nicht zugegangen ist.[37] Bei gleichzeitigem Zugang von Erklärung und Eingang der Zahlung hat die Zahlung Vorrang.[38] Die Einlage muss zur freien Verfügung der Gesellschaft geleistet werden, maßgeblich ist der Zahlungseingang, nicht die Absendung bzw. Überweisung des Betrages.[39] Es kommt allein auf die rechtzeitige Einlageleistung an.[40]

C. Verlustigerklärung

I. Erklärung

11 Ist die Frist fruchtlos abgelaufen, kann der säumige Gesellschafter[41] seines Geschäftsanteils und der geleisteten Teilzahlungen zugunsten der Gesellschaft verlustig erklärt werden. Abzugeben ist die Erklärung durch die Geschäftsführer nach den für die Vertretung der Gesellschaft geltenden Vertretungsregeln, in der Insolvenz ist der Insolvenzverwalter zuständig.[42] Die Gesellschafter können die Kaduzierung per Beschluss untersagen. Der säumige Gesellschafter hat Teilnahmerecht an der Ver-

33 *Müller,* in: Ulmer/Habersack/Winter, GmbHG, § 21 Rn. 44.

34 *Hueck/Fastrich,* in: Baumbach/Hueck, GmbHG, § 21 Rn. 6; *Müller,* in: Ulmer/Habersack/Winter, GmbHG, § 21 Rn. 22. A.A. *Ebbing,* in: Michalski, GmbHG, § 21 Rn. 59.

35 *Schütz,* in: MünchKommGmbHG, § 21 Rn. 53.

36 ThürOLG, ZIP 2007, 1571, 1573.

37 *Müller,* in: Ulmer/Habersack/Winter, GmbHG, § 21 Rn. 51.

38 *Müller,* in: Ulmer/Habersack/Winter, GmbHG, § 21 Rn. 51; *Schütz,* in: MünchKommGmbHG, § 21 Rn. 71.

39 *Schütz,* in: MünchKommGmbHG, § 21 Rn. 70 f.

40 *Altmeppen,* in: Roth/Altmeppen, GmbHG, § 21 Rn. 15.

41 Ausführlich zum richtigen Adressaten der Erklärung *Schütz,* in: MünchKommGmbHG, § 21 Rn. 80.

42 *Hueck/Fastrich,* in: Baumbach/Hueck, GmbHG, § 21 Rn. 10.

sammlung, nach § 47 Abs. 2 S. 1, 1. Alt., aber kein Stimmrecht.[43] Die Erklärung darf dem Gesellschafter erst nach Fristablauf zugehen, anderenfalls ist sie nichtig.[44] Abgesendet werden darf die Erklärung bereits vor Fristablauf.[45] Sie kann bei Nichtigkeit erneut vorgenommen werden.[46] Trotz des scheinbar anderes beinhaltenden Wortlauts (»ist [...] zu erklären«) steht auch diese Erklärung im Ermessen der Gesellschaft (Rdn. 1), sie darf weiterhin andere Wege der Einlagenbeitreibung beschreiten.[47] Abs. 2 enthält keine Ausschlussfrist, es gelten aber die allg. Grundsätze über die Verwirkung.[48] Abs. 2 S. 2 verlangt eingeschriebenen Brief, für Abweichungen und Zugangsvoraussetzungen gilt das Gleiche wie bei Abs. 1 S. 3 (oben Rdn. 7). Die Ausschlusserklärung wirkt rechtsgestaltend (Rdn. 12) und ist daher unwiderruflich.[49]

II. Wirkung

1. Gesellschafterebene

12 Mit dem Zugang der Erklärung verliert der Gesellschafter ex nunc sämtliche mitgliedschaftlichen Rechte und wird von allen mitgliedschaftlichen Pflichten befreit.[50] Weder kann er für die Zukunft abstimmen noch Gewinnbezugsrechte oder mitgliedschaftliche Sonderrechte geltend machen, noch ist er weiter zur Leistung der ausstehenden Einlage oder Erbringung von Sonderleistungen verpflichtet.[51] Er kann die Kaduzierung nicht durch nachträgliche Einlageleistung rückgängig machen.[52]

13 Zu einem Mehrerlös nach Verkauf gemäß § 23 (dort Rdn. 8). Vor diesem Zeitpunkt begründete mitgliedschaftliche Pflichten bleiben bestehen (z.B. rückständige Verpflichtung zu Sonderleistungen, Haftung nach §§ 20, 24),[53] zudem sieht § 21 Abs. 3 Ausfallhaftung vor. Soweit Pflichten und Rechte von vornherein nicht mitgliedschaftlich begründet waren oder sie sich in Gläubigerrechte gewandelt haben

---

43 BGH, DStR 1997, 1257 und Anm. *Goette* ebda., 1257, 1259; *Schütz*, in: MünchKommGmbHG, § 21 Rn. 78.

44 Allg. Ansicht, *Bayer*, in: Lutter/Hommelhoff, GmbHG § 21 Rn. 12.

45 *Bayer*, in: Lutter/Hommelhoff, GmbHG, § 21 Rn. 12; *Müller*, in: Ulmer/Habersack/Winter, GmbHG, § 21 Rn. 48. A.A. *Ebbing*, in: Michalski, GmbHG, § 21 Rn. 99; *Schütz*, in: MünchKommGmbHG, § 21 Rn. 82.

46 *Hueck/Fastrich*, in: Baumbach/Hueck, GmbHG, § 21 Rn. 17; *Müller*, in: Ulmer/Habersack/Winter, GmbHG, § 21 Rn. 48.

47 *Schütz*, in: MünchKommGmbHG, § 21 Rn. 73.

48 *Altmeppen*, in: Roth/Altmeppen, GmbHG, § 21 Rn. 16; *Hueck/Fastrich*, in: Baumbach/Hueck, GmbHG, § 21 Rn. 10.

49 Vgl. *Hefermehl*, in: Soergel, BGB, Vor § 116 Rn. 74.

50 *Altmeppen*, in: Roth/Altmeppen, GmbHG, § 21 Rn. 17; *Schütz*, in: MünchKommGmbHG, § 21 Rn. 91, 98 f.

51 Im Einzelnen *Schütz*, in: MünchKomm, § 21 Rn. 91 ff.

52 *Ebbing*, in: Michalski, GmbHG, § 21 Rn. 102. A.A. *Schuler*, GmbHR 1961, 98, 102.

53 *Müller*, in: Ulmer/Habersack/Winter, GmbHG, § 21 Rn. 58; *Schütz*, in: MünchKommGmbHG, § 21 Rn. 98.

(Gewinnbezugsrecht), werden sie nicht vom Ausschluss berührt.[54] Wird der Beschluss über die Feststellung des ausschüttungsfähigen Gewinns erst nach der Kaduzierung gefasst, gibt es keinen Anspruch auf anteiligen Gewinn für den bis zum Ausschluss verstrichenen Teil des Geschäftsjahres.[55] Geleistete Einlagen und sonstige der Gesellschaft gegenüber bereits erbrachte Nebenleistungen kann der Gesellschafter nicht zurückfordern, mangels Rückwirkung des Ausschlusses wurden diese mit Rechtsgrund erbracht.[56] Für Teilleistungen auf die Einlagepflicht ordnet § 21 Abs. 2 S. 1 dies ausdrücklich an.

2. Gesellschaftsebene

14 Mit Zugang der Erklärung gegenüber dem säumigen Gesellschafter geht der Geschäftsanteil auf die Gesellschaft über, dafür sprechen Wortlaut (»zugunsten der Gesellschaft«) sowie der Umstand, dass es kein herrenloses Recht geben kann.[57] Die Gesellschaft ist keine Treuhänderin, weder eigennützige noch fremdnützige.[58] Die §§ 21 ff. legen der Gesellschaft keine Pflichten gegenüber dem späteren Erwerber auf, zudem verfolgt die Gesellschaft keine eigenen Interessen gegenüber einem Dritten mit dem Erwerb des Geschäftsanteils. Das Kaduzierungsverfahren soll Gläubigerinteressen schützen, aus seiner Durchführung können die Gläubiger jedoch keine Rechte gegen die Gesellschaft herleiten. Die Gesellschaft ist allein durch die §§ 22, 23 gebunden. Der Wechsel des Anteilsinhabers ist nach § 40 Abs. 1 S. 1 in die Gesellschafterliste einzutragen, ein Wahlrecht besteht insoweit nicht.[59] Anderenfalls blieben die Anteilsverhältnisse intransparent, was dem Zweck des § 40 zuwiderliefe.[60] Die Gesellschaft ist nicht Rechtsnachfolgerin des Ausgeschlossenen,[61] insbesondere haftet sie nicht für dessen Verbindlichkeiten. Sie kann keine Mitgliedschaftsrechte ausüben, Stimmrecht steht ihr nicht zu.[62] Die Gesellschaft ist nicht Rechtsvorgängerin des

---

54 *Altmeppen*, in: Roth/Altmeppen, GmbHG, § 21 Rn. 18; *Müller*, in: Ulmer/Habersack/Winter, GmbHG, § 21 Rn. 55.

55 *Emmerich*, in: Scholz, GmbHG, § 21 Rn. 27; *Ebbing*, in: Michalski, GmbHG, § 21 Rn. 109; *Müller*, in: Ulmer/Habersack/Winter, GmbHG, § 21 Rn. 55, die jeweils auf den Gewinnverwendungsbeschluss abstellen. Das ist indes ungenau, sh. ausführlich zu Inhalt und Entstehung des Gewinnbezugsrechts *Ekkenga*, in: MünchKommGmbHG, § 29 Rn. 75 ff. A.A. OLG Hamm, GmbHR 1989, 126.

56 *Müller*, in: Ulmer/Habersack/Winter, GmbHG, § 21 Rn. 57.

57 Heute allg. Ansicht in der Literatur, sh. *Müller*, in: Ulmer/Habersack/Winter, GmbHG, § 21 Rn. 61. A.A. noch BGHZ 42, 89, 92.

58 *Altmeppen*, in: Roth/Altmeppen § 21 Rn. 19; *Pentz*, in: Rowedder/Schmidt-Leithoff, GmbHG, § 21 Rn. 44; *Schütz*, in: MünchKommGmbHG, § 21 Rn. 100. A.A. *Bartels*, in: Bork/Schäfer, GmbHG, § 21 Rn. 11; *Hueck/Fastrich*, in: Baumbach/Hueck, GmbHG, § 21 Rn. 12. Unentschieden *Emmerich*, in: Scholz, GmbHG, § 21 Rn. 29.

59 Großzügiger *Hueck/Fastrich*, in: Baumbach/Hueck, GmbHG, § 21 Rn. 12 (»sollte«); *Schütz*, in: MünchKommGmbHG, § 21 Rn. 101 (Recht zur Eintragung).

60 Vgl. Kommentierung zu § 40 Rdn. 1.

61 *Hueck/Fastrich*, in: Baumbach/Hueck, GmbHG, § 21 Rn. 12.

62 *Emmerich*, in: Scholz, GmbHG, § 21 Rn. 30.

Anteilserwerbers. Das ergibt sich jedoch nicht aus der vermeintlichen Herrenlosigkeit des Anteils.[63] Vielmehr kann die Gesellschaft nicht Rechtsvorgängerin i.S.v. §§ 22, 23 sein, weil sie anderenfalls selbst für die Kapitalaufbringung haftete, was dem Zweck der Sicherung der Kapitalaufbringung diametral entgegenstünde. Der Anteil ist bis zur Veräußerung ein eigener Anteil, so dass weder der Gesellschaft ein Gewinnbezugsrecht zusteht noch dem Erwerber rückwirkend Gewinne ausgezahlt werden.[64] An sich auf den Anteil entfallende Gewinne kommen den übrigen Gesellschaftern zugute.[65] Die Zwangsvollstreckung in den Geschäftsanteil ist wegen der Verfügungsbeschränkung nach §§ 22, 23 unzulässig,[66] sh. §§ 857 Abs. 1, 3, 851 Abs. 1 ZPO.

15 Mangels Anschaffungskosten für den Anteilserwerb darf die Gesellschaft den Geschäftsanteil nicht in der Bilanz aktivieren mit der Konsequenz, dass die normalerweise nach § 272 Abs. 4 S. 1 HGB gebotene Rücklagenbildung für eigene Anteile entfällt.[67] Angegeben werden kann der Anteil klarstellungshalber im Anhang.[68] Im Wege eines Aktivtauschs sind die Einlageforderung gegen den ausgeschlossenen Gesellschafter abzuschreiben und gleichzeitig die Forderungen nach §§ 21 Abs. 3, 22 und 24 zu aktivieren.[69]

16 Die Entstehung einer **Keinmann-GmbH** infolge der Kaduzierung des letzten oder einzigen Gesellschafters steht der Zulässigkeit des Ausschlussverfahrens nicht entgegen.[70]

3. Dritte

17 Während **Rechte von Gesellschaftergläubigern** am Geschäftsanteil mit dem Ausschluss umfassend **erlöschen**, setzen sich **Rechte von Gesellschaftsgläubigern** grundsätzlich fort.[71] Letztere können aber nicht uneingeschränkt geltend gemacht werden, zum einen scheidet Zwangsvollstreckung aus (oben Rdn. 14), zum anderen die Pfändung des Rechts zur Entscheidung über die Durchführung des Verfahrens nach den

---

63 So BGHZ 42, 89, 92.

64 Wohl h.M.: *Altmeppen*, in: Roth/Altmeppen, GmbHG, § 21 Rn. 20; *Müller*, in: Ulmer/Habersack/Winter, GmbHG, § 21 Rn. 62; *Schütz*, in: MünchKommGmbHG, § 21 Rn. 103. A.A. *Hueck/Fastrich*, in: Baumbach/Hueck, GmbHG, § 21 Rn. 12. Zum Ruhen des Gewinnbezugsrechts eigener Anteile BGH, ZIP 1995, 374 ff.

65 *Müller*, in: Ulmer/Habersack/Winter, GmbHG, § 21 Rn. 62; *Schütz*, in: MünchKommGmbHG, § 21 Rn. 103.

66 *Bayer*, in: Lutter/Hommelhoff, GmbHG, § 21 Rn. 15; *Hueck/Fastrich*, in: Baumbach/Hueck, GmbHG, § 21 Rn. 12.

67 *Müller*, in: Ulmer/Habersack/Winter, GmbHG, § 21 Rn. 61.

68 *Müller*, in: Ulmer/Habersack/Winter, GmbHG, § 21 Rn. 61. A.A. *Pentz*, in: Rowedder/Schmidt-Leithoff, GmbHG, § 21 Rn. 45: Angabe »unter dem Strich«.

69 *Schütz*, in: MünchKommGmbHG, § 21 Rn. 105.

70 *Hueck/Fastrich*, in: Baumbach/Hueck, GmbHG, § 21 Rn. 12.

71 Im Einzelnen *Schütz*, in: MünchKommGmbHG, § 21 Rn. 107 ff.

§§ 21 ff.[72] Das gilt auch für den Fall, dass ein Gesellschaftsgläubiger die Einlageforderung der Gesellschaft gepfändet und sich überweisen lassen hat.[73] Den Gesellschaftergläubigern wird von der h.M. zugestanden, bis zur Erklärung nach Abs. 2 gemäß § 267 Abs. 1 S. 1 BGB auf die Einlageverpflichtung des säumigen Gesellschafters zu zahlen.[74]

III. Verfahrensfehler

18 Wurden die Verfahrensvorgaben verletzt, seien es die materiellen oder formalen (sh. aber Rdn. 6), ist der Ausschluss unwirksam, der vermeintlich Kaduzierte bleibt Gesellschafter. Insoweit steht ihm die Feststellungsklage zu.[75] Mangels Erwerbs durch Rechtsgeschäft kommt im Falle fehlerhafter Durchführung des Verfahrens kein gutgläubiger Erwerb in Betracht, soweit der Rechtsvorgänger nach § 22 Abs. 4 den Geschäftsanteil erwirbt.[76] § 16 Abs. 3 greift insoweit nicht.

D. Ausfallhaftung, Abs. 3

19 Der ausgeschlossene Gesellschafter haftet auch nach durchgeführtem Kaduzierungsverfahren für den Ausfall der Gesellschaft hinsichtlich des rückständigen Betrags oder der später auf den Geschäftsanteil eingeforderten Beträge der Stammeinlage. »Ausfall« sind auch die Kosten der Verwertung nach den §§ 22, 23.[77] Da das Kaduzierungsverfahren die Kapitalaufbringung sichern soll, gelten § 19 Abs. 2, 3.[78]

20 Die Ausfallhaftung nach Abs. 3 ist **subsidiär** und setzt erfolglose Inanspruchnahme des Rechtsvorgängers nach § 22 sowie den vergeblichen Versuch der Verwertung nach § 23 oder nicht ausreichenden Erlös bei Verwertung nach § 23 voraus, nicht aber erfolglose Inanspruchnahme der nach § 24 Verpflichteten.[79] Folge der Veräußerung nach § 23 ist das Erlöschen der Haftung der Rechtsvorgänger.[80] Erst nach der Kaduzierung eingeforderte Beträge müssen zunächst vom Erwerber eingefordert wer-

---

72 *Schütz*, in: MünchKommGmbHG, § 21 Rn. 111.

73 H.M. *Altmeppen*, in: Roth/Altmeppen, GmbHG, § 21 Rn. 4; Hueck/*Fastrich*, in: Baumbach/Hueck, GmbHG, § 21 Rn. 13; *Müller*, in: Ulmer/Habersack/Winter, GmbHG, § 21 Rn. 59. A.A. *Bartels*, in: Bork/Schäfer, GmbHG, § 21 Rn. 9; *Bayer*, in: Lutter/Hommelhoff, GmbHG, § 21 Rn. 4.

74 *Schütz*, in: MünchKommGmbHG, § 21 Rn. 109. A.A. *Melber*, Die Kaduzierung in der GmbH, S. 174 ff., 208 ff.

75 Allg. Ansicht, ausführlich *Schütz*, in: MünchKommGmbHG, § 21 Rn. 133 ff.

76 *Hueck/Fastrich*, in: Baumbach/Hueck, GmbHG, § 21 Rn. 17.

77 *Müller*, in: Ulmer/Habersack/Winter, GmbHG, § 21 Rn. 75; *Schütz*, in: MünchKommGmbHG, § 21 Rn. 120.

78 *Müller*, in: Ulmer/Habersack/Winter, GmbHG, § 21 Rn. 75.

79 *Müller*, in: Ulmer/Habersack/Winter, GmbHG, § 21 Rn. 76; *Schütz*, in: MünchKommGmbHG, § 21 Rn. 114 f.

80 *Altmeppen*, in: Roth/Altmeppen, GmbHG. § 21 Rn. 25; *Hueck/Fastrich*, in: Baumbach/Hueck, GmbHG, § 21 Rn. 15.

den, die Ausfallhaftung des zuerst Ausgeschlossenen greift insoweit erst im Anschluss an die vorherige Kaduzierung des Erwerbers.[81]

21 Dem nach Abs. 3 Haftenden stehen keine Ersatz- oder Regressansprüche wegen der Inanspruchnahme zu, er bleibt ausgeschlossen.[82] § 22 Abs. 4 gilt im Rahmen der Ausfallhaftung nach § 21 Abs. 3 nicht.[83] Der Ausgeschlossene kann den Anteil jedoch in der öffentlichen Versteigerung nach § 23 erwerben. Er hat aber keinen Anspruch auf den Erwerb.[84]

§ 22 Haftung der Rechtsvorgänger

(1) Für eine von dem ausgeschlossenen Gesellschafter nicht erfüllte Einlageverpflichtung haftet der Gesellschaft auch der letzte und jeder frühere Rechtsvorgänger des Ausgeschlossenen, der im Verhältnis zu ihr als Inhaber des Geschäftsanteils gilt.

(2) Ein früherer Rechtsvorgänger haftet nur, soweit die Zahlung von dessen Rechtsnachfolger nicht zu erlangen ist; dies ist bis zum Beweis des Gegenteils anzunehmen, wenn der letztere die Zahlung nicht bis zum Ablauf eines Monats geleistet hat, nachdem an ihn die Zahlungsaufforderung und an den Rechtsvorgänger die Benachrichtigung von derselben erfolgt ist.

(3) [1]Die Haftung des Rechtsvorgängers ist auf die innerhalb der Frist von fünf Jahren auf die Einlageverpflichtung eingeforderten Leistungen beschränkt. [2]Die Frist beginnt mit dem Tag, ab welchem der Rechtsnachfolger im Verhältnis zur Gesellschaft als Inhaber des Geschäftsanteils gilt.

(4) Der Rechtsvorgänger erwirbt gegen Zahlung des rückständigen Betrages den Geschäftsanteil des ausgeschlossenen Gesellschafters.

Übersicht **Rdn.**

81 So h.M., *Müller,* in: Ulmer/Habersack/Winter, GmbHG, § 21 Rn. 79. A.A. *Schuler,* GmbHR 1961, 98, 103.

82 *Müller,* in: Ulmer/Habersack/Winter, GmbHG, § 21 Rn. 80.

83 *Altmeppen,* in: Roth/Altmeppen, GmbHG, § 21 Rn. 27.

84 *Müller,* in: Ulmer/Habersack/Winter, GmbHG, § 21 Rn. 80. A.A. *Altmeppen,* in: Roth/Altmeppen, GmbHG, § 21 Rn. 27.

A. Grundlagen

1 Nach § 22 haften auch die Vormänner (Rechtsvorgänger) des Kaduzierten für die nicht erfüllte Einlageverpflichtung. Damit wird sichergestellt, dass nicht bereits die bloße Veräußerung des Geschäftsanteils die Befreiung von der Einlageschuld herbeiführen kann. Abs. 1 legt die Haftungsvoraussetzungen fest, Abs. 2 regelt den sog. Stufen- oder Staffelregress, Abs. 3 enthält einen fristenbasierten Haftungsausschluss und Abs. 4 sieht den Übergang des Geschäftsanteils auf den Zahlenden vor.

2 Unabhängig von der Durchführung des Verfahrens nach den §§ 21 ff. haftet der Veräußerer/Rechtsvorgänger nach **§ 16 Abs. 2.** Es besteht Anspruchsgrundlagenkonkurrenz, die Gesellschaft kann sich auf beide Ansprüche stützen, eine Pflicht zur Wahl nur einer der beiden Grundlagen bei Überschneidung besteht nicht.[1]

B. Haftungsvoraussetzungen, Abs. 1

3 Maßgeblich für die Bestimmung des Kreises der Haftenden ist seit Inkrafttreten des MoMiG die Eintragung einer Person in die Gesellschafterliste. Der Gesellschaft haftet jeder Rechtsvorgänger, der im Verhältnis zu ihr als Inhaber des Geschäftsanteils »gilt«. Das nimmt die Formulierung des § 16 Abs. 1 S. 1 auf. Nach dieser Norm gilt im Verhältnis zur Gesellschaft (nur) derjenige als Inhaber, der als solcher in der im Handelsregister aufgenommenen Gesellschafterliste eingetragen ist. Darüber hinaus sind **Gründer** Rechtsvorgänger.[2] Auch **Treuhänder** haften,[3] auf das Innenverhältnis nach außen als Gesellschafter auftretender Personen zu Dritten kommt es nicht an. **Nicht in die Gesellschafterliste eingetragene Zwischenerwerber** sind angesichts der eindeutigen Verknüpfung von § 22 Abs. 1 und § 16 Abs. 1 S. 1 keine Rechtsvorgänger.[4] **Gesamtrechtsnachfolger** haften demnach gleichfalls nur bei Eintragung in die Liste, **Erben** fallen also nicht schon wegen § 1922 Abs. 1 BGB unter § 22 Abs. 1.[5] Bei **Mitberechtigung** haften die Mitberechtigten gemeinsam nach § 18 Abs. 2.[6] **Pfandgläubiger**, die den Geschäftsanteil durch Verkauf oder Versteigerung verwertet haben, sind keine Rechtsvorgänger, unabhängig von dem Erwerb des Pfandrechts durch Rechtsgeschäft oder im Wege der Zwangsvollstreckung.[7] **Vorgesellschafts-**

---

1 *Bartels*, in: Bork/Schäfer, GmbHG, § 22 Rn. 7; *Müller*, in: Ulmer/Habersack/Winter, GmbHG, § 22 Rn. 6 (zu § 16 Abs. 3 a.F.); *Schütz*, in: MünchKommGmbHG, § 22 Rn. 12. A.A. *Emmerich*, in: Scholz, GmbHG, § 22 Rn. 5 (zu § 16 Abs. 3 a.F.).

2 *Hueck/Fastrich*, in: Baumbach/Hueck, GmbHG, § 22 Rn. 4.

3 *Hueck/Fastrich*, in: Baumbach/Hueck, GmbHG, § 22 Rn. 4.

4 *Hueck/Fastrich*, in: Baumbach/Hueck, GmbHG, § 22 Rn. 4.

5 *Bayer*, in: Lutter/Hommelhoff, GmbHG, § 22 Rn. 4; *Müller*, in: Ulmer/Habersack/Winter, GmbHG Erg.band, § 22 Rn. 10; *Schütz*, in: MünchKomm, § 22 Rn. 41 f. A.A. *Altmeppen*, in: Roth/Altmeppen, GmbHG, § 22 Rn. 3; *Pentz*, in: Rowedder/Schmidt-Leithoff, GmbHG, § 22 Rn. 8.

6 *Hueck/Fastrich*, in: Baumbach/Hueck, GmbHG, § 22 Rn. 4.

7 *Hueck/Fastrich*, in: Baumbach/Hueck, GmbHG, § 22 Rn. 4.

Gesellschafter, die bereits vor Eintragung der Gesellschaft ausgeschieden sind, fallen ebenfalls nicht unter § 22 Abs. 1.[8] Das gilt nicht, wenn der Vorgesellschafts-Gesellschafter seinen Anteil aufschiebend bedingt durch die Entstehung der Gesellschaft abtritt, da er in diesem Fall Rechtsvorgänger ist.[9]

4 Bei wegen Nichtigkeit oder infolge Anfechtung **unwirksamer Anteilsübertragung** ist der Eingetragene nach Korrektur der Gesellschafterliste als **Scheinerwerber kein Rechtsvorgänger.**[10] Solange er eingetragen ist, kann er der Gesellschaft materielle Mängel jedoch nicht entgegenhalten.[11] Wird er aus der Liste entfernt, haftet er nicht nur nicht für zukünftig fällig werdende Forderungen,[12] sondern auch nicht für bereits während seiner Eintragung fällig gewordene Forderungen.[13] Geleistete Zahlungen kann der Scheinerwerber nicht zurückverlangen, insoweit liefert die Eintragung einen Rechtsgrund.[14]

5 Voraussetzung der Haftung nach Abs. 1 ist wirksamer Ausschluss nach § 21. **Auf die Zahlungsunfähigkeit des Ausgeschlossenen kommt es** für Abs. 1 **nicht an.**[15] »Nicht erfüllte Einlageverpflichtung« meint nicht nur bereits fällige Beträge, sondern auch nach Anteilserwerb fällig werdende Forderungen.[16]

C. Stufenregress, Abs. 2

6 Abs. 2 betrifft die Haftung der »früheren« Rechtsvorgänger. Dabei handelt es sich um die Vorgänger des unmittelbaren (»letzten«) Vormannes des Kaduzierten. Die Norm ordnet eine bestimmte Haftungsreihenfolge an, die Rechtsvorgänger sind **nicht gesamtschuldnerisch** verantwortlich. Je weiter entfernt ein Vormann vom Kaduzierten steht, desto weiter hinten befindet er sich in der Regresskette. Die Gesellschaft ist an diese Subsidiaritätsregel gebunden, **Abweichungen** sind **unzulässig**, wenn nicht die Voraussetzungen des Abs. 2 hinsichtlich jedes Rechtsvorgängers erfüllt sind.[17]

---

8 *Altmeppen*, in: Roth/Altmeppen, GmbHG, § 22 Rn. 4; *Bayer*, in: Lutter/Hommelhoff, GmbHG, § 22 Rn. 4.

9 *Altmeppen*, in: Roth/Altmeppen, GmbHG, § 22 Rn. 4; *Emmerich*, in: Scholz, GmbHG, § 22 Rn. 6a. A.A. OLG Köln, GmbHR 1997, 546.

10 *Müller*, in: Ulmer/Habersack/Winter, GmbHG Erg.band, § 22 Rn. 3. Vgl. für die Einlageverpflichtung nach §§ 16, 19 a.F. BGH, ZIP 2010, 908, 909.

11 *Altmeppen*, in: Roth/Altmeppen, GmbHG, § 22 Rn. 3.

12 So *Bayer*, in: Lutter/Hommelhoff, GmbHG, § 22 Rn. 4.

13 *Altmeppen*, ZIP 2009, 345, 352 f.; *Hueck/Fastrich*, in: Baumbach/Hueck, GmbHG, § 22 Rn. 4.

14 Allg. Ansicht, *Bayer*, in: Lutter/Hommelhoff, GmbHG, § 22 Rn. 4.

15 OLG Dresden, GmbHR 1998, 884, 886.

16 Näher zum Haftungsumfang Kommentierung zu § 21 Rdn. 19; *Müller*, in: Ulmer/Habersack/Winter, GmbHG, § 22 Rn. 11 ff.

17 Allg. Ansicht, *Schütz*, in: MünchKomm GmbHG, § 22 Rn. 48.

Frühere Rechtsvorgänger haften nur, wenn ihr Nachfolger zahlungsunfähig ist. Abs. 2 S. 2 stellt unter den dort genannten Bedingungen (keine Leistung binnen Monatsfrist nach Aufforderung, Benachrichtigung an den Rechtsvorgänger) eine **widerlegliche Vermutung der Zahlungsunfähigkeit** auf. Maßgebliches Ereignis für die Fristberechnung ist der Zugang der zuletzt zugehenden Erklärung.[18] Die Erklärungen sind nicht formgebunden, aus Beweisgründen ist jedoch Zustellung durch Gerichtsvollzieher nach § 132 Abs. 1 BGB angebracht.[19] Bei Mitberechtigten gilt § 18 Abs. 3 analog.[20] Vermutungswirkung kann gegenüber dem Gründungsgesellschafter entstehen, obwohl dann keine Benachrichtigung möglich ist.[21] Hierfür genügt der Nachweis des Zugangs der Zahlungsaufforderung.[22] Die Gesellschaft kann unabhängig von S. 2 Beweis über Zahlungsunfähigkeit erbringen.[23] Gegenbeweis der Zahlungsfähigkeit eines Nachfolgers ist möglich.[24] Zahlungsunfähigkeit ist kein Schulderlöschensgrund, sondern ermöglicht lediglich das Abschreiten der Regressstufen (sh. auch Rdn. 13).[25] 7

Die Vermutung des S. 2 soll der Gesellschaft lediglich das Abschreiten der Regresskette vereinfachen. Sie ist daher nicht daran gebunden und kann jederzeit auch gegen einen bislang übergangenen bzw. erfolglos in Anspruch genommenen Rechtsvorgänger vorgehen.[26] **8**

Da es sich bei der Regressschuld der Sache nach um die Einlageschuld des Kaduzierten handelt, greifen § 19 Abs. 2, 5.[27] Die Verpflichtung der Rechtsvorgänger erlischt mit der erfolgreichen Verwertung nach § 23.[28] **9**

Zur Anspruchsgrundlagenkonkurrenz mit § 16 Abs. 2 oben Rdn. 2. **10**

D. Haftungsbegrenzung, Abs. 3

Abs. 3 sieht eine fristbasierte Begrenzung der Haftung vor. Sie ist auf die innerhalb von fünf Jahren ab Eintragung in die Gesellschafterliste (Abs. 3 S. 2) auf die Einlageverpflichtungen eingeforderten Leistungen beschränkt. Einforderung meint Leistungsaufforderung durch den Geschäftsführer oder den gesellschaftsvertraglichen **11**

18 *Hueck/Fastrich*, in: Baumbach/Hueck, GmbHG, § 22 Rn. 6.
19 *Müller*, in: Ulmer/Habersack/Winter, GmbHG, § 22 Rn. 51.
20 *Müller*, in: Ulmer/Habersack/Winter, GmbHG, § 22 Rn. 52.
21 Heute allg. Ansicht, *Schütz*, in: MünchKommGmbHG, § 22 Rn. 7. A.A. noch RGZ 85, 237, 241.
22 *Bartels*, in: Bork/Schäfer, GmbHG, § 22 Rn. 4; *Ebbing*, in: Michalski, § 22 Rn. 48.
23 *Schütz*, in: MünchKommGmbHG, § 22 Rn. 52.
24 *Schütz*, in: MünchKommGmbHG, § 22 Rn. 53.
25 *Müller*, in: Ulmer/Habersack/Winter, GmbHG, § 22 Rn. 45.
26 *Hueck/Fastrich*, in: Baumbach/Hueck, GmbHG, § 22 Rn. 7.
27 OLG Köln, GmbHR 1987, 478; *Ebbing*, in: Michalski, GmbHG, § 22 Rn. 71.
28 BGHZ 42, 89, 92; *Ebbing*, in: Michalski, GmbHG, § 22 Rn. 62.

Leistungszeitpunkt, nicht Gesellschafterbeschluss.[29] Verjährung richtet sich nach allgemeinen Regeln (Regelverjährung nach § 195 BGB[30]), Abs. 3 enthält lediglich Ausschlussfrist, die von Amts wegen berücksichtigt werden muss.[31]

E. Erwerb des Geschäftsanteils, Abs. 4

12 Gegen Zahlung des gesamten fälligen rückständigen Betrages erwirbt der Zahlende kraft Gesetzes den Geschäftsanteil. Teilzahlungen befreien zwar andere Rechtsvorgänger, erwerben kann den Anteil aber nur der den offenen Restbetrag Leistende.[32] Die Haftungsbeschränkung nach Abs. 3 ist insoweit bedeutungslos.[33]

13 Erbringt der Rechtsvorgänger eines Regressschuldners lediglich eine Teilzahlung und bleibt ein Teil der ursprünglichen Einlageschuld weiterhin offen[34], erfüllt der Rechtsvorgänger seine Verpflichtung nach § 22 Abs. 2. Stellt sich später heraus, dass der übergangene Nachmann doch zahlungsfähig war oder wieder Zahlungsfähigkeit erlangt hat, entfällt die Verpflichtung seines Vorgängers mit Wirkung ex tunc und der Nachmann ist zur Leistung des vollen, auf seiner Regressstufe anfallenden Betrages verpflichtet, er kann sich also nicht auf Zahlungen seines Vormannes berufen (vgl. Rdn. 7).[35] Der Anteilserwerb vollzieht sich nicht zu seinen Gunsten durch Zahlung des unter Einbeziehung der Zahlung des Vorgängers berechneten Teilbetrages.[36] Ist der Nachmann nur in Höhe des noch ausstehenden Teilbetrages (wieder) zahlungsfähig, erwirbt nicht er nach Zahlung des noch ausstehenden Betrages den Anteil nach Abs. 4, sondern sein Vorgänger. Denn wäre die Zahlungsfähigkeit des Nachmannes von Anfang an bekannt gewesen, hätte gemäß § 22 Abs. 2 der Vorgänger zuletzt gezahlt und damit den Anteil erworben. Zu Regressansprüchen Rdn. 18.

14 Erwerber kann allein ein nach der von § 22 vorgesehenen Haftungsreihenfolge Verpflichteter sein. **§ 267 BGB** gilt nur, sofern der Verpflichtete, für den gezahlt werden soll, der Leistung zustimmt.[37] Die vollständige Ablehnung der Anwendung des § 267

---

29 OLG Hamm, GmbHR 1988, 266; *Hueck/Fastrich*, in: Baumbach/Hueck, GmbHG, § 22 Rn. 9.

30 *Bayer*, in: Lutter/Hommelhoff, GmbHG, § 22 Rn. 9; *Emmerich*, in: Scholz, GmbHG, § 22 Rn. 17.

31 *Hueck/Fastrich*, in: Baumbach/Hueck, GmbHG, § 22 Rn. 9. Ausführlich zur Fristberechnung *Ebbing*, in: Michalski, GmbHG, § 22 Rn. 54 ff.

32 *Hueck/Fastrich*, in: Baumbach/Hueck, GmbHG, § 22 Rn. 10.

33 *Müller*, in: Ulmer/Habersack/Winter, GmbHG, § 22 Rn. 62.

34 Fehlt es hieran, zahlt also ein Vormann des Regressschuldners oder ein noch früherer Rechtsvorgänger den Rest der Schuld, geht der Anteil über und der Vorgang ist endgültig.

35 *Altmeppen*, in: Roth/Altmeppen, GmbHG, § 22 Rn. 15; *Westermann*, in: Scholz, GmbHG, § 22 Rn. 18a.

36 *Westermann*, in: Scholz, GmbHG, § 22 Rn. 18a.

37 *Ebbing*, in: Michalski, GmbHG, § 22 Rn. 84; *Schütz*, in: MünchKommGmbHG, § 22 Rn. 68.

BGB führt zur Förmelei,[38] die uneingeschränkte Zulassung der Leistung durch Dritte[39] machte dagegen die Vorgaben des § 22 überflüssig. Dass die Gesellschaft bei fehlender Zustimmung die Leistung erhält, ohne den Anteil zu verlieren, entspricht dem Bereichungsrecht (§ 815 BGB) – wer ohne eigene Pflicht und ohne Abstimmung mit dem Schuldner zahlt, hat sich dies selbst zuzuschreiben.[40] Unter den Voraussetzungen des § 16 Abs. 3 S. 1 ist **gutgläubiger Erwerb** möglich.[41]

15 Da der Erwerb sich aufgrund gesetzlicher Anordnung vollzieht, sind Übertragungsbeschränkungen jeglicher Art, auch Vinkulierungen nach § 15 Abs. 5, wirkungslos, der Wille des Erwerbers ist irrelevant.[42] Ob freiwillig gezahlt wird oder der Leistung Zwangsvollstreckungsmaßnahmen vorausgegangen sind, macht keinen Unterschied.[43]

16 Der **Erwerber** des Geschäftsanteils **tritt in** die zur Zeit des Übergangs bestehenden **Rechte und Pflichten ein**, auch wenn diese erst nach Kaduzierung begründet wurden (zu Dividendenansprüchen § 21 Rdn. 13).[44] Das gilt nicht für andere Leistungspflichten als die Einlageschuld, etwa Zinsen und Nebenleistungen i.S.v. § 3 Abs. 2, für die nach wie vor allein der Ausgeschlossene haftet.[45] Zudem erlöschen Rechte Dritter am Geschäftsanteil.[46] Für nach dem Erwerb fällig werdende Einlagen ist § 21 Abs. 3 zu beachten, der Kaduzierte haftet neben dem neuen Anteilsinhaber.

17 Wird der Erwerber selbst wegen ausstehender Einlageleistungen kaduziert, haften sämtliche dem Zweitkaduzierten vorgehenden Gesellschafter. Rechtsnachfolger des Zahlenden (seine »Nachmänner«) werden entgegen der h.M. nicht frei, denn Zahlungsunfähigkeit im Zeitpunkt der Erstkaduzierung ist kein ausreichender Enthaftungsgrund.[47]

---

38 Sh. *Emmerich*, in: Scholz, GmbHG, § 22 Rn. 19a; *Schütz*, in: MünchKommGmbHG, § 22 Rn. 68. Ganz ablehnend jedoch *Altmeppen*, in: Roth/Altmeppen, GmbHG, § 22 Rn. 18; *Pentz*, in: Rowedder/Schmidt-Leithoff, GmbHG, § 22 Rn. 32.

39 So z.B. *Hueck/Fastrich*, in: Baumbach/Hueck, GmbHG, § 22 Rn. 10; *Müller*, in: Ulmer/Habersack/Winter, GmbHG, § 22 Rn. 59.

40 Insofern nicht überzeugend *Altmeppen*, in: Roth/Altmeppen, GmbHG, § 22 Rn. 18.

41 *Müller*, in: Ulmer/Habersack/Winter, GmbHG Erg.band, § 22 Rn. 14.

42 Allg. Ansicht, *Schütz*, in: MünchKommGmbHG, § 22 Rn. 69.

43 *Bayer*, in: Lutter/Hommelhoff, GmbHG, § 22 Rn. 12.

44 *Müller*, in: Ulmer/Habersack/Winter, GmbHG, § 22 Rn. 63.

45 *Schütz*, in: MünchKommGmbHG, § 22 Rn. 72.

46 *Schütz*, in: MünchKommGmbHG, § 22 Rn. 74.

47 Wie hier *Bayer*, in: Lutter/Hommelhoff, GmbHG, § 22 Rn. 15; *Ebbing*, in: Michalski, GmbHG, § 22 Rn. 21; *Schütz*, in: MünchKommGmbHG, § 22 Rn. 73. A.A. *Altmeppen*, in: Roth/Altmeppen, GmbHG, § 22 Rn. 22; *Emmerich*, in: Scholz, GmbHG, § 22 Rn. 23; *Hueck/Fastrich*, in: Baumbach/Hueck, GmbHG, § 22 Rn. 12; *Müller*, in: Ulmer/Habersack/Winter, GmbHG, § 22 Rn. 66.

F. Regressfragen

18 Hinsichtlich eines Regresses sind abseits vertraglicher und deliktischer Ansprüche (dazu nächste Rdn.) **drei Konstellationen** zu unterscheiden: (1) Ein **Rechtsvorgänger zahlt** den **noch offenen Teilbetrag**, nachdem seine Nachmänner jeweils nur Teilleistungen auf die Einlageschuld erbracht haben: Der den letzten Teilbetrag zahlende Vorgänger erwirbt den Anteil nach Abs. 4, damit ist der Vorgang endgültig abgeschlossen.[48] Die Nachmänner haben weder gegen ihn noch gegen die Gesellschaft einen Regressanspruch, da sämtliche Beteiligte mit Rechtsgrund in Erfüllung ihrer Pflichten aus § 22 geleistet haben.[49] (2) Ein **Teilbetrag ist nach Teilleistungen von Rechtsvorgängern noch offen**, der Anteil noch nicht nach Abs. 4 übergegangen und ein Vorgehen der Gesellschaft nach §§ 23, 21 Abs. 3, 24 denkbar. Wird in dieser Situation ein Nachmann wieder hinsichtlich des ursprünglich ihn noch treffenden Teilbetrages zahlungsfähig oder war er, wie sich herausstellt, von Anfang an zahlungsfähig, haben seine Vorgänger, die Teilleistungen erbracht haben, einen Anspruch auf Rückerstattung ihrer jeweiligen Leistungen aus § 812 Abs. 1 S. 2, 1. Alt. BGB bzw. § 812 Abs. 1 S. 1, 1. Alt. BGB, soweit sie bei direkter Inanspruchnahme ihres Nachfolgers nicht hätten zahlen müssen.[50] Dieser richtet sich, weil die Leistung zur Erfüllung der Einlagepflicht gegenüber der Gesellschaft erbracht wurde, gegen die Gesellschaft, nicht gegen den Nachfolger der Rechtsvorgänger.[51] Das gilt nicht, wenn der Nachmann nur hinsichtlich des noch offenen Teilbetrages wieder zahlungsfähig wird oder ursprünglich zahlungsfähig war. Diese Situation ist vom Ergebnis her mit (1) vergleichbar. (3) **Erbringt der Vorgänger die gesamte Leistung, obwohl er** nach Zahlungen seiner Nachmänner **nur** noch eine **Teilleistung schuldet**, steht den Nachmännern kein Bereicherungsanspruch gegen die Gesellschaft zu.[52] Vielmehr hat der Vorgänger in Höhe der Überzahlung einen Anspruch aus § 812 Abs. 1 S. 1, 1. Alt. BGB gegen die Gesellschaft, weil er insoweit nicht verpflichtet war.[53]

19 Ein **Ausgleich unter den Rechtsvorgängern** kommt nach dem eben Gesagten nur in Betracht, wenn vertragliche oder deliktische Ansprüche hierfür bestehen.[54] § 426 Abs. 1 BGB und § 774 Abs. 1 BGB (analog) gelangen nicht zur Anwendung.[55]

---

48 *Altmeppen*, in: Roth/Altmeppen, GmbHG, § 22 Rn. 23.

49 *Westermann*, in: Scholz, GmbHG, § 22 Rn. 12b.

50 Der Nachfolger haftet auf den vollen rückständigen Betrag, Rdn. 13.

51 *Altmeppen*, in: Roth/Altmeppen, GmbHG, § 22 Rn. 15. A.A. *Ebbing*, in: Michalski, GmbHG, § 22 Rn. 107; *Westermann*, in: Scholz, GmbHG, § 22 Rn. 12b.

52 A.A. *Bayer*, in: Lutter/Hommelhoff, GmbHG, § 22 Rn. 18 *Müller*, in: Ulmer/Habersack/Winter, GmbHG, § 22 Rn. 62.

53 *Ebbing*, in: Michalski, GmbHG, § 22 Rn. 104; *Westermann*, in: Scholz, GmbHG, § 22 Rn. 12b.

54 Zu vertraglichen Ansprüchen *Westermann*, in: Scholz, GmbHG, § 22 Rn. 12a.

55 H.M., ausführlich *Schütz*, in: MünchKommGmbHG, § 22 Rn. 76 ff. A.A. *Bayer*, in: Lutter/Hommelhoff, GmbHG, § 22 Rn. 17.

§ 23 Versteigerung des Geschäftsanteils

[1]Ist die Zahlung des rückständigen Betrages von Rechtsvorgängern nicht zu erlangen, so kann die Gesellschaft den Geschäftsanteil im Wege öffentlicher Versteigerung verkaufen lassen. [2]Eine andere Art des Verkaufs ist nur mit Zustimmung des ausgeschlossenen Gesellschafters zulässig.

Übersicht **Rdn.**

A. Grundlagen

1 § 23 sieht die Verwertung des Geschäftsanteils vor, wenn das Vorgehen nach den §§ 21, 22 erfolglos geblieben ist. Der Zwangsverkauf setzt damit die ordnungsgemäße Durchführung des Kaduzierungsverfahrens sowie die erfolglose Inanspruchnahme des Ausgeschlossenen sowie seiner Rechtsvorgänger voraus. Die Vermutungswirkung des § 22 Abs. 2 S. 2 kommt auch hier zum Tragen.[1] § 25 schließt eine Vereinfachung des Verfahrens zugunsten der Gesellschaft nach § 23 nicht aus, insbesondere kann der Verzicht auf Zustimmung des ausgeschlossenen Gesellschafters in die Satzung aufgenommen werden. Nicht möglich ist dagegen eine Beschränkung der Verwertungsart, die zu einem Ausschluss oder Nachrang der öffentlichen Versteigerung führt.[2] Die Verwertung nach § 23 ist ihrerseits Voraussetzung für § 21 Abs. 3 (§ 21 Rdn. 20), § 24.

2 Zwar sieht der Wortlaut keinen Zwang zur Verwertung vor. Doch ist regelmäßig eine Reduzierung des Ermessensspielraums der Geschäftsführer »auf Null« anzunehmen, sofern nicht besondere Gründe gegen die Verwertung sprechen.[3] Maßgeblich ist die Sicherstellung der Kapitalaufbringung, deren Gefährdung bei Fehlschlagen der Beitreibung nach §§ 21, 22 offenkundig ist. Ermessensspielraum besteht in der Regel nur hinsichtlich des Verwertungszeitpunktes.[4] Ein Anspruch auf Versteigerung gegen

---

1 *Altmeppen*, in: Roth/Altmeppen, GmbHG, § 23 Rn. 3; *Müller*, in: Ulmer/Habersack/Winter, GmbHG, § 23 Rn. 8.

2 *Schütz*, in: MünchKommGmbHG, § 23 Rn. 3 ff.

3 Großzügiger die h.M., *Hueck/Fastrich*, in: Baumbach/Hueck, GmbHG, § 23 Rn. 3; *Müller*, in: Ulmer/Habersack/Winter, GmbHG, § 23 Rn. 9, 15. Für Verwertungspflicht *Bayer*, in: Lutter/Hommelhoff, GmbHG, § 23 Rn. 3; *Emmerich*, in: Scholz, GmbHG, § 23 Rn. 4a.

4 *Schütz*, in: MünchKommGmbHG, § 23 Rn. 16.

die Gesellschaft besteht nach allg.M. nicht, allenfalls können verbliebene Gesellschafter den Geschäftsführer nach § 37 Abs. 1 anweisen.[5]

B. Anteilsverkauf

I. Öffentliche Versteigerung

3 Grundsätzlich ist der Anteilsverkauf im Wege der öffentlichen Versteigerung nach §§ 383 Abs. 3, 156 BGB vorzunehmen, **mit Zuschlag kommt der Kaufvertrag, nicht die Übertragung des Anteils, zustande** (§ 156 S. 1 BGB).[6] Nach anderer, offenbar sogar h.M. soll durch Zuschlag der Anteilserwerb stattfinden.[7] Das überzeugt schon deshalb nicht, weil damit gegen das Abstraktions- und Trennungsprinzip entschieden wird. § 23 spricht explizit vom »Verkauf« durch öffentliche Versteigerung, so dass »Vertrag« i.S.v. § 156 S. 1 BGB der Kaufvertrag ist, nicht jedoch eine Einigung über die Abtretung des Anteils nach §§ 413, 398 BGB. Im Fall des § 156 BGB ist stets die gesonderte dingliche Rechtsübertragung notwendig.[8] Das gilt ebenso, wenn die Treuhandkonstruktion gewählt wird (dazu § 21 Rdn. 14), da die Gesellschaft auch dann Inhaberin des Anteils ist. In den Zuschlag eine sachenrechtlich relevante Einigung ohne besondere Anhaltspunkte hineinzulesen, liegt eher fern. Eine Sondernorm wie § 90 Abs. 1 ZVG fehlt, es handelt sich gerade nicht um Zwangsvollstreckung. Bei dieser Frage geht es sich nicht um eine Petitesse, sondern um eine entscheidende Weichenstellung: §§ 21 ff. dienen der Sicherstellung der Kapitalaufbringung (§ 21 Rdn. 1). Dann ist es wenig sinnvoll, dass die Gesellschaft den Anteil schon mit Zuschlag – und damit vor Kaufpreiszahlung – verliert und ihrer Gegenrechte (z.B. § 320 BGB) beraubt wird.

4 Mangels weiterer Verfahrensvorschriften gelten allein die Vorgaben des BGB:[9] Die öffentliche Bekanntmachung der Versteigerung genügt, es bedarf keiner besonderen Benachrichtigung des Ausgeschlossenen oder der übrigen Gesellschafter.[10] Soweit zweckmäßig, kann ein anderer Ort als der Gesellschaftssitz als Versteigerungsort gewählt werden.[11] Versteigert wird durch Gerichtsvollzieher oder andere befugte Personen, etwa Notare.[12] § 1238 BGB – u.a. sofortige Barzahlungspflicht – ist analog

---

5 Sh. nur *Müller*, in: Ulmer/Habersack/Winter, GmbHG, § 23 Rn. 12 ff.

6 *Bartels*, in: Bork/Schäfer, GmbHG, § 23 Rn. 5; *Emmerich*, in: Scholz, GmbHG, § 23 Rn. 7c; *Müller*, in: Ulmer/Habersack/Winter, GmbHG, § 23 Rn. 22.

7 *Bayer*, in: Lutter/Hommelhoff, GmbHG, § 23 Rn. 4; *Hueck/Fastrich*, in: Baumbach/Hueck, GmbHG, § 23 Rn. 4; *Pentz*, in: Rowedder/Schmidt-Leithoff, GmbHG, § 23 Rn. 16 (im Widerspruch zu Rn. 25); *Schütz*, in: MünchKommGmbHG, § 23 Rn. 56.

8 BGH, NJW 1998, 2350, 2352; *Wolf*, in: Soergel, BGB, § 156 Rn. 11.

9 *Schütz*, in: MünchKommGmbHG, § 23 Rn. 25.

10 *Müller*, in: Ulmer/Habersack/Winter, GmbHG, § 23 Rn. 21. A.A. *Bayer*, in: Lutter/Hommelhoff, GmbHG, § 23 Rn. 4.

11 *Ebbing*, in: Michalski, GmbHG, § 23 Rn. 26.

12 *Hueck/Fastrich*, in: Baumbach/Hueck, GmbHG, § 23 Rn. 4.

anzuwenden.[13] Allein die Gesellschaft darf nicht für den Anteil bieten.[14] Beschränkungen nach § 15 Abs. 3 – 5 gelten im Versteigerungsverfahren nicht.[15]

II. Andere Art des Verkaufs

5 Andere Arten des Verkaufs sind z.B. der freihändige Verkauf[16] oder eine Versteigerung unter Beschränkungen wie einer Eingrenzung der zugelassenen Bieter.[17] Die Vorwegnahme der Zustimmung in der Satzung ist möglich.[18] Kein Fall des S. 2 ist ein materieller Zuschlagsvorbehalt zugunsten der Gesellschaft.[19] Bei anderer Verwertung als durch öffentliche Versteigerung gelten § 15 Abs. 3 – 5.[20] Im Verkauf liegt die für Abs. 5 notwendige Genehmigung der Gesellschaft.[21] Die **Stundung** des **Kaufpreises** ist angesichts des Rechtsgedankens aus § 19 Abs. 2 S. 1 trotz der Nichtanwendbarkeit von § 1238 Abs. 1 BGB bei einer anderen Art des Verkaufs entgegen der h.M. **unzulässig.**[22] Kommt der Erwerber mit der Kaufpreiszahlung in Rückstand, kann wiederum ein Kaduzierungsverfahren eingeleitet werden.[23]

III. Aussichtslosigkeit von Regress und Verwertung

6 Bleiben sowohl Regressbemühungen als auch Verwertungsversuche dauerhaft aussichtslos, fällt der Anteil in das Vermögen der Gesellschaft.[24] Dann ergeben sich für die Gesellschaft die gleichen Rechtsfolgen wie bei § 33, i. Ü. entsteht Ausfallhaftung nach § 21 Abs. 3, 24.[25] Konfusion tritt nicht ein.[26]

---

13 Für h.M. *Schütz*, in: MünchKommGmbHG, § 23 Rn. 25. A.A. *Bayer*, in: Lutter/Hommelhoff, GmbHG, § 23 Rn. 4.

14 RGZ 98, 276, 279; *Emmerich*, in: Scholz, GmbHG, § 23 Rn. 7.

15 *Altmeppen*, in: Roth/Altmeppen, GmbHG, § 23 Rn. 9; *Emmerich*, in: Scholz, GmbHG, § 23 Rn. 7c.

16 BGHZ 42, 86, 89.

17 *Pentz*, in: Rowedder/Schmidt-Leithoff, GmbHG, § 23 Rn. 19.

18 *Altmeppen*, in: Roth/Altmeppen, GmbHG, § 23 Rn. 10.

19 H.M., *Schütz*, in: MünchKommGmbHG, § 23 Rn. 35. A.A. *Müller*, in: Ulmer/Habersack/Winter, GmbHG, § 23 Rn. 25.

20 H.M., *Hueck/Fastrich*, in: Baumbach/Hueck, GmbHG, § 23 Rn. 5; *Müller*, in: Ulmer/Habersack/Winter, GmbHG, § 23 Rn. 29. A.A. bzgl. Abs. 5 *Emmerich*, in: Scholz, GmbHG, § 23 Rn. 9; *Schütz*, in: MünchKommGmbHG, § 23 Rn. 53.

21 *Altmeppen*, in: Roth/Altmeppen, GmbHG, § 23 Rn. 12; *Hueck/Fastrich*, in: Baumbach/Hueck, GmbHG, § 23 Rn. 5.

22 I.Erg. wie hier *Ebbing*, in: Michalski, GmbHG, § 23 Rn. 46; *Pentz*, in: Rowedder/Schmidt-Leithoff, GmbHG, § 23 Rn. 24. Für h.M. *Emmerich*, in: Scholz, GmbHG, § 23 Rn. 9; *Müller*, in: Ulmer/Habersack/Winter, GmbHG, § 23 Rn. 35.

23 BGHZ 42, 86, 93.

24 Allg. Ansicht, RGZ 86, 419, 421; *Hueck/Fastrich*, in: Baumbach/Hueck, GmbHG, § 23 Rn. 6.

25 *Altmeppen*, in: Roth/Altmeppen, GmbHG, § 23 Rn. 20; *Bayer*, in: Lutter/Hommelhoff, GmbHG, § 23 Rn. 6.

26 Nachw. vorige Fußn.

C. Wirkungen

7 Der **Erwerber** wird nach Abtretung des Geschäftsanteils (§§ 398, 413 BGB) an ihn Gesellschafter und **tritt in sämtliche Rechte und Pflichten** ein, die **ab Wirksamwerden der Abtretung** bestehen.[27] Rechte Dritter am Geschäftsanteil bestehen nach der Kaduzierung nicht mehr und können den Erwerber damit nicht belasten (§ 21 Rdn. 17). Für nach der Kaduzierung begründete Rechte Dritter gilt § 1242 Abs. 2 BGB analog.[28] Der Erwerb ist wie ein **originärer Erwerb** im Rahmen der Gesellschaftsgründung zu behandeln, weder der Kaduzierte noch die Gesellschaft sind Veräußerer – und potentiell Gewährleistungsverpflichtete – i.S.d. Kaufrechts.[29] Das entspricht im Ergebnis der allgemeinen Ansicht, wonach der Erwerber niemandes Rechtsnachfolger i.S.v. sei (sh. aber § 22 Rdn. 16).[30] Für **rückständige Beträge** haftet der Erwerber nicht, aber für alle künftig fällig werdenden Forderungen, unabhängig von ihrer Einordnung als Einlageforderung oder Nebenleistungspflicht.[31] Er hat keinen Anspruch auf in der Zeit zwischen Kaduzierung und Erwerb angefallene **Gewinne** (§ 21 Rdn. 13). Rechte ausüben kann der Erwerber wegen § 16 Abs. 1 S. 1 erst ab Eintragung der Änderung in der Gesellschafterliste.[32]

8 Der Kaufpreisanspruch substituiert die Einlageforderung, § 19 Abs. 2 – Abs. 5 gelten (zur Stundung Rdn. 5).[33] Im Rahmen der Verwertung erzielte **Mehrerlöse**, d.h. über die fällige Einlageforderung hinausgehende Beträge unter Abzug der Kosten des Verwertungsverfahrens, verbleiben der Gesellschaft und sind in der Kapitalrücklage nach § 272 Abs. 2 Nr. 1 HGB auszuweisen.[34] Eine Verrechnung solcher Mehrerlöse mit Verbindlichkeiten anderer Gesellschafter oder noch nicht fälligen Forderungen – entgegen h.M. auch nicht mit solchen aus § 21 Abs. 3 –[35] ist unzulässig, anderes gilt für fällige und lediglich noch nicht eingeforderte Einzahlungen.[36] Der Mehrerlös ist kein Surrogat des Geschäftsanteils, untergegangene Rechte Dritter setzen sich an ihm

27 *Müller*, in: Ulmer/Habersack/Winter, GmbHG, § 23 Rn. 33.

28 *Emmerich*, in: Scholz, GmbHG, § 23 Rn. 10; *Müller*, in: Ulmer/Habersack/Winter, GmbHG, § 23 Rn. 36. A.A. *Schütz*, in: MünchKommGmbHG, § 23 Rn. 59.

29 *Altmeppen*, in: Roth/Altmeppen, GmbHG, § 23 Rn. 13; *Ebbing*, in: Michalski, GmbHG, § 23 Rn. 55.

30 BGHZ 42, 89, 92.

31 *Schütz*, in: MünchKommGmbHG, § 23 Rn. 57.

32 *Hueck/Fastrich*, in: Baumbach/Hueck, GmbHG, § 23 Rn. 4.

33 BGHZ 42, 89, 93 für Abs. 2; *Bayer*, in: Lutter/Hommelhoff, GmbHG, § 23 Rn. 9 (Abs. 2, 5); *Hueck/Fastrich*, in: Baumbach/Hueck, GmbHG, § 23 Rn. 8 (Abs. 2, 3).

34 *Ebbing*, in: Michalski, GmbHG, § 23 Rn. 60; *Müller*, in: Ulmer/Habersack/Winter, GmbHG, § 23 Rn. 39. A.A. *Emmerich*, in: Scholz, GmbHG, § 23 Rn. 14a.

35 *Bayer*, in: Lutter/Hommelhoff, GmbHG, § 23 Rn. 8; *Hueck/Fastrich*, in: Baumbach/Hueck, GmbHG, § 23 Rn. 8. Für h.M. *Müller*, in: Ulmer/Habersack/Winter, GmbHG, § 23 Rn. 39.

36 *Müller*, in: Ulmer/Habersack/Winter, GmbHG, § 23 Rn. 39.

nicht fort.[37] Reicht der Erlös zur Deckung der Einlageforderung nicht aus, muss der Erwerber den **Fehlbetrag** nicht decken.[38] Insoweit greifen §§ 21 Abs. 3, 24.[39] Die Rechtsvorgänger haften nicht mehr nach § 22.[40]

D. Verfahrensfehler

9 **Mängel der Kaduzierung** oder ein fehlendes Ausschlussverfahren machen entgegen der h.M. Neuvornahme des gesamten Verfahrens notwendig, die bloße Nachholung der Kaduzierung genügt nicht.[41] Folge fehlender/mangelbehafteter Kaduzierung ist, dass der Zessionar den Anteil grunds. nicht erwerben kann, weil Gesellschaft die Verfügungsberechtigung fehlt und ein gutgläubiger Erwerb jedenfalls nach §§ 398, 413 BGB unmöglich ist.[42] Allerdings besteht die Möglichkeit eines gutgläubigen Erwerbs von der Gesellschaft unter der Voraussetzung des § 16 Abs. 3, wenn die Gesellschaft in die Gesellschafterliste eingetragen wurde.[43] Ebenso ist gutgläubiger Erwerb von einem eingetragenen Scheinerwerber denkbar.[44]

10 Das gleiche Ergebnis tritt ein bei **Unterlassen des Regressverfahrens** nach § 22.[45] Daran ändert sich nichts, wenn der Erlös der Höhe nach der Summe von nicht erfüllter Einlageschuld und Verfahrenskosten entspricht. Anderenfalls verlöre die Gesellschaft die Regressmöglichkeit hinsichtlich zukünftiger Einlageforderungen.[46]

11 **Mängel des Versteigerungsverfahrens** (keine Bekanntmachung, unzuständige Versteigerungsperson etc.) führen zur Unwirksamkeit des Kaufvertrages.[47] Daraus folgt jedoch nicht – was die Literatur aber offenbar fast durchgängig unter Verstoß gegen das Abstraktionsprinzip annimmt –[48] zugleich die Unwirksamkeit der Anteilsübertra-

37 *Altmeppen*, in: Roth/Altmeppen, GmbHG, § 23 Rn. 14. A.A. *Melber*, Die Kaduzierung in der GmbH, S. 186 ff., 224.

38 *Müller*, in: Ulmer/Habersack/Winter, GmbHG, § 23 Rn. 34.

39 *Bayer*, in: Lutter/Hommelhoff, GmbHG, § 23 Rn. 7.

40 *Schütz*, in: MünchKommGmbHG, § 23 Rn. 71.

41 *Bayer*, in: Lutter/Hommelhoff, GmbHG, § 23 Rn. 10. Für h.M. *Pentz*, in: Rowedder/Schmidt-Leithoff, GmbHG, § 23 Rn. 37; *Müller*, in: Ulmer/Habersack/Winter, GmbHG, § 23 Rn. 44.

42 Sh. OLG Rostock, GmbHR 1997, 449; *Emmerich*, in: Scholz, GmbHG, § 23 Rn. 15.

43 *Hueck/Fastrich*, in: Baumbach/Hueck, GmbHG, § 23 Rn. 10.

44 *Bartels*, in: Bork/Schäfer, GmbHG, § 23 Rn. 7.

45 Heute allg. Ansicht, OLG Hamm, GmbHR 1988, 26; *Müller*, in: Ulmer/Habersack/Winter, GmbHG, § 23 Rn. 42.

46 *Schütz*, in: MünchKommGmbHG, § 23 Rn. 87. A.A. *Altmeppen*, in: Roth/Altmeppen, GmbHG, § 23 Rn. 4.

47 *Hueck/Fastrich*, in: Baumbach/Hueck, GmbHG, § 23 Rn. 11; *Müller*, in: Ulmer/Habersack/Winter, GmbHG, § 23 Rn. 45.

48 *Hueck/Fastrich*, in: Baumbach/Hueck, GmbHG, § 23 Rn. 11; *Müller*, in: Ulmer/Habersack/Winter, GmbHG, § 23 Rn. 45; *Schütz*, in: MünchKommGmbHG, § 23 Rn. 90.

gung.[49] Die abgelehnte Ansicht beruht auf einer Fehlbewertung der öffentlichen Versteigerung (sh. Rdn. 3). Tritt die Gesellschaft den Anteil trotz Unwirksamkeit des Kaufvertrages ab, hat sie eine Leistungskondiktion. § 814 BGB ist in den meisten Fällen kein Problem, weil für Kenntnis der Nichtschuld nicht nur die Tatsachenbasis (hier: Verfahrensfehler) bekannt sein, sondern auch die richtige rechtliche Schlussfolgerung vorliegen muss.[50] Zu empfehlen ist Leistung unter Vorbehalt der Nachprüfung der Ordnungsmäßigkeit des Verfahrens, um § 814 sicher auszuschließen.[51] Ansprüche aus §§ 453, 435 ff. können bereits mangels wirksamen Kaufvertrages nicht entstehen.[52] Allenfalls kommt Haftung aus §§ 311 Abs. 2, 280 Abs. 1 in Betracht. Haftung aus §§ 280 Abs. 1, 3, 283 oder 284 BGB setzt ein wirksames, auf Leistung des Anteils gerichtetes Schuldverhältnis voraus, das gerade nicht besteht.[53] Die aufgrund von Verfahrensfehlern auftretenden Mängel können vom Ausgeschlossenen unter Beachtung der § 15 Abs. 3 – 5 durch Genehmigung geheilt werden.[54]

§ 24 Aufbringung von Fehlbeträgen

[1]Soweit eine Stammeinlage weder von den Zahlungspflichtigen eingezogen, noch durch Verkauf des Geschäftsanteils gedeckt werden kann, haben die übrigen Gesellschafter den Fehlbetrag nach Verhältnis ihrer Geschäftsanteile aufzubringen. [2]Beiträge, welche von einzelnen Gesellschaftern nicht zu erlangen sind, werden nach dem bezeichneten Verhältnis auf die übrigen verteilt.

Übersicht **Rdn.**

---

49 Inkonsistent *Müller*, in: Ulmer/Habersack/Winter, GmbHG, der richtig von bloß schuldrechtlicher Wirkung des Zuschlags ausgeht (§ 23 Rn. 22), von der Unwirksamkeit des Kaufvertrages darauf schließt, der Erwerber werde nicht Gesellschafter und bei Genehmigung durch Ausgeschlossenen die Gesellschaft für verpflichtet hält, den Anteil an Käufer abzutreten (Rn. 45).

50 *Sprau*, in: Palandt, BGB, § 814 Rn. 3.

51 Vgl. *Sprau*, in: Palandt, BGB, § 814 Rn. 5.

52 A.A. *Hueck/Fastrich*, in: Baumbach/Hueck, GmbHG, § 23 Rn. 12.

53 A.A. *Bayer*, in: Lutter/Hommelhoff, GmbHG, § 23 Rn. 13, der von unwirksamen Erwerb, aber offenbar von wirksamem Kaufvertrag ausgeht; *Emmerich*, in: Scholz, GmbHG, § 23 Rn. 17 (von wirksamem Kaufvertrag ausgehend).

54 *Emmerich*, in: Scholz, GmbHG, § 23 Rn. 8b, 16. Der Formulierung nach ebenso, allerdings durchweg auf die dingliche Ebene bezogen, *Hueck/Fastrich*, in: Baumbach/Hueck, GmbHG, § 23 Rn. 5. Abweichende Lösung von *Müller*, in: Ulmer/Habersack/Winter, GmbHG, § 23 Rn. 45: Verkauf anderer Art bei Genehmigung. A.A. *Bayer*, in: Lutter/Hommelhoff, GmbHG, § 23 Rn. 10: immer Neuvornahme notwendig.

Schrifttum

Bayer, Die Gesamtverantwortung der Gesellschafter für das Stammkapital und die Existenz der GmbH, FS Röhricht, 2005, S. 25; *Grunewald*, Die Verantwortlichkeit des gering beteiligten GmbH-Gesellschafters für Kapitalaufbringung und -erhaltung, FS Lutter, 2000, S. 413; *Robrecht*, Haftung der Gesellschafter für nicht eingezahlte Stammeinlagen im Konkurs der GmbH, GmbHR 1995, 809; *Schmidt, K.*, Summenmäßige Grenzen der Haftung von Mitgesellschaftern aus rückständigen Einlagen (§ 24 GmbHG) und verbotenen Ausschüttungen (§ 31 Abs 3 GmbHG), BB 1985, 154; *ders.*, Die begrenzte Ausfallhaftung nach §§ 24, 31 Abs. 3 GmbHG im System des GmbH-Haftungsrechts – Neuerliches Plädoyer für ein systemstimmiges Haftungsmodell –, FS Th. Raiser, 2005, S. 311; *Ulmer*, Zur Treuhand an GmbH-Anteilen – Haftung des Treugebers für Einlageansprüche der GmbH?, ZHR 156 (1992), 377.

A. Grundlagen

1 § 24 etabliert eine gegenüber den §§ 21 ff. subsidiäre Ausfallhaftung, in deren Rahmen die Mitgesellschafter nach dem Verhältnis ihrer Geschäftsanteile zur Kapitalaufbringung verpflichtet werden, der Höhe nach nicht begrenzt durch ihre jeweilige Stammeinlage. Das Gesetz stellt die Sicherung der Kapitalaufbringung über die Interessen der einzelnen Gesellschafter und gewährleistet damit die Zahlung des »Preises« der Aufbringung des Stammkapitals für das Eingreifen der Haftungsbeschränkung nach § 13 Abs. 2. Nach erstmaliger Aufbringung der Stammeinlage gilt § 31 Abs. 3 für Verstöße gegen § 30.

B. Voraussetzungen

2 § 24 knüpft an die wirksame Kaduzierung des Primärschuldners nach § 21 sowie das erfolglose Vorgehen nach den §§ 21 ff. zur Erlangung des Fehlbetrages an (Inanspruchnahme des Rechtsvorgängers nach § 22, Anteilsverkauf gemäß § 23; Aussichtslosigkeit der Inanspruchnahme des Kaduzierten nach § 21 Abs. 3). Der Anspruch ist aufschiebend bedingt, er entsteht mit der Fälligkeit der Stammeinlage.[1] Mit Vorliegen der Voraussetzungen tritt die aufschiebende Bedingung ein. Der Anspruch ist sofort fällig i.S.v. § 271 Abs. 1 BGB.[2]

3 Der Anspruch nach § 24 setzt grunds eine **Bareinlageverpflichtung** voraus und erstreckt sich wie § 21 (§ 21 Rdn. 2) auf die **Differenzhaftung** (§ 9) und **an die Stelle**

1 Sh. BGHZ 132, 390, 394; *Pentz*, in: Rowedder/Schmidt-Leithoff, GmbHG, § 24 Rn. 16.
2 *Bayer*, in: Lutter/Hommelhoff, GmbHG, § 24 Rn. 3.

der Sacheinlage getretene Geldzahlungspflichten.[3] Auf die **Verlustdeckungshaftung** in der Vorgesellschaft sowie die **Vorbelastungshaftung** nach Eintragung findet § 24 nur insofern Anwendung, als die Haftungsform – pro rata, nicht Gesamtschuld – übertragen wird (zum Haftungsumfang Rdn. 6).[4] Nicht erfasst werden nicht unmittelbar als Beitragsleistung zu qualifizierende Pflichten, z.B. Nebenleistungspflichten, Verpflichtung zur Agiozahlung, Nachschüsse, Zinsen und Vertragsstrafen.[5] Unerheblich ist der Eintrittsmodus der übrigen Gesellschafter, sie haften auch dann, wenn sie ihrerseits allein zur Sacheinlage verpflichtet waren.[6] Zur Ausfallhaftung bei Kapitalerhöhungen Rdn. 10.

4 Zu **beweisen** sind die Voraussetzungen von der Gesellschaft bzw. von deren Insolvenzverwalter.[7] Es findet keine Rechtskrafterstreckung zulasten der nach § 24 in Anspruch Genommenen statt, wenn im Vorprozess die Nichtzahlung der Einlage durch den Kaduzierten festgestellt wurde.[8]

C. Anspruchsinhalt

5 Die Gesellschafter haften **pro rata** – nicht gesamtschuldnerisch – **auf Geldzahlung.**[9] Maßgeblich sind die Nennbeträge der Geschäftsanteile, eigene Anteile der Gesellschaft sowie der kaduzierte Geschäftsanteil oder nach § 34 eingezogene Geschäftsanteile bleiben für die Berechnung des Haftungsumfanges außer Betracht.[10]

6 Richtiger, allerdings nicht h.M. nach wird die **Haftung nach oben** durch den Betrag der Stammeinlage des Ausgefallenen **begrenzt**, so dass insbesondere bei überbewerteten Sacheinlagen (überbewertetes Unternehmen, belastetes Grundstück) keine Verpflichtung besteht, daraus entstehende Fehlbeträge voll auszugleichen. Anderenfalls entstünde ein übermäßiges Haftungsrisiko, das vor dem historischen Hintergrund des § 24 sowie in Anbetracht weiterer Ausgleichsinstrumente zur Kompensation von Gläubigerverlusten (Unterbilanzhaftung, Existenzvernichtungshaftung etc.) nicht

---

3 *Müller*, in: Ulmer/Habersack/Winter, GmbHG, § 24 Rn. 16.

4 *Emmerich*, in: Scholz, GmbHG, § 24 Rn. 2b; *Pentz*, in: Rowedder/Schmidt-Leithoff, GmbHG, § 24 Rn. 2. Aufgrund Befürwortung von Außenhaftung insgesamt ablehnend *Altmeppen*, in: Roth/Altmeppen, GmbHG, § 24 Rn. 3. Weiter offenbar KG, GmbHR 1993, 647, 649; *Hueck/Fastrich*, in: Baumbach/Hueck, GmbHG, § 24 Rn. 2; *Müller*, in: Ulmer/Habersack/Winter, GmbHG, § 24 Rn. 16. Einschränkend *Bayer*, in: Lutter/Hommelhoff, GmbHG, § 24 Rn. 15.

5 *Müller*, in: Ulmer/Habersack/Winter, GmbHG, § 24 Rn. 17.

6 *Hueck/Fastrich*, in: Baumbach/Hueck, GmbHG, § 24 Rn. 4.

7 BGHZ 132, 390, 394 (Konkursverwalter); OLG Köln, GmbHR 2009, 1209, 1210 (Gesellschaft); *Müller*, in: Ulmer/Habersack/Winter, GmbHG, § 24 Rn. 55 m. Nachw. zu älteren Gegenansichten.

8 BGH, ZIP 2005, 121.

9 *Schütz*, in: MünchKommGmbHG, § 24 Rn. 59.

10 *Hueck/Fastrich*, in: Baumbach/Hueck, GmbHG, § 24 Rn. 7; *Müller*, in: Ulmer/Habersack/Winter, GmbHG, § 24 Rn. 42 ff.

gerechtfertigt wäre.[11] Hinsichtlich der **Verlustdeckungs- und Vorbelastungshaftung** gilt keine Beschränkung, insoweit haften die Gesellschafter, legt man das BGH-Konzept zur Vor-GmbH zugrunde,[12] im Rahmen einer »teilschuldnerischen Innenhaftung mit Ausfallgarantie«.[13]

Nach **§ 24 S. 2** werden Beiträge, die von einzelnen Gesellschaftern nicht zu erlangen sind, pro rata auf die übrigen Gesellschafter verteilt. § 22 Abs. 2 gilt nicht, vielmehr hat die Gesellschaft die Anspruchsvoraussetzungen zu beweisen.[14] Dafür genügt der Nachweis der Aussichtslosigkeit der Zwangsvollstreckung (etwa wegen Zahlungsunfähigkeit i.S.v. § 17 Abs. 2 InsO),[15] konkrete Maßnahmen müssen nicht durchgeführt worden sein.[16] Das Betreiben eines Prozesses im Ausland mit ungewissen Erfolgsaussichten oder die Beitreibung der Forderung über einen sehr langen Zeitraum (55 Monate Lohnpfändung) ist nicht notwendig.[17] Hinsichtlich des Zeitpunktes für das Vorliegen der Gesellschaftereigenschaft gilt das in Rdn. 2 zu S. 1 Gesagte.[18] 7

Der Anspruch aus § 24 ist unter den gleichen Bedingungen wie der Einlageanspruch **übertragbar** und **pfändbar.**[19] Es gelten § 19 Abs. 2 – 5.[20] **8**

D. Passivlegitimation

Entscheidend ist grunds. die Gesellschaftereigenschaft nach Maßgabe des § 16, also die **Eintragung in die in das Handelsregister aufgenommene Gesellschafterliste.**[21] Der in Anspruch Genommene muss **im Zeitpunkt der Fälligkeit** der Einlageschuld, hinsichtlich derer der Fehlbetrag besteht, Gesellschafter sein.[22] Ein Gesellschafter, der 9

---

11 Grundlegend *K. Schmidt,* BB 1985, 154 ff.; *ders.*, FS Th. Raiser, 2005, S. 311 ff. Ebenso *Hueck/Fastrich*, in: Baumbach/Hueck, GmbHG, § 24 Rn. 7. A.A. z.B. *Bayer*, FS Röhricht, 2005, S. 25, 31 ff.; *Müller*, in: Ulmer/Habersack/Winter, GmbHG, § 24 Rn. 23; MünchKomm/*Schütz* § 24 Rn. 71.

12 BGHZ 134, 333, 340.

13 *K. Schmidt*, FS Th. Raiser, 2005, S. 311, 335 ff. Zustimmend *Emmerich*, in: Scholz, GmbHG, § 24 Rn. 2b.

14 Roth/*Altmeppen* § 24 Rn. 23; *Hueck/Fastrich*, in: Baumbach/Hueck, GmbHG, § 24 Rn. 8.

15 OLG Köln, GmbHR 2004, 1587.

16 *Müller*, in: Ulmer/Habersack/Winter, GmbHG, § 24 Rn. 49.

17 OLG Hamm, GmbHR 1992, 360, 362 f. (Ausland); OLG Köln, GmbHR 2004, 1587 (Lohnpfändung).

18 Für Gleichlauf des maßgeblichen Zeitpunkts bzgl. S. 1 und S. 2 auch *Hueck/Fastrich*, in: Baumbach/Hueck, GmbHG, § 24 Rn. 8.

19 *Emmerich*, in: Scholz, GmbHG, § 24 Rn. 22; *Müller*, in: Ulmer/Habersack/Winter, GmbHG, § 24 Rn. 14.

20 *Hueck/Fastrich*, in: Baumbach/Hueck, GmbHG, § 24 Rn. 9.

21 *Hueck/Fastrich*, in: Baumbach/Hueck, GmbHG, § 24 Rn. 6.

22 BGHZ 132, 390, 393 f.; *Hueck/Fastrich*, in: Baumbach/Hueck, GmbHG, § 24 Rn. 6. A.A. *Ebbing*, in: Michalski, GmbHG, § 24 Rn. 30; *Müller*, in: Ulmer/Habersack/Winter, GmbHG, § 24 Rn. 29.

diese Stellung erst nach Fälligkeit der Einlageforderung erworben und seinen Anteil noch vor Fälligwerden des Anspruchs aus § 24 veräußert hat, haftet nicht; allerdings greift § 16 Abs. 2.[23]

10 Nach heute ganz h.M. können auch Einlagerückstände aus der Zeit vor dem Beitritt eines erst im Rahmen einer **Kapitalerhöhung** eingetretenen Gesellschafters von diesem nach § 24 eingefordert werden.[24] Gleiches gilt umgekehrt für Altgesellschafter und Fehlbeträge aus Kapitalerhöhungen.[25] Dafür sprechen Wortlaut (»übrigen«) und Normzweck. Auf die Zustimmung zum Kapitalerhöhungsbeschluss kommt es nicht an,[26] selbst wenn der Gesellschafter zur Zustimmung verpflichtet war.[27] Dem Überstimmten oder gegen seinen Willen aus Treuepflicht zur Zustimmung Verpflichteten steht jedoch ein **Austrittsrecht** zu, das unverzüglich nach dem Wirksamwerden der Kapitalerhöhung ausgeübt werden muss.[28] Dass dieses unter Umständen keine Erleichterung bringt, wenn das Wirksamwerden des Austritts sich hinzieht,[29] ist hinzunehmen. Gegebenenfalls muss der Betroffene den Beschluss anfechten, etwa wegen ungerechtfertigter Benachteiligung.[30] Es gibt **kein Kleinbeteiligtenprivileg.**[31]

11 Nach der Rspr. soll bei einer sog. **Strohmanngründung** nicht nur der Treuhänder, sondern auch der **Treugeber** nach § 24 haften.[32] Dem ist allenfalls für die offene Treuhand zuzustimmen. Abzulehnen ist dagegen die Erstreckung der Ausfallhaftung auf den verdeckten Treugeber, für dessen Einbeziehung die formelhafte Berufung auf »Gläubigerschutz« keine Rechtfertigung bietet.[33] Angesichts von § 16 bedürfte es eines eindeutigen materiellen Arguments für dessen Belastung. Ein solches fehlt, denn die Gesellschaft hat einen Schuldner (den Treuhänder), eine zusätzliche Begünstigung aufgrund des Zufalls einer bloß im Innenverhältnis zwischen zwei Personen bestehenden Abrede ist nicht einzusehen.

---

23 BGHZ 132, 390, 392 (zu § 16 Abs. 3 a.F.); OLG Celle, GmbHR 1995, 124; *Bayer*, in: Lutter/Hommelhoff, GmbHG, § 24 Rn. 9.

24 Ausführliche Darstellung des Streitstandes bei *Müller*, in: Ulmer/Habersack/Winter, GmbHG, § 24 Rn. 19 ff.

25 *Müller*, in: Ulmer/Habersack/Winter, GmbHG, § 24 Rn. 19 ff.

26 RGZ 132, 392, 394; *Emmerich*, in: Scholz, GmbHG, § 24 Rn. 17; *Hueck/Fastrich*, in: Baumbach/Hueck, GmbHG, § 24 Rn. 5.

27 A.A. *Müller*, in: Ulmer/Habersack/Winter, GmbHG, § 24 Rn. 21.

28 *Müller*, in: Ulmer/Habersack/Winter, GmbHG, § 24 Rn. 21; *Schütz*, in: MünchKommGmbHG, § 24 Rn. 55.

29 Dazu *Pentz*, in: Rowedder/Schmidt-Leithoff, GmbHG, § 24 Rn. 31. Relativierend *Schütz*, in: MünchKommGmbHG, § 24 Rn. 55.

30 *Müller*, in: Ulmer/Habersack/Winter, GmbHG, § 24 Rn. 21.

31 *Emmerich*, in: Scholz, GmbHG, § 24 Rn. 17; *Müller*, in: Ulmer/Habersack/Winter, GmbHG, § 24 Rn. 20. A.A. *Grunewald*, FS Lutter, 2000, S. 413, 419.

32 BGHZ 31, 258, 267; BGH 118, 107, 111.

33 Grundlegend *Ulmer*, ZHR 156 (1992), 377, 386 ff.; ebenso *Müller*, in: Ulmer/Habersack/Winter, GmbHG, § 24 Rn. 34. A.A. etwa *Bayer*, in: Lutter/Hommelhoff, GmbHG, § 24 Rn. 12.

12 **Von** der **Ausfallhaftung ausgenommen** sind der Kaduzierte sowie seine Rechtsvorgänger, die Gesellschaft hinsichtlich eigener Anteile,[34] der bereits vor der Eintragung aus der Vorgesellschaft Ausgeschiedene, sofern die Abtretung vor Eintragung wirksam wird, d.h. nicht durch sie aufschiebend bedingt ist,[35] und der Erwerber nach § 23, wenn er nicht noch einen anderen Geschäftsanteil hält.[36] Nicht angemeldete Gesellschafter fallen ebenfalls nicht unter § 24, soweit nicht die Anmeldung trotz § 16 entbehrlich ist, insbesondere bei **Gesamtrechtsnachfolge**; das ist v.a. für Erben und für Verschmelzungen relevant.[37] Bei Verschmelzungen haften die Gesellschafter sowohl des übertragenden Rechtsträgers wie auch diejenigen des übernehmenden Rechtsträgers für Fehlbeträge bei dem jeweils anderen Rechtsträger.[38] Der Gesellschafterschutz wird umwandlungsrechtlich über § 51 Abs. 1 S. 1, 3 UmwG durch besondere Mehrheitserfordernisse gewährleistet.

E. Geltendmachung; Verjährung

13 Der Anspruch ist vom Geschäftsführer geltend zu machen bzw. vom Insolvenzverwalter, soweit die Eintreibung nach § 24 zur Gläubigerbefriedigung notwendig ist.[39] Eines Gesellschafterbeschlusses bedarf es nicht.[40] Scheitert die Einlagebeitreibung nach den §§ 21 ff., müssen die Geschäftsführer nach § 24 vorgehen. Da die Ausfallhaftung die Ausschöpfung der anderen Möglichkeiten des Ausgleichs des Fehlbetrages voraussetzt, steht den Geschäftsführern kein Ermessen mehr zu (anders bei § 21, dort Rdn. 1).[41] Die Verjährungsfrist beträgt 10 Jahre, § 19 Abs. 6 S. 1.[42]

F. Wirkung der Zahlung

14 Mit der Zahlung erlischt allein der Anspruch nach § 24. Da es an einer § 22 Abs. 4 vergleichbaren Norm fehlt, kann der Zahlende den Geschäftsanteil nicht erwerben.[43] § 22 Abs. 4 ist nicht analog anzuwenden.[44]

---

34 *Ebbing*, in: Michalski, GmbHG, § 24 Rn. 48 m. Nachw. zu älteren Gegenmeinungen.

35 *Bayer*, in: Lutter/Hommelhoff, GmbHG, § 24 Rn. 11. Sh. auch § 22 Rdn. 3.

36 *Hueck/Fastrich*, in: Baumbach/Hueck, GmbHG, § 24 Rn. 4; *Müller*, in: Ulmer/Habersack/Winter, GmbHG, § 24 Rn. 35 ff.

37 *Müller*, in: Ulmer/Habersack/Winter, GmbHG, § 24 Rn. 32.

38 *Altmeppen*, in: Roth/Altmeppen, GmbHG, § 24 Rn. 12.

39 OLG Hamm, MDR 2006, 695 (Insolvenzverwalter); *Hueck/Fastrich*, in: Baumbach/Hueck, GmbHG, § 24 Rn. 9; *Müller*, in: Ulmer/Habersack/Winter, GmbHG, § 24 Rn. 50.

40 *Müller*, in: Ulmer/Habersack/Winter, GmbHG, § 24 Rn. 50.

41 *Bayer*, in: Lutter/Hommelhoff, GmbHG, § 24 Rn. 1; *Emmerich*, in: Scholz, GmbHG, § 24 Rn. 20.

42 *Altmeppen*, in: Roth/Altmeppen, GmbHG, § 24 Rn. 19; *Schütz*, in: MünchKommGmbHG, § 24 Rn. 87. A.A. *Emmerich*, in: Scholz, GmbHG, § 24 Rn. 19 (3 Jahre). Zu Einwendungen und Einreden des beklagten Gesellschafters *Robrecht*, GmbHR 1995, 809, 811 f.

43 Allg. Ansicht, sh. nur *Schütz*, in: MünchKommGmbHG, § 24 Rn. 72.

44 Vgl. *Müller*, in: Ulmer/Habersack/Winter, GmbHG, § 24 Rn. 61.

G. Regress

15 Der zahlende Gesellschafter kann Regress bei dem Ausgeschlossenen sowie, im Fall des S. 2, bei den säumigen Mitgesellschaftern nehmen.[45] Dogmatisch lässt sich dies mit einer analogen Anwendung von § 774 Abs. 1 BGB erklären, der Verweis auf das »gesellschaftsrechtliche Verhältnis« bleibt dagegen etwas diffus.[46]

16 Haben die Geschäftsführer eine anderweitig zur Verfügung stehende Möglichkeit, den Fehlbetrag zu decken, schuldhaft nicht wahrgenommen, haften sie analog § 31 Abs. 6, ggfls. auch nach Deliktsrecht.[47]

§ 25 Zwingende Vorschriften

Von den in den §§ 21 bis 24 bezeichneten Rechtsfolgen können die Gesellschafter nicht befreit werden.

1 Die §§ 21 bis 24 sind zwingend insofern, als Abweichungen zugunsten der Gesellschafter unzulässig sind. Abweichungen zu ihren Lasten, die zu einer Haftungsverschärfung führen und der GmbH die Durchführung des Kaduzierungsverfahrens einfacher machen, sind indes möglich.[1] Das Befreiungsverbot gilt nicht nur für Rechtsfolgen im technischen Sinn, sondern betrifft auch die Voraussetzungen, unter denen die Normen eingreifen.[2] Ob Befreiungen im Gesellschaftsvertrag oder in anderer Weise geregelt werden, etwa in einer schuldrechtlichen Nebenabrede oder in einem gerichtlichen Vergleich, ist für das Eingreifen des Verbots unerheblich.[3] Verbotsverstöße führen zur Nichtigkeit.[4]

---

45 I. Erg. all. Ansicht, sh. *Müller*, in: Ulmer/Habersack/Winter, GmbHG, § 24 Rn. 62 m. Nachw. Kritisch *Bartels*, in: Bork/Schäfer, GmbHG, § 24 Rn. 9.

46 Dafür aber *Müller*, in: Ulmer/Habersack/Winter, GmbHG, § 24 Rn. 62. Für § 426 BGB analog *Emmerich*, in: Scholz, GmbHG, § 24 Rn. 24. I. Erg. unentschieden *Bayer*, in: Lutter/Hommelhoff, GmbHG, § 24 Rn. 16.

47 *Altmeppen*, in: Roth/Altmeppen, GmbHG, § 24 Rn. 27; *Bayer*, in: Lutter/Hommelhoff, GmbHG, § 24 Rn. 16. A.A. *Hueck/Fastrich*, in: Baumbach/Hueck, GmbHG, § 24 Rn. 10: allein Delikt.

1 Allg. Ansicht, *Müller*, in: Ulmer/Habersack/Winter, GmbHG, § 25 Rn. 12.

2 *Müller*, in: Ulmer/Habersack/Winter, GmbHG, § 25 Rn. 3; *Schütz*, in: MünchKommGmbHG, § 25 Rn. 4.

3 *Müller*, in: Ulmer/Habersack/Winter, GmbHG, § 25 Rn. 6.

4 *Müller*, in: Ulmer/Habersack/Winter, GmbHG, § 25 Rn. 9 f.

§ 26 Nachschusspflicht

(1) Im Gesellschaftsvertrag kann bestimmt werden, dass die Gesellschafter über die Nennbeträge der Geschäftsanteile hinaus die Hinforderung von weiteren Einzahlungen (Nachschüssen) beschließen können.

(2) Die Einzahlung der Nachschüsse hat nach Verhältnis der Geschäftsanteile zu erfolgen.

(3) Die Nachschußpflicht kann im Gesellschaftsvertrag auf einen bestimmten, nach Verhältnis der Geschäftsanteile festzusetzenden Betrag beschränkt werden.

Übersicht **Rdn.**

A. Grundlagen

1 § 26 ermöglicht die Schaffung einer Verpflichtung der Gesellschafter zu Zahlungen neben den Stammeinlagen, die nicht den gleichen Förmlichkeiten wie eine reguläre Kapitalmaßnahme nach den §§ 55 ff. unterliegt. § 26 bildet die Grundnorm für die verschiedenen Formen von Nachschüssen, die in den §§ 27, 28 eine weitere Regelung erfahren. Für die Bilanzierung sind die Besonderheiten des § 42 Abs. 2 zu beachten. § 30 Abs. 2 enthält eine Sonderregelung zur Auszahlung von Nachschüssen an Gesellschafter (§ 30 Rdn. 85).

B. Nachschüsse

I. Begriff und Formen

2 Nachschüsse werden in Abs. 1 definiert als weitere Einzahlungen über die Nennbeträge der Geschäftsanteile hinaus. Sie sind auf Geldzahlung gerichtet und unterliegen einem eigenständigen Aufbringungsregime, die Regeln über die Stammeinlagen sind nicht, weder direkt noch analog, ergänzend heranzuziehen.[1]

---

1 Vgl. *Emmerich*, in: Scholz, GmbHG, § 26 Rn. 5; *Hueck/Fastrich*, in: Baumbach/Hueck, GmbHG, § 26 Rn. 2.

3 Das Gesetz unterscheidet **drei Grundtypen** von Nachschussrechten:[2] **Beschränkte** (§ 27) und **unbeschränkte** Nachschusspflichten (§ 28), die mit Preisgaberechten versehen werden können, die wiederum nach Maßgabe des § 27 Abs. 4 beschränkbar sind. Die beiden Grundtypen lassen sich zu einer **gemischten** Nachschusspflicht kombinieren. Innerhalb des gewählten Typus sind weitere Modifikationen möglich.

II. Abgrenzung

4 **Abzugrenzen** sind Nachschüsse von Stammeinlagen, Gesellschafterdarlehen und Nebenleistungspflichten i.S.v. § 3 Abs. 2. **Von Stammeinlagen** unterscheiden sich Nachschüsse dadurch, dass die Stammeinlagen unabhängig von Gesellschafterbeschlüssen zwingend zu erbringen sind, Nachschüsse nicht im Handelsregister eingetragen werden, sie nicht den formalen Voraussetzungen der §§ 53 ff. für Einforderung und Rückzahlung unterliegen und sie für die Berechnung des nach § 30 Abs. 1 S. 1 gebundenen Vermögens außen vor bleiben.[3] **Von Gesellschafterdarlehen** unterscheiden sich Nachschüsse neben der zumeist individualvertraglichen Vereinbarung statt Einforderung durch Kollektiventscheidung vor allem durch den von vornherein gegebenen Rückzahlungsanspruch und Verzinsung. Die Abgrenzung kann im Einzelfall schwierig sein, insbesondere bei Darlehen auf statutarischer Grundlage.[4] **Von Nebenleistungspflichten** i.S.v. § 3 Abs. 2 (v.a. statutarisch festgelegtes Aufgeld/Agio) unterscheiden sich Nachschüsse im Wesentlichen hinsichtlich ihrer Entstehung: Nebenleistungspflichten entstehen, gegebenfalls bedingt oder befristet, mit Aufnahme im Gesellschaftsvertrag, während die gesellschaftsvertragliche Ermöglichung von Nachschüssen lediglich eine Ermächtigungsgrundlage bietet, später eine Verpflichtung zu erzeugen.[5] Von der Rechtsfolge her divergieren die Leistungen in der Kapitalbindung, doch ist dies bloße Konsequenz der Unterscheidung, nicht jedoch selbst Abgrenzungskriterium.[6]

C. Voraussetzungen der Einzahlungspflicht

5 Die Einforderung eines Nachschusses ist nur möglich, wenn eine Ermächtigung hierzu **in die Satzung** unter Beachtung der Förmlichkeiten nach § 2 Abs. 1 bzw. §§ 53, 54[7] aufgenommen wurde. Dabei genügt die Regelung dem Grunde nach, Details dürfen bei Verweisung in der Satzung in einer Anlage geregelt werden (sh. § 9 Abs. 1 S. 2 BeurkG).[8] Enthält weder die Satzung noch die Anlage besondere Regelungen zum

---

2 Zu Vor- und Nachteilen *Müller*, in: Ulmer/Habersack/Winter, GmbHG, § 26 Rn. 9.
3 Sh. zu weiteren Unterschieden *Müller*, in: Ulmer/Habersack/Winter, GmbHG, § 26 Rn. 20.
4 Dazu *Müller*, in: Ulmer/Habersack/Winter, GmbHG, § 26 Rn. 23.
5 *Müller*, in: Ulmer/Habersack/Winter, GmbHG, § 26 Rn. 27. Zur Abgrenzung auch OLG Brandenburg, ZIP 2006, 1675.
6 Zum Ganzen *Müller*, in: Ulmer/Habersack/Winter, GmbHG, § 26 Rn. 26 f.
7 Hierzu OLG Hamm, GmbHR 1978, 271 f.
8 *Müller*, in: Ulmer/Habersack/Winter, GmbHG, § 26 Rn. 29.

Inhalt der Nachschusspflicht, handelt es sich um eine unbeschränkte Nachschusspflicht.[9] Für spätere **Änderungen** des Inhalts der Nachschusspflichten gilt § 53, insbesondere ist die Zustimmung sämtlicher nachschusspflichtiger oder potentiell in der Zukunft nachschusspflichtiger Gesellschafter (nicht: Zustimmung sämtlicher Gesellschafter) notwendig.[10] Das gilt sowohl für eine Erweiterung der Nachschusspflichten[11] als auch für die Beschränkung einer unbeschränkten Nachschusspflicht, da in letzterem Fall das Recht zur Preisgabe verloren geht.[12] Bei Formverstößen kann die Vereinbarung nicht in eine bloß schuldrechtlich wirkende Verlustverteilungsvereinbarung umgedeutet werden.[13]

6 Für die Begründung der Pflicht, nicht bloß für deren Fälligwerden, ist nach Abs. 1 ein **Gesellschafterbeschluss** notwendig. Diese Zuständigkeit ist insofern exklusiv, als lediglich zusätzlich die Zustimmung eines weiteres Organs vorgesehen werden kann, nicht aber die Entziehung der Beschlusshoheit möglich ist.[14] Eine dagegen verstoßende Bestimmung führt nur zur Nichtigkeit der Zuständigkeitsregelung, nicht auch zur Nichtigkeit der Nachschusspflicht.[15] Insoweit ist Gesellschafterschutz unnötig, weil die Gesellschafter aufgrund des Beschlusserfordernisses selbst entscheiden können.[16]

7 Die Gesellschafter bleiben auch in der Insolvenz zuständig und in ihrer Entscheidung frei, der Insolvenzverwalter kann die Einforderung von Nachschüssen nicht selbst beschließen oder anderweitig erzwingen.[17] Enthält die Satzung keine besonderen Regelungen, gilt das Erfordernis **einfacher Mehrheit** der abgegebenen Stimmen nach § 47 Abs. 1.[18] Für die Gesellschafter gelten Schranken aus Treuepflicht, so dürfen sie etwa die Möglichkeit der Einforderung von Nachschüssen nicht benutzen, um unliebsame Gesellschafter zur Preisgabe oder zum Anteilsverkauf zu zwingen.[19]

8 Im Wege eines actus contrarius können die Gesellschafter den Beschluss **aufheben** oder **abändern**, soweit § 30 nicht entgegensteht.[20]

---

9 *Müller*, in: Ulmer/Habersack/Winter, GmbHG, § 26 Rn. 31. Zum möglichen Inhalt einer Nachschussklausel *Schütz*, in: MünchKommGmbHG, § 26 Rn. 48 ff.

10 *Altmeppen*, in: Roth/Altmeppen, GmbHG, § 26 Rn. 8; *Emmerich*, in: Scholz, GmbHG, § 26 Rn. 9a.

11 A.A. *Bartels*, in: Bork/Schäfer, GmbHG, § 26 Rn. 4, der die Möglichkeit einer ungleichen Verteilung von Nachschusspflichten nicht berücksichtigt.

12 *Müller*, in: Ulmer/Habersack/Winter, GmbHG, § 26 Rn. 30.

13 OLG München, GmbHR 2000, 981. Sh. aber auch KG, NZG 2000, 688, 689, für Erklärungen im Rahmen der Liquidation der Gesellschaft.

14 *Hueck/Fastrich*, in: Baumbach/Hueck, GmbHG, § 26 Rn. 8.

15 *Müller*, in: Ulmer/Habersack/Winter, GmbHG, § 26 Rn. 41. A.A. *Emmerich*, in: Scholz, GmbHG, § 26 Rn. 14a; *Zeidler*, in: Michalski, GmbHG, § 26 Rn. 18.

16 A.A. *Emmerich*, in: Scholz, GmbHG, § 26 Rn. 14a.

17 BGH, DStR 1994, 1129 m. Anm. *Goette*; *Schütz*, in: MünchKommGmbHG, § 26 Rn. 62.

18 *Müller*, in: Ulmer/Habersack/Winter, GmbHG, § 26 Rn. 42.

19 *Müller*, in: Ulmer/Habersack/Winter, GmbHG, § 26 Rn. 40.

20 *Hueck/Fastrich*, in: Baumbach/Hueck, GmbHG, § 26 Rn. 9.

D. Einforderung der Nachschüsse

9 Die Einforderung von Nachschüssen ist, vom Sonderfall des § 28 Abs. 2 abgesehen, erst nach vollständiger Einforderung der Stammeinlagen zulässig, die vollständige Einzahlung der Stammeinlagen ist dagegen nicht Voraussetzung.[21] Zu beachten ist die **Gleichbehandlungspflicht** nach Abs. 2. Angesichts von Abs. 2 bedarf es im Einforderungsbeschluss keiner besonderen Aufteilung der Nachschusssumme auf die einzelnen Anteile, sofern keine abweichende Regelung beabsichtigt ist.[22] Mit Zustimmung der Betroffenen können aber abweichende Regelungen ohne entsprechende Satzungsgrundlage getroffen werden.[23] Ansonsten ist eine Satzungsregelung als Grundlage notwendig. Die **Aufforderung zur Leistung** der Nachschüsse ist von dem Geschäftsführer vorzunehmen, Ermessen steht ihm nicht zu.[24] Die Teilnahme am Beschluss macht die Aufforderung gegenüber dem teilnehmenden Gesellschafter nicht entbehrlich.[25]

10 Der Nachschuss wird erst **mit Zugang der Aufforderung** zur Leistung **fällig**, wenn nicht der Beschluss die sofortige Fälligkeit vorsieht.[26] Die h.M. [27] widerspricht sich selbst, wenn sie einerseits unter Verweis auf § 271 Abs. 1 BGB die Fälligkeit mit Beschlussfassung annimmt, andererseits aber den Zugang der Aufforderung als maßgeblich betrachtet. Eine andere Frage ist die nach dem relevanten Zeitpunkt der Entstehung der Verpflichtung zur Leistung – nach allg. zivilrechtlicher Dogmatik fallen Zeitpunkt der Verpflichtung und Fälligkeit nicht zwingend zusammen, vgl. § 271 Abs. 1 BGB. Die Verjährungsfrist beträgt drei Jahre.[28]

11 Da für Nachschüsse nicht die Vorschriften über die Kapitalaufbringung gelten, ist die **Annahme** einer Sachleistung **an Erfüllungs statt** möglich, ebenso sind **Aufrechnung**, **Verzicht** und **Stundung** erlaubt.[29] Hierfür bedarf es der Zustimmung der Gesellschafterversammlung.[30]

---

21 *Altmeppen*, in: Roth/Altmeppen, GmbHG, § 26 Rn. 9.

22 *Zeidler*, in: Michalski, GmbHG, § 26 Rn. 20.

23 *Altmeppen*, in: Roth/Altmeppen, GmbHG, § 26 Rn. 8; *Emmerich*, in: Scholz, GmbHG, § 26 Rn. 25. A.A. *Zeidler*, in: Michalski, GmbHG, § 26 Rn. 20a.

24 *Bayer*, in: Lutter/Hommelhoff, GmbHG, § 26 Rn. 9.

25 *Hueck/Fastrich*, in: Baumbach/Hueck, GmbHG, § 26 Rn. 9.

26 *Altmeppen*, in: Roth/Altmeppen, GmbHG, § 26 Rn. 11; *Pentz*, in: Rowedder/Schmidt-Leithoff, GmbHG, § 26 Rn. 34.

27 Etwa *Müller*, in: Ulmer/Habersack/Winter, GmbHG, § 26 Rn. 47, 59; *Schütz*, in: MünchKommGmbHG, § 26 Rn. 68.

28 *Hueck/Fastrich*, in: Baumbach/Hueck, GmbHG, § 26 Rn. 9.

29 *Hueck/Fastrich*, in: Baumbach/Hueck, GmbHG, § 26 Rn. 9. Kritisch *Bartels*, in: Bork/Schäfer, GmbHG, § 26 Rn. 8.

30 *Emmerich*, in: Scholz, GmbHG, § 26 Rn. 20; *Zeidler*, in: Michalski, GmbHG, § 26 Rn. 30.

Verpflichtet zur Leistung der Nachschüsse sind diejenigen, die zur Zeit der Beschlussfassung Gesellschafter nach Maßgabe des § 16 waren.[31] Auf die Fälligkeit kommt es entgegen der h.M.[32] insoweit nicht an, Fälligkeit und Verpflichtung sind zwei getrennt zu beurteilende Fragen (oben Rdn. 10). 12

Zur Behandlung eigener Anteile der Gesellschaft § 33 Rdn. 35 ff. 13

E. Beschränkung der Nachschusspflicht (Abs. 3)

Die Nachschusspflicht kann beschränkt werden, entweder mittels eines absoluten Betrages, im Wege eines prozentualen Verhältnisses zu den Nennbeträgen der Geschäftsanteile oder durch sonstige Rechengrößen.[33] Ist Bezugsgröße nicht der Geschäftsanteil, sondern der Gewinn, liegt keine Beschränkung vor.[34] Abs. 3 sieht die Beschränkung nach dem Verhältnis der Geschäftsanteile vor. Hiervon kann mit Zustimmung der Betroffenen abgewichen werden.[35] Im Fall einer Beschränkung der Nachschusspflicht gilt § 28. 14

§ 27 Unbeschränkte Nachschusspflicht

(1) [1]Ist die Nachschußpflicht nicht auf einen bestimmten Betrag beschränkt, so hat jeder Gesellschafter, falls er die Stammeinlage vollständig eingezahlt hat, das Recht, sich von der Zahlung des auf den Geschäftsanteil eingeforderten Nachschusses dadurch zu befreien, dass er innerhalb eines Monats nach der Aufforderung zur Einzahlung den Geschäftsanteil der Gesellschaft zur Befriedigung aus demselben zur Verfügung stellt. [2]Ebenso kann die Gesellschaft, wenn der Gesellschafter binnen der angegebenen Frist weder von der bezeichneten Befugnis Gebrauch macht, noch die Einzahlung leistet, demselben mittels eingeschriebenen Briefes erklären, dass sie den Geschäftsanteil als zur Verfügung gestellt betrachte.

(2) [1]Die Gesellschaft hat den Geschäftsanteil innerhalb eines Monats nach der Erklärung des Gesellschafters oder die Gesellschaft im Wege öffentlicher Versteigerung verkaufen zu lassen. [2]Eine andere Art des Verkaufs ist nur mit Zustimmung des Gesellschafters zulässig. [3]Ein nach Deckung der Verkaufskosten und des rückständigen Nachschusses verbleibender Überschuß gebührt dem Gesellschafter.

---

31 *Zeidler*, in: Michalski, GmbHG, § 26 Rn. 27; *Pentz*, in: Rowedder/Schmidt-Leithoff, GmbHG, § 26 Rn. 34.

32 Z.B. *Altmeppen*, in: Roth/Altmeppen, GmbHG, § 26 Rn. 13; *Bayer*, in: Lutter/Hommelhoff, GmbHG, § 26 Rn. 10; *Emmerich*, in: Scholz, GmbHG, § 26 Rn. 21; *Schütz*, in: MünchKommGmbHG, § 26 Rn. 70.

33 Allg. Ansicht, *Müller*, in: Ulmer/Habersack/Winter, GmbHG, § 26 Rn. 52.

34 *Altmeppen*, in: Roth/Altmeppen, GmbHG, § 26 Rn. 16; *Hueck/Fastrich*, in: Baumbach/Hueck, GmbHG, § 26 Rn. 4.

35 *Bayer*, in: Lutter/Hommelhoff, GmbHG, § 26 Rn. 11.

(3) [1]Ist die Befriedigung der Gesellschaft durch den Verkauf nicht zu erlangen, so fällt der Geschäftsanteil der Gesellschaft zu. [2]Dieselbe ist befugt, den Anteil für eigene Rechnung zu veräußern.

(4) Im Gesellschaftsvertrag kann die Anwendung der vorstehenden Bestimmungen auf den Fall beschränkt werden, dass die auf den Geschäftsanteil eingeforderten Nachschüsse einen bestimmten Betrag überschreiten.

Übersicht **Rdn.**

A. Grundlagen

1 Das in Abs. 1 enthaltene Recht zur Preisgabe (Recht zum **Abandon**) gibt dem Gesellschafter die Möglichkeit, sich der unbeschränkten Nachschusspflicht zu entziehen. Die Abs. 2 und 3 regeln das Vorgehen der Gesellschaft im Fall der Preisgabe, Abs. 4 ermöglicht einschränkende Satzungsregelungen.

B. Preisgaberecht, Abs. 1

2 Das – nicht abdingbare[1] – Preisgaberecht ist notwendiger Ausgleich für die unbeschränkte persönliche Haftung des zum Nachschuss verpflichteten Gesellschafters.[2] Es gibt keine Pflicht zur Ausübung.[3] Für mehrere Anteile eines Gesellschafters muss dieser das Abandonrecht für jeden Anteil gesondert ausüben, eine Pflicht zur einheitlichen Ausübung besteht nicht.[4] Nach h.M. ist das Preisgaberecht analog auf unzumutbare Nebenleistungspflichten anzuwenden.[5]

3 Voraussetzung ist die volle Einzahlung der Stammeinlage, nicht bloß deren volle Einforderung. Falls die Stammeinlage noch nicht vollständig eingezahlt ist, kann die Gesellschaft kaduzieren.[6] Sonstige Pflichten des Gesellschafters (Zinsen etc.) sind dagegen unerheblich.[7] Die Einzahlung muss im Zeitpunkt der Preisgabe bewirkt sein.[8]

1 *Zeidler*, in: Michalski, GmbHG, § 27 Rn. 6.
2 RGZ 128, 1, 16; *Müller*, in: Ulmer/Habersack/Winter, GmbHG, § 27 Rn. 1.
3 *Bayer*, in: Lutter/Hommelhoff, GmbHG, § 27 Rn. 1.
4 *Emmerich*, in: Scholz, GmbHG, § 27 Rn. 4.
5 RGZ 128, 1, 16; *Zeidler*, in: Michalski, GmbHG, § 27 Rn. 9. Einschränkend *Emmerich*, in: Scholz, GmbHG, § 27 Rn. 2.
6 *Altmeppen*, in: Roth/Altmeppen, GmbHG, § 27 Rn. 5.
7 *Müller*, in: Ulmer/Habersack/Winter, GmbHG, § 27 Rn. 16.
8 *Müller*, in: Ulmer/Habersack/Winter, GmbHG, § 27 Rn. 18.

4 Das Preisgaberecht muss innerhalb der Monatsfrist nach Einzahlungsaufforderung mittels – nicht formgebundener – Willenserklärung gegenüber der Gesellschaft nach Maßgabe von § 35 Abs. 2 S. 2 ausgeübt werden. Preisgeben kann der Gesellschafter bereits ab Einforderungsbeschluss.[9] Hat der Gesellschafter den Nachschuss vollständig eingezahlt, entfällt das Recht zum Abandon, teilweise Zahlung führt nicht zu einer Beschränkung des Rechts.[10] In letzterem Fall sind Teilleistungen nach §§ 812 Abs. 1 S. 2, 1. Var. BGB zurückzuzahlen.[11] Die Preisgabeerklärung berührt die Gesellschafterstellung nicht, sie schafft lediglich ein Verwertungsrecht der Gesellschaft nach Abs. 2.[12] Der Gesellschafter bleibt verfügungsbefugt, der Anteil ist nach zutr. Ansicht allerdings mit dem vorrangigen Verwertungsrecht der Gesellschaft belastet.[13] Gesellschaftergläubiger können in den Anteil vollstrecken, nicht jedoch Gesellschaftsgläubiger.[14]

5 Der Gesellschafter kann, obwohl die Erklärung unwiderruflich ist,[15] auch nach Zugang der Erklärung bei der Gesellschaft den Nachschuss einzahlen und so die Verwertung und damit den Verlust der Mitgliedschaft verhindern.[16] Die Gesellschaft kann dies nicht mittels Aufrechnung der Nachschussforderung gegen die Gesellschafteransprüche verhindern, da das Recht aus § 27 unentziehbar ist.[17]

6 Die GmbH hat nach Abs. 1 S. 2 die Möglichkeit, die Fiktion der Preisgabeerklärung herbeizuführen, wenn der Gesellschafter weder innerhalb der Frist Abandon erklärt noch Einzahlung leistet. Form: Eingeschriebener Brief.

C. Verwertung, Abs. 2

7 Die Verwertung ist im Wege öffentlicher Versteigerung vorzunehmen, sofern nicht der Gesellschafter einer anderen Art des Verkaufs zustimmt (S. 1, 2). Verbleibende Überschüsse gebühren dem Gesellschafter (S. 3). Der Erwerber erwirbt den Anteil nicht, wenn die Stammeinlage noch nicht voll eingezahlt war.[18] Rechte Dritter setzen

9 Für h.M. *Müller*, in: Ulmer/Habersack/Winter, GmbHG, § 27 Rn. 12; *Pentz*, in: Rowedder/Schmidt-Leithoff, GmbHG, § 27 Tz 16. A.A. *Emmerich*, in: Scholz, GmbHG, § 27 Rn. 9; *Zeidler*, in: Michalski, GmbHG, § 27 Rn. 23.

10 *Schütz*, in: MünchKommGmbHG, § 27 Rn. 40.

11 *Altmeppen*, in: Roth/Altmeppen, GmbHG, § 27 Rn. 8.

12 *Bayer*, in: Lutter/Hommelhoff, GmbHG, § 27 Rn. 2.

13 *Altmeppen*, in: Roth/Altmeppen, GmbHG, § 27 Rn. 12; *Emmerich*, in: Scholz, GmbHG, § 27 Rn. 21; *Müller*, in: Ulmer/Habersack/Winter, GmbHG, § 27 Rn. 45. A.A. *Bartels*, in: Bork/Schäfer, GmbHG, § 27 Rn. 5; *Zeidler*, in: Michalski, GmbHG, § 27 Rn. 42.

14 *Emmerich*, in: Scholz, GmbHG, § 27 Rn. 21.

15 *Hueck/Fastrich*, in: Baumbach/Hueck, GmbHG, § 27 Rn. 5.

16 *Müller*, in: Ulmer/Habersack/Winter, GmbHG, § 27 Rn. 33.

17 *Müller*, in: Ulmer/Habersack/Winter, GmbHG, § 27 Rn. 34; *Schütz*, in: MünchKommGmbHG, § 27 Rn. 42. A.A. *Zeidler*, in: Michalski, GmbHG, § 27 Rn. 26.

18 *Emmerich*, in: Scholz, GmbHG, § 27 Rn. 8; *Zeidler*, in: Michalski, GmbHG, § 27 Rn. 20; *Pentz*, in: Rowedder/Schmidt-Leithoff, GmbHG, § 27 Rn. 26. A.A. *Müller*, in: Ulmer/Habersack/Winter, GmbHG, § 27 Rn. 18.

sich im Wege der Surrogation am Nettoüberschuss fort (§§ 1273, 1247 BGB).[19] Aufgrund der Ähnlichkeit zu § 23 zur Verwertung sh. dort.

D. Keine Befriedigung durch Verkauf, Abs. 3

8 Bleibt der Verwertungsversuch nach Abs. 2 erfolglos, fällt der Geschäftsanteil kraft Gesetzes der Gesellschaft zu. Sie erwirbt ihn frei von Rechten Dritter.[20] Ihr fällt der Anteil auch zu, wenn der Verkaufsversuch aussichtslos ist und der Gesellschafter auf die Vornahme eines tatsächlichen Verkaufsversuchs verzichtet.[21] Diese Möglichkeit beschränkt sich nicht auf Aussichtslosigkeit des Verkaufs,[22] weil die Gesellschaft anderenfalls das Preisgaberecht des Gesellschafters unterlaufen könnte, indem sie den Gesellschafter in der Gesellschaft hält. Veräußert Gesellschaft den ihr zugefallenen Anteil, steht ihr der gesamte Überschuss zu.[23]

E. Beschränkung, Abs. 4

9 Abs. 4 ermöglicht die Beschränkung des Preisgaberechts durch satzungsmäßige Fixierung einer gemischten Nachschusspflicht. Überschreitet der Nachschuss den festgelegten Betrag, gilt § 27, ansonsten § 28 Abs. 1 S. 2.

§ 28 Beschränkte Nachschusspflicht

(1) [1]Ist die Nachschußpflicht auf einen bestimmten Betrag beschränkt, so finden, wenn im Gesellschaftsvertrag nicht ein anderes festgesetzt ist, im Fall verzögerter Einzahlung von Nachschüssen die auf die Einzahlung der Stammeinlagen bezüglichen Vorschriften der §§ 21 bis 23 entsprechende Anwendung. [2]Das Gleiche gilt im Fall des § 27 Abs. 4 auch bei unbeschränkter Nachschußpflicht, soweit die Nachschüsse den im Gesellschaftsvertrag festgesetzten Betrag nicht überschreiten.

(2) Im Gesellschaftsvertrag kann bestimmt werden, dass die Einforderung von Nachschüssen, auf deren Zahlung die Vorschriften der §§ 21 bis 23 Anwendung finden, schon vor vollständiger Einforderung der Stammeinlagen zulässig ist.

---

19 *Emmerich*, in: Scholz, GmbHG, § 27 Rn. 28; *Müller*, in: Ulmer/Habersack/Winter, GmbHG, § 27 Rn. 57.

20 *Hueck/Fastrich*, in: Baumbach/Hueck, GmbHG, § 27 Rn. 10.

21 *Altmeppen*, in: Roth/Altmeppen, GmbHG, § 27 Rn. 20.

22 *Müller*, in: Ulmer/Habersack/Winter, GmbHG, § 27 Rn. 60.

23 *Hueck/Fastrich*, in: Baumbach/Hueck, GmbHG, § 27 Rn. 9. A.A. *Emmerich*, in: Scholz, GmbHG, § 27 Rn. 27.

Übersicht **Rdn.**

A. Grundlagen

1 Für beschränkte und gemischte Nachschusspflichten steht dem Gesellschafter kein Preisgaberecht zu. Die Gesellschaft kann sich der Kaduzierungsvorschriften bedienen mit Ausnahme des § 24. Abs. 1 ist dispositiv.[1] Abs. 2 gestattet eine satzungsmäßige Abweichung von § 26 Abs. 1.

B. Geltung der §§ 21 bis 23, Abs. 1

2 Abs. 1 eröffnet der Gesellschaft den Weg, das Kaduzierungsverfahren zu bestreiten. Sie hat die Wahl, ob sie diese Möglichkeit wahrnimmt oder den Nachschuss im Klageweg eintreibt.[2] Will die Gesellschaft das Ausschlussverfahren betreiben, muss die Nachschusspflicht kraft Beschlusses i.S.v. § 26 Abs. 1 begründet und durch Zustellung der Aufforderung fällig gestellt (vgl. § 26 Rdn. 10) worden sein.[3]

3 Sind neben Nachschüssen noch Stammeinlagen rückständig, kann das Kaduzierungsverfahren nur wegen beider Gründe oder wegen der rückständigen Einlage betrieben werden, nicht aber allein wegen der rückständigen Nachschüsse.[4] Die Haftung der Mitgesellschafter aus § 24 umfasst allein die rückständige Stammeinlage.[5]

4 Wird der Gesellschafter ausgeschlossen, bleibt er gemäß § 21 Abs. 3 hinsichtlich rückständiger und bereits beschlossener zukünftiger Nachschüsse verpflichtet. Einforderung der zukünftigen Nachschüsse ist nicht notwendig, da sie keine Entstehungsvoraussetzung ist, sh. § 26 Rdn. 5 f.[6] Die Haftung der Rechtsvorgänger aus § 22 wird durch die Höhe der im Zeitpunkt ihrer Austragung aus der Gesellschafterliste

---

1 *Müller*, in: Ulmer/Habersack/Winter, GmbHG, § 28 Rn. 11.

2 *Altmeppen*, in: Roth/Altmeppen, GmbHG, § 28 Rn. 3.

3 I.Erg. wie hier *Hueck/Fastrich*, in: Baumbach/Hueck, GmbHG, § 28 Rn. 2.

4 *Emmerich*, in: Scholz, GmbHG; § 28 Rn. 3a; *Hueck/Fastrich*, in: Baumbach/Hueck, GmbHG, § 28 Rn. 8.

5 *Bayer*, in: Lutter/Hommelhoff, GmbHG, § 28 Rn. 3.

6 A.A. h.M. mit Unterschieden im Einzelnen, z.B. *Altmeppen*, in: Roth/Altmeppen, GmbHG, § 28 Rn. 4 (widersprüchlich: einerseits Haftung für beschlossene, erst zukünftig fällig werdende Nachschüsse, andererseits nicht für »erst durch spätere Einforderung entstehende«); *Bayer*, in: Lutter/Hommelhoff, GmbHG, § 28 Rn. 2 (nur bereits eingeforderte zukünftige Nachschüsse); *Emmerich*, in: Scholz, GmbHG, § 28 Rn. 3; *Müller*, in: Ulmer/Habersack/Winter, GmbHG, § 28 Rn. 6 (*Emmerich* und *Müller* für nur bereits begründete, nicht aber künftige Nachschüsse).

begründeten Nachschusspflichten begrenzt.[7] Bei Veräußerung des Geschäftsanteils haftet der Erwerber für künftige Nachschüsse.[8]

5 Bei gemischten Nachschusspflichten verweist **S. 2** auf die §§ 21 bis 23, soweit die Nachschüsse den im Gesellschaftsvertrag festgesetzten Betrag nicht überschreiten. Mehrere Nachschüsse sind zusammenzurechnen.[9] Dabei reicht die Einforderung aus, Einzahlung ist nicht erforderlich.[10] Anderenfalls wäre der Gesellschafter u.U. gezwungen, den letzten zur Schwellenüberschreitung notwendigen Nachschuss noch einzuzahlen und verlöre damit nach den Grundsätzen zu § 27 (dort Rdn. 4) sein Preisgaberecht.

6 Auf die Einforderung des Nachschusses kann die Gesellschaft **verzichten**, solange sie den Gleichbehandlungsgrundsatz wahrt; § 19 findet keine Anwendung.[11] Es bedarf hierfür weder einer Satzungsänderung noch eines Gesellschafterbeschlusses.[12]

7 Da Abs. 1 dispositiv ist, können im Gesellschaftsvertrag **abweichende Regelungen** getroffen werden, etwa im Wege der Verankerung eines Preisgaberechts.[13] Gleichermaßen zulässig ist, ggfls. unter Beachtung des § 53 Abs. 3, eine Verschärfung, bspw. durch einen Verweis auf § 24.[14]

C. Einforderung von Nachschüssen vor Einforderung der Stammeinlagen, Abs. 2

8 Abs. 2 ermöglicht von dem Grundsatz in § 26 Abs. 1 abzuweichen, wonach Nachschüsse nur eingefordert werden dürfen, wenn die Stammeinlagen eingezahlt sind (§ 26 Rdn. 9). Dazu ist Satzungsregelung notwendig. Abs. 2 bezieht sich allein auf solche Nachschusspflichten, hinsichtlich derer die §§ 21 bis 23 Anwendung finden, also lediglich auf beschränkte bzw. auf den beschränkten Teil gemischter Nachschusspflichten.

9 Die §§ 21 bis 23 müssen uneingeschränkt anwendbar sein, ein Preisgaberecht darf daher mit Blick auf Abs. 2 nicht in der Satzung verankert werden.[15]

10 Zu beachten ist die Bindung nach § 30 Abs. 2 S. 3 (§ 30 Rdn. 86).

---

7 *Altmeppen*, in: Roth/Altmeppen, GmbHG, § 28 Rn. 5; *Emmerich*, in: Scholz, GmbHG, § 28 Rn. 5 i.V.m. § 26 Nachtrag MoMiG Rn. 2.

8 *Bayer*, in: Lutter/Hommelhoff, GmbHG, § 28 Rn. 2.

9 *Hueck/Fastrich*, in: Baumbach/Hueck, GmbHG § 28 Rn. 2.

10 *Bayer*, in: Lutter/Hommelhoff, GmbHG, § 28 Rn. 5. A.A., nur eingezahlte Nachschüsse: *Hueck/Fastrich*, in: Baumbach/Hueck § 28 Rn. 2; *Müller*, in: Ulmer/Habersack/Winter, GmbHG, § 28 Rn. 13.

11 *Emmerich*, in: Scholz, GmbHG, § 28 Rn. 6; *Zeidler*, in: Michalski, GmbHG, § 28 Rn. 11.

12 *Zeidler*, in: Michalski, GmbHG, § 28 Rn. 11. A.A. *Pentz*, in: Rowedder/Schmidt-Leithoff, GmbHG, § 28 Rn. 8.

13 Sh. zu Abweichungen im Gesellschaftsvertrag *Müller*, in: Ulmer/Habersack/Winter, GmbHG, § 28 Rn. 10 f.

14 *Schütz*, in: MünchKommGmbHG, § 28 Rn. 6.

15 *Zeidler*, in: Michalski, GmbHG, § 28 Rn. 16.

§ 29 Ergebnisverwendung

(1) [1]Die Gesellschafter haben Anspruch auf den Jahresüberschuß zuzüglich eines Gewinnvortrags und abzüglich eines Verlustvortrags, soweit der sich ergebende Betrag nicht nach Gesetz oder Gesellschaftsvertrag, durch Beschluss nach Absatz 2 oder als zusätzlicher Aufwand auf Grund des Beschlusses über die Verwendung des Ergebnisses von der Verteilung unter die Gesellschafter ausgeschlossen ist. [2]Wird die Bilanz unter Berücksichtigung der teilweisen Ergebnisverwendung aufgestellt oder werden Rücklagen aufgelöst, so haben die Gesellschafter abweichend von Satz 1 Anspruch auf den Bilanzgewinn.

(2) Im Beschluss über die Verwendung des Ergebnisses können die Gesellschafter, wenn der Gesellschaftsvertrag nichts anderes bestimmt, Beträge in Gewinnrücklagen einstellen oder als Gewinn vortragen.

(3) [1]Die Verteilung erfolgt nach Verhältnis der Geschäftsanteile. [2]Im Gesellschaftsvertrag kann ein anderer Maßstab der Verteilung festgesetzt werden.

(4) [1]Unbeschadet der Absätze 1 und 2 und abweichender Gewinnverteilungsabreden nach Absatz 3 Satz 2 können die Geschäftsführer mit Zustimmung des Aufsichtsrats oder der Gesellschafter den Eigenkapitalanteil von Wertaufholungen bei Vermögensgegenständen des Anlage- und Umlaufvermögens und von bei der steuerrechtlichen Gewinnermittlung gebildeten Passivposten, die nicht im Sonderposten mit Rücklageanteil ausgewiesen werden dürfen, in andere Gewinnrücklagen einstellen. [2]Der Betrag dieser Rücklagen ist entweder in der Bilanz gesondert auszuweisen oder im Anhang anzugeben.

Übersicht Rdn.

Schrifttum

Baums, Ersatz von Reflexschäden in der Kapitalgesellschaft, ZGR 1987, 554; *Bitter*, Rechtsperson und Kapitalerhaltung – Gesellschafterschutz vor »verdeckten Gewinnausschüttungen« bei Kapital- und Personengesellschaften, ZHR 168 (2004), 302; *Bork/Oepen*, Schutz des GmbH-Minderheitsgesellschafters vor der Mehrheit bei der Gewinnverteilung, ZGR 2002, 241; *Cahn*, Kapitalerhaltung im Konzern, 1998; *Fleischer*, Zur organschaftlichen Treuepflicht der Geschäftsleiter im Aktien- und GmbH-Recht, WM 2003, 1045; *Gerkan*, Die Gesellschafterklage, ZGR 1988, 441; *Grundmann*, Der Treuhandvertrag, 1997; *Hofmann*, Der Minderheitsschutz im Gesellschaftsrecht, 2011; *ders.*, Gesellschaftsrecht und Art. 14 GG, FS Hopt, 2012, S. 833–848; *Hommelhoff*, Die Ergebnisverwendung in der GmbH nach dem Bilanzrichtliniengesetz, ZGR 1986, 418; *Hueck*, Minderheitsschutz bei der Ergebnisverwendung in der GmbH: Zur Neuregelung des § 29 GmbHG durch das Bilanzrichtlinien-Gesetz; FS Steindorff, 1990, S. 45–58; *Kalss*, Alternativen zum deutschen Aktienkonzernrecht, ZHR 171 (2007), 146; *Lutter*, Verdeckte Leistungen und Kapitalschutz; FS Stiefel, 1987, S. 505–533; *Martens*, Die Anzeigepflicht des Verlustes des Garantiekapitals nach dem AktG und dem GmbHG – Zur Informationspolitik in den Kapitalgesellschaften, ZGR 1972, 254; *Mertens*, Die Geschäftsführungshaftung in der GmbH und das ITT-Urteil; FS R. Fischer, 1979, S. 461–475; *Schön*, Zur »Existenzvernichtung« der juristischen Person, ZHR 168 (2004), 268; *Wassermeyer*, Einige Grundsatzüberlegungen zur verdeckten Gewinnausschüttung, GmbHR 1998, 157; *Windbichler*, Alternative Dispute Resolution v. Shareholder Suits?, in: Baums/Hopt/Horn (ed.), Liber Amicorum Buxbaum, 2000, S. 617; *Zöllner*, Die Schranken mitgliedschaftlicher Stimmrechtsmacht bei den privatrechtlichen Personenverbänden, 1963; *ders.*, Die sogenannten Gesellschafterklagen im Kapitalgesellschaftsrecht, ZGR 1988, 392.

A. Überblick

I. Regelungsgegenstand der Vorschrift

1 § 29 regelt den individuellen Gewinnanspruch der Gesellschafter sowie die Kompetenz der Gesellschafterversammlung, über das Jahresergebnis zu beschließen. Abs. 1 S. 1 spricht dem Gesellschafter zwar einen Anspruch auf den Jahresüberschuss zu, stellt diesen jedoch unter die Bedingung, dass er weder durch Gesetz noch Satzung oder einen Gesellschafterbeschluss nach Abs. 2 von der Verteilung an die Gesellschafter ausgenommen ist. Damit entscheiden die Gesellschafter durch mehrheitlichen Beschluss, inwieweit der frei verfügbare Anteil an dem Jahresüberschuss einbehalten oder an die Gesellschafter ausgeschüttet wird. Durch die Ermächtigung in Abs. 2 zur Rücklagenbildung und zum Gewinnvortrag kann die Gesellschaftermehrheit für eine

angemessene Kapitalausstattung der Gesellschaft sorgen.[1] Nach alter Rechtslage, die für vor dem 1.1.1986 eingetragene Gesellschaften weiter gilt, bestand demgegenüber ein Anspruch der Gesellschafter auf Vollausschüttung.[2] Die Verteilung des Gewinns erfolgt nach Abs. 3 mangels abweichender Vereinbarungen im Gesellschaftsvertrag nach dem Verhältnis der Geschäftsanteile. Damit wird der allgemein geltende Grundsatz der Gleichbehandlung für die Gewinnverteilung explizit angeordnet. Abs. 4 betrifft den Sonderfall, dass Gewinnrücklagen aus Eigenkapital, das aus Wertaufholungen hervorgeht, gebildet werden. Insgesamt beherrscht der Grundsatz der Satzungsautonomie die Gewinnverwendung: § 29 ist in allen seinen Bestimmungen dispositiv.[3]

II. Mitgliedschaftsrecht und Interessenkonflikt

2 § 29 kommt die Aufgabe zu, den innergesellschaftlichen Konflikt zwischen Gesellschaft und individuellem Gesellschafter zu lösen. Die Kapitalerhaltung ist in der GmbH verglichen mit der Aktiengesellschaft nur schwach ausgeprägt, da § 30 nur das nominale Stammkapital aus der Ausschüttungsmasse ausnimmt.[4] Während für die Gesellschaft der Umfang ihrer Geschäftstätigkeit von der Höhe des verfügbaren Kapitals abhängt, ist der einzelne Gesellschafter an hoher Rendite interessiert. Da der innere Wert der Beteiligung wegen der eingeschränkten Fungibilität der Anteile schwerer als bei börsennotierten Aktien realisiert werden kann, konzentriert sich die Renditeerwartung des GmbH-Gesellschafters auf die Gewinnausschüttung.[5] Dieser hohen Bedeutung entspricht es, dass es sich bei dem Gewinnbezugsrecht nicht um eine bloße Exspektanz, sondern um einen Bestandteil der Mitgliedschaft handelt.[6] Allerdings sind mehrere Stadien zu unterscheiden. Der Anspruch wurzelt als abstraktes Recht (auch Gewinnstammrecht genannt) in der Mitgliedschaft und reift erst durch einen Gewinnverwendungsbeschluss der Gesellschafterversammlung zu einem

---

1 *Müller*, in: Ulmer/Habersack/Winter, GmbHG, § 29 Rn. 1.

2 Zur alten Rechtslage und Behandlung von Gesellschaften, die vor dem 1.1.1986 eingetragen wurden, siehe *Müller*, in: Ulmer/Habersack/Winter, GmbHG, § 29 Rn. 5; *Emmerich*, in: Scholz, GmbHG, § 29 Rn. 2 f. und 14 ff. Siehe dort auch zum Übergangsrecht unter Rn. 9-24.

3 *Müller*, in: Ulmer/Habersack/Winter, GmbHG, § 29 Rn. 2; *Hommelhoff*, in: Lutter/Hommelhoff, GmbHG, § 29 Rn. 1; *Altmeppen*, in: Roth/Altmeppen, GmbHG, § 29 Rn. 5; *Hueck/Fastrich*, in: Baumbach/Hueck, GmbHG, § 29 Rn. 3.

4 *Müller*, in: Ulmer/Habersack/Winter, GmbHG, § 29 Rn. 1.

5 *Altmeppen*, in: Roth/Altmeppen, GmbHG, § 29 Rn. 6; zum Normzweck auch *Hueck/Fastrich*, in: Baumbach/Hueck, GmbHG, § 29 Rn. 7; *Salje*, in: Michalski, GmbHG, § 29 Rn. 10.

6 *Müller*, in: Ulmer/Habersack/Winter, GmbHG, § 29 Rn. 6; *Hommelhoff*, in: Lutter/Hommelhoff, GmbHG, § 29 Rn. 3; *Emmerich*, in: Scholz, GmbHG, § 29 Rn. 25. Vgl. auch BVerfG, NJW-RR 2000, 842, 843. Zum Anspruch auf den Liquidationserlös siehe § 72 Rdn. 2.

konkreten, durchsetzbaren und fälligen Zahlungsanspruch.[7] Auch danach steht er weiter unter der Voraussetzung, dass durch die Ausschüttung nicht das gebundene Stammkapital nach § 30 angegriffen wird.[8] Der Konflikt wird dadurch entschärft, dass sich das Interesse der Gesellschafter nicht nur auf die aktuell erzielbare Rendite, sondern auch auf die zukünftige Gewinnentwicklung richtet. Ein rational handelnder Gesellschafter wird der Gesellschaft nur das verzichtbare Kapital entziehen, nicht aber den zu wirksamer Zweckverfolgung, ggf. sogar zu Expansion erforderlichen Teil des Jahresüberschusses. Hieran müssen sich die Anforderungen an den mehrheitlich gefassten Gewinnverwendungsbeschluss ausrichten (im Einzelnen unter Rdn. 27 ff.).

III. Stufenweise Willensbildung

3 Die Willensbildung über die Ergebnisverwendung vollzieht sich auf mehreren Stufen. Zunächst muss der Jahresabschluss von der Geschäftsleitung aufgestellt werden, in dem der Jahresüberschuss ausgewiesen wird. Dieser Abschluss wird anschließend nach § 42a Abs. 2 S. 1 durch die Gesellschafterversammlung, die nach § 47 Abs. 1 mit einfacher Stimmenmehrheit beschließt, festgestellt und für verbindlich erklärt. Darauf schließt sich der Gewinnverwendungsbeschluss der Gesellschafter nach § 29 Abs. 2 an. Der konkrete Gewinnanspruch des Gesellschafters steht daher unter mehrfachem Vorbehalt. Es muss überhaupt ein Überschuss ausgewiesen sein, dieser darf nicht durch die Vorgaben von Gesetz und Satzung andere Verwendung finden und schließlich muss die Gesellschafterversammlung nach § 29 Abs. 2 entschieden haben, den Gewinn nicht (vollständig) in Rücklagen einzustellen oder vorzutragen, sondern ihn (teilweise) auszuschütten.[9] Der Gesellschafter ist daher abhängig davon, dass Geschäftsführung und Gesellschafterversammlung die notwendigen Schritte unternehmen. Dem muss durch wirkungsvolle Individualansprüche und Rechtsbehelfe Rechnung getragen werden (dazu unter Rdn. 18 ff.).

B. Ermittlung des Jahresergebnisses

4 Die Gesellschafter entscheiden nach Abs. 2 über die Verwendung des Jahresergebnisses.

---

7 BGHZ 139, 299, 302 f.; BGH, NJW 1996, 1678, 1679; *Hueck/Fastrich*, in: Baumbach/Hueck, GmbHG, § 29 Rn. 42, 48 f.; *Salje*, in: Michalski, GmbHG, § 29 Rn. 22; *Hommelhoff*, in: Lutter/Hommelhoff, GmbHG, § 29 Rn. 3 f.; *Ekkenga*, in: MünchKommGmbHG, § 29 Rn. 39; *Altmeppen*, in: Roth/Altmeppen, GmbHG, § 29 Rn. 49.

8 *Müller*, in: Ulmer/Habersack/Winter, GmbHG, § 29 Rn. 6; *Altmeppen*, in: Roth/Altmeppen, GmbHG, § 29 Rn. 54.

9 BGHZ 137, 378, 380; BGHZ 139, 299, 302 f.; BGH, ZIP 2004, 1551; *Müller*, in: Ulmer/Habersack/Winter, GmbHG, § 29 Rn. 6; *Emmerich*, in: Scholz, GmbHG, § 29 Rn. 25 f.; *Bork/Oepen*, ZGR 2002, 241, 243; *Hommelhoff*, ZGR 1986, 418, 419.

I. Berechnung auf Grundlage des Jahresüberschusses

5 Wie Abs. 1 S. 1 bestimmt, ergibt sich das Jahresergebnis aus dem Jahresüberschuss, der um den Gewinn- oder Verlustvortrag der letzten Geschäftsjahre im Sinne von § 266 Abs. 3 A IV HGB bereinigt wird. Der Jahresüberschuss stellt die positive Veränderung des Eigenkapitals im vergangenen Geschäftsjahr dar. Er wird als Saldo der Gewinn- und Verlustrechnung nach § 275 Abs. 2 Nr. 20, Abs. 3 Nr. 19 HGB und als Überschuss der Aktiv- über die Passivposten der Bilanz, § 266 Abs. 3 A V HGB, ausgewiesen.[10] Der Verlustvortrag stellt den Jahresfehlbetrag früherer Geschäftsjahre dar, der den Gewinn folgender Geschäftsjahre mindert und solange berücksichtigt wird, bis er durch machfolgende Gewinne gänzlich ausgeglichen ist.[11] Der Gewinnvortrag ist der Posten, der als Gewinn früherer Geschäftsjahre nicht an die Gesellschafter verteilt, in Rücklagen eingestellt oder anderweitig verwendet wurde.[12] Gewinnvorträge werden im Gegensatz zu Rücklagen nur vorübergehend von der Verteilung an die Gesellschafter ausgeschlossen. Sie stehen jährlich zur Disposition. In den kommenden Jahren muss daher stets erneut beschlossen werden, ob der Gewinn weiter vorgetragen oder nunmehr an die Gesellschafter ausgeschüttet werden soll. Demgegenüber müssen Rücklagen zunächst aufgelöst werden, bevor über die hierin gebundenen Mittel erneut disponiert werden kann.[13]

II. Berechnung auf Grundlage des Bilanzgewinns, Abs. 1 S. 2

1. Vorwegnahme der Ergebnisverwendung

6 Die Bilanz berücksichtigt im Regelfall die Ergebnisverwendung nicht und weist daher den vollen Jahresüberschuss aus, wie sich aus § 266 Abs. 3 A V HGB ergibt.[14] Daher geht auch § 29 Abs. 1 S. 1 davon aus, dass der Gewinnziehungsanspruch ausgehend vom Jahresüberschuss ermittelt wird. § 268 Abs. 1 S. 1 HGB bestimmt jedoch, dass die Bilanz die Verwendung des Jahresergebnisses berücksichtigen darf. Darauf bezieht sich § 29 Abs. 1 S. 2, der den Gewinnanspruch des Gesellschafters am Bilanzgewinn ausrichtet, wenn die Bilanz unter teilweiser Verwendung des Jahresergebnisses aufgestellt und dieses teilweise in Rücklagen eingestellt wurde. Die Bilanz ist außerdem maßgeblich, wenn Kapital- oder Gewinnrücklagen aufgelöst wurden. In diesen Fällen berücksichtigt die Bilanz die Veränderungen bei den Rücklagen und wird unter teilweiser Verwendung des Jahresergebnisses aufgestellt.[15] Die Bilanzie-

---

10 *Emmerich*, in: Scholz, GmbHG, § 29 Rn. 7; *Altmeppen*, in: Roth/Altmeppen, GmbHG, § 29 Rn. 8; *Salje*, in: Michalski, GmbHG, § 29 Rn. 17.

11 *Müller*, in: Ulmer/Habersack/Winter, GmbHG, § 29 Rn. 55; *Ekkenga*, in: MünchKommGmbHG, § 29 Rn. 13.

12 *Müller*, in: Ulmer/Habersack/Winter, GmbHG, § 29 Rn. 55; *Ekkenga*, in: MünchKommGmbHG, § 29 Rn. 12.

13 *Emmerich*, in: Scholz, GmbHG, § 29 Rn. 42; *Müller*, in: Ulmer/Habersack/Winter, GmbHG, § 29 Rn. 63; *Ekkenga*, in: MünchKommGmbHG, § 29 Rn. 12.

14 *Müller*, in: Ulmer/Habersack/Winter, GmbHG, § 29 Rn. 25.

15 *Altmeppen*, in: Roth/Altmeppen, GmbHG, § 29 Rn. 8.

rung nimmt daher zumindest einen Teil der Ergebnisverwendung vorweg und bindet Beträge, über die ansonsten erst im Wege des Beschlusses nach Abs. 2 entschieden würde.[16] In diesem Fall beruht der Ergebnisverwendungsbeschlusses der Gesellschafter nach Abs. 2 auf dem Bilanzgewinn, ansonsten auf dem Jahresüberschuss.[17]

2. Bindungswirkung

7 Dass die Geschäftsführer über das Jahresergebnis disponieren, ändert nichts daran, dass die Gesellschafterversammlung nur dann nicht über die Ergebnisverwendung entscheidet, wenn die Zuständigkeit in der Satzung auf eine andere Stelle übertragen wurde.[18] Der ausgewiesene Bilanzgewinn begründet daher noch keinen Anspruch des einzelnen Gesellschafters auf Gewinnziehung, auch wenn Abs. 1 S. 2 diesen Schluss nahelegt. Vielmehr setzt der Anspruch voraus, dass die Voraussetzungen des Abs. 2 erfüllt sind, insbesondere die Gesellschafterversammlung in ihrem Gewinnverwendungsbeschluss nicht entscheidet, den Bilanzgewinn in Rücklagen einzustellen[19] oder die Ansätze der Geschäftsführer gänzlich zu korrigieren.[20] Wird die Bilanz als Bestandteil des Jahresabschlusses jedoch von den Gesellschaftern nach § 42a Abs. 2 festgestellt, nimmt die darin enthaltene Ergebnisverwendung an der Bindungswirkung der Feststellung teil. Die Gesellschafter sind dann daran gehindert, eine Ausschüttung der in der Bilanz in Rücklagen eingestellten Beträge zu verfügen.[21] Die Dispositionsbefugnis beschränkt sich auf einen evtl. verbleibenden Rest des Ergebnisses, der ausgeschüttet oder ebenfalls in Rücklagen eingestellt werden kann. Außerdem besteht für dissentierende Gesellschafter die Möglichkeit, den Feststellungsbeschluss anzufechten. Für den Erfolg ist entscheidend, ob die Voraussetzungen für die Bildung von Rückstellungen in der Bilanz vorlagen.[22]

III. Minderung um zusätzlichen Aufwand, Abs. 1 S. 1, 2. Hs.

8 Nach Abs. 1 S. 1, 2. Hs. ist das Jahresergebnis um den zusätzlichen Aufwand zu mindern, der durch den Beschluss über die Ergebnisverwendung zustande kommt. Zusätzlicher Aufwand kann entstehen, wenn die Bestimmung über die Gewinnverwendung durch die Gesellschafter von den Vorschlägen der Geschäftsführer abweicht und die Gesellschafter mehr Kapital bei der Gesellschaft belassen als von den Geschäftsführern vorgesehen. Hierdurch kann es zu einem erhöhten Körperschaftssteueraufwand kommen, wodurch der von den Geschäftsführern vorgesehene Steueraufwand aufgestockt werden muss und in Höhe der Differenz zusätzlicher Aufwand

---

16 *Hueck/Fastrich*, in: Baumbach/Hueck, GmbHG, § 29 Rn. 11.

17 *Müller*, in: Ulmer/Habersack/Winter, GmbHG, § 29 Rn. 56.

18 *Müller*, in: Ulmer/Habersack/Winter, GmbHG, § 29 Rn. 57; *Altmeppen*, in: Roth/Altmeppen, GmbHG, § 29 Rn. 18.

19 *Müller*, in: Ulmer/Habersack/Winter, GmbHG, § 29 Rn. 66; *Altmeppen*, in: Roth/Altmeppen, GmbHG, § 29 Rn. 18.

20 *Altmeppen*, in: Roth/Altmeppen GmbHG, § 29 Rn. 18.

21 *Hueck/Fastrich*, in: Baumbach/Hueck, GmbHG, § 29 Rn. 8.

22 *Ekkenga*, in: MünchKommGmbHG, § 29 Rn. 23.

im Sinne der Vorschrift entsteht.[23] Dies wird relevant, wenn sich die Körperschaftssteuersätze für thesaurierte und ausgeschüttete Gewinne unterscheiden, was seit Vereinheitlichung des Steuersatzes ab dem Veranlagungszeitraum 2008 nicht mehr der Fall ist.[24] Weiterhin relevant ist jedoch durch ausschüttungsabhängige Gewinnbeteiligungen Dritter entstehender zusätzlicher Aufwand.[25] Beschließen die Gesellschafter mehr auszuschütten als von den Geschäftsführern vorgesehen, erhöht sich der an Dritte abzuführende Betrag ebenfalls und stellt zusätzlichen Aufwand dar. Zur Gewinnbeteiligung Dritter näher unter Rdn. 45 ff.

IV. Berücksichtigung von Gewinnabführungsverträgen

9 Besteht ein Gewinnabführungsvertrag, ist die hieraus folgende Verpflichtung bereits bei der Aufstellung des Jahresabschlusses zu berücksichtigen und der abzuführende Betrag zu passivieren. Wird das gesamte Ergebnis abgeführt, erübrigt sich ein Gewinnverwendungsbeschluss, so dass nur der Jahresabschluss festzustellen ist.[26]

C. Verwendung von Wertaufholungen, Abs. 4

I. Anwendungsbereich

10 Eine weitere Veränderung des Jahresergebnisses kann sich durch Wertaufholungen im Sinne des Abs. 4 ergeben. Darunter fallen die nach § 253 Abs. 5 S. 1 HGB gebotenen Wertaufholungen in den Fällen, in denen sachlich überholte Abschreibungen bei Vermögensgegenständen des Anlage- und Umlaufvermögens zurückgenommen werden.[27] Die Korrektur bewirkt, dass sich das Jahresergebnis um den Wert der Berichtigung erhöht. Bis zur Streichung des § 273 HGB durch das BilMoG 2009[28] bildeten außerdem durch steuerliche Gewinnermittlung gebildete und nicht in der Bilanz ausgewiesene Passivposten einen zweiten Anwendungsfall. Da solche Sonderposten nach neuer Rechtslage nicht mehr gebildet werden dürfen, entfällt ihre Bedeutung für Abs. 4.[29]

---

23 *Hommelhoff,* in: Lutter/Hommelhoff, GmbHG, § 29 Rn. 2; *Emmerich,* in: Scholz, GmbHG, § 29 Rn. 47; *Ekkenga,* in: MünchKommGmbHG, § 29 Rn. 20; *Altmeppen,* in: Roth/Altmeppen, GmbHG, § 29 Rn. 19.

24 *Hueck/Fastrich,* in: Baumbach/Hueck, GmbHG, § 29 Rn. 17; *Ekkenga,* in: MünchKommGmbHG, § 29 Rn. 20.

25 *Hueck/Fastrich,* in: Baumbach/Hueck, GmbHG, § 29 Rn. 17 und 27; *Ekkenga,* in: MünchKommGmbHG, § 29 Rn. 20.

26 *Hommelhoff,* in: Lutter/Hommelhoff, GmbHG, § 29 Rn. 10.

27 *Hueck/Fastrich,* in: Baumbach/Hueck, GmbHG, § 29 Rn. 18; *Ekkenga,* in: MünchKommGmbHG, § 29 Rn. 239.

28 RegE BT-Drs. 16/10097; Beschlussempfehlung und Bericht des BT-Rechtsausschusses BT-Drs. 16/12407.

29 *Ekkenga,* in: MünchKommGmbHG, § 29 Rn. 242.

II. Wirkung

Abs. 4 betrifft eine besondere Art der Verwendung des durch die Wertaufholung erhöhten Jahresergebnisses. Er sieht vor, dass der durch Wertaufholung gewonnene Betrag der Gesellschaft erhalten werden kann, indem er in Gewinnrücklagen eingestellt wird. Die Bedeutung der Vorschrift unter der geltenden Fassung des § 29 ist gering, da der Anspruch des einzelnen Gesellschafters ohnehin unter dem Vorbehalt steht, dass das Jahresergebnis nicht in Gewinnrücklagen eingestellt wird. Abweichungen von den allgemeinen Grundsätzen ergeben sich daher nur, wenn die Satzung ein Vollausschüttungsgebot enthält.[30] Dann ergibt sich die für Altfälle geltende Situation: Gesellschafter in einer vor 1.1.1986 entstandenen Gesellschaft haben einen Anspruch auf Vollausschüttung, von dem nur mit Zustimmung aller Gesellschafter abgewichen werden kann.[31] Daher bedeutet Abs. 4 für diese Gesellschaften, dass über die Verwendung der Wertaufholungen in Ausnahme zu den allgemeinen Grundsätzen durch Mehrheitsbeschluss entschieden werden darf.[32] 11

III. Zuständigkeit

Abs. 4 enthält keine von den allgemeinen Grundsätzen abweichende Kompetenzzuweisung. Da es sich um einen Fall der Rücklagenbildung und daher Gewinnverwendung handelt, ist für die Entscheidung hierüber die Gesellschafterversammlung nach § 46 Nr. 1 zuständig. Abs. 4 betont daher nur das generelle Recht der Geschäftsführer, Vorschläge für die Verwendung der Wertaufholung machen zu dürfen.[33] 12

D. Erwirtschaftung von Verlust

Der Konzeption als Kapitalgesellschaft entsprechend, nehmen die Gesellschafter an Verlusten nicht teil. Es besteht daher keine Ausgleichspflicht, es sei denn, diese ist als statutarische Nebenleistungs- oder Nachschusspflicht nach § 3 Abs. 2 oder §§ 26-28 vorgesehen.[34] Ein Verlust wirkt sich jedoch auf die Gewinnziehung der Gesellschafter aus. Soweit im Geschäftsjahr ein Verlust erwirtschaftet wurde, scheidet ein Gewinn- 13

30 *Hommelhoff*, in: Lutter/Hommelhoff, GmbHG, § 29 Rn. 35; *Altmeppen*, in: Roth/Altmeppen, GmbHG, § 29 Rn. 46.

31 Zur alten Rechtslage und Behandlung von Gesellschaften, die vor dem 1.1.1986 eingetragen wurden, siehe *Müller*, in: Ulmer/Habersack/Winter, GmbHG, § 29 Rn. 5; *Emmerich*, in: Scholz, GmbHG, § 29 Rn. 2 f. und 14 ff.

32 *Hueck/Fastrich*, in: Baumbach/Hueck, GmbHG, § 29 Rn. 18; *Hommelhoff*, in: Lutter/Hommelhoff, GmbHG, § 29 Rn. 35.

33 *Ekkenga*, in: MünchKommGmbHG, § 29 Rn. 243 f.; *Hueck/Fastrich*, in: Baumbach/Hueck, GmbHG, § 29 Rn. 20; *Emmerich*, in: Scholz, GmbHG, § 29 Rn. 49a; *Hommelhoff*, in: Lutter/Hommelhoff, GmbHG, § 29 Rn. 34; i.E. auch *Altmeppen*, in: Roth/Altmeppen, GmbHG, § 29 Rn. 47.

34 *Müller*, in: Ulmer/Habersack/Winter, GmbHG, § 29 Rn. 16; *Altmeppen*, in: Roth/Altmeppen, GmbHG, § 29 Rn. 4.

verwendungsbeschluss aus, und der Verlust wird ins folgende Geschäftsjahr vorgetragen und mindert die Gewinne künftiger Jahre.[35]

E. Feststellung des Jahresabschlusses durch die Gesellschafter

I. Aufstellung des Jahresabschlusses

14 Da die Gesellschafter nach § 46 Nr. 1 den Jahresabschluss feststellen und über die Gewinnverwendung entscheiden, sind sie auf umfassende Information über die Vermögens- und Ertragslage der Gesellschaft angewiesen. Dem wird durch interne Rechnungslegung genügt, die neben der Bilanz auch die Gewinn- und Verlustrechnung und den Anhang umfasst.[36] Nach §§ 41, 42a Abs. 1 S. 1 sind die Geschäftsführer zuständig und verpflichtet, den Jahresabschluss binnen der Fristen des § 264 Abs. 1 S. 3, 4 HGB zu erstellen.[37] Diese Pflicht ist der Gesellschaft und zugleich auch den Gesellschaftern geschuldet. Wird sie verletzt, können die Gesellschafter aus eigenem Recht gegen die Geschäftsführung klagen (siehe noch unter Rdn. 20).[38]

II. Wirksamkeit und Fristen

15 Der Jahresabschluss wird erst wirksam, wenn er von den Gesellschaftern festgestellt wird, nicht schon mit Aufstellung durch die Geschäftsführer.[39] Für die Feststellung gelten die Fristen des § 42a Abs. 2 S. 1. Danach muss der Abschluss bis zum Ablauf der ersten acht Monate des Geschäftsjahres bzw. bei kleinen Gesellschaften im Sinne von § 267 Abs. 1 HGB bis zum Ablauf der ersten elf Monate festgestellt worden sein.

III. Bindungswirkung

16 Die Gesellschafterversammlung ist bei ihrer Beschlussfassung nicht an die Vorgaben der Geschäftsführer gebunden, sondern kann über bestehende Ansatz- und Bewertungswahlrechte anders befinden und den Abschluss damit abändern.[40] Hierzu ist sie bei evidenten Mängeln sogar verpflichtet.[41] Hingegen sind solche Veränderungen im anschließenden Gewinnverwendungsbeschluss nach Abs. 2 nicht mehr möglich. Der festgestellte Jahresüberschuss stellt vielmehr die bindende Grundlage für den Gewinnverwendungsbeschluss dar.[42]

---

35 *Hueck/Fastrich*, in: Baumbach/Hueck, GmbHG, § 29 Rn. 6; *Müller*, in: Ulmer/Habersack/Winter, GmbHG, § 29 Rn. 16; *Salje*, in: Michalski, GmbHG, § 29 Rn. 20.

36 *Müller*, in: Ulmer/Habersack/Winter, GmbHG, § 29 Rn. 22; *Merkt*, in: Baumbach/Hopt, HGB, § 264 Rn. 4.

37 *Emmerich*, in: Scholz, GmbHG, § 29 Rn. 33.

38 *Müller*, in: Ulmer/Habersack/Winter, GmbHG, § 29 Rn. 24; a.A. *Ekkenga*, in: MünchKommGmbHG, § 29 Rn. 43 f.

39 *Müller*, in: Ulmer/Habersack/Winter, GmbHG, § 29 Rn. 31.

40 *Müller*, in: Ulmer/Habersack/Winter, GmbHG, § 29 Rn. 31.

41 *Emmerich*, in: Scholz, GmbHG, § 29 Rn. 36.

42 *Hueck/Fastrich*, in: Baumbach/Hueck, GmbHG, § 29 Rn. 9; *Emmerich*, in: Scholz, GmbHG, § 29 Rn. 33a; *Altmeppen*, in: Roth/Altmeppen, GmbHG, § 29 Rn. 16.

IV. Fehlerhaftigkeit

17 Rechtswidrige Feststellungsbeschlüsse sind anfechtbar. Schwere Mängel führen sogar zur Nichtigkeit, was sich nach dem entsprechend anwendbaren Katalog des § 256 AktG beurteilt.[43] Die Rechtswidrigkeit bestimmt sich nach den allgemeinen Grundsätzen. Die Gesellschafter sind an die Vorgaben im Gesetz und der Satzung gebunden. Sie müssen daher die Grundsätze ordnungsgemäßer Buchführung und Bilanzierung beachten. Bei bilanziellen Wahlrechten ist die der Gesellschaft und den Mitgesellschaftern geschuldete Treuepflicht bedeutend. Bei der Ausübung der Wahlrechte sind die Gesellschafter daher gehalten, auf die Interessen der Gesellschaft und Mitgesellschafter Rücksicht zu nehmen. Bei einem Konflikt mit den Interessen der Gesellschaft entscheidet sich die Rechtmäßigkeit des Beschlusses anhand einer Interessenabwägung.[44] Bei einer Beeinträchtigung widersprechender Gesellschafter ist die Prüfung komplexer. Diese müssen den Nachweis führen, dass im Feststellungsbeschluss bereits über die Gewinnverwendung entschieden wird, da nur dann ihre mitgliedschaftliche Rechtsstellung betroffen ist. Der Beschluss ist gleichwohl rechtmäßig, wenn er die Interessen der Gesellschaft verfolgt und sich bei Abwägung mit den entgegen stehenden Interessen der widersprechenden Minderheit als geboten, erforderlich und angemessen erweist (im Einzelnen zu diesen Kriterien unter Rdn. 27 ff.). Dabei ist zugunsten der beschlusstragenden Mehrheit ein unternehmerischer Ermessensspielraum zu beachten, der sich gerade bei Wahlrechten auswirkt (zu diesem Rdn. 32). Damit ergibt sich ein Gleichlauf mit den Rechtmäßigkeitskriterien bei Gewinnverwendungsbeschlüssen.[45]

V. Rechtsdurchsetzung

18 Der einzelne Gesellschafter ist darauf angewiesen, dass der Jahresabschluss festgestellt und ein Gewinnverwendungsbeschluss gefasst wird, da sein Anspruch auf Gewinnziehung an diese Voraussetzungen gebunden ist. Er wird in seinen Interessen beeinträchtigt, wenn die Gesellschafter die Fristen aus § 42a Abs. 2 S. 1 verstreichen lassen oder die Geschäftsführer gegen die Vorgabe verstoßen, den Jahresabschluss nach § 264 Abs. 1 S. 3, 4 HGB in den ersten drei bzw. sechs Monaten des Geschäftsjahres für das vergangene Geschäftsjahr aufzustellen. Gegen diese Beeinträchtigung muss wirksamer Rechtsschutz bestehen.

---

43 *Emmerich*, in: Scholz, GmbHG, § 29 Rn. 36a; *Hommelhoff*, in: Lutter/Hommelhoff, GmbHG, § 29 Rn. 14.

44 BGHZ 132, 263, 274-276 (für KG); *Müller*, in: Ulmer/Habersack/Winter, GmbHG, § 29 Rn. 31 und 34.

45 Für einen Gleichlauf der inhaltlichen Kriterien für beide Beschlüsse auch *Emmerich*, in: Scholz, GmbHG, § 29 Rn. 43, 46. Zu den Kriterien auch *Müller*, in: Ulmer/Habersack/Winter, GmbHG, § 29 Rn. 42-45.

1. Kollektive Rechtsbehelfe gegen säumige Geschäftsführer

19 Die Gesellschafter können gegen säumige Geschäftsführer vorgehen. Sie können sie nach § 37 Abs. 1 anweisen, den Jahresabschluss aufzustellen. Außerdem begehen die Geschäftsführer bei einem Verstoß gegen die Pflichten aus § 264 Abs. 1 HGB einen Treuepflichtverstoß gegenüber der Gesellschaft. Bei daraus resultierenden Schäden können die Gesellschafter, deren Zuständigkeit aus § 46 Nr. 8 folgt, Ansprüche nach § 43 Abs. 2 geltend machen. Hierzu bedarf es nach § 47 Abs. 1 ebenso wie bei einer Weisung nach § 37 Abs. 1 eines mehrheitlich gefassten Beschlusses. Die Rechtsbehelfe sind daher nur dann wirkungsvoll, wenn die Gesellschaftermehrheit ein Interesse an der Aufstellung des Jahresabschlusses besitzt. Von einer Mehrheit abhängige Rechtsbehelfe sind in der GmbH jedoch mehr noch als in anderen Gesellschaftsformen problematisch, da es wegen des umfassenden Weisungsrechts nach § 37 Abs. 1 an einer von den Gesellschaftern unabhängigen Geschäftsführung fehlt und sie daher für Konflikte im Verhältnis von Mehrheits- und Minderheitsgesellschaftern besonders anfällig ist. Gerade wenn die Geschäftsführung auf Weisung der Gesellschaftermehrheit untätig bleibt, besteht die Gefahr, dass die Minderheit mit ihrem elementaren Gewinnziehungsrecht ausfällt. Daher sind Individualansprüche der Gesellschafter unverzichtbar.

2. Individuelle Rechtsbehelfe bei Verzögerung der Aufstellung

20 Bei der Frage nach Rechtsbehelfen des einzelnen Gesellschafters gegen die rechtswidrig unterlassene Aufstellung des Jahresabsschlusses ist zu berücksichtigen, dass der Gewinnziehungsanspruch ohne wirksame Rechtsbehelfe ausgehebelt werden kann. Daher verdient die wohl überwiegend vertretene Auffassung Zustimmung, die dem einzelnen Gesellschafter einen Anspruch gegen die Gesellschaft und die Geschäftsführer auf Aufstellung des Jahresabschlusses zubilligt.[46] Der Pflichtverstoß der Geschäftsführer greift wegen der Wirkung auf das Gewinnziehungsrecht der Gesellschafter in die mitgliedschaftliche Rechtsstellung der Gesellschafter ein. Gegen solche Eingriffe durch die Geschäftsführer kann sich der Gesellschafter im Wege der Feststellungs- und Leistungsklage zur Wehr setzen.[47] Er kann mit dem Antrag, dass der Jahresabschluss aufzustellen ist, Leistungsklage gegen die GmbH erheben. Entsteht durch die Verzögerung ein Schaden, kann der Gesellschafter gegen die Geschäftsführer wegen der Verletzung seiner Mitgliedschaft nach § 823 Abs. 1 BGB vorgehen. Ausgenommen hiervon sind die nur mittelbar auftretenden Schäden, die sich als

46 *Emmerich*, in: Scholz, GmbHG, § 29 Rn. 35; *Müller*, in: Ulmer/Habersack/Winter, GmbHG, § 29 Rn. 34; a.A. *Ekkenga*, in: MünchKommGmbHG, § 29 Rn. 43 f.

47 Zur effektiven Rechtsdurchsetzung bei Pflichtverletzungen durch die Geschäftsleitung grundlegend und verallgemeinerungsfähig BGHZ 83, 122, 126 f. (Holzmüller); BGH, NJW 2006, 374, 375 (Mangusta/Commerzbank II); BGHZ 136, 133, 140 f. (Siemens/Nold); ausführlich zu den Rechtsbehelfen des Gesellschafters bei Eingriffen der Geschäftsleitung in die mitgliedschaftliche Rechtsstellung *Hofmann*, Der Minderheitsschutz im Gesellschaftsrecht, 2011, S. 276-284.

reflexartige Wertminderungen der Beteiligung wegen unmittelbar im Vermögen der GmbH eintretender Schäden ergeben. In diesen Fällen ist der Gesellschafter vielmehr darauf verwiesen, den Schaden der GmbH im eigenen Namen auf Leistung an die GmbH einzuklagen.[48]

3. Individuelle Rechtsbehelfe bei Verzögerung der Feststellung

21 **a) Klage auf Beschlussfassung.** Die Beeinträchtigung kann sich auch daraus ergeben, dass die Gesellschaftermehrheit die Feststellung des Jahresabschlusses und den Beschluss über die Gewinnverwendung über die Fristen des § 42a Abs. 2 S. 1 hinaus verzögert. Da nur ein feststellender Beschluss, nicht aber die bloße Einberufung einer Gesellschafterversammlung dem Minderheitsgesellschafter hilft, ist die Anwendung des § 50 auch dann nicht weiterführend, wenn auf das vorgesehene Minderheitsquorum zugunsten eines Individualanspruchs verzichtet wird.[49] Vielmehr ist effektiver Rechtsschutz dadurch zu gewährleisten, dass der Gesellschafter unmittelbar gegen die Gesellschaft Individualklage auf Feststellung des Jahresergebnisses und auf Fassung eines Gewinnverwendungsbeschlusses erheben darf.[50] Eine Feststellungsklage des Inhalts zu erheben, dass die GmbH verpflichtet ist, einen Gewinnverwendungsbeschluss zu fassen, und damit keinerlei Vorgaben an den Inhalt des Beschlusses zu verbinden, ist hingegen ineffektiv.[51]

22 **b) Leistungsklage auf Gewinnausschüttung.** Auch diese Leistungsklage schützt den Gesellschafter nur ansatzweise, da mit ihr kein bestimmter Beschlussinhalt herbeigeführt werden kann.[52] Daher darf mit ihr eine weitere Leistungsklage verbunden wer-

48 Die hier vertretene Auffassung beruht auf zwei Prämissen, von denen die eine allgemein akzeptiert, die andere stark umstritten ist. Allgemein anerkannt ist, dass die Mitgliedschaft ein subjektives Recht im Sinne von § 823 Abs. 1 BGB darstellt, siehe grundlegend *Lutter*, AcP 180 (1980), 84, 97 ff.; *K. Schmidt*, ZGR 2011, 108, 115 ff. Stark umstritten ist demgegenüber, inwieweit die Verletzung einzelner mitgliedschaftlicher Rechte einen Eingriff in die Mitgliedschaft darstellt und daher zu Schadensersatzansprüchen führt. Siehe dazu *Hofmann*, Der Minderheitsschutz im Gesellschaftsrecht, 2011, S. 253–262 i.V.m. S. 121–147, und zur Abgrenzung mittelbarer und unmittelbarer Schäden und den Rechtsbehelfen *Hofmann*, Der Minderheitsschutz im Gesellschaftsrecht, 2011, S. 284–287.

49 So jedoch OLG Düsseldorf, NZG 2001, 1085, 1086; wie hier *Hommelhoff*, in: Lutter/Hommelhoff, GmbHG, § 29 Rn. 33. Siehe auch *Bork/Oepen*, ZGR 2002, 241, 244 ff.

50 Ganz h.M., *Emmerich*, in: Scholz, GmbHG, § 29 Rn. 35c; *Müller*, in: Ulmer/Habersack/Winter, GmbHG, § 29 Rn. 72; *Hommelhoff*, in: Lutter/Hommelhoff, GmbHG, § 29 Rn. 31; *Salje*, in: Michalski, GmbHG, § 29 Rn. 46; *Ekkenga*, in: MünchKommGmbHG, § 29 Rn. 47; *Altmeppen*, in: Roth/Altmeppen, GmbHG, § 29 Rn. 50. Offen gelassen von BGHZ 139, 299, 303.

51 Abzulehnen daher OLG Düsseldorf, NZG 2001, 1085, 1086.

52 *Müller*, in: Ulmer/Habersack/Winter, GmbHG, § 29 Rn. 72.

den, die auf Auszahlung des anteiligen Gewinns gerichtet ist.[53] Wegen der Rechtskrafterstreckung nach § 248 AktG analog ist auch den nicht an der Klage beteiligten Gesellschaftern rechtliches Gehör zu verleihen.[54] Hierdurch wird sichergestellt, dass sie Gelegenheit erhalten, einen Beschluss über die Gewinnverwendung zu fassen und damit im Gesellschaftsinteresse gebotene Rücklagen zu bilden. Kommt es hierzu nicht, wird dem Gesellschafter der Betrag zugestanden, der sich als sein Anteil auf Grundlage des von der Geschäftsführung ermittelten Jahresergebnisses ergibt, ohne dass es eines weiteren Willensaktes der Gesellschafter bedarf. Berücksichtigt werden nur die Vorgaben aus Gesetz und Satzung. Die Gesellschafter hatten Gelegenheit zur Willensbildung, ließen diese jedoch ungenutzt.[55]

F. Gewinnverwendungsbeschlüsse

I. Gesellschafterkompetenz

23 Nach Abs. 2 beschließen die Gesellschafter über die Verwendung des Ergebnisses. Das Jahresergebnis steht daher – anders als im Aktienrecht – zur Disposition der Gesellschafter. Die Ausschüttungsmasse umfasst das gesamte Eigenkapital der Gesellschaft mit Ausnahme des nach § 30 gebundenen Stammkapitals. Die Gesellschafter können das Ergebnis ganz oder teilweise in Gewinnrücklagen einstellen oder als Gewinn vortragen. Darüber hinaus können sie die bestehenden Kapital- und Gewinnrücklagen auflösen, dadurch den Bilanzgewinn erhöhen und in die Ergebnisverwendung einbeziehen.[56] Ausnahmen ergeben sich aus §§ 249, 272 Abs. 4 HGB, soweit Pflichtrückstellungen oder zwingend Rücklagen zu bilden sind. Liegen die Voraussetzungen vor, ist der jeweilige Betrag der Disposition der Gesellschafter durch Gesetz im Sinne von Abs. 1 S. 1 entzogen.[57] Für die Unternehmergesellschaft (haftungsbeschränkt) im Sinne von § 5a besteht die besondere Pflicht, eine gesetzliche Rücklage zur kontinuierlichen Aufstockung des Stammkapitals zu bilden.[58]

53 *Emmerich*, in: Scholz, GmbHG, § 29 Rn. 35d; *Hommelhoff*, in: Lutter/Hommelhoff, GmbHG, § 29 Rn. 17; *Hueck/Fastrich*, in: Baumbach/Hueck, GmbHG, § 29 Rn. 41; a.A. *Ekkenga*, in: MünchKommGmbHG, § 29 Rn. 52; OLG Düsseldorf, NZG 2001, 1085, 1086.

54 *Emmerich*, in: Scholz, GmbHG, § 29 Rn. 35d.

55 *Emmerich*, in: Scholz, GmbHG, § 29 Rn. 35c. I.E. auch Hommelhoff, in: Lutter/Hommelhoff, GmbHG, § 29 Rn. 17; *Hueck/Fastrich*, in: Baumbach/Hueck, GmbHG, § 29 Rn. 41; *Bork/Oepen*, ZGR 2002, 241, 283 ff.

56 *Müller*, in: Ulmer/Habersack/Winter, GmbHG, § 29 Rn. 58.

57 *Emmerich*, in: Scholz, GmbHG, § 29 Rn. 30; vgl. auch *Saljek*, in: Michalski, GmbHG, § 29 Rn. 28-30; *Ekkenga*, in: MünchKommGmbHG, § 29 Rn. 14. Zu den Vorgaben des Bilanzrechts im Einzelnen in der Kommentierung zu §§ 42, 42a.

58 *Altmeppen*, in: Roth/Altmeppen, GmbHG, § 29 Rn. 11.

II. Kompetenzübertragung

24 Die Kompetenz, über die Gewinnverwendung zu entscheiden, kann auch auf ein anderes Organ übertragen werden. Vor allem die Geschäftsführer können durch den Gesellschaftsvertrag ermächtigt werden, bindend über die Verwendung des Jahresergebnisses zu entscheiden. Dies bietet sich vor allem an, wenn das Gewinnbezugsrecht der Gesellschafter ausgeschlossen oder betragsmäßig begrenzt ist.[59] Im Einzelfall ist genau zu prüfen, ob tatsächlich die Entscheidungsgewalt über die Ergebnisverwendung übertragen wurde. In Betracht kommt, dass nur die Feststellung des Jahresabschlusses von der Gesellschafterversammlung auf ein anderes Organ verlagert wurde. In diesem Fall verbleibt die Entscheidungsgewalt über Rücklagenbildung und Gewinnvortrag bei der Gesellschafterversammlung.[60]

III. Minderheitsrelevanz

25 Nach §§ 29 Abs. 2, 46 Nr. 1 entscheidet die Gesellschafterversammlung durch Mehrheitsbeschluss nach § 47 Abs. 1 über die Ergebnisverwendung. Diese Gesetzeskonzeption impliziert die Gefahr für den Minderheitsgesellschafter, in seiner Renditeerwartung enttäuscht und in extremen Fällen durch eine überzogene Thesaurierungspolitik der Mehrheit »ausgehungert« zu werden.[61] Da die Minderheitsgesellschafter regelmäßig nicht an der Geschäftsführung beteiligt sind und daher kein Gehalt beziehen, sind sie ganz auf die Dividende angewiesen.[62] Über Jahre hinweg Gewinne zurückzuhalten, gilt als beliebtes Mittel, Minderheitsgesellschafter zur Aufgabe ihrer Beteiligung zu bewegen und sich diese unter Wert einzuverleiben, was immer dann gelingt, wenn kein (funktionierender) Markt vorliegt oder die Unternehmenspolitik der Mehrheit abschreckend auf Investoren wirkt.[63]

1. Ausgleichende Schutzmechanismen

26 Wegen der Bedeutung des Gewinnziehungsrechts für die Mitgliedschaft wäre es mit den Grundsätzen eines wirkungsvollen Minderheitsschutzes unvereinbar, die Ent-

---

59 *Hommelhoff*, in: Lutter/Hommelhoff, GmbHG, § 29 Rn. 8.

60 *Müller*, in: Ulmer/Habersack/Winter, GmbHG, § 29 Rn. 68; *Emmerich*, in: Scholz, GmbHG, § 29 Rn. 61.

61 *Müller*, in: Ulmer/Habersack/Winter, GmbHG, § 29 Rn. 82; *Hommelhoff*, in: Lutter/Hommelhoff, GmbHG, § 29 Rn. 22; *Altmeppen*, in: Roth/Altmeppen, GmbHG, § 29 Rn. 20. Rechtsformübergreifend zum Phänomen *Bork/Oepen*, ZGR 2002, 241, 243; *Wiedemann*, Gesellschaftsrecht II, 2004, S. 383.

62 *Hommelhoff*, ZGR 1986, 418, 425; *Bork/Oepen*, ZGR 2002, 241, 242.

63 Dazu *Jäger*, Aktiengesellschaft, 2004, § 25, Rn. 61; *Schmidt-Diemitz*, in: Schmidt/Riegger (Hrsg.), Gesellschaftsrecht 1999, S. 79, 87. Nicht zuletzt zeugt die sog. Kontrollprämie für Mehrheitsbeteiligungen von der besonderen Macht, die mit der Mehrheitsbeteiligung verbunden ist, und – spiegelbildlich – die im US-amerikanischen Recht verbreitete Ansicht, dass bei Abfindungen eine Diskontierung für Minderheitsgesellschafter vorzunehmen sei, von den Gefahren der Minderheitsbeteiligung. Siehe dazu *Hofmann*, der Minderheitsschutz im Gesellschaftsrecht, 2011, S. 302 ff. und 543 f.

scheidung über die Gewinnverwendung ganz zur Disposition der Mehrheit zu stellen und ihr ein freies Belieben zuzusprechen.[64] Wenn das Gesetz in § 29 Abs. 2 die Möglichkeit vorsieht, durch Gesellschafterbeschluss Beträge in Gewinnrücklagen einzustellen oder als Gewinn vorzutragen, bedeutet dies, dass die Rechtsposition des Gesellschafters nicht unbeschränkt gewährt wird, sondern unter dem Vorbehalt eines rechtmäßigen Beschlusses steht. Daraus folgt, dass ein in dem Gewinnbezugsrecht wurzelnder Auszahlungsanspruch des einzelnen Gesellschafters zweifach bedingt ist. Er steht zunächst unter der Bedingung, dass ein Jahresüberschuss erwirtschaftet wurde und nicht durch Gesetz oder Satzungsbestimmung einer anderweitigen Verwendung vorbehalten ist. Er steht weiter unter der Bedingung, dass ein rechtmäßiger Gesellschafterbeschluss den Jahresüberschuss nicht (teilweise) in Rücklagen einstellt.[65] Die Rechtmäßigkeit bemisst sich am Finanzierungsbedarf der Gesellschaft. Nur eine inhaltlich begründete Thesaurierungspolitik vermag zu rechtfertigen, der Minderheit eine Ausschüttung in Höhe des anteiligen Überschusses vorzuenthalten.

2. Die Rechtmäßigkeitsanforderungen

27 Daher unterliegt der Gewinnverwendungsbeschluss strengen inhaltlichen Rechtmäßigkeitsanforderungen. Die Bildung von Rücklagen muss im Interesse der Gesellschaft liegen und unter Berücksichtigung der Gesellschafterinteressen geeignet, erforderlich und angemessen sein. Die h.M. stützt dies auf die Treuepflicht.[66]

28 **a) Kaufmännische Beurteilung.** Danach fällt der Konflikt zwischen dem (von der Mehrheit wahrgenommenen) Interesse der Gesellschaft an einer starken Kapitalausstattung und dem Interesse der Minderheitsgesellschafter an einer (möglichst hohen) Gewinnteilhabe nur dann zugunsten einer Thesaurierung aus, wenn diese bei vernünftiger kaufmännischer Beurteilung notwendig ist, um die Lebens- und Widerstandsfähigkeit der Gesellschaft für einen hinsichtlich der wirtschaftlichen und finanziellen Notwendigkeiten übersehbaren Zeitraum zu sichern.[67] Dieser legitime Zweck muss mit der Thesaurierung in erforderlicher und angemessener Weise verfolgt wer-

---

64 *Müller*, in: Ulmer/Habersack/Winter, GmbHG, § 29 Rn. 82; *Altmeppen*, in: Roth/Altmeppen, GmbHG, § 29 Rn. 21. Ausführlich *Hofmann*, Der Minderheitsschutz im Gesellschaftsrecht, 2011, S. 677-686.

65 *Salje*, in: Michalski, GmbHG, § 29 Rn. 23.

66 BGHZ 132, 263, 274-276 (für KG); OLG Hamm, DB 1991, 2477 f.; *Müller*, in: Ulmer/Habersack/Winter, GmbHG, § 29 Rn. 85; *Hueck/Fastrich*, in: Baumbach/Hueck, GmbHG, § 29 Rn. 29 f.; *Altmeppen*, in: Roth/Altmeppen, GmbHG, § 29 Rn. 20 f.; *Hueck*, FS Steindorff, 1990, S. 45, 56; *Schmidt-Diemitz*, in: Schmidt/Riegger (Hrsg.), Gesellschaftsrecht 1999, S. 79, 88.

67 Siehe *Müller*, in: Ulmer/Habersack/Winter, GmbHG, § 29 Rn. 85; *Hueck/Fastrich*, in: Baumbach/Hueck, GmbHG, § 29 Rn. 32 f.; *Hueck*, FS Steindorff, 1990, S. 45, 57.

den, was in eine umfassende Abwägung der beteiligten Interessen unter Berücksichtigung der gesamten Verhältnisse der Gesellschaft mündet.[68]

b) Entscheidungskriterien. Von Wichtigkeit sind dabei die bisherige Kapitalausstattung, insbesondere die bereits vorhandenen Rücklagen, der Gesellschaftszweck, die Planung für die weitere Zukunft sowie die Markt- und Auftragslage.[69] Auf Seiten des Gesellschafters wird sein allgemeines Interesse an einer angemessenen Rendite des eingesetzten Kapitals berücksichtigt. Demgegenüber bleibt seine private Finanzlage außer Betracht. Dient die Dividende nach der Realstruktur der GmbH und daher für alle Beteiligten erkennbar dazu, seinen Lebensunterhalt zu bestreiten, handelt es sich um ein gewichtiges Kriterium zugunsten des Gesellschafters.[70] 29

c) Expansion als Zweifelsfall. Auch wenn die genannten Kriterien zugrunde gelegt werden, kann die Beurteilung im Einzelfall problematisch sein, so etwa bei der Frage, ob sich ein Gesellschafter darauf verweisen lassen muss, dass sich für die Gesellschaft die Chance zu Expansion und Eröffnung neuer Geschäftsfelder ergibt. Soweit die GmbH auf unbestimmte Zeit eingegangen wurde, muss jeder Gesellschafter im Grundsatz tolerieren, dass Geschäftschancen ausgenutzt und die zukünftige Wettbewerbsfähigkeit gesichert wird. Bei der konkreten Beurteilung des Einzelfalls sind die Besonderheiten der Gesellschafterverbindung von entscheidender Bedeutung. In kleinen Gesellschaften mit überschaubarem Gesellschafterkreis, in denen die Beteiligung an der GmbH die wesentliche Erwerbsgrundlage darstellt, dürfen die Ambitionen der Mehrheit ein angemessenes Auskommen des widersprechenden Minderheitsgesellschafters nicht verhindern. 30

d) Exzessive Gewinnausschüttung. Nicht nur die Thesaurierungspolitik kann zu Konflikten führen. Für den Fortbestand der Gesellschaft und reflexartig den Minderheitsschutz bedeutend ist auch, dass die angemessene Kapitalausstattung der Gesellschaft nicht durch hohe Kapitalabflüsse gefährdet wird. Das Verbot des § 30 enthält nur einen rudimentären Schutz. Da es sich primär um eine Gläubigerschutzvorschrift handelt, enthält sie keine Vorgabe für das Innenverhältnis der Gesellschafter in Form einer Pauschalermächtigung an die Mehrheit, gegen den Willen einer Minderheit stets eine Ausschüttung bis zur Grenze des § 30 vornehmen zu dürfen. Vor allem, aber nicht nur in beherrschten Gesellschaften besteht die Gefahr, dass der Mehrheitsgesellschafter der GmbH durch entsprechende Gewinnverwendungsbe- 31

---

68 BGHZ 132, 263, 276 (für KG); *Hueck/Fastrich*, in: Baumbach/Hueck, GmbHG, § 29 Rn. 32; *Hueck*, FS Steindorff, 1990, S. 45, 57; vgl. auch *Hommelhoff*, in: Lutter/Hommelhoff, GmbHG, § 29 Rn. 24. Zu den Grundlagen auch *Wiedemann*, Gesellschaftsrecht, Band II, 2004, S. 383, und S. 383 f.

69 *Hommelhoff*, ZGR 1986, 418, 450 f.; *Hueck/Fastrich*, in: Baumbach/Hueck, GmbHG, § 29 Rn. 32; *Müller*, in: Ulmer/Habersack/Winter, GmbHG, § 29 Rn. 85; vgl. auch *Hommelhoff*, in: Lutter/Hommelhoff, GmbHG, § 29 Rn. 24-26.

70 *Hueck/Fastrich*, in: Baumbach/Hueck, GmbHG, § 29 Rn. 33.

schlüsse Kapital entzieht, das zur Sicherung einer weiteren erfolgreichen Zweckverfolgung notwendig ist. Das Eigeninteresse an einer (möglichst hohen) Rendite unterliegt in diesen Fällen der Verpflichtung, den Gesellschaftszweck zu fördern.[71] Andererseits dient § 29 nicht dem Gläubigerschutz, und die Gesellschaft ist nicht um ihrer selbst willen schutzwürdig. Entscheiden sich die Gesellschafter einstimmig zu einer dem Gesellschaftswohl widersprechenden Ausschüttungspolitik, ist der Beschluss rechtmäßig (zum Sonderproblem der Haftung der Gesellschafter wegen Unterkapitalisierung siehe unter Einleitung Rdn. 18).[72]

32 e) **Anwendung und Grenzen des Ermessensspielraums.** Die Gesellschafter verfügen bei ihrer Entscheidung über die Ergebnisverwendung über einen unternehmerischen Ermessensspielraum. Da es sich im weiteren Sinne um eine Geschäftsführungsmaßnahme handelt, kommen den Gesellschaftern die für die Geschäftsführer geltenden Privilegien zugute.[73] Der Ermessensspielraum vermeidet, dass eine unternehmerische Entscheidung über die Geschäftsführung durch eine detaillierte Prüfung der Gerichte ersetzt wird und damit die Richter in die Rolle der Gesellschaftsorgane einrücken. Er dient zugleich der Vereinfachung der gerichtlichen Entscheidungsfindung, da die Gerichte nicht zu tief in betriebswirtschaftliche Entscheidungsvorgänge einzudringen brauchen. Dabei sollte jedoch genau unterschieden werden: Die Gesellschafter dürfen sich nur insoweit darauf zurückziehen, eine nachvollziehbare und begründete Entscheidung getroffen zu haben, als deren Auswirkungen auf das Gesellschaftsinteresse und die Gesellschafterbelange streitig sind. Hiervon sind die betriebswirtschaftlichen Prognosen für die zukünftige Entwicklung der Geschäftstätigkeit der Gesellschaft umfasst. In diesem Bereich beschränkt sich die Beurteilung der Gerichte darauf, die Einschätzung der Gesellschafter auf ihre Plausibilität zu untersuchen, vor allem zu überprüfen, ob sie auf verlässlichen Grundlagen beruht. Hingegen sind die mit einem Eingriff in die Rechtsstellung einzelner Gesellschafter verbundenen Rechtsfragen voll überprüfbar, so vor allem die Frage, ob gesetzliche Vorgaben oder Satzungsbestimmungen die Ent-

---

71 Vgl. BGHZ 132, 263, 276 (für KG); BGH, BB 1976, 948, 949; BGH, WM 1973, 844, 846; RGZ 116, 119, 133; *Müller*, in: Ulmer/Habersack/Winter, GmbHG, § 29 Rn. 87. Das gilt insbesondere auch in abhängigen und beherrschten Gesellschaften *Hueck/Fastrich*, in: Baumbach/Hueck, GmbHG, § 29 Rn. 34. Soweit ein Gewinnabführungsvertrag besteht, gilt anderes, da dieser die Beziehung zu dem herrschenden Unternehmen ausgestaltet und die allgemeinen Wertungen überlagert, siehe BGHZ 105, 311, 324; *Zöllner*, in: Baumbach/Hueck, GmbHG, SchlAnhKonzernR, Rn. 54, *Hofmann*, Der Minderheitsschutz im Gesellschaftsrecht, 2011, S. 627-629.

72 So i.E. auch *Salje*, in: Michalski, GmbHG, § 29 Rn. 10.

73 I.E. OLG Düsseldorf, NZG 2001, 1086; *Hommelhoff*, in: Lutter/Hommelhoff, GmbHG, § 29 Rn. 21. Allgemein zur Anwendung der Grundsätze auf Gesellschafterbeschlüsse siehe *Zöllner*, in: Baumbach/Hueck, GmbHG, Anh. § 47 Rn. 96; *ders.*, Die Schranken mitgliedschaftlicher Stimmrechtsmacht bei den privatrechtlichen Personenverbänden, 1963, S. 328 f.

scheidung prädeterminieren. Auch muss ein Gericht die beteiligten Interessen umfänglich abwägen.[74]

3. Vereinfachende Modelle

33 Diese ergebnisoffene Abwägung kann sich im Einzelfall als schwierig erweisen. Daher existieren Vorschläge, wie der Konflikt praktisch einfacher zu handhaben ist. In Betracht kommt, einen ausschüttungspflichtigen Sockelbetrag als Prozentsatz des Jahresüberschusses festzusetzen.[75] Vorbild hierfür ist die 4 %-Regel des § 254 Abs. 1 AktG. Eine analoge Anwendung dieser Vorschrift auf die GmbH kann jedoch allenfalls für eine kapitalistisch strukturierte GmbH erwogen werden, da es bei einer personalistisch strukturierten an einer vergleichbaren Interessenlage fehlt.[76] Hinzu tritt, dass eine Regelungslücke zweifelhaft ist, da der dem § 254 AktG entsprechende § 42h Reg-E BiRiLiG nie Gesetz wurde.[77] In der personalistisch ausgestalteten Gesellschaft erscheint es unvermeidlich, dass sich die Einzelfallabwägung an der Realstruktur und den Einzelbelangen orientiert. Als sinnvoll kann sich eine Satzungsbestimmung erweisen, die einen Sockelbetrag festsetzt, zugleich aber keinen zwingenden Automatismus auslöst, sondern die Möglichkeit eröffnet, im Einzelfall einen höheren Thesaurierungsbedarf einerseits oder einen höheren Gewinnziehungsanspruch andererseits nachzuweisen.[78] Zu den Vorgaben an Satzungsbestimmungen im Anschluss.

IV. Vorschusszahlung (Vorabgewinn)

34 Die Gesellschafter können eine Gewinnausschüttung als Vorschuss beschließen. Es handelt sich dabei um eine Maßnahme der Ergebnisverwendung.[79] Die Ermächtigung hierzu kann in der Satzung enthalten sein, aber auch ein auf § 46 Nr. 1 gestützter Mehrheitsbeschluss ist ausreichend.[80] Voraussetzung ist, dass § 30 nicht verletzt wird und zumindest ein Jahresergebnis zu erwarten ist, das die Summe der Vorschüsse deckt. Außerdem darf die Liquidität der Gesellschaft nicht gefährdet werden.

---

74 Siehe *Hofmann*, Der Minderheitsschutz im Gesellschaftsrecht, 2011, S. 143 f. Vgl. auch *Hirte*, Bezugsrechtsausschluß und Konzernbildung, 1986, S. 222 f., der – ganz ähnlich – nach Rechtsvoraussetzungs- und Rechtsfolgeermessen differenziert.

75 Vgl. dazu *Hommelhoff*, ZGR 1986, 418, 427-430; *Schmidt-Diemitz*, in: Schmidt/Riegger (Hrsg.), Gesellschaftsrecht 1999, 79, 88 f.; *Müller*, in: Ulmer/Habersack/Winter, GmbHG, § 29 Rn. 87.

76 So i.E. *Hueck/Fastrich*, in: Baumbach/Hueck, GmbHG, § 29 Rn. 31.

77 Siehe *Hommelhoff*, ZGR 1986, 418, 423 f.; *Hueck*, FS Steindorff, 1990, S. 45, 51 und 56; *Altmeppen*, in: Roth/Altmeppen, GmbHG, § 29 Rn. 20; *Salje*, in: Michalski, GmbHG, § 29 Rn. 40–42.

78 So i.E. für Vorschläge de lege ferenda auch *Hommelhoff*, in: Lutter/Hommelhoff, GmbHG, § 29 Rn. 25.

79 *Hommelhoff*, in: Lutter/Hommelhoff, GmbHG, § 29 Rn. 45.

80 *Hueck/Fastrich*, in: Baumbach/Hueck, GmbHG, § 29 Rn. 61; *Altmeppen*, in: Roth/Altmeppen, GmbHG, § 29 Rn. 56; vgl. auch *Haas*, in: Baumbach/Hueck, GmbHG, § 42a Rn. 37.

Hierfür sind eine (formlose) Vorausberechnung und eine Liquiditätsprognose erforderlich.[81] Um einen Vorschuss handelt es sich, wenn der Gesellschafterbeschluss der Feststellung des Jahresergebnisses vorausgeht, danach handelt es sich um einen (gewöhnlichen) Ergebnisverwendungsbeschluss.[82] Wurde im Wege von Vorschüssen mehr ausgeschüttet als an Jahresüberschuss erwirtschaftet wird, besteht eine Rückzahlungsverpflichtung, da die Vorschusszahlung unter einem entsprechenden Vorbehalt steht.[83] Anspruchsgrundlage ist § 812 Abs. 1 S. 2 Alt. 2 BGB.[84] Insgesamt dürfen durch Vorschusszahlungen die allgemeinen Vorgaben für Ergebnisverwendungsbeschlüsse nicht unterlaufen werden. Daher gelten die für Gewinnverwendungsbeschlüsse dargestellten Vorgaben für Vorschüsse entsprechend.

G. Satzungsbestimmungen über die Ergebnisverwendung

35 Abs. 2 ist dispositives Recht, von dem in der Satzung abgewichen werden kann. Die Satzung kann das Gewinnbezugsrecht einschränken oder ausschließen, umgekehrt aber auch einen Anspruch auf Ausschüttung garantieren, so etwa Vollausschüttung anordnen, oder Thesaurierungsquoten festlegen.[85] Andere naheliegende Gestaltungen betreffen die Kompetenz und Mehrheitserfordernisse: Die Satzung kann die Entscheidungskompetenz auf ein anderes Organ als die Gesellschafterversammlung übertragen oder sie zwar bei dieser belassen, aber eine qualifizierte Beschlussmehrheit oder gar Einstimmigkeit anordnen.[86] Die Bindungswirkung dieser Satzungsbestimmungen kann aufgehoben werden: Die Gesellschafter können auch ohne Satzungsänderung durch einstimmigen Beschluss entscheiden, von ihnen abzuweichen.[87]

I. Kriterien für zulässige Satzungsbestimmungen

36 Wegen ihrer Auswirkung auf die Gewinnziehung der Gesellschafter bedarf es allgemeiner Kriterien, die über die Zulässigkeit solcher Satzungsbestimmungen entscheiden. Dabei sind Bestimmungen, die in der Gründungssatzung enthalten sind, von solchen zu unterscheiden, die durch Satzungsänderungen aufgenommen werden.

81 *Hommelhoff*, in: Lutter/Hommelhoff, GmbHG, § 29 Rn. 45; *Hueck/Fastrich*, in: Baumbach/Hueck, GmbHG, § 29 Rn. 61.

82 *Hommelhoff*, in: Lutter/Hommelhoff, GmbHG, § 29 Rn. 45.

83 BGH, NJW 2003, 3629, 3631.

84 *Hommelhoff*, in: Lutter/Hommelhoff, GmbHG, § 29 Rn. 46; *Hueck/Fastrich*, in: Baumbach/Hueck, GmbHG, § 29 Rn. 61; *Altmeppen*, in: Roth/Altmeppen, GmbHG, § 29 Rn. 57.

85 *Müller*, in: Ulmer/Habersack/Winter, GmbHG, § 29 Rn. 77; *Hommelhoff*, in: Lutter/Hommelhoff, GmbHG, § 29 Rn. 3.

86 *Altmeppen*, in: Roth/Altmeppen, GmbHG, § 29 Rn. 22; *Hueck/Fastrich*, in: Baumbach/Hueck, GmbHG, § 29 Rn. 1 f.

87 *Altmeppen*, in: Roth/Altmeppen, GmbHG, § 29 Rn. 41.

1. Satzungsvorgaben bei Begründung der Mitgliedschaft

37 Der Anspruch des Gesellschafters auf Gewinnziehung steht unter dem Vorbehalt, dass die Satzung keine entgegenstehenden Vorgaben enthält. Sind diese Vorgaben bereits in der Gründungssatzung enthalten, stellen damit verbundene Beeinträchtigungen keinen Eingriff in die Mitgliedschaft dar. Die mitgliedschaftliche Rechtsstellung wird vielmehr gerade erst mit dem Inhalt begründet, den die Satzung ihr verleiht. Gleiches gilt, wenn die Vorgaben zwar erst später in die Satzung aufgenommen wurden, zum Zeitpunkt des Beitritts der betroffenen Gesellschafter aber bereits vorhanden waren. Auch in dieser Konstellation muss sich der Gesellschafter darauf verweisen lassen, sich bei Begründung seiner Mitgliedschaft einer Bestimmung unterworfen zu haben, die seine mitgliedschaftliche Rechtsstellung gegenüber der dispositiven Rechtslage beschränkt.[88]

2. Schranken

38 Das gilt zugleich nur für zulässige Satzungsbestimmungen.[89] Die Grenze des Zulässigen ist dort erreicht, wo die Satzung die Gewinnverwendung in das Belieben des zur Entscheidung berufenen Organs stellt. Besteht die Gefahr, dass eine Satzungsbestimmung als unsachliches Druckmittel gegen einzelne Gesellschafter Verwendung finden kann, ist sie nach h.M. nach § 138 BGB unzulässig.[90] Zulässig sind hingegen ausfüllungsbedürftige Kriterien,[91] die eine Prüfung im Einzelfall erfordern, insbesondere wenn dabei den sogleich unter II. darzustellenden Grundsätzen Rechnung getragen werden kann.

II. Anforderungen an Satzungsänderungen

39 Wird die Satzung hingegen im Verlaufe der bestehenden Mitgliedschaft verändert, fehlt es an dem Ausgangspunkt, dass die Mitgliedschaft die bewusst eingegangenen Beschränkungen umfasst. Vielmehr stellen spätere Satzungsänderungen, die den Gewinnziehungsanspruch der Gesellschafter gegenüber der dispositiven Gesetzeslage oder den bisherigen (und günstigeren) Satzungsbestimmungen beeinträchtigen, einen Eingriff in seine Rechtsstellung dar, der einer Rechtfertigung bedarf. Die qualifizierte Beschlussmehrheit stellt nur eine zusätzliche Verfahrenshürde dar, ersetzt den

88 Siehe ausführlich *Hofmann*, FS Hopt, 2010, S. 833, 834-836.

89 Zu den Grundsätzen der Inhaltskontrolle von Satzungsbestimmungen allgemein BGHZ 81, 263, 266 (zu Ausschlussklauseln); *Fastrich*, Richterliche Inhaltskontrolle im Privatrecht, 1992, S. 136; *Westermann*, FS Hefermehl, 1976, S. 225, 228 ff.

90 Vgl. (ähnlich) *Müller*, in: Ulmer/Habersack/Winter, GmbHG, § 29 Rn. 79; *Emmerich*, in: Scholz, GmbHG, § 29 Rn. 30.

91 *Altmeppen*, in: Roth/Altmeppen, GmbHG, § 29 Rn. 50.

Rechtfertigungszwang jedoch nicht.[92] Die Rechtfertigung setzt vielmehr voraus, dass die Änderungen von den Interessen der Gesellschaft getragen sind und die widersprechenden Gesellschafter nicht über das erforderliche Maß hinaus beeinträchtigen. Dies ist im Wege einer allgemeinen Interessenabwägung zu überprüfen.[93] Der Gleichheitsgrundsatz ist streng zu beachten und ein ihm widersprechender Verteilungsschlüssel nur mit Zustimmung der Betroffenen möglich.[94] Der Zustimmung aller Betroffenen bedarf es auch, wenn das Gewinnbezugsrecht dauerhaft ausgeschlossen wird.[95] Besonderen Härten für einzelne Gesellschafter kann durch ein Austrittsrecht des Gesellschafters aus wichtigem Grund Rechnung getragen werden. Gegen den Willen einzelner Gesellschafter, aber im Interesse der Gesellschaft zwingend gebotene Satzungsänderungen, die zu einer Situation führen, die den weiteren Verbleib in der Gesellschaft unzumutbar erscheinen lassen, erfüllen die Voraussetzungen des Instituts.[96]

H. Gewinnverteilungsmaßstab, Abs. 3

I. Gesetzliche Ausgangslage

40 Nach der dispositiven Regelung in Abs. 3 wird der Gewinn nach dem Verhältnis der Geschäftsanteile verteilt. Entscheidend ist der Nennbetrag der Anteile, auf die tatsächlich geleistete Einlage kommt es nicht an.[97] Eingezogene Anteile im Sinne von § 34 bleiben ebenso wie eigene Anteile der Gesellschaft im Sinne von § 33 unberücksichtigt. Vielmehr erhöht sich hier der Gewinnanteil der Gesellschafter wiederum im Verhältnis ihrer Geschäftsanteile, sofern in der Satzung nicht anderes bestimmt ist.[98] Die im Wege einer Kapitalerhöhung ausgegebenen Anteile nehmen mangels anderer Bestimmung im Erhöhungsbeschluss an der Gewinnverteilung teil.[99] Die Erfüllung

---

92 Im Einzelnen streitig, für Beeinträchtigungen des Gewinnziehungsrechts aber offenbar von der h.M. vorausgesetzt, da sich die geforderten Zustimmungs- und Gleichbehandlungsgebote sonst erübrigen würden. Allgemein und grundlegend zur Fragestellung *Lutter*, ZGR 1981, 171, 180 f.

93 *Hueck/Fastrich*, in: Baumbach/Hueck, GmbHG, § 29 Rn. 37.

94 *Müller*, in: Ulmer/Habersack/Winter, GmbHG, § 29 Rn. 8 und 80; *Altmeppen*, in: Roth/Altmeppen, GmbHG, § 29 Rn. 23.

95 *Hueck/Fastrich*, in: Baumbach/Hueck, GmbHG, § 29 Rn. 37; *Müller*, in: Ulmer/Habersack/Winter, GmbHG, § 29 Rn. 78; *Hommelhoff*, in: Lutter/Hommelhoff, GmbHG, § 29 Rn. 3; *Altmeppen*, in: Roth/Altmeppen, GmbHG, § 29 Rn. 22. Grundlegend auch *Flume*, Allg. Teil des Bürgerl. Rechts, Band I/2, 1983, S. 275. Dazu auch BGHZ 14, 264, 269 ff.

96 Zu den Voraussetzungen *Hueck/Fastrich*, in: Baumbach/Hueck, GmbHG, Anh. § 34 Rn. 19 f.

97 *Emmerich*, in: Scholz, GmbHG, § 29 Rn. 76; *Hueck/Fastrich*, in: Baumbach/Hueck, GmbHG, § 29 Rn. 51; *Hommelhoff*, in: Lutter/Hommelhoff, GmbHG, § 29 Rn. 37.

98 *Emmerich*, in: Scholz, GmbHG, § 29 Rn. 77. I.E. auch *Hueck/Fastrich*, in: Baumbach/Hueck, GmbHG, § 29 Rn. 54.

99 *Emmerich*, in: Scholz, GmbHG, § 29 Rn. 77.

erfolgt durch Auszahlung in Geld, wobei die Satzung anderes bestimmen kann, insbesondere eine Sachleistung in Form von Produkten der Gesellschaft.[100]

II. Abweichende Bestimmungen

41 Der Gesellschaftsvertrag kann einen anderen Verteilungsmaßstab bestimmen. Denkbar ist, dass der Gewinnbezug an die tatsächliche Erbringung der Einlage geknüpft wird oder wie in den Personengesellschaften eine Verteilung nach Köpfen stattfindet.[101] Der Gleichbehandlungsgrundsatz gilt für den gesetzlich vorgesehenen Regelfall. Soweit die Satzung von der dispositiven Regelung des Abs. 3 abweicht, ist es möglich, sich hierbei in Widerspruch zum Gleichbehandlungsgrundsatz zu setzen – allerdings nur, soweit die betroffenen Gesellschafter diese Ungleichbehandlung als Bestandteil ihrer Mitgliedschaft akzeptiert haben. Hier ist auf Rdn. 39 zu verweisen: Die entsprechende Regelung muss in der Gründungssatzung enthalten oder zum Zeitpunkt des Beitritts eines Gesellschafters vorhanden gewesen sein. Daher ist es möglich, dass einzelne Gesellschafter ganz von der Gewinnverteilung ausgeschlossen werden.[102] Bei Satzungsänderungen sind demgegenüber der Gleichbehandlungsgrundsatz sowie die weiteren allgemeinen Anforderungen an beeinträchtigende Beschlüsse zu beachten.[103] Regelmäßig ist die Zustimmung der Betroffenen erforderlich.[104] Soweit Beeinträchtigungen ausnahmsweise durch Interessen der Gesellschaft gerechtfertigt sind und sich im Rahmen einer Abwägung gegen die Interessen der betroffenen Gesellschafter durchsetzen, kann deren Zustimmung entbehrlich sein. Bei Verstößen gegen den Gleichbehandlungsgrundsatz ist jedoch kaum vorstellbar, dass diese hohen Voraussetzungen vorliegen.

III. Insbesondere: Gewinngarantie

42 Die Satzung kann vorsehen, dass den Gesellschaftern eine Dividende garantiert wird. Dies ist mit Rücksicht auf die Finanzlage der Gesellschaft zulässig. Voraussetzung ist daher, dass zum Zeitpunkt der Auszahlung § 30 nicht verletzt und die Liquidität der Gesellschaft nicht gefährdet wird. Zulässig und durchaus üblich sind Zusagen, dass aus dem Jahresüberschuss bzw. Bilanzgewinn eine Mindestdividende vor Bildung neuer Rücklagen ausbezahlt wird. Soweit hiervon nur bestimmte Gesellschafter erfasst sind, handelt es sich um eine Verteilungsregelung nach Abs. 3 S. 2.[105]

---

100 *Hueck/Fastrich*, in: Baumbach/Hueck, GmbHG, § 29 Rn. 55; *Altmeppen*, in: Roth/Altmeppen, GmbHG, § 29 Rn. 53.

101 *Hueck/Fastrich*, in: Baumbach/Hueck, GmbHG, § 29 Rn. 52.

102 *Hueck/Fastrich*, in: Baumbach/Hueck, GmbHG, § 29 Rn. 52; *Altmeppen*, in: Roth/Altmeppen, GmbHG, § 29 Rn. 48.

103 Siehe schon unter Rdn. 39 und grundlegend *Hofmann*, FS Hopt, 2010, S. 833, 836 ff.

104 *Hueck/Fastrich*, in: Baumbach/Hueck, GmbHG, § 29 Rn. 53; *Ekkenga*, in: MünchKommGmbHG, § 29 Rn. 175; *Hommelhoff*, in: Lutter/Hommelhoff, GmbHG, § 29 Rn. 39; *Altmeppen*, in: Roth/Altmeppen, GmbHG, § 29 Rn. 48.

105 *Hueck/Fastrich*, in: Baumbach/Hueck, GmbHG, § 29 Rn. 62.

IV. Mehrheitsbeschluss über Gewinnverteilung

43 Bedenklich ist es hingegen, wenn die quotale Gewinnverteilung einem Mehrheitsbeschluss der Gesellschafter überantwortet werden soll. Eine hierdurch eröffnete Diskriminierung im freien Ermessen muss ausscheiden. Nur soweit klare Richtlinien bestehen, an denen sich die Beschlussfassung auszurichten hat, können solche Klauseln Bestand haben. Eine ins Ermessen der Mehrheit gestellte Beschlusskompetenz missachtet demgegenüber die besondere Bedeutung des Gewinnziehungsanspruchs für die Mitgliedschaft und ist daher nach § 138 BGB nichtig.

V. Grenze des § 30

44 Das gebundene Kapital bildet stets die Ausschüttungsgrenze. Selbst wenn zum Zeitpunkt der Beschlussfassung über die Ergebnisverwendung die Voraussetzung für eine Ausschüttung vorliegen, hindern die Kapitalerhaltungsgrundsätze eine solche bei späteren Veränderungen.[106]

I. Gewinnbeteiligung Dritter

45 Neben den Gesellschaftern können auch Nichtgesellschafter am Jahresüberschuss partizipieren. Solche Leistungsansprüche Dritter, die unter der Bedingung stehen, dass ein Jahresüberschuss erwirtschaftet wurde, schmälern das verteilungsfähige Vermögen und daher den Gewinnanspruch der Gesellschafter.[107] Bilanzrechtlich handelt es sich hierbei um Verbindlichkeiten der Gesellschaft, die gewinnmindernd bei der Aufstellung des Jahresabschlusses berücksichtigt werden.[108] Die Grundlage dieser Gewinnansprüche kann sich aus der Satzung (etwa Gewinnabführung an gemeinnützige Einrichtung) oder aus Rechtsgeschäft ergeben.

I. Arten von Gewinnbeteiligungen

46 Hierunter fallen die partiarischen Darlehen. Bei diesen stellt die Gewinnbeteiligung die Gegenleistung der Gesellschaft für ein Darlehen oder eine sonstige Leistung dar. Die zugesagten Gewinnanteile mindern den verteilungsfähigen Überschuss. Diese Wirkung entsteht auch durch die Gewinnanteile stiller Gesellschafter im Sinne von § 231 HGB. Genussrechte stellen Forderungsrechte gegen die Gesellschaft dar, die mit der Feststellung des Jahresabschlusses und vor der Gewinnverteilung an die Gesellschafter zu befriedigen sind. Gewinnabhängige Tantiemen der Geschäftsführer oder leitenden Angestellten, die verbreitet zusätzlich zu einem festen Gehalt bezahlt

---

106 *Hueck/Fastrich*, in: Baumbach/Hueck, GmbHG, § 29 Rn. 56.

107 Siehe *Pentz*, in: Rowedder/Schmidt-Leithoff, GmbHG, § 29 Rn. 130; *Hueck/Fastrich*, in: Baumbach/Hueck, GmbHG, § 29 Rn. 79; *Altmeppen*, in: Roth/Altmeppen, GmbHG, § 29 Rn. 65.

108 *Emmerich*, in: Scholz, GmbHG, § 29 Rn. 50; *Hommelhoff*, in: Lutter/Hommelhoff, GmbHG, § 29 Rn. 11; *Altmeppen*, in: Roth/Altmeppen, GmbHG, § 29 Rn. 66.

werden, sollen einen zusätzlichen Anreiz für leistungsorientiertes Arbeiten darstellen. Hier kann eine Abgrenzung zu verdeckten Vermögenszuwendungen notwendig werden (unter Rdn. 53 ff.). Schließlich stellt auch der Gewinnabführungsvertrag nach § 291 AktG eine Gewinnbeteiligung Dritter dar.[109]

II. Berechnung

47 Die Höhe der Gewinnbeteiligung Dritter berechnet sich anhand des Jahresabschlusses nach Abzug der durch Gesetz oder Gesellschaftsvertrag vorgeschriebenen Rücklagen und Gewinnvorträge, während auf Wahlrechten beruhende Gewinnvorträge nicht in Abzug gebracht werden.[110] Der Gewinnvortrag aus dem Vorjahr wird nicht hinzugerechnet, da Grundlage nur der Jahresüberschuss ist.[111] Der Anspruch entsteht mit der Feststellung des Jahresabschlusses, nicht erst mit dem Gewinnverwendungsbeschluss, es sei denn, der Anspruch ist ausschüttungsabhängig ausgestaltet.[112]

J. Genussrechte

I. Rechtsnatur und Rechtsstellung

48 Die im GmbHG nicht geregelten, aber anerkannten Genussrechte gewähren Vermögensansprüche gegen die Gesellschaft. Sie sind im Gegensatz zur Gesellschafterstellung nicht mitgliedschaftlicher, sondern schuldrechtlicher Natur.[113] Der vermittelte Anspruch ist regelmäßig auf eine Beteiligung am Gewinn der Gesellschaft gerichtet, mitunter aber auch auf eine Beteiligung am Liquidationserlös. Genussrechte werden durch Vertrag der Gesellschaft mit dem Inhaber begründet. Hierbei herrscht Gestaltungsfreiheit, ein verkehrstypischer Vertrag existiert nicht. Die Rechtsstellung des Gläubigers richtet sich ausschließlich nach den vertraglichen Vereinbarungen, da es an einer mitgliedschaftlichen Stellung gerade fehlt.[114] Auch besitzen sie kein Recht auf Mitwirkung an der Aufstellung und Feststellung des Jahresergebnisses. Verstoßen die Geschäftsführer oder Gesellschafter bei ihrer Aufgabenwahrnehmung jedoch gegen gesetzliche Vorgaben, steht den Genussrechtsinhabern ein Schadensersatz

---

109 Siehe zu Ausgestaltungsarten auch *Hueck/Fastrich*, in: Baumbach/Hueck, GmbHG, § 29 Rn. 80 ff; *Emmerich*, in: Scholz, GmbHG, § 29 Rn. 54 f.; *Pentz*, in: Rowedder/Schmidt-Leithoff, GmbHG, § 29 Rn. 131-137. Zum Gewinnabführungsvertrag näher unter Rdn. 9 und § 30 Rdn. 72.

110 *Emmerich*, in: Scholz, GmbHG, § 29 Rn. 52; a.A. für Tantiemen *Pentz*, in: Rowedder/Schmidt-Leithoff, GmbHG, § 29 Rn. 131.

111 *Hueck/Fastrich*, in: Baumbach/Hueck, GmbHG, § 29 Rn. 82.

112 *Emmerich*, in: Scholz, GmbHG, § 29 Rn. 53; *Hueck/Fastrich*, in: Baumbach/Hueck, GmbHG, § 29 Rn. 83.

113 Heute ganz h.M., BGHZ 119, 305, 312; *Winter/Seibt*, in: Scholz, GmbHG, § 14 Rn. 67; *Hueck/Fastrich*, in: Baumbach/Hueck, GmbHG, § 29 Rn. 88; *Pentz*, in: Rowedder/Schmidt-Leithoff, GmbHG, § 29 Rn. 140.

114 *Winter/Seibt*, in: Scholz, GmbHG, § 14 Rn. 74; *Pentz*, in: Rowedder/Schmidt-Leithoff, GmbHG, § 29 Rn. 142.

gegen die Gesellschaft wegen Verletzung ihres Forderungsrechts zu.[115] Veränderungen des Vertrages sind nur nach vertragsrechtlichen Grundsätzen möglich, bedürfen daher der Zustimmung des Rechtsinhabers.[116] Bei wesentlichen Veränderungen der Grundlagen, nach denen sich das Genussrecht bestimmt, besteht ein Anspruch auf Anpassung. Für die Kapitalerhöhung ordnet dies § 57m Abs. 3 an, der Rechtsgedanke ist jedoch verallgemeinerungsfähig. Die Voraussetzungen für eine Anpassung liegen jedoch nur bei erheblichen Veränderungen vor, während mittelbare Beeinträchtigungen durch übliche Geschäftsführungsmaßnahmen hinzunehmen sind.[117] Genussrechte sind mangels abweichender Vereinbarung frei übertragbar. Um ihre Verkehrsfähigkeit zu erhöhen, können sie verbrieft werden.[118]

II. Inhaltskontrolle

49 Sofern die Bedingungen über die Genussrechte für eine Vielzahl von Fällen im Sinne von § 305 Abs. 1 BGB vorformuliert sind, findet eine AGB-Kontrolle statt.[119] Wegen ihres schuldrechtlichen Charakters fallen sie nicht unter § 310 Abs. 4 BGB.[120] Inhaltlicher Bezugspunkt sind dabei nicht die gesellschafterlichen Mitgliedschaftsrechte, da es sich um schuldvertragliche Vereinbarungen handelt. Auch stimmrechtslose Vorzugsaktien bei der AG (§§ 119 ff. AktG) können daher nicht als Bezugspunkt dienen.[121] Da auch ein entsprechender schuldrechtlicher Vertragstypus fehlt, kommt im Verhältnis von Gesellschaft und Vertragspartner § 307 Abs. 2 Nr. 2 BGB entscheidende Bedeutung zu. Der Gesellschafterschutz wird auf andere Weise sichergestellt (Rdn. 51).

III. Abschlusskompetenz

50 Verträge über die Begründung von Genussrechten abzuschließen, fällt in die Kompetenz der Geschäftsführer. Es handelt sich um einen Aufwand der Gesellschaft, der den Jahresüberschuss mindert. Der Betrag fällt daher nicht in die zur Verteilung an die Gesellschafter zur Verfügung stehende Masse, so dass § 46 Nr. 1 nicht einschlägig ist.[122] Soweit bedeutsamere Genussrechtsverträge als ungewöhnliche Geschäfte der Gesellschaft gelten, wird erwogen, sie der Zustimmung durch die Gesellschafterver-

---

115 *Winter/Seibt*, in: Scholz, GmbHG, § 14 Rn. 75; *Pentz*, in: Rowedder/Schmidt-Leithoff, GmbHG, § 29 Rn. 143.

116 *Winter/Seibt*, in: Scholz, GmbHG, § 14 Rn. 76.

117 *Winter/Seibt*, in: Scholz, GmbHG, § 14 Rn. 77; *Hueck/Fastrich*, in: Baumbach/Hueck, GmbHG, § 29 Rn. 93.

118 *Hueck/Fastrich*, in: Baumbach/Hueck, GmbHG, § 29 Rn. 92; *Winter/Seibt*, in: Scholz, GmbHG, § 14 Rn. 82 f.; *Altmeppen*, in: Roth/Altmeppen, GmbHG, § 29 Rn. 58.

119 BGHZ 119, 305, 312; *Winter/Seibt*, in: Scholz, GmbHG, § 14 Rn. 73; *Hueck/Fastrich*, in: Baumbach/Hueck, GmbHG, § 29 Rn. 89; *Pentz*, in: Rowedder/Schmidt-Leithoff, GmbHG, § 29 Rn. 140.

120 BGHZ 119, 305, 312 (für den gleich lautenden § 23 AGBG a.F.).

121 *Winter/Seibt*, in: Scholz, GmbHG, § 14 Rn. 73.

122 *Winter/Seibt*, in: Scholz, GmbHG, § 14 Rn. 70; i.E. *Hueck/Fastrich*, in: Baumbach/Hueck, GmbHG, § 29 Rn. 88.

sammlung zu unterwerfen.[123] Dazu besteht keine Notwendigkeit, da es den Gesellschaftern freisteht, durch Beschluss im Sinne von § 35 Abs. 1 über die Begründung und Ausgestaltung der Genussrechte zu befinden und die Zuständigkeit damit an sich zu ziehen. Der Geschäftsführer kann gegen seine Treuepflicht verstoßen, wenn Anhaltspunkte bestehen, dass die Gesellschafter mit der Begründung eines Genussrechts nicht einverstanden sind, und er dennoch keinen Gesellschafterbeschluss einholt.[124] Außerdem kann die Satzung mit Wirkung im Innenverhältnis die Zuständigkeit der Gesellschafterversammlung begründen.[125] Ein Recht der Gesellschafter auf Bezug von Genussrechten besteht nicht,[126] da ihre Mitgliedschaftsrechte im Gegensatz zu einem Bezugsrechtsausschluss bei Kapitalerhöhungen nicht verwässert werden (hierzu anschließend).

IV. Minderheitsschutz

51 Gerade die Kompetenz der Geschäftsführer bringt besondere Gefahren für die Minderheitsgesellschafter mit sich. Wie jedes Verpflichtungsgeschäft ist auch das Genussrecht potentiell geeignet, den Gewinnziehungsanspruch der Gesellschafter zu beeinträchtigen. Solche nur mittelbare Beeinträchtigungen stellen jedoch keinen Eingriff dar, solange sich die Geschäftsführer im Rahmen ihrer Kompetenzen halten. Anderes gilt, wenn die Geschäftsführer durch den Abschluss des Genussrechtvertrages gegen ihre Pflichten verstoßen. Relevant wird dies, wenn Genussrechtsinhaber ein Gesellschafter bzw. eine ihm nahestehende Person ist. Hier kommt der Grundsatz der Gleichbehandlung zur Anwendung.[127] Bei einem Verstoß vermögen die Grundsätze über verdeckte Vermögenszuwendungen abzuhelfen (siehe Rdn. 53 ff.). Damit kommt das generelle Problem der Abgrenzung unmittelbarer und mittelbarer Schäden der Gesellschafter zum Tragen. Soweit die Beeinträchtigung unmittelbar im Vermögen der Gesellschaft eintritt und sich nur reflexartig über seine Beteiligung beim Gesellschafter niederschlägt, stehen im Regelfall nur der Gesellschaft, nicht jedoch dem Gesellschafter Ansprüche gegen den Schädiger (zumeist den Geschäftsführer) zu.[128] Hierzu und zu den Ausnahmen siehe unter Rdn. 60 f.

---

123 *Winter/Seibt*, in: Scholz, GmbHG, § 14 Rn. 70; sogar generell bejahend *Pentz*, in: Rowedder/Schmidt-Leithoff, GmbHG, § 29 Rn. 140; a.A. *Zöllner/Noack*, in: Baumbach/Hueck, GmbHG, § 37 Rn. 7.

124 *Zöllner/Noack*, in: Baumbach/Hueck, GmbHG, § 37 Rn. 10.

125 *Winter/Seibt*, in: Scholz, GmbHG, § 14 Rn. 71.

126 *Winter/Seibt*, in: Scholz, GmbHG, § 14 Rn. 72; *Hueck/Fastrich*, in: Baumbach/Hueck, GmbHG, § 29 Rn. 91. Zum Bezugsrecht bei Kapitalerhöhungen *Zöllner*, in: Baumbach/Hueck, GmbHG, § 55 Rn. 20; *Lutter*, in: Lutter/Hommelhoff, GmbHG, § 55 Rn. 22; *K. Schmidt*, Gesellschaftsrecht, S. 1147 f.

127 *Winter/Seibt*, in: Scholz, GmbHG, § 14 Rn. 72; *Hueck/Fastrich*, in: Baumbach/Hueck, GmbHG, § 29 Rn. 91.

128 Zum Grundsatz BGH, ZIP 1982, 1203 f.; *Bayer*, NJW 2000, 2609, 2611. Zu Ausnahmen von diesem Grundsatz *Hofmann*, Der Minderheitsschutz im Gesellschaftsrecht, 2011, S. 284-287 und 322 ff.

K. Gewinnanteilsscheine und Übertragung des Auszahlungsanspruchs

52 Gewinnanteilsscheine stellen eine Verbriefung des Gesellschafteranspruchs auf Ausschüttung dar. Solche Verbriefungen sind nicht notwendig, aber möglich. Sie können in der Satzung vorgesehen werden. Diese Verbriefung kann in Form eines Wertpapiers erfolgen. Hierbei werden Papier und Anspruch dergestalt verknüpft, dass der verkörperte Anspruch nur bei Vorlage des Papiers geltend gemacht werden kann. Auch wird die Übertragung erleichtert, wenn es sich um ein Inhaber- oder Oderpapier handelt. Übertragbar ist nur der Anspruch auf Auszahlung des Gewinns, nicht etwa der in der Mitgliedschaft wurzelnde abstrakte Gewinnziehungsanspruch.[129] Dient die Verbriefung nur der Nachweisbarkeit des Anspruchs, handelt es sich um eine Beweisurkunde,[130] so dass der Anspruch auch ohne Vorlage des Papiers geltend gemacht werden kann.

L. Verdeckte Gewinnausschüttungen

I. Begriff

53 Neben dem Verfahren der Gewinnausschüttung bestehen weitere Möglichkeiten für die Gesellschafter, sich Vermögen der Gesellschaft einzuverleiben. Insbesondere ein einflussreicher Gesellschafter besitzt Möglichkeiten, sich am Gesellschaftsvermögen außerhalb eines förmlichen Ausschüttungsverfahrens zu bereichern. Solche Vorgänge werden als verdeckte Gewinnausschüttungen bzw. verdeckte Vermögenszuwendungen bezeichnet. Jede Vermögenszuwendung, die außerhalb der Ergebnisverwendung nach § 29 erfolgt und nicht zu einer äquivalenten Gegenleistung führt, fällt unter diesen Begriff.[131] Wird bei Geschäften zwischen der Gesellschaft und einem Gesellschafter für Waren oder Leistungen der Gesellschaft ein zu geringer Preis berechnet oder umgekehrt der Wert einer Leistung des Gesellschafters zu hoch angesetzt, handelt es sich um eine verdeckte Gewinnausschüttung an den Gesellschafter.

II. Bewertung aufgrund Drittvergleichs

54 Ob eine äquivalente Gegenleistung erfolgt, wird im Wege eines Drittvergleichs ermittelt. Maßstab ist dabei, ob die Gesellschaft unter sonst gleichen Umständen bei Anwendung der Sorgfalt eines ordentlichen und gewissenhaften Geschäftsleiters das entsprechende Geschäft mit einem gesellschaftsfremden Dritten abgeschlossen hätte

---

129 Vgl. *Hueck/Fastrich*, in: Baumbach/Hueck, GmbHG, § 29 Rn. 58.

130 *Hueck/Fastrich*, in: Baumbach/Hueck, GmbHG, § 29 Rn. 87.

131 *Hueck/Fastrich*, in: Baumbach/Hueck, GmbHG, § 29 Rn. 68; *Emmerich*, in: Scholz, GmbHG, § 29 Rn. 95. Siehe dort unter Rn. 97 auch zu den steuerrechtlichen Fragen der verdeckten Gewinnausschüttung. Zu weiteren Fallgruppen einseitiger Bereicherung auf Kosten der Gesellschaft und Mitgesellschafter, insbesondere der Ausnutzung von Geschäftschancen *Hofmann*, Der Minderheitsschutz im Gesellschaftsrecht, 2011, S. 293-314.

(hypothetisches Fremd- oder Drittgeschäft).[132] Das wird objektiv beurteilt, auf die Vorstellungen der Beteiligten kommt es nicht an.[133] Entscheidend ist der Zeitpunkt, zu dem die Gesellschaft in Anspruch genommen wird.[134] Das gilt auch, wenn nicht der Gesellschafter selbst, sondern ein ihm nahestehender Dritter Vertragspartner der Gesellschaft wird. Relevant wird dies insbesondere bei konzernverbundenen Unternehmen und nahen Familienangehörigen.[135]

III. Rechtswidrigkeit

1. Lückenhafter gesetzlicher Schutz

55 Die Kapitalerhaltungsvorschriften regeln die verdeckte Gewinnausschüttung nur lückenhaft, da nach § 30 nur das zur Erhaltung des Stammkapitals erforderliche Vermögen gebunden ist. Das Phänomen, dass nur davon nicht erfasstes Vermögen außerhalb des förmlichen Verfahrens nach § 29 zum Nachteil der Mitgesellschafter angetastet wird, wird vom Gesetz nicht geregelt. In der Aktiengesellschaft unterliegt demgegenüber das gesamte Sondervermögen einer Kapitalbindung und darf daher nur als ordnungsgemäß festgestellter und zur Verteilung freigegebener Bilanzgewinn an die Aktionäre ausgeschüttet werden.[136]

2. Verstoß gegen Pflichten gegenüber Gesellschaft

56 Im Ergebnis herrscht jedoch Einigkeit darüber, dass verdeckte Gewinnausschüttungen auch im GmbH-Recht unzulässig sind. Das Vermögen der GmbH dient der Verfolgung des vereinbarten Gesellschaftszwecks und wird dieser bei verdeckten Gewinnausschüttungen außerhalb des gesetzlich vorgesehenen Gewinnziehungsverfahrens entzogen. Verdeckte Gewinnausschüttungen stellen daher nach ganz h.M. einen Verstoß gegen die gesellschaftsrechtliche Treuepflicht gegenüber der Gesell-

---

132 BGH, NJW 1996, 589 f.; BGH, NJW 1990, 2625, 2626; BGH, WM 1987, 348, 349; OLG Düsseldorf, GmbHR 1990, 134; *Emmerich*, in: Scholz, GmbHG, § 29 Rn. 98a; *Hueck/Fastrich*, in: Baumbach/Hueck, GmbHG, § 29 Rn. 70; *Hommelhoff*, in: Lutter/Hommelhoff, GmbHG, § 29 Rn. 50; *Altmeppen*, in: Roth/Altmeppen, GmbHG, § 29 Rn. 60; *Bitter*, ZHR 168 (2004), 302, 309; *Fleck*, ZHR 156 (1992), 81, 82; *Fleischer*, WM 2007, 909, 912; *Wassermeyer*, GmbHR 1998, 157, 158 f.

133 BGH, WM 1987, 348, 349; BGH, NJW 1996, 589; *Emmerich*, in: Scholz, GmbHG, § 29 Rn. 98a; *Hueck/Fastrich*, in: Baumbach/Hueck, GmbHG, § 29 Rn. 70.

134 BGH, WM 1987, 348, 349; *Emmerich*, in: Scholz, GmbHG, § 29 Rn. 98a.

135 BGH, WM 1987, 348, 349; *Emmerich*, in: Scholz, GmbHG, § 29 Rn. 99; zu konzernverbundenen Unternehmen auch *Lutter*, FS Stiefel, 1987, S. 505, 530-532; *Hommelhoff*, in: Lutter/Hommelhoff, GmbHG, § 29 Rn. 52; *Altmeppen*, in: Roth/Altmeppen, GmbHG, § 29 Rn. 63.

136 Zu den Unterschieden im GmbH- und Aktienrecht ausführlich *H.P. Westermann*, in: Scholz, GmbHG, § 30 Rn. 7.

schaft dar und sind rechtswidrig.[137] Allerdings ist der Schutz der Gesellschaft außerhalb des Anwendungsbereichs von § 30 nicht Selbstzweck, sondern dient den Interessen der Mitgesellschafter. Eine Pflichtverletzung scheidet daher aus, wenn es an einer verdeckten Ausschüttung fehlt. Deshalb scheidet ein Verstoß bei der Einmann-GmbH ebenso aus wie bei Zustimmung aller übrigen Gesellschafter.[138]

3. Verstoß gegen Pflichten gegenüber Mitgesellschaftern

57 Daran wird deutlich, dass es vor allem um den Schutz der berechtigten Vermögensinteressen (auf Gewinnziehung und Beteiligung am Liquidationserlös, zugleich aber auch an einer ausreichenden Kapitalausstattung der Gesellschaft) der Mitgesellschafter bei jeder Bereicherung eines Gesellschafters zulasten des Gesellschaftsvermögens geht.[139] Daher liegt bei verdeckten Gewinnausschüttungen auch eine Pflichtverletzung gegenüber den Mitgesellschaftern vor: Die verdeckte Vorteilsgewährung wird von der h.M. nicht nur als Verstoß gegen den Gleichbehandlungsgrundsatz,[140] sondern wegen der unter den Gesellschaftern anerkannten Sonderbeziehung auch als Verletzung der Treuepflicht verstanden.[141] Demgegenüber liegt es näher, von einem Verstoß gegen eine gegenüber den Mitgesellschaftern bestehende Interessenwahrungspflicht auszugehen. Soweit dem Gesellschafter der Zugriff auf das Vermögen der Gesellschaft offen steht, verfügt er über fremdes Kapital und rückt damit in eine Treuhänderstellung gegenüber seinen Mitgesellschaftern ein. Deren Pflichtinhalt besteht darin, mit dem Vermögen der werbenden Gesellschaft nur in deren Interesse umzugehen und bei Verteilung des Vermögens (vorbehaltlich abweichender Satzungsbestimmungen oder Vereinbarungen) alle Gesellschafter gleichmäßig einzubeziehen. Soweit ein Gesellschafter hiergegen verstößt und sich einseitig bereichert, nimmt er mehr in Anspruch als ihm quotal zusteht.[142]

---

137 BGH, NJW 1990, 2625, 2626; BGHZ 65, 15; *Emmerich*, in: Scholz, GmbHG, § 29 Rn. 102; *Hueck/Fastrich*, in: Baumbach/Hueck, GmbHG, § 29 Rn. 74; *Hommelhoff*, in: Lutter/Hommelhoff, GmbHG, § 29 Rn. 49; *Bitter*, ZHR 168 (2004), 302, 316 ff.

138 *Emmerich*, in: Scholz, GmbHG, § 29 Rn. 104; *Hueck/Fastrich*, in: Baumbach/Hueck, GmbHG, § 29 Rn. 71; *Hommelhoff*, in: Lutter/Hommelhoff, GmbHG, § 29 Rn. 48.

139 Vgl. *Kalss*, ZHR 171 (2007), 146, 171 f.

140 BGH, NJW 1990, 2625, 2626; BGH, WM 1987, 348, 349; *Emmerich*, in: Scholz, GmbHG, § 29 Rn. 102; *Hueck/Fastrich*, in: Baumbach/Hueck, GmbHG, § 29 Rn. 73; *Hommelhoff*, in: Lutter/Hommelhoff, GmbHG, § 29 Rn. 48; *Altmeppen*, in: Roth/Altmeppen, GmbHG, § 29 Rn. 61; *Kalss*, ZHR 171 (2007), 146, 173; *Schön*, ZHR 168 (2004), 268, 281; *Zöllner*, ZGR 1988, 392, 405.

141 Für die AG BGHZ 65, 15, 18 f. (ITT); *Emmerich*, in: Scholz, GmbHG, § 29 Rn. 102; *Hueck/Fastrich*, in: Baumbach/Hueck, GmbHG, § 29 Rn. 74; *Koppensteiner*, in: Rowedder/Schmidt-Leithoff, GmbHG, § 29 Rn. 164.

142 Zur Unterscheidung von bloßen Rücksichtnahme- zu echten Interessenwahrungspflichten unter den Gesellschaftern *Hofmann*, Der Minderheitsschutz im Gesellschaftsrecht, 2011, S. 137-140, aufbauend auf *Grundmann*, Der Treuhandvertrag, 1997, S. 269-278.

IV. Rückforderung der Bereicherung

1. Ansprüche der Gesellschaft gegen den begünstigten Gesellschafter

Auf diese Pflichtverletzung gestützt kann die Gesellschaft die gewährte Leistung zurückfordern und den darüber hinausgehenden Schaden ersetzt verlangen.[143] Als Rechtsgrundlage kommen in erster Linie Schadensersatzansprüche sowie bereicherungsrechtliche Ansprüche in Betracht.[144] Letztere setzen voraus, dass das zugrunde liegende Rechtsgeschäft nichtig ist. Das ist regelmäßig wegen Verstoßes gegen die Kompetenzordnung der Fall, da es sich bei der verdeckten Vermögenszuwendung um einen Fall der Ergebnisverwendung nach § 46 Nr. 1 handelt, tatsächlich aber die Geschäftsführer für die Gesellschaft tätig werden.[145] Da mit der verdeckten Vermögenszuwendung eine Pflichtverletzung gegenüber der Gesellschaft wie auch den Mitgesellschaftern verbunden ist, liegt auch § 280 Abs. 1 BGB nahe, der allerdings Verschulden voraussetzt, woran es im Einzelfall fehlen kann, da der Drittvergleich objektiv bestimmt wird und gerade keine Bösgläubigkeit voraussetzt. In solchen Fällen wird allerdings Fahrlässigkeit naheliegen. Einer analogen Anwendung von § 31 bedarf es daher nicht. Diese sieht sich ohnehin dem Problem ausgesetzt, dass eine Rückforderung nach Abs. 2 Bösgläubigkeit des Empfängers voraussetzt. Daher muss nicht nur die analoge Anwendung überhaupt begründet werden, sondern auch der Nachweis geführt werden, dass sie unter Ausschluss von § 31 Abs. 2 erfolgen und damit eine verdeckte Vermögenszuwendung strenger behandelt werden sollte als ein Verstoß gegen § 30. Dies fällt schwer.[146] Hingegen kommt eine Haftung des Gesellschafters aus § 826 BGB wegen Existenzvernichtung in Betracht, die eine missbräuchliche Schädigung des im Gläubigerinteresse zweckgebundenen Gesellschaftsvermögens voraussetzt.[147] **58**

2. Ansprüche der Gesellschaft gegen einen begünstigten Dritten

Soweit nicht ein Gesellschafter, sondern ein Dritter begünstigt ist, kann aus §§ 823, 826, 812 BGB vorgegangen werden, sofern die Voraussetzungen vorliegen. Fehlt es daran, weil das Rechtsgeschäft wirksam ist und keine schuldhafte Rechtsgutsverletzung oder gar vorsätzliche sittenwidrige Schädigung vorliegt, scheiden Ansprüche **59**

143 BGHZ 65, 15; BGH, WM 1987, 348, 349; *Emmerich*, in: Scholz, GmbHG, § 29 Rn. 102; *Hueck/Fastrich*, in: Baumbach/Hueck, GmbHG, § 29 Rn. 76 f.; *Bitter*, ZHR 168 (2004), 302, 316 ff.

144 *Emmerich*, in: Scholz, GmbHG, § 29 Rn. 108.

145 *Emmerich*, in: Scholz, GmbHG, § 29 Rn. 104; *Hueck/Fastrich*, in: Baumbach/Hueck, GmbHG, § 29 Rn. 75 f.; *Hommelhoff*, in: Lutter/Hommelhoff, GmbHG, § 29 Rn. 48.

146 So jedoch vertreten von *Hommelhoff*, in: Lutter/Hommelhoff, GmbHG, § 29 Rn. 54. Eine Analogie insgesamt ablehnend *Hueck/Fastrich*, in: Baumbach/Hueck, GmbHG, § 29 Rn. 76; *Emmerich*, in: Scholz, GmbHG, § 29 Rn. 108.

147 BGH, NJW 2007, 2689.

gegen den Dritten aus.[148] Stattdessen kann jedoch gegen den Gesellschafter vorgegangen werden, der durch die Leistung an den ihm nahestehenden Dritten mittelbar profitiert.[149] Dabei gelten die vorstehend dargestellten Grundsätze.

3. Ansprüche der Gesellschafter gegen den Begünstigten

60 **a) Ausgleich in das Gesellschaftsvermögen.** Da auch Pflichten gegenüber den Mitgesellschaftern verletzt werden, steht diesen unter den Voraussetzungen des § 280 Abs. 1 BGB ein eigener Anspruch gegen den Begünstigten zu. Hieraus darf im Regelfall jedoch nur im eigenen Namen Zahlung an die Gesellschaft verlangt werden.[150] Würde der eigene mittelbare Schaden liquidiert, käme es zu einer Einlagenrückgewähr an den Gesellschafter.[151] Der rechtswidrige Kapitalentzug würde verfestigt, wenn der Schadensausgleich an der Gesellschaft vorbei erfolgen würde. § 117 Abs. 1 S. 2, Abs. 2 AktG verkörpert den allgemeinen Rechtsgedanken des Kapitalgesellschaftsrechts, dass als Ausdruck der Naturalrestitution ein Schadensausgleich zwingend in das Vermögen der Gesellschaft stattfinden muss.[152]

61 **b) Ausgleich in das Gesellschaftervermögen im Ausnahmefall.** Inwieweit von einem Ausgleich in das Gesellschaftsvermögen Ausnahmen möglich sind, ist bislang wenig geklärt.[153] In den Sonderfällen, in denen der Schaden des Gesellschafters über den der Gesellschaft hinausgeht oder er den Schaden der Gesellschaft durch eigene Leistung beseitigt hat, darf er sich selbst schadlos halten.[154] Die Notwendigkeit zu weiteren Ausnahmen kann sich daraus ergeben, dass die bestehenden Beteiligungsverhältnisse die Gefahr einer Wiederholung nahelegen. Damit wird zugleich deutlich, dass Ausnahmen auf Extremfälle beschränkt werden müssen, in denen sich zwei Gesellschafterblöcke unversöhnlich gegenüber stehen und eine gedeihliche Zusammenarbeit unmöglich erscheint. Auch muss eine Gläubigerbenachteiligung ausscheiden, so dass der Anspruch der Gesellschaft nicht erforderlich sein darf, um ihre Verbindlichkeiten zu erfüllen. In dieser Situation sollten die Minderheitsgesellschafter ihren Schaden unmittelbar einklagen und Zug um Zug gegen Zahlung aus der

---

148 I.E. auch *Emmerich*, in: Scholz, GmbHG, § 29 Rn. 111. Siehe auch *Altmeppen*, in: Roth/Altmeppen, GmbHG, § 29 Rn. 63a.

149 *Emmerich*, in: Scholz, GmbHG, § 29 Rn. 111; *Hommelhoff*, in: Lutter/Hommelhoff, GmbHG, § 29 Rn. 55.

150 *Hommelhoff*, in: Lutter/Hommelhoff, GmbHG, § 29 Rn. 56; *Altmeppen*, in: Roth/Altmeppen, GmbHG, § 29 Rn. 62.

151 BGH, NJW 1987, 1077, 1079 f.; BGH, NJW 1987, 3121, 3122; BGH, NJW 1985, 1900; BGH, NJW 1985, 1777, 1778; BGH, WM 1987, 425; *Baums*, ZGR 1987, 554, 558; *Gerkan*, ZGR 1988, 441, 446; *Martens*, ZGR 1972, 254, 276-282; *Mertens*, FS R. Fischer, 1979, S. 461, 474 f.; *Windbichler*, Liber Amicorum Buxbaum, 2000, S. 617, 623.

152 Dazu i.E. BGH, WM 1987, 425; BGH, WM 1987, 348, 349; *Baums*, ZGR 1987, 554, 558; *Cahn*, Kapitalerhaltung im Konzern, 1998, S. 104-108; *Gerkan*, ZGR 1988, 441, 446; *Martens*, ZGR 1972, 254, 279 f.

153 So auch das Fazit bei *Emmerich*, in: Scholz, GmbHG, § 29 Rn. 109 f.

154 *Hommelhoff*, in: Lutter/Hommelhoff, GmbHG, § 29 Rn. 56.

Gesellschaft ausscheiden dürfen, was mit den Grundlagen des Austrittsrechts aus wichtigem Grund übereinstimmt.[155] Die rechtswidrige Bereicherung des Mehrheitsgesellschafters und die aus der situativen Besonderheit abgeleitete Möglichkeit, dass es zu weiteren Verstößen kommen kann, stellen regelmäßig einen ausreichenden Grund im Sinne der Grundsätze zum Austritt aus wichtigem Grund dar. Einen Teil seiner Abfindung liquidiert der Gesellschafter damit unmittelbar bei dem Schädiger, während ihm der Rest aus dem Gesellschaftsvermögen zufließt.[156]

§ 30 Kapitalerhaltung

(1) [1]Das zur Erhaltung des Stammkapitals erforderliche Vermögen der Gesellschaft darf an die Gesellschafter nicht ausgezahlt werden. [2]Satz 1 gilt nicht bei Leistungen, die bei Bestehen eines Beherrschungs- oder Gewinnabführungsvertrags (§ 291 des Aktiengesetzes) erfolgen oder durch einen vollwertigen Gegenleistungs- oder Rückgewähranspruch gegen den Gesellschafter gedeckt sind. [3]Satz 1 ist zudem nicht anzuwenden auf die Rückgewähr eines Gesellschafterdarlehens und Leistungen auf Forderungen aus Rechtshandlungen, die einem Gesellschafterdarlehen wirtschaftlich entsprechen.

(2) [1]Eingezahlte Nachschüsse können, soweit sie nicht zur Deckung eines Verlustes am Stammkapital erforderlich sind, an die Gesellschafter zurückgezahlt werden. [2]Die Zurückzahlung darf nicht vor Ablauf von drei Monaten erfolgen, nachdem der Rückzahlungsbeschluss nach § 12 bekanntgemacht ist. [3]Im Fall des § 28 Abs. 2 ist die Zurückzahlung von Nachschüssen vor der Volleinzahlung des Stammkapitals unzulässig. [4]Zurückgezahlte Nachschüsse gelten als nicht eingezogen.

Übersicht **Rdn.**

155 Zu den Grundlagen *Hueck/Fastrich*, in: Baumbach/Hueck, GmbHG, Anh. § 34 Rn. 18 ff.

156 Zum Ganzen ausführlich und zu den Parallelen im US-amerikanischen Recht *Hofmann*, Der Minderheitsschutz im Gesellschaftsrecht, 2011, S. 322-341.

Schrifttum

Altmeppen, »Dritte« als Adressaten der Kapitalerhaltungs- und Kapitalersatzregeln in der GmbH, FS Kropff, 1997, S. 641; *ders.*, »Upstream-loans«, Cash Pooling und Kapitalerhaltung nach neuem Recht, ZIP 2009, 49; *ders.*, Cash Pooling und Kapitalerhaltung im faktischen Konzern, NZG 2010, 401; *ders.*, Wie lange noch gilt das alte Kapitalersatzrecht?, ZIP 2011, 641; *Bayer/Lieder*, Darlehen der GmbH an Gesellschafter und Sicherheiten aus dem GmbH-Vermögen für die Gesellschaftsverbindlichkeiten, ZGR 2005, 133; *Blasche/König*, Upstream-

Darlehen vor dem Hintergrund des neuen § 30 Abs. 1 GmbHG, GmbHR 2009, 897; *Bock*, Institutioneller Gläubigerschutz nach § 30 Abs. 1 GmbHG beim Down-stream-merger nach einem Anteilskauf?, GmbHR 2005, 1023; *Brocker/Rockstroh*, Upstream-Darlehen und Cash-Pooling in der GmbH nach der Rückkehr zur bilanziellen Betrachtungsweise, BB 2009, 730; *Cahn*, Kapitalerhaltung im Konzern, 1998; *ders.*, Kredite an Gesellschafter, Der Konzern 2009, 67; *Canaris*, Die Rückgewähr von Gesellschaftereinlagen durch Zuwendungen an Dritte, FS R. Fischer, 1979, S. 31; *Dampf*, Die Gewährung von upstream-Sicherheiten im Konzern, Der Konzern 2007, 157; *Diem*, Besicherung von Gesellschafterverbindlichkeiten als existenzvernichtender Eingriff des Gesellschafters?, ZIP 2003, 1283; *Drygala/Kremer*, Alles neu macht der Mai – Zur Neuregelung der Kapitalerhaltungsvorschriften im Regierungsentwurf zum MoMiG, ZIP 2007, 1289; *Engert*, Die Wirksamkeit des Gläubigerschutzes durch Nennkapital, GmbHR 2007, 337; *Eusani*, Das neue Deckungsgebot und Leistungen causa societatis nach § 30 Abs. 1 GmbHG, GmbHR, 2009, 512; *Fleck*, FS 100 Jahre GmbH-Gesetz, 1992, S. 391; *Fleckner*, Antike Kapitalvereinigungen, 2010; *Freitag*, Upstream-Sicherheiten in der GmbHG nach dem MoMiG – Sieg der Kautelarpraxis über den Gesetzgeber? –, Der Konzern 2011, 330; *Gehrlein*, Der aktuelle Stand des neuen GmbH-Rechts, Der Konzern 2007, 771; *ders.*, Das Eigenkapitalersatzrecht im Wandel seiner gesetzlichen Kodifikationen, BB 2011, 3; *Goette*, Gesellschaftsrecht und Insolvenzrecht – Aktuelle Rechtsprechung des II-Zivilsenats, KTS 2006, 217; *ders.*, in: Goette/Habersack, Das MoMiG in Wissenschaft und Praxis, 2009, S. 283; *Gunßer*, Finanzierungsbindungen in der GmbH nach Abschaffung des Eigenkapitalersatzrechts, GmbHR 2010, 1250; *Haas*, Kapitalerhaltung, Insolvenzanfechtung, Schadensersatz und Existenzvernichtung – wann wächst zusammen, was zusammen gehört?, ZIP 2006, 1373; *ders.*, Eigenkapitalersatzrecht und Übergangsrecht, DStR 2009, 976; *Habersack/Schürnbrand*, Keine Privilegierung des Cash-Pool-Verfahrens im Hinblick auf die Anwendbarkeit des § 30 GmbHG bei unzureichender Absicherung der Erhaltung des Stammkapitals, BB 2006, 288; *Joost*, Grundlagen und Rechtsfolgen der Kapitalerhaltungsregeln in der GmbH, ZHR 148 (1984), 27; *ders.*, Systematische Betrachtungen zur Neuregelung von Kapitalaufbringung und Kapitalerhaltung im Recht der GmbH, FS Hüffer, 2010, S. 405; *Käpplinger*, »Upstream«-Darlehen an Akquisitionsvehikel – Sind diese wirklich mit § 30 GmbHG unvereinbar?, NZG 2010, 1411; *Kleffner*, Erhaltung des Stammkapitals und Haftung nach §§ 30, 31 GmbHG, 1994; *Klein/Stephanblome*, Der Downstream Merger – aktuelle umwandlungs- und gesellschaftsrechtliche Fragestellungen, ZGR 2007, 351; *Kropff*, Nettoausweis des Gezeichneten Kapital und Kapitalschutz, ZIP 2009, 1137; *Kuntz*, Haftung von Banken gegenüber anderen Gläubigern nach § 826 BGB wegen Finanzierung von Leveraged Buyouts?, ZIP 2008, 814; *ders.*, Informationsweitergabe durch die Geschäftsleiter beim Buyout unter Managementbeteiligung, 2009; *Lutter/Wahlers*, Der Buyout – Amerikanische Fälle und die Regeln des deutschen Rechts, AG 1989, 13; *Merkt*, Der Kapitalschutz in Europa – ein rocher de bronze?, ZGR 2004, 305; *Mülbert*, Sicherheiten einer Kapitalgesellschaft für Verbindlichkeiten ihres Gesellschafters, ZGR 1995, 578; *Mülbert/Leuschner*, Aufsteigende Darlehen im Kapitalerhaltungs- und Konzernrecht – Gesetzgeber und BGH haben gesprochen, NZG 2009, 281; *Pentz*, Zu den GmbH-rechtlichen Änderungsvorschlägen des MoMiG aus Sicht eines Praktikers, VGR 2006, 115; *Philippi/Fickert*, Management Buyout im Mittelstand: Haftungsrisiko für den Verkäufer?, DB 2008, 223; *Priester*, Kapitalschutz beim Down-stream-merger, FS Spiegelberger, 2009, S. 890; *Riegger*, Kapitalgesellschaftsrechtliche Grenzen der Finanzierung von Unternehmensübernahmen durch Finanzinvestoren, ZGR 2008, 233; *Rothley/Weinberger*, Die Anforderungen an Vollwertigkeit und Deckung nach § 30 I 2 GmbHG und § 57 I 3 AktG, NZG 2010, 1001; *Rümker/Büchler*, Probleme der Verpfändung von Kommanditanteilen, FS Claussen, 1997, S. 337; *Schall, Alexander*, Kapitalgesellschaftsrechtlicher Gläubigerschutz, 2009; *Schärtl*, Die Doppelfunktion des Stammkapitals als Schlüssel für ein wettbewerbsfähiges GmbH-Recht in Deutschland?, GmbHR 2007, 344; *Schickerling/Blunk*, Die Haftung im Zusammenhang mit Upstream Loans – qou vadis?, GmbHR 2009, 1294; *Schmidt, K.*, Reform der Kapitalsicherung und Haftung in der Krise nach dem Regierungsentwurf des MoMiG, GmbHR 2007, 1072; *ders.*, Gesetzgebung und Rechtsfortbildung im Recht der GmbH und der Personengesellschaften, JZ 2009, 10; *Schmolke*, Kapitalerhaltung in der GmbH nach dem MoMiG, 2009; *Schön*, Kreditbesicherung durch abhängige Kapitalgesellschaften, ZHR 159 (1995), 351; *ders.*, Die Zukunft der Kapitalaufbringung/-erhaltung, Der Konzern 2004, 162; *Schulze-Osterloh*, Rangrücktritt, Besserungsschein, eigenkapitalersetzende Darlehen – Voraussetzungen, Rechtsfolgen, Bilanzierung, WPg 1996, 97; *Servatius*, Die besondere Zweckbindung des Stammkapitals bei Drittgeschäften mit Gesellschaften, DStR 2004, 1176; *ders.*, Gläubigereinfluss durch Covenants, 2008; *ders.*, Die besondere Zweckbindung des Stammkapitals bei Drittgeschäften mit Gesellschaftern, DStR 2004, 1176; *Sieker*, Die Verzinsung eigenkapitalersetzender Darlehen, ZGR 1995, 250; *Sonnenhol/Stützle*, Bestellung von Sicherheiten durch eine GmbH und der Grundsatz der Erhaltung des Stammkapitals (§ 30 GmbHG), DB 1979, 925; *Spliedt*, MoMiG in der Insolvenz – ein Sanierungsversuch, ZIP 2009, 149; *Stimpel*, Zum Auszahlungsverbot des § 30 Abs. 1 GmbHG, FS 100 Jahre GmbH-Gesetz, 1992, S. 335; *Thiessen*, Eigenkapitalersatz ohne Analogieverbot – eine Alternativlösung zum MoMiG-Entwurf, ZIP 2007, 253; *Thole*, Gläubigerschutz durch Insolvenzrecht, 2010; *Tillmann*, Upstream-Sicherheiten der GmbH im Lichte der Kapitalerhaltung – Ausblick auf das MoMiG, NZG 2008, 401; *Ulmer*, Schutz der GmbH gegen Schädigung zugunsten ihrer Gesellschafter?, FS Pfeiffer, 1988, S. 853; *Verse*, Auswirkungen der Bilanzrechtsmodernisierung auf den Kapitalschutz, VGR 2009, 67; *Vetter*, in: Goette/Habersack, Das MoMiG in Wissenschaft und Praxis, 2009, 107; *Weitnauer*, Die Akquisitionsfinanzierung auf dem Prüfstand der Kapitalerhaltungsregeln, ZIP 2005, 790; *Wilhelm*, Die Vermögensbindung bei der Aktiengesellschaft und der GmbH und das Problem der Unterkapitalisierung, FS Flume II, 1978, S. 337; *Wilhelmi*, Der Grundsatz der Kapitalerhaltung im System des GmbH-Rechts, 2001; *ders.*, Upstream-Darlehen nach dem MoMiG, WM 2009, 1917; *Winkler/Becker*, Die Limitation Language bei Akquisitions- und Konzernfinanzierungen unter Berücksichtigung des MoMiG, ZIP 2009, 2361; *Winter*, Upstream-Finanzierung nach dem MoMiG-Regierungsentwurf, DStR 2007, 1484; *Wirsch*, Die Vollwertigkeit des Rückgewähranspruchs, Der Konzern 2009, 443.

A. Grundlagen

I. Zweck und Funktion der nominellen Kapitalerhaltung

1 Die Kapitalerhaltungsvorschriften dienen primär dem Gläubigerschutz.[1] Konzeptionell beruhen sie auf dem Prinzip der beidseitigen Vermögenstrennung im Kapitalgesellschaftsrecht, indem sie das Gesellschaftsvermögen in gewissem Umfang dem Zugriff der Gesellschafter und ihrer Privatgläubiger entziehen und es der Gesellschaft und deren Gläubigern zuordnen.[2] Kern ist aber nicht die Übernahme von Finanzierungsverantwortung nach außen in dem Sinne, eine Austattungsgarantie zu übernehmen oder in einer bestimmten Höhe kollektiv zu haften (zum Zshg. mit dem Min-

1 Statt aller: BGHZ 173, 246, 252 Tz 16; *Ekkenga*, in: MünchKommGmbHG, § 30 Rn. 15 ff.; *Habersack*, in: Ulmer/Habersack/Winter, GmbHG, § 30 Rn. 1 ff.

2 Ausführlich zu diesen konzeptionellen Fragen im Rahmen einer allgemeinen Theorie über Kapitalvereinigungen *Fleckner*, Antike Kapitalvereinigungen, 2010, S. 53 ff.

destkapital Rdn. 2).[3] Die §§ 30, 31 sind vielmehr Ausdruck eines Versprechens *ad incertas personas*, das Stammkapital nicht zu vereinnahmen.[4] Angesichts der vielfältigen Möglichkeiten von Gesellschaftern als Interne, die Geschäfte zu beeinflussen und sich Zugriff auf das Vermögen der Gesellschaft zu verschaffen,[5] verleiht § 30 diesem Versprechen mittels der grunds. Nachordnung von Gesellschafteransprüchen Glaubwürdigkeit.[6] Im Fall der Unterbilanz bleiben Ausschüttungen an Dritte prinzipiell möglich, während die Gesellschafter zurückstehen müssen, soweit eine Auszahlung auf dem Mitgliedschaftsverhältnis beruhen würde (sh. Rdn. 51). Mit einer Kollektivhaftungszusage hat das nichts zu tun, weil die Gesellschafter gerade nicht eigenes Vermögen zur Gläubigerbefriedigung anbieten. Trotz dieser eher präventiv angelegten Konzeption erlangen die §§ 30, 31 praktische Bedeutung regelmäßig erst in der Insolvenz. Vorher fehlt es angesichts von § 43 Abs. 3 S. 1 und der Abhängigkeit der Geschäftsführer von den Gesellschaftern an einem Anreiz, gegen die Gesellschafter vorzugehen.[7]

2 Die Erhaltung des Stammkapitals dient weder der Verhinderung von Vermögensverminderungen jedweder Art noch der Bindung von Vermögen, das nicht zur Erhaltung notwendig ist, es gilt der **Grundsatz der nominellen Kapitalerhaltung.**[8] Es gibt keine zwingende Verbindung der §§ 30, 31 mit einem gesetzlich vorgesehenen Mindestkapital.[9] Bei Abschaffung des § 5 Abs. 1 sänke lediglich die Schwelle, ab der die §§ 30, 31 zum Zuge kämen. Bsp. hierfür ist die UG, die nahezu kein Mindestkapital mehr voraussetzt (sh. § 5a Rdn. 10). Außerdem greifen die Vorschriften nicht erst ab Leistung sämtlicher Einlagen, sondern bereits mit der Eintragung des Stammkapitals in das Handelsregister.[10] §§ 30, 31 sind nicht geeignet, den Bestand eines »Haftungsfonds«, eine »Befriedigungsreserve« oder gar ein »Mindestbetriebsvermögen» zugunsten der Gläubiger zu gewährleisten.[11] Sie schaffen gerade keinen Liquiditäts- oder

3 A.A. etwa *Ekkenga*, in: MünchKommGmbHG, § 30 Rn. 15; *Merkt*, ZGR 2004, 305, 319; *Schön*, Konzern 2004, 162, 166. Zu Recht kritisch *Engert*, GmbHR 2007, 337, 340 f.

4 Insoweit wie hier *Ekkenga*, in: MünchKommGmbHG, § 30 Rn. 15.

5 Selbstverständlich stehen solche Möglichkeiten u.U. auch Dritten zu, z.B. Banken. Doch bedarf es für die Einbeziehung Gesellschaftsexterner stets besonderer Argumente zur Haftungsbegründung, vgl. für § 30 unten Rdn. 65, zur Bankenhaftung nach § 826 BGB *Engert*, Die Haftung für drittschädigende Kreditgewährung, 2005; *Kuntz*, ZIP 2008, 814 ff., sowie im Zshg. mit Covenants *Servatius*, Gläubigereinfluss durch Covenants, 2008, S. 265 ff. Grunds. stehen der gesellschaftsrechtlichen Konzeption nach die Gesellschafter »innen«. Allgemein zu diesen Regelungsproblemen *Fleckner* (Fußn. 2), S. 77 ff.

6 Ähnlich *Ekkenga*, in: MünchKommGmbHG, § 30 Rn. 161.

7 Sh. *Thiessen* ZIP 2007, 253, 254; *Ekkenga*, in: MünchKommGmbHG, § 30 Rn. 2.

8 *Ekkenga*, in: MünchKommGmbHG, § 30 Rn. 12; *Habersack*, in: Ulmer/Habersack/Winter, GmbHG, § 30 Rn. 18 ff.

9 Verkannt etwa von *Schärtl*, GmbHR 2007, 344, 346.

10 *Ekkenga*, in: MünchKommGmbHG, § 30 Rn. 14.

11 A.A. z.B. BGHZ 176, 62, 65 Rn. 10; BGHZ 157, 72, 75; BGHZ 81, 311, 320; *Altmeppen*, in: Roth/*Altmeppen*, GmbHG, § 30 Rn. 7; *Hueck/Fastrich*, in: Baumbach/Hueck, GmbHG, § 30 Rn. 5.

Substanzschutz, weder dem Umfang noch der Struktur nach.[12] Vor einer Verwirtschaftung des Gesellschaftsvermögens schützen die §§ 30, 31 nicht.[13] Die Gesellschafter einer GmbH können nicht nur die Gewinne, sondern auch das übrige Vermögen der Gesellschaft auf sich übertragen, wenn sie sich einig sind und nicht zum Nachteil der Gläubiger die Grenze des § 30 Abs. 1 S. 1 unterschreiten.[14] § 30 verbietet nicht wie § 57 AktG die Einlagenrückgewähr als solche. Allein relevant ist, ob gemessen an § 30 Abs. 1 ausreichend ausschüttbare Mittel zur Verfügung stehen.[15]

II. Verhältnis zu anderen Ausschüttungsgrenzen

1. Verhältnis zu anderen gesellschaftsrechtlichen Tatbeständen

3 Leistungen können unabhängig von § 30 unzulässig sein, wenn es sich um die Zuwendung eines Sondervorteils an einen Gesellschafter handelt (sog. »**verdeckte Gewinnausschüttung**«, dazu § 29 Rdn. 53).[16] Dieses Problem betrifft dann jedoch nicht den Gläubigerschutz, sondern das Verhältnis der Gesellschafter untereinander. Eine Ausschüttungssperre in dem Sinne, dass sich Dritte darauf verlassen können, das satzungsmäßige Stammkapital werde nur zu den satzungsmäßigen Zwecken verwendet, gibt es nicht[17] und wäre angesichts der weiten Fassung der Zweckbestimmungen in GmbH-Satzungen weitgehend wirkungslos. Beeinträchtigungen der Befriedigungschancen sind, sofern nicht ein Fall der »kalten Liquidation» vorliegt, außerhalb eines Insolvenzverfahrens irrelevant. Anderenfalls konstruierte man letztlich doch eine Stammkapitalbindung, die der aktienrechtlichen Kapitalbindung gleichkäme.[18] Ergänzt wird der Kapitalschutz durch die §§ 30, 31 von der **Existenzvernichtungshaftung** nach § 826 BGB, die als weitere Entnahmesperrre neben die GmbH-rechtlichen Ausschüttungsregeln tritt (zur Existenzvernichtungshaftung Anh. zu § 13 Rdn. 66 ff.).[19] Gegen den Geschäftsführer gerichtete Haftungsvorschriften flankieren die §§ 30, 31: § 43 Abs. 3 knüpft direkt an eine Verletzung der §§ 30, 31 an, § 64 sieht eine Ersatzpflicht für Zahlungen vor, die nach Eintritt der Zahlungsunfähigkeit der Gesellschaft oder nach Feststellung ihrer Überschuldung geleistet werden. Zu **limitation language** Rdn. 35.

12 *Ekkenga*, in: MünchKommGmbHG, § 30 Rn. 12 f.; *Habersack*, in: Ulmer/Habersack/Winter, GmbHG, § 30 Rn. 29.

13 *Habersack*, in: Ulmer/Habersack/Winter, GmbHG, § 30 Rn. 2; *Heidinger*, in: Michalski, GmbHG, § 30 Rn. 7.

14 BGH, NJW 1984, 1037.

15 Sh. nur *Habersack*, in: Ulmer/Habersack/Winter, GmbHG, § 30 Rn. 18 ff. A.A. *Wilhelm*, FS Flume II, 1978, 337.

16 Sh. nur BGH, NJW 1996, 589, 590.

17 *Ekkenga*, in: MünchKommGmbHG, § 30 Rn. 235. A.A. *Servatius*, DStR 2004, 1176, 1180 f.

18 Hierzu *Westermann*, in: Scholz, GmbHG, § 30 Nachtrag MoMiG Rn. 6 f.

19 BGHZ 176, 204, 211 Rn. 13.

2. Verhältnis zum Insolvenzanfechtungsrecht

Insolvenzrechtliche Anfechtungstatbestände ergänzen das Kapitalerhaltungsrecht des GmbHG.[20] Die §§ 30, 31 basieren auf einer formal konzipierten Ausschüttungsbeschränkung, die primär an die Handelsbilanz und deren Bewertungsvorgaben anknüpft (Rdn. 24). Demgegenüber liegt den §§ 129 ff. InsO ein weiteres Konzept zugrunde, das stärker materielle Faktoren zur Prüfung einer Gläubigerbenachteiligung berücksichtigt. Mittelbare Benachteiligungen, die aus geschäftsexternen Umständen resultieren, können für eine Anfechtung ausreichen.[21] Aufgrund des fehlenden Zwangs zur Quantifizierung wirken die Anfechtungstatbestände breitflächiger.[22] Die Insolvenzanfechtung ist keine bloße Verlängerung des § 30, § 30 determiniert nicht die Anwendbarkeit der §§ 129 ff. InsO.[23] Mit den §§ 129 ff. InsO soll Gläubigergleichbehandlung und die Maximierung der zu verteilenden Insolvenzmasse erreicht werden.[24] Hierzu sind die §§ 30, 31 aufgrund ihres engeren Bewertungsmaßstabes ungeeignet. 4

3. § 268 Abs. 8 HGB

§ 268 Abs. 8 S. 1 HGB enthält eine Ausschüttungssperre, die die begrenzte Aktivierbarkeit selbst geschaffener Gegenstände des Anlagevermögens betrifft: Sie greift, wenn die nach der Ausschüttung verbleibenden frei verfügbaren Rücklagen zuzüglich eines Gewinnvortrags und abzüglich eines Verlustvortrags nicht mindestens den insgesamt angesetzten Beträgen abzüglich der hierfür gebildeten passiven latenten Steuern entsprechen. Im Fall des Ausweises aktiver latenter Steuern (§ 274 Abs. 1 S. 2 HGB) gilt gemäß § 268 Abs. 8 S. 2 HGB das Gleiche hinsichtlich des Betrages, um den die aktiven latenten Steuern die passiven latenten Steuern übersteigen. Eine weitere Sperre enthält § 268 Abs. 8 S. 3 HGB für Vermögensgegenstände i.S.d. § 246 Abs. 2 Satz 2 HGB. Da die gesperrten Beträge nicht aus der Bilanz ersichtlich sind, sieht § 285 Nr. 28 HGB die Darstellung des betroffenen Gesamtbetrages im Anhang vor.[25] 5

B. Auszahlungsverbot nach § 30 Abs. 1

§ 30 Abs. 1 verbietet Auszahlungen an Gesellschafter, die das zur Erhaltung des Stammkapitals notwendige Vermögen beeinträchtigen. Die Voraussetzungen für die 6

---

20 Ausführlich *Thole*, Gläubigerschutz durch Insolvenzrecht, 2010, S. 548 ff.

21 Sh. nur *Hirte*, in: Uhlenbruck, InsO, 13. Aufl. 2010, § 129 Rn. 127.

22 *Thole* (Fn. 20), S. 604.

23 So aber *Grigoleit*, Gesellschafterhaftung für interne Einflussnahme im Recht der GmbH, 2006, S. 160 ff. Gegen ihn zu Recht *Thole* (Fn. 20), S. 607 ff., 613 ff.; auch *Haas*, ZIP 2006, 1373, 1375.

24 *Hirte*, in: Uhlenbruck, (Fn. 21), § 129 Rn. 1 f. Kritisch *Thole* (Fn. 20), S. 278 ff.

25 Zu § 268 Abs. 8 HGB *Kropff*, FS Hüffer, 2010, S. 539; *Küting/Lorson/Eichenlaub/Toebe*, GmbHR 2011, 1; *Simon*, NZG 2009, 1081; *Verse*, VGR 2009, S. 67, 70 ff.

Zulässigkeit einer Auszahlung ergeben sich allein aus dieser Norm. Die vom BGH geforderte Erstellung einer den »Anforderungen des § 42« entsprechenden **Zwischenbilanz** ist **kein Rechtmäßigkeitserfordernis** für die Auszahlung, sondern richtet sich an den Geschäftsführer und hat für dessen Haftung Bedeutung.[26]

I. Zur Stammkapitalerhaltung erforderliches Vermögen der Gesellschaft

1. Stammkapital

7 Stammkapital ist die im Gesellschaftsvertrag (§§ 3 Abs. 1 Nr. 3, 54 Abs. 1) und Handelsregister (§ 10 Abs. 1) verzeichnete und als solche deklarierte Ziffer. Allein diese Ziffer bestimmt die Reichweite des Ausschüttungsverbots.[27] Stammkapital ist als nominelles Eigenkapital[28] eine abgesehen von Maßnahmen nach den §§ 53 ff. unveränderliche Größe. In der Bilanz ist es nach § 42 Abs. 1 als gezeichnetes Kapital auszuweisen und damit bilanzrechtlich Eigenkapital (§ 266 Abs. 3 A. I. HGB). Hiermit nicht zu verwechseln ist die Frage, inwieweit nicht ausdrücklich als Einlage deklarierte Finanzierungsbeiträge von Gesellschaftern als Eigenkapital behandelt werden können (vgl. Rdn. 15 f.).

8 **Rücklagen** sind zwar gebundenes Eigenkapital (und stehen damit für individuelle Zugriffe seitens eines Mitglieds nicht zur Verfügung), aber kein Stammkapital.[29] Ihre Auflösung unterfällt nicht § 30 Abs. 1 S. 1, allenfalls eine anschließende Ausschüttung.[30] Anderes gilt für die Rücklage nach **§ 5a Abs. 3**, die als eine Art »Stammkapital plus« in analoger Anwendung von § 30 Abs. 1 S. 1 geschützt wird, weil ansonsten (Zustimmung aller Gesellschafter vorausgesetzt[31]) von vornherein die Entstehung eines Jahresüberschusses verhindert werden könnte und § 5a Abs. 1 leerliefe (sh. Rdn. 16).[32]

---

26 St.Rspr., BGH, WM 1987, 1040; BGHZ 109, 334, 337; h.L., *Ekkenga*, in: MünchKommGmbHG, § 30 Rn. 84; *Habersack*, in: Ulmer/Habersack/Winter, GmbHG, § 30 Rn. 41. A.A. offenbar *Westermann*, in: Scholz, GmbHG § 30 Nachtrag MoMiG Rn. 19. Wohl nur unglücklich formuliert OLG München, ZIP 2006, 564, 567.

27 *Altmeppen*, in: Roth/Altmeppen, GmbHG, § 30 Rn. 8; *Ekkenga*, in: MünchKommGmbHG, § 30 Rn. 59; *Habersack*, in: Ulmer/Habersack/Winter, GmbHG, § 30 Rn. 25; *Hueck/Fastrich*, in: Baumbach/Hueck, GmbHG, § 30 Rn. 14.

28 *Ekkenga*, in: MünchKommGmbHG, § 30 Rn. 59.

29 *Ekkenga*, in: MünchKommGmbHG, § 30 Rn. 47 f.; *Habersack*, in: Ulmer/Habersack/Winter, GmbHG, § 30 Rn. 27. Zur Ausnahme des § 27 Abs. 2 DMBilG OLG Brandenburg, GmbHR 1999, 297, 299; *Ekkenga* aaO.; *Habersack* aaO. Rn. 7.

30 *Ekkenga*, in: MünchKommGmbHG, § 30 Rn. 47, 64; *Schmolke*, § 30 Rn. 79.

31 Anderenfalls handelte es sich um eine unzulässige verdeckte Gewinnausschüttung, vgl. § 29 Rdn. 53.

32 *Gehrlein*, Der Konzern 2007, 771, 781 (§ 30 direkt); *Joost*, ZIP 2007, 2242, 2247 (§ 30 direkt); *Rieder*, in: MünchKommGmbHG, § 5a Rn. 34; *C. Schäfer*, ZIP 2011, 53, 58; *Schmolke*, § 30 Rn. 51 (§ 30 direkt). A.A. *Noack*, DB 2007, 1395, 1396. Sh. auch § 5a Rdn. 27.

2. Vermögen der Gesellschaft

9 (Rein-/Netto-)Vermögen der Gesellschaft ist im Ausgangspunkt das anhand der Bilanz ermittelte Ergebnis der Rechenoperation »Aktiva minus Passiva«. Insbesondere hinsichtlich der Passiva gelten einige Besonderheiten für den in Ansatz zu bringenden Betrag. Im Einzelnen zur Unterbilanz (zur Überschuldungsbilanz Rdn. 18):

10 a) **Bewertungsgrundsätze**. Nach zutreffender h.M. sind grunds. die aus der letzten Jahresabschlussbilanz ersichtlichen, zum Auszahlungszeitpunkt (Rdn. 19) **fortgeführten Buchwerte** maßgeblich.[33] **Stille Reserven** müssen nicht aufgelöst werden.[34]

11 Für die Erstellung der Zwischenbilanz (zur Bedeutung Rdn. 6) müssen wegen § 252 Abs. 1 Nr. 6 HGB die gleichen Bewertungsmethoden angewandt und Wahlrechte in gleicher Weise ausgeübt werden wie in der bisherigen Bilanzierungspraxis, soweit § 252 Abs. 2 HGB nicht ausnahmsweise einen Wechsel gestattet.[35] Änderungen im Vergleich zum letzten Jahresabschluss sind zulässig im Hinblick auf Fehler in der Bilanz[36] sowie Änderungen der Vermögens-, Finanz- und Ertragslage.[37] Erst nach dem Auszahlungszeitpunkt eingetretene Tatsachen können nur berücksichtigt werden, wenn es sich um wertaufhellende Tatsachen i.S.v. § 251 Abs. 1 Nr. 4 HGB handelt.[38]

12 b) **Aktiva**. Aktivierbar ist seit BilMoG der derivative **Geschäfts-** oder **Firmenwert** (§ 246 Abs. 1 S. 4 HGB n.F.)[39], nicht aber der originäre.[40] **Einlageforderungen** dürfen nur noch aktiviert werden, soweit sie tatsächlich eingefordert sind, nicht eingeforderte ausstehende Einlagen sind auf der Passivseite vom gezeichneten Kapital offen abzusetzen (Nettoausweisgrundsatz, § 272 Abs. 1 S. 2, 3 HGB). Im Vergleich zur Rechtslage vor BilMoG, die eine Aktivierung sämtlicher offener Einlageforderungen gestattete, würde dies zu einer Verschärfung des Kapitalschutzes führen.[41] Hier-

---

33 BGH, ZIP 2008, 2217, 2219 Tz 11; BGH, ZIP 2003, 2068, 2070; BGHZ 109, 334, 339; iSd. h.L. *Ekkenga*, in: MünchKommGmbHG, § 30 Rn. 86 f. Differenzierend *Ulmer*, FS Pfeiffer, 1988, S. 853, 868 f. (Bilanzierung nach Zerschlagungswerten, wenn Ausschüttung wirtschaftlichen Zusammenbruch befürchten lässt).

34 BGHZ 109, 334, 339; für die h.L. *Habersack*, in: Ulmer/Habersack/Winter, GmbHG, § 30 Rn. 34. A.A. *Sonnenhol/Stützle*, DB 1979, 925, 928. Zur ausnahmsweise bestehenden Pflicht, stille Rücklagen aufzulösen, wenn ansonsten der ausscheidende Gesellschafter nicht befriedigt werden kann, BGH, ZIP 2006, 703.

35 Im Einzelnen *Ekkenga*, in: MünchKommGmbHG, § 30 Rn. 91 ff.

36 Vgl. BGH, ZIP 2003, 2068, 2069; *Schmolke* § 30 Rn. 55; enger *Ekkenga*, in: MünchKommGmbHG, § 30 Rn. 89 (nur bei Fehlern, die Nichtigkeit zur Folge haben).

37 *Ekkenga*, in: MünchKommGmbHG, § 30 Rn. 89.

38 Vgl. BGH, ZIP 2003, 2068, 2069; *Ekkenga*, in: MünchKommGmbHG, § 30 Rn. 89; *Schmolke*, § 30 Rn. 56.

39 Str., zum Ganzen *Ekkenga*, in: MünchKommGmbHG, § 30 Rn. 95.

40 BGHZ 109, 334, 338; OLG Celle, WM 2004, 988; *Ekkenga*, in: MünchKommGmbHG, § 30 Rn. 95 m.w.Nachw.

41 Bsp. bei *Kropff*, ZIP 2009, 1137, 1139; *Verse*, VGR 2009, S. 67, 80 f.

bei dürfte es sich um ein Versehen gehandelt haben, so dass im Rahmen der Unterbilanzrechnung entgegen dem nunmehr geltenden Bilanzrecht eine Aktivierung vorzunehmen ist, im Gegenzug aber bei nicht werthaltigen Einlageforderungen Abschreibungen notwendig werden.[42] Die Abschreibung ist Konsequenz der Fortführung von Buchwerten auf den Zeitpunkt der Auszahlung, die die Notwendigkeit einer Neubewertung mit sich bringen kann.[43] Das entspricht der grunds. vergleichbaren Lage bei **Nachschussforderungen** i.S.d. §§ 26 ff., hinsichtlich derer gemäß § 42 Abs. 2 S. 2 die Aktivierung vorzunehmen ist, »soweit mit der Zahlung gerechnet werden kann«.[44] Von der Gesellschaft erworbene **eigene Anteile** sind nicht zu aktivieren, vgl. § 272 Abs. 1a HGB.[45] Das Verrechnungsgebot des § 272 Abs. 1a S. 2 HGB führt möglicherweise zur Verringerung der Ausschüttungsmöglichkeiten i.S.v. § 30 Abs. 1 S. 1 ohne entsprechende Offenlegung in der Bilanz.[46] Das ist mit einer Analogie zu §§ 58b, 58c auszugleichen, der nach § 272 HGB nicht auszuweisende Differenzbetrag ist in die Kapitalrücklage nach § 58c S. 1 einzustellen.[47]

13 **Selbst geschaffene Vermögensgegenstände des Anlagevermögens** sind seit BilMoG nach § 248 Abs. 4 HGB in gewissem Umfang aktivierbar. Zu beachten ist insoweit § 268 Abs. 8 S. 1 HGB (Rdn. 5), außerdem die Notwendigkeit von Angaben im Anhang gemäß § 285 Nr. 28 HGB.

14 **Nicht aktivierbar** sind **Aufwendungen** für die Gründung, die Beschaffung von Eigenkapital und den Abschluss von Versicherungsverträgen (§ 248 Abs. 1 HGB). Gleiches gilt für Aufwand im Zshg. mit Fremdkapitalbeschaffung.[48] Gegen die h.M. bleiben auch aktive **Rechnungsabgrenzungsposten** außen vor, weil anderenfalls u.U. die merkwürdige Situation entstünde, dass gemäß § 29 Abs. 1 als ausschüttbar gälte, was nach dem vorrangigen (Rdn. 3) § 30 Abs. 1 S. 1 nicht an Gesellschafter ausgezahlt werden dürfte.[49] **Latente Steuern** sind nach § 274 Abs. 1 S. 2 HGB in gewissem Umfang aktivierbar.

---

42 *Ekkenga*, in: MünchKommGmbHG, § 30 Rn. 99, auch zur Berücksichtigung von Zinsen und ausstehendem Agio; i.Erg. *Habersack*, in: Ulmer/Habersack/Winter, GmbHG (Erg.bd.), § 30 Rn. 2; *Kropff*, ZIP 2009, 1137, 1140.

43 Gegen Abschreibungspflicht *Habersack*, in: Ulmer/Habersack/Winter, GmbHG (Erg.bd.), § 30 Rn. 2.

44 *Ekkenga*, in: MünchKommGmbHG, § 30 Rn. 100.

45 *Ekkenga*, in: MünchKommGmbHG, § 30 Rn. 103; *Habersack*, in: Ulmer/Habersack/Winter, GmbHG (Erg.bd.), § 30 Rn. 3.

46 Vgl. *Ekkenga*, in: MünchKommGmbHG, § 30 Rn. 103; *Kropff*, ZIP 2009, 1137, 1143.

47 *Kropff*, ZIP 2009, 1137, 1143 f.; im Anschluss an diesen *Ekkenga*, in: MünchKommGmbHG, § 30 Rn. 103.

48 *Ekkenga*, in: MünchKommGmbHG, § 30 Rn. 106.

49 *Ekkenga*, in: MünchKommGmbHG, § 30 Rn. 108 mit Bsp.; *Hommelhoff*, in: Lutter/Hommelhoff, GmbHG, § 30 Rn. 16. Für die h.M. *Habersack*, in: Ulmer/Habersack/Winter, GmbHG, § 30 Rn. 33; *Heidinger*, in: Michalski, GmbHG, § 30 Rn. 38.

c) **Passiva. Verbindlichkeiten gegenüber Dritten** sind zum Erfüllungsbetrag zu passivieren (§ 253 Abs. 1 S. 2 HGB),[50] ebenso **Verbindlichkeiten gegenüber Gesellschaftern** (vgl. § 42 Abs. 3)[51], also auch **Gesellschafterdarlehen.**[52] Ein **Rangrücktritt** oder ein **Forderungsverzicht mit Besserungsabrede** spielen für § 30 Abs. 1 S. 1 insoweit keine Rolle.[53] **Stille Einlagen** sind zu passivieren.[54] Zu **Finanzplankrediten** Rdn. 78. **Rückstellungen** sind als Passivposten anzusetzen,[55] Aufwandsrückstellungen aufgrund ihres Eigenkapitalcharakters allerdings nicht.[56] **Passive Rechnungsabgrenzungsposten** sind zu berücksichtigen.[57] 15

Keine Passiva sind das **Stammkapital**[58], die **Rücklage nach § 5a Abs. 3** (Rdn. 8) sowie in der Bilanz ausgewiesene (**offene**) **Rücklagen.**[59] Anderenfalls blieben Aktiva der Summe nach gesperrt, denen keine den Gesellschaftsgläubigern zugeordneten Passiva gegenüberstünden, so dass eine über den Schutzzweck des § 30 hinausschießende Bindung erzielt würde.[60] Nicht als Passivum zu berücksichtigen ist aus dem gleichen Grund **Gewinnvortrag.**[61] Soweit gemäß Art. 66 Abs. 5 EGHGB noch **Son-** 16

50 *Ekkenga*, in: MünchKommGmbHG, § 30 Rn. 110; *Habersack*, in: Ulmer/Habersack/Winter, GmbHG, § 30 Rn. 38.

51 BGHZ 124, 282, 285; *Ekkenga*, in: MünchKommGmbHG, § 30 Rn. 111; *Hommelhoff*, in: Lutter/Hommelhoff, GmbHG, § 30 Rn. 14.

52 BGH, ZIP 2008, 2217, 2219 Tz 11; *Habersack*, in: Ulmer/Habersack/Winter, GmbHG, § 30 Rn. 67. Zu Einzelheiten *Ekkenga*, in: MünchKommGmbHG, § 30 Rn. 112 ff.

53 Zum alten Recht h.M., BGH, WM 2008, 2215, 2216. Ausführlich *Ekkenga*, in: MünchKommGmbHG, § 30 Rn. 113 ff.; zur Bilanzierung vgl. *Adler/Düring/Schmaltz*, § 246 HGB Rn. 128 ff. Teilw. a.A. *Schulze-Osterloh*, WPg 1996, 97, 100. A.A. auch (mit Fehlinterpretation des BGH) OLG Schleswig, GmbHR 2009, 374, 376.

54 OLG Brandenburg, GmbHR 1998, 190; *Ekkenga*, in: MünchKommGmbHG, § 30 Rn. 122 f.; *Habersack*, in: Ulmer/Habersack/Winter, GmbHG, § 30 Rn. 39, jew. m. Nachw. zum Streitstand.

55 BGH, ZIP 2003, 2068, 2070; *Ekkenga*, in: MünchKommGmbHG, § 30 Rn. 117 f.; *Habersack*, in: Ulmer/Habersack/Winter, GmbHG, § 30 Rn. 38; *Hommelhoff*, in: Lutter/Hommelhoff, GmbHG, § 30 Rn. 15.

56 *Adler/Düring/Schmaltz*, § 249 HGB Rn. 28; *Ekkenga*, in: MünchKommGmbHG, § 30 Rn. 118.

57 *Ekkenga*, in: MünchKommGmbHG, § 30 Rn. 125; *Habersack*, in: Ulmer/Habersack/Winter, GmbHG, § 30 Rn. 33; *Schmolke*, § 30 Rn. 77. A.A. *Hommelhoff*, in: Lutter/Hommelhoff, GmbHG, § 30 Rn. 16.

58 *Hommelhoff*, in: Lutter/Hommelhoff, GmbHG, § 30 Rn. 11.

59 BGHZ 157, 72, 75; *Ekkenga*, in: MünchKommGmbHG, § 30 Rn. 109; *Habersack*, in: Ulmer/Habersack/Winter, GmbHG, § 30 Rn. 38; *Hueck/Fastrich*, in: Baumbach/Hueck, GmbHG, § 30 Rn. 16. In den Rücklagen sind auch Nachschüsse enthalten, zur Bilanzierung § 42 Rdn. 34.

60 Das meint die Lit. mit dem unglücklich gewählten Begriff »echte Passiva« (z.B. *Hommelhoff*, in: Lutter/Hommelhoff, GmbHG, § 30 Rn. 11). Die übliche Begründung, Rücklagen blieben außer Ansatz, weil sie das Reinvermögen nicht minderten, ist ein Zirkelschluss. Das Reinvermögen mindern Rücklagen gerade deshalb nicht, weil sie außer Ansatz bleiben.

61 BGHZ 157, 72, 75; *Habersack*, in: Ulmer/Habersack/Winter, GmbHG, § 30 Rn. 38; *Hueck/Fastrich*, in: Baumbach/Hueck, GmbHG, § 30 Rn. 16.

derposten mit Rücklageanteil (§§ 247 Abs. 3, 273, 281 Abs. 1 HGB a.F.) gebildet werden dürfen, ist der Rücklageanteil wie eine sonstige Rücklage zu behandeln, der Rückstellungsanteil wie eine sonstige Rückstellung.[62]

3. Unterbilanz und Überschuldungsbilanz

17 Notwendige Voraussetzung zur Feststellung eines Verbotsverstoßes ist das Bestehen einer **Unterbilanz.** Diese liegt vor, wenn das Reinvermögen der Gesellschaft das Stammkapital nicht mehr deckt.[63] Bilanzverluste sind nicht per se mit einer Unterbilanz gleichzusetzen, weil Auszahlungen aus Eigenkapitalposten außerhalb des gezeichneten Kapitals (Kapital- und Gewinnrücklagen, Gewinnvortrag) gedeckt sein können.[64] Zur Durchführung der Unterbilanzprüfung nach S. 1 und dem Zusammenspiel mit S. 2, Var. 2, Rdn. 39.

18 Sofern die Passiva die Aktiva übersteigen, liegt eine **Überschuldung** vor, für die § 30 Abs. 1 gleichfalls gilt.[65] **Bilanzielle Überschuldung** besteht, wenn sich die Überschuldung unter Zugrundelegung fortgeführter Buchwerte ergibt, echte/**materielle Überschuldung**, wenn die Passiva die Aktiva selbst bei Aufdeckung der stillen Reserven übersteigen.[66] Dritte Überschuldungsform ist die **insolvenzrechtliche Überschuldung** i.S.v. § 19 Abs. 2 S. 1 InsO. Insoweit sind nach § 19 Abs. 2 S. 2 InsO in der nach derzeitigem Stand bis 2014 geltenden Fassung Forderungen aus mit Rangrücktritt versehenen Gesellschafterdarlehen keine Verbindlichkeiten für die Zwecke der Feststellung einer Überschuldung. Die insolvenzrechtliche Überschuldungsbilanz ist basierend auf Verkehrswerten oder Liquidationswerten aufzustellen, d.h. stille Reserven sind offenzulegen.[67] Die vor dem MoMiG geltende Besonderheit bei sog. eigenkapitalersetzenden Darlehen, dass diese in der Überschuldungsbilanz zu passivieren waren, wenn kein qualifizierter Rangrücktritt vorlag,[68] wurde besei-

---

62 *Ekkenga*, in: MünchKommGmbHG, § 30 Rn. 120; *Habersack*, in: Ulmer/Habersack/Winter, GmbHG, § 30 Rn. 40; *Hueck/Fastrich*, in: Baumbach/Hueck, GmbHG, § 30 Rn. 16. Für vollständige Herausrechnung (d.h. mit Rückstellungsanteil) BFH, BB 2005, 2630, 2631; *Schmolke*, § 30 Rn. 74 m.w. Nachw.

63 BGHZ 31, 258, 276; *Ekkenga*, in: MünchKommGmbHG, § 30 Rn. 80; *Habersack*, in: Ulmer/Habersack/Winter, GmbHG, § 30 Rn. 28; *Hueck/Fastrich*, in: Baumbach/Hueck, GmbHG, § 30 Rn. 19.

64 *Altmeppen*, in: Roth/Altmeppen, GmbHG, § 30 Rn. 14; *Hueck/Fastrich*, in: Baumbach/Hueck, GmbHG, § 30 Rn. 19.

65 BGH, ZIP 2010, 978, 984 Tz 54; BGHZ 150, 61, 64; *Ekkenga*, in: MünchKommGmbHG, § 30 Rn. 80; *Habersack*, in: Ulmer/Habersack/Winter, GmbHG, § 30 Rn. 28, 42; *Hueck/Fastrich*, in: Baumbach/Hueck, GmbHG, § 30 Rn. 19, jew. m.Nachw. zur abw. älteren Rspr.

66 *Heidinger*, in: Michalski, GmbHG, § 30 Rn. 45.

67 BGH, ZIP 2005, 807; BGHZ 146, 264, 268; *Westermann*, in: Scholz, GmbHG, § 30 Nachtrag MoMiG Rn. 42.

68 Zuletzt BGH, ZIP 2010, 1078, 1079 Tz 6 m. Nachw.

tigt.[69] Zur insolvenzrechtlichen Überschuldungsbilanz Vor § 64 Rdn. 28 ff., zur insolvenzrechtlichen Lösung der Behandlung von Gesellschaftsdarlehen Vor § 64 Rdn. 81 ff.

4. Zeitpunkt

19 Die Unterbilanz muss im Auszahlungszeitpunkt bestehen oder mit der Auszahlung begründet werden. Der Beurteilungszeitpunkt hängt damit von der Frage ab, wann eine »Auszahlung« vorliegt. Hierzu Rdn. 20 ff.

II. Auszahlung

1. Auszahlungsbegriff

20 Angesichts des Schutzzwecks der §§ 30, 31 ist der Begriff der **Auszahlung** weit auszulegen.[70] Trotz der Verwendung verschiedener Begrifflichkeiten besteht Einigkeit darüber, dass weder eine Beschränkung auf Liquiditätsabfluss noch auf gegenstandsbezogene Vorgänge in Betracht kommt.[71] Um eine Auszahlung bejahen zu können, bedarf es keiner (handels-)bilanziellen Auswirkungen des Vorgangs.[72] § 30 Abs. 1 S. 1 definiert lediglich die Zulässigkeitsgrenzen von Auszahlungsvorgängen, ohne den Auszahlungsbegriff per se an bilanzielle Veränderungen zu knüpfen. Richtigerweise ist daher **zwischen** der **Feststellung einer Auszahlung und** der **Bemessung der Auszahlungswirkungen** zu **unterscheiden** (zu Letzteren Rdn. 25 ff.).[73] Anders ließe sich zudem nicht erklären, nach welchen Kriterien im Stadium der Unterbilanz bilanzneutrale, d.h. nach den aus der Bilanz ersichtlichen, fortgeführten Buchwerten ausgeglichene Auszahlungen einen Verstoß gegen § 30 Abs. 1 S. 1 begründen können (dazu Rdn. 26).

21 V.a. im Zshg. mit Darlehen und Sicherheiten wird darauf verwiesen, die **Verpflichtung zur Auszahlung** bzw. die **Bestellung** selbst könnten nicht Auszahlung sein, weil es wegen des Grundsatzes der fehlenden Bilanzierbarkeit schwebender Geschäfte (Darlehen) sowie aufgrund von § 251 HGB (Sicherheiten) an der Bilanzwirksamkeit

---

69 Zur Abschaffung des Eigenkapitalersatzrechts Begr. RegE BT-Drs. 16/6140, S. 42, 56. Darstellung des konzeptionellen Wandels bei *Gehrlein*, BB 2011, 3; *Schall*, Kapitalgesellschaftsrechtlicher Gläubigerschutz, 2009, S. 162 ff.

70 *Ekkenga*, in: MünchKommGmbHG, § 30 Rn. 127; *Habersack*, in: Ulmer/Habersack/Winter, GmbHG, § 30 Rn. 4.

71 BGHZ 31, 258, 276; BGH, NJW 1987, 1194, 1195; *Ekkenga*, in: MünchKommGmbHG, § 30 Rn. 127; *Habersack*, in: Ulmer/Habersack/Winter, GmbHG, § 30 Rn. 29; *Hueck/Fastrich*, in: Baumbach/Hueck, GmbHG, § 30 Rn. 33.

72 *Ekkenga*, in: MünchKommGmbHG, § 30 Rn. 140; *Fleck*, FS 100 Jahre GmbH-Gesetz, S. 391, 399 f.; *Habersack*, in: Ulmer/Habersack/Winter, GmbHG, § 30 Rn. 75; *Hueck/Fastrich*, in: Baumbach/Hueck, GmbHG, § 30 Rn. 62. A.A. *K. Schmidt*, GmbHR 2007, 1072, 1075; *Thiessen*, in: Bork/Schäfer, GmbHG, § 30 Rn. 35.

73 *Freitag*, Der Konzern 2011, 330, 335. Nicht zutreffend daher *Hueck/Fastrich*, in: Baumbach/Hueck, GmbHG, § 30 Rn. 40, soweit eine Auszahlung deshalb verneint wird, weil Auszahlungsfolgen unberücksichtigt blieben.

des Vorgangs fehle.[74] Diese Argumentation ist aus bilanzrechtlicher Sicht unvollständig und im Zshg. mit § 30 unscharf, soweit mit ihr begründet werden soll, dass der Zeitpunkt der Verpflichtung nicht »Auszahlung« sein könne.

22 Der Grundsatz der fehlenden Bilanzierbarkeit schwebender Geschäfte gilt nur für den Fall, dass sich im Zeitpunkt der Verpflichtung Leistung und Gegenleistung ausgeglichen gegenüberstehen.[75] Drohen Verluste, sind Drohverlustrückstellungen nach § 249 Abs. 1 S. 1, Var. 2 HGB zu bilden, so dass Bilanzwirksamkeit vorliegt. Ähnliches gilt für Eventualverbindlichkeiten wie Sicherheiten, die nur dann nach § 251 HGB unter der Bilanz auszuweisen sind, wenn nicht mit der Inanspruchnahme gerechnet wird. In letzterem Fall sind Verbindlichkeitsrückstellungen nach § 249 Abs. 1 S. 1, 1.Var. HGB zu bilden.[76] Zwar ist mit der Passivierung zugleich ein Rückgriffsanspruch (etwa der bürgenden Gesellschaft gegen den Gesellschafter als Hauptschuldner) zu aktivieren.[77] Doch wird dieser die Höhe der Rückstellung kaum ausgleichen können.[78] Im Ergebnis ist damit bilanzrechtlich eine Prüfung der Gleichwertigkeit der Leistungsverpflichtung der Gesellschaft mit den Ansprüchen gegen den begünstigten Gesellschafter bereits im Verpflichtungszeitpunkt zwingend notwendig und eine Bilanzveränderung möglich.[79] Der Verweis auf das Bilanzrecht allein erklärt damit nicht, warum die Verpflichtung zur Bestellung eines Darlehens oder die Bestellung einer Sicherheit sub specie der bilanzrechtlichen Betrachtungsweise (unten Rdn. 24) nicht als Ausschüttung gewertet werden können.[80] Zu den maßgeblichen Zeitpunkten der Unterbilanzprüfung unten Rdn. 29 ff.

---

74 Z.B. KG, NZG 2000, 479, 481; *Dampf*, Der Konzern 2007, 157, 164; *Heidinger*, in: Michalski, GmbHG, § 30 Rn. 95.

75 BFH, (GrS) BStBl. II 1997, 735, 737 f.; *Adler/Düring/Schmaltz*, § 249 HGB Rn. 135. Zwar ist der handelsbilanzrechtliche Bewertungsrahmen für die Ausgeglichenheit großzügig, vgl. *Ballwieser*, in: MünchKommHGB, § 249 Rn. 62 ff. Doch dürfte in Fällen von Leistungen an Gesellschafter keine derartige wirtschaftliche Rechtfertigung in Betracht kommen.

76 Sh. *Adler/Düring/Schmaltz*, § 251 HGB Rn. 5, § 249 Rn. 47.

77 *Adler/Düring/Schmaltz*, § 251 HGB Rn. 53.

78 Da die Inanspruchnahme der Bürgschaft gerade auf der Zahlungsunfähigkeit des Gesellschafters beruht. Daran ändert sich nichts, wenn man wie *Mülbert*, ZGR 1995, 578, 588, berücksichtigt, dass die Drohverlustrückstellung keine kalkulatorischen Kosten und Gewinnaufschläge enthält.

79 Allein auf diese Möglichkeit kommt es an, nicht auf die Häufigkeit solcher Fälle. A.A. wohl *Mülbert*, ZGR 1995, 578, 588.

80 Vgl. bereits *Kleffner*, Erhaltung des Stammkapitals und Haftung nach §§ 30, 31 GmbHG, 1994, S. 48. Das gilt auch dann, wenn man einer Ansicht im Schrifttum folgt, nach der bei verdeckten Vorteilszuwendungen an Gesellschafter eine Ergebnisverwendung vorliege (etwa *Sieker*, ZGR 1995, 250, 269 m. Nachw.; diese Ansicht beruht auf der abzulehnenden Prämisse des Ausweises von Umsatzerlösen zu Marktpreisen; zu Recht a.A. *Adler/Düring/Schmaltz*, § 277 HGB Rn. 28b). Denn die fehlende Bilanzwirksamkeit ergäbe sich hier nicht aus § 251 oder dem Grundsatz der fehlenden Bilanzierung schwebender Geschäfte, sondern schon aus der Qualifizierung des Vorganges als avisierte Ergebnisverwendung, so dass von vornherein im Verpflichtungszeitpunkt keine Bilanzierung nach den im Text genannten Grundsätzen in Betracht käme.

Rahmenvereinbarungen wie Cash-Management-Verträge, die auf mehrfache Mittelabflüsse in der Zukunft gerichtet sind, bedürfen differenzierter Betrachtung. Jede Auszahlung ist einzeln an § 30 Abs. 1 S. 1 zu messen.[81] Zum **Cash-pooling** Rdn. 55 ff. 23

2. Bilanzielle Betrachtungsweise; Auszahlungsbemessung

a) Bilanzielle Betrachtungsweise. Der BGH hat im »Novemberurteil« entschieden, bei Unterbilanz der Gesellschaft sei »nicht nur der bilanzielle Wert des Gesellschaftsvermögens zu wahren, sondern auch dessen reale Substanz zusammenzuhalten.«[82] Ein vollwertiger Anspruch auf Rückzahlung eines Darlehens sei nicht sofort realisierbar und könne die Auszahlung der Valuta daher nicht neutralisieren. Im Rahmen der sog. Rückkehr zur sog. »**bilanziellen Betrachtungsweise**« wurde dem mit § 30 Abs. 1 S. 2, Var. 2, eine Absage erteilt.[83] Das Vorliegen einer Unterbilanz wird ausgehend vom Jahresabschluss berechnet (Rdn. 25 ff.).[84] Die »Rückkehr« bezieht sich nur auf die Ablehnung der im Novemberurteil vorgenommenen Ausblendung eines vollwertigen Gegenanspruches.[85] 24

b) Auszahlungsbemessung. Besteht noch **keine Unterbilanz**, gilt allein die **Beurteilung anhand handelsbilanzrechtlicher Grundsätze**, d.h. anhand fortgeführter Buchwerte. So kann mit der Übertragung stiller Reserven keine Unterbilanz begründet werden.[86] Für die Nichtberücksichtigung von stillen Reserven außerhalb des Unterbilanzstadiums wird auch geltend gemacht, diese Vereinfachung sei wegen der mit der Bewertung stiller Reserven verbundenen Unsicherheit notwendig.[87] 25

Bei schon **bestehender Unterbilanz** wird die **Übertragung stiller Reserven, Dienstleistungen, Nutzungsüberlassungen** sowie **nicht aktivierbarer immaterieller Vermögensgegenstände** (insbes. Markenrechte, selbst geschaffener Firmenwert, gewerbliche Schutzrechte) in zweifacher Hinsicht anders behandelt als in der Handelsbilanz: Die Positionen werden überhaupt **in Ansatz** gebracht, zudem werden sie **nach Verkehrs-** 26

81 *Habersack*, in: Ulmer/Habersack/Winter, GmbHG (Erg.bd.), § 30 Rn. 28; *Vetter*, in: Goette/Habersack, Das MoMiG in Wissenschaft und Praxis, S. 107, 127. A.A. *Hommelhoff*, in: Lutter/Hommelhoff, GmbHG, § 30 Rn. 38 (bereits Rahmenvertrag Auszahlung).

82 BGHZ 157, 72, 76. Vgl. aus der Lit. noch *Habersack*, in: Ulmer/Habersack/Winter, GmbHG, § 30 Rn. 43 ff.

83 Begr. RegE BT-Drs. 16/6140, S. 41. Zur Reichweite der »Rückkehr« kritisch *Habersack*, in: Ulmer/Habersack/Winter, GmbHG (Erg.bd.), § 30 Rn. 8.

84 BGH, NZG 2011, 783, 784 Tz. 17; *Drygala/Kremer*, ZIP 2007, 1289, 1292; *Ekkenga*, in: MünchKommGmbHG, § 30 Rn. 198.

85 *Ekkenga*, in: MünchKommGmbHG, § 30 Rn. 198.

86 *Ekkenga*, in: MünchKommGmbHG, § 30 Rn. 200; *Stimpel*, FS 100 Jahre GmbH-Gesetz, 1992, S. 335, 340.

87 *Habersack*, in: Ulmer/Habersack/Winter, GmbHG, § 30 Rn. 34; *Hommelhoff*, in: Lutter/Hommelhoff, GmbHG, § 30 Rn. 12.

werten bewertet.[88] Denn im Unterbilanzstadium zählt allein das Interesse der Gläubiger, der Gesellschaft keine Vermögenswerte zugunsten der Gesellschafter zu entziehen.[89] Das impliziert eine Bewertung zu Verkehrswerten.

27 Stille Reserven sollen auch dann nicht berücksichtigt werden, **wenn** die Bilanz vor der Auszahlung ausgeglichen war und die **Auszahlung** die **Unterbilanz** lediglich **herbeigeführt** hat.[90] Das ist abzulehnen. Für eine differenzierte Betrachtung, je nachdem, ob eine Auszahlung eine Unterbilanz vertieft oder »lediglich« herbeiführt, existiert kein triftiger Grund. Wenn bereits aufgrund der Buchwertbetrachtung feststeht, dass die Ausschüttung gegen Abs. 1 S. 1 verstößt, kann dieser Gedanke keine Relevanz mehr haben. Anderenfalls ergäben sich nicht zu rechtfertigende Wertungswidersprüche.[91] **Entgegen** der **h.M. sind** daher **Auszahlungen, die unter Zugrundelegung des Buchwertes** des ausgeschütteten Gegenstandes eine **Unterbilanz** bloß **herbeiführen, hinsichtlich** der **Ausschüttungsbewertung nach Verkehrswerten zu berechnen.** Dass bei ausgeglichener Bilanz die Übertragung stiller Reserven keine Unterbilanz auslöst, wenn der Kaufpreis den Buchwert voll abdeckt,[92] ist kein überzeugender Gegeneinwand. Wenn im Unterbilanzstadium für den Ansatz des Verkehrswertes, also für die Aufdeckung stiller Reserven, argumentiert wird, den Gesellschaftern dürften stille Reserven nicht belassen werden,[93] gilt dies genauso für die anhand von Buchwerten bemessene Herbeiführung der Unterbilanz. Die Gefährdung der Gläubigerinteressen steht damit ebenfalls fest. Die Ergebnisse der h.M. als systembedingte Folge der bilanziellen Betrachtungsweise abzutun, überzeugt nicht. Für die hier vertretene Ansicht sprechen vielmehr Ratio und Wortlaut von § 30 Abs. 1: Verboten ist jede Auszahlung, die eine Unterbilanz vertieft oder herbeiführt. Dann liegt – nach allg. M. (!) – ein Verstoß gegen § 30 Abs. 1 S. 1 vor. Zudem greift das Argument der vereinfachten Prüfung (Rdn. 25) nicht, weil die Herbeiführung der Unterbilanz nach fortgeführten Buchwerten und damit anhand relativ einfach nachzuvollziehender Werte festgestellt wird. So bleibt auch der Grundsatz der bilanziellen Betrachtungsweise gewahrt (dazu noch unten Rdn. 38).

28 Die §§ 30, 31 gelten für die **verdeckte Sacheinlage**, wenn das Gesellschaftsvermögen dadurch gemindert wird, dass der Wert der eingelegten Sache für die Deckung der Bareinlageforderung im Wege der Anrechnung nicht ausreicht und die Gesellschaft eine zusätzliche Gegenleistung erbracht hat (zur Anrechnung nach § 19 Abs. 4 siehe

---

88 *Drygala/Kremer*, ZIP 2007, 1289, 1292; *Gehrlein*, Der Konzern 2007, 771, 786; *Ekkenga*, in: MünchKommGmbHG, § 30 Rn. 196, 200 f.

89 *Habersack*, in: Ulmer/Habersack/Winter, GmbHG, § 30 Rn. 43.

90 *Ekkenga*, in: MünchKommGmbHG, § 30 Rn. 200.

91 Bsp. : Die Auskehr eines Grundstückes zum Buchwert 5/Verkehrswert 10 führte bei einem Reinvermögen der Gesellschaft von 1 die Unterbilanz in Höhe von 4 herbei, während der gleiche Vorgang bei einer Unterbilanz von –1 eine Vertiefung der Unterbilanz um 10 auf –11 verursachte.

92 *Ekkenga*, in: MünchKommGmbHG, § 30 Rn. 200, für Dienstleistungen und Nutzungsüberlassungen Rn. 202.

93 *Habersack*, in: Ulmer/Habersack/Winter, GmbHG, § 30 Rn. 43.

§ 19 Rdn. 44 ff.). In diesem Fall erlangt der Inferent einen Vorteil in Form der an ihn erbrachten Gegenleistung der Gesellschaft in Höhe des Teils der Gegenleistung, der den Nominalbetrag der Bareinlage übersteigt.[94] Der Teil der Gegenleistung in Höhe der Differenz zwischen anrechenbarem Wert der Sache und dem Nominalbetrag der Bareinlage unterfällt dagegen nicht §§ 30, 31, weil der Inferent aufgrund seiner fortbestehenden Einlagepflicht anderenfalls doppelt zahlen müsste.[95]

3. Einzelfälle

a) **Sicherheiten**. Prinzipiell kommen drei Vorgänge als Auszahlungszeitpunkt in Betracht: Die Verpflichtung zur Bestellung der Sicherheit, die Bestellung der Sicherheit sowie die Verwertung der Sicherheit.[96] Der Zeitpunkt der Verpflichtung zur Bestellung ist nicht maßgeblich.[97] Auch wenn u.U. schon Bilanzwirksamkeit vorliegt (Rdn. 22), vermag dies den Zeitpunkt der Unterbilanzprüfung nicht zu determinieren. Diese ist zwar anhand der Bilanz vorzunehmen (oben Rdn. 25), doch löst nicht umgekehrt jede Bilanzveränderung die Notwendigkeit einer Unterbilanzprüfung aus. Maßgeblich ist im Zusammenhang mit § 30 vielmehr, dass der tatsächliche Vermögensabfluss, dessen Ausgleich durch einen Rückzahlungsanspruch fraglich sein kann, erst später stattfindet – nämlich im Zeitpunkt der (zivilrechtlichen) Leistung zur Erfüllung der Verpflichtung. Frühestens jetzt wird den Gläubigern die Möglichkeit entzogen, insoweit auf das Vermögen der Gesellschaft zuzugreifen.[98] Vorher existiert nicht mehr als eine bloße Vermögensgefährdung.[99] Da demnach der konkrete Entzug von Vermögen maßgeblich ist,[100] bedarf es der **Differenzierung zwischen dinglichen** und **schuldrechtlichen Sicherheiten:**[101] 29

94 BGH, ZIP 2010, 978, 984 Tz 59.

95 BGH, ZIP 2010, 978, 984 Tz 59.

96 Überblicke bei *Ekkenga*, in: MünchKommGmbHG, § 30 Rn. 138 f.; *Dampf*, Der Konzern 2007, 157, 159 f.

97 A.A. *Bayer/Lieder*, ZGR 2005, 133, 146; *Habersack*, in: Ulmer/Habersack/Winter, GmbHG (Erg.bd.), § 30 Rn. 25 (für Verpflichtung ggü. Gesellschafter, Drittem Sicherheit zu bestellen); *Stimpel*, FS 100 Jahre GmbH-Gesetz, S. 335, 336.

98 I.Erg. auch *Joost*, ZHR 148 (1984), 27, 31; *Kleffner*, (Fußn. 80), S. 49.

99 Treffend für schuldrechtliche Sicherheiten BGHZ 173, 1, 11 Tz 24. Kritisch *Winter*, DStR 2007, 1484, 1488. Inkonsequent *Freitag*, Der Konzern 2011, 330, 335 f., der wegen des Abstellens auf die zivilrechtliche Belastung des Gesellschaftsvermögens die Verpflichtung der Gesellschaft für maßgeblich halten müsste.

100 Nicht die Erfüllung einer Verpflichtung i.S.v. § 362 Abs. 1 BGB (a.A. *Winter*, DStR 2007, 1484, 1488). Auszahlung i.S.v. § 30 und Erfüllung können, müssen aber nicht zusammenfallen.

101 *Ekkenga*, in: MünchKommGmbHG, § 30 Rn. 140. A.A. z.B. *Bayer/Lieder*, ZGR 2005, 133, 146; *Freitag*, Der Konzern 2011, 330, 336. Zumindest keine ausdrückliche Differenzierung bei *Habersack*, in: Ulmer/Habersack/Winter, GmbHG (Erg.bd.), § 30 Rn. 24; *Hueck/Fastrich*, in: Baumbach/Hueck, GmbHG, § 30 Rn. 58 f.

30 aa) **Dingliche Sicherheiten.** Richtiger Ansicht nach ist bei **dinglichen Sicherheiten** die **Bestellung** der **maßgebliche Zeitpunkt.**[102] Mit diesem Akt wird der Gegenstand in Höhe der Belastung aus dem Vermögen der Gesellschaft ausgegliedert. Dass die Gesellschaft ihn möglicherweise weiter nutzen darf, ist ohne Belang. Denn die Gläubiger verlieren die Zugriffsmöglichkeit.[103] Das wirtschaftliche Risiko verlagert sich auch bei einer bestehenden Sicherungsabrede zulasten der Gesellschaft. In der Insolvenz des Sicherungsnehmers kann die Gesellschaft zwar ein Aussonderungsrecht (§ 47 InsO) geltend machen. Das setzt aber Fortfall des Sicherungszwecks oder Tilgung der gesicherten Forderung voraus.[104] Im Ergebnis wird die Gesellschaft also zahlen müssen, wenn sie den Gegenstand zurückerlangen möchte.[105] Der Vermögenswertentzug wird perpetuiert.

31 Eine Verschlechterung des Anspruchs gegen den Gesellschafter zwischen Bestellung und Verwertung ist – wie beim Darlehen[106] – nicht relevant.[107] Gleiches gilt für dingliche Sicherungsrechte, deren Wirksamwerden von einer **aufschiebenden Bedingung** abhängig gemacht wird, wenn die Voraussetzungen für die Entstehung eines Anwartschaftsrechts auf den Sicherungsgegenstand gegeben sind. Zwar fehlt es vor Bedingungseintritt an der Übertragung des Vollrechts. Doch kann das Anwartschaftsrecht und das Erstarken zum Vollrecht von der Gesellschaft nicht mehr vereitelt werden (§ 161 Abs. 1 BGB). Zivilrechtlich ist die Lage mit der Übertragung des Vollrechts gleichzusetzen. Bedeutung hat dies etwa für Leveraged Buyouts (sh. noch Rdn. 60).[108]

---

102 *Drygala/Kremer,* ZIP 2007, 1289, 1295; *Ekkenga,* in: MünchKommGmbHG, § 30 Rn. 140; *Gehrlein,* Der Konzern 2007, 771, 785; *Habersack,* in: Ulmer/Habersack/Winter, GmbHG (Erg.bd.), § 30 Rn. 24 (Einschränkung in Rn. 25 für Sicherheiten zugunsten Dritter: Zeitpunkt der Verpflichtung zur Bestellung ggü. Gesellschafter; sh. noch im Text Rdn. 33); Hueck/*Fastrich,* in: Baumbach/Hueck, GmbHG, § 30 Rn. 60; *Schall* (Fn. 69), S. 161. Offengelassen von BGHZ 173, 1, 11 Tz 25; der BGH sieht die Verwertung jedoch »jedenfalls« als Auszahlung an. Für Abstellen auf Verwertung etwa *Tillmann,* NZG 2008, 401, 404; *Vetter,* in: Goette/Habersack (Fn. 81), S. 107, 137 f. (sofern keine Unterbilanz im Zeitpunkt der Sicherheitenbestellung bestand).

103 Etwa weil die Grundschuld, mit der das von der Gesellschaft weiter genutzte Grundstück belastet ist, den Gläubigern im Rang (und damit im Verwertungsfall) vorgeht. Wie hier *Ekkenga,* in: MünchKommGmbHG, § 30 Rn. 140; *Schön,* ZHR 159 (1995), 351, 358 f. A.A. *Winkler/Becker,* ZIP 2009, 2361, 2364.

104 Sh. Jaeger/*Henckel,* InsO, Bd. 1, 2004, § 47 Rn. 58; *Brinkmann,* in: Uhlenbruck (Fn. 21), § 47 Rn. 36, 55 (zum Sicherungseigentum).

105 Übersehen von *Winkler/Becker,* ZIP 2009, 2361, 2364.

106 Begr. RegE BT-Drs. 16/6140, S. 41.

107 *Gehrlein,* Der Konzern 2007, 771, 785; *Hueck/Fastrich,* in: Baumbach/Hueck, GmbHG, § 30 Rn. 43, 63. Zu den Überwachungspflichten des Geschäftsführers *Altmeppen,* in: Roth/Altmeppen, GmbHG § 30 Rn. 131 ff.

108 Zum weiteren Problem der Informationsweitergabe durch die Geschäftsleiter *Kuntz,* Informationsweitergabe durch die Geschäftsleiter beim Buyout unter Managementbeteiligung, 2009.

32 **Ob** im Zeitpunkt der Sicherheitenbestellung **bereits** eine **Unterbilanz bestand**, ist **unerheblich**.[109] Es ist inkonsistent, bei bestehender Unterbilanz in der Bestellung der Sicherheit eine »reale Vermögensübertragung« zu sehen, diese aber, trotz Einordnung des Verfügungsgeschäfts als Auszahlung, mit dem Argument zu verneinen, Bestellungsakt und Verwertung seien eine zusammengesetzte Vermögensminderung.[110] Es geht nicht darum, bei der Bestellung der Sicherheit eine Vermögensminderung oder die Inanspruchnahme der Sicherheit »zu fingieren«.[111] Im Gegenteil ist gerade unter bilanzrechtlichen Gesichtspunkten die Heranziehung des Bestellungszeitpunktes möglich und angesichts der Rückkehr zur bilanziellen Betrachtungsweise konsequent (sh. Rdn. 21, 30).

33 Einer **Differenzierung danach**, **ob** die **Sicherheit für eine Verbindlichkeit des Gesellschafters gegenüber einem Dritten** gestellt wird **oder ob** der **Gesellschafter** als Gläubiger eines Dritten **selbst Sicherungsnehmer** ist, **bedarf es nicht**.[112] Die Vermögensminderung tritt bei dinglichen Sicherheiten bereits mit der Verfügung über das Recht der Gesellschaft ein. Die Inanspruchnahme einer dem Gesellschafter als Sicherungsnehmer zur Verfügung gestellten Sicherheit nochmals der Kontrolle nach § 30 zu unterwerfen,[113] setzt voraus, prinzipiell zwei Auszahlungen hinsichtlich des gleichen Vermögensgegenstandes für möglich zu halten, die Bestellung und die Verwertung.[114] Dann ist es inkonsequent, die Bestellung der Sicherheit mit dem Argument der Kontrolle des § 30 zu entziehen, die Inanspruchnahme dürfe ebenfalls nicht gegen § 30 verstoßen.[115] Eine derartige doppelte Prüfung ist abzulehnen. Sie entspricht nicht der Konzeption des Gesetzes – die Ausschüttung eines Darlehens wird ebenfalls nur bei Valutierung geprüft, nicht schon bei Vertragsschluss, obwohl dies möglich wäre (vgl. oben Rdn. 31).[116] Zudem findet der tatsächliche Vermögensabfluss bereits im Bestellungszeitpunkt statt – mit der Einräumung des dinglichen Rechts wird der Vermögensgegenstand aus dem Gesellschaftsvermögen ausgegliedert (Rdn. 30). Sh. zu einer Vorverlegung des Prüfungszeitpunkts auf die Verpflichtung zur Bestellung noch Rdn. 34 a.E.

---

109 A.A. *Vetter*, in: Goette/Habersack (Fn. 81), S. 107, 136 f. Gegen ihn zu Recht *Habersack*, in: Ulmer/Habersack/Winter, GmbHG (Erg.bd.), § 30 Rn. 17.

110 So *Vetter*, in: Goette/Habersack (Fn. 81), S. 107, 136 (4.76), 137 f. (4.82).

111 A.A. *Habersack*, in: Ulmer/Habersack/Winter, GmbHG, § 30 (Erg.bd.) § 30 Rn. 17; *Vetter*, in: Goette/Habersack (Fn. 81), S. 107, 137.

112 A.A. z.B. *Habersack*, in: Ulmer/Habersack/Winter, GmbHG (Erg.bd.), § 30 Rn. 25; *Hueck/Fastrich*, in: Baumbach/Hueck, GmbHG, § 30 Rn. 60 ff.; *Stimpel*, FS 100 Jahre GmbH-Gesetz, S. 335, 354 ff.

113 So *Hueck/Fastrich*, in: Baumbach/Hueck, GmbHG, § 30 Rn. 60.

114 Konsequent *Hommelhoff*, in: Lutter/Hommelhoff, GmbHG, § 30 Rn. 8.

115 So jedoch *Hueck/Fastrich*, in: Baumbach/Hueck, GmbHG, § 30 Rn. 60.

116 Vgl. Begr. RegE BT-Drs. 16/6140, S. 41.

34 **bb) Schuldrechtliche Sicherheiten.** Schuldrechtliche Sicherheiten wie Bürgschaften sind erst **im Zeitpunkt der Verwertung/Inanspruchnahme** zu beurteilen.[117] Die Übernahme des Delkredererisikos ist gesondert zu bewerten.[118] Dass die Gesellschaft Dritten gegenüber die Sicherheit bedienen muss, selbst wenn die Verwertung eine Unterbilanz erzeugt oder eine solche vertieft, hat nichts mit der Frage der Bestimmung des Auszahlungszeitpunkts zu tun. Dieser Umstand liefert insbesondere keinen Sachgrund, etwa eine Bürgschaft im Bestellungszeitpunkt oder sogar schon im Zeitpunkt der Übernahme der Verpflichtung zur Bestellung kapitalerhaltungsrechtlich zu prüfen.[119] Bei der Stellung einer Bürgschaft zugunsten eines Dritten für die Schuld eines Gesellschafters handelt es sich bei genauer Betrachtung um ein Darlehen in Form eines Avalkredits an den Gesellschafter,[120] so dass unter dem Gesichtspunkt der Systemkonformität eher das Abstellen auf den Zeitpunkt der Valutierung naheliegt. Überdies wäre mit der Vorverlagerung des Prüfungszeitpunktes nichts gewonnen. Wenn Leistungspflicht und Rückgriffsanspruch gleichwertig sind, später der tatsächliche Vermögensabfluss jedoch gegen § 30 verstieße (Prüfung unterstellt), könnte die Gesellschaft nicht auf § 31 rekurrieren. Die Gültigkeit des Geschäfts i.Ü. vorausgesetzt, gingen die übrigen Gläubiger leer aus. Denn den bürgerlich-rechtlichen Rückgriffsanspruch wird der Gesellschafter, insbesondere in Fällen von Leveraged Buyouts,[121] nicht bedienen können.[122] Wäre die Inanspruchnahme der Bürgschaft zulässig, weil im Bestellungszeitpunkt keine Unterbilanz vorlag oder verursacht wurde, schiede auch ein Rückgriff gegen die übrigen Gesellschafter nach § 31 Abs. 3 S. 1 aus. I. Erg. erzielte man das gläubigerunfreundlichste Resultat.[123] Letzteres gilt mutatis mutandis auch für eine Vorverlagerung des Prüfungszeitpunktes bei dinglichen Sicherheiten.

35 **cc) »Limitation Language«.** Limitation Language«, d.h. privat vereinbarte Ausschüttungssperren, sind allenfalls ein faktischer Schutz vor Verletzung des Auszahlungsverbots, können aber nicht den Verstoß gegen § 30 verhindern.[124] Anderenfalls ließe man die (unzulässige) private Abbedingung der §§ 30, 31 zu. Von Bedeutung

---

117 BGHZ 173, 1, 10 f. Tz 24; *Ekkenga*, in: MünchKommGmbHG, § 30 Rn. 140. A.A. *Habersack*, in: Ulmer/Habersack/Winter, GmbHG (Erg.bd.), § 30 Rn. 24; *Schön,* ZHR 159 (1995), 351, 362.

118 Vgl. *Ekkenga*, in: MünchKommGmbHG, § 30 Rn. 140.

119 A.A. *Habersack*, in: Ulmer/Habersack/Winter, GmbHG (Erg.bd.), § 30 Rn. 25 (Verpflichtung zur Bestellung); *Heidinger*, in: Michalski, GmbHG, § 30 Rn. 93 (Bestellungszeitpunkt) unter Hinweis auf BGH, WM 1982, 1402.

120 *Ekkenga*, in: MünchKommGmbHG, § 30 Rn. 132.

121 Zur Kapitalerhaltung bei LBOs z.B. *Lutter/Wahlers*, AG 1989, 13; *Riegger*, ZGR 2008, 233. Siehe auch Rdn. 31, 60.

122 *Tillmann*, NZG 2008, 401, 405.

123 Nicht überzeugend daher *Habersack*, in: Ulmer/Habersack/Winter, GmbHG (Erg.bd.), § 30 Rn. 25.

124 Insofern zumindest unscharf *Heidinger*, in: Michalski, GmbHG, § 30 Rn. 96; *Thiessen*, in: Bork/Schäfer, GmbHG, § 30 Rn. 86.

und unter diesem Gesichtspunkt anzuraten sind solche vertraglichen Verwertungsbeschränkungen jedoch hinsichtlich der Geschäftsführerhaftung nach § 43 Abs. 3.[125]

b) **Verzicht auf Gewinne und Gewinnaussichten**. Da der Auszahlungsbegriff keine bilanzielle Veränderung voraussetzt (Rdn. 20), können grunds. alle nach allg. Zivilrecht erfassbaren Vermögensübertragungen als Auszahlung in Betracht kommen. Dazu gehört etwa der Verzicht auf die Wahrnehmung von **Geschäftschancen** zugunsten eines Gesellschafters, sofern eine hinreichende Konkretisierung der Chance als Chance der Gesellschaft besteht.[126] Ein endgültiger **Verzicht** auf eine Forderung ist an § 30 zu messen, weil die Gesellschaft unmittelbar einen Vermögensbestandteil aufgibt.[127] **Stundungen** und vergleichbare Maßnahmen, etwa das tatsächliche »**Stehenlassen**« eines Darlehens, sind der Sache nach Darlehen und deshalb nicht per se problematisch, vielmehr gelten die allg. Grundsätze zur Darlehensvergabe.[128] Die Ausschüttung liegt in der Stundung oder der erstmaligen tatsächlich unterlassenen Geltendmachung ab Fälligkeit.[129] Ob die Geltendmachung lediglich aufgrund eines Versehens unterlassen wurde, etwa weil eine Verrechnungsabrede unerkannt unwirksam ist, spielt für § 30 keine Rolle.[130] Ein mit der Nichtgeltendmachung verbundener **Verzicht auf** eine **Avalprovision oder** auf **Zinsen** ist erst für die Frage der Deckung durch eine vollwertige Gegenforderung relevant.[131] Das gilt auch für den Verzicht auf eine Avalprovision, wenn die Gesellschaft einem Gesellschafter eine Sicherheit bestellt, sofern die Gesellschaft keine vergleichbaren Geschäfte mit Dritten vornimmt.[132] Mit einer derartigen Ausnahme ließe sich Satz 2, der gerade das Cashpooling erfassen soll,[133] einfach aushebeln.[134] Sh. noch unten Rdn. 55 ff.

36

125 *Vetter*, in: Goette/Habersack (Fn. 81), S. 107, S. 139 f. Zu möglichen Klauselinhalten *Kollmorgen/Santelmann/Weiß*, BB 2009, 1818, 1821.

126 *Hueck/Fastrich*, in: Baumbach/Hueck, GmbHG, § 30 Rn. 34; Kritisch *Ekkenga*, in: MünchKommGmbHG, § 30 Rn. 203. Zu den Kriterien der Zuordnung einer Geschäftschance *Kuntz* (Fn. 108), S. 175 ff. m. umf. Nachw. von Lit. und Rspr. und § 43 Rdn. 40.

127 *Ekkenga*, in: MünchKommGmbHG, § 30 Rn. 226; *Habersack*, in: Ulmer/Habersack/Winter, GmbHG, § 30 Rn. 79.

128 Vgl. BGH, NJW 2000, 1571; BGHZ 122, 333, 338; *Ekkenga*, in: MünchKommGmbHG, § 30 Rn. 224; *Habersack*, in: Ulmer/Habersack/Winter, GmbHG, § 30 Rn. 79; *Hueck/Fastrich*, in: Baumbach/Hueck, GmbHG, § 30 Rn. 57. Verkannt von OLG Stuttgart, ZIP 2007, 275, 279.

129 *Stimpel*, FS 100 Jahre GmbH-Gesetz, S. 335, 353. Zur fehlenden Einziehung und Problemen der bilanzrechtlichen Folgebewertung *Ekkenga*, in: MünchKommGmbHG, § 30 Rn. 241, 243.

130 Vgl. BGHZ 122, 333, 338; *Ekkenga*, in: MünchKommGmbHG, § 30 Rn. 226.

131 So wohl auch *Drygala/Kremer*,ZIP 2007, 1289, 1293.

132 A.A. *Hueck/Fastrich*, in: Baumbach/Hueck, GmbHG, § 30 Rn. 34a a.E.

133 Vgl. Begr. RegE BT-Drs. 16/6140, S. 41.

134 *Ekkenga*, in: MünchKommGmbHG, § 30 Rn. 237.

37 c) **Downstream-Verschmelzungen.** Downstream-Verschmelzungen mit Übergang der Schulden der Erwerbsgesellschaft auf die Zielgesellschaft (**debt-push-down**) **führen** i.d.R. zu einer **unzulässigen Auszahlung**: Die Auszahlung liegt in dem Übergang der Verpflichtung auf die Zielgesellschaft gemäß § 20 Abs. 1 Nr. 1 UmwG. Die i.d.R. damit einhergehende Überschuldung der Zielgesellschaft, die nicht durch den Firmenwert oder stille Reserven ausgeglichen wird, führt regelmäßig zum Verstoß gegen § 30 Abs. 1.[135] Zur Vermögensmehrung auf Seiten des Gesellschafters Rdn. 64.

4. Deckung mit vollwertiger Gegenleistung, Abs. 1 S. 2, Var. 2

38 a) **Umsetzung der »bilanziellen Betrachtungsweise«.** Abs. 1 S. 2, Var. 2, ist die gesetzgeberische Abkehr vom Novemberurteil (Rdn. 24) des BGH. Beseitigt werden sollte die »Unsicherheit über die Zulässigkeit von Darlehen und anderen Leistungen mit Kreditcharakter durch die GmbH an Gesellschafter (upstream-loans) [...]und der [...] Praxis des sog. Cash-Pooling [...].«[136] Das Bestehen eines vollwertigen Gegenanspruchs, der die Leistung deckt, führt nicht dazu, dass bereits keine Auszahlung anzunehmen ist,[137] der vollwertige Gegenanspruch wirkt sich vielmehr wie folgt aus: Die – bilanzunabhängig festzustellende (Rdn. 20) – Auszahlung wird durch die Deckung mit Hilfe des Gegenanspruchs lediglich neutralisiert und führt als bloßer Aktiventausch deshalb nicht zu einer Verringerung des zur Erhaltung des Stammkapitals erforderlichen Vermögens.

39 Daraus ergibt sich für die Prüfung eines Verstoßes gegen das Kapitalerhaltungsgebot unter Berücksichtigung des S. 2, Var. 2, diese Ordnung: Berechnung des Reinvermögens nach den in Rdn. 10 ff. erläuterten Maßgaben – Feststellung einer Auszahlung unabhängig von der Bilanz (Rdn. 20) – Auszahlungsbemessung (Rdn. 24 ff.) – Stammkapital nicht mehr gedeckt? – falls nicht gedeckt (schon bestehende Unterbilanz oder Herbeiführung einer Unterbilanz, Rdn. 17), Einbeziehung der Gegenleistung nach den Vorgaben von Satz 2, Var. 2 – bei Erfüllung der Voraussetzungen der Norm Auszahlung ohne Verstoß gegen § 30 möglich.

40 b) **Schuldner des Gegenanspruchs.** Der Gegenanspruch muss sich **nicht zwingend gegen den Gesellschafter** richten. Aus Gläubigersicht ist irrelevant, ob das Vermögen nicht vermindert wird, weil die Auszahlung durch einen vollwertigen Gegenanspruch gegen den Gesellschafter oder durch einen solchen gegen einen Dritten gedeckt ist.[138] Das gilt insbesondere bei Auszahlungen, deren direkter Empfänger ein Dritter ist, etwa als Sicherungsnehmer (Rdn. 65).

---

135 Näher *Klein/Stephanblome,* ZGR 2007, 351, 383 ff. m. w. Nachw.; *Priester,* FS Spiegelberger, S. 890, 894 f. A.A. *Bock,* GmbHR 2005, 1023, 1027 f.

136 Begr. RegE BT-Drs. 16/6140, S. 41.

137 So aber *Hueck/Fastrich*, in: Baumbach/Hueck, GmbHG, § 30 Rn. 40 (in Widerspruch zu Rn. 62); *Thiessen*, in: Bork/Schäfer, GmbHG, § 30 Rn. 49.

138 *Habersack*, in: Ulmer/Habersack/Winter, GmbHG (Erg.bd.), § 30 Rn. 15; *Hommelhoff,* in: Lutter/Hommelhoff, GmbHG § 30 Rn. 27.

41 c) **Keine sofortige Fälligkeit des Rückgewähranspruchs.** Im Unterschied zu § 19 Abs. 5 S. 1 verlangt § 30 Abs. 1 S. 2, Var. 2, nur Vollwertigkeit, nicht auch sofortige Fälligkeit oder die Möglichkeit, den Rückgewähranspruch durch fristlose Kündigung jederzeit fällig zu stellen. Dieser Unterschied ist Konsequenz unterschiedlicher Normkonzeptionen.[139] Eine Analogie scheidet aus.[140] § 19 soll die reale Kapitalaufbringung sicherstellen. Es geht darum, die Einlage ihrer Substanz nach in das Vermögen der GmbH zu überführen (§ 19 Rdn. 1). Aus diesem Grund muss ein Ersatz für die geschuldete Einlage der Qualität nach Bargeld gleichkommen. Dagegen gilt für § 30 gerade keine gegenständliche Betrachtungsweise, sondern die notwendig mit Bewertungsunsicherheiten belastete Bilanz. Bilanzrechtlich reicht zur Auszahlungsneutralisierung die Deckung mit einem vollwertigen Rückgewähranspruch aus. Dieser muss nicht zusätzlich sofort liquidierbar sein. Surrogat für hinausgeschobene Fälligkeit ist die Verzinsung oder, bei fehlender Verzinsung, eine Abzinsung (Rdn. 42, 44). »Fehlende Liquidität« ist irrelevant,[141] weil § 30 gerade keinen Schutz vor Illiquidität der Gesellschaft bietet (Rdn. 2).

42 d) **Vollwertigkeit.** Der Begriff der **Vollwertigkeit** ist nicht definiert, in der Regierungsbegründung findet sich lediglich der Hinweis auf die Durchsetzbarkeit als Teilinhalt.[142] Der Wortlaut gibt für die Auslegung nichts her.[143] Vollwertig ist eine Forderung, **wenn** sie in der Bilanz mit ihrem **Buchwert** in Höhe des Nominalwertes **angesetzt** werden kann.[144] Keine Vollwertigkeit besteht dagegen, wenn aufgrund marktunüblich niedriger oder unterlassener Verzinsung der Barwert bilanziert werden muss[145] oder bereits im Zeitpunkt des Forderungszugangs Abschreibungen nach § 253 Abs. 3 S. 3, Abs. 4 S. 2 HGB geboten sind.[146] Zwar sind § 253 Abs. 3, 4 HGB

---

139 Kritisch bzgl. der Unterschiede *Thiessen*, in: Bork/Schäfer, GmbHG, § 30 Rn. 61; *K. Schmidt*, JZ 2009, 10, 18.

140 *Vetter*, in: Goette/Habersack (Fußn. 81), S. 107, 126. A.A. wohl *Bormann/Urlichs*, GmbHR Sonderheft Oktober 2008, 37, 49; zumindest in der Tendenz *Thiessen*, in: Bork/Schäfer, GmbHG, § 30 Rn. 61.

141 I.Erg. ebenso *Altmeppen*, in: Roth/Altmeppen, GmbHG, § 30 Rn. 119; *Ekkenga*, in: MünchKommGmbHG, § 30 Rn. 239; *Habersack*, in: Ulmer/Habersack/Winter, GmbHG (Erg.bd.), § 30 Rn. 20. A.A. *Joost*, FS Hüffer, 2010, S. 405, 413; *Spliedt*, ZIP 2009, 149, 152; *Thiessen*, in: Bork/Schäfer, GmbHG, § 30 Rn. 61.

142 BT-Drs. 16/6140, S. 41.

143 A.A. *Rothley/Weinberger*, NZG 2010, 1001, 1005.

144 *Drygala/Kremer*, ZIP 2007, 1289, 1293; *Ekkenga*, in: MünchKommGmbHG, § 30 Rn. 242, 246; *Habersack*, in: Ulmer/Habersack/Winter, GmbHG (Erg.bd.), § 30 Rn. 19: *Hueck/Fastrich*, in: Baumbach/Hueck, GmbHG, § 30 Rn. 42.

145 Dazu *Adler/Düring/Schmaltz*, § 253 HGB Rn. 532; *Ellrott/Roscher*, in: BeckBilKomm, § 253 HGB Rn. 592.

146 *Cahn*, Der Konzern 2009, 67, 72; *Ekkenga*, in: MünchKommGmbHG, § 30 Rn. 242, 244; i.Erg. *Habersack*, in: Ulmer/Habersack/Winter, GmbHG (Erg.bd.), § 30 Rn. 19. Für § 311 AktG BGHZ 179, 71, 78 Rn. 13. Bsp.: Kontopfändungen, Erfüllungsprobleme in der Vergangenheit, sh. *Cahn*, aaO. A.A. *Altmeppen*, NZG 2010, 401, 403; *Habersack*, in: Ulmer/Habersack/Winter, GmbHG (Erg.bd.), § 30 Rn. 21.

bilanzrechtlich der Folgebewertung zuzuordnen, doch müssen sie bereits im Rahmen der Zugangsbewertung gemäß § 253 Abs. 1 S. 1 HGB berücksichtigt werden.[147] Die gelegentlich herangezogene »vernünftige kaufmännische Betrachtung«[148] ist kein geeignetes – und angesichts der Rückkoppelung der Ausschüttungssperre an das Bilanzrecht sogar ein unzulässiges – Kriterium,[149] das zudem für die GmbH bereits vor Abschaffung des § 253 Abs. 4 HGB a.F. durch das BilMoG wegen § 279 Abs. 1 S. 1 HGB a.F. nicht maßgeblich war.

43 Da es sich bei der Feststellung von »Vollwertigkeit« um eine Prognoseentscheidung handelt, ist dem Geschäftsführer ein Beurteilungsspielraum zuzubilligen.[150] »Geringste Zweifel« führen nicht zur Unzulässigkeit.[151] **Sicherheitsleistung** ist nicht erforderlich, kann aber bei Zweifeln an der Bonität des Schuldners die Abwertung verhindern (zur Berücksichtigungsfähigkeit von Ansprüchen gegen Dritte Rdn. 40).[152] Umgekehrt schließt eine Besicherung die Forderungsabwertung der Forderung nicht aus.[153] Auch für das **Cash-Pooling** sind nicht notwendig Sicherheiten zu verlangen.[154] Zum Cash-Pooling noch Rdn. 55. Für **upstream-Darlehen** an **Akquisitionsvehikel** (Erwerbsgesellschaft/»NewCo.«) wird die Vollwertigkeit von der h.M. im Regelfall zu Recht verneint.[155] Gleiches ist für die Bestellung dinglicher Sicherheiten anzunehmen, die der Besicherung eines Darlehens dienen, dass die NewCo. zur Finanzierung des Anteilserwerbs aufnimmt.[156]

44 Eine marktübliche **Verzinsung ist** entgegen der h.M. **Voraussetzung**, weil anderenfalls die Opportunitätskosten des Kapitals außer Acht gelassen würden und die Gesellschaft gezwungen wäre, einen unter dem Nominalwert liegenden Barwert

---

147 Vgl. *Ekkenga*, in: KK-Rechnungslegung, § 253 HGB Rn. 16.

148 Etwa *Vetter*, in: Goette/Habersack (Fußn. 81), S. 107, 121. Für § 311 Abs. 1 AktG BGHZ 179, 71, 78 Rn. 13.

149 *Ekkenga*, in: MünchKommGmbHG, § 30 Rn. 244; *Thiessen*, in: Bork/Schäfer, GmbHG, § 30 Rn. 73.

150 *Drygala/Kremer*, ZIP 2007, 1289, 1293; *Ekkenga*, in: MünchKommGmbHG, § 30 Rn. 242.

151 BGHZ 179, 71, 78 Tz 13; *Ekkenga*, in: MünchKommGmbHG, § 30 Rn. 244; *Habersack*, in: Ulmer/Habersack/Winter, GmbHG (Erg.bd.), § 30 Rn. 20. A.A. *Altmeppen*, in: Roth/Altmeppen, GmbHG § 30 Rn. 97.

152 *Blasche/König*, GmbHR 2009, 897, 900; *Drygala/Kremer*, ZIP 2007, 1289, 1293; *Ekkenga*, in: MünchKommGmbHG, § 30 Rn. 245; *Habersack*, in: Ulmer/Habersack/Winter, GmbHG (Erg.bd.), § 30 Rn. 20; *Hueck/Fastrich*, in: Baumbach/Hueck, GmbHG, § 30 Rn. 42. Als Bonitätsnachweis kommt ein positives Rating in Betracht, OLG München, ZIP 2011, 567, 568.

153 BFH/NV 1986, 458; *Ellrott/Roscher*, in: BeckBilKomm, § 253 Rn. 570.

154 *Altmeppen*, in: Roth/Altmeppen, GmbHG, § 30 Rn. 99; *Ekkenga*, in: MünchKomm-GmbHG, § 30 Rn. 188.

155 Begr. RegE BT-Drs. 16/6140, S. 41; *Hueck/Fastrich*, in: Baumbach/Hueck, GmbHG, § 30 Rn. 42 a.E.; *Riegger*, ZGR 2008, 233, 238 f. A.A. *Käpplinger*, NZG 2010, 1411, 1412 f.

156 *Ekkenga*, in: MünchKommGmbHG, § 30 Rn. 254; *Hueck/Fastrich*, in: Baumbach/Hueck, GmbHG, § 30 Rn. 42 a.E.; *Tillmann*, NZG 2008, 401, 405.

anzusetzen.[157] Insofern besteht ein unmittelbarer Zshg. zwischen Vollwertigkeit und Verzinsung. Das gilt grunds. auch für Darlehen mit unter einem Jahr Laufzeit.[158] Allein die Üblichkeit, aus Vereinfachungsgründen im Rahmen der Bilanzierung anders zu verfahren,[159] legitimiert diese Praxis nicht.[160]

45 Eine **Ausnahme** ist für das **Cash-Pooling** zu machen: Die Entwurfsbegründung zum MoMiG verweist auf die Ermöglichung des Cash-Pooling als sinnvolle Praxis, so dass die Annahme einer Verzinsungspflicht nicht so weit gehen kann, entgegen der dem Gesetzgebungsverfahren zugrunde liegenden Intention zur praktischen Undurchführbarkeit des Verfahrens zu kommen. Bloß kurzfristige Darlehensgewährung ist demnach zinsfrei möglich.[161] »Kurzfristig« dürfte auf wenige Wochen zu begrenzen sein.[162] Hier kommt den Umständen des Einzelfalles erhebliche Bedeutung zu.[163] Die Marktkonditionen sind immerhin insofern von Bedeutung, als die nach Marktstandards zu bemessende übliche Zinshöhe Aufschluss über die Opportunitätskosten des Kapitals gibt: Je höher die Zinsen auf dem Markt wären, desto kürzer ist der verzinsungsfreie Zeitraum zu bemessen. Müsste die Gesellschaft auf dem Markt verglichen mit Unternehmen ähnlicher Größe und Geschäftstätigkeit überdurchschnittlich hohe Zinsen entrichten und liegt hierin nicht schon ein Problem der Vollwertigkeit, ist keine Ausnahme von der Zinsfreiheit mehr zu machen.

46 Hinsichtlich der **Bestimmung des marktüblichen Zinssatzes** wird teilweise auf die Verzinsung von Bankkrediten abgestellt, teilweise auf die mit einer Anlage am Kapitalmarkt erzielbare Rendite.[164] **Richtigerweise ist zwischen kurzfristigen** bzw. dem Umlaufvermögen zuzuordnenden **und langfristigen** bzw. dem Anlagevermögen zuzuordnenden **Darlehensforderungen zu differenzieren**. Der Verweis auf die bilanzrechtliche Bewertung von Ausleihungen, um Kapitalmarktrenditen als Maßstab zu

---

157 *Drygala/Kremer,* ZIP 2007, 1289, 1293; *Ekkenga,* in: MünchKommGmbHG, § 30 Rn. 246; auf den Einzelfall abstellend *Altmeppen,* in: Roth/Altmeppen, GmbHG, § 30 Rn. 118. A.A. BGHZ 179, 71, 80 Tz 17 (für § 311 AktG); *Habersack,* in: Ulmer/Habersack/Winter, GmbHG (Erg.bd.), § 30 Rn. 21; *Hueck/Fastrich,* in: Baumbach/Hueck, GmbHG, § 30 Rn. 56; *Mülbert/Leuschner,* NZG 2009, 281, 282 f.; *Schall* (Fn. 69), S. 160. Der Zshg. von Aktivierung zum Nennwert und marktüblicher Verzinsung wird gelegentlich verkannt, etwa von *Rothley/Weinberger,* NZG 2010, 1001, 1005.

158 *Blasche/König,* GmbHR 2009, 897, 899; *Ekkenga,* in: MünchKommGmbHG, § 30 Rn. 252; *Mülbert/Leuschner,* NZG 2009, 281, 282; grunds. auch *Altmeppen,* in: Roth/Altmeppen, GmbHG, § 30 Rn. 1182. A.A. *Drygala/Kremer,* ZIP 2007, 1289, 1293; *Gehrlein,* Der Konzern 2007, 771, 785.

159 Z.B. *Adler/Düring/Schmaltz,* § 253 Rn. 532.

160 Kritisch auch *Mülbert/Leuschner,* NZG 2009, 281, 282 f.

161 A.A. *Wirsch,* Der Konzern 2009, 443, 449.

162 Vgl. *Mülbert/Leuschner,* NZG 2009, 281, 282 f. Wohl großzügiger *Altmeppen,* ZIP 2009, 49, 55, 52.

163 *Altmeppen,* ZIP 2009, 49, 55, 52; *Ekkenga,* in: MünchKommGmbHG, § 30 Rn. 188.

164 In ersterem Sinne *Ekkenga,* in: MünchKommGmbHG, § 30 Rn. 246, in letzterem *Hueck/Fastrich,* in: Baumbach/Hueck, GmbHG § 30 Rn. 34a; *Wirsch,* Der Konzern 2009, 443, 448.

wählen,[165] greift zu kurz. Ausleihungen umfassen, wie schon die Verortung in § 253 Abs. 3 HGB (Anlagevermögen, § 253 Abs. 2 HGB a.F.) zeigt, die langfristige Vergabe von Kapital.[166] Begründet wird der Vergleich mit Kapitalanlagen mit dem Argument, Darlehen seien der Sache nach wie sonstige Kapitalanlagen zu behandeln, weil die Forderung i.d.R. jederzeit veräußerbar sei.[167] Dieses Argument ist schon für sich genommen fragwürdig. Für Forderungen des Umlaufvermögens wird es zudem von vornherein nicht benutzt.[168] Zudem ist zu berücksichtigen, dass Forderungen in einem **Cash-Pool** i.d.R. keine genau bestimmbare Laufzeit und Höhe haben, die Salden verändern sich ständig.[169] Deshalb kommt kein Vergleich mit der bilanzrechtlichen Bewertung von Ausleihungen in Betracht. Insoweit ist auf die Verzinsung eines Bankkredites abzustellen, wenn nach den in Rdn. 44 genannten Grundsätzen eine Verzinsung erforderlich sein sollte.

47 In Fällen »**teilweiser Vollwertigkeit**«, wenn also der Wert des Rückgewähranspruches nicht dem Nominalwert entspricht, ohne jedoch mit »Null« anzusetzen zu sein, ist nicht stets ein Verbotsverstoß in voller Höhe der Auszahlung anzunehmen.[170] Das Auszahlungsverbot soll nur die Herbeiführung oder Vertiefung einer Unterbilanz verhindern. Wenn der Rückgewähranspruch nicht vollwertig ist, ist er abzuwerten. Die Differenz zwischen dem Auszahlungsvolumen und der Höhe des Rückgewähranspruchs gibt die Höhe des Verbotsverstoßes an.[171] Die a.A. mag für sich den Wortlaut in Anspruch nehmen, der kein »soweit« enthält. Doch entspricht eine solche Interpretation im Sinne eines »ganz oder gar nicht« nicht dem Zweck des Kapitalerhaltungsrechts.[172] Konsequenz der bilanziellen Betrachtungsweise ist die Möglichkeit, eine einheitliche Leistung für lediglich teilweise verbotswidrig zu halten. Das ist einhellige Ansicht zu S. 1, obwohl der Wortlaut gleichfalls kein »soweit« enthält. Es wäre

165 *Wirsch,* Der Konzern 2009, 443, 448.

166 *Scheffler,* in: BeckHdR, B 213 Rn. 460. Langfristig meint i.d.R.: vereinbarte Laufzeit von mindestens vier Jahren, *Kozikowski/F. Huber,* in: BeckBilKomm, § 247 Rn. 357.

167 Diese Annahme liegt der bilanzrechtlichen Literatur zugrunde, sh. nur *Hoyos/Gutike,* in: BeckBilKomm, 6. Aufl. 2006, § 253 Rn. 411.

168 Vgl. *Hayn/Jutz/Zündorf,* in: BeckHdR, B 215 Rn. 23 ff.

169 Sh. *Wirsch,* Der Konzern 2009, 443, 448.

170 *Mülbert/Leuschner,* NZG 2009, 281, 284; *Goette,* in: ders./Habersack, Das MoMiG in Wissenschaft und Praxis, S. 283, 303 f.; *Habersack,* in: Ulmer/Habersack/Winter, GmbHG (Erg.bd.), § 30 Rn. 18; *Vetter,* in: Goette/Habersack (Fn. 81), S. 107, 125 f. A.A. *Altmeppen,* ZIP 2009, 49, 53; *Ekkenga,* in: MünchKommGmbHG, § 30 Rn. 242 (aber gleiches Ergebnis wie oben über § 31, vgl. *dens.* § 31 Rn. 8); *Hommelhoff,* in: Lutter/Hommelhoff, GmbHG § 30 Rn. 27; *Thiessen,* in: Bork/Schäfer, GmbHG, § 30 Rn. 77. Differenzierend *Heidinger,* in: Michalski, GmbHG, § 30 Rn. 199.

171 *Habersack,* in: Ulmer/Habersack/Winter, GmbHG (Erg.bd.), § 30 Rn. 18; *Mülbert/Leuschner* NZG 2009, 281, 284 (die aufgrund eines bilanziell orientierten Auszahlungsbegriffs bereits das Vorliegen einer Auszahlung verneinen, soweit der Rückgewähranspruch vollwertig ist).

172 *Goette,* in: ders./Habersack, Das MoMiG in Wissenschaft und Praxis, S. 283, 304.

überzogen streng, das Problem der teilweisen Vollwertigkeit in S. 2 anders zu lösen als das Problem einer lediglich teilweise gedeckten Auszahlung i.S.v. S. 1.

48 Verschlechterungen der Vermögensverhältnisse des Gesellschafters nach Forderungszugang, die bilanzrechtlich Folgebewertungen auslösen, sind grundsätzlich nicht relevant, **Beurteilungszeitpunkt** ist die Auszahlung.[173] Die Gesellschaft und die Geschäftsführer trifft allerdings eine Beobachtungs- und Eingriffspflicht zum Schutz des Gesellschaftsvermögens.[174] So sind Bonitätsverschlechterungen entweder durch Kündigung nach § 490 Abs. 1 BGB oder mittels Sicherheitsleistung auszugleichen.[175] Unterlässt die Gesellschaft dies, ist hierin, wie in einer (auch faktischen) **Änderung der Konditionen** der ursprünglichen Darlehensvergabe, etwa durch Verlängerung, eine Auszahlung zu sehen, die eine neuerliche Vollwertigkeitsprüfung erforderlich macht.[176] Das gilt auch für das **Stehenlassen**, da dieses eine »Auszahlung» darstellt (vgl. Rdn. 36).[177] Wenn im Zeitpunkt einer **Stundung** die Forderung gegen den Gesellschafter vollwertig ist und lediglich einen nach § 30 Abs. 1 »nicht mehr relevante[n] Verzicht auf Liquidität« enthält, spricht dies nicht gegen die Bewertung der Stundung als Auszahlung.[178]

49 e) **Deckungsgebot.** § 30 Abs. 1 S. 2, Var. 2, verlangt nicht nur die Vollwertigkeit des Gegenleistungsanspruchs, die Leistung muss darüber hinaus »gedeckt» sein.[179] Die notwendige Höhe der Deckung wird durch die Bewertung der Auszahlung an den Gesellschafter zu Verkehrswerten bestimmt. Der Maßstab für die Bewertung der Gegenleistung wird dadurch mittelbar ebenfalls vorgegeben, da der notwendige Vergleich von Leistung und Gegenleistung voraussetzt, gleiche Bewertungsverfahren zu nutzen. Damit ist der **Verkehrswert maßgeblich**, soweit existent also Marktpreise.[180] Stellt die Gesellschaft eine Sicherheit bereit, muss nicht nur der Rückgewähran-

173 *Ekkenga*, in: MünchKommGmbHG, § 30 Rn. 243; *Habersack*, in: Ulmer/Habersack/Winter, GmbHG (Erg.bd.), § 30 Rn. 23.

174 Zu Haftungsfragen im Zshg. mit aufsteigenden Darlehen *Schickerling/Blunk,* GmbHR 2009, 1294. Skeptisch bzgl. der Effektivität des Haftungsansatzes *Wilhelmi,* WM 2009, 1917, 1922.

175 BGHZ 179, 71, 79 Rn. 14.

176 *Blasche/König,* GmbHR 2009, 897, 900; *Ekkenga*, in: MünchKommGmbHG, § 30 Rn. 243; *Hueck/Fastrich*, in: Baumbach/Hueck, GmbHG, § 30 Rn. 57.

177 *Drygala/Kremer,* ZIP 2007, 1289, 1293; *Habersack*, in: Ulmer/Habersack/Winter, GmbHG (Erg.bd.), § 30 Rn. 23 (soweit dies der Nichtausübung eines Kündigungsrechts gleichzusetzen sei). A.A. *Hueck/Fastrich*, in: Baumbach/Hueck, GmbHG, § 30 Rn. 43; wohl auch *Altmeppen*, in: Roth/Altmeppen, GmbHG, § 30 Rn. 111.

178 A.A. *Hueck/Fastrich*, in: Baumbach/Hueck, GmbHG, § 30 Rn. 57, im Widerspruch zum sonst (z.B. Rn. 62) betonten Grundsatz, der Auszahlungsbegriff sei nicht an die Bilanz gebunden. Vgl. bereits Rdn. 20.

179 Für Verankerung des Deckungsgebotes in S. 1 *Habersack*, in: Ulmer/Habersack/Winter, GmbHG (Erg.bd.), § 30 Rn. 22.

180 *Ekkenga*, in: MünchKommGmbHG, § 30 Rn. 248. Siehe auch Begr. RegE BT-Drs. 16/6140, S. 41.

spruch vollwertig sein, vielmehr bedarf es, um »Deckung« bejahen zu können, als Gegenleistung zusätzlich des Anspruchs auf Zahlung einer angemessenen Avalprovision für die Bereitstellung.[181]

50 Zwar ist den Beteiligten **Ermessen** hinsichtlich der Bewertung zuzubilligen.[182] Doch handelt es sich um eine vollständig überprüfbare Entscheidung, die objektiv nachvollziehbar sein muss. Der zur Verfügung stehende Spielraum schrumpft immer weiter, je mehr objektive Daten vergleichbarer Geschäfte existieren. Bei vollständiger Standardisierung, wenn also die Preisbildung für vergleichbare Güter im Wesentlichen nicht durch individuelle Vertragsparteien beeinflusst wird, sondern Angebot und Nachfrage so stark sind, dass die Preisbildung Ergebnis einer Vielzahl von anonymisierten Angeboten und Nachfragen ist, schrumpft der Ermessensspielraum »auf Null«. Das gilt etwa für Börsenpreise i.S.v. § 24 BörsG[183] sowie für Güter, die ohne besondere Zugangsschwierigkeiten im freien Handel erworben werden können (Kfz etc.). Für die gesellschaftsseitige Vergütung von Nutzungen und Dienstleistungen, insbesondere das Geschäftsführergehalt eines Gesellschafter-Geschäftsführers, ist der Beurteilungsspielraum größer. Eine Standardisierung liegt hier bereits schon deshalb nicht vor, weil personenbezogene Faktoren eine Rolle spielen.[184] In die Angemessenheitsprüfung sind sämtliche Faktoren mit Vergütungscharakter einzubeziehen, etwa private Nutzungsvorteile und Versicherungsbeiträge.[185]

5. Betriebliche Rechtfertigung; Leistung *causa societatis*

51 Die Rspr. hat im Zshg. mit § 30 gelegentlich auf die **Rechtfertigung durch betriebliche Gründe** abgestellt. Diese nahm sie an, wenn ein gewissenhaft nach kaufmännischen Grundsätzen handelnder Geschäftsführer das Geschäft unter sonst gleichen Umständen zu den gleichen Bedingungen auch mit einem Nichtgesellschafter abgeschlossen hätte.[186] Weiterhin wird als eine ungeschriebene Voraussetzung von § 30 Abs. 1 die **Leistung *causa societatis*** betrachtet: Die Auszahlung müsse an den Gesellschafter gerade in der Eigenschaft als Mitglied getätigt werden.[187] »Echte Drittgeschäfte« sollen nicht in den Anwendungsbereich von Abs. 1 fallen.[188]

181 *Ekkenga*, in: MünchKommGmbHG, § 30 Rn. 141; *Mülbert*, ZGR 1995, 578, 600 (zum alten Recht).

182 *Ekkenga*, in: MünchKommGmbHG, § 30 Rn. 248.

183 *Ekkenga*, in: MünchKommGmbHG, § 30 Rn. 248.

184 Ausführlich *Ekkenga*, in: MünchKommGmbHG, § 30 Rn. 250.

185 Vgl. BGHZ 111, 224, 227.

186 Z.B. BGH, NJW 1987, 1194, 1195.

187 BGHZ 13, 49, 54; *Heidinger*, in: Michalski, GmbHG, § 30 Rn. 66; *Habersack*, in: Ulmer/Habersack/Winter, GmbHG, § 30 Rn. 81.

188 Vgl. BGH, ZIP 1992, 1152, 1154 (zum Gehalt eines Gesellschafter-Geschäftsführers); *Habersack*, in: Ulmer/Habersack/Winter, GmbHG, § 30 Rn. 81; *Hueck/Fastrich*, in: Baumbach/Hueck, GmbHG, § 30 Rn. 30.

52 Spätestens seit Inkrafttreten des MoMiG sind diese beiden Merkmale nur noch von begrenzter Bedeutung. Soweit es um die Konditionenbewertung und die Gleichwertigkeit von Leistung und Gegenleistung geht, gibt Abs. 1 S. 2 die Maßstäbe vor.[189] Wäre der Drittvergleich Anwendungsvoraussetzung des § 30 Abs. 1, bliebe S. 2 funktionslos: Entweder es handelte sich um ein Drittgeschäft, dann entfiele § 30 Abs. 1 als Prüfungsmaßstab, oder es fehlte an einem Drittgeschäft, in welchem Fall die Ausnahmeregel des § 30 Abs. 1 S. 2, Var. 2, inhaltlich nichts mehr zur Frage beisteuern könnte, ob eine Ausschüttung entgegen S. 1 zulässig wäre. Ein **gesonderter Drittvergleich** ist demgemäß **überflüssig.**[190]

53 Liegt nach den Bewertungsvorgaben des S. 2 keine Vermögensgefährdung vor oder erlaubt S. 3 die Auszahlung, kann diese nicht mit dem Verweis auf das Vorliegen eines Gesellschaftergeschäfts als verboten qualifiziert werden.[191] Die Bedeutung des Merkmals der *causa societatis* bzw., positiv gewendet, der betrieblichen Rechtfertigung, liegt darin, dass trotz Verstoßes gegen § 30 zugunsten des Gesellschafters die Zulässigkeit der Auszahlung bejaht werden kann.[192] Besondere Bedeutung hat dies für Geschäfte, die mit dem auf bilanzielle Wertmaßstäbe ausgerichteten § 30 nur schwierig erfasst werden können, etwa Dienstleistungsverträge.[193] Der Hinweis, bei Fehlen eines Drittgeschäfts liege eine unzulässige sog. verdeckte Gewinnausschüttung vor,[194] ist für § 30 irrelevant, weil das Vorliegen einer sog. verdeckten Gewinnausschüttung für § 30 keine Bedeutung hat (Rdn. 3).

54 Für die **UG** gilt nichts anderes. Ein Vergleich zur Rücklagenbindung bei der AG[195] geht schon deshalb fehl, weil das GmbHG für die UG quasi kein Mindestkapital vorsieht und eine umfassende Bindung daher ausscheidet (vgl. Rdn. 2). Der Schutz der Zwangsrücklage ist nicht mit Hilfe einer systemwidrigen Ausschaltung des § 30 unabhängig von der Frage der Vermögensdeckung zu bewerkstelligen,[196] sondern mit einer modifizierten Unterbilanzrechnung (sh. Rdn. 16).

189 Zum alten Recht sh. *Goerdeler/Müller*, in: Hachenburg, 8. Aufl. 1992, § 30 Rn. 60.

190 So i.Erg. wohl auch *Altmeppen*, in: Roth/Altmeppen, GmbHG, § 30 Rn. 76; *Ekkenga*, in: MünchKommGmbHG, § 30 Rn. 236. A.A. *Eusani*, GmbHR 2009, 512, 515; *Hueck/Fastrich*, in: Baumbach/Hueck, GmbHG, § 30 Rn. 30.

191 So schon zum alten Recht *Wilhelmi*, Der Grundsatz der Kapitalerhaltung im System des GmbH-Rechts, 2001, S. 173 m. Nachw. zu abw. Ansichten. Aus neuerer Zeit a.A. *Eusani*, GmbHR 2009, 512, 515.

192 *Ekkenga*, in: MünchKommGmbHG, § 30 Rn. 234; *Pentz*, VGR 2006, S. 115, 129 f.

193 Vgl. *Habersack*, in: Ulmer/Habersack/Winter, GmbHG, § 30 Rn. 81.

194 *Eusani*, GmbHR 2009, 512, 516; *Hueck/Fastrich*, in: Baumbach/Hueck, GmbHG, § 30 Rn. 30. Der Sache nach auch *Habersack*, in: Ulmer/Habersack/Winter, GmbHG, § 30 Rn. 82.

195 So *Eusani*, GmbHR 2009, 512, 516.

196 Dafür *Eusani*, GmbHR 2009, 512, 516.

6. Besonderheiten des Cash-Pooling

55 Die nach dem Novemberurteil des BGH geführte Debatte um die Bedeutung der Entscheidung für das Cash-Pooling hat sich mit dem MoMiG sowie dem MPS-Urteil[197] erledigt und muss hier nicht nachgezeichnet werden.[198] Im Rahmen des Cash-Poolings im faktischen Konzern kreist die Diskussion mit Blick auf das Kapitalerhaltungsrecht im Wesentlichen um das Problem, ob eine **Verzinsungspflicht** für die im Cash-Pool gewährten Darlehen besteht. Dazu Rdn. 45.

56 Der Gesetzgeber wollte mit der Neuregelung **nicht die Möglichkeit** schaffen, **Vor- und Nachteile des Cash-Poolings »pauschalierend« zu betrachten.**[199] Es gilt die bilanzielle Betrachtungsweise: Ein geschäftsexterner Vorteil vermag die Leistung nur auszugleichen, wenn er selbstständig bilanziert werden kann; sich nicht in der Bilanz niederschlagende, lediglich aus der Gesamtlage hergeleitete Vorteile genügen nicht.[200] Konzerninterne Vorteile des Cash-Pooling legitimieren nicht die Externalisierung der Folgen des Kapitalentzugs zulasten der Gläubiger. Die faktische Eingliederung der Gesellschaft in eine umfassende Struktur hebt § 30 Abs. 1 S. 2 nicht auf. Wenn sich ein herrschendes Unternehmen der Vorteile einer Konzernierung bedienen will, muss es auf das Konzernvertragsrecht zurückgreifen. Abzulehnen ist die Ansicht, für den Cash-Pool gelte das Deckungsgebot nicht.[201] Der Hinweis, das Deckungsgebot sei in S. 2 lediglich »angedeutet«,[202] offenbar aufgrund der Kürze des Wortes »deckt«, ist abwegig. Zum Argument der fehlenden Notwendigkeit der Abzinsung kurzfristiger Darlehen Rdn. 44.

57 Überlegungen, § 30 im Zshg. mit dem Cash-Pooling allein auf eine schon bestehende Unterbilanz anzuwenden und nicht auch auf die Herbeiführung der Unterbilanz,[203] waren von dem Bestreben gekennzeichnet, die Reichweite der Novemberentscheidung einzugrenzen. Dafür besteht spätestens nach Inkrafttreten des MoMiG kein Anlass mehr. Zudem sind solche Erwägungen der Sache nach als systemwidrig abzulehnen.[204]

III. Gesellschafter als Auszahlungsempfänger

58 § 30 Abs. 1 S. 1 ist nicht so zu verstehen, dass »Gesellschafter« nur derjenige sein kann, der diese Stellung formal innehat, also einen Geschäftsanteil an der Gesell-

197 BGHZ 179, 71.

198 Zur Bedeutung des November-Urteils für das Cash-Pooling *Goette,* KTS 2006, 217, 226 f. Kurzer Überblick zur Diskussion bei *Ekkenga,* in: MünchKommGmbHG, § 30 Rn. 185 f.; vgl. i.Ü. die Altauflagen der Kommentare.

199 A.A. *Altmeppen,* ZIP 2009, 49, 55, 52; *Habersack,* in: Ulmer/Habersack/Winter, GmbHG (Erg.bd.), § 30 Rn. 28; *Thiessen,* in: Bork/Schäfer, GmbHG, § 30 Rn. 67.

200 Vgl. *Eusani,* GmbHR 2009, 795, 798.

201 Etwa *Brocker/Rockstroh,* BB 2009, 730, 732; *Drygala/Kremer,* ZIP 2007, 1289, 1293.

202 *Brocker/Rockstroh,* BB 2009, 730, 732.

203 So wohl *Goette,* KTS 2006, 217, 226 f.; *Habersack/Schürnbrand,* BB 2006, 288, 289.

204 *Ekkenga,* in: MünchKommGmbHG, § 30 Rn. 187.

schaft hält. Vielmehr werden auch solche Personen erfasst, die, mit unterschiedlicher Begründung, unter materiellen Gesichtspunkten einem Gesellschafter gleichgesetzt werden.[205] In zeitlicher Hinsicht stellt sich die Frage, bis und ab wann eine Person »Gesellschafter« im Normsinne ist. Materiell sind weitere Problemkonstellationen im Zshg. mit der Leistung an Dritte zu unterscheiden:[206] Wann ist eine Auszahlung an einen Dritten, d.h. an einen nicht formal eine Gesellschafterstellung Innehabenden, eine Leistung an den Gesellschafter (Leistung an Dritte als Leistung an den Gesellschafter, Rdn. 61)? Wann unterliegt ein Dritter §§ 30, 31 (Dritte als Auszahlungsempfänger, Rdn. 65)?

1. Gesellschafter

59 Gesellschafter sind diejenigen, die der Gesellschaft im **Zeitpunkt** der **Entscheidung über** die **Auszahlung** angehören. Das ist spätestens der Verpflichtungszeitpunkt, auf das Verfügungsgeschäft kommt es nicht an.[207] Zukünftige Gesellschafter können Auszahlungsempfänger sein.[208] Der **Treuhänder** ist Gesellschafter und als solcher Adressat von § 30, unabhängig davon, ob er die Leistung direkt empfangen hat.[209] Etwas anderes gilt nur, wenn es an einer Veranlassung durch ihn fehlt. Für diese besteht allerdings eine Vermutung.[210]

60 Ein praktisch bedeutsames Problem stellt sich bei **Leveraged Buyouts**: Der BGH hielt die Anteilsveräußerer, deren Kaufpreisforderung gegen den Anteilserwerber von der Gesellschaft besichert wurde, neben dem Erwerber für kapitalerhaltungsrechtlich verantwortlich. Im Zeitpunkt der Verwertung der zur Sicherheit übereigneten Wertpapiere seien die Veräußerer noch Gesellschafter gewesen und daher »unzweifelhaft« Adressaten des Auszahlungsverbots.[211] Diese Rspr. ist spätestens seit Inkrafttreten des

205 *Ekkenga*, in: MünchKommGmbHG, § 30 Rn. 149; *Habersack*, in: Ulmer/Habersack/Winter, GmbHG, § 30 Rn. 65; *Hueck/Fastrich*, in: Baumbach/Hueck, GmbHG, § 30 Rn. 24.

206 Sh. *Canaris*, FS R. Fischer, 1979, S. 31.

207 BGHZ 81, 252, 258; *Canaris*, FS R. Fischer, 1979, S. 31, 32; *Ekkenga*, in: MünchKommGmbHG, § 30 Rn. 150; *Habersack*, in: Ulmer/Habersack/Winter, GmbHG, § 30 Rn. 62; *Hueck/Fastrich*, in: Baumbach/Hueck, GmbHG, § 30 Rn. 23. Zur scheinbar engeren Entscheidung BGHZ 13, 49, 54 f., *Canaris*, aaO.

208 *Ekkenga*, in: MünchKommGmbHG, § 30 Rn. 151; *Habersack*, in: Ulmer/Habersack/Winter, GmbHG, § 30 Rn. 63; *Hueck/Fastrich*, in: Baumbach/Hueck, GmbHG, § 30 Rn. 23.

209 BGHZ 31, 258, 264, 266; BGHZ 105, 168, 175; *Ekkenga*, in: MünchKommGmbHG, § 30 Rn. 155; *Habersack*, in: Ulmer/Habersack/Winter, GmbHG, § 30 Rn. 66; *Hueck/Fastrich*, in: Baumbach/Hueck, GmbHG, § 30 Rn. 29. A.A. *Altmeppen*, in: Roth/Altmeppen, GmbHG, § 30 Rn. 35.

210 *Altmeppen*, in: Roth/Altmeppen, GmbHG, § 30 Rn. 35; *Ekkenga*, in: MünchKommGmbHG, § 30 Rn. 155; *Fleck*, FS 100 Jahre GmbH-Gesetz, 1992, S. 391, 411.

211 BGHZ 173, 1, 6 Tz 12. Zustimmend z.B. *Heidinger*, in: Michalski, GmbHG, § 30 Rn. 112; *Hueck/Fastrich*, in: Baumbach/Hueck, GmbHG, § 30 Rn. 23; *Philippi/Fickert*, DB 2008, 223.

MoMiG abzulehnen.[212] Wenn die Sicherungsübereignung wirksam vollzogen wurde, gelten die allg. Regelungen zu Sicherungsrechten hinsichtlich der Bestimmung des Auszahlungszeitpunktes (sh. Rdn. 29 ff.). Bei dinglichen Sicherheiten ist die Verwertung deshalb irrelevant, der Gegenstand ist in sachenrechtlicher Hinsicht bereits nicht mehr Bestandteil des Gesellschaftsvermögens. Die Situation ist nicht anders, als hätte die Gesellschaft, statt Sicherheit zu leisten, direkt die Forderung der Veräußerer befriedigt.[213] Damit stellt sich das Problem einer Umgehung des Befriedigungsnachrangs (Rdn. 1) nicht. Keine andere Lösung gilt bei lediglich **aufschiebend bedingter Einräumung dinglicher Sicherheiten**, wenn ein Anwartschaftsrecht des Sicherungsnehmers entstanden ist. Denn dieses Recht kann nicht mehr von der Gesellschaft vereitelt werden (Rdn. 31).[214]

2. Leistung an Dritte als Leistung an den Gesellschafter

61 Aufgrund der den Gesellschaftern zustehenden Steuerungsmöglichkeiten als Gesellschaftsinterne kann es im Hinblick auf die Notwendigkeit des Schutzes vor opportunistischem Verhalten (Rdn. 1) nicht allein auf die formale Abgrenzung nach mitgliedschaftlicher Verbindung zur Gesellschaft ankommen. Vielmehr muss genügen, dass sich die Adressierung der Auszahlung auf eine **Steuerung durch** den **Gesellschafter** zurückführen lässt, sei es aufgrund einer Anweisung, sei es aufgrund einer Abrede mit der Gesellschaft über die Auszahlung an eine bestimmte Person, etwa zur Tilgung von Verbindlichkeiten des Gesellschafters gegenüber einem Dritten.[215] Stellt man auf die Veranlassung durch den Gesellschafter ab, ist die Leistung **an** einen **Stellvertreter** eine Leistung an den Gesellschafter.[216] Das gleiche gilt für sog. mittelbare Stellvertreter.[217] Eine Leistung unmittelbar **an Treuhänder** ist bei Vorliegen einer entsprechenden Veranlassung eine Leistung an den Treugeber (Rdn. 67).

62 Die Steuerung der Auszahlung kann jedoch nicht das Fehlen einer Vermögensmehrung auf Seiten des Gesellschafters kompensieren (vgl. Rdn. 64).[218] Anderenfalls fiele auch die Anweisung, an einen Gesellschaftsgläubiger zu zahlen, zunächst unter § 30 Abs. 1 S. 1. Es ist wenig überzeugend, bei einer existierenden *causa* im Deckungsver-

---

212 *Ekkenga*, in: MünchKommGmbHG, § 30 Rn. 150, 177.

213 *Ekkenga*, in: MünchKommGmbHG, § 30 Rn. 177.

214 Nicht berücksichtigt von *Diem*, ZIP 2003, 1283, 1287, der so die Haftung wegen Existenzvernichtung vermeiden will. I. Erg. wie hier *Weitnauer*, ZIP 2005, 790, 791.

215 Ganz h.M., BGH, ZIP 2008, 2217, 2219 Tz 8; BGH, NZG 2000, 883, 886 (insoweit nicht in BGHZ 144, 336, abgedruckt); *Habersack*, in: Ulmer/Habersack/Winter, GmbHG, § 30 Rn. 61; *Hueck/Fastrich*, in: Baumbach/Hueck, GmbHG, § 30 Rn. 25. Weiter *Ekkenga*, in: MünchKommGmbHG, § 30 Rn. 170 (Verzicht auf Veranlassungskriterium).

216 *Ekkenga*, in: MünchKommGmbHG, § 30 Rn. 152.

217 *Altmeppen*, in: Roth/Altmeppen, GmbHG, § 30 Rn. 41; *Ekkenga*, in: MünchKommGmbHG, § 30 Rn. 154.

218 A.A. offenbar *Habersack*, in: Ulmer/Habersack/Winter, GmbHG, § 30 Rn. 61; *Fleck*, FS 100 Jahre GmbH-Gesetz, 1992, S. 391, 404; *Schmolke*, § 30 Rn. 113.

hältnis noch den Nachweis zu verlangen, es habe sich um kein privates Geschäft gehandelt. Auf diese Weise verschöbe man die Darlegungs- und Beweislast für Abs. 1 S. 1 entgegen der allg.M. (Rdn. 80) doch auf den Gesellschafter. Fehlt es an einer *causa* für die Zuwendung im Verhältnis von Gesellschaft und Drittem, ist die mittelbare Begünstigung des Gesellschafters zu vermuten, ohne dass eine Einschränkung dieser Vermutung auf nahestehende Personen angezeigt wäre.[219]

63 Noch über die zuletzt genannte Ansicht hinausgehend wollen viele aufgrund einer Analogie zu den §§ 89 Abs. 3, 115 Abs. 2 AktG Auszahlungen an Ehegatten und minderjährige Kinder aufgrund **familiärer Nähe** generell als Auszahlung an den Gesellschafter behandeln.[220] Das ist abzulehnen: Soll die Nähe zum Gesellschafter entscheidend sein, ist der im AktG genannte Personenkreis zu eng.[221] Zudem enthält das AktG in den genannten Normen kein generelles Auszahlungsverbot, sondern verlagert lediglich die Entscheidungszuständigkeit.[222] Auch ein Rückgriff auf § 138 Abs. 2 InsO verbietet sich.[223] Diese Norm gewinnt ihre besondere Bedeutung aus der Funktion als Beweiserleichterung angesichts verschiedener auf Kenntnis des Vorteilsempfängers abstellender Anfechtungsregeln.[224] Das hat mit Zurechnungsfragen nichts zu tun. Zu verbundenen Unternehmen Rdn. 69 ff.

3. Vermögensmehrung auf Seiten des Gesellschafters

64 Die Auszahlung muss zu einer Vermögensmehrung auf Seiten des Gesellschafters geführt haben.[225] Das Gesetz sieht ausdrücklich die Auszahlung »an« einen Gesellschafter vor. Etwas anderes folgt insbesondere nicht aus der finanzgerichtlichen Rspr. zur verdeckten Gewinnausschüttung,[226] da diese Vermögensabflüsse erfasst, um eine volle Besteuerung zu erreichen, nicht aber das Auszahlungsziel als tatbestandsrelevant berücksichtigt. § 30 soll nicht abstrakt vor Vermögensabflüssen schützen, sondern vor opportunistischem Gesellschafterverhalten (Rdn. 1). Es bedarf keiner Messbarkeit in dem Sinne, dass sich Aktiva des Gesellschafters erhöhen oder Passiva vermindern. Vielmehr **genügt** die **Verhinderung eines Vermögensverlustes**, etwa weil die Leis-

219 In diesem beschränkten Sinne jedoch *Altmeppen*, in: Roth/Altmeppen, GmbHG, § 30 Rn. 28; *Ekkenga*, in: MünchKommGmbHG, § 30 Rn. 170.

220 Grundlegend BGHZ 65, 365, 368 f.; aus neuerer Zeit etwa BGH, NJW 1996, 589, 590; *Habersack*, in: Ulmer/Habersack/Winter, GmbHG, § 30 Rn. 70; *Hueck/Fastrich*, in: Baumbach/Hueck, GmbHG, § 30 Rn. 26. Tendenziell eher für eine Einzelfallbetrachtung im Zshg. mit § 32a a.F. BGH, ZIP 1991, 366.

221 Vgl. *Ekkenga*, in: MünchKommGmbHG, § 30 Rn. 162.

222 *Cahn*, Kapitalerhaltung im Konzern, 1998, S. 26; *Kleffner* (Fn. 80), S. 83 ff.

223 *Ekkenga*, in: MünchKommGmbHG, § 30 Rn. 161. A.A. *Thiessen*, in: Bork/Schäfer, GmbHG, § 30 Rn. 97.

224 *Hirte*, in: Uhlenbruck (Fn. 21) § 133 Rn. 33.

225 *Ekkenga*, in: MünchKommGmbHG, § 30 Rn. 194; *Habersack*, in: Ulmer/Habersack/Winter, GmbHG, § 30 Rn. 85. A.A. *Heidinger*, in: Michalski, GmbHG, § 30 Rn. 60; *Schmolke*, § 30 Rn. 144.

226 So aber *Schmolke*, § 30 Rn. 144 Fn. 503.

tung an einen Dritten im Verhältnis von Gesellschafter und Drittem als unentgeltliche Zuwendung des Ersteren an den Letzteren zu bewerten ist.[227] Die Vermögensmehrung muss der **Höhe nach nicht äquivalent zur Auszahlungshöhe** sein.[228] Angesichts der Vielfältigkeit denkbarer Auszahlungsformen und der Abhängigkeit der Bewertung von bei GmbH und Gesellschafter individuell unterschiedlichen Ausgangsfaktoren (Steuern, Bilanzierung, Geschäftstätigkeit etc.) kann es auf Äquivalenz nicht ankommen. Eine an den Gesellschafter weitergegebene Geschäftschance etwa mag aufgrund unterschiedlicher Ausrichtungen der Geschäftstätigkeiten von GmbH und Gesellschafter auf den beiden Ebenen jeweils anders zu bewerten sein. Das ändert aber nichts am Grundumstand des Vermögenstransfers. Zudem ist insoweit, d.h. im Anschluss an die Feststellung der Vermögensmehrung beim Gesellschafter, die Gläubigerperspektive entscheidend: Maßgeblich ist dann nicht, wie viel beim Gesellschafter »ankommt«, sondern wie viel bei der GmbH abfließt. Im Fall des **debt-push-downs** (Rdn. 37) liegt die Vermögensmehrung im Anteilserwerb. Dass sich der Erwerb nach § 20 Abs. 1 Nr. 3 UmwG kraft Gesetzes vollzieht, ist unerheblich. Denn zum einen ist dies bloße Technik, indem der Durchgangserwerb der Zielgesellschaft an ihren eigenen Anteilen vermieden wird, zum anderen haftete der Gesellschafter im sachlich prinzipell vergleichbaren Fall der Liquidation der Erwerbsgesellschaft (statt »Abwicklung« nach UmwG) direkt für die Verbindlichkeiten des Akquisitionsvehikels.[229]

4. Dritte als Auszahlungsempfänger i.S.v. § 30

65 Angesichts des Normzwecks (Rdn. 1) kann nicht die Beziehung der dritten Person zum Gesellschafter entscheidend sein, sondern allein ihre Möglichkeit, wie ein Gesellschafter auf die Geschicke der Gesellschaft Einfluss zu nehmen. Dafür genügt die Beteiligung an Gewinn und Verlust nicht,[230] vielmehr müssen vertragliche Einwirkungsmöglichkeiten bestehen, die den Rechten eines Mitglieds (v.a. Mitwirkung an der Willensbildung und Informationsrechte) gleichkommen. Dagegen ist eine Beteiligung mittels Eigenkapitals nicht notwendig, weil die Gefahr, vor deren Verwirklichung § 30 schützen soll, nicht von der Beteiligungsform abhängt.[231]

66 Zwar ist das Verhalten von Fremdkapitalgebern grunds. auch über andere Instrumente, etwa § 826 BGB und die §§ 129 ff. InsO, zu erfassen.[232] Doch hat die Anwendung dieser Normen Nachteile: Eine Haftung aus § 826 BGB läuft Gefahr, konturlos zu werden, die Haftungsvoraussetzungen sind wie die Haftungsgrenzen

---

227 Ähnlich *Ekkenga*, in: MünchKommGmbHG, § 30 Rn. 170.

228 *Habersack*, in: Ulmer/Habersack/Winter, GmbHG, § 30 Rn. 85.

229 *Priester*, FS Spiegelberger, 2009, S. 890, 893 f. Sh. auch *Klein/Stephanblome*, ZGR 2007, 351, 383 ff. A.A. *Bock*, GmbHR 2005, 1023, 1026 f.

230 A.A. wohl *Altmeppen*, in: Roth/Altmeppen, GmbHG, § 30 Rn. 59.

231 A.A. *Ekkenga*, in: MünchKommGmbHG, § 30 Rn. 161.

232 Hierauf verweist *Ekkenga*, in: MünchKommGmbHG, § 30 Rn. 161.

nur schwierig vorherzusehen.[233] Insbesondere ist problematisch, dass ein möglicherweise »überschießender« Schutz erreicht wird, weil § 826 BGB mangels einer Begrenzung auf den Erhalt des zur Stammkapitalerhaltung erforderlichen Vermögens über § 30 hinausgeht. Die Eingrenzung mittels der §§ 249 ff. BGB und der Berechnung des ersatzfähigen Schadens dürfte praktisch kaum möglich sein. Vor Insolvenzreife setzt das GmbHG nur auf Präventivschutz im beschränkten und formalen Rahmen der Kapitalerhaltung (Rdn. 1). Der Vorteil der §§ 30, 31 besteht darin, einen handhabbaren Maßstab der Auszahlungskontrolle zu bieten. Erst wenn Umstände hinzutreten, die über ein nicht nach marktmäßigen Bedingungen abgeschlossenes Geschäft unter Beeinträchtigung des zur Kapitalerhaltung notwendigen Vermögens hinausgehen, ist der Rückgriff auf andere Haftungstatbestände angezeigt.

67 **Treugeber haften** in Gesamtschuld **neben** den **Treuhändern** (oben Rdn. 59, 61) nach §§ 30, 31.[234] Das gilt auch, wenn der Treuhänder die Auszahlung behält.[235] Es kommt insoweit nicht darauf an, bei wem die Leistung am Ende ankommt, sondern wer wie ein Gesellschafter die Gesellschaft (mit)steuern kann (Rdn. 65). **Nießbraucher** sind § 30 nur zu unterwerfen, wenn sie gesellschafterähnliche Rechte haben, d.h. wenigstens wie ein Treuhänder Einfluss nehmen können. Die bloße Berechtigung zur Nutzungsziehung genügt entgegen der h.M. nicht.[236] **Pfandgläubiger** fallen wie **stille Gesellschafter** grundsätzlich nicht unter § 30. Eine Ausnahme ist bei Pfandgläubigern zu machen, wenn der Gesellschafter aufgrund umfassender schuldrechtlicher Zustimmungs- und Beteiligungsrechte letztlich als Marionette fungiert und sich der Pfandgläubiger eine Stellung verschafft hat, die ihn Risiken aussetzt, die mit denen eines Gesellschafters vergleichbar sind.[237] Gleiches gilt für **atypische stille Gesellschafter.**[238] Die bloße Möglichkeit zur Einflussnahme auf die Geschäftsführung der Gesellschaft genügt hierfür nicht,[239] hinzukommen müssen einer Eigenka-

233 Dazu *Servatius* (Fn. 5), S. 97 ff., 103 ff.

234 BGHZ 31, 258, 266 f.; BGHZ 118, 107, 110 f.; BGH, ZIP 2008, 118, 119 (AG); *Ekkenga*, in: MünchKommGmbHG, § 30 Rn. 156; *Hueck/Fastrich*, in: Baumbach/Hueck, § 30 Rn. 28.

235 *Altmeppen*, in: Roth/Altmeppen, GmbHG, § 30 Rn. 33; *Ekkenga*, in: MünchKommGmbHG, § 30 Rn. 156. A.A. *Fleck*, FS 100 Jahre GmbH-Gesetz, S. 391, 411; *Habersack*, in: Ulmer/Habersack/Winter, GmbHG, § 30 Rn. 66.

236 *Altmeppen*, in: Roth/Altmeppen, GmbHG, § 30 Rn. 69; *Ekkenga*, in: MünchKommGmbHG, § 30 Rn. 163. Für die h.M. z.B. *Habersack*, in: Ulmer/Habersack/Winter, GmbHG, § 30 Rn. 67; *Hueck/Fastrich*, in: Baumbach/Hueck, GmbHG, § 30 Rn. 28.

237 *Ekkenga*, in: MünchKommGmbHG, § 30 Rn. 164; *Heidinger*, in: Michalski, GmbHG, § 30 Rn. 122; *Hueck/Fastrich*, in: Baumbach/Hueck, GmbHG, § 30 Rn. 28. A.A. *Altmeppen*, in: Roth/Altmeppen, GmbHG, § 30 Rn. 71; *Habersack*, in: Ulmer/Habersack/Winter, GmbHG, § 30 Rn. 68. Im Zshg. mit § 32a Abs. 3 a.F. BGHZ 119, 191, 195 ff.

238 BGHZ 106, 7, 9; BGH, ZIP 2006, 703, 705; *Ekkenga*, in: MünchKommGmbHG, § 30 Rn. 165; *Habersack*, in: Ulmer/Habersack/Winter, GmbHG, § 30 Rn. 68; *Hueck/Fastrich*, in: Baumbach/Hueck, GmbHG; § 30 Rn. 28.

239 *Ekkenga*, in: MünchKommGmbHG, § 30 Rn. 164; *Habersack*, in: Ulmer/Habersack/Winter, GmbHG, § 30 Rn. 68. Zum Ganzen *Rümker/Büchler*, FS Claussen, 1997, S. 337.

pitalbeteiligung vergleichbare Risiken. **Unterbeteiligte** werden von § 30 nicht erfasst,[240] genauso wenig wie im Grundsatz **Kreditgeber**, wenn diese nicht ausnahmsweise aufgrund von Mezzaninegestaltungen als atypische stille Gesellschafter zu qualifizieren sind.[241] Letztere können aber bspw. nach § 826 BGB wegen Gläubigerbenachteiligung haften.[242] Zur Haftung des **Zessionars** § 31 Rdn. 18.

68 Die Rspr. hält **nahe Familienangehörige des Gesellschafters** (Ehegatten und minderjährige Kinder), die Leistungen der Gesellschaft empfangen haben, bei Vorliegen eines qualifizierten persönlichen Näheverhältnisses neben dem Gesellschafter zur Rückzahlung der Leistung nach §§ 30, 31 verpflichtet.[243] Insoweit gelten bereits die unter Rdn. 63 vorgetragenen Argumente. Mit dem Normzweck der §§ 30, 31 hat »familienrechtliche Nähe« nichts zu tun. Die Rspr. gibt der Gesellschaft einen Zufallsschuldner. Folgt man der hier abgelehnten Ansicht, stellt sich die Frage nach einer Haftungseingrenzung. Berufliche und wirtschaftliche Selbständigkeit naher Angehöriger sind jedenfalls keine validen Kriterien.[244] Gleiches gilt für den Rückgriff auf subjektive Merkmale zur Haftungsbegrenzung, wenn der Empfänger den Verstoß gegen § 30 hätte erkennen müssen.[245] Allenfalls mag man erwägen, eine widerlegbare Veranlassungsvermutung anzuerkennen, wenn an einen nahen Familienangehörigen geleistet wird.[246]

5. Faktischer Konzern

69 Für den einfachen faktischen Konzern gelten die allg. Grundsätze. Auszahlungen der Tochter an die Mutter fallen unter § 30, während im umgekehrten Fall das Merkmal der mitgliedschaftlichen Veranlassung fehlen wird.[247] Problematisch ist der **mehrstufige Konzern**: Für direkte Leistungen einer Enkelgesellschaft an die Mutter gilt, dass zum einen die Tochter als unmittelbare Gesellschafterin in den Anwendungsbereich des § 30 fällt, wenn sie die Auszahlung veranlasst hat und bei ihr ein aus der Auszah-

---

240 *Ekkenga*, in: MünchKommGmbHG, § 30 Rn. 166.

241 Zu Kreditgebern im Einzelnen *Ekkenga*, in: MünchKommGmbHG, § 30 Rn. 167.

242 Vgl. zur Bankenhaftung *Kuntz*, ZIP 2008, 814 ff.

243 BGHZ 81, 365, 268 f.; aus der Lit. etwa *Hueck/Fastrich*, in: Baumbach/Hueck, GmbHG, § 30 Rn. 26.

244 A.A. *Fleck*, FS 100 Jahre GmbH-Gesetz, 1992, S. 391, 414 f.

245 Vgl. BGHZ 81, 365, 369 f. (offengelassen, da Kenntnis vorlag); *Fleck*, FS 100 Jahre GmbH-Gesetz, 1992, S. 391, 413 f. Zu Recht ablehnend *Altmeppen*, in: Roth/Altmeppen, GmbHG, § 30 Rn. 41.

246 Dafür *Ekkenga*, in: MünchKommGmbHG, § 30 Rn. 162; *Pentz*, in: Rowedder/Schmidt-Leithoff, GmbHG, § 30 Rn. 25.

247 *Ekkenga*, in: MünchKommGmbHG, § 30 Rn. 178; *Habersack*, in: Ulmer/Habersack/Winter, GmbHG, § 30 Rn. 74. Teilw. abweichend *Fleck*, FS 100 Jahre GmbH-Gesetz, 1992, S. 291, 416 f.; *Hueck/Fastrich*, in: Baumbach/Hueck, GmbHG; § 31 Rn. 13.

lung resultierender Vermögensvorteil festzustellen ist (vgl. Rdn. 64).[248] Daneben haftet die Mutter unter der Voraussetzung, dass sie eine Mehrheitsbeteiligung[249] an der Tochter hält und damit über die Möglichkeit der alleinigen Einflussnahme auf diese verfügt.[250] Eine an der Tochter mit einer Minderheit beteiligte Gesellschaft kann unter § 30 fallen, sofern sie tatsächlich die Auszahlung (mit) veranlasst hat.[251] Wenn die Auszahlung einer Enkelgesellschaft an ihre Muttergesellschaft auf Veranlassung der Großmutter vorgenommen wird, haftet die Großmutter nach den eben geschilderten Grundsätzen.[252]

70 Bei Leistung einer **Schwestergesellschaft** an eine andere auf Veranlassung der gemeinsamen Mutter haftet nur die Mutter, wenn es zwischen den gleichgeordneten Gesellschaften an einer mitgliedschaftlichen Verbindung fehlt.[253] Die Einbindung in einen Konzern als solche genügt nicht.[254] Das Schlagwort vom »Umgehungsschutz« allein bietet noch keine sachliche Rechtfertigung für ein abweichendes Ergebnis. Der Schutzzweck des § 30 ist insoweit nicht berührt. Anderes gilt, wenn eine Veranlassung der Mutter fehlt und die Schwestergesellschaft aufgrund von Besonderheiten der Konzernorganisation in der Lage ist, gegebenenfalls im Zusammenwirken mit anderen Gesellschaften eine gleichgeordnete Gesellschaft zur Auszahlung zu veranlassen und dies auch tut. Insoweit vermag dann die Konzernstruktur die fehlende Einwirkungsmöglichkeit kraft mitgliedschaftlicher Beteiligung zu kompensieren.

71 Die Konzernverbindung muss **im Zeitpunkt der Auszahlung** bestehen.[255]

248 *Ekkenga*, in: MünchKommGmbHG, § 30 Rn. 180; *Fleck*, FS 100 Jahre GmbH-Gesetz, 1992, S. 291, 404. A.A. (keine Notwendigkeit einer Vermögensmehrung) *Altmeppen*, FS Kropff, 1997, S. 641, 650; *Habersack*, in: Ulmer/Habersack/Winter, GmbHG, § 30 Rn. 72. Ausführlich *Cahn*, Kapitalerhaltung im Konzern, 1998, S. 81 ff.

249 A.A. *Altmeppen*, in: Roth/Altmeppen, GmbHG, § 30 Rn. 59: Minderheitsbeteiligung genügt. Dagegen zu Recht *Ekkenga*, in: MünchKommGmbHG, § 30 Rn. 181.

250 Vgl. BGH, NZG 1999, 939, 940 (zum Eigenkapitalersatz); *Heidinger*, in: Michalski, GmbHG, § 30 Rn. 179.

251 Vgl. BGH, DStR 2007, 2270, 2271; *Ekkenga*, in: MünchKommGmbHG, § 30 Rn. 179.

252 *Ekkenga*, in: MünchKommGmbHG, § 30 Rn. 179; *Habersack*, in: Ulmer/Habersack/Winter, GmbHG, § 30 Rn. 73.

253 *Altmeppen*, in: Roth/Altmeppen, GmbHG, § 30 Rn. 64 f.; *Ekkenga*, in: MünchKommGmbHG, § 30 Rn. 182. Differenzierend *Habersack*, in: Ulmer/Habersack/Winter, GmbHG, § 30 Rn. 73. A.A. *Hueck/Fastrich*, in: Baumbach/Hueck, GmbHG, § 30 Rn. 27. Ausführlich *Cahn* (Fn. 248), S. 31 ff.

254 A.A. *Cahn* (Fn. 248), S. 61 f.; *Hueck/Fastrich*, in: Baumbach/Hueck, GmbHG, § 30 Rn. 27; für das Eigenkapitalersatzrecht auch BGH, ZIP 1992, 242, 244. Wie hier jedoch für die Kapitalaufbringung BGHZ 171, 113, 117 Tz 10, und für das Eigenkapitalersatzrecht BGH, ZIP 2008, 1230, 1231 Tz 12 f.

255 BGH, NJW 1996, 589, 590.

C. § 30 Abs. 1 S. 2, 1. Var. – Beherrschungs- und Gewinnabführungsvertrag

72 Leistungen bei Bestehen eines Beherrschungs- oder Gewinnabführungsvertrages sind nicht an § 30 Abs. 1 S. 1 zu messen. Weder kommt es für S. 2 auf Veranlassungen an noch auf einen Bezug zum Unternehmensvertrag (anders § 291 Abs. 3 AktG).[256] § 30 Abs. 1 S. 2, Var. 1, ändert nichts an der Ausgleichspflicht nach § 302 AktG analog.[257] Das gilt nach zutreffender h.M. nur, wenn der Ausgleichsanspruch voraussichtlich vollwertig ist.[258] Zwar enthalten weder § 302 AktG noch § 30 Abs. 1 S. 2, Var. 1, eine § 30 Abs. 1 S. 2, Var. 2, gleichzusetzende Einschränkung. Da der konzernrechtliche Ausgleichsanspruch mangels Aktivierbarkeit im Auszahlungszeitpunkt ohnehin nicht für einen vermögensneutralen Aktiventausch zu sorgen vermag,[259] ist die Ratio der Vorschrift darin zu sehen, dass wegen des konzernrechtlichen Schutzes der Gläubiger der abhängigen Gesellschaft eine Ausnahme von dem ansonsten bilanziell orientierten Modell des § 30 Abs. 1 gemacht werden kann. Wenn jedoch bereits vor Entstehung des Ausgleichsanspruchs erkennbar ist, dass das herrschende Unternehmen den Jahresfehlbetrag nicht wird ausgleichen können, entfällt der Privilegierungsgrund. In diesem Fall ist die Auszahlung bei Herbeiführung oder Vertiefung einer Unterbilanz verboten.[260] Aus haftungsrechtlichen Gründen (§ 43 Abs. 3) ist den Geschäftsführern die Einrichtung eines Informationssystems anzuraten, genauso wie die Nutzung von »limitation language«.[261] Dass in erster Linie das herrschende Unternehmen bzw. dessen Vertreter zur Solvenzkontrolle verpflichtet sind, ändert hieran nichts.[262]

73 Auf Upstream-Sicherheiten bei bestehendem Beherrschungs- oder Gewinnabführungsvertrag finden die allg. Grundsätze für die Bestimmung des Auszahlungszeitpunktes Anwendung (Rdn. 29 ff.) und damit zugleich für die Prüfung der Vollwertigkeit des Ausgleichsanspruches nach § 302 AktG analog. Die Verwertung ist wiederum bedeutungslos.[263]

---

256 *Ekkenga*, in: MünchKommGmbHG, § 30 Rn. 269.

257 *Altmeppen*, in: Roth/Altmeppen, GmbHG, § 30 Rn. 54; *Ekkenga*, in: MünchKommGmbHG, § 30 Rn. 270.

258 *Altmeppen*, in: Roth/Altmeppen, GmbHG, § 30 Rn. 123; *Hueck/Fastrich*, in: Baumbach/Hueck, GmbHG, § 30 Rn. 45; *Westermann*, in: Scholz, GmbHG, § 30 Nachtrag MoMiG Rn. 50. A.A. *Ekkenga*, in: MünchKommGmbHG, § 30 Rn. 270; *Habersack*, in: Ulmer/Habersack/Winter, GmbHG (Erg.bd.), § 30 Rn. 11; *Wilhelmi*, WM 2009, 1917, 1920 f. Differenzierend *Heidinger*, in: Michalski, GmbHG, § 30 Rn. 214.

259 Sh. *Ekkenga*, in: MünchKommGmbHG, § 30 Rn. 270 mit Fn. 981. A.A. *Habersack*, in: Ulmer/Habersack/Winter, GmbHG, § 30 Rn. 86.

260 *Hueck/Fastrich*, in: Baumbach/Hueck, GmbHG, § 30 Rn. 45.

261 *Hueck/Fastrich*, in: Baumbach/Hueck, GmbHG, § 30 Rn. 45; *Vetter*, in: Goette/Habersack (Fn. 81), S. 107, 148.

262 Großzügiger wohl *Altmeppen*, in: Roth/Altmeppen, GmbHG, § 30 Rn. 54.

263 A.A. *Vetter*, in: Goette/Habersack (Fn. 81), S. 107, S. 147.

Abs. 1 S. 2, Var. 1, gilt auch für isolierte Gewinnabführungsverträge.[264] Besteht ein Beherrschungsvertrag, kommt es nicht mehr auf eine Weisung an.[265] Ob ein Dritter die Auszahlung erhält, ist für die Anwendbarkeit der Norm gleichfalls irrelevant.[266] 74

D. Übergangsregeln für § 30 Abs. 1 S. 2

75 § 3 EGGmbHG enthält keine Übergangsregeln für § 30 Abs. 1 S. 2 n.F. Doch gilt die Regelung nach wohl allg.M. auch für Altfälle vor Inkrafttreten des MoMiG am 1.11.2008.[267]

E. § 30 Abs. 1 S. 3: Gesellschafterdarlehen

76 S. 3 dient der Abschaffung der »Rechtsfigur des eigenkapitalersetzenden Gesellschafterdarlehens«.[268] Der Schutz der Gläubiger soll mittels der Anfechtungsvorschriften in der InsO und im AnfG hergestellt werden.[269] Eine nach § 30 Abs. 1 zulässige Auszahlung kann möglicherweise nach § 135 InsO angefochten werden, wenn sie binnen der maßgeblichen Fristen vorgenommen wurde. Ausführlich hierzu Vor § 64 Rdn. 143 ff.

77 **Übergangsrecht** gibt es in Art. 103d EGInsO und § 30 Abs. 3 AnfG allein für die Novellenregelungen,[270] eine Übergangsvorschrift zum zeitlichen Anwendungsbereich der Rechtsprechungsregeln zum alten Eigenkapitalersatzrecht und § 30 Abs. 1 S. 3 n.F. fehlt. Insoweit gelten die Rechtsprechungsregeln für Altfälle mit Eröffnung des Insolvenzverfahrens vor dem 1.11.2008 weiter.[271] Wurde das Insolvenzverfahren nach dem 31.10.2008 eröffnet, wirken die Rechtsprechungsregeln analog Art. 103d InsO nur fort, wenn die Rechtshandlung vor dem 1.11.2008 vorgenommen wurde und

---

264 *Thiessen*, in: Bork/Schäfer, GmbHG, § 30 Rn. 106; *Vetter*, in: Goette/Habersack (Fn. 81), S. 107, 145.

265 *Hueck/Fastrich*, in: Baumbach/Hueck, GmbHG, § 30 Rn. 44; *Vetter*, in: Goette/Habersack (Fn. 81), S. 107, 145.

266 *Habersack*, in: Ulmer/Habersack/Winter, GmbHG (Erg.bd.), § 30 Rn. 11; *Hueck/Fastrich*, in: Baumbach/Hueck, GmbHG, § 30 Rn. 44.

267 BGHZ 179, 71, 77 f. Rn. 12 – MPS (für AG); *Habersack*, in: Ulmer/Habersack/Winter, GmbHG (Erg.bd.), § 30 Rn. 6. Ausführlich *Vetter*, in: Goette/Habersack (Fn. 81), S. 107, 148 f.

268 BT-Drs. 16/6140, S. 42. Zu rechtsgeschäftlichen Finanzierungsbindungen *Gunßer*, GmbHR 2010, 1250.

269 Begr. RegE BT-Drs. 16/6140, S. 42.

270 Von diesen Übergangsregeln werden trotz ihrer Verortung auch die §§ 32a, b GmbHG a.F. erfasst, BGHZ 179, 249, 255 Tz 14 ff.

271 BGH, ZIP 2010, 1078, 1079 Tz 3. Anders (ohne Bezugnahme auf den BGH) OLG München, GmbHR 2010, 815, 816. Kritisch *Altmeppen*, ZIP 2011, 641.

die Rechtshandlungen nach dem bisherigen Recht der Anfechtung entzogen oder in geringerem Umfang unterworfen sind.[272]

78 Sog. **Finanzplanzkredite** sind grunds. Eigenkapital.[273] Allein die Bezeichnung als »Kredit« macht sie noch nicht zu Gesellschafter»darlehen« i.S.v. S. 3. Sie fallen nicht unter § 30 Abs. 1 S. 3, so dass die Rückzahlung nur nach Maßgabe des S. 1 möglich ist.[274] Finanzplankredite bildeten von jeher eine eigenständige Kategorie neben dem sog. Eigenkapitalersatzrecht.[275] Der Gesetzgeber hat Finanzplankredite schlicht nicht im Rahmen des S. 3 geregelt, es gibt kein »umfassendes Verständnis« der Gesetzesverfasser von Eigenkapitalersatz und Finanzplankrediten.[276]

F. Rechtsfolgen eines Verstoßes

79 Nach zutreffender h.M. sind **sowohl Verpflichtungs- als auch Verfügungsgeschäft wirksam**, unabhängig vom Vorliegen eines absichtlichen Verstoßes.[277] Die §§ 30, 31 **verdrängen** die Grundsätze über den **Missbrauch der Vertretungsmacht.**[278] Allerdings ist bei einem Verstoß die Auszahlung verboten, es handelt sich um einen **von Amts wegen** zu berücksichtigenden, die Leistung zeitweise hindernden Einwand.[279] Eine gegen § 30 vorgenommene **Aufrechnung** ist wirksam.[280] Abgewickelt wird der Verstoß gegen § 30 allein im Binnenverhältnis Gesellschafter-Gesellschaft, die Norm

---

272 OLG München, ZIP 2011, 225, 226; *Haas,* DStR 2009, 976, 978. Für Fortgeltung ThürOLG, ZIP 2009, 2098, 2099, wenn Gewährung und Rückzahlung des Gesellschafterdarlehens vor dem 1.11.2008 stattfanden. Gegen jede Fortgeltung z.B. *Habersack*, in: Ulmer/Habersack/Winter, GmbHG (Erg.bd.), § 30 Rn. 34 m. umf. Nachw. zum Streitstand.

273 *Ekkenga*, in: MünchKommGmbHG, § 30 Rn. 76 m. Nachw. zum Streitstand.

274 *Ekkenga*, in: MünchKommGmbHG, § 30 Rn. 75 f.; *Habersack*, in: Ulmer/Habersack/Winter, GmbHG (Erg.bd.), § 30 Rn. 70; *Heidinger*, in: Michalski, GmbHG, § 30 Rn. 211.

275 Sh. *Habersack*, in: Ulmer/Habersack/Winter, GmbHG, §§ 32a/b Rn. 242 ff.; BGH, ZIP 2010, 1078, 1079 Tz 6.

276 A.A. *Thiessen*, in: Bork/Schäfer, GmbHG, § 30 Rn. 147.

277 BGHZ 173, 1, 14 Tz 30; BGHZ 136, 125, 129; ausführlich *Ekkenga*, in: MünchKommGmbHG, § 30 Rn. 276 ff.; *Habersack*, in: Ulmer/Habersack/Winter, GmbHG, § 30 Rn. 96 f.

278 *Ekkenga*, in: MünchKommGmbHG, § 30 Rn. 278; *Habersack*, in: Ulmer/Habersack/Winter, GmbHG, § 30 Rn. 99; *Hueck/Fastrich*, in: Baumbach/Hueck, GmbHG, § 30 Rn. 67. A.A. *Altmeppen*, in: Roth/Altmeppen, GmbHG, § 30 Rn. 82.

279 *Ekkenga*, in: MünchKommGmbHG, § 30 Rn. 282 f. Zum Eigenkapitalersatz BGH, ZIP 1996, 538, 540.

280 BGHZ 95, 188, 191 f.; *Ekkenga*, in: MünchKommGmbHG, § 30 Rn. 279. A.A. *Joost*, ZHR 148 (1984), 27, 47 ff.

ist **kein Schutzgesetz** i.S.v. § 823 Abs. 2 BGB.[281] Auszahlungsbeschlüsse können nicht selbst gegen § 30 Abs. 1 S. 1 verstoßen und sind daher nicht ohne weiteres nichtig nach § 241 Nr. 3 AktG analog.[282]

G. Darlegungs- und Beweislast

80 Die Gesellschaft hat die Voraussetzungen des Abs. 1 S. 1 mit Ausnahme negativer Tatsachen darzulegen und zu beweisen, d.h. die Auszahlung und die Herbeiführung oder Vertiefung der Unterbilanz bzw. Überschuldung.[283] Den Gesellschafter treffen diese Lasten für die Voraussetzungen der S. 2 und 3.[284] Fehlen – relevant v.a. für den Insolvenzverwalter – Unterlagen oder Bilanzdaten, trifft die Beweislast den Gesellschafter, wenn die Gesellschaft oder der Insolvenzverwalter ausreichende Anhaltspunkte für die Annahme eines Verstoßes im Auszahlungszeitpunkt darlegen.[285]

H. GmbH & Co. KG

81 Hält die GmbH Anteile an der KG, können sich Abflüsse aus dem KG-Vermögen zulasten der GmbH auswirken, wenn eine Wertminderung der Beteiligung an der KG in einer Minderung des Anlagevermögens der GmbH resultiert.[286] Fehlt es an einer Beteiligung, ist nach überkommener Rspr. dennoch eine Belastung der GmbH möglich, sofern einem KG-Gesellschafter aus dem KG-Vermögen etwas gezahlt wird und die handelsrechtlichen Freistellungs- oder Rückgriffsansprüche der GmbH (§§ 110, 161 Abs. 2 HGB) nicht gedeckt sind.[287] Das führt allein noch keine Minderung des Vermögens der GmbH herbei. Mit Blick auf die allg. Grundsätze zur Bestimmung des Auszahlungszeitpunktes bei schuldrechtlichen Sicherheiten (Rdn. 34) liegt eine Auszahlung erst in der Leistung der GmbH an einen KG-Gläubiger. Nur dann ist die Vollwertigkeit des Rückgriffsanspruchs relevant.[288]

---

281 BGHZ 148, 167, 170; *Ekkenga*, in: MünchKommGmbHG, § 30 Rn. 275; *Habersack*, in: Ulmer/Habersack/Winter, GmbHG, § 30 Rn. 22; *Hueck/Fastrich*, in: Baumbach/Hueck, GmbHG, § 30 Rn. 1.

282 *Ekkenga*, in: MünchKommGmbHG, § 30 Rn. 281; *Hueck/Fastrich*, in: Baumbach/Hueck, GmbHG, § 30 Rn. 66. A.A. *Habersack*, in: Ulmer/Habersack/Winter, GmbHG, § 30 Rn. 95.

283 *Ekkenga*, in: MünchKommGmbHG, § 30 Rn. 291; *Hueck/Fastrich*, in: Baumbach/Hueck, GmbHG, § 30 Rn. 65. Für die Vorbelastungshaftung BGH, ZIP 2003, 625, 627.

284 *Ekkenga*, in: MünchKommGmbHG, § 30 Rn. 292. Für den Drittvergleich vor MoMiG BGHZ 157, 72, 77.

285 BGH, ZIP 2003, 625, 627, für die Vorbelastungshaftung; *Schmolke*, § 30 Rn. 188.

286 Grundlegend BGHZ 60, 324, 328 ff. Einzelheiten bei *Ekkenga*, in: MünchKommGmbHG, § 30 Rn. 189 ff.; *Habersack*, in: Ulmer/Habersack/Winter, GmbHG, § 30 Rn. 102 ff.

287 BGHZ 60, 324, 329.

288 *Ekkenga*, in: MünchKommGmbHG, § 30 Rn. 189.

82 Zahlt die GmbH an die KG, stellt sich die Frage, ob hierin eine Auszahlung an **GmbH-Gesellschafter** liegt, die **zugleich Kommanditisten** sind. Die Rspr. eines Teils der OLGe, wonach die darlehensweise »Durchleitung« von Einlagen der GmbH an die KG nicht zugleich eine Leistung an einen GmbH-Gesellschafter, der gleichzeitig Kommanditist ist, darstellen soll,[289] ist angesichts ihrer Missbrauchsanfälligkeit abzulehnen[290] und mit Blick auf die neuere Rspr. des BGH zur Kapitalaufbringung[291] überholt. Die angeblich bestehende »wirtschaftliche Einheit« mit der GmbH, wegen der die KG kein dem Kommanditisten nahestehendes Unternehmen sei,[292] ist angesichts der gleichfalls existierenden wirtschaftlichen Nähe des Kommanditisten (§§ 167 Abs. 1, 120 HGB) kein tragfähiges Argument.[293] Der GmbH-Gesellschafter könnte anderenfalls einfach unter Zuhilfenahme einer KG-Beteiligung zu eigenen Gunsten Vermögen verschieben.[294]

83 Ist die KG Inhaberin aller Komplementär-GmbH-Anteile (sog. **Einheitsgesellschaft**), stellen Auszahlungen der GmbH an die KG Auszahlungen an die KG als Gesellschafterin dar.[295] In der Einheitsgesellschaft unterfällt auch der **Nur-Kommanditist** den §§ 30, 31 (analog).[296] Liegt keine Einheitsgesellschaft vor, haftet er entgegen dem BGH nur, wenn er zumindest Einsichtsrechte gegenüber der GmbH wahrnehmen kann, die denen eines GmbH-Gesellschafters nach § 51a gleichkommen.[297] Kommanditisten einer Publikums-KG liegen demnach nicht im Anwendungsbereich der §§ 30, 31.[298] Diese haben keinerlei Möglichkeit, eine finanzielle Steuerung im von § 30 vorausgesetzten Sinne vorzunehmen (vgl. Rdn. 1).

84 Der **Nur-GmbH-Gesellschafter** fällt unabhängig davon in den Anwendungsbereich des § 30, ob er oder die KG die Auszahlung direkt erhält.[299]

---

289 OLG Köln, NZG 2003, 42. Vgl. auch die in BGHZ 174, 370, aufgehobene Entscheidung des OLG Jena, ZIP 2006, 1534.

290 So zu Recht *Altmeppen*, in: Roth/Altmeppen, GmbHG, § 30 Rn. 159; *Heidinger*, in: Michalski, GmbHG, § 30 Rn. 159; *Hueck/Fastrich*, in: Baumbach/Hueck, GmbHG, § 30 Rn. 69; *Schmolke*, § 30 Rn. 236. A.A. *Ekkenga*, in: MünchKommGmbHG, § 30 Rn. 190; *Habersack*, in: Ulmer/Habersack/Winter, GmbHG, § 30 Rn. 108.

291 Vgl. BGHZ 174, 370, 376 ff. (Tz 10 ff.).

292 Hierauf stellte die OLG-Rspr. ab, sh. Fn. 289.

293 Ähnlich *Altmeppen*, in: Roth/Altmeppen, GmbHG, § 30 Rn. 159.

294 *Hueck/Fastrich*, in: Baumbach/Hueck, GmbHG, § 30 Rn. 69.

295 *Ekkenga*, in: MünchKommGmbHG, § 30 Rn. 190; *Schmolke*, § 30 Rn. 234.

296 BGH, NJW 1995, 1960; BGHZ 110, 342, 358; *Habersack*, in: Ulmer/Habersack/Winter, GmbHG, § 30 Rn. 105; *Hueck/Fastrich*, in: Baumbach/Hueck, GmbHG, § 30 Rn. 70.

297 *Ekkenga*, in: MünchKommGmbHG, § 30 Rn. 192; *Habersack*, in: Ulmer/Habersack/Winter, GmbHG, § 30 Rn. 105. Weiter (keine Einsichtsrechte voraussetzend) dagegen BGHZ 110, 342, 358; *Hueck/Fastrich*, in: Baumbach/Hueck, GmbHG, § 30 Rn. 70.

298 So zu Recht *Ekkenga*, in: MünchKommGmbHG, § 30 Rn. 192; *Habersack*, in: Ulmer/Habersack/Winter, GmbHG, § 30 Rn. 105.

299 *Habersack*, in: Ulmer/Habersack/Winter, GmbHG, § 30 Rn. 104. Einschränkend *Ekkenga*, in: MünchKommGmbHG, § 30 Rn. 190.

I. Abs. 2 – Rückzahlung von Nachschüssen

85 Eingezahlte Nachschüsse i.S.d. § 26 Abs. 1 werden unter den in § 30 Abs. 2 genannten Voraussetzungen in das Auszahlungsverbot des § 30 Abs. 1 S. 1 einbezogen. Die Norm dient nicht vorrangig dem Gläubigerschutz – es gibt keine generelle Ergänzung des Stammkapitals um Nachschüsse –, sondern der Bindung von Eigenkapital im Interesse zukünftiger Erwerber eines Geschäftsanteils.[300] Die Rückzahlung der Nachschüsse an die Gesellschafter ist unzulässig, wenn dadurch eine Unterbilanz herbeigeführt oder vertieft würde.

86 Hinsichtlich der Berechnung des ausschüttungsfähigen Vermögens sowie der Bestimmung des Auszahlungszeitpunktes gelten die allg. Regeln.[301] S. 3 untersagt vor vollständiger Einzahlung der Stammeinlagen die Rückzahlung solcher Nachschüsse, die in Ausnutzung einer gesellschaftsvertraglichen Regelung i.S.v. § 28 Abs. 2 bereits vor vollständiger Einforderung der Stammeinlagen geleistet wurden. Gleiches gilt für lediglich eingeforderte, aber noch nicht eingezahlte Nachschüsse.[302] Der **Rückzahlungsbeschluss** ist nach § 46 Nr. 3 zu fassen, zudem muss nach S. 2 eine **Frist** von drei Monaten ab Veröffentlichung des Beschlusses in einem der nach § 12 zugelassenen Blätter eingehalten werden. Sind mehrere Veröffentlichungsmedien nutzbar, gilt die erste Veröffentlichung im zuletzt erschienenen Blatt.[303]

87 Werden die Nachschüsse gesetzeskonform zurückgezahlt – und nur dann –[304], gelten sie gemäß S. 4 als nicht eingezogen. Bei einem Verstoß gegen Abs. 2 kommen die allg. Regeln der §§ 30 Abs. 1, 31 zum Tragen.[305]

§ 31 Erstattung verbotener Rückzahlungen

(1) Zahlungen, welche den Vorschriften des § 30 zuwider geleistet sind, müssen der Gesellschaft erstattet werden.

---

300 *Ekkenga*, in: MünchKommGmbHG, § 30 Rn. 293; *Habersack*, in: Ulmer/Habersack/Winter, GmbHG, § 30 Rn. 117. A.A. *Hommelhoff*, in: Lutter/Hommelhoff, GmbHG, § 30 Rn. 66; *Hueck/Fastrich*, in: Baumbach/Hueck, GmbHG, § 30 Rn. 71.

301 *Ekkenga*, in: MünchKommGmbHG, § 30 Rn. 296; *Habersack*, in: Ulmer/Habersack/Winter, GmbHG, § 30 Rn. 118 f.

302 *Ekkenga*, in: MünchKommGmbHG, § 30 Rn. 296; *Habersack*, in: Ulmer/Habersack/Winter, GmbHG, § 30 Rn. 120; *Hueck/Fastrich*, in: Baumbach/Hueck, GmbHG, § 30 Rn. 71. A.A. *Westermann*, in: Scholz, GmbHG, § 30 Rn. 64: Einzahlung maßgeblich.

303 *Habersack*, in: Ulmer/Habersack/Winter, GmbHG, § 30 Rn. 124; *Heidinger*, in: Michalski, GmbHG, § 30 Rn. 225. A.A. *Thiessen*, in: Bork/Schäfer, GmbHG, § 30 Rn. 168 (Erscheinen im elektronischen Bundesanzeiger); *Pentz*, in: Rowedder/Schmidt-Leithoff, GmbHG, § 30 Rn. 62 (Veröffentlichung im zuletzt erschienenen Blatt).

304 *Ekkenga*, in: MünchKommGmbHG, § 30 Rn. 298; *Hueck/Fastrich*, in: Baumbach/Hueck, GmbHG, § 30 Rn. 73.

305 *Ekkenga*, in: MünchKommGmbHG, § 30 Rn. 297; *Habersack*, in: Ulmer/Habersack/Winter, GmbHG, § 31 Rn. 8.

(2) War der Empfänger in gutem Glauben, so kann die Erstattung nur insoweit verlangt werden, als sie zur Befriedigung der Gesellschaftsgläubiger erforderlich ist.

(3) [1]Ist die Erstattung von dem Empfänger nicht zu erlangen, so haften für den zu erstattenden Betrag, soweit er zur Befriedigung der Gesellschaftsgläubiger erforderlich ist, die übrigen Gesellschafter nach Verhältnis ihrer Geschäftsanteile. [2]Beiträge, welche von einzelnen Gesellschaftern nicht zu erlangen sind, werden nach dem bezeichneten Verhältnis auf die übrigen verteilt.

(4) Zahlungen, welche auf Grund der vorstehenden Bestimmungen zu leisten sind, können den Verpflichteten nicht erlassen werden.

(5) [1]Die Ansprüche der Gesellschaft verjähren in den Fällen des Absatzes 1 in zehn Jahren sowie in den Fällen des Absatzes 3 in fünf Jahren. [2]Die Verjährung beginnt mit dem Ablauf des Tages, an welchem die Zahlung, deren Erstattung beansprucht wird, geleistet ist. [3]In den Fällen des Absatzes 1 findet § 19 Abs. 6 Satz 2 entsprechende Anwendung.

(6) [1]Für die in den Fällen des Absatzes 3 geleistete Erstattung einer Zahlung sind den Gesellschaftern die Geschäftsführer, welchen in betreff der geleisteten Zahlung ein Verschulden zur Last fällt, solidarisch zum Ersatz verpflichtet. [2]Die Bestimmungen in § 43 Abs. 1 und 4 finden entsprechende Anwendung.

Übersicht — Rdn.

Schrifttum

Bayer, Die Gesamtverantwortung der Gesellschafter für das Stammkapital und die Existenz der GmbH, FS Röhricht, 2005, S. 25; *Grunewald*, Die Verantwortlichkeit des gering beteiligten GmbH-Gesellschafters für Kapitalaufbringung und -erhaltung, FS Lutter, 2000, S. 413; *Jungmann*, Zur bilanziellen Behandlung und summenmäßigen Begrenzung von Ansprüchen aus § 31 GmbHG, DStR 2004, 688; *Koch*, Die Verzinsung des Rückgewähranspruchs beim Empfang verbotener Leistungen im Aktien- und GmbH-Recht, AG 2004, 20; *Kort*, Das Verhältnis von Auszahlungsverbot (§ 30 Abs. 1 GmbHG) und Erstattungspflicht (§ 31 GmbHG), ZGR 2001, 615; *Lange*, Das Verbot der Aufrechnung gegen den Erstattungsanspruch aus § 31 I GmbHG, NJW 2002, 2293; *Reemann*, Zur Ausfallhaftung des Gesellschafters für verbotene

Auszahlungen der GmbH an andere Gesellschafter, ZIP 1990, 1309; *Schmidt, K.,* Die begrenzte Ausfallhaftung nach §§ 24, 31 Abs. 3 GmbHG im System des GmbH-Haftungsrechts – Neuerliches Plädoyer für ein systemstimmiges Haftungsmodell –, FS Th. Raiser, 2005, S. 311; *ders.*, Zum Kapitalschutz in der GmbH nach §§ 30, 31 GmbHG, JZ 2008, 735; *Servatius,* Über die Beständigkeit des Erstattungsanspruchs wegen Verletzung des Stammkapitals, GmbHR 2000, 1028; *Verse,* Der Gleichbehandlungsgrundsatz im Recht der Kapitalgesellschaften, 2006.

A. Einführung

1 § 31 ergänzt das Kapitalerhaltungsgebot des § 30 Abs. 1 S. 1 durch Anordnung konkreter Rechtsfolgen. Der Erstattungsanspruch ist ein **genuin gesellschaftsrechtlicher Anspruch**, d.h. weder dem Bereicherungsrecht zuzuordnen noch Schadensersatzanspruch.[1] Ergänzend zur Sicherung des Vermögenszuflusses im Rahmen der Kapitalaufbringung und der damit einhergehenden Trennung von Gesellschafts- und Gesellschaftervermögen gewährleistet er die Durchsetzung der beidseitigen Vermögenstrennung (§ 30 Rdn. 1). Insofern sind Erstattungsanspruch und Einlageanspruch funktional ähnlich.[2] Es geht dabei nicht um die neuerliche Geltendmachung der Verpflichtung der Gesellschafter zur Kapitalaufbringung,[3] sondern um die Verletzung des Versprechens, sich nach der auf der (zumindest teilweisen) Einlageleistung beruhenden Trennung von Vermögen der Gesellschaft und Vermögen der Gesellschafter (Eintragung nach Einzahlung, vgl. § 7 Abs. 2, 3, 9c) unterhalb der Schwelle des § 30 Abs. 1 eines Zugriffs auf das Gesellschaftsvermögen zu enthalten (§ 30 Rdn. 1).

2 Angesichts der eigenständigen Ausgestaltung von § 31 und der Erlaubnistatbestände in § 30 Abs. 1 S. 2, 3 kommt eine analoge Heranziehung von § 19 nicht ohne weiteres in Betracht.[4]

3 Die Norm verdrängt andere Ansprüche nicht,[5] so dass bei Vorliegen von deren Anwendungsvoraussetzungen eine parallele Geltendmachung in Betracht kommt. Das setzt wegen der fehlenden Auswirkungen einer Auszahlung entgegen § 30 auf Verpflichtungs- und Verfügungsgeschäft (§ 30 Rdn. 79) mehr als einen bloßen Verstoß gegen § 30 voraus. Sämtliche Absätze sind **zwingendes Recht** und nicht zugunsten der Gesellschafter mit Wirkung gegen die Gläubiger abdingbar.[6]

---

1 BGHZ 31, 258, 265; *Ekkenga*, in: MünchKommGmbHG, § 31 Rn. 1; *Habersack*, in: Ulmer/Habersack/Winter, GmbHG, § 31 Rn. 9; *Westermann*, in: Scholz, GmbHG, § 31 Rn. 1.

2 Grundlegend zur Funktionsäquivalenz *Lutter,* Sicherung der Kapitalaufbringung und Kapitalerhaltung in den Aktien- und GmbH-Rechten der EWG, 1964, S. 380 f. Kritisch *Servatius,* GmbHR 2000, 1028, 1030 f.

3 Insofern zu Recht kritisch *Servatius,* GmbHR 2000, 1028, 1030 f.

4 *Habersack*, in: Ulmer/Habersack/Winter, GmbHG, § 31 Rn. 4; weniger restriktiv *Hueck/Fastrich*, in: Baumbach/Hueck, GmbHG, § 30 Rn. 3.

5 *Hueck/Fastrich*, in: Baumbach/Hueck, GmbHG, § 30 Rn. 4.

6 Allg.M., *Altmeppen*, in: Roth/Altmeppen, GmbHG, § 31 Rn. 1; *Hueck/Fastrich*, in: Baumbach/Hueck, GmbHG, § 30 Rn. 1.

B. Anspruchsinhaber und Anspruchsinhalt

I. Anspruchsinhaber

4 Inhaberin des Anspruchs ist die **Gesellschaft**, geltend gemacht wird er durch die Geschäftsführer, die Liquidatoren oder, in der Insolvenz, den Insolvenzverwalter. In der **GmbH & Co. KG** ist nach BGH die KG Inhaberin des Anspruchs, wenn Auszahlungen aus dem Vermögen der KG zu einem Verstoß gegen § 30 geführt haben (§ 30 Rdn. 81), während Teile der Lit. den Anspruch der GmbH zuordnen.[7] Nach beiden Ansichten wird der Anspruch von der GmbH geltend gemacht (notfalls per actio pro socio) und richtet sich auf Rückerstattung in das Vermögen der KG.[8] Richtiger Ansicht nach gibt es **kein Recht der Gläubiger** analog § 62 Abs. 2 S. 1 AktG, den Anspruch geltend zu machen.[9]

5 Der Rückerstattungsanspruch ist **abtretbar** und **verpfändbar**. Voraussetzung ist, dass die Gesellschaft dafür entweder eine vollwertige Gegenleistung erhält oder der Abtretungsempfänger Inhaber eines gegen die Gesellschaft gerichteten, bestehenden und fälligen Anspruchs ist, der durch die Abtretung erfüllt wird.[10] Vollwertigkeit bedarf es im letzteren Fall nicht.[11] Eine Insolvenzanfechtung wird trotz Zulässigkeit der Abtretung zu Erfüllungszwecken nicht ausgeschlossen.[12] I. Erg. hängt die Abtretung des Rückerstattungsanspruchs an einen anderen Gesellschafter damit i.d.R. von einer vollwertigen Gegenleistung ab.[13]

6 Die **Pfändung** des Anspruchs nach § 31 seitens der Gesellschaftsgläubiger ist möglich und an keine besonderen Voraussetzungen geknüpft, insbesondere nicht an eine i.S.v. § 19 vollwertige Gläubigerforderung.[14]

---

7 Sh. BGHZ 60, 324, 329; BGHZ 110, 342, 357, einerseits und *Westermann*, in: Scholz, GmbHG, § 31 Rn. 10; *Ekkenga*, in: MünchKommGmbHG, § 30 Rn. 22 andererseits. Anspruchsberechtigung beider erwägend *Hueck/Fastrich*, in: Baumbach/Hueck, GmbHG, § 30 Rn. 7.

8 BGHZ 60, 324, 329; BGHZ 110, 342, 357; *Ekkenga*, in: MünchKommGmbHG, § 30 Rn. 22; *Westermann*, in: Scholz, GmbHG, § 31 Rn. 10.

9 *Ekkenga*, in: MünchKommGmbHG, § 31 Rn. 21; *Hueck/Fastrich*, in: Baumbach/Hueck, GmbHG, § 31 Rn. 6. A.A. *Altmeppen*, in: Roth/Altmeppen, GmbHG, § 31 Rn. 9; *Habersack*, in: Ulmer/Habersack/Winter, GmbHG, § 31 Rn. 12.

10 BGH, NJW 1995, 326, 330 (insoweit nicht in BGHZ 127, 336, abgedruckt); BGHZ 69, 279, 282 f.

11 BGHZ 69, 274, 282 f.; *Heidinger*, in: Michalski, GmbHG, § 31 Rn. 10; *Hommelhoff*, in: Lutter/Hommelhoff, GmbHG, § 31 Rn. 4. Grundsätzlich a.A. bei mangelnder Vollwertigkeit *Habersack*, in: Ulmer/Habersack/Winter, GmbHG, § 31 Rn. 13; *Ulmer*, FS 100 Jahre GmbH-Gesetz, 1992, S. 363, 282 f.

12 *Thiessen*, in: Bork/Schäfer, GmbHG, § 31 Rn. 13.

13 Weiter *Ekkenga*, in: MünchKommGmbHG, § 31 Rn. 18 (Abtretung auch an anderen Gesellschafter ohne Vollwertigkeitserfordernis).

14 *Ekkenga*, in: MünchKommGmbHG, § 31 Rn. 20; *Habersack*, in: Ulmer/Habersack/Winter, GmbHG, § 31 Rn. 12; *Hueck/Fastrich*, in: Baumbach/Hueck, GmbHG, § 31 Rn. 6.

II. Anspruchsinhalt und -umfang

Der Anspruch richtet sich nach zutreffender h.M. auf die **Rückgewähr des Geleisteten in Natur**, subsidiär Wertersatz (etwa bei Untergang der geleisteten Sache oder Dienstleistungen).[15] »Rückgewähr« ist nicht bereits deshalb ausgeschlossen, weil das Geleistete nicht mehr existiert. Es kommt vielmehr darauf an, ob eine Wiederherstellung möglich ist, etwa durch Neubegründung einer Forderung oder sogar die sofortige Erfüllung der neu zu begründenden Verbindlichkeit, wenn diese fällig war oder wäre.[16] 7

Dem Gesellschafter wird zugebilligt, statt Rückgewähr in Natur ersatzweise Wertausgleich in Geld zu leisten.[17] Das **Wahlrecht** findet seine Grenze im vorrangigen Recht der Gesellschaft, die Ersetzungsbefugnis im konkreten Fall zu verneinen; zudem scheidet Wertausgleich aus hinsichtlich solcher Gegenstände, die die Gesellschaft zur ordentlichen Fortführung ihrer Geschäfte benötigt.[18] Die Bestimmung einer Zahlung zur Tilgung einer Einlageschuld steht einer Umdeutung in eine Zahlung auf eine Schuld nach § 31 Abs. 1 nicht entgegen.[19] Ist der Forderungserlass anfechtbar und befindet sich die Gesellschaft in der Insolvenz, kann der Insolvenzverwalter direkt auf Erfüllung klagen, ohne vorher die Neubegründung durchzusetzen.[20] 8

Der Rückerstattungsanspruch ist grundsätzlich auf **vollen Verlustausgleich** gerichtet, wird aber durch das zur Deckung des Stammkapitals notwendige Reinvermögen begrenzt. Anderenfalls ginge der Anspruch aus § 31 Abs. 1 weiter als der Schutz des § 30 Abs. 1 S. 1.[21] Allerdings ist die Haftung nicht auf den Umfang des Stammkapitals beschränkt, auch eine herbeigeführte oder vertiefte Überschuldung muss ausgeglichen werden.[22] Im Fall der Pflicht zum Wertersatz bemisst sich der Umfang des Rückgewähranspruches nicht nach der Vermögensmehrung auf Seiten des Gesellschafters, sondern nach dem Umfang des Abflusses aus dem Gesellschaftsvermögen. 9

15 BGHZ 176, 62, 64 Tz 9; *Ekkenga*, in: MünchKommGmbHG, § 31 Rn. 6, 11; *Habersack*, in: Ulmer/Habersack/Winter, GmbHG, § 31 Rn. 23; *Ulmer*, FS 100 Jahre GmbH-Gesetz, S. 363, 381. A.A. *Heidinger*, in: Michalski, GmbHG, § 31 Rn. 32; *Joost*, ZHR 148 (1984), 27, 54.

16 Vgl. BGHZ 179, 344, 358 Tz 45; BGHZ 95, 188, 193.

17 Nachw. Fn. 15. Einschränkend *Hommelhoff*, in: Lutter/Hommelhoff, GmbHG, § 31 Rn. 8: nur bei einfach wiederbeschaffbaren Ersatzgegenständen.

18 *Ekkenga*, in: MünchKommGmbHG, § 31 Rn. 6; *Habersack*, in: Ulmer/Habersack/Winter, GmbHG, § 31 Rn. 25.

19 BGHZ 179, 285, 287 Tz 9.

20 *Thiessen*, in: Bork/Schäfer, GmbHG, § 31 Rn. 33.

21 *Ekkenga*, in: MünchKommGmbHG, § 31 Rn. 8; *Habersack*, in: Ulmer/Habersack/Winter, GmbHG, § 31 Rn. 22.

22 BGHZ 60, 324, 331; BGH WM 1990, 502, 504; *Ekkenga*, in: MünchKommGmbHG, § 31 Rn. 9; *Hommelhoff*, in: Lutter/Hommelhoff, GmbHG, § 31 Rn. 9.

10 **Wertverluste** zwischen Auszahlung und Rückerstattung sind auszugleichen, wenn sie sich nicht auch ohne Auszahlung auf Seiten der Gesellschaft realisiert hätten.[23] Anderenfalls könnte der Gesellschafter sich im Wege der Ausübung seines Wahlrechts (Rdn. 8) im Ergebnis u.U. einen Gegenstand günstiger beschaffen, als ihm dies im Auszahlungszeitpunkt nach § 30 Abs. 1 gestattet gewesen wäre. **Keine Zuzahlungspflicht** besteht, **wenn** die **Rückgabe** des in seinem Wert geminderten Gegenstandes zur Wiederherstellung des zur Stammkapitaldeckung notwendigen Vermögens **ausreicht**. Da es sich bei der Rückerstattungspflicht nicht um einen Schadensersatzanspruch handelt, zielt er nicht auf umfassende Restitution der Gesellschaft, Dispositionsstörungen werden daher grunds. nicht ausgeglichen. Aus diesem Grund ist der Gesellschafter weder zum Ersatz von **Folgeschäden** noch von **Nutzungsausfall** verpflichtet, die nicht nach allg. Grundsätzen als Auszahlung zu bewerten sind.[24]

11 Nach Auszahlung eingetretene **Wertsteigerungen**, z.B. Kursgewinne von Aktien, kommen der Gesellschaft zugute.[25] Wäre dies nicht so, müsste die Gesellschaft u.U. dem Gesellschafter einen Ausgleich zahlen, wenn die Rückerstattung über das zur Wiederherstellung des das Stammkapital deckenden Vermögens i.S.v. § 30 Abs. 1 S. 1 Notwendige hinausginge. Sollte die Sache untergehen, ist der Wert im Zeitpunkt des Untergangs maßgeblich, nachfolgende Entwicklungen sind nicht mehr zu berücksichtigen, da sich dann der Rückerstattungsanspruch in natura in einen bloßen Wertersatzanspruch umwandelt (Rdn. 7). Mangels Anwendbarkeit von §§ 249, 251 BGB sind zukünftige Entwicklungen selbst dann nicht zu berücksichtigen, wenn sie wahrscheinlich waren. Anderenfalls gewährte man der Gesellschaft doch Restitution.

12 Der sofort fällige Anspruch aus Abs. 1 **entsteht mit Empfang** der entgegen § 30 ausgezahlten Leistung. Es bedarf keines Gesellschafterbeschlusses.[26] Im **Verzugsfall** gelten die allg. Regeln (§§ 280 Abs. 1, 2, 286 ff. BGB), § 20 ist, da es sich um einen Fälligkeitszinsanspruch handelt,[27] nicht anwendbar.[28] I.d.R. bedarf es daher einer Mahnung.[29] Der **Erstattungsanspruch geht nicht unter, wenn die Unterbilanz aufgrund anderer Vorgänge beseitigt wird.**[30] Der Gesellschafter kann nicht »dolo petit« einwenden, obwohl nach Unterbilanzbeseitigung sein Anspruch aus dem Kausalge-

23 BGHZ 176, 62, 65 Tz 10; BGHZ 122, 333, 338 f.; *Ekkenga*, in: MünchKommGmbHG, § 31 Rn. 11; *Habersack*, in: Ulmer/Habersack/Winter, GmbHG, § 31 Rn. 24; *Hueck/Fastrich*, in: Baumbach/Hueck, GmbHG, § 31 Rn. 16. A.A. *K. Schmidt*, JZ 2008, 735 ff.

24 *Ekkenga*, in: MünchKommGmbHG, § 31 Rn. 16.

25 *Ekkenga*, in: MünchKommGmbHG, § 31 Rn. 15; *Habersack*, in: Ulmer/Habersack/Winter, GmbHG, § 31 Rn. 23. Kritisch *K. Schmidt*, JZ 2008, 735, 737.

26 BGH, WM 1987, 208, 209.

27 OLG Brandenburg, NZG 2001, 366, 367. Siehe § 20 Rdn. 2.

28 *Westermann*, in: Scholz, GmbHG, § 31 Rn. 4. Ausführlich zur fehlenden Verzinsungspflicht *Koch*, AG 2004, 20, 25 f.

29 *Westermann*, in: Scholz, GmbHG, § 31 Rn. 4.

30 Grundlegend BGHZ 144, 336, 341 f.; BGHZ 173, 1, 8 Tz 16; *Ekkenga*, in: MünchKommGmbHG, § 31 Rn. 32; *Ulmer*, FS 100 Jahre GmbH-Gesetz, 1992, S. 363, 383 ff. Anders noch BGH, WM 1987, 1040, 1041.

schäft durchsetzbar ist.[31] Schutz bietet dem Erstattungspflichtigen allein Abs. 2.[32] Zu Erlass, Aufrechnung und Stundung Rdn. 28 f.

C. Anspruchsgegner

I. Gesellschafter

13 Anspruchsgegner ist der **Gesellschafter**, an den ausgezahlt wurde. Für § 30 kommt es für die Bestimmung der Gesellschafterstellung auf den Zeitpunkt der Entscheidung über die Auszahlung an (§ 30 Rdn. 59); angesichts des notwendigen Gleichlaufs der §§ 30, 31 kann nichts anderes für § 31 gelten. Der Leistungsempfang ist daher, anders als für die Anspruchsentstehung (oben Rdn. 12), nicht maßgeblich.[33] Zu eng ist es jedoch, auf die Begründung der Auszahlungsverpflichtung abzustellen, weil die für § 30 maßgebliche Entscheidung über die Auszahlung bereits früher getroffen werden kann.[34] Anderenfalls entstünde eine Divergenz zwischen Verbotstatbestand und Rückerstattungsanspruch. In der GmbH & Co. KG kann der **Nur-Kommanditist** als möglicher Empfänger einer Auszahlung i.S.v. § 30 Abs. 1 (§ 30 Rdn. 83) Schuldner des Anspruchs nach § 31 Abs. 1 sein, ohne Rücksicht auf Höhe und Leistung der Kommanditeinlage.[35]

14 Das **Ausscheiden** des Gesellschafters ist für § 31 Abs. 1 **irrelevant**. War der Empfänger im Zeitpunkt der Entscheidung über die Auszahlung Gesellschafter, bleibt er dies unter kapitalerhaltungsrechtlichen Gesichtspunkten auch bei Beendigung der Mitgliedschaft.[36] Die Geltendmachung des Erstattungsanspruchs setzt keine Gesamtabrechnung voraus.[37] Die **Verpflichtung geht nicht nach § 16 Abs. 2** auf einen Erwerber des Geschäftsanteils **über**, da es sich nicht um mit dem Anteil verbundene, sondern um eine persönliche Haftung handelt.[38] §§ 57 Abs. 1. S. 1 AktG, 172 Abs. 4 S. 1 HGB sind als Vergleichsmaßstab ungeeignet, § 30 Abs. 1 S. 1 enthält kein Verbot der Einlagenrückgewähr (§ 30 Rdn. 2).[39] Ist der Erwerber als künftiger Gesellschafter

---

31 BGHZ 144, 336, 342.

32 BGHZ 173, 1, 8 Tz 16.

33 *Hueck/Fastrich*, in: Baumbach/Hueck, GmbHG, § 31 Rn. 8.

34 Zu eng daher BGHZ 81, 252, 258; *Hueck/Fastrich*, in: Baumbach/Hueck, GmbHG, § 31 Rn. 8.

35 *Westermann*, in: Scholz, GmbHG, § 31 Rn. 16. Differenzierend *Pentz*, in: Rowedder/Schmidt-Leithoff, GmbHG, § 31 Rn. 73: unbeschränkte Haftung bei Zahlung von GmbH, begrenzte Haftung bei Leistung aus KG-Vermögen und nur mittelbarer Beeinträchtigung des GmbH-Vermögens.

36 BGHZ 69, 274, 280 (für GmbH & Co. KG); BGHZ 81, 252, 258; *Ekkenga*, in: MünchKommGmbHG, § 31 Rn. 25; *Habersack*, in: Ulmer/Habersack/Winter, GmbHG, § 31 Rn. 15.

37 BGHZ 76, 326, 328 (GmbH & Co. KG); *Westermann*, in: Scholz, GmbHG, § 31 Rn. 5.

38 *Habersack*, in: Ulmer/Habersack/Winter, GmbHG, § 31 Rn. 9; *Hueck/Fastrich*, in: Baumbach/Hueck, GmbHG, § 31 Rn. 8. A.A. *Heidinger*, in: Michalski, GmbHG, § 31 Rn. 17.

39 A.A. *Thiessen*, in: Bork/Schäfer, GmbHG, § 31 Rn. 19.

selbst Auszahlungsempfänger i.S.v. § 30 Abs. 1 S. 1, etwa im Rahmen eines **Buyouts**, haften Veräußerer und Erwerber nach dem BGH als Gesamtschuldner auf Rückgewähr.[40] Diese Rspr. ist aus in § 30 Rdn. 60 genannten Gründen abzulehnen. **Absprachen im Innenverhältnis** von Veräußerer und Erwerber sind für die Haftung aus § 31 Abs. 1 **nicht maßgeblich**, insbesondere steht dem Veräußerer außer in Extremfällen nicht der Einwand des Rechtsmissbrauchs zu, wenn der Erwerber ihn im Ergebnis freizustellen hat.[41]

15 Die Geltendmachung des Erstattungsanspruches ist nicht an den **Gleichbehandlungsgrundsatz** gebunden, insbesondere folgt aus ihm nichts hinsichtlich der Inanspruchnahme einzelner Gesellschafter.[42] Für eine Modifikation des § 421 S. 1 BGB gibt es keinen Anlass. Jeder Ersatzpflichtige schuldet den vollen Ersatz. Die Gesellschaft kann gezielt den Zahlungskräftigsten in Anspruch nehmen. Es geht insoweit allein um effektive Durchsetzung des Gläubigerschutzes. Das Innenverhältnis zwischen Gesellschaft und Gesellschaftern ist dafür nicht maßgeblich. Eine andere Frage ist, ob die Nichtgeltendmachung des Anspruchs gegen einen Gesellschafter eine verdeckte Vorteilszuwendung darstellt. Das hat mit den §§ 30, 31 nichts zu tun (§ 30 Rdn. 3). Möglicherweise liegt in der Nichtgeltendmachung jedoch ein weiterer Verstoß gegen § 30, der einen zusätzlichen Anspruch aus § 31 Abs. 1 gegen den Begünstigten begründet. I. Ü. können sich ausgeschiedene und künftige Gesellschafter ohnehin nicht auf den Gleichbehandlungsgrundsatz berufen, weder im Verhältnis untereinander noch mit Blick auf gegenwärtige Mitglieder.[43]

16 **Mitberechtigte** i.S.v. § 18 haften nicht solidarisch nach § 18 Abs. 2, sondern lediglich anteilig.[44] Dabei kommt es nicht auf den Umfang der Mehrung des jeweiligen Vermögens an,[45] da diese für den Haftungsumfang nicht bestimmend ist (oben Rdn. 9), sondern auf den Umfang der Mitberechtigung.

II. Dritte

17 **Dritte haften entgegen der h.M. grunds. nicht** nach den §§ 30, 31, auch nicht bei enger persönlicher Verbundenheit, sh. zum Ganzen § 30 Rdn. 65 ff. Die h.M. erstreckt die §§ 30, 31 auf nahe Angehörige des Gesellschafters und auf Dritte mit enger persönlicher oder rechtlicher Verbindung zum Gesellschafter.[46] Zu verbundenen Unternehmen § 30 Rdn. 69 ff.

---

40 BGHZ 173, 1, 7 Tz 14.

41 BGHZ 173, 1, 7 Rn. 15; *Ekkenga*, in: MünchKommGmbHG, § 31 Rn. 24. Anders noch für einen Sonderfall (Erwerber wird Alleingesellschafter) BGH, NJW 1984, 1037 f.

42 Anders *Kort*, ZGR 2001, 615, 623.

43 *Verse*, Der Gleichbehandlungsgrundsatz im Recht der Kapitalgesellschaften, 2006, S. 223 ff.

44 *Ekkenga*, in: MünchKommGmbHG, § 31 Rn. 27; *Habersack*, in: Ulmer/Habersack/Winter, GmbHG, § 31 Rn. 17; *Hueck/Fastrich*, in: Baumbach/Hueck, GmbHG, § 31 Rn. 8.

45 Anders *Ekkenga*, in: MünchKommGmbHG, § 31 Rn. 27.

46 Sh. nur *Habersack*, in: Ulmer/Habersack/Winter, GmbHG, § 31 Rn. 19 ff.; *Hueck/Fastrich*, in: Hueck/Fastrich, § 31 Rn. 10 ff.

18 Die h.M. möchte den **Zessionar** einer von § 30 Abs. 1 S. 1 betroffenen Forderung heranziehen, entweder allein oder neben dem Gesellschafter-Zedenten.[47] Richtiger Ansicht nach haftet allein der Zedent gemäß § 31 Abs. 1, der Zessionar nur gemäß § 812 Abs. 1 S. 1, 1. Var. BGB.[48] Der Gesellschafter kann sich nicht mittels Abtretung enthaften,[49] da ihm ansonsten ein Weg eröffnet würde, Forderungen zu begründen und zu verwerten, deren Geltendmachung i. Erg. das zur Kapitalerhaltung notwendige Vermögen beeinträchtigte. Gleiches gilt für **Pfandgläubiger**.[50] Der Gesellschaft bleibt jedoch nach **§ 404 BGB** die Möglichkeit erhalten, dem Zessionar oder Pfandgläubiger gegenüber den Einwand aus § 30 geltend zu machen.[51] Auf Gutgläubigkeit des Zessionars/Pfandgläubigers kommt es nicht an.[52] Der Erstattungsanspruch steht nur insoweit unter Gutglaubensvorbehalt, als der Gesellschafter sich auf § 31 Abs. 2 berufen kann.[53] Es entspricht allg. Grundsätzen, dass die Abtretung am Forderungsinhalt nichts ändert. Der gute Glaube eines Zessionars wird nur nach Maßgabe des hier nicht einschlägigen § 405 BGB geschützt.[54] Bei Zubilligung des Gutglaubenseinwands ließe man zugunsten eines Zessionars in dogmatisch fragwürdiger Weise einen grunds. ausgeschlossenen gutgläubigen Forderungserwerb zu.[55]

D. Guter Glaube – Abs. 2

19 Wer im Zeitpunkt des Empfangs der Leistung von deren kapitalerhaltungsrechtlicher Zulässigkeit ausgeht, ohne **Kenntnis oder grob fahrlässige Unkenntnis** von den die Verbotsverletzung begründenden Umständen zu haben, wird nach Abs. 2 von der Rückerstattungspflicht frei. Nach dem Empfang eintretende Bösgläubigkeit hebt die

---

47 Zessionar allein: *Hommelhoff*, in: Lutter/Hommelhoff, GmbHG, § 31 Rn. 6; *Hueck/Fastrich*, in: Baumbach/Hueck, GmbHG, § 31 Rn. 10. Zessionar und Zedent als Gesamtschuldner: *Altmeppen*, in: Roth/Altmeppen, GmbHG, § 31 Rn. 4; unter Einschränkungen *Habersack*, in: Ulmer/Habersack/Winter, GmbHG, § 31 Rn. 18.

48 *Ekkenga*, in: MünchKommGmbHG, § 31 Rn. 30 i.V.m. § 30 Rn. 285.

49 Vgl. BGHZ 166, 125, 130, für das Eigenkapitalersatzrecht. Anders offenbar *Hueck/Fastrich*, in: Baumbach/Hueck, GmbHG, § 31 Rn. 11.

50 *Ekkenga*, in: MünchKommGmbHG, § 31 Rn. 30 i.V.m. § 30 Rn. 285. Anders *Hueck/Fastrich*, in: Baumbach/Hueck, GmbHG, § 31 Rn. 11.

51 *Ekkenga*, in: MünchKommGmbHG, § 30 Rn. 285; *Habersack*, in: Ulmer/Habersack/Winter, GmbHG, § 31 Rn. 18; *Hueck/Fastrich*, in: Baumbach/Hueck, GmbHG, § 31 Rn. 11. Vgl. zum Eigenkapitalersatzrecht BGHZ 166, 125, 130 Tz 12. A.A. *Westermann*, in: Scholz, GmbHG, § 31 Rn. 12.

52 *Hommelhoff*, in: Lutter/Hommelhoff, GmbHG, § 31 Rn. 6; A.A. *Thiessen*, in: Bork/Schäfer, GmbHG, § 31 Rn. 20; *Westermann*, in: Scholz, GmbHG, § 31 Rn. 12.

53 Nicht überzeugend daher *Thiessen*, in: Bork/Schäfer, GmbHG, § 31 Rn. 20.

54 Vgl. *Grüneberg*, in: Palandt, BGB, § 404 Rn. 1.

55 Zu Recht ablehnend daher *Hommelhoff*, in: Lutter/Hommelhoff, GmbHG, § 31 Rn. 6. A.A. *Thiessen*, in: Bork/Schäfer, GmbHG, § 31 Rn. 20.

Anwendbarkeit von Abs. 2 nicht auf.[56] Der Gesellschafter hat die fragliche Transaktion anhand der ihm zugänglichen Informationen zu bewerten. Der Sorgfaltsmaßstab ist **situationsbezogen** zu bestimmen.[57] V.a. bei Austauschgeschäften müssen besondere Umstände vorliegen, die den Gesellschafter zur näheren Prüfung veranlassen, wenn er Anlass hatte anzunehmen, das Geschäft sei zu Marktbedingungen vorgenommen worden.[58] Es kann nicht darauf ankommen, ob Letzteres tatsächlich der Fall ist,[59] weil ansonsten Abs. 2 bei einer Verletzung von § 30 Abs. 1 S. 2 nicht mehr zum Zuge käme.

20 »Zur Befriedigung [...] **erforderlich**« ist die Erstattung bei Zahlungsunfähigkeit oder Überschuldung. Die Erstattungspflicht bezieht sich auch auf Rückstellungen für ungewisse Verbindlichkeiten, die bei der Unter-/Überschuldungsbilanz als Passivum berücksichtigt wurden.[60] Bloße Unregelmäßigkeiten bei der Erfüllung der Gesellschaftsverbindlichkeiten (Zahlungsstockung etc.) sind nicht geeignet, den Anwendungsbereich von Abs. 2 einzuschränken.[61] Was erforderlich ist, bestimmt sich nach dem **Zeitpunkt** der Geltendmachung des Erstattungsanspruchs, weder Auszahlung noch Leistungsempfang sind relevant.[62] Prozessual maßgeblich ist die letzte mündliche Verhandlung.[63] Nach der Auszahlung eintretende Verbesserungen der Vermögenslage der Gesellschaft kommen dem gutgläubigen Gesellschafter zugute.[64] Umgekehrt ist innerhalb der Verjährungsfrist eine erneute Geltendmachung bei späterer Verschlechterung der Vermögenslage nicht ausgeschlossen, selbst wenn eine Klage zuvor mangels Erforderlichkeit abgewiesen wurde.[65]

56 *Heidinger*, in: Michalski, GmbHG, § 31 Rn. 54.

57 *Ekkenga*, in: MünchKommGmbHG, § 31 Rn. 45; *Habersack*, in: Ulmer/Habersack/Winter, GmbHG, § 31 Rn. 34.

58 Ähnlich *Ekkenga*, in: MünchKommGmbHG, § 31 Rn. 45.

59 So jedoch *Hommelhoff*, in: Lutter/Hommelhoff, GmbHG, § 31 Rn. 17.

60 BGH, ZIP 2003, 2068, 2070.

61 *Ekkenga*, in: MünchKommGmbHG, § 31 Rn. 48; *Jungmann*, DStR 2004, 688, 691. A.A. *Hueck/Fastrich*, in: Baumbach/Hueck, GmbHG, § 31 Rn. 19; *Hommelhoff*, in: Lutter/Hommelhoff, GmbHG, § 31 Rn. 19. I.S.d. hier vertretenen Ansicht wohl auch BGH, ZIP 2003, 2068, 2070.

62 *Hueck/Fastrich*, in: Baumbach/Hueck, GmbHG, § 31 Rn. 19; *Habersack*, in: Ulmer/Habersack/Winter, GmbHG, § 31 Rn. 41. A.A. *Pentz*, in: Rowedder/Schmidt-Leithoff, GmbHG, § 31 Rn. 28: Auszahlungszeitpunkt.

63 BGH, ZIP 2003, 2068, 2070; *Ekkenga*, in: MünchKommGmbHG, § 31 Rn. 49; *Habersack*, in: Ulmer/Habersack/Winter, GmbHG, § 31 Rn. 41; *Westermann*, in: Scholz, GmbHG, § 31 Rn. 23.

64 *Hueck/Fastrich*, in: Baumbach/Hueck, GmbHG, § 31 Rn. 18; *Westermann*, in: Scholz, GmbHG, § 31 Rn. 23.

65 *Hueck/Fastrich*, in: Baumbach/Hueck, GmbHG, § 31 Rn. 18; *Westermann*, in: Scholz, GmbHG, § 31 Rn. 23.

21 Die **Gutgläubigkeit ist** für jeden Empfänger einer Auszahlung **individuell zu beurteilen.**[66] Zurechnung von Bösgläubigkeit scheidet grunds. aus, wenn kein besonderer Zurechnungsgrund i.S.d. allg. bürgerlich-rechtlichen Dogmatik vorliegt.[67] Wer allerdings von der Möglichkeit der Zurechnung einer Auszahlung an einen Dritten zulasten des Gesellschafters aufgrund persönlicher Nähe ausgeht (dagegen bereits § 30 Rdn. 68), muss konsequenterweise zulassen, auch die Bösgläubigkeit des Dritten zuzurechnen,[68] so dass der Gesellschafter nicht nur unwissentlich nach §§ 30, 31 Abs. 1 haftet, sondern darüber hinaus Verteidigungsmöglichkeiten verliert.

22 Die **Beweislast** für die Gutgläubigkeit trägt der Auszahlungsempfänger, diejenige für die Erforderlichkeit zur Gläubigerbefriedigung und die Anspruchsvoraussetzungen die Gesellschaft.[69]

E. Ausfallhaftung – Abs. 3

23 Gesellschafter, die nicht nach Abs. 1 haften, trifft eine Ausfallhaftung, gerichtet auf Geldleistung.[70] Diese ist der Höhe nach **auf den Betrag der Stammkapitalziffer begrenzt**, eine weitere Beschränkung analog § 24 oder der Abzug der eigenen Einlage des mithaftenden Gesellschafters ist abzulehnen.[71] Letzteres scheidet anders als bei § 24 (§ 24 Rdn. 6) aus, da es im Zshg. mit § 31 nicht um die Sicherstellung der Einlageleistung geht, sondern weil der Übergriff in das den Gläubigern zugeordnete Vermögen (vgl. § 30 Rdn. 1) auszugleichen ist. Während die Einlage im Fall des § 24 niemals in das Vermögen der Gesellschaft gelangt ist, wurden im Zuge des Verstoßes gegen § 30 effektiv Vermögenswerte entzogen und die Befriedigungschancen der Gläubiger gemindert. I. Erg. ist eine Haftung über den Betrag der Stammeinlage hinaus möglich. Die Gesellschafter haften – verschuldensunabhängig und unabhängig von Gut- oder Bösgläubigkeit –[72] **pro rata**, soweit sie nicht mitberechtigt sind

66 *Ekkenga*, in: MünchKommGmbHG, § 31 Rn. 47; *Hueck/Fastrich*, in: Baumbach/Hueck, GmbHG, § 31 Rn. 18. A.A. *Hommelhoff*, in: Lutter/Hommelhoff, GmbHG, § 31 Rn. 18.

67 Ähnlich *Ekkenga*, in: MünchKommGmbHG, § 31 Rn. 47; *Hueck/Fastrich*, in: Baumbach/Hueck, GmbHG, § 31 Rn. 18. A.A. *Hommelhoff*, in: Lutter/Hommelhoff, GmbHG, § 31 Rn. 18.

68 So etwa *Habersack*, in: Ulmer/Habersack/Winter, GmbHG, § 31 Rn. 37; *Heidinger*, in: Michalski, GmbHG, § 31 Rn. 52.

69 BGH, ZIP 2003, 2068, 2070; *Ekkenga*, in: MünchKommGmbHG, § 31 Rn. 50; *Habersack*, in: Ulmer/Habersack/Winter, GmbHG, § 31 Rn. 43.

70 *Pentz*, in: Rowedder/Schmidt-Leithoff, GmbHG, § 31 Rn. 37; *Heidinger*, in: Michalski, GmbHG, § 31 Rn. 70.

71 BGH, ZIP 2003, 2068, 2071; *Bayer*, FS Röhricht, 2005, S. 25, 37 f.; *Ekkenga*, in: MünchKommGmbHG, § 31 Rn. 63. A.A. *K. Schmidt*, FS Th. Raiser, 2005, S. 311, 326 ff.; *Thiessen*, in: Bork/Schäfer, GmbHG, § 31 Rn. 73.

72 Ganz h.M., *Hueck/Fastrich*, in: Baumbach/Hueck, GmbHG, § 31 Rn. 22; *Ulmer*, FS 100 Jahre GmbH-Gesetz, 1992, S. 363, 370 ff. A.A. *Reemann*, ZIP 1990, 1309, 1314 f.

und § 18 Abs. 2 eingreift.[73] Es gibt **kein Kleinbeteiligtenprivileg.**[74] **Eigene Anteile** der GmbH sind nicht zulasten der Gesellschafter auf diese umzulegen.[75]

24 **»Gesellschafter«** i.S.v. Abs. 3 ist nach zutreffender h.M., **wer im Zeitpunkt der Auszahlung Mitglied** ist. Insoweit gelten die für Abs. 1 geltenden Kriterien.[76] **Nur-Kommanditisten** haften ebenfalls in analoger Anwendung von Abs. 3, wenn sie nach den in § 30 Rdn. 83 dargestellten Grundsätzen generell in den Anwendungsbereich der §§ 30, 31 fallen.[77] Bezieht man den Nur-Kommanditisten in die Kapitalerhaltungsverantwortung ein, besteht kein sachlicher Grund, ihn von der Ausfallhaftung auszunehmen. Die §§ 171 f. HGB sind für diese Frage bedeutungslos,[78] weil sie das Innenverhältnis Gesellschafter-Gesellschaft nicht betreffen. Der vom Nur-Kommanditisten zu übernehmende Anteil der Ausfallhaftung ist zu berechnen, indem seine Kommanditeinlage zu den Einlagen der anderen Kommanditisten und den Anteilen der GmbH-Gesellschafter ins Verhältnis gesetzt wird. Auch der nach Auszahlung, aber vor Eintreten der Voraussetzungen des Abs. 3 ausgeschiedene Anteilsveräußerer unterliegt Abs. 3.[79] Rechtsnachfolger haften nach § 16 Abs. 2.[80] Gleiches gilt für Neugesellschafter, die im Rahmen einer **Kapitalerhöhung** nach Auszahlung Anteile erworben haben.[81]

25 **Nicht erlangt** werden kann der zur Erstattung erforderliche Betrag bereits dann, **wenn keine Aussicht** auf erfolgreiche Geltendmachung in angemessener Zeit mit angemessenem Aufwand besteht, tatsächlich erfolglos betriebene Vollstreckungsmaßnahmen sind nicht notwendig.[82] Als Nachweis fehlender Aussicht kommen in

73 *Ekkenga*, in: MünchKommGmbHG, § 31 Rn. 64.

74 *Ekkenga*, in: MünchKommGmbHG, § 31 Rn. 58; *Habersack*, in: Ulmer/Habersack/Winter, GmbHG, § 31 Rn. 51. A.A. *Grunewald*, FS Lutter, 2000, S. 413, 422.

75 *Bayer*, FS Röhricht, 2005, S. 25, 42 ff.; *Ekkenga*, in: MünchKommGmbHG, § 31 Rn. 64; *Habersack*, in: Ulmer/Habersack/Winter, GmbHG, § 31 Rn. 49. A.A. *Hueck/Fastrich*, in: Baumbach/Hueck, GmbHG, § 31 Rn. 21.

76 *Hueck/Fastrich*, in: Baumbach/Hueck, GmbHG, GmbHG, § 31 Rn. 21.

77 Implizit wohl auch BGH, ZIP 1995, 736, 738; *Habersack*, in: Ulmer/Habersack/Winter, GmbHG, § 31 Rn. 25. A.A. *Thiessen*, in: Bork/Schäfer, GmbHG, § 31 Rn. 68.

78 Anders *Thiessen*, in: Bork/Schäfer, GmbHG, § 31 Rn. 68.

79 *Habersack*, in: Ulmer/Habersack/Winter, GmbHG, § 31 Rn. 46; *Westermann*, in: Scholz, GmbHG, § 31 Rn. 25. A.A. noch *Goerdeler/Müller*, in: Hachenburg, GmbHG, § 31 Rn. 43.

80 *Ekkenga*, in: MünchKommGmbHG, § 31 Rn. 57; *Habersack*, in: Ulmer/Habersack/Winter, GmbHG, § 31 Rn. 46. A.A. *Westermann*, in: Scholz, GmbHG, § 31 Rn. 25. Offengelassen von BGH, ZIP 2005, 1638, 1639.

81 *Habersack*, in: Ulmer/Habersack/Winter, GmbHG, § 31 Rn. 50; zum stillen Gesellschafter vgl. BGH, ZIP 2006, 703, 705 f.

82 *Ekkenga*, in: MünchKommGmbHG, § 31 Rn. 54; *Habersack*, in: Ulmer/Habersack/Winter, GmbHG, § 31 Rn. 53.

Betracht: Fehlgeschlagene Vollstreckungsversuche, Ablehnung eines Insolvenzverfahrens mangels Masse oder dessen Eröffnung, Flucht des Empfängers ins Ausland.[83]

26 Eine **über Abs. 3 hinausgehende Verschuldenshaftung**, wie sie der BGH früher angenommen hat,[84] ist abzulehnen.[85] Das Kapitalschutzsystem des GmbHG ist bereits seiner Anlage nach nicht umfassend konzipiert, eine ausfüllungsbedürftige Lücke entsteht also nicht bereits wegen des Fehlens einer Haftung im Vorfeld der Existenzvernichtungshaftung.[86] Zudem sieht Abs. 3 gerade eine Haftungsbeschränkung vor.[87]

F. Erlassverbot – Abs. 4

27 Abs. 4 **verbietet nicht nur den Erlass** im technischen Sinne, sondern auch andere Geschäfte, die das Erlöschen des Erstattungsanspruchs aus Abs. 1 zur Folge haben und nicht Erfüllung sind.[88] Das betrifft zunächst einen **Verzicht** sowie **negative Schuldanerkenntnisse** i.S.v. § 397 BGB.[89]

28 Der **Gesellschafter darf nicht aufrechnen** (§ 19 Abs. 2 S. 2 analog) oder »dolo agit« einwenden,[90] während die **Gesellschaft** ihren Erstattungsanspruch gegen den Gesellschafter zur Aufrechnung nutzen kann.[91] Letzteres setzt nach der h.M. eine vollwertige, fällige und liquide Gesellschafterforderung voraus.[92] Dafür spricht zwar, dass

83 *Ekkenga*, in: MünchKommGmbHG, § 31 Rn. 54; *Habersack*, in: Ulmer/Habersack/Winter, GmbHG, § 31 Rn. 53.

84 BGHZ 93, 146, 149 f.

85 BGHZ 142, 92, 96; BGHZ 150, 61, 67; *Ekkenga*, in: MünchKommGmbHG, § 31 Rn. 67; *Hueck/Fastrich*, in: Baumbach/Hueck, GmbHG, § 31 Rn. 25. Teilweise abweichend *Altmeppen*, in: Roth/Altmeppen, GmbHG, § 31 Rn. 24 f.; *Bayer*, FS Röhricht, 2005, S. 25, 39 ff.; *Habersack*, in: Ulmer/Habersack/Winter, GmbHG, § 31 Rn. 60.

86 Dazu *Ekkenga*, in: MünchKommGmbHG, § 31 Rn. 67. A.A. *Bayer*, FS Röhricht, 2005, S. 25, 39 ff.; *Habersack*, in: Ulmer/Habersack/Winter, GmbHG, § 31 Rn. 60.

87 *Hueck/Fastrich*, in: Baumbach/Hueck, GmbHG, § 31 Rn. 25.

88 *Ekkenga*, in: MünchKommGmbHG, § 31 Rn. 70; *Hueck/Fastrich*, in: Baumbach/Hueck, GmbHG, § 31 Rn. 26.

89 *Ekkenga*, in: MünchKommGmbHG, § 31 Rn. 70; *Hueck/Fastrich*, in: Baumbach/Hueck, GmbHG, § 31 Rn. 26.

90 BGHZ 146, 105, 107; *Ekkenga*, in: MünchKommGmbHG, § 31 Rn. 73; *Habersack*, in: Ulmer/Habersack/Winter, GmbHG, § 31 Rn. 64; *Kort*, ZGR 2001, 615, 631 f. A.A. *Lange*, NJW 2002, 2293.

91 Sh. BGH, GmbHR 2000, 771, 775 (insoweit nicht in BGHZ 144, 336 abgedruckt); *Ekkenga*, in: MünchKommGmbHG, § 31 Rn. 72; *Habersack*, in: Ulmer/Habersack/Winter, GmbHG, § 31 Rn. 64; *Hommelhoff*, in: Lutter/Hommelhoff, GmbHG, § 31 Rn. 13.

92 Für die h.M. BGHZ 168, 285, 289 Tz 9; *Ekkenga*, in: MünchKommGmbHG, § 31 Rn. 72; *Habersack*, in: Ulmer/Habersack/Winter, GmbHG, § 31 Rn. 64; *Thiessen*, in: Bork/Schäfer, GmbHG, § 31 Rn. 76. A.A. *Altmeppen*, in: Roth/Altmeppen, GmbHG, § 31 Rn. 28; *Hueck/Fastrich*, in: Baumbach/Hueck, GmbHG, § 31 Rn. 26.

§ 31 den Grundsatz der realen Kapitalwiederaufbringung enthält und insofern eine Ergänzung des Gebotes der effektiven Kapitalaufbringung darstellt (oben Rdn. 1).[93] Doch durchbricht § 30 Abs. 1 S. 2 die Parallele von Kapitalaufbringungs- und Kapitalerhaltungsrecht, weil diese Norm weniger strenge Voraussetzungen als § 19 Abs. 5 aufstellt.[94] Es wäre ein Wertungswiderspruch, zwar die Ausschüttung nach § 30 Abs. 1 S. 2 trotz Unterbilanz oder Überschuldung zuzulassen, wenn Vollwertigkeit im Normsinne gegeben ist, die Aufrechnung im Rahmen der Rückerstattung aber strenger zu behandeln.[95] Damit ist nicht notwendig, dass die Forderung des Gesellschafters gegen die Gesellschaft sofort fällig oder jederzeit kündbar ist. Allerdings darf nicht ihr Nominalwert angesetzt werden. Vielmehr bedarf es in Entsprechung zum Verzinsungsgebot im Rahmen der Vollwertigkeitsbemessung bei Auszahlung (§ 30 Rdn. 42) einer Abzinsung der Gesellschafterforderung. Anderenfalls berücksichtigte man nicht, dass der Gesellschafter vorfällig befriedigt wird. Das **Aufrechnungsverbot gilt auch nach Beseitigung der Unterbilanz**, wenn der Anspruch aus dem der verbotenen Auszahlung zugrunde liegenden Kausalgeschäft grundsätzlich durchsetzbar geworden ist.[96] Dass der Gesellschafter hierdurch möglicherweise zum Hin- und Herzahlen gezwungen wird,[97] ist unerheblich, weil die effektive Durchsetzung und Verwertung des Gesellschaftsanspruches im Vordergrund steht.[98]

29 Die **Annahme an Erfüllungs statt** ist aus den gleichen Gründen wie die Aufrechnung durch die Gesellschaft zuzulassen, wenn dem Vollwertigkeitsgebot Genüge getan wird.[99] Die **Stundung** ist an § 30 zu messen (str.).[100]

30 Ein **Vergleich** ist unzulässig, da er im Ergebnis immer zum Teilerlass oder zur Stundung führt. Etwas anderes gilt nur, wenn mit dem Vergleich die Insolvenz des Gesellschafters abgewendet werden kann und keine weiteren Gesellschafter existieren, die nach Abs. 3 herangezogen werden können, um die vollständige Entwertung des

---

93 Vgl. BGHZ 144, 336, 342; *Ekkenga*, in: MünchKommGmbHG, § 31 Rn. 73.

94 *Hueck/Fastrich*, in: Baumbach/Hueck, GmbHG, § 31 Rn. 26.

95 Vgl. zur Annahme an Erfüllungs statt *Hueck/Fastrich*, in: Baumbach/Hueck, GmbHG, § 31 Rn. 26, allerdings inkonsequent mit dem Hinweis bei der Aufrechnung auf die Vollwertigkeitskriterien des § 19.

96 BGHZ 144, 336, 342; *Ekkenga*, in: MünchKommGmbHG, § 31 Rn. 73; *Habersack*, in: Ulmer/Habersack/Winter, GmbHG, § 31 Rn. 30. A.A. *Hueck/Fastrich*, in: Baumbach/Hueck, GmbHG, GmbHG, § 31 Rn. 17.

97 So der Einwand von *Hueck/Fastrich*, in: Baumbach/Hueck, GmbHG, § 31 Rn. 17.

98 Ähnlich BGHZ 144, 336, 342; *Ekkenga*, in: MünchKommGmbHG, § 31 Rn. 73.

99 I.Erg. wie hier *Altmeppen*, in: Roth/Altmeppen, GmbHG, § 31 Rn. 30; *Hueck/Fastrich*, in: Baumbach/Hueck, GmbHG, § 31 Rn. 26. A.A. *Ekkenga*, in: MünchKommGmbHG, § 31 Rn. 74; *Habersack*, in: Ulmer/Habersack/Winter, GmbHG, § 31 Rn. 61.

100 *Altmeppen*, in: Roth/Altmeppen, GmbHG, § 31 Rn. 31; *Schmolke*, § 31 Rn. 82. Für ein absolutes Verbot die h.M., *Habersack*, in: Ulmer/Habersack/Winter, GmbHG, § 31 Rn. 63; *Hueck/Fastrich*, in: Baumbach/Hueck, GmbHG, § 31 Rn. 17. Differenzierend *Pentz*, in: Rowedder/Schmidt-Leithoff, GmbHG, § 31 Rn. 19, 44.

Anspruches zu verhindern.[101] Auf die Zustimmung der übrigen Gesellschafter kommt es nicht an (vgl. § 30 Rdn. 3).[102]

G. Verjährung – Abs. 5

31 Der Erstattungsanspruch gegen den Empfänger der Leistung nach Abs. 1 verjährt in zehn Jahren, der Anspruch gegen die übrigen Gesellschafter gemäß Abs. 3 in fünf Jahren. Die Regelung gilt für die GmbH & Co. KG, soweit die §§ 30, 31 zur Anwendung kommen.[103] Die Verjährung **beginnt** nach Abs. 5 S. 2 mit Ablauf des Tages zu laufen, an dem die gegen § 30 verstoßende Zahlung geleistet wurde. Von mehreren Auszahlungen ist jede gesondert zu betrachten, es ist nicht allein die letzte Auszahlung maßgeblich.[104] Abseits der gmbh-rechtlichen Regelung zum Verjährungsbeginn und zur Verjährungsdauer gelten für sonstige Verjährungsfragen (Hemmung etc.) die §§ 203 ff. BGB.[105] Abs. 5 stellt nicht mehr, anders als die a.F., auf **subjektive Tatbestandselemente** ab.[106] Eine Sonderregelung hinsichtlich des Erstattungsanspruchs aus Abs. 1 für den Fall der **Eröffnung des Insolvenzverfahrens** enthält Abs. 5 S. 3, der auf § 19 Abs. 6 S. 2 verweist: Der Erstattungsanspruch verjährt nicht vor Ablauf von sechs Monaten ab dem Zeitpunkt der Eröffnung des Insolvenzverfahrens über das Vermögen der Gesellschaft. Für Erstattungsansprüche, die **vor dem 15.12.2004** entstanden sind und bis dahin noch nicht verjährt waren, enthält Art. 229 § 12 EGBGB Übergangsregeln.[107] **Sonstige**, nicht von § 31 verdrängte **Erstattungsansprüche** unterliegen den allg. Verjährungsregeln.[108]

H. Geschäftsführerhaftung – Abs. 6

32 Neben der Haftung gegenüber der Gesellschaft wegen gegen § 30 verstoßender Auszahlungen nach § 43 Abs. 3, 1 sieht § 31 Abs. 6 S. 1 als Ausnahme zur sonst fehlenden direkten Verantwortlichkeit der Geschäftsführer gegenüber den Gesellschaftern[109] einen Rückgriffsanspruch der nach Abs. 3 haftenden Gesellschafter gegen die

101 *Habersack*, in: Ulmer/Habersack/Winter, GmbHG, § 31 Rn. 65; *Schmolke*, § 31 Rn. 85. Großzügiger *Ekkenga*, in: MünchKommGmbHG, § 31 Rn. 71. Generell ablehnend *Hueck/Fastrich*, in: Baumbach/Hueck, GmbHG, § 31 Rn. 26.

102 *Schmolke*, § 31 Rn. 85. Anders *Hommelhoff*, in: Lutter/Hommelhoff, GmbHG, § 31 Rn. 26.

103 *Hueck/Fastrich*, in: Baumbach/Hueck, GmbHG, § 31 Rn. 27.

104 BGH, ZIP 2008, 2217, 2220 Tz 20.

105 *Habersack*, in: Ulmer/Habersack/Winter, GmbHG, § 31 Rn. 66.

106 *Habersack*, in: Ulmer/Habersack/Winter, GmbHG, § 31 Rn. 66.

107 Ausführlich dazu *Ekkenga*, in: MünchKommGmbHG, § 31 Rn. 80 ff.

108 *Thiessen*, in: Bork/Schäfer, GmbHG, § 31 Rn. 85; *Westermann*, in: Scholz, GmbHG, § 31 Rn. 34.

109 Hierzu *Kuntz*, Informationsweitergabe durch die Geschäftsführer bei Buyouts unter Managementbeteiligung, 2009, S. 29 ff.

Geschäftsführer vor. Voraussetzung ist die vorherige Erstattung einer Zahlung gemäß Abs. 3 sowie ein Verschulden der Geschäftsführer. Mehrere Geschäftsführer haften als Gesamtschuldner. Schuldner können nur Geschäftsführer sein, die zur Zeit der Auszahlung diese Stellung innehatten.[110]

33 Üblich ist die Ansicht, § 31 Abs. 6 S. 2 verweise hinsichtlich des **Verschuldensmaßstabes** auf § 43 Abs. 1.[111] Das ist ungenau: Im Rahmen von § 43 Abs. 1 gilt nach inzwischen wohl allg.M. grunds. die Business Judgment Rule.[112] Dabei handelt es sich gerade nicht um einen Verschuldensmaßstab, sondern um einen Prüfungsstandard.[113] § 31 Abs. 6 S. 1 stellt demnach einen eigenen Verhaltensstandard auf, § 31 Abs. 6 S. 2 schränkt jedoch durch den Verweis auf § 43 Abs. 1 die Überprüfbarkeit der Auszahlungsentscheidung des Geschäftsführers nach der Business Judgment Rule ein.

34 Abs. 6 S. 1 etabliert **keine umfassende Schadensersatzhaftung**, sondern lediglich eine Erstattungspflicht, die durch die Höhe der Summe der im Rahmen der Ausfallhaftung geleisteten Beträge beschränkt ist.[114] Die Anknüpfung an das Verschulden ist notwendig, um die Durchbrechung des Grundsatzes, dass im deutschen Recht keine unmittelbare Verbindung zwischen Gesellschaftern und Geschäftsführern besteht, zu beschränken. Zudem wird so die Ausfallhaftung gegenüber den Gesellschaftern weitestgehend an die Haftung gegenüber der Gesellschaft angeglichen.

35 Zwar führt ein Gesellschafterbeschluss über die gegen § 30 verstoßende Auszahlung nicht zur Enthaftung,[115] doch steht den Geschäftsführern der Einwand des **venire contra factum proprium** zu, sofern die Gesellschafter das Auszahlungsverbot bewusst verletzt haben.[116] Ein Verzicht auf den Anspruch ist möglich.[117] Das setzt die Zustimmung sämtlicher berechtigter Gesellschafter voraus. Ein **Regress** des haftenden Geschäftsführers gegen den Empfänger oder Mitgesellschaftern kommt **nicht in Betracht**, auch nicht gegenüber gutgläubigen Empfängern.[118] Gemäß S. 2 i.V.m. 43 Abs. 4 **verjährt** der Anspruch gegen die Geschäftsführer in fünf Jahren. Verjährungsbeginn ist die Zahlung des Gesellschafters nach Abs. 3.[119]

---

110 *Ekkenga*, in: MünchKommGmbHG, § 31 Rn. 85. Weiter *Thiessen*, in: Bork/Schäfer, GmbHG, § 13 Rn. 103.

111 Z.B. *Ekkenga*, in: MünchKommGmbHG, § 31 Rn. 85; *Habersack*, in: Ulmer/Habersack/Winter, GmbHG, § 31 Rn. 71; *Hueck/Fastrich*, in: Baumbach/Hueck, GmbHG, § 31 Rn. 30.

112 Siehe Kommentierung § 43 Rdn. 23.

113 Vgl. *Kuntz*, GmbHR 2008, 121 f.; *Lutter*, ZIP 2007, 841, 845.

114 *Hueck/Fastrich*, in: Baumbach/Hueck, GmbHG, § 31 Rn. 30; *Schmolke*, § 31 Rn. 99. A.A. *Habersack*, in: Ulmer/Habersack/Winter, GmbHG, § 31 Rn. 74; *Pentz*, in: Rowedder/Schmidt-Leithoff, GmbHG, § 31 Rn. 66.

115 BGHZ 31, 258, 278.

116 *Altmeppen*, in: Roth/Altmeppen, GmbHG, § 31 Rn. 36; *Habersack*, in: Ulmer/Habersack/Winter, GmbHG, § 31 Rn. 69.

117 *Thiessen*, in: Bork/Schäfer, GmbHG, § 31 Rn. 109.

118 *Westermann*, in: Scholz, GmbHG, § 31 Rn. 42. A.A. *Altmeppen*, in: Roth/Altmeppen, GmbHG, § 31 Rn. 38.

119 *Hommelhoff*, in: Lutter/Hommelhoff, GmbHG, § 31 Rn. 34; *Westermann*, in: Scholz, GmbHG, § 31 Rn. 41.

§ 32 Rückzahlung von Gewinn

Liegt die in § 31 Abs. 1 bezeichnete Voraussetzung nicht vor, so sind die Gesellschafter in keinem Fall verpflichtet, Beträge, welche sie in gutem Glauben als Gewinnanteile bezogen haben, zurückzuzahlen.

Übersicht **Rdn.**

Schrifttum

Vetter, in: Goette/Habersack, Das MoMiG in Wissenschaft und Praxis, 2009, S. 107.

A. Grundlagen

1 § 32 schützt den Gesellschafter, der Gewinnanteile bezogen hat, ohne dass die Voraussetzungen für den Gewinnbezug vorlagen. § 32 ergänzt § 29.[1] Dem Gesellschafter hilft seine Gutgläubigkeit nicht über die §§ 30, 31 hinweg. Unter Verstoß gegen § 30 empfangene Leistungen sind demnach stets zurückzugewähren. Gutglaubensschutz bietet dann nur § 31 Abs. 2.

B. Voraussetzungen

2 § 32 gewährt keinen Rückerstattungsanspruch bei Bösgläubigkeit des Empfängers, sondern setzt einen Anspruch auf Rückerstattung voraus.[2] Dabei handelt es sich in der Regel um bereicherungsrechtliche Ansprüche.[3]

3 Beträge, die »als Gewinnanteile bezogen« wurden, sind nur solche, die die Gesellschafter auf Grundlage eines Beschlusses über die Gewinnverwendung empfangen haben. Das meint die Gewinnverwendung i.S.v. § 29. Lediglich gewinnabhängige Auszahlungen, die i.d.R. auf schuldrechtlicher Verpflichtung der Gesellschaft gegenüber dem empfangenden Gesellschafter beruhen (Tantiemen, Zinsen etc.), sowie bloße Gewinnvorschüsse liegen genauso außerhalb des Anwendungsbereichs des § 32 wie sog. verdeckte Gewinnausschüttungen.[4]

4 Der Empfänger muss Gesellschafter sein, dem ein Gewinnbezugsrecht nach § 29 Abs. 1 zusteht bzw. im Zeitpunkt der Fassung des Gewinnverwendungsbeschlusses

---

1 *Löwisch*, in: MünchKommGmbHG, § 32 Rn. 1, 2.
2 *Habersack*, in: Ulmer/Habersack/Winter, GmbHG, § 32 Rn. 6.
3 Ausführlich *Ekkenga*, in: MünchKommGmbHG, § 29 Rn. 246 ff.
4 *Hueck/Fastrich*, in: Baumbach/Hueck, GmbHG, § 32 Rn. 3; *Habersack*, in: Ulmer/Habersack/Winter, GmbHG, § 32 Rn. 8 ff.

zustand.[5] **Zessionare** können sich auf die Gutgläubigkeit des Gesellschafters berufen und insoweit § 32 heranziehen.[6] Nicht auf den Bezug des Gewinnanteils bezogene Mängel (z.B. Unwirksamkeit der Abtretung) werden nicht von § 32 erfasst.[7] **Nießbraucher** und **Gesamtrechtsnachfolger** stehen dem Gesellschafter gleich.[8]

5 **Guter Glaube** ist wie in § 31 Abs. 2 zu bestimmen, leicht fahrlässige Unkenntnis schadet demnach nicht.[9] **Bezugspunkt** ist der Glaube an den rechtmäßigen Bezug des Gewinnanteils auf der Basis eines ordnungsgemäßen, d.h. mit Gesetz und Satzung übereinstimmenden Gewinnverwendungsbeschlusses.[10] Der gute Glaube muss im **Zeitpunkt** des Empfangs des Gewinnanteils vorliegen.[11]

C. Rechtsfolge und Beweislast

6 Der Gutgläubige erhält durch § 32 eine **von Amts wegen zu beachtende Einwendung** gegen sämtliche Rückgriffsansprüche, die nicht aus § 31 Abs. 1 folgen, unabhängig von ihrer dogmatischen Begründung.[12]

7 Das gilt jedoch **nicht** allgemein **für** die **Anfechtung nach InsO** oder **AnfG.**[13] Das hat im Zshg. mit § 131 InsO nichts damit zu tun, dass der Gesellschafter den Gewinnanteil nicht zu beanspruchen hatte.[14] Denn vor einer Rückforderung in einem solchen Fall soll § 32 gerade schützen (Rdn. 1). Aus der in § 32 enthaltenen Ausnahme für die Fälle des § 31 Abs. 1 lässt sich vielmehr entnehmen, dass der Schutz des Gutgläubigen nicht den Gläubigerschutz beeinträchtigen soll. Zudem enthalten die §§ 130 ff. InsO spezielle Regelungen zum Schutz gutgläubiger Leistungsempfänger. Die Erstreckung des § 32 auf § 135 InsO kommt bereits deshalb nicht in Betracht, weil das MoMiG eine umfassende insolvenzrechtliche Lösung für Gesellschafterdarlehen angestrebt hat. Dann wäre es systemwidrig, eine Privilegierung nach § 32 zuzulassen.[15]

8 Die **Beweislast** trägt die Gesellschaft, soweit es um das Vorliegen der Voraussetzungen eines Rückzahlungsanspruches geht, der Gesellschafter, was die Gutgläubigkeit betrifft.[16]

---

5 *Habersack*, in: Ulmer/Habersack/Winter, GmbHG, § 32 Rn. 9.
6 Dazu *Löwisch*, in: MünchKommGmbHG, § 32 Rn. 13.
7 *Löwisch*, in: MünchKommGmbHG, § 32 Rn. 19.
8 *Löwisch*, in: MünchKommGmbHG, § 32 Rn. 13.
9 *Habersack*, in: Ulmer/Habersack/Winter, GmbHG, § 32 Rn. 12.
10 *Habersack*, in: Ulmer/Habersack/Winter, GmbHG, § 32 Rn. 12; *Löwisch*, in: MünchKommGmbHG, § 32 Rn. 15.
11 *Löwisch*, in: MünchKommGmbHG, § 32 Rn. 16.
12 *Löwisch*, in: MünchKommGmbHG, § 32 Rn. 19.
13 Für §§ 131, 133 InsO, § 3 AnfG *Thiessen*, in: Bork/Schäfer, GmbHG, § 32 Rn. 17.
14 So *Thiessen*, in: Bork/Schäfer, GmbHG, § 32 Rn. 17.
15 A.A. *Vetter*, in: Goette/Habersack, Das MoMiG in Wissenschaft und Praxis, S. 107, 152.
16 *Löwisch*, in: MünchKommGmbHG, § 32 Rn. 20 f.

§ 32a

(weggefallen)

§ 32b

(weggefallen)

§ 33 Erwerb eigener Geschäftsanteile

(1) Die Gesellschaft kann eigene Geschäftsanteile, auf welche die Einlagen noch nicht vollständig geleistet sind, nicht erwerben oder als Pfand nehmen.

(2) [1]Eigene Geschäftsanteile, auf welche die Einlage vollständig geleistet ist, darf sie nur erwerben, sofern sie im Zeitpunkt des Erwerbs eine Rücklage in Höhe der Aufwendungen für den Erwerb bilden könnte, ohne das Stammkapital oder eine nach dem Gesellschaftsvertrag zu bildende Rücklage zu mindern, die nicht zur Zahlung an die Gesellschafter verwandt werden darf. [2]Als Pfand nehmen darf sie solche Geschäftsanteile nur, soweit der Gesamtbetrag der durch Inpfandnahme eigener Geschäftsanteile gesicherten Forderungen oder, wenn der Wert der als Pfand genommenen Geschäftsanteile niedriger ist, dieser Betrag nicht höher ist als das über das Stammkapital hinaus vorhandene Vermögen. [3]Ein Verstoß gegen die Sätze 1 und 2 macht den Erwerb oder die Inpfandnahme der Geschäftsanteile nicht unwirksam; jedoch ist das schuldrechtliche Geschäft über einen verbotswidrigen Erwerb oder eine verbotswidrige Inpfandnahme nichtig.

(3) Der Erwerb eigener Geschäftsanteile ist ferner zulässig zur Abfindung von Gesellschaftern nach § 29 Abs. 1, § 122i Abs. 1 Satz 2, § 125 Satz 1 in Verbindung mit § 29 Abs. 1 und § 207 Abs. 1 des Umwandlungsgesetzes, sofern der Erwerb binnen sechs Monaten nach dem Wirksamwerden der Umwandlung oder nach der Rechtskraft der gerichtlichen Entscheidung erfolgt und die Gesellschaft im Zeitpunkt des Erwerbs eine Rücklage in Höhe der Aufwendungen für den Erwerb bilden könnte, ohne das Stammkapital oder eine nach dem Gesellschaftsvertrag zu bildende Rücklage zu mindern, die nicht zur Zahlung an die Gesellschafter verwandt werden darf.

Übersicht Rdn.

Schrifttum

Bloching/Kettinger, Kapitalerhaltung oder Kapitalquelle? – Eine Analyse des § 33 Abs. 2 GmbHG im Licht der aktuellen Rechtsprechung zum Kapitalschutz, BB, 2006, 172; *Ditz/Tcherveniachki*, Eigene Anteile und Mitarbeiterbeteiligungsmodelle – Bilanzierung nach dem BilMoG und Konsequenzen für das steuerliche Einlagekonto, Ubg 2010, 875; *Emmerich*, Wechselseitige Beteiligungen bei AG und GmbH, NZG 1998, 622; *Geißler*, Der Erwerb eigener GmbH-Anteile zur Realisierung von Strukturmaßnahmen, GmbHR 2008, 1018; *Goette*, Anmerkung zu BGH, Beschluss vom 15.11.1993 – II ZR 32/93, DStR 1994, 107; *Hoger*, Kapitalschutz als Durchsetzungsschranke umwandlungsrechtlicher Ausgleichsansprüche von Gesellschaftern, AG 2008, 149; *Hüttemann*, Erwerb eigener Anteile im Bilanz- und Steuerrecht nach BilMoG, FS Herzig, 2010, S. 595; *Köhler*, Steuerliche Behandlung eigener Anteile, DB 2011, 15; *Kreutz*, Von der Einmann- zur »Keinmann«-GmbH?, FS Stimpel, 1985, 379; *Kropff*, Nettoausweis des Gezeichneten Kapital und Kapitalschutz, ZIP 2009, 1137; *Rodewald/Pohl*, Neuregelungen des Erwerbs von eigenen Anteilen durch die GmbH im Bilanzrechtsmodernisierungsgesetz (BilMoG), GmbHR 2009, 32; *Salus/Pape*, Anmeldung der Kaufpreisforderung aus dem Verkauf eines Gesellschaftsanteils an die GmbH im Insolvenzverfahren, ZIP 1997, 577; *Sonnenhol/Stützle*, Bestellung von Sicherheiten durch eine GmbH und der Grundsatz der Erhaltung des Stammkapitals (§ 30 GmbHG), DB 1979, 925; *Winkler*, Der Erwerb eigener Geschäftsanteile durch die GmbH, GmbHR 1972, 73; *Verhoeven*, GmbH-Konzernrecht: Der Erwerb von Anteilen der Obergesellschaft, GmbHR 1977, 97.

A. Allgemeines

1 Der derivative Erwerb und die Inpfandnahme eigener Geschäftsanteile durch die GmbH sind prinzipiell zulässig.[1] § 33 enthält insoweit nur Einschränkungen zum Schutz des Stammkapitals.[2] Absatz 1 dient der Sicherung der realen Kapitalaufbringung, da offene Einlageforderungen durch Konfusion[3] bzw. die Haftung des Erwerbers nach § 16 Abs. 2 mit der Gesellschaft als Erwerberin erlöschen würden.[4] Absatz 2 dient der Kapitalerhaltung, da der mit Aufwendungen für die Gesellschaft verbundene Rückerwerb wirtschaftlich einer Kapitalrückzahlung gleichkommt.[5] Abs. 3 schränkt den strengen Kapitalschutz zwecks Ermöglichung von Strukturmaßnahmen ein, die ansonsten mit Blick auf dabei bestehende Austrittsrechte mit § 33 nicht vereinbar wären und unterbleiben müssten.[6] Der in § 33 nicht geregelte originäre Erwerb eigener Geschäftsanteile bei Gründung oder Kapitalerhöhung ist von vorneherein ausgeschlossen.[7] § 33 enthält zwingendes Recht.[8]

2 Zuletzt wurde § 33 durch das Bilanzrechtsmodernisierungsgesetz (BilMoG)[9] vor dem Hintergrund der Änderungen bei der Bilanzierung eigener Anteile (vgl. §§ 265, 266, 272 HGB) geändert.[10] Diese in Abs. 2 Satz 1 und Abs. 3 erfolgten Änderungen sind am 29. Mai 2009 wirksam geworden.[11] Weitere Reglungen zu eigenen Anteilen enthält das GmbHG in § 43 Abs. 3 Satz 1 zur Haftung der Geschäftsführer und in § 57l Abs. 1 zur Teilnahme eigener Anteile an einer Kapitalerhöhung aus Gesellschaftsmitteln. Die aktienrechtlichen Regeln über den Rückerwerb eigener Aktien (§§ 71-71e AktG) können für die Lösung entsprechender GmbH-rechtlicher Fragen allenfalls im

1 *Hohner/Paura*, in: Ulmer/Habersack/Winter, GmbHG, § 33 Rn. 1; *Sosnitza*, in: Michalski, GmbHG, § 33 Rn. 1.
2 *Sosnitza*, in: Michalski, GmbHG, § 33 Rn. 4; *Lutter*, in: Lutter/Hommelhoff, GmbHG, § 33 Rn. 1.
3 *Sosnitza*, in: Michalski, GmbHG, § 33 Rn. 4; *Hohner/Paura*, in: Ulmer/Habersack/Winter, GmbHG, § 33 Rn. 2.
4 Dazu *Hohner/Paura*, in: Ulmer/Habersack/Winter, GmbHG, § 33 Rn. 22; *Hueck/Fastrich*, in: Baumbach/Hueck, GmbHG, § 33 Rn. 3.
5 *Sosnitza*, in: Michalski, GmbHG, § 33 Rn. 4; *Hohner/Paura*, in: Ulmer/Habersack/Winter, GmbHG, § 33 Rn. 2; BGH, NJW 1956, 1326, 1327; NJW 1998, 3121, 3122.
6 Vgl. RegBegr., UmwBerG, BT-Drs. 12/6699, S. 175; *Hohner/Paura*, in: Ulmer/Habersack/Winter, GmbHG, § 33 Rn. 4; vgl. auch *Hueck/Fastrich*, in: Baumbach/Hueck, GmbHG, § 33 Rn. 15.
7 *Hohner/Paura*, in: Ulmer/Habersack/Winter, GmbHG, § 33 Rn. 1; *Lutter*, in: Lutter/Hommelhoff, GmbHG, § 33 Rn. 1: Unwirksamkeit der Übernahme.
8 *Löwisch*, in: MünchKommGmbHG, § 33 Rn. 10; *Altmeppen*, in: Roth/Altmeppen, GmbHG, § 33 Rn. 53; *Sosnitza*, in: Michalski, GmbHG, § 33 Rn. 4.
9 Bilanzrechtsmodernisierungsgesetz v. 25.5.2009, BGBl. I, S. 1102.
10 Vgl. dazu *Löwisch*, in: MünchKommGmbHG, § 33 Rn. 2.
11 *Löwisch*, in: MünchKommGmbHG, § 33 Rn. 4.

Einzelfall herangezogen werden.[12] Auf die Kaduzierung gemäß §§ 21 ff. findet § 33 keine Anwendung.[13]

B. Erfasste Rechtshandlungen und Beteiligte

I. Erwerb

3 Mit Blick auf den Zweck des Schutzes der Kapitalaufbringung durch Abs. 1 ist bei nicht voll eingezahlten Geschäftsanteilen jede Form des Erwerbs unabhängig vom Anlass erfasst, insbesondere auch der Erwerb aufgrund Schenkung, Vermächtnisses, in Folge des Ausschlusses eines Gesellschafters, durch Zuschlag in öffentlicher Versteigerung oder in Ausübung von Erwerbsvorrechten.[14] Auch darf die Gesellschaft nicht im Kaduzierungsverfahren nach § 23 mit bieten.[15] Nach teilweise vertretener Ansicht soll der Erwerb im Wege der Gesamtrechtsnachfolge in analoger Anwendung des § 71 Abs. 1 Satz 1 Nr. 5 AktG nicht erfasst und generell zulässig sein, da die Nichtigkeitsfolge hier nicht passe.[16] Die überwiegende und vorzugswürdige Ansicht hingegen wendet auch hier § 33 an.[17] Im Fall der Unzulässigkeit nach Abs. 1 kann der Geschäftsanteil dann dem gesetzlichen Erben zufallen.[18] § 33 steht nicht entgegen, wenn die Gesellschaft bei einem Verkauf eines Geschäftsanteils durch einen Gesellschafter an einen Dritten lediglich mitwirkt.[19] Abs. 2 zielt auf die Erhaltung des Stammkapitals.[20] Trotz unterschiedlicher Schutzrichtung ergeben sich für die Auslegung desselben Begriffs in Abs. 2 keine Unterschiede.

II. Inpfandnahme

4 Inpfandnahme bedeutet rechtsgeschäftliche Verpfändung gemäß § 1273 BGB.[21] Einer Ansicht zufolge ist auch der Pfandrechtserwerb kraft Gesetzes, insbesondere

12 *Löwisch,* in: MünchKommGmbHG, § 33 Rn. 16.

13 *Löwisch,* in: MünchKommGmbHG, § 33 Rn. 15; *H.P. Westermann,* in: Scholz, GmbHG, § 33 Rn. 3; *Lutter,* in: Lutter/Hommelhoff, GmbHG, § 33 Rn. 10; *Sosnitza,* in: Michalski, GmbHG, § 33 Rn. 7; *Hueck/Fastrich,* in: Baumbach/Hueck, GmbHG, § 33 Rn. 4.

14 *Hueck/Fastrich,* in: Baumbach/Hueck, GmbHG, § 33 Rn. 3; *Altmeppen,* in: Roth/Altmeppen, GmbHG, § 33 Rn. 7.

15 RGZ 98, 276, 279; *Löwisch,* in: MünchKommGmbHG, § 33 Rn. 16; *Sosnitza,* in: Michalski, GmbHG, § 33 Rn. 5.

16 *Lutter,* in: Lutter/Hommelhoff, GmbHG, § 33 Rn. 10.

17 *Sosnitza,* in: Michalski, GmbHG, § 33 Rn. 5; *Wicke,* GmbHG, § 33 Rn. 3; *Hueck/Fastrich,* in: Baumbach/Hueck, GmbHG, § 33 Rn. 2.

18 *Sosnitza,* in: Michalski, GmbHG, § 33 Rn. 5.

19 RGZ 71, 399, 403; *Hueck/Fastrich,* in: Baumbach/Hueck, GmbHG, § 33 Rn. 4.

20 *Sosnitza,* in: Michalski, GmbHG, § 33 Rn. 21.

21 *Sosnitza,* in: Michalski, GmbHG, § 33 Rn. 8; *Löwisch,* in: MünchKommGmbHG, § 33 Rn. 34.

nach § 401 BGB erfasst und unzulässig.[22] Dies gebiete der Zweck des Gesetzes, Umgehungen über ein Pfandrecht zu verhindern.[23] Die Gegenansicht sieht den Pfandrechtserwerb kraft Gesetzes als nicht erfasst an, soweit nicht im Einzelfall eine missbräuchliche Gestaltung vorliegt.[24] Für letztere Ansicht spricht neben dem Wortlaut und Abs. 2 Satz 3 (schuldrechtliche Grundlage), dass die Erstreckung des Tatbestands auf die Inpfandnahme eher präventiver Natur ist.[25] Ebenso wenig ist die Pfändung erfasst.[26] Auch hier verlangt der effektive Kapitalschutz keine weite Auslegung.

III. Weitere Rechtshandlungen

5 Der Erwerb anderer Rechte wie z.B. der Nießbrauch[27] am Geschäftsanteil ist von der eng auszulegenden Ausnahmevorschrift des § 33 nicht erfasst.[28] Auch die Entstehung anderer Rechte an einem Geschäftsanteil wie z.B. eines Zurückbehaltungsrechts sowie sonstiger Sicherungsrechte ist nicht erfasst.[29] Einzelne aus dem Geschäftsanteil folgende vermögensrechtliche Ansprüche wie z.B. Gewinnansprüche können ohne Rücksicht auf § 33 an die Gesellschaft abgetreten werden.[30]

IV. Beteiligte

6 Auch wenn das GmbHG keine § 71a AktG entsprechende Regelung zum Umgehungsschutz enthält, können Maßnahmen zwischen einem Gesellschafter und einem Dritten von § 33 erfasst sein.[31] Allerdings steht der Erwerb für Rechnung der GmbH dem Erwerb durch die GmbH selbst nicht vollständig gleich.[32] Vielmehr erwirbt der Dritte den Geschäftsanteil wirksam, eine Verpflichtung zur Übertragung des

---

22 *Sosnitza*, in: Michalski, GmbHG, § 33 Rn. 9; *Hohner/Paura*, in: Ulmer/Habersack/Winter, GmbHG, § 33 Rn 12; *H.P. Westermann*, in: Scholz, GmbHG, § 33 Rn. 8.

23 *Hohner/Paura*, in: Ulmer/Habersack/Winter, GmbHG, § 33 Rn. 13.

24 *Hueck/Fastrich*, in: Baumbach/Hueck, GmbHG, § 33 Rn. 5: Umgehung bei Forderungserwerb nur zum Zwecke des Pfandrechtserwerbs; *Lutter*, in: Lutter/Hommelhoff, GmbHG, § 33 Rn. 29; *Wicke*, GmbHG, § 33 Rn. 12.

25 Siehe zur Bedeutung der Inpfandnahme im Vergleich zum Erwerb *Hohner/Paura*, in: Ulmer/Habersack/Winter, GmbHG, § 33 Rn. 11.

26 *Hueck/Fastrich*, in: Baumbach/Hueck, GmbHG, § 33 Rn. 5; *Altmeppen*, in: Roth/Altmeppen, GmbHG, § 33 Rn. 36; wohl auch *Lutter*, in: Lutter/Hommelhoff, GmbHG, § 33 Rn. 29. A.A. *Sosnitza*, in: Michalski, GmbHG, § 33 Rn. 10; *Hohner/Paura*, in: Ulmer/Habersack/Winter, GmbHG, § 33 Rn. 14.

27 *Sosnitza*, in: Michalski, GmbHG, § 33 Rn. 11; *Löwisch*, in: MünchKommGmbHG, § 33 Rn. 35; *Altmeppen*, in: Roth/Altmeppen, GmbHG, § 33 Rn. 36.

28 *Löwisch*, in: MünchKommGmbHG, § 33 Rn. 35; *Altmeppen*, in: Roth/Altmeppen, GmbHG, § 33 Rn. 36.

29 *Löwisch*, in: MünchKommGmbHG, § 33 Rn. 35.

30 *Sosnitza*, in: Michalski, GmbHG, § 33 Rn. 11; *Hohner/Paura*, in: Ulmer/Habersack/Winter, GmbHG, § 33 Rn. 16.

31 *Hohner/Paura*, in: Ulmer/Habersack/Winter, GmbHG, § 33 Rn. 15; *Sosnitza*, in: Michalski, GmbHG, § 33 Rn. 6.

32 So aber LG Saarbrücken, GmbHR 1991, 581, 582.

Geschäftsanteils auf die Gesellschaft nach § 667 BGB und ein Aufwendungsersatzanspruch aus § 670 BGB bestehen im Innenverhältnis aber nur, soweit § 33 nicht entgegensteht.[33] Andernfalls sind diese Ansprüche nichtig.[34] Da es im Fall eines nicht voll eingezahlten Geschäftsanteils nicht zum Erlöschen der offenen Einlageforderung durch Konfusion und auch nicht zum Wegfall der Haftung des Erwerbers nach § 16 Abs. 2 kommen kann, gilt im Ergebnis nur die Schranke des Abs. 2.[35] Die Mitgliedschaftsrechte aus dem Anteil dieses Dritten ruhen nicht[36], allenfalls kommt es zur entsprechenden Anwendung des § 136 Abs. 2 AktG.[37]

C. Nicht voll eingezahlte Geschäftsanteile (Abs. 1)

I. Nicht vollständig geleistete Einlage

7 Die Einlage auf einen Geschäftsanteil ist noch nicht vollständig geleistet, wenn irgendein Teil der Einlage objektiv rückständig ist.[38] Dies gilt unabhängig davon, ob es sich um eine Bar- oder Sacheinlage handelt, ob die Einlage eingefordert wurde oder nicht oder ob die Beteiligten davon Kenntnis hatten oder nicht.[39] Rückständig ist die Einalge in dem Fall, dass eine Sacheinlage oder Anrechnung in der Satzung nicht ordnungsgemäß festgesetzt wurde (§ 5 Abs. 4 Satz 1, 19 Abs. 2 Satz 2).[40] Die Einlagepflicht umfasst die Differenzhaftung nach § 9 Abs. 1[41] sowie die Vorbelastungshaftung der Gesellschafter bei Aufnahme einer werbenden Tätigkeit vor Eintragung der Gesellschaft ins Handelsregister.[42] Im Falle der Teilung eines Geschäftsanteils ist jeder neue Geschäftsanteil gesondert zu beurteilen.[43]

---

33 *Sosnitza,* in: Michalski, GmbHG, § 33 Rn. 6; *Lutter,* in: Lutter/Hommelhoff, GmbHG, § 33 Rn. 24: Analoge Anwendung im Innenverhältnis zwischen Gesellschafter und Drittem; *Altmeppen,* in: Roth/Altmeppen, GmbHG, § 33 Rn. 37.

34 *Hueck/Fastrich,* in: Baumbach/Hueck, GmbHG, § 33 Rn. 3.

35 Vgl. dazu ausführlich *Altmeppen,* in: Roth/Altmeppen, GmbHG, § 33 Rn. 37.

36 Vgl. dazu *Altmeppen,* in: Roth/Altmeppen, GmbHG, § 33 Rn. 37.

37 Vgl. *Wicke,* GmbHG, § 47 Rn. 12.

38 *Hueck/Fastrich,* in: Baumbach/Hueck, GmbHG, § 33 Rn. 2; *Sosnitza,* in: Michalski, GmbHG, § 33 Rn. 12.

39 *Sosnitza,* in: Michalski, GmbHG, § 33 Rn. 12; *Hueck/Fastrich,* in: Baumbach/Hueck, GmbHG, § 33 Rn. 2.

40 *Sosnitza,* in: Michalski, GmbHG, § 33 Rn. 13.

41 *Hueck/Fastrich,* in: Baumbach/Hueck, GmbHG, § 33 Rn. 2; *Hohner/Paura,* in: Ulmer/Habersack/Winter, GmbHG, § 33 Rn. 25.

42 *Sosnitza,* in: Michalski, GmbHG, § 33 Rn. 13; *Hohner/Paura,* in: Ulmer/Habersack/Winter, GmbHG, § 33 Rn. 25.

43 *Sosnitza,* in: Michalski, GmbHG, § 33 Rn. 13; *Hohner/Paura,* in: Ulmer/Habersack/Winter, GmbHG, § 33 Rn. 24.

Nicht zur Einlageverpflichtung zählen etwaige Pflichten zur Zahlung von Zinsen, Kosten, Vertragsstrafen, Agio, Nachschüssen oder Nebenleistungen (§ 3 Abs. 2).[44] Entgegen teilweise vertretener Ansicht[45] führt mit der wohl herrschenden Meinung eine (teilweise) Rückzahlung unter Verstoß gegen § 30 und eine damit entstehende Erstattungspflicht nach § 31 Abs. 1 nicht zu einer offenen Einlageforderung im Sinne des Abs. 1.[46] Die Rückerstattungspflicht nach § 31 Abs. 1 ist eine persönliche Schuld.[47] Ebenso wenig ist der Fall der Ausfallhaftung nach §§ 24, 31 Abs. 3 oder eine sich aus dem Zurückbleiben des Ersteigerungserlöses hinter der offenen Einlage ergebenden Haftung im Kaduzierungsverfahren erfasst.[48] **8**

Die Einlage muss spätestens im Zeitpunkt des Abschlusses des schuldrechtlichen Grundgeschäfts, das dem Erwerb oder der Inpfandnahme zugrunde liegt, vollständig geleistet sein.[49] Die Erfüllungswirkung muss im Zeitpunkt des dinglichen Vollzugs fortbestehen. Allein auf den Zeitpunkt einer später erfolgenden Abtretung kann abgestellt werden, wenn in der Abtretung zugleich eine Bestätigung des Kausalgeschäfts gem. § 141 BGB, § 184 BGB liegt, wovon in der Regel auszugehen sein soll.[50] Eine schuldrechtliche Rückbeziehung gemäß § 159 BGB auf einen Zeitpunkt, indem die Voraussetzungen des § 33 nicht vorlagen, ist nicht möglich.[51] **9**

II. Verbot und Rechtsfolgen eines Verstoßes

Erwerb und Inpfandnahme nicht voll eingezahlter Geschäftsanteile durch die Gesellschaft sind – vorbehaltlich Abs. 3 – verboten. Ein Verstoß hat gemäß § 134 BGB die Nichtigkeit sowohl des schuldrechtlichen Grundgeschäfts als auch des Verfügungsgeschäfts zur Folge.[52] Die Auswirkungen auf andere Teile eines einheitlichen Rechtsgeschäfts richten sich nach § 139 BGB.[53] Der veräußernde Gesellschafter ist weiterhin Gesellschafter und Inhaber des entsprechenden (unbelasteten) Geschäftsanteils. Die **10**

---

44 *Sosnitza*, in: Michalski, GmbHG, § 33 Rn. 15; *Hueck/Fastrich*, in: Baumbach/Hueck, GmbHG, § 33 Rn. 2; *Lutter*, in: Lutter/Hommelhoff, GmbHG, § 33 Rn. 8.

45 *Lutter*, in: Lutter/Hommelhoff, GmbHG, § 33 Rn. 8; *H.P. Westermann*, in: *Scholz*, GmbHG, § 33 Rn. 5.

46 *Sosnitza*, in: Michalski, GmbHG, § 33 Rn. 15; *Altmeppen*, in: Roth/Altmeppen, GmbHG, § 33 Rn. 8; *Hohner/Paura*, in: Ulmer/Habersack/Winter, GmbHG, § 33 Rn. 26.

47 *Hueck/Fastrich*, in: Baumbach/Hueck, GmbHG, § 33 Rn. 2.

48 *Sosnitza*, in: Michalski, GmbHG, § 33 Rn. 15; *Hueck/Fastrich*, in: Baumbach/Hueck, GmbHG, § 33 Rn. 2.

49 *Sosnitza*, in: Michalski, GmbHG, § 33 Rn. 14; *Löwisch*, in: MünchKommGmbHG, § 33 Rn. 29; *Altmeppen*, in: Roth/Altmeppen, GmbHG, § 33 Rn. 9.

50 *Löwisch*, in: MünchKommGmbHG, § 33 Rn. 29; *Sosnitza*, in: Michalski, GmbHG, § 33 Rn. 14.

51 *Hueck/Fastrich*, in: Baumbach/Hueck, GmbHG, § 33 Rn. 8; *Löwisch*, in: MünchKommGmbHG, § 33 Rn. 29.

52 *Hueck/Fastrich*, in: Baumbach/Hueck, GmbHG, § 33 Rn. 6; *Löwisch*, in: MünchKommGmbHG, § 33 Rn. 36.

53 *Sosnitza*, in: Michalski, GmbHG, § 33 Rn. 16.

Nichtigkeitsfolge gilt auch für den einer Pfändung zugrundeliegenden Hoheitsakt oder einen Zuschlag des Anteils im Rahmen der Versteigerung.[54]

11 Das dem Erwerb oder der Inpfandnahme zugrundeliegende schuldrechtliche Grundgeschäft ist gemäß §§ 812 ff. BGB rückabzuwickeln.[55] Im Falle der Unkenntnis des Gesellschafters von der Rückständigkeit der Einlageverpflichtung kann er sich gem. § 818 Abs. 3 BGB ggf. auf Entreicherung berufen, andernfalls gelten §§ 819 Abs. 1. 818 Abs. 4 BGB.[56] Auf § 814 BGB soll sich der Gesellschafter nicht berufen können.[57] Der Rückgewähranspruch des § 31 Abs. 1 tritt selbstständig neben die bereicherungsrechtlichen Vorschriften, wenn der Kaufpreis unter Verstoß gegen § 30 Abs. 1 an den veräußernden Gesellschafter gezahlt wurde.[58] Dabei sind die Ansprüche jeweils nach ihren eigenen Regeln zu beurteilen, insbesondere ist § 31 Abs. 2 nicht auf bereichungsrechtliche Ansprüche anwendbar.[59] Eine Heilung der Nichtigkeit ist auch durch nachträgliche Einzahlung des Geschäftsanteils nicht möglich.[60]

12 Kommt es zur Eintragung der Gesellschaft als Inhaberin des Geschäftsanteils in die Gesellschafterliste, ist ein gutgläubiger Erwerb von der Gesellschaft als nicht Berechtigter gemäß § 16 Abs. 3 möglich.[61] Für die noch offene Einlageverpflichtung haften gemäß § 16 Abs. 2 der gutgläubige Erwerber sowie der ursprünglich veräußernde Gesellschafter.[62] Liegen die Voraussetzungen eines gutgläubigen Erwerbs nicht vor, hängt die Wirksamkeit des Erwerbs durch den Dritten von der Zustimmung gemäß §§ 182 ff. BGB durch den ursprünglich veräußernden Gesellschafter ab.[63] Der nicht geschäftsführende Alleingesellschafter handelt gegenüber der Gesellschaft nicht als Nichtberechtigter im Sinne von § 816 Abs. 1 BGB, wenn er eigene Geschäftsanteile der Gesellschaft im eigenen Namen veräußert.[64]

---

54 *Löwisch*, in: MünchKommGmbHG, § 33 Rn. 36; *Hohner/Paura*, in: Ulmer/Habersack/Winter, GmbHG, § 33 Rn. 10.

55 *Löwisch*, in: MünchKommGmbHG, § 33 Rn. 36; *Hueck/Fastrich*, in: Baumbach/Hueck, GmbHG, § 33 Rn. 6.

56 *Sosnitza*, in: Michalski, GmbHG, § 33 Rn. 17; *Löwisch*, in: MünchKommGmbHG, § 33 Rn. 36.

57 *Löwisch*, in: MünchKommGmbHG, § 33 Rn. 36.

58 *Sosnitza*, in: Michalski, GmbHG, § 33 Rn. 17; *Hohner/Paura*, in: Ulmer/Habersack/Winter, GmbHG, § 33 Rn. 36; *H.P. Westermann*, in: Scholz, GmbHG, § 33 Rn. 16; a.A. *Löwisch*, in: MünchKommGmbHG, § 33 Rn. 36: § 31 vorrangig; gegen die Anwendbarkeit des § 31 dagegen noch *Winkler*, GmbHR 1972, 73, 76.

59 *Sosnitza*, in: Michalski, GmbHG, § 33 Rn. 17; *H.P. Westermann*, in: Scholz, GmbHG, § 33 Rn. 16.

60 RGZ 71, 399, 403; *Sosnitza*, in: Michalski, GmbHG, § 33 Rn. 18; *Löwisch*, in: MünchKommGmbHG, § 33 Rn. 38.

61 *Hueck/Fastrich*, in: Baumbach/Hueck, GmbHG, § 33 Rn. 6; *Wicke*, GmbHG, § 33 Rn. 4.

62 *Sosnitza*, in: Michalski, GmbHG, § 33 Rn. 20.

63 *Hueck/Fastrich*, in: Baumbach/Hueck, GmbHG, § 33 Rn. 6.

64 BGH, NJW 2004, 365, 365.

III. Gestaltungen zur Ermöglichung des Erwerbs

13 Sowohl das schuldrechtliche als auch das dingliche Erwerbsgeschäft können unter der aufschiebenden Bedingung vollständiger Einlagezahlung abgeschlossen werden.[65] Die Voraussetzungen des § 33 Abs. 2 müssen allerdings in jedem Fall vorliegen.[66]

14 Unzulässig sind Gestaltungen, die auf eine Verrechnung von Einlage- und Kaufpreisverpflichtung hinauslaufen, da bis zur Erfüllung der rückständigen Einlage in Wahrheit noch keine Kaufpreisforderung besteht, die verrechnet werden könnte (§ 134 BGB).[67] Mit Blick auf das Verbot des § 19 Abs. 2 Satz 1 kann die Gesellschaft dem veräußernden Gesellschafter keine Mittel zur Zahlung seiner Einlage in Form eines Darlehens zur Verfügung stellen.[68] Ob der Gesellschafter selbst, ein Mitgesellschafter oder ein Dritter Einzahlungen auf die Einlage vornimmt, ist dabei unerheblich.[69]

15 Unter der Voraussetzung, dass die einschlägigen Vorschriften, insbesondere das Sperrjahr (vgl. § 58 Abs. 1 Nr. 3) eingehalten werden, können die Voraussetzungen des § 33 Abs. 1 auch durch eine Kapitalherabsetzung geschaffen werden. In Folge der Kapitalherabsetzung wird der veräußernde Gesellschafter in entsprechendem Umfang von der Pflicht zur Leistung der rückständigen Einlage befreit (vgl. § 19 Abs. 3).[70]

D. Voll eingezahlte Geschäftsanteile (Abs. 2)

I. Voraussetzungen des Erwerbs (Satz 1)

16 Für den Erwerb voll eingezahlter Geschäftsanteile kommt es auf die Voraussetzungen von Satz 1 nur an, wenn Aufwendungen anfallen. Maßgeblich ist der Anschaffungskostenbegriff.[71] Ein unentgeltlicher Erwerb (z.B. Schenkung, Vermächtnis, statutarische Übertragungsverpflichtung) ist daher grundsätzlich zulässig.[72]

17 Soweit Aufwendungen anfallen, verlangt Satz 1, dass im Zeitpunkt des Erwerbs eine Rücklage in Höhe dieser Aufwendungen gebildet werden *könnte*, ohne das Stammkapital oder eine gesellschaftsvertraglich zu bildende, nicht auszahlbare Rücklage zu

---

65 RGZ 93, 326, 329; *Hohner/Paura*, in: Ulmer/Habersack/Winter, GmbHG, § 33 Rn. 31; *Altmeppen*, in: Roth/Altmeppen, GmbHG, § 33 Rn. 10.

66 *Hohner/Paura*, in: Ulmer/Habersack/Winter, GmbHG, § 33 Rn. 31.

67 Vgl. *Sosnitza*, in: Michalski, GmbHG, § 33 Rn. 19; *Hohner/Paura*, in: Ulmer/Habersack/Winter, GmbHG, § 33 Rn. 32; *Altmeppen*, in: Roth/Altmeppen, GmbHG, § 33 Rn. 10; *Hueck/Fastrich*, in: Baumbach/Hueck, GmbHG, § 33 Rn. 8.

68 *Sosnitza*, in: Michalski, GmbHG, § 33 Rn. 19.

69 *Sosnitza*, in: Michalski, GmbHG, § 33 Rn. 19, *Hueck/Fastrich*, in: Baumbach/Hueck, GmbHG, § 33 Rn. 7.

70 *Hueck/Fastrich*, in: Baumbach/Hueck, GmbHG, § 33 Rn. 7.

71 *Löwisch*, in: MünchKommGmbHG, § 33 Rn. 45. Vgl. zum alten Recht vor BilMoG *Altmeppen*, in: Roth/Altmeppen, GmbHG, § 33 Rn. 20f.

72 OLG Hamm, GmbHR 1994, 179, 180; *Lutter*, in: Lutter/Hommelhoff, GmbHG, § 33 Rn. 15. Zu berücksichtigen sein können allerdings z.B. Notarkosten.

mindern. Bis zum Inkrafttreten des BilMoG war nach Satz 1 eine Rücklage für eigene Anteile (§ 272 Abs. 4 HGB a.F.) noch *tatsächlich* zu bilden. Hintergrund der Änderung ist die handelsrechtliche Änderung der bilanziellen Abbildung hin zur nun allein geltenden Nettomethode. Eigene Anteile werden in der Bilanz nicht mehr aktiviert. Entsprechend wird auf der Passivseite keine Neutralisierung[73] und damit auch keine Rücklage mehr erforderlich. Stattdessen ist der erworbene eigene Anteile vom gezeichneten Kapital abzusetzen (vgl. § 272 Abs. 1a HGB). Wegen der Anknüpfung an das Stammkapital und etwaige gebundene gesellschaftsvertragliche Rücklagen müssen die Aufwendungen allerdings weiterhin aus dem freien Gesellschaftsvermögen aufgebracht werden können.[74]

18 Grundsätzlich kann die Möglichkeit der Rücklagenbildung auf der Grundlage einer den Erfordernissen des § 42 und der §§ 264 ff. HGB entsprechenden Bilanz zu fortgeführten Buchwerten beurteilt werden.[75] Allerdings ist nach dem Wortlaut die gesellschaftsvertragliche Stammkapitalziffer gemäß § 3 Abs. 3 Nr. 3 maßgeblich, nicht die bilanzielle Größe des gezeichneten Kapitals. Soweit letztere im Ergebnis aufgrund des bilanziellen Nettoausweises nicht eingeforderter ausstehender Einlagen (§ 272 Abs. 1 HGB) oder bereits zurückerworbener anderer Geschäftsanteile (§ 272 Abs. 1a HGB) von der Stammkapitalziffer abweicht, hilft ein Blick in die Hauptspalte der Passivseite alleine nicht weiter. Maßgeblich bleibt die Stammkapitalziffer. Gegebenenfalls ist eine Nebenrechnung aufzumachen, in der nicht eingeforderte Einlagen und gegebenenfalls erworbene eigene Anteile anzusetzen sind. Nach herrschender Meinung finden nicht aufgelöste stille Reserven keine Berücksichtigung.[76]

19 Sind freie Mittel nur für die Bezahlung einiger von mehreren zurückerworbenen Geschäftsanteile vorhanden, kann das Erwerbsgeschäft im Falle seiner Teilbarkeit (§ 139 BGB) im Umfang der freien Mittel aufrecht erhalten werden.[77] Dies ist wegen der Möglichkeit der Teilung von Geschäftsanteilen auch bei nicht ausreichend freien Mitteln für den Erwerb nur eines Geschäftsanteils denkbar. Entscheidend ist die Auslegung des Erwerbsgeschäfts hat den Bestimmtheitsgrundsatz zu beachten.[78] Ohne

73 *Altmeppen*, in: Roth/Altmeppen, GmbHG, § 33 Rn. 20f.

74 *Sosnitza*, in: Michalski, GmbHG, § 33 Rn. 23.

75 BGH, NJW 1997, 196, 197; BGH, NJW 2000, 2819, 2820; *Hueck/Fastrich*, in: Baumbach/Hueck, GmbHG, § 33 Rn. 10; *Lutter*, in: Lutter/Hommelhoff, GmbHG, § 33 Rn. 10.

76 BGH, NJW 1997, 196, 197; *Sosnitza*, in: Michalski, GmbHG, § 33 Rn. 25; *Hueck/Fastrich*, in: Baumbach/Hueck, GmbHG, § 33 Rn. 10; *H.P. Westermann*, in: Scholz, GmbHG, § 33 Rn. 24; *Altmeppen*, in: Roth/Altmeppen, GmbHG, § 33 Rn. 14; a.A.: *Sonnenhol/Stützle*, DB 1979, 925, 927.

77 *Sosnitza*, in: Michalski, GmbHG, § 33 Rn. 26. Vgl. aber zum Insolvenzverfahren BGH, NJW 1998, 3121, 3123.

78 *Hohner/Paura*, in: Ulmer/Habersack/Winter, GmbHG, § 33 Rn. 51.

Teilbarkeit oder Bestimmtheit ist der gesamte Erwerb unzulässig.[79] Erwirbt die Gesellschaft mehrere Anteile von verschiedenen Gesellschaftern, ist zudem der Gleichbehandlungsgrundsatz zu beachten.[80] Eine vorrangige Erfüllung der jeweils zeitlich früheren Erwerbsgeschäfte wird als zulässig erachtet.[81] Auch andere sachliche Gründe können angeführt werden.[82] Ohne bestimmbare Reihenfolge oder bei Verstoß gegen den Gleichbehandlungsgrundsatz ist der Erwerb mit Blick auf alle betreffenden Geschäftsanteile unzulässig.[83] Im Insolvenzverfahren stellt der BGH eine Gesamtbetrachtung der Verbindlichkeiten wegen zurück zu erwerbender Geschäftsanteile an.[84]

20 Maßgeblicher Zeitpunkt für die Beurteilung der Möglichkeit der Rücklagenbildung ist nach BGH und herrschender Meinung jedenfalls auch der Zeitpunkt der Zahlung des Erwerbspreises.[85] Nach verbreiteter, aber umstrittener Ansicht ist kumulativ auf den Zeitpunkt des Abschlusses des Kausalgeschäfts abzustellen.[86] Dafür spricht die Verstoßfolge der Nichtigkeit des schuldrechtlichen Grundgeschäfts nach Abs. 2 Satz 3.[87] Eine andere Frage ist, wie der Begriff der Nichtigkeit zu interpretieren ist (Rdn. 25). Fallen Kausalgeschäft und Zahlung zeitlich auseinander und ist mit der zwischenzeitlichen Entstehung freier Mittel zu rechnen, kann die Wiederholung des schuldrechtlichen Geschäfts jedenfalls durch entsprechende Vertragsgestaltungen vermieden werden, indem z.B. eine Zwischenbilanz zu einem späteren Stichtag als Maß-

---

79 *Hohner/Paura*, in: Ulmer/Habersack/Winter, GmbHG, § 33 Rn. 51; *Sosnitza*, in: Michalski, GmbHG, § 33 Rn. 26.

80 Vgl. BGH, NJW 1998, 3121, 3123; *Sosnitza*, in: Michalski, GmbHG, § 33 Rn. 26; *Hueck/Fastrich*, in: Baumbach/Hueck, GmbHG, § 33 Rn. 10.

81 *Hueck/Fastrich*, in: Baumbach/Hueck, GmbHG, § 33 Rn. 10; vgl. auch *Sosnitza*, in: Michalski, GmbHG, § 33 Rn. 26.

82 *Sosnitza*, in: Michalski, GmbHG, § 33 Rn. 26.

83 *Altmeppen*, in: Roth/Altmeppen, GmbHG, § 33 Rn. 19; *Sosnitza*, in: Michalski, GmbHG, § 33 Rn. 26.

84 BGH, NJW 1998, 3121, 3123; kritisch dazu *Altmeppen*, in: Roth/Altmeppen, GmbHG, § 33 Rn. 19.

85 BGH, NJW 1998, 3121, 3122; OLG Hamm, GmbHR, 1994, 179, 180 f. (obiter dictum); *Goette*, DStR 1994, 107, 108; *Altmeppen*, in: Roth/Altmeppen, GmbHG, § 33 Rn. 15. A.A. *Bloching/Kettinger*, BB, 2006, 172, 175, die für die Nichtigkeitsfolge nach Satz 3 allein auf den Zeitpunkt des Abschlusses des schuldrechtlichen Geschäfts abstellen und bei nachträglichem Wegfall der erforderlichen Mittel von einem (gegebenenfalls vorübergehenden) Erfüllungsverweigerungsrecht der Gesellschaft ausgehen.

86 *Hueck/Fastrich*, in: Baumbach/Hueck, GmbHG, § 33 Rn. 11; *Altmeppen*, in: Roth/Altmeppen, GmbHG, § 33 Rn. 15; *Salus/Pape*, ZIP 1997, 577, 579. A.A. (nur Zahlungszeitpunkt): *Sosnitza*, in: Michalski, GmbHG, § 33 Rn. 27; *Hohner/Paura*, in: Ulmer/Habersack/Winter, GmbHG, § 33 Rn. 48.

87 Vgl. dazu *Hueck/Fastrich*, in: Baumbach/Hueck, GmbHG, § 33 Rn. 11.

stab für die Kaufpreisermittlung vereinbart wird.[88] Ob auch zum nachfolgenden Bilanzstichtag eine Rücklage gebildet werden könnte, ist ohne Bedeutung.[89]

21 Anders als nach § 71 AktG ist für den Rückerwerb weder eine Höchstgrenze vorgegeben noch ein sachlicher Grund für den Erwerb erforderlich.[90] Abgesehen von Abs. 3 bestehen keine Ausnahmen von den Erwerbsbeschränkungen, auch nicht in dem Fall, dass der Erwerb zur Abwendung eines schweren Schadens von der Gesellschaft erforderlich sein sollte.[91]

22 Über die Voraussetzungen von Satz 1 hinaus hält eine Ansicht unter Verweis auf einen Vergleich mit der Kapitalherabsetzung (hier in wirtschaftlicher Form) die Zustimmung der Gesellschafterversammlung mit qualifizierter Mehrheit für erforderlich.[92] Teilweise wird die einfache Mehrheit als ausreichend erachtet.[93] Soweit ein Gesellschafterbeschluss verlangt wird, soll dessen Bedeutung nach überwiegender Ansicht grundsätzlich auf das Innenverhältnis beschränkt sein.[94] Habe der veräußernde Gesellschafter – wie regelmäßig als Insider – positive Kenntnis von dessen Fehlen, soll dies allerdings über die Grundsätze des Missbrauchs der Vertretungsmacht auf das Außenverhältnis durchschlagen.[95] Anderer Ansicht nach stellt der Rückerwerb eigener Anteile eine reine Geschäftsführungsmaßnahme dar, für die allein die Geschäftsführer zuständig sind.[96] Eine vermittelnde dritte Sichtweise sieht die Geschäftsführer als verpflichtet an, die Gesellschafter über den geplanten Rückerwerb eigener Anteile zu informieren, damit diese ihr Einberufungsrecht nach § 50 geltend machen können.[97] Für letztere Ansicht spricht, dass einerseits ein Zustim-

---

88 BGH; DStR 1994, 107, 107; *Hueck/Fastrich*, in: Baumbach/Hueck, GmbHG, § 33 Rn. 11.

89 *Hueck/Fastrich*, in: Baumbach/Hueck, GmbHG, § 33 Rn. 14. Vgl. zur Beurteilung vor BilMoG *Sosnitza*, in: Michalski, GmbHG, § 33 Rn. 28: Prognose des Geschäftsführers im Zeitpunkt des Erwerbs erforderlich, ob im nächsten Jahresabschluss eine Rücklage für eigene Anteile gebildet werden kann; *H.P. Westermann*, in: Scholz, GmbHG, § 33 Rn. 26: Rücklage muss auch noch am nachfolgenden Bilanzstichtag gebildet werden können; *Hohner/Paura*, in: Ulmer/Habersack/Winter, GmbHG, § 33 Rn. 50: Keine Prognoseentscheidung erforderlich, ob im Zeitpunkt des nächsten Jahresabschlusses Rücklage gebildet werden könnte.

90 Vgl. *Sosnitza*, in: Michalski, GmbHG, § 33 Rn. 23; *Hueck/Fastrich*, in: Baumbach/Hueck, GmbHG, § 33 Rn. 12.

91 *Hueck/Fastrich*, in: Baumbach/Hueck, GmbHG, § 33 Rn. 12.

92 *Hohner/Paura*, in: Ulmer/Habersack/Winter, GmbHG, § 33 Rn. 41.

93 Vgl. *Winkler*, GmbHR 1972, 73, 78; *Altmeppen*, in: Roth/Altmeppen, GmbHG, § 33 Rn. 26.

94 *Hohner/Paura*, in: Ulmer/Habersack/Winter, GmbHG, § 33 Rn. 41; *Altmeppen*, in: Roth/Altmeppen, GmbHG, § 33 Rn. 26.

95 Vgl. *Altmeppen*, in: Roth/Altmeppen, GmbHG, § 33 Rn. 26.

96 *Kort*, in: MünchHdbGesR, § 27 Rn. 20; wohl auch *Altmeppen*, in: Roth/Altmeppen, GmbHG, § 33 Rn. 26.

97 So *Lutter*, in: Lutter/Hommelhoff, GmbHG, § 33 Rn. 34; H.P. *Westermann*, in: Scholz, GmbHG, § 33 Rn. 27.

mungserfordernis gesetzlich nicht vorgesehen ist, der Rückerwerb andererseits wegen seiner Rechtsfolgen Auswirkungen auf die Beteiligungsverhältnisse hat (Rdn. 35 ff.). In jedem Fall ist die Zustimmung der Gesellschafterversammlung erforderlich, wenn dies durch Gesellschaftsvertrag oder Gesetz vorgesehen ist.[98]

23 Nach verbreiteter Ansicht steht den Mitgesellschaftern ein Recht auf Andienung an sie zu, wobei die Zuteilung nach Maßgabe der Beteiligungsquote zu erfolgen habe.[99] In einem dem Rückerwerb zustimmenden Gesellschafterbeschluss soll der Ausschluss des Andienungsrechts liegen. Der Beschluss soll insoweit der Inhaltskontrolle unterliegen und der sachlichen Rechtfertigung bedürfen.[100] Inhaltlich ist im Rahmen des Rückerwerbs eigener Anteile zudem der Gleichbehandlungsgrundsatz zu beachten.[101]

II. Voraussetzungen der Inpfandnahme (Satz 2)

24 Die Inpfandnahme voll eingezahlter Geschäftsanteile erfordert ebenfalls ausreichend freies Vermögen. Maßstab ist der Gesamtbetrag der gesicherten Forderungen oder, wenn der Wert des inpfandgenommenen Geschäftsanteils geringer ist, der Wert dieses Geschäftsanteils. Auf die praktisch im Einzelfall schwierige Bewertung des Geschäftsanteils kann also verzichtet werden, wenn die gesicherten Forderungen dem freien Vermögen entsprechen.[102] Ist nur ein Teil der Forderungen vom freien Vermögen gedeckt, ist es Frage der Auslegung, ob die Pfanderklärung auf diesen Teil beschränkt werden kann.[103] Unerheblich ist, ob der Gesellschafter oder ein Dritter Schuldner der gesicherten Forderungen ist.[104] Maßgeblich für die Beurteilung ist der Zeitpunkt der Inpfandnahme und hier sowohl der Zeitpunkt des Kausalgeschäfts als auch der späteren dinglichen Bestellung, nicht aber der eines etwaigen späteren Erwerbs im Wege der Pfandverwertung, der gesondert nach Maßgabe des Abs. 2 Satz 1 zu beurteilen ist.[105]

III. Rechtsfolgen bei Fehlen der Voraussetzungen (Satz 3)

25 Ein Verstoß gegen Abs. 2 Satz 1 bzw. Satz 2 führt nach Satz 3 zur Nichtigkeit des schuldrechtlichen Geschäfts, nicht jedoch auch der dinglichen Verfügungen. Bei Weiterverfügungen durch die Gesellschaft kommt es daher auf einen gutgläubigen

---

98 *Lutter*, in: Lutter/Hommelhoff, GmbHG, § 33 Rn. 34.

99 *Sosnitza*, in: Michalski, GmbHG, § 32 Rn. 24; *Hohner/Paura*, in: Ulmer/Habersack/Winter, GmbHG, § 33 Rn 43 f.

100 *Sosnitza*, in: Michalski, GmbHG, § 33 Rn. 24.

101 Vgl. *Lutter*, in: Lutter/Hommelhoff, GmbHG, § 33 Rn. 36.

102 *Sosnitza*, in: Michalski, GmbHG, § 33 Rn. 30; *Altmeppen*, in: Roth/Altmeppen, GmbHG,§ 33 Rn. 35.

103 So auch *Löwisch*, in: MünchKommGmbHG, § 33 Rn. 48.

104 *Sosnitza*, in: Michalski, GmbHG, § 33 Rn. 29.

105 *Löwisch*, in: MünchKommGmbHG, § 33 Rn.47; *Hohner/Paura*, in: Ulmer/Habersack/Winter, GmbHG, § 33 Rn. 52.

Erwerb nicht an.[106] Teilweise wird die Nichtigkeitsfolge abschwächend als schwebende Unwirksamkeit interpretiert, wenn schuldrechtliches und dingliches Geschäft zeitlich auseinanderfallen und erst zwischenzeitlich freie Mittel entstehen.[107] Endgültige Unwirksamkeit trete erst ein, wenn erfüllt werde und auch im Zeitpunkt der Erfüllung kein ausreichendes freies Vermögen vorhanden sei.[108] Liegen die erforderlichen freien Mittel wohl bei Abschluss des Kausalgeschäfts, nicht mehr aber bei Zahlung vor, trete nicht die Nichtigkeitsfolge ein, sondern der Gesellschaft stehe ein Leistungsverweigerungsrecht zu.[109] In diesem Fall kann in der formgerechten Durchführung des dinglichen Geschäfts jedenfalls eine Bestätigung gemäß § 141 Abs. 1 BGB, § 15 Abs. 4 Satz 2 liegen.[110] Teilweise wird eine Heilung für möglich gehalten, wenn die Gesellschaft den erworbenen Geschäftsanteil an einen Dritten weiter veräußert und die vereinbarte Gegenleistung der GmbH auch tatsächlich zufließt.[111] Dagegen spricht, dass sich aus den Verhältnissen der Gesellschaft zu Dritten keine Rückschlüsse auf die schuldrechtliche Beziehung der Gesellschaft zum ursprünglich veräußernden Gesellschafter ergeben.[112]

26 Die Rückabwicklung richtet sich nach den allgemeinen Regeln der §§ 812 ff. BGB.[113] Anwendung finden insbesondere § 818 Abs. 3 BGB und § 819 BGB, nicht dagegen § 814 BGB.[114] Daneben kann ein Anspruch aus § 31 treten (Anspruchskonkurrenz).[115] Greift § 31 ein, kommt die Saldotheorie nicht zur Anwendung.[116] Darüber hinaus kann der Gesellschaft gegen die Geschäftsführer ein Schadensersatzanspruch aus § 43 Abs. 3 zustehen.

---

106 Vgl. *Hueck/Fastrich*, in: Baumbach/Hueck, GmbHG, § 33 Rn. 14.

107 Vgl. *Hueck/Fastrich*, in: Baumbach/Hueck, GmbHG, § 33 Rn. 14; *Lutter*, in: Lutter/Hommelhoff, GmbHG, § 33 Rn. 24 mit Verweis auf BGH, NJW 1998, 3121, 3122.

108 *Hueck/Fastrich*, in: Baumbach/Hueck, GmbHG, § 33 Rn. 14.

109 *Lutter*, in: Lutter/Hommelhoff, GmbHG, § 33 Rn. 24; *Bloching/Kettinger*, BB 2006, 172, 175.

110 Kritisch dagegen wohl *Hueck/Fastrich*, in: Baumbach/Hueck, GmbHG, § 33 Rn. 14 für den Fall, dass als maßgeblicher Zeitpunkt auch derjenige des Kausalgeschäfts angesehen wird.

111 Vgl. *Sosnitza*, in: Michalski, GmbHG, § 33 Rn. 37 mit dem zusätzlichen Erfordernis, dass die zufließende Gegenleistung mindestens so hoch sein müsse, wie der Betrag der durch den unzulässigen Erwerb ausgelösten Unterbilanz.

112 Vgl. *Hohner/Paura*, in: Ulmer/Habersack/Winter, GmbHG, § 33 Rn. 57.

113 *Hueck/Fastrich*, in: Baumbach/Hueck, GmbHG, § 33 Rn. 14; *Hohner/Paura*, in: Ulmer/Habersack/Winter, GmbHG, § 33 Rn. 57 ff.

114 *Hohner/Paura*, in: Ulmer/Habersack/Winter, GmbHG, § 33 Rn. 58; *Sosnitza*, in: Michalski, GmbHG, § 33 Rn. 34.

115 *Hueck/Fastrich*, in: Baumbach/Hueck, GmbHG, § 33 Rn. 14; *Lutter*, in: Lutter/Hommelhoff, GmbHG, § 33 Rn. 21.

116 Vgl. *Sosnitza*, in: Michalski, GmbHG, § 33 Rn. 33: Vorrang des § 31 und § 19 Abs. 2 Satz 2; *Lutter*, in: Lutter/Hommelhoff, GmbHG, § 33 Rn. 21.

E. Erwerb gegen Abfindung nach UmwG (Abs. 3)

I. Reichweite der Ausnahme und Anwendungsbereich

27 Die Bedeutung des Abs. 3 liegt in der ausnahmsweisen Zulassung des Rückerwerbs eigener Geschäftsanteile, auf welche die Einlagen noch nicht vollständig geleistet sind.[117] Die Inpfandnahme eigener Anteile ist nicht erfasst.[118] Sachlich ist Abs. 3 nur auf den Rückerwerb eigener Anteile aufgrund eines angenommenen Barabfindungsangebotes im Nachgang zu einer Umwandlungsmaßnahme anwendbar. Erfasst sind die Fälle der Verschmelzung zur Aufnahme und zur Neugründung (§§ 36 Abs. 1, 29. 122i UmwG), der Auf- oder Abspaltung zur Aufnahme oder zur Neugründung (§§ 125 Satz 1, 36 Abs. 1, 29 UmwG) sowie des Formwechsels in eine GmbH (§ 207 UmwG). Keine Relevanz hat die Vorschrift für die Ausgliederung gem. § 123 Abs. 3 UmwG (§ 125 Satz 1 UmwG) und für die Vermögensübertragung gem. § 174 UmwG, an der eine GmbH von vornherein nicht beteiligt sein kann (§ 175 UmwG).

II. Voraussetzungen des Erwerbs

28 Voraussetzung ist zunächst, dass das Barabfindungsangebot entstanden ist und der Gesellschafter dieses fristgerecht angenommen hat. Die Frist beträgt gemäß § 31 UmwG bwz. § 209 UmwG zwei Monate ab dem Tag des Wirksamwerdens der jeweiligen Umwandlungsmaßnahme durch Handelsregistereintragung oder dem Tag der Bekanntmachung einer gerichtlichen Entscheidung nach Antrag auf Spruchverfahren.

29 Der (dingliche) Erwerb des Geschäftsanteils durch die Gesellschaft muss binnen sechs Monaten nach dem Wirksamwerden der Umwandlung (Handelsregistereintragungen) oder nach der Rechtskraft der gerichtlichen Entscheidung über den Abfindungsanspruch im Spruchverfahren (§ 34 UmwG bzw. § 212 UmwG) erfolgt sein. Der Erwerb erfolgt durch separaten Abtretungsvertrag in notarieller Form gemäß § 15 Abs. 3 Zug um Zug gegen Zahlung der Abfindung.[119]

30 Wie in Abs. 2[120] wird schließlich verlangt, dass die Gesellschaft eine Rücklage in Höhe der Aufwendungen für den Erwerb aus freiem Vermögen bilden *könnte*. Maßgeblich ist ausweislich des Wortlauts auch hier auf die gesellschaftsvertragliche Stammkapitalziffer abzustellen. Besteht die Möglichkeit der Rücklagenbildung nicht, muss die Abfindung und damit im Ergebnis auch die Umwandlungsmaßnahme unterbleiben.[121] Maßgeblich für die Beurteilung ist nach dem Gesetzeswortlaut der

117 Vgl. *Sosnitza*, in: Michalski, GmbHG, § 33 Rn. 43; *Altmeppen*, in: Roth/Altmeppen, GmbHG,§ 33 Rn. 51, der darin die einzige Bedeutung der Regelung sieht; *Lutter*, in: Lutter/Hommelhoff, GmbHG, § 33 Rn. 30: vgl. auch BT-Drs. 12/6699, S. 175.

118 Vgl. *Sosnitza*, in: Michalski, GmbHG, § 33 Rn. 39.

119 Vgl. *Sosnitza*, in: Michalski, GmbHG, § 33 Rn. 41.

120 Vgl. *Sosnitza*, in: Michalski, GmbHG, § 33 Rn. 42; *Altmeppen*, in: Roth/Altmeppen, GmbHG,§ 33 Rn. 49.

121 *Hueck/Fastrich*, in: Baumbach/Hueck, GmbHG, § 33 Rn. 16; *Lutter*, in: Lutter/Hommelhoff, GmbHG, § 33 Rn. 31.

Zeitpunkt des Erwerbs. Ein effektiver Gesellschafterschutz erfordert allerdings, dass bereits im Zeitpunkt der Entscheidung über die Durchführung der Umwandlungsmaßnahme (regelmäßig Fassung der Zustimmungsbeschlüsse der Gesellschafterversammlungen) davon ausgegangen werden kann, dass bei Zugrundelegung eines wahrscheinlichen Zeitverlaufs die Abfindung innerhalb der Sechsmonatsfrist gezahlt werden darf.[122]

III. Rechtsfolgen eines Verstoßes

31 Ist im Zeitpunkt der Entscheidung über die Durchführung der Umwandlungsmaßnahme bereits absehbar, dass die Abfindungszahlung nach Abs. 3 nicht zulässig sein wird, sollen dennoch gefasste Umwandlungsbeschlüsse anfechtbar sein.[123] Darüber hinaus ist die Regelung in § 29 Abs. 1 Satz 1, Halbs. 2 UmwG zu beachten, wonach die Rechtsfolge der Nichtigkeit des schuldrechtlichen Grundgeschäfts (§ 33 Abs. 2 Satz 3, Halbs. 2, 1. Alt.) nicht gilt.[124] Erwirbt die Gesellschaft gemäß Abs. 3 einen nicht voll eingezahlten Geschäftsanteil, erlischt die offene Einlageverpflichtung des ausscheidenden Gesellschafters durch Konfusion.[125]

F. Sonderfälle

I. Keinmann-GmbH

32 Hinsichtlich der Zulässigkeit des Erwerbs des letzten sich in der Hand eines Dritten befindenden Geschäftsanteils wurde bislang differenziert: Er sei zulässig, wenn der letzte Geschäftsanteil nur für einen Übergangszeitraum, etwa die Weiterveräußerung an einen neuen Gesellschafter, erworben werde. Werde die sog. Keinmann-GmbH zum Dauerzustand, trete die Auflösung der Gesellschaft mit der Folge der Liquidation ein.[126] Die im Vordringen befindliche Ansicht geht stets von der Auflösung der

---

122 Vgl. dazu *Hoger*, AG 2008, 149, 156f.; *Grunewald*, in: Lutter, UmwG, § 29 Rn. 29.

123 *Hoger*, AG 2008, 149, 156f.; *Grunewald*, in: Lutter, UmwG, § 29 Rn. 29.

124 Zu den streitigen Fragen, wie sich die Eintragung der Umwandlungsmaßnahme auswirkt, ob ein Gesellschafter bei Verstoß gegen § 33 Abs. 3 nach §§ 30, 31 haftet und ob der Gesellschaft gegebenenfalls ein Leistungsverweigerungsrecht zusteht, vgl. *Marsch-Barner*, in: Kallmeyer, UmwG, § 29 Rn. 25; *Grunewald*, in: Lutter, UmwG, § 29 Rn. 29; *Hoger*, AG 2008, 149, 156 f.

125 *Hueck/Fastrich*, in: Baumbach/Hueck, GmbHG, § 33 Rn. 16; *Lutter*, in: Lutter/Hommelhoff, GmbHG, § 33 Rn. 32; a.A. *Altmeppen*, in: Roth/Altmeppen, GmbHG, § 33 Rn. 51; *Sosnitza*, in: Michalski, GmbHG, § 33 Rn. 43: Haftung des ausgeschiedenen Gesellschafters gem. § 22, der übrigen Mitgesellschafter gem. § 24 sowie eines etwaigen späteren Dritterwerbers gem. § 16 Abs. 22; ebenso *Wicke*, GmbHG, § 33 Rn. 18.

126 *H. P. Westermann*, in: Scholz, GmbHG, § 33 Rn. 44; *Kort*, in: MünchHdbGesR, § 27 Rn. 42; nicht eindeutig *Altmeppen*, in: Roth/Altmeppen, GmbHG, § 33 Rn. 28; für die generelle Zulässigkeit der Keinmann-GmbH: *Kreutz*, in: Festschrift Stimpel, 1985, Seite 379, 393 f. Die früher herrschende Ansicht ging von der generellen Nichtigkeit aus, vgl. nur *Winkler*, GmbHR, 1972, 73, 77.

Gesellschaft aus.[127] Ein späterer etwaiger Erwerber habe allerdings die Möglichkeit, durch einfachen Fortsetzungsbeschluss wieder eine werbende Gesellschaft zu schaffen.[128] Für diese Ansicht sprechen Gründe der Rechtssicherheit.

II. Konzern

33 Der Erwerb eines Anteils an der Gesellschaft, die ihrerseits an der erwerbenden Gesellschaft beteiligt ist, führt zur mittelbaren Selbstbeteiligung und kann dem Rückerwerb eigener Anteile wirtschaftlich entsprechen.[129] Erwirbt eine abhängige GmbH Aktien an der sie beherrschenden AG, gelten die Schranken der §§ 56 Abs. 2, 71 Abs. 2, 71d AktG.[130] Der originäre Erwerb ist generell ausgeschlossen, der derivative Erwerb nur eingeschränkt zulässig. Gesetzlich nicht geregelt ist der Fall, dass die herrschende Gesellschaft ebenfalls eine GmbH ist. Teilweise soll der Erwerb bei einer Mehrheitsbeteiligung der herrschenden an der abhängigen GmbH nach § 33 eingeschränkt sein,[131] teilweise wird auf Abhängigkeit nach § 17 AktG abgestellt.[132] Verbreitet wird in Anlehnung an § 19 Abs. 1 AktG die kritische Grenze bereits bei einer Beteiligung von mehr als 25 % gesehen.[133] Gegen letzteres spricht § 328 AktG, der zeigt, dass der Erwerb als solcher hier nicht unterbunden wird.[134] Liegt die erforderliche kritische Beteiligungsstruktur vor, ist der originäre Erwerb von Geschäftsanteilen durch die abhängige Gesellschaft im Rahmen einer Kapitalerhöhung bei der herrschenden Gesellschaft entsprechend §§ 56 Abs. 2, 71 d AktG unzulässig.[135] Der derivative Erwerb voll eingezahlter Geschäftsanteile der herrschenden Gesellschaft durch die abhängige Gesellschaft ist unter den Voraussetzungen des § 33 Abs. 2 zulässig.[136] Handelt es sich um nicht voll eingezahlte Geschäftsanteile, ist streitig, ob § 33 Abs. 1

---

127 *Sosnitza*, in: Michalski, GmbHG, § 33 Rn. 54; *Hueck/Fastrich*, in: Baumbach/Hueck, GmbHG, § 33 Rn. 19; *Hohner/Paura*, in: Ulmer/Habersack/Winter, GmbHG, § 33 Rn. 118.

128 Vgl. *Sosnitza*, in: Michalski, GmbHG, § 33 Rn. 54.

129 Vgl. *Hueck/Fastrich*, in: Baumbach/Hueck, GmbHG, § 33 Rn. 21.

130 Vgl. dazu *Sosnitza*, in: Michalski, GmbHG, § 33 Rn. 50; *Emmerich*, NZG 1998, 622, 623.

131 *Hueck/Fastrich*, in: Baumbach/Hueck, GmbHG, § 33 Rn. 21; *Sosnitza*, in: Michalski, GmbHG, § 33 Rn. 51; *Altmeppen*, in: Roth/Altmeppen, GmbHG, § 33 Rn. 41; *Hohner/Paura*, in: Ulmer/Habersack/Winter, GmbHG, § 33 Rn. 110.

132 Unter Berufung auf den Regierungsentwurf zur GmbH-Novelle von 1980 (Bundestagsdrucksache 8/47, Seite 10 f., 42): vgl. *Verhoeven*, GmbHR 1977, 97, 100; wohl auch *H.P. Westermann*, in: Scholz, GmbHG, § 33 Rn. 21 und 22.

133 *Sosnitza*, in: Michalski, GmbHG, § 33 Rn. 51; *Lutter*, in: Lutter/Hommelhoff, GmbHG, § 33 Rn. 40 f.; *Kort*, in: MünchHdbGesR, § 27 Rn. 46.

134 *Hohner/Paura*, in: Ulmer/Habersack/Winter, GmbHG, § 33 Rn. 109; *Altmeppen*, in: Roth/Altmeppen, GmbHG, § 33 Rn. 41.

135 *Sosnitza*, in: Michalski, GmbHG, § 33 Rn. 52; *Hueck/Fastrich*, in Baumbach/Hueck, GmbHG, § 33 Rn. 21; *Wicke*, GmbHG, § 33 Rn. 15.

136 *Sosnitza*, in: Michalski, GmbHG, § 33 Rn. 52; *Lutter*, in: Lutter/Hommelhoff, GmbHG, § 33 Rn. 45.

entsprechend gilt[137] oder mangels Konfusion der offenen Einlageforderung die entsprechende Anwendung des § 33 Abs. 2 ausreicht.[138] Jedenfalls bilanziell ist § 272 Abs. 4 HGB zu beachten.

III. GmbH & Co. KG

34 Nach herrschender Meinung soll § 33 Abs. 1 entsprechend auf den Fall anwendbar sein, dass die GmbH & Co. KG Anteile an ihrer Komplementär-GmbH erwirbt (Einheits-KG), da die Komplementär-GmbH über ihre Haftung gemäß § 128 HGB Schuldnerin der offenen Einlageforderung gegenüber sich selbst ist.[139] § 33 Abs. 2 findet nach Ansicht des BGH Anwendung, wenn der Haftung der Komplementär-GmbH aus § 128 HGB für den Entgeltanspruch des Veräußerers kein vollwertiger Regessanspruch aus § 110 HGB gegenübersteht.[140] Auch § 172 Abs. 6 HGB ist zu berücksichtigen.

G. Rechtliche Behandlung eigener Geschäftsanteile

35 Der zurückerworbene Geschäftsanteil bleibt bestehen.[141] Die satzungsmäßige Stammkapitalziffer (§ 3 Abs. 1 Nr. 3) bleibt unberührt.[142] Die Rechte aus dem Anteil

137 *Hueck/Fastrich*, in Baumbach/Hueck, GmbHG, § 33 Rn. 21; *Lutter*, in: Lutter/Hommelhoff, GmbHG, § 33 Rn. 45.

138 *Sosnitza*, in: Michalski, GmbHG, § 33 Rn. 52; *Emmerich*, NZG 1998, 622, 625; *Hohner/Paura*, in: Ulmer/Habersack/Winter, GmbHG, § 33 Rn. 106; vgl. *Wicke*, GmbHG, § 33 Rn. 15: Unzulässigkeit nach § 33 Abs. 1, aber Verstoß führe nicht zur Nichtigkeit.

139 LG Berlin, DNotZ 1987, 374, 374; *Sosnitza*, in: Michalski, GmbHG, § 33 Rn. 45; *Hueck/Fastrich*, in: Baumbach/Hueck, GmbHG, § 33 Rn. 20; *H.P. Westermann*, in: Scholz, GmbHG, § 33 Rn. 14. A.A. (Haftung der Kommanditisten für die ausstehende Stammeinlage nach § 16 Abs. 2 unbeschränkt, persönlich und gesamtschuldnerisch und Zulässigkeit des Erwerbs teileingezahlter Geschäftsanteile der GmbH durch die KG): *Altmeppen*, in: Roth/Altmeppen, GmbHG, § 33 Rn. 45 ff.; *Hohner/Paura*, in: Ulmer/Habersack/Winter, GmbHG, § 33 Rn. 113.

140 *Sosnitza*, in: Michalski, GmbHG, § 33 Rn. 46; *Hueck/Fastrich*, in Baumbach/Hueck, GmbHG, § 33 Rn. 20; vgl. auch BGH, NJW 1973, 1036, 1038; a.A. (abschließende Regelung durch §§ 30/31): *H.P. Westermann*, in: Scholz, GmbHG, § 33 Rn. 23.

141 *Hueck/Fastrich*, in: Baumbach/Hueck, GmbHG, § 33 Rn. 22; *Sosnitza*, in: Michalski, GmbHG, § 33 Rn. 55; *Hohner/Paura*, in: Ulmer/Habersack/Winter, GmbHG, § 33 Rn. 72. Zur dogmatischen Einordnung vgl. *Sosnitza*, in: Michalski, GmbHG, § 33 Rn. 55 m.w.N. insbesondere zum Vergleich mit der Eigentümergrundschuld, zur Einordnung als bloßes rechtstechnisches Vehikel für den Beitritt neuer Gesellschafter oder als vollwertige echte Anteile.

142 *Löwisch*, in: MünchKommGmbHG, § 33 Rn. 66.

ruhen entsprechend § 71b AktG.[143] Dies gilt grundsätzlich auch für die mitgliedschaftlichen Pflichten.[144]

36 Insbesondere können Stimmrechte aus eigenen Geschäftsanteilen nicht ausgeübt werden und werden bei der Berechnung von Stimmenmehrheiten nicht berücksichtigt.[145] Nach herrschender Meinung ist der jeweilige Nennbetrag eines eigenen Geschäftsanteils auch bei der Berechnung einer statutarischen oder gesetzlichen Quote vom Stammkapital nicht mitzurechnen.[146] Der Gesellschaft steht auch kein Recht zur Anfechtung von Gesellschafterbeschlüssen oder zur Teilnahme an Gesellschafterversammlungen zu.[147] Besondere mit dem Geschäftsanteil verbundene Rechte, wie Entsendungsrechte (z.B. für Aufsichtsrat, Beirat oder Geschäftsführung) ruhen.[148] Die mitgliedschaftlichen Vermögensrechte ruhen ebenfalls. Ein Gewinnanspruch zugunsten der Gesellschaft kann aufgrund des Gedankens der Konfusion nicht entstehen.[149] Der auf eigene Anteile entfallende Gewinn steht von vornherein originär den übrigen Gesellschaftern zu und erhöht deren eigenen Gewinnanspruch.[150] Wird der Gewinnverwendungsbeschluss gemäß § 29 erst nach dem Erwerb des betreffenden Geschäftsanteils durch die Gesellschaft gefasst, steht dem veräußernden Gesellschafter kein Anspruch gegen die Gesellschaft auf den während seiner Zugehörigkeit zur Gesellschaft entfallenden Gewinn aus § 101 Nr. 2, 2 Hs. BGB zu.[151] Ist der zurückerworbene Geschäftsanteil mit einem Gewinnvorzug ausgestattet, fällt der auf den zurückerworbenen Geschäftsanteil entfallende Gewinn – vorbehaltlich einer anderen Auslegung des Gesellschaftsvertrags[152] – auch mit Blick auf den Vorzug unter die allgemeine Gewinnberechtigung sämtlicher übriger Gesellschafter.[153]

---

143 BGH, NJW 1995, 1027, 1028; *Hueck/Fastrich*, in: Baumbach/Hueck, GmbHG, § 33 Rn. 23.

144 *Hueck/Fastrich*, in: Baumbach/Hueck, GmbHG, § 33 Rn. 23.

145 Vgl. RGZ 103, 64, 66; BGH, NJW 1995, 1027, 1028; *Hueck/Fastrich*, in: Baumbach/Hueck, GmbHG, § 33 Rn. 24;
Löwisch, in: MünchKommGmbHG, § 33 Rn. 72; *Sosnitza*, in: Michalski, GmbHG, § 33 Rn. 62.

146 *Hueck/Fastrich*, in: Baumbach/Hueck, GmbHG, § 33 Rn. 24; *Hohner/Paura*, in: Ulmer/Habersack/Winter, GmbHG, § 33 Rn. 82.

147 *Hueck/Fastrich*, in: Baumbach/Hueck, GmbHG, § 33 Rn. 24; *Sosnitza*, in: Michalski, GmbHG, § 33 Rn. 62.

148 *Sosnitza*, in: Michalski, GmbHG, § 33 Rn. 62.

149 *Hueck/Fastrich*, in: Baumbach/Hueck, GmbHG, § 33 Rn. 25; *Sosnitza*, in: Michalski, GmbHG, § 33 Rn. 56.

150 Vgl. BGH, NJW 1995, 1027, 1028; *Sosnitza*, in: Michalski, GmbHG, § 33 Rn. 56.

151 BGH, NJW 1995, 1027, 1028; *Sosnitza*, in: Michalski, GmbHG, § 33 Rn. 56.

152 Anders wohl *Sosnitza*, in: Michalski, GmbHG, § 33 Rn. 58; vgl. auch *Geißler*, GmbHR 2008, 1018, 1022: Ausgestaltung des Vorzugs unerheblich.

153 Vgl. *Sosnitza*, in: Michalski, GmbHG, § 33 Rn. 58; *H.P. Westermann*, in: Scholz, GmbHG, § 33 Rn. 34.

37 Die Gesellschaft kann weder dingliche Rechte (z.B. Nießbrauch, Pfandrecht) an ihren eigenen Anteilen bestellen, noch Gewinnansprüche an Dritte abtreten.[154] Vor dem Erwerb an dem entsprechenden Geschäftsanteil zugunsten Dritter bestellte dingliche Rechte oder eine von dem veräußernden Gesellschafter vorgenommene Vorausabtretung von Gewinnansprüchen bleiben vorbehaltlich eines lastenfreien Erwerbs durch den Rückerwerb unberührt.[155] Aufgrund des Ruhens der Rechte und Pflichten aus dem Geschäftsanteil sind die übrigen Gesellschafter allerdings nicht verpflichtet, auf die Berechtigungen Dritter insbesondere im Rahmen der Gewinnverteilung Rücksicht zu nehmen; dies gilt auch bei dinglichen Belastungen.[156] Ein eventueller Liquidationserlös ist wie der Gewinn unter den übrigen Gesellschaftern zu verteilen.[157]

38 Bereits fällige, konkrete Zahlungsansprüche wie z.B. Gewinnansprüche bleiben von dem Rückerwerb unberührt und erlöschen nicht, soweit solche Rechte bzw. Pflichten nicht an den Geschäftsanteil gebunden sind. Fällige Ansprüche aus Nebenleistungspflichten, insbesondere auch fällige Nachschusspflichten, gehen ebenso wie rückständige Einlagepflichten des veräußernden Gesellschafters (Abs. 3) infolge von Konfusion unter.[158] Der veräußernde Gesellschafter, nicht aber die Gesellschaft selbst, kann nach § 16 Abs. 2 weiter haften, wobei dem veräußernden Gesellschafter kein Ausgleichsanspruch gegenüber der Gesellschaft gemäß § 425 Abs. 2 BGB zustehen soll.[159] Die nach dem Verhältnis der Geschäftsanteile aufgeteilte Nachschusspflicht bleibt unverändert, während sich die Ausfallhaftung nach §§ 24, 31 Abs. 3 auf die übrigen Gesellschafter verteilt.[160]

39 Im Falle der Kapitalerhöhung gegen Einlagen steht der Gesellschaft aus eigenen Anteilen kein Bezugsrecht zu.[161] Hingegen nehmen eigene Anteile an einer nominellen Kapitalerhöhung aus Gesellschaftsmitteln teil (§ 57l Abs. 1).

40 Die Gesellschaft kann eigene Anteile jederzeit weiter veräußern. Unterschiedlich beurteilt wird, ob dies in die alleinige Vertretungskompetenz der Geschäftsführer

---

154 *Hueck/Fastrich*, in: Baumbach/Hueck, GmbHG, § 33 Rn. 25.

155 *Hueck/Fastrich*, in: Baumbach/Hueck, GmbHG, § 33 Rn. 25; *Sosnitza*, in: Michalski, GmbHG, § 33 Rn. 57; *H.P. Westermann*, in: Scholz, GmbHG, § 33 Rn. 33; a.A. *Hohner/Paura*, in: Ulmer/Habersack/Winter, GmbHG, § 33 Rn. 76: Vorausabtretung zukünftiger Gewinnansprüche vor Rückerwerb eigener Anteile für die Zeit nach Rückerwerb ohne Wirkung, da Gewinnbezugsrecht ruhe.

156 *Hueck/Fastrich*, in: Baumbach/Hueck, GmbHG, § 33 Rn. 25.

157 *Sosnitza*, in: Michalski, GmbHG, § 33 Rn. 60.

158 *Hueck/Fastrich*, in: Baumbach/Hueck, GmbHG, § 33 Rn. 27; *Sosnitza*, in: Michalski, GmbHG, § 33 Rn. 61.

159 *Sosnitza*, in: Michalski, GmbHG, § 33 Rn. 61; *H.P. Westermann*, in: Scholz, GmbHG, § 33 Rn. 36.

160 *Hueck/Fastrich*, in: Baumbach/Hueck, GmbHG, § 33 Rn. 27; *Sosnitza*, in: Michalski, GmbHG, § 33 Rn. 61.

161 *Hueck/Fastrich*, in: Baumbach/Hueck, GmbHG, § 33 Rn. 26; Lutter, in: Lutter/Hommelhoff, GmbHG, § 33 Rn. 39; a.A. *H.P. Westermann*, in: Scholz, GmbHG, § 33 Rn. 35.

fällt[162] oder ob (auch im Außenverhältnis) ein Gesellschafterbeschlusses mit einfacher Mehrheit[163], oder mit qualifizierter Mehrheit[164] erforderlich ist. Hier sollten dieselben Grundsätze gelten wie beim vorgängigen Rückerwerb (Rdn. 22). Mit dem sich im Übrigen nach allgemeinen Regeln richtenden Erwerb durch den Dritten leben sämtliche Rechte und Pflichten wieder auf.[165] Eine Haftung des Erwerbers gemäß § 16 Abs. 2 kommt wegen der vorherigen Konfusion nicht in Betracht.[166] Etwas anderes gilt, wenn der Neuerwerber gutgläubig direkt vom ursprünglich veräußernden Gesellschafter erwirbt.[167]

H. Handelsbilanzielle und steuerliche Behandlung

41 Für den bilanziellen Ausweis eigener Anteile gilt seit BilMoG gemäß § 272 Abs. 1a HGB durchweg die Nettomethode. Ihr Nennbetrag ist offen von dem gezeichneten Kapital abzusetzen mit der Folge einer Bilanzverkürzung. Entsprechend erfolgt weder eine Aktivierung der eigenen Geschäftsanteile noch die Bildung einer korrespondierenden Rücklage. Die bilanzielle Absetzung vom gezeichneten Kapital bedeutet allerdings keine Kapitalherabsetzung.[168] Ein Unterschiedsbetrag zwischen dem Nennbetrag und den Anschaffungskosten der eigenen Anteile ist mit frei verfügbaren Rücklagen zu verrechnen. Aufwendungen, die Anschaffungsnebenkosten sind, sind Aufwand des Geschäftsjahres. Die bilanzielle Abwicklung nach Veräußerung eigener Anteile durch die Gesellschaft ist in § 272 Abs. 1b HGB, diejenige von Anteilen an einem herrschenden oder mit Mehrheit beteiligten Unternehmen in § 272 Abs. 3 HGB geregelt. Bis zur Geltung des neuen bilanziellen Ausweises[169] bleibt es grundsätzlich bei der Bruttomethode, auch wenn die Änderungen des § 33 bereits seit dem 29.5.2009 gelten.[170]

162 So *Sosnitza*, in: Michalski, GmbHG, § 33 Rn. 67, allerdings unter Statuierung einer Informationspflicht der Geschäftsführer gegenüber den Gesellschaftern zwecks Ermöglichung der Herbeiführung eines Gesellschafterbeschlusses durch die Gesellschafter.

163 *Hueck/Fastrich*, in: Baumbach/Hueck, GmbHG, § 33 Rn. 28.

164 *H.P. Westermann*, in: Scholz, GmbHG, § 33 Rn. 38.

165 *Hueck/Fastrich*, in: Baumbach/Hueck, GmbHG, § 33 Rn. 28.

166 *Hueck/Fastrich*, in: Baumbach/Hueck, GmbHG, § 33 Rn. 28; a.A. *Sosnitza*, in: Michalski, GmbHG, § 33 Rn. 70.

167 *Hueck/Fastrich*, in: Baumbach/Hueck, GmbHG, § 33 Rn. 28.

168 Vgl. *Lutter*, in: Lutter/Hommelhoff, GmbHG, § 33 Rn. 26 und 28; unklar insoweit *Rodewald/Pohl*, GmbHR 2009, 32, 35; vgl. auch *Kropff*, ZIP 2009, 1137, 1143 f.

169 Art. 66 Abs. 3 EGHGB: Erstmals für Jahres- und Konzernabschlüsse, die das nach dem 31. Dezember 2009 beginnende Geschäftsjahr betreffen.

170 *Hueck/Fastrich*, in: Baumbach/Hueck, GmbHG, § 33 Rn. 10.

42 Die steuerliche Behandlung des Rückerwerbs eigener Anteile ist nicht abschließend geklärt.[171] Insoweit ergeben sich neue Auswirkungen auch durch die entsprechenden Änderungen des BilMoG.[172]

§ 34 Einziehung von Geschäftsanteilen

(1) Die Einziehung (Amortisation) von Geschäftsanteilen darf nur erfolgen, soweit sie im Gesellschaftsvertrag zugelassen ist.

(2) Ohne die Zustimmung des Anteilsberechtigten findet die Einziehung nur statt, wenn die Voraussetzungen derselben vor dem Zeitpunkt, in welchem der Berechtigte den Geschäftsanteil erworben hat, im Gesellschaftsvertrag festgesetzt waren.

(3) Die Bestimmung in § 30 Abs. 1 bleibt unberührt.

Übersicht **Rdn.**

171 Vgl. BMF-Schreiben BMF v. 10.8.2010 – IV C 2-S 2742/07/10009 – DOK 2010/0573786, BStBl. I 2010, 659, mit dem das BMF-Schreiben BMF v. 2.12.1998 – IV C 6 – S 2741 – 12/98, BStBl. I 1998, 1509 aufgehoben wurde.

172 Siehe zur bilanziellen und steuerlichen Behandlung nach BilMoG *Hüttemann*, in: FS Herzig, 2010, S. 595 sowie speziell mit Blick auf Mitarbeiterbeteiligungsmodelle *Ditz/Tcherveniachki*, Ubg 2010, 875.

Schrifttum

Balz, Die Beendigung der Mitgliedschaft in der GmbH. Eine empirische und dogmatische Untersuchung zur Ausschließung und zum Austritt von Gesellschaftern, 1984, S. 142ff; *Bischoff*, Zur pfändungs- und konkursbedingten Einziehung von Geschäftsanteilen, GmbHR 1984, 61; *Braun*, Einziehung von GmbH-Geschäftsanteilen nach MoMiG, GmbHR 2010, 82; *Casper/Altgen*, Gesellschaftsvertragliche Abfindungsklauseln – Auswirkungen der Erbschaftsteuerreform, DStR 2008, 2319; *Drinkuth*, Hinauskündigungsregeln unter dem Damoklesschwert der Rechtsprechung, NJW 2006, 410; *Fichtner*, Austritt und Kündigung bei der GmbH, BB 1967, 17; *Gehrlein*, Ausschluss und Abfindung von GmbH-Gesellschaftern, 1997; *Gehrlein*, Neue Tendenzen zum Verbot der freien Hinauskündigung eines Gesellschafters, NJW 2005, 1969; *Gehrlein*, Zum Gewinnbezugsrecht eines GmbH-Geschäftsführers nach Einziehung seines Geschäftsanteils, DB 1998, 2355; *Gehrlein*, Die Einziehung von GmbH-Geschäftsanteilen als Mittel zum

Ausschluß eines Gesellschafters, ZIP 1996, 1157; *Gehrlein*, Anmerkung zu: Anforderung an Ausschließung eines GmbH-Gesellschafters und Einziehung seines Geschäftsanteils, DB 1999, 2255; *Goette*, Zum Zeitpunkt des Wirksamwerdens des Zwangseinziehungsbeschlusses, FS Lutter, 2000, S. 399; *Goette*, GmbH-Errichtung im Wege offener Vorratsgründung und Erfüllung der Einlageschuld, DStR 2005, 800; *Goette*, Kaduzierung und Einziehung eines Gesellschaftsanteils, DStR 1997, 1257; *Goette*, Zeitpunkt des Wirksamwerdens des Einziehungsbeschlusses, DStR 1997, 1336; *Goette*, GmbH: Ausschließung durch Einziehung des Geschäftsanteils, DStR 1993, 1032; *Goette*, Zwangseinziehung wegen Wettbewerbsverstoßes, DStR 1993, 1266; *Grunewald*, Probleme bei der Aufbringung der Abfindung für ausgetretene GmbH-Gesellschafter, GmbHR 1991, 185; *Habersack*, Die unentgeltliche Einziehung des Geschäftsanteils beim Tod des GmbH-Gesellschafters, ZIP 1990, 625; *Habersack/Verse*, Rechtsfragen der Mitarbeiterbeteiligung im Spiegel der neuen Rechtsprechung, ZGR 2005, 451; *Haberstroth*, Nichtigkeit des Beschlusses zur Einziehung von Geschäftsanteilen wegen Verstoßes gegen § 5 III 2 GmbHG, NZG 2010, 1094; *Heckschen*, Einziehung, Zwangsabtretung und Ausschluss in der Insolvenz eines GmbH-Gesellschafters, NZG 2010, 521; *Heuer*, Der GmbH-Anteil in der Zwangsvollstreckung, ZIP 1998, 405; *Hueck*, Die Bedeutung der Zwangsamortisation von Geschäftsanteilen für die Sicherung einer Finanzierungs-GmbH, DB 1957, 37; *Käppler*, Die Steuerung der Gesellschaftererbfolge in der Satzung einer GmbH, ZGR 1978, 542; *Kirchner*, Klagebefugnis des GmbH-Gesellschafters, GmbHR 1961, 160; *Leitzen*, Abfindungsklauseln bei Personengesellschaften und GmbHs – Aktuelle Entwicklungen und Auswirkungen der Erbschaftsteuerreform, RNotZ 2009, 315; *Lorenz*, Zivilprozessuale Probleme der Zwangseinziehung von GmbH–Anteilen, DStR 1996, 1774; *Löwe/Thoß*, Austritt und Ausschluss eines Gesellschafters aus der GmbH sowie Einziehung seines Geschäftsanteils – Wirksamkeit und Wirkungen, NZG 2003, 1005; *Lutter*, Fehler schaffen neue Fehler – Gegen die Divergenztheorie bei § 5 Abs. 3 und § 34 GmbHG, GmbHR 2010, 1177; *Lutter*, Ausschluß von Gesellschaftern, Einziehung von Geschäftsanteilen und gesellschafterliche Treuepflicht, GmbHR 1997, 1134; *Martinius/Stubert*, Venture-Capital-Verträge und das Verbot der Hinauskündigung, BB 2006, 1977; *Meyer*, Die Einziehung von GmbH-Anteilen im Lichte des MoMiG, NZG 2009, 1201; *Müller*, Folgen der Einziehung eines GmbH-Geschäftsanteils, DB 1999, 2045; *Mülsch/Pütz*, Optionen auf Beteiligungen an Personenhandelsgesellschaften und GmbH, ZIP 2004, 1987; *Nasall*, Fort und Hinaus – Zur Zulässigkeit von Hinauskündigungsklauseln in Gesellschaftsverträgen von Personengesellschaften und Satzungen von GmbH, NZG 2008, 851; *Niemeier*, Rechtsschutz und Bestandsschutz bei fehlerhafter Einziehung von GmbH-Anteilen, ZGR 1990, 314; *Nolting*, Disquotale Aufstockung der Nennbeträge von GmbH-Geschäftsanteilen bei der Einziehung, ZIP 2011, 1292; *Paulick*, Die Einziehungsklausel in der Satzung der GmbH, GmbHR 1978, 121; *Peetz*, Voraussetzungen und Folgen der Einziehung von GmbH-Geschäftsanteilen, GmbHR 2000, 749; *Pleyer*, Einziehung von GmbH-Anteilen durch Satzungsbestimmung, GmbHR 1960, 124; *Priester*, Anteilsnennwert und Anteilsneubildung nach Einziehung von Geschäftsanteilen, FS Kellermann, 1991, S. 337; *Salje*, (BGH) Kein Gewinnanspruch für das vor der Einziehung des GmbH-Anteils liegende Geschäftsjahr bei vor Feststellung des Jahresabschlusses erfolgter Kaduzierung, NZG 1998, 985; *K.Schmidt*, Anmerkung zu BGH, Urt. v. 1.6.1987, Az. II ZR 128/86, JZ 1987, 1083; *Schmitz*, Der unerreichbare GmbH-Gesellschafter, GmbHR 1971, 226; *Schröder*, Der GmbHR-Kommentar zu: Gesellschaftsanteil: Rückübertragung einer Mitarbeiterbeteiligung bei Ausscheiden aus dem Arbeitsverhältnis mit der GmbH und Abfindungsregelung, GmbHR 2003, 1430; *Sieger/Mertens*, Die Rechtsfolgen der Einziehung von Geschäftsanteilen einer GmbH, ZIP 1996, 1493; *Sigle*, Gedanken zur Wirksamkeit von Abfindungsklauseln in Gesellschaftsverträgen, ZGR 1999, 659; *Sosnitza*, Manager- und Mitarbeitermodelle im Recht der GmbH – Zur aktuellen Rechtsprechung im Zusammenhang mit Hinauskündigungsklauseln, DStR 2006, 99; *Ulmer*, Die Einziehung von GmbH-Anteilen – ein Opfer der MoMiG-Reform?,

DB 2010, 321; *van Venrooy*, Einziehung im Gesellschafter-Konkurs und Treuepflicht, GmbHR 1995, 339; *Verse*, Inhaltskontrolle von »Hinauskündigungsklauseln«, DStR 2007, 1822; *Vollmer*, Mehrheitskompetenzen und Minderheitenschutz bei der Gewinnverwendung nach künftigen GmbH-Recht, DB 1983, 93; *v. Stetten*, Die Ausschließung von Mehrheitsgesellschaftern durch Minderheitsgesellschafter, GmbHR 1982, 105; *Wanner-Laufer*, Die Zwangseinziehung von Geschäftsanteilen nach § 34 GmbHG, Veränderungen durch die Reform des GmbH-Rechts, NJW 2010, 1499; *Wehrstedt/Füssenich*, Die Einziehung von GmbH-Geschäftsanteilen – Alternativen und Gestaltungsvorschlag, GmbHR 2006, 698; *Wolf*, Abberufung und Ausschluss in der Zweimann-GmbH, ZGR 1998, 9.

A. Allgemeines

I. Überblick

1 § 34, dessen Wortlaut seit 1892 gilt[1], regelt neben § 46 Nr. 4, 3. Alt. (Gesellschafterbeschluss) eher einzelne formale Aspekte der Einziehung von Geschäftsanteilen und setzt ihre Zulässigkeit voraus. Einziehung bedeutet die Vernichtung eines Geschäftsanteils ohne Beendigung der Gesellschaft und ohne automatische Herabsetzung des Stammkapitals (Rdn. 46).

2 Nach Abs. 1 muss die Einziehung als solche im Gesellschaftsvertrag zugelassen sein. Abs. 2 differenziert zwischen der (freiwilligen) Einziehung mit Zustimmung des Anteilsberechtigten und der (zwangsweisen) Einziehung ohne Zustimmung. Für die zwangsweise Einziehung verlangt Abs. 2, dass ihre Voraussetzungen im Gesellschaftsvertrag festgesetzt sind und zwar bereits vor dem Zeitpunkt des Erwerbs des betroffenen Geschäftsanteils durch den Berechtigten. Nach Abs. 3 gilt § 30 Abs. 1 auch für ein von der Gesellschaft zu zahlendes Einziehungsentgelt (Abfindung), das deshalb nicht aus dem zur Deckung des Stammkapitals erforderlichen Vermögens gezahlt werden darf.

3 Gegenstand der Einziehung sind der konkrete Geschäftsanteil und die damit verbundenen Rechte und Pflichten. Die Gesellschafterstellung als solche ist nur betroffen, wenn der einzige Geschäftsanteil oder alle Geschäftsanteile eines Gesellschafters eingezogen werden.[2] Ausschluss und Austritt sind demgegenüber personenbezogen. Ausschluss und Austritt können aber mit der Einziehung verbunden werden und gegebenenfalls auch ihrer Umsetzung dienen.[3]

4 Im Unterschied zur Einziehung von Geschäftsanteilen ist die Einziehung von Aktien gemäß §§ 237 ff. AktG als besondere Form der Kapitalherabsetzung geregelt und deshalb immer mit dieser verbunden.[4] Das Personengesellschaftsrecht kennt kein

1 Dazu und zu den historischen Vorläufern siehe *Strohn*, in: MünchKommGmbHG, § 34 Rn. 1.

2 Vgl. *Strohn*, in: MünchKommGmbHG, § 34 Rn. 117.

3 *Strohn*, in: MünchKommGmbHG, § 34 Rn. 4; *H.P. Westermann*, in: Scholz, GmbHG, Anh. § 34 Rn. 16.

4 *Hüffer*, AktG, § 237 Rn. 1.

unmittelbar vergleichbares Institut, da die Einziehung als Mittel zur Vernichtung eines Gesellschaftsanteils durch das feste Garantiekapital bedingt und damit ein Phänomen des Kapitalgesellschaftsrechts ist.[5] Der Austritt eines Gesellschafters aus der Personengesellschaft führt gemäß § 738 Abs. 1 Satz 1 BGB zur Anwachsung bei den Mitgesellschaftern.

II. Dogmatik, Normzweck

5 Die Einziehung wird wegen ihrer Vernichtungswirkung und Umsetzung über eine Mitteilung als einseitige[6] mehraktige Verfügung[7] gesehen. Auch die Zustimmung selbst soll Verfügungscharakter haben und unbeschränkte Verfügungsbefugnis erfordern.[8] *Causa* der Einziehung ist bei der freiwilligen Einziehung neben der die Einziehung zulassenden Satzungsklausel die zumindest konkludente Abrede im Zusammenhang mit Gesellschafterbeschluss und Zustimmung.[9] Im Fall der Zwangseinziehung ist Rechtsgrund allein die Satzungsklausel, die nach Abs. 2 neben der Zulassung der Einziehung ihre einzelnen Voraussetzungen bestimmen muss.[10] Bei fehlender *causa* und dennoch wirksam erfolgter Einziehung[11] kommt ein Anspruch des betroffenen Anteilsberechtigten gegen die Gesellschaft aus §§ 812, 818 Abs. 2 BGB in Betracht.[12]

6 Es ist zwischen dem Normzweck des § 34 und dem Zweck der Einziehung zu unterscheiden. Zweck der Einziehung ist die Vernichtung des Gesellschaftsanteils; danach bestimmt sich der praktische Anwendungsbereich.[13] § 34 zielt auf einen Schutz sowohl der Mitgesellschafter als auch des betroffenen Anteilsberechtigten. Bei der freiwilligen Einziehung ist der Anteilsinhaber bereits durch das Zustimmungserfordernis geschützt, sodass Abs. 1 auch auf den Schutz der (Mit-)Gesellschafter vor einer

---

5 *Strohn*, in: MünchKommGmbHG, § 34 Rn. 2.

6 *Ulmer*, in: Ulmer/Habersack/Winter, GmbHG, § 34 Rn. 54.

7 OLG Düsseldorf, NJW-RR 1996, 607, 611; *Strohn*, in: MünchKommGmbHG, § 34 Rn. 5; *Altmeppen*, in: Roth/Altmeppen, GmbHG, § 34 Rn. 56; *H.P. Westermann*, in: Scholz, GmbHG, § 34 Rn. 6.

8 *Strohn*, in: MünchKommGmbHG, § 34 Rn. 5

9 Wohl ebenso *Altmeppen*, in: Roth/Altmeppen, GmbHG, § 34 Rn. 56; anders *Strohn*, in: MünchKommGmbHG, § 34 Rn. 6; *Sosnitza*, in: Michalski, GmbHG, § 34 Rn. 4: nur konkludente Abrede.

10 *Strohn*, in: MünchKommGmbHG, § 34 Rn. 6; *Sosnitza*, in: Michalski, GmbHG, § 34 Rn. 4.

11 Siehe dazu *Strohn*, in: MünchKommGmbHG, § 34 Rn. 6; *Altmeppen*, in: Roth/Altmeppen, GmbHG, § 34 Rn. 56.

12 Dazu *Strohn*, in: MünchKommGmbHG, § 34 Rn. 6.

13 Siehe dazu ausführlich *Ulmer*, in: Ulmer/Habersack/Winter, GmbHG, § 34 Rn. 12. Zu nennen ist insbesondere die Reaktionsmöglichkeit auf das Eindringen Fremder in den Gesellschafterkreis. Vgl. auch *Heckschen*, NZG 2010, 521, 521: Da Vinkulierungsklauseln nicht insolvenzfest sind, sind insoweit Einziehungsklauseln entscheidend.

Einziehung aufgrund bloßer Mehrheitsentscheidung zielt.[14] Die Einziehung kann für Mitgesellschafter insbesondere mit Blick auf die Beteiligungs- und Stimmrechtsverhältnisse oder die Ausfallhaftung gemäß §§ 24, 31 Abs. 3 nachteilig sein. Zudem führt die Einziehung über die Abfindung in der Regel zu einem Kapitalabfluss. Hinsichtlich der Zwangseinziehung zielt Abs. 1 auch auf den Schutz des Anteilsberechtigten und hat daher einen doppelten Schutzzweck. Bei der Zwangseinziehung verstärkt Abs. 2 den durch Abs. 1 vermittelten Schutz des betroffenen Anteilsberechtigten.[15] Möglichkeit und Reichweite der Einziehung werden vorhersehbar und einschätzbar.[16] Abs. 3 zielt auf den Gläubigerschutz durch Schutz der Haftungsmasse vor Auskehrung an den Gesellschafter über den Weg der Abfindung.[17]

III. Anwendungsbereich, Abdingbarkeit

7 Neben der Einziehung von Geschäftsanteilen einer werbenden Gesellschaft findet § 34 auch im Liquidationsstadium Anwendung.[18] Im Gründungsstadium dagegen scheidet die Einziehung mangels Bestehens von Geschäftsanteilen aus.[19] Hier kommt aber ein Ausschluss in Betracht, da dieser personenbezogen ist.[20] Wegen des Verbots der Befreiung der Gesellschafter von Einlageverpflichtungen (§ 19 Abs. 2 Satz 1) unterliegen nicht voll eingezahlte Geschäftsanteile nicht der Einziehung.[21]

8 Die Vorschriften des § 34 selbst sind zwingendes Recht und nicht abdingbar.[22] Im Übrigen können die Gesellschafter die Einziehung in der Satzung insbesondere auch mit Blick auf die Zuständigkeit, das Verfahren (Rdn. 36) oder die Einziehungswirkungen (Rdn. 63 ff.) grundsätzlich frei ausgestalten. Das betrifft in gewissen Grenzen auch die Modalitäten und die Höhe der Abfindung (Rdn. 76).

---

14 *Sosnitza*, in: Michalski, GmbHG, § 34 Rn. 6; *Ulmer*, in: Ulmer/Habersack/Winter, GmbHG, § 34 Rn. 3.

15 Vgl. auch *Ulmer*, in: Ulmer/Habersack/Winter, GmbHG, § 34 Rn. 32.

16 BGH, NJW 1977, 2316, 2316; *Ulmer*, in: Ulmer/Habersack/Winter, GmbHG, § 34 Rn. 3; *Sosnitza*, in: Michalski, GmbHG, § 34 Rn. 6.

17 *Sosnitza*, in: Michalski, GmbHG, § 34 Rn. 6.

18 RGZ 125, 114, 120; BGH, NJW 1953, 780, 784; *Hueck/Fastrich*, in: Baumbach/Hueck, GmbHG, § 34 Rn. 18; *Ulmer*, in: Ulmer/Habersack/Winter, GmbHG, § 34 Rn. 6.

19 *Hueck/Fastrich*, in: Baumbach/Hueck, GmbHG, § 34 Rn. 18; *Ulmer*, in: Ulmer/Habersack/Winter, GmbHG, § 34 Rn. 6.

20 *Hueck/Fastrich*, in: Baumbach/Hueck, GmbHG, § 34 Rn. 18.

21 *Ulmer*, in: Ulmer/Habersack/Winter, GmbHG, § 34 Rn. 1.

22 *Ulmer*, in: Ulmer/Habersack/Winter, GmbHG, § 34 Rn. 7.

B. Zulassung im Gesellschaftsvertrag (Abs. 1)

I. Geltung und Verstoßfolge

9 Die Zulassung der Einziehung im Gesellschaftsvertrag ist für die Einziehung mit und ohne Zustimmung gleichermaßen erforderlich.[23] Selbst ein einstimmig gefasster Einziehungsbeschluss ist grundsätzlich[24] nicht ausreichend.[25] Dies gilt nach h.L. auch für die Einziehung eigener Anteile.[26] Für die Gegenansicht, die vorbehaltlich einer gesellschaftsvertraglichen Einschränkung der Einziehung eigener Anteile die Voraussetzungen des § 33 ausreichen lässt[27], lässt sich zwar anführen, dass die Einziehung insoweit keine weitergehenden Auswirkungen mehr auf die Beteiligungsverhältnisse hat, als die Rechte aus eigenen Anteilen ohnehin ruhen.[28] Wegen des Wortlauts und der mit der Einziehung verbundenen Verewigung dieses Zustands ist aber der h.L. zu folgen.[29] Ohne Satzungsgrundlage ist die Einziehung ausnahmsweise im Anschluss an die Rechtskraft eines Ausschlussurteils oder eine wirksame Ausschließung durch Gesellschafterbeschluss zwecks Umsetzung der Ausschließung bzw. Verwertung der Geschäftsanteile des betroffenen Gesellschafters zulässig.[30]

10 Fehlt die erforderliche gesellschaftsvertragliche Zulassung, ist der Einziehungsbeschluss nach BGH und h.L. analog § 241 Nr. 3 AktG nichtig.[31] Vorzugswürdig erscheint die zunehmend vertretene Ansicht, die diese Rechtsfolge auf den Fall der Zwangseinziehung beschränkt und im Falle der Einziehung mit Zustimmung bloße Anfechtbarkeit annimmt.[32]

---

23 *Strohn*, in: MünchKommGmbHG, § 34 Rn. 8; *H.P. Westermann*, in: Scholz, GmbHG, § 34 Rn. 7; *Lutter*, in Lutter/Hommelhoff, GmbHG, § 34 Rn. 13; *Altmeppen*, in: Roth/Altmeppen, GmbHG, § 34 Rn. 6; *Hueck/Fastrich*, in: Baumbach/Hueck, GmbHG, § 34 Rn. 3; *Sosnitza*, in: Michalski, GmbHG, § 34 Rn. 8; *Ulmer*, in: Ulmer/Habersack/Winter, GmbHG, § 34 Rn. 14 u. 32.

24 Siehe zur Frage der Rechtsfolge des Fehlens einer Satzungsgrundlage Rdn. 10.

25 *Strohn*, in: MünchKommGmbHG, § 34 Rn. 13.

26 *Ulmer*, in: Ulmer/Habersack/Winter, GmbHG, § 34 Rn. 27; *Hueck/Fastrich*, in: Baumbach/Hueck, GmbHG, § 34 Rn. 13; *Altmeppen*, in: Roth/Altmeppen, GmbHG, § 34 Rn. 6; *Rowedder/Bergmann*, in: Rowedder/Schmidt-Leithoff, GmbHG, § 34 Rn. 9.

27 *Strohn*, in: MünchKommGmbHG, § 34 Rn. 9; wohl auch *H.P. Westermann*, in: Scholz, GmbHG, § 34 Rn. 39.

28 So kritisch auch *Altmeppen*, in: Roth/Altmeppen, GmbHG, § 34 Rn. 6.

29 Ebenso *Ulmer*, in: Ulmer/Habersack/Winter, GmbHG, § 34 Rn. 27.

30 BGH, NJW 1977, 2316, 2316; *Hueck/Fastrich*, in: Baumbach/Hueck, GmbHG, § 34 Rn. 1 u. Anh. § 34 Rn. 10.

31 BGH, NJW 1953, 780, 783; BGH, NJW 1999, 3779f.; *Hueck/Fastrich*, in: Baumbach/Hueck, GmbHG, § 34 Rn. 15; *H.P. Westermann*, in: Scholz, GmbHG, § 34 Rn. 48; *Lutter*, in: Lutter/Hommelhoff, GmbHG, § 34 Rn. 51; *Altmeppen*, in: Roth/Altmeppen, GmbHG, § 34 Rn. 62; *K.Schmidt*, Gesellschaftsrecht, § 35 III 1b (S. 1055); *Niemeier*, ZGR 1990, 314, 349; *Strohn*, in: MünchKommGmbHG, § 34 Rn. 12; a.A. (anfechtbar) *Ulmer*, in: Ulmer/Habersack/Winter, GmbHG, § 34 Rn. 47.

32 *Strohn*, in: MünchKommGmbHG, § 34 Rn. 12 u. 83; *Niemeier*, ZGR 1990, 314, 349; a.A. *Lorenz*, DStR 1996, 1774, 1777.

II. Inhaltliche Anforderungen und Auslegung

11 Abs. 1 wird bereits durch die bloße gesellschaftsvertragliche Klausel genügt, dass die Einziehung zulässig ist. Nähere Voraussetzungen muss der Gesellschaftsvertrag nicht regeln.[33] Wie sich aus Abs. 2 ergibt, ist dies nur für die Zwangseinziehung erforderlich, während im Übrigen die Zustimmung des betroffenen Anteilsberechtigten ausreicht.[34] Aus Abs. 1 (»*soweit*«) ergibt sich, dass die Zulassung der Einziehung auf einen Teil der bestehenden Geschäftsanteile beschränkt sein kann. Voraussetzung ist, dass die betreffenden Geschäftsanteile hinreichend bestimmt sind und bei der Einführung der Einziehungsklausel die allgemeinen Grenzen, insbesondere der Gleichbehandlungsgrundsatz beachtet werden.

12 Die Einziehung muss nicht ausdrücklich zugelassen sein. Dies kann auch die Auslegung des Gesellschaftsvertrags ergeben.[35] Dabei ist ein strenger Maßstab anzulegen[36], insbesondere bei der Einziehung mit Zustimmung, die keine weiteren gesellschaftsvertraglichen Regelungen erfordert. Bei der Zwangseinziehung werden die geregelten Voraussetzungen häufig einen entsprechenden Rückschluss zulassen. Knüpft die Auslegung an Ausscheidensregelungen an, sind die Unterschiede zu den verschiedenen Instituten zu berücksichtigen. So darf entgegen teilweise vertretener Ansicht[37] von einer Kündigungs- oder Austrittsmöglichkeit des Gesellschafters nicht ohne Weiteres auf die Zulassung der Einziehung mit Zustimmung geschlossen werden, da Kündigung und Austritt nicht zwingend zur Vernichtung des Geschäftsanteils führen.[38] Vielmehr muss die Auslegung die Einbeziehung dieser Folge ergeben. Entsprechend liegt in einer Ausschließungsklausel nicht automatisch auch eine Einziehungsklausel.[39] Ob in der gesellschaftsvertraglichen Zulassung einer Zwangseinziehung zugleich die Zulassung der Einziehung mit Zustimmung des Betroffenen liegt, ist ebenfalls im Wege der Auslegung zu ermitteln.[40] Dies soll nach verbreiteter Ansicht in der Regel nicht der Fall sein, da der Einziehungs-

33 *Strohn*, in: MünchKommGmbHG, § 34 Rn. 10; *H.P. Westermann*, in: Scholz, GmbHG, § 34 Rn. 7.

34 *Strohn*, in: MünchKommGmbHG, § 34 Rn. 10; *H.P. Westermann*, in: Scholz, GmbHG, § 34 Rn. 7.

35 *Hueck/Fastrich*, in: Baumbach/Hueck, GmbHG, § 34 Rn. 4; *H.P. Westermann*, in: Scholz, GmbHG, § 34 Rn. 7; *Strohn*, in: MünchKommGmbHG, § 34 Rn. 10; wohl auch *Rowedder/Bergmann*, in: Rowedder/Schmidt-Leithoff, GmbHG, § 34 Rn. 8.

36 *H.P. Westermann*, in: Scholz, GmbHG, § 34 Rn. 7; *Strohn*, in: MünchKommGmbHG, § 34 Rn. 10; vgl. auch BGH, WM 1976, 204, 205.

37 *Hueck/Fastrich*, in: Baumbach/Hueck, GmbHG, § 34 Rn. 4.

38 Vgl. auch *H.P. Westermann*, in: Scholz, GmbHG, § 34 Rn. 7; *Strohn*, in: MünchKommGmbHG, § 34 Rn. 10.

39 BayObLG, NZG 2004, 98, 99f. unter (nicht zweifelsfreier) Berufung auf BGH, DStR 2001, 1898, 1989 mit Anmerkung *Goette*; dazu auch *Hueck/Fastrich*, in: Baumbach/Hueck, GmbHG, § 34 Rn. 32; anders wohl *Strohn*, in: MünchKommGmbHG, § 34 Rn. 10.

40 So im Ergebnis auch *Strohn*, in: MünchKommGmbHG, § 34 Rn. 11; *H.P. Westermann*, in: Scholz, GmbHG, § 34 Rn. 8.

klausel inhaltlich grundsätzlich eine begrenzende Funktion zukomme.[41] Andere schließen im Zweifel im Wege eines *Erst-Recht*-Schlusses auf die Zulässigkeit der freiwilligen Einziehung.[42] Vermittelnd wird auch danach differenziert, ob die Einziehungsgründe abschließend aufgeführt sind oder nicht.[43] Diese Gesichtspunkte sind bei der Auslegung im Einzelfall zu berücksichtigen.

III. Nachträgliche Einführung und Satzungsänderung

13 Die Zulassung der Einziehung kann bereits in der Ursprungssatzung enthalten, sie kann aber auch nachträglich eingeführt werden.[44] In letzterem Fall ist streitig, ob die Satzungsänderung die Zustimmung aller Gesellschafter erfordert[45] oder ein Gesellschafterbeschluss mit qualifizierter Mehrheit ausreicht.[46] Für die Zwangseinziehung verlangte der BGH früher die Zustimmung aller Gesellschafter.[47] Für die freiwillige Einziehung liegt eine Entscheidung bislang nicht vor. In einer späteren Entscheidung hat der BGH die Anwendbarkeit des die Zustimmungspflicht bei Einführung von Leistungspflichten regelnden § 53 Abs. 3 dagegen ausdrücklich offen gelassen und für die Beurteilung der Gesamtunwirksamkeit einer nachträglichen Verschärfung der Voraussetzungen einer Zwangseinziehung eine zweistufige Überlegung angestellt: Zunächst könne eine Zwangseinziehungsklausel nur für diejenigen Gesellschafter gelten, die ihr zugestimmt haben. Haben ihr nicht alle Gesellschafter zugestimmt, ist zu fragen, ob sie nur für diejenigen gelten soll, die ihr zugestimmt haben.[48] Ist das – wie

41 *Hueck/Fastrich*, in: Baumbach/Hueck, GmbHG, § 34 Rn. 4: »Zwangseinziehungsregelung in der Regel nicht ausreichend«; *Ulmer*, in: Ulmer/Habersack/Winter, GmbHG, § 34 Rn. 15 für den Fall, dass die Satzung einige Einziehungsgründe aufführt.

42 *Gehrlein*, Rdn. 99 im Rahmen einer Auslegung im Einzelfall.

43 *H.P. Westermann*, in: Scholz, GmbHG, § 34 Rn. 8; *Sosnitza*, in: Michalski, GmbHG, § 34 Rn. 9.

44 BGH, NJW 1977, 2316, 2316.

45 So für Zwangseinziehung und freiwillige Einziehung BayObLG, GmbHR 1978, 269, 270; *Sosnitza*, in: Michalski, GmbHG, § 34 Rn. 11; *Paulick*, GmbHR 1978, 121, 123 f. (anders nur bei Umwandlung einer bereits möglichen freiwilligen Einziehung in eine Zwangseinziehung); *Lutter*, in: Lutter/Hommelhoff, GmbHG, § 34 Rn. 13 u. 23; *Rowedder/Bergmann*, in: Rowedder/Schmidt-Leithoff, GmbHG, § 34 Rn. 10; *Mülsch/Pütz*, ZIP 2004, 1987, 1991.

46 So für die freiwillige Einziehung *H.P. Westermann*, in: Scholz, GmbHG, § 34 Rn. 10 und Rn. 22; *Altmeppen*, in: Roth/Altmeppen, GmbHG, § 34 Rn. 8 f.; *Hueck/Fastrich*, in: Baumbach/Hueck, GmbHG, § 34 Rn. 5 u. 8; *Ulmer*, in: Ulmer/Habersack/Winter, GmbHG, § 34 Rn. 17 (freiwillige Einziehung) u. 34 (Zwangseinziehung). Gegen die Vergleichbarkeit mit der Kapitalerhöhung aufgrund wertender Betrachtung *Sosnitza*, in: Michalski, GmbHG, § 34 Rn. 11. Bei Zwangseinziehung mit beschränktem Anwendungsbreich nur die Zustimmung der betroffenen Gesellschafter verlangend *H.P. Westermann*, in: Scholz, GmbHG, § 34 Rn. 10; *Ulmer*, in: Ulmer/Habersack/Winter, GmbHG, § 34 Rn. 35.

47 BGH, NJW 1953, 780, 780 mit Verweis auf § 53 Abs. 3; BGH, NJW 1977, 2316, 2316.

48 BGH, NJW 1992, 892, 893 u. 895. *Strohn*, in: MünchKommGmbHG, § 34 Rn. 15; vgl. auch *Strohn*, in: MünchKommGmbHG, § 34 Rn. 15; *Ulmer*, in: Ulmer/Habersack/Winter, GmbHG, § 34 Rn. 37.

wohl in der Regel – nicht der Fall, ist die Änderung insgesamt unwirksam.[49] Aus dieser Begründung wird abgeleitet, dass der BGH für eine die freiwillige Einziehung zulassende Klausel eine qualifizierte Mehrheit ausreichen lassen würde, da maßgeblich darauf abgestellt werde, ob die Regelung jeweils gegenüber dem einzelnen Gesellschafter Geltung beansprucht, und die konkrete Einziehung der Zustimmung des Betroffenen bedarf.[50] Entsprechend bedarf dann auch die Einführung einer Zwangseinziehungsklausel über die qualifizierte Mehrheit hinaus nur der Zustimmung der von ihr betroffenen Gesellschafter.[51]

14 Führt eine später auf der Grundlage der gesellschaftsvertraglichen Einziehungsklausel gegebenenfalls erfolgende Einziehung zur unmittelbaren und originären Vermehrung gesellschaftsvertraglicher Nebenleistungspflichten gemäß § 3 Abs. 2[52] oder zu einer nicht bzw. nur auf einen Gesamtbetrag begrenzten Nachschusspflicht[53], ist die Zustimmung der betroffenen Gesellschafter gemäß § 53 Abs. 3 erforderlich. Dies gilt hingegen nicht für die gesetzliche Subsidiärhaftung nach §§ 24, 31 Abs. 3.[54] Zustimmung aller Gesellschafter ist erforderlich, wenn die Auslegung ergibt, dass es den Beteiligten gerade auf die konkrete Zusammensetzung des Gesellschafterkreises und der Anteilsverhältnisse ankommt und diese nur einstimmig geändert werden kann.[55] Die Zustimmung aller betroffenen Gesellschafter ist auch dann erforderlich, wenn die Einziehungsklausel nicht für die gegenwärtigen Gesellschafter, sondern nur für deren Rechtsnachfolger gelten soll.[56] Unabhängig von der Frage, ob eine solche Regelung angesichts der grundsätzlichen Bedingungsfeindlichkeit von Satzungsregelungen überhaupt möglich ist, wird damit nämlich die Veräußerbarkeit eingeschränkt.[57] Möglich ist dies hingegen für noch zu bildende Geschäftsanteile als Modalität einer Kapitalerhöhung.[58] Die nachträglich eingeführte Einziehungsklausel gilt im Rahmen ihres Anwendungsbereichs auch für später hinzukommende Gesellschafter.[59]

---

49 Vgl. BGH, NJW 1992, 892, 893 u. 895.

50 Ebenso *Strohn*, in: MünchKommGmbHG, § 34 Rn. 14.

51 *Hueck/Fastrich*, in: Baumbach/Hueck, GmbHG, § 34 Rn. 8; *Strohn*, in: MünchKommGmbHG, § 34 Rn. 15.

52 *Strohn*, in: MünchKommGmbHG, § 34 Rn. 16; *Ulmer*, in: Ulmer/Habersack/Winter, GmbHG, § 34 Rn. 18; *H.P. Westermann*, in: Scholz, GmbHG, § 34 Rn. 11.

53 *Strohn*, in: MünchKommGmbHG, § 34 Rn. 16.

54 Wie hier *Hueck/Fastrich*, in: Baumbach/Hueck, GmbHG, § 34 Rn. 5. Anders wohl *Lutter*, in: Lutter/Hommelhoff, GmbHG, § 34 Rn. 13 und *Sosnitza*, in: Michalski, GmbHG, § 34 Rn. 11.

55 *Strohn*, in: MünchKommGmbHG, § 34 Rn. 16; *Ulmer*, in: Ulmer/Habersack/Winter, GmbHG, § 34 Rn. 18; *H.P. Westermann*, in: Scholz, GmbHG, § 34 Rn. 11.

56 Ebenso *Ulmer*, in: Ulmer/Habersack/Winter, GmbHG, § 34 Rn. 36; *Hueck/Fastrich*, in: Baumbach/Hueck, GmbHG, § 34 Rn. 8; a.A. *Paulick*, GmbHR 1978, 121, 124.

57 *Hueck/Fastrich*, in: Baumbach/Hueck, GmbHG, § 34 Rn. 8.

58 *Strohn*, in: MünchKommGmbHG, § 34 Rn. 16; *Hueck/Fastrich*, in: Baumbach/Hueck, GmbHG, § 34 Rn. 8; *Altmeppen*, in: Roth/Altmeppen, GmbHG, § 34 Rn. 9.

59 BGH, NJW 1977, 2316, 2316; *Ulmer*, in: Ulmer/Habersack/Winter, GmbHG, § 34 Rn. 33.

15 Wird eine bestehende Regelung der Zwangseinziehung erweitert, bedarf die entsprechende Satzungsänderung der Zustimmung der davon betroffenen Gesellschafter.[60] Eine Erweiterung liegt vor, wenn sie erleichtert wird[61], indem bspw. neue Einziehungsgründe, die vorher nicht galten, eingeführt werden oder die ursprüngliche Abfindungshöhe verringert[62] wird. Die Einschränkung einer Zwangseinziehungsregelung bedarf der Zustimmung des Betroffenen, soweit sich aus dem Gesellschaftsvertrag für diesen ein Recht auf Einziehung als Sonderrecht gemäß § 35 BGB ergibt.

C. Voraussetzungen der freiwilligen Einziehung – Zustimmung

16 Neben einer die Einziehung zulassenden Regelung im Gesellschaftsvertrag setzt die freiwillige Einziehung die Zustimmung des Inhabers des einzuziehenden Geschäftsanteils voraus.[63] Sie kann gemäß §§ 183 ff. BGB bei der Fassung des Einziehungsbeschlusses, aber auch vorher oder danach sowie vor oder nach der Einziehungserklärung erteilt werden.[64] Sie ist empfangsbedürftige Willenserklärung. Adressat ist die Gesellschaft, grundsätzlich vertreten durch einen Geschäftsführer.[65] Auch die Erklärung gegenüber der Gesellschafterversammlung als zuständigem Beschlussorgan wird als ausreichend erachtet, was wohl nur im Falle der Zustimmungserklärung bei Fassung des Einziehungsbeschlusses praktisch relevant sein dürfte.[66] Für den Zeitpunkt des Endes der Widerruflichkeit (§ 183 BGB) kommt es auf die Einziehungserklärung seitens der Gesellschaft an. Die Widerruflichkeit kann aufgrund Rechtsgeschäfts zwischen dem betroffenen Gesellschafter und der Gesellschaft – auch konkludent – ausgeschlossen sein (§ 183 Satz 1, Halbs. 2 BGB). Zumindest gesellschaftsrechtlich setzt die bindende Einwilligung einen hinreichend konkretisierten Einziehungssachverhalt voraus, soweit eine »Zustimmung auf Vorrat« die Grenzen des Verbots der »freien Hinauskündigung» überschreitet.[67] Die Zustimmung kann formlos und konkludent,

60 BGH, NJW 1992, 892, 893; *Ulmer*, in: Ulmer/Habersack/Winter, GmbHG, § 34 Rn. 34; *Hueck/Fastrich*, in: Baumbach/Hueck, GmbHG, § 34 Rn. 8.

61 *Hueck/Fastrich*, in: Baumbach/Hueck, GmbHG, § 34 Rn. 8.

62 BGH, NJW 1992, 892, 893.

63 *Hueck/Fastrich*, in: Baumbach/Hueck, GmbHG, § 34 Rn. 6; *Sosnitza*, in: Michalski, GmbHG, § 34 Rn. 13; *Strohn*, in: MünchKommGmbHG, § 34 Rn. 37; *Lutter*, in Lutter/Hommelhoff, GmbHG, § 34 Rn. 17.

64 *Sosnitza*, in: Michalski, GmbHG, § 34 Rn. 13; *Strohn*, in: MünchKommGmbHG, § 34 Rn. 37.

65 *Sosnitza*, in: Michalski, GmbHG, § 34 Rn. 13; vgl. § 35 Abs. 2 Satz 3 GmbHG.

66 *Sosnitza*, in: Michalski, GmbHG, § 34 Rn. 13; *Hueck/Fastrich*, in: Baumbach/Hueck, GmbHG, § 34 Rn. 6; *Ulmer*, in: Ulmer/Habersack/Winter, GmbHG, § 34 Rn. 21; *Gehrlein*, ZIP 1996, 1157, 1158.

67 *Ulmer*, in: Ulmer/Habersack/Winter, GmbHG, § 34 Rn. 22; *Strohn*, in: MünchKommGmbHG, § 34 Rn. 38 sieht darin im Ergebnis den Verzicht auf eine Zustimmung und wendet die Regeln der Zwangseinziehung an, was im Ergebnis auf dasselbe hinauslaufen dürfte, da es dann um die Auslotung der Grenzen der Zwangseinziehung mit Blick auf das Erfordernis des wichtigen Grundes geht.

z.B. durch die affirmative Stimmabgabe im Rahmen des Einziehungsbeschlusses durch den betroffenen Gesellschafter abgegeben werden.[68]

D. Voraussetzungen der Zwangseinziehung (Abs. 2)

I. Gegenstand des Festsetzungserfordernisses

17 Unter den Voraussetzungen der Zwangseinziehung, die nach Abs. 2 festgesetzt sein müssen, sind nur die sachlichen Voraussetzungen, also der jeweilige konkrete sachliche Grund, auf den eine konkrete Einziehungsmaßnahme gestützt werden kann, zu verstehen.[69] Nicht geregelt werden müssen dagegen die Abfindung und die Voraussetzungen des Verfahrens der Einziehung.

II. Bestimmtheit, Auslegung

18 Als echter Satzungsbestandteil und körperschaftsrechtliche Regelung ist eine Einziehungsklausel objektiv und aufgrund ihres Ausnahmecharakters grundsätzlich eng[70] auszulegen. Ein bestimmter, im Gesellschaftsvertrag niedergelegter Einziehungsgrund kann nicht ohne Weiteres Grundlage für eine Einziehung aufgrund eines vergleichbar schweren, aber anderen Sachverhalts sein.[71] Dies gilt jdenfalls insoweit, als der Klausel keine Öffnung für vergleichbar schwere Sachverhalte zu entnehmen ist.[72] Die Klausel muss dem Zweck des Abs. 2 entsprechend die eindeutige Beurteilung des Vorliegens der Einziehungsvoraussetzungen und eine gerichtliche Nachprüfung ermöglichen.[73] Der Rückgriff auf unbestimmte Begrifflichkeiten ist damit allerdings nicht ausgeschlossen, soweit die Auslegung ein hinreichend klares Ergebnis bringt.[74] So ist es möglich, auf einen »wichtigen Grund in der Person des Gesellschafters« zu verweisen.[75] Aufgrund des Ausnahmecharakters der Einziehung gehen nicht auflösbare Widersprüche zu anderen gesellschaftsvertraglichen Regelungen zulasten der Einziehungsmöglichkeit.[76]

---

68 *Ulmer*, in: Ulmer/Habersack/Winter, GmbHG, § 34 Rn. 22; *Strohn*, in: MünchKomm-GmbHG, § 34 Rn. 38. Zur Zustimmung durch affirmative Stimmabgabe auch RGZ 139, 224, 229.

69 Vgl. auch *Lutter*, in Lutter/Hommelhoff, GmbHG, § 34 Rn. 24.

70 OLG Hamburg, ZIP 1996, 962, 963; *Lutter*, GmbHR 1997, 1134, 1135; *Lutter*, in: Lutter/Hommelhoff, GmbHG, § 34 Rn. 25.

71 Vgl. BGH, DStR 1993, 1266, 1267; OLG Nürnberg, GmbHR 1994, 252, 253; vgl. auch BGH, NJW 1999, 3779, 3779; *Strohn*, in: MünchKommGmbHG, § 34 Rn. 42.

72 Vgl. auch *Strohn*, in: MünchKommGmbHG, § 34 Rn. 42; BGH, DStR 1993, 1266, 1267; *Niemeier*, ZGR 1990, 314, 317; *Altmeppen*, in: Roth/Altmeppen, GmbHG, § 34 Rn. 34; a.A. *Gehrlein*, DB 1999, 2255, 2255.

73 BGH, NJW 1977, 2316, 2316; *Strohn*, in: MünchKommGmbHG, § 34 Rn. 42; *Lutter*, in Lutter/Hommelhoff, GmbHG, § 34 Rn. 25.

74 *Strohn*, in: MünchKommGmbHG, § 34 Rn. 42.

75 Vgl. die gesetzlichen Ausschlusstatbestände in § 723 Abs. 1 Satz 2, 737 BGB, §§ 133, 140 HGB.

76 OLG Hamburg, NZG 2000, 433, 433; *Strohn*, in: MünchKommGmbHG, § 34 Rn. 42.

III. Inhaltliche Anforderungen, Einziehungsgründe, »Freie Hinauskündigung«

19 Der jeweilige sachliche Grund muss inhaltlich hinreichend schwerwiegend sein. Das Gewicht eines wichtigen Grundes muss er nicht haben, da die Einziehung eine privatautonome Grundlage hat.[77] Inhaltlich reicht allgemein jeder Grund, der in der Sphäre des betreffenden Anteilsinhabers liegt[78], nicht allein vom Willen der Gesellschaft oder der Mitgesellschafter als solchen[79] abhängt und unter Berücksichtigung der Auslegung hinreichend bestimmt im Gesellschaftsvertrag festgesetzt ist.[80] Inwieweit an die Schwere des Grundes Anforderungen zu stellen sind, richtet sich letztlich nach dem mit dem konkreten Einziehungsgrund verfolgten Sinn und Zweck. Eine andere Frage ist, ob ein im Gesellschaftsvertrag festgesetzter Grund die Einziehung auch im Einzelfall rechtfertigen kann (Rdn. 40).

20 Als Einziehungsgründe kommen konkret sämtliche als wichtiger Grund für eine Ausschließung/Kündigung anerkannten Sachverhalte[81] in Betracht. Im konkreten Fall ist erforderlich, dass die für einen wichtigen Grund sprechenden Umstände auf die Mitgliedschaft bezogen sind. Ein Fehlverhalten als Geschäftsführer oder ein vertragswidriges Verhalten als Vertragspartner der Gesellschaft sollen nicht zu berücksichtigen sein.[82] Darüber hinaus sind insbesondere folgende Gründe als ausreichend anzusehen: Ausscheiden als Kommanditist aus der GmbH & Co. KG[83], Verlust der Anwaltszulassung bei Mitgliedschaft in einer »Anwalts-GmbH«[84], Gründe im Zusammenhang mit der Abwehr des Eindringens nicht erwünschter Dritter[85] in die GmbH, z.B. für den Fall der Anteilsveräußerung oder –vererbung insbesondere bei Familiengesellschaften[86] sowie der Pfändung des Anteils oder der Insolvenz des Gesellschafters. Auch die vorgesehene Kündigung durch den Gesellschafter kann

---

77 *Hueck/Fastrich*, in: Baumbach/Hueck, GmbHG, § 34 Rn. 9; *Strohn*, in: MünchKommGmbHG, § 34 Rn. 43; *Altmeppen*, in: Roth/Altmeppen, GmbHG, § 34 Rn. 43.

78 Vgl. auch *Lutter*, in: Lutter/Hommelhoff, GmbHG, § 34 Rn. 26 (in der Person des Gesellschafters); *Strohn*, in: MünchKommGmbHG, § 34 Rn. 51 ff. (personenbezogen oder verhaltensbezogen).

79 Nicht einschlägig ist das Verbot der »freien Hinauskündigung« im Fall von Maßnahmen von Mitgesellschaftern, die diese nicht in ihrer Funktion als Gesellschafter gegen den betreffenden Gesellschafter vornehmen, wie beispielsweise die Pfändung des Anteils des Gesellschafters durch einen Mitgesellschafter und die darauf gestützte Einziehung (OLG Hamm, GmbHR 2009, 1161, 1163).

80 Zu Beispielen unbestimmter, weil durch Auslegung nicht präzisierbarer Generalklauseln vgl. *Strohn*, in: MünchKommGmbHG, § 34 Rn. 42.

81 Vgl. § 723 Abs. 1 Satz 2 BGB, §§ 140, 133 HGB.

82 KG, ZIP 2010, 2047, 2048f.

83 *Hueck/Fastrich*, in: Baumbach/Hueck, GmbHG, § 34 Rn. 10; *H.P. Westermann*, in: Scholz, GmbHG, § 34 Rn. 15; *Ulmer*, in: Ulmer/Habersack/Winter, GmbHG, § 34 Rn. 40; *Strohn*, in: MünchKommGmbHG, § 34 Rn. 51.

84 *Sosnitza*, in: Michalski, GmbHG, § 34 Rn. 36; *Hueck/Fastrich*, in: Baumbach/Hueck, GmbHG, § 34 Rn. 10; *Strohn*, in: MünchKommGmbHG, § 34 Rn. 52.

85 *Hueck/Fastrich*, in: Baumbach/Hueck, GmbHG, § 34 Rn. 10.

86 BGH, GmbHR 1977, 81, 82; *Sosnitza*, in: Michalski, GmbHG, § 34 Rn. 36.

Einziehungsgrund sein. Bei entsprechender Regelung kann auch die ernsthafte Äußerung entsprechender Absichten genügen.[87] Bei Pfändung und Insolvenz bietet nur die Einziehung hinreichend Schutz, da eine Vinkulierung gemäß § 15 Abs. 5 wegen §§ 844, 857 ZPO bzw. § 159 InsO nicht durchgreift.[88] Dabei ist eine die Abfindung nur für den Fall der Pfändung bzw. Insolvenz beschränkende Klausel wegen Gläubigerbenachteiligung nichtig.[89] Allgemein kann die Abfindung aber auch für diese Fälle beschränkt werden, wenn die entsprechende Einziehungsregelung vor der Zwangsvollziehungsmaßnahme wirksam bestanden hat.[90] Möglich ist die Anknüpfung an persönliche Eigenschaften des Gesellschafters wie Alter, bestimmte Krankheiten, Senilität, Unfähigkeit zur Mitarbeit im Unternehmen.[91] Als nicht ausreichend wegen mangelnder Bestimmtheit werden Klauseln wie »schlechter Ruf«, »unerwünschtes Verhalten« oder bloß »Unfähigkeit« genannt.[92]

21 Inwieweit der Gesellschaftsvertrag überhaupt sachliche Gründe inhaltlicher Natur vorsehen muss, ist umstritten. Der BGH[93] und mit ihm ein großer Teil der Lehre[94] halten die Möglichkeit der Zwangseinziehung durch bloßen Gesellschafterbeschluss und damit nach inhaltlich freiem Ermessen unter Rückgriff auf die entsprechende Rechtsprechung zu Klauseln über die freie Hinauskündigungsmöglichkeit im Personengesellschaftsrecht grundsätzlich für gemäß § 138 Abs. 1 BGB bzw. entsprechend § 241 Nr. 3 AktG[95] nichtig. Aufgrund einer solchen Klausel schwebe immer das »Damoklesschwert« der jederzeitigen »Hinauskündigung« über dem betreffenden Gesellschafter, der sich deshalb an der freien Ausübung seiner Gesellschafterrechte gehindert sehen wird. Die Stellung eines solchen »Gesellschafters minderen Rechts«

---

87 *Rowedder/Bergmann*, in: Rowedder/Schmidt-Leithoff, GmbHG, § 34 Rn. 31; *Strohn*, in: MünchKommGmbHG, § 34 Rn. 56.

88 BGH, NJW 1960, 1053, 1054; *Heuer*, ZIP 1998, 405, 406; *Strohn*, in: MünchKommGmbHG, § 34 Rn. 53. Zur Zulässigkeit einer entsprechenden Einziehungsregelung: BGH, NJW 1975, 1835, 1837; *van Venrooy*, GmbHR 1995, 339 f.; *H.P. Westermann*, in: Scholz, GmbHG, § 34 Rn. 14; vgl. auch OLG Hamm, GmbHR 2009, 1161, 1163 (Pfändung durch Mitgesellschafter); OLG Frankfurt, NZG 1998, 595, 596 ff. (Gesellschafterinsolvenz).

89 BGH, NJW 1975, 1835, 1836f.; *Bischoff*, GmbHR 1984, 61, 67; *Strohn*, in: MünchKommGmbHG, § 34 Rn. 53.

90 *Strohn*, in: MünchKommGmbHG, § 34 Rn. 53 f.

91 *Strohn*, in: MünchKommGmbHG, § 34 Rn. 52.

92 *Strohn*, in: MünchKommGmbHG, § 34 Rn. 42.

93 Vgl. BGH, NJW 2005, 3641, 3643; BGH, NJW-RR 2007, 1256, 1257 m.w.N.; BGH, NJW 1994, 1156, 1157. Anders hingegen die frühere Rechtsprechung des BGH, die von der Zulässigkeit der freien Hinauskündigung ausging: BGH, NJW 1973, 1606, 1606 zur KG.

94 *Nasall*, NZG 2008, 851, 852; *Ulmer*, in: Ulmer/Habersack/Winter, GmbHG, § 34 Rn. 42; *Hueck/Fastrich*, in: Baumbach/Hueck, GmbHG, § 34 Rn. 9a; *H.P. Westermann*, in: Scholz, GmbHG, § 34 Rn. 17; *Lutter*, in: Lutter/Hommelhoff, GmbHG, § 34 Rn. 27.

95 *Ulmer*, in: Ulmer/Habersack/Winter, GmbHG, § 34 Rn. 42; *Strohn*, in: MünchKommGmbHG, § 34 Rn. 57.

sei mit dem gesetzlichen Leitbild des Gesellschafters wie auch dem der GmbH nicht mehr vereinbar. Die Gegenansicht verweist auf die Vertragsfreiheit und die privatautonome Entscheidung des betreffenden Gesellschafters. Solche gesellschaftsvertraglichen Klauseln seien wirksam, die Ermessensausübung unterliege im Einzelfall aber einer Kontrolle nach §§ 242, 138 Abs. 1 BGB.[96] Für das von BGH und h.L. statuierte weitergehende Erfordernis eines sachlichen Grundes spricht, dass sich das Erfordernis eines Gesellschafterbeschlusses bereits aus § 46 Nr. 4 ergibt und Abs. 2 insoweit eigenständig die Statuierung bestimmter Erfordernisse verlangt. Nur so kann auch zweckentsprechend erreicht werden, dass die betreffenden Gesellschafter ihr Verhalten danach ausrichten können. Die vorgenannten Grundsätze gelten auch für ein schuldrechtlich bindendes Angebot eines Gesellschafters zur Abtretung eines Geschäftsanteils, das von dem Mitgesellschafter nach freiem Ermessen angenommen werden kann.[97]

22 Für das Verbot der »freie Hinauskündigung« sind Ausnahmen anerkannt, die sich auf die Einziehung übertragen lassen.[98] Es handelt sich um Fälle, in denen bereits die zugrunde liegende Sachverhaltskonstellation eine sachliche Rechtfertigung für ihre Zulässigkeit bietet.[99] Dazu zählen der Ausschluss von Managern oder Mitarbeitern für den Fall, dass diese ihre Position verlieren[100], die jederzeitige Einziehbarkeit der Anteile eines Mitgesellschafters während einer »Probezeit« insbesondere bei Freiberufler-GmbHs[101] und eines Mitgesellschafters, dem die Anteile allein aufgrund einer engen persönlichen Bindung eingeräumt wurden, die später wegfällt, wobei die bloße unentgeltliche Zuwendung aber nicht ausreicht[102], sowie eines Mitgesellschafters, der aus einem parallel geltenden Kooperationsvertrag ausscheidet, der den wirtschaftlichen Schwerpunkt darstellt und bei dem hinsichtlich der Vertragspartnerstellung ein Gleichlauf mit der Gesellschafterstellung hergestellt werden soll.[103] Möglich soll die jederzeitige Einziehung auch für eine befristete Zeit nach dem Tod eines Mitgesellschafters sein.[104] Ebenfalls können Maßnahmen im Zusammenhang mit *venture*

---

96 *Altmeppen*, in: Roth/Altmeppen, GmbHG, § 34 Rn. 41; *Verse*, DStR 2007, 1822, 1827f.; *Drinkuth*, NJW 2006, 410, 412. Nach *Goette*, DStR 2005, 800, 801 soll diese Ansicht zu demselben Ergebnissen kommen wie Rechtsprechung und h.L.

97 BGH, NJW 1990, 2622, 2622; vgl. auch BGH, NJW 2005, 3641, 3641.

98 *Strohn*, in: MünchKommGmbHG, § 34 Rn. 58; *Lutter*, in: Lutter/Hommelhoff, GmbHG, § 34 Rn. 27; *H.P. Westermann*, in: Scholz, GmbHG, § 34 Rn. 17.

99 *Lutter*, in: Lutter/Hommelhoff, GmbHG, § 34 Rn. 27; *Strohn*, in: MünchKomm-GmbHG, § 34 Rn. 58; *Altmeppen*, in: Roth/Altmeppen, GmbHG, § 34 Rn. 39.

100 Sog. Manager- bzw. Mitarbeiter-Modell: BGH, DStR 2010, 1850, 1852; BGH, NJW 2005, 3641, 3642; *Lutter*, in: Lutter/Hommelhoff, GmbHG, § 34 Rn. 30 u. 31; ausführlich *Sosnitza*, DStR 2006, 99.

101 BGH, NZG 2004, 569f.; *Lutter*, in: Lutter/Hommelhoff, GmbHG, § 34 Rn. 28.

102 BGH, DNotZ 1991, 917f.; *Lutter*, in: Lutter/Hommelhoff, GmbHG, § 34 Rn. 33.

103 BGH, DStR 2005, 798, 800; *Strohn*, in: MünchKommGmbHG, § 34 Rn. 58.

104 BGH, NJW 1989, 834, 835 (zum Ausschluss); vgl. auch BGH, ZIP 2007, 862, 863f. zum Vorrang der Testierfreiheit des Erblassers; *Strohn*, in: MünchKommGmbHG, § 34 Rn. 58; *Altmeppen*, in: Roth/Altmeppen, GmbHG, § 34 Rn. 39.

capital Verträgen zulässig sein, auch wenn sie im Ergebnis auf eine »Hinauskündigung« hinauslaufen.[105]

23 Nach verbreitet vertretener Ansicht soll eine nichtige Regelung über die Einziehung nach freiem Ermessen als Klausel über die Einziehung aus wichtigem Grund aufrecht erhalten werden können.[106] Diese Ansicht beruft sich auf eine entsprechende, zur Ausschließung ergangene Entscheidung des BGH.[107] Die Berufung auf den BGH ist hier insoweit fraglich, als sich das Erfordernis eines sachlichen Grundes bei der Ausschließung grundsätzlich bereits aus dem Gesetz ergibt[108], während Geltungsgrund bei der Einziehung die gesellschaftsvertragliche Regelung ist, die zudem von Abs. 2 ausdrücklich gefordert wird.

IV. Erwerb, zeitliche Reihenfolge

24 Maßgeblicher Zeitpunkt für die gesellschaftsvertragliche Festsetzung der Voraussetzungen ist nach Abs. 2 der Zeitpunkt des Erwerbs des einzuziehenden Geschäftsanteils durch den Anteilsberechtigten. Für den Anteilsberechtigten muss absehbar sein, unter welchen Voraussetzungen er einen Geschäftsanteil ohne seine Zustimmung verlieren kann.[109] Für die freiwillige Einziehung ist ausreichend, wenn die gesellschaftsvertragliche Regelung im Zeitpunkt der Durchführung der Einziehung vorhanden ist. Über den Wortlaut des Abs. 2 hinaus bindet eine gesellschaftsvertragliche Einziehungsklausel auch die Gründungsgesellschafter, wenn sie bei Gründung bereits im Gesellschaftsvertrag enthalten war oder nachträglich auch mit Wirkung für diese eingeführt wurde.[110]

E. Allgemeine Voraussetzungen der Einziehung

I. Abfindung aus ungebundenem Vermögen (Abs. 3)

1. Maßgeblichkeit von § 30 Abs. 1

25 Ein Einziehungsentgelt (Abfindung) darf nach dem gemäß Abs. 3 unberührt bleibenden § 30 Abs. 1 nur aus dem das Stammkapital übersteigende, also aus dem freien

105 Dazu *Martinius/Stubert*, BB 2006, 1977 ff.; *Lutter*, in: Lutter/Hommelhoff, GmbHG, § 34 Rn. 32.

106 *Strohn*, in: MünchKommGmbHG, § 34 Rn. 57; *Lutter*, in: Lutter/Hommelhoff, GmbHG, § 34 Rn. 34; vgl. auch *Gehrlein*, NJW 2005, 1969, 1972f.: Kündigung aus sachlichem Grund.

107 BGH, MDR 1989, 886, 886, der analog § 139 BGB eine Klausel über die freie Ausschließungsmöglichkeit als Ausschließung aus wichtigem Grund aufrecht erhalten hat.

108 Darauf hatte der BGH (MDR 1989, 886, 886) aber mit Blick auf § 140 HGB abgestellt.

109 *Ulmer*, in: Ulmer/Habersack/Winter, GmbHG, § 34 Rn. 32f.; *Strohn*, in: MünchKommGmbHG, § 34 Rn. 41.

110 *Sosnitza*, in: Michalski, GmbHG, § 34 Rn. 31; *Ulmer*, in: Ulmer/Habersack/Winter, GmbHG, § 34 Rn. 33; *Strohn*, in: MünchKommGmbHG, § 34 Rn. 41.

Vermögen gezahlt werden. Maßgeblich sind die im Rahmen des § 30 Abs. 1 geltenden Grundsätze und damit grundsätzlich die Bilanz zu fortgeführten Buchwerten.[111] Gegebenenfalls abweichend vom Bilanzbild ist allerdings die gesellschaftsvertragliche Stammkapitalziffer materiell maßgeblich, nicht ein unter Umständen aufgrund eigener Anteile oder nicht eingeforderter ausstehender Einlagen niedrigeres ausgewiesenes gezeichnetes Kapital (§ 33 Rdn. 18). Maßgeblich ist mit der h.M. gemäß § 30 Abs. 1 der Zeitpunkt der tatsächlichen Auszahlung.[112] Eine unter Verstoß gegen Abs. 3, § 30 Abs. 1 erfolgende Zahlung löst einen Rückzahlungsanspruch nach § 31 aus.[113]

26 Freies Vermögen ist nicht gegeben, wenn bereits Überschuldung vorliegt oder soweit eine solche durch die Abfindungszahlung begründet wird.[114] Soweit die Zahlung der Abfindung (nur) zur Begründung oder Vertiefung einer Unterbilanz, nicht aber einer Überschuldung führt, kommt es darauf an, ob ausreichend stille Reserven vorhanden sind, zu deren Auflösung die Mitgesellschafter im Einzelfall auch aufgrund ihrer (nachwirkenden) gesellschaftsrechtlichen Treuepflicht verpflichtet sein können.[115] Keine Bedeutung hat Abs. 3, wenn keine Abfindung oder die Abfindung durch Dritte wie etwa einen Mitgesellschafter gezahlt wird.[116] Etwas andere gilt nur, wenn dem Dritten daraus ein Erstattungsanspruch gegen die Gesellschaft erwächst.[117] Das gilt nach MoMiG auch dann, wenn ein eigenkapitalersetzendes Darlehen zugrunde liegt.[118] Eine Erleichterung ergibt sich nicht aus der Vernichtungswirkung der Einziehung, da die Einziehung die Höhe des Stammkapitals unberührt lässt.[119] Hinreichend freies Kapital kann aber durch eine nach den dafür geltenden Regeln durchgeführte Kapitalherabsetzung geschaffen werden, wobei sie zur Einziehung bereits im Handelsregister eingetragen und damit wirksam geworden sein muss.[120] Eine tatsächliche Vermögensminderung ist auch bei Bilanzneutralität des Vorgangs schädlich,

111 BGH, NJW 2000, 2819, 2820.

112 BGH, NZG 2006, 341, 343; BGH, NJW 1953, 780, 783; *Strohn*, in: MünchKommGmbHG, § 34 Rn. 31; *Sosnitza*, in: Michalski, GmbHG, § 34 Rn. 17; *H.P. Westermann*, in: Scholz, GmbHG, § 34 Rn. 51; a.A. (Zeitpunkt der Fälligkeit des Abfindungsanspruchs) *Ulmer*, in: Ulmer/Habersack/Winter, GmbHG, § 34 Rn. 20.

113 *Hueck/Fastrich*, in: Baumbach/Hueck, GmbHG, § 34 Rn. 39; *Strohn*, in: MünchKommGmbHG, § 34 Rn. 31.

114 *Wicke*, GmbHG, § 30 Rn. 4; *Strohn*, in: MünchKommGmbHG, § 34 Rn. 31.

115 Vgl. BGH, NZG 2006, 341, 344; *Strohn*, in: MünchKommGmbHG, § 34 Rn. 72, kritisch aber unter Rn. 31.

116 *Strohn*, in: MünchKommGmbHG, § 34 Rn. 31 und 72.

117 Vgl. BGH, NZG 2008, 516, 517; OLG Hamm, NZG 1999, 597, 598; *Strohn*, in: MünchKommGmbHG, § 34 Rn. 31.

118 Anders zum früheren Recht BGH, DStR 2003, 1717, 1718. Vgl. *Altmeppen*, in: Roth/Altmeppen, GmbHG, § 34 Rn. 11.

119 *Strohn*, in: MünchKommGmbHG, § 34 Rn. 31.

120 *Hueck/Fastrich*, in: Baumbach/Hueck, GmbHG, § 34 Rn. 39; *Strohn*, in: MünchKommGmbHG, § 34 Rn. 31.

soweit eine Unterbilanz bereits besteht.[121] Werden eigene Anteile eingezogen, steht Abs. 3 deshalb entgegen, soweit eine Unterbilanz besteht und den eigenen Anteilen ein Vermögenswert beigemessen werden kann.[122] Jedenfalls im praktischen Ergebnis können sich auch Beschränkungen aus § 64 Satz 3 ergeben. [123]

2. Verhältnis von Wirksamkeit des Einziehungsbeschlusses und Kapitalerhaltung

27 Streitig und nicht abschließend geklärt ist, inwieweit die Wirksamkeit der Einziehung davon abhängt, dass im maßgeblichen Zeitpunkt der Auszahlung hinreichend freies Vermögen zur Zahlung einer erforderlichen Abfindung vorhanden ist. In Frage steht der Schutz des Interesses des Anteilsberechtigten, seinen Anteil und die damit verbundenen mitgliedschaftlichen Rechte nicht zu verlieren, ohne dass sichergestellt ist, dass die ihm zustehende Abfindung tatsächlich gezahlt werden kann. Nach wohl fast allgemeiner Meinung soll der Einziehungsbeschluss in entsprechender Anwendung des § 241 Nr. 3 AktG wegen Verstoßes gegen die Kapitalerhaltung nichtig sein, wenn bei der Beschlussfassung bereits feststeht, dass für die aus dem Gesellschaftsvermögen zu zahlende Abfindung kein ausreichend freies Vermögen zur Verfügung steht.[124]

28 Mit Blick auf den Fall, dass sich erst später herausstellt, dass freies Vermögen im erforderlichen Umfang nicht vorhanden ist, geht die Rechtsprechung jedenfalls bislang im Anschluss an das RG davon aus, dass die Wirksamkeit des Einziehungsbeschlusses unter der aufschiebenden Bedingung der vollständigen Zahlung der Abfindung steht.[125] Das Schrifttum hat sich dem verbreitet angeschlossen, beurteilt die

---

121 *Hueck/Fastrich*, in: Baumbach/Hueck, GmbHG, § 34 Rn. 13 u. § 30 Rn. 19.

122 *Hueck/Fastrich*, in: Baumbach/Hueck, GmbHG, § 34 Rn. 13; *H.P. Westermann*, in: Scholz, GmbHG, § 34 Rn. 54; *Lutter*, in: Lutter/Hommelhoff, GmbHG, § 34 Rn. 10; *Kort*, in: MünchHdbGesR, Bd. 3, § 28 Rn. 46; a.A. *Altmeppen*, in: Roth/Altmeppen, GmbHG, § 34 Rn. 13: Situation der Gläubiger verschlechtere sich nicht in einer für § 30 relevanten Weise; dagegen zurecht *Ulmer*, in: Ulmer/Habersack/Winter, GmbHG, § 34 Rn. 25: Mittelbarer Wertzuwachs der verbleibenden Anteile durch Entzug eines Aktivums, das vorher Gläubigern zur Verfügung stand.

123 Siehe zu der Frage weitergehend auch *Strohn*, in: MünchKommGmbHG, § 34 Rn. 32.

124 BGH, NJW 1953, 780, 783; BGH, NZG 2009, 221, 221; *Hueck/Fastrich*, in: Baumbach/Hueck, GmbHG, § 34 Rn. 40; *Strohn*, in: MünchKommGmbHG, § 34 Rn. 72; *Sosnitza*, in: Michalski, GmbHG, § 34 Rn. 76; *H.P. Westermann*, in: Scholz, GmbHG, § 34 Rn. 55; *Ulmer*, in: Ulmer/Habersack/Winter, GmbHG, § 34 Rn. 62; a.A. OLG Celle, NZG 1998, 29, 30: nur anfechtbar, wenn kein offensichtlicher Verstoß; *Löwe/Thoß*, NZG 2003, 1005, 1007: gültig.

125 RGZ 142, 286, 290; OLG Düsseldorf, NZG 2007, 278, 279; OLG Frankfurt, NJW-RR 1997, 612, 612; OLG Hamm, NZG 1999, 597, 598: ggf. § 162 BGB analog zulasten des Ausgeschiedenen; OLG Schleswig, NZG 2000, 703, 704; OLG Zweibrücken, MittBayNot 1998, 195, 197; vgl. auch zur Ausschließung aus wichtigem Grund Rdn. 86 ff. und insbesondere BGH, NJW 1953, 780, 783: Ausschließungsurteil geknüpft an die Bedingung, dass Gesellschafter innerhalb einer im Urteil bestimmten angemessenen Frist den Gegenwert der Abfindung erhält; a.A. KG, NZG 2006, 437, 438; OLG Hamm, GmbHR 1993, 743, 747.

Rechte und Pflichten in der Zwischenzeit aber unterschiedlich.[126] Im Übrigen werden verschiedene alternative Lösungsvorschläge unterbreitet.[127] Der BGH hat die Frage mit Blick auf die Einziehung bislang offen gelassen[128], jüngst aber eine Satzungsklausel als zulässig erachtet, nach der ein austretender oder ausgeschlossener Gesellschafter sofort aus der Gesellschaft ausscheidet, auch wenn die Abfindung im Ergebnis nicht gezahlt werden kann.[129] Darin wird eine Distanzierung zur bisher h.M. gesehen.[130] Das KG hat weitergehend die sofortige Wirksamkeit der Einziehung auch ohne Satzungsgrundlage bejaht, da das Interesse an einer vollwertigen Abfindung zurücktreten müsse.[131]

29 Die Bedingungslösung der (bisherigen) Rechtsprechung und h.M. führt zu einem mit Rechtsunsicherheit und Ungewissheiten verbundenen Schwebezustand. Denkbar, aber im Ergebnis wohl zu weitreichend[132] dürfte es sein, auf der Grundlage der neueren BGH-Rechtsprechung die freiwillige Unterstellung der Geschäftsanteile unter die Einziehungsklausel grundsätzlich dahin auszulegen, dass dem Interesse der Gesellschaft bzw. Mitgesellschafter an der sofort wirksamen Einziehung der Vorrang vor dem Schutz der Abfindung des Gesellschafters eingeräumt werden

126 Ruhen der Rechte (und Pflichten?): *H.P. Westermann*, in: Scholz, GmbHG, § 34 Rn. 55. Rechte und Pflichten bleiben in der Zwischenzeit unberührt, ggf. Beschränkung im Fall von Missbrauch aufgrund Treuepflicht, Ruhen sonst nur bei entsprechender Satzungsregelung: *Hueck/Fastrich*, in: Baumbach/Hueck, GmbHG, § 34 Rn. 42f.; *Wicke*, GmbHG, § 34 Rn. 10; *Sosnitza*, in: Michalski, GmbHG, § 34 Rn. 79 mit Verweis auf eine entsprechende Spezialregelung in § 18 Abs. 3 Satz 5 Vermögensbildungsgesetz.

127 *Hueck/Fastrich*, in: Baumbach/Hueck, GmbHG, § 34 Rn. 43 (Verlust der Befugnis zur Ausübung der Rechte bei Behalten der Gesellschafterstellung und als ultima ratio Auflösungsrecht analog § 61 Abs. 2 mit Möglichkeit der Befriedigung aus Liquidationsüberschuss); *Grunewald*, GmbHR 1991, 185, 186 (sofortige Wirksamkeit mit Möglichkeit des Ausgeschlossenen zum Wiedereintritt); *Strohn*, in: MünchKommGmbHG, § 34 Rn. 76f. (sofortige Wirksamkeit und zum Schutz des Anteilsberechtigten persönliche Außenhaftung der Mitgesellschafter); ähnlich *Altmeppen*, in: Roth/Altmeppen, GmbHG, § 34 Rn. 22 ff. und 28 (Anfechtung oder ggf. persönliche *pro rata* Haftung der Mitgesellschafter); ebenso *Goette*, in: FS Lutter, 2000, S. 399, 410 f.; dagegen *Gehrlein*, DB 1998, 2355, 2356; anders *Ulmer*, in: Ulmer/Habersack/Winter, GmbHG, § 34 Rn. 55 (auflösende Bedingung), zustimmend dazu *Lutter*, in: Lutter/Hommelhoff, GmbHG, § 34 Rn. 48.

128 Vgl. zuletzt BGH, DStR 2006, 1900, 1901.

129 BGH, NZG 2009, 221, 221; BGH, NZG 2003, 871, 872; dazu *Löwe/Thoß*, NZG 2003, 1005, 1007; vgl. dagegen noch KG, GmbHR 1999, 1203, 1205.

130 Vgl. *Hueck/Fastrich*, in: Baumbach/Hueck, GmbHG, § 34 Rn. 42.

131 KG, NZG 2006, 437, 437; vgl. *Hueck/Fastrich*, in: Baumbach/Hueck, GmbHG, § 34 Rn. 42.

132 Insbesondere mit Blick auf alle bereits bestehenden Einziehungsklauseln. Vgl. allgemein auch *Hueck/Fastrich*, in: Baumbach/Hueck, GmbHG, § 34 Rn. 44.

soll.[133] Andernfalls sollte an die zum Ausschluss entwickelten Grundsätze angeknüpft werden.

II. Volleinzahlung der Einlage

30 Nur voll eingezahlte Geschäftsanteile können eingezogen werden, da mit der Einziehung sämtliche Rechte und Pflichten daraus untergehen. Ein Untergang der Einlageverpflichtung verstieße gegen § 19 Abs. 2 Satz 1.[134] Ergibt sich eine Abfindungsforderung in mindestens entsprechender Höhe, soll die Einziehung auf der Grundlage einer nach allgemeinen Grundsätzen des § 19 zulässigen Aufrechnung oder einer Aufrechnungsvereinbarung zulässig sein, wenn ausreichend freies Vermögen für die Abfindung vorhanden ist.[135] Dem kann allenfalls für den Fall gefolgt werden, dass die Wirksamkeit der Einziehung nicht mit der Zahlung der Abfindung verknüpft ist und sämtliche Maßnahmen (einschließlich der Mitteilung an den Betroffenen) gleichzeitig vorgenommen werden.[136] Auch die teilweise Einziehung eines nicht voll eingezahlten Geschäftsanteils scheidet aus.[137] Wegen vergleichbarer Gefährdung der Kapitalaufbringung ist die Einziehung auch unzulässig, wenn die Einlageforderung bereits fällig gestellt ist und deshalb nicht mit dem Anteil erlöschen würde.[138] Für die Einziehung eigener Anteile, die zuvor auf der Grundlage des § 33 Abs. 3 mit der Rechtsfolge des Erlöschens der Einlageverpflichtung durch Konfusion erworben wurden, ist das Volleinzahlungsgebot ohne Bedeutung.[139]

---

133 Praktisch müsste eine Einziehungsklausel die Abhängigkeit der Wirkungen der Einziehung von der Zahlung der Abfindung dann ausdrücklich vorsehen, wenn sie gewollt ist. Kann die Abfindung später nicht gezahlt werden, bestünden allenfalls Schadensersatzansprüche gegen die Beteiligten persönlich, die die Einziehung betrieben haben, vgl. dazu *H.P. Westermann*, in: Scholz, GmbHG, § 34 Rn. 58.

134 BGH, NJW 1953, 780, 782; *H.P. Westermann*, in: Scholz, GmbHG, § 34 Rn. 52f.; *Strohn*, in: MünchKommGmbHG, § 34 Rn. 30; *Rowedder/Bergmann*, in: Rowedder/Schmidt-Leithoff, GmbHG, § 34 Rn. 19 u. 20; *Hueck/Fastrich*, in: Baumbach/Hueck, GmbHG, § 34 Rn. 11; *Sosnitza*, in: Michalski, GmbHG, § 34 Rn. 16.

135 *H.P. Westermann*, in: Scholz, GmbHG, § 34 Rn. 52 f.; *Strohn*, in: MünchKommGmbHG, § 34 Rn. 30; *Rowedder/Bergmann*, in: Rowedder/Schmidt-Leithoff, GmbHG, § 34 Rn. 19 u. 20; a.A. (unzulässig) *Hueck/Fastrich*, in: Baumbach/Hueck, GmbHG, § 34 Rn. 11; *Sosnitza*, in: Michalski, GmbHG, § 34 Rn. 16;

136 Vgl. dazu *Wehrstedt/Füssenich*, GmbHR 2006, 698, 700.

137 *Hueck/Fastrich*, in: Baumbach/Hueck, GmbHG, § 34 Rn. 11; *H.P. Westermann*, in: Scholz, GmbHG, § 34 Rn. 52; *Strohn*, in: MünchKommGmbHG, § 34 Rn. 30.

138 *Strohn*, in: MünchKommGmbHG, § 34 Rn. 30.

139 So *Hueck/Fastrich*, in: Baumbach/Hueck, GmbHG, § 34 Rn. 13; a.A. auf der Grundlage der Annahme des Fortbestehens der Einlageverpflichtung und wegen der Haftung nach §§ 16 Abs. 2, 22, 24, die durch die Einziehung erlöschen würde, *Altmeppen*, in: Roth/Altmeppen, GmbHG, § 34 Rn. 10.

31 Bei einem Verstoß gegen § 19 Abs. 2 Satz 1 ist die Einziehung unwirksam und der Einziehungsbeschluss nichtig.[140] Eine Einziehung kann bei nicht voll eingezahlter Einlage nur nach einer entsprechenden Kapitalherabsetzung gemäß §§ 58 ff. erfolgen. Denkbar ist, dass andere Gesellschafter die Einlage einzahlen, unter allgemeinen Regeln auch unter Rückgriff auf ihre Kapitalkonten bei der Gesellschaft.[141] Auch kann eine Zwangsabtretung an einen Mitgesellschafter unter den gleichen Voraussetzungen wie die Einziehung vorgesehen werden.[142]

F. Verfahren der Einziehung

I. Gesellschafterbeschluss

32 Sowohl freiwillige als auch zwangsweise Einziehung setzen gemäß § 46 Nr. 4 einen Gesellschafterbeschluss voraus. Vorbehaltlich gesellschaftsvertraglicher Regelungen (§ 45 Abs. 2) wird er von den Gesellschaftern mit einfacher Mehrheit (§ 47 Abs. 1) gefasst.

33 Der betroffene Gesellschafter ist nicht vom Stimmrecht ausgeschlossen.[143] Ein Stimmrechtsausschluss kann sich aber aus der Einziehungsklausel ergeben, wenn z.B. eine Einziehung unabhängig von den Beteiligungsverhältnissen in jedem Fall möglich sein soll.[144] Zudem kann ein Stimmrechtsausschluss unter dem Gesichtspunkt des Richtens in eigener Sache analog § 47 Abs. 4 Satz 1 bei einer Einziehung aus wichtigem oder sonstigem Grund in der Person des betroffenen Gesellschafters bestehen.[145] Der Stimmrechtsausschluss gilt auch für Mitgesellschafter, wenn ein wichtiger Grund aufgrund desselben Sachverhalts auch bei ihnen vorliegt.[146] Fehlt es an einem sachlichen Zusammenhang, ist der Mitgesellschafter aufgrund eines solchen gegen ihn gerichteten, inhaltlich eigenständigen Einziehungsverfahrens nicht vom Stimmrecht ausgeschlossen. Ob formal getrennte Beschlüsse gefasst werden, ist nicht aus-

140 *Altmeppen*, in: Roth/Altmeppen, GmbHG, § 34 Rn. 10; *Strohn*, in: MünchKommGmbHG, § 34 Rn. 30.

141 *H.P. Westermann*, in: Scholz, GmbHG, § 34 Rn. 52f.; *Strohn*, in: MünchKommGmbHG, § 34 Rn. 30.

142 *Wehrstedt/Füssenich*, GmbHR 2006, 698, 701f.; *Strohn*, in: MünchKommGmbHG, § 34 Rn. 30.

143 Im Grundsatz ganz herrschende Ansicht: vgl. *Strohn*, in: MünchKommGmbHG, § 34 Rn. 19; *Hueck/Fastrich*, in: Baumbach/Hueck, GmbHG, § 34 Rn. 14; *Altmeppen*, in: Roth/Altmeppen, GmbHG, § 34 Rn. 59. Offen gelassen von BGH, WM 1977, 192, 193.

144 BGH, WM 1977, 192, 193; vgl. aber auch OLG Celle, NZG 1998, 29, 30f.

145 BGH, NJW-RR 1990, 530, 531; vgl. auch BGH, NJW 1953, 780, 784 zur Ausschließung; OLG Celle, NZG 1998, 29, 30f.; *Hueck/Fastrich*, in: Baumbach/Hueck, GmbHG, § 34 Rn. 14; *Strohn*, in: MünchKommGmbHG, § 34 Rn. 19; *H.P. Westermann*, in: Scholz, GmbHG, § 34 Rn. 43.

146 OLG Düsseldorf, GmbHR 2000, 1050, 1055; vgl. auch BGH, NJW-RR 1990, 530, 531; *Strohn*, in: MünchKommGmbHG, § 34 Rn. 20.

schlaggebend.[147] § 47 Abs. 4 Satz 2 greift nicht ein, da es sich bei der Einziehung um einen innergesellschaftlichen Vorgang handelt.[148] Dies gilt auch für die freiwillige Einziehung mit Blick auf die Abfindung[149], da die Abfindungshöhe gesetzlich oder gesellschaftsvertraglich vorgegeben ist.[150] Der Gefahr der Selbstbedienung ist im Einzelfall mit dem Einwand des Rechtsmissbrauchs zu begegnen.[151] Ein Stimmrechtsausschluss lässt das Teilnahme- und Äußerungsrecht für die Gesellschafterversammlung unberührt.[152] Vor der Beschlussfassung über eine Zwangseinziehung aus wichtigem oder sonstigem Grund muss dem betreffenden Gesellschafter Gelegenheit zur Stellungnahme gegeben werden.[153]

34 Die Gesellschafter sind in ihrer Entscheidung grundsätzlich frei.[154] In Ausnahmefällen können sie aufgrund ihrer Treuepflicht verpflichtet sein, einer Einziehung von Anteilen eines Gesellschafters zuzustimmen, wenn der Verbleib des betroffenen Gesellschafters in der Gesellschaft dieser objektiv und eindeutig einen erheblichen Schaden zufügen wird und keine Besserung in Sicht ist, insbesondere wenn die Existenz der Gesellschaft objektiv gefährdet ist.[155] Bei ablehnender missbräuchlicher Stimmabgabe ist der Beschluss anfechtbar.[156] Zudem kommt eine positive Beschlussfeststellungsklage in Betracht.[157]

35 Inhaltlich muss der Beschluss eindeutig erkennen lassen, dass die Einziehung und nicht die Erhebung der Ausschlussklage gewollt ist; andernfalls soll er nichtig sein.[158] Eine Auslegung ist aber möglich, auch wenn der Begriff der Einziehung nicht erwähnt wird.[159] Die Abfindung muss im Beschluss nur festgesetzt werden, wenn der

147 A.A. *v. Stetten*, GmbHR 1982, 105, 107 zur Ausschließung.

148 Vgl. auch *Wicke*, GmbHG, § 47 Rn. 19; *Strohn*, in: MünchKommGmbHG, § 34 Rn. 19.

149 So aber zur freiwilligen Einziehung gegen Abfindung aufgrund eines Vergleichs mit dem Erwerb eigener Anteile *Ulmer*, in: Ulmer/Habersack/Winter, GmbHG, § 34 Rn. 51; wohl auch *Hueck/Fastrich*, in: Baumbach/Hueck, GmbHG, § 34 Rn. 14.

150 Darin besteht ein Unterschied zur Rechtslage beim Erwerb eigener Anteile.

151 *H.P. Westermann*, in: Scholz, GmbHG, § 34 Rn. 43; *Strohn*, in: MünchKommGmbHG, § 34 Rn. 19.

152 BGH, DStR 1997, 1257, 1259; OLG München, GmbHR 1998, 332, 333; *Hueck/Fastrich*, in: Baumbach/Hueck, GmbHG, § 34 Rn. 14.

153 *Goette*, DStR 1997, 1257, 1259 mit Verweis auf den BGH; *Gehrlein*, ZIP 1996, 1157, 1159 f.; *Lutter*, in: Lutter/Hommelhoff, GmbHG, § 34 Rn. 37.

154 *H.P. Westermann*, in: Scholz, GmbHG, § 34 Rn. 44.

155 Weitergehend *H.P. Westermann*, in: Scholz, GmbHG, § 34 Rn. 44: wenn Verbleib der Gesellschaft objektiv und eindeutig zum Schaden gereicht; zu weitgehend *Lutter*, in: Lutter/Hommelhoff, GmbHG, § 34 Rn. 37: wenn keine überwiegenden Gründe für den Verbleib sprechen.

156 Vgl. BGH, WM 1990, 677, 678; *Lutter*, in: Lutter/Hommelhoff, GmbHG, § 34 Rn. 37.

157 *Lutter*, in: Lutter/Hommelhoff, GmbHG, § 34 Rn. 37.

158 OLG Hamm, GmbHR 1995, 736, 738; *Hueck/Fastrich*, in: Baumbach/Hueck, GmbHG, § 34 Rn. 14.

159 BGH, GmbHR 1995, 377, 377: »Beendigung« als Einziehung, wenn Ausschluss nur durch Klage möglich.

Gesellschaftsvertrag dies vorsieht.[160] Die Beurteilung der Fehlerhaftigkeit des Gesellschafterbeschlusses richtet sich nach allgemeinen Grundsätzen.[161] Liegen zugrunde gelegte Einziehungsgründe tatsächlich nicht vor, ist der Beschluss nur anfechtbar.[162]

36 Der Gesellschaftsvertrag kann abweichende Regeln vorsehen, insbesondere die Zuständigkeit eines anderen, auch fakultativen Organs[163], abweichende Mehrheitserfordernisse oder den Ausschluss des Betroffenen vom Stimmrecht in anderen Fällen.[164] Eine Einziehung allein kraft Erfüllung der im Gesellschaftsvertrag niedergelegten Voraussetzungen ohne Gesellschafterbeschluss ist nach wohl überwiegender Ansicht nicht möglich. Die Abhängigkeit der Zulässigkeit von der Volleinzahlung des Anteils und des Vorhandenseins ausreichend freien Vermögens für eine Abfindung, die Rechtsnatur des einseitigen Gestaltungsaktes und die Gefahr der Entstehung einer gesellschafterlosen bzw. auch anteilslosen Gesellschaft würden dagegen sprechen.[165] Teilweise wird die Zulässigkeit der automatischen »statutarischen Einziehung« mit Einschränkungen bejaht.[166] Erwogen wird sie insbesondere zur Verhinderung des Anfalls der Anteile eines Erblassers an die Erben[167] sowie zur automatischen Synchronisation der Gesellschafterstellung insbesondere bei der GmbH & Co.

---

160 BGH, GmbHR 1995, 377, 377; *Hueck/Fastrich*, in: Baumbach/Hueck, GmbHG, § 34 Rn. 14.

161 *Hueck/Fastrich*, in: Baumbach/Hueck, GmbHG, § 34 Rn. 15.

162 OLG München, GmbHR 1992, 808, 808; *Altmeppen*, in: Roth/Altmeppen, GmbHG, § 34 Rn. 61; *Hueck/Fastrich*, in: Baumbach/Hueck, GmbHG, § 34 Rn. 15.

163 LG Heilbronn, GmbHR 1994, 322, 323; *Hueck/Fastrich*, in: Baumbach/Hueck, GmbHG, § 34 Rn. 14; a.A. für den Geschäftsführer: *Rowedder/Bergmann*, in: Rowedder/Schmidt-Leithoff, GmbHG, § 34 Rn. 15. Für die Möglichkeit der Übertragung auf gesellschaftsfremde Dritte z.B. *Sosnitza*, in: Michalski, GmbHG, § 34 Rn. 101; dagegen *Ulmer*, in: Ulmer/Habersack/Winter, GmbHG, § 34 Rn. 115.

164 Vgl. BGH, WM 1977, 192, 193; *Strohn*, in: MünchKommGmbHG, § 34 Rn. 19. Zur Ermittlung im Wege der Auslegung vgl. OLG Celle, NZG 1998, 29, 30: bloße Möglichkeit der Einziehung ohne Zustimmung reicht nicht; *Käppler*, ZGR 1978, 542, 548: Regelmäßig Stimmrechtsausschluss der Erben-Gesellschafter bei Möglichkeit der Einziehung nach Tod des Erblassers.

165 Vgl. *Hueck/Fastrich*, in: Baumbach/Hueck, GmbHG, § 34 Rn. 17; *Ulmer*, in: Ulmer/Habersack/Winter, GmbHG, § 34 Rn. 116 ff.; kritisch auch *H.P. Westermann*, in: Scholz, GmbHG, § 34 Rn. 49f.

166 Vgl. OLG Hamm, GmbHR 1988, 308, 309; *Sosnitza*, in: Michalski, GmbHG, § 34 Rn. 97: bei ausnahmsweise zulässiger unentgeltlicher Einziehung oder wenn Mitgesellschafter im Gesellschaftsvertrag eine persönliche Zahlungsverpflichtung für den Fall nicht ausreichenden Gesellschaftsvermögens übernehmen und an eindeutige, offenkundige Umstände, also insbesondere nicht an einen »wichtigen Grund« angeknüpft wird; ähnlich *Kort*, in: MünchHdbGesR, Bd. 3, § 28 Rn. 14.

167 *H.P. Westermann*, in: Scholz, GmbHG, § 34 Rn. 49.

KG.[168] Jedenfalls für die Praxis wird aus Gründen der Rechtssicherheit und von Beanstandungen durch Registergerichte von entsprechenden Klauseln abgeraten.[169]

II. Mitteilung an den Anteilsberechtigten

37 Mit der Mitteilung an den Anteilsberechtigten wird die beschlossene Einziehung wirksam und unwiderruflich.[170] Die Mitteilung ist eine einseitige formlose empfangsbedürftige Willenserklärung.[171] Sie muss nicht im unmittelbaren Nachgang zur Fassung des Gesellschafterbeschlusses erklärt werden. Die Gesellschaft kann die konkrete Herbeiführung der Einziehungsfolgen über den Zeitpunkt der Mitteilung steuern. Dies kann z.B. mit Blick auf die Voraussetzungen des Abs. 3 von Bedeutung sein. Entsprechend muss auch im Fall der Anwesenheit des betroffenen Anteilsberechtigten bei der Beschlussfassung über die Einziehung zwischen dem Einziehungsbeschluss und der Mitteilung unterschieden werden.[172] Die Mitteilung ist deshalb auch hier nicht entbehrlich, sondern allenfalls konkludent in der Feststellung des Beschlusses durch den Versammlungsleiter mit enthalten, wenn der Beschluss nichts Gegenteiliges zum Ausdruck bringt, etwa durch die Bestimmung, dass die Mitteilung gesondert erfolgen soll.[173] Entbehrlich ist die Mitteilung dagegen im Fall der Einziehung eigener Anteile.[174]

38 Zuständig ist nach h.M. im Grundsatz die Gesellschafterversammlung. Allerdings werden die Geschäftsführer in der Regel als ermächtigt angesehen, die Mitteilung vorzunehmen, wenn die Gesellschafter nichts anderes bestimmen und der Anteilsberechtigte bei der Beschlussfassung nicht anwesend ist.[175] Eine Mitteilung ohne entsprechenden Einziehungsbeschluss entfaltet keine Wirkung.[176] Wird später ein Einziehungsbeschluss gefasst, muss die Mitteilung nachgeholt werden.

---

168 *Sosnitza*, in: Michalski, GmbHG, § 34 Rn. 96.

169 *Sosnitza*, in: Michalski, GmbHG, § 34 Rn. 97; *H.P. Westermann*, in: Scholz, GmbHG, § 34 Rn. 50.

170 *Lutter*, in: Lutter/Hommelhoff, GmbHG, § 34 Rn. 18. Vgl. auch BFH, GmbHR 2008, 1232, 1232.

171 *Sosnitza*, in: Michalski, GmbHG, § 34 Rn. 111.

172 Ohne diese Differenzierung und wohl a.A. *Hueck/Fastrich*, in: Baumbach/Hueck, GmbHG, § 34 Rn. 16; *Altmeppen*, in: Roth/Altmeppen, GmbHG, § 34 Rn. 66; *Sosnitza*, in: Michalski, GmbHG, § 34 Rn. 111 u. 114; *H.P. Westermann*, in: Scholz, GmbHG, § 34 Rn. 46.

173 So überzeugend *Strohn*, in: MünchKommGmbHG, § 34 Rn. 36.

174 *Strohn*, in: MünchKommGmbHG, § 34 Rn. 88.

175 *Hueck/Fastrich*, in: Baumbach/Hueck, GmbHG, § 34 Rn. 16; zur Begründung vgl. *Altmeppen*, in: Roth/Altmeppen, GmbHG, § 34 Rn. 66; *Strohn*, in: MünchKommGmbHG, § 34 Rn. 34; *H.P. Westermann*, in: Scholz, GmbHG, § 34 Rn. 46. A.A. (Zuständigkeit der Geschäftsführer): *Lutter*, in: Lutter/Hommelhoff, GmbHG, § 34 Rn. 18; *Sieger/Mertens*, ZIP 1996, 1493, 1494.

176 *Altmeppen*, in: Roth/Altmeppen, GmbHG, § 34 Rn. 66; *Hueck/Fastrich*, in: Baumbach/Hueck, GmbHG, § 34 Rn. 16.

III. Sachliche und zeitliche Ausübungsgrenzen

39 Grundsätzlich bestehen keine zeitlichen Grenzen, etwa analog § 626 Abs. 2 BGB, für die Geltendmachung eines Einziehungsgrundes durch Beschluss oder – nach Beschlussfassung – durch die Mitteilung.[177] Aus Sinn und Zweck des Einziehungsgrundes können sich aber Schranken ergeben. So soll eine Einziehung wegen einer Zwangsvollstreckung in den Anteil oder wegen einer Insolvenz des Gesellschafters nach der Anteilsverwertung ausgeschlossen sein.[178] Eine Einziehung erst nach bereits vierjähriger Laufzeit eines Insolvenzverfahrens wurde als unzulässig angesehen, da wesentlich früher feststand, ob es sich auf die Gesellschaft auswirkt.[179] Das Einziehungsrecht kann verwirkt werden.[180] Bloßer Zeitablauf allein reicht insoweit aber nicht.[181] Zudem darf keine unangemessen lange Schwebelage entstehen, die letztlich auf einen unzulässigen Ausschluss nach freiem Ermessen hinausläuft.[182]

40 Sachliche Schranken für die Ausübung eines Einziehungsrechts können sich aus dem Gleichbehandlungsgrundsatz und der Treuepflicht ergeben.[183] Möglich ist, dass Einziehungsklauseln durch tatsächliche Entwicklungen überholt werden; sie sind dann entsprechend zurückhaltend anzuwenden.[184] Ein schwerwiegendes Fehlverhalten eines Mitgesellschafters dagegen führt »nur« zur Missbräuchlichkeit und damit Ungültigkeit seiner Stimmrechtsausübung und berührt die Einziehung nur, wenn dessen Stimme ausschlaggebend war.[185] Der *ultima ratio*-Gedanke sollte wegen der vertraglichen Grundlage der Einziehung nur restriktiv herangezogen werden.[186] Bei

177 OLG Frankfurt, NZG 1998, 595, 596f.; *Sosnitza*, in: Michalski, GmbHG, § 34 Rn. 108.

178 OLG Frankfurt, NZG 1998, 595, 596; *Sosnitza*, in: Michalski, GmbHG, § 34 Rn. 108.

179 OLG Düsseldorf, GmbHR 2008, 262, 263; *Sosnitza*, in: Michalski, GmbHG, § 34 Rn. 108.

180 BGH, GmbHR 1977, 81, 82; OLG Celle, NZG 1999, 167, 168 f.; vgl. auch OLG München, GmbHR 1998, 332, 334; *Sosnitza*, in: Michalski, GmbHG, § 34 Rn. 109.

181 Vgl. OLG Frankfurt, NZG 1998, 595, 596 ff.

182 *Hueck/Fastrich*, in: Baumbach/Hueck, GmbHG, § 34 Rn. 10.

183 *H.P. Westermann*, in: Scholz, GmbHG, § 34 Rn. 44, der den Gleichbehandlungsgrundsatz wegen der Maßgeblichkeit des Einzelfalls für praktisch eher irrelevant hält; *Sosnitza*, in: Michalski, GmbHG, § 34 Rn. 109.

184 *H.P. Westermann*, in: Scholz, GmbHG, § 34 Rn. 45 zu Einziehungsklauseln zur Erhaltung der engen Verbundenheit der Gesellschafter, wenn der Gesellschafterkreis grundlegend verändert wurde.

185 BGH, GmbHR 1990, 162, 163; vgl. auch OLG München, GmbHR 1994, 251, 252; *Sosnitza*, in: Michalski, GmbHG, § 34 Rn. 110; vgl. aber auch OLG Brandenburg, Urteil v. 30.11.2010 – 6 U 124/09, juris Rn. 44 zur Einziehung zwecks Ausschließung.

186 *H.P. Westermann*, in: Scholz, GmbHG, § 34 Rn. 45. Vgl. aber zur Abberufung als milderes Mittel OLG Rostock, NZG 2002, 294 ff.; *Lutter*, GmbHR 1997, 1134, 1135; *Hueck/Fastrich*, in: Baumbach/Hueck, GmbHG, § 34 Rn. 10; *Strohn*, in: MünchKomm-GmbHG, § 34 Rn. 43.

einem Verstoß gegen den Gleichbehandlungsgrundsatz oder die Treuepflicht ist der Einziehungsbeschluss anfechtbar.[187]

IV. Rechtsschutz

41 Gegen eine Zwangseinziehung kann sich der betroffene Anteilsinhaber im Wege der Anfechtungs- oder Nichtigkeitsklage bezogen auf den Einziehungsbeschluss wehren.[188] Im Falle der Anteilsübertragung, die noch nicht in der Gesellschafterliste nachvollzogen wurde (§ 16), muss der Erwerber zunächst seine Eintragung in die Gesellschafterliste erwirken, um klagebefugt zu sein und gegen die noch gegen den Veräußerer gerichtete Einziehung vorzugehen.[189] Auch Mitgesellschafter des Anteilsberechtigten können Klage gegen einen Einziehungsbeschluss erheben, da sich die Vernichtung von Geschäftsanteilen auf die Beteiligungsverhältnisse auswirkt.[190] Auch Mängel des Beschlusses zur Herbeiführung einer freiwilligen Einziehung können und müssen entsprechend geltend gemacht werden.

42 Soweit es nicht um Mängel des Beschlusses, sondern der Beschlussdurchführung geht, steht dem Anteilsberechtigten die Feststellungsklage zur Verfügung.[191] Dazu zählt auch das Fehlen der Mitteilung oder ein Verstoß gegen Abs. 3.[192] Mit Blick auf die Abfindung steht die Leistungsklage zur Verfügung, die gegebenenfalls eine Feststellungsklage verdrängt.[193]

43 Nach h.M. greifen bei erfolgreicher Anfechtungs- oder Nichtigkeitsklage für den Rückwirkungszeitraum die Grundsätze der fehlerhaften Gesellschaft ein, d.h. die Einziehung bleibt für die Vergangenheit wirksam und der (ehemals) Anteilsberechtigte hat einen Anspruch auf Aufnahme in die Gesellschaft.[194] Gegebenfalls kommt einstweiliger Rechtsschutz in Betracht.[195] Ein Bedürfnis dafür besteht allerdings insoweit nicht, als die Einziehung nicht in der Gesellschafterliste nach § 16 nachvollzogen wurde und der Anteilsberechtigte weiterhin an der Willensbildung teilnehmen

---

187 *Hueck/Fastrich*, in: Baumbach/Hueck, GmbHG, § 34 Rn. 15; *Strohn*, in: MünchKommGmbHG, § 34 Rn. 83.

188 *Strohn*, in: MünchKommGmbHG, § 34 Rn. 83f.; *Lutter*, in: Lutter/Hommelhoff, GmbHG, § 34 Rn. 51. Vgl. aber OLG Schleswig, NZG 2000, 703, 704 zu einer negativen Feststellungsklage über Unwirksamkeit des Beschlusses. Zum Streitwert eines entsprechenden Klageantrags vgl. BGH, NZG 2009, 518, 519.

189 OLG Hamm, GmbHR 1993, 660, 661; vgl. auch *Goette*, DStR 1993, 1032, 1033 mit Hinweis auf den BGH; *Strohn*, in: MünchKommGmbHG, § 34 Rn. 83 f.

190 *Strohn*, in: MünchKommGmbHG, § 34 Rn. 83.

191 *H.P. Westermann*, in: Scholz, GmbHG, § 34 Rn. 48.

192 *Sosnitza*, in: Michalski, GmbHG, § 34 Rn. 84.

193 *H.P. Westermann*, in: Scholz, GmbHG, § 34 Rn. 48.

194 *Sosnitza*, in: Michalski, GmbHG, § 34 Rn. 82; *Strohn*, in: MünchKommGmbHG, § 34 Rn. 86; *Niemeier*, ZGR 1990, 314, 342 f.; a.A. *Kort*, in: MünchHdbGesR, Bd. 3, § 28 Rn. 15 f.

195 *Strohn*, in: MünchKommGmbHG, § 34 Rn. 86; *Niemeier*, ZGR 1990, 314, 355; vgl. auch OLG Hamm, NJW-RR 2001, 105, 106f.

kann.[196] Im Prozess können wichtige Gründe nachgeschoben werden.[197] Sind die Voraussetzungen der Einziehung von dem die Einziehung betreibenden Gesellschafter in sittenwidriger Weise herbeigeführt worden, soll der Betroffene die Anfechtbarkeit auch nach Ablauf der Anfechtungsfrist einredeweise geltend machen können, jedenfalls wenn die Einziehung noch nicht wirksam geworden ist und Interessen Dritter, insbesondere von Mitgesellschaftern, nicht entgegenstehen.[198]

G. Wirkungen der Einziehung

I. Geschäftsanteil und mitgliedschaftliche Rechte und Pflichten

44 Mit Wirksamwerden der Einziehung geht der von der Einziehung erfasste Geschäftsanteil unter.[199] Die Mitgliedschaft des Gesellschafters als solche endet, wenn sämtliche von ihm gehaltenen Geschäftsanteile eingezogen wurden. Aus dem Geschäftsanteil können keine konkreten Rechte und Pflichten mehr erwachsen.[200] Bereits entstandene und verselbständigte konkrete Rechte und Pflichten bleiben bestehen[201], insbesondere fällig gewordene Einzelansprüche des Gesellschafters oder der Gesellschaft wie Ansprüche auf Gewinn, Nebenleistungen oder Nachschüsse.[202] Im Übrigen wird eine zuvor erfolgte Vorausabtretung wirkungslos.[203] Der Gewinnanteil für das abgelaufene Geschäftsjahr geht ersatzlos unter, wenn die Einziehung vor der Beschlussfassung über die Gewinnverwendung wirksam wird.[204] Vor dem Hintergrund, dass die Abfindungshöhe durch die Gewinnverwendung beeinflusst werden kann, kann der betroffene Anteilsberechtigte im Fall der Verzögerung der Beschlussfassung über die Gewinnverwendung verlangen so gestellt zu werden, wie er bei rechtzeitiger Beschlussfassung gestanden hätte.[205]

---

196 *Strohn*, in: MünchKommGmbHG, § 34 Rn. 86.

197 OLG Nürnberg, GmbHR 2001, 108 f.; *H.P. Westermann*, in: Scholz, GmbHG, § 34 Rn. 44.

198 BGHZ 101, 113, 116 ff.; *Lorenz*, DStR 1996, 1774, 1777f.; *Strohn*, in: MünchKommGmbHG, § 34 Rn. 83; kritisch *K.Schmidt*, JZ 1987, 1083f..

199 BGH, NJW 1953, 780, 782; BGHZ 139, 299, 302; *Strohn*, in: MünchKommGmbHG, § 34 Rn. 59; a.A. *Hueck/Fastrich*, in: Baumbach/Hueck, GmbHG, § 34 Rn. 17b; *Meyer*, NZG 2009, 1201, 1202.

200 *Strohn*, in: MünchKommGmbHG, § 34 Rn. 59.

201 Vgl. BGHZ 139, 299, 302; *Strohn*, in: MünchKommGmbHG, § 34 Rn. 60.

202 *Hueck/Fastrich*, in: Baumbach/Hueck, GmbHG, § 34 Rn. 19.

203 *Hueck/Fastrich*, in: Baumbach/Hueck, GmbHG, § 34 Rn. 19.

204 BGH, NZG 1998, 985 ff.; *Gehrlein*, DB 1998, 2355, 2356; *Hueck/Fastrich*, in: Baumbach/Hueck, GmbHG, § 34 Rn. 19; a.A. *Salje*, NZG 1998, 985, 986: Anwartschaftsrecht.

205 *Altmeppen*, in: Roth/Altmeppen, GmbHG, § 34 Rn. 71; *Strohn*, in: MünchKommGmbHG, § 34 Rn. 60. Vgl. zum Stichtag für die Ermittlung der Abfindungshöhe allgemein *Strohn*, in: MünchKommGmbHG, § 34 Rn. 215.

45 Mit dem Geschäftsanteil gehen auch die an ihm bestehenden Rechte Dritter unter, soweit nicht wie bei Nießbrauch und Pfandrecht eine dingliche Surrogation durch die Abfindung stattfindet.[206] Die Erfüllung schuldrechtlicher Verschaffungsansprüche wird unmöglich. Dies kann insbesondere einen Anspruch aus § 285 BGB auf die Abfindung nach sich ziehen.[207] Scheidet der Gesellschafter infolge der Einziehung aus, bleiben zwar im Außenverhältnis für die Gesellschaft übernommene Bürgschaftsverbindlichkeiten bestehen, jedoch scheidet mangels abweichender Abreden ein Rückgriff der verbleibenden Gesellschafter gegen den Ausgeschiedenen aus.[208]

II. Stammkapital, Übereinstimmung mit Summe der Nennbeträge

46 Die Vernichtung des eingezogenen Geschäftsanteils lässt das Stammkapital und insbesondere die Stammkapitalziffer unverändert.[209] Die Einziehung führt nach vorzugswürdiger überwiegender Ansicht ohne weitere Maßnahmen zum Auseinanderfallen von Stammkapitalziffer und Summe der Nennbeträge aller Geschäftsanteile.[210] Der Ansicht, die Einziehung führe *ipso iure* zur entsprechenden Erhöhung der Nennbeträge der restlichen Geschäftsanteile[211], kann nicht gefolgt werden. Dies würde zwar die faktischen Folgen der Vernichtung des Geschäftsanteils für die Beteiligungsverhältnisse wiederspiegeln, würde aber den Gestaltungsspielraum missachten, den die GmbH als Kapitalgesellschaft und die damit verbundene Verknüpfung der Anteilsverhältnisse mit dem fixen Stammkapital bietet. Insbesondere kann die Divergenz auch durch Kapitalherabsetzung oder die Neubildung eines Geschäftsanteils aufgelöst werden. Insoweit hat der von der überwiegenden Meinung ebenfalls mit einfacher Mehrheit zugelassene Beschluss der Anpassung der Stammkapitalziffer[212] entgegen dieser Ansicht nicht nur bloße Dokumentationsfunktion.[213] Folgte man dem »Anwachsungsmodell«, würde der Gestaltungsspielraum auch dadurch eingeschränkt, dass die Neubildung eines Geschäftsanteils nur noch durch Teilabtretung und Zusamenlegung und deshalb nur mit Zustimmung aller Gesellschafter möglich

---

206 *Sosnitza*, in: Michalski, GmbHG, § 34 Rn. 118. Vgl. BGHZ 104, 351, 354.

207 Vgl. auch *Sosnitza*, in: Michalski, GmbHG, § 34 Rn. 118 zum Schadensersatz nach § 281 BGB.

208 So zum Ausschluss OLG Brandenburg, GWR 2009, 60, 60 mit Verweis auf BGH, NJW-RR 1989, 685.

209 BGH, NJW 1953, 780, 782; BayObLG, NJW-RR 1992, 736, 737; OLG Düsseldorf, Urt. v. 7.2.2007 – I-15 U 130/06, juris Rn. 24; *Strohn*, in: MünchKommGmbHG, § 34 Rn. 64; *Hueck/Fastrich*, in: Baumbach/Hueck, GmbHG, § 34 Rn. 20.

210 BayObLG, NJW-RR 1992, 736, 737 mit Verweis auf BGH, MDR 1988, 1032, 1032; *H.P. Westermann*, in: Scholz, GmbHG, § 34 Rn. 62; *Strohn*, in: MünchKommGmbHG, § 34 Rn. 64; *Sosnitza*, in: Michalski, GmbHG, § 34 Rn. 120.

211 OLG Düsseldorf, Urt. v. 7.2.2007 – I-15 U 130/06, juris Rn. 24; *Lutter*, in: Lutter/Hommelhoff, GmbHG, § 34 Rn. 2 und 3; *Lutter*, GmbHR 2010, 1177, 1179.

212 BGH, MDR 1988, 1032, 1032; BayObLG, NJW-RR 1992, 736, 737; *Sosnitza*, in: Michalski, GmbHG, § 34 Rn. 120; *Hueck/Fastrich*, in: Baumbach/Hueck, GmbHG, § 34 Rn. 20.

213 So aber *Lutter*, GmbHR 2010, 1177, 1179.

wäre.[214] Richtigerweise ist für die originäre Neubildung eines Geschäftsanteils auf der Grundlage einer zunächst eintretenden Divergenz zwischen Stammkapitalziffer und Summe der Nennbeträge aber ein Gesellschafterbeschluss mit qualifizierter Mehrheit ausreichend.[215] Besonderheiten ergeben sich nur bei disquotaler Aufstockung der Nennbeträge.[216] Eine automatische Anwachsung, die auch bei dem jetzigen Mindestnennbetrag von einem Euro nicht in allen Fällen glatt aufgeht[217], erfolgt in Personen-, nicht aber in Kapitalgesellschaften. Eine Herabsetzung des Stammkapitals ist nur nach den dafür geltenden Regelungen möglich.[218]

47 Seit der sprachlichen Anpassung der Begrifflichkeiten in § 5 Abs. 3 Satz 3 a.F (jetzt § 5 Abs. 3 Satz 2) durch das MoMiG an die Ersetzung des Begriffs der Stammeinlage durch den des Geschäftsanteils ist streitig, ob § 5 Abs. 3 Satz 2 jetzt auch im Rahmen des § 34 ein Auseinanderfallen von Stammkapitalziffer und Summe der Nennbeträge aller Geschäftsanteile verbietet[219] und ein Einziehungsbeschluss anfechtbar[220] oder gar nichtig[221] ist, wenn nicht gleichzeitig Maßnahmen zur Anpassung beider Größen beschlossen werden.[222] Vor MoMiG wurde diese Vorschrift entsprechend ihrer systematischen Stellung sowie gemäß § 55 Abs. 4 lediglich auf die Gründung und auf die Kapitalerhöhung, nicht aber auf den Fall der Einziehung bezogen.[223] Das MoMiG hat zwar weder an der systematischen Stellung noch an dem materiellen Gehalt der Vorschrift etwas geändert.[224] Allerdings findet sich in der RegBegr. zum MoMiG die Aussage, § 5 Abs. 3 Satz 2 n.F. gelte mit seiner Anpassung nun auch im weiteren Ver-

---

214 Darauf weist *Lutter*, in: Lutter/Hommelhoff, GmbHG, § 34 Rn.4 selbst hin.

215 *Sosnitza*, in: Michalski, GmbHG, § 34 Rn. 121; *Ulmer*, in: Ulmer/Habersack/Winter, GmbHG, § 34 Rn. 70; *H.P. Westermann*, in: Scholz, GmbHG, § 34 Rn. 70; *Kort*, in: MünchHdbGesR, Bd. 3, § 29 Rn. 43; vgl. auch *Hueck/Fastrich*, in: Baumbach/Hueck, GmbHG, § 34 Rn. 20. A.A. (Einstimmigkeit erforderlich) u.a.: *Sieger/Mertens*, ZIP 1996, 1493, 1499; *Müller*, DB 1999, 2045, 2048.

216 *Nolting*, ZIP 2011, 1292, 1294.

217 Darauf weist *Strohn*, in: MünchKommGmbHG, § 34 Rn. 65 zu Recht hin.

218 §§ 58 ff. Vgl. *Hueck/Fastrich*, in: Baumbach/Hueck, GmbHG, § 34 Rn. 20.

219 So die seit MoMiG verbreitet vetretene Ansicht: LG Essen, NZG 2010, 867, 868 f.; *Sosnitza*, in: Michalski, GmbHG, § 34 Rn. 119; *Altmeppen*, in: Roth/Altmeppen, GmbHG, § 34 Rn. 73 f.; *Meyer*, NZG 2009, 1201, 1202; *Haberstroth*, NZG 2010, 1094, 1095; *Wanner-Laufer*, NJW 2010, 1499, 1501.

220 *Sosnitza*, in: Michalski, GmbHG, § 34 Rn. 122.

221 LG Neubrandenburg, ZIP 2011, 1214, 1214; LG Essen, NZG 2010, 867, 868 f.

222 Teilweise wird auch nur eine Verpflichtung zur Anpassung angenommen: *Altmeppen*, in: Roth/Altmeppen, GmbHG, § 34 Rn. 74; ebenso *Strohn*, in: MünchKommGmbHG, § 34 Rn. 65, der allerdings bei Missachtung der Pflicht daran keine Rechtsfolgen knüpfen will. Vgl. auch *Wanner-Laufer*, NJW 2010, 1499, 1502, der eine Frist von ca. 1 Jahr für die Anpassung gewähren will.

223 Vgl. *Strohn*, in: MünchKommGmbHG, § 34 Rn. 65: Auseinanderfallen als »Schönheitsfehler« hingenommen.

224 Vgl. RegE MoMiG, BT-Drs. 16/6140, S. 29. So auch *Lutter*, GmbHR 2010, 1177, 1178; *Ulmer*, DB 2010, 321, 322.

lauf der Gesellschaft, namentlich im Fall der Einziehung.[225] Die Abweichung soll danach durch die Verbindung der Einziehung mit einer Kapitalherabsetzung, die Anpassung der Nennbeträge der verbleibenden Geschäftsanteile oder die Neubildung eines neuen Geschäftsanteils verhindert werden.[226] Richtigerweise gilt § 5 Abs. 3 Satz 2 n.F. auch nach MoMiG trotz der Aussage der Gesetzesbegründung nicht außerhalb von Gründung und Kapitalerhöhung und damit auch nicht für die Einziehung, da sich die Aussage im Gesetzestext nicht wiederspiegelt und auch mittelbar aus keinen Änderungen im Gesetz abgeleitet werden kann.[227] Jedenfalls ergeben sich keine Auswirkungen auf § 34, sodass der Einziehungsbeschluss weder anfechtbar noch nichtig ist.[228] Indem die Gesetzesbegründung die Verbindung mit einer Kapitalherabsetzung als zulässig ansieht, geht sie zudem selbst von der Zulässigkeit eines vorübergehenden Auseinanderfallens von Stammkapital und Summe der Nennbeträge aus.[229]

48 Der Praxis ist vor dem Hintergrund der Unsicherheiten und des Risikos der Nichtigkeit des Einziehungsbeschlusses bis zu einer höchstrichterlichen Klärung anzuraten, einen Einziehungsbeschluss mit einem Beschluss zur entsprechenden Aufstockung der verbleibenden Geschäftsanteile oder zur Schaffung eines neuen Geschäftsanteils zu verbinden.[230] Will man ganz sicher gehen, sollte dies wegen des Sperrjahres selbst für den Fall der gleichzeitig beschlossenen Kapitalherabsetzung geschehen. Eine Kapitalherabsetzung unter 25.000 Euro ist ohnehin ausgeschlossen.[231] In jedem Fall haben die Geschäftsführer eine neue Gesellschafterliste zum Handelsregister einzureichen, aus der sich der Wegfall des Geschäftsanteils ergibt.[232]

49 Eine Aufstockung der verbleibenden Geschäftsanteile stellt keine Satzungsänderung dar und ist durch einfachen Gesellschafterbeschluss mit einfacher Mehrheit möglich.[233] Die Änderung hat die Vorgaben des § 5 Abs. 2 und 3 zu beachten und ist in der Gesellschafterliste (§ 16) nachzuvollziehen. Die Neubildung eines Geschäftsanteils erfolgt ohne Kapitalerhöhung durch Gesellschafterbeschluss mit einer Dreivier-

---

225 BR-Drs. 354/07, S. 69.

226 BR-Drs. 354/07, S. 69.

227 Ebenso *Lutter*, GmbHR 2010, 1177, 1180; *Ulmer*, DB 2010, 321, 323; *Braun*, GmbHR 2010, 82, 83f.

228 *Lutter*, GmbHR 2010, 1177, 1180; *Ulmer*, DB 2010, 321, 323; *Braun*, GmbHR 2010, 82, 83 f.; ebenso im Ergebnis wohl *Strohn*, in: MünchKommGmbHG, § 34 Rn. 65; *Wicke*, GmbHG, § 34 Rn. 3; *Altmeppen*, in: Roth/Altmeppen, GmbHG, § 34 Rn. 73 f.; *Wanner-Laufer*, NJW 2010, 1499, 1502.

229 Vgl. *Strohn*, in: MünchKommGmbHG, § 34 Rn. 65.

230 Ebenso *Hueck/Fastrich*, in: Baumbach/Hueck, GmbHG, § 34 Rn. 17b.

231 *Strohn*, in: MünchKommGmbHG, § 34 Rn. 68.

232 *Strohn*, in: MünchKommGmbHG, § 34 Rn. 66.

233 Vgl. BGH, NJW 1986, 168, 169; BayObLG, NJW-RR 1992, 736, 737; *Strohn*, in: MünchKommGmbHG, § 34 Rn. 66.

telmehrheit.[234] Der neue Anteil steht zunächst der Gesellschaft zu, sodass sich wegen des Ruhens der Rechte daraus insoweit zunächst keine Auswirkungen für die Gesellschafter ergeben.[235] Durch eine Veräußerung können die ursprünglichen Quotenverhältnisse der Anteile wieder hergestellt werden. Minderheitsgesellschafter werden über den Gleichbehandlungsgrundsatz und die Treuepflicht geschützt.[236]

III. Rechtsstellung der Mitgesellschafter

50 Trotz grundsätzlich gleich bleibender Nennbeträge der verbleibenden Geschäftsanteile erhöht sich infolge der Einziehung ihre Beteiligungsquote und damit der Umfang sonstiger daran anknüpfender Rechte und Pflichten wie das Stimmrecht (§ 47 Abs. 2), die Gewinnbezugsrechte (§ 29 Abs. 3), die Haftung aus §§ 24, 31 Abs. 3 oder der Anteil am Liquidationserlös (§ 72 Abs. 1). Da die Stammkapitalziffer von der Einziehung unberührt bleibt, ergeben sich dem Wortlaut der an eine Relation zum Stammkapital anknüpfenden Vorschriften wie der Minderheitenrechte gemäß §§ 50 Abs. 1, 61 Abs. 2 nach keine Veränderungen. Sinn und Zweck dieser Vorschriften entsprechend ist aber anerkannt, dass entgegen dem Wortlaut auch hier die Relation der Nennbeträge der Geschäftsanteile entscheidend ist.[237] Persönliche Rechte des Inhabers des eingezogenen Anteils wie insbesondere Nebenleistungspflichten nach § 3 Abs. 2 gehen nicht über.[238] Werden nur einzelne von mehreren Anteilen eines Gesellschafters eingezogen, hat die Einziehung gegebenenfalls Auswirkungen auf den Umfang bestehen bleibender Rechte. Mit dem konkreten Anteil verbundene Sonderrechte gehen mit dem Anteil unter.

IV. Bilanzierung, Steuerrecht, Handelsregister

51 Bilanziell ergeben sich wegen des gleich bleibenden Stammkapitals und dessen grundsätzlicher Maßgeblichkeit für das gezeichnete Kapitel (§ 272 Abs. 1 Satz 1 HGB) eigentlich keine Auswirkungen.[239] Nachdem für den bilanziellen Ausweis eigener Anteile seit BilMoG gemäß § 272 Abs. 1a HGB generell die Nettomethode gilt, lässt sich allerdings argumentieren, dass diese offene Absetzung des Nennbetrags vom

---

234 *Sosnitza*, in: Michalski, GmbHG, § 34 Rn. 121; *Hueck/Fastrich*, in: Baumbach/Hueck, GmbHG, § 34 Rn. 20; *Ulmer*, in: Ulmer/Habersack/Winter, GmbHG, § 34 Rn. 70. Für Einstimmigkeit dagegen die bislang wohl dominierende Ansicht: vgl. nur *Sieger/Mertens*, ZIP 1996, 1493, 1499; *Müller*, DB 1999, 2045, 2048; *Priester*, in: FS Kellermann, 1991, S. 337, 358.

235 *Hueck/Fastrich*, in: Baumbach/Hueck, GmbHG, § 34 Rn. 20.

236 *Sosnitza*, in: Michalski, GmbHG, § 34 Rn. 121. A.A. *H.P. Westermann*, in: Scholz, GmbHG, § 34 Rn. 70: Einstimmigkeit erforderlich, wenn Veräußerung unter dem Abfindungsbetrag.

237 *Ulmer*, in: Ulmer/Habersack/Winter, GmbHG, § 34 Rn. 66; *Sosnitza*, in: Michalski, GmbHG, § 34 Rn. 127.

238 *Sosnitza*, in: Michalski, GmbHG, § 34 Rn. 127; *Strohn*, in: MünchKommGmbHG, § 34 Rn. 64.

239 Vgl. *Winnefeld*, in: Winnefeld, Bilanz-Handbuch, Kap. M Rn. 763.

gezeichneten Kapital und die damit verbundene Bilanzverkürzung *erstrecht* auch für den Fall der Einziehung gelten muss.[240] Wirtschaftlich sind die Vorgänge vergleichbar. Der wesentliche Unterschied liegt allein darin, dass der Anteil bei der Einziehung untergeht, während er beim Rückerwerb bestehen bleibt. Würde es zu einer echten Kapitalherabsetzung kommen, stimmte das gezeichnete Kapital wieder mit dem Stammkapital überein. Im Falle der (späteren) Aufstockung der übrigen Anteile müsste aus Gründen des richtigen Ausweises das gezeichnete Kapital wieder an das Stammkapital angeglichen werden, auch wenn sich wirtschaftlich nichts ändert. Im Falle der Bildung eines neuen Geschäftsanteils steht dieser der Gesellschaft ohnehin zunächst als eigener Anteil zu. Im Falle der Einziehung eines eigenen Geschäftsanteils bleibt es ohne Weiteres bei der Absetzung des entsprechenden Nennbetrags vom gezeichneten Kapital, die bereits vorher nach § 272 Abs. 1a HGB erfolgen musste. Der Abfindungsanspruch ist zu passivieren bzw. gegebenenfalls ist in entsprechender Höhe eine Rückstellung zu bilden, und zwar jeweils zu Lasten der freien Rücklagen oder eines Gewinnvortrags (vgl. Abs. 3).[241]

52 Steuerlich ist die Einziehung für den Anteilsberechtigten nach dem BFH wie eine Anteilsveräußerung zu behandeln.[242] Für die Mitgesellschafter und die Gesellschaft ergeben sich grundsätzlich keine ertragsteuerlichen Auswirkungen.[243] Eine Abfindung unter Wert kann aus Sicht der Mitgesellschafter schenkungs- bzw. erbschaftssteuerliche Bedeutung haben.[244] Relevanz für das Handelsregister hat die Einziehung nur hinsichtlich der Einreichung einer neuen Gesellschafterliste nach § 16.

H. Sonderfälle

53 Nicht möglich ist die Einziehung, wenn eine konkrete Einziehung auf den letzten Geschäftsanteil bezogen ist. Eine anteilslose GmbH widerspricht dem Wesen der GmbH.[245] Deshalb ist die Einziehung sämtlicher Geschäftsanteile bzw. des letzten Geschäftsanteils der Gesellschaft wegen des Fortbestands der Gesellschaft ausgeschlossen und ein entsprechender Einziehungsbeschluss analog § 241 Nr. 3 AktG

240 Vgl. zum alten recht schon *Winnefeld*, in: Winnefeld, Bilanz-Handbuch, Kap. M Rn. 765.

241 *Strohn*, in: MünchKommGmbHG, § 34 Rn. 79 und 207.

242 BFH, NZG 2008, 919, 920; *Lutter*, in Lutter/Hommelhoff, GmbHG, § 34 Rn. 98; *Strohn*, in: MünchKommGmbHG, § 34 Rn. 81. Zur Unzulässigkeit einer Rückstellung bei der Gesellschaft Hessisches FG, EFG 2004, 1005f.. A.A. *Peetz*, GmbHR 2000, 749, 756: Teilliquidation analog § 17 Abs. 4 EStG mit der Folge von Einnahmen nach § 20 Abs. 1 Nr. 2 EStG für den Anteilsberechtigten.

243 BFH, GmbHR 1993, 380, 382. Siehe aber auch zu verdeckten Gewinnausschüttungen *Peetz*, GmbHR 2000, 749, 754.

244 *Strohn*, in: MünchKommGmbHG, § 34 Rn. 82.

245 *Hueck/Fastrich*, in: Baumbach/Hueck, GmbHG, § 34 Rn. 2.

nichtig.[246] Dem letztverbliebenen Gesellschafter bleibt insoweit der Weg der Auflösung nach § 60 Abs. 1 Nr. 2.[247]

54 Möglich ist die Einziehung eines Teils eines Geschäftsanteils (Teileinziehung).[248] Voraussetzung ist, dass der Anteil insgesamt voll eingezahlt ist.[249] Eine besondere gesellschaftsvertragliche Zulassung ist grundsätzlich nicht erforderlich. Jedoch kann der Sinn und Zweck eines Einziehungsgrundes einer Teileinziehung – ebenso wie einer Einziehung einzelner von mehreren Anteilen eines Gesellschafters – zum Zwecke der Reduzierung seines Einflusses entgegen stehen.[250]

55 Der Gesellschaftsvertrag kann einem Gesellschafter ein Recht auf Einziehung seiner Anteile oder eines seiner Anteile einräumen.[251] Dieses steht kraft Gesetzes unter dem Vorbehalt des Abs. 3, wenn nicht eine Abfindung ausgeschlossen ist.[252] Es handelt sich um eine freiwillige Einziehung mit dem Verlangen als Zustimmung.[253] Spiegelbildlich zu Abs. 2 wird auch hier eine exakte Regelung der Voraussetzungen des Anspruchs im Gesellschaftsvertrag verlangt.[254]

56 In der Zweipersonengesellschaft wird selbst im Fall des Stimmrechtsausschlusses des betroffenen Anteilsberechtigten ein Gesellschafterbeschluss über die Einziehung für erforderlich gehalten.[255] Im Falle der beiderseitig betriebenen Zwangseinziehung sind Begehren gemeinsam in einer Gesellschafterversammlung zu behandeln, soweit jeweils vorgetragene Gründe gegeneinander abgewogen werden müssen.[256] Die Einziehung wird hier nicht durch die Ausschließungsklage oder die Auflösung (§§ 60

---

246 *Hueck/Fastrich*, in: Baumbach/Hueck, GmbHG, § 34 Rn. 2; vgl. auch *Ulmer*, in: Ulmer/Habersack/Winter, GmbHG, § 34 Rn. 28.

247 *Ulmer*, in: Ulmer/Habersack/Winter, GmbHG, § 34 Rn. 28.

248 *Hueck/Fastrich*, in: Baumbach/Hueck, GmbHG, § 34 Rn. 18; *Strohn*, in: MünchKommGmbHG, § 34 Rn. 90.

249 *Ulmer*, in: Ulmer/Habersack/Winter, GmbHG, § 34 Rn. 24.

250 Vgl. *H.P. Westermann*, in: Scholz, GmbHG, § 34 Rn. 40; einschränkend dagegen *Strohn*, in: MünchKommGmbHG, § 34 Rn. 91: Gesellschaftsvertrag müsse Teileinziehung vorsehen oder es müssten sonst anerkennenswerte Gründe für eine Teileinziehung vorliegen.

251 *H.P. Westermann*, in: Scholz, GmbHG, § 34 Rn. 28. Soweit es um alle Anteile geht, handelt es sich im Ergebnis um ein Austrittsrecht verbunden mit der Einziehung als Lösung für die Zuordnung der Anteile.

252 *H.P. Westermann*, in: Scholz, GmbHG, § 34 Rn. 28.

253 *Altmeppen*, in: Roth/Altmeppen, GmbHG, § 34 Rn. 76.

254 *Altmeppen*, in: Roth/Altmeppen, GmbHG, § 34 Rn. 76; *Strohn*, in: MünchKommGmbHG, § 34 Rn. 92. Anders wohl *H.P. Westermann*, in: Scholz, GmbHG, § 34 Rn. 28.

255 OLG München, NJW-RR 1994, 496, 497; OLG Nürnberg, NJW-RR 2001, 403, 404; *Strohn*, in: MünchKommGmbHG, § 34 Rn. 94.

256 OLG München, NJW-RR 1994, 496, 497; *Altmeppen*, in: Roth/Altmeppen, GmbHG, § 34 Rn. 64; *Hueck/Fastrich*, in: Baumbach/Hueck, GmbHG, § 34 Rn. 14. Für einheitliche Beschlussfassung *Strohn*, in: MünchKommGmbHG, § 34 Rn. 94.

Abs. 1 Nr. 2 oder 61) verdrängt.[257] Beruhen beide Einziehungsbegehren auf demselben Sachverhalt, insbesondere auf einem Zerwürfnis, kann die Einziehung des einen oder des anderen nur bei ausreichendem Überwiegen eines Verursachungsanteils erfolgreich sein. Ansonsten bleibt nur die Auflösung.[258] Die Betreibung der Einziehung durch einen Gesellschafter kann rechtsmissbräuchlich sein, wenn dieser selbst einen, wenn auch anderen Einziehungsgrund verwirklicht hat.

57 Im Falle der Mitberechtigung mehrerer an einem Anteil (§ 18) setzt die freiwillige Einziehung die Zustimmung sämtlicher Mitberechtigter voraus.[259] Ob bei der Zwangseinziehung der Einziehungsgrund für alle oder nur einen Mitberechtigten vorliegen muss, ist durch Auslegung des Gesellschaftsvertrags zu ermitteln, wobei regelmäßig die Verwirklichung durch einen ausreichen soll.[260] Die Einführung der gesellschaftsvertraglichen Grundlage für die Zwangseinziehung bedarf der Zustimmung aller Mitberechtigten (§ 18 Abs. 1).

58 Bestehen dingliche Rechte wie Nießbrauch, Pfandrecht oder Pfändungspfandrecht am einzuziehenden Anteil, bedarf zwar nicht die affirmative Stimmabgabe des Anteilsinhabers hinsichtlich der Einführung der Zulassung der freiwilligen Einziehung der Zustimmung der Drittberechtigten, wohl aber die Zustimmung des Anteilsberechtigten zur konkreten Einziehung (§§ 1071 Abs. 2, 1276 Abs. 2 BGB).[261] Bei der Zwangseinziehung bedarf hingegen die affirmative Stimmabgabe zur Einführung der gesellschaftsvertraglichen Grundlage durch Satzungsänderung der Zustimmung des dinglich Berechtigten.[262] Die nicht disponible Möglichkeit zur Ausschließung von Gesellschaftern aus wichtigem Grund wird durch die (gesetzliche) Ausschließung aus wichtigem Grund gewährleistet, nicht durch die Einziehung. Ein Verweis auf die Surrogation durch die Abfindung kann dem nicht entgegen gehalten werden, da Surrogationsprinzip und Zustimmungserfordernis nebeneinander ste-

257 Für die Zulässigkeit *Hueck/Fastrich*, in: Baumbach/Hueck, GmbHG, § 34 Rn. 14; *Strohn*, in: MünchKommGmbHG, § 34 Rn. 94; kritisch *Altmeppen*, in: Roth/Altmeppen, GmbHG, § 34 Rn. 64: Auflösungsklage näher liegend; a.A. *Wolf*, ZGR 1998, 92, 104: Verweisung der Gesellschafter auf Ausschließungsklage. Vgl. auch BGH, NJW 1999, 3779, 3780; OLG München, NJW-RR 1994, 496, 497.

258 BGH, NJW 1999, 3779, 3780; *Strohn*, in: MünchKommGmbHG, § 34 Rn. 96.

259 *Strohn*, in: MünchKommGmbHG, § 34 Rn. 97.

260 *H.P. Westermann*, in: Scholz, GmbHG, § 34 Rn. 37; *Strohn*, in: MünchKommGmbHG, § 34 Rn. 44.

261 *H.P. Westermann*, in: Scholz, GmbHG, § 34 Rn. 38; *Lutter*, in: Lutter/Hommelhoff, GmbHG, § 34 Rn. 17. Allgemein zur Zustimmung dinglich Berechtigter (Nießbrauch) *Sandhaus*, S. 65.

262 *Lutter*, in: Lutter/Hommelhoff, GmbHG, § 34 Rn. 23; a.A. *Hueck/Fastrich*, in: Baumbach/Hueck, GmbHG, § 34 Rn. 8.

hen.[263] Insgesamt hängt die Relevanz dinglicher Rechte am Anteil mit Wirkung gegenüber der Gesellschaft von der Offenlegung gegenüber der Gesellschaft ab.[264]

59 Im Fall der Treuhand über den Geschäftsanteil kommt es für das Vorliegen personenbezogener Einziehungsgründe auf den Treuhänder als Gesellschafter an.[265] Auch auf die Person des Treugebers kann abgestellt werden, wenn dieser das Verhalten des Treuhänders maßgeblich beeinflussen oder den Anteil jederzeit wieder selbst übernehmen kann.[266] Entscheidend ist im Übrigen allgemein derjenige, der in die Gesellschafterliste (§ 16) eingetragen ist.[267]

I. Abfindung

I. Gesetzlicher Abfindungsanspruch

60 Als Rechtsfolge der Einziehung erlangt der Anteilsberechtigte kraft Gesetzes einen Anspruch gegen die Gesellschaft auf Abfindung zum vollen wirtschaftlichen Wert des eingezogenen Anteils.[268] Maßgeblich ist der Verkehrswert.[269] Eine explizite Abfindungsregelung ist nicht Voraussetzung einer ordnungsgemäßen gesellschaftsvertraglichen Einziehungsregelung.[270] Der Anspruch ist auch ohne gesetzliche Regelung als Rechtsgrundsatz mit Blick auf § 738 Abs. 1 Satz 2 BGB anerkannt.[271] Der Anspruch auf Abfindung entsteht nach dem Gesetz mit dem Wirksamwerden der Einziehung

263 Ebenso *H.P. Westermann*, in: Scholz, GmbHG, § 34 Rn. 38. Anders wohl *Strohn*, in: MünchKommGmbHG, § 34 Rn. 17 bei einer Abfindung zum Verkehrswert, der aber verkennt, dass auch insoweit selbst beim Pfandrecht ein Interesse an einer anderen, u.U. ergiebigeren Verwertung bestehen kann.

264 Neben einer Einbeziehung des Dritten in das Gesellschaftsverhältnis durch den Gesellschaftsvertrag kommt eine Legitimation über die Gesellschafterliste (§ 16) in Betracht, vgl. LG Aachen, AG 2009, 881, 881; a.A. *Hueck/Fastrich*, in: Baumbach/Hueck, GmbHG, § 34 Rn. 6. Vgl. zur vormaligen Anmeldung nach § 16 a.F. *Sandhaus*, S. 44.

265 OLG München, GmbHR 1997, 451, 452; *Strohn*, in: MünchKommGmbHG, § 34 Rn. 44.

266 OLG München, GmbHR 1994, 406, 409; *Strohn*, in: MünchKommGmbHG, § 34 Rn. 44.

267 Vgl. zu § 16 a.F. (Anmeldung) OLG Hamm, GmbHR 1993, 660, 661; *Goette*, DStR 1993, 1032, 1033f. mit Verweis auf BGH.

268 *Hueck/Fastrich*, in: Baumbach/Hueck, GmbHG, § 34 Rn. 22; *Sosnitza*, in: Michalski, GmbHG, § 34 Rn. 45f.

269 BGH, NZG 2002, 176, 176; *Hueck/Fastrich*, in: Baumbach/Hueck, GmbHG, § 34 Rn. 22.

270 Vgl. BGH, NJW 1977, 2316, 2317; *Ulmer*, in: Hachenburg, GmbHG, § 34 Rn. 39; *H.P. Westermann*, in: Scholz, GmbHG, § 34 Rn. 25; *Strohn*, in: MünchKommGmbHG, § 34 Rn. 46; anders die früher verbreitet vertretene Ansicht: *Pleyer*, GmbHR 1960, 124, 126.

271 Vgl. ausführlich *Strohn*, in: MünchKommGmbHG, § 34 Rn. 205; *Sosnitza*, in: Michalski, GmbHG, § 34 Rn. 45f.

durch Mitteilung[272] und ist sofort insgesamt fällig. Ob der konkrete Abfindungsbetrag bereits ermittelt ist oder die erforderlichen liquiden Mittel bei der GmbH bereits vorhanden sind, ist unerheblich.[273] Der Anspruch kann (ggf. vorübergehend) undurchsetzbar werden, soweit ausreichend freies Vermögen (Abs. 3) nicht vorhanden ist.[274]

61 Der Verkehrswert entspricht dem Preis, der auf dem freien Markt erzielbar wäre, würde der Anteil an einen gesellschaftsfremden Dritten veräußert.[275] Fehlen wie regelmäßig zeitnahe vergleichbare Anteilsverkäufe, ist der Betrag maßgeblich, der bei Veräußerung des gesamten Unternehmens einschließlich stiller Reserven und eines Firmen- und Geschäftswertes zu erzielen wäre und davon nach dem Verhältnis der Geschäftsanteile zueinander i.S.d. § 72 auf den eingezogenen Anteil entfällt.[276] Praktisch kommt es wegen des regelmäßigen Fehlens entsprechender Vergleichszahlen auf eine Unternehmensbewertung an. In der Regel wird dazu ein Sachverständigengutachten einzuholen sein. Bei der Unternehmenswertermittlung sind die Beteiligten und ggf. der Tatrichter nicht zwingend an bestimmte Bewertungsmethoden gebunden. Sie haben einen Beurteilungsspielraum.[277] Im Vordergrund steht dabei praktisch und insbesondere auch in der Rechtsprechung der Ertragswert des Unternehmens.[278] Er beruht auf der Kapitalisierung der sich aus dem betriebsnotwendigen Vermögen ergebenden nachhaltig zu erwartenden künftigen Erträge, die ausgehend von der gegenwärtigen Ertragslage unter Berücksichtigung der erkennbaren Entwicklung ermittelt werden. Nicht betriebsnotwendiges (betriebsneutrales) Vermögen wird gesondert in der Regel nach der Substanzwertmethoden auf der Grundlage der für die Errichtung eines entsprechenden Unternehmens für diesen Vermögensteil erforderlichen Aufwendungen bewertet.[279] Die Substanzwertmethode ist auch von Bedeutung, wenn die Ertragskraft nicht so sehr von der Unternehmensorganisation als vielmehr von der persönlichen Mitarbeit der Gesellschafter abhängt. Dies trifft insbeson-

272 Soweit angenommen wird, dass die Einziehung unter der aufschiebenden Bedingung der vollständigen Zahlung der Abfindung steht, kann dies dem Entstehen des Abfindungsanspruchs nicht entgegenstehen.

273 § 271 BGB. Vgl. OLG Düsseldorf, Urt. v. 7.2.2007 – 15 U 130/06, juris Rn. 39; *Hueck/Fastrich*, in: Baumbach/Hueck, GmbHG, § 34 Rn. 22; *Sosnitza*, in: Michalski, GmbHG, § 34 Rn. 51; a.A. BayObLG, DB 1983, 99, 100; *Ulmer*, in: Ulmer/Habersack/Winter, GmbHG, § 34 Rn. 80. Vgl. ausführlich *Strohn*, in: MünchKommGmbHG, § 34 Rn. 217 ff.

274 *Strohn*, in: MünchKommGmbHG, § 34 Rn. 207.

275 OLG Köln, NZG 1998, 779, 780; *Hueck/Fastrich*, in: Baumbach/Hueck, GmbHG, § 34 Rn. 22.

276 BGH, NJW 1992, 892, 895; *Hueck/Fastrich*, in: Baumbach/Hueck, GmbHG, § 34 Rn. 22.

277 Dazu BGH, WM 1977, 781, 782; BGH, NJW 1992, 892, 895.

278 BGH, NJW 1985, 192, 193; BGH, NZG 1998, 644, 646. Zustimmend die h.L., vgl. nur *Strohn*, in: MünchKommGmbHG, § 34 Rn. 209 m.w.N.

279 Vgl. *Strohn*, in: MünchKommGmbHG, § 34 Rn. 209; *Hueck/Fastrich*, in: Baumbach/Hueck, GmbHG, § 34 Rn. 23.

dere auf freiberufliche Gesellschaften zu.[280] In Betracht kommt auch das sog. Discounted Cash-Flow-Verfahren (DCF), bei dem der Unternehmenswert durch die Abzinsung von zukünftig zu erwatenden Zahlungsüberschüssen auf der Grundlage einer Unternehmensplanung ermittelt wird. Von der Ertragswertmethode unterscheidet sich dieses Verfahren im Wesentlichen mit Blick auf die zugrunde liegenden Annahmen zu Kapitalstruktur, Plandaten und Risikozuschlägen.[281] Jedenfalls zur Ermittlung des Verkehrswertes im Rahmen der gesetzlichen Abfindung als grundsätzlich ungeeignet angesehen wird das sog. Stuttgarter Verfahren.[282]

62 Bewertungsstichtag ist der Tag des Wirksamwerdens der Einziehung durch Mitteilung des Einziehungsbeschlusses, auch wenn die Einziehung als unter der Rechtsbedingung der Zahlung der Abfindung stehend angesehen wird.[283]

II. Gesellschaftsvertragliche Regelung

1. Allgemeines

63 Nach allgemeiner Ansicht können Art und Höhe der Abfindung sowie Berechnungs- und Zahlungsmodalitäten im Gesellschaftsvertrag auch beschränkend geregelt werden.[284] Entsprechende Regelungen haben körperschaftlichen Charakter und sind grundsätzlich nur bei Aufnahme in die Satzung bindend.[285] Allerdings kann sich die Gesellschaft u.U. über § 328 BGB auf schuldrechtliche Nebenabreden zwischen den Gesellschaftern berufen.[286] Bezogen auf die Zwangseinziehung bedarf die nachträgliche Einführung einer Abfindungsbeschränkung als Erweiterung der Voraussetzungen der Zwangseinziehung nach Abs. 2 der Zustimmung aller davon betroffenen Gesellschafter.[287] Zudem müssen die Einschränkungen der Abfindung als solche deutlich erkennbar sein, damit die Betroffenen sich darauf einstellen können.[288]

---

280 BGH, NJW 1991, 1547, 1548; *Hueck/Fastrich*, in: Baumbach/Hueck, GmbHG, § 34 Rn. 23.

281 Vgl. *Strohn*, in: MünchKommGmbHG, § 34 Rn. 209 ff.; *Sosnitza*, in: Michalski, GmbHG, § 34 Rn. 49.

282 OLG Köln, GmbHR 1998, 641, 643; *Sosnitza*, in: Michalski, GmbHG, § 34 Rn. 49; *Lutter*, in: Lutter/Hommelhoff, GmbHG, § 34 Rn. 91; *Casper/Altgen*, DStR 2008, 2319, 2322; vgl. auch BVerfG, NJW 2007, 573, 583 f.

283 Wohl auch *Sosnitza*, in: Michalski, GmbHG, § 34 Rn. 50; *Ulmer*, in: Ulmer/Habersack/Winter, GmbHG, § 34 Rn. 78; vgl. auch BGH, NJW 1953, 780, 783. A.A. *H.P. Westermann*, in: Scholz, GmbHG, § 34 Rn. 25: Zeitpunkt des Einziehungsbeschlusses.

284 BGHZ 65, 22, 27; BGHZ 116 359, 368; BayObLG, DB 1983, 99f.; *Hueck/Fastrich*, in: Baumbach/Hueck, GmbHG, § 34 Rn. 25.

285 *Hueck/Fastrich*, in: Baumbach/Hueck, GmbHG, § 34 Rn. 25.

286 BGH, DStR 2010, 1850, 1852.

287 BGHZ 116, 359, 363; *Altmeppen*, in: Roth/Altmeppen, GmbHG, § 34 Rn. 46.

288 BGH, NJW 1977, 2316, 2317; *Hueck/Fastrich*, in: Baumbach/Hueck, GmbHG, § 34 Rn. 25.

64 Abfindungsbeschränkungen unterliegen gewissen Grenzen, die sich aus dem unverzichtbaren Schutz der Interessen der betroffenen Gesellschafter und dem Schutz von Gesellschaftsgläubigerinteressen ergeben. Bei der freiwilligen Einziehung mit Zustimmung des Anteilsberechtigten sind nur Interessen der Gesellschaftsgläubiger relevant. Als rechtliche Grundlage für die Beurteilung werden überwiegend die Vorschriften der §§ 241 ff. AktG, aber auch des § 138 BGB herangezogen.[289] Als anerkennenswerte Interessen an der auch beschränkenden Regelung der Abfindung sind insbesondere die Vermeidung übermäßigen, geballten Kapitalabflusses zwecks Bestandschutzes sowie die höhere Rechtssicherheit durch eine bestimmte, vereinfachte und beschleunigte Berechnung der Abfindung zu berücksichtigen.[290] Da diesen Gesichtspunkten je nach den konkreten Begleitumständen unterschiedliches Gewicht zukommen kann, ist die Beurteilung der Einhaltung der Grenzen für jeden Einzelfall gesondert vorzunehmen.

2. Einzelne Schranken der Gestaltungsfreiheit

65 a) **Sittenwidrigkeit.** Die Sittenwidrigkeit einer gesellschaftsvertraglichen Abfindungsregelung kann sich aus einem groben Missverhältnis zwischen dem vorgesehenen Betrag und dem Verkehrswert sowie aus unzumutbar belastenden Zahlungsmodalitäten ergeben. Sie kann aus dem Inhalt der Regelung oder aus deren Beweggrund, Zweck oder Art resultieren. Denkbar ist auch eine Sittenwidrigkeit wegen unangemessener Benachteiligung einzelner Gesellschafter unter Ausnutzung ihrer Unerfahrenheit oder einer Zwangslage.[291] Entscheidend ist, dass die Abfindung in einem Maße beschränkt wird, das außer Verhältnis zu dem Interesse der Mitgesellschafter am Bestand und der Fortführung der Gesellschaft steht.[292] Ein grobes Missverhältnis liegt vor, wenn die gesetzlich vorgesehene volle Abfindung völlig unangemessen verkürzt wird; zahlenmäßige Grenzen gibt es nicht.[293] Zu berücksichtigen ist als eigenes Wertungskriterium auch der Gesichtspunkt der mittelbaren Beschränkung des Austritts aus wichtigem Grund wegen unangemessen niedriger Abfindung.[294] Maßgeblich ist das Gesamtbild, in das auch die Zahlungsmodalitäten ein-

---

289 Vgl. zu §§ 241 ff. AktG BGH, NJW 2005, 3644, 3645; BGH, NJW 2000, 2819, 2820; *Hueck/Fastrich*, in: Baumbach/Hueck, GmbHG, § 34 Rn. 25; zu den §§ 134, 138 BGB bei Mängeln in der Gründungssatzung *Sosnitza*, in: Michalski, GmbHG, § 34 Rn. 87. Zu § 138 BGB *Altmeppen*, in: Roth/Altmeppen, GmbHG, § 34 Rn. 47; *Ulmer*, in: Ulmer/Habersack/Winter, GmbHG, § 34 Rn. 91.

290 *Hueck/Fastrich*, in: Baumbach/Hueck, GmbHG, § 34 Rn. 25.

291 § 138 Abs. 2 BGB. *Hueck/Fastrich*, in: Baumbach/Hueck, GmbHG, § 34 Rn. 27; *H.P. Westermann*, in: Scholz, GmbHG, § 34 Rn. 93.

292 Vgl. BGH, NJW 1992, 892, 893; *Altmeppen*, in: Roth/Altmeppen, GmbHG, § 34 Rn. 47.

293 BGH, NJW 1992, 892, 895; *Hueck/Fastrich*, in: Baumbach/Hueck, GmbHG, § 34 Rn. 27.

294 *Hueck/Fastrich*, in: Baumbach/Hueck, GmbHG, § 34 Rn. 27.

fließen.[295] Besondere Umstände können deshalb eine Durchbrechung dieser allgemeinen Grenze bis hin zum gänzlichen Ausschluss einer Abfindung rechtfertigen.

66 Besteht ein grobes Missverhältnis zwischen gesellschaftsvertraglichem Abfindungsbetrag und Verkehrswert bereits bei Beschlussfassung über die gesellschaftsvertragliche Abfindungsregelung, führt dieses sog. anfängliche Missverhältnis zur Nichtigkeit der Abfindungsregelung.[296] Ein nachträgliches Missverhältnis, das erst durch die wirtschaftliche Entwicklung nach Einführung der Abfindungsregelung entsteht, lässt die Wirksamkeit der Abfindungsregelung unberührt.[297] Ergibt sich ein solches nachträgliches Missverhältnis im konkreten Bewertungszeitpunkt, besteht nach BGH aufgrund einer ergänzenden Vertragsauslegung nach Treu und Glauben unter Abwägung der Interessen von Gesellschaft und Anteilsberechtigtem ein gesellschaftsvertraglicher Anspruch auf Abfindung in angemessener Höhe.[298] Angemessen bedeutet weder einen gerade noch zulässigen Mindestbetrag noch eine volle Abfindung zum Verkehrswert. Vielmehr ist die Höhe der Abfindung bzw. das Maß der bestehenbleibenden Abfindungsbeschränkung unter Berücksichtigung aller Umstände des Einzelfalls sowie insbesondere des Zwecks der Abfindungsregelung, des Einziehungsgrundes und der Vermögens- und Ertragslage der Gesellschaft neu zu ermitteln.[299] Im Schrifttum wird dieses Vorgehen wegen der mit dem starken Einzelfallbezug verbundenen Rechtsunsicherheit sowie der Konstruktion verbreitet kritisiert.[300] Vorgeschlagen wird stattdessen eine konkrete Vertragskorrektur auf der Grundlage der unzulässigen Rechtsausübung. Maßgeblich wird auf den Zweck der Abfindungsregelung und den Parteiwillen abgestellt, ohne sämtliche sonstige Umstände des Einzelfalls in einer allgemeinen Interessenabwägung zu berücksichtigen.[301]

67 **b) Gleichbehandlung.** Eine unterschiedliche Abfindung der Gesellschafter muss sachlich gerechtfertigt sein.[302] Eine Differenzierung nach der Dauer der Gesellschaftszugehörigkeit als Maß für das Wirtschaften mit dem eingesetzten Kapital kann zulässig sein.[303] Praktisch relevant ist dies allerdings nur, soweit nicht für die

---

295 *Hueck/Fastrich*, in: Baumbach/Hueck, GmbHG, § 34 Rn. 27.

296 BGHZ 123, 281, 284; *Lutter*, in: Lutter/Hommelhoff, GmbHG, § 34 Rn. 84; *Hueck/Fastrich*, in: Baumbach/Hueck, GmbHG, § 34 Rn. 28.

297 BGHZ 123, 281, 284; *Hueck/Fastrich*, in: Baumbach/Hueck, GmbHG, § 34 Rn. 28.

298 BGH, NJW 1993, 2101, 2103; BGH, NJW 1992, 892, 894; *Hueck/Fastrich*, in: Baumbach/Hueck, GmbHG, § 34 Rn. 28.

299 Vgl. *Hueck/Fastrich*, in: Baumbach/Hueck, GmbHG, § 34 Rn. 28.

300 *Hueck/Fastrich*, in: Baumbach/Hueck, GmbHG, § 34 Rn. 28; *Altmeppen*, in: Roth/Altmeppen, GmbHG, § 34 Rn. 50; *Lutter*, in: Lutter/Hommelhoff, GmbHG, § 34 Rn. 89;

301 *Lutter*, in: Lutter/Hommelhoff, GmbHG, § 34 Rn. 89; vgl. auch *Hueck/Fastrich*, in: Baumbach/Hueck, GmbHG, § 34 Rn. 28; *Müller*, ZIP 1995, 1561, 1568 ff.

302 BGHZ 116, 359, 373; *Hueck/Fastrich*, in: Baumbach/Hueck, GmbHG, § 34 Rn. 29; *Lutter*, in: Lutter/Hommelhoff, GmbHG, § 34 Rn. 94.

303 BGHZ 116, 359, 373; *Lutter*, in: Lutter/Hommelhoff, GmbHG, § 34 Rn. 94.

Einführung einer ungleichen Klausel nicht ohnehin schon die Zustimmung des Gesellschafters erforderlich ist.[304]

68 **c) Schutz der Gesellschaftergläubiger.** Grundsätzlich wirken gesellschaftsvertragliche Abfindungsbeschränkungen auch gegenüber Gläubigern des Gesellschafters, insbesondere im Fall der Pfändung des Anteils oder der Insolvenz.[305] Entsprechend § 241 Abs. 1 Nr. 3 AktG nichtig sind Klauseln, die ausschließlich oder doch in größerem Maße Gesellschaftergläubiger benachteiligen.[306] Eine Abfindungsbeschränkung muss deshalb bezogen auf den Anlass auch für vergleichbare Fälle wie bspw. die Einziehung aufgrund sonstiger wichtiger Gründe gelten. Im Übrigen kann die Abfindung für verschiedene Abfindungsfälle unterschiedlich geregelt werden.[307]

69 **d) Rechtsfolgen der Nichtbeachtung der Grenzen.** Sittenwidrige Abfindungsregelungen in der Ursprungssatzung sind nichtig.[308] Möglich ist eine Heilung analog § 242 Abs. 2 AktG.[309] Ist eine Abfindungsregelung nichtig oder – ggf. infolge erfolgreicher Anfechtung – unwirksam, tritt an ihre Stelle der gesetzlich ausgestaltete Abfindungsanspruch.[310] Von der Mangelhaftigkeit der Abfindungsregelung bleibt die Einziehungsregelung selbst unberührt; auf § 139 BGB kommt es nicht an.[311] Nachträglich eingeführte Abfindungsbeschränkungen sind nichtig, wenn sie inhaltlich gegen die guten Sitten verstoßen, insbesondere also bei anfänglich grobem Missverhältnis.[312] Nur anfechtbar ist der entsprechende Satzungsänderungsbeschluss, wenn sich die Sittenwidrigkeit aus Beweggrund, Zweck oder Art des Zustandekommens ergibt.[313] Anfechtbarkeit ist auch im Fall des § 138 Abs. 2 BGB gegeben.[314] Sollte der Fall auftreten, dass eine Abfindungsregelung, die eine Ungleichbehandlung enthält, nicht schon der Zustimmung des Betreffenden bedarf, führt ein Verstoß gegen den Gleichbehandlungsgrundsatz zur Anfechtbarkeit des entsprechenden Satzungsände-

---

304 *Strohn*, in: MünchKommGmbHG, § 34 Rn. 231. *Hueck/Fastrich*, in: Baumbach/Hueck, GmbHG, § 34 Rn. 31 hält das für ausgeschlossen.

305 BGHZ 144, 365, 366; BGHZ 65, 22, 24f.; OLG Celle, WM 1986, 161, 162; *Hueck/Fastrich*, in: Baumbach/Hueck, GmbHG, § 34 Rn. 30.

306 BGHZ 144, 365, 366; *Altmeppen*, in: Roth/Altmeppen, GmbHG, § 34 Rn. 53.

307 *Hueck/Fastrich*, in: Baumbach/Hueck, GmbHG, § 34 Rn. 30.

308 BGHZ 116, 359, 368; *Strohn*, in: MünchKommGmbHG, § 34 Rn. 236; *Hueck/Fastrich*, in: Baumbach/Hueck, GmbHG, § 34 Rn. 31.

309 *Strohn*, in: MünchKommGmbHG, § 34 Rn. 239; *Hueck/Fastrich*, in: Baumbach/Hueck, GmbHG, § 34 Rn. 31. Vgl. BGH, NJW 1992, 892, 894.

310 BGHZ 116, 359, 375; *Hueck/Fastrich*, in: Baumbach/Hueck, GmbHG, § 34 Rn. 32; vgl. aber auch *Sigle*, ZGR 1999, 659, 667.

311 BGH, NJW 1977, 2316, 2317; BGH, NJW 1983, 2880, 2881; *Hueck/Fastrich*, in: Baumbach/Hueck, GmbHG, § 34 Rn. 33 auch zur früheren gegenteiligen Rechtsprechung.

312 *Strohn*, in: MünchKommGmbHG, § 34 Rn. 237.

313 BGHZ 116, 359, 374; *Strohn*, in: MünchKommGmbHG, § 34 Rn. 237.

314 *Hueck/Fastrich*, in: Baumbach/Hueck, GmbHG, § 34 Rn. 31.

rungsbeschlusses.[315] Auch bei Satzungsänderungen kommt grundsätzlich eine Heilung analog § 242 Abs. 2 AktG in Betracht.[316] Dies soll nach Ansicht des BGH auch bei einem Verstoß gegen geschützte Interessen von Gesellschaftergläubigern gelten.[317]

3. Typen von Abfindungsklauseln

70 Ein vollständiger Ausschluss der Abfindung ist im Falle der Zwangseinziehung grundsätzlich unzulässig und nichtig.[318] Nur ausnahmsweise kann er durch besondere sachliche Gründe gerechtfertigt sein. Dies wurde angenommen bei einer Gesellschaft mit rein ideellem oder gemeinnützigem Zweck[319], zur Erhaltung des Charakters der Familiengesellschaft für die Einziehung von Anteilen familienfremder Erben[320] sowie bei Mitarbeiterbeteiligungsmodellen (Geschäftsführer, Manager), wenn der Anteil unentgeltlich überlassen wurde oder jedenfalls Erwerbskosten erstattet werden.[321] Für zulässig gehalten wird der vollständige Ausschluss der Abfindung auch bei der Einziehung eigener Anteile[322], bei der Zwangseinziehung aus wichtigem Grund wegen schuldhaften Verstoßes des betroffenen Anteilsberechtigten gegen seine Pflichten als Gesellschafter[323] oder bei der Einziehung im Fall des Todes eines Gesellschafters.[324] In einem Abfindungsausschluss kann eine Schenkung des Anteilswertes an die Mitgesellschafter liegen, wenn er nicht bei Aufnahme der Abfindungsregelung durch eine Gegenleistung erkauft worden ist.[325] Die Form des § 518 Abs. 1 BGB ist bereits mit § 53 Abs. 2 gewahrt.[326] Eine Verfügung von Todes wegen gemäß § 2301

---

315 *Strohn*, in: MünchKommGmbHG, § 34 Rn. 231.

316 BGH, NJW 1981, 2125, 2126; *Strohn*, in: MünchKommGmbHG, § 34 Rn. 239.

317 BGH, GmbHR 2000, 822, 823. A.A. *Hueck/Fastrich*, in: Baumbach/Hueck, GmbHG, § 34 Rn. 32.

318 *Hueck/Fastrich*, in: Baumbach/Hueck, GmbHG, § 34 Rn. 34; *Strohn*, in: MünchKommGmbHG, § 34 Rn. 245.

319 BGH, NJW 1997, 2592, 2593.

320 BGH, DB 1977, 342, 343.

321 OLG Celle, GmbHR 2003, 1428, 1429; für den Fall der Erstattung der Erwerbskosten BGH, NJW 2005, 3644, 3646; dazu *Habersack/Verse*, ZGR 2005, 451, 475 ff.; a.A. *Schröder*, GmbHR 2003, 1430, 1431.

322 *Sosnitza*, in: Michalski, GmbHG, § 34 Rn. 66.

323 *Sosnitza*, in: Michalski, GmbHG, § 34 Rn. 66 mit Verweis auf den Charakter als Verfallklausel im Sinne einer Vertragsstrafe nach §§ 339 ff. BGB.

324 *Hueck/Fastrich*, in: Baumbach/Hueck, GmbHG, § 34 Rn. 34.

325 Grundsätzlich Schenkung: *Strohn*, in: MünchKommGmbHG, § 34 Rn. 247 m.w.N.; *Hueck/Fastrich*, in: Baumbach/Hueck, GmbHG, § 34 Rn. 34. Differenzierende Ansicht (Schenkung nur bei Abfindungsausschluss für einzelne, nicht aber alle Gesellschafter, sonst aleatorisches Geschäft): BGH, NJW 1981, 1956, 1957; offen gelassen von BGH, WM 1971, 1338, 1339; *Fleck*, in: FS Stimpel, S. 353, 369f. A.A. (keine Schenkung): *Kanzleiter*, in: Staudinger, BGB, § 2301 Rn. 51.

326 *Strohn*, in: MünchKommGmbHG, § 34 Rn. 248.

BGB, die prinzipiell für zulässig gehalten wird[327], soll im Regelfall schon deshalb nicht vorliegen, weil die Abfindungsregelung mangels anderweitiger Anhaltspunkte auch dann gelten soll, wenn andere Mitgesellschafter vorversterben.[328] Im Übrigen soll im Abschluss des Gesellschaftsvertrags ein Vollzug im Sinne des § 2301 Abs. 2 BGB liegen.[329]

71 Buchwertklauseln stellen auf die im Zweifel handelsbilanziellen[330] Buchwerte in der Regel des vorangegangenen oder nachfolgenden Jahresabschlusses ab.[331] Das anschließend verhältnismäßig auf die Anteile zu verteilende Gesellschaftsvermögen ergibt sich aus den Buchwerten der bilanzierten (aktivierten) Vermögensgegenstände abzüglich der Verbindlichkeiten unter Berücksichtigung der Kapital- und Gewinnrücklagen sowie eines Gewinn- oder Verlustvortrags.[332] Stille Reserven und ein Geschäfts- oder Firmenwert bleiben außen vor.[333] Buchwertklauseln sind grundsätzlich zulässig.[334] Sie bergen aber das Risiko eines (meist nachträglichen) groben Missverhältnisses. Bei Beschränkung auf den halben Buchwert liegt auch im Falle der Schenkung[335] grundsätzlich anfängliche Sittenwidrigkeit vor.[336]

72 Nennwertklauseln beschränken den Abfindungsbetrag auf den Betrag der nicht durch einen Verlust geminderten Einlage. Selbst ausgewiesene Rücklagen bleiben außer Ansatz. Deshalb besteht hier bereits die Gefahr der anfänglichen Sittenwidrigkeit und Nichtigkeit.[337] Im Einzelfall kann eine mit zusätzlichen günstigen Elementen versehene Nennwertklausel aber wirksam sein.[338]

---

327 Siehe dazu *Sosnitza*, in: Michalski, GmbHG, § 34 Rn. 68. Die Frage der Bedingungsfeindlichkeit gesellschaftsvertraglicher Regelungen wird soweit ersichtlich nicht problematisiert.

328 *Habersack*, ZIP 1990, 625, 628; *Strohn*, in: MünchKommGmbHG, § 34 Rn. 249; a.A. *Käppler*, ZGR 1978, 542, 554 f.

329 *Sosnitza*, in: Michalski, GmbHG, § 34 Rn. 68 mit weiteren Nachweisen auch zu Gegensansicht (z.B. *Käppler*, ZGR 1978, 542, 555 f.).

330 *Sosnitza*, in: Michalski, GmbHG, § 34 Rn. 70; *Ulmer*, in: Ulmer/Habersack/Winter, GmbHG, § 34 Rn. 85.

331 Denkbar, praktisch aber u.U. aufwendig ist auch eine Regelung, nach der eine Bilanz auf den Abfindungsstichtag aufzustellen ist.

332 *Sosnitza*, in: Michalski, GmbHG, § 34 Rn. 70.

333 *Sosnitza*, in: Michalski, GmbHG, § 34 Rn. 70.

334 OLG Frankfurt, NJW 1978, 328, 328; kritisch OLG München, GmbHR 1988, 216, 216 f.; *Hueck/Fastrich*, in: Baumbach/Hueck, GmbHG, § 34 Rn. 35.

335 *Hueck/Fastrich*, in: Baumbach/Hueck, GmbHG, § 34 Rn. 35.

336 BGH, NJW 1989, 2685, 2686; *Hueck/Fastrich*, in: Baumbach/Hueck, GmbHG, § 34 Rn. 35.

337 Vgl. BGHZ 116, 359, 367 u. 375; *Sosnitza*, in: Michalski, GmbHG, § 34 Rn. 71; dagegen nicht beanstandet von OLG Celle, GmbHR 1986, 120, 120.

338 *Sosnitza*, in: Michalski, GmbHG, § 34 Rn. 71 mit Verweis auf BGHZ 116, 359, 367 ff.; *Hueck/Fastrich*, in: Baumbach/Hueck, GmbHG, § 34 Rn. 35.

73 Substanzwertklauseln leiten den Abfindungsbetrag aus dem Marktwert der einzelnen im Gesellschaftsvermögen vorhandenen Vermögensgegenstände und damit unter Aufdeckung der stillen Reserven und unter Abzug der Verbindlichkeiten ab. Der anteilige Geschäfts- oder Firmenwert bleibt dagegen unberücksichtigt. Solche Klauseln sind grundsätzlich zulässig.[339] Bei ertragsstarken Unternehmen ergibt sich die Gefahr eines groben Missverhältnisses zum Verkehrswert, soweit der Ertrag im Wesentlichen auf der Unternehmensorganisation und nicht auf der persönlichen Arbeitsleistung beruht.[340]

74 Abgestellt werden kann grundsätzlich auch auf den Vermögenssteuerwert als der gemäß §§ 9 Abs. 2, 11 Abs. 2 BewG zu ermittelnde gemeine Wert eines Geschäftsanteils.[341] Früher erfolgte eine Schätzung durch das Finanzamt nach dem sog. »Stuttgarter Verfahren«, wenn keine weniger als ein Jahr zurück liegende Anteilsverkäufe zur Ableitung vorlagen.[342] Nachdem die Vermögensbesteuerung aufgehoben wurde, ergehen keine Feststellungsbescheide des Finanzamts mehr[343], auf die viele Regelungen zur Vereinfachung verwiesen haben. In Altfällen dürfte bei Fehlen eines aktuellen Bescheids stattdessen ein Sachverständigengutachten einzuholen sein.[344] Wegen der damit erforderlich werdenden eigenen Bewertung werden entsprechende Klauseln als nicht mehr praktikabel angesehen.[345]

75 Ertragswertklauseln definieren den Abfindungsbetrag grundsätzlich in Anlehnung an die gesetzliche Abfindung nach dem Unternehmensertrag, geben aber insbesondere Berechnungsfaktoren und Ermittlungswege vor.[346] Damit kann einerseits erhöhte Rechtssicherheit und Vorhersehbarkeit geschaffen, andererseits die Höhe der Abfindung beeinflusst werden. Daneben ist die Zulässigkeit pauschaler prozentualer Abschläge im Interesse der Sicherung des Bestands und der Liquidität der Gesellschaft anerkannt.[347] Häufig wird die Einsetzung eines Schiedsgutachters zur Berechnung oder ggf. Überprüfung vorgesehen. Der Vorteil von Ertragswertklauseln liegt in

---

339 BGH, NJW 1975, 1835, 1836; OLG München, GmbHR 1988, 216, 217; *Sosnitza*, in: Michalski, GmbHG, § 34 Rn. 69.

340 Zu Zulässigkeit von Substanzwertklauseln bei Freiberuflergesellschaften vgl. BGH, NJW 1991, 1547, 1548; *Hueck/Fastrich*, in: Baumbach/Hueck, GmbHG, § 34 Rn. 36.

341 Grundsätzlich auch dann, wenn Ertragskraft im Wesentlichen auf persönlicher Leistung der Gesellschafter beruht, vgl. BGH, BB 1987, 710f.; OLG München, BB 1987, 2392f.; *Hueck/Fastrich*, in: Baumbach/Hueck, GmbHG, § 34 Rn. 36.

342 *Sosnitza*, in: Michalski, GmbHG, § 34 Rn. 72.

343 Vgl. *Casper/Altgen*, DStR 2008, 2319, 2320 u. 2322.

344 *Hueck/Fastrich*, in: Baumbach/Hueck, GmbHG, § 34 Rn. 36: ergänzende Vertragsauslegung.

345 *Sosnitza*, in: Michalski, GmbHG, § 34 Rn. 72; *Hueck/Fastrich*, in: Baumbach/Hueck, GmbHG, § 34 Rn. 36.

346 Z.B. Festlegung eines hohen Kapitalisierungszinssatzes, vgl. *Strohn*, in: MünchKommGmbHG, § 34 Rn. 262.

347 *Strohn*, in: MünchKommGmbHG, § 34 Rn. 262 hält Beschränkungen auf 70-80% für zulässig; *Hueck/Fastrich*, in: Baumbach/Hueck, GmbHG, § 34 Rn. 37.

der Vermeidung struktureller Abweichungen zum gesetzlichen Abfindungskonzept.[348] Allerdings ist das gesetzliche Konzept nicht streng auf den Ertragswert festgelegt. Ertragswertklauseln können insbesondere unwirksam sein, wenn der Liquidationswert den (modifizierten) Ertragswert erheblich übersteigt.[349] Der Rückgriff auf das vereinfachte Ertragswertverfahren gemäß §§ 199 ff. BewG ist insoweit nicht empfehlenswert, als es tendenziell zu deutlich überhöhten Unternehmenswerten führt.[350]

76 Auch Zahlungsmodalitäten wie Fälligkeit, Ratenzahlung, Verzinsung und ähnliches sind einer gesellschaftsvertraglichen Regelung zugänglich. In die Bewertung der Einhaltung der Grenzen solcher Regelungen sind immer auch anderweitige Beschränkungen insbesondere hinsichtlich der Höhe einzubeziehen.[351] Je stärker die Abfindung im Übrigen beschränkt ist, desto kritischer sind zusätzlich belastende Zahlungsmodalitäten zu beurteilen.[352] Bei späterer Fälligkeit bzw. Ratenzahlung ist gesetzlich keine Verzinsung vorgesehen.[353] Zahlungsfristen von bis zu fünf Jahren können zulässig sein.[354] Bei ansonsten vorteilhafter Abfindungsregelung sind auch längere Fristen denkbar.[355] Mehr als acht Jahre werden als bedenklich eingestuft.[356]

J. Ausschluss von Gesellschaftern

I. Zulässigkeit

77 Der (zwangsweise) Ausschluss eines Gesellschafters aus der GmbH aus wichtigem Grund ist gesetzlich nicht geregelt, aber als Institut anerkannt; auf eine gesellschaftsvertragliche Regelung kommt es nicht an.[357] Das gilt auch für den Ausschluss des Mehrheitsgesellschafters[358] oder in der Zwei-Personen-GmbH[359] sowie in der Vorge-

348 *Hueck/Fastrich*, in: Baumbach/Hueck, GmbHG, § 34 Rn. 37.

349 BGH, NZG 2006, 425, 426: mehr als das Dreifache.

350 *Leitzen*, RNotZ 2009, 315, 316.

351 OLG Dresden, NZG 2000, 1042, 1043; *Sosnitza*, in: Michalski, GmbHG, § 34 Rn. 74.

352 Vgl. BGH, NJW 1960, 1053, 1054; BGH, NJW 1989, 2685, 2686; *Sosnitza*, in: Michalski, GmbHG, § 34 Rn. 74.

353 *Hueck/Fastrich*, in: Baumbach/Hueck, GmbHG, § 34 Rn. 38; a.A. *Ulmer*, in: Ulmer/Habersack/Winter, GmbHG, § 34 Rn. 79.

354 *Hueck/Fastrich*, in: Baumbach/Hueck, GmbHG, § 34 Rn. 38.

355 BayObLG, GmbHR 1983, 270, 271: Sechs Jahre bei vollem Anteilswert ohne Verzinsung.

356 *Hueck/Fastrich*, in: Baumbach/Hueck, GmbHG, § 34 Rn. 38; *Sosnitza*, in: Michalski, GmbHG, § 34 Rn. 74; vgl. auch BGH, NJW 1989, 2685, 2686: 15 Jahre sittenwidrig, 10 Jahre offen gelassen.

357 BGHZ 16, 317, 322; *Hueck/Fastrich*, in: Baumbach/Hueck, GmbHG, § 34 Anh Rn. 2; *Sosnitza*, in: Michalski, GmbHG, Anh § 34 Rn. 6.

358 BGH, NJW 1953, 780, 784; restriktiver *v. Stetten*, GmbHR 1982, 105 ff.

359 BGHZ 16, 317, 322.

sellschaft und dem Liquidationsverfahren.[360] Die Realstruktur der Gesellschaft (personalistisch oder kapitalistisch) beeinflusst nicht die Zulässigkeit, gegebenenfalls aber die Bewertung der Gründe für einen Ausschluss.[361] Hat ein Alleingesellschafter einen Teil seiner Beteiligung an einen Dritten verkauft und taucht vor Erfüllung ein wichtiger Grund in der Person des Erwerbers auf, wird die Erfüllungsverweigerung als ausreichend angesehen, um den Missstand zu beseitigen.[362]

II. Voraussetzungen

78 Der für den Ausschluss erforderliche wichtige Grund in der Person des Auszuschließenden liegt vor, wenn Umstände in seiner Person oder seinem Verhalten unter Berücksichtigung aller Umstände des Einzelfalls den Fortbestand der Gesellschaft bzw. die Erreichung des Gesellschaftszwecks erheblich gefährden oder unmöglich machen und den übrigen Gesellschaftern sein Verbleib in der Gesellschaft daher nicht zugemutet werden kann.[363] Es hat eine Abwägung aller Umstände des Einzelfalls zu erfolgen.[364] Ein Verschulden des auszuschließenden Gesellschafters ist nicht zwingend erforderlich, sein Fehlen bzw. Vorliegen aber bei der Abwägung zu berücksichtigen.[365] Umstände aus dem privaten Bereich sind nur relevant, wenn sie unmittelbar gegen den Mitgesellschafter gerichtet oder geschäftsschädigend sind.[366] Ein Mitverschulden anderer Gesellschafter ist bei der Abwägung zu berücksichtigen, hindert den Ausschluss aber nicht zwingend, sondern nur dann, wenn ein gleiches oder überwiegendes Verschulden oder bei ihnen selbst ein Ausschlussgrund vorliegt.[367] Auch die Person eines Vertreters oder Treugebers kann zu berücksichtigen sein, wenn der Vertreter nicht nur vorübergehend tätig ist und keine Abberufung erfolgt bzw. der Treugeber maßgeblichen Einfluss ausübt.[368] Maßgeblich für die Gesellschafterstellung ist die Gesellschafterliste (§ 16); mit der Veräußerung und Umschreibung

360 BGH, NJW 1953, 780, 784. Allerdings kann die Tatsache der Liquidation im Rahmen des wichtigen Grundes zu berücksichtigen sein, OLG Frankfurt, NZG 2002, 1022, 1023.

361 Vgl. *Hueck/Fastrich*, in: Baumbach/Hueck, GmbHG, § 34 Anh Rn. 2; anders noch etwa *Fichtner*, BB 1967, 17, 18.

362 BGHZ 35, 272 ff.; *Hueck/Fastrich*, in: Baumbach/Hueck, GmbHG, § 34 Anh Rn. 8.

363 BGH, NJW 1953, 780, 781; BGH, NJW 1977, 2316, 2317; OLG Hamm, GmbHR 1993, 660, 662; OLG Frankfurt, GmbHR 1993, 659 f.; *Lutter*, in: Lutter/Hommelhoff, GmbHG, § 34 Rn. 53; *Hueck/Fastrich*, in: Baumbach/Hueck, GmbHG, § 34 Anh Rn. 3.

364 *Sosnitza*, in: Michalski, GmbHG, Anh § 34 Rn. 15; Vgl. auch OLG Karlsruhe, NZG 2004, 335, 336: Eine bei Gründung bereits vorhandene ungünstige Struktur kann nicht als Ausschlussgrund geltend gemacht werden, dazu *Hueck/Fastrich*, in: Baumbach/Hueck, GmbHG, § 34 Anh Rn. 3.

365 *Hueck/Fastrich*, in: Baumbach/Hueck, GmbHG, § 34 Anh Rn. 3.

366 BGH, NJW 1973, 92f.; *Hueck/Fastrich*, in: Baumbach/Hueck, GmbHG, § 34 Anh Rn. 3.

367 BGH, DB 1990, 929, 930; BGH, GmbHR 1991, 362, 363; BGH, ZIP 1995, 567, 569.

368 BGHZ 32, 17, 33; OLG München, BB 1997, 491, 419f.

erledigt sich ein Ausschluss.[369] Aufgrund von Gründen in der Person des Hintermannes kann gegebenenfalls auch ein Strohmann ausgeschlossen werden.[370]

79 Insbesondere in folgenden Fällen wird (teilweise) ein wichtiger Grund bejaht: schwerwiegende Pflichtverletzung[371], Vielzahl kleinerer Pflichtverletzungen[372], Zerstörung des Vertrauensverhältnisses[373], Verantwortlichkeit für heilloses Zerwürfnis zwischen den Gesellschaftern[374], bedeutender Verstoß gegen ein Wettbewerbsverbot[375] sowie die Einräumung einer Unterbeteiligung an der Beteiligung zugunsten eines Konkurrenzunternehmens[376], Denunziation eines Mitgesellschafters[377], Verweigerung satzungsmäßig geschuldeter Mitarbeit[378], Funktionsfähigkeit der Gesellschaft gefährdende längere Unerreichbarkeit[379], Verlust der Familienzugehörigkeit bei Familiengesellschaft im Falle der familienbedingten Aufnahme nach Einheirat[380], Verlust sonstiger gesellschaftsvertraglich vorgesehener Eigenschaften[381], ungerechtfertigte ehrenrührige Äußerungen gegen Mitgesellschafter oder ihnen nahe stehende Personen[382], geschäftsschädigendes Verhalten in der Öffentlichkeit[383], gesellschaftsrelevante kriminelle Handlungen[384], Täuschungen bei Abschluss des Gesellschaftsvertrags.[385] Nicht ausreichend sollen folgende Gründe sein: gerichtliche Geltendmachung berechtigter Ansprüche gegen die Gesellschaft[386], bloßes Versagen als Geschäftsführer[387], Strafanzeige gegen andere Gesellschafter, wenn innergesellschaftliche Klärung

369 *Hueck/Fastrich*, in: Baumbach/Hueck, GmbHG, § 34 Anh Rn. 5.
370 BGH, 9, 157, 170.
371 BGH, NJW 1981, 2302, 2303; BGH, GmbHR 1987, 302, 303; OLG Frankfurt, GmbHR 1980, 56, 57; OLG Düsseldorf, GmbHR 1999, 543, 546; OLG München, GmbHR 1994, 406, 409.
372 Vgl. OLG Brandenburg, GmbHR 1998, 193, 196; *Hueck/Fastrich*, in: Baumbach/Hueck, GmbHG, § 34 Anh Rn. 3.
373 BGH, NJW 1960, 866, 868; OLG Frankfurt, GmbHR 1980, 56, 57.
374 BGHZ 80, 346, 349; BGH, GmbHR 1991, 362, 363.
375 OLG Nürnberg, GmbHR 1994, 252, 253; OLG Nürnberg, NJW-RR 2001, 403, 404.
376 *Sosnitza*, in: Michalski, GmbHG, Anh § 34 Rn. 10; a.A. OLG Frankfurt, GmbHR 1992, 668, 668 f.: Ausschlussgrund erst dann, wenn unternehmerische Mitgestaltung im Sinne eines Treuhandverhältnisses vermittelt wird.
377 BGH, NJW 1969, 793, 794; OLG Hamm, GmbHR 1993, 743, 748.
378 OLG Hamm, GmbHR 1998, 1081, 1082; vgl. auch BGH, GmbHR 1984, 74, 75.
379 *Schmitz*, GmbHR 1971, 226, 228f.
380 BGH, NJW 1973, 92, 92f..
381 BGH, NJW 1953, 780, 780.
382 BGH, NJW 1969, 793, 794; OLG Frankfurt, GmbHR 1980, 56, 57; OLG Jena, GmbHR 2005, 1566, 1567.
383 *Hueck/Fastrich*, in: Baumbach/Hueck, GmbHG, § 34 Anh Rn. 3.
384 BGH, GmbHR 1987, 302, 303; OLG Düsseldorf, GmbHR 1999, 543, 546.
385 BGH, GmbHR 1987, 302, 303.
386 OLG Hamm, GmbHR 1993, 656, 657; OLG Frankfurt, GmbHR 1993, 659, 660.
387 OLG Hamm, GmbHR 1998, 1081, 1083.

gescheitert oder nicht möglich ist und von einer strafbaren Handlung ausgegangen werden kann.[388]

80 Der Ausschluss ist aufgrund der nicht vertraglichen, sondern gesetzlichen Grundlage nur *ultima ratio.*[389] Die Beteiligten sind aufgrund ihrer Treuepflicht zur Ausnutzung weniger einschneidender Möglichkeiten zur erfolgversprechenden Beseitigung des Missstandes verpflichtet.[390] Zu denken ist insbesondere an die Abberufung als Geschäftsführer[391], den Entzug von Sonderrechten[392], die Einschaltung eines Vertreters zur Ausübung von Mitverwaltungsrechten[393] oder die Übertragung der Beteiligung auf einen Treuhänder[394], die Pflegerbestellung gemäß § 1911 BGB bei dauernder Unerreichbarkeit des Gesellschafters[395] oder die Teileinziehung zur Beseitigung einer querulatorischen Sperrminorität.[396] Der Entzug bestimmter einzelner Rechte wird auf gesellschaftsvertraglicher Basis für entziehbare Rechte mit Zustimmung des Betroffenen erwogen[397], erscheint aber auch als Minus zum Ausschluss unter dessen Voraussetzungen diskussionswürdig.[398] Soweit die Mitwirkung des betreffenden Gesellschafters zur Umsetzung der milderen Maßnahme erforderlich ist, kann der Ausschluss erfolgen, wenn er die Mitwirkung verweigert.[399] Gegenüber der Auflösungsklage hat die Ausschließungsklage bzw. der Ausschluss im Interesse des Fortbestands der Gesellschaft den Vorrang.[400]

81 Der Grundsatz der Kapitalaufbringung und -erhaltung ist zu beachten. Sind nicht alle Anteile des auszuschließenden Gesellschafters voll eingezahlt, ist ein Ausschluss wegen § 19 Abs. 2 nur zulässig, wenn Mitgesellschafter oder Dritte bereit sind, den

388 BGH, NZG 2003, 530, 530.

389 Allgemeine Meinung: BGHZ 16, 317, 322; *Hueck/Fastrich*, in: Baumbach/Hueck, GmbHG, § 34 Anh Rn. 6; *Lutter*, in: Lutter/Hommelhoff, GmbHG, § 34 Rn. 56; *Kort*, in: MünchHdbGesR, Bd. 3, § 29 Rn. 40 ff.

390 Vgl. *Hueck/Fastrich*, in: Baumbach/Hueck, GmbHG, § 34 Anh Rn. 6.

391 OLG Rostock, NZG 2002, 294, 294f.

392 *Hueck/Fastrich*, in: Baumbach/Hueck, GmbHG, § 34 Anh Rn. 6 u. § 14 Rn. 19.

393 *Sosnitza*, in: Michalski, GmbHG, Anh § 34 Rn. 19; *Hueck/Fastrich*, in: Baumbach/Hueck, GmbHG, § 34 Anh Rn. 6.

394 *Hueck/Fastrich*, in: Baumbach/Hueck, GmbHG, § 34 Anh Rn. 6.

395 Vgl. *Schmitz*, GmbHR 1971, 226, 229.

396 *Hueck/Fastrich*, in: Baumbach/Hueck, GmbHG, § 34 Anh Rn. 6.

397 Vgl. *Sosnitza*, in: Michalski, GmbHG, Anh § 34 Rn. 19; *H. Winter/Seibt*, in: Scholz, GmbHG, Anhang § 34 Rn. 30.

398 Vgl. die entsprechende Konstruktion bei §§ 117, 127 HGB über die Entziehung der Geschäftsführungsbefugnis oder die Vertretungsmacht.

399 *Sosnitza*, in: Michalski, GmbHG, Anh § 34 Rn. 19; *Hueck/Fastrich*, in: Baumbach/Hueck, GmbHG, § 34 Anh Rn. 6.

400 BGHZ 80, 346, 348 f.: Auflösungsklage abzuweisen, wenn gegen den Auflösungskläger die Ausschließung betrieben wird und gerechtfertigt erscheint; dazu *Sosnitza*, in: Michalski, GmbHG, Anh § 34 Rn. 19.

Geschäftsanteil zu übernehmen.[401] Zudem muss die zu zahlende Abfindung aus freiem Vermögen i.S.d. § 30 Abs. 1 gezahlt werden können.[402] Eine Ausschlussklage ist daher abzuweisen, wenn feststeht, dass innerhalb angemessener Zeit eine Verwertung der Anteile des auszuschließenden Gesellschafters oder die Zahlung der Abfindung aus freiem Vermögen nicht möglich sein werden.[403] Etwas anderes gilt wiederum, wenn sich die verbleibenden Gesellschafter zur Zahlung verpflichten oder ein Mitgesellschafter oder Dritter zur Übernahme gegen Zahlung der »Abfindung« verpflichtet. Diese Möglichkeit muss im konkreten Fall aber auch tatsächlich bestehen.[404] Offen gelassen hat der BGH, ob dies im Beschluss festzusetzen ist.

III. Verfahren

82 Der Ausschluss erfolgt durch gerichtliches Gestaltungsurteil aufgrund einer Ausschließungsklage. Über die Erhebung der Ausschließungsklage ist ein Gesellschafterbeschluss zu fassen, und zwar nach BGH und h.M. mit Dreiviertelmehrheit.[405] Der auszuschließende Gesellschafter hat kein Stimmrecht.[406] Bei einheitlichem Ausschließungsgrund sind auch andere davon betroffene Gesellschafter vom Stimmrecht ausgeschlossen.[407] In der Zwei-Personen-Gesellschaft bedarf es keines Gesellschafterbeschlusses.[408] Das Fehlen eines erforderlichen Beschlusses führt zur Klageabweisung der Ausschließungsklage als unbegründet.[409] Anfechtbar ist der Gesellschafterbeschluss nur wegen formaler Mängel. Die materiellen Voraussetzungen für den Ausschluss sind allein Gegenstand der Ausschließungsklage.[410] Im Einzelfall können die Mitgesellschafter aufgrund ihrer Treuepflicht zur Zustimmung verpflichtet sein.

---

401 *Sosnitza*, in: Michalski, GmbHG, Anh § 34 Rn. 20; *Hueck/Fastrich*, in: Baumbach/Hueck, GmbHG, § 34 Anh Rn. 7; nicht eindeutig *Lutter*, in: Lutter/Hommelhoff, GmbHG, § 34 Rn. 56.

402 BGH, DB 2011, 1517, 1518; *Lutter*, in: Lutter/Hommelhoff, GmbHG, § 34 Rn. 56.

403 BGH, DB 2011, 1517, 1518; BGH, NJW 1953, 780, 783; zum Ausschließungsbeschluss OLG Celle, NZG 1998, 29, 30 f.

404 BGH, DB 2011, 1517, 1518.

405 BGHZ 153, 285, 288 f.; BGH, NZG 2003, 284, 285; OLG Frankfurt, DB 1979, 2127 f.; *Hueck/Fastrich*, in: Baumbach/Hueck, GmbHG, § 34 Anh Rn. 9; *Sosnitza*, in: Michalski, GmbHG, Anh § 34 Rn. 25; *Lutter*, in: Lutter/Hommelhoff, GmbHG, § 34 Rn. 59; a.A. (einfache Mehrheit wegen § 60 Abs. 1 Nr. 2): OLG Köln, NZG 2001, 82, 83; *K. Schmidt*, Gesellschaftsrecht, § 35 IV 2c (S. 1062).

406 BGH, NJW 1953, 780, 784; OLG Düsseldorf, GmbHR 1999, 543, 544; OLG Stuttgart, WM 1989, 1252, 1253.

407 *Hueck/Fastrich*, in: Baumbach/Hueck, GmbHG, § 34 Anh Rn. 9.

408 BGH, GmbHR 1999, 1194, 1196; OLG Jena, GmbHR 2005, 1566, 1567; *Sosnitza*, in: Michalski, GmbHG, Anh § 34 Rn. 26.

409 *Sosnitza*, in: Michalski, GmbHG, Anh § 34 Rn. 26; *Hueck/Fastrich*, in: Baumbach/Hueck, GmbHG, § 34 Anh Rn. 9; a.A. *H. Winter/Seibt*, in: Scholz, GmbHG, Anh § 34 Rn. 34: Klage unzulässig.

410 BGHZ 153, 285, 287.

83 Die Ausschließungsklage wird namens der Gesellschaft durch die Geschäftsführer erhoben.[411] Die Gesellschafter können analog § 46 Nr. 8 einen besonderen Prozessvertreter bestellen.[412] In der Zwei-Personen-Gesellschaft ist nach h.M. – gegebenenfalls daneben – auch der andere Gesellschafter als Prozessstandschafter klagebefugt.[413]

IV. Rechtsfolgen des Ausschlusses

1. Abfindung

84 Der ausgeschlossene Gesellschafter hat einen gesetzlichen Anspruch auf Abfindung des vollen Wertes seiner Beteiligung, also des Verkehrswertes (Rdn. 60 f.).[414] Gegebenenfalls können gesellschaftsvertragliche Abfindungsregelungen, die nicht unmittelbar für den Ausschluss, sondern in anderem Zusammenhang vorgesehen sind, auch für den Ausschluss beachtlich sein.[415] Bewertungsstichtag ist grundsätzlich der Tag der Klageerhebung. Wird der (wirksame) Beschluss über die Klageerhebung später gefasst oder werden andere materielle oder formelle Voraussetzungen des Ausschlusses später verwirklicht, ist dieser spätere Zeitpunkt maßgeblich.[416]

2. Schicksal der Geschäftsanteile

85 Anders als die Einziehung ist der Ausschluss nicht auf konkrete Geschäftsanteile bezogen, sondern gegen den Gesellschafter und damit seine Mitgliedschaft insgesamt gerichtet.[417] Er führt nicht zum Untergang der Anteile des ausgeschlossenen Gesellschafters.[418] Der BGH hat in einer älteren Entscheidung den automatischen Anfall an die Gesellschaft angenommen.[419] Gegen das Verständnis im Sinne eines automatischen Rechtsträgerwechsels spricht, dass die Voraussetzungen des § 33 nicht immer erfüllt sein werden.[420] Teilweise werden die Anteile als vorübergehend trägerlos ange-

---

411 Vgl. OLG Dresden, GmbHR 1997, 746, 747; OLG Düsseldorf, GmbHR 1999, 543, 545; *Sosnitza*, in: Michalski, GmbHG, Anh § 34 Rn. 27.

412 *Sosnitza*, in: Michalski, GmbHG, Anh § 34 Rn. 27; *Hueck/Fastrich*, in: Baumbach/Hueck, GmbHG, § 34 Anh Rn. 8.

413 *Sosnitza*, in: Michalski, GmbHG, Anh § 34 Rn. 27; *Hueck/Fastrich*, in: Baumbach/Hueck, GmbHG, § 34 Anh Rn. 8; *Lutter*, in: Lutter/Hommelhoff, GmbHG, § 34 Rn. 62; anderer Ansicht z.B. OLG Nürnberg, BB 1970, 1371, 1372; *Kirchner*, GmbHR 1961, 160, 161.

414 BGHZ 16, 317, 322; BGHZ 32, 17, 23; *Hueck/Fastrich*, in: Baumbach/Hueck, GmbHG, § 34 Anh Rn. 11.

415 Vgl. BGH, NZG 2002, 176, 176f.

416 *Hueck/Fastrich*, in: Baumbach/Hueck, GmbHG, § 34 Anh Rn. 11; *Sosnitza*, in: Michalski, GmbHG, Anh § 34 Rn. 34.

417 *Sosnitza*, in: Michalski, GmbHG, Anh § 34 Rn. 36.

418 BGH, NJW 2000, 32, 35; *Hueck/Fastrich*, in: Baumbach/Hueck, GmbHG, § 34 Anh Rn. 10.

419 Vgl. noch BGH, NJW 1953, 780, 782.

420 *Hueck/Fastrich*, in: Baumbach/Hueck, GmbHG, § 34 Anh Rn. 10; *Sosnitza*, in: Michalski, GmbHG, Anh § 34 Rn. 39.

sehen.[421] Andere halten dies für nicht entscheidend, sondern stellen nur darauf ab, dass jedenfalls die Verfügungsbefugnis und damit das Verwertungsrecht an die Gesellschaft fallen.[422] Die Gesellschaft kann die Anteile des ausgeschlossenen Gesellschafters deshalb an sich, an einen Mitgesellschafter oder an einen Dritten abtreten oder sie einziehen, jeweils auch nach Teilung oder Zusammenlegung.[423] Richtigerweise kommt es dabei auf eine Mitwirkung des Ausgeschlossenen nicht mehr an.[424] Möglich ist auch eine Vernichtung durch Kapitalherabsetzung, insbesondere wenn die Anteile nicht voll eingezahlt sind.[425] Diese Möglichkeiten können auch kombiniert werden.[426] Eine Einziehung ist möglich, ohne dass sie im Gesellschaftsvertrag vorgesehen sein oder der ausgeschlossene Gesellschafter zustimmen müsste.[427] Einziehung und Rückerwerb haben allerdings die Voraussetzungen der §§ 33, 34 Abs. 3 zu beachten.[428] Über die Verwertung entscheidet die Gesellschafterversammlung analog § 46 Nr. 4 mit einfacher Mehrheit.[429] Mit Blick auf einen gutgläubigen Erwerb gemäß § 16 Abs. 3 ist für eine rechtzeitige Korrektur der Gesellschafterliste Sorge zu tragen. Der zeitliche Ablauf hängt vom Verhältnis von Ausschlussurteil und Abfindungsanspruch ab.

3. Verhältnis von Ausschlussurteil und Abfindungsanspruch – Zeitlicher Ablauf und Rechtsstellung des Gesellschafters

86 Der ausgeschlossene Gesellschafter soll seine Beteiligung gegen seinen Willen nicht verlieren, ohne bereits die Abfindung erhalten zu haben. Insbesondere wenn kein auseichend freies Vermögens vorhanden ist (§ 30 Abs. 1), läuft der Ausgeschlossene Gefahr, seine Beteiligung faktisch entschädigungslos zu verlieren, wenn der Ausschluss bereits mit Rechtskraft des Ausschlussurteils wirksam wird, ohne dass die Abfindung bereits gezahlt sein muss. BGH und h.M. gehen bislang davon aus, dass das Ausschlussurteil unter der aufschiebenden Bedingung der vollständigen Zahlung

---

421 In Anlehnung an die auch zur Kaduzierung vertretene Ansicht: OLG Düsseldorf, DB 2007, 848, 850; *Ulmer*, in: Ulmer/Habersack/Winter, GmbHG, § 34 Anh Rn. 39; offen gelassen von BGH, ZIP 2003, 1544, 1546.

422 *Sosnitza*, in: Michalski, GmbHG, Anh § 34 Rn. 39; vgl. auch *Hueck/Fastrich*, in: Baumbach/Hueck, GmbHG, § 34 Anh Rn. 10.

423 *Strohn*, in: MünchKommGmbHG, § 34 Rn. 117 f.; *Sosnitza*, in: Michalski, GmbHG, Anh § 34 Rn. 40; *Hueck/Fastrich*, in: Baumbach/Hueck, GmbHG, § 34 Anh Rn. 10.

424 *Sosnitza*, in: Michalski, GmbHG, Anh § 34 Rn. 40; wohl auch *Hueck/Fastrich*, in: Baumbach/Hueck, GmbHG, § 34 Anh Rn. 10.

425 *Strohn*, in: MünchKommGmbHG, § 34 Rn. 117. Voraussetzung ist, dass das Mindeststammkapital nach § 5 Abs. 1 nicht unterschritten wird.

426 BGH, NJW 1953, 780, 782; *Sosnitza*, in: Michalski, GmbHG, Anh § 34 Rn. 40.

427 BGH, NJW 1977, 2316, 2316; *Strohn*, in: MünchKommGmbHG, § 34 Rn. 118; *Hueck/Fastrich*, in: Baumbach/Hueck, GmbHG, § 34 Anh Rn. 10. Die übrigen Einziehungsvoraussetzungen (§ 34 Abs. 3, § 19 Abs. 2) müssen allerdings vorliegen.

428 *Hueck/Fastrich*, in: Baumbach/Hueck, GmbHG, § 34 Anh Rn. 10.

429 *Strohn*, in: MünchKommGmbHG, § 34 Rn. 118; *Sosnitza*, in: Michalski, GmbHG, Anh § 34 Rn. 40.

der im Urteil festzusetzenden Abfindung innerhalb der im Urteil ebenfalls festzusetzenden angemessenen Zahlungsfrist ergeht, falls die Gesellschaft nicht den Abfindungsbetrag hinterlegt.[430] Damit ist die Urteilsfindung von den Schwierigkeiten abhängig, die mit der Bewertung verbunden sind, was zu wesentlichen Verzögerungen des Verfahrens führen kann.[431] Dies wird nur dadurch entschärft, dass der BGH einen Ausschluss ohne endgültige Festsetzung der Abfindung für zulässig hält, wenn der Auszuschließende nicht nach allen Kräften die Wertfestsetzung ermöglicht.[432] Darüber hinaus kann über die Berechtigung zur Ausschließung durch Zwischenfeststellungsurteil entschieden werden, solange die Höhe der Abfindung noch nicht feststeht.[433] Dies führt allerdings noch nicht zum Ausschluss. Für den Zeitraum zwischen Rechtskraft des Ausschlussurteils und Zahlung der Abfindung besteht die Mitgliedschaft fort. Das Stimmrecht des Auszuschließenden soll nur bei solchen Maßnahmen ausgeschlossen sein, die der Durchführung des Ausschlusses dienen.[434] Trotz dieser Abmilderungen bleibt das Problem, dass es für die Funktionsfähigkeit der Gesellschaft gerade im Fall des Ausschlusses aus wichtigem Grund häufig auf dessen sofortiges Wirksamwerden ankommt.

87 Aus jüngeren Entscheidungen ergeben sich Anzeichen, dass der BGH sich von dieser Rechtsprechung abwenden könnte.[435] Jedenfalls hält der BGH es für zulässig, gesellschaftsvertraglich die Verknüpfung von Abfindungsfrage und Ausschlusswirkungen aufzuheben, und stellt damit seine Rechtsprechung zur Disposition.[436] Vor diesem Hintergrund sollte der Gesellschaftsvertrag vorsehen, dass ein Ausschluss eines Gesellschafters unabhängig von der Abfindungszahlung unmittelbar mit der Rechtskraft des Gestaltungsurteils oder der Fassung des Gesellschafterbeschlusses und seiner Mitteilung wirksam wird. Bestehen keine entsprechenden gesellschaftsvertraglichen Regelungen, scheint die Frage derzeit offen zu sein. Das KG lässt den Ausschluss auch bei Fehlen ausreichend freier Mittel für die Abfindung zu und hebt die Ver-

---

430 Vgl. BGH, NJW 1953, 780, 783; BGHZ 16, 317, 325; OLG Hamm, DB 1992, 2181, 2182; OLG Jena, NZG 2006, 36, 38; OLG Düsseldorf, NZG 2007, 286, 287 f.; *Lutter*, in: Lutter/Hommelhoff, GmbHG, § 34 Rn. 63; *H. Winter/Seibt*, in: Scholz, GmbHG, Anh § 34 Rn. 39 u. 43; *Hueck/Fastrich*, in: Baumbach/Hueck, GmbHG, § 34 Anh Rn. 12.

431 Vgl. zu der daran anknüpfenden Kritik an der Rechtsprechung und h.M. *Ulmer*, in: Ulmer/Habersack/Winter, GmbHG, § 34 Anh Rn. 35 u. 37.

432 BGHZ 16, 317, 325; vgl. auch OLG Hamm, DB 1992, 2181, 2182; *Lutter*, in: Lutter/Hommelhoff, GmbHG, § 34 Rn. 63; *Hueck/Fastrich*, in: Baumbach/Hueck, GmbHG, § 34 Anh Rn. 12.

433 *Hueck/Fastrich*, in: Baumbach/Hueck, GmbHG, § 34 Anh Rn. 12.

434 BGH, NJW 1953, 780, 783; BGHZ 88, 320, 324.

435 BGHZ 139, 299, 301f. hat die Behandlung offen gelassen; BGH, NZG 2003, 871, 872 betont die durch diesen Ansatz entstehende schwierige Schwebelage. Vgl. auch die Einschätzung bei *Hueck/Fastrich*, in: Baumbach/Hueck, GmbHG, § 34 Anh Rn. 13: »scheint sich zu distanzieren«.

436 BGH, NZG 2003, 871, 872.

knüpfung der Ausschlusswirkung mit der Abfindungszahlung gänzlich auf.[437] In der Literatur finden sich verschiedene Lösungsansätze. Teilweise wird statt von einer aufschiebenden von einer auflösenden Bedingung ausgegangen.[438] Ein weiterer Vorschlag zieht eine sofortige Ausschlusswirkung des Urteils unter Gewährung eines unmittelbaren Zahlungsanspruchs gegen die Mitgesellschafter *pro rata* in Betracht.[439] Andere lassen die Verfügungsbefugnis über die Anteile mit sofortiger Wirkung auf die Gesellschaft übergehen und verweisen den betroffenen Gesellschafter bei nicht rechtzeitiger Zahlung der Abfindung analog § 61 Abs. 2 auf die Auflösungsklage und den Liquidationsüberschuss.[440]

88 Soweit an der bisherigen Rechtsprechung des BGH festgehalten wird, sollte zumindest die Festsetzung der Abfindung, der Zahlungsfrist und der Folge einer verspäteten Zahlung im Urteil nur auf Antrag des auszuschließenden Gesellschafters vorgenommen werden.[441] Wird ein solcher Antrag gestellt, sollte die Abfindung zur Vermeidung einer übermäßigen Verlängerung des Ausschlussrechtsstreits aufgrund von Bewertungsschwierigkeiten zudem auf der Grundlage des § 287 ZPO vorläufig festgesetzt werden und die Endgültigkeit der Ausschlusswirkung des Gestaltungsurteils nur an die Zahlung dieses Betrags geknüpft werden können.[442] Für den Zeitraum zwischen der Rechtskraft des Ausschlussurteils und der Abfindungszahlung sollte weitergehend als die Ansicht des BGH im Interesse der Funktionsfähigkeit der Gesellschaft das sofortige Ruhen sämtlicher Gesellschafterrechte bereits mit Rechtskraft des Ausschlussurteils angenommen werden.[443] Die Mitgesellschafter haben auf die Interessen des Ausgeschlossenen Rücksicht zu nehmen. Denkbar sind auch vorläufige Regelungen zum Schutz des Ausgeschlossenen im Wege des einstweiligen Rechtsschutzes.[444] Praktisch entscheidend ist letztlich die Frage, ob man einen Aus-

437 KG, NZG 2006, 437, 438, allerdings mit extremem Sachverhalt zuungunsten des betreffenden Gesellschafters. Vgl. auch *Löwe/Thoß*, NZG 2003, 1005, 1006.

438 *Ulmer*, in: Ulmer/Habersack/Winter, GmbHG, § 34 Anh Rn. 37. Dagegen wegen der Rückabwicklungsprobleme *Sosnitza*, in: Michalski, GmbHG, Anh § 34 Rn. 30 f.; *Lutter*, in: Lutter/Hommelhoff, GmbHG, § 34 Rn. 63.

439 *Altmeppen*, in: Roth/Altmeppen, GmbHG, § 60 Rn. 98. Dagegen spricht die Mithaftung überstimmter Minderheitsgesellschafter, vgl. *Sosnitza*, in: Michalski, GmbHG, Anh § 34 Rn. 30.

440 *Hueck/Fastrich*, in: Baumbach/Hueck, GmbHG, § 34 Anh Rn. 14.

441 *Sosnitza*, in: Michalski, GmbHG, Anh § 34 Rn. 32 mit Verweis auf § 208 Abs. 1 RegE GmbHG 1971/1973; *Ulmer*, in: Ulmer/Habersack/Winter, GmbHG, § 34 Anh Rn. 38; *Altmeppen*, in: Roth/Altmeppen, GmbHG, § 60 Rn. 97.

442 *Sosnitza*, in: Michalski, GmbHG, Anh § 34 Rn. 32; vgl. auch *Ulmer*, in: Ulmer/Habersack/Winter, GmbHG, § 34 Anh Rn. 37; *Raiser/Veil*, Recht der Kapitalgesellschaften, 4. Aufl. 2006, § 30 Rn. 78 ff.; *Rowedder/Bergmann*, in: Rowedder/Schmidt-Leithoff, GmbHG, § 34 Anh Rn. 102.

443 *Sosnitza*, in: Michalski, GmbHG, Anh § 34 Rn. 37 f. Zum Wegfall des Gewinnanspruchs vgl. auch *Hueck/Fastrich*, in: Baumbach/Hueck, GmbHG, § 34 Anh Rn. 15; nicht so weitgehend *Lutter*, in: Lutter/Hommelhoff, GmbHG, § 34 Rn. 64.

444 Vgl. auch *Hueck/Fastrich*, in: Baumbach/Hueck, GmbHG, § 34 Anh Rn. 15.

schluss im Ergebnis auch dann zulassen will, wenn die Abfindung nicht oder nicht binnen angemessener Frist gezahlt werden kann oder ob man das Scheitern der Gesellschaft in Kauf nimmt bzw. sämtliche Gesellschafter auf eine Auflösung der Gesellschaft verweist. Hält man mit dem KG letzteres für möglich, muss jedenfalls auf der Ebene des wichtigen Grundes eine über die normalen Anforderungen des wichtigen Grundes hinausgehende besondere Rechtfertigung für den Ausschluss bestehen, die dem Auszuschließenden zuzurechnen ist. Der Abfindungsanspruch bleibt, wenn auch zunächst unerfüllbar, bestehen.

89 Der Abfindungsanspruch entsteht insgesamt und wird insgesamt fällig mit der Rechtskraft des Ausschlussurteils, unabhängig davon, ob eine vorläufige Abfindung festgesetzt wird und wann gegebenenfalls die endgültige Abfindung ermittelt ist.[445] Die Funktion der Setzung einer angemessenen Zahlungsfrist sollte allein darin gesehen werden, die Wirkungen des Ausschlussurteils zu begrenzen, nicht aber die Fälligkeit und Durchsetzbarkeit des Abfindungsanspruchs zu hindern. Eine gesetzliche Verzinsungspflicht besteht nicht.[446] Der (bedingt) Ausgeschlossene ist in der Zeit nach Rechtskraft des Ausschlussurteils bis zur Abfindungszahlung befugt, über seine Geschäftsanteile zu verfügen.[447] Erfolgt die Abfindungszahlung nicht innerhalb der dafür gesetzten Frist, stehen dem Gesellschafter nicht nur wieder sämtliche Mitgliedschaftsrechte voll zu, sondern das Ausschlussurteil wird insgesamt hinfällig und entfaltet keine Wirkungen mehr.[448]

V. Gesellschaftsvertragliche Regelungen

90 Im Gesellschaftsvertrag können die Voraussetzungen und das Verfahren des Ausschlusses sowie die Verwertung und die Abfindung geregelt werden. Insbesondere können Ausschlussgründe präzisiert und auch gegenüber den Anforderungen des wichtigen Grundes erweitert werden.[449] Insoweit gelten die für die Einziehung geltenden Grenzen (Rdn. 19 ff.). Gesetzlich als solche anerkannte wichtige Gründe können hingegen nicht ausgeschlossen werden, da der Ausschluss aus wichtigem Grund

445 A.A. *Sosnitza*, in: Michalski, GmbHG, Anh § 34 Rn. 35: hinsichtlich vorläufiger Abfindung im Urteil nur Obliegenheit der Gesellschaft, hinsichtlich »restlicher« Abfindung Fälligkeit mit Wirksamwerden des Ausschlussurteils durch Bedingungseintritt in Form der Zahlung der vorläufigen Abfindung. Anders auch *Ulmer*, in: Ulmer/Habersack/Winter, GmbHG, § 34 Anh Rn. 43.

446 *Sosnitza*, in: Michalski, GmbHG, Anh § 34 Rn. 35.

447 *Sosnitza*, in: Michalski, GmbHG, Anh § 34 Rn. 38 mit Verweis auf die Vorschriften der §§ 160 ff. BGB; a.A. *Ulmer*, in: Ulmer/Habersack/Winter, GmbHG, § 34 Anh Rn. 37 u. 39.

448 *H. Winter/Seibt*, in: Scholz, GmbHG, Anhang § 34 Rn. 46; *Hueck/Fastrich*, in: Baumbach/Hueck, GmbHG, § 34 Anh Rn. 15; vgl. auch *Ulmer*, in: Ulmer/Habersack/Winter, GmbHG, § 34 Anh Rn. 46.

449 Vgl. nur BGH, NJW 1983, 2880, 2881; BGH, BB 1977, 563, 564.

nicht abdingbar ist.[450] Die Vereinbarung eines strengeren Beurteilungsmaßstabs, der sich auch aus vereinbarten Gründen im Wege der Auslegung ergeben kann, soll zulässig sein.[451] Die nachträgliche Einführung solcher Klauseln setzt die Zustimmung sämtlicher Gesellschafter voraus. Die Erweiterung der Ausschlussmöglichkeiten setzt die Zustimmung der davon betroffenen Gesellschafter voraus.[452]

91 Hinsichtlich des Verfahrens kann der Gesellschaftsvertrag den Ausschluss durch rechtsgestaltenden Gesellschafterbeschluss statt durch Ausschlussklage vorsehen.[453] Eine Ausschlussklage ist dann mangels Rechtsschutzbedürfnisses unzulässig, wenn nicht die Wirksamkeit der Klausel in Zweifel steht.[454] Die gesellschaftsvertraglich vorgesehene Möglichkeit der Einziehung macht eine Ausschlussklage nicht generell unzulässig, da Einziehung und Ausschluss unterschiedliche Grundlagen, Voraussetzungen und Zielrichtungen haben.[455] Mängel des Ausschließungsbeschlusses sind auch mit Blick auf die materiellen und verfahrensrechtlichen Voraussetzungen des Ausschlusses im Wege der Anfechtungs- bzw. Nichtigkeitsklage geltend zu machen.[456] Der Rechtsweg kann nicht generell ausgeschlossen werden; das Vorsehen eines Schiedsgerichts ist aber zulässig.[457] Die Abhängigkeit der Wirksamkeit der Ausschließung von der Zahlung der Abfindung kann gesellschaftsvertraglich aufgehoben und die Ausschließung sowohl durch Ausschlussklage als auch durch rechtsgestaltenden Beschluss als sofort wirksam vereinbart werden.[458] Ohne eine solche Vereinbarung hängt die Wirksamkeit des Gesellschafterbeschluss von der Zahlung der vollen Abfindung ab. Anders als im Rahmen des Ausschlussurteilsverfahrens hat der betreffende Gesellschafter keine Möglichkeit, wie im Urteilsverfahren über einen Antrag auf einen entsprechenden Vorbehalt hinzuwirken.[459]

---

450 *Ulmer*, in: Ulmer/Habersack/Winter, GmbHG, § 34 Anh Rn. 19; *Hueck/Fastrich*, in: Baumbach/Hueck, GmbHG, § 34 Anh Rn. 16.

451 *Sosnitza*, in: Michalski, GmbHG, Anh § 34 Rn. 41.

452 Vgl. auch BGH, DStR 1991, 1597, 1597f.

453 BGHZ 32, 17, 22; BGH, GmbHR 1991, 362, 362 f.; OLG Oldenburg, GmbHR 1992, 667, 668 f.; *Hueck/Fastrich*, in: Baumbach/Hueck, GmbHG, § 34 Anh Rn. 16.

454 OLG Stuttgart, GmbHR 1989, 466, 467; *Hueck/Fastrich*, in: Baumbach/Hueck, GmbHG, § 34 Anh Rn. 16; *Sosnitza*, in: Michalski, GmbHG, Anh § 34 Rn. 42.

455 OLG Düsseldorf, GmbHR 1999, 543, 544; a.A. *Hueck/Fastrich*, in: Baumbach/Hueck, GmbHG, § 34 Anh Rn. 16.

456 Vgl. BGH, GmbHR 1991, 362, 363; OLG Stuttgart, GmbHR 1989, 466, 467; *Sosnitza*, in: Michalski, GmbHG, Anh § 34 Rn. 42.

457 *Hueck/Fastrich*, in: Baumbach/Hueck, GmbHG, § 34 Anh Rn. 16.

458 BGH, NZG 2009, 221, 221f.; vgl. auch BGH, NZG 2003, 871, 872.

459 KG, GmbHR 1999, 1202, 1204; *Sosnitza*, in: Michalski, GmbHG, Anh § 34 Rn. 42.

92 Mit Blick auf die Verwertung des Geschäftsanteils kann der Gesellschaftsvertrag die Verwertungsart bestimmen.[460] Auch die Zuständigkeit kann von der Gesellschafterversammlung auf andere Organe übertragen werden.[461] Art, Höhe und Zahlungsmodalitäten der Abfindung können gergelt werden.[462] Es gelten die Ausführungen zur Einziehung entsprechend.

K. Austritt eines Gesellschafters

I. Zulässigkeit

93 Der freiwillige Austritt eines Gesellschafters (Kündigung) ist nicht geregelt, aber als gesetzliches Recht allgemein anerkannt.[463] Dies gilt auch bei reiner Kapitalbeteiligung. Die Realstruktur kann sich aber im Rahmen des wichtigen Grundes auswirken.[464]

II. Voraussetzungen

94 Nach h.M. setzt der Austritt das Vorliegen eines wichtigen Grundes voraus.[465] Von Gesetzes wegen ist ein ordentliches Austrittsrecht mangels entsprechender gesetzlicher Regelung wie in §§ 723, 724 BGB, §§ 132, 134 HGB nicht anzuerkennen.[466] Ein wichtiger Grund liegt vor, wenn Umstände gegeben sind, die dem Austrittswilligen den Verbleib in der Gesellschaft unter Berücksichtigung aller weiteren Umstände

---

460 BGH, GmbHR 1984, 74, 74f.: Unmittelbare Ermächtigung an Gesellschaft, Anteil auf einen Dritten zu übertragen; OLG Dresden, NZG 2000, 429, 430: Bestimmung, dass Einziehung unter der aufschiebenden Bedingung zu beschließen ist, dass Betroffener einer Übertragung nicht innerhalb einer bestimmten Frist zustimmt; BGH, NJW 1977, 2316, 2316: Verbindung von Ausschluss und Einziehung in einem Akt; BGH, NJW 1983, 2880, 2881: Sofortiger Übergang der Anteile durch Beschluss der Gesellschafterversammlung an den im Beschluss Benannten (notarielle Beurkundung erforderlich).

461 *Sosnitza*, in: Michalski, GmbHG, Anh § 34 Rn. 42.

462 *Sosnitza*, in: Michalski, GmbHG, Anh § 34 Rn. 42.

463 RGZ 128, 1 16; BGHZ 116, 359, 369; OLG München, DB 1990, 473, 474; *Hueck/Fastrich*, in: Baumbach/Hueck, GmbHG, § 34 Anh Rn. 8. Spezialfälle eines Austrittsrechts aus der GmbH finden sich in § 18 Abs. 3 Fünftes Vermögensbildungsgesetz sowie in §§ 29 Abs. 1, 125, 176, 177, 207 UmwG.

464 *Hueck/Fastrich*, in: Baumbach/Hueck, GmbHG, § 34 Anh Rn. 18.

465 Vgl. *Sosnitza*, in: Michalski, GmbHG, Anh § 34 Rn. 47; *Ulmer*, in: Ulmer/Habersack/Winter, GmbHG, § 34 Anh Rn. 51; *Hueck/Fastrich*, in: Baumbach/Hueck, GmbHG, § 34 Anh Rn. 21.

466 A.A z.B. *Vollmar*, DB 1983, 93, 95 (bei Vinkulierung); *Wiedemann*, Gesellschaftsrecht I, 1980, § 7 IV 2b (S. 400, 402) (bei persönlicher Nebenleistungspflicht); *Altmeppen*, in: Roth/Altmeppen, GmbHG, § 60 Rn. 105.

des Einzelfalls unzumutbar machen.[467] In Betracht kommen Verhältnisse der Gesellschaft, aber auch Umstände in der Sphäre, insbesondere im Verhalten der Mitgesellschafter.[468] Ein wichtiger Grund kann auch in der Person des Austrittswilligen liegen.[469] Ein Verschulden der Mitgesellschafter ist nicht erforderlich.[470] Ein Mitverschulden des Austrittswilligen schließt das Vorliegen eines wichtigen Grundes nicht von vornherein aus.[471] Unberücksichtigt bleiben grundsätzlich Umstände, deren Herbeiführung der Austrittswillige zugestimmt hat. Dies gilt nicht, wenn er aufgrund der Treuepflicht zur Zustimmung verpflichtet war.[472] Maßgeblich ist auch hier eine umfassende Abwägung im Einzelfall.[473] Ergibt sich der wichtige Grund aus einer Risikoerhöhung, muss der Austrittswillige unverzüglich austreten und darf nicht erst abwarten, ob sich das Risiko verwirklicht.[474]

95 Ein Austrittsgrund kann beispielsweise in folgenden Fällen anzunehmen sein: grundlegende Umgestaltung der Gesellschaftsstruktur unter erheblicher Beeinflussung der Gesellschafterstellung[475]; relevante Erhöhung des Ausfallrisikos durch Kapitalerhöhung[476]; ausnahmsweise krasses, treuwidriges »Aushungern« durch Verweigerung der Gewinnausschüttung durch Mehrheit.[477] Nicht ausreichend ist in der Regel bloße unangemessen hohe Thesaurierung[478], dringender Geldbedarf des Gesellschafters[479], mehrfache Verweigerung der Zustimmung zur Übertragung der Beteiligung im Fall der Vinkulierung.[480]

96 Der Austritt aus wichtigem Grund ist ultima ratio und daher unzulässig, wenn weniger einschneidende Mittel zur Beseitigung der Situation bestehen.[481] In Betracht zu ziehen ist insbesondere die Veräußerung der Anteile an einen Dritten oder einen Mitgesellschafter, auch wenn damit finanzielle Einbußen für den Austrittswilligen

467 Vgl. *Sosnitza*, in: Michalski, GmbHG, Anh § 34 Rn. 50; *Ulmer*, in: Ulmer/Habersack/Winter, GmbHG, § 34 Anh Rn. 51; *Hueck/Fastrich*, in: Baumbach/Hueck, GmbHG, § 34 Anh Rn. 19.
468 *Sosnitza*, in: Michalski, GmbHG, Anh § 34 Rn. 50.
469 RGZ 128, 1, 16 f.; *Sosnitza*, in: Michalski, GmbHG, Anh § 34 Rn. 51.
470 *Hueck/Fastrich*, in: Baumbach/Hueck, GmbHG, § 34 Anh Rn. 19.
471 *Hueck/Fastrich*, in: Baumbach/Hueck, GmbHG, § 34 Anh Rn. 19.
472 *Hueck/Fastrich*, in: Baumbach/Hueck, GmbHG, § 34 Anh Rn. 19.
473 *Sosnitza*, in: Michalski, GmbHG, Anh § 34 Rn. 50.
474 *Hueck/Fastrich*, in: Baumbach/Hueck, GmbHG, § 34 Anh Rn. 19.
475 *Hueck/Fastrich*, in: Baumbach/Hueck, GmbHG, § 34 Anh Rn. 20.
476 *Sosnitza*, in: Michalski, GmbHG, Anh § 34 Rn. 51; LG Mönchengladbach, ZIP 1986, 306, 307 f.
477 *Sosnitza*, in: Michalski, GmbHG, Anh § 34 Rn. 51.
478 *Hueck/Fastrich*, in: Baumbach/Hueck, GmbHG, § 34 Anh Rn. 20: ggf. Anfechtung des Verwendungsbeschlusses.
479 *Hueck/Fastrich*, in: Baumbach/Hueck, GmbHG, § 34 Anh Rn. 20.
480 *Sosnitza*, in: Michalski, GmbHG, Anh § 34 Rn. 52.
481 KG, NZG 2008, 790, 791; OLG Hamm, GmbHR 1993, 656, 657; OLG München, GmbHR 1990, 221, 222; *Ulmer*, in: Ulmer/Habersack/Winter, GmbHG, § 34 Anh Rn. 55.

verbunden sind. Andernfalls hätten die Mitgesellschafter das Beteiligungsrisiko zu tragen. Das ist aber allenfalls dann gerechtfertigt, wenn die die Unzumutbarkeit des Verbleibs in der Gesellschaft begründenden Umstände in der Sphäre der Gesellschaft bzw. der Mitgesellschafter liegen.[482] Darüber hinaus sind andere zur Verfügung stehende Mittel wie das Vorgehen gegen einen Beschluss oder die Kündigung von Nebenleistungspflichten zu ergreifen.[483]

97 Der Austritt ist auch bei Vorliegen eines wichtigen Grundes nicht möglich, wenn zumindest ein Geschäftsanteil des Austrittswilligen nicht voll eingezahlt ist (§ 19 Abs. 2). Es darf auch kein gebundenes Vermögen (§ 30 Abs. 1) zur Zahlung der Abfindung verwendet werden. In solchen Fällen ist der Austritt nur möglich, wenn ein Dritter oder ein Mitgesellschafter sich bereit erklärt, den Anteil zu übernehmen, oder das Stammkapital entsprechend herabgesetzt wird.[484] Darauf hat der Austrittswillige aber keinen Anspruch.[485] Aus der Treuepflicht kann sich ausnahmsweise im Einzelfall die Pflicht der Mitgesellschafter bzw. der Gesellschaft ergeben, stille Reserven zur Ermöglichung der Abfindungszahlung aufzulösen.[486] Ist ein Austritt nicht möglich, kommt nur eine Auflösungsklage in Betracht.[487]

III. Verfahren

98 Der Austritt erfolgt durch eine einseitige, formlose Erklärung des Austrittswilligen gegenüber der Gesellschaft[488] und anschließende Durchführung durch Zahlung der Abfindung Zug um Zug gegen Einziehung der Anteile, ihre Abtretung an die Gesellschaft oder an einen Mitgesellschafter oder Dritte.[489] Die Gesellschaft hat die Wahl, die auf die zur Verfügung stehenden Möglichkeiten beschränkt ist. In dem Austrittsverlangen liegt die Zustimmung zur Einziehung der Anteile des Austrittswilligen.[490] Einer Satzungsgrundlage für die Einziehung soll es wie beim Ausschluss nicht bedürfen, obwohl sie auch die Mitgesellschafter schützt.[491] Bei einer Abtretung ist § 15 zu beachten.[492] Wird die Abfindung nicht innerhalb angemessener Zeit gezahlt, kann

---

482 *Hueck/Fastrich*, in: Baumbach/Hueck, GmbHG, § 34 Anh Rn. 22; ebenso *Altmeppen*, in: Roth/Altmeppen, GmbHG, § 60 Rn. 104.
483 *Sosnitza*, in: Michalski, GmbHG, Anh § 34 Rn. 55.
484 *Hueck/Fastrich*, in: Baumbach/Hueck, GmbHG, § 34 Anh Rn. 23.
485 *Hueck/Fastrich*, in: Baumbach/Hueck, GmbHG, § 34 Anh Rn. 23.
486 Vgl. BGH, NZG 2006, 341, 342f..
487 *Grunewald*, GmbHR 1991, 185, 187.
488 *Lutter*, in: Lutter/Hommelhoff, GmbHG, § 34 Rn. 75.
489 OLG Köln, GmbHR 1998, 641, 644; *Hueck/Fastrich*, in: Baumbach/Hueck, GmbHG, § 34 Anh Rn. 24; *Lutter*, in: Lutter/Hommelhoff, GmbHG, § 34 Rn. 75.
490 OLG Köln, GmbHR 1996, 609, 610; *Lutter*, in: Lutter/Hommelhoff, GmbHG, § 34 Rn. 75.
491 *Sosnitza*, in: Michalski, GmbHG, Anh § 34 Rn. 59; *Hueck/Fastrich*, in: Baumbach/Hueck, GmbHG, § 34 Anh Rn. 26.
492 BGHZ 88, 320, 322; *Hueck/Fastrich*, in: Baumbach/Hueck, GmbHG, § 34 Anh Rn. 24.

der Austrittswillige Auflösungsklage erheben.[493] Die Zustimmung dinglich Berechtigter ist nicht erforderlich, da im Bereich des Austritts aus wichtigem Grund die Entscheidungsfreiheit des Anteilsberechtigten unberührt bleiben muss.[494]

IV. Rechtsfolgen des Austritts

99 Der Ausscheidende hat einen Anspruch auf Abfindung in Höhe des vollen Wertes seiner Beteiligung, also des Verkehrswertes (Rdn. 60 ff.).[495] Bewertungsstichtag ist der Zugang der Austrittserklärung bei der Gesellschaft.[496] In diesem Zeitpunkt wird der Anspruch unabhängig davon fällig, ob die Höhe der Abfindung bereits feststeht.[497]

100 Der Austritt führt nicht zum Untergang der Anteile des Austrittswilligen. Dieser bleibt auch nach Zugang seiner Erklärung zunächst Inhaber seiner Anteile.[498] Nach h.M. verbleiben dem Austrittswilligen in der Zwischenzeit bis zum Verlust seiner Mitgliedschaft zwar grundsätzlich sämtliche mit den Anteilen verbundenen Rechte und Pflichten.[499] Allerdings ist er mit der Gesellschaft bis zur Umsetzung des Austritts nur noch vermögensrechtlich verbunden und hat Maßnahmen zuzustimmen, die seine Vermögensinteressen nicht berühren.[500] Deshalb gilt ein Wettbewerbsverbot bereits ab Zugang der Austrittserklärung nicht mehr für den Ausgetretenen.[501] Eine Einziehung als Umsetzungsmittel erfolgt allerdings auch hier nach den allgemeinen Regeln, insbesondere was die Verknüpfung der Einziehungsfolgen mit der Abfindungszahlung betrifft.[502] Bei der Abtretung ist die Abfindungszahlung bereits durch die Zug-um-Zug-Leistungspflicht gesichert. Inwieweit dem Austrittswilligen noch Gewinnansprüche zustehen, ist nach allgemeinen Grundsätzen zu entscheiden.[503] Abzustellen ist für die Abgrenzung auf den Zeitpunkt der Einziehung bzw. der

493 BGHZ 88, 320, 322; BayObLG, BB 1975, 249, 250; *Hueck/Fastrich*, in: Baumbach/Hueck, GmbHG, § 34 Anh Rn. 24.

494 *Sosnitza*, in: Michalski, GmbHG, Anh § 34 Rn. 59.

495 OLG Köln, GmbHR 1999, 712, 712 f.; *Hueck/Fastrich*, in: Baumbach/Hueck, GmbHG, § 34 Anh Rn. 25.

496 *Hueck/Fastrich*, in: Baumbach/Hueck, GmbHG, § 34 Anh Rn. 25; *Sosnitza*, in: Michalski, GmbHG, Anh § 34 Rn. 61.

497 *Sosnitza*, in: Michalski, GmbHG, Anh § 34 Rn. 61; a.A. (mit Abtretung oder Einziehung) *H. Winter/Seibt*, in: Scholz, GmbHG, Anh § 34 Rn. 17.

498 BGH, GmbHR 2010, 256, 257.

499 BGH, GmbHR 2010, 256, 257; BGHZ 88, 320, 323 f.; OLG Celle, GmbHR 1983, 273, 274; *Hueck/Fastrich*, in: Baumbach/Hueck, GmbHG, § 34 Anh Rn. 26.

500 BGH, GmbHR 2010, 256, 257; BGHZ 88, 320, 322 f.; OLG Celle, GmbHR 1983, 273, 274; *Hueck/Fastrich*, in: Baumbach/Hueck, GmbHG, § 34 Anh Rn. 26.

501 BGH, GmbHR 2010, 256, 258.

502 OLG Köln, GmbHR 1999, 712f.; *Hueck/Fastrich*, in: Baumbach/Hueck, GmbHG, § 34 Anh Rn. 26.

503 Dazu *Sosnitza*, in: Michalski, GmbHG, Anh § 34 Rn. 64.

Abtretung oder, falls dies im Falle der Einziehung später erfolgt, gegebenenfalls auf die Zahlung der Abfindung.[504]

V. Gesellschaftsvertragliche Regelungen

101 Das Recht zum Austritt aus wichtigem Grund ist zwingender Natur und kann durch den Gesellschaftsvertrag nicht ausgeschlossen oder wesentlich erschwert werden.[505] Im Gesellschaftsvertrag können aber die Voraussetzungen, das Verfahren sowie die Folgen, insbesondere die Abfindung und die Verwertung ausgestaltet werden. Es kann ein ordentliches Kündigungsrecht vorgesehen werden.[506] Regelbar sind auch die mitgliedschaftlichen Rechtspositionen in der Zwischenzeit zwischen Zugang der Austrittserklärung und Umsetzung des Austritts, auch im Sinne eines Ruhens sämtlicher Rechte.[507] Auch kann das sofortige Ausscheiden ungeachtet der Zahlung der Abfindung vorgesehen werden.[508] Beschränkungen der Abfindung hinsichtlich Höhe oder Zahlungsmodalitäten dürfen den Austritt nicht faktisch unmöglich machen.[509]

---

504 *Sosnitza*, in: Michalski, GmbHG, Anh § 34 Rn. 64.

505 *Sosnitza*, in: Michalski, GmbHG, Anh § 34 Rn. 66; *Hueck/Fastrich*, in: Baumbach/Hueck, GmbHG, § 34 Anh Rn. 27.

506 BGH, NZG 2003, 871, 872; BayObLG, BB 1975, 249, 250.

507 BGHZ 88, 320, 322.

508 BGH, NZG 2003, 871, 872.

509 BGHZ 116, 359, 368 ff.; *Hueck/Fastrich*, in: Baumbach/Hueck, GmbHG, § 34 Anh Rn. 27.

Dritter Abschnitt Vertretung und Geschäftsführung

Vorbemerkung zu § 35 Vertretung der Gesellschaft

Übersicht **Rdn.**

Schrifttum

Bachmann, in: Bachmann/Baums/Goette/Hauschka/Hirtz/Schäfer, Gesellschaftsrecht in der Diskussion, 2007, S. 66; *Buck-Heeb*, in: FS Westermann, 2008, S. 845; *De Erice/Gaude*, Societas Privata Europaea – Unternehmensleitung und Haftung, DStR 2009, 857; *Epe/Liese*, in: Hauschka, Corporate Compliance, 2. Aufl., 2010, S. 179; *Hadding/Kießling*, Die Europäische Privatgesellschaft, WM 2009, 145; *Hauschka*, in: Hauschka, Corporate Compliance, 2. Aufl., 2010, S. 1; *Kort*, Verhaltensstandardisierung durch Corporate Compliance, NZG 2008, 81; *Schneider*, Compliance als Aufgabe der Unternehmensleitung, ZIP 2003, 645; *Vetter*, Corporate Governance in der GmbH – Aufgaben des Aufsichtsrats der GmbH, GmbHR 2011, 449.

A. Überblick über den dritten Abschnitt des GmbHG

1 Der dritte Abschnitt (§§ 35–52) befasst sich mit den Organen der GmbH. Geregelt ist die Rechtsstellung der Geschäftsführer (§§ 35–44), der Gesellschafter (§§ 45–51b) sowie des »fakultativen« Aufsichtsrats (§ 52). Allerdings finden sich in den §§ 41–42a Bestimmungen über die Rechnungslegung, die über die bloße »Vertretung und Geschäftsführung« hinaus Bedeutung haben.

2 Durch das **MoMiG** von 2008[1] sollte das GmbH-Recht zum einen dereguliert und zum anderen sollten Regelungen zur Bekämpfung von Missbrauch geschaffen werden.[2] Im dritten Abschnitt wurde diesbezüglich vor allem § 35, der die Vertretung der Gesellschaft behandelt, neu gefasst. Dadurch sollte insbesondere die Erreichbarkeit der GmbH erleichtert und damit ein weiterer Schritt in Richtung Missbrauchsbekämpfung gemacht werden.[3]

---

1 BGBl. I 2008, S. 2026.

2 *Altmeppen*, in: Roth/Altmeppen, GmbHG, Einl. Rn. 6 f.

3 *Zöllner/Noack*, in: Baumbach/Hueck, GmbHG, § 35 Rn. 1.

B. Notwendige Organe der GmbH

3 Als notwendige Organe der GmbH lassen sich anführen: Geschäftsführer, Gesellschafterversammlung und teilweise auch der Aufsichtsrat.

Als oberstes Willensbildungsorgan der GmbH fungiert die Gesellschafterversammlung (Gesamtheit der Gesellschafter). Sie ist nicht nur für Grundlagenentscheidungen zuständig, sondern auch in Geschäftsführungsangelegenheiten weisungsbefugt. Dies ist nur dann ausgeschlossen, wenn die Satzung etwas anderes regelt. Ein Aufsichtsrat ist grundsätzlich fakultativ möglich (vgl. § 52 Abs. 1). Obligatorisch ist die Einrichtung eines Aufsichtsrats nur in der mitbestimmten GmbH.[4] Die Aufgabe der Geschäftsführer ist die Geschäftsführung und die Vertretung der Gesellschaft (§ 35 Abs. 1). Zwar ist die Vertretungsmacht der Geschäftsführer nach außen grundsätzlich unbeschränkbar (§ 37 Abs. 2), intern ist jedoch eine Bindung an bestimmte Weisungen der Gesellschafterversammlung möglich (§ 37 Abs. 1).

C. Grundsätze der Unternehmensführung

4 Inwiefern eine GmbH **Corporate Governance-Regeln** zu beachten hat, wird seit geraumer Zeit diskutiert. Dabei geht es um die möglichst optimale Ausgestaltung der Leitung und Überwachung des Unternehmens.[5] Sofern es sich um eine Einpersonen-Gesellschaft handelt, werden diese Punkte grundsätzlich keine Rolle spielen. Bei größeren und großen GmbHs dagegen stellt sich durchaus die Frage nach einer – zurückhaltend formuliert – ordnungsgemäßen bzw. – progressiv ausgedrückt – optimalen Unternehmensführung.

5 Der **Deutsche Corporate Governance Kodex** (DCGK) wurde für börsennotierte Aktiengesellschaften geschaffen. Fraglich ist daher, ob und wenn ja inwiefern die Empfehlungen der Regierungskommission, die im Corporate Governance Kodex ihren Ausdruck finden, auch von einer GmbH einzuhalten sind.[6] Diese richten sich in erster Linie an börsennotierte Aktiengesellschaften. Allerdings betont die Präambel des Kodex, dass diese auch von börsenfernen Gesellschaften beachtet werden sollten. Vor allem für große GmbHs wird jedenfalls eine indirekte Bedeutung der Kodex-Grundsätze betont. Die dort aufgeführten Grundsätze über die ordnungsgemäße, arbeitsteilige Führung eines Unternehmens könnten als Organpflicht auch für solche Gesellschaften als einzuhalten angesehen werden. Allerdings ist zu beachten, dass jedenfalls eine Entsprechenserklärung nach § 161 AktG, d.h. eine Erklärung darüber, ob die betreffenden Empfehlungen beachtet werden oder weshalb sie nicht beachtet werden, von den Organen der GmbH nicht abzugeben ist. Zutreffend ist jedoch der

4 *Altmeppen*, in: Roth/Altmeppen, GmbHG, § 52 Rn. 47 ff.
5 Siehe schon *Assmann*, AG 1995, 289; *Vetter*, GmbHR 2011, 449 ff.
6 *Buck-Heeb*, in: FS Westermann, 2008, S. 845, 852 f.

Verweis auf das Kreditrating und damit die Kreditvergabe der Banken. Hier kann eine günstigere Bewertung durch die Einhaltung der Kodex-Regeln möglich sein.[7]

6 Daneben ist zu überlegen, ob und inwiefern die von der Betriebswirtschaft formulierten »**Grundsätze der ordnungsgemäßen Unternehmensführung**« eingehalten werden müssen.[8] Das »Ob« dürfte außer Frage stehen. Unklar ist nur, inwiefern daneben noch weitere Governance-Empfehlungen relevant sein können. Dabei ist zu beachten, dass die Kernpunkte dieser Grundsätze zwar die angemessene Vorbereitung von Leitungsentscheidungen sind, dass aber sowohl deren konkreter Inhalt als auch deren Rechtsnatur umstritten sind. Hinzu kommt, dass schon im Hinblick auf die börsennotierten Aktiengesellschaften vielfach vor einer Überfrachtung der Gesellschaften mit Verhaltensanforderungen gewarnt wird. Dies gilt umso mehr für die GmbH.

D. Compliance

7 Kernpunkt der Pflichten des Geschäftsführers ist die Einhaltung bestimmter Verhaltenspflichten. Bei einer Verletzung dieser Pflichten haftet der Geschäftsführer der Gesellschaft gegenüber (§ 43 Abs. 2). Da das Gesetz diese jedoch nicht genau umschreibt, war es bislang Aufgabe der Rechtsprechung, solche Pflichten näher zu konkretisieren. Flankiert werden daher die geschilderten Bemühungen um eine Herausarbeitung von Grundsätzen zur ordnungsgemäßen Unternehmensleitung von immer präziser werdenden Ausformungen dessen, was unter den Begriff der »**Corporate Compliance**« gefasst wird.[9] Darunter versteht man die Gesamtheit aller Maßnahmen, die zur Einhaltung rechtlicher Gebote und zum Nichtverstoßen gegen gesetzliche Verbote beitragen.[10] Gesetzlich festgeschrieben sind die Anforderungen an die GmbHs im Hinblick auf die Compliance ebenso wenig wie dies in Bezug auf Corporate Governance-Anforderungen der Fall ist. Ob und inwiefern zwischen Corporate Governance und Corporate Compliance Überschneidungen bestehen,[11] kann hier nicht vertieft werden.

8 Zu beachten sind im Rahmen der Compliance bei der Gründungsgeschäftsführung vor allem, dass keine Gründungstäuschung i.S. des § 82 Abs. 1 Nr. 1 und 5 oder eine Täuschung, die zu einer vergleichbaren Haftung nach den allgemeinen Strafgesetzen führt, vorliegt.[12] Außerdem sind eine zivilrechtliche Haftung, etwa für falsche Auskünfte (§§ 9a ff.) und eine Handelndenhaftung (§ 11 Abs. 2) zu vermeiden. Auf den Geschäftsbriefen müssen die in § 35a aufgeführten Angaben enthalten sein. Außerdem

7 *Buck-Heeb,* in: FS Westermann, 2008, S. 845, 848 f.; *Zöllner/Noack,* in: Baumbach/Hueck, GmbHG, Vor § 35 Rn. 13.

8 *Buck-Heeb,* in: FS Westermann, 2008, S. 845, 850 ff.

9 *Hauschka,* in: Hauschka, Corporate Compliance, 2. Aufl., 2010, § 1 Rn. 3 f.

10 *Hauschka,* in: Hauschka, Corporate Compliance, 2. Aufl., 2010, § 1 Rn. 2.

11 *Zöllner/Noack,* in: Baumbach/Hueck, GmbHG, Vor § 35 Rn. 14.

12 Zum Ganzen *Epe/Liese,* in: Hauschka, Corporate Compliance, 2. Aufl., 2010, § 10 Rn. 74 ff.

sind die Registerpflichten einzuhalten (§§ 7, 10, 39, 54, 57, 58, 65, 67) und die Verpflichtung zur Aktualisierung der Gesellschafterliste (§ 40 Abs. 1) zu beachten. Auch die spezifischen Buchführungspflichten der §§ 41 ff. sind zu berücksichtigen. Insbesondere in der Krise der GmbH werden dem Geschäftsführer zahlreiche zusätzliche Pflichten auferlegt, auf deren Einhaltung zu achten ist. Dies gilt vor allem für die Pflicht zur Einberufung der Gesellschafterversammlung (§ 49 Abs. 3), die Insolvenzantragspflicht (§ 15a Abs. 1 S. 1 InsO), das Zahlungsverbot nach Insolvenzreife (§ 64 S. 1 und 2) sowie das Verbot von Zahlungen an Gesellschafter bei Insolvenzverursachung (§ 64 S. 3). Außerdem sind die Pflicht zur Erhaltung des Stammkapitals (§ 30 Abs. 1) sowie das Verbot des Erwerbs eigener Geschäftsanteile (§ 33) einzuhalten.

9 In Bezug auf die GmbH kann es, genauso wenig wie bei der Aktiengesellschaft, eine Pflicht zur Einrichtung einer Compliance-Organisation geben. Das Leitungsorgan entscheidet selbst, ob die bereits ergriffenen organisatorischen Maßnahmen ausreichen, damit die Rechtstreue der Gesellschaft gewährleistet ist. Vor allem bei der GmbH ist das Bestehen einer allgemeinen Rechtspflicht zur Compliance-Organisation[13] abzulehnen. Kleinere Gesellschaften würden nicht nur überfordert, sondern auch mit einer zusätzlichen Organisation überfrachtet, ohne dass ein Mehr an Rechtstreue gewonnen wäre. Je größer die Gesellschaft umso mehr wird sich die Schaffung eines systematischen Risikomanagementsystems anbieten und umgekehrt. Abhängig wird dies aber auch von der Struktur des Unternehmens, von den der Geschäftstätigkeit immanenten Gefahren, der Komplexität des erforderlichen Wissens, der Entwicklung im Unternehmen und der jeweiligen Branche, bereits vorgekommenen Rechtsverstößen usw. ankommen.[14]

E. Die SPE

10 Das Recht der GmbH war bislang kaum von europäischen Vorgaben beeinflusst. Nur vereinzelt und am Rande gab es EU-Harmonisierungsbemühungen.[15] Anders soll dies mit dem Bestreben sein, mittels EU-Verordnung eine europäische GmbH zu schaffen. Die **Europäische Privatgesellschaft** (EPG, Societas Europaea Privata, SPE) wird für das nationale Gesellschaftsrecht eine weitaus größere Konkurrenz sein, als dies etwa bislang die Limited für die deutsche GmbH ist.[16] Die Vorteile der EPG gegenüber der GmbH sind mannigfaltig. Insbesondere die Möglichkeit, die inneren Verhältnisse der Gesellschaft weitgehend frei und europaweit für alle Gesellschaften einheitlich bestimmen zu können, genießt große Attraktivität.

---

13 *Bachmann*, in: Bachmann/Baums/Goette/Hauschka/Hirtz/Schäfer, Gesellschaftsrecht in der Diskussion, 2007, S. 66 ff.; *Schneider*, ZIP 2003, 645.

14 *Hauschka*, in: Hauschka, Corporate Compliance, 2. Aufl., 2010, § 1 Rn. 33.

15 *Bayer/Schmidt*, BB 2010, 387, 388 ff.; *Roth*, in: Roth/Altmeppen, GmbHG, Einleitung Rn. 70.

16 Vgl. *Bayer/Schmidt*, BB 2010, 387; *Teichmann*, RIW 2010, 120 ff.; *Wicke*, GmbHR 2011, 566 ff.

Hinsichtlich der Unternehmensleitung bietet die Verordnung verschiedene Systeme an (monistisch/dualistisch). Die Anteilseigner sind aufgrund bestimmter Regelungsaufträge in der Verordnung bzw. in deren Anhang verpflichtet, sich für eines dieser Systeme zu entscheiden und die Satzung dementsprechend auszugestalten.[17] 11

Die SPE sieht grundsätzlich eine der GmbH ähnliche Organisationsverfassung vor. Allerdings findet hinsichtlich der Leitung der Gesellschaft eine Umkehr des in Deutschland bekannten Regel-Ausnahme-Verhältnisses statt. Bei der SPE nehmen nämlich nicht die Gesellschafter, sondern die Geschäftsführer als Geschäftsleitungsorgan der Gesellschaft alle Befugnisse wahr, sofern nicht die EU-Verordnung oder die Satzung der Gesellschaft vorschreiben, dass bestimmte Befugnisse von den Anteilseignern auszuüben sind (vgl. Art. 26 Abs. 1 S. 2 SPE-Verordnungsentwurf).[18] Damit hängt es von der Gesellschaftssatzung ab, wie »eng« die Geschäftsführer durch die Anteilseigner kontrolliert werden. Möglich ist es, Zustimmungsvorbehalte oder ein allgemeines Weisungsrecht zu etablieren. Ist bei der GmbH das Leitungsorgan seit jeher an Weisungen der Anteilseigner gebunden, so ist dies bei der SPE umstritten. Auch wenn zahlreiche Gründe dafür sprechen, auch bei der SPE von einem solchen Weisungsrecht auszugehen, ist, solange eine gerichtliche Klärung aussteht, eine entsprechende Regelung in der Satzung vorteilhaft. 12

Damit empfiehlt es sich hinsichtlich der Befugnisse des Leitungsorgans, in der Satzung ausdrücklich eine Kompetenzabgrenzung, insbesondere bezüglich der konkreten Einflussnahmemöglichkeiten, zwischen Gesellschaftern und Geschäftsführern vorzunehmen. Außerdem sollte ein konkretes Weisungsrecht der Gesellschafter in der Satzung vorgesehen sein. 13

Was die **Haftung** des Geschäftsleiters anbelangt, sieht die Verordnung eine dem deutschen Recht entsprechende Regelung vor. Auch hier ist Voraussetzung für eine Haftung das Vorliegen einer Pflichtverletzung (Art. 31 Abs. 4 SPE-Verordnungsentwurf). Daneben verweist Art. 31 Abs. 5 SPE-Verordnungsentwurf bezüglich der Haftung der Geschäftsleiter auf das jeweilige nationale Recht. 14

§ 35 Vertretung der Gesellschaft

(1) [1]Die Gesellschaft wird durch die Geschäftsführer gerichtlich und außergerichtlich vertreten. [2]Hat eine Gesellschaft keinen Geschäftsführer (Führungslosigkeit), wird die Gesellschaft für den Fall, dass ihr gegenüber Willenserklärungen abgegeben oder Schriftstücke zugestellt werden, durch die Gesellschafter vertreten.

(2) [1]Sind mehrere Geschäftsführer bestellt, sind sie alle nur gemeinschaftlich zur Vertretung der Gesellschaft befugt, es sei denn, dass der Gesellschaftsvertrag etwas anderes bestimmt. [2]Ist der Gesellschaft gegenüber eine Willenserklärung abzuge-

---

17 *De Erice/Gaude*, DStR 2009, 857, 858.
18 *Hadding/Kießling*, WM 2009, 145, 149 f.

ben, genügt die Abgabe gegenüber einem Vertreter der Gesellschaft nach Absatz 1. [3]An die Vertreter der Gesellschaft nach Absatz 1 können unter der im Handelsregister eingetragenen Geschäftsanschrift Willenserklärungen abgegeben und Schriftstücke für die Gesellschaft zugestellt werden. [4]Unabhängig hiervon können die Abgabe und die Zustellung auch unter der eingetragenen Anschrift der empfangsberechtigten Person nach § 10 Abs. 2 Satz 2 erfolgen.

(3) [1]Befinden sich alle Geschäftsanteile der Gesellschaft in der Hand eines Gesellschafters oder daneben in der Hand der Gesellschaft und ist er zugleich deren alleiniger Geschäftsführer, so ist auf seine Rechtsgeschäfte mit der Gesellschaft § 181 des Bürgerlichen Gesetzbuchs anzuwenden. [2]Rechtsgeschäfte zwischen ihm und der von ihm vertretenen Gesellschaft sind, auch wenn er nicht alleiniger Geschäftsführer ist, unverzüglich nach ihrer Vornahme in eine Niederschrift aufzunehmen.

Übersicht Rdn.

Schrifttum

Bauer/Krets, Gesellschaftsrechtliche Sonderregeln bei der Beendigung von Vorstands- und Geschäftsführerverträgen, DB 2003, 811; *Bellen/Stehl*, Pflichten und Haftung der Geschäftsführer in der Krise der GmbH – ein Überblick, BB 2010, 2579; *Buck*, Wissen und juristische Person, 2001; *Buck-Heeb*, in: Hauschka, Corporate Compliance, 2. Aufl., 2010, S. 28; *Dreher/Thomas*, Die D&O-Versicherung nach der VVG-Novelle 2008, ZGR 2009, 31; *Fischer*, Die Bestellung von Arbeitnehmern zu Organmitgliedern juristischer Personen und das Schicksal ihres Arbeitsvertrages, NJW 2003, 2417; *Fleischer*, Reichweite und Grenzen der unbeschränkten Organvertretungsmacht im Kapitalgesellschaftsrecht, NZG 2005, 529; *ders.*, Zur GmbH-rechtlichen Verantwortlichkeit des faktischen Geschäftsführers, GmbHR 2011, 337; *Frenzel*, Erstarkung der Gesamt- zur Alleinvertretungsbefugnis bei Ausscheiden der übrigen Geschäftsführer?, GmbHR 2011, 515; *Gehrlein*, Der aktuelle Stand des neuen GmbH-Rechts, Der Konzern 2007, 771; *Hasselbach*, Der Verzicht auf Schadensersatzansprüche gegen Organmitglieder, DB 2010, 2037; *Leuering/Rubner*, Geschäftsverteilung zwischen GmbH-Geschäftsführern, NJW-Spezial 2009, 239; *Sassel/Schnitger*, Das ruhende Arbeitsverhältnis des GmbH-Geschäftsführers, DB 2007, 154; *Schneider/Brouwer*, Aufrechnung gegen Ruhegeldansprüche des Geschäftsführers, GmbHR 2006, 1019; *Steffek*, Zustellungen und Zugang von Willenserklärungen nach dem Regierungsentwurf zum MoMiG – Inhalt und Bedeutung der Änderungen für GmbHs, AGs und ausländische Kapitalgesellschaften, BB 2007, 2077; *Strohn*, Faktsiche Organe – Rechte, Pflichten, Haftung, DB 2011, 158.

A. Organschaftliche Vertretungsmacht (Abs. 1 S. 1)

I. Grundsatz der organschaftlichen Vertretung

1 Da die Gesellschaft nur durch die Geschäftsführer handlungsfähig ist bzw. im Rechtsverkehr auftreten kann, muss sie einen oder mehrere Geschäftsführer haben (§ 6 Abs. 1). Befindet sich die Gesellschaft in Liquidation kann sie durch Liquidatoren (§ 66 Abs. 2) vertreten werden, die jedoch ein eigenständiges Organ der Gesellschaft sind.[1] Eine **Beseitigung** der organschaftlichen Vertretung ist weder durch die Satzung noch durch andere Regelungen möglich. Damit ist eine Bestimmung unzulässig, nach der jemandem eine Generalvollmacht eingeräumt wird, welche die Geschäftsführervertretung ersetzt oder verdrängt.[2] Ob die Erteilung einer Generalvollmacht, die von der Außenwirkung her einer Geschäftsführervertretungsmacht gleichkommt, zulässig ist, wird unterschiedlich beurteilt.[3] Bejaht man die Möglichkeit einer solchen Generalvollmacht, muss diese jedoch durch einen Gesellschafterbeschluss gedeckt und jederzeit widerruflich sein, um zu gewährleisten, dass die rechtsgeschäftliche Vertretungsmacht

1 *Jacoby*, in: Bork/Schäfer, GmbHG, § 35 Rn. 17.

2 *Schneider/Sethe*, in: Scholz, GmbHG, § 35 Rn. 17; *Zöllner/Noack*, in: Baumbach/Hueck, GmbHG, § 35 Rn. 76.

3 Für eine Zulässigkeit *Schneider/Sethe*, in: Scholz, GmbHG, § 35 Rn. 17 ff.; *Zöllner/Noack*, in: Baumbach/Hueck, GmbHG, § 35 Rn. 76; dagegen BGHZ 34, 27, 31; BGH, NJW 1977, 199; BGH, NJW-RR 2002, 1325; *Altmeppen*, in: Roth/Altmeppen, GmbHG, § 35 Rn. 15; *Kleindiek*, in: Lutter/Hommelhoff, GmbHG, § 35 Rn. 1; *Koppensteiner*, in: Rowedder/Schmidt-Leithoff, GmbHG, § 35 Rn. 9; *Lenz*, in: Michalski, GmbHG, § 35 Rn. 7.

stets der Kontrolle des Geschäftsführers unterliegt, d.h. die Organbefugnisse des Geschäftsführers, seine Zuständigkeit und Verantwortung unberührt bleiben.[4]

2 Nach Abs. 1 wird die Gesellschaft durch die Geschäftsführer gerichtlich und außergerichtlich vertreten. Der **Umfang** der Vertretungsmacht der Geschäftsführer ist regelmäßig unbeschränkt und unbeschränkbar, so dass eine Beschränkung in der Satzung ebenso ausscheidet wie eine solche im Anstellungsvertrag. Beschränkungen der Geschäftsführungsbefugnis wirken in der Regel lediglich im Innen- nicht im Außenverhältnis. Dies ist etwa der Fall, wenn im Gesellschaftsvertrag bestimmte Geschäfte von der Mitwirkung der Gesellschafterversammlung oder des Aufsichtsrats abhängig gemacht werden.[5] Anders ist dies nur in der mitbestimmten GmbH, wo Beschränkungen der Vertretungsmacht bei der Ausübung von Beteiligungsrechten an einer mitbestimmten Gesellschaft vorgesehen sind (§§ 32 MitbestG, 15 MitbestErgG).[6]

3 Die Vertretungsmacht bezieht sich nicht nur auf Rechtsgeschäfte, sondern auch auf geschäftsähnliche Handlungen (Mahnung etc.) und Realakte (Besitzergreifung einer Sache etc.). Die organschaftliche Vertretungsmacht kann auf andere Geschäftsführer, nicht jedoch auf Dritte (etwa rechtsgeschäftliche Vertreter) übertragen werden. Der Geschäftsführer kann damit nicht seine Vertretungsmacht im Ganzen durch einen anderen ausüben lassen.[7] Dies gilt auch dann, wenn sie zeitlich begrenzt oder jederzeit widerruflich ist.[8] Daran ändert auch nichts, dass die Gesellschafter der Vollmachtserteilung an den anderen zugestimmt haben.[9] Möglich ist es jedoch für den Geschäftsführer, rechtsgeschäftliche Vertreter, wie etwa Handlungsbevollmächtigte i.S.d. § 54 HGB oder Vertreter nach §§ 164 ff. BGB,[10] zu bestellen.

4 Nach § 8 Abs. 4 Nr. 2 sind in der Anmeldung der Eintragung der Gesellschaft zum **Handelsregister** die Art und der Umfang der Vertretungsmacht anzugeben. Allerdings hat die Eintragung lediglich deklaratorischen Charakter.

5 Der **Beginn** der Vertretungsmacht fällt mit dem Wirksamwerden der Bestellung zum Geschäftsführer zusammen, da es eine Organstellung ohne Vertretungsmacht nicht gibt.[11] Parallel dazu endet die Vertretungsmacht mit der Beendigung der Organstellung. Grundsätzlich ist das Organverhältnis unabhängig vom Anstellungsverhältnis. So ist es möglich, dass jemand wirksam zum Geschäftsführer bestellt ist, ohne dass

---

4 *Schneider*, in: Scholz, GmbHG, § 35 Rn. 19; *Zöllner/Noack*, in: Baumbach/Hueck, GmbHG, § 35 Rn. 76.

5 *Schmidt*, in: Ensthaler/Füller/Schmidt, GmbHG, § 35 Rn. 14.

6 *Paefgen*, in: Ulmer/Habersack/Winter, GmbHG, § 35 Rn. 55; *Schmidt*, in: Ensthaler/Füller/Schmidt, GmbHG, § 35 Rn. 14; a.A. *Schneider*, in: Scholz, GmbHG, § 35 Rn. 37, wonach der Aufsichtsratsbeschluss nur interne Wirkung entfaltet.

7 BGH, NJW 1977, 199; BGH, NJW-RR 2002, 1325, 1326.

8 BGHZ 34, 27, 31.

9 BGH, NJW 1977, 199.

10 BGHZ 62, 166, 168; BGH, NJW 1988, 1199, 1200.

11 *Zöllner/Noack*, in: Baumbach/Hueck, GmbHG, § 35 Rn. 104c.

gleichzeitig ein Anstellungsvertrag geschlossen ist.[12] Handelt jemand als **faktischer Geschäftsführer** für die GmbH[13], so ist zu beachten, dass er die Gesellschaft mangels Organstellung grundsätzlich nicht nach § 35 vertreten kann. Sein Handeln als »Vertreter« der Gesellschaft muss sich die GmbH aber dann zurechnen lassen, wenn die Grundsätze der Anscheinsvollmacht erfüllt sind.[14]

II. Außergerichtliche Vertretung

6 Außergerichtlich wird die Gesellschaft durch den Geschäftsführer aktiv und passiv vertreten. Damit ist er nicht nur für die Abgabe von Willenserklärungen der GmbH, sondern auch für deren Entgegennahme zuständig. Zu den außergerichtlichen Vertretungszuständigkeiten des Geschäftsführers gehören (ungeachtet von Beschränkungen im Innenverhältnis) vor allem sämtliche Rechtsgeschäfte im Rahmen von Arbeitsverhältnissen,[15] Verträge des kollektiven Arbeitsrechts (Tarifverträge, Betriebsvereinbarungen),[16] die Erteilung und der Widerruf von Vollmachten,[17] Beteiligungserwerbe,[18] Gründung von Tochtergesellschaften,[19] Abschluss von Verschmelzungs- sowie Beherrschungs- oder Gewinnabführungsverträgen,[20] die Ausübung von Beteiligungsrechten[21] sowie die Ausübung der Leitungsmacht aus Beherrschungsverträgen.[22]

7 Die Gesellschaft wird, sofern kein Aufsichtsrat vorhanden ist, auch dann durch die Geschäftsführer vertreten, wenn mit einzelnen Geschäftsführern,[23] Gesellschaftern[24] oder anderen Organmitgliedern sog. **Außengeschäfte** abgeschlossen werden, die auch mit Dritten abgeschlossen werden könnten (Kaufvertrag, Mietvertrag etc.). In diesem

12 *Jacoby*, in: Bork/Schäfer, GmbHG, § 35 Rn. 13.
13 *Fleischer*, GmbHR 2011, 337 ff.; *Strohn*, DB 2011, 158 ff.
14 *Zöllner/Noack*, in: Baumbach/Hueck, GmbHG, § 35 Rn. 9; *Lenz*, in: Michalski, GmbHG, § 35 Rn. 24; vgl. auch § 6 Rdn. 34; siehe auch § 43 Rdn. 7.
15 *Schneider/Sethe*, in: Scholz, GmbHG, § 35 Rn. 32; *Zöllner/Noack*, in: Baumbach/Hueck, GmbHG, § 35 Rn. 82.
16 *Schneider/Sethe*, in: Scholz, GmbHG, § 35 Rn. 32; *Zöllner/Noack*, in: Baumbach/Hueck, GmbHG, § 35 Rn. 83.
17 *Zöllner/Noack*, in: Baumbach/Hueck, GmbHG, § 35 Rn. 84.
18 *Lenz*, in: Michalski, GmbHG, § 35 Rn. 35; *Zöllner/Noack*, in: Baumbach/Hueck, GmbHG, § 35 Rn. 87.
19 BGH, DB 1979, 644.
20 *Zöllner/Noack*, in: Baumbach/Hueck, GmbHG, § 35 Rn. 88 f.
21 *Paefgen*, in: Ulmer/Habersack/Winter, GmbHG, § 35 Rn. 55; *Schneider/Sethe*, in: Scholz, GmbHG, § 35 Rn. 35 ff.; *Zöllner/Noack*, in: Baumbach/Hueck, GmbHG, § 35 Rn. 90.
22 *Zöllner/Noack*, in: Baumbach/Hueck, GmbHG, § 35 Rn. 91.
23 Jeweils mit Einschränkungen *Altmeppen*, in: Roth/Altmeppen, GmbHG, § 37 Rn. 48; *Schneider/Sethe*, in: Scholz, GmbHG, § 35 Rn. 30 ff.; *Zöllner/Noack*, in: Baumbach/Hueck, GmbHG, § 35 Rn. 86.
24 *Altmeppen*, in: Roth/Altmeppen, GmbHG, § 35 Rn. 19; *Zöllner/Noack*, in: Baumbach/Hueck, GmbHG, § 35 Rn. 85.

Fall sind jedoch ggf. das Verbot von Insichgeschäften und die Grundsätze des Missbrauchs der Vertretungsmacht zu beachten.[25]

8 **Keine organschaftliche Vertretungsmacht** besteht nach h.M. für den Geschäftsführer bei Maßnahmen, die den inneren Bereich der Gesellschaft betreffen, wie etwa die Änderung des Gesellschaftsvertrags oder die Aufnahme neuer Gesellschafter.[26] **Innengeschäfte** sind zudem alle satzungsbezogenen Geschäfte, wie etwa Kapitalerhöhungen, sowie gesellschaftsbezogene Geschäfte,[27] so dass auch hier grundsätzlich nicht die Geschäftsführer die Gesellschaft außergerichtlich vertreten.

9 Beim Abschluss eines **Unternehmensvertrags** vertreten formal die Geschäftsführer die Gesellschaft. Zur Wirksamkeit ist jedoch auch im Außenverhältnis ein zustimmender Gesellschafterbeschluss sowohl des beherrschenden als auch des abhängigen Unternehmens erforderlich, da vor allem Beherrschungs- und Gewinnabführungsverträge vergleichbar mit der Satzung den rechtlichen Status der abhängigen Gesellschaft ändern.[28] Für einen wirksamen Gesellschafterbeschluss der abhängigen GmbH ist die Zustimmung aller Gesellschafter (§ 33 Abs. 1 S. 2 BGB analog) erforderlich.[29] Für die beherrschende GmbH gilt demgegenüber unstreitig § 293 Abs. 2 AktG analog.[30] Für Verschmelzungen, Spaltungen und Vermögensübertragungen nach §§ 13, 125, 176 UmwG muss die Gesellschafterversammlung ebenfalls zustimmen.

10 Ob gesellschaftsrechtliche Rechtsgeschäfte mit einzelnen Gesellschaftern (z.B. Zustimmung zur Veräußerung von Geschäftsanteilen nach § 15 Abs. 5, Genehmigung der Teilung von Gesellschaftsanteilen, Stundung und Erlass von Nebenleistungspflichten, Erwerb und Veräußerung eigener Geschäftsanteile), Außen- oder lediglich Innengeschäfte sind, wird unterschiedlich beurteilt.[31] Wer diese Geschäfte als Außengeschäfte einordnet, hat zu beachten, dass sich die Gesellschafter alle Beschränkungen des Innenverhältnisses entgegenhalten lassen müssen, da sie keine

---

25 *Kleindiek*, in: Lutter/Hommelhoff, GmbHG, § 35 Rn. 4.

26 OLG Hamm, NJW-RR 2005, 767, 769; *Schmidt*, in: Ensthaler/Füller/Schmidt, GmbHG, § 35 Rn. 12; *Schneider/Sethe*, in: Scholz, GmbHG, § 35 Rn. 40.

27 *Schneider/Sethe*, in: Scholz, GmbHG, § 35 Rn. 38 ff.; *Zöllner/Noack*, in: Baumbach/Hueck, GmbHG, § 35 Rn. 93 ff.

28 BGHZ 105, 324, 332, 336; *Lenz*, in: Michalski, GmbHG, § 35 Rn. 36; a.A. wohl *Altmeppen*, in: Roth/Altmeppen, GmbHG, § 35 Rn. 22.

29 *Altmeppen*, in: Roth/Altmeppen, GmbHG, Anh. § 13 Rn. 40; *Zöllner*, in: Baumbach/Hueck, SchlAnhKonzernR, Rn. 54; a.A. *Kleindiek*, in: Lutter/Hommelhoff, GmbHG, Anh. § 13 Rn. 52, wonach eine ¾-Mehrheit analog § 293 Abs. 1 Satz 2 AktG ausreicht; offengelassen in BGHZ 105, 324, 332; unentschieden *Paefgen*, in: Ulmer/Habersack/Winter, GmbHG, § 35 Rn. 54.

30 BGHZ 105, 324, 336; BGH, NJW 1992, 1452, 1453; *Kleindiek*, in: Lutter/Hommelhoff, GmbHG, Anh. § 13 Rn. 36.

31 Vgl. *Zöllner/Noack*, in: Baumbach/Hueck, GmbHG, § 35 Rn. 92.

beliebigen Dritten sind.[32] Wer dagegen davon ausgeht, dass es sich um Innengeschäfte handelt, spricht dem Geschäftsführer eine organschaftliche Vertretungsmacht ab, es sei denn Satzung oder Gesellschafterbeschluss räumen dem Geschäftsführer eine entsprechende Kompetenz ein.[33]

Im Einzelnen ist nach der Art des jeweiligen Rechtsgeschäfts zu differenzieren: So erteilt die Zustimmung zur **Veräußerung** von Geschäftsanteilen allein der Geschäftsführer.[34] Lediglich im Innenverhältnis ist ein Gesellschafterbeschluss erforderlich,[35] so dass die Zustimmung des Geschäftsführers im Außenverhältnis auch ohne Gesellschafterbeschluss wirksam ist.[36] Die Genehmigung zur Teilung von Gesellschaftsanteilen ist angesichts der Regelung des § 46 Nr. 4 dagegen ein Innengeschäft, so dass dem Geschäftsführer insoweit eine organschaftliche Vertretungsmacht fehlt.[37] **11**

Der Erwerb **eigener Geschäftsanteile** der GmbH ist wiederum eine Geschäftsführungsmaßnahme, so dass der Geschäftsführer insoweit Vertretungsmacht besitzt. Im Innenverhältnis müssen allerdings auch hier die Gesellschafter zustimmen. Fehlt ein Gesellschafterbeschluss, lässt dies an sich die Vertretungsmacht des Geschäftsführers unberührt. Da jedoch für den veräußernden Gesellschafter der Mangel der internen Zustimmung in aller Regel evident ist, ist das Geschäft wegen Missbrauchs der Vertretungsmacht zumeist unwirksam.[38] Ob der Geschäftsführer befugt ist, eigene Geschäftsanteile der Gesellschaft zu veräußern, oder ein Gesellschafterbeschluss auch im Außenverhältnis erforderlich ist, wird unterschiedlich beurteilt.[39] Da Erwerb und Veräußerung gleichermaßen die Interessen der Gesellschafter berühren, sollten beide auch in Bezug auf die Vertretungsmacht des Geschäftsführers gleich behandelt werden. Daher ist der Geschäftsführer auch insoweit zur Vertretung berechtigt. **12**

Verpflichtungen der Gesellschaft im Entscheidungsbereich der Gesellschafter zählen nicht zu Maßnahmen der Geschäftsleitung. Eine organschaftliche Vertretungsbefugnis des Geschäftsführers gegenüber Dritten solche Verpflichtungen, etwa zur **Änderung des** **13**

32 *Altmeppen*, in: Roth/Altmeppen, GmbHG, § 35 Rn. 47; *Schneider*, in: Scholz, GmbHG, § 35 Rn. 27 f. (allerdings einschränkend für Publikumsgesellschaften); *Zöllner/Noack*, in: Baumbach/Hueck, GmbHG, § 35 Rn. 92.

33 *Zöllner/Noack*, in: Baumbach/Hueck, GmbHG, § 35 Rn. 92.

34 BGHZ 14, 25, 31; *Ebbing*, in: Michalski, GmbHG, § 15 Rn. 143.

35 BGH, NJW 1988, 2241, 2242.

36 BGHZ 14, 25, 31; *Altmeppen*, in: Roth/Altmeppen, GmbHG, § 15 Rn. 97 ff.

37 *Zöllner/Noack*, in: Baumbach/Hueck, GmbHG, § 35 Rn. 92.

38 *Altmeppen*, in: Roth/Altmeppen, GmbHG, § 33 Rn. 36; *Sosnitza*, in: Michalski, GmbHG, § 33 Rn. 24.

39 Offengelassen in BGH, NJW 2004, 365, 366; bejahend *Altmeppen*, in: Roth/Altmeppen, GmbHG, § 33 Rn. 54; *Pentz*, in: Rowedder/Schmidt-Leithoff, GmbHG, § 33 Rn. 52; *Sosnitza*, in: Michalski, GmbHG, § 33 Rn. 67; verneinend *Westermann*, in: Scholz, GmbHG, § 33 Rn. 38; *Kleindiek*, in: Lutter/Hommelhoff, GmbHG, § 33 Rn. 15; *Hueck/Fastrich*, in: Baumbach/Hueck, GmbHG, § 33 Rn. 28.

Gesellschaftsvertrags, einzugehen, besteht daher nicht.[40] Im Falle einer Erhöhung des Stammkapitals (§ 55) vertreten die Gesellschafter die GmbH gegenüber dem Übernehmer, was die Möglichkeit jedoch nicht ausschließt, dass die Gesellschafter den Geschäftsführer zum Abschluss des Übernahmevertrags ermächtigen.

III. Gerichtliche Vertretung

14 Die gerichtliche Vertretung der Gesellschaft obliegt regelmäßig dem Geschäftsführer unabhängig davon, ob die Gesellschaft Klägerin, Beklagte, Beteiligte oder Betroffene ist und unabhängig von der Gerichtsbarkeit (auch Anmeldung zum Handelsregister).[41] Die Vorbereitung des Prozesses (Erteilung von Prozessvollmacht) fällt ebenfalls darunter.[42] Sofern die Gesellschaft einen Aufsichtsrat hat, ist grundsätzlich dieser vertretungsberechtigt.[43] Ein Gesellschafter mit hoher Beteiligung soll zur Geltendmachung von Ansprüchen der Gesellschaft im eigenen Namen ermächtigt werden können.[44] Macht eine Zweipersonen-GmbH gegenüber ihrem Mehrheitsgesellschafter Rechte geltend, soll die Vertretungsberechtigung dagegen nicht beim Geschäftsführer, sondern beim Minderheitsgesellschafter liegen.[45]

15 Die Klageschrift muss die Namen sämtlicher Geschäftsführer enthalten (§§ 253 Abs. 4, 130 Nr. 1 ZPO). Zustellungen haben gegenüber den Geschäftsführern als gesetzlichen Vertretern zu erfolgen (§ 170 Abs. 1 ZPO), wobei die Zustellung an einen von ihnen genügt (§ 170 Abs. 3 ZPO). Eidesstattliche Versicherungen für die Gesellschaft werden von den Geschäftsführern abgegeben.[46] Ein Geschäftsführer kann lediglich als Partei, nicht als Zeuge vernommen werden (§ 455 Abs. 1 ZPO). Den Geschäftsführer vorübergehend abzuberufen, damit er Zeuge sein kann, kann rechtsmissbräuchlich sein.[47]

16 Klagt ein Geschäftsführer gegen die Wirksamkeit seiner Bestellung oder Abberufung, erfolgt Vertretung durch denjenigen gesetzlichen Vertreter, der bei Klageabweisung als solcher anzusehen wäre.[48] Für andere Klagen des Geschäftsführers gegen die Gesellschaft muss die Gesellschaft einen besonderen Vertreter bestellen (§ 46 Nr. 8). Sofern es um eine einstweilige Verfügung geht, kann bis zum Gesellschafterbeschluss

---

40 *Kleindiek*, in: Lutter/Hommelhoff, GmbHG, 35 Rn. 35; *Schneider/Sethe*, in: Scholz, GmbHG, § 35 Rn. 38 ff.

41 *Kleindiek*, in: Lutter/Hommelhoff, GmbHG, § 35 Rn. 6.

42 *Zöllner/Noack*, in: Baumbach/Hueck, GmbHG, § 35 Rn. 99.

43 BGH, NJW 1987, 254, 255; OLG München, NZG 2003, 634, 635.

44 BGH, NJW-RR 1987, 57.

45 OLG München, WM 1982, 1061.

46 OLG Hamm, GmbHR 1984, 318; *Lenz*, in: Michalski, GmbHG, § 35 Rn. 37; *Zöllner/Noack*, in: Baumbach/Hueck, GmbHG, § 35 Rn. 100.

47 *Wicke*, GmbHG, § 35 Rn. 4; *Zöllner/Noack*, in: Baumbach/Hueck, GmbHG, § 35 Rn. 100.

48 BGH, NJW 1981, 1041 f.; OLG Hamm, GmbHR 1993, 743, 745; OLG Köln, NZG 1999, 773 (LS); OLG Köln, NZG 2003, 395, 396.

ein anderer, einzelvertretungsberechtigter Geschäftsführer der Gesellschaft diese vertreten.[49] Im Zwangsvollstreckungsverfahren ist der Geschäftsführer Adressat der Ordnungsmittel (§§ 888, 890 ZPO).[50]

IV. Rechtsgeschäftliche Vertretung

17 Neben den Geschäftsführern werden für die Gesellschaft häufig auch rechtsgeschäftlich bestellte Vertreter tätig. Das können Prokuristen (§§ 48 ff. HGB), Handlungs- oder Generalbevollmächtigte (§ 54 HGB) sein. Sollen an einzelne oder mehrere Personen rechtsgeschäftliche Vollmachten erteilt werden, geschieht dies durch die Geschäftsführer in vertretungsberechtigter Zahl. Fehlt es an der erforderlichen Vertretungsmacht, können der Gesellschaft Willenserklärungen Dritter über die Grundsätze der Duldungs- und Anscheinsvollmacht zugerechnet werden.[51]

18 Da ein Geschäftsführer seine Vertretungsmacht nicht im Ganzen durch andere ausüben lassen darf, ist die Erteilung einer **Generalvollmacht**, die sich auch auf seine Organbefugnisse (z.B. Insolvenzantragspflicht, Buchführung) erstrecken soll, unzulässig. Das schließt jedoch nicht aus, diese im Einzelfall in eine Generalhandlungsvollmacht nach § 54 HGB umzudeuten.[52]

19 Rechtsgeschäftlicher Vertreter kann nicht sein, wer schon organschaftlicher Vertreter ist.[53] Ebenso kann ein rechtsgeschäftlicher Vertreter keine organschaftliche Vertretungsmacht übertragen bekommen. Möglich ist jedoch, dies in eine Generalvollmacht i.S.d. § 164 ff. BGB umzudeuten, die sich auf all diejenigen Tätigkeiten bezieht, die nicht zwingend organschaftlich sind.[54]

B. Insichgeschäft

I. Verbot der Selbstkontrahierung

20 Der Geschäftsführer kann die Gesellschaft grundsätzlich nicht bei einem mit ihm selbst abzuschließenden Geschäft vertreten (§ 181 BGB). Dies gilt auch für ein Geschäft der Gesellschaft, das er als Vertreter eines Dritten schließen will.[55] Bei der

---

49 OLG Hamm, GmbHR 1993, 743, 745.

50 *Lenz*, in: Michalski, GmbHG, § 35 Rn. 37; *Zöllner/Noack*, in: Baumbach/Hueck, GmbHG, § 35 Rn. 102.

51 *Zöllner/Noack*, in: Baumbach/Hueck, GmbHG, § 35 Rn. 70.

52 BGH, NJW-RR 2002, 1325.

53 *Koppensteiner*, in: Rowedder/Schmidt-Leithoff, GmbHG, § 35 Rn. 8; *Lenz*, in: Michalski, GmbHG, § 35 Rn. 7; *Paefgen*, in: Ulmer/Habersack/Winter, GmbHG, § 35 Rn. 38; *Schneider*, in: Scholz, GmbHG, § 35 Rn. 16; *Zöllner/Noack*, in: Baumbach/Hueck, GmbHG, § 35 Rn. 77.

54 *Lenz*, in: Michalski, GmbHG, § 35 Rn. 8; *Zöllner/Noack*, in: Baumbach/Hueck,GmbHG, § 35 Rn. 77.

55 *Zöllner/Noack*, in: Baumbach/Hueck, GmbHG, § 35 Rn. 128.

GmbH & Co. KG ist eine Vertretung durch den Geschäftsführer bei Geschäften zwischen GmbH und KG sowie zwischen dem GmbH-Geschäftsführer und der KG ausgeschlossen.[56] Sehen Gesetz oder Satzung einen Aufsichtsrat für die GmbH vor, wird die Gesellschaft gegenüber ihrem Geschäftsführer stets durch den Aufsichtsrat vertreten (§ 52 Abs. 1 GmbHG, § 112 AktG). Die Problematik des Selbstkontrahierens zwischen Gesellschaft und Geschäftsführer stellt sich in diesem Fall nicht.[57]

21 Wird die Gesellschaft durch mehrere Geschäftsführer gemeinsam vertreten (**Gesamtvertretung**) und ist einer der Geschäftsführer nach § 181 BGB von der Vertretung ausgeschlossen, müssen die übrigen Geschäftsführer ohne den verhinderten Geschäftsführer in der für die Gesamtvertretung erforderlichen Zahl das Rechtsgeschäft abschließen bzw. einen von ihnen zur Vornahme des Rechtsgeschäfts ermächtigen. Dementsprechend ist es nicht möglich, eine Willenserklärung, die zwei, nur gemeinsam vertretungsberechtigte Geschäftsführer abgegeben haben und einer von ihnen an der Vertretung der GmbH gemäß § 181 BGB verhindert war, nachträglich in eine Ermächtigung zur Alleinvertretung umzudeuten.[58]

22 Hat der nach § 181 BGB ausgeschlossene Geschäftsführer jedoch zuvor den anderen Geschäftsführer **ermächtigt**, das Geschäft für die GmbH in Einzelvertretung abzuschließen, soll dies zulässig sein. Der ermächtigte Geschäftsführer trete nicht als rechtgeschäftlicher (Unter-)Vertreter des anderen Geschäftsführers auf, sondern mache von seiner organschaftlichen Vertretungsmacht Gebrauch.[59] Der an sich nach § 181 BGB verhinderte Geschäftsführer ist demnach formal betrachtet nicht auf beiden Seiten des Rechtsgeschäfts beteiligt, so dass ein verbotenes Selbstkontrahieren nicht vorzuliegen scheint. Schutzzweck des § 181 BGB ist es aber, »Interessenkollisionen und damit verbundenen Gefahren für den Vertretenen zu begegnen, soweit nicht ausnahmsweise eine Sachverhaltsgestaltung vorliegt, in der sich eine Schädigung des Vertretenen typischerweise ausschließen lässt«.[60] Zwar ist der Mitgeschäftsführer im Gegensatz zum Untervertreter nicht von den Weisungen des nach § 181 BGB ausgeschlossenen Geschäftsführers abhängig. Dennoch lässt sich nicht typischerweise ausschließen, dass die Interessen der GmbH bei einer zuvor erteilten Ermächtigung des Mitgeschäftsführers beeinträchtigt werden. Daher ist auch eine für den konkreten Einzelfall erteilte Ermächtigung des Mitgeschäftsführers als unzulässige Umgehung des § 181 BGB einzuordnen.

---

56 BGHZ 58, 115 ff.; OLG Düsseldorf, GmbHR 2005, 105.

57 *Altmeppen*, in: Roth/Altmeppen, GmbHG, § 35 Rn. 21; *Zöllner/Noack*, in: Baumbach/Hueck, GmbHG, § 35 Rn. 129.

58 BGH, NJW 1992, 618.

59 So BGHZ 64, 72; *Altmeppen*, in: Roth/Altmeppen, GmbHG, § 35 Rn. 80; *Lenz*, in: Michalski, GmbHG, § 35 Rn. 89; a.A. *Kleindiek*, in: Lutter/Hommelhoff, GmbHG, § 35 Rn. 19; *Zöllner/Noack*, in: Baumbach/Hueck, GmbHG, § 35 Rn. 135; offengelassen in BGH, NJW 1992, 618.

60 So ausdrücklich BGH, NJW 1992, 618.

Bestellt der Geschäftsführer zum Zwecke des Geschäftsabschlusses einen **Untervertreter**, findet § 181 BGB entsprechende Anwendung, so dass ein verbotenes Insichgeschäft zu bejahen ist.[61] Ein Fall der Untervertretung liegt nicht vor, wenn ein unabhängig vom konkreten Geschäftsabschluss bestellter Prokurist die Gesellschaft bei einem Rechtsgeschäft mit dem Geschäftsführer vertritt.[62] 23

Folge eines Verstoßes gegen das Verbot des Insichgeschäfts nach § 181 BGB ist die schwebende **Unwirksamkeit** des Geschäfts (§§ 177 ff. BGB).[63] Die Gesellschafterversammlung kann regelmäßig das Geschäft ausdrücklich oder konkludent[64] genehmigen. Auch ein (anderer) Geschäftsführer, der das Geschäft ohne Verstoß gegen § 181 BGB wirksam abschließen könnte, kann dieses genehmigen.[65] 24

II. Ausnahmen

Eine Ausnahme vom Verbot des Insichgeschäfts liegt vor, wenn das Geschäft nur zur Erfüllung einer bereits bestehenden Verbindlichkeit dient (z.B. Gehaltsauszahlung des Geschäftsführers an sich selbst).[66] Eine Ausnahme soll auch dann gegeben sein, wenn das Geschäft für die Gesellschaft lediglich rechtlich vorteilhaft ist.[67] 25

Der Geschäftsführer kann im **Voraus** vom Verbot des Selbstkontrahierens befreit werden. Eine solche Befreiung kann sich auf einzelne Geschäfte, auf bestimmte Arten von Geschäften oder sämtliche Geschäfte des Geschäftsführers beziehen. Erforderlich ist eine Gestattung in der Satzung oder durch das Bestellungsorgan, d.h. regelmäßig die Gesellschafterversammlung.[68] Umstritten ist, ob es hierzu einer 26

---

61 BGHZ 64, 72, 74; BGHZ 91, 334 ff.; *Marsch-Barner/Diekmann*, in: MünchHdb-GmbHG, § 44 Rn. 31; *Paefgen*, in: Ulmer/Habersack/Winter, GmbHG, § 35 Rn. 57; *Schneider/Sethe*, in: Scholz, GmbHG, § 35 Rn. 91; *Zöllner/Noack*, in: Baumbach/Hueck, GmbHG, § 35 Rn. 136; a.A. *Altmeppen*, in: Roth/Altmeppen, GmbHG, Rn. 80 (nur Unterbevollmächtigung einer weisungsabhängigen Person nicht möglich).

62 BGHZ 91, 334 ff.; *Altmeppen*, in: Roth/Altmeppen, GmbHG, § 35 Rn. 80; *Zöllner/Noack*, in: Baumbach/Hueck, GmbHG, § 35 Rn. 136; a.A. *Koppensteiner*, in: Rowedder/Schmidt-Leithoff, GmbHG, § 35 Rn. 34.

63 BGH, BB 1994, 164, 165.

64 *Lenz*, in: Michalski, GmbHG, § 35 Rn. 81; *Schneider*, in: Scholz, GmbHG, § 35 Rn. 95; *Zöllner/Noack*, in: Baumbach/Hueck, GmbHG, § 35 Rn. 131.

65 BGH, BB 1994, 164, 165; *Lenz*, in: Michalski, GmbHG, § 35 Rn. 81; *Zöllner/Noack*, in: Baumbach/Hueck, GmbHG, § 35 Rn. 131.

66 *Marsch-Barner/Diekmann*, MünchHdbGmbHG, § 44 Rn. 30; *Paefgen*, in: Ulmer/Habersack/Winter, GmbHG, § 35 Rn. 56; *Schneider*, in: Scholz, GmbHG, § 35 Rn. 96; *Zöllner/Noack*, in: Baumbach/Hueck, GmbHG, § 35 Rn. 130.

67 BGHZ 59, 236, 240 f.; BGH, NJW 1989, 2543; *Altmeppen*, in: Roth/Altmeppen, GmbHG, § 35 Rn. 64; *Lenz*, in: Michalski, GmbHG, § 35 Rn. 82; *Kleindiek*, in: Lutter/Hommelhoff, GmbHG, § 35 Rn. 19; *Schneider/Sethe*, in: Scholz, GmbHG, § 35 Rn. 97; *Zöllner/Noack*, in: Baumbach/Hueck, GmbHG, § 35 Rn. 130.

68 *Paefgen*, in: Ulmer/Habersack/Winter, GmbHG, § 35 Rn. 64; *Zöllner/Noack*, in: Baumbach/Hueck, GmbHG, § 35 Rn. 132.

Grundlage in der Satzung bedarf[69] oder ob eine solche nicht erforderlich ist.[70] Eine Gestattung kann für einen einzelnen Geschäftsführer oder generell für alle vorgesehen werden. Da bei einer nicht auf ein konkretes Geschäft beschränkten Erlaubnis eine Eintragung ins Handelsregister erforderlich ist, muss diese aus sich selbst heraus verständlich sein. Dies ist nicht der Fall, wenn eine Befreiung nur dann vorgesehen wird, sofern lediglich ein Geschäftsführer vorhanden ist.[71] Bei einer Gestattung mit Beschränkung auf bestimmte Geschäfte ist bei der Anmeldung eine konkrete Benennung erforderlich.[72] Wird eine Anmeldung zum Handelsregister unterlassen, ist § 15 Abs. 1 HGB zu beachten.[73]

27 Wird die Gesellschaft mittels Musterprotokoll (Anlage zu § 2 Abs. 1a) im Rahmen des nunmehr nach dem MoMiG möglichen, vereinfachten Verfahrens gegründet, ist der Geschäftsführer zwingend von den Beschränkungen des § 181 BGB zu befreien.[74]

III. Insichgeschäfte in der Einpersonen-GmbHG

28 Das Verbot von Insichgeschäften gilt ausdrücklich auch in der Einpersonen-GmbH (Abs. 3 S. 1). Damit bestehen im Vergleich zur mehrgliedrigen Gesellschaft verschärfte Anforderungen an eine Befreiung vom Verbot des Selbstkontrahierens sowie eine Protokollierungspflicht (Abs. 3 S. 2). Über ihren Wortlaut hinaus erfasst die Vorschrift auch den Fall der Mehrfachvertretung zumindest dann, wenn der Gesellschafter-Geschäftsführer jeweils sämtliche Anteile der am Rechtsgeschäft beteiligten Gesellschaften hält.[75]

---

69 BayObLG, DB 1984, 1517, 1518; OLG Köln, NJW 1993, 1018; OLG Celle, NJW-RR 2001, 175; KG, NZG 2006, 718 f.

70 Wenn Einzelgestattung: KG, GmbHR 2002, 327; *Koppensteiner*, in: Rowedder/Schmidt-Leithoff, GmbHG, § 35 Rn. 30. Generell: *Altmeppen*, in: Roth/Altmeppen, GmbHG, § 35 Rn. 66; *Kleindiek*, in: Lutter/Hommelhoff, GmbHG, § 35 Rn. 20; *Paefgen*, in: Ulmer/Habersack/Winter, GmbHG, § 35 Rn. 64; *Zöllner/Noack*, in: Baumbach/Hueck, GmbHG, § 35 Rn. 132.

71 BGHZ 87, 59, 60.

72 OLG Stuttgart, NZG 2008, 36; *Zöllner/Noack*, in: Baumbach/Hueck, GmbHG, § 35 Rn. 133.

73 *Koppensteiner*, in: Rowedder/Schmidt-Leithoff, GmbHG, § 35 Rn. 30; *Schneider/Sethe*, in: Scholz, GmbHG, § 35 Rn. 124; *Zöllner/Noack*, in: Baumbach/Hueck, GmbHG, § 35 Rn. 133.

74 *Kleindiek*, in: Lutter/Hommelhoff, GmbHG, § 35 Rn. 52; *Zöllner/Noack*, in: Baumbach/Hueck, GmbHG, § 35 Rn. 136a.

75 *Koppensteiner*, in: Rowedder/Schmidt-Leithoff, GmbHG, § 35 Rn. 29; *Schneider/Sethe*, in: Scholz, GmbHG, § 35 Rn. 108; *Zöllner/Noack*, in: Baumbach/Hueck, GmbHG, § 35 Rn. 137.

29 Ob Abs. 3 entsprechend anwendbar ist, wenn die Einpersonen-GmbH neben dem Gesellschafter-Geschäftsführer noch über **weitere Fremdgeschäftsführer** verfügt,[76] wirkt sich nur dahingehend aus, in welcher Form der Gesellschafter-Geschäftsführer vom Verbot des Insichgeschäfts befreit werden kann. Eine Protokollierungspflicht besteht gemäß Abs. 3 S. 2 unabhängig davon, ob der Gesellschafter alleiniger Geschäftsführer ist. Der Wortlaut des Abs. 3 S. 1 ist eindeutig und auch der Gläubigerschutz gebietet keine entsprechende Anwendung, so dass wie bei einer Mehrpersonengesellschaft eine Befreiung auch durch Gesellschafterbeschluss grundsätzlich möglich.[77]

30 Unstreitig kann die GmbH gegenüber dem Gesellschafter-Geschäftsführer durch einen einzelvertretungsberechtigten Fremdgeschäftsführer wirksam vertreten werden.[78] Nicht möglich ist es dagegen, dass der Gesellschafter-Geschäftsführer einen Mitgeschäftsführer ermächtigt, der nur gemeinsam mit ihm zur Vertretung berechtigt ist.[79] Gleichfalls kann die Gesellschaft gegenüber dem Gesellschafter-Geschäftsführer nicht durch einen Prokuristen vertreten werden. Der Gesellschafter-Geschäftsführer kann in seiner Funktion als Alleingesellschafter die Prokura jederzeit widerrufen, so dass dem Prokuristen wie einem Untervertreter die notwendige Unabhängigkeit fehlt.[80] Soweit der Gesellschafter alleiniger Geschäftsführer ist oder die Mitgeschäftsführer nicht allein vertretungsberechtigt sind, kann der Alleingesellschafter in entsprechender Anwendung des § 29 BGB einen Notgeschäftsführer bestellen, so dass die Gesellschaft durch diesen gegenüber dem Gesellschafter-Geschäftsführer wirksam vertreten wird.[81]

31 § 181 BGB findet auf die **Selbstbestellung** des Alleingesellschafters als Geschäftsführer keine Anwendung.[82] Ob dies auch für den Abschluss des Anstellungsvertrags gilt,

---

76 Bejahend *Kleindiek*, in: Lutter/Hommelhoff, GmbHG, § 35 Rn. 56; *Schneider/Sethe*, in: Scholz, GmbHG, § 35 Rn. 107; *Zöllner/Noack*, in: Baumbach/Hueck, GmbHG, § 35 Rn. 138; a.A. *Koppensteiner*, in: Rowedder/Schmidt-Leithoff, GmbHG, § 35 Rn. 28; *Paefgen*, in: Ulmer/Habersack/Winter, GmbHG, § 35 Rn. 59.

77 *Paefgen*, in: Ulmer/Habersack/Winter, GmbHG, § 35 Rn. 59.

78 *Kleindiek*, in: Lutter/Hommelhoff, GmbHG, § 35 Rn. 56; *Marsch-Barner/Diekmann*, in: MünchHdbGmbHG, § 44 Rn. 34; *Zöllner/Noack*, in: Baumbach/Hueck, GmbHG, § 35 Rn. 138

79 *Kleindiek*, in: Lutter/Hommelhoff, GmbHG, § 35 Rn. 56; *Schneider/Sethe*, in: Scholz, GmbHG, § 35 Rn. 112; *Zöllner/Noack*, in: Baumbach/Hueck, GmbHG, § 35 Rn. 138.

80 *Koppensteiner*, in: Rowedder/Schmidt-Leithoff, GmbHG, § 35 Rn. 34; *Marsch-Barner/Diekmann*, in: MünchHdbGmbHG, § 44 Rn. 34; *Schneider/Sethe*, in: Scholz, GmbHG, § 35 Rn. 113; a.A. *Zöllner/Noack*, in: Baumbach/Hueck, GmbHG, § 35 Rn. 138.

81 *Schneider/Sethe*, in: Scholz, GmbHG, § 35 Rn. 114; *Zöllner/Noack*, in: Baumbach/Hueck, GmbHG, § 35 Rn. 138; a.A. *Kleindiek*, in: Lutter/Hommelhoff, GmbHG, § 35 Rn. 53.

82 *Zöllner/Noack*, in: Baumbach/Hueck, GmbHG, § 35 Rn. 138.

wird unterschiedlich beurteilt.[83] Vorsorglich sollte sich daher der Alleingesellschafter auch insoweit vom Verbot des Selbstkontrahierens befreien.

32 Eine **Befreiung** vom Verbot des Selbstkontrahierens kann lediglich durch die Satzung, nicht aber nur durch Gesellschafterbeschluss, erfolgen.[84] Ein einfacher Gesellschafterbeschluss soll aber ausreichen, wenn die Satzung eine Befreiungsmöglichkeit durch Gesellschafterbeschluss gestattet, der Alleingesellschafter sich zum von § 181 BGB befreiten Geschäftsführer bestellt hat und dies in das Handelsregister eingetragen ist.[85] Wird der Geschäftsführer einer mehrgliedrigen GmbH durch die Satzung selbst oder aufgrund einer in der Satzung enthaltenen Ermächtigung durch einen Gesellschafterbeschluss von den Beschränkungen des § 181 BGB befreit, gilt dies auch weiterhin, wenn der Geschäftsführer Alleingesellschafter wird.[86]

33 Die **Folgen** eines Verstoßes gegen das Verbot des Selbstkontrahierens beschränken sich nicht nur auf die (schwebende) Unwirksamkeit des Geschäfts, sondern können, wenn es sich um ein Rechtsgeschäft eines Alleingesellschafters handelt und es an einer dem Abs. 3 S. 2 entsprechenden Dokumentation mangelt, steuerlich als verdeckte Gewinnausschüttungen eingeordnet werden.[87] Allerdings kann der Einpersonen-Gesellschafter das Insichgeschäft nachträglich etwa mittels Satzungsänderung und Genehmigung des Geschäfts sowie Eintragung im Handelsregister mit steuerlicher Wirkung gestatten.[88]

34 Erfolgen Rechtsgeschäfte zwischen Alleingesellschafter und Gesellschaft, sind diese unabhängig davon, ob der Alleingesellschafter auch alleiniger Geschäftsführer ist, unverzüglich nach ihrer Vornahme in eine **Niederschrift** aufzunehmen (Abs. 3 S. 2). Erfasst sind hiervon sämtliche Geschäfte, jedoch nicht bloße Beschlüsse der Einper-

---

83 Bejahend BGHZ 33, 189, 194; *Kleindiek*, in: Lutter/Hommelhoff, GmbHG, Anh. § 6 Rn. 7; *Paefgen*, in: Ulmer/Habersack/Winter, GmbHG, § 35 Rn. 60; a.A. *Marsch-Barner/Diekmann*, MünchHdbGmbHG, § 33 Rn. 34; *Zöllner/Noack*, in: Baumbach/Hueck, GmbHG, § 35 Rn. 138.

84 BGHZ 87, 59, 60; BGH, NZG 2004, 667, 668; so auch *Paefgen*, in: Ulmer/Habersack/Winter, GmbHG, § 35 Rn. 65; *Zöllner/Noack*, in: Baumbach/Hueck, GmbHG, § 35 Rn. 140; a.A. *Altmeppen*, in: Roth/Altmeppen, GmbHG, § 35 Rn. 73, 77; *Kleindiek*, in: Lutter/Hommelhoff, GmbHG, § 35 Rn. 21.

85 BGH, GmbHR 2000, 136, 137 f.; BGH, DStR 2000, 697 f.; BayObLG, GmbHR 1984, 1517, 1518; *Paefgen*, in: Ulmer/Habersack/Winter, GmbHG, § 35 Rn. 65; *Schneider/Sethe*, in: Scholz, GmbHG, § 35 Rn. 120; *Zöllner/Noack*, in: Baumbach/Hueck, GmbHG, § 35 Rn. 140; weiter gehend OLG Hamm, NJW-RR 1998, 1193, 1194 (einfacher Gesellschafterbeschluss auf Satzungsgrundlage genügt); OLG Düsseldorf, NZG 2002, 338, 339 (zum Notgeschäftsführer); kritisch *Altmeppen*, in: Roth/Altmeppen, GmbHG, § 35 Rn. 76.

86 BGHZ 114, 167, 170 f.; a.A. noch BayObLG, WM 1987, 982, 983 und BayObLG, NJW-RR 1990, 420, 422.

87 BFHE 169, 171; BFH, NJW 1997, 1031; BFH, NJW 1996, 479, 480; *Wicke*, GmbHG, § 35 Rn. 12; *Zöllner/Noack*, in: Baumbach/Hueck, GmbHG, § 35 Rn. 139, 141.

88 BFH, NJW 1997, 1031; BFH, GmbHR 1997 266, 267; *Zöllner/Noack*, in: Baumbach/Hueck, GmbHG, § 35 Rn. 139, 141.

sonen-Gesellschafterversammlung.[89] Die Dokumentation muss ohne schuldhaftes Zögern und kann auch in elektronischer Form erfolgen. Bei einer Niederschrift ist die Unterschrift, bei einer elektronischen Niederschrift die Kenntlichmachung des Erklärenden erforderlich.[90]

35 Die **Folgen** eines Verstoßes hiergegen sollen Schadensersatzansprüche des Gläubigers gegen den Einpersonen-Gesellschafter sein.[91] Eine Schutzgesetzeigenschaft dieser Regelung wird zwar bejaht.[92] Scheitern dürften solche Ansprüche jedoch regelmäßig am Nachweis der Kausalität zwischen dem Verstoß gegen die Dokumentationspflicht und einem Gläubigerschaden. Das Rechtsgeschäft bleibt selbst bei mangelnder Dokumentation wirksam.[93] Wird eine Dokumentation unterlassen, kann dies aber Beweislastfolgen für den Einpersonen-Geschäftsführer haben.[94]

C. Missbrauch der Vertretungsmacht

36 Die Vertretungsmacht des Geschäftsführers ist nach außen hin prinzipiell unbeschränkbar, so dass Beschränkungen der Geschäftsführungsbefugnis mittels Satzung oder Gesellschafterbeschlüsse (§ 37 Abs. 1) grundsätzlich nur im Innenverhältnis zur Gesellschaft Auswirkungen haben. Liegt jedoch ein Missbrauch der Vertretungsmacht des Geschäftsführers vor, kann die Erklärung des Geschäftsführers nach **§§ 177 ff. BGB** schwebend unwirksam sein, so dass das betreffende Rechtsgeschäft erst mit Genehmigung der für die Vertretungsberechtigung erforderlichen Anzahl an Geschäftsführern oder der Gesellschafter wirksam ist.[95]

37 Die Gesellschaft wird aus dem Vertragsschluss mit dem Dritten nicht verpflichtet, wenn Geschäftsführer und Vertragspartner bewusst zum Nachteil des Vertretenen zusammenwirken (Kollusion).[96] Das gleiche gilt, wenn dem anderen Teil bei Vertragsschluss der Missbrauch der Vertretungsmacht bekannt war oder sich iS einer objektiven Evidenz aufdrängen musste.[97]

---

89 *Zöllner/Noack*, in: Baumbach/Hueck, GmbHG, § 35 Rn. 143.

90 *Lenz*, in: Michalski, GmbHG, § 35 Rn. 95; *Schneider/Sethe*, in: Scholz, GmbHG, § 35 Rn. 131c; *Zöllner/Noack*, in: Baumbach/Hueck, GmbHG, § 35 Rn. 144; a.A. *Kleindiek*, in: Lutter/Hommelhoff, GmbHG, § 35 Rn. 25.

91 *Paefgen*, in: Ulmer/Habersack/Winter, GmbHG, § 35 Rn. 62; *Schneider/Sethe*, in: Scholz, GmbHG, § 35 Rn. 131d; *Zöllner/Noack*, in: Baumbach/Hueck, GmbHG, § 35 Rn. 144.

92 *Lenz*, in: Michalski, GmbHG, § 35 Rn. 95; *Zöllner/Noack*, in: Baumbach/Hueck, GmbHG, § 35 Rn. 144.

93 *Altmeppen*, in: Roth/Altmeppen, GmbHG, § 35 Rn. 81; *Schneider/Sethe*, in: Scholz, GmbHG, § 35 Rn. 131d; *Zöllner/Noack*, in: Baumbach/Hueck, GmbHG, § 35 Rn. 144.

94 *Altmeppen*, in: Roth/Altmeppen, GmbHG, § 35 Rn. 83; *Lenz*, in: Michalski, GmbHG, § 35 Rn: 95; *Zöllner/Noack*, in: Baumbach/Hueck, GmbHG, § 35 Rn. 144.

95 *Kleindiek*, in: Lutter/Hommelhoff, GmbHG, § 35 Rn. 12.

96 BGH, NJW-RR 2004, 247 ff.

97 BGH, NJW 1999, 2883; OLG Schleswig, MDR 2005, 1062 f.; LG München, BKR 2006, 28 ff.; zum Meinungsstand *Heinrichs*, in: Palandt, BGB, § 164 Rn. 14.

38 Ein bewusst nachteiliges Handeln zu Lasten der Gesellschaft ist für die Annahme des Missbrauchs der Vertretungsmacht nicht erforderlich.[98] Bei Rechtsgeschäften mit Organmitgliedern wird die für den Missbrauch der Vertretungsmacht maßgebliche objektive Evidenz in der Regel vorliegen. Das BAG nimmt an, dass Geschäfte mit Organmitgliedern immer an den im Innenverhältnis gesetzten Maßstäben der Geschäftsführungsbefugnis zu messen sind.[99]

D. Gesamtvertretung als gesetzlicher Regelfall

39 Sofern mehrere Geschäftsführer bestellt sind, sind alle nach Abs. 2 S. 1 nur gemeinschaftlich zur Vertretung befugt. Anders ist dies nur, wenn in der Satzung etwas anderes bestimmt ist. Der gesetzlich festgelegte Grundsatz der Gesamtvertretung bedeutet, dass die Gesellschaft rechtsgeschäftliche Erklärungen nur durch sämtliche Geschäftsführer gemeinsam abgeben kann.[100] Sofern nur ein Geschäftsführer vorhanden ist, hat er **Alleinvertretungsmacht.**[101]

40 Wird jedoch ein zweiter Geschäftsführer bestellt, verliert der erste Geschäftsführer seine Einzelvertretungsmacht.[102] Dagegen entsteht für den übrig gebliebenen Geschäftsführer Einzelvertretungsmacht, wenn der zweite Geschäftsführer fortfällt (Abberufung, Tod, Verlust der unbeschränkten Geschäftsfähigkeit usw.).[103] Ist der zweite Geschäftsführer lediglich verhindert, bleibt es beim Grundsatz der Gesamtvertretung.[104] Wenn die Satzung eine (Mindest-)Zahl an Geschäftsführern vorsieht, ist umstritten, ob dann nur Gesamtvertretung durch mindestens diese Zahl möglich ist. Letztendlich ist dies eine Auslegungsfrage; nur wenn die überwiegenden Indizien für eine gewollte Gesamtvertretung sprechen, wird von einer solchen auszugehen sein.[105]

---

98 BGH, NJW 2006, 2776; OLG Hamm, NZG 2006, 827 ff.; kritisch *Vedder*, GmbHR 2008, 736 ff.

99 BAG, NJW 1999, 234 ff.; BAG, NJW 1994, 3117 ff.

100 *Koppensteiner*, in: Rowedder/Schmidt-Leithoff, GmbHG, § 35 Rn. 40.

101 BGHZ 115, 78, 80; BGH, BB 2007, 1411, 1412; BGH, NJW-RR 2007, 1260.

102 *Zöllner/Noack*, in: Baumbach/Hueck, GmbHG, § 35 Rn. 103.

103 *Altmeppen*, in: Roth/Altmeppen, GmbHG, § 35 Rn. 38; *Kleindiek*, in: Lutter/Hommelhoff, GmbHG, § 35 Rn. 26, 38; *Lenz*, in: Michalski, GmbHG, § 35 Rn. 46 f.; *Schneider/Sethe*, in: Scholz, GmbHG, § 35 Rn. 77; *Wicke*, GmbHG, § 35 Rn. 14; *Zöllner/Noack*, in: Baumbach/Hueck, GmbHG, § 35 Rn. 103 m.w.N.

104 BGHZ 34, 27, 29; BGHZ 64, 72, 75; *Altmeppen*, in: Roth/Altmeppen, GmbHG, § 35 Rn. 39; *Koppensteiner*, in: Rowedder/Schmidt-Leithoff, GmbHG, § 35 Rn. 60; *Lenz*, in: Michalski, GmbHG, § 35 Rn. 45; *Paefgen*, in: Ulmer/Habersack/Winter, GmbHG, § 35 Rn. 75; *Schneider/Sethe*, in: Scholz, GmbHG, § 35 Rn. 76; *Zöllner/Noack*, in: Baumbach/Hueck, GmbHG, § 35 Rn. 103.

105 Vgl. *Paefgen*, in: Ulmer/Habersack/Winter, GmbHG, § 35 Rn. 80; *Zöllner/Noack*, in: Baumbach/Hueck, GmbHG, § 35 Rn. 103; anders *Schneider/Sethe*, in: Scholz, GmbHG, § 35 Rn. 78.

41 Ein **Zusammenwirken** der Gesamtvertreter kann durch die gemeinsame Abgabe einer Willenserklärung erfolgen (gemeinsame Unterzeichnung eines Vertrags usw.) oder durch Abgabe getrennter, aber übereinstimmender Willenserklärungen.[106] Entscheidend ist, dass die Teilerklärungen erkennbar Teil einer Gesamterklärung sind.[107] Sieht das Gesetz besondere Wirksamkeitsvoraussetzungen vor, müssen diese für jede Teilerklärung erfüllt sein.[108] Sofern die Erklärung eines Gesamtvertreters nichtig ist, ist das Rechtsgeschäft als solches nichtig. § 139 BGB gilt nicht.[109]

42 Möglich ist die **Einwilligung** eines Geschäftsführers in die Abgabe der Willenserklärung durch einen anderen Geschäftsführer (§ 183 BGB analog), ebenso eine nachträgliche **Genehmigung** durch den betroffenen Geschäftsführer (§ 177 Abs. 1 BGB analog).[110] Dabei kann der handelnde Geschäftsführer seine Erklärung nicht mehr widerrufen.[111] Eine Zustimmung ist auch durch konkludentes Handeln möglich, allerdings nicht durch bloßes Schweigen.[112] Da die Zustimmung formlos (§ 182 Abs. 2 BGB analog) erteilt werden kann, soll eine formnichtige Teilerklärung in eine formlos gültige Zustimmungserklärung umgedeutet werden können.[113]

43 Selbst die vorher erteilte Zustimmung (**Ermächtigung**) eines einzelnen Geschäftsführers durch die gesamtberechtigten Geschäftsführer zur Vornahme bestimmter Geschäfte oder bestimmter Arten von Rechtsgeschäften durch eine gesamtvertretungsberechtigte Zahl an Geschäftsführern (§§ 125 Abs. 2 S. 2 HGB, 78 Abs. 4 S. 1 AktG analog) ist möglich.[114] Regelmäßig kann eine Ermächtigung formlos und auch konkludent erteilt werden, da sie – abgesehen von § 29 GBO (Nachweis der Vertretungsbefugnis durch öffentliche Urkunden)[115] – nicht der Form des Hauptgeschäfts bedarf (§ 167 Abs. 2 BGB analog). Die bloße Verhinderung eines Geschäftsführers stellt jedoch noch keine konkludente Ermächtigung dar.[116]

---

106 *Kleindiek*, in: Lutter/Hommelhoff, GmbHG, § 35 Rn. 29 ff.; *Koppensteiner*, in: Rowedder/Schmidt-Leithoff, GmbHG, § 35 Rn. 41; *Zöllner/Noack*, in: Baumbach/Hueck, GmbHG, § 35 Rn. 118.

107 BGH, NJW 2001, 3183.

108 *Koppensteiner*, in: Rowedder/Schmidt-Leithoff, GmbHG, § 35 Rn. 42; *Paefgen*, in: Ulmer/Habersack/Winter, GmbHG, § 35 Rn. 92; *Schneider/Sethe*, in: Scholz, GmbHG, § 35 Rn. 54; *Zöllner/Noack*, in: Baumbach/Hueck, GmbHG, § 35 Rn. 118.

109 BGHZ 53, 210, 214 f.

110 BGH, NJW 2001, 3183; *Koppensteiner*, in: Rowedder/Schmidt-Leithoff, GmbHG, § 35 Rn. 43; *Zöllner/Noack*, in: Baumbach/Hueck, GmbHG, § 35 Rn. 119.

111 *Lenz*, in: Michalski, GmbHG, § 35 Rn. 62; *Paefgen*, in: Ulmer/Habersack/Winter, GmbHG, § 35 Rn. 94; *Schneider/Sethe*, in: Scholz, GmbHG, § 35 Rn. 63a; *Zöllner/Noack*, in: Baumbach/Hueck, GmbHG, § 35 Rn. 119.

112 BGHZ 128, 41, 49.

113 *Schmidt*, in: Ensthaler/Füller/Schmidt, GmbHG, § 35 Rn. 24.

114 *Paefgen*, in: Ulmer/Habersack/Winter, GmbHG, § 35 Rn. 100a; *Schneider/Sethe*, in: Scholz, GmbHG, § 35 Rn. 56; *Zöllner/Noack*, in: Baumbach/Hueck, GmbHG, § 35 Rn. 120.

115 OLG Köln, NJW-RR 1991, 425, 426; LG Erfurt, NJW-RR 2002, 824, 825.

116 BGH, NJW 1992, 618.

44 Allerdings widerspricht es dem Prinzip der Gesamtvertretung, eine Ermächtigung unbeschränkt für alle Geschäfte zu erteilen (**Generalermächtigung**), sofern nicht die Gesellschafterversammlung zustimmt (§ 46 Nr. 5).[117] Eine Ermächtigung ist demnach zulässig und im Außenverhältnis wirksam, solange die Gesamtvertretungsmacht im praktischen Ergebnis nicht in eine Einzelvertretungsmacht umgewandelt wird, der einzelne Geschäftsführer seine Vertretungsmacht also nicht im Ganzen durch seine Mitgeschäftsführer ausüben lässt.[118]

45 Die Grenzziehung erweist sich in diesem Bereich als äußerst schwierig und lässt sich nur im Einzelfall vornehmen. Insbesondere kann der bisherigen Rechtsprechung des BGH[119] nicht entnommen werden, ob nach diesen Grundsätzen eine **ressortmäßige Aufteilung** der Geschäftsführeraufgaben mit voller Einzelvertretungsmacht möglich ist. Dies wird im Schrifttum unterschiedlich beurteilt,[120] dürfte jedoch abzulehnen sein. Eine solche Gestaltung liefe auf eine systematische Umgehung der in der Satzung festgelegten Gesamtvertretung hinaus, deren Sinn und Zweck gerade darin besteht, eine gegenseitige Kontrolle der Geschäftsführer zu forcieren. Zwar kann eine unwirksame Ermächtigung in eine grundsätzlich zulässige Generalhandlungsvollmacht i.S.d. § 54 HGB umgedeutet werden,[121] dennoch darf auch diese Vollmacht in ihrer Wirkung nicht einer Generalermächtigung gleichkommen.[122]

46 Die Ermächtigung kann gegenüber dem handelnden Geschäftsführer oder dem Dritten erfolgen (§ 167 Abs. 1 BGB analog). Sie ist jederzeit durch jeden Geschäftsführer, selbst wenn er nicht an deren Erteilung mitgewirkt hat, frei widerruflich (§ 168 S. 2 BGB analog).[123] Sofern es an einer wirksamen Ermächtigung fehlt, ist das Rechtsgeschäft unwirksam (§ 177 Abs. 1 BGB analog) und kann von den zur Ermächtigung Befugten genehmigt werden. Bei einseitigen Rechtsgeschäften sind die §§ 174, 180, 182 Abs. 3 BGB analog zu beachten. Sie sind, sofern keine Ermächtigung vorliegt,

---

117 BGHZ 34, 27, 30; BGH, WM 1978, 1047 ff.; BGH, NJW-RR 1986, 778 f.; *Kleindiek*, in: Lutter/Hommelhoff, GmbHG, § 35 Rn. 33; *Koppensteiner*, in: Rowedder/Schmidt-Leithoff, GmbHG, § 35 Rn. 45; *Lenz*, in: Michalski, GmbHG, § 35 Rn. 65; *Paefgen*, in: Ulmer/Habersack/Winter, GmbHG, § 35 Rn. 98; *Zöllner/Noack*, in: Baumbach/Hueck, GmbHG, § 35 Rn. 121.

118 BGH, NJW-RR 2002, 1325, 1326; *Altmeppen*, in: Roth/Altmeppen, GmbHG, § 35 Rn. 60; *Lenz*, in: Michalski, GmbHG, § 35 Rn. 65.

119 BGH, NJW 1988, 1199.

120 Bejahend *Altmeppen*, in: Roth/Altmeppen, GmbHG, § 35 Rn. 60; *Leuering/Rubner*, NJW-Spezial 2009, 239 f.; *Schneider/Sethe*, in: Scholz, GmbHG, § 35 Rn. 57; a.A. *Kleindiek*, in: Lutter/Hommelhoff, GmbHG, § 35 Rn. 33; *Schmidt*, in: Ensthaler/Füller/Schmidt, GmbHG, § 35 Rn. 26; *Zöllner/Noack*, in: Baumbach/Hueck, GmbHG, § 35 Rn. 121.

121 BGH, WM 1978, 1047, 1048; BGH, NJW-RR 2002, 1325, 1326.

122 BGH, NJW 1988, 1199, 1200.

123 *Paefgen*, in: Ulmer/Habersack/Winter, GmbHG, § 35 Rn. 101; *Schneider/Sethe*, in: Scholz, GmbHG, § 35 Rn. 56; *Zöllner/Noack*, in: Baumbach/Hueck, GmbHG, § 35 Rn. 120, 122.

unzulässig (§ 180 S. 1 BGB analog) und nicht genehmigungsfähig, sofern nicht ein Fall der § 180 S. 2 und 3 BGB vorliegt.[124]

E. Gesellschaftsvertragliche Regelung der Vertretung

I. Satzungsregelung

47 Die in Abs. 2 S. 1 festgelegte Gesamtvertretung ist **dispositiv** und kann zugunsten einer Alleinvertretungsbefugnis bzw. Einzelvertretungsmacht, einer modifizierten Gesamtvertretung oder einer sog. unechten Gesamtvertretung abbedungen werden. Überwiegend wird angenommen, dass sich die Vertretungsformen auch miteinander verbinden lassen. So kann ein Geschäftsführer einzelvertretungsberechtigt sein, zwei andere dagegen echte Gesamtvertretungsmacht und der dritte darüber hinaus unechte Gesamtvertretungsmacht haben.[125]

48 **Voraussetzung** hierfür ist, dass entweder die Satzung eine eigene Vertretungsregelung enthält oder dass sie eine solche zumindest vorsieht, so dass die konkrete Ausformung einem Gesellschafterbeschluss, einem Beirat oder dem Aufsichtsrat überlassen werden kann.[126] Angesichts des eindeutigen Wortlauts in Abs. 2 S. 1, wonach nur der Gesellschaftsvertrag die Gesamtvertretungsbefugnis mehrerer Geschäftsführer modifizieren kann, ist eine abweichende Regelung allein durch einen Gesellschafterbeschluss ohne Ermächtigung in der Satzung unwirksam.[127]

49 Ob der Gesellschaftsvertrag dem Geschäftsführer die Befugnis einräumen kann, selbst über Art und Umfang seiner Vertretungsmacht zu entscheiden, wird unterschiedlich beurteilt. Die überwiegende Ansicht bejaht zu Recht eine solche Möglichkeit.[128] Für eine Einschränkung der Satzungsfreiheit analog § 78 Abs. 3 AktG fehlt es an der vergleichbaren Interessenlage zwischen GmbH und AG. Im Gegensatz zur AG genießt die GmbH eine weitreichende Satzungsautonomie. Zudem sind die Gesellschafter und Dritte ausreichend geschützt. Die Gesellschafter können die Satzung

---

124 *Koppensteiner*, in: Rowedder/Schmidt-Leithoff, GmbHG, § 35 Rn. 46; *Schmidt*, in: Ensthaler/Füller/Schmidt, GmbHG, § 35 Rn. 27.

125 *Kleindiek*, in: Lutter/Hommelhoff, GmbHG, § 35 Rn. 36; *Koppensteiner*, in: Rowedder/Schmidt-Leithoff, GmbHG, § 35 Rn. 50; *Paefgen*, in: Ulmer/Habersack/Winter, GmbHG, § 35 Rn. 80; *Schneider/Sethe*, in: Scholz, GmbHG, § 35 Rn. 68; *Zöllner/Noack*, in: Baumbach/Hueck, GmbHG, § 35 Rn. 107.

126 BGH, NJW 1975, 1741; *Koppensteiner*, in: Rowedder/Schmidt-Leithoff, GmbHG, § 35 Rn. 53; *Lenz*, in: Michalski, GmbHG, § 35 Rn. 49; *Paefgen*, in: Ulmer/Habersack/Winter, GmbHG, § 35 Rn. 78 f.; *Zöllner/Noack*, in: Baumbach/Hueck, GmbHG, § 35 Rn. 106.

127 *Zöllner/Noack*, in: Baumbach/Hueck, GmbHG, § 35 Rn. 106.

128 *Koppensteiner*, in: Rowedder/Schmidt-Leithoff, GmbHG, § 35 Rn. 53; *Lenz*, in: Michalski, GmbHG, § 35 Rn. 36; *Paefgen*, in: Ulmer/Habersack/Winter, GmbHG, § 35 Rn. 79; *Schneider*, in: Scholz, GmbHG, § 35 Rn. 67; a.A. *Zöllner/Noack*, in: Baumbach/Hueck, GmbHG, § 35 Rn. 106.

grundsätzlich jederzeit ändern und so dem Geschäftsführer die Entscheidungskompetenz über seine Vertretungsform wieder entziehen. Änderungen der Vertretungsmacht sind außerdem gemäß § 39 ins Handelsregister einzutragen, so dass die Publizität der Vertretungsregelung gewahrt ist. Da diese keine konstitutive Wirkung hat, kommt es bei Kenntnis des Dritten von der abweichenden Regelung hierauf nicht an. Ansonsten greift § 15 HGB.

II. Einzelvertretungsmacht

50 Angeordnet werden kann, dass die Gesellschaft durch einen oder mehrere Geschäftsführer je einzeln vertreten wird (Einzelvertretungsmacht oder Alleinvertretungsbefugnis genannt).[129]

51 Mit dem Grundsatz der Unbeschränkbarkeit der Vertretungsmacht unvereinbar und somit unzulässig ist es, den **Ausschluss** der Vertretungsmacht für einen von mehreren Geschäftsführern vorzusehen.[130] Daher ist es auch ausgeschlossen, die Vertretungsbefugnis nach Art und Umfang des Geschäfts zu bestimmen oder je nach Gegenstand zwischen Einzel- und Gesamtvertretungsmacht zu unterscheiden[131] oder die Vertretungsmacht auf den Verhinderungsfall zu beschränken.[132]

III. Gesamtvertretung

1. Echte (modifizierte) Gesamtvertretung

52 Echte bzw. modifizierte[133] Gesamtvertretung bedeutet, dass die Gesellschaft nicht von allen, sondern lediglich von zwei oder mehreren Geschäftsführern gemeinschaftlich vertreten wird. Sofern Gesamtvertretung durch zwei oder mehrere Geschäftsführer vorgesehen ist, kann der Wegfall eines Geschäftsführers grundsätzlich nicht zu einer Gesamtvertretung der anderen oder einer Alleinvertretungsmacht des allein verbleibenden Geschäftsführers führen.[134] Es hat dann entweder ein neuer Geschäftsfüh-

---

129 BGH, NJW 2007, 3287; OLG Jena, OLGZ 2002, 418, 422; OLG Frankfurt, NJW- RR 1994, 165; *Zöllner/Noack*, in: Baumbach/Hueck, GmbHG, § 35 Rn. 107.

130 *Marsch-Barner/Diekmann*, in: MünchHdbGmbHG, § 44 Rn. 16; *Paefgen*, in: Ulmer/Habersack/Winter, GmbHG, § 35 Rn. 81; *Schneider/Sethe*, in: Scholz, GmbHG, § 35 Rn. 69; *Zöllner/Noack*, in: Baumbach/Hueck, GmbHG, § 35 Rn. 108.

131 *Schneider/Sethe*, in: Scholz, GmbHG, § 35 Rn. 69 ff.

132 *Lenz*, in: Michalski, GmbHG, § 35 Rn. 50; *Marsch-Barner/Diekmann*, in: MünchHdbGmbHG, § 44 Rn. 19; *Paefgen*, in: Ulmer/Habersack/Winter, GmbHG, § 35 Rn. 80; *Schneider/Sethe*, in: Scholz, GmbHG, § 35 Rn. 76; *Zöllner/Noack*, in: Baumbach/Hueck, GmbHG, § 35 Rn. 107.

133 BGHZ 34, 27 ff.; *Altmeppen*, in: Roth/Altmeppen, GmbHG, § 35 Rn. 38 ff.; *Koppensteiner*, in: Rowedder/Schmidt-Leithoff, GmbHG, § 35 Rn. 60; *Paefgen*, in: Ulmer/Habersack/Winter, GmbHG, § 35 Rn. 80; *Schneider/Sethe*, in: Scholz, GmbHG, § 35 Rn. 76, 129; *Zöllner/Noack*, in: Baumbach/Hueck, GmbHG, § 35 Rn. 109.

134 So auch *Frenzel*, GmbHR 2011, 515 ff. (mit vertraglichen Gestaltungsmöglichkeiten); a.A. OLG Schleswig, GmbHR 2011, 253.

rer bestellt zu werden oder es ist die Satzung zu ändern.[135] Allerdings soll nach dem Tod eines von zwei Geschäftsführern Einzelvertretungsmacht des verbleibenden Geschäftsführers bestehen, sofern die Satzung vorsieht, dass die Gesellschaft einen oder mehrere Geschäftsführer haben kann.[136]

53 Die **Zahl** der vertretungsberechtigten Gesamtgeschäftsführer muss verbindlich angegeben werden und kann nicht von bestimmten veränderbaren Umständen, wie der Art oder dem Umfang des Geschäfts oder dem Vorliegen eines Verhinderungsfalls abhängig gemacht werden.[137]

2. Unechte Gesamtvertretung

54 Möglich ist auch eine sog. unechte Gesamtvertretung. Bei dieser ist vorgesehen, dass ein Geschäftsführer zusammen mit einem Prokuristen die Gesellschaft vertritt (§ 125 Abs. 3 HGB, § 78 Abs. 3 AktG analog). Da eine Beschränkung der organschaftlichen Vertretungsmacht unzulässig ist, muss stets alternativ auch eine Vertretung nur durch Geschäftsführer möglich sein.[138] Unzulässig ist daher eine Regelung in der Satzung, wonach der einzige Geschäftsführer nur zusammen mit einem Prokuristen zur Vertretung der Gesellschaft berechtigt sein soll. Da eine Einzelvertretungsbefugnis des Geschäftsführers durch eine solche Regelung in der Satzung ausgeschlossen werden sollte, hat der Geschäftsführer auch keine Einzelvertretungsmacht, so dass die Gesellschaft mangels Vertretungsorgans handlungsunfähig ist. Aus diesem Grund ist die Anmeldung einer solchen unechten Gesamtvertretung zur Eintragung im Handelsregister nach § 39 zurückzuweisen.[139]

55 Erfolgt dennoch eine Eintragung, fehlt es zwar an einem Vertretungsorgan der GmbH, trotzdem werden Dritte analog § 15 Abs. 1 HGB in ihrem Vertrauen auf den Rechtsschein des Handelsregisters geschützt.[140] In diesem Fall wird die unzulässige Satzungsregelung im Außenverhältnis faktisch wirksam. Möglich ist es auch, die Ausübung der Vertretungsmacht des Prokuristen an die Mitwirkung eines Geschäftsführers zu binden, wobei die Vertretungsmacht gegenüber § 49 HGB nicht erweitert wird.[141]

---

135 *Altmeppen*, in: Roth/Altmeppen, GmbHG, § 35 Rn. 40.

136 BGH NJW-RR 2007, 1260 f.

137 *Koppensteiner*, in: Rowedder/Schmidt-Leithoff, GmbHG, § 35 Rn. 52; *Paefgen*, in: Ulmer/Habersack/Winter, GmbHG, § 35 Rn. 80; *Schneider/Sethe*, in: Scholz, GmbHG, § 35 Rn. 69 f.; *Zöllner/Noack*, GmbHG, § 35 Rn. 110.

138 *Altmeppen*, in: Roth/Altmeppen, GmbHG, § 35 Rn. 66; *Kleindiek*, in: Lutter/Hommelhoff, GmbHG, § 35 Rn. 39; *Lenz*, in: Michalski, GmbHG, § 35 Rn. 57; *Paefgen*, in: Ulmer/Habersack/Winter, GmbHG, § 35 Rn. 86; *Zöllner/Noack*, in: Baumbach/Hueck, GmbHG, § 35 Rn. 112.

139 *Koppensteiner*, in: Rowedder/Schmidt-Leithoff, GmbHG, § 35 Rn. 61; *Paefgen*, in: Ulmer/Habersack/Winter, GmbHG, § 35 Rn. 87; *Zöllner/Noack*, in: Baumbach/Hueck, GmbHG, § 35 Rn. 112.

140 *Altmeppen*, in: Roth/Altmeppen, GmbHG, § 35 Rn. 68.

141 BGHZ 99, 76, 78; kritisch *Zöllner/Noack*, in: Baumbach/Hueck, GmbHG, § 35 Rn. 113.

F. Zurechnung des Handelns gegenüber der GmbH

I. Vertreterhandeln

56 Die Zeichnungsregeln der Abs. 2 S. 2 a.F. und Abs. 3 a.F. sind, da die §§ 164 ff. BGB als ausreichend angesehen wurden, durch das MoMiG aufgehoben worden.[142] Ob der Geschäftsführer im Namen der GmbH aufgetreten ist, bemisst sich daher nun allein nach § 164 BGB. Demnach muss der Geschäftsführer zur Vertretung der Gesellschaft entweder ausdrücklich in deren Namen auftreten oder seine Vertretung sich konkludent aus den Umständen ergeben (§ 164 Abs. 1 S. 2 BGB, **Offenkundigkeitsprinzip**). Verwendet der Geschäftsführer etwa den GmbH-Briefkopf, ergibt sich bereits aus den Umständen, dass er im Namen der Gesellschaft handelt.[143]

57 Ebenso ist der Wille der Beteiligten bei unternehmensbezogenen Geschäften im Zweifel dahin **auszulegen**, dass nicht der für das Unternehmen konkret handelnde Geschäftsführer Vertragspartei werden soll, sondern der Inhaber des Unternehmens, also die GmbH selbst. Hierfür muss der Wille des Geschäftsführers, im Namen der Gesellschaft aufzutreten, hinreichend deutlich zum Ausdruck kommen und für den anderen Teil erkennbar sein. Auch wenn der Geschäftsinhaber falsch bezeichnet ist oder andere Fehlvorstellungen über ihn (z.B. über die Rechtsform) bestehen, findet der Grundsatz des unternehmensbezogenen Handelns Anwendung.[144] Die Beweislast für das Handeln im Namen der Gesellschaft trägt nach allgemeinen Grundsätzen derjenige, der sich darauf beruft, d.h. regelmäßig der Geschäftsführer.[145]

58 Die **Schriftform** eines Mietvertrags mit einer GmbH als alleiniger Mieterin oder Vermieterin gemäß § 550 BGB ist auch dann eingehalten, wenn der Vertreter ohne einen die Vertretung kennzeichnenden Zusatz (»i.V.«) den Mietvertrag unterschreibt. Für die Wahrung der Schriftform gemäß § 550 BGB ist es unerheblich, ob der Unterzeichner Vertretungsmacht besaß. Dies ist eine Frage der materiellen Wirksamkeit.[146]

59 Daneben kommt eine **persönliche Haftung** des für die Gesellschaft auftretenden Vertreters (Geschäftsführers) in Betracht, wenn er die Haftungsbeschränkung durch Weglassen des Rechtsformzusatzes nicht erkennbar gemacht hat und dadurch der Rechtsschein der Haftung einer natürlichen Person erweckt wurde.[147] Eine Anfechtung nach § 119 BGB durch den Geschäftsführer aufgrund eines Irrtums über die Fremdwirkung soll aufgrund des § 164 Abs. 2 BGB ausgeschlossen sein.[148] Eine Haf-

142 Begr RegE MoMiG BT-Drs. 16/1640, S. 43.

143 *Altmeppen*, in: Roth/Altmeppen, GmbHG, § 35 Rn. 29.

144 BGH, NJW 1990, 2678; BGH, NJW 1998, 2897; OLG Hamm, NJW-RR 1998, 1253 f.; vgl. auch OLG Köln, GmbHR 1999, 410.

145 BGHZ 85, 252, 258; BGH, NJW 1992, 1380 f.; BGH, NJW 1995, 43, 44; BGH, NJW 2000, 2984, 2985.

146 BGH, NJW 2007, 3346.

147 BGH, NJW 2007, 1529 (niederländische »BV«); BGH, NJW 1990, 2678; BGH, NJW 1996, 2645; BGH, NJW 1998, 2897; OLG Karlsruhe, GmbHR 2004, 1016, 1017.

148 *Zöllner/Noack*, in: Baumbach/Hueck, GmbHG, § 35 Rn. 126.

tung des handelnden Geschäftsführers tritt ebenfalls ein, wenn ihm für das fragliche Geschäft die Vertretungsmacht fehlt oder die Gesellschaft noch nicht existiert.[149] Der Geschäftsführer vertritt bereits die Vorgesellschaft, die bis zur Eintragung der GmbH Trägerin des Unternehmens ist.[150]

II. Wissenszurechnung und Willensmängel

60 Liegen **Willensmängel** i.S. der §§ 116 ff. BGB vor (insbesondere ein Irrtum i.S. des § 119 BGB), ist nach § 166 Abs. 1 BGB auf die Person des Vertreters abzustellen. Sofern mehrere gesamtvertretungsberechtigte Geschäftsführer handeln, reicht das Vorliegen eines Willensmangels bei einem einzigen der beteiligten Vertreter.[151] Entscheidend ist die Beteiligung des Vertreters, so dass Willensmängel eines einen anderen Geschäftsführer ermächtigenden Geschäftsführers grundsätzlich außer Betracht bleiben sollen, sofern sie sich nicht im Ermächtigten fortsetzen.[152] Aber auch dann soll das Vertreterhandeln regelmäßig nach Rechtsscheingrundsätzen wirksam sein.

61 Die Zurechnung von **Wissen** oder **Wissenmüssen** (Kenntnis oder Kennenmüssen) von rechtserheblichen Umständen erfolgt über § 166 Abs. 1 und 2 BGB. Es kommt daher auf das Wissen des vertretenden Geschäftsführers an (§ 166 Abs. 1 BGB), wobei bei Gesamtvertretung das Wissen(müssen) schon eines der gesamtvertretungsberechtigten Geschäftsführer ausreichend ist.[153] Zwar ergibt sich aus § 166 Abs. 1 BGB in Bezug auf eine Einzelvertretung grundsätzlich nur, dass das Wissen(müssen) des Handelnden der Gesellschaft zugerechnet wird, allerdings ist die Rechtsprechung inzwischen weit über die Zurechnung von Wissen allein des Handelnden hinausgegangen. Ob sogar privat erlangte Kenntnis des Geschäftsführers von der Zurechnung erfasst ist, ist unklar, wird aber im Ergebnis zu bejahen sein, da grundsätzlich nicht zwischen dienstlichem und privatem Wissen unterschieden werden kann.[154]

62 Auch im Hinblick auf Organmitglieder hat sich die Rechtsprechung inzwischen weiterentwickelt. Sie hat sich von der sog. Organtheorie gelöst, wonach das Wissen schon eines in der Angelegenheit vertretungsberechtigten Organmitglieds als Wissen des Organs anzusehen und damit der GmbH zuzurechnen sein sollte. Hier sollte es nicht darauf ankommen, ob der Organvertreter an dem in Rede stehenden Geschäft selbst mitgewirkt hat, es sollte aber andererseits auch unerheblich sein, ob er überhaupt etwas von dem Geschäft gewusst hat.[155]

---

149 OLG Naumburg, GmbHR 2000, 1258 (LS).

150 BGH, NJW-RR 1990, 220 f.; BayObLG, GmbHR 1986, 118 f.; *Hueck/Fastrich*, in: Baumbach/Hueck, GmbHG, § 11 Rn. 18 m.w.N.

151 *Wicke*, GmbHG, § 35 Rn. 22; *Zöllner/Noack*, in: Baumbach/Hueck, GmbHG, § 35 Rn. 146.

152 *Zöllner/Noack*, in: Baumbach/Hueck, GmbHG, § 35 Rn. 146.

153 *Altmeppen*, in: Roth/Altmeppen, GmbHG, § 35 Rn. 95; *Buck*, Wissen und juristische Person, 2001, S. 376 ff.

154 *Buck-Heeb*, in: Hauschka, Corporate Compliance, 2. Aufl., 2010, § 2 Rn. 20 f., 33 f.

155 BGHZ 109, 327, 330 f.; BGH, NJW 1990, 975, 976; BGH, NJW 1992, 1099, 1100.

63 Inzwischen hebt die Rechtsprechung einhellig auf eine wertende Betrachtung ab und hat eine **Pflicht zur ordnungsgemäßen Organisation** der unternehmensinternen Kommunikation entwickelt (»Kenntnis von Aktenwissen«[156]). Damit soll verhindert werden, dass die Gesellschaft die Vorteile des arbeitsteiligen Handelns zulasten des Rechtsverkehrs ausnutzt. Das bedeutet, dass die der Gesellschaft einmal vermittelte Kenntnis, die »typischerweise aktenmäßig festgehalten« wird, grundsätzlich schon zu einer zurechenbaren Kenntnis der Gesellschaft führt.[157] Die Unternehmensorganisation hat zunächst eine Pflicht zur **Informationsweiterleitung**, d.h. sie muss Informationen mit erkennbarer Relevanz für andere Personen in der Gesellschaft diesen übermitteln. Tut sie dies nicht, wird das Wissen der GmbH dennoch zugerechnet. Sodann besteht eine **Informationsabfragepflicht**, d.h. es muss innerhalb der Gesellschaft nach vorhandenen einschlägigen Informationen gesucht werden. Drittens hat die Rechtsprechung eine sog. **Informationsdokumentationspflicht** statuiert. In der GmbH hat daher dasjenige Wissen, das für die Gesellschaft relevant werden könnte, aktenmäßig festgehalten bzw. gespeichert zu werden.[158] Die genannten Pflichten bestehen für sämtliche arbeitsteilig organisierten Unternehmen, und zwar bis hin zu den einzuhaltenden Grenzen, wie z.B. Geheimhaltungspflichten.

64 Die Wissenszurechnung innerhalb eines GmbH-**Konzerns** gestaltet sich schwierig. Als unerheblich wird angesehen, ob die Information durch das beherrschende oder das beherrschte Unternehmen erlangt wurde. Bejaht wird eine Zurechnung bei vollständiger oder teilweiser Organidentität[159] oder bei aktivem Datenaustausch zwischen den Gesellschaften.[160]

65 Die Kenntnis oder das Kennenmüssen eines Gesellschafters ist grundsätzlich unschädlich, da dieser weder Vertreter noch Geschäftsherr i.S. des § 166 Abs. 1 bzw. Abs. 2 BGB ist. Eine Ausnahme soll nur dann bestehen, wenn der Geschäftsführer auf Weisung der Gesellschafterversammlung gehandelt hat.[161]

III. Handlungszurechnung

66 Die Gesellschaft muss für ein schuldhaftes Handeln des Geschäftsführers, das dieser in Ausführung der ihm zustehenden Verrichtung begangen hat, sowohl bei Leis-

---

156 So *Lenz*, in: Michalski, GmbHG, § 35 Rn. 109.

157 BGHZ 109, 327 ff.; BGHZ 132, 30, 35 ff.; kritisch *Altmeppen*, in: Roth/Altmeppen, GmbHG, § 35 Rn. 99 f.

158 *Buck-Heeb*, in: Hauschka, Compliance-Handbuch, 2. Aufl., 2010, § 2 Rn. 29 ff.

159 *Lenz*, in: Michalski, GmbHG, § 35 Rn. 107; *Marsch-Barner/Diekmann*, in: MünchHdb-GmbH, § 44 Rn. 42.

160 *Lenz*, in: Michalski, GmbHG, § 35 Rn. 112; *Schneider/Sethe*, in: Scholz, GmbHG, § 35 Rn. 88; *Zöllner/Noack*, in: Baumbach/Hueck, GmbHG, § 35 Rn. 153.

161 *Altmeppen*, in: Roth/Altmeppen, GmbHG, § 35 Rn. 101 (unter Heranziehung von § 166 Abs. 2 BGB); *Lenz*, in: Michalski, GmbHG, § 35 Rn. 113; *Zöllner/Noack*, in: Baumbach/Hueck, GmbHG, § 35 Rn. 151.

tungsstörungen als auch bei deliktischen Handlungen nach **§ 31 BGB** einstehen.[162] Sind mehrere Geschäftsführer nur zur Gesamtvertretung berechtigt, genügt dennoch das Handeln eines der Geschäftsführer, um eine deliktische Haftung der GmbH auszulösen.[163]

67 Ob die Gesellschaft auch dann einstehen muss, wenn ein Gesamtvertreter eine Erklärung allein abgibt und nach außen deren rechtliche Verbindlichkeit vortäuscht, wird unterschiedlich beurteilt.[164] Abgelehnt wird dies mit dem Argument, dass ansonsten die Schutzwirkung der Gesamtvertretung ausgehöhlt würde.[165] Für ein schuldhaftes Handeln des Geschäftsführers kann die GmbH im Gegensatz zum Geschäftsführer selbst zwar nicht strafrechtlich verantwortlich gemacht werden, dennoch drohen ihr Auflösung oder Untersagung des Gewerbebetriebs sowie die Haftung für Bußgeldbescheide als Sanktionen.

G. Passivvertretung

I. Passivvertretung durch jeden einzelnen Geschäftsführer

68 Abs. 2 S. 2 legt zwingend[166] fest, dass auch dann, wenn mehrere Geschäftsführer bestellt sind, jeder allein zur Entgegennahme von Willenserklärungen und Zustellungen für die Gesellschaft ermächtigt ist.[167] Dies gilt für Zustellungen im gerichtlichen Verfahren (§ 170 Abs. 3 ZPO) und alle anderen rechtlich erheblichen Erklärungen gegenüber der GmbH (Fristsetzung, Zahlungsaufforderung, Mängelrüge usw.).[168] Das bedeutet umgekehrt, dass es ausreichend ist, wenn eine Willenserklärung an einen der Gesamtvertreter abgegeben und zugegangen ist.

69 Der Zugang einer Willenserklärung soll auch dann erfolgen, wenn ein Schriftstück in das private Postfach eines Geschäftsführers gelegt wird[169] oder in der Wohnung

---

162 *Jacoby*, in: Bork/Schäfer, GmbHG, § 35 Rn. 4.

163 BGHZ 98, 148 ff.; *Altmeppen*, in: Roth/Altmeppen, GmbHG, § 35 Rn. 94; *Lenz*, in: Michalski, GmbHG, § 35 Rn. 104.

164 Bejahend BGHZ 98, 148 ff.; a.A. BGH, WM 1967, 714; *Zöllner/Noack*, in: Baumbach/Hueck, GmbHG, § 35 Rn. 119.

165 BGH, NJW 1967, 2310 f.; *Zöllner/Noack*, in: Baumbach/Hueck, GmbHG, § 35 Rn. 119; a.A. BGHZ 98, 148 ff.

166 *Kleindiek*, in: Lutter/Hommelhoff, GmbHG, § 35 Rn. 27; *Marsch-Barner/Diekmann*, in: MünchHdbGmbHG, § 44 Rn. 16; *Paefgen*, in: Ulmer/Habersack/Winter, GmbHG, § 35 Rn. 78; *Schmidt*, in: Ensthaler/Füller/Schmidt, GmbHG, § 35 Rn. 28; *Schneider/Sethe*, in: Scholz, GmbHG, § 35 Rn. 64; *Zöllner/Noack*, in: Baumbach/Hueck, GmbHG, § 35 Rn. 104.

167 BGHZ 149, 28 ff.

168 *Koppensteiner*, in: Rowedder/Schmidt-Leithoff, GmbHG, § 35 Rn. 49.

169 BGH, NJW 2003, 3270; *Schneider/Sethe*, in: Scholz, GmbHG, § 35 Rn. 52; *Zöllner/Noack*, in: Baumbach/Hueck, GmbHG, § 35 Rn. 104; kritisch *Altmeppen*, in: Roth/Altmeppen, GmbHG, § 35 Rn. 61.

des Geschäftsführers erfolgt.[170] Passivvertreter der GmbH ist auch jeder Prokurist.[171] Die Anfechtungsklage eines Gesellschafters, der zugleich Geschäftsführer ist, soll nicht nur seinen Mitgeschäftsführern, sondern auch ihm selbst in seiner Eigenschaft als Geschäftsführer zugestellt werden können.[172]

II. Passivvertretung bei Führungslosigkeit

1. Allgemeines

70 Hat die Gesellschaft keinen wirksam bestellten Geschäftsführer (Führungslosigkeit), ist jeder einzelne der Gesellschafter Empfangsvertreter (Abs. 2 S. 2 i.V.m. Abs. 1 S. 2), d.h. Willenserklärungen und Schriftstücke gehen der Gesellschaft zu bzw. sind ihr wirksam zugestellt, wenn sie gegenüber einem der Gesellschafter bewirkt worden sind. Ziel dieser durch das MoMiG neu eingeführten Regelung ist es, zu verhindern, dass die Gesellschafter nur deshalb den Geschäftsführer abberufen, um die Zustellung von Schriftstücken, insbesondere der Klageschrift, oder den Zugang von Willenserklärungen zu vereiteln.[173] Denn andernfalls ist ohne einen wirksam bestellten Geschäftsführer vor allem eine Zustellung von Schriftstücken nicht möglich. So scheidet eine Zustellung (auch eine öffentliche i.S.d. § 185 ZPO) an die Gesellschaft als nicht prozessfähige Person aus. Vielmehr muss eine Zustellung stets gegenüber einem gesetzlichen oder rechtsgeschäftlichen Vertreter erfolgen (§§ 170 Abs. 1, 171 S. 1 ZPO). Abs. 1 Satz 2 ändert aber nicht die Grundsätze der Prozessfähigkeit, so dass bei Amtsniederlegung des einzigen Geschäftsführers eine Klage mangels gesetzlicher Vertretung gegen die Gesellschaft unzulässig ist.[174] In diesen Fällen ist ein Notgeschäftsführer[175] oder ein Prozesspfleger zu bestellen.

2. Führungslosigkeit

71 Über den insoweit zu engen Wortlaut des Abs. 1 S. 2 hinaus ist die Gesellschaft nur dann führungslos, wenn sie keinen wirksam bestellten Geschäftsführer oder in der Abwicklungsphase keinen Liquidator hat. So ist nach der rechtsformübergreifend konzipierten Bestimmung des § 10 Abs. 2 InsO die Führungslosigkeit einer juristischen Person erst dann anzunehmen, wenn sie über keinen organschaftlichen Vertreter verfügt.[176] Dementsprechend bestimmt sich die Führungslosigkeit der Gesellschaft nach den allgemeinen Regeln über Beginn und Ende der Organstellung.

---

170 *Zöllner/Noack*, in: Baumbach/Hueck, GmbHG, § 35 Rn. 104.

171 *Kleindiek*, in: Lutter/Hommelhoff, GmbHG, § 35 Rn. 27.

172 *Zöllner/Noack*, in: Baumbach/Hueck, GmbHG, § 35 Rn. 104; a.A. OLG München, NZG 2004, 422, wobei jedoch offen bleibt, wer alternativ als Zustellungsadressat in Betracht kommen soll, wenn keine weiteren Geschäftsführer bestellt sind.

173 RegE MoMiG, S. 96.

174 BGH, NJW-RR 2011, 115 ff.; *Fest*, NZG 2011, 130 ff.

175 Siehe § 6 Rdn. 41 ff.

176 *Altmeppen*, in: Roth/Altmeppen, GmbHG, § 35 Rn. 10; *Zöllner/Noack*, in: Baumbach/Hueck, GmbHG, § 35 Rn. 105a.

Beruht die Bestellung des Geschäftsführers oder Liquidators auf einem anfechtbaren Beschluss, bleibt er solange im Amt, bis der Beschluss rechtskräftig für nichtig erklärt wurde.

72 Aus welchen Gründen der Geschäftsführer seine Organstellung verloren hat (z.B. Tod, Abberufung, Amtsniederlegung etc.), ist für den Tatbestand der Führungslosigkeit unerheblich. Ist der Geschäftsführer dagegen aufgrund eines längeren Auslandsaufenthalts, wegen Haft oder krankheitsbedingt nicht zu erreichen,[177] lässt dies seine Organstellung unberührt. Ebenso wenig ist die Gesellschaft führungslos, wenn der Geschäftsführer handlungsunwillig ist.[178] Da der faktische Geschäftsführer nicht wirksam bestellt ist und keine Organstellung innehat, reicht dieser ebenfalls nicht aus, um die Führungslosigkeit der GmbH zu vermeiden.[179]

73 Für den Eintritt der Führungslosigkeit kommt es nicht darauf an, ob die Gesellschafter hiervon Kenntnis haben.[180] Da die Führungslosigkeit der Gesellschaft nach Abs. 1 S. 2 zwingend zu einer Empfangszuständigkeit der Gesellschafter führt, haben sie in ihrem eigenen Interesse dafür zu sorgen, dass sie den Eintritt der Führungslosigkeit rechtzeitig erkennen und dadurch angemessen auf zugegangene Willenserklärungen und Zustellungen reagieren können.[181] Auch wenn ein fakultativer oder obligatorischer Aufsichtsrat besteht, der für die Bestellung der Geschäftsführer zuständig ist, bleibt es bei der eingeschränkten gesetzlichen Vertretungsmacht der Gesellschafter. Dies gilt selbst dann, wenn die Satzung eine Regelung enthält, wonach im Fall der Führungslosigkeit die Aufsichtsratsmitglieder passiv vertretungsbefugt sein sollen.[182]

III. Zugang und Zustellung an die Geschäftsanschrift

74 Eine Vereinfachung bezüglich des Zugangs von Willenserklärungen und der Zustellung an die Vertreter der Gesellschaft wird mit Abs. 2 S. 3 erreicht. Danach sind alle Vertreter der Gesellschaft unter der im Handelsregister eingetragenen Anschrift zu erreichen. Die Geschäftsanschrift ist selbst dann für den Zugang maßgeblich, wenn der Erklärende positiv weiß, dass die Geschäftsführer dauerhaft abwesend sind oder die Gesellschaft führungslos ist. Insofern handelt es sich um eine **unwiderlegliche Vermutung**, dass eine Zustellung von Schriftstücken unter der im Register eingetragenen Geschäftsanschrift möglich ist. Für den Zugang irrelevant ist auch, ob der Vertreter der GmbH zutreffend bezeichnet worden ist.[183] Die Vermutung bezieht sich beim Zugang von Willenserklärungen auf die Möglichkeit der Kenntnisnahme.

177 BGH, NJW-RR 2008, 840 f.; AG Hamburg, DZWiR 2009, 173; *Schneider/Sethe*, in: Scholz, GmbHG, § 35 Rn. 400.

178 *Altmeppen*, in: Roth/Altmeppen, GmbHG, § 35 Rn. 10; *Zöllner/Noack*, in: Baumbach/Hueck, GmbHG, § 35 Rn. 105a.

179 *Wicke*, GmbHG, § 35 Rn. 26.

180 RegE MoMiG, S. 97.

181 *Steffek*, BB 2007, 2077, 2082.

182 *Altmeppen*, in: Roth/Altmeppen, GmbHG, § 35 Rn. 10.

183 RegE MoMiG, S. 97 f.

Beweispflichtig dafür, dass die Erklärung in den Machtbereich der Gesellschaft gelangt ist, ist deren Absender.[184]

75 Zwar wird bei Zustellungen die Zustellungsmöglichkeit unter der Geschäftsanschrift unwiderleglich vermutet, nicht aber, dass die sonstigen Voraussetzungen der Zustellung erfüllt sind.[185] Wird ein Vertreter der Gesellschaft unter der Geschäftsanschrift nicht angetroffen, ist eine Ersatzzustellung an eine in den Geschäftsräumen beschäftigte Person möglich (§ 178 Abs. 1 Nr. 2 ZPO); jedenfalls bedarf es zumindest zwischen diesen einer persönlichen Begegnung.

76 Wird kein Zustellungsadressat i.S. des § 178 ZPO angetroffen, kann trotz Abs. 2 S. 3 eine Ersatzzustellung durch Einlegen in den Briefkasten bewirkt werden, wenn dieser eindeutig der GmbH zugeordnet werden kann (§ 180 ZPO).[186] Das soll sogar noch nach der Inhaftierung des Geschäftsführers möglich sein.[187] Es kann aber auch im Handelsregister eine empfangsberechtigte Person i.S. des § 10 Abs. 2 S. 2 eingetragen werden, an welche die Zustellung und Abgabe von Willenserklärungen jederzeit erfolgen kann (Abs. 3 S. 4).

IV. Öffentliche Zustellung

77 Um zu verhindern, dass der Zugang von Willenserklärungen und Zustellungen dadurch vereitelt werden, dass die Gesellschaft nicht zu erreichen ist, besteht nunmehr die Möglichkeit einer erleichterten öffentlichen Zustellung privatrechtlicher Willenserklärungen gemäß § 15a HGB und zivilprozessualer Dokumente nach § 185 Nr. 2 ZPO. Hiernach kann eine öffentliche Zustellung erfolgen, wenn der Zugang einer Willenserklärung oder eine Zustellung zivilprozessualer Schriftstücke erstens nicht unter der im Handelsregister eingetragenen Anschrift, zweitens auch nicht unter der im Handelsregister eingetragenen Anschrift eines zusätzlichen Empfangsvertreters nach § 10 Abs. 2 S. 2 und drittens auch nicht unter einer ohne Ermittlungen bekannten anderen inländischen Anschrift möglich ist.

78 Das für die öffentliche Zustellung zuständige Amtsgericht darf daher eine öffentliche Zustellung selbst dann nicht ablehnen, wenn eine ausländische Anschrift bekannt ist oder sich eine inländische Anschrift durch (zeitaufwändige) Recherche ermitteln ließe. Zu überlegen bleibt jedoch, ob angesichts der erleichterten Auslandszustellung eine öffentliche Zustellung davon abhängig gemacht werden sollte, dass zuvor erfolglos eine Zustellung an eine bekannte Geschäftsanschrift innerhalb der EU (mit Ausnahme Dänemarks) versucht worden ist.[188]

---

184 *Wicke*, GmbHG, § 35 Rn. 30; *Zöllner/Noack*, in: Baumbach/Hueck, GmbHG, § 35 Rn. 104a.

185 *Steffek*, BB 2007, 2077, 2080; *Gehrlein*, Der Konzern 2007, 771, 777.

186 *Wicke*, GmbHG, § 35 Rn. 31; *Zöllner/Noack*, in: Baumbach/Hueck, GmbHG, § 35 Rn. 104.

187 BGH, NJW-RR 2008, 840 f.

188 *Wicke*, GmbHG, § 35 Rn. 33.

79 Sofern die Wohnanschrift eines gesetzlichen Vertreters der Gesellschaft bekannt ist, kann es aus Gründen der Zeitersparnis angezeigt sein, privatrechtliche Willenserklärungen oder Schriftstücke direkt an den gesetzlichen Vertreter zuzustellen. So erlangt die öffentliche Zustellung erst nach mindestens einem Monat, nachdem die Benachrichtigung ausgehängt worden ist, Wirksamkeit (§ 188 ZPO). Auch für die Gesellschaft kann es vorteilhaft sein, eine öffentliche Zustellung zu vermeiden, indem sie einen weiteren eintragungsfähigen Empfangsvertreter bestellt (§ 10 Abs. 2 S. 2). Dabei ist zu beachten, dass an den Empfangsvertreter auch primär (ohne vorausgegangenen Versuch bei der Geschäftsadresse) zugestellt werden kann. Die öffentliche Zustellung fingiert nur den Zugang.

80 Daher ist in aller Regel nicht damit zu rechnen, dass die Vertreter der Gesellschaft tatsächlich vom Inhalt der privatrechtlichen Willenserklärung oder der Dokumente Kenntnis nehmen. Dennoch begegnet die erleichterte öffentliche Zustellung keinen verfassungsrechtlichen Bedenken, insbesondere ist ein Verstoß gegen § 103 Abs. 1 GG (rechtliches Gehör) zu verneinen. So ist es der Gesellschaft ohne Weiteres möglich, den ordnungsgemäßen Zugang von Willenserklärungen und die Zustellung von Schriftstücken sicherzustellen, indem sie stets die aktuelle Anschrift im Handelsregister eintragen lässt.

§ 35a Angaben auf Geschäftsbriefen

(1) [1]Auf allen Geschäftsbriefen gleichviel welcher Form, die an einen bestimmten Empfänger gerichtet werden, müssen die Rechtsform und der Sitz der Gesellschaft, das Registergericht des Sitzes der Gesellschaft und die Nummer, unter der die Gesellschaft in das Handelsregister eingetragen ist, sowie alle Geschäftsführer und, sofern die Gesellschaft einen Aufsichtsrat gebildet und dieser einen Vorsitzenden hat, der Vorsitzende des Aufsichtsrats mit dem Familiennamen und mindestens einem ausgeschriebenen Vornamen angegeben werden. [2]Werden Angaben über das Kapital der Gesellschaft gemacht, so müssen in jedem Falle das Stammkapital sowie, wenn nicht alle in Geld zu leistenden Einlagen eingezahlt sind, der Gesamtbetrag der ausstehenden Einlagen angegeben werden.

(2) Der Angaben nach Absatz 1 Satz 1 bedarf es nicht bei Mitteilungen oder Berichten, die im Rahmen einer bestehenden Geschäftsverbindung ergehen und für die üblicherweise Vordrucke verwendet werden, in denen lediglich die im Einzelfall erforderlichen besonderen Angaben eingefügt zu werden brauchen.

(3) [1]Bestellscheine gelten als Geschäftsbriefe im Sinne des Absatzes 1. [2]Absatz 2 ist auf sie nicht anzuwenden.

(4) [1]Auf allen Geschäftsbriefen und Bestellscheinen, die von einer Zweigniederlassung einer Gesellschaft mit beschränkter Haftung mit Sitz im Ausland verwendet werden, müssen das Register, bei dem die Zweigniederlassung geführt wird, und die Nummer des Registereintrags angegeben werden; im übrigen gelten die Vorschriften der Absätze 1 bis 3 für die Angaben bezüglich der Haupt- und der Zweig-

niederlassung, soweit nicht das ausländische Recht Abweichungen nötig macht. [2]Befindet sich die ausländische Gesellschaft in Liquidation, so sind auch diese Tatsache sowie alle Liquidatoren anzugeben.

Übersicht Rdn.

Schrifttum

Glaus/Gabel, Praktische Umsetzung der Anforderungen zu Pflichtangaben in E-Mails, BB 2007, 1744; *Maaßen/Orlikowski-Wolf*, Stellt das Fehlen von Pflichtangaben in Geschäftskorrespondenz einen Wettbewerbsverstoß dar?, BB 2007, 561; *Mutter*, Pflichtangaben auf Geschäftsbriefen auch im E-Mail-Verkehr, GmbHR 2001, 336; *Rath/Hausen*, Viel Lärm um nichts? Pflichtangaben in geschäftlichen E-Mails, K&R 2007, 113.

A. Zweck der Regelung

1 § 35a entspricht § 80 AktG und soll den Geschäftspartnern wesentliche Informationen über die GmbH verschaffen, so dass der Rechtsverkehr mit einer GmbH erleichtert wird. Durch Mitteilung handelsregisterlicher Daten soll die Möglichkeit weiterer Aufklärung eröffnet werden. Erfasst sind sowohl inländische Gesellschaften als auch inländische Zweigniederlassungen ausländischer Gesellschaften (Abs. 4). Die Vorschrift gilt für die Vorgesellschaft entsprechend.[1]

B. Anwendungsbereich

2 Der Begriff »**Geschäftsbriefe**« ist weit auszulegen. Er meint jede schriftliche nach außen gerichtete geschäftliche Mitteilung.[2] Dies gilt unabhängig davon, ob es sich um ein Schreiben in Textform (§ 126b BGB) oder um elektronische Kommunikation (E-Mail,[3] SMS[4] etc.) handelt. Auch Postkarten sollen nach einer Ansicht ausrei-

1 *Zöllner/Noack*, in: Baumbach/Hueck, GmbHG, § 35a Rn. 2.

2 LG Heidelberg, NJW-RR 1997, 355; *Paefgen*, in: Ulmer/Habersack/Winter, GmbHG, § 35a Rn. 3; *Schmidt*, in: Ensthaler/Füller/Schmidt, GmbHG, § 35a Rn. 2.

3 *Schmidt*, in: Ensthaler/Füller/Schmidt, GmbHG, § 35a Rn. 3 (auch durch Beifügen eines Anhangs oder Hyperlinks, wobei die Möglichkeit bestehen muss, darauf ohne Schwierigkeiten und unmittelbar zuzugreifen); *Schneider*, in: Scholz, GmbHG, § 35a Rn. 6; *Zöllner/Noack*, in: Baumbach/Hueck, GmbHG, § 35a Rn. 19.

4 *Schmidt*, in: Ensthaler/Füller/Schmidt, GmbHG, § 35a Rn. 2; *Zöllner/Noack*, in: Baumbach/Hueck, GmbHG, § 35a Rn. 19; a.A. *Schneider*, in: Scholz, GmbHG, § 35a Rn. 6 (unter Verweis auf eine richtlinienkonforme Auslegung).

chen.[5] Erfasst sind auch Mitteilungen gegenüber verbundenen, rechtlich selbstständigen Unternehmen.[6] Beispiele dafür sind Preislisten,[7] Angebote, Angebotsannahmen, Quittungen, Mängelrügen, Rundschreiben,[8] Lieferscheine, Rechnungen, Empfangsbestätigungen. Nach Abs. 3 findet die Regelung auch auf **Bestellscheine** Anwendung. Darunter sind Vordrucke für die Abgabe von Erklärungen zum Abschluss von Verträgen über die Inanspruchnahme von Leistungen der GmbH zu verstehen.[9]

3 **Keine Geschäftsbriefe**, da es an der Außengerichtetheit mangelt, sind der private und interne Schriftverkehr. Intern ist etwa der Schriftverkehr mit Arbeitnehmern der Gesellschaft,[10] mit Gesellschaftern[11] sowie der Schriftverkehr zwischen Gesellschaftern und Geschäftsführern.[12] Nicht unter den Begriff Geschäftsbrief, weil nicht an einen bestimmten Empfänger gerichtet, fällt anonym adressiertes Werbematerial (Postwurfsendung); ebenso nicht Schecks[13] oder Wechsel, da ihr notwendiger Inhalt durch ihre Funktion bestimmt und beschränkt wird.[14]

C. Angaben auf Geschäftsbriefen (Abs. 1)

I. Erforderliche Angaben

4 Die in Abs. 1 aufgezählten erforderlichen Angaben sind abschließend. Auf Geschäftsbriefen muss danach die **Rechtsform** der Gesellschaft aufgeführt werden. Mitzuteilen ist auch, wenn sich die Gesellschaft in Liquidation oder im Insolvenzverfahren befindet.[15] Darüber hinaus ist der **Sitz** der Gesellschaft zu nennen, wobei hiermit der Sat-

---

5 *Wicke*, GmbHG, § 35a Rn. 3; *Zöllner/Noack*, in: Baumbach/Hueck, GmbHG, § 35a Rn. 19.

6 *Kleindiek*, in: Lutter/Hommelhoff, GmbHG, § 35a Rn. 2; *Paefgen*, in: Ulmer/Habersack/Winter, GmbHG, § 35a Rn. 3; *Schmidt*, in: Ensthaler/Füller/Schmidt, GmbHG, § 35a Rn. 2; kritisch *Koppensteiner*, in: Rowedder/Schmidt-Leithoff, GmbHG, § 35a Rn. 6.

7 *Wicke*, GmbHG, § 35a Rn. 3; a.A. *Schmidt*, in: Ensthaler/Füller/Schmidt, GmbHG, § 35a Rn. 4.

8 *Schmidt*, in: Ensthaler/Füller/Schmidt, GmbHG, § 35a Rn. 4.

9 *Zöllner/Noack*, in: Baumbach/Hueck, GmbHG, § 35a Rn. 23.

10 *Lenz*, in: Michalski, GmbHG, § 35a Rn. 8; *Zöllner/Noack*, in: Baumbach/Hueck, GmbHG, § 35a Rn. 21; a.A. *Kleindiek*, in: Lutter/Hommelhoff, GmbHG, § 35a Rn. 2.

11 *Schmidt*, in: Ensthaler/Füller/Schmidt, GmbHG, § 35a Rn. 2; *Schneider*, in: Scholz, GmbHG, § 35a Rn. 8; a.A. *Paefgen*, in: Ulmer/Habersack/Winter, GmbHG, § 35a Rn. 3.

12 BGH, NJW-RR 1997, 669.

13 A.A. LG Detmold, NJW-RR 1991, 995.

14 So zutreffend *Schmidt*, in: Ensthaler/Füller/Schmidt, GmbHG, § 35a Rn. 4; siehe auch *Kleindiek*, in: Lutter/Hommelhoff, GmbHG, § 35a Rn. 2; *Paefgen*, in: Ulmer/Habersack/Winter, GmbHG, § 35a Rn. 5; a.A. *Altmeppen*, in: Roth/Altmeppen, GmbHG, § 35a Rn. 5; LG Detmold, NJW-RR 1990, 995.

15 *Paefgen*, in: Ulmer/Habersack/Winter, GmbHG, § 35a Rn. 11; *Schmidt*, in: Ensthaler/Füller/Schmidt, GmbHG, § 35a Rn. 6; *Zöllner/Noack*, in: Baumbach/Hueck, GmbHG, § 35a Rn. 16.

zungssitz gemeint ist, nicht der Verwaltungssitz.[16] Nach einer Ansicht ist der Begriff »Sitz« nicht zwingend zu erwähnen, wenn sich dies aus dem Zusammenhang, etwa ein räumlicher Zusammenhang mit der Nennung der Firma, ergibt.[17]

5 Zudem sind die **Handelsregisternummer** sowie alle **Geschäftsführer**, d.h. selbst Notgeschäftsführer, stellvertretende Geschäftsführer oder Liquidatoren, mit Familiennamen und mindestens einem ausgeschriebenen Vornamen anzugeben. Nach h.M. ist es zwar möglich, die stellvertretenden Geschäftsführer auf den Geschäftsbriefen mit Stellvertreterzusatz zu benennen, dies ist aber nicht zwingend.[18] Sofern ein Aufsichtsrat vorhanden ist, sind Familienname und mindestens ein ausgeschriebener Vorname auch von diesem aufzuführen. Das gleiche soll für einen Beiratsvorsitzenden gelten.[19]

6 **Freiwillig** ist dagegen die Angabe des **Stammkapitals**. Sofern hierzu Angaben gemacht werden, müssen das Stammkapital sowie der Gesamtbetrag der ausstehenden Einlagen aufgeführt werden (Abs. 1 S. 2). Dies bezieht sich auch auf Sacheinlagen, die trotz § 7 Abs. 3 noch nicht oder nicht ganz geleistet sind (§ 35a analog).[20]

7 **Inländische Zweigniederlassungen ausländischer Gesellschaften**, die der GmbH entsprechen, haben die gleichen Angabepflichten (Abs. 4). Da diese Regelung § 80 Abs. 4 AktG entspricht, ist eine genaue rechtliche Einordnung der ausländischen Gesellschaft entbehrlich.[21] Diese bestehen nicht nur für eingetragene, sondern auch für nicht eingetragene Zweigniederlassungen.[22] Seit der Änderung durch das MoMiG müssen zusätzlich zu den eigenen, auf die Zweigniederlassung bezogene Angaben auch solche bezüglich der Hauptniederlassung gemacht werden. Sie haben in deutscher Sprache zu erfolgen. Genannt werden muss nach überwiegender Ansicht die vollständige ausländische Firma samt Rechtsformzusatz,[23] bei dem jedoch eine geläufige Abkürzung ausreichend ist[24] und welcher nicht übersetzt zu werden braucht.

---

16 *Schmidt*, in: Ensthaler/Füller/Schmidt, GmbHG, § 35a Rn. 6.

17 *Schmidt*, in: Ensthaler/Füller/Schmidt, GmbHG, § 35a Rn. 6; a.A. *Schneider*, in: Scholz, GmbHG, § 35a Rn. 11.

18 *Zöllner/Noack*, in: Baumbach/Hueck, GmbHG, § 35a Rn. 7; a.A. *Schmidt*, in: Ensthaler/Füller/Schmidt, GmbHG, § 35a Rn. 8; *Schneider*, in: Scholz, GmbHG, § 35a Rn. 13 (zwingend ohne Stellvertreterzusatz nennen, da sonst Verunsicherung des Rechtsverkehr).

19 *Paefgen*, in: Ulmer/Habersack/Winter, GmbHG, § 35a Rn. 15; *Schmidt*, in: Ensthaler/Füller/Schmidt, GmbHG, § 35a Rn. 8.

20 *Lenz*, in: Michalski, GmbHG, § 35a Rn. 3; *Schmidt*, in: Ensthaler/Füller/Schmidt, GmbHG, § 35a Rn. 9; *Schneider*, in: Scholz, GmbHG, § 35a Rn. 15; a.A. *Paefgen*, in: Ulmer/Habersack/Winter, GmbHG, § 35a Rn. 16.

21 Bei Personengesellschaft gelten §§ 125a, 177a HGB; vgl. *Altmeppen*, in: Roth/Altmeppen, GmbHG, § 35a Rn. 6; *Zöllner/Noack*, in: Baumbach/Hueck, GmbHG, § 35a Rn. 12.

22 *Altmeppen*, in: Roth/Altmeppen, GmbHG, § 35a Rn. 6; *Schneider*, in: Scholz, GmbHG, § 35a Rn. 22; *Zöllner/Noack*, in: Baumbach/Hueck, GmbHG, § 35a Rn. 12.

23 *Lenz*, in: Michalski, GmbHG, § 35a Rn. 15; *Schneider*, in: Scholz, GmbHG, § 35a Rn. 25; *Zöllner/Noack*, in: Baumbach/Hueck, GmbHG, § 35a Rn. 14.

24 *Zöllner/Noack*, in: Baumbach/Hueck, GmbHG, § 35a Rn. 14; a.A. LG Göttingen, NZG 2006, 274.

II. Ausnahmen

8 Bei geschäftlichen Mitteilungen im Rahmen einer bestehenden Geschäftsverbindung, für welche üblicherweise **Vordrucke** verwendet werden (z.B. bei Auftragsbestätigungen, Lieferscheinen, Rechnungen, Quittungen, Mahnungen), sind die Angaben entbehrlich (Abs. 2). Die Voraussetzung der **laufenden Geschäftsverbindung** meint, dass die nach Abs. 1 erforderlichen Angaben bereits gemacht worden sind. Ob eine laufende Geschäftsverbindung nur dann zu bejahen ist, wenn ein gewisser zeitlicher Zusammenhang der einzelnen Vorgänge vorliegt, ist umstritten, wird aber nach zutreffender Ansicht bejaht.[25] Allein auf diese Weise ist der Schutzzweck des Abs. 1 gewahrt, da nur so die gemachten Angaben bei Verwendung des Vordrucks (Formulars) noch aktuell sein werden. Dies gilt auch für regelmäßige formularmäßige Mitteilungen an Behörden.[26]

9 Die Ausnahme des Abs. 2 gilt nicht für **Bestellscheine** (Abs. 3 S. 2). Dies sind Vordrucke, die das Angebot zum Abschluss eines Vertrags oder die Annahme enthalten.

D. Rechtsfolgen eines Verstoßes

10 Bei einem Verstoß gegen § 35a hat das Registergericht ein Zwangsgeld festzusetzen (§ 79 Abs. 1 GmbHG, §§ 378 ff. FamFG). Da es sich bei § 35a um eine bloße Ordnungsvorschrift handelt, wird die **Wirksamkeit** der jeweiligen Erklärungen nicht berührt, so dass keine Nichtigkeit i.S. des § 125 BGB eintritt. Im Einzelfall kann jedoch eine Anfechtung in Betracht kommen (§ 123 BGB, arglistiges Verschweigen, oder § 119 Abs. 2, Irrtum über verkehrswesentliche Eigenschaft).[27]

11 Auch **Schadensersatzansprüche** gegen die Gesellschaft aus Verschulden bei Vertragsverhandlungen (§§ 280 Abs. 1, 311 Abs. 2 BGB)[28] oder aus § 823 Abs. 2 BGB mit § 35a als Schutzgesetz[29] bzw. aus § 826 BGB sind denkbar. Daneben kann der Geschäftsführer auch persönlich haften, sofern die Voraussetzungen einer Rechtsscheinhaftung gegeben sind[30], d.h. etwa der Rechtsschein einer uneingeschränkten

---

25 So auch *Schmidt*, in: Ensthaler/Füller/Schmidt, GmbHG, § 35a Rn. 11; *Schneider*, in: Scholz, GmbHG, § 35a Rn. 19; a.A. *Lenz*, in: Michalski, GmbHG, § 35a Rn. 10; *Paefgen*, in: Ulmer/Habersack/Winter, GmbHG, § 35a Rn. 7.

26 *Paefgen*, in: Ulmer/Habersack/Winter, GmbHG, § 35a Rn. 8; *Schmidt*, in: Ensthaler/Füller/Schmidt, GmbHG, § 35a Rn. 12.

27 LG Detmold, NJW-RR 1990, 995.

28 LG Frankfurt, NJW-RR 2001, 1423, 1425.

29 LG Detmold, NJW-RR 1990, 995; *Altmeppen*, in: Roth/Altmeppen, GmbHG, § 35a Rn. 8; *Zöllner/Noack*, in: Baumbach/Hueck, GmbHG, § 35a Rn. 25; a.A. *Paefgen*, in: Ulmer/Habersack/Winter, GmbHG, § 35a Rn. 25 und *Schneider*, in: Scholz, GmbHG, § 35a Rn. 26 (Schutzgesetzeigenschaft nur bzgl. Abs. 1 S. 2).

30 LG Heidelberg, NJW-RR 1997, 355; *Jacoby*, in: Bork/Schäfer, GmbHG, § 35a Rn. 8.

Haftung begründet bzw. aufrecht erhalten wurde.[31] Darüber hinaus soll der Gesellschaft die Einrede der Verjährung aufgrund von Treu und Glauben versagt sein können, wenn sich durch falsche oder unvollständige Angaben die Erhebung einer Klage gegen die Gesellschaft verzögert.[32]

12 Ein Verstoß gegen § 35a stellt nicht ohne Weiteres gleichzeitig einen **Wettbewerbsverstoß** nach § 1 UWG dar.[33] Teilweise wird in § 35a unzutreffend eine Marktverhaltensregelung i.S. des § 4 Nr. 11 UWG gesehen.[34] Selbst wenn man dem folgen wollte, werden die Voraussetzungen nur selten vorliegen, da das Unterlassen der Pflichtangaben geeignet sein muss, den Wettbewerb spürbar zu beeinträchtigen (§ 3 UWG).[35] Dies soll teilweise zu bejahen sein, wenn es nicht nur an einzelnen nebensächlichen Angaben, sondern an allen Pflichtangaben mangelt.[36] Ein Verstoß gegen § 3 UWG soll auch bei Fahrlässigkeit nicht ohne Weiteres vorliegen.[37] Eine Abmahnung nach §§ 8, 12 Abs. 1 UWG soll daher allenfalls bei gezielter Irreführung oder Verdeckung der Identität erfolgreich sein können.[38] Die Rechtsprechung zu §§ 5 f. TMG soll nur bedingt herangezogen werden können.[39] Einfache Fehler führen nicht zu einer Haftung, so dass eine falsche Firmenbezeichnung unschädlich ist, wenn die Gesellschaft etwa durch die Angabe von Registernummer und Registergericht hinreichend identifizierbar ist.[40]

---

31 Vgl. LG Heidelberg, NJW-RR 1997, 355; siehe auch OLG Hamm, NJW-RR 1998, 1253, 1254.

32 LG Frankfurt, NJW-RR 2001, 1423, 1425.

33 KG, GmbHR 1991, 470, 471.

34 LG Bonn, 22.6.2006 – 14 O 50/06 (juris); *Maaßen/Orlikowski-Wolf*, BB 2007, 561, 564.

35 Vgl. OLG Brandenburg, NJW-RR 2008, 714, 715; siehe auch *Jacoby*, in: Bork/Schäfer, GmbHG, § 35a Rn. 8.

36 *Maaßen/Orlikowski-Wolf*, BB 2007, 561, 564.

37 *Altmeppen*, in: Roth/Altmeppen, GmbHG, § 35a Rn. 9; KG, GmbHR 1991, 470, 471; LG Berlin, WM 1991, 1615 f.; *Rath/Hausen*, K & R 2007, 113, 115 ff.; a.A. *Maaßen/Orlikowski-Wolf*, BB 2007, 561, 564.

38 OLG Düsseldorf, NJW-RR 2004, 41, 42; Brandenburgisches OLG, NJW-RR 2008, 714, 715 (zu § 15b GewO); siehe auch OLG Hamburg, OLGR 2008, 76 f.; siehe auch *Wicke*, GmbHG, § 35a Rn. 2.

39 KG, GmbHR 1991, 470, 471; LG Berlin, DB 1991, 1510; *Altmeppen*, in: Roth/Altmeppen, GmbHG, § 35a Rn. 9; *Kleindiek*, in: Lutter/Hommelhoff, GmbHG, § 35a Rn. 6; *Koppensteiner*, in: Rowedder/Schmidt-Leithoff, GmbHG, § 35a Rn. 10; *Lenz*, in: Michalski, GmbHG, § 35a Rn. 12; a.A. *Schneider*, in: Scholz, GmbHG, § 35a Rn. 27.

40 OLG Brandenburg, NZG 1999, 166, 167; vgl. aber auch BayObLG, NJOZ 2002, 1070, 1071 (Firma und Registernummer nicht entscheidend).

§ 36

(weggefallen)

§ 36, der inhaltlich dem § 164 BGB entsprach und deshalb als überflüssig angesehen wurde[1], wurde durch das MoMiG aufgehoben. 1

§ 37 Beschränkungen der Vertretungsbefugnis

(1) Die Geschäftsführer sind der Gesellschaft gegenüber verpflichtet, die Beschränkungen einzuhalten, welche für den Umfang ihrer Befugnis, die Gesellschaft zu vertreten, durch den Gesellschaftsvertrag oder, soweit dieser nicht ein anderes bestimmt, durch die Beschlüsse der Gesellschafter festgesetzt sind.

(2) [1]Gegen dritte Personen hat eine Beschränkung der Befugnis der Geschäftsführer, die Gesellschaft zu vertreten, keine rechtliche Wirkung. [2]Dies gilt insbesondere für den Fall, dass die Vertretung sich nur auf gewisse Geschäfte oder Arten von Geschäften erstrecken oder nur unter gewissen Umständen oder für eine gewisse Zeit oder an einzelnen Orten stattfinden soll, oder dass die Zustimmung der Gesellschafter oder eines Organs der Gesellschaft für einzelne Geschäfte erfordert ist.

Übersicht Rdn.

Schrifttum

Fleischer, Kompetenzüberschreitungen von Geschäftsleitern im Personen- und Kapitalgesellschaftsrecht, DStR 2009, 1204; *Peters*, Ressortverteilung zwischen GmbH-Geschäftsführern

1 Begr RegE MoMiG, BT-Drs. 16/6140, S. 43.

und ihre Folgen, GmbHR 2008, 682; *van Venrooy*, Zwingende Zustimmungsvorbehalte der Gesellschafterversammlung gegenüber der Geschäftsführung, GmbHR 2005, 1243; *Vedder*, Das Vorsatzerfordernis beim Missbrauch der Vertretungsmacht durch GmbH-Gesellschafter, GmbHR 2008, 736.

A. Einführung

1 Die Regelung des § 37 ergänzt § 35, welcher sich auf die Vertretungsmacht im Außenverhältnis bezieht. Allerdings ist die amtliche Überschrift »Beschränkung der Vertretungsmacht« insofern irreführend, als Abs. 1 in erster Linie die Beschränkung der Geschäftsführungsbefugnis der Geschäftsführer im Innenverhältnis behandelt. Abs. 2, der eine zwingende Regelung darstellt, behandelt die Vertretungsmacht der Geschäftsführer nach außen, die nicht durch die in Abs. 1 dargelegten internen Bindungen der Geschäftsführung beschränkbar ist.

B. Die Geschäftsführungsbefugnis

I. Umfang der Geschäftsführungsbefugnis

2 Die Geschäftsführungsbefugnis des Geschäftsführers erstreckt sich grundsätzlich auf alle zur Verwirklichung des Unternehmensgegenstands erforderlichen Maßnahmen und Entscheidungen.[1] Umfasst ist von der Geschäftsführung nach überwiegender Ansicht nicht nur die Erledigung der laufenden Geschäfte, sondern auch die gesamte Leitung der Geschäfte, sofern diesen nicht grundlegende Bedeutung für die Organisation der Gesellschaft zukommt. Dazu gehört auch das Verfügen über personelle, sachliche und finanzielle Ressourcen unter Berücksichtigung der Sorgfalt ordnungsgemäßer Geschäftsleitung (§ 43).[2]

3 Er nimmt darüber hinaus die ihm vom Gesetz zugewiesenen Aufgaben wahr (z.B. Erhaltung der Kapitalgrundlage, §§ 30, 31, Buchführung und Bilanzierung, §§ 41, 42, Einberufung der Gesellschafterversammlung, § 49, Anmeldungen zum Handelsregister, § 78). Sofern dem Geschäftsführer nicht durch Gesetz oder Satzung eine weitgehende Geschäftsführungsbefugnis zugewiesen ist, obliegt ihm zumindest die laufende Geschäftsführung.

4 Bei außergewöhnlichen Geschäften, die von ihrer Größenordnung und Bedeutung über den normalen Geschäftsbetrieb hinausgehen, besteht nach überwiegender Ansicht eine **Vorlagepflicht** an die Gesellschafterversammlung, da deren Zustim-

1 *Jacoby*, in: Bork/Schäfer, GmbHG, § 37 Rn. 1.

2 *Zöllner/Noack*, in: Baumbach/Hueck, GmbHG, § 37 Rn. 2; *Kleindiek*, in: Lutter/Hommelhoff, GmbHG, § 37 Rn. 3; *Schneider*, in: Scholz, GmbHG, § 37 Rn. 2.

mung erforderlich ist.[3] Umstritten ist, was unter einem »ungewöhnlichen« oder »außergewöhnlichen« Geschäft zu verstehen ist. Teilweise werden darunter mit Verweis auf §§ 116 Abs. 1, Abs. 2, 164 HGB alle Geschäfte verstanden, die durch Gegenstand, Umfang, Bedingungen oder Dauer aus dem Rahmen fallen bzw. potentiell gefährlich sind.[4] Andere beziehen sich auf § 49 Abs. 2 und gehen – mit gleichem Ergebnis – von einer Ungewöhnlichkeit dann aus, wenn eine Einberufung der Gesellschafterversammlung erforderlich erscheinen muss. Der »Verdacht der Erforderlichkeit« soll ausreichen.[5] Eine solche Vorlagepflicht ist jedoch aus der Systematik des GmbH-Rechts heraus abzulehnen, sofern die Satzung nicht Entsprechendes vorsieht.[6]

5 Lediglich theoretisch ist diese Frage jedoch deshalb, weil die Maßnahmen des Geschäftsführers nicht dem in der Satzung festgelegten Unternehmensgegenstand oder der von den Gesellschaftern festgelegten Geschäftspolitik widersprechen dürfen. Daher kann etwa schon die Wahl oder der Wechsel eines Geschäftspartners einen Gesellschafterbeschluss erforderlich machen. Außerdem darf der Geschäftsführer nicht Entscheidungen treffen, die im Gegensatz zum mutmaßlichen oder ausdrücklichen Willen der Gesellschafter stehen.[7] Dies führt – aufgrund der Treuepflicht des Geschäftsführers[8] – dazu, dass er für solche Vorhaben, bei denen er an der Billigung durch die Gesellschafter zweifeln muss oder bei denen er mit einer Missbilligung rechnet, zuvor die Zustimmung der Gesellschafterversammlung einholen muss.[9] Nach der Rechtsprechung besteht eine Vorlagepflicht bereits, wenn er den Widerspruch nur eines Minderheitsgesellschafters befürchten muss.[10] Im Schrifttum wird dagegen eine Vorlagepflicht abgelehnt und eine Befugnis zum Handeln bejaht, wenn die Zustimmung der Gesellschaftermehrheit zu erwarten ist.[11]

---

3 BGH, NJW 1984, 1462; OLG Karlsruhe, NZG 2000, 264, 267; *Altmeppen*, in: Roth/Altmeppen, GmbHG, § 37 Rn. 22; *Kleindiek*, in: Lutter/Hommelhoff, GmbHG, § 37 Rn. 10 f.; *Paefgen*, in: Ulmer/Habersack/Winter, GmbHG, § 37 Rn. 8 f.; *Schneider*, in: Scholz, GmbHG, § 37 Rn. 12 ff.; a.A. *Zöllner/Noack*, in: Baumbach/Hueck, GmbHG, § 37 Rn. 7 (verursache unzweckmäßige Unsicherheit).

4 *Altmeppen*, in: Roth/Altmeppen, GmbHG, § 37 Rn. 22 f.; *Koppensteiner*, in: Rowedder/Schmidt-Leithoff, GmbHG, § 37 Rn. 11.

5 *Lenz*, in: Michalski, GmbHG, § 37 Rn. 14; i. Erg. zustimmend, aber kritisch zum Begriff *Zöllner/Noack*, in: Baumbach/Hueck, GmbHG, § 37 Rn. 11.

6 So auch *Zöllner/Noack*, in: Baumbach/Hueck, GmbHG, § 37 Rn. 7, 12; *Paefgen*, in: Ulmer/Habersack/Winter, GmbHG, § 37 Rn. 9.

7 BGH, NJW 1984, 1461, 1462.

8 *Zöllner/Noack*, in: Baumbach/Hueck, GmbHG, § 37 Rn. 10.

9 OLG Hamburg, GmbHR 1992, 43, 46; *Kleindiek*, in: Lutter/Hommelhoff, GmbHG, § 37 Rn. 11; *Paefgen*, in: Ulmer/Habersack/Winter, GmbHG, § 37 Rn. 10; *Schmidt*, in: Ensthaler/Füller/Schmidt, GmbHG, § 37 Rn. 4; *Zöllner/Noack*, in: Baumbach/Hueck, GmbHG, § 37 Rn. 10.

10 OLG Frankfurt, GmbHR 1989, 25; a.A. *Paefgen*, in: Ulmer/Habersack/Winter, GmbHG, § 37 Rn. 10; *Zöllner/Noack*, in: Baumbach/Hueck, GmbHG, § 37 Rn. 10.

11 *Zöllner/Noack*, in: Baumbach/Hueck, GmbHG, § 37 Rn. 10.

6 Beim Zustimmungserfordernis der Gesellschafter genügt das Einverständnis des Alleingesellschafters, ohne dass ein förmlicher Beschluss gefasst werden müsste. Das Einverständnis eines Mehrheitsgesellschafters kann dagegen nicht ausreichen, weil damit die Beteiligungsrechte der Minderheitsgesellschafter unberücksichtigt bleiben.[12]

II. Beschränkung durch Gesetz

7 Nach **§ 46** sind bestimmte wichtige Punkte der **Entscheidungsbefugnis der Gesellschafter** vorbehalten.[13] Außerdem legen die Gesellschafter die Grundsätze der Geschäftspolitik fest.[14] Lediglich die Ausführung der Beschlüsse der Gesellschafterversammlung obliegen dem Geschäftsführer. Allerdings kann in der Satzung für bestimmte Befugnisse die Zuständigkeit des Geschäftsführers begründet werden.[15] Abgesehen davon gilt die Beschränkung des § 46 nicht, wenn die Gesellschafterversammlung ihre Aufgaben nicht wahrnimmt. Aus der Geschäftsleitung soll dann die Pflicht zur Übernahme dieser Aufgaben folgen.[16]

III. Beschränkung durch Satzung

8 Die Geschäftsführungsbefugnis des Geschäftsführers kann in weitem Umfang durch die Satzung eingeschränkt werden. Zahlreiche Geschäftsführungsaufgaben können auf **andere Organe** übertragen werden (Aufsichtsrat, Beirat, einzelne Gesellschafter usw.), so dass der Geschäftsführer bloßes Exekutivorgan wird.[17] Dies ist selbst für das sog. laufende Tagesgeschäft möglich. Eine Grenze für satzungsrechtliche Regelungen besteht nur da, wo eine zwingende Zuständigkeit der Geschäftsführer besteht, d.h. bzgl. der Vertretung und der gesetzlich zugewiesenen Aufgaben (z.B. §§ 30, 41, 49 Abs. 3 GmbHG, § 15a InsO, § 34 Abs. 1 AO).[18] Eine Eingrenzung der Geschäftsführungsbefugnisse kann sachlich hinsichtlich der erlaubten Geschäfte erfolgen. Die Ausführung bestimmter Maßnahmen oder Geschäfte durch den Geschäftsführer kann untersagt werden. Es können auch in der Satzung die erlaubten Geschäfte ausdrücklich aufgeführt werden.

9 Teilweise wird es als unzulässig angesehen, den Geschäftsführern jegliche **eigene Geschäftsführungsentscheidung** zu nehmen, selbst wenn die gesetzlich zwingenden Bereiche ausgenommen werden. Begründet wird dies damit, dass dann auch die

---

12 BGH, NJW 1991, 1681, 1682.

13 Siehe § 46 GmbHG.

14 BGH, NJW 1991, 1681, 1682; BGH, NJW-RR 1992, 993; *Koppensteiner*, in: Rowedder/Schmidt-Leithoff, GmbHG, § 37 Rn. 8; kritisch zum unterschiedlich verwendeten Begriff der Unternehmenspolitik *Zöllner/Noack*, in: Baumbach/Hueck, GmbHG, § 37 Rn. 13.

15 *Zöllner/Noack*, in: Baumbach/Hueck, GmbHG, § 37 Rn. 5.

16 *Lenz*, in: Michalski, GmbHG, § 37 Rn. 9.

17 *Paefgen*, in: Ulmer/Habersack/Winter, GmbHG, § 37 Rn. 16 f.

18 OLG Nürnberg, NZG 2000, 154, 155; *Kleindiek*, in: Lutter/Hommelhoff, GmbHG, § 37 Rn. 12; *Zöllner/Noack*, in: Baumbach/Hueck, GmbHG, § 37 Rn. 18.

Erfüllung der zwingenden Aufgaben gefährdet würde.[19] Andere hingegen gehen zutreffend davon aus, dass dem Geschäftsführer sogar die Entscheidung für gesetzlich zugewiesene Aufgaben entzogen werden kann, sofern ihm ein nach außen notwendiges Handeln als immanentes Geschäftsführungsrecht bleibt.[20] Dies gilt auch für den Fall, dass die Gesellschaft lediglich einen Geschäftsführer hat.[21] Unproblematisch ist jedenfalls die Verpflichtung eines Geschäftsführers, sich jeder einschlägigen Tätigkeit zu enthalten (Zölibatsklausel), sofern daneben zumindest ein geschäftsführungsbefugter Geschäftsführer vorhanden ist.[22] Dies wird vor allem empfohlen, wenn jüngere Geschäftsführer eingearbeitet werden sollen.[23]

10 In der Satzung kann auch eine **Vorlagepflicht** bzw. ein Zustimmungsvorbehalt zugunsten der Gesellschafter, einzelner Gesellschafter oder eines anderen Organs vorgesehen werden. Möglich ist auch, dem Geschäftsführer durch die Satzung eine vorstandsähnliche Stellung einzuräumen, indem für einzelne Bereiche oder insgesamt die Weisungsbefugnis der Gesellschafter eingeschränkt wird.[24] Die Geschäftsführungsbefugnis kann auch vollständig übertragen werden, so dass dem Geschäftsführer Befugnisse zukommen, die über diejenigen eines Vorstands einer AG hinausgehen.[25] Die Grenze der Übertragbarkeit liegt jedoch dort, wo die Kompetenzen noch übertragungsfähig sind.[26]

IV. Beschränkung durch Gesellschafterbeschluss/Weisung

1. Weisungsrecht

11 Anders als in der Aktiengesellschaft, wo der Vorstand nach § 76 AktG die Gesellschaft eigenverantwortlich leitet, haben bei der GmbH die Gesellschafter gegenüber den Geschäftsführern ein umfassendes **Weisungsrecht**. Damit korrespondiert die Pflicht des Geschäftsführers zur Ausführung der Weisungen (**Folgepflicht**).[27] Die Gesellschafter können den Geschäftsführern generelle oder spezielle, für den Einzel-

19 *Zöllner/Noack*, in: Baumbach/Hueck, GmbHG, § 37 Rn. 18; *Altmeppen*, in: Roth/Altmeppen, GmbHG, § 37 Rn. 4 f.; *Koppensteiner*, in: Rowedder/Schmidt-Leithoff, GmbHG, § 37 Rn. 22 f.; *Marsch-Barner/Diekmann*, in: MünchHdbGmbHG, § 44 Rn. 66; *Schneider*, in: Scholz, GmbHG, § 37 Rn. 37; a.A. *Paefgen*, in: Ulmer/Habersack/Winter, GmbHG, § 37 Rn. 14.

20 *Jacoby*, in: Bork/Schäfer, GmbHG, § 37 Rn. 8; *Lenz*, in: Michalski, GmbHG, § 37 Rn. 11; vgl. auch OLG Hamm, ZIP 1986, 1188, 1193.

21 A.A. *Schneider*, in: Scholz, GmbHG, § 37 Rn. 37.

22 OLG Hamm, ZIP 1986, 1188, 1190; OLG Karlsruhe, NZG 2000, 264, 269; *Schneider*, in: Scholz, GmbHG, § 37 Rn. 37; *Kleindiek*, in: Lutter/Hommelhoff, GmbHG, § 37 Rn. 39.

23 *Schneider*, in: Scholz, GmbHG, § 37 Rn. 37.

24 *Kleindiek*, in: Lutter/Hommelhoff, GmbHG, § 37 Rn. 25.

25 BGHZ 83, 122, 131.

26 *Lenz*, in: Michalski, GmbHG, § 37 Rn. 27.

27 BGHZ 31, 258, 278; OLG Düsseldorf, ZIP 1984, 1476, 1478; OLG Frankfurt, NJW-RR 1997, 736, 737.

fall geltende Weisungen erteilen. So können auch bestimmte Maßnahmen des Tagesgeschäfts von der Zustimmung der Gesellschafter abhängig gemacht werden. Umstritten ist, ob die Gesellschafter auch so weitgehende Weisungen erteilen dürfen, dass die Geschäftsführer zu einem reinen **Ausführungsorgan** herabgestuft sind.[28]

12 Fraglich ist, ob hier die gleichen Grundsätze wie bei der Einschränkung der Geschäftsführungsbefugnis durch die Satzung gelten, so dass eine Reduktion der Geschäftsführerbefugnisse bis hin zum bloßen Außenhandeln möglich ist.[29] Dies ist jedoch abzulehnen. Das Weisungsrecht endet da, wo der Entscheidungsspielraum des Geschäftsführers übermäßig begrenzt wird, so dass ein selbstständiges Handeln intern nicht mehr möglich ist. Sofern die Gesellschaft eine solche Einschränkung will, bedarf es einer entsprechenden Bestimmung in der Satzung.[30]

13 Für eine Weisungserteilung ist ein entsprechender **Gesellschafterbeschluss** erforderlich, ansonsten handelt es sich lediglich um unverbindliche Hinweise.[31] Damit sind auch Weisungen eines Mehrheitsgesellschafters erst auszuführen, wenn ein entsprechender Gesellschafterbeschluss vorliegt, da nur so die Rechte der Minderheitsgesellschafter gewahrt bleiben.[32] Anders verhält sich dies beim Alleingesellschafter, bei dem das Erfordernis eines Gesellschafterbeschlusses als gekünstelt angesehen wird[33] bzw. bei dem in der Weisungserteilung ein entsprechender Gesellschafterbeschluss gesehen werden kann. Für den Gesellschafterbeschluss ist eine einfache Mehrheit ausreichend.[34] Die Gesellschafter dürfen grundsätzlich keine satzungswidrigen Weisungen erteilen, wenn nicht zuvor eine Satzungsänderung vorgenommen wurde.[35] Etwas anderes soll nur gelten, wenn der Beschluss einstimmig gefasst wird.[36]

2. Anfechtbarkeit/Nichtigkeit der Weisung

14 Problematisch ist der Umgang des Geschäftsführers mit der **Nichtigkeit** oder schwebenden Unwirksamkeit von Gesellschafterbeschlüssen. Unstreitig entfalten nichtige Gesellschafterbeschlüsse keine Bindungswirkung.[37] **Rechtswidrige Weisungen** darf der Geschäftsführer nicht ausführen, sofern dadurch ein Verstoß gegen zwingende

---

28 OLG Nürnberg, NZG 2000, 154, 155; *Koppensteiner*, in: Rowedder/Schmidt-Leithoff, GmbHG, § 37 Rn. 22; anders *Kleindiek*, in: Lutter/Hommelhoff, GmbHG, § 37 Rn. 18a (gegen Herabstufung); *Zöllner/Noack*, in: Baumbach/Hueck, GmbHG, § 37 Rn. 21 (nicht sämtliche Entscheidungen selbst treffen).

29 OLG Düsseldorf, ZIP 1984, 1476, 1478.

30 *Kleindiek*, in: Lutter/Hommelhoff, GmbHG, § 37 Rn. 18.

31 *Lenz*, in: Michalski, GmbHG, § 37 Rn. 16.

32 *Altmeppen*, in: Roth/Altmeppen, GmbHG, § 37 Rn. 24; *Schneider*, in: Scholz, GmbHG, § 37 Rn. 31.

33 BGHZ 31, 258, 278; BGH, NJW 1991, 1681, 1682.

34 *Schneider*, in: Scholz, GmbHG, § 37 Rn. 31.

35 *Altmeppen*, in: Roth/Altmeppen, GmbHG, § 37 Rn. 11.

36 *Koppensteiner*, in: Rowedder/Schmidt-Leithoff, GmbHG, § 37 Rn. 26.

37 BGH, NJW 1974, 1088, 1089.

Gläubigerschutzvorschriften oder öffentlich-rechtliche Pflichten vorliegen würde.[38] Unbeachtlich sind ferner für die Gesellschaft existenzgefährdende Weisungen.

15 Keine Folgepflicht des Geschäftsführers lösen lediglich anfechtbare Beschlüsse aus, solange die **Anfechtbarkeit** besteht.[39] Dies rechtfertigt sich daraus, dass ein nachträglich für nichtig erklärter Gesellschafterbeschluss für den Geschäftsführer nicht haftungsbefreiend wirkt. Verlangt wird jedoch, dass der Geschäftsführer die Erfolgswahrscheinlichkeit der Anfechtung prüft.[40] Dabei hat er im Rahmen seines Ermessens unter Abwägung aller Gesichtspunkte eine angemessene Entscheidung zu treffen; lediglich bei Überschreitung seines Ermessensspielraums kann er schadensersatzpflichtig sein.[41] Sofern der Beschluss unanfechtbar geworden ist, hat der Geschäftsführer die Weisung, da wirksam, auszuführen.[42]

16 Überwiegend wird davon ausgegangen, dass der Geschäftsführer auch **wirtschaftlich nachteilige Weisungen** ausführen muss.[43] Nach einer Ansicht soll der Geschäftsführer diese aber erst ausführen dürfen, wenn der zugrunde liegende Beschluss unanfechtbar geworden ist.[44] Lediglich unzweckmäßige Weisungen hat er auszuführen. Dies gilt selbst für Weisungen, die gegen seinen Anstellungsvertrag verstoßen. Dennoch ist er verpflichtet, den Gesellschaftern gegenüber wichtige Bedenken zu äußern, so dass ein Aufschieben der Ausführung geboten sein kann.[45] Ändern sich die Verhältnisse nach Erteilung einer Weisung, kann ggf. nach §§ 675, 665 BGB von der Weisung abgewichen werden, wobei im Zweifelsfall eine neue Weisung der Gesellschafter einzuholen ist.[46]

17 Auch im Anstellungsvertrag können Weisungen an den Geschäftsführer enthalten sein; eine gesellschaftsvertragliche Grundlage ist hierfür nicht erforderlich.[47] Sofern jedoch eine Weisung der Gesellschafter(versammlung) gegen eine Regelung im Anstellungsvertrag verstößt, ist diese quasi als neuerer Wille dennoch zu beachten und auszuführen.[48]

38 BGHZ 31, 258, 278; BGH, NJW 1960, 285; BGH, NJW 1974, 1088; BGH, NJW 2008, 2504, 2505; OLG Frankfurt, NJW-RR 1997, 736, 737; OLG Naumburg, NJW-RR 1999, 1343 (Weisung, keine Sozialversicherungsbeiträge mehr abzuführen).

39 *Zöllner/Noack*, in: Baumbach/Hueck, GmbHG, § 37 Rn. 23.

40 *Zöllner/Noack*, in: Baumbach/Hueck, GmbHG, § 37 Rn. 23.

41 *Schmidt*, in: Ensthaler/Füller/Schmidt, GmbHG, § 37 Rn. 7.

42 BGH, WM 1965, 425, 426; BGHZ 76, 154, 159.

43 OLG Frankfurt, NJW-RR 1997, 736; *Jacoby*, in: Bork/Schäfer, GmbHG, § 37 Rn. 17; *Schneider*, in: Scholz, GmbHG, § 37 Rn. 18.

44 *Zöllner/Noack*, in: Baumbach/Hueck, GmbHG, § 37 Rn. 24.

45 *Altmeppen*, in: Roth/Altmeppen, GmbHG, § 37 Rn. 9; *Jacoby*, in: Bork/Schäfer, GmbHG, § 37 Rn. 17; *Kleindiek*, in: Lutter/Hommelhoff, GmbHG, § 37 Rn. 23.

46 *Marsch-Barner/Diekmann*, in: MünchHdbGmbHG, § 44 Rn. 71; *Zöllner/Noack*, in: Baumbach/Hueck, GmbHG, § 37 Rn. 25.

47 *Koppensteiner*, in: Rowedder/Schmidt-Leithoff, GmbHG, § 37 Rn. 31.

48 *Lenz*, in: Michalski, GmbHG, § 37 Rn. 24.

18 Bei der **Einpersonen-GmbH** gilt ebenfalls, dass der Geschäftsführer nicht aufgrund der Weisungsausführung gegen drittschützende Regelungen verstoßen darf. Allerdings lösen grundsätzlich auch Weisungen, die für die Gesellschaft nachteilig sind, eine unmittelbare Folgepflicht des Geschäftsführers aus.[49]

V. Beschränkung durch andere Gremien

19 Eine Beschränkung der Geschäftsführungsbefugnis ist in der Satzung dahingehend möglich, dass eine Übertragung der Weisungsbefugnis etwa auf einen **Aufsichtsrat**, einen Beirat oder einzelne Gesellschafter vorgesehen wird. Die Gesellschafterversammlung kann eine solche Delegation aber nicht durch bloßen Beschluss vornehmen.[50] Eine Übertragung von Weisungsbefugnissen auf den Aufsichtsrat ist in der mitbestimmten GmbH ausgeschlossen (§ 111 Abs. 4 S. 1 AktG). Die Vornahme bestimmter Arten von Geschäften kann der Aufsichtsrat von seiner Zustimmung abhängig machen (§ 111 Abs. 4 S. 2 AktG). Im Falle eines obligatorischen Aufsichtsrats ist dieser an einen in der Satzung enthaltenen Zustimmungskatalog nicht gebunden und kann darüber hinaus andere Geschäfte von seiner Zustimmung abhängig machen.[51]

20 Auch wenn ein Zustimmungsvorbehalt des Aufsichtsrats besteht, ist der Geschäftsführer verpflichtet, Weisungen der Gesellschafter(versammlung) stets zu folgen. Der Aufsichtsrat ist zwar den Geschäftsführern, nicht aber der Gesellschafterversammlung als zentralem Entscheidungsorgan der GmbH übergeordnet.[52] Überträgt der Gesellschaftsvertrag das Weisungsrecht auf ein anderes Organ, ist in Auslegung der Vertragsklausel festzustellen, inwieweit das Weisungsrecht der Gesellschafter daneben fortbesteht bzw. ob dieses vorrangig sein soll.[53]

21 Eine Delegation des Weisungsrechts kann auch auf einen einzelnen Gesellschafter als **Sonderrecht** erfolgen. Ob dies nur zulässig ist, wenn den Gesellschaftern ein subsidiäres Weisungsrecht bleibt und die Delegation durch einfachen Gesellschafterbeschluss revidierbar ist, ist unklar.[54]

22 Ob außenstehenden **Dritten** durch die Gesellschafter oder die Gesellschaft ein (mitgliedschaftliches) Weisungsrecht übertragen werden kann, ist umstritten. Wenn dies bejaht und angenommen wird, dass diese damit gleichzeitig zum Organ der Gesell-

---

49 OLG Frankfurt, NJW-RR 1997, 736, 737.

50 *Zöllner/Noack*, in: Baumbach/Hueck, GmbHG, § 37 Rn. 26.

51 *Koppensteiner*, in: Rowedder/Schmidt-Leithoff, GmbHG, § 37 Rn. 32; *Zöllner/Noack*, in: Baumbach/Hueck, GmbHG, § 37 Rn. 23.

52 *Altmeppen*, in: Roth/Altmeppen, GmbHG, § 52 Rn. 54 ff.; *Giedinghagen*, in: Michalski, GmbHG, § 52 Rn. 168; *Zöllner/Noack*, in: Baumbach/Hueck, GmbHG, § 37 Rn. 28.

53 *Kleindiek*, in: Lutter/Hommelhoff, GmbHG, § 37 Rn. 19; *Paefgen*, in: Ulmer/Habersack/Winter, GmbHG, § 37 Rn. 16.

54 *Schneider*, in: Scholz, GmbHG, § 37 Rn. 32.

schaft werden,[55] ist das abzulehnen. Die Weisungsbefugnis ist ein elementares Recht der Gesellschafter, das grundsätzlich nicht der Disposition durch »Gesellschaftsfremde« unterliegen soll.[56] Es besteht jedoch die Möglichkeit, Dritten (Vertragspartnern, Kreditgebern usw.) ein schuldrechtliches Weisungsrecht einzuräumen, da hierdurch noch keine Organkompetenz übertragen wird.[57] Als **Ausnahme** soll eine Übertragung auf das Organ einer beherrschenden Gesellschaft gestattet sein, da diese ohnehin erheblichen Einfluss auf die Gesellschaft habe.[58] Jedoch soll die Gesellschafterversammlung ihr Weisungsrecht nicht vollständig, sondern lediglich für bestimmte Bereiche oder konkrete Maßnahmen übertragen können.

VI. Arbeitsdirektor

23 In Bezug auf Beschränkungen der Geschäftsführungsbefugnis durch die Satzung gilt für den Arbeitsdirektor der mitbestimmten GmbH das Gleiche wie für alle Geschäftsführer. Ihm müssen zumindest Zuständigkeiten auf dem Gebiet der Personal- und Sozialfragen verbleiben.[59] Daher soll ein allgemeines Vetorecht des Vorsitzenden mit dem zwingend zugewiesenen Zuständigkeitsbereich des Arbeitsdirektors (§ 33 MitbestG) unvereinbar sein.[60] Auch bei einer Beschränkung der Geschäftsführungsbefugnis durch Weisungen der Gesellschafter obliegen ihm bestimmte Mindestrechte im Hinblick auf die Arbeitnehmerrechte. Allerdings können diese von der Zustimmung eines anderen Organs abhängig gemacht werden bzw. ihm nur gemeinschaftlich mit anderen zustehen.[61] Verlangt wird jedoch, dass dem Arbeitsdirektor in grundlegenden Fragen ein Einflussbereich bleibt.[62]

C. Geschäftsverteilung bei mehreren Geschäftsführern

I. Gesamtgeschäftsführungsbefugnis

24 Sofern mehrere Geschäftsführer geschäftsführungsbefugt sind, sind sie nach h.M. grundsätzlich nur zur Gesamtgeschäftsführung befugt (§ 35 Abs. 2 S. 1 entsprechend). Es ist Einstimmigkeit erforderlich (§ 77 Abs. 1 AktG entsprechend). Eine

---

55 *Jacoby*, in: Bork/Schäfer, GmbHG, § 37 Rn. 11; *Lenz*, in: Michalski, GmbHG, § 37 Rn. 10; siehe auch *Kleindiek*, in: Lutter/Hommelhoff, GmbHG, § 37 Rn. 20 m.w.N.

56 OLG Frankfurt, NJW-RR 1997, 736, 737; *Lenz*, in: Michalski, GmbHG, § 37 Rn. 17; *Schneider*, in: Scholz, GmbHG, § 37 Rn. 33 f.

57 *Lenz*, in: Michalski, GmbHG, § 37 Rn. 17; *Schneider*, in: Scholz, GmbHG, § 37 Rn. 35.

58 *Schneider*, in: Scholz, GmbHG, § 37 Rn. 34.

59 *Lenz*, in: Michalski, GmbHG, § 37 Rn. 13; *Schneider*, in: Scholz, GmbHG, § 37 Rn. 44; *Zöllner/Noack*, in: Baumbach/Hueck, GmbHG, § 37 Rn. 34 f.

60 BGHZ 89, 48, 58; *Schneider*, in: Scholz, GmbHG, § 37 Rn. 44; a.A. *Marsch-Barner/Diekmann*, in: MünchHdbGmbHG, § 44 Rn. 81; *Zöllner/Noack*, in: Baumbach/Hueck, GmbHG, § 37 Rn. 34 (sofern Vetorecht allgemein gelte).

61 *Altmeppen*, in: Roth/Altmeppen, GmbHG, § 37 Rn. 26.

62 *Zöllner/Noack*, in: Baumbach/Hueck, GmbHG, § 37 Rn. 35.

besondere Form ist nicht vorgeschrieben. Kein Geschäftsführer darf ohne den anderen handeln.[63] Ist ein Geschäftsführer bei Beschlussfassung nicht anwesend, ist eine nachträgliche Stimmabgabe möglich.[64]

25 Eine **abweichende** Regelung in der Satzung oder – mangels anderweitiger Regelung in der Satzung – durch Gesellschafterbeschluss mittels Schaffung einer Geschäftsordnung[65] ist möglich. Zwar ist grundsätzlich ein formloser Beschluss ausreichend, aber aus Beweisgründen sowie steuerlichen Gründen empfiehlt sich eine schriftliche Abfassung.[66] Die Geschäftsführer können sich auch einstimmig selbst eine Geschäftsordnung geben, sofern die Satzung nichts anderes vorsieht.[67] Dabei müssen sämtliche Geschäftsführer zustimmen.[68] Geregelt werden kann, dass nicht mehr Einstimmigkeit unter den Geschäftsführern erforderlich, sondern eine einfache oder qualifizierte **Mehrheit** ausreichend ist. Möglich ist es auch, je nach Bedeutung des Beschlussgegenstands eine abgestufte Willensbildungsregelung vorzusehen.[69]

II. Einzelgeschäftsführungsbefugnis

26 Es kann in der Satzung oder durch Gesellschafterbeschluss festgelegt werden, dass einzelne oder sämtliche Geschäftsführer Einzelgeschäftsführungsbefugnis erhalten. Diese Befugnis kann sich auch lediglich auf bestimmte Angelegenheiten beziehen. Denkbar ist zudem eine Aufteilung dahingehend, dass bestimmte Geschäftsführer Alleingeschäftsführungsbefugnis haben und andere an die Mitwirkung eines weiteren Geschäftsführers oder eines Prokuristen gebunden sind. Auch ein **Vorsitzender** der Geschäftsführung kann bestellt werden, dessen Stimme bei Stimmengleichheit entscheidend ist. Ihm kann auch ein Vetorecht gegenüber den Geschäftsführerentscheidungen eingeräumt werden, wobei umstritten ist, ob er ein positives Alleinentscheidungsrecht gegen die Mehrheit der Geschäftsführer haben kann.[70] In der mit-

---

63 *Koppensteiner*, in: Rowedder/Schmidt-Leithoff, GmbHG, § 37 Rn. 17.

64 *Lenz*, in: Michalski, GmbHG, § 37 Rn. 29.

65 OLG Stuttgart, GmbHR 1992, 43, 48; *Altmeppen*, in: Roth/Altmeppen, GmbHG, § 37 Rn. 34; *Lenz*, in: Michalski, GmbHG, § 37 Rn. 30; *Marsch-Barner/Diekmann*, in: MünchHdbGmbHG, § 44 Rn. 83; *Paefgen*, in: Ulmer/Habersack/Winter, GmbHG, § 35 Rn. 11; *Schneider*, in: Scholz, GmbHG, § 37 Rn. 57; *Kleindiek*, in: Lutter/Hommelhoff, GmbHG, § 37 Rn. 28; *Zöllner/Noack*, in: Baumbach/Hueck, GmbHG, § 37 Rn. 29.

66 Vgl. BFH, GmbHR 1989, 170, 171.

67 *Lenz*, in: Michalski, GmbHG, § 37 Rn. 30; *Paefgen*, in: Ulmer/Habersack/Winter, GmbHG, § 35 Rn. 104; *Schneider*, in: Scholz, GmbHG, § 37 Rn. 57, 62.

68 *Paefgen*, in: Ulmer/Habersack/Winter, GmbHG, § 35 Rn. 113; *Zöllner/Noack*, in: Baumbach/Hueck, GmbHG, § 37 Rn. 29.

69 *Zöllner/Noack*, in: Baumbach/Hueck, GmbHG, § 37 Rn. 29 (kritisch bzgl. praktischer Handhabung).

70 *Zöllner/Noack*, in: Baumbach/Hueck, GmbHG, § 37 Rn. 30.

bestimmten GmbH kann der Vorsitzende jedoch durch den Aufsichtsrat bestimmt werden (§ 84 Abs. 2 AktG analog).[71]

27 Häufig geht die Einzelgeschäftsführung mit einer bestimmten Geschäftsverteilung einher. Bedeutsame Fragen sind jedoch stets dem gesamten Geschäftsführungsgremium vorzulegen. Besteht Einzelgeschäftsführungsbefugnis, so kann jeder Geschäftsführer der vom Einzelgeschäftsführer getroffenen Entscheidung widersprechen (§ 115 HGB analog), sofern dies nicht durch die Satzung oder den Gesellschafterbeschluss ausgeschlossen wurde.[72]

III. Geschäftsverteilung

28 Die Geschäftsverteilung kann dahingehend ausgestaltet werden, dass eine funktionale Aufteilung in bestimmte Ressorts vorgesehen wird (Produktion, Personal, Finanzen usw.), es kann aber auch eine Aufteilung nach Produkt- oder Dienstleistungsgruppen, Ländern oder Regionen erfolgen (Spartenorganisation). Ein Geschäftsverteilungsplan braucht nicht zwingend schriftlich vorzuliegen, ist jedoch zu empfehlen.[73] **Zuständig** für die Regelung der Geschäftsverteilung sind aufgrund des Weisungsrechts die Gesellschafter. Die Zuständigkeit kann aber nach h.M. auch bei den Geschäftsführern liegen, sofern nicht die Satzung oder die Gesellschafterversammlung eine anderweitige Bestimmung vorsehen (§ 77 Abs. 2 AktG entsprechend).[74]

29 Da ein Grundsatz der Gleichbehandlung der GmbH-Geschäftsführer nicht existiert, können einzelne Geschäftsführungsmitglieder oder der Vorsitzende weitergehende Befugnisse, als sie den anderen Geschäftsführern eingeräumt wurden, zugestanden werden. Dies kann durch die Einräumung von **Einzelgeschäftsführungsbefugnis** zum Ausdruck gebracht werden, aber auch etwa durch ein Recht zum Stichentscheid[75] oder eine Weisungsbefugnis eines Geschäftsführers gegenüber anderen.[76]

---

71 *Zöllner/Noack*, in: Baumbach/Hueck, GmbHG, § 37 Rn. 30; *Koppensteiner*, in: Rowedder/Schmidt-Leithoff, GmbHG, § 37 Rn. 45.

72 BGH, WM 1968, 1328, 1329; *Altmeppen*, in: Roth/Altmeppen, GmbHG, § 37 Rn. 34; *Lenz*, in: Michalski, GmbHG, § 37 Rn. 33; *Marsch-Barner/Diekmann*, in: MünchHdb-GmbHG, § 44 Rn. 87; *Schneider*, in: Scholz, GmbHG, § 37 Rn. 24a ff.; *Zöllner/Noack*, in: Baumbach/Hueck, GmbHG, § 37 Rn. 30; a.A. *Koppensteiner*, in: Rowedder/Schmidt-Leithoff, GmbHG, § 37 Rn. 45.

73 *Jacoby*, in: Bork/Schäfer, GmbHG, § 37 Rn. 6 m.w.N.

74 *Altmeppen*, in: Roth/Altmeppen, GmbHG, § 37 Rn. 3; *Jacoby*, in: Bork/Schäfer, GmbHG, § 37 Rn. 14; *Kleindiek*, in: Lutter/Hommelhoff, GmbHG, § 37 Rn. 36; *Lenz*, in: Michalski, GmbHG, § 37 Rn. 34.

75 *Zöllner/Noack*, in: Baumbach/Hueck, GmbHG, § 37 Rn. 33 (bzgl. Vorsitzendem).

76 Letzteres str., s. *Koppensteiner*, in: Rowedder/Schmidt-Leithoff, GmbHG, § 37 Rn. 39; *Kleindiek*, in: Lutter/Hommelhoff, GmbHG, § 37 Rn. 34 (ein Recht zum Stichentscheid bejahend); *Schneider*, in: Scholz, GmbHG, § 37 Rn. 29; *Lenz*, in: Michalski, GmbHG, § 37 Rn. 32; a.A. *Zöllner/Noack*, in: Baumbach/Hueck, GmbHG, § 37 Rn. 30 (Vetorecht, aber kein Alleinentscheidungsrecht gegen die Mehrheit), siehe aber Rn. 33 (Haupt- und Untergeschäftsführer).

Einen Grundsatz der Gleichbehandlung der Geschäftsführer gibt es bei der GmbH auch nicht im Hinblick auf die Bezahlung.[77]

30 In der mitbestimmten GmbH hat der Arbeitsdirektor die – nicht zwingend alleinige – Zuständigkeit für Personal- und Sozialangelegenheiten (§ 33 MitbestG, § 13 MontanMitbestG). Es wird hier teilweise ein **Vetorecht** des Vorsitzenden als zulässig angesehen, selbst wenn es sich gegen einen Arbeitsdirektor richtet.[78] Die h.M. sieht dies jedoch zu Recht als unzulässig an.[79] Möglich ist es aber auch, die Aufgaben einzelner Geschäftsführer auf die zwingenden Bereiche zu beschränken.[80] Für einen Arbeitsdirektor gelten keine anderen Regelungen, so dass er einer Bindung an die Mitwirkung anderer unterliegen kann oder ein Mehrheitsbeschluss erforderlich ist.[81]

31 Wie auch immer die Verteilung der Geschäftsführung erfolgt, ist zu beachten, dass die einzelnen Geschäftsführer grundsätzlich eine **Gesamtverantwortung** für die Leitung der Gesellschaft trifft. Der einzelne Geschäftsführer hat daher ein umfassendes Auskunfts- und Informationsrecht im Hinblick auf die anderen Ressorts. Er ist auch berechtigt, sich die erforderlichen Informationen bei Mitarbeitern der Gesellschaft zu verschaffen.[82] Ein Geschäftsführer kann zudem dazu befugt – und ggf. sogar verpflichtet – sein, einer Entscheidung eines anderen Geschäftsführers zu widersprechen, diese dem Geschäftsführergremium zuzuleiten und dessen Entscheidung zu verlangen.[83]

D. Rechtsfolgen eines Verstoßes nach Abs. 1

32 Bei Verstößen gegen eine Beschränkung der Geschäftsführung i.S. des Abs. 1 und Außerachtlassen von verbindlichen Weisungen kann der Geschäftsführer nach § 43 Abs. 2 persönlich auf **Schadensersatz** haftbar gemacht werden.[84] Der Verstoß kann einen wichtiger Grund zur **Abberufung** i.S. des § 38 Abs. 2 bzw. zur **Kündigung** des Anstellungsvertrags darstellen.[85] Ob die Gesellschaft die Befolgung einer Weisung

---

77 *Zöllner/Noack*, in: Baumbach/Hueck, GmbHG, § 37 Rn. 33; *Koppensteiner*, in: Rowedder/Schmidt-Leithoff, GmbHG, § 37 Rn. 39.

78 *Zöllner/Noack*, in: Baumbach/Hueck, GmbHG, § 37 Rn. 34; *Marsch-Barner/Diekmann*, in: MünchHdbGmbHG, § 44 Rn. 81.

79 BGHZ 89, 48, 58 ff.; *Schneider*, in: Scholz, GmbHG, § 37 Rn. 44; *Zöllner/Noack*, in: Baumbach/Hueck, GmbHG, § 37 Rn. 32.

80 *Kleindiek*, in: Lutter/Hommelhoff, § 37 Rn. 39.

81 BGHZ 89, 48, 59; *Altmeppen*, in: Roth/Altmeppen, GmbHG, § 37 Rn. 36; *Paefgen*, in: Ulmer/Habersack/Winter, GmbHG, § 35 Rn. 114 ff.; *Schneider*, in: Scholz, GmbHG, § 37 Rn. 43; *Zöllner/Noack*, in: Baumbach/Hueck, GmbHG, § 37 Rn. 34.

82 OLG Koblenz, GmbHR 2008, 37.

83 BGH, WM 1968, 1328, 1329; BGH, BB 1990, 1856, 1861; OLG Karlsruhe, NZG 2000, 264, 266; *Lenz*, in: Michalski, GmbHG, § 37 Rn. 33.

84 *Fleischer*, DStR 2009, 1204 ff.

85 *Altmeppen*, in: Roth/Altmeppen, GmbHG, § 37 Rn. 29; *Jacoby*, in: Bork/Schäfer, GmbHG, § 37 Rn. 19; vgl. auch OLG München, DB 2009, 1231, 1232 f.

durch die Geschäftsführer auch einklagen und der Geschäftsführer mittels einstweiliger Verfügung zu einem Tun oder Unterlassen verpflichtet werden kann, ist umstritten.[86] Im Schrifttum wird dies teilweise abgelehnt,[87] was aber dann praktisch irrelevant ist, wenn die Gesellschafterversammlung einen weiteren Geschäftsführer bestellt, der die fragliche Handlung durchführt.[88] Andere halten zutreffend eine Leistungsklage für möglich.[89]

33 Abgesehen davon sind gegenüber dem Vertragspartner in bestimmten Fällen trotz des rechtlichen Könnens des Geschäftsführers im Außenverhältnis die Regeln des Missbrauchs der Vertretungsmacht anwendbar. Dies ist etwa der Fall bei **kollusivem Zusammenwirken** zwischen dem Geschäftsführer und dem Vertragspartner der Gesellschaft. Wenn beide vorsätzlich zusammenwirken, ist der Vertragspartner nicht schutzwürdig und handelt rechtsmissbräuchlich, wenn er um das Nichtdürfen des Geschäftsführers im Innenverhältnis weiß und sich dennoch auf das rechtliche Können im Außenverhältnis beruft.[90]

34 Aber auch ohne Zusammenwirken liegt ein Missbrauch der Vertretungsmacht vor, wenn der Geschäftspartner erkennen musste, dass der Geschäftsführer die Grenzen seiner Vertretungsmacht überschreitet,[91] dieses sich aufdrängte[92] bzw. **evident** war.[93] Nicht erforderlich ist jedoch für die Annahme eines Missbrauchs der Vertretungsmacht, dass der Geschäftsführer bewusst nachteilig gehandelt hat.[94] Eine Erkundigungspflicht des Vertragspartners besteht jedoch nicht. Trotz Erkennbarkeit für den Geschäftspartner kann allein ein kompetenzwidriges Handeln des Geschäftsführers ohne objektive Schädigung nicht ausreichen.[95] Sofern ein Missbrauch der Vertre-

86 Bejahend *Schmidt*, in: Ensthaler/Füller/Schmidt, GmbHG, § 37 Rn. 10; *Paefgen*, in: Ulmer/Habersack/Winter, GmbHG, § 37 Rn. 26; *Kleindiek*, in: Lutter/Hommelhoff, GmbHG, § 37 Rn. 40; verneinend *Altmeppen*, in: Roth/Altmeppen, GmbHG, § 37 Rn. 29.

87 *Lenz*, in: Michalski, GmbHG, § 37 Rn. 23.

88 Vgl. *Altmeppen*, in: Roth/Altmeppen, GmbHG, § 37 Rn. 24.

89 *Jacoby*, in: Bork/Schäfer, GmbHG, § 37 Rn. 19; *Kleindiek*, in: Lutter/Hommelhoff, GmbHG, § 37 Rn. 40; *Paefgen*, in: Ulmer/Habersack/Winter, GmbHG, § 37 Rn. 26.

90 *Zöllner/Noack*, in: Baumbach/Hueck, GmbHG, § 37 Rn. 45.

91 BGHZ 50, 112, 114 f.

92 BGH, NJW 1990, 384, 385; BGH, NJW 1999, 2883 f.

93 BGH, NJOZ 2001, 1016, 1017; BGH, NJW-RR 2004, 247, 248; BGH, NJW 2006, 2776; OLG Hamm, NZG 2006, 827, 828; siehe auch *Schneider*, in: Scholz, GmbHG, § 35 Rn. 135 f.; *Kleindiek*, in: Lutter/Hommelhoff, GmbHG, § 35 Rn. 24; *Marsch-Barner/Diekmann*, in: MünchHdbGmbHG, § 44 Rn. 47.

94 So ausdrücklich BGH, NJW 2006, 2776 (auch aus BGHZ 50, 112, 114 ergebe sich nichts anderes).

95 So auch *Zöllner/Noack*, in: Baumbach/Hueck, GmbHG, § 37 Rn. 49; *Schneider*, in: Scholz, GmbHG, § 35 Rn. 134; anders aber *Kleindiek*, in: Lutter/Hommelhoff, GmbHG, § 35 Rn. 23 (Überschreitung des Gesellschaftszwecks); angedeutet auch in BGH, WM 2006, 1523, 1524.

tungsmacht vorliegt, greifen die Regeln über die Vertretung ohne Vertretungsmacht, so dass nach § 177 BGB Genehmigungsfähigkeit gilt.[96]

E. Unbeschränkbarkeit der Vertretungsmacht, Abs. 2

I. Grundsatz der Unbeschränkbarkeit

35 Die Vertretungsmacht des Geschäftsführers (§ 35 Abs. 1) ist Dritten gegenüber weder für den Einzelfall noch generell beschränkbar. Entsprechende Klauseln in der Satzung, in einem Gesellschafterbeschluss oder im Anstellungsvertrag sind Dritten gegenüber unzulässig.[97] Dies gilt auch für die Vertretungsmacht eines stellvertretenden Geschäftsführers sowie für den Notgeschäftsführer mit bestimmten »Wirkungskreisen«.[98] Abs. 2 S. 2 enthält Beispiele von nicht im Außenverhältnis relevanten Beschränkungen. Als unzulässig angesehen wird etwa die Beschränkung der Vertretungsmacht auf eine Zweigniederlassung.[99] Zwar kann statt der gesetzlich vorgesehenen Gesamtvertretung Einzelvertretung vorgesehen werden, eine Beschränkung dieser allein für der Fall der Verhinderung eines anderen Geschäftsführers ist jedoch nicht möglich.[100]

36 Beschränkungen, die lediglich im **Innenverhältnis** der GmbH wirken, sind jedoch möglich (z.B. Zustimmung der Gesellschafterversammlung zu bestimmten Geschäften).[101] Bei Rechtsgeschäften also, die die eigene Gesellschaft betreffen, handelt es sich nicht um solche im Außenverhältnis, so dass Beschränkungen der Vertretungsmacht der Geschäftsführer möglich sind. Dies soll gelten, wenn reguläre Verkehrsgeschäfte mit der Gesellschaft geschlossen werden.[102] Denkbar ist es auch, den Zustimmungsvorbehalt eines anderen Gesellschaftsorgans, der nur intern wirkt, durch Vereinbarung mit einem Dritten auch auf die Geschäfte mit diesem zu beziehen, so dass der Vorbehalt Außenwirkung hat. § 37 Abs. 2 steht dem nicht entgegen.[103]

37 Kennt der Dritte die pflichtwidrige Überschreitung der Geschäftsführungsbefugnisse oder hätte sich ihm diese aufdrängen müssen, findet § 37 Abs. 2 keine Anwendung. Liegt ein solcher **Missbrauch der Vertretungsmacht**[104] bzw. **Rechtsmissbrauch** durch

---

96 Vgl. *Zöllner/Noack*, in: Baumbach/Hueck, GmbHG, § 37 Rn. 50.

97 BGH, NJW 1984, 1461, 1462.

98 BayObLG, NJW-RR 1986, 523.

99 *Altmeppen*, in: Roth/Altmeppen, GmbHG, § 37 Rn. 37; *Zöllner/Noack*, in: Baumbach/Hueck, GmbHG, § 37 Rn. 37.

100 *Zöllner/Noack*, in: Baumbach/Hueck, GmbHG, § 37 Rn. 38.

101 BGH, NJW 1997, 2678, 2679; *Zöllner/Noack*, in: Baumbach/Hueck, GmbHG, § 37, Rn. 37.

102 *Paefgen*, in: Ulmer/Habersack/Winter, GmbHG, § 37 Rn. 29; *Schneider*, in: Scholz, GmbHG, § 37 Rn. 27 f.; *Zöllner/Noack*, in: Baumbach/Hueck, GmbHG, § 37 Rn. 39; einschränkend *Altmeppen*, in: Roth/Altmeppen, GmbHG, § 37 Rn. 48.

103 BGH, NJW 1997, 2678.

104 So *Altmeppen*, in: Roth/Altmeppen, GmbHG, § 37 Rn. 38.

den Geschäftspartner[105] vor, durchbricht der Grundsatz von Treu und Glauben (§ 242 BGB) die Anwendbarkeit des § 37 Abs. 2.[106] Dies ist der Fall bei einem Zusammenwirken von Geschäftsführer und Drittem (Kollusion).[107]

38 Jenseits dessen ist zumindest eine objektive Evidenz des Missbrauchs (Dritter weiß oder es muss sich ihm aufdrängen), da massive Verdachtsindizien hinsichtlich einer solchen Überschreitung vorliegen.[108] Eine Erkundigungspflicht des Geschäftspartners besteht grundsätzlich nicht. Dies wird auch dann abzulehnen sein, wenn es sich um ein Geschäft handelt, das üblicherweise in den Kompetenzbereich eines anderen Organs fällt.[109] Das Eingreifen der Grundsätze über den Missbrauch der Vertretungsmacht wird nach der Rechtsprechung auch nicht dadurch gehindert, dass der Geschäftsführer die Zustimmung der Gesellschafterversammlung bzw. des zuständigen Organs zu dem unbefugten Geschäft hätte herbeiführen können. Dies ändert schließlich einerseits an der objektiven Überschreitung der Geschäftsführungsbefugnis nichts und andererseits ist der Dritte, auch wenn er um diese Möglichkeit weiß oder wissen konnte, nicht deshalb schutzwürdig.[110]

39 Für die Annahme eines Rechtsmissbrauchs kommt es nicht darauf an, ob das Geschäft dem Interesse der Gesellschaft erkennbar zuwiderläuft.[111] Unerheblich ist auch, ob dem Geschäftsführer bei der Überschreitung der Grenzen seiner Geschäftsführungsbefugnis subjektiv ein Schuldvorwurf gemacht werden kann.[112] Die Beweislast für den Rechtsmissbrauch liegt bei der Gesellschaft.[113]

II. Folgen eines Rechtsmissbrauchs

40 Rechtsfolge ist, dass das Rechtsgeschäft gemäß den §§ 177 ff. BGB so beurteilt wird, als habe der Geschäftsführer ohne Vertretungsmacht gehandelt. Es besteht damit auch nach § 177 BGB die Möglichkeit der Genehmigung durch das zuständige Gesellschaftsorgan. Eine persönliche Haftung des Geschäftsführers scheidet aufgrund

---

105 So korrekt *Zöllner/Noack*, in: Baumbach/Hueck, GmbHG, § 37 Rn. 44.

106 BGHZ 50, 112, 114; BGH, BB 1976, 852; BGH, NJW 1984, 1461, 1462; BGH, NJW 1988, 2241, 2242; BGH, NJW 1994, 2080, 2082; BGH, NZG 2004, 139, 140 f.; BGH, NJW 2006, 2776; *Altmeppen*, in: Roth/Altmeppen, GmbHG, § 37 Rn. 38; *Zöllner/Noack*, in: Baumbach/Hueck, GmbHG, § 37 Rn. 44.

107 BGH, NZG 2004, 139, 140 f.; OLG Hamm, NJW-RR 1997, 737, 738.

108 BGH, NJW-RR 1999, 361, 362; BGHZ 127, 239, 241; BGH, NJW 1999, 2883 (Aufdrängen der Notwendigkeit einer Rückfrage).

109 *Zöllner/Noack*, in: Baumbach/Hueck, GmbHG, § 37 Rn. 47.

110 BGH, NJW 1988, 2241, 2243; a.A. aber *Altmeppen*, in: Roth/Altmeppen, GmbHG, § 37 Rn. 42; *Schneider*, in: Scholz, GmbHG, § 35 Rn. 134b; *Zöllner/Noack*, in: Baumbach/Hueck, GmbHG, § 37 Rn. 40.

111 BGH, NJW 1984, 1461, 1462; BGH, NJW 2006, 2776; a.A. *Koppensteiner*, in: Rowedder/Schmidt-Leithoff, GmbHG, § 37 Rn. 55.

112 BGH, NJW 2006, 2776; *Altmeppen*, in: Roth/Altmeppen, GmbHG, § 37 Rn. 43; a.A. BGHZ 50, 112, 114; *Vedder*, GmbHR 2008, 736, 739.

113 OLG München, OLGR 1995, 244, 245.

des § 179 Abs. 3 aus,[114] allerdings soll aufgrund eines Mitverschuldens (§ 254 BGB) eine deliktische Haftung in Betracht kommen können.[115]

41 Für den Fall der Kollusion geht die überwiegende Meinung jedoch zutreffend von einer Nichtigkeit nach § 138 BGB aus.[116] Liegt ein Mitverschulden der vertretenen Gesellschafter vor, soll die Anwendung von § 254 BGB in Betracht kommen,[117] wobei die Abwägung der jeweiligen Verursachungsanteile durch das Evidenzerfordernis zumeist zu einer uneingeschränkten Verantwortung des Geschäftspartners führen wird.[118]

§ 38 Widerruf der Bestellung

(1) Die Bestellung der Geschäftsführer ist zu jeder Zeit widerruflich, unbeschadet der Entschädigungsansprüche aus bestehenden Verträgen.

(2) [1]Im Gesellschaftsvertrag kann die Zulässigkeit des Widerrufs auf den Fall beschränkt werden, dass wichtige Gründe denselben notwendig machen. [2]Als solche Gründe sind insbesondere grobe Pflichtverletzung oder Unfähigkeit zur ordnungsmäßigen Geschäftsführung anzusehen.

Übersicht **Rdn.**

---

114 OLG Stuttgart, NZG 1999, 1009 f.; OLG Hamm, NZG 2006, 827, 828 f.; *Altmeppen*, in: Roth/Altmeppen, GmbHG, § 37 Rn. 44; *Paefgen*, in: Ulmer/Habersack/Winter, GmbHG, § 37 Rn. 38; *Zöllner/Noack*, in: Baumbach/Hueck, GmbHG, § 37 Rn. 50.

115 *Altmeppen*, in: Roth/Altmeppen, GmbHG, § 37 Rn. 44.

116 BGH, WM 1985, 997, 998; BGH, NJW 1989, 26 f.; BGH, NJW-RR 2004, 247, 248; *Koppensteiner*, in: Rowedder/Schmidt-Leithoff, GmbHG, § 37 Rn. 54.

117 BGHZ 50, 112, 115.

118 *Altmeppen*, in: Roth/Altmeppen, GmbHG, § 37 Rn. 45; *Paefgen*, in: Ulmer/Habersack/Winter, GmbHG, § 37 Rn. 37.

Schrifttum

Bauer/Göpfert/Siegrist, Abberufung von Organmitgliedern: Wegfall der variablen Vergütung?, DB 2006, 1774; *Buck*, Wissen und juristische Person, 2001; *Diller*, Kündigung, Kündigungsschutz und Weiterbeschäftigungsanspruch des GmbH-Geschäftsführers, NZG 2011, 254; *Heller*, Die Rechtsverhältnisse der GmbH nach streitiger Abberufung des Geschäftsführers, GmbHR 2002, 1227; *Kothe-Heggemann/Schelp*, Beschäftigungsanspruch, Verpflichtung zur Dienstleistung und Annahmeverzug nach Abberufung des GmbH-Geschäftsführers, GmbHR 2011, 75; *Kreklau*, Abberufung des Gesellschafter-Geschäftsführers der GmbH – Probleme auch für jeden Investor?, GmbHR 2007, 365; *Reiserer/Peters*, Die anwaltliche Vertretung von Geschäftsführern und Vorstandsmitgliedern bei Abberufung und Kündigung, DB 2008, 167.

A. Einführung

1 Die Bestellung eines Geschäftsführers kann grundsätzlich durch die Gesellschafterversammlung jederzeit und ohne Angabe von Gründen rückgängig gemacht werden. Bei Wirksamkeit der Abberufung erlöschen Geschäftsführungsbefugnis und Vertretungsmacht des Geschäftsführers.[1] Trotz des Gesetzeswortlauts geht es nicht um einen »Widerruf« der Bestellung (ex tunc), sondern um eine Abberufung, die lediglich ex nunc wirkt. Mit der Beendigung der Organstellung ist nicht zwingend auch das Anstellungsverhältnis beendet (siehe Rdn. 62 ff.). Einschränkungen des Grundsatzes der freien Abberufbarkeit ergeben sich etwa, wenn die Abberufung im Gesellschaftsvertrag auf wichtige Gründe beschränkt wird (Abs. 2).

1 OLG Karlsruhe, GmbHR 1996, 208, 209; OLG Schleswig, OLGR 2007, 734, 735.

B. Grundsatz der freien Abberufbarkeit (Abs. 1)

I. Der Grundsatz

2 Sofern der Gesellschaftsvertrag nichts anderes vorsieht, können die Geschäftsführer der GmbH jederzeit frei und ohne Vorliegen von Gründen[2] abberufen werden. In der mitbestimmten GmbH (mit Ausnahme einer solchen nach dem DrittelbG, s. § 1 Nr. 2 S. 2 DrittelbG) ist die Abberufung nach § 84 Abs. 3 AktG analog auf das Vorliegen wichtiger Gründe beschränkt (§§ 31 MitbestG, 12 MontanMitbestG, 13 MitbestErgG). Die Abberufung ist wirksam, auch wenn der betroffene Geschäftsführer vorher nicht angehört worden ist.[3] Das Unterlassen einer Anhörung kann jedoch eine Pflichtverletzung darstellen.[4]

3 Erfolgte die Abberufung aus offensichtlich unsachlichen Gründen, kann sie nach §§ 226, 826 BGB unwirksam sein.[5] Da die bloße fehlende Nachprüfbarkeit oder die Möglichkeit sachfremder Motivation hierfür nicht ausreichend ist und der Geschäftsführer die Beweislast trägt, wird ein solcher Fall nur selten gegeben sein.[6] Für den Gesellschafter-Geschäftsführer ergeben sich aufgrund der gesellschafterlichen Treuepflicht Besonderheiten (siehe Rdn. 16 f.). Eine Abberufung ist grundsätzlich auch dann möglich, wenn kein vertretungsfähiges Organmitglied mehr in der Gesellschaft vorhanden ist.[7] Rechtsmissbräuchlich und damit unwirksam ist jedoch die eigene Abberufung des alleinigen Gesellschafter-Geschäftsführers, wenn er nicht gleichzeitig einen neuen Geschäftsführer bestellt.[8]

II. Beschluss des zuständigen Organs

1. Zuständigkeit

4 Die Zuständigkeit für die Abberufung liegt nach § 46 Nr. 5 bei der Gesellschafterversammlung (auch bei Aufsichtsrat nach DrittelbG). In der mitbestimmten GmbH dagegen besteht eine zwingende Zuständigkeit des Aufsichtsrats, §§ 84 AktG i.V.m. 31 Abs. 1 MitbestG.[9] Selbst bei Gefahr in Verzug kann nicht ein einzelner Gesell-

---

2 OLG Zweibrücken, NZG 1999, 1011; *Terlau*, in: Michalski, GmbHG, § 38 Rn. 4.

3 BGH, NJW 1960, 1861; *Schmidt*, in: Ensthaler/Füller/Schmidt, GmbHG, § 38 Rn. 18 (da die Abberufung ja keiner Begründung bedürfe).

4 So *Marsch-Barner/Diekmann*, in: MünchHdbGmbHG, § 42 Rn. 43; *Paefgen*, in: Ulmer/Habersack/Winter, GmbHG, § 38 Rn. 45; *Zöllner/Noack*, in: Baumbach/Hueck, GmbHG, § 38 Rn. 3.

5 *Schneider*, in: Scholz, GmbHG, § 38 Rn. 16; a.A. *Altmeppen*, in: Roth/Altmeppen, GmbHG, § 38 Rn. 4; *Koppensteiner*, in: Rowedder/Schmidt-Leithoff, GmbHG, § 38 Rn. 3.

6 *Schmidt*, in: Ensthaler/Füller/Schmidt, § 38 Rn. 2; *Zöllner/Noack*, in: Baumbach/Hueck, GmbHG, § 38 Rn. 3.

7 So *Zöllner/Noack*, in: Baumbach/Hueck, GmbHG, § 38 Rn. 3.

8 OLG München, BB 2011, 1105 ff.; OLG Düsseldorf, NJW-RR 2001, 609 f.; weitergehend OLG Köln, NZG 2008, 340 (auch bei Mehrheitsgesellschafter).

9 *Altmeppen*, in: Roth/Altmeppen, GmbHG, § 38 Rn. 15; *Schneider*, in: Scholz, GmbHG, § 38 Rn. 28.

schafter abberufen.[10] Die Gesellschafterversammlung kann ihre Zuständigkeit zur Abberufung auf ein anderes Organ (Aufsichtsrat, Beirat usw.), einen Gesellschafter[11] oder einen Gesellschafterausschuss[12] delegieren.[13] Ist das zuständige Organ funktionsunfähig, kann die Gesellschafterversammlung trotz Delegation die ihr ursprünglich zustehende Kompetenz zur Abberufung wieder an sich ziehen. [14] Teilweise wird zutreffend davon ausgegangen, dass die Gesellschafter selbst bei einer Delegation stets das Recht zur Abberufung aus wichtigem Grund haben müssen.[15] Schließlich hätten es die Gesellschafter durch Satzungsänderung jederzeit in der Hand, die Abberufungsbefugnis wieder an sich zu ziehen.

5 Ist zur Bestellung des Geschäftsführers im Gesellschaftsvertrag eine abweichende Zuständigkeit vorgesehen, so ist zu vermuten, dass diese auch bzgl. der Abberufung gelten soll.[16] Selbst der Insolvenzverwalter kann den Geschäftsführer nicht abberufen, sondern allenfalls die Kündigung des Anstellungsverhältnisses aussprechen (§ 113 InsO).[17] Kommanditisten einer GmbH & Co. KG steht kein Abberufungsrecht nach §§ 117, 127 HGB analog zu, allerdings kann die Abberufung von ihrer Zustimmung abhängig sein.[18] In der GmbH & Co. KG steht das Abberufungsrecht den organschaftlichen Vertretern der KG zu.[19]

6 Umstritten ist, ob die Zuständigkeit auch auf einen **außenstehenden Dritten** übertragen werden kann. Teilweise wird das bejaht.[20] Andere wiederum verneinen dies wenig überzeugend unter Hinweis auf das Leitungsrecht der Gesellschafter.[21] Ausschlaggebend ist, dass die Gesellschafter jederzeit eine Satzungsänderung vornehmen

10 *Altmeppen*, in: Roth/Altmeppen, GmbHG, § 38 Rn. 11 unter Verweis auf OLG Hamburg, BB 1954, 978; *Schneider*, in: Scholz, GmbHG, § 38 Rn. 19.

11 OLG Düsseldorf, NJW 1990, 1122, 1123; *Altmeppen*, in: Roth/Altmeppen, GmbHG, § 38 Rn. 12; *Paefgen*, in: Ulmer/Habersack/Winter, GmbHG, § 38 Rn. 84; *Schneider*, in: Scholz, GmbHG, § 38 Rn. 23.

12 OLG Köln, BB 1993, 1388, 1389.

13 *Kleindiek*, in: Lutter/Hommelhoff, GmbHG, § 38 Rn. 3.

14 BGHZ 12, 337, 340; BGH, WM 1970, 249, 251.

15 *Altmeppen*, in: Roth/Altmeppen, GmbHG, § 38 Rn. 13; *Koppensteiner*, in: Koppensteiner/Schmidt-Leithoff, GmbHG, § 38 Rn. 17; a.A. *Paefgen*, in: Ulmer/Habersack/Winter, GmbHG, § 38 Rn. 71; *Schneider*, in: Scholz, GmbHG, § 38 Rn. 22; *Zöllner/Noack*, in: Baumbach/Hueck, GmbHG, § 38 Rn. 22.

16 OLG Düsseldorf, NJW 1990, 1122.

17 BGH, NZG 2007, 384, 386; *Altmeppen*, in: Roth/Altmeppen, GmbHG, § 38 Rn. 11; *Schmidt*, in: Ensthaler/Füller/Schmidt, GmbHG, § 38 Rn. 13; *Schneider*, in: Scholz, GmbHG, § 38 Rn. 27; *Zöllner/Noack*, in: Baumbach/Hueck, GmbHG, § 38 Rn. 22.

18 BGH, DB 1970, 389, 390; OLG München, NZG 2004, 374, 375.

19 BGH, NJW 2009, 293; BGH, NZG 2007, 751, 752.

20 *Altmeppen*, in: Roth/Altmeppen, GmbHG, § 38 Rn. 12; *Paefgen*, in: Ulmer/Habersack/Winter, GmbHG, § 38 Rn. 70.

21 BGH, DB 1970, 389, 390; *Schmidt*, in: Ensthaler/Füller/Schmidt, GmbHG, § 38 Rn. 13; *Schneider*, in: Scholz, GmbHG, § 38 Rn. 29; *Zöllner/Noack*, in: Baumbach/Hueck, GmbHG, § 43 Rn. 24.

können und somit ihr Selbstbestimmungsrecht trotz Verlagerung der Zuständigkeit zur Abberufung des Geschäftsführers auf Dritte gewahrt bleibt. Sofern man davon ausgeht, dass die Gesellschafter ohnehin die Möglichkeit einer Abberufung aus wichtigem Grund haben, spricht auch diese für die Selbstbestimmtheit der Gesellschafter.[22] Jedenfalls ist es zulässig, einem Dritten ein schuldrechtliches Abberufungsrecht dahingehend zuzugestehen, dass die Gesellschaft auf Wunsch des Dritten verpflichtet ist, einen Geschäftsführer abzuberufen.[23]

2. Verfahren

7 Sofern in der Satzung nichts anderes vorgesehen ist, entscheidet die Gesellschafterversammlung über die Abberufung durch **Beschluss**. Die Tagesordnung muss für eine Abberufung aus wichtigem Grund mindestens den TOP »Abberufung des Geschäftsführers«, ohne zwingende Angabe von Gründen, enthalten.[24] Eine genauere Bezeichnung kann problematisch sein. Ist nämlich ein Gesellschafter-Geschäftsführer der Gesellschafterversammlung fern geblieben und ist in der Tagesordnung eine Beschlussfassung über eine Abberufung aus wichtigem Grund vorgesehen, so kann keine Abberufung ohne wichtigen Grund vorgenommen werden. Der Beschluss wäre anfechtbar, da das **Stimmrecht** des Betroffenen beeinträchtigt wäre;[25] schließlich kann der Gesellschafter-Geschäftsführer grundsätzlich von seinem Stimmrecht Gebrauch machen und dadurch evtl. seine Abberufung verhindern, wenn eine Abberufung ohne wichtigen Grund erfolgen soll.[26]

8 Ein Stimmrechtsausschluss ergibt sich bereits, wenn die Abberufung aus wichtigem Grund beantragt und nachvollziehbar behauptet wurde.[27] Allerdings darf der betroffene Gesellschafter-Geschäftsführer trotz mangelnden Stimmrechts an der Gesellschafterversammlung teilnehmen und von seinem Rederecht Gebrauch machen.[28]

9 Ein Stimmrechtsausschluss soll auch dann gegeben sein, wenn mehrere Gesellschafter gemeinsam die als Grund der Abberufung geltende Pflichtverletzung begangen haben. Sie sollen wechselseitig von der Abstimmung über die Abberufung (sowie die

22 *Altmeppen*, in: Roth/Altmeppen, GmbHG, § 38 Rn. 12.

23 *Schneider*, in: Scholz, GmbHG, § 38 Rn. 25a.

24 BGH, NJW 1962, 393, 394; OLG Hamm, GmbHR 1995, 736, 738.

25 BGH, WM 1985, 567, 570.

26 BGHZ 86, 177, 178 f.; BGH, NJW-RR 1992, 993 f.; OLG Zweibrücken, GmbHR 1998, 373 f.; OLG Düsseldorf, GmbHR 2000, 1050, 1052; *Altmeppen*, in: Roth/Altmeppen, GmbHG, § 38 Rn. 21; *Zöllner/Noack*, in: Baumbach/Hueck, GmbHG, § 38 Rn. 35.

27 BGH, NJW 1969, 1483; BGH, NJW 1987, 1889 f.; OLG Karlsruhe, NJW-RR 1993, 1505, 1506; a.A. *Paefgen*, in: Ulmer/Habersack/Winter, GmbHG, § 38 Rn. 86; *Zöllner/Noack*, in: Baumbach/Hueck, GmbHG, § 38 Rn. 36; OLG Karlsruhe, ZIP 2007, 1319 (nur, wenn wichtiger Grund wirklich besteht); anders auch *Altmeppen*, in: Roth/Altmeppen, GmbHG, § 38 Rn. 48 ff., wo auf ein äußeres rechnerisches Beschlussergebnis abgehoben wird.

28 *Altmeppen*, in: Roth/Altmeppen, GmbHG, § 38 Rn. 45; *Schmidt*, in: Ensthaler/Füller/Schmidt, GmbHG, § 38 Rn. 17.

Kündigung) ausgeschlossen sein. Unerheblich soll sein, ob für jeden Beteiligten gesondert oder zusammen abgestimmt wird.[29]

10 Der Beschluss muss nach überwiegender Ansicht lediglich mit **einfacher Mehrheit** gefasst werden (§§ 46 Nr. 5, 47 Abs. 1).[30] Außer im Fall einer Abberufung aus wichtigem Grund, kann in der Satzung eine höhere Mehrheit vorgesehen werden. Der **alleinige Gesellschafter** einer GmbH kann sich selbst als alleiniger Geschäftsführer abberufen. Der Beschluss ist aber unwirksam (Rechtsmissbrauch), wenn er nicht gleichzeitig einen neuen Geschäftsführer bestellt.[31]

3. Wirksamkeit der Abberufung

11 Die Abberufung ist wirksam, wenn sie dem Geschäftsführer gegenüber erklärt wurde.[32] Es genügt nicht, wenn der Geschäftsführer zufällig von diesem Beschluss erfährt.[33] Ausreichend ist jedoch der Zugang der Mitteilung. Eine positive Kenntnisnahme durch den Geschäftsführer ist nicht ausschlaggebend.[34] Voraussetzung für eine wirksame Abberufung ist die Wirksamkeit des Gesellschafterbeschlusses.[35] Zur Abgabe der Erklärung gegenüber dem Geschäftsführer kann ein Gesellschafter, ein anderer Geschäftsführer oder auch ein Dritter[36] bevollmächtigt werden.[37] Allerdings ist die Kenntnis des Erklärungsempfängers von der Vollmacht oder die Vorlage einer Vollmachtsurkunde erforderlich.

12 Eine Zurückweisung durch den betroffenen Geschäftsführer soll jedoch ausgeschlossen sein, wenn sich die Vollmacht aus der Satzung oder Geschäftsordnung ergibt (dann wird Kenntnis bei ihm vorausgesetzt) oder wenn das Originalprotokoll des Gesellschafterbeschlusses vorgelegt wird.[38] Wurde die Abberufung dem Geschäftsfüh-

---

29 OLG Düsseldorf, GmbHR 2000, 1050, 1052 f.

30 BGHZ 86, 177, 179; BGH, WM 1984, 29, 30; BGH, NJW 1988, 969, 970; *Altmeppen*, in: Roth/Altmeppen, GmbHG, § 38 Rn. 18; *Kleindiek*, in: Lutter/Hommelhoff, GmbHG, § 38 Rn. 16; *Koppensteiner*, in: Rowedder/Schmidt-Leithoff, GmbHG, § 38 Rn. 19; *Paefgen*, in: Ulmer/Habersack/Winter, GmbHG, § 38 Rn. 10, 83; a.A. *Zöllner/Noack*, in: Baumbach/Hueck, GmbHG, § 38 Rn. 30.

31 OLG München, NJW-RR 2011, 773 f.

32 OLG Schleswig, DB 1998, 1320.

33 *Schmidt*, in: Ensthaler/Füller/Schmidt, GmbHG, § 38 Rn. 20; *Schneider*, in: Scholz, GmbHG, § 38 Rn. 30; *Zöllner/Noack*, in: Baumbach/Hueck, GmbHG, § 38 Rn. 39.

34 BGHZ 52, 316, 321; OLG Hamm, NZG 2003, 131 f.; *Altmeppen*, in: Roth/Altmeppen, GmbHG, § 38 Rn. 22; *Zöllner/Noack*, in: Baumbach/Hueck, GmbHG, § 38 Rn. 43.

35 BGH, NJW 1987, 1890, 1892.

36 *Schmidt*, in: Ensthaler/Füller/Schmidt, GmbHG, § 38 Rn. 20; *Schneider*, in: Scholz, GmbHG, § 38 Rn. 30.

37 BGH, NJW 2009, 293, 294; OLG Düsseldorf, NZG 2004, 141, 142.

38 OLG Düsseldorf, NZG 2004, 141, 143 f.

rer gegenüber von einer unzuständigen Person erklärt, kann diese Erklärung nicht nachträglich vom zuständigen Organ genehmigt werden.[39]

13 Ist der Geschäftsführer bei der Beschlussfassung anwesend, ist dadurch eine entsprechende Erklärung erfolgt, so dass es einer gesonderten Mitteilung nicht bedarf; die Abberufung wird sofort wirksam.[40] Eine Annahme durch den Geschäftsführer ist nicht erforderlich.[41] Die Abberufung kann mit einer Fristsetzung verbunden sein, nicht aber unter einer aufschiebenden Bedingung stehen.[42] Eine wirksame Abberufung hat das Entfallen der Geschäftsführungs- und Vertretungsbefugnis zur Folge.

14 Die Abberufung ist durch die (noch im Amt befindlichen) Geschäftsführer zum **Handelsregister** anzumelden (§ 39 Abs. 1). Zwar ist die Eintragung deklaratorisch und nicht für die Wirksamkeit der Abberufung notwendig,[43] ist aber wegen des Verkehrsschutzes nach § 15 Abs. 1 HGB anzuraten.

III. Notgeschäftsführung

15 § 38 gilt nicht für den Notgeschäftsführer.[44] Dessen Amt endet allein aufgrund einer Niederlegung durch den Notgeschäftsführer, aufgrund der Beseitigung der Notlage[45] oder aufgrund einer Abberufung durch das bestellende Gericht. Einen entsprechenden Antrag auf Abberufung können sowohl die Gesellschafter als auch die Geschäftsführer stellen. Nach einer Ansicht soll sie auch von Amts wegen erfolgen können.[46]

C. Einschränkungen durch gesellschafterliche Treuepflicht

16 Zwar gilt der Grundsatz der freien Abberufbarkeit grundsätzlich auch beim Gesellschafter-Geschäftsführer, es ist aber aufgrund der gesellschafterlichen Treuepflicht auf dessen Belange Rücksicht zu nehmen. In manchen Fällen kann dies dazu führen, dass ein sachlicher Grund vorliegen und die Entscheidung des Abberufungsorgans

---

39 BGH, NJW 1987, 1890, 1892; *Zöllner/Noack*, in: Baumbach/Hueck, GmbHG, § 38 Rn. 43; a.A. *Paefgen*, in: Ulmer/Habersack/Winter, GmbHG, § 38 Rn. 81.

40 BGH, NJW-RR 2003, 1196; *Schneider*, in: Scholz, GmbHG, § 38 Rn. 30.

41 *Schneider*, in: Scholz, GmbHG, § 38 Rn. 15.

42 *Altmeppen*, in: Roth/Altmeppen, GmbHG, § 38 Rn. 10; *Marsch-Barner/Diekmann*, in: MünchHdbGmbHG, § 42 Rn. 42.

43 BGHZ 133, 370, 376.

44 OLG München, GmbHR 1994, 259; *Terlau*, in: Michalski, GmbHG, § 38 Rn. 93; *Zöllner/Noack*, in: Baumbach/Hueck, GmbHG, § 38 Rn. 98.

45 *Zöllner/Noack*, in: Baumbach/Hueck, GmbHG, § 38 Rn. 98 (Amt ende dann von selbst, wenn als einzige Form der Beseitigung die Bestellung eines Geschäftsführers durch das zuständige Gesellschaftsorgan anerkannt wird).

46 *Haas/Ziemons*, in: Michalski, GmbHG, § 43 Rn. 93; *Zöllner/Noack*, in: Baumbach/Hueck, GmbHG, § 38 Rn. 98 m.w.N. zur a.A.

begründet werden muss.[47] Die Abberufung eines Gesellschafter-Geschäftsführers kann daher ohne Vorliegen eines sachlichen Grundes treuwidrig sein.[48]

17 Dies soll etwa der Fall sein, wenn sich dieser seine Geschäftsführertätigkeit zum Lebensberuf gemacht hat oder seine finanzielle Versorgung gefährdet würde.[49] Zudem ist es rechtsmissbräuchlich, wenn sich der alleinige Gesellschafter-Geschäftsführer selbst abberuft, ohne dass ein wichtiger Grund hierfür vorliegt oder ohne sofort einen neuen Geschäftsführer zu bestellen.[50] Der eine Abberufung ablehnende Beschluss der Gesellschafterversammlung ist anfechtbar. Die ablehnenden Stimmabgaben sind nichtig. Daher kommen sowohl Anfechtungsklage als auch positive Beschlussfeststellungsklage in Betracht.[51]

D. Einschränkungen durch die Satzung

I. Wichtiger Grund

1. Regelung in der Satzung

18 Die Möglichkeit der Abberufung kann in der Satzung auf den Fall beschränkt werden, dass wichtige Gründe vorliegen (§ 38 Abs. 2). Sofern die Satzung eine Abberufung des Gesellschafter-Geschäftsführers ausschließt (z.B. »unwiderrufliche Bestellung«, Bestellung »auf Lebenszeit«), ist dies zwar unzulässig, jedoch auf den Fall des wichtigen Grunds zu beschränken.[52] Die Beschränkung der Abberufbarkeit auf wichtige Gründe ist auch in Bezug auf Fremdgeschäftsführer möglich.[53]

19 Erhält ein Gesellschafter in der Satzung ein mitgliedschaftliches unentziehbares **Sonderrecht** zur Geschäftsführung, ist eine Abberufung ohne dessen Zustimmung nur dann wirksam, wenn ein wichtiger Grund besteht.[54] Allerdings geht nicht stets mit der Bestellung eines Gesellschafter-Geschäftsführers im Gesellschaftsvertrag ein Sonderrecht zur Geschäftsführung einher.[55] Die Tatsache, dass der Geschäftsführer

47 BGH, DStR 1994, 214; OLG Zweibrücken, NJW-RR 2003, 1398, 1399; *Schneider*, in: Scholz, GmbHG, § 38 Rn. 18.

48 BGH, DStR 1994, 214; OLG Zweibrücken, NJW-RR 2003, 1398, 1399; kritisch OLG Naumburg, NZG 2000, 608, 609.

49 *Schneider*, in: Scholz, GmbHG, § 38 Rn. 19.

50 OLG Zweibrücken, DNotZ 2006, 709, 710.

51 *Zöllner/Noack*, in: Baumbach/Hueck, GmbHG, § 38 Rn. 49.

52 *Altmeppen*, in: Roth/Altmeppen, GmbHG, § 38 Rn. 30; *Schneider*, in: Scholz, GmbHG, § 38 Rn. 39.

53 BGH, NJW-RR 1989, 352, 353; OLG Köln, ZIP 1988, 1122, 1125; siehe auch *Zöllner/Noack*, in: Baumbach/Hueck, GmbHG, § 38 Rn. 7 m.w.N.

54 BGH, WM 1962, 201; BGH, DB 1968, 2166; *Schneider*, in: Scholz, GmbHG, § 38 Rn. 41.

55 OLG Naumburg, NZG 2000, 608, 609.

Mehrheitsgesellschafter ist[56] oder die Bestellung lediglich befristet erfolgt,[57] lässt sich ebenfalls nicht dahingehend auslegen, dass eine Abberufung nur bei Vorliegen wichtiger Gründe möglich sein soll.

20 Eine entsprechende Regelung hat, da sie eine körperschaftsrechtliche Bestimmung ist, in der Satzung zu erfolgen. Eine bloße schuldrechtliche Festlegung hinsichtlich der Beschränkung der Abberufbarkeit genügt nicht, auch dann nicht, wenn sie im **Anstellungsvertrag** vorgenommen wurde.[58] Gleichwohl sind Stimmbindungen dahingehend möglich, dass sich die Gesellschafter[59] oder die Gesellschaft[60] dem Geschäftsführer gegenüber verpflichten, eine Abberufung nur aus wichtigem Grund vorzunehmen.

21 Eine Begrenzung der Befugnis, den Geschäftsführer aus wichtigem Grund abzuberufen, kann im Gesellschaftsvertrag zwar eine **Erweiterung**, nicht aber eine Einschränkung erfahren.[61] Eine weitergehende Reduktion, die bestimmte wichtige Gründe als Abberufungsgrund ausschließt, ist nicht möglich. Notfalls erfolgt eine geltungserhaltende Reduktion der entsprechenden Klausel.[62] Eine unzulässige Einschränkung liegt bereits vor, wenn die Abberufung aus wichtigem Grund an eine höhere als die in § 47 Abs. 1 bestimmte einfache Mehrheit gebunden wird. Sie kann daher auch dann mit einfacher Mehrheit beschlossen werden, wenn die Satzung eine qualifizierte Mehrheit vorsieht.[63] Sofern ein wichtiger Grund für die Abberufung des Geschäftsführers vorliegt, ist es unzulässig, diese darüber hinaus von der Zustimmung eines Gesellschafters oder eines Dritten abhängig zu machen.[64]

22 Die gesellschafterliche **Treuepflicht** kann dazu führen, dass ein Gesellschafter bei eindeutigem Vorliegen eines wichtigen Grundes für die Abberufung des Gesellschafter-Geschäftsführers dieser zustimmen muss.[65] Sofern er dennoch seine Zustimmung zur Abberufung verweigert, darf seine Stimme, aufgrund des rechtsmissbräuchlichen Ver-

---

56 *Kleindiek*, in: Lutter/Hommelhoff, GmbHG, § 38 Rn. 9; *Schmidt*, in: Ensthaler/Füller/Schmidt, GmbHG, § 38 Rn. 5.

57 BGH, NJW 2003, 351, 352.

58 OLG Stuttgart, NJW-RR 1995, 295, 296.

59 BGH, GmbHR 1987, 94, 96; BGH, ZIP 1983, 432, 433; OLG Frankfurt, NZG 2000, 378 (LS); kritisch bzgl. der Vollstreckbarkeit *Paefgen*, in: Ulmer/Habersack/Winter, GmbHG, § 38 Rn. 12; zur Klage auf Wiederbestellung (Leistungsklage) bzw. Schadensersatz OLG Köln, NJW-RR 1989, 352, 353; a.A. *Koppensteiner*, in: Rowedder/Schmidt-Leithoff, GmbHG, § 38 Rn. 4.

60 BGH, GmbHR 1987, 94, 96; a.A. *Kleindiek*, in: Lutter/Hommelhoff, GmbHG, § 38 Rn. 14 (nur Gesellschafter könne sich verpflichten); *Terlau*, in: Michalski, GmbHG, § 38 Rn. 35.

61 BGH, NJW 1969, 1483 f.

62 *Schneider*, in: Scholz, GmbHG, § 38 Rn. 39.

63 BGHZ 86, 177, 179; BGHZ 102, 172, 179; BGH, WM 1984, 29, 30.

64 *Schmidt*, in: Ensthaler/Füller/Schmidt, GmbHG, § 38 Rn. 7; *Schneider*, in: Scholz, GmbHG, § 38 Rn. 39.

65 BGHZ 64, 253, 257; BGH, NJW 1991, 846.

haltens, nicht gezählt werden. Wird sie trotzdem mitgezählt, führt dies zur Anfechtbarkeit des Beschlusses.[66] Umgekehrt kann die gesellschafterliche Treuepflicht es aber auch gebieten, dass bei Vorliegen eines wichtigen Grundes von einer Abberufung abgesehen und stattdessen ein milderes Mittel (z.B. Gesamtgeschäftsführung und –vertretung) gewählt wird.[67]

2. Vorliegen wichtiger Gründe

23 Ein wichtiger Grund i.S. des Abs. 2 liegt vor, wenn bei Würdigung aller Umstände für Gesellschafter und Gesellschaft **Unzumutbarkeit** hinsichtlich des weiteren Verbleibs des Geschäftsführers in seinem Amt vorliegt.[68] Unzumutbar ist das Verbleiben des Geschäftsführers regelmäßig dann, wenn die Voraussetzungen für eine außerordentliche Kündigung gegeben sind. Allein darauf sind jedoch die Gründe für eine Abberufung nicht beschränkt.[69] Da der wichtige Grund im Unterschied zur Kündigung des Anstellungsvertrags nicht in der Person des Geschäftsführers zu liegen braucht,[70] ist es unerheblich, ob der Geschäftsführer pflichtwidrig oder schuldhaft gehandelt hat.[71] Da es auf ein Verschulden nicht ankommt, kann auch der Umstand eines Zerwürfnisses mit einem (Mit-)Gesellschafter einen wichtigen Grund darstellen, wenn eine weitere Zusammenarbeit unter Berücksichtigung der Interessen der Gesellschaft nicht erwartet werden kann.[72]

24 Es sind die **Gesamtumstände** zu würdigen, wobei die Interessen der Gesellschaft und des Geschäftsführers grundsätzlich gegeneinander abzuwägen sind. Dabei ist auch eine Kumulation von verschiedenen »unwichtigen« Gründen zu einem wichtigen Grund möglich.[73] Zu berücksichtigen sind vor allem der Grad der vorgeworfenen Verfehlung, der Umfang des durch das Verhalten des Geschäftsführers möglicherweise[74] ausgelösten Schadens, das Maß des Verschuldens,[75] der Grad des eingetretenen Vertrauensverlusts, die Wiederholungsgefahr, die noch verbleibende Zeit bis zum ohnehin eintretenden Ende der Bestellung.[76]

66 BGHZ 102, 172, 176; BGH, NJW-RR 1993, 1253, 1254.

67 *Altmeppen*, in: Roth/Altmeppen, GmbHG, § 38 Rn. 65.

68 BGH, NJW-RR 2007, 389; BGH, NJW-RR 1992, 292, 295; OLG Zweibrücken, NZG 1999, 1011 (LS); OLG Stuttgart, NJW-RR 1995, 295, 296.

69 *Paefgen*, in: Ulmer/Habersack/Winter, GmbHG, § 38 Rn. 15; *Schmidt*, in: Ensthaler/Füller/Schmidt, GmbHG, § 38 Rn. 9.

70 Zur Divergenz *Schneider*, in: Scholz, GmbHG, § 38 Rn. 43.

71 OLG Düsseldorf, GmbHR 1994, 884, 885.

72 BGH, NJW-RR 1992, 993 f.

73 OLG Naumburg, NZG 2000, 44, 46.

74 BGH, JZ 1967, 497; OLG Hamm, GmbHR 1985, 119, 120 (zur Nichterforderlichkeit eines Schadens).

75 BGHZ 102, 172, 176; BGH, NJW-RR 1992, 993 f. (Verschulden des Geschäftsführers kann in die Abwägung einfließen).

76 BGH, WM 1962, 811, 812; BGH, NJW-RR 1996, 156 (je kürzer die verbleibende Zeit, desto eher ist ein Verbleiben des Geschäftsführers zumutbar).

25 Auf Seiten des Geschäftsführers sind sein bisheriges Verhalten,[77] seine Verdienste und seine Interessen zu beachten. Zwar können sich die Gesellschafter nicht auf Vorgänge stützen, die sie schon bei der Bestellung kannten,[78] allerdings können solche Umstände dann relevant werden,[79] wenn eine Abberufung auf einem neuen Vorgang beruht.[80] Außerdem können auch externe Umstände, wie etwa der Vertrauensverlust bei einem Kunden, Lieferanten oder Kreditgeber bei der Abwägung eine Rolle spielen.[81] Unerheblich soll sein, ob der Geschäftsführer hierfür einen Grund gesetzt hat;[82] dies ist insofern zutreffend als beim Geschäftsführer kein schuldhaftes Handeln vorliegen muss.

26 Abs. 2 S. 2 führt als **Beispiele** für wichtige Gründe die grobe Pflichtverletzung des Geschäftsführers oder die Unfähigkeit zur ordnungsgemäßen Geschäftsführung an. Einmaliges Versagen ist nicht zwingend, kann aber mit der Unfähigkeit des Geschäftsführers gleichzusetzen sein.[83] In der Rechtsprechung finden sich zahlreiche weitere Beispiele, wie etwa der Verstoß gegen ein Wettbewerbsverbot,[84] unzureichende Buchführung,[85] die Bezahlung privater Kosten aus der Gesellschaftskasse oder fehlendes Fachwissen.[86] Angeführt werden auch die Verletzung der Verschwiegenheitspflicht,[87] die wiederholte Missachtung von Weisungen oder von Auskunftsersuchen nach § 51a.[88] Stets ausreichend wird es sein, wenn eine Straftat des Geschäftsführers gegenüber der Gesellschaft, den Gesellschaftern oder Mitarbeitern vorliegt.[89] Dagegen kann sonstiges strafbares Verhalten, das sich nicht gegen die genannten Personen richtet, lediglich dann einen wichtigen Grund darstellen, wenn es in hohem Maße geeignet erscheint, das Vertrauen der Gesellschaft in den Charakter des

---

77 BGH, WM 1968, 1347; BGH, WM 1991, 2140, 2145.

78 BGHZ 13, 188, 194; BGH, NJW-RR 1993, 1253, 1254.

79 BGHZ 13, 188, 194; BGH, NJW-RR 1993, 1253, 1254.

80 BGH, NJW-RR 1992, 292, 295.

81 *Schmidt*, in: Ensthaler/Füller/Schmidt, GmbHG, § 38 Rn. 10; *Schneider*, in: Scholz, GmbHG, § 38 Rn. 46.

82 *Schneider*, in: Scholz, GmbHG, § 38 Rn. 50, der jedoch auch auf die Entscheidung BGH, WM 1960, 289, 292 hinweist.

83 OLG Köln, GmbHR 1989, 76, 79.

84 OLG Hamm, GmbHR 1993, 743, 747; OLG Düsseldorf, DB 2000, 1956, 1958.

85 BGH, WM 2009, 551, 552; BGH, GmbHR 1985, 256, 258.

86 OLG Stuttgart, GmbHR 1957, 59, 60.

87 *Schmidt*, in: Ensthaler/Füller/Schmidt, GmbHG, § 38 Rn. 10.

88 *Altmeppen*, in: Roth/Altmeppen, GmbHG, § 38 Rn. 37; *Schmidt*, in: Ensthaler/Füller/Schmidt, GmbHG, § 38 Rn. 10.

89 OLG Stuttgart, NJW-RR 1995, 295, 296 (Tätlichkeiten); BGH, WM 1984, 29, 30 (Beleidigungen); OLG Hamm, GmbHR 1985, 119, 120 (Fälschung geschäftlicher Unterlagen); OLG Stuttgart, DB 2007, 48, 49 (Steuerhinterziehung); BGH, BB 1967, 731 (Bestechlichkeit).

Geschäftsführers zu erschüttern. Ein Indiz dafür soll eine damit verbundene hohe kriminelle Intensität sein.[90]

27 Maßstab muss insgesamt aber stets das Kriterium der Unzumutbarkeit eines Verbleibens des Geschäftsführers bis zum Ende der Amtszeit sein. Zudem können Umstände, die in den Verhältnissen des Geschäftsführers liegen, ausreichen. Eine bloße Überschuldung des Geschäftsführers soll nach der Rechtsprechung schon genügen können.[91] Andere verlangen zusätzlich, dass dadurch die Wahrnehmung seiner Geschäftsführeraufgabe gefährdet wird,[92] bzw. dass das Verbraucherinsolvenzverfahren über das Geschäftsführervermögen eröffnet ist.[93] Wichtiger Grund soll auch eine langwierige Krankheit sein können.[94] Hohes Alter kann nicht per se, sondern nur dann ein wichtiger Grund sein, wenn damit Faktoren wie Unzuverlässigkeit, mangelndes aktuelles Fachwissen usw. verbunden sind.[95]

28 Sofern die Geschäftsführer untereinander so zerstritten sind, dass eine gedeihliche Zusammenarbeit zwischen ihnen nicht mehr in Betracht kommt, kann auch dies einen wichtigen Grund darstellen.[96] Allerdings besteht keine Pflicht, denjenigen von mehreren Geschäftsführern abzuberufen, der den überwiegenden Anteil an dem Zerwürfnis hat. Grundsätzlich kann jeder der beteiligten Geschäftsführer abberufen werden. Ein Anspruch auf Gleichbehandlung besteht nicht.[97]

29 **Kein »wichtiger Grund«** ist es, wenn die Gesellschaft keine Verwendung für den Geschäftsführer mehr hat,[98] oder wenn der Geschäftsführer einmalig verbal entgleisende Äußerungen macht.[99] Ein wiederholtes mangelhaftes Unternehmensergebnis soll nur dann keinen »wichtigen Grund« darstellen, wenn es der Branchenlage entspricht.[100] Ein »wichtiger Grund« ist auch abzulehnen, wenn der Geschäftsführer Bedenken gegen die Geschäftspolitik der Gesellschaft gegenüber der Gesellschaft, Mitgesellschaftern oder Mitgeschäftsführern äußert, da er hierzu schließlich bei Vorliegen entsprechender Indizien auch verpflichtet ist.[101]

---

90 *Schneider*, in: Scholz, GmbHG, § 38 Rn. 49, wobei fraglich erscheint, ob »Trunkenheit am Steuer« hierfür schon ausreichend sein kann.

91 BGH, WM 1960, 289, 291; OLG Hamburg, BB 1954, 978; a.A. *Zöllner/Noack*, in: Baumbach/Hueck, GmbHG, § 38 Rn. 14.

92 BGHZ 32, 17, 33.

93 OLG Stuttgart, DB 2007, 48, 49.

94 OLG Zweibrücken, NJW-RR 2003, 1398, 1399.

95 Vgl. auch *Zöllner/Noack*, in: Baumbach/Hueck, GmbHG, § 38 Rn. 14; zu pauschal *Schmidt*, in: Ensthaler/Füller/Schmidt, GmbHG, § 38 Rn. 10; a.A. *Schneider*, in: Scholz, GmbHG, § 38 Rn. 47.

96 BGH, WM 1984, 29, 30; OLG Karlsruhe, NZG 2000, 264, 266 f.; OLG Naumburg, NZG 2000, 44, 46.

97 BGH, WM 1984, 29, 30; BGH, NJW-RR 1992, 993, 994; BGH, DB 2009, 557, 559.

98 *Schneider*, in: Scholz, GmbHG, § 38 Rn. 46.

99 *Schneider*, in: Scholz, GmbHG, § 38 Rn. 49b.

100 *Paefgen*, in: Ulmer/Habersack/Winter, GmbHG, § 38 Rn. 27.

101 BGH, DStR 1992, 1026; *Schneider*, in: Scholz, GmbHG, § 38 Rn. 49a.

30 Das gleiche gilt, wenn er gegenüber der Gesellschafterversammlung Bedenken bzgl. Maßnahmen eines Mitgeschäftsführers äußert.[102] Kein »wichtiger Grund« liegt vor, wenn der Geschäftsführer Strafanzeige stellt, sofern er zuvor eine sorgfältige Prüfung des Sachverhalts vorgenommen hat und eine grundsätzlich mögliche Klärung innerhalb der Gesellschaft nicht zu erreichen war.[103] Auch ein bloßer allgemeiner Vertrauensbruch reicht anders als in der mitbestimmten GmbH nicht aus, um ein »wichtiger Grund« zu sein; es muss ein sachlicher Grund für den Vertrauensentzug vorliegen.[104]

3. Personalistische GmbH/Zweipersonen-GmbH

31 Zwar gelten für die **Zweipersonen-GmbH** grundsätzlich dieselben Regeln wie für eine Mehrpersonen-GmbH. An die Abberufung von Gesellschafter-Geschäftsführern aus wichtigem Grund werden in der Zweipersonen-Gesellschaft aber hohe Anforderungen gestellt, um zu verhindern, dass ein Gesellschafter aus bloßem Eigeninteresse den Mitgesellschafter aus der Unternehmensführung drängt.[105] Das Verhalten des abberufenen Geschäftsführers soll zum Verhalten des anderen Geschäftsführers in Bezug gesetzt werden, so dass die Anteile beider Gesellschafter bzw. Geschäftsführer in die Beurteilung einfließt und so der der Abberufung zugrunde liegende Sachverhalt häufig »milder« zu beurteilen ist.[106] Abgesehen davon reicht das Darlegen eines bloßen Vertrauensverlusts in die Geschäftsführung des Abzuberufenden nicht aus. Vielmehr muss ein verständiger Betrachter zu dem Ergebnis kommen, dass die Bedenken gegen den Geschäftsführer so stark sind, dass eine Fortsetzung seiner Tätigkeit unzumutbar ist.[107]

32 Bei wechselseitiger Abberufung sind die beiden Prozesse gegebenenfalls zu verbinden. Bei der Abwägung, welcher Gesellschafter-Geschäftsführer in der Gesellschaft bleiben darf und welcher abberufen wurde, müssen erhebliche objektiv feststellbare Umstände vorliegen, die deutlich für den einen oder anderen sprechen.[108] Sofern dies nicht möglich ist, sollen beide Abberufungen versagt werden, so dass den Gesellschaftern allein die Auflösung der Gesellschaft bleibt.[109]

33 Auch bei sog. **personalistischen Gesellschaften**, bei denen die Gesellschafter häufig auch Geschäftsführer sind, ist die Frage der Abberufung eines solchen Geschäftsführers besonders problematisch. Sofern es zwischen den Gesellschaftern zu Unstimmig-

102 BGH, DStR 1992, 1026.
103 *Schneider*, in: Scholz, GmbHG, § 38 Rn. 49a.
104 *Schneider*, in: Scholz, GmbHG, § 38 Rn. 52.
105 *Zöllner/Noack*, in: Baumbach/Hueck, GmbHG, § 38 Rn. 76 ff. mit Vorschlägen zur Verhinderung eines Abberufungswettlaufs.
106 Vgl. OLG Düsseldorf, WM 1992, 14, 18; OLG Karlsruhe, NZG 2000, 264, 271; *Altmeppen*, in: Roth/Altmeppen, GmbHG, § 38 Rn. 41; *Schmidt*, in: Ensthaler/Füller/Schmidt, GmbHG, § 38 Rn. 11.
107 BGH, GmbHR 1969, 38, 39.
108 LG Karlsruhe, DB 1998, 1225, 1226.
109 OLG Stuttgart, NZG 2002, 971, 972.

keiten gekommen ist, könnte die eine Partei durch einen Abberufungsbeschluss ein Außer-Gefecht-Setzen der anderen Partei versuchen. Dies ist insofern möglich als der Abzuberufende bei einer Abberufung aus wichtigem Grund als Gesellschafter vom Stimmrecht ausgeschlossen sein soll.[110]

34 Auch hier wird die Frage, ob ein »wichtiger Grund« für die Abberufung vorlag, nur zu bejahen sein, wenn sachliche Gründe für einen solchen sprechen. Ansonsten wäre es möglich, einen Gesellschafter-Geschäftsführer allein durch die Behauptung eines wichtigen Grundes aus seiner Position zu drängen. Zu beachten ist auch, dass die gesellschafterliche Treuepflicht für die abstimmenden Gesellschafter dazu führen kann, dass sie bei Vorliegen eines »wichtigen Grundes« der Abberufung des Geschäftsführers zustimmen müssen.[111] Sofern ein beherrschender Gesellschafter-Geschäftsführer abberufen werden soll, wird im Hinblick auf einen Vertrauensentzug überdies verlangt, dass nicht nur sachliche Umstände für einen solchen sprechen, sondern dass schwerwiegende Gründe vorliegen.[112]

4. Modalitäten der Abberufung aus wichtigem Grund

35 **a) Verwirkung.** Die Abberufung ist anders als eine außerordentliche Kündigung nach § 626 Abs. 2 BGB nicht an eine Frist gebunden. Allerdings kann, sofern die Gesellschafter trotz Kenntnis der eine Abberufung rechtfertigenden Verhaltensweisen des Geschäftsführers über längere Zeit keine Konsequenzen gezogen haben, eine Verwirkung des Abberufungsrechts eintreten.[113] Voraussetzung dafür ist, dass der Geschäftsführer nach Treu und Glauben mit Rücksicht auf das gesamte Verhalten der Gesellschaft bzw. Gesellschafter darauf vertrauen durfte und darauf vertraut hat, dass eine Abberufung nicht erfolgen wird.[114]

36 Zulässig soll es aber sein, dass die Gesellschafter zunächst (d.h. vor einer Abberufung) einen Verständigungsversuch unternehmen; eine nach dessen Scheitern erfolgende Abberufung soll nicht durch eine Verwirkung gehindert sein.[115] Sofern eine Verwirkung wichtiger Gründe vorliegt, können diese dennoch bei einer Abberufung aufgrund eines anderen Vorgangs in die Abwägung einbezogen werden.[116]

37 **b) Nachschieben von Gründen.** Die Abberufung soll auch auf nach dem Abberufungsbeschluss liegende Vorkommnisse gestützt werden können, sofern sie dadurch

---

110 BGHZ 86, 177, 178; BGH, NJW-RR 1992, 993, 994; OLG Zweibrücken, GmbHR 1998, 373 f.; OLG Düsseldorf, GmbHR 2000, 1050, 1053.

111 BGH, NJW 1991, 847.

112 *Schneider*, in: Scholz, GmbHG, § 38 Rn. 52.

113 BGH, NJW-RR 1992, 292, 293; BGHZ 13, 188, 194.

114 OLG München, DB 2009, 1231, 1232; *Paefgen*, in: Ulmer/Habersack/Winter, GmbHG, § 38 Rn. 33; *Schmidt*, in: Ensthaler/Füller/Schmidt, GmbHG, § 38 Rn. 19.

115 BGH, ZIP 1992, 32, 34; *Altmeppen*, in: Roth/Altmeppen, GmbHG, § 38 Rn. 42.

116 OLG Karlsruhe, NZG 2000, 264, 268; *Zöllner/Noack*, in: Baumbach/Hueck, GmbHG, § 38 Rn. 17.

lediglich in die Gesamtabwägung einfließen, eine Fortsetzung der Geschäftsführertätigkeit als bereits im Zeitpunkt der Abberufung unzumutbar erscheint und sich aus der Gesamtbeurteilung ergibt, dass sich das Fehlverhalten des Geschäftsführers auch künftig wiederholen wird.[117] Möglich soll es sein, die Abberufung auf bestimmte Umstände zu stützen und sodann im Wege des Nachschiebens weitere, bereits bei der Abberufung vorhandene Gründe anzuführen.[118] Erforderlich hierfür ist jedoch ein (weiterer) Beschluss der Gesellschafterversammlung. Selbst im gerichtlichen Berufungsverfahren sollen noch Gründe nachgeschoben werden können.[119]

38 c) **Wirksamkeit der Abberufung.** In Bezug auf die Wirksamkeit einer Abberufung aus wichtigem Grund ist zu differenzieren zwischen einem bloß anfechtbaren Abberufungsbeschluss und einem nichtigen und damit unwirksamen Abberufungsbeschluss. Bei **Anfechtbarkeit** des Gesellschafterbeschlusses bleibt dieser wirksam. Die Abberufung eines Fremdgeschäftsführers erfolgt mit Zugang der Abberufungserklärung und hat so lange **Wirksamkeit**, bis das Gegenteil rechtskräftig festgestellt ist.[120]

39 Teilweise wird die analoge Anwendung von § 84 Abs. 3 S. 4 AktG erwogen, jedoch überwiegend zutreffend abgelehnt, weil die Rechtmäßigkeitsvermutung bei der GmbH wesentlich schwächer ist als bei der Aktiengesellschaft.[121] Die §§ 117, 127 HGB werden bei der GmbH als unanwendbar angesehen, da diese Regelung auf die besonderen Verhältnisse der Personengesellschaften mit Selbstorganschaft zugeschnitten sei. Damit kommt eine aufschiebende Wirkung einer Klage nicht in Betracht.[122] Da der Fremdgeschäftsführer den Beschluss der Gesellschafterversammlung nicht anfechten kann, muss er grundsätzlich mit der (anfechtbaren) Entscheidung leben, sofern nicht ein Gesellschafter Anfechtungsklage erhebt.

40 Teilweise wird dem (Fremd-)Geschäftsführer bei schwerwiegenden Beschlussmängeln das Recht zugestanden, Nichtigkeitsklage zu erheben.[123] Die Rechtsprechung hat dem Geschäftsführer eine Berufung auf die Anfechtbarkeit zugebilligt, wenn ein in der Satzung vorausgesetzter wichtiger Grund fehlt. Dann sei zwar nicht der Abberufungsbeschluss unwirksam, aber die Abberufungserklärung.[124] Unter Umständen

---

117 OLG Stuttgart, NJW-RR 1995, 295 f.

118 *Schneider*, in: Scholz, GmbHG, § 38 Rn. 46a m.w.N.; für die Zweimann-GmbH BGH, NJW-RR 1992, 292, 293.

119 OLG Zweibrücken, GmbHR 2003, 1206, 1208.

120 A.A. *Paefgen*, in: Ulmer/Habersack/Winter, GmbHG, § 38 Rn. 99.

121 BGHZ 86, 180 f.; *Altmeppen*, in: Roth/Altmeppen, GmbHG, § 38 Rn. 58; *Marsch-Barner/Diekmann*, in: MünchHdbGmbHG, § 42 Rn. 67; *Zöllner/Noack*, in: Baumbach/Hueck, GmbHG, § 38 Rn. 44; a.A. *Kleindiek*, in: Lutter/Hommelhoff, GmbHG, § 38 Rn. 27; *Schneider*, in: Scholz, GmbHG, § 38 Rn. 64.

122 BGHZ 86, 177, 180.

123 *Wicke*, GmbHG, § 38 Rn. 11.

124 Vgl. BGH, NJW 1966, 1458, 1459.

kommt auch eine Leistungsklage auf Wiederbestellung in Betracht.[125] Dies soll der Fall sein, wenn die Satzung ein entsprechendes Recht zur Geschäftsführung enthält und kein wichtiger Grund zur Abberufung vorliegt, oder wenn eine – grundsätzlich mögliche – besondere schuldrechtliche Verpflichtung aus dem Anstellungsvertrag besteht, den Geschäftsführer nur aus wichtigem Grund zu beenden.[126] Der Gesellschafter-Geschäftsführer kann den Abberufungsbeschluss anfechten.[127] Er soll auch im Wege des einstweiligen Rechtsschutzes erreichen können, dass er – vollumfänglich oder zumindest begrenzt – sein Amt weiter ausüben darf.[128]

41 Allerdings ergeben sich hinsichtlich der Wirksamkeit der Abberufung **Ausnahmen.** Hat der betroffene Gesellschafter-Geschäftsführer ein gesellschaftsvertragliches Sonderrecht zur Geschäftsführung, verliert er diese Position, sofern er der Abberufung nicht selbst zustimmt, erst nach Vorliegen eines rechtskräftigen Urteils.[129] Dies soll unabhängig davon gelten, ob die Stimmen des Gesellschafter-Geschäftsführers ausgereicht hätten, den Abberufungsbeschluss zu verhindern.[130] Damit ist eine Anfechtungsklage wegen des Satzungsverstoßes zwar möglich, aber nicht erforderlich. Die anderen Gesellschafter können aber eine Klage auf Feststellung der Wirksamkeit des Abberufungsbeschlusses anstreben.[131] Außerdem können sie, da der Geschäftsführer bei bloßer Anfechtbarkeit zunächst sein Amt weiter ausüben darf, im Rahmen des einstweiligen Rechtsschutzes eine vorläufige Regelung erlangen.[132]

42 Die Wirksamkeit der Abberufung eines zur Hälfte beteiligten Gesellschafter-Geschäftsführers in einer zweigliedrigen GmbH[133] sowie eines mehrheitsbeteiligten Gesellschafter-Geschäftsführers[134] hängt vom Vorliegen eines wichtigen Grundes ab. Unsicherheiten hinsichtlich der Wirksamkeit sind hinzunehmen, so dass die Abberufung erst mit rechtskräftigem Urteil wirksam wird. Keine Ausnahme ist jedoch bei

---

125 *Kleindiek*, in: Lutter/Hommelhoff, GmbHG, § 38 Rn. 14; *Koppensteiner*, in: Rowedder/Schmidt-Leithoff, GmbHG, § 38 Rn. 4; *Paefgen*, in: Ulmer/Habersack/Winter, GmbHG, § 38 Rn. 91; *Zöllner/Noack*, in: Baumbach/Hueck, GmbHG, § 38 Rn. 67.

126 *Zöllner/Noack*, in: Baumbach/Hueck, GmbHG, § 38 Rn. 23, 67; siehe auch *Marsch-Barner/Diekmann*, in: MünchHdbGmbHG, § 42 Rn. 56 und *Kleindiek*, in: Lutter/Hommelhoff, GmbHG, § 38 Rn. 14 (allerdings nur bzgl. Gesellschafter-Geschäftsführer).

127 *Zöllner/Noack*, in: Baumbach/Hueck, GmbHG, § 38 Rn. 52.

128 OLG Celle, GmbHR 1981, 264, 265.

129 *Altmeppen*, in: Roth/Altmeppen, GmbHG, § 38 Rn. 61 sowie *Schneider*, in: Scholz, GmbHG, § 38 Rn. 66 (unter Rückgriff auf §§ 117, 127 HGB analog); im Ergebnis auch *Kleindiek*, in: Lutter/Hommelhoff, GmbHG, § 38 Rn. 34; *Paefgen*, in: Ulmer/Habersack/Winter, GmbHG, § 38 Rn. 104 (allerdings gegen eine analoge Anwendung).

130 *Zöllner/Noack*, in: Baumbach/Hueck, GmbHG, § 38 Rn. 63.

131 *Zöllner/Noack*, in: Baumbach/Hueck, GmbHG, § 38 Rn. 51.

132 *Zöllner/Noack*, in: Baumbach/Hueck, GmbHG, § 38 Rn. 54.

133 BGHZ 86, 177, 181 f.; OLG Stuttgart, GmbHR 1997, 312, 313; OLG Schleswig, OLGR 2007, 734, 735.

134 *Wicke*, GmbHG, § 38 Rn. 11; *Koppensteiner*, in: Rowedder/Schmidt-Leithoff, GmbHG, § 38 Rn. 25.

der Abberufung eines minderheitsbeteiligten Geschäftsführers, der kein Sonderrecht zur Geschäftsführung hat, gegeben. Die Abberufung soll auch ohne Vorliegen eines wichtigen Grundes mit Zugang der Erklärung wirksam sein.[135] Der Minderheitsgesellschafter-Geschäftsführer kann in seiner Eigenschaft als Gesellschafter den Gesellschafterbeschluss anfechten. Bei Vorliegen eines entsprechenden rechtskräftigen Urteils wird der Abberufungsbeschluss unwirksam und der Gesellschafter rückt wieder in die Position des Geschäftsführers.[136]

43 Sofern **Nichtigkeit** oder **Unwirksamkeit** des Abberufungsbeschlusses vorliegt, kann sich hierauf jeder, und damit auch der Fremdgeschäftsführer oder ein Dritter, berufen.[137]

44 Ist das Ergebnis des Gesellschafterbeschlusses unter den Beteiligten streitig, weil der Abberufungsbeschluss nicht verbindlich festgestellt worden ist, kann eine Klärung des Beschlussergebnisses über eine **Feststellungsklage** erfolgen.[138] Dies ist vor allem der Fall, wenn Streit über den Stimmrechtsausschluss des Abzuberufenden besteht, weil dieser nur bei Vorliegen eines wichtigen Grundes gegeben und dessen Vorliegen umstritten ist. Die Erhebung dieser Klage ist nicht an eine Frist gebunden, sie kann aber nach gewisser Zeit verwirkt sein.[139] Solange unklar ist, ob ein Abberufungsbeschluss überhaupt gefasst wurde, kann der Geschäftsführer weiter im Amt bleiben.[140] Eine vorläufige Regelung der Geschäftsführungs- und Vertretungsbefugnis soll durch einstweilige Verfügung erfolgen können.[141]

5. Wiederbestellung

45 Eine Wiederbestellung des abberufenen Geschäftsführers ist grundsätzlich möglich. Dies gilt auch dann, wenn er aus wichtigem Grund abberufen wurde. Allerdings kann eine solche Wiederbestellung treuwidrig sein. Dies ist vor allem der Fall, wenn auf Seiten des Geschäftsführers eine grobe Pflichtverletzung vorlag und die Gründe, die für diese ausschlaggebend waren, nicht weggefallen sind.[142] Eine nur vorläufige Amtsenthebung eines Geschäftsführers ist nach h.M. unzulässig.[143]

---

135 *Koppensteiner*, in: Rowedder/Schmidt-Leithoff, GmbHG, § 38 Rn. 26.

136 *Schneider*, in: Scholz, GmbHG, § 38 Rn. 58a; *Zöllner/Noack*, in: Baumbach/Hueck, GmbHG, § 38 Rn. 41.

137 *Schneider*, in: Scholz, GmbHG, § 38 Rn. 59; BGH, NJW-RR 2008, 706, 708.

138 OLG Stuttgart, NJW-RR 1994, 811, 812.

139 BGH, GmbHR 1999, 477.

140 OLG Stuttgart, NJW-RR 1994, 811, 812; anders *Kleindiek*, in: Lutter/Hommelhoff, GmbHG, § 38 Rn. 31 (sofern personalistische GmbH).

141 *Koppensteiner*, in: Rowedder/Schmidt-Leithoff, GmbHG, § 38 Rn. 27; *Zöllner/Noack*, in: Baumbach/Hueck, GmbHG, § 38 Rn. 58.

142 BGH, NJW 1991, 846.

143 *Altmeppen*, in: Roth/Altmeppen, GmbHG, § 38 Rn. 39.

II. Andere gleichwertige Einschränkungen

46 Die Möglichkeit der Abberufbarkeit kann auch über den Wortlaut des § 38 hinaus[144] von anderen Voraussetzungen abhängig gemacht werden, die nicht das Kriterium des »wichtigen Grundes« erfüllen. Möglich ist es auch, für eine wirksame Abberufung auf formelle Voraussetzungen abzustellen. So kann etwa eine schriftliche Begründung der Abberufung verlangt werden, das Erfordernis einer qualifizierten Beschlussmehrheit, eine Fristbindung, bestimmte Anhörungs- und Zustimmungserfordernisse vorgesehen werden.[145] Auch eine solche Regelung hat in der Satzung zu erfolgen (siehe Rdn. 18).

III. Einstweiliger Rechtsschutz

47 In denjenigen Fällen, in denen die Abberufung des Geschäftsführers erst mit rechtskräftigem Urteil wirksam wird, können die **Gesellschaft** und die Gesellschafter sich im Wege einer einstweiligen Verfügung schützen. Dem Geschäftsführer können sowohl einzelne Maßnahmen untersagt als auch ein umfassendes **Tätigkeitsverbot** verhängt werden, soweit nicht dessen gesetzliche Pflichten berührt sind.[146] Sofern alle Gesellschafter aufgrund ihrer Treuepflicht zur Zustimmung hinsichtlich der Abberufung verpflichtet sind, soll auch ein einzelner Gesellschafter zur Sicherung der Gesellschaft im Wege einer einstweiligen Verfügung ein (begrenztes oder umfassendes) Tätigkeitsverbot erwirken können.[147] Schließlich zählt die rechtsmissbräuchliche Stimmabgabe bei der Feststellung des Beschlussergebnisses nicht mit.[148]

48 Möglich sind neben einem Tätigkeitsverbot aber auch Zutritts- und Einsichtsverbote.[149] Nicht möglich ist dagegen ein einstweiliger Rechtsschutz dahingehend, bereits die Gesellschafterversammlung zu verhindern, in der über die Abberufung des Geschäftsführers entschieden werden soll.[150]

49 Der **Fremdgeschäftsführer** hat im Vorfeld eines Gesellschafterbeschlusses keine Möglichkeiten, einstweiligen Rechtsschutz zu begehren, da es hier um die gesellschafterliche Willensbildung geht, in die er nicht eingreifen darf und kann.[151] Nach Zugang

---

144 *Schmidt*, in: Ensthaler/Füller/Schmidt, GmbHG, § 38 Rn. 6 (»als Minus zum Fall des wichtigen Grundes«).

145 *Schmidt*, in: Ensthaler/Füller/Schmidt, GmbHG, § 38 Rn. 6.

146 BGH, WM 1983, 83, 85; OLG Karslruhe, GmbHR 1983, 154; *Schneider*, in: Scholz, GmbHG, § 38 Rn. 68; *Zöllner/Noack*, in: Baumbach/Hueck, GmbHG, § 38 Rn. 69 ff.

147 OLG Frankfurt, NJW-RR 1999, 257, 258; *Koppensteiner*, in: Rowedder/Schmidt-Leithoff, GmbHG, § 38 Rn. 18; *Schneider*, in: Scholz, GmbHG, § 38 Rn. 20; *Zöllner/Noack*, in: Baumbach/Hueck, GmbHG, § 38 Rn. 71.

148 BGHZ 102, 172, 176; BGH, NJW 1991, 846.

149 *Jacoby*, in: Bork/Schäfer, GmbHG, § 38 Rn. 56; *Zöllner/Noack*, in: Baumbach/Hueck, GmbHG, § 38 Rn. 71.

150 OLG Jena, NZG 2002, 89.

151 OLG Hamm, GmbHR 2002, 327; *Schneider*, in: Scholz, GmbHG, § 38 Rn. 74; *Zöllner/Noack*, in: Baumbach/Hueck, GmbHG, § 38 Rn. 70.

der Abberufungserklärung kann der Geschäftsführer keinen einstweiligen Rechtsschutz begehren, wenn er die **Anfechtbarkeit** des Abberufungsbeschlusses geltend macht, da dieser wirksam ist und der Geschäftsführer selbst hiergegen nicht vorgehen kann.[152]

50 Ob der Geschäftsführer einstweiligen Rechtsschutz begehren kann, wenn er sich auf die **Nichtigkeit** des zugrunde liegenden Beschlusses beruft, wird unterschiedlich beurteilt.[153] Nach einer Auffassung kann der Geschäftsführer in diesem Fall auf die Weiterführung seiner Geschäftsführungsbefugnis hinwirken, so etwa den Zugang zu den Räumlichkeiten der Gesellschaft oder die Einsicht in Geschäftsunterlagen erzwingen.[154] Die Gegenauffassung lehnt dies mit Hinweis auf den Rechtsgedanken des § 84 Abs. 3 S. 4 AktG ab. Hierdurch habe der Gesetzgeber zum Ausdruck gebracht, dass im Interesse des Rechtsverkehrs Organfragen grundsätzlich nicht vorläufig geregelt werden sollen.[155] Höchstrichterlich ist diese Frage nicht entschieden. Der BGH hat lediglich betont, dass dem Geschäftsführer nur bei Nichtigkeit und nicht bei Anfechtbarkeit des Beschlusses die allgemeine Feststellungsklage nach § 256 ZPO offen steht.[156] Eine Aussage über einen einstweiligen Rechtsschutz ist der Entscheidung nicht zu entnehmen.

51 Ein einseitiger einstweiliger Rechtsschutz scheidet auch dann aus, wenn sich die beiden einzigen Gesellschafter-Geschäftsführer gegenseitig aus wichtigem Grund abberufen haben und der wichtige Grund bei beiden vorliegen kann.[157]

IV. Hauptsacheverfahren

52 Einem festgestellten Abberufungsbeschluss kann grundsätzlich mit der **Anfechtungs- und Nichtigkeitsklage** durch jeden Gesellschafter begegnet werden (§§ 246, 249 AktG analog). Ein Fremdgeschäftsführer kann lediglich im Ausnahmefall (§ 245 Nr. 5 AktG analog) anfechten.[158] Ist der Beschluss nicht festgestellt, kann Feststellungsklage nach § 256 ZPO erhoben werden.[159] Die Erhebung der Feststellungsklage ist auch dem Fremdgeschäftsführer möglich.[160]

---

152 *Schneider*, in: Scholz, GmbHG, § 38 Rn. 77 (mit Hinweisen zu der Ansicht, solange Ungewissheit herrsche, ob ein Gesellschafter anfechte, bestehe für den Geschäftsführer die Möglichkeit eines einstweiligen Rechtsschutzes).

153 OLG Stuttgart, WM 1985, 600, 601; *Paefgen*, in: Ulmer/Habersack/Winter, GmbHG, § 38 Rn. 109 (für Gesellschafter-Geschäftsführer); a.A. OLG Hamm, GmbHR 2002, 327 (für Fremdgeschäftsführer).

154 *Altmeppen*, in: Roth/Altmeppen, GmbHG, § 38 Rn. 69.

155 OLG Hamm, GmbHR 2002, 327; a.A. *Altmeppen*, in: Roth/Altmeppen, GmbHG, § 38 Rn. 71 (bei erheblichen Zweifeln am wichtigen Grund).

156 BGH, NJW-RR 2008, 706.

157 OLG Düsseldorf, NJW 1989, 172, 173; *Jacoby*, in: Bork/Schäfer, GmbHG, § 38 Rn. 58; *Kleindiek*, in: Lutter/Hommelhoff, GmbHG, § 38 Rn. 38.

158 BGH, NJW-RR 2008, 706.

159 BGH, NJW-RR 2008, 706.

160 *Jacoby*, in: Bork/Schäfer, GmbHG, § 38 Rn. 54.

53 Erfolgt die Abberufung aus wichtigem Grund, kann die Gesellschaft im Prozess noch weitere wichtige Gründe nachschieben, sofern sie bereits bei der Abberufung des Geschäftsführers vorgelegen haben.[161] Regelmäßig ist hierfür jedoch ein erneuter Beschluss der Gesellschafterversammlung erforderlich. Dies ist jedoch dann nicht notwendig, wenn die abstimmungsberechtigten Personen, wie etwa in der Zweipersonen-GmbH, mit den die Gesellschaft im Prozess vertretenden Personen übereinstimmen.[162]

54 Im Prozess bezüglich der Wirksamkeit eines Abberufungsbeschlusses erfolgt eine **Vertretung** der Gesellschaft durch den (fakultativen oder zwingenden) Aufsichtsrat. Besteht ein solcher nicht, können die Gesellschafter Vertreter bestellen (§ 46 Nr. 8) oder ansonsten als Gesellschafterversammlung die Gesellschaft vertreten.[163] Im Rechtsstreit, den der (ehemalige) Geschäftsführer dahingehend führt, dass die Abberufung wirksam ist, wird die Gesellschaft durch die Geschäftsführer vertreten.

E. Einschränkungen in der mitbestimmten GmbH

55 Bei der Abberufung eines Geschäftsführers der mitbestimmten GmbH ist § 84 AktG zwingend zu beachten (§ 31 Abs. 1 MitbestG). Eine Abberufung, die durch den Aufsichtsrat vorzunehmen ist, kann nur bei Vorliegen eines wichtigen Grundes erfolgen. § 38 gilt somit nicht; anders ist dies, wenn die Gesellschaft dem DrittelbG unterliegt. Bei der mitbestimmten GmbH kann ein »wichtiger Grund« schon in einem Vertrauensentzug durch die Gesellschafterversammlung liegen, sofern das Vertrauen nicht aus offensichtlich unsachlichen Gründen entzogen wurde (§ 84 Abs. 3 S. 2 AktG).[164] In der Satzung können die Möglichkeiten der Abberufung nicht dadurch erweitert werden, dass beliebige Gründe als »wichtig« bezeichnet werden.[165]

56 Auch für Streitigkeiten über die Wirksamkeit einer Abberufung des Geschäftsführers gibt es bei der mitbestimmten GmbH Besonderheiten. Hier ist die Abberufung bis zu dem Zeitpunkt wirksam, in dem die Unwirksamkeit rechtskräftig festgestellt wird (§ 3 Abs. 2 MontanMitbestG, § 31 Abs. 1 MitbestG, i.V.m. § 84 Abs. 3 S. 4 AktG).

57 Erreicht die GmbH erst nach Bestellung des Geschäftsführers die Größenordnung des MitbestG, können die Geschäftsführer, auch wenn deren Amtszeit 5 Jahre überschreitet, nach Ablauf von 5 Jahren ohne Vorliegen eines wichtigen Grundes abberufen werden. Dies legt die zwingende Regelung des § 37 Abs. 3 S. 5 i.V.m. S. 1 MitbestG fest. Ein eventuell bei einem Gesellschafter bestehendes Sonderrecht zur

161 BGH, GmbHR 1992, 38.

162 BGH, GmbHR 1992, 38.

163 *Paefgen*, in: Ulmer/Habersack/Winter, GmbHG, § 38 Rn. 95.

164 OLG Stuttgart, ZIP 1985, 539; *Schmidt*, in: Ensthaler/Füller/Schmidt, GmbHG, § 38 Rn. 12.

165 *Paefgen*, in: Ulmer/Habersack/Winter, GmbHG, § 38 Rn. 14; *Zöllner/Noack*, in: Baumbach/Hueck, GmbHG, § 38 Rn. 4.

Geschäftsführung steht dem nicht entgegen. Sobald die Bekanntmachung nach § 97 Abs. 1 AktG unanfechtbar geworden oder die gerichtliche Entscheidung im Statusverfahren nach § 98 AktG in Rechtskraft erwachsen ist, beginnt die 5-Jahresfrist zu laufen.[166] Die erforderliche Mehrheit für den Beschluss des Aufsichtsrats richtet sich nach § 37 Abs. 3 S. 2 MitbestG und nicht nach § 31 Abs. 5 i.V.m. Abs. 2 MitbestG. Dies soll bereits gelten, wenn die Voraussetzungen des MitbestG schon vor Eintragung der Gesellschaft ins Handelsregister vorlagen.[167]

58 Fällt die GmbH nachträglich aus der Größenordnung des MitbestG heraus, bleiben die Geschäftsführer bis zum Befristungsende im Amt. Danach endet ihre Bestellung und das zuständige Organ kann eine Neubestellung vornehmen.[168]

F. Folgen der Beendigung der Organstellung

I. Fortbestehende Pflichten

59 Mit Beendigung der Organstellung endet nicht nur die Vertretungsbefugnis, sondern auch die Geschäftsführungsbefugnis ex nunc.[169] Zahlreiche Organpflichten wirken jedoch fort. Dies ist etwa der Fall in Bezug auf ein (nachvertragliches) Wettbewerbsverbot, auf die Verschwiegenheitspflicht,[170] auf eine Informationspflicht gegenüber der GmbH,[171] aber auch auf Organpflichten, die an das Wissen des ehemaligen Geschäftsführers anknüpfen.[172]

60 Umstritten ist, ob der ehemalige Geschäftsführer nach § 49 Abs. 3 berechtigt und verpflichtet ist, eine Gesellschafterversammlung einzuberufen, wenn er noch ins Handelsregister eingetragen ist. Dies ist jedoch abzulehnen.[173] Zwar lässt sich anführen, dass ein Einberufungsrecht aus Rechtssicherheitsgründen aufgrund der Handelsregistereintragung geboten sein kann, allerdings ist die Eintragung ins Handelsregister nur deklaratorisch, d.h. die Rechte und Pflichten enden grundsätzlich mit dem »Ausscheiden« als Geschäftsführer.

61 Liegen zwischen dem Ausscheiden des Geschäftsführers und einem Insolvenzantrag weniger als zwei Jahre, ist der Geschäftsführer insolvenzrechtlich zur Auskunft und

166 *Terlau*, in: Michalski, GmbHG, § 38 Rn. 13; *Zöllner/Noack*, in: Baumbach/Hueck, GmbHG, § 38 Rn. 5 m.w.N. auch zur a.A.

167 *Ulmer*, in: Ulmer/Habersack/Winter, GmbHG, § 6 Rn. 32.

168 *Zöllner/Noack*, in: Baumbach/Hueck, GmbHG, § 38 Rn. 82.

169 OLG Karlsruhe, GmbHR 1996, 208, 209; OLG Schleswig, OLGR 2007, 734, 735.

170 BGHZ 91, 1, 6.

171 BGH, DStR 1993, 1752, 1753; OLG Hamm, ZIP 1980, 280, 281.

172 *Buck*, Wissen und juristische Person, 2001, S. 239 ff.

173 *Hüffer*, in: Ulmer/Habersack/Winter, GmbHG, § 49 Rn. 7; *Zöllner/Noack*, in: Baumbach/Hueck, GmbHG, § 38 Rn. 101; a.A. OLG Düsseldorf, NZG 2004, 916, 921; *Kleindiek*, Lutter/Hommelhoff, GmbHG, § 49 Rn. 3a; *Marsch-Barner/Diekmann*, in: MünchHdb-GmbHG, § 45 Rn. 48.

zur Abgabe der eidesstattlichen Versicherung verpflichtet (§§ 101 Abs. 1 S. 2, 97 Abs. 1, 98 InsO). Obwohl mit Beendigung der Organstellung auch die Vertretungsmacht erlischt, treffen den ausgeschiedenen Geschäftsführer gemäß § 36 AO die in §§ 34, 35 AO normierten steuerverfahrensrechtlichen Pflichten.[174] Eine »Wiedereinsetzung« des Geschäftsführers hat durch erneute Bestellung i.S. des § 6 zu erfolgen.

II. Folgen für das Anstellungsverhältnis

62 Regelmäßig wird in der Kündigung des Anstellungsvertrags eine konkludente Abberufung gesehen.[175] Jedenfalls wird der Geschäftsführer nicht die Geschäftsführung ohne Anstellungsverhältnis weiterführen wollen.[176] Eine Ausnahme soll nach der Rechtsprechung nur dann bestehen, wenn die Bestellung nicht auf dem Anstellungsvertrag beruht.[177]

63 Im umgekehrten Fall, wenn eine Abberufung erfolgt, wird darin nicht stets gleichzeitig eine Kündigung des Anstellungsverhältnisses zu sehen sein. Da die Organstellung des Geschäftsführers vom Anstellungsverhältnis zu unterscheiden ist, wird vor allem bei einer Abberufung nach Abs. 1 das Anstellungsverhältnis regelmäßig bestehen bleiben.[178] Letztendlich ist dies eine Frage der Auslegung des zugrunde liegenden Gesellschafterbeschlusses. Grundsätzlich hat der Geschäftsführer nach der Abberufung keinen »anstellungsvertraglichen Beschäftigungsanspruch«.[179] Es besteht zudem kein Anspruch auf Beschäftigung in einer seiner früheren Tätigkeit vergleichbaren leitenden Funktion. Bei einer Abberufung aus wichtigem Grund wird gleichzeitig eine Kündigung anzunehmen sein. [180] Vorteilhaft kann es sein, in den Anstellungsvertrag eine sog. Kopplungsklausel aufzunehmen, wonach die Abberufung gleichzeitig als ordentliche Kündigung des Anstellungsvertrags gelten soll.[181]

64 Ob dem Geschäftsführer ein Recht auf vollen Ersatz des »durch die Aufhebung des Dienstverhältnisses entstehenden Schadens« (§ 628 Abs. 2 BGB) zuzubilligen ist, ist umstritten.[182] Abzulehnen ist dies schon deshalb, weil sich die Gesellschaft mit einer ordnungsgemäßen Abberufung nicht vertragswidrig verhält.

---

174 So *Zöllner/Noack*, in: Baumbach/Hueck, GmbHG, § 38 Rn. 101.

175 BGHZ 12, 1, 9; BGHZ 79, 38, 41; *Altmeppen*, in: Roth/Altmeppen, GmbHG, § 38 Rn. 7; *Schneider*, in: Scholz, GmbHG, § 38 Rn. 34.

176 BGHZ 79, 38, 41; OLG Köln, GmbHR 1991, 156, 157.

177 BGH, WM 1981, 1200, 1201; ablehnend *Paefgen*, in: Ulmer/Habersack/Winter, GmbHG, § 38 Rn. 5; *Schneider*, in: Scholz, GmbHG, § 38 Rn. 6; *Zöllner/Noack*, in: Baumbach/Hueck, GmbHG, § 38 Rn. 93.

178 BGH, NJW 2003, 351 f.

179 BGH, NJW 2011, 920 f.; dazu auch *Kothe/Heggemann/Schelp*, GmbHR 2011, 75 ff.; *Diller*, NZG 2011, 254 ff.

180 *Altmeppen*, in: Roth/Altmeppen, GmbHG, § 38 Rn. 5; *Schneider*, in: Scholz, GmbHG, § 38 Rn. 34.

181 OLG Hamm, BeckRS 2007, 5083.

182 Bejahend *Schneider*, in: Scholz, GmbHG, § 38 Rn. 34; verneinend BGH, NJW 2003, 351 f.; BAG, GmbHR 2003, 105, 108; OLG Karlsruhe, GmbHR 2003, 771, 772.

G. Andere Beendigungsgründe hinsichtlich der Organstellung

I. Allgemeine Beendigungsgründe

65 Die Geschäftsführerstellung kann auch dadurch beendet werden, dass in der Satzung und im Bestellungsbeschluss eine **Befristung** des Organverhältnisses vorgesehen wird. Ein sachlicher Grund hierfür ist grundsätzlich nicht erforderlich.[183] In der mitbestimmten GmbH ist die Befristung auf 5 Jahre zwingend (§ 84 Abs. 1 S. 1 AktG analog). Die Organstellung endet dann automatisch, ohne dass es einer gesonderten Erklärung eines Organs bedarf. Die Bestellung kann auch unter einer **auflösenden Bedingung** erfolgen.[184] Da die Beendigung der Geschäftsführerstellung nach § 39 unverzüglich zum Handelsregister anzumelden ist, besteht nach § 15 HGB ein hinreichender Schutz für Dritte.

66 Ein Ende ist auch durch **Tod** des Geschäftsführers möglich. Zwar kann im Gesellschaftsvertrag eine Eintritts- oder Nachfolgeklausel enthalten sein, dies führt allerdings noch nicht zu einem Übergang der Organstellung auf den Erben.[185] Beendigungsgrund kann auch der Verlust der unbeschränkten **Geschäftsfähigkeit**[186] oder der Verlust der Eignungsvoraussetzungen nach § 6 Abs. 2[187] sein. Die Organstellung wird auch bei Umwandlung oder Verschmelzung der Gesellschaft automatisch beendet.[188]

67 Dagegen führen eine Insolvenzeröffnung und Auflösung der Gesellschaft grundsätzlich nicht zur Beendigung der Organstellung oder des Anstellungsverhältnisses (§§ 101 Abs. 1, 108 Abs. 1 InsO bzw. § 66 GmbHG).[189] Anders kann dies nur sein, wenn in der Satzung andere als Liquidatoren berufen wurden.[190] Ebenso nicht, wenn der Geschäftsführer eine in der Satzung vorausgesetzte Eigenschaft, etwa die Familienzugehörigkeit, verliert.[191] Auch eine Satzungsänderung hinsichtlich der Amtszeit des Geschäftsführers beendet das Amt nicht. Daher muss der unbefristet bestellte Geschäftsführer bei nachträglicher Befristung eigens abberufen werden.[192]

---

183 *Zöllner/Noack*, in: Baumbach/Hueck, GmbHG, § 38 Rn. 81.

184 BGH, GmbHR 2006, 46, 47; OLG Stuttgart, GmbHR 2004, 417, 420; *Kleindiek*, in: Lutter/Hommelhoff, GmbHG, § 38 Rn. 40; *Zöllner/Noack*, in: Baumbach/Hueck, GmbHG, § 38 Rn. 85; a.A. *Marsch-Barner/Diekmann*, in: MünchHdbGmbHG, § 42 Rn. 39.

185 *Zöllner/Noack*, in: Baumbach/Hueck, GmbHG, § 38 Rn. 83; anders wohl *Schneider*, in: Scholz, GmbHG, § 38 Rn. 4.

186 Vgl. BGHZ 115, 78, 80; BayObLG, DB 1982, 2129; OLG Düsseldorf, GmbHR 1994, 114; OLG München, NJW-RR 1990, 1450, 1451.

187 *Schneider*, in: Scholz, GmbHG, § 38 Rn. 9.

188 *Paefgen*, in: Ulmer/Habersack/Winter, GmbHG, § 38 Rn. 146; *Zöllner/Noack*, in: Baumbach/Hueck, GmbHG, § 38 Rn. 92.

189 *Kleindiek*, in: Lutter/Hommelhoff, GmbHG, § 38 Rn. 40; *Terlau*, in: Michalski, GmbHG, § 38 Rn. 92; *Zöllner/Noack*, in: Baumbach/Hueck, GmbHG, § 38 Rn. 94.

190 *Zöllner/Noack*, in: Baumbach/Hueck, GmbHG, § 38 Rn. 94.

191 *Schneider*, in: Scholz, GmbHG, § 38 Rn. 9.

192 *Zöllner/Noack*, in: Baumbach/Hueck, GmbHG, § 38 Rn. 93.

II. Amtsniederlegung

68 Die Beendigung des Amts ist auch durch Amtsniederlegung mit sofortiger Wirkung[193] aufgrund einer formfreien einseitigen empfangsbedürftigen Erklärung des Geschäftsführers möglich.[194] Zu beachten ist jedoch, dass bei der Anmeldung der Amtsniederlegung zum Handelsregister eine Urkunde i.S. des § 39 Abs. 2 beizufügen ist.[195] Auch eine fristgebundene Erklärung kommt in Betracht.[196] Ein wichtiger Grund ist nicht erforderlich.[197] Der Gesellschaftsvertrag kann eine Niederlegung an bestimmte Voraussetzungen binden und kann dadurch die Möglichkeit der Amtsniederlegung beschränken (Befristung, Erfordernis eines wichtigen Grundes),[198] völlig ausschließen kann er diese jedoch nicht.[199]

69 **Adressat** der Amtsniederlegungserklärung ist das für die Bestellung zuständige Organ. Dies ist nicht die Gesellschaft, vertreten durch die Geschäftsführer, sondern sind in der Regel die Gesellschafter bzw. die Gesellschafterversammlung.[200] Die Abgabe gegenüber einem Mitgeschäftsführer genügt nicht.[201] Nach § 35 Abs. 2 S. 1 analog ist bei mehreren Gesellschaftern die Erklärung einem Gesellschafter gegenüber ausreichend, selbst wenn Gesamtvertretung besteht.[202] Es soll nicht darauf ankommen, ob er die übrigen Gesellschafter davon in Kenntnis setzt.[203] Der Geschäftsführer darf auf eine Weiterleitung vertrauen.[204] Im Schrifttum wird diese Rechtsprechung teilweise auf diejenigen Fälle beschränkt, in denen ein überschaubarer Gesellschafterkreis existiert, wobei allerdings schon auf die Abgrenzungsschwierigkeiten hingewiesen wird.[205] Jedenfalls soll es ausreichend sein, dass die Amtsniederlegungserklärung einer Person zugeht, die zugleich (weiterer) Geschäftsführer und Mitgesellschafter ist.[206] Die einseitige Erklärung des Geschäftsführers kann schriftlich, aber auch mündlich erfolgen.[207]

---

193 Unabhängig vom Schicksal des Anstellungsvertrags, vgl. BGH, NJW 1978, 1435, 1436; BGHZ 121, 257, 261.

194 BGHZ 133, 370, 375; BGH, NJW 1993, 1198, 1199; BGH, GmbHR 2002, 26, 28.

195 OLG Naumburg, NZG 2001, 853 f.; OLG Hamm, NZG 2003, 131, 132; OLG Düsseldorf, NZG 2004, 1068, 1069; *Zöllner/Noack*, in: Baumbach/Hueck, GmbHG, § 38 Rn. 86.

196 BGH, NJW-RR 2003, 756, 757.

197 BGHZ 121, 257, 261; BGH, NJW 1995, 2850, 2851; OLG Frankfurt, NJW-RR 1994, 105, 106.

198 *Schneider*, in: Scholz, GmbHG, § 38 Rn. 88.

199 *Paefgen*, in: Ulmer/Habersack/Winter, GmbHG, § 38 Rn. 132; *Terlau*, in: Michalski, GmbHG, § 38 Rn. 83.

200 OLG Hamm, GmbHR 2010, 1092 f.

201 OLG Düsseldorf, NJW-RR 2005, 1199.

202 BGH, GmbHR 2002, 26, 27.

203 BGHZ 149, 28, 31.

204 BGHZ 149, 28, 31, 32.

205 *Schneider*, in: Scholz, GmbHG, § 38 Rn. 91.

206 OLG Hamm, GmbHR 2010, 1092 f.

207 BGHZ 121, 257, 262.

70 Die Niederlegung des Amtes soll ausreichend sein. Eine gleichzeitige (fristlose) Kündigung des **Anstellungsvertrags** ist dann nicht notwendig,[208] so dass es auf die Kündigungsfristen dieses vertraglichen Verhältnisses nicht ankommt.[209] Gleichwohl kann eine unbegründete Amtsniederlegung zur Verletzung der anstellungsvertraglichen Pflichten und damit zu einer Schadensersatzpflicht führen. Dabei kommt auch eine Haftung nach § 43 Abs. 2 in Betracht.[210] Legt der Geschäftsführer sein Amt nieder, kann die Gesellschaft ihrerseits regelmäßig den Anstellungsvertrag aus wichtigem Grund kündigen.[211]

71 Sofern aufgrund der Satzung ein **wichtiger Grund** zur Amtsniederlegung erforderlich ist, ist ein solcher immer dann gegeben, wenn die Fortführung des Amtes für den Geschäftsführer unzumutbar ist.[212] Dies ist etwa der Fall, wenn die Gesellschafterversammlung gesetzwidrige oder aus anderen Gründen unzumutbare Weisungen erteilt[213] oder wenn das Vertrauensverhältnis zu den Gesellschaftern oder einem anderen Gesellschaftsorgan nachhaltig gestört ist.[214] Denkbar sind auch persönliche Umstände, wie Alter oder Krankheit. Dagegen soll die bloße Verweigerung einer Entlastung nicht ausreichend sein.[215]

72 Vor dem MoMiG konnte nach h.M. eine Amtsniederlegung wegen **Rechtsmissbrauchs** unwirksam sein, insbesondere wenn sie zur Unzeit erfolgte (Rechtsgedanke der §§ 627 Abs. 2, 671 Abs. 2 BGB).[216] Dies sollte auch dann gelten, wenn der einzige Geschäftsführer und Alleingesellschafter die Niederlegung seines Amtes erklärte und keinen Nachfolger vorschlug bzw. ihn bestellt hatte.[217] Die Amtsniederlegung

---

208 BGH, NJW 1978, 1435, 1436; BGHZ 78, 82, 84 f.; *Schneider*, in: Scholz, GmbHG, § 38 Rn. 85.

209 *Schneider*, in: Scholz, GmbHG, § 38 Rn. 87.

210 OLG Koblenz, NJW-RR 1995, 730, 731; a.A. *Schneider*, in: Scholz, GmbHG, § 38 Rn. 89.

211 BGHZ 78, 82, 85.

212 *Paefgen*, in: Ulmer/Habersack/Winter, GmbHG, § 38 Rn. 139; *Schmidt*, in: Ensthaler/Füller/Schmidt, GmbHG, § 38 Rn. 25.

213 BGHZ 78, 82, 89.

214 *Koppensteiner*, in: Rowedder/Schmidt-Leithoff, GmbHG, § 38 Rn. 33; *Schmidt*, in: Ensthaler/Füller/Schmidt, GmbHG, § 38 Rn. 25.

215 *Schmidt*, in: Ensthaler/Füller/Schmidt, GmbHG, § 38 Rn. 25.

216 OLG Hamm, GmbHR 1989, 35, 36; BayObLG, GmbHR 1999, 980; OLG Düsseldorf, NJW-RR 2001, 609, 610; KG Berlin, GmbHR 2001, 147; *Kleindiek*, in: Lutter/Hommelhoff, GmbHG, § 38 Rn. 44.

217 OLG Düsseldorf, NJW-RR 2001, 609, 610; OLG Hamburg, OLGR 2005, 169, 170; weitergehend OLG Köln, NZG 2008, 340, 342 (für den einzigen Geschäftsführer und Mehrheitsgesellschafter); a.A. *Altmeppen*, in: Roth/Altmeppen, GmbHG, § 38 Rn. 78; *Terlau*, in: Michalski, GmbHG, § 38 Rn. 84.

sollte in diesem Fall körperschaftsrechtlich unwirksam sein.[218] Ebenso sah die Rechtsprechung es als rechtsmissbräuchlich an, wenn durch die Amtsniederlegung des Geschäftsführers die insolvenzrechtlichen Pflichten beeinträchtigt wurden, insbesondere indem die notwendige Stellung eines Insolvenzantrags unterblieb.[219]

73 Ob die Rechtsprechung und die h.L. an dieser Auffassung festhalten, bleibt angesichts der nun geltenden Regelungen zur gesetzlichen Empfangsvertretung (§ 35 Abs. 1 S. 2) und zur Insolvenzantragspflicht der Gesellschafter (§ 15a Abs. 3 InsO) bei Führungslosigkeit der GmbH abzuwarten.[220] Grund für die Unwirksamkeit einer rechtsmissbräuchlichen Amtsniederlegung ist das Ziel, im Interesse des Rechtsverkehrs die Handlungsfähigkeit der GmbH aufrecht zu erhalten. Da die GmbH nunmehr durch die Gesellschafter zum Schutz der Gläubiger zumindest rudimentär Handlungsfähigkeit besitzt, ist grundsätzlich davon auszugehen, dass der Geschäftsführer sein Amt mit sofortiger Wirkung niederlegen kann.[221]

74 Stellt sich im **Prozess** heraus, dass die Amtsniederlegung unrechtmäßig war, führt dies nicht zum Wiederaufleben des Geschäftsführeramts. Sofern der Geschäftsführer wieder für die Gesellschaft tätig sein soll, ist er erneut zu bestellen.[222] Sofern jedoch einem Gesellschafter-Geschäftsführer in der Satzung ein Sonderrecht zur Geschäftsführung zugestanden wurde, geht dieses mit der Amtsniederlegung nicht verloren.[223]

§ 39 Anmeldung der Geschäftsführer

(1) Jede Änderung in den Personen der Geschäftsführer sowie die Beendigung der Vertretungsbefugnis eines Geschäftsführers ist zur Eintragung in das Handelsregister anzumelden.

(2) Der Anmeldung sind die Urkunden über die Bestellung der Geschäftsführer oder über die Beendigung der Vertretungsbefugnis in Urschrift oder öffentlich beglaubigter Abschrift beizufügen.

(3) [1]Die neuen Geschäftsführer haben in der Anmeldung zu versichern, dass keine Umstände vorliegen, die ihrer Bestellung nach § 6 Abs. 2 Satz 2 Nr. 2 und 3 sowie Satz 3 entgegenstehen und dass sie über ihre unbeschränkte Auskunftspflicht gegenüber dem Gericht belehrt worden sind. [2]§ 8 Abs. 3 Satz 2 ist anzuwenden.

---

218 OLG Köln, NZG 2008, 340, 341; OLG Zweibrücken, GmbHR 2006, 430, 431; BayObLG, NZG 1999, 1003; *Kleindiek*, in: Lutter/Hommelhoff, GmbHG, § 38 Rn. 42; *Schneider*, in: Scholz, GmbHG, § 38 Rn. 90; a.A. *Zöllner/Noack*, in: Baumbach/Hueck, GmbHG, § 38 Rn. 90 unter Hinweis auf Verkehrssicherheitsgründe.

219 BGH, NJW 2003, 3787, 3789.

220 Vgl. RegE MoMiG S. 107.

221 So auch *Terlau*, in: Michalski, GmbHG, § 38 Rn. 84 und *Zöllner/Noack*, in: Baumbach/Hueck, GmbHG, § 38 Rn. 90, die ausnahmslos von einer sofortigen Wirksamkeit ausgehen und der Gesellschaft stattdessen einen Schadensersatzanspruch zugestehen.

222 BGHZ 78, 82, 92; a.A. BGH, GmbHR 1997, 25, 26; LG Stendal, GmbHR 2000, 88 f.

223 OLG Düsseldorf, GmbHR 2007, 90, 91.

Übersicht **Rdn.**

Schrifttum

Bärwaldt, Die Anmeldung des eigenen Ausscheidens als Geschäftsführer, GmbHR 2001, 290; *Schaub*, Stellvertretung bei Handelsregisteranmeldungen, DStR 1999, 1699.

A. Zweck der Vorschrift

1 Durch die Anmeldung nach § 39 soll der Rechtsverkehr zuverlässig erkennen können, wer Geschäftsführer der Gesellschaft ist und diese vertritt. Bei Eintragung der GmbH ins Handelsregister sind die Geschäftsführer und ihre Vertretungsbefugnis anzugeben (§§ 8 Abs. 1 Nr. 2, Abs. 4, 10 Abs. 1 S. 2). Nachträgliche Veränderungen[1] sind ebenfalls im Handelsregister einzutragen, damit eine zuverlässige Information des Rechtsverkehrs über die Vertretungsbefugnis in der GmbH gewährleistet ist. Unabhängig vom Wortlaut (»Beendigung der Vertretungsmacht«) soll dies auch für Änderungen der Vertretungsmacht (z.B. Übergang von Einzel- zur Gesamtvertretung zweier Geschäftsführer) gelten.[2]

2 Sinngemäß soll die Regelung auch auf Zweigniederlassungen ausländischer Kapitalgesellschaften anzuwenden sein (§ 13g Abs. 6).[3] Abs. 3 wurde durch das MoMiG aufgrund des hierdurch revidierten § 6 geändert. Der Eintragung der anmeldungspflichtigen Tatsachen kommt zwar lediglich deklaratorische Wirkung zu,[4] ihre Bedeutung ergibt sich aber im Hinblick auf § 15 HGB.

1 KG, NJW-RR 1999, 1341, 1342 (Regelung soll nicht für anfängliche Unrichtigkeiten gelten).

2 *Wicke*, GmbHG, § 39 Rn. 1.

3 *Schneider*, in: Scholz, GmbHG, § 39 Rn. 1; *Zöllner/Noack*, in: Baumbach/Hueck, GmbHG, § 39 Rn. 1.

4 BGH, NJW-RR 1987, 1318, 1319; BGH, NJW 1996, 257, 258; OLG Hamm, GmbHR 2001, 920, 921; zur konstitutiven Wirkung bei Änderung des Gesellschaftsvertrags siehe § 54 Abs. 3 GmbHG.

B. Umfang der Anmeldungspflicht

I. Änderung in der Person des Geschäftsführers

3 Die **Bestellung** eines Geschäftsführers, Notgeschäftsführers oder stellvertretenden Geschäftsführers ist zum Handelsregister anzumelden. Anzugeben ist dabei auch der Zeitpunkt des Amtsantritts.[5] Da die Eintragung ins Handelsregister lediglich deklaratorisch ist, wird die Bestellung eines Geschäftsführers schon mit deren Annahme wirksam.[6] Wird das Amt später angetreten, ist auch der konkrete Zeitpunkt anzumelden und einzutragen.[7] Die Anmeldung einer lediglich künftigen Bestellung zum Geschäftsführer ist unwirksam;[8] diese ist als verfahrensrechtliche Erklärung nicht nur bis zur Eintragung frei widerruflich, sondern grundsätzlich auch bedingungs- und befristungsfeindlich.[9] Die Wiederbestellung eines Geschäftsführers ist nicht einzutragen.[10] Wird die Eintragung als Geschäftsführer vom Registergericht abgelehnt, kann Beschwerde eingelegt werden.[11]

4 Auch das **Ausscheiden** eines Geschäftsführers (durch Abberufung,[12] Amtsniederlegung,[13] Wegfall der unbeschränkten Geschäftsfähigkeit[14] usw.) ist im Handelsregister einzutragen. Bei Geschäftsunfähigkeit muss die Eintragung ins Handelsregister von Amts wegen gelöscht werden (§ 395 FamFG).[15] Eine Eintragung der Beendigung sollte wegen des Schutzes gutgläubiger Dritter nach § 15 Abs. 1 HGB selbst dann erfolgen, wenn die Bestellung noch nicht ins Handelsregister eingetragen war.[16] Ob § 15 Abs. 1 HGB greift, wird zwar bezweifelt, weil dem Geschäftsführer auch die Vertretungsfähigkeit fehle, die nicht der Registerverlautbarung unterliege, allerdings können allgemeine Rechtsscheingrundsätze zur Bindung der Gesellschaft führen.[17]

---

5 *Schneider*, in: Scholz, GmbHG, § 39 Rn. 2 m.w.N.

6 OLG Celle, GmbHR 1995, 728 f.; BayObLG, NJW-RR 2004, 1039, 1040; KG, NJW-RR 2001, 249, 250.

7 *Schneider*, in: Scholz, GmbHG, § 39 Rn. 2; *Terlau*, in: Michalski, GmbHG, § 39 Rn. 3; *Zöllner/Noack*, in: Baumbach/Hueck, GmbHG, § 39 Rn. 3.

8 OLG Düsseldorf, NJW-RR 2000, 702, 703; kritisch *Waldner*, NZG 2000, 264.

9 BayObLG, GmbHR 1992, 672, 673.

10 *Kleindiek*, in: Lutter/Hommelhoff, GmbHG, § 39 Rn. 2; *Terlau*, in: Michalski, GmbHG, § 39 Rn. 3.

11 BayObLG, NJW-RR 2000, 414.

12 AG Charlottenburg, NJW-RR 1997, 31 f.

13 OLG Frankfurt, NJW-RR 1994, 105.

14 BGHZ 115, 78, 80.

15 BayObLG, GmbHR 1992, 304, 305; vgl. auch BGHZ 115, 78, 80; OLG München, NJW-RR 1990, 1450 (noch zu §§ 142 ff. FGG).

16 BayObLG, GmbHR 1992, 304, 306.

17 BGHZ 115, 78, 81 f.; *Terlau*, in: Michalski, GmbHG, § 39 Rn. 4, 6; *Zöllner/Noack*, in: Baumbach/Hueck, GmbHG, § 39 Rn. 5.

5 Auch die Änderung der persönlichen Daten eines Geschäftsführers sind nach § 39 anzugeben, so etwa **Namensänderungen** nebst zum Namen gehörende Titel.[18] Dagegen sind Doktortitel, die nicht Teil des Namens sind, eintragungsfähig, aber nicht eintragungspflichtig.[19] Änderungen von **Wohnort** und **Beruf** können, müssen nach h.M. nicht angemeldet werden,[20] sie sind aber eintragungsfähig.[21] Nach einer a.A. ist die Änderung des Wohnorts stets anzugeben.[22]

II. Änderung der Vertretungsbefugnis

6 Die Beendigung der Vertretungsbefugnis bedarf nach Abs. 1, 2. Alt. der Anmeldung. Dies gilt über den Wortlaut der Norm hinaus auch für jede andere **Änderung** der Vertretungsbefugnis. Dabei ist grundsätzlich lediglich die generelle Regelung der Vertretungsbefugnis anzugeben (Übergang von Gesamt- zu Einzelvertretung, Übergang von Einzel- zu Gesamtvertretung, Änderungen innerhalb der Gesamtvertretung).[23] Es kann, muss aber nicht die konkrete Vertretung jedes einzelnen Geschäftsführers angegeben werden.[24] Die Anmeldepflicht besteht auch bei einem einzigen Geschäftsführer, so dass hier anzugeben ist, dass er die Gesellschaft allein vertritt.[25]

7 Nicht gelten soll dies bei Abberufung eines von zwei gemeinschaftlich vertretungsberechtigten Geschäftsführern.[26] Weder eine Anmeldepflicht noch eine Anmeldungsbefugnis besteht bei Ermächtigung zur Einzelvertretung unter Gesamtvertretern.[27]

---

18 *Kleindiek*, in: Lutter/Hommelhoff, GmbHG, § 39 Rn. 3; *Marsch-Barner/Diekmann*, in: MünchHdbGmbHG, § 42 Rn. 78; *Paefgen*, in: Ulmer/Habersack/Winter, GmbHG, § 39 Rn. 15; *Zöllner/Noack*, in: Baumbach/Hueck, GmbHG, § 39 Rn. 4; a.A. *Schneider*, in: Scholz, GmbHG, § 39 Rn. 4.

19 *Schneider*, in: Scholz, GmbHG, § 39 Rn. 4; *Terlau*, in: Michalski, GmbHG, § 39 Rn. 5; *Zöllner/Noack*, in: Baumbach/Hueck, GmbHG, § 39 Rn. 4.

20 *Jacoby*, in: Bork/Schäfer, GmbHG, § 39 Rn. 3; *Wicke*, GmbHG, § 39 Rn. 2; *Zöllner/Noack*, in: Baumbach/Hueck, GmbHG, § 39 Rn. 4.

21 *Jacoby*, in: Bork/Schäfer, GmbHG, § 39 Rn. 3; a.A. *Schmidt*, in: Ensthaler/Füller/Schmidt, GmbHG, § 39 Rn. 6 (nicht eintragungsfähig).

22 *Schmidt*, in: Ensthaler/Füller/Schmidt, GmbHG, § 39 Rn. 5.

23 *Zöllner/Noack*, in: Baumbach/Hueck, GmbHG, § 39 Rn. 2 m.w.N.; BGH, NZG 2003, 220, 222 (konkrete Eintragung erforderlich); OLG Frankfurt, GmbHR 2006, 764, 765.

24 *Schneider*, in: Scholz, GmbHG, § 39 Rn. 6; *Zöllner/Noack*, in: Baumbach/Hueck, GmbHG, § 39 Rn. 6.

25 OLG Zweibrücken, NJW-RR 1993, 933 f.; OLG Naumburg, GmbHR 1994, 119; BayObLG, NJW-RR 1998, 400.

26 LG Wuppertal, GmbHR 1992, 380.

27 *Kleindiek*, in: Lutter/Hommelhoff, GmbHG, § 39 Rn. 4; *Koppensteiner*, in: Rowedder/Schmidt-Leithoff, GmbHG, § 39 Rn. 4; *Paefgen*, in: Ulmer/Habersack/Winter, GmbHG, § 39 Rn. 18; *Schmidt*, in: Ensthaler/Füller/Schmidt, GmbHG, § 39 Rn. 7; *Schneider*, in: Scholz, GmbHG, § 39 Rn. 9; *Zöllner/Noack*, in: Baumbach/Hueck, GmbHG, § 39 Rn. 5.

Wird die Vertretungsbefugnis mittels Satzung geändert, ist die Anmeldepflicht nach § 54 zu beachten.[28] Eine gesonderte Anmeldung nach § 39 kann sich erübrigen, wenn die Vertretungsbefugnis aus dieser Änderung eindeutig hervorgeht. Dagegen ist nach § 39 anzumelden, wenn die Vertretungsmacht aus dem Gesellschafterbeschluss nicht deutlich wird,[29] wenn eine Satzungsbestimmung zugunsten der gesetzlichen Vertretungsregelung gestrichen wird[30] oder wenn nicht jeder Geschäftsführer vertretungsberechtigt sein soll.[31] **8**

C. Anmeldeverfahren

I. Anmeldebefugnis

Die Anmeldung von Änderungen in der Person eines Geschäftsführers oder der Beendigung seiner Vertretungsbefugnis erfolgt durch die vertretungsberechtigten Geschäftsführer (§ 78) in vertretungsberechtigter Zahl.[32] Auch ein anderer Vertreter (Prokurist etc.) kann bei Vorliegen einer elektronischen, öffentlich beglaubigten Vollmacht anmelden (§ 12 Abs. 1 S. 1 und 2 HGB).[33] Bei **Insolvenz** der Gesellschaft ist nach h.M. nicht der Insolvenzverwalter zur Anmeldung hinsichtlich der Abberufung von Geschäftsführern berechtigt und verpflichtet,[34] sondern die Zuständigkeit zur Anmeldung bleibt bei den Geschäftsführern.[35] Anders ist dies nur, wenn kein Geschäftsführer mehr vorhanden ist.[36] **9**

Ein **neuer Geschäftsführer** kann nach wirksamer Bestellung seine Anmeldung selbst vornehmen,[37] da diese und die Eintragung in das Handelsregister keinen rechtsbe- **10**

---

28 *Altmeppen*, in: Roth/Altmeppen, GmbHG, § 39 Rn. 4 unter Verweis auf LG Halle, GmbHR 1996, 207.

29 *Kleindiek*, in: Lutter/Hommelhoff, GmbHG, § 39 Rn. 4; *Paefgen*, in: Ulmer/Habersack/Winter, GmbHG, § 39 Rn. 19 f.; *Terlau*, in: Michalski, GmbHG, § 39 Rn. 8; *Schneider*, in: Scholz, GmbHG, § 39 Rn. 9.

30 *Paefgen*, in: Ulmer/Habersack/Winter, GmbHG, § 39 Rn. 19; *Schneider*, in: Scholz, GmbHG, § 39 Rn. 9; *Zöllner/Noack*, in: Baumbach/Hueck, GmbHG, § 39 Rn. 5.

31 OLG Frankfurt, GmbHR 2006, 764, 765 (Übergang von Gesamt- zu Einzelvertretung); *Schneider*, in: Scholz, GmbHG, § 39 Rn. 9.

32 *Kleindiek*, in: Lutter/Hommelhoff, GmbHG, § 39 Rn. 6; *Koppensteiner*, in: Rowedder/Schmidt-Leithoff, GmbHG, § 39 Rn. 7; *Paefgen*, in: Ulmer/Habersack/Winter, GmbHG, § 39 Rn. 20; *Schneider*, in: Scholz, GmbHG, § 39 Rn. 11; *Terlau*, in: Michalski, GmbHG, § 39 Rn. 10.

33 BayObLG, GmbHR 1982, 214 (nur LS).

34 So aber AG Berlin-Charlottenburg, NJW-RR 1996, 31, 32; LG Baden-Baden, ZIP 1996, 1352; *Altmeppen*, in: Roth/Altmeppen, GmbHG, § 39 Rn. 6.

35 OLG Köln, NJW-RR 2001, 1417, 1418; OLG Rostock, GmbHR 2003, 1133; *Schmidt*, in: Ensthaler/Füller/Schmidt, GmbHG, § 39 Rn. 10.

36 LG Baden-Baden, ZIP 1996, 1352.

37 OLG Düsseldorf, NJW-RR 2000, 702, 703; OLG Köln, NJW-RR 2001, 1417, 1418.

gründenden Charakter haben.[38] Er hat auch die Erklärung über das Fehlen von Bestellungshindernissen (§§ 39 Abs. 3, 6 Abs. 2 S. 2 Nr. 2 und 3, S. 3) und über seine Belehrung hinsichtlich der unbeschränkten Auskunftspflicht abzugeben.[39]

11 Ein wirksam **ausgeschiedener Geschäftsführer** kann sein Ausscheiden, da er nicht mehr Geschäftsführer ist, nicht mehr selbst zum Handelsregister anmelden (h.M.).[40] Hierfür ist im Zweifel zunächst ein neuer Geschäftsführer oder ein Notgeschäftsführer (§ 29 BGB analog) zu bestellen. Möglich ist eine Anmeldung des ausgeschiedenen Geschäftsführers aber dann, wenn die Amtsniederlegung unter der aufschiebenden Bedingung des Eingangs der Handelsregisteranmeldung beim Registergericht erklärt wird.[41] Mit einer solchen Vereinbarung kann der Ausscheidende Probleme mit der Anmeldung vermeiden.[42] Soll das Ausscheiden eines Geschäftsführers angemeldet werden, besteht aber zu diesem Zeitpunkt noch Gesamtvertretung, genügt die Unterzeichnung durch den jetzigen Alleingeschäftsführer nach h.M. nicht, sondern es ist zunächst ein neuer Geschäftsführer zu bestellen.[43]

12 Die h.M. lässt auch nicht eine Anmeldung der bereits wirksam erfolgten Amtsniederlegung beim **einzigen Geschäftsführer** bei engem zeitlichen Zusammenhang zur Eintragung zu.[44] Der Ausgeschiedene kann eine unverzügliche Anmeldung seines Ausscheidens notfalls gerichtlich erzwingen und nach § 894 ZPO vollstrecken.[45] Außerdem kann er das Registergericht bitten, den oder die Geschäftsführer durch Zwangsgeld (§ 14 HGB) zur Anmeldung zu zwingen.[46]

---

38 *Terlau*, in: Michalski, GmbHG, § 39 Rn. 10.

39 *Wicke*, GmbHG, § 39 Rn. 3.

40 BayObLG, WM 1982, 647, 649; OLG Zweibrücken, GmbHR 1999, 479; OLG Frankfurt, ZIP 2006, 1769, 1770; a.A. LG Berlin, GmbHR 1993, 291, 292; LG Köln, GmbHR 1998, 183; *Altmeppen*, in: Roth/Altmeppen, GmbHG, § 39 Rn. 8 (»in unmittelbarem zeitlichen Zusammenhang zur Eintragung anmelden«).

41 OLG Zweibrücken, GmbHR 1999, 479; OLG Frankfurt, ZIP 2006, 1769, 1770; *Zöllner/Noack*, in: Baumbach/Hueck, GmbHG, § 39 Rn. 9.

42 *Terlau*, in: Michalski, GmbHG, § 39 Rn. 11.

43 BayObLG, NZG 2004, 421; LG Wuppertal, GmbHR 1992, 380; a.A. *Altmeppen*, in: Roth/Altmeppen, GmbHG, § 39 Rn. 8 (sei zu formale Betrachtung).

44 So aber LG Berlin, GmbHR 1993, 291, 292; LG Köln, GmbHR 1998, 183; *Altmeppen*, in: Roth/Altmeppen, GmbHG, § 39 Rn. 8.

45 *Kleindiek*, in: Lutter/Hommelhoff, GmbHG, § 39 Rn. 2; *Paefgen*, in: Ulmer/Habersack/Winter, GmbHG, § 39 Rn. 25; *Schmidt*, in: Ensthaler/Füller/Schmidt, GmbHG, § 39 Rn. 11; *Schneider*, in: Scholz, GmbHG, § 39 Rn. 13; *Terlau*, in: Michalski, GmbHG, § 39 Rn. 11.

46 *Schneider*, in: Scholz, GmbHG, § 39 Rn. 13; *Terlau*, in: Michalski, GmbHG, § 39 Rn. 11.

II. Inhalt und Form

13 Die Anmeldung muss vom Wortlaut her nicht der künftigen Eintragung entsprechen.[47] Das Registergericht muss den Wortlaut der Anmeldung nicht übernehmen, sondern kann diesen auch – inhaltlich korrespondierend – ändern.[48] Die Anmeldung ist zwingend elektronisch in öffentlich beglaubigter Form zum Handelsregister einzureichen (§§ 12 Abs. 1 S. 1 HGB, 129 BGB). Die Urkunden über die angemeldete Änderung sind elektronisch (eingescannte Urschrift, § 12 Abs. 2 HGB) mit einzureichen. Insoweit ist etwa eine elektronisch beglaubigte Abschrift eines Einschreiben-Rückscheins ausreichend.[49] Bei notariell beglaubigten oder beurkundeten Anlagen muss ein mit einer qualifizierten elektronischen Signatur versehenes Dokument übermittelt werden (§§ 12 HGB, 39a BeurkG).

14 Wenn der Alleingesellschafter die Abberufung des im Amt befindlichen Geschäftsführers und seine eigene Bestellung formgerecht anmeldet, braucht er keinen Gesellschafterbeschluss über diese Veränderungen einzureichen. Vielmehr ist in der Anmeldung zum Handelsregister die Niederschrift des Bestellungsbeschlusses zu sehen.[50] Bei Bestellung oder Abberufung eines Geschäftsführers muss der Anmeldende den Zugang der entsprechenden Erklärung nicht nachweisen.[51] Von der Rechtsprechung wird dagegen bei Amtsniederlegung ein urkundlicher Nachweis darüber verlangt, dass die Erklärung dem zuständigen Organ zugegangen ist.[52]

III. Prüfungsrecht des Registergerichts

15 Das Registergericht prüft, ob die Anmeldung ordnungsgemäß erfolgt ist, d.h. ob sie formgerecht und die Eintragung gesetzlich zulässig ist.[53] Umstritten ist, ob das Registergericht auch die **materielle Wirksamkeit** des zugrunde liegenden Rechtsgeschäfts (Gesellschafterbeschluss etc.) prüfen darf bzw. muss. Überwiegend wird eine solche umfassende Prüfungsbefugnis zutreffend abgelehnt.[54] Ausnahmsweise kann eine solche zu bejahen sein, wenn sich aus den beigefügten Unterlagen offenkundige Unwirksamkeitsgründe ergeben oder begründete Zweifel an der Richtigkeit der

---

47 *Paefgen*, in: Ulmer/Habersack/Winter, GmbHG, § 39 Rn. 28; *Terlau*, in: Michalski, GmbHG, § 39 Rn. 12; *Zöllner/Noack*, in: Baumbach/Hueck, GmbHG, § 39 Rn. 14.

48 OLG Köln, NJW-RR 2004, 1106, 1107; *Schmidt*, in: Ensthaler/Füller/Schmidt, GmbHG, § 39 Rn. 12.

49 OLG Hamm, GmbHR 2010, 1092 f.

50 OLG Jena, GmbHR 2003, 113 (nur LS); *Zöllner/Noack*, in: Baumbach/Hueck, GmbHG, § 39 Rn. 16; kritisch *Altmeppen*, in: Roth/Altmeppen, GmbHG, § 39 Rn. 12.

51 OLG Hamm, NZG 2003, 131 f.

52 OLG Naumburg, NJW-RR 2001, 1183, 1185; OLG Düsseldorf, NZG 2004, 1068, 1069; OLG Frankfurt, ZIP 2006, 1769, 1770 (bei Zweifeln am Zugang).

53 OLG Düsseldorf, NJW-RR 2001, 902, 903; BayObLG, NJW-RR 2001, 469.

54 OLG Naumburg, NJW-RR 2001, 1183, 1184; *Altmeppen*, in: Roth/Altmeppen, GmbHG, § 39 Rn. 15 ff.; *Jacoby*, in: Bork/Schäfer, GmbHG, § 39 Rn. 12; *Schneider*, in: Scholz, GmbHG, § 39 Rn. 22; *Terlau*, in: Michalski, GmbHG, § 39 Rn. 17; a.A. OLG Köln, WM 1988, 1749 f.; OLG Hamm, NJW-RR 2002, 762, 763.

Angaben bestehen.[55] Mindestens soll daher die Zuständigkeit des beschließenden Gremiums geprüft werden,[56] bzw. ob der Gesellschafterbeschluss formell ordnungsgemäß zustande kam.[57] Sofern der Gesellschafterbeschluss nicht nichtig, sondern lediglich anfechtbar ist, ist die Wirksamkeit des Beschlusses bis zu einem rechtskräftigen Urteil zu beachten.[58]

16 Anderes gilt nur, sofern dieser offensichtlich und zweifelsfrei willkürlich ist.[59] Ist ein Sachverhalt unaufklärbar, darf bzw. muss der Registerrichter eine Eintragung wegen mangelnder zuverlässiger Prüfungsmöglichkeit vorläufig ablehnen oder das Verfahren nach §§ 28, 381 FamFG aussetzen.[60] Die Eintragung eines Geschäftsführers aus einem Nicht-EU-Staat darf nicht mit dem Grund abgelehnt werden, ausländerrechtliche Erfordernisse hinsichtlich eines Aufenthalts bzw. einer Berufsausübung im Inland seien nicht erfüllt.[61] Wird eine Eintragung als Geschäftsführer abgelehnt, kann nach § 58 Abs. 1 FamFG Beschwerde eingelegt werden.[62] Auch gegen eine die Unvollständigkeit der Antragsunterlagen rügende Zwischenverfügung ist die Beschwerde möglich (§ 382 Abs. 4 FamFG).[63]

17 Die Anmeldung stellt verfahrensrechtlich eine Erklärung gegenüber dem Registergericht dar (§ 25 FamFG). Sie wird mit Zugang beim zuständigen Registergericht wirksam (§ 130 Abs. 1 S. 1 BGB analog).[64] Zuständig ist das für den Sitz der Gesellschaft zuständige Registergericht (§§ 23a Abs. 1 Nr. 2, Abs. 2 Nr. 3, 23d GVG, 377 Abs. 1 FamFG). Durch die Aufhebung des § 13c Abs. 1 HGB erfolgen Eintragungen in Bezug auf Zweigniederlassungen nur noch beim Gericht des Hauptsitzes (vgl. Art. 61 Abs. 6 EGHGB). Die ordnungsgemäße Anmeldung kann durch die Festsetzung eines Zwangsgelds durchgesetzt werden (§ 14 HGB i.V.m. §§ 388 ff. FamFG).

55 BGH, NJW-RR 2011, 1184 f.; OLG Hamm, NJW-RR 1997, 417, 418; OLG Düsseldorf, GmbHR 2001, 243, 244; BayObLG, NJW-RR 2001, 469; OLG Frankfurt, GmbHR 2009, 378, 379 (Beschlussergebnis muss offensichtlich und zweifelsfrei willkürlich sein); siehe auch *Schmidt*, in: Ensthaler/Füller/Schmidt, GmbHG, § 39 Rn. 15; *Zöllner/Noack*, in: Baumbach/Hueck, GmbHG, § 39 Rn. 19.

56 BayObLG, GmbHR 1992, 304, 305 f.; BayObLG, NJW-RR 2001, 469; *Kleindiek*, in: Lutter/Hommelhoff, GmbHG, § 39 Rn. 9; *Paefgen*, in: Ulmer/Habersack/Winter, GmbHG, § 39 Rn. 38; *Schneider*, in: Scholz, GmbHG, § 39 Rn. 23; *Terlau*, in: Michalski, § 39 Rn. 17; *Zöllner/Noack*, in: Baumbach/Hueck, GmbHG, § 39 Rn. 19.

57 OLG Köln, NZG 2002, 381, 382; OLG München, DB 2011, 2025 ff. (formelle Voraussetzungen und Richtigkeit der mitgeteilten Tatsachen).

58 BayObLG, NJW-RR 1992, 295, 296; OLG Hamm, NJW-RR 1997, 417, 418.

59 OLG Frankfurt, GmbHR 2009, 378, 379.

60 *Altmeppen*, in: Roth/Altmeppen, GmbHG, § 39 Rn. 17; *Jacoby*, in: Bork/Schäfer, GmbHG, § 39 Rn. 12; OLG Hamm, NJW-RR 1999, 452, 453.

61 OLG Frankfurt, NJW 1977, 1595; OLG Düsseldorf, DB 1977, 1840; a.A. LG Köln, GmbHR 1984, 157, 158.

62 BayObLG, NJW-RR 2000, 414.

63 *Jacoby*, in: Bork/Schäfer, GmbHG, § 39 Rn. 13.

64 BayObLG, NJW-RR 2004, 1039, 1040.

D. Versicherung des Geschäftsführers nach Abs. 3

18 Der neu bestellte Geschäftsführer hat im Rahmen der Anmeldung zu versichern, dass die in Abs. 3 durch Verweis erwähnten persönlichen Tatsachen (Berufsverbot, Vorstrafen) seiner Bestellung nicht entgegen stehen. Dadurch soll dem Registergericht eine ordnungsgemäße Eintragungskontrolle ermöglicht werden. Bei der Versicherung des Geschäftsführers, dass der Bestellung entgegenstehende Umstände nicht vorliegen, genügte lange eine pauschale Bezugnahme auf die in Abs. 3 angegebenen Regelungen nicht. Vielmehr musste jedes Hindernis einzeln aufgeführt und verneint werden.[65] Allerdings müssen nun die Straftatbestände, die ein Bestellungshindernis bilden können, nicht im Einzelnen aufgezählt werden.[66] Beschränkt der Geschäftsführer seine Versicherung dahingehend, ihm sei keine Tätigkeit bezogen auf den Unternehmensgegenstand der GmbH untersagt, reicht dies jedoch nicht aus.[67] Sofern ein Bestellungshindernis vorliegt, muss in der Versicherung deutlich werden, dass dieses zeitlich an die Rechtskraft der Verurteilung anknüpft.[68] Außerdem hat der Geschäftsführer zu versichern, dass er über seine unbeschränkte Auskunftspflicht gegenüber dem Gericht belehrt worden ist.

19 Eine Vertretung scheidet, da es sich um eine höchstpersönliche Erklärung handelt, aus. Falsche Angaben bzgl. der Versicherung sind nach § 82 Abs. 1 Nr. 5 strafbewehrt. Die Versicherung des neu bestellten Geschäftsführers soll nicht unwirksam sein, wenn sie am Tag des betreffenden Gesellschafterbeschlusses, welcher ein Wirksamwerden der Bestellung erst für einen künftigen Zeitpunkt vorsieht, abgegeben worden ist.[69]

§ 40 Liste der Gesellschafter

(1) [1]Die Geschäftsführer haben unverzüglich nach Wirksamwerden jeder Veränderung in den Personen der Gesellschafter oder des Umfangs ihrer Beteiligung eine von ihnen unterschriebene Liste der Gesellschafter zum Handelsregister einzureichen, aus welcher Name, Vorname, Geburtsdatum und Wohnort der letzteren sowie die Nennbeträge und die laufenden Nummern der von einem jeden derselben übernommenen Geschäftsanteile zu entnehmen sind. [2]Die Änderung der Liste durch die Geschäftsführer erfolgt auf Mitteilung und Nachweis.

(2) [1]Hat ein Notar an Veränderungen nach Absatz 1 Satz 1 mitgewirkt, hat er unverzüglich nach deren Wirksamwerden ohne Rücksicht auf etwaige später eintretende Unwirksamkeitsgründe die Liste anstelle der Geschäftsführer zu unter-

65 Vgl. BayObLG, WM 1983, 1402, 1403.
66 BGH, WM 2010, 1368 ff.; OLG Hamm, NJW-RR 2011, 833 f.; a.A. OLG München, NZG 2009, 717 f.
67 OLG Frankfurt, GmbHR 2010, 918 ff.
68 BGH, NJW-RR 2011, 1257 f.
69 OLG Hamm, GmbHR 2010, 1091 f.

schreiben, zum Handelsregister einzureichen und eine Abschrift der geänderten Liste an die Gesellschaft zu übermitteln. [2]Die Liste muss mit der Bescheinigung des Notars versehen sein, dass die geänderten Eintragungen den Veränderungen entsprechen, an denen er mitgewirkt hat, und die übrigen Eintragungen mit dem Inhalt der zuletzt im Handelsregister aufgenommenen Liste übereinstimmen.

(3) Geschäftsführer, welche die ihnen nach Absatz 1 obliegende Pflicht verletzen, haften denjenigen, deren Beteiligung sich geändert hat, und den Gläubigern der Gesellschaft für den daraus entstandenen Schaden als Gesamtschuldner.

Übersicht **Rdn.**

Schrifttum

Berninger, Zuständigkeit des Notars zur Einreichung einer aktualisierten Gesellschafterliste bei sog. »mittelbarer Mitwirkung»?, DStR 2010, 1292; *Bussian/Achenbach,* Haftung des GmbH-Geschäftsführers für die Gesellschafterliste trotz Mitwirkung des Notars?, BB 2010, 778; *Hasselmann,* Die Gesellschafterliste nach § 40 GmbHG: Inhalt und Zuständigkeit, NZG 2009, 449; *Ising,* Gesellschafterliste nach Umwandlungen: Probleme in der Praxis, NZG 2010, 812; *Liebscher/Goette,* Korrektur einer von einem Notar eingereichten Gesellschafterliste, DStR 2010, 2038; *Link,* Gesellschafterliste und gutgläubiger Erwerb von GmbH-Anteilen aus Sicht der Notarpraxis, RNotZ 2009, 193; *Mayer,* Aufwertung der Gesellschafterliste durch das MoMiG – Fluch oder Segen?, ZIP 2009, 1037; *ders.,* Der Erwerb einer GmbH nach den Änderungen durch das MoMiG, DNotZ 2008, 403; *Melchior,* Die GmbH-Gesellschafterliste – ein Zwischenstand, GmbHR 2010, 418; *Oppermann,* Schutz des bedingten Erwerbs von GmbH-Anteilen, DB 2009, 2306; *Preuß,* in: FS Spiegelberger, 2009, S. 876; *Seibert/Wede-*

mann, Der Schutz der Privatanschrift im elektronischen Handels- und Unternehmensregister, GmbHR 2007, 17; *Wachter,* Unternehmensnachfolge bei der GmbH und GmbH & Co. KG nach dem MoMiG, DB 2009, 159; *Wicke,* »Best Practice« bei der Nummerierung in der Gesellschafterliste, MittBayNot 2010, 283; *ders.,* Die GmbH-Gesellschafterliste im Fokus der Rechtsprechung, DB 2011, 1037; *Zinger/Erber,* Der Testamentsvollstreckervermerk in der Gesellschafterliste, NZG 2011, 286.

A. Überblick

1 § 40 regelt die Führung und Aktualisierung der in das Handelsregister aufzunehmenden Gesellschafterliste. Die Gesellschafterliste wurde durch das MoMiG deutlich aufgewertet und ist so neben der Satzung zum wichtigsten GmbH-Dokument geworden.[1] Sie bezweckt zum einen die zuverlässige **Information Dritter**, insbesondere von Gläubigern.[2] Zum anderen dient sie auch gesellschaftsinternen Zwecken, indem sie im Rahmen des § 16 die Legitimation gegenüber der Gesellschaft ermöglicht und die Grundlage für den gutgläubigen Erwerb von Geschäftsanteilen schafft. § 40 hat damit **»Vorfeldfunktion« gegenüber § 16**: Nur wer in der im Handelsregister aufgenommenen Gesellschafterliste als Inhaber eines Geschäftsanteils eingetragen ist, gilt im Verhältnis zur Gesellschaft als Gesellschafter (§ 16 Abs. 1 S. 1) und kann den Geschäftsanteil u.U. sogar als Nichtberechtigter wirksam an einen gutgläubigen Erwerber veräußern (§ 16 Abs. 3). Wird die Aktualisierung der Gesellschafterliste versäumt, kann ein neuer Gesellschafter seine Mitgliedschaftsrechte nicht wahrnehmen, insbesondere sein Stimmrecht nicht ausüben, und läuft ggf. Gefahr, den Geschäftsanteil zugunsten eines gutgläubigen Erwerbers wieder zu verlieren. Deshalb verpflichtet § 40 Geschäftsführer ebenso wie Notare, unverzüglich nach Wirksamwerden jeder Veränderung in den Personen der Gesellschafter oder des Umfangs ihrer Beteiligung eine neue Gesellschafterliste zum Handelsregister einzureichen.

2 Die **Abfolge der Absätze** in § 40 hat keine systematischen, sondern allein historische Gründe: § 40 a.F. verpflichtete in Abs. 1 S. 1 allein die Geschäftsführer zur Einreichung einer aktualisierten Gesellschafterliste, Notare sollten gemäß Satz 2 lediglich von ihnen nach § 15 Abs. 3 beurkundete Geschäftsanteilsabtretungen anzeigen; Abs. 2 regelte insoweit die Schadensersatzhaftung von Geschäftsführern gegenüber der Gesellschaft. Entsprechend regelt § 40 n.F. in Abs. 1 zunächst die Einreichungspflicht der Geschäftsführer und erst in Abs. 2 die – neue – Einreichungspflicht auch des Notars, die an die Stelle der früheren Anzeigepflicht getreten ist, in Abs. 3 schließlich die (ebenfalls ausgeweitete) Schadensersatzhaftung der Geschäftsführer. **Systematisch vorrangig**, weil verdrängend, ist die erst in Abs. 2 geregelte **Einreichungspflicht des Notars**: Wenn ein Notar an der Veränderung mitgewirkt hat, hat er die Gesellschafterliste »anstelle der Geschäftsführer« zu unterschreiben und – versehen mit einer entsprechenden Notarsbescheinigung – einzureichen. Damit ist im

1 Vgl. *Bayer,* in: Lutter/Hommelhoff, GmbHG, § 40 Rn. 1.

2 Vgl. *Zöllner/Noack,* in: Baumbach/Hueck, GmbHG, § 40 Rn. 1; *Altmeppen,* in: Roth/Altmeppen, GmbHG, § 40 Rn. 1.

tatsächlichen Regelfall, insbesondere der Anteilsabtretung nach § 15 Abs. 3, allein der Notar für die Einreichung der Gesellschafterliste zuständig. Die subsidiäre Zuständigkeit der Geschäftsführer nach Abs. 1 greift demgegenüber bei allen Veränderungen, an denen kein Notar mitgewirkt hat. Dies betrifft insbesondere den Anteilsübergang durch Erbfall (§ 1922 BGB) und die Teilung, Zusammenlegung oder Einziehung von Geschäftsanteilen nach § 46 Nr. 4.

B. Inhalt der Gesellschafterliste

3 Die Gesellschafterliste hat (mit Name, Vorname, Geburtsdatum und Wohnort) sowohl bestimmte gesellschafterbezogene Angaben als auch (mit Nennbeträgen und laufenden Nummern) bestimmte geschäftsanteilsbezogene Angaben zu enthalten. Sie wird im Gegensatz zum Handelsregister und zum Grundbuch nicht chronologisch mit Streichungen und Einfügungen geführt, sondern bei jeder Einreichung insgesamt neu und mit Angaben nur zum aktuellen Gesellschafterkreis und Beteiligungsumfang erstellt.[3] Die einzelne Gesellschafterliste ist damit nach ihrer Konzeption nur eine »**Momentaufnahme**«, eine Anteilshistorie wird erst durch Beiziehen auch der älteren Gesellschafterlisten erkennbar.

4 Die Gesellschafterliste darf jedoch – über die gesetzlich geforderten Angaben hinaus – eine sog. **Veränderungsspalte** enthalten.[4] In dieser können die gegenüber der alten Liste vorgenommenen Änderungen transparent gemacht werden, z.B. durch den Hinweis, dass neue Anteile durch die Teilung eines bestimmten alten Anteils entstanden sind. Eine solche Veränderungsspalte mag es dann z.B. im Rahmen einer Due Diligence erleichtern, bereits anhand der Gesellschafterlisten die Anteilshistorie nachzuvollziehen; gesetzlich gefordert oder aus sonstigen Gründen zwingend ist sie jedoch nicht. Oftmals wird die damit einhergehende Publizität von den Parteien auch gar nicht gewünscht sein.

5 Weitere **Zusatzangaben** zu Gesellschaftern, etwa zu Insolvenz, Testamentsvollstreckung, Betreuung, Nachlassverwaltung oder Pflegschaft, sind jedenfalls nicht eintragungspflichtig. Solange die Registerpraxis ihre Eintragungsfähigkeit nicht geklärt hat, sollte auf solche Zusätze verzichtet werden.[5]

I. Gesellschafterbezogene Angaben

6 Bei **natürlichen Personen** sind Name, Vorname, Geburtsdatum und Wohnort des Gesellschafters anzugeben, also etwa »Max Müller, geb. am 7.11.1971, wohnhaft in Bonn«. Gesellschafter ist (nur) der dingliche Inhaber der Geschäftsanteile, bei einer

3 *Zöllner/Noack*, in: Baumbach/Hueck, GmbHG, § 40 Rn. 8.

4 OLG Jena, NZG 2010, 591.

5 *Zöllner/Noack*, in: Baumbach/Hueck, GmbHG, § 40 Rn. 15: »Keine Kürangaben«; *Melchior*, GmbHR 2010, 418, 421, hält derartige Zusätze für eintragungsfähig, solange sie keine Zweifel an der Wirksamkeit der Veränderung aufkommen lassen.

Treuhand also nur der Treuhänder. »Wohnort« bedeutet die politische Gemeinde; schon wegen der jedermann möglichen Online-Einsicht sollte daher nicht die gesamte Privatanschrift angegeben werden.[6] Der Zweck der Gesellschafterliste, die Identifikation des Gesellschafters zu ermöglichen, wird auch bei Gesellschaftern, die einen »Allerweltsnamen« tragen und in einer Großstadt wohnen, in aller Regel jedenfalls durch das zusätzlich anzugebende Geburtsdatum erreicht. Weitere Angaben wie Beruf oder Geburtsort sind zulässig, aber weder zwingend noch sinnvoll.

7 Bei **Kapital- und Personenhandelsgesellschaften** sind deren Firma und Sitz anzugeben; zweckmäßig und üblich ist darüber hinaus die Angabe des Registergerichts und der HRA/HRB-Nummer.[7] Die Eintragung lautet damit z.B. »Müller Beteiligungs-GmbH mit Sitz in Bonn, eingetragen im Handelsregister des AG Bonn unter HRB 1000«. Bei **eigenen Anteilen** ist die GmbH selbst als Inhaberin anzugeben.

8 Ist an der GmbH eine **Gesellschaft bürgerlichen Rechts** beteiligt, so sind entsprechend § 162 Abs. 1 S. 2 HGB und § 47 Abs. 2 GBO auch deren Mitglieder unter Angabe von Name, Wohnort und Geburtsdatum zu bezeichnen (»Müller Familien-GbR bestehend aus…«).[8] Entsprechendes gilt für die Mitglieder einer Erbengemeinschaft, Gütergemeinschaft oder Bruchteilsgemeinschaft.

II. Geschäftsanteilsbezogene Angaben

9 In der Gesellschafterliste ist jeder Geschäftsanteil nach Nennbetrag und laufender Nummer zu bezeichnen. Die Art der **laufenden Nummerierung** steht mangels gesetzlicher Vorgaben grundsätzlich im Ermessen des Listenerstellers.[9] Entscheidend ist, dass die gewählte Art der Nummerierung »laufend« und allgemein verständlich ist und dass die Kontinuität zur vorherigen Gesellschafterliste gewahrt wird. Am sinnvollsten ist die Vergabe durchgehender arabischer Nummern, so dass bei einer GmbH mit 25 Geschäftsanteilen zu je EUR 1.000 die Nummern 1 bis 25 vergeben werden. Eine »Nummerierung« etwa mit den Buchstaben a bis y oder römischen Zahlen von I bis XXV wäre zwar ebenfalls zulässig, da »laufend« und allgemein verständlich;[10] sie erweist sich aber spätestens dann als problematisch, wenn nachträglich weitere Anteile geschaffen werden und entsprechend nummeriert werden sollen.

10 Für den Fall der **Teilung oder Zusammenlegung von Anteilen** wird vertreten, dass »verbrauchte« Nummern nicht reaktiviert werden dürfen. Nach einer Auffassung sind daher stets neue Nummern zu vergeben, die sich an die zuletzt vergebene Num-

---

6 *Seibert/Wedemann,* GmbHR 2007, 17, 19.

7 Vgl. *Zöllner/Noack,* in: Baumbach/Hueck, GmbHG, § 40 Rn. 10.

8 Vgl. *Krafka/Willer/Kühn,* Registerrecht, 8. Aufl. 2010, Rn. 1101; § 47 Abs. 2 GBO wurde neu gefasst als Reaktion auf BGH, NJW 2009, 594 (Eintragung einer GbR in das Grundbuch nur unter ihrer Bezeichnung).

9 BGH, DStR 2011, 779, 780.

10 A.A. *Paefgen,* in: Ulmer/Habersack/Winter, GmbHG, § 40 (MoMiG) Rn. 21.

mer anschließen:[11] Wird der bisher einzige Geschäftsanteil Nr. 1 im Nennbetrag zu EUR 25.000 in zwei Anteile zu je EUR 12.500 geteilt, müssen diese demnach die Nummern 2 und 3 erhalten; werden sie später erneut zusammengelegt, erhält der neue Anteil die Nummer 4. Nach anderer Auffassung sollten in Anlehnung an DIN 1421 Abschnittsnummern vergeben werden; die beiden geteilten Anteile erhielten somit die neuen Nummern 1.1 und 1.2, um anzuzeigen, dass sie durch Teilung des bisherigen Anteils Nr. 1 entstanden sind;[12] bei erneuter Zusammenlegung wäre ggf. eine neue Abschnittsnummer 2 zu vergeben. Derartige Zählsysteme können Veränderungen zwischen neuen und alten Gesellschafterlisten transparent machen – ein Ziel, das sich allerdings auch durch eine zusätzliche Veränderungsspalte erreichen ließe (Rdn. 4). Sie erhöhen jedoch zugleich die Komplexität, weil die Nummern in der aktuellen Gesellschafterliste eben nicht mehr fortlaufend sind und die Nummern von Geschäftsanteilen über der Gesamtzahl der Anteile liegen können: Halten z.B. fünf Gesellschafter zunächst Anteile zu je EUR 5.000 und stellt die Gesellschaft sodann vollständig auf Ein-Euro-Anteile um, müssten die 25.000 neuen Anteile nach der ersten Auffassung die Nummern 6 bis 25.005, nach der zweiten Auffassung die Nummern 1.1 bis 1.5000, 2.1 bis 2.5000 etc. erhalten. Ebenfalls praktikabel und zulässig ist es, die 25.000 Anteile künftig mit den Nummern 1 bis 25.000 zu bezeichnen; hierbei sollten die jeweils auf EUR 1 abgeschmolzenen »Alt-Anteile« die Nummern 1 bis 5 behalten.[13]

11 Wenn sich ein Geschäftsanteil selbst nicht ändert, behält er grundsätzlich die **einmal festgelegte Nummer.**[14] Wenn Anteile z.B. veräußert werden, ist eine Neunummerierung regelmäßig nicht sinnvoll; sie ist aber zulässig, sofern – aufgrund entsprechender Nachweise in einer Veränderungsspalte – keine Zweifel aufkommen können, welche Anteile bestanden und durch welche Abtretungsketten in die Hand des neuen Gesellschafters gelangt sind.[15]

12 **Dingliche Belastungen** eines Geschäftsanteils (Pfändung, Verpfändung oder Nießbrauch) sind nicht anzugeben.[16] Im Aktienregister nach § 67 AktG, dem die Gesellschafterliste angenähert ist, wären entsprechende Belastungen einer Aktie nach h.M. zwar nicht eintragungspflichtig, aber doch eintragungsfähig;[17] das LG Aachen hat

11 *Paefgen,* in: Ulmer/Habersack/Winter, GmbHG, § 40 (MoMiG) Rn. 24; *Hasselmann,* NZG 2009, 449, 450.

12 OLG Jena, NZG 2010, 591; *Mayer,* ZIP 2009, 1037, 1042.

13 Auch nach *Wachter,* NZG 2009, 1001, 1004, *Mayer,* DNotZ 2008, 403, 407 und *Frank,* in: BeckHdbGmbHR, Formular D.II.3 Anm. 3 ist es zulässig, dass ein Restanteil die Nummer des alten Anteils behält.

14 OLG Bamberg, NZG 2010, 675; LG Augsburg, NZG 2009, 1032; a.A. LG Stendal, NZG 2010, 393; für Neunummerierung bei Unübersichtlichkeit *Wicke,* MittBayNot 2010, 283, 284.

15 BGH, DStR 2011, 779, 780.

16 *Paefgen,* in: Ulmer/Habersack/Winter, GmbHG, § 40 (MoMiG) Rn. 27; *Terlau,* in: Michalski, GmbHG, § 40 Rn. 12; *Hasselmann,* NZG 2009, 449, 450 f.

17 *Cahn,* in: Spindler/Stilz, AktG, § 67 Rn. 24.

daher die Eintragung des Nießbrauchs an einem Geschäftsanteil auch in der Gesellschafterliste zugelassen.[18] Dagegen spricht jedoch, dass die Möglichkeit eines gutgläubig lastenfreien Erwerbs im Gesetzgebungsverfahren zum MoMiG ausführlich diskutiert und insbesondere aus der Erwägung heraus abgelehnt wurde, dass sonst Inhaber beschränkt dinglicher Rechte zur Sicherung ihrer Position auf deren Offenlegung in der Gesellschafterliste bestehen müssten.[19] Besteht aber die Möglichkeit eines gutgläubig lastenfreien Erwerbs nicht, so sollte die Gesellschafterliste nicht (von Fall zu Fall uneinheitlich) mit gesetzlich nicht vorgesehenen Informationen überfrachtet werden.

13 In der Veränderungsspalte (oben Rdn. 4) kann auch nicht vermerkt werden, dass ein Anteil unter einer noch nicht eingetretenen **aufschiebenden Bedingung** (z.B. Kaufpreiszahlung) abgetreten wurde; denn die Liste ist nach Abs. 1 und 2 erst »nach dem Wirksamwerden der Veränderung einzureichen«, damit nach dem (durch den Notar zu überwachenden) Eintritt der Bedingung.[20] Den Parteien bleibt es jedoch unbenommen, einen Widerspruch zur Liste zu bewilligen und der Liste zuordnen zu lassen (§ 16 Abs. 3 S. 4 ff., siehe § 16 Rdn. 52 ff.).

14 Schließlich wird vertreten, dass auch **untergegangene Anteile** anzugeben sind und insoweit auch jeweils der Rechtsgrund für den Untergang (z.B. Einziehung) zu nennen ist.[21] Dem Gesetz ist ein derartiges Erfordernis nicht zu entnehmen; es sieht die Gesellschafterliste als »Momentaufnahme« (Rdn. 3). Da in den fraglichen Fällen – neben der Einziehung insbesondere auch die Teilung und Zusammenlegung von Anteilen – regelmäßig nicht ein Notar, sondern die nicht immer juristisch beratenen Geschäftsführer einreichungspflichtig sind (§ 40 Abs. 1), sollte auf ungeschriebene Voraussetzungen für eine ordnungsgemäße Gesellschafterliste verzichtet werden. Entsprechende Angaben sind daher zwar zulässig, aber nicht zwingend.

C. Relevante Veränderungen

15 Die Gesellschafterliste ist »unverzüglich nach Wirksamwerden jeder Veränderung in den Personen der Gesellschafter oder des Umfangs ihrer Beteiligung« zu aktualisieren. § 40 stellt damit nicht unmittelbar auf eine Änderung der in der Gesellschafterliste vermerkten gesellschafter- oder geschäftsanteilsbezogenen Angaben ab (was nahe gelegen hätte), sondern zieht tatbestandlich eine – wenig glückliche – Parallele zur Formulierung in § 16 Abs. 1.

---

18 LG Aachen, NZG 2009, 1157; für Eintragungsfähigkeit auch *Link,* RNotZ 2009, 193, 204.

19 Vgl. *DAV,* NZG 2007, 211, 215.

20 OLG Hamburg, NZG 2010, 1057; OLG München, BB 2009, 2167 mit Anm. *Wachter.*

21 Dafür etwa *Zöllner/Noack,* in: Baumbach/Hueck, GmbHG, § 40 Rn. 14 und *Bayer,* in: Lutter/Hommelhoff, GmbHG, § 40 Rn. 8; anders wohl *U.H. Schneider,* in: Scholz, GmbHG, Nachtrag MoMiG, § 40 Rn. 12.

I. Veränderung in den Personen der Gesellschafter

16 Eine »**Veränderung in den Personen der Gesellschafter**« liegt vor, wenn sich die Zusammensetzung des Gesellschafterkreises ändert. Dies kann sowohl auf Einzelrechtsnachfolge (Abtretung, Versteigerung, Kaduzierung) als auch auf Gesamtrechtsnachfolge (Erbfall, Verschmelzung, Spaltung, Begründung einer Gütergemeinschaft, Anwachsung) beruhen. Zur Anwachsung kommt es, wenn ein Geschäftsanteil durch eine Personengesellschaft gehalten wird und aus dieser alle bis auf einen Gesellschafter ausscheiden.

17 Wenn sich demgegenüber nur der **Name** eines Gesellschafters (die Gesellschafterin Meier nimmt durch Heirat den Namen Müller an) oder dessen **Wohnort** ändert (der Gesellschafter Müller zieht von Bonn nach Düsseldorf), ändern sich zwar die in die Gesellschafterliste aufzunehmenden gesellschafterbezogenen Angaben; es handelt sich aber nicht um eine Veränderung gerade in der Person des Gesellschafters. Der Zweck des § 40 verlangt gleichwohl eine erweiternde Auslegung: Die Angabe von Name und Wohnort (bzw. Firma und Sitz) des Gesellschafters soll auch Dritten die Identifizierung des Gesellschafters ermöglichen; diese Informationsfunktion kann die Gesellschafterliste nur erfüllen, wenn sie in jeder Hinsicht aktuell gehalten wird. Eine Pflicht zur Aktualisierung der Gesellschafterliste besteht daher auch dann, wenn der Gesellschafter zwar identisch bleibt, sich aber die gesellschafterbezogenen Angaben ändern.[22] Entsprechendes gilt beim Wechsel im Gesellschafterkreis einer beteiligten **GbR** (vgl. Rdn. 8) sowie beim **Formwechsel** eines Gesellschafters (die Gesellschafterin Z-GmbH firmiert nach einem Formwechsel als Z-AG); auch bei diesem bleibt die Identität des Gesellschafters erhalten,[23] gleichwohl ist die Gesellschafterliste zu aktualisieren.

II. Veränderung des Beteiligungsumfangs

18 Zu einer »**Veränderung (nur) des Beteiligungsumfangs**« ohne gleichzeitige Veränderung in den Personen der Gesellschafter kommt es namentlich im Rahmen einer Kapitalerhöhung oder -herabsetzung. Vom Wortlaut ggf. schon nicht mehr erfasst sind Teilungen und Zusammenlegungen von Geschäftsanteilen, weil hier jedenfalls der Gesamt-Umfang der Beteiligung eines Gesellschafters unverändert bleibt. Auch insoweit ist § 40 erweiternd auszulegen: »Veränderung des Beteiligungsumfangs» ist auch jede Änderung der in der Gesellschafterliste anzugebenden Nennbeträge und der laufenden Nummern der von einem Gesellschafter gehaltenen Geschäftsanteile.

19 **Keine Veränderung** in diesem Sinne bewirkt dagegen die dingliche Belastung eines Geschäftsanteils oder die Abtretung eines Geschäftsanteils unter einer (noch nicht eingetretenen) aufschiebenden Bedingung (dazu Rdn. 12 f.).

---

22 Ähnlich *U.H. Schneider,* in: Scholz, GmbHG, Nachtrag MoMiG, § 40 Rn. 6.

23 Vgl. § 202 Abs. 1 Nr. 1 UmwG; BT-Drs. 12/6699, S. 136.

III. Mehrfache Veränderungen

20 Zeitlich aufeinander folgende Veränderungen sind in **separaten Gesellschafterlisten** offen zu legen, auch wenn sie durch den bei Einreichung der Listen erreichten Rechtszustand bereits wieder überholt sein sollten.[24] Denn zum einen ist die Gesellschafterliste jeweils als »Momentaufnahme« konzipiert, so dass jedenfalls bei Fehlen einer Veränderungsspalte die Anteilshistorie erst aus der Abfolge der einzelnen Gesellschafterlisten erkennbar wird. Zum anderen kann auch die Zuständigkeit (Einreichung durch Notar oder Geschäftsführer) für die einzelnen Veränderungen unterschiedlich sein (Rdn. 23). Bei gleichzeitiger Einreichung können die Listen zur Unterscheidung mit entsprechenden Überschriften (»Gesellschafterliste nach Teilung...«) oder auch Uhrzeiten versehen werden bzw. sollten Anweisungen gegeben werden, in welcher Reihenfolge die Listen aufzunehmen sind.[25]

21 Veränderungen, die **gleichzeitig** erfolgt sind, dürfen dagegen in einer Liste zusammengefasst werden, jedenfalls sofern dies nicht den Einblick in die Entstehung der Anteilsverhältnisse versperrt.[26] Im Zweifel wird sich aber auch hier die Einreichung separater Listen empfehlen.

D. Erstellung und Einreichung durch Geschäftsführer (Abs. 1)

I. Zuständigkeit

22 Die Geschäftsführer sind aufgrund der besonderen Regelung des § 8 Abs. 1 Nr. 3 bereits für die Erstellung und Einreichung der **Gründergesellschafterliste** (bei Erstanmeldung der GmbH) zuständig. Diese erste Liste ist von sämtlichen Geschäftsführern zu unterzeichnen, da »Anmeldende« in diesem Fall nach § 78 i.V.m. § 7 Abs. 1 sämtliche Geschäftsführer sind. Bei späteren Veränderungen ist demgegenüber stets zu prüfen, ob ein deutscher Notar an ihnen im Sinne des Abs. 2 »mitgewirkt» hat; bejaht man dies, ist der Notar »anstelle der Geschäftsführer«, somit ausschließlich, für die Einreichung der Gesellschafterliste zuständig. In den danach verbleibenden Fällen (insbesondere Erbfall und Teilung, Zusammenlegung oder Einziehung von Geschäftsanteilen nach § 46 Nr. 4, Beurkundung vor einem ausländischen Notar[27]) bleiben die **Geschäftsführer** für die Erstellung und Einreichung der aktualisierten Gesellschafterliste zuständig, und zwar jeweils **in vertretungsberechtigter Zahl** (arg. § 78). Da den Geschäftsführern insoweit eine besondere Prüfungspflicht obliegt und sie für etwaige Pflichtverletzungen unmittelbar in die Haftung genommen werden (Abs. 3), haben die Geschäftsführer die Liste jedenfalls **persönlich** zu unterschreiben;

24 LG München I, GmbHR 2010, 151 mit Anm. *Wachter; Paefgen,* in: Ulmer/Habersack/Winter, GmbHG, § 40 (MoMiG) Rn. 18; *U.H. Schneider,* in: Scholz, GmbHG, Nachtrag MoMiG, § 40 Rn. 9; *Hasselmann,* NZG 2009, 449, 450.

25 LG München I, GmbHR 2010, 151 mit Anm. *Wachter.*

26 *Wicke,* GmbHG, § 40 Rn. 4.

27 *Paefgen,* in: Ulmer/Habersack/Winter, GmbHG, § 40 (MoMiG) Rn. 56.

Stellvertretung ist ausgeschlossen.[28] Jedoch wird man unechte Gesamtvertretung durch einen Geschäftsführer in Gemeinschaft mit einem Prokuristen deshalb nicht für unzulässig halten müssen (str.).[29]

23 Erfolgen **mehrere Veränderungen**, ist die Zuständigkeit (Notar oder Geschäftsführer) für jede Veränderung gesondert zu prüfen. Wird z.B. ein Geschäftsanteil zunächst durch einfachen Gesellschafterbeschluss ohne Mitwirkung des Notars geteilt (§ 46 Nr. 4) und beurkundet der Notar anschließend die Abtretung des entstandenen Teilanteils (§ 15 Abs. 3), so haben die Geschäftsführer in einer ersten Gesellschafterliste die Teilung offenzulegen und der Notar in einer zweiten Gesellschafterliste die Anteilsabtretung. Ein Verzicht auf die »Zwischenliste« wäre unzulässig.[30]

24 In **Zweifelsfällen** – die sich aufgrund des unklaren »Mitwirkungsbegriffs« in § 40 Abs. 2 häufiger ergeben können – empfiehlt es sich, dass vorsorglich **Geschäftsführer und Notar** die Gesellschafterliste unterzeichnen. Denn in diesem Fall steht fest, dass jedenfalls auch die zuständige Person unterzeichnet hat; das Registergericht darf die Aufnahme der Liste daher nicht verweigern.[31]

25 Die **Gesellschafter** trifft auch im Fall der Führungslosigkeit der Gesellschaft oder bei unbekanntem Aufenthalt der Geschäftsführer keine (subsidiäre) Pflicht zur Einreichung von Gesellschafterlisten. Notfalls ist die Bestellung eines Notgeschäftsführers zu veranlassen.[32] Selbst wenn der einzige Gesellschafter-Geschäftsführer verstorben ist, kann der Erbe sich oder eine andere Person zum Geschäftsführer bestellen und unverzüglich eine korrigierte Gesellschafterliste einreichen (lassen), § 16 Abs. 1 S. 2.

II. Änderung aufgrund Mitteilung und Nachweis (Satz 2)

26 Die Änderung der Liste durch die Geschäftsführer erfolgt – in Anlehnung an die entsprechende Regelung zum Aktienregister (§ 67 Abs. 3 AktG) – »auf Mitteilung und Nachweis« (Abs. 1 S. 2). Eine eigenmächtige Änderung ohne eine solche Mitteilung und ohne geeigneten Nachweis ist also grundsätzlich unzulässig (dazu noch Rdn. 30). Umgekehrt lösen regelmäßig erst Mitteilung und Nachweis eine **Prüfungspflicht** der Geschäftsführer aus, ob die Gesellschafterliste auf dieser Grundlage zu aktualisieren ist; die Prüfungspflicht ist somit keine ständige, sondern eine anlassbezogene.

27 Die **Mitteilung** muss durch einen Mitteilungsbefugten erfolgen und dem Geschäftsführer zugehen (§ 130 BGB analog). Mitteilungsbefugt sind der eingetragene Gesellschafter, den die Veränderung unmittelbar betrifft, und dessen Rechtsnachfolger, bei

---

28 *Bayer,* in: Lutter/Hommelhoff, GmbHG, § 40 Rn. 17; a.A. *Paefgen,* in: Ulmer/Habersack/Winter, GmbHG, § 40 (MoMiG) Rn. 39.

29 So aber jetzt OLG Jena, DB 2011, 1800; *Terlau,* in: Michalski, GmbHG, § 40 Rn. 21; a.A. *Paefgen,* in: Ulmer/Habersack/Winter, GmbHG, § 40 Rn. 16 f. zum alten Recht; vgl. *Krafka/Willer/Kühn,* Registerrecht, 8. Aufl. 2010, Rn. 106.

30 *Paefgen,* in: Ulmer/Habersack/Winter, GmbHG, § 40 (MoMiG) Rn. 37.

31 OLG Hamm, GmbHR 2010, 430.

32 BT-Drs. 16/6140, Anlage 3, S. 76 f.

Anteilsübergang also sowohl der Veräußerer als auch der Erwerber des Geschäftsanteils bzw. im Erbfall der Erbe. Stellvertretung ist zulässig. Die Mitteilung ist (vorbehaltlich abweichender Satzungsregelung) nicht formbedürftig und daher auch mündlich oder sogar konkludent, z.B. durch Übersendung eines geeigneten Nachweises, möglich.

28 An **Inhalt und Form des Nachweises** will eine verbreitete Auffassung »strenge Anforderungen« stellen.[33] So wird bei privatschriftlichen Gesellschafterbeschlüssen, die z.B. die Zusammenlegung oder Teilung von Geschäftsanteilen betreffen, die Vorlage der Urschrift oder einer beglaubigten Abschrift verlangt.[34] Für den Erbfall geht die Regierungsbegründung zum MoMiG davon aus, dass der Nachweis durch Vorlage eines entsprechenden Erbscheins geführt wird;[35] insoweit will die Literatur (entsprechend § 35 Abs. 1 S. 2 GBO) alternativ auch eine notarielle Verfügung von Todes wegen mit Eröffnungsniederschrift genügen lassen, nicht aber z.B. ein privatschriftliches Testament.[36] Dieser **Maßstab** mag im Regelfall das Richtige treffen – er ist jedoch nicht zu verabsolutieren, sondern **flexibel** zu halten, sowohl was den Inhalt als auch was die Form angeht. So ist kein Grund ersichtlich, warum etwa ein Geschäftsführer, dem sein Alleingesellschafter mittels einfacher Kopie, Fax oder PDF eine Anteilsteilung (oder auch eine im Ausland beurkundete Anteilsveräußerung) anzeigt, vor der Aktualisierung der Gesellschafterliste auf der Vorlage der Urschrift bestehen sollte.[37] Ebenso kann bei überschaubaren Familiengesellschaften und -verhältnissen auch ein privatschriftliches Testament ausreichen. Satzungsregelungen zu Inhalt und Form des Nachweises sind daher zwar möglich,[38] aber eher nicht zu empfehlen.[39]

29 Den Geschäftsführern ist, auch mit Blick auf die nach Abs. 3 angeordnete Haftung, keine Rechtsprüfung nach Maßstäben abzuverlangen, wie sie für Grundbuchämter oder Notare gelten, sondern eine **Plausibilitätsprüfung**: Sie haben die mitgeteilte Veränderung in der Person der Gesellschafter oder des Umfangs ihrer Beteiligungen anhand des Nachweises lediglich auf Plausibilität zu überprüfen.[40] Bei begründeten Zweifeln müssen sie sodann ggf. weitere Nachweise verlangen und notfalls auch

---

33 So *Bayer*, in: Lutter/Hommelhoff, GmbHG, § 40 Rn. 20; *Mayer*, DNotZ 2008, 403, 413; *Wachter*, DB 2009, 159, 160; im Ausgangspunkt auch *Paefgen*, in: Ulmer/Habersack/Winter, GmbHG, § 40 (MoMiG) Rn. 47.

34 *Paefgen*, in: Ulmer/Habersack/Winter, GmbHG, § 40 (MoMiG) Rn. 48; *Terlau*, in: Michalski, GmbHG, § 40 Rn. 17.

35 Begr. RegE MoMiG, BT-Drs. 16/6140, S. 39.

36 *Paefgen*, in: Ulmer/Habersack/Winter, GmbHG, § 40 (MoMiG) Rn. 48; *Link*, RNotZ 2009, 193, 200.

37 Ähnlich bereits *Link*, RNotZ 2009, 193, 200.

38 Beispiel bei *Wachter*, DB 2009, 159, 160.

39 Vgl. zu § 67 Abs. 3 AktG BGH, NJW 2004, 3561, 3562: »Es besteht kein Grund, für den Nachweis der Übertragung nicht verbriefter Namensaktien generell eine Unterschriftsbeglaubigung zu verlangen.»

40 *U.H. Schneider*, GmbHR 2009, 393, 395.

Rechtsrat einholen, etwa zur Beurteilung eines ausländischen Erbzeugnisses. Die geänderte Liste dürfen sie erst einreichen, wenn etwaige Zweifel beseitigt sind.[41]

30 Hat ein Geschäftsführer **sichere Kenntnis** von der Unrichtigkeit der Gesellschafterliste, so ist er auch ohne Mitteilung zur Berichtigung verpflichtet.[42] Zwar ist im Rahmen des § 67 Abs. 3 AktG eine solche »eigenmächtige« Berichtigung des Aktienregisters durch den Vorstand selbst bei sicherer Kenntnis unzulässig.[43] Die Regierungsbegründung zum MoMiG hält den Geschäftsführer jedoch erkennbar für verpflichtet, eine Liste, deren Unrichtigkeit er erkannt hat, auch zu korrigieren; er darf daher die Berichtigung der Liste veranlassen, wenn er den Betroffenen zuvor die Möglichkeit zur Stellungnahme gegeben hat (vgl. § 67 Abs. 5 AktG).[44]

III. Einreichung beim Handelsregister

31 Seit dem 1.1.2007 wird das Handelsregister bundesweit als elektronische Datenbank betrieben; die Gesellschafterliste ist daher gemäß § 12 Abs. 2 Satz 2 Halbs. 1 HGB **elektronisch einzureichen.**[45] Die Übermittlung erfolgt im Regelfall durch einen Notar unter Verwendung eines Vorstrukturierungsprogramms. Die Liste kann jedoch auch von den Beteiligten selbst in eingescannter Form über das elektronische Gerichts- und Verwaltungspostfach (EGVP) eingereicht werden, wenn sie (wie größere Unternehmen) über die technischen Voraussetzungen hierfür (EGVP-Software) verfügen; eine Übersendung etwa als E-Mail-Anhang ist dagegen unzulässig.

IV. Aufnahme in das Handelsregister

32 Die Gesellschafter werden (anders als bei Personengesellschaften) nicht in das Handelsregister eingetragen, so dass von der Gesellschafterliste kein Gutglaubensschutz nach § 15 HGB ausgeht. Auch löst die bloße Einreichung zum Handelsregister noch keine Rechtsfolgen aus. Die Gesellschafterliste muss hierfür vielmehr in den für das entsprechende Registerblatt bestimmten, elektronisch geführten Registerordner **aufgenommen** und so zur Einsichtnahme freigegeben werden (§ 9 Abs. 1 Sätze 1 und 2 HRV).[46] Ausweislich der Regierungsbegründung nimmt das Registergericht die Liste lediglich entgegen, **ohne inhaltliche Prüfungspflicht.**[47] Es kann die Liste jedoch ausnahmsweise zurückweisen, wenn die enthaltenen Angaben offenkundig falsch sind oder auf einem offenkundigen Irrtum beruhen.[48] Wie die Vielzahl neuerer Entschei-

---

41 Vgl. Begr. RegE MoMiG, BT-Drs. 16/6140, S. 44 für den Notar.

42 *Paefgen,* in: Ulmer/Habersack/Winter, GmbHG, § 40 (MoMiG) Rn. 51.

43 *Hüffer,* AktG, § 67 Rn. 17; für Übertragung auf die GmbH *Mayer,* DNotZ 2008, 403, 412.

44 Begr. RegE MoMiG, BT-Drs. 16/6140, S. 44; näher *Liebscher/Goette,* DStR 2010, 2038.

45 OLG Jena, NJW-RR 2010, 1190.

46 Begr. RegE MoMiG, BT-Drs. 16/6140, S. 37.

47 Begr. RegE MoMiG, BT-Drs. 16/6140, S. 44; *U.H. Schneider,* in: Scholz, GmbHG, Nachtrag MoMiG, § 40 Rn. 36.

48 OLG München, NJW-RR 2009, 972 f.

dungen und Aufsätze zu § 40 zeigt, klären Gerichte, Notare und Anwälte nach wie vor in mühevoller Kleinarbeit den Grenzverlauf zwischen noch vertretbaren und bereits offenkundig falschen Gestaltungen der Gesellschafterliste.[49]

E. Erstellung und Einreichung durch Notar (Abs. 2)

33 Abs. 2 verpflichtet einen (deutschen) Notar, der an einer Veränderung mitgewirkt hat, die Gesellschafterliste »anstelle der Geschäftsführer« zu aktualisieren. Die damit begründete notarielle Zuständigkeit soll die **Verfahrensabläufe vereinfachen** und die **Richtigkeitsgewähr erhöhen.**[50] Demgegenüber bestand nach § 40 Abs. 1 S. 2 a.F. lediglich eine notarielle Anzeigepflicht gegenüber dem Registergericht; diese war unbefriedigend, weil sie die Listeneinreichung durch die Geschäftsführer nicht obsolet machte und allein an die Beurkundung einer Anteilsabtretung anknüpfte, unabhängig von deren Wirksamwerden etwa durch Eintritt einer aufschiebenden Bedingung.[51] Heute hat der Notar unverzüglich nach Wirksamwerden der Veränderung die von ihm unterschriebene und mit einer Notarbescheinigung nach Abs. 2 S. 2 versehene Gesellschafterliste zum Handelsregister einzureichen und zusätzlich eine Abschrift an die Gesellschaft zu übermitteln.

I. Zuständigkeit aufgrund »Mitwirkung«

34 Die verdrängende Zuständigkeit des Notars (siehe auch Rdn. 22 ff.) knüpft an das problematische Merkmal seiner **Mitwirkung** (in amtlicher Eigenschaft, d.h. nicht nur als Gesellschafter)[52] an. Unzweifelhaft liegt eine solche Mitwirkung jedenfalls dann vor, wenn ein deutscher Notar eine Anteilsübertragung nach § 15 Abs. 3 beurkundet. Alle anderen Fallkonstellationen sind, in unterschiedlichem Umfang, streitig. Der Grund hierfür ist, dass nach dem Wortlaut des Abs. 2 S. 1 buchstäblich jede Mitwirkungshandlung eines Notars dessen Zuständigkeit begründet; nicht jede Mitwirkungshandlung eines Notars rechtfertigt aber die Erwartung, dass eine hieran anknüpfende Verantwortung für die Gesellschafterliste auch tatsächlich die Verfahrensabläufe vereinfacht und die Richtigkeitsgewähr erhöht. Daher ist, wenn nur ein Notar mitwirkt, insbesondere für Fälle einer nur »untergeordneten« oder »mittelbaren« Mitwirkung dieses Notars zu entscheiden, ob die jeweilige Mitwirkungshandlung bereits seine Zuständigkeit begründen oder vielmehr die Geschäftsführung zuständig bleiben soll. Wirken dagegen mehrere Notare in unterschiedlichen Funktionen mit, ist zu entscheiden, ob alle Notare gemeinsam zuständig sein sollen bzw. wie der jeweils zuständige Notar zu bestimmen ist.

---

49 Vgl. *Melchior*, GmbHR 2010, 418, der das Verschieben der Liste in den Registerordner deshalb als »Chefsache« bezeichnet.

50 Begr. RegE MoMiG, BT-Drs. 16/6140, S. 44.

51 Begr. RegE MoMiG, BT-Drs. 16/6140, S. 44.

52 Begr. RegE MoMiG, BT-Drs. 16/6140, S. 44.

1. Abgrenzung Notar/Geschäftsführer

35 Eine zuständigkeitsbegründende Mitwirkung liegt jedenfalls dann vor, wenn der Notar eine Anteilsabtretung, eine Kapitalerhöhung[53] oder eine andere Maßnahme **beurkundet**, die eine Veränderung i.S.d. § 40 bewirkt. Dies gilt auch im Fall einer nur »**mittelbaren Mitwirkung**«. Unter diesem Schlagwort werden v.a. Fälle erörtert, in denen eine von dem Notar beurkundete **Umwandlungsmaßnahme** Aktualisierungsbedarf auch auf Ebene einer nachgeordneten GmbH auslöst: Wird eine Obergesellschaft, die ihrerseits Geschäftsanteile an einer GmbH hält, verschmolzen, gespalten oder formgewechselt, ist die Gesellschafterliste der nachgeordneten GmbH entsprechend zu berichtigen (im Fall der Spaltung nur, wenn die Geschäftsanteile zum übertragenen Vermögen gehören). Zuständig hierfür ist der die Umwandlungsmaßnahme beurkundende Notar, nicht die Geschäftsführung (str.):[54] Wesentlich prominenter als bei derartigen, sorgfältig vorzubereitenden Strukturmaßnahmen kann ein Notar kaum »mitwirken«. So wie sich Notare bei Umwandlungen nach ggf. übergehendem Grundbesitz erkundigen müssen, um ihre Anzeigepflicht gegenüber dem Finanzamt nach § 18 GrEStG erfüllen zu können, müssen sie jetzt routinemäßig auch nach bestehenden GmbH-Beteiligungen fragen.[55] **§ 52 Abs. 2 UmwG**, der bei Verschmelzung auf eine GmbH die Listenkorrektur noch den Geschäftsführern aufgetragen hatte und im Rahmen der GmbH-Reform übersehen wurde, ist durch das Dritte Gesetz zur Änderung des Umwandlungsgesetzes aufgehoben worden.

36 Bei **Unterschriftsbeglaubigungen** liegt es unter dem Gesichtspunkt der Rechtssicherheit nahe, entweder jede Unterschriftsbeglaubigung (etwa unter eine Handelsregisteranmeldung oder Übernahmeerklärung) als ausreichende »Mitwirkung» anzusehen[56] oder aber keine.[57] Eine verbreitete Ansicht will demgegenüber danach unterscheiden, ob der Notar die Unterschrift unter einem eigenen oder unter einem fremden Entwurf beglaubigt; im ersten Fall soll eine zuständigkeitsbegründende Mitwirkung vorliegen, im zweiten Fall nicht.[58] Daran ist richtig, dass erst die inhaltliche, über eine

---

53 OLG München, DB 2010, 1983; problematisiert von *Preuß*, in: FS Spiegelberger, 2009, S. 876, 881 ff.

54 Wie hier OLG Hamm, NZG 2010, 113; *Ising*, NZG 2010, 812; *Melchior*, GmbHR 2010, 418, 421; a.A. *Berninger*, DStR 2010, 1292; *Wicke*, GmbHG, § 40 Rn. 14; *Terlau*, in: Michalski, GmbHG, § 40 Rn. 26; *Preuß*, in: FS Spiegelberger, 2009, S. 876, 883; *Paefgen*, in: Ulmer/Habersack/Winter, GmbHG, § 40 (MoMiG) Rn. 67 f. (mit nicht überzeugender Differenzierung zwischen den verschiedenen Umwandlungsarten).

55 Mit *Mayer*, DNotZ 2008, 403, 408 f. empfiehlt es sich daher, in das Umwandlungsdokument einen entsprechenden Merkposten (bei den Belehrungen durch den Notar) aufzunehmen.

56 Dafür *Hasselmann*, NZG 2009, 449, 453 und *Paefgen*, in: Ulmer/Habersack/Winter, GmbHG, § 40 (MoMiG) Rn. 65.

57 So *U.H. Schneider*, in: Scholz, GmbHG, Nachtrag MoMiG, § 40 Rn. 41 und *Terlau*, in: Michalski, GmbHG, § 40 Rn. 25.

58 *Zöllner/Noack*, in: Baumbach/Hueck, GmbHG, § 40 Rn. 52; *Wicke*, GmbHG, § 40 Rn. 13; *Mayer*, DNotZ 2008, 403, 408.

Evidenzkontrolle (§ 40 BeurkG) hinausgehende Befassung des Notars mit der Angelegenheit die Richtigkeitsvermutung für die von ihm zu erstellende Liste trägt. Da diese inhaltliche Befassung für Dritte jedoch i.d.R. nicht erkennbar ist, sollte die Beglaubigung von »Vollzugsakten« insgesamt nicht als relevante Mitwirkung angesehen werden; der Notar hat vielmehr auch im ersten Fall die Geschäftsführer zur Einreichung einer aktualisierten Liste nach Abs. 1 zu veranlassen.

37 Erst recht fehlt es an einer ausreichenden Mitwirkung, wenn der Notar lediglich einen **Entwurf formuliert**, der anschließend **privatschriftlich** unterschrieben wird (z.B. einen Beschluss über die Teilung, Zusammenlegung oder Einziehung von Anteilen)[59] – und zwar unabhängig davon, ob der Notar bei der Unterzeichnung präsent ist.[60] Auch hier wird der Notar die Geschäftsführer zur Aktualisierung veranlassen.

38 Ein **ausländischer Notar**, der zulässigerweise eine Anteilsabtretung beurkundet, ist zur Einreichung der Gesellschafterliste berechtigt, aber nicht verpflichtet.[61] Hilfsweise greift die subsidiäre Zuständigkeit der Geschäftsführer (näher § 15 Rdn. 79).[62]

2. Abgrenzung bei mehreren Notaren

39 Die vorstehenden Kriterien ermöglichen auch dann, wenn mehrere Notare mit einer Veränderung befasst werden, eine relativ klare Zuständigkeitsabgrenzung: Wenn der eine Notar z.B. eine Kapitalerhöhung oder Umwandlungsmaßnahme beurkundet, der andere dagegen lediglich einen zugehörigen **Vollzugsakt** (z.B. eine Handelsregisteranmeldung oder Übernahmeerklärung) **beglaubigt**, ist ausschließlich der erste Notar für die Aktualisierung der Gesellschafterliste zuständig. Zwar könnte der zweite Notar die Aktualisierung anlässlich der Handelsregisteranmeldung technisch »miterledigen«. Eine hinreichende inhaltliche Befassung mit der Gesamt-Maßnahme ist aber nur bei dem beurkundenden Notar gewährleistet; dieser kann und muss durch vertragliche Bestimmungen oder organisatorische Vorkehrungen sicherstellen, dass er über die weiteren, seine Einreichungspflicht auslösenden Vollzugsakte informiert wird.[63]

40 Während einzelne Vollzugsakte insbesondere wegen räumlicher Entfernung von Beteiligten häufiger zu einem anderen Notar »ausgelagert« werden, dürfte eine **Beurkundung durch mehrere Notare** eher der Ausnahmefall sein. Gleichwohl kann es hierzu kommen, so z.B. bei getrennter Beurkundung von Umwandlungsvertrag und Zustimmungsbeschlüssen (vgl. §§ 6, 13 Abs. 3 S. 1 UmwG), von Verpflichtungsge-

59 *Hasselmann,* NZG 2009, 449, 453; a.A. *Mayer,* DNotZ 2008, 403, 408.

60 *Paefgen,* in: Ulmer/Habersack/Winter, GmbHG, § 40 (MoMiG) Rn. 63 f. will demgegenüber nach der An- oder Abwesenheit des Notars unterscheiden.

61 OLG Düsseldorf v. 2.3.2011 – I-3 Wx 236/10.

62 Vgl. zum Meinungsstand *Paefgen,* in: Ulmer/Habersack/Winter, GmbHG, § 40 (MoMiG) Rn. 56 (Fn. 165 und 166); *U.H. Schneider,* in: Scholz, GmbHG, Nachtrag MoMiG, § 40 Rn. 42; *Hasselmann,* NZG 2009, 449, 453 f.

63 Wie hier *Terlau,* in: Michalski, GmbHG, § 40 Rn. 25.

schäft (§ 15 Abs. 4)[64] und Abtretung (*Closing*) oder von Angebot und Annahme. In diesen Fällen liegt es nahe, die Einreichungspflicht abstrakt beiden Notaren aufzuerlegen.[65] Eine Eingrenzung lässt sich erreichen, wenn man den Beteiligten insoweit die Möglichkeit zugesteht, über die Zuständigkeit durch Erteilung eines konkreten Vollzugsauftrags zu disponieren,[66] oder stets den Notar für zuständig hält, der die letzte den Rechtsübergang bewirkende Handlung durchführt.[67]

II. Einreichung und Übermittlung an die Gesellschaft

41 Der Notar darf die von ihm unterschriebene[68] und mit einer Notarbescheinigung (S. 2) versehene Liste erst einreichen, wenn die Veränderungen, an denen er mitgewirkt hat, zu seiner Gewissheit wirksam geworden sind (vgl. Rdn. 13).[69] Steht die Abtretung z.B. unter einer **aufschiebenden Bedingung** (Kaufpreiszahlung, *closing conditions*) oder bedarf sie noch einer Genehmigung (z.B. nach § 15 Abs. 5), trifft den Notar insoweit eine Überwachungspflicht. Bei Zweifeln hat er von den Beteiligten entsprechende Nachweise zu verlangen (vgl. Rdn. 28).[70] Ggf. noch nachträglich entstehende Unwirksamkeitsgründe, etwa den Eintritt einer **auflösenden Bedingung** oder die Erklärung des Rücktritts vom Vertrag, hat der Notar dagegen weder abzuwarten noch zu überwachen. Für die Aktualisierung der Gesellschafterliste wegen einer solchen erneuten Veränderung sind allein die Geschäftsführer bzw. der an einer Rückabtretung mitwirkende Notar zuständig.[71]

42 Der Notar darf die mit seiner Notarbescheinigung versehene Gesellschafterliste nicht wie Geschäftsführer als einfache elektronische Abschrift bei dem Registergericht einreichen (dazu Rdn. 31). Die Notarbescheinigung wird als öffentliche Urkunde eingestuft und erfordert deshalb gemäß § 12 Abs. 2 Satz 2 Halbs. 2 HGB die **Einreichung** eines digital signierten Dokuments. Die qualifizierte Signatur i.S.d. § 39a BerukG verlangt neben der Signatur als solcher (die die Unterschrift des Notars ersetzt) einen elektronischen Beglaubigungs- und Transfervermerk des Notars (in dem dieser die inhaltliche Übereinstimmung der Bilddatei mit dem Ausgangsdokument festhält).[72]

43 Die zusätzlich vorgeschriebene **Übermittlung** der Liste an die Gesellschaft dient der Information der Geschäftsführer. Diese Übermittlung bewirkt keinen Vertrauens-

---

64 Ausreichend nach *Hasselmann,* NZG 2009, 449, 452.

65 So zu Angebot und Annahme *Wälzholz,* MittBayNot 2008, 425, 435; erwogen auch von *Preuß,* in: FS Spiegelberger, 2009, S. 876, 880 f.

66 *Wicke,* GmbHG, § 40 Rn. 14; *Krafka/Willer/Kühn,* Registerrecht, 8. Aufl. 2010, Rn. 1103.

67 *Paefgen,* in: Ulmer/Habersack/Winter, GmbHG, § 40 (MoMiG) Rn. 72; *Terlau,* in: Michalski, GmbHG, § 40 Rn. 25.

68 Zum Unterschriftserfordernis vgl. LG Dresden, NotBZ 2009, 285; LG Gera, NotBZ 2009, 332, dazu *Wachter,* BB 2009, 2337; OLG München, DB 2009, 1395.

69 OLG München, BB 2009, 2167 mit Anm. *Wachter.*

70 Näher *Mayer,* ZIP 2009, 1037, 1047.

71 Begr. RegE MoMiG, BT-Drs. 16/6140, S. 44; *Bussian/Achenbach,* BB 2010, 778, 779.

72 OLG Jena, NJW-RR 2010, 1190.

schutz hinsichtlich der mitgeteilten Änderungen; maßgeblich, z.B. für Gewinnausschüttungen, bleibt allein die im Handelsregister aufgenommene Liste.

III. Notarbescheinigung (Satz 2)

44 Die **Notarbescheinigung** nach § 40 Abs. 2 S. 2 lehnt sich an die Satzungsbescheinigung nach § 54 S. 2 an und soll die Richtigkeitsgewähr der Liste erhöhen. Der Wortlaut der Bescheinigung ist vom Gesetzgeber grundsätzlich vorgegeben und sollte daher i.d.R. möglichst genau und ohne einschränkende Zusätze übernommen werden;[73] da der Notar nicht sicher sein kann, ob er hierbei wirklich an die letzte im Handelsregister aufgenommene Liste anknüpft, sollte er die in Bezug genommene Liste genauer kennzeichnen (»Liste vom …«).[74] Der Notar kann sich auf den Inhalt der zuletzt im Handelsregister aufgenommenen Liste verlassen und hat diese nur aufgrund der Veränderung, an der er mitwirkt, fortzuschreiben. Daher hat er die Bescheinigung auch dann zu erteilen, wenn er für ihre Erstellung an eine »alte» Gesellschafterliste anknüpfen muss, die vor Inkrafttreten des MoMiG in das Handelsregister aufgenommen worden ist und die deshalb ggf. eine geringere Richtigkeitsgewähr hat.[75] Die Bescheinigung ist ein Nebengeschäft i.S.d. § 35 KostO, durch das keine gesonderte Gebühr ausgelöst wird.[76]

F. Haftung

I. Geschäftsführer (Abs. 3)

45 Verletzen Geschäftsführer ihre Pflichten nach Abs. 1, weil sie eine Gesellschafterliste nicht oder nicht unverzüglich (d.h. ohne schuldhaftes Zögern, § 121 BGB) oder inhaltlich falsch aktualisieren, so haften sie für einen daraus entstandenen Schaden als Gesamtschuldner. Die Haftung setzt **Verschulden** voraus. Verschulden liegt vor, wenn der Geschäftsführer die materielle Unrichtigkeit einer eingereichten Liste kennt oder zwar nicht kennt, bei Durchführung einer Plausibilitätsprüfung auf der Basis geeigneter Nachweise jedoch kennen müsste (Rdn. 28 ff.). Auf die Berechtigung eines in der Vorgängerliste eingetragenen Gesellschafters darf er grundsätzlich vertrauen;[77] die Mitwirkung eines Notars nach Abs. 2 entlastet ihn regelmäßig.[78] **Anspruchsberechtigt** sind zum einen (wie bisher) die Gläubiger der Gesellschaft, zum anderen (neu) aber auch »diejenigen, deren Beteiligung sich geändert hat«. Gemeint sind damit Personen, die im Zeitpunkt der Pflichtverletzung entweder Gesellschafter sind

---

73 Vgl. OLG Stuttgart, DB 2011, 2309.
74 *Mayer,* ZIP 2009, 1037, 1049.
75 OLG München, NJW-RR 2009, 972, 973.
76 OLG Stuttgart, NZG 2009, 999.
77 Begr. RegE MoMiG, BT-Drs. 16/6140, S. 39.
78 *Bussian/Achenbach,* BB 2010, 778.

oder dies vorher waren.[79] Nicht geschützt sind dagegen Personen, die niemals beteiligt waren, auch wenn sie z.B. im Vertrauen auf die Richtigkeit der Gesellschafterliste davon ausgegangen sind, einen Geschäftsanteil erworben zu haben.[80] Ein **Schaden** kann einem Gläubiger der Gesellschaft insbesondere dadurch entstehen, dass er eine in der Gesellschafterliste unrichtig eingetragene Person erfolglos als Gesellschafter in Anspruch nimmt, z.B. nach § 826 BGB. Einem in der Gesellschafterliste zu Unrecht nicht eingetragenen Gesellschafter kann ein Schaden insbesondere dadurch entstehen, dass er seine Mitgliedschaftsrechte (Gewinn- und Stimmrechte) nicht ausüben kann oder seinen Anteil sogar durch gutgläubigen Erwerb vom Nichtberechtigten an einen Dritten verliert (§ 16 Abs. 3).[81]

II. Notar

46 Die in § 40 Abs. 2 begründeten Pflichten des Notars sind Amtspflichten, deren schuldhafte Verletzung nach **§ 19 BNotO** zum Schadensersatz verpflichten kann (vgl. Rdn. 45).

§ 41 Buchführung

Die Geschäftsführer sind verpflichtet, für die ordnungsmäßige Buchführung der Gesellschaft zu sorgen.

Übersicht Rdn.

Schrifttum

Biletzki, Die deliktische Haftung des GmbH-Geschäftsführers für fehlerhafte Buchführung, ZIP 1997, 9; *Fleischer*, Buchführungsverantwortung des Vorstands und Haftung der Vorstandsmitglieder für fehlerhafte Buchführung, WM 2006, 2021; *Hennrichs*, Haftung für falsche Ad-

79 Nach der Begr. RegE MoMiG, BT-Drs. 16/6140, S. 43 f. sind dies im Fall einer Anteilsübertragung sowohl der Erwerber als auch der Veräußerer. Im Fall des § 15 Abs. 3 ist allerdings bereits der Notar anstelle der Geschäftsführer zuständig.

80 *Paefgen*, in: Ulmer/Habersack/Winter, GmbHG, § 40 (MoMiG) Rn. 96.

81 *Paefgen*, in: Ulmer/Habersack/Winter, GmbHG, § 40 (MoMiG) Rn. 97 f.

hoc-Mitteilungen und Bilanzen, in: FS Kollhosser, Band II, 2004, S. 201; *Moxter,* IFRS als Auslegungshilfe für handelsrechtliche GoB?, WPg 2009, 7; *Stapelfeld,* Außenhaftung des Geschäftsführers bei Verletzung der Buchführungspflicht, GmbHR 1991, 94; *Stibi/Fuchs,* Zur Umsetzung der HGB-Modernisierung durch das BilMoG, DB 2009, 9; *Strohn,* Existenzvernichtungshaftung – Vermögensvermischungshaftung – Durchgriffshaftung, ZInsO 2008, 706.

A. Überblick

1 § 238 Abs. 1 S. 1 HGB verpflichtet jeden Kaufmann, Bücher zu führen und in diesen seine Handelsgeschäfte und die Lage seines Vermögens nach den Grundsätzen ordnungsmäßiger Buchführung ersichtlich zu machen. Die GmbH ist als Handelsgesellschaft **buchführungspflichtig kraft Rechtsform** (§§ 6 Abs. 1 HGB, 13 Abs. 3 GmbHG), damit auch bei Fehlen eines in kaufmännischer Weise eingerichteten Geschäftsbetriebs. Aus § 241a HGB kann sich nichts anderes ergeben, denn dieser Befreiungstatbestand gilt nur für *Einzel*kaufleute, d.h. nur für natürliche Personen. Der »Mehrwert« des § 41 gegenüber der sich bereits aus dem HGB ergebenden Buchführungspflicht besteht darin, dass er die Verpflichtung, für eine ordnungsmäßige Buchführung zu sorgen, jedem Geschäftsführer als jeweils **höchstpersönliche Amtspflicht**[1] zuweist. Die Buchführungspflicht liegt im öffentlichen Interesse und dient dem Gläubigerschutz[2] (vgl. noch Rdn. 4), weshalb sie nicht abdingbar ist. Aktienrechtliche Parallelnorm zu § 41 ist § 91 Abs. 1 AktG.

B. Ordnungsmäßige Buchführung

2 § 41 verwendet den Begriff der **Buchführung in einem weiten Sinne**. Neben der in §§ 238 ff. HGB geregelten Buchführung im engeren Sinne ist hierunter auch die in §§ 242 ff., 264 ff. HGB normierte Pflicht zur Aufstellung von Jahresabschlüssen (Bilanz, Gewinn- und Verlustrechnung (GuV) und Anhang) und ggf. Lageberichten sowie Konzernabschlüssen zu verstehen. Während die Buchführung im engeren Sinne der Erfassung und Dokumentation der laufenden Geschäftsvorfälle während des Geschäftsjahres dient, bilden die Bilanz die Vermögenslage der Gesellschaft und die GuV die Aufwendungen und Erträge des Geschäftsjahres ab, jeweils für den Schluss eines Geschäftsjahres. Mithin kann die Buchführung als Vorbereitungsmaßnahme für den Jahresabschluss, der Jahresabschluss als »Ergebnis« der unterjährigen Buchführung gesehen werden.

3 Für die Buchführung im weiteren Sinne haben sich **Grundsätze ordnungsmäßiger Buchführung** (GoB) herausgebildet, die neben der Buchführung im engeren Sinne auch die Grundsätze ordnungsmäßiger Inventur, ordnungsmäßiger Erfolgsrechnung

1 *Kleindiek,* in: Lutter/Hommelhoff, GmbHG, § 41 Rn. 2.
2 *Kleindiek,* in: Lutter/Hommelhoff, GmbHG, § 41 Rn. 2; *Paefgen,* in: GK-GmbHG, § 41 Rn. 2.

und ordnungsmäßiger Bilanzierung umfassen.[3] Diese GoB wurden von Praxis, Rechtsprechung und Wissenschaft entwickelt[4] und sind als unbestimmter Rechtsbegriff nur zum Teil in den §§ 238 ff. HGB normiert.

4 Der Inhalt der **Buchführungspflicht im engeren Sinne** richtet sich nach §§ 238 ff. HGB und den GoB im Übrigen. Die Buchführung dient sowohl der Selbstinformation des Kaufmanns als auch dem Schutz seiner Gläubiger.[5] Daher muss die Buchführung so beschaffen sein, dass sie einem sachverständigen Dritten innerhalb einer angemessenen Zeit einen Überblick über die Geschäftsvorfälle und über die Lage des Unternehmens vermitteln kann (§ 238 Abs. 1 S. 2 HGB). Hierzu bedarf es einer **vollständigen und chronologischen Erfassung aller Geschäftsvorfälle anhand einwandfreier Belege** (ggf. Eigenbelege) für jede Buchung.[6] Die Eintragungen in Büchern und die sonst erforderlichen Aufzeichnungen müssen nach § 239 Abs. 2 HGB insbesondere vollständig, richtig, zeitgerecht und geordnet vorgenommen werden. Das kann – auch wenn keine dahingehende Pflicht besteht – durch eine EDV-gestützte Buchführung[7] wesentlich erleichtert werden, weshalb diese gerade in größeren Gesellschaften inzwischen zum Standard zählt. »Vollständigkeit« bedingt die lückenlose Aufzeichnung aller buchungspflichtigen Geschäftsvorfälle, »Richtigkeit« deren wahrheitsgetreue Darstellung.[8] Eine »zeitgerechte« Erfassung verlangt – außer bei Bargeschäften – zwar keine tägliche, aber doch eine so zeitnahe Verbuchung, dass die sachliche Richtigkeit nicht in Frage gestellt wird;[9] hierüber entscheidet die Sicherung und Vollständigkeit der bis dahin angefallenen Belege. Die »geordnete« Vornahme bedingt eine sachgerechte Kontierung der Geschäftsvorfälle und Erfassung in einem planmäßig gegliederten Kontensystem (mit Belegnummerierung und Datum).[10] Ab einer gewissen Unternehmensgröße und Anzahl von Geschäftsvorfällen wird eine **doppelte Buchführung** unerlässlich sein. Hierbei wird jeder Geschäftsvorfall sowohl auf einem Bestands- als auch einem Erfolgskonto gebucht. Ob daneben zumindest für Kleinunternehmen auch die einfache Buchführung zulässig bleibt, ist offen.[11]

---

3 *Drüen,* in: KK-Rechnungslegung, § 238 Rn. 17.

4 Zur möglichen Neuinterpretation der GoB durch das BilMoG vgl. *Moxter,* WPg 2009, 7; *Stibi/Fuchs,* DB 2009, 9, 10.

5 *Drüen,* in: KK-Rechnungslegung, § 238 Rn. 6 f.

6 *Drüen,* in: KK-Rechnungslegung, § 238 Rn. 5.

7 Vgl. hierzu allgemein die Nachweise bei *Altmeppen,* in: Roth/Altmeppen, GmbHG, § 41 Rn. 10.

8 *Drüen,* in: KK-Rechnungslegung, § 239 Rn. 12 f.

9 BFH BStBl. II 1968, 527, 532 und BFH/NV 1989, 22, 23 lassen einen Buchungsrückstand von bis zu 10 Tagen zu; für Monatsfrist *Drüen,* in: KK-Rechnungslegung, § 239 Rn. 20 f.; vgl. auch EStH 2008, 5.2 »Zeitgerechte Erfassung«.

10 *Winkeljohann/Klein,* in: BeckBilKomm, § 239 Rn. 6.

11 Dafür etwa *Merkt,* in: Baumbach/Hopt, HGB, § 238 Rn. 12; dagegen *Crezelius,* in: Scholz, GmbHG, § 41 Rn. 9 a.E.; nach EStH 2008 5.2 »GoB« muss bei Kaufleuten die Buchführung den Grundsätzen doppelter Buchführung entsprechen.

Die Buchführungspflicht umfasst die **Inventarisierung** der zum Unternehmen gehörenden Vermögenswerte sowohl zu Geschäftsbeginn als auch danach zum Ende eines jeden Geschäftsjahres, vgl. § 240 HGB. Die Vorschriften zum Inventar begründen zugleich eine Inventurpflicht, da das Inventar ohne Inventur nicht aufgestellt werden kann.[12] Jedoch gelten bestimmte Erleichterungen durch die Zulassung von Festwerten (§ 240 Abs. 3 HGB), von Gruppenbewertungen (Abs. 4) und von Inventurvereinfachungsverfahren nach § 241 HGB. 5

Zu den Buchführungspflichten im weiteren Sinne gehören schließlich die **Aufbewahrungspflichten** nach §§ 238 Abs. 2, 257 HGB für sechs bzw. zehn Jahre (§ 257 Abs. 4 HGB; dazu noch Rdn. 16). Die Aufbewahrung hat eine Dokumentations- und Beweisfunktion; sie dokumentiert und beweist insbesondere auch die Erfüllung der Buchführungspflichten im engeren Sinne. 6

C. Geschäftsführer als Pflichtadressaten

I. Zuständigkeit jedes Geschäftsführers

§ 41 weist die Sorge für eine ordnungsmäßige Buchführung **den Geschäftsführern** zu. Das gilt zunächst für diejenigen Personen, die wirksam zum Geschäftsführer bestellt sind. Die Wirksamkeit von Bestellungsakt[13] und auch Anstellungsvertrag kann i.E. allerdings nicht entscheidend sein. Vielmehr trifft die Buchführungspflicht nach § 41 auch sog. **faktische Geschäftsführer**, d.h. Personen, die – ohne (wirksam) bestellt zu sein – tatsächlich die Geschicke der Gesellschaft wie ein Geschäftsführer lenken.[14] Teilweise wird darüber hinaus gefordert, dass der faktische Geschäftsführer dabei im Einverständnis mit den Gesellschaftern handelt[15] oder im Außenverhältnis als Geschäftsführer auftritt.[16] Beide zusätzlichen Anforderungen sind jedoch wenig sachgerecht. So wird bei großen Gesellschaften das Einverständnis aller Gesellschafter ggf. nicht feststellbar sein; gleichwohl können die Folgen der faktischen Geschäftsführung den Folgen einer rechtlich begründeten Geschäftsführung gleichkommen. Da die Buchführungspflicht als solche primär das Innenverhältnis der Gesellschaft betrifft, erscheint auch das Kriterium des Auftretens im Außenverhältnis in diesem Kontext eher sachfremd.[17] 7

---

12 *Braun,* in: KK-Rechnungslegung, § 240 Rn. 2.

13 *Haas,* in: Baumbach/Hueck, GmbHG, § 41 Rn. 2.

14 Im Grundsatz wird dies ganz überwiegend anerkannt, vgl. *Haas,* in: Baumbach/Hueck, GmbHG, § 41 Rn. 6; *Kleindiek,* in: Lutter/Hommelhoff, GmbHG, § 41 Rn. 2 a.E.; *Paefgen,* in: GK-GmbHG, § 41 Rn. 3.

15 Dahingehend *Crezelius,* in: Scholz, GmbHG, § 41 Rn. 4.

16 *Altmeppen,* in: Roth/Altmeppen, § 41 Rn. 4 unter Verweis auf § 43 Rn. 95.

17 I.E. gegen das Erfordernis des Auftretens im Außenverhältnis auch *Paefgen,* in: GK-GmbHG, § 41 Rn. 3; *Haas,* in: Baumbach/Hueck, GmbHG, § 41 Rn. 6; *ders.,* NZI 2006, 494, 498 f.

8 Die Buchführungspflicht richtet sich als höchstpersönliche Amtspflicht (Rdn. 1) an jeden einzelnen Geschäftsführer persönlich; es liegt keine Zuständigkeit des Gesamtorgans vor.[18] Es gilt der Grundsatz der **Gesamtverantwortung**, d.h. die Zuständigkeit ist unabhängig von dem Ressort des jeweiligen Geschäftsführers. Bei greifbaren Anhaltspunkten für Pflichtverletzungen muss daher auch ein nach der Ressortverteilung an sich unzuständiges Geschäftsführungsmitglied aktiv werden – unabhängig davon, ob es über Buchführungskenntnisse verfügt oder nicht.[19]

II. Delegation der Buchführung

9 Eine Delegation der Buchführung, entweder geschäftsführungsintern oder an andere Mitarbeiter sowie auch an Externe, ist grundsätzlich möglich. Das folgt schon aus praktischen Notwendigkeiten, aber auch aus dem Wortlaut des § 41. Denn danach haben die Geschäftsführer die Buchführung nicht etwa selbst zu erledigen, sondern nur für eine ordnungsmäßige Buchführung **»zu sorgen«**.

10 Existieren mehrere Geschäftsführer, kann die Buchführung zunächst **organintern** einem (oder mehreren) von ihnen zugewiesen werden.[20] Dadurch werden die anderen Geschäftsführer von der eigenen Pflicht zur Erledigung dieser Aufgabe frei. Allerdings sind sie weiterhin zumindest zur **Überwachung** und Kontrolle des jeweils beauftragten Geschäftsführers verpflichtet.[21] Bei Verletzung dieser Pflicht können sie nach wie vor für Buchführungsfehler haftbar gemacht werden (dazu noch Rdn. 19), selbst wenn die Buchführung organintern anderweitig zugewiesen ist. Allerdings setzt die Überwachung eine hinreichende Information und Einsichtgewährung durch den mit der Buchführung betrauten Geschäftsführer voraus. Kommt er dem nicht nach, können sich die anderen Geschäftsführer einer Haftung durch Amtsniederlegung bzw. Kündigung entziehen, wofür das Vorenthalten der Informationen einen wichtigen Grund liefert.[22]

11 Weitergehend kann die technische Durchführung der Buchführung durch die Geschäftsführer an **organexterne Personen** delegiert werden. Dabei kann es sich um Mitarbeiter des Unternehmens (Buchhalter) oder auch unternehmensfremde Dienstleister (Steuerberater) handeln.[23] Im Fall der organexternen Delegation sind die mit der Buchführung beauftragten Personen durch die Geschäftsführer sorgfältig auszuwählen. Sie müssen insbesondere über die nötigen Fachkenntnisse verfügen. Daneben ist auch hier eine regelmäßige Überwachung der Ordnungsmäßigkeit der Buch-

---

18 OLG Koblenz, NZG 1998, 953, 954; *Crezelius*, in: Scholz, GmbHG, § 41 Rn. 4.

19 *Paefgen*, in: GK-GmbHG, § 41 Rn. 2; *Crezelius*, in: Scholz, GmbHG, § 41 Rn. 7.

20 BGH, ZIP 1995, 1334, 1336; OLG Koblenz, NZG 1998, 953, 954; *Haas*, in: Baumbach/Hueck, GmbHG, § 41 Rn. 3.

21 BGH, ZIP 1995, 1334, 1336 m.w.N.; OLG Koblenz, NZG 1998, 953, 954; *Kleindiek*, in: Lutter/Hommelhoff, GmbHG, § 41 Rn. 3; *Crezelius*, in: Scholz, GmbHG, § 41 Rn. 5.

22 BGH, ZIP 1995, 1334, 1336; *Crezelius*, in: Scholz, GmbHG, § 41 Rn. 5.

23 *Haas*, in: Baumbach/Hueck, GmbHG, § 41 Rn. 4; *Paefgen*, in: GK-GmbHG, § 41 Rn. 6; *Fleischer*, WM 2006, 2021, 2025.

führung durch die Geschäftsführer geschuldet. Fällt ihnen im Rahmen der Auswahl oder Überwachung eine Pflichtverletzung zur Last, haften sie persönlich für Fehler der Buchführung (dazu noch Rdn. 19), selbst wenn sie von der Buchführung als solcher durch die Delegation frei geworden sind.[24]

D. Beginn und Ende der Buchführungspflicht

12 Die **Pflicht zur Buchführung beginnt** mit dem ersten buchungsrelevanten Geschäftsvorfall, also regelmäßig mit dem Entstehen der Einlageforderungen.[25] Dies setzt den wirksamen Abschluss des Gesellschaftsvertrags und somit zumindest das Entstehen einer **Vorgesellschaft** voraus. Nach einer Ansicht soll darüber hinaus erforderlich sein, dass die Vorgesellschaft ein Handelsgewerbe betreibt, da ansonsten – mangels vollwirksamer GmbH – keine die Buchführungspflicht auslösende Kaufmannseigenschaft i.S.d. § 238 HGB gegeben sei.[26] Hiergegen spricht allerdings, dass die Vorgesellschaft – selbst wenn sie nicht bereits gewerblich tätig ist – zumindest Vorbereitungsgeschäfte tätigen wird und ohne Buchführungspflicht die Berechnung der Vorbelastungshaftung[27] der Gesellschafter stark erschwert würde.[28] Da zudem zwischen der Vorgesellschaft und der endgültigen GmbH Kontinuität besteht, erfordert es auch die später in der GmbH bestehende Buchführungspflicht, schon im Zeitraum der Vorgesellschaft übernahmefähige Buchführungsdaten zu schaffen.[29] Daher ist bereits ab Entstehen der Vorgesellschaft eine Buchführungspflicht anzunehmen.[30] Auch hier trifft die Pflicht die Geschäftsführer,[31] entweder aufgrund ihrer bereits erfolgten Bestellung oder andernfalls nach den Grundsätzen der faktischen Geschäftsführung wegen tatsächlicher Ausübung des Amtes (oben Rdn. 7).

13 Anders ist die Lage in der **Vorgründungsgesellschaft**. Bei dieser handelt es sich im Regelfall um eine GbR, die noch keine hinreichende Beziehung zur endgültigen GmbH aufweist; auch die Vorbelastungshaftung und der Kontinuitätsgedanke (Rdn. 12) spielen insoweit keine Rolle. Eine Buchführungspflicht ist daher abzulehnen, soweit die Vorgründungsgesellschaft nicht ausnahmsweise (als OHG) bereits ein Handelsgewerbe betreibt und sich die Buchführungspflicht aus allgemeinen Regeln (§ 238 Abs. 1 S. 1 HGB) ergibt.[32]

---

24 *Paefgen*, in: GK-GmbHG, § 41 Rn. 6.

25 *Kleindiek*, in: Lutter/Hommelhoff, GmbHG, § 41 Rn. 7; *Haas*, in: Baumbach/Hueck, GmbHG, § 41 Rn. 7; *Paefgen*, in: GK-GmbHG, § 41 Rn. 4.

26 *Altmeppen*, in: Roth/Altmeppen, GmbHG, § 41 Rn. 7.

27 Vgl. dazu BGHZ 134, 333, 338 ff.; BGH, ZIP 2003, 625, 627.

28 *Paefgen*, in: GK-GmbHG, § 41 Rn. 4.

29 *Haas*, in: Baumbach/Hueck, GmbHG, § 41 Rn. 7; *Paefgen*, in: GK-GmbHG, § 41 Rn. 4.

30 *Kleindiek*, in: Lutter/Hommelhoff, GmbHG, § 41 Rn. 7; *Haas*, in: Baumbach/Hueck, GmbHG, § 41 Rn. 7; *Paefgen*, in: GK-GmbHG, § 41 Rn. 4.

31 *Kleindiek*, in: Lutter/Hommelhoff, GmbHG, § 41 Rn. 7.

32 *Altmeppen*, in: Roth/Altmeppen, GmbHG, § 41 Rn. 2.

14 Die **Buchführungspflicht endet** mit dem Abschluss der Liquidation der Gesellschaft (§ 74 Abs. 1 S. 1).[33] Mit der Auflösung der Gesellschaft geht die Buchführungspflicht auf die Liquidatoren im Rahmen ihrer Zuständigkeit nach § 70 über (vgl. § 71 Abs. 4);[34] im Regelfall sind die Liquidatoren aber mit den vormaligen Geschäftsführern identisch, § 66 Abs. 1.

15 Schließlich führt auch die Eröffnung eines **Insolvenzverfahrens** über das Vermögen der Gesellschaft zu maßgeblichen Änderungen für die Buchführungspflicht. Sie geht mit Erlass des Eröffnungsbeschlusses in Bezug auf das zur Insolvenzmasse gehörende Vermögen gemäß § 80 Abs. 1 InsO auf den Insolvenzverwalter über;[35] die Geschäftsführer bleiben nach § 97 InsO weiterhin zur Mitwirkung an der Buchführung verpflichtet. Existiert neben der Insolvenzmasse insolvenzfreies Vermögen, besteht zudem hierfür ihre Buchführungspflicht nach regulären Grundsätzen weiter fort.[36] Sofern die Gesellschaft nach Abschluss des Insolvenzverfahrens ausnahmsweise fortgesetzt werden kann, geht die Buchführungspflicht wieder auf die Geschäftsführer über.

16 Vom Bestehen der Buchführungspflicht zu unterscheiden ist die Dauer der **Aufbewahrungspflicht für Buchführungsunterlagen**. Diese beträgt gemäß § 257 Abs. 1, 4 und 5 HGB generell zehn Jahre, wobei die Frist für Handelsbriefe auf sechs Jahre reduziert ist. Erlischt die Gesellschaft infolge einer Liquidation, greift stattdessen § 74 Abs. 2 ein, wonach alle Buchführungsunterlagen ab Übergabe an den Verwahrer für weitere zehn Jahre aufzubewahren sind. Diese (weitere) Frist gilt einheitlich für alle Unterlagen, deren Aufbewahrungsfrist bei Erlöschen der Gesellschaft noch nicht abgelaufen war.

E. Sanktionen bei Verstoß

17 Verstöße gegen die Buchführungspflicht führen in erster Linie zur Haftung der Geschäftsführer gegenüber der Gesellschaft und können auch Anlass zu ihrer Abberufung und Kündigung geben.[37] In Einzelfällen kann es außerdem zur direkten Außenhaftung der Geschäftsführer gegenüber Gläubigern kommen (Rdn. 21). Daneben können straf- und ordnungswidrigkeitenrechtliche Sanktionen treten (vgl. Rdn. 22 a.E.). Schließlich kommt in Ausnahmekonstellation ein Wegfall der Haftungsbeschränkung des § 13 Abs. 2 und in der Folge eine direkte Außenhaftung auch der Gesellschafter in Betracht (Rdn. 24). Eine Haftung von Personen außerhalb der

33 So auch *Haas*, in: Baumbach/Hueck, GmbHG, § 41 Rn. 8; *Paefgen*, in: GK-GmbHG, § 41 Rn. 4; *Biletzki*, ZIP 1997, 9, 10; a.A. *Kleindiek*, in: Lutter/Hommelhoff, GmbHG, § 41 Rn. 7, der auf die nachfolgende Löschung der Gesellschaft im Handelsregister abstellt.

34 *Paefgen*, in: GK-GmbHG, § 41 Rn. 3; *Crezelius*, in: Scholz, GmbHG, § 41 Rn. 4.

35 LG Bonn, ZIP 2008, 1082, 1083; *Paefgen*, in: GK-GmbHG, § 41 Rn. 3.

36 LG Bonn, ZIP 2008, 1082, 1083; *Haas*, in: Baumbach/Hueck, GmbHG, § 41 Rn. 10.

37 Zu letzterem OLG Rostock, NZG 1999, 216; *Kleindiek*, in: Lutter/Hommelhoff, GmbHG, § 41 Rn. 4; ferner *Crezelius*, in: Scholz, GmbHG, § 41 Rn. 8.

Geschäftsführung, an die die Buchführung delegiert wurde, richtet sich demgegenüber allein nach allgemeinen Grundsätzen (i.d.R. Auftrags- oder Geschäftsbesorgungsrecht).

I. Geschäftsführerhaftung

18 **Gegenüber der Gesellschaft** haften die Geschäftsführer im Falle von Pflichtverletzungen gemäß § 43 Abs. 2 auf Ersatz des dadurch entstandenen Schadens.[38] Bei der Buchführungspflicht nach § 41 handelt es sich um eine gesetzliche Konkretisierung des Pflichtenkreises der Geschäftsführer, weshalb eine Verletzung als haftungsbegründendes Ereignis i.S.d. § 43 Abs. 2 einzustufen ist.[39] Das gilt sowohl für den Fall der Schlechtleistung als auch bei vollständiger Nichterfüllung der Buchführungspflicht.

19 Haben die Geschäftsführer die Buchführung an einen bestimmten Geschäftsführer oder einen Dritten **delegiert**, liegt eine Pflichtverletzung dennoch vor, wenn ihnen ein (eigenes) Auswahl- oder Überwachungsverschulden in Bezug auf die mit der Buchführung betraute Person zur Last fällt (hierzu bereits Rdn. 9–11).[40] Eine Zurechnung des möglichen Fehlverhaltens des Dritten über § 278 BGB findet demgegenüber nicht statt,[41] da es sich bei der Buchführung nicht um eine »Verbindlichkeit« i.S.d. Norm handelt, zu deren Erfüllung sich die Geschäftsführer des Dritten bedienen.

20 Als resultierende **Schäden** kommen beispielsweise Verluste in Folge von Fehlplanungen in Betracht, die aufgrund fehlerhaften Zahlenmaterials getroffen wurden. Aber auch Schadensersatzansprüche, denen sich die Gesellschaft ihrerseits durch Dritte ausgesetzt sieht, stellen einen ersatzfähigen Schaden dar, wenn sie gerade auf dem Vertrauen der Dritten auf die ordnungsgemäße Buchführung oder den auf ihrer Basis erstellten Jahresabschluss beruhen. Schließlich haften die Geschäftsführer für aufgrund fehlerhafter Buchführung nicht mehr aufklärbare Fehlbeträge.[42]

21 Neben der Haftung gegenüber der Gesellschaft kann die Geschäftsführer u.U. auch eine direkte **Außenhaftung gegenüber Dritten** treffen. Das ist dann der Fall, wenn sie einen Dritten bspw. durch persönliche Vorlage entsprechender Buchführungsunterlagen erst zu einem Geschäft mit der Gesellschaft bewegt haben und ihm dadurch ein Schaden entstanden ist. Beruht der Schaden auf der Fehlerhaftigkeit der vorgelegten Unterlagen, ist der betreffende Geschäftsführer wegen der Inanspruchnahme besonderen persönlichen Vertrauens bei dem Geschäftsabschluss neben der Gesellschaft auch selbst gemäß § 311 Abs. 2 BGB haftbar, u.U. auch nach § 826 BGB bei Vorliegen der dortigen (strengen) Voraussetzungen.[43]

---

38 *Paefgen*, in: GK-GmbHG, § 41 Rn. 10.
39 *Crezelius*, in: Scholz, GmbHG, § 41 Rn. 8.
40 *Haas*, in: Baumbach/Hueck, GmbHG, § 41 Rn. 4.
41 *Crezelius*, in: Scholz, GmbHG, § 41 Rn. 6; *Paefgen*, in: GK-GmbHG, § 41 Rn. 6.
42 BGH, NJW 1974, 1468.
43 *Paefgen*, in: GK-GmbHG, § 41 Rn. 14.

22 § 41 ist jedoch nach zutreffender h.M. **kein Schutzgesetz** i.S.d. § 823 Abs. 2 BGB, so dass sich hierüber keine zusätzliche direkte Außenhaftung ergibt. Denn auch wenn § 41 allgemein dem Gläubigerschutz dient (oben Rdn. 4), ist diese Schutzrichtung zu unspezifisch und der Kreis der geschützten Personen nicht hinreichend individualisierbar;[44] anderenfalls würde gemäß § 823 Abs. 2 S. 2 BGB bereits jede einfache Fahrlässigkeit bei der Bilanzerstellung zur Schadensersatzpflicht der Geschäftsführer gegenüber Gläubigern führen.[45] Schutzgesetze sind demgegenüber die – jeweils Vorsatz erfordernden – **Straf- und Ordnungswidrigkeitentatbestände** der §§ 331 Nrn. 1 und 2, 334 HGB, 263, 264a, 265b, 283 Abs. 1 Nrn. 5-7 und 283b StGB.[46]

23 Gegenüber dem **Fiskus** können Geschäftsführer nach §§ 34, 69 AO haften.[47] Diese Haftung erstreckt sich auf Schäden, die dadurch entstehen, dass – insbesondere aufgrund fehlerhafter Buchführung – Steuerschulden nicht oder verspätet festgesetzt oder beglichen werden; gehaftet wird auch für eventuelle Säumniszuschläge sowie rechtsgrundlos erhaltene Steuervergütungen und -erstattungen.

II. Gesellschafterhaftung

24 Da die Gesellschafter nicht Adressaten der Buchführungspflicht sind, sind sie bei deren Verletzung auch nicht direkt haftbar. Allerdings kann eine durch mangelhafte Buchführung hervorgerufene intransparente Vermögenslage der Gesellschaft zur Durchbrechung der in § 13 Abs. 2 normierten Haftungsbeschränkung führen.[48] In der Folge haben die Gesellschafter nach außen hin gemäß § 128 HGB analog selbst für die Gesellschaftsschulden einzustehen. Voraussetzung einer solchen **Durchgriffshaftung** ist nach der Rechtsprechung entweder das vollständige Fehlen einer Buchführung[49] oder deren gravierende Fehlerhaftigkeit, die zu einer Intransparenz und mangelnden Nachvollziehbarkeit der Zahlungsvorgänge führt.[50] Das Fehlen einer *doppelten* Buchführung allein ist hierfür nicht ausreichend.[51] Folge muss stets sein, dass eine eindeutige Trennung der Vermögensmassen von Gesellschaft und Gesellschafter(n) nicht mehr gewährleistet ist. Denn in diesem Fall sind die Gläubiger nicht mehr vor einer Benachteiligung durch Entziehung von Gesellschaftsvermögen

---

44 BGHZ 125, 366, 377 ff.; LG Bonn, AG 2001, 484 (zu § 91 Abs. 1 AktG); *Paefgen*, in: GK-GmbHG, § 41 Rn. 11; *Brandes*, WM 1995, 641, 655; a.A. *Crezelius*, in: Scholz, GmbHG, § 41 Rn. 8; *Stapelfeld*, GmbHR 1991, 94, 95 ff.; *Sieger/Hasselbach*, GmbHR 1998, 957, 961; *Biletzki*, ZIP 1997, 9, 10 ff.; *ders.*, BB 2000, 521, 524 ff.

45 *Hennrichs*, in: FS Kollhosser, Band 2, 2004, S. 201, 213 f.

46 Zu § 331 HGB LG Bonn, AG 2001, 484; *Haas*, Geschäftsführerhaftung und Gläubigerschutz, 1997, S. 137 f.; *Hennrichs*, in: FS Kollhosser, Band 2, 2004, S. 201, 214 m.w.N.; *Fleischer*, WM 2006, 2021, 2029; offen gelassen bei BGH, ZIP 1985, 29, 30; BGHZ 125, 366, 378 f.

47 *Paefgen*, in: GK-GmbHG, § 41 Rn. 16.

48 BGH, ZIP 2008, 308, 310; BGHZ 165, 85, 91 f.; *Paefgen*, in: GK-GmbHG, § 41 Rn. 11; *Michael Winter*, Horizontale Haftung im Konzern, 2005, S. 197 ff. zur Durchgriffshaftung, S. 216 ff. zur (horizontalen) Vermögensvermischung.

49 BGHZ 125, 366, 368; BGH, NZI 2006, 365, 367.

50 BGHZ 165, 85, 91 f.

51 BGHZ 165, 85, 92; *Paefgen*, in: GK-GmbHG, § 41 Rn. 11.

zugunsten der Gesellschafter geschützt. Problematisch ist allerdings, unter welchen Voraussetzungen ein entsprechender Buchführungsmangel dem Gesellschafter zurechenbar ist. Eine solche **Zurechnung** ist erforderlich, da es sich nach dem BGH bei der Durchgriffshaftung nicht um eine Zustands-, sondern um eine Verhaltenshaftung handelt.[52] Unproblematisch dürfte sie beim Gesellschafter-Geschäftsführer zu bejahen sein, da er zugleich Adressat der Buchführungspflicht nach § 41 ist. Besteht demgegenüber keine gleichzeitige Geschäftsführerstellung, ist der Gesellschafter nicht selbst von § 41 erfasst. In diesem Fall muss zumindest eine irgendwie geartete Beeinflussung der Geschäftsführung oder der sonst mit der Buchführung befassten Personen durch den Gesellschafter stattfinden, um eine Zurechnung von Buchführungsfehlern vornehmen zu können. Eine solche Beeinflussung ist beispielsweise in Form von Gesellschafterbeschlüssen denkbar. Jenseits hiervon sind bisher keine klaren Abgrenzungskriterien ersichtlich.[53]

§ 42 Bilanz

(1) In der Bilanz des nach den §§ 242, 264 des Handelsgesetzbuchs aufzustellenden Jahresabschlusses ist das Stammkapital als gezeichnetes Kapital auszuweisen.

(2) [1]Das Recht der Gesellschaft zur Einziehung von Nachschüssen der Gesellschafter ist in der Bilanz insoweit zu aktivieren, als die Einziehung bereits beschlossen ist und den Gesellschaftern ein Recht, durch Verweisung auf den Geschäftsanteil sich von der Zahlung der Nachschüsse zu befreien, nicht zusteht. [2]Der nachzuschießende Betrag ist auf der Aktivseite unter den Forderungen gesondert unter der Bezeichnung »Eingeforderte Nachschüsse« auszuweisen, soweit mit der Zahlung gerechnet werden kann. [3]Ein dem Aktivposten entsprechender Betrag ist auf der Passivseite in dem Posten »Kapitalrücklage« gesondert auszuweisen.

(3) Ausleihungen, Forderungen und Verbindlichkeiten gegenüber Gesellschaftern sind in der Regel als solche jeweils gesondert auszuweisen oder im Anhang anzugeben; werden sie unter anderen Posten ausgewiesen, so muss diese Eigenschaft vermerkt werden.

Übersicht

52 BGHZ 165, 85, 93.

53 Dementsprechend insgesamt kritisch zum Institut der Durchgriffshaftung *Haas*, in: Baumbach/Hueck, GmbHG, § 41 Rn. 24.

Schrifttum

Baetge/Kirsch/Thiele, Bilanzen, 10. Aufl. 2009; *Küting/Weber,* Die Darstellung des Eigenkapitals bei der GmbH nach dem Bilanzrichtlinie-Gesetz, GmbHR 1984, 165; *Rodewald,* Der maßgebliche Zeitpunkt für die Aufstellung von GmbH-Eröffnungsbilanzen, BB 1993, 1693.

A. Überblick

1 § 42 setzt voraus, dass die GmbH als Handelsgesellschaft (§§ 6 Abs. 1 HGB, 13 Abs. 3 GmbHG) nach den §§ 242, 264 HGB einen Jahresabschluss aufzustellen hat. Hierbei sind neben den allgemeinen Regeln zur Rechnungslegung (§§ 242 ff. HGB) auch die ergänzenden Vorschriften für Kapitalgesellschaften (§§ 264 ff. HGB) und schließlich die in § 42 normierten GmbH-spezifischen Sonderregeln zum Ausweis bestimmter Posten zu beachten. Letzteres betrifft den Ausweis des Stammkapitals (Abs. 1), von Nachschussforderungen (Abs. 2) und von sonstigen Forderungen im Verhältnis zwischen Gesellschaft und Gesellschaftern (Abs. 3).

2 Die Bilanzierungspflicht gehört zu den Buchführungspflichten im weiteren Sinne und trifft somit nach § 41 die Geschäftsführer. Passend dazu verpflichtet § 264 Abs. 1 S. 1 HGB »die gesetzlichen Vertreter einer Kapitalgesellschaft«, bei der GmbH also ebenfalls die Geschäftsführer, den Jahresabschluss um einen Anhang zu erweitern sowie einen Lagebericht aufzustellen.

B. Allgemeine Bilanzierungsgrundsätze

I. Eröffnungsbilanz

3 Zu Beginn ihres Handelsgewerbes hat die GmbH eine Eröffnungsbilanz, d.h. eine Gegenüberstellung ihres Vermögens und ihrer Schulden aufzustellen, vgl. § 242 Abs. 1 S. 1, 1. Alt. HGB. Hierfür gelten nach § 242 Abs. 1 S. 2 HGB dieselben Maßstäbe wie für die Bilanz zum Geschäftsjahresende im Rahmen des Jahresabschlusses, so dass auf die dortigen Ausführungen verwiesen werden kann (Rdn. 8 ff.).

4 Fraglich ist, zu welchem Zeitpunkt die GmbH ihr Handelsgewerbe beginnt und damit, auf welchen **Stichtag** die Eröffnungsbilanz aufzustellen ist. Spätester Zeit-

punkt wäre die **Eintragung** der GmbH ins Handelsregister, da sie mit diesem Akt ihre Rechtspersönlichkeit erlangt (vgl. § 11 Abs. 1) und Handelsgesellschaft wird (§ 13 Abs. 3). Allerdings kann die Gesellschaft bereits vor der Handelsregistereintragung die Geschäfte aufnehmen; damit korrespondierend muss ggf. auch der Stichtag der Eröffnungsbilanz vorverlagert werden.

5 Dies betrifft zunächst die **Vorgesellschaft.** Insoweit fragt sich, ob bereits der reine Errichtungsakt in Form der notariellen Beurkundung des Gesellschaftsvertrags maßgeblich für die Eröffnungsbilanz sein soll[1] oder ob die Kapitalaufbringung als erster relevanter Geschäftsvorgang hinzu kommen muss.[2] In Parallele zur Argumentation zum Beginn der Buchführungspflicht (dazu § 41 Rdn. 12) ist auch vorliegend auf das Entstehen der Vorgesellschaft mit formgerechtem Abschluss des Gesellschaftsvertrages abzustellen, und zwar unabhängig davon, ob die Vorgesellschaft ihrerseits bereits ein Handelsgewerbe betreibt oder nicht. Auf den Tag der notariellen Beurkundung des Vertrags ist auch die Eröffnungsbilanz aufzustellen. Dieser Tag ist aufgrund der Datierung der Urkunde leicht objektiv bestimmbar, was gegenüber einem Abstellen auf die tatsächliche Kapitalaufbringung den Vorteil größerer Transparenz besitzt.

6 Ausnahmsweise kann sich die Notwendigkeit einer Eröffnungsbilanz auch schon für die sog. **Vorgründungsgesellschaft** (= vor notarieller Beurkundung des Gesellschaftsvertrags) ergeben, sofern sie nämlich aufgrund des Umfangs der aufgenommenen Geschäfte bereits als Kaufmann zu qualifizieren ist (vgl. § 41 Rdn. 13).[3] Die Vorgründungsgesellschaft endet mit Entstehen der Vorgesellschaft wegen Zweckerreichung (§ 726 BGB),[4] so dass in der Folge auch eine Schlussbilanz erforderlich werden kann.[5] Da zwischen der Vorgründungsgesellschaft und der Vorgesellschaft keine Identität besteht, kann jedoch keine Umbuchung der bilanziellen Vermögenswerte von der Vorgründungs- auf die Vorgesellschaft erfolgen. Vielmehr muss letztere in jedem Fall eine neue Eröffnungsbilanz erstellen;[6] es beginnt zudem ein neues Wirtschaftsjahr zu laufen.[7]

II. Jahresbilanz

7 Die GmbH hat als Handelsgesellschaft für den Schluss eines jeden Geschäftsjahres einen Jahresabschluss aufzustellen. Dieser besteht aus einem »das Verhältnis ihres Vermögens

---

1 So *Strobl-Haarmann*, in: BeckHdbAG, § 2 Rn. 411; ein Abstellen auf den Beurkundungszeitpunkt sehen zumindest als vorzugswürdig an: *Ellerich/Swart*, in: Küting/Weber, HdB-Rechnungslegung, § 242 HGB Rn. 8; *A/D/S*, § 242 HGB Rn. 23; *Rodewald*, BB 1993, 1693, 1694 f.

2 So *Förschle/Kropp/Schellhorn*, in: Budde/Förschle/Winkeljohann, Sonderbilanzen, Kapitel D Rn. 73 ff.

3 *Schwaiger*, in: BeckHdbGmbH, § 2 Rn. 13; *Förschle/Kropp/Schellhorn*, in: Budde/Förschle/Winkeljohann, Sonderbilanzen, Kapitel D Rn. 16.

4 *Schwaiger*, in: BeckHdbGmbH, § 2 Rn. 9.

5 Vgl. *K. Schmidt*, in: MünchKommHGB, § 154 Rn. 22.

6 *Förschle/Kropp/Schellhorn*, in: Budde/Förschle/Winkeljohann, Sonderbilanzen, Kapitel D Rn. 78.

7 Vgl. *Fink*, in: Herrmann/Heuer/Raupach, EStG/KStG, § 4a EStG Rn. 8 zur Parallelfrage der Einbringung eines Betriebs in eine dadurch neu gegründete Personengesellschaft.

und ihrer Schulden darstellenden Abschluss« (Bilanz, vgl. § 242 Abs. 1 S. 1 HGB) und einer Gegenüberstellung der Aufwendungen und Erträge des Geschäftsjahres (Gewinn- und Verlustrechnung (GuV), § 242 Abs. 2 HGB) und ist kapitalgesellschaftsspezifisch um einen Anhang zu erweitern (§ 264 Abs. 1 S. 1 HGB).

1. Gliederung und Inhalt der Bilanz

8 Die **Bilanz** enthält eine Gegenüberstellung des Anlage- und Umlaufvermögens auf der Aktivseite und der Schulden (Oberbegriff für Verbindlichkeiten und Rückstellungen) auf der Passivseite, ergänzt um gewisse Korrekturposten (insbesondere Rechnungsabgrenzungsposten) und das Eigenkapital als Residualgröße (§ 247 Abs. 1 HGB). Grundlagen für die Bilanzerstellung sind die vorangegangene (Eröffnungs-)Bilanz und die seither vorgenommenen Buchungen auf den Bestands- und Erfolgskonten, damit auch das Ergebnis der GuV (zur GuV § 42a Rdn. 5 ff.).

9 Für Kapitalgesellschaften ist die Bilanz in Kontoform aufzustellen, ihre **Gliederung** ist in § 265 f. HGB vorgegeben. Insbesondere enthält § 266 Abs. 2, 3 HGB eine konkrete Auflistung der einzelnen in der Bilanz auszuweisenden Aktiv- und Passivposten. Die dort mit Großbuchstaben sowie römischen und arabischen Zahlen bezeichneten Gliederungsebenen sind zwingend und in der vorgegebenen Reihenfolge auszuweisen, sofern der entsprechende Posten einen Betrag ausweist (anderenfalls gilt § 265 Abs. 8 HGB). Eine Vereinfachung erlaubt § 266 Abs. 1 S. 3 HGB für **kleine Kapitalgesellschaften** i.S.d. § 267 HGB (Rdn. 21): Sie dürfen auf die letzte Gliederungsebene mit arabischen Zahlen verzichten und stattdessen eine verkürzte Bilanz aufstellen, die nur die mit Großbuchstaben und römischen Zahlen bezeichneten Posten enthält. Für eine kleine GmbH ergibt sich damit (seit Inkrafttreten des Bilanzrechtsmodernisierungsgesetzes von 2009, BilMoG) die folgende verkürzte Bilanz:

Aktiva	Passiva
A. Anlagevermögen I. Immaterielle Vermögensgegenstände II. Sachanlagen III. Finanzanlagen **B. Umlaufvermögen** I. Vorräte II. Forderungen und sonstige Vermögensgegenstände III. Wertpapiere IV. Kassenbestand, Bundesbankguthaben, Guthaben bei Kreditinstituten und Schecks **C. Rechnungsabgrenzungsposten** **D. Aktive latente Steuern** **E. Aktiver Unterschiedsbetrag aus der Vermögensverrechnung**	**A. Eigenkapital** I. Gezeichnetes Kapital II. Kapitalrücklage III. Gewinnrücklagen IV. Gewinnvortrag/Verlustvortrag V. Jahresüberschuss/Jahresfehlbetrag **B. Rückstellungen** **C. Verbindlichkeiten** **D. Rechnungsabgrenzungsposten** **E. Passive latente Steuern**

10 Ein **Verstoß** gegen die Gliederungsvorschriften ist sanktioniert durch § 256 Abs. 4 AktG analog, d.h. durch die Nichtigkeit des Jahresabschlusses, wenn der Verstoß gegen Gliederungsvorschriften seine Klarheit und Übersichtlichkeit (ausnahmsweise) wesentlich beeinträchtigt; zudem durch § 334 Abs. 1 Nr. 1 lit. c HGB, der den Geschäftsführern insoweit bei (mindestens bedingtem) Vorsatz ein Bußgeld von bis zu 50.000 Euro androht.

11 Die **Ansatzvorschriften** (insbesondere §§ 246-251 HGB) regeln vor allem, was die Bilanz enthalten muss (Vollständigkeitsgebot des § 246 Abs. 1 HGB) oder enthalten darf; ein Aktivierungswahlrecht besteht z.B. nach § 248 Abs. 2 HGB für selbst geschaffene immaterielle Vermögenswerte des Anlagevermögens. Die **Bewertungsvorschriften** der §§ 252-256a HGB enthalten demgegenüber Vorgaben, welcher Geldbetrag den in der Bilanz anzusetzenden Vermögensgegenständen und Schulden jeweils zuzuordnen ist. Vermögensgegenstände sind bei Zugang gemäß § 253 Abs. 1 S. 1 HGB zu Anschaffungs- oder Herstellungskosten (§ 255 HGB) zu bewerten und in der Folge ggf. planmäßig oder außerplanmäßig abzuschreiben (§ 253 Abs. 3 und 4 HGB). Schulden sind mit ihrem (bei Verbindlichkeiten) sicheren oder (bei Rückstellungen) wahrscheinlichen Erfüllungsbetrag anzusetzen, § 253 Abs. 2 HGB.

12 Einen Überblick zu jeweils einschlägigen (besonderen) Ansatz- und Bewertungsvorschriften des HGB gibt die nachstehende Aufstellung, wegen der Einzelheiten muss auf die Kommentarliteratur zur Rechnungslegung verwiesen werden.

13 **Aktivseite der Bilanz**

Posten	Maßgebliche (HGB-)Vorschriften
A. Anlagevermögen	Zur Abgrenzung von Anlage- und Umlaufvermögen siehe § 247 Abs. 2 HGB. Zu Abschreibungen auf das Anlagevermögen siehe § 253 Abs. 3 HGB, zu Zuschreibungen § 253 Abs. 5 HGB.
I. Immaterielle Vermögensgegenstände	Zum Aktivierungswahlrecht bei **selbst geschaffenen immateriellen Vermögensgegenständen** des Anlagevermögens siehe § 248 Abs. 2 HGB, zu ihrer Bewertung § 255 Abs. 2a HGB. Die Nutzung des Aktivierungswahlrechts bedingt eine Ausschüttungssperre nach § 268 Abs. 8 S. 1 HGB. Zur Aktivierungspflicht eines entgeltlich erworbenen **Firmen- oder Geschäftswerts** siehe § 246 Abs. 1 S. 4 HGB.
II. Sachanlagen	Die handelsrechtliche Bewertung **geringwertiger Wirtschaftsgüter** (GWG) folgt der steuerrechtlichen Regelung in § 6 Abs. 2 EStG.[8] Zum Festwertverfahren siehe § 240 Abs. 3 HGB.

8 *Korth*, in: KK-Rechnungslegung, § 266 HGB Rn. 70 f.

Posten	Maßgebliche (HGB-)Vorschriften
III. Finanzanlagen	Zur Definition **verbundener Unternehmen** siehe § 271 Abs. 2 HGB (i.V.m. § 290 HGB). Zum Begriff der **Beteiligung** siehe § 271 Abs. 1 HGB. Zum **Wertpapierbegriff** siehe § 2 WpHG. Eigene Anteile sind nach § 272 Abs. 1a HGB offen vom Posten »Gezeichnetes Kapital« abzusetzen.
B. Umlaufvermögen	Mit der Definition des Anlagevermögens in § 247 Abs. 2 HGB ist zugleich das Umlaufvermögen abgegrenzt. Zu Abschreibungen auf das Umlaufvermögen siehe § 253 Abs. 4 HGB, zu Zuschreibungen § 253 Abs. 5 HGB.
I. Vorräte	Zur Gruppenbewertung siehe § 240 Abs. 4 HGB.
II. Forderungen und sonstige Vermögensgegenstände	Zum **Realisationsprinzip** siehe § 252 Abs. 1 Nr. 4, 2. Hs. HGB (dazu noch Rdn. 16). Zur Umrechnung von **Fremdwährungsforderungen** siehe § 256a HGB. Zum **Restlaufzeitvermerk** bei Forderungen mit einer Restlaufzeit von mehr als einem Jahr siehe § 268 Abs. 4 HGB. Zum gesonderten Ausweis ausstehender Forderungen aus **eingefordertem Eigenkapital** siehe § 272 Abs. 1 S. 3, 3. Hs. HGB (dazu noch Rdn. 28). Zum gesonderten Ausweis von eingeforderten Nachschüssen, Ausleihungen und sonstigen **Forderungen gegenüber Gesellschaftern** siehe § 42 Abs. 2 und 3 GmbHG (dazu noch Rdn. 30 ff., 36 ff.).
III. Wertpapiere	Zur Abgrenzung zu Pos. A.III vgl. die Hinweise dort; insbes. Umkehrschluss zu § 271 Abs. 1 S. 1 HGB.
IV. Kassenbestand; Bundesbankguthaben, Guthaben bei Kreditinstituten und Schecks	n/a
C. Rechnungsabgrenzungsposten	Zu aktiven Rechnungsabgrenzungsposten siehe § 250 Abs. 1 (Ausgaben vor dem Abschlussstichtag, die Aufwand für eine bestimmte Zeit danach darstellen) und Abs. 3 HGB (Unterschiedsbetrag aus der Aufnahme von Verbindlichkeiten, dazu auch § 268 Abs. 6 HGB).

Posten	Maßgebliche (HGB-)Vorschriften
D. Aktive latente Steuern	Zur Definition aktiver latenter Steuern und zum insoweit bestehenden Aktivierungswahlrecht siehe § 274 HGB. Die Nutzung des Aktivierungswahlrechts bedingt eine Ausschüttungssperre nach § 268 Abs. 8 S. 2 HGB.
E. Aktiver Unterschiedsbetrag aus der Vermögensverrechnung	Dieser Posten ist gemäß § 246 Abs. 2 S. 2 f. HGB zu aktivieren, soweit die Zeitwerte eines **Deckungsvermögens** den Erfüllungsbetrag der zugehörigen Schulden übersteigen. Der Posten ist nach Maßgabe des § 268 Abs. 8 S. 3 HGB ausschüttungsgesperrt.

Passivseite der Bilanz

14

Posten	Maßgebliche (HGB-)Vorschriften
A. Eigenkapital	Zum Ausweis eines »nicht durch Eigenkapital gedeckten **Fehlbetrags**« auf der Aktivseite siehe § 268 Abs. 3 HGB.
I. Gezeichnetes Kapital	Zum Ausweis des Stammkapitals siehe § 42 Abs. 1 GmbHG und (insbesondere auch zu **ausstehenden Einlagen**) § 272 Abs. 1 HGB (ausführlich Rdn. 26 ff.). Zum Ausweis **eigener Anteile** siehe § 272 Abs. 1a/b HGB.
II. Kapitalrücklage	Zum Posteninhalt siehe § 272 Abs. 2 HGB. Zum gesonderten Ausweis von **Nachschusskapital** siehe § 42 Abs. 2 GmbHG (ausführlich Rdn. 30 ff.).
III. Gewinnrücklagen	Zur Bildung von Gewinnrücklagen siehe § 272 Abs. 3 HGB. Die im Gliederungsschema genannte **gesetzliche Rücklage** ist bei der GmbH nicht zu bilden (für die AG gilt § 150 Abs. 1 AktG). Zur Bildung der Rücklage für Anteile an einem herrschenden oder mit Mehrheit beteiligten Unternehmen siehe § 272 Abs. 4 HGB. Zur **Wertaufholungsrücklage** siehe § 29 Abs. 4 GmbHG.
IV. Gewinnvortrag/Verlustvortrag	Entfällt gemäß § 268 Abs. 1 S. 2 HGB, sofern die Bilanz unter vollständiger oder teilweiser Verwendung des Jahresergebnisses aufgestellt wird.
V. Jahresüberschuss/Jahresfehlbetrag	Zum Jahresüberschuss oder -fehlbetrag als Saldogröße aller Aufwendungen und Erträge der GuV siehe § 275 Abs. 2 Nr. 20, Abs. 3 Nr. 19 HGB. Entfällt gemäß § 268 Abs. 1 S. 2 HGB, sofern die Bilanz unter vollständiger oder teilweiser Verwendung des Jahresergebnisses aufgestellt wird.

Posten	Maßgebliche (HGB-)Vorschriften
B. Rückstellungen	Zum Ansatz von Rückstellungen siehe § 249 HGB. Zur Bewertung von Rückstellungen mit dem **voraussichtlichen Erfüllungsbetrag** siehe § 253 Abs. 1 S. 2 HGB, zur **Abzinsung** siehe § 253 Abs. 2 HGB. Zu Sonderregelungen für **Pensionsrückstellungen** siehe § 253 Abs. 1 S. 3, Abs. 2 S. 2 HGB und die Übergangsregelung in Art. 28 EGHGB.
C. Verbindlichkeiten	Zum Ansatz der Verbindlichkeiten siehe das Vollständigkeitsgebot des § 246 Abs. 1 S. 1 HGB. Zur Bewertung mit dem **Erfüllungsbetrag** siehe § 253 Abs. 1 S. 2 HGB. Zur Umrechnung von **Fremdwährungsverbindlichkeiten** siehe § 256a HGB. Zum **Restlaufzeitvermerk** bei Verbindlichkeiten mit einer Restlaufzeit von bis zu einem Jahr siehe § 268 Abs. 5 S. 1 HGB. Zum gesonderten Ausweis von **erhaltenen Anzahlungen** auf Bestellungen siehe § 268 Abs. 5 S. 2 HGB. Zum gesonderten Ausweis von **Verbindlichkeiten gegenüber Gesellschaftern** siehe § 42 Abs. 3 GmbHG.
D. Rechnungsabgrenzungsposten	Zu passiven Rechnungsabgrenzungsposten siehe § 250 Abs. 2 HGB (Einnahmen vor dem Abschlussstichtag, die Ertrag für eine bestimmte Zeit danach darstellen).
E. Passive latente Steuern	Zur Definition passiver latenter Steuern und zur insoweit bestehenden Passivierungspflicht siehe § 274 HGB.

15 Nach § 251 HGB sind die dort genannten **Haftungsverhältnisse**, sofern sie nicht auf der Passivseite auszuweisen sind, »unter dem Strich«, und zwar üblicherweise unter der Passivseite der Bilanz, zu vermerken. § 268 Abs. 7 HGB modifiziert dies für Kapitalgesellschaften dahingehend, dass die vier Gruppen von Haftungsverhältnissen jeweils gesondert auszuweisen sind, jedoch auch eine Angabe im Anhang zulässig ist.

2. Grundsätze ordnungsmäßiger Bilanzierung

16 Für die Bilanz gelten die Grundsätze ordnungsmäßiger Buchführung (§ 243 Abs. 1 HGB), zu denen (im weiteren Sinne) auch die Grundsätze ordnungsmäßiger Bilanzierung zählen (vgl. § 41 Rdn. 2). Die wesentlichsten sind die Grundsätze der Bilanzklarheit, der Bilanzwahrheit, der Bilanzvollständigkeit, der Bilanzidentität, der Bewertungsstetigkeit und das Vorsichtsprinzip. Die **Bilanzklarheit** (§ 243 Abs. 2 HGB) erfordert, dass Aufbau sowie Bezeichnung der Posten der Bilanz so beschaffen sind, dass ein sachverständiger Dritter sie ohne längere Einarbeitungszeit verstehen

und nachvollziehen kann.[9] Der Grundsatz der **Bilanzwahrheit** sucht in erster Linie solche Bilanzierungen zu vermeiden, die über den Rahmen des gesetzlich zugebilligten Ermessens hinausgehen. So dürfen insbesondere keine Bilanzposten fingiert werden, es darf zudem nicht gegen zwingende Ansatzvorschriften verstoßen werden.[10] Weiterhin muss die Bilanz **vollständig** sein, d.h. alle Vermögenspositionen (Aktiva wie Passiva) des Bilanzierenden ausweisen (§ 246 Abs. 1 S. 1 HGB).[11] Der Grundsatz der **Bilanzidentität** (§ 252 Abs. 1 Nr. 1 HGB) schreibt vor, dass die Wertansätze in der Eröffnungsbilanz mit denen in der vorausgegangenen Jahresbilanz übereinstimmen müssen. Flankiert wird er von dem Grundsatz der **Bewertungsstetigkeit** nach § 252 Abs. 1 Nr. 6 HGB, wonach einmal gewählte Bewertungsmethoden auch in Folgeabschlüssen (auch von einer zur nächsten *Jahresbilanz*) beizubehalten sind. Das Zusammenspiel der beiden letztgenannten Grundsätze soll eine leichtere Vergleichbarkeit und damit auch Nachvollziehbarkeit der periodenübergreifenden Geschäftsentwicklung gewährleisten.[12] Das **Vorsichtsprinzip** (§ 252 Abs. 1 Nr. 4 HGB) schließlich zerfällt in eine Ansatz- und eine Bewertungsebene. Auf Ansatzebene sind Gewinne nur bei hinreichender Realisation zum Bilanzstichtag zu aktivieren (**Realisationsprinzip**[13]), wohingegen Verbindlichkeiten bereits dann zu passivieren sind, wenn sie sich abzeichnen (**Imparitätsprinzip**)[14].[15] Auf Bewertungsebene ist zudem »vorsichtig« zu bewerten, was in Ansehung des Vorgesagten bezüglich der Aktiva eine zurückhaltende Bewertung, bezüglich der Verbindlichkeiten hingegen einen im Zweifel höheren Ansatz erfordert. Insgesamt soll hierdurch der Ausweis eines zu hohen (ausschüttungsfähigen) Gewinns vermeiden werden, was vor allem dem Gläubigerschutz dient.[16]

17 Zum Teil sind jedoch **Abweichungen** von den Bilanzierungsgrundsätzen entweder gesetzlich vorgesehen oder anderweitig anerkannt: So wird die Bilanzvollständigkeit für bestimmte Aktiva dadurch durchbrochen, dass keine Ansatzpflicht sondern ein Ansatzwahlrecht besteht, welches von dem Bilanzierenden nach grundsätzlich freiem Ermessen ausgeübt werden kann (siehe z.B. § 248 Abs. 2 S. 1 HGB).[17] Bezüglich der Passivseite der Bilanz sind entsprechende Wahlrechte indessen nicht gegeben. Hier gebietet vielmehr das Vorsichtsprinzip, mögliche Verbindlichkeiten im Zweifel stets zu passivieren.[18] Posten der Aktiv- und Passivseite dürfen zudem grundsätzlich nicht miteinander verrechnet werden (§ 246 Abs. 2 S. 1 HGB). Ausnahmen bestehen bspw.

---

9 *Merkt*, in: Baumbach/Hopt, HGB, § 243 Rn. 4.
10 *Merkt*, in: Baumbach/Hopt, HGB, § 243 Rn. 5.
11 *Hennrichs*, in: MünchKommAktG, § 246 HGB Rn. 11.
12 *Wiedmann*, in: E/B/J/S, HGB, § 252 Rn. 37; *Merkt*, in: Baumbach/Hopt, HGB, § 243 Rn. 8.
13 *Winkeljohann/Büssow*, in: BeckBilKomm, § 252 HGB Rn. 43 ff.
14 *Hennrichs*, in: MünchKommAktG, § 252 HGB Rn. 51.
15 Ausführlich *Winkeljohann/Büssow*, in: BeckBilKomm, § 252 HGB Rn. 34 ff.
16 *Merkt*, in: Baumbach/Hopt, HGB, § 243 Rn. 9.
17 Vgl. im Einzelnen *Förschle/Kroner*, in: BeckBilKomm, § 246 HGB Rn. 85 ff.
18 Vgl. *Winnefeld*, in: Winnefeld, Bilanz-Hdb, Kapitel E Rn. 70.

für Pensionsverbindlichkeiten und die ihnen zugeordnete Deckungsmasse (§ 246 Abs. 2 S. 2 HGB) sowie für aktive und passive latente Steuern (§ 274 Abs. 1 S. 1, 2 HGB).

3. Wirtschaftliches Eigentum

18 Für die Zuordnung von **Vermögensgegenständen** (Aktiva) ist regulär das zivilrechtliche Eigentum (bei Sachen) bzw. die Inhaberschaft (bei Rechten) maßgeblich, § 246 Abs. 1 S. 2, 1. Hs. HGB.[19] Sofern allerdings das **wirtschaftliche Eigentum** einem anderen zusteht, hat dieser den Vermögensgegenstand in seiner Bilanz auszuweisen, 2. Hs. Das ist in Anlehnung an § 39 Abs. 2 Nr. 1 AO der Fall, wenn der andere Nutzen und Lasten des Gegenstandes trägt und zudem in der Lage ist, den zivilrechtlich Berechtigten für die gewöhnliche Nutzungsdauer von der Einwirkung auf den Gegenstand auszuschließen.[20] Anerkannt ist dies für **Treuhandfälle**, in denen der Treuhänder zwar nach außen Vollrechtsinhaber ist, das Treugut jedoch auf Rechnung und nach Weisungen des Treugebers lediglich für diesen verwaltet (vgl. näher § 15 Rdn. 94). In diesen Fällen ist das Treugut dem Treugeber als dem wirtschaftlich Berechtigten zuzuordnen[21] und nach § 246 Abs. 1 S. 2, 2. Hs. HGB auch in dessen Bilanz auszuweisen.[22] Gesetzlich nicht geregelt ist die Frage, wie das Treugut in der Bilanz des *Treuhänders* zu behandeln ist. Nach h.M. ist es hier aus Klarstellungsgründen ebenfalls, allerdings nur »unter dem Strich« auszuweisen[23], also in die Bilanzsumme nicht aufzunehmen. Weitere Anwendungsfälle dieser wirtschaftlichen Betrachtungsweise sind die **Sicherungsübereignung** und der Kauf unter **Eigentumsvorbehalt**.[24]

19 Für **Schulden** gilt die wirtschaftliche Betrachtungsweise nicht: Schulden sind gemäß § 246 Abs. 1 S. 3 HGB stets in die Bilanz des Schuldners aufzunehmen. »Schuldner« ist nach dem bilanziellen Vorsichtsprinzip der zivilrechtlich Verpflichtete, der jedoch ggf. einen korrespondierenden Ausgleichsanspruch gegen einen abweichenden wirtschaftlich Verpflichteten zu aktivieren hat.[25]

---

19 *Hennrichs*, in: MünchKommAktG, § 246 HGB Rn. 126.

20 *Merkt*, in: Baumbach/Hopt, HGB, § 246 Rn. 14; *Förschle/Kroner*, in: BeckBilKomm, § 246 HGB Rn. 6; *Braun*, in: KK-Rechnungslegung, § 246 HGB Rn. 51 f.

21 Vgl. zu den Anforderungen an ein auch steuerlich anzuerkennendes Treuhandverhältnis BFH, BStBl. II 2010, 590, Rz. 26 f.

22 *Förschle/Kroner*, in: BeckBilKomm, § 246 HGB Rn. 11.

23 *A/D/S*, § 246 HGB Rn. 293; a.A. *Förschle/Kroner*, in: BeckBilKomm, § 246 Rn. 12: Anhangangabe.

24 *Hennrichs*, in: MünchKommAktG, § 246 HGB Rn. 130 ff. *Braun*, in: KK-Rechnungslegung, § 246 HGB Rn. 49 f.

25 *Braun*, in: KK-Rechnungslegung, § 246 HGB Rn. 54 f.; *Förschle/Kroner*, in: BeckBilKomm, § 246 HGB Rn. 50 f.

4. Größenabhängige Erleichterungen

Für kleine und mittelgroße Kapitalgesellschaften sind diverse Erleichterungen in Bezug auf die Rechnungslegung vorgesehen. **20**

a) Größenklassen i.S.d. § 267 HGB. Kleine Kapitalgesellschaften sind nach § 267 Abs. 1 HGB solche, die höchstens eines der folgenden drei Größenmerkmale überschreiten: **21**

- die Bilanzsumme beträgt nach Abzug eines auf der Aktivseite ausgewiesenen Fehlbetrags maximal 4.840.000,- Euro;
- die Umsatzerlöse der letzten 12 Monate vor dem Abschlussstichtag betragen maximal 9.680.000,- Euro;
- im Jahresdurchschnitt sind maximal 50 Arbeitnehmer beschäftigt.

Mittelgroße Kapitalgesellschaften sind nach § 267 Abs. 2 HGB solche, die nicht mehr kleine Kapitalgesellschaften sind, aber höchstens eines der folgenden drei Größenmerkmale überschreiten:

- die Bilanzsumme beträgt nach Abzug eines auf der Aktivseite ausgewiesenen Fehlbetrags maximal 19.250.000,- Euro;
- die Umsatzerlöse der letzten 12 Monate vor dem Abschlussstichtag betragen maximal 38.500.000,- Euro;
- im Jahresdurchschnitt sind maximal 250 Arbeitnehmer beschäftigt.

Große Kapitalgesellschaften sind solche, die mindestens zwei der vorgenannten Größenmerkmale überschreiten oder nach § 264d HGB kapitalmarktorientiert sind.

Um Zufälligkeiten eines Abschlussstichtages zu vermeiden, tritt ein Wechsel in eine andere Größenklasse nur dann ein, wenn die Voraussetzungen hierfür an zwei aufeinanderfolgenden Abschlussstichtagen vorliegen (§ 267 Abs. 4 HGB). Durch einen »Aufstieg« gehen **größenabhängige Erleichterungen**[26] für die Rechnungslegung verloren. **22**

b) Erleichterungen. Kleine Kapitalgesellschaften dürfen gemäß § 266 Abs. 1 S. 3 HGB eine verkürzte Bilanz aufstellen (vgl. oben Rdn. 9), gemäß § 274a HGB darf zudem insbesondere das Anlagengitter nach § 268 Abs. 2 HGB und ein Ansatz latenter Steuern nach § 274 HGB entfallen. In der GuV dürfen gemäß § 276 S. 1 HGB bestimmte Posten zum Rohergebnis zusammengefasst werden. Auch im Anhang dürfen gemäß §§ 274a, 276 S. 2, 288 Abs. 1 HGB bestimmte Angaben und Erläuterungen entfallen. Außerdem entfällt gemäß § 264 Abs. 1 S. 4 Hs. 1 HGB die Aufstellung eines Lageberichts; Hs. 2 verlängert die Aufstellungsfrist für den Jahresabschluss von drei auf bis zu sechs Monate. Schließlich und vor allem sind kleine Kapitalgesellschaften von der Prüfungspflicht (§ 316 Abs. 1 S. 1 HGB) und der Offenlegung der GuV (§ 326 HGB) befreit. **23**

26 Vgl. hierzu auch *Kleindiek,* in: Lutter/Hommelhoff, GmbHG, § 42 Rn. 3 ff.

24 Für **mittelgroße Kapitalgesellschaften** gelten demgegenüber nur noch die Erleichterungen in § 276 S. 1 HGB und § 288 Abs. 2 HGB. Sie dürfen eine gemäß § 327 HGB verkürzte Bilanz offenlegen.

C. GmbH-spezifische Ausweisvorschriften

25 § 42 ergänzt die rechtsformübergreifenden handelsrechtlichen Bilanzierungsgrundsätze um GmbH-spezifische Ausweisvorschriften zum Stammkapital (Abs. 1), zu Nachschussforderungen (Abs. 2) und zu sonstigen Forderungen im Verhältnis zwischen Gesellschaft und Gesellschaftern (Abs. 3).

I. Stammkapital (Abs. 1)

26 Nach § 42 Abs. 1 ist das **Stammkapital** in der Bilanz als gezeichnetes Kapital auszuweisen, also gemäß § 266 Abs. 3 HGB auf der Passivseite unter A. Eigenkapital, I. Gezeichnetes Kapital (vgl. § 152 Abs. 1 S. 1 AktG als Parallelvorschrift für die AG). Als gezeichnetes Kapital gilt immer der Betrag, der am Bilanzstichtag im Handelsregister eingetragen ist (siehe noch Rdn. 29).[27] Der Ausweis hat nach § 272 Abs. 1 S. 2 HGB stets zum Nennwert zu erfolgen; dadurch wird klargestellt, dass das gezeichnete Kapital nicht durch Verluste oder ausstehende Einlagen reduziert ausgewiesen werden kann.[28] Auch eventuelle Aufgelder oder Zuzahlungen sind nicht als gezeichnetes Kapital, sondern in der Kapitalrücklage i.S.d. § 272 Abs. 2 HGB auszuweisen.

27 Stehen noch **Einlagezahlungen** aus, ist gemäß § 272 Abs. 1 S. 3 HGB zu unterscheiden: Sind sie noch **nicht eingefordert** (dazu § 46 Rdn. 18 f.), so sind sie nach § 272 Abs. 1 S. 3, 1. Hs. HGB auf der Passivseite in der Vorspalte vom gezeichneten Kapital offen abzusetzen. Der nach Abzug der nicht eingeforderten Einlagen sich ergebende Betrag ist in der Hauptspalte als »Eingefordertes Kapital« auszuweisen (2. Hs., Nettoausweis).[29] Ein Ausweis der nicht eingeforderten Einlagen auf der Aktivseite scheidet dagegen aus, da wirtschaftlich betrachtet erst mit der Einforderung eine Forderung der Gesellschaft entsteht.[30]

28 Sind hingegen Einlagen bereits **eingefordert**, so besteht eine entsprechende Forderung auch bei wirtschaftlicher Betrachtung. Sie ist auf der Aktivseite nach § 272 Abs. 1 S. 3, 3. Hs. HGB gesondert auszuweisen und zu bezeichnen, i.d.R. im Rahmen der sonstigen Vermögenswerte (§ 266 Abs. 2 B. II. 4. HGB).[31] Auf der Passiv-

---

27 *Mock*, in: KK-Rechnungslegung, § 246 HGB Rn. 36; zum Ausweis im Gründungsstadium vgl. *Korth*, in: KK-Rechnungslegung, § 246 HGB Rn. 231: »Noch nicht im Handelsregister eingetragenes Gezeichnetes Kapital«.

28 *Korth*, in: KK-Rechnungslegung, § 266 HGB Rn. 226.

29 *Förschle/Hoffmann*, in: BeckBilKomm, § 272 HGB Rn. 35; *Haas*, in: Baumbach/Hueck, GmbHG, § 42 Rn. 6; *Kleindiek*, in: Lutter/Hommelhoff, GmbHG, § 42 Rn. 46 f.

30 Vgl. *Haas*, in: Baumbach/Hueck, GmbHG, § 42 Rn. 6.

31 *Mock*, in: KK-Rechnungslegung, § 272 HGB Rn. 59.

seite kann das Stammkapital im Gegenschluss zu § 272 Abs. 1 S. 3 HGB ohne Einschränkungen zum Nennwert als »Gezeichnetes Kapital« angesetzt werden.

29 **Kapitalmaßnahmen** (Erhöhungen oder Herabsetzungen) sind in der Bilanz zu berücksichtigen, wenn sie vor dem Bilanzstichtag im Handelsregister eingetragen wurden.[32] Sind sie zwar beschlossen, aber noch nicht eingetragen, finden sie hingegen grundsätzlich nur Eingang in den Lagebericht (dazu § 42a Rdn. 13).[33] Haben in diesem Fall allerdings schon Zahlungen auf eine Kapital*erhöhung* stattgefunden, sind diese unter dem einschlägigen Posten (regelmäßig wohl »Bankguthaben«) zu aktivieren. In der Folge muss auch eine Passivierung stattfinden,[34] und zwar nachfolgend zur Kapitalrücklage nach § 272 Abs. 2 HGB unter gesonderter Bezeichnung (bspw. »Zur Durchführung einer beschlossenen Kapitalerhöhung geleistete Einlagen«).[35] Einen weiteren Sonderfall bildet die Konstellation, dass die Handelsregistereintragung einer Kapitalerhöhung zwar nach dem Bilanzstichtag, aber vor Bilanzaufstellung (zum Unterschied vgl. § 42a Rdn. 14, 19) erfolgt. In diesem Fall ist mit der h.M. der Erhöhungsbetrag direkt im Anschluss an den Posten »Gezeichnetes Kapital« zu passivieren.[36]

II. Nachschüsse (Abs. 2)

30 Soweit nach dem Gesellschaftsvertrag eine grundsätzliche Verpflichtung der Gesellschafter zu Nachschüssen besteht (§ 26), sind die sich daraus ergebenden Forderungen unter bestimmten Voraussetzungen nach § 42 Abs. 2 schon vor ihrer Vereinnahmung bilanziell auszuweisen.

31 Hierfür ist nach § 42 Abs. 2 S. 1 erstens erforderlich, dass die **Einziehung** des Nachschusses bereits **beschlossen** wurde. Dies ist Voraussetzung des Entstehens der entsprechenden Forderung der Gesellschaft (§ 26 Rdn. 6) und damit auch ihrer Bilanzierbarkeit.

32 Zweitens ist erforderlich, dass der betroffene Gesellschafter die Nachschusspflicht nicht mehr nach § 27 Abs. 1 S. 1 dadurch abwenden kann, dass er der Gesellschaft stattdessen seinen Geschäftsanteil zur Befriedigung zur Verfügung stellt (sog. **Abandon**). Eine solche Abwendungsmöglichkeit kommt von vornherein nur bei einer unbeschränkten Nachschusspflicht in Betracht, zudem nur bei voll einbezahlten Geschäftsanteilen (dazu § 27 Rdn. 3). Ohne Abandonrecht ist die Nachschussforde-

---

32 *Crezelius*, in: Scholz, GmbHG, § 42 Rn. 5; *A/D/S*, § 42 GmbHG Rn. 9; *Küting/Weber*, GmbHR 1984, 165, 168.

33 *Altmeppen*, in: Roth/Altmeppen, GmbHG, § 42 Rn. 47.

34 *Mock*, in: KK-Rechnungslegung, § 272 HGB Rn. 60.

35 *Altmeppen*, in: Roth/Altmeppen, GmbHG, § 42 Rn. 47; *Crezelius*, in: Scholz, GmbHG, § 42 Rn. 6.

36 *Altmeppen*, in: Roth/Altmeppen, GmbHG, § 42 Rn. 48; *Tiedchen*, in: Rowedder/Schmidt-Leithoff, GmbHG, § 42 Rn. 6; a.A. *Crezelius*, in: Scholz, GmbHG, § 42 Rn. 6, der sich auch hier für eine Passivierung im Anschluss an die Kapitalrücklage ausspricht.

rung mangels Abwendbarkeit ab dem Beschluss ihrer Einziehung zu bilanzieren.[37] Ein zunächst bestehendes Abandonrecht erlischt einen Monat nach Fassung des Einziehungsbeschlusses, vgl. § 27 Abs. 1 S. 1. Ab diesem Zeitpunkt ist folglich auch bei ansonsten gegebenen Voraussetzungen des Abandonrechts die Nachschussforderung in der Bilanz auszuweisen.

33 Dritte Voraussetzung ist nach § 42 Abs. 2 S. 2, dass »mit der Zahlung gerechnet werden kann«. Dies setzt Bonität und nach teilweiser Ansicht auch Zahlungswilligkeit des nachschusspflichtigen Gesellschafters voraus. Bei **Zahlungsunfähigkeit** entfällt hiernach der Ansatz insgesamt; es handelt sich um eine Sonderregelung zur allgemeinen Wertberichtigung uneinbringlicher Forderungen, die bei bloßen Zweifeln an der Zahlungsfähigkeit lediglich einen niedrigeren Ansatz zur Folge hätte.[38] Streitig ist die Anwendung auf Fälle der **Zahlungsunwilligkeit**.[39] Da hier zumindest die Möglichkeit der gerichtlichen Durchsetzung der Nachschusspflicht besteht, scheint es sachgerecht, die allgemeinen Bewertungsregeln zur Anwendung zu bringen.

34 Sind die vorgenannten Voraussetzungen erfüllt, ist die Nachschussforderung zu aktivieren. Der **bilanzielle Ausweis** erfolgt gemäß § 42 Abs. 2 S. 2 auf der Aktivseite unter den Forderungen der Gesellschaft gesondert mit der Bezeichnung »Eingeforderte Nachschüsse«. Auf der Passivseite erfolgt nach S. 3 ein korrespondierender Ausweis als Teil der Kapitalrücklage i.S.d. § 272 Abs. 2 HGB, und zwar ebenfalls separat. Dies kann durch Ansatz mit gesonderter Bezeichnung geschehen (»Nachschusskapital«),[40] aber auch durch einen Davon-Vermerk (»Kapitalrücklage 500, davon eingeforderte Nachschüsse 200«).[41]

35 Bei **Einzahlung** der Nachschüsse erfolgt eine Auflösung der bisherigen bilanziellen Ansätze. Die erhaltenen Leistungen sind zu aktivieren, regelmäßig als Bankguthaben. Eine Passivierung erfolgt nach einer Ansicht innerhalb der regulären Kapitalrücklage als »andere Zuzahlungen« nach § 272 Abs. 2 Nr. 4 HGB,[42] nach überwiegender Ansicht ist dagegen die bisherige Kennzeichnung als »Nachschusskapital« (Rdn. 34) beizubehalten.[43] Letzteres ist wegen der nach § 30 Abs. 2 insoweit bestehenden Rückzahlungsbeschränkungen vorzugswürdig.

---

37 Vgl. bezüglich der beschränkten Nachschusspflicht *Tiedchen*, in: Rowedder/Schmidt-Leithoff, GmbHG, § 42 Rn. 9.

38 Vgl. *Altmeppen*, in: Roth/Altmeppen, GmbHG, § 42 Rn. 52; *Crezelius*, in: Scholz, GmbHG, § 42 Rn. 16.

39 Befürwortend *Altmeppen*, in: Roth/Altmeppen, GmbHG, § 42 Rn. 52; *Crezelius*, in: Scholz, GmbHG, § 42 Rn. 16; ablehnend *Tiedchen*, in: Rowedder/Schmidt-Leithoff, GmbHG, § 42 Rn. 9; *A/D/S*, § 42 GmbHG Rn. 20.

40 *A/D/S*, § 42 GmbHG Rn. 22; *Förschle/Hoffmann*, in: BeckBilKomm, § 272 HGB Rn. 215.

41 *A/D/S*, § 42 GmbHG Rn. 22; *Tiedchen*, in: Rowedder/Schmidt-Leithoff, GmbHG, § 42 Rn. 10.

42 *Kleindiek*, in: Lutter/Hommelhoff, GmbHG, § 42 Rn. 49; *Altmeppen*, in: Roth/Altmeppen, GmbHG, § 42 Rn. 53.

43 *A/D/S*, § 42 GmbHG Rn. 25; *Crezelius*, in: Scholz, GmbHG, § 42 Rn. 17; *Förschle/Hoffmann*, in: BeckBilKomm, § 272 HGB Rn. 215; *Haas*, in: Baumbach/Hueck, GmbHG, § 42 Rn. 10; *Tiedchen*, in: Rowedder/Schmidt-Leithoff, GmbHG, § 42 Rn. 11.

III. Rechtsverhältnisse mit Gesellschaftern (Abs. 3)

36 Nach § 42 Abs. 3 hat der bilanzielle Ausweis von Rechtverhältnissen, die zwischen Gesellschaft und Gesellschaftern bestehen, gesondert zu erfolgen. Denn auch wenn die GmbH mit ihren Gesellschaftern schuldrechtliche Beziehungen wie mit fremden Dritten eingehen kann (vgl. § 14 Rdn. 49), können daraus resultierende **Ansprüche vom Gesellschaftsverhältnis überlagert** bzw. aufgrund des bestehenden Näheverhältnisses in ihrer tatsächlichen Durchsetzung beeinträchtigt sein. Die Kenntlichmachung derartiger Beziehungen macht daher den Jahresabschluss klarer und übersichtlicher.[44] Für Aktiengesellschaften fehlt eine entsprechende Bestimmung; sie wäre bei größerem Aktionärskreis oder Bestehen von Inhaberaktien auch nicht durchführbar.

37 Der Anwendungsbereich der Norm erstreckt sich auf drei verschiedene Arten von Rechtsverhältnissen: Ausleihungen, Forderungen und Verbindlichkeiten gegenüber Gesellschaftern, wobei die ersten beiden Kategorien die Aktivseite der Bilanz betreffen, die Verbindlichkeiten indessen die Passivseite.

1. Ausweis- oder angabepflichtige Bilanzposten

38 Bei **Ausleihungen** handelt es sich um langfristige Darlehen der Gesellschaft an die Gesellschafter.[45] Ab einer (Gesamt-, nicht Rest-)[46] Laufzeit von vier Jahren können solche regelmäßig angenommen werden, bei einer Laufzeit von unter einem Jahr kommt eine Ausleihung indessen nicht in Betracht.[47] Bei dazwischen liegenden Laufzeiten entscheidet der subjektive Wille der Parteien. Geht dieser in Richtung eines nur vorübergehenden, insbesondere anlassbezogenen Geschäfts, spricht dies gegen eine Ausleihung. Ist indessen eine dauerhafte Darlehenshingabe zu Anlagezwecken (i.S.d. § 266 Abs. 2 A. III Nr. 4 HGB)[48] gewollt, ist eine Ausleihung gegeben.[49] Der gesonderte Ausweis von Ausleihungen im Vergleich zu anderweitigen Forderungen gegen Gesellschafter beruht darauf, dass bei ihnen nicht mit einer kurzfristigen Realisierung zu rechnen ist.

39 Jedoch sind auch sonstige **Forderungen gegen Gesellschafter** gesondert zu bilanzieren, unabhängig von ihrem Rechtsgrund. Hierunter fallen auch Darlehensforderungen, die nicht die Dauerhaftigkeit von Ausleihungen erreichen. Ausgenommen sind Nachschuss- und Einlageforderungen, für die allein die bereits dargestellten Sonderregeln der §§ 272 Abs. 1 S. 3 HGB, 42 Abs. 1, 2 GmbHG gelten (oben Rdn. 26 ff. bzw. 30 ff.).

---

44 *Crezelius*, in: Scholz, GmbHG, § 42 Rn. 18.

45 *Kleindiek*, in: Lutter/Hommelhoff, GmbHG, § 42 Rn. 52.

46 *A/D/S*, § 42 GmbHG Rn. 29.

47 *Kozikowski/Huber*, in: BeckBilKomm, § 247 HGB Rn. 357; zum indiziellen Charakter der 4-Jahres-Frist *Crezelius*, in: Scholz, GmbHG, § 42 Rn. 18; *A/D/S*, § 42 GmbHG Rn. 29.

48 Vgl. *Altmeppen*, in: Roth/Altmeppen, GmbHG, § 42 Rn. 57.

49 *Kozikowski/Huber*, in: BeckBilKomm, § 247 HGB Rn. 357; *Crezelius*, in: Scholz, GmbHG, § 42 Rn. 28 f.

40 **Verbindlichkeiten** der Gesellschaft gegenüber ihren Gesellschaftern sind gesondert zu passivieren. Auch hier ist der Rechtsgrund der jeweiligen Verbindlichkeit grundsätzlich ohne Bedeutung. Das gilt nach den Änderungen durch das MoMiG auch für die früher sog. **eigenkapitalersetzenden Gesellschafterdarlehen.**[50] Da diese nach § 39 Abs. 1 Nr. 5, Abs. 4, 5 InsO nur noch in der Insolvenz eine andere Behandlung als sonstige Verbindlichkeiten der Gesellschaft erfahren, gelten für sie im Umkehrschluss vor Insolvenzeröffnung die allgemeinen (Ausweis-)Regeln.

2. Maßgeblichkeit der Gesellschafterstellung

41 Alle vorstehenden Bilanzposten setzen die Gesellschafterstellung des Schuldners bzw. Gläubigers zum Bilanzstichtag voraus. Diesbezüglich kommt es grundsätzlich auf die **materielle Rechtslage** an. Ein »Privileg« für Klein- oder Kleinstbeteiligungen existiert nicht, da auch hier eine Überlagerung der Rechtsbeziehung durch die Gesellschafterstellung möglich ist (hierzu Rdn. 36).[51]

42 Bei **Treuhandverhältnissen** ist streitig, ob allein auf den Treuhänder als formellen Gesellschafter oder auf den Treugeber als wirtschaftlichen Gesellschafter[52] oder aber auf beide[53] abzustellen ist. Zutreffend ist letzteres, weil die Interessenlage bei der Treuhand durchaus unterschiedlich sein kann (vgl. § 15 Rdn. 95): Die fremdnützige Treuhand dient den Interessen eines Treugebers, der seine Rechte nicht selbst ausüben kann oder will. In der Folge besteht primär im Verhältnis zu ihm und nicht zum Treuhänder die Gefahr der Überlagerung von Rechtsbeziehungen durch das Gesellschaftsverhältnis (oben Rdn. 36). Bei der eigennützigen Treuhand kann der Treuhänder dagegen ggf. auch weitgehend frei über das Treugut disponieren – wenn nicht bei der reinen Sicherungstreuhand, so doch jedenfalls bei der sog. Nutzungstreuhand zu eigenen Zwecken des Treuhänders.[54] In diesem Fall bestehen die Gefahren, denen § 42 Abs. 3 begegnen will, primär in Bezug auf den Treuhänder. Den bilanzierenden Geschäftsführern sind derartige Nachforschungen zur Ausgestaltung des Innenverhältnisses zwischen Treugeber und Treuhänder jedoch nicht zuzumuten. Deshalb ist im Ergebnis auf beide abzustellen.

43 Schließlich stellt sich die Frage, ob die unwiderlegliche Vermutung der Gesellschafterstellung aufgrund **Eintragung in der Gesellschafterliste** gemäß § 16 Abs. 1 S. 1 (vgl. § 16 Rdn. 15) auch für die Bilanzierung nach § 42 Abs. 3 maßgeblich ist. Ein

---

50 *Altmeppen*, in: Roth/Altmeppen, GmbHG, § 42 Rn. 49; *Kleindiek*, in: Lutter/Hommelhoff, GmbHG, § 42 Rn. 53.

51 *Altmeppen*, in: Roth/Altmeppen, GmbHG, § 42 Rn. 56; *Haas*, in: Baumbach/Hueck, GmbHG, § 42 Rn. 13 a.E.; *Crezelius*, in: Scholz, GmbHG, § 42 Rn. 25; *A/D/S*, § 42 GmbHG Rn. 43; a.A. wohl *Bohl/Schamburg-Dickstein*, in: Küting/Weber, Hdb-Rechnungslegung, § 42 GmbHG Rn. 57.

52 Dafür *Hüttche*, in: MüHdbGmbH, § 56 Rn. 84.

53 Dafür *A/D/S*, § 42 GmbHG Rn. 41; *Kleindiek*, in: Lutter/Hommelhoff, GmbHG, § 42 Rn. 50; *Tiedchen*, in: Rowedder/Schmidt-Leithoff, GmbHG, § 42 Rn. 13.

54 Vgl. *K. Schmidt*, in: MünchKommHGB, Einleitung vor § 230 Rn. 41.

formales Abstellen auf die Eintragung in der Gesellschafterliste würde dazu führen, dass der Bilanzausweis nach § 42 Abs. 3 zur Disposition der (materiellen) Gesellschafter insofern stünde, als sie ihn durch einen (vorübergehenden oder dauerhaften) Verzicht auf Eintragung umgehen könnten.[55] Die Gefahr der Überlagerung von Schuldverhältnissen durch die Gesellschafterstellung besteht aber bereits aufgrund der materiellen Beteiligung an der Gesellschaft. Ist den Geschäftsführern die materielle Beteiligung bekannt, haben sie diese im Rahmen des § 42 Abs. 3 unabhängig von der aktuellen Gesellschafterliste zu berücksichtigen.[56]

3. Ausweisvarianten

44 Nach § 42 Abs. 3, 1. Hs. sind die betroffenen Posten »in der Regel [...] **gesondert auszuweisen** oder im **Anhang** anzugeben«. Nach dem zweiten Hs. der Norm kann zudem ein Ausweis »**unter anderen Posten**« erfolgen. Der Unterschied zwischen dem »gesonderten Ausweis« und demjenigen »unter anderem Posten« besteht darin, dass im ersten Fall ein eigenständiger bilanzieller Gliederungspunkt (»Ausleihungen an Gesellschafter«, »Forderungen gegen Gesellschafter« bzw. »Verbindlichkeiten gegen Gesellschafter«) geschaffen wird; im letzteren Fall hingegen ist unter dem regulären Gliederungspunkt ein Davon-Vermerk anzubringen (Bsp.: Forderungen 1.000, davon gegen Gesellschafter 200).[57] Wird stattdessen ein Ausweis im Anhang vorgenommen, kann dieser zweckmäßigerweise für alle von § 42 Abs. 3 umfassten Posten in einem Kapitel des Anhangs (Bsp.: »Rechtsverhältnisse mit Gesellschaftern«) erfolgen, dort ist aber nach den einzelnen Posten zu differenzieren.[58] Ein nach *einzelnen Gesellschaftern* aufgegliederter Ausweis ist demgegenüber in keiner der Ausweisvarianten erforderlich[59] und wäre bei einem größeren Gesellschafterkreis auch nicht zweckmäßig.

45 Unklar ist der Bezugspunkt der Worte »**in der Regel**«, die ein **Rangverhältnis** der drei Ausweisvarianten des § 42 Abs. 3 andeuten. Bezieht man diese Worte mit einer Ansicht auf den gesamten ersten Halbsatz, so ergibt sich ein Vorrang des gesonderten Ausweises oder wahlweise der Anhangsangabe einerseits vor dem Ausweis unter anderen Posten andererseits.[60] Die Gegenansicht nimmt einen grundsätzlichen Vorrang des bilanziellen Ausweises – nämlich »in der Regel« gesondert, alternativ unter anderem Posten – an und will nur ausnahmsweise bei sachlicher Rechtfertigung eine Anhangsangabe zulassen.[61]

---

55 *Haas*, in: Baumbach/Hueck, GmbHG, § 42 Rn. 13.

56 So auch die h.M.: *Altmeppen*, in: Roth/Altmeppen, GmbHG, § 42 Rn. 55; *Haas*, in: Baumbach/Hueck, GmbHG, § 42 Rn. 13; *Kleindiek*, in: Lutter/Hommelhoff, GmbHG, § 42 Rn. 50 f.; a.A. *Crezelius*, in: Scholz, GmbHG, § 42 Rn. 22.

57 *Kleindiek*, in: Lutter/Hommelhoff, GmbHG, § 42 Rn. 54.

58 *Kleindiek*, in: Lutter/Hommelhoff, GmbHG, § 42 Rn. 55 a.E.

59 *Sigloch/Weber*, in: Michalski, GmbHG, § 42 Rn. 8.

60 Dafür *Crezelius*, in: Scholz, GmbHG, § 42 Rn. 19; *A/D/S*, § 42 GmbHG Rn. 48.

61 *Kleindiek*, in: Lutter/Hommelhoff, GmbHG, § 42 Rn. 55; wohl auch *Altmeppen*, in: Roth/Altmeppen, GmbHG, § 42 Rn. 57.

46 Die erste Ansicht hat scheinbar den Wortlaut, die Gegenansicht jedoch den **Normzweck** für sich: Ziel des § 42 Abs. 3 ist es, Rechtsverhältnisse mit Gesellschaftern möglichst klar und übersichtlich auszuweisen. Dies gelingt besser durch einen direkten Ausweis in der Bilanz als durch eine Anhangsangabe. Letztere ist daher nur ausnahmsweise zulässig, etwa wenn die Forderungen und Verbindlichkeiten gegenüber Gesellschaftern in Relation zur Bilanzsumme völlig unbedeutend sind.[62] Dieses Rangverhältnis lässt sich auch mit dem **Wortlaut** des § 42 Abs. 3 vereinbaren: Bezieht man »in der Regel« nur auf den gesonderten bilanziellen Ausweis, folgt hieraus zunächst dessen Vorrang gegenüber der Anhangsangabe. Der erst in Hs. 2 angesprochene Ausweis »unter anderen Posten« ist aber nur eine Unterform des gesonderten bilanziellen Ausweises und daher mit vom Vorrang umfasst. Denn ein bilanzieller Ausweis kann wegen der identischen Publizitätswirkung entweder als eigenständiger Posten oder als Teil eines anderen Postens, dann aber abgesetzt, erfolgen.

4. Sonderfall: Verbundene Unternehmen

47 Bestehen Rechtsverhältnisse i.S.d. § 42 Abs. 3 mit verbundenen Unternehmen, entsteht ein **Konflikt zu § 266 Abs. 2 B. II. 2. bzw. Abs. 3 C. 6 HGB.** Gemäß letzterer Vorschriften sind Forderungen gegen und Verbindlichkeiten gegenüber verbundenen Unternehmen gesondert auszuweisen. Nach h.M. geht § 42 Abs. 3 GmbHG dem § 266 HGB vor, es soll ein Ausweis nur nach erstgenannter Vorschrift stattfinden.[63] Dafür spricht vordergründig, dass § 42 Spezialregelungen enthält, die die allgemeinen Normen des HGB modifizieren bzw. gegebenenfalls verdrängen.

48 Dies würde allerdings in Bezug auf den Ausweis von Rechtsverhältnissen mit verbundenen Unternehmen dazu führen, dass diese nicht mehr als solche sondern nur als reguläre »Rechtsverhältnisse mit Gesellschaftern« aus der Bilanz ersichtlich wären. Das ist insofern problematisch, als die entsprechend anwendbare Definition von verbundenen Unternehmen in § 15 AktG eine über die reine Gesellschafterstellung hinausgehende Sonderverbindung in Form einer Mehrheits- oder wechselseitigen Beteiligung, eines Abhängigkeits- oder Konzernverhältnisses oder eines Unternehmensvertrags voraussetzt. Hierbei ist das Risiko, dass die in der Bilanz auszuweisende Rechtsbeziehung durch die danebenstehende gesellschaftsrechtliche Verbindung überlagert wird (dazu Rdn. 36), ungleich höher als bei einer einfachen Gesellschafterstellung i.S.d. § 42 Abs. 3. Dementsprechend sind die Forderungen bzw. Verbindlichkeiten in Anwendung des § 266 HGB vorrangig als »Forderungen gegen verbundene Unternehmen« bzw. »Verbindlichkeiten gegenüber verbundenen Unternehmen« gesondert in der Bilanz auszuweisen.[64] Insoweit besteht dann – anders als nach § 42 Abs. 3, 1. Hs., 2. Alt – auch nicht die Option der Anhangsangabe .

---

62 Vgl. *A/D/S,* § 42 GmbHG Rn. 48.

63 *A/D/S,* § 42 GmbHG Rn. 50; *Crezelius,* in: Scholz, GmbHG, § 42 Rn. 20.

64 So auch *Kleindiek,* in: Lutter/Hommelhoff, GmbHG, § 42 Rn. 56.

§ 42a Vorlage des Jahresabschlusses und des Lageberichts

(1) [1]Die Geschäftsführer haben den Jahresabschluss und den Lagebericht unverzüglich nach der Aufstellung den Gesellschaftern zum Zwecke der Feststellung des Jahresabschlusses vorzulegen. [2]Ist der Jahresabschluss durch einen Abschlussprüfer zu prüfen, so haben die Geschäftsführer ihn zusammen mit dem Lagebericht und dem Prüfungsbericht des Abschlussprüfers unverzüglich nach Eingang des Prüfungsberichts vorzulegen. [3]Hat die Gesellschaft einen Aufsichtsrat, so ist dessen Bericht über das Ergebnis seiner Prüfung ebenfalls unverzüglich vorzulegen.

(2) [1]Die Gesellschafter haben spätestens bis zum Ablauf der ersten acht Monate oder, wenn es sich um eine kleine Gesellschaft handelt (§ 267 Abs. 1 des Handelsgesetzbuchs), bis zum Ablauf der ersten elf Monate des Geschäftsjahrs über die Feststellung des Jahresabschlusses und über die Ergebnisverwendung zu beschließen. [2]Der Gesellschaftsvertrag kann die Frist nicht verlängern. [3]Auf den Jahresabschluss sind bei der Feststellung die für seine Aufstellung geltenden Vorschriften anzuwenden.

(3) Hat ein Abschlussprüfer den Jahresabschluss geprüft, so hat er auf Verlangen eines Gesellschafters an den Verhandlungen über die Feststellung des Jahresabschlusses teilzunehmen.

(4) [1]Ist die Gesellschaft zur Aufstellung eines Konzernabschlusses und eines Konzernlageberichts verpflichtet, so sind die Absätze 1 bis 3 entsprechend anzuwenden. [2]Das Gleiche gilt hinsichtlich eines Einzelabschlusses nach § 325 Abs. 2a des Handelsgesetzbuchs, wenn die Gesellschafter die Offenlegung eines solchen beschlossen haben.

Übersicht **Rdn.**

Schrifttum

Baetge/Kirsch/Thiele, Bilanzen, 10. Aufl. 2009; *Bork/Oepen*, Schutz des GmbH-Minderheitsgesellschafters vor der Mehrheit bei der Gewinnverteilung, ZGR 2002, 241; *Geist,* Die Pflicht zur Berichtigung nichtiger Jahresabschlüsse bei Kapitalgesellschaften, DStR 1996, 306; *Hennrichs,* Fehlerhafte Bilanzen, Enforcement und Aktienrecht, ZHR 168 (2004), 383; *ders.,* Gewinnabführung und Verlustausgleich im Vertragskonzern: Zur Bedeutung des Jahresabschlusses der Tochtergesellschaft für die Ergebnisermittlung nach §§ 291, 302 AktG, ZHR 174 (2010), 683; *Hense,* Rechtsfolgen nichtiger Jahresabschlüsse und Konsequenzen für die Folgeabschlüsse, WPg 1993, 716; *Hommelhoff/Priester,* Bilanzrichtliniengesetz und GmbH-Satzung – Gestaltungsmöglichkeiten und Gestaltungsgrenzen, ZGR 1989, 463; *Kowalski,* Der nichtige Jahresabschluss – was nun?, AG 1993, 502; *Krieger,* Verlustausgleich und Jahresabschluss, NZG 2005, 787; *Kropff,* Auswirkungen der Nichtigkeit eines Jahresabschlusses auf die Folgeabschlüsse, FS Budde, 1995, S. 341; *Küting/Kaiser,* Aufstellung oder Feststellung: Wann endet der Wertaufhellungszeitraum?, WPg 2000, 577; *Moxter,* Unterschiede im Wertaufhellungsverständnis zwischen den handelsrechtlichen GoB und den IAS/IFRS, BB 2003, 2559; *Sagasser,* Die Frist für die Beschlussfassung über die Ergebnisverwendung in § 42a Abs. 2 GmbHG, DB 1986, 2251; *Schedlbauer,* Die Gefährdung der Bestandskraft von Jahresabschlüssen durch Bewertungsfehler, DB 1992, 2097; *Schulze-Osterloh,* Nichtigkeit des Jahresabschlusses einer AG wegen Überbewertung, ZIP 2008, 2241; *van Venrooy,* Feststellung von GmbH-Jahresabschlüssen, GmbHR 2003, 125; *Weilep/Weilep,* Nichtigkeit von Jahresabschlüssen: Tatbestandsvoraussetzungen sowie Konsequenzen für die Unternehmensleitung, BB 2006, 147; *Weiß*, Die Pflicht zur Unterzeichnung des Jahresabschlusses der AG bei seiner Aufstellung und die Folgen ihrer Verletzung, WM 2010, 1010; *Wolf*, Inhalt und Fälligkeit des Gewinnabführungsanspruchs im Vertragskonzern, NZG 2007, 641; *Zöllner*, Die sogenannten Gesellschafterklagen im Kapitalgesellschaftsrecht, ZGR 1988, 392.

A. Überblick

1 § 42a regelt prozedurale Fragen in Bezug auf die Aufstellung, Feststellung und etwaige Prüfung des Jahresabschlusses. Abs. 1 befasst sich mit der Vorlage des Jahresabschlusses an die Gesellschafter sowie ggfs. den Aufsichtsrat (Rdn. 37 ff.). Abs. 2 enthält – insbesondere zeitliche – Vorgaben für die Feststellung des Jahresabschlusses und die Fassung des hierauf aufbauenden Ergebnisverwendungsbeschlusses (Rdn. 48 ff.). Abs. 3 normiert die etwaige Anwesenheitspflicht eines Abschlussprüfers bei der Feststellung (Rdn. 61 ff.). Abs. 4 ordnet schließlich die entsprechende Geltung dieser Regeln auch für die Konzernrechnungslegung sowie für den Einzelabschluss nach IFRS/IAS an (Rdn. 66 ff.).

B. Jahresabschluss und Lagebericht

2 Jahresabschluss und Lagebericht dienen dazu, Gesellschaftern, Gläubigern und sonstigen Dritten einen möglichst umfassenden und realitätsgetreuen Überblick über die finanzielle und wirtschaftliche Lage der Gesellschaft zu vermitteln. Der **Jahresabschluss** besteht wie beim buchführungspflichtigen Einzelkaufmann zunächst aus (i) der Bilanz und (ii) der Gewinn- und Verlustrechnung (§ 242 Abs. 3 HGB); bei der GmbH wird er gemäß § 264 Abs. 1 S. 1 HGB um (iii) einen Anhang erweitert. Nach dieser Vorschrift hat die Geschäftsführung ferner einen **Lagebericht** aufzustellen, sofern die GmbH mittelgroße oder große Kapitalgesellschaft i.S.d. § 267 HGB ist (dazu § 42 Rdn. 21). Dieser Lagebericht ist kein Zahlenwerk und anders als der Anhang auch keine Erläuterung eines Zahlenwerks, sondern ein Rechenschaftsbericht der Geschäftsführung zum Geschäftsverlauf und zur wirtschaftlichen Lage der Gesellschaft (§ 289 HGB). Er ist nicht Teil des Jahresabschlusses, sondern tritt neben diesen.

I. Bestandteile des Jahresabschlusses

3 Der Jahresabschluss der GmbH besteht aus Bilanz, Gewinn- und Verlustrechnung und Anhang (§ 264 Abs. 1 S. 1 HGB). Bei kapitalmarktorientierten Gesellschaften ist der Jahresabschluss ggf. noch um eine Kapitalflussrechnung und einen Eigenkapitalspiegel zu erweitern (S. 2).

1. Bilanz

4 Erster Bestandteil des Jahresabschlusses ist die Bilanz, d.h. ein »das Verhältnis seines Vermögens und seiner Schulden darstellender Abschluss« des Kaufmanns für den Schluss des Geschäftsjahres (§ 242 Abs. 1 S. 1 HGB). Hierzu wird auf § 42 Rdn. 7 ff. verwiesen.

2. Gewinn- und Verlustrechnung

5 Zweiter Bestandteil des Jahresabschlusses ist die Gewinn- und Verlustrechnung (»**GuV**«, § 242 Abs. 2 HGB). Aufgabe der GuV ist es, Aufwendungen und Erträge des betreffenden Geschäftsjahres zusammenfassend darzustellen und mithilfe dieser Erfolgselemente aufzuzeigen, wie der Jahresüberschuss bzw. -fehlbetrag entstanden ist. Letzterer ist als Ergebnis der GuV (vgl. § 275 Abs. 2 Nr. 20 bzw. Abs. 3 Nr. 19 HGB) in die Bilanz zu übernehmen (vgl. § 266 Abs. 3 A. V. HGB).

6 § 275 HGB konkretisiert die inhaltlichen Anforderungen an die GuV. Sie ist bei Kapitalgesellschaften zwingend in **Staffelform** zu erstellen,[1] d.h. die verschiedenen Posten sind anders als bei der Bilanz nicht in Kontoform, sondern untereinander aufzuführen. Hinsichtlich der aufzunehmenden Posten sehen die Abs. 2 und 3 des § 275 HGB eine **Mindestgliederung** der GuV vor.[2] Insoweit kann die Gesellschaft zwischen der Darstellung nach dem Gesamtkostenverfahren (Abs. 2) oder dem Umsatzkostenverfahren (Abs. 3) wählen. Zwischen beiden Verfahren besteht gemäß § 275 Abs. 1 S. 1 HGB Wahlfreiheit; jedoch ist die einmal gewählte Darstellungsform nach dem Grundsatz der Stetigkeit beizubehalten, § 265 Abs. 1 S. 1 HGB. Beide Verfahren sind insofern gleichwertig, als sie zu demselben Jahresüberschuss bzw. -fehlbetrag führen.

7 Beim **Gesamtkostenverfahren** werden die im Geschäftsjahr angefallenen Aufwendungen einzeln untergliedert dargestellt, und zwar unabhängig davon, ob die hergestellten Produkte oder erbrachten Leistungen auch am Markt abgesetzt worden sind und somit aus den Aufwendungen im konkreten Geschäftsjahr Einnahmen generiert wurden.[3] Dies bedingt, dass neben den »Umsatzerlösen« (Nr. 1) auch die Posten »Bestandsveränderungen« und »andere aktivierte Eigenleistungen« (Nrn. 2 und 3) ausgewiesen werden müssen.[4] Von diesen Erträgen werden sodann sukzessive die unterschiedlichen Aufwandsarten abgezogen, bis schließlich der Jahresüberschuss bzw. -fehlbetrag übrig bleibt. Das Gesamtkostenverfahren hat den Vorteil, dass die GuV direkt aus der Finanzbuchhaltung abgeleitet werden kann und dem Rechnungslegungsadressaten den **Gesamtaufwand des Jahres** gegliedert nach den Primäraufwendungen zeigt.

8 Beim (weltweit gebräuchlicheren) **Umsatzkostenverfahren** werden den getätigten Umsätzen die hierfür aufgewendeten (Herstellungs-)Kosten gegenübergestellt, und zwar ohne Rücksicht darauf, wann letztere angefallen sind. Der Aufwand ist zudem nicht nach Aufwandsarten (für Material, Personal etc.), sondern vorrangig nach den Funktionsbereichen Herstellung, Vertrieb und allgemeine Verwaltung (Nrn. 2, 4 und 5) gegliedert.[5] Aufwendungen, die diesen Funktionsbereichen nicht zugeordnet

---

1 *Berndt/Gutsche*, in: KK-Rechnungslegung, § 275 HGB Rn. 27.
2 *Förschle*, in: BeckBilKomm, § 275 HGB Rn. 13.
3 *Morck*, in: Koller/Roth/Morck, HGB, § 275 Rn. 5.
4 *Wiedmann*, in: E/B/J/S, HGB, § 275 Rn. 6.
5 *Wiedmann*, in: E/B/J/S, HGB, § 275 Rn. 7.

werden können, sind in den übrigen nach Aufwandsarten gegliederten Posten auszuweisen – wie beim Gesamtkostenverfahren, jedoch mit der Folge, dass bei beiden Verfahren gleich bezeichnete Posten unterschiedliche Werte annehmen können. Das Umsatzkostenverfahren ist in der Regel aufwendiger als das Gesamtkostenverfahren, weil die GuV nicht direkt aus der Finanzbuchhaltung abgeleitet werden kann, vielmehr eine Schlüsselung nach Funktionsbereichen erforderlich ist.[6]

9 Für kleine und mittelgroße Kapitalgesellschaften nach § 267 Abs. 1, 2 HGB bestehen nach § 276 HGB **Erleichterungen** insofern, als sie bestimmte Posten zusammenfassen bzw. auf bestimmte Erläuterungen der GuV verzichten dürfen.

3. Anhang

10 Der Jahresabschluss ist bei der GmbH nach § 264 Abs. 1 S. 1 HGB um einen Anhang zu erweitern, der ergänzende Angaben zu Bilanz und GuV enthält und mit diesen »eine Einheit bildet« (**erweiterter Jahresabschluss**). Als (dritter) Bestandteil des Jahresabschlusses hat der Anhang selbstverständlich eine Informationsfunktion. Im Verhältnis zu den anderen beiden Bestandteilen kommt ihm darüber hinaus eine Erläuterungsfunktion, eine Entlastungsfunktion (bestimmte Angaben dürfen aus Bilanz und GuV in den Anhang »verschoben« werden) und schließlich auch eine Korrekturfunktion zu: Im Anhang sind zusätzliche Angaben zu machen, wenn der Jahresabschluss aufgrund besonderer Umstände sonst kein den tatsächlichen Verhältnissen entsprechendes Bild vermitteln würde (§ 264 Abs. 2 S. 2 HGB).[7]

11 Bei den **erforderlichen Angaben** differenziert § 284 Abs. 1 HGB zwischen den Pflichtangaben, die zwingend in den Anhang aufzunehmen sind, und den sog. Wahlpflichtangaben, die wahlweise in den Anhang oder bereits in die Bilanz bzw. GuV selbst aufzunehmen sind. Die im Einzelnen erforderlichen Angaben sind überwiegend in §§ 284 f. HGB, aber auch verstreut in weiteren Bestimmungen des HGB und des EGHGB aufgeführt.[8] Für die GmbH kommen rechtsformspezifische Wahlpflichtangaben hinzu nach § 29 Abs. 4 S. 2 (Eigenkapitalanteil von Wertaufholungen und von steuerlichen Passivposten) und § 42 Abs. 3 (Ausleihungen, Forderungen und Verbindlichkeiten gegenüber Gesellschaftern, dazu bereits § 42 Rdn. 44 ff.). Für kleine und mittelgroße Gesellschaften (§ 42 Rdn. 21) bestehen **Erleichterungen** nach § 288 HGB insofern, als auf einzelne Angaben/Darstellungen verzichtet werden kann.

6 *Förschle*, in: BeckBilKomm, § 275 HGB Rn. 31 f.

7 Näher zu den Funktionen des Anhangs *Altenburger*, in: KK-Rechnungslegung, § 284 HGB Rn. 3 ff.

8 Zusammenstellung der Pflicht- und Wahlpflichtangaben bei *Altenburger*, in: KK-Rechnungslegung, § 284 HGB Rn. 24 f.

4. Kapitalflussrechnung/Eigenkapitalspiegel

12 Schließlich ist bei **kapitalmarktorientierten (Einzel-)Kapitalgesellschaften** nach § 264 Abs. 1 S. 2 HGB der Jahresabschluss ggf. noch um eine Kapitalflussrechnung und einen Eigenkapitalspiegel zu erweitern. Auch eine GmbH kann im Sinne des § 264d HGB kapitalmarktorientiert sein, weil an einem organisierten Kapitalmarkt zwar nicht die Anteile an ihr selbst, wohl aber von ihr begebene Schuldverschreibungen gehandelt werden können. Die dem Konzernabschluss entliehene Kapitalflussrechnung stellt die Zahlungsströme einer Periode, der Eigenkapitalspiegel die Veränderung des Eigenkapitals sowie ihre Ursachen dar (vgl. §§ 297 Abs. 1 S. 1, 315a HGB).[9]

II. Lagebericht

13 Sofern die GmbH nach den Kriterien des § 267 HGB eine mittelgroße oder große Kapitalgesellschaft ist (vgl. § 42 Rdn. 21), haben die Geschäftsführer nach § 264 Abs. 1 S. 1 HGB zusätzlich einen Lagebericht aufzustellen. Dieser ist ein **Rechenschaftsbericht der Geschäftsleitung**[10] und soll den Gesellschaftern, Gläubigern und interessierten Dritten einen Überblick über den bisherigen und den erwarteten Geschäftsverlauf sowie über die tatsächliche wirtschaftliche Lage der Gesellschaft geben. Unter anderem wird das eher vergangenheitsgerichtete Bild, welches Bilanz und GuV vermitteln, nach § 289 Abs. 1 S. 4 HGB um einen Ausblick auch auf künftige Entwicklungen ergänzt.[11] § 289 HGB bestimmt die in den Lagebericht aufzunehmenden Angaben abschließend; jedoch bleiben weitere, freiwillige Angaben zulässig.[12] Sämtliche Angaben müssen richtig, klar und – im Hinblick auf das Wesentliche – vollständig sein.[13]

III. Aufstellung

14 In Kapitalgesellschaften sind Jahresabschluss und ggf. Lagebericht grundsätzlich **innerhalb von drei Monaten** nach Ende eines Geschäftsjahres **aufzustellen** (§ 264 Abs. 1 S. 3 HGB), d.h. technisch zu erarbeiten. Von dieser Aufstellung ist die Feststellung des Jahresabschlusses (Rdn. 49) zu unterscheiden; erst die Feststellung durch die Gesellschafterversammlung nach § 46 Nr. 1 lässt (als korporationsrechtlicher Bestätigungsakt) den Abschluss verbindlich werden, bspw. für Fragen der Gewinnverwendung.[14]

---

9 *Merkt,* in: Baumbach/Hopt, HGB, § 264 Rn. 6 f.

10 *Claussen,* in: KK-Rechnungslegung, § 289 HGB Rn. 7.

11 Vgl. *Wiedmann,* in: E/B/J/S, HGB, § 289 Rn. 9.

12 *Claussen,* in: KK-Rechnungslegung, § 289 HGB Rn. 6, 78.

13 *Claussen,* in: KK-Rechnungslegung, § 289 HGB Rn. 11 ff.; *Ellrott,* in: BeckBilKomm, § 289 HGB Rn. 8 ff.

14 Vgl. *Merkt,* in: Baumbach/Hopt, HGB, § 264 Rn. 10.

15 Kleine Kapitalgesellschaften dürfen den Jahresabschluss auch später aufstellen, »wenn dies einem ordnungsmäßigen Geschäftsgang entspricht«; nur unter dieser Voraussetzung gilt eine **Höchstfrist** von sechs Monaten (S. 4). Insbesondere dann, wenn eine frühere Aufstellung ohne Schwierigkeiten möglich ist oder sich die Gesellschaft in einer Krise befindet (vgl. §§ 283, 283b StGB), dürfen die Abschlussarbeiten nicht willkürlich aufgeschoben werden.[15] Satzungsbestimmungen, die eine Aufstellung des Jahresabschlusses generell erst für den Ablauf des sechsten Monats vorsehen, sind daher unwirksam.[16] Eine satzungsmäßige kürzere Frist ist zulässig, hat dann aber nur gesellschaftsinterne Bedeutung.[17] Für die Fristeinhaltung ist maßgeblich, ob der Jahresabschluss vor Fristablauf den Gesellschaftern nach § 42a Abs. 1 zur Feststellung vorgelegt, also etwa übersandt wurde (Rdn. 42 ff.). Ist eine Prüfung durch den Abschlussprüfer (Rdn. 25 ff.) und/oder durch den Aufsichtsrat (Rdn. 46 f.) erforderlich, genügt die rechtzeitige Vorlage an diese für die Fristwahrung.[18]

16 Die Aufstellung erfolgt gemäß § 264 Abs. 1 S. 3 HGB durch »die« gesetzlichen Vertreter der Gesellschaft, bei der GmbH also durch die Geschäftsführer (§ 35 Abs. 1 S. 1). Die **Aufstellungspflicht** trifft – da sie Teil der Buchführung im weiteren Sinne nach § 41 ist (vgl. dort Rdn. 2) – sämtliche Geschäftsführer persönlich (Gesamtverantwortung). Die Entscheidungen über den Inhalt von Jahresabschluss und Lagebericht sind von den Geschäftsführern einstimmig zu treffen, soweit nicht Satzung oder Geschäftsordnung etwas anderes bestimmen.[19] Die technische Erarbeitung von Jahresabschluss und Lagebericht kann durch interne Geschäftsverteilung delegiert werden, z.B. auf den kaufmännischen Geschäftsführer; zur dennoch fortbestehenden Überwachungsverantwortung aller Geschäftsführer gilt das zur Buchführungspflicht Gesagte entsprechend (dazu § 41 Rdn. 10).[20]

17 Die **Unterzeichnung des Jahresabschlusses** nach § 245 HGB hat hingegen zwingend durch alle Geschäftsführer persönlich zu erfolgen.[21] Die Pflicht zur Unterzeichnung bezieht sich nach h.M. erst auf den festgestellten Jahresabschluss, nicht schon (auch) auf den aufgestellten Jahresabschluss.[22] Zur Dokumentation der Einhaltung der gesetzlichen oder satzungsmäßigen Fristen empfiehlt es sich, den aufgestellten Jahresabschluss zumindest schon durch den für das Finanzressort zuständigen Geschäfts-

15 *Winkeljohann/Schellhorn,* in: BeckBilKomm, § 264 HGB Rn. 17.

16 BayObLG, WM 1987, 502, 503; *A/D/S,* § 42a GmbHG Rn. 28a.

17 *Winkeljohann/Schellhorn,* in: BeckBilKomm, § 264 HGB Rn. 17.

18 *Morck,* in: Koller/Roth/Morck, HGB, § 264 Rn. 4; *Reiner,* in: MünchKommHGB, § 264 Rn. 12.

19 *Winkeljohann/Schellhorn,* in: BeckBilKomm, § 264 HGB Rn. 12.

20 Vgl. auch *Wiedmann,* in: E/B/J/S, HGB, § 264 Rn. 17; *Morck,* in: Koller/Roth/Morck, HGB, § 264 Rn. 4; *Reiner,* in: MünchKommHGB, § 264 Rn. 9.

21 *Braun,* in: KK-Rechnungslegung, § 245 HGB Rn. 12 f.; *Altmeppen,* in: Roth/Altmeppen, GmbHG, § 42a Rn. 7.

22 OLG Stuttgart, DB 2009, 1521, 1522 f.; BGH, WM 1985, 567, 569 (zu § 41 HGB a.F.); *A/D/S,* § 245 HGB Rn. 7 f.; *Hennrichs,* in: Baetge/Kirsch/Thiele, Bilanzrecht, § 245 Rn. 23; a.A. *Weiß,* WM 2010, 1010; *Braun,* in: KK-Rechnungslegung, § 245 HGB Rn. 16.

führer unterzeichnen zu lassen. Unterzeichnungspflichtig in Bezug auf den festgestellten Jahresabschluss sind sämtliche im Zeitpunkt der Unterschriftsleistung im Amt befindlichen Geschäftsführer. Dies gilt auch dann, wenn sie mit dem Inhalt des vorgelegten Jahresabschlusses nicht einverstanden sind, aber z.B. überstimmt wurden (siehe Rdn. 16); eine Ausnahme bilden Vorlagen, die bußgeldpflichtige oder sogar strafrechtliche Tatbestände erfüllen.[23] Geschäftsführer, die nach dem Bilanzstichtag ausgeschieden sind, brauchen den Jahresabschluss nicht mehr zu unterzeichnen, neue Geschäftsführer müssen hingegen unterzeichnen.[24] Für den **Lagebericht** ist mangels gesetzlicher Anordnung unklar, ob dieser ebenfalls durch alle Geschäftsführer zu unterzeichnen ist[25] oder aber eine Unterzeichnung des Lageberichts generell unterbleiben kann.[26]

18 Wird die gesetzliche **Aufstellungsfrist nicht eingehalten**, hat dies keine direkten Auswirkungen auf die Wirksamkeit von Jahresabschluss und Lagebericht. Soweit allerdings in der Folge eine erforderliche Offenlegung (dazu Anhang § 42a Rdn. 5 ff.) verspätet vorgenommen wird, kann den Geschäftsführern oder der Gesellschaft selbst ein Ordnungsgeld nach § 335 Abs. 1 HGB auferlegt werden. Zudem stellt die verspätete Aufstellung eine Pflichtverletzung gegenüber der Gesellschaft dar, die nach allgemeinen Grundsätzen zum Schadenersatz nach § 43 Abs. 2 sowie zur Entlastungsverweigerung führen kann.[27]

IV. Stichtag

19 Bilanz und GuV sind nach § 242 Abs. 1 und 2 HGB »für« den Schluss eines Geschäftsjahres aufzustellen. Das **Geschäftsjahr** kann, muss aber nicht dem Kalenderjahr entsprechen. Seine Dauer darf zwölf Monate nicht überschreiten, § 242 Abs. 2 S. 2 HGB; ein kürzeres sog. Rumpfgeschäftsjahr kommt insbesondere für das erste Geschäftsjahr nach Gründung sowie (mit Zustimmung der Finanzverwaltung, § 7 Abs. 4 S. 3 KStG) auch im Rahmen einer späteren Umstrukturierung in Betracht. **Stichtag** ist der letzte Tag des betreffenden Geschäftsjahres, 24:00 Uhr.

20 Das **Stichtagsprinzip** ist eine logische Folge des Jahresabschlusskonzepts, den Totalerfolg eines Unternehmens zeitabschnittsweise nach Geschäftsjahren zu bemessen.[28] Nach dem Stichtagsprinzip, wie es u.a. in § 252 Abs. 1 Nrn. 3 und 4 HGB zum Ausdruck kommt, sind in der Bilanz ausschließlich die Aktiva und Passiva auszuweisen,

---

23 *Winkeljohann/Schellhorn*, in: BeckBilKomm, § 245 HGB Rn. 2.

24 *Braun*, in: KK-Rechnungslegung, § 245 HGB Rn. 14.

25 So *Schulze-Osterloh*, in: Baumbach/Hueck, 18. Auflage 2006, § 41 Rn. 74; dahin tendierend auch *Winkeljohann/Schellhorn*, in: BeckBilKomm, § 264 HGB Rn. 16.

26 So die wohl h.M., *A/D/S*, § 245 HGB Rn. 3; *Ellerich/Swart*, in: Hdb-Rechnungslegung, § 245 HGB Rn. 7; *Ballwieser*, in: MünchKommHGB, § 245 Rn. 4; *Wiedmann*, in: E/B/J/S, HGB, § 245 Rn. 3.

27 Zum Ganzen *Winkeljohann/Schellhorn*, in: BeckBilKomm, § 264 HGB Rn. 20; *Morck*, in: Koller/Roth/Morck, HGB, § 264 Rn. 5.

28 Vgl. *Baetge/Kirsch/Thiele*, Bilanzen, S. 120.

die am Stichtag vorhanden sind, und zu den Verhältnissen am Bilanzstichtag zu bewerten (vgl. noch Rdn. 21). Diese zeitabschnittsbezogene Sichtweise macht eine **Ergebnisabgrenzung** zwischen den Geschäftsjahren erforderlich, die in § 252 Abs. 1 Nr. 5 HGB weiter konkretisiert wird. Danach hat eine Berücksichtigung von Gewinnen und Verlusten im Jahresabschluss unabhängig von entsprechenden Einnahmen und Ausgaben zu erfolgen. Für die Bilanzierung kommt es vielmehr auf eine wirtschaftliche Betrachtung an, die aufgrund des **Imparitätsprinzips** (als Ausprägung des Vorsichtsprinzips) für Gewinne und Verluste unterschiedlich ausfallen muss. Bei Gewinnen, die regelmäßig aus Umsatzgeschäften erzielt werden, kommt es nach dem Realisationsprinzip darauf an, ob sie bereits auf hinreichend sicherem Boden stehen. Dafür ist zwar – außer bei Barverkäufen – noch kein konkreter Einnahmenzufluss erforderlich; allerdings muss die Leistungspflicht des Schuldners endgültig bindend geworden sein, zudem muss bei Austauschverträgen die vertragstypische Sachleistung bereits erbracht worden und die Preisgefahr übergegangen sein.[29] Verluste sind hingegen bereits dann zu bilanzieren, wenn sie sich abzeichnen, also mit ihrer späteren Realisation ernsthaft zu rechnen ist.[30] Der wesentliche Inhalt des Imparitätsprinzips besteht somit in der **Verlustantizipation.**

21 Soweit für den Jahresabschluss relevante Gegebenheiten erst nach dem Stichtag, aber noch vor der Aufstellung des Jahresabschlusses bekannt werden, ist zwischen »wertaufhellenden« und »wertbegründenden oder -beeinflussenden» Informationen[31] zu unterscheiden. **»Wertaufhellende« Informationen** betreffen Gegebenheiten, die bereits vor dem Abschlussstichtag bestanden haben und nur aus informatorischen Gründen bisher nicht berücksichtigt wurden. Solche wertaufhellenden Informationen (z.B. zu finanziellen Schwierigkeiten eines Schuldners) sind im Prozess der Aufstellung des Jahresabschlusses noch zu berücksichtigen und führen zu entsprechenden Änderungen des Entwurfs des Jahresabschlusses. Für Verluste und Risiken ist dies in § 252 Abs. 1 Nr. 4, 1. Hs. HGB normiert; es gilt aber auch für positive Gegebenheiten.[32] Umstritten ist, ob zusätzlich eine subjektive Vorhersehbarkeit dieser Gegebenheiten und Ereignisse schon am Stichtag erforderlich ist.[33] »Wertbegründende« bzw. **»wertbeeinflussende« Informationen** betreffen demgegenüber Gegebenheiten, die sich erst nach dem Abschlussstichtag ereignet haben und die keinen Rückschluss auf die Verhältnisse am Abschlussstichtag zulassen. Sie dürfen im Jahresabschluss nicht mehr berücksichtigt werden und sind erst im Folgeabschluss zu erfassen.[34] Eine Ausnahme gilt für »Vorgänge von besonderer Bedeutung«, über die gemäß § 289 Abs. 2 Nr. 1 HGB immerhin im Lagebericht zu berichten ist. Gegeben-

29 *Baetge/Kirsch/Thiele*, Bilanzen, S. 130; *Merkt*, in: Baumbach/Hopt, HGB, § 252 Rn. 18.

30 *Claussen*, in: KK-Rechnungslegung, § 252 HGB Rn. 42.

31 Vgl. die Terminologie bei *Baetge/Kirsch/Thiele*, Bilanzen, S. 120.

32 *Winkeljohann/Büssow*, in: BeckBilKomm, § 252 HGB Rn. 38.

33 Dahingehend, wenn auch nicht ganz einheitlich die Rspr., vgl. BFH, BB 1978, 1097; a.A. *Moxter*, BB 2003, 2559, 2562; *Winkeljohann/Büssow*, in: BeckBilKomm, § 252 HGB Rn. 38; zur Abgrenzung vgl. *Küting/Kaiser*, WPg 2000, 577, 579.

34 *Baetge/Kirsch/Thiele*, Bilanzen, S. 130.

heiten, die sogar erst nach der Feststellung des Jahresabschlusses bekannt werden, sind nur noch im Rahmen einer eventuellen Änderung des Abschlusses (Rdn. 69 ff.) zu berücksichtigen.

V. Offenlegung

22 Für Fragen der Offenlegung wird auf den Anhang Publizität zu § 42a verwiesen.

VI. Befreiender Konzernabschluss (§ 264 Abs. 3 HGB)

23 Sofern die GmbH als Konzerntochter in einen Konzernabschluss (vgl. Rdn. 66) einbezogen wird, können sich unter den Voraussetzungen des § 264 Abs. 3 HGB weitreichende **Erleichterungen für Inhalt, Prüfung und Offenlegung** ihres Jahresabschlusses ergeben: Die Norm erklärt die ergänzenden Vorschriften für Kapitalgesellschaften zu Jahresabschluss und Lagebericht (§§ 264 ff. HGB), zur Prüfung durch einen Abschlussprüfer (§§ 316 ff. HGB) und zur Offenlegung des Jahresabschlusses (§§ 325 ff. HGB) für nicht anwendbar. In der Folge ist der Jahresabschluss für die betroffene GmbH unter Beachtung nur der allgemeinen, für alle Kaufleute geltenden Bestimmungen der §§ 242 bis 256 HGB zu erstellen,[35] sodann aber weder zu prüfen noch offenzulegen.

24 Den Preis für diese Erleichterungen bestimmt § 264 Abs. 3 HGB (ggf. i.V.m. Abs. 4): Neben einigen eher formalen Anforderungen, dass z.B. die Gesellschafter der GmbH der Befreiung (und dem damit verbundenen Informationsverlust) zustimmen (Nr. 1) und die Befreiung offen gelegt wird, muss sich das Mutterunternehmen zur **Verlustübernahme nach § 302 AktG** verpflichtet haben (Nr. 2), regelmäßig durch Abschluss eines Beherrschungs- und/oder Gewinnabführungsvertrages i.S.d. § 291 AktG. Dieses rigorose Erfordernis erklärt sich daraus, dass der Konzernabschluss, den die Gläubiger der GmbH anstelle des Jahresabschlusses der befreiten Tochtergesellschaft erhalten, (nur) bei Bestehen einer Verlustübernahmepflicht eben das Reinvermögen ausweist, das auch zur Deckung der Verbindlichkeiten der Tochtergesellschaft zur Verfügung steht[36] (und also nur in diesem Fall ihre berechtigten Informationsinteressen befriedigt).

C. Abschlussprüfung

I. Pflichtprüfung

25 Für große und mittelgroße GmbH (§ 42 Rdn. 21) schreibt § 316 Abs. 1 HGB zwingend eine Prüfung des Jahresabschlusses und des Lageberichts durch einen Abschlussprüfer vor. Hat keine Prüfung stattgefunden, kann der Jahresabschluss nicht festgestellt (Rdn. 49 ff.) werden. Entsprechendes gilt auch für den Konzernab-

---

35 *Claussen,* in: KK-Rechnungslegung, § 264 HGB Rn. 80.

36 *Förschle/Deubert,* in: BeckBilKomm, § 264 HGB Rn. 134.

schluss und Konzernlagebericht (Rdn. 66), § 316 Abs. 2 HGB. Wird ein bereits geprüfter Jahresabschluss, Lagebericht, Konzernabschluss oder Konzernlagebericht nachträglich geändert (Rdn. 69 ff.), wird eine Nachtragsprüfung nach § 316 Abs. 3 HGB notwendig, soweit es die Änderung erfordert.

1. Bestellung des Abschlussprüfers

26 **Abschlussprüfer** können gemäß § 319 Abs. 1 S. 1 HGB Wirtschaftsprüfer oder Wirtschaftsprüfungsgesellschaften sein; bei mittelgroßen GmbH kann die Prüfung darüber hinaus auch durch vereidigte Buchprüfern oder Buchprüfungsgesellschaften erfolgen (S. 2). Um die Unabhängigkeit des Abschlussprüfers sicherzustellen, enthalten §§ 319 Abs. 2 – 4, 319a, 319b HGB Ausschlusstatbestände für solche Prüfer, die geschäftliche, wirtschaftliche, finanzielle oder persönliche Verbindungen zu der zu prüfenden Gesellschaft oder ihren organschaftlichen Vertretern besitzen.[37]

27 **Gewählt** wird der Abschlussprüfer nach § 318 Abs. 1 S. 1, 1. Hs. HGB durch die Gesellschafterversammlung, die grundsätzlich mit einfacher Mehrheit (§ 47 Abs. 1) entscheidet. Jedoch kann der Gesellschaftsvertrag für die Beschlussfassung auch eine qualifizierte Mehrheit vorsehen oder die Wahl einem anderen Organ (Aufsichtsrat, Beirat) übertragen; streitig ist die Möglichkeit einer Übertragung der Wahlkompetenz auf den Mehrheitsgesellschafter.[38] Die Geschäftsführer oder, sofern zuständig,[39] der Aufsichtsrat haben unverzüglich nach der Wahl den Prüfungsauftrag zu erteilen (§ 318 Abs. 1 S. 4 HGB). Der schuldrechtliche **Prüfungsvertrag**, ein Geschäftsbesorgungsvertrag (§ 675 BGB) mit werkvertraglichen Elementen, kommt erst mit der Annahme des Auftrags durch den Prüfer zustande.[40]

28 Danach kann ein **Widerruf** seitens der Gesellschaft nur noch erfolgen, wenn auf Antrag der Geschäftsführung, des Aufsichtsrats oder eines[41] Gesellschafters vom Gericht ersatzweise ein neuer Prüfer bestellt wurde, § 318 Abs. 1 S. 5 und Abs. 3 HGB. Auch der Abschlussprüfer kann umgekehrt den bereits angenommenen Prüfungsauftrag nur noch aus wichtigem Grund **kündigen**, § 318 Abs. 6 HGB.

2. Gegenstand und Umfang der Prüfung

29 Gegenstand und Umfang der Prüfung sind in § 317 HGB geregelt, in Abs. 1 für den Jahresabschluss (und Konzernabschluss), in Abs. 2 für den Lagebericht (und Konzernlagebericht). Die Prüfung des **Jahresabschlusses** hat die Buchführung einzubeziehen (Abs. 1 S. 1), sich auf die Einhaltung der die Rechnungslegung betreffenden

37 Näher *W. Müller*, in: KK-Rechnungslegung, § 319 HGB Rn. 25 ff.
38 Näher *W. Müller*, in: KK-Rechnungslegung, § 318 HGB Rn. 9.
39 Beachte bei einer mitbestimmten GmbH § 111 Abs. 2 S. 3 AktG i.V.m. § 1 Abs. 1 Nr. 3 S. 2 DrittelbG bzw. § 25 Abs. 1 S. 1 Nr. 2 MitbestG.
40 Ausführlich *Förschle/Heinz*, in: BeckBilKomm, § 318 HGB Rn. 14.
41 Für die GmbH besteht kein Quorum wie bei der AG/KGaA, *Förschle/Heinz*, in: BeckBil-Komm, § 318 HGB Rn. 18.

gesetzlichen und gesellschaftsvertraglichen Bestimmungen zu konzentrieren (S. 2) und problemorientiert zu erfolgen (S. 3). Die Prüfung des **Lageberichts** bezieht sich auf die Übereinstimmung des Lageberichts mit dem Jahresabschluss und den während der Prüfung gewonnen Erkenntnissen des Prüfers (sog. Einklangprüfung) sowie darauf, ob der Lagebericht insgesamt eine zutreffende Vorstellung von der Lage des Unternehmens vermittelt und die Chancen und Risiken der künftigen Entwicklung zutreffend darstellt. § 320 HGB verpflichtet die Geschäftsführer, dem Abschlussprüfer alle Unterlagen zur Verfügung zu stellen und alle Auskünfte zu erteilen, die für eine sorgfältige Prüfung notwendig sind.

3. Prüfungsergebnis

30 Der Abschlussprüfer hat über Art und Umfang sowie über das Ergebnis der Prüfung schriftlich zu berichten, § 321 HGB. Er hat den **Prüfungsbericht** der Geschäftsführung vorzulegen bzw., sofern der Aufsichtsrat den Prüfungsauftrag erteilt hat (oben Rdn. 27), dem Aufsichtsratsvorsitzenden zuzuleiten (Abs. 5). Zudem ist das Ergebnis der Prüfung in einem **Bestätigungsvermerk** zusammenzufassen, § 322 HGB: Wenn keine oder nur unwesentliche Mängel festgestellt wurden bzw. festgestellte Mängel bis zur Testatserteilung beseitigt sind, ist ein uneingeschränkter Bestätigungsvermerk zu erteilen. Liegen dagegen bei Testatserteilung wesentliche Mängel vor, die den Gesamtaussagewert des Jahresabschlusses sowie Lageberichts jedoch nicht beeinträchtigen, ist der Bestätigungsvermerk einzuschränken.[42] Bei schwerwiegenden Mängeln oder wenn wegen ungenügender Kooperation des Unternehmens keine ordnungsgemäße Prüfung stattfinden konnte, ist der Bestätigungsvermerk insgesamt zu versagen. Da für die Beantwortung der Frage, welche Mängel zur Einschränkung und welche zur Versagung führen, konkrete gesetzliche Vorgaben fehlen (vgl. § 322 Abs. 4 und 5 HGB), hat der Prüfer insoweit einen Ermessensspielraum.[43]

31 Vor Erteilung des Bestätigungsvermerks (uneingeschränkt, eingeschränkt oder auch in Form des Versagungsvermerks) kann ein prüfungspflichtiger Jahresabschluss nicht festgestellt werden (**Feststellungssperre**). Uneingeschränkt muss der Bestätigungsvermerk jedoch nur für Zwecke einer Kapitalerhöhung aus Gesellschaftsmitteln sein (§ 57e Abs. 1).[44] Im Übrigen hindert eine Einschränkung oder gar **Versagung des Bestätigungsvermerks** nicht die Feststellung des Jahresabschlusses;[45] denn die Informationsfunktion der Pflichtprüfung ist auch in diesem Fall gewahrt. Bedeutung kann die Einschränkung oder Versagung allerdings ggf. bei der Entlastung der Geschäftsführung erlangen.

---

42 *W. Müller*, in: KK-Rechnungslegung, § 322 HGB Rn. 45 ff.

43 Vgl. auch *IDW*, PS 400: Grundsätze für die ordnungsmäßige Erteilung von Bestätigungsvermerken bei Abschlussprüfungen, WPg Supplement 4/2010, S. 25 ff.

44 *W. Müller*, in: KK-Rechnungslegung, § 322 HGB Rn. 5 f.

45 *Hopt/Merkt*, in: Baumbach/Hopt, HGB, § 316 Rn. 2.

4. Prüferhaftung

32 § 323 Abs. 1 S. 1 HGB verpflichtet den Abschlussprüfer zur gewissenhaften und unparteilichen Prüfung und zur Verschwiegenheit (Kardinalspflichten). Die schuldhafte Verletzung dieser gesetzlichen Pflichten führt nach S. 3 der Vorschrift zu **Schadensersatzansprüchen gegen den Prüfer.** Diese gesetzliche Haftung aus dem Prüfungsverhältnis überlagert den schuldrechtlichen Prüfungsvertrag[46] und kann durch diesen weder ausgeschlossen noch beschränkt (Abs. 4), wohl aber erweitert werden. Die Haftung greift zudem über die unmittelbaren Vertragsparteien hinaus: **Verpflichtet** werden neben dem Prüfer selbst (dies kann auch eine Prüfungsgesellschaft sein) auch seine Gehilfen, also die von ihm (zusätzlich) im Rahmen der Prüfung eingesetzten Personen.[47] Zum Schadensersatz **berechtigt** sind neben der Kapitalgesellschaft auch die mit ihr verbundenen Unternehmen (Abs. 1 S. 3). Eine Prüferhaftung gegenüber sonstigen Dritten kann sich hingegen nur ausnahmsweise, insbesondere nach §§ 823 Abs. 2, 826 BGB, ergeben.[48] Hinzu kommt nach neuerer BGH-Rechtsprechung[49] die Möglichkeit, den Prüfungsvertrag als Vertrag mit Schutzwirkung zugunsten Dritter zu qualifizieren (str.).[50]

II. Freiwillige Prüfung

33 Sofern die GmbH als kleine Kapitalgesellschaft nicht nach § 316 Abs. 1 S. 1 HGB prüfungspflichtig ist, kann eine freiwillige Abschlussprüfung durchgeführt werden. Dies kann allgemein im Gesellschaftsvertrag festgelegt werden; alternativ können die Gesellschafter aber auch anlassbezogen eine Prüfung beschließen. Ihre Zuständigkeit hierfür ergibt sich aus § 46 Nr. 6, da es sich bei der Abschlussprüfung um eine Maßnahme der Überwachung der Geschäftsführung handelt.

34 Die **Maßstäbe** einer solchen freiwilligen Prüfung unterliegen grundsätzlich der freien Disposition der Parteien.[51] Denn es handelt sich bei der freiwilligen Prüfung um die privatrechtliche Vereinbarung eines Geschäftsbesorgungsverhältnisses mit dem Prüfer. Regelmäßig – insbesondere bei Verzicht auf weitere Regelungen – dürften allerdings nach dem Parteiwillen die §§ 317 ff. HGB entsprechend zur Anwendung kommen.[52] Das kann jedoch nicht für solche Vorschriften gelten, die zwingend an den Charakter der Pflichtprüfung als öffentlich-rechtliche Sonderverpflichtung anknüpfen. Von dieser Ausnahme betroffen sind die Einschränkungen von Widerruf und

46 *W. Müller*, in: KK-Rechnungslegung, § 322 HGB Rn. 11 f.
47 *Winkeljohann/Feldmüller*, in: BeckBilKomm, § 323 HGB Rn. 112.
48 *W. Müller*, in: KK-Rechnungslegung, § 323 HGB Rn. 109 ff.; *Kleindiek*, in: Lutter/Hommelhoff, GmbHG, Anh § 42 Rn. 63.
49 BGHZ 138, 257, 260 ff.
50 *W. Müller*, in: KK-Rechnungslegung, § 323 HGB Rn. 107; *Kleindiek*, in: Lutter/Hommelhoff, GmbHG, Anh § 42 Rn. 63; kritisch *Wiedmann*, in: E/B/J/S, HGB, § 323 Rn. 20; *A/D/S*, § 323 HGB Rn. 184; ausführlich *Ebke*, in: MünchKommHGB, § 323 Rn. 135 ff.
51 *Wiedmann*, in: E/B/J/S, HGB, § 316 Rn. 20.
52 *Kleindiek*, in: Lutter/Hommelhoff, GmbHG, Anh § 42 Rn. 64.

Kündigung nach § 318 HGB, die Sonderregeln zur Verantwortlichkeit des Abschlussprüfers nach § 323 HGB und das besondere Streitschlichtungsverfahren nach § 324 HGB. Die Besorgnis der Befangenheit nach § 319 HGB führt ebenfalls nicht zur Unwirksamkeit der Bestellung, kann aber die Anfechtbarkeit des zugrundeliegenden Gesellschafterbeschlusses begründen.[53]

35 Als **Ergebnis** sind grundsätzlich auch bei der freiwilligen Prüfung die Erstellung eines Prüfungsberichts und die Erteilung (bzw. Versagung) eines Bestätigungsvermerks möglich; letzteres allerdings nur, sofern die Prüfung nach Art und Umfang einer Pflichtprüfung hinreichend entsprochen hat.[54]

36 Für **Fehler** haftet der Abschlussprüfer in Abweichung von § 323 HGB nach allgemeinem Geschäftsbesorgungsrecht. Die in § 323 Abs. 1 HGB normierten Kardinalspflichten können allerdings auch insofern als Orientierungshilfe herangezogen werden. Eine Haftung Dritten gegenüber kommt bei deren Vertrauen auf die Richtigkeit des Prüfungsergebnisses nach den Grundsätzen des Vertrages mit Schutzwirkung zugunsten Dritter, ansonsten nach §§ 823, 826 BGB in Betracht.[55]

D. Vorlage des Jahresabschlusses (Abs. 1)

37 Nach Aufstellung (Rdn. 14) und ggfs. Prüfung (Rdn. 25, 33) ist der Jahresabschluss gemäß § 42a Abs. 1 den Gesellschaftern vorzulegen, damit diese über die Feststellung des Jahresabschlusses und die Ergebnisverwendung entscheiden können (vgl. Abs. 2 und § 46 Nr. 1). Hat die Gesellschaft einen Aufsichtsrat, ist der Jahresabschluss jedoch noch vorab diesem zur Prüfung vorzulegen (S. 3, dazu Rdn. 46 f.).

I. Vorlage an Gesellschafter

1. Berechtigte und Verpflichtete

38 **Vorlageberechtigt** sind nicht die Gesellschafter als Einzelpersonen, sondern kollektiv in ihrer Eigenschaft als Mitglieder der Gesellschafterversammlung.[56] Daraus folgt, dass ein gewählter Sprecher grundsätzlich allein empfangszuständig ist;[57] er hat jedoch die anderen Gesellschafter zu unterrichten. Ist die Feststellungskompetenz per Gesellschaftsvertrag auf ein anderes Organ/Gremium innerhalb der Gesellschaft übertragen (zur Dispositivität vgl. § 46 Rdn. 13), verlagert sich auch die Vorlagepflicht entsprechend.[58] Bei gemeinsamer Abschlussfeststellung durch verschiedene statutarische Organe muss daher jedes von ihnen vorlageberechtigt sein. Auch bei

53 *Kleindiek*, in: Lutter/Hommelhoff, GmbHG, Anh § 42 Rn. 65.

54 *Wiedmann*, in: E/B/J/S, HGB, § 316 Rn. 20.

55 *Kleindiek*, in: Lutter/Hommelhoff, GmbHG, Anh § 42 Rn. 67 ff.

56 *Wicke*, GmbHG, § 42a Rn. 10; *A/D/S*, § 42a GmbHG Rn. 19.

57 *Haas*, in: Baumbach/Hueck, GmbHG, § 42a Rn. 5.

58 *A/D/S*, § 42a GmbHG Rn. 16; *Sigloch/Weber*, in: Michalski, GmbHG, § 42a Rn. 4; *Crezelius*, in: Scholz, GmbHG, § 42a Rn. 8.

Verlagerung der Feststellungskompetenz besteht nach richtiger Ansicht allerdings die Vorlagepflicht an die Gesellschafterversammlung wegen ihrer Überwachungsaufgabe nach § 46 Nr. 6 parallel fort,[59] sofern nicht *zusätzlich* auch hierauf verzichtet wird.

39 **Vorlageverpflichtet** sind die Geschäftsführer, und zwar – in Parallele zur Aufstellung des Jahresabschlusses (Rdn. 16) – grundsätzlich sämtliche Geschäftsführer persönlich (Gesamtverantwortung).[60] Das folgt daraus, dass die Vorlageverpflichtung einen notwendigen Annex zur Aufstellung des Jahresabschlusses darstellt und deshalb auch die Adressaten der jeweiligen Verpflichtungen gleichlaufen müssen. So ist insbesondere denkbar, dass beide Akte (Aufstellung und Vorlage) de facto zusammenfallen, nämlich wenn der Aufstellungsakt konkludent gerade in der Vorlage des Jahresabschlusses an die Gesellschafter liegt.

2. Gegenstand der Vorlage

40 Gegenstand der Vorlage sind der **erweiterte Jahresabschluss** sowie bei mittelgroßen und großen Gesellschaften der **Lagebericht**. Haben kleine Gesellschaften freiwillig einen Lagebericht erstellt, ist auch dieser vorzulegen.[61] Die Vorlage ist im Falle der Abschlussprüfung nach § 42a Abs. 1 **Satz 2** um den **Bericht des Prüfers** zu ergänzen. Dabei hat die Vorschrift in erster Linie die Fälle einer gesetzlich angeordneten Pflichtprüfung (Rdn. 25) im Blick. Auch der Bericht im Rahmen einer freiwilligen Prüfung (Rdn. 33) wird aber regelmäßig auf Veranlassung oder zumindest im Interesse der Gesellschafter erstellt. Daher ist auch er von der Vorlagepflicht umfasst.[62] Wenn ein Aufsichtsrat vorhanden ist, ist gemäß § 42a Abs. 1 **Satz 3** auch dessen **Prüfungsbericht** vorzulegen (vgl. dazu noch Rdn. 47). Entsprechendes gilt für den Bericht bei Prüfung durch einen eventuellen Beirat o.Ä.,[63] sofern ihm in der Sache eine dem Aufsichtsrat ähnliche Überwachungsaufgabe zukommt.[64] Die vorgelegten Dokumente sind in analoger Anwendung des § 176 Abs. 1 S. 2 AktG von der **Geschäftsführung zu erläutern**, sofern die Gesellschafter dies verlangen.[65]

---

59 *Haas*, in: Baumbach/Hueck, GmbHG, § 42a Rn. 5; *Hommelhoff/Priester*, ZGR 1986, 463, 479; *Paefgen*, in: Ulmer/Habersack/Winter, GmbHG, § 42a Rn. 17; a.A. *Tiedchen*, in: Rowedder/Schmidt-Leithoff, GmbHG, § 42a Rn. 8; *Crezelius*, in: Scholz, GmbHG, § 42a Rn. 7.

60 *Haas*, in: Baumbach/Hueck, GmbHG, § 42a Rn. 2; a.A. *Kleindiek*, in: Lutter/Hommelhoff, GmbHG, § 42a Rn. 12: die Geschäftsführer als Organ.

61 *A/D/S*, § 42a GmbHG Rn. 6; *Haas*, in: Baumbach/Hueck, GmbHG, § 42a Rn. 3.

62 So auch *A/D/S*, § 42a GmbHG Rn. 8; *Paefgen*, in: Ulmer/Habersack/Winter, GmbHG, § 42a Rn. 9; einschränkend *Bohl/Schaumburg-Dickstein*, in: Küting/Pfitzner/Weber, Hdb-Rechnungslegung, § 42a GmbHG Rn. 10.

63 *Haas*, in: Baumbach/Hueck, GmbHG, § 42a Rn. 3; *Kleindiek*, in: Lutter/Hommelhoff, GmbHG, § 42a Rn. 3.

64 Vgl. *A/D/S*, § 42a GmbHG Rn. 11.

65 *Haas*, in: Baumbach/Hueck, GmbHG, § 42a Rn. 3; *A/D/S*, § 42a GmbHG Rn, 45; weitergehend *Kleindiek*, in: Lutter/Hommelhoff, GmbHG, § 42a Rn. 33, der eine proaktive Erläuterungspflicht annimmt.

41 Eine darüber hinausgehende Verpflichtung zur (unaufgeforderten) Vorlage der **Eröffnungsbilanz**[66] oder einer **Erklärung zur Bilanzpolitik**[67] ist hingegen abzulehnen, da beides vom Wortlaut des § 42a Abs. 1 nicht erfasst und auch zur hinreichenden Information der Gesellschafter nicht zwingend erforderlich ist. Die Geschäftsführer sind zudem grundsätzlich nicht verpflichtet, im Zusammenhang mit der Vorlage einen **Gewinnverwendungsvorschlag** zu machen,[68] da § 42a keine den §§ 170 Abs. 2, 175 Abs. 2 S. 1 AktG entsprechende Regelung enthält. Etwas anderes gilt allerdings dann, wenn Abweichendes durch den Gesellschaftsvertrag bestimmt ist oder die Gesellschafter die Geschäftsführer explizit zur Unterbreitung von Gewinnverwendungsvorschlägen anweisen; zudem wenn ein obligatorischer Aufsichtsrat (dazu noch Rdn. 46) vorhanden ist, da dann zumindest § 170 Abs. 2 AktG gemäß § 25 Abs. 1 Nr. 2 MitbestG bzw. § 1 Abs. 1 Nr. 3 DrittelbG entsprechend anwendbar ist. Selbiges gilt nach richtiger Ansicht für den fakultativen Aufsichtsrat dann, wenn hier mangels abweichender Regelung im Einzelfall § 170 Abs. 2 AktG gemäß § 52 Abs. 1 ebenfalls zur Anwendung gelangt (Rdn. 46).[69]

3. Form und Frist, Vorlageverweigerung

42 Die Art und Weise der Vorlage ist in § 42a nicht geregelt. In jedem Fall ausreichend ist eine **Übersendung** schriftlicher Unterlagen an die einzelnen Gesellschafter oder – soweit vorhanden – an den Sprecher.[70] Im letzteren Fall sind die Gesellschafter zwar ihren Pflichten gegenüber der Gesellschaftergesamtheit (oben Rdn. 38) bereits nachgekommen; gleichwohl kann sich die Frage stellen, ob nicht auch den übrigen Gesellschaftern zumindest **Einsichtnahme** in den Geschäftsräumen der Gesellschaft für einen den Umständen nach angemessenen Zeitraum zu gewähren ist (vgl. § 175 Abs. 2 S. 1 AktG). Dies ist zu bejahen.[71] Die Gesellschafter können zur Einsichtnahme sowohl sachverständige Dritte (insbesondere Wirtschaftsprüfer, Steuerberater,

---

66 Dafür noch *Schulze-Osterloh*, in: Baumbach/Hueck, GmbHG, 18. Aufl. 2006, § 42a Rn. 5; ablehnend *Haas*, in: Baumbach/Hueck, GmbHG, § 42a Rn. 3; *Paefgen*, in: Ulmer/Habersack/Winter, GmbHG, § 42a Rn. 7; *A/D/S*, § 42a GmbHG Rn. 6.

67 *Mertens*, in: Hachenburg, GmbHG, § 42a Rn. 4; a.A. *Kleindiek*, in: Lutter/Hommelhoff, GmbHG, § 42a Rn. 7.

68 *A/D/S*, § 42a GmbHG Rn. 15; *Haas*, in: Baumbach/Hueck, GmbHG, § 42a Rn. 3; a.A. *Kleindiek*, in: Lutter/Hommelhoff, GmbHG, § 42a Rn. 6: Gewinnverwendungsvorschlag verpflichtend, außer bei ausdrücklicher Befreiung (in der Satzung oder durch Gesellschafterbeschluss).

69 *Wicke*, GmbHG, § 42a Rn. 7; a.A. anscheinend *A/D/S*, § 42a GmbHG Rn. 15; *Paefgen*, in: Ulmer/Habersack/Winter, GmbHG, § 42a Rn. 12, nach denen die auf den Gewinnverwendungsbeschluss Bezug nehmenden aktienrechtlichen Vorschriften für den Aufsichtsrat bei der GmbH (generell) ins Leere gehen.

70 *Haas*, in: Baumbach/Hueck, GmbHG, § 42a Rn. 9.

71 *Haas*, in: Baumbach/Hueck, GmbHG, § 42a Rn. 9; *Kleindiek*, in: Lutter/Hommelhoff, GmbHG, § 42a Rn. 16.

Rechtsanwälte) hinzuziehen[72] als auch die Aushändigung der Unterlagen[73] bzw. die Erteilung von Abschriften (Fotokopien) verlangen (vgl. § 175 Abs. 2 S. 2 AktG).

43 Die Vorlage hat »**unverzüglich**«, also »ohne schuldhaftes Zögern« (vgl. § 121 Abs. 1 S. 1 BGB) zu erfolgen. Da sie sich regulär an die Aufstellung des Jahresabschlusses anschließt, darf hiernach nur noch der für eine ordnungsgemäße Übermittlung an die Gesellschafter erforderliche Zeitraum in Anspruch genommen werden. Im Regelfall dürften ein bis zwei Wochen angemessen sein; ein Monat wäre deutlich zu lang.[74] Besteht eine Pflicht zur Abschlussprüfung (dazu Rdn. 25) und/oder Prüfung durch den Aufsichtsrat (hierzu Rdn. 47), verlängert sich die Frist insofern, als der Eingang des jeweiligen Prüfungsberichts bei der Geschäftsführung maßgeblicher Anknüpfungspunkt für die Zuleitungsfrist wird.[75]

44 Umstritten ist die Möglichkeit der **Vorlageverweigerung** in Fällen, in denen eine Verwendung der enthaltenen Informationen durch einzelne Gesellschafter zu gesellschaftsfremden Zwecken zu befürchten steht. Praktisch wird es hierbei v.a. um die Vorlage des Prüfungsberichts des Abschlussprüfers gehen, während ein Geheimhaltungsbedürfnis bezogen auf Jahresabschluss und Lagebericht gegenüber den eigenen Gesellschaftern in aller Regel fehlt. Diskutiert wird eine analoge Anwendung des § 51a Abs. 2.[76] Wertungsmäßig ist zwar zu beachten, dass die Feststellung des Jahresabschlusses als grundlegender korporationsrechtlicher Akt eine hinreichende Information aller beschließenden Gesellschafter erfordert.[77] Dennoch muss es in begründeten (Einzel-)Fällen möglich sein, die Vorlage auf eine **Einsichtnahme** in den Geschäftsräumen zu beschränken und dann auch das an sich bestehende Recht auf Aushändigung oder Erteilung von Abschriften einzuschränken (vgl. Rdn. 42).[78] Hierfür ist entsprechend § 51a Abs. 2 S. 2 ein Beschluss der Gesellschafterversammlung erforderlich,[79] bei dem das Stimmrecht des betroffenen Gesellschafters nach § 47 Abs. 4 analog regelmäßig ausgeschlossen sein dürfte. Im Übrigen sind Gesellschaft und Mitgesellschafter bei gesellschaftsschädlicher Verwendung der erlangten Informationen grundsätzlich auf die allgemeinen Sanktionen, insbesondere eine Haftung wegen Treuepflichtverletzung, verwiesen.

---

72 *A/D/S*, § 42a GmbHG Rn. 22; *Altmeppen*, in: Roth/Altmeppen, GmbHG, § 42a Rn. 15.

73 *Paefgen*, in: Ulmer/Habersack/Winter, GmbHG, § 42a Rn. 23; *A/D/S*, § 42a GmbHG Rn. 21; a.A. *Mertens*, in: Hachenburg, GmbHG, § 42a Rn. 8.

74 *A/D/S*, § 42a GmbHG Rn. 13; *Crezelius*, in: Scholz, GmbHG, § 42a Rn. 9.

75 *A/D/S*, § 42a GmbHG Rn. 14; *Wicke*, GmbHG, § 42a Rn. 9.

76 So bspw. *Crezelius*, in: Scholz, GmbHG, § 42a Rn. 13; *A/D/S*, § 42a GmbHG Rn. 24.

77 Dementsprechend gegen die Möglichkeit einer Verweigerung der Vorlage *Haas*, in: Baumbach/Hueck, GmbHG, § 42a Rn. 12; *Tiedchen*, in: Rowedder/Schmidt-Leithoff, GmbHG, § 42a Rn. 11.

78 Ebenso *A/D/S*, § 42a GmbHG Rn. 25; *Kleindiek*, in: Lutter/Hommelhoff, GmbHG, § 42a Rn. 23.

79 *A/D/S*, § 42a GmbHG Rn. 26.

4. Sanktionen

45 Im Falle eines **Verstoßes gegen die Vorlagepflicht** können sich betroffene Gesellschafter mittels (Anfechtungs- bzw. Nichtigkeitsfeststellungs-, dazu noch Rdn. 91 f.) Klage gegen einen dennoch gefassten Feststellungs- und Ergebnisverwendungsbeschluss wehren.[80] Zudem steht ihnen nach wohl überwiegender Ansicht entsprechend §§ 51b GmbHG, 132 AktG die Möglichkeit zu, eine gerichtliche Entscheidung über das Vorlagerecht herbeizuführen.[81] Dem ist zu folgen, da aufgrund der strukturellen Parallelen des Vorlagerechts gemäß § 42a Abs. 1 zum Auskunftsrecht nach § 51a die auf letzteres bezogene Verfahrensnorm des § 51b sachnäher im Vergleich zu einer regulären Leistungsklage (ggfs. gepaart mit einem einstweiligen Rechtsschutzgesuch) ist.

II. Vorlage an den Aufsichtsrat (§ 170 AktG; Satz 3)

46 Anders als in der Aktiengesellschaft ist die Einrichtung eines Aufsichtsrats in der GmbH grundsätzlich fakultativ, vgl. § 52 Abs. 1. Ein Aufsichtsrat ist allerdings für Zwecke der Arbeitnehmermitbestimmung auch hier verpflichtend vorgeschrieben, wenn in der Regel mehr als 500 (§ 1 Abs. 3 Nr. 3 DrittelbG) bzw. 2.000 (§§ 1 Abs. 1, 6 Abs. 1 MitbestG) Arbeitnehmer beschäftigt werden. Existiert ein solcher obligatorischer Aufsichtsrat, sind diesem Jahresabschluss und Lagebericht nach § 170 AktG (i.V.m. § 1 Abs. 1 Nr. 3 DrittelbG bzw. § 25 Abs. 1 Nr. 2 MitbestG) – zusammen mit einem Vorschlag für die Ergebnisverwendung – vorzulegen. Die Ausgestaltung eines fakultativen Aufsichtsrats ist demgegenüber grundsätzlich frei bestimmbar. Daher ist hier vornehmlich entscheidend, welche Regelungen konkret in Bezug auf die Vorlage von Jahresabschluss und Lagebericht getroffen wurden. Fehlen entsprechende Regelungen, greift allerdings auch hier eine Vorlagepflicht gemäß der subsidiären Vorschrift des § 52 Abs. 1 ein, die insofern auf § 170 AktG verweist.

47 In der Folge hat der Aufsichtsrat den Jahresabschluss und Ergebnisverwendungsvorschlag nach § 171 AktG[82] zu **prüfen.** Findet darüber hinaus auch eine externe Abschlussprüfung statt (Rdn. 25), sind deren Erkenntnisse in die Prüfung durch den Aufsichtsrat mit einzubeziehen (vgl. § 171 Abs. 1 S. 2 AktG). Ergebnis ist ein schriftlicher **Prüfungsbericht**, der auch zum Ergebnis einer eventuellen externen Abschlussprüfung Stellung zu nehmen hat (§ 171 Abs. 2 AktG). Die Prüfung durch den Aufsichtsrat muss im Vorfeld der Vorlage des Jahresabschlusses an die Gesellschafter stattfinden, da sein Prüfungsbericht nach § 42a Abs. 1 S. 3 ebenfalls zu den vorzulegenden Dokumenten zählt (Rdn. 40).

---

80 *Haas*, in: Baumbach/Hueck, GmbHG, § 42a Rn. 13; *Kleindiek*, in: Lutter/Hommelhoff, GmbHG, § 42a Rn. 27; *A/D/S*, § 42a GmbHG Rn. 27.

81 *A/D/S*, § 42a GmbHG Rn. 27; *Haas*, in: Baumbach/Hueck, GmbHG, § 42a Rn. 13; *Kleindiek*, in: Lutter/Hommelhoff, GmbHG, § 42a Rn. 27; *Crezelius*, in: Scholz, GmbHG, § 42a Rn. 19; a.A. anscheinend *Altmeppen*, in: Roth/Altmeppen, GmbHG, § 42a Rn. 17.

82 I.V.m. § 52 Abs. 1 GmbHG, § 1 Abs. 1 Nr. 3 DrittelbG bzw. § 25 Abs. 1 Nr. 2 MitbestG.

E. Feststellung/Ergebnisverwendung (Abs. 2)

48 § 42a Abs. 2 betrifft die Feststellung des Jahresabschlusses und den Beschluss über die Ergebnisverwendung, und zwar im Unterschied zu § 46 Nr. 1 insbesondere die für beide Beschlüsse maßgeblichen, nicht durch Gesellschaftsvertrag verlängerbaren Fristen (S. 1 und 2). Inhaltliche Vorgaben für die Feststellung enthält allein S. 3 (dazu Rdn. 51).

I. Feststellung

1. Feststellung des Jahresabschlusses

49 Die **Feststellung** ist korporationsrechtlicher Billigungs- und Bestätigungsakt für den Jahresabschluss. Sie hat **konstitutive Wirkung** und macht aus dem bis dahin vorliegenden bloßen *Entwurf* eines Jahresabschlusses den verbindlichen Jahresabschluss. Unter den Gesellschaftern kann die Feststellung zudem – zumindest bei einstimmiger Beschlussfassung – die Wirkungen eines Schuldanerkenntnisses entfalten und bspw. Einwendungen gegen eine sich aus dem Abschluss ergebende Nachschusspflicht ausschließen.[83]

50 **Gegenstand** der Feststellung ist ausschließlich der **Jahresabschluss** als solcher. Weder der Lagebericht noch sonst vorzulegende Dokumente nehmen an der konstitutiven Feststellungswirkung teil. Da der Lagebericht allerdings u.U. publiziert wird, kann ein Interesse der Gesellschafter bestehen, auch auf diesen Einfluss zu nehmen. Dazu steht ihnen zumindest die Ausübung ihres allgemeinen Weisungsrechts zur Verfügung.[84]

51 Im Rahmen der Feststellung besteht **keine Bindung** an den vorgelegten Jahresabschluss der Geschäftsführung. Dieser ist lediglich ein Entwurf (Rdn. 49) und kann beliebig geändert werden (bei Prüfungspflicht gilt § 316 Abs. 3 HGB). Dabei ist freilich das materiell für den Jahresabschluss geltende Recht zu beachten, was Abs. 2 **Satz 3** dadurch zum Ausdruck bringt, dass die »für seine Aufstellung geltenden Vorschriften anzuwenden« sind.[85] Somit kommen i.E. vor allem Korrekturen in Betracht, zudem können bestehende Ansatz- und Bewertungswahlrechte anders ausgeübt werden.[86] Sofern dabei eine Ermessensentscheidung durch die Gesellschafter erfolgt, sind sie dabei aufgrund der Treuepflicht gehalten, ihre eigenen Dividendeninteressen mit den Interessen der Gesellschaft sowie der Mitgesellschafter abzuwägen.[87] Verstöße gegen die Treuepflicht können zur Anfechtbarkeit des Feststellungsbeschlusses führen.[88]

---

83 BGH, ZIP 2009, 1111, 1113; *Haas*, in: Baumbach/Hueck, GmbHG, § 42a Rn. 13.
84 *Kleindiek*, in: Lutter/Hommelhoff, GmbHG, § 42a Rn. 30.
85 *Paefgen*, in: Ulmer/Habersack/Winter, GmbHG, § 42a Rn. 30.
86 *Wicke*, GmbHG, § 42a Rn. 11; *Altmeppen*, in: Roth/Altmeppen, GmbHG, § 42a Rn. 33.
87 *Kleindiek*, in: Lutter/Hommelhoff, GmbHG, § 42a Rn. 29.
88 *Kleindiek*, in: Lutter/Hommelhoff, GmbHG, § 42a Rn. 29.

2. Durch die Gesellschafterversammlung

52 **Zuständig** für die Feststellung ist in der Regel die Gesellschafterversammlung (vgl. § 46 Nr. 1), welche durch einfachen **Mehrheitsbeschluss** nach § 47 Abs. 1 beschließt.[89] Daher geht mit der Pflicht zur Vorlage des Jahresabschlusses zugleich die Pflicht zur Einberufung einer Gesellschafterversammlung einher.[90] Zwischen Vorlage und Gesellschafterversammlung muss ein hinreichender Zeitraum liegen, damit die Gesellschafter die Unterlagen auf Plausibilität überprüfen und sich eine fundierte Meinung zur Feststellung des Jahresabschlusses bilden können.[91]

53 Diese Feststellungszuständigkeit der Gesellschafterversammlung ist **dispositiv** (vgl. § 45 Abs. 2), weshalb sie per Gesellschaftsvertrag einem Gesellschafterausschuss oder auch einem (oder mehreren) anderen Organen übertragen werden kann (vgl. bereits Rdn. 38).[92] Dabei kann es sich entweder um aus anderen Gründen bereits bestehende Organe handeln (bspw. Aufsichtsrat) oder um speziell für diesen Zweck im Gesellschaftsvertrag vorgesehene Institutionen[93] (z.B. Beirat).[94] Kommt es wegen Stimmgleichheit durch das Feststellungsorgan nicht zu einer Entscheidung, ist auch die Übertragung der Feststellungskompetenz auf einen externen Dritten in schiedsrichterlicher Funktion möglich.[95] Umstritten ist, ob auch die **Geschäftsführung** selbst mit der Feststellung betraut werden kann.[96] Dies ist mit der h.M.[97] zu bejahen. Denn anders als bei der Aktiengesellschaft wird hierdurch eine Kontrolle durch die Gesellschafter nicht zwangsläufig unterbunden. Vielmehr können sie sich anhand der dennoch vorzulegenden Unterlagen (Rdn. 38) und durch Ausübung ihres allgemeinen Auskunftsrechts nach § 51a über den Jahresabschluss hinreichend informieren, zudem durch Ausübung ihres Weisungsrechts bei Bedarf auf seine Ausgestaltung Einfluss nehmen.

3. Form und Frist

54 Eine bestimmte **Form** ist für den Feststellungsbeschluss mangels anderweitiger gesetzlicher Regelungen **nicht erforderlich**, weshalb i.E. auch eine konkludente

---

89 *A/D/S*, § 42a GmbHG Rn. 35; *Bayer*, in: Lutter/Hommelhoff, GmbHG, § 46 Rn. 4; *Crezelius*, in: Scholz, GmbHG, § 42a Rn. 37.

90 *Altmeppen*, in: Roth/Altmeppen, GmbHG, § 42a Rn. 14.

91 *Altmeppen*, in: Roth/Altmeppen, GmbHG, § 42a Rn. 14.

92 BGHZ 84, 209, 214; *van Venrooy*, GmbHR 2003, 125, 126.

93 BGHZ 43, 261, 263 f.

94 *Haas*, in: Baumbach/Hueck, GmbHG, § 42a Rn. 16.

95 BGHZ 43, 261, 263 f.

96 Verneinend *Hartmann*, Das neue Bilanzrecht und der Gesellschaftsvertrag der GmbH, 1986, S. 165 f.

97 *Haas*, in: Baumbach/Hueck, GmbHG, § 42a Rn. 16; *A/D/S*, § 42a GmbHG Rn. 33; *Hommelhoff/Priester*, ZGR 1986, 463, 476 f.

Beschlussfassung möglich ist.[98] Soweit darüber hinaus die Feststellung gar insgesamt als obsolet bzw. verzichtbar angesehen wird,[99] muss dieses Ergebnis am gegenteiligen Gesetzeswortlaut scheitern. Eine so weitgehende Abkehr vom Gesetz ist auch nicht erforderlich, da man in Fällen der Gewinnausschüttung ohne vorangehenden Feststellungsbeschluss (und u.U. auch ohne Ergebnisverwendungsbeschluss) zumindest eine konkludente Beschlussfassung im vorgenannten Sinne wird annehmen können.

55 Die Feststellung muss gemäß Abs. 2 S. 1 **innerhalb der ersten acht Monate** des nachfolgenden Geschäftsjahres erfolgen, bei kleinen Gesellschaften (§ 42 Rdn. 21) innerhalb der ersten **elf Monate.** Neben der Aufstellung, für die nach § 264 Abs. 1 S. 3 bzw. 4 HGB eine Höchstfrist von drei bzw. (bei kleinen Gesellschaften) acht Monaten gilt, muss auch eine eventuelle Abschlussprüfung durch den Aufsichtsrat und/oder externe Prüfer innerhalb der Frist nach S. 1 vorgenommen werden und bewirkt keine Verlängerung.[100] S. 2 der Norm bestimmt zudem, dass die Frist auch durch gesellschaftsvertragliche Regelung nicht verlängerbar ist, was eine zeitnahe Information der Rechnungslegungsadressaten sicherstellen soll. Eine Verkürzung kann im Umkehrschluss sehr wohl vorgesehen werden,[101] insgesamt muss aber noch genügend Zeit für eine hinreichend gründliche Aufstellung und ggfs. Prüfung des Abschlusses bleiben.[102] Ein Fristversäumnis hat in Bezug auf den Jahresabschluss und dessen Feststellung selbst keine Auswirkungen, kann allerdings zu Ordnungsgeldern gegen die Geschäftsführer oder die Gesellschaft selbst nach § 335 HGB führen, wenn in der Folge auch die Offenlegungsfristen (dazu Anh. § 42a Rdn. 14) versäumt werden.[103]

4. Rechtliche Durchsetzung

56 Kommt ein Feststellungsbeschluss wegen Differenzen über den Jahresabschluss nicht zustande, ist eine **klageweise Durchsetzung** der Feststellung möglich.[104] Entweder kann gegen die Gesellschaft auf Feststellung eines bestimmten Jahresabschlusses geklagt werden, wobei das Gericht bei Erfolg rechtsgestaltend die Feststellung durch Urteil ersetzt; das setzt allerdings voraus, dass es nur eine richtige Ausgestaltung des Jahresabschlusses gibt, auf die sich die Klage richtet, was freilich selten – hauptsäch-

98 BGH, WM 1971, 1082, 1084; *Tiedchen*, in: Rowedder/Schmidt-Leithoff, GmbHG, § 42a Rn. 66; *Crezelius*, in: Scholz, GmbHG, § 42a Rn. 36; *Haas*, in: Baumbach/Hueck, GmbHG, § 42a Rn. 17; a.A. *Kleindiek*, in: Lutter/Hommelhoff, GmbHG, § 42a Rn. 35, der insofern eine förmliche Feststellung des Beschlussergebnisses im Hinblick auf die spätere Veröffentlichung des Jahresabschlusses fordert.

99 So *van Venrooy*, GmbHR 2003, 125, 132.

100 Vgl. *A/D/S*, § 42a GmbHG Rn. 38.

101 *Kleindiek*, in: Lutter/Hommelhoff, GmbHG, § 42a Rn. 31.

102 *A/D/S*, § 42a GmbHG Rn. 42; *Haas*, in: Baumbach/Hueck, GmbHG, § 42a Rn. 19.

103 *Altmeppen*, in: Roth/Altmeppen, GmbHG, § 42a Rn. 36; *Sagasser*, DB 1986, 2251.

104 *Koppensteiner*, in: Rowedder/Schmidt-Leithoff, GmbHG, § 46 Rn. 6; *Zöllner*, in: Baumbach/Hueck, GmbHG, § 46 Rn. 12; *ders.*, ZGR 1988, 392, 416 f.; *Römermann*, in: Michalski, GmbHG, § 46 Rn. 49; a.A. *Bork/Oepen*, ZGR 2002, 241, 284.

lich beim Streit um einzelne Bilanzposten – der Fall sein wird.[105] Oder es wird gegen die Zustimmung verweigernde Gesellschafter im Wege der Leistungsklage aufgrund der gesellschafterlichen Treuepflicht vorgegangen[106], was bei Erfolg ebenfalls eine Zustimmungsersetzung durch gerichtliches Urteil ermöglicht. Beide Varianten sind anzuerkennen, da ansonsten durch eine Verweigerung der Feststellung dem einzelnen Gesellschafter faktisch sanktionslos sein Recht auf Gewinnbeteiligung entzogen werden könnte.

II. Ergebnisverwendung

57 Der **festgestellte Jahresabschluss** bildet die Grundlage für den Beschluss über die Ergebnisverwendung. Beide Beschlüsse werden in der Praxis zwar regelmäßig gemeinsam gefasst, sind aber rechtlich eigenständig. Dem festgestellten Jahresabschluss kommt insoweit eine Ausschüttungsbemessungsfunktion zu. In der Folge erklärt der auf die GmbH entsprechend anwendbare[107] § 253 AktG für den Fall, dass die Feststellung des Jahresabschlusses nichtig ist, auch den Ergebnisverwendungsbeschluss für nichtig. Bereits vor der Feststellung des Jahresabschlusses besteht bei der GmbH jedoch die Möglichkeit einer Vorabausschüttung auf den erwarteten Jahresgewinn (vgl. § 29 Rdn. 34).

58 Weist der Jahresabschluss einen Jahresüberschuss aus, so kann dieser – nach Ergänzung um einen Gewinnvortrag bzw. Verringerung um einen Verlustvortrag – durch **Ergebnisverwendungsbeschluss** jeweils ganz oder teilweise an die Gesellschafter ausgeschüttet (§ 29 Abs. 1 S. 1), in die (anderen) Gewinnrücklagen eingestellt und/oder auf neue Rechnung vorgetragen werden (§ 29 Abs. 2). § 268 Abs. 1 HGB erlaubt es jedoch auch, die Bilanz bereits unter Berücksichtigung der vollständigen oder teilweisen Verwendung des Jahresergebnisses aufzustellen; in diesem Fall ist statt eines Jahresüberschusses bzw. -fehlbetrags ein Bilanzgewinn bzw. -verlust auszuweisen. Bei nur teilweiser Verwendung ist dann auch für den Ergebnisverwendungsbeschluss vom Bilanzgewinn auszugehen (§ 29 Abs. 1 S. 2). Der Ergebnisverwendungsbeschluss ist nach ganz h.M. Voraussetzung für die Entstehung der Auszahlungsansprüche (als Gläubigerrecht des einzelnen Gesellschafters, vgl. § 14 Rdn. 50).[108]

59 Nach wohl h.M. **entfällt der Ergebnisverwendungsbeschluss** nach § 29, wenn es an einem verwendungsfähigen Gewinn fehlt. Dies betrifft zunächst den Fall, dass der Jahresabschluss einen Jahresfehlbetrag oder Bilanzverlust ausweist; da die Gesellschaf-

---

105 *Zöllner*, in: Baumbach/Hueck, GmbHG, § 46 Rn. 12; *A/D/S*, § 42a GmbHG Rn. 36; *Koppensteiner*, in: Rowedder/Schmidt-Leithoff, GmbHG, § 46 Rn. 6.

106 So *Haas*, in: Baumbach/Hueck, GmbHG, § 42a Rn. 20; *A/D/S*, § 42a GmbHG Rn. 36; tendenziell ablehnend *Zöllner*, in: Baumbach/Hueck, GmbHG, § 46 Rn. 13.

107 OLG Stuttgart, GmbHR 2004, 662, 663; OLG Hamm, AG 1992, 233, 234.

108 Etwa *Hueck/Fastrich*, in: Baumbach/Hueck, GmbHG, § 29 Rn. 42; a.A. *Hommelhoff*, in: Lutter/Hommelhoff, GmbHG, § 29 Rn. 4, dem zufolge die Auszahlungsansprüche bereits mit Feststellung entstehen und der Ergebnisverwendungsbeschluss lediglich Fälligkeitsvoraussetzung ist.

ter nicht unmittelbar am Verlust beteiligt sind, wird dieser (noch als Teil der Feststellung des Jahresabschlusses) in das folgende Geschäftsjahr vorgetragen.[109] Der Ergebnisverwendungsbeschluss entfällt auch, wenn die Gesellschaft aufgrund eines Gewinnabführungsvertrages i.S.d. § 291 Abs. 1 S. 1, 2. Alt. AktG ihren ganzen Gewinn an einen anderen abzuführen hat[110] bzw. dieser andere nach § 302 AktG Verlustausgleich zu leisten hat. Schließlich entfällt der Ergebnisverwendungsbeschluss auch dann, wenn die Bilanz unter vollständiger Verwendung des Jahresergebnisses aufgestellt wurde und es aus diesem Grund an einem weiteren verwendungsfähigen Betrag fehlt.[111]

60 Der Ergebnisverwendungsbeschluss ist – mangels abweichender Regelung im Einzelfall – durch die **Gesellschafterversammlung mit einfacher Mehrheit** zu fassen. Im Übrigen gilt grundsätzlich das zum Feststellungsbeschluss Gesagte entsprechend: Die Beschlusskompetenz ist auf andere Organe übertragbar (Rdn. 53)[112] – mit der Folge von Abgrenzungsschwierigkeiten, wenn für die Feststellung des Jahresabschlusses ein anderes Organ als für den Ergebnisverwendungsbeschluss zuständig ist. Die Beschlussfassung hat binnen 8-Monats-Frist, bei kleinen Gesellschaften binnen 11-Monats-Frist zu erfolgen (Rdn. 55). Im Streitfall kann sie nach vorzugswürdiger Ansicht klageweise gegenüber der Gesellschaft oder mitwirkungsunwilligen Gesellschaftern durchgesetzt werden (Rdn. 56).

F. Anwesenheit des Abschlussprüfers (Abs. 3)

61 Soweit eine externe Abschlussprüfung stattgefunden hat, kann der Abschlussprüfer nach § 42a Abs. 3 zur **Anwesenheit bei** den Verhandlungen über die **Feststellung des Jahresabschlusses** (nicht so bezüglich des Ergebnisverwendungsbeschlusses)[113] verpflichtet werden. Die Anwesenheitspflicht dient der Information der Gesellschafter[114], welche an den Erkenntnissen des Abschlussprüfers so auch über dessen Bericht hinaus partizipieren sollen. Ein korrespondierendes Teilnahme*recht* des Prüfers besteht allerdings nicht.[115] Diese Grundsätze gelten auch für freiwillig vorgenommene Abschlussprüfungen, sofern nicht im Gesellschaftsvertrag oder im Geschäftsbesorgungsvertrag mit dem Prüfer Abweichendes bestimmt ist.[116]

109 *Hueck/Fastrich,* in: Baumbach/Hueck, GmbHG, § 29 Rn. 6, 10; *Sigloch/Weber,* in: Michalski, GmbHG, § 42a Rn. 7
110 *Hommelhoff,* in: Lutter/Hommelhoff, GmbHG, § 29 Rn. 10.
111 *Hueck/Fastrich,* in: Baumbach/Hueck, GmbHG, § 29 Rn. 13.
112 *Haas,* in: Baumbach/Hueck, GmbHG, § 42a Rn. 35; ferner *Wicke,* GmbHG, § 42a Rn. 11.
113 *Altmeppen,* in: Roth/Altmeppen, GmbHG, § 42a Rn. 26; *Wicke,* GmbHG, § 42a Rn. 12.
114 *Sigloch/Weber,* in: Michalski, GmbHG, § 42a Rn. 8.
115 *Paefgen,* in: Ulmer/Habersack/Winter, GmbHG, § 42a Rn. 35; *A/D/S,* § 42a GmbHG Rn. 55.
116 *Sigloch/Weber,* in: Michalski, GmbHG, § 42a Rn. 8.

62 Die Anwesenheitspflicht setzt das **Verlangen eines Gesellschafters** voraus. Es handelt sich um ein Individualrecht[117], d.h. ein Versammlungsbeschluss ist nicht erforderlich.[118] Aufgrund dieses individualrechtlichen Charakters kann die Regelung im Gesellschaftsvertrag nur **abbedungen** werden, wenn dem alle Gesellschafter zugestimmt haben.[119] Ist die Kompetenz zur Feststellung des Jahresabschlusses auf ein anderes Organ übertragen (Rdn. 53), so steht dessen einzelnen Mitgliedern auch das Recht nach § 42a Abs. 3 zu, und zwar ausschließlich.[120] Denn § 42a Abs. 3 ist lediglich als Annex zur Feststellung konzipiert, nicht als hiervon unabhängiger allgemeiner Teil der Rechenschaftslegung.

63 Das Verlangen kann grundsätzlich jederzeit gestellt werden, darf aber nicht so kurzfristig erfolgen, dass dem Abschlussprüfer das Erscheinen nicht mehr zuzumuten ist.[121] Überhaupt ist von dem Verlangen des Gesellschafters die diesbezügliche **Aufforderung an den Abschlussprüfer** zu unterscheiden: Das Gesellschafterverlangen ist an die Geschäftsführer zu richten, die sodann den Abschlussprüfer zur Teilnahme an der Gesellschafterversammlung aufzufordern haben.[122] Die Anwesenheitspflicht trifft den Abschlussprüfer persönlich, bei Prüfungsgesellschaften den intern zuständigen Prüfungsleiter.[123]

64 Über den Wortlaut des § 42a Abs. 3 hinaus muss der Prüfer nicht nur anwesend sein, sondern auch **Fragen der Gesellschafter beantworten**.[124] Zur Fragestellung ist – in Parallele zum Verlangen der Anwesenheit – jeder einzelne Gesellschafter berechtigt.[125] Allein soweit zu befürchten steht, dass einzelne Gesellschafter die durch Fragen erlangten Informationen zum Schaden der Gesellschaft verwenden, kann in entsprechender Anwendung des § 51a durch die Gesamtversammlung beschlossen werden, dass die Auskunft auf eine bestimmte Frage zu unterbleiben hat.[126]

65 **Verweigert** der Abschlussprüfer die Teilnahme oder die Beantwortung der Fragen, so kann die Pflicht klageweise durchgesetzt werden, erforderlichenfalls auch im Wege der *»actio pro societate«* durch den verlangenden Gesellschafter selbst.[127] Wird trotz Ausbleibens des Abschlussprüfers oder Nichtbeantwortung der Fragen ein

117 *Altmeppen*, in: Roth/Altmeppen, GmbHG, § 42a Rn. 24.

118 *Haas*, in: Baumbach/Hueck, GmbHG, § 42a Rn. 43; *Kleindiek*, in: Lutter/Hommelhoff, GmbHG, § 42a Rn. 37.

119 *Haas*, in: Baumbach/Hueck, GmbHG, § 42a Rn. 42.

120 So tendenziell auch *A/D/S*, § 42a GmbHG Rn. 56; a.A. *Kleindiek*, in: Lutter/Hommelhoff, GmbHG, § 42a Rn. 37.

121 *Altmeppen*, in: Roth/Altmeppen, GmbHG, § 42a Rn. 24; *A/D/S*, § 42a GmbHG Rn. 51.

122 *Haas*, in: Baumbach/Hueck, GmbHG, § 42a Rn. 43.

123 *Kleindiek*, in: Lutter/Hommelhoff, GmbHG, § 42a Rn. 36.

124 *Hommelhoff/Priester*, ZGR 1986, 463, 496; *Kleindiek*, in: Lutter/Hommelhoff, GmbHG, § 42a Rn. 40; *Altmeppen*, in: Roth/Altmeppen, GmbHG, § 42a Rn. 27.

125 *Kleindiek*, in: Lutter/Hommelhoff, GmbHG, § 42a Rn. 40.

126 *Altmeppen*, in: Roth/Altmeppen, GmbHG, § 42a Rn. 27; *Haas*, in: Baumbach/Hueck, GmbHG, § 42a Rn. 45.

127 *Kleindiek*, in: Lutter/Hommelhoff, GmbHG, § 42a Rn. 42.

Feststellungsbeschluss gefasst, kann dieser u.U. angefochten werden (dazu noch Rdn. 89 f.).[128]

G. Konzernabschluss, IAS/IFRS-Einzelabschluss (Abs. 4)

66 § 42a Abs. 4 S. 1 befasst sich mit dem **Konzernabschluss nebst Konzernlagebericht.** Gemäß § 290 HGB haben die gesetzlichen Vertreter einer Kapitalgesellschaft mit Sitz im Inland i.d.R. in den ersten fünf Monaten des Konzerngeschäftsjahres für das vergangene Konzerngeschäftsjahr einen Konzernabschluss und einen Konzernlagebericht aufzustellen, wenn die Gesellschaft auf (mindestens) ein Tochterunternehmen unmittelbar oder mittelbar einen beherrschenden Einfluss ausüben kann. Ist die GmbH hiernach zur Aufstellung eines Konzernabschlusses und eines Konzernlageberichts verpflichtet, sind die Regelungen des § 42a Abs. 1 – 3 grundsätzlich entsprechend anzuwenden. Das gilt insbesondere für die Vorlage an die Gesellschafterversammlung, die (Konzern-)Abschlussprüfung, die Anwesenheitspflicht des Prüfers bei der Beschlussfassung über den Abschluss und die Möglichkeit der Übertragung der Beschlusskompetenz auf andere Organe sowie die Folgen hiervon.[129]

67 An die Stelle der »Feststellung« des Konzernabschlusses tritt nach § 46 Nr. 1b allerdings terminologisch dessen »**Billigung**«. Der Begriff der Billigung wurde gewählt, da der Konzernabschluss reine Informationsfunktion[130] besitzt und daher einer förmlichen, rechtsverbindlichen Feststellung nicht zugänglich ist.[131] Da die Ergebnisverwendung weiterhin auf dem Einzelabschluss beruht, scheidet die entsprechende Anwendung von § 42a Abs. 2 insoweit aus, als dieser auf den Ergebnisverwendungsbeschluss rekurriert.

68 Gemäß § 325 Abs. 2a, 2b HGB können offenlegungspflichtige Gesellschaften die Offenlegung ihres HGB-Jahresabschlusses vermeiden, wenn sie stattdessen einen **IAS/IFRS-konformen Einzelabschluss** und ggf. den Lagebericht nach § 289 HGB offenlegen sowie zusätzlich den Vermerk des Abschlussprüfers zu diesem Einzelabschluss und den Vorschlag für die Ergebnisverwendung nach HGB, ggf. mit dem zugehörigen Verwendungsbeschluss. Beschließen die Gesellschafter die Offenlegung eines solchen IAS/IFRS-Abschlusses, sind auf diesen § 42a Abs. 1 – 3 gemäß Abs. 4 S. 2 der Norm entsprechend anzuwenden. Auch hier gilt allerdings die Einschränkung, dass der Abschluss nicht festgestellt, sondern nach § 46 Nr. 1a lediglich gebilligt wird. Zudem kann die Ergebnisverwendung nicht auf ihm beruhen, weshalb die entsprechende Anwendung von § 42a Abs. 2 wiederum ausscheidet, soweit die Norm auf den Ergebnisverwendungsbeschluss rekurriert.

---

128 *A/D/S*, § 42a GmbHG Rn. 65; *Kleindiek*, in: Lutter/Hommelhoff, GmbHG, § 42a Rn. 42.

129 *Kleindiek*, in: Lutter/Hommelhoff, GmbHG, § 42a Rn. 49.

130 *Sigloch/Weber*, in: Michalski, GmbHG, § 42a Rn. 9.

131 *Crezelius*, in: Scholz, GmbHG, § 42a Rn. 57; *Zöllner*, in: Baumbach/Hueck, GmbHG, § 42a Rn. 11; *Roth*, in: Roth/Altmeppen, GmbHG, § 46 Rn. 10a.

H. Änderung von Jahresabschlüssen

69 Für das Steuerrecht unterscheidet R 4.4 EStR 2010 zwischen der Bilanzberichtigung und der Bilanzänderung. Eine **Bilanzberichtigung** liegt danach vor, wenn ein unrichtiger, d.h. unzulässiger Bilanzansatz durch einen zulässigen ersetzt wird. Von einer **Bilanzänderung** spricht man dagegen, wenn ein zulässiger Bilanzansatz durch einen anderen, ebenfalls zulässigen Bilanzansatz ersetzt wird. Im Handelsrecht wird demgegenüber zumeist für beide Fälle einheitlich der Begriff der Änderung des Jahresabschlusses verwendet.[132]

70 Solange ein Jahresabschluss zwar aufgestellt, aber **noch nicht festgestellt** wurde, handelt es sich um einen bloßen Entwurf, der deshalb vor oder im Rahmen der Feststellung ohne weiteres noch geändert werden kann (dazu schon Rdn. 51). Die Änderung kann entweder noch durch die Geschäftsführung (als mit der Aufstellung betrautes Organ) oder auch erst durch die Gesellschafterversammlung im Rahmen der Feststellung[133] erfolgen. Gleiches gilt für ein anderes Organ, sofern es nach dem Gesellschaftsvertrag ausnahmsweise für die Feststellung zuständig ist (vgl. Rdn. 53).

71 Auch wenn der Jahresabschluss **bereits festgestellt** wurde (und damit grundsätzlich Bindungswirkung erlangt hat), kann er in gewissen Grenzen noch berichtigt bzw. geändert werden.

72 Dies versteht sich von selbst, wenn der festgestellte Abschluss in einem solchen Maße fehlerhaft ist, dass er sogar **nichtig** ist. Da ein nichtiger Abschluss rechtlich nicht existent ist, kann er ohne Einschränkung jederzeit durch neuerliche Auf- und Feststellung »ersetzt« werden. Dies ist auch regelmäßig geboten,[134] da die Gesellschaft nur so ihren öffentlich-rechtlichen Rechnungslegungspflichten nachkommen kann. Ein Absehen von einer Ersetzung des nichtigen Beschlusses kommt nach wohl h.M. allerdings ausnahmsweise dann in Betracht, wenn bei weniger gravierenden Mängeln alsbald mit einer Heilung der Nichtigkeit durch Zeitablauf (dazu Rdn. 87) gerechnet werden kann.[135] Dem ist zuzustimmen, da nicht ersichtlich ist, warum die im Gesetz vorgesehene Heilungsmöglichkeit nur in Fällen verdeckt nichtiger Jahresabschlüsse zur Anwendung kommen sollte und nicht auch bewusst eingesetzt werden kann.[136]

73 Ist der festgestellte Abschluss hingegen **zwar fehlerhaft, aber nicht nichtig**, so ist für seine Berichtigung ein erneuter Beschluss der Gesellschafterversammlung nach § 46 Nr. 1 (oder des anderweitigen Feststellungsorgans) erforderlich. Die Fehlerbeseitigung ist hierfür ein ausreichender Grund, sofern die Fehler betrags- oder ausweismä-

---

132 Vgl. *IDW,* Stellungnahme zur Rechnungslegung: Änderung von Jahres- und Konzernabschlüssen (IDW RS HFA 6), Tz. 5, WPg Supplement 2/2007, 77.

133 *Wicke*, GmbHG, § 42a Rn. 11; *Altmeppen*, in: Roth/Altmeppen, GmbHG, § 42a Rn. 33.

134 *IDW,* RS HFA 6, Tz. 15, WPg Supplement 2/2007, 77.

135 *IDW,* RS HFA 6, Tz. 16, WPg Supplement 2/2007, 77; *Hense*, WPg 1993, 716, 717; *Kowalski*, AG 1993, 502, 504 f. m.w.N.; *Kropff,* in: FS Budde, 1995, S. 341, 356 f.; a.A. *Altmeppen*, in: Roth/Altmeppen, GmbHG, § 42a Rn. 34; *Geist*, DStR 1996, 306, 307 ff.

136 *Kropff,* in: FS Budde, 1995, S. 341, 356 f.

ßig von einigem Gewicht sind.[137] Eine Berichtigung ist zwingend geboten, wenn durch eine fehlerhafte Gewinnausschüttung zu Lasten der Gläubiger das Stammkapital der Gesellschaft geschmälert wurde, vgl. §§ 30, 31. In diesem Fall sind die Gesellschafter aufgrund ihrer Treuepflicht gehalten, einer Berichtigung zuzustimmen.[138] Im Übrigen ist bei Gutgläubigkeit (§ 32) weitergehend die Zustimmung aller Gesellschafter erforderlich, wenn auf Basis des Abschlusses bereits ein Ergebnisverwendungsbeschluss gefasst wurde und durch die Berichtigung nachträglich in die Gewinnbezugsrechte der Gesellschafter eingegriffen wird.[139]

74 Die nachträgliche Änderung eines festgestellten **fehlerfreien Jahresabschlusses** ist nur zulässig, wenn die Änderung durch gewichtige rechtliche, wirtschaftliche oder steuerrechtliche Gründe gerechtfertigt ist.[140] Sie erfordert ebenfalls einen neuerlichen Beschluss der Gesellschafterversammlung (oder des sonst zuständigen Organs). Zudem müssen auch hier alle Gesellschafter zustimmen, sofern in ihre Gewinnbezugsrechte eingegriffen wird (vgl. Rdn. 73).

75 Wird ein festgestellter Jahresabschluss nachträglich geändert, so ist dies im Anhang analog § 284 Abs. 2 Nr. 3 HGB **offen zu legen** und zu begründen.[141] Außerdem kann eine **Nachtragsprüfung** nach § 316 Abs. 3 HGB erforderlich werden.

76 **Konzernabschlüsse** entfalten i.d.R. keine unmittelbaren rechtlichen Bindungs- und Folgewirkungen und werden auch lediglich gebilligt (§ 46 Nr. 1b). Ein HGB-Konzernabschluss kann grundsätzlich unter denselben Voraussetzungen geändert werden wie ein festgestellter Jahresabschluss; bei einem IFRS-Konzernabschluss sind zusätzlich die IAS/IFRS zu beachten.[142]

I. Folgen fehlerhafter Jahresabschlüsse

77 Die Fehlerhaftigkeit bewirkt – je nach Art und Schwere des Fehlers – entweder die Nichtigkeit oder zumindest die Anfechtbarkeit des Feststellungsbeschlusses (Rdn. 78 ff.). Weitere mögliche Folgen betreffen die Erteilung bzw. den Widerruf des Abschlussprüfertestats (Rdn. 93), die Wirksamkeit des Ergebnisverwendungsbeschlusses (Rdn. 94 f.) und die Haftung der für die Aufstellung verantwortlichen Geschäftsführer (Rdn. 96 f.).

137 *IDW,* RS HFA 6, Tz. 14, WPg Supplement 2/2007, 77.

138 *Haas*, in: Baumbach/Hueck, GmbHG, § 42a Rn. 22.

139 *A/D/S*, § 42a GmbHG Rn. 51; *Haas*, in: Baumbach/Hueck, GmbHG, § 42a Rn. 22.

140 *IDW,* RS HFA 6, Tz. 9, WPg Supplement 2/2007, 77.

141 *Haas*, in: Baumbach/Hueck, GmbHG, § 42a Rn. 22 f.

142 Näher zur Änderung von Konzernabschlüssen *IDW,* RS HFA 6, Tz. 37 ff., WPg Supplement 2/2007, 77.

I. Nichtigkeit/Anfechtbarkeit

78 Das GmbH-Recht selbst kennt keine Unterscheidung zwischen nichtigen und anfechtbaren Jahresabschlüssen (bzw. den entsprechenden Feststellungsbeschlüssen). Allerdings ist anerkannt, dass insofern weitestgehend eine Orientierung an den aktienrechtlichen Parallelvorschriften möglich ist.[143] Relevant ist daher insbesondere die Regelung des § 256 AktG, die verschiedene Nichtigkeitsgründe speziell in Bezug auf Jahresabschlüsse behandelt. Daneben gelten für andere Fehler bei Feststellung des Jahresabschlusses auch die regulären Grundsätze für fehlerhafte Gesellschafterbeschlüsse (dazu Anh. § 47 Rdn. 39 ff.). Insbesondere verbleibt den Gesellschaftern **neben der Nichtigkeitsklage (§ 256 AktG)** auch die Möglichkeit der **Anfechtungsklage**. Denn während § 257 Abs. 1 S. 2 AktG für die AG eine Anfechtungsklage mit der Begründung, dass der Inhalt des Jahresabschlusses gegen Gesetz oder Satzung verstößt, ausschließt, gilt dies für die GmbH nach h.M. nicht.[144] § 257 Abs. 1 S. 2 AktG ist insoweit vor dem Hintergrund der Sonderprüfung bei unzulässiger Unterbewertung gemäß §§ 258 ff. AktG zu sehen, die ebenfalls nicht auf die GmbH übertragbar ist.

79 **Konzernabschlüsse** entfalten i.d.R. keine unmittelbaren rechtlichen Bindungs- und Folgewirkungen; die Vorschriften über die Nichtigkeit von Jahresabschlüssen (§ 256 AktG) sind daher auf sie weder unmittelbar noch entsprechend anzuwenden.[145]

1. Nichtigkeit entsprechend § 256 AktG

80 Entsprechend **§ 256 Abs. 1 Nr. 1 AktG** ist der Jahresabschluss nichtig, wenn er inhaltlich gegen **gläubigerschützende Vorschriften** verstößt. Insoweit sind, wie sich aus einem Vergleich mit dem Wortlaut der Nr. 4 einerseits und den Abs. 4 und 5 andererseits ergibt, ausschließlich gesetzliche Bestimmungen relevant.[146] Ein Verstoß gegen gesellschaftsvertragliche Bestimmungen führt, auch wenn sie dem Gläubigerschutz dienen, lediglich zur Anfechtbarkeit des Beschlusses.[147] Unter § 256 Abs. 1 Nr. 1 AktG fällt vor allem das völlige Fehlen einzelner Bestandteile des Abschlusses (vgl. oben Rdn. 3). Fehlt hingegen lediglich der – neben den Jahresabschluss tretende – Lagebericht (Rdn. 13), führt das nicht zur Nichtigkeit, sondern allenfalls zur Anfechtbarkeit des Feststellungsbeschlusses.[148] Im Übrigen wird es sich typischerweise um Gliederungs-, Ansatz- oder Bewertungsfehler handeln, für die § 256 Abs. 4 und 5 AktG die Generalnorm des Abs. 1 Nr. 1 nochmals besonders interpretieren

143 BGHZ 83, 341, 347; FG Nürnberg, BB 1987, 520, 521; *Altmeppen*, in: Roth/Altmeppen, GmbHG, § 42a Rn. 34; *Römermann*, in: Michalski, GmbHG, Anh. § 47 Rn. 187.

144 BGHZ 137, 378, 386; KG, NZG 2001, 845, 846; *Haas*, in: Baumbach/Hueck, GmbHG, § 42a Rn. 24; *Römermann*, in: Michalski, GmbHG, Anh. § 47 Rn. 189.

145 *IDW*, RS HFA 6, Tz. 37, WPg Supplement 2/2007, 77.

146 *Rölike*, in: Spindler/Stilz, AktG, § 256 Rn. 21.

147 *Römermann*, in: Michalski, GmbHG, Anh. § 47 Rn. 198.

148 *Haas*, in: Baumbach/Hueck, GmbHG, § 42a Rn. 25.

und auch begrenzen.[149] Überhaupt ist die Nichtigkeitsfolge auf Verstöße zu beschränken, die von einigem Gewicht sind;[150] § 256 Abs. 4 AktG (»wesentliche Beeinträchtigung«) bringt insoweit ein allgemeines Prinzip zum Ausdruck.[151]

81 Entsprechend **§ 256 Abs. 1 Nrn. 2, 3 AktG** können bei prüfungspflichtigen Gesellschaften (Rdn. 25) auch Unregelmäßigkeiten im Zusammenhang mit der **gesetzlichen Pflichtprüfung** zur Nichtigkeit führen. Das ist nach Nr. 2 zunächst der Fall, wenn eine gesetzlich vorgeschriebene Prüfung vollständig unterblieben ist. Dem stehen Prüfungen gleich, die zwar vorgenommen wurden, aber nicht den gesetzlichen Mindeststandards in Bezug auf Umfang und Prüfungsmaßstäbe genügen.[152] Nach Nr. 3 führt es ebenfalls zur Nichtigkeit, wenn der Abschlussprüfer nicht die nötige Qualifikation besessen hat (Rdn. 26) oder aus anderen als Befangenheitsgründen nicht (wirksam) zum Prüfer bestellt worden ist.[153] Daneben ist nach den Eingangsworten des § 256 Abs. 1 AktG auch die (entsprechend anwendbare[154]) Regelung des **§ 173 Abs. 3 S. 2 AktG** zu beachten, wonach geprüfte Jahresabschlüsse nichtig werden, wenn sie im Anschluss an die Prüfung geändert und in dieser Form festgestellt werden und nicht binnen zwei Wochen ein uneingeschränkter Bestätigungsvermerk in Bezug auf die Änderung erteilt wird. Bei Feststellung eines *nach Prüfung* geänderten Abschlusses wirkt sich die Einschränkung oder Nichterteilung des Bestätigungsvermerks somit ausnahmsweise auf die Wirksamkeit des Jahresabschlusses aus (vgl. für den Regelfall Rdn. 31).[155] Sonstige Fehler im Bereich der Abschlussprüfung führen im Umkehrschluss allenfalls zur Anfechtbarkeit, nicht aber zur Nichtigkeit des Jahresabschlusses.

82 **§ 256 Abs. 1 Nr. 4 AktG** ordnet zunächst die Nichtigkeit solcher Jahresabschlüsse an, bei denen unter Verstoß gegen Gesetzesvorschriften zu weitgehende Entnahmen aus Kapital- bzw. Gewinnrücklagen getätigt wurden oder keine hinreichenden Einstellungen in entsprechende Rücklagen stattgefunden haben. Insoweit einschlägige **gesetzliche Vorschriften zur Rücklagenbildung** sind für die GmbH § 272 Abs. 2-4 HGB sowie §§ 42 Abs. 2 S. 3, 58b Abs. 2, 3 und 58c. Sofern die in Bezug genommenen gesetzlichen Regelungen dem Gläubigerschutz dienen, geht Nr. 4 als Spezialvorschrift der Nr. 1 vor.[156] Soweit Nr. 4 auch bei Verstößen des Jahresabschlusses gegen gesellschaftsvertragliche Regelungen zur Rücklagenbildung die Nichtigkeitsfolge anordnet, ist dies im Zusammenhang mit § 257 Abs. 1 S. 2 AktG zu sehen, der eine Anfechtung bei der AG in diesen Fällen ausschließt. Da dieser Ausschluss nicht auf

---

149 BGHZ 124, 111, 117 f.; *Hüffer,* AktG, § 256 Rn. 7; *Rölike,* in: Spindler/Stilz, AktG, § 256 Rn. 23.

150 *Römermann,* in: Michalski, GmbHG, Anh. § 47 Rn. 199.

151 *Rölike,* in: Spindler/Stilz, AktG, § 256 Rn. 24.

152 OLG Stuttgart, NZG 2009, 951; *Hüffer,* AktG, § 256 Rn. 10 ff.

153 Näher *Hüffer,* AktG, § 256 Rn. 13 f.

154 *A/D/S,* § 42a GmbHG Rn. 48.

155 Vgl. *Kropff,* in: MünchKommAktG, § 256 Rn. 56.

156 *Hüffer,* AktG, § 256 Rn. 15 a.E.

die GmbH übertragbar ist (Rdn. 78), genügt hier die Anfechtbarkeit und ist eine Nichtigkeitsfolge bei Gesellschaftsvertragsverstößen abzulehnen.[157]

83 Gemäß **§ 256 Abs. 2 AktG** sind Jahresabschlüsse, die ohne ordnungsgemäße Mitwirkung von Vorstand oder Aufsichtsrat festgestellt wurden, nichtig. Diese Bestimmung ist auf die GmbH nicht entsprechend anwendbar, da die Abschlussfeststellung bei der GmbH grundsätzlich nicht der Geschäftsführung und dem ggfs. vorhandenen Aufsichtsrat, sondern allein der Gesellschafterversammlung obliegt.[158] Selbst wenn ausnahmsweise durch Gesellschaftsvertrag die Feststellungskompetenz auf Geschäftsführung (und ggfs. Aufsichtsrat) verlagert ist (zur Übertragbarkeit Rdn. 53), würde insoweit doch nur eine gesellschaftsvertragliche, keine gesetzliche Regelung verletzt (mit der Folge einer etwaigen Anfechtbarkeit).

84 **§ 256 Abs. 3 Nrn. 1 und 2 AktG** ordnen die Nichtigkeit von Jahresabschlüssen an, die durch die Hauptversammlung unter Verstoß gegen verschiedene **Einberufungs- bzw. Beurkundungspflichten** festgestellt wurden. Im Aktienrecht kommt eine Anwendung der Regelung nur im Ausnahmefall in Betracht, wenn abweichend von der regulären Feststellungszuständigkeit von Vorstand und Aufsichtsrat diese der Hauptversammlung übertragen ist. Da in der GmbH die Feststellung durch die Gesellschafterversammlung der Normalfall ist (vgl. Rdn. 52) ist, jedoch weder deren Gang noch die Beschlussergebnisse beurkundet werden müssen, ist Nr. 1 auf die GmbH entsprechend anzuwenden, nicht dagegen Nr. 2.[159] Schließlich ordnet **Nr. 3** die Nichtigkeit solcher Jahresabschlüsse an, deren Feststellung wirksam angefochten wurde (dazu noch Rdn. 92). Auch wenn man zwischen dem Jahresabschluss als solchem und dem Feststellungsbeschluss differenziert[160], ergibt sich dies bereits aus der Natur der Sache.

85 Entsprechend **§ 256 Abs. 4 AktG** führen Verstöße gegen die **Gliederungsvorschriften** nur zur Nichtigkeit des Jahresabschlusses, wenn dadurch seine Klarheit und Übersichtlichkeit wesentlich beeinträchtigt wird. Abs. 4 bringt damit ein **allgemeines Prinzip** zum Ausdruck, das auf alle in § 256 AktG genannten Inhaltsmängel Anwendung findet: Ganz unwesentliche Verstöße können die Darstellung der Vermögens-, Finanz- und Ertragslage im Jahresabschluss (vgl. § 264 Abs. 2 HGB) nicht ernsthaft beeinträchtigen und rechtfertigen daher nicht die schweren Konsequenzen eines nichtigen Jahresabschlusses.[161] Im Rahmen des Abs. 4 ist insoweit eine Einzelfallentscheidung zu treffen; hierbei kann als Orientierungshilfe dienen, ob ein Verstoß gegen die Gliederungsvorschrift gemäß § 334 HGB als Ordnungswidrigkeit geahndet

157 *Haas*, in: Baumbach/Hueck, GmbHG, § 42a Rn. 28; *Römermann*, in: Michalski, GmbHG, Anh. § 47 Rn. 190.

158 *Haas*, in: Baumbach/Hueck, GmbHG, § 42a Rn. 24; *Römermann*, in: Michalski, GmbHG, Anh. § 47 Rn. 188.

159 *A/D/S*, § 256 AktG Rn. 101.

160 Vgl. *Hennrichs*, ZHR 168, 387.

161 *Rölike*, in: Spindler/Stilz, AktG, § 256 Rn. 24; vgl. auch BGH, NJW 2007, 1685, 1690.

wird.[162] Der in Abs. 4 weiter angesprochene **Formblattzwang** (vgl. § 330 HGB) besteht derzeit für Kreditinstitute, Versicherungsunternehmen, Verkehrsunternehmen und Wohnungsunternehmen.[163]

86 **§ 256 Abs. 5 AktG** unterscheidet (als praktisch wichtigster Nichtigkeitsgrund) bei Verstößen gegen **Bewertungsvorschriften** zwischen der Überbewertung und der Unterbewertung von Posten. Liegt eine **Überbewertung** vor, führt dies nach S. 1 Nr. 1 im Zweifel zur Nichtigkeit des Jahresabschlusses, weil das Jahresergebnis zu hoch ausgewiesen wird, was übermäßige und damit den Gläubigerschutz beeinträchtigende Ausschüttungen ermöglichen würde. »Überbewertet« sind nach der Legaldefinition des S. 2 Aktivposten, wenn sie zu hoch, Passivposten, wenn sie zu niedrig angesetzt sind. Eine **Unterbewertung** führt hingegen nur dann zur Nichtigkeit des Jahresabschlusses, wenn dadurch die Vermögens- und Ertragslage der Gesellschaft vorsätzlich unrichtig wiedergegeben oder verschleiert wird. »Unterbewertet« sind Aktivposten, wenn sie zu niedrig, Passivposten, wenn sie zu hoch angesetzt sind (S. 3), da beides zum Ausweis eines zu niedrigen Jahresergebnisses führt. Das Gesetz ordnet hierbei die Nichtigkeit des Jahresabschlusses nur unter den zusätzlichen Voraussetzungen an, dass subjektiv ein Vorsatzelement (bedingter Vorsatz[164] allein der aufstellenden Organmitglieder genügt)[165] vorliegt und objektiv ein unrichtiges Bild der Vermögens- oder[166] Ertragslage der Gesellschaft wiedergegeben wird. Der Über- bzw. Unterbewertung i.S.d. § 256 Abs. 5 AktG stehen nach h.M. Verstöße gegen **Ansatzvorschriften** gleich.[167] Praktisch häufigster Fall ist das Fehlen gebotener Rückstellungen.[168]

87 Nach dem ebenfalls entsprechend anwendbaren[169] **§ 256 Abs. 6 AktG** kommt in bestimmten Fällen der Nichtigkeit eine **Heilung** in Betracht. Voraussetzung ist stets, dass der Jahresabschluss gemäß § 325 Abs. 2 HGB veröffentlicht wurde (dazu Anh. § 42a Rdn. 19 f.).[170] Sind seitdem sechs Monate vergangen, ist die Nichtigkeit gemäß § 256 Abs. 1 Nrn. 3 (fehlerhafte Prüferbestellung) und 4 AktG (fehlerhafte Bildung/Auflösung von Rücklagen) sowie gemäß Abs. 3 Nr. 1 (Einberufungsfehler) geheilt. Drei Jahre nach der Veröffentlichung sind zudem auch Verstöße gegen § 256 Abs. 1

---

162 *Rölike,* in: Spindler/Stilz, AktG, § 256 Rn. 60; a.A. *Hüffer,* in: MünchKommAktG, § 256 Rn. 55.

163 Übersicht bei *Förschle/Lawall,* in: BeckBilKomm, § 330 HGB Rn. 20.

164 BGHZ 124, 111, 120; 137, 378, 384.

165 *Hüffer,* AktG, § 256 Rn. 27.

166 *Hüffer,* AktG, § 256 Rn. 26a.

167 LG Düsseldorf, AG 1989, 140, 141 f.; LG Stuttgart, DB 2001, 1025 f.; *Hüffer,* AktG, § 256 Rn. 25 f; *Rölike,* in: Spindler/Stilz, AktG, § 256 Rn. 67; a.A. *Römermann,* in: Michalski, GmbHG, Anh. § 47 Rn. 197, 211, der entsprechende Verstöße unter § 256 Abs. 1 Nr. 1 AktG verorten will.

168 Vgl. BGHZ 83, 341, 347 ff.

169 BGHZ 80, 212; *Haas,* in: Baumbach/Hueck, GmbHG, § 42a Rn. 32; *Geßler,* in: FS Goerdeler, 1987, S. 127, 143.

170 *Haas,* in: Baumbach/Hueck, GmbHG, § 42a Rn. 32.

Nr. 1 AktG (Verletzung gläubigerschützender Vorschriften) sowie Abs. 4 (fehlerhafte Gliederung) und Abs. 5 (Über-/Unterbewertung) geheilt. Bei sonstigen, in Abs. 6 S. 1 nicht genannten Verstößen gegen § 256 AktG scheidet im Umkehrschluss eine Heilung aus; dies betrifft Abs. 1 Nr. 2 (fehlende Abschlussprüfung) und Abs. 3 Nr. 3 (erfolgreiche Anfechtungsklage).

88 Die Frist läuft nach § 256 Abs. 6 S. 2 AktG nicht ab, solange eine Nichtigkeitsfeststellungsklage rechtshängig und noch nicht rechtskräftig entscheiden ist. Wird der Klage stattgegeben, ist der Jahresabschluss nichtig, bei rechtskräftiger Abweisung wird der Fehler hingegen endgültig unbeachtlich.

2. Anfechtbarkeit

89 Für die Anfechtung von Feststellungsbeschlüssen gelten die **allgemeinen Regeln** (dazu ausführlich Anh. § 47 Rdn. 39 ff.). Auch hier findet eine Orientierung am Aktienrecht statt; Voraussetzung der Anfechtung ist mithin das Vorliegen eines Gesetzes- oder Satzungsverstoßes i.S.d. § 243 Abs. 1 AktG.[171] Ein solcher kann entweder in Form allgemeiner Beschlussmängel (Verfahrensfehler) gegeben sein, oder in einem inhaltlichen Verstoß des Jahresabschlusses selbst gegen geltendes Recht oder Satzungsbestimmungen liegen (Inhaltsfehler);[172] denn § 257 Abs. 1 S. 2 AktG, der für die AG die Anfechtung wegen solcher Inhaltsfehler ausschließt, ist auf die GmbH nicht entsprechend anwendbar.[173] Soweit entsprechende Fehler nicht bereits nach vorstehenden Grundsätzen zur Nichtigkeit des Jahresabschlusses führen, machen sie seine Feststellung zumindest anfechtbar. Eine Ausnahme besteht nur für gänzlich unbedeutende Verstöße, diese bleiben ohne Folgen.[174]

90 Das **Anfechtungsrecht** steht den Gesellschaftern nach h.M. auch dann zu, wenn die Feststellungskompetenz auf ein anderes Organ übertragen wurde und sie deshalb keinen (eigenen) Feststellungsbeschluss gefasst haben.[175] Dem ist zuzustimmen, da nur so ein effektiver Rechtsschutz in diesem für das Gewinnbezugsrecht der Gesellschafter wesentlichen Bereich gewährleistet ist.

3. Geltendmachung

91 Die **Nichtigkeit** eines Jahresabschlusses tritt bereits ex lege ein und bedarf keines weiteren Bestätigungsaktes. Auf sie kann man sich jederzeit, ohne förmliches Verfahren,

171 Vgl. *Haas*, in: Baumbach/Hueck, GmbHG, § 42a Rn. 33.

172 Zur Abgrenzung von Verfahrens- und Inhaltsfehlern vgl. *Hüffer*, in: MünchKommAktG, § 243 Rn. 25.

173 BGHZ 137, 378, 386; KG, NZG 2001, 845, 846; *Hüffer*, in: MünchKommAktG, § 257 Rn. 15; *Römermann*, in: Michalski, GmbHG, Anh. § 47 Rn. 189.

174 *Haas*, in: Baumbach/Hueck, GmbHG, § 42a Rn. 33.

175 BGHZ 43, 261, 265; OLG Düsseldorf, GmbHR 1983, 124, 125; *A/D/S*, § 42a GmbHG Rn. 33.

berufen.[176] Zudem kann sie auch förmlich mittels allgemeiner Feststellungsklage (§ 256 ZPO) oder nach §§ 256 Abs. 7 S. 1, 249 AktG analog durch spezielle Nichtigkeitsklage[177] geltend gemacht werden. Letztere zeichnet sich gegenüber der regulären Feststellungsklage dadurch aus, dass sie nicht nur inter partes sondern gemäß § 248 AktG inter omnes wirkt.[178]

92 Beruht ein Jahresabschluss auf einem lediglich **anfechtbaren** Feststellungsbeschluss, ist er zunächst wirksam.[179] Der Feststellungsbeschluss kann allerdings mit der Anfechtungsklage entsprechend §§ 243 ff. AktG angegriffen werden. Wird ihr stattgegeben, bewirkt dies die Nichtigkeit des Feststellungsbeschlusses und damit gemäß § 256 Abs. 3 Nr. 3 AktG auch des Jahresabschlusses als solchem. Zum Nebeneinander von Nichtigkeits- und Anfechtungsklage bei der GmbH vgl. bereits Rdn. 78.

II. Folgen für die Abschlussprüfung

93 Die Abschlussprüfung dient der Aufdeckung eventueller Fehler des Jahresabschlusses. Treten solche zutage und werden sie nicht berichtigt, kann das je nach Intensität zu einer bloßen Bemerkung im Prüfungsbericht ohne Einschränkung des Bestätigungsvermerks, zur Einschränkung des Bestätigungsvermerks oder sogar zu seiner vollständigen Versagung führen (Rdn. 30). Entsprechend kann bei nachträglichem Bekanntwerden von fehlerhaften Angaben im Jahresabschluss das Testat noch eingeschränkt oder widerrufen werden.[180]

III. Folgen für die Ergebnisverwendung

94 Voraussetzung der Fassung eines Ergebnisverwendungsbeschlusses ist das Vorliegen eines wirksamen Jahresabschlusses. Ist dieser nichtig oder infolge einer erfolgreichen Anfechtung für nichtig erklärt, zieht dies nach der analog anwendbaren[181] Regelung des **§ 253 Abs. 1 S. 1 AktG** auch die Nichtigkeit des Ergebnisverwendungsbeschlusses nach sich.[182] In der Folge dürfen keine Gewinne (mehr) ausgeschüttet werden; vielmehr muss zunächst ein neuer Jahresabschluss festgestellt und darauf aufbauend ein neuer Ergebnisverwendungsbeschluss gefasst werden. Wurden Gewinne bereits ausgeschüttet, so sind diese nach §§ 30, 31 Abs. 1 zurückzugewähren, sofern durch ihre Ausschüttung das Stammkapital angetastet wurde. Waren die betreffenden Gesell-

---

176 Vgl. *Wicke*, GmbHG, Anhang § 47 Rn. 10; *Römermann*, in: Michalski, GmbHG, Anh. § 47 Rn. 234.

177 *Wicke*, GmbHG, Anhang § 47 Rn. 11.

178 *Roth*, in: Roth/Altmeppen, GmbHG, § 47 Rn. 112.

179 *Wicke*, GmbHG, Anhang § 47 Rn. 17; *Römermann*, in: Michalski, GmbHG, Anh. § 47 Rn. 262.

180 Ausführlich *Förschle/Küster*, in: BeckBilKomm, § 322 HGB Rn. 170 ff.

181 *Römermann*, in: Michalski, GmbHG, Anh. § 47 Rn. 215; *A/D/S*, § 42a GmbHG Rn. 50.

182 *Bayer*, in: Lutter/Hommelhoff, GmbHG, Anh zu § 47 Rn. 24; *Römermann*, in: Michalski, GmbHG, Anh. § 47 Rn. 217; zur Rechtslage im Aktienrecht bspw. *Hennrichs*, ZHR 168, 390.

schafter bei der Auszahlung in gutem Glauben, gilt dies nach § 31 Abs. 2 allerdings nur, sofern die Rückzahlung zur Befriedigung der Gläubiger erforderlich ist (näher dazu § 31 Rdn. 19 ff.). Außerhalb des Bereichs der Kapitalerhaltung sind gutgläubige Gesellschafter vor Rückzahlungsansprüchen noch weitergehend durch § 32 geschützt.

95 Bei Bestehen eines Beherrschungs- oder Gewinnabführungsvertrages wird die Höhe des **Verlustausgleichsanspruchs nach § 302 AktG** nach der Rechtsprechung des BGH nicht durch den festgestellten Jahresabschluss verbindlich festgelegt, sondern durch den zum Bilanzstichtag bei fehlerfreier Bilanzierung auszuweisenden Fehlbetrag bestimmt.[183] Eine auf Verlustausgleich klagende (ehemalige) Untergesellschaft muss daher nicht die Nichtigkeit des Jahresabschlusses darlegen, sondern nur den bei objektiv richtiger Bilanzierung sich ergebenden Fehlbetrag. Ob diese Rechtsprechung auch auf die Berechnung eines abzuführenden Gewinns (als »andere Seite der Medaille«) übertragbar ist, ist zweifelhaft.[184]

IV. Haftungsfolgen

96 Die fehlerhafte Aufstellung des Jahresabschlusses ist ein **Sorgfaltspflichtverstoß**, der zur Haftung der Geschäftsführer nach § 43 Abs. 2 führen kann. Zu einem anspruchsbegründenden Schaden der Gesellschaft dürfte es in erster Linie kommen, wenn aufgrund des fehlerhaften Jahresabschlusses Gewinnausschüttungen stattgefunden haben. Soweit diese gegen § 30 Abs. 1 verstoßen, sprich das Stammkapital angreifen, normiert § 43 Abs. 3 S. 1, 1. Alt. daher explizit eine Ersatzpflicht der Geschäftsführer. Der Ersatzanspruch tritt neben den Rückzahlungsanspruch gegen den Gesellschafter (dazu bereits Rdn. 94), wobei im Innenverhältnis zur Geschäftsführung regelmäßig der jeweilige Gesellschafter allein verpflichtet ist.[185] Daher ist der Anspruch vor allem dann von Bedeutung, wenn eine Rückzahlungspflicht des Gesellschafters wegen Gutgläubigkeit nach § 31 Abs. 2 ausscheidet (dazu § 31 Rdn. 19 ff.).

97 Eine darüber hinausgehende Haftung der Geschäftsführer ist allerdings aufgrund der Formulierung des § 43 Abs. 3 S. 1, 1. Alt. (»insbesondere«) nicht ausgeschlossen. Eine solche kommt bspw. bezüglich solcher Ausschüttungen in Betracht, bei denen mangels Verletzung des Stammkapitals nach § 30 Abs. 1 keine Rückzahlungspflicht der begünstigten, gutgläubigen (§ 33) Gesellschafter besteht. Aber auch weitere Folgeschäden in Form von Rechtsverfolgungskosten gegenüber einem säumigen Gesellschafter o.ä. sind denkbare Schadensposten. In diesen Fällen folgt der Schadenersatzanspruch aus der allgemeinen Regelung des § 43 Abs. 2.

---

183 BGH, ZIP 2005, 854, 855; a.A. *Hennrichs,* ZHR 174(2010), 683 und *Krieger,* NZG 2005, 787.

184 Ablehnend *Wolf,* NZG 2007, 641.

185 *Haas,* in: Baumbach/Hueck, GmbHG, § 43 Rn. 49; *Kleindiek,* in: Lutter/Hommelhoff, GmbHG, § 43 Rn. 47.

Anhang zu § 42a Publizität

Übersicht

Schrifttum

Giedinghagen, Rückwirkende Befreiung von den Offenlegungspflichten i.S. der §§ 264a, 325 ff. HGB?, NZG 2007, 933; *Grashoff*, Die handelsrechtliche Rechnungslegung durch den Insolvenzverwalter nach Inkrafttreten des EHUG, NZI 2008, 65; *Jansen*, Publizitätsverweigerung deutscher GmbH und ihre Sanktionen im Lichte des KapCoRiLiG, DStR 1999, 1490; *Kropff*, Der »Jahresabschluß«: Ist er ein Jahresabschluß?, FS Peltzer, 2001, S. 219; *Lück*, Offenlegungspflichten für die »kleinen« GmbH nach dem Bilanzrichtlinien-Gesetz, GmbHR 1987, 42; *Schlauß*, Das neue Ordnungsgeldverfahren bei Verletzung der Publizitätspflicht, DB 2007, 2191; *C. H. Schmidt*, Jahresabschlußpublizität bei der GmbH & Co. KG – Luxemburg locuta, causa finita, GmbHR 2004, 1512; *Stollenwerk/Krieg*, Das Ordnungsgeldverfahren nach dem EHUG, GmbHR 2008, 575; *Wenzel*, Ordnungsgeldverfahren nach § 335 HGB wegen unterlassener Offenlegung von Jahresabschlüssen, BB 2008, 769.

A. Überblick

1 Bei der GmbH als Kapitalgesellschaft dient die Rechnungslegung nicht nur internen Kontrollzwecken. Vielmehr sind gemäß §§ 325 ff. HGB der Jahresabschluss und diverse weitere Dokumente über den elektronischen Bundesanzeiger (eBAnz) der Öffentlichkeit zugänglich zu machen (**externe Publizität**). Gleiches gilt grundsätzlich

auch für die GmbH & Co. KG, solange an ihr keine natürliche Person als Vollhafter beteiligt ist, vgl. § 264a Abs. 1 HGB.[1]

2 **Zweck** der externen Publizität ist die Information von (potenziellen und aktuellen) Geschäftspartnern und Gläubigern über die wirtschaftliche Lage der Gesellschaft.[2] Dies soll sowohl einen Funktionsschutz des Marktes im Allgemeinen wie auch einen Individualschutz der Marktteilnehmer im Einzelnen bewirken.[3] Im Ergebnis soll durch Schaffung von mehr Transparenz den mit einer Haftungsbeschränkung für Gläubiger verbundenen Gefahren entgegengewirkt werden.[4] Zudem dient die Publizität der Verhaltenssteuerung, indem die betroffenen Gesellschaften zur Selbstkontrolle[5] und zu seriösem Geschäftsgebaren angehalten werden sollen.[6]

3 Die externe Publizität erfolgt formal in **zwei Schritten**: In einem ersten Schritt sind die Rechnungslegungsunterlagen beim Betreiber des eBAnz einzureichen (§ 325 Abs. 1 HGB). In einem zweiten Schritt sind die eingereichten Unterlagen bekannt zu machen (§ 325 Abs. 2 HGB). Sowohl Einreichung als auch Bekanntmachung finden in Folge des EHUG[7] elektronisch statt. Der Einreichung dient die Website des elektronischen Bundesanzeigers www.ebundesanzeiger.de. Über eine Suchfunktion auf dieser Website sind zudem auch die Bekanntmachungen selbst ersichtlich. Zusätzlich wurde zum Zweck der Bekanntmachung die Website www.publikations-plattform.de aufgesetzt. Schließlich sind die Rechnungslegungsunterlagen auch über das ebenfalls durch das EHUG neu geschaffene elektronische Unternehmensregister (www.unternehmensregister.de) gemäß § 8b Abs. 2 Nr. 4 HGB einsehbar. Im Handelsregister werden die Unterlagen der Rechnungslegung dagegen nicht mehr gespeichert. Gleichwohl erscheint diese **Veröffentlichungsvielfalt** eher als unnötige Verkomplizierung denn als effektive Information des Rechtsverkehrs.[8]

4 Gesellschaftsvertragliche **Abweichungen** von den handelsrechtlichen Publizitätspflichten sind vor dem Hintergrund ihrer öffentlichen Zwecksetzung nur in Form von Verschärfungen, nicht jedoch in Form von Erleichterungen möglich, vgl. § 325 Abs. 5 HGB.[9]

---

1 Näher zur somit bei der Kapitalgesellschaft & Co. KG möglichen Publizitätsvermeidung durch Aufnahme einer natürlichen Person als Vollhafter LG Osnabrück, GmbHR 2005, 1618; *Giedinghagen*, NZG 2007, 933 ff.; *Schmidt*, GmbHR 2004, 1512 ff.

2 *Fehrenbacher*, in: MünchKommHGB, § 325 Rn. 7.

3 *Merkt*, in: Baumbach/Hopt, HGB, § 325 Rn. 1; *Zetzsche*, in: KK-Rechnungslegung, § 325 HGB Rn. 1.

4 *Zetzsche*, in: KK-Rechnungslegung, Vor § 325 HGB Rn. 2 f.; *Kleindiek*, in: Lutter/Hommelhoff, GmbHG, Anh zu § 42a Rn. 2.

5 OLG Frankfurt a.M., ZIP 1993, 1232, 1235.

6 *Kleindiek*, in: Lutter/Hommelhoff, GmbHG, Anh zu § 42a Rn. 2; *Fehrenbacher*, in: MünchKommHGB, § 325 Rn. 7.

7 Gesetz über elektronische Handelsregister und Genossenschaftsregister sowie das Unternehmensregister, BGBl. I 2006, S. 2553.

8 *Zetzsche*, in: KK-Rechnungslegung, Vor § 325 HGB Rn. 61.

9 *Kleindiek*, in: Lutter/Hommelhoff, GmbHG, Anh zu § 42a Rn. 4.

B. Offenlegung des Jahresabschlusses (§ 325 Abs. 1, 2 HGB)

5 »**Offenlegung**« meint im HGB die durch die Einreichung (dazu Rdn. 11 ff.) und Bekanntmachung (Rdn. 19 f.) erreichte Publizität.[10]

I. Gegenstand der Offenlegung

1. Grundsatz

6 Nach § 325 Abs. 1 S. 1 HGB ist der **Jahresabschluss** offen zu legen. Das umfasst grundsätzlich alle Bestandteile, namentlich die Bilanz (nicht aber eine Eröffnungsbilanz[11]), die GuV und den Anhang (vgl. § 42a Rdn. 3).[12] Hat eine externe Prüfung des Jahresabschlusses stattgefunden (hierzu § 42a Rdn. 25 ff.), ist nach S. 2 auch der erteilte **Bestätigungs- oder Versagungsvermerk** mit einzureichen, nicht aber der Bericht des externen Prüfers.[13] S. 3 erweitert die Offenlegungspflicht, zunächst auf den **Lagebericht** und – soweit bei der GmbH vorhanden (dazu § 42a Rdn. 46 f.) – den **Prüfungsbericht des Aufsichtsrats.**

7 Nach S. 3 ist außerdem der Beschluss über die **Ergebnisverwendung** nach § 29 (dazu § 42a Rdn. 57 ff.) offen zu legen. Dies setzt allerdings voraus, dass ein solcher Ergebnisverwendungsbeschluss bereits gefasst wurde, was schon in Abhängigkeit vom Offenlegungszeitpunkt (dazu noch Rdn. 14 ff.) nicht zwingend der Fall sein muss. Die weitere Pflicht zur Offenlegung auch des Vorschlags zur Ergebnisverwendung geht bei der GmbH, sofern ein solcher nicht ausnahmsweise von der Geschäftsführung zu erstellen ist (dazu § 42a Rdn. 41), regelmäßig ins Leere.[14] Schließlich ist in diesem Zusammenhang zu beachten, dass die GmbH nach S. 4 grundsätzlich von der Offenlegung von Angaben zur Ergebnisverwendung (Beschluss und Verwendungsvorschlag) **befreit** ist, wenn dadurch Rückschlüsse auf die Gewinnanteile solcher Gesellschafter möglich wären, die natürliche Personen sind. Dies dient dem Schutz der persönlichen Daten dieser Gesellschafter, denn bei Offenlegung könnte man unter Zuhilfenahme der ebenfalls veröffentlichten Gesellschafterliste (vgl. § 40 GmbHG) und des Gesellschaftsvertrags (§ 8 Abs. 1 Nr. 1 GmbHG) deren Einkommensverhältnisse rekonstruieren. Zur Gewährleistung eines effektiven Datenschutzes muss es nach richtiger Ansicht für die Befreiung von der Offenlegungspflicht ausreichen, wenn auch nur eine natürliche Person an der GmbH beteiligt ist.[15]

---

10 *Zetzsche*, in: KK-Rechnungslegung, § 328 HGB Rn. 15.

11 *Merkt*, in: Baumbach/Hopt, HGB, § 325 Rn. 4.

12 *Zetzsche*, in: KK-Rechnungslegung, § 325 HGB Rn. 34; *Fehrenbacher*, in: MünchKommHGB, § 325 Rn. 21; *Ellrott/Grottel*, in: BeckBilKomm, § 325 HGB Rn. 6.

13 *Fehrenbacher*, in: MünchKommHGB, § 325 Rn. 26 f.

14 *Ellrott/Grottel*, in: BeckBilKomm, § 325 HGB Rn. 14; *Zetzsche*, in: KK-Rechnungslegung, § 325 HGB Rn. 52.

15 *Zetzsche*, in: KK-Rechnungslegung, § 325 HGB Rn. 55; *Ellrott/Hoffmann*, in: BeckBilKomm, § 325 HGB Rn. 21.

2. Größenabhängige Erleichterungen

8 §§ 326 f. HGB sehen größenabhängige Erleichterungen bei der Offenlegung vor, die vor allem in Einschränkungen und/oder Vereinfachungen der offenlegungspflichtigen Unterlagen bestehen. Bei **kleinen Kapitalgesellschaften** (§ 42 Rdn. 21) genügt nach § 326 S. 1 HGB die Offenlegung von Bilanz und Anhang. Da somit die GuV nicht von der Offenlegungspflicht umfasst ist, braucht auch der offengelegte, verkürzte Anhang keine diesbezüglichen Angaben zu enthalten (S. 2).

9 **Mittelgroße Kapitalgesellschaften** (§ 42 Rdn. 21) haben im Grundsatz die gleichen Dokumente wie große Kapitalgesellschaften offenzulegen, dürfen jedoch nach § 327 HGB eine verkürzte Bilanz und einen verkürzten Anhang offenlegen. Die Gliederung der **verkürzten Bilanz** entspricht im Prinzip derjenigen für kleine Kapitalgesellschaften, muss also zunächst nur die in § 266 Abs. 2, 3 HGB mit Großbuchstaben und römischen Zahlen bezeichneten Gliederungspunkte enthalten (dazu § 42 Rdn. 9); § 327 Nr. 1 HGB relativiert dieses Prinzip aber durch die Anordnung, dass die dort mit arabischen Zahlen versehenen Posten *in der Bilanz oder im Anhang* zusätzlich gesondert anzugeben sind. Auch der offengelegte **Anhang** darf nach § 327 Nr. 2 HGB bei mittelgroßen Kapitalgesellschaften um die Angaben nach § 285 Nr. 2 (Aufgliederung der Verbindlichkeiten nach Fälligkeit/Besicherung), Nr. 8 lit. a (aufgegliederter Materialaufwand des Geschäftsjahres) und Nr. 12 HGB (gesonderte Erläuterung der »sonstigen Rückstellungen«) verkürzt werden. Der **Bestätigungsvermerk** des Prüfers darf sich weiterhin auf den vollständigen Jahresabschluss beziehen (dazu sogleich); hierauf ist jedoch bei Offenlegung des verkürzten Jahresabschlusses hinzuweisen (§ 328 Abs. 1 Nr. 1 a.E. HGB).

10 Diese Erleichterungen der §§ 326 f. HGB betreffen – ihrem systematischen Standort entsprechend – jeweils nur die Offenlegung. Sie entbinden die kleinen und mittelgroßen Kapitalgesellschaften nicht von der Aufstellung eines den §§ 264 ff. HGB entsprechenden Jahresabschlusses (dazu § 42a Rdn. 2 ff.).[16] Die Erleichterungen sind zudem **fakultativ**.

II. Einreichung

11 Zur Einreichung **verpflichtet** sind – als Teil der Rechnungslegung – die jeweiligen **Geschäftsführer** persönlich (Gesamtverantwortung), zudem auch die Gesellschaft selbst.[17] Eine Delegation auf ein einzelnes Geschäftsführungsmitglied ist möglich, schließt jedoch nicht die Überwachungsverantwortung der übrigen Mitglieder aus.[18] Im Rahmen einer Liquidation gilt entsprechendes für die **Liquidatoren**. In der Insolvenz der Gesellschaft geht die Einreichungspflicht nach § 155 Abs. 1 InsO in Bezug

---

16 Vgl. *Zetzsche*, in: KK-Rechnungslegung, § 326 Rn. 9 und § 327 Rn. 7.

17 Denn die gesetzlichen Vertreter von Kapitalgesellschaften handeln nach § 325 Abs. 1 S. 1 HGB »für diese«.

18 *Ellrott/Grottel*, in: BeckBilKomm, § 325 HGB Rn. 32; *Fehrenbacher*, in: MünchKomm-HGB, § 325 Rn. 18.

auf die Insolvenzmasse auf den **Insolvenzverwalter** über. Dabei ist zu berücksichtigen, dass mit Insolvenzeröffnung nach § 155 Abs. 2 InsO ein neues Geschäftsjahr beginnt, was mit der Erstellung und Offenlegung eines Abschlusses für das dadurch beendete alte Geschäftsjahr einhergeht.[19]

12 Die oben Rdn. 6 f. genannten Unterlagen sind **beim Betreiber des eBAnz** einzureichen. Das ist derzeit die Bundesanzeiger Verlagsges. mbH, Amsterdamer Straße 192, 50735 Köln. Informationen zu Preisen und Modalitäten der Einreichung sind auf den Internetseiten des eBAnz (www.ebundesanzeiger.de) verfügbar. Die Einreichung hat **elektronisch** zu erfolgen, vgl. § 325 Abs. 6 i.V.m. § 12 Abs. 2 HGB. Insoweit genügt die Übermittlung einer elektronischen Aufzeichnung, d.h. einer entsprechenden Datei.

13 § 328 Abs. 1 HGB regelt **Form und Inhalt** der Offenlegung insbesondere des Jahresabschlusses. Danach muss der Jahresabschluss vollständig und richtig, d.h. (vorbehaltlich der Erleichterungen nach §§ 326, 327 HGB) in der aufgestellten Form, wiedergegeben werden; damit sind auch etwaige Fehler der Originalfassung, z.B. eine unrichtige Postenbezeichnung, zu übernehmen.[20] Ist der Abschluss festgestellt oder gebilligt worden, ist das Datum anzugeben. Ist der Abschluss aufgrund gesetzlicher Vorschriften geprüft worden, ist der vollständige Wortlaut des Bestätigungs- oder Versagungsvermerks wiederzugeben. Diese Vorschriften des Abs. 1 Nr. 1 gelten entsprechend auch für andere offenzulegende Unterlagen; dies gilt nach dem Einleitungssatz für den Einzelabschluss nach IAS/IFRS (dazu Rdn. 23 ff.) und den Konzernabschluss (dazu Rdn. 27 f.), nach Abs. 3 auch für den Lagebericht, den Konzernlagebericht, den Vorschlag und den Beschluss zur Ergebnisverwendung. Zu § 328 Abs. 1 Nr. 2 HGB siehe noch Rdn. 16.

III. Einreichungsfrist

14 Nach § 325 Abs. 1 S. 2 HGB hat die Einreichung unverzüglich nach Vorlage des Jahresabschlusses an die Gesellschafter, spätestens jedoch vor Ablauf des zwölften Monats nach dem Abschlussstichtag zu erfolgen.

15 Diese Pflicht zur **unverzüglichen Einreichung** (= ohne schuldhaftes Zögern, vgl. § 121 Abs. 1 BGB) bedeutet nach einer Ansicht, dass die Einreichung praktisch *zeitgleich* mit der Vorlage an die Gesellschafter zu erfolgen hat.[21] Damit wird der Jahresabschluss zwangsläufig noch im Entwurfsstadium (§ 42a Rdn. 49), nämlich vor seiner Feststellung zur Veröffentlichung eingereicht. Kommt es danach noch zu Änderungen im Rahmen der Feststellung (§ 42a Rdn. 51), wird eine Nachtragsveröffentlichung nach § 325 Abs. 1 S. 6 HGB erforderlich (dazu noch Rdn. 21).

---

19 *Kleindiek*, in: Lutter/Hommelhoff, GmbHG, Anh zu § 42a Rn. 8.

20 *Ellrott/Grottel*, BeckBilKomm, § 325 HGB Rn. 7.

21 *Kleindiek*, in: Lutter/Hommelhoff, GmbHG, Anh zu § 42a Rn. 9, 12; *Merkt*, in: Baumbach/Hopt, HGB, § 325 Rn. 4.

16 Um dieses unerwünschte Ergebnis zu vermeiden, ist es vorzugswürdig, die Einreichung grundsätzlich erst **nach Feststellung des Jahresabschlusses** vorzunehmen.[22] Das ist regelmäßig auch mit dem Wortlaut des § 325 Abs. 1 S. 2 HGB vereinbar. Denn dieser verlangt keine Einreichung zeitgleich »mit« der Vorlage an die Gesellschafter, sondern »nach« der Vorlage, dann allerdings »unverzüglich«. Was »unverzüglich« ist, wird man nicht ohne Rücksicht auf die in S. 2 zugleich bestimmte **Höchstfrist von zwölf Monaten** bestimmen können: Die Geschäftsführer einer GmbH haben den Jahresabschluss und den Lagebericht nach § 264 Abs. 1 S. 3 HGB in den ersten drei Monaten des neuen Geschäftsjahres aufzustellen, bei kleinen Kapitalgesellschaften beträgt die Aufstellungsfrist sechs Monate (S. 4). Unverzüglich nach Aufstellung ist beides den Gesellschaftern zwecks Feststellung des Jahresabschlusses vorzulegen; für die Feststellung gilt eine weitere Frist von sechs bzw. bei kleinen Kapitalgesellschaften von elf Monaten (§ 42 Abs. 1 und 2). Die Höchstfrist des § 325 Abs. 1 S. 2 HGB ist damit so auskömmlich bemessen, dass in dieser bei gesetzeskonformem Verhalten auch bereits die Feststellung erfolgt sein muss; von diesem Ablauf scheint schließlich auch § 328 Abs. 1 Nr. 2 HGB auszugehen, der den Hinweis, dass der Jahresabschluss vor der Feststellung offengelegt wird, eher für den Ausnahme- als für den Regelfall anordnen dürfte. Sofern daher *zeitnah* im Anschluss an die Vorlage mit der Feststellung zu rechnen ist, darf diese vor Einreichung noch abgewartet werden. Insoweit werden Zeiträume von ca. vier bis sechs Wochen zwischen Vorlage und Einreichung gemeinhin als zulässig erachtet.[23]

17 Die absolute **Höchstfrist** von regelmäßig zwölf Monaten (S. 2, vgl. bereits Rdn. 16) nach dem Abschlussstichtag **verkürzt** § 325 Abs. 4 HGB für kapitalmarktorientierte Gesellschaften (dazu § 42a Rdn. 12) auf vier Monate, sofern nicht deren Schuldtitel eine Mindeststückelung von EUR 50.000,- oder mehr aufweisen. Notfalls sind Jahresabschluss und Lagebericht gemäß § 325 Abs. 1 S. 5 HGB **vorweg einzureichen,** wenn nur so die zwölf- bzw. viermonatige Höchstfrist gewahrt werden kann. Die fehlenden Unterlagen (Ergebnisverwendungsvorschlag und -beschluss, Abschlussprüfervermerk und/oder Prüfungsbericht des Aufsichtsrats/Beirats) sind dann nachzureichen. Solange ein erforderlicher Abschlussprüfervermerk oder Prüfungsbericht des Aufsichtsrats/Beirats noch nicht vorliegt, fehlt schon die Vorlagereife an die Gesellschafter (§ 42a Rdn. 43); mangels Vorlage kann das Unverzüglichkeitsgebot also nicht verletzt werden und es geht allein um die Einhaltung der absoluten Höchstfrist.

18 Zu den Folgen von Fristversäumnissen vgl. noch Rdn. 32 ff.

---

22 Dafür auch LG Berlin, GmbHR 1992, 55; *Altmeppen*, in: Roth/Altmeppen, GmbHG, § 42 Rn. 48; *A/D/S*, § 325 HGB Rn. 22; *Kropff*, in: FS Peltzer, 2001, S. 219, 233; *Ellrott/Hoffmann*, in: BeckBilKomm, § 325 HGB Rn. 40; *Zetzsche*, in: KK-Rechnungslegung, § 325 HGB Rn. 65, versteht unter Vorlage die »förmliche Behandlung im Rahmen einer Gesellschafterversammlung« (die nicht zwingend in die Feststellung münden muss).

23 *A/D/S*, § 325 HGB Rn. 22 m.w.N.

IV. Bekanntmachung (§§ 325 Abs. 2, 328 HGB)

19 Die Unterlagen sind für GmbH aller Größenklassen[24] unverzüglich nach ihrer Einreichung **im eBAnz bekannt zu machen,** § 325 Abs. 2 HGB. Die Differenzierung zwischen Einreichung und Bekanntmachung ist den vor dem EHUG noch in Papierform geführten Handelsregistern geschuldet. Hier waren die Rechnungslegungsunterlagen beim jeweils zuständigen Handelsregister einzureichen (vgl. § 325 Abs. 1 S. 1 HGB a.F.) und in der Folge lediglich beim entsprechenden Registergericht (physisch) einsehbar. Daher war es sinnvoll, zusätzlich eine allgemein zugängliche, separate Bekanntmachung der Rechnungslegungsunterlagen im (ebenfalls noch papiernen) Bundesanzeiger zu fordern (§ 325 Abs. 1 S. 2 HGB a.F.), um eine möglichst breite Information des Rechtsverkehrs sicherzustellen. In Umsetzung der Publizitätsrichtlinie[25] hat der Gesetzgeber nunmehr den eBAnz als zentrale Publikationsplattform für die Rechnungslegung ausgestaltet und auf eine direkte Handelsregistereinreichung der Rechnungslegungsunterlagen verzichtet. Die Einreichung wie auch die Bekanntmachung des Jahresabschlusses und der Begleitdokumentation erfolgen über den eBAnz.

20 Die Unterlagen sind genau **in dem Umfang** bekannt zu machen, **in dem sie eingereicht wurden,**[26] und zwar **unmittelbar nach Einreichung**. Auch wenn die Verpflichtung zur unverzüglichen Bekanntmachung nach dem Gesetzeswortlaut die einreichende Gesellschaft (bzw. deren gesetzliche Vertreter) trifft, wird in der praktischen Umsetzung die Bekanntmachung durch den Betreiber des eBAnz selbst veranlasst.[27] Die Bekanntmachung erfolgt elektronisch über die bereits erwähnten Websites www.publikations-plattform.de und www.ebundesanzeiger.de und ist zusätzlich auch über www.unternehmensregister.de verfügbar (Rdn. 3). Unter »Bekanntmachung« ist daher technisch die Möglichkeit zur (elektronischen) Einsichtnahme in die Rechnungslegungsunterlagen zu verstehen.

V. Nachträgliche Änderung (§ 325 Abs. 1 S. 6 HGB)

21 Im Falle einer nachträglichen Änderung ist auch diese entsprechend dem vorbezeichneten Verfahren zum eBAnz einzureichen (§ 325 Abs. 1 S. 6 HGB) und bekannt zu machen (Abs. 2). Auch wenn nach dem Wortlaut lediglich die Änderung als solche einzureichen ist, dürfte es dem Informationsbedürfnis der Offenlegungsadressaten und der Klarheit in der Regel eher entsprechen, die **geänderten Unterlagen insge-**

---

24 *Fehrenbacher*, in: MünchKommHGB, § 325 Rn. 76.

25 Richtlinie 2009/101/EG des Europäischen Parlaments und des Rates vom 16. September 2009, ABl. EU L 258, S. 11.

26 *Zetzsche*, in: KK-Rechnungslegung, § 325 HGB Rn. 91; *Fehrenbacher*, in: MünchKommHGB, § 325 Rn. 77.

27 Vgl. *Zetzsche*, in: KK-Rechnungslegung, § 325 HGB Rn. 91.

samt neu einzureichen.[28] Wird ein Jahresabschluss nachträglich geändert, kann bei Prüfungspflichtigkeit zudem eine Nachtragsprüfung erforderlich werden (§ 316 Abs. 3 HGB); in der Folge ist auch der ergänzte Prüfungsvermerk offenzulegen.[29]

VI. Befreiung für Tochterunternehmen (§ 264 Abs. 3 HGB)

22 Sofern ein Tochterunternehmen in den Konsolidierungskreis des **Konzernabschlusses** eines Mutterunternehmens einbezogen ist und die übrigen Voraussetzungen des § 264 Abs. 3 HGB vorliegen (dazu § 42a Rdn. 23 f.), ist das Tochterunternehmen (u.a.) von der Offenlegungspflicht nach § 325 HGB insgesamt befreit. Stattdessen ist nach § 264 Abs. 3 Nr. 1 HGB die Zustimmung der Gesellschafter zur Befreiung und nach Nr. 2 auch die Verlustübernahmeverpflichtung des Mutterunternehmens offenzulegen;[30] außerdem muss die Gesellschaft tatsächlich in den befreienden Konzernabschluss einbezogen worden sein (Nr. 3). Schließlich muss die Befreiung im Konzernanhang angegeben und im eBAnz mitgeteilt worden sein (Nr. 4).

C. Offenlegung des IAS/IFRS-Einzelabschlusses (§ 325 Abs. 2a/b HGB)

23 Im Zuge des BilReG[31] hatte der Gesetzgeber in § 325 Abs. 2a HGB a.F. großen Kapitalgesellschaften die Möglichkeit eingeräumt, anstelle ihres nach HGB erstellten Jahresabschlusses einen nach den IAS/IFRS erstellten Einzelabschluss offen zu legen (**befreiende Offenlegung**). Durch das EHUG wurde die Offenlegung insgesamt auf die heutige elektronische Form umgestellt; zudem ist nach dem Gesetzeswortlaut des § 325 Abs. 2a HGB n.F. die Beschränkung der befreienden Offenlegung auf große Kapitalgesellschaften weggefallen. Von der Möglichkeit des § 325 Abs. 2a HGB können daher heute **größenunabhängig** alle Kapitalgesellschaften Gebrauch machen.[32] Dies setzt bei kleinen Kapitalgesellschaften allerdings voraus, dass freiwillig sowohl ein Lagebericht nach § 289 HGB erstellt (S. 4) als auch eine Abschlussprüfung durchgeführt wurde (§ 325 Abs. 2b HGB).

---

28 *Ellrott/Grottel*, in: BeckBilKomm, § 325 HGB Rn. 48; *Fehrenbacher*, in: MünchKommHGB, § 325 Rn. 66; *A/D/S*, § 325 HGB Rn. 85; a.A. *Zetzsche*, in: KK-Rechnungslegung, § 325 HGB Rn. 60: Erneute Vollveröffentlichung nur, wenn die Gesamtzahl der Änderungen die Übersicht erschwert.

29 *Zetzsche*, in: KK-Rechnungslegung, § 325 HGB Rn. 59.

30 Insoweit ist streitig, ob sich die Offenlegungsverpflichtung nur auf eine freiwillige Verlustübernahmeerklärung oder auch auf die gesetzliche Verlustübernahmepflicht nach § 302 AktG bezieht, vgl. näher *Förschle/Deubert*, in: BeckBilKomm, § 264 HGB Rn. 132.

31 Gesetz zur Einführung internationaler Rechnungsstandards und zur Sicherung der Qualität der Abschlussprüfung, BGBl. I 2004, S. 3166.

32 *Zetzsche*, in: KK-Rechnungslegung, § 325 HGB Rn. 104; a.A. *Kleindiek*, in: Lutter/Hommelhoff, GmbHG, Anh zu § 42a Rn. 26; *Fehrenbacher*, in: MünchKommHGB, § 325 Rn. 83.

24 **Voraussetzung** ist zunächst, dass der Einzelabschluss die **IAS/IFRS-Standards** vollständig befolgt, § 325 Abs. 2a S. 2 HGB. Darüber hinaus sind nach S. 3 bestimmte Vorschriften des HGB auf den Einzelabschluss entsprechend anzuwenden. Die Entscheidung über die Offenlegung und über die **Billigung** des von den Geschäftsführern aufgestellten Einzelabschlusses obliegt nach § 46 Nr. 1a GmbHG den Gesellschaftern.

25 Statt des Abschlussprüfervermerks zum HGB-Jahresabschluss ist der entsprechende Vermerk zum IAS/IFRS-Einzelabschluss bekannt zu machen (§ 325 Abs. 2b Nr. 1 HGB). Der Vorschlag für und der Beschluss über die Ergebnisverwendung nach HGB sind ebenfalls bekannt zu machen (Nr. 2). Schließlich verlangt Nr. 3, dass nach wie vor auch der **reguläre HGB-Jahresabschluss** inklusive Bestätigungs-/Versagungsvermerk »nach Absatz 1 S. 1 bis 4 offen gelegt«, d.h. beim Betreiber des eBAnz **eingereicht** wird. Dies setzt zutreffend voraus, dass der Einzelabschluss nach IAS/IFRS den HGB-Abschluss nicht insgesamt substituieren kann; dieser muss vielmehr nach wie vor aufgestellt und festgestellt werden und bildet insbesondere weiterhin die Grundlage für die Gewinnausschüttung und auch für die Besteuerung der Gesellschaft.[33]

26 § 325 Abs. 2a/b HGB befreit also ausschließlich von der Bekanntmachung des HGB-Abschlusses nach § 325 Abs. 2 HGB, nicht von dessen Einreichung beim Betreiber des eBAnz nach § 325 Abs. 1 HGB. Da den Betreiber des eBAnz wiederum eine Weiterleitungspflicht an das Unternehmensregister trifft, bleibt der **HGB-Abschluss** zumindest hierüber gemäß § 8b Abs. 1 Nr. 4 HGB **weiterhin öffentlich einsehbar.**[34] Hierfür mögen zwar inhaltlich gute Gründe sprechen; es stellt sich allerdings die Frage, welche Erleichterung und auch welches informatorische Ziel dann noch mit der »befreienden« Bekanntmachung des Einzelabschlusses nach § 325 Abs. 2a/b verbunden sein soll.

D. Offenlegung des Konzernabschlusses (§ 325 Abs. 3 HGB)

27 Auch der Konzernabschluss (vgl. § 42a Rdn. 66 f.) ist offenzulegen, wobei hierfür nach § 325 Abs. 3 HGB weitestgehend die **vorbezeichneten Grundsätze entsprechend** gelten. Das betrifft insbesondere den Umfang der einzureichenden Unterlagen, die Verantwortlichkeit für die Einreichung, das Verfahren, die Form und größenabhängige Erleichterungen.

28 Sofern der **Anhang und Lagebericht** zum Jahresabschluss mit Konzernanhang und Konzernlagebericht nach §§ 298 Abs. 3 S. 1, 315 Abs. 3 HGB zusammengefasst wurden, muss die Offenlegung des Konzernabschlusses zwingend zugleich mit derjeni-

33 *Merkt*, in: Baumbach/Hopt, HGB, § 325 Rn. 7; *Ellrott/Grottel*, in: BeckBilKomm, § 325 HGB Rn. 57, 2.

34 *Kleindiek*, in: Lutter/Hommelhoff, GmbHG, § 42a Rn. 51; *Zetzsche*, in: KK-Rechnungslegung, § 325 HGB Rn. 106.

gen des Jahresabschlusses erfolgen, § 298 Abs. 3 S. 2 HGB. **Abschlussprüfervermerke** zu beiden Jahresabschlüssen können in diesem Fall ebenfalls zusammengefasst werden, § 325 Abs. 3a HGB. Diese Zusammenfassungsmöglichkeit besteht auch für die zugehörigen Prüfungsberichte (die jedoch auch in diesem Fall nicht offenzulegen sind).

E. Prüfung durch den Betreiber des eBAnz (§ 329 HGB)

29 Nach § 329 Abs. 1 S. 1 HGB prüft der Betreiber des eBAnz, ob die Einreichung der Unterlagen bei ihm **fristgerecht und vollzählig** erfolgt ist. Die Prüfung ist rein formeller Natur und erstreckt sich nicht auf die inhaltliche Richtigkeit der eingereichten Unterlagen.[35] Deshalb sind selbst bei offensichtlichen materiellen Fehlern, auch wenn diese im Einzelfall zur Nichtigkeit des Jahresabschlusses führen, keine weiteren Konsequenzen durch den Betreiber des eBAnz zu veranlassen.[36]

30 Soweit sich die Prüfung auf die Vollständigkeit der Unterlagen bezieht, muss der Betreiber des eBAnz bei Inanspruchnahme größenabhängiger Erleichterungen (Rdn. 8 ff.) deren Berechtigung überprüfen können. Gleiches gilt für die Einreichungsfrist, sofern sie von der Größe und/oder der Kapitalmarktorientierung der Gesellschaft abhängt (Rdn. 17). Hierzu räumt ihm § 329 Abs. 2 S. 1 HGB einen **Auskunftsanspruch** gegenüber der einreichenden Gesellschaft ein.[37] Dieser erstreckt sich auf Informationen über die Umsatzerlöse i.S.d. § 277 Abs. 1 HGB, die durchschnittliche Zahl der Arbeitnehmer gemäß § 267 Abs. 5 HGB und die eventuelle Kapitalmarktorientierung i.S.d. § 327a HGB. Die ebenfalls für die Beurteilung der einschlägigen Größenklasse erforderliche Bilanzsumme (§ 267 Abs. 1 Nr. 1, Abs. 2 Nr. 1 HGB) kann der Betreiber des eBAnz dagegen bereits aus der eingereichten Jahresbilanz entnehmen. Kommt die Gesellschaft dem Auskunftsanspruch binnen angemessener Frist nicht nach, gelten die Erleichterungen als zu Unrecht in Anspruch genommen, § 329 Abs. 2 S. 2 HGB.

31 Stellt der Betreiber des eBAnz fest, dass die offen zu legenden Unterlagen nicht oder unvollständig eingereicht wurden, unterrichtet er das Bundesamt für Justiz als überwachende Behörde, § 329 Abs. 4 HGB.

F. Folgen bei Verstoß

I. Ordnungsgeld (§ 335 HGB)

32 Wird die Offenlegung nicht fristgerecht vorgenommen, kann nach § 335 HGB mittels Ordnungsgeldfestsetzung dazu angehalten werden. Die Festsetzung erfolgt **von**

35 *Ellrott/Grottel*, in: BeckBilKomm, § 329 HGB Rn. 5; *Wiedmann*, in: E/B/J/S, HGB, § 329 Rn. 4; *Koller/Roth/Morck*, in: Koller/Roth/Morck, HGB, § 329 Rn. 1.

36 Vgl. *Kleindiek*, in: Lutter/Hommelhoff, GmbHG, Anh § 42a Rn. 29.

37 Vgl. *Ellrott/Grottel*, in: BeckBilKomm, § 329 HGB Rn. 7.

Amts wegen[38] durch das Bundesamt für Justiz.[39] Auch die Unterrichtung durch den Betreiber des eBAnz gemäß § 329 Abs. 4 HGB (Rdn. 31) ist rein informatorisch, kein Antrag.

33 Das Ordnungsgeld wird gegenüber den Mitgliedern der Geschäftsführung, bei mehreren **Geschäftsführern** also gegenüber jedem einzeln festgesetzt (§ 335 Abs. 1 S. 1 Nr. 1 HGB). Die Ressortzuständigkeit ist wegen der Gesamtverantwortung der Organmitglieder (Rdn. 11) unerheblich.[40] Alternativ, nach dem ausdrücklichen Willen des Gesetzgebers jedoch nicht kumulativ,[41] kann das Ordnungsgeld auch gegenüber der **Gesellschaft selbst** festgesetzt werden (S. 2). Die Möglichkeit der Ordnungsgeldfestsetzung gegenüber einem **Insolvenzverwalter** wird hingegen verneint, da dieser (anders als von S. 1 verlangt) kein Mitglied des Vertretungsorgans ist.[42] Die Mitglieder des Vertretungsorgans sind hingegen im Hinblick auf die Insolvenzmasse nach Insolvenzeröffnung nicht mehr rechnungslegungspflichtig (Rdn. 11), weshalb gegen sie eine Ordnungsgeldfestsetzung ebenfalls nicht in Betracht kommt. Damit verbleibt – freilich ohne größere Aussichten auf Durchsetzbarkeit – nur die Ordnungsgeldfestsetzung gegenüber der Gesellschaft selbst (auf der Grundlage von S. 2).[43]

34 Das Ordnungsgeld beträgt mindestens EUR 2.500,-, höchstens EUR 25.000,-. Eine wiederholte Festsetzung ist zulässig.[44] Vor der Festsetzung ist diese anzudrohen und eine sechswöchige Frist zur Befolgung der Publizitätspflichten zu gewähren, vgl. § 335 Abs. 3 S. 1 HGB. Als Rechtsmittel steht gegen die Androhung der Einspruch (§ 335 Abs. 3 S. 1 HGB), gegen die Festsetzung die sofortige Beschwerde (§ 335 Abs. 4 HGB) zur Verfügung.

II. Ordnungswidrigkeit (§ 334 Abs. 1 Nr. 5 HGB)

35 Wird (zumindest bedingt-)vorsätzlich[45] gegen die Vorschrift des § 328 HGB bezüglich Form und Inhalt der zu veröffentlichenden Unterlagen verstoßen, stellt dies einen Bußgeldtatbestand nach § 334 Abs. 1 Nr. 5 HGB dar. Betroffen hiervon sind die handelnden Mitglieder des Vertretungsorgans, bei der GmbH also die Geschäfts-

---

38 *Merkt*, in: Baumbach/Hopt, HGB, § 335 Rn. 3; *Altmeppen*, in: Roth/Altmeppen, GmbHG, § 42a Rn. 52.

39 *Kleindiek*, in: Lutter/Hommelhoff, GmbHG, Anh § 42a Rn. 30.

40 LG Trier, GmbHR 2004, 502; *Wenzel*, BB 2008, 769, 770.

41 BT-Drs. 16/2781, S. 82; dem folgend *Wenzel*, BB 2008, 769, 770; *Kleindiek*, in: Lutter/Hommelhoff, GmbHG, Anh § 42a Rn. 37; *Kozikowski/Huber*, in: BeckBilKomm, § 335 HGB Rn. 10 a.E.; für kumulative Festsetzung dagegen *Schlauß*, DB 2007, 2191, 2193 f.; *Altenhain*, in: KK-Rechnungslegung, § 335 HGB Rn. 22.

42 LG Frankfurt, ZIP 2007, 2325; *Kozikowski/Huber*, in: BeckBilKomm, § 335 HGB Rn. 10; *Grashoff*, NZI 2008, 65, 69; vgl. ferner *Stollenwerk/Krieg*, GmbHR 2008, 575, 579.

43 So auch *Kleindiek*, in: Lutter/Hommelhoff, GmbHG, Anh § 42a Rn. 40 f.; a.A. Grashoff, NZI 2008, 65, 69.

44 *Kozikowski/Huber*, in: BeckBilKomm, § 335 HGB Rn. 30.

45 *Kozikowski/Huber*, in: BeckBilKomm, § 334 HGB Rn. 28.

führer. Da es sich bei der Rechnungslegungspublizität um eine die GmbH selbst treffende Pflicht handelt, kann zudem auch gegen die Gesellschaft nach § 30 OWiG ein Bußgeld (alternativ oder kumulativ) verhängt werden.[46] Das zu verhängende Bußgeld beträgt nach § 334 Abs. 3 HGB bis zu EUR 50.000,-.

III. Zivilrechtliche Haftung

36 Bei vorsätzlichen oder fahrlässigen Verstößen gegen die Offenlegungspflichten kommt eine zivilrechtliche **Haftung der Geschäftsführer** gegenüber Dritten nach § 823 Abs. 2 BGB i.V.m. § 325 HGB in Betracht. Der Schutzgesetzcharakter letztgenannter Norm ist zwar umstritten,[47] nach richtiger Ansicht aber zu bejahen.[48] Denn Zweck der Rechnungslegungspublizität – anders als der Rechnungslegung als solcher (§ 41 Rdn. 22) – ist gerade neben dem Schutz des Rechtsverkehrs im Allgemeinen auch der Gläubigerschutz im Konkreten. Daher müssen die Gläubiger auch Schadenersatzansprüche aus schuldhaften Verstößen gegen die Publizitätspflichten herleiten können. Ein Schaden kann hier beispielsweise bei Tätigung eines Geschäfts im Vertrauen auf einen fehlerhaft publizierten Jahresabschlusses vorliegen, wenn die daraus resultierende Gläubigerforderung aufgrund einer (bei korrekter Publizität ersichtlichen) Überschuldung der Gesellschaft nicht mehr realisiert werden kann. **Gesellschafter** können u.U. als Mittäter oder Beteiligte gemäß § 830 BGB haften.[49]

§ 43 Haftung der Geschäftsführer

(1) Die Geschäftsführer haben in den Angelegenheiten der Gesellschaft die Sorgfalt eines ordentlichen Geschäftsmannes anzuwenden.

(2) Geschäftsführer, welche ihre Obliegenheiten verletzen, haften der Gesellschaft solidarisch für den entstandenen Schaden.

(3) [1]**Insbesondere sind sie zum Ersatze verpflichtet, wenn den Bestimmungen des § 30 zuwider Zahlungen aus dem zur Erhaltung des Stammkapitals erforderlichen Vermögen der Gesellschaft gemacht oder den Bestimmungen des § 33 zuwider eigene Geschäftsanteile der Gesellschaft erworben worden sind.** [2]**Auf den Ersatzanspruch finden die Bestimmungen in § 9b Abs. 1 entsprechende Anwendung.** [3]**Soweit der Ersatz zur Befriedigung der Gläubiger der Gesellschaft erforderlich ist,**

---

46 *Wiedmann*, in: E/B/J/S, HGB, § 334 Rn. 14; *Kozikowski/Huber*, in: BeckBilKomm, § 334 HGB Rn. 41 f.

47 Ablehnend *Kersting*, in: Staub, HGB, § 325 Rn. 113; zweifelnd auch *Kleindiek*, in: Lutter/Hommelhoff, GmbHG, Anh § 42a Rn. 46.

48 So *Zetzsche*, in: KK-Rechnungslegung, § 325 HGB Rn. 149 m.w.N.; *Fehrenbacher*, Registerpublizität und Haftung im Zivilrecht, 2004, S. 457; dahingehend auch BGH, ZIP 2006, 23, 24.

49 *Kleindiek*, in: Lutter/Hommelhoff, GmbHG, Anh § 42a Rn. 46; *Zetzsche*, in: KK-Rechnungslegung, § 325 HGB Rn. 149.

wird die Verpflichtung der Geschäftsführer dadurch nicht aufgehoben, dass dieselben in Befolgung eines Beschlusses der Gesellschafter gehandelt haben.

(4) Die Ansprüche auf Grund der vorstehenden Bestimmungen verjähren in fünf Jahren.

Übersicht **Rdn.**

Schrifttum

Bayer, in: FS K. Schmidt, 2009, S. 85; *Buck-Heeb*, in: FS Westermann, 2008, S. 845; *Dahl/Schmitz*, Haftung des GmbH-Geschäftsführers wegen unterlassener Geltendmachung des Erstattungsanspruchs aus § 31 I GmbHG in der Insolvenz der GmbH, NZG 2008, 653; *Fleischer*, Aktienrechtliche Legalitätspflicht und »nützliche« Pflichtverletzungen von Vorstandsmitgliedern, ZIP 2005, 141; *ders.*, Zur GmbH-rechtlichen Verantwortlichkeit des faktischen Geschäftsführers, GmbHR 2011, 337; *ders.*, Zur Einschränkbarkeit der Geschäftsführerhaftung in der GmbH, BB 2011, 2435; *ders.*, Das unternehmerische Ermessen des GmbH-Geschäftsführers und seine GmbH-spezifischen Grenzen, NZG 2011, 521; *Froesch*, Managerhaftung – Risikominimierung durch Delegation?, DB 2009, 722; *Haas*, Die Rechtsfigur des faktischen GmbH-Geschäftsführers, NZI 2006, 494; *Habersack/Schürnbrand*, Die Rechtsnatur der Haftung aus §§ 93 Abs. 3 AktG, 43 Abs. 3 GmbHG, WM 2005, 957; *Leuering/Dornhegge*, Geschäftsverteilung zwischen GmbH-Geschäftsführern, NZG 2010, 13; *Lutter*, Die Business Judgement Rule und ihre praktische Anwendung, ZIP 2007, 841; *Peters*, Ressortverteilung zwischen GmbH-Geschäftsführern und ihre Folgen, GmbHR 2008, 682; *Strohn*, Faktische Organe – Rechte, Pflichten, Haftung, DB 2011, 158.

A. Einführung

I. Inhalt und Konkurrenzen

1 § 43 enthält zahlreiche unterschiedliche Regelungen. **Anspruchsgrundlagen** finden sich in Abs. 2 und 3. Nach Abs. 2 besteht ein Anspruch der GmbH gegen den Geschäftsführer, sofern dieser der Gesellschaft gegenüber durch sein pflichtwidriges

und schuldhaftes Handeln einen Schaden verursacht hat. Neben dieser Innenhaftung ist auch eine Außenhaftung gegenüber Dritten aus eigenständigen Ansprüchen möglich. Abs. 3 enthält zwei besondere Anspruchsgrundlagen im Falle eines Verstoßes gegen die §§ 30, 33. In diesen Fällen wird die Möglichkeit zu haftungsausschließenden Abreden eingeschränkt. In Abs. 1 ist der für Geschäftsführer geltende Pflichten- und Sorgfaltsmaßstab geregelt und Abs. 4 normiert die fünfjährige Verjährung für die Geschäftsführerhaftung nach Abs. 2 und 3.

2 Es stellt sich die Frage, in wessen Interesse die durch § 43 zu erreichende Kompensationsfunktion bezüglich unrechtmäßig erlittener Einbußen erfolgt, ob im Interesse der Gesellschafter oder auch im Interesse Dritter (Arbeitnehmer, Gläubiger etc.). Der II. Zivilsenat legt sich ausdrücklich nicht fest, scheint aber ersterer Ansicht zuzuneigen.[1]

3 **Spezielle Haftungsregelungen**, die einen Anspruch aus Abs. 2 verdrängen, sind die §§ 9a Abs. 1, 3, 57 Abs. 4, wo es allein darum geht, dass dem Handelsregister gegenüber falsche Angaben gemacht wurden.[2] § 64 ist nach h.M. neben § 43 Abs. 2 anwendbar.[3]

4 § 43 Abs. 2 nimmt als spezielle Regelung die Haftung des Geschäftsführers aus dem schuldrechtlichen Anstellungsvertrag in sich auf.[4] Das soll auch für Ansprüche aufgrund eines Wettbewerbsverstoßes und aus angemaßter Eigengeschäftsführung nach § 687 Abs. 2 BGB der Fall sein.[5]

5 **Anspruchskonkurrenz** besteht zu deliktischen Ansprüchen der Gesellschaft gegenüber dem Geschäftsführer. Dies sind vor allem Ansprüche aus § 826 BGB oder aus § 823 Abs. 2 BGB i.V. mit einem Schutzgesetz.[6] Eine Haftung aus § 823 Abs. 2 BGB i.V. mit § 15a InsO wird nicht durch § 43 Abs. 2 verdrängt.[7] Neben der Haftung aus § 43 Abs. 2 kommt für den Gesellschafter-Geschäftsführer auch ein Anspruch wegen Verstoßes gegen die gesellschafterliche Treuepflicht in Betracht.[8] Außerdem ist, sofern die Gesellschaft wegen der Pflichtverletzung des Geschäftsführers durch einen Dritten in Anspruch genommen wird, ein Anspruch der Gesellschaft aus §§ 840

1 Vgl. *Klöhn*, in: Bork/Schäfer, GmbHG, § 43 Rn. 3 f.

2 OLG Rostock, GmbHR 1995, 658, 660; OLG Celle, NZG 2000, 1178, 1179.

3 Kritisch *Altmeppen*, in: Roth/Altmeppen, GmbHG, § 43 Rn. 1.

4 BGH, NJW 1997, 741, 742; BGH, NJW 1989, 2697 (LS); BGH, NZG 2008, 104 f.; *Paefgen*, in: Ulmer/Habersack/Winter, GmbHG, § 43 Rn. 5; *Zöllner/Noack*, in: Baumbach/Hueck, GmbHG, § 43 Rn. 4; a.A. (Anspruchskonkurrenz) *Haas/Ziemons*, in: Michalski, GmbHG, § 43 Rn. 6 (mit Hinweis auf die geringen Unterschiede zur h.M.); *Koppensteiner*, in: Rowedder/Schmidt-Leithoff, GmbHG, § 43 Rn. 3; *Schneider*, in: Scholz, GmbHG, § 43 Rn. 18.

5 BGH, NJW 1989, 2697 (LS).

6 BGH, NJW 1989, 2697 (LS); BGH, NJW-RR 1992, 800, 801.

7 BGH, GmbHR 1974, 131, 132; BGH, DStR 1994, 1093, 1094.

8 BGH, ZIP 1989, 1390, 1391; BGH, NJW 1999, 781; OLG Köln, NZG 2000, 1137, 1138.

Abs. 1, 426 Abs. 1 BGB denkbar.[9] Außerdem kann ein Geschäftsführer aufgrund eines existenzvernichtenden Eingriffs als Teilnehmer eines Gesellschafters nach §§ 826, 830 haften.[10] Sofern die Gesellschaft einen Schadensersatzanspruch gegen den Geschäftsführer geltend machen will, bedarf es nach § 46 Nr. 8 eines Gesellschafterbeschlusses. Dies gilt auch für die Vor-GmbH sowie die in Liquidation befindliche GmbH.[11]

II. Persönlicher Anwendungsbereich

6 § 43 ist für alle Geschäftsführer anwendbar, unabhängig davon, ob ein Anstellungsvertrag besteht[12] oder die Organstellung ins Handelsregister eingetragen ist.[13] Die Regelung gilt auch für den Arbeitsdirektor in der mitbestimmten GmbH, den stellvertretenden Geschäftsführer i.S. des § 44 und den gerichtlich bestellten Notgeschäftsführer. Auch der Geschäftsführer einer Vor-GmbH unterfällt § 43. [14] Bejaht wird dies auch für den sog. Strohmann-Geschäftsführer,[15] wobei für diese Stellung nicht ausreichend sein soll, wenn ein Gesellschafter einen Geschäftsführer »beherrscht« und anweist.[16] Anwendbar ist § 43 entsprechend auch auf Liquidatoren (§ 71 Abs. 4).[17] Bei **fehlerhafter Organstellung** aufgrund nichtiger Bestellung gilt § 43, sobald der Geschäftsführer seine Tätigkeit tatsächlich aufgenommen oder der vermeintlich Bestellte sein Amt angenommen hat.[18] Allerdings ist Voraussetzung, dass der vermeintliche Geschäftsführer amtsfähig i.S.des § 6 Abs. 2 S. 1 und 2 Nr. 1 ist.[19] Neben der Haftung des fehlerhaft Bestellten kommt eine solche der Gesellschafter aus § 6 Abs. 5 in Betracht (Gesamtschuld).[20]

7 Umstritten ist, inwieweit auch der **faktische Geschäftsführer**, d.h. der niemals bestellte Geschäftsführer, einer Haftung nach § 43 Abs. 2 (analog) unterfallen kann. Die Rechtsprechung verlangt hierfür, dass der Betreffende nach der Gesamtwürdi-

9 *Haas/Ziemons*, in: Michalski, GmbHG, § 43 Rn. 206.

10 *Haas/Ziemons*, in: Michalski, GmbHG, § 43 Rn. 258a; *Altmeppen*, in: Roth/Altmeppen, GmbHG, § 43 Rn. 86; *Schneider*, in: Scholz, GmbHG, § 43 Rn. 287a; *Zöllner/Noack*, in: Baumbach/Hueck, GmbHG, § 43 Rn. 62.

11 Zur vereinzelt vertretenen a.A. *Römermann*, in: Michalski, GmbHG, § 43 Rn. 398 f.

12 BGHZ 148, 167, 169 f.; BGH, NJW 1994, 2027.

13 BGH, NJW 1994, 2027.

14 BGH, NJW-RR 1986, 1293 f.

15 OLG Frankfurt, GmbHR 2009, 317 ff.

16 BGHZ 31, 258, 277 f.; *Zöllner/Noack*, in: Baumbach/Hueck, GmbHG, § 43 Rn. 2.

17 *Kleindiek*, in: Lutter/Hommelhoff, GmbHG, § 43 Rn. 14; *Haas/Ziemons*, in: Michalski, GmbHG, § 43 Rn. 33.

18 BGHZ 129, 30, 32; *Paefgen*, in: Ulmer/Habersack/Winter, GmbHG, § 43 Rn. 12; *Zöllner/Noack*, in: Baumbach/Hueck, GmbHG, § 43 Rn. 2; a.A. *Kleindiek*, in: Lutter/Hommelhoff, GmbHG, Vor § 35 Rn. 11.

19 *Paefgen*, in: Ulmer/Habersack/Winter, GmbHG, § 43 Rn. 12; *Zöllner/Noack*, in: Baumbach/Hueck, GmbHG, § 43 Rn. 2.

20 *Zöllner/Noack*, in: Baumbach/Hueck, GmbHG, § 43 Rn. 2.

gung der Umstände die Geschicke der Gesellschaft durch eigenes Handeln im Außenverhältnis maßgeblich in die Hand genommen hat, so dass eine Haftung wie ein organschaftlich berufener Geschäftsführer geboten erscheint.[21] Danach haftet der faktische Geschäftsführer, wenn die Voraussetzungen einer faktischen Geschäftsführung vorliegen, ebenso wie ein wirksam bestellter Geschäftsführer.

8 Ausgeschlossen ist die Anwendbarkeit des § 43 Abs. 2 auf den Gesellschafter-Geschäftsführer einer **Einpersonen-GmbH**. Dieser haftet allein nach § 43 Abs. 3.[22] Anders kann das nur sein, wenn der Alleingesellschafter-Geschäftsführer mit der fraglichen Vermögensverfügung gegen ein Verbot verstößt, das durch eine Weisung der Gesellschafterversammlung nicht außer Kraft gesetzt werden kann. Dies ist vor allem bei einem Verstoß gegen § 30 oder § 64 denkbar.[23] Nicht anwendbar ist § 43 Abs. 2 auch auf Gesellschafter, auch wenn sie die Geschäftsführungsbefugnis durch Weisung an sich gezogen haben und damit wirtschaftlich Alleingesellschafter sind.[24] Eine Ausnahme ergibt sich auch nicht für einen Mehrheits- oder Alleingesellschafter mit Leitungsmacht.[25] Auf Aufsichtsratsmitglieder sowie den vorläufigen Insolvenzverwalter (§ 22 Abs. 1 Nr. 2 InsO, §§ 27, 80 InsO) findet § 43 nicht direkt Anwendung.[26]

III. Zeitlicher Anwendungsbereich

9 § 43 gilt mit der Organstellung, die regelmäßig nach der Annahmeerklärung durch den Geschäftsführer eintritt.[27] Unerheblich ist die Existenz eines Anstellungsverhältnisses, die Eintragung der Bestellung im Handelsregister,[28] oder ob der Bestellungsakt wirksam war.[29] Auf die Annahmeerklärung des Geschäftsführers kann es dann nicht ankommen, wenn er zuvor sein Amt aufgenommen hat; dann ist dieser Zeitpunkt erheblich.[30] Dies gilt auch für den Geschäftsführer einer Vor-GmbH.[31] Sofern

21 BGHZ 104, 44, 48; BGHZ 150, 61, 69 (unter Verweis auf BGHZ 104, 44, 48); BGH, NZG 2005, 755; BGH, NZG 2005, 816 f.; BGH, NZG 2008, 468, 469; BGH, NZG 2008, 597, 598; OLG Brandenburg, NZG 2001, 807, 808; OLG München, BeckRS 2010, 23061 (restriktive Anwendung, wenn üblicherweise ein der Geschäftsführung zuzurechnendes Handeln vorliegt); KG, NZG 2000, 1032 f.; *Strohn*, DB 2011, 158 ff., *Fleischer*, GmbHR 2011, 337 ff.

22 BGHZ 31, 258, 278; BGHZ 119, 257, 261; BGHZ 122, 333, 336; BGH, ZIP 1994, 872, 874; BGH, NZG 1999, 1001, 1002.

23 BGH, NJW 2010, 64 f.

24 BGHZ 119, 257, 261 f.; *Haas/Ziemons*, in: Michalski, GmbHG, § 43 Rn. 31 m.w.N. auch zur a.A, siehe auch Rn. 179; *Schneider*, in: Scholz, GmbHG, § 43 Rn. 108.

25 BGHZ 31, 258, 277 f.

26 *Haas/Ziemons*, in: Michalski, GmbHG, § 43 Rn. 33; *Zöllner/Noack*, in: Baumbach/Hueck, GmbHG, § 43 Rn. 2.

27 BGH, ZIP 1987, 1050, 1051.

28 BGH, NJW 1994, 2027; BGH, NZG 2003, 394, 395; *Zöllner/Noack*, in: Baumbach/Hueck, GmbHG, § 43 Rn. 2.

29 *Haas/Ziemons*, in: Michalski, GmbHG, § 43 Rn. 34.

30 BGH, NJW-RR 1986, 1293; OLG München, GmbHR 2000, 732, 733.

31 BGH, NJW-RR 1986, 1293.

man zutreffend § 43 auf den faktischen Geschäftsführer anwendbar hält, beginnt bei diesem die Rechts- und Pflichtenstellung mit Amtsübernahme.[32] Für Prokuristen gelten § 43 Abs. 2 und 3 S. 1 nicht, auch nicht analog. Allerdings kommt eine analoge Anwendbarkeit des § 43 Abs. 3 S. 3 in Betracht.

10 Die Anwendbarkeit des § 43 **endet** nicht schon mit der Auflösung der GmbH, außer die Abwicklung der Gesellschaft wurde in der Satzung oder durch Gesellschafterbeschluss auf andere Personen übertragen.[33] Beendigung tritt vielmehr ein mit der Beendigung der Organstellung.[34]

11 Eine **Fortwirkung** des § 43 und damit die Möglichkeit einer Haftung trotz Beendigung der Organstellung ergibt sich dann, wenn der Geschäftsführer dennoch weiter tätig ist; dann kommt es auf die tatsächliche Einstellung der Geschäftsführertätigkeit an.[35] Auch die Insolvenzeröffnung führt nicht zu einer Nichtanwendung von § 43 Abs. 2, da die organschaftliche Pflichtenstellung, jedoch durch das Insolvenzverfahren modifiziert, [36] weiter besteht.[37] Zudem gibt es sog. nachwirkende Pflichten aus der Organstellung (z.B. Treuepflicht), die ebenfalls trotz **Ausscheidens** zu einer Haftung nach § 43 führen können.[38]

12 Bei **fehlerhafter Abberufung** des Geschäftsführers ist zwischen der Nichtigkeit und der bloßen Anfechtbarkeit des zugrunde liegenden Beschlusses zu unterscheiden. Ist der Abberufungsbeschluss nichtig, ist die Abberufung zwar nicht wirksam, stellt der Geschäftsführer seine Tätigkeit ein, kann darin aber eine (konkludente) Niederlegung des Amtes gesehen werden.[39] Besteht lediglich Anfechtbarkeit des Gesellschafterbeschlusses hinsichtlich der Abberufung, ist die Organstellung beendet, bis der Beschluss auf eine Anfechtungsklage (allein durch einen Gesellschafter) hin für nichtig erklärt wird.[40] Teilweise wird dagegen davon ausgegangen, dass die fehlerhafte Abberufung die Organstellung des Geschäftsführers selbst dann nicht berührt, wenn er seine Tätigkeit eingestellt hat. Allerdings soll eine Haftung nach § 43 Abs. 2 insofern ausscheiden, als die Geltendmachung dieses Anspruchs durch die Gesellschaft widersprüchlich wäre und damit eine **unzulässige Rechtsausübung** darstellen

---

32 BGH, NJW-RR 1986, 1293.

33 *Haas/Ziemons*, in: Michalski, GmbHG, § 43 Rn. 35.

34 BGH, NZG 2003, 394, 395.

35 BGH, NZG 2006, 62, 64; OLG Naumburg, GmbHR 2000, 558, 559; *Paefgen*, in: Ulmer/Habersack/Winter, GmbHG, § 43 Rn. 17; *Zöllner/Noack*, in: Baumbach/Hueck, GmbHG, § 43 Rn. 2.

36 *Casper*, in: Ulmer/Habersack/Winter, GmbHG, § 64 Rn. 71.

37 OLG Karlsruhe, ZIP 1993, 133, 134; zur Haftung des Geschäftsführers in der Krise *Bellen/Stehl*, BB 2010, 2579 ff.

38 *Schneider*, in: Scholz, GmbHG, § 43 Rn. 219 f.; *Zöllner/Noack*, in: Baumbach/Hueck, GmbHG, § 43 Rn. 2.

39 *Haas/Ziemons*, in: Michalski, GmbHG, § 43 Rn. 36a; siehe auch *Zöllner/Noack*, in: Baumbach/Hueck, GmbHG, § 38 Rn. 44.

40 Vgl. *Zöllner/Noack*, in: Baumbach/Hueck, GmbHG, § 38 Rn. 44.

würde.[41] Die Einrede der unzulässigen Rechtsausübung kann auch Dritten entgegengehalten werden, die den Anspruch der Gesellschaft gegen den Geschäftsführer gepfändet haben.[42] Legt der Geschäftsführer sein Amt zur Unzeit nieder und sind keine weiteren Geschäftsführer im Amt, geht die h.M. von einer Unwirksamkeit der Niederlegung aus,[43] so dass der Geschäftsführer trotz Einstellung seiner Tätigkeit im Amt bleibt und der Haftung nach § 43 unterliegen kann.[44]

B. Pflichten des Geschäftsführers

I. Der Sorgfaltsmaßstab des Abs. 1

13 Der Geschäftsführer hat gemäß § 43 Abs. 1 in den Angelegenheiten der Gesellschaft die »Sorgfalt eines ordentlichen Geschäftsmannes« anzuwenden. Damit bezieht sich diese Regelung allein auf einen Sorgfaltsverstoß. Unpräzise ist es daher, aus § 43 Abs. 1 einen bestimmten Pflichtenkatalog herauszulesen, den der Geschäftsführer einzuhalten hat.[45] Diese Pflichten ergeben sich vielmehr aus der Treuepflicht, der Geschäftsführungsaufgabe als solcher oder aus Sonderregelungen.[46]

14 Abs. 1 spricht die einzuhaltende Sorgfalt des Geschäftsführers an. Dabei gelten die gleichen Grundsätze wie für § 93 Abs. 1 AktG (»Sorgfalt eines ordentlichen und gewissenhaften Geschäftsleiters«).[47] Es handelt sich um einen von § 276 Abs. 2 BGB (»im Verkehr erforderliche Sorgfalt«) abweichenden Verschuldensmaßstab hinsichtlich der organschaftlichen Stellung des Geschäftsführers. Verletzt der Geschäftsführer ausschließlich Pflichten aus dem Anstellungsvertrag, unterliegt er dagegen grundsätzlich keiner Haftung aus § 43 GmbHG.

15 Der erforderliche Sorgfaltsmaßstab bestimmt sich nach der Stellung des Geschäftsführers in verantwortlich leitender Position bei der Wahrnehmung fremder Vermögensinteressen.[48] Dabei liegt ein »relativer Verhaltensstandard« vor, da die Art und

---

41 BGH, GmbHR 1974, 131, 132.

42 BGHZ 31, 258, 278.

43 BayObLGZ 1981, 266, 268; BayObLGZ 1992, 253, 254; BayObLG, NJW-RR 2000, 179, 180; a.A. OLG Koblenz, GmbHR 1995, 730 f.

44 *Haas/Ziemons*, in: Michalski, GmbHG, § 43 Rn. 36.

45 Vgl. *Haas/Ziemons*, in: Michalski, GmbHG, § 43 Rn. 42 ff.; *Bellen/Stehl*, BB 2010, 2579, 2580.

46 So auch *Zöllner/Noack*, in: Baumbach/Hueck, GmbHG, § 43 Rn. 18.

47 *Altmeppen*, in: Roth/Altmeppen, GmbHG, § 43 Rn. 3; *Scheider*, in: Scholz, GmbHG, § 43 Rn. 232; *Zöllner/Noack*, in: Baumbach/Hueck, GmbHG, § 43 Rn. 7.

48 OLG Düsseldorf, GmbHR 1995, 227, 228; OLG Zweibrücken, NZG 1999, 506, 507; OLG Jena, NZG 1999, 121, 122; OLG Celle, NZG 2000, 1178, 1179; OLG Brandenburg, NZG 2001, 763, 765; OLG Celle, NJOZ 2006, 1563, 1564; OLG Oldenburg, NZG 2007, 434, 435; OLG Koblenz, NZG 2008, 280 (LS); *Altmeppen*, in: Roth/Altmeppen, GmbHG, § 43 Rn. 3; *Kleindiek*, in: Lutter/Hommelhoff, GmbHG, § 43 Rn. 6; *Schneider*, in: Scholz, GmbHG, § 43 Rn. 33.

Größe des Unternehmens, dessen Situation und die Bedeutung der fraglichen Geschäftsführungsmaßnahme zu berücksichtigen sind.[49] Nicht relevant sollen dagegen Faktoren wie der Idealzweck der GmbH[50], die Ehren- oder Nebenamtlichkeit der Geschäftsführerstellung[51], persönliche Eigenschaften des Geschäftsführers,[52] oder dessen Überlastung[53] sein. Der Geschäftsführer kann sich daher nicht darauf berufen, er habe nicht die erforderlichen Kenntnisse zur Ausführung seines Amtes besessen.[54]

II. Pflicht zur ordnungsgemäßen Unternehmensleitung

1. Geschäftsführungspflicht

16 Der Geschäftsführer hat die Pflicht zur Geschäftsführung, d.h. den Gesellschaftszweck möglichst effektiv und gewinnträchtig zu verfolgen. Teilweise konkretisiert sich diese Pflicht auch durch andere Pflichten (z.B. Treuepflichten). Was im Einzelnen für die Geschäftsführung zu verlangen ist, wird von der Art und Größe der Gesellschaft und von deren Unternehmensgegenstand abhängen. Konkretisierungen finden sich zum einen in der Rechtsprechung, zum anderen in den betriebswirtschaftlichen »Grundsätzen ordnungsgemäßer Unternehmensführung«.[55] Ob daneben auch die Empfehlungen des Deutschen Corporate Governance Kodex wenigstens sinngemäß, dort wo sie für die GmbH passen, zu beachten sind, ist fraglich und im Ergebnis auch für größere Gesellschaften abzulehnen.[56]

---

49 *Paefgen*, in: Ulmer/Habersack/Winter, GmbHG, § 43 Rn. 19, 85 f.; siehe auch *Altmeppen*, in: Roth/Altmeppen, GmbHG, § 43 Rn. 3; *Kleindiek*, in: Lutter/Hommelhoff, GmbHG, § 43 Rn. 6; *Koppensteiner*, in: Rowedder/Schmidt-Leithoff, GmbHG, § 43 Rn. 7.

50 *Marsch-Barner/Diekmann*, in: MünchHdbGmbHG, § 46 Rn. 12; *Paefgen*, in: Ulmer/Habersack/Winter, GmbHG, § 43 Rn. 19; *Zöllner/Noack*, in: Baumbach/Hueck, GmbHG, § 43 Rn. 9.

51 *Paefgen*, in: Ulmer/Habersack/Winter, GmbHG, § 43 Rn. 19; *Zöllner/Noack*, in: Baumbach/Hueck, GmbHG, § 43 Rn. 9; a.A. *Marsch-Barner/Diekmann*, in: MünchHdb-GmbHG, § 46 Rn. 12.

52 BGHZ 81, 442, 445; BGH, NJW 1983, 1856, 1857; BGH, NJW 1995, 1290, 1291; OLG Köln, GmbHR 1972, 65, 66; OLG Zweibrücken, NZG 1999, 506, 507; OLG Celle, NZG 2000, 1178, 1179; OLG Jena, NZG 2001, 86, 87.

53 BGH, WM 1971, 440, 442; OLG Bremen, GmbHR 1964, 8, 9; *Haas/Ziemons*, in: Michalski, GmbHG, § 43 Rn. 190; *Paefgen*, in: Ulmer/Habersack/Winter, GmbHG, § 43 Rn. 18, 87; *Schneider*, in: Scholz, GmbHG, § 43 Rn. 232; *Zöllner/Noack*, in: Baumbach/Hueck, GmbHG, § 43 Rn. 11.

54 OLG Schleswig, GmbHR 2010, 864 ff. (in Bezug auf Steuererklärungen und Bilanzen).

55 *Haas/Ziemons*, in: Michalski, GmbHG, § 43 Rn. 65; *Paefgen*, in: Ulmer/Habersack/Winter, GmbHG, § 43 Rn. 72; *Schneider*, in: Scholz, GmbHG, § 43 Rn. 86; *Zöllner/Noack*, in: Baumbach/Hueck, GmbHG, § 43 Rn. 19.

56 *Buck-Heeb*, in: FS Westermann, 2008, S. 845, 852; etwas offener *Paefgen*, in: Ulmer/Habersack/Winter, GmbHG, § 43 Rn. 72; a.A. *Zöllner/Noack*, in: Baumbach/Hueck, GmbHG, § 43 Rn. 19, siehe auch Rn. 20.

17 Im **Grundsatz** gilt, dass sich der Geschäftsführer laufend über alle wesentlichen Angelegenheiten informieren und auch die Bücher der Gesellschaft einsehen muss.[57] Um Risiken rechtzeitig zu erkennen, hat er die Organisation der Gesellschaft so auszugestalten, dass er sich jederzeit einen Überblick über die wirtschaftliche und finanzielle Lage der Gesellschaft verschaffen kann. Nur so ist ein wirksames Eingreifen möglich.[58] Als pflichtwidrig wird auch die ungeprüfte Freigabe von Rechnungen anzusehen sein. Abgesehen davon darf der Geschäftsführer seine Kompetenzen nicht überschreiten, indem er etwa das zuständige Aufsichtsgremium nicht einschaltet.[59]

18 Der Geschäftsführer hat sich bei seinem Handeln innerhalb des Unternehmensgegenstands und seiner ihm durch Satzung, Anstellungsvertrag, Geschäftsordnung, Weisung oder Gesetz zugesprochenen Kompetenzen zu halten. Dabei hat er sowohl Weisungen als auch Beschlüsse der Gesellschafterversammlung sowie seine Treuepflicht der Gesellschaft gegenüber zu beachten. Unter Berücksichtigung dieser Punkte hat er aber bei seinem Handeln ein unternehmerisches Ermessen. Ist die Rechtslage unklar, wird dem Geschäftsführer ein Beurteilungs- und Ermessensspielraum zugestanden, wobei er nach sorgfältiger Entscheidungsvorbereitung, etwa durch sachkundigen Rechtsrat, auch eine für die Gesellschaft günstige Rechtsposition einnehmen darf.[60]

19 Fraglich ist, ob der Geschäftsführer aufgrund einer Nützlichkeit für die Gesellschaft diese gesetzlichen Pflichten auch missachten darf (**»nützliche» Pflichtverletzung**), ohne dass ihn eine Haftung nach § 43 Abs. 2 trifft. In Bezug auf **gesetzliche Pflichten** verhält es sich so, dass diese erfüllt werden müssen, andernfalls verletzt der Geschäftsführer seine Sorgfaltspflicht.[61] Es ist für die Pflichtwidrigkeit seines Verhaltens unerheblich, ob diese für die Gesellschaft vorteilhaft wäre (z.B. Kosten-Nutzen-Erwägung bzgl. Sanktion und ersparten Kosten). Hier hat der Geschäftsführer kein unternehmerisches Ermessen. Solche Nützlichkeitserwägungen können die Pflicht des Geschäftsführers, für eine Erfüllung der bestehenden gesetzlichen Pflichten der Gesellschaft zu sorgen, weder aufheben noch modifizieren.[62]

---

57 OLG Rostock, BeckRS 2004, 30341685; OLG Brandenburg, NZG 2001, 756 (LS); OLG Zweibrücken, NZG 1999, 506, 507.

58 *Kleindiek*, in: Lutter/Hommelhoff, GmbHG, § 43 Rn. 19; *Koppensteiner*, in: Rowedder/Schmidt-Leithoff, GmbHG, § 43 Rn. 16; *Paefgen*, in: Ulmer/Habersack/Winter, GmbHG, § 43 Rn. 67 f.; *Schneider*, in: Scholz, GmbHG, § 43 Rn. 95; *Zöllner/Noack*, in: Baumbach/Hueck, GmbHG, § 43 Rn. 17 (Unternehmensorganisationspflicht).

59 OLG Koblenz, NZG 2008, 280 (LS).

60 *Paefgen*, in: Ulmer/Habersack/Winter, GmbHG, § 43 Rn. 34; *Schneider*, in: Scholz, GmbHG, § 43 Rn. 79; *Zöllner/Noack*, in: Baumbach/Hueck, GmbHG, § 43 Rn. 23c.

61 Vgl. BFH, ZIP 2009, 516.

62 *Schneider*, in: Scholz, GmbHG, § 43 Rn. 79; *Haas/Ziemons*, in: Michalski, GmbHG, § 43 Rn. 51; *Zöllner/Noack*, in: Baumbach/Hueck, GmbHG, § 43 Rn. 23.

20 Ob im Falle einer Auslandsberührung **ausländisches Recht** zu berücksichtigen ist, ist umstritten. Die h.M. will hier nur das deutsche Kollisionsrecht anwenden,[63] wohingegen eine a.A. sämtliche in- und ausländischen Rechte als zu beachten ansieht.[64] Jedenfalls sind etwa Schmiergeldzahlungen auch im Ausland nach deutschem Recht strafbar (§ 334 StGB i.V.mit Art. 2 § 1 Nr. 2 IntBestG, § 229 Abs. 3 StGB), d.h. es besteht für den Geschäftsführer kein Ermessensspielraum.[65]

21 Im Gegensatz dazu hat der Geschäftsführer nach h.M. bei **vertraglichen Pflichten** einen Entscheidungsspielraum, d.h. er kann sich an den Grundsätzen der ordnungsgemäßen Unternehmensführung orientieren.[66] Ob dies allerdings auch für die Erfüllung öffentlich-rechtlicher Zahlungspflichten gelten kann, ist jedenfalls für Steuern und Sozialabgaben zu bezweifeln.[67]

22 Die dem Geschäftsführer obliegende Pflicht zur ordnungsgemäßen Unternehmensleitung bezieht sich allein auf dessen **dienstliche** Tätigkeiten.[68] Damit spielen nichtdienstliche Tätigkeiten im Rahmen des § 43 (z.B. Privatnutzung des Dienst-Pkw) keine Rolle. Auch solche Tätigkeiten, die bloß »bei Gelegenheit der Geschäftsführung« erfolgen und damit auch von einem Dritten, der kein Organ der Gesellschaft ist, hätten erfüllt werden können (z.B. Fahren des Dienst-Pkw), sollen nicht unter die dem Sorgfaltsmaßstab des § 43 Abs. 1 unterliegenden Geschäftsleiterpflichten fallen, sondern allein an § 276 BGB zu messen sein.[69] Der Geschäftsführer ist verantwortlich dafür, dass sich die Gesellschaft nach außen rechtmäßig verhält.[70] Auch wenn bestimmte Pflichten des Geschäftsführers laut Gesetz auch im Interesse Dritter oder der Allgemeinheit bestehen (z.B. § 15a InsO, §§ 49 f., § 64 Abs. 1 GmbHG), ist der Geschäftsführer zu deren Einhaltung gemäß § 43 Abs. 1 auch der Gesellschaft gegenüber verpflichtet.[71]

---

63 *Paefgen*, in: Ulmer/Habersack/Winter, GmbHG, § 43 Rn. 33.

64 *Haas/Ziemons*, in: Michalski, GmbHG, § 43 Rn. 48.

65 *Haas/Ziemons*, in: Michalski, GmbHG, § 43 Rn. 48a; *Klöhn*, in: Bork/Schäfer, GmbHG, § 43 Rn. 37; *Paefgen*, in: Ulmer/Habersack/Winter, GmbHG, § 43 Rn. 33; *Schneider*, in: Scholz, GmbHG, § 43 Rn. 76; *Zöllner/Noack*, in: Baumbach/Hueck, GmbHG, § 43 Rn. 23.

66 *Haas/Ziemons*, in: Michalski, GmbHG, § 43 Rn. 51a; *Schneider*, in: Scholz, GmbHG, § 43 Rn. 78; a.A. *Zöllner/Noack*, in: Baumbach/Hueck, GmbHG, § 43 Rn. 23a (Differenzierung zwischen öffentlich-rechtlichen und zivilrechtlichen Verhaltenspflichten des Geschäftsführers sei nicht überzeugend).

67 So auch *Haas/Ziemons*, in: Michalski, GmbHG, § 43 Rn. 51a; anders wohl *Schneider*, in: Scholz, GmbHG, § 43 Rn. 79; *Zöllner/Noack*, in: Baumbach/Hueck, GmbHG, § 43 Rn. 23b.

68 OLG Koblenz, NZG 1999, 517, 522.

69 *Haas/Ziemons*, in: Michalski, GmbHG, § 43 Rn. 42; *Zöllner/Noack*, in: Baumbach/Hueck, GmbHG, § 43 Rn. 10; a.A. *Paefgen*, in: Ulmer/Habersack/Winter, GmbHG, § 43 Rn. 14.

70 BGH, NJW 1988, 1321, 1323; BGH, ZIP 1995, 1021, 1030; KG, NZG 1999, 400.

71 BGHZ 78, 82, 87; BGH, WM 1983, 725, 726; BGH, ZIP 1998, 1269, 1271.

2. Business Judgement Rule

23 Die inzwischen im Aktiengesetz ausdrücklich enthaltene sog. Business Judgement Rule findet entsprechend auch für die GmbH Anwendung.[72] Teilweise wird darauf abgehoben, dass aufgrund der stärkeren Bindung an das Vertrauen der Gesellschafter der Geschäftsführer in der GmbH mehr als in der Aktiengesellschaft Konsens der Gesellschafter bei schwierigen **Ermessensentscheidungen** einzuholen habe.[73] Danach handelt ein Geschäftsführer dann pflichtgemäß, wenn er sich vor einer unternehmerischen Entscheidung unter Beachtung der Legalitätspflicht hinreichend informiert, sich nicht in einem Interessenkonflikt befindet und darauf vertrauen darf, zum Besten der Gesellschaft zu handeln.[74] In Umkehrung dessen ist die Business Judgement Rule dann nicht anwendbar, wenn, der Geschäftsführer mit seinem Handeln gesetzliche Regelungen oder seine organschaftliche Treuepflichten missachtet.[75] So hat der Geschäftsführer etwa kein Ermessen, wenn es um die Information des Aufsichtsrats zur Herbeiführung einer Entscheidung dieses Kontrollorgans geht.[76] Eine fehlerhafte Ausübung des Geschäftsführerermessens soll dann vorliegen, wenn aus **ex ante-Sicht** das Handeln des Geschäftsführers unvertretbar erscheint.[77]

24 Wann der Geschäftsführer auf der Grundlage angemessener Information gehandelt hat, ist umstritten. Die Rechtsprechung bejaht eine Pflicht, sämtliche verfügbaren Informationsquellen auszuschöpfen.[78] Dem wird im Schrifttum widersprochen.[79]

25 Zu beachten ist, dass der Geschäftsführung bei der Leitung der Geschäfte der Gesellschaft grundsätzlich ein weiter Handlungsspielraum zustehen muss, da ansonsten eine unternehmerische Tätigkeit nicht denkbar ist. Dem Geschäftsführer ist es daher möglich, bewusst bestimmte geschäftliche **Risiken** einzugehen. Auch führt nicht jede **Fehlbeurteilung** und Fehleinschätzung, der ein noch so verantwortungsbewusster Unternehmensleiter erliegen kann, aufgrund der ex ante-Betrachtung zu einer Fehlerhaftigkeit der Ermessensausübung.[80] Überschritten ist das dem Geschäftsführer zustehende Ermessen aber dann, wenn kein verantwortungsbewusstes, am Unterneh-

---

72 *Klöhn*, in: Bork/Schäfer, GmbHG, § 43 Rn. 28 ff.; *Paefgen*, in: Ulmer/Habersack/Winter, GmbHG, § 43 Rn. 22, 52; *Schneider*, in: Scholz, GmbHG, § 43 Rn. 54; *Zöllner/Noack*, in: Baumbach/Hueck, GmbHG, § 43 Rn. 22; einschränkend *Fleischer*, NZG 2011, 521 ff.

73 *Zöllner/Noack*, in: Baumbach/Hueck, GmbHG, § 43 Rn. 22.

74 BGH, NJW 2008, 3361; OLG Koblenz, NZG 2008, 280 (LS); *Schneider*, in: Scholz, GmbHG, § 43 Rn. 53 f.; *Zöllner/Noack*, in: Baumbach/Hueck, GmbHG, § 43 Rn. 22; *Paefgen*, in: Ulmer/Habersack/Winter, GmbHG, § 43 Rn. 22; *Haas/Ziemons*, in: Michalski, GmbHG, § 43 Rn. 68 ff.

75 *Haas/Ziemons*, in: Michalski, GmbHG, § 43 Rn. 73.

76 OLG Koblenz, NZG 2008, 280 (LS).

77 *Zöllner/Noack*, in: Baumbach/Hueck, GmbHG, § 43 Rn. 22; *Schneider*, in: Scholz, GmbHG, § 43 Rn. 61; a.A. *Paefgen*, in: Ulmer/Habersack/Winter, GmbHG, § 43 Rn. 61 ff.

78 BGH, NJW 2008, 3361.

79 *Klöhn*, in: Bork/Schäfer, GmbHG, § 43 Rn. 31; kritisch bzgl. der Rechtsprechung *Kleindiek*, in: Lutter/Hommelhoff, GmbHG, § 43 Rn. 18.

80 *Zöllner/Noack*, in: Baumbach/Hueck, GmbHG, § 43 Rn. 22.

menswohl orientiertes[81] und sorgfältig vorbereitetes[82] Handeln mehr vorliegt,[83] d.h. wenn das erlaubte Risiko überschritten wird. Insgesamt hat der Geschäftsführer gutgläubig zu handeln, d.h. er darf nicht wissentlich eine falsche Entscheidung treffen, selbst wenn diese sich im Rahmen des objektiven Ermessensspielraums bewegt.[84]

26 Die gerichtliche **Überprüfbarkeit** soll erstens darauf beschränkt sein, ob ein Ermessensspielraum bestand, und zweitens, ob unternehmerische Vertretbarkeit i.S. einer objektiven Nachvollziehbarkeit der Entscheidung aus ex ante-Sicht gegeben ist.[85] Liegen die Voraussetzungen der Business Judgement Rule nicht vor, weil bzgl. der Entscheidung kein Ermessen bestand (sog. **gebundene Entscheidung**), unterliegt das Handeln des Geschäftsführers der vollen gerichtlichen Nachprüfung.[86]

III. Treuepflicht

1. Inhalt und Funktion der Treuepflicht

27 Der Geschäftsführer hat eine besondere organschaftliche Treuepflicht, die über diejenige nach § 242 BGB hinausgeht.[87] Aufgrund der Treuepflicht hat der Geschäftsführer in sämtlichen, das Interesse der Gesellschaft berührenden Angelegenheiten allein deren Wohl und nicht seinen eigenen Vorteil oder den Vorteil Dritter zu verfolgen.[88]

28 Eine Abgrenzung zwischen Treuepflicht und der Pflicht zur ordnungsgemäßen Unternehmensleitung ist insofern erheblich, als im Rahmen der Treuepflicht kein Raum für einen unternehmerischen Handlungsspielraum besteht. Grundsätzlich befinden die Gesellschafter über das Bestehen eines Interessenkonflikts, so dass der Geschäftsführer schon deshalb sämtliche Interessenkonflikte offenzulegen hat.[89] Aus der Treuepflicht abgeleitet wird die Pflicht zur »rechtstreuen« Ausübung der

81 *Schneider*, in: Scholz, GmbHG, § 43 Rn. 57, 64 ff.; *Zöllner/Noack*, in: Baumbach/Hueck, GmbHG, § 43 Rn. 22d.

82 BGHZ 152, 280, 284; BGH, DStR 2008, 1839, 1840 f.; OLG Oldenburg, NZG 2007, 434, 435.

83 BGH, NJW 1997, 1926; BGH, NJW 2008, 3361; OLG Oldenburg, NZG 2007, 434, 435; *Kuntz*, GmbHR 2008, 121, 124.

84 *Klöhn*, in: Bork/Schäfer, GmbHG, § 43 Rn. 32.

85 *Schneider*, in: Scholz, GmbHG, § 43 Rn. 61; *Zöllner/Noack*, in: Baumbach/Hueck, GmbHG, § 43 Rn. 22a; a.A. *Paefgen*, in: Ulmer/Habersack/Winter, GmbHG, § 43 Rn. 58 ff., 61 ff.

86 *S.H. Schneider*, DB 2005, 707, 710; *Schneider*, in: Scholz, GmbHG, § 43 Rn. 56, 74; *Paefgen*, in: Ulmer/Habersack/Winter, GmbHG, § 43 Rn. 55; *Zöllner/Noack*, in: Baumbach/Hueck, GmbHG, § 43 Rn. 22b.

87 BGHZ 10, 187, 192; BGH, WM 1964, 1320, 1321; BGH, NJW 1986, 585, 586.

88 BGH, WM 1983, 489, 499; BGH, NJW 1986, 585, 586; BGH, ZIP 1989, 1390, 1394; OLG Düsseldorf, WM 2000, 1393, 1396.

89 *Paefgen*, in: Ulmer/Habersack/Winter, GmbHG, § 43 Rn. 51; *Haas/Ziemons*, in: Michalski, GmbHG, § 43 Rn. 90.

Geschäftsführertätigkeit (**Legalitätspflicht**).[90] Aus dem Aspekt der Treuepflicht haben sich aber noch zahlreiche weitere Bereiche herausgebildet. Nachfolgend sind einige Bereiche aufgeführt.

2. Einsatz der Arbeitskraft

29 Der Geschäftsführer hat seine Arbeitskraft der Gesellschaft gemäß dem Dienstvertrag und orientiert an ihren Bedürfnissen zur Verfügung zu stellen.[91] Davon umfasst ist auch die vorbehaltlose Zur-Verfügung-Stellung seiner Fähigkeiten, Kenntnisse und Erfahrungen. Die Treuepflicht kann auch einen außergewöhnlichen Einsatz erforderlich machen, wie z.B. die Leistung von Überstunden, Nichtantritt oder Abbruch eines Urlaubs, wobei dies zumeist im Anstellungsvertrag geregelt sein wird.[92] Daneben ist dem Geschäftsführer jedoch die Pflege seines eigenen Vermögens oder die Übernahme eines Ehrenamts erlaubt, sofern das Geschäftsführeramt dadurch nicht beeinträchtigt wird.[93]

30 Offen gelassen hat der BGH bislang, wie eine rechtsmissbräuchliche oder zur Unzeit erfolgende **Amtsniederlegung** einzuordnen ist.[94] Teilweise wird dies als Pflichtverletzung gesehen, sofern nicht besondere Umstände die Handlung des Geschäftsführers rechtfertigen.[95] Andere halten eine solche Amtsniederlegung für unwirksam.[96] Die Rechtsprechung geht jedenfalls dann von einer Verletzung der Treuepflicht aus, wenn die Amtsniederlegung zur Handlungsunfähigkeit der GmbH führt oder die Gesellschaft in einer wirtschaftlichen Krise ist.[97] Erfindungen, die im Zusammenhang mit den Dienstpflichten gemacht wurden, sind regelmäßig der Gesellschaft zu überlassen.[98] Ist anderes gewollt, bedarf es einer besonderen Regelung etwa im Anstellungsvertrag.

3. Vergütung

31 Nach h.M. greift die Treuepflicht bei der Aushandlung der Vergütung des Geschäftsführers mit der Gesellschaft oder eines Abfindungs- und Aufhebungsvertrags bzgl.

---

90 *Haas/Ziemons*, in: Michalski, GmbHG, § 43 Rn. 44 ff.; *Paefgen*, in: Ulmer/Habersack/Winter, GmbHG, § 43 Rn. 23 ff.; *Schneider*, in: Scholz, GmbHG, § 43 Rn. 74 ff.; *Zöllner/Noack*, in: Baumbach/Hueck, GmbHG, § 43 Rn. 17.

91 *Haas/Ziemons*, in: Michalski, GmbHG, § 43 Rn. 86; *Paefgen*, in: Ulmer/Habersack/Winter, GmbHG, § 43 Rn. 41; *Schneider*, in: Scholz, GmbHG, § 43 Rn. 117; *Zöllner/Noack*, in: Baumbach/Hueck, GmbHG, § 43 Rn. 49.

92 *Zöllner/Noack*, in: Baumbach/Hueck, GmbHG, § 43 Rn. 92.

93 BGH, NJW 1997, 2055, 2056; *Schneider*, in: Scholz, GmbHG, § 43 Rn. 218.

94 BGHZ 121, 257, 261 f.

95 OLG Koblenz, GmbHR 1995, 730 f.

96 BayObLG, BB 1999, 1782, 1783; OLG Düsseldorf, NZI 2001, 97, 98.

97 BGHZ 78, 82, 84 ff.; OLG Koblenz, GmbHR 1995, 730 f.

98 OLG Düsseldorf, GmbHR 1999, 1093, 1094.

des Anstellungsvertrages nicht.[99] Ob in paritätisch mitbestimmten Gesellschaften § 87 Abs. 1 AktG zu beachten ist, ist umstritten.[100] In der Gesellschaftskrise hat der Gesellschafter einer Herabsetzung seiner Vergütung zuzustimmen, wenn dadurch ein wesentlicher Beitrag zur Insolvenzvermeidung geleistet wird. Unklar ist lediglich, ob sich dies aus den Grundsätzen des Wegfalls der Geschäftsgrundlage[101] oder aus der Treuepflicht[102] ergeben soll.

4. Wettbewerbsverbot

32 Der Geschäftsführer unterliegt aufgrund seiner Treuepflicht einem umfassenden gesetzlichen Wettbewerbsverbot, auch wenn eine ausdrückliche gesetzliche Regelung im GmbH-Recht fehlt.[103] Darauf, ob die Gesellschaft durch eine Wettbewerbstätigkeit des Geschäftsführers geschädigt wird oder ob die Gesellschaft selbst das betreffende Geschäft betreiben konnte oder wollte, kommt es nicht an.[104] Der sachliche Anwendungsbereich des Wettbewerbsverbots richtet sich nach dem in der Satzung festgelegten Unternehmensgegenstand. Daher sind auch solche satzungsmäßig vorgesehenen Geschäftsbereiche erfasst, in denen die Gesellschaft noch nicht tätig ist, aber jederzeit tätig werden kann.[105] Auch diejenigen Tätigkeitsbereiche, die nicht vom in der Satzung festgelegten Unternehmensgegenstand erfasst sind, in denen die Gesellschaft aber tatsächlich tätig geworden ist, unterfallen dem Wettbewerbsverbot. [106]

33 **Adressaten** des Wettbewerbsverbots sind sämtliche Gesellschafter, unabhängig davon, ob sie Fremd- oder Gesellschafter-Geschäftsführer sind. Dies gilt auch für den faktischen Geschäftsführer.[107] Der Gesellschafter-Geschäftsführer einer Einmann-GmbH unterliegt dagegen keinem Wettbewerbsverbot, da ihm der Gesellschaft gegenüber grundsätzlich keine weitergehenden Pflichten obliegen. Anders ist dies nur, wenn

---

99 Vgl. OLG Düsseldorf, GmbHR 2000, 666, 667; gegen ein völliges Ausblenden *Haas/Ziemons*, in: Michalski, GmbHG, § 43 Rn. 95.

100 Dafür *Kleindiek*, in: Lutter/Hommelhoff, GmbHG, Anh. § 6 Rn. 31; *Haas/Ziemons*, in: Michalski, GmbHG, § 43 Rn. 95 m.w.N.; dagegen *Schneider*, in: Scholz, GmbHG, § 38 Rn. 218; *Paefgen*, in: Ulmer/Habersack/Winter, GmbHG, § 43 Rn. 182.

101 OLG Köln, NZG 2008, 637 f.

102 *Zöllner/Noack*, in: Baumbach/Hueck, GmbHG, § 35 Rn. 187.

103 BGH, WM 1964, 1320, 1321; BGH, WM 1976, 77, 79; BGH, GmbHR 1977, 129, 130; BGH, DStR 1997, 1053 f.; OLG Oldenburg, NZG 2000, 1038, 1039.

104 BGH, WM 1976, 77, 79.

105 BGHZ 89, 162, 170; *Haas/Ziemons*, in: Michalski, GmbHG, § 43 Rn. 101 m.w.N.; *Schneider*, in: Scholz, GmbHG, § 43 Rn. 163.

106 *Haas/Ziemons*, in: Michalski, GmbHG, § 43 Rn. 101; *Kleindiek*, in: Lutter/Hommelhoff, GmbHG, Anh. § 6 Rn. 22; *Paefgen*, in: Ulmer/Habersack/Winter, GmbHG, § 43 Rn. 44; *Schneider*, in: Scholz, GmbHG, § 43 Rn. 163; *Zöllner/Noack*, in: Baumbach/Hueck, GmbHG, § 35 Rn. 42.

107 *Paefgen*, in: Ulmer/Habersack/Winter, GmbHG, § 43 Rn. 40; zweifelnd *Schneider*, in: Scholz, GmbHG, § 43 Rn. 159.

nachhaltige Gläubigerinteressen gefährdet werden (existenzvernichtender Eingriff),[108] indem etwa das zur Erhaltung des Stammkapitals erforderliche Vermögen entzogen wird.[109] Zu berücksichtigen ist, dass ein Gesellschafter-Geschäftsführer auch aufgrund seiner mitgliedschaftlichen Treuepflicht einem Wettbewerbsverbot unterliegen kann, wobei dessen Inhalt und Umfang noch weitgehend ungeklärt sind.[110]

34 Da es auf eine wirtschaftliche Betrachtung (unternehmerische Tätigkeit) ankommt, kann der Geschäftsführer das Wettbewerbsverbot nicht durch Einschaltung eines **Strohmanns** oder eines nahen Familienangehörigen umgehen.[111] Als zulässig wird jedoch eine Kommanditisten- oder Minderheitsgesellschafter- bzw. -aktionärsstellung sowie die Stellung als stiller Gesellschafter gesehen. Voraussetzung ist aber, dass der Geschäftsführer nicht die betreffende Gesellschaft beherrscht, indem er auf deren einzelnen unternehmerischen Entscheidungen durch diese Position tatsächlich Einfluss nehmen kann.[112] Auch die bloße Geldanlage bei einem Wettbewerbsunternehmen soll möglich sein,[113] sofern der Geschäftsführer sie nicht alsbald mit Gewinn veräußern will oder die Objektzahl den »Rahmen der Befriedigung privater Bedürfnisse« deutlich überschreitet.[114] Das Wettbewerbsverbot umfasst nach einer Ansicht bereits bloße Vorbereitungshandlungen,[115] andere gehen dagegen davon aus, dass Vorbereitungshandlungen zum Aufbau eines eigenen Unternehmens oder zur Mithilfe am Aufbau eines fremden, noch nicht wettbewerblich tätigen Konkurrenzbetriebes unter dem Gesichtspunkt des Wettbewerbsverbots unbedenklich und daher erlaubt sind.[116]

35 Das aus der Treuepflicht abgeleitete Wettbewerbsverbot beginnt mit der Bestellung zum Geschäftsführer und endet grundsätzlich mit der Beendigung der Organstellung[117] und

108 BGHZ 119, 257 ff.; BGHZ 122, 333 ff.; *Altmeppen*, in: Roth/Altmeppen, GmbHG, § 30 Rn. 109; *Kleindiek*, in: Lutter/Hommelhoff, GmbHG, Anh. § 6 Rn. 20; *Paefgen*, in: Ulmer/Habersack/Winter, GmbHG, § 43 Rn. 39; *Schneider*, in: Scholz, GmbHG, § 43 Rn. 161.

109 Vgl. BFH, NJW 1996, 950, 951.

110 *Haas/Ziemons*, in: Michalski, GmbHG, § 43 Rn. 99; *Paefgen*, in: Ulmer/Habersack/Winter, GmbHG, § 43 Rn. 39.

111 *Schneider*, in: Scholz, GmbHG, § 43 Rn. 165.

112 *Schneider*, in: Scholz, GmbHG, § 43 Rn. 165.

113 BGH, NJW 1997, 2055, 2056; BGH, NJW 2001, 2476.

114 BGH, NJW 1997, 2055, 2056.

115 *Haas/Ziemons*, in: Michalski, GmbHG, § 43 Rn. 103 (differenzierend); a.A. *Paefgen*, in: Ulmer/Habersack/Winter, GmbHG, § 43 Rn. 42.

116 OLG Oldenburg, NZG 2000, 1038, 1039.

117 BGH, GmbHR 1977, 43 f.; OLG Hamm, GmbHR 1988, 344, 346; OLG Frankfurt, GmbHR 1998, 376, 378; OLG Düsseldorf, GmbHR 1999, 120, 121; OLG Oldenburg, NZG 2000, 1038, 1039.

der Beendigung des Anstellungsvertrags.[118] Etwas anderes ergibt sich auch nicht daraus, dass der Geschäftsführer seine Abberufung durch ein bestimmtes Verhalten hervorgerufen hat.[119] Im Anstellungsvertrag kann aber ein **nachvertragliches Wettbewerbsverbot** vereinbart werden.[120] Ob hierfür die §§ 74 ff. HGB Geltung erlangen, ist umstritten. Vertraglich kann die Geltung der §§ 74 ff. HGB vereinbart werden.[121] Ansonsten sollen nach der Rechtsprechung die §§ 74 ff. HGB auf Wettbewerbsverbote für Geschäftsführer auch nicht analog anwendbar sein.[122] Zu berücksichtigen ist aber, dass die Rechtsprechung dennoch der Wahrung der Interessen der Gesellschaft dienende Regelungen, allerdings inkonsequent,[123] analog anwendet.[124] Das nachvertragliche Wettbewerbsverbot wird zudem an § 138 BGB gemessen und die Generalklausel durch die in den §§ 74 ff. HGB enthaltenen Wertungen konkretisiert.[125]

36 Wann eine **Befreiung** bzw. ein Dispens vom gesetzlichen Wettbewerbsverbot durch die Gesellschafterversammlung bzw. das bzgl. der Geschäftsführerbestellung zuständige Organ in Betracht kommt, ist umstritten. Nach h.M. ist ein allgemeiner Dispens allein in der Satzung möglich, während ein konkreter Dispens auch durch Gesellschafterbeschluss möglich ist.[126]

5. Verbot der Ausnutzung der Organstellung

37 a) **Persönliche Bereicherung.** Der Geschäftsführer darf seine herausgehobene Stellung nicht zu seinen Gunsten und gegen die Interessen der Gesellschaft ausnutzen.[127] Da die Loyalitätspflicht **nachwirkt**, darf der Geschäftsführer auch nicht einen Vertrag, den die Gesellschaft mit einem Dritten geschlossen hat, nach seinem Ausscheiden aus der Gesellschaft an sich ziehen.[128]

---

118 BGH, GmbHR 1977, 43, 44; BGHZ 91, 1, 6; BGH, NJW 1986, 585, 586; BGH, NJW 1992, 1892, 1893; OLG Koblenz, WM 1985, 1484, 1485; OLG Hamm, GmbHR 1989, 259, 260; OLG Düsseldorf, NZG 1999, 405; OLG Düsseldorf, NZG 2000, 737 f.; OLG Köln, NZG 2000, 740, 741.

119 OLG Frankfurt, GmbHR 1998, 376, 379.

120 BGHZ 91, 1, 5; zu den Anforderungen an nachvertragliche Wettbewerbsverbote *Haas/Ziemons*, in: Michalski, GmbHG, § 43 Rn. 146b, 147 m.w.N.

121 BAG, WM 1976, 21, 22.

122 BGHZ 91, 1, 3 ff.; BGH, NZG 2000, 750, 753; OLG Düsseldorf, NJW-RR 1997, 164, 165; OLG Düsseldorf, NZG 2000, 737 f.; so auch *Altmeppen*, in: Roth/Altmeppen, GmbHG, § 6 Rn. 80.

123 BGH, NZG 2008, 664 (§ 74c HGB nicht analog).

124 BGH, NJW 1992, 1892, 1893.

125 BGHZ 91, 1, 5.

126 BGH, GmbHR 1981, 189, 191; *Haas/Ziemons*, in: Michalski, GmbHG, § 43 Rn. 106 m.w.N. auch zur a.A. und den Mehrheitserfordernissen.

127 BGH, GmbHR 1968, 141, 142; BGH, DStR 1997, 1053, 1054; OLG Düsseldorf, GmbHR 2000, 666, 669.

128 BGH, NJW 1977, 247; OLG Frankfurt, GmbHR 1998, 376, 378.

38 Er darf nicht ohne Weiteres die Ressourcen der Gesellschaft nutzen. Dies kann er nur, wenn ihm ein Anspruch auf die Zuwendung zusteht.[129] Ein solcher Anspruch steht ihm aber selbst dann nicht zu, wenn die Gesellschaft die ausstehende Vergütung des Geschäftsführers aus wirtschaftlichen Gründen nicht zahlen kann. [130] Bei der Bewertung von Geschäften zwischen dem Geschäftsführer und der Gesellschaft ist darauf abzustellen, ob die Gesellschaft das Geschäft unter sonst gleichen Umständen auch mit jedem Dritten abgeschlossen hätte.[131] Andernfalls liegt eine Ausnutzung der Organstellung und damit eine Treuepflichtverletzung des Geschäftsführers vor. Unter diesem Aspekt ist etwa der Fall zu sehen, dass der Geschäftsführer von der Gesellschaft ein Darlehen unter Marktzins erhält.[132] Untersagt ist es ihm unter diesem Gesichtspunkt auch, sich eine ihm nicht oder jedenfalls nicht in der fraglichen Höhe zustehende Vergütung von der Gesellschaft anweisen zu lassen.[133]

39 In diesem Zusammenhang soll auch dann eine Treuepflichtverletzung vorliegen, wenn der Geschäftsführer für sich persönlich bzgl. seiner Geschäftsführungstätigkeit **Zuwendungen von Dritten** (Provisionen, Geschenke etc.) gewähren lässt.[134] Ein solcher Zusammenhang soll immer dann bestehen, wenn durch die Zuwendung eine Willensbeeinflussung zu Lasten der Gesellschaft zu befürchten ist.[135] Andere wiederum heben darauf ab, dass der Geschäftsführer dann keine Treuepflichtverletzung begeht, wenn er der Gesellschaft die Zuwendungen weitergibt.[136]

40 **b) Geschäftschancen der Gesellschaft.** Der Geschäftsführer darf auch nicht Geschäftschancen der Gesellschaft, die dieser aufgrund des Sachzusammenhangs zuzuordnen sind (Corporate Opportunities), privat an sich ziehen und auf eigene Rechnung[137] oder zugunsten ihm nahe stehender Personen oder anderer Dritter nutzen.[138] Eine der Gesellschaft zustehende Geschäftschance ist nur dann gegeben, wenn sie entweder in einem objektiven Zusammenhang mit der Geschäftstätigkeit der

129 BGH, WM 1976, 77 f.; OLG Düsseldorf, GmbHR 1994, 317, 318.

130 OLG Naumburg, NZG 1999, 353, 354.

131 OLG München, GmbHR 1997, 1103, 1104.

132 *Schneider*, in: Scholz, GmbHG, § 43 Rn. 199.

133 BGH, NJW-RR 2008, 484, 485.

134 BGH, GmbHR 1968, 141, 142; BGH, WM 1983, 498, 499; OLG Düsseldorf, GmbHR 2000, 666, 669; *Haas/Ziemons*, in: Michalski, GmbHG, § 43 Rn. 115.

135 BGH, NZG 2001, 800, 801; BGH, MDR 1987, 825 f. (auch in Bezug auf Strohmann des Geschäftsführers).

136 *Zöllner/Noack*, in: Baumbach/Hueck, GmbHG, § 43 Rn. 47; siehe auch BGH, GmbHR 1975, 177 sowie GmbHR 1976, 12, 13 (für Maklerprovision).

137 BGH, GmbHR 1968, 141, 142; BGH, GmbHR 1977, 129, 130; BGH, WM 1983, 498, 499; BGH, NJW 1986, 585, 586; BGH, BB 1986, 486 (durch nahe stehende Person); BGH, NJW-RR 1989, 1255, 1258 (durch beherrschtes Unternehmen); OLG Frankfurt, GmbHR 1988, 376, 379; KG, NZG 2001, 129.

138 *Altmeppen*, in: Roth/Altmeppen, GmbHG, § 43 Rn. 30; *Klöhn*, in: Bork/Schäfer, GmbHG, § 43 Rn. 45.

Gesellschaft steht (»objektive Geschäftschance kraft Sachzusammenhangs«)[139] oder die Gesellschaft, etwa aufgrund Vorliegens eines Gesellschafterbeschlusses oder eines Vertrags, ein nicht unerhebliches konkretes Interesse an der Wahrnehmung der Geschäftschance hat (»subjektive Geschäftschance durch Konkretisierung«).[140] Da die Treupflicht unteilbar ist, kann es keine Rolle spielen, ob der Geschäftsführer von der Chance **privat** oder dienstlich erfährt.[141] Ausgenommen sind nur persönlich an ihn herangetragene Geschäfte, da hier die Gesellschaft von vornherein gar keine Geschäftschance hat.

41 Unerheblich ist auch, ob die GmbH die Geschäftschance selbst genutzt hätte[142] bzw. ob sie personell, finanziell und sachlich zur Wahrnehmung in der Lage gewesen wäre. Allein eine abstrakte Gefährdung der Interessen der Gesellschaft bzgl. der Geschäftschancen muss ausreichen, so dass der Geschäftsführer diese nur dann wahrnehmen darf, wenn eine Wahrnehmung durch die Gesellschaft offensichtlich unmöglich ist und ihr durch die Handlung des Geschäftsführers kein Schaden entsteht.[143] Auch in diesem Fall fehlt ein konkretes Interesse der Gesellschaft an der Wahrnehmung der Geschäftschance. Will der Geschäftsführer eine der Gesellschaft zustehende Geschäftschance für sich nutzen, bedarf es der »Freigabe« durch die Gesellschafterversammlung.[144] Im Gegensatz zur Befreiung vom Wettbewerbsverbot muss die Möglichkeit der Freigabe einer Geschäftschance nicht in der Satzung verankert sein.[145]

IV. Verschwiegenheitspflicht

1. Die Pflicht

42 Einigkeit besteht darüber, dass der Geschäftsführer, auch wenn dies im GmbHG nicht ausdrücklich geregelt wird, sowohl vertrauliche Angaben als auch Betriebs- und Geschäftsgeheimnisse der Gesellschaft Dritten gegenüber nicht offenlegen darf.[146] Erfasst sind damit Tatsachen oder Sachverhalte, die nicht offenkundig sind, da sie nur einem begrenzten Personenkreis bekannt sind und an deren Geheimhaltung ein berechtigtes Interesse der Gesellschaft besteht.[147] Umstritten ist jedoch, woraus sich

139 BGH, NJW 1986, 585, 586; OLG Frankfurt, GmbHR 1998, 376, 378.
140 BGH, WM 1967, 679, 680; BGH, GmbHR 1977, 129, 130.
141 BGH, NJW 1986, 585, 586; OLG Frankfurt, GmbHR 1998, 376, 379; *Klöhn*, in: Bork/Schäfer, GmbHG, § 43 Rn. 44.
142 BGH, GmbHR 1968, 141, 142; BGH, WM 1976, 77 f.; BGH, GmbHR 1981, 189, 190; OLG Frankfurt, GmbHR 1998, 376, 379.
143 BGH, GmbHR 1977, 129, 130; siehe auch *Schneider*, in: Scholz, GmbHG, § 43 Rn. 208.
144 BGH, NJW-RR 1989, 1255, 1259.
145 *Haas/Ziemons*, in: Michalski, GmbHG, § 43 Rn. 125.
146 OLG Hamm, GmbHR 1985, 157 f.; OLG Koblenz, NJW-RR 1987, 809, 810.
147 BGHZ 64, 325, 331; BGH, ZIP 1996, 1341, 1342.

die Verschwiegenheitspflicht dogmatisch ableiten lässt: aus der Pflicht zur sorgfältigen Geschäftsführung, der Treuepflicht oder aus beiden ergibt.[148]

43 Unstreitig ist das Geheimhaltungsinteresse **objektiv** aus der Sicht eines unbefangenen Beobachters zu bestimmen, so dass es auf einen Geheimhaltungswillen der Gesellschaft nicht ankommt.[149] Teilweise wird davon ausgegangen, dass das Geheimhaltungsinteresse daneben auch **subjektiv** zu bestimmen sei, so dass die Gesellschafterversammlung durch Weisung, Satzungsregelung oder im Anstellungsvertrag des Geschäftsführers bestimmte, objektiv nicht geheimhaltungsbedürftige Tatsachen zu Betriebs- bzw. Geschäftsgeheimnissen erklären kann.[150]

44 Relevant ist dies vor allem bei einer **Nachwirkung** der Verschwiegenheitspflicht nach Beendigung der Organstellung. Sofern man auch subjektive Kriterien für maßgeblich hält, kann durch eine entsprechende Vereinbarung im Anstellungsvertrag eine Geheimhaltungspflicht bezüglich nicht objektiv geheimhaltungsbedürftiger Informationen vorgesehen werden. Jedenfalls aber wirkt die Verschwiegenheitspflicht über die Beendigung des Geschäftsführeramts hinaus.[151]

45 Von der Verschwiegenheitspflicht entbinden kann allein die Gesellschafterversammlung. Überwiegend wird ein einstimmiger Beschluss verlangt.[152] Findet keine Entbindung von der Pflicht zur Verschwiegenheit statt, greift im Prozess zu Gunsten des Geschäftsführers ein Zeugnisverweigerungsrecht (§ 383 Abs. 1 Nr. 6 ZPO).[153]

2. Grenzen

46 Ihre Grenze findet die Verschwiegenheitspflicht dort, wo keine objektiven Gründe für diese sprechen. Die Gesellschaft kann damit nicht willkürlich Geheimhaltungspflichten begründen, die zur Zeugnisverweigerung berechtigen.[154] Die Pflicht zur Verschwiegenheit endet allgemein dort, wo eine **Pflicht zur Offenbarung** besteht. Sofern ein anderes Organ der Gesellschaft einen Informationsanspruch hat,[155] oder ein solcher aufgrund des BetrVerfG, im Hinblick auf die Rechnungslegung oder

148 Letzteres etwa BGHZ 64, 325, 327.

149 BGHZ 64, 325, 329; BGH, ZIP 1996, 1341, 1342.

150 Bejahend *Altmeppen*, in: Roth/Altmeppen, GmbHG, § 43 Rn. 25; *Paefgen*, in: Ulmer/Habersack/Winter, GmbHG, § 43 Rn. 77; *Zöllner/Noack*, in: Baumbach/Hueck, GmbHG, § 43 Rn. 40; verneinend *Haas/Ziemons*, in: Michalski, GmbHG, § 43 Rn. 130a; *Schneider*, in: Scholz, GmbHG, § 43 Rn. 146.

151 BGHZ 91, 1, 6; OLG Hamm, GmbHR 1985, 157 f.; OLG Koblenz, NJW-RR 1987, 809, 810; zum Fall der Unzumutbarkeit *Paefgen*, in: Ulmer/Habersack/Winter, GmbHG, § 43 Rn. 81.

152 *Schneider*, in: Scholz, GmbHG, § 43 Rn. 148; *Zöllner/Noack*, in: Baumbach/Hueck, GmbHG, § 43 Rn. 40; a.A. *Haas/Ziemons*, in: Michalski, GmbHG, § 43 Rn. 135 (einfache Mehrheit).

153 OLG Koblenz, NJW-RR 1987, 809, 810; OLG München, NJW-RR 1998, 1495, 1496.

154 OLG München, NJW-RR 1998, 1495, 1496.

155 BGH, NJW 1997, 1985, 1986 (bzgl. Gesellschafterversammlung).

staatlichen Behörden gegenüber besteht,[156] gilt die Verschwiegenheitspflicht nicht. Der Geschäftsführer hat zwar gegenüber einem Gesellschafter grundsätzlich nach § 51a GmbHG eine Informationspflicht, die jedoch dann von der Verschwiegenheitspflicht überlagert wird (§ 51 Abs. 2 GmbHG), wenn die Gefahr besteht, dass der Gesellschafter die Information zu gesellschaftsfremden oder gar -schädigenden Zwecken einsetzen will.

47 Keine Verschwiegenheitspflicht besteht auch dann, wenn eine Informationsweitergabe durch das Gesellschaftsinteresse gedeckt ist,[157] so etwa bei Sanierungsverhandlungen oder der Einbeziehung von Beratern und Experten. Im Zweifel muss der Geschäftsführer hierbei für die Unterzeichnung einer Vertraulichkeitsvereinbarung, ggf. verbunden mit einem Strafversprechen, sorgen.[158] Die Zustimmung zu einer **Due Diligence** in Rahmen einer geplanten Veräußerung von Geschäftsanteilen muss einstimmig erfolgen.[159] Eine Ausnahme von der Verschwiegenheitspflicht soll auch dann vorliegen, wenn dem Geschäftsführer ein Schweigen nicht zuzumuten ist, z.B. wenn er sich gegen Ansprüche der Gesellschaft verteidigen muss oder er gegen sie eigene Ansprüche durchsetzen will.[160]

V. Weitere Pflichten

48 Pflichtwidrig ist es auch, wenn der Geschäftsführer ein anderes Gesellschaftsorgan (Gesellschafterversammlung oder Aufsichtsrat), das in die Entscheidung über eine Angelegenheit laut Satzung eingebunden ist, nicht ausreichend informiert.[161] Diese Auskunftspflicht kann auch **nachvertraglich** fortwirken, wenn nur der (ausgeschiedene) Geschäftsführer über das relevante Wissen verfügt.[162] Darüber hinaus trifft den Geschäftsführer die Pflicht zur ordnungsgemäßen Buchführung und zur Aufstellung des Jahresabschlusses (§ 41 Abs. 1 GmbHG, § 264 Abs. 1 HGB). Diesbezüglich ist es auch nicht möglich, den Geschäftsführer von dieser Pflicht in der Satzung, der Geschäftsordnung etc. zu befreien.[163] Dem Geschäftsführer obliegt zudem die Pflicht zur Anmeldung bestimmter Vorgänge zum Handelsregister.

49 Der Geschäftsführer hat darüber hinaus die Pflicht, die Gesellschafterversammlung einzuberufen (§ 49 Abs. 1), auch wenn sie kein Akt der Geschäftsführung ist. Auch

---

156 *Haas/Ziemons*, in: Michalski, GmbHG, § 43 Rn. 131a f.; *Klöhn*, in: Bork/Schäfer, GmbHG, § 43 Rn. 50.

157 BGHZ 64, 325, 327.

158 *Haas/Ziemons*, in: Michalski, GmbHG, § 43 Rn. 132.

159 LG Köln, GmbHR 2009, 261, 262; anders *Paefgen*, in: Ulmer/Habersack/Winter, GmbHG, § 43 Rn. 80 (Mehrheitsbeschluss ausreichend).

160 *Paefgen*, in: Ulmer/Habersack/Winter, GmbHG, § 43 Rn. 79; *Haas/Ziemons*, in: Michalski, GmbHG, § 43 Rn. 133.

161 OLG Koblenz, NZG 2008, 280 (LS).

162 *Zöllner/Noack*, in: Baumbach/Hueck, GmbHG, § 43 Rn. 52.

163 *Zöllner/Noack*, in: Baumbach/Hueck, GmbHG, § 43 Rn. 51.

hier besteht eine Auskunftspflicht sowie die Pflicht, Einsicht in die Bücher und Schriften zu gestatten (§ 51a).

50 Darüber hinaus bestehen auch Datenschutzpflichten, Umweltschutzpflichten, Pflichten gegenüber der Steuerbehörde sowie Sozialabgabepflichten. Ob der Geschäftsführer auch verpflichtet ist, eine **Compliance-Organisation** einzurichten, ist umstritten.[164] Jedenfalls wird dies lediglich dann zu verlangen sein, wenn die Gesellschaft etwa aufgrund ihrer Art und Größe, aufgrund früherer Missstände und aufgrund der Bedeutung der zu beachtenden Vorschrift ein gewisses »Risikopotential« erreicht hat und die Einrichtung einer entsprechenden Organisation der Gesellschaft zumutbar ist.[165] Jedenfalls muss dem Geschäftsführer, sofern eine Compliance-Organisation im Einzelfall erforderlich ist, ein Ermessensspielraum hinsichtlich der konkreten Ausgestaltung zustehen.[166]

C. Schadensersatzhaftung nach Abs. 2

I. Pflichtverletzung

51 Der Geschäftsführer ist nach Abs. 2 der Gesellschaft, nicht den Gesellschaftern oder Dritten gegenüber zum Schadensersatz verpflichtet, wenn er eine ihm obliegende Organpflicht schuldhaft verletzt hat und dies zu einem Schaden der Gesellschaft führt. Die dem Geschäftsführer obliegenden Pflichten ergeben sich aus seiner Geschäftsführungsaufgabe (siehe Rdn. 13 ff.).

52 Es erfolgt keine **Zurechnung** des pflichtwidrigen Verhaltens von **Angestellten** nach § 831 BGB, da Geschäftsherr nicht der Geschäftsführer, sondern die Gesellschaft ist.[167] Eine Zurechnung nach § 831 Abs. 2 BGB (Übernahme) kommt ebenfalls nicht in Betracht. Die gesellschaftsinterne Organisationspflicht des Geschäftsführers besteht grundsätzlich nur gegenüber der Gesellschaft und nicht im Verhältnis zu Außenstehenden, zu denen auch die Gesellschafter zählen.[168] Daher ist § 43 Abs. 1 GmbHG auch kein Schutzgesetz i.S. des § 823 Abs. 2 BGB.[169]

53 Gleichwohl ist der Geschäftsführer nach Abs. 1 zur ordnungsgemäßen Auswahl, Einweisung, Information und Überwachung der Mitarbeiter verpflichtet. Ein Verstoß gegen diese Pflichten, etwa eine unzureichende Kontrolle, kann Schadensersatzansprüche auslösen.[170] § 278 Abs. 1 BGB scheidet als Zurechnungsnorm aus, da die

---

164 Zum Begriff *Hauschka*, in: Hauschka, Compliance-Handbuch, 2. Aufl. 2010, § 1 Rn. 7.
165 *Zöllner/Noack*, in: Baumbach/Hueck, GmbHG, § 43 Rn. 17, § 35 Rn. 68a.
166 So auch *Zöllner/Noack*, in: Baumbach/Hueck, GmbHG, § 43 Rn. 17; zu eng *Schneider*, in: Scholz, GmbHG, § 43 Rn. 361, der Mindestanforderungen formuliert.
167 BGH, NJW 1974, 1371, 1372; BGHZ 109, 297, 304; OLG Frankfurt, AG 1994, 234, 235.
168 BGH, NJW 1974, 1371, 1372; BGHZ 125, 366, 375.
169 BGH, WM 1979, 853, 854; BGHZ 125, 366, 375.
170 BGHZ 127, 336, 347; OLG Koblenz, GmbHR 1991, 416, 417.

Angestellten Erfüllungsgehilfen der GmbH sind.[171] Auch eine Zurechnung des Verhaltens von Mitgeschäftsführern scheidet aus, da die Geschäftsführer im Verhältnis zueinander weder Erfüllungs- noch Verrichtungsgehilfen sind.[172] Allerdings ist dann eine Haftung wegen pflichtwidrigen Nichteinschreitens gegen die schadenverursachende Maßnahme des anderen Geschäftsführers zu prüfen.[173]

54 Auch wenn eine Ressortaufteilung in der Satzung, der Geschäftsordnung oder in einem Gesellschafterbeschluss vorgesehen ist, trifft jeden einzelnen Gesellschafter grundsätzlich die **Gesamtverantwortung** für die Leitung der Gesellschaft, deren Wahrnehmung sich aber auf die Überwachung des zuständig handelnden Geschäftsführers reduziert.[174] Eine Arbeitsteilung, die lediglich unter den Geschäftsführern vereinbart wurde, soll für eine solche Reduktion nicht schon ausreichen.[175] Trotz wirksamer Geschäftsverteilung bleiben den Gesellschaftern bestimmte wechselseitige Informationspflichten, die durch entsprechende Informationsansprüche flankiert werden. Ein Geschäftsführer kann auch eine bestimmte, einem anderen Geschäftsführer übertragene Angelegenheit im Geschäftsführergremium besprechen und dessen Entscheidung verlangen.

55 Der Geschäftsführer hat Weisungen anderer Organe sorgfältig auszuführen.[176] Daher liegt keine Pflichtverletzung vor, wenn er aufgrund rechtlich bindender **Weisungen** handelt.[177] Ebenso wenig wie eine nichtige Weisung[178] entlastet den Geschäftsführer jedoch ein anfechtbarer oder angefochtener Weisungsbeschluss nicht, wenn dieser nach seiner Ausführung für nichtig erklärt wird.[179] Um der Gesellschafterversammlung die Gelegenheit zu geben, eine Weisung aufzuheben oder abzuändern, an deren Recht- bzw. Zweckmäßigkeit der Geschäftsführer zweifelt, muss er seine Bedenken vor Ausführung der Weisung gegenüber der Gesellschafterversammlung angemessen zum Ausdruck bringen.[180]

---

171 *Haas/Ziemons*, in: Michalski, GmbHG, § 43 Rn. 175; *Kleindiek*, in: Lutter/Hommelhoff, GmbHG, § 43 Rn. 22; *Paefgen*, in: Ulmer/Habersack/Winter, GmbHG, § 43 Rn. 15.

172 *Haas/Ziemons*, in: Michalski, GmbHG, § 43 Rn. 176.

173 *Haas/Ziemons*, in: Michalski, GmbHG, § 43 Rn. 176.

174 *Leuering/Dornhegge*, NZG 2010, 13, 16.

175 OLG Koblenz, NZG 1998, 953, 954; kritisch *Altmeppen*, in: Roth/Altmeppen, GmbHG, § 43 Rn. 12.

176 Vgl. OLG Oldenburg, NZG 2007, 434, 437.

177 BGHZ 31, 258, 278; BGH, NZG 1999, 1001, 1002; BGH, NZG 2000, 544; BGHZ 122, 333, 336.

178 *Haas/Ziemons*, in: Michalski, GmbHG, § 43 Rn. 183; *Paefgen*, in: Ulmer/Habersack/Winter, GmbHG, § 43 Rn. 122; *Zöllner/Noack*, in: Baumbach/Hueck, GmbHG, § 43 Rn. 34.

179 *Haas/Ziemons*, Michalski, GmbHG, § 43 Rn. 183.

180 BGHZ 20, 239, 246; OLG Jena, NZG 1999, 121, 122.

56 Billigt die Gesellschafterversammlung eine geplante oder bereits ausgeführte Geschäftsführungsmaßnahme, haftet der Geschäftsführer nicht.[181] Einem förmlichen Weisungsbeschluss steht das stillschweigende Einverständnis aller Gesellschafter zu einem Handeln des Geschäftsführers gleich.[182] Die Rechtsprechung will hier schon ein »mutmaßliches« Einverständnis ausreichen lassen.[183] Ein Haftungsausschluss durch Zustimmung eines zustimmungspflichtigen Organs tritt jedoch nur dann ein, wenn dieses auch weisungsbefugt war. Die bloße Zustimmung kann für eine Entlastung des Geschäftsführers nicht ausreichen.[184]

II. Kausalität

57 Der Schaden der Gesellschaft muss adäquat kausal auf einem pflichtwidrigen Verhalten des Geschäftsführers beruhen. Liegt der Sorgfaltsverstoß in einem Unterlassen, ist Voraussetzung für eine Geschäftsführerhaftung, dass sein pflichtgemäßes Eingreifen den Schaden verhindert hätte und ihm ein solches Eingreifen auch möglich gewesen wäre.[185] Ist Grundlage der Pflichtverletzung ein Geschäftsführerbeschluss, reicht es zur Entlastung eines Geschäftsführers nicht aus, dass er gegen den Beschluss gestimmt hat; erforderlich soll vielmehr sein, dass er bei den Gesellschaftern auf eine entsprechende Weisung hinwirkt.[186]

58 Am erforderlichen Zurechnungszusammenhang mangelt es, wenn der Schaden mit Sicherheit auch bei **rechtmäßigem Alternativverhalten** eingetreten wäre.[187] Die Kausalität wird nicht dadurch gehindert, dass der Geschäftsführer anführt, die Gesellschafter hätten bei Kenntnis die fragliche Geschäftsführungsmaßnahme gebilligt.[188] Nach überzeugender Ansicht muss dieser Einwand auch dann gelten, wenn auf Seiten des Geschäftsführers Kompetenzüberschreitungen oder Verstöße gegen Verfahrensregeln vorliegen.[189]

III. Verschulden

59 Der Geschäftsführer muss schuldhaft, d.h. vorsätzlich oder fahrlässig gehandelt haben. Das Verschulden braucht sich nicht auf die Möglichkeit der Schädigung der

181 BGH, NJW-RR 1991, 483, 484; BGH, NZG 2003, 528, 529; OLG Düsseldorf, GmbHR 2000, 666, 669.

182 BGH, NZG 2003, 528 f.; OLG Stuttgart, GmbHR 2000, 1048, 1049.

183 BGH, NJW 2000, 576, 577; BGH, DStR 2002, 227; BGH, NJW-RR 2003, 895, 896; anders etwa *Haas/Ziemons*, in: Michalski, GmbHG, § 43 Rn. 185a.

184 *Zöllner/Noack*, in: Baumbach/Hueck, GmbHG, § 43 Rn. 33.

185 OLG Celle, NJOZ 2006, 1563, 1564 f. (Schwarzentnahmen aus Gesellschaftsvermögen durch Gesellschafter werden geduldet).

186 *Haas/Ziemons*, in: Michalski, GmbHG, § 43 Rn. 199.

187 BGHZ 152, 280 ff.; OLG Hamm, ZIP 1995, 1263, 1267.

188 BGH, WM 1976, 77, 78.

189 So auch BGH, ZIP 2008, 1818, 1820; BGH, NJW 2007, 917, 918; siehe auch *Fleischer*, DStR 2009, 1204, 1207 ff.; a.A. BGH, NJW 1991, 1681, 1682.

Gesellschaft zu beziehen.[190] Für die Fahrlässigkeit ist auf die **Sorgfalt** eines ordentlichen Geschäftsmannes abzustellen. Konkret schuldet der Geschäftsführer die Sorgfalt, die ein ordentlicher Geschäftsmann bei selbstständiger Wahrnehmung fremder Vermögensinteressen in verantwortlicher leitender Position anzuwenden hat, wobei Art und Größe des Unternehmens zu berücksichtigen sind.[191] An das Verhalten des Geschäftsführers ist ein objektiver Maßstab anzulegen. Persönliche Unzulänglichkeiten (Unerfahrenheit, Unkenntnis, Überlastung,[192] Alter usw.) entlasten den Geschäftsführer nicht.[193]

60 Solche Faktoren können jedoch im Rahmen des **Mitverschuldens** der Gesellschaft eine Rolle spielen.[194] Unerheblich ist auch, wenn der Geschäftsführer neben- oder ehrenamtlich in der Gesellschaft tätig ist.[195] Fehlende eigene Kenntnisse muss der Geschäftsführer durch Einschaltung unabhängiger und qualifizierter **Berater** ausgleichen.[196] Sofern der Geschäftsführer diesen gegenüber alle zur Beurteilung erforderlichen Angaben richtig und vollständig gemacht und das Gutachten auf Plausibilität geprüft hat, haftet er nicht.[197] Verfügt der Geschäftsführer jedoch über besondere Fähigkeiten und Kenntnisse, verschärft dies den Sorgfaltsmaßstab.[198]

61 Fehlt dem Geschäftsführer das Bewusstsein der Pflichtwidrigkeit, kann dadurch zwar Vorsatz, nicht aber Fahrlässigkeit ausgeschlossen sein.[199] Ein Verschulden entfällt, wenn sich der Geschäftsführer auf einen entschuldbaren **Rechtsirrtum** berufen kann. Hieran werden jedoch strenge Anforderungen gestellt.[200] Konnte der Geschäftsführer etwa trotz sorgfältiger Prüfung nicht erkennen, dass die von ihm ausgeführte Gesellschafterweisung nichtig bzw. rechtswidrig war, oder befand er sich in einer Situation, in der sofortiges Handeln erforderlich war, so dass keine Zeit für die Einholung

---

190 OLG Koblenz, NZG 2008, 280 (LS).

191 OLG Bremen, GmbHR 1964, 8, 9; OLG Koblenz, GmbHR 1991, 416, 417; OLG Zweibrücken, NZG 1999, 506, 507; OLG Jena, NZG 1999, 121, 122; OLG Oldenburg, NZG 2007, 434, 438; OLG Koblenz, NZG 2008, 280 (LS).

192 BGH, WM 1981, 440, 442.

193 BGH, WM 1971, 1548, 1549; BGH, WM 1981, 440, 442; BGH, WM 1983, 725, 726; BGH, NJW 1995, 1290, 1291.

194 *Zöllner/Noack*, in: Baumbach/Hueck, GmbHG, § 43 Rn. 11; anders *Altmeppen*, in: Roth/Altmeppen, GmbHG, § 43 Rn. 4 unter der Voraussetzung, dass der Geschäftsführer z.B. aus unternehmenspolitischen Gründen aus einer speziellen sozialen Gruppe bestellt wird.

195 *Paefgen*, in: Ulmer/Habersack/Winter, GmbHG, § 43 Rn. 19; *Zöllner/Noack*, in: Baumbach/Hueck, GmbHG, § 43 Rn. 9.

196 BGH, NZG 2007, 545, 546; OLG Stuttgart, NZG 2010, 141, 143 f. (auch zur Auswahl des Sachverständigen).

197 BGH, NZG 2007, 545, 547; BGH, DStR 2007, 1641, 1642.

198 *Haas/Ziemons*, in: Michalski, GmbHG, § 43 Rn. 191.

199 OLG Koblenz, NZG 2008, 280 (LS).

200 BGHZ 122, 336, 340; OLG Stuttgart, NZG 1998, 232 f.

externen Rats blieb, entlastet dies den Geschäftsführer nur dann, wenn er nicht zuvor vorbeugende Maßnahmen schuldhaft unterlassen hat.[201]

62 Der Verschuldensmaßstab für das Handeln des Geschäftsführers ist relativ, d.h. die erforderliche Sorgfaltspflicht unterscheidet sich je nach Art, Größe, Situation und Zweck der Gesellschaft, der Konjunkturlage sowie der Bedeutung der Geschäftsführungsmaßnahme.[202] Nach ganz h.M. finden die **arbeitsrechtlichen Grundsätze der Haftungsmilderung** bei betrieblich veranlasster Tätigkeit auf den Geschäftsführer weder direkt noch analog Anwendung.[203] Das soll unabhängig von dem Grundsatz gelten, dass der Geschäftsführer regelmäßig kein Arbeitnehmer ist, da eine solche Haftungsmilderung im Gegensatz zu Wortlaut und Funktion des § 43 (Präventionszweck der Geschäftsführerhaftung) stünde.[204] Ein Ausschluss dieser Grundsätze muss auch für diejenigen Tätigkeiten gelten, die nicht im typischen Pflichtenkreis des Geschäftsführers liegen (z.B. Beschädigung des Fahrzeugs der Gesellschaft im Straßenverkehr).[205] Auch eine Berufung auf die in eigenen Angelegenheiten angewendete Sorgfalt i.S. der §§ 708, 277 BGB kommt nicht in Betracht.[206]

63 Fraglich ist, inwieweit der Verschuldensmaßstab dispositiv oder **zwingend**[207] ist. Teilweise wird angenommen, eine Freistellung sei auch für grobe Fahrlässigkeit möglich,[208] andere sehen dagegen eine solche lediglich für leichte Fahrlässigkeit[209] bzw. nicht für grob sorgfaltswidrige Kapitalvernichtung[210] als denkbar an.

IV. Schaden

64 Der Gesellschaft muss durch die Handlung des Geschäftsführers ein Schaden entstanden sein. Allein die pflichtwidrige Verwendung von Gesellschaftsvermögen ver-

201 *Haas/Ziemons*, in: Michalski, GmbHG, § 43 Rn. 193.

202 BGH, NJW 1995, 1290, 1291; OLG Düsseldorf, GmbHR 1995, 227; OLG Zweibrücken, NZG 1999, 506, 507.

203 KG, NZG 1999, 400, 402; siehe auch OLG Koblenz, NZG 2008, 280 (LS); vgl. auch *Kleindiek*, in: Lutter/Hommelhoff, GmbHG, § 43 Rn. 31; *Koppensteiner*, in: Rowedder/Schmidt-Leithoff, GmbHG, § 43 Rn. 8; *Schneider*, in: Scholz, GmbHG, § 43 Rn. 256; *Zöllner/Noack*, in: Baumbach/Hueck, GmbHG, § 43 Rn. 6.

204 *Zöllner/Noack*, in: Baumbach/Hueck, GmbHG, § 43 Rn. 6.

205 *Haas/Ziemons*, in: Michalski, GmbHG, § 43 Rn. 195; *Kleindiek*, in: Lutter/Hommelhoff, GmbHG, § 43 Rn. 31; *Paefgen*, in: Ulmer/Habersack/Winter, GmbHG, § 43 Rn. 21; a.A. *Schneider*, in: Scholz, GmbHG, § 43 Rn. 257; *Zöllner/Noack*, in: Baumbach/Hueck, GmbHG, § 43 Rn. 6.

206 BGHZ 75, 321, 327; OLG München, NZG 2000, 741, 743.

207 So wohl BGHZ 75, 321, 327.

208 *Koppensteiner*, in: Rowedder/Schmidt-Leithoff, GmbHG, § 43 Rn. 4; *Paefgen*, in: Ulmer/Habersack/Winter, GmbHG, § 43 Rn. 8.

209 *Schneider*, in: Scholz, GmbHG, § 43 Rn. 185; *Zöllner/Noack*, in: Baumbach/Hueck, GmbHG, § 43 Rn. 5.

210 *Altmeppen*, in: Roth/Altmeppen, GmbHG, § 43 Rn. 125.

mag noch nicht zu einer Haftung nach § 43 Abs. 2 zu führen.[211] Teilweise wird ein Schaden der Gesellschaft nur dann angenommen, wenn eine Beeinträchtigung des Gesellschaftsvermögens vorliegt, die dem Unternehmenszweck widerspricht.[212] Konsequenz dieser Ansicht ist, dass die Gesellschaft die Zweckwidrigkeit zu beweisen hat. Dem ist jedoch gerade deshalb nicht zu folgen, so dass auch nicht zweckwidrige Vermögensminderungen als Schaden i.S. des § 43 Abs. 2 anzusehen sind. Damit wird jeder Vermögens- und Nichtvermögensschaden erfasst.[213]

65 Es ist ein Vergleich der Vermögenslage der Gesellschaft aufgrund des haftungsbegründenden Ereignisses mit der ansonsten bestehenden Lage vorzunehmen (§§ 249 ff. BGB). Erst bei der **Vorteilsausgleichung** können Gegenleistungen, welche die Gesellschaft im Zusammenhang mit dem pflichtwidrigen Geschäft erhalten hat, berücksichtigt werden (»**nützliche Pflichtverletzungen**«).[214] Jedenfalls ist nach überwiegender Ansicht eine Vorteilsausgleichung zulässig, wenn sie nicht nach Sinn und Zweck der verletzten Pflicht ausgeschlossen ist.[215]

66 Im Verhältnis zur Gesellschaft (Innenverhältnis) kann sich der Geschäftsführer im Hinblick auf seine Haftung nach Abs. 2 nicht darauf berufen, dass auch einen Mitgeschäftsführer[216] oder ein anderes Gesellschaftsorgan ein **Mitverschulden** trifft, da grundsätzlich der Geschäftsführer die Verantwortung für die Gesellschaft getragen hat.[217] Insoweit kommt lediglich eine gesamtschuldnerische Haftung, nicht aber ein der Gesellschaft zuzurechnendes Mitverschulden des anderen Organs in Betracht. Von einem Mitverschulden der Gesellschaft kann auch dann nicht ausgegangen werden, wenn der Geschäftsführer auf der Grundlage einer rechtswidrigen Weisung gehandelt hat.[218] Sofern die Weisung nichtig ist, braucht bzw. darf der Geschäftsführer sie nicht ausführen, so dass er sich auch nicht unter Berufung auf diese entlasten

---

211 BGH, NJW-RR 1994, 806; OLG Naumburg, GmbHR 1998, 1180, 1182.

212 OLG Naumburg, GmbHR 1998, 1180, 1182; OLG Naumburg, NZG 1999, 353, 355; *Marsch-Barner/Diekmann*, in: MünchHdbGmbHG, § 46 Rn. 15; kritisch und i. Erg. ablehnend *Koppensteiner*, in: Rowedder/Schmidt-Leithoff, GmbHG, § 43 Rn. 22; *Haas/Ziemons*, in: Michalski, GmbHG, § 43 Rn. 202; *Paefgen*, in: Ulmer/Habersack/Winter, GmbHG, § 43 Rn. 93; *Schneider*, in: Scholz, GmbHG, § 43 Rn. 224; *Zöllner/Noack*, in: Baumbach/Hueck, GmbHG, § 43 Rn. 15.

213 *Klöhn*, in: Bork/Schäfer, GmbHG, § 43 Rn. 57.

214 OLG Frankfurt, OLGR 2008, 389, 390.

215 BGH, NZG 2007, 185, 186; BGH, NZG 2008, 622; BGH, NZG 2008, 908, 909; anders OLG München, NZG 2000, 741, 743 f.; KG, GmbHR 2005, 477, 479 (Anspruch auf Abtretung bzw. Herausgabe des Vorteils).

216 BGH, JZ 1987, 781, 782; BGH, NZG 2008, 104.

217 OLG Oldenburg, NZG 2007, 434, 437.

218 Anders *Paefgen*, in: Ulmer/Habersack/Winter, GmbHG, § 43 Rn. 90; *Koppensteiner*, in: Rowedder/Schmidt-Leithoff, GmbHG, § 43 Rn. 33.

kann.[219] Auch eine unzureichende Überwachung des Geschäftsführers kann zu keinem Mitverschulden eines anderen Organs (Bestellungsorgan) führen.[220]

67 Allerdings soll der Geschäftsführer geltend machen können, dass ein Mitgeschäftsführer nicht über die erforderliche Qualifikation verfügte.[221] Dem ist jedoch entgegenzuhalten, dass Gläubiger des Anspruchs die Gesellschaft und nicht die Gesellschafter sind, die den unqualifizierten Geschäftsführer trotz Hinweises des später haftenden Geschäftsführers im Amt lassen. Abgesehen davon kann der Geschäftsführer, sofern er auf die Nichtqualifikation des anderen hingewiesen hat, dem Anspruch aus Abs. 2 gegenüber den Einwand des Rechtsmissbrauchs geltend machen.[222]

V. Gesamtschuldner

68 Sind mehrere Geschäftsführer nach § 43 Abs. 2 für den eingetretenen Schaden verantwortlich, haften sie als Gesamtschuldner i.S. der §§ 421 ff. BGB. Damit hat jeder der Gesellschaft in voller Höhe Schadensersatz zu leisten.[223] Untereinander sind sie grundsätzlich zu gleichen Teilen ausgleichspflichtig, sofern nicht die Satzung oder der Anstellungsvertrag etwas anderes vorsehen oder sich aus § 254 BGB nichts anderes ergibt. Erst im Rahmen des Innenausgleichs nach § 426 Abs. 1 Satz 1 BGB kommt es auch auf ein mögliches unterschiedliches Maß der Mitverantwortung an.[224]

69 Nicht in Betracht kommt die Einwendung eines Geschäftsführers dem Geschädigten gegenüber, dass ein anderes Gesellschaftsorgan oder ein Mitgeschäftsführer ebenfalls für den Schaden verantwortlich sei und er deshalb nur anteilig hafte.[225] Ausgeschlossen ist es für jeden der haftenden Geschäftsführer auch, sich darauf zu berufen, die Gesellschafterversammlung habe ihn schlecht ausgewählt oder nicht hinreichend überwacht.[226] Sofern die Gesellschaft in Bezug auf einen der zu Schadensersatz verpflichteten Geschäftsführer einen Verzicht oder Vergleich vereinbart hat, ist nach § 423 BGB zu beurteilen, ob dieser auch die übrigen mithaftenden Geschäftsführer entlasten soll. Jedenfalls besteht keine dahingehende Vermutung.

70 Wurde eine zulässige Ressortaufteilung vereinbart, haftet bei einer Pflichtverletzung in einem Ressort grundsätzlich ausschließlich der jeweils zuständige Geschäftsführer. Daneben kommt aber eine Haftung der anderen Geschäftsführer aus schuldhafter

219 So auch *Haas/Ziemons*, in: Michalski, GmbHG, § 43 Rn. 214.

220 BGH, WM 1981, 440, 442; BGH, WM 1983, 725, 726.

221 BGH, WM 1983, 725, 726; *Paefgen*, in: Ulmer/Habersack/Winter, GmbHG, § 43 Rn. 90; a.A. *Schneider*, in: Scholz, GmbHG, § 43 Rn. 246; *Zöllner/Noack*, in: Baumbach/Hueck, GmbHG, § 43 Rn. 45.

222 So auch *Haas/Ziemons*, in: Michalski, GmbHG, § 43 Rn. 215.

223 BGH, DB 2008, 50, 51.

224 *Paefgen*, in: Ulmer/Habersack/Winter, GmbHG, § 43 Rn. 103; *Schneider*, in: Scholz, GmbHG, § 43 Rn. 251; *Zöllner/Noack*, in: Baumbach/Hueck, GmbHG, § 43 Rn. 29.

225 BGH, DB 2008, 50, 51.

226 Einschränkend *Altmeppen*, in: Roth/Altmeppen, GmbHG, § 43 Rn. 79.

Verletzung der Auswahl- oder Überwachungspflicht in Betracht.[227] Dabei trifft den unmittelbar handelnden Geschäftsführer im Innenverhältnis die alleinige Haftung, wenn der andere Geschäftsführer der Gesellschaft gegenüber lediglich aus der Verletzung seiner Überwachungspflicht haftet.[228] Ein unterschiedlicher Haftungsanteil im Innenverhältnis kann sich auch daraus ergeben, dass der eine hauptamtlich und der andere lediglich neben- oder ehrenamtlich tätig war.[229] Eine Haftung eines Geschäftsführers für das Handeln eines anderen Geschäftsführers aus § 278 BGB oder § 831 BGB kommt nicht in Betracht, da dieser weder Erfüllungs- noch Verrichtungsgehilfe ist.[230]

VI. Haftungsausschluss, Verzicht, Vergleich

71 Da die Geschäftsführer regelmäßig die Weisungen der Gesellschafterversammlung zu befolgen haben, liegt eine Pflichtverletzung i.S. des § 43 Abs. 2 grundsätzlich nicht vor, wenn der Geschäftsführer mit der fraglichen Handlung eine Weisung vollzieht. Das gilt auch, wenn er im (konkludenten) **Einverständnis** mit allen Gesellschaftern tätig wird.[231] Hat der Gesellschaftsvertrag das Weisungsrecht auf ein anderes Organ (z.B. Aufsichtsrat) übertragen, entlasten auch dessen Weisungen und Billigung den Geschäftsführer.[232] Selbst ohne förmlichen Beschluss schließt die Weisung oder Billigung des Alleingesellschafters regelmäßig die Haftung des Geschäftsführers aus.[233] Demgegenüber ist bei mehrgliedrigen Gesellschaften ein Beschluss der Gesellschafterversammlung erforderlich, um die Beteiligungsrechte der Minderheitsgesellschafter zu wahren.[234]

72 Führt der Geschäftsführer eine nichtige Weisung aus, handelt er pflichtwidrig und hat für den entstandenen Schaden einzustehen, es sei denn, die Nichtigkeit war nicht erkennbar. Ist der Weisungsbeschluss lediglich anfechtbar und geht der Geschäftsführer während der Anfechtbarkeit ohne Sorgfaltsverstoß davon aus, es lägen keine

227 BGH, NJW-RR 1986, 1293; BGH, DStR 1994, 1092, 1093; BGHZ 133, 370, 377 ff.; BGH, NJW 2004, 1111, 1112; OLG Koblenz, NZG 1998, 953, 954; OLG Zweibrücken, NZG 1999, 506, 508; OLG Nürnberg, NZG 2001, 943, 945; OLG Köln, NZG 2001, 135, 136.

228 *Paefgen*, in: Ulmer/Habersack/Winter, GmbHG, § 43 Rn. 103; *Schneider*, in: Scholz, GmbHG, § 43 Rn. 252; *Zöllner/Noack*, in: Baumbach/Hueck, GmbHG, § 43 Rn. 29 (auch mit Nachweisen zur a.A.).

229 *Zöllner/Noack*, in: Baumbach/Hueck, GmbHG, § 43 Rn. 29.

230 *Kleindiek*, in: Lutter/Hommelhoff, GmbHG, § 43 Rn. 17 f.; *Paefgen*, in: Ulmer/Habersack/Winter, GmbHG, § 43 Rn. 15 f.; *Schneider*, in: Scholz, GmbHG, § 43 Rn. 31; *Zöllner/Noack*, in: Baumbach/Hueck, GmbHG, § 43 Rn. 28.

231 BGH, NZG 2003, 528; BGH, NJW 2000, 1571.

232 *Altmeppen*, in: Roth/Altmeppen, GmbHG, § 43 Rn. 86.

233 BGH, NJW 1993, 193, 194.

234 BGH, DStR, 2002, 227; BGH, DStR 2002, 2137.

Anfechtungsgründe vor, ist er nicht zum Schadensersatz verpflichtet.[235] Die haftungsbefreiende Wirkung eines Einverständnisses scheidet jedoch dann aus, wenn die Gesellschafter durch den Geschäftsführer nicht hinreichend informiert, insbesondere über Risiken nicht aufgeklärt wurden.[236]

73 Ein Ausschluss von Ersatzansprüchen besteht außerdem bei einer **Entlastung** des Geschäftsführers, welche generell zum Verlust von Ersatzansprüchen der Gesellschaft führt.[237] Möglich ist auch eine sog. **Generalbereinigung**, die regelmäßig, wenn von möglichen Ersatzansprüchen ausgegangen wird, einen Erlassvertrag, ansonsten ein negatives Schuldanerkenntnis darstellt.[238] Teilweise wird davon ausgegangen, dass sämtliche Ansprüche hiervon umfasst sein können,[239] teilweise werden vorsätzliche Pflichtverletzungen des Geschäftsführers als ausgenommen angesehen.[240] Der Sorgfaltsmaßstab des § 43 Abs. 1 ist nicht zwingend, so dass dessen Herabsetzung im **Vorfeld** grundsätzlich möglich ist.[241] Allerdings ist dies ausgeschlossen für diejenigen Organpflichten, die primär dem Gläubigerschutz dienen. Das sind vor allem die §§ 43 Abs. 3, 9a, 9b, 57 Abs. 4 und 64. Dies gilt auch hinsichtlich des Sorgfaltsmaßstabs.[242]

74 Ein Verzicht im **Nachhinein** wirkt haftungsbefreiend. Da die Gesellschaft darüber zu befinden hat, ob der Geschäftsführer wegen möglicher Sorgfaltspflichtverletzungen belangt wird, ist sie auch für einen Verzicht oder Vergleich zuständig und analog § 46 Nr. 8 ein Gesellschafterbeschluss erforderlich.[243] Fehlt ein Beschluss, ist der Verzicht/Vergleich unwirksam.[244] Wird ein Entlastungsbeschluss gefasst, so ist dieser auch dann nur anfechtbar und nicht nichtig, wenn er auf einem eindeutigen und schwerwiegenden Fehlverhalten des Geschäftsführers basiert.[245] Nur dann kann Nichtigkeit vorliegen, wenn der Beschluss »seinem inneren Gehalt nach in einer sittenwidrigen

---

235 *Altmeppen*, in: Roth/Altmeppen, GmbHG, § 43 Rn. 117; *Koppensteiner*, in: Rowedder/Schmidt-Leithoff, GmbHG, § 43 Rn. 35; *Zöllner/Noack*, in: Baumbach/Hueck, GmbHG, § 43 Rn. 35.

236 *Zöllner/Noack*, in: Baumbach/Hueck, GmbHG, § 43 Rn. 34.

237 BGH, NJW 1986, 129 f.

238 *Schmidt*, in: Scholz, GmbHG, § 46 Rn. 103.

239 So der II. Zivilsenat: BGHZ 97, 382, 390; BGH, NJW 1998, 1313, 1314; BGH, DStR 2000, 2100, 2101.

240 So der IX. Zivilsenat: BGH, NJW 2000, 1942, 1943.

241 Näher *Fleischer*, BB 2011, 2435 ff.

242 *Kleindiek*, in: Lutter/Hommelhoff, GmbHG, § 43 Rn. 37 ff.; *Koppensteiner*, in: Rowedder/Schmidt-Leithoff, GmbHG, § 43 Rn. 4; *Paefgen*, in: Ulmer/Habersack/Winter, GmbHG, § 43 Rn. 7; *Schneider*, in: Scholz, GmbHG, § 43 Rn. 261.

243 BGH, NJW 2002, 3777, 3778; BGH, NJW-RR 2003, 895, 896; *Altmeppen*, in: Roth/Altmeppen, GmbHG, § 43 Rn. 114; *Kleindiek*, in: Lutter/Hommelhoff, GmbHG, § 43 Rn. 43; *Paefgen*, in: Ulmer/Habersack/Winter, GmbHG, § 43 Rn. 133; *Zöllner/Noack*, in: Baumbach/Hueck, GmbHG, § 43 Rn. 47.

244 *Zöllner/Noack*, in: Baumbach/Hueck, GmbHG, § 43 Rn. 47.

245 BGH, NJW-RR 2003, 895, 896.

Schädigung nicht anfechtungsberechtigter Personen besteht«.[246] Aus § 43 Abs. 3 S. 1 und 2 folgt, dass nur auf Ersatzansprüche wegen Zahlungen entgegen § 30 und Erwerbs eigener Geschäftsanteile entgegen § 33 nicht verzichtet werden kann, soweit der daraus resultierende Schadensersatz zur Befriedigung von Gesellschaftsgläubigern benötigt wird.

75 Umgekehrt kann damit grundsätzlich auf andere Ersatzansprüche verzichtet werden. Die Wirksamkeit eines solchen Verzichts oder Vergleichs bleibt auch dann bestehen, wenn der Schadensersatzbetrag zu einem späteren Zeitpunkt zur Gläubigerbefriedigung benötigt würde.[247] Ob der Verzicht lediglich die Haftung für Pflichtverletzungen als Geschäftsführer erfassen soll oder auch andere Ansprüche, ist bei unklarer Regelung Auslegungsfrage.[248] Erfolgt (konkludent) die Genehmigung eines Geschäfts durch die Gesellschafterversammlung, kann darin gleichzeitig ein Haftungsverzicht liegen.[249]

76 Da ein **Haftungserlass** nur für den nicht gläubigerschützenden Bereich möglich ist (s.o.) und ein Erlass wegen Vorsatzes schon nach § 276 BGB ausscheidet, bleibt allein ein solcher für Fahrlässigkeit. Teilweise wird angenommen, eine Haftung für grobe Fahrlässigkeit könne nicht generell von vornherein ausgeschlossen werden, wobei es hierfür jedoch an guten Gründen fehlt.[250] Eine Reduktion der Haftung ist durch Satzung möglich, aber auch durch einen Gesellschafterbeschluss[251], eine durch die Gesellschafter aufgestellte, mit einfacher Mehrheit wieder aufhebbare[252] Geschäftsordnung oder – bei entsprechendem Gesellschafterbeschluss – den Anstellungsvertrag.[253]

246 So BGHZ 15, 382, 385.

247 BGH, NZG 2002, 1170, 1172; BGH, NZG 2003, 528; BGH, NZG 2008, 314, 315; *Zöllner/Noack*, in: Baumbach/Hueck, GmbHG, § 43 Rn. 47 m.w.N.

248 BGH, NJW 2001, 223; *Zöllner/Noack*, in: Baumbach/Hueck, GmbHG, § 43 Rn. 47.

249 *Haas/Ziemons*, in: Michalski, GmbHG, § 43 Rn. 240; *Paefgen*, in: Ulmer/Habersack/Winter, GmbHG, § 43 Rn. 134; *Zöllner/Noack*, in: Baumbach/Hueck, GmbHG, § 43 Rn. 47.

250 Wie hier *Altmeppen*, in: Roth/Altmeppen, GmbHG, § 43 Rn. 111, 114 ff.; *Kleindiek*, in: Lutter/Hommelhoff, GmbHG, § 43 Rn. 41; *Paefgen*, in: Ulmer/Habersack/Winter, GmbHG, § 43 Rn. 8; *Schneider*, in: Scholz, GmbHG, § 43 Rn. 261; *Wicke*, GmbHG, § 43 Rn. 17; noch weitergehend *Koppensteiner*, in: Rowedder/Schmidt-Leithoff, GmbHG, § 43 Rn. 5; a.A. *Marsch-Barner/Diekmann*, in: MünchHdbGmbHG, § 46 Rn. 4; *Zöllner/Noack*, in: Baumbach/Hueck, GmbHG, § 43 Rn. 5, 46.

251 A.A. *Koppensteiner*, in: Rowedder/Schmidt-Leithoff, GmbHG, § 43 Rn. 4 (nur Satzung).

252 OLG Hamm, DStR 2010, 1950.

253 *Altmeppen*, in: Roth/Altmeppen, GmbHG, § 43 Rn. 111; *Kleindiek*, in: Lutter/Hommelhoff, GmbHG, § 43 Rn. 43; *Paefgen*, in: Ulmer/Habersack/Winter, GmbHG, § 43 Rn. 7 f.; *Schneider*, in: Scholz, GmbHG, § 43 Rn. 262; *Zöllner/Noack*, in: Baumbach/Hueck, GmbHG, § 43 Rn. 5.

VII. Mitverschulden

77 Sofern die Gesellschaft ein Mitverschulden trifft, wirkt dieses nach § 254 BGB haftungsmildernd bzw. haftungsausschließend. Zu beachten ist jedoch, dass die Pflichten der einzelnen Organe der GmbH eigenständig bestehen, so dass sich der Geschäftsführer etwa nicht darauf berufen kann, die Gesellschaft habe ihn nicht hinreichend überwacht.[254] Auch das Mitverschulden anderer Geschäftsführer spielt im Rahmen des § 43 keine Rolle, da dies ansonsten im Widerspruch zum Prinzip der gesamtschuldnerischen Haftung stehen würde. Ebenso scheidet die Berufung auf ein Mitverschulden eines Mitarbeiters aus, da den Geschäftsführer hierfür grundsätzlich die Organisationsverantwortung trifft.[255]

VIII. Geltendmachung des Anspruchs

78 Der Geschäftsführer haftet nur der Gesellschaft, nicht Dritten gegenüber aus § 43 Abs. 2. Über die Geltendmachung solcher Schadensersatzansprüche der Gesellschaft ist regelmäßig ein Gesellschafterbeschluss erforderlich (§ 46 Nr. 8). Die Gesellschaft kann wahlweise am Wohnsitz des Geschäftsführers (§§ 12, 13 ZPO) oder am Sitz der Gesellschaft (§ 29 Abs. 1 ZPO) klagen.[256] Gläubiger der Gesellschaft können den Anspruch der Gesellschaft aus § 43 lediglich pfänden und sich überweisen lassen.[257] Eines Gesellschafterbeschlusses nach § 46 Nr. 8 bedarf es hierfür nicht.[258] Eine direkte Anspruchsdurchsetzung der Gläubiger der Gesellschaft gegen den Geschäftsführer analog § 93 Abs. 5 AktG scheidet aus.[259]

79 Ist das Insolvenzverfahren über das Vermögen der Gesellschaft eröffnet, geht das Recht, den Ersatzanspruch geltend zu machen, auf den Insolvenzverwalter über. In diesem Fall ist ebenso wenig ein Gesellschafterbeschluss nach § 46 Nr. 8 erforderlich wie bei einer masselosen Liquidation.[260] Einzelne Gesellschafter können entsprechend der personengesellschaftsrechtlichen actio pro socio Ersatzansprüche für die Gesellschaft geltend machen, wenn die GmbH ihre Ansprüche nicht selbst verfolgt, obwohl die Gesellschafter gemäß § 46 Nr. 8 ein Vorgehen gegen den Geschäftsführer beschlossen haben, oder ein ablehnender Gesellschafterbeschluss wirksam angefochten wurde.[261]

---

254 *Klöhn*, in: Bork/Schäfer, GmbHG, § 43 Rn. 59.

255 *Altmeppen*, in: Roth/Altmeppen, GmbHG, § 43 Rn. 108; *Zöllner/Noack*, in: Baumbach/Hueck, GmbHG, § 43 Rn. 45.

256 BGH, NJW-RR 1992, 800.

257 *Koppensteiner*, in: Rowedder/Schmidt-Leithoff, GmbHG, § 43 Rn. 50.

258 *Kleindiek*, in: Lutter/Hommelhoff, GmbHG, § 43 Rn. 30.

259 So *Wicke*, GmbHG, § 43 Rn. 11; a.A. *Altmeppen*, in: Roth/Altmeppen, GmbHG, § 43 Rn. 96; differenzierend *Haas/Ziemons*, in: Michalski, GmbHG, § 43 Rn. 300 ff.

260 BGH, NZG 2004, 962.

261 BGH, ZIP 1982, 1203, 1204; *Koppensteiner*, in: Rowedder/Schmidt-Leithoff, GmbHG, § 43 Rn. 48; a.A. *Altmeppen*, in: Roth/Altmeppen, GmbHG, § 43 Rn. 92; *Zöllner/Noack*, in: Baumbach/Hueck, GmbHG, § 43 Rn. 32.

IX. Beweislast

80 Bei der Frage, ob der Geschäftsführer nach § 43 Abs. 2 haftet, gelten die allgemeinen Beweislastregeln. Die Gesellschaft hat darzulegen und zu beweisen, dass der Handelnde Geschäftsführer ist, dass ein Schaden und ein bestimmtes Geschäftsführerverhalten sowie ein adäquater Kausalzusammenhang zwischen diesem Verhalten und dem eingetretenen Schaden vorliegt.[262] Dabei können der Gesellschaft die Erleichterungen des § 287 ZPO zugutekommen.

81 Der Geschäftsführer wiederum muss darlegen und beweisen, dass er nicht pflichtwidrig gehandelt hat, weil er entweder keine Sorgfaltspflichtverletzung begangen hat, da er die Sorgfalt eines ordentlichen und gewissenhaften Geschäftsleiters angewandt hat,[263] der Schaden auch bei sorgfaltspflichtgemäßem Alternativverhalten eingetreten wäre[264] bzw. das zuständige Gremium, wenn es angerufen worden wäre, der Maßnahme des Geschäftsführers »zugestimmt« hätte.[265] Eine analoge Anwendung von § 93 Abs. 2 S. 2 AktG und § 34 Abs. 2 S. 2 GenG, die eine Umkehr der Darlegungs- und Beweislast vorsehen, kommt nicht in Betracht.[266] Sofern der Gesellschaft im Rahmen der Vorteilsausgleichung bestimmte, durch die Pflichtverletzung eingetretene Vorteile angerechnet werden sollen, trägt für deren Voraussetzung der Geschäftsführer die Beweislast.[267]

D. Haftung nach § 43 Abs. 3 aufgrund Verstoßes gegen §§ 30, 33

I. Einführung

82 Abs. 3 S. 1 enthält einen gegenüber Abs. 2 speziellen Schadensersatzanspruch.[268] Der Geschäftsführer haftet, wenn entgegen § 30 Zahlungen aus dem zur Erhaltung des Stammkapitals erforderlichen Vermögen der Gesellschaft erfolgten oder entgegen § 33 eigene Geschäftsanteile der Gesellschaft erworben wurden. Zu berücksichtigen ist, dass die nach § 30 Abs. 1 verbotene Einlagenrückgewähr durch das MoMiG wesentlich eingeschränkt wurde. Zwar sind diese Haftungstatbestände vom Wortlaut her »insbesondere« in § 43 Abs. 3 aufgeführt, dabei handelt es sich jedoch nicht um sog. Regelbeispiele, sondern die Vorschrift bezieht sich auf eigenständige Pflichtverletzungen, die zu einer gegenüber § 43 Abs. 2 verschärften Rechtsfolge führen.[269] So wird zum einen die Geltendmachung dieser Ansprüche durch einen »typisierten

---

262 BGH, NJW 2003, 358.

263 BGH, NJW-RR 2008, 736, 737; BGH, NJW 2009, 2598; OLG Koblenz, NZG 2008, 280 (LS).

264 *Schneider*, in: Scholz, GmbHG, § 43 Rn. 60; *Zöllner/Noack*, in: Baumbach/Hueck, GmbHG, § 43 Rn. 36 ff.

265 OLG Koblenz, NZG 2008, 280 (LS).

266 BGHZ 152, 280, 283; OLG Koblenz, NZG 2008, 280 (LS).

267 *Schneider*, in: Scholz, GmbHG, § 43 Rn. 230.

268 BGH, WM 1986, 789, 790; BGHZ 122, 336, 340; BGH, NJW 2009, 68, 70.

269 *Haas/Ziemons*, in: Michalski, GmbHG, § 43 Rn. 216a.

Schadensnachweis« erleichtert (Vermutung, dass Schaden in dieser Höhe entstanden) und zum anderen können die Gesellschafter nicht frei über die Geltendmachung dieser Ansprüche befinden, sofern der Ersatzanspruch zur Gläubigerbefriedigung erforderlich ist.[270]

II. Voraussetzungen

1. Zahlungen an Gesellschafter (§ 30)

83 Voraussetzung ist zunächst die Verletzung des § 30 als Pflichtverletzung. Da es durch das MoMiG nunmehr keine kapitalersetzenden Gesellschafterdarlehen mehr gibt,[271] spielt eine Haftung nach Abs. 3 nur noch für Altfälle eine Rolle.[272] Die Gewährung von Darlehen ist daher nach § 30 Abs. 1 S. 2 zulässig, wenn ein vollwertiger Gegenleistungs- und Rückgewähranspruch besteht. Der Geschäftsführer haftet also zum einen, wenn der Auszahlung kein vollwertiger Anspruch gegenübersteht und zum anderen, wenn sich die mangelnde Vollwertigkeit erst durch nachträgliche negative Entwicklungen ergibt und der Geschäftsführer trotzdem eine mögliche Rückforderung unterlässt.[273] Die Haftung bei entgegen § 30 Abs. 1 erfolgenden Zahlungen an die Gesellschafter aus dem Stammkapital tritt unabhängig von der Bezeichnung der Zahlung ein.[274] Nach einer zulässigen Auszahlung hat der Geschäftsführer regelmäßig zu prüfen, ob Veränderungen, etwa bzgl. des Kreditrisikos, eingetreten sind.[275] Wird der Geschäftsführer von den Gesellschaftern zur Auszahlung angewiesen, hat er dies zurückzuweisen, wenn die Vollwertigkeit des Gegenanspruchs nicht besteht und die Leistung deshalb zu Lasten des Stammkapitals geht.[276]

84 Die h.M. will Abs. 3 auch auf die Nichtgeltendmachung von Ansprüchen nach § 31 Abs. 1 anwenden.[277] Dem wird im Schrifttum jedoch unter dem Hinweis widersprochen, dass der BGH klargestellt habe, § 43 Abs. 3 beziehe sich nur auf eine das Stammkapital verletzende Auszahlung und nicht auf eine Nichtgeltendmachung des Anspruchs aus § 31.[278] Auch auf die Rückzahlung von **Nachschüssen** soll § 43 Abs. 3 grundsätzlich Anwendung finden. Ausgeschlossen wird dies, wenn es sich um eine Zahlung nach § 30 Abs. 1 S. 1 handelt, bejaht dagegen, wenn eine nach § 30 Abs. 1

270 *Paefgen*, in: Ulmer/Habersack/Winter, GmbHG, § 43 Rn. 140, 151; *Schneider*, in: Scholz, GmbHG, § 43 Rn. 268; *Zöllner/Noack*, in: Baumbach/Hueck, GmbHG, § 43 Rn. 48.

271 RegE MoMiG, S. 129 f.

272 BGH, NJW 2009, 1277, 1278.

273 RegE MoMiG, S. 94.

274 *Zöllner/Noack*, in: Baumbach/Hueck, GmbHG, § 43 Rn. 49a.

275 *Zöllner/Noack*, in: Baumbach/Hueck, GmbHG, § 43 Rn. 49a.

276 *Altmeppen*, ZIP 2009, 49, 53 f.; *Fleischer*, NJW 2009, 2337, 2341.

277 *Paefgen*, in: Ulmer/Habersack/Winter, GmbHG, § 43 Rn. 143; *Zöllner/Noack*, in: Baumbach/Hueck, GmbHG, § 43 Rn. 49.

278 *Haas/Ziemons*, in: Michalski, GmbHG, § 43 Rn. 217d; *Kleindiek*, in: Lutter/Hommelhoff, GmbHG, § 43 Rn. 49; *Zöllner/Noack*, in: Baumbach/Hueck, GmbHG, § 43 Rn. 49b.

S. 3 verbotene Rückzahlung vorliegt.[279] § 43 Abs. 3 soll entsprechend anwendbar sein bei Zahlungen zu Lasten der gesetzlichen Rücklage einer Unternehmergesellschaft i.S. des § 5a Abs. 3. Die Rücklage stelle materiell Stammkapital dar und sei wie dieses zum Schutz der Gläubiger gebunden.[280]

85 Die Stellung einer **Sicherheit** aus dem Gesellschaftsvermögen ist dann keine unerlaubte Zahlung nach § 30, wenn die Verwertung unter dem Vorbehalt steht, dass keine Unterbilanz eintritt oder diese verschärft.[281] Findet eine Verwertung der Sicherheit statt, so ist dies dann keine verbotswidrige Auszahlung i.S.des § 30, wenn die Deckung durch einen vollwertigen Anspruch (Freistellung, Rückgriff oder Aufwendungsersatz) besteht.[282] Nach § 30 Abs. 1 S. 2, Alt. 1 ausdrücklich erlaubt sind Leistungen, die bei Bestehen eines **Beherrschungs- oder Gewinnabführungsvertrags** erfolgen, sofern der Ausgleichsanspruch im Zeitpunkt der Leistung vollwertig ist.

86 **Tilgungsleistungen** auf Gesellschafterforderungen gegenüber der Gesellschaft (z.B. Rückgewähr eines Gesellschafterdarlehens) können nach den Änderungen durch das MoMiG nicht mehr verbotene Auszahlungen des zur Erhaltung des Stammkapitals erforderlichen Vermögens sein (§ 30 Abs. 1 S. 1, 3) und lösen damit keine Ersatzpflicht nach § 43 Abs. 3 mehr aus.[283] Allerdings kommt eine (Insolvenz-)Anfechtung nach § 6a AnfG bzw. § 135 InsO in Betracht sowie eine Haftung des Geschäftsführers nach § 64 S. 3, sofern die Rückzahlung die Zahlungsunfähigkeit der Gesellschaft verursachen musste.[284]

87 Eine Haftung des Geschäftsführers tritt auch dann ein, wenn er aufgrund von Ressortaufteilung oder **Delegation** zwar nicht selbst auszahlt, aber dem zahlenden Geschäftsführer oder vertretungsberechtigten Angestellten (Prokuristen etc.) gegenüber seine Überwachungspflicht verletzt.[285] Der Zahlungsempfänger haftet neben dem Geschäftsführer (§ 31 Abs. 1, Abs. 2). Ob unter den Zahlungsempfängern **Gesamtschuldnerschaft** i.S. der §§ 421 ff. BGB besteht, ist umstritten, im Ergebnis jedoch zu bejahen.[286] Neben der Haftung des Geschäftsführers und des Zahlungsempfängers besteht eine Ausfallhaftung der Gesellschafter nach § 31 Abs. 3. Im Innenverhältnis können diese den Geschäftsführer nach § 31 Abs. 6 in Regress nehmen.[287]

---

279 *Zöllner/Noack*, in: Baumbach/Hueck, GmbHG, § 43 Rn. 49c; a.A. *Paefgen*, in: Ulmer/Habersack/Winter, GmbHG, § 43 Rn. 145.

280 *Haas/Ziemons*, in: Michalski, GmbHG, § 43 Rn. 217e.

281 *Zöllner/Noack*, in: Baumbach/Hueck, GmbHG, § 43 Rn. 49a.

282 BGH, DStR 2007, 1874, 1877.

283 *Haas/Ziemons*, in: Michalski, GmbHG, § 43 Rn. 217c; *Zöllner/Noack*, in: Baumbach/Hueck, GmbHG, § 43 Rn. 49a.

284 *Wicke*, GmbHG, § 43 Rn. 13; *Zöllner/Noack*, in: Baumbach/Hueck, GmbHG, § 43 Rn. 49a; siehe auch RegE MoMiG, S. 95.

285 BGHZ 148, 167, 170 f.; BGH, NJW 2004, 1111, 1112.

286 Bejahend *Haas/Ziemons*, in: Michalski, GmbHG, § 43 Rn. 219a; *Zöllner/Noack*, in: Baumbach/Hueck, GmbHG, § 43 Rn. 49; verneinend *Paefgen*, in: Ulmer/Habersack/Winter, GmbHG, § 43 Rn. 152.

287 *Zöllner/Noack*, in: Baumbach/Hueck, GmbHG, § 43 Rn. 49.

88 Die Gesellschaft hat die **Darlegungs- und Beweislast** bezüglich der verbotswidrigen, das Stammkapital verletzenden Zahlung an die Gesellschafter nach § 43 Abs. 3. Im Falle der Insolvenz hat diese der Insolvenzverwalter. Den Geschäftsführer trifft eine sekundäre Darlegungs- und Beweislast, so dass er das Klägervorbringen substantiiert bestreiten muss.[288]

2. Erwerb eigener Geschäftsanteile der Gesellschaft (§ 33)

89 Eine Ersatzpflicht nach § 43 Abs. 3 tritt auch bei gegen § 33 verstoßendem Erwerb eigener Geschäftsanteile durch die Gesellschaft ein (§ 33 Abs. 3 S. 1 Alt. 2). Dies soll auch für die gegen § 33 verstoßende Inpfandnahme eigener Anteile gelten.[289] Ist der Ersatzanspruch nach § 43 Abs. 3 erforderlich, um die Gläubiger der Gesellschaft zu befriedigen, ist der Erwerb eigener Anteile entgegen § 33 selbst dann pflichtwidrig, wenn die Gesellschafter einen entsprechenden Beschluss gefasst oder eine Weisung erteilt haben.

90 Neben dem Geschäftsführer haftet, außer im Falle des § 814 BGB, der Veräußerer des Geschäftsanteils aus § 812 BGB auf Rückzahlung des Kaufpreises. Außerdem tritt eine Haftung nach § 31 ein. Geschäftsführer und Veräußerer haften als Gesamtschuldner (§§ 421 ff. BGB).[290]

3. Schaden und Verschulden

91 Bei einem Verstoß gegen § 43 Abs. 3 wird zugunsten der Gesellschaft vermutet, dass ein Schaden in Höhe der entzogenen oder vorenthaltenen Mittel entstanden ist. Der Geschäftsführer wiederum hat zu beweisen, dass ein Schaden nicht eingetreten ist, auch wenn ein Pflichtverstoß vorliegen mag.[291]

92 Voraussetzung der Haftung ist aber ein Verschulden des Geschäftsführers.[292] Das Verschulden des Geschäftsführers wird vermutet.[293] Nach § 43 Abs. 3 kann der Geschäftsführer den Einwand der unzulässigen Rechtsausübung gegen den Anspruch der Gesellschaft nur insoweit erheben, als der Ersatzanspruch nicht zur Befriedigung

---

288 *Haas/Ziemons*, in: Michalski, GmbHG, § 43 Rn. 218; *Paefgen*, in: Ulmer/Habersack/Winter, GmbHG, § 43 Rn. 150; *Zöllner/Noack*, in: Baumbach/Hueck, GmbHG, § 43 Rn. 49.

289 So *Paefgen*, in: Ulmer/Habersack/Winter, GmbHG, § 43 Rn. 146.

290 *Altmeppen*, in: Roth/Altmeppen, GmbHG, § 43 Rn. 107; *Zöllner/Noack*, in: Baumbach/Hueck, GmbHG, § 43 Rn. 50; gegen Gesamtschuldnerschaft *Paefgen*, in Ulmer/Habersack/Winter, GmbHG, § 43 Rn. 152.

291 BGH, NJW 1992, 1166; *Altmeppen*, in: Roth/Altmeppen, GmbHG, § 43 Rn. 105; *Schneider*, in: Scholz, GmbHG, § 43 Rn. 228; *Zöllner/Noack*, in: Baumbach/Hueck, GmbHG, § 43 Rn. 49.

292 Vgl. *Schneider*, in: Scholz, GmbHG, § 43 Rn. 274 mit dem zutreffenden Wortlautargument (»Insbesondere …«).

293 BGH, NZG 2008, 908, 910.

der Gläubiger erforderlich ist. Vorgetragen werden kann etwa, dass der betreffende Betrag rückerstattet wurde.[294]

III. Haftungsausschluss, Verzicht, Vergleich (Abs. 3 S. 2, 3)

93 Ein **Verzicht** oder **Vergleich** mit dem Geschäftsführer, basierend auf einem Gesellschafterbeschluss (§ 46 Nr. 8 analog), scheidet regelmäßig aus. Solche haftungsbeschränkende Vereinbarungen im Hinblick auf die speziellen Haftungstatbestände des § 43 Abs. 3 S. 1 (Verstoß gegen §§ 30, 33) sind nur eingeschränkt möglich, da hier der Gläubigerschutz im Vordergrund steht. Unwirksam sind sie, soweit der Schadensersatz durch den Geschäftsführer zur Befriedigung der Gläubiger der Gesellschaft erforderlich ist (Abs. 3 S. 2 und 3, § 9b Abs. 1).

94 Anders verhält es sich, wenn die Ersatzpflicht in einem Insolvenzplanverfahren erfolgt oder der Verzicht/Vergleich der Abwendung des Insolvenzverfahrens dient.[295] § 43 Abs. 3 S. 1 findet entsprechend Anwendung bei einer unzulässigen Kreditgewährung nach § 43a.[296] Daher ist ein Verzicht oder Vergleich hinsichtlicht des Ersatzanspruchs aufgrund unzulässiger Kreditvergabe unwirksam, soweit der Ersatz zur Befriedigung der Gläubiger erforderlich ist. In diesem Fall haben auch entsprechende Gesellschafterweisungen oder die Zustimmung der Gesellschafter keine haftungsbefreiende Wirkung.[297] Analoge Anwendung findet § 43 Abs. 3 S. 2 und 3, wenn sich der Geschäftsführer an einem sog. existenzvernichtenden Eingriff in das Gesellschaftsvermögen beteiligt.[298]

IV. Rechtsfolge

95 Zu ersetzen ist bei einem Verstoß gegen das Zahlungsverbot des § 30 (**§ 43 Abs. 3 S. 1, Alt. 1**) nur der sog. Auszahlungsschaden, d.h. die verbotswidrig ausgezahlte, nicht wertmäßig in das Gesellschaftsvermögen zurückgelangte Leistung.[299] Darüber hinausgehende Schäden sind ggf. nach Abs. 2 ersatzfähig,[300] wobei hier die Gesellschaft (bzw. der Insolvenzverwalter) Eintritt und Umfang des (kausalen) Schadens

---

294 *Schneider*, in: Scholz, GmbHG, § 43 Rn. 228.

295 *Haas/Ziemons*, in: Michalski, GmbHG, § 43 Rn. 221; *Zöllner/Noack*, in: Baumbach/Hueck, GmbHG, § 43 Rn. 51.

296 *Kleindiek*, in: Lutter/Hommelhoff, GmbHG, § 43 Rn. 41; *Koppensteiner*, in: Rowedder/Schmidt-Leithoff, GmbHG, § 43 Rn. 41; *Paefgen*, in: Ulmer/Habersack/Winter, GmbHG, § 43 Rn. 147; *Zöllner/Noack*, in: Baumbach/Hueck, GmbHG, § 43 Rn. 54.

297 BGH, NJW 2004, 1111, 1112.

298 *Haas/Ziemons*, in: Michalski, GmbHG, § 43 Rn. 221a; *Paefgen*, in: Ulmer/Habersack/Winter, GmbHG, § 43 Rn. 147.

299 BGH, NZG 2008, 908, 909; OLG Hamburg, NZG 2005, 1008, 1009.

300 BGH, WM 1986, 789 f.; *Haas/Ziemons*, in: Michalski, GmbHG, § 43 Rn. 219; *Kleindiek*, in: Lutter/Hommelhoff, GmbHG, § 43 Rn. 49; *Koppensteiner*, in: Rowedder/Schmidt-Leithoff, GmbHG, § 43 Rn. 22; *Paefgen*, in: Ulmer/Habersack/Winter, GmbHG, § 43 Rn. 149; *Zöllner/Noack*, in: Baumbach/Hueck, GmbHG, § 43 Rn. 49; a.A. *Schneider*, in: Scholz, GmbHG, § 43 Rn. 275.

beweisen muss. Möglich sind daneben Erstattungsansprüche gegen den Zahlungsempfänger oder gegen Gesellschafter aus § 812 BGB oder aus §§ 31, 33 Abs. 2 S. 3 GmbHG.[301]

96 Zu ersetzen ist damit die gesamte unzulässige Zahlung, nicht lediglich eine uneinbringliche Differenz.[302] Soweit jedoch auf den Erstattungsanspruch der Gesellschaft Leistungen in das Vermögen der Gesellschaft fließen, verringert sich der Ersatzanspruch der Gesellschaft gegen den Geschäftsführer.[303] Der Geschäftsführer kann nach § 255 BGB seinerseits die Abtretung des Anspruchs der Gesellschaft gegen den nach § 31 Ersatzpflichtigen verlangen, wenn er den Ersatzanspruch der Gesellschaft nach § 43 Abs. 3 erfüllt.[304]

97 Wurden eigene Geschäftsanteile entgegen § 33 erworben (**§ 43 Abs. 3 S. 1 Alt. 2**), besteht der zu ersetzende Schaden im unzulässig gezahlten Erwerbspreis (abzüglich Rückzahlungen), nicht nur in der Differenz zum Wert des Geschäftsanteils.[305] Der Wert der Geschäftsanteile wird nicht abgezogen.[306]

98 Der (kausale) Schaden der Gesellschaft in Höhe der Auszahlung (Alt. 1) bzw. des unzulässig geleisteten Preises (Alt. 2) wird widerlegbar vermutet (sog. typisierter Schadensnachweis).[307] Der Geschäftsführer kann diese Vermutung widerlegen, indem er beweist, dass das Gesellschaftsvermögen nicht mehr vermindert ist, weil die Gesellschaft den ausgezahlten Betrag vom Empfänger zurückerhalten hat (Alt. 1),[308] bzw. dass der Kaufpreis zurückgezahlt worden ist (Alt. 2).[309]

301 BGH, NJW 1992, 1166; BGH, NZG 2008, 908, 909.

302 OLG Hamburg, NZG 2005, 1008, 1011; *Zöllner/Noack*, in: Baumbach/Hueck, GmbHG, § 43 Rn. 49.

303 BGH, NZG 2008, 908, 909.

304 *Haas/Ziemons*, in: Michalski, GmbHG, § 43 Rn. 219a.

305 *Zöllner/Noack*, in: Baumbach/Hueck, GmbHG, § 43 Rn. 50.

306 *Haas/Ziemons*, in: Michalski, GmbHG, § 43 Rn. 219b; *Kleindiek*, in: Lutter/Hommelhoff, GmbHG, § 43 Rn. 49; *Paefgen*, in: Ulmer/Habersack/Winter, GmbHG, § 43 Rn. 149; *Zöllner/Noack*, in: Baumbach/Hueck, GmbHG, § 43 Rn. 50.

307 *Haas/Ziemons*, in: Michalski, GmbHG, § 43 Rn. 219c; *Paefgen*, in: Ulmer/Habersack/Winter, GmbHG, § 43 Rn. 149 f.; *Schneider*, in: Scholz, GmbHG, § 43 Rn. 228, 276; *Zöllner/Noack*, in: Baumbach/Hueck, GmbHG, § 43 Rn. 49.

308 BGH, WM 2008, 2215, 2217; *Haas/Ziemons*, in: Michalski, GmbHG, § 43 Rn. 219c; *Kleindiek*, in: Lutter/Hommelhoff, GmbHG, § 43 Rn. 49; *Koppensteiner*, in: Rowedder/Schmidt-Leithoff, GmbHG, § 43 Rn. 24; *Paefgen*, in: Ulmer/Habersack/Winter, GmbHG, § 43 Rn. 149 f.; *Schneider*, in: Scholz, GmbHG, § 43 Rn. 228, 276; *Zöllner/Noack*, in: Baumbach/Hueck, GmbHG, § 43 Rn. 49.

309 *Zöllner/Noack*, in: Baumbach/Hueck, GmbHG, § 43 Rn. 50.

E. Verjährung (Abs. 4)

99 Schadensersatzansprüche nach § 43 Abs. 2 und 3 verjähren in fünf Jahren ab Entstehung des Anspruchs (Abs. 4). Diese Frist gilt auch für Pflichtverletzung aus dem Anstellungsvertrag.[310] Auf andere Ansprüche der Gesellschaft, insbesondere aus Delikt oder Bereicherungsrecht, finden grundsätzlich die jeweils für sie geltenden Verjährungsregeln Anwendung.[311] Eine Ausnahme und damit eine Anwendbarkeit des Abs. 4 soll nur dann gelten, wenn durch die Pflichtverletzung automatisch auch eine deliktische Handlung begangen wird, also etwa dann, wenn die deliktische Haftung ausschließlich auf der Verletzung einer gesellschaftsrechtlichen Norm als Schutzgesetz i.S. des § 823 Abs. 2 BGB beruht.[312] Sofern die Gesellschaft gegen den Gesellschafter-Geschäftsführer einen Anspruch aus Verletzung der gesellschafterlichen Treuepflicht hat, gilt die dreijährige Regelverjährung nach §§ 195, 199 BGB.[313] Der Arglisteinwand gegen die Berufung auf die Verjährung ist teilweise möglich.[314]

100 Der **Beginn** der Verjährungsfrist ist mit der Entstehung des Anspruchs, d.h. mit dem Eintritt des Schadens dem Grunde nach.[315] Es genügt, dass der Anspruch im Wege der Feststellungsklage geltend gemacht werden könnte, so dass der Schaden noch nicht bezifferbar zu sein braucht.[316] Regelmäßig ist dies mit Vertragsschluss der Fall, kann bei nachträglichen Pflichtverletzungen aber auch später liegen.[317] Auf die Kenntnis der Gesellschafter von den anspruchsbegründenden Tatsachen kommt es bei Abs. 4 nicht an, so dass es unerheblich ist, wenn der pflichtwidrig handelnde Geschäftsführer das Entstehen des Schadens verheimlicht hat.[318]

101 Eine subjektive Anknüpfung des Verjährungsbeginns nach § 199 Abs. 1 BGB ist auf Ansprüche aus § 43 nicht anwendbar, so dass es allein auf die Entstehung des Anspruchs ankommt.[319] Dadurch, dass der Geschäftsführer Schadensersatzansprüche

---

310 *Haas/Ziemons*, in: Michalski, GmbHG, § 43 Rn. 231; *Paefgen*, in: Ulmer/Habersack/Winter, GmbHG, § 43 Rn. 154; *Schneider*, in: Scholz, GmbHG, § 43 Rn. 278; *Zöllner/Noack*, in: Baumbach/Hueck, GmbHG, § 43 Rn. 58.

311 BGHZ 100, 190, 199 ff.; BGH, NJW-RR 1989, 1255, 1258; BGH, DStR 2005, 659.

312 BGHZ 100, 190, 201; OLG Saarbrücken, NZG 2000, 559 (zur Insolvenzantragspflicht gemäß § 64 Abs. 1 a.F., nunmehr § 15a Abs. 1 InsO); *Kleindiek*, in: Lutter/Hommelhoff, GmbHG, § 43 Rn. 45; *Paefgen*, in: Ulmer/Habersack/Winter, GmbHG, § 43 Rn. 155; *Zöllner/Noack*, in: Baumbach/Hueck, GmbHG, § 43 Rn. 58; a.A. *Schneider*, in: Scholz, GmbHG, § 43 Rn. 279, 286.

313 BGH, NJW 1999, 781.

314 Siehe *Paefgen*, in: Ulmer/Habersack/Winter, GmbHG, § 43 Rn. 159; *Schneider*, in: Scholz, GmbHG, § 43 Rn. 282; *Zöllner/Noack*, in: Baumbach/Hueck, GmbHG, § 43 Rn. 59.

315 BGHZ 100, 228, 232 (zur AG); BGH, DStR 2005, 659; BGH, WM 2008, 2215, 2217.

316 BGHZ 100, 228, 232 (zur AG); BGH, DStR 2005, 659; BGH, WM 2008, 2215, 2217.

317 OLG Koblenz, NZG 2008, 280 (LS).

318 BGH, DStR 2005, 659; BGH, NJW 2009, 68, 69.

319 BGH, NJW 2009, 68, 69; *Paefgen*, in: Ulmer/Habersack/Winter, GmbHG, § 43 Rn. 158; *Zöllner/Noack*, in: Baumbach/Hueck, GmbHG, § 43 Rn. 57.

aus § 43 Abs. 2, die gegen ihn gerichtet sind, verjähren lässt, entsteht dadurch nicht erneut ein Schadensersatzanspruch.[320] Sofern der Schaden auf mehreren selbstständigen Pflichtverletzungen beruht, beginnt die Verjährung für jeden verursachten Schaden gesondert.[321] Beruhen verschiedene Maßnahmen auf einem einheitlichen Entschluss, beginnt die Verjährung erst mit Abschluss der gesamten schädigenden Handlung.[322] Die Verjährungsfrist für einen Anspruch aus § 43 Abs. 3 beginnt mit der jeweiligen gegen § 30 verstoßenden Auszahlung, nicht erst mit der letzten Zahlung.[323] Die verjährungsunterbrechende Wirkung der Klageerhebung gegen den Geschäftsführer soll auch dann eintreten, wenn der für die Begründetheit des Begehrens erforderliche Gesellschafterbeschluss gemäß § 46 Nr. 8 zunächst noch nicht gefasst ist.[324]

102 Eine **Verlängerung** der 5-jährigen Verjährungsfrist durch Vereinbarung ist nach § 202 Abs. 2 BGB auf bis zu dreißig Jahre nach Entstehung des Anspruchs möglich. Auch eine **Verkürzung** dieser Frist ist nach ganz h.M. im Sinne einer im Vorhinein festgelegten Verjährung in der Satzung oder im Anstellungsvertrag möglich, da es Sache der Gesellschafter ist, über Schadensersatzansprüche gegenüber dem Geschäftsführer zu befinden.[325] Ausgeschlossen ist dies allein für die Fälle der Mitwirkung an der Auszahlung gebundenen Kapitals der Gesellschaft entgegen § 43 Abs. 3. Umstritten ist, ob für die Vereinbarung einer solchen Verkürzung auch dann die Gesellschafterversammlung zuständig ist, wenn die Kompetenz zum Abschluss des Anstellungsvertrags dem Aufsichtsrat zugewiesen ist.[326] In Bezug auf Ansprüche aus § 43 Abs. 2 ist es statt einer Fristverkürzung auch möglich, in der Satzung oder im Anstellungsvertrag eine Ausschlussfrist für die Geltendmachung von Schadensersatzansprüchen gegen den Geschäftsführer festzusetzen.[327]

---

320 BGH, NJW 2009, 68, 69; OLG Köln, NZG 2000, 1137, 1138; *Zöllner/Noack*, in: Baumbach/Hueck, GmbHG, § 43 Rn. 59.

321 BGH, NJW-RR 2006, 694, 696; BGH, NJW 2007, 830, 833; BGH, NVwZ 2007, 362, 367; BGH, NJW 2008, 506, 507.

322 BGH, NJW 2008, 3361, 3362; OLG Düsseldorf, GmbHR 2000, 666, 670.

323 BGH, NJW 2009, 68, 69.

324 BGH, NJW 1999, 2115 f.

325 BGH, NJW 2002, 3777, 3778 (unter Aufgabe der bisherigen Rechtsprechung); OLG Stuttgart, GmbHR 2003, 835, 837; *Kleindiek*, in: Lutter/Hommelhoff, GmbHG, § 43 Rn. 46; *Paefgen*, in: Ulmer/Habersack/Winter, GmbHG, § 43 Rn. 164; *Zöllner/Noack*, in: Baumbach/Hueck, GmbHG, § 43 Rn. 60; a.A. *Haas/Ziemons*, in: Michalski, GmbHG, § 43 Rn. 232a.

326 Bejahend *Haas/Ziemons*, in: Michalski, GmbHG, § 43 Rn. 232d; *Zöllner/Noack*, in: Baumbach/Hueck, GmbHG, § 43 Rn. 60; verneinend *Paefgen*, in: Ulmer/Habersack/Winter, GmbHG, § 43 Rn. 165.

327 BGH, NZG 2008, 314, 315 f.; *Zöllner/Noack*, in: Baumbach/Hueck, GmbHG, § 43 Rn. 60.

F. Prozessuale Aspekte

I. Zuständigkeit, Prozessvertretung

103 Unabhängig davon, ob es sich um eine Klage der Gesellschaft gegen den Geschäftsführer aus der Organstellung oder aus dem Anstellungsvertrag handelt, sind die Zivilgerichte, nicht die Arbeitsgerichte zuständig.[328] Besteht jedoch das Anstellungsverhältnis des Geschäftsführers nicht mit der GmbH, sondern mit einem Dritten (z.B. Muttergesellschaft), hat der Geschäftsführer eine arbeitnehmerähnliche Stellung. Für Streitigkeiten aus dem Anstellungsverhältnis ist daher der Rechtsweg zu den Arbeitsgerichten eröffnet.[329]

104 Organhaftungsansprüche können grundsätzlich vor einem **Schiedsgericht** verhandelt werden.[330] Die hierfür erforderliche Schiedsvereinbarung muss, da Geschäftsführer Verbraucher i.S. des § 1031 Abs. 5 ZPO sind, in einer von den Parteien eigenhändig unterzeichneten Urkunde enthalten sein und darf keine weiteren Vereinbarungen beinhalten. Die Schiedsvereinbarung umfasst auch konkurrierende Ansprüche aus Delikt und kann zwar nicht Dritten, aber dem Insolvenzverwalter der Gesellschaft gegenüber eingewandt werden.[331]

105 Im Hinblick auf Ersatzansprüche gegen Geschäftsführer wird die Gesellschaft von der Gesellschafterversammlung als gesetzlicher Vertreter nach §§ 51, 56 ZPO vertreten, wobei sie als prozessunfähiges Organ beschließt, wer die Gesellschaft im Prozess vertritt. Ohne einen solchen Beschluss obliegt die Geschäftsführungs- und Vertretungsbefugnis den übrigen Mitgeschäftsführern.[332] Sofern die Gesellschaft über einen Aufsichtsrat mit den Befugnissen nach § 52 verfügt, wird sie von diesem vertreten.[333] Allerdings kann die Satzung auch vorsehen, dass ein Beirat die Gesellschaft vertritt.[334]

II. Darlegungs- und Beweislast

106 Im Prozess muss aufgrund einer Beweislastumkehr (§ 93 Abs. 2 AktG, § 34 Abs. 2 S. 2 GenG analog) nicht die Gesellschaft, sondern der Geschäftsführer beweisen, dass er seiner Sorgfaltspflicht als ordentlicher und gewissenhafter Geschäftsleiter nachgekommen ist, dass er schuldlos gehandelt[335] bzw. die Business Judgement Rule einge-

---

328 *Haas/Ziemons*, in: Michalski, GmbHG, § 43 Rn. 242.

329 BGH, NJW 1998, 260, 261; BAG, NJW 2000, 3732, 3733.

330 *Haas/Ziemons*, in: Michalski, GmbHG, § 43 Rn. 245; *Paefgen*, in: Ulmer/Habersack/Winter, GmbHG, § 43 Rn. 269.

331 *Haas/Ziemons*, in: Michalski, GmbHG, § 43 Rn. 245.

332 BGH, NJW-RR 1992, 993, 994.

333 BGH, NZG 2008, 104, 105.

334 OLG Oldenburg, GmbHR 2010, 258, 259.

335 BGH, ZIP 1980, 776 f.; BGH, NJW 1986, 54, 55.

halten hat[336] oder der Schaden auch bei pflichtmäßigem Alternativverhalten eingetreten wäre.[337] Hintergrund ist, dass der Geschäftsführer größere Beweisnähe hat. Allerdings hat die Gesellschaft erstens nachzuweisen, dass der Geschäftsführer Organ der Gesellschaft ist, zweitens darzulegen, woraus sich die Möglichkeit einer Pflichtverletzung ergibt,[338] drittens die Kausalität zwischen pflichtwidrigem Verhalten des Geschäftsführers und Schaden[339] und viertens den Eintritt und die Höhe eines Schadens zu beweisen.[340] In Bezug auf die letzten beiden Punkte kann sich die Gesellschaft auf die Erleichterungen des § 287 ZPO berufen. Ausreichend ist damit, Tatsachen vorzutragen und unter Beweis zu stellen, die für eine Schadensschätzung nach § 287 ZPO hinreichende Anhaltspunkte bieten.[341]

107 Außerdem ergibt sich eine Beweiserleichterung durch Anscheinsbeweis[342] und § 252 S. 2 BGB.[343] Damit dürfen an den Nachweis des Schadens keine Anforderungen gestellt werden, die die Gesellschaft nicht erfüllen kann.[344] Hat der Geschäftsführer etwa Abrechnungen ganz oder teilweise vernichtet, geht die Unaufklärbarkeit des Verbleibs von Geldern zu Lasten des Geschäftsführers.

108 Für konkurrierende deliktische Ansprüche gegenüber dem Geschäftsführer gilt dagegen die Regel, dass der Kläger (die Gesellschaft) alle anspruchsbegründenden Tatsachen zu beweisen hat.[345]

G. Haftung gegenüber Gesellschaftern

I. Grundsatz

109 Abs. 2 begründet Schadensersatzansprüche gegenüber der Gesellschaft, nicht aber gegenüber den einzelnen Gesellschaftern. Damit kommt die Haftung des Geschäftsführers sowohl den Gläubigern der Gesellschaft als auch den Gesellschaftern zugute.

---

336 So BGHZ 152, 280, 287; BGH, NJW 2008, 3361, 3362; *Haas/Ziemons*, in: Michalski, GmbHG, § 43 Rn. 251b; *Schneider*, in: Scholz, GmbHG, § 43 Rn. 239; *Zöllner/Noack*, in: Baumbach/Hueck, GmbHG, § 43 Rn. 40; a.A. *Paefgen*, in: Ulmer/Habersack/Winter, GmbHG, § 43 Rn. 109; a.A. auch *Kleindiek*, in: Lutter/Hommelhoff, GmbHG, § 43 Rn. 45 (Gesellschaft muss Anhaltspunkte nachweisen).

337 BGHZ 152, 280, 287; BGH, NZG 2008, 104, 105; BGH, NZG, 314 f.; BGH, NZG 2009, 912; *Zöllner/Noack*, in: Baumbach/Hueck, GmbHG, § 43 Rn. 38.

338 BGH, NZG 2008, 104, 105; BGH, NZG 2008, 314 f.; BGHZ 179, 71, 81; BGH, NZG 2009, 550, 551; BGH, NZG 2009, 912.

339 BGH, NJW 1992, 1166, 1167.

340 BGH, ZIP 1980, 776 f.; BGH, NJW 1986, 54, 55; BGH, NJW-RR 1994, 806, 807; BGHZ 152, 280, 287.

341 BGHZ 152, 280, 287, 289.

342 *Zöllner/Noack*, in: Baumbach/Hueck, GmbHG, § 43 Rn. 37.

343 BGH, NZG 2009, 912.

344 BGH, NJW-RR 1991, 485 (Abrechnung).

345 BGH, NJW 2002, 3777, 3778.

Teilweise sehen aber gesellschaftsrechtliche (§ 31 Abs. 6 GmbHG) oder bürgerlichrechtliche Regelungen eine Haftung des Geschäftsführers gegenüber den Gesellschaftern vor.

110 Unklar ist, ob und inwiefern die Innenhaftung des Geschäftsführers nicht ausnahmsweise auch eine Haftung den Gesellschaftern gegenüber auslösen kann, wenn letztere durch die Organisation der Gesellschaft nicht hinreichend vor Missbrauch geschützt werden.[346] Umstritten ist hierbei vor allem die mögliche Anspruchsgrundlage, d.h. ob sie aus unmittelbaren Organpflichten gegenüber den Gesellschaftern folgt, aus dem Anstellungsvertrag zum Schutz des einzelnen Gesellschafters oder aus einem deliktischen Schutz der Mitgliedschaft nach § 823 Abs. 1 BGB.

II. Anspruchsgrundlagen

111 Der Anstellungsvertrag des Geschäftsführers begründet laut Rechtsprechung grundsätzlich keine **Schutzwirkungen** zugunsten des einzelnen Gesellschafters, so dass dieser nicht entsprechend Schadensersatz verlangen kann. Allerdings soll ein Vertrag mit Schutzwirkung zugunsten eines Gesellschafters dann zu bejahen sein, wenn in der Gesellschaft ein Auseinanderfallen von wirtschaftlichem Risiko, das regelmäßig bei demjenigen liegt, der eine »Beteiligung« an der GmbH hält, und unternehmerischem Einfluss vorliegt.

112 Dies ist der Fall, wenn der »Beteiligte« nur geringe rechtliche Einwirkungsmöglichkeiten auf die Geschäftsführung hat. Die Rechtsprechung verlangt zudem, dass sich der Unternehmenszweck auf das Verwalten bzw. Führen der Beteiligung beschränkt. In einem solchen Fall sei der »Beteiligte« besonders darauf angewiesen, dass der Geschäftsführer mit der Sorgfalt eines ordentlichen Geschäftsmanns handle. Daher sei er in das Schuldverhältnis zwischen Gesellschaft und Geschäftsführer einzubeziehen.[347] Bislang wurde dies lediglich für die Geschäftsführung einer GmbH & Co. KG[348] und einer stillen Gesellschaft[349] angenommen. Eine Haftung aus dem Anstellungsvertrag ergibt sich auch dann, wenn im Vertrag eine entsprechende Haftungsregelung enthalten ist.

113 Eine Haftung aus einem speziellen **gesellschaftsrechtlichen Rechtsverhältnis** zwischen Gesellschaftern und Geschäftsführer ist abzulehnen.[350] Entsprechende Beziehungen bestehen regelmäßig allein zwischen Geschäftsführer und Gesellschaft.

114 In Betracht kommt jedoch eine **deliktische Haftung** des Geschäftsführers gegenüber dem einzelnen Gesellschafter. In Bezug auf eine mögliche Haftung aus § 823 Abs. 1

346 *Haas/Ziemons*, in: Michalski, GmbHG, § 43 Rn. 268.

347 BGH, NJW 1995, 1353, 1357 (stiller Gesellschafter einer GmbH & Still).

348 BGH, NJW-RR 2002, 965, 966 f.

349 BGH, NJW 1995, 1353, 1357.

350 BGHZ 110, 323, 334; *Paefgen*, in: Ulmer/Habersack/Winter, GmbHG, § 43 Rn. 176; *Zöllner/Noack*, in: Baumbach/Hueck, GmbHG, § 43 Rn. 64; siehe aber *Haas/Ziemons*, in: Michalski, GmbHG, § 43 Rn. 273.

wegen Verletzung der Mitgliedschaft als »sonstiges Recht« geht die Rechtsprechung davon aus, dass hiervon nicht nur das Außenverhältnis, sondern auch das Innenverhältnis zwischen Gesellschaftern und Geschäftsführer erfasst ist.[351] Eine Verletzung des Mitgliedschaftsrecht nach § 823 Abs. 1 BGB kommt dann in Betracht, wenn die Teilhaberechte des Gesellschafters teilweise oder völlig durch den Geschäftsführer entzogen werden.[352]

115 Daneben kann eine Schadensersatzhaftung aus § 823 Abs. 2 BGB in Verbindung mit einem Schutzgesetz bestehen. Als Schutzgesetz können etwa die §§ 9a, 49 Abs. 3,[353] 82[354] GmbHG angesehen werden. Kein Schutzgesetz stellen dagegen die §§ 30, 33,[355] 43,[356] 43a, 51a[357] GmbHG sowie § 15a InsO[358] und § 266 StGB (Untreue gegenüber der Gesellschaft)[359] dar. Umstritten ist, ob §§ 41[360] oder 85 GmbHG[361] Schutzgesetz sind. Eine deliktische Haftung des Geschäftsführers gegenüber dem Gesellschafter aus § 826 BGB tritt bei vorsätzlicher sittenwidriger Schädigung ein.[362]

116 Sofern der Geschäftsführer insgesamt sowohl der Gesellschaft als auch den Gesellschaftern gegenüber haftet, kommt für den Fall eines **Doppelschadens** (Gesellschaftsschaden entspricht dem Gesellschafterschaden) eine Doppelhaftung des Geschäftsführers nicht in Betracht. Unklar ist allein, ob schon auf materieller Ebene der

351 BGHZ 110, 323, 334 (zum Vereinsrecht); *Haas/Ziemons*, in: Michalski, GmbHG, § 43 Rn. 277, 277a; a.A. die h.M. in der Literatur, vgl. *Kleindiek*, in: Lutter/Hommelhoff, GmbHG, § 43 Rn. 40; *Paefgen*, in: Ulmer/Habersack/Winter, GmbHG, § 43 Rn. 179; *Schneider*, in: Scholz, GmbHG, § 43 Rn. 306; *Zöllner/Noack*, in: Baumbach/Hueck, GmbHG, § 43 Rn. 65 (wonach die Gesellschafter die Gesellschaft auf Schadensersatz verklagen müssten und sodann diese den Geschäftsführer).

352 RGZ 100, 274, 278.

353 *Bayer*, in: Lutter/Hommelhoff, GmbHG, § 49 Rn. 22.

354 OLG München, NJW-RR 1988, 290; *Kleindiek*, in: Lutter/Hommelhoff, GmbHG, § 82 Rn. 31.

355 *Haas/Ziemons*, in: Michalski, GmbHG, § 43 Rn. 279.

356 BGHZ 125, 366, 375.

357 *Haas/Ziemons*, in: Michalski, GmbHG, § 43 Rn. 279; *Lutter*, in: Lutter/Hommelhoff, GmbHG, § 51a Rn. 37; *Schmidt*, in: Scholz, GmbHG, § 51a Rn. 48; a.A. *Altmeppen*, in: Roth/Altmeppen, GmbHG, § 51a Rn. 37.

358 BGHZ 96, 231, 236 f.; anders *Haas*, in: Baumbach/Hueck, GmbHG, § 64 Rn. 110; *Haas/Ziemons*, in: Michalski, GmbHG, § 43 Rn. 290.

359 *Haas/Ziemons*, in: Michalski, GmbHG, § 43 Rn. 279a; *Paefgen*, in: Ulmer/Habersack/Winter, GmbHG, § 43 Rn. 185.

360 Dazu *Haas/Ziemons*, in: Michalski, GmbHG, § 43 Rn. 291 ff.; *Haas*, in: Baumbach/Hueck, GmbHG, § 41 Rn. 19 ff.

361 Dafür *Tiedemann*, in: Scholz, GmbHG, § 85 Rn. 2; dagegen *Kleindiek*, in: Lutter/Hommelhoff, GmbHG, § 85 Rn. 1.

362 BGH, WM 1969, 1081, 1082.

Anspruch der Gesellschaft vorgeht,[363] oder ob der Gesellschafter bei einem solchen Doppelschaden lediglich Leistung an die Gesellschaft verlangen kann.[364]

H. Haftung gegenüber Dritten

117 Eine Haftung des Geschäftsführers gegenüber Dritten wegen einer unternehmerischen Pflichtverletzung ist grundsätzlich nur in den gesetzlich geregelten Fällen oder bei ausdrücklicher Vereinbarung möglich. Da § 43 Abs. 2 GmbHG eine Grundentscheidung für eine alleinige (Innen-)Haftung des Geschäftsführers gegenüber der Gesellschaft getroffen hat, kann daneben nur in Ausnahmefällen eine Haftung gegenüber Dritten erfolgen.

I. Gesetzlich geregelte Fälle

118 Ein Fall der Haftung gegenüber Gesellschaftsgläubigern ist in § 40 Abs. 3 GmbHG geregelt, sofern nicht, wie in § 40 Abs. 1 vorgeschrieben, stets aktuelle Gesellschafterlisten zum Handelsregister eingereicht werden. Auch § 26 Abs. 3 InsO enthält einen Direkthaftungsanspruch, sofern der Geschäftsführer pflichtwidrig einen Antrag auf Eröffnung des Insolvenzverfahrens nicht gestellt hat.[365] Eine Haftung des Geschäftsführers gegenüber Geschäftspartnern der Gesellschaft ist in § 11 Abs. 2 GmbHG (Handelndenhaftung) vorgesehen, sofern der Geschäftsführer vor der Eintragung im Namen der Vor-GmbH handelte. Zu nennen ist auch § 86 Abs. 1 S. 1 VVG.[366]

II. Vertragliche Haftung

119 Bei Übernahme einer Bürgschaft,[367] eines selbstständigen Garantieversprechens,[368] eines abstrakten Schuldversprechens oder Schuldanerkenntnisses (z.B. für Gesellschaftsschulden)[369] haftet der Geschäftsführer aufgrund Vereinbarung mit dem Dritten. Ob auf solche vertraglichen Absprachen die Verbraucher schützenden Vorschriften der §§ 305 ff. BGB, §§ 355 ff. BGB und die von der Rechtsprechung entwickelten Grundsätze zur Sittenwidrigkeit von Bürgschaften zugunsten des Geschäftsführers anzuwenden sind, wird in Rechtsprechung und Literatur unterschiedlich beurteilt.[370] Zumindest bei einem Schuldbeitritt zu einem Kreditvertrag der Gesellschaft stellt die Rechtsprechung den Geschäftsführer unter den Schutz der Vorschriften des Verbraucherkreditrechts (§§ 355 ff., 491 ff. BGB). Dies soll selbst

363 BGH, WM 1967, 287, 288; BGH, WM 1969, 1081, 1082.

364 BGHZ 65, 15, 21; BGH, NJW 1987, 1077, 1079; BGH, NJW 1995, 1739, 1746 f.

365 OLG Hamm, NZI 2002, 437, 438; OLG Brandenburg, NJW-RR 2003, 203, 205.

366 Vgl. *Haas/Ziemons*, in: Michalski, GmbHG, § 43 Rn. 303.

367 BGH, NJW 2003, 1250, 1251.

368 BGH, NJW-RR 2001, 1611, 1612; BGH DStR 2002, 923, 924.

369 BGH, NJW 2000, 2984, 2985; BGH, NZG 2007, 674, 675; vgl. auch BGHZ 165, 43, 46 ff. (Schuldbeitritt).

370 Dazu *Zöllner/Noack*, in: Baumbach/Hueck, GmbHG, § 43 Rn. 68.

dann gelten, wenn der Geschäftsführer zugleich Gesellschafter ist. Die Geschäftsführung einer GmbH sei keine selbstständige und die Verwaltung des GmbH-Anteils keine gewerbliche Tätigkeit, so dass auch der Gesellschafter-Geschäftsführer nach § 13 BGB Verbraucher sei.[371]

120 In Betracht kommen kann auch eine Haftung aus **Rechtsschein** (§ 179 BGB) wegen Handelns des Geschäftsführers ohne Vertretungsmacht.[372] Diese Rechtsscheinhaftung soll nicht schon deshalb entfallen, weil sich die wahren Verhältnisse aus dem Handelsregister ergeben.[373] Die Grundsätze des Missbrauchs der Vertretungsmacht greifen dann, wenn der Vertragspartner der GmbH weiß oder wissen muss, dass der Geschäftsführer die Grenzen seiner internen Vertretungsbefugnis überschreitet,[374] indem er etwa nicht, wie erforderlich, die Zustimmung der Gesellschafterversammlung oder des Aufsichtsrats eingeholt hat.

III. Haftung aus §§ 280 Abs. 1, 311 Abs. 3 BGB

121 In bestimmten Fällen kann der Geschäftsführer einem Dritten gegenüber auch aus §§ 280 Abs. 1, 311 Abs. 3 BGB haften (Verschulden bei Vertragsverhandlung). Nach wie vor sind die Fallgruppen des unmittelbaren wirtschaftlichen Eigeninteresses[375] und der Inanspruchnahme persönlichen Vertrauens relevant. Die Rechtsprechung ist bei der Annahme eines **unmittelbaren wirtschaftlichen Eigeninteresses** indes sehr zurückhaltend. So genügt es nicht, dass der verhandelnde Geschäftsführer Allein- oder Mehrheitsgesellschafter der GmbH ist,[376] für Gesellschaftsverbindlichkeiten dingliche Sicherheiten aus seinem eigenen Vermögen bestellt hat[377] oder sich Forderungen der Gesellschaft gegen Dritte zur Sicherung eigener Forderungen gegen die GmbH hat abtreten lassen.[378] Auch eine Umsatzbeteiligung des Geschäftsführers im Zusammenhang mit dem Geschäftsabschluss vermag kein wirtschaftliches Eigeninteresse zu begründen.[379]

122 Nimmt der Geschäftsführer **besonderes persönliches Vertrauen** in Anspruch und beeinflusst er dadurch die Vertragsverhandlungen oder den Vertragsschluss erheblich (§ 311 Abs. 3 S. 2 BGB), kann dies seine Eigenhaftung auslösen. Dies setzt voraus, dass der Geschäftsführer aus Sicht des Verhandlungspartners eine Gewähr für die Seriosität und die Erfüllung der Vertragspflichten oder die Vollständigkeit und Rich-

---

371 BGH, NJW 2006, 431; BGH, NJW-RR 2007, 1673 (GmbH & Co. KG); kritisch *Kleindiek*, in: Lutter/Hommelhoff, GmbHG, § 43 Rn. 49.

372 BGH, NJW 1991, 2627 f.; BGH, NJW 1996, 2645; BGH, NZG 2007, 426; *Haas/Ziemons*, in: Michalski, GmbHG, § 43 Rn. 306.

373 BGH, NJW 1990, 2678 f.; BGH, NJW 1991, 2627 f.

374 BGH, NJW 2006, 2776.

375 BAG, NZG 2006, 597 (LS).

376 BGHZ 126, 181, 187; BGH, ZIP 1986, 26, 29.

377 BGHZ 126, 181, 187 ff.; BGH, NJW-RR 2002, 1309, 1310.

378 BGH, ZIP 1995, 733, 734.

379 BGH, NJW-RR 1992, 1061, 1062.

tigkeit seiner Erklärungen bietet sowie der Willensentschluss des anderen Teils darauf begründet ist. Das Vertrauen muss dabei auf der Person des Geschäftsführers beruhen und über das normale Verhandlungsvertrauen hinausgehen.[380] Daher ist es von der bloßen Werbung abzugrenzen.[381] Ist der Geschäftsführer angesichts der wirtschaftlichen Lage der GmbH verpflichtet, den anderen Teil über die finanziellen Verhältnisse der Gesellschaft zu informieren, und unterlässt er dies dennoch, begründet das allein noch nicht eine Eigenhaftung des Geschäftsführers aus §§ 280 Abs. 1, 311 Abs. 3 BGB. Allerdings ist eine deliktische Haftung aus § 826 BGB oder § 823 Abs. 2 BGB i.V. mit § 263 StGB möglich. Abgesehen davon kann der Geschäftsführer aus § 15a InsO (§ 64 Abs. 1 GmbHG a.F.) i.V. mit § 823 Abs. 2 BGB wegen Insolvenzverschleppung zum Schadensersatz verpflichtet sein.[382]

IV. Deliktische Haftung

123 Ein Geschäftsführer kann Dritten gegenüber bei einer unternehmerischen Pflichtverletzung auch deliktisch haften. Eine Haftung aus **§ 823 Abs. 1 BGB** kann sich ergeben, wenn ein in dieser Norm geschütztes absolutes Rechtsgut, wie etwa das Eigentum eines anderen, verletzt wird.[383] Umstritten ist, ob und inwieweit der Geschäftsführer bei Verletzung von **Verkehrs- und Organisationspflichten** durch die Gesellschaft haftet. Diese Frage stellt sich vor allem dann, wenn er Maßnahmen unterlassen hat, durch die der Schaden verhindert worden wäre. Sofern der Geschäftsführer Pflichten aus seiner Organstellung verletzt hat, bestehen diese, wie § 43 Abs. 2 zeigt, grundsätzlich nur gegenüber der Gesellschaft. Bei einer Pflichtverletzung des Geschäftsführers kann ein geschädigter Dritter damit generell nur gegen die Gesellschaft vorgehen. Bei einem Unterlassen muss der Geschäftsführer aber dann dem Dritten gegenüber deliktisch haften, wenn er eine »Garantenstellung« zum Schutz Außenstehender vor Gefährdung oder Verletzung ihrer Rechtsgüter einnimmt.[384]

124 Eine Haftung des Geschäftsführers kann auch aus **§ 826 BGB** folgen.[385] Dafür muss er einen Schaden vorsätzlich und in sittenwidriger Weise herbeiführen. Dies ist etwa der Fall, wenn ein insolvenzverursachendes Missmanagement vorliegt, sofern der

---

380 BGHZ 56, 81, 84 f.; BGHZ 70, 337, 341 ff.; BGHZ 79, 281, 283 f.; BGHZ 126, 181, 189; BGH, NJW-RR 2002, 1309, 1310.

381 BGH, GmbHR 1994, 539, 542.

382 BGHZ 126, 181, 190 ff.; a.A. *Altmeppen*, in: Roth/Altmeppen, GmbHG, § 43 Rn. 50.

383 BGH, NJW 1996, 1535, 1536.

384 BGHZ 109, 297, 303 (Garantenstellung zum Schutz fremder Rechtsgüter); BGH, NJW 2001, 964, 965; zum Streitstand im Schrifttum *Haas/Ziemons*, in: Michalski, GmbHG, § 43 Rn. 337 ff.; siehe auch BGH, NJW 1990, 976, 977 (Verletzung des Vorbehaltseigentums eines Lieferanten); einschränkend BGH, NJW 1994, 1801, 1803; a.A. *Kleindiek*, in: Lutter/Hommelhoff, GmbHG, § 43 Rn. 59 ff.; *Zöllner/Noack*, in: Baumbach/Hueck, GmbHG, § 43 Rn. 77.

385 BGHZ 108, 134, 141; BGH, WM 1988, 1255 ff.; BGH, NJW-RR 1989, 1255, 1258; BGH, NJW-RR 1991, 1312, 1315; BGH, NJW-RR 1992, 800, 801; BGH, NJW 1994, 2027.

Geschäftsführer eine Schädigung der Gläubiger der Gesellschaft zumindest bedingt vorsätzlich in Kauf genommen hat.[386] Dabei werden an den Schädigungsvorsatz von der Rechtsprechung nur geringe Anforderungen gestellt.[387] Bei einem misslungenen Sanierungsversuch kann der Geschäftsführer lediglich dann wegen unterlassener Offenlegung der Lage der Gesellschaft aus § 826 BGB in Anspruch genommen werden, wenn ernsthafte Zweifel am Sanierungserfolg bestehen.[388] Eine Haftung des Geschäftsführers aus § 826 BGB ist auch bei qualifizierter materieller Unterkapitalisierung denkbar, wenn der Geschäftsführer gemeinsam mit den Gesellschaftern das Verlustrisiko der GmbH einseitig auf die Gläubiger verlagert.[389] Auch sofern der Geschäftsführer seine Pflichten aus §§ 20, 22 Abs. 3, 97, 101 InsO zum Schutz der Gläubigergesamtheit vorsätzlich und in sittenwidriger Weise verletzt, kann er aus § 826 BGB haften müssen.[390]

125 Ein Geschäftsführer kann auch aus **§ 823 Abs. 2 BGB** i.V. mit einem Schutzgesetz zu haften haben. Allerdings ist § 43 kein Schutzgesetz.[391] Als solches kommen in Betracht: § 35a GmbHG,[392] § 58 Abs. 1 Nr. 2 GmbHG, § 82 GmbHG,[393] § 85 GmbHG,[394] § 15a Abs. 1 InsO. Des Weiteren können Schutzgesetz sein § 266 StGB (Untreue),[395] § 263 StGB (Betrug),[396] §§ 266a Abs. 1 StGB, 14 Abs. 1 Nr. 1 StGB (Pflicht zur Weiterleitung der Arbeitnehmeranteile an der Sozialversicherung),[397] §§ 283 Abs. 2, S. 1 Nr. 5, 7, 283b Abs. 1 Nr. 1, 3 i.V. mit § 14 Abs. 1 Nr. 1 (Bankrottdelikte)[398] sowie § 1 BauFordSiG.[399]

---

386 BGH, NJW 1979, 2104; BGH, NJW-RR 1992, 1061; OLG Oldenburg, NZG 2000, 555, 556 f.; OLG Naumburg, GmbHR 2001, 629 (LS).

387 BGH, NJW 1994, 197, 198; *Haas/Ziemons*, in: Michalski, GmbHG, § 43 Rn. 295.

388 BGH, GmbHR 1991, 409, 412.

389 BGH, NJW 1979, 2104; siehe auch BGHZ 176, 204, 210 f. (offengelassen, ob eigene Fallgruppe im Rahmen des § 826 BGB).

390 OLG Köln, ZIP 1998, 113, 115.

391 BGH, WM 1979, 853, 854; BGHZ 125, 366, 375.

392 *Haas/Ziemons*, in: Michalski, GmbHG, § 43 Rn. 317; *Kleindiek*, in: Lutter/Hommelhoff, GmbHG, § 35a Rn. 6; *Koppensteiner*, in: Rowedder/Schmidt-Leithoff, GmbHG, § 35a Rn. 10; *Zöllner/Noack*, in: Baumbach/Hueck, GmbHG, § 35a Rn. 35; nur auf Abs. 1 S. 2 bezogen aber *Paefgen*, in: Ulmer/Habersack/Winter, GmbHG, § 43 Rn. 25; *Schneider*, in: Scholz, GmbHG, § 43 Rn. 26.

393 BGH, NZG 2003, 85 f.; OLG München, NJW-RR 2000, 1130; OLG München, NJW-RR 2000 (zum persönlichen Schutzbereich).

394 *Haas/Ziemons*, in: Michalski, GmbHG, § 43 Rn. 258.

395 BGHZ 100, 190 ff.; BGH, NJW 1994, 2027 f.; BGH, ZIP 1998, 1370, 1371; BGH, NZG 1999, 1001, 1002; BGH, BB 2001, 1753, 1754; BGH, DStR 2005, 659, 660 (Mietkaufvertrag für einen für die Gesellschaft nutzlosen Gegenstand).

396 BGH, NJW 1979, 1829, 1832; *Zöllner/Noack*, in: Baumbach/Hueck, GmbHG, § 43 Rn. 81 (Geschäftsabschluss nach Insolvenzreife ohne Hinweis auf Zahlungsunfähigkeit der Gesellschaft).

397 BGH, NJW 2002, 1122, 1123.

398 *Haas/Ziemons*, in: Michalski, GmbHG, § 43 Rn. 293.

399 BGH, GmbHR 1994, 459; BGH, WM 1991, 905 f.; BGH, NJW-RR 2002, 740.

126 Die Haftung des Geschäftsführers nach § 823 Abs. 2 BGB i.V. mit § 266a Abs. 1 StGB knüpft ausschließlich an die Nichtabführung der Arbeitnehmeranteile zur **Sozialversicherung** an. Die Arbeitgeberanteile zur Sozialversicherung[400] sind daher ebenso wenig von § 266a Abs. 1 StGB erfasst wie der Säumniszuschlag (§ 24 SGB IV).[401] Der Geschäftsführer ist zur Abführung der Arbeitnehmeranteile allein aufgrund der Beschäftigung des Arbeitnehmers verpflichtet. Ob das geschuldete Arbeitsentgelt tatsächlich gezahlt wird, ist nicht entscheidend.[402] Ist die Gesellschaft zahlungsunfähig oder ist es dem Geschäftsführer in sonstiger Weise rechtlich oder faktisch unmöglich, die Arbeitnehmeranteile weiterzuleiten, scheidet eine Haftung aus. Hierfür genügt es jedoch nicht, dass die Gesellschaft zum Fälligkeitszeitpunkt nicht leistungsfähig ist. Konnte der Geschäftsführer bereits zuvor die Liquidationsprobleme der GmbH absehen und hat er es dennoch versäumt, die erforderlichen Sicherungsvorkehrungen für die Zahlung der Arbeitnehmeranteile zu ergreifen, insbesondere ausreichende Rücklagen zu bilden,[403] den Kreditrahmen der Gesellschaft auszuschöpfen[404] oder andere Zahlungsverpflichtungen einzustellen,[405] haftet er nach § 823 Abs. 2 BGB i.V. mit § 266a Abs. 1 StGB, wenn er zumindest billigend in Kauf genommen hat, die Arbeitnehmeranteile zum maßgeblichen Zeitpunkt nicht abführen zu können.[406]

127 Die Zahlung des **Arbeitnehmeranteils** hat Vorrang vor allen anderen fälligen Verbindlichkeiten,[407] so dass der Geschäftsführer auch bei Überschuldung der Gesellschaft verpflichtet ist, etwa vorhandene liquide Mittel bei Fälligkeit an die Sozialversicherung abzuführen.[408] Der Geschäftsführer handelt demnach selbst bei Insolvenzreife der GmbH mit der Sorgfalt eines ordentlichen und gewissenhaften Geschäftsleiters, wenn er die Arbeitnehmeranteile an den zuständigen Sozialversicherungsträger zahlt. Ein Erstattungsanspruch der Gesellschaft aus § 64 ist in diesem Fall ausgeschlossen.[409] Mit Rücksicht auf das Zahlungsverbot nach § 64 ist der Geschäftsführer

---

400 BGH, NJW 2009, 2599.

401 BGH, NJW 2008, 3557; KG, ZIP 2008, 506, 507.

402 BGHZ 144, 311, 317 ff.; BGH, NJW-RR 2001, 1536; BGHSt 47, 318 = NJW 2002, 2480.

403 BGHSt 47, 318 = NJW 2002, 2480, 2481; BGHZ 134, 304; BGH, NJW 2006, 357.

404 BGHZ 144, 311, 315; siehe aber BGHSt 47, 318 = NJW 2002, 2480, 2482, wonach der Geschäftsführer keine Kreditmittel beschaffen muss, deren Rückzahlung er nicht gewährleisten kann.

405 BGHZ 134, 304, 309; BGH, NJW 2001, 967, 968 f.; BGH, NJW 2006, 357.

406 BGH, NJW 2002, 2480.

407 BGHZ 134, 304, 310 f.; kritisch etwa *Haas/Ziemons*, in: Michalski, GmbHG, § 43 Rn. 387 ff. m.w.N.

408 BGH, NJW 2002, 1122, 1123; BGH, NJW 1997, 133, 134.

409 BGH, NJW 2007, 2118 unter Aufgabe von BGH, NJW 2001, 1280; BGH, NJW 2008, 2504; BGH, NJW 2009, 295; OLG München, GmbHR 2008, 320, 322; vgl. aber auch OLG Naumburg, GmbHR 2007, 1327, 1328 (als Vorinstanz zu BGH, NJW 2009, 295, wo das Urteil aufgehoben wurde).

aber berechtigt, innerhalb der Dreiwochenfrist des § 15a Abs. 1 InsO (§ 64 Abs. 1 GmbHG a.F.) die Zahlung der Arbeitnehmeranteile vorläufig zurückzustellen.[410]

V. Haftung aus § 93 Abs. 5 AktG analog?

128 Ob die Gläubiger auch über § 93 Abs. 5 S. 1 AktG analog einen Anspruch der Gesellschaft gegen den Geschäftsführer unmittelbar geltend machen können, sofern sie von der Gesellschaft keine Befriedigung erlangen können, ist fraglich.[411] Allerdings spricht nichts dafür, den durch § 43 Abs. 2 zum Ausdruck gebrachten Grundsatz der Haftungskonzentration auf eine Haftung gegenüber der Gesellschaft (Geschäftsführer-Innenhaftung), durch eine Analogie zu durchbrechen, so dass eine Regelungslücke abzulehnen ist.

I. Steuerrechtliche Haftung des Geschäftsführers

I. Die Haftung nach § 69 AO

129 Der Geschäftsführer haftet nach §§ 69 S. 1 i.V. mit 34 AO persönlich gegenüber dem Steuergläubiger, wenn er Ansprüche aus dem Steuerschuldverhältnis der Gesellschaft in vorsätzlicher oder grob fahrlässiger Pflichtverletzung nicht oder nicht rechtzeitig erfüllt.[412] Dies gilt auch für den Geschäftsführer einer Vor-GmbH[413] sowie für faktische oder fehlerhaft bestellte Geschäftsführer.[414] Die steuerliche Verantwortlichkeit des Geschäftsführers ist mit der Beendigung der Organstellung (Niederlegung, Abberufung usw.) beendet. Hat die Gesellschaft mehrere Geschäftsführer, so haften diese nach § 44 AO als Gesamtschuldner jeweils in voller Höhe, ohne dass es grundsätzlich auf eine interne Ressortverteilung ankäme.[415]

130 Anders kann dies laut BFH nur sein, wenn eine Aufgabenteilung unter den Geschäftsführern schriftlich und eindeutig, etwa in einem protokollierten Gesellschafterbeschluss, in der Satzung usw.) festgelegt wurde.[416] Hier obliegt dem nicht zuständigen Geschäftsführer lediglich die allgemeine Überwachungspflicht hinsicht-

---

410 BGHSt 48, 307 = NJW 2003, 3787, 3788; BGH, NJW 2005, 3650, 3652; so im Ergebnis auch BGH, NJW 2009, 295 Rn. 10.

411 Eine Analogie ablehnend *Koppensteiner*, in: Rowedder/Schmidt-Leithoff, GmbHG, § 43 Rn. 50; *Schneider*, in: Scholz, GmbHG, § 43 Rn. 292; befürwortend *Altmeppen*, in: Roth/Altmeppen, GmbHG, § 43 Rn. 88; *Haas/Ziemons*, in: Michalski, GmbHG, § 43 Rn. 301; *Kleindiek*, in: Lutter/Hommelhoff, GmbHG, § 43 Rn. 42; *Paefgen*, in: Ulmer/Habersack/Winter, GmbHG, § 43 Rn. 174.

412 Vgl. BFHE 141, 312; BFHE 158, 13; LG Düsseldorf, GmbHR 2000, 332; Nds. FG, EFG 2011, 1486 ff.

413 BFH, NV 1997, 4, 5.

414 BFHE 156, 46; BFHE 177, 209, 213 ff.

415 BayVerwGH, DB 2007, 2083 f.

416 BFH, NZG 2003, 734, 736; siehe auch BFH, GmbHR 2003, 246, 247.

lich der Tätigkeit des zuständigen Geschäftsführers.[417] Der Geschäftsführer kann die Erfüllung seiner steuerrechtlichen Pflichten auf Mitarbeiter delegieren, hat aber dann die Pflicht zur sorgfältigen Auswahl und Überwachung der Hilfspersonen.[418]

II. Voraussetzungen

1. Pflichtverletzung

131 Voraussetzung ist zunächst eine Pflichtverletzung des Geschäftsführers. Eine grob fahrlässige Pflichtverletzung liegt etwa in der Nichtabführung bzw. nicht rechtzeitigen Abführung von Lohnsteuer.[419] Verfügt die Gesellschaft nicht über ausreichende Zahlungsmittel, um alle Schulden zu begleichen, so hat der Geschäftsführer nach dem Grundsatz der **anteiligen Tilgung** die Steuerschulden (Umsatz-, Körperschaft- und Gewerbesteuer, Lohnsteuer nur modifiziert)[420] nur nach dem Verhältnis der tatsächlich und rechtlich verfügbaren Mittel zu den gesamten Gesellschaftsverbindlichkeiten im Zeitpunkt der Fälligkeit der Steuerschuld zu tilgen (Schätzung).[421] Für diese Haftungsbeschränkung ist der Geschäftsführer darlegungs- und beweispflichtig.[422] Erfolgt keine anteilige Tilgung, haftet der Geschäftsführer auf die durchschnittliche Tilgungsquote, d.h. die Steuerschuld ist in ungefähr dem gleichen Verhältnis zu tilgen wie die Verbindlichkeiten gegenüber anderen Gläubigern.[423]

132 Für eine Pflichtverletzung des Geschäftsführers ist jedoch Voraussetzung, dass für die Gesellschaft überhaupt die Möglichkeit zur Steuerzahlung im Fälligkeitszeitpunkt bestand.[424] Zu berücksichtigen ist, dass er schon im Vorfeld der Fälligkeit bzgl. der steuerrechtlichen Pflichten die Sorgfalt eines ordentlichen Geschäftsmanns walten lassen muss, d.h. er muss unter anderem dafür Sorge tragen, dass entsprechende Mittel vorhanden sind.[425]

133 Die Verpflichtung des Geschäftsführers zur Steuerzahlung (§ 69 AO) konnte in der Vergangenheit insofern problematisch sein, als der Geschäftsführer bei Zahlung andererseits nach § 64 GmbHG haftete. Inzwischen ist dieser Konflikt höchstrichterlich dahingehend behoben, dass der die fällige Lohnsteuer abführende Geschäftsfüh-

---

417 *Haas/Ziemons*, in: Michalski, GmbHG, § 43 Rn. 359a.
418 BFHE 175, 509.
419 BFH, DStRE 2006, 560, 561.
420 *Haas/Ziemons*, in: Michalski, GmbHG, § 43 Rn. 366, 366a m.N. aus der Rechtsprechung.
421 BFH, GmbHR 1987, 445, 446.
422 BFH, GmbHR 2000, 392, 394.
423 BFH, GmbHR 2000, 1211, 1212; BFH, GmbHR 2003, 490, 492.
424 BFHE 163, 119; BFH, GmbHR 2008, 386, 388.
425 BFHE 141, 443; BFHE 160, 417.

rer nicht gegen § 64 GmbHG verstößt,[426] so dass diese auch innerhalb der dreiwöchigen Frist des § 15a InsO zu zahlen ist.[427]

2. Verschulden

134 Der Geschäftsführer muss vorsätzlich oder grob fahrlässig gehandelt haben. Da ein objektivierter Verschuldensbegriff gilt, ist der Geschäftsführer für eine objektive Pflichtverletzung stets subjektiv verantwortlich.[428] Führt der Geschäftsführer Steuern nicht fristgerecht ab, muss er darlegen und beweisen, dass er die verspätete Zahlung nicht zu vertreten hat.[429] Befand sich der Geschäftsführer in einem unvermeidbaren Rechtsirrtum, schließt dies ein Verschulden aus, so etwa, wenn er sich auf die Beratung eines sorgfältig ausgewählten Steuerberaters oder die Auskunft der Finanzverwaltung verlässt.[430]

3. Kausalität und Schaden

135 Die Haftung des Geschäftsführers nach § 69 AO setzt voraus, dass der Schaden kausal durch die Pflichtverletzung entstanden ist.[431] Dabei richtet sich die Kausalität zwischen Pflichtverletzung und Schaden nach der Adäquanztheorie. Der Geschäftsführer kann dem Finanzamt nicht entgegenhalten, es habe den Schaden mitverschuldet (§ 254 BGB), da diese Norm auf öffentlich-rechtliche Steuerhaftungsansprüche nicht entsprechend anwendbar ist. Allerdings kann mitwirkendes Verschulden des Finanzamts eine Inanspruchnahme des Geschäftsführers ermessensfehlerhaft machen.[432]

136 Ausgeschlossen ist auch eine Berufung darauf, dass die Steuerzahlung wohl vom Insolvenzverwalter nach § 130 InsO angefochten worden wäre. Eine erfolgreiche Insolvenzanfechtung einer nach Fälligkeit abgeführten Lohnsteuer kann den Kausalverlauf dann nicht unterbrechen, wenn der Fälligkeitszeitpunkt vor Beginn der Anfechtungsfrist lag.[433] Der hypothetische Kausalverlauf der Insolvenzanfechtung ist bei der Schadensberechnung nicht zu berücksichtigen.[434]

---

426 BGH, NZG 2007, 545, 547 (II. ZS); BFHE 216, 491 und BFH, GmbHR 2008, 386, 388 (BFH); BGH, NZG 2005, 892, 893 (5. Strafsenat).

427 BFHE 222, 228.

428 *Haas/Ziemons*, in: Michalski, GmbHG, § 43 Rn. 370.

429 BFH, NV 2003, 1540; BFH NV 2008, 16, 18.

430 BFH, GmbHR 2000, 392, 395.

431 BFH, DStR 1993, 761, 762; BFH, NV 1994, 526, 528.

432 BFH, GmbHR 2009, 499, 500 f.; BGH, GmbHR 2008, 386, 388.

433 BFH, GmbHR 2009, 499, 500 f.

434 BFH, NV 2008, 1, 3; BFH, NV 2008, 16, 18; BFH, GmbHR 2008, 386, 388.

J. Umweltrechtliche Haftung des Geschäftsführers

137 Der Geschäftsführer kann als Verhaltensstörer nach allgemeinem Polizei- und Ordnungsrecht oder spezialgesetzlichen Ordnungspflichttatbeständen (z.B. § 4 Abs. 3 BBodSchG, § 2 Nr. 3 i.V. mit §§ 5, 6 UmwSchG) persönlich zur Vermeidung und Beseitigung von Umweltschäden in Anspruch genommen werden. Daneben hat der Geschäftsführer nach § 2 Nr. 3 i.V. mit § 9 Abs. 1 UmwSchG die Kosten von Maßnahmen Dritter zur Vermeidung, Schadensbegrenzung und Sanierung von Umweltschäden zu tragen, wenn er als natürliche Person im Rahmen seiner beruflichen Tätigkeit unmittelbar einen Umweltschaden oder die Gefahr eines solchen Schadens verursacht.[435] Hat der Geschäftsführer Stoffe in Gewässer eingeleitet oder eingebracht bzw. einleiten und einbringen lassen oder in sonstiger Weise nachteilig auf Gewässer eingewirkt bzw. dies nicht verhindert, obwohl er hierzu verpflichtet und in der Lage war, haftet er persönlich nach § 89 Abs. 1 WHG.[436] Auch eine Haftung über § 823 Abs. 1 BGB kann im Hinblick auf die Verletzung einer Verkehrssicherungspflicht vorliegen.

K. Haftung wegen Vorenthaltung von Sozialversicherungsbeiträgen

138 Obwohl das Sozialrecht keine gesetzliche Einstandspflicht des Geschäftsführers für die Erfüllung der Pflichten aus dem Sozialrechtsverhältnis mit der GmbH vorsieht, kommt dennoch eine Haftung des Geschäftsführers in Betracht. **§ 266a Abs. 1 StGB** (Vorenthalten und Veruntreuen von Arbeitsentgelt) von der Rechtsprechung und der h.L. als Schutzgesetz gesehen, wobei sich das strafrechtliche Gebot zur Beitragsabführung nach § 14 Abs. 1 Nr. 2 StGB auch an den Geschäftsführer richtet.[437] Dabei soll die Verpflichtung zur Zahlung von Sozialbeiträgen selbst im Falle von Schwarzarbeit bestehen.[438]

139 **Adressat** der Pflicht zur Abführung der Sozialversicherungsbeiträge ist der Geschäftsführer, auch der tatsächliche oder faktische Geschäftsführer.[439] Bei einer Ressortaufteilung treffen jeden Geschäftsführer aufgrund der Gesamtverantwortung Überwachungspflichten. So verlangt die Rechtsprechung etwa in Krisensituationen die Erkundigung bei der kontoführenden Bank, ob die Überweisung durchgeführt

435 BT-Drs. 16/3806, S. 21; zur Verantwortlichkeit nach § 90 WHG und Unterlassungs- und Beseitigungsansprüchen nach § 1004 Abs. 1 BGB *Haas/Ziemons*, in: Michalski, GmbHG, § 43 Rn. 353d, 353e.

436 *Haas/Ziemons*, in: Michalski, GmbHG, § 43 Rn. 353f, 353g.

437 BGHZ 136, 332 ff.; BGHZ 144, 311, 314 f.; BGH, NZG 2005, 600 f.; siehe auch *Altmeppen*, in: Roth/Altmeppen, GmbHG, § 43 Rn. 65; *Haas/Ziemons*, in: Michalski, GmbHG, § 43 Rn. 376; *Kleindiek*, in: Lutter/Hommelhoff, GmbHG, § 43 Rn. 82; *Zöllner/Noack*, in: Baumbach/Hueck, GmbHG, § 43 Rn. 69.

438 BGH, NJW 2009, 528, 529.

439 OLG Naumburg, GmbHR 2000, 558 f.; OLG Hamburg, OLGR 2005, 720, 722.

wurde.[440] Sofern eine Delegation der Beitragsabführung auf Mitarbeiter erfolgte, besteht neben der Überwachungs- auch eine Instruktionspflicht.[441] Erfasst sind von § 266a Abs. 1 StGB nicht die auf den Arbeitgeber entfallenden Beiträge, sondern allein die **Arbeitnehmerbeiträge.**[442] Nach Eintritt der Insolvenzreife verstößt die Abführung ersterer aber gegen § 64 GmbHG.[443] Die Regelung bezieht sich auch nicht auf Säumniszuschläge.[444]

140 Eine **Beitragsvorenthaltung** liegt dann vor, wenn nicht abgeführt wird, obwohl der Arbeitnehmer im betreffenden Monat beschäftigt war. Unerheblich ist, ob Lohn ausgezahlt wurde.[445] Voraussetzung für eine Vorenthaltung der Arbeitnehmerbeiträge ist, dass der Geschäftsführer die Beiträge tatsächlich und rechtlich abführen kann, dies aber nicht tut.[446] Nicht mehr abführen kann der Geschäftsführer die Beiträge etwa dann, wenn über das Gesellschaftsvermögen das Insolvenzverfahren eröffnet ist bzw. ein allgemeines Verfügungsverbot erlassen wurde.[447] Nach jüngster Rechtsprechung ist die Abführung der Beiträge mit den Sorgfaltspflichten eines ordentlichen Geschäftsleiters auch während der Frist des § 15a InsO[448] bzw. die für Zahlung rückständiger Beiträge[449] vereinbar.

141 Die Abführungspflicht besteht selbst dann noch, wenn die Gesellschaft lediglich überschuldet ist.[450] Anders ist es grundsätzlich bei **Zahlungsunfähigkeit**, wenn die Gesellschaft nicht anderweitig die erforderlichen Mittel beschaffen kann.[451] Wenn der Geschäftsführer allerdings die Zahlungsunfähigkeit vorwerfbar verursacht hat, haftet er.[452] Vorwerfbarkeit ist etwa dann zu bejahen, wenn der Geschäftsführer vor dem Fälligkeitstag der Abführung andere Forderungen beglichen hat, da grundsätzlich ein Vorrang der Beitragszahlung vor allen anderen fälligen Forderungen besteht,[453] oder wenn er bei Erkennbarkeit der Zahlungsunfähigkeit nicht ausrei-

440 BGH, NJW 2001, 969, 970; BGH, NZG 2008, 628, 629.
441 BGHZ 133, 370, 378 f.; BGH, ZIP 2001, 422, 424; BGH, NZG 2002, 721, 724.
442 BGH, NZG 2009, 913, 914.
443 BGH, NZG 2009, 913, 914.
444 BGH, NZG 2008, 867, 868.
445 BGH, ZIP 2001, 1474, 1475; BGHZ 144, 311, 317 ff.
446 BGH, ZIP 1998, 31, 32; BGH, NZG 2002, 289, 290; OLG Celle, GmbHR 1996, 51, 52; OLG Düsseldorf, GmbHR 2000, 1261, 1262; OLG Hamm, ZIP 2000, 198, 199.
447 BGH, ZIP 1998, 31, 32.
448 *Kleindiek*, in: Lutter/Hommelhoff, GmbHG, § 43 Rn. 95; *Haas/Ziemons*, in: Michalski, GmbHG, § 43 Rn. 391; a.A. noch BGH, NJW 2003, 3787, 3789.
449 OLG Frankfurt, GmbHR 2010, 90, 91.
450 BGH, ZIP 1996, 1989, 1990; BGH, NZG 2002, 289, 291.
451 BGH, NJW-RR 2007, 991, 993; BGH, BB 2000, 1800 ff.; BGH, NZG 2002, 289, 290.
452 BGHZ 134, 304, 307 f.
453 BGH, NZG 1997, 522, 523; BGHZ 134, 304, 308 ff.; BGH, ZIP 2001, 80, 81; BGH, NZG 2006, 904; a.A. etwa *Cahn*, ZGR 1998, 367, 374 ff.

chend Rücklagen gebildet hat.[454] Verlangt werden kann von ihm jedoch nicht, dass er Entlassungen vornimmt, um seine Abführungspflicht zu erfüllen. Da das Eintreten unerwarteter Ereignisse nicht zu einer Pflichtverletzung bezüglich der Nichtabführung der Beiträge führen soll,[455] wird es in der Praxis auf die schwierige Abgrenzung zwischen vorhersehbaren und unvorhersehbaren Ereignissen (z.B. bei einer wirtschaftlichen Krise) ankommen.[456] Dauert die Situation jedoch über die einmalige Nichtzahlung der Arbeitnehmerbeiträge an, werden vom Geschäftsführer im Zweifel Maßnahmen zu erwarten sein, damit die Beitragszahlung für die nächsten Monate erfolgen kann.

142 Die **Beweislast** für das Vorliegen einer Zahlungsfähigkeit der Gesellschaft liegt beim Sozialversicherungsträger.[457] Der Geschäftsführer hat dies substantiiert zu bestreiten.[458]

143 Hinsichtlich des **Verschuldens** reicht es aus, dass der Geschäftsführer billigend in Kauf genommen hat, die Beiträge möglicherweise nicht abführen zu können.[459] Ein entschuldbarer Verbotsirrtum ist nicht schon dann gegeben, wenn der Geschäftsführer seine Überwachungspflicht gegenüber dem für die Abführung zuständigen Geschäftsführer verkennt.[460]

L. Haftpflichtversicherung

144 Das Haftungsrisiko des Geschäftsführers relativiert sich durch Abschluss einer Versicherung gegen die Risiken aus pflichtwidrigem Handeln (sog. Directors and Officers Liability Insurance, **D&O-Versicherung**). Häufig enthalten diese Versicherungen einerseits einen Selbstbehalt, der für die GmbH im Gegensatz zur Regelung im AktG jedoch nicht zwingend ist, und andererseits bestimmte Haftungsausschlussklauseln (z.B. für Ansprüche aus ausländischem Recht). Regelmäßig wird der Versicherungsvertrag mit der Gesellschaft als Versicherungsnehmerin abgeschlossen. Versicherte Person ist der Geschäftsführer. Ein Anspruch des Geschäftsführers gegenüber der Gesellschaft auf Abschluss eines solchen Versicherungsvertrags besteht nicht,[461] so dass sich eine entsprechende Regelung im Anstellungsvertrag anbietet. Im Innenverhältnis bedarf es eines **Gesellschafterbeschlusses**.[462]

---

454 BGHSt 47, 318, 323.

455 BGH, NJW 1992, 177, 178; KG, NZG 2000, 988, 989.

456 BGH, NZG 2002, 289, 291.

457 BGH, GmbHR 2002, 213, 215; a.A. OLG Rostock, GmbHR 2002, 218 (Beweislastumkehr).

458 BGH, GmbHR 2002, 213, 215; BGH, NZG 2005, 600, 601 f.

459 BGHZ 133, 370, 381 f.; BGH, NJW-RR 2008, 1253, 1254.

460 BGH, DStR 2001, 633.

461 OLG Koblenz, NZG 2008, 280 (LS).

462 *Haas/Ziemons*, in: Michalski, GmbHG, § 43 Rn. 260; *Kleindiek*, in: Lutter/Hommelhoff, GmbHG, § 43 Rn. 4; *Schneider*, in: Scholz, GmbHG, § 43 Rn. 438; *Zöllner/Noack*, in: Baumbach/Hueck, GmbHG, § 43 Rn. 112.

145 Der Deckungsanspruch gegen die Versicherung steht der versicherten Person zu. Da das formularmäßige Abtretungsverbot bzgl. des Deckungsanspruchs (Freistellungsanspruch des versicherten Geschäftsführers) gemäß § 108 Abs. 2 VVG aber unwirksam ist, kommt inzwischen auch ein Direktanspruch der Gesellschaft gegenüber der Versicherung in Betracht.[463]

M. Strafrechtliche Verantwortlichkeit des Geschäftsführers

146 Das GmbH-Gesetz sieht in Bezug auf den Geschäftsführer in den §§ 82 (»Falsche Angaben«), 84 (»Verletzung der Verlustanzeigepflicht«) und 85 (»Verletzung der Geheimhaltungspflicht«) spezielle Straftatbestände vor. Speziell ist auch § 331 HGB (»Unrichtige Darstellung«), § 333 HGB (»Verletzung der Geheimhaltungspflicht«) bzw. § 334 HGB (»Bußgeldvorschriften«). Daneben kommen die allgemeinen Straftatbestände des § 263 StGB (»Betrug«), § 266 StGB (»Untreue«), § 266a StGB (»Vorenthalten und Veruntreuen von Arbeitsentgelt«), sowie §§ 283 ff. StGB (Insolvenzstraftatbestände) in Betracht. Aus der strafrechtlichen Verantwortlichkeit kann auch eine zivilrechtliche Haftung aus § 823 Abs. 2 BGB folgen, sofern der relevanten Norm die Qualität eines Schutzgesetzes zukommt.

§ 43a Kreditgewährung aus Gesellschaftsvermögen

[1]Den Geschäftsführern, anderen gesetzlichen Vertretern, Prokuristen oder zum gesamten Geschäftsbetrieb ermächtigten Handlungsbevollmächtigten darf Kredit nicht aus dem zur Erhaltung des Stammkapitals erforderlichen Vermögen der Gesellschaft gewährt werden. [2]Ein entgegen Satz 1 gewährter Kredit ist ohne Rücksicht auf entgegenstehende Vereinbarungen sofort zurückzugewähren.

Übersicht **Rdn.**

Schrifttum

Drygala/Kremer, Alles neu macht der Mai – Zur Neuregelung der Kapitalerhaltungsvorschriften im Regierungsentwurf zum MoMiG, ZIP 2007, 1289; *Fromm*, Rückforderung von Krediten

463 *Haas/Ziemons*, in: Michalski, GmbHG, § 43 Rn. 260a.

an GmbH-Leitungspersonen wegen Verstoßes gegen den Kapitalerhaltungsgrundsatz, GmbHR 2008, 537; *Saenger/Koch*, Kreditgewährung an Gesellschafter aus gebundenem Vermögen auch bei vollwertigem Rückzahlungsanspruch, NZG 2004, 271; *K. Schmidt*, Reform der Kapitalsicherung und Haftung in der Krise nach dem Regierungsentwurf des MoMiG, GmbHR 2007, 1072; *Vetter*, Darlehen der GmbH an ihren Gesellschafter und Erhaltung des Stammkapitals, BB 2004, 1509.

A. Zweck und Inhalt der Regelung

1 Der durch das MoMiG unverändert gebliebene § 43a dient der Erhaltung des Stammkapitals im Interesse des Gläubigerschutzes.[1] Die Gewährung von Krediten an Geschäftsführer ist unter bestimmten Voraussetzungen verboten (S. 1). Im Falle eines Verstoßes besteht ein eigenständiger Rückgewähranspruch der Gesellschaft gegenüber dem Kreditnehmer (S. 2). Hintergrund ist, dass anders als bei Krediten an Gesellschafter (§ 30), bei Krediten an Geschäftsführer eine hinreichende Prüfung der Vollwertigkeit des Rückgewähranspruchs durch die Geschäftsführer selbst zweifelhaft sein kann.[2]

2 Da sich § 43a auf **sämtliche Kredite** bezieht, unabhängig davon, ob Kreditwürdigkeit besteht bzw. hinreichende Besicherung des Kredits gegeben ist,[3] wird teilweise eine Änderung der Regelung, parallel zur Änderung des § 30 S. 2 n.F. durch das MoMiG, vorgeschlagen. De lege ferenda soll eine Darlehensgewährung zulässig sein, sofern sie durch einen vollwertigen Rückgewähranspruch gedeckt ist.[4]

3 Da die Norm zwingend ist, kann im Gesellschaftsvertrag nicht wirksam entgegen § 43a eine Kreditgewährung erlaubt werden. Allerdings ist eine verschärfende Regelung möglich, so dass etwa eine Kreditgewährung an Geschäftsführer generell verboten oder auf einen Höchstbetrag begrenzt werden kann.[5]

B. Erfasster Personenkreis

4 Untersagt sind Kredite an Geschäftsführer, auch Gesellschafter-Geschäftsführer, stellvertretende Geschäftsführer, Notgeschäftsführer, Arbeitsdirektoren und faktische Geschäftsführer. »Andere gesetzliche Vertreter« i.S. des § 43a S. 1 sind z.B. Liquidatoren. Eine Kreditgewährung ist außerdem unzulässig an Prokuristen (§ 48 ff. HGB), unabhängig davon, ob sie eine leitende Funktion innehaben.[6] Nicht gestattet ist

1 Siehe *Schneider*, in: Scholz, GmbHG, § 43a Rn. 8 mit Verweis auf den Unterschied zum Aktienrecht, wo der Schutz der Gesellschaft im Vordergrund steht (Rn. 5); *Zöllner/Noack*, in: Baumbach/Hueck, GmbHG, § 43a Rn. 1; a.A. *Schmidt*, GmbHR 2007, 1072, 1076.

2 *Hommelhoff/Kleindiek*, in: Lutter/Hommelhoff, GmbHG, § 43a Rn. 1.

3 BGH, NJW 2004, 1111.

4 *Drygala/Kremer*, ZIP 2007, 1289, 1296; *Schmidt*, GmbHR 2007, 1072, 1076.

5 *Schneider*, in: Scholz, GmbHG, § 43a Rn. 15a.

6 *Schneider*, in: Scholz, GmbHG, § 43a Rn. 32; *Zöllner/Noack*, in: Baumbach/Hueck, GmbHG, § 43a Rn. 3.

zudem ein Kredit an zum gesamten Geschäftsbetrieb ermächtigte Handlungsbevollmächtigte (§ 54 HGB) sowie Generalbevollmächtigte. In Analogie zu §§ 89 Abs. 3 S. 1, 115 Abs. 2 AktG findet das Kreditgewährungsverbot auch auf Kredite an Ehegatten, Lebenspartner oder ein minderjähriges Kind eines Geschäftsführers Anwendung.[7] Dies gilt auch für Kredite an Dritte, die für Rechnung eines dieser Angehörigen handeln[8] bzw. an sog. Strohmänner.[9]

5 Ob jemand zum betroffenen Personenkreis gehört, bestimmt sich nicht nach dem **Zeitpunkt** des Vertragsschlusses bzw. der Kreditzusage, sondern der tatsächlichen Gewährung des Kredits.[10] Bei Bestellung einer Sicherheit durch die Gesellschaft ist auf diesen Zeitpunkt, nicht erst auf den der Verwertung der Sicherheit abzustellen.[11] Damit ist es unbedenklich, wenn einem Geschäftsführer ein Darlehen erst nach seinem Ausscheiden ausbezahlt wird.[12] Allerdings ist zum Auszahlungszeitpunkt die Kreditwürdigkeit nochmals zu prüfen.

6 **Nicht erfasst** von § 43a sind leitende Angestellte,[13] Mitglieder des Betriebsrats[14] oder Aufsichtsratsmitglieder.[15] § 43a gilt auch nicht für Gesellschafter ohne Geschäftsführerstellung,[16] wohingegen für Gesellschafter-Geschäftsführer § 30, welcher Auszahlungen an die Gesellschafter oder ihnen nahestehende Personen verbietet, und § 43a nebeneinander gelten.[17] Nach h.M. unterfallen Kredite an verbundene Unternehmen

---

7 *Kleindiek*, in: Lutter/Hommelhoff, GmbHG, § 43a Rn. 4; *Paefgen*, in: Ulmer/Habersack/Winter, GmbHG, § 43a Rn. 15; *Schneider*, in: Scholz, GmbHG, § 43a Rn. 34; *Zöllner/Noack*, in: Baumbach/Hueck, GmbHG, § 43a Rn. 5; a.A. *Michalski*, in: Michalski, GmbHG, § 43a Rn. 20 (sofern kein Zusammenhang zwischen Geschäftsführer- und Ehegattenstellung).

8 *Koppensteiner*, in: Rowedder/Schmidt-Leithoff, GmbHG, § 43a Rn. 4, *Wicke*, GmbHG, § 43a Rn. 2; siehe aber *Schneider*, in: Scholz, GmbHG, § 43a Rn. 35 (bei nicht vergleichbarem Insolvenzrisiko).

9 *Schmidt*, in: Ensthaler/Füller/Schmidt, GmbHG, § 43a Rn. 2.

10 *Schneider*, in: Scholz, GmbHG, § 43a Rn. 42; *Zöllner/Noack*, in: Baumbach/Hueck, GmbHG, § 43a Rn. 3.

11 *Kleindiek*, in: Lutter/Hommelhoff, GmbHG, § 43a Rn. 8.

12 *Schneider*, in: Scholz, GmbHG, § 43a Rn. 42.

13 *Kleindiek*, in: Lutter/Hommelhoff, GmbHG, § 43a Rn. 4; *Wicke*, GmbHG, § 43a Rn. 2.

14 *Schneider*, in: Scholz, GmbHG, § 43a Rn. 32.

15 *Paefgen*, in: Ulmer/Habersack/Winter, GmbHG, § 43a Rn. 12; *Zöllner/Noack* in: Baumbach/Hueck, GmbHG, § 43a Rn. 3; a.A. aber *Schneider*, in: Scholz, GmbHG, § 43a Rn. 30; *Raiser/Heermann*, in: Ulmer/Habersack/Winter, GmbHG, § 52 Rn. 129 (§ 43a analog bei maßgeblichem Einfluss bzw. nicht nur repräsentativem Charakter).

16 BGHZ 157, 72, 74; *Altmeppen*, in: Roth/Altmeppen, GmbHG, § 43a Rn. 7; *Kleindiek*, in: Lutter/Hommelhoff, GmbHG, § 43a Rn. 4; *Michalski*, in: Michalski, GmbHG, § 43a Rn. 8 ff., 17; a.A. *Schneider*, in: Scholz, GmbHG, § 43a Rn. 62; *Schmidt*, GmbHR 2007, 1072, 1076.

17 *Altmeppen*, in: Roth/Altmeppen, GmbHG, § 43a Rn. 8 f. m.w.N.; *Koppensteiner*, in: Rowedder/Schmidt-Leithoff, GmbHG, § 43a Rn. 3; *Paefgen*, in: Ulmer/Habersack/Winter, GmbHG, § 43a Rn. 14; *Zöllner/Noack*, in: Baumbach/Hueck, GmbHG, § 43a Rn. 1, 3.

bzw. Geschäftsführer verbundener Unternehmen nicht § 43a analog.[18] Teilweise wird eine Erfassung von Krediten einer GmbH & Co. KG an die Geschäftsführer der Komplementär-GmbH über den Wortlaut des § 43a hinaus als erfasst angesehen.[19]

C. Kreditgewährung

I. Kreditbegriff

7 Der Begriff »**Kredit**« ist, anders als der Kreditbegriff in §§ 19 f. KWG, weit zu verstehen und meint jede Vorleistung durch die Gesellschaft.[20] Erfasst sind Darlehen, Bürgschaften, Grundpfandrechte, Wechselzeichnungen, Warenkredite, Gehaltsvorschüsse, Abschlagsdividenden, Stundungen und Ablösungen von Drittkrediten.[21] Nach h.M. werden auch Kredite erfasst, für die eine Sicherheit gestellt wurde, und zwar ohne Rücksicht auf Art und Güte der Sicherheit.[22] Unerheblich soll nach einer Ansicht auch sein, ob der Kredit verkehrsüblich ist, so dass auch ein sog. Arbeitnehmerdarlehen unzulässig ist.[23] Für einen Verzicht auf die Verkehrsüblichkeit spricht m.E., dass das Verbot der Kreditgewährung aus dem »Stammkapital« dem Gläubigerschutz dient. Hierfür ist es unerheblich, ob ein Kredit verkehrsüblich ist oder nicht.

II. Kreditgewährung aus gebundenem Vermögen

8 Das Kreditverbot des § 43a bezieht sich auf das zur **Erhaltung des Stammkapitals** (§ 3 Abs. 1 Nr. 3) erforderliche Vermögen der Gesellschaft (gebundenes Vermögen). Auf die konkreten Risiken der Kreditvergabe kommt es nicht an.[24] Untersagt ist ein

---

18 *Koppensteiner*, in: Rowedder/Schmidt-Leithoff, GmbHG, § 43a Rn. 3; *Paefgen*, in: Ulmer/Habersack/Winter, GmbHG, § 43a Rn. 14; *Zöllner/Noack*, in: Baumbach/Hueck, GmbHG, § 43a Rn. 3; a.A. *Schneider*, in: Scholz, GmbHG, § 43a Rn. 58 ff.

19 *Paefgen*, in: Ulmer/Habersack/Winter, GmbHG, § 43a Rn. 17; *Schmidt*, in: Ensthaler/Füller/Schmidt, GmbHG, § 43a Rn. 4.

20 *Klöhn*, in: Bork/Schäfer, GmbHG, § 43a Rn. 4; *Schneider*, in: Scholz, GmbHG, § 43a Rn. 36.

21 OLG Bremen, NZG 2001, 897.

22 BGHZ 157, 72, 74; *Altmeppen*, in: Roth/Altmeppen, GmbHG, § 43a Rn. 5; *Kleindiek*, in: Lutter/Hommelhoff, GmbHG, § 43a Rn. 6; *Paefgen*, in: Ulmer/Habersack/Winter, GmbHG, § 43a Rn. 21; a.A. *Michalski*, in: Michalski, GmbHG, § 43a Rn. 28; *Schneider*, in: Scholz, GmbHG, § 43a Rn. 40 f. (unter Berufung auf den Sinn der Vorschrift).

23 *Kleindiek*, in: Lutter/Hommelhoff, GmbHG, § 43a Rn. 6; *Schmidt*, in: Ensthaler/Füller/Schmidt, GmbHG, § 43a Rn. 6; *Zöllner/Noack*, in: Baumbach/Hueck, GmbHG, § 43a Rn. 6; a.A. *Michalski*, in: Michalski, GmbHG, § 43a Rn. 28; *Paefgen*, in: Ulmer/Habersack/Winter, GmbHG, § 43a Rn. 19; *Schneider*, in: Scholz, GmbHG, § 43a Rn. 37 (sofern nicht ungewöhnlich).

24 *Michalski*, in: Michalski, GmbHG, § 43a Rn. 2.

Kredit nach Sinn und Zweck der Regelung auch dann, wenn dessen Finanzierung aus ungebundenem Vermögen und Fremdkapital erfolgen soll.[25]

9 Da an die in § 43a genannten Personen kein Kredit aus dem zur Erhaltung des Stammkapitals erforderlichen Vermögen gewährt werden darf, ist ein solcher lediglich aus den offenen Rücklagen möglich.[26] Damit ist die Höhe des Kredits von vornherein durch die Höhe der Rücklagen begrenzt. Ob eine Kreditgewährung aus gebundenem Vermögen vorliegt, bestimmt sich nicht nach dem **Zeitpunkt** des Vertragsabschlusses, sondern der tatsächlichen Kreditgewährung.[27] Ein Verstoß gegen § 43a liegt nach einer Ansicht nicht nur dann vor, wenn im Zeitpunkt der Gewährung des Darlehens, sondern auch, wenn während der Laufzeit des Darlehens das zur Erhaltung des Stammkapitals erforderliche Vermögen unterschritten wird.[28]

10 Konsequenz ist, dass der Schuldner das Darlehen unverzüglich zurückzahlen muss; zumindest ist die Gesellschaft verpflichtet, das Darlehen soweit möglich vorzeitig zu kündigen.[29] Dieser Ansicht ist aufgrund des Wortlauts und der Entstehungsgeschichte des § 43a jedoch nicht zu folgen.[30] Allerdings hat in diesem Fall eine Kreditverlängerung zu unterbleiben.[31] Sofern eine Rückzahlung von einer Kündigung abhängt, ist die Gesellschaft verpflichtet, diese unverzüglich zu erklären.[32] Eine automatische Fälligkeit tritt nicht ein.[33] Bei der Bemessung darf der Rückzahlungsanspruch, da als wertlos fingiert, gegenüber dem Kreditnehmer nicht einbezogen wer-

---

25 *Schneider*, in: Scholz, GmbHG, § 43a Rn. 46; *Zöllner/Noack*, in: Baumbach/Hueck, GmbHG, § 43a Rn. 2; a.A. *Meyer-Arndt*, DB 1980, 2328.

26 *Altmeppen*, in: Roth/Altmeppen, GmbHG, § 43a Rn. 12; *Kleindiek*, in: Lutter/Hommelhoff, GmbHG, § 43a Rn. 9; *Koppensteiner*, in: Rowedder/Koppensteiner, GmbHG, § 43a Rn. 6; *Marsch-Barner/Diekmann*, in: MünchHdbGmbHG, § 43 Rn. 108; *Schneider*, in: Scholz, GmbHG, § 43a Rn. 48; *Zöllner/Noack*, in: Baumbach/Hueck, GmbHG, § 43a Rn. 2.

27 *Altmeppen*, in: Roth/Altmeppen, GmbHG, § 43a Rn. 4; *Kleindiek*, in: Lutter/Hommelhoff, GmbHG, § 43a Rn. 7; *Schneider*, in: Scholz, GmbHG, § 43a Rn. 50; *Zöllner/Noack*, in: Baumbach/Hueck, GmbHG, § 43a Rn. 2.

28 *Schneider*, in: Scholz, GmbHG, § 43a Rn. 43 f.

29 *Michalski*, in: Michalski, GmbHG, § 43a Rn. 35; *Zöllner/Noack*, in: Baumbach/Hueck, GmbHG, § 43a Rn. 2.

30 *Kleindiek*, in: Lutter/Hommelhoff, GmbHG, § 43a Rn. 10; *Klöhn*, in: Bork/Schäfer, GmbHG, § 43a Rn. 5; *Michalski*, in: Michalski, GmbHG, § 43a Rn. 34; *Paefgen*, in: Ulmer/Habersack/Winter, GmbHG, § 43a, Rn. 27; *Zöllner/Noack*, in: Baumbach/Hueck, GmbHG, § 43a Rn. 2.

31 *Zöllner/Noack*, in: Baumbach/Hueck, GmbHG, § 43a Rn. 2.

32 *Koppensteiner*, in: Rowedder/Schmidt-Leithoff, GmbHG, § 43a Rn. 7; *Zöllner/Noack*, in: Baumbach/Hueck, GmbHG, § 43a Rn. 2; vgl. auch *Michalski*, in: Michalski, GmbHG, § 43a Rn. 35; *Schmidt*, in: Ensthaler/Füller/Schmidt, GmbHG, § 43a Rn. 5.

33 So aber *Schneider*, in: Scholz, GmbHG, § 43a Rn. 55.

den.[34] Stille Reserven müssen außer Ansatz bleiben.[35] Eine Unterdeckung nach Auszahlung führt nur dann zu einem Eingreifen des § 43a,[36] wenn sie bei Kreditgewährung bereits absehbar war.[37]

11 Auf diese Weise wird eine Umgehung des § 43a verhindert und der Gläubigerschutz gestärkt. Dagegen lässt sich jedoch einwenden, dass der Kreditnehmer wegen der strengen Rechtsfolgenanordnung in § 43a S. 2 ein legitimes Bedürfnis nach Rechtssicherheit hat. Ob eine Unterdeckung nach Auszahlung bereits bei der Kreditgewährung absehbar war, kann nicht stets eindeutig beantwortet werden, so dass für den Kreditnehmer ungewiss ist, ob er nicht doch zu einer sofortigen Rückzahlung verpflichtet ist.

III. Kreditgewährung aus ungebundenem Vermögen

12 Kredite aus ungebundenem Vermögen an den in § 43a genannten Personenkreis sind grundsätzlich möglich. Für sie gelten die allgemeinen Regeln (§§ 134, 138, 181 BGB).[38] Die **Zuständigkeit** für die Entscheidung über die Kreditgewährung liegt bei der Geschäftsführung, sofern sich nicht die Gesellschafter die Kreditvergabe vorbehalten haben. Anders als bei § 89 AktG ist ein etwaiger Aufsichtsrat nicht zu beteiligen.[39] Teilweise wird dies aber für die mitbestimmte GmbH angenommen, obwohl die Struktur der GmbH hierfür nichts hergibt.[40] Die Kreditgewährung muss im Interesse der Gesellschaft erfolgen.

13 Bei Kreditgewährung aus ungebundenem Vermögen tritt eine **Haftung** des Geschäftsführers aus § 43 Abs. 2 ein, wenn er bei der Kreditgewährung nicht die Sorgfalt eines ordentlichen Geschäftsmanns einhält. Eine Sorgfaltspflichtverletzung liegt etwa bei unangemessenen Kreditbedingungen vor oder wenn keine hinrei-

---

34 *Kleindiek*, in: Lutter/Hommelhoff, GmbHG, § 43a Rn. 9; *Michalski*, in: Michalski, GmbHG, § 43a Rn. 32; *Wicke*, GmbHG, § 43a Rn. 4.

35 *Wicke*, GmbHG, § 43a Rn. 4.

36 *Altmeppen*, in: Roth/Altmeppen, GmbHG, § 43a Rn. 4; *Kleindiek*, in: Lutter/Hommelhoff, GmbHG, § 43a Rn. 10; *Paefgen*, in: Ulmer/Habersack/Winter, GmbHG, § 43a Rn. 27; *Zöllner/Noack*, in: Baumbach/Hueck, GmbHG, § 43a Rn. 2; a.A. *Schneider*, in: Scholz, GmbHG, § 43a Rn. 43.

37 *Wicke*, GmbHG, § 43a Rn. 4.

38 Vgl. *Kleindiek*, in: Lutter/Hommelhoff, GmbHG, § 43a Rn. 2; *Wicke*, GmbHG, § 43a Rn. 6.

39 *Altmeppen*, in: Roth/Altmeppen, GmbHG, § 43a Rn. 14; *Marsch-Barner/Diekmann*, in: MünchHdbGmbHG, § 43 Rn. 107; *Schneider*, in: Scholz, GmbHG, § 43a Rn. 26; *Wicke*, GmbHG, § 43a Rn. 5; *Zöllner/Noack*, in: Baumbach/Hueck, GmbHG, § 43a Rn. 8.

40 Offengelassen in BGHZ 89, 57 ff.; ablehnend auch *Kleindiek*, in: Lutter/Hommelhoff, GmbHG, § 43a Rn. 2; *Marsch-Barner/Diekmann*, in: MünchHdbGmbHG, § 43 Rn. 107; *Schneider*, in: Scholz, GmbHG, § 43a Rn. 26; *Zöllner/Noack*, in: Baumbach/Hueck, GmbHG, § 43a Rn. 8; bejahend aber *Ulmer/Habersack*, in: Ulmer/Habersack/Henssler, MitbestG, § 31 Rn. 40.

chende Kreditsicherheit besteht.[41] Die Gewährung eines Darlehens an die Ehefrau stellt eine Pflichtverletzung des Geschäftsführers dar, wenn ein normaler Arbeitnehmer ein solches Darlehen nicht erhalten hätte.[42] Ein Gesellschafterbeschluss ist, sofern im Gesellschaftsvertrag nichts anderes vorgesehen ist, grundsätzlich nicht notwendig. Ein **Einverständnis** der Gesellschafter ist vonnöten, wenn es sich um ein ungewöhnliches und besonders risikoreiches Geschäft handelt[43] bzw. eine Beteiligung der Gesellschafterversammlung im Interesse der Gesellschaft erforderlich ist (§ 49 Abs. 2).[44]

D. Rechtsfolgen eines Verstoßes

14 Wird entgegen § 43a ein Kredit gewährt und ausgezahlt, besteht ein sofortiger **Rückzahlungsanspruch** der Gesellschaft aus § 43a S. 2, nicht jedoch aus § 812 BGB.[45] Der Anspruch ist auf die Höhe des Betrags begrenzt, der zur Erreichung des satzungsmäßigen Stammkapitals erforderlich ist.[46] Sicherheiten für den Kredit sind mit der Rückzahlung durch den Geschäftsführer schon aufgrund der Sicherungsabrede zurückzugewähren. Zumindest soll sich ein solcher Anspruch aus § 812 ergeben, da der entfallene Sicherungszweck Rechtsgrund der Zur-Verfügung-Stellung der Sicherheiten ist.[47]

15 Teilweise wird davon ausgegangen, dass ein Anspruch auf sofortige Rückzahlung aus § 43a S. 2 erlischt, wenn die Unterdeckung nicht mehr fortbesteht, d.h. der Kredit das gebundene Vermögen nicht mehr tangiert.[48] Da für die Beurteilung der Vermögenslage auf den Zeitpunkt der Kreditauszahlung abzuheben ist, ist dies abzulehnen.[49] Eine

41 *Kleindiek*, in: Lutter/Hommelhoff, GmbHG, § 43a Rn. 3; *Wicke*, GmbHG, § 43a Rn. 5.

42 OLG Düsseldorf, GmbHR 1995, 227, 228 (offengelassen, ob Stammkapital tangiert war).

43 *Schneider*, in: Scholz, GmbHG, § 43a Rn. 26; vgl. auch *Zöllner/Noack*, in: Baumbach/Hueck, GmbHG, § 43a Rn. 8.

44 *Schneider*, in: Scholz, GmbHG, § 43a Rn. 26; *Zöllner/Noack*, in: Baumbach/Hueck, GmbHG, § 43a Rn. 8.

45 *Zöllner/Noack*, in: Baumbach/Hueck, GmbHG, § 43a Rn. 7.

46 *Altmeppen*, in: Roth/Altmeppen, GmbHG, § 43a Rn. 10; *Klöhn*, in: Bork/Schäfer, GmbHG, § 43a Rn. 7; *Schneider*, in: Scholz, GmbHG, § 43a Rn. 53.

47 So *Schmidt*, in: Ensthaler/Füller/Schmidt, GmbHG, § 43a Rn. 7 unter Verweis auf BGHZ 124, 371, 375.

48 *Koppensteiner*, in: Rowedder/Schmidt-Leithoff, GmbHG, § 43a Rn. 9; *Schneider*, in: Scholz, GmbHG, § 43a Rn. 53; *Wicke*, GmbHG, § 43a Rn. 6.

49 *Altmeppen*, in: Roth/Altmeppen, GmbHG, § 43a Rn. 12; *Klöhn*, in: Bork/Schäfer, GmbHG, § 43a Rn. 7; *Michalski*, in: Michalski, GmbHG, § 43a Rn. 37; *Zöllner/Noack*, in: Baumbach/Hueck, GmbHG, § 43a Rn. 7; *Paefgen*, in: Ulmer/Habersack/Winter, GmbHG, § 43a Rn. 28 (Rückzahlungsanspruch bleibt erhalten).

Aufrechnung des Geschäftsführers mit einer Gegenforderung ist laut Rechtsprechung möglich.[50] § 31 Abs. 2 findet keine entsprechende Anwendung.[51]

16 Wird ein Kredit trotz Verbots durch § 43a ausgezahlt, haften auszahlender und begünstigter Geschäftsführer auf **Schadensersatz nach § 43 Abs. 2.**[52] Voraussetzung dafür ist unter anderem ein Verschulden, so dass eine Entlastungsmöglichkeit in dem Einwand gesehen werden kann, der Geschäftsführer sei nach gewissenhafter Prüfung zu dem Ergebnis gekommen, der Kredit sei nicht aus gebundenem Vermögen erfolgt.[53] § 43 Abs. 3 gilt im Hinblick auf § 43a aufgrund vergleichbarer Interessenlage analog. Damit befreit ein Gesellschafterbeschluss den Geschäftsführer nicht von der Haftung (§ 43 Abs. 3 S. 3 analog).[54] Auf den Rückgewähranspruch nach § 43a findet § 31 Abs. 4 (kein Erlass möglich) sowie § 31 Abs. 5 (Verjährung) analog Anwendung.[55]

17 Die **Wirksamkeit** des Kredits bleibt nach h.M. sowohl bezüglich des Verpflichtungs- als auch des Erfüllungsgeschäfts unberührt.[56] Daher besteht eine Verzinsungspflicht des Kreditnehmers.[57]

18 Ist die Auszahlung noch nicht vorgenommen, existiert einerseits kein Anspruch des Kreditnehmers auf die vereinbarte Zahlung[58] bzw. kann einem solchen nach § 242 BGB der Rückzahlungsanspruch aus § 43a S. 2 entgegengehalten werden[59] sowie

---

50 OLG Naumburg, GmbHR 1998, 1180; so auch *Schneider*, in: Scholz, GmbHG, § 43a Rn. 53; aA *Altmeppen*, in: Roth/Altmeppen, GmbHG, § 43a Rn. 11; *Klöhn*, in: Bork/Schäfer, GmbHG, § 43a Rn. 7 (teleologische Extension des § 19 Abs. 2 S. 2); *Michalski*, in: Michalski, GmbHG, § 43a Rn. 41; *Paefgen*, in: Ulmer/Habersack/Winter, GmbHG, § 43a Rn. 32; *Wicke*, GmbHG, § 43a Rn. 6; *Zöllner/Noack*, in: Baumbach/Hueck, GmbHG, § 43a Rn. 7 (nur soweit nach § 19 Abs. 2 zulässig, d.h. sofern vollwertig, fällig und liquide).

51 *Altmeppen*, in: Roth/Altmeppen, GmbHG, § 43a Rn. 13; *Michalski*, in: Michalski, GmbHG, § 43a Rn. 41; *Paefgen*, in: Ulmer/Habersack/Winter, GmbHG, § 43a Rn. 31; *Wicke*, GmbHG, § 43a Rn. 6; *Zöllner/Noack*, in: Baumbach/Hueck, GmbHG, § 43a Rn. 7; a.A. *Kleindiek*, in: Lutter/Hommelhoff, GmbHG, § 43a Rn. 14; *Klöhn*, in: Bork/Schäfer, GmbHG, § 43a Rn. 7; *Schneider*, in: Scholz, GmbHG, § 43a Rn. 54.

52 Vgl. BGHZ 157, 72, 74; *Altmeppen*, in: Roth/Altmeppen, GmbHG, § 43a Rn. 13; *Schneider*, in: Scholz, GmbHG, § 43a Rn. 57; *Zöllner/Noack*, in: Baumbach/Hueck, GmbHG, § 43a Rn. 7.

53 *Schneider*, in: Scholz, GmbHG, § 43a Rn. 57.

54 BGHZ 157, 72, 78.

55 *Schmidt*, in: Ensthaler/Füller/Schmidt, GmbHG, § 43a Rn. 7; *Schneider*, in: Scholz, GmbHG, § 43a Rn. 57.

56 *Kleindiek*, in: Lutter/Hommelhoff, GmbHG, § 43a Rn. 12; *Klöhn*, in: Bork/Schäfer, GmbHG, § 43a Rn. 7; *Michalski*, in: Michalski, GmbHG, § 43a Rn. 39; zweifelnd *Altmeppen*, in: Roth/Altmeppen, GmbHG, § 43a Rn. 10.

57 *Schneider*, in: Scholz, GmbHG, § 43a Rn. 56; *Zöllner/Noack*, in: Baumbach/Hueck, GmbHG, § 43a Rn. 7.

58 *Altmeppen*, in: Roth/Altmeppen, GmbHG, § 43a Rn. 10.

59 *Schmidt*, in: Ensthaler/Füller/Schmidt, GmbHG, § 43a Rn. 7; *Zöllner/Noack*, in: Baumbach/Hueck, GmbHG, § 43a Rn. 7.

andererseits ein **Leistungsverweigerungsrecht** bzw. eine Leistungsverweigerungspflicht.[60]

19 Die Gesellschaftsgläubiger können keinen Anspruch aus § 823 Abs. 2 BGB i.V.m. § 43a geltend machen, da diese Regelung kein Schutzgesetz ist.[61]

§ 44 Stellvertreter von Geschäftsführern

Die für die Geschäftsführer gegebenen Vorschriften gelten auch für Stellvertreter von Geschäftsführern.

Übersicht **Rdn.**

A. Allgemeines

1 Stellvertretende Geschäftsführer haben ebenso wie die Geschäftsführer eine organschaftliche Stellung, da sie die Gesellschaft und nicht den Geschäftsführer vertreten.[1] Die Bestellung eines stellvertretenden Geschäftsführers ist nicht zwingend. Auf stellvertretende Geschäftsführer sind sämtliche Vorschriften für den Geschäftsführer anwendbar. Sie haben damit die gleichen gesetzlichen **Pflichten**. Dies gilt auch etwa für § 15a InsO, der eine Antragspflicht auf Eröffnung des Insolvenzverfahrens durch »Mitglieder des Vertretungsorgans«, wozu auch stellvertretende Geschäftsführer gehören, vorsieht. Die stellvertretenden Geschäftsführer müssen erforderlichenfalls auch gegen den Willen der anderen Geschäftsführer tätig werden.[2] Zur Frage einer allgemeinen Aufsichtspflicht siehe unten Rdn. 10.

---

60 *Altmeppen*, in: Roth/Altmeppen, GmbHG, § 43a Rn. 10; *Kleindiek*, in: Lutter/Hommelhoff, GmbHG, § 43a Rn. 12; *Klöhn*, in: Bork/Schäfer, GmbHG, § 43a Rn. 6; *Michalski*, in: Michalski, GmbHG, § 43a Rn. 39; *Zöllner/Noack*, in: Baumbach/Hueck, GmbHG, § 43a Rn. 7.

61 *Schmidt*, in: Ensthaler/Füller/Schmidt, GmbHG, § 43a Rn. 8.

1 BAG, NZA 1986, 68.

2 *Zöllner/Noack*, in: Baumbach/Hueck, GmbHG, § 44 Rn. 11.

B. Bestellung

2 Für die **Bestellung** des stellvertretenden Geschäftsführers gilt dasselbe wie für die Bestellung eines ordentlichen Geschäftsführers. Sie erfolgt im Gesellschaftsvertrag, durch Gesellschafterbeschluss (§ 46 Nr. 5) oder durch den Aufsichtsrat, sofern diesem die entsprechende Befugnis zugewiesen ist. Eine Bestellung durch Gesellschafterbeschluss ist möglich, auch wenn der Gesellschaftsvertrag keinen stellvertretenden Geschäftsführer vorsieht.[3] Einem einzelnen Gesellschafter-Geschäftsführer kann in der Satzung das Recht zur Stellvertreterbenennung zuerkannt werden. Für einen Fremdgeschäftsführer kommt dies nicht in Betracht, da ihm grundsätzlich kein Bestellrecht eingeräumt werden kann.[4] Sofern der Gesellschaftsvertrag eine bestimmte Anzahl an Geschäftsführern vorgibt, sind stellvertretende Geschäftsführer hiervon regelmäßig umfasst.[5] Für die **Abberufung** des stellvertretenden Geschäftsführers ist dasjenige Organ zuständig, das für die Bestellung zuständig war.

3 Der stellvertretende Geschäftsführer ist nach heute ganz h.M. im Handelsregister ohne Stellvertreterzusatz einzutragen, da er im Außenverhältnis wie ein Geschäftsführer handeln kann.[6] Auf Geschäftsbriefen ist auch der stellvertretende Geschäftsführer anzugeben, wobei ein Stellvertreterzusatz möglich, aber nicht zwingend ist.[7]

4 **Aufsichtsratsmitglieder** eines obligatorischen Aufsichtsrats können nur in den Grenzen des § 105 AktG stellvertretende Geschäftsführer sein. Überwiegend wird dies auch für den fakultativen Aufsichtsrat angenommen.[8] Auch der **Arbeitsdirektor** i.S. des § 33 Abs. 1 S. 1 MitbestG kann nach h.M. als stellvertretender Geschäftsführer eingesetzt werden, da er nach dem Gesetz eigene Ressortaufgaben wahrzunehmen hat. Er kann nicht als »echter« Stellvertreter bestellt werden.[9]

---

3 *Schmidt*, in: Ensthaler/Füller/Schmidt, GmbHG, Rn. 2 unter Verweis auf LG Aschaffenburg, MittBayNot 1982, 82; *Schneider*, in: Scholz, GmbHG, § 44 Rn. 2.

4 *Schneider*, in: Scholz, GmbHG, § 44 Rn. 2.

5 *Marsch-Barner/Diekmann*, in: MünchHdbGmbHG, § 41 Rn. 28; *Schneider*, in: Scholz, GmbHG, § 44 Rn. 2; siehe auch *Zöllner/Noack*, in: Baumbach/Hueck, GmbHG, § 44 Rn. 13 (sei Auslegungsfrage).

6 BGH, NJW 1998, 1071, 1072; näher *Zöllner/Noack*, in: Baumbach/Hueck, GmbHG, § 44 Rn. 15 m.w.N.

7 *Zöllner/Noack*, in: Baumbach/Hueck, GmbHG, § 35a Rn. 7; a.A. *Schmidt*, in: Ensthaler/Füller/Schmidt, GmbHG, § 44 Rn. 8.

8 *Altmeppen*, in: Roth/Altmeppen, GmbHG, § 44 Rn. 6; *Schneider*, in: Scholz, GmbHG, § 44 Rn. 4; a.A. *Schmidt*, in: Ensthaler/Füller/Schmidt, GmbHG, § 44 Rn. 6 (abweichende Regelungen im Gesellschaftsvertrag in Grenzen zulässig).

9 *Marsch-Barner/Diekmann*, in: MünchHdbGesR, § 41 Rn. 28; *Paefgen*, in: Ulmer/Habersack/Winter, GmbHG, § 44 Rn. 17; *Schmidt*, in: Ensthaler/Füller/Schmidt, GmbHG, § 44 Rn. 4; *Schneider*, in: Scholz, GmbHG, § 44 Rn. 6; *Zöllner/Noack*, in: Baumbach/Hueck, GmbHG, § 44 Rn. 6; einschränkend *Kleindiek*, in: Lutter/Hommelhoff, GmbHG, § 44 Rn. 3.

5 Die **Anstellung** des stellvertretenden Geschäftsführers erfolgt durch einen Anstellungsvertrag. Zuständig ist hierfür das für die Bestellung von Geschäftsführern zuständige Organ.

C. Außenverhältnis

6 Im Außenverhältnis hat der stellvertretende Geschäftsführer nach § 44 zwingend[10] die rechtliche Stellung eines Geschäftsführers und ist daher auch zur **Vertretung** der Gesellschaft befugt (§§ 35, 37 Abs. 2). Sofern im Gesellschaftsvertrag nichts anderes geregelt ist, sind die Geschäftsführer und stellvertretenden Geschäftsführer gesamtvertretungsberechtigt (§ 35 Abs. 2 S. 1).[11] Dies gilt unabhängig davon, ob der stellvertretende Geschäftsführer nur dann gesamtvertretungsberechtigt sein soll, wenn der Geschäftsführer verhindert ist; ansonsten wäre die Rechtsunsicherheit für Dritte zu groß.[12] Bei Einzelvollmacht kann der stellvertretende Geschäftsführer die Gesellschaft im Außenverhältnis auch dann wirksam allein vertreten, wenn die Geschäftsführer nicht verhindert sind oder nach dem Innenverhältnis (z.B. Gesellschaftsvertrag) der Stellvertreter nicht hätte tätig werden dürfen.[13] Zudem besteht Passivlegitimation hinsichtlich gerichtlicher und behördlicher Maßnahmen.[14] Für den Empfang von Willenserklärungen existiert zwingend Einzelvertretungsbefugnis des stellvertretenden Geschäftsführers (§ 35 Abs. 2 S. 3).

7 Der stellvertretende Geschäftsführer trägt wie die (ordentlichen) Geschäftsführer die Verantwortung für die Erfüllung der gesetzlichen Formalerfordernisse (§§ 6 Abs. 2, 8, 10, 78). Bei der Anmeldung zum Handelsregister ist der stellvertretende Geschäftsführer zwar nach allgemeiner Ansicht im Außenverhältnis, nicht aber zwingend auch im Innenverhältnis anmeldebefugt.[15]

---

10 *Altmeppen*, in: Roth/Altmeppen, GmbHG, § 44 Rn. 2.

11 *Paefgen*, in: Ulmer/Habersack/Winter, GmbHG, § 44 Rn. 10; *Schmidt*, in: Ensthaler/Füller/Schmidt, GmbHG, § 44 Rn. 3.

12 Vgl. *Zöllner/Noack*, in: Baumbach/Hueck, GmbHG, § 44 Rn. 8 unter Hinweis auf die parallele Auffassung zu § 94 AktG; siehe auch BGH, NJW 1998, 1071, 1072.

13 BGH, NJW 1998, 1071; *Paefgen*, in: Ulmer/Habersack/Winter, GmbHG, § 44 Rn. 9; *Schmidt*, in: Ensthaler/Füller/Schmidt, GmbHG, § 44 Rn. 3; *Schneider*, in: Scholz, GmbHG, § 44 Rn. 7.

14 *Altmeppen*, in: Roth/Altmeppen, GmbHG, § 44 Rn. 2; *Zöllner/Noack*, in: Baumbach/Hueck, GmbHG, § 44 Rn. 2.

15 *Marsch-Barner/Diekmann*, in: MünchHdbGmbHG, § 42 Rn. 29; *Paefgen*, in: Ulmer/Habersack/Winter, GmbHG, § 44 Rn. 12; *Schneider*, in: Scholz, GmbHG, § 44 Rn. 7; *Zöllner/Noack*, in: Baumbach/Hueck, GmbHG, § 44 Rn. 10.

D. Innenverhältnis

8 Während sich die Stellung des Geschäftsführers und des stellvertretenden Geschäftsführers im Außenverhältnis nicht voneinander unterscheiden, ergeben sich im Innenverhältnis Besonderheiten. Hier kann die Geschäftsführungsbefugnis des Stellvertreters durch Gesellschaftsvertrag und/oder Anstellungsvertrag beschränkt werden. Aber auch ohne besondere Regelung in der Satzung oder Geschäftsordnung darf ein stellvertretender Geschäftsführer ohne ausdrückliche Weisung des ordentlichen Geschäftsführers die Geschäftsführung grundsätzlich nur bei dessen **Verhinderung** wahrnehmen.[16] Die Bezeichnung »stellvertretender Geschäftsführer« kann aber auch lediglich eine sog. Titelabstufung darstellen, d.h. eine Rangordnung unter den Geschäftsführern.[17] In diesem Fall gilt die genannte Einschränkung nicht.

9 In der Satzung kann der stellvertretende Geschäftsführer dem ordentlichen Geschäftsführer untergeordnet oder gleichgestellt werden. Es kann ihm auch lediglich eine Überwachungsfunktion mittels Widerspruchsrechts obliegen.[18] Allerdings sind die gesetzlichen Organpflichten des (stellvertretenden) Geschäftsführers nicht abdingbar.

E. Haftung

10 Auch für den stellvertretenden Geschäftsführer gilt § 43, so dass bei Verletzung der Sorgfaltspflicht des § 43 Abs. 1 eine Haftung nach § 43 Abs. 2 in Betracht kommt. Es besteht jedoch keine allgemeine Aufsichts- und Überwachungspflicht, wenn sich seine Funktion allein auf die Stellvertretung beschränkt und er nicht in die Geschäftsführung einbezogen ist.[19] Eine Haftung kommt aber im Rahmen der ihm zugewiesenen Aufgaben in Betracht. Außerdem sind die einem Geschäftsführer gesetzlich auferlegten Pflichten zu erfüllen.[20]

§ 45 Rechte der Gesellschafter

(1) Die Rechte, welche den Gesellschaftern in den Angelegenheiten der Gesellschaft, insbesondere in bezug auf die Führung der Geschäfte zustehen, sowie die Ausübung derselben bestimmen sich, soweit nicht gesetzliche Vorschriften entgegenstehen, nach dem Gesellschaftsvertrag.

---

16 *Schmidt*, in: Ensthaler/Füller/Schmidt, GmbHG, § 44 Rn. 4; *Schneider*, in: Scholz, GmbHG, § 44 Rn. 8.

17 *Paefgen*, in: Ulmer/Habersack/Winter, GmbHG, § 44 Rn. 6.

18 Vgl. *Schneider*, in: Scholz, GmbHG, § 44 Rn. 9.

19 *Marsch-Barner/Diekmann*, in: MünchHdbGmbHG, § 41 Rn. 30; *Schmidt*, in: Ensthaler/Füller/Schmidt, GmbHG, § 44 Rn. 5; *Schneider*, in: Scholz, GmbHG, § 44 Rn. 13; *Zöllner/Noack*, in: Baumbach/Hueck, GmbHG, § 44 Rn. 12; a.A. *Altmeppen*, in: Roth/Altmeppen, GmbHG, § 44 Rn. 4; *Paefgen*, in: Ulmer/Habersack/Winter, GmbHG, § 44 Rn. 14.

20 *Schmidt*, in: Ensthaler/Füller/Schmidt, GmbHG, § 44 Rn. 5.

(2) In Ermangelung besonderer Bestimmungen des Gesellschaftsvertrages finden die Vorschriften der §§ 46 bis 51 Anwendung.

Übersicht **Rdn.**

Schrifttum

K. Müller/Wolff, Freiwilliger Aufsichtsrat nach § 52 GmbHG und andere freiwillige Organe, NZG 2003, 751; *dies.*, Verlagerung von Zuständigkeiten auf den Beirat der GmbH, GmbHR 2003, 810.

A. Überblick

1 Die **Rechte der GmbH-Gesellschafter** ergeben sich aus dem Gesetz und aus dem Gesellschaftsvertrag. Dabei sind Individualrechte, Minderheitenrechte und Rechte der Gesellschafterversammlung zu unterscheiden: Gesetzliche **Individualrechte** eines jeden Gesellschafters sind das Recht auf Teilnahme an der Gesellschafterversammlung (§ 48), das Stimmrecht (§ 47) sowie das Auskunfts- und Einsichtsrecht (§ 51a). Gesetzliche **Minderheitenrechte** finden sich in § 50: Gesellschafter, deren Geschäftsanteile zusammen mindestens dem zehnten Teil des Stammkapitals entsprechen, können verlangen, dass die Gesellschafterversammlung einberufen wird oder bestimmte Beschlussgegenstände angekündigt werden. Die **Gesellschafterversammlung** beschließt in den von § 46 genannten Angelegenheiten. Ihre Beschlüsse binden im Innenverhältnis auch die Geschäftsführer (§ 37 Abs. 1).

2 Der **Gesellschaftsvertrag** kann weitere Individual- und Minderheitenrechte sowie zusätzliche Kompetenzen der Gesellschafterversammlung festlegen. Er kann darüber hinaus andere Fragen des Innenverhältnisses regeln (z.B. die Einberufung und den Ablauf der Gesellschafterversammlung). Die §§ 46 bis 51 finden nur Anwendung, soweit der Gesellschaftsvertrag nichts anderes bestimmt (Rdn. 8). Denkbar ist auch die Einrichtung **freiwilliger Organe** (Rdn. 5).

B. Stellung der Gesellschafter in der GmbH

3 Gesetzliche Organe der GmbH sind die Geschäftsführer (§ 35) und die Gesellschafter (§ 45).[1] Häufig wird der Gesellschafterversammlung Organcharakter zugesprochen;[2] allerdings handelt es sich bei der Gesellschafterversammlung nur um die typi-

---

1 *Hüffer*, in: Ulmer/Habersack/Winter, GmbHG, § 45 Rn. 14.

2 Siehe nur: *Hüffer*, in: Ulmer/Habersack/Winter, GmbHG, § 45 Rn. 15; *Zöllner*, in: Baumbach/Hueck, GmbHG, § 45 Rn. 4.

sche Form der Beschlussfassung, weshalb zutreffend die Gesellschafter selbst als Organ anzusehen sind.[3] Die Gesellschafter sind **oberstes Organ** der Gesellschaft (§ 46 Rdn. 1), weil sie mit dem Gesellschaftsvertrag deren Grundlagen bestimmen und ihr Wille auch in Fragen der Geschäftsführung zu beachten ist (§ 37 Rdn. 5).

4 Die Kompetenzen der Gesellschafter können zu Lasten der Geschäftsführer **erweitert** werden. Neben einzelnen Weisungen ist ein satzungsmäßiger Zustimmungsvorbehalt für bestimmte Geschäftsführungsmaßnahmen denkbar (§ 37 Rdn. 10). Die Gestaltungsfreiheit der Gesellschafter wird allein dadurch begrenzt, dass den Geschäftsführern ein unentziehbarer Kernbereich ihrer gesetzlichen Aufgaben verbleiben muss.[4] Zudem wirken sich Beschränkungen der Geschäftsführerbefugnisse stets nur im Innenverhältnis aus; ihre Vertretungsmacht nach außen ist nicht beschränkbar (§ 37 Abs. 2).

5 Die Gesellschafter können in der Satzung **weitere Organe** einrichten. Im Gesetz angesprochen ist der fakultative Aufsichtsrat (§ 52).[5] Häufig werden auch Beiräte mit unterschiedlichsten Funktionen eingerichtet.[6] Die Zuständigkeiten solcher Organe ergeben sich aus der Satzung und sind ggf. durch Auslegung zu ermitteln.[7] Ihnen können auch Aufgaben der Gesellschafter zugewiesen werden.[8] Ihre Funktion kann überwachender, unterstützender oder auch rein repräsentativer Art sein. In Familiengesellschaften dienen Beiräte häufig der Repräsentation von Familienstämmen. Die Mitglieder der zusätzlich geschaffenen Organe müssen nicht notwendigerweise Gesellschafter sein. Eine Besetzung mit Fachleuten, Arbeitnehmervertretern oder anderen Personen ist zulässig.

6 Bestimmte **zwingende Kompetenzen** der Gesellschafter können anderen Organen nicht zugewiesen werden. Dazu gehören:[9] Die Einforderung von Nachschüssen (§ 26),[10] Satzungsänderungen (§§ 53 ff.),[11] Umwandlungsmaßnahmen und Auflösung (§ 60 Nr. 2). Außerdem verfügen die Gesellschafter immer über eine **Rückfallkompetenz**, wenn eine Funktion auf andere Organe verlagert wurde und diese funktionsunfähig sind.[12]

---

3 *K. Schmidt*, in: Scholz, GmbHG, § 45 Rn. 1; *Bayer*, in: Lutter/Hommelhoff, GmbHG, § 45 Rn. 2.

4 OLG Düsseldorf, ZIP 1984, 1476, 1478; OLG Nürnberg, NZG 2000, 154, 155.

5 Dazu *Müller/Wolff*, NZG 2003, 751.

6 Siehe etwa *Müller/Wolff*, GmbHR 2003, 810.

7 Siehe das Fallbeispiel OLG München, GmbHR 2006, 1269.

8 BGHZ 43, 261, 264 (Schiedsgericht zur Auflösung von Pattsituationen unter den Gesellschaftern).

9 *Hüffer*, in: Ulmer/Habersack/Winter, GmbHG, § 45 Rn. 21; *K. Schmidt*, in: Scholz, GmbHG, § 45 Rn. 8.

10 RGZ 70, 326, 329 ff.

11 BGHZ 43, 261, 264.

12 BGHZ 12, 337, 340; *Hüffer*, in: Ulmer/Habersack/Winter, GmbHG, § 45 Rn. 23.

Die Übertragung von Befugnissen der Gesellschafter an die **Geschäftsführer** ist nur in engen Grenzen möglich.[13] So kann dem Geschäftsführer nicht die eigene Entlastung oder Abberufung übertragen werden.[14] Zudem gelten auch hier die oben genannten (Rdn. 6) zwingenden Kompetenzen der Gesellschafter, die nicht auf andere Organe übertragen werden können. 7

C. Gestaltungsfreiheit und ihre Grenzen

In § 45 Abs. 2 kommt der Grundsatz der **Satzungsautonomie** für die GmbH zum Ausdruck. Die nachfolgenden Vorschriften über den Aufgabenkreis der Gesellschafter (§ 46), die Beschlussfassung (§ 47), die Gesellschafterversammlung (§ 48) und deren Einberufung (§§ 49 ff.) sind grundsätzlich **dispositiv**. Zwingend kraft ausdrücklicher gesetzlicher Anordnung ist allein § 51a (vgl. § 51a Abs. 4). 8

Allerdings haben Rechtsprechung und Lehre auch zu den grundsätzlich dispositiven Normen vielfach **Einschränkungen der Satzungsautonomie** entwickelt. Die wichtigste betrifft die Stimmverbote nach § 47 Abs. 4, die überwiegend zwingender Natur sind (§ 47 Rdn. 48 ff.). Im Übrigen sei auf die Kommentierung der einzelnen Vorschriften verwiesen. 9

Darüber hinaus können allgemeine **Grundprinzipien** des GmbH-Rechts die Gestaltungsfreiheit begrenzen.[15] So würde es sich nicht mit dem Prinzip der Verbandssouveränität vertragen, wesentliche Fragen der Gesellschaft von der Entscheidung Dritter abhängig zu machen.[16] Weiterhin lässt sich die Mitgliedschaft des Gesellschafters im Kern nicht dispositiv stellen, wie sich am Abspaltungsverbot beim Stimmrecht (§ 47 Rdn. 19) und dem zwingenden Charakter verschiedener Minderheitenrechte (§ 50 Rdn. 3, § 51a Rdn. 16) zeigt. Auch das Verbot des Richtens in eigener Sache (§ 47 Rdn. 33) lässt sich zu den körperschaftlichen Prinzipien zählen, die einer freien Gestaltung nicht zugänglich sind. 10

§ 46 Aufgabenkreis der Gesellschafter

Der Bestimmung der Gesellschafter unterliegen:

1. die Feststellung des Jahresabschlusses und die Verwendung des Ergebnisses;
1a. die Entscheidung über die Offenlegung eines Einzelabschlusses nach internationalen Rechnungslegungsstandards (§ 325 Abs. 2a des Handelsgesetzbuchs) und über die Billigung des von den Geschäftsführern aufgestellten Abschlusses;
1b. die Billigung eines von den Geschäftsführern aufgestellten Konzernabschlusses;

---

13 Vgl. *K. Schmidt*, in: Scholz, GmbHG, § 45 Rn. 12; *Zöllner*, in: Baumbach/Hueck, GmbHG, § 46 Rn. 93.

14 BGHZ 43, 261, 264.

15 *Zöllner*, in: Baumbach/Hueck, GmbHG, § 45 Rn. 7.

16 *Hüffer*, in: Ulmer/Habersack/Winter, GmbHG, § 45 Rn. 13; *Römermann*, in: Michalski, GmbHG, § 45 Rn. 19.

2. die Einforderung der Einlagen;
3. die Rückzahlung von Nachschüssen;
4. die Teilung, die Zusammenlegung sowie die Einziehung von Geschäftsanteilen;
5. die Bestellung und die Abberufung von Geschäftsführern sowie die Entlastung derselben;
6. die Maßregeln zur Prüfung und Überwachung der Geschäftsführung;
7. die Bestellung von Prokuristen und von Handlungsbevollmächtigten zum gesamten Geschäftsbetrieb;
8. die Geltendmachung von Ersatzansprüchen, welche der Gesellschaft aus der Gründung oder Geschäftsführung gegen Geschäftsführer oder Gesellschafter zustehen, sowie die Vertretung der Gesellschaft in Prozessen, welche sie gegen die Geschäftsführer zu führen hat.

Übersicht **Rdn.**

Schrifttum

Ahrens, Vom Ende der Entlastungsklage des GmbH-Geschäftsführers und einem Neubeginn des BGH – Zugleich ein Beitrag zur negativen Feststellungsklage. Besprechung der Entscheidung BGHZ 94, 324, ZGR 1987, 129; *Förl*, Die neue Teilbarkeit von Geschäftsanteilen – einfach (und) gut?, RNotZ 2008, 409; *Gach/Pfüller*, Die Vertretung der GmbH gegenüber ihrem Geschäftsführer, GmbHR 1998, 64; *Gehrlein*, Rechtsprechungsübersicht zum GmbH-Recht in den Jahren 2001-2004: Eigenkapitalersatz, Veräußerung des Geschäftsanteils, Gesellschafterbeschluss, sowie Rechtsstellung und Haftung des GmbH-Geschäftsführers, BB 2004, 2585; *Greitemann/Bergjan*, Die Auswirkungen des MoMiG auf die M&A-Praxis, in: Birk (Hrsg.), Transaktionen – Vermögen – Pro Bono. Festschrift zum zehnjährigen Bestehen von P+P Pöllath + Partners, 2008, S. 271; *Hartmann*, Das neue Bilanzrecht und der Gesellschaftsvertrag der GmbH, 1986; *Hommelhoff/Priester*, Bilanzrichtliniengesetz und GmbH-Satzung – Gestaltungsmöglichkeiten und Gestaltungsgrenzen, ZGR 1986, 463; *Janert*, Neues zur Generalbereinigung? – Zugleich ein Beitrag zum Urt. des BGH v. 7.4.2003 – II ZR 193/02 GmbHR 2003, 712, GmbHR 2003, 830; *Krieger*, Die Geltendmachung von Schadensersatzansprüchen gegen GmbH-Geschäftsführer, in: VGR (Hrsg.), Gesellschaftsrecht in der Diskussion 1998, 1999, S. 111; *Mayer*, Der Erwerb einer GmbH nach den Änderungen durch das MoMiG, DNotZ 2008, 403; *Wlotzke/Wißmann/Koberski/Kleinsorge*, Mitbestimmungsrecht, 4. Aufl., 2011; *Zöllner*, Die sogenannten Gesellschafterklagen im Kapitalgesellschaftsrecht, ZGR 1988, 392.

A. Überblick/Allgemeines

1 Die Gesellschafter sind nach dem Gesamtbild des GmbHG das oberste Organ der GmbH (vgl. § 45 Rdn. 3). Es besteht eine **Allzuständigkeit** in allen Gesellschaftsangelegenheiten.[1] Dabei sind primäre und sekundäre Zuständigkeiten zu unterscheiden.[2] § 46 bezeichnet den Kernbereich der **primären** Gesellschafterzuständigkeiten. Die Vorschrift ist nicht abschließend; weitere primäre Zuständigkeiten sind etwa die Satzungsänderung (§ 53), Kapitalerhöhungen (§§ 55 ff.) und Umwandlungsmaßnahmen (gemäß UmwG).

2 In Bereichen, für die andere Organe primär zuständig sind, besteht eine **sekundäre** Zuständigkeit der Gesellschafter. Dazu gehört die Weisungsbefugnis gegenüber den Geschäftsführern (§ 37 Abs. 2). Soweit die Satzung weitere Organe errichtet und ihnen primäre Kompetenzen zuweist, liegt jedenfalls eine Rückfallkompetenz bei den Gesellschaftern (§ 45 Rdn. 6).

3 Die Kompetenzzuweisungen des § 46 sind weitgehend **dispositiv.**[3] Abweichenden Satzungsgestaltungen setzt die vom GmbHG vorgegebene Grundstruktur gewisse Grenzen:[4] Vertretungsorgan sind stets die Geschäftsführer (§ 35); diese müssen auch einen eigenen primären Aufgabenbereich erhalten; im Gefüge der Gesellschaft müssen die Gesellschafter stets das oberste Entscheidungsorgan bleiben.

B. Feststellung des Jahresabschlusses und Ergebnisverwendung (Nr. 1)

1. Feststellung des Jahresabschlusses

4 Die GmbH ist Formkaufmann (§ 13 Abs. 3) und daher gemäß §§ 238 ff. HGB buchführungspflichtig (§ 41 Rdn. 1). Der **Jahresabschluss** besteht aus Bilanz mit Gewinn- und Verlustrechnung (§ 242 Abs. 3 HGB) und ist um einen Anhang zu

1 *Hüffer*, in: Ulmer/Habersack/Winter, GmbHG, § 46 Rn. 120 f.; *K. Schmidt*, in: Scholz, GmbHG, § 46 Rn. 1; *Zöllner*, in: Baumbach/Hueck, GmbHG, § 46 Rn. 4, 89; *Bayer*, in: Lutter/Hommelhoff, GmbHG, § 46 Rn. 1.

2 *Hüffer*, in: Ulmer/Habersack/Winter, GmbHG, § 46 Rn. 120 f.

3 *K. Schmidt*, in: Scholz, GmbHG, § 46 Rn. 3; *Zöllner*, in: Baumbach/Hueck, GmbHG, § 46 Rn. 5; *Bayer*, in: Lutter/Hommelhoff, GmbHG, § 46 Rn. 1.

4 *Hüffer*, in: Ulmer/Habersack/Winter, GmbHG, § 46 Rn. 4; *K. Schmidt*, in: Scholz, GmbHG, § 46 Rn. 2; *Zöllner*, in: Baumbach/Hueck, GmbHG, § 46 Rn. 5.

erweitern (§ 246 Abs. 1 S. 1 HGB).[5] Für die **Aufstellung** des Jahresabschlusses sind die gesetzlichen Vertreter zuständig (§ 264 Abs. 1 S. 1 HGB), in der GmbH also die Geschäftsführer (§ 41). Der Jahresabschluss muss innerhalb der ersten drei Monate des Geschäftsjahres aufgestellt werden (§ 264 Abs. 1 S. 3 HGB), für kleine Kapitalgesellschaften (§ 267 Abs. 1 HGB) gilt eine Frist von sechs Monaten (§ 264 Abs. 1 S. 4 HGB).

5 Mit der **Feststellung** durch die Gesellschafter (§ 46 Nr. 1) erlangt der Jahresabschluss Verbindlichkeit für die Gesellschaft und ihre Gesellschafter.[6] Dafür gilt zwingend eine Frist von acht Monaten bzw. elf Monaten bei kleinen Kapitalgesellschaften (§ 42a Abs. 2). Die Gesellschafter sind an den Bilanzentwurf der Geschäftsführer nicht gebunden und können innerhalb des gesetzlichen Bilanzermessens (vgl. § 42a Abs. 2 S. 3) Änderungen vornehmen.[7] Der festgestellte Abschluss ist Grundlage der Ergebnisverwendung (u. Rdn. 11 ff.) und bildet die Anfangsbilanz des nächsten Geschäftsjahres.

6 Zur **Beschlussvorbereitung** sind den Gesellschaftern die in § 42a Abs. 1 genannten Unterlagen rechtzeitig vorzulegen (vgl. § 42a Rdn. 2 ff.). Die Wochenfrist des § 51 Abs. 1 wird dafür nur selten genügen, die Monatsfrist des § 171 Abs. 3 S. 1 AktG ist auch in der GmbH ausreichend.[8] Vorzulegen ist zudem der Lagebericht (§ 289 HGB), wenngleich er nicht Teil des Jahresabschlusses ist und damit keiner Beschlussfassung unterliegt.[9]

7 Bei einer prüfungspflichtigen GmbH ist die **Prüfung** vor der Feststellung durchzuführen (§ 316 Abs. 1 S. 2 HGB). Verändern die Gesellschafter den Jahresabschluss (o. Rdn. 5), muss eine Nachtragsprüfung erfolgen (§ 316 Abs. 3 HGB). Die Gesellschafter müssten danach erneut beschließen. Dies kann vermieden werden, wenn das Nachtragstestat innerhalb von zwei Wochen nach dem Feststellungsbeschluss vorliegt (§ 173 Abs. 3 S. 2 AktG analog);[10] die Satzung kann auch eine längere Frist zulassen.[11]

8 Die Gesellschafter beschließen mit einfacher Mehrheit. Bei der **Beschlussfassung** sind auch Gesellschafter-Geschäftsführer stimmberechtigt, es sei denn, es wird

---

5 Der Anhang ist damit Teil des Jahresabschlusses einer Kapitalgesellschaft (*Merkt*, in: Baumbach/Hopt, HGB, § 264 Rn. 4).

6 BGHZ 132, 263, 266; *Hommelhoff/Priester*, ZGR 1986, 463, 465.

7 *Hüffer*, in: Ulmer/Habersack/Winter, GmbHG, § 46 Rn. 11; *K. Schmidt*, in: Scholz, GmbHG, § 46 Rn. 14; *Zöllner*, in: Baumbach/Hueck, GmbHG, § 46 Rn. 9; *Bayer*, in: Lutter/Hommelhoff, GmbHG, § 46 Rn. 4.

8 *Hüffer*, in: Ulmer/Habersack/Winter, GmbHG, § 46 Rn. 14; *K. Schmidt*, in: Scholz, GmbHG, § 46 Rn. 16.

9 *Hüffer*, in: Ulmer/Habersack/Winter, GmbHG, § 46 Rn. 6; *K. Schmidt*, in: Scholz, GmbHG, § 46 Rn. 7; *Zöllner*, in: Baumbach/Hueck, GmbHG, § 46 Rn. 9 f.; *Bayer*, in: Lutter/Hommelhoff, GmbHG, § 46 Rn. 3.

10 *Hüffer*, in: Ulmer/Habersack/Winter, GmbHG, § 46 Rn. 13 (str.).

11 *Hüffer*, in: Ulmer/Habersack/Winter, GmbHG, § 46 Rn. 13.

zugleich über ihre Entlastung abgestimmt.[12] Bei Identität von Geschäftsführern und Gesellschaftern kann die Unterzeichnung des Jahresabschlusses (gem. § 245 HGB) u.U. als Feststellungsbeschluss interpretiert werden.[13]

9 Im Konfliktfall können einzelne Gesellschafter zwar die Beschlussfassung als solche **erzwingen**, nicht aber einen konkreten Beschlussinhalt.[14] Eine dauerhafte gesellschaftsinterne Blockade kann in letzter Konsequenz einen wichtigen Grund für Ausschluss, Austritt oder Auflösung darstellen (vgl. § 60 Rdn. 57 ff., § 61 Rdn. 11 und Rdn. 17 ff.).[15] Eine Feststellung des Jahresabschlusses durch Gerichtsurteil kommt nur ausnahmsweise bei reduziertem bilanziellen Ermessen in Betracht.[16]

10 Bei der **GmbH & Co. KG** fällt die Feststellung des Jahresabschlusses gleichfalls in die Zuständigkeit der Gesellschafterversammlung.[17] Enthält der Gesellschaftsvertrag eine allgemeine Mehrheitsklausel, so erfasst diese auch die Feststellung des Jahresabschlusses.[18]

2. Ergebnisverwendungsbeschluss

11 Der Beschluss über die Ergebnisverwendung setzt die wirksame Feststellung des Jahresabschlusses voraus. Es handelt sich um rechtlich getrennte Beschlüsse, was nicht ausschließt über Feststellung und Gewinnverwendung gemeinsam abzustimmen.[19] Ein individueller **Ausschüttungsanspruch** der Gesellschafter (dazu § 29 Rdn. 1 ff.) entsteht erst mit dem Ergebnisverwendungsbeschluss.[20] Er lässt sich nicht unmittelbar aus dem festgestellten Jahresabschluss ableiten, weil auch eine Gewinnthesaurierung denkbar ist.

---

12 Die Feststellung des Jahresabschlusses ist aber grundsätzlich nicht zugleich als Entlastung der Geschäftsführer zu verstehen (RGZ 49, 141, 146).

13 *Hüffer*, in: Ulmer/Habersack/Winter, GmbHG, § 46 Rn. 10; *K. Schmidt*, in: Scholz, GmbHG, § 46 Rn. 17.

14 RGZ 49, 141, 145 f.; *Hüffer*, in: Ulmer/Habersack/Winter, GmbHG, § 46 Rn.16; *K. Schmidt*, in: Scholz, GmbHG, § 46 Rn. 21.

15 Die von *Zöllner*, ZGR 1988, 392, 416 ff. (ebenso *Zöllner*, in: Baumbach/Hueck, GmbHG, § 46 Rn. 12) stattdessen vorgeschlagene gerichtliche Ermessensentscheidung (§ 315 BGB analog) begegnet erheblichen rechtsdogmatischen Bedenken (vgl. zur Kritik *K. Schmidt*, in: Scholz, GmbHG, § 46 Rn. 21 und *Hüffer*, in: Ulmer/Habersack/Winter, GmbHG, § 46 Rn. 16 f.).

16 RGZ 80, 330, 337; *Roth*, in: Roth/Altmeppen, GmbHG, § 46 Rn. 8.

17 BGHZ 132, 263, 266; BGHZ 170, 283, 289.

18 BGHZ 170, 283, 288 ff.; anders noch: BGHZ 132, 263, 268 (Mehrheitsklausel müsse die Bilanzfeststellung ausdrücklich nennen).

19 Sog. Kombinierte Beschlussfassung (*Hüffer*, in: Ulmer/Habersack/Winter, GmbHG, § 46 Rn. 19; *Zöllner*, in: Baumbach/Hueck, GmbHG, § 46 Rn. 19).

20 BGHZ 139, 299, 302 f.; anders *Hommelhoff*, in: Lutter/Hommelhoff, GmbHG, § 29 Rn. 4: Anspruch ist bereits mit Feststellung des Jahresabschlusses entstanden, wird aber erst mit Beschluss über die Ergebnisverwendung fällig.

12 Für den Ergebnisverwendungsbeschluss gelten dieselben **Fristen** wie für die Feststellung des Jahresabschlusses (§ 42a Abs. 2 S. 1, o. Rdn. 5). Ein konkreter Ergebnisverwendungsbeschluss ist ebenso wenig erzwingbar wie die Feststellung eines bestimmten Jahresabschlusses (o. Rdn. 9). Der Beschluss wird mit einfacher Mehrheit gefasst. Spätere **Änderungen** an der Ergebnisverwendung oder am Jahresabschluss bedürfen der Zustimmung aller Gesellschafter, weil deren bereits entstandener Ausschüttungsanspruch betroffen ist.

3. Satzungsregelungen

13 § 46 Nr. 1 ist **dispositiv.** Empfehlenswert ist eine Verlängerung der Zweiwochenfrist für die Nachtragsprüfung (vgl. o. Rdn. 7).[21] Die Zuständigkeiten des § 46 Nr. 1 können auch auf **andere Organe** delegiert werden. Die **Feststellung** des Jahresabschlusses kann einem Bilanzausschuss, dem Aufsichtsrat oder Beirat,[22] einem einzelnen Gesellschafter[23] oder auch dem Geschäftsführer[24] übertragen werden. Bezüglich der **Ergebnisverwendung** sind die Gestaltungsgrenzen enger. Hier muss ein gewisser Gesellschaftereinfluss gewahrt bleiben.[25] Die Entscheidung kann einem Gesellschafterausschuss zugewiesen werden,[26] nicht aber den Geschäftsführern oder gesellschaftsfremden Dritten.[27] Die Satzung kann auch inhaltliche Vorgaben für die Ergebnisverwendung aufstellen, beispielsweise eine Gewinnthesaurierung vorschreiben.[28] Ergibt sich auf Grund dessen die konkrete Gewinnverwendung bereits eindeutig aus der Satzung, entfällt die Notwendigkeit für einen Gesellschafterbeschluss.

---

21 *Hüffer*, in: Ulmer/Habersack/Winter, GmbHG, § 46 Rn. 13.

22 Eingehend zu diesen Gestaltungsmöglichkeiten *Hommelhoff/Priester*, ZGR 1986, 463, 474 ff.

23 *Hommelhoff/Priester*, ZGR 1986, 463, 475; *Hüffer*, in: Ulmer/Habersack/Winter, GmbHG, § 46 Rn. 22; *K. Schmidt*, in: Scholz, GmbHG, § 46 Rn. 46.

24 *Hommelhoff/Priester*, ZGR 1986, 463, 476 f.; *K. Schmidt*, in: Scholz, GmbHG, § 46 Rn. 46; *Zöllner*, in: Baumbach/Hueck, GmbHG, § 46 Rn. 16. Insoweit kritisch, weil der Abschluss dann ohne interne Kontrollinstanz Verbindlichkeit für die Gesellschafter entfaltet: *Hartmann*, Das neue Bilanzrecht und der Gesellschaftsvertrag der GmbH, 1986, S. 165 f.; *Hüffer*, in: Ulmer/Habersack/Winter, GmbHG, § 46 Rn. 22.

25 Zu den einzelnen Gestaltungsmöglichkeiten *Hommelhoff/Priester*, ZGR 1986, 463, 500 ff.

26 *Hüffer*, in: Ulmer/Habersack/Winter, GmbHG, § 46 Rn. 23. Eine Delegation an einzelne Gesellschafter (die *Hommelhoff/Priester*, ZGR 1986, 463, 503, für möglich halten) wird von *Hüffer*, a.a.O., kritisch gesehen.

27 *Hüffer*, in: Ulmer/Habersack/Winter, GmbHG, § 46 Rn. 23. Weiter *Zöllner*, in: Baumbach/Hueck, GmbHG, § 46 Rn. 21, der eine Delegation der Ergebnisverwendung in demselben Umfang wie bei der Feststellung des Jahresabschlusses zulassen will.

28 *K. Schmidt*, in: Scholz, GmbHG, § 46 Rn. 47. Vgl. den Sachverhalt in BGHZ 170, 283, 290 (dort hatte der Gesellschaftsvertrag eine bestimmte Rücklagenquote vorab festgelegt).

C. Einzelabschluss (Nr. 1a)/Konzernabschluss (Nr. 1b)

14 Zusätzlich zum HGB-Jahresabschluss, den die Gesellschafter gemäß § 46 Nr. 1 feststellen (o. Rdn. 5), kann die Gesellschaft einen Einzelabschluss nach **internationalen Rechnungslegungsstandards** (IAS/IFRS) erstellen. Für die Zwecke der handelsrechtlichen Offenlegung kann der IAS/IFRS-Abschluss, der lediglich Informationszwecken dient,[29] an die Stelle des HGB-Abschlusses treten (§ 325 Abs. 2a HGB).[30] Ob die Gesellschaft diese Möglichkeit nutzt, entscheiden die Gesellschafter (§ 46 Nr. 1a).[31] Die Geschäftsführer erstellen den Abschluss und leiten ihn an die Gesellschafter weiter (§ 42a Rdn. 16, 37 ff.). Die Gesellschafter können auch Weisungen hinsichtlich der Vorfrage erteilen, ob überhaupt ein IAS/IFRS-Abschluss aufgestellt werden soll.[32]

15 Die Offenlegung des IAS/IFRS-Abschlusses setzt eine **Billigung** durch die Gesellschafter voraus. Sie bekunden damit ihr inhaltliches Einverständnis. Die Billigung ist keine Feststellung i.S.d. § 46 Nr. 1,[33] denn der IAS/IFRS-Abschluss entfaltet nicht dieselbe interne Bindungswirkung wie der HGB-Abschluss (o. Rdn. 14).

16 Die **Satzung** kann die Entscheidung über die Aufstellung und Offenlegung sowie über die Billigung des IAS/IFRS-Abschlusses einem anderen Organ zuweisen.[34]

17 Muss die Gesellschaft einen **Konzernabschluss** erstellen (§ 290 HGB), beschließen die Gesellschafter auch über dessen Billigung (§ 46 Nr. 1b). Zur Aufstellung durch die Geschäftsführer und Vorlage an die Gesellschafter vgl. § 42a Rdn. 66 ff.

D. Einforderung der Einlagen (Nr. 2)

18 Mit Ausnahme von Sacheinlagen (§§ 7 Abs. 3, 57 Abs. 2) müssen die Einlagen der Gesellschafter bei Gründung (§§ 5, 7) und Kapitalerhöhung (§ 57) nicht von Anfang an vollständig erbracht werden. Wann der Restbetrag **fällig** wird, entscheiden die

29 *Merkt*, in: Baumbach/Hopt, § 325 Rn. 6.

30 Für die allgemeinen Zwecke des Gesellschafts-, Steuer- und Aufsichtsrechts wird weiterhin der HGB-Abschluss verlangt (*Merkt*, in: Baumbach/Hopt, § 325 Rn. 7).

31 *Hüffer*, in: Ulmer/Habersack/Winter, GmbHG, § 46 Rn. 25; *K. Schmidt*, in: Scholz, GmbHG, § 46 Rn. 47a; RegBegr. Bilanzrechtsreformgesetz, BT-Drs. 15/3419, S. 55.

32 *Hüffer*, in: Ulmer/Habersack/Winter, GmbHG, § 46 Rn. 25; *K. Schmidt*, in: Scholz, GmbHG, § 46 Rn. 47a; *Zöllner*, in: Baumbach/Hueck, GmbHG, § 46 Rn. 22.

33 *Hüffer*, in: Ulmer/Habersack/Winter, GmbHG, § 46 Rn. 26; *Bayer*, in: Lutter/Hommelhoff, GmbHG, § 46 Rn. 10; *K. Schmidt*, in: Scholz, GmbHG, § 46 Rn. 47a.

34 *Roth*, in: Roth/Altmeppen, GmbHG, § 46 Rn. 10b; *K. Schmidt*, in: Scholz, GmbHG, § 46 Rn. 47a.

Gesellschafter:[35] Gemäß § 46 Nr. 2 obliegt ihnen die **Finanzierungsentscheidung**, zu welchem Zeitpunkt und in welchem Umfang die Gesellschaft ausstehende Einlagen (Nennbetrag und eventuelles Agio) benötigt. Der entsprechende Gesellschafterbeschluss ist dann auch maßgeblich für den Beginn der Verjährung (§ 19 Abs. 6).[36]

19 Bei der Einforderung der Einlage handelt es sich um eine innere Angelegenheit der Gesellschaft; aus diesem Grund dürfen alle Gesellschafter an der **Beschlussfassung** teilnehmen, § 47 Abs. 4 gilt hier nicht.[37] Die Geschäftsführer übernehmen die **Ausführung** des Beschlusses: Sie benachrichtigen Gesellschafter, die nicht anwesend waren, von dem Beschluss und fordern die Zahlung ein.[38]

20 Für eine Finanzierungsentscheidung der Gesellschafter ist kein Raum bei **Insolvenz** oder **Liquidation** der Gesellschaft[39] sowie bei **Pfändung** des Anspruchs durch einen Gläubiger.[40] Die Einziehungsbefugnis liegt in diesen Fällen nicht mehr bei der Gesellschaft, sondern beim Insolvenzverwalter, Liquidator oder Gläubiger. Demzufolge ginge ein Beschluss nach § 46 Nr. 2 ins Leere.

21 Für einen Beschluss nach § 46 Nr. 2 ist auch dann kein Raum, wenn die **Satzung** die Zahlungsmodalitäten (Zeitpunkt und Betrag der Leistung) bereits eindeutig festlegt.[41] Eine Stundung ist dann nicht möglich (§ 19 Abs. 2 S. 1), auch nicht durch

---

35 Nach h.M. führt Beschluss zur Fälligkeit: BGH, BB 1961, 953; BGH, WM 1987, 208, 209; OLG Celle, GmbHR 1997, 748, 749; OLG Dresden, GmbHR 1999, 233; *Bayer*, in: Lutter/Hommelhoff, GmbHG, § 46 Rn. 12; *Roth*, in: Roth/Altmeppen, GmbHG, § 46 Rn. 13; *Römermann*, in: Michalski, GmbHG, § 46 Rn. 131; *K. Schmidt*, in: Scholz, GmbHG, § 46 Rn. 49, 56; *Zöllner*, in: Baumbach/Hueck, GmbHG, § 46 Rn. 25. Nach a.A. (*Hüffer*, in: Ulmer/Habersack/Winter, GmbHG, § 46 Rn. 29) besteht Fälligkeit von Anfang an, der Forderung fehlt bis zum Gesellschafterbeschluss aber die Durchsetzbarkeit.

36 BGH, NJW 1987, 779.

37 So wegen der damit verbundenen Finanzierungsentscheidung zu Recht die h.M.: BGH, NJW 1991, 172, 173; OLG München, BB 1990, 367, 368; *Hüffer*, in: Ulmer/Habersack/Winter, GmbHG, § 46 Rn. 31; *Bayer*, in: Lutter/Hommelhoff, GmbHG, § 46 Rn. 12; *Roth*, in: Roth/Altmeppen, GmbHG, § 46 Rn. 13; a.A. *Zöllner*, in: Baumbach/Hueck, GmbHG, § 47 Rn. 93.

38 OLG Köln, OLGE 19, 369; *Römermann*, in: Michalski, GmbHG, § 46 Rn. 146; *K. Schmidt*, in: Scholz, GmbHG, § 46 Rn. 55.

39 BGH, GmbHR 2008, 147, 148 f.; BGHZ 84, 47, 48; RGZ 138, 106, 111; die Einforderung muss aber zur Befriedigung der Gläubiger auch tatsächlich erforderlich sein (so RGZ 45, 153, 155 zur Liquidation einer AG).

40 RGZ 149, 293, 301 f. (Pfändung). Anders bei Abtretung (so zu Recht differenzierend *K. Schmidt*, in: Scholz, GmbHG, § 46 Rn. 54), sonst könnte der Geschäftsführer durch Zession der Einlagenforderung das Beschlusserfordernis umgehen.

41 So schon RGZ 138, 106, 111. Vgl. aus der jüngeren Zeit OLG Dresden, GmbHR 1999, 233, am Beispiel einer Kapitalerhöhung (sofortige Fälligkeit). Verwendet die Satzung den Begriff »Barzahlung«, bedeutet das für sich genommen noch nicht, dass die Einlage sofort fällig sein soll (BGH, WM 1961, 855).

Gesellschafterbeschluss.[42] Sollen die Zahlungsmodalitäten später zum Nachteil der Gesellschafter geändert werden, müssen alle Gesellschafter zustimmen (§ 53 Abs. 3); bei Änderungen zum Vorteil der Gesellschafter sind die Regeln der Kapitalherabsetzung einzuhalten.[43] Die Satzung kann die Finanzierungsentscheidung des § 46 Nr. 2 auch auf **andere Organe** übertragen.[44] Die Ausführung liegt dann weiterhin bei den Geschäftsführern.

E. Rückzahlung von Nachschüssen (Nr. 3)

22 Nachschüsse müssen die Gesellschafter nur leisten, wenn die Satzung dies vorsieht (§ 26 Abs. 1). Eine Rückzahlung von geleisteten Nachschüssen ist zulässig, soweit diese nicht zur Deckung eines Verlustes am Stammkapital erforderlich sind (§ 30 Abs. 2). Die Entscheidung darüber, ob **rückzahlbare Nachschüsse** tatsächlich zurückgezahlt werden, treffen die Gesellschafter (§ 46 Abs. 1 Nr. 3). Stimmberechtigt sind auch die davon betroffenen Gesellschafter.[45] Die Rückzahlung darf frühestens drei Monate nach Bekanntgabe des Beschlusses erfolgen (§ 30 Abs. 2 S. 2). Die **Satzung** kann die in § 46 Abs. 1 Nr. 3 geregelte Entscheidungskompetenz einem anderen Organ zuweisen oder die Voraussetzungen der Rückzahlung bereits so konkret regeln, dass es keines Beschlusses mehr bedarf.[46]

F. Teilung, Zusammenlegung sowie Einziehung von Geschäftsanteilen (Nr. 4)

23 Die Zahl und die Nennbeträge der Geschäftsanteile werden bei Gründung der Gesellschaft im Gesellschaftsvertrag festgelegt (§ 3 Abs. 1 Nr. 4). Dabei wird jedem Geschäftsanteil ein bestimmter Nennbetrag zugewiesen, der auf volle Euro lauten muss (§ 5 Abs. 2 S. 1). Diese Aufteilung kann später durch **Teilung, Zusammenlegung oder Einziehung** von Geschäftsanteilen verändert werden. § 46 Abs. 1 Nr. 4 stellt diese Entscheidung in die Kompetenz der Gesellschafter.

24 Bei der **Teilung** eines Geschäftsanteils entstehen mehrere neue Geschäftsanteile.[47] Die damit verbundenen Rechte und Pflichten gehen proportional über, soweit sie

---

42 RGZ 138, 106, 111; *Hüffer*, in: Ulmer/Habersack/Winter, GmbHG, § 46 Rn. 34; *K. Schmidt*, in: Scholz, GmbHG, § 46 Rn. 52.

43 *Hüffer*, in: Ulmer/Habersack/Winter, GmbHG, § 46 Rn. 34.

44 RGZ 138, 106, 111 f.

45 *Hüffer*, in: Ulmer/Habersack/Winter, GmbHG, § 46 Rn. 35; *K. Schmidt*, in: Scholz, GmbHG, § 46 Rn. 62.

46 *Hüffer*, in: Ulmer/Habersack/Winter, GmbHG, § 46 Rn. 37; *K. Schmidt*, in: Scholz, GmbHG, § 46 Rn. 61; *Zöllner*, in: Baumbach/Hueck, GmbHG, § 46 Rn. 30.

47 *Bayer*, in: Lutter/Hommelhoff, GmbHG, § 46 Rn. 17. Früher bestehende Restriktionen (§ 17 a.F.) wurden mit dem MoMiG abgeschafft (vgl. BegrRegE, BT-Drs. 16/6140, S. 45). Die Teilung ist seitdem auch »auf Vorrat«, also ohne konkrete Veräußerungsabsicht, möglich.

teilbar sind (insb. Vermögensrechte); unteilbare Rechte (insb. Verwaltungsrechte wie Teilnahme- und Informationsrecht) gewährt jeder neue Anteil eigenständig.[48] Die Nennbeträge der neuen Anteile müssen auf volle Euro lauten und in der Summe dem Nennbetrag des ursprünglichen Geschäftsanteils entsprechen.[49] Andernfalls ist der Teilungsbeschluss nichtig (§ 134 BGB).[50] Ein noch nicht durch Teilung entstandener neuer Anteil kann bereits abgetreten werden, soweit er hinreichend bestimmbar ist.[51]

25 Bei der **Zusammenlegung** werden verschiedene Geschäftsanteile zu einem einzigen Anteil verbunden. Die Einlage der Geschäftsanteile muss voll erbracht worden sein und die Anteile dürfen nicht mit Rechten Dritter belastet sein.[52]

26 Die Gesellschafter beschließen **formfrei** und mit **einfacher Mehrheit** über Teilung und Zusammenlegung von Geschäftsanteilen.[53] Es handelt sich materiell gesehen nicht um eine Satzungsänderung.[54] Der Beschluss sollte allerdings schriftlich dokumentiert werden.[55] Der betroffene Gesellschafter ist stimmberechtigt. Eine Teilung ist auch ohne seine Zustimmung möglich.[56] Demgegenüber kann die Zusammenlegung die künftige Veräußerung erschweren und bedarf daher der **Zustimmung** des betroffenen Gesellschafters.[57] Mit dem Gesellschafterbeschluss ist die Teilung oder

---

48 *Bayer*, in: Lutter/Hommelhoff, GmbHG, § 46 Rn. 17; *Wicke*, GmbHG, § 46 Rn. 11.

49 *Wicke*, GmbHG, § 46 Rn. 10.

50 Die zum alten Recht ergangene Entscheidung BGH, NZG 2005, 927, wird man insoweit auf die neue Rechtslage übertragen können. Ein darauf bezogenes Verpflichtungsgeschäft wäre gemäß § 311a BGB wirksam (anders BGH, a.a.O., unter Anwendung des § 306 BGB a.F.).

51 *Förl*, RNotZ 2008, 409, 414. Wenn alle Gesellschafter mitwirken, kann darin auch ein konkludenter Teilungsbeschluss liegen (BGH, BB 1968, 1053); ebenso bei Veräußerung durch den Alleingesellschafter (BGH, NJW 1989, 168, 170; KG, GmbHR 1996, 921).

52 *Wicke*, GmbHG, § 46 Rn. 12; *Zöllner*, in: Baumbach/Hueck, GmbHG, § 46 Rn. 32; *Bayer*, in: Lutter/Hommelhoff, GmbHG, § 46 Rn. 20.

53 *Mayer*, DNotZ 2008, 403, 425.

54 Vgl. *Priester/Veil*, in: Scholz, GmbHG, § 55 Rn. 151: Teilung, Zusammenlegung und Einziehung von Geschäftsanteilen vollziehen sich außerhalb der Satzung.

55 Dies erhöht für spätere Anteilsabtretungen die Rechtssicherheit. Außerdem setzt die Änderung der Gesellschafterliste gemäß § 40 Abs. 1 S. 2 einen Nachweis voraus (vgl. BegrRegE, BT-Drs. 16/6140, S. 45; *Förl*, RNotZ 2008, 409, 413; *Mayer*, DNotZ 2008, 403, 426; *Wicke*, GmbHG, § 46 Rn. 13).

56 *Bayer*, in: Lutter/Hommelhoff, GmbHG, § 46 Rn. 18; *Wicke*, GmbHG, § 46 Rn. 9; BegrRegE, BT-Drs. 16/6140, S. 45.

57 *Förl*, RNotZ 2008, 409, 411; *Mayer*, DNotZ 2008, 403, 425 f.; *Roth*, in: Roth/Altmeppen, GmbHG, § 46 Rn. 16c. Anders die – insoweit aber unverbindliche – BegrRegE, BT-Drs. 16/6140, S. 45.

Zusammenlegung bewirkt.[58] Beim Handelsregister ist eine aktualisierte Gesellschafterliste einzureichen (§ 40).[59]

27 Die **Satzung** kann für die Teilung und Zusammenlegung ein anderes Verfahren vorsehen. Die Entscheidung kann durch Satzung erschwert, einem anderen Organ übertragen oder jedem Gesellschafter selbst überlassen werden.[60] Sinnvoll ist zumindest die Anordnung der Schriftform für Teilung und Zusammenlegung.[61]

28 Die **Einziehung** eines Geschäftsanteils führt zu dessen Vernichtung (§ 34 Rdn. 1, 44 ff.). Sie muss in der Satzung ausdrücklich zugelassen sein (dazu und zu den weiteren materiellen Voraussetzungen § 34 Rdn. 9 ff., 25 ff.). Für den Einziehungsbeschluss sind die Gesellschafter zuständig (§ 46 Nr. 4). Der betroffene Gesellschafter ist bei der Zwangsentziehung nicht stimmberechtigt (§ 47 Rdn. 42);[62] bei sonstigen Einziehungsgründen kommt es auf die Satzungsauslegung an (näher § 47 Rdn. 46).

G. Bestellung, Abberufung und Entlastung von Geschäftsführern (Nr. 5)

1. Bestellung und Abberufung

29 Die **Bestellung** der Geschäftsführer wird entweder durch den Gesellschaftsvertrag oder einen Beschluss der Gesellschafter vorgenommen (§§ 6 Abs. 3, 46 Nr. 5).[63] Der Beschluss ist keine materielle Satzungsänderung[64] und wird mit einfacher Mehrheit gefasst.[65] Er bedarf einer Ausführungshandlung (Mitteilung des Beschlusses an den künftigen Geschäftsführer);[66] die Gesellschaft wird dabei durch die Gesellschafter vertreten.[67] Erforderlich ist auch das rechtsgeschäftliche **Einverständnis** des künftigen Geschäftsführers.[68] Mitteilung und Einverständnis fallen zusammen, wenn der künf-

---

58 *Bayer*, in: Lutter/Hommelhoff, GmbHG, § 46 Rn. 18; *Förl*, RNotZ 2008, 409, 410 f.; *Wicke*, GmbHG, § 46 Rn. 9; a.A. *Greitemann/Bergjan*, FS Pöllath, S. 271, 292.

59 Das gilt auch dann, wenn die geteilten Anteile vorerst bei demselben Gesellschafter verbleiben, der den ungeteilten Anteil innehatte (vgl. *Wicke*, GmbHG, § 46 Rn. 9: aktualisierte Gesellschafterliste bei jeder Teilung).

60 *Mayer*, DNotZ 2008, 403, 425 f.

61 Vgl. die Nachweise in Fn. 55.

62 *Bayer*, in: Lutter/Hommelhoff, GmbHG, § 46 Rn. 21; *Hüffer*, in: Ulmer/Habersack/Winter, GmbHG, § 46 Rn. 41; *K. Schmidt*, in: Scholz, GmbHG, § 46 Rn. 67.

63 Zur Bestellung der Liquidatoren vgl. § 66 Rdn. 7 ff.

64 *Hüffer*, in: Ulmer/Habersack/Winter, GmbHG, § 46 Rn. 43; *K. Schmidt*, in: Scholz, GmbHG, § 46 Rn. 69.

65 *Hüffer*, in: Ulmer/Habersack/Winter, GmbHG, § 46 Rn. 48; *K. Schmidt*, in: Scholz, GmbHG, § 46 Rn. 73.

66 Bereits vorher besteht eine interne Bindung der Gesellschafter an ihren Beschluss, die sie nur durch einen Aufhebungsbeschluss wieder beseitigen können (*Hüffer*, in: Ulmer/Habersack/Winter, GmbHG, § 46 Rn. 48).

67 BGHZ 52, 316, 321.

68 *Hüffer*, in: Ulmer/Habersack/Winter, GmbHG, § 46 Rn. 45; *K. Schmidt*, in: Scholz, GmbHG, § 46 Rn. 79; *Zöllner*, in: Baumbach/Hueck, GmbHG, § 46 Rn. 35.

tige Geschäftsführer als Gesellschafter für den Beschluss stimmt. Mit der Bestellung erlangt der Geschäftsführer die organschaftliche Stellung als Vertretungsorgan der Gesellschaft. Auch bei **fehlerhafter** Bestellung wird der Geschäftsführer Organ der Gesellschaft; seine Stellung kann nur ex nunc aufgehoben werden.[69]

30 Auch die **Abberufung** des Geschäftsführers erfolgt durch Gesellschafterbeschluss. Sie beendet das organschaftliche Verhältnis.[70] Der Beschluss bedarf der Ausführung in Form einer Erklärung gegenüber dem betroffenen Geschäftsführer.[71] Dessen Zustimmung ist naturgemäß nicht erforderlich.[72] Davon zu unterscheiden ist die einseitige **Niederlegung** des Amtes durch den Geschäftsführer. Diese kann gegenüber allen oder auch nur gegenüber einem der Gesellschafter erklärt werden.[73]

31 Von dem organschaftlichen Akt der Bestellung ist die **Anstellung** zu unterscheiden (vgl. Anhang zu § 6). Dabei handelt es sich um einen zivilrechtlichen Vertrag (§§ 675, 611 BGB) zwischen der Gesellschaft und dem Geschäftsführer, der die näheren Anstellungsbedingungen (insb. die Vergütung) regelt. Auch dafür sind die Gesellschafter zuständig (**Annexkompetenz** zur Geschäftsführerbestellung).[74] Die Anstellung wird durch Kündigung beendet. Möglich ist auch eine vertragliche Koppelung in der Weise, dass in der Abberufung gleichzeitig die Kündigung des Anstellungsvertrages liegt.[75]

32 Bei Beschlüssen über die Bestellung, Abberufung oder Anstellung von Geschäftsführern sind alle Gesellschafter **stimmberechtigt**, einschließlich derjenigen Gesellschafter, die Geschäftsführer sind oder zum Geschäftsführer bestellt werden sollen.[76] Lediglich bei der Abberufung aus **wichtigem Grund** sind die betroffenen Gesellschafter-Geschäftsführer nicht stimmberechtigt.[77] Für den Ausschluss vom Stimm-

---

69 Im Ergebnis unstreitig; zu den unterschiedlichen dogmatischen Begründungsansätzen vgl. *Hüffer*, in: Ulmer/Habersack/Winter, GmbHG, § 46 Rn. 49.

70 In Eilfällen kann im Wege des einstweiligen Rechtsschutzes die Ausübung der Tätigkeit untersagt werden (vgl. OLG Frankfurt, NZG 1999, 213).

71 RGZ 68, 381, 385; *Hüffer*, in: Ulmer/Habersack/Winter, GmbHG, § 46 Rn. 50; *K. Schmidt*, in: Scholz, GmbHG, § 46 Rn. 81.

72 *Hüffer*, in: Ulmer/Habersack/Winter, GmbHG, § 46 Rn. 50.

73 BGHZ 149, 28, 31 (allgemeiner Grundsatz bei Gesamtvertretung); zustimmend *Hüffer*, in: Ulmer/Habersack/Winter, GmbHG, § 46 Rn. 45; *Bayer*, in: Lutter/Hommelhoff, GmbHG, § 46 Rn. 23; a.A. *Gach/Pfüller*, GmbHR 1998, 64, 68.

74 BGH, NJW 2000, 2983; BGH, NJW 1991, 1680, 1681; *Hüffer*, in: Ulmer/Habersack/Winter, GmbHG, § 46 Rn. 5; *Bayer*, in: Lutter/Hommelhoff, GmbHG, § 46 Rn. 23; *Zöllner*, in: Baumbach/Hueck, GmbHG, § 46 Rn. 36. Anders die frühere Rechtsprechung (BGH, NJW 1958, 945; BGH, NJW 1961, 507: Zuständigkeit der Mitgeschäftsführer).

75 BGH, NZG 1999, 1215, 1216.

76 BGHZ 18, 205, 210; RGZ 81, 37, 38 (zur AG); RGZ 74, 276, 280. In der Literatur wird teilweise wegen der Gefahr, das Eigeninteresse in den Vordergrund zu stellen, für ein Stimmverbot hinsichtlich des Anstellungsverhältnisses plädiert (*Römermann*, in: Michalski, GmbHG, § 47 Rn. 249; *Roth*, in: Roth/Altmeppen, GmbHG, § 47 Rn. 65).

77 BGHZ 86, 177, 181; RGZ 138, 98, 103 f.

recht genügt die Behauptung, es läge ein wichtiger Grund vor.[78] Aus der Treuepflicht kann sich beim Vorliegen eines wichtigen Grundes für einzelne Gesellschafter die Pflicht ergeben, der Abberufung zuzustimmen.[79]

33 Die **Satzung** kann für die Beschlussfassung höhere Mehrheiten oder besondere Verfahren festlegen. Die Abberufung aus wichtigem Grund darf nicht erschwert und auch nicht von einer höheren Mehrheit abhängig gemacht werden (§ 38 Rdn. 21).[80] Die Satzung kann einzelnen Gesellschaftern ein Vorschlagsrecht einräumen.[81] Gewährt die Satzung einem Gesellschafter ein **Sonderrecht auf Geschäftsführung**, kann dies nur mit satzungsändernder Mehrheit beseitigt werden; zudem kann der Berechtigte nicht ohne seine Zustimmung abberufen werden (Ausnahme: Abberufung aus wichtigem Grund).[82] Die Bestellung und Abberufung der Geschäftsführer kann auch **andere Organe** übertragen werden.[83] Eine Übertragung auf Dritte ist nach h.M. nicht möglich.[84]

34 Unterliegt die GmbH der **Mitbestimmung**, ist zu differenzieren: Im Anwendungsbereich des MitbestG 1976 ist (außer bei der Gründung) allein der obligatorisch einzurichtende Aufsichtsrat für die Bestellung und Abberufung der Geschäftsführer zuständig (§ 31 Abs. 1 MitbestG i.V.m. § 84 AktG). Diese Zuständigkeit erfasst auch die Annexkompetenz für das Anstellungsverhältnis.[85] Unterliegt die GmbH dem DrittelbG, bleiben die Gesellschafter für die Bestellung und Anstellung der Geschäftsführer zuständig.[86] Dasselbe gilt bei Einrichtung eines fakultativen Aufsichtsrats (§ 52 Rdn. 17 ff.).

78 BGHZ 86, 177, 181; die Literatur fordert teilweise das positive Vorliegen eines wichtigen Grundes (*Römermann*, in: Michalski, GmbHG, § 47 Rn. 242 ff.; *Zöllner*, in: Baumbach/Hueck, GmbHG, § 47 Rn. 85).

79 BGHZ 102, 172, 176.

80 BGHZ 86, 177, 179.

81 Zur Auslegung derartiger Klauseln: OLG Hamm, ZIP 1986, 1188; OLG Stuttgart, GmbHR 1999, 537.

82 *Hüffer*, in: Ulmer/Habersack/Winter, GmbHG, § 46 Rn. 51. Str. ist, welcher Mehrheit die Abberufung aus wichtigem Grund bedarf (*K. Schmidt*, in: Scholz, GmbHG, § 46 Rn. 73, plädiert zum Schutz des Sonderrechts für satzungsändernde Mehrheit).

83 Denkbar sind auch bloße Vorschlagsrechte (im Einzelnen *K. Schmidt*, in: Scholz, GmbHG, § 46 Rn. 72). Bei Funktionsunfähigkeit des anderen Organs besteht Rückfallkompetenz der Gesellschafter (BGHZ 12, 337).

84 *Hüffer*, in: Ulmer/Habersack/Winter, GmbHG, § 46 Rn. 77; *K. Schmidt*, in: Scholz, GmbHG, § 46 Rn. 72; a.A. *Hueck/Fastrich*, in: Baumbach/Hueck, GmbHG, § 6 Rn. 53; *Altmeppen*, in: Roth/Altmeppen, GmbHG, § 6 Rn. 53.

85 BGHZ 89, 48, 52 ff.

86 *Kleinsorge*, in: Wlotzke/Wißmann/Koberski/Kleinsorge, Mitbestimmungsrecht, § 1 DrittelbG Rn. 30.

2. Entlastung

35 In der Entlastung der Geschäftsführer liegt die Billigung der Geschäftsführung für die Vergangenheit und der Ausspruch von Vertrauen für die Zukunft.[87] Ihre **rechtliche Wirkung** liegt darin, dass etwaige zum Zeitpunkt der Beschlussfassung erkennbare Ersatz- und Ausgleichsansprüche gegen die Geschäftsführer entfallen.[88] Die Entlastung umfasst Ansprüche auf Grund jeder Rechtsgrundlage.[89] Von der Entlastung erfasste Vorgänge können auch nicht mehr zum Anlass einer Abberufung oder Kündigung gemacht werden.[90] Um diese Wirkungen auszulösen, muss die Entlastung dem Geschäftsführer mitgeteilt werden.[91] Die **Satzung** kann die Zuständigkeit für die Entlastung oder ihre Ausführung einem anderen Organ als den Gesellschaftern übertragen.[92]

36 Der sachliche und zeitliche **Umfang der Entlastung** richtet sich nach der konkreten Fassung des Beschlusses. Von der Rechtswirkung der Entlastung werden nur Vorgänge erfasst, die für die Gesellschafter bei sorgfältiger Prüfung aller zur Verfügung gestellten Unterlagen und Informationen erkennbar waren.[93] Anderweitig erlangte Kenntnisse reichen nur aus, wenn sie bei allen Gesellschaftern vorlagen.[94] Die entlastende Rechtswirkung tritt nicht ein, soweit Ansprüche im Interesse der Gesellschaftsgläubiger unverzichtbar sind (vgl. § 43 Rdn. 71 ff., 92 f.).[95]

37 Der BGH gesteht dem Geschäftsführer **keinen einklagbaren Anspruch** auf Entlastung zu.[96] Sollten die Gesellschafter einzelne Ansprüche behaupten, könne sich der Geschäftsführer mit einer negativen Feststellungsklage wehren. Eine darüber hinausgehende Billigung der Geschäftsführung als zweckmäßig könne ebenso wenig erzwungen werden wie eine Vertrauensäußerung für die Zukunft. Daran ist zutreffend, dass der Geschäftsführer keinen Anspruch auf ein konkretes Ergebnis der Entlastung hat. Andererseits liegt der Sinn der Kompetenzzuweisung des § 46 Nr. 5 aber

---

87 BGHZ 94, 324, 326.

88 BGHZ 94, 324, 326.

89 BGHZ 97, 382, 385.

90 BGHZ 94, 324, 326; BGHZ 97, 382, 384; *Hüffer*, in: Ulmer/Habersack/Winter, GmbHG, § 46 Rn. 59; *K. Schmidt*, in: Scholz, GmbHG, § 46 Rn. 94.

91 Das dürfte allgemeine Auffassung sein. Streitig ist allerdings die konkrete Rechtsnatur der Entlastung. Der BGH sieht darin eine rechtsgeschäftliche Erklärung der Gesellschafter (BGHZ 93, 324); die Literatur spricht ihr überwiegend einen spezifisch gesellschaftsrechtlichen Charakter zu (*Hüffer*, in: Ulmer/Habersack/Winter, GmbHG, § 46 Rn. 61; *K. Schmidt*, in: Scholz, GmbHG, § 46 Rn. 90 ff.; *Zöllner*, in: Baumbach/Hueck, GmbHG, § 46 Rn. 41), mit dem Hinweis, die Präklusion von Ersatzansprüchen sei nicht zwingend vom Willen der Gesellschafter getragen.

92 *Hüffer*, in: Ulmer/Habersack/Winter, GmbHG, § 46 Rn. 79; *K. Schmidt*, in: Scholz, GmbHG, § 46 Rn. 88; *Roth*, in: Roth/Altmeppen, GmbHG, § 46 Rn. 37.

93 BGHZ 97, 382, 389.

94 BGH, WM 1976, 736, 736; BGHZ 94, 324, 326.

95 BGHZ 97, 382, 389.

96 BGHZ 94, 324, 326 ff.

auch darin, dass die Gesellschafter die vom Geschäftsführer ordnungsgemäß vorgelegten Unterlagen und Informationen prüfen und sich zum Ergebnis ihrer Überprüfung auch äußern. Der Geschäftsführer erhält dadurch zumindest für erkennbare Verstöße Klarheit über die Einschätzung der Gesellschafter. Eine unbegründete Entlastungsverweigerung verletzt ihn daher in seinen Rechten.[97] Er hat ein **berechtigtes Interesse** an der Feststellung, dass auf Basis der vorgelegten Unterlagen und Informationen Ansprüche gegen ihn nicht erkennbar sind.[98] Darüber hinaus kann jedenfalls die grundlose Entlastungsverweigerung eine Amtsniederlegung und außerordentliche Kündigung durch den Geschäftsführer rechtfertigen.[99]

38 Über die Entlastung muss ausdrücklich beschlossen werden, eine konkludente Entlastungserklärung ist nicht möglich; ebenso wenig liegt in der Feststellung des Jahresabschlusses bereits eine Entlastung der Geschäftsführer.[100] Ist der betroffene Geschäftsführer zugleich Gesellschafter, unterliegt er bei der Entlastung einem **Stimmverbot** (§ 47 Rdn. 41). Die Entlastung kann, wenn damit schwere Gesetzes- oder Satzungsverstöße gebilligt werden, aus Gründen des Minderheiten- oder Gläubigerschutzes **anfechtbar** sein.[101]

39 Von der Entlastung ist die **Generalbereinigung** zu unterscheiden.[102] Sie erfasst alle denkbaren Ersatzansprüche,[103] die dann ohne Rücksicht auf ihre Erkennbarkeit zum Erlöschen gebracht werden. Für die Generalbereinigung sind die Gesellschafter zuständig.[104]

H. Maßregeln zur Prüfung und Überwachung der Geschäftsführung (Nr. 6)

40 Als oberstes Organ der GmbH (o. Rdn. 1) können die Gesellschafter den Geschäftsführern Weisungen erteilen (§ 37 Rdn. 11 ff.) oder sonstige Maßregeln zur Prüfung und Überwachung beschließen (§ 46 Nr. 6).[105] **Beispiele**: Die Gesellschafter können Auskünfte und Berichte sowie die Vorlage der Bücher oder anderer Unterlagen ver-

---

97 *Zöllner*, in: Baumbach/Hueck, GmbHG, § 46 Rn. 46.

98 Prozessual passt die negative Feststellungsklage (*K. Schmidt*, in: Scholz, GmbHG, § 46 Rn. 102). Nach a.A. (*Zöllner*, in: Baumbach/Hueck, GmbHG, § 46 Rn. 46; *Hüffer*, in: Ulmer/Habersack/Winter, GmbHG, § 46 Rn. 71) soll eine Leistungsklage zulässig sein. *Ahrens*, ZGR 1987, 129 ff. diskutiert einen einklagbaren Informationsanspruch.

99 *Hüffer*, in: Ulmer/Habersack/Winter, GmbHG, § 46 Rn. 74; *Roth*, in: Roth/Altmeppen, GmbHG, § 46 Rn. 42; *K. Schmidt*, in: Scholz, GmbHG, § 46 Rn. 100.

100 *K. Schmidt*, in: Scholz, GmbHG, § 46 Rn. 92; *Hüffer*, in: Ulmer/Habersack/Winter, GmbHG, § 46 Rn. 63; *Roth*, in: Roth/Altmeppen, GmbHG, § 46 Rn. 40.

101 *Hüffer*, in: Ulmer/Habersack/Winter, GmbHG, § 46 Rn. 68; *K. Schmidt*, in: Scholz, GmbHG, § 46 Rn. 99. Vgl. BGHZ 153, 47, 51 (zur AG).

102 Dazu ausführlich *Janert*, GmbHR 2003, 830.

103 BGH, GmbHR 2000, 1258, 1259; BGH, GmbHR 1998, 278; BGHZ 97, 382, 389.

104 BGH, GmbHR 1998, 278.

105 Vgl. auch die Beispiele derartiger Maßnahmen bei *Hüffer*, in: Ulmer/Habersack/Winter, GmbHG, § 46 Rn. 80; *K. Schmidt*, in: Scholz, GmbHG, § 46 Rn. 116.

langen, Gegenstände und Anlagen besichtigen, Mitarbeiter und Sachverständige anhören oder Sonderprüfer einsetzen. Sie können auch für einzelne Geschäfte oder bestimmte Geschäftsarten Zustimmungsvorbehalte oder Verbote erlassen. Unverhältnismäßige Maßnahmen können den Geschäftsführer zur außerordentlichen Kündigung und Amtsniederlegung berechtigen.[106]

41 Die Gesellschafter trifft keine Überwachungspflicht und daher grundsätzlich auch keine Haftung für **unterlassene Überwachung.**[107] Ein Geschäftsführer, der wegen einer Pflichtverletzung in Anspruch genommen wird, kann sich auch nicht mit dem Hinweis entlasten, die Gesellschafter hätten ihn nicht genügend überwacht.[108] Eine persönliche Haftung der Gesellschafter ist allenfalls bei Verletzung gläubigerschützender Vorschriften oder bei einem existenzvernichtenden Eingriff denkbar (Einleitung Rdn. 19). Steuerrechtlich kann bei einem Näheverhältnis zwischen Geschäftsführer und Gesellschafter eine Vermögensverlagerung, die durch nachlässige Kontrolle ermöglicht wird, als verdeckte Gewinnausschüttung zu qualifizieren sein.[109]

42 Die Weisungs- und Überwachungskompetenz steht den **Gesellschaftern gemeinsam** zu. Die Gesellschafter beschließen darüber mit einfacher Mehrheit. Ein Gesellschafter-Geschäftsführer ist vom Stimmrecht ausgeschlossen, wenn ein Fall des § 47 Abs. 4 vorliegt, beispielsweise wenn eine interne Prüfung die Geltendmachung von Ansprüchen vorbereiten soll (§ 47 Rdn. 45). Individuell verfügt jeder Gesellschafter zusätzlich über die Kontrollrechte nach §§ 51a, 51b.

43 Auch wenn die **Satzung** die Geschäftsführer von Weisungen freistellt (Vor § 35 Rdn. 3), bleibt den Gesellschaftern die Prüfungs- und Überwachungskompetenz des § 46 Nr. 6. Diese Kompetenz kann auf andere Organe, wie einen Beirat oder den fakultativen Aufsichtsrat, übertragen werden. Nicht zulässig wäre es hingegen, die Geschäftsführer von jeder Aufsicht freizustellen.[110] In der **mitbestimmten GmbH** liegt die Überwachungsaufgabe beim Aufsichtsrat (§ 1 Abs. 1 Nr. 3 DrittelbG und § 25 Abs. 1 S. 1 Nr. 2 MitbestG verweisen auf § 111 Abs. 1 AktG); daneben besteht aber weiterhin eine Zuständigkeit der Gesellschafter.[111]

---

106 *Hüffer*, in: Ulmer/Habersack/Winter, GmbHG, § 46 Rn. 80; *Zöllner*, in: Baumbach/Hueck, GmbHG, § 46 Rn. 50; *Roth*, in: Roth/Altmeppen, GmbHG, § 46 Rn. 46.

107 BGH, BB 2003, 1141, 1142.

108 BGH, NJW 1983, 1856.

109 BFH, BB 2007, 2103, 2106.

110 *Hüffer*, in: Ulmer/Habersack/Winter, GmbHG, § 46 Rn. 83; *K. Schmidt*, in: Scholz, GmbHG, § 46 Rn. 113; *Zöllner*, in: Baumbach/Hueck, GmbHG, § 46 Rn. 51.

111 *Koberski*, in: Wlotzke/Wißmann/Koberski/Kleinsorge, Mitbestimmungsrecht, 4. Aufl., 2011, § 25 MitbG Rn. 71.

I. Bestellung von Prokuristen und von Handlungsbevollmächtigten zum gesamten Geschäftsbetrieb (Nr. 7)

44 Die Erteilung von Prokura (§ 48 HGB) obliegt zwar den Geschäftsführern als Vertretungsorgan. Im **Innenverhältnis** benötigen sie dafür aber einen Beschluss der Gesellschafter.[112] Dasselbe gilt für die Erteilung einer Generalhandlungsvollmacht (§ 54 Abs. 1 Alt. 1 HGB).[113] Registerrechtlich ist die Bestellung durch die Geschäftsführer entscheidend; die Prokura ist vom Registergericht ohne Prüfung der internen Beschlusslage einzutragen.[114] Die **Satzung** kann Erteilung von Prokura oder Generalhandlungsvollmacht ohne vorherigen Beschluss vorsehen.[115] Art- und Spezialhandlungsvollmacht (§ 54 Abs. 1 Alt. 2 und 3 HGB) kann der Geschäftsführer ohne vorherige Beschlussfassung erteilen.

45 § 46 Nr. 7 gilt nur für die **Erteilung** von Prokura und Generalhandlungsvollmacht. Für den Anstellungsvertrag mit dem Prokuristen/Bevollmächtigten und für den Widerruf von Prokura oder Handlungsvollmacht sind alleine die Geschäftsführer zuständig.[116] Die Gesellschafter können insoweit jedoch Weisungen erteilen.

46 Die Prokura kann auch einem Gesellschafter erteilt werden; für diesen gilt kein **Stimmverbot**, da auch bei Bestellung zum Geschäftsführer der betroffene Gesellschafter mitstimmen darf (§ 47 Rdn. 46).[117] Einem Geschäftsführer kann keine Prokura erteilt werden.[118]

J. Geltendmachung von Ersatzansprüchen und Prozessvertretung (Nr. 8)

1. Geltendmachung von Ersatzansprüchen gegen Geschäftsführer oder Gesellschafter

47 Die Geltendmachung von Ersatzansprüchen gegen Geschäftsführer oder Gesellschafter kann wegen der engen persönlichen Verbundenheit der beteiligten Personen negative Auswirkungen auf die Gesellschaft haben und zur Offenlegung von Gesellschaftsinterna führen. Die **Abwägung**, ob die Geltendmachung dem Interesse der

---

112 BGHZ 62, 166, 168.

113 RGZ 75, 164, 166 f.

114 BGHZ 62, 166, 169.

115 *Hüffer*, in: Ulmer/Habersack/Winter, GmbHG, § 46 Rn. 89; *K. Schmidt*, in: Scholz, GmbHG, § 46 Rn. 134.

116 *Hüffer*, in: Ulmer/Habersack/Winter, GmbHG, § 46 Rn. 85 ff.; *Roth*, in: Roth/Altmeppen, GmbHG, § 46 Rn. 49; *K. Schmidt*, in: Scholz, GmbHG, § 46 Rn. 120.

117 Für Stimmverbot: *Hüffer*, in: Ulmer/Habersack/Winter, GmbHG, § 46 Rn. 86; *Zöllner*, in: Baumbach/Hueck, GmbHG, § 46 Rn. 52; dagegen: *K. Schmidt*, in: Scholz, GmbHG, § 46 Rn. 128; *Roth*, in: Roth/Altmeppen, GmbHG, § 46 Rn. 52.

118 *Roth*, in: Roth/Altmeppen, GmbHG, § 46 Rn. 52; *Bayer*, in: Lutter/Hommelhoff, GmbHG, § 46 Rn. 32; *Hüffer*, in: Ulmer/Habersack/Winter, GmbHG, § 46 Rn. 85; a.A. *K. Schmidt*, in: Scholz, GmbHG, § 46 Rn. 120.

Gesellschaft entspricht, sollen daher nicht die Geschäftsführer, sondern die Gesellschafter treffen.[119] Das gilt auch in einer GmbH mit Aufsichtsrat.[120] In der **Satzung** kann die Kompetenz auf ein anderes Gesellschaftsorgan übertragen oder auf einen Gesellschafterbeschluss verzichtet werden.[121]

48 Der Gesellschafterbeschluss ist **materiell-rechtliche Voraussetzung** der Anspruchsverfolgung.[122] Eine Klage ohne vorhergehenden Verfolgungsbeschluss wird als unbegründet abgewiesen.[123] Der Beschluss kann während des Verfahrens noch nachgeholt werden;[124] Verjährungshemmung tritt dennoch bereits mit Klageerhebung ein.[125]

49 Die Beschlusskompetenz der Gesellschafter besteht bei Ansprüchen gegen **Gesellschafter** und **Geschäftsführer**, und zwar auch dann, wenn sie bereits aus der Gesellschaft ausgeschieden[126] oder verstorben[127] sind. § 48 Nr. 8 gilt analog bei Ansprüchen gegen den Liquidator[128], gegen Aufsichtsrat- oder Beiratsmitglieder[129] und gegen den Abschlussprüfer.[130]

50 Erfasst werden organisationsrechtliche Ersatzansprüche der Gesellschaft aus der **Gründungsphase** oder aus der **Geschäftsführung**. Dazu gehören auch Ansprüche aus Kompetenzüberschreitungen, solange ein innerer Zusammenhang mit den Organ-

---

119 BGHZ 28, 355, 357; BGH, NZG 2004, 962, 964; *Hüffer*, in: Ulmer/Habersack/Winter, GmbHG, § 46 Rn. 90; *K. Schmidt*, in: Scholz, GmbHG, § 46 Rn. 141; *Zöllner*, in: Baumbach/Hueck, GmbHG, § 46 Rn. 57; *Bayer*, in: Lutter/Hommelhoff, GmbHG, § 46 Rn. 35.

120 *Bayer*, in: Lutter/Hommelhoff, GmbHG, § 46 Rn. 35; *Zöllner*, in: Baumbach/Hueck, GmbHG, § 46 Rn. 59; *Roth*, in: Roth/Altmeppen, GmbHG, § 46 Rn. 66. Das gilt nach *Krieger*, VGR 1998, Bd. 1 (1999), 111, 113, auch für Aufsichtsrat nach MitbestG 1972 (zurückhaltender *Bayer*, in: Lutter/Hommelhoff, GmbHG, § 46 Rn. 35).

121 *K. Schmidt*, in: Scholz, GmbHG, § 46 Rn. 143; *Hüffer*, in: Ulmer/Habersack/Winter, GmbHG, § 46 Rn. 117; *Roth*, in: Roth/Altmeppen, GmbHG, § 46 Rn. 66.

122 BGH, BB 2004, 2033, 2035; *Hüffer*, in: Ulmer/Habersack/Winter, GmbHG, § 46 Rn. 100 f.; *K. Schmidt*, in: Scholz, GmbHG, § 46 Rn. 142; *Bayer*, in: Lutter/Hommelhoff, GmbHG, § 46 Rn. 40; *Zöllner*, in: Baumbach/Hueck, GmbHG, § 46 Rn. 61.

123 BGHZ 28, 355, 359; BGHZ 97, 382, 390; BGH, BB 2004, 2033, 2035.

124 BGH, NJW 1999, 2115; BGH, BB 2004, 2033, 2035.

125 BGH, NJW 1999, 2115.

126 BGHZ 28, 355, 357; BGH, NZG 2004, 962, 964.

127 Vgl. BGH, GmbHR 1960, 185: Regressklage gegen Erben eines Genossenschaftsvorstands.

128 BGH, NJW 1969, 1712.

129 *Zöllner*, in: Baumbach/Hueck, GmbHG, § 46 Rn. 59; *Bayer*, in: Lutter/Hommelhoff, GmbHG, § 46 Rn. 35; *Hüffer*, in: Ulmer/Habersack/Winter, GmbHG, § 46 Rn. 93.

130 *Hüffer*, in: Ulmer/Habersack/Winter, § 46 Rn. 93; *Bayer*, in: Lutter/Hommelhoff, GmbHG, § 46 Rn. 35; zweifelhaft wegen fehlender Verbundenheit mit der Gesellschaft (vgl. *K. Schmidt*, in: Scholz, GmbHG, § 46 Rn. 146; *Zöllner*, in: Baumbach/Hueck, GmbHG, § 46 Rn. 59).

pflichten besteht.[131] Die Ansprüche können vertraglicher oder gesetzlicher Natur sein. Sie können durch eine schädigende Handlung oder ein Unterlassen verursacht worden sein. Neben den Ansprüchen aus §§ 9a, 43, 64 GmbHG und § 15a InsO kommen Ansprüche aus Delikt[132], Geschäftsanmaßung (§ 687 Abs. 2 BGB)[133], § 812 BGB[134], aus Verletzung eines Wettbewerbsverbots[135] sowie Auskunfts-[136] und Unterlassungsansprüche in Betracht. Unter den Begriff der **Geltendmachung** fallen auch Anspruchsverzicht, Stundung, Erlass und Vergleich.[137]

51 **Nicht erfasst** von dem Beschlusserfordernis sind anderweitige Ansprüche, wie etwa Erfüllungsansprüche[138] oder der Anspruch auf Rückzahlung eines Gesellschafterdarlehns.[139] Sie werden allein durch die Geschäftsführer geltend gemacht. Hierzu zählen auch die Ansprüche aus Differenzhaftung, bei fehlerhafter Sacheinlage oder aus Verlustübernahme nach § 302 AktG analog.[140] § 46 Nr. 8 Alt. 1 gilt wegen der Dringlichkeit der Maßnahmen nicht im einstweiligen Rechtsschutz.[141] In der **GmbH & Co. KG** gilt er nicht für Ansprüche der KG gegen die Komplementär-GmbH.[142] Jeder Gesellschafter bleibt im Übrigen für seine Ansprüche aus eigenem Recht zuständig.

52 Der Beschluss über die Geltendmachung eines Anspruchs wird mit **einfacher Mehrheit** gefasst. Er kann auch ohne förmliche Einberufung zustande kommen.[143] Er muss die Pflichtverletzung und den zugrunde liegenden Sachverhalt hinreichend genau umreißen.[144] Den Gesellschaftern steht bei der Beschlussfassung ein Entscheidungsermessen zu.[145] Es wird begrenzt durch die Treuepflicht.[146] Die unmittelbar betroffenen

---

131 *Hüffer*, in: Ulmer/Habersack/Winter, GmbHG, § 46 Rn. 96; *Zöllner*, in: Baumbach/Hueck, GmbHG, § 46 Rn. 58; *K. Schmidt*, in: Scholz, GmbHG, § 46 Rn. 149 f.

132 BGH, BB 2004, 2033, 2036 (§§ 823 Abs. 2 BGB, 266 StGB).

133 BGH, NJW 1975, 977.

134 BGHZ 97, 382, 385.

135 BGHZ 80, 69, 75.

136 BGH, BB 1975, 578.

137 *Hüffer*, in: Ulmer/Habersack/Winter, GmbHG, § 46 Rn. 98; OLG Frankfurt, NZG 1999, 767, 768 (für Verzicht und Vergleich).

138 BGH, GmbHR 2000, 1258, 1259.

139 OLG Brandenburg, GmbHR 1998, 599.

140 *K. Schmidt*, in: Scholz, GmbHG, § 46 Rn. 148; *Hüffer*, in: Ulmer/Habersack/Winter, GmbHG, § 46 Rn. 95; *Bayer*, in: Lutter/Hommelhoff, GmbHG, § 46 Rn. 37.

141 *Hüffer*, in: Ulmer/Habersack/Winter, GmbHG, § 46 Rn. 97; *K. Schmidt*, in: Scholz, GmbHG, § 46 Rn. 154; *Bayer*, in: Lutter/Hommelhoff, GmbHG, § 46 Rn. 37.

142 BGHZ 76, 326, 338.

143 BGH, GmbHR 1999, 921 f. (insoweit nicht abgedruckt in BGHZ 142, 92).

144 BGH, NJW 1975, 977; OLG Düsseldorf, GmbHR 1995, 232; LG Karlsruhe, NZG 2001, 169, 171.

145 *Gehrlein*, BB 2004, 2585, 2593.

146 Vgl. die aktienrechtliche Entscheidung BGHZ 135, 244 (ARAG/Garmenbeck). Das Ermessen der GmbH-Gesellschafter reicht aber weiter (*K. Schmidt*, in: Scholz, GmbHG, § 46 Rn. 155).

oder an einer Pflichtverletzung beteiligten Gesellschafter unterliegen einem **Stimmverbot**;[147] dass sie dem Betroffenen nahestehen, reicht als solcher nicht für ein Stimmverbot (siehe § 47 Rdn. 36). Ein Gesellschafterbeschluss ist nicht erforderlich, wenn Gläubigerschutz Vorrang genießt;[148] das gilt bei Geltendmachung durch einen Pfändungsgläubiger, im **Insolvenzverfahren** und bei masseloser Liquidation.[149]

53 Für eine Klage durch einzelne Gesellschafter (**actio pro socio**) ist kein Raum, wenn sich die Gesellschafter insgesamt für eine Anspruchsverfolgung entschieden haben. Da ein Vorrang der inneren Zuständigkeitsordnung besteht,[150] ist auch der Versuch einer Beschlussfassung vorrangig. Ausnahmsweise ist der Beschluss als sinnlose Formalität entbehrlich. Er wäre insbesondere in der **zweigliedrigen GmbH** ein unzumutbarer Umweg, wenn es um Ansprüche gegen einen der Gesellschafter geht, der bei dem Beschluss ohnehin einem Stimmverbot unterliegt.[151] Bei negativem bzw. entbehrlichem Beschluss kann ein Mitgesellschafter den zum Ersatz verpflichteten Gesellschafter auf Leistung an die Gesellschaft verklagen. Haben die übrigen Gesellschafter die Geltendmachung von Ersatzansprüchen abgelehnt, so kann eine eventuelle Rechtswidrigkeit der Ablehnung inzident im Verfahren über die Ersatzansprüche geltend gemacht werden.[152] Wird statt dessen Anfechtungsklage erhoben, kann die Ersatzklage ausgesetzt werden (§ 184 ZPO).

2. Prozessvertretung der Gesellschaft in Prozessen gegen Geschäftsführer

54 Grundsätzlich wird die Gesellschaft vor Gericht durch ihre Geschäftsführer vertreten (§ 35 Rdn. 14). Ist der Geschäftsführer selbst Beklagter, muss eine andere Person mit der Prozessvertretung betraut werden. Die verbleibenden Geschäftsführer können die Interessen der Gesellschaft nicht zweifelsfrei und unvoreingenommen sicherstellen. Daher entscheiden gemäß § 46 Nr. 8 die Gesellschafter, wer die Prozessvertretung der Gesellschaft übernimmt. Die Vorschrift stellt damit die organschaftliche **Handlungsfähigkeit** und die unvoreingenommene Prozessführung auf Seiten der Gesellschaft sicher.[153] Unmittelbar betroffene oder an einer Pflichtverletzung auch nur beteiligte Gesellschafter unterliegen einem **Stimmverbot**.[154]

55 Die Bestellung eines Prozessvertreters kann entbehrlich sein, wenn der verklagte Geschäftsführer ausgeschieden ist und mittlerweile **andere Geschäftsführer** bestellt wurden. Fehlt ein Gesellschafterbeschluss, greift die Rechtsprechung teilweise auf

147 BGHZ 97, 28, 32 ff.

148 *Hüffer*, in: Ulmer/Habersack/Winter, GmbHG, § 46 Rn. 92; *K. Schmidt*, in: Scholz, GmbHG, § 46 Rn. 152; *Bayer*, in: Lutter/Hommelhoff, GmbHG, § 46 Rn. 38.

149 BGH, NZG 2004, 962, 964 = BB 2004, 2033, 2036.

150 BGH, BB 2005, 456, 457.

151 BGH, BB 2005, 456, 457; BGHZ 65, 15, 21; OLG Düsseldorf, DB 1993, 2474.

152 OLG Düsseldorf, DB 1993, 2474, 2475.

153 *Hüffer*, in: Ulmer/Habersack/Winter, GmbHG, § 46 Rn. 103; *K. Schmidt*, in: Scholz, GmbHG, § 46 Rn. 163; BGHZ 116, 353, 355.

154 BGHZ 97, 28, 32 ff.

§ 35 GmbHG (Vertretungsmacht der aktuellen Geschäftsführer) zurück.[155] § 46 Nr. 8 wird demnach nur als Möglichkeit der Gesellschafter verstanden, von der sie nicht Gebrauch machen müssen, wenn die Vertretung der GmbH anderweitig gesichert ist. Andererseits findet sich in BGHZ 28, 355 der Hinweis, § 46 Nr. 8 mache die Verfolgung von Ansprüchen gegen ehemalige Geschäftsführer und die Bestellung eines besonderen Vertreters von einem Beschluss der Gesellschafter abhängig.[156] Dies wird man aber auf die Geltendmachung von Ersatzansprüchen i.S.d. § 46 Nr. 8 Alt. 1 (o. Rdn. 47 ff.) zu beschränken haben, denn dort ist die Bestellung des Vertreters eine Vorbereitung der Geltendmachung.[157] In anderen Fällen können die Gesellschafter einen besonderen Vertreter bestellen, müssen es aber nicht tun. Die Bestellung eines Prozessvertreters kommt neben der Geltendmachung von Ersatzansprüchen auch bei einem Streit über die Abberufung eines (ehemaligen) Geschäftsführers in Betracht.[158] Sie ist weiterhin dann möglich, wenn es um die Pflichtverletzung eines Gesellschafters geht, an welcher der aktuelle Geschäftsführer beteiligt gewesen sein soll.[159]

56 Besteht ein fakultativer **Aufsichtsrat,** vertritt dieser die Gesellschaft im Prozess, falls sich aus der Satzung nichts anderes ergibt (§ 52 i.V.m. § 113 AktG).[160] In der mitbestimmten GmbH ist dies zwingend vorgeschrieben (§ 25 MitbestG i.V.m. § 112 AktG). Auch dort können aber die Gesellschafter bei der Geltendmachung von Ersatzansprüchen besondere Vertreter bestellen (§ 147 Abs. 2 S. 1 AktG analog).[161]

57 Welcher Person die Gesellschafter die Prozessvertretung übertragen, steht in ihrem Ermessen. Grundsätzlich können Geschäftsführer, Gesellschafter oder Dritte mit der Prozessführung beauftragt werden. Der Vertreter steht zur Gesellschaft in einem **Auftragsverhältnis.**[162] Ihm stehen Einsichtsrechte in die Unterlagen der Gesellschaft aus

155 BGH, WM 1981, 1353, 1354; BGH, GmbHR 1992, 299, 300; *Hüffer,* in: Ulmer/Habersack/Winter, GmbHG, § 46 Rn. 103; *K. Schmidt,* in: Scholz, GmbHG, § 46 Rn. 164; a.A.: Die Geschäftsführer müssen unverzüglich einen Beschluss der Gesellschafter herbeiführen (*Zöllner,* in: Baumbach/Hueck, GmbHG, § 46 Rn. 68).

156 BGHZ 28, 355, 357; *Bayer,* in: Lutter/Hommelhoff, GmbHG, § 46 Rn. 42; anders OLG Brandenburg, NZG 1998, 466.

157 *Hüffer,* in: Ulmer/Habersack/Winter, GmbHG, § 46 Rn. 105. In BGHZ 28, 355, ging es um einen Ersatzanspruch, während in OLG Brandenburg, NZG 1998, 466, ein Darlehensanspruch in Rede stand, der nicht unter § 46 Nr. 8 Alt. 1 fällt (vgl. o. Rdn. 51).

158 *Hüffer,* in: Ulmer/Habersack/Winter, GmbHG, § 46 Rn. 105; *Bayer,* in: Lutter/Hommelhoff, GmbHG, § 46 Rn. 44; *K. Schmidt,* in: Scholz, GmbHG, § 46 Rn. 170.

159 BGHZ 116, 353, 355.

160 OLG Brandenburg, NZG 2000, 143, 144; BGH, GmbHR 1990, 278.

161 *Bayer,* in: Lutter/Hommelhoff, GmbHG, § 46 Rn. 43; *Zöllner,* in: Baumbach/Hueck, GmbHG, § 46 Rn. 69; a.A. *K. Schmidt,* in: Scholz, GmbHG, § 46 Rn. 165.

162 *Hüffer,* in: Ulmer/Habersack/Winter, GmbHG, § 46 Rn. 111; *K. Schmidt,* in: Scholz, GmbHG, § 46 Rn. 173; *Roth,* in: Roth/Altmeppen, GmbHG, § 46 Rn. 59.

eigenem Recht zu, sofern diese für die Prozessführung notwendig sind. Die Geschäftsführer können keine Begründung des Einsichtsverlangens fordern; es kommt nur eine Missbrauchskontrolle in Betracht.[163]

§ 47 Abstimmung

(1) Die von den Gesellschaftern in den Angelegenheiten der Gesellschaft zu treffenden Bestimmungen erfolgen durch Beschlussfassung nach der Mehrheit der abgegebenen Stimmen.

(2) Jeder Euro eines Geschäftsanteils gewährt eine Stimme.

(3) Vollmachten bedürfen zu ihrer Gültigkeit der Textform.

(4) [1]Ein Gesellschafter, welcher durch die Beschlussfassung entlastet oder von einer Verbindlichkeit befreit werden soll, hat hierbei kein Stimmrecht und darf ein solches auch nicht für andere ausüben. [2]Dasselbe gilt von einer Beschlussfassung, welche die Vornahme eines Rechtsgeschäfts oder die Einleitung oder Erledigung eines Rechtsstreites gegenüber einem Gesellschafter betrifft.

Übersicht **Rdn.**

163 OLG München, DB 1996, 1967.

Schrifttum

Heckschen/Heidinger, Die GmbH in der Gestaltungs- und Beratungspraxis, 2. Auflage, 2009; *Schäfer*, Antragsrecht und Bescheidungsrecht des GmbH-Gesellschafters, ZHR 167 (2003), 66.

A. Allgemeines

1 § 47 regelt die **Beschlussfassung** der Gesellschafter und die damit zusammenhängenden Fragen des Stimmrechts. Beschlüsse werden in einer Gesellschafterversammlung (§ 48 Rdn. 4 ff.), die im Einzelfall durch schriftliche Verfahren ersetzt werden kann (§ 48 Rdn. 22 ff.), gefasst. Für die Beschlussfassung gilt das **Mehrheitsprinzip** (§ 47 Abs. 1). Das Stimmgewicht eines Gesellschafters ist grundsätzlich an den jeweiligen Kapitalanteil gekoppelt (§ 47 Abs. 2). Die Stimmrechtsabgabe durch einen Vertreter ist möglich; Vollmachten bedürfen nach § 47 Abs. 3 der Textform. § 47 Abs. 4 ordnet den **Stimmrechtsausschluss** von Gesellschaftern an, die sich in einem Interessenkonflikt befinden. § 47 gilt auch bereits in der **Vor-GmbH.**[1] Die Vorschrift ist in ihren Absätzen 1 bis 3 weitgehend satzungsdispositiv (Rdn. 16 ff.), in Abs. 4 allerdings nur begrenzt abdingbar (Rdn. 48 ff.).

2 Eine Regelung über die Voraussetzungen und Folgen **mangelhafter Beschlüsse** kennt das GmbH-Gesetz nicht. Rechtsprechung und Literatur lehnen sich diesbezüglich, mit den nötigen GmbH-rechtlichen Modifikationen, an das Aktienrecht an (näher: Anhang zu § 47).

B. Gesellschafterbeschluss

I. Rechtsnatur von Stimmabgabe und Beschluss

3 In die allgemeine Rechtsgeschäftslehre lässt sich der Beschluss nur schwer einordnen. Die einzelne **Stimmabgabe** ist auf einen rechtlichen Erfolg gerichtet und hat daher rechtsgeschäftlichen Charakter. Es handelt sich um eine **empfangsbedürftige Willenserklärung** des Gesellschafters.[2] Die allgemeinen Regeln über Willenserklärungen finden Anwendung.[3] Zu nennen sind insbesondere §§ 104 ff. BGB (Geschäftsfähigkeit), §§ 116 ff. BGB (Willensmängel),[4] § 130 BGB (Wirksamkeit bei Zugang)[5] und § 894 ZPO (Zwangsvollstreckung).[6]

4 **Empfänger** der Willenserklärung ist die Gesellschaft. Sie wird in der Gesellschafterversammlung durch den Versammlungsleiter, die Mitgesellschafter oder die Geschäftsfüh-

1 *Hüffer*, in: Ulmer/Habersack/Winter, GmbHG, § 47 Rn. 1.
2 BGHZ 14, 264, 267; BGHZ 48, 163, 173; OLG Brandenburg, GmbHR 1997, 750; OLG Jena, GmbHR 2006, 985, 986.
3 *K. Schmidt*, in: Scholz, GmbHG, § 45 Rn. 22.
4 BGHZ 14, 264, 267; OLG Brandenburg, GmbHR 1997, 750.
5 OLG Jena, GmbHR 2006, 985, 986.
6 BGHZ 48, 163, 173.

rer vertreten.[7] Eine besondere Beschlussfeststellung durch den Empfänger der Willenserklärungen ist nicht erforderlich (Rdn. 12). Auch in der Einpersonengesellschaft (vgl. § 48 Rdn. 30 ff.) ist die Gesellschaft Empfänger der Willenserklärung. Es liegt ein zulässiges Insichgeschäft vor; § 35 Abs. 3 S. 1 ist insoweit teleologisch zu reduzieren.[8] Nach Zugang der Stimmabgabe ist diese für den Gesellschafter bindend.[9] Wie lange die **Bindungswirkung** anhält, ist Frage des Einzelfalles.[10] Einen Widerruf aus wichtigem Grund wird man zulassen müssen.[11]

5 Die Stimmabgabe ist auf das Zustandekommen eines Beschlusses gerichtet. Dieser hat rechtsgeschäftlichen Charakter, weil er als Akt der internen Willensbildung die rechtlichen Verhältnisse der Gesellschafter regelt. Der **Beschluss** ist allerdings kein Vertrag. Das folgt schon daraus, dass ein Gesellschafter an Mehrheitsbeschlüsse auch gegen seinen Willen gebunden sein kann.[12] Zudem setzt das Zustandekommen eines wirksamen Beschlusses die Einhaltung eines bestimmten Verfahrens voraus (Rdn. 6 ff.). Die Wirksamkeit des Beschlusses unterliegt nicht den zivilrechtlichen Regeln über Anfechtung und Nichtigkeit (vgl. stattdessen Anh. § 47). Er lässt sich daher insgesamt nur als mehrseitiges **Rechtsgeschäft eigener Art** umschreiben.[13] Wie bei anderen Rechtsgeschäften ist es möglich, einen Beschluss zu befristen oder unter eine Bedingung zu stellen (§ 158 BGB).[14]

II. Beschlussverfahren

6 Gesellschafterbeschlüsse werden grundsätzlich in **Versammlungen** (§ 48 Rdn. 4 ff.), ausnahmsweise auch ohne Versammlung (§ 48 Rdn. 22 ff.) gefasst. Die Beschlussfassung in einer Versammlung setzt eine wirksame Einberufung voraus (§ 49 Rdn. 1 ff. sowie § 51 Rdn. 4 ff.), sofern nicht eine Vollversammlung unter Verzicht auf Formen und Fristen durchgeführt wird (§ 51 Rdn. 24 ff.). Beschlüsse werden gefasst durch Stimmabgabe der anwesenden Gesellschafter. Ein besonderes **Quorum** für die Beschlussfähigkeit ist **nicht** erforderlich (§ 48 Rdn. 21). In Ermangelung einer anderslautenden Satzungsregelung kann daher in einer Mehrpersonengesellschaft bei ordnungsgemäßer Einberufung der einzig anwesende Gesellschafter auch alleine Beschlüsse fassen.[15]

---

7 *Zöllner*, in: Baumbach/Hueck, GmbHG, § 47 Rn. 7.

8 *Zöllner*, in: Baumbach/Hueck, GmbHG, § 47 Rn. 7.

9 *Zöllner*, in: Baumbach/Hueck, GmbHG, § 47 Rn. 8.

10 Vgl. BGH, NJW-RR 1990, 798, 800 (Personengesellschaft): Wird der Beschluss nicht in einem Akt gefasst, können bereits abgegebene Stimmen nicht zurückgenommen werden, sofern ein Bindungswille ausdrücklich oder stillschweigend erklärt wurde.

11 *Hüffer*, in: Ulmer/Habersack/Winter, GmbHG, § 47 Rn. 41.

12 *Hüffer*, in: Ulmer/Habersack/Winter, GmbHG, § 47 Rn. 3.

13 *Hüffer*, in: Ulmer/Habersack/Winter, GmbHG, § 47 Rn. 3; *K. Schmidt*, in: Scholz, GmbHG, § 45 Rn. 18.

14 OLG Stuttgart, GmbHR 2004, 417, 418 f. (Bestellung eines Geschäftsführers unter einer auflösenden Bedingung).

15 OLG Köln, NZG 2002, 381, 383.

Mit der Einberufung der Versammlung werden zumeist Beschlussgegenstände mitgeteilt (vgl. § 50 Rdn. 7 sowie § 51 Rdn. 14 ff.). Die Beschlussfassung setzt allerdings einen konkreten **Beschlussantrag** voraus.[16] Die Stimmabgabe besteht in der Zustimmung oder Ablehnung des Antrags. Das Recht, einen Beschlussantrag zu stellen, ist an das Teilnahmerecht (dazu: § 48 Rdn. 8 ff.) geknüpft.[17] **Antragsberechtigt** sind damit alle anwesenden oder vertretenen Gesellschafter, auch die nicht stimmberechtigten, und der obligatorische Aufsichtsrat. Der Geschäftsführer hat kein Antragsrecht, ebenso wenig ein fakultativer Aufsichtsrat. Die Wahrnehmung des Antragsrechts ist an die Teilnahme geknüpft; der schriftliche Antrag eines abwesenden und auch nicht vertretenen Gesellschafters muss daher nicht zugelassen werden.[18] Er kann zur Abstimmung gestellt werden, wenn er bereits auf der Tagesordnung steht oder ein anderer Gesellschafter ihn sich zu eigen macht. Stimmen alle Gesellschafter einem Beschlussvorschlag zu, kommt es auf formale Antragsberechtigung nicht an;[19] im Zweifel haben sie sich damit den Vorschlag als Antrag zu eigen gemacht. 7

Ein Beschluss kommt nicht zustande, wenn die Mitgesellschafter sich weigern, über einen Beschlussantrag abzustimmen. Voraussetzung ist allerdings, dass die Mitgesellschafter sich »berechtigt« weigern.[20] Die Abstimmung zu einem fristgerecht (§ 51 Rdn. 12 f.) angekündigten Tagesordnungspunkt können sie nicht ohne weiteres verweigern. Es besteht grundsätzlich ein **Anspruch auf Bescheidung** eines ordnungsgemäß gestellten Beschlussantrags.[21] Das gilt erst recht, wenn die Voraussetzungen des § 50 vorliegen (§ 50 Rdn. 4 ff.). 8

III. Abstimmung

Den konkreten Ablauf der Versammlung und der Abstimmung legt, sofern die Satzung oder eine Geschäftsordnung keine näheren Vorgaben machen, der Versammlungsleiter fest (§ 48 Rdn. 17 ff.).[22] Die Versammlung dient auch der Aussprache (§ 48 Rdn. 8). Daher geht der Abstimmung jedenfalls dann eine **Beratung** voraus, wenn einzelne Gesellschafter oder andere teilnahmeberechtigte Personen es wünschen.[23] 9

16 *Hüffer*, in: Ulmer/Habersack/Winter, GmbHG, § 47 Rn. 7; *K. Schmidt*, in: Scholz, GmbHG, § 48 Rn. 46; *Zöllner*, in: Baumbach/Hueck, GmbHG, § 47 Rn. 12.

17 *Hüffer*, in: Ulmer/Habersack/Winter, GmbHG, § 47 Rn. 8; *K. Schmidt*, in: Scholz, GmbHG, § 48 Rn. 46.

18 *Hüffer*, in: Ulmer/Habersack/Winter, GmbHG, § 47 Rn. 8; *Zöllner*, in: Baumbach/Hueck, GmbHG, § 47 Rn. 13; a.A. *K. Schmidt*, in: Scholz, GmbHG, § 48 Rn. 46.

19 *Casper*, in: Bork/Schäfer, GmbHG, § 47 Rn. 7; *Zöllner*, in: Baumbach/Hueck, GmbHG, § 47 Rn. 12.

20 Vgl. BGH, NZG 2009, 1307; aus dem Tatbestand des erstinstanzlichen Urteils (LG Baden-Baden, Az. 4 O 84/05, BeckRS 2009, 28784) ergibt sich, dass der Antrag nicht innerhalb der Frist des § 51 Abs. 1 gestellt worden war.

21 *Schäfer*, ZHR 167 (2003), 66, 74 ff.; *Zöllner*, in: Baumbach/Hueck, GmbHG, § 47 Rn. 17; a.A. *Casper*, in: Bork/Schäfer, GmbHG, § 47 Rn. 9; *Hüffer*, in: Ulmer/Habersack/Winter, GmbHG, § 47 Rn. 7.

22 *Hüffer*, in: Ulmer/Habersack/Winter, GmbHG, § 47 Rn. 12.

23 *Hüffer*, in: Ulmer/Habersack/Winter, GmbHG, § 47 Rn. 11.

10 Ein Beschluss kommt grundsätzlich mit der **einfachen Mehrheit** der abgegebenen Stimmen (§ 47 Abs. 1) zustande. Es zählt also nicht die Gesamtheit der Gesellschafter, sondern nur derjenige, der anwesend (oder vertreten) und stimmberechtigt ist. In bestimmten Fällen verlangt das Gesetz zwingend eine **qualifizierte Mehrheit** von drei Vierteln der abgegebenen Stimmen. Dazu gehören Satzungsänderungen (§§ 53 ff.) und Maßnahmen nach dem UmwG (näher: § 53 Rdn. 5 ff., 17).

11 Für das **Abstimmungsergebnis** kommt es auf die Nominalwerte der Geschäftsanteile an, jeder Euro eines Geschäftsanteils gewährt eine Stimme (§ 47 Abs. 2). Die Mehrheit der Stimmen ist erreicht, wenn mindesten eine Ja-Stimme mehr als Nein-Stimmen abgegeben wurde. Bei Stimmengleichheit ist der Antrag abgelehnt.[24] Es werden nur die gültig abgegebenen Stimmen gezählt.[25] Eine Stimmenthaltung zählt als nicht abgegebene Stimme.[26] Auch die **Ablehnung** eines Antrags ist ein Beschluss, der ggf. gerichtlich überprüft werden kann.[27]

12 Das Gesetz regelt keine bestimmte Form der Stimmabgabe. Es genügt jede Form der Kundgabe, die eine zweifelsfreie Feststellung ermöglicht.[28] Auch das Zustandekommen des Beschlusses bedarf von Gesetzes wegen keiner förmlichen **Feststellung.**[29] Wurde ein Versammlungsleiter eingesetzt (§ 48 Rdn. 17 ff.) und ein Beschlussergebnis von ihm förmlich festgestellt, muss der Beschluss im Streitfall angefochten werden.[30] Dasselbe gilt, wenn ein notariell zu beurkundender Beschluss durch den Notar festgestellt wurde.[31] Ausreichend ist auch ein vom Geschäftsführer unterzeichnetes Protokoll.[32] Fehlt eine förmliche Feststellung, kann Feststellungsklage auf Zustandekommen eines bestimmten Beschlusses erhoben werden.[33]

13 Aus **einem** Geschäftsanteil kann nur **einheitlich** abgestimmt werden.[34] Dafür spricht die Regelung des § 18 Abs. 1.[35] Stimmt ein Gesellschafter in unzulässiger Weise

24 *Hüffer*, in: Ulmer/Habersack/Winter, GmbHG, § 47 Rn. 14.

25 BGHZ 80, 212, 215; BGHZ 76, 154, 156.

26 OLG Celle, GmbHR 1998, 140, 143; BGH, ZIP 1987, 635, 636 (Verein); BGHZ 83, 35, 37 (Verein); BGH, WM 2011, 1851 (Tz. 11).

27 BGHZ 97, 28, 30; BGHZ 88, 320, 328.

28 *Zöllner*, in: Baumbach/Hueck, GmbHG, § 47 Rn. 19.

29 BGHZ 88, 320, 329; OLG Dresden, NZG 2001, 809; möglicherweise a.A. BGH, GmbHR 1990, 68, wobei aber nicht deutlich wird, ob die Satzung im konkreten Fall eine Feststellung vorsah.

30 Die Anfechtung kann mit einer Klage auf Feststellung des zutreffenden Beschlussergebnisses verbunden werden (BGHZ 104, 66, 69; BGHZ 97, 28, 20).

31 BayObLG, GmbHR 1992, 41, 42; *Hüffer*, in: Ulmer/Habersack/Winter, GmbHG, § 47 Rn. 29.

32 BGH, GmbHR 2008, 426, 427.

33 BGHZ 88, 320, 329; BGHZ 76, 154, 156; BGH, NZG 2009, 1307.

34 BGHZ 104, 66, 74; BGH, GmbHR 1965, 32; RGZ 157, 52, 57.

35 *Hüffer*, in: Ulmer/Habersack/Winter, GmbHG, § 47 Rn. 59; *K. Schmidt*, in: Scholz, GmbHG, § 47 Rn. 69; a.A. *Römermann*, in: Michalski, GmbHG, § 47 Rn. 463.

uneinheitlich ab, so sind seine Stimmen als Enthaltungen zu werten.[36] Hält ein Gesellschafter **mehrere Geschäftsanteile**, muss er die daraus resultierenden Stimmen nicht einheitlich abgeben.[37] Ein dies untersagendes Prinzip der einheitlichen Mitgliedschaft[38] ist nicht erkennbar, zumal wesentliche Vorschriften, auf die sich dieses Prinzip hätte stützen können,[39] mit dem MoMiG entfallen sind. Damit ist auch für die vielfach vertretene Einschränkung, der Gesellschafter müsse ein berechtigtes Interesse an der uneinheitlichen Stimmabgabe haben,[40] kein Raum mehr. Vertritt ein Gesellschafter zugleich einen anderen Gesellschafter (oder ein Vertreter zugleich **mehrere Gesellschafter**), ist uneinheitliche Stimmabgabe unstreitig zulässig.[41]

14 In Einzelfällen bedarf ein Beschluss neben der Beschlussmehrheit auch der **Zustimmung** einzelner Gesellschafter (z.B. § 53 Abs. 3) oder aller Gesellschafter (so nach h.M. bei Änderung des Gesellschaftszwecks oder Abschluss eines Beherrschungs-/Gewinnabführungsvertrages, § 53 Rdn. 55 ff.).[42] Die Zustimmung ist nicht Teil des Beschlusses, sondern stellt ein selbstständiges Erfordernis neben dem Beschluss dar.[43]

IV. Wirkung

15 Der Beschluss ist zunächst nur ein Akt der internen Willensbildung. Um **Außenwirkung** zu erlangen, muss er von einem vertretungsberechtigten Organ ausgeführt werden.[44] Bestimmte Beschlüsse bedürfen zu ihrer Wirksamkeit der Eintragung im Handelsregister (insb. Satzungsänderungen, Maßnahmen nach UmwG). Nur in Ausnahmefällen entfaltet ein Beschluss sofortige Außenwirkung (z.B. Auflösungsbeschluss, § 60 Abs. 1 Nr. 2). Vor Eintritt der Außenwirkung kann ein Beschluss von den Gesellschaftern geändert oder **aufgehoben** werden.[45] Erfolgt eine solche Aufhebung in einer späteren Versammlung, muss eine Ankündigung in der Tagesordnung erfol-

36 *Bayer*, in: Lutter/Hommelhoff, GmbHG, § 47 Rn. 9; *K. Schmidt*, in: Scholz, GmbHG, § 47 Rn. 71. Abweichend von den vorstehenden Autoren will *Hüffer*, in: Ulmer/Habersack/Winter, GmbHG, § 47 Rn. 63, einen evtl. Stimmenüberschuss als gültige Stimmabgabe werten.

37 *K. Schmidt*, in: Scholz, GmbHG, § 47 Rn. 72; *Römermann*, in: Michalski, GmbHG, § 47 Rn. 466.

38 So aber: *Hüffer*, in: Ulmer/Habersack/Winter, GmbHG, § 47 Rn. 61; *Zöllner*, in: Baumbach/Hueck, GmbHG, § 47 Rn. 20.

39 §§ 5 Abs. 2, 17 GmbHG a.F.

40 Beispiele: Treuhand (so im Fall OLG Köln, DStR 1996, 1864, 1865), Pfandrecht, Nießbrauch, Stimmbindung (näher: *Bayer*, in: Lutter/Hommelhoff, GmbHG, § 47 Rn. 9; *Zöllner*, in: Baumbach/Hueck, GmbHG, § 47 Rn. 20).

41 *Hüffer*, in: Ulmer/Habersack/Winter, GmbHG, § 47 Rn. 57; *Römermann*, in: Michalski, GmbHG, § 47 Rn. 467; *K. Schmidt*, in: Scholz, GmbHG, § 47 Rn. 67.

42 *Hüffer*, in: Ulmer/Habersack/Winter, GmbHG, § 47 Rn. 32.

43 BGHZ 20, 363, 368.

44 *Hüffer*, in: Ulmer/Habersack/Winter, GmbHG, § 47 Rn. 36.

45 Zum Folgenden: *Casper*, in: Bork/Schäfer, GmbHG, § 47 Rn. 15; *Hüffer*, in: Ulmer/Habersack/Winter, GmbHG, § 47 Rn. 38; *K. Schmidt*, in: Scholz, GmbHG, § 45 Rn. 33.

gen. Für die Aufhebung genügt einfache Mehrheit, selbst wenn der aufzuhebende Beschluss einer qualifizierten Mehrheit bedurfte.

V. Satzungsregelungen

16 Die Satzung kann eine bestimmte Form oder ein bestimmtes **Verfahren** der Stimmabgabe vorschreiben. Sie kann beispielsweise das Antragsrecht (Rdn. 7 f.) erweitern und es auch dem Geschäftsführer oder Versammlungsleiter gewähren.[46] Denkbar ist weiterhin eine Regelung zur förmlichen Beschlussfeststellung durch den Versammlungsleiter (Rdn. 12). Eine Regelung zur Beschlussfähigkeit (Rdn. 6) ist häufig zweckmäßig.[47]

17 Die Satzung kann die gesetzlich geregelten **Mehrheiten** erhöhen bis hin zur Einstimmigkeit.[48] Eine Ausnahme davon bildet die Abberufung des Geschäftsführers aus wichtigem Grund, die nicht erschwert werden darf (§ 38 Rdn. 21).[49] Ein Absenken von Mehrheiten ist nicht möglich.[50] Zulässig ist weiterhin ein **Stichentscheid**, der bei Stimmengleichheit den Ausschlag gibt. Er kann einem einzelnen Gesellschafter, dem Geschäftsführer oder auch außenstehenden Personen[51] zugebilligt werden.[52] Zulässig ist weiterhin eine Regelung, wonach ein Beschluss nur bei Zustimmung eines bestimmten Gesellschafters zustande kommt (Veto-Recht).[53]

18 Die Satzung kann vorschreiben, dass ein Gesellschafter aus einem oder mehreren Geschäftsanteilen immer **einheitlich abstimmen** muss (vgl. Rdn. 13).[54] Ob die Satzung gespaltene Stimmrechtsausübung aus einem Geschäftsanteil gestatten kann, ist umstritten, aber im Ergebnis zu bejahen.[55] Dasselbe gilt für eine Regelung, die uneinheitliche Abstimmung aus mehreren Geschäftsanteilen gestattet.[56]

---

46 *Hüffer*, in: Ulmer/Habersack/Winter, GmbHG, § 47 Rn. 9.

47 *Hüffer*, in: Ulmer/Habersack/Winter, GmbHG, § 47 Rn. 6.

48 *Hüffer*, in: Ulmer/Habersack/Winter, GmbHG, § 47 Rn. 18 ff.; BGH, GmbHR 1990, 75, 76; vgl. BGH, WM 2011, 1851 (Tz. 12): Mehrheit der »anwesenden Stimmen« heißt, dass Enthaltungen wie Nein-Stimmen zählen.

49 BGHZ 86, 177, 179.

50 *Hüffer*, in: Ulmer/Habersack/Winter, GmbHG, § 47 Rn. 22.

51 RGZ 49, 141, 147 (Rechtsberater der Gesellschaft); BGHZ 43, 261, 264 (Entscheidung eines Schiedsgerichts, falls die vertraglich vorgesehene Einstimmigkeit nicht erzielt werden kann).

52 *Hüffer*, in: Ulmer/Habersack/Winter, GmbHG, § 47 Rn. 23.

53 *Hüffer*, in: Ulmer/Habersack/Winter, GmbHG, § 47 Rn. 24; Bsp. bei OLG Stuttgart, NZG 2000, 490.

54 *Lutter*, in: Lutter/Hommelhoff, GmbHG, § 47 Rn. 9; *K. Schmidt*, in: Scholz, GmbHG, § 47 Rn. 74.

55 Überzeugend LG München, GmbHR 2006, 431, m. zust. Anm. *Schüppen/Gahn;* ebenso *Casper*, in: Bork/Schäfer, GmbHG, § 47 Rn. 10; *Hüffer*, in: Ulmer/Habersack/Winter, GmbHG, § 47 Rn. 64; a.A. *Zöllner*, in: Baumbach/Hueck, GmbHG, § 47 Rn. 20.

56 Für Zulässigkeit *Hüffer*, in: Ulmer/Habersack/Winter, GmbHG, § 47 Rn. 64; *Römermann*, in: Michalski, GmbHG, § 47 Rn. 473; wohl auch *K. Schmidt*, in: Scholz, GmbHG, § 47 Rn. 73; a.A. *Zöllner*, in: Baumbach/Hueck, GmbHG, § 47 Rn. 20.

C. Stimmrecht

19 Das Stimmrecht ist Teil der Mitgliedschaft und ist nicht separat auf Dritte übertragbar (**Abspaltungsverbot**).[57] Der Gesellschafter eines verpfändeten oder gepfändeten Anteils bleibt Inhaber des Stimmrechts;[58] der Pfandgläubiger kann auf Grund einer Vollmacht (Rdn. 27 ff.) das Stimmrecht ausüben. Ebenso verhält es sich beim Nießbrauch.[59] Demgegenüber erwirbt der Treuhänder mit dem Anteil auch das Stimmrecht.[60] Testamentsvollstrecker, Nachlass- und Insolvenzverwalter eines Gesellschafters können das Stimmrecht im Rahmen ihrer Verwaltungszuständigkeit im eigenen Namen ausüben.[61] Streitig ist, ob der Gesellschafter einen Dritten dazu ermächtigen kann, das Stimmrecht im eigenen Namen auszuüben (**Legitimationszession**).[62] Mit § 16 Abs. 1 n.F. ist der Gedanke einer solchen »verdeckten Vertretung« nicht mehr zu vereinbaren. Denn kraft gesetzlicher Fiktion (§ 16 Rdn. 15 ff.) ist allein derjenige legitimiert, der in der Gesellschafterliste steht.[63] Ein Dritter muss daher offenlegen, dass er für einen eingetragenen Gesellschafter handelt, so dass letztlich nur eine Vollmacht Sinn ergibt.

20 Das Stimmrecht besteht bereits in der **Vor-GmbH** und endet mit **Beendigung** der Mitgliedschaft.[64] Formelle Legitimationsbasis für die Berechtigung ist die Gesellschafterliste (§ 16 Rdn. 11 ff.). Bei Kündigung, Austritt oder Ausschluss verbleibt dem Gesellschafter das Stimmrecht bis zur wirksamen Einziehung oder Abtretung des Anteils,[65] bei Kaduzierung bis zur wirksamen Ausschlusserklärung (§ 21 Rdn. 11). Im Fall der Einziehung entfällt der Geschäftsanteil (§ 34 Rdn. 1 ff.) und damit auch das Stimmrecht. Erwirbt die Gesellschaft **eigene Anteile** (§ 33), ruhen deren Stimmrechte (§ 71b AktG analog).[66]

21 Die Geschäftsanteile einer GmbH müssen nicht zwingend mit Stimmrecht versehen sein; die **Satzung** kann auch **stimmrechtslose** Anteile schaffen (zum dennoch beste-

57 BGHZ 43, 261, 267; BGH, NJW 1987, 780 (für AG).
58 RGZ 157, 52, 54 f.; RGZ 139, 224, 228.
59 OLG Koblenz, NJW 1992, 2164; *K. Schmidt*, in: Scholz, GmbHG, § 47 Rn. 18; für die Gegenauffassung (mitgliedschaftsspaltender Nießbrauch): *Hüffer*, in: Ulmer/Habersack/Winter, GmbHG, § 47 Rn. 51.
60 BGHZ 104, 66, 74.
61 Näher *Hüffer*, in: Ulmer/Habersack/Winter, GmbHG, § 47 Rn. 110.
62 Zulässigkeit bejaht bei OLG Celle, NZG 2007, 391, 392 (offen gelassen in BGH, NZG 2008, 468, 469); zustimmend: *Römermann*, in: Michalski, GmbHG, § 47 Rn. 53; *Hüffer*, in: Ulmer/Habersack/Winter, GmbHG, § 47 Rn. 55; ablehnend: *Casper*, in: Bork/Schäfer, GmbHG, § 47 Rn. 18; *K. Schmidt*, in: Scholz, GmbHG, § 47 Rn. 21.
63 Die Fallkonstellation von OLG Celle, NZG 2007, 391, 392, regelt nun § 16 Abs. 1 S. 2.
64 *Hüffer*, in: Ulmer/Habersack/Winter, GmbHG, § 47 Rn. 45.
65 BGHZ 88, 320, 323 ff.; OLG Düsseldorf, NZG 2000, 1180, 1181; OLG Celle, WM 1983, 425, 427.
66 BGHZ 119, 346, 356.

henden Teilnahmerecht: § 48 Rdn. 8 f.).[67] Zumindest ein Gesellschafter muss aber stimmberechtigt bleiben.[68] Die Satzung kann das Stimmrecht an Voraussetzungen knüpfen, beispielsweise vollständige Einlageleistung.[69] Auch Stimmrechtsbegrenzungen (Höchststimmrecht, § 134 Abs. 1 S. 2 AktG analog) oder Mehrstimmrechte sind möglich.[70] Nachträgliche Verschlechterungen bedürfen allerdings der Zustimmung der betroffenen Gesellschafter.[71]

I. Stimmrechtsbindung

1. Kraft Treuepflicht

22 Ein Gesellschafter ist in der Ausübung seines Stimmrechts grundsätzlich frei. Ausnahmsweise kann sich aber, insbesondere in der personalistisch geprägten GmbH, aus der **Treuepflicht** eine positive Stimmpflicht ergeben, wenn die zu beschließende Maßnahme objektiv dringend notwendig und für den abstimmenden Gesellschafter zumutbar ist. Entschieden wurde dies beispielsweise für den Fall einer Kapitalerhöhung,[72] die notwendige Zahlung von Geschäftsführergehalt,[73] dringende Sanierungsmaßnahmen,[74] die Heilung einer verdeckten Sacheinlage,[75] die Zustimmung zur Übertragung vinkulierter Geschäftsanteile[76] und für die Abberufung eines Geschäftsführers aus wichtigem Grund.[77] In anderen Fällen kann gerade die positive Stimmabgabe ein Verstoß gegen die Treuepflicht sein, so etwa bei der Bestellung eines für die Gesellschaft untragbaren Geschäftsführers[78] oder der Entlastung in Kenntnis schwerer Pflichtverletzungen.[79] Ein ausscheidender Gesellschafter ist zwar noch stimmberechtigt (Rdn. 20), bei seiner Stimmrechtsausübung aber zu besonderer Zurückhaltung verpflichtet.[80] Eine treuwidrig abgegebene Stimme ist **nichtig** und bei der

---

67 BGHZ 14, 264, 270 f.; OLG Frankfurt, GmbHR 1990, 79, 82; *Heckschen/Heidinger*, Die GmbH in der Gestaltungs- und Beratungspraxis, § 4 Rn. 152 ff. (S. 164 f.).

68 *Heckschen/Heidinger*, Die GmbH in der Gestaltungs- und Beratungspraxis, § 4 Rn. 156 (S. 165); *Zöllner*, in: Baumbach/Hueck, GmbHG, § 47 Rn. 70.

69 *Zöllner*, in: Baumbach/Hueck, GmbHG, § 47 Rn. 67.

70 OLG Frankfurt, GmbHR 1990, 79, 80; BayObLG, GmbHR 1986, 87.

71 *Heckschen/Heidinger*, Die GmbH in der Gestaltungs- und Beratungspraxis, § 4 Rn. 152 (S. 164); *Hüffer*, in: Ulmer/Habersack/Winter, GmbHG, § 47 Rn. 56.

72 BGHZ 98, 276, 279 f.

73 BGH, DZWiR 2007, 292.

74 BGHZ 129, 136, 152 (zur AG).

75 BGH, GmbHR 2003, 1051, 1054.

76 OLG Hamm, NJW-RR 2001, 109, 111 (Zustimmungspflicht bejaht); OLG Koblenz, NJW-RR 1989, 1057, 1059 (Zustimmungspflicht abgelehnt).

77 BGHZ 102, 172, 176 (Publikums-GbR); OLG Hamburg, GmbHR 1992, 43, 45.

78 BGH, GmbHR 1991, 62; BGH, GmbHR 1993, 579, 581.

79 OLG Düsseldorf, GmbHR 2001, 1049, 1055.

80 BGHZ 88, 320, 328.

Ermittlung der Mehrheit nicht zu berücksichtigen; wird sie gleichwohl mitgezählt und hat sie Einfluss auf das Ergebnis, ist der Beschluss anfechtbar.[81]

2. Kraft Vereinbarung

23 Zulässig sind Stimmbindungsverträge **zwischen Gesellschaftern** in Form von Konsortialverträgen, Stimmrechtskonsortien oder Stimmenpools.[82] Sie können eine allgemeine Koordinierung zum Inhalt haben oder nur einzelne Angelegenheiten[83] betreffen. Die Vereinbarung bedarf keiner besonderen Form,[84] auch dann nicht, wenn sie sich auf eine Satzungsänderung bezieht.[85] Die Satzung kann Grenzen und Zulässigkeit von Stimmrechtsbindungen, zumindest im Innenverhältnis der Gesellschaft, regeln.[86]

24 Wurde die Stimmbindung nicht ausnahmsweise in der Satzung verankert, ist ein Beschluss, der unter Verstoß gegen die Vereinbarung zustande kam, dennoch wirksam. Die Rechtsprechung lässt nur ausnahmsweise (aus Gründen der Prozessökonomie) eine **Anfechtung** des Beschlusses zu, wenn er gegen eine von allen Gesellschaftern eingegangene Bindung verstößt.[87] In allen übrigen Fällen kann die schuldrechtliche Stimmbindung nur dem verpflichteten Gesellschafter gegenüber eingeklagt werden. Eine Zwangsvollstreckung ist nach **§ 894 ZPO** möglich; das rechtskräftige Urteil ersetzt die Stimmabgabe (nicht den Beschluss).[88] Ob **einstweiliger Rechtsschutz** möglich ist, wird uneinheitlich beurteilt.[89] Ein Antrag auf die bloße Verhinderung einer vereinbarungswidrigen Stimmabgabe hat mitunter Erfolg,[90] während das positive Gebot einer bestimmten Stimmabgabe zumeist eine unzulässige Vorwegnahme der Hauptsache darstellt.[91]

---

81 BGHZ 102, 172, 176; BGH, GmbHR 1991, 62; BGH, GmbHR 1993, 579, 581; OLG Hamburg, GmbHR 1992, 43, 45.

82 BGHZ 179, 13, 18 f.; BGHZ 48, 163, 166 f.

83 Z.B. Wahlabsprachen (BGH, ZIP 1983, 432, 433; OLG Köln, GmbHR 1989, 76, 77).

84 OLG Köln, GmbHR 1989, 76, 77 (schlüssiges Verhalten); BGH, ZIP 1983, 432, 433 (Auslegung eines Vergleichs).

85 OLG Köln, GmbHR 2003, 416 (Leitsatz); a.A. *K. Schmidt*, in: Scholz, GmbHG, § 47 Rn. 46.

86 *Hüffer*, in: Ulmer/Habersack/Winter, GmbHG, § 47 Rn. 86.

87 BGH, NJW 1983, 1910; BGH, NJW 1987, 1890, 1892; OLG Hamm, GmbHR 2000, 673, 674; OLG Saarbrücken, GmbHR 2005, 546, 548. Im Ergebnis zustimmend *Zöllner*, in: Baumbach/Hueck, GmbHG, § 47 Rn. 118; *K. Schmidt*, in: Scholz, GmbHG, § 45 Rn. 116; kritisch *Hüffer*, in: Ulmer/Habersack/Winter, GmbHG, Anh. § 47 Rn. 149; a.A. auch OLG Stuttgart, BB 2001, 794, 797.

88 BGHZ 48, 163, 173 f.; BGH, GmbHR 1990, 68; OLG Köln, GmbHR 1989, 76, 77; OLG Saarbrücken, GmbHR 2005, 546, 549.

89 Näher: *Casper*, in: Bork/Schäfer, GmbHG, § 47 Rn. 30; *Hüffer*, in: Ulmer/Habersack/Winter, GmbHG, § 47 Rn. 82.

90 OLG Koblenz, NJW 1986, 1692, 1693; OLG Hamburg, GmbHR 1991, 467, 468.

91 Im Ergebnis ablehnend daher: OLG Stuttgart, GmbHR 1997, 312; KG, GmbHR 1997, 175; ausnahmsweise einstweiligen Rechtsschutz gewährend: OLG Hamburg, NJW 1992, 186, 187.

25 Die Stimmbindung entfaltet keine Wirkung, wenn der Gesellschafter mit der Stimmabgabe gegen die gesellschaftsrechtliche Treuepflicht verstoßen würde.[92] Weitere **Grenzen der Stimmbindung** bilden das Kartellverbot (§ 1 GWB) sowie die allgemeinen Regeln der §§ 134, 138 BGB.[93] Die Stimmbindung darf auch nicht dazu führen, dass ein nach § 47 Abs. 4 ausgeschlossener Gesellschafter Einfluss auf die Willensbildung erlangt.[94] Vielfach wird aus der Gewährung sachwidriger Vorteile (»Stimmenkauf«) auf die Sittenwidrigkeit der Vereinbarung geschlossen.[95] Allerdings ist das Verfolgen von Partikularinteressen nicht ohne weiteres sachwidrig,[96] weshalb stets eine an der Treuepflicht orientierte Einzelfallbetrachtung notwendig ist.[97]

26 Für Stimmbindungsvereinbarungen **mit Dritten** werden die Grenzen der Stimmbindung (Rdn. 25) besonders intensiv diskutiert. Die Literatur macht teilweise geltend, die Stimmbindung dürfe nicht zu einer dauerhaften Fremdbestimmung der Gesellschaft führen.[98] Die Rechtsprechung hat Stimmbindungen mit Dritten vielfach zugelassen.[99] Allerdings ließen sich in den betreffenden Fällen auch rechtfertigende Gründe finden, etwa eine rechtliche Beziehung des Dritten zum Geschäftsanteil in Form eines Pfandrechts oder einer Treuhand.[100] Stimmbindungen mit einem Geschäftsführer sind möglich, soweit nicht die Abberufung aus wichtigem Grund ausgeschlossen wird.[101] Als problematisch wird vielfach eine Stimmbindung für Grundlagenbeschlüsse (insb. Satzungsänderungen) angesehen.[102] Indessen dürfte auch hier das Korrektiv der gesellschaftsrechtlichen Treuepflicht ausreichen, die den

---

92 *Römermann*, in: Michalski, GmbHG, § 47 Rn. 511 ff.; OLG Köln, GmbHR 1989, 76, 78.

93 *Casper*, in: Bork/Schäfer, GmbHG, § 47 Rn. 26; *Hüffer*, in: Ulmer/Habersack/Winter, GmbHG, § 47 Rn. 76.

94 BGHZ 48, 163, 166.

95 *Bayer*, in: Lutter/Hommelhoff, GmbHG, § 47 Rn. 17; *Casper*, in: Bork/Schäfer, GmbHG, § 47 Rn. 26; *K. Schmidt*, in: Scholz, GmbHG, § 47 Rn. 45; *Zöllner*, in: Baumbach/Hueck, GmbHG, § 47 Rn. 114.

96 So zutreffend *Römermann*, in: Michalski, GmbHG, § 47 Rn. 521.

97 *Römermann*, in: Michalski, GmbHG, § 47 Rn. 522; in der Tendenz auch *Hüffer*, in: Ulmer/Habersack/Winter, GmbHG, § 47 Rn. 77.

98 *Hüffer*, in: Ulmer/Habersack/Winter, GmbHG, § 47 Rn. 75; vergleichbare Bedenken bei *K. Schmidt*, in: Scholz, GmbHG, § 47 Rn. 42; in einem derartigen Fall für Unwirksamkeit der Stimmbindung RGZ 69, 134, 137; angedeutet auch in BGH, DStR 1991, 1290 (»Selbstentmündigung«).

99 BGHZ 48, 163, 166 ff.; RGZ 157, 52, 57; BGH, ZIP 1983, 432; OLG Frankfurt, NZG 2000, 378.

100 BGHZ 48, 163, 166 ff. (Treuhand); RGZ 157, 52, 57 (Pfandrecht). Ein Sonderfall ist auch OLG Jena, NZG 1998, 343, 344 (GbR), wo das Stimmrecht des Dritten nur in Pattsituationen greifen sollte.

101 BGH, ZIP 1983, 432 f.; OLG Frankfurt, NZG 2000, 378; OLG Köln, WM 1988, 974, 977; OLG Köln, GmbHR 1989, 76, 77 f. Insoweit kritisch: *Casper*, in: Bork/Schäfer, GmbHG, § 47 Rn. 26; *Hüffer*, in: Ulmer/Habersack/Winter, GmbHG, § 47 Rn. 78.

102 *Hüffer*, in: Ulmer/Habersack/Winter, GmbHG, § 47 Rn. 78; *K. Schmidt*, in: Scholz, GmbHG, § 47 Rn. 42.

abstimmenden Gesellschafter weiterhin bindet (Rdn. 22).[103] Die Vinkulierung von Anteilen schließt Stimmbindungsvereinbarungen nicht generell aus,[104] begründet aber einen strikt personalistischen Charakter der Gesellschaft mit besonderer Treubindung.[105]

II. Stimmabgabe durch Vertreter

27 Die Erteilung einer **Vollmacht** zur Stellvertretung bei der Stimmabgabe ist zulässig.[106] Sie folgt im Grundsatz den Regeln des BGB (§§ 164 ff.),[107] bedarf aber gemäß § 47 Abs. 3 der Textform. Der Gesellschafter wählt den Vertreter nach Maßgabe seiner Treuepflicht. Die übrigen Gesellschafter können unzumutbare Personen (wie Konkurrenten oder Personen, die früher Geschäftsgeheimnisse verraten haben) ablehnen.[108]

28 Ist die Vollmacht **unwiderruflich** und zugleich mit einem Stimmrechtsverzicht des Gesellschafters verbunden, verstößt sie gegen das Abspaltungsverbot (Rdn. 19) und ist daher unzulässig.[109] Bei einem Treuhandverhältnis kann allerdings die Dauer der Vollmacht an die Laufzeit des Treuhandverhältnisses gebunden werden.[110] Dieser Gedanke lässt sich auf andere Rechtsverhältnisse, wie Pfandrecht oder Nießbrauch, übertragen.[111] Ein Widerruf aus wichtigem Grund ist auch in diesen Fällen möglich.[112]

29 Die **Textform** (§ 126b BGB)[113] ist nach dem Wortlaut des § 47 Abs. 3 (»Gültigkeit«) Voraussetzung für die Wirksamkeit der Vollmacht.[114] Die Vertretung ist auch bei fehlender Form wirksam, wenn alle Gesellschafter von der Vollmacht Kenntnis haben

---

103 In diesem Sinne: *Casper*, in: Bork/Schäfer, GmbHG, § 47 Rn. 25; *Römermann*, in: Michalski, GmbHG, § 47 Rn. 503.

104 Siehe nur BGHZ 48, 163, 166 ff.; a.A. *Römermann*, in: Michalski, GmbHG, § 47 Rn. 505.

105 *K. Schmidt*, in: Scholz, GmbHG, § 47 Rn. 42.

106 Damit entfällt regelmäßig das Teilnahmerecht des Gesellschafters (§ 48 Rdn. 8 f.).

107 *Hüffer*, in: Ulmer/Habersack/Winter, GmbHG, § 47 Rn. 97.

108 *Hüffer*, in: Ulmer/Habersack/Winter, GmbHG, § 47 Rn. 102; *Römermann*, in: Michalski, GmbHG, § 47 Rn. 388.

109 BGHZ 3, 354, 359 (OHG); BGHZ 20, 363, 364 (KG); BGH, NJW 1987, 780, 781 (AG); OLG Hamburg, GmbHR 1990, 42, 43 (mit Umdeutung in Vollmacht zulässigen Umfangs).

110 BGH, GmbHR 1977, 244, 246; *Hüffer*, in: Ulmer/Habersack/Winter, GmbHG, § 47 Rn. 95.

111 *K. Schmidt*, in: Scholz, GmbHG, § 47 Rn. 83; a.A. *Hüffer*, in: Ulmer/Habersack/Winter, GmbHG, § 47 Rn. 95.

112 *Römermann*, in: Michalski, GmbHG, § 47 Rn. 435; *K. Schmidt*, in: Scholz, GmbHG, § 47 Rn. 83.

113 Insb. Schriftform, Fax oder E-mail (*Ellenberger*, in: Palandt, BGB, 70. Aufl. 2011, § 126b Rn. 3).

114 BGHZ 49, 183, 194; *Bayer*, in: Lutter/Hommelhoff, GmbHG, § 47 Rn. 25; *Hüffer*, in: Ulmer/Habersack/Winter, GmbHG, § 47 Rn. 99; *Zöllner*, in: Baumbach/Hueck, GmbHG, § 47 Rn. 51.

und keine Einwände erheben.[115] Der Vertreter muss die Vollmachtsurkunde auf Verlangen vorlegen.[116] Ein Prokurist kann einen Handelsregisterauszug verwenden.[117] Gesetzliche und organschaftliche Vertreter sowie Vertreter kraft Amtes fallen nicht unter § 47 Abs. 3 und legitimieren sich auf jeweils geeignete Weise (z.B. Handelsregisterauszug oder Testamentsvollstreckerzeugnis).[118] In der Einpersonen-GmbH ist die Vollmachterteilung in Textform nicht erforderlich.[119]

30 Stimmt ein Vertreter **ohne Vertretungsmacht** ab, kann der Gesellschafter dies genehmigen (§§ 180 S. 2, 177 Abs. 1 BGB), wenn die Gesellschafterversammlung den Vertreter zur Stimmabgabe zugelassen hatte.[120] Die **Genehmigung** kann formfrei erklärt werden (§ 182 Abs. 2 BGB)[121] und entfaltet grundsätzlich Rückwirkung (§ 184 BGB).[122] Eine bereits erhobene Anfechtungsklage wird dadurch unbegründet.[123] Die Genehmigungsmöglichkeit besteht auch in der Einpersonen-GmbH.[124] Wurde ein Vertreter wegen fehlender Vollmacht zu Recht zurückgewiesen, werden seine Stimmen endgültig nicht gezählt; für eine Genehmigung ist kein Raum.[125]

31 Die **Satzung**[126] kann die rechtsgeschäftliche Vertretung beschränken, etwa durch strengere Formvorschriften, aber nicht gänzlich ausschließen (vgl. auch die Satzungs-

---

115 Vgl. neben den in Fn. 114 Genannten auch: KG, NZG 2000, 787, 788; BayObLG, GmbHR 1989, 252, 253. Andere gelangen zu demselben Ergebnis, indem sie der Form nur Legitimationsfunktion zusprechen (LG Berlin, GmbHR 1996, 50, 51; *K. Schmidt*, in: Scholz, GmbHG, § 47 Rn. 85; *Römermann*, in: Michalski, GmbHG, § 47 Rn. 413).

116 RG, JW 1934, 976, 977; *K. Schmidt*, in: Scholz, GmbHG, § 47 Rn. 89; *Römermann*, in: Michalski, GmbHG, § 47 Rn. 418; a.A. *Zöllner*, in: Baumbach/Hueck, GmbHG, § 47 Rn. 54 (stets vorlegen).

117 *Hüffer*, in: Ulmer/Habersack/Winter, GmbHG, § 47 Rn. 100; *Römermann*, in: Michalski, GmbHG, § 47 Rn. 421; *K. Schmidt*, in: Scholz, GmbHG, § 47 Rn. 77.

118 *Bayer*, in: Lutter/Hommelhoff, GmbHG, § 47 Rn. 27; *K. Schmidt*, in: Scholz, GmbHG, § 47 Rn. 77; *Wicke*, GmbHG, § 47 Rn. 9.

119 Vgl. BGH, DNotZ 2008, 625, mit der Bejahung einer konkludent vom Alleingesellschafter erteilten Vollmacht.

120 *Hüffer*, in: Ulmer/Habersack/Winter, GmbHG, § 47 Rn. 101.

121 *Casper*, in: Bork/Schäfer, GmbHG, § 47 Rn. 41 (Fn. 128); *K. Schmidt*, in: Scholz, GmbHG, § 47 Rn. 87; *Zöllner*, in: Baumbach/Hueck, GmbHG, § 47 Rn. 55; a.A. *Roth*, in: Roth/Altmeppen, GmbHG, § 47 Rn. 32.

122 OLG Frankfurt, GmbHR 2003, 415, 416; OLG Dresden, GmbHR 2001, 1047, 1048; OLG BayObLG, GmbHR 1989, 252, 253; OLG Celle, NZG 2007, 391, 392: ausnahmsweise keine Rückwirkung bei Abberufung und Neubestellung eines Geschäftsführers.

123 RG, JW 1934, 2906, 2908; *Hüffer*, in: Ulmer/Habersack/Winter, GmbHG, § 47 Rn. 101; *K. Schmidt*, in: Scholz, GmbHG, § 47 Rn. 87.

124 OLG Frankfurt, GmbHR 2003, 415, 416.

125 *Römermann*, in: Michalski, GmbHG, § 47 Rn. 438.

126 Zum Folgenden: *Heckschen/Heidinger*, Die GmbH in der Gestaltungs- und Beratungspraxis, § 4 Rn. 139 (S. 161); *Römermann*, in: Michalski, GmbHG, § 47 Rn. 444 ff.; *K. Schmidt*, in: Scholz, GmbHG, § 47 Rn. 96 f.

regeln zum Teilnahmerecht: § 48 Rdn. 13 ff.). Sie kann die Überbringung der Stimme durch einen Boten gestatten, die andernfalls nicht zulässig ist.[127] Die Satzung kann auch den Personenkreis möglicher Vertreter einschränken, z.B. nur Personen mit bestimmter Qualifikation[128] oder Zugehörigkeit zu einer bestimmten Personengruppe (Familie, Mitgesellschafter, Geschäftsführung)[129] zulassen. Die Gesellschafter können jedoch Abweichungen von der Satzung, also Vertretung durch satzungsmäßig nicht zugelassene Personen, formlos oder konkludent gestatten.[130] Im Einzelfall gebietet die Treuepflicht, einem Gesellschafter, der aus sachlichen Gründen (wie beispielsweise Krankheit oder Inhaftierung) nicht teilnehmen kann, die Möglichkeit einer Vertretung zu gewähren.[131]

III. Stimmverbote § 47 Abs. 4

1. Allgemeines

32 Gemäß § 47 Abs. 4 unterliegt ein Gesellschafter einem Stimmverbot, wenn der Beschluss eine der dort genannten **Fallgruppen** zum Gegenstand hat: Die Entlastung des Gesellschafters oder seine Befreiung von einer Verbindlichkeit (Satz 1); die Vornahme eines Rechtsgeschäfts sowie die Einleitung oder Erledigung eines Rechtsstreits mit einem Gesellschafter (Satz 2). Das Stimmverbot erfasst auch verfahrensleitende Beschlüsse, die das sachliche Ergebnis beeinflussen können.[132] § 47 Abs. 4 findet in der **GmbH & Co. KG** entsprechende Anwendung.[133]

33 Die Stimmverbote beruhen vor allem auf dem Gedanken, dass niemand **Richter in eigener Sache** sein kann.[134] Sie schützen die am Gesellschaftsinteresse orientierte interne Willensbildung; denn von einem persönlich betroffenen Gesellschafter kann nicht erwartet werden, dass er seine eigenen Interessen zurückstellt.[135] Ein **allgemeiner Grundgedanke**, wonach jede Interessenkollision zu einem Stimmverbot führt, lässt sich der Vorschrift zwar **nicht** entnehmen.[136] Auf Umgehungskonstruktionen kann sie aber Anwendung finden.[137] Zudem ist in Orientierung an den konkreten Fallgruppen des § 47 Abs. 4 im Einzelfall eine Übertragung auf gleichgelagerte Fälle

---

127 *Wicke*, GmbHG, § 47 Rn. 9; *Zöllner*, in: Baumbach/Hueck, GmbHG, § 47 Rn. 56.

128 Bsp. bei OLG Brandenburg, GmbHR 1998, 1037, 1038: zur Berufsverschwiegenheit verpflichtete Personen.

129 Bsp. RGZ 80, 385, 388: kein Konkurrent und nur Geschäftsführer oder Aufsichtsratsmitglied.

130 OLG Karlsruhe, BeckRS 2006, 12239 = OLGR 2008, 414.

131 *Bayer*, in: Lutter/Hommelhoff, GmbHG, § 47 Rn. 21; *Römermann*, in: Michalski, GmbHG, § 47 Rn. 447.

132 BGH, GmbHR 1973, 153, 155 (Absetzung des Gegenstandes von der Tagesordnung).

133 OLG Hamburg, NZG 2000, 421, 422; *Roth*, in: Roth/Altmeppen, GmbHG, § 47 Rn. 89; *K. Schmidt*, in: Scholz, GmbHG, Anh § 45 Rn. 46.

134 BGHZ 9, 157, 178; BGHZ 97, 28, 33.

135 BGHZ 51, 209, 215; OLG Brandenburg, GmbHR 2001, 624, 626.

136 BGHZ 56, 47, 53; BGHZ 68, 107, 109.

137 OLG Düsseldorf, GmbHR 2001, 1049, 1053.

denkbar.[138] Im übrigen kann sich eine Stimmrechtsbindung selbst dann, wenn keine der Fallgruppen des § 47 Abs. 4 vorliegt, unter Umständen aus der gesellschaftsrechtlichen **Treuepflicht** ergeben (Rdn. 22).

34 In der Einpersonengesellschaft entfällt der Interessengegensatz und § 47 Abs. 4 findet im Wege **teleologischer Reduktion** keine Anwendung.[139] Das gilt auch dann, wenn alle stimmberechtigten Gesellschafter gleichmäßig betroffen sind, wobei diese Konstellation möglichst durch Aufspaltung des Beschlusses zu vermeiden ist (z.B. Einzelentlastung anstelle von Gesamtentlastung).[140]

35 Ein Gesellschafter unterliegt dem Stimmverbot auch dann, wenn es um ein Rechtsgeschäft mit einer anderen Gesellschaft geht, deren persönlich haftender Gesellschafter oder Alleingesellschafter er ist.[141] Damit entscheidet zwar über **konzerninterne Geschäfte** letztlich die Minderheit allein; sie ist dabei aber an die Treuepflicht gebunden.[142] Erst der Beherrschungsvertrag legitimiert eine eventuelle Benachteiligung der abhängigen Gesellschaft (vgl. § 308 AktG) und verdrängt daher das Stimmverbot des betroffenen Gesellschafters.[143]

2. Erfasster Personenkreis

36 Auf den **Erwerber** eines Geschäftsanteils geht das Stimmverbot nicht über, es sei denn die Abtretung dient gerade der Umgehung des Stimmverbotes.[144] Das Stimmverbot erstreckt sich aus Gründen der Rechtssicherheit auch nicht auf **nahestehende Personen** (wie Ehegatte, Kinder, Eltern) des betroffenen Gesellschafters.[145] Diese können aber im Einzelfall wegen Stimmrechtsmissbrauchs ausgeschlossen sein.[146] Eine **Stimmbindung** ist unwirksam, wenn sie mit einem Gesellschafter oder einem Dritten vereinbart wurde, in dessen Person ein Ausschlussgrund vorliegt.[147]

37 Nimmt eine **juristische Person** oder eine andere Form der **Gemeinschaft** (Personengesellschaft oder Erbengemeinschaft) die Stellung als Gesellschafter ein, muss sie sich

---

138 BGHZ 68, 107, 109; BGHZ 97, 28, 33.

139 BGHZ 105, 324, 333; BayObLG, BB 1984, 1117, 1118.

140 *Hüffer*, in: Ulmer/Habersack/Winter, GmbHG, § 47 Rn. 126.

141 BGH, GmbHR 1973, 153 f. Eine bloße Mitgliedschaft ohne Beherrschung genügt nicht (BGHZ 56, 47, 53).

142 *Hüffer*, in: Ulmer/Habersack/Winter, GmbHG, § 47 Rn. 128; *K. Schmidt*, in: Scholz, GmbHG, § 47 Rn. 107.

143 OLG Stuttgart, NZG 1998, 601, 603.

144 BGH, GmbHR 2008, 1092, 1093; BGH, NJW 1976, 713, 714; OLG Düsseldorf, GmbHR 2001, 1049, 1053; OLG Hamm, GmbHR 1989, 79 f.

145 BGHZ 56, 47, 54; BGHZ 80, 69, 71; OLG Hamm, GmbHR 1992, 802, 803; OLG Düsseldorf, GmbHR 1996, 689, 692; kritisch *Roth*, in: Roth/Altmeppen, GmbHG, § 47 Rn. 81.

146 BGHZ 80, 69, 71.

147 BGHZ 48, 163, 166; OLG Frankfurt, NZG 2000, 378 (Bindungsvereinbarung mit Geschäftsführer).

die **Betroffenheit ihrer Organe oder Mitglieder** zurechnen lassen, wenn der Befangene als ihr Vertreter auftritt oder das Abstimmungsverhalten maßgeblich beeinflussen kann.[148] In diesen Fällen ist anzunehmen, dass das Stimmrecht mit Rücksicht auf die Interessen des Befangenen unsachlich ausgeübt wird. Ein Stimmverbot wird daher insbesondere dann angenommen, wenn der Betroffene Alleingesellschafter,[149] herrschender Gesellschafter[150] oder in einer Personengesellschaft der einzige geschäftsführende Gesellschafter[151] ist. Bei Vertretungsorganen von juristischen Personen ist im Einzelfall zu prüfen, ob sie einen maßgeblichen Einfluss auf deren Stimmverhalten haben.[152]

38 Bei dem Beschluss über ein **Rechtsgeschäft** (oder über die Einleitung eines Rechtsstreits) mit einer **juristischen Person** oder Personengesellschaft sind Gesellschafter möglicherweise vom Stimmrecht ausgeschlossen, wenn sie gleichzeitig Gesellschafter des vorgesehenen Vertragspartners sind und damit dem in § 47 Abs. 4 S. 2 angesprochenen Interessenkonflikt unterliegen. Die entsprechende Interessenverknüpfung wird angenommen, wenn der Gesellschafter zugleich Alleingesellschafter,[153] beherrschender Gesellschafter[154] oder persönlich haftender Gesellschafter[155] des vorgesehenen Vertragspartners ist. Das gilt auch für Gesellschafter, die gleichzeitig Organmitglied des vorgesehenen Vertragspartners sind, sofern sie dort einen maßgeblichen Einfluss ausüben.[156]

39 Das Stimmverbot erfasst auch die (rechtsgeschäftlichen oder gesetzlichen) **Vertreter** des betroffenen Gesellschafters; andernfalls wäre Umgehung des Stimmverbots durch Einschaltung eines Vertreters möglich.[157] Das wird man auch bei einem eigennützig

---

148 BGHZ 153, 285, 292 (Stimmbindung und Weisungsbefugnis im Konsortium); BGHZ 116, 353, 358 (Erbengemeinschaft); BGHZ 49, 183, 194 (Erbengemeinschaft), bestätigt in BGHZ 51, 209, 219; OLG Hamm, GmbHR 1992, 802 (GmbH als Gesellschafterin); OLG Hamburg, NZG 2000, 421, 422 (KG als Gesellschafterin); RGZ 146, 71, 77 (OHG als Aktionärin).

149 OLG Brandenburg, GmbHR 2001, 624, 626.

150 OLG Karlsruhe, NZG 2000, 264, 265; OLG München, GmbHR 2011, 590, 592.

151 *Hüffer*, in: Ulmer/Habersack/Winter, GmbHG, § 47 Rn. 134; *Römermann*, in: Michalski, GmbHG, § 47 Rn. 142; *Bayer*, in: Lutter/Hommelhoff, GmbHG, § 47 Rn. 35.

152 *K. Schmidt*, in: Scholz, GmbHG, § 47 Rn. 160; *Zöllner*, in: Baumbach/Hueck, GmbHG, § 47 Rn. 100; LG Köln, NZG 1998, 193 (zur AG). Nach BGHZ 36, 296, 300, soll hingegen die Einflussmöglichkeit als solche nicht genügen.

153 BGH, GmbHR 1973, 153, 154; BGHZ 56, 47, 53; BGHZ 68, 107, 110 (auch mehrere Gesellschafter, die alle gemeinsam dem vorgesehenen Vertragspartner angehören); OLG München, GmbHR 1995, 231; OLG Celle, NZG 1999, 1161, 1163.

154 BGHZ 56, 47, 53; KG, GmbHR 1993, 663; OLG München, NZG 2005, 554, 555.

155 BGH, GmbHR 1973, 153.

156 *Hüffer*, in: Ulmer/Habersack/Winter, GmbHG, § 47 Rn. 139; vgl. OLG Celle, NZG 1999, 1161, 1163 (Gesellschafter war zugleich Gesellschafter und Geschäftsführer einer anderen Gesellschaft, gegen die ein Rechtsstreit eingeleitet werden sollte).

157 BGH, GmbHR 2009, 770, 773 (Unterbevollmächtigter); RGZ 142, 123, 132 (AG); OLG München, GmbHR 1995, 231.

handelnden Vertreter (etwa Treuhänder oder Pfandgläubiger) annehmen müssen, weil er dem Interessenkreis des Vertretenen weiterhin nahe steht.[158]

40 Unterliegt der Vertreter selbst einer Interessenkollision, ist zu unterscheiden: Im Verhältnis zur Gesellschaft gilt § 47 Abs. 4; der Vertreter ist bei eigener persönlicher Betroffenheit von der Abstimmung ausgeschlossen.[159] Im Verhältnis zum Vertretenen gilt grundsätzlich **§ 181 BGB** einschließlich der Befreiungsmöglichkeit.[160] Allerdings ist die Konstellation des Insichgeschäfts i.S.d. § 181 BGB bei einem gewöhnlichen Gesellschafterbeschluss gar nicht gegeben, weil dabei die Verfolgung des gemeinsamen Gesellschaftszwecks im Vordergrund steht und nicht individuelle Interessengegensätze.[161] Anders verhält es sich bei Grundlagengeschäften, insbesondere Satzungsänderungen.[162] Eine Gegenmeinung will § 181 BGB auf alle Arten von Beschlüssen anwenden.[163] Die praktische Bedeutung des Konflikts reduziert sich aber dadurch, dass in der Bevollmächtigung, wenn sie in Kenntnis des Interessenkonflikts erteilt wird, regelmäßig zugleich eine konkludente Befreiung von § 181 BGB liegt.[164]

3. Sachlicher Anwendungsbereich

41 Der Gesellschafter unterliegt einem Stimmverbot, wenn seine eigene **Entlastung** als Geschäftsführer beschlossen werden soll (§ 47 Abs. 4 S. 1 Alt. 1). Gleichgestellt ist die Entlastung als Liquidator, Mitglied des Aufsichtsrats,[165] sowie Mitglied eines Beirats oder Verwaltungsrats mit organschaftlichen Funkionen.[166] Entlastung ist unabhängig von der konkreten Bezeichnung jeder Beschluss, der Geschäftsführungsmaßnahmen der Vergangenheit billigt und Vertrauen für die Zukunft ausspricht (vgl. § 46

---

158 Näher zur Diskussion in dieser Frage: *Hüffer*, in: Ulmer/Habersack/Winter, GmbHG, § 47 Rn. 129; *K. Schmidt*, in: Scholz, GmbHG, § 47 Rn. 158.

159 BGHZ 108, 23, 25 (Testamentsvollstrecker); BGH, GmbHR 2009, 770, 773.

160 BGHZ 51, 209, 217 und BGHZ 108, 21, 25 (jeweils Testamentsvollstrecker); BayObLG, GmbHR 2001, 72. Zustimmend *Römermann*, in: Michalski, GmbHG, § 47 Rn. 120; *K. Schmidt*, in: Scholz, GmbHG, § 47 Rn. 178; a.A. (§ 47 Abs. 4 analog) *Hüffer*, in: Ulmer/Habersack/Winter, GmbHG, § 47 Rn. 113.

161 BGHZ 65, 93, 98.

162 *Hüffer*, in: Ulmer/Habersack/Winter, GmbHG, § 47 Rn. 117; *K. Schmidt*, in: Scholz, GmbHG, § 47 Rn. 180. Allerdings hat der BGH für einen Auflösungsbeschluss die Anwendung von § 181 BGB verneint (BGHZ 52, 316, 318). *Roth*, in: Roth/Altmeppen, GmbHG, § 47 Rn. 36, lehnen eine Anwendung von § 181 BGB generell ab.

163 *Römermann*, in: Michalski, GmbHG, § 47 Rn. 125.

164 *Hüffer*, in: Ulmer/Habersack/Winter, GmbHG, § 47 Rn. 118; *Römermann*, in: Michalski, GmbHG, § 47 Rn. 128; *K. Schmidt*, in: Scholz, GmbHG, § 47 Rn. 182. Siehe auch BGHZ 66, 82, 86 (Bevollmächtigung zur Stimmabgabe in der Gesellschafterversammlung einer KG, für die vertragsändernde Beschlüsse angekündigt waren).

165 LG Berlin, ZIP 2004, 73, 75.

166 *Hüffer*, in: Ulmer/Habersack/Winter, GmbHG, § 47 Rn. 143; *K. Schmidt*, in: Scholz, GmbHG, § 47 Rn. 133.

Rdn. 35 ff.).[167] Bei Gesamtentlastung sind alle betroffenen Gesellschafter vom Stimmrecht ausgeschlossen.[168] Bei Einzelentlastung sind sie von der Abstimmung über die Entlastung der anderen Organmitglieder nur dann ausgeschlossen, wenn eine gemeinsam begangene Pflichtverletzung in Betracht kommt.[169] Beteiligt sich ein Organmitglied als Gesellschafter an der Beschlussfassung über die Entlastung anderer Organe (z.B. Geschäftsführer an der Entlastung des Aufsichtsrats), ist das Stimmrecht gleichfalls ausgeschlossen, wenn eine gemeinschaftlich begangene Pflichtverletzung in Betracht kommt.[170]

42 Der Grundgedanke des Stimmverbots, dass der Gesellschafter nicht zum **Richter in eigener Sache** gemacht werden darf, kann auch in anderen Konstellationen ein Stimmverbot tragen. Das gilt generell für Beschlüsse, die das Verhalten eines Gesellschafters billigen oder missbilligen sollen.[171] Dazu gehören namentlich solche Maßnahmen, die aus einem in der Person oder im Verhalten des Gesellschafter liegenden **wichtigen Grund** beschlossen werden: z.B. die Abberufung eines Gesellschafter-Geschäftsführers,[172] die Einziehung eines Geschäftsanteils,[173] der Ausschluss aus der Gesellschaft.[174] Das Stimmverbot besteht nur, wenn der wichtige Grund objektiv vorliegt.[175] Eine andere Auffassung lässt die ernsthafte Behauptung genügen; das führt bei fehlendem wichtigen Grund zur inhaltlichen Anfechtbarkeit des Beschlusses.[176] Bei Maßnahmen aus wichtigem Grund ist neben dem unmittelbar betroffenen Gesellschafter auch derjenige vom Stimmrecht ausgeschlossen, der die in Rede ste-

---

167 *Hüffer*, in: Ulmer/Habersack/Winter, GmbHG, § 47 Rn. 143; *K. Schmidt*, in: Scholz, GmbHG, § 47 Rn. 133.

168 BGHZ 108, 21, 25.

169 Grundgedanke aus BGHZ 97, 28, 34 und BGH, GmbHR 2003, 712, 714; ebenso für Abberufung BGH, GmbHR 2009, 770, 773. *Hüffer*, in: Ulmer/Habersack/Winter, GmbHG, § 47 Rn. 146; *Römermann*, in: Michalski, GmbHG, § 47 Rn. 187; *K. Schmidt*, in: Scholz, GmbHG, § 46 Rn. 97; a.A. (stets Stimmverbot) *Zöllner*, in: Baumbach/Hueck, GmbHG, § 47 Rn. 77.

170 *Hüffer*, in: Ulmer/Habersack/Winter, GmbHG, § 47 Rn. 147; *K. Schmidt*, in: Scholz, GmbHG, § 47 Rn. 134. A. A. (genereller Stimmrechtsausschluss): *Römermann*, in: Michalski, GmbHG, § 47 Rn. 193; *Zöllner*, in: Baumbach/Hueck, GmbHG, § 47 Rn. 78.

171 BGHZ 97, 28, 33; OLG Düsseldorf, GmbHR 2000, 1050, 1052; OLG Jena, GmbHR 2002, 115, 116.

172 BGHZ 86, 177, 181 ff.; OLG Karlsruhe, NZG 2008, 785, 786; OLG Zweibrücken, GmbHR 1998, 373, 374; OLG Stuttgart, GmbHR 1989, 466, 467.

173 BGHZ 9, 157, 176; BGH, GmbHR 1977, 81, 82; OLG Celle, GmbHR 1998, 140, 141; OLG Jena, GmbHR 2002, 115, 116.

174 BGHZ 153, 285, 291.

175 BGHZ 86, 177, 181 ff. (für Zweipersonengesellschaft mit gleichen Beteiligungsverhältnissen); *Hüffer*, in: Ulmer/Habersack/Winter, GmbHG, § 47 Rn. 175; *Römermann*, in: Michalski, GmbHG, § 47 Rn. 244; *Zöllner*, in: Baumbach/Hueck, GmbHG, § 47 Rn. 85.

176 OLG Brandenburg, GmbHR 1996, 539, 542; *Kleindiek*, in: Lutter/Hommelhoff, GmbHG, § 38 Rn. 17; *K. Schmidt*, in: Scholz, GmbHG, § 46 Rn. 76.

hende Pflichtverletzung mit ihm gemeinsam begangen hat.[177] Das gilt allerdings nicht, wenn der Pflichtverletzung des einen nur ein Aufsichtsversäumnis des anderen Gesellschafters gegenübersteht.[178]

43 Ein Stimmverbot besteht auch, wenn ein Gesellschafter durch Beschluss **von einer Verbindlichkeit befreit** werden soll (§ 47 Abs. 4 S. 1 Alt. 2).[179] Der Begriff der Verbindlichkeit umfasst jede vertragliche oder außervertragliche Schuld. Sie kann sich aus dem Gesellschaftsverhältnis oder aus anderen Rechtsbeziehungen zwischen Gesellschaft und Gesellschafter ergeben. Befreiung ist weit zu verstehen und erfasst auch Erlassvertrag, Aufrechnung, Verzicht oder Stundung. Es ist unerheblich, ob die Befreiung bereits durch den Beschluss eintritt oder noch eines Ausführungsgeschäfts bedarf. Kein Stimmverbot besteht, wenn ein Gesellschafter nur mittelbar durch eine Kapitalherabsetzung von seiner Einlageverpflichtung befreit wird.

44 Ein Gesellschafter unterliegt außerdem einem Stimmverbot, soweit ein Beschluss die **Vornahme eines Rechtsgeschäfts** ihm gegenüber betrifft (§ 47 Abs. 4 S. 2 Alt. 1).[180] Der Begriff des Rechtsgeschäfts ist weit auszulegen. Er umfasst Verträge, einseitige Rechtsgeschäfte und geschäftsähnliche Handlungen.[181] Ausgenommen sind sog. Sozialakte (Rdn. 46). Das Stimmverbot erstreckt sich auf Rechtsgeschäfte mit Dritten, die den Gesellschafter begünstigen (z.B. Bürgschaft der Gesellschaft),[182] und gilt auch bei einer bloßen Ermächtigung des Geschäftsführers, jedenfalls wenn darin der konkrete Inhalt des Rechtsgeschäfts erkennbar wird.[183]

45 Soll über die Einleitung oder Erledigung eines **Rechtsstreits** gegenüber einem Gesellschafter beschlossen werden, unterliegt der betroffene Gesellschafter einem Stimmverbot (§ 47 Abs. 4 S. 2 Alt. 2).[184] Das Stimmverbot gilt auch, wenn der Gesellschaf-

177 BGH, GmbHR 2009, 770, 773; BGH, GmbHR 2009, 1325, 1326.

178 BGH, GmbHR 2003, 712, 714; BGH, GmbHR 2009, 1325, 1326 (»andersartige Pflichtverletzung«).

179 Zum Folgenden: *Bayer*, in: Lutter/Hommelhoff, GmbHG, § 47 Rn. 41; *Hüffer*, in: Ulmer/Habersack/Winter, GmbHG, § 47 Rn. 148 f.; *Römermann*, in: Michalski, GmbHG, § 47 Rn. 196 ff.; *K. Schmidt*, in: Scholz, GmbHG, § 47 Rn. 123 ff.; *Zöllner*, in: Baumbach/Hueck, GmbHG, § 47 Rn. 79.

180 Hierzu: *Bayer*, in: Lutter/Hommelhoff, GmbHG, § 47 Rn. 43; *Hüffer*, in: Ulmer/Habersack/Winter, GmbHG, § 47 Rn. 150; *Römermann*, in: Michalski, GmbHG, § 47 Rn. 211 ff.; *K. Schmidt*, in: Scholz, GmbHG, § 47 Rn. 109 ff.; *Zöllner*, in: Baumbach/Hueck, GmbHG, § 47 Rn. 80.

181 BGH, NJW 1991, 172, 173; BGH, DB 2011, 1682, 1683.

182 In BGHZ 68, 107, 109, offen gelassen, da nicht entscheidungserheblich.

183 BGHZ 68, 107, 112; OLG Brandenburg, GmbHR 2001, 624, 626. In RGZ 68, 235, 241, abgelehnt, allerdings handelte es sich auch nur um einen Beschluss, der Vorstand einer AG allgemein zur Ausgabe von Aktien ermächtigte.

184 Zum Folgenden: *Bayer*, in: Lutter/Hommelhoff, GmbHG, § 47 Rn. 42; *Hüffer*, in: Ulmer/Habersack/Winter, GmbHG, § 47 Rn. 157 ff.; *Römermann*, in: Michalski, GmbHG, § 47 Rn. 290 ff.; *K. Schmidt*, in: Scholz, GmbHG, § 47 Rn. 126 ff.; *Zöllner*, in: Baumbach/Hueck, GmbHG, § 47 Rn. 93.

ter auf der Gegenseite nicht als Beklagter, sondern als Haupt-, Nebenintervenient oder Streitverkündeter auftritt. Rechtsstreit ist im weiten Sinne zu verstehen. Dazu gehören streitige wie freiwillige Gerichtsbarkeit, Mahnverfahren, einstweiliger Rechtsschutz, Zwangsvollstreckung und auch Schiedsverfahren. Das Stimmverbot gilt für alle Maßnahmen der Vorbereitung (Auswahl des Prozessbevollmächtigten,[185] Klageandrohung, Mahnbescheid), Einleitung (Klage, Antrag), Führung und Erledigung (Vergleich, Anerkenntnis, Verzicht) von Rechtsstreitigkeiten. Der Beschluss muss allerdings Bezug zu einem Rechtsstreit aufweisen; es genügt nicht, dass über eine Angelegenheit beschlossen wird, aus der sich ein Rechtsstreit entwickeln könnte.[186] Das Stimmverbot kann auch eingreifen, wenn der Rechtsstreit eine Gesellschaft betrifft, an welcher der Gesellschafter beteiligt ist (Rdn. 35, 38). Hier gilt ebenso wie bei der Entlastung (Rdn. 41), dass auch derjenige Gesellschafter einem Stimmverbot unterliegt, der an einer im Streit stehenden Pflichtverletzung eines Anderen mitgewirkt hat.[187]

46 Von den Stimmverboten sind im Wege der teleologischen Reduktion die sog. **Sozialakte** auszunehmen, bei denen ungeachtet einer persönlichen Betroffenheit die mitgliedschaftliche Willensbildung im Vordergrund steht.[188] So darf ein Gesellschafter bei seiner eigenen Bestellung oder Abberufung als **Geschäftsführer** sowie bei der Beschlussfassung über die Bedingungen des Anstellungsverhältnisses mitwirken.[189] Weitere **Beispiele**: Bestellung oder Abwahl als Versammlungsleiter,[190] Einforderung der Stammeinlage,[191] Einziehung,[192] Genehmigung der Übertragung von Geschäftsanteilen,[193] satzungsmäßig vorgesehene Benennung eines Nachfolgers für verstorbenen Gesellschafter,[194] Kapitalerhöhungen[195] und sonstige Satzungsänderungen[196],

185 Vgl. BGHZ 97, 28, 34 (Bestellung des Vertreters gem. § 46 Nr. 8).

186 BGH, NJW 1991, 172, 174; OLG Köln, NJW 1968, 992, 993 (zu § 34 BGB). A.A. *Zöllner*, in: Baumbach/Hueck, GmbHG, § 47 Rn. 93, für die Einforderung von Einlagen.

187 BGHZ 97, 28, 34.

188 Zuletzt BGH, DB 2011, 1682, 1683.

189 RGZ 74, 276, 279; BGHZ 18, 205, 210; BGHZ 51, 209, 215; OLG Frankfurt, GmbHR 2005, 550, 552.

190 BGH, GmbHR 2010, 977, 978.

191 RGZ 138, 106, 111; BGH, NJW 1991, 172, 174; OLG München, GmbHR 1990, 263, 264; a.A. *Zöllner*, in: Baumbach/Hueck, GmbHG, § 47 Rn. 93, wenn nicht alle Gesellschafter gleichmäßig betroffen sind.

192 Soweit sie nicht aus wichtigem Grund erfolgt; vgl. BGH, GmbHR 1977, 81, 82.

193 BGHZ 48, 163, 167; KG Berlin, OLGZ 1965, 320, 324; BayObLG, GmbHR 1991, 572, 573; OLG Hamm, GmbHR 2001, 974, 977; a.A. *Zöllner*, in: Baumbach/Hueck, GmbHG, § 47 Rn. 90.

194 BGH, WM 1974, 372, 375.

195 *Bayer*, in: Lutter/Hommelhoff, GmbHG, § 47 Rn. 45; *Hüffer*, in: Ulmer/Habersack/Winter, GmbHG, § 47 Rn. 168; *K. Schmidt*, in: Scholz, GmbHG, § 47 Rn. 113.

196 OLG Stuttgart, NZG 1998, 601, 603.

Auflösung.[197] Ausgenommen sind Maßnahmen, die auf einem **wichtigen Grund** in der Person des Gesellschafters beruhen (Rdn. 42).

47 Uneinheitlich ist das Meinungsbild bei **Strukturänderungen**, etwa Verschmelzungen oder Unternehmensverträgen.[198] Nicht selten handelt es sich dabei um Konzernsachverhalte, in denen ein unternehmerischer Mehrheitsgesellschafter eigene wirtschaftliche Interessen verfolgt. Dennoch besteht für den Mehrheitsgesellschafter kein Stimmverbot.[199] Denn der Eingriff in die Organisationsstruktur der Gesellschaft verändert deren rechtlichen Status und betrifft damit das Mitgliedschaftsrecht aller Gesellschafter.[200] Der gebotene Schutz der Minderheit wird durch andere Instrumentarien gewährleistet, die besser auf das konkret betroffene Interesse zugeschnitten sind (z.B. Informationsrechte, Beschlussanfechtung, Austritts- und Ausgleichsrechte).

4. Satzungsregelungen

48 Die ältere Auffassung, die § 47 Abs. 4 unter Berufung auf § 45 Abs. 2 für gänzlich dispositiv hielt,[201] wurde inzwischen aufgegeben. Im Kern erweist sich der Katalog der Stimmverbote weitgehend als **einseitig zwingend**:[202] Eine Ausdehnung oder Präzisierung der Stimmverbote in der Satzung ist zulässig, eine Abschaffung der Stimmverbote zumeist unzulässig. Rechtsdogmatisch lässt sich das Verbot des Richtens in eigener Sache und die Unzulässigkeit der Selbstentmündigung als rechtsethisches Minimum im Sinne des § 138 BGB verstehen.

49 Als **Erweiterung** oder **Präzisierung** des Stimmrechtsverbots kann beispielsweise eine Anwendung auf nahestehende Personen (Rdn. 36), auf die eigene Bestellung und

197 *Römermann*, in: Michalski, GmbHG, § 47 Rn. 288; *Zöllner*, in: Baumbach/Hueck, GmbHG, § 47 Rn. 89; *Hüffer*, in: Ulmer/Habersack/Winter, GmbHG, § 47 Rn. 170.

198 Vgl. zur Diskussion: *Hüffer*, in: Ulmer/Habersack/Winter, GmbHG, § 47 Rn. 176 ff.; *K. Schmidt*, in: Scholz, GmbHG, § 47 Rn. 114 ff.; *Römermann*, in: Michalski, GmbHG, § 47 Rn. 282 ff.

199 BGH, DB 2011, 1682, 1683 (Kündigung eines Beherrschungs- und Gewinnabführungsvertrages); LG Arnsberg, AG 1995, 334 (Verschmelzung); OLG Hamburg, NZG 2000, 421, 422 (Unternehmensvertrag); OLG Stuttgart, BB 2001, 794, 796 (Ausgliederung). Ebenso *Bayer*, in: Lutter/Hommelhoff, GmbHG, § 47 Rn. 45; *K. Schmidt*, in: Scholz, GmbHG, § 47 Rn. 114 f. Einschränkend *Hüffer*, in: Ulmer/Habersack/Winter, GmbHG, § 47 Rn. 179 (begrenzt auf Maßnahmen nach UmwG). Generell a.A.: *Römermann*, in: Michalski, GmbHG, § 47 Rn. 282 ff.; *Zöllner*, in: Baumbach/Hueck, GmbHG, § 47 Rn. 90.

200 In diesem Sinne BGH, DB 2011, 1682, 1683, für Kündigung eines Beherrschungs- und Gewinnabführungsvertrages.

201 RGZ 89, 367, 383; RGZ 122, 159, 162.

202 Vgl. im Einzelnen: *Hüffer*, in: Ulmer/Habersack/Winter, GmbHG, § 47 Rn. 191 ff.; *Römermann*, in: Michalski, GmbHG, § 47 Rn. 328 ff.; *K. Schmidt*, in: Scholz, GmbHG, § 47 Rn. 172 ff.

Abberufung als Geschäftsführer (Rdn. 42, 46) oder ein Stimmverbot für Sozialakte (Rdn. 46) in der Satzung geregelt werden.[203]

50 **Einschränkungen** der Stimmverbote sind problematisch und werden teilweise ganz für unzulässig gehalten.[204] Jedenfalls sind Satzungsregelungen, die es dem Gesellschafter erlauben, entgegen den Regelungen des Gesetzes abzustimmen, eng auszulegen.[205] Zwingend ist das Stimmverbot, soweit es auf dem Verbot des Richtens in eigener Sache beruht. Das betrifft die Entlastung und die Befreiung von Verbindlichkeiten,[206] die Einleitung eines Rechtsstreits[207] und die Maßnahmen aus wichtigem Grund (Rdn. 42).[208] Abdingbar ist das Stimmverbot bei einem Abschluss von Rechtsgeschäften mit dem Gesellschafter, weil das dahinter stehende Verbot des Insichgeschäfts auch in § 181 BGB disponibel ist.[209] Als Korrektiv ist die Stimmabgabe im Einzelfall an der gesellschaftsrechtlichen Treuepflicht zu messen.[210]

5. Rechtsfolgen

51 Das Stimmverbot beseitigt nicht das Teilnahmerecht (§ 48 Rdn. 8 f.). Dem betroffenen Gesellschafter ist lediglich die Stimmabgabe untersagt. Wird die Stimme dennoch abgegeben, so ist sie nichtig.[211] Die verbotswidrig abgegebene Stimme wird bei der Mehrheitsermittlung **nicht berücksichtigt.**[212] Fand der Beschluss auch ohne die nichtige Stimme eine hinreichende Mehrheit, bleibt die Nichtigkeit ohne Folgen.[213] Andernfalls ist der Beschluss entweder nicht zustande gekommen oder jedenfalls anfechtbar. Die zulässige Klageart (Anfechtungs- oder Feststellungsklage), hängt davon ab, ob eine Feststellung des Beschlusses erfolgt ist (Anh. § 47 Rdn. 39 f.). In

203 Beispiele aus der Rechtsprechung: BGHZ 92, 386, 395 (Stimmverbot für Erben); BGH, WM 1977, 192, 193 (Stimmverbot bei Einziehungsbeschluss); OLG Stuttgart, GmbHR 1992, 48, 49 (Stimmverbot für Vertragsschluss mit Drittgesellschaft).

204 So *Römermann*, in: Michalski, GmbHG, § 47 Rn. 342.

205 BGH, WM 1980, 649, 650; BGHZ 108, 21, 26.

206 BGHZ 108, 21, 27; BGH, DStR 1994, 869, 870.

207 OLG Hamm, GmbHR 1993, 815.

208 *Hüffer*, in: Ulmer/Habersack/Winter, GmbHG, § 47 Rn. 192; *Römermann*, in: Michalski, GmbHG, § 47 Rn. 342; *K. Schmidt*, in: Scholz, GmbHG, § 47 Rn. 173; abweichend für die GbR OLG Jena, NZG 1998, 343, 344.

209 OLG Hamm, NZG 2003, 545, 546; *Hüffer*, in: Ulmer/Habersack/Winter, GmbHG, § 47 Rn. 194; *K. Schmidt*, in: Scholz, GmbHG, § 47 Rn. 173; a.A. *Römermann*, in: Michalski, GmbHG, § 47 Rn. 342.

210 *Hüffer*, in: Ulmer/Habersack/Winter, GmbHG, § 47 Rn. 194.

211 *Bayer*, in: Lutter/Hommelhoff, GmbHG, § 47 Rn. 48; *Hüffer*, in: Ulmer/Habersack/Winter, GmbHG, § 47 Rn. 186; *Römermann*, in: Michalski, GmbHG, § 47 Rn. 308; terminologisch abweichend (»unwirksam«) *K. Schmidt*, in: Scholz, GmbHG, § 47 Rn. 175.

212 OLG München, NZG 1999, 1174; OLG Düsseldorf, GmbHR 2000, 1050, 1053; OLG Brandenburg, GmbHR 2001, 624, 626.

213 OLG Koblenz, NZG 2008, 280 (Leitsatz).

Zweifelsfällen empfiehlt es sich für den Versammlungsleiter, einem Gesellschafter die Stimmabgabe zu gestatten und die Klärung des Stimmverbots dem gerichtlichen Verfahren zu überlassen.[214]

52 Ein Gesellschafter, der trotz Stimmrechtsausschluss an einer Abstimmung teilnimmt, kann unter Umständen zu **Schadenersatz** verpflichtet sein.[215] Als Anspruchsgrundlage kommt § 280 BGB in Betracht (Verletzung einer mitgliedschaftlichen Unterlassungspflicht), in Extremfällen auch § 826 BGB. Ob § 47 Abs. 4 hingegen Schutzgesetzcharakter (§ 823 Abs. 2 BGB) hat, ist zweifelhaft.[216]

Anhang zu § 47 Nichtigkeit und Anfechtbarkeit von Gesellschafterbeschlüssen

Übersicht Rdn.

---

214 *Bayer*, in: Lutter/Hommelhoff, GmbHG, § 47 Rn. 50.

215 Näher: *Bayer*, in: Lutter/Hommelhoff, GmbHG, § 47 Rn. 49; *Hüffer*, in: Ulmer/Habersack/Winter, GmbHG, § 47 Rn. 187 ff.; *Römermann*, in: Michalski, GmbHG, § 47 Rn. 314 ff.; *K. Schmidt*, in: Scholz, GmbHG, § 47 Rn. 175 f.; *Zöllner*, in: Baumbach/Hueck, GmbHG, § 47 Rn. 105.

216 Dafür: *Römermann*, in: Michalski, GmbHG, § 47 Rn. 322; *Zöllner*, in: Baumbach/Hueck, GmbHG, § 47 Rn. 105; dagegen: *Hüffer*, in: Ulmer/Habersack/Winter, GmbHG, § 47 Rn. 189; *K. Schmidt*, in: Scholz, GmbHG, § 47 Rn. 176.

Schrifttum

Bayer, Schiedsfähigkeit von GmbH-Streitigkeiten, ZIP 2003, 881; *Berger*, GmbH-rechtliche Beschlussmängelstreitigkeiten vor Schiedsgerichten – Gestaltungsmöglichkeiten im Anschluss an BGHZ 132, 278, ZHR 164 (2000), 295; *Bloching*, Der Streitwert der Anfechtungsklage in der GmbH analog § 247 Abs. 1 AktG, GmbHR 2009, 1265; *Böttcher/Fischer*, Einbeziehung von Schiedsordnungen in die Satzung einer GmbH, NZG 2011, 601; *Bork*, Das Anerkenntnis im aktienrechtlichen Beschlussanfechtungsverfahren, ZIP 1992, 1205; *Borris*, Die »Ergänzenden Regeln für gesellschaftsrechtliche Streitigkeiten« der DIS (»DIS-ERGeS«), SchiedsVZ 2009, 299; *Böttcher/Helle*, Zur Schiedsfähigkeit von Beschlussmängelstreitigkeiten – Schiedsfähigkeit II, NZG 2009, 700; *Casper*, Das Anfechtungsklageerfordernis im GmbH-Beschlussmängelrecht, ZHR 163 (1999), 54; *ders./Risse*, Mediation von Beschlußmängelstreitigkeiten, ZIP 2000, 437; *Dendorfer/Krebs*, Konfliktlösung durch Mediation bei Gesellschafterstreitigkeiten, MittBayNot 2008, 85; *Emde*, Der Streitwert bei Anfechtung von GmbH-Beschlüssen und Feststellung der Nichtigkeit von KG-Beschlüssen in der GmbH&Co.KG, DB 1996, 1557; *Fritsche*, Anmerkung zu OLG Frankfurt, Urteil vom 22.12.2004 – 13 U 177/02, GmbHR 2005, 550, 557; *Goette*, Anmerkung zu BGH, Beschluss vom 28.06.1993 – II ZR 23/93, DStR 1993, 1566; *Göz/Peitsmeyer*, Schiedsfähigkeit von Beschlussmängelstreitigkeiten bei der GmbH – Zugleich Besprechung des BGH-Urteils vom 6.4.2009 – II ZR 255/08, DB 2009

S. 1171, DB 2009, 1915; *Hilbig*, Schiedsvereinbarungen über GmbH-Beschlussmängelstreitigkeiten – Zugleich Anmerkung zu BGH, Urt. v. 6. 4. 2009, Az. II ZR 255/08 »Schiedsfähigkeit II«, SchiedsVZ 2009, 247; *Hoffmann/Köster*, Beschlussfeststellung und Anfechtungsklageerfordernis im GmbH-Recht, GmbHR 2003, 1327; *Hoffmann-Becking*, Kombinierte Beschlussfassung in Gesellschafterversammlung und Aufsichtsrat, in: Hommelhoff/Rawert/K. Schmidt (Hrsg.), Festschrift für Hans-Joachim Priester zum 70. Geburtstag, 2007, S. 233; *Jäger*, Anmerkung zu OLG Schleswig, Urteil vom 16.03.2000 – 5 U 244/97, NZG 2000, 895, 897; *Kleindiek*, Ordnungswidrige Liquidation durch organisierte Firmenbestattung, ZGR 2007, 276; *Liese/Theusinger*, Beschlussfassung durch GmbH-Gesellschafter – das Ende des kombinierten Verfahrens? – Zugleich Besprechung der Entscheidung des BGH v. 16.1.2006 – II ZR 135/04, GmbHR 2006, 682; *Meyer*, Streitwert und Kostenerstattung im Beschlussmängelrechtsstreit der GmbH, GmbHR 2010, 1081; *H.-F. Müller*, GmbH-Beschlussmängelstreitigkeiten im Schiedsverfahren, GmbHR 2010, 729; *Nietsch*, Schiedsfähigkeit von Beschlussmängelstreitigkeiten in der GmbH, ZIP 2009, 2269; *Nolting*, Rechtskrafterstreckung von Schiedssprüchen zu Beschlussmängeln im GmbH-Recht, GmbHR 2011, 1017; *Reichert*, Beschlussmängelstreitigkeiten und Schiedsgerichtsbarkeit – Gestaltungs- und Reaktionsmöglichkeiten, in: Habersack/Hüffer/Hommelhoff/K. Schmidt (Hrsg.), Festschrift für Peter Ulmer zum 70. Geburtstag am 2. Januar 2003, 2003, S. 511; *Römermann*, Anmerkung zu OLG Düsseldorf, Urteil vom 14.11.2003 – I-16 U 95/98, GmbHR 2004, 572, 580; *K. Schmidt*, Die Behandlung treuwidriger Stimmen in der Gesellschafterversammlung und im Prozeß – Bemerkungen zum »Cats«-Urteil des Hanseatischen OLG Hamburg, GmbHR 1992, 9; *Schwedt/Lilja/Schaper*, Schiedsfähigkeit von Beschlussmängelstreitigkeiten: Die neuen Ergänzenden Regeln für gesellschaftsrechtliche Streitigkeiten der DIS, NZG 2009, 1281; *Zilles*, Vereinbarung des Schiedsverfahrens über Beschlüsse von GmbH-Gesellschaftern, BB-Beilage Nr. 4/1999, 2.

A. Grundkonzept

1 Die Rechtsfolgen eines mangelhaften Gesellschafterbeschlusses sind im GmbH-Gesetz nicht geregelt. Der Beschluss hat zwar rechtsgeschäftlichen Charakter (§ 47 Rdn. 5). Die zivilrechtlichen Vorschriften über Willensmängel und ihre Rechtsfolgen passen aber nicht. Die Rechtsprechung schließt die Lücke durch eine **Analogie zum Aktienrecht** (§§ 241 ff. AktG).[1]

2 Daraus ergibt sich die Trennung in nichtige und anfechtbare Beschlüsse. **Nichtig** ist ein Beschluss nur bei besonders gravierenden Mängeln; er entfaltet dann keinerlei Wirkung (Rdn. 34). Weniger gravierende Mängel machen den Beschluss nur **anfechtbar**: Er ist zunächst wirksam und muss durch fristgebundene Anfechtungsklage beseitig werden (Rdn. 39); andernfalls erlangt er endgültige Bestandskraft. Dies setzt allerdings voraus, dass das Zustandekommen des Beschlusses ordnungsgemäß festgestellt wurde (Rdn. 40). Fehlt eine solche Feststellung, ist eine unbefristete Beschlussfeststellungsklage gemäß § 256 ZPO möglich (Rdn. 83).[2]

---

1 RGZ 85, 311, 313; BGHZ 11, 231, 235; BGHZ 51, 209, 210; BGHZ 104, 66, 69; BGH, GmbHR 2008, 426, 427.

2 BGHZ 104, 66, 69.

3 Die Analogie zum Aktienrecht ist im Schrifttum auf **Kritik** gestoßen.[3] Es fehle die Vergleichbarkeit der Interessenlage. Die befristete Anfechtungsklage diene in der AG als Publikumsgesellschaft der Rechtssicherheit. In der personalistisch geprägten GmbH müsse man einen fehlerhaften Beschluss nicht zwingend mit Bestandskraft versehen oder könne bei nicht eintragungspflichtigen Beschlüssen eine bloße Anfechtungserklärung genügen lassen. Andernfalls führe der Zwang, eine zeitlich nur befristet zulässige Anfechtungsklage zu erheben, zu unnötigen Prozessen, was dem persönlichen Klima in der Gesellschaft abträglich sei.

4 Demgegenüber halten Rechtsprechung und **herrschende Meinung** an der Analogie zum Aktienrecht grundsätzlich fest und stützen sich dabei vor allem auf den Aspekt der **Rechtsicherheit.**[4] Im Modell der Anfechtbarkeit durch Anfechtungsklage bestehe Gewissheit über die Wirksamkeit der Beschlüsse. Der Aspekt der Rechtssicherheit trete nur bei besonders schweren Mängeln zurück. Die Vorschriften über Nichtigkeit und Anfechtbarkeit von Beschlüssen seien daher sinngemäß auf die GmbH anzuwenden, soweit nicht deren Besonderheiten eine Abweichung erforderten. Eine Abweichung wird insbesondere bei der Klagefrist (§ 246 Abs. 1 AktG: ein Monat) für denkbar gehalten; eine enge zeitliche Begrenzung der Klagemöglichkeit sei in der GmbH nicht in gleichem Maße geboten wie in der AG.[5] Insoweit bietet die herrschende Auffassung hinreichend Differenzierungsmöglichkeiten, um den Besonderheiten der GmbH gerecht zu werden, und soll daher nachfolgend zu Grunde gelegt werden.

5 **Nichtigkeits- und Anfechtungsklage** verfolgen nach neuerer Lehre und Rechtsprechung dasselbe materielle Ziel: Die richterliche Klärung der Nichtigkeit von Gesellschafterbeschlüssen mit Wirkung für und gegen jedermann (inter omnes).[6] Der Nichtigkeitsantrag umfasst daher zugleich den Anfechtungsantrag.[7] Das Gericht prüft sämtliche in Betracht kommenden Nichtigkeits- und Anfechtungsgründe. Soweit derselbe Lebenssachverhalt zugrunde liegt und die Anfechtungsklage nicht verspätet ist (Rdn. 64 ff.), können daher in einer Klage alle Mängel zusammengefasst

---

3 Dazu (m.w.N.): *Casper,* ZHR 163 (1999), 54, 76 f.; *Casper,* in: Bork/Schäfer, GmbHG, § 47 Rn. 60 ff.; *Raiser,* in: Ulmer/Habersack/Winter, GmbHG, Anh. § 47 Rn. 4 ff.; *Zöllner,* in: Baumbach/Hueck, GmbHG, Anh. § 47 Rn. 3 ff.; *Zöllner/Noack,* ZGR 1989, 525, 532 ff.

4 Zur Rspr. Fn. 1; aus der Literatur: *Bayer,* in: Lutter/Hommelhoff, GmbHG, Anh. § 47 Rn. 3; *Römermann,* in: Michalski, GmbHG, Anh. § 47 Rn. 17; *Roth,* in: Roth/Altmeppen, GmbHG, § 47 Rn. 91; *K. Schmidt,* in: Scholz, GmbHG, § 45 Rn. 35 f. (mit dem Hinweis, es handele sich um allgemeine Institutionen des Verbandsrechts).

5 BGHZ 104, 66, 71.

6 BGHZ 134, 364, 366; BGHZ 152, 1, 3 ff.; BGH, NZG 1999, 496, 497; BGH, GmbHR 2009, 39, 40; *Bayer,* in: Lutter/Hommelhoff, GmbHG, Anh. § 47 Rn. 78; *Raiser,* in: Ulmer/Habersack/Winter, GmbHG, Anh. § 47 Rn. 216 ff.; *Roth,* in: Roth/Altmeppen, GmbHG, § 47 Rn. 154; *Römermann,* in: Michalski, GmbHG, Anh. § 47 Rn. 477 ff.; *K. Schmidt,* in: Scholz, GmbHG, § 45 Rn. 45; *Zöllner,* in: Baumbach/Hueck, GmbHG, Anh. § 47 Rn. 166.

7 BGHZ 134, 364, 366; BGHZ 152, 1, 4.

werden, die dem Beschluss anhaften. Beide Klagen lassen sich wegen ihrer inter omnes-Wirkung unter dem Begriff der **kassatorischen Klage** zusammenfassen.[8]

6 In einigen Fällen treten **schwebend unwirksame** Beschlüsse auf. Sie sind mangelfrei, erfordern aber für ihre Wirksamkeit noch den Eintritt zusätzlicher Voraussetzungen: etwa eine Zustimmung durch einzelne Gesellschafter,[9] eine kartellrechtliche Freigabe oder die Eintragung in das Handelsregister (insb. Satzungsänderungen).[10] Während des Schwebezustandes kann die Unwirksamkeit von jedermann geltend gemacht werden, prozessual auch im Wege der negativen Feststellungsklage.[11] Der Eintritt der erforderlichen Voraussetzung beendet den Schwebezustand und macht den Beschluss wirksam. Kann die fehlende Wirksamkeitsvoraussetzung endgültig nicht mehr eintreten (z.B. wegen ausdrücklicher Verweigerung einer erforderlichen Zustimmung), tritt Nichtigkeit ein. Diese kann mit inter omnes-Wirkung durch Nichtigkeitsklage (Rdn. 68) geltend gemacht werden.[12]

7 Weitere Kategorien fehlerhafter Beschlüsse sind entbehrlich. Die sog. **Nichtbeschlüsse** oder **Scheinbeschlüsse** lassen sich in die hier beschriebene Konzeption einfügen.[13] Häufig leiden sie unter derart schweren Mängeln, dass ein Nichtigkeitsgrund vorliegt (Rdn. 10 ff.). Gerade bei den Scheinbeschlüssen (Beispiel: Beschluss durch Nichtgesellschafter) wird es oft an einer ordnungsgemäßen Beschlussfeststellung fehlen, so dass die fehlende Wirksamkeit jederzeit durch Feststellungsklage geltend gemacht werden kann (Rdn. 83). Sollte ein Beschluss ordnungsgemäß festgestellt worden sein und nicht unter gravierenden Mängeln leiden, ist die Anfechtungsklage der richtige Rechtsbehelf (Rdn. 39).

8 Die Grundsätze der kassatorischen Klage (Rdn. 5) finden auf **Beschlüsse anderer Gesellschaftsorgane** (Geschäftsführer oder Aufsichtsrat) grundsätzlich keine Anwendung.[14] Es gelten die allgemeinen Grundsätze:[15] Beschlüsse, die gegen zwingendes Gesetzesrecht oder die Satzung verstoßen, sind nichtig. Dies kann im Grundsatz jederzeit und von jedermann geltend gemacht werden und prozessual mit der allgemeinen Feststellungsklage geklärt werden. Um die Möglichkeit der Geltendmachung

---

8 *K. Schmidt*, in: Scholz, GmbHG, § 45 Rn. 45.

9 BGHZ 15, 177, 181 (für Genossenschaft); BGHZ 48, 141, 143.

10 RGZ 148, 175, 186 (für AG).

11 BGHZ 15, 177, 181; *Bayer*, in: Lutter/Hommelhoff, GmbHG, Anh. § 47 Rn. 5; *K. Schmidt*, in: Scholz, GmbHG, § 45 Rn. 59.

12 *Casper*, in: Bork/Schäfer, GmbHG, § 47 Rn. 64; *K. Schmidt*, in: Scholz, GmbHG, § 45 Rn. 59; *Roth*, in: Roth/Altmeppen, GmbHG, § 47 Rn. 92; a.A. *Römermann*, in: Michalski, GmbHG, Anh. § 47 Rn. 31 f. (Feststellungsklage).

13 Dazu im Einzelnen: *Raiser*, in: Ulmer/Habersack/Winter, Anh. § 47 Rn. 27 ff.; *Römermann*, in: Michalski, GmbHG, Anh. § 47 Rn. 24 ff.; *Zöllner*, in: Baumbach/Hueck, GmbHG, Anh. § 47 Rn. 24 ff.

14 BGHZ 122, 343, 347 (zum AG-Aufsichtsrat); *Römermann*, in: Michalski, GmbHG, Anh. § 47 Rn. 625; *K. Schmidt*, in: Scholz, GmbHG, § 45 Rn. 184 ff.; *Zöllner*, in: Baumbach/Hueck, GmbHG, Anh. § 47 Rn. 206.

15 Vgl. BGHZ 122, 343, 351 ff.

zeitlich sinnvoll zu begrenzen, kann das Institut der Verwirkung herangezogen werden. Demnach sind geringfügige Mängel mit aller zumutbaren Beschleunigung geltend zu machen. Eine kassatorische Klage in Analogie zu §§ 248, 249 AktG wird ausnahmsweise zugelassen, wenn Gesellschaftsorgan eine Entscheidung im Zuständigkeitsbereich der Gesellschafter getroffen hat.[16]

B. Nichtigkeit

I. Allgemeines

9 **§ 241 AktG** nennt gravierende Mängel, die zur Nichtigkeit des Beschlusses führen. Die im Einleitungssatz zu § 241 AktG genannten Vorschriften (§ 192 Abs. 4, §§ 212, 217 Abs. 2, § 228 Abs. 2, § 234 Abs. 3 und § 235 Abs. 2 AktG) sind auf die GmbH nicht übertragbar.[17] Der **enumerative Katalog** in § 241 Nr. 1 bis 6 AktG ist auf die GmbH analog anwendbar. Zusätzlich finden sich im GmbHG (für Kapitalerhöhungen: §§ 57 j S. 2, 57 n Abs. 2 S. 4, 58a Abs. 4 S. 2, 58e Abs. 3 S. 1, 58 f Abs. 2 S. 1) und im AktG (§§ 250, 253, 256) **spezielle Nichtigkeitsgründe**. Aus Gründen der Rechtssicherheit sind die gesetzlich genannten Nichtigkeitsgründe als **abschließend** zu betrachten.[18] Andere als die dort genannten Mängel führen nur zur Anfechtbarkeit.

II. Nichtigkeitsgründe

1. Einberufungsmängel (§ 241 Nr. 1 AktG analog)

10 Beschlüsse einer Gesellschafterversammlung, die von einem **Unbefugten** einberufen worden ist, sind nichtig.[19] Das folgt in analoger Anwendung aus § 241 Nr. 1 AktG, der auf die Zuständigkeitsregelung des § 121 Abs. 2 AktG verweist. Die Nichtigkeitsfolge kommt auch bei der Aufforderung zur schriftlichen Beschlussfassung (§ 48 Abs. 2) durch einen Unbefugten in Betracht. Zwar müssen regelmäßig alle Gesellschafter zustimmen, wodurch der Mangel geheilt wird;[20] die Satzung kann aber auch niedrigere Zustimmungsquoten zulassen (§ 48 Rdn. 29). Die Zuständigkeit für die Einberufung einer Gesellschafterversammlung liegt regelmäßig bei den Geschäftsführern (§ 49 Rdn. 4), ausnahmsweise bei anderen Organen (§ 49 Rdn. 6 ff.) oder einer

---

16 BGHZ 43, 261, 265 (für Schiedsspruch, der Beschluss der Gesellschafterversammlung ersetzt); OLG Düsseldorf, GmbHR 1983, 124 (für Beiratsbeschluss über Gewinnverwendung). A.A. *Zöllner*, in: Baumbach/Hueck, GmbHG, Anh. § 47 Rn. 207, zweifelnd auch *K. Schmidt*, in: Scholz, GmbHG, § 45 Rn. 188.

17 *Raiser*, in: Ulmer/Habersack/Winter, GmbHG, Anh. § 47 Rn. 68; *Römermann*, in: Michalski, GmbHG, Anh. § 47 Rn. 175.

18 *Raiser*, in: Ulmer/Habersack/Winter, GmbHG, Anh. § 47 Rn. 33; *K. Schmidt*, in: Scholz, GmbHG, § 45 Rn. 62.

19 BGHZ 11, 231, 236; BGHZ 87, 1, 3; OLG München, GmbHR 2000, 486, 488 f. Die Entscheidungen betrafen Verstöße gegen § 50.

20 *Raiser*, in: Ulmer/Habersack/Winter, GmbHG, Anh. § 47 Rn. 38.

Gesellschafterminderheit (§ 50 Rdn. 1, 7 f.); das Verfahren nach § 48 Abs. 2 kann von Geschäftsführern oder Gesellschaftern eingeleitet werden kann (§ 48 Rdn. 24).

11 Schwerwiegende **Verfahrensmängel** bei der Einberufung (näher: § 51 Rdn. 21) führen zur Nichtigkeit der dennoch gefassten Beschlüsse. Das folgt in analoger Anwendung aus § 241 Nr. 1 AktG, der auf die Verfahrensregelungen des § 121 Abs. 3 und 4 AktG verweist. So ist Nichtigkeit die Folge, wenn es überhaupt keine Einladung gab oder aus der Einladung Ort oder Zeit der Versammlung nicht oder nicht hinreichend genau erkennbar waren.[21] Nach Auffassung des BGH führt auch die fehlende Unterschrift auf der Einladung zur Nichtigkeit (a.A. § 51 Rdn. 21: nur Anfechtbarkeit).[22] Wurden nicht alle Gesellschafter eingeladen, begründet dies Nichtigkeit der dennoch gefassten Beschlüsse,[23] es sei denn, der betreffende Gesellschafter hätte zuvor auf seine Teilnahme verzichtet (§ 51 Rdn. 24). Andere Verfahrensverstöße bei der Einberufung führen nur zur Anfechtbarkeit von Beschlüssen (näher: § 51 Rdn. 22). Sämtliche Fehler der Einberufung können durch Vollversammlung oder Rügeverzicht geheilt werden (§ 51 Rdn. 24).

2. Beurkundungsmängel (§ 241 Nr. 2 AktG analog)

12 Wurde ein Beschluss, für den kraft Gesetzes notarielle Beurkundung vorgesehen ist, **nicht beurkundet**, so ist er nichtig.[24] Das folgt aus § 241 Nr. 2 AktG analog, der auf die Beurkundungsregelung des § 130 AktG verweist. In der GmbHG sind insbesondere Satzungsänderungen beurkundungspflichtig (§ 53 Abs. 2; zu weiteren Beurkundungspflichten: § 53 Rdn. 45). Ein Verstoß gegen satzungsmäßige Beurkundungspflichten hat lediglich Anfechtbarkeit zur Folge.[25] Die fehlende Niederschrift in der Einpersonen-GmbH (§ 48 Abs. 3) begründet keine Beschlussnichtigkeit (vgl. § 48 Rdn. 32).

3. Wesensverstöße und Verstoß gegen öffentliches Interesse

13 Gesellschafterbeschlüsse, die mit dem Wesen der GmbH unvereinbar sind oder gegen zwingende Vorschriften verstoßen, die dem Gläubigerschutz dienen oder sonst im öffentlichen Interesse liegen, sind nichtig (§ 241 Nr. 3 AktG analog).[26]

---

21 *Bayer*, in: Lutter/Hommelhoff, GmbHG, Anh. § 47 Rn. 12; *Raiser*, in: Ulmer/Habersack/Winter, GmbHG, Anh. § 47 Rn. 39 ff.; LG Köln, GmbHR 1992, 809, 810 (fehlende Angabe des Versammlungsorts).

22 BGH, GmbHR 1989, 120, 122.

23 BGHZ 36, 207, 211; OLG Hamm, GmbHR 1993, 743, 746; BayObLG, GmbHR 1997, 1002; OLG München, GmbHR 2000, 486, 488 f.

24 *Raiser*, in: Ulmer/Habersack/Winter, GmbHG, Anh. § 47 Rn. 46.

25 *Raiser*, in: Ulmer/Habersack/Winter, GmbHG, Anh. § 47 Rn. 48; *Zöllner*, in: Baumbach/Hueck, GmbHG, Anh. § 47 Rn. 49; *Bayer*, in: Lutter/Hommelhoff, GmbHG, Anh. § 47 Rn. 15; *K. Schmidt*, in: Scholz/Seibt, GmbHG, § 45 Rn. 67.

26 *Raiser*, in: Ulmer/Habersack/Winter, GmbHG, Anh. § 47 Rn. 52.

14 Das GmbH-Recht ist im Gegensatz zum Aktienrecht weitgehend dispositiv. Das **Wesen der GmbH** liegt daher einerseits im Grundsatz der Satzungsautonomie,[27] kommt aber andererseits auch gerade in denjenigen Vorschriften zum Ausdruck, die zwingender Natur sind.[28] Daher führt ein Verstoß gegen die Individual- und Minderheitenrechte des GmbH-Gesetzes (insb. Teilnahme- und Anfechtungsrecht sowie §§ 50, 51a, 61 Abs. 2, 66 Abs. 2 und 3) zur Nichtigkeit. Der Einwand, die Interessen der Öffentlichkeit seien durch derartige Verstöße nicht berührt,[29] verkennt, dass es in dieser Fallgruppe nicht auf das »öffentliche Interesse» ankommt (dazu unten Rdn. 16), sondern auf die wesensprägenden Merkmale der GmbH. In Konsequenz dessen führt der Entzug von Rechtspositionen, die nach der gesetzlichen Regelung dispositiv ausgestaltet sind, lediglich zur Anfechtbarkeit des Beschlusses.[30]

15 Dem **Gläubigerschutz** dienen vor allem die Vorschriften zur Kapitalaufbringung und -erhaltung.[31] Auch das Bilanzrecht enthält zahlreiche gläubigerschützende Normen; insoweit gilt aber die Spezialregelung des § 256 AktG (Rdn. 25).

16 Vorschriften im **öffentlichen Interesse**[32] sind beispielsweise die Eignungsvoraussetzungen für Geschäftsführer (§ 6 Abs. 2), die Firmenbildung (§ 4) sowie die strafrechtlichen §§ 82 ff. Außerhalb des GmbH-Rechts sind § 1 GWB, das Straf- und Ordnungswidrigkeitsrecht sowie das Steuerrecht zu nennen. Auch die Mitbestimmungsgesetze dienen dem öffentlichen Interesse.[33]

4. Inhaltlicher Sittenverstoß

17 Ein Gesellschafterbeschluss ist nichtig, wenn sein **Inhalt sittenwidrig** ist (§ 241 Nr. 4 AktG analog). Liegt die Sittenwidrigkeit lediglich im Verfahren oder im Motiv einzelner Gesellschafter kommt nur Anfechtbarkeit in Betracht.[34] Eine Ausnahme soll

---

27 BGHZ 14, 264, 269.

28 In diesem Sinne *Raiser*, in: Ulmer/Habersack/Winter, GmbHG, Anh. § 47 Rn. 56, der diese Normen allerdings der Fallgruppe »öffentliches Interesse« unterstellt; weiterhin *Bayer*, in: Lutter/Hommelhoff, GmbHG, Anh. § 47 Rn. 17.

29 *Römermann*, in: Michalski, GmbHG, Anh. § 47 Rn. 134.

30 *Bayer*, in: Lutter/Hommelhoff, GmbHG, Anh. § 47 Rn. 17.

31 Aus der Rechtsprechung: BGHZ 15, 391, 392 f. (Erwerb eigener Anteile bei Kapitalerhöhung); BGHZ 144, 365, 369 f. (Zahlung von Einziehungsentschädigung aus gebundenem Vermögen); BGH, NJW 2011, 2294 (nichtige Einziehung wegen Verstoßes gegen § 30 Abs. 1 GmbH). Weitere Beispiele bei: *Raiser*, in: Ulmer/Habersack/Winter, GmbHG, Anh. § 47 Rn. 52; *Römermann*, in: Michalski, GmbHG, Anh. § 47 Rn. 138 f.

32 Zum Folgenden: *Bayer*, in: Lutter/Hommelhoff, GmbHG, Anh. § 47 Rn. 19; *Raiser*, in: Ulmer/Habersack/Winter, GmbHG, Anh. § 47 Rn. 53 ff.; *Roth*, in: Roth/Altmeppen, GmbHG, § 47 Rn. 97; *Römermann*, in: Michalski, GmbHG, Anh. § 47 Rn. 140 ff.; *K. Schmidt*, in: Scholz, GmbHG, § 45 Rn. 75.

33 BGHZ 83, 106, 110 (AG); BGHZ 83, 151, 153 (AG); BGHZ 89, 48, 50; OLG Hamburg, WM 1983, 130, 132; OLG Hamburg, DB 1982, 1765.

34 BGHZ 101, 113, 116; OLG München, GmbHR 1995, 232; OLG Hamm, v. 17.10.2007 – 8 U 28/07, BeckRS 2008, 05437 (unter B.II.2.c. der Gründe).

gelten, wenn durch sittenwidrigen Machtmissbrauch in unverzichtbare Gesellschafterrechte eingegriffen wird;[35] dann wird aber zumeist auch eine der vorstehenden Fallgruppen erfüllt sein.

18 Praktisch bedeutsamer ist die **Schädigung Dritter**, die keine Anfechtungsmöglichkeit besitzen. In diesen Fällen kann auch ein Beschluss, dessen Inhalt äußerlich neutral wirkt, wegen der dahinter stehenden sittenwidrigen Motivation nichtig sein.[36] Nichtig ist auch ein Beschluss, mit dem sich der bisherige Alleingesellschafter zu Lasten des künftigen Mehrheitsgesellschafters weitreichende Minderheitenrechte einräumt, obwohl bei Veräußerung der Geschäftsanteile von derartigen Beschränkungen nicht die Rede war.[37] Sittenwidrig kann auch ein Beschluss in der Komplementär-GmbH einer GmbH & Co KG sein, der die außenstehenden Kommanditisten benachteiligt.[38]

19 Nichtig sind auch Beschlüsse, die eine **Gläubigerschädigung** bezwecken. Wird beispielsweise in Kenntnis des bevorstehenden Zusammenbruchs der Gesellschaft ein Anspruchsverzicht gegen Gesellschaftsorgane beschlossen, so schädigt dies die Gläubiger und ist daher sittenwidrig.[39] Ebenso verhält es sich bei Beschlüssen mit existenzvernichtendem Charakter[40] oder solchen, die der irregulären »Bestattung« der Gesellschaft dienen.[41] Eine Satzungsbestimmung, die eine Einziehung gepfändeter Anteile gegen ein nicht vollwertiges Entgelt gestattet, ist nichtig, wenn sie allein der Aushöhlung des Anteils zum Nachteil des Gläubiger dient, wirksam hingegen, wenn sie auch für den vergleichbaren Fall der Einziehung aus wichtigem Grund gilt.[42]

5. Anfechtungsklage und Amtslöschung

20 Die **erfolgreiche Anfechtungsklage** führt zur Nichtigkeit des Beschlusses (§ 248 AktG analog). Diese Kategorie der Nichtigkeit wird in § 241 Nr. 5 AktG gleichfalls genannt.

21 Bei Beschlüssen, die im **Handelsregister** eingetragen werden müssen, kann außerdem durch eine Löschung nach § 398 FamFG Nichtigkeit eintreten (§ 241 Nr. 6 AktG analog). Die Löschung setzt zwar voraus, dass der Beschluss bereits nichtig ist; der formale Akt der Löschung führt allerdings auch dann zur Nichtigkeit, wenn das Registergericht den Beschluss zu Unrecht für nichtig hielt.[43]

---

35 BGHZ 101, 113, 116; OLG Nürnberg, NZG 2000, 700, 702.
36 BGHZ 15, 382, 386; BGHZ 101, 113, 116; OLG Dresden, NZG 1999, 1109.
37 OLG Dresden, NZG 1999, 1109.
38 BGHZ 15, 382, 386.
39 RGZ 161, 129, 144.
40 *K. Schmidt*, in: Scholz, GmbHG, § 45 Rn. 76.
41 AG Memmingen, GmbHR 2004, 952, 954; näher zur »Bestattung« von GmbHs *Kleindiek*, ZGR 2007, 276 ff.
42 BGHZ 65, 22, 26.
43 *Raiser*, in: Ulmer/Habersack/Winter, GmbHG, Anh. § 47 Rn. 64; *Zöllner*, in: Baumbach/Hueck, GmbHG, Anh. § 47 Rn. 57.

6. Nichtigkeit von Aufsichtsratswahlen

22 Zur Nichtigkeit von Aufsichtsratswahlen trifft § 250 AktG eine **spezielle Regelung.** Sie verweist teilweise auf die allgemeinen Nichtigkeitsgründe: Die Aufsichtsratswahl ist nichtig, wenn Einberufungsmängel vorlagen oder die Wahl auf eine Anfechtungsklage hin für nichtig erklärt wurde (Verweis des § 250 Abs. 1 AktG auf § 241 Nr. 1 und Nr. 5 AktG).[44]

23 Von den speziellen Nichtigkeitsgründen des § 250 AktG passt auf den **fakultativen** GmbH-Aufsichtsrat nur § 250 Abs. 1 Nr. 4 AktG: Die Wahl ist nichtig, wenn das gewählte Aufsichtsratsmitglied die dafür nötigen persönlichen Voraussetzungen des § 100 Abs. 1 und Abs. 2 AktG nicht erfüllt (die allerdings auf den fakultativen Aufsichtsrat auch nur teilweise Anwendung finden: § 52 Rdn. 23 ff.).

24 Bei der Wahl eines **obligatorischen** GmbH-Aufsichtsrates sind die gesetzliche Höchstzahl der Aufsichtsratsmitglieder (§ 95 AktG), das aktienrechtliche Statusverfahren (§§ 96 ff. AktG), die Inkompatibilität mit der Geschäftsführerposition (§ 52 Rdn. 95) und sämtliche persönliche Voraussetzungen des § 100 Abs. 1 und 2 AktG (§ 52 Rdn. 95 ff.) zu beachten (vgl. § 251 Abs. 1 Nr. 1-4 AktG).

7. Jahresabschluss und Ergebnisverwendung

25 Ein festgestellter Jahresabschluss ist nichtig bei Verletzung von Vorschriften, die ausschließlich oder überwiegend dem **Gläubigerschutz** dienen (§ 256 Abs. 1 Nr. 1 AktG analog).[45] Die Nichtigkeit erstreckt sich auch auf einen darauf gestützten **Ergebnisverwendungsbeschluss** (§ 253 AktG analog).[46]

26 Zur Nichtigkeit führen insbesondere Verstöße gegen die Vorschriften über den Jahresabschluss (§§ 242 ff. HGB) und gegen die **Grundsätze ordnungsgemäßer Buchführung** (§ 264 Abs. 2 S. 1 HGB), so etwa wenn in nicht unerheblichem Umfang gegen das Verbot der Überbewertung (§ 253 HGB) verstoßen wurde.[47]

27 Fehler bei Aufbau und Gliederung des Jahresabschlusses sind nur relevant, wenn sie dessen Klarheit und Übersichtlichkeit wesentlich beeinträchtigen (§ 256 Abs. 4 AktG analog). Ein Verstoß gegen Bewertungsvorschriften hat bei **Überbewertung** in jedem Fall die Nichtigkeit zu Folge, bei **Unterbewertung** nur, wenn dadurch die Vermögens- und Ertragslage vorsätzlich unrichtig wiedergegeben oder verschleiert wird

---

44 Der Verweis des § 250 Abs. 1 AktG auf § 241 Nr. 2 AktG ist mangels Beurkundungspflicht in der GmbH gegenstandslos.

45 *Bayer*, in: Lutter/Hommelhoff, GmbHG, Anh. § 47 Rn. 24; *Raiser*, in: Ulmer/Habersack/Winter, GmbHG, Anh. § 47 Rn. 75 ff.; *Römermann*, in: Michalski, GmbHG, Anh. § 47 Rn. 187 ff.; *Zöllner*, in: Baumbach/Hueck, GmbHG, Anh. § 47 Rn. 63 ff.

46 *Bayer*, in: Lutter/Hommelhoff, GmbHG, Anh. § 47 Rn. 24; *Zöllner*, in: Baumbach/Hueck, GmbHG, Anh. § 47 Rn. 62; FG Nürnberg, GmbHR 1987, 495, 496.

47 BGHZ 83, 341, 347.

(§ 256 Abs. 5 AktG analog). Das Unterlassen einer an und für sich gebotenen Aktivierung steht der Unterbewertung eines Aktivpostens gleich.[48]

28 Ein **prüfungspflichtiger** Jahresabschluss ist nichtig, wenn er nicht geprüft wurde (§ 256 Abs. 1 Nr. 2 AktG analog). Dasselbe gilt, wenn er durch eine Person geprüft wurde, die nicht Abschlussprüfer ist oder nicht ordnungsgemäß zum Abschlussprüfer bestellt worden war (§ 256 Abs. 1 Nr. 3 AktG analog); ausgenommen sind Verstöße gegen die Befangenheits- oder Ausschlussgründe der §§ 319 ff. HGB.

8. Satzungsregelungen

29 Die gesetzlich vorgesehenen Nichtigkeitsgründe stehen nicht zur Disposition der Gesellschafter.[49] Anders als bei der Anfechtungsklage (Rdn. 67) kann der Gesellschaftsvertrag die Geltendmachung der Nichtigkeit auch nicht an eine bestimmte Frist binden.[50] Sofern die Satzung den Katalog der Nichtigkeitsgründe erweitert, führt ein Verstoß hiergegen nur zur Anfechtbarkeit der Beschlüsse.[51]

III. Teilnichtigkeit

30 Erfasst die Nichtigkeit einen Gesellschafterbeschluss nur teilweise, so ist **§ 139 BGB** anzuwenden:[52] Der Beschluss ist insgesamt nichtig, wenn nicht anzunehmen ist, dass die Gesellschafter ihn auch ohne den nichtigen Teil gefasst hätten.[53] Mehrere Beschlüsse sind stets getrennt zu bewerten, § 139 BGB greift insoweit nicht.[54]

IV. Heilung

31 Eine Heilung nichtiger Beschlüsse kann insbesondere durch **Eintragung im Handelsregister** eintreten. Wurde ein beurkundungsbedürftiger Beschluss nicht oder fehlerhaft beurkundet, bewirkt die Eintragung unmittelbar eine Heilung des Formman-

48 BGHZ 124, 111, 119 (AG).

49 *Raiser*, in: Ulmer/Habersack/Winter, GmbHG, Anh. § 47 Rn. 90; *Römermann*, in: Michalski, GmbHG, Anh. § 47 Rn. 253 f.; *K. Schmidt*, in: Scholz, GmbHG, § 45 Rn. 63; *Zöllner*, in: Baumbach/Hueck, GmbHG, Anh. § 47 Rn. 29.

50 *Römermann*, in: Michalski, GmbHG, Anh. § 47 Rn. 255; *Zöllner*, in: Baumbach/Hueck, GmbHG, Anh. § 47 Rn. 29. Überschießend BGHZ 68, 212, 216, wonach der Gesellschaftsvertrag die Geltendmachung von Nichtigkeit an eine bestimmte Frist binden könne (obwohl die Satzung im vorliegenden Fall nur von der Anfechtung sprach).

51 *Raiser*, in: Ulmer/Habersack/Winter, GmbHG, Anh. § 47 Rn. 90; *Römermann*, in: Michalski, GmbHG, Anh. § 47 Rn. 256; *K. Schmidt*, in: Scholz, GmbHG, § 45 Rn. 63; für die Zulässigkeit von Erweiterungen *Zöllner*, in: Baumbach/Hueck, GmbHG, Anh. § 47 Rn. 31.

52 *Bayer*, in: Lutter/Hommelhoff, GmbHG, Anh. § 47 Rn. 25; *Zöllner*, in: Baumbach/Hueck, GmbHG, Anh. § 47 Rn. 78 ff.

53 RGZ 118, 218, 221, und RGZ 140, 174, 177 (jeweils Genossenschaft); RGZ 146, 385, 394, (AG); BGH, NJW 1988, 1214 (AG); BGHZ 124, 111, 122 (Aufsichtsratsbeschluss).

54 *Raiser*, in: Ulmer/Habersack/Winter, GmbHG, Anh. § 47 Rn. 84.

gels (§ 242 Abs. 1 AktG analog).[55] Bei anderen Mängeln tritt Heilung erst drei Jahre nach der Eintragung ein (§ 242 Abs. 2 AktG analog); die feste Frist von drei Jahren gilt aus Gründen der Rechtssicherheit auch für die GmbH.[56] Die Frist beginnt auch dann mit dem Zeitpunkt der Eintragung zu laufen, wenn dem Beschluss im Zeitpunkt der Eintragung noch eine Wirksamkeitsvoraussetzung fehlt.[57] Die Heilungsregelung gilt nicht nur für spätere Satzungsänderungen, sondern auch für Mängel der Ursprungssatzung.[58]

32 Trotz Heilung bleibt bei eingetragenen Beschlüssen eine **Amtslöschung** gemäß § 398 FamFG möglich (§ 242 Abs. 2 S. 3 AktG analog).[59] Wird ein zunächst eingetragener Beschluss vom Registergericht gelöscht und später wieder eingetragen, beginnt die Frist erst mit der zweiten Eintragung zu laufen.[60]

33 Die Heilung von nicht eintragungspflichtigen Beschlüssen ist grundsätzlich nicht möglich.[61] Allerdings können **Einberufungsmängel** durch Vollversammlung, Zustimmung oder Rügeverzicht der betroffenen Gesellschafter geheilt werden (§ 51 Rdn. 24). Die Regelung zur Heilung eines nichtigen **Jahresabschlusses** knüpft an die Bekanntmachung gemäß § 325 Abs. 2 HGB an: sechs Monate nach der Bekanntmachung können die meisten Nichtigkeitsgründe nicht mehr geltend gemacht werden, endgültige Heilung tritt nach drei Jahren ein (§ 256 Abs. 6 S. 1 AktG analog). Dasselbe gilt für einen darauf bezogenen Ergebnisverwendungsbeschluss (§ 253 Abs. 1 S. 2 AktG analog). Die Heilung einer nichtigen **Aufsichtsratswahl** ist nicht möglich.[62]

V. Geltendmachung von Nichtigkeit

34 Ein nichtiger Gesellschafterbeschluss entfaltet keinerlei Wirkung, weder innerhalb der Gesellschaft noch gegenüber Dritten. Die Nichtigkeit wirkt allgemein und gegenüber jedermann und kann von **jedermann** geltend gemacht werden. Auch ein Gesellschafter kann sich jederzeit auf die Nichtigkeit berufen,[63] selbst wenn er dem Beschluss ursprünglich zugestimmt haben sollte.[64]

---

55 BGH, GmbHR 1996, 49.
56 BGHZ 80, 212, 216; BGH, WM 1984, 473.
57 OLG Schleswig, NZG 2000, 895, 896.
58 BGHZ 144, 365, 368.
59 *Zöllner*, in: Baumbach/Hueck, GmbHG, Anh. § 47 Rn. 75; *Bayer*, in: Lutter/Hommelhoff, GmbHG, Anh. § 47 Rn. 26; *Römermann*, in: Michalski, GmbHG, Anh. § 47 Rn. 247.
60 *Bayer*, in: Lutter/Hommelhoff, GmbHG, Anh. § 47 Rn. 26; *Zöllner*, in: Baumbach/Hueck, GmbHG, Anh. § 47 Rn. 75; anders für eine versehentliche und auch nur vorübergehende Löschung OLG Schleswig, NZG 2000, 895, 896 (mit insoweit krit. Anm. *Jäger*).
61 *Bayer*, in: Lutter/Hommelhoff, GmbHG, Anh. § 47 Rn. 27; *Römermann*, in: Michalski, GmbHG, Anh. § 47 Rn. 239; *Roth*, in: Roth/Altmeppen, GmbHG, § 47 Rn. 116.
62 *Bayer*, in: Lutter/Hommelhoff, GmbHG, Anh. § 47 Rn. 22.
63 OLG München, GmbHR 2000, 486, 488.
64 BGHZ 11, 231, 239.

35 Die Nichtigkeit kann grundsätzlich **zeitlich unbegrenzt** geltend gemacht werden. Ausnahmen sind Verwirkung oder Rechtsmissbrauch.[65] Eine Ausnahme bilden **Umwandlungsbeschlüsse**: Die Klagefrist von einem Monat (§§ 14 Abs. 1, 125 S. 1, 195 Abs. 1 UmwG) gilt auch für die Geltendmachung von Nichtigkeitsgründen.[66]

36 Ebenso wie die Nichtigkeit kann auch die **Heilung** (Rdn. 31 ff.) von jedermann geltend gemacht werden. Der Vorwurf, man habe von der Nichtigkeit gewusst, begründet keinen Arglisteinwand gegen die spätere Berufung auf die nunmehr eingetretene Heilung.[67]

37 Soll die Nichtigkeit des Beschlusses mit Wirkung für und gegen jedermann festgestellt werden, ist **Nichtigkeitsklage** zu erheben (§ 249 AktG analog). Es handelt sich dabei nach neuerer Lehre und Rechtsprechung um eine »kassatorische Klage«, die denselben Streitgegenstand hat wie die Anfechtungsklage (Rdn. 5). Der wichtigste Unterschied besteht darin, dass Anfechtungsgründe innerhalb einer Anfechtungsfrist vorgebracht werden müssen (Rdn. 64), während Nichtigkeitsgründe immer geltend gemacht werden können. Im Übrigen kann für die Prozessvoraussetzungen (insb. Klagebefugnis und Rechtsschutzbedürfnis) sowie den Verlauf des Prozesses auf den Abschnitt über die Anfechtungsklage verwiesen werden (Rdn. 57 ff.).

38 Außenstehenden **Dritten** steht nur die einfache Feststellungsklage zur Verfügung, sofern ein Feststellungsinteresses gemäß § 256 Abs. 1 ZPO vorliegt.[68] Es ist grundsätzlich nur bei Beschlüssen gegeben, die für sie unmittelbar erheblich sind.

C. Anfechtbarkeit

I. Allgemeines

39 Ein mangelhafter Gesellschafterbeschluss, bei dem keine Nichtigkeitsgründe vorliegen (Rdn. 10 ff.), ist vorläufig verbindlich, wenn Beschlussinhalt und Abstimmungsergebnis in der Gesellschafterversammlung eindeutig festgestellt wurden. Der Beschluss muss dann durch Erhebung einer fristgebundenen **Anfechtungsklage** (Rdn. 64 ff.) angegriffen werden, an deren Ende das Gericht ihn für nichtig erklärt (§§ 243 Abs. 1, 248 Abs. 1 S. 2 AktG analog). Somit ist die Feststellung des Beschlusses zwar keine Wirksamkeitsvoraussetzung (ein mangelfreier Beschluss ist auch ohne Feststellung wirksam: § 47 Rdn. 12), sie entscheidet aber bei mangelhaften Beschlüs-

---

65 BGHZ 22, 101, 106; OLG Stuttgart, NZG 2001, 277, 278; OLG Stuttgart, NZG 2003, 1170, 1171.

66 *Bork*, in: Lutter/Winter, UmwG, § 14 Rn. 5 (das Registergericht kann allerdings auch danach noch die Eintragung verweigern, a.a.O. Rn. 12).

67 BGH, WM 1984, 473, 474.

68 *Bayer*, in: Lutter/Hommelhoff, GmbHG, Anh. § 47 Rn. 30; *Raiser*, in: Ulmer/Habersack/Winter, GmbHG, Anh. § 47 Rn. 215; *Zöllner*, in: Baumbach/Hueck, GmbHG, Anh. § 47 Rn. 71;

sen über die zulässige Klageart:[69] Nur bei einem festgestellten Beschluss können die Gesellschafter von einer vorläufigen Wirksamkeit ausgehen, die durch Anfechtung beseitigt werden muss.[70] Andernfalls, also bei fehlender Feststellung, kann die Wirksamkeit eines Beschlusses durch die nicht fristgebundene allgemeine Feststellungsklage (§ 256 ZPO) geklärt werden (Rdn. 83).[71]

40 **Feststellung** bedeutet ein förmliches Festhalten des Beschlussergebnisses, das Unsicherheiten über die Fassung eines Beschlusses beseitigt.[72] Typischer Fall ist die Feststellung des Beschlusses durch einen Versammlungsleiter (§ 48 Rdn. 17 ff.),[73] indem er ihn in der Versammlung verkündet und dabei zu erkennen gibt, dass er ihn als wirksam ansieht.[74] Auch ein Protokoll, das alle Gesellschafter erhalten haben, kann ausreichen, wenn es feststellt, welcher Beschluss von wem mit welchem Inhalt und welchem Stimmenverhältnis gefasst worden ist.[75] Die notarielle Beurkundung eines Beschlusses steht der Feststellung durch den Versammlungsleiter gleich.[76] Die Feststellung ihrerseits muss ordnungsgemäß zustande gekommen sein, wobei ggf. Verfahrensregeln der Satzung zu beachten sind. Es genügt nicht, wenn ein Geschäftsführer oder Gesellschafter eine nicht autorisierte Niederschrift erstellt.[77] Ebensowenig kann sich ein einzelner Teilnehmer gegen den Willen der Mehrheit die Position des Versammlungsleiters anmaßen und in dieser Eigenschaft Beschlüsse feststellen.[78] Der Feststellung steht es gleich, wenn sich alle Gesellschafter über das Ergebnis der Beschlussfassung einig sind.[79] Hält der Versammlungsleiter mit Blick auf rechtliche Unsicherheiten lediglich das tatsächliche Abstimmungsverhältnis fest, ohne ein rechtliches Beschlussergebnis zu verkünden, liegt keine Feststellung vor.[80]

---

69 Näher: *Hoffmann/Köster*, GmbHR 2003, 1327 ff.; *Raiser*, in: Ulmer/Habersack/Winter, GmbHG, Anh. § 47 Rn. 94 ff.; a.A. *Römermann*, in: Michalski, § 47 Rn. 599.

70 BGH, GmbHR 2008, 426, 427; OLG Brandenburg, GmbHR 2001, 624, 626 f.; OLG Dresden, NZG 2001, 809; OLG Köln, GmbHR 2002, 913, 914; OLG Hamburg, ZIP 1991, 1430, 1434.

71 BGH, GmbHR 2008, 426, 427.

72 BGH, GmbHR 2008, 426, 427.

73 BGH, GmbHR 2008, 426, 427; OLG Hamburg, ZIP 1991, 1430, 1434;.

74 OLG Stuttgart, GmbHR 1995, 228, 229.

75 BGH, GmbHR 2008, 426, 427.

76 BayObLG, GmbHR 1992, 41, 42; *Wicke*, GmbHG, Anh. § 47 Rn. 12. Eine engere Auffassung verlangt, dass der Notar mit Zustimmung der Gesellschafter als Versammlungsleiter fungierte (*Raiser*, in: Ulmer/Habersack/Winter, GmbHG, Anh. § 47 Rn. 101).

77 OLG Köln, GmbHR 2002, 913, 914.

78 OLG Köln, GmbHR 2002, 913, 914.

79 OLG München, BB 1990, 367, 368; OLG Celle, GmbHR 1997, 172, 174; österr OGH, AG 1998, 199, 200; a.A. *Hoffmann/Köster*, GmbHR 2003, 1327, 1330.

80 BGHZ 76, 154, 156; BGH, GmbHR 1996, 47, 48; BGH, GmbHR 1999, 477, 478.

II. Anfechtungsgründe

41 Ein Beschluss ist anfechtbar, wenn er das Gesetz oder die Satzung verletzt (§ 243 Abs. 1 AktG analog) und der Mangel nicht unter den Katalog der Nichtigkeitsgründe (Rdn. 10 ff.) fällt. Ein **Gesetzesverstoß** kann im Beschlussverfahren (Rdn. 44 ff.) oder im Beschlussinhalt (Rdn. 49 ff.) liegen. Ein **Satzungsverstoß** ist in der GmbH, in der Satzungsautonomie herrscht, wesentlich häufiger denkbar als in der Aktiengesellschaft.

42 Nicht jeder Verstoß gegen Gesetz oder Satzung begründet Anfechtbarkeit. Bei Verfahrensfehlern wird zusätzlich die **Relevanz** des Fehlers geprüft (Rdn. 44). Eine Anfechtbarkeit scheidet außerdem bei einer Verletzung von reinen **Ordnungsvorschriften** aus.[81] Als Beispiel lässt sich das Fehlen einer satzungsmäßig vorgesehenen Niederschrift nennen[82] oder die getrennte Beschlussfassung über Angelegenheiten, die nach der Satzung gleichzeitig entschieden werden sollten.[83] Aus der Formulierung als Soll-Vorschrift lässt sich allerdings nicht ohne weiteres auf einen Charakter als reine Ordnungsvorschrift schließen.[84]

43 Ein Verstoß gegen schuldrechtliche **Nebenabreden** der Gesellschafter (insb. Stimmbindungsverträge) führt nicht zur Anfechtbarkeit des Beschlusses.[85] Die Rechtsprechung macht allerdings aus Gründen der Prozessökonomie eine Ausnahme, wenn ein Beschluss gegen eine von allen Gesellschaftern vereinbarte Stimmbindung verstößt (§ 47 Rdn. 24). Verstößt ein Gesellschafter gegen eine testamentarische Auflage eines verstorbenen Gesellschafters, dessen Anteil er geerbt hat, ist der Beschluss dennoch wirksam.[86]

1. Verfahrensmängel

44 Ein Beschluss, der gegen gesetzliche oder satzungsmäßige Verfahrensregeln verstößt, ist grundsätzlich anfechtbar. Allerdings wirkt sich ein Verfahrensmangel mitunter auf das konkrete Beschlussergebnis nicht aus. Die frühere Rechtsprechung hat daher die Anfechtbarkeit des Beschlusses davon abhängig gemacht, ob bei fehlerfreiem Verfahren ein anderer Beschluss zustande gekommen wäre.[87] Diese Kausalitätsprüfung

---

81 RGZ 104, 413, 415; RGZ 170, 83, 97.

82 RGZ 104, 413, 415.

83 OLG Düsseldorf, DB 2007, 848, 849 f.

84 RGZ 170, 83, 97; tendenziell anders *Raiser*, in: Ulmer/Habersack/Winter, GmbHG, Anh. § 47 Rn. 109, der darin jedenfalls bei Satzungsregeln ein Indiz für den Charakter als Ordnungsvorschrift sieht.

85 *Raiser*, in: Ulmer/Habersack/Winter, GmbHG, Anh. § 47 Rn. 152.

86 OLG Koblenz, GmbHR 1986, 430, 432.

87 Siehe nur BGHZ 86, 1, 3 (Auskunftsverweigerung in AG); weitere Nachweise bei *K. Schmidt*, in: Scholz, GmbHG, § 45 Rn. 100.

wurde in der Literatur zu Gunsten einer wertenden Betrachtung aufgegeben,[88] die sich am Schutzzweck der verletzten Norm orientiert und der nunmehr auch die Rechtsprechung folgt: Entscheidend ist, ob eine **Relevanz** des Verfahrensfehlers für das Beschlussergebnis besteht.[89] Relevant ist ein Verfahrensfehler immer dann, wenn er das Teilnahme- und Mitgliedschaftsrecht eines Gesellschafters berührt und dem Beschluss dadurch ein Legitimationsdefizit anhaftet.[90]

45 a) **Vorbereitung der Gesellschafterversammlung.** Bei der Vorbereitung der Gesellschafterversammlung sind die Form des eingeschriebenen Briefes (§ 51 Abs. 1 S. 1), die Einladungsfrist von einer Woche (§ 51 Abs. 1 S. 2), der vorgeschriebene Mindestinhalt (§ 51 Abs. 2) sowie die Ankündigungsfrist von drei Tagen für zusätzliche Tagesordnungspunkte (§ 51 Abs. 4) zu beachten,[91] soweit nicht die Satzung in zulässiger Weise abweichende Regelungen trifft (dazu § 51 Rdn. 29 f.). Weitere Verfahrensfehler können die **Einberufung** an einen unzulässigen Ort (§ 48 Rdn. 5) oder zu einem unzulässigen Zeitpunkt (§ 48 Rdn. 7) sein. Wird hierdurch das Teilnahmerecht einzelner Gesellschafter verletzt, handelt es sich stets um einen relevanten Verfahrensverstoß, selbst wenn er sich nicht auf das Beschlussergebnis ausgewirkt hat.[92] Bei einer Beschlussfassung im Umlaufverfahren ist auf das dafür nötige Einverständnis aller Gesellschafter zu achten (§ 48 Rdn. 22 f.). Mängel der Versammlungsvorbereitung werden **geheilt**, wenn der Beschluss in einer Vollversammlung vorgenommen wurde, die betroffenen Gesellschafter zuvor verzichtet hatten oder nachträglich genehmigen (§ 51 Rdn. 23).

46 b) **Durchführung der Versammlung und Abstimmung.** Bei der Durchführung der Versammlung ist vor allem das **Teilnahmerecht** der Gesellschafter (§ 48 Rdn. 8 f.) zu beachten, auch derjenigen, die kein Stimmrecht haben. Weiterhin muss sich die Versammlung an die fristgerecht mitgeteilten Gegenstände halten, da diese Mitteilung den Gesellschaftern eine ausreichende Vorbereitung ermöglichen soll (§ 51 Rdn. 14). Bei der Beschlussfassung können Fehler im Beschlussverfahren (vgl. § 47 Rdn. 6 ff.) oder der Abstimmung (vgl. § 47 Rdn. 9 ff.) zur Anfechtbarkeit führen.[93] Die Nicht-

---

88 *Bayer*, in: Lutter/Hommelhoff, GmbHG, Anh. § 47 Rn. 50; *Raiser*, in: Ulmer/Habersack/Winter, GmbHG, Anh. § 47 Rn. 111; *Römermann*, in: Michalski, GmbHG, Anh. § 47 Rn. 267; *K. Schmidt*, in: Scholz, GmbHG, § 45 Rn. 100; *Zöllner*, in: Baumbach/Hueck, GmbHG, Anh. § 47 Rn. 126.

89 BGHZ 149, 158, 165 (Auskunftsverweigerung in AG); BGHZ 153, 32, 37 (verfahrensfehlerhafter Vorschlag des AG-Vorstands für die Wahl des Abschlussprüfers); BGH, BB 2007, 1977, 1979 (fehlende Unterschriften unter Verschmelzungsbericht nicht relevant).

90 BGHZ 160, 385, 392 (Auskunftsverweigerung in AG).

91 Vgl. im Einzelnen die Kommentierung zu § 51.

92 Zur Aktiengesellschaft: BGHZ 160, 385, 392; BGHZ 149, 158, 164 f.

93 Etwa die Durchführung einer Blockabstimmung bei Ausschluss und Einziehung, um Stimmrechte der auszuschließenden Gesellschafter zu verhindern. *Bayer*, in: Lutter/Hommelhoff, GmbHG, Anh. § 47 Rn. 47 (unter Verweis auf OLG Jena, 6.9.2006 – 6 U 234/06).

zulassung von Geschäftsführern oder Aufsichtsratsmitgliedern (auch in der mitbestimmten GmbH) ist für die Willensbildung der Gesellschafter zumeist nicht relevant und berechtigt diese nur ausnahmsweise zur Anfechtung.[94]

47 c) **Beschlussfeststellung.** Bei der Beschlussfeststellung können folgende Mängel die Anfechtbarkeit begründen:[95] fehlerhafte Auszählung der Stimmen, Unterstellung des falschen Mehrheitserfordernisses (z.B. einfache statt qualifizierte Mehrheit), Bewertung von Stimmen, die wegen treuwidriger Stimmabgabe (§ 47 Rdn. 22) oder Vorliegen eines Stimmverbots (§ 47 Rdn. 32 ff.) nicht hätten mitgezählt werden dürfen. Ein Mangel bei der Beschlussfeststellung ist in Abweichung von der allgemeinen Relevanztheorie (Rdn. 44) nur dann relevant, wenn sich der Fehler auf das Beschlussergebnis tatsächlich ausgewirkt hat.[96]

48 d) **Informationsrechte.** Wurde das Informationsrecht des **§ 51a** verletzt, ist zu unterscheiden: Der Beschluss, mit dem die Information verweigert wurde (§ 51a Abs. 2 S. 2), ist regelmäßig keiner gesonderten Anfechtung zugänglich, da § 51b ein besonderes Verfahren der Informationserzwingung zur Verfügung stellt (§ 51a Rdn. 42). Mit Bezug auf denjenigen Beschluss, für dessen Beurteilung der Gesellschafter die Information benötigt hätte, kann die unberechtigte Informationsverweigerung jedoch einen Anfechtungsgrund bilden (§ 51a Rdn. 42). Die verweigerte Information ist für den Beschluss **relevant**, wenn ein vernünftig denkender Gesellschafter sie für die sachgerechte Beurteilung des Beschlussgegenstandes für erforderlich halten würde.[97] Hat der Gesellschafter im Vorfeld der Gesellschafterversammlung Auskunft verlangt oder Informationen kraft gesetzlicher Mitteilungspflicht erhalten (z.B. § 47 UmwG), so führt eine unzureichende Information nur dann zur Anfechtbarkeit, wenn der Gesellschafter dies in der Versammlung rügt und auf Nachfragen keine hinreichenden Auskunft erhält.[98]

---

94 *Raiser*, in: Ulmer/Habersack/Winter, GmbHG, Anh. § 47 Rn. 114; *K. Schmidt*, in: Scholz, GmbHG, § 45 Rn. 96.

95 *Bayer*, in: Lutter/Hommelhoff, GmbHG, Anh. § 47 Rn. 49; *Raiser*, in: Ulmer/Habersack/Winter, GmbHG, Anh. § 47 Rn. 122; *Römermann*, in: Michalski, GmbHG, Anh. § 47 Rn. 291 ff.; *Zöllner*, in: Baumbach/Hueck, GmbHG, Anh. § 47 Rn. 116 f.

96 *Bayer*, in: Lutter/Hommelhoff, GmbHG, Anh. § 47 Rn. 49; *Raiser*, in: Ulmer/Habersack/Winter, GmbHG, Anh. § 47 Rn. 123; *Zöllner*, in: Baumbach/Hueck, GmbHG, Anh. § 47 Rn. 117.

97 BGHZ 160, 385, 392 (für AG); *Bayer*, in: Lutter/Hommelhoff, GmbHG, Anh. § 47 Rn. 52; *Römermann*, in: Michalski, GmbHG, Anh. § 47 Rn. 275; *Zöllner*, in: Baumbach/Hueck, GmbHG, Anh. § 47 Rn. 127.

98 *Bayer*, in: Lutter/Hommelhoff, GmbHG, Anh. § 47 Rn. 52; *Römermann*, in: Michalski, GmbHG, Anh. § 47 Rn. 276; *Zöllner*, in: Baumbach/Hueck, GmbHG, Anh. § 47 Rn. 129.

2. Inhaltsmängel

49 Ein Beschluss ist wegen eines Inhaltsmangels anfechtbar, wenn er gegen **gesetzliche Vorschriften** verstößt. Zu den Gesetzen im Sinne der Vorschrift zählen neben den Regelungen des GmbH-Rechts sämtliche privatrechtlichen und öffentlich-rechtlichen mit hoheitlicher Geltung versehenen Rechtsnormen, weiterhin allgemeine Rechtsgrundsätze und gesellschaftsrechtliche Generalklauseln (insb. Gleichbehandlungsgebot und Treuepflicht).[99]

50 Demgegenüber begründet die bloße **unternehmerische Unzweckmäßigkeit** eines Beschluss keinen Anfechtungsgrund; insoweit steht den Gesellschaftern ein weiter Ermessenspielraum zu.[100] Nur selten reduziert sich das Ermessen soweit, dass nur eine Entscheidung möglich ist; praktische Anwendungsfälle sind vor allem Entlastungen im Angesicht gravierender Pflichtverletzungen.[101]

51 Die unzulässige Verfolgung von **Sondervorteilen** führt zur Anfechtbarkeit des Beschlusses (§ 243 Abs. 2 AktG analog);[102] allerdings ist ein Beschluss, der sich noch im Rahmen des wirtschaftlich Vertretbaren hält, grundsätzlich hinzunehmen.[103] Die Verfolgung von Sondervorteilen überschneidet sich mit dem **Gleichbehandlungsgrundsatz** (Einl. Rdn. 15), der bei der Beschlussfassung als allgemeiner Grundsatz des Gesellschaftsrechts zu beachten ist.[104] Er wird verletzt bei der einseitig verdeckten Gewinnausschüttung,[105] einem ungerechtfertigten Bezugsrechtsausschluss im Rahmen einer Kapitalerhöhung (vgl. § 55 Rdn. 24)[106], beim Abschluss eines für den Mehrheitsgesellschafter günstigen Vertrages mit der Gesellschaft[107] oder der Zubilligung einer unangemessen hohen Vergütung an einen Gesellschafter-Geschäftsführer.[108] Die Anfechtbarkeit kann entfallen, wenn die Bevorzugung durch andere Beschlusselemente kompensiert wird.[109]

---

99 *Bayer*, in: Lutter/Hommelhoff, GmbHG, Anh. § 47 Rn. 43; *Raiser*, in: Ulmer/Habersack/Winter, GmbHG, Anh. § 47 Rn. 124.

100 OLG Düsseldorf, GmbHR 1996, 689, 694; OLG Köln, NZG 1999, 1228, 1229.

101 BGHZ 153, 47, 51; OLG Köln, NZG 2000, 1135, 1136; s. außerdem OLG Hamm, NZG 2000, 1185 (Zustimmungspflicht zur Abtretung des Geschäftsanteils in vorweggenommener Erbfolge, wenn nach Satzung im Erbfall dieselbe Person Gesellschafter würde).

102 BGHZ 76, 352, 357 (Auflösungsbeschluss).

103 BGH, WM 1976, 1226, 1227 (Umsatztantieme für Gesellschafter-Geschäftsführer).

104 *Raiser*, in: Ulmer/Habersack/Winter, GmbHG, Anh. § 47 Rn. 129 ff.

105 BGHZ 65, 15, 18.

106 BGHZ 71, 40, 44 (AG).

107 OLG Frankfurt, AG 1973, 136, 137 (AG).

108 BGH, WM 1976, 1226, 1227; LG Mainz, NZG 2002, 918, 919.

109 So *K. Schmidt*, in: Scholz, GmbHG, § 45 Rn. 110. Die Einzelheiten sind allerdings umstritten, vgl.: *Bayer*, in: Lutter/Hommelhoff, GmbHG, Anh. § 47 Rn. 55; *Raiser*, in: Ulmer/Habersack/Winter, GmbHG, Anh. § 47 Rn. 126; *Römermann*, in: Michalski, GmbHG, Anh. § 47 Rn. 317; *Zöllner*, in: Baumbach/Hueck, GmbHG, Anh. § 47 Rn. 89.

52 Ein Verstoß gegen die gesellschaftliche **Treupflicht** (gegenüber der Gesellschaft oder den übrigen Gesellschaftern, Einl. Rdn. 15) führt beispielsweise in folgenden Fällen zur Anfechtbarkeit: Befreiung vom Wettbewerbsverbot, die GmbH in Abhängigkeit führt,[110] Entlastung trotz schweren Gesetzes- oder Satzungsverstoßes,[111] sachgrundloser Austausch des Abschlussprüfers gegen den Willen der Minderheit,[112] Ablehnung der Beseitigung einer satzungswidrigen Firma,[113] unzeitige Rückforderung eines Gesellschafterdarlehens,[114] Zustimmung zu Strukturentscheidungen trotz erkennbarer Bewertungsfehler,[115] Aufhebung eines Vorerwerbsrechts, falls darin eine unverhältnismäßige Reaktion auf das unkooperative Verhalten eines Minderheitsgesellschafters liegt,[116] Einziehung des Anteils eines Gesellschafters, dem die beschließenden Gesellschafter ihrerseits ihre Anteile andienen müssten,[117] Auflösung der Gesellschaft, um sich deren Vermögen anzueignen,[118] Ausschluss des Bezugsrechts bei Kapitalerhöhung ohne sachliche Gründe.[119]

3. Jahresabschluss und Ergebnisverwendungsbeschluss

53 Im Gegensatz zur AG ist in der GmbH die Anfechtung der Feststellung des **Jahresabschlusses** auch wegen inhaltlicher Mängel möglich. Nach allgemeiner Meinung ist § 257 Abs. 1 S. 2 AktG, der dies ausschließt, auf die GmbH nicht analog anwendbar, da GmbH-Gesellschafters kein Recht auf Sonderprüfung zusteht.[120] Praktisch relevant wird dies bei Mängeln, die nicht schon zur Nichtigkeit des Jahresabschlusses führen (Rdn. 25 ff.). Angesichts der lähmenden Wirkung der Anfechtung und im Interesse der Rechtssicherheit muss es sich um einen erheblichen Verstoß handeln.[121] Eine Anfechtung kommt etwa in Betracht bei einer Verletzung der Pflicht zum phasengleichen Gewinnausweis,[122] beim fehlerhaften Bilanzansatz einer Pensionsrückstellung[123] oder bei der Unterlassung gebotener Rückstellungen.[124]

---

110 BGH, NJW 1981, 1512, 1514.
111 BGHZ 153, 47, 51; OLG Köln, NZG 2000, 1135, 1136.
112 BGH, NJW-RR 1992, 167.
113 OLG Stuttgart, NZG 1998, 601, 603.
114 OLG Frankfurt a.M., GmbHR 2005, 550, 555, mit Anm. *Fritsche*.
115 OLG Stuttgart, AG 2004, 271, 274; OLG Stuttgart, AG 2003, 456, 458; OLG Stuttgart, BB 2001, 794.
116 BGH, DStR 1993, 1566, 1567 mit Anm. *Goette*.
117 OLG Düsseldorf, GmbHR 2004, 572, 581, mit insoweit krit. Anm. *Römermann*.
118 BGHZ 76, 352, 356; einschränkend BGHZ 103, 185, 191.
119 BGHZ 71, 40, 46; *Bayer*, in: Lutter/Hommelhoff, GmbHG, Anh. § 47 Rn. 54.
120 BGHZ 137, 378, 386; BGH, GmbHR 2008, 1092, 1093; KG, NZG 2001, 845, 846; OLG Köln, NZG 1999, 1112, 1113; OLG Brandenburg, GmbHR 1997, 796, 797.
121 KG, NZG 2001, 845, 846; OLG Brandenburg, GmbHR 1997, 796, 797.
122 BGH, GmbHR 1998, 324, 326.
123 BGH, WM 1974, 392, 393.
124 OLG Brandenburg, GmbHR 1996, 697.

54 Führt der **Ergebnisverwendungsbeschluss** zum Nachteil der Gesellschafterminderheit zu einer übermäßigen Gewinnthesaurierung, kann dies zur Anfechtbarkeit des Beschlusses führen. Das lässt sich auf eine Analogie zu § 254 AktG[125] oder auf die Treuepflicht der Gesellschaftermehrheit[126] stützen.

4. Satzungsregelungen

55 Das Anfechtungsrecht gehört zu den **unverzichtbaren** und unentziehbaren Gesellschafterrechten.[127] Die gesetzlichen Anfechtungsgründe können daher weder ausgeschlossen noch beschränkt werden. Die Satzung kann jedoch die Anfechtbarkeit wegen der Verletzung dispositiver gesetzlicher Vorschriften oder von Satzungsbestimmungen ausschließen. Eine Erweiterung der Anfechtungsgründe ist unproblematisch möglich.

III. Bestätigung des Beschlusses

56 Die Anfechtbarkeit entfällt, wenn der anfechtbare Beschluss durch einen neuen Beschluss bestätigt wurde (§ 244 AktG analog).[128] Im Bestätigungsbeschluss bringen die Gesellschafter zum Ausdruck, dass sie den seinerzeit gefassten Beschluss als gültig anerkennen. Der Bestätigungsbeschluss selbst muss mangelfrei sein, daher eignet sich die Bestätigung nur für **Verfahrensmängel**, nicht zur Beseitigung inhaltlicher Mängel.[129] Die Bestätigung beseitigt die Anfechtbarkeit des ersten Beschlusses mit **Wirkung** für die Zukunft, eine laufende Anfechtungsklage wird unbegründet.[130] Durch Auslegung ist zu ermitteln, ob nicht stattdessen eine Neuvornahme des anfechtbaren Beschlusses vorliegt, die lediglich das Rechtsschutzbedürfnis entfallen lässt.[131] Auch bei wirksamer Bestätigung kann der Anfechtende im Rahmen der Anfechtungsklage den ursprünglichen Beschluss für den Zeitraum bis zum Bestätigungsbeschluss für nichtig erklären lassen, sofern er daran ein Interesse hat (§ 244 S. 2 AktG analog).[132]

---

125 So *Zöllner*, in: Baumbach/Hueck, GmbHG, Anh. § 47 Rn. 107; ähnlich *Römermann*, in: Michalski, GmbHG, Anh. § 47 Rn. 349 (in »geeigneten« Fällen).

126 So *Raiser*, in: Ulmer/Habersack/Winter, GmbHG, Anh. § 47 Rn. 144.

127 BGHZ 14, 264, 271, 273; vgl. zum Folgenden: *Raiser*, in: Ulmer/Habersack/Winter, GmbHG, Anh. § 47 Rn. 157; *K. Schmidt*, in: Scholz, GmbHG, § 45 Rn. 135; *Römermann*, in: Michalski, GmbHG, Anh. § 47 Rn. 365 f.; *Zöllner*, in: Baumbach/Hueck, GmbHG, Anh. § 47 Rn. 29 ff.

128 BGHZ 157, 206, 209 f. (AG); OLG Düsseldorf, GmbHR 2003, 1006, 1009; *Raiser*, in: Ulmer/Habersack/Winter, GmbHG, Anh. § 47 Rn. 160 ff.; *K. Schmidt*, in: Scholz, GmbHG, § 45 Rn. 121.

129 OLG Nürnberg, NZG 2000, 700, 703.

130 BGHZ 157, 206, 210; OLG Düsseldorf, GmbHR 2003, 1006, 1009.

131 OLG Nürnberg, NZG 2000, 700, 703.

132 Vgl. den Fall OLG Düsseldorf, GmbHR 2003, 1006, 1009.

D. Gerichtliche Geltendmachung

I. Anfechtungsbefugnis

1. Gesellschafter

57 Die Anfechtungsklage setzt voraus, dass der Kläger anfechtungsbefugt ist. Bei fehlender Anfechtungsbefugnis ist die Klage als unbegründet abzuweisen.[133] Die Anfechtungsbefugnis steht jedem **Gesellschafter** zu.[134] Der klagende Gesellschafter muss nicht an der Gesellschafterversammlung teilgenommen und dort Widerspruch erhoben haben; die § 245 Nr. 1-3 AktG sind nicht analog anwendbar. Maßgeblich für die Legitimation als Gesellschafter ist die Gesellschafterliste (§ 16 Abs. 1).[135] Auch ein Gesellschafter ohne Stimmrecht behält das Recht zur Anfechtung.[136]

58 **Sonderfälle**: Bei einer Erbengemeinschaft kann jeder Miterbe einzeln Anfechtungsklage erheben (§ 744 Abs. 2 Hs. 2 BGB bzw. § 2038 Abs. 1 S. 2 Hs. 2 BGB).[137] Bei einer Treuhand ist nur der rechtliche Treuhänder und nicht der Treugeber anfechtungsbefugt.[138] Anstelle des Gesellschafters ist im Insolvenzverfahren der Insolvenzverwalter,[139] bei Testamentsvollstreckung der Testamentsvollstrecker (im Rahmen seiner Verwaltungsbefugnis)[140] anfechtungsbefugt. Bei einer Übertragung des Gesellschaftsanteils geht das Anfechtungsrecht auf den Gesamt- bzw. Einzelrechtsnachfolger über, der sich jedoch Verzicht oder Fristversäumung zurechnen lassen muss.[141] Geht die Gesellschafterstellung des Anfechtenden während des Prozesses über, hat dies auf den Prozess allerdings gemäß § 256 Abs. 2 ZPO keinen Einfluss.[142]

59 Der anfechtende Gesellschafter muss kein persönliches **Rechtsschutzinteresse** dartun.[143] Denn jeder Gesellschafter hat ein Recht darauf, dass die Gesellschafterversammlung nur solche Beschlüsse fasst, die mit Gesetz und Gesellschaftsvertrag in Einklang stehen. Auch dieses allgemeine Interesse entfällt allerdings, wenn der

---

133 BGH, GmbHR 2008, 426, 428; OLG Düsseldorf, GmbHR 1996, 443, 451. Ebenso die überwiegende Literatur, s. nur: *Raiser*, in: Ulmer/Habersack/Winter, GmbHG, Anh. § 47 Rn. 167; *Zöllner*, in: Baumbach/Hueck, GmbHG, Anh. § 47 Rn. 135. A.A. *K. Schmidt*, in: Scholz/Seibt, GmbHG, § 45 Rn. 127: Klage ist unzulässig.

134 Zum Folgenden: *Bayer*, in: Lutter/Hommelhoff, GmbHG, Anh. § 47 Rn. 70 ff.; *Casper*, in: Bork/Schäfer, GmbHG, § 47 Rn. 76 f.; *Raiser*, in: Ulmer/Habersack/Winter, GmbHG, Anh. § 47 Rn. 168 ff.; *Roth*, in: Roth/Altmeppen, GmbHG, § 47 Rn. 138 ff.; *Römermann*, in: Michalski, GmbHG, Anh. § 47 Rn. 388 ff.; *K. Schmidt*, in: Scholz, GmbHG, § 45 Rn. 128 ff.; *Zöllner*, in: Baumbach/Hueck, GmbHG, Anh. § 47 Rn. 136 ff.

135 OLG Düsseldorf, GmbHR 1996, 443, 448; OLG Hamm, NZG 2000, 938.

136 BGHZ 14, 264, 271.

137 BGHZ 108, 21, 30.

138 BGHZ 24, 119, 124; BGH, WM 1962, 419, 420; BGH, NJW 1966, 1458, 1459.

139 OLG Düsseldorf, NJW-RR 1996, 607, 608.

140 BGHZ 108, 21, 24.

141 BGHZ 43, 261, 267; OLG Schleswig, NZG 2000, 895.

142 BGHZ 43, 261, 268.

143 BGHZ 43, 261, 266.

Beschluss in der Zwischenzeit folgenlos aufgehoben oder mangelfrei wiederholt wurde.[144] Für die Anfechtung eines Beschlusses, der keine rechtliche Wirkung hat, besteht kein Rechtsschutzinteresse.[145] Steht ein Verfahrensmangel zur Disposition einzelner Gesellschafter (z.B. Verletzung von Teilnahme- und Informationsrechten), entfällt bei Zustimmung eines betroffenen Gesellschafters dessen Anfechtungsbefugnis.[146] Haben alle betroffenen Gesellschafter zugestimmt, entfällt die Anfechtbarkeit insgesamt.[147] Teilweise wird eine vorherige Abmahnung der Gesellschaft als Gebot der Treuepflicht angesehen.[148] Unterlässt der Kläger dies, droht ihm bei Anerkenntnis (§ 93 ZPO) eine Kostenentscheidung zu seinen Lasten, wenn sich herausstellt, dass die übrigen Gesellschafter bereit waren, den Mangel durch erneute Beschlussfassung zu beheben;[149] allerdings ist streitig, ob ein Anerkenntnis im Anfechtungsprozess überhaupt möglich ist (Rdn. 73).[150]

60 Die Anfechtungsbefugnis kann ausnahmsweise entfallen, wenn sich die Klageerhebung als **Rechtsmissbrauch** darstellt. Derartige Fälle sind vor allem aus dem Aktienrecht bekannt, wo einzelne Aktionäre das Institut der Anfechtungsklage zur persönlichen Bereicherung missbrauchen. Die dort entwickelten Grundsätze sind aber auf die GmbH übertragbar:[151] Auch wenn der einzelne Kläger kein besonderes Rechtsschutzbedürfnis geltend machen muss (Rdn. 59), kann eine eigensüchtige Interessenverfolgung doch den Vorwurf des Rechtsmissbrauchs begründen. So wenn der Gesellschafter die Klage mit dem Ziel erhebt, die Gesellschaft in grob eigennütziger Weise zu einer Leistung zu veranlassen, auf die er keinen Anspruch hat und billigerweise auch nicht erheben kann, wobei er sich typischerweise von der Vorstellung leiten lässt, die Gesellschaft werde die Leistung erbringen, weil sie den Eintritt anfechtungsbedingter Nachteile vermeiden will.[152]

---

144 OLG Nürnberg, NZG 2000, 700, 702.

145 OLG Hamburg, AG 1994, 566 (zeitlich befristeter Beschluss nach Fristablauf); OLG München, DB 2001, 1408 (Beschluss, der lediglich die Satzung interpretiert).

146 *Bayer*, in: Lutter/Hommelhoff, GmbHG, Anh. § 47 Rn. 60; *Raiser*, in: Ulmer/Habersack/Winter, GmbHG, Anh. § 47 Rn. 168.

147 *Bayer*, in: Lutter/Hommelhoff, GmbHG, Anh. § 47 Rn. 60; *K. Schmidt*, in: Scholz, GmbHG, § 45 Rn. 119.

148 *Zöllner*, in: Baumbach/Hueck, GmbHG, Anh. § 47 Rn 164. Kritisch gegenüber einer Abmahnungspflicht OLG Frankfurt, GmbHR 1993, 224, 225, für einen eintragungspflichtigen Beschluss.

149 Beispiel: OLG Naumburg, DB 1998, 1023, 1024.

150 Bejaht bei OLG Naumburg, DB 1998, 1023, 1024. Ablehnend *K. Schmidt*, in: Scholz, GmbHG, § 45 Rn. 159, mit der Begründung, die Gesellschaft könne nicht über den Streitgegenstand verfügen.

151 *Bayer*, in: Lutter/Hommelhoff, GmbHG, Anh. § 47 Rn. 82; *Raiser*, in: Ulmer/Habersack/Winter, GmbHG, Anh. § 47 Rn. 188; *K. Schmidt*, in: Scholz, GmbHG, § 45 Rn. 137; *Zöllner*, in: Baumbach/Hueck, GmbHG, Anh. § 47 Rn. 161.

152 Grundlegend BGHZ 107, 296, 311 (für die AG).

2. Gesellschaftsorgane

61 Der **Geschäftsführer** hat grundsätzlich keine eigene Anfechtungsbefugnis; die Anfechtung ist allein Sache der Gesellschafter.[153] § 245 Nr. 4 AktG, der dem AG-Vorstand Anfechtungsbefugnis verleiht, wird nicht analog angewendet. Gegen einen nichtigen Beschluss steht dem Geschäftsführer die allgemeine Feststellungsklage zur Verfügung.[154] Dieser fehlt allerdings die inter omnes-Wirkung der kassatorischen Klage. Daher können in der mitbestimmten GmbH **Aufsichtsratsmitglieder** Verstöße gegen das Mitbestimmungsrecht im Wege der Nichtigkeitsklage (§ 249 AktG analog) geltend machen.[155]

62 Die Literatur nimmt außerdem eine Anfechtungsbefugnis von Gesellschaftsorganen (Geschäftsführer oder Aufsichtsrat) an, wenn sie sich bei der **Beschlussausführung** strafbar oder schadensersatzpflichtig machen würden (§ 245 Nr. 5 AktG analog).[156] Häufig werden solche Beschlüsse ohnehin nichtig sein (Rdn. 13 ff.). Die Geltendmachung von **Nichtigkeitsgründen** im Wege der kassatorischen Klage wird auch Organmitgliedern zugestanden.[157] Im Übrigen ist Organmitgliedern nicht in derselben Weise wie Gesellschaftern (Rdn. 59) ein allgemeines Interesse daran zuzugestehen, dass nur rechtmäßige Beschlüsse zustande kommen. Entscheidend ist, ob dem Beschluss ein Mangel anhaftet, über den die Gesellschafter disponieren können (z.B. Verfahrensfehler bei der Einberufung).[158] Dann verbleibt es bei der Klagebefugnis der Gesellschafter. Als weiterer Anhaltspunkt dient die inhaltliche Begrenzung, die dem Weisungsrecht der Gesellschafter innewohnt (§ 37 Rdn. 11 ff.):[159] Soweit die Gesellschafter ein Gesellschaftsorgan anweisen können, eine bestimmte Handlung auszuführen, kann es für das Organ oder seine Mitglieder kein Anfechtungsrecht geben.

---

153 BGHZ 76, 154, 159.

154 BGH, GmbHR 2008, 426, 428.

155 BGHZ 89, 48, 50.

156 *Bayer*, in: Lutter/Hommelhoff, GmbHG, Anh. § 47 Rn. 73 f.; *Raiser*, in: Ulmer/Habersack/Winter, GmbHG, Anh. § 47 Rn. 179 f.; *K. Schmidt*, in: Scholz, GmbHG, § 45 Rn. 134; *Zöllner*, in: Baumbach/Hueck, GmbHG, Anh. § 47 Rn. 140 ff.

157 *Bayer*, in: Lutter/Hommelhoff, GmbHG, Anh. § 47 Rn. 30; *Raiser*, in: Ulmer/Habersack/Winter, GmbHG, Anh. § 47 Rn. 215; *K. Schmidt*, in: Scholz, GmbHG, § 45 Rn. 134; *Zöllner*, in: Baumbach/Hueck, GmbHG, Anh. § 47 Rn. 69.

158 In diesem Sinne *Raiser*, in: Ulmer/Habersack/Winter, GmbHG, Anh. § 47 Rn. 179. Vergleichbar *K. Schmidt*, in: Scholz, GmbHG, § 45 Rn. 134, der Organmitgliedern nur Klagebefugnis bei Inhaltsmängeln zugesteht. Noch weitergehend *Römermann*, in: Michalski, GmbHG, Anh. § 47 Rn. 427 ff., der Organmitgliedern generell die Anfechtungsbefugnis verweigern will.

159 Vgl. *Raiser*, in: Ulmer/Habersack/Winter, GmbHG, Anh. § 47 Rn. 179.

3. Satzungsregelungen

63 Die **Satzung** kann Gesellschaftsorganen oder auch deren einzelnen Mitgliedern die Anfechtungsbefugnis zusprechen.[160] Außenstehende Dritte haben keine Anfechtungsbefugnis und können sie auch durch Satzungsregelung nicht erhalten.[161] Eine satzungsmäßige Einschränkung gesetzlich gegebener Anfechtungsbefugnis ist nicht möglich.[162]

II. Anfechtungsfrist

64 Im Aktienrecht muss die Anfechtungsklage innerhalb eines Monats nach der Beschlussfassung erhoben werden (§ 246 Abs. 1 AktG). Diese strikte Frist ist auf das GmbH-Recht nicht zu übertragen.[163] Mit Rücksicht auf die typischerweise zwischen den Gesellschaftern bestehenden persönlichen Beziehungen, kann im Einzelfall mehr Zeit nötig sein, um eine einvernehmliche Lösung herbeizuführen. Andererseits muss die Klage mit aller dem anfechtungsberechtigten Gesellschafter zumutbaren Beschleunigung erhoben werden. Dem Interesse an Rechtssicherheit trägt der BGH Rechnung, indem er die **Monatsfrist** des § 246 Abs. 1 AktG zum **Leitbild** erklärt.[164] Innerhalb der so bemessenen Klagefrist muss der maßgebliche Lebenssachverhalt, aus dem der Kläger die Anfechtbarkeit des Beschlusses herleiten will, vorgetragen werden; ein Nachschieben von Anfechtungsgründen ist nach Ablauf der Frist nicht mehr möglich.[165]

---

160 *Raiser*, in: Ulmer/Habersack/Winter, GmbHG, Anh. § 47 Rn. 181; *K. Schmidt*, in: Scholz, GmbHG, § 45 Rn. 135.

161 *Raiser*, in: Ulmer/Habersack/Winter, GmbHG, Anh. § 47 Rn. 182; *K. Schmidt*, in: Scholz, GmbHG, § 45 Rn. 135. Eine Ausnahme lässt OLG Köln, BB 1996, 2058, für den Treugeber zu (bezüglich einer GbR).

162 *Bayer*, in: Lutter/Hommelhoff, GmbHG, Anh. § 47 Rn. 76; *Raiser*, in: Ulmer/Habersack/Winter, GmbHG, Anh. § 47 Rn. 181; *K. Schmidt*, in: Scholz, GmbHG, § 45 Rn. 135.

163 Grundlegend BGHZ 111, 224, 225 (noch offen gelassen in BGHZ 101, 113, 117). Ebenso die überwiegende Literatur: *Bayer*, in: Lutter/Hommelhoff, GmbHG, Anh. § 47 Rn. 62; *Raiser*, in: Ulmer/Habersack/Winter, GmbHG, Anh. § 47 Rn. 195; *Zöllner*, in: Baumbach/Hueck, GmbHG, Anh. § 47 Rn. 145; *K. Schmidt*, in: Scholz, GmbHG, § 45 Rn. 142. Für eine feste Anfechtungsfrist aus Gründen der Rechtssicherheit: *Casper*, in: Bork/Schäfer, GmbHG, § 47 Rn. 78; *Römermann*, in: Michalski, GmbHG, Anh. § 47 Rn. 466.

164 BGHZ 111, 224, 226; BGH, BB 1992, 2239; BGH, GmbHR 2005, 925, 927; 850; OLG Brandenburg, GmbHR 1996, 539, 540; OLG Brandenburg, GmbHR 1998, 1037, 1038; OLG Düsseldorf, GmbHR 1999, 543, 548; OLG Hamm, NZG 2004, 380; OLG Düsseldorf, DB 2007, 848, 850; OLG München, GmbHR 2011, 1040, 1041.

165 BGH, NZG 2005, 479, 481.

65 Der anfechtende Gesellschafter darf nur bei Vorliegen **zwingender Umstände** mit der Klageerhebung länger als einen Monat warten.[166] Das können insbesondere Verhandlungen über eine einvernehmliche Streitschlichtung oder die Klärung schwieriger Tatsachen oder Rechtsfragen sein. Allerdings akzeptiert die Rechtsprechung eine Fristüberschreitung nur selten:[167] Wenn ein Konflikt vor der Gesellschafterversammlung bereits erkennbar war, muss auch vorher schon mit Prüfung der Tatsachen und Rechtsfragen begonnen werden; offenbart der Verlauf der Gesellschafterversammlung unüberbrückbare Differenzen, besteht auch kein Anlass, auf einvernehmliche Lösungen zu warten.[168] Liegen keine zwingenden Umstände vor, führen selbst geringfügige Fristüberschreitungen zur Abweisung der Klage.[169]

66 Die Anfechtungsfrist **beginnt** mit Kenntnis des Gesellschafters vom Inhalt der gefassten Beschlüsse.[170] Bei Rechtsnachfolge entscheidet die Kenntnis des früheren Gesellschafters.[171] Grundsätzlich hat ein anwesender Gesellschafter vom Beschluss bereits mit Feststellung des Beschlussergebnisses Kenntnis; nur bei unklarem Beschlussinhalt oder komplexen Formulierungen beginnt die Frist ausnahmsweise auch gegenüber Gesellschaftern, die in der Versammlung anwesend waren, erst mit Zusendung des Protokolls.[172] Bei einem abwesenden Gesellschafter entscheidet grundsätzlich die Zusendung des Protokolls.[173] Hatte er Kenntnis von der Versammlung, kann ihn zur Vermeidung von Rechtsnachteilen die Pflicht treffen, sich um baldige Kenntnis der Beschlüsse zu bemühen.[174]

---

166 Vgl. BGHZ 111, 224, 226, wo von »besonderen Umständen« die Rede ist; spätere Entscheidungen sprechen von »zwingenden Umständen« (BGHZ 137, 378, 386; BGH, GmbHR 2005, 925, 927).

167 Vgl. außer den in Fn. 168 und Fn. 169 genannten Fällen auch: BGH, GmbHR 2005, 925, 927 (Beschlussfassung vor Weihnachten kein Grund für Fristverlängerung); OLG München, NZG 2000, 105, 106 (zwei Monate bei nur einer zu prüfenden Rechtsfrage zu lang). Beispiele für zulässige Fristüberschreitungen wegen laufender Verhandlungen: OLG Hamm, GmbHR 1995, 736, 738, und OLG Dresden, NJW-RR 1997, 1535, 1536.

168 BGH, GmbHR 1992, 801 f.

169 OLG Celle, GmbHR 1999, 1099, 1100 (ein Tag); OLG Hamm, NZG 2004, 380 (sechs Tage).

170 OLG München, NZG 2000, 105, 106; OLG Jena, GmbHR 2002, 115, 116; OLG Hamm, GmbHR 2003, 843; OLG Düsseldorf, GmbHR 2005, 1353, 1356. Ebenso die überwiegende Literatur: *Bayer*, in: Lutter/Hommelhoff, GmbHG, Anh. § 47 Rn. 62; *Raiser*, in: Ulmer/Habersack/Winter, GmbHG, Anh. § 47 Rn. 204; *Zöllner*, in: Baumbach/Hueck, GmbHG, Anh. § 47 Rn. 154; a.A. *K. Schmidt*, in: Scholz, GmbHG, § 45 Rn. 145, der Beginn mit Beschlussfassung ansetzt, nachträgliche Kenntniserlangung aber bei Bemessung der »angemessenen« Frist berücksichtigen will.

171 OLG Schleswig, NZG 2000, 895, 896; *Bayer*, in: Lutter/Hommelhoff, GmbHG, Anh. § 47 Rn. 62; *Raiser*, in: Ulmer/Habersack/Winter, GmbHG, Anh. § 47 Rn. 204.

172 OLG Jena, GmbHR 2002, 115, 116.

173 Vgl. den Fall OLG München, NZG 2000, 105, 106.

174 OLG Hamm, GmbHR 2001, 301; *Bayer*, in: Lutter/Hommelhoff, GmbHG, Anh. § 47 Rn. 62; *Raiser*, in: Ulmer/Habersack/Winter, GmbHG, Anh. § 47 Rn. 204; ebenso im schriftlichen Umlaufverfahren nach § 48 Abs. 2.

Die Gesellschafter können in der **Satzung** abweichende Regelungen zur Anfechtungsfrist festlegen.[175] Die Monatsfrist ist dabei eine absolute Mindestfrist, die nicht verkürzt werden darf.[176] Auch eine Monatsfrist, die vor Kenntnisnahme durch den Gesellschafter beginnt, ist unzulässig.[177] Praktisch erprobt und sinnvoll sind Klauseln, die eine Frist von einem Monat nach Zugang des Protokolls vorsehen.[178] Sieht die Satzung längere Fristen vor, darf der Gesellschafter diese auch ausschöpfen; innerhalb der von der Satzung eingeräumten Frist, ist für die Annahme von Verwirkung kein Raum.[179] Bei Vorliegen zwingender Umstände (Rdn. 65) kann auch eine in der Satzung geregelte Klagefrist überschritten werden.[180] Ist die Satzungsfrist unangemessen und daher unwirksam, greift nach den allgemeinen Regeln die Monatsfrist als Leitbild (Rdn. 64).[181] Zwingender Natur sind die im **Umwandlungsgesetz** geregelten Monatsfristen (§§ 14 Abs. 1, 125 S. 1, 195 Abs. 1 UmwG), bei Fristversäumnis ist die Klage unzulässig.[182] 67

III. Anfechtungs- und Nichtigkeitsklage

1. Allgemeines

Nichtigkeits- und Anfechtungsklage verfolgen als **kassatorische Klage** dasselbe Ziel der richterlichen Klärung der Nichtigkeit (Rdn. 5). Das Gericht hat daher sämtliche in Betracht kommenden Nichtigkeits- und Anfechtungsgründe zu prüfen. Werden im Prozess Anfechtungs- statt Nichtigkeitsgründen geltend gemacht (oder umgekehrt) handelt es sich nicht um eine Klageänderung oder eine Klagehäufung, sondern nur um eine Erweiterung der Begründung.[183] Anfechtungsgründe müssen allerdings innerhalb der Anfechtungsfrist eingebracht werden (Rdn. 64 ff.). Die Identität des Streitgegenstandes wirkt sich auch bei der **Rechtskraft** aus. Wird eine kassatorische Klage rechtskräftig als unbegründet abgewiesen, ist die Erhebung einer weiteren Klage – auch bei Wechsel der Klageart – unzulässig.[184] 68

---

175 BGHZ 108, 21, 29.

176 BGHZ 104, 66, 72 (Frist von vier Wochen ist unzulässig); BGH, GmbHR 1992, 801; OLG Düsseldorf, DB 2007, 848.

177 OLG Düsseldorf, GmbHR 2005, 1353, 1354 (1 Monat, Fristbeginn jedoch Absendung des Protokolls).

178 Vgl. die Auslegung einer solchen Klausel in BGH, GmbHR 1998, 891, 892, wonach »Zugang« i.S.v. § 130 BGB zu verstehen ist.

179 OLG Hamm, GmbHR 1992, 805, 806 (für Satzungsfrist von drei Monaten).

180 *Bayer*, in: Lutter/Hommelhoff, GmbHG, Anh. § 47 Rn. 64 (unter Verweis auf OLG Jena, 6.9.2006 – 6 U 234/06).

181 OLG Brandenburg, GmbHR 1996, 539, 540; OLG Düsseldorf, GmbHR 2005, 1353, 1355.

182 *Bayer*, in: Lutter/Hommelhoff, GmbHG, Anh. § 47 Rn. 66; *K. Schmidt*, in: Scholz, GmbHG, § 45 Rn. 141; *Zöllner*, in: Baumbach/Hueck, GmbHG, Anh. § 47 Rn. 145.

183 *Bayer*, in: Lutter/Hommelhoff, GmbHG, Anh. § 47 Rn. 80; *Raiser*, in: Ulmer/Habersack/Winter, GmbHG, Anh. § 47 Rn. 216.

184 BGHZ 134, 364, 367; BGH, NZG 1999, 496, 497.

2. Parteien

69 **Kläger** kann jede anfechtungsbefugte Person (Rdn. 57 ff.) sein. Die gestaltende Wirkung der kassatorischen Klage für und gegen jedermann führt zur Verbindung aller Klagen, die sich gegen denselben Beschluss richten. Es liegt notwendige Streitgenossenschaft vor (§ 62 Abs. 1 Alt. 1 ZPO).[185] Anfechtungs- und Nichtigkeitsklage sind nicht gegen die Gesellschafter, sondern immer gegen die GmbH als **Beklagte** zu richten.[186]

70 Die betroffenen Mitgesellschafter müssen vom Geschäftsführer über die Klageerhebung informiert werden, damit sie Gelegenheit erhalten, dem Verfahren als **Nebenintervenienten** beizutreten (Rechtsgedanke des § 246 Abs. 4 S. 1 AktG).[187] Die Gesellschafter können dem Prozess sowohl auf der Seite des Anfechtenden als auch auf Seiten der Gesellschaft beitreten. Das Interventionsinteresse (§ 66 ZPO) folgt aus der Rechtskrafterstreckung und Gestaltungswirkung (§ 248 AktG analog) einer erfolgreichen kassatorischen Klage.[188] Aus dem gleichen Grund handelt es sich um eine streitgenössische Nebenintervention (§§ 69, 61 ZPO).[189] Nach teilweise vertretener Ansicht ist die Nebenintervention an die Anfechtungsfrist (Rdn. 64 ff.) gebunden, die für den Intervenienten mit Kenntnis vom Prozess zu laufen beginnt;[190] der dafür analog herangezogene § 246 Abs. 4 S. 2 AktG passt aber nicht auf die GmbH.[191] Organmitglieder können dem Prozess gleichfalls auf beiden Seiten als Nebenintervenient beitreten.[192]

3. Zuständigkeit

71 Für Anfechtungs- und Nichtigkeitsklagen ist ausschließlich das **Landgericht**, in dessen Bezirk die GmbH ihren Satzungssitz (§ 4a Rdn. 1) hat, zuständig (§§ 246 Abs. 3 S. 1, 249 Abs. 1 S. 1 AktG analog).[193] Falls eine Kammer für Handelssachen besteht, ist diese funktional zuständig (§ 246 Abs. 3 S. 1 AktG analog).[194] Die Satzung kann keinen abweichenden Gerichtsstand festlegen (s. aber zur Schiedsfähigkeit Rdn. 88 ff.); auch eine Prorogation ist unzulässig.[195]

---

185 RGZ 93, 31, 32; RGZ 164, 129, 132; BGHZ 122, 211, 240.

186 BGH, NJW 1981, 1041; OLG Hamm, GmbHR 1985, 119; OLG Rostock, NZG 2004, 191, 192.

187 BGHZ 97, 28, 31.

188 BGHZ 172, 136, 139; BGH, NZG 2008, 630.

189 BGHZ 172, 136, 139.

190 *Raiser*, in: Ulmer/Habersack/Winter, GmbHG, Anh. § 47 Rn. 225; *K. Schmidt*, in: Scholz, GmbHG, § 45 Rn. 156.

191 *Zöllner*, in: Baumbach/Hueck, GmbHG, Anh. § 47 Rn. 169; *Bayer*, in: Lutter/Hommelhoff, GmbHG, Anh. § 47 Rn. 86. Der für die Frist maßgebliche Gedanke der Rechtssicherheit ist auf die Nebenintervention nicht ohne weiteres übertragbar (vgl. BGHZ 172, 136, 140 ff. zur AG vor Einführung des § 246 Abs. 4 S. 2 AktG).

192 *Bayer*, in: Lutter/Hommelhoff, GmbHG, Anh. § 47 Rn. 86; *Raiser*, in: Ulmer/Habersack/Winter, GmbHG, Anh. § 47 Rn. 225.

193 BGHZ 22, 101, 105.

194 OLG München, NZG 2007, 947, 948.

195 *Bayer*, in: Lutter/Hommelhoff, GmbHG, Anh. § 47 Rn. 81; *Raiser*, in: Ulmer/Habersack/Winter, GmbHG, Anh. § 47 Rn. 226.

4. Streitwert

72 Das Gericht bestimmt den Streitwert nach der Bedeutung der Sache für die Parteien (§ 247 Abs. 1 S. 1 AktG analog).[196] Die Streitwertobergrenze des Aktienrechts (§ 247 Abs. 1 S. 2 AktG), die sich konzeptionell an der Höhe des Grundkapitals orientiert, passt für die GmbH nicht, deren Stammkapital typischerweise wesentlich niedriger liegt.[197] Die analoge Anwendung der Streitwertspaltung (§ 247 Abs. 2, 3 AktG) ist möglich.[198]

5. Prozesshandlungen

73 Der Grundsatz der **Parteiherrschaft** unterliegt bei der kassatorischen Klage gewissen **Einschränkungen.**[199] Zum einen sind die Prozessbeteiligten alleine nicht befugt, Gesellschafterbeschlüsse zu fassen, zum anderen wirkt das kassatorische Urteil für und gegen jedermann (Rdn. 5). Daher können die Parteien über den Prozessgegenstand nicht verfügen und den angegriffenen Beschluss nicht ohne gerichtliche Prüfung aufheben oder ändern. Ein **Vergleich** mit diesem Inhalt wäre unzulässig. Die vergleichsweise Klagerücknahme hingegen ist zulässig. In diesem Fall kann die Gesellschaft auch die Übernahme der Prozesskosten des Klägers zusagen, solange der Kläger nicht die Klagerücknahme von der Zahlung überhöhter Beträge abhängig macht.

74 Da die Gesellschaft über dem Beschluss nicht verfügen kann, ist ihr das **Anerkenntnis** der Klage versagt.[200] Eine Verfügung über den tatsächlichen Streitstoff wird hingegen mehrheitlich zugelassen. Daher sind auf Seiten der Gesellschaft Geständnis

---

196 BGH, NZG 1999, 999. Allgemein zum Streitwert bei Beschlussstreitigkeiten im GmbH-Recht: *Emde,* DB 1996, 1557; *Meyer,* GmbHR 2010, 1081.

197 OLG Karlsruhe, GmbHR 1995, 302; OLG Celle, RPfleger 1974, 233; OLG Frankfurt, NJW 1968, 2112; *Bloching,* GmbHR 2009, 1265 ff.; *Zöllner,* in: Baumbach/Hueck, GmbHG, Anh. § 47 Rn. 171. Für eine Anwendung der Obergrenze demgegenüber: OLG München, GmbHR 2008, 1267, 1268 mit zust. Anm. *Scheuffele*; *Meyer,* GmbHR 2010, 1081, 1082; *K. Schmidt,* in: Scholz, GmbHG, § 45 Rn. 153. Differenzierend (nur Anwendung der 500.000 EUR-Obergrenze): *Raiser,* in: Ulmer/Habersack/Winter, GmbHG, Anh. § 47 Rn. 257; *Römermann,* in: Michalski, GmbHG, Anh. § 47 Rn. 529.

198 *Bayer,* in: Lutter/Hommelhoff, GmbHG, Anh. § 47 Rn. 83; *Raiser,* in: Ulmer/Habersack/Winter, GmbHG, Anh. § 47 Rn. 258; *Römermann,* in: Michalski, GmbHG, Anh. § 47 Rn. 531; *Zöllner,* in: Baumbach/Hueck, GmbHG, Anh. § 47 Rn. 171.

199 Zum Folgenden: *Bayer,* in: Lutter/Hommelhoff, GmbHG, Anh. § 47 Rn. 85; *Raiser,* in: Ulmer/Habersack/Winter, GmbHG, Anh. § 47 Rn. 250 ff.; *Römermann,* in: Michalski, GmbHG, Anh. § 47 Rn. 521 ff.; *K. Schmidt,* in: Scholz, GmbHG, § 45 Rn. 158 ff.; *Zöllner,* in: Baumbach/Hueck, GmbHG, Anh. § 47 Rn. 175.

200 OLG München, GmbHR 1996, 451, 452; LG Koblenz, GmbHR 2004, 260, 261; *Römermann,* in: Michalski, GmbHG, Anh. § 47 Rn. 525; *K. Schmidt,* in: Scholz, GmbHG, § 45 Rn. 15. Für die Gegenauffassung: *Bork,* ZIP 1992, 1205 ff.; *Raiser,* in: Ulmer/Habersack/Winter, GmbHG, Anh. § 47 Rn. 253; *Zöllner,* in: Baumbach/Hueck, GmbHG, Anh. § 47 Rn. 175.

und Versäumnisurteil möglich.[201] Die Gesellschafter können dies durch Nebenintervention verhindern.[202]

6. Urteilswirkung

75 Ein stattgebendes Urteil hat **gestaltende Wirkung** und führt zur Nichtigkeit des angegriffenen Beschlusses (vgl. bereits Rdn. 2). Da es sich um einen einheitlichen Streitgegenstand handelt (Rdn. 5), ist ein Teilurteil, das nur Anfechtungs- oder Nichtigkeitsgründe behandelt, nicht zulässig.[203] Wurde zusätzlich die Feststellung eines Beschlusses mit bestimmtem Inhalt begehrt, so ist Verbindung mit einer positiven Beschlussfeststellungsklage (Rdn. 79 ff.) möglich.

76 Mit dem gestaltenden Urteil steht die Nichtigkeit für und gegen jedermann **rückwirkend** fest (§§ 248 Abs. 1 S. 1, 249 Abs. 1, 241 Nr. 5 AktG analog).[204] Dem können zu Gunsten der Gesellschafter oder des Rechtsverkehrs ausnahmsweise § 15 HGB, § 20 Abs. 2 UmwG oder § 16 Abs. 1, 3 entgegenstehen.[205] Bei einem anfechtbar bestellten Organmitglied können Rechtsscheingedanken oder die Grundsätze über die fehlerhafte Gesellschaft anwendbar sein (§ 6 Rdn. 13 u. 34). Bei einer bereits durchgeführten Kapitalerhöhung greifen bis zur Nichtigerklärung die Grundsätze zur fehlerhaften Gesellschaft ein (§ 55 Rdn. 49).

77 Betrifft das Urteil einen eintragungspflichtigen Beschluss, müssen die Geschäftsführer es unverzüglich zum **Handelsregister** einreichen (§ 248 Abs. 1 S. 2 AktG analog); eine Eintragung und Bekanntmachung ist nur erforderlich, wenn der nichtige Beschluss bereits eingetragen war (§ 248 Abs. 1 S. 3, 4 AktG analog).[206]

78 Eine **Klageabweisung** durch Sachurteil entfaltet keine Wirkung gegenüber Dritten, sie wirkt nur inter partes.[207] Der Kläger ist mit allen Anfechtungs- und Nichtigkeitsgründen präkludiert, die Gegenstand der Klage waren.[208]

---

201 *Bayer*, in: Lutter/Hommelhoff, GmbHG, Anh. § 47 Rn. 85; *Raiser*, in: Ulmer/Habersack/Winter, GmbHG, Anh. § 47 Rn. 253; *Römermann*, in: Michalski, GmbHG, Anh. § 47 Rn. 525; *K. Schmidt*, in: Scholz, GmbHG, § 45 Rn. 160; *Zöllner*, in: Baumbach/Hueck, GmbHG, Anh. § 47 Rn. 175.

202 BGH, GmbHR 1993, 579, 580.

203 BGH, NZG 1999, 496, 497.

204 BGH, GmbHR 1993, 579, 580; OLG Brandenburg, GmbHR 1998, 193, 196.

205 *Bayer*, in: Lutter/Hommelhoff, GmbHG, Anh. § 47 Rn. 87; *K. Schmidt*, in: Scholz, GmbHG, § 45 Rn. 172; *Zöllner*, in: Baumbach/Hueck, GmbHG, Anh. § 47 Rn. 178.

206 *Bayer*, in: Lutter/Hommelhoff, GmbHG, Anh. § 47 Rn. 87; *K. Schmidt*, in: Scholz, GmbHG, § 45 Rn. 170; *Zöllner*, in: Baumbach/Hueck, GmbHG, Anh. § 47 Rn. 179.

207 *Bayer*, in: Lutter/Hommelhoff, GmbHG, Anh. § 47 Rn. 88; *Raiser*, in: Ulmer/Habersack/Winter, GmbHG, Anh. § 47 Rn. 262 f.; *Zöllner*, in: Baumbach/Hueck, GmbHG, Anh. § 47 Rn. 176.

208 *Bayer*, in: Lutter/Hommelhoff, GmbHG, Anh. § 47 Rn. 88; *Raiser*, in: Ulmer/Habersack/Winter, GmbHG, Anh. § 47 Rn. 262; *K. Schmidt*, in: Scholz, GmbHG, § 45 Rn. 176; weiter gehend (Präklusion mit allen Anfechtungs-/Nichtigkeitsgründen): *Zöllner*, in: Baumbach/Hueck, GmbHG, Anh. § 47 Rn. 167.

IV. Kombination mit positiver Beschlussfeststellungsklage

79 Die kassatorische Klage führt zur Vernichtung des fehlerhaften Beschlusses. Damit hat es sein Bewenden, wenn der Kläger das Zustandekommen eines Beschlusses angreift. In einigen Fällen geht es ihm jedoch auch darum, feststellen zu lassen, welcher Beschluss ohne den gerügten Verfahrensfehler zustande gekommen wäre. In solchen Fällen kann die Anfechtung des ablehnenden Beschlusses mit dem Antrag auf Feststellung verbunden werden, dass bei fehlerfreiem Verfahren ein bestimmter Beschluss zustande gekommen wäre (**positive Beschlussfeststellungsklage**).[209] Die Feststellungsklage muss ebenso wie die Anfechtungsklage innerhalb der Anfechtungsfrist (Rdn. 64 ff.) erhoben werden.[210] Denn nach Bestandskraft des fehlerhaften Beschlusses ist für die positive Feststellung eines anderen Beschlussergebnisses kein Raum mehr.[211]

80 **Beispiele**: Der Beschlussantrag eines klagenden Gesellschafters wurde mit den Stimmen von Gesellschaftern abgelehnt, die einem Stimmverbot nach § 47 Abs. 4 unterlagen;[212] Mitgesellschafter stimmen gegen den Beschlussantrag, obwohl sie nach der gesellschaftsrechtlichen Treuepflicht[213] oder auf Grund einer alle Gesellschafter verpflichtenden Stimmbindungsvereinbarung[214] hätten dafür stimmen müssen.

81 Das Feststellungsurteil ist **Gestaltungsurteil**; es stellt mit Wirkung für und gegen jedermann den richtigen Beschlussinhalt fest (§ 256 ZPO, § 248 AktG analog).[215] Daher müssen von einem Antrag auf positive Beschlussfeststellung auch die Mitgesellschafter Kenntnis erhalten, um dem Verfahren ggf. als Nebenintervenienten (s. bereits oben Rdn. 70) beitreten zu können.[216] Der Geschäftsführer ist verpflichtet, sie über die erhobene Klage zu informieren.[217] Zweifelt das Gericht an der erfolgten Mitteilung, hat es diese selbst vorzunehmen.[218] Es ist nicht erforderlich, dass die betreffenden Gesellschafter dem Verfahren dann auch tatsächlich beitreten.[219] In der

209 BGHZ 97, 28, 30; BGH, GmbHR 2003, 355, 356; BGH, GmbHR 2008, 1092, 1094; BGH, GmbHR 2008, 487; OLG Hamm, NZG 2000, 1036; OLG Saarbrücken, GmbHR 2005, 546, 547; OLG München, GmbHR 2008, 362, 363.
210 BGHZ 76, 191, 199 (AG); OLG Celle, GmbHR 1997, 172, 174.
211 OLG München, GmbHR 2008, 362, 363.
212 BGHZ 97, 28, 30.
213 BGHZ 88, 320, 330; BGH, GmbHR 2008, 1092, 1094.
214 OLG Hamm, NZG 2000, 1036.
215 Vgl. die in Fn. 209 genannte Rechtsprechung.
216 Vgl. OLG München, DB 1994, 320, 321 (Ablehnung des Feststellungsantrags, weil Mitgesellschafter keine Gelegenheit hatten, Einwendung zu erheben).
217 BGHZ 97, 28, 31; OLG Düsseldorf, GmbHR 2000, 1050, 1052; OLG Frankfurt, NZG 1999, 406.
218 BGHZ 97, 28, 32.
219 BGHZ 97, 28, 31.

Literatur wird allerdings für diesen Fall eine zusätzliche Leistungsklage gegen den nicht beteiligten Gesellschafter verlangt.[220]

82 Der positiv festzustellende Beschluss muss allerdings selbst alle **Wirksamkeitsvoraussetzungen** erfüllen. Die Beschlussfeststellungsklage ist unbegründet, wenn die Feststellung eines Beschlusses begehrt wird, der seinerseits durch Anfechtungsklage angegriffen werden könnte.[221] Der Antrag auf Beschlussfeststellung ist außerdem unzulässig, wenn er lediglich darauf gerichtet ist, die Ablehnung eines Beschlusses festzustellen, der fehlerhaft zustande gekommen ist.[222] Denn mit der Nichtigerklärung im Wege der Anfechtungsklage steht bereits fest, dass der entsprechende Beschlussantrag nicht erfolgreich war.

V. Einfache Beschlussfeststellungklage

83 Eine isolierte Feststellungsklage (§ 256 ZPO) kommt in Betracht, wenn eine förmliche Beschlussfeststellung fehlt und daher keine Anfechtungsklage möglich ist (Rdn. 39).[223] Die Feststellungsklage unterliegt **keiner Fristbindung**, sondern lediglich der Verwirkung.[224] Es kann also nicht pauschal eine zeitnahe Klageeinreichung gefordert werden;[225] vielmehr muss der Tatbestand der Verwirkung, zu dem neben dem Zeitablauf auch ein dadurch verursachtes Vertrauen gehört, konkret geprüft werden.[226]

84 Zu Recht wird vielfach vertreten, das Feststellungsurteil müsse **inter omnes** wirken (§ 248 Abs. 1 AktG analog).[227] Dafür spricht die Parallele zur positiven Beschlussfeststellungsklage (Rdn. 79, 81).[228] Allein das Fehlen der Beschlussfeststellung, die Voraussetzung für die kombinierte Anfechtungs- und Beschlussfeststellungsklage ist (Rdn. 39), rechtfertigt keine unterschiedliche Behandlung der beiden Klagearten.

---

220 *Bayer*, in: Lutter/Hommelhoff, GmbHG, Anh. § 47 Rn. 42; *Raiser*, in: Ulmer/Habersack/Winter, GmbHG, Anh. § 47 Rn. 276; *Zöllner*, in: Baumbach/Hueck, GmbHG, Anh. § 47 Rn. 192.

221 BGH, GmbHR 2008, 487 (wichtiger Grund für fristlose Kündigung des Geschäftsführer-Anstellungsvertrages lag nicht vor).

222 BGH, NZG 2003, 355, 356.

223 BGHZ 76, 154, 156; BGH, GmbHR 1996, 47, 48.

224 BGH, GmbHR 1996, 47, 48 f.; BGH, GmbHR 1999, 477, 478; OLG Köln, GmbHR 2002, 913, 915.

225 So aber OLG Zweibrücken, GmbHR 1999, 79, 80.

226 BGH, GmbHR 1999, 477, 478 (Revisionsentscheidung zu OLG Zweibrücken, GmbHR 1999, 79); OLG Köln, GmbHR 2002, 913, 915.

227 OLG München, GmbHR 1996, 451, 452; *K. Schmidt*, GmbHR 1992, 9, 12; *Zöllner*, in: Baumbach/Hueck, GmbHG, Anh. § 47 Rn. 182. A.A. *Raiser*, in: Ulmer/Habersack/Winter, GmbHG, Anh. § 47 Rn. 284, und wohl auch BGHZ 76, 154, 159, BGH, NZG 2003, 127, 129.

228 In diesem Sinne *Zöllner*, in: Baumbach/Hueck, GmbHG, Anh. § 47 Rn. 182; ebenso *Römermann*, in: Michalski, GmbHG, Anh. § 47 Rn. 598.

VI. Einstweiliger Rechtsschutz

85 Ein fehlerhafter Beschluss kann grundsätzlich nicht durch einstweiligen Rechtsschutz angegriffen werden, weil dies einer Vorwegnahme der Hauptsache entspräche.[229] Allerdings kann der **Vollzug** des Beschlusses einstweilig unterbunden werden, z.B. durch Untersagung einer Eintragung in das Handelsregister oder der Rücknahme eines solchen Antrages.[230] Wird gegen den Beschluss einer Verschmelzung oder eines Formwechsels Anfechtungsklage erhoben, ist im **Freigabeverfahren** über die Eintragung zu entscheiden (§§ 16 Abs. 3, 198 Abs. 3 UmwG).

86 Ein Eingriff in die **Beschlussfassung** und damit in die Willensbildung der Gesellschaft ist nur ausnahmsweise zulässig (zur einstweiligen Verfügung bei Vorliegen einer Stimmbindungsvereinbarung vgl. § 47 Rdn. 24). Grundsätzlich muss die Beschlussfassung abgewartet werden.[231] An den Erlass einer einstweiligen Verfügung werden daher hohe Anforderungen gestellt. Gefordert wird eine eindeutige Rechtslage oder eine besonders schwerwiegende Beeinträchtigung des Klägers, zudem ist das Gebot des geringstmöglichen Eingriffs zu beachten.[232]

87 **Antragsgegner** der einstweiligen Verfügung sind die Mitgesellschafter (wenn es um deren Stimmabgabe in der Gesellschafterversammlung geht); ansonsten ist sie gegen die Gesellschaft zu richten (wenn Vollzug eines Beschlusses verhindert werden soll).[233]

VII. Schiedsverfahren

1. Allgemeines

88 Die Schiedsfähigkeit von Beschlussmängelstreitigkeiten wurde in Rechtsprechung und Lehre lange Zeit abgelehnt.[234] Sie sei mit der Urteilswirkung der kassatorischen Klage (Rdn. 5) nicht zu vereinbaren, die alle Gesellschafter oder Gesellschaftsorgane einbeziehe, selbst wenn sie an dem Verfahren nicht als Partei teilgenommen haben. Der Gesetzgeber hat die Frage anlässlich der Neuregelung des Schiedsverfahrensrechts (SchiedsVfG) bewusst ausgelassen und der Klärung durch die Rechtsprechung überantwortet.[235] Der BGH hat daraufhin die **Zulässigkeit von Schiedsvereinbarun-**

229 *K. Schmidt*, in: Scholz, GmbHG, § 45 Rn. 138.

230 OLG München, AG 2007, 335, 336; OLG Frankfurt, BB 1982, 274. Vgl. BVerfG, BB 2005, 1585, wo die Möglichkeit einstweiligen Rechtsschutzes vorausgesetzt wird.

231 OLG Frankfurt, BB 1982, 274.

232 Anhand dieser Maßstäbe wurde einstweilige Verfügung abgelehnt von OLG Koblenz, DB 1990, 2413, OLG Hamm, GmbHR 1993, 163 und OLG Düsseldorf, NZG 2005, 633, bejaht von OLG München, GmbHR 1999, 718.

233 *Bayer*, in: Lutter/Hommelhoff, GmbHG, Anh. § 47 Rn. 91; *Raiser*, in: Ulmer/Habersack/Winter, GmbHG, Anh. § 47 Rn. 289; *K. Schmidt*, in: Scholz, GmbHG, § 45 Rn. 183.

234 Siehe nur BGHZ 132, 278, 281.

235 Vgl. Bericht des Rechtsausschusses BT-Drs. 13/9124, S. 44 sowie Begründung des Gesetzentwurfs BT-Drs. 13/5274, S. 35.

gen über Beschlussmängelstreitigkeiten grundsätzlich bejaht.[236] Die Gesellschafter können demnach einem Schiedsgericht die Befugnis verleihen, einen Beschluss nach Maßstäben des objektiven Gesellschaftsrechts zu prüfen. Der Schiedsspruch hat die Wirkung eines rechtskräftigen Urteils (§ 1055 ZPO). Soweit er den angegriffenen Beschluss für nichtig erklärt, hat er kassatorische Wirkung **inter omnes** (§§ 248 Abs. 1 S. 1, 249 Abs. 1 S. 1 AktG analog).[237]

89 Die Schiedsvereinbarung ist am Maßstab des § 138 BGB zu messen. Sie ist daher nichtig, wenn sie zu einer übermäßigen Einschränkung des Rechtsschutzes führt.[238] Um dies zu vermeiden, müssen bestimmte **rechtsstaatliche Mindestanforderungen** hinsichtlich des Zustandekommens der Schiedsvereinbarung (Rdn. 90 ff.), der Auswahl der Schiedsrichter (Rdn. 92 ff.) und des Schiedsverfahrens (Rdn. 95 ff.) erfüllt sein.[239]

2. Zustandekommen der Schiedsklausel/-vereinbarung

90 Eine Schiedsklausel in der Satzung oder eine separate Schiedsvereinbarung bedürfen der **Zustimmung aller Gesellschafter.**[240] Lediglich bei der Nachbesserung einer bereits bestehenden, nicht mit den Erfordernissen des BGH übereinstimmenden Schiedsklausel ist ein mit qualifizierter Mehrheit beschlossener Satzungsänderungsbeschluss ausreichend.[241] Im Einzelfall kann die Treuepflicht die Gesellschafter verpflichten, an der Änderung einer nicht den Mindestanforderungen des BGH entsprechenden Klausel mitzuwirken.[242]

91 Eine Schiedsvereinbarung bedarf nach der **Formvorschrift** des § 1031 ZPO einer nachweisbaren Erklärung aller Gesellschafter.[243] Bei einer satzungsmäßigen Schieds-

236 BGHZ 180, 221, 224.

237 BGHZ 180, 221, 227; eingehend zur Rechtskrafterstreckung auf alle GmbH-Gesellschafter und -Organe *Nolting*, GmbHR 2011, 1017.

238 BGHZ 180, 221, 226.

239 Zum Folgenden: BGHZ 180, 221, 228 f.; OLG Frankfurt, NZG 2011, 629; *Bayer*, ZIP 2003, 881; *Berger*, ZHR 164 (2000) 295; *Böttcher/Helle*, NZG 2009, 700; *Göz/Peitsmeyer*, DB 2009, 1915; *H.-F. Müller*, GmbHR 2010, 729; *Nietsch*, ZIP 2009, 2269; *Raiser*, in: Ulmer/Habersack/Winter, GmbHG, Anh. § 47 Rn. 233 ff.; *Zöllner*, in: Baumbach/Hueck, GmbHG, Anh. § 47 Rn. 32 ff. Zur Vertragsgestaltung *Reichert*, in: FS Ulmer 2003, S. 511, 522 ff.; vgl. den Formulierungsvorschlag des DIS, SchiedsVZ 2009, 311 (auch abrufbar unter www.dis-arb.de); dazu: *Borris*, SchiedsVZ 2009, 299; *Schwedt/Lilja/Schaper*, NZG 2009, 1281.

240 Zur Einbeziehung einer Schiedsordnung vgl. *Böttcher/Fischer*, NZG 2011, 601.

241 *Bayer*, in: Lutter/Hommelhoff, GmbHG, Anh. § 47 Rn. 98; *Bayer*, ZIP 2003, 881, 890; *H.-F. Müller*, GmbHR 2010, 729, 734; *K. Schmidt*, in: Scholz, GmbHG, § 45 Rn. 150.

242 Offengelassen BGHZ 180, 221, 235 (jedenfalls nicht im bereits anhängigen Prozess).

243 *Zöllner*, in: Baumbach/Hueck, GmbHG, Anh. § 47 Rn. 39, empfiehlt (wg. § 1031 Abs. 5 S. 1 ZPO) Unterzeichnung aller Gesellschafter auf einer Urkunde.

klausel ist die Einhaltung dieser Formvorschrift nach h.M. nicht erforderlich,[244] zur Vermeidung von Unsicherheiten aber empfehlenswert.

3. Auswahl der Schiedsrichter

92 Das Verfahren zur Auswahl der Schiedsrichter hat maßgeblichen Einfluss auf die Neutralität des Schiedsgerichts. Daher müssen bei der Auswahl und Bestellung der **Schiedsrichter** alle Gesellschafter mitwirken können, sofern nicht die Auswahl durch eine neutrale Stelle erfolgt.[245] Vorgeschlagen wird, den Gesellschaftern hierfür eine Frist von zwei Wochen bis zu einem Monat zu setzen.[246] Der zwischenzeitliche Ablauf der Anfechtungsfrist ist irrelevant.[247] Bei Untätigkeit der Gesellschaft kann der Antragsteller die übrigen Gesellschafter nach § 50 Abs. 3 analog zum Beitritt auffordern.[248] Ein Beitritt ist auch nach Fristablauf möglich, es entfällt dann lediglich das Recht zur Mitwirkung an der Schiedsrichterauswahl.[249]

93 Der Schiedsrichter der **Beklagtenseite** wird grundsätzlich durch die Gesellschaft selbst bestimmt.[250] Die Mitwirkung aller Gesellschafter wird durch die Möglichkeit, hierüber einen Gesellschafterbeschluss zu fassen, gewährleistet;[251] für den Beschluss gilt das Mehrheitsprinzip.[252] Die auf Klägerseite beteiligten Gesellschafter sind hier von ihrem Stimmrecht ausgeschlossen (§ 47 Abs. 2 S. 2 Alt. 2).[253]

94 Als **neutrale Stelle** für die Auswahl und Bestellung der Schiedsrichter kommen etwa der OLG-Präsident oder die IHK in Betracht; Die Klausel kann auch von vornherein ein institutionelles Schiedsgericht (wie der DIS) vorsehen, was die Auswahl von Schiedsrichtern erübrigt.[254] Kommt eine Einigung der Gesellschafter, die sich fristgerecht gemeldet haben nicht zustande, erfolgt eine **Ersatzbestellung** durch das Gericht (§ 1035 Abs. 4, 5 ZPO).[255] Empfehlenswert ist eine Auffangregelung, die bei fehlender Einigung die Auswahl auf eine neutrale Stelle überträgt.[256]

---

244 BGHZ 48, 35, 43; *Bayer*, ZIP 2003, 881, 891; *H.-F. Müller*, GmbHR 2010, 729, 731; *Münch*, in: MünchKommZPO, 3. Aufl., 2008, § 1031 Rn. 16.

245 BGHZ 180, 221, 229; eingehend zu den damit verbundenen Fragen *Berger*, ZHR 164 (2000) 295, 304 ff.

246 *Bayer*, ZIP 2003, 881, 888 (zwei Wochen); ebenso *Nietsch*, ZIP 2009, 2269, 2274, und *H.-F. Müller*, GmbHR 2010, 729, 732; *Zilles*, BB-Beil. 4/1999 2, 3 (ein Monat).

247 *Bayer*, ZIP 2003, 881, 888; *Böttcher/Helle*, NZG 2009, 700, 701; *Göz/Pleitsmeyer*, DB 2009, 1915, 1919; *H.-F. Müller*, GmbHR 2010, 729, 732.

248 *Böttcher/Helle*, NZG 2009, 700, 701; *H.-F. Müller*, GmbHR 2010, 729, 732.

249 *Schwedt/Lilja/Schaper*, NZG 2009, 1281, 1283; *H.-F. Müller*, GmbHR 2010, 729, 732.

250 *Bayer*, ZIP 2003, 881, 890; *H.-F. Müller*, GmbHR 2010, 729, 733.

251 *Berger*, ZHR 164 (2000), 295, 309 f.; *H.-F. Müller*, GmbHR 2010, 729, 733.

252 BGHZ 180, 221, 229; insoweit kritisch *Nietsch*, ZIP 2009, 2269, 2276.

253 *Berger*, ZHR 164 (2000), 295, 309 f.; *H.-F. Müller*, GmbHR 2010, 729, 733.

254 *Bayer*, ZIP 2003, 881, 889; *Göz/Peitsmeyer*, DB 2009, 1915, 1920; *Nietsch*, ZIP 2009, 2269, 2275; *H.-F. Müller*, GmbHR 2010, 729, 732 f.

255 *Bayer*, ZIP 2003, 881, 889; zweifelnd *H.-F. Müller*, GmbHR 2010, 729, 734.

256 *Bayer*, ZIP 2003, 881, 890; *H.-F. Müller*, GmbHR 2010, 729, 733; *Zilles*, BB-Beil. 4/1999 2, 3.

4. Anforderungen an das Schiedsverfahren

95 Über Einleitung und Verlauf des Schiedsverfahrens müssen alle Gesellschafter **informiert** werden, um dem Verfahren als Nebenintervenienten beitreten zu können (dazu Rdn. 70).[257] Die Informationspflicht kann auch auf eine neutrale Stelle (Rdn. 94) übertragen werden.[258]

96 Die Schiedsklausel muss zudem sicherstellen, dass alle denselben Streitgegenstand betreffenden Beschlussmängelstreitigkeiten bei einem Schiedsgericht **konzentriert** werden.[259] Der Rechtsweg zu den ordentlichen Gerichten muss für alle Klageberechtigten ausgeschlossen werden; die Geschäftsführer sind zur Geltendmachung der Schiedseinrede (§ 1032 ZPO) zu verpflichten.[260]

VIII. Mediation

97 Sollen Beschlussmängelstreitigkeiten durch Mediation geklärt werden,[261] ist eine Verzahnung mit den sonstigen Rechtsschutzmöglichkeiten nötig: Man kann in der Mediation einen »zwingenden Umstand« (Rdn. 65) sehen, der zu einer Verlängerung der **Anfechtungsfrist** führt.[262] Dies wird aber teilweise bestritten.[263] Empfehlenswert ist daher eine Klarstellung in der Satzung, dass die Anfechtungsfrist für die Dauer der Mediation gehemmt ist oder Klage überhaupt erst nach Beendigung der Mediation eingereicht werden darf.[264]

98 Von sich aus kann ein Mediationsverfahren keine Wirkung inter omnes (§§ 248 Abs. 1 S. 1, 249 Abs. 1 S. 1 AktG analog) entfalten; das Ergebnis der Mediation bedarf daher einer **Umsetzung**, etwa durch Rücknahme des Beschlusses durch die Gesellschafterversammlung.[265] Um dies zu ermöglichen, sollten an der Mediation sämtliche Gesellschafter beteiligt sein.[266]

---

257 BGHZ 180, 221, 228.

258 *H.-F. Müller*, GmbHR 2010, 729, 732; *Nietsch*, ZIP 2009, 2269, 2274; *Schwedt/Lilja/Schaper*, NZG 2009, 1281, 1283.

259 BGHZ 180, 221, 299.

260 *Bayer*, ZIP 2003, 881, 887; *Göz/Peitsmeyer*, DB 2009, 1915, 1920; *Hilbig*, SchiedsVZ 2009, 247, 257; *H.-F. Müller*, GmbHR 2010, 729, 734; *Nietsch*, ZIP 2009, 2269, 2272 ff.

261 Näher: *Casper/Risse*, ZIP 2000, 437; *Dendorfer/Krebs*, MittBayNot 2008, 85.

262 *Casper/Risse*, ZIP 2000, 437, 443; *Dendorfer/Krebs*, MittBayNot 2008, 85, 90.

263 *Raiser*, in: Ulmer/Habersack/Winter, GmbHG, Anh. § 47 Rn. 237; *Römermann*, in: Michalski, GmbHG, Anh. § 47 Rn. 564.

264 *Casper/Risse*, ZIP 2000, 437, 441; *Dendorfer/Krebs*, MittBayNot 2008, 85, 90; *Zöllner*, in: Baumbach/Hueck, GmbHG, Anh. § 47 Rn. 43.

265 *Raiser*, in: Ulmer/Habersack/Winter, GmbHG, Anh. § 47 Rn. 237; *Römermann*, in: Michalski, GmbHG, Anh. § 47 Rn. 565; *Zöllner*, in: Baumbach/Hueck, GmbHG, Anh. § 47 Rn. 43.

266 *Casper/Risse*, ZIP 2000, 437, 443.

§ 48 Gesellschafterversammlung

(1) Die Beschlüsse der Gesellschafter werden in Versammlungen gefasst.

(2) Der Abhaltung einer Versammlung bedarf es nicht, wenn sämtliche Gesellschafter in Textform mit der zu treffenden Bestimmung oder mit der schriftlichen Abgabe der Stimmen sich einverstanden erklären.

(3) Befinden sich alle Geschäftsanteile der Gesellschaft in der Hand eines Gesellschafters oder daneben in der Hand der Gesellschaft, so hat er unverzüglich nach der Beschlussfassung eine Niederschrift aufzunehmen und zu unterschreiben.

Übersicht **Rdn.**

Schrifttum

Böttcher/Grewe, Der Versammlungsleiter in der Gesellschaft mit beschränkter Haftung – Kompetenzen, Bestellung und Abberufung, NZG 2002, 1086; *Eickhoff*, Die Praxis der Gesellschafterversammlung, 4. Auflage, 2006; *Gehrlein*, Zur Frage der Gültigkeitsvoraussetzungen einer kombinierten Beschlussfassung, BB 2006, 1128; *Goette*, Anmerkung zu BGH, Urteil vom 27.03.1995 – II ZR 140/93, DStR 1995, 774, 776; *Habersack*, Europäisches Gesellschaftsrecht, 3. Auflage, 2006; *Heckschen/Heidinger*, Die GmbH in der Gestaltungs- und Beratungspraxis, 2. Auflage, 2009; *Hohlfeld*, Virtuelle GmbH-Gesellschafterversammlung, GmbHR 2000, R 53; *Vogel*, Gesellschafterbeschlüsse und Gesellschafterversammlung, 2. Auflage, 1986; *Zwissler*, GmbH-Beratung – Gesellschafterversammlung und Internet, GmbHR 2000, 28.

A. Allgemeines

1 Die Gesellschafter entscheiden durch Beschluss (§ 47). Beschlüsse werden nach dem Willen des Gesetzgebers in Versammlungen gefasst (Abs. 1), wenngleich darauf im Einzelfall auch verzichtet werden kann (Abs. 2). Dahinter steht das Leitbild einer **Willensbildung**, die sich im persönlichen Kontakt der Gesellschafter vollzieht. Die Formalien der Einberufung der Gesellschafterversammlung ergeben sich aus §§ 49-

51. Eine Versammlung kann auch ohne Einhaltung von Formen und Fristen zusammentreten, sofern alle Gesellschafter einverstanden sind (§ 51 Rdn. 24 ff.).

2 Zum **Ablauf** der Gesellschafterversammlung schweigt das Gesetz; eine Regelung in der Satzung ist daher dringend anzuraten. Lediglich für die Einpersonen-GmbH findet sich eine Regelung: Der Gesellschafter muss unverzüglich nach der Beschlussfassung eine schriftliche Niederschrift aufnehmen (Abs. 3).

3 Die Regeln des § 48 gelten auch für die Komplementär-GmbH in der **GmbH & Co KG.**[1] Die KG beschließt nach §§ 119, 161 Abs. 2 HGB. Eine Verzahnung beider Versammlungen muss gegebenenfalls durch den Gesellschaftsvertrag erfolgen.[2]

B. Gesellschafterversammlung § 48 Abs. 1

I. Ort und Zeit der Versammlung

4 Das Gesetz äußert sich nicht zum Ort der Gesellschafterversammlung. Die Geschäftsführer, die gemäß § 49 Abs. 1 die Versammlung einberufen, legen den **Versammlungsort** fest (alternativ die Gesellschafterminderheit im Fall des § 50 Abs. 3). Rechtsprechung und Literatur ziehen § 121 Abs. 5 S. 1 AktG analog heran.[3] Demnach soll die Versammlung am Satzungssitz der Gesellschaft stattfinden, wenn der Gesellschaftsvertrag nichts anderes bestimmt. Bei Gesellschaften mit überschaubarem Gesellschafterkreis kann auch ein anderer Ort geeignet sein, wenn er für alle Gesellschafter leichter erreichbar ist.[4] Die enge Bindung an den Satzungssitz überzeugt nicht. Die GmbH ist wegen ihrer Binnenstruktur nach kaum mit einer AG vergleichbar. Zudem steht der Satzungssitz nach § 4a n.F. in keinem notwendigen Bezug zum Tätigkeitsort der Gesellschaft (§ 4a Rdn. 12). Zulässig ist daher jeder Versammlungsort, der für die Gesellschafter in zumutbarer Weise erreichbar ist. Der Klarheit dient eine Regelung des Versammlungsortes in der **Satzung.** Sie kann den Geschäftsführern einen Entscheidungsspielraum belassen, muss dabei allerdings das Teilnahmerecht (Rdn. 8 ff.) der Gesellschafter wahren.[5]

---

1 *K. Schmidt/Seibt*, in: Scholz, GmbHG, § 48 Rn. 75 ff.

2 Näher *K. Schmidt*, in: Scholz, GmbHG, § 45 Rn. 58 ff.

3 BGH, GmbHR 1985, 256, 257; OLG Düsseldorf, GmbHR 2003, 1006, 1007; *Hüffer*, in: Ulmer/Habersack/Winter, GmbHG, § 48 Rn. 4; *K. Schmidt/Seibt*, in: Scholz, GmbHG, § 48 Rn. 7.

4 BGH, GmbHR 1985, 256, 257; OLG Düsseldorf, GmbHR 2003, 1006, 1007; OLG Naumburg, NZG 2000, 44, 45; *Bayer*, in: Lutter/Hommelhoff, GmbHG, § 48 Rn. 12; *Hüffer*, in: Ulmer/Habersack/Winter, GmbHG, § 48 Rn. 4; *K. Schmidt/Seibt*, in: Scholz, GmbHG, § 48 Rn. 7.

5 *Bayer*, in: Lutter/Hommelhoff, GmbHG, § 48 Rn. 12; *Hüffer*, in: Ulmer/Habersack/Winter, GmbHG, § 48 Rn. 4; *K. Schmidt/Seibt*, in: Scholz, GmbHG, § 48 Rn. 6; *Zöllner*, in: Baumbach/Hueck, GmbHG, § 51 Rn. 15.

5 Wer die Versammlung einberuft (vgl. §§ 49 Abs. 1 bzw. 50 Abs. 3), bestimmt auch die Räume, in denen die Versammlung stattfindet (**Versammlungslokal**).[6] Das müssen nicht zwingend die Räumlichkeiten der Gesellschaft sein.[7] Die Grenzen der Zumutbarkeit sind aber zu beachten.[8] So ist etwa die Einberufung in die Privatwohnung eines verfeindeten Gesellschafters[9] oder in die Kanzleiräume von dessen Rechtsanwalt[10] unzulässig.

6 Ob die Gesellschafterversammlung im **Ausland** stattfinden kann, war früher umstritten.[11] Die Auffassung, wonach eine Einberufung ins Ausland generell unzulässig sei,[12] war schon immer zu eng, denn in grenznahen Gebieten kann ein Versammlungsort im benachbarten Ausland gleich gut oder besser erreichbar sein als mancher inländische Ort. Nachdem § 4a n.F. einer GmbH gestattet, den Verwaltungssitz im Ausland anzusiedeln (§ 4a Rdn. 21 ff.), ist die Beschränkung auf inländische Versammlungsorte ohnehin hinfällig geworden.[13] Auch die Bindung an den Satzungssitz hat ihre innere Rechtfertigung verloren (o. Rdn. 4). Entscheidend ist die Erreichbarkeit des Ortes für die Gesellschafter. Ihr Teilnahmerecht darf durch die Wahl des Ortes nicht ernsthaft erschwert werden.[14] Soweit eine Versammlung im Ausland zulässig ist, bleibt für beurkundungspflichtige Beschlussgegenstände zu prüfen, ob dort wirksame Beurkundungen durchgeführt werden können (dazu § 53 Rdn. 40).

---

6 *Hüffer*, in: Ulmer/Habersack/Winter, GmbHG, § 48 Rn. 4; *K. Schmidt/Seibt*, in: Scholz, GmbHG, § 48 Rn. 8.

7 *Bayer*, in: Lutter/Hommelhoff, GmbHG, § 48 Rn. 12; *Hüffer*, in: Ulmer/Habersack/Winter, GmbHG, § 48 Rn. 4; zu eng (grundsätzlich in den Räumen der Gesellschaft): OLG Düsseldorf, GmbHR 2004, 572, 579; *K. Schmidt/Seibt*, in: Scholz, GmbHG, § 48 Rn. 8.

8 OLG Düsseldorf, GmbHR 2004, 572, 579; OLG Celle, GmbHR 1997, 748; *Bayer*, in: Lutter/Hommelhoff, GmbHG, § 48 Rn. 12; *Hüffer*, in: Ulmer/Habersack/Winter, GmbHG, § 48 Rn. 4; *K. Schmidt/Seibt*, in: Scholz, GmbHG, § 48 Rn. 8.

9 OLG Celle, GmbHR 1997, 748.

10 OLG Düsseldorf, GmbHR 2004, 572, 579.

11 BGHZ 80, 76; OLG Düsseldorf, GmbHR 1990, 169, 171; *Bayer*, in: Lutter/Hommelhoff, GmbHG, § 48 Rn. 13; *Hüffer*, in: Ulmer/Habersack/Winter, GmbHG, § 48 Rn. 6 ff.; *Römermann*, in: Michalski, GmbHG, § 48 Rn. 26; *Roth*, in: Roth/Altmeppen, GmbHG, § 51 Rn. 8; *K. Schmidt/Seibt*, in: Scholz, GmbHG, § 48 Rn. 9 f.; *Zöllner*, in: Baumbach/Hueck, GmbHG, § 51 Rn. 15.

12 OLG Hamm, NJW 1974, 1057; OLG Hamburg, NJW-RR 1993, 1317, 1318 (AG); w.N. bei *K. Schmidt/Seibt*, in: Scholz, GmbHG, § 48 Rn. 9 Fn. 17.

13 Ebenso *Bayer*, in: Lutter/Hommelhoff, GmbHG § 48 Rn. 13; enger *K. Schmidt/Seibt*, in: Scholz, GmbHG, § 48 Rn. 10 (nur ausnahmsweise zulässig).

14 *Bayer*, in: Lutter/Hommelhoff, GmbHG, § 48 Rn. 13; *Hüffer*, in: Ulmer/Habersack/Winter, GmbHG, § 48 Rn. 9; *K. Schmidt/Seibt*, in: Scholz, GmbHG, § 48 Rn. 10.

7 Den **Zeitpunkt** der Versammlung legt der Einberufende fest.[15] Jede geschäftsübliche und den Gesellschaftern auch persönlich zumutbare Zeit ist zulässig.[16] Alles Weitere hängt von den konkreten Umständen des Einzelfalls, wie Dringlichkeit oder Gesellschafterstruktur ab.[17] Persönliche Verhinderungen von Gesellschaftern sind nach Möglichkeit zu beachten.[18] Sonn- und Feiertage sind keine geschäftsübliche Zeit und daher nicht ohne weiteres zumutbar.[19]

II. Teilnahmerecht

1. Inhalt und Reichweite

8 Jeder Gesellschafter hat kraft seiner Mitgliedschaft ein Teilnahmerecht an der Gesellschafterversammlung. Dieses besteht unabhängig vom Stimmrecht (§ 47 Rdn. 19 ff.). Auch ein Gesellschafter, der nicht stimmberechtigt oder in der Minderheitenposition ist, hat ein Recht auf Teilnahme, um seine Auffassung vorzutragen und Einwendungen geltend zu machen.[20] Wegen dieser **Funktion des Teilnahmerechts** ist eine Beschlussfassung, bei der keine Gelegenheit zur sachlichen Aussprache gegeben wurde, unzulässig.[21] Mit Blick auf eine eventuelle Beschlussanfechtung dient das Teilnahmerecht auch dazu, die Einhaltung der Förmlichkeiten nachprüfen zu können.[22] Unter dem Aspekt von Treu und Glauben kann es daher unzulässig sein, das Teilnahmerecht aus rein formalen Gründen zu beschneiden.[23] Eine **Teilnahmepflicht** gibt es nur ausnahmsweise, etwa wenn ein bestimmtes Beschlussquorum erreicht werden muss.[24]

---

15 Einzige gesetzliche Vorgabe: Fristen für die Feststellung des Jahresabschlusses (§ 42a Abs. 2).

16 *Bayer*, in: Lutter/Hommelhoff, GmbHG, § 48 Rn. 14; *Hüffer*, in: Ulmer/Habersack/Winter, GmbHG, § 48 Rn. 5; *K. Schmidt/Seibt*, in: Scholz, GmbHG, § 48 Rn. 12.

17 M.w.N. *Bayer*, in: Lutter/Hommelhoff, GmbHG, § 48 Rn. 14 Fn. 52; *Hüffer*, in: Ulmer/Habersack/Winter, GmbHG, § 48 Rn. 5.

18 BGH, GmbHR 1985, 256, 257 f. (Kindstaufe); *Bayer*, in: Lutter/Hommelhoff, GmbHG, § 48 Rn. 14; *Hüffer*, in: Ulmer/Habersack/Winter, GmbHG, § 48 Rn. 5; *K. Schmidt/Seibt*, in: Scholz, GmbHG, § 48 Rn. 12.

19 LG Darmstadt, BB 1981, 72 f.; *Koppensteiner*, in: Rowedder/Schmidt-Leithoff, GmbHG, § 48 Rn. 6; *Vogel*, Gesellschafterbeschlüsse, S. 132 f. Der Hinweis auf terminlich belastete Gesellschafter (*K. Schmidt/Seibt*, in: Scholz, GmbHG, § 48 Rn. 12) reicht grundsätzlich nicht aus, um andere Gesellschafter gegen ihren Willen auf einen Sonn- oder Feiertag zu laden.

20 BGH, NJW 1971, 2225; OLG München, GmbHR 1994, 251, 252.

21 OLG Hamm, GmbHR 1998, 138, 139.

22 BGH, NJW 1971, 2225.

23 OLG Brandenburg, GmbHR 1998, 1037, 1038 (Vollmacht in italienischer Sprache durfte nicht zurückgewiesen werden); OLG Dresden, GmbHR 2000, 435, 437 und OLG Hamm, GmbHR 1998, 138, 140 (angemessene Wartefrist, wenn ein Gesellschafter nicht pünktlich erscheint).

24 OLG Brandenburg, GmbHR 1998, 1037, 1039; *Bayer*, in: Lutter/Hommelhoff, GmbHG, § 48 Rn. 11; *K. Schmidt/Seibt*, in: Scholz, GmbHG, § 48 Rn. 19.

Ein **Ausschluss** von der Teilnahme ist bei sachlicher Notwendigkeit einzelfallbezogen (zu Satzungsregeln Rdn. 13 ff.) möglich; etwa bei Gefahr der Verwendung der erlangten Informationen zum Nachteil der Gesellschaft.[25] An die Voraussetzungen sind allerdings wegen der Bedeutung des Teilnahmerechts hohe Anforderungen zu stellen. Als milderes Mittel ist dem Gesellschafter nach Möglichkeit zu gestatten, sich vertreten zu lassen.[26] Für den Ausschluss ist ein Gesellschafterbeschluss erforderlich; der auszuschließende Gesellschafter unterliegt einem Stimmverbot, §§ 51a Abs. 2, 47 Abs. 4 S. 1 analog.[27] 9

2. Teilnahmeberechtigte Personen

Ein Teilnahmerecht hat jeder **Gesellschafter**, der in die Gesellschafterliste eingetragen ist (§ 16 Rdn. 15). Das gilt auch für Inhaber eines stimmrechtslosen oder noch nicht voll eingezahlten Anteils.[28] Ein Stimmrechtsausschluss nach § 47 Abs. 4 ändert nichts am Teilnahmerecht.[29] Bei Kaduzierung (§ 21), Preisgabe des Anteils (§ 27), Einziehung (§ 34) oder Gesellschafterausschluss endet das Teilnahmerecht erst mit dem Verlust der Mitgliedschaft.[30] Bei einer Mitberechtigung steht es allen gemeinsam zu und muss gemeinschaftlich ausgeübt werden (§ 18 Rdn. 9 f.).[31] 10

Die Vertretung eines Gesellschafters kann auf rechtsgeschäftlicher oder gesetzlicher Vertretung beruhen.[32] Hat der Gesellschafter einem Dritten **Vollmacht** zur Teil- 11

---

25 *Bayer*, in: Lutter/Hommelhoff, GmbHG, § 48 Rn. 3; *Hüffer*, in: Ulmer/Habersack/Winter, GmbHG, § 48 Rn. 25; *K. Schmidt/Seibt*, in: Scholz, GmbHG, § 48 Rn. 18; *Wicke*, GmbHG, § 48 Rn. 2; *Zöllner*, in: Baumbach/Hueck, GmbHG, § 48 Rn. 7.

26 *Eickhoff*, Gesellschafterversammlung, S. 42, Rn. 155.

27 *Bayer*, in: Lutter/Hommelhoff, GmbHG, § 48 Rn. 3; *Eickhoff*, Gesellschafterversammlung, S. 42, Rn. 155.

28 *Bayer*, in: Lutter/Hommelhoff, GmbHG, § 48 Rn. 2; *Hüffer*, in: Ulmer/Habersack/Winter, GmbHG, § 48 Rn. 14; *K. Schmidt/Seibt*, in: Scholz, GmbHG, § 48 Rn. 13.

29 BGH, GmbHR 2006, 538, 539; BGH, GmbHR 1985, 256, 257; BGH, GmbHR 1971, 207.

30 *Hüffer*, in: Ulmer/Habersack/Winter, GmbHG, § 48 Rn. 14; *K. Schmidt/Seibt*, in: Scholz, GmbHG, § 48 Rn. 13.

31 *Bayer*, in: Lutter/Hommelhoff, GmbHG, § 48 Rn. 2; *Hüffer*, in: Ulmer/Habersack/Winter, GmbHG, § 48 Rn. 15; *Römermann*, in: Michalski, GmbHG, § 48 Rn. 42; *Zöllner*, in: Baumbach/Hueck, GmbHG, § 48 Rn. 6; nach *K. Schmidt/Seibt*, in: Scholz, GmbHG, § 48 Rn. 15, kann zum ungestörten Ablauf der Versammlung die Entsendung eines gemeinschaftlichen Vertreters angeordnet werden.

32 Die Möglichkeit, einen Bevollmächtigten zu benennen, gehört zum Teilnahmerecht dazu (OLG München, GmbHR 2011, 590, 592). Siehe zum Folgenden auch: *Bayer*, in: Lutter/Hommelhoff, GmbHG, § 48 Rn. 2 ff.; *Hüffer*, in: Ulmer/Habersack/Winter, GmbHG, § 48 Rn. 16 ff.; *Römermann*, in: Michalski, GmbHG, § 48 Rn. 44 ff.; *K. Schmidt/Seibt*, in: Scholz, GmbHG, § 48 Rn. 15, 23; *Zöllner*, in: Baumbach/Hueck, GmbHG, § 48 Rn. 8 f.

nahme an der Versammlung erteilt,[33] steht ihm selbst kein Teilnahmerecht zu.[34] Bis zur Klärung der Berechtigung des Vertreters ist er jedoch zuzulassen; er kann das Teilnahmerecht außerdem durch Widerruf der Vollmacht wieder an sich ziehen.[35] Besteht **gesetzliche Vertretung**, muss der gesetzliche Vertreter teilnehmen; die Anwesenheit des Gesellschafters reicht nicht aus.[36] Ein Betreuer muss im Rahmen seines Aufgabenkreises (insb. bei Einwilligungsvorbehalt gem. § 1903 BGB) mit zugelassen werden. Bei Testamentsvollstreckung ist allein der Testamentsvollstrecker teilnahmeberechtigt. Im Fall der Insolvenzverwaltung ist der Verwalter teilnahmeberechtigt, soweit sein Zuständigkeitsbereich betroffen ist, ansonsten der Gesellschafter, der sicherheitshalber auch zugelassen werden sollte. Für juristische Personen oder Personengesellschaften handeln deren **organschaftliche Vertreter.**[37] Soll bei Gesamtvertretung nur eine Person zugelassen werden, bedarf dies einer Satzungsgrundlage (u. Rdn. 13).[38]

12 **Geschäftsführer** haben kein eigenes Teilnahmerecht, sind auf Verlangen der Gesellschafter aber zur Teilnahme verpflichtet.[39] Sie können durch Satzung ein Teilnahmerecht erhalten, etwa indem ihnen die Sitzungsleitung übertragen wird.[40] Eigene Anteile der Gesellschaft vermitteln dem Geschäftsführer kein Teilnahmerecht; die mit ihnen verbundenen Recht ruhen (§ 33 Rdn. 35 ff.). Fakultative Gesellschaftsorgane haben kein originäres Teilnahmerecht, es kann ihnen aber durch Satzung oder Gesellschafterbeschluss eingeräumt werden. Der obligatorische **Aufsichtsrat** hat ein Teilnahmerecht und soll auch teilnehmen (vgl. § 52 Rdn. 119).[41] Der Abschlussprüfer hat kein eigenes Teilnahmerecht, muss aber auf Verlangen eines Gesellschafters an

33 Eine Stimmrechtsvollmacht (§ 47 Rdn. 27 ff.) erfasst auch die Teilnahme, da die Stimme andernfalls nicht abgegeben werden kann (*Römermann*, in: Michalski, GmbHG, § 48 Rn. 49).

34 OLG Stuttgart, GmbHR 1994, 257, 259; *Hüffer*, in: Ulmer/Habersack/Winter, GmbHG, § 48 Rn. 18; *Römermann*, in: Michalski, GmbHG, § 48 Rn. 52. Differenzierend *K. Schmidt/Seibt*, in: Scholz, GmbHG, § 48 Rn. 24: Teilnahmerecht bleibt unberührt, kann aber nicht gegen Willen der Mitgesellschafter durchgesetzt werden.

35 OLG Hamm, GmbHR 2003, 1211, 1212 f.

36 BayObLG, GmbHR 1993, 223, 224 (für geschäftsunfähigen Gesellschafter).

37 OLG Köln, GmbHR 1993, 734, 737.

38 *Bayer*, in: Lutter/Hommelhoff, GmbHG, § 48 Rn. 2; *Hüffer*, in: Ulmer/Habersack/Winter, GmbHG, § 48 Rn. 16 f.; *Römermann*, in: Michalski, GmbHG, § 48 Rn. 46. Nach a.A. soll keine Satzungsgrundlage erforderlich sein (*K. Schmidt/Seibt*, in: Scholz, GmbHG, § 48 Rn. 23; *Zöllner*, in: Baumbach/Hueck, GmbHG, § 48 Rn. 10). Das wird man so pauschal nicht gestatten können, sondern allenfalls als sitzungsleitende Maßnahme, wenn der Versammlungsablauf konkret beeinträchtigt wird.

39 *Bayer*, in: Lutter/Hommelhoff, GmbHG, § 48 Rn. 5; *Hüffer*, in: Ulmer/Habersack/Winter, GmbHG, § 48 Rn. 20.

40 *Römermann*, in: Michalski, GmbHG, § 48 Rn. 62; *K. Schmidt/Seibt*, in: Scholz, GmbHG, § 48 Rn. 20; a.A. *Hüffer*, in: Ulmer/Habersack/Winter, GmbHG, § 48 Rn. 20.

41 § 118 Abs. 3 AktG i.V.m. § 25 Abs. 1 S. 1 Nr. 2 MitbestG/§ 1 Abs. 1 Nr. 3 DrittelbG/bzw. § 3 Abs. 2 MontanMitbestG.

den Verhandlungen über die Feststellung des Jahresabschlusses teilnehmen (§ 42a Abs. 3). **Berater** der Gesellschafter dürfen grundsätzlich nur dann anwesend sein und sprechen, wenn dies durch Mehrheitsbeschluss oder Satzung gestattet wird.[42] Im Ausnahmefall gebietet allerdings die Treuepflicht die Zulassung eines Beraters, so wenn bedeutsame Entscheidungen anstehen, für deren Beurteilung dem betroffenen Gesellschafter die nötige Sachkunde fehlt.[43] Auch sonstige **Dritte** (Sachverständige, Pressevertreter etc.) bedürfen einer ausdrücklichen Zulassung durch Mehrheitsbeschluss oder Satzung; diese kann die Entscheidung auch dem Versammlungsleiter zuweisen.[44]

3. Satzungsregelungen

13 Die Satzung kann Modalitäten der Teilnahme regeln.[45] Sie kann den Teilnehmerkreis erweitern, beispielsweise die Begleitung durch Rechtsberater gestatten,[46] oder auch Vertretungsregeln treffen (**Vertreterklauseln**), um einen reibungslosen Ablauf der Versammlung zu gewährleisten. Beispiele: Gesellschaftergruppen müssen einen gemeinsamen Vertreter benennen (vgl. auch § 18 Rdn. 11); juristische Personen dürfen nicht mehrere Vertreter schicken;[47] Gesellschafter dürfen überhaupt nur über Vertreter teilnehmen oder, umgekehrt, Gesellschafter müssen immer persönlich erscheinen. Für Klauseln, die das Teilnahmerecht erschweren, wird mitunter die Zustimmung aller Gesellschafter verlangt.[48] Zu dieser Abweichung vom Gesetz (§ 53 Abs. 1 S. 1: Mehrheit von drei Vierteln) besteht kein Anlass, da ohnehin jede Satzungsänderung den materiellen Kerngehalt des Teilnahmerechts (Rdn. 8 ff.) respektieren muss.

14 Der **Kerngehalt** des Teilnahmerechts ist auch durch die Satzung nicht entziehbar.[49]

---

42 OLG Stuttgart, GmbHR 1997, 1107; OLG Naumburg, GmbHR 1996, 934, 936; OLG Stuttgart, GmbHR 1994, 257, 259; OLG Düsseldorf, GmbHR 1992, 610, 611.

43 OLG Düsseldorf, GmbHR 2002, 67; OLG Stuttgart, GmbHR 1997, 1107; OLG Naumburg, GmbHR 1996, 934, 936; OLG Düsseldorf, GmbHR 1992, 610, 611. Zur gebotenen Interessenabwägung: *K. Schmidt/Seibt*, in: Scholz, GmbHG, § 48 Rn. 26.

44 *Hüffer*, in: Ulmer/Habersack/Winter, GmbHG, § 48 Rn. 22; *K. Schmidt/Seibt*, in: Scholz, GmbHG, § 48 Rn. 25.

45 Im Einzelnen: *Heckschen/Heidinger*, Die GmbH, § 4 Rn. 134 ff. (S. 160 f.).

46 OLG Düsseldorf, GmbHR 2002, 67; OLG Naumburg, GmbHR 1996, 934, 936.

47 BGH, GmbHR 1989, 120, 121.

48 So für die nachträgliche Festlegung, dass Versammlungen im Ausland stattfinden können: *Hüffer*, in: Ulmer/Habersack/Winter, GmbHG, § 48 Rn. 9; *Römermann*, in: Michalski, GmbHG, § 48 Rn. 26; *K. Schmidt/Seibt*, in: Scholz, GmbHG, § 48 Rn. 10. In Konsequenz dieser Auffassung würde auch jede andere Erschwerung der Teilnahme allseitiger Zustimmung bedürfen.

49 BGH, GmbHR 1989, 120, 121; OLG Frankfurt, GmbHR 1984, 99, 100; *Bayer*, in: Lutter/Hommelhoff, GmbHG, § 48 Rn. 3; *Hüffer*, in: Ulmer/Habersack/Winter, GmbHG, § 48 Rn. 23; *K. Schmidt/Seibt*, in: Scholz, GmbHG, § 48 Rn. 18; *Zöllner*, in: Baumbach/Hueck, GmbHG, § 48 Rn. 6.

Ein Gesellschafter muss immer die Möglichkeit haben, seinen Willen persönlich oder über Vertreter in die interne Willensbildung der Gesellschaft einzubringen. Unzulässig wäre daher eine Regelung, die dem Gesellschafter einen Vertreter aufzwingt, den er nicht selbst auswählen und anweisen darf.[50]

15 Ist ein Gesellschafter zugleich **Konkurrent** der Gesellschaft, soll es zulässig sein, ihm die Teilnahme zu verwehren.[51] Dem kann so allgemein nicht zugestimmt werden. Auch ein konkurrierender Gesellschafter hat Anrecht auf Mitwirkung an der internen Willensbildung.[52] Zum Schutz des Gesellschaftsinteresses genügt häufig eine Vertreterklausel (o. Rdn. 13); möglich ist auch ein einzelfallbezogener Ausschluss (o. Rdn. 9), wenn aus der Teilnahme erhebliche Nachteile drohen. Zudem unterliegt das individuelle Auskunftsrecht des konkurrierenden Gesellschafters gesetzlichen Grenzen (§ 51a Rdn. 36 ff.).

4. Rechtsfolgen eines Verstoßes

16 Ein Verstoß gegen das Teilnahmerecht des Gesellschafters führt zur Anfechtbarkeit des Beschlusses.[53] Auch die Einberufung an einen unzulässigen Versammlungsort verletzt das Mitwirkungsrecht der Gesellschafter und führt zur Anfechtbarkeit der dort gefassten Gesellschafterbeschlüsse.[54] Verletzungen des Teilnahmerechts sind stets relevant (vgl. Anh. § 47 Rdn. 46), auch wenn sie sich nicht auf das Beschlussergebnis auswirken.[55] Die Teilnahme nichtberechtigter Personen begründet hingegen regelmäßig keine Anfechtbarkeit.[56]

---

50 BGH, GmbHR 1989, 120, 121.

51 RGZ 80, 385, 390 (Satzung ordnete Zwangsvertretung durch Mitglied der Geschäftsführung oder des Aufsichtsrates an); einen generellen Ausschluss durch Satzung wollen *Zöllner*, in: Baumbach/Hueck, GmbHG, § 48 Rn. 7, sowie *Roth*, in: Roth/Altmeppen, GmbHG, § 48 Rn. 4, zulassen.

52 In diesem Sinne: *Hüffer*, in: Ulmer/Habersack/Winter, GmbHG, § 48 Rn. 25; *Römermann*, in: Michalski, GmbHG, § 48 Rn. 82 ff.; *K. Schmidt/Seibt*, in: Scholz, GmbHG, § 48 Rn. 15. RGZ 88, 220, 221 f. betrifft einen etwas anders gelagerten Sachverhalt: Dort war die persönliche Ausübung sämtlicher Gesellschafterrechte untersagt worden, was das Gericht zu Recht als unverhältnismäßig einstufte.

53 OLG Hamm, GmbHR 2003, 1211, 1212; *Hüffer*, in: Ulmer/Habersack/Winter, GmbHG, § 48 Rn. 28; *K. Schmidt/Seibt*, in: Scholz, GmbHG, § 48 Rn. 29.

54 OLG Düsseldorf, GmbHR 2003, 1006, 1007.

55 Zur Aktiengesellschaft: BGHZ 160, 385, 392; BGHZ 149, 158, 164 f.

56 *Hüffer*, in: Ulmer/Habersack/Winter, GmbHG, § 48 Rn. 28; *K. Schmidt/Seibt*, in: Scholz, GmbHG, § 48 Rn. 29.

III. Organisation und Ablauf der Versammlung

1. Versammlungsleiter

17 Die **Bestellung** eines Versammlungsleiters ist gesetzlich nicht vorgesehen, in der Regel aber empfehlenswert.[57] Er kann durch Satzung oder Geschäftsordnung bestimmt werden.[58] Auch eine Bestellung durch Gesellschafterbeschluss mit einfacher Mehrheit ist möglich.[59] Welche Person (Gesellschafter, Geschäftsführer, Dritte) die Funktion sinnvoll wahrnehmen kann, hängt vom Einzelfall ab.[60] Die bloße Usurpation der Funktion durch einen Anwesenden führt zu keiner wirksamen Versammlungsleitung.[61] Ist die **Abberufung** des Versammlungsleiters in der Satzung nicht geregelt, kann er durch einfachen Mehrheitsbeschluss abberufen werden.[62] Ist die Leitung das statutarische Sonderrecht eines Gesellschafters, kann sie ihm nur mit seiner Zustimmung oder aus wichtigem Grund entzogen werden.[63] Die freiwillige Niederlegung der Leitung ist jederzeit möglich.[64]

18 Der Versammlungsleiter hat die **Aufgabe,** für eine sachgerechte Erledigung der Versammlungsgestände zu sorgen.[65] Er bestimmt Beginn, Unterbrechungen und Ende der Versammlung nach Maßgabe der Tagesordnung, deren Reihenfolge er verändern kann. Der Leiter stellt die Teilnahmeberechtigung fest und erstellt, soweit zweckmäßig, eine Anwesenheitsliste. Er erteilt das Wort, nimmt Anträge entgegen und entscheidet über deren Reihenfolge. Über eine Streichung und Ergänzung von Tagesordnungspunkten oder die Vertagung der Versammlung kann er nicht entscheiden, darüber müssen die Gesellschafter beschließen.[66] Der Versammlungsleiter stellt die

---

57 *Böttcher/Grewe*, NZG 2002, 1086, 1087.

58 *Bayer*, in: Lutter/Hommelhoff, GmbHG, § 48 Rn. 15; *K. Schmidt/Seibt*, in: Scholz, GmbHG, § 48 Rn. 32 f.; *Roth*, in: Roth/Altmeppen, GmbHG, § 48 Rn. 8.

59 BGH, GmbHR 2009, 1325, 1326; OLG München, GmbHR 2005, 624, 625; a.A. (nur einstimmig) OLG Frankfurt, NZG 1999, 406.

60 *Böttcher/Grewe*, NZG 2002, 1086, 1088; *Hüffer*, in: Ulmer/Habersack/Winter, GmbHG, § 48 Rn. 30; *Römermann*, in: Michalski, GmbHG, § 48 Rn. 100 ff.

61 OLG Köln, GmbHR 2002, 913, 914.

62 *Bayer*, in: Lutter/Hommelhoff, GmbHG, § 48 Rn. 15; *Böttcher/Grewe*, NZG 2002, 1086, 1089; *Eickhoff*, Gesellschafterversammlung, Rn. 246.

63 *Böttcher/Grewe*, NZG 2002, 1086, 1089 ff.; *Bayer*, in: Lutter/Hommelhoff, GmbHG, § 48 Rn. 15; *Eickhoff*, Gesellschafterversammlung, Rn. 246; LG Frankfurt, AG 2005, 892, 894 (zur AG); gegen Abberufung aus wichtigem Grund: *Hüffer*, in: Ulmer/Habersack/Winter, GmbHG, § 48 Rn. 31.

64 *Bayer*, in: Lutter/Hommelhoff, GmbHG, § 48 Rn. 15; *K. Schmidt/Seibt*, in: Scholz, GmbHG, § 48 Rn. 34.

65 BGHZ 44, 245, 248 (zur AG). Näher zu den Aufgaben des Versammlungsleiters: *Bayer*, in: Lutter/Hommelhoff, GmbHG, § 48 Rn. 16; *Böttcher/Grewe*, NZG 2002, 1086, 1087 ff.; *Hüffer*, in: Ulmer/Habersack/Winter, GmbHG, § 48 Rn. 32 ff.; *K. Schmidt/Seibt*, in: Scholz, GmbHG, § 48 Rn. 36; *Zöllner*, in: Baumbach/Hueck, GmbHG, § 48 Rn. 17 f.

66 *K. Schmidt/Seibt*, in: Scholz, GmbHG, § 48 Rn. 36.

Beschlussergebnisse fest;[67] die festgestellten Beschlüsse sind nur noch durch Anfechtungsklage angreifbar (Anh. § 47 Rdn. 2, 39).

19 Der Versammlungsleiter sollte ein **Protokoll** anfertigen und von den Gesellschaftern billigen lassen. Das ist zwar – abgesehen von der Einpersonen-GmbH (unten Rdn. 30 ff.) – nicht vorgeschrieben, jedoch zu Beweiszwecken empfehlenswert.[68] Ein Anspruch einzelner Gesellschafter auf Protokollierung besteht grundsätzlich nicht.[69] Satzungsänderungen und Strukturmaßnahmen bedürfen der notariellen Beurkundung (§ 53 Rdn. 40 ff.). Schreibt die Satzung eine Protokollierung vor, soll das in der Regel nur dem besseren Nachweis dienen und nicht Wirksamkeitsvoraussetzung sein.[70] Bisweilen sehen Gerichte das anders,[71] daher empfiehlt sich eine eindeutige Satzungsklausel. Ton- und Bildaufnahmen sind zum Schutze des Persönlichkeitsrechts nur bei allseitigem Einverständnis zulässig.[72]

20 Um den geordneten Ablauf sicherzustellen, kann der Versammlungsleiter **Ordnungsmaßnahmen** ergreifen.[73] Hierzu gehören Ordnungsruf, Redezeitverkürzung, Wortentzug und schließlich Ausschluss. Die Maßnahme muss erforderlich und angemessen sein. Vor gravierenden Maßnahmen ist regelmäßig eine Abmahnung geboten. Ein rein präventiver Ausschluss ist in keinem Fall zulässig. Die Gesellschafter können Ordnungsmaßnahmen durch Mehrheitsbeschluss rückgängig machen. Unzulässige

---

67 *Bayer*, in: Lutter/Hommelhoff, GmbHG, § 48 Rn. 16; *Roth*, in: Roth/Altmeppen, GmbHG, § 48 Rn. 9, 15; *K. Schmidt/Seibt*, in: Scholz, GmbHG, § 48 Rn. 53. Nach Auffassung von *Zöllner*, in: Baumbach/Hueck, GmbHG, § 48 Rn. 17, besteht diese Kompetenz nur bei Einwilligung aller Gesellschafter. Dagegen überzeugend *Hüffer*, in: Ulmer/Habersack/Winter, GmbHG, § 48 Rn. 33.

68 *Bayer*, in: Lutter/Hommelhoff, GmbHG, § 48 Rn. 18; *Hüffer*, in: Ulmer/Habersack/Winter, GmbHG, § 48 Rn. 39; *K. Schmidt/Seibt*, in: Scholz, GmbHG, § 48 Rn. 39 f.; *Roth*, in: Roth/Altmeppen, GmbHG, § 48 Rn. 20.

69 *Bayer*, in: Lutter/Hommelhoff, GmbHG, § 48 Rn. 18; *Hüffer*, in: Ulmer/Habersack/Winter, GmbHG, § 48 Rn. 39; großzügiger *K. Schmidt/Seibt*, in: Scholz, GmbHG, § 48 Rn. 39: berechtigtes Interesse von einigem Gewicht genügt.

70 RGZ 122, 367, 369; RGZ 104, 413, 415; OLG Stuttgart, GmbHR 1998, 1034, 1035; auch OLG Stuttgart, BB 1983, 1050 (andere Beweismittel zulassend); *Hüffer*, in: Ulmer/Habersack/Winter, GmbHG, § 48 Rn. 39; *Roth*, in: Roth/Altmeppen, GmbHG, § 48 Rn. 23. Anders möglicherweise, wenn Satzung notarielle Beurkundung vorschreibt (*Zöllner*, in: Baumbach/Hueck, GmbHG, § 48 Rn. 23).

71 BayObLG, BB 1991, 2103, 2104 (Protokollierung als Wirksamkeitserfordernis).

72 OLG Karlsruhe, NZG 1998, 259, 260 (Familienunternehmen); *Bayer*, in: Lutter/Hommelhoff, GmbHG, § 48 Rn. 19; *Hüffer*, in: Ulmer/Habersack/Winter, GmbHG, § 48 Rn. 40; *K. Schmidt/Seibt*, in: Scholz, GmbHG, § 48 Rn. 41.

73 Zum Folgenden: *Bayer*, in: Lutter/Hommelhoff, GmbHG, § 48 Rn. 17; *Hüffer*, in: Ulmer/Habersack/Winter, GmbHG, § 48 Rn. 35 ff.; *Römermann*, in: Michalski, GmbHG, § 48 Rn. 141 ff.; *K. Schmidt/Seibt*, in: Scholz, GmbHG, § 48 Rn. 37; *Zöllner*, in: Baumbach/Hueck, GmbHG, § 48 Rn. 18.

Ordnungsmaßnahmen verletzen das Teilnahmerecht des betroffenen Gesellschafters und führen zur Anfechtbarkeit der daraufhin gefassten Beschlüsse.[74]

2. Beschlussfähigkeit und Beschlussfassung

21 Das GmbH-Gesetz kennt kein Mindestquorum für die Beschlussfähigkeit. Soweit auch die Satzung keines regelt, genügt das Erscheinen eines stimmberechtigten Gesellschafters.[75] Bei satzungsmäßig festgelegtem Quorum kann die Treuepflicht eine Teilnahmepflicht begründen (oben Rdn. 8). Vielfach enthalten Satzungen eine Regelung, die bei Verfehlen des Quorums in der nächsten Gesellschafterversammlung über die gleichen Beschlussgegenstände keine oder eine niedrigere Mindestquote erfordern.[76] Zur Beschlussfassung: § 47 Rdn. 3 ff.

C. Beschlussfassung ohne Versammlung (§ 48 Abs. 2)

22 Der Abhaltung einer Versammlung bedarf es nicht, wenn **sämtliche Gesellschafter** auf sie verzichten. Auch Gesellschafter, die kein Stimmrecht haben, müssen einverstanden sein, weil mit der Versammlung auch die Gelegenheit zur sachlichen Aussprache (o. Rdn. 8) entfällt.[77]

23 Das **Einverständnis** kann auf zweierlei Weise erklärt werden: Entweder stimmen die Gesellschafter in Textform unmittelbar dem zu beschließenden Gegenstand zu (**Alt. 1**);[78] für Einhaltung der Textform (§ 126b BGB) genügen Fax oder Email.[79] Oder sie erklären lediglich den Verzicht auf die Versammlung, woraufhin die eigentliche Abstimmung – bei der dann auch Mehrheitsbeschlüsse möglich sind – schriftlich erfolgt (**Alt. 2**). Die Verzichtserklärung bedarf im zweiten Fall nicht der Textform und kann mündlich oder durch schlüssiges Handeln (nicht durch bloßes Schweigen)

---

74 BGHZ 44, 245, 250 (zur AG); *Bayer*, in: Lutter/Hommelhoff, GmbHG, § 48 Rn. 17; *Hüffer*, in: Ulmer/Habersack/Winter, GmbHG, § 48 Rn. 38; *Roth*, in: Roth/Altmeppen, GmbHG, § 48 Rn. 10; *K. Schmidt/Seibt*, in: Scholz, GmbHG, § 48 Rn. 38.

75 OLG Köln, NZG 2002, 381, 383; *Bayer*, in: Lutter/Hommelhoff, GmbHG, § 48 Rn. 20; *K. Schmidt/Seibt*, in: Scholz, GmbHG, § 48 Rn. 43; *Zöllner*, in: Baumbach/Hueck, GmbHG, § 48 Rn. 3.

76 Näher: *Römermann*, in: Michalski, GmbHG, § 47 Rn. 14 ff.; *K. Schmidt/Seibt*, in: Scholz, GmbHG, § 48 Rn. 43 ff.; *Zöllner*, in: Baumbach/Hueck, GmbHG, § 48 Rn. 4.

77 OLG Düsseldorf, GmbHR 1989, 468, 469; *Hüffer*, in: Ulmer/Habersack/Winter, GmbHG, § 48 Rn. 46; *Masuch*, in: Bork/Schäfer, GmbHG, § 48 Rn. 13, 15; *K. Schmidt/Seibt*, in: Scholz, GmbHG, § 48 Rn. 59.

78 Die Einverständniserklärung hat dann Doppelcharakter: Verfahrenshandlung und Stimmabgabe (*K. Schmidt/Seibt*, in: Scholz, GmbHG, § 48 Rn. 59). Sie kann z.B. im gemeinsamen Unterzeichnen einer Handelsregisteranmeldung liegen (RGZ 101, 78, 79; BGHZ 15, 324, 329). Häufig wird auch eine Beschlussvorlage als Rundschreiben versandt und von allen Gesellschaftern abgezeichnet (»Umlaufverfahren«).

79 *Ellenberger*, in: Palandt, BGB, § 126b Rn. 3.

abgegeben werden.[80] Die anschließende Stimmabgabe unterliegt der Schriftform (§ 126 BGB: eigenhändige Unterschrift).[81] Die frühere weite Auslegung, die inhaltlich der Textform nahe kam,[82] ist mit dem heutigen Wortlaut (sprachliche Unterscheidung von »Textform« und »schriftlich«) nicht mehr zu vereinbaren.[83]

24 Das **Verfahren** kann vom Geschäftsführer oder einem Gesellschafter eingeleitet werden.[84] Empfehlenswert ist die Angabe einer Frist, innerhalb derer die Rückmeldungen eingehen müssen.[85] Die Antworten der Gesellschafter müssen demjenigen zugehen, der das Verfahren initiiert hat.[86] Der Beschluss wird mit **Zugang** der letzten Stimme wirksam.[87] Die Stimmabgabe ist bis zum Zugang widerruflich (§ 130 Abs. 1 S. 2 BGB).[88] Eine Feststellung des Beschlusses und Mitteilung an alle Gesellschafter sind sinnvoll, aber für die Wirksamkeit nicht zwingend erforderlich, solange die einstimmige, eindeutige und offensichtlich endgültige Willenskundgebung der Gesellschafter anderweitig belegbar ist.[89] Hilfreich ist eine Regelung in der **Satzung**: Sie sollte festlegen, wer das Abstimmungsverfahren initiieren kann, innerhalb welcher Fristen die Gesellschafter ihre Erklärungen abgeben müssen, wer dafür empfangszuständig ist und ob eine Beschlussfeststellung und Mitteilung an die Gesellschafter stattfindet.[90]

25 Um hinsichtlich der Erklärungen der Gesellschafter **Auslegungsprobleme** zu vermeiden, sollte bei Verfahrenseinleitung und bei Abgabe der Erklärungen deutlich werden, welche Alternative gemeint ist (Zustimmung zur Beschlussvorlage oder nur Ver-

---

80 So die weitaus h.M.: BGHZ 28, 355, 358; OLG Thüringen, GmbHR 2006, 985, 986; *Bayer*, in: Lutter/Hommelhoff, GmbHG, § 48 Rn. 25; *Hüffer*, in: Ulmer/Habersack/Winter, GmbHG, § 48 Rn. 48; *Römermann*, in: Michalski, GmbHG, § 48 Rn. 252; *K. Schmidt/Seibt*, in: Scholz, GmbHG, § 48 Rn. 62; *Zöllner*, in: Baumbach/Hueck, GmbHG, § 48 Rn. 35. Dem Gesetzeswortlaut nach könnte man allerdings auch hier die Textform für erforderlich halten (*Roth*, in: Roth/Altmeppen, GmbHG, § 48 Rn. 29).

81 *Hüffer*, in: Ulmer/Habersack/Winter, GmbHG, § 48 Rn. 52; *Masuch*, in: Bork/Schäfer, GmbHG, § 48 Rn. 16; *Römermann*, in: Michalski, GmbHG, § 48 Rn. 261; *Roth*, in: Roth/Altmeppen, GmbHG, Rn. 2; *K. Schmidt/Seibt*, in: Scholz, GmbHG, § 48 Rn. 63.

82 Daran festhaltend *Zöllner*, in: Baumbach/Hueck, GmbHG, § 48 Rn. 37.

83 vgl. *Bayer*, in: Lutter/Hommelhoff, GmbHG, § 48 Rn. 26.

84 *Bayer*, in: Lutter/Hommelhoff, GmbHG, § 48 Rn. 23; *Hüffer*, in: Ulmer/Habersack/Winter, GmbHG, § 48 Rn. 53; *Masuch*, in: Bork/Schäfer, GmbHG, § 48 Rn. 12; *Zöllner*, in: Baumbach/Hueck, GmbHG, § 48 Rn. 31.

85 *Bayer*, in: Lutter/Hommelhoff, GmbHG, § 48 Rn. 23; *Zöllner*, in: Baumbach/Hueck, GmbHG, § 48 Rn. 38.

86 *Hüffer*, in: Ulmer/Habersack/Winter, GmbHG, § 48 Rn. 53; *K. Schmidt/Seibt*, in: Scholz, GmbHG, § 48 Rn. 60; abw. *Zöllner*, in: Baumbach/Hueck, GmbHG, § 48 Rn. 31 (Initiator kann nicht vertreten).

87 OLG Thüringen, GmbHR 2006, 985, 986.

88 OLG Thüringen, GmbHR 2006, 985, 986.

89 BGHZ 15, 324, 329; *Hüffer*, in: Ulmer/Habersack/Winter, GmbHG, § 48 Rn. 54; *K. Schmidt/Seibt*, in: Scholz, GmbHG, § 48 Rn. 60.

90 *K. Schmidt/Seibt*, in: Scholz, GmbHG, § 48 Rn. 60.

zicht auf Versammlung). Gibt ein Gesellschafter lediglich schriftlich seine Stimme ab, ist das doppeldeutig: Er meint entweder das Verfahren nach Alt. 1, das Einstimmigkeit erfordert, oder verzichtet nach Alt. 2 konkludent auf eine Versammlung, sodass ein Mehrheitsbeschluss genügt. Dem Gesellschafter muss klar sein, um welche Alternative es geht. Dafür benötigt man nicht zwingend zwei Verfahrensschritte.[91] In der Stimmabgabe kann der konkludente Verzicht auf eine Versammlung liegen, wenn sich dieser Erklärungsinhalt den Umständen nach eindeutig belegen lässt.[92]

26 § 48 Abs. 2 ist grundsätzlich auf alle **Beschlussgegenstände** anwendbar,[93] soweit nicht spezialgesetzliche Regeln entgegenstehen.[94] In den Fällen des § 49 Abs. 3 und § 50 Abs. 1 muss eine Versammlung stattfinden. Die Rechtsprechung hält außerdem bei beurkundungsbedürftigen Beschlüssen (insb. Satzungsänderung) eine Versammlung für zwingend erforderlich;[95] die Lehre weist demgegenüber darauf hin, dass das Beurkundungserfordernis auch ohne Versammlung erfüllt werden kann (vgl. auch § 53 Rdn. 23).[96]

27 Die Beschlussfassung nach § 48 Abs. 2 ist auch in einer **mitbestimmten GmbH** zulässig.[97] Damit entfällt allerdings die Teilnahmemöglichkeit des Aufsichtsrats (o. Rdn. 12). Nach teilweise vertretener Ansicht muss der Aufsichtsratsvorsitzende Gelegenheit zur Stellungnahme erhalten.[98] Andere lehnen dies ab mit dem Hinweis, § 48 Abs. 2 solle den Gesellschaftern ein schnelles unkompliziertes Abstimmungsverfahren

---

91 So aber BGHZ 28, 355, 358 f. (für ein satzungsmäßig geregeltes schriftliches Abstimmungsverfahren): Der Geschäftsführer müsse zunächst mitteilen, dass die Voraussetzungen der schriftlichen Stimmabgabe gegeben sind.

92 *Bayer*, in: Lutter/Hommelhoff, GmbHG, § 48 Rn. 25; *Hüffer*, in: Ulmer/Habersack/Winter, GmbHG, § 48 Rn. 50; *K. Schmidt/Seibt*, in: Scholz, GmbHG, § 48 Rn. 62; *Zöllner*, in: Baumbach/Hueck, GmbHG, § 48 Rn. 35; für Möglichkeit der konkludenten Einverständniserklärung auch OLG Thüringen, GmbHR 2006, 985, 986; enger *Römermann*, in: Michalski, GmbHG, § 48 Rn. 257 (Aufforderung zur Abstimmung muss ausdrücklichen Hinweis enthalten).

93 *Hüffer*, in: Ulmer/Habersack/Winter, GmbHG, § 48 Rn. 55; vgl. auch BayObLG, GmbHR 1995, 54 (Auflösungsbeschluss).

94 Das Umwandlungsgesetz ordnet die Durchführung einer Versammlung bei Verschmelzung, Spaltung, Vermögensübertragung und Formwechsel ausdrücklich an (§§ 13 Abs. 1 S. 2, 125 S. 1, 176 Abs. 1, 193 Abs. 1 S. 2 UmwG).

95 BGHZ 15, 324, 328.

96 *Hüffer*, in: Ulmer/Habersack/Winter, GmbHG, § 48 Rn. 57; *Römermann*, in: Michalski, GmbHG, § 48 Rn. 209; *K. Schmidt/Seibt*, in: Scholz, GmbHG, § 48 Rn. 55.

97 *Römermann*, in: Michalski, GmbHG, § 48 Rn. 214; *Roth*, in: Roth/Altmeppen, GmbHG, § 48 Rn. 2; *K. Schmidt/Seibt*, in: Scholz, GmbHG, § 48 Rn. 56; *Zöllner*, in: Baumbach/Hueck, GmbHG, § 48 Rn. 29; *Ulmer/Habersack*, in: Ulmer/Habersack/Henssler, Mitbestimmungsrecht, 2. Aufl., 2006, § 25 MitbestG Rn. 91a.

98 In diesem Sinne etwa: *Bayer*, in: Lutter/Hommelhoff, GmbHG, § 48 Rn. 22; *Hüffer*, in: Ulmer/Habersack/Winter, GmbHG, § 48 Rn. 59; *Ulmer/Habersack*, in: Ulmer/Habersack/Henssler, Mitbestimmungsrecht, 2. Aufl., 2006, § 25 MitbestG Rn. 91a; *Wicke*, GmbHG, § 48 Rn. 6.

ermöglichen.[99] Das ist im Grundsatz richtig. Die Grenze ist aber dann erreicht, wenn das Verfahren dazu dient, die Mitbestimmung zu unterlaufen.[100]

28 Die Praxis kennt auch Beschlussverfahren, die in § 48 nicht erwähnt sind, z.B. die **Telefonkonferenz** oder das sog. **kombinierte Beschlussverfahren**, bei dem ein Teil der Stimmen in der Versammlung und der andere Teil in schriftlicher Form abgegeben wird. In der Satzung kann ein solches Verfahren geregelt werden. Fehlt eine Satzungsregelung, sind die Beschlüsse nach h.M. nichtig.[101] Das überzeugt für die telefonische Beschlussfassung. Die kombinierte Beschlussfassung hingegen erfüllt, wenn alle Gesellschafter mit ihr einverstanden sind, sogar mehr als die Anforderungen des § 48 Abs. 2; denn immerhin erhalten einige Gesellschafter in der Versammlung die Gelegenheit zur Aussprache, auf die ein schriftlich abstimmender Gesellschafter freiwillig verzichtet. Ein auf diese Weise gefasster Beschluss ist daher als wirksam anzusehen.[102]

D. Satzungsregelungen

29 § 48 Absätze 1 und 2 sind dispositiv (§ 45 Abs. 2).[103] Die Satzung kann das Verfahren **erschweren**, etwa die Beschlussfassung außerhalb einer Versammlung ganz ausschließen[104] oder auf bestimmte Gegenstände beschränken. Sie kann die Textform des § 48 Abs. 2 Alt. 1 in Schriftform ändern oder für das Einverständnis des § 48 Abs. 2 Alt. 2 eine Form festlegen. Sie kann das Verfahren auch **erleichtern**, beispielsweise eine Beschlussfassung durch Telefon- oder Videokonferenz zulassen. Auch die kombinierte Beschlussfassung bedarf nach h.M. einer Satzungsgrundlage (o. Rdn. 28).[105] Geregelt werden kann auch eine einzelne Stimmabgabe per Email oder in einer

99 *Römermann*, in: Michalski, GmbHG, § 48 Rn. 214; *K. Schmidt/Seibt*, in: Scholz, GmbHG, § 48 Rn. 56; *Zöllner*, in: Baumbach/Hueck, GmbHG, § 48 Rn. 29.

100 Vgl. BGHZ 122, 342, 358 (Besetzung von Aufsichtsratsausschüssen), wonach gesellschaftsrechtliche Gestaltungsmöglichkeiten nicht dazu herhalten dürfen, den Sinn und Zweck der Mitbestimmung zu unterlaufen.

101 Für die kombinierte Beschlussfassung: BGH, GmbHR 2006, 706, 707; OLG München, BB 1978, 471, 472; offen gelassen in BGHZ 58, 115, 120; aus der Literatur: *Bayer*, in: Lutter/Hommelhoff, GmbHG, § 48 Rn. 30; *Gehrlein*, BB 2006, 1128; *Hüffer*, in: Ulmer/Habersack/Winter, GmbHG, § 48 Rn. 60 ff.; *Römermann*, in: Michalski, GmbHG, § 48 Rn. 279; *Roth*/Altmeppen, GmbHG, § 48 Rn. 36; *Zöllner*, in: Baumbach/Hueck, GmbHG, § 48 Rn. 41 f.

102 *Hoffmann-Becking*, FS Priester, 2007, S. 233, 236 ff.; *Liese/Theusinger*, GmbHR 2006, 682, 684; *K. Schmidt/Seibt*, in: Scholz, GmbHG, § 48 Rn. 67.

103 Vgl zu den nachfolgend genannten Satzungsgestaltungen: *Bayer*, in: Lutter/Hommelhoff, GmbHG, § 48 Rn. 28 f.; *Hüffer*, in: Ulmer/Habersack/Winter, GmbHG, § 48 Rn. 64 f.; *Römermann*, in: Michalski, GmbHG, § 48 Rn. 281 ff.; *K. Schmidt/Seibt*, in: Scholz, GmbHG, § 48 Rn. 64 ff.; *Zöllner*, in: Baumbach/Hueck, GmbHG, § 48 Rn. 44 f.

104 Regelt der Vertrag nur die Beschlussfassung in Form der Versammlung, kann allerdings daraus allein nicht entnommen werden, dass § 48 Abs. 2 ausgeschlossen werden sollte (BGHZ 15, 324, 328; OLG Stuttgart, GmbHR 1998, 1034, 1035).

105 Formulierungsbeispiel bei *Heckschen/Heidinger*, Die GmbH, § 4 Rn. 147 (S. 163).

Videokonferenz.[106] Allerdings dürfte eine Klausel, wonach bloßes Schweigen auf einen schriftlichen Beschlussantrag als Zustimmung zu werten ist, unzulässig sein.[107] Im Rahmen des § 48 Abs. 2 kann die Satzung das Einverständnis einer Gesellschaftermehrheit ausreichen lassen. Erleichterungen des Verfahrens sind auch für Satzungsänderungen möglich (§ 53 Rdn. 23). Die erläuterte Gestaltungsfreiheit besteht nach h.M. auch in der mitbestimmten GmbH,[108] darf allerdings nicht dazu benutzt werden, die Mitbestimmung zu unterlaufen.[109]

E. Beschlussprotokollierung in der Einpersonen-GmbH (§ 48 Abs. 3)

30 Auch in einer GmbH mit nur einem Gesellschafter – insbesondere wenn weitere Personen (Geschäftsführer, Aufsichtsrat, Beirat) teilnehmen sollen – ist eine Versammlung denkbar, die dann ordnungsgemäß einberufen werden muss.[110] Ein schriftliches Verfahren kommt beispielsweise für Weisungen an Geschäftsführer in Betracht.[111] Der Alleingesellschafter beschließt stets als Vollversammlung (§ 51 Abs. 3), die keiner Förmlichkeiten bedarf. Die Sonderregelung des § 48 Abs. 3 verpflichtet ihn allerdings, nach der Beschlussfassung unverzüglich (ohne schuldhaftes Zögern) eine **Niederschrift** aufzunehmen.[112] Sie muss den Hergang der Beschlussfassung (insb. Zeit und Ort) sowie den Inhalt des Beschlusses wiedergeben und vom Alleingesellschafter unterzeichnet sein.[113] Wird das Protokoll von einem Dritten angefertigt, muss auch dieser unterschreiben.[114]

---

106 Vgl. speziell zur »virtuellen Versammlung«: *Eickhoff*, Gesellschafterversammlung, Rn. 308 ff.; *Hohlfeld*, GmbHR 2000, R 53 f.; *Zwissler*, GmbHR 2000, 28 ff.

107 *Vogel*, Gesellschafterbeschlüsse und Gesellschafterversammlung, 2. Aufl., 1986, hält die Klausel für zulässig. Bedenken äußern: *Bayer*, in: Lutter/Hommelhoff, GmbHG, § 48 Rn. 29; *Hüffer*, in: Ulmer/Habersack/Winter, GmbHG, § 48 Rn. 65; *K. Schmidt/Seibt*, in: Scholz, GmbHG, § 48 Rn. 64; *Zöllner*, in: Baumbach/Hueck, GmbHG, § 48 Rn. 44.

108 *Bayer*, in: Lutter/Hommelhoff, GmbHG, § 48 Rn. 29; *Zöllner*, in: Baumbach/Hueck, GmbHG, § 48 Rn. 44; a.A. *Ulmer/Habersack*, in: Ulmer/Habersack/Henssler, Mitbestimmungsrecht, 2. Aufl., 2006 § 25 MitbestG Rn. 91b.

109 Vgl. oben bei Fn. 100.

110 *Hüffer*, in: Ulmer/Habersack/Winter, GmbHG, § 48 Rn. 66.

111 *Hüffer*, in: Ulmer/Habersack/Winter, GmbHG, § 48 Rn. 66.

112 Die Regelung setzt Art. 4 Abs. 2 der europäischen Richtlinie 89/667/EWG um (vgl. *Habersack/Verse*, Europäisches Gesellschaftsrecht, 4. Aufl., S. 358 f.).

113 Bericht d. Rechtsausschusses BT-Drs. 8/3908, S. 75; *Bayer*, in: Lutter/Hommelhoff, GmbHG, § 48 Rn. 35; *Hüffer*, in: Ulmer/Habersack/Winter, GmbHG, § 48 Rn. 69; *K. Schmidt/Seibt*, in: Scholz, GmbHG, § 48 Rn. 72.

114 Bericht d. Rechtsausschusses BT-Drs. 8/3908, S. 75; *Bayer*, in: Lutter/Hommelhoff, GmbHG, § 48 Rn. 35; *Hüffer*, in: Ulmer/Habersack/Winter, GmbHG, § 48 Rn. 69; *K. Schmidt/Seibt*, in: Scholz, GmbHG, § 48 Rn. 72.

31 Die Vorschrift ist **anwendbar**, wenn sich alle Gesellschaftsanteile in der Hand einer Person (oder daneben in der Hand der Gesellschaft) befinden.[115] Einziger Gesellschafter kann auch eine Personengesellschaft (OHG, KG oder Außen-GbR) sein.[116] § 48 Abs. 3 gilt grundsätzlich für jede Art von Beschlüssen.[117] Bei Beschlüssen, die notariell beurkundet werden, ist allerdings zusätzlich keine Niederschrift erforderlich.[118] Keine Anwendung findet § 48 Abs. 3:[119] bei Mitberechtigung mehrerer Personen (i.S.d. § 18), bei weiteren Gesellschaftern mit stimmrechtslosen Anteilen oder wenn weitere Anteile von einem Treuhänder gehalten werden. Kommt es in einer Mehrpersonen-GmbH zur Beschlussfassung durch eine Person, etwa weil andere Gesellschafter nicht stimmberechtigt sind, ist § 48 Abs. 3 nicht anwendbar.[120]

32 Die Protokollierungspflicht des § 48 Abs. 3 soll in der Einpersonen-GmbH für Rechtssicherheit über die Beschlusslage sorgen und Dritte vor nachträglichen Manipulationen schützen.[121] Gemäß dieser Zielsetzung hat die Niederschrift vor allem **Beweisfunktion**. Der Beschluss ist auch bei fehlender Niederschrift wirksam.[122] Die Rechtsfolge der Nichtigkeit wurde im Gesetzgebungsverfahren verworfen, weil sich der Gesellschafter dadurch seinem einmal gefassten Beschluss entziehen könnte.[123] Somit kann sich ein Dritter auch auf nicht protokollierte Beschlüsse berufen.[124] Die Gesellschaft hingegen kann sich bei fehlender Niederschrift gegenüber redlichen Dritten nur dann auf den Beschluss berufen, wenn sein Inhalt zweifelsfrei feststeht

---

115 Ob alle Geschäftsanteile bereits bei der Gründung oder erst durch spätere Übertragungen in einer Hand vereinigt sind, ist unerheblich (vgl. Art. 1 Richtlinie 89/667/EWG).

116 BGH, NJW 1995, 1750, 1751 (KG); *Bayer*, in: Lutter/Hommelhoff, GmbHG, § 48 Rn. 33; *Hüffer*, in: Ulmer/Habersack/Winter, GmbHG, § 48 Rn. 67; *K. Schmidt/Seibt*, in: Scholz, GmbHG, § 48 Rn. 71; *Zöllner*, in: Baumbach/Hueck, GmbHG, § 48 Rn. 47.

117 BegrRegE BT-Drs. 8/1347, S. 43; *Hüffer*, in: Ulmer/Habersack/Winter, GmbHG, § 48 Rn. 66; *K. Schmidt/Seibt*, in: Scholz, GmbHG, § 48 Rn. 70; *Zöllner*, in: Baumbach/Hueck, GmbHG, § 48 Rn. 46.

118 *Bayer*, in: Lutter/Hommelhoff, GmbHG, § 48 Rn. 34; *Hüffer*, in: Ulmer/Habersack/Winter, GmbHG, § 48 Rn. 69; *K. Schmidt/Seibt*, in: Scholz, GmbHG, § 48 Rn. 72; *Zöllner*, in: Baumbach/Hueck, GmbHG, § 48 Rn. 46.

119 *Bayer*, in: Lutter/Hommelhoff, GmbHG, § 48 Rn. 33; *Hüffer*, in: Ulmer/Habersack/Winter, GmbHG, § 48 Rn. 67; *Masuch*, in: Bork/Schäfer, GmbHG, § 48 Rn. 18; *K. Schmidt/Seibt*, in: Scholz, GmbHG, § 48 Rn. 71.

120 *Bayer*, in: Lutter/Hommelhoff, GmbHG, § 48 Rn. 33; *Hüffer*, in: Ulmer/Habersack/Winter, GmbHG, § 48 Rn. 68; *K. Schmidt/Seibt*, in: Scholz, GmbHG, § 48 Rn. 74; *Zöllner*, in: Baumbach/Hueck, GmbHG, § 48 Rn. 51; a.A. *Koppensteiner*, in: Rowedder/Schmidt-Leithoff, GmbHG, § 48 Rn. 25 (analoge Anwendung).

121 BegrRegE BT-Drs. 8/1347, S. 43; BGH, NJW 1995, 1750, 1752; OLG Hamm, GmbHR 2006, 1204, 1205.

122 BGH, NJW 1995, 1750, 1752; OLG Hamm, GmbHR 2006, 1204, 1205; OLG Brandenburg, GmbHR 2002, 432, 433; OLG Köln, GmbHR 1993, 734, 737.

123 Bericht d. Rechtsausschusses BT-Drs. 8/3908, S. 75.

124 *Bayer*, in: Lutter/Hommelhoff, GmbHG, § 48 Rn. 37; *Hüffer*, in: Ulmer/Habersack/Winter, GmbHG, § 48 Rn. 70; *K. Schmidt/Seibt*, in: Scholz, GmbHG, § 48 Rn. 73.

und Manipulationen ausgeschlossen sind.[125] Das sind vor allem Fälle, in denen sich der Beschluss in anderen Schriftstücken manifestiert.[126] Die großzügigere Auffassung, die alle Beweismittel (etwa Zeugen) zulassen will,[127] ist abzulehnen, weil dann von einer effektiven Umsetzung der europarechtlich gebotenen[128] Protokollierung kaum mehr die Rede sein kann. Die Gesellschaft hat bei vertretbarer Verletzung der Protokollierungspflicht unter Umständen einen Schadensersatzanspruch gegen den Gesellschafter.[129]

§ 49 Einberufung der Versammlung

(1) Die Versammlung der Gesellschafter wird durch die Geschäftsführer berufen.

(2) Sie ist außer den ausdrücklich bestimmten Fällen zu berufen, wenn es im Interesse der Gesellschaft erforderlich erscheint.

(3) Insbesondere muss die Versammlung unverzüglich berufen werden, wenn aus der Jahresbilanz oder aus einer im Laufe des Geschäftsjahres aufgestellten Bilanz sich ergibt, dass die Hälfte des Stammkapitals verloren ist.

Übersicht **Rdn.**

125 *Bayer*, in: Lutter/Hommelhoff, GmbHG, § 48 Rn. 37; *Hüffer*, in: Ulmer/Habersack/Winter, GmbHG, § 48 Rn. 70; Scholz/*K. Schmidt/Seibt*, GmbHG, § 48 Rn. 73.

126 BGH, NJW 1995, 1750, 1752 (schriftliche Kündigung des Geschäftsführers); OLG Hamm, GmbHR 2006, 1204, 1205 (Weitergabe der Bilanz); vgl. auch OLG Köln, GmbHR 1993, 734, 737 (mündliche Abberufung des Geschäftsführers reichte mangels Niederschrift nicht aus).

127 *Römermann*, in: Michalski, GmbHG, § 48 Rn. 326; *Roth*, in: Roth/Altmeppen, GmbHG, § 48 Rn. 45; *Zöllner*, in: Baumbach/Hueck, GmbHG, § 48 Rn. 49; *Goette*, DStR 1995, 774, 776.

128 Vgl. oben Fn. 112.

129 *Bayer*, in: Lutter/Hommelhoff, GmbHG, § 48 Rn. 36; *Hüffer*, in: Ulmer/Habersack/Winter, GmbHG, § 48 Rn. 70; *Roth*, in: Roth/Altmeppen, GmbHG, § 48 Rn. 44; *Zöllner*, in: Baumbach/Hueck, GmbHG, § 48 Rn. 48.

Schrifttum

Drygala/Drygala, Wer braucht ein Frühwarnsystem? – Zur Ausstrahlungswirkung des § 91 Abs. 2 AktG, ZIP 2000, 297; *Eickhoff*, Die Praxis der Gesellschafterversammlung, 4. Auflage, 2006; *Geißler*, Die gesetzlichen Veranlassungen zur Einberufung einer GmbH-Gesellschafterversammlung, GmbHR 2010, 457; *Hommelhoff*, Risikomanagement im GmbH-Recht, in: Berger/Ebke/Elsing/Großfeld/Kühne (Hrsg.), Festschrift für Otto Sandrock zum 70. Geburtstag, 2000, S. 273; *W. Müller*, Der Verlust der Hälfte des Grund- oder Stammkapitals – Überlegungen zu den §§ 92 Abs. 1 AktG und 49 Abs. 3 GmbHG, ZGR 1985, 191; *Priester*, Verlustanzeige und Eigenkapitalersatz, ZGR 1999, 533; *van Venrooy*, Delegation der Einberufungsbefugnis des Geschäftsführers aus § 49 Abs. 1 GmbHG, GmbHR 2000, 166; *Veil*, Krisenbewältigung durch Gesellschaftsrecht – Verlust des halben Kapitals, Pflicht zu ordnungsgemäßer Liquidation und Unterkapitalisierung, ZGR 2006, 374; *Vogel*, Gesellschafterbeschlüsse und Gesellschafterversammlung, 2. Auflage, 1986.

A. Allgemeines

1 § 49 Abs. 1 überträgt den **Geschäftsführern** die **Zuständigkeit für die Einberufung** der Gesellschafterversammlung. Die Gesellschafter können die Einberufung verlangen, wenn sie ein Quorum von 10 % des Stammkapitals erreichen (§ 50 Abs. 1). Anderen Organen kann die Einberufungszuständigkeit durch Satzung übertragen werden (unten Rdn. 18). Die **Form** der Einberufung regelt § 51. Eine förmliche Einberufung ist entbehrlich, wenn alle Gesellschafter darauf verzichten (§ 51 Rdn. 24 ff.).

2 Die Geschäftsführer entscheiden nach pflichtgemäßem **Ermessen** (§ 43 Rdn. 18, 23 ff.), ob eine Einberufung sinnvoll ist; sie wägen dabei insb. die Bedeutung der Angelegenheit mit dem zeitlichen und finanziellen Aufwand einer Versammlung ab.[1] Nicht immer, wenn die Gesellschafter für eine Angelegenheit zuständig sind, bedarf es einer Versammlung. Im Einzelfall kann auch schriftliche Beschlussfassung ausreichen (zu den Ausnahmen: § 48 Rdn. 26). Eine **Einberufungspflicht** besteht, wenn es das Interesse der Gesellschaft erfordert (§ 49 Abs. 2), insbesondere wenn die Hälfte des Stammkapitals verloren ist (§ 49 Abs. 3).

3 Die Einberufung wird von einigen Autoren als Willenserklärung verstanden.[2] Die entsprechenden Vorschriften des BGB (z.B. Irrtumsanfechtung nach § 119, Zugang nach § 130) passen aber nicht. Zudem führt die Einberufung als solche keine Rechtsfolge herbei; sie ist lediglich Verfahrensvoraussetzung für eine ordnungsgemäße Beschlussfassung. Die h.M. nimmt daher zu Recht eine **innergesellschaftliche Verfahrenshandlung** an, die eigenen Regeln folgt.[3]

---

1 *Bayer*, in: Lutter/Hommelhoff, GmbHG, § 49 Rn. 11; *Hüffer*, in: Ulmer/Habersack/Winter, GmbHG, § 49 Rn. 14; § 49 Rn. 2; *Römermann*, in: Michalski, GmbHG, § 49 Rn. 70; *K. Schmidt/Seibt*, in: Scholz, GmbHG, *Zöllner*, in: Baumbach/Hueck, GmbHG, § 49 Rn. 14.

2 *Römermann*, in: Michalski, GmbHG, § 49 Rn. 16; *van Venrooy*, GmbHR 2000, 166, 173 f.

3 *Hüffer*, in: Ulmer/Habersack/Winter, GmbHG, § 49 Rn. 2; *K. Schmidt/Seibt*, in: Scholz, GmbHG, § 49 Rn. 3; *Zöllner*, in: Baumbach/Hueck, GmbHG, § 49 Rn. 2; BGHZ 100, 264, 267 (Zugang nicht i.S.d. § 130 BGB).

B. Einberufungsbefugnis

I. Einberufungsberechtigte Personen und Organe

4 Die von § 49 Abs. 1 verliehene Einberufungsbefugnis steht **jedem Geschäftsführer** alleine zu, auch wenn gemeinsame Geschäftsführung oder Vertretung besteht.[4] Auch ein nur faktischer Geschäftsführer (§ 6 Rdn. 34) kann einberufen.[5] Steht eine Person als Geschäftsführer im Handelsregister, ohne Geschäftsführer zu sein (etwa wegen fehlerhafter Bestellung, zwischenzeitlicher Abberufung oder Amtsniederlegung), soll sie einberufungsbefugt sein (§ 121 Abs. 2 S. 2 AktG analog).[6] Die Analogie zum Aktienrecht passt jedoch nicht.[7] Denn ein GmbH-Gesellschafter hat im Zweifel eher von der Abberufung oder Amtsniederlegung Kenntnis als vom Inhalt des Handelsregisters; er wird die Einberufung daher zu Recht als irrelevant ansehen.

5 Die Literatur ist gespalten hinsichtlich der Frage, ob der Geschäftsführer die Einberufung **persönlich** vornehmen muss.[8] Die Rechtsprechung lässt die Erledigung der Einberufung durch Dritte zu, sofern der Geschäftsführer als Urheber erkennbar ist.[9] Das entspricht dem Wesen der Einberufung als innergesellschaftliche Verfahrenshandlung, deren konkrete Wahrnehmung – einschließlich der Zuhilfenahme Dritter – in der Eigenverantwortung (§ 43 Abs. 1) des Geschäftsführers steht (o. Rdn. 2). Zur Vermeidung von Unklarheiten ist dennoch die persönliche Einberufung zu empfehlen.

---

4 OLG Düsseldorf, GmbHR 2004, 572, 578; BayObLG, GmbHR 1999, 984, 985; OLG Frankfurt, GmbHR 1976, 110 f. Die Einzelbefugnis entspricht der Einzelverantwortung gem. § 43 Abs. 1 (*Hüffer*, in: Ulmer/Habersack/Winter, GmbHG, § 49 Rn. 5; *K. Schmidt/Seibt*, in: Scholz, GmbHG, § 49 Rn. 4). Zusätzliche Bestellung eines Notgeschäftsführers beseitigt Einberufungsbefugnis der anderen Geschäftsführer nicht (OLG München, GmbHR 1994, 406, 408).

5 OLG Düsseldorf, GmbHR 2004, 572, 578; LG Mannheim, NZG 2008, 111, 112; *Hüffer*, in: Ulmer/Habersack/Winter, GmbHG, § 49 Rn. 6; *K. Schmidt/Seibt*, in: Scholz, GmbHG, § 49 Rn. 5.

6 OLG Düsseldorf, GmbHR 2004, 572, 578; AG Syke, GmbHR 1985, 26, 27; *Bayer*, in: Lutter/Hommelhoff, GmbHG, § 49 Rn. 2; *Wicke*, GmbHG, § 49 Rn. 2. *K. Schmidt/Seibt*, in: Scholz, GmbHG, § 49 Rn. 5, fordern zusätzlich, dass der (Schein-)Geschäftsführer das Amt auch ausgeübt haben muss.

7 Zutreffend *Hüffer*, in: Ulmer/Habersack/Winter, GmbHG, § 49 Rn. 7; *Römermann*, in: Michalski, GmbHG, § 49 Rn. 26; *Zöllner*, in: Baumbach/Hueck, GmbHG, § 49 Rn. 3.

8 *K. Schmidt/Seibt*, in: Scholz, GmbHG, § 49 Rn. 12, lehnen jede Form der Delegation ab. *Hüffer*, in: Ulmer/Habersack/Winter, GmbHG, § 49 Rn. 11, folgt dem, will aber gestatten, dass die technische Abwicklung einem Dritten »botenähnlich« überlassen werde (ähnlich: *Bayer*, in: Lutter/Hommelhoff, GmbHG, § 49 Rn. 4). Für weitreichende Delegationsmöglichkeit: *van Venrooy*, GmbHR 2000, 166 ff.; zustimmend *Römermann*, in: Michalski, GmbHG, § 49 Rn. 65; *Zöllner*, in: Baumbach/Hueck, GmbHG, § 49 Rn. 5.

9 BGH, GmbHR 1962, 28; OLG Hamm, GmbHR 1995, 736, 737; OLG Düsseldorf, GmbHR 2004, 572, 578.

6 Einzelne **Gesellschafter** müssen das Verfahren nach § 50 Abs. 3 einhalten (§ 50 Rdn. 12 ff.). Alle Gesellschafter gemeinsam können ohne Einberufung eine Vollversammlung abhalten (§ 51 Rdn. 24 ff.) oder selbst die Einberufung vornehmen;[10] daran ist dann auch der Geschäftsführer gebunden.[11] Auch einvernehmliche Vertagung ist möglich; ein nur mehrheitlicher Beschluss kann als Weisung (§ 37 Rdn. 11 ff.) gedeutet werden.[12] Der Alleingesellschafter bedarf für seine Beschlüsse (§ 48 Rdn. 30 ff.) keiner Einberufung.[13]

7 Für den obligatorischen **Aufsichtsrat** in der mitbestimmten GmbH gilt § 111 Abs. 3 AktG (§ 52 Rdn. 117, 55): Er kann durch Beschluss mit einfacher Mehrheit eine Gesellschafterversammlung einberufen, wenn das Wohl der Gesellschaft es fordert. Dasselbe gilt für den fakultativen Aufsichtsrat (§ 52 Abs. 1), soweit die Satzung nichts anderes regelt (§ 52 Rdn. 55).[14] In der Liquidation übernehmen die **Liquidatoren** (§ 66) die Aufgaben der Geschäftsführer.[15] Ein gerichtlich bestellter Notliquidator ist allerdings nur für dringende Maßnahmen zuständig, wozu eine Gesellschafterversammlung in der Regel nicht zählt.[16] Der **Insolvenzverwalter** hat nach h.M. keine eigene Einberufungsbefugnis.[17] Sonstigen Dritten steht generell keine Einberufungsbefugnis zu, soweit die Satzung nichts anderes regelt (unten Rdn. 18).[18]

II. Reichweite der Einberufungsbefugnis

8 Der Einberufungsberechtigte kann Ort, Zeit oder Tagesordnung der Versammlung **modifizieren.**[19] Wer berechtigterweise die Einberufung einer Versammlung vor-

---

10 OLG München, GmbHR 2002, 858; OLG München, BB 1994, 1307; *Hüffer*, in: Ulmer/Habersack/Winter, GmbHG, § 49 Rn. 10; *K. Schmidt/Seibt*, in: Scholz, GmbHG, § 49 Rn. 9.

11 OLG München, GmbHR 2002, 858.

12 *K. Schmidt/Seibt*, in: Scholz, GmbHG, § 49 Rn. 10.

13 *Hüffer*, in: Ulmer/Habersack/Winter, GmbHG, § 49 Rn. 10; *Roth*, in: Roth/Altmeppen, GmbHG, § 49 Rn. 6.

14 *Bayer*, in: Lutter/Hommelhoff, GmbHG, § 49 Rn. 6; *Hüffer*, in: Ulmer/Habersack/Winter, GmbHG, § 49 Rn. 8; *K. Schmidt/Seibt*, in: Scholz, GmbHG, § 49 Rn. 7; *Zöllner/Noack*, in: Baumbach/Hueck, GmbHG, § 52 Rn. 115.

15 *Hüffer*, in: Ulmer/Habersack/Winter, GmbHG, § 49 Rn. 4; *K. Schmidt/Seibt*, in: Scholz, GmbHG, § 49 Rn. 6.

16 OLG München, GmbHR 2005, 1431 ff.

17 *Hüffer*, in: Ulmer/Habersack/Winter, GmbHG, § 49 Rn. 4; *Römermann*, in: Michalski, GmbHG, § 49 Rn. 31; *K. Schmidt/Seibt*, in: Scholz, GmbHG, § 49 Rn. 6; *Zöllner*, in: Baumbach/Hueck, GmbHG, § 49 Rn. 3. Für Einberufungsrecht in Ausnahmefällen: *Bayer*, in: Lutter/Hommelhoff, GmbHG, § 49 Rn. 3; *Roth*, in: Roth/Altmeppen, GmbHG, § 49 Rn. 2; *Wicke*, GmbHG, § 49 Rn. 2.

18 OLG Saarbrücken, GmbHR 2006, 987, 989; *Bayer*, in: Lutter/Hommelhoff, GmbHG, § § 49 Rn. 7; *Hüffer*, in: Ulmer/Habersack/Winter, GmbHG, § § 49 Rn. 12; *K. Schmidt/Seibt*, in: Scholz, GmbHG, § § 49 Rn. 11.

19 *Bayer*, in: Lutter/Hommelhoff, GmbHG, § 49 Rn. 9; *Römermann*, in: Michalski, GmbHG, § 49 Rn. 59; *K. Schmidt/Seibt*, in: Scholz, GmbHG, § 49 Rn. 13.

nimmt, ist auch für deren **Absage** zuständig.[20] Das gilt selbst für die Einberufung auf Gesellschafterverlangen gemäß § 50 Abs. 1;[21] die Gesellschafter müssen dann ggf. nach § 50 Abs. 3 selbst einberufen (§ 50 Rdn. 12 ff.). Außerdem umfasst die Einberufungsberechtigung die Kompetenz, sich von vornherein für ein Beschlussverfahren **ohne Versammlung** (§ 48 Rdn. 22 ff.) zu entscheiden.[22]

III. Rechtsfolgen bei fehlerhafter Einberufung

9 Wurde eine Gesellschafterversammlung durch eine hierzu nicht befugte Person einberufen, sind alle dort gefassten Beschlüsse **nichtig** (§ 241 Nr. 1 AktG analog),[23] sofern nicht ausnahmsweise eine Vollversammlung vorliegt (§ 51 Rdn. 24 ff.).

10 Die Einberufung kann auch fehlerhaft sein, wenn eine Versammlung nicht erforderlich ist, so etwa wenn ein schriftliches Verfahren ausgereicht hätte (o. Rdn. 2). Dann liegt zwar eine **Pflichtverletzung** der Geschäftsführer vor, der Fehler hat aber keinen Einfluss auf die Wirksamkeit der gefassten Beschlüsse.[24]

C. Einberufungspflicht

I. Ausdrücklich bestimmte Fälle

11 Die Geschäftsführer entscheiden über die Einberufung grundsätzlich nach freiem Ermessen (o. Rdn. 2). In »ausdrücklich bestimmten Fällen« (§ 49 Abs. 2 Hs. 1) besteht allerdings eine Einberufungspflicht. Das gilt für die im **Gesetz** geregelten (§ 49 Abs. 3 und § 50 Abs. 1)[25] sowie für die in der **Satzung** vorgesehenen Einberufungsgründe.[26] Dass für eine bestimmte Angelegenheit die Gesellschafter zuständig sind, führt nicht zwingend zur Einberufungspflicht, denn Beschlüsse können auch

---

20 RGZ 166, 129, 133; OLG Hamburg, GmbHR 1997, 795; OLG München, GmbHR 1994, 406, 408; vgl. auch OLG Hamm, DB 1992, 265 (Publikums-KG).

21 OLG Hamburg, GmbHR 1997, 795.

22 *Bayer*, in: Lutter/Hommelhoff, GmbHG, § 49 Rn. 9; *K. Schmidt/Seibt*, in: Scholz, GmbHG, § 49 Rn. 13; *Zöllner*, in: Baumbach/Hueck, GmbHG, § 49 Rn. 12.

23 BGHZ 87, 1, 2; BGHZ 11, 231, 236; LG Mannheim, NZG 2008, 111, 112; OLG Saarbrücken, GmbHR 2006, 987, 989; OLG München, GmbHR 2002, 858.

24 *Bayer*, in: Lutter/Hommelhoff, GmbHG, § 49 Rn. 11; *Römermann*, in: Michalski, GmbHG, § 49 Rn. 72; *Zöllner*, in: Baumbach/Hueck, GmbHG, § 49 Rn. 14.

25 Weitere gesetzlich angeordnete Fälle: §§ 13 Abs. 1 S. 2, 125 S. 1, 176 Abs. 1, 193 Abs. 1 S. 2 UmwG.

26 Vgl. BGH, NJW 1973, 1039, 1040, zur Auslegung einer Satzungsklausel, wonach die Gesellschafterversammlung »über die Beteiligung an anderen Unternehmungen« zu beschließen habe.

ohne Versammlung gefasst werden (§ 48 Rdn. 22 ff.).[27] Wenn dieses Verfahren scheitert, kann allerdings die Einberufung einer Versammlung notwendig werden.[28] Ob notariell zu beurkundende Beschlüsse zwingend in einer Versammlung gefasst werden müssen, ist umstritten (vgl. § 53 Rdn. 23).

II. Einberufung im Gesellschaftsinteresse (§ 49 Abs. 2)

12 Die Gesellschafterversammlung muss einberufen werden, wenn dies »im Interesse der Gesellschaft«[29] erforderlich »erscheint«.[30] Das gilt bei Angelegenheiten, für welche eine **Zuständigkeit der Gesellschafter** besteht, wenn eine mündliche Erörterung notwendig erscheint oder das schriftliche Verfahren gescheitert ist.[31] Zur Beratung von **Geschäftsführungsmaßnahmen** kann eine Versammlung geboten sein, um den Gesellschaftern die Möglichkeit zur Billigung oder Ablehnung zu geben.[32] Das gilt jedenfalls für außergewöhnliche Geschäfte oder solche mit besonderen Risiken (vgl. § 37 Rdn. 4).[33] Allgemein ist eine Einberufung geboten, wenn der Gesellschaft andernfalls nicht unerhebliche Nachteile drohen,[34] insb. auch bei nachteiligen Geschäften mit dem Mehrheitsgesellschafter.[35] Bestehen Zweifel an der alleinigen Entscheidungskompetenz der Geschäftsführer, ist gleichfalls eine Einberufung geboten.[36]

---

27 So zutreffend die heute h.M.: *Bayer*, in: Lutter/Hommelhoff, GmbHG, § 49 Rn. 12; *Geißler*, GmbHR 2010, 457, 460; *Hüffer*, in: Ulmer/Habersack/Winter, GmbHG, § 49 Rn. 16; *Römermann*, in: Michalski, GmbHG, § 49 Rn. 80; *K. Schmidt/Seibt*, in: Scholz, GmbHG, § 49 Rn. 18; für Einberufungspflicht bei Gesellschafterzuständigkeit *Vogel*, Gesellschafterbeschlüsse, 1986, S. 123 ff., zurückhaltender (»in der Regel«) auch *Eickhoff*, Gesellschafterversammlung, 2006, S. 15 f. (Rn. 54), und *Roth*, in: Roth/Altmeppen, GmbHG, § 49 Rn. 8.

28 *Bayer*, in: Lutter/Hommelhoff, GmbHG, § 49 Rn. 12; *Hüffer*, in: Ulmer/Habersack/Winter, GmbHG, § 49 Rn. 16. Maßstab ist in diesem Fall das Gesellschaftsinteresse (so zutreffend *Römermann*, in: Michalski, GmbHG, § 49 Rn. 80).

29 Zur vergleichbaren Wortwahl (»Wohl der Gesellschaft«) in § 111 Abs. 3 S. 1 AktG: *Habersack*, in: MünchKommAktG, § 111 Rn. 90 f.

30 Die Formulierung »erscheint« legt Ausübung pflichtgemäßen Ermessens durch den Geschäftsführer nahe (*K. Schmidt/Seibt*, in: Scholz, GmbHG, § 49 Rn. 20).

31 *Hüffer*, in: Ulmer/Habersack/Winter, GmbHG, § 49 Rn. 20.

32 Vgl. die beispielhafte Aufzählung bei *K. Schmidt/Seibt*, in: Scholz, GmbHG, § 49 Rn. 22.

33 BGH, NJW 1984, 1461, 1462; OLG Karlsruhe, NZG 2000, 264, 267.

34 *Zöllner*, in: Baumbach/Hueck, GmbHG, § 49 Rn. 17.

35 *Hüffer*, in: Ulmer/Habersack/Winter, GmbHG, § 49 Rn. 20.

36 *K. Schmidt/Seibt*, in: Scholz, GmbHG, § 49 Rn. 22; *Römermann*, in: Michalski, GmbHG, § 49 Rn. 92. Die hierzu häufig zitierte Entscheidung BGH, NJW 1984, 1461, 1462, betrifft allerdings nicht Zweifel an der Kompetenz, sondern Zweifel daran, ob die Gesellschafter zustimmen würden – was erst recht eine Einberufungspflicht begründet.

D. Satzungsregelungen

Die **Einberufungsbefugnis** kann anderen Organen (z.B. Beirat) oder Personen (z.B. Prokurist oder Bank) zugewiesen werden.[57] Die Geschäftsführer sollten daneben zuständig bleiben; eine Mehrheit von Autoren hält deren Einberufungskompetenz für zwingend.[58] Einschränkungen, wie Gesamtvertretung mehrerer oder Gesamtzuständigkeit aller Geschäftsführer, werden teilweise zugelassen.[59] 18

Die Satzung kann auch eigene **Einberufungsgründe** festlegen. Die Einberufungspflicht im Gesellschaftsinteresse (§ 49 Abs. 2) kann modifiziert werden, etwa durch Regelbeispiele für außergewöhnliche Geschäfte (vgl. o. Rdn. 11), ist aber nicht gänzlich abdingbar.[60] Die Einberufungspflicht bei hälftigem Verlust des Stammkapitals (§ 49 Abs. 3) ist zwingend.[61] 19

§ 50 Minderheitsrechte

(1) Gesellschafter, deren Geschäftsanteile zusammen mindestens dem zehnten Teil des Stammkapitals entsprechen, sind berechtigt, unter Angabe des Zwecks und der Gründe die Berufung der Versammlung zu verlangen.

---

57 *Bayer*, in: Lutter/Hommelhoff, GmbHG, § 49 Rn. 8; *Hüffer*, in: Ulmer/Habersack/Winter, GmbHG, § 49 Rn. 31; *Römermann*, in: Michalski, GmbHG, § 49 Rn. 53; *K. Schmidt/Seibt*, in: Scholz, GmbHG, § 49 Rn. 15; *Zöllner*, in: Baumbach/Hueck, GmbHG, § 49 Rn. 9.

58 *Hüffer*, in: Ulmer/Habersack/Winter, GmbHG, § 49 Rn. 31 und *Zöllner*, in: Baumbach/Hueck, GmbHG, § 49 Rn. 9, treten für eine zwingende Kompetenz jedes einzelnen Geschäftsführers ein. *Bayer*, in: Lutter/Hommelhoff, GmbHG, § 49 Rn. 8, *Wicke*, GmbHG, § 49 Rn. 5, und wohl auch *K. Schmidt/Seibt*, in: Scholz, GmbHG, § 49 Rn. 15, bejahen zumindest eine zwingende Kompetenz der Geschäftsführer insgesamt. Mit guten Gründen kritisch gegenüber diesen Abweichungen vom Grundsatz des § 45 Abs. 2: *Römermann*, in: Michalski, GmbHG, § 49 Rn. 52.

59 *Bayer*, in: Lutter/Hommelhoff, GmbHG, § 49 Rn. 8; *K. Schmidt/Seibt*, in: Scholz, GmbHG, § 49 Rn. 15. A.A. *Hüffer*, in: Ulmer/Habersack/Winter, GmbHG, § 49 Rn. 31, und *Zöllner*, in: Baumbach/Hueck, GmbHG, § 49 Rn. 9, die Individualkompetenz für zwingend halten, sowie *Römermann*, in: Michalski, GmbHG, § 49 Rn. 58, der meint, wenn die Geschäftsführer zuständig seien, müsse jeder von ihnen das Recht zur Einberufung haben.

60 *Bayer*, in: Lutter/Hommelhoff, GmbHG, § 49 Rn. 20; *Hüffer*, in: Ulmer/Habersack/Winter, GmbHG, § 49 Rn. 31; *K. Schmidt/Seibt*, in: Scholz, GmbHG, § 49 Rn. 32; *Zöllner*, in: Baumbach/Hueck, GmbHG, § 49 Rn. 22. A.A. *Römermann*, in: Michalski, GmbHG, § 49 Rn. 142, und wohl auch *Wicke*, GmbHG, § 49 Rn. 6.

61 *Bayer*, in: Lutter/Hommelhoff, GmbHG, § 49 Rn. 20; *Hüffer*, in: Ulmer/Habersack/Winter, GmbHG, § 49 Rn. 32; *K. Schmidt/Seibt*, in: Scholz, GmbHG, § 49 Rn. 32; *Zöllner*, in: Baumbach/Hueck, GmbHG, § 49 Rn. 22; *Römermann*, in: Michalski, GmbHG, § 49 Rn. 144; *Wicke*, GmbHG, § 49 Rn. 6.

(2) In gleicher Weise haben die Gesellschafter das Recht zu verlangen, dass Gegenstände zur Beschlussfassung der Versammlung angekündigt werden.

(3) [1]Wird dem Verlangen nicht entsprochen oder sind Personen, an welche dasselbe zu richten wäre, nicht vorhanden, so können die in Absatz 1 bezeichneten Gesellschafter unter Mitteilung des Sachverhältnisses die Berufung oder Ankündigung selbst bewirken. [2]Die Versammlung beschließt, ob die entstandenen Kosten von der Gesellschaft zu tragen sind.

Übersicht Rdn.

Schrifttum

Goette,»Nichtbefassungsbeschluß« und § 50 GmbHG, in: Habersack/Hommelhoff/Hüffer/K. Schmidt (Hrsg.), Festschrift für Peter Ulmer zum 70. Geburtstag am 2. Januar 2003, 2003, S. 129.

A. Überblick

1 Für Gesellschafter, die zusammen mindestens 10 % des Stammkapitals halten, bietet § 50 einen gewissen **Minderheitenschutz**. Sie können die Einberufung einer Gesellschafterversammlung verlangen (Abs. 1) oder eine bereits einberufene Versammlung um Tagesordnungspunkte ergänzen lassen (Abs. 2). Wird dem Verlangen nicht entsprochen, hat die Gesellschafterminderheit ein Selbsthilferecht (Abs. 3). § 50 gilt auch in der Vor-GmbH und während der Liquidation.[1]

2 Die Vorschrift beruht auf dem Leitbild der Gesellschafterversammlung als Ort der **Willensbildung** (§ 48 Rdn. 1). Die Minderheit kann zwar einen Beschluss nicht alleine fassen, soll aber Gelegenheit zur Aussprache im Kreis der Gesellschafter erhalten.

3 Die **Satzung** darf die Minderheitenrechte des § 50 nicht einschränken, sondern allenfalls erweitern (z.B. geringere Quote) oder Modalitäten ihrer Ausübung (z.B. Schriftform) regeln.[2]

1 *Bayer*, in: Lutter/Hommelhoff, GmbHG, § 50 Rn. 4; *K. Schmidt/Seibt*, in: Scholz, GmbHG, § 50 Rn. 2.

2 *Bayer*, in: Lutter/Hommelhoff, GmbHG, § 50 Rn. 4; *Römermann*, in: Michalski, GmbHG, § 50 Rn. 194; *K. Schmidt/Seibt*, in: Scholz, GmbHG, § 50 Rn. 6; *Zöllner*, in: Baumbach/Hueck, GmbHG, § 50 Rn. 2; *Hüffer*, in: Ulmer/Habersack/Winter, GmbHG, § 50 Rn. 34 f. Zur früheren h.M., die mehr Gestaltungsfreiheit zuließ, siehe die Nachw. bei *Römermann*, a.a.O. Rn. 193 und OLG Stuttgart, NJW 1974, 1566, 1568.

B. Gesellschafterminderheit von 10 %

Die Rechte des § 50 setzen voraus, dass einer oder mehrere Gesellschafter **mindestens 10 %** des Stammkapitals erreichen. Berechnungsgrundlage ist das satzungsmäßige **Stammkapital**. Daher können auch Gesellschafter, die einem Stimmverbot (§ 47 Abs. 4) unterliegen, die stimmrechtslose Anteile haben oder deren Anteil noch nicht vollständig eingezahlt ist, die Rechte aus § 50 geltend machen.[3] Die 10 %-Quote bestimmt sich im Verhältnis zum Kapitalanteil der übrigen Gesellschafter. Eingezogene Anteile (§ 34) sind abzuziehen. 4

Streitig ist, ob Anteile mitgerechnet werden, die in Händen der Gesellschaft liegen.[4] Nimmt man § 50 wörtlich, kommt es allein auf das nominale Stammkapital an, so dass auch **eigene Anteile** mitzuzählen wären.[5] Nach zutreffender Auffassung bedarf der Wortlaut aber einer teleologischen Reduktion.[6] Da die Rechte aus eigenen Anteilen ruhen (vgl. § 33 Rdn. 35), fallen sie für den Konflikt zwischen Gesellschaftermehrheit und -minderheit nicht ins Gewicht und sind vor Ermittlung der Quote abzuziehen. 5

Die Quote muss zum **Zeitpunkt** des Einberufungsverlangens vorliegen und bis zur Durchführung der Gesellschafterversammlung fortbestehen.[7] Sinkt die Quote unter 10 %, ist das Einberufungsverlangen nicht mehr bindend; in diesem Fall entscheidet das zuständige Organ (vgl. § 48 Rdn. 4, 18) nach freiem Ermessen über die Einberufung bzw. über eine Absage der Versammlung.[8] 6

C. Einberufungsverlangen

I. Inhalt und Form

Die Gesellschafterminderheit muss den **Zweck** und die **Gründe** für ihr Einberufungsverlangen angeben (§ 50 Abs. 1). Dazu müssen der verlangte Beschlussgegenstand und die Notwendigkeit einer zeitnah einzuberufenden Versammlung dargelegt 7

3 *Bayer*, in: Lutter/Hommelhoff, GmbHG, § 50 Rn. 5; *Hüffer*, in: Ulmer/Habersack/Winter, GmbHG, § 50 Rn. 2; *K. Schmidt/Seibt*, in: Scholz, GmbHG, § 50 Rn. 9; *Zöllner*, in: Baumbach/Hueck, GmbHG, § 50 Rn. 24.

4 Eigene (§ 33) und kaduzierte (§ 21) Anteile sowie aufgegebene Anteile, wenn sie gemäß § 27 Abs. 3 der Gesellschaft zugefallen sind.

5 Dies vertreten: *K. Schmidt/Seibt*, in: Scholz, GmbHG, § 50 Rn. 9; *Römermann*, in: Michalski, GmbHG, § 50 Rn. 37.

6 *Bayer*, in: Lutter/Hommelhoff, GmbHG, § 50 Rn. 5; *Zöllner*, in: Baumbach/Hueck GmbHG, § 50 Rn. 23; *Hüffer*, in: Ulmer/Habersack/Winter, GmbHG, § 50 Rn. 7; *Roth*, in: Roth/Altmeppen, GmbHG, § 50 Rn. 3; *Wicke*, GmbHG, § 50 Rn. 2.

7 *Bayer*, in: Lutter/Hommelhoff, GmbHG, § 50 Rn. 6; *Hüffer*, in: Ulmer/Habersack/Winter, GmbHG, § 50 Rn. 2; *K. Schmidt/Seibt*, in: Scholz, GmbHG, § 50 Rn. 8; *Zöllner*, in: Baumbach/Hueck, GmbHG, § 50 Rn. 25.

8 Vgl. RGZ 103, 195, 199: Versammlung durch Geschäftsführer ist ordnungsgemäß einberufen, auch wenn Minderheit ihr Verlangen zwischenzeitlich zurückzieht.

werden.[9] Fällt der verlangte Beschlussgegenstand nicht in die Kompetenz der Gesellschafterversammlung, richtet sich das Verlangen auf die Fassung eines nicht bindenden Beschlusses.[10] An den Nachweis von Zweck und Gründen sind keine allzu strengen Anforderungen zu stellen. Insbesondere kann vom Beschlussgegenstand häufig auf die Dringlichkeit geschlossen werden.[11] Wenn keine Dringlichkeit besteht, genügt in der Regel eine Ergänzung der Tagesordnung nach § 50 Abs. 2.[12] Das Erreichen des 10 %igen Quorums ergibt sich aus der Gesellschafterliste (§ 16 Abs. 1) und muss daher zumeist nicht eigens nachgewiesen werden.[13]

8 Das Verlangen kann **formlos** gestellt werden;[14] aus Beweisgründen ist Schriftform aber empfehlenswert. Handelt für die Minderheit ein Bevollmächtigter, kann das Verlangen bei Fehlen einer Vollmachtsurkunde zurückgewiesen werden (§ 174 BGB analog);[15] für die Vollmacht genügt in Analogie zu § 47 Abs. 3 die Textform des § 126b BGB.[16] Adressat des Einberufungsverlangens ist die Gesellschaft, vertreten

---

9 *Bayer*, in: Lutter/Hommelhoff, GmbHG, § 50 Rn. 7; *Hüffer*, in: Ulmer/Habersack/Winter, GmbHG, § 50 Rn. 8; *Römermann*, in: Michalski, GmbHG, § 50 Rn. 46 ff.; *K. Schmidt/Seibt*, in: Scholz, GmbHG, § 50 Rn. 14. Zu eng OLG Köln, GmbHR 1999, 296, 297, das Angabe der Tagesordnung verlangt; die Festlegung der Tagesordnung ist Sache des Einberufenden (in diesem Sinne auch *Wicke*, GmbHG, § 50 Rn. 3).

10 *Bayer*, in: Lutter/Hommelhoff, GmbHG, § 50 Rn. 3; *Zöllner*, in: Baumbach/Hueck, GmbHG, § 50 Rn. 2.

11 *Hüffer*, in: Ulmer/Habersack/Winter, GmbHG, § 50 Rn. 8; *Bayer*, in: Lutter/Hommelhoff, GmbHG, § 50 Rn. 7; *K. Schmidt/Seibt*, in: Scholz, GmbHG, § 50 Rn. 14.

12 Daher zu weit gehend *Masuch*, in: Bork/Schäfer, GmbHG, § 50 Rn. 4, der für § 50 Abs. 1 auf jede Darlegung von Dringlichkeit verzichten will. Denn jedenfalls müssen nach § 50 Abs. 1 »Gründe« genannt werden, die das Verlangen rechtfertigen.

13 Zutreffend *Masuch*, in: Bork/Schäfer, GmbHG, § 50 Rn. 4; die Gegenauffassung, die eine Legimitation der Minderheitsgesellschafter fordert (*Bayer*, in: Lutter/Hommelhoff, GmbHG, § 50 Rn. 7; *Römermann*, in: Michalski, GmbHG, § 50 Rn. 46), ist nach der Neufassung des § 16 Abs. 1 nicht mehr überzeugend.

14 OLG Saarbrücken, GmbHR 2006, 987, 989; *Hüffer*, in: Ulmer/Habersack/Winter, GmbHG, § 50 Rn. 10; *Bayer*, in: Lutter/Hommelhoff, GmbHG, § 50 Rn. 7; *K. Schmidt/Seibt*, in: Scholz, GmbHG, § 50 Rn. 13; *Zöllner*, in: Baumbach/Hueck, GmbHG, § 50 Rn. 5; *Römermann*, in: Michalski, GmbHG, § 50 Rn. 38.

15 *Bayer*, in: Lutter/Hommelhoff, GmbHG, § 50 Rn. 7; *Hüffer*, in: Ulmer/Habersack/Winter, GmbHG, § 50 Rn. 11; *Römermann*, in: Michalski, GmbHG, § 50 Rn. 42; K. *Schmidt/Seibt*, in: Scholz, GmbHG, § 50 Rn. 13; *Zöllner*, in: Baumbach/Hueck, GmbHG, § 50 Rn. 5.

16 *Bayer*, in: Lutter/Hommelhoff, GmbHG, § 50 Rn. 7; *Hüffer*, in: Ulmer/Habersack/Winter, GmbHG, § 50 Rn. 11; *K. Schmidt/Seibt*, in: Scholz, GmbHG, § 50 Rn. 13. *Römermann*, in: Michalski, GmbHG, § 50 Rn. 42, und *Zöllner*, in: Baumbach/Hueck, GmbHG, § 50 Rn. 5, wollen Nachweis auch in jeder anderen Form zulassen.

durch die Geschäftsführer.[17] Ist ein anderes Organ einberufungsberechtigt (§ 49 Rdn. 18), kann das Verlangen diesem auch direkt übermittelt werden.[18]

II. Einberufungspflicht

9 Bei einem ordnungsgemäßen Verlangen sind die Geschäftsführer (oder andere zuständige Organe, § 49 Rdn. 18) zur Einberufung verpflichtet. Sie haben kein materielles Prüfungsrecht hinsichtlich der vorgebrachten Einberufungsgründe und dürfen allenfalls ein offensichtlich treuwidriges oder unsinniges Verlangen zurückweisen.[19] Dem Einberufungsverlangen ist in **angemessener Frist** nachzukommen. Was angemessen ist, hängt vom Einzelfall ab;[20] ein Monat bildet im Regelfall die Obergrenze.[21] Der Einberufung muss sodann zeitnah die Gesellschafterversammlung folgen. Welche Ladungsfrist hierfür angemessen ist, hängt wiederum vom Einzelfall, insbesondere von Zahl und Wohnort der Gesellschafter, ab.[22] Die Wochenfrist des § 51 Abs. 1 S. 2 ist immer angemessen, regelmäßig auch eine in der Satzung festgelegte Frist.[23] Nach Verstreichen der angemessenen Frist greift das Selbsthilferecht des § 50 Abs. 3 (Rdn. 12 ff.). Einer Klage auf Einberufung fehlt daher regelmäßig das Rechtsschutzbedürfnis.[24]

10 Die Einleitung eines schriftlichen Verfahrens (§ 48 Rdn. 22 ff.) genügt nicht (Ausnahme: allseitige Zustimmung). Die Minderheit hat Anspruch darauf, dass über ihr

17 OLG Saarbrücken, GmbHR 2006, 987, 989.

18 *Hüffer*, in: Ulmer/Habersack/Winter, GmbHG, § 50 Rn. 12; *Römermann*, in: Michalski, GmbHG, § 50 Rn. 43 ff.; *K. Schmidt/Seibt*, in: Scholz, GmbHG, § 50 Rn. 11.

19 OLG Saarbrücken, GmbHR 2006, 987, 989; OLG Dresden, GmbHR 1995, 589, 590; vgl. die Beispiele bei *K. Schmidt/Seibt*, in: Scholz, GmbHG, § 50 Rn. 12.

20 Vgl. BGHZ 139, 89, 94: drei Wochen; BGH, GmbHG 1985, 256, 257: sieben Wochen. Ein Sonderfall ist BGHZ 87, 1, 3: Dort hatten die Minderheitsgesellschafter den Ablauf einer selbst gesetzten Frist nicht abgewartet. Entgegen KG, GmbHR 1997, 1001, lässt sich diese Entscheidung nicht in dem Sinne verallgemeinern, man müsse zuwarten, »*solange die Einberufung noch zu erwarten*« sei.

21 OLG München, GmbHR 2000, 486, 489; *Hüffer*, in: Ulmer/Habersack/Winter, GmbHG, § 50 Rn. 13; *Römermann*, in: Michalski, GmbHG, § 50 Rn. 72; *K. Schmidt/Seibt*, in: Scholz, GmbHG, § 50 Rn. 17.

22 *Zöllner*, in: Baumbach/Hueck, GmbHG, § 50 Rn. 10; *Bayer*, in: Lutter/Hommelhoff, GmbHG, § 50 Rn. 9.

23 *Hüffer*, in: Ulmer/Habersack/Winter, GmbHG, § 50 Rn. 13; *K. Schmidt/Seibt*, in: Scholz, GmbHG, § 50 Rn. 17.

24 Einige Autoren halten die Klage generell für unzulässig: *Bayer*, in: Lutter/Hommelhoff, GmbHG, § 50 Rn. 9; *Hüffer*, in: Ulmer/Habersack/Winter, GmbHG, § 50 Rn. 29. Überzeugender ist eine Lösung über das (zumeist fehlende) Rechtsschutzbedürfnis: *Römermann*, in: Michalski, GmbHG, § 50 Rn. 91; *K. Schmidt/Seibt*, in: Scholz, GmbHG, § 50 Rn. 31; *Zöllner*, in: Baumbach/Hueck, GmbHG, § 50 Rn. 11.

Anliegen im Rahmen einer **Versammlung** Beschluss gefasst wird.[25] Das Minderheitenverlangen darf auch nicht durch Umstellung der Tagesordnung unterlaufen werden.[26] Sollte die Satzung ein Quorum vorsehen und die Versammlung daran zu scheitern drohen, sind die übrigen Gesellschafter kraft Treuepflicht teilnahmepflichtig.[27] Wenn die Mehrheit treuwidrig die Beschlussfassung vereitelt, ist ausnahmsweise ein Alleinentscheidungsrecht der Minderheit denkbar.[28]

D. Ergänzung der Tagesordnung (§ 50 Abs. 2)

11 Das Verlangen der Minderheit kann sich auch darauf richten, dass die Tagesordnung einer bevorstehenden Gesellschafterversammlung um bestimmte Beschlussgegenstände erweitert wird. Es gelten dieselben **Voraussetzungen** wie für § 50 Abs. 1: Die Minderheit muss 10 % des Stammkapitals vertreten (Rdn. 4 ff.), das Verlangen ist formlos möglich (Rdn. 8), muss aber den Zweck und die Gründe angeben (Rdn. 7). Die Antragstellung muss so erfolgen, dass die veränderte Tagesordnung noch innerhalb der Dreitages-Frist des § 51 Abs. 4 angekündigt werden kann.[29] Eine besondere Dringlichkeit muss nur bei drohender Überlastung der Tagesordnung dargelegt werden.[30] Bei der Entscheidung darüber, wie viele Tagesordnungspunkte die Versammlung bewältigen kann, ist die Gesellschafterversammlung nicht rechtlich ungebundene »Herrin der Tagesordnung«;[31] sie ist grundsätzlich gehalten, dem Minderheitenverlangen Rechnung zu tragen (vgl. Rdn. 10 zum Anspruch auf Beschlussfassung).

E. Selbsthilferecht (§ 50 Abs. 3 S. 1)

12 Die Gesellschafterminderheit von 10 % (Rdn. 4 ff.) kann die Einberufung oder Ergänzung der Tagesordnung selbst bewirken, wenn dem **Verlangen** nach § 50 Abs. 1 oder Abs. 2 **nicht entsprochen** wurde (§ 50 Abs. 3). Ob dem Verlangen korrekt entsprochen wurde, bestimmt sich nach Maßgabe der konkret bestehenden Einberu-

25 *Bayer*, in: Lutter/Hommelhoff, GmbHG, § 50 Rn. 2; *Goette*, FS Ulmer, 2003, S. 129, 140; *Hüffer*, in: Ulmer/Habersack/Winter, GmbHG, § 50 Rn. 33; *K. Schmidt/Seibt*, in: Scholz, GmbHG, § 50 Rn. 4; *Zöllner*, in: Baumbach/Hueck, GmbHG, § 50 Rn. 27; enger (kein Anspruch auf Beschlussfassung): *Römermann*, in: Michalski, GmbHG, § 50 Rn. 94; weiter gehend (individuelles Antrags- und Bescheidungsrecht): *Schäfer*, ZHR 167 (2003), 66 ff.

26 LG Bielefeld, NZG 1998, 511 f. (betreffend Antrag gem. § 50 Abs. 2), mit zust. Anm. *Römermann*. Dazu auch BGH, WM 1993, 1337, 1339 f.

27 *Hüffer*, in: Ulmer/Habersack/Winter, GmbHG, § 50 Rn. 31.

28 *Hüffer*, in: Ulmer/Habersack/Winter, GmbHG, § 50 Rn. 33; *Zöllner*, in: Baumbach/Hueck, GmbHG, § 50 Rn. 27.

29 *Hüffer*, in: Ulmer/Habersack/Winter, GmbHG, § 50 Rn. 17; *Römermann*, in: Michalski, GmbHG, § 50 Rn. 104.

30 *Hüffer*, in: Ulmer/Habersack/Winter, GmbHG, § 50 Rn. 16; *Zöllner*, in: Baumbach/Hueck, GmbHG, § 50 Rn. 14.

31 So aber *Römermann*, in: Michalski, GmbHG, § 50 Rn. 116.

fungsverpflichtung (o. Rdn. 9 f.). Sie wird insbesondere verletzt, wenn der Geschäftsführer die Versammlung nicht innerhalb angemessener Frist einberuft, die Versammlung nicht zeitnah ansetzt oder eine Ergänzung der Tagesordnung nicht rechtzeitig oder nicht vollständig vornimmt.

13 Außerdem besteht ein Selbsthilferecht, wenn es **keine** für die Einberufung **zuständige Person** gibt, typischerweise also bei einer GmbH ohne Geschäftsführer (zur Einberufungszuständigkeit anderer Organe vgl. § 49 Rdn. 18).[32] Das gilt auch, wenn einem vorhandenen Geschäftsführer durch einstweilige Verfügung jede Handlung für die Gesellschaft verboten worden ist.[33] Schwere Erreichbarkeit genügt als solche nicht.[34] Bei Führungslosigkeit der Gesellschaft (§ 35 Abs. 1 S. 2) sind die Gesellschafter nur zur Passivvertretung berechtigt (§ 35 Rdn. 70), daher besteht für die Minderheit das Selbsthilferecht des § 50 Abs. 3.[35]

14 Bei ihrer Einberufung muss die Minderheit die üblichen **Einberufungsformalien** (§ 51) beachten. Außerdem muss sie die Tatsachen mitteilen, auf die sich die Ausübung des Selbsthilferechts stützt; das gilt auch für eine Ergänzung der Tagesordnung.[36] Nur so können die übrigen Gesellschafter beurteilen, ob das Quorum und die sonstigen Voraussetzungen des § 50 Abs. 3 erfüllt sind.[37]

15 Die Geschäftsführer (oder andere zuständige Organe, § 49 Rdn. 4 ff., 18) haben neben der Minderheit weiterhin eine **konkurrierende Einberufungsbefugnis**:[38] Kommen sie der Minderheit mit einer Einberufung zuvor, die dem Minderheitenverlangen entspricht, entfällt das Selbsthilferecht; hatte die Minderheit von ihrem Einberufungsrecht jedoch bereits Gebrauch gemacht, bleibt deren Einberufung wirksam.

16 Die Voraussetzungen des Selbsthilferechts sind stets sorgfältig zu prüfen, denn wenn sie fehlen, sind die Beschlüsse einer trotzdem einberufenen Versammlung **nichtig**,[39] soweit nicht ausnahmsweise eine Vollversammlung (§ 51 Rdn. 24 ff.) vorliegt. Die

---

32 Vgl. OLG Koblenz, GmbHR 1995, 730, 732: Amtsniederlegung des bisherigen Geschäftsführers.

33 BGH, NJW 1980, 2411, 2412.

34 RGZ 92, 409, 410; *Hüffer*, in: Ulmer/Habersack/Winter, GmbHG, § 50 Rn. 20; *K. Schmidt/Seibt*, in: Scholz, GmbHG, § 50 Rn. 24.

35 *Bayer*, in: Lutter/Hommelhoff, GmbHG, § 50 Rn. 12.

36 BGH, NZG 2009, 1307. Daher kann das Ergänzungsverlangen selbst noch nicht als Ausübung des Selbsthilferechts angesehen werden (BGH, a.a.O.).

37 *Bayer*, in: Lutter/Hommelhoff, GmbHG, § 50 Rn. 13; *Hüffer*, in: Ulmer/Habersack/Winter, GmbHG, § 50 Rn. 24 f.; *Römermann*, in: Michalski, GmbHG, § 50 Rn. 149; *K. Schmidt/Seibt*, in: Scholz, GmbHG, § 50 Rn. 26.

38 BGH, GmbHR 1985, 256, 257; *Bayer*, in: Lutter/Hommelhoff, GmbHG, § 50 Rn. 14 f.; *K. Schmidt/Seibt*, in: Scholz, GmbHG, § 50 Rn. 29 f.

39 BGHZ 11, 231, 238; BGHZ 87, 1, 3.

unbefugte Ankündigung von Tagesordnungspunkten macht den gefassten Beschluss hingegen nur **anfechtbar.**[40]

17 Bei einer Einberufung im Wege der Selbsthilfe entscheidet die Versammlung über die **Kostentragung** (§ 50 Abs. 3 S. 2).[41] Dabei unterliegt die einberufende Minderheit keinem Stimmverbot.[42] Umgekehrt ist die Mehrheit in ihrer Entscheidung nicht gänzlich frei. Sie muss einer Kostenübernahme durch die Gesellschaft zustimmen, wenn die Versammlung aus Sicht des Gesellschaftsinteresses nicht offensichtlich unsinnig oder überflüssig war.[43] Die Minderheit kann gegen einen sie zu Unrecht belastenden Beschluss im Wege der Anfechtungsklage vorgehen und sie mit einer positiven Beschlussfeststellungsklage verbinden.[44] § 50 Abs. 3 S. 2 gilt nur bei Einberufung im Wege der Selbsthilfe. Wurde die Versammlung gemäß § 50 Abs. 1 durch die Geschäftsführer (oder andere zuständige Organe) auf Verlangen der Minderheit einberufen, trägt die Gesellschaft die Kosten.[45]

§ 51 Form der Einberufung

(1) [1]Die Berufung der Versammlung erfolgt durch Einladung der Gesellschafter mittels eingeschriebener Briefe. [2]Sie ist mit einer Frist von mindestens einer Woche zu bewirken.

(2) Der Zweck der Versammlung soll jederzeit bei der Berufung angekündigt werden.

(3) Ist die Versammlung nicht ordnungsmäßig berufen, so können Beschlüsse nur gefasst werden, wenn sämtliche Gesellschafter anwesend sind.

(4) Das gleiche gilt in bezug auf Beschlüsse über Gegenstände, welche nicht wenigstens drei Tage vor der Versammlung in der für die Berufung vorgeschriebenen Weise angekündigt worden sind.

---

40 *Bayer,* in: Lutter/Hommelhoff, GmbHG, § 50 Rn. 16; *Hüffer,* in: Ulmer/Habersack/Winter, GmbHG, § 50 Rn. 21; *K. Schmidt/Seibt,* in: Scholz, GmbHG, § 50 Rn. 32.

41 Zu denkbaren Kostenpunkten: *K. Schmidt/Seibt,* in: Scholz, GmbHG, § 50 Rn. 33; *Hüffer,* in: Ulmer/Habersack/Winter, GmbHG, § 50 Rn. 26.

42 *Bayer,* in: Lutter/Hommelhoff, GmbHG, § 50 Rn. 17; *Hüffer,* in: Ulmer/Habersack/Winter, GmbHG, § 50 Rn. 27; *K. Schmidt/Seibt,* in: Scholz, GmbHG, § 50 Rn. 34; *Zöllner,* in: Baumbach/Hueck, GmbHG, § 50 Rn. 21; a.A. *Römermann,* in: Michalski, GmbHG, § 50 Rn. 174.

43 *Bayer,* in: Lutter/Hommelhoff, GmbHG, § 50 Rn. 17; *Hüffer,* in: Ulmer/Habersack/Winter, GmbHG, § 50 Rn. 28; *K. Schmidt/Seibt,* in: Scholz, GmbHG, § 50 Rn. 35; *Zöllner,* in: Baumbach/Hueck, GmbHG, § 50 Rn. 22.

44 *Bayer,* in: Lutter/Hommelhoff, GmbHG, § 50 Rn. 17; *Hüffer,* in: Ulmer/Habersack/Winter, GmbHG, § 50 Rn. 28; *K. Schmidt/Seibt,* in: Scholz, GmbHG, § 50 Rn. 35; *Zöllner,* in: Baumbach/Hueck, GmbHG, § 50 Rn. 22.

45 *Bayer,* in: Lutter/Hommelhoff, GmbHG, § 50 Rn. 9; *Zöllner,* in: Baumbach/Hueck, GmbHG, § 50 Rn. 12; *K. Schmidt/Seibt,* in: Scholz, GmbHG, § 50 Rn. 19, 33.

Übersicht **Rdn.**

Schrifttum

Emde, Einberufung der GmbH-Gesellschafterversammlung mittels Kuriers? – Rechtsfortbildung oder Widerspruch zu § 51 Absatz 1 GmbhG?, GmbHR 2002, 8; *Köper*, Das Einwurf-Einschreiben als eingeschriebener Brief i.S. des § 51 I 1 GmbHG, NZG 2008, 96; *Loritz*, Die Berechnung der Einberufungsfrist bei Gesellschafterversammlungen der GmbH, GmbHR 1992, 790; *Putz*, Beweisfragen bei Einschreibesendungen, NJW 2007, 2450; *Seeling/Zwickel*, Typische Fehlerquellen bei der Vorbereitung und Durchführung der Gesellschafterversammlung einer GmbH, DStR 2009, 1097; *Wolff*, Die Verbindlichkeit der Gesellschafterliste für Stimmrecht und Beschlussverfahren, BB 2010, 454; *Zwissler*, GmbH-Beratung – Gesellschafterversammlung und Internet, GmbHR 2000, 28.

A. Regelungszweck und Anwendungsbereich

1 Die Gesellschafterversammlung ist als **Beschlussorgan** (§ 48 Rdn. 1) der zentrale Ort für die Willensbildung der Gesellschafter. § 51 regelt daher die Einberufung der Versammlung (§ 51 Abs. 1) und die Ankündigung der Beschlussgegenstände (§ 51 Abs. 2 und 4) in einer Weise, die den Gesellschaftern eine ausreichend vorbereitete Teilnahme ermöglichen und sie vor Überrumpelung schützen soll.[1] Verfahrensfehler werden geheilt, wenn alle Gesellschafter anwesend und mit der Beschlussfassung einverstanden sind (§ 51 Abs. 3).

2 **Anwendungsbereich**: § 51 gilt für alle Gesellschafterversammlungen, ordentliche wie außerordentliche, auch bereits in der Vor-GmbH.[2] Die **Verlegung** einer Gesellschafterversammlung bedarf einer eigenen Einberufung,[3] soweit es sich nicht nur um

1 *Bayer*, in: Lutter/Hommelhoff, GmbHG, § 51 Rn. 1; *Hüffer*, in: Ulmer/Habersack/Winter, GmbHG, § 51 Rn. 1; *K. Schmidt/Seibt*, in: Scholz, GmbHG, § 51 Rn. 1.

2 *Bayer*, in: Lutter/Hommelhoff, GmbHG, § 51 Rn. 2; *Hüffer*, in: Ulmer/Habersack/Winter, GmbHG, § 51 Rn. 2; *Römermann*, in: Michalski, GmbHG, § 51 Rn. 5 ff., Rn. 16 f.; *K. Schmidt/Seibt*, in: Scholz, GmbHG, § 51 Rn. 2; *Zöllner*, in: Baumbach/Hueck, GmbHG, § 51 Rn. 1 (mit Zweifeln hinsichtlich der Vor-GmbH).

3 BGHZ 100, 264, 266.

geringfügige Verschiebungen von Zeit oder Ort handelt.[4] Bei **schriftlicher** Beschlussfassung (§ 48 Abs. 2 Alt. 2) ist die jedenfalls Drei-Tagesfrist des § 51 Abs. 4 einzuhalten;[5] denn auch hier benötigen die Gesellschafter eine gewisse Vorbereitungszeit.

3 Die **Absage** (Zuständigkeit: § 49 Rdn. 8) einer Versammlung bedarf nicht der Formalitäten des § 51, muss aber ausdrücklich und eindeutig vorgenommen werden.[6] Um den Gesellschaftern eine unnötige Anreise zu ersparen, sind die optimalen Kommunikationswege zu wählen, andernfalls kann ein Schadensersatzanspruch bestehen.[7] Die Beschlüsse einer abgesagten Gesellschafterversammlung sind nichtig, sofern nicht ausnahmsweise eine Vollversammlung (u. Rdn. 24) vorliegt.[8]

B. Einberufung (§ 51 Abs. 1)

I. Adressaten

4 Zur Gesellschafterversammlung sind **alle Gesellschafter** einzuladen. Maßgeblich ist die bei der Gründung eingereichte (§ 8 Abs. 1 Nr. 3) und später fortgeführte Gesellschafterliste (§ 16 Abs. 1).[9] Auch Gesellschafter ohne Stimmrecht sind teilnahmeberechtigt (§ 48 Rdn. 8) und daher zu laden.[10]

5 Bei **Veränderungen** im Gesellschafterkreis ist auf Mitteilung und Nachweis (§ 40 Abs. 1 S. 2) die Gesellschafterliste zu ändern. Das gilt für jede Art von Veränderung, z.B. Anteilsveräußerung, Erbfall, Verschmelzung oder Anwachsung (§ 40 Rdn. 16 f.).[11] Ist der neue Gesellschafter bekannt, kann er in Analogie zu § 16 Abs. 1 S. 2 (§ 16 Rdn. 18 ff.) bereits wirksam geladen werden, wenn die geänderte Liste

4 *Bayer*, in: Lutter/Hommelhoff, GmbHG, § 51 Rn. 2; *Hüffer*, in: Ulmer/Habersack/Winter, GmbHG, § 51 Rn. 3; *K. Schmidt/Seibt*, in: Scholz, GmbHG, § 51 Rn. 2, 15; *Zöllner*, in: Baumbach/Hueck, GmbHG, § 51 Rn. 41 ff.

5 *Bayer*, in: Lutter/Hommelhoff, GmbHG, § 51 Rn. 3; *Roth*, in: Roth/Altmeppen, GmbHG, § 51 Rn. 21; a.A. *K. Schmidt/Seibt*, in: Scholz, GmbHG, § 51 Rn. 2.

6 RGZ 166, 129, 133; OLG München, GmbHR 1994, 406, 408.

7 *Bayer*, in: Lutter/Hommelhoff, GmbHG, § 51 Rn. 38; *Römermann*, in: Michalski, GmbHG, § 51 Rn. 7 f.; *K. Schmidt/Seibt*, in: Scholz, GmbHG, § 51 Rn. 14; *Zöllner*, in: Baumbach/Hueck, GmbHG, § 51 Rn. 40.

8 OLG Hamburg, GmbHR 1997, 795, 796; *Bayer*, in: Lutter/Hommelhoff, GmbHG, § 51 Rn. 38; *Römermann*, in: Michalski, GmbHG, § 51 Rn. 12; *Zöllner*, in: Baumbach/Hueck, GmbHG, § 51 Rn. 40.

9 OLG Düsseldorf, GmbHR 1996, 443, 447; OLG Düsseldorf, NJW-RR 1990, 806; *Bayer*, in: Lutter/Hommelhoff, GmbHG, § 51 Rn. 5; *Hüffer*, in: Ulmer/Habersack/Winter, GmbHG, § 51 Rn. 6; *Masuch*, in: Bork/Schäfer, § 51 Rn. 8; *Römermann*, in: Michalski, GmbHG, § 51 Rn. 20; *Seeling/Zwickel*, DStR 2009, 1097, 1098.

10 BGH, NJW 1971, 2225; BGH, GmbHR 1985, 256, 257; *Hüffer*, in: Ulmer/Habersack/Winter, GmbHG, § 51 Rn. 6; *K. Schmidt/Seibt*, in: Scholz, GmbHG, § 51 Rn. 5.

11 *Wolff*, BB 2010, 454, 455.

anschließend unverzüglich in das Handelsregister aufgenommen wird.[12] Zur Sicherheit sollte die Einladung auch an den aktuell in der Liste eingetragenen Gesellschafter gehen. In der Versammlung ist dann darauf zu achten, dass nur der aktuell in der Liste verzeichnete Gesellschafter teilnahmeberechtigt ist.

6 Solange die Gesellschaft von einer Veränderung nichts weiß (**unbekannter** Gesellschafter), gilt rechtlich derjenige als Gesellschafter, der in der Gesellschafterliste eingetragen ist (§ 16 Abs. 1). Eine Einladung an ihn ist daher nicht fehlerhaft.[13] Weiß die Gesellschaft vom **Tod eines Gesellschafters**, ohne dessen Erben zu kennen, muss ein Nachlasspfleger (§ 1960 BGB) bestellt und in die Gesellschafterliste aufgenommen werden.[14]

7 Bei gesetzlicher **Vertretung** richtet sich die Einladung an den Vertreter.[15] Juristische Personen und rechtsfähige Personengesellschaften (GbR, OHG, KG) werden über ihre organschaftlichen Vertreter bzw. vertretungsberechtigten Gesellschafter geladen.[16] Adressierung an »Geschäftsführung« oder »Vorstand« ist regelmäßig ausreichend.[17] Bei Mitberechtigung gilt für die Empfangszuständigkeit § 18 Abs. 3.[18] Bei Insolvenz des Gesellschafters ist der Insolvenzverwalter zuständig.[19] Bei Testamentsvollstreckung ist der Testamentsvollstrecker, bei Treuhandverhältnissen der Treuhänder zu laden, während bei Nießbrauch und Verpfändung weiterhin der Gesellschafter der richtige Adressat ist.[20] Bei einer rechtsgeschäftlichen Stimmrechtsvollmacht nach § 47 Abs. 3 ist die Einladung an den Gesellschafter zu senden, soweit nicht der Bevollmächtigte zuvor ausdrücklich als Empfänger der Einladung benannt wurde.[21]

---

12 *Bayer*, in: Lutter/Hommelhoff, GmbHG, § 51 Rn. 10; anders offenbar *Wolff*, BB 2010, 454, 456.

13 *Bayer*, in: Lutter/Hommelhoff, GmbHG, § 51 Rn. 10; *Hüffer*, in: Ulmer/Habersack/Winter, GmbHG, § 51 Rn. 7; *K. Schmidt/Seibt*, in: Scholz, GmbHG, § 51 Rn. 8; *Wolff*, BB 2010, 454, 456; *Zöllner*, in: Baumbach/Hueck, GmbHG, § 51 Rn. 6.

14 *Bayer*, in: Lutter/Hommelhoff, GmbHG, § 51 Rn. 10; *Wolff*, BB 2010 454, 456.

15 BayObLG, GmbHR 1993, 223, 224; *Bayer*, in: Lutter/Hommelhoff, GmbHG, § 51 Rn. 7; *Hüffer*, in: Ulmer/Habersack/Winter, GmbHG, § 51 Rn. 11; *K. Schmidt/Seibt*, in: Scholz, GmbHG, § 51 Rn. 6.

16 *Hüffer*, in: Ulmer/Habersack/Winter, GmbHG, § 51 Rn. 11 f.; *Bayer*, in: Lutter/Hommelhoff, GmbHG, § 51 Rn. 7; *K. Schmidt/Seibt*, in: Scholz, GmbHG, § 51 Rn. 6.

17 OLG Düsseldorf, GmbHR 1996, 443, 447 f.

18 Ausnahmsweise kann Ladung an alle Mitberechtigten geboten sein, wenn zu befürchten ist, dass sie sonst nicht von der Versammlung erfahren (*Hüffer*, in: Ulmer/Habersack/Winter, GmbHG, § 51 Rn. 10; *K. Schmidt/Seibt*, in: Scholz, GmbHG, § 51 Rn. 6).

19 OLG Düsseldorf, GmbHR 1996, 443, 447 f.

20 *Bayer*, in: Lutter/Hommelhoff, GmbHG, § 51 Rn. 8; *K. Schmidt/Seibt*, in: Scholz, GmbHG, § 51 Rn. 7; *Zöllner*, in: Baumbach/Hueck, GmbHG, § 51 Rn. 7 ff.; anders für den mitgliedschaftsspaltenden Nießbrauch *Hüffer*, in: Ulmer/Habersack/Winter, GmbHG, § 51 Rn. 13 (Nießbraucher einzuladen), während *Roth*, in: Roth/Altmeppen, GmbHG, § 51 Rn. 4, in diesem Fall Einladung einer von beiden Seiten für ausreichend hält.

21 *Hüffer*, in: Ulmer/Habersack/Winter, GmbHG, § 51 Rn. 13; *K. Schmidt/Seibt*, in: Scholz, GmbHG, § 51 Rn. 7; *Römermann*, in: Michalski, GmbHG, § 51 Rn. 27.

8 Die Einladung zur Gesellschafterversammlung erfolgt an die letzte der Gesellschaft mitgeteilte **Adresse** des Gesellschafters[22] Die Gesellschafter sind grundsätzlich selbst für ihre Erreichbarkeit verantwortlich. Die Einladung an die richtige Adresse ist daher auch dann wirksam, wenn sie als unzustellbar zurückkommt.[23] Die Einladung an eine abweichende Adresse ist nur wirksam, wenn sie den Gesellschafter tatsächlich erreicht.[24] Zur Absicherung kann sich bei unbekanntem Aufenthaltsort des Gesellschafters eine öffentliche Zustellung (§ 132 Abs. 2 BGB analog) empfehlen.[25] Ausnahmsweise kann aus Gründen der Vermögensfürsorge die Bestellung eines Abwesenheitspflegers (§ 1911 BGB) in Betracht kommen.[26]

9 Soweit **Dritte** teilnahmeberechtigt sind (§ 48 Rdn. 11 ff.), können sie formlos unter Wahrung einer angemessenen Frist eingeladen werden.[27] Fehler bei deren Einladung können zur Anfechtbarkeit von Beschlüssen führen, begründen aber keine Nichtigkeit.[28]

II. Form (§ 51 Abs. 1 S. 1)

10 Die Einladung zur Gesellschafterversammlung erfolgt durch **eingeschriebenen Brief** (§ 51 Abs. 1 S. 1). Darunter ist Schriftform (§ 126 BGB) zu verstehen, es bedarf also der eigenhändigen Unterschrift des Einberufenden.[29] Der Einwand, das lasse sich aus

---

22 *Hüffer*, in: Ulmer/Habersack/Winter, GmbHG, § 51 Rn. 6; *K. Schmidt/Seibt*, in: Scholz, GmbHG, § 51 Rn. 5; *Zöllner*, in: Baumbach/Hueck, GmbHG, § 51 Rn. 4; *Roth*, in: Roth/Altmeppen, GmbHG, § 51 Rn. 5;. Die Gesellschafterliste ist hier – entgegen *Bayer*, in: Lutter/Hommelhoff, GmbHG, § 51 Rn. 6 – keine verlässliche Quelle, weil sie nur den Wohnort nennt (§ 40 Abs. 1 S. 1).

23 OLG Düsseldorf, NJW-RR 1990, 806, 807 (Weltreise); OLG München, GmbHR 1994, 406, 408 (urlaubsbedingte Abwesenheit).

24 *Bayer*, in: Lutter/Hommelhoff, GmbHG, § 51 Rn. 6; *Hüffer*, in: Ulmer/Habersack/Winter, GmbHG, § 51 Rn. 6; *K. Schmidt/Seibt*, in: Scholz, GmbHG, § 51 Rn. 5; *Zöllner*, in: Baumbach/Hueck, GmbHG, § 51 Rn. 4.

25 Angesichts der Eigenverantwortung des Gesellschafters für seine Erreichbarkeit hält die Literatur eine öffentliche Zustellung überwiegend nicht für erforderlich (*Hüffer*, in: Ulmer/Habersack/Winter, GmbHG, § 51 Rn. 8; *Römermann*, in: Michalski, GmbHG, § 51 Rn. 33 ff.; *K. Schmidt/Seibt*, in: Scholz, GmbHG, § 51 Rn. 8; *Zöllner*, in: Baumbach/Hueck, GmbHG, § 51 Rn. 4).

26 *Hüffer*, in: Ulmer/Habersack/Winter, GmbHG, § 51 Rn. 8; *Römermann*, in: Michalski, GmbHG, § 51 Rn. 33; *K. Schmidt/Seibt*, in: Scholz, GmbHG, § 51 Rn. 8.

27 *Bayer*, in: Lutter/Hommelhoff, GmbHG, § 51 Rn. 4; *Hüffer*, in: Ulmer/Habersack/Winter, GmbHG, § 51 Rn. 14; *Masuch*, in: Bork/Schäfer, GmbHG, § 51 Rn. 8; *Zöllner*, in: Baumbach/Hueck, GmbHG, § 51 Rn. 10.

28 OLG Stuttgart, NJW 1973, 2027, 2028; *Bayer*, in: Lutter/Hommelhoff, GmbHG, § 51 Rn. 4; *Hüffer*, in: Ulmer/Habersack/Winter, GmbHG, § 51 Rn. 14.

29 BGH, GmbHR 2006, 538, 539; BGH, GmbHR 1989, 120, 122; *Bayer*, in: Lutter/Hommelhoff, GmbHG, § 51 Rn. 11; *Masuch*, in: Bork/Schäfer, GmbHG § 51 Rn. 4; *Roth*, in: Roth/Altmeppen, GmbHG, § 51 Rn. 2; *Zöllner*, in: Baumbach/Hueck, GmbHG, § 51 Rn. 11. Bei einer Einladung durch die Minderheit nach § 50 Abs. 3 ist daher die Unterschrift aller erforderlich.

dem Gesetz nicht ableiten,[30] überzeugt nicht; unter einem »Brief« versteht man landläufig ein unterzeichnetes Schriftstück. Nicht ausreichend – aber in der Satzung regelbar (u. Rdn. 30) – sind elektronische Form (§ 126a BGB) oder Textform (§ 126b BGB).[31]

11 Als **Einschreiben** zählt jedenfalls das Übergabeeinschreiben (mit oder ohne Rückschein). Umstritten ist, ob auch das 1997 eingeführte Einwurfeinschreiben genügt.[32] Dafür sprechen gute Argumente[33] und eine landgerichtliche Entscheidung.[34] In der allgemeinen Gerichtspraxis herrscht allerdings noch Uneinigkeit über die Beweiskraft des Einwurfeinschreibens.[35] Ratsam bleibt daher das Übergabeeinschreiben. Ihm gleichwertig ist die Zustellung durch einen Gerichtsvollzieher (§ 132 Abs. 1 BGB analog).[36] Überbringung durch einen Kurier kommt hingegen nur in Frage, wenn das Zustellungsverfahren dem der Deutsche Post AG entspricht.[37]

III. Frist (§ 51 Abs. 1 S. 2)

12 Die Einberufung ist mit einer Frist von **mindestens einer Woche** zu bewirken (§ 51 Abs. 1 S. 1). Um den Gesellschaftern hinreichend Zeit für die Vorbereitung zu lassen, beginnt die Frist nicht schon mit der Einlieferung des Briefes,[38] sondern erst an dem Tag, an dem der Zugang bei den Gesellschaftern unter normalen Umständen zu

30 *Hüffer*, in: Ulmer/Habersack/Winter, GmbHG, § 51 Rn. 4; *Römermann*, in: Michalski, GmbHG, § 51 Rn. 38; *K. Schmidt/Seibt*, in: Scholz, GmbHG, § 51 Rn. 9.

31 BGH, GmbHR 2006, 538, 539 (E-mail); OLG Naumburg, GmbHR 1998, 90, 92 (Fax); *Bayer*, in: Lutter/Hommelhoff, GmbHG, § 51 Rn. 11; *Hüffer*, in: Ulmer/Habersack/Winter, GmbHG, § 51 Rn. 4; *K. Schmidt/Seibt*, in: Scholz, GmbHG, § 51 Rn. 9.

32 Als »Einschreiben« i.S.d. § 51 angesehen von: LG Mannheim, NZG 2008, 111, 112; *Bayer*, in: Lutter/Hommelhoff, GmbHG, § 51 Rn. 12; *Köper*, NZG 2008, 96, 98; *Römermann*, in: Michalski, GmbHG § 51 Rn. 36; *Roth*, in: Roth/Altmeppen, GmbHG, § 51 Rn. 2; *K. Schmidt/Seibt*, in: Scholz, GmbHG, § 51 Rn. 10.; *Wicke*, GmbHG, § 51 Rn. 2. Die Gegenauffassung vertreten: *Hüffer*, in: Ulmer/Habersack/Winter, GmbHG, § 51 Rn. 5; *Zöllner*, in: Baumbach/Hueck, GmbHG, § 51 Rn. 12.

33 Ausführlich: *Köper*, NZG 2008, 96, 98; *K. Schmidt/Seibt*, in: Scholz, GmbHG, § 51 Rn. 10. Dieser Auffassung folgend: *Bayer*, in: Lutter/Hommelhoff, GmbHG, § 51 Rn. 12; *Römermann*, in: Michalski, GmbHG § 51 Rn. 36; *Roth*, in: Roth/Altmeppen, GmbHG, § 51 Rn. 2; *Wicke*, GmbHG, § 51 Rn. 2.

34 LG Mannheim, NZG 2008, 111, 112.

35 Vgl. *AG Kempen*, NJW 2007, 1215 (m.w.N. aus der Rspr.), krit. Anm. *Putz*, NJW 2007, 2450; *Seeling/Zwickel*, DStR 2009, 1097, 1099.

36 OLG Düsseldorf, NZG 2000, 1180, 1182; *Hüffer*, in: Ulmer/Habersack/Winter, GmbHG, § 51 Rn. 5; *K. Schmidt/Seibt*, in: Scholz, GmbHG, § 51 Rn. 10.

37 Ausführlich: *Emde*, GmbHR 2002, 8. Weiterhin: *Bayer*, in: Lutter/Hommelhoff, GmbHG, § 51 Rn. 12; *Hüffer*, in: Ulmer/Habersack/Winter, GmbHG, § 51 Rn. 5; *K. Schmidt/Seibt*, in: Scholz, GmbHG, § 51 Rn. 10; *Wicke*, GmbHG, § 51 Rn. 2.

38 So aber die frühere Rechtsprechung (seit RGZ 60, 144, 145 f.) und weiterhin *Loritz*, GmbHR 1992, 790 ff.

erwarten ist.[39] Dafür sind im Inland zwei Tage Postlaufzeit, im Ausland mindestens vier Tage, unter Umständen auch mehr anzusetzen.[40] Auf den Zeitpunkt des tatsächlichen Zugangs kann es aus Gründen der Rechtssicherheit nicht ankommen.[41] Die Wochenfrist gilt auch bei der Verlegung einer Gesellschafterversammlung.[42] Bei GmbH-Massengesellschaften beginnt (analog § 121 Abs. 4 S. 2 AktG) die Frist ausnahmsweise mit Aufgabe der Briefe zur Post.[43]

13 Für die konkrete **Fristberechnung** gilt das BGB.[44] Beispiel: Werden die Briefe am Montag eingeliefert, ist im Inland mit Zugang am Mittwoch zu rechnen. Die Wochenfrist endet mit Ablauf des darauffolgenden Mittwochs; die Versammlung kann am Donnerstag stattfinden. Fallen Fristbeginn oder -ende auf einen Sonnabend, Sonntag oder Feiertag, tritt an dessen Stelle der nächste Werktag (§ 193 BGB analog).[45] Längere Postlaufzeiten, die auf persönlichen Hindernissen (z.B. U-Haft, Weltreise) des Gesellschafters beruhen, gehen nicht zu Lasten der Gesellschaft, doch kann die Treuepflicht den Geschäftsführer verpflichten, einen schwer erreichbaren Gesellschafter noch auf andere Weise über die Versammlung zu informieren (z.B. per Email).[46] Sieht die Satzung eine längere Ladungsfrist vor, wird damit in der Regel der Postlaufzeit bereits Rechnung getragen, so dass diese nicht zusätzlich einzuberechnen ist.[47]

---

39 BGHZ 100, 264, 268; OLG Hamm, GmbHR 2003, 843, 844; OLG Brandenburg, NZG 1999, 828, 831; OLG Naumburg, GmbHR 1998, 90, 91; LG Koblenz, GmbHR 2003, 952, 953.

40 *Bayer*, in: Lutter/Hommelhoff, GmbHG, § 51 Rn. 14; *Hüffer*, in: Ulmer/Habersack/Winter, GmbHG, § 51 Rn. 16; *K. Schmidt/Seibt*, in: Scholz, GmbHG, § 51 Rn. 12; *Zöllner*, in: Baumbach/Hueck, GmbHG, § 51 Rn. 19; für zweitägige Laufzeit im Inland: OLG Hamm, GmbHR 2003, 843, 844; LG Koblenz, GmbHR 2003, 952, 953.

41 Grundlegend: RGZ 60, 144, 145 f.; bestätigt in BGHZ 100, 264, 267.

42 BGHZ 100, 264, 266; *Hüffer*, in: Ulmer/Habersack/Winter, GmbHG § 51 Rn. 15.

43 BGH, NJW 1998, 1946, 1947 (mehr als 150 Gesellschafter); *Bayer*, in: Lutter/Hommelhoff, GmbHG, § 51 Rn. 14; *Hüffer*, in: Ulmer/Habersack/Winter, GmbHG, § 51 Rn. 16; *K. Schmidt/Seibt*, in: Scholz, GmbHG, § 51 Rn. 12.

44 Vgl. BGHZ 100, 264, 267 ff.; LG Koblenz, GmbHR 2003, 952, 953; Rechenbeispiele bei: *Hüffer*, in: Ulmer/Habersack/Winter, GmbHG § 51 Rn. 15; *K. Schmidt/Seibt*, in: Scholz, GmbHG, § 51 Rn. 11.

45 OLG Naumburg, GmbHR 1998, 90, 92; LG Koblenz, GmbHR 2003, 952, 953; *Bayer*, in: Lutter/Hommelhoff, GmbHG, § 51 Rn. 13; *Hüffer*, in: Ulmer/Habersack/Winter, GmbHG § 51 Rn. 15; *Masuch*, in: Bork/Schäfer, GmbHG, § 51 Rn. 6; *K. Schmidt/Seibt*, in: Scholz, GmbHG, § 51 Rn. 11; a.A. *Loritz*, GmbHR 1992, 790, 793; *Zöllner*, in: Baumbach/Hueck, GmbHG, § 51 Rn. 20.

46 OLG Brandenburg, NZG 1999, 828, 832; OLG Düsseldorf, NJW-RR 1990, 806, 807; *Bayer*, in: Lutter/Hommelhoff, GmbHG, § 51 Rn. 15; *Hüffer*, in: Ulmer/Habersack/Winter, GmbHG, § 51 Rn. 16; *K. Schmidt/Seibt*, in: Scholz, GmbHG, § 51 Rn. 12; *Zöllner*, in: Baumbach/Hueck, GmbHG, § 51 Rn. 19.

47 OLG Brandenburg, NZG 1999, 828, 832; *Bayer*, in: Lutter/Hommelhoff, GmbHG, § 51 Rn. 14; *Hüffer*, in: Ulmer/Habersack/Winter, GmbHG, § 51 Rn. 16.

IV. Inhalt (§ 51 Abs. 2)

14 Der Inhalt der Einberufung folgt aus ihrem Zweck (o. Rdn. 1):[48] Sie dient der **Vorbereitung der Beschlussfassung.** Daher muss deutlich werden, dass es um eine Gesellschafterversammlung geht und nicht um eine sonstige Zusammenkunft. Die GmbH muss eindeutig bezeichnet werden (sinnvollerweise durch Firma und Sitz). Die Person des Einberufenden muss erkennbar sein.[49] Ort und Zeit der Versammlung sind anzugeben.[50] Die zu behandelnden Gegenstände sollen genannt werden (§ 51 Abs. 2); dies kann noch bis zu drei Tage vor der Versammlung nachgeholt werden (u. Rdn. 19).

15 Praktische Probleme bereitet häufig die Bezeichnung der **Beschlussgegenstände.** Die Übersendung einer Tagesordnung ist sinnvoll,[51] gesetzlich aber nicht zwingend gefordert.[52] Ausformulierte Beschlussvorschläge sind ebenso wenig erforderlich.[53] Entscheidend ist, dass sich die Gesellschafter auf die Erörterung und Beschlussfassung vorbereiten können und vor Überrumpelung geschützt sind.[54] So genügt als Gegenstand »**Abberufung** des Geschäftsführers ... (Name)«, ohne dass die dafür relevanten Gründe genannt werden müssen, während die bloße Ankündigung »Geschäftsführerangelegenheiten« in diesem Fall nicht ausreichend wäre.[55] Bei dieser personenbezogenen Maßnahme muss der Name des abzuberufenden Geschäftsführers genannt werden, damit die Gesellschafter sich angemessen vorbereiten können.[56] Wurde Abberufung aus wichtigem Grund angekündigt, ist davon eine Abberufung ohne wichtigen Grund nicht erfasst.[57] Wird hingegen nur allgemein die Abberufung angekündigt, ist

---

48 Zum Folgenden: *Bayer*, in: Lutter/Hommelhoff, GmbHG, § 51 Rn. 16 f.; *Hüffer*, in: Ulmer/Habersack/Winter, GmbHG, § 51 Rn. 17 f.; *K. Schmidt/Seibt*, in: Scholz, GmbHG, § 51 Rn. 13; *Zöllner*, in: Baumbach/Hueck, GmbHG, § 51 Rn. 14 ff.

49 Vgl. OLG Zweibrücken, GmbHR 1980, 85, 86: Einberufender machte nicht deutlich, ob er als Geschäftsführer oder Gesellschafter handelte; zudem fehlte Klarstellung, ob eine Gesellschafterversammlung der GmbH oder einer KG (mit teilweise identischem Gesellschafterkreis) gemeint war.

50 KG, NJW 1965, 2157, 2159: genaue Uhrzeit ausnahmsweise entbehrlich bei drei miteinander bekannten Gesellschaftern, die im telefonischen Kontakt stehen.

51 *Bayer*, in: Lutter/Hommelhoff, GmbHG, § 51 Rn. 18; *K. Schmidt/Seibt*, in: Scholz, GmbHG, § 51 Rn. 18; *Zöllner*, in: Baumbach/Hueck, GmbHG, § 51 Rn. 18.

52 *Hüffer*, in: Ulmer/Habersack/Winter, GmbHG, § 51 Rn. 18.

53 OLG Stuttgart, NZG 2000, 159; OLG Düsseldorf, NZG 2000, 1180, 1182.

54 BGH, GmbHR 2003, 171, 174; OLG Düsseldorf, NZG 2000, 1180, 1182.

55 BGH, GmbHR 1962, 28; BGH, NZG 2000, 945, 946. Vgl. auch OLG Naumburg, NZG 2001, 901, 902 (»personelle Konsequenzen aus der Situation im Vorstand« nicht ausreichend für Abberufung eines Sparkassenvorstands).

56 BGH, GmbHR 1962, 28, spricht von der Ankündigung, dass »ein bestimmter Geschäftsführer« abberufen werden solle. A.A. *Bayer*, in: Lutter/Hommelhoff, GmbHG, § 51 Rn. 25, wonach Namensnennung entbehrlich sein soll.

57 BGH, GmbHR 1985, 256, 259.

eine Abberufung mit und ohne Grund möglich.[58] **Satzungsänderungen** müssen ihrem wesentlichen Inhalt nach angekündigt werden.[59] Bei einer Kapitalerhöhung ist deren Größenordnung und Art (Bar- oder Sacheinlage) anzugeben, ggf. auch ein Bezugsrechtsausschluss (vgl. § 55 Rdn. 20)[60] Bei Unternehmensverträgen sind Vertragsart, Vertragspartner und wesentlicher Inhalt anzugeben (§ 124 Abs. 2 S. 2 AktG analog).[61]

16 Die Ankündigung »Zustimmung zur Anteilsübertragung« deckt auch eine Beschlussfassung über die Vorfrage der Zustimmungsbedürftigkeit.[62] Generell ist von der Ankündigung eines Gegenstands ein **inhaltlich weniger weit** reichender Beschluss mit erfasst.[63] Unzureichend ist die hingegen die allgemeine Ankündigung einer Beschlussfassung über Gegenstände, die sich erst aus einer später übersandten Tagesordnung ergeben sollen.[64] Für den Beschluss über die Zustimmung zu außergewöhnlichen Geschäften reicht die Ankündigung »Genehmigung der Geschäftsführung« nicht aus.[65] Wird lediglich die »**Erörterung**« eines Gegenstandes angekündigt, müssen Gesellschafter nicht mit Beschlussfassung rechnen.[66] Unter dem Tagesordnungspunkt »**Verschiedenes**« können erst recht keine Beschlüsse gefasst werden.[67]

17 **Keiner** besonderen **Ankündigung** bedürfen:[68] Gegenstände, über die nur beraten und nicht beschlossen werden soll,[69] versammlungsleitende Beschlüsse, Kostenbeschluss nach § 50 Abs. 3 S. 2, allen Gesellschaftern ohnehin bekannte Tatsachen,[70] die Reihenfolge der Beschlussgegenstände.

58 BGH, GmbHR 1962, 28; BGH, GmbHR 1985, 256, 259. Ebenso wenn neben Abberufung aus wichtigem Grund »hilfsweise« auch Abberufung nach § 38 Abs. 1 angekündigt wird (OLG Nürnberg, GmbHR 1990, 166, 169).

59 OLG Düsseldorf, NZG 2000, 1180, 1182.

60 Vgl. RGZ 87, 155, 156 (AG); *Bayer*, in: Lutter/Hommelhoff, GmbHG, § 51 Rn. 26; *Hüffer*, in: Ulmer/Habersack/Winter, GmbHG, § 51 Rn. 25; *K. Schmidt/Seibt*, in: Scholz, GmbHG, § 51 Rn. 20; *Zöllner*, in: Baumbach/Hueck, GmbHG, § 51 Rn. 26.

61 *Bayer*, in: Lutter/Hommelhoff, GmbHG, § 51 Rn. 26; *Hüffer*, in: Ulmer/Habersack/Winter, GmbHG, § 51 Rn. 26; *K. Schmidt/Seibt*, in: Scholz, GmbHG, § 51 Rn. 20; *Zöllner*, in: Baumbach/Hueck, GmbHG, § 51 Rn. 26.

62 BGH, GmbHR 2003, 171, 174.

63 *Bayer*, in: Lutter/Hommelhoff, GmbHG, § 51 Rn. 24; *K. Schmidt/Seibt*, in: Scholz, GmbHG, § 51 Rn. 19; *Zöllner*, in: Baumbach/Hueck, GmbHG, § 51 Rn. 24.

64 OLG Düsseldorf, NZG 2000, 1180, 1182.

65 RGZ 89, 367, 377 f.

66 OLG Karlsruhe, GmbHR 1989, 206, 207.

67 OLG München, GmbHR 1994, 259; ebenso OLG Naumburg, NZG 1999, 317, 318 (für Beschlussfassung des Aufsichtsrats).

68 Zum Folgenden: *Bayer*, in: Lutter/Hommelhoff, GmbHG, § 51 Rn. 22; *K. Schmidt/Seibt*, in: Scholz, GmbHG, § 51 Rn. 21; *Roth*, in: Roth/Altmeppen, GmbHG, § 51 Rn. 10.

69 Insoweit a.A. *Zöllner*, in: Baumbach/Hueck, GmbHG, § 51 Rn. 24.

70 So KG, OLGE 24, 158 f. hinsichtlich der Angaben zum Einberufungsrecht nach § 50.

18 Die Einberufung einer Gesellschafterversammlung, die gemäß Satzung bestimmten Anforderungen an die Beschlussfähigkeit unterliegt, kann nicht schon mit der **Eventualeinberufung** für eine Folgeversammlung (mit geringeren Anforderungen an die Beschlussfähigkeit) verbunden werden.[71] Nach dem Scheitern der ersten Versammlung sollen die Gesellschafter zunächst Gelegenheit erhalten ihre gegensätzlichen Ansichten durch Aussprache zu klären. Bei Einberufung der Folgeversammlung kann dann aber auf die Tagesordnung der gescheiterten ersten Versammlung verwiesen werden.[72]

C. Nachträgliche Ankündigung von Beschlussgegenständen (§ 51 Abs. 4)

19 Werden die Beschlussgegenstände nicht zusammen mit der Einberufung angekündigt (§ 51 Abs. 2), muss die Ankündigung wenigstens drei Tage vor der Versammlung erfolgen (§ 51 Abs. 4). Für die **Form** gilt § 51 Abs. 1 entsprechend, also eingeschriebener Brief (o. Rdn. 10 f.).[73] Ebenso wie bei der Einberufung (o. Rdn. 12) beginnt die **Drei-Tagesfrist** des § 51 Abs. 4 nicht schon mit Einlieferung, sondern erst nach Verstreichen der regulären Postlaufzeit.[74] Gleichzeitige Übermittlung per Fax oder Email sichert die Fristwahrung nicht;[75] allerdings können auf diese Weise informierte Gesellschafter die Rechtsverletzung möglicherweise nicht erfolgreich rügen.[76] Verspätet angekündigte Beschlüsse können nur in einer Vollversammlung (§ 51 Abs. 3) beschlossen werden (u. Rdn. 24).[77]

20 Unabhängig von den formalen Erfordernissen des § 51 ergibt sich aus der allgemeinen Pflichtenstellung der Geschäftsführer eine **Informationspflicht** gegenüber den Gesellschaftern, die im Einzelfall die frühere Mitteilung von Einzelheiten erforderlich machen kann. Das wird namentlich für die Feststellung des Jahresabschlusses und für Grundlagenbeschlüsse vertreten.[78] Andere Autoren ziehen aus den existierenden Spezialvorschriften (z.B. §§ 47, 49, 125 S. 1, 230 Abs. 1, 238 S.1 UmwG) den Umkehrschluss, im übrigen müsse die gesetzliche Frist genügen.[79] Zudem sei gerade bei Grundlagenbeschlüssen

71 BGH, GmbHR 1998, 287, 288; OLG Frankfurt NZG 1999, 833, 834.

72 OLG Brandenburg, GmbHR 1996, 537, 538.

73 *Bayer*, in: Lutter/Hommelhoff, GmbHG, § 51 Rn. 23; *Hüffer*, in: Ulmer/Habersack/Winter, GmbHG, § 51 Rn. 19; *K. Schmidt/Seibt*, in: Scholz, GmbHG, § 51 Rn. 23; *Zöllner*, in: Baumbach/Hueck, GmbHG, § 51 Rn. 22.

74 BGHZ 100, 264, 267 ff.; *Hüffer*, in: Ulmer/Habersack/Winter, GmbHG, § 51 Rn. 20.

75 *Hüffer*, in: Ulmer/Habersack/Winter, GmbHG, § 51 Rn. 20; a.A. *Loritz*, GmbHR 1992, 790, 792.

76 In diesem Sinne *K. Schmidt/Seibt*, in: Scholz, GmbHG, § 51 Rn. 23.

77 *Bayer*, in: Lutter/Hommelhoff, GmbHG, § 51 Rn. 19; *Hüffer*, in: Ulmer/Habersack/Winter, GmbHG, § 51 Rn. 20; *K. Schmidt/Seibt*, in: Scholz, GmbHG, § 51 Rn. 22.

78 *Hüffer*, in: Ulmer/Habersack/Winter, GmbHG, § 51 Rn. 21; *Roth*, in: Roth/Altmeppen, GmbHG, § 51 Rn. 11; *K. Schmidt/Seibt*, in: Scholz, GmbHG, § 51 Rn. 22.

79 So namentlich *Bayer*, in: Lutter/Hommelhoff, GmbHG, § 51 Rn. 20; *Römermann*, in: Michalski, GmbHG, § 51 Rn. 90.

ein rechtssicher geregeltes Verfahren wichtig.[80] Indessen schließt die Existenz formaler Regeln eine im Einzelfall gesteigerte Informationspflicht der Geschäftsführer nicht von vornherein aus. Dies muss allerdings die Ausnahme bleiben und ist nur unter ganz besonderen Umständen in Erwägung zu ziehen.[81]

D. Rechtsfolgen fehlerhafter Einladung

21 Schwerwiegende Einberufungsfehler führen zur **Nichtigkeit** der gefassten Beschlüsse (§ 241 Nr. 1 AktG analog). So wenn eine Einberufung völlig fehlt[82] oder der Einberufenden dazu nicht befugt ist (vgl. § 49 Rdn. 9).[83] Werden nicht alle Gesellschafter geladen, führt dies gleichfalls zur Nichtigkeit.[84] Der Nichtladung steht es gleich, wenn schwerwiegende Ladungsfehler die Teilnahme an der Gesellschafterversammlung faktisch unmöglich machen.[85] Werden Ort oder Zeit der Versammlung überhaupt nicht angegeben oder so unzureichend, dass eine Teilnahme unzumutbar erschwert wird, gilt gleichfalls Nichtigkeit.[86] Bei fehlender Unterschrift (o. Rdn. 10) nimmt der BGH Nichtigkeit an;[87] vorzugswürdig ist Anfechtbarkeit – jedenfalls wenn der Urheber eindeutig erkennbar ist und an der Authentizität der Einladung kein Zweifel besteht.[88]

22 Sonstige Mängel der Einberufung führen zur **Anfechtbarkeit** der gefassten Beschlüsse (§ 243 AktG analog). Das gilt bei einer Einladung mit gewöhnlichem Brief, sofern

---

80 So *Römermann*, in: Michalski, GmbHG, § 51 Rn. 90.

81 So im Ergebnis auch *Bayer*, in: Lutter/Hommelhoff, GmbHG, § 51 Rn. 20; ebenso *Winter* in: Lutter, UmwG, § 47 Rn. 15.

82 *Bayer*, in: Lutter/Hommelhoff, GmbHG, § 51 Rn. 28; *Hüffer*, in: Ulmer/Habersack/Winter, GmbHG, § 51 Rn. 27; *K. Schmidt/Seibt*, in: Scholz, GmbHG, § 51 Rn. 24; *Zöllner*, in: Baumbach/Hueck, GmbHG, § 51 Rn. 28.

83 BGHZ 11, 231, 236 (einberufende Minderheit erreichte nicht die von § 50 Abs. 1 geforderten 10 %); BGHZ 87, 1, 3 (Voraussetzungen des § 50 Abs. 3 lagen nicht vor); BGHZ 18, 334, 338 (für Genossenschaft).

84 BGHZ 36, 207, 211; BGH, GmbHR 2006, 538, 539; OLG Frankfurt, GmbHR 1984, 99, 100; BayObLG, GmbHR 1997, 1002: fehlende Ladung einzelner Gesellschafter. BGHZ 49, 183, 189: Gesellschafter, der zugleich Mitberechtigter an einem anderen Geschäftsanteil ist, hätte als Gesellschafter und als Mitberechtigter geladen werden müssen.

85 BGH, GmbHR 2006, 538, 539: Ladung per E-Mail am Vorabend der Versammlung.

86 BGH, GmbHR 1989, 120, 122; *Bayer*, in: Lutter/Hommelhoff, GmbHG, § 51 Rn. 28; *Hüffer*, in: Ulmer/Habersack/Winter, GmbHG, § 51 Rn. 27; *Zöllner*, in: Baumbach/Hueck, GmbHG, § 51 Rn. 28. Vgl. KG, NJW 1975, 2157, 2159: Angabe des Tages genügt, wenn Gesellschafter in engem Kontakt stehen und Uhrzeit erfragen können.

87 BGH, GmbHR 1989, 120, 122.

88 In diesem Sinne etwa: *Bayer*, in: Lutter/Hommelhoff, GmbHG, § 51 Rn. 29; *Hüffer*, in: Ulmer/Habersack/Winter, GmbHG, § 51 Rn. 27; *K. Schmidt/Seibt*, in: Scholz, GmbHG, § 51 Rn. 24.

dieser dem Gesellschafter zugegangen ist (Beweislast trägt die Gesellschaft).[89] Zur Anfechtbarkeit führt auch das Unterschreitung der Ladungs- oder Ankündigungsfrist,[90] die fehlende oder inhaltlich fehlerhafte Ankündigung von Beschlussgegenständen[91] und die Einberufung an einen unzulässigen Versammlungsort.[92] Verstöße gegen satzungsmäßige Regelungen führen generell nur zu Anfechtbarkeit.[93]

23 Einberufungsmängel können durch **Vollversammlung** (Rdn. 24) oder durch **Rügeverzicht** geheilt werden.[94] Die bloße Anwesenheit bei der Versammlung bedeutet noch keinen Verzicht auf Ladungsmängel, jedenfalls nicht, wenn der Abstimmung ausdrücklich widersprochen wird.[95] Für den Verzicht muss der vom Verfahrensmangel betroffene Gesellschafter (konkludent oder ausdrücklich) erklären, dass er den Beschlussmangel nicht geltend machen will.[96] Der Verzicht kann in der Gesellschafterversammlung oder nachträglich erklärt werden.[97] Der Einwand, nichtige Beschlüsse könnten nicht nachträglich wirksam werden,[98] ist nicht zwingend, denn das Gesetz kennt eine solche Rechtsfolge auch in § 242 Abs. 2 S. 4 AktG.[99] Zum Teilnahmeverzicht, der als Rügeverzicht gedeutet werden kann, s.u. Rdn. 24.

E. Vollversammlung (§ 50 Abs. 3)

24 In einer sog. Voll- oder Universalversammlung können trotz vorangegangener Einberufungs- oder Ankündigungsfehler wirksame Beschlüsse gefasst werden (§ 51 Abs. 3). Dazu müssen **alle teilnahmeberechtigten Gesellschafter** (einschließlich derjenigen

89 BGH, GmbHR 1989, 120, 122; *Bayer*, in: Lutter/Hommelhoff, GmbHG, § 51 Rn. 29; *Hüffer*, in: Ulmer/Habersack/Winter, GmbHG, § 51 Rn. 27; *Zöllner*, in: Baumbach/Hueck, GmbHG, § 51 Rn. 28.

90 BGHZ 100, 264, 265.

91 RGZ 89, 367, 378 ff.; BGH, GmbHR 1989, 120, 122; *Bayer*, in: Lutter/Hommelhoff, GmbHG, § 51 Rn. 30; *Hüffer*, in: Ulmer/Habersack/Winter, GmbHG, § 51 Rn. 28; *K. Schmidt/Seibt*, in: Scholz, GmbHG, § 51 Rn. 26.

92 OLG Düsseldorf, NZG 2003, 975, 976; OLG Celle, GmbHR 1997, 748.

93 *Bayer*, in: Lutter/Hommelhoff, GmbHG, § 51 Rn. 30; *Masuch*, in: Bork/Schäfer, GmbHG, § 51 Rn. 14; *Roth*, in: Roth/Altmeppen, GmbHG, § 51 Rn. 20; einschränkend (es komme auf Sinn und Zweck der Satzungsregelung an, »im Zweifel« aber Anfechtbarkeit) *K. Schmidt/Seibt*, in: Scholz, GmbHG, § 51 Rn. 24; ebenso in der Tendenz *Römermann*, in: Michalski, GmbHG § 51 Rn. 115; vgl. BGH, GmbHR 1998, 136, 137 (Anfechtung bei Versäumen der satzungsmäßigen Ladungsfrist).

94 BGHZ 87, 1, 4; BayObLG, GmbHR 1997, 1002.

95 OLG Naumburg, GmbHR 1998, 90, 92.

96 *Bayer*, in: Lutter/Hommelhoff, GmbHG, § 51 Rn. 34; *Hüffer*, in: Ulmer/Habersack/Winter, GmbHG, § 51 Rn. 34; *K. Schmidt/Seibt*, in: Scholz, GmbHG, § 51 Rn. 29.

97 *Bayer*, in: Lutter/Hommelhoff, GmbHG, § 51 Rn. 34; *K. Schmidt/Seibt*, in: Scholz, GmbHG, § 51 Rn. 29; *Zöllner*, in: Baumbach/Hueck, GmbHG, § 51 Rn. 30.

98 *Hüffer*, in: Ulmer/Habersack/Winter, GmbHG, § 51 Rn. 34.

99 So zu Recht *Zöllner*, in: Baumbach/Hueck, GmbHG, § 51 Rn. 30.

ohne Stimmrecht, § 48 Rdn. 10) anwesend oder vertreten (§ 48 Rdn. 11) sein.[100] Zulässig ist auch vollmachtlose Vertretung mit nachträglicher Genehmigung.[101] Hat ein Gesellschafter auf die **Teilnahme verzichtet**, kann die Versammlung bei Anwesenheit aller übrigen Gesellschafter wirksam Beschlüsse fassen.[102] Sind alle von einem Verfahrensmangel betroffenen Gesellschafter anwesend, können sie wirksam beschließen, selbst wenn andere Gesellschafter, die ordnungsgemäß geladen waren, nicht erschienen sind.[103]

25 Die Gesellschafter müssen mit der Durchführung der Gesellschafterversammlung zum Zwecke der Beschlussfassung **einverstanden** sein.[104] Ließe man bloße Anwesenheit genügen, hätte dies zur Folge, dass die Gesellschafter einer fehlerhaft einberufenen Versammlung fernbleiben müssten und sie damit nicht zur einvernehmlichen Klärung nutzen könnten.[105] Für die Erklärung des Einvernehmens mit der Beschlussfassung ist Geschäftsfähigkeit erforderlich.[106] Das Einvernehmen kann auch konkludent in der rügelosen Mitwirkung an der Abstimmung zum Ausdruck kommen.[107]

26 **Widerspricht** ein teilnehmender Gesellschafter (ausdrücklich oder konkludent) der Durchführung der Versammlung oder der Beschlussfassung, gilt er nicht als »anwesend« i.S.d. § 51 Abs. 3 und die Regeln der Vollversammlung finden keine Anwendung.[108] Die Rüge eines Verfahrensmangels kann sich auch nur auf einzelne Gegen-

---

100 *Bayer*, in: Lutter/Hommelhoff, GmbHG, § 51 Rn. 32; *Hüffer*, in: Ulmer/Habersack/Winter, GmbHG, § 51 Rn. 29; *Römermann*, in: Michalski, GmbHG, § 51 Rn. 92; *K. Schmidt/Seibt*, in: Scholz, GmbHG, § 51 Rn. 32.

101 BayObLG, GmbHR 1989, 252, 253 f.; OLG Dresden, GmbHR 2001, 1047, 1048.

102 RG, JW 1934, 976. Über dieses Ergebnis herrscht kein Streit, jedoch über die Begründung: *Bayer*, in: Lutter/Hommelhoff, GmbHG, § 51 Rn. 32 und wohl auch *Zöllner*, in: Baumbach/Hueck, GmbHG, § 51 Rn. 34 nehmen Vollversammlung an; nach *Hüffer*, in: Ulmer/Habersack/Winter, GmbHG, § 51 Rn. 32, liegt kein Einberufungsmangel vor; *Römermann*, in: Michalski, GmbHG, § 51 Rn. 93, hält Anfechtung des Verzichtenden für treuwidrig; *Roth*, in: Roth/Altmeppen, GmbHG, § 51 Rn. 18, interpretiert Teilnahmeverzicht als Rügeverzicht.

103 *Zöllner*, in: Baumbach/Hueck, GmbHG, § 51 Rn. 35.

104 BGHZ 100, 264, 269 f.; BGH, GmbHR 2008, 426, 427; BGH, GmbHR 2009, 437; BayObLG, GmbHR 1993, 223, 224; OLG München, GmbHR 2000, 486, 489.

105 In diesem Sinne zutreffend BGHZ 100, 264, 270.

106 BayObLG, GmbHR 1993, 223, 224, wendet dazu Regeln über Geschäftsfähigkeit an (ebenso *Bayer*, in: Lutter/Hommelhoff, GmbHG, § 51 Rn. 33; *Roth*, in: Roth/Altmeppen, GmbHG, § 51 Rn. 16); nach a.A. scheitert Vollversammlung daran, dass gesetzlicher Vertreter hätte geladen werden müssen (*Zöllner*, in: Baumbach/Hueck, GmbHG, § 51 Rn. 32).

107 OLG Naumburg, GmbHR 1998, 90, 92.

108 BGHZ 100, 264, 269 f.; OLG Hamburg, GmbHR 1997, 796; OLG München, GmbHR 2000, 486, 489.

stände beziehen.[109] Sie muss vor oder bei der Abstimmung erhoben werden; die nachträgliche Rüge beseitigt die Heilungswirkung nicht mehr.[110]

27 Wirkt ein Gesellschafter trotz anfänglicher Rüge eines Verfahrensmangels an der Erörterung und Abstimmung in der Versammlung mit, bedarf sein Verhalten der **Auslegung**, ob er an der Abstimmung nur vorsorglich teilnimmt oder damit auf die zunächst geäußerte Rüge konkludent verzichten will.[111] Wer ohne erneuten Vorbehalt abstimmt, hat damit nicht ohne weiteres auf die zuvor erklärte Rüge verzichtet,[112] zumindest nicht, wenn er inhaltlich gegen den Beschlussvorschlag stimmt.[113]

28 Eine **Niederschrift** der Beschlussfassung ist nur bei der Einpersonen-GmbH erforderlich (§ 48 Rdn. 30). Wenn Heilungswirkung des § 51 Abs. 3 angestrebt wird, empfiehlt sich allerdings zur Herstellung von Rechtsklarheit eine Protokollierung der Anwesenheit und des Einvernehmens aller Gesellschafter.[114] Ein widersprechender Gesellschafter sollte seine Rüge zu Protokoll geben.

F. Satzungsregelungen

29 Die Satzung kann von § 51 abweichen (§ 45 Abs. 2), muss allerdings die zum **Kernbereich der Mitgliedschaft** gehörenden Teilhabe- und Teilnahmerechte der Gesellschafter respektieren.[115] Die ohnehin knapp bemessenen Fristen in § 51 Abs. 1 S. 2 und § 51 Abs. 4 können daher nicht verkürzt werden.[116] Ebenso wenig kann auf die Ankündigung der Beschlussgegenstände verzichtet werden.[117] Unbedenklich sind Regelungen, welche die Teilnahme erleichtern und die Vorbereitungsmöglichkeiten erweitern. Dazu gehört eine angemessene **Verlängerung der Fristen** für Einberufung

---

109 OLG Naumburg, GmbHR 1998, 90, 92; OLG Hamburg, GmbHR 1997, 796.

110 BGH, NZG 2003, 127, 129.

111 BGH, GmbHR 1998, 287, 288; OLG München, GmbHR 2000, 486, 489.

112 So aber in der Tendenz *Hüffer*, in: Ulmer/Habersack/Winter, GmbHG, § 51 Rn. 30.

113 *Römermann*, in: Michalski, GmbHG, § 51 Rn. 97, 98; *K. Schmidt/Seibt*, in: Scholz, GmbHG, § 51 Rn. 33.

114 *Hüffer*, in: Ulmer/Habersack/Winter, GmbHG, § 51 Rn. 29.

115 *Bayer*, in: Lutter/Hommelhoff, GmbHG, § 51 Rn. 35; *Hüffer*, in: Ulmer/Habersack/Winter, GmbHG, § 51 Rn. 35; *K. Schmidt/Seibt*, in: Scholz, GmbHG, § 51 Rn. 3.

116 OLG Naumburg, NZG 2000, 44, 45 (zur Frist des § 51 Abs. 1 S. 2); *Bayer*, in: Lutter/Hommelhoff, GmbHG, § 51 Rn. 36; *Hüffer*, in: Ulmer/Habersack/Winter, GmbHG, § 51 Rn. 37; *Zöllner*, in: Baumbach/Hueck, GmbHG, § 51 Rn. 39. Hingegen wollen *K. Schmidt/Seibt*, in: Scholz, GmbHG, § 51 Rn. 3, für Eilfälle kürzere Frist zulassen; in solchen Fällen genügt aber die Möglichkeit, einvernehmlich auf die vorgesehene Ankündigungsfrist zu verzichten.

117 *Bayer*, in: Lutter/Hommelhoff, GmbHG, § 51 Rn. 36; *Hüffer*, in: Ulmer/Habersack/Winter, GmbHG, § 51 Rn. 37; *Zöllner*, in: Baumbach/Hueck, GmbHG § 51 Rn. 39. Großzügiger *K. Schmidt/Seibt*, in: Scholz, GmbHG, § 51 Rn. 3, wenn auf andere Weise dafür gesorgt sei, dass Gesellschafter ihr Teilnahmerecht ausüben können.

und Ankündigungen,[118] die förmliche Zustellung der Einladung oder die zusätzliche Bekanntmachung in den Gesellschaftsblättern.[119]

30 Abweichungen von der **Versendungsform** des Einschreibens werden in Literatur und Rechtsprechung uneinheitlich bewertet. Wenig überzeugend ist es, einerseits die alleinige Bekanntmachung in den Gesellschaftsblättern ausreichen zu lassen, eine Ladung durch einfachen Brief aber abzulehnen.[120] Der typische Gesellschafter schaut eher in seinen Briefkasten als in den elektronischen Bundesanzeiger. Die Veröffentlichung in den **Gesellschaftsblättern** ist (in Anlehnung an § 121 Abs. 4 AktG) bei Massengesellschaften denkbar, im übrigen aber nur als zusätzlicher Informationsweg akzeptabel. Die Einladung durch **einfachen Brief** hingegen ist in der Satzung regelbar.[121] Die Gegenmeinung, die eine dem Einschreiben gleichwertige Zugangssicherung verlangt,[122] macht § 51 – entgegen der Grundaussage des § 45 Abs. 2 – zur einseitig zwingenden Norm. Weitgehend unstreitig ist die Zulässigkeit von Satzungsregelungen, die eine Einladung per Kurier,[123] Telefax, **E-Mail** (auch mit elektronischer Signatur) oder Telefon zulassen.[124] Außerdem kann eine Einberufung per E-Mail mit der Ankündigung der Beschlussgegenstände auf der Homepage der Gesellschaft kombiniert werden.[125]

§ 51a Auskunfts- und Einsichtsrecht

(1) Die Geschäftsführer haben jedem Gesellschafter auf Verlangen unverzüglich Auskunft über die Angelegenheiten der Gesellschaft zu geben und die Einsicht der Bücher und Schriften zu gestatten.

(2) [1]Die Geschäftsführer dürfen die Auskunft und die Einsicht verweigern, wenn zu besorgen ist, dass der Gesellschafter sie zu gesellschaftsfremden Zwecken verwenden und dadurch der Gesellschaft oder einem verbundenen Unternehmen einen nicht unerheblichen Nachteil zufügen wird. [2]Die Verweigerung bedarf eines Beschlusses der Gesellschafter.

(3) Von diesen Vorschriften kann im Gesellschaftsvertrag nicht abgewichen werden.

---

118 OLG Naumburg, GmbHR 1998, 90, 91 (zwei Wochen).

119 *Römermann*, in: Michalski, GmbHG, § 51 Rn. 117.

120 So aber *Hüffer*, in: Ulmer/Habersack/Winter, GmbHG, § 51 Rn. 35; *Zöllner*, in: Baumbach/Hueck, GmbHG, § 51 Rn. 39.

121 OLG Thüringen, GmbHR 1996, 536, 537; OLG Dresden, GmbHR 2000, 435, 436; *Bayer*, in: Lutter/Hommelhoff, GmbHG, § 51 Rn. 36; *K. Schmidt/Seibt*, in: Scholz, GmbHG, § 51 Rn. 3.

122 *Hüffer*, in: Ulmer/Habersack/Winter, GmbHG, § 51 Rn. 36; *Römermann*, in: Michalski, GmbHG, § 51 Rn. 119; *Zöllner*, in: Baumbach/Hueck, GmbHG, § 51 Rn. 39.

123 Ausführlich dazu *Emde*, GmbHR 2002, 8, 16.

124 *Bayer*, in: Lutter/Hommelhoff, GmbHG, § 51 Rn. 36; *Hüffer*, in: Ulmer/Habersack/Winter, GmbHG, § 51 Rn. 36; *K. Schmidt/Seibt*, in: Scholz, GmbHG, § 51 Rn. 3; *Zöllner*, in: Baumbach/Hueck, GmbHG, § 51 Rn. 39.

125 *Zwissler*, GmbHR 2000, 28.

Übersicht **Rdn.**

Schrifttum

Bihr, Due Diligence: Geschäftsführungsorgane im Spannungsfeld zwischen Gesellschafts- und Gesellschafterinteressen, BB 1998, 1198; *Bremer*, Herausgabe von Informationen im Rahmen einer Due Diligence, GmbHR 2000, 176; *Götze*, Auskunftserteilung durch GmbH-Geschäftsführer im Rahmen der Due Diligence beim Beteiligungserwerb, ZGR 1999, 202; *Grunewald*, Einsichts- und Auskunftsrecht des GmbH-Gesellschafters nach neuem Recht, ZHR 146 (1982), 211; *Hommelhoff*, Jahresabschluss und Gesellschafterinformation in der Gruppe, ZIP 1983, 383; *Ivens*, Informationsverweigerung gem. § 51a Abs. 2 GmbHG gegenüber Konkurrentgesellschaftern, GmbHR 1989, 273; *Jestaedt*, Die actio pro socio als Notbehelf bei Informationsverweigerung in Zweipersonen-GmbH – Besprechung der Entscheidung des OLG Saarbrücken vom 03-12-1993 – 4 U 16/93-2, GmbHR 1994, 442; *Kort*, Das Informationsrecht des Gesellschafters der Konzernobergesellschaft, ZGR 1987, 46; *Körber*, Geschäftsleitung der Zielgesellschaft und due diligence bei Paketerwerb und Unternehmenskauf, NZG 2002, 263; *Kretzschmar*, Zur Konkretisierung des Auskunftsrechts nach § 51a GmbHG, AG 1987, 121; *Lutter*, Zum Informationsrecht des Gesellschafters nach neuem GmbH-Recht, ZGR 1982, 1; *Meilicke/Hollands*, Schutz der GmbH vor nachträglichen Mißbrauch der nach § 51a GmbHG erlangten Informationen, GmbHR 2000, 964; *Mertens*, § 51a Abs. 1 GmbHG und die kapitalistisch strukturierte GmbH, in: Hadding/Immenga/Mertens/Pleyer/Schneider (Hrsg.), Festschrift für Winfried Werner zum 65. Geburtstag am 17. Oktober 1984 – Handelsrecht und Wirtschaftsrecht in der Bankpraxis, 1984, S. 557; *Oppenländer*, Grenzen der Auskunftserteilung durch Geschäftsführer und Gesellschafter beim Verkauf von GmbH-Geschäftsanteilen, GmbHR 2000, 535; *Reuter*, § 51a GmbHG – Quo vadis?, BB 1986, 1653; *Robrecht*, Der Informationsanspruch des GmbH-Gesellschafters nach der Eröffnung des Insolvenzverfahrens, GmbHR 2002, 692; *K. Schmidt*, Die Dogmatik des Informationsrechts als Grundlage der Konkretisierung des § 51a GmbHG, in: Goerdeler/Hommelhoff/Lutter/Odersky/Wiedemann (Hrsg.), Festschrift für Alfred Kellermann zum 70. Geburtstag am 29. November 1990, 1991,

S. 389; *Schneider*, Der Auskunftsanspruch des Aktionärs im Konzern, in: Schneider/Hommelhoff/K. Schmidt/Timm/Grunewald/Drygala (Hrsg.), Festschrift für Marcus Lutter zum 70. Geburtstag, 2000, S. 1193; *Schneider*, Die Mitverwaltungsrechte der Gesellschafter in der verbundenen GmbH – Überlegungen zu einer Binnenordnung im Konzern –, GmbH-Konzern 1976, 78; *Stimpel/Ulmer*, Einsichtsrecht der Gesellschafter einer mitbestimmten GmbH in die Protokolle des Aufsichtsrats?, in: Lieb/Noack/Westermann (Hrsg.), Festschrift für Wolfgang Zöllner zum 70. Geburtstag, 1998, S. 589; *Winter*, Mitgliedschaftliche Treubindungen im GmbH-Recht, 1988.

A. Normzweck und Grundlagen

1 Die in § 51a geregelten Rechte auf Auskunft über Angelegenheiten der Gesellschaft und Einsichtnahme in die Bücher und Schriften der Gesellschaft sind **individuelle Gesellschafterrechte**. Sie erlauben die sachgerechte Wahrnehmung der Gesellschafterrechte, etwa die Vorbereitung der Beratung und Stimmabgabe in der Gesellschafterversammlung, und dürfen dabei auch eigennützigen Zielen dienen, beispielsweise der Wertermittlung des eigenen Geschäftsanteils.[1] Obwohl die Informationsrechte jedem Gesellschafter zustehen, haben sie funktional **minderheitenschützende** Wirkung;[2] denn ein Mehrheitsgesellschafter bedarf zumeist keines Rechtsanspruchs, um die gewünschten Informationen zu erhalten.

2 Das Gesetz von 1892 kannte noch keine individuellen Informationsrechte. Der BGH gewährte, gestützt und begrenzt durch Treu und Glauben, ein individuelles Recht auf Auskunft und Einsichtnahme,[3] das mit der GmbH-Reform von 1980 Eingang in das Gesetz gefunden hat.[4] Zusätzlich bestehen kollektive Informationsrechte der Gesellschafter, die durch Berichtspflichten der Geschäftsführer erfüllt werden. Dazu gehören das allgemeine Informationsrecht vor Beschlussfassung (§ 51 Rdn. 20), die Einberufung bei hälftigem Verlust des Stammkapitals (§ 49 Abs. 3), die vorherige Information bei weitreichenden Entscheidungen (§ 51 Rdn. 20) und die Vorlage von Jahresabschluss, Lage- und Prüfungsbericht (§ 42a Rdn. 38 f.).

3 § 51a Abs. 1 steht wegen seiner fehlenden tatbestandlichen Konturen in der Kritik.[5] Die Literatur hat verschiedene Ansätze entwickelt, um der uferlosen **Weite des Tatbestandes** Grenzen zu ziehen. So wird das Informationsbedürfnis als immanente

1 *Hüffer*, in: Ulmer/Habersack/Winter, GmbHG, § 51a Rn. 7; *Lutter*, in: Lutter/Hommelhoff, GmbHG, § 51a Rn. 1; *K. Schmidt*, in: Scholz, GmbHG, § 51a Rn. 1; siehe auch *Grunewald*, ZHR 146 (1982), 211, 216 f.; *Lutter*, ZGR 1982, 1, 3.

2 *Hüffer*, in: Ulmer/Habersack/Winter, GmbHG, § 51a Rn. 7; *Masuch*, in: Bork/Schäfer, GmbHG, § 51a Rn. 1; *Roth*, in: Roth/Altmeppen, GmbHG, § 51a Rn. 3.

3 BGHZ 14, 53, 55 ff.

4 Zur Rechtsentwicklung siehe nur *Hüffer*, in: Ulmer/Habersack/Winter, GmbHG, § 51a Rn. 2 ff.

5 Siehe m.w.N. *Hüffer*, in: Ulmer/Habersack/Winter, GmbHG, § 51a Rn. 4; *K. Schmidt*, in: Scholz, GmbHG, § 51a Rn. 7; *Zöllner*, in: Baumbach/Hueck, GmbHG, § 51a Rn. 1.

Grenze gesehen[6] oder die »dienende Funktion« der Informationsrechte[7] hervorgehoben. Damit wird allerdings die Begründungslast für ein Informationsbegehren dem Gesellschafter zugewiesen.[8] Entstehungsgeschichte und Systematik des Gesetzes sprechen für den gegenteiligen Ansatz: Jedes Informationsbegehren eines Gesellschafters ist im Grundsatz legitim. Er darf alle Angelegenheiten der Gesellschaft erfahren, ohne dass besondere Umstände das Auskunftsverlangen rechtfertigen müssen.[9] Das Geheimhaltungsbedürfnis der Gesellschaft wird dadurch befriedigt, dass der Gesellschafter die erhaltene Information **vertraulich** behandeln muss (Rdn. 7).

4 Es ist demnach als Ausnahmefall von Seiten der Gesellschaft begründungsbedürftig, wenn sie dennoch eine **Information verweigern** will. Die Grenzen des Informationsrechte liegen nicht in der Sphäre des Gesellschafters, der grundsätzlich alle Angelegenheiten der Gesellschaft erfahren darf, sondern in derjenigen der Gesellschaft, die ihr dadurch entstehende Belastungen oder sonstige Nachteile geltend machen muss. Gesetzlicher Anknüpfungspunkt ist § 51a Abs. 2 (Rdn. 35 ff.). Zusätzliche Einschränkungen können sich im Einzelfall aus der gesellschaftsrechtlichen Treuepflicht und dem Verbot des Rechtsmissbrauchs ergeben (Rdn. 44). Macht allerdings die Gesellschaft eine Beeinträchtigung ihrer Belange geltend, fällt in der nachfolgenden Interessenabwägung das konkrete Informationsinteresse des Gesellschafters durchaus ins Gewicht,[10] so dass die verschiedenen Auffassungen bei der Beurteilung von Einzelfällen häufig zum selben Ergebnis gelangen.

B. Inhaber der Informationsrechte

5 Die Informationsrechte des § 51a stehen **jedem Gesellschafter** individuell zu. Die Gesellschafterstellung ergibt sich im Verhältnis zur Gesellschaft aus der Gesellschafterliste (§ 16 Rdn. 1); bei einer Veräußerung des Geschäftsanteils gehen daher die Informationsrechte erst mit Änderung der Gesellschafterliste auf den Erwerber über.[11] Die Größe der Beteiligung ist unerheblich.[12] Auch Gesellschafter ohne Stimmrecht sind

6 *K. Schmidt*, FS Kellermann, 1991, S. 389, 393 ff.; *K. Schmidt*, in: Scholz, GmbHG, § 51a Rn. 8.

7 *Grunewald*, ZHR 146 (1982), 211, 217.

8 Zwar nicht für jedes Informationsbegehren, aber doch immer dann, wenn sich das Informationsbedürfnis nicht von selbst versteht (in diesem Sinne *K. Schmidt*, in: Scholz, GmbHG, § 51a Rn. 18).

9 RegBegr. BT-Drs. 8/1347, S. 44; OLG Stuttgart, GmbHR 1983, 242, 243; KG, GmbHR 1988, 221, 223; *Hüffer*, in: Ulmer/Habersack/Winter, GmbHG, § 51a Rn. 57; *Lutter*, in: Lutter/Hommelhoff, GmbHG, § 51a Rn. 2.

10 In diesem Sinne *Hüffer*, in: Ulmer/Habersack/Winter, GmbHG, § 51a Rn. 6.

11 Der vertraglich vereinbarte Zeitpunkt, zu dem die Anteilsübertragung zwischen den Parteien schuldrechtliche Wirkungen entfalten soll, ist unerheblich (OLG München, GmbHR 2006, 205, 206).

12 BayObLG, GmbHR 1989, 201, 202; BayObLG, NJW-RR 1991, 1252, 1253.

informationsberechtigt.[13] Einem Gesellschafter-Geschäftsführer stehen die Informationsrechte ebenfalls zu; allerdings kann sein Informationsbegehren rechtsmissbräuchlich sein, wenn die gewünschte Auskunft den Zeitraum betrifft, zu dem er selbst Geschäftsführer war.[14] Ist eine juristische Person oder eine rechtsfähige Personengesellschaft Gesellschafterin, stehen ihr die Informationsrechte auch dann noch zu, wenn sie sich im Liquidationsstadium befindet.[15] Bei gemeinschaftlicher Berechtigung (§ 18) müssen die Informationsrechte gemeinschaftlich ausgeübt werden.[16]

6 Die Informationsrechte sind Teil der **Mitgliedschaft** und als solche nicht übertragbar (Abspaltungsverbot).[17] Daher hat der Pfandgläubiger eines Geschäftsanteils keine Informationsrechte,[18] ebenso wenig der Treugeber bei der Treuhand.[19] Umstritten ist die Rechtslage beim Nießbrauch. Teilweise wird ein mitgliedschaftspaltender Nießbrauch für möglich gehalten, bei dem der Nießbraucher die Mitgliedschaftsrechte wahrnimmt;[20] die überwiegende Auffassung hält dies für unzulässig (und empfiehlt statt dessen Bevollmächtigung des Nießbrauchers).[21] Bei einer Aufteilung in Besitz-KG und Betriebs-GmbH hat der Kommanditist keine § 51a-Informationsrechte gegenüber der GmbH.[22]

7 Die **Ausübung** der Informationsrechte **durch Dritte** ist grundsätzlich möglich. Dabei ist der Grundsatz der Vertraulichkeit (Rdn. 3) zu beachten. Der Gesellschafter kann Personen, die beruflich der Verschwiegenheit unterliegen (Rechtsanwälte, Wirtschaftsprüfer, Steuerberater), hinzuziehen oder zur alleinigen Ausübung bevollmächtigen.[23] Auch andere vertrauenswürdige Personen sind zuzulassen;[24] das können Mitgesellschafter sein, der Prokurist eines Gesellschafters oder sonstige Dritte, die eine sanktionsbewehrte Vertraulichkeitserklärung abgegeben haben.[25] Gesetzliche Vertre-

---

13 *Hüffer*, in: Ulmer/Habersack/Winter, GmbHG, § 51a Rn. 12; *Römermann*, in: Michalski, GmbHG, § 51a Rn. 50.

14 Vgl. OLG München, NZG 2006, 205, 206.

15 BayObLG, GmbHR 1993, 741, 742; *K. Schmidt*, in: Scholz, GmbHG, § 51a Rn. 12.

16 *K. Schmidt*, in: Scholz, GmbHG, § 51a Rn. 12.

17 *Hüffer*, in: Ulmer/Habersack/Winter, GmbHG, § 51a Rn. 12; *Römermann*, in: Michalski, GmbHG, § 51a Rn. 61; *K. Schmidt*, in: Scholz, GmbHG, § 51a Rn. 14.

18 BayObLG, GmbHR 1989, 201, 203.

19 BayObLG, NJW-RR 1991, 1252, 1253.

20 *Hüffer*, in: Ulmer/Habersack/Winter, GmbHG, § 51a Rn. 18.

21 *Lutter*, in: Lutter/Hommelhoff, GmbHG, § 51a Rn. 3; *Römermann*, in: Michalski, GmbHG, § 51a Rn. 64; *K. Schmidt*, in: Scholz, GmbHG, § 51a Rn. 12; *Zöllner*, in: Baumbach/Hueck, GmbHG, § 51a Rn. 6.

22 *Hüffer*, in: Ulmer/Habersack/Winter, GmbHG, § 51a Rn. 14; *K. Schmidt*, in: Scholz, GmbHG, § 51a Rn. 12.

23 OLG Frankfurt, GmbHR 1994, 114, 115; *Hüffer*, in: Ulmer/Habersack/Winter, GmbHG, § 51a Rn. 15; *Lutter*, in: Lutter/Hommelhoff, GmbHG, § 51a Rn. 4; *Roth*, in: Roth/Altmeppen, GmbHG, § 51a Rn. 15; *K. Schmidt*, in: Scholz, GmbHG, § 51a Rn. 15.

24 Vgl. BGHZ 25, 115, 123 (für KG).

25 *Hüffer*, in: Ulmer/Habersack/Winter, GmbHG, § 51a Rn. 17; *Lutter*, in: Lutter/Hommelhoff, GmbHG, § 51a Rn. 4; *K. Schmidt*, in: Scholz, GmbHG, § 51a Rn. 15, 27.

ter, Insolvenzverwalter und Testamentsvollstrecker nehmen das Informationsrecht für den Gesellschafter wahr.[26] Bei der Betreuung kommt es auf den Aufgabenkreis des Betreuers an.[27]

8 Die Informationsrechte bestehen bereits in der **Vor-GmbH**;[28] sie enden mit dem Erlöschen der Gesellschaft. Wird über die Gesellschaft das **Insolvenzverfahren** eröffnet, beschränken sich die Informationsrechte auf Vorgänge, die vor der Insolvenzeröffnung liegen; denn die Tätigkeit des Insolvenzverwalters unterliegt nicht der Kontrolle der Gesellschafter.[29]

9 Mit seinem **Ausscheiden** aus der Gesellschaft verliert der Gesellschafter seine Informationsrechte.[30] Dabei kommt es auf den Zeitpunkt an, zu dem das Ausscheiden wirksam wird. So besteht bei Kündigung noch eine Gesellschafterstellung, solange der Geschäftsanteil nicht formgültig übertragen wurde.[31] Bei einem Ausschluss durch Gestaltungsurteil (§ 34 Rdn. 82) enden die Informationsrechte mit dem rechtskräftigem Urteil.[32] Bei einem Ausschluss auf Basis eines rechtsgestaltenden Gesellschafterbeschlusses (§ 34 Rdn. 32 ff.) gilt der Beschluss, und zwar selbst dann, wenn er fehlerhaft sein sollte (Ausnahme: Nichtigkeit des Beschlusses).[33] Der ausgeschlossene Gesellschafter ist insoweit auf die Beschlussanfechtung verwiesen.

10 Nach seinem Ausscheiden kann der Gesellschafter gemäß **§ 810 BGB** Einsicht in die Unterlagen der Gesellschaft verlangen, soweit er daran ein rechtliches Interesse hat.[34]

---

26 *Hüffer*, in: Ulmer/Habersack/Winter, GmbHG, § 51a Rn. 18; *Lutter*, in: Lutter/Hommelhoff, GmbHG, § 51a Rn. 4; *K. Schmidt*, in: Scholz, GmbHG, § 51a Rn. 15; *Zöllner*, in: Baumbach/Hueck, GmbHG, § 51a Rn. 5.

27 *Römermann*, in: Michalski, GmbHG, § 51a Rn. 69; *K. Schmidt*, in: Scholz, GmbHG, § 51a Rn. 15.

28 *Hüffer*, in: Ulmer/Habersack/Winter, GmbHG, § 51a Rn. 13; *Römermann*, in: Michalski, GmbHG, § 51a Rn. 45.

29 OLG Hamm, GmbHR 2002, 163, 166; BayObLG GmbHR 2005, 1360, 1362; ein vor dem Insolvenzverfahren nach § 51b erworbener Titel kann daher nicht gemäß § 727 ZPO gegen den Insolvenzverwalter umgeschrieben werden (OLG Hamm, GmbHR 2008, 662, 663). Eingehend zu diesen Fragen *Robrecht*, GmbHR 2002, 692 ff.

30 BGH, NJW 1989, 225, 226; BayObLG, GmbHR 1993, 741, 742.

31 OLG Frankfurt, GmbHR 1997, 130.

32 Daher hat der Gesellschafter während des Verfahrens noch Informationsrechte (BayObLG, NZG 2004, 98, 99).

33 OLG Thüringen, GmbHR 1996, 699; OLG Karlsruhe, NZG 2000, 435; BayObLG, NZG 2004, 98, 100. Wirksamkeit eines Einziehungsbeschlusses setzt allerdings Entschädigungsleistung voraus (OLG München, GmbHR 2008, 104, 105).

34 BGH, GmbHR 1977, 151, 152 (Ermittlung der Abfindungshöhe); BGH, NJW 1989, 225, 226 sowie BGH, GmbHR 1988, 434, 436 (Klärung, ob dem Gesellschafter noch Forderungen gegen die GmbH zustehen). Aus der instanzgerichtlichen Rechtsprechung: OLG Hamm, DB 1994, 1232; OLG Frankfurt, GmbHR 1995, 901. *K. Schmidt*, in: Scholz, GmbHG, § 51a Rn. 13 bejaht neben § 810 BGB Informationsrechte aus nachwirkender Sonderrechtsbeziehung.

Dafür gilt jedoch nicht das in § 51b geregelte Verfahren der freiwilligen Gerichtsbarkeit. Ein nach § 51b angestrengtes Verfahren kann daher nach Ausscheiden des Gesellschafters nicht unter Hinweis auf § 810 BGB fortgesetzt werden.[35] Eine Verweisung an das Gericht der streitigen Gerichtsbarkeit wäre fehlerhaft, entfaltet allerdings bindende Wirkung gemäß § 17a Abs. 5 GVG (analog).[36]

I. Adressat der Informationspflicht

11 Adressatin der Informationspflicht ist die **Gesellschaft**; sie handelt durch die in § 51a angesprochenen Geschäftsführer als organschaftliche Vertreter.[37] Jeder Geschäftsführer kann das Informationsverlangen erfüllen (auch bei Gesamtvertretung) oder die Anfrage an Mitarbeiter delegieren.[38] Ein direktes Informationsrecht der Gesellschafter gegenüber Arbeitnehmern oder dem Abschlussprüfer der Gesellschaft besteht nicht (Ausnahme: § 43a Abs. 3).[39] In der Insolvenz erfüllt der Insolvenzverwalter den Informationsanspruch unter den in Rdn. 8 genannten Einschränkungen. Ein Informationsrecht gegen **andere Gesellschafter** lässt sich aus § 51a nicht ableiten,[40] kann sich aber aus der gesellschaftsrechtlichen Treuepflicht ergeben.[41] Es wird nicht über § 51b, sondern im allgemeinen Zivilprozess geltend gemacht.[42]

C. Inhalt der Informationsrechte

I. Gleichrangigkeit von Auskunft und Einsichtnahme

12 § 51a gewährt ein Auskunftsrecht über die Angelegenheiten der Gesellschaft und ein Einsichtsrecht in deren Bücher und Schriften. Beide Rechte sind gleichrangig.[43] Der Gesellschafter kann frei entscheiden, welcher Weg seinem Informationsbedürfnis am besten entspricht.[44] Ihre Grenzen findet diese **Wahlfreiheit** in den allgemeinen **Schranken** der Treuepflicht und des Rechtsmissbrauchs (Rdn. 44).[45] Diese legen

35 OLG Saarbrücken, GmbHR 2011, 33, 34.

36 OLG Frankfurt, GmbHR 1995, 901.

37 BGHZ 135, 48, 51.

38 *K. Schmidt*, in: Scholz, GmbHG, § 51a Rn. 16; *Lutter*, in: Lutter/Hommelhoff, GmbHG, § 51a Rn. 5.

39 *Lutter*, in: Lutter/Hommelhoff, GmbHG, § 51a Rn. 5.

40 OLG Saarbrücken, GmbHR 1994, 474, 475.

41 BGH, GmbHR 2007, 260, 261; *K. Schmidt*, in: Scholz, GmbHG, § 51a Rn. 5. Daher im Ergebnis zu eng OLG Saarbrücken, GmbHR 1994, 474 ff. (krit. auch *Jestaedt*, GmbHR 1994, 442 ff.).

42 *K. Schmidt*, in: Scholz, GmbHG, § 51a Rn. 5.

43 KG, GmbHR 1988, 221, 222 f.; *K. Schmidt*, in: Scholz, GmbHG, § 51a Rn. 21; *Zöllner*, in: Baumbach/Hueck, GmbHG, § 51a Rn. 31; *Lutter*, in: Lutter/Hommelhoff, GmbHG, § 51a Rn. 7; *Roth*, in: Roth/Altmeppen, GmbHG, § 51a Rn. 10.

44 *Hüffer*, in: Ulmer/Habersack/Winter, GmbHG, § 51a Rn. 37; *Lutter*, in: Lutter/Hommelhoff, GmbHG, § 51a Rn. 7.

45 KG, GmbHR 1988, 221, 223.

keine bestimmte Rangfolge nahe,[46] sondern fordern eine Einzelfallbetrachtung. Davon würde auch die Anerkennung eines ungeschriebenen Merkmals des Informationsbedürfnisses nicht entbinden.[47] Ohne zusätzlichen Erkenntniswert ist der Einwand, es entscheide das objektive Informationsbegehren und nicht der subjektive Wille des Gesellschafters,[48] denn beides lässt sich nicht trennen: In dem konkret geäußerten Informationsbegehren findet der subjektive Wille des Gesellschafters seinen Ausdruck. Sein Informationsinteresse bedarf im Grundsatz keiner Rechtfertigung, sondern ist legitime Ausprägung der Mitgliedschaft (Rdn. 1, 3).

II. Geltendmachung der Informationsrechte

13 Der Gesellschafter kann die gewünschte Information **formlos** innerhalb oder außerhalb einer Gesellschafterversammlung verlangen.[49] Die Erklärung muss erkennen lassen, ob Auskunft, Einsichtnahme oder beides gewünscht wird. An die weitere **Konkretisierung** des Informationsbegehrens sind keine allzu hohen Anforderungen zu stellen. Allerdings muss sich der ungenau fragende Gesellschafter auch mit einer weniger präzisen Antwort zufrieden geben.[50] Weiterhin zeichnet sich in der Rechtsprechung eine gewisse Differenzierung zwischen Auskunft und Einsichtnahme ab, die in der prozessualen Durchsetzbarkeit ihre Wurzel hat: Das Auskunftsverlangen muss bestimmte Gegenstände bezeichnen, auf die es sich bezieht,[51] während Einsichtnahme in die Unterlagen der Gesellschaft auch global und ohne Bezug auf einen bestimmten Sachverhalt verlangt werden kann.[52]

14 Die Geschäftsführer müssen das Verlangen **unverzüglich**, also ohne schuldhaftes Zögern (§ 121 Abs. 1 S. 1 BGB), erfüllen.[53] Wird in einer Gesellschafterversammlung Auskunft mit Bezug auf einen Tagesordnungspunkt begehrt, ist sie regelmäßig noch in der Versammlung zu erteilen. Werden allerdings umfangreiche Fragen oder solche, mit denen der Geschäftsführer nicht rechnen musste, ohne Vorankündigung erst in der Versammlung gestellt, kann keine sofortige Antwort erwartet werden. Informationsbegehren

---

46 So jedoch die Tendenz bei *Zöllner*, in: Baumbach/Hueck, GmbHG, § 51a Rn. 26 (Einsichtsrecht im Regelfall subsidiär).

47 Vgl. *K. Schmidt*, in: Scholz, GmbHG, § 51a Rn. 21: Art und Weise der geschuldeten Information kann nur von Fall zu Fall entschieden werden.

48 OLG Thüringen, GmbHR 2004, 1588, 1589.

49 OLG Köln, GmbHR 1986, 385, 386; BayObLG, GmbHR 1989, 201, 202.

50 BayObLG, GmbHR 1989, 204, 206; *Hüffer*, in: Ulmer/Habersack/Winter, GmbHG, § 51a Rn. 20; *K. Schmidt*, in: Scholz, GmbHG, § 51a Rn. 18.

51 KG, GmbHR 1988, 221, 223; OLG Frankfurt, GmbHR 1997, 130, 131; demgegenüber verlangt OLG Köln, GmbHR 1986, 385, 386, keine Präzisierung des Auskunftsverlangens.

52 OLG Köln, GmbHR 1986, 385, 386; KG, GmbHR 1988, 221, 223; OLG Frankfurt, GmbHR 1995, 904.

53 Zum Folgenden: *Hüffer*, in: Ulmer/Habersack/Winter, GmbHG, § 51a Rn. 34; *Lutter*, in: Lutter/Hommelhoff, GmbHG, § 51a Rn. 23 ff.; *Römermann*, in: Michalski, GmbHG, § 51a Rn. 140 ff.; *K. Schmidt*, in: Scholz, GmbHG, § 51a Rn. 22; *Zöllner*, in: Baumbach/Hueck, GmbHG, § 51a Rn. 17.

außerhalb von Gesellschafterversammlungen können innerhalb einer angemessenen Frist beantwortet werden, wenn die unverzügliche Erfüllung zu einer unangemessenen Beeinträchtigung des Geschäftsbetriebs führen würde.[54] Soll das Verlangen durch Gesellschafterbeschluss abgelehnt werden (Rdn. 40), muss der Geschäftsführer baldigen Beschluss veranlassen, darf diesen dann aber auch abwarten.

III. Auskunftsrecht

15 Das Auskunftsrecht erstreckt sich auf alle **Angelegenheiten der Gesellschaft**. Es ist prinzipiell unbeschränkt, bedarf keines konkreten Anlasses und findet seine Grenze erst bei einer nicht zweckentsprechenden Wahrnehmung.[55] Dementsprechend wird der Begriff der Gesellschafterangelegenheiten allgemein weit ausgelegt. Er erfasst alle rechtlichen und wirtschaftlichen Verhältnisse innerhalb der GmbH und gegenüber Dritten.[56] Ausgenommen sind rein private Umstände der Geschäftsführer oder Mitgesellschafter.[57]

16 **Beispiele** aus der Rechtsprechung: Gewährung von Darlehen und Bürgschaften durch die Gesellschaft;[58] Kreditgewährung eines Gesellschafters an die Gesellschaft;[59] Bezüge der Geschäftsführer, ggf. auch nach Einzelpersonen aufgeschlüsselt;[60] der Sachstand einzelner Geschäfte einschließlich der von den jeweiligen Vertragspartnern eingenommenen Haltung;[61] die Tätigkeit des Aufsichtsrats.[62] Weitere Angelegenheiten der Gesellschaft sind beispielsweise:[63] Spendenzahlungen; steuerliche Verhältnisse der Gesellschaft; Zahlungen an Gesellschafter oder Organmitglieder; die in der Gesellschaft eingerichtete betriebliche Altersversorgung.

17 In der **GmbH&Co. KG** gehören zu den Angelegenheiten der GmbH auch diejenigen der KG.[64] Ein Gesellschafter, der zugleich Kommanditist ist, kann nicht auf

---

54 BayObLG, GmbHR 1989, 201, 202; Bericht des Rechtsausschusses BT-Drs. 8/3908 S. 75.

55 BGHZ 135, 48, 54; BGHZ 152, 339, 344; diskutiert wird eine tatbestandliche Einschränkung bei stark kapitalistisch organisierten GmbHs (*Mertens*, FS Werner, 1984, S. 557, 568; *Kretzschmar*, AG 1987, 121 ff.).

56 *K. Schmidt*, in: Scholz, GmbHG, § 51a Rn. 19.

57 OLG Thüringen, GmbHR 2004, 1588, 1590.

58 OLG Hamm, GmbHR 1988, 218.

59 OLG Thüringen, GmbHR 2004, 1588, 1590.

60 OLG Köln, GmbHR 1985, 358, 360.

61 OLG München, GmbHR 1994, 551.

62 BGHZ 135, 48, 51 (mitbestimmter Aufsichtsrat); OLG Karlsruhe, GmbHR 1985, 59, 60 (fakultativer Aufsichtsrat).

63 Siehe dazu etwa: *Hüffer*, in: Ulmer/Habersack/Winter, GmbHG, § 51a Rn. 22; *Lutter*, in: Lutter/Hommelhoff, GmbHG, § 51a Rn. 9; *K. Schmidt*, in: Scholz, GmbHG, § 51a Rn. 20.

64 BGH, NJW 1989, 225, 226; OLG Karlsruhe, GmbHR 1998, 691; OLG Düsseldorf, GmbHR 1991, 18; KG, GmbHR 1988, 221, 223; der Kommanditist hat ein eigenes Informationsrecht nach § 166 HGB.

§ 166 HGB verwiesen werden.[65] Wer lediglich Kommanditist in der KG ist, hat nur das Informationsrecht des § 166 HGB.[66]

18 Der **Inhalt** der Auskunft muss vollständig und zutreffend sein.[67] Dazu kann es auch gehören, Ungewissheiten oder Nichtwissen offenzulegen. Maßstab für den **Umfang** der Antwort ist das Informationsbegehren: Je allgemeiner die Frage, desto kursorischer kann die Antwort sein – je präziser die Frage, desto genauer und ins Einzelne gehend muss die Antwort ausfallen.[68] Ob eine Antwort ausreichend ist, bemisst sich auch daran, welchen Informationszweck das Verlangen verfolgt; hierzu ist im Zweifelsfall nachzufragen.

19 Eine bestimmte **Form** der Auskunft ist nicht vorgegeben.[69] Sie kann mündlich oder schriftlich erfolgen. Dass mündliche Auskunft außerhalb von Gesellschafterversammlungen nur mit Einverständnis des Gesellschafters erfolgen darf,[70] wird man so allgemein nicht sagen können. Allerdings muss die Gesellschaft bei Erteilung ihrer Auskunft auf die Komplexität der Materie Rücksicht nehmen. Bei nicht ganz einfachen oder umfangreichen Antworten kann der Gesellschafter schriftliche Auskunft verlangen oder mehrfach rückfragen.[71]

IV. Einsichtsrecht

20 Der Gesellschafter kann Einsicht in die Bücher und Schriften der Gesellschaft verlangen.[72] Dieses Einsichtsrecht ist ebenso wie das Auskunftsrecht (Rdn. 15 ff.) weit gefasst und grundsätzlich unbeschränkt. Mit den **Büchern** der Gesellschaft sind die Handelsbücher i.S.d. § 238 HGB gemeint, die durch Ablage von Belegen oder auf Datenträgern (also mit EDV) geführt werden können (vgl. § 239 Abs. 4 HGB). **Schriften** der Gesellschaft sind alle geschriebenen Geschäftsunterlagen; dazu gehören

65 BGH, NJW 1989, 225 f.; OLG Karlsruhe, GmbHR 1998, 691.

66 BayObLG, NZG 2003, 25, 26; *Hüffer*, in: Ulmer/Habersack/Winter, GmbHG, § 51a Rn. 78; kritisch mit Blick auf die Einheits-GmbH&Co. KG: *K. Schmidt*, in: Scholz, GmbHG, § 51a Rn. 52.

67 Zum Folgenden: *Hüffer*, in: Ulmer/Habersack/Winter, GmbHG, § 51a Rn. 32; *Römermann*, in: Michalski, GmbHG, § 51a Rn. 157 ff.; *K. Schmidt*, in: Scholz, GmbHG, § 51a Rn. 24; *Zöllner*, in: Baumbach/Hueck, GmbHG, § 51a Rn. 14 f.

68 BayObLG, GmbHR 1989, 204, 206.

69 Näher: *Hüffer*, in: Ulmer/Habersack/Winter, GmbHG, § 51a Rn. 33; *Römermann*, in: Michalski, GmbHG, § 51a Rn. 154 ff.; *K. Schmidt*, in: Scholz, GmbHG, § 51a Rn. 23; *Zöllner*, in: Baumbach/Hueck, GmbHG, § 51a Rn. 16.

70 *Hüffer*, in: Ulmer/Habersack/Winter, GmbHG, § 51a Rn. 33; *Lutter*, in: Lutter/Hommelhoff, GmbHG, § 51a Rn. 23b.

71 OLG Düsseldorf, GmbHR 1991, 18, 19.

72 Zum Folgenden: *Hüffer*, in: Ulmer/Habersack/Winter, GmbHG, § 51a Rn. 39 f.; *Lutter*, in: Lutter/Hommelhoff, GmbHG, § 51a Rn. 18 ff.; *Römermann*, in: Michalski, GmbHG, § 51a Rn. 162 ff.; *K. Schmidt*, in: Scholz, GmbHG, § 51a Rn. 25 ff.; *Zöllner*, in: Baumbach/Hueck, GmbHG, § 51a Rn. 20 ff.

alle internen Papiere, die gesamte Geschäftskorrespondenz und alle Buchungsbelege.[73] Auch hier sind unkörperliche Datenträger (vgl. § 257 Abs. 3 HGB) mit erfasst.

21 Protokolle des Aufsichtsrats sind Unterlagen der Gesellschaft, daher hat der Gesellschafter ein Einsichtsrecht. Das gilt auch für den **mitbestimmten Aufsichtsrat**, da in der GmbH selbst bei obligatorischer Einrichtung eines Aufsichtsrats die Gesellschafter das zentrale Entscheidungsorgan bleiben.[74] Demgegenüber sind persönliche Papiere der Geschäftsführer und der Mitarbeiter keine Unterlagen der Gesellschaft.[75] Unterlagen, die sich bei **Dritten** befinden (zu verbundenen Unternehmen Rdn. 26), müssen die Geschäftsführer mit gebotener Intensität versuchen zurückzuerlangen.[76]

22 Auf den Ablauf eventueller Aufbewahrungsfristen (vgl. § 257 Abs. 4 HGB) kommt es nicht an. Das Einsichtsrecht unterliegt **keinen zeitlichen Beschränkungen**, es sei denn, eine länger zurückliegende Angelegenheit hätte durch den Zeitablauf jeden aktuellen Bezug zur Gesellschaft verloren.[77]

23 Das Einsichtsrecht ist ein Duldungsrecht.[78] Die Gesellschaft muss also dem Gesellschafter Einsichtnahme **in ihren Geschäftsräumen** gewähren, muss ihn dabei aber nicht aktiv (etwa durch Hilfspersonal oder Anfertigen von Fotokopien) unterstützen und auch nicht eine Befragung von Angestellten der Gesellschaft gestatten. Sind die Unterlagen im Rahmen ordnungsgemäßer Geschäftsführung an einem anderen Ort gelagert (etwa Fernbuchführung), kann die Gesellschaft dort Einsicht gewähren. Die Einsichtnahme muss zu den üblichen Geschäftszeiten gestattet werden; eine Beschränkung auf das Wochenende oder auf Zeiten nach Geschäftsschluss ist grundsätzlich unzulässig.[79] Der Gesellschafter darf fachkundige Dritte heranziehen, sofern die Vertraulichkeit gewährleistet bleibt (Rdn. 7).

---

73 BGHZ 135, 48, 51.

74 BGHZ 135, 48, 51, 53 ff.; ebenso *Hüffer*, in: Ulmer/Habersack/Winter, GmbHG, § 51a Rn. 40; *Römermann*, in: Michalski, GmbHG, § 51a Rn. 165; *Roth*, in: Roth/Altmeppen, GmbHG, § 51a Rn. 9; *K. Schmidt*, in: Scholz, GmbHG, § 51a Rn. 19. A.A. *Stimpel/Ulmer*, FS Zöllner, 1998, Band I, S. 589, 594 ff.; *Zöllner*, in: Baumbach/Hueck, GmbHG, § 51a Rn. 22.

75 *Lutter*, in: Lutter/Hommelhoff, GmbHG, § 51a Rn. 18.

76 OLG Frankfurt, GmbHR 1991, 577, 578 (Steuerfahndungsstelle); OLG Frankfurt, BB 1995, 1867, 1868 (Staatsanwaltschaft).

77 KG, GmbHR 1988, 221, 224.

78 Siehe zum Folgenden: *Hüffer*, in: Ulmer/Habersack/Winter, GmbHG, § 51a Rn. 41 ff.; *Lutter*, in: Lutter/Hommelhoff, GmbHG, § 51a Rn. 19; *Römermann*, in: Michalski, GmbHG, § 51a Rn. 167 ff.; *K. Schmidt*, in: Scholz, GmbHG, § 51a Rn. 26 f.; *Zöllner*, in: Baumbach/Hueck, GmbHG, § 51a Rn. 23.

79 OLG Hamburg, GmbHR 2002, 913.

24 Der Gesellschafter kann keine Übersendung von **Kopien** verlangen,[80] sich aber auf eigene Kosten Notizen oder Kopien anfertigen.[81] Elektronisch gespeicherte Daten müssen per Ausdruck oder am Bildschirm verfügbar gemacht werden; soweit erforderlich kann der Gesellschafter für die Bedienung der **EDV**-Anlage Personal der Gesellschaft in Anspruch nehmen.[82] Der Gesellschafter darf auch personenbezogene Daten einsehen; datenschutzrechtliche Regelungen treten hinter das Informationsrecht zurück.[83]

V. Verbundene Unternehmen

25 Die Beziehungen zu verbundenen Unternehmen können **Angelegenheiten der Gesellschaft** sein.[84] Das bestätigt § 51a Abs. 2, der verbundene Unternehmen eigens erwähnt. Das Informationsrecht erfasst nicht allein verbundene Unternehmen im Sinne der §§ 15 ff. AktG, sondern jede Art von Beteiligung. Denn auch diese – insbesondere ihr wirtschaftlicher Wert – sind »Angelegenheiten der Gesellschaft«. Rechtsprechungsbeispiele stammen häufig aus dem Aktienrecht,[85] das insoweit übertragbar ist; der Anspruch des GmbH-Gesellschafters greift jedenfalls nicht weniger weit als derjenige eines Aktionärs aus § 131 Abs. 1 AktG.[86]

26 **Schuldnerin** des Anspruchs ist die GmbH, es gibt **keinen Informationsdurchgriff** auf das verbundene Unternehmen. Daher besteht auch kein Recht auf Einsichtnahme in Unterlagen eines verbundenen Unternehmens.[87] Es ist Aufgabe der GmbH, sich im Rahmen des rechtlich und tatsächlich Möglichen die gewünschten Informationen zu beschaffen und darüber Auskunft zu geben oder sich die gewünschten Unterlagen zu besorgen und dem Gesellschafter sodann die Einsichtnahme zu gestatten.

---

80 OLG Köln, GmbHR 1985, 358, 359; LG Mönchengladbach, GmbHR 1991, 323.

81 OLG Köln, GmbHR 1985, 358, 360; OLG München, GmbHR 2005, 624, 625; OLG Hamm, GmbHR 2002, 163, 168.

82 OLG Hamburg, GmbHR 2002, 913.

83 OLG Hamm, GmbHR 2002, 163, 167.

84 OLG Köln, GmbHR 1985, 358; BGH, WM 1988, 1447; BGHZ 152, 339, 345 (für das insoweit gleichlaufende Informationsrecht im Verein). Näher zum Folgenden: *Hüffer*, in: Ulmer/Habersack/Winter, GmbHG, § 51a Rn. 23 ff; *Lutter*, in: Lutter/Hommelhoff, GmbHG, § 51a Rn. 13 ff.; *K. Schmidt*, in: Scholz, GmbHG, § 51a Rn. 20.

85 So etwa: OLG Düsseldorf, GmbHR 1988, 221 (Vergütung des Vorstands aus Mandanten in Tochtergesellschaften); OLG Hamburg, BB 1994, 530 (Jahresergebnisse der einzelnen Konzernunternehmen); BayObLG, BB 1997, 330, 331 f., KG, AG 1994, 469, 470 und KG, BB 1993, 2036 (jeweils über Beteiligungen an anderen Gesellschaften).

86 § 131 Abs. 1 S. 2 AktG erwähnt ausdrücklich die rechtlichen und geschäftlichen Beziehungen zu verbundenen Unternehmen. In § 51a GmbHG fehlt dieser Hinweis nur deshalb, weil er als selbstverständlich angesehen wurde (BT-Rechtsausschuss, BT-Drs. 8/3908 S. 75).

87 OLG Köln, GmbHR 1985, 358, 362; vgl. auch BGH, GmbHR 1985, 20, 21 (stille Gesellschaft). *Hüffer*, in: Ulmer/Habersack/Winter, GmbHG, § 51a Rn. 38; *K. Schmidt*, in: Scholz, GmbHG, § 51a Rn. 25; *Zöllner*, in: Baumbach/Hueck, GmbHG, § 51a Rn. 19; *Lutter*, in: Lutter/Hommelhoff, GmbHG, § 51a Rn. 20.

27 Besteht an einer Gesellschaft eine **Mehrheitsbeteiligung**, ist über deren Angelegenheiten grundsätzlich in vollem Umfang Auskunft zu geben.[88] Die Verlagerung von Aktivitäten in Tochtergesellschaften ist kein Grund, das Informationsrecht der Gesellschafter zu reduzieren.[89] Hingegen sind Vorgänge in Gesellschaften, an denen die GmbH nur eine **Minderheitsbeteiligung** hält, nicht ohne weiteres zugleich Angelegenheiten der GmbH; typischerweise interessiert hier nur der Beteiligungswert.

28 Hat die GmbH eine **Muttergesellschaft** oder einen unternehmerisch beteiligten Gesellschafter, sind deren Angelegenheiten jedenfalls nicht in vollem Umfang zugleich solche der GmbH. Das Informationsrecht erfasst insoweit nur Umstände, die von objektiver Bedeutung für das Bestands-, das Gewinn oder das Vermögensinteresse der GmbH als Tochtergesellschaft sind.[90] Dazu gehören konzernspezifische Maßnahmen wie die Ausübung der einheitlichen Leitung, die Personalpolitik und die wesentlichen Investitionen.

29 Im Kontext der verbundenen Unternehmen werden die Grenzen des Informationsrechts besonders intensiv diskutiert. Eine äußere Grenze bildet die eingeschränkte **Möglichkeit der Informationsbeschaffung**. Ist die GmbH Muttergesellschaft, hat sie faktisch und rechtlich bessere Informationsmöglichkeiten, als wenn sie beherrschte Gesellschaft ist. Eine unmögliche Informationsbeschaffung kann der Gesellschafter nicht verlangen. Daher kann der Gesellschafter grundsätzlich nur Auskunft und keine Einsichtnahme verlangen (Rdn. 26). Allenfalls bei Tochtergesellschaften, die überwiegend oder zu 100 % im Anteilsbesitz der Gesellschaft stehen, ist im Ausnahmefall ein Anspruch auf Einsichtnahme denkbar.[91]

30 Diskutiert werden auch konzernspezifische **immanente Grenzen** des Informationsrechts, so etwa eine besondere Erheblichkeitsschwelle,[92] ein konzerndimensionaler Funktionsbezug[93] oder das allgemeine Informationsbedürfnis.[94] Solche immanenten Grenzen sind aus den oben (Rdn. 15 ff.) genannten Gründen abzulehnen: Nach der gesetzlichen Systematik hat der Gesellschafter ein Informationsrecht über alle Ange-

88 *Grunewald*, ZHR 146 (1982) 211, 234; *Lutter*, in: Lutter/Hommelhoff, GmbHG, § 51a Rn. 14; *U. H. Schneider*, FS Lutter, 2000, S. 1193, 1195 f.

89 OLG Hamm, GmbHR 1986, 384, 385.

90 OLG Hamburg, BB 1994, 530 (für § 131 AktG); *K. Schmidt*, in: Scholz, GmbHG, § 51a Rn. 20; *Hüffer*, in: Ulmer/Habersack/Winter, GmbHG, § 51a Rn. 30; *Lutter*, in: Lutter/Hommelhoff, GmbHG, § 51a Rn. 15; *U.H. Schneider*, in: Der GmbH-Konzern, 1976, S. 78, 89 ff.

91 Vgl. BGHZ 25, 115, 118 (alleiniger Gesellschafter kann sich nicht auf förmliche Verschiedenheit zwischen ihm und der Einmanngesellschaft berufen), sowie OLG Köln, GmbHR 1985, 358, 362 (Personalunion der Geschäftsführer, Nutzung desselben Personals und derselben Räumlichkeiten).

92 *Hüffer*, in: Ulmer/Habersack/Winter, GmbHG, § 51a Rn. 28 f.; *Kort*, ZGR 1987, 46, 61 ff.; *A. Reuter*, BB 1986, 1653, 1655. In der Tendenz auch OLG Köln, GmbHR 1985, 358, 361 (Angelegenheiten »von objektiver Wichtigkeit«).

93 *Kort*, ZGR 1987, 46, 54 ff.

94 *K. Schmidt*, in: Scholz, GmbHG, § 51a Rn. 20.

legenheiten der Gesellschaft. Das Gesetz weist der Gesellschaft die Aufgabe zu, im Einzelfall entgegenstehende Belange – im Fall von verbundenen Unternehmen auch deren Belange (§ 51a Abs. 2) – geltend zu machen. Details über Vorgänge in verbundenen Unternehmen sind häufig schon gar keine Angelegenheit der Gesellschaft oder können von dieser nicht in Erfahrung gebracht werden. Dann besteht ohnehin kein Informationsanspruch. Handelt es sich indessen um eine Angelegenheit der Gesellschaft, können einem Informationsverlangen nur die allgemeinen Grenzen des Informationsrechts (Rdn. 33) entgegen gehalten werden.

VI. Geheimhaltungspflicht des Gesellschafters

31 Der Gesellschafter muss die erhaltene Information **vertraulich** behandeln und darf sie nicht an Dritte außerhalb der Gesellschaft weitergeben.[95] Die Heranziehung von Beratern, die beruflich zur Verschwiegenheit verpflichtet sind (Rdn. 7), ist zulässig.[96] Gegenüber einer drohenden Weitergabe hat die Gesellschaft einen Unterlassungsanspruch, bei schuldhaftem Verstoß gegen die Geheimhaltungspflicht einen Schadensersatzanspruch.[97]

32 Ein **Kaufinteressent**, der einen Geschäftsanteil erwerben will, ist außenstehender Dritter. Er kann allenfalls über den veräußerungswilligen Gesellschafter Informationen erhalten, der dabei seine eigene Pflicht zur Vertraulichkeit beachten muss. Empfehlenswert ist die Herbeiführung eines Gesellschafterbeschlusses, der die Weitergabe der Information (etwa im Rahmen einer **Due Diligence**) gestattet und deren Modalitäten festlegt.[98] Fehlt ein solcher Beschluss, ist anhand der Treuepflicht abzuwägen:[99] Sind die Anteile frei übertragbar (§ 15 Abs. 1), muss der Gesellschafter die Möglichkeit haben, Informationen über preisbildende Faktoren an Kaufinteressenten weiter zu geben.[100] Dabei müssen berechtigte Geheimhaltungsinteressen der Gesellschaft berücksichtigt werden. Vorzugswürdig ist daher die Weitergabe anonymisierter und aggregierter Informationen sowie die Einschaltung von Informationsmittlern, die ihrerseits beruflich zur Verschwiegenheit verpflichtet sind. Anders als zwischen Gesellschaft und Gesellschafter (Rdn. 24) ist hier das allgemeine Datenschutzrecht zu beachten.[101] Die Gesellschaft kann im Einzelfall, etwa wenn der Kaufinteressent

---

95 BGHZ 152, 339, 344.

96 *Lutter*, ZGR 1982, 1, 13.

97 *Lutter*, ZGR 1982, 1, 14; *Meilicke/Hollands*, GmbHR 2000, 964, 965 f.

98 Andernfalls wäre die Weitergabe der Information nach Auffassung einiger Autoren von vornherein unzulässig (*Hüffer*, in: Ulmer/Habersack/Winter, GmbHG, § 51a Rn. 67; *Lutter*, in: Lutter/Hommelhoff, GmbHG, § 51a Rn. 24).

99 Siehe dazu etwa: *Bihr*, BB 1998, 1198 ff.; *Bremer*, GmbHR 2000, 176, 178; *Götze*, ZGR 1999, 202, 212 ff.; *Körber*, NZG 2002, 263, 266 ff.

100 Auf die freie Übertragbarkeit stellen etwa *Oppenländer*, GmbHR 2000, 535, 536, und *K. Schmidt*, in: Scholz, GmbHG, § 51a Rn. 14, ab.

101 *Körber*, NZG 2002, 263, 267.

Wettbewerber ist, ihrem Gesellschafter gegenüber die Herausgabe der Information verweigern (Rdn. 37).[102]

D. Schranken des Informationsrechts

33 Das sehr weit gefasste Informationsrecht der Gesellschafter (Rdn. 3) findet eine geschriebene Grenze im Verweigerungsrecht des **§ 51a Abs. 2** (Rdn. 35 ff.). Ungeschriebene Grenzen ergeben sich aus der Treuepflicht und dem allgemeinen Gedanken des Rechtsmissbrauchs (Rdn. 44).

34 Das zivilrechtliche Zurückbehaltungsrecht (§ 273 BGB) bildet **keine Schranke** des Informationsrechts; es findet bei Ansprüchen auf Auskunft oder Rechenschaftslegung keine Anwendung.[103] Auch eine Geheimhaltungsabrede mit Dritten kann das Informationsrecht nicht beschränken.[104] Wer mit der Gesellschaft Verhandlungen führt oder Verträge abschließt, muss damit rechnen, dass die Gesellschafter davon Kenntnis erlangen. Ein Recht zur Informationsverweigerung kann sich allenfalls aus einem besonderen Geheimhaltungsbedürfnis der Gesellschaft ergeben (Rdn. 37).

I. Verweigerungsrecht nach § 51a Abs. 2

35 Das Verweigerungsrecht nach § 51a Abs. 2 setzt einen **Verweigerungsgrund** (Rdn. 36 ff.) und einen **Gesellschafterbeschluss** (Rdn. 40 ff.) voraus.

1. Verweigerungsgrund

36 Der Verweigerungsgrund des § 51a Abs. 2 S. 1 hat drei Elemente: Auskunft und Einsichtnahme können verweigert werden, wenn die Besorgnis (Rdn. 39) besteht, dass der Gesellschafter sie zu gesellschaftsfremden Zwecken (Rdn. 37) verwenden und dadurch der Gesellschaft oder einem verbundenen Unternehmen einen nicht unerheblichen Nachteil (Rdn. 38) zufügen wird.

37 Bei der Gewährung des Informationsrechts unterstellt der Gesetzgeber eine personalistische Prägung der GmbH und einen Interessengleichlauf von Gesellschaftern und Gesellschaft.[105] Ein **gesellschaftsfremder Zweck** liegt daher jedenfalls dann vor, wenn sich das Handeln des Gesellschafters gegen die Interessen der Gesellschaft richtet. Typischer Fall ist die Sorge, der Gesellschafter könne die Information nutzen, um der

102 *Götze*, ZGR 1999, 202, 207 ff.; *Körber*, NZG 2002, 263, 266; *Oppenländer*, GmbHR 2000, 535, 539.
103 OLG Frankfurt, GmbHR 2008, 592, 593.
104 OLG Frankfurt, GmbHR 1994, 114, 115; OLG München, GmbHR 2008, 819, 820.
105 Vgl. OLG Stuttgart, GmbHR 1983, 242, 243; RegBegr. BT-Drs. 8/1347, S. 44; *M. Winter*, Mitgliedschaftliche Treubindungen im GmbH-Recht, 1988, S. 122.

Gesellschaft Konkurrenz zu machen oder einen Konkurrenten zu unterstützen.[106] Angesichts der Verpflichtung zur Vertraulichkeit (Rdn. 7) ist auch die Besorgnis, der Gesellschafter werde Informationen an außenstehende Dritte weitergeben, etwa an aktuelle oder potenzielle Vertragspartner der Gesellschaft,[107] ein Grund für eine Informationsverweigerung. Dass der Gesellschafter seinen Anteil veräußern will, ist für sich genommen kein Grund zur Informationsverweigerung[108] (zur Due Diligence des Kaufinteressenten siehe bereits Rdn. 32). Nach diesen allgemeinen Maßstäben sind auch Informationsverlangen über Verträge zu behandeln, bei denen ihrer Natur nach ein besonderes Geheimhaltungsbedürfnis besteht (etwa Lizenz- oder Know How-Verträge).[109] Zweckwidrig sind Informationsverlangen, die das Ziel verfolgen, die Presse zu informieren oder behördliche Ermittlungen, etwa der Staatsanwaltschaft oder des Finanzamts, zu veranlassen.[110] Auch die beabsichtigte Schädigung eines Mitgesellschafters ist ein gesellschaftsfremder Zweck.[111]

38 Der befürchtete **Nachteil** für die Gesellschaft kann wirtschaftlicher oder ideeller Natur sein.[112] Es muss sich bei vernünftiger kaufmännischer Beurteilung um einen **nicht unerheblichen** Nachteil handeln.[113] Auch Nachteile, die einem verbundenen Unternehmen i.S.d. §§ 15 ff. AktG drohen, können die Informationsverweigerung rechtfertigen.[114] Gesellschaften, an denen nur eine Minderheitsbeteiligung besteht, genießen insoweit kein eigenes Schutzrecht. Darin liegt kein Widerspruch zur Reichweite des Informationsrechts (Rdn. 3, 15 ff.),[115] denn dieses bezieht sich auf Angelegenheiten der Gesellschaft und reicht daher bei Minderheitsbeteiligungen ohnehin weniger weit als bei verbundenen Unternehmen i.S.d. §§ 15 ff. AktG. Andere Perso-

106 OLG Stuttgart, GmbHR 1983, 242, 243; OLG Karlsruhe, GmbHR 1985, 362, 363; *Hüffer*, in: Ulmer/Habersack/Winter, GmbHG, § 51a Rn. 48; *K. Schmidt*, in: Scholz, GmbHG, § 51a Rn. 39.

107 OLG München, GmbHR 2008, 819, 821.

108 KG, GmbHR 1988, 221, 224.

109 So auch die Tendenz in der Literatur, wenngleich mit unterschiedlichen Nuancierungen: *Lutter*, in: Lutter/Hommelhoff, GmbHG, § 51a Rn. 7; *Grunewald*, ZHR 146 (1982), 211, 231; *K. Schmidt*, in: Scholz, GmbHG, § 51a Rn. 35; *Zöllner*, in: Baumbach/Hueck, GmbHG, § 51a Rn. 44.

110 *Römermann*, in: Michalski, GmbHG, § 51a Rn. 203; *K. Schmidt*, in: Scholz, GmbHG, § 51a Rn. 39.

111 *Hüffer*, in: Ulmer/Habersack/Winter, GmbHG, § 51a Rn. 47; *K. Schmidt*, in: Scholz, GmbHG, § 51a Rn. 39; *Zöllner*, in: Baumbach/Hueck, GmbHG, § 51a Rn. 33 (auch Schädigung dritter Personen).

112 OLG München, GmbHR 2008, 819, 821; *Hüffer*, in: Ulmer/Habersack/Winter, GmbHG, § 51a Rn. 50; *Roth*, in: Roth/Altmeppen, GmbHG, § 51a Rn. 22; *K. Schmidt*, in: Scholz, GmbHG, § 51a Rn. 40; *Zöllner*, in: Baumbach/Hueck, GmbHG, § 51a Rn. 36.

113 *Hüffer*, in: Ulmer/Habersack/Winter, GmbHG, § 51a Rn. 50.

114 *K. Schmidt*, in: Scholz, GmbHG, § 51a Rn. 40; *Römermann*, in: Michalski, GmbHG, § 51a Rn. 208; *Zöllner*, in: Baumbach/Hueck, GmbHG, § 51a Rn. 36.

115 So aber *Hüffer*, in: Ulmer/Habersack/Winter, GmbHG, § 51a Rn. 51.

nengruppen (insb. Mitgesellschafter und Geschäftsführer) können nur dann in den Schutzbereich der Norm einbezogen werden, wenn ihre Schädigung mittelbar einen – zumindest ideellen – Nachteil für die Gesellschaft bedeutet.[116] Die Gefahr nachteiliger Verwendung kann unter Umständen durch Weitergabe der Informationen an einen zur Verschwiegenheit verpflichteten Dritten, der dem Gesellschafter berichtet, beseitigt werden.[117] Die Auswahl erfolgt im Einvernehmen mit der Gesellschaft oder durch eine neutrale Stelle; der Gesellschafter trägt hierfür die Kosten.[118]

39 Die **Besorgnis** der gesellschaftsfremden Verwendung und der Nachteilszufügung muss durch konkrete Tatsachen untermauert werden.[119] Eine an Sicherheit grenzende Wahrscheinlichkeit ist nicht gefordert, die Gefahr einer Schädigung reicht aus.[120] Es müssen aber begründete Zweifel an einer zuverlässigen Einhaltung der Verschwiegenheitspflicht bestehen.[121] Besteht zwischen Gesellschafter und Gesellschaft eine Konkurrenzsituation, kann dies für eine Informationsverweigerung ausreichen, ansonsten käme der Schutz des § 51a möglicherweise zu spät.[122] Um einen solchen Gesellschafter nicht von sämtlichen Informationen auszuschließen, ist allerdings im Einzelfall stets zu prüfen, ob die Information wirklich wettbewerbsrelevant ist und ob sie nicht zumindest an einen neutralen Informationsmittler (Rdn. 7) gegeben werden kann.

2. Gesellschafterbeschluss

40 Die Informationsverweigerung bedarf eines Beschlusses der Gesellschafter (§ 51a Abs. 2 S. 2). Diese Regelung schützt die Geschäftsführer, die andernfalls wegen ihrer abhängigen Stellung unter allzu großen Druck der Gesellschafter geraten könnten.[123] Die Informationsverweigerung muss sich daher auf eine Weisung der Gesellschafter stützen. Eine solche Weisung können die Gesellschafter auch auf eigene Initiative aussprechen.[124] Der Beschluss kann in einer Gesellschafterversammlung oder im schriftlichen Verfahren (§ 48 Rdn. 4 ff., 22 ff.) gefasst und muss vom Geschäftsführer unverzüglich (Rdn. 14) herbeigeführt werden. Ein **Mehrheitsbeschluss** ist ausrei-

116 Dazu in unterschiedlichen Nuancen: *Hüffer*, in: Ulmer/Habersack/Winter, GmbHG, § 51a Rn. 51; *Römermann*, in: Michalski, GmbHG, § 51a Rn. 209; *Zöllner*, in: Baumbach/Hueck, GmbHG, § 51a Rn. 36

117 OLG Frankfurt, GmbHR 1995, 904, 905; OLG München, GmbHR 2008, 104, 105.

118 OLG Frankfurt, GmbHR 1995, 904, 905.

119 OLG Düsseldorf, GmbHR 1991, 18; OLG München, GmbHR 2008, 819, 820.

120 OLG Stuttgart, GmbHR 1983, 242, 243.

121 KG, GmbHR 1988, 221, 224.

122 *Hüffer*, in: Ulmer/Habersack/Winter, GmbHG, § 51a Rn. 49; *Lutter*, ZGR 1982, 1, 10; *K. Schmidt*, in: Scholz, GmbHG, § 51a Rn. 39.

123 Vgl. RegBegr. BT-Drs. 8/1347, S. 44.

124 *Hüffer*, in: Ulmer/Habersack/Winter, GmbHG, § 51a Rn. 52.

chend;[125] das gilt auch bei der Entscheidung über die Durchführung einer Due Diligence.[126] Der betroffene Gesellschafter hat **kein Stimmrecht.**[127]

41 Ein **Vorratsbeschluss**, der die Geschäftsführer für die Zukunft berechtigt, einem konkurrierenden Gesellschafter alle wettbewerbsrelevanten Informationen zu verweigern,[128] verstößt gegen zentrale Grundgedanken des § 51a: Wegen der mitgliedschaftlichen Bedeutung der Informationsrechte müssen sich die Gesellschafter im jeweiligen Einzelfall mit dem konkreten Informationsverlangen befassen; zudem würde der Geschäftsführer entgegen der Ratio des § 51a Abs. 2 S. 2 mit der Verantwortung für die Informationsverweigerung belastet.[129]

42 Der ablehnende Beschluss ist grundsätzlich **nicht anfechtbar**, denn das Rechtsschutzbedürfnis des Gesellschafters wird durch das Verfahren des § 51b erfüllt.[130] Andere Beschlüsse können jedoch wegen der Verweigerung beschlussrelevanter Informationen anfechtbar sein.[131] Der ablehnende Beschluss bedarf **keiner Begründung.**[132] Im Informationserzwingungsverfahren nach § 51b trägt die Gesellschaft ohnehin die Darlegungs- und Beweislast (§ 51b Rdn. 11). Der betroffene Gesellschafter muss allerdings die Gründe der Entscheidung nachvollziehen können, um über rechtliche Mittel entscheiden zu können; dafür genügt in der Regel seine Teilnahmemöglichkeit an der Gesellschafterversammlung.[133]

43 Der Geschäftsführer kann **ohne Gesellschafterbeschluss** die Information verweigern, wenn er sich durch Herausgabe der Information strafbar machen würde.[134] Die Strafnorm des § 85 (Verletzung der Geheimhaltungspflicht) findet allerdings im Verhältnis zwischen Geschäftsführer und Gesellschafter keine Anwendung.[135] Eine Verweigerung ohne Gesellschafterbeschluss ist außerdem denkbar, wenn eine Anspruchsvo-

125 *Lutter*, in: Lutter/Hommelhoff, GmbHG, § 51a Rn. 29; *Zöllner*, in: Baumbach/Hueck, GmbHG, § 51a Rn. 38.

126 *Körber*, NZG 2002, 263, 268; die a.A. von *Oppenländer*, GmbHR 2000, 535, 540, findet im Gesetz keine Grundlage.

127 *Hüffer*, in: Ulmer/Habersack/Winter, GmbHG, § 51a Rn. 53; *Lutter*, in: Lutter/Hommelhoff, GmbHG, § 51a Rn. 29; *Zöllner*, in: Baumbach/Hueck, GmbHG, § 51a Rn. 38; *K. Schmidt*, in: Scholz, GmbHG, § 51a Rn. 42.

128 *Ivens*, GmbHR 1989, 273, 275.

129 Ähnliche Bedenken äußern *Hüffer*, in: Ulmer/Habersack/Winter, GmbHG, § 51a Rn. 52 und *K. Schmidt*, in: Scholz, GmbHG, § 51a Rn. 42.

130 BGH, GmbHR 1988, 213, 214.

131 BGH, GmbHR 1988, 213; *Hüffer*, in: Ulmer/Habersack/Winter, GmbHG, § 51a Rn. 53; *Lutter*, in: Lutter/Hommelhoff, GmbHG, § 51a Rn. 43.

132 *Hüffer*, in: Ulmer/Habersack/Winter, GmbHG, § 51a Rn. 53; *Lutter*, in: Lutter/Hommelhoff, GmbHG, § 51a Rn. 30; *Zöllner*, in: Baumbach/Hueck, GmbHG, § 51a Rn. 39;.

133 Vgl. *Lutter*, in: Lutter/Hommelhoff, GmbHG, § 51a Rn. 30, einerseits, *Roth*, in: Roth/Altmeppen, GmbHG, § 51a Rn. 31, andererseits.

134 BGHZ 135, 48, 50.

135 BGHZ 135, 48, 50.

raussetzung des § 51a Abs. 1 fehlt (z.B. die Gesellschafterstellung);[136] ebenso wenn das Informationsbegehren rechtsmissbräuchlich oder treuwidrig ist (Rdn. 44 a.E.).

II. Verbot des Rechtsmissbrauchs und Treuebindung

44 Die Informationsrechte des § 51a stehen unter dem allgemeinen Verbot der missbräuchlichen Rechtsausübung.[137] Außerdem unterliegt der Gesellschafter bei der Geltendmachung des Informationsrechts und bei Verwendung der erhaltenen Informationen der gesellschaftlichen Treuepflicht, insbesondere den Prinzipien der Erforderlichkeit und der Verhältnismäßigkeit.[138] Nach dem Gedanken des **schonendsten Mittels** kann der Gesellschafter beispielsweise gehalten sein, an einer zeitnah stattfindenden Gesellschafterversammlung teilzunehmen, wenn er die gewünschten Auskünfte dort erhalten kann.[139] Ein Informationsverlangen darf zudem für die Gesellschaft nicht zu einer unverhältnismäßigen Belastung werden,[140] etwa indem die Einsichtnahme von Unterlagen den Geschäftsbetrieb erheblich behindert oder ständige Auskunftsersuchen die Geschäftsführung übermäßig in Anspruch nehmen.[141] Für die Ablehnung eines Informationsverlangens, das rechtsmissbräuchlich oder treuwidrig ist, benötigen die Geschäftsführer keinen Gesellschafterbeschluss.[142]

45 Die Informationsrechte des § 51a sind in erster Linie für die personalistische GmbH gedacht;[143] ihre Handhabung hängt daher auch von der konkreten **Struktur der Gesellschaft** ab.[144] Wird beispielsweise in einer großen GmbH mit zahlreichen Gesellschaftern ein aktienrechtsähnliches Berichtssystem eingerichtet,[145] ist es einem Gesellschafter grundsätzlich zumutbar, den turnusmäßig eingehenden Bericht abzuwarten und nur ergänzende Informationen individuell zu verlangen.[146]

---

136 *Lutter*, in: Lutter/Hommelhoff, GmbHG, § 51a Rn. 29.

137 OLG München, GmbHR 2006, 205, 206; BayObLG, GmbHR 1999, 1296, 1297.

138 OLG Köln, GmbHR 1986, 385, 386; KG, GmbHR 1988, 221, 223; BayObLG, GmbHR 1989, 201, 203; *Hüffer*, in: Ulmer/Habersack/Winter, GmbHG, § 51a Rn. 60 ff.; *Lutter*, in: Lutter/Hommelhoff, GmbHG, § 51a Rn. 2; *K. Schmidt*, in: Scholz, GmbHG, § 51a Rn. 36 f.; *Zöllner*, in: Baumbach/Hueck, GmbHG, § 51a Rn. 31.

139 OLG Thüringen, GmbHR 2004, 1588, 1589.

140 OLG Hamburg, GmbHR 2002, 913.

141 *Hüffer*, in: Ulmer/Habersack/Winter, GmbHG, § 51a Rn. 63; vgl. auch BayObLG, GmbHR 1989, 201, 203 (»Dauerbeschäftigung der Verwaltung mit Fragen«).

142 BayObLG, GmbHR 1989, 201, 203; *Hüffer*, in: Ulmer/Habersack/Winter, GmbHG, § 51a Rn. 64; *K. Schmidt*, in: Scholz, GmbHG, § 51a Rn. 32; a.A. *Lutter*, in: Lutter/Hommelhoff, GmbHG, § 51a Rn. 29.

143 RegBegr. BT-Drs. 8/1347, S. 44.

144 *Hüffer*, in: Ulmer/Habersack/Winter, GmbHG, § 51a Rn. 61; eingehend zur kapitalistisch strukturierten GmbH *Mertens*, FS Werner, 1984, S. 557 ff.

145 Zu den Einzelheiten: *Grunewald*, ZHR 146 (1982), 211, 225 f.; *Hommelhoff*, ZIP 1983, 383, 386 f.; *Lutter*, ZGR 1982, 1, 5 ff.

146 *Hüffer*, in: Ulmer/Habersack/Winter, GmbHG, § 51a Rn. 9; *Lutter*, in: Lutter/Hommelhoff, GmbHG, § 51a Rn. 33; *K. Schmidt*, in: Scholz, GmbHG, § 51a Rn. 4.

E. Satzungsregelungen (§ 51 a Abs. 3)

46 Die Satzung darf die Informationsrechte des § 51a **nicht einschränken** (§ 51a Abs. 3). Unzulässig ist daher eine allzu enge zeitliche Beschränkung der Einsicht[147] oder das Verbot, einen Sachverständigen hinzuzuziehen.[148] Ebenso wenig darf die Informationserteilung generell von einem vorherigen Gesellschafterbeschluss abhängig gemacht werden.[149] Ein schuldrechtlicher Verzicht auf die Rechte aus § 51a Abs. 1 ist grundsätzlich denkbar, wird allerdings von der Rechtsprechung im Zweifel restriktiv interpretiert.[150]

47 Neutrale **Verfahrensvorschriften** sind als Satzungsregelung zulässig:[151] Erfordernis der Schriftform für Auskunftsverlangen außerhalb der Gesellschafterversammlung; Aufnahme der Vertraulichkeitspflicht in die Satzung; Einrichtung eines Informationssystems zur Entlastung von Einzelfragen. Eine Regelung, wonach das Einsichtsrecht nur durch berufsverschwiegene Dritte ausgeübt werden kann, wirkt beschränkend und ist daher unzulässig.[152] Unbedenklich wäre lediglich eine Regelung, welche die Einsichtnahme durch Dritte auf Fälle begrenzt, in denen eine zweckwidrige Verwendung zu besorgen ist (vgl. Rdn. 7, 32, 37).[153] Umgekehrt kann die Satzung die Möglichkeit der Bevollmächtigung Dritter ausschließen; ein Verbot der Stimmrechtsübertragung indiziert eine solche Beschränkung.[154] Die Aufnahme einer Schiedsklausel für Streitigkeiten nach § 51a ist zulässig (vgl. § 51b Rdn. 10).[155] Nach überwiegender Auffassung kann die Satzung auf das Erfordernis eines Gesellschafterbeschlusses nach § 51a

147 BayObLG, GmbHR 1989, 201, 202 (eine Stunde pro Monat).
148 BayObLG, GmbHR 1989, 201, 203.
149 OLG Köln, GmbHR 1986, 385, 386.
150 Vgl. OLG München, GmbHR 2006, 205, 207 (Verzicht anlässlich des Ausscheidens aus der Gesellschaft).
151 BayObLG, GmbHR 1989, 201, 202; *Hüffer*, in: Ulmer/Habersack/Winter, GmbHG, § 51a Rn. 70; *Lutter*, in: Lutter/Hommelhoff, GmbHG, § 51a Rn. 33; *Römermann*, in: Michalski, GmbHG, § 51a Rn. 243 ff.; *K. Schmidt*, in: Scholz, GmbHG, § 51a Rn. 51; *Zöllner*, in: Baumbach/Hueck, § 51a Rn. 38.
152 *Lutter*, in: Lutter/Hommelhoff, GmbHG, § 51a Rn. 34; *Römermann*, in: Michalski, GmbHG, § 51a Rn. 247; *K. Schmidt*, in: Scholz, GmbHG, § 51a Rn. 51; a.A. *Hüffer*, in: Ulmer/Habersack/Winter, GmbHG, § 51a Rn. 70; *Zöllner*, in: Baumbach/Hueck, GmbHG, § 51a Rn. 3.
153 In diesem Sinne *K. Schmidt*, in: Scholz, GmbHG, § 51a Rn. 51.
154 *Hüffer*, in: Ulmer/Habersack/Winter, GmbHG, § 51a Rn. 16; *Zöllner*, in: Baumbach/Hueck, GmbHG, § 51a Rn. 5.
155 OLG Hamm, GmbHR 2000, 676, 677; *Hüffer*, in: Ulmer/Habersack/Winter, GmbHG, § 51a Rn. 70; *Lutter*, in: Lutter/Hommelhoff, GmbHG, § 51a Rn. 34; *Zöllner*, in: Baumbach/Hueck, GmbHG, § 51a Rn. 3.

Abs. 2 S. 2 verzichten.[156] Das ist abzulehnen. § 51a Abs. 3 bezieht sich auch auf § 51a Abs. 2, der somit zwingendes Recht ist.[157]

F. Schadensersatzansprüche der Beteiligten

I. Ansprüche des Gesellschafters

48 Der Gesellschafter kann bei unberechtigter Informationsverweigerung Schadensersatz von der **Gesellschaft** verlangen.[158] Erhält der Gesellschafter unzutreffende Informationen und beruht dies auf einem Verschulden der Geschäftsführer, besteht gleichfalls ein Schadensersatzanspruch. Anspruchsgrundlage ist in beiden Fällen eine Pflichtverletzung (§ 280 BGB) im mitgliedschaftlichen Sonderrechtsverhältnis, das zwischen dem Gesellschafter und der Gesellschaft besteht und innerhalb dessen der Gesellschaft das Verhalten des Geschäftsführers (§ 31 BGB oder § 278 BGB) zurechenbar ist.[159]

49 Aus treuwidriger Verletzung des mitgliedschaftlichen Sonderrechtsverhältnisses kann im Einzelfall auch ein Schadensersatzanspruch gegen **Mitgesellschafter** bestehen, wenn diese vorsätzlich oder fahrlässig einen unberechtigten Verweigerungsbeschluss gefasst haben.[160]

50 Hingegen hat der Gesellschafter grundsätzlich (Ausnahme: § 826 BGB) keinen Schadensersatzanspruch gegen die **Geschäftsführer.**[161] Diese handeln für die Gesellschaft,

156 *Hüffer*, in: Ulmer/Habersack/Winter, GmbHG, § 51a Rn. 70; *Zöllner*, in: Baumbach/Hueck, GmbHG, § 51a Rn. 2; *Römermann*, in: Michalski, GmbHG, § 51a Rn. 249; *K. Schmidt*, in: Scholz, GmbHG, § 51a Rn. 51; *Lutter*, in: Lutter/Hommelhoff, GmbHG, § 51a Rn. 34, äußert sich zum Verzicht auf das Beschlusserfordernis nicht.

157 *Roth*, in: Roth/Altmeppen, GmbHG, § 51a Rn. 41.

158 *Hüffer*, in: Ulmer/Habersack/Winter, GmbHG, § 51a Rn. 72; *Lutter*, in: Lutter/Hommelhoff, GmbHG, § 51a Rn. 38; *Zöllner*, in: Baumbach/Hueck, GmbHG, § 51a Rn. 52; *Roth*, in: Roth/Altmeppen, GmbHG, § 51a Rn. 37.

159 *Hüffer*, in: Ulmer/Habersack/Winter, GmbHG, § 51a Rn. 72; *Lutter*, in: Lutter/Hommelhoff, GmbHG, § 51a Rn. 38; *K. Schmidt*, in: Scholz, GmbHG, § 51a Rn. 48; *Zöllner*, in: Baumbach/Hueck, GmbHG, § 51a Rn. 52. Teilweise werden auch deliktische Ansprüche bejaht (*Roth*, in: Roth/Altmeppen, GmbHG, § 51a Rn. 37: § 51a als Schutzgesetz i.S.d. § 823 Abs. 2 BGB).

160 *Lutter*, in: Lutter/Hommelhoff, GmbHG, § 51a Rn. 39; *Reuter*, BB 1986, 1653, 1659; *Römermann*, in: Michalski, GmbHG, § 51a Rn. 239; im Grundsatz zustimmend aber für strenge Haftungsvoraussetzungen plädierend *Hüffer*, in: Ulmer/Habersack/Winter, GmbHG, § 51a Rn. 73.

161 *Hüffer*, in: Ulmer/Habersack/Winter, GmbHG, § 51a Rn. 74; *Römermann*, in: Michalski, GmbHG, § 51a Rn. 234; *Lutter*, in: Lutter/Hommelhoff, GmbHG, § 51a Rn. 37; *Zöllner*, in: Baumbach/Hueck, GmbHG, § 51a Rn. 51. Andere Auffassungen: *Bremer*, GmbHR 2000, 176, 180 (Anstellungsvertrag als Vertrag mit Schutzwirkung für Dritte); *Reuter*, BB 1986, 1653, 1658 (Verletzung der Mitgliedschaft als »sonstiges Recht« i.S.d. § 823 Abs. 1 BGB); *Roth*, in: Roth/Altmeppen, GmbHG, § 51a Rn. 37 (§ 51a ist Schutzgesetz i.S.d. § 823 Abs. 2 BGB); *U. H. Schneider*, in: Scholz, GmbHG, § 43 Rn. 301 (Pflicht zur Auskunftserteilung besteht zwischen Geschäftsführer und Gesellschafter).

die daher auch die richtige Anspruchsgegnerin ist (Rdn. 11). Die Gesellschaft kann, wenn sie selbst in Anspruch genommen wird, den Schaden gemäß § 43 Abs. 2 vom Geschäftsführer ersetzt verlangen.

II. Ansprüche der Gesellschaft

51 Die Gesellschaft hat bei einer Pflichtverletzung, die auch in unberechtigter Herausgabe von Informationen bestehen kann, einen Anspruch auf Schadensersatz gegen den **Geschäftsführer** (§ 43), sofern dieser nicht auf Weisung der Gesellschafter handelte.[162] Die rechtswidrige und schuldhafte Informationsverweigerung kann eine Abberufung und fristlose Kündigung des Geschäftsführers rechtfertigen.[163]

52 Gegen den **Gesellschafter** besteht ein Schadensersatzanspruch aus Verletzung der Treuepflicht, wenn er die erlangten Informationen in unzulässiger Weise weitergibt oder sonst gesellschaftsschädlich verwendet.[164]

III. Ansprüche Dritter

53 Verletzt die Gesellschaft durch Herausgabe der Information die mit einem Dritten vereinbarte Vertraulichkeit, so haftet sie unter Umständen wegen Vertragsverletzung.[165] Dabei ist allerdings die Reichweite der **Vertraulichkeitsvereinbarung** genau zu prüfen; im Regelfall muss der Dritte wegen § 51a mit einer Weitergabe von Informationen an GmbH-Gesellschafter rechnen (vgl. Rdn. 34). Die Gesellschaft ist im Verhältnis zum Dritten verpflichtet, den Gesellschafter auf die vereinbarte Vertraulichkeit hinzuweisen. Der Gesellschafter ist insoweit Erfüllungsgehilfe der Gesellschaft.[166] Ein direkter Anspruch gegen den Gesellschafter besteht im Regelfall nicht; Ausnahme ist die Verletzung absolut geschützter Rechte i.S.d. § 823 Abs. 1 BGB (z.B. Patent).[167]

---

162 *Hüffer*, in: Ulmer/Habersack/Winter, GmbHG, § 51a Rn. 75; *Lutter*, in: Lutter/Hommelhoff, GmbHG, § 51a Rn. 35; *K. Schmidt*, in: Scholz, GmbHG, § 51a Rn. 48; *Zöllner*, in: Baumbach/Hueck, GmbHG, § 51a Rn. 51.

163 OLG Frankfurt, GmbHR 1994, 114, 115; OLG München, GmbHR 1994, 551.

164 *Hüffer*, in: Ulmer/Habersack/Winter, GmbHG, § 51a Rn. 76; *Lutter*, in: Lutter/Hommelhoff, GmbHG, § 51a Rn. 36; *K. Schmidt*, in: Scholz, GmbHG, § 51a Rn. 48; *Zöllner*, in: Baumbach/Hueck, GmbHG, § 51a Rn. 53.

165 *Lutter*, in: Lutter/Hommelhoff, GmbHG, § 51a Rn. 40.

166 *Zöllner*, in: Baumbach/Hueck, GmbHG, § 51a Rn. 55; a.A. *Lutter*, in: Lutter/Hommelhoff, GmbHG, § 51a Rn. 40

167 *Lutter*, in: Lutter/Hommelhoff, GmbHG, § 51a Rn. 41.

§ 51b Gerichtliche Entscheidung über das Auskunfts- und Einsichtsrecht

[1]Für die gerichtliche Entscheidung über das Auskunfts- und Einsichtsrecht findet § 132 Abs. 1, 3 bis 5 des Aktiengesetzes entsprechende Anwendung. [2]Antragsberechtigt ist jeder Gesellschafter, dem die verlangte Auskunft nicht gegeben oder die verlangte Einsicht nicht gestattet worden ist.

Übersicht **Rdn.**

Schrifttum

v. Bitter, Das Informationsrecht der GmbH-Gesellschafter in §§ 51a, 51b GmbHG, ZIP 1981, 825; *Borth/Grandel*, Familiengerichtliches Verfahren, 2.Auflage, 2011; *Driesen*, Keine gerichtliche Zuständigkeitskonzentration in NRW für das Informationserzwingungsverfahren, GmbHR 2004, 500; *Emde*, Einstweiliger Rechtsschutz im Auskunftserzwingungsverfahren nach §§ 51a, 51b GmbHG?, ZIP 2001, 820; *Gustavus*, Das Informationserzwingungsverfahren nach § 51b GmbHG in der Praxis, GmbHR 1989, 181; *Jänig/Leißring*, FamFG: Neues Verfahrensrecht für Streitigkeiten in AG und GmbH, ZIP 2010, 110; *Jestaedt*, Die actio pro socio als Notbehelf bei Informationsverweigerung in Zweipersonen-GmbH, GmbHR 1994, 442.

A. Allgemeines

1 § 51b regelt die **Durchsetzung der Informationsrechte**, die § 51a gewährt. § 51b S. 1 verweist auf die Verfahrensregeln des § 132 Abs. 1, 3 bis 5 AktG. Ausgenommen bleibt § 132 Abs. 2 AktG, der die Antragsbefugnis des Aktionärs regelt. In diesem Punkt trifft § 51b Satz 2 eine eigene Regelung: **Antragsberechtigt** ist jeder Gesellschafter, dem die verlangte Auskunft nicht gegeben oder die verlangte Einsicht nicht gestattet worden ist. Einer allgemeinen Leistungsklage fehlt angesichts der gesetzlichen Spezialregelung das Rechtsschutzbedürfnis.[1]

1 OLG Saarbrücken, GmbHR 1994, 474, 475.

Der Verweis auf das Aktienrecht führt in das Verfahren der **freiwilligen Gerichtsbarkeit**, das im FamFG geregelt ist.[2] Denn § 132 Abs. 3 S. 1 verweist seinerseits auf **§ 99 Abs. 1 AktG**, der wiederum auf das **FamFG** verweist.[3] Der Gesetzgeber versprach sich davon eine schnelle und sachgerechte Durchsetzung der Informationsansprüche.[4] Das Verfahren zur Informationserzwingung gehört nicht zu den in § 375 FamFG aufgezählten »unternehmensrechtlichen Verfahren«, sondern findet allein auf Grund der Verweisung des § 51b i.V.m. §§ 132 Abs. 3 S. 1, 99 Abs. 1 AktG Anwendung.[5] 2

Da § 51b ein eigenes Informationserzwingungsverfahren regelt, fehlt einer **Anfechtungsklage** gegen den Verweigerungsbeschluss (§ 51a Abs. 2 S. 2) regelmäßig das Rechtsschutzbedürfnis (§ 51a Rdn. 42). Hingegen bleibt ein Beschluss, zu dessen Vorbereitung die verweigerten Informationen erforderlich waren, selbstständig anfechtbar.[6] 3

B. Voraussetzungen

Antragsberechtigt ist jeder Gesellschafter (vgl. zur Informationsberechtigung: § 51a Rdn. 5 ff.), dem die verlangte Auskunft nicht gegeben oder die verlangte Einsicht nicht gestattet worden ist (§ 51b S. 2). Ein abweisender Gesellschafterbeschluss (§ 51a Rdn. 40) ist nicht erforderlich.[7] Verliert der Gesellschafter während des Verfahrens seine Gesellschafterstellung und hält er den Antrag dennoch aufrecht, ist dieser als unbegründet abzuweisen.[8] Statt dessen können die Beteiligten auch übereinstimmend die Erledigung der Hauptsache erklären; erklärt nur der Antragsteller die Erledigung, muss das Gericht diese durch Beschluss feststellen.[9] Eine Fortsetzung nach 4

---

2 Gesetz über das Verfahren in Familiensachen und in den Angelegenheiten der freiwilligen Gerichtsbarkeit, am 1.9.2009 in Kraft getreten. Eingehend zu dessen gesellschaftsrechtlichen Implikationen *Jänig/Leißring*, ZIP 2010, 110. Zur alten Rechtslage (bis 31.8.2009) siehe nur: *Hüffer*, in: Ulmer/Habersack/Winter, GmbHG, § 51b Rn. 1 ff.; *K. Schmidt*, in: Scholz, GmbHG, § 51b Rn. 1 ff.

3 Die Verweisungskette wird im nachfolgenden Text als bekannt vorausgesetzt und nicht in jedem Einzelfall wiederholt.

4 BT-Drs. 8/1347, S. 45; siehe aber die rechtspolitische Kritik bei *Jänig/Leißring*, ZIP 2010, 110, 111, und *K. Schmidt*, in: Scholz, GmbHG, § 51b Rn. 3.

5 § 99 Abs. 1 AktG lautet: »*Auf das Verfahren ist das Gesetz über das Verfahren in Familiensachen und in den Angelegenheiten der freiwilligen Gerichtsbarkeit anzuwenden, soweit in den Absätzen 2 bis 5 nichts anderes bestimmt ist.*«.

6 BGH, GmbHR 1988, 213, 214; BGHZ 86, 1, 3 (für die AG).

7 BGHZ 135, 48, 49.

8 BayObLG, GmbHR 1991, 572, 576; BayObLG, GmbHR 1993, 741, 743; OLG Thüringen, GmbHR 1996, 699, 700; OLG Karlsruhe, NZG 2000, 435, 436; OLG Schleswig, GmbHR 2008, 434, 435; so mittlerweile auch die Literatur: *Hüffer*, in: Ulmer/Habersack/Winter, GmbHG, § 51b Rn. 10; *K. Schmidt*, in: Scholz, GmbHG, § 51b Rn. 13.

9 OLG Thüringen, GmbHR 1996, 699, 700.

§ 810 BGB (vgl. § 51a Rdn. 10) ist wegen der Verschiedenheit der Verfahren nicht möglich.[10]

5 **Antragsgegner** ist die Gesellschaft (vgl. zur Informationsverpflichtung: § 51a Rdn. 11), vertreten durch die Geschäftsführer (bzw. nach Insolvenzeröffnung durch den Insolvenzverwalter).[11]

C. Verfahren

I. Antrag

6 Das Informationserzwingungsverfahren wird durch **formlosen** Antrag des Gesellschafters eingeleitet. Das FamFG stellt hierfür eine Reihe von Soll-Vorschriften auf, die aber keine zwingenden Zulässigkeitsvoraussetzungen begründen:[12] Der Antrag soll begründet werden (§ 23 Abs. 1 S. 1 FamFG) und soll vom Antragsteller oder seinem Bevollmächtigten unterschrieben werden (§ 23 Abs. 1 S. 4 FamFG). Der Antrag kann auch zur Niederschrift der Geschäftsstelle abgegeben werden (§ 25 Abs. 1 FamFG). Eine Übersendung per E-Mail ist gleichfalls möglich.[13] Es besteht kein Anwaltszwang (anders bei der Beschwerde, Rdn. 16).[14] Ein fälschlich als »Klage« bezeichneter Schriftsatz kann trotz seines Wortlauts, der auf ein Verfahren der streitigen Gerichtsbarkeit hindeutet, als Antragsschrift für ein Verfahren der freiwilligen Gerichtsbarkeit ausgelegt werden.[15]

7 Für den Antrag gilt zwar nicht unmittelbar der Bestimmtheitsgrundsatz des § 253 ZPO. Er muss aber doch die betreffende Angelegenheit der Gesellschaft (§ 51a Rdn. 15 ff.) und die begehrte Art der Information (Auskunft oder Einsicht) **hinreichend bestimmen**, damit das Gericht einen vollstreckbaren Tenor formulieren kann.[16] Dabei muss der Antragsteller den notwendigen Inhalt des Antrags in die Antragsschrift aufnehmen; er kann sich nicht mit einem Verweis auf beigefügte Unterlagen begnügen.[17]

---

10 BayObLG, GmbHR 1993, 741, 743; OLG Schleswig, GmbHR 2008, 434, 435; *Hüffer*, in: Ulmer/Habersack/Winter, GmbHG, § 51b Rn. 10; *K. Schmidt*, in: Scholz, GmbHG, § 51b Rn. 13; a.A. *Gustavus*, GmbHR 1989, 181, 185. Ausnahmsweise Fortführung nach § 810 BGB bei unrichtiger, aber dennoch bindender Verweisung: OLG Frankfurt, WM 1996, 160, 161.

11 *Hüffer*, in: Ulmer/Habersack/Winter, GmbHG, § 51b Rn. 12; *K. Schmidt*, in: Scholz, GmbHG, § 51b Rn. 19.

12 *Borth/Grandel*, in: Musielak/Borth, FamFG, 2. Aufl, 2011, § 23 Rn. 3a.

13 *Hüffer*, in: Ulmer/Habersack/Winter, GmbHG, § 51b Rn. 4; *K. Schmidt*, in: Scholz, GmbHG, § 51b Rn. 14.

14 *Hüffer*, in: Ulmer/Habersack/Winter, GmbHG, § 51b Rn. 4. Vgl. auch § 10 FamFG.

15 BGH, NJW-RR 1995, 1183.

16 OLG Düsseldorf, GmbHR 1995, 902, 903; OLG Frankfurt, GmbHR 1997, 130.

17 OLG Frankfurt, GmbHR 1997, 130.

8 Der Antrag ist **nicht fristgebunden.**[18] Eine Verwirkung ist nach allgemeinen Grundsätzen denkbar, wenn der Gesellschafter sich über einen längeren Zeitraum mit der Verweigerung oder der gewährten Information zufrieden gegeben hat und dadurch bei der Gesellschaft schutzwürdiges Vertrauen entstanden ist.[19]

II. Zuständigkeit

9 Für das Verfahren ist das **Landgericht** am Sitz der Gesellschaft (§ 4a) örtlich und sachlich zuständig (§ 51b S. 1 i.V.m. § 132 Abs. 1 AktG). Funktional ist die Kammer für Handelssachen zuständig (§§ 71 Abs. 2 Nr. 4 b i.V.m. 95 Abs. 2 Nr. 2 GVG). Die Landesregierungen sind ermächtigt, durch Rechtsverordnung die Zuständigkeit bei einem Landgericht zu konzentrieren (§ 71 Abs. 4 GVG).[20]

10 Das Auskunfts- und Einsichtsrecht des Gesellschafters kann einem **Schiedsverfahren** unterworfen werden, weil es auch einem Vergleich zugänglich ist.[21] Möglich ist sowohl eine Satzungsregelung als auch eine gesonderte Schiedsvereinbarung.[22]

III. Verfahren

11 Nach § 26 FamFG gilt der Amtsermittlungsgrundsatz.[23] Die Beteiligten trifft allerdings eine **Mitwirkungspflicht** (§ 27 Abs. 1 FamFG). Die Gerichte unterstellen daher grundsätzlich auch im Verfahren der freiwilligen Gerichtsbarkeit, dass ein Beteiligter die für ihn günstigen Tatsachen von sich aus vorträgt.[24] Somit obliegt es dem Antragsteller, die Voraussetzungen für seinen Antrag nachzuweisen (Gesellschafterstellung,

---

18 § 51b S. 1 verweist nicht auf § 132 Abs. 2 AktG, dessen Satz 2 bestimmt, dass ein Aktionär den Antrag binnen zwei Wochen nach der Hauptversammlung stellen muss.

19 *v. Bitter*, ZIP 1981, 825, 831; *Hüffer*, in: Ulmer/Habersack/Winter, GmbHG, § 51b Rn. 4; *Masuch*, in: Bork/Schäfer, GmbHG, § 51b Rn. 5; *Zöllner*, in: Baumbach/Hueck, GmbHG, § 51b Rn. 6; im Ergebnis ähnlich, aber mit abweichender Begründung (Wegfall des Informationsbedürfnisses) *K. Schmidt*, in: Scholz, GmbHG, § 51b Rn. 14, sowie *Lutter*, in: Lutter/Hommelhoff, GmbHG, § 51b Rn. 3 (Rechtsschutzbedürfnis nur bei Einhaltung einer angemessenen Frist).

20 Von der Zuständigkeitskonzentration haben insb. Baden-Württemberg, Bayern, Niedersachsen, Rheinland-Pfalz und Sachsen Gebrauch gemacht (ausführliche Übersicht bei *Driesen*, GmbHR 2004, 500, 501, und *Römermann*, in: Michalski, GmbHG, § 51b Rn. 28 ff.). Zu § 132 AktG ergangene Regelungen gelten nicht automatisch für das GmbH-Recht (daher keine Zuständigkeitskonzentration in NRW, OLG Köln, GmbHR 2004, 499).

21 OLG Hamm, GmbHR 2000, 676, 677; OLG Koblenz, GmbHR 1990, 556, 557; a.A. LG Mönchengladbach, GmbHR 1986, 390, 391.

22 *Hüffer*, in: Ulmer/Habersack/Winter, GmbHG, § 51b Rn. 26; *Römermann*, in: Michalski, GmbHG, § 51b Rn. 73; *K. Schmidt*, in: Scholz, GmbHG, § 51b Rn. 5.

23 Näher *Jänig/Leißring*, ZIP 2010, 110, 114.

24 BayObLG, GmbHR 1989, 201, 203; vgl. auch BayObLG, NJW-RR 1999, 1170 (für ein Verfahren in Wohnungseigentumssachen).

Informationsverlangen zu Angelegenheiten der Gesellschaft), während die Gesellschaft ihre Verweigerung begründen muss.[25]

12 Die unter dem früheren FGG entstandene h.M. hält einen **einstweiligen Rechtsschutz** für unzulässig.[26] Dies verkennt den Gehalt der neugefassten §§ 49 ff. FamFG. Dort ist nunmehr eine einstweilige Anordnung zur Sicherung oder vorläufigen Regelung eines bestehenden Zustandes ausdrücklich vorgesehen. Nach dieser Reform des FamFG ist einstweiliger Rechtsschutz auch im Verfahren des § 51b grundsätzlich möglich,[27] wenngleich die einstweilige Informationserzwingung häufig eine Vorwegnahme der Hauptsache darstellt.[28] Sie lässt sich u.U. dadurch vermeiden, dass anstelle des Gesellschafters vorläufig nur ein zur Verschwiegenheit verpflichteter Dritter die begehrte Information erhält.

13 Für die **Verfahrenskosten** gilt die grundsätzlich die Kostenordnung (§ 132 Abs. 5 S. 1 AktG); hinzu kommen einige Sonderregelungen in § 132 Abs. 5 S. 2-7 AktG.[29] Zusätzlich sind die §§ 80 ff. FamFG zu beachten, die etwa in § 81 Abs. 2 FamFG Regelbeispiele für die Kostenverteilung vorsehen. Gegen die Kostenfeststellung ist die isolierte Beschwerde zulässig (§ 85 FamFG i.V.m. § 104 Abs. 3 S. 1 ZPO).[30]

14 Die Geschäftsführer müssen die rechtskräftige Entscheidung unverzüglich zum **Handelsregister** einreichen (§ 99 Abs. 5 S. 3 AktG). Diese auf die AG zugeschnittene Vorschrift verfehlt bei der GmbH ihren Sinn[31] und wird in der Praxis offenbar häufig ignoriert.[32]

IV. Beschluss und Rechtsmittel

15 Das Landgericht entscheidet durch einen mit Gründen versehenen **Beschluss** (§ 99 Abs. 3 S. 1). Es entscheidet die Kammer, die Zuständigkeit eines Einzelrichters ist im FamFG nicht vorgesehen.[33] Zu entscheiden ist, ob die Gesellschaft die Information verweigern durfte. Die Richtigkeit einer erteilten Information ist nicht Gegenstand

---

25 *Hüffer*, in: Ulmer/Habersack/Winter, GmbHG, § 51b Rn. 16; *K. Schmidt*, in: Scholz, GmbHG, § 51b Rn. 25.

26 *Masuch*, in: Bork/Schäfer, GmbHG, § 51b Rn. 8; *Roth*, in: Roth/Altmeppen, GmbHG, § 51b Rn. 7; *K. Schmidt*, in: Scholz, GmbHG, § 51b Rn. 32; *Zöllner*, in: Baumbach/Hueck, GmbHG, § 51b Rn. 10; a.A. schon zum früheren Recht *Emde*, ZIP 2001, 820 ff.

27 *Lutter*, in: Lutter/Hommelhoff, GmbHG, § 51b Rn. 23; *Wicke*, GmbHG, § 51b Rn. 3.

28 *Römermann*, in: Michalski, GmbHG, § 51b Rn. 49.

29 Zu den Einzelheiten *Römermann*, in: Michalski, GmbHG, § 51b Rn. 59 ff.

30 *Lutter*, in: Lutter/Hommelhoff, GmbHG, § 51b Rn. 27; ebenso *Masuch*, in: Bork/Schäfer, GmbHG, § 51b Rn. 12 sowie *Römermann*, in: Michalski, GmbHG, § 51b Rn. 62 (jeweils mit Verweis auf § 61 FamFG); anders zur früheren Rechtslage BayObLG, NJW-RR 1995, 1314, 1315.

31 *Hüffer*, in: Ulmer/Habersack/Winter, GmbHG, § 51b Rn. 19; *K. Schmidt*, in: Scholz, GmbHG, § 51b Rn. 27; *Römermann*, in: Michalski, GmbHG, § 51b Rn. 64.

32 So die Einschätzung bei *Lutter*, in: Lutter/Hommelhoff, GmbHG, § 51b Rn. 7.

33 BayObLG, NJW-RR 1995, 1314, 1315.

der Entscheidung; es sei denn der Gesellschafter macht geltend, wegen unrichtig erteilter Information bestehe weiterhin ein Informationsanspruch.[34] Sofern die Gesellschaft die verlangte Information nicht mehr verweigert, tritt Erledigung ein, die von Amts wegen zu berücksichtigen ist.[35] Ein dem Antrag stattgebender Beschluss muss einen **vollstreckungfähigen Inhalt** haben und daher den festgestellten Informationsanspruch hinreichend bestimmt bezeichnen (s. bereits Rdn. 7).[36] Die Zwangsvollstreckung aus der Entscheidung richtet sich nach den Vorschriften der ZPO (§ 132 Abs. 4 S. 2 AktG).[37]

16 Gegen den Beschluss findet die **Beschwerde** statt (§ 99 Abs. 3 S. 2 AktG), sofern das Landgericht sie in seiner Entscheidung für zulässig erklärt (§ 132 Abs. 3 S. 2 AktG). Die Beschwerde ist zuzulassen, wenn die Rechtssache grundsätzliche Bedeutung hat oder die Fortbildung des Rechts oder die Sicherung einer einheitlichen Rechtsprechung es erfordern (Verweis des § 132 Abs. 3 S. 3 AktG auf § 70 Abs. 2 S. 1 FamFG). Teilweise wird in Fällen »greifbarer Gesetzwidrigkeit« die Zulassung für entbehrlich gehalten;[38] das wird jedoch überwiegend abgelehnt.[39] Für die Beschwerde besteht Anwaltszwang (§ 99 Abs. 3 S. 4 AktG). Die Beschwerdeschrift muss bei dem Gericht, dessen Beschluss angefochten wird (§ 64 Abs. 1 FamFG), innerhalb eines Monats (§ 63 Abs. 1 FamFG) eingelegt werden. Hilft das Landgericht der Beschwerde nicht ab, muss sie dem **Oberlandesgericht** vorgelegt werden (§§ 68 Abs. 1 S. 1 FamFG, 119 Abs. 1 Nr. 2 GVG). Auch hier ist eine Konzentration durch die Länder möglich (§ 99 Abs. 3 S. 5 AktG).

17 Gegen die Entscheidung des Oberlandesgerichts ist eine **Rechtsbeschwerde** zum Bundesgerichtshof (§ 133 GVG) innerhalb eines Monats möglich, sofern eine solche zugelassen wird (vgl. §§ 70 ff. FamFG).

§ 52 Aufsichtsrat

(1) Ist nach dem Gesellschaftsvertrag ein Aufsichtsrat zu bestellen, so sind § 90 Abs. 3, 4, 5 Satz 1 und 2, § 95 Satz 1, § 100 Abs. 1 und 2 Nr. 2 und Abs. 5, § 101 Abs. 1 Satz 1, § 103 Abs. 1 Satz 1 und 2, §§ 105, 107 Abs. 4, §§ 110 bis 114, 116 des Aktiengesetzes in Verbindung mit § 93 Abs. 1 und 2 Satz 1 und 2 des Aktienge-

34 *Lutter*, in: Lutter/Hommelhoff, GmbHG, § 51b Rn. 12; *Masuch*, in: Bork/Schäfer, GmbHG, § 51b Rn. 9.

35 OLG München, GmbHR 2008, 819, 820.

36 OLG Düsseldorf, GmbHR 1995, 902, 903; OLG Frankfurt, GmbHR 1997, 130.

37 Näher dazu *Hüffer*, in: Ulmer/Habersack/Winter, GmbHG, § 51b Rn. 20 f.; OLG München, GmbHR 2008, 208, 209.

38 OLG Koblenz, WM 1985, 829 (Entscheidung des Vorsitzenden anstelle der Kammer); im Grundsatz auch BayObLG, NJW-RR 1995, 1314, 1315.

39 BGHZ 150, 133, 135; OLG München, DStR 2009, 1711 (Leitsatz); *Hüffer*, in: Ulmer/Habersack/Winter, GmbHG, § 51b Rn. 17; *K. Schmidt*, in: Scholz, GmbHG, § 51b Rn. 29.

setzes, § 124 Abs. 3 Satz 2, §§ 170, 171 des Aktiengesetzes entsprechend anzuwenden, soweit nicht im Gesellschaftsvertrag ein anderes bestimmt ist.

(2) [1]Werden die Mitglieder des Aufsichtsrats vor der Eintragung der Gesellschaft in das Handelsregister bestellt, gilt § 37 Abs. 4 Nr. 3 und 3a des Aktiengesetzes entsprechend. [2]Die Geschäftsführer haben bei jeder Änderung in den Personen der Aufsichtsratsmitglieder unverzüglich eine Liste der Mitglieder des Aufsichtsrats, aus welcher Name, Vorname, ausgeübter Beruf und Wohnort der Mitglieder ersichtlich ist, zum Handelsregister einzureichen; das Gericht hat nach § 10 des Handelsgesetzbuchs einen Hinweis darauf bekannt zu machen, dass die Liste zum Handelsregister eingereicht worden ist.

(3) Schadensersatzansprüche gegen die Mitglieder des Aufsichtsrats wegen Verletzung ihrer Obliegenheiten verjähren in fünf Jahren.

Übersicht **Rdn.**

Schrifttum

Banspach/Nowak, Der Aufsichtsrat der GmbH unter besonderer Berücksichtigung kommunaler Unternehmen und Konzerne, Der Konzern 2008, 195; *Bauer/Arnold*, Organbesetzung und Allgemeines Gleichbehandlungsgesetz: kein neues Betätigungsfeld für »Berufsaktionäre«!, AG 2007, 807; *Bergwitz*, Die GmbH im Prozess gegen ihre Geschäftsführer, GmbHR 2008, 225; *Braun/Louven*, Neuregelungen des BilMoG für GmbH-Aufsichtsräte, GmbHR 2009, 905; *Deilmann*, Abgrenzung der Überwachungsbefugnisse von Gesellschafterversammlung und Aufsichtsrat einer GmbH unter besonderer Berücksichtigung des mitbestimmenden Aufsichtsrats, GmbHR 2004, 2253; *Döring/Grau*, Verfahren und Mehrheitserfordernisse für die Bestellung und Abwahl des Aufsichtsratsvorsitzenden in mitbestimmten Unternehmen, NZG 2004, 1328 ff.; *Drinhausen/Keinath*, Mitbestimmung bei grenzüberschreitender Verschmelzung mitbestimmungsfreier Gesellschaften, AG 2010, 398 ff.; *Eßer/Baluch*, Bedeutung des Allgemeinen Gleichbehandlungsgesetzes für Organmitglieder, NZG 2007, 321; *Fonk*, Auslagenersatz für Aufsichtsratsmitglieder, NZG 2009, 761; *Gaul/Janz*, Wahlkampfgetöse im Aktienrecht – Gesetzliche Begrenzung der Vorstandsvergütung und Änderungen der Aufsichtsratstätigkeit, NZA 2009, 809; *Gaul/Otto*, Auswirkungen des TransPuG auf das Verhältnis zwischen GmbH-Geschäftsführung und Aufsichtsrat, GmbHR, 2003, 6; *Gehle*, Der Aufsichtsrat als gesetzlicher Vertreter von AG und GmbH – Folgen der Missachtung und Heilungsmöglichkeiten, MDR 2011, 957; *Habersack*, Aufsichtsrat und Prüfungsausschuss nach dem BilMoG, AG 2008, 98; *Hoffmann-Becking/Krieger*, Leitfaden zur Anwendung des Gesetzes zur Angemessenheit der Vorstandsvergütung (VorstAG), NZG-Beilage 26/2009, 1; *Hohenstatt/Schramm*, Der Gemeinschaftsbetrieb im Recht der Unternehmensmitbestimmung, NZA 2010, 846 ff.; *v. Hoyningen-Huene/Powietzka*, Unterrichtung des Aufsichtsrats in der mitbestimmten GmbH, BB 2001, 529; *Huber*, Beirat und Beiratsmitglied – praxisrelevante Aspekte für ihre Tätigkeit, GmbHR 2004, 772; *Jahn*, Aufsichtsrat haftet Aktionären persönlich, AG 2008, R 383; *Kaufmann-Lauven/Lenze*, Auswirkungen der Verschmelzung auf den mitbestimmten Aufsichtsrat, AG 2010, 532 ff.; *Keiluweit*, Unterschiede zwischen obligatorischen und fakultativen Aufsichtsgremien – ein Vergleich zwischen Aktiengesellschaft und GmbH, BB 2011, 1795; *Kort*, Der Konzernbegriff iSv § 5 MitbestG, NZG 2009, 812; *Kowalski/Schmidt*, Das aktienrechtliche Statusverfahren nach §§ 96 Abs. 2, 97 ff AktG – (k)Fallstrick im Gesellschaftsrecht, DB 2009, 551; *Langenbucher*, Wettbewerbsverbote, Unabhängigkeit und die Stellung des Aufsichtsratsmitglieds, ZGR 2007, 571; *Leuering*, Die Zurückweisung von einseitigen Rechtsgeschäften des Aufsichtsrats nach § 174 BGB, AG 2004, 120; *Leuering/Rubel*, Aufsichtsrat und Prüfungsausschuss nach dem BilMoG, NJW-Spezial 2008, 560; *Link/Vogt*, Professionalisierung von Aufsichtsräten: Auch ein Thema für die GmbH?, BB 2011, 1899; *Lorenz/Pospiech*, Beratungsverträge mit Aufsichtsratsmitgliedern in Zeiten moderner Corporate Governance, NZG 2011, 81; *Lutter*, Anwendbarkeit der Altersbestimmungen des AGG auf Organpersonen, BB 2007, 725; *Lutter*, Zur Weisungsbefugnis eines Gemeinderats gegenüber ratsangehörigen Aufsichtsratsmitgliedern, ZIP 2007, 1991; *Meier*, Aufsichtsratssysteme bei einer GmbH – Auswirkungen eines Wechsels innerhalb der Amtsperiode, DStR 2011, 1430; *Meiski*, Die Nichtöffentlichkeit der Aufsichtsratssitzung einer kommunalen GmbH und das Öffentlichkeitsprinzip der kommunalen Selbstverwaltung, NVwZ 2007, 1335; *Müller-Bonanni/Müntefering*, Arbeitnehmerbeteiligung bei SE-Gründung und grenzüberschreitender Verschmelzung im Vergleich, BB 2009,

1699; *Müller/Wolff*, Verlagerung von Zuständigkeiten auf den Beirat der GmbH, NZG 2003, 810; *Nießen*, Der Aufsichtsrat in der GmbH, NJW-Spezial 2008, 367; *Nießen/Sandhaus*, Das Statusverfahren, NJW-Spezial 2008, 687; *Rubner*, Zivilrechtliche Haftung des Aufsichtsrats, NJW-Spezial 2009, 111; *Ruzik*, Zum Streit zum Streik – Aufsichtsratsmandat und Gewerkschaftsführung im Arbeitskampf, NZG 2004, 455 ff.; *Schneider*, Unternehmerische Entscheidungen als Anwendungsvoraussetzung für die Business Judgement Rule, DB 2005, 707; *Schnitker/Grau*, Aufsichtsratswahlen und Ersatzbestellung von Aufsichtsratsmitglieder im Wechsel des Mitbestimmungsmodell, NZG 2007, 486; *Seibt*, Drittelbeteiligungsgesetz und Fortsetzung der Reform des Unternehmensmitbestimmungsrechts, NZA 2004, 767; *Spindler*, Kommunale Mandatsträger in Aufsichtsräten – Verschwiegenheitspflicht und Weisungsgebundenheit, ZIP 2011, 689; *Theiselmann*, Die Haftung des GmbH-Aufsichtsrats für Verletzungen der Überwachungspflicht, GmbH-StB 2011, 13; *Vetter*, Corporate Governance in der GmbH – Aufgaben des Aufsichtsrates der GmbH, GmbHR 2011, 449; *Wachter*, Weitere Gesetzesänderungen im GmbH-Recht nach MoMiG, GmbHR, 2009, 953; *Weiss*, Beratungsverträge mit Aufsichtsrats- und Beiratsmitgliedern in der Aktiengesellschaft und der Gesellschaft mit beschränkter Haftung, BB 2007, 1853; *Werner*, Aktuelle Probleme der Vertretung von Aktiengesellschaft durch den Aufsichtsrat nach § 112 BGB, Der Konzern, 2008, 639; *Wilhelm*, Öffentlichkeit und Haftung bei Aufsichtsräten in einer kommunalen GmbH, DB 2009, 944; *Wind/Klie*, Beziehungen zum Mehrheitsaktionär als unabhängigkeitsgefährdender Interessenkonflikt von Aufsichtsratsmitgliedern?, NZG 2010, 1413.

A. Einführung

I. Mögliche Aufsichtsratsstatute

1 Bei der GmbH besteht – im Gegensatz zur Aktiengesellschaft – nicht bereits kraft Gesetzes stets ein zwingender Aufsichtsrat. Sofern sich nicht aus speziellen Regelungen, insbesondere aus mitbestimmungsrechtlichen Gesetzen, eine Pflicht zur Bildung eines Aufsichtsrats ergibt, steht es den Gesellschaftern der GmbH frei, einen Aufsichtsrat in der GmbH als weiteres Organ der Gesellschaft zu implementieren.

2 Sofern sich die Gesellschafter zur Bildung eines Aufsichtsrats entschließen, enthält das GmbHG mit § 52 eine Regelung für einen solchen freiwilligen (»fakultativen«) Aufsichtsrat. Auch wenn § 52 in großen Teilen auf die Regelungen des AktG zum Aufsichtsrat verweist (Abs. 1), liegt die Ausgestaltung des freiwilligen Aufsichtsrats zum Großteil in den Händen der Gesellschafter. Diese können kraft Regelung im Gesellschaftsvertrag den Aufsichtsrat weitestgehend nach ihren Vorstellungen ausgestalten und unterliegen dabei nur in begrenztem Umfang Einschränkungen.

3 Allerdings ist auch bei der GmbH unter bestimmten Voraussetzungen ein Aufsichtsrat zwingend einzurichten. Entsprechende Verpflichtungen bestehen dabei primär aus mitbestimmungsrechtlichen Vorgaben. So begründen das Gesetz über die Drittelbeteiligung der Arbeitnehmer im Aufsichtsrat (DrittelbG), das Gesetz über die Mitbestimmung der Arbeitnehmer (MitbestG), das Gesetz über die Mitbestimmung der Arbeitnehmer in den Aufsichtsräten und Vorständen der Unternehmen des Bergbaus und der Eisen und Stahl erzeugenden Industrie (MontanMitbestG) und das Gesetz zur Ergänzung des Gesetzes über die Mitbestimmung der Arbeitnehmer in den Aufsichtsräten und Vorständen der Unternehmen des Bergbaus und der Eisen

und Stahl erzeugenden Industrie (MontanMitbestErgG) unter näher definierten Voraussetzungen die Verpflichtung zur Implementierung eines mitbestimmten Aufsichtsrats. Darüber hinaus sieht § 6 Abs. 2 InvestmentG im Hinblick auf erhöhte Schutzinteressen des Publikumsverkehrs bei Kapitalanlagegesellschaften zwingend einen Aufsichtsrat vor.

4 Schließlich kann bei einer GmbH auch ein »europäisches Mitbestimmungsstatut« eingreifen. Sofern aus einer grenzüberschreitenden Verschmelzung eine deutsche GmbH hervorgeht, findet das deutsche Mitbestimmungsrecht vom Grundsatz her keine Anwendung. Vielmehr bestimmt sich in diesem Fall die unternehmerische Mitbestimmung nach den Regelungen des Gesetzes über die Mitbestimmung der Arbeitnehmer bei einer grenzüberschreitenden Verschmelzung (MgVG), das die europarechtlichen Vorgaben der Verschmelzungsrichtlinie[1] umgesetzt hat.

II. Bestimmung des einschlägigen Aufsichtsratsstatuts

1. Das Statusverfahren

5 Der Gesetzgeber stellt mit dem in den §§ 97 ff. AktG geregelten Statusverfahren ein Verfahren bereit, mit dem das jeweils anwendbare Aufsichtsratsstatut verbindlich bestimmt wird. Die Regelungen der §§ 97 ff. AktG gelten über § 27 EGAktG bzw. die spezialgesetzlichen Regelungen der § 1 Abs. 1 Nr. 3 DrittelbG, § 6 Abs. 2 MitbestG, § 3 Abs. 2 MontanMitbestG, § 3 MontanMitbestErgG und § 6 Abs. 2 InvestmentG für die GmbH entsprechend.

6 Das Statusverfahren ist nicht nur in den Fällen, in denen bei einer GmbH mit zwingendem Aufsichtsrat das Aufsichtsratssystem verändert werden soll[2] durchzuführen, sondern auch bei einer bestehenden GmbH ohne Aufsichtsrat, bei der nunmehr ein obligatorischer Aufsichtsrat eingeführt werden soll[3] oder bei einer GmbH, bei der die Voraussetzungen für die Bildung eines zwingenden Aufsichtsrats entfallen.[4] Darüber hinaus machen auch Veränderungen im Hinblick auf die gesetzlich relevanten Schwellenwerte (vgl. § 95 Abs. 1 S. 4 AktG, § 7 MitbestG), welche Einfluss auf die größenmäßige Zusammensetzung des obligatorischen Aufsichtsrat haben, die Einleitung eines Statusverfahrens erforderlich, selbst wenn das Mitbestimmungsstatut als solches unverändert bleibt.[5]

---

1 Richtlinie 2005/96/EG des Europäischen Parlaments und des Rates vom 26. Oktober 2005 über die Verschmelzung von Kapitalgesellschaften aus verschiedenen Mitgliedstaaten, Abl 2005 L 310, S. 1 ff.

2 *Zöllner/Noack*, in: Baumbach/Hueck, GmbHG, § 52 Rn. 14.

3 BAG, DB 2008, 1850, 1851; *Kleinsorge*, in: Wlotzke/Wissmann/Koberski/Kleinsorge, DrittelbG, § 1 Rn. 17; *Giedinghagen*, in: Michalski, GmbHG, § 52 Rn. 41; *Zöllner/Noack*, in: Baumbach/Hueck, GmbHG, § 52 Rn. 15.

4 OLG Frankfurt, NZG 2011, 353; LG Berlin, ZIP 2007, 424 ff.; *Kowalski/Schmidt*, DB 2009, 551, 553; *Weiler*, NZG 2004, 988 ff.

5 *Raiser/Heermann*, in: Ulmer/Habersack/Winter, GmbHG, § 52 Rn. 12 ff.; *Giedinghagen*, in: Michalski, GmbHG, § 52 Rn. 41; vgl. auch OLG Hamburg, ZIP 1988, 1191, 1192.

7 Umstritten ist, ob das Statusverfahren auch dann durchzuführen ist, wenn lediglich kraft Satzungsänderung die Größe des (zwingenden) Aufsichtsrats bei unverändert fortgeltendem Aufsichtsratsstatut geändert wird. Während die wohl herrschende Ansicht in diesen Fällen die Durchführung des Statusverfahrens sogar als unzulässig erachtet,[6] hält das Bundesarbeitsgericht die Durchführung eines Statusverfahrens auch in diesen Fällen für zwingend.[7] Eine andere Zusammensetzung als nach den zuletzt angewandten gesetzlichen Vorschriften liege auch dann vor, wenn die Form der Zusammensetzung sich nicht ändert, wohl aber die Zahl der Aufsichtsratsmitglieder aufgrund einer Satzungsänderung erhöht oder verringert wird, da die Satzung ein Gesetz im Sinne des Zivilrechts sei. Die Vergrößerung des Aufsichtsrats durch Satzungsänderung ohne Statusverfahren birgt insofern das Risiko der Nichtigkeit der im Hinblick darauf durchgeführten Aufsichtsratswahlen.

8 Das Statusverfahren greift nur zur Klärung von Fragen im Rahmen eines *zwingenden* Aufsichtsratsstatuts ein. Die Frage, ob und wie ein fakultativer Aufsichtrat zu bilden ist, kann dagegen nicht Gegenstand eines Statusverfahrens werden. Es ist vielmehr grundsätzlich Sache der Gesellschafter, dies im Rahmen der Ausgestaltung des Gesellschaftsvertrags festzulegen. Sofern es auf Basis einer bestehenden Regelung im Gesellschaftsvertrag zu streitigen Fragen, die einen freiwilligen Aufsichtsrat betreffen, kommt, ist daher nicht das Statusverfahren, sondern ggf. die allgemeine Leistungs- bzw. Feststellungsklage die statthafte Verfahrensart. Auf der anderen Seite ist das Statusverfahren allerdings auch das einzige Verfahren, um beim zwingenden Aufsichtsrat die entsprechenden Fragen verbindlich zu klären. So ist beispielsweise eine außerordentliche Beschwerde wegen offensichtlicher Gesetzeswidrigkeit gegen die Zusammensetzung eines Aufsichtsrats ebenso wenig statthaft,[8] wie die inzidente Prüfung der Notwenigkeit eines obligatorischen Aufsichtsrats im Zusammenhang mit einem Verfahren nach § 104 AktG.[9]

9 Wird das Statusverfahren nicht durchgeführt, kann dies erhebliche Konsequenzen für die Wahl der AR-Mitglieder nach sich ziehen. So ist nach Auffassung des Bundesarbeitsgerichts die Wahl der Arbeitnehmervertreter nach dem »neuen« Aufsichtsratsstatut nichtig, sofern nicht zuvor das erforderliche Statusverfahren durchgeführt worden ist.[10] Dies gilt selbst dann, wenn bei allen Beteiligten über die veränderten gesetzlichen Rechtsgrundlagen bzgl. der Wahl des (neuen) Aufsichtsrats Einigkeit herrscht.[11]

---

6 *Zöllner/Noack*, in: Baumbach/Hueck, GmbHG, § 52 Rn. 14; *Schneider*, in: Scholz, GmbHG, § 52 Rn. 44; vgl. auch OLG Hamburg, WM 1988, 1487.

7 BAG, WM 1990, 633, 636.

8 BGH, ZIP 2007, 1431.

9 BAG, ZIP 2008, 1630; 1631ff; *Zöllner/Noack*, in: Baumbach/Hueck, GmbHG, § 52 Rn. 16; *Giedinghagen*, in: Michalski, GmbHG, § 52 Rn. 44; a.A. *Raiser*, in: Hachenburg, GmbHG, § 52 Rn. 161.

10 BAG, DB 2008, 1850, 1853.

11 *Habersack*, in: MünchKommAktG, § 96 Rn. 32; *Giedinghagen*, in: Michalski, GmbHG, § 52 Rn. 42; vgl. auch *Nießen/Sandhaus*, NJW-Spezial 2008, 687.

2. Der Ablauf des Statusverfahrens

10 Das Statusverfahren als solches vollzieht sich in zwei Stufen. Auf der ersten Stufe wird die Anwendbarkeit der neuen Vorschriften über die Zusammensetzung des Aufsichtsrats festgestellt. In einer zweiten Stufe erfolgt die Umsetzung des festgestellten neuen Modells, indem die Satzung und der Aufsichtsrat entsprechend den dann geltenden Vorschriften angepasst werden.

11 Der Prozess der Feststellung des einschlägigen Aufsichtsratsstatuts kann dabei entweder durch eine Bekanntmachung der Geschäftsführung in den Gesellschaftsblättern und durch Aushang in sämtlichen Betrieben der Gesellschaft und ihrer Konzernunternehmen begonnen werden (§ 97 AktG) oder – sofern streitig oder ungewiss ist, nach welchen gesetzlichen Vorschriften der Aufsichtsrat zusammenzusetzen ist – durch einen Antrag auf gerichtliche Entscheidung über die Zusammensetzung des Aufsichtsrats (§ 98 AktG).

12 In der Praxis stellt die Eröffnung des Statusverfahrens durch entsprechende Bekanntmachung der Geschäftsführung der Gesellschaft den Regelfall dar. Basis hierfür ist ein Beschluss der Gesamtgeschäftsführung, das Statusverfahren durchzuführen. Hinsichtlich der tatsächlichen Durchführung des Statusverfahrens, beginnend mit der Bekanntmachung, ist es hingegen möglich, dass die Geschäftsführung in vertretungsberechtigter Zahl handelt.[12] Inhaltlich hat die Bekanntmachung die Erklärung zu enthalten, dass die Geschäftsführung der Ansicht ist, der Aufsichtsrat sei nicht nach den für ihn maßgebenden gesetzlichen Vorschriften zusammengesetzt. Gemäß § 97 Abs. 1 Satz 2 AktG hat die Bekanntmachung daneben die Angabe zu enthalten, nach welchen gesetzlichen Vorschriften der Aufsichtrat nach Ansicht der Geschäftsführung zusammen zu setzen ist. Schließlich hat die Geschäftsführung darauf hinzuweisen, dass der Aufsichtsrat nach diesen Vorschriften zusammengesetzt wird, wenn nicht Antragsberechtigte nach § 98 Abs. 2 AktG (u.a. jedes Aufsichtratsmitglied, jeder Gesellschafter, der Gesamtbetriebsrat, mindestens ein Zehntel oder einhundert der wahlberechtigten Arbeitnehmer) innerhalb eines Monats nach der Bekanntmachung im elektronischen Bundesanzeiger das nach § 98 Abs. 1 zuständige Gericht anrufen.

13 Sofern das nach § 98 Abs. 1 AktG zuständige Gericht nicht innerhalb eines Monats nach Bekanntmachung im elektronischen Bundesanzeiger angerufen wird, ist gem. § 97 Abs. 2 Satz 1 der neue Aufsichtsrat nach dem in der Bekanntmachung der Geschäftsführung angegebenen Vorschriften zusammenzusetzen. Wird das Gericht fristgemäß angerufen, wird das außergerichtliche Statusverfahren automatisch in das gerichtliche Verfahren übergeleitet.

14 Der Ablauf der Anrufungsfrist hat zunächst keinen unmittelbaren Einfluss auf den bislang bestehenden Aufsichtsrat und die diesen betreffenden bisherigen Satzungsregelungen. Aus § 97 Abs. 2 Satz 2 und 3 AktG ergibt sich, dass der bisherige Auf-

12 Zur AG *Hopt/Roth/Peddinghaus,* in: GroßKommAktG, § 97, Rn. 33; *Habersack*, in: Emmerich/Habersack, Aktien- und GmbH-Konzernrecht, § 97 Rn. 18.

sichtsrat zunächst im Amt bleibt und die Regelungen des Gesellschaftsvertrags weiter gelten. Allerdings gilt dies nicht unbegrenzt. Die Bestimmungen des Gesellschaftsvertrags über die Zusammensetzung des Aufsichtsrats, die Zahl der Aufsichtsratsmitglieder sowie die Wahl, Abberufung und Entsendung von Aufsichtsratsmitgliedern treten gem. § 97 Abs. 2 Satz 2 AktG mit der Beendigung der ersten Gesellschafterversammlung, die nach Ablauf der Anrufungsfrist *einberufen* wird, insoweit außer Kraft, als sie den nunmehr anzuwendenden gesetzlichen Vorschriften widersprechen. Wird eine Gesellschafterversammlung nicht »zeitnah« einberufen, erfolgt dies spätestens sechs Monate nach dem Ablauf der Anrufungsfrist. Bei Aufsichtsratswahlen, die nach dem Zeitpunkt des Außerkrafttretens erfolgen, dürfen die dem neuen Modell widersprechenden Bestimmungen des Gesellschaftsvertrags nicht mehr zugrunde gelegt werden.[13]

15 Jede Gesellschafterversammlung, die nach Ablauf der Anrufungsfrist von einem Monat ab Bekanntmachung einberufen wird und innerhalb der Sechsmonatsfrist stattfindet, kann gem. § 97 Abs. 2 Satz 4 AktG anstelle der außer Kraft tretenden Bestimmung des Gesellschaftsvertrags mit *einfacher* Stimmenmehrheit neue gesellschaftsvertragliche Regelungen beschließen. Im Gegensatz zur ansonsten regelmäßig erforderlichen qualifizierten Mehrheit für eine Satzungsänderung sind die Voraussetzungen in diesem Fall daher geringer.

16 Neben dem Außerkrafttreten der entsprechenden Satzungsbestimmungen erlischt gem. § 97 Abs. 2 Satz 3 AktG gleichzeitig auch das Amt der bisherigen Aufsichtsratsmitglieder. Ist bis dahin kein neuer Aufsichtsrat bestimmt worden, ist die Gesellschaft ohne Aufsichtsratsmitglieder.[14] Dies gilt auch im Hinblick auf Mitglieder, die auch im neuen Aufsichtsrat wieder vertreten sein sollen.[15]

B. Der fakultative Aufsichtsrat

1. Grundzüge des fakultativen Aufsichtsrats

17 Den Gesellschaftern einer GmbH steht es – vorbehaltlich spezialgesetzlich zwingender Vorgaben – frei, bei der GmbH einen Aufsichtsrat zu implementieren. Der fakultative Aufsichtsrat leitet insofern seine Existenz, Zusammensetzung und Kompetenzen weitestgehend aus den jeweiligen Satzungsbestimmungen ab.[16] Dabei kann die

---

13 *Habersack,* in: Emmerich/Habersack, Aktien- und GmbH-Konzernrecht, § 97 Rn. 34 mit dem Hinweis, dass dies trotz des missverständlichen Wortlauts des § 97 Abs. 2 Satz 2 AktG auch schon für die erste nach Ablauf der Anrufungsfrist einberufene Hauptversammlung gilt; ebenso *Mertens,* in: KK-AktG, §§ 97-99 Rn. 23.

14 *Hopt/Roth/Peddinghaus,* in: GroßKommAktG, § 97 Rn. 59; vgl. zur Möglichkeit eines nahtlosen Wechsels des Aufsichtsratsstatuts *Nießen/Sandhaus,* NJW-Spezial 2008, 687.

15 *Hopt/Roth/Peddinghaus,* in: GroßKommAktG, § 97 Rn. 61; *Hüffer,* AktG, § 97 Rn. 5.

16 *Lutter,* in: Lutter/Hommelhoff, GmbHG, § 52 Rn. 3; *Altmeppen,* in: Roth/Altmeppen, GmbHG, § 52 Rn. 2 ff; *Zöllner/Noack,* in: Baumbach/Hueck, GmbHG § 52 Rn. 22; *Giedinghagen,* in: Michalski, GmbHG, § 52 Rn. 7.

Satzung als solche bereits den Aufsichtsrat und seine konkrete Ausgestaltung regeln, sie kann die Einrichtung eines fakultativen Aufsichtsrats aber auch in das Ermessen der Gesellschafter stellen, die dann durch Gesellschafterbeschluss mit – soweit satzungsmäßig nichts anderes geregelt ist – einfacher Mehrheit über die Errichtung und Ausgestaltung des fakultativen Aufsichtsrats entscheiden können.[17]

18 Nach Auffassung des BGH[18] wollen die Gesellschafter im Fall der freiwilligen Einrichtung eines Aufsichtsrats – soweit sie von ihrer in § 52 Abs. 1 eröffneten Regelungsbefugnis keinen Gebrauch machen – nicht von der grundsätzlich dualistischen Struktur der GmbH (Gesellschafterversammlung/Geschäftsführung) abweichen.[19] Statt dessen schaffen sie ein Gremium, das für die Gesellschafterversammlung als dem maßgeblichen Willensbildungs- und Kontrollorgan der Gesellschaft **Teilaufgaben der Überwachung der Geschäftsführer** übernimmt und sicherstellt, dass diese die Geschäfte so führen, wie es dem wohlverstandenen Interesse der Gesellschafter entspricht. Insofern obliegt dem Aufsichtsrat als zentrale Aufgabe die Überwachung der Geschäftsführung (Kontrolle der Legalität, Ordnungsmäßigkeit und Wirtschaftlichkeit der Geschäftsführung),[20] die neben die Überwachung der Geschäftsleitung durch die Gesellschafterversammlung tritt.[21] Anders als der obligatorische Aufsichtsrat ist der fakultative Aufsichtsrat dabei nach Auffassung des BGH[22] aber nicht im Interesse der Allgemeinheit in die Pflicht genommen und hat daher auch keine über seine ihm von der Gesellschafterversammlung übertragenen Aufgaben hinausgehenden öffentlichen Belange zu wahren.

19 Das GmbHG selbst hält für den fakultativen Aufsichtsrat in Form von § 52 nur eine Norm bereit, die in Abs. 1 weitgehend auf Regelungen des Aktiengesetzes verweist und lediglich in Abs. 2 und 3 inhaltlich selbständige Regelungen enthält. Der Verweis auf die aktienrechtlichen Vorschriften in Abs. 1 ist dabei jedoch nicht zwingend. Die in Bezug genommenen Normen finden vielmehr auf Basis des § 52 nur dann Anwendung, wenn a) keine gesetzliche Pflicht zur Bildung eines Aufsichtsrats besteht, b) der Gesellschaftsvertrag die Bildung eines Aufsichtsrats vorsieht und c) der Gesellschaftsvertrag selbst die Anwendbarkeit der aktienrechtlichen Vorschriften nicht ausschließt oder selbst anderweitige (verdrängende) Regelungen enthält. Insofern besteht daher nicht nur Satzungsautonomie hinsichtlich der Bildung eines fakultativen Aufsichtsrats, sondern auch hinsichtlich seiner Ausgestaltung. Zwingend einzuhaltende Vorgaben bestehen in diesem Zusammenhang nur sehr begrenzt und ergeben sich entweder bereits aus dem Gesetz selbst oder aus den sich aus der Struk-

17 *Giedinghagen*, in: Michalski, GmbHG, § 52 Rn. 7; *Marsch-Barner/Diekmann*, in: MünchHdbGesR, § 48 Rn. 15.
18 BGH, ZIP 2010, 1988, 1990.
19 Vgl. auch BGHZ 135, 48, 53 ff.
20 LG Stuttgart, DB 1999, 2462, 2463; *Raiser/Heermann*, in: Ulmer/Habersack/Winter, GmbHG, § 52 Rn. 17; *Giedinghagen*, in: Michalski, GmbHG, § 52 Rn. 9.
21 BGHZ 135, 48; *Schneider*, in: Scholz, GmbHG, § 52 Rn. 87.
22 BGH, ZIP 2010, 1988, 1991; RGZ 161, 129, 138f.

tur der GmbH ergebenden Grenzen der Satzungsautonomie. Unabdingbare Regelung des GmbHG sind insoweit die Regelungen des § 52 Abs. 2 und 3, die §§ 35a, 71 Abs. 5 (Angaben des Aufsichtsrats auf Geschäftsbriefen) sowie die Regelungen zur Strafbarkeit der Aufsichtsratsmitglieder wegen falscher Angaben über die Vermögenslage (§ 82 Abs. 2 Nr. 2) oder die Verletzung von Geheimhaltungspflichten (§ 85 Abs. 1). Begrenzungen aufgrund der Struktur der GmbH ergeben sich insbesondere aus dem organschaftlichen Kompetenzgefüge zwischen den Gesellschaftsorganen. So obliegt z.B. zwingend die organschaftliche Vertretung der Geschäftsführung, die Entscheidung in Grundlagenfragen der Gesellschafterversammlung und die Überwachung der Geschäftsführung (zumindest auch) dem Aufsichtsrat. Diese Kernkompetenz kann – trotz weitestgehender Gestaltungsfreiheit – auch einem fakultativen Aufsichtsrat nicht genommen werden.[23]

20 § 52 Abs. 1 erklärt nur bestimmte Vorschriften des AktG für entsprechend anwendbar und diese auch nur insofern, als der Gesellschaftsvertrag nichts anderes bestimmt. In der Praxis kommt es jedoch häufiger vor, dass – sofern überhaupt ausführlichere Regelungen im Gesellschaftsvertrag vorhanden sind – die gesellschaftsvertraglichen Regelungen Lücken aufweisen, die nicht durch die in § 52 Abs. 1 in Bezug genommenen Normen gefüllt werden. Sofern teilweise in der Literatur vertreten wird, dass die Verweisung in Abs. 1 nicht abschließend sei, sondern vielmehr alle Vorschriften des AktG zum Aufsichtsrat Anwendung finden, die zur personalen Struktur der GmbH nicht in Widerspruch stehen,[24] ist dem im Hinblick auf die Entscheidung des Gesetzgebers, nur ausgewählte Normen des AktG in Bezug zu nehmen, nicht zuzustimmen.[25] Sofern der Gesellschaftsvertrag keine Regelung vorsieht und auch in § 52 Abs. 1 keine inhaltlich einschlägige Regelung in Bezug genommen wird, findet daher nicht automatisch die entsprechende Regelung des AktG Anwendung. Im Falle einer ausfüllungsbedürftigen Regelungslücke sind vielmehr die **allgemeinen Grundsätze des körperschaftsrechtlichen Organisationsrechts** heranzuziehen, die allerdings häufig in den entsprechenden aktienrechtlichen Vorschriften zum Ausdruck kommen.

2. Größe und Zusammensetzung des Aufsichtsrats

21 Kraft Gesetzes bestehen keine zwingenden Vorgaben für die Größe des fakultativen Aufsichtsrats. Die Gesellschafter sind daher im Rahmen der Gestaltung des Gesellschaftervertrages hinsichtlich der Bestimmung der Größe des Aufsichtsrats frei. So besteht sowohl die Möglichkeit, einen Ein-Personen-Aufsichtsrat zu bilden, als auch die Möglichkeit, einen verhältnismäßig großen Aufsichtsrat einzurichten. Kraft Gesellschaftsvertrag kann der Gesellschafterversammlung auch zur Beschlussfassung

---

23 *Giedinghagen*, in: Michalski, GmbHG, § 52 Rn. 9; *Zöllner/Noack*, in: Baumbach/Hueck, GmbHG, § 52 Rn. 28.

24 *Lutter*, in: Lutter/Hommelhoff, GmbHG, § 52 Rn. 3.

25 So auch *Zöllner/Noack*, in: Baumbach/Hueck, GmbHG, § 52 Rn. 31.

mit einfacher Mehrheit die Frage der Größe des Aufsichtsrats zugewiesen werden.[26] Stets ist dabei jedoch sicherzustellen, dass die dem Aufsichtsrat zwingend oder kraft Gesellschaftsvertrag zugewiesenen Aufgaben erfüllt werden können. Trifft der Gesellschaftsvertrag keine Regelung gilt gem. § 52 Abs. 1 die Regelung des § 95 S. 1 AktG, d.h. der Aufsichtsrat besteht aus **drei Mitgliedern**. Die übrigen Regelungen des § 95 AktG, insb. das Erfordernis der Teilbarkeit durch drei, die Bestimmung der Höchstzahl an Mitgliedern, gelten ohne entsprechende Regelung im Gesellschaftsvertrag bzw. ohne entsprechenden Gesellschafterbeschluss auf Basis einer Ermächtigung im Gesellschaftsvertrag nicht.

22 Im Hinblick auf die Zusammensetzung des Aufsichtsrats bestehen keinerlei Vorgaben. Die Gesellschafter sind daher in der Besetzung des Aufsichtsrats frei. In Betracht kommt daher auch eine Besetzung mit Nichtgesellschaftern oder – was in der Praxis häufiger vorkommt – im Rahmen einer »freiwilligen Mitbestimmung« mit Vertretern der Arbeitnehmer.

3. Persönliche Voraussetzungen für Aufsichtsratsmitglieder

23 Hinsichtlich der persönlichen Voraussetzungen für Aufsichtsratsmitglieder verweist § 52 auf die Regelungen des §§ 100 Abs. 1 und Abs. 2 Nr. 2 sowie 105 AktG. Grundsätzlich steht es den Gesellschaftern darüber hinaus frei, im Gesellschaftsvertrag (weitere) persönliche Voraussetzungen für die Mitglieder des Aufsichtsrats festzulegen. Die insofern bestehende Gestaltungsfreiheit ist grundsätzlich weit und nur durch zwingende gesetzliche Vorgaben begrenzt. Eine solche besteht z.B. bei einer kapitalmarktorientierten GmbH im Sinne des § 264 d HGB, bei der ein unabhängiges Mitglied des Aufsichtsrats bzw. in dem vom Aufsichtsrat errichteten Prüfungsausschuss (§ 107 Abs. 4 i.V.m. § 100 Abs. 5 AktG) über Sachverstand auf den Gebieten Rechnungslegung und Abschlussprüfung verfügen muss.[27] Darüber hinaus sind beispielweise auch die Vorgaben des AGG zu berücksichtigen.[28] Gem. § 6 Abs. 3 AGG gelten die Vorschriften des AGG für Selbstständige und Organmitglieder, insbesondere Geschäftsführer und Vorstände, entsprechend, soweit es die Bedingungen für den Zugang zur Erwerbstätigkeit sowie den beruflichen Aufstieg betrifft. Aufsichtsratsmitglieder nennt die Vorschrift zwar nicht ausdrücklich, allerdings ist sie aufgrund des Wortlauts der Norm (»insbesondere«) auch nicht als abschließend zu verstehen. In der Literatur[29] wird vertreten, dass das AGG auf Aufsichtsratsmitglieder jedenfalls dann Anwendung finden soll, wenn es sich um eine vergütete Tätigkeit handelt.

---

26 *Raiser/Heermann*, in: Ulmer/Habersack/Winter, GmbHG, § 52 Rn. 28; *Zöllner/Noack*, in: Baumbach/Hueck, GmbHG, § 52 Rn. 31.

27 BegrRegE BilMoG v. 23.5.2008, BR-Drs. 344/08, S. 224 f; vgl. zu Anforderungen an einen solchen »financial expert« OLG München, NZG 2010, 784.

28 Vgl. dazu *Schneider*, in: Scholz, GmbHG, § 52 Rn. 276.

29 *Schneider*, in: Scholz, GmbHG § 52 Rn. 276; *Lutter*, BB 2007, 725, 730.

24 Umstritten ist im Rahmen der persönlichen Vorausetzungen für die AR-Mitglieder, ob abweichend von **§ 100 Abs. 1 AktG** auch juristische Personen[30] oder ein Betreuter, der bei der Besorgung seiner Vermögensangelegenheiten ganz oder teilweise einem Einwilligungsvorbehalt unterliegt,[31] als Aufsichtsratsmitglieder bestimmt werden können, für die dann jeweils der gesetzliche Vertreter oder eine anderweitig bevollmächtigte Person handelt. Dies ist im Ergebnis zu bejahen. § 100 Abs. 1 AktG, der dies für die Aktiengesellschaft ausschließt, wird in § 52 Abs. 1 gerade zur Disposition der Gesellschafter im Gesellschaftsvertrag gestellt. Der Gesetzgeber geht also davon aus, dass beim fakultativen Aufsichtsrat Abweichungen von den entsprechenden aktienrechtlichen Regelungen möglich sind. In der Praxis werden zwar regelmäßig die jeweiligen Vertretungsorgane bzw. Vertreter selbst als Aufsichtsratsmitglieder bestellt, übergreifende gesetzliche Prinzipien, die dies zwingend erfordern, bestehen jedoch nicht. Ebenso wie z.B. bei einer GmbH & Co KG die Geschäftsführung der KG der GmbH, also einer juristischen Personen obliegen kann, ist dies auch für die Tätigkeit als Aufsichtsratsmitglied möglich. Allerdings kann in dem Fall, dass ein Aufsichtsratsmitglied die ihm aufgrund des Aufsichtsratsamts obliegenden Pflichten nicht erfüllen kann, weil ihm hierzu die erforderliche fachliche oder persönliche Eignung fehlt, ggf. eine Verpflichtung zum Rücktritt von seinem Amt bestehen, was insbesondere im Betreuungsfall von Relevanz sein kann.

25 Gleiches gilt vom Grundsatz her auch für die Regelung des **§ 100 Abs. 2 Nr. 2 AktG**. Sofern dies zum Teil in Frage gestellt wird,[32] ist dem nicht zu folgen. § 52 GmbHG erklärt auch § 100 Abs. 2 Nr. 2 AktG ausdrücklich für dispositiv. Für den Fall, dass in diesen Konstellationen Interessenkonflikte auftreten, ist über die allgemeinen Grundsätze des GmbH-Rechts, wie insbesondere das Verbot des Richtens in eigener Sache (vgl. dazu § 47 Abs. 4), im Einzelfall zu entscheiden, ob das jeweilige Aufsichtsratsmitglied einem Stimmrechtsverbot unterliegt.

26 Auch die Unvereinbarkeitsregelung des **§ 105 AktG**, die eine gleichzeitige Zugehörigkeit zum Aufsichtsrat und zur Geschäftsführung verbietet, ist nach der gesetzlichen Konzeption des § 52 Abs. 1 dispositiv. Trotzdem will die wohl herrschende Ansicht in der Literatur eine gesellschaftsvertragliche Abweichung beim fakultativen Aufsichts-

---

30 Bejahend *Zöllner/Noack*, in: Baumbach/Hueck, GmbHG, § 52 Rn. 34; *Schneider*, in: Scholz, GmbHG, § 52 Rn. 254; *Giedinghagen*, in: Michalski, GmbHG, § 52 Rn. 56; ablehnend *Marsch-Barner/Diekmann*, in: MünchHdbGesR, § 48 Rn. 21; *Lutter*, in: Lutter/Hommelhoff, GmbHG, § 52 Rn. 11; *Raiser*, in: Hachenburg, GmbHG, § 52 Rn. 30.

31 Bejahend *Zöllner/Noack*, in: Baumbach/Hueck, GmbHG, § 52 Rn. 34; ablehnend *Lutter*, in: Lutter/Hommelhoff, GmbHG, § 52 Rn. 11; *Raiser*, in: Hachenburg, GmbHG, § 52 Rn. 30; *Giedinghagen*, in: Michalski, GmbHG, § 52 Rn. 58.

32 Für die zwingende Anwendbarkeit auch bei der GmbH *Zöllner/Noack*, in: Baumbach/Hueck, GmbHG, § 52 Rn. 36; *Lutter*, in: Lutter/Hommelhoff, GmbHG, § 52 Rn. 11; *Marsch-Barner/Diekmann*, in MünchHdbGesR, § 48 Rn. 26; für Dispositât *Raiser/Heermann*, in: Ulmer/Habersack/Winter, GmbHG, § 52 Rn. 32; *Giedinghagen*, in: Michalski, GmbHG, § 52 Rn. 55.

rat nicht zulassen.[33] Zwar weist diese Ansicht zu Recht darauf hin, dass es für eine effektive Überwachung ausgeschlossen ist, dass der Überwachte selbst als Aufsichtsorgan tätig wird. Zum einen ist es jedoch im GmbH-Recht nicht ausgeschlossen, dass dem Aufsichtsrat neben der Überwachungsfunktion auch weitere Aufgaben zugewiesen werden, z.B. die Festlegung der grundsätzlichen unternehmerischen Strategie oder die Entscheidung über für die GmbH besonders wesentliche Geschäfte. Bei diesen Aufgaben besteht aber nicht zwangsläufig ein Interessenkonflikt zwischen der Geschäftsführung und dem Aufsichtsrat. Zum anderen reicht in Fällen der Interessenkollision regelmäßig auch ein Stimmrechtsverbot des Betroffenen aus. So nimmt auch die Rechtsprechung ein Stimmverbot im Verhältnis Kontrolleur/Kontrollierter an.[34] Vor diesem Hintergrund ist daher eine grundsätzlich zwingende Anwendbarkeit des § 105 AktG auf den fakultativen Aufsichtsrat abzulehnen.

4. Bestellung der Aufsichtsratsmitglieder

27 Sofern im Gesellschaftsvertrag nichts Abweichendes geregelt ist, werden die Mitglieder des Aufsichtsrats gem. Verweis auf § 101 S. 1 AktG **durch die Gesellschafterversammlung bzw. im Verfahren nach § 48 Abs. 2** bestellt. Die Bestellung erfolgt dabei mit einfacher Mehrheit,[35] wobei die Gesellschafter sich hierbei auch selbst wählen können, da das Stimmverbot des § 47 Abs. 4 auf die Bestellung von Organmitgliedern keine Anwendung findet.[36]

28 Die Gesellschafter können sich im Hinblick auf die Wahl der Aufsichtsratsmitglieder – auch gegenüber Dritten – wirksam einer **schuldrechtlichen Stimmbindung** unterwerfen, wobei allerdings auch eine entgegen dieser Stimmbindung erfolgende Wahl gesellschaftsrechtlich bindend ist.[37] In der Praxis finden sich häufiger auch **Entsendungsrechte** einzelner Gesellschafter, die diesen entweder persönlich zustehen oder an den jeweiligen Geschäftsanteil gekoppelt sind. Bei einem solchen Entsenderecht handelt es sich um ein Sonderrecht im Sinne des § 35 BGB, dessen Aufhebung nur mit Zustimmung des betroffenen Gesellschafters[38] und dessen nachträgliche Einführung nur mit Zustimmung aller dadurch benachteiligten Gesellschafter möglich

---

33 *Lutter*, in: Lutter/Hommelhoff, GmbHG, § 52 Rn. 11; *Zöllner/Noack*, in: Baumbach/Hueck, GmbHG, § 52 Rn. 31 (zwingend für Geschäftsführer); *Giedinghagen*, in: Michalski, GmbHG, § 52 Rn. 61; a.A. *Raiser/Heermann*, in: Ulmer/Habersack/Winter, GmbHG, § 52 Rn. 36.

34 Vgl. OLG München, NJW-RR 1993, 1507, 1510.

35 *Giedinghagen*, in: Michalski, GmbHG, § 52 Rn. 86.

36 BGHZ 51, 209, 215; BGHZ 18, 205, 210.

37 *Schneider*, in: Scholz, GmbHG § 52 Rn. 218; *Giedinghagen*, in: Michalski, GmbHG, § 52 Rn. 88.

38 Sofern das Entsenderecht Dritten eingeräumt worden ist, kann dieses durch entsprechende Satzungsänderung auch ohne die Zustimmung des Dritten aufgehoben werden, vgl. dazu *Hommelhoff*, ZHR 148, (1984), 119, 121; *Giedinghagen*, in: Michalski, GmbHG, § 52 Rn. 93.

ist.[39] Da die Beschränkungen des § 101 Abs. 2 AktG mangels entsprechenden Verweises in § 52 selbst dann nicht gelten, wenn der Gesellschaftsvertrag keine Regelung vorsieht, können zum einen auch sämtliche Aufsichtsratsmitglieder entsandt werden, zum anderen kann das Entsendungsrecht auch Nichtgesellschaftern eingeräumt werden.[40] Allerdings können die Aufsichtsratsmitglieder nicht durch die Geschäftsführer bestellt werden, da andernfalls der Inkompatibilitätsgrundsatz beeinträchtigt wäre. Eine gerichtliche Bestellung von Aufsichtsratsmitgliedern gem. § 104 AktG kommt bei einem freiwilligen Aufsichtsrat nicht in Betracht, selbst wenn – auf freiwilliger Basis – der Arbeitnehmervertretung Aufsichtsratssitze zugewiesen sind.[41] Eine Pflicht, Minderheitsgesellschafter bei der Vergabe von Aufsichtsratssitzen (quotal) zu berücksichtigen, besteht nicht.

29 § 52 Abs. 1 verweist nicht auf § 101 Abs. 3 AktG. Insofern ist die Bestellung von **stellvertretenden Aufsichtsratsmitgliedern und Ersatzmitgliedern** ohne weiteres möglich.[42] Im Gegensatz zu stellvertretenden Aufsichtsratsmitgliedern werden Ersatzmitglieder erst dann zu Aufsichtsratsmitgliedern, wenn das Aufsichtratsmitglied, für welches sie als Ersatzperson zur Verfügung stehen, sein Amt vor Ablauf seiner Amtszeit nicht mehr ausübt. Die Rechte und Pflichten von stellvertretenden Aufsichtsratsmitgliedern können auf Basis einer entsprechenden Satzungsgrundlage beliebig ausgestaltet werden.

30 Im Hinblick darauf, dass § 250 AktG mangels Verweises in § 52 und mangels Anwendbarkeit der dort genannten Konstellationen auf den fakultativen Aufsichtsrat keine Anwendung findet,[43] sind im Fall einer **fehlerhaften Bestellung** die allgemeinen Grundsätze für fehlerhafte Gesellschafterbeschlüsse heranzuziehen. Dabei ist die Nichtigkeit eines entsprechenden Bestellungsbeschlusses auch bei einem fakultativen Aufsichtsrat die Ausnahme und kommt nur bei elementaren Verstößen gegen die Satzung oder das Gesetz in Betracht. Sofern ausnahmsweise Nichtigkeit gegeben sein sollte, bestimmt sich die Rechtsstellung des betreffenden Aufsichtsratsmitgliedes nach der Lehre vom fehlerhaften Organ.[44] Wird die Tätigkeit tatsächlich ausgeübt, besteht die Verantwortlichkeit trotz nichtiger Bestellung entsprechend den §§ 116, 93

---

39 BGH, WM 1981, 438; *Zöllner/Noack*, in: Baumbach/Hueck, GmbHG, § 52 Rn. 42.

40 Letzteres str. wie hier *Raiser/Heermann*, in: Ulmer/Habersack/Winter, GmbHG, § 52 Rn. 43; *Altmeppen*, in: Roth/Altmeppen, GmbHG, § 52 Rn. 11, *Lutter*, in: Lutter/Hommelhoff, GmbHG, § 52 Rn. 6; a.A. *Zöllner/Noack*, in: Baumbach/Hueck, GmbHG, § 52 Rn. 43; *Ulmer*, in: FS Wiedemann, 2002, S. 1297.

41 *Marsch-Barner/Diekmann*, in: MünchHdbGesR, § 48 Rn. 35; a.A. *Schneider*, in: Scholz, GmbHG, § 52 Rn. 242.

42 *Raiser/Heermann*, in: Ulmer/Habersack/Winter, GmbHG, § 52 Rn. 45; *Zöllner/Noack*, in: Baumbach/Hueck, GmbHG, § 52 Rn. 44; *Giedinghagen*, in: Michalski, GmbHG, § 52 Rn. 83.

43 *Giedinghagen*, in: Michalski, GmbHG, § 52 Rn. 113; für eine beschränkte Anwendbarkeit *Schneider*, in: Scholz, GmbHG, § 52 Rn. 251; a.A. *Marsch-Barner/Diekmann*, in: MünchHdbGesR, § 48 Rn. 40.

44 *Habersack*, in: MünchKommAktG, § 101, Rn. 69

AktG.[45] Für die Beschlussfassungen, an denen ein fehlerhaft bestelltes Aufsichtsratsmitglieds mitgewirkt hat, ist die Mitwirkung grundsätzlich unschädlich, d. h. der Aufsichtsratsbeschluss ist nicht allein aufgrund der Mitwirkung des Aufsichtsratsmitglieds unwirksam.[46] Allerdings gilt dies nur dann, wenn der Aufsichtsrat auch nach Abzug der Stimme des/der nichtig bestellten Mitgliedes/r beschlussfähig war und die Beschlüsse ohne die Stimme des nichtig bestellten Mitglieds die erforderliche Mehrheit erhalten haben.[47]

5. Amtszeit der Aufsichtsratsmitglieder

31 Die Amtszeit der Aufsichtsratsmitglieder ist gesetzlich nicht bestimmt. Sofern Satzung oder Bestellungsbeschluss nichts Abweichendes bestimmen, beginnt sie im Zeitpunkt der (konkludenten) Annahme des Mandates.[48] Findet sich keine anderweitige Regelung in der Satzung oder in einem entsprechenden Gesellschafterbeschluss erfolgt die Bestellung für unbestimmte Zeit.[49] In der Praxis wird oftmals bei der Ausgestaltung des Gesellschaftsvertrags im Hinblick auf die erhöhten Anforderungen an eine Abberufung von Aufsichtsratsmitgliedern[50] hierauf ein besonderes Augenmerk gerichtet. Die Amtszeit der einzelnen Aufsichtsratsmitglieder kann unterschiedlich lang bestimmt werden.[51]

6. Abberufung und sonstige Beendigungsgründe

32 Die Amtszeit eines Aufsichtsratsmitglieds endet in der Regel durch Ablauf der Amtszeit oder Abberufung durch das jeweils zuständige Organ.

33 Bei fehlender anderweitiger Regelung im Gesellschaftsvertrag bestimmt sich die Abberufung von Mitgliedern des fakultativen Aufsichtsrats nach § 103 Abs. 1 und 2 AktG. Nach § 103 Abs. 1 S. 1 AktG ist eine **Abberufung** zwar **jederzeit möglich**, zu beachten ist aber, dass der erforderliche Abberufungsbeschluss gem. § 103 Abs. 1 S. 2 AktG – sofern keine abweichende Regelung im Gesellschaftsvertrag besteht – einer Mehrheit von ¾ der abgegebenen Stimmen bedarf. Fehlt eine anderweitige Regelung, findet dieses Mehrheitserfordernis auch in dem Fall Anwendung, dass ein wich-

45 RGZ 152, 273, 279; vgl. auch BGH, NJW 1964, 1367.

46 *Hüffer*, AktG, § 101 Rn. 17.

47 *Hopt/Roth*, in: GroßKommAktG, § 101 Rn. 220 ff.; *Semler*, in: MünchHdbAG, § 41 Rn. 112; *Mertens*, in: KK-AktG, § 101 Rn. 96; *Spindler*, in: Spindler/Stilz, AktG, § 101 Rn. 109.

48 *Lutter*, in: Lutter/Hommelhoff, GmbHG, § 52 Rn. 6; *Giedinghagen*, in: Michalski, GmbHG, § 52 Rn. 86.

49 *Zöllner/Noack*, in: Baumbach/Hueck, GmbHG, § 52 Rn 46.

50 Vgl. dazu Rdn. 33.

51 *Giedinghagen*, in: Michalski, GmbHG, § 52 Rn. 132a; *Raiser/Heermann*, in: Ulmer/Habersack/Winter, GmbHG, § 52 Rn. 48.

tiger Grund vorliegt.[52] Allerdings kann in solchen Konstellationen eine Zustimmungsverpflichtung der Gesellschafter aufgrund der bestehenden Treuepflichten bestehen. Eine Abberufung durch das Gericht gem. § 103 Abs. 3 AktG ist mangels entsprechender Inbezugnahme in § 52 nicht möglich und kann durch Gesellschaftsvertrag auch nicht begründet werden.[53] Ist das abzuberufende Aufsichtsratsmitglied selbst Gesellschafter, kann dieses grundsätzlich selbst an der Abstimmung teilnehmen, da § 47 Abs. 4 keine Anwendung findet; etwas anderes gilt nur im Fall einer Abberufung aus wichtigem Grund.[54]

34 Wird das Aufsichtsratsmitglied nicht durch die Gesellschafterversammlung, sondern durch ein anderes Organ oder einen Entsendeberechtigten bestellt, steht grundsätzlich diesem Organ/Entsendeberechtigten auch das Abberufungsrecht zu (Annexkompetenz). In diesen Fällen verbleibt aber der Gesellschafterversammlung stets eine eigene Abberufungsmöglichkeit für den Fall eines wichtigen Grundes, wobei auch in diesem Fall – vorbehaltlich einer anderweitigen Satzungsregelung – gem. § 103 Abs. 1 S. 2 AktG eine ¾ Mehrheit erforderlich ist.[55]

35 Alternativ zum Ablauf der Amtszeit oder der Abberufung kann das Aufsichtsratsmandat auch aus anderen Gründen enden. Eine Beendigung des Mandats tritt z.B. auch beim Tod des Mitglieds, bei der Amtsniederlegung,[56] beim Verlust (satzungsmäßig angeordneter) persönlicher Wählbarkeitsvoraussetzungen, bei der Verschmelzung der Gesellschaft auf eine andere/neue Gesellschaft, bei der Aufhebung des Aufsichtsrats durch entsprechende Satzungsänderung oder bei der Vollbeendigung der Gesellschaft ein. Bei einem Formwechsel kommt es dagegen zum Zeitpunkt der Eintragung grundsätzlich nicht zu einer vorzeitigen Beendigung, es sei denn, dies ist für die Anteilseignervertreter im Umwandlungsbeschluss ausdrücklich bestimmt (§ 203 UmwG).

---

52 *Altmeppen*, in: Roth/Altmeppen, GmbHG, § 52 Rn. 14; *Zöllner/Noack*, in: Baumbach/Hueck, GmbHG, § 52 Rn. 47/196 f.; *Raiser*, in: Hachenburg, GmbHG, § 52 Rn. 50; *Giedinghagen*, in: Michalski, GmbHG, § 52 Rn. 143; a.A. (einfache Mehrheit) *Lutter*, in: Lutter/Hommelhoff, GmbHG, § 52 Rn. 9; *Schneider*, in: Scholz, GmbHG, § 52 Rn. 289.

53 *Zöllner/Noack*, in: Baumbach/Hueck, GmbHG, § 52 Rn. 48; *Marsch-Barner/Diekmann*, in: MünchHdbGesR, § 48 Rn. 45; *Schneider*, in: Scholz, GmbHG, § 52 Rn. 292; a.A. *Heyder*, in: Michalski, GmbHG, 1. Aufl., § 52 Rn. 151.

54 BGHZ 86, 177, 179 für eine Geschäftsführerabberufung; OLG Stuttgart, GmbHR 1995, 229.

55 *Schneider*, in: Scholz, GmbHG, § 52 Rn. 291; *Raiser*, in: Hachenburg, GmbHG, § 52 Rn. 53 f; *Marsch-Barner/Diekmann*, in: MünchHdbGesR, § 48 Rn. 31; *Giedinghagen*, in: Michalski, GmbHG, § 52 Rn. 146; a.A. *Zöllner/Noack*, in: Baumbach/Hueck, GmbHG, § 52 Rn. 49; *Koppensteiner*, in: Rowedder/Schmidt-Leithoff, GmbHG, § 52 Rn 9.

56 Vgl. bzgl. des richtigen Adressaten der Niederlegungserklärung LG Flensburg, DB 2004, 1253, 1254.

7. Rechtliche Ausgestaltung des Aufsichtsratsverhältnisses

36 Mit der Übernahme des Aufsichtsratsmandats wird nicht automatisch ein schuldrechtliches »Grundgeschäft« zwischen Aufsichtsratsmitglied und Gesellschaft geschaffen. Vielmehr können sämtliche Regelungen auch entweder durch den Gesellschaftsvertrag oder durch Gesellschafterbeschluss geregelt werden. Allerdings besteht die Möglichkeit der Begründung eines das Aufsichtsratsmandat **begleitenden (schuldrechtlichen) Rechtsverhältnisses.**[57]

37 Sollen die Aufsichtsratsmitglieder für ihre Tätigkeit eine **Vergütung** erhalten, muss dies explizit durch den Gesellschaftsvertrag oder durch Gesellschafterbeschluss geregelt werden (vgl. § 113 Abs. 1 AktG). Sofern die Vergütung im Gesellschaftsvertrag geregelt ist, kann die entsprechende Regelung bei fehlender Regelung im Gesellschaftsvertrag durch Beschluss mit einfacher Mehrheit herabgesetzt werden (§ 103 Abs. 1 S. 4 AktG). Eine Erhöhung bedarf jedoch einer ¾ Mehrheit, sofern im Gesellschaftsvertrag nichts Abweichendes geregelt ist. Eine Gleichbehandlung der Aufsichtsratsmitglieder bezüglich der Vergütung ist im fakultativen Aufsichtsrat nicht erforderlich.[58] Sofern bzgl. einer Vergütung keine Regelung getroffen ist, besteht lediglich ein Anspruch auf Aufwendungsersatz (§ 670 BGB).

38 Sofern im Gesellschaftsvertrag nichts anderes geregelt ist, bedürfen **Verträge**, durch die sich ein Aufsichtsratsmitglied entgeltlich gegenüber der Gesellschaft zur **Erbringung von Diensten höherer Art** verpflichtet, der Zustimmung des Aufsichtsrats (§ 114 Abs. 1 AktG). Anstelle der Zustimmung durch den Aufsichtsrat kann auch die Zustimmung der Gesellschafterversammlung treten, die auch für den Abschluss des entsprechenden Vertrags auf Seiten der Gesellschaft zuständig ist.[59] Sofern diese Verträge inhaltlich Gegenstände betreffen, die von den Pflichten als Aufsichtsratsmitglied bereits gedeckt sind, ist ein entsprechender Vertrag – vorbehaltlich einer anderslautenden Regelung in der Satzung[60] – allerdings nichtig.[61] Dabei ist der organschaftliche Pflichtenkreis grundsätzlich eher weit zu ziehen und bezieht sich auf alle Fragen, bei denen der Aufsichtsrat die Gesellschaft vertritt oder die Geschäftsführung überwacht oder berät.[62] Sofern der Vertrag vor der Bestellung als Aufsichtsratsmitglied geschlossen worden ist, verliert er während der Tätigkeit als Aufsichtsratsmitglied seine Wirkung.[63] Zustimmungspflichtig sind auch Verträge mit Gesellschaften,

---

57 Vgl. RG 123, 354; RG 146, 152; *Altmeppen*, in: *Roth/Altmeppen*, GmbHG § 52 Rn. 17; *Zöllner/Noack*, in: Baumbach/Hueck, GmbHG, § 52 Rn. 59.

58 *Schneider*, in: Scholz, GmbHG,§ 52 Rn. 365; *Lutter*, in: Lutter/Hommelhoff, GmbHG, § 52 Rn. 70.

59 *Zöllner/Noack*, in: Baumbach/Hueck, GmbHG, § 52 Rn. 59; *Raiser*, in: Hachenburg, GmbHG, § 52 Rn. 121.

60 *Giedinghagen*, in: Michalski, GmbHG, § 52 Rn. 191; weiter *Altmeppen*, in: Roth/Altmeppen, GmbHG, § 52 Rn. 16.

61 BGH, ZIP 2007, 22, 23; *Zöllner/Noack*, in: Baumbach/Hueck, GmbHG, § 52 Rn. 63.

62 *Zöllner/Noack*, in: Baumbach/Hueck, GmbHG, § 52 Rn. 102.

63 BGHZ 114, 127, 133; BGH, ZIP 1998, 1801; BGH, NZG 2007, 516, 518.

an denen das Aufsichtsratsmitglied unmittelbar oder mittelbar mehrheitlich beteiligt ist.[64] Nach Auffassung des BGH soll eine Zustimmungspflicht selbst dann bestehen, wenn der Vertrag nur mit Personen abgeschlossen wird, welchem nicht dem Aufsichtsrat angehören, die sich aber mit einem Aufsichtsratsmitglied zur Berufsausübung zusammengeschlossen haben.[65]

39 Das einzelne Aufsichtsratsmitglied ist selbst kein eigenständiges Organ der Gesellschaft, sondern nur Teil des Organs Aufsichtsrat. Insofern gibt es auch **keinen »Minderheitenschutz«**[66] wie er beispielsweise Minderheitsgesellschaftern zukommt. Das Aufsichtsratsmitglied ist bei der Erfüllung seiner Aufgaben unabhängig. Dies betrifft nicht nur die **Unabhängigkeit** gegenüber anderen Gesellschaftsorganen, sondern auch gegenüber einzelnen Gesellschaftern oder Dritten, selbst wenn diesen ein Entsende- oder Abberufungsrecht zustehen sollte.[67] Aufkommende Interessenkonflikte sind dahingehend aufzulösen, dass sich das entsprechende Aufsichtsratsmitglied ggf. der Stimme zu enthalten hat oder bei dauerhaften Interessenüberschneidungen sein Amt niederzulegen hat.[68]

40 Zentrale **Aufgabe des einzelnen Aufsichtsratsmitglieds** ist die Mitwirkung an der Erfüllung der dem Aufsichtsrat obliegenden Aufgaben.[69] Zwar kann das einzelne Aufsichtsratsmitglied, einschließlich des Vorsitzenden des Aufsichtsrats, in der Regel nicht eigenständig ohne Aufsichtsratsbeschluss handeln, doch muss es ggf. alles in seiner Macht Stehende dafür unternehmen, dass die erforderlichen Maßnahmen ergriffen und die notwendigen Beschlüsse gefasst werden.[70] Damit korrespondiert auch eine Verpflichtung des Aufsichtsratsmitglieds, sich über die wesentlichen Angelegenheit der Gesellschaft informiert zu halten. Das Aufsichtsratsmitglied ist bezüglich aller Angelegenheiten, die nicht allgemein bekannt sind und hinsichtlich derer ein objektives Geheimhaltungsbedürfnis der Gesellschaft gegeben ist, zur Verschwiegenheit verpflichtet (§ 116 S. 2 AktG, § 93 Abs. 1 S. 3 i.V.m. § 116 S. 1 AktG).[71] Diese Verschwiegenheitsverpflichtung kann selbst beim fakultativen Aufsichtsrat

---

64 BGH, AG 2006, 667; BGH, WM 2007, 1025.

65 BGH, AG 2007, 80; vgl. auch LG Stuttgart, BB 1998, 1549, 1552.

66 BGHZ 90, 381, 398; OLG Frankfurt, BB 1988, 364.

67 *Giedinghagen*, in: Michalski, GmbHG, § 52 Rn. 174; *Zöllner/Noack*, in: Baumbach/Hueck, GmbHG, § 52 Rn. 119; a.A. bei fakultativem Aufsichtsrat bzgl. des gemeindlichen Weisungsrechts (bei Abbedingung der aktienrechtlichen Bestimmungen und keinem ausdrücklichem Ausschluss des Weisungsrechts) OVG Münster, ZIP 2009, 1718.

68 *Altmeppen,* in: Roth/Altmeppen, GmbHG, § 52 Rn. 27; *Schneider,* in: Scholz, GmbHG, § 52 Rn. 416; *Giedinghagen*, in: Michalski, GmbHG, § 52 Rn. 177.

69 Vgl. dazu unten Rdn. 54 ff.

70 *Zöllner/Noack*, in: Baumbach/Hueck, GmbHG, § 52 Rn. 66.

71 BGHZ 64, 325, 329; vgl. bzgl. der von öffentlichen Körperschaften entsandten oder gewählten AR-Mitgliedern auch die Regelungen der §§ 394 f. AktG; *Banspach/Nowak,* Der Konzern 2008, 195, 200.

nicht abbedungen werden.[72] Unzulässig ist daher z.B. auch die Weitergabe von Informationen an den Betriebsrat oder Gewerkschaften. Gegenüber den Gesellschaftern besteht eine Verschwiegenheitspflicht dagegen nur ausnahmsweise, da diese nach § 51a über ein umfassendes Informationsrecht haben.[73] In diesem Zusammenhang trifft das Aufsichtsratsmitglied auch als Ausprägung der allgemein bestehenden Treuepflicht die Verpflichtung, Geschäftsgeheimnisse nicht zum eigenen Nutzen zu verwenden.[74]

41 Die **Verantwortlichkeit** der Aufsichtsratsmitglieder richtet sich, in Ermangelung gegenteiliger Satzungsbestimmungen,[75] nach §§ 116, 93 Abs. 1 und 2 AktG. Dabei besteht eine Gesamtverantwortung aller Aufsichtsratsmitglieder, der das einzelne Aufsichtsratsmitglied nur entgeht, wenn es alles Zumutbare unternommen hat, um die Pflichtverletzung durch den Aufsichtsrat zu verhindern.[76] In sinngemäßer Anwendung des § 93 Abs. 1 AktG haben Aufsichtsratsmitglieder die **Sorgfalt eines ordentlichen und gewissenhaften Überwachers bzw. Prüfers**[77] zu beachten. Der Haftungsmaßstab orientiert sich dabei auf der einen Seite an einem objektiv zu bestimmenden Mindestmaß an Sorgfalt, das jedes Aufsichtsratsmitglied zu erbringen hat, auf der anderen Seite aber auch an den (zusätzlichen) individuellen Fähigkeiten und Kenntnissen.[78] Beim fakultativen Aufsichtsrat kann der Gesellschaftsvertrag den Sorgfaltsmaßstab modifizieren.[79] Von einer objektiv unwiderlegbaren Vermutung pflichtgemäßen Aufsichtsratshandelns ist auszugehen, wenn das Aufsichtsratsmitglied bei einer unternehmerischen (Ermessens-)Entscheidung vernünftigerweise (gutgläubig) annehmen durfte, auf Grundlage angemessener Information zum Wohle der Gesellschaft zu handeln (sog. Business Judgement Rule), § 116 S. 1 i.V.m. § 93 Abs. 1 S. 2 AktG. Möglich ist der Abschluss einer **D&O-Versicherung** zugunsten der Aufsichtsratsmitglieder durch die Gesellschaft.[80]

42 Eine Haftung des einzelnen Aufsichtsratsmitglieds gem. **§ 93 Abs. 2 AktG** besteht gemäß §§ 93 Abs. 2, 116 Satz 1 AktG, § 52 Abs. 1 nur dann, wenn der Gesellschaft

---

72 *Lutter*, in: Lutter/Hommelhoff, GmbHG, § 52 Rn. 25; *Zöllner/Noack*, in: Baumbach/Hueck, GmbHG, § 52 Rn. 67; *Giedinghagen*, in: Michalski, GmbHG, § 52 Rn. 183a.

73 BGH, ZIP 1997, 978 ff.; BayObLG, AG 1999, 320; *Altmeppen*, in: *Roth/Altmeppen*, GmbHG § 52 Rn. 29.

74 *Raiser/Heermann*, in: Ulmer/Habersack/Winter, GmbHG, § 52 Rn. 137.

75 Zu den Grenzen *Schneider*, in: Scholz, GmbHG, § 52 Rn. 524; *Raiser/Heermann*, in: Ulmer/Habersack/Winter, GmbHG, § 52 Rn. 130.

76 *Schneider*, in: Scholz, GmbHG, § 52 Rn. 472, 475; *Raiser*, in: Hachenburg, GmbHG, § 52 Rn. 129 ff.; *Giedinghagen*, in: Michalski, GmbHG, § 52 Rn. 304.

77 *Zöllner/Noack*, in: Baumbach/Hueck, GmbHG, § 52 Rn. 72.

78 Str. Nachweise bei *Altmeppen*, ZGR 2004, 388, 409 ff.

79 *Raiser/Heermann*, in: Ulmer/Habersack/Winter, GmbHG, § 52 Rn. 130; *Zöllner/Noack*, in: Baumbach/Hueck, GmbHG, § 52 Rn. 72.

80 *Raiser/Heermann*, in: Ulmer/Habersack/Winter, GmbHG § 52 Rn. 154; *Schneider*, in: Scholz, GmbHG, § 52 Rn. 532; *Zöllner/Noack*, in: Baumbach/Hueck, GmbHG, § 52 Rn. 76.

ein Schaden im Sinne der §§ 249 ff. BGB entstanden ist.[81] Eine Haftung kommt z. B. in Betracht, wenn das Aufsichtsratsmitglied ohne hinreichende Information und darauf aufbauender Chancen- und Risikoabschätzung die Zustimmung zu einem nachteiligen Geschäften erteilt[82] und der Gesellschaft durch das Geschäft ein Schaden entsteht. Eine Haftung des Aufsichtsratsmitglieds scheidet aber z.B. aus, wenn sich die Überwachungspflicht auf die Einhaltung des Zahlungsverbots nach § 64 Satz 1 bezieht, weil in diesem Fall nicht die Gesellschaft, sondern die Insolvenzgläubiger durch die Zahlung geschädigt sind.[83] Dies stellt beim fakultativen Aufsichtsrat eine Besonderheit dar, da § 93 Abs. 3 Nr. 6 AktG grundsätzlich eine Gleichstellung des Schadens der Insolvenzgläubiger mit einem Schaden der Gesellschaft anordnet. § 52 Abs. 1 verweist auf § 116 AktG jedoch nur mit der ausdrücklichen Einschränkung »in Verbindung mit § 93 Abs. 1 und 2 Satz 1 und 2«. Anders als in den entsprechenden Vorschriften über den obligatorischen Aufsichtsrat einer GmbH (§ 1 Abs. 1 Nr. 3 DrittelbG; § 25 Abs. 1 Nr. 2 MitbestG; § 3 Abs. 2 MontanMitbestG; § 3 Abs. 1 S. 2 MontanMitbestErgG, § 6 Abs. 2 InvG) verweist § 52 insofern nicht auf § 93 Abs. 3.

43 Die Haftung eines Aufsichtsratsmitglieds tritt nicht ein, wenn der Aufsichtsrat auf Grundlage eines gesetzmäßigen Beschlusses der Gesellschafterversammlung gehandelt hat.[84] Ferner besteht die Möglichkeit, die Aufsichtsratsmitglieder durch **Beschluss der Gesellschafterversammlung** von einer Haftung **freizustellen** oder auf diese zu **verzichten**, wobei ein solcher Verzicht im Hinblick auf begründete bzw. bereits feststehende Haftungsansprüche der GmbH auch durch einen entsprechenden Entlastungsbeschluss bewirkt wird. Die Sperrfrist des § 93 Abs. 4 S. 3 AktG gilt hier mangels Verweis nicht.

44 Die **Verjährung** der Schadensersatzansprüche wegen Verletzung der Obliegenheiten als Aufsichtsratsmitglied richtet sich nach Abs. 3 und beträgt fünf Jahre. »Obliegenheiten« ist in diesem Zusammenhang nicht rechtstechnisch zu verstehen, sondern erfasst sämtliche schädigende Pflichtverletzungen, die ein Aufsichtsratsmitglied in seiner Funktion als Aufsichtsrat begeht. Nicht erfasst werden sonstige Ansprüche gegen das jeweilige Aufsichtsratsmitglied, die mit der Aufsichtsratstätigkeit nicht in Zusammenhang stehen. Nach Auffassung des BGH handelt es sich bei der Frist aus Abs. 3 um eine zwingende Frist, die nicht durch Gesellschaftsvertrag oder Gesellschafterbeschluss abbedungen werden kann.[85] Die Verjährungsfrist läuft, da es sich nicht um die regelmäßige Verjährung nach § 195 BGB handelt, gem. § 200 S. 1 BGB

81 BGH, ZIP 2010, 1988, 1989.

82 BGH, NJW-RR 2007, 390; *Huber*, GmbHR 2007, 307, 310.

83 BGH, ZIP 2010, 1988, 1989.

84 §§ 116 S. 1, 93 Abs. 4 S. 1 AktG gelten insofern auch für den fakultativen Aufsichtsrat vgl. *Lutter*, in: Lutter/Hommelhoff, GmbHG, § 52 Rn. 32; *Zöllner/Noack*, in: Baumbach/Hueck, GmbHG, § 52 Rn. 72, 210; *Schneider*, in: Scholz, GmbHG, § 52 Rn. 528.

85 BGH, NJW 1975, 1318; a.A. die ganz h. Lit.: *Raiser/Heermann*, in: Ulmer/Habersack/Winter, GmbHG, § 52 Rn. 153; *Lutter*, in: Lutter/Hommelhoff, GmbHG, § 52 Rn. 35; *Zöllner/Noack*, in: Baumbach/Hueck, GmbHG, § 52 Rn. 78.

ab Entstehung des Anspruchs,[86] so dass es auf Kenntnis oder grob fahrlässige Unkenntnis der Gesellschaft von der Pflichtverletzung oder vom Schaden nicht ankommt.

45 Obwohl es an einer expliziten Regelung zur Entlastung von Aufsichtsratsmitgliedern des fakultativen Aufsichtsrats fehlt, haben diese einen **Anspruch auf Entlastung.**[87] Dieser hat die gleiche Verzichtswirkung wie die Entlastung der Geschäftsführung und ist in regelmäßigen Abständen vorzunehmen.[88]

8. Innere Ordnung des Aufsichtsrats

46 Hinsichtlich der **Organisation** des Aufsichtsrates verweist Abs. 1 nur auf die Einberufungsregel des § 110 AktG. Eine weitergehende Inbezugnahme aktienrechtlicher Vorschriften sieht das GmbHG nicht vor. Mangels abweichender Bestimmungen im Gesellschaftsvertrag oder in einer Geschäftsordnung für den Aufsichtsrat können aber die Bestimmungen der §§ 107 bis 109 AktG als Anhaltspunkt herangezogen werden,[89] da sie insofern als Grundprinzipien des körperschaftsrechtlichen Organisationsrecht zu verstehen sind.[90]

47 Regelmäßig finden sich bei Bestehen eines Aufsichtsrats aber Regelungen zur inneren Ordnung im Gesellschaftsvertrag der jeweiligen GmbH. Dabei liegt die konkrete Ausgestaltung der inneren Ordnung des Aufsichtsrats weitgehend im freien Ermessen der Gesellschafter. Grenzen bestehen nur insofern, als nicht die innere Ordnung des Aufsichtsrats selbst, sondern z.B. die Mitgliedschaft im Aufsichtsrat betroffen wird. Finden sich im Gesellschaftsvertrag keine Regelungen, besteht die Möglichkeit der Fassung einer **Geschäftsordnung** für den Aufsichtsrat. Diese kann entweder durch die Gesellschafterversammlung[91] oder durch den Aufsichtsrat selbst mit einfacher Mehrheit beschlossen werden.[92]

48 Sofern sowohl im Gesellschaftsvertrag als auch in einer möglichen Geschäftsordnung keine anderweitigen Regelungen vorhanden sind, tagt der Aufsichtsrat in **Sitzungen**

86 *Zöllner/Noack*, in Baumbach/Hueck, GmbHG, § 52 Rn. 78; *Pelz*, RNotZ 2003, 425, 424.

87 *Schneider*, in: Scholz, GmbHG, § 52 Rn. 525; *Zöllner/Noack*, in: Baumbach/Hueck, GmbHG, § 52 Rn. 79.

88 *Zöllner/Noack*, in: Baumbach/Hueck, GmbHG, § 52 Rn. 79.

89 *Lutter*, in: Lutter/Hommelhoff, GmbHG, § 52 Rn. 27; *Wicke*, GmbHG, § 52 Rn. 4; *Raiser/Heermann*, in: Ulmer/Habersack/Winter, GmbHG, § 52 Rn. 62; vgl. auch *Schneider*, in: Scholz, GmbHG, § 52 Rn. 385.

90 Vgl. dazu Rdn. 20.

91 *Zöllner/Noack*, in: Baumbach/Hueck, GmbHG, § 52 Rn. 84; *Raiser/Heermann*, in: Ulmer/Habersack/Winter, GmbHG, § 52 Rn. 63.

92 Ob hierzu eine Grundlage im Gesellschaftsvertrag erforderlich ist, ist umstritten. Verneinend: *Zöllner/Noack*, in: Baumbach/Hueck, GmbHG, § 52 Rn. 84; *Marsch-Barner/Diekmann*, in: MünchHdbGesR, § 48 Rn. 65; *Raiser/Heermann*, in: Ulmer/Habersack/Winter, GmbHG, § 52 Rn. 63; a.A. *Heyder*, in: Michalski, GmbHG, 1. Aufl., § 52 Rn. 321.

(§ 110 AktG).[93] Eine Beschlussfassung außerhalb einer solchen Sitzung ist möglich, wenn entweder im Gesellschaftsvertrag oder in der (rechtmäßig erlassenen) Geschäftsordnung eine solche Beschlussfassung zugelassen wird oder kein Mitglied des Aufsichtsrats der Durchführung eines entsprechenden Beschlussverfahrens widerspricht. Unter den gleichen Umständen, unter denen auch eine Beschlussfassung außerhalb von Sitzungen möglich ist, ist auch eine kombinierte Beschlussfassung[94] zulässig, bei der einzelne Mitglieder des Aufsichtsrats vor Ort sind, während andere sich telefonisch zugeschaltet haben.

49 Sofern nichts Anderweitiges bestimmt ist, bedarf es grundsätzlich einer (formfreien) **Einberufung** der Aufsichtsratssitzung. Nur in besonderen Eilfällen oder bei (konkludenter) Zustimmung aller Aufsichtsratsmitglieder ist sie insgesamt verzichtbar. Als wesentliche Punkte muss die Einberufung die Tagesordnung und den Sitzungsort und – zeitpunkt enthalten.[95] Zur Vorbereitung der Sitzung erforderliche Unterlagen, wie Berichte, welche gegenüber dem Aufsichtsrat zu erstatten sind, sind mitzuversenden, es sei denn, auch eine spätere Übersendung gewährleistet noch eine angemessene Vorbereitung.[96] Zuständig für die Einberufung ist mangels anderweitiger Regelung der Aufsichtsratsvorsitzende. Jedes Mitglied (und die Geschäftsführung) kann gem. § 110 Abs. 1 AktG unter Angabe des Zwecks und der Gründe die unverzügliche Einberufung einer Sitzung verlangen, die in diesem Fall innerhalb von zwei Wochen nach der Einberufung stattzufinden hat. Ist ein Aufsichtsratsvorsitzender nicht vorhanden oder kommt er dem Einberufungsverlangen nicht nach, kann das verlangende Mitglied oder die Geschäftsführung den Aufsichtsrat selbst einberufen (§ 110 Abs. 2 AktG). Dieses Recht ist auch bei einem fakultativen Aufsichtsrat nicht abdingbar, da es für das einzelne Aufsichtsratsmitglieds notwendiges Vehikel zur effektiven Ausübung und Durchsetzung von Kontrolle ist.

50 Jedem Aufsichtsratsmitglied kommt ein **Teilnahmerecht an den Sitzungen** zu. Ein Aufsichtsratsmitglied kann von Sitzungen nur in besonderen Ausnahmefällen ausgeschlossen werden, insbesondere dann, wenn ein Aufsichtsratsmitglied bei Vorliegen eines wichtigen Grundes insgesamt aus dem Aufsichtsrat ausgeschlossen werden könnte (§ 103 Abs. 3 AktG). Ein Ausschluss von Aufsichtsratsmitgliedern ist allerdings nur im Extremfall möglich.[97] Bei Interessenkonflikten genügt in der Regel die Beschränkung auf den Ausschluss des Stimmrechts. Der Ausschluss aus einer Sitzung bedarf eines Beschlusses des gesamten Aufsichtsrats, der – vorbehaltlich einer anderweitigen Regelung in Gesellschaftsvertrag oder Geschäftsordnung – hierüber mit ein-

93 Zur Möglichkeit einer Videokonferenz *Zöllner/Noack*, in: Baumbach/Hueck, GmbHG, § 52 Rn. 83.

94 Vgl. dazu *Kindl*, ZHR 166 (2002), 335, 342; *Wagner*, NZG 2002, 57, 58 f.

95 *Zöllner/Noack*, in: Baumbach/Hueck, GmbHG, § 52 Rn. 85 (auch Sitzungsart).

96 *Schneider*, in: Scholz, GmbHG, § 52 Rn. 393; *Giedinghagen*, in: Michalski, GmbHG, § 52 Rn. 353.

97 So *Raiser/Heermann*, in: Ulmer/Habersack/Winter, GmbHG, § 52 Rn. 68; *Hüffer*, AktG, § 109 Rn. 2; *Habersack*, in: MünchKommAktG, § 109 Rn 10.

facher Mehrheit der abgegebenen Stimmen ohne die Stimme des Betroffenen entscheidet.[98] Dagegen haben weder Gesellschafter noch Geschäftsführer oder Dritte ein generelles Teilnahme- oder Rederecht. Soweit der Gesellschaftsvertrag ein Teilnahmerecht der Geschäftsführer an Aufsichtsratssitzungen vorsieht, greift dieses jedenfalls dann nicht durch, wenn die Gegenstände der Aufsichtsratssitzung hiermit nicht kompatibel sind, insbesondere eine ordnungsgemäße Überwachung oder Kontrolle des Aufsichtsrats eingeschränkt oder behindert würde.[99] Allerdings kann der Aufsichtsrat die Teilnahme der Geschäftsführung an den Sitzungen verlangen.[100] Darüber hinaus kann durch Beschluss des Aufsichtsrats mit einfacher Mehrheit auch die Teilnahme von Dritten, also auch von Gesellschaftern, zugelassen werden.[101] Allerdings kann in diesem Fall jedes Mitglied fordern, dass über alle Gegenstände ohne Anwesenheit Dritter beraten und abgestimmt wird. Da das Mandat und damit auch das Teilnahmerecht den Aufsichtsratsmitgliedern höchstpersönlich zustehen (§ 52 Abs. 1 GmbHG i.V.m. § 111 Abs. 5 AktG), ist eine Vertretung grundsätzlich nicht zulässig. Allerdings kann der Gesellschaftsvertrag zulassen, dass an den Sitzungen des Aufsichtsrats und seiner Ausschüsse Personen, die dem Aufsichtsrat nicht angehören, anstelle der verhinderten Aufsichtsratsmitglieder teilnehmen können (§ 109 Abs. 3 AktG).

51 Die **Entscheidungen des Aufsichtsrats** ergehen in der Regel durch **Beschlüsse,** werden daher in ordnungsgemäß einberufener Sitzung gefasst. Außerhalb von Sitzungen sind Entscheidungen möglich, aber nur zulässig, wenn kein Mitglied widerspricht oder wenn der Gesellschaftsvertrag oder die Geschäftsordnung des Aufsichtsrats ein entsprechendes Verfahren installiert hat (§ 108 Abs. 4 AktG). Die Beschlussfähigkeit des Aufsichtsrats setzt eine ordnungsgemäße Einberufung voraus. Umstritten ist, ob bei ordnungsgemäßer Einladung des Aufsichtsrats eine Entscheidung ohne Rücksicht auf die Anzahl der tatsächlich anwesenden Aufsichtsratsmitglieder gefasst werden kann.[102] Dies entspricht – vorbehaltlich einer Regelung im Gesellschaftsvertrag – der gesetzlichen Regelung beim fakultativen Aufsichtsrat, da der Gesetzgeber die entsprechende Regelung des § 108 Abs. 2 AktG nicht in § 52 aufgeführt hat, so dass eine entsprechende Beschlussfassung beim fakultativen Aufsichtsrat auch ohne Einhaltung der Vorgaben aus § 108 Abs. 2 AktG möglich ist. Gegenstände bezüglich derer nicht ordnungsgemäß einberufen wurde, können nur gefasst werden, sofern alle Aufsichts-

---

98 *Giedinghagen*, in: Michalski, GmbHG, § 52 Rn. 347; *Lutter/Krieger*, AR Rn. 699.

99 *Ulmer/Habersack*, in: Ulmer/Habersack/Henssler, MitbestG, § 25 Rn. 19; *Zöllner/Noack*, in: Baumbach/Hueck, GmbHG, 52 Rn. 224.

100 *Zöllner/Noack*, in: Baumbach/Hueck, GmbHG, § 52 Rn. 87.

101 Str. wie hier *Zöllner/Noack*, in: Baumbach/Hueck, GmbHG, § 52 Rn. 87; *Schneider*, in: Scholz, GmbHG, § 52 Rn. 397; einschränkend *Raiser/Heermann*, in: Ulmer/Habersack/Winter, GmbHG, § 52 Rn. 69.

102 Dies bejahend *Raiser/Heermann*, in: Ulmer/Habersack/Winter, GmbHG, § 52 Rn. 77; *Wicke*, GmbHG, § 52 Rn. 4; *Zöllner/Noack*, in: Baumbach/Hueck, GmbHG, § 52 Rn. 88; *Rohde*, GmbHR 2007, 1128, 1132; dies ablehnend: *Marsch-Barner/Diekmann*, in: MünchHdbGesR, § 48 Rn. 70; *Schneider*, in: Scholz, GmbHG, § 52 Rn. 407.

ratsmitglieder anwesend sind und einer entsprechenden Beschlussfassung zustimmen.[103] Umstritten ist, ob eine geheime Abstimmung zulässig ist, wobei die herrschende Ansicht bei entsprechendem Gesellschaftsinteresse richtigerweise eine geheime Abstimmung für zulässig erachtet.[104] Sofern im Gesellschaftsvertrag keine abweichenden Mehrheiten bestimmt sind, entscheidet der Aufsichtsrat mit **einfacher Mehrheit**. Sofern ein Aufsichtsratsmitglied nicht anwesend ist, kann eine schriftliche Stimmabgabe erfolgen (§ 108 Abs. 3 Satz 1 AktG), die entweder durch ein anderes Aufsichtsratsmitglied oder ein durch den Gesellschaftervertrag zugelassenen oder von dem jeweiligen Aufsichtsratsmitglied ermächtigten Vertreter überreicht werden kann. Alternativ zu dieser Erklärung mittels Stimmboten kann das Aufsichtsratsmitglied seine schriftliche Stimmabgabe auch elektronisch übermitteln, sei es per E-Mail oder per Telefax.[105] Sofern in diesen Konstellationen keine vernünftigen Zweifel dahingehen bestehen, dass eine wirksame schriftliche Stimmabgabe vorgelegen hat, ist diese entsprechend bei der Beschlussfassung zu berücksichtigen. Grundsätzlich ist jedes Aufsichtsratsmitglied **stimmberechtigt**, wobei im Fall der Interessenskollision die Vorschriften die §§ 34 BGB, 47 Abs. 4 entsprechend anzuwenden sind.[106] Stimmenthaltungen werden bei der Bestimmung der Mehrheiten nicht berücksichtigt, bei einem Patt ist der Antrag abgelehnt.

52 **Verstößt** ein **Aufsichtsratsbeschluss** seinem Inhalt nach **gegen Gesetz, Satzung oder gegen wesentliche Verfahrensvorschriften**, führt dies zur Nichtigkeit des Beschlusses. Bei einem Verstoß gegen Verfahrensvorschriften gilt dies jedoch nur dann, wenn diesbzgl. Nichtigkeit als Sanktion dem Zweck der jeweils verletzten Verfahrensvorschrift entspricht,[107] was häufig nicht der Fall ist. Nichtigkeit des Beschlusses liegt allerdings jedenfalls dann vor, wenn am Beschluss nicht stimmberechtigte Aufsichtsratsmitglieder oder Dritte mitgewirkt haben, sofern deren Teilnahme für das Ergebnis von entscheidendem Einfluss war. Darüber hinaus kann auch das Unterlassen bzw. bei wesentlichen Fehlern (z.B. Nennung eines falschen Versammlungsorts, zu kurze Ladungsfrist) auch die Fehlerhaftigkeit der Ladung von Aufsichtsratsmitgliedern oder deren rechtswidriger Ausschluss von der Abstimmung zur Nichtigkeit des Beschlusses führen.[108] Sofern allerdings ein Mangel z.B. im Rahmen der Einladung vorliegt, jedoch alle bzw. das nicht ordnungsgemäß geladene Aufsichtsratsmitglied(er) mit der

103 *Ulmer/Habersack*, in: Ulmer/Habersack/Henssler, MitbestG, § 25 MitbestG Rn 17; *Schneider*, in: Scholz, GmbHG, § 52 Rn. 393; *Zöllner/Noack*, in: Baumbach/Hueck, GmbHG, 52 Rn. 226.

104 Bejahend *Raiser/Heermann*, in: Ulmer/Habersack/Winter, GmbHG, § 52 Rn. 78; a.A. *Schneider*, in: Scholz, GmbHG, § 52 Rn. 427; *Zöllner/Noack*, in: Baumbach/Hueck, GmbHG, § 52 Rn. 88.

105 *Zöllner/Noack*, in: Baumbach/Hueck, GmbHG, 52 Rn. 230.

106 *Zöllner/Noack*, in: Baumbach/Hueck, GmbHG, § 52 Rn. 89.

107 Die Frage nach den Rechtsfolgen eines Verstoßes gegen reine Verfahrensvorschriften ist stark umstritten, vgl. dazu *Raiser/Heermann*, in: Ulmer/Habersack/Winter, GmbHG, § 52 Rn. 85; *Hoffmann-Becking*, in: MünchHdbAG, § 31 Rn. 110.

108 Vgl. dazu OLG Stuttgart, WM 1985, 601f.; LG Düsseldorf, AG 1995, 333.

Beschlussfassung einverstanden sind, ist der Beschluss rechtmäßig zustande gekommen. Gleiches gilt auch für andere Verfahrensfehler, so dass immer dann, wenn alle Mitglieder des Aufsichtsrats anwesend sind und keine Einwände gegen die Beschlussfassung als solches haben, trotz Vorliegens von Verfahrensmängeln ein wirksamer Beschluss gefasst werden kann. Dabei liegt regelmäßig allein in der Tatsache, dass das jeweilige Aufsichtsratsmitglied an der Beschlussfassung mitwirkt und gegen sie keine Einwände erhebt, eine konkludente Zustimmungserklärung des betroffenen Mitglieds. Sofern das betroffene Mitglied sich mit einer Beschlussfassung nicht einverstanden erklärt, stellt sich die Frage, ob und unter welchen Voraussetzungen die mögliche Unwirksamkeit eines ungeachtet dessen gefassten Beschlusses geltend gemacht werden kann. Grundsätzlich richtige Klageart ist in diesen Fällen die Feststellungsklage gegen die Gesellschaft,[109] für die jedes Aufsichtsratsmitglied[110] klagebefugt ist. Das Feststellungsinteresse ergibt sich hierbei aus der gemeinsamen Verantwortung der Organmitglieder für die Rechtmäßigkeit der von ihnen gefassten Beschlüsse.[111] Darüber hinaus sind aber auch Gesellschafter oder Geschäftsführer klagebefugt, sofern sie durch den Beschluss in ihren Rechten verletzt sind.[112] Dabei ist zu berücksichtigen, dass der BGH in diesem Zusammenhang eine insgesamt eher restriktive Linie verfolgt und die Geltendmachung der Nichtigkeit über die Institute des Rechtsschutzbedürfnisses und der Verwirkung einschränkt.[113]

53 Der Aufsichtsrat kann auf Grund seiner Organisationshoheit vom Grundsatz her aus seiner Mitte heraus **Ausschüsse** bilden (vgl. § 107 Abs. 3 AktG). Dies können sowohl vorbereitende, beratende aber auch beschließende Ausschüsse sein. Die Entscheidung, ob ein Ausschuss gebildet oder aufgelöst wird, obliegt dabei grundsätzlich dem Aufsichtsrat.[114] Allerdings besteht auch die Möglichkeit, einen Aufsichtsratsausschuss durch Satzungsregelung oder durch entsprechenden Gesellschafterbeschluss einzurichten. Die Einrichtung eines beschließenden Ausschusses ist jedoch nur möglich, sofern dem Aufsichtsrat im Gesellschaftsvertrag die entsprechende Kompetenz zugewiesen ist. Andernfalls bedarf es zunächst einer Satzungsänderung, mit der die Kompetenzverlagerung legitimiert wird. Hinsichtlich der inneren Ordnung der Ausschüsse finden sich gesetzlich keine Regelungen. Es gelten insofern die Regelungen für den Gesamtaufsichtsrat auch in den jeweiligen Ausschüssen. Die Beschränkungen des § 107 Abs. 3 S. 3 AktG gelten beim fakultativen Aufsichtsrat nicht.

109 BGH, NJW 1997, 1926; BGH, NJW 1993, 2307.

110 BGHZ 122, 342, 344; BGHZ 83, 144, 146; BGHZ 64, 325.

111 BGHZ 135, 244,.

112 *Lutter*, in: Lutter/Hommelhoff, GmbHG, § 52 Rn. 97; *Schneider*, in: Scholz, GmbHG, § 52 Rn. 439 f.

113 BGHZ 122, 342, 346; 124, 111, 115; 135, 244, 247; *Zöllner/Noack*, in: Baumbach/Hueck, GmbHG, § 52 Rn. 1292.

114 BGHZ 122, 342, 355; BGHZ 83, 106, 114 ff.

9. Aufgaben und Kompetenzen des Aufsichtsrats

54 Das GmbHG selbst sieht eine Zuständigkeit des Aufsichtsrats nur an einer Stelle vor. Gemäß § 29 Abs. 4 S. 1 können – unbeschadet der Regelungen des § 29 Abs. 1 und 2 und abweichender Gewinnverteilungsabreden nach § 29 Abs. 3 S. 2 – die Geschäftsführer mit Zustimmung des Aufsichtsrats oder der Gesellschafter den Eigenkapitalanteil von Wertaufholungen bei Vermögensgegenständen des Anlage- und Umlaufvermögens und von bei der steuerrechtlichen Gewinnermittlung gebildeten Passivposten, die nicht im Sonderposten mit Rücklagenanteil ausgewiesen werden dürfen, in andere Gewinnrücklagen einstellen. Im Übrigen ergeben sich die Aufgaben des Aufsichtsrats aus den Regelungen des AktG, auf die § 52 verweist, wobei die Gesellschafter weitgehend frei sind, die Aufgaben und Kompetenzen hiervon abweichend zu regeln. So kann z.B. kraft Satzung dem Aufsichtsrat die Zuständigkeit zu Entscheidungen in Geschäftsführungsfragen neben oder an Stelle der Gesellschafterversammlung zuerkannt werden.[115] Zwingende Grenzen bestehen hier nur im Hinblick auf die Kompetenzverteilung in der GmbH, z.B. bzgl. der Vertretung der Gesellschaft durch die Geschäftsführung (§ 35 Abs. 1, § 37 Abs. 2).

55 **Hauptaufgabe** des Aufsichtsrates ist eine umfassende **Überwachung der Geschäftsführertätigkeit** auf Ordnungsmäßigkeit, Wirtschaftlichkeit, Zweckmäßigkeit und Rechtmäßigkeit (§ 111 Abs. 1 AktG). Die Überwachungstätigkeit bezieht sich nur auf die Geschäftsführungsmaßnahmen der Geschäftsführer und nicht etwa auch auf solche der Gesellschafter oder eines Beirats.[116] Als Kern der Aufsichtsratstätigkeit kann die Überwachung der Geschäftsführung dem Aufsichtsrat nicht entzogen werden und tritt neben das Überwachungsrecht der Gesellschafterversammlung.[117] Zur Beurteilung schwieriger Sachverhalte kann der Aufsichtsrat auch externe Sachverständige zur Unterstützung heranziehen (§§ 109 Abs. 1 S. 2, 111 Abs. 2 S. 2 AktG).[118] Instrumente zur effektiven Überwachung sind insbesondere das Einsichts- und Prüfungsrecht gem. § 111 Abs. 2 S. 1 AktG, das Recht zur Einberufung einer Gesellschafterversammlung gem. § 111 Abs. 3 AktG, das Recht und die Pflicht zur Verabschiedung eines Zustimmungskatalogs i.S.d. § 111 Abs. 4 S. 2 AktG sowie sonstige Informationsrechte iSd. § 90 AktG. Der Aufsichtsrat kann seiner Überwachungstätigkeit nicht nur im Nachgang einer Maßnahme nachkommen, sondern er kann auch präventiv Kontroll- und Überwachungsfunktionen übernehmen. So besteht gemäß § 111 Abs. 4 S. 2 AktG die Möglichkeit, für bestimmte Arten von Geschäften ein **Zustimmungserfordernis** des Aufsichtsrats zu begründen. Diese Zustimmungserfordernisse können von den Gesellschaftern in der Satzung oder durch den Auf-

115 RGZ 137, 305, 309; BGHZ, 43, 261, 264.

116 *Zöllner/Noack*, in: Baumbach/Hueck, GmbHG, § 52 Rn. 66, 100, 242; *Giedinghagen*, in: Michalski, GmbHG, § 52 Rn. 217.

117 *Lutter*, in: Lutter/Hommelhoff, GmbHG, § 46 Rn. 31; *Schneider*, in: Scholz, GmbHG, § 46 Rn. 112; *Roth*, in: *Roth/Altmeppen*, GmbHG, § 46 Rn. 46 ff.

118 BGHZ 85, 293, 297; *Schneider*, in: Scholz, GmbHG, § 52 Rn. 123.

sichtsrat selbst bestimmt werden.[119] Das Zustimmungserfordernis stellt hier eine im Vorfeld der jeweiligen Maßnahme einsetzende Überwachungstätigkeit des Aufsichtsrats dar, da die Maßnahme als solche ohne Billigung des Aufsichtsrats erst gar nicht umgesetzt wird. Dabei hat der Aufsichtsrat nicht nur die Rechtsmäßigkeit der jeweiligen Maßnahme zu prüfen, sondern auch deren Zweckmäßigkeit. Ungeachtet eines bestehenden Zustimmungserfordernisses behält allerdings die Gesellschafterversammlung ihre übergeordnete Geschäftsführungskompetenz, also insb. das Weisungsrecht gegenüber den Geschäftsführern.[120] Insofern hat eine Weisung der Gesellschafter immer Vorrang vor möglichen Zustimmungserfordernissen des Aufsichtsrats und auch vor einer verweigerten Zustimmung des Aufsichtsrats.[121]

56 Zur ordnungsgemäßen Erfüllung seiner Aufgaben muss sowohl der Aufsichtsrat als Gremium, als auch jedes einzelne Aufsichtsratsmitglied über eine ausreichende **Informationsbasis** verfügen. Gemäß § 90 Abs. 3 S. 1 AktG kann der Aufsichtsrat jederzeit von den Geschäftsführern einen Bericht über die Angelegenheiten der Gesellschaft verlangen. Eine Pflicht zur automatischen regelmäßigen Erstellung von **Berichten**, wie sie § 90 Abs. 1 und 2 AktG vorsieht, besteht bei der GmbH mangels entsprechenden Hinweises in § 52 nicht. Die Berichtspflicht umfasst die Darstellung sämtlicher wesentlicher Punkte zu den Sachverhalten, bzgl. deren ein Bericht verlangt wird. Eine Vorlage sämtlichen Materials zu der jeweiligen Frage einschließlich interner Arbeitsunterlagen der Geschäftsführung kann der Aufsichtsrat aber nicht verlangen.[122] Der Gesellschaftsvertrag kann auch hier im Einzelnen die Anforderungen definieren und z.B. auch eine ständige Informationspflicht der Geschäftsführung gegenüber dem Aufsichtsrat einführen. Auch eine Einschränkung der Berichtspflicht kraft entsprechender Regelung im Gesellschaftsvertrag ist möglich, wobei allerdings hierdurch die Aufgaben des Aufsichtsrats, insbesondere die einer ordnungsgemäßen Überwachung, nicht unterlaufen werden dürfen.[123] Notwendige Informationen können gegenüber dem Aufsichtsrat grundsätzlich nicht mit Hinweis auf Geheimhaltungsgründe verweigert werden.[124] Zum einen unterliegen die Aufsichtsratsmitglieder einer Verschwiegenheitspflicht (§§ 116 S. 1 i.V.m. 93 Abs. 1 S. 3; 116 S. 2 AktG), zum anderen wäre ansonsten auch keine ordnungsgemäße Erfüllung der Überwachung möglich. Insofern können auch bei einem fakultativen Aufsichtsrat die Infor-

---

119 *Giedinghagen*, in: Michalski, GmbHG, § 52 Rn. 228; *Lutter*, in: Lutter/Hommelhoff, GmbHG, § 52 Rn. 15.

120 *Schneider*, in: Scholz, GmbHG, § 52 Rn. 133; Altmeppen, in: *Roth/Altmeppen*, GmbHG § 52 Rn. 23.

121 *Zöllner/Noack*, in: Baumbach/Hueck, GmbHG, § 52 Rn. 124; *Lutter*, in: Lutter/Hommelhoff, GmbHG, § 52 Rn. 15; *Giedinghagen*, in: Michalski, GmbHG, § 52 Rn. 233.

122 *Zöllner/Noack*, in: Baumbach/Hueck, GmbHG, § 52 Rn. 124.

123 *Lutter*, in: Lutter/Hommelhoff, GmbHG, § 52 Rn. 22; *Marsch-Barner/Diekmann*, in: MünchHdbGesR, § 48 Rn. 59; a.A. *Heyder*, in: Michalski, GmbHG, 1. Aufl., § 52 Rn. 262.

124 *Schneider*, in: Scholz, GmbHG, § 52 Rn. 111; *Lutter*, in: Lutter/Hommelhoff, GmbHG, § 52 Rn. 22; *Giedinghagen*, in: Michalski, GmbHG, § 52 Rn. 262.

mationsrechte nicht ausgeschlossen, sondern allenfalls modifiziert werden.[125] Besteht jedoch die begründete Gefahr, dass sich einzelne Aufsichtsratsmitglieder nicht an ihre Verschwiegenheitspflicht halten und der Gesellschaft hierdurch Nachteile entstehen können, können diese Aufsichtsratsmitglieder vom Zugang zu diesen Informationen ausgeschlossen werden.[126]

57 Über § 170 Abs. 1 AktG sind dem Aufsichtsrat unverzüglich nach ihrer Aufstellung der **Jahres- bzw. der Konzernabschluss** und der (Konzern-) Lagebericht vorzulegen, die dieser zu prüfen hat. Umstritten ist, ob die Geschäftsführer darüber hinaus auch einen Vorschlag über die Verwendung des Bilanzgewinns vorzulegen haben.[127] Daneben hat der Aufsichtsrat über § 111 Abs. 2 S. 1 AktG das Recht, »Bücher oder Schriften« der Gesellschaft sowie Vermögensgegenstände, wie z.B. die Kasse, einzusehen und zu prüfen. Denkbar ist aber z.B. die Übertragung dieser Aufgaben auf einen Ausschuss oder einzelne AR-Mitglieder (§ 111 Abs. 2 S. 2 AktG), so dass nicht alle Mitglieder des Aufsichtsrats Einblick bekommen. Ein Einsichts- und Prüfungsrecht des einzelnen Aufsichtsratsmitglieds besteht nämlich nicht.[128] Im Rahmen seiner Tätigkeiten kann der Aufsichtsrat auch sachverständige Dritte einschalten.[129] Gemäß § 171 Abs. 2 Satz 1 AktG hat der Aufsichtsrat über das Ergebnis seiner Prüfung der Gesellschafterversammlung schriftlich zu berichten. Dieser Bericht muss dabei zum einen durch einen förmlichen Beschluss des Aufsichtsrats festgestellt, zum anderen im Original zumindest durch den Aufsichtsratsvorsitzenden unterschrieben werden.[130] Dabei hat er, soweit die Gesellschaft der Abschlussprüfungspflicht unterliegt, auch zum Ergebnis der Prüfung durch den Abschlussprüfer Ausführungen zu machen. Da auf § 172 AktG nicht verwiesen wird, obliegt dem Aufsichtsrat nicht die Aufgabe den Jahresabschluss zusammen mit der Geschäftsführung festzustellen. Dies ist vielmehr Kompetenz der Gesellschafterversammlung gem. § 46 Ziff. 1 und § 42a Abs. 1 und 2. Umstritten ist, ob durch entsprechende abweichende Satzungsregelung die Kontrollaufgabe des Aufsichtsrats im Hinblick auf die Prüfung des Jahres- bzw. des Konzernabschlusses abgedungen werden kann.[131] Aufgrund der in § 52 angeordneten Dispositionsbefugnis im Gesellschaftsvertrag wird man diese Kontrollaufgabe des Aufsichtsrats zwar grundsätzlich als abdingbar ansehen müssen, doch ändert dies

---

125 *Zöllner/Noack*, in: Baumbach/Hueck, GmbHG, § 52 Rn. 134 f.; *Lutter*, in: Lutter/Hommelhoff, GmbHG, § 52 Rn. 22.

126 *Schneider*, in: Scholz, GmbHG, § 52 Rn. 112 f.; *Giedinghagen*, in: Michalski, GmbHG, § 52 Rn. 263.

127 Bejahend *Schneider*, in: Scholz, GmbHG, § 52 Rn. 150; *Raiser/Heermann*, in: Ulmer/Habersack/Winter, GmbHG, § 52 Rn. 98, a.A. *Zöllner/Noack*, in: Baumbach/Hueck, GmbHG, 52 Rn. 109.

128 *Zöllner/Noack*, in: Baumbach/Hueck, GmbHG, § 52 Rn. 137.

129 *Leuering/Simon*, NJW-Spezial 2007, 123.

130 BGH, DStR 2010, 2585 f.

131 Ablehnend *Zöllner/Noack*, in: Baumbach/Hueck, GmbHG, § 52 Rn. 113; a.A. (satzungsdispositiv) *Raiser/Heermann*, in: Ulmer/Habersack/Winter, GmbHG, § 52 Rn. 100; *Koppensteiner*, in: Rowedder/Schmidt-Leithoff, GmbHG, § 52 Rn. 11; *Altmeppen*, in: Roth/Altmeppen, GmbHG, § 52 Rn. 25; *Schneider*, in: Scholz, GmbHG, § 52 Rn. 157.

nichts an der grundsätzlichen Aufgabe des Aufsichtsrats, eine geeignete Kontrolle und Überwachung der Geschäftsführung vorzunehmen.[132] Zwar trifft den Aufsichtsrat im Fall der Abbedingung keine rechtstechnische Prüfungsverpflichtung, aus seiner grundsätzlichen Überwachungspflicht folgt allerdings, dass er die entsprechenden Jahres- bzw. Konzernabschlüsse in der Regel zumindest auf Plausibilität durchzusehen hat.

58 Der Aufsichtsrat ist zur **Einberufung einer Gesellschafterversammlung** befugt und zugleich auch verpflichtet, wenn das Wohl der Gesellschaft es aus seiner Sicht erfordert (§ 52 Abs. 1 GmbHG i.V.m. § 111 Abs. 3 S. 1 AktG). In diesem Fall ist dem Aufsichtsrat in der Gesellschafterversammlung auch das Recht einzuräumen, den Grund für die Einberufung zu erläutern.[133] Die Aufsichtsratsmitglieder haben aber kein generelles Recht bzw. keine generelle Pflicht zur Teilnahme an der Gesellschafterversammlung. Ein unabdingbares Teilnahmerecht besteht nur in den Fällen, in denen eine Teilnahme der Aufsichtsratsmitglieder für die ordnungsgemäße Erfüllung ihrer Aufgaben erforderlich ist, z.B. bei der Geltendmachung von Ansprüchen gegen die Geschäftsführung. Allerdings ist eine abweichende Regelung durch den Gesellschaftsvertrag möglich, so dass den Aufsichtsratsmitgliedern Teilnahmerechte eingeräumt oder entsprechende Pflichten auferlegt werden können.

59 Gemäß §§ 35 ff. wird die Gesellschaft grundsätzlich durch die Geschäftsführer vertreten. Allerdings verweist § 52 für den faktultativen Aufsichtsrat auf § 112 AktG (**Vertretung** des Aufsichtsrats gegenüber dem Vorstand), nach dem der Aufsichtsrat die Gesellschaft gerichtlich und außergerichtlich gegenüber den Geschäftsführern zu vertreten hat. Die Regelung des § 112 AktG findet im GmbH-Recht jedoch nur sehr eingeschränkte Wirkung.[134] So obliegt die Geltendmachung von Ersatzansprüchen der Gesellschaft gegen Geschäftsführer gem. § 46 Nr. 8 grundsätzlich der Gesellschafterversammlung. Dies umfasst auch Streitigkeiten aus dem Geschäftsführeranstellungsvertrag, da bei einem fakultativen Aufsichtsrat die Gesellschafterversammlung kraft Annexkompetenz zur Geschäftsführerbestellung auch für den Abschluss, die Veränderung und die Beendigung des Anstellungsvertrags zuständig ist.[135] Der Aufsichtsrat vertritt die Gesellschaft gegenüber der Geschäftsführung daher nur in sonstigen Prozessen, wobei die Vertretungsmacht des Aufsichtsrats dabei auch gegenüber ausgeschiedenen Geschäftsführern besteht.[136] Sofern die Geschäftsführung gehandelt hat, obwohl der Aufsichtsrat gem. § 112 AktG zuständig gewesen wäre, sind die §§ 177 ff. BGB anwendbar.[137] Die **Vertre-**

132 *Giedinghagen*, in: Michalski, GmbHG, § 52 Rn. 249.

133 *Zöllner/Noack*, in: Baumbach/Hueck, GmbHG, § 52 Rn. 138.

134 *Wicke*, GmbHG, § 52 Rn. 9; ausführlich *Zöllner/Noack*, in: Baumbach/Hueck, GmbHG, § 52 Rn. 116.

135 *Zöllner/Noack*, in: Baumbach/Hueck, GmbHG, § 52 Rn. 122; *Lutter*, in: Lutter/Hommelhoff, GmbHG, § 52 Rn. 77; *Altmeppen*, in: Roth/Altmeppen, GmbHG, § 52 Rn. 22; *Giedinghagen*, in: Michalski, GmbHG, § 52 Rn. 279; a.A. *Meyer-Landrut*, § 52 Rn. 29.

136 Vgl. dazu BGH, NJW-RR 1993, 1250; LG Frankfurt, BeckRS 2010, 21849.

137 So für die AG, OLG Celle, BB 2002, 1438; *Zöllner/Noack*, in: Baumbach/Hueck, GmbHG, 52 Rn. 116; a.A. *Mertens*, in: KK-AktG, § 112 Rn. 5.

tungsmacht steht nicht den einzelnen Aufsichtsratsmitgliedern, sondern nur dem gesamten Aufsichtsrat als Organ zu,[138] wobei der Aufsichtsrat den Vorsitzenden des Aufsichtsrats (konkludent) zur Vertretung des gesamten Aufsichtsrats ermächtigen kann.[139] Nicht abschließend geklärt ist die Frage, ob dem Aufsichtsrat eine kompetenzbezogene Vertretungsmacht zukommt, d.h. er für sämtliche Geschäfte, für die er im Innenverhältnis zuständig ist, auch im Außenverhältnis entsprechende Vertretungsmacht im Namen der Gesellschafter hat. Da das GmbHG eine entsprechende Außenbevollmächtigung vom Grundsatz her nicht kennt,[140] bleibt es bei der grundsätzlichen Vertretungsmacht im GmbH-Recht, d.h. die Geschäftsführung ist für eine entsprechende Vertretung im Außenverhältnis zuständig.

60 Das Aufsichtsratsmitglied ist verpflichtet, zum Ende seiner Amtszeit **sämtliche Geschäftsunterlagen** samt Kopien hiervon an die Gesellschaft **herauszugeben**. Dies gilt selbst in den Fällen, in denen noch Streitigkeiten zwischen der Gesellschaft und dem ehemaligen Aufsichtsratsmitglied im Hinblick auf eine nicht ordnungsgemäße Amtsführung bestehen.[141]

61 Umstritten ist, ob und wenn ja wie eine **gerichtliche Durchsetzung von Rechten des Aufsichtsrats** möglich ist. Teilweise wird vertreten, dass der Aufsichtsrat bzw. einzelne Aufsichtsratsmitglieder die Rechte des Aufsichtsrats in dessen Namen selbst gegenüber den Geschäftsführern bzw. der GmbH einklagen könnten.[142] Die h.A. lehnt dagegen ein Recht des Aufsichtsrats oder seiner Mitglieder ab, Rechte des Aufsichtsrats gegenüber der Geschäftsführung oder der GmbH durchzusetzen.[143]

10. Bekanntmachung von Änderungen im Aufsichtsrat

62 Besteht ein Aufsichtsrat ausnahmsweise bereits vor Eintragung der Gesellschaft im Handelsregister und sind bereits Aufsichtsratsmitglieder bestellt, ist dies gem. § 52 Abs. 2 S. 1 GmbHG i.V.m. § 37 Abs. 4 Nr. 3 und 3a AktG dem Handelsregister im Rahmen der Anmeldung mitzuteilen und die entsprechenden Dokumente einzureichen.

---

138 OLG Zweibrücken, BeckRS 2010, 16855; LG Frankfurt, BeckRS 2010, 21849; *Zöllner/Noack*, in: Baumbach/Hueck, GmbHG, § 52 Rn. 118; *Marsch-Barner/Diekmann*, in: MünchHdbGesR, § 48 Rn. 60; *Schneider*, in: Scholz, GmbHG, § 52 Rn. 176.

139 Umstritten ist, ob eine ohne wirksam erteilte Vertretungsmacht vorgenommene Vertretung zu einem schwebend unwirksamen Geschäft (so OLG Frankfurt, GmbH-Recht 1995, 897; OLG Karlsruhe, WM 1996, 161; OLG München, AG 1986, 234) oder zur Nichtigkeit des Geschäfts (so OLG Stuttgart, AG 1993, 85; *Zöllner/Noack*, in: Baumbach/Hueck, GmbHG, 52 Rn. 120) führt.

140 *Raiser/Heermann*, in: Ulmer/Habersack/Winter, GmbHG, § 52 Rn. 108.

141 BGH, DB 2008, 2074 f.

142 *Lutter*, in: Lutter/Hommelhoff, GmbHG, § 52 Rn. 100; *Bork*, ZGR 1989, 1; unter Einschränkungen bejahend *Giedinghagen*, in: Michalski, GmbHG, § 52 Rn. 299 ff.

143 OLG Frankfurt, AG 1988, 109 ff.; LG Köln, AG 1976, 329 f; *Schneider*, in: Scholz, GmbHG, § 52 Rn. 561; a.A. LG Darmstadt, AG 1987, 218 f.

Gemäß § 52 Abs. 2 S. 2 ist jede Bestellung und jeder Wechsel von Aufsichtsratsmitgliedern durch die Geschäftsführung dem Registergericht der Gesellschaft durch Einreichung einer kompletten Liste der aktuellen Aufsichtsratsmitglieder mitzuteilen. Eine entsprechende Aktualisierung ist auch dann erforderlich, wenn einzelne Aufsichtsratsmitglieder ersatzlos ausscheiden oder der Aufsichtsrat insgesamt abgeschafft wird. In der Liste sind der Name, Beruf, Wohnort (nicht Adresse!) des Aufsichtsratsmitglieds aufzunehmen. Einer Beglaubigung (§ 12 Abs. 1 HGB) bedarf es nicht, da keine Eintragung in das Handelsregister erfolgt. **63**

Darüber hinaus ist gemäß § 35a auf der Geschäftspost der Vorsitzende des Aufsichtsrats zu nennen. **64**

C. Der obligatorische Aufsichtsrat

Im Gegensatz zum fakultativen Aufsichtsrat richtet sich der obligatorische Aufsichtsrat nicht nur nach den Regeln des GmbHG. Vielmehr sind weitere (zwingende) Vorgaben aus den jeweils einschlägigen, die Mitbestimmung begründenden Gesetzen zu beachten,[144] in der Praxis am häufigsten die Regelungen des DrittelbG und des MitbestG. Die mitbestimmungsrechtlichen Regelungen, nach denen ein Aufsichtsrat zwingend zu bilden ist, unterscheiden sich zum Teil erheblich voneinander. Unterschiede gibt es z.B. bei der Größe und Zusammensetzung der Aufsichtsrats, der Art und Weise der Bestellung seiner Mitglieder sowie seiner Zuständigkeiten und inneren Ordnung. **65**

Unabhängig vom konkret einschlägigen Aufsichtsratsstatut ist das **Mitbestimmungsrecht** als Sozialordnungsrecht für die davon erfassten Unternehmen grundsätzlich **zwingender Natur.**[145] Auf die aufgrund Mitbestimmungsrechts vorgegebene Zusammensetzung des Aufsichtsrats und die diesem zustehenden Rechte kann daher weder verzichtet, noch kann diesbezüglich »nach unten« abgewichen werden. Insofern kann das unternehmerische Mitbestimmungsstatut daher anders als z.B. die Betriebsratsstruktur (vgl. dort insbesondere die Möglichkeiten nach § 3 BetrVG) nicht vertraglich frei vereinbart werden.[146] Auf der anderen Seite besteht bei einer GmbH jedoch die Möglichkeit der privatautonomen Einführung eines mitbestimmten Aufsichtsrats bzw. der Implementierung eines von den gesetzlichen Vorgaben abweichenden Aufsichtsrats, sofern hierdurch nicht die kraft Gesetzes zwingend geltenden Aufsichtsratsbestimmungen unterschritten werden.[147] **66**

---

144 Vgl. zu den einschlägigen Gesetzen, nach denen ein mitbestimmter Aufsichtsrat zu bilden ist, oben Rdn. 3.

145 *Ulmer/Habersack*, in: Ulmer/Habersack/Henssler, § 1 MitbestG Rn. 16; *Hanau,* ZGR 2001, 79 f., *Seibt,* AG 2005, 416 f.;

146 Vgl. zu den Reformbestrebungen zur Einführung einer Möglichkeit der Mitbestimmungsvereinbarung auch für die GmbH Arbeitskreis »Unternehmerische Mitbestimmung«, ZIP 2009, 885 ff.

147 OLG Bremen, NJW 1977, 1153, 1154; *Hanau,* ZGR 2001, 75, 98 f.; *Hommelhoff,* ZHR 148 (1984), 118, 133; *Ihrig/Schlitt,* NZG 1999, 333, 336; *Henssler,* ZfA 2000, 241, 265; *Seibt,* AG 2005, 413, 415; a.A. wohl *Martens,* ZGR 1979, 518.

67 Darüber hinaus sind im Gegensatz zu den Regelungen des § 52 nicht nur die Implementierung des Aufsichtsrats zwingend, sondern auch die auf den jeweiligen Aufsichtsrat anwendbaren Regelungen. Dies betrifft zum Beispiel im DrittelbG und MitbestG zum einen die Regelungen in den beiden Gesetzen selbst, zum anderen aber auch die den Aufsichtsrat betreffenden Verweisungen auf das AktG. Der Gesellschaftsvertrag kann daher von der Anwendbarkeit der aktienrechtlichen Vorschriften nicht dispensieren, es sei denn, das AktG hält entsprechende Öffnungen bereit oder es ergibt sich aus den strukturellen Unterschieden zwischen GmbH und Aktiengesellschaft etwas anderes.[148]

68 Die Tatsache, dass die Mehrheit oder alle Geschäftsanteile sich in der Hand öffentlicher Träger befinden, ändert an der Aufsichtsratspflichtigkeit nichts.[149]

I. Der Aufsichtsrat nach dem DrittelbG/MitbestG

69 Für die GmbH statuiert § 1 Abs. 1 Nr. 3 DrittelbG[150] das Aufsichtsratssystem nach dem DrittelbG. Es betrifft GmbHs mit in der Regel mehr als 500 Arbeitnehmern, die nicht unter das MitbestG, das Montan-MitbestG oder das MontanMitbestErgG fallen. Vom MitbestG erfasst wird eine GmbH, wenn sie in der Regel mehr als 2000 Arbeitnehmer beschäftigt (§ 1 Abs. 1 Nr. 2 MitbestG) und nicht unter das Montan-MitbestG oder das MontanMitbestErgG fällt.

70 Tendenzunternehmen unterfallen weder dem DrittelbG (§ 1 Abs. 2 S. 2 DrittelbG) noch dem MitbestG (§ 1 Abs. 4 S. 1 MitbestG). Tendenzunternehmen sind Unternehmen, die unmittelbar und überwiegend politischen, koalitionspolitischen, karitativen, erzieherischen, wissenschaftlichen oder künstlerischen Bestimmungen oder Zwecken der Berichterstattung oder Meinungsäußerung, auf die Artikel 5 Abs. 1 Satz 2 GG anzuwenden ist, dienen. Ebenfalls ausgenommen sind gem. § 1 Abs. 2 Satz 2 DrittelbG bzw. § 1 Abs. 4 S. 2 MitbestG unbeschadet ihrer Rechtsform Religionsgemeinschaften und ihre karitativen und erzieherischen Einrichtungen.[151]

71 Ausländische Unternehmensträger unterliegen nicht dem Anwendungsbereich des DrittelbG und des MitbestG und zwar selbst dann nicht, wenn sie ihren Verwaltungssitz und ihren Betrieb in Deutschland haben.[152]

---

148 *Zöllner/Noack*, in: Baumbach/Hueck, GmbHG, § 52 Rn. 160.

149 *Giedinghagen*, in: Michalski, GmbHG, § 52 Rn. 35; *Zöllner/Noack*, in: Baumbach/Hueck, GmbHG, § 52 Rn. 157.

150 Das DrittelbG löste mit Wirkung vom 1.7.2004 das BetrVG 1952 ab, dessen AR-relevanten Normen mit Erlass des BetrVG 1972 unverändert fortbestanden hatten.

151 Dazu aus der Rspr. BVerfGE 46, 73; BAG, AP BetrVG 1952 § 81 Nr. 12; BAG, AP BetrVG 1972, § 118 Nr. 6, 10.

152 *Gach*, in: MünchKommAktG, § 1 MitbestG Rn. 6; *Oetker*, in: ErfKomm, MitbestG, § 1 Rn. 2; *Ulmer/Habersack*, in: Ulmer/Habersack/Henssler, MitbestG, § 1 Rn 28; *Zöllner/Noack*, in: Baumbach/Hueck, GmbHG, § 52 Rn. 280.

1. Voraussetzungen der Bildung eines Aufsichtsrats nach dem DrittelbG/MitbestG

Voraussetzung für die Pflicht zur Bildung eines Aufsichtsrats ist zunächst, dass die GmbH »in der Regel« mehr als 500 Arbeitnehmer (§ 1 Abs. 1 Nr. 3 DrittelbG) bzw. mehr als 2.000 Arbeitnehmer (§ 1 Abs. 1 Nr. 2 MitbestG) beschäftigt. 72

a) **Begriff des Arbeitnehmers.** Die Frage, wer Arbeitnehmer im Sinne des § 1 Abs. 1 Nr. 3 DrittelbG bzw. § 1 Abs. 1 Nr. 2 MitbestG ist, bestimmt sich durch die in § 3 Abs. 1 DrittelbG/§ 3 Abs. 1 MitbestG geregelte Verweisung auf § 5 Abs. 1 BetrVG nach dem betriebsverfassungsrechtlichen Arbeitnehmerbegriff. Arbeitnehmer sind demnach Arbeiter und Angestellte unabhängig davon, ob sie im Betrieb, im Außendienst oder in Telearbeit beschäftigt sind. Als Arbeitnehmer gelten auch die in Heimarbeit Beschäftigten, die in der Hauptsache für den Betrieb arbeiten. Zu berücksichtigen sind dabei grundsätzlich nur Arbeitnehmer von inländischen Betrieben. Im Ausland tätige Arbeitnehmer werden nur dann erfasst, wenn es sich um einen nur vorübergehenden Auslandseinsatz handelt.[153] Als Arbeitnehmer zählen auch in Teilzeit und geringfügig Beschäftigte.[154] Zur Berufsbildung Beschäftigte sind dann Arbeitnehmer, wenn sich ihre Berufsausbildung im Rahmen des arbeitstechnischen Zweckes eines Produktions- oder Dienstleistungsbetriebs vollzieht und sie deshalb in vergleichbarer Weise wie die sonstigen Arbeitnehmer in den Betrieb eingegliedert sind. Insofern zählt zur Belegschaft nur, wer im Rahmen der betrieblichen Berufsbildung in den Betrieb eingegliedert ist.[155] 73

§ 5 Abs. 1 BetrVG spricht von den **Beschäftigten**. Darunter ist nicht das rechtliche, sondern das faktische Bestehen eines Arbeitsverhältnisses zu verstehen. Folglich bleiben Arbeitnehmer, deren Arbeitsverhältnis ruht, bei der Berechnung der Arbeitnehmerzahl ebenso unberücksichtigt,[156] wie Arbeitnehmer, dies sich in der Freistellungsphase der im Blockmodell vollzogenen Altersteilzeit befinden.[157] Scheinselbständige, d.h. Personen, die zwar formell selbstständig, materiell jedoch Arbeitnehmer sind, sind hingegen zu berücksichtigen.[158] 74

153 *Seibt*, in: Henssler/Willemsen/Kalb, DrittelbG, § 3 Rn. 4; *Henssler*, in Ulmer/Habersack/Henssler, MitbestG, § 3 Rn. 36, 38; BAG, DB 1978, 1840, vgl. zur rechtspolitischen Kritik *Raiser*, Gutachten für den 66. DJT 2006, S. 93 ff.

154 BAGE 69, 286; *Wissmann*, in: MünchHdbArbR, § 367 Rn. 6; *Zöllner/Noack*, in Baumbach/Hueck, GmbHG, § 52 Rn. 148.

155 *Richardi*, in: Richardi, BetrVG, § 5 Rn. 67.

156 *Ulmer*, in: FS Heinsius, 1991, 855, 864 ff.; *Zöllner/Noack*, in Baumbach/Hueck, GmbHG, § 52 Rn. 148; *Gach*, in MünchKommAktG, MitbestG, § 1 Rn. 19; *Oetker*, in: GroßKommAktG, MitbestG, § 1 Rn 15.

157 BegrRegE BT-Drs. 14/5741, S. 28; *Seibt*, in: Henssler/Willemsen/Kalb, DrittelbG, § 3 Rn. 2; *Gach*, in: MünchKommAktG, MitbestG, § 3 Rn. 14; *Zöllner/Noack*, in: Baumbach/Hueck, GmbHG, § 52 Rn. 149.

158 *Zöllner/Noack*, in: Baumbach/Hueck, GmbHG, § 52 Rn. 149; näher zur Figur der Scheinselbstständigkeit: BAG, NZA 2002, 123; *Hromadka*, NJW 2003, 1847.

75 Nach § 14 Abs. 1 AÜG sind **Leiharbeitnehmer** auch während ihres Aufenthalts im Entleiherbetrieb betriebsverfassungsrechtlich Angehörige des Verleiherbetriebs.[159] Sie sind daher beim Entleiher grundsätzlich selbst dann nicht einzubeziehen, wenn sie gem. § 5 Abs. 2 S. 2 DrittelbG/§§ 10 Abs. 2 S. 2, 18 S. 2 MitbestG i.V.m. § 7 Abs. 2 BetrVG an der Wahl der Arbeitnehmervertreter in den Aufsichtsrats teilnehmen können.[160] Auch eine längerfristige Überlassung führt mangels arbeitsvertraglicher Bindung zum Entleiher daher nicht dazu, dass die überlassenen Mitarbeiter zu Betriebsangehörigen des Entleihers werden, sofern sichergestellt ist, dass die Arbeitnehmer nicht auf Dauer überlassen werden.[161] Dies dürfte allenfalls dann anders zu bewerten sein, wenn von vornherein eine Rückkehr zum Verleiher nicht geplant ist.[162] Leiharbeitnehmer werden aber dann Arbeitnehmer des Entleihers, wenn mit diesem aufgrund einer gegen § 9 Nr. 1 AÜG verstoßenden Arbeitnehmerüberlassung gemäß § 10 Abs. 1 Satz 1 AÜG ein Arbeitsverhältnis zustande kommt. Dies gilt auch nach dem Wegfall der Höchstüberlassungsdauer im AÜG.[163] Verleiht hingegen die GmbH ihrerseits vorübergehend einen Arbeitnehmer an einen Dritten, bleibt dieser Arbeitnehmer zwecks Bestimmung der mitbestimmungsrechtlichen Schwellenwerte beschäftigter Arbeitnehmer der GmbH.

76 Bei **Doppel- oder Mehrfacharbeitsverhältnissen** ist der Beschäftigte in jedem Unternehmen zu berücksichtigen, zu dem arbeitsvertragliche Bindungen bestehen. Die Frage, ob und inwieweit Arbeitnehmer eines **Gemeinschaftsbetriebs** den jeweiligen Trägerunternehmen zuzurechnen sind, ist umstritten. Nach einer Auffassung sind die Arbeitnehmer eines Gemeinschaftsbetriebs grundsätzlich jedem am Gemeinschaftsbetrieb beteiligten Unternehmen zuzurechnen.[164] Die Gegenauffassung will dagegen nur diejenigen Arbeitnehmer berücksichtigen, die in einem Arbeitsverhältnis zu dem

---

159 BAG, AP Nr. 7 zu § 9 BetrVG 1972; OLG Düsseldorf, GmbHR 2004, 1081; LAG Düsseldorf, AP Nr. 6 zu § 7 BetrVG 1972 (zu § 9 BetrVG); *Oetker*, in: ErfKomm, DrittelbG, § 1 Rn. 27; *Deilmann*, NZG 2005, 659 (664); iE abweichend *Schaub*, in: MünchHdbArbR, § 260 Rn. 3.

160 OLG Düsseldorf, GmbHR 2004, 1081 unter Verweis auf BAG, NZA 2003, 1345, 1346; OLG Hamburg, DB 2007, 2762.

161 OLG Hamburg, DB 2007, 2762.

162 Vgl. zu einer ähnlichen Frage im Rahmen der §§ 7, 8 BetrVG LAG Hamburg, EzAÜG BetrVG Nr. 101; LAG Schleswig-Holstein, EzAÜG BetrVG Nr. 98.

163 LAG Schleswig-Holstein, AuA 2009, 672; vgl. aber auch LAG Schleswig-Holstein, EzAÜG BetrVG Nr. 98; LAG Hamburg, EzAÜG BetrVG Nr. 101, nach denen Arbeitnehmer, die einem anderen Arbeitgeber ohne zeitliche Begrenzung dauerhaft überlassen werden, bei der Größe des Betriebsrats nach § 9 BetrVG zu berücksichtigen sind. Vgl. in diesem Zusammenhang auch BT-Drs. 17/4804 vom 17.2.2011, nach dem als § 1 Abs. 1 S. 2 AÜG-E vorgesehen ist, den Satz »Die Überlassung der Arbeitnehmer an Entleiher erfolgt vorübergehend.« aufzunehmen.

164 *Raiser/Veil*, MitbestG und DrittelbG, MitbestG, § 3 Rn. 44; *Wissmann*, in: Wlotzke/Wissmann/Koberski/Kleinsorge, MitbestR, MitbestG, § 10 Rn. 10; *Hjort*, NZA 2001, 696 (698).

jeweiligen Unternehmen stehen.[165] Nach einer dritten Ansicht sind die Arbeitnehmer des Gemeinschaftsbetriebs demjenigen Trägerunternehmen zuzurechnen, das entweder allein oder gemeinsam mit dem anderen Trägerunternehmen das arbeitsvertragliche Weisungsrecht gegenüber den Arbeitnehmern ausübt.[166] Nach Auffassung des BAG[167] müssen neben den in einem Arbeitsverhältnis zu dem Unternehmen stehenden Arbeitnehmer auch diejenigen hinzugezählt werden, die in Betrieb des Unternehmens eingegliedert sind, wobei bei anteiliger Beschäftigung auch nur eine anteilige Berücksichtigung stattfinden soll.

77 **Leitende Angestellte** im Sinne des § 5 Abs. 3 BetrVG sowie **Geschäftsführer** zählen beim DrittelbG nicht als Arbeitnehmer.[168] Das MitbestG weicht hiervon ab, so dass hier auch leitende Angestellte im Sinne § 5 Abs. 3 BetrVG im Rahmen der Feststellung der Arbeitnehmerzahl zu berücksichtigen sind.

78 b) **Regelmäßiger Arbeitnehmerstand.** Maßgeblich für die Beurteilung der Arbeitnehmerzahl ist der regelmäßige Arbeitnehmerstand. Dies bedeutet, dass ein kurzfristiges Überschreiten der 500/2000-AN-Schwelle, z.B. aufgrund von Saisonarbeit, keine Aufsichtsratspflichtigkeit nach DrittelbG/MitbestG auslöst und – anders herum – ein kurzfristiges Unterschreiten der Schwelle nicht von der Aufsichtsratspflichtigkeit dispensiert.[169] Ob die Grenze nur vorübergehend oder auf Dauer überschritten wird, muss im Prognosewege festgestellt werden.[170] Nach Ansicht des *OLG Düsseldorf* kann die Schwelle nur dann als über- oder unterschritten angesehen werden, wenn die Beschäftigungszahl nach der Personalplanung des Unternehmens als für längere Zeit gesichert angesehen werden kann.[171] Um dies zu gewährleisten sollen die nächsten siebzehn bis zwanzig Monate der Unternehmensplanung bei der Ermittlung der fraglichen Arbeitnehmerzahlen zu berücksichtigen sein.[172] Folgt aus der Unternehmensplanung nur ein vorübergehendes Absinken der Arbeitnehmer-

---

165 *Oetker*, in: ErfKomm, MitbestG, § 1 Rn. 6; *Hohenstatt/Schramm*, in: KK-UmwG, § 325 Rn. 10.

166 *Seibt*, in: Henssler/Willemsen/Kalb, § 1 Rn. 11; *Henssler*, in: Ulmer/Habersack/Henssler, MitbestG, § 10 Rn. 7.

167 BAG, Urt. v. 1.12.1961, BB 1962, 221; vgl. auch LG Hamburg, ZIP 2008, 2364 (n. rkr.), das allerdings bei gleichzeitiger Tätigkeit bei beiden Trägerunternehmen keine quotale, sondern jeweils eine vollständige Berücksichtigung durchführen will.

168 *Zöllner/Noack*, in: Baumbach/Hueck, GmbHG, § 52 Rn. 148.

169 H.M. BAG, AP BetrVG 1972, § 113 Nr. 7; LG Stuttgart, DB 1984, 2551; *Oetker*, in: ErfKomm, DrittelbG, § 1 Rn. 33; *Nießen*, NJW-Spezial 2008, 367.

170 *Zöllner/Noack*, in Baumbach/Hueck, GmbHG, § 52 Rn. 150; zur Bemessung des Prognosezeitraums vgl. *Ulmer*, in: FS Heinsius, 1991, S. 859 ff.; OLG Düsseldorf, DB 1995, 277 (zum MitbestG).

171 OLG Düsseldorf, DB 1995, 277, 278 (zum MitbestG).

172 OLG Düsseldorf, DB 1995, 277, 278; *Oetker*, in: ErfKomm, MitbestG, § 1 Rn. 6; enger *Ulmer*, in: FS Heinsius, 1991, S. 855, 863, wonach sich der Prognosezeitraum auf sechs bis zwölf Monaten erstrecken soll.

zahl, führt dies nicht zur Beendigung/Reduzierung der Mitbestimmung.[173] Anders als bei der Wahl zum Betriebsrat, bei dessen Größe es auf die im Zeitpunkt des Erlasses des Wahlausschreibens gegebene Zahl an Arbeitnehmern ankommt,[174] gibt es bei der Frage des Aufsichtsrats somit keinen festen Zeitpunkt, zu dem eine Prüfung erfolgen muss.

79 c) **Zurechnung von Arbeitnehmern.**. Neben den Arbeitnehmer, die unmittelbar bei dem jeweiligen Unternehmen beschäftigt sind, sind bei der Frage des Überschreitens der Schwellenwerte des DrittelbG/MitbestG unter Umständen auch Arbeitnehmer anderer Unternehmen zu berücksichtigen, die bei der Frage der Anwendbarkeit des jeweiligen Mitbestimmungsstatuts dem Unternehmen zuzurechnen sind.

80 Gemäß **§ 2 Abs. 2 DrittelbG** gelten Arbeitnehmer eines Konzernunternehmens als solche des herrschenden Unternehmens, wenn zwischen beiden Unternehmen ein **Beherrschungsvertrag** besteht oder das abhängige Unternehmen in das herrschende Unternehmen eingegliedert ist. Der Beherrschungsvertrag kann weder durch einen Gewinnabführungsvertrag oder einen Unternehmensvertrag im Sinne des § 292 Abs. 1 AktG noch durch eine sonstige Vereinbarung zwischen herrschendem und abhängigem Unternehmen ersetzt werden.[175] Auch ein gesellschaftsrechtlich begründetes Weisungsrecht, wie es insbesondere dem alleinigen Gesellschafter der GmbH zusteht, vermag die Konzernzurechnung nach § 2 Abs. 2 DrittelbG nicht zu begründen. Es muss also zwingend ein Beherrschungsvertrag bestehen,[176] der allerdings auch mit Gesellschaften anderer Rechtsformen als AG oder KGaA abgeschlossen sein kann.[177] Das DrittelbG sieht zudem auch keine Zurechnung der Arbeitnehmer einer GmbH & Co. KG auf die Komplementär-GmbH vor und auch § 2 Abs. 2 DrittelbG findet in diesen Konstellationen keine Anwendung.[178] Die Alternative der »Eingliederung« nimmt auf die Vorschriften der §§ 319 ff. AktG Bezug, die sowohl auf Seiten des herrschenden Unternehmens als auch auf Seiten des abhängigen Unternehmens die Rechtsform der AG voraussetzen. Die analoge Anwendung des § 2 Abs. 2 DrittelbG auf Sachverhalte, in denen eine abhängige Gesellschaft wie eine »rechtlich selbständige Betriebsabteilung« geführt wird, ohne im aktienrechtlichen Sinne einge-

---

173 OLG Frankfurt, EWiR 1985, 607 (zum MitbestG).

174 *Thüsing*, in: Richardi, BetrVG, § 9 Rn. 13.

175 OLG Zweibrücken, NZG 2006, 31, 32; *Habersack*, in: Ulmer/Habersack/Henssler, DrittelbG, § 2 Rn. 13.

176 BayObLG, NJW 1993, 1804; KG, ZIP 2007, 1566, 1567; *Seibt*, in: Henssler/Willemsen/Kalb, DrittelbG, § 2 Rn. 10; *Kleinsorge*, in: Wlotzke/Wissmann/Koberski/Kleinsorge, DrittelbG, § 2 Rn. 26; a.A. *Boewer/Gaul/Otto*, GmbHR 2004, 1065, 1067: Der faktische Konzern sei in § 2 Abs. 2 DrittelbG aufgrund eines Redaktionsversehens nicht berücksichtigt.

177 *Oetker*, in: ErfKomm, DrittelbG, § 2 Rn. 16; *Deilmann*, NZG 2005, 659, 660; *Seibt*, in: Henssler/Willemsen/Kalb, DrittelbG, § 2 Rn. 11; a.A. *Strassburg*, BB 1979, 1070, 1071.

178 *Zöllner/Noack*, in: Baumbach/Hueck, GmbHG, § 52 Rn. 154; *Giedinghagen*, in: Michalski, GmbHG, § 52 Rn. 26.

gliedert zu sein, kommt nicht in Betracht.[179] Nach der wohl herrschenden Ansicht muss es sich bei dem abhängigen Unternehmen um ein in Deutschland ansässiges Unternehmen handeln, so dass im Ausland beschäftigte Arbeitnehmer deutscher Konzernspitzen nicht zu berücksichtigen sind.[180] Dem wird teilweise allerdings zumindest für den europäischen Rechtsraum das EG-vertragliche Diskriminierungsverbot (Art. 12 EGV) entgegengehalten,[181] so dass fraglich ist, ob diese Auffassung einer Überprüfung durch den EuGH standhalten würde, zumal das europäische Mitbestimmungsstatut bei der SE oder der grenzüberschreitenden Verschmelzung nationale Grenzen nicht kennt.[182]

81 In der Praxis finden sich verschiedentlich Verträge zwischen Unternehmen, nach denen ein Unternehmen nur einen oder mehrere Teilbereiche unter die Leitung eines anderen Unternehmens stellen. Dies ist beispielsweise dann der Fall, wenn bestimmte Konzernbereiche sämtlicher oder einiger Konzernunternehmen unter die einheitliche (beherrschende) Leitung eines Konzernunternehmens gestellt werden, im Übrigen die Unternehmen aber weiterhin eigenständig agieren. Sofern in diesen Konstellationen auch (auf einen bestimmten Bereich begrenzte) Weisungsrechte auf ein anderes Unternehmen übertragen werden, liegt ein **Teilbeherrschungsvertrag** vor. Ein solcher Teilbeherrschungsvertrag reicht für eine Zurechnung im Rahmen des § 2 Abs. 2 DrittelbG aus. Allerdings stellt sich in einer solchen Konstellation die Frage, ob eine Zurechnung sämtlicher Arbeitnehmer der abhängigen Gesellschaft erfolgt oder es nur zu einer Zurechnung der tatsächlich von der Beherrschung erfassten Arbeitnehmer kommt. Der Sinn und Zweck der gesetzlich angeordneten Zurechnung, die unternehmerische Mitbestimmung auf derjenigen Ebene anzusiedeln, auf der die grundlegenden unternehmerischen Entscheidungen getroffen werden, die die Interessen aller hiervon betroffenen Arbeitnehmer tangieren können,[183] spricht dafür, nur solche Arbeitnehmer im Rahmen der Zurechnung zu berücksichtigen, die tatsächlich auch aufgrund des Teilbeherrschungsvertrags durch das herrschende Unternehmen beherrscht werden.

82 Neben dem Bestehen eines Beherrschungsvertrags setzt § 2 Abs. 2 DrittelbG für die Zurechnung jedoch ferner das Vorliegen eines **herrschenden Unternehmens** voraus. Die Begriffe des herrschenden und des abhängigen Unternehmens werden in § 17 Abs. 1 AktG definiert. Danach sind abhängige Unternehmen rechtlich selbstständige Unternehmen, auf die ein anderes Unternehmen, das herrschende Unternehmen, unmittelbar oder mittelbar einen beherrschenden Einfluss ausüben kann. Hiermit sind in erster Linie gesellschaftsrechtlich vermittelte Einflussmöglichkeiten Dritter

179 *Habersack*, in: Ulmer/Habersack/Henssler, DrittelbG, § 2 Rn. 14.
180 Vgl. nur *Zöllner/Noack*, in: Baumbach/Hueck, GmbHG, § 52 Rn. 183.
181 *Ulmer/Habersack*, in: Ulmer/Habersack/Henssler, MitbestG, § 5 Rn. 55.
182 Vgl. dazu auch *Hellwig/Behme* AG 2011, 740.
183 *Ulmer/Habersack*, in: Ulmer/Habersack/Henssler, MitbestG, § 5 Rn. 1; *Oetker*, in: GroßKomm AktG, MitbestG, § 5 Rn. 1; vgl. auch *Nießen*, NJW-Spezial 2008, 367.

gemeint.[184] Als gesellschaftsrechtlich vermittelte Beherrschungsmöglichkeit kommt im Rahmen des § 17 Abs. 1 AktG dabei auch ein Unternehmensvertrag im Sinne des § 291 AktG in Betracht. Herrschendes (Konzern-) Unternehmen[185] im Sinne von § 18 Abs. 1 AktG ist jedoch nur die Konzernspitze.[186] Dies gilt grundsätzlich auch für das Mitbestimmungsrecht. Besteht daher zwischen einer Enkelgesellschaft und einer Tochtergesellschaft ein Beherrschungsvertrag, ist die Tochtergesellschaft aber selbst wiederum durch die Muttergesellschaft beherrscht, die die wesentlichen (unternehmerischen) Entscheidungen konzernweit trifft, findet eine Zurechnung der Arbeitnehmer der Enkelgesellschaft zur Tochtergesellschaft nicht statt, da nicht die Tochter-, sondern die Muttergesellschaft herrschendes Unternehmen ist. Die Vermutung des § 18 Abs. 1 S. 2 und 3 AktG steht dem vor dem Hintergrund der mitbestimmungsrechtlichen Zielsetzung nicht entgegen.[187]

83 Zu einer Zurechnung zu einer »Zwischengesellschaft« kommt es nur in den Fällen, in denen aus mitbestimmungsrechtlicher Sicht ein sogenannter »**Konzern im Konzern**« vorliegt. Erforderlich ist dafür, dass die Konzernspitze ihre Leitungsmacht für bestimmte unternehmenspolitische Grundsatzbereiche auf die Zwischengesellschaft übertragen hat und sich selbst aller Leitungsentscheidungen, auch Rahmenentscheidungen, in diesem Bereich enthält.[188] Ein Konzern im Konzern ist also dann anzunehmen, wenn eine Zwischengesellschaft zumindest einzelne Bereiche eines nachgeordneten Unternehmens eigenverantwortlich leitet.[189] Ob bei einer Konzernzwischengesellschaft im konkreten Fall ein »Konzern im Konzern« vorliegt, ist anhand einer Prüfung des Einzelfalls festzustellen.[190] Dabei knüpft die Rechtsprechung strenge Anforderungen an die eigenverantwortliche Leitung durch die Konzernzwischengesellschaft. Für das Vorliegen eines »Konzerns im Konzern« muss die Konzernobergesellschaft ihre zentrale Leitungsbefugnis zumindest für bestimmte Geschäftsbereiche im vollen Umfang an die Zwischengesellschaft abgegeben haben, so dass zwischen ihr und dieser nur noch eine lose Rechtsbeziehung verbleibt und der Aufsichtsrat der Konzernobergesellschaft seine Aufsichtsfunktion

---

184 *Emmerich*, in: Emmerich/Habersack, Aktien- und GmbH-Konzernrecht, § 17 Rn. 14.

185 Vgl. dazu § 2 Abs. 2 DrittelbG (»Arbeitnehmer eines **Konzern**unternehmens«) und § 5 Abs. 1 MitbestG (»herrschendes Unternehmen eines **Konzerns** (§ 18 Abs. 1 des Aktiengesetzes)).

186 OLG München, NZG 2009, 113 f.; vgl. auch *Hüffer*, AktG, § 18 Rn. 14; *Emmerich*, in: Emmerich/Habersack, Aktien- und GmbH-Konzernrecht, § 18 Rn. 18 und *Oetker*, ZGR 2000, 19, 31; *Ulmer/Habersack*, in: Ulmer/Habersack/Henssler, MitbestG, § 5 Rn. 37 jeweils m.w.N.

187 *Nießen*, NJW-Spezial, 2008, 367; *Ulmer/Habersack*, in: Ulmer/Habersack/Henssler, MitbestG, § 5 Rn. 43 (zu § 5 MitbestG); *Giedinghagen*, in: Michalski, GmbHG, § 52 Rn. 31; *Kort*, NZG 2009, 81, 83.

188 BAG, AG 1981, 227 f.; OLG Düsseldorf, AG 1979, 318, 319; OLG München, NZG 2009, 113; *Gach*, in: MünchKommAktG, MitbestG, § 5 Rn. 24 ff.; *Konzen*, ZIP 1984, 269, 270; *Oetker*, in: GroßKommAktG, MitbestG, § 5 Rn. 26, jeweils m.w.N.

189 BayObLG, NZA 1998, 956; OLG Düsseldorf, DB 1979, 699; *Oetker*, in: ErfKomm, MitbestG, § 5 Rn. 6.

190 Zuletzt OLG München, NZG 2009, 113, 114.

hinsichtlich der an die Zwischengesellschaft abgegebenen Geschäftsbereiche nicht mehr wahrzunehmen vermag.[191] Verbleiben Zweifeln ist vom Regelfall auszugehen, nämlich von der Ausübung einer einheitlichen Leitungsmacht durch die Konzernobergesellschaft.[192]

84 Als herrschendes Unternehmen im Sinne des § 2 Abs. 2 DrittelbG können ggf. auch mehrere Unternehmen gleichzeitig angesehen werden. In diesen Fällen wird von einer sog. **Mehrmütterherrschaft/Gemeinschaftsunternehmen** gesprochen, wobei diese Frage regelmäßig nicht im Rahmen von § 2 Abs. 2 DrittelbG, sondern im Rahmen von § 5 MitbestG diskutiert wird. Lässt man jedoch das Bestehen eines Teilbeherrschungsvertrags[193] zu, spielt diese Frage auch im Rahmen von § 2 Abs. 2 DrittelbG eine Rolle. Die Rechtsprechung[194] und das herrschend Schrifttum[195] erkennen die Möglichkeit einer sogenannten mehrfachen Abhängigkeit an. Voraussetzung für die mehrfache Abhängigkeit ist, dass die Mutterunternehmen ihre Herrschaftsmöglichkeiten koordinieren. Entscheidend ist, ob aus Sicht der betroffenen Gesellschaft durch die Koordinierung der Mutterunternehmen eine ausreichend sichere Grundlage für die Ausübung gemeinsamer Herrschaft besteht.[196] Diese sichere Grundlage für die Koordinierung kann sich sowohl aus vertraglichen Vereinbarungen als auch aus sonstigen rechtlichen oder tatsächlichen Umständen ergeben. Es reicht bereits aus, »wenn gleichgerichtete Interessen eine gemeinsame Unternehmenspolitik gewährleisten«, so dass sichergestellt ist, dass die Mutterunternehmen gegenüber der abhängigen Gesellschaft eine herrschende Einheit bilden.[197] Häufig begründen daher Konsortialverträge, die auch Stimmbindungsabreden beinhalten, eine (mehrfache) Abhängigkeit,[198] insbesondere wenn das *Einstimmigkeitsprinzip* unter den Mutterunternehmen für alle wichtigen Angelegenheiten gilt.[199] Nach herrschender Meinung soll dies aber auch dann gelten, wenn die interne Willensbildung der Konsorten

---

191 OLG Düsseldorf, AG 1997, 129, 130; OLG Zweibrücken, AG 1984, 80, 81; LG München I AG 1996, 186, 187.

192 OLG München, NZG 2009, 113, 114; so auch *Oetker*, in: ErfKomm, MitbestG, § 5 Rn. 9; *Ulmer/Habersack*, in: Ulmer/Habersack/Henssler, MitbestG, § 5 Rn. 42; *Raiser*, MitbestG, § 5 Rn. 24; zu einer Analyse der Rspr. der ordentlichen Gerichte vgl. *Oetker*, ZGR 2000, 19, 32 f.

193 Vgl. dazu ausführlich oben unter Rdn. 81.

194 BGHZ 62, 193, 196 ff.; BGHZ 80, 69, 73; BAGE 53, 287, 288 ff.; BAGE 80, 322, 324 f.

195 *Oetker*, in: GroßKommAktG, MitbestG, § 5 Rn. 31; *Koppensteiner*, in: KK-AktG, § 17 Rn. 70; *Hüffer*, AktG, § 17 Rn 13; *Raiser*, in: FS Kropff, 1997, S. 245, 255; *Säcker*, NJW 1980, 801 f.; a.A. *Zöllner/Noack*, in: Baumbach/Hueck, GmbHG, § 52 Rn. 155.

196 BGHZ 62, 193, 196 ff.; BGHZ 74, 359, 363 ff.; BGHZ 80, 69, 73; BGHZ 95, 330, 349; *Oetker*, in: GroßKommAktG, MitbestG, § 5 Rn. 31.

197 BGHZ 74, 359, 366; BGHZ 99, 126, 130; *Baumann/Reiß*, ZGR 1977, 157, 202.

198 BGHZ 62, 193, 195; BGHZ 80, 69, 73; *Oetker*, in: GroßKommAktG, MitbestG, § 5 Rn. 31; *Säcker*, NJW 1980, 801, 804; *Krieger*, in: MünchHdbAG, § 68 Rn. 51.

199 BGHZ 62, 193, 195; VGH Mannheim, AG 1989, 216, 217; *Oetker*, in: GroßKommAktG, MitbestG, § 5 Rn. 31; *Baumann/Reiß*, ZGR 1989, 157, 202; *Säcker*, NJW 1980, 805.

mehrheitlich (und nicht einstimmig) erfolgt, da es auf die Bildung eines Gesamtwillens ankommen soll, nicht jedoch auf die Art dessen Zustandekommens.[200]

85 Das **MitbestG** enthält mit den Regelungen des **§ 4 und § 5 zwei Zurechnungstatbestände** von nicht unternehmensangehörigen Arbeitnehmern, die im Vergleich zu § 2 Abs. 2 DrittelbG eine weitergehende Zurechnung von Arbeitnehmern anordnen. Bei der GmbH die persönlich haftende Gesellschafterin einer KG ist, sind die Arbeitnehmer der KG der Arbeitnehmerzahl der GmbH hinzuzählen, wenn die Mehrheit der Kommanditisten (entweder berechnet nach den Kapitalanteilen oder nach den Stimmanteilen) gleichzeitig die Mehrheit (ebenfalls entweder nach Kapitalanteilen oder Stimmanteilen) an der GmbH hält (**§ 4 Abs. 1 Satz 1 MitbestG**). Dies gilt auch dann, wenn neben der Komplementär-GmbH weitere persönlich haftende Gesellschafter an der GmbH & Co KG beteiligt sind, selbst wenn es sich um natürliche Personen handelt.[201] Die Hinzurechnung tritt nur dann nicht ein, wenn die GmbH einen eigenen Geschäftsbetrieb mit in der Regel mehr als 500 Arbeitnehmern hat. Ergänzend regelt § 4 Abs. 2 MitbestG, dass bei Vorliegen der Voraussetzung des § 4 Abs. 1 MitbestG die Komplementär-GmbH nicht von der Führung der Geschäfte der KG ausgeschlossen werden kann. Ist eine in der dargestellten Weise strukturierte GmbH & Co. KG persönlich haftende Gesellschafterin einer anderen KG, so sind auch deren Arbeitnehmer hinzuzurechnen (§ 4 Abs. 1 Satz 2 MitbestG). Dieses Zurechnungssystem findet entsprechend auch bei einer weiteren Konzernstufung Anwendung (§ 4 Abs. 1 S. 3 MitbestG). Selbst wenn kein Fall der Mehrheitsidentität vorliegt, kann § 4 Abs. 1 MitbestG ggf. analoge Anwendung finden, wenn aus anderen Gründen die (Mehrheits-) Beteiligung an der Komplementär-GmbH der Mehrheit der Kommanditisten zugerechnet werden kann. Rechtsprechung und Literatur nehmen eine solche Zurechnung dann an, wenn auch die Entscheidungen in der Komplementär-GmbH letztlich von der Mehrheit der Kommanditisten getroffen werden (sie also Einfluss auf das Abstimmungsverhalten der Gesellschafter der Komplementär-GmbH ausüben können).[202] Insofern wird eine Zurechnung z.B. in den Fällen diskutiert, in denen die Gesellschafter der Komplementär-GmbH z.B. Tochterunternehmen der Mehrheit der Kommanditisten sind oder zwischen den Gesellschaftern der Komplementär-GmbH und der Mehrheit der Kommanditisten ein fremdnütziges Treuhandverhältnis besteht oder eine Einheitsgesellschaft vorliegt.[203] In der Rechtsprechung wird zum Teil sehr weitgehend vertreten, dass es für die analoge Anwendung des § 4 Abs. 1 MitbestG genüge, wenn die Kommanditistenmehrheit gegenüber den Gesellschaftern der GmbH »eine Weisungsbefugnis mit ausrei-

---

200 *Koppensteiner*, in: KK-AktG, § 17 Rn. 74; *Krieger*, in: MünchHdbAG, § 68 Rn. 53; a.A. *Säcker*, NJW 1980, 801, 805; VGH Mannheim, AG 1989, 216 f. jeweils m.w.N.

201 *Giedinghagen*, in: Michalski, GmbHG, § 52 Rn. 30.

202 Vgl. *Oetker*, in: ErfKomm, MitbestG, § 4 Rn. 4; vgl. OLG Celle, AG 1980, 161 ff.; OLG Bremen, AG 1982, 200 ff.

203 OLG Celle, AG 1980, 161, 162; OLG Bremen, AG 1981, 200, 201; *Oetker*, in: ErfKomm, MitbestG, § 4 Rn. 4; *Ulmer/Habersack*, in: Ulmer/Habersack/Henssler, MitbestG, § 4 Rn. 13 ff.; *Seibt*, in: Henssler/Willemsen/Kalb, MitbestG, § 4 Rn. 6.

chenden Sanktionsmöglichkeiten« im Hinblick auf die Bestellung des in der GmbH gebildeten Aufsichtsrats besitze, da dieser Aufsichtsrat für die Bestellung und Abberufung der Geschäftsführer der GmbH zuständig sei.[204] Im Hinblick auf familiäre Bindungen, die in der Praxis häufig bei »Familiengesellschaften« in Form der GmbH & Co KG bestehen, hat der BGH allerdings mehrfach hervorgehoben, dass allein aus der gemeinsamen Familienzugehörigkeit nicht geschlossen werden dürfe, dass die Familienmitglieder gleichgerichtete Interessen verfolgen und demgemäß ihre Stimmrechte stets einheitlich ausüben werden.[205] Zum Teil wird eine analoge Anwendung des § 4 MitbestG auch auf eine **GmbH & Co. OHG** bejaht, wenn alle Gesellschafter in einer in § 1 Abs. 1 MitbestG genannten Form geführt werden.[206] Dasselbe wird auch zum Teil für eine **KGaA** vertreten, sofern es sich bei der Komplementär-Gesellschaft um eine Kapitalgesellschaft handelt.[207]

86 Als weitere Zurechnungsnorm sieht das MitbestG mit **§ 5 MitbestG** eine Zurechnung von Arbeitnehmern abhängiger Gesellschaften an die herrschende Gesellschaft vor. Im Gegensatz zu § 2 Abs. 2 DrittelbG setzt § 5 Abs. 1 MitbestG dabei nicht das Bestehen eines Beherrschungsvertrags voraus, sondern bezieht alle Arbeitnehmer abhängiger Unternehmen im Sinne des § 18 Abs. 1 AktG[208] ein. Dabei ist es irrelevant, ob es sich bei der herrschenden GmbH um eine reine Holdinggesellschaft ohne eigene Arbeitnehmer und ohne eigenen Geschäftsbetrieb handelt.[209] Unterliegt das abhängige Unternehmen selbst der Mitbestimmung, ändert dies nichts an der Zurechnung seiner Arbeitnehmer zur Konzernspitze.[210] Arbeitnehmer einer im Ausland ansässigen Tochtergesellschaft werden allerdings nicht nach § 5 Abs. 1 MitbestG der inländischen Konzernspitze zugerechnet.[211] Ihnen stehen auch keine Wahlrechte zu.[212] Dagegen werden jedoch Arbeitnehmer einer im Inland ansässigen Enkelgesellschaft, die über eine im Ausland ansässige Tochtergesellschaft einer inländischen

---

204 OLG Celle, AG 1980, 161 ff.; a.A. OLG Bremen, AG 1981, 200.

205 BGH, NJW 1980, 2254, 2256; BGH, NJW 1992, 1167, 1168; BGH, NJW 2006, 510, 513.

206 *Wiesner*, GmbHR 1981, 36; *Wissmann*, in: MünchHdbArbR, § 67 Rn. 26; a.A. *Seibt*, in: Henssler/Willemsen/Kalb, MitbestG, § 4 Rn. 2.

207 *Oetker*, in: ErfKomm, MitbestG, § 4 Rn. 1; a.A. *Seibt*, in: Henssler/Willemsen/Kalb, MitbestG, § 4 Rn. 2.

208 Zum mitbestimmungsrechtlichen Konzernbegriff OLG Frankfurt, GmbHR 2008, 1334; BayObLG, BB 1998, 2129 ff.; *Kort*, NZG 2009, 81 f.

209 OLG Stuttgart, AG 1990, 168, 169; *Ulmer/Habersack*, in: Ulmer/Habersack/Henssler, MitbestG, § 5 Rn. 16; *Giedinghagen*, in: Michalski, GmbHG, § 52 Rn. 28; a.A. OLG Bremen, DB 1980, 1333, 1334.

210 *Giedinghagen*, in: Michalski, GmbHG, § 52 Rn. 28; *Gach*, in: MünchKommAktG, MitbestG, § 5 Rn. 2.

211 LG Düsseldorf, DB 1979, 1451; LG Frankfurt a.M., DB 1982, 1312.

212 *Ulmer/Habersack*, in: Ulmer/Habersack/Henssler, MitbestG, § 5 Rn. 55; *Zöllner/Noack*, in: Baumbach/Hueck, GmbHG, § 52 Rn. 275.

Konzernspitze angehören, auch dem herrschenden Unternehmen zugerechnet.[213] Auslandsgesellschaften, die im Inland ansässig sind, unterliegen nicht dem deutschen Mitbestimmungsgesetz[214], jedoch werden deren Arbeitnehmer einer herrschenden GmbH zugerechnet.[215] Ob und inwieweit diese Unterscheidung zwischen inländischen und ausländischen Arbeitnehmern bzw. Inlands- und Auslandsgesellschaften und die damit verbundene Differenzierung im Wahlrecht vor dem Hintergrund des europäischen Gleichheitsgrundsatzes (Art. 12 EGV) Bestand hat, ist bislang nicht gerichtlich entschieden.

87 Die Regelung des § 5 Abs. 1 S. 1 MitbestG gilt gemäß § 5 Abs. 1 Satz 2 MitbestG auch für Arbeitnehmer einer GmbH, die persönlich haftender Gesellschafter eines abhängigen Unternehmens in der Rechtsform einer Kommanditgesellschaft ist. Ist eine Kommanditgesellschaft, bei der für die Anwendbarkeit des MitbestG auf die persönlich haftende Gesellschafterin die Arbeitnehmer der Kommanditgesellschaft nach § 4 Abs. 1 als Arbeitnehmer des persönlich haftenden Gesellschafterin gelten, herrschendes Unternehmen eines Konzerns, gelten für die Anwendung des MitbestG auf den persönlich haftenden Gesellschafter bzw. die persönlich haftende Gesellschafterin der Kommanditgesellschaft die Arbeitnehmer der Konzernunternehmen als Arbeitnehmer des persönlich haftenden Gesellschafters (§ 5 Abs. 2 MitbestG).

88 Schließlich findet sich in **§ 5 Abs. 3 MitbestG** eine Zurechnungsregel, nach der Arbeitnehmer einer im Inland ansässigen Enkelgesellschaft einer auf einer Zwischenebene angesiedelten GmbH zugerechnet werden, wenn diese mittelbar durch eine im Ausland sitzende Konzernspitze beherrscht wird. Während die Rechtsprechung ursprünglich im Rahmen des § 5 Abs. 3 MitbestG darauf abstellte, dass die deutsche Teilkonzernspitze in diesen Konstellationen auch tatsächlich ihre Leitungsmacht gegenüber den nachgeordneten Konzerngesellschaften ausübt,[216] reicht es nach neueren Entscheidungen für eine Zurechnung aus, dass die reine Möglichkeit der Einflussnahme kraft kapitalmäßiger Verflechtung gegeben ist.[217] Allein das bloße Halten von Mehrheitsbeteiligungen an den Untergesellschaften durch das der ausländischen Konzernmutter am nächsten stehende deutsche mitbestimmungspflichtige Unternehmen, vermittele insofern die beherrschende Stellung. Dem wird in der Literatur nahezu einhellig entgegengetreten und für eine Zurechnung im Rahmen des § 5

213 *Oetker*, in: ErfKomm, MitbestG, § 5 Rn. 14; *Gach*, in: MünchKommAktG, MitbestG, § 5 Rn. 8; *Zöllner/Noack*, in: Baumbach/Hueck, GmbHG, 52 Rn. 275.

214 *Oetker*, in: ErfKomm, MitbestG, § 5 Rn. 14.

215 *Habersack*, AG 2007, 641, 645; *Zöllner/Noack*, in: Baumbach/Hueck, GmbHG, § 52 Rn. 275.

216 OLG Celle, BB 1993, 957, 959.

217 OLG Düsseldorf, NZG 2007, 77, 79; OLG Frankfurt, ZIP 2008, 878; OLG Stuttgart, ZIP 1995, 1004.

Abs. 3 MitbestG auch das Vorliegen einer tatsächlichen Leitungsmacht durch die Teilkonzernspitze vorausgesetzt.[218]

89 Umstritten ist das **Verhältnis zwischen § 5 MitbestG und § 4 MitbestG.** So ist streitig, ob die Zurechnungsregelung des § 5 Abs. 1 MitbestG neben der für die Zurechnung bei Kapitalgesellschaften und Co. KG geltenden Sondervorschrift des § 4 MitbestG anwendbar ist. Nach einer Auffassung enthält § 4 MitbestG eine abschließende Regelung, die eine Zurechnung zu der Komplementär-Gesellschaft nach § 5 MitbestG von vornherein ausschließt.[219] Die wohl überwiegende Auffassung in der mitbestimmungsrechtlichen Literatur bejaht dagegen zu Recht eine parallele Anwendbarkeit beider Vorschriften und verweist darauf, dass beide Zurechnungsregeln unterschiedlichen Zwecken dienen und eine gesetzliche Regelung eines Vorrangs bzw. Ausschlusses nicht gegeben sei.[220]

2. Größe und Zusammensetzung des Aufsichtsrats

90 Nach **§ 95 Satz 1 AktG i.V.m. § 1 Abs. 1 Nr. 3 DrittelbG** besteht der drittelparitätisch besetzte Aufsichtsrat einer GmbH mindestens aus drei Mitgliedern. Der Gesellschaftsvertrag kann eine bestimmte, höhere Mitgliederanzahl festlegen, was in der Praxis im Hinblick auf § 108 Abs. 2 S. 3 AktG, nach dem an der Beschlussfassung mindestens drei Aufsichtsratsmitglieder teilnehmen müssen, in der Regel der Fall ist. Die Festlegung der Anzahl der Aufsichtsratsmitglieder muss im Gesellschaftsvertrag erfolgen und kann vor dem Hintergrund des § 95 Satz 2 AktG, der von einer ***bestimmten*** höheren Zahl an Mitgliedern spricht, nicht der Festlegung durch die Gesellschafterversammlung überlassen werden.[221] Die gesellschaftsvertraglich erhöhte Zahl der Aufsichtsratsmitglieder muss durch drei teilbar sein (§ 95 Satz 3 AktG). Die maximale Größe des Aufsichtsrats richtet sich nach den Vorgaben des § 95 Satz 4 AktG, wobei es im Hinblick auf das Stammkapital allein auf die Festlegung im Gesellschaftsvertrag ankommt.

91 Umstritten ist die Frage, auf welche Art und Weise und zu welchem Zeitpunkt der Aufsichtsrat anzupassen ist, wenn es zu einer Kapitalherabsetzung bei der GmbH kommt und eine relevante Schwelle des § 95 S. 4 AktG nunmehr unterschritten

---

218 *Burg/Böing,* Der Konzern 2008, 605 ff.; *Giedinghagen,* in: Michalski, GmbHG, § 52 Rn. 29; *Zöllner/Noack,* in: Baumbach/Hueck, GmbHG, 52 Rn. 276; vgl. dazu auch BAG, NZA 2007, 999 ff.

219 *Hoffmann-Becking/Horst,* in: FS Siegler 2000, 273; *Binz/Sorg,* Die GmbH & Co. KG, § 14 Rn. 61 ff.; *Jost,* ZGR 1998, 334, 346 f.; OLG Bremen, AG 1981, 200 ff.; OLG Celle, AG 1980, 161 ff.

220 *Ulmer/Habersack,* in: Ulmer/Habersack/Henssler, MitbestG, § 4 Rn. 5 und § 5 Rn. 9; *Fitting/Wlotzke/Wissmann,* MitbestG, § 4 Rn. 29 und § 5 Rn. 21; *Oetker,* in: ErfKomm, MitbestG, § 5 Rn. 4; *Raiser,* MitbestG, § 5 Rn. 21; *Mertens,* in: KK-AktG, Anhang § 117 B, MitbestG, § 5 Rn. 36.

221 *Giedinghagen,* in: Michalski, GmbHG, § 52 Rn. 74; *Schneider,* in: Scholz, GmbHG, § 52 Rn. 209.

wird.[222] Zum Teil wird vertreten, dass von den Arbeitnehmervertretern automatisch diejenigen ausscheiden, die bei Zugrundelegung der neuen Sitzzahl zurzeit der Wahl nicht mehr in den Aufsichtsrat gelangt wären, während die Vertreter der Anteilseignerseite insgesamt ausscheiden.[223] Nach anderer Ansicht soll die Satzungsänderung erst mit Ende der Amtszeit der dem Aufsichtsrat angehörenden Arbeitnehmervertreter wirksam werden,[224] wobei dies zum Teil nur auf die Wirkung des Kapitalherabsetzungsbeschlusses, soweit sie die nach § 95 AktG zulässige Höchstzahl der Aufsichtsratsmitglieder betrifft, bezogen wird.[225] Während die herrschende Ansicht in der Literatur in den Fällen, in denen sich am Aufsichtsratsstatut als solches nichts ändert, sondern sich nur die Anzahl der Aufsichtsratsmitglieder ändert, die Durchführung des Statusverfahrens sogar als unzulässig erachtet,[226] hält namentlich das Bundesarbeitsgericht die Durchführung eines Statusverfahrens auch in diesen Fällen für zwingend.[227] Danach wäre auch in der vorliegenden Konstellation zur Änderung des Aufsichtsrats und seiner Besetzung ein Statusverfahren durchzuführen. Solange ein solches Verfahren nicht durchgeführt wird, muss es aber konsequenterweise – wie auch in den sonstigen Fällen des Statusverfahrens, bei denen es sogar um die Änderung des gesamten Aufsichtsratsstatuts und nicht nur der Anzahl der Mitglieder geht – beim Fortbestand des bisherigen Aufsichtsrats bleiben. Die Wirksamkeit der Kapitalherabsetzung wird hierdurch aber nicht berührt.

92 Nach § 4 Abs. 1 DrittelbG hat der Aufsichtsrat zu einem Drittel aus Vertretern der Arbeitnehmer zu bestehen. Wenn nur ein oder zwei Arbeitnehmervertreter zu wählen sind, müssen diese nach § 4 Abs. 2 DrittelbG zwingend unternehmenszugehörig sein. Sind mehr als zwei Arbeitnehmervertreter zu wählen, müssen mindestens zwei von ihnen unternehmensangehörig sein. Neben der Einhaltung der Anforderungen nach §§ 100, 105 AktG ist dabei erforderlich, dass diese zwei Aufsichtsratsmitglieder das 18. Lebensjahr vollendet haben und ein Jahr dem Unternehmen (oder einem anderen Unternehmen, dessen Arbeitnehmer nach dem DrittelbG bei der Aufsichtsratswahl wahlberechtigt sind) angehören (§ 4 Abs. 3 DrittelbG). Ansonsten gibt es keine Beschränkungen für Externe, so dass auch Nicht-Arbeitnehmer und sogar leitende Angestellte wählbar sind. Die Sitze im Aufsichtsrat einer »herrschenden« GmbH im Sinne des § 2 Abs. 2 DrittelbG müssen auch nicht nach dem Verhältnis der Belegschaften zwischen abhängigem und herrschendem Unternehmen verteilt

---

222 Übersicht bei *Oetker*, ZHR 149 (1985), 578.

223 *Zöllner/Noack*, in: Baumbach/Hueck, GmbHG, § 52 Rn. 164.

224 OLG Hamburg, WM 1988, 1487; OLG Dresden, ZIP 1997, 589, 590; *Henssler*, in: Ulmer/Habersack/Henssler, DrittelbG, § 4 Rn. 11.

225 *Raiser/Heermann*, in: Ulmer/Habersack/Winter, GmbHG, § 52 Rn. 172.

226 *Zöllner/Noack*, in: Baumbach/Hueck, GmbHG, § 52 Rn. 14; vgl. auch OLG Hamburg, WM 1988, 1487; OLG Dresden, ZIP 1997, 589, 591; a.A. *Schneider*, in: Scholz, GmbHG, § 52 Rn. 44.

227 BAG, WM 1990, 633, 636.

werden.[228] Frauen und Männer sollen im Aufsichtsrat nach § 4 Abs. 4 DrittelbG proportional zur entsprechenden Verteilung im Unternehmen vertreten sein, was gerade bei kleineren Aufsichtsräten häufig schwierig umzusetzen ist. Verletzungen dieses Grundsatzes führen allerdings nicht zur Ungültigkeit der Wahl.[229] Der Gesellschaftsvertrag darf für Arbeitnehmervertreter keine zusätzlichen Wählbarkeitsvoraussetzungen aufstellen.[230]

93 Die Gesellschafterversammlung kann zulasten der Anteilseignerquote freiwillig weitere Arbeitnehmervertreter wählen. Umstritten ist, ob per Gesellschaftsvertrag der Anteil der Arbeitnehmervertreter im AR erhöht werden kann.[231] Dies ist zu bejahen, wobei allerdings auf diese Arbeitnehmervertreter die Regelungen des DrittelbG nicht unmittelbar gelten.[232] Allerdings kann gesellschaftsvertraglich das Verfahren für die Wahl dieser Aufsichtsratsmitglieder dergestalt geregelt werden, dass diese entsprechend den Regelungen des DrittelbG gewählt werden, so dass in der Praxis auf diese Weise ein Gleichlauf erzeugt werden kann.

94 Im MitbestG ergibt sich die Mitgliederzahl des Aufsichtsrats zwingend aus **§ 7 Abs. 1 Satz 1 MitbestG**. Sie ist je nach Arbeitnehmerzahl auf 12, 16 oder 20 Mitglieder gestaffelt, wobei der Gesellschaftsvertrag die jeweils größeren Mitgliederzahlen vorsehen kann. Der Aufsichtsrat setzt sich jeweils hälftig aus Mitgliedern der Anteilseignerseite und der Arbeitnehmerseite zusammen, wobei sich die Zusammensetzung der Arbeitnehmerseite nach den §§ 7 Abs. 2 und 15 Abs. 2 MitbestG richtet. Dabei ist zu berücksichtigen, dass gemäß § 15 Abs. 1 Satz 2 MitbestG stets mindestens ein Arbeitnehmermitglied leitender Angestellter sein muss.

3. Persönliche Voraussetzungen für Aufsichtsratsmitglieder

95 Zu Mitgliedern können nach § 100 Abs. 1 Satz 1 AktG nur natürliche, unbeschränkt geschäftsfähige Personen berufen werden. § 100 Abs. 2 Nr. 1-4 AktG enthält bestimmte Ausschlussmerkmale, bei deren Vorliegen der Gesetzgeber davon ausgeht,

---

228 BAG, DB 1982, 755 ff.; *Giedinghagen*, in: Michalski, GmbHG, § 52 Rn. 75; *Zöllner/Noack*, in Baumbach/Hueck, GmbHG, § 52 Rn. 168; *Oetker*, in: ErfKomm, DrittelbG, § 4 Rn. 9; *Schneider*, in; Scholz, GmbHG, § 52 Rn. 236.

229 *Henssler*, in: Ulmer/Habersack/Henssler, DrittelbG, § 4 Rn. 17; *Gach*, in: MünchKommAktG, DrittelbG, § 4 Rn. 6; *Kleinsorge*, in: Wlotzke/Wissmann/Koberski/Kleinsorge, DrittelbG, § 4 Rn. 35; *Seibt*, NZA 2004, 767, 772.

230 BGHZ 39, 122; *Henssler*, in: Ulmer/Habersack/Henssler, DrittelbG, § 4 Rn. 15; *Gach*, in: MünchKommAktG, DrittelbG, § 4 Rn. 5; *Kleinsorge*, in: Wlotzke/Wissmann/Koberski/Kleinsorge, DrittelbG, § 4 Rn. 31.

231 Dafür OLG Bremen, NJW 1977, 1153; für AG: BGH, NJW 1975, 1657; *Fabricius*, in: FS Hilger/Stumpf, 1983, 155; *Oetker*, in: ErfKomm, DrittelbG, § 4 Rn. 2; *Schneider*, in: Scholz, GmbHG, § 52 Rn. 214; dagegen *Seibt*, in: Henssler/Willemsen/Kalb, DrittelbG, § 1 Rn. 34: Verstoß gegen Art. 14 Abs. 1 GG.

232 *Zöllner/Noack*, in: Baumbach/Hueck, GmbHG, § 52 Rn. 161; *Raiser/Heermann*, in: Ulmer/Habersack/Winter, GmbHG, § 52 Rn. 159; für die alte Rechtslage *Kraft*, in: GK-BetrVG, § 77 Rn. 16; abw. OLG Bremen, NJW 1977, 1153.

dass das AR-Mitglied seinen Überwachungspflichten nicht (mehr) in dem erforderlichen Maße gerecht werden kann. Darüber hinaus bestimmt § 105 AktG die Inkompatibilität von Aufsichtsrats- und Geschäftsführungsmandat. Mitglieder des Aufsichtsrats können nach dieser Vorschrift nicht Geschäftsführungsmitglieder, dauernde Stellvertreter von Geschäftsführungsmitgliedern, Prokuristen sowie Gesamthandlungsbevollmächtigte sein. Im MitbestG ist abweichend von § 105 Abs. 1 AktG ein Prokurist nur dann nicht als Mitglied der Arbeitnehmerseite in den Aufsichtsrat wählbar, wenn er der Geschäftsführung unmittelbar unterstellt und zur Ausübung der Prokura für den gesamten Geschäftsbereich des Organs ermächtigt ist (§ 6 Abs. 2 Satz 1 MitbestG).

96 Über § 4 Abs. 2 DrittelbG bzw. § 7 Abs. 3 MitbestG gelten für Arbeitnehmervertreter darüber hinaus auch die Wählbarkeitsvoraussetzungen des § 8 BetrVG sowie das Erfordernis der mindestens einjährigen Unternehmenszugehörigkeit. Im MitbestG müssen die Gewerkschaftsvertreter Vertreter einer Gewerkschaft sein, die in der GmbH selbst oder in einem ihr zuzurechnenden Unternehmen vertreten sind (§ 7 Abs. 4 MitbestG).

97 Die dargestellten Regelungen des § 100 und § 105 AktG sind im Regelungsbereich der obligatorischen Mitbestimmung – anders als beim fakultativen AR – nicht satzungsdisponibel.[233] Es steht den Gesellschaftern jedoch offen, für die Anteilseignervertreter unter Berücksichtigung der allgemeinen Regeln, wie z.B. den Regelungen des AGG,[234] zusätzliche Voraussetzungen, z.B. in Bezug auf Gesellschaftereigenschaft oder spezielle Kenntnisse, im Gesellschaftsvertrag aufzustellen, § 100 Abs. 4 AktG. Für Arbeitnehmervertreter ist die Konstituierung weiterer Wählbarkeitsvoraussetzungen dagegen nicht zulässig.[235]

4. Bestellung der Aufsichtsratsmitglieder

98 Aufsichtsratsmitglieder der **Anteilseignerseite** werden nach § 101 Abs. 1 AktG grundsätzlich von den Gesellschaftern im Rahmen einer Gesellschafterversammlung gewählt. Daneben besteht die Möglichkeit der Bestellung von Aufsichtsratsmitgliedern im Verfahren nach § 48 Abs. 2 oder durch ein anderes satzungsmäßig bestimmtes Organ, z.B. einen Beirat.[236] Darüber hinaus können für einzelne Gesellschafter oder den jeweiligen Inhaber eines Geschäftsanteils Entsendungsrechte begründet werden (§ 101 Abs. 2 AktG).[237] Abweichend von der nach um-

---

233 *Zöllner/Noack*, in: Baumbach/Hueck, GmbHG, § 52 Rn. 170.

234 Vgl. dazu oben Rdn. 23.

235 BGHZ 39, 122.

236 *Schneider*, in: Scholz, GmbHG, § 52 Rn. 223; *Raiser/Heermann*, in: Ulmer/Habersack/Winter, GmbHG, § 52 Rn. 185.

237 *Raiser/Heermann, in:* Ulmer/Habersack/Winter, GmbHG, § 52 Rn. 186; *Nießen*, NJW-Spezial 2008, 367; *Kleinsorge*, in: Wlotzke/Wissmann/Koberski/Kleinsorge, DrittelbG, § 1 Rn. 21; a.A. *Koppensteiner*, in: Rowedder/Schmidt-Leithoff, GmbHG, § 52 Rn. 9; *Schneider*, in: Scholz, GmbHG, § 52 Rn. 232.

strittener Auffassung[238] auch im Drittelbeteiligungsgesetz geltenden Grenze für die **Entsenderechte** nach § 101 Abs. 2 AktG, kann bei einem nach MitbestG mitbestimmten Aufsichtsrat auf Ebene der Anteilseignervertreter eine unbegrenzte Entsendung stattfinden, da § 6 Abs. 2 MitbestG nicht auf § 101 Abs. 2 AktG verweist.

99 Im **DrittelbG** werden die Aufsichtsratsmitglieder der **Arbeitnehmerseite** durch die Arbeitnehmer des Unternehmens gewählt (§ 5 DrittelbG). Die Wahl ist allgemein, geheim, gleich und unmittelbar und erfolgt nach Maßgabe des § 4 Abs. 2 bis 4 DrittelbG sowie § 13 DrittelbG i.V.m. der Wahlordnung zum DrittelbG.[239] Wahlvorschläge können nach § 6 DrittelbG der Betriebsrat und die Arbeitnehmer selbst machen. Die Wahlvorschläge der Arbeitnehmer müssen dabei von mindestens einem Zehntel der Wahlberechtigten oder von mindestens 100 Wahlberechtigten unterzeichnet sein (§ 6 Satz 2 DrittelbG). Aktives Wahlrecht besitzen nach § 5 Abs. 2 DrittelbG alle volljährigen Arbeitnehmer des Unternehmens. Einbezogen in das Wahlrecht sind durch die Verweisung des § 5 Abs. 2 Satz 2 DrittelbG auf § 7 Satz 2 BetrVG auch entsprechend die im Unternehmen tätigen Leiharbeitnehmer.[240] Darüber hinaus nehmen an der Wahl der Aufsichtsratsmitglieder der Arbeitnehmer des herrschenden Unternehmens[241] eines Konzerns (§ 18 Abs. 1 AktG) auch die Arbeitnehmer der übrigen Konzernunternehmen teil, auch dann, wenn die abhängigen Konzernunternehmen selbst aufsichtsratspflichtig sind. Im Gegensatz zur Frage der Zurechnung der Arbeitnehmer bei der Frage des anwendbaren Aufsichtratsstatuts[242] setzt das aktive Wahlrecht hierbei nicht das Bestehen eines Beherrschungsvertrags zwischen den abhängigen Unternehmen und dem herrschenden Unternehmen voraus, sondern lässt die faktische Beherrschung ausreichen. Eine Bestellung von stellvertretenden Aufsichtsratsmitgliedern ist bei einem Aufsichtsrat nach DrittelbG gem. § 101 Abs. 3 S. 1 AktG nicht zulässig. Lediglich Ersatzmitglieder können nach § 101 Abs. 3 S. 2 AktG gewählt werden,[243] wobei es zulässig ist, dass dieselbe Person gleichzeitig Ersatzmitglied für mehrere Aufsichtsratsmitglieder ist, solange diese derselben Gruppe angehören.[244]

---

238 So *Zöllner/Noack*, in: Baumbach/Hueck, GmbHG, § 52 Rn. 177; *Kleinsorge*, in: Wlotzke/Wissmann/Koberski/Kleinsorge, DrittelbG, § 1 Rn. 21; *Oetker*, in: ErfKomm, DrittelbG, § 1 Rn. 24; *Raiser/Heermann*, in: Ulmer/Habersack/Winter, GmbHG, § 52 Rn. 186; a.A. (unbeschränkte Einräumungsmöglichkeit) *Schneider*, in: Scholz, GmbHG, § 52 Rn. 221; *Schmidt-Leithoff*, in: Rowedder/Schmidt-Leithoff, GmbHG, Einl. Rn. 237; *Marsch-Barner/Diekmann*, in: MünchHdbGesR, § 48 Rn. 104; *Giedinghagen*, in: Michalski, GmbHG, § 52 Rn. 97a.

239 Verordnung zur Wahl der Aufsichtsratsmitglieder der Arbeitnehmer nach dem DrittelbG (Wahlordnung zum DrittelbG – WODrittelbG) v. 23.6.2004, BGBl. I 1393.

240 *Zöllner/Noack*, in: Baumbach/Hueck, GmbHG, § 52 Rn. 179.

241 Vgl. zur Frage des herrschenden Unternehmens oben unter Rdn. 82.

242 Vgl. dazu ausführlich oben unter Rdn. 82.

243 BGHZ 99, 211, 213; BGH, WM 1988, 377 f.

244 BGHZ 99, 211, 213 (für AG); *Giedinghagen*, in: Michalski, GmbHG, § 52 Rn. 84.

100 Im **MitbestG** richtet sich die Wahl der Arbeitnehmervertreter nach den Vorschriften der §§ 9 bis 24 MitbestG, die wiederum über § 39 MitbestG durch drei Wahlordnungen[245] konkretisiert werden. Bei bis zu 8.000 Arbeitnehmern findet danach – sofern die Arbeitnehmer nichts anderes bestimmen – eine unmittelbare, ab einer Zahl von regelmäßig 8.001 Arbeitnehmern eine Delegiertenwahl statt. Gemäß § 17 Abs. 1 MitbestG ist die Aufstellung eines Ersatzmitglieds möglich; die Anfechtung der Wahl richtet sich nach §§ 21 f. MitbestG.

101 Darüber hinaus kommt bei einem nach DrittelbG oder MitbestG zusammengesetzten Aufsichtsrat auf Antrag auch eine **gerichtliche Bestellung** von Aufsichtsratsmitgliedern gemäß § 104 AktG in Betracht. Dies ist möglich, sofern die zur Beschlussfähigkeit erforderliche Mitgliederzahl nicht gegeben ist (§ 104 Abs. 1 AktG) oder dem Aufsichtsrat länger als drei Monate die nach Gesetz oder Gesellschaftsvertrag erforderliche Gesamtmitgliederzahl fehlt (§ 104 Abs. 2 AktG). Gemäß § 104 Abs. 2 AktG kann in dringenden Fällen eine Bestellung vor Ablauf der drei Monate erfolgen. Während bei einem nach MitbestG zusammengesetzten Aufsichtsrat gem. § 104 Abs. 3 AktG stets ein dringender Fall vorliegt, ist dies bei einem nach DrittelbG gebildeten Aufsichtsrat jeweils im Einzelnen zu prüfen. Im Hinblick auf das langwierige Wahlverfahren dürfte jedoch häufig auch bei diesem zumindest bei der Bestellung von Arbeitnehmervertretern ein dringender Fall vorliegen, wenn beispielsweise kurzfristig Wahlen oder wesentliche Aufsichtsratsentscheidungen anstehen. Bei der Besetzung entscheidet das Gericht – vorbehaltlich der Regelung des § 104 Abs. 4 S. 4 AktG – nach eigenem Ermessen ohne Bindung an die Anträge,[246] wobei in der Praxis regelmäßig den Vorschlägen der Antragssteller entsprochen wird, insb. wenn diese mit dem Betriebsrat abgestimmt sind. Das Amt der gerichtlich bestellten Aufsichtsratsmitglieder erlischt automatisch in dem Zeitpunkt, in dem der ursprüngliche Mangel z.B. durch Wahl behoben ist.[247] Einer Abberufung durch das Gericht bedarf es daher nicht.

102 Im Hinblick auf fehlerhafte Bestellungen von Aufsichtsratsmitgliedern finden die Regelungen der §§ 250 f. AktG Anwendung.[248] Wurden die Aufsichtsratsmitglieder unter Verstoß gegen die in § 250 AktG aufgeführten Tatbestände in einem Wahlgang gewählt, ist die fehlerhafte Bestellung vollständig nichtig. Bei einer Einzelwahl erstreckt sich die Nichtigkeit nur auf die jeweilige Bestellung. Bei der Wahl der Arbeitnehmervertreter ist § 11 DrittelbG bzw. § 21 f. MitbestG heranzuziehen.

---

245 Unternehmen mit einem Betrieb: Erste Wahlordnung, BGBl I 2002, 1682 ff. geändert durch Art. 1 VO vom 10.10.2005, BGBl I 2009, 927; Unternehmen mit mehreren Betrieben: Zweite Wahlordnung, BGBl I 2002, 1708 ff., geändert durch Art. 2 VO vom 10.10.2005, BGBl I 2927; Unternehmen als persönlich haftender Gesellschafter (§ 4 MitbestG) oder Konzernunternehmen (§ 5 MitbestG): Dritte Wahlordnung BGBl I 2002, 1741 ff. geändert durch Art. 3 VO vom 10.10.2005, BGBl I 2927.

246 BayObLG, AG 2005, 350, 351; BayObLG, DB 1997, 2599.

247 BayObLG, NZG 2005, 405, 406; OLG München, AG 2006, 590, 591.

248 BGHZ 51, 210; *Schneider*, in: Scholz, GmbHG, § 52 Rn. 244; *Koppensteiner*, in: Rowedder/Schmidt-Leithoff, GmbHG, § 52 Rn. 20; *Giedinghagen*, in: Michalski, GmbHG, § 52 Rn. 115.

5. Amtszeit der Aufsichtsratsmitglieder

103 Die Amtszeit der Aufsichtsratsmitglieder bestimmt sich grundsätzlich nach dem im Gesellschaftsvertrag festgelegten Zeitraum. Gemäß § 102 AktG i.V.m. § 1 Abs. 1 Nr. 3 DrittelbG/§ 6 Abs. 2 S. 1 MitbestG ist dabei die Höchstdauer der Bestellung die Zeit bis zur Beendigung der Gesellschafterversammlung, die über die **Entlastung für das vierte Geschäftsjahr** nach dem Beginn der Amtszeit beschließt. Dabei beginnt die Amtszeit regelmäßig, wenn die Wahl und die Annahmeerklärung des Gewählten vorliegen, es sei denn, die Aufsichtsratsbesetzung wird erst durch eine Änderung des Gesellschaftsvertrags begründet, so dass die Eintragung der Änderung des Gesellschaftsvertrags im Handelsregister zwingend erforderlich ist. Das zu Beginn der Amtszeit laufende Geschäftsjahr zählt bei der Bemessung gemäß § 102 Abs. 1 Satz 2 AktG nicht mit. Die für die Beendigung maßgebende Entlastung muss eine Sachentscheidung der Gesellschafter sein. Wird eine entsprechende Sachentscheidung nicht getroffen, sondern die Entlastungsentscheidung vertagt, ist umstritten, wann die Amtszeit des Aufsichtsratsmitglieds endet. Nach Auffassung des Bundesgerichtshofs[249] endet in diesem Fall das Aufsichtsratsmandat in dem Zeitpunkt, zu dem über die Entlastung hätte entschieden werden müssen. Eine **Wiederbestellung** ist zulässig, sie darf allerdings nicht dazu führen, dass die gesetzlich vorgesehenen Höchstfristen umgangen werden. Insofern muss sichergestellt werden, dass auch im Fall einer Wiederbestellung die Amtszeit des Aufsichtsratsmitglieds jeweils den in § 102 AktG definierten Zeitraum nicht überschreitet. Insofern ist nach herrschender Meinung die vorzeitige Wiederbestellung zulässig, wenn die Höchstdauer der neuen Wahlperiode unter Einrechnung des Restes der laufenden Amtszeit bemessen wird.[250]

104 Für die **Anteilseignervertreter** kann der Gesellschaftsvertrag oder der jeweilige Bestellungsbeschluss bzw. die Entsendungserklärung eine kürzere als die höchste Amtszeit vorsehen. Ist keine Regelung im Gesellschaftsvertrag oder Bestellungsbeschluss bzw. in der Entsendeerklärung vorgesehen, gilt die Bestellung, sofern sich nicht aus den Umständen etwas anderes ergibt, im Zweifel für die gesetzliche Höchstdauer. Die Verkürzung einer laufenden Amtszeit eines Anteilseignervertreters ist nur in Verbindung mit einer Abberufung möglich, also nicht durch einfachen Gesellschafterbeschluss.[251]

---

249 BGH, NZG 2002, 916; a.A. Ablauf des 5. Geschäftsjahres *Giedinghagen*, in: Michalski, GmbHG, § 52 Rn. 134; Beendigung des 4. Geschäftsjahres *Koppensteiner*, in: Rowedder/Schmidt-Leithoff, GmbHG, § 52 Rn. 31; *Marsch-Barner/Diekmann*, in: MünchHdbGesR, § 48 Rn. 111.

250 *Mertens*, in: KK-AktG, § 102 Rn. 17; *Hüffer*, AktG, § 102 Rn. 6; *Raiser/Heermann*, in: Ulmer/Habersack/Winter, GmbHG, § 52 Rn. 199; a.A.: *Habersack*, in: MünchKommAktG, § 102 Rn. 20; *Schneider*, in: Scholz, GmbHG, § 52 Rn. 233.

251 OLG Hamburg, WM 1988, 1487; BAG, AP Nr. 28 zu § 76 BetrVG 1952; *Marsch-Barner/Diekmann*, in: MünchHdbGesR, § 48 Rn. 113; abweichend: *Mertens*, in: KK-AktG, § 102 Rn. 7.

105 Auch für die **Arbeitnehmervertreter** gilt nach § 5 Abs. 1 DrittelbG/§ 6 Abs. 2 S. 2 MitbestG die im Gesetz oder Gesellschaftsvertrag bestimmt Zeit. Insofern kann durch eine Regelung im Gesellschaftsvertrag auch die Zeit der Arbeitnehmervertreter beeinflusst werden, wobei nach in der Literatur vertretener Auffassung die Regelung jedoch sowohl für die Anteilseigner- als auch für die Arbeitnehmerseite gleich gelten muss.[252] Insofern kann auch das turnusmäßige Ausscheiden von Arbeitnehmervertretern vorgesehen werden.[253] Ist für die Vertreter der Arbeitnehmerseite eine Regelung nicht vorgesehen, ist auch für diese die gesetzliche Höchstzeit maßgebend.

6. Abberufung und sonstige Beendigung

106 Die Abberufung von **Anteilseignervertretern** richtet sich beim DrittelbG über § 1 Abs. 1 Nr. 3 S. 2 DrittelbG, beim MitbestG über § 6 Abs. 2 S. 1 MitbestG nach § 103 Abs. 1 AktG. Die Abberufung der **Arbeitnehmervertreter** richtet sich nach § 12 Abs. 1 DrittelbG bzw. § 23 MitbestG. Nach § 12 Abs. 1 DrittelbG kann vor Ablauf der Amtszeit auf Antrag eines Betriebsrats oder von mindestens einem Fünftel der Wahlberechtigten eine Abberufung erfolgen, wobei hierbei die wahlberechtigten Arbeitnehmer in Anlehnung an § 103 Abs. 1 S. 2 AktG und § 23 Abs. 2 S. 2 MitbestG mit einer Mehrheit von ¾ der abgegebenen Stimmen der Abberufung zustimmen müssen.[254] Für Arbeitnehmervertreter, die nach dem MitbestG gewählt worden sind, finden sich in § 23 Abs. 1 bis 3 MitbestG ausführliche Regelungen bezüglich der Abberufung von Aufsichtsratsmitgliedern der Arbeitnehmerseite.

107 § 103 Abs. 3 AktG i.V.m. § 1 Abs. 1 Nr. 3 DrittelbG bzw. § 6 Abs. 2 MitbestG ermöglicht darüber hinaus die **Abberufung aus wichtigen Grunde durch das Gericht**. Diese erfasst sowohl die Vertreter der Arbeitnehmer als auch die der Anteilseigner.[255] Ein die Abberufung rechtfertigender wichtiger Grund liegt zu einem vor, wenn ein Aufsichtsratsmitglied ein schwerwiegendes gesellschaftswidriges Verhalten an den Tag legt, welches die weitere Zugehörigkeit zum Aufsichtsrat als schlechthin untragbar erscheinen lässt,[256] zum anderen, wenn das Verbleiben des Aufsichtsratsmitglieds im Amt bis zur Beendigung seiner Amtszeit für die Gesellschaft unzumutbar ist.[257] Das Vorliegen eines Grundes zur außerordentlichen Kündigung des

252 *Zöllner/Noack*, in: Baumbach/Hueck, GmbHG, 52 Rn. 94.

253 *Oetker*, in: ErfKomm, DrittelbG, § 5 Rn. 14; *Henssler*, in: Ulmer/Habersack/Henssler, DrittelbG, § 5 Rn. 14; *Seibt*, in: Henssler/Willemsen/Kalb, DrittelbG, § 5 Rn. 9; a.A.: *Ulmer/Habersack*, in: Ulmer/Habersack/Henssler, MitbestG, § 6 Rn. 65.

254 *Oetker*, in: ErfKomm, DrittelbG, § 12 Rn. 6; *Giedinghagen*, in: Michalski, GmbHG, § 52 Rn. 147.

255 *Oetker*, in: ErfKomm, DrittelbG, § 12 Rn. 15; *Henssler*, in: Ulmer/Habersack/Henssler, DrittelbG, § 12 Rn 2.

256 BGHZ 39, 116, 123.

257 LG Frankfurt, NJW 1987, 505, 506; OLG Zweibrücken, AG 1991, 70; OLG Hamburg, AG 1990, 218; OLG Stuttgart, AG 207, 218; *Zöllner/Noack*, in: Baumbach/Hueck, GmbHG, § 52 Rn. 98.

Arbeitsverhältnisses ist aber nicht notwendige Voraussetzung einer Abberufung.[258] Verfahrenstechnisch bedarf die Abberufung aus wichtigem Grund durch das Gericht eines Antrags des Aufsichtsrats, über den dieser mit einfacher Mehrheit beschließt, wobei der Betroffene kein Stimmrecht hat.[259] Ist das Aufsichtsratsmitglied aufgrund des Gesellschaftsvertrags in den Aufsichtsrat entsandt worden, können entsprechend § 103 Abs. 3 Satz 3 AktG die Gesellschafter, deren Anteil zusammen den zehnten Teil des Stammkapitals oder den anteiligen Betrag von einer Million Euro erreichen, den Antrag stellen.

108 Im Hinblick auf **sonstige Beendigungsgründe**[260] bestehen beim obligatorischen Aufsichtsrat vom Grundsatz keine Besonderheiten. Ist für einen Arbeitnehmervertreter das wirksame Bestehen eines Arbeitsverhältnisses Wählbarkeitsvoraussetzung, endet bei dessen Wegfall automatisch sein Aufsichtsratsmandat (vgl. § 24 Abs. 1 MitbestG). Dies kann zum einen durch Beendigung des Arbeitsverhältnisses erfolgen, zum anderen aber auch z.B. durch eine Veräußerung eines verbundenen Unternehmens, bei dem das Aufsichtsratsmitglied beschäftigt war. Eine Änderung der Zuordnung eines Aufsichtsratsmitglieds als leitender Angestellter führt allerdings gemäß § 24 Abs. 2 MitbestG bei einem paritätisch mitbestimmten Aufsichtsrat nicht zum Amtsverlust.

7. Rechtliche Ausgestaltung des Aufsichtsratsverhältnisses

109 Das Rechtsverhältnis der Aufsichtsratsmitglieder zur Gesellschaft ist vom Grundsatz beim obligatorischen Aufsichtsrat vergleichbar mit dem Rechtsverhältnis der Aufsichtsratsmitglieder beim fakultativen Aufsichtsrat.[261] Auch beim obligatorischen Aufsichtsrat wird mit der Übernahme des Aufsichtsratsmandats nicht automatisch ein schuldrechtliches »Grundgeschäft« zwischen Aufsichtsratsmitglied und Gesellschaft geschaffen. Allerdings besteht auch hier die Möglichkeit der Begründung eines das Aufsichtsratsmandat **begleitenden (schuldrechtlichen) Rechtsverhältnisses.**

110 Gemäß § 1 Abs. 1 Nr. 3 DrittelbG bzw. § 25 Abs. 1 Nr. 2 MitbestG i.V.m. § 113 AktG kann den Aufsichtsratsmitgliedern für ihre Tätigkeit eine **Vergütung** gewährt werden, die im Gesellschaftsvertrag festgesetzt oder von der Gesellschafterversammlung bewilligt wird. Eine grundsätzliche Differenzierung zwischen Anteilseigner- und Arbeitnehmervertretern ist dabei nicht zulässig.[262] Den Mitgliedern des ersten Aufsichtsrats kann nur die Gesellschafterversammlung eine Vergütung für ihre Tätigkeit bewilligen, wobei der Beschluss erst in der Gesellschafterversammlung gefasst werden kann, die die Entlastung der Mitglieder des ersten Aufsichtsrats beschließt (§ 113

258 BGHZ 39, 116, 123.

259 *Koppensteiner*, in: Rowedder/Schmidt-Leithoff, GmbHG, § 52 Rn. 32; *Schneider*, in: Scholz, GmbHG,§ 52 Rn. 298; *Giedinghagen*, in: Michalski, GmbHG, § 52 Rn. 155; *Zöllner/Noack*, in: Baumbach/Hueck, GmbHG, § 52 Rn. 198.

260 Vgl. dazu oben Rdn. 32 ff.

261 Vgl. dazu oben Rdn. 36 ff.

262 *Schneider*, in: Scholz, GmbHG, § 52 Rn. 365; *Giedinghagen*, in: Michalski, GmbHG, § 52 Rn. 196.

Abs. 2 AktG). Dem Aufsichtsrat kann nicht nur eine reine Festvergütung gewährt werden, sondern auch ein variabler Anteil. Diese Möglichkeit eröffnet grundsätzlich § 113 Abs. 3 AktG, der bei einem obligatorischen Aufsichtsrat zwingend zu beachten ist. Da der Berechnungsmodus des § 113 Abs. 3 AktG jedoch nur dann als zwingend angesehen wird, wenn die Tantieme tatsächlich als Anteil am Jahresgewinn gewährt wird, nicht jedoch z.B. als Dividendentantieme,[263] bestehen die entsprechenden Gestaltungsspielräume auch für die mitbestimmte GmbH. Auch der Abschluss einer D&O-Versicherung für die Aufsichtsratsmitglieder ist als Vergütungsbestandteil durch die Gesellschafterversammlung zu bewilligen.[264]

111 Die **Sorgfaltspflichten** und die Haftung der Aufsichtsratsmitglieder bestimmen sich über § 1 Abs. 1 Nr. 3 DrittelbG bzw. § 25 Abs. 1 Nr. 2 MitbestG nach § 116 AktG, der wiederum auf § 93 AktG (mit Ausnahme des Abs. 2 Satz 3) verweist. Entsprechend unterliegen die Aufsichtsratsmitglieder dem Sorgfaltsmaßstab eines ordentlichen gewissenhaften Aufsehers, wobei dies sowohl die Mitglieder der Anteilseignerseite als auch die Mitglieder der Arbeitnehmerseite gleichermaßen betrifft. Insofern besteht für die Arbeitnehmervertreter auch keine Haftungserleichterung nach den Grundsätzen über die beruflich veranlasste Tätigkeit.[265] Im Gegensatz zur Situation beim faktultativen Aufsichtsrat[266] ist der Verweis auf § 93 AktG beim obligatorischen Aufsichtsrat nicht auf die Absätze 1 und 2 beschränkt. Eine Haftung des Aufsichtsratsmitglieds scheidet z.B. nicht mangels Verweises auf § 93 Abs. 3 AktG aus, wenn sich die Überwachungspflicht auf die Einhaltung des Zahlungsverbots nach § 64 Satz 1 GmbHG bezieht, weil in diesem Fall nicht die Gesellschaft, sondern die Insolvenzgläubiger durch die Zahlung geschädigt sind.[267] Im Hinblick auf § 93 Abs. 3 AktG sind jedoch die Besonderheiten der GmbH zu berücksichtigen, so dass dieser nur in erheblich modifizierter Version angewandt werden kann bzw. bezüglich einzelner dort aufgezählter Fälle bei der GmbH überhaupt keine Anwendung findet (z.B. Nr. 4). § 93 Abs. 4 AktG findet mit Ausnahme des Satzes 2, der für die Haftung eines Aufsichtsrats nicht passt, uneingeschränkt Anwendung. Umstritten ist, ob wegen der Beschränkungen des § 93 Abs. 4 AktG bei einem obligatorischen Aufsichtsrat der Entlastung des Aufsichtsrats Verzichtswirkung zukommt.[268] Im Ergebnis wird man der Entlastung im dort genannten Dreijahreszeitraum keine Verzichtswirkung zubilligen können, da andernfalls die Beschränkungen des § 93 Abs. 4 AktG unterlaufen würden. § 93 Abs. 5 und 6 AktG finden beim obligatorischen Aufsichtsrat unbeschränkt Anwendung.

---

263 *Hüffer*, AktG, § 113 Rn. 9.

264 *Zöllner/Noack*, in: Baumbach/Hueck, GmbHG, 52 Rn. 203; a.A. *Lange*, ZIP 2001, 1524, 1525.

265 *Zöllner/Noack*, in: Baumbach/Hueck, GmbHG, 52 Rn. 207.

266 Vgl. dazu Rdn. 42.

267 Vgl. zum fakultativen Aufsichtsrat BGH, ZIP 2010, 1988, 1989.

268 So *Schneider*, in: Scholz, GmbHG, § 52 Rn. 525; a.A.: *Raiser/Heermann*, in: Ulmer/Habersack/Winter, GmbHG, § 52 Rn. 264; *Zöllner/Noack*, in: Baumbach/Hueck, GmbHG, 52 Rn. 211.

112 Neben der Sorgfaltspflicht besteht auch eine **Verschwiegenheitspflicht**, im Rahmen derer alle Mitglieder im Aufsichtsrat zur Verschwiegenheit verpflichtet sind.[269] Dies betrifft auch die Aufsichtsratsmitglieder der Arbeitnehmerseite. Insofern bestehen keine Ausnahmen im Hinblick auf mögliche Unterrichtungen von Betriebsräten, Wählern oder gar Gewerkschaften.[270]

8. Innere Ordnung des Aufsichtsrats

113 Gemäß § 1 Abs. 3 Nr. 3 DrittelbG bzw. § 25 Abs. 1 Nr. 2 MitbestG gelten für innere Organisationsfragen des obligatorischen Aufsichtsrats ausdrücklich die §§ 107 bis 110 AktG. Der Aufsichtsrat hat insofern zwingend aus seiner Mitte einen **Vorsitzenden und mindestens einen Stellvertreter** zu wählen. Bezüglich der Wahl des Aufsichtsratsvorsitzenden und seines Stellvertreters bestehen zwischen dem DrittelbG und dem MitbestG jedoch erheblich Unterschiede. Während im DrittelbG die Regelung des § 107 Abs. 1 AktG Anwendung findet und grundsätzlich eine einfache Mehrheit für die entsprechende Beschlussfassung ausreicht, regelt sich die Wahl des Aufsichtsratsvorsitzenden und dessen Stellvertreters im MitbestG nach § 27 MitbestG.[271] Danach wählt der Aufsichtsrat mit einer Mehrheit von 2/3 der Mitglieder, aus denen er insgesamt zu bestehen hat, aus seiner Mitte einen Aufsichtsratsvorsitzenden und einen Stellvertreter. Wird bei der Wahl des Aufsichtsratsvorsitzenden oder seines Stellvertreters diese Mehrheit nicht erreicht, so findet für die Wahl des Aufsichtsratsvorsitzenden und seines Stellvertreters ein zweiter Wahlgang statt, in dem die Aufsichtsratsmitglieder der Anteilseigner den Aufsichtsratsvorsitzenden und die Aufsichtsratsmitglieder der Arbeitnehmer den Stellvertreter jeweils mit der Mehrheit der abgegebenen Stimmen wählen. Umstritten ist, ob sich im Hinblick auf die Kopplung der Wahlverfahren für beide Positionen die beiden Amtsperioden decken müssen, was von der wohl herrschenden Ansicht verneint wird.[272] Die Bestellung zum Aufsichtsratsvorsitzenden erfolgt dabei bis zum Ende der Aufsichtsratstätigkeit des Gewählten, sofern sich nicht aus dem Gesellschaftsvertrag oder der Geschäftsordnung etwas anderes ergibt.[273] Scheidet das Aufsichtsratsmitglied vor Ablauf der Amtszeit aus oder endet das Amt aus einem anderen Grund, so entfällt auch die Bestel-

269 Für Aufsichtsratsmitglieder, die auf Veranlassung einer öffentl.-rechtl. Körperschaft in einen obligatorischen Aufsichtsrat gewählt wurden, bestehen nach § 394 f. AktG bestimmte Sondernormen, die die Verschwiegenheitsverpflichtung einschränken.

270 *Oetker*, in: GroßKommAktG, MitbestG, § 25 Rn. 24; *Zöllner/Noack*, in: Baumbach/Hueck, GmbHG, § 52 Rn. 208.

271 Die Wahl möglicher weiterer Stellvertreter richtet sich dann nach § 29 MitbestG; vgl. dazu *Giedinghagen*, in: Michalski, GmbHG, § 52 Rn. 327.

272 So wohl die herrschende Meinung *Oetker*, in: ErfKomm, MitbestG, § 27 Rn. 5; *Ulmer/Habersack*, in: Ulmer/Habersack/Henssler, MitbestG, § 27 Rn. 10, a.A. *Seibt*, in: Henssler/Willemsen/Kalb, MitbestG, § 27 Rn. 6.

273 *Seibt*, in: Henssler/Willemsen/Kalb, MitbestG, § 27 Rn. 6; *Hüffer*, AktG, § 107 Rn. 4; *Oetker*, in: ErfKomm, MitbestG, § 27 Rn. 5; *Mertens*, in: KK-AktG, § 107 Rn. 26.

lung als Vorsitzender oder Stellvertreter.[274] In diesem Fall ist eine Nachwahl durchzuführen, die sich nach § 27 Abs. 1 bzw. Abs. 2 MitbestG richtet. War das wegfallende Aufsichtsratsmitglied nach § 27 Abs. 1 MitbestG gewählt, kann sich die Nachwahl nach ganz herrschender Meinung auf das offene Amt beschränken.[275] Kommt bei der Nachwahl die 2/3-Mehrheit nicht zu Stande und wird daher ein zweiter Wahlgang erforderlich, so genügt es, wenn die jeweils zuständige Gruppe wählt.[276]

114 Die **Beschlussfähigkeit** des Aufsichtsrats richtet sich nach § 108 Abs. 2 AktG, sodass, sofern der Gesellschaftervertrag keine abweichenden Regelungen enthält, das Teilnahmequorum von mindestens der Hälfte der Mitglieder des Aufsichtsrats erforderlich ist, mindestens jedoch von drei Mitgliedern. Dabei setzt die Teilnahme an der Beschlussfassung nicht zwingend eine Stimmabgabe voraus, es genügt vielmehr eine Stimmenthaltung. Insofern kann sich ein Aufsichtsratsmitglied bei einem Stimmrechtsauschluss enthalten und somit die notwendige Beschlussfähigkeit sicherstellen.[277] Unabhängig ist in diesem Zusammenhang, ob bei einem unvollständig besetztem Aufsichtsrat das Verhältnis zwischen Anteilseignervertretern und Arbeitnehmervertretern gewahrt ist (§ 108 Abs. 2 Satz 4 AktG). Nach ganz herrschender Meinung unzulässig ist schließlich auch die Bindung der Beschlussfähigkeit an die Teilnahme bestimmter Aufsichtsratsmitglieder, auch an die Anwesenheit des Vorsitzenden.[278]

115 Grundsätzlich werden Beschlüsse mit einfacher **Mehrheit** gefasst. Zumindest im Hinblick auf gesetzlich zwingend vorgeschriebene Aufgaben hält die herrschende Meinung dieses Quorum bei einem obligatorischen Aufsichtsrat auch für zwingend und nicht durch Regelungen im Gesellschaftsvertrag für abdingbar.[279] Etwas anderes gilt nur für solche Zustimmungserfordernisse, die nicht kraft Gesetzes dem Aufsichtsrat zwingend zugeordnet sind. In diesen Fällen kann der Gesellschaftsvertrag auch abweichende höhere Mehrheiten festschreiben. Andere Mehrheiten gelten ferner dann, wenn dies gesetzlich explizit vorgeschrieben ist, z.B. im MitbestG für die Wahl des Vorsitzenden und seines Stellvertreters (vgl. § 27 Abs. 1 MitbestG). Während Mehrstimmrechte unzulässig sind, besteht die Möglichkeit im Gesellschaftsvertrag zu regeln, dass bei Stimmengleichheit die Stimme des Vorsitzenden den Aus-

274 *Seibt*, in: Henssler/Willemsen/Kalb, MitbestG, § 27 Rn. 6; *Oetker*, in: ErfKomm, MitbestG, § 27 Rn. 5.

275 *Seibt*, in: Henssler/Willemsen/Kalb, MitbestG, § 27 Rn. 6; *Ulmer/Habersack*, in: Ulmer/Habersack/Henssler, MitbestG, § 27 Rn. 11.

276 *Oetker*, in: ErfKomm, MitbestG, § 27 Rn. 5; *Seibt*, in: Henssler/Willemsen/Kalb, MitbestG, § 27 Rn. 6.

277 BGH, NZG 2007, 516; a.A.: OLG Frankfurt, ZIP 2005, 2322, 2324.

278 *Raiser/Hermann*, in: Ulmer/Habersack/Winter, GmbHG, § 52 Rn. 228; *Schneider*, in: Scholz, GmbHG, § 52 Rn. 409; *Habersack*, in: MünchKommAktG, § 108 Rn. 38; a.A. *Zöllner/Noack*, in: Baumbach/Hueck, GmbHG, 52 Rn. 229.

279 *Raiser/Heermann*, in: Ulmer/Habersack/Winter, GmbHG, § 52 Rn. 230; *Habersack*, in: MünchKommAktG, § 108 Rn. 24; *Zöllner/Noack*, in: Baumbach/Hueck, GmbHG, 52 Rn. 231; vgl. insofern für das MitbestG auch § 29 Abs. 1 MitbestG.

schlag geben soll.[280] Bei Stimmgleichheit sieht das MitbestG in § 29 Abs. 2 vor, dass für den Fall, dass es bei einer Wiederholung der Abstimmung ebenfalls zur Stimmgleichheit kommt, der Vorsitzende zwei Stimmen hat (Stichentscheid des Aufsichtsratsvorsitzenden). Der Vorsitzende kann dabei bei Abwesenheit die Zweitstimme auch schriftlich gemäß § 108 Abs. 3 AktG abgeben.[281] Dem Stellvertreter steht die Zweitstimme dagegen, auch wenn er als Vorsitzender amtiert, nicht zu (§ 29 Abs. 2 Satz 3 MitbestG).

116 Auch beim obligatorischen Aufsichtsrat können grundsätzlich **Aufsichtsratsausschüsse** gebildet werden. Der Aufsichtsrat entscheidet hierüber gem. § 107 Abs. 3 Satz 1 AktG frei und unabhängig.[282] Dabei sind jedoch Beschränkungen im Hinblick auf beschließende Ausschüsse zu berücksichtigen. So führt § 107 Abs. 3 Satz 3 AktG verschiedene Aufgaben auf, in denen – unter Berücksichtigung der GmbH-spezifischen Ausgestaltung[283] – Ausschüsse nicht an die Stelle des Aufsichtsrats zur Beschlussfassung treten dürfen. In der Praxis ist wichtig, dass durch § 107 Abs. 3 Satz 2 AktG die Übertragung der Entscheidung über die Erteilung oder Versagung der Zustimmung zu zustimmungsbedürftigen Geschäften auf einen Ausschuss nicht ausgeschlossen ist.[284] Insofern besteht die Möglichkeit, zustimmungsbedürftige Geschäfte, jedenfalls sofern sie nicht explizit dem Gesamtgremium zugewiesen sind, auf Ausschüsse zu delegieren, die dann in diesen Angelegenheiten verbindlich die Entscheidungen treffen. Während vorbereitende und prüfende Ausschüsse aus beliebig vielen Mitgliedern bestehen können, müssen beschließende Ausschüsse mindestens aus drei Mitgliedern bestehen.[285] Umstritten ist, ob im Rahmen der Ausschussbesetzung der Gruppenproporz zwischen Anteilseignervertreter- und Arbeitnehmervertreterseite zu berücksichtigen ist. Der BGH lässt zwar theoretisch die Möglichkeit einseitiger Besetzung zu,[286] stellt dies aber unter so strenge Voraussetzungen, dass in der Praxis in der Regel ein Arbeitnehmervertreter als Mitglied des Ausschusses gewählt werden muss.[287] Ungeachtet dessen hat gem. § 109 Abs. 2 AktG jedes Aufsichtsratsmitglied, das einem Ausschuss nicht angehört, das Recht, an den Sitzungen dieses Ausschusses teilzunehmen. Allerdings kann dieses Teilnahmerecht durch den Vorsitzenden des Aufsichtsrats ausgeschlossen werden, wobei die

---

280 Vgl. dazu § 29 Abs. 2 MitbestG.

281 *Zöllner/Noack*, in: Baumbach/Hueck, GmbHG, § 52 Rn. 299.

282 BGHZ 122, 342, 355; BGHZ 83, 106, 115; *Schneider*, in: Scholz, GmbHG, § 52 Rn. 443.

283 Vgl. dazu *Zöllner/Noack*, in: Baumbach/Hueck, GmbHG, 52 Rn. 236.

284 BGH, ZIP 1991, 869; OLG Hamburg, AG 1996, 84.

285 BGHZ 65, 193; *Zöllner/Noack*, in: Baumbach/Hueck, GmbHG, § 52 Rn. 237.

286 BGHZ 122, 342, 35 ff.; BGHZ 83, 106, 113; BGHZ 83, 144, 148; OLG München, AG 1995, 466, 467; OLG Hamburg, WM 1984, 965, 968.

287 BGHZ 122, 342; vgl. ferner OLG München, WM 1995, 978; einen Gruppenproporz generell ablehnend: *Schneider*, in: Scholz, GmbHG, § 52 Rn. 450; *Raiser/Heermann*, in: Ulmer/Habersack/Winter, GmbHG, § 52 Rn. 219 f.; OLG Hamburg, DB 1992, 774, 776; a.A. Gruppenproporz erforderlich: *Koppensteiner*, in: Rowedder/Schmidt-Leithoff, GmbHG, § 52 Rn. 36; *Köstler*, BB 1985, 554.

entsprechende Ermessensentscheidung des Vorsitzenden von sachlichen Gründen getragen sein muss.

9. Aufgaben und Kompetenzen des Aufsichtsrats

117 Dem obligatorischen Aufsichtsrat kommen vom Grundsatz die gleichen Aufgaben zu wie einem fakultativen Aufsichtsrat.[288]

118 Gemäß § 111 Abs. 1 AktG ist die primäre Aufgabe des mitbestimmten Aufsichtsrats die **Überwachung der Geschäftsführung**, sofern diese dem Geschäftsführer obliegt. Insofern hat auch der obligatorische Aufsichtsrat Geschäftsführungsentscheidungen der Gesellschafterversammlung oder eines anderen Organs, beispielsweise die eines entscheidungsbefugten Beirats, nicht zu überprüfen.[289] Dies darf allerdings nicht dazu führen, dass die grundsätzlich bestehende Überwachungskompetenz des mitbestimmten Aufsichtsrats unterlaufen wird. Sofern es zu einer Verlagerung der Geschäftstätigkeit weg von der Geschäftsführung hin zu einem Beirat in einem Ausmaß kommt, dass wesentliche Maßnahmen der Geschäftsführung durch einen Beirat entschieden werden, bezieht sich die Überwachungstätigkeit des Aufsichtsrat auch auf die Geschäftsführungstätigkeit des Beirats, es sei denn, dieses Gremium stellt ein »Unterorgan« der Gesellschafterversammlung dar. Andernfalls würde der Stellung des Aufsichtsrats in der Gesellschaft nicht ausreichend Rechnung getragen. Das mit dieser Überwachungsaufgabe korrespondierende Informationsrecht kann beim obligatorischen Aufsichtsrat weder aufgehoben noch beschränkt werden.[290] Dabei ist die Überwachung auch beim mitbestimmten Aufsichtsrat nicht darauf beschränkt, nachträglich Maßnahmen der Geschäftsführung zu überwachen. Zwar können dem Aufsichtsrat Maßnahmen der Geschäftsführung nicht übertragen werden (§ 111 Abs. 4 Satz 1 AktG), doch können der Gesellschaftsvertrag oder der Aufsichtsrat durch entsprechenden Beschluss die Vornahme bestimmter Arten von Geschäften an die **Zustimmung des Aufsichtsrats** binden (§ 111 Abs. 4 Satz 2 AktG). Der Gesellschaftsvertrag kann diese Kompetenz des Aufsichtsrats trotz der grundsätzlich bestehenden umfassenden Entscheidungskompetenz der Gesellschafterversammlung in Geschäftsführungsangelegenheiten nicht ausschließen.[291] Allerdings steht es der Gesellschafterversammlung offen, die Zustimmungsvorbehalte im Gesellschaftsvertrag selbst zu formulieren und insoweit die Festlegung weiterer Vorbehalte durch den Aufsichtsrat sperren.[292] Die dominierende Stellung der Gesellschafterversammlung

288 Vgl. dazu Rdn. 54 ff.

289 *Zöllner/Noack*, in: Baumbach/Hueck, GmbHG, § 250 Rn. 242.

290 *Giedinghagen*, in: Michalski, GmbHG, § 52 Rn. 264; *Lutter*, in: Lutter/Hommelhoff, GmbHG, § 52 Rn. 52.

291 *Oetker*, in: ErfKomm, DrittelbG, § 1 Rn. 20; *Ulmer*, in: Ulmer/Habersack/Henssler, MitbestG, § 25 Rn. 64; *Raiser/Heermann*, in: Ulmer/Habersack/Winter, GmbHG, § 52 Rn. 242; *Hommelhoff*, ZGR 1978, 162; a.A. (Ausschlussmöglichkeit bejahend) *Hölters*, BB 1978, 640, 643.

292 Vgl. dazu auch *Mertens*, AG 1976, 121 f.; *Zöllner/Noack*, in: Baumbach/Hueck, GmbHG, § 52 Rn. 254.

zeigt sich bei der GmbH auch in den Fällen, in denen der Aufsichtsrat die Zustimmung zu einer bestimmten Maßnahme verweigert. Auch bei der mitbestimmten GmbH bleibt das Weisungsrecht der Gesellschafter gegenüber den Geschäftsführern nämlich uneingeschränkt erhalten.[293] Insofern kann eine mit einfacher Mehrheit der Gesellschafterversammlung erteilte Weisung einen Zustimmungsvorbehalt außer Kraft setzen, selbst wenn der Aufsichtsrat bereits zuvor anders entschieden hat.[294] § 111 Abs. 4 Satz 3 AktG, nach dem die Geschäftsführung in Fällen der verweigerten Zustimmung durch den Aufsichtsrat verlangen kann, dass die Gesellschafterversammlung über die Zustimmung beschließt und § 111 Abs. 4 S. 4 AktG, nach dem der Beschluss, durch den die Gesellschafterversammlung zustimmt, einer Mehrheit die mindestens 3/4 der abgegebenen Stimmen bedarf, sind insofern bei der GmbH im Hinblick auf die dominierende Stellung der Gesellschafterversammlung dahingehend zu modifizieren, dass eine Ersetzung der Zustimmung auch in den Fällen möglich ist, in denen die Gesellschafterversammlung nicht explizit durch die Geschäftsführung angerufen wird und darüber hinaus auch nur eine einfache Mehrheit erforderlich ist. Hat nämlich die Geschäftsführung in den Fällen der unmittelbaren Anweisung auch ohne das Vorliegen einer entsprechenden Zustimmung des (mitbestimmten) Aufsichtsrats die Maßnahme umzusetzen, muss selbiges auch für den Fall gelten, dass die Zustimmung durch den Aufsichtsrat verweigert, aber durch die Gesellschafterversammlung erteilt wird.[295] Etwas anderes gilt nur dann, wenn der Gesellschaftsvertrag das Weisungsrecht der Gesellschafterversammlung gegenüber den Geschäftsführern eingeschränkt bzw. ausschließt oder ein bestimmtes Quorum voraussetzt. In diesem Fall sind die Regelungen des Gesellschaftsvertrags maßgebend.

119 Die Mitglieder des Aufsichtsrats haben – anders als beim fakultativen Aufsichtsrat – gem. § 25 Abs. 1 Nr. 2 MitbestG/§ 1 Abs. 1 Nr. 3 DrittelbG i.V.m. § 118 Abs. 3 S. 1 i.V.m. §§ 125 Abs. 3, 4 AktG immer das Recht und grundsätzlich die Pflicht, an Gesellschafterversammlungen **teilzunehmen.**[296] Gemäß § 125 Abs. 3 AktG kann jedes Aufsichtsratsmitglied ferner verlangen, dass die Geschäftsführer ihm die Einberufung der Gesellschafterversammlung und die Tagesordnung übersendet. In der Praxis kann das Teilnahmerecht des Aufsichtsrats allerdings durch eine Beschlussfassung außerhalb einer Gesellschafterversammlung (§ 48 Abs. 2) umgangen werden.

120 Die **Bestellung und Abberufung der Geschäftsführer** obliegt gemäß § 46 Nr. 5 GmbHG grundsätzlich der Gesellschafterversammlung, kann aber durch entspre-

293 *Giedinghagen*, in: Michalski, GmbHG, § 52 Rn. 232.

294 *Zöllner/Noack*, in: Baumbach/Hueck, GmbHG, § 52 Rn. 254; *Altmeppen,* in: Roth/Altmeppen, GmbHG, § 52 Rn. 56; *Schneider*, in: Scholz, GmbHG, § 52 Rn. 133, 146 ff.; eine ¾ Mehrheit fordernd: *Raiser/Heermann*, in: Ulmer/Habersack/Winter, GmbHG, § 52 Rn. 243, 298.

295 Ähnlich auch *Zöllner/Noack*, in: Baumbach/Hueck, GmbHG, 52 Rn. 254; *Oetker*, in: ErfKomm, DrittelbG, § 1 Rn. 20; a.A. *Ulmer/Habersack*, in: Ulmer/Habersack/Henssler, MitbestG, § 25 Rn. 66 f.

296 OLG Stuttgart, GmbHR 1974, 257, 260; *Zöllner/Noack*, in: Baumbach/Hueck, GmbHG, § 52 Rn. 262; *Giedinghagen*, in: Michalski, GmbHG, § 52 Rn. 289.

chende Regelung im Gesellschaftsvertrag dem Aufsichtsrat zugewiesen werden. Allerdings kommt dem nach MitbestG gebildeten Aufsichtsrat – insofern abweichend vom fakultativen Aufsichtsrat und vom Aufsichtsrat nach DrittelbG – über § 31 Abs. 1 S. 1 MitbestG i.V.m. § 84 Abs. 1 AktG Personalkompetenz bzgl. der Geschäftsführer zu. Auch die Ernennung eines der Geschäftsführer zum Vorsitzenden der Geschäftsführung (§ 84 Abs. 2 AktG) ist hiervon erfasst.[297] Die Bestellung der Geschäftsführer richtet sich dabei nach § 31 MitbestG. Grundsätzlich bedarf es danach einer Zweidrittelmehrheit der Stimmen der tatsächlich bestellten und damit amtierenden Aufsichtsratsmitglieder (§ 31 Abs. 2 MitbestG). Kommt es im ersten Wahlgang zu keiner Bestellung, hat der Vermittlungsausschuss gem. § 27 Abs. 3 MitbestG innerhalb eines Monats nach der fehlgeschlagenen Bestellung einen Vorschlag zu unterbreiten (§ 31 Abs. 3 S. 1 MitbestG). Diesen Vorschlag, der entsprechend § 108 Abs. 2 S. 3 AktG auch mit ¾ Mehrheit im Vermittlungsausschuss beschlossen werden kann, kann der Aufsichtsrat mit einfacher Mehrheit der Stimmen der bestellten Mitglieder annehmen (§ 31 Abs. 3 S. 2 MitbestG). Kommt es wiederum zu keiner Wahl, hat der Vorsitzende des Aufsichtsrat im Rahmen einer erneuten Abstimmung ein Stichentscheidrecht (§ 31 Abs. 4 MitbestG). Mit der Bestellungs- und Abberufungskompetenz ist gleichzeitig auch die Berechtigung zum Abschluss und zur Kündigung des Anstellungsvertrages verbunden.[298] Die Bestellung von Prokuristen und Handlungsbevollmächtigten obliegt dagegen nicht dem Aufsichtsrat, sondern der Gesellschafterversammlung.[299]

121 Bei nach MitbestG mitbestimmten Aufsichtsräten ist schließlich die Regelung des **§ 32 MitbestG** zu beachten. Danach dürfen die Geschäftsführer bei der Ausübung von bestimmten Beteiligungsrechten bei Unternehmen, an denen eine paritätisch mitbestimmte GmbH zu mindestens 25% beteiligt ist und welche ebenfalls dem MitbestG unterliegen, ihre Gesellschafterrechte nur nach vorheriger Zustimmung des Aufsichtsrats ausüben. Die Geschäftsführer der herrschenden GmbH sind in diesem Fall ausnahmsweise den Weisungen ihres Aufsichtsrats unterworfen, wobei der Aufsichtsrat hierbei nur mit der Mehrheit der Stimmen der Anteilseignervertreter entscheidet.

II. Der Aufsichtsrat nach dem Montan-MitbestG/Montan-MitbestErgG

122 Aufsichtsräte bei GmbHs, die sich nach dem Montan-MitbestG oder dem Montan-MitbestErgG richten, kommen in der Praxis nur vereinzelt vor. Gemäß § 1 Abs. 1 und 2 i.V.m. § 3 Abs. 1 Montan-MitbestG ist bei einer GmbH, die ein Unternehmen

---

297 *Zöllner/Noack*, in: Baumbach/Hueck, GmbHG, § 52 Rn. 302; *Giedinghagen*, in: Michalski, GmbHG, § 52 Rn. 268; a.A. *Lutter/Krieger*, AR Rn 1143.

298 BGHZ 89, 48, 51 ff; *Seibt*, in: Henssler/Willemsen/Kalb, MitbestG, § 31 Rn. 11; a.A. OLG Hamburg, DB 1983, 330 f.

299 *Schneider*, in: Scholz, GmbHG, § 52 Rn. 170; *Lutter/Krieger*, AR Rn 348; *Giedinghagen*, in: Michalski, GmbHG, § 52 Rn. 270; a.A. Koberski, in: *Wlotzke/Wissmann/Koberski/Kleinsorge*, MitbestG, § 25 Rn. 67.

der Bergbau- oder der Stahlindustrie (Montanindustrie) betreibt, ein Aufsichtsrat zwingend zu bilden, wenn bei ihr in der Regel mehr als 1.000 Arbeitnehmer beschäftigt werden oder es sich um eine sog. Einheitsgesellschaft handelt. Gemäß § 3 Abs. 1 Montan-MitbestErgG findet § 3 Montan-MitbestG auf eine GmbH, die von ihrem Unternehmenszweck nicht dem MontanMitbestG unterfällt, Anwendung, sofern die GmbH Konzernobergesellschaft ist und der Unternehmenszweck des Konzerns durch Konzernunternehmen und abhängige Unternehmen gekennzeichnet wird, die unter das Montan-MitbestG fallen.

123 Der Aufsichtsrat nach Montan-MitbestG besteht grundsätzlich aus 11 Mitgliedern (§ 4 Abs. 1 Montan-MitbestG). Satzungsmäßig kann man bei einem Stammkapital von mehr als 10 Mio. Euro die Erhöhung der Anzahl der Aufsichtsratsmitglieder auf 15, bei einem Stammkapital von mehr als 25 Mio. Euro auf 21 vorgesehen werden (§ 9 Abs. 1 und 2 Montan-MitbestG). Von den grundsätzlich 11 Mitgliedern werden insgesamt 5 Aufsichtsratmitglieder der Arbeitnehmer durch die Gesellschafterversammlung gewählt (§ 4 i.V.m. § 6 Montan-MitbestG), wobei die Wahl der Arbeitnehmervertreter aufgrund bindender Wahlvorschläge der Betriebsräte erfolgt (§ 6 Abs. 6 Montan-MitbestG). Weitere 5 Aufsichtsratsmitglieder werden durch die Gesellschafterversammlung ohne Bindung an Wahlvorschläge gewählt (§ 4 f. MontanMitbestG). Das verbleibende elfte Aufsichtsratsmitglied, welches weder von den Arbeitnehmern noch von den Gesellschaftern vorgeschlagen wird, wird nach der Wahl der übrigen Aufsichtsratsmitglieder vom unvollständig besetzten Aufsichtsrat vorgeschlagen und anschließend von der Gesellschafterversammlung gewählt (§ 8 Abs. 1 Montan-MitbestG). Für den Vorschlag ist die Zustimmung von mindestens drei Anteilseigner- und drei Arbeitnehmervertretern erforderlich (§ 8 Abs. 1 S. 3 Montan-MitbestG). Kommt es nicht zu einer Einigung im Hinblick auf das weitere Mitglied, ist zunächst nach § 8 Abs. 2 Montan-MitbestG ein Vermittlungsausschuss von je zwei Arbeitnehmern- und zwei Anteilseignervertretern zu bilden, der entsprechende Vorschläge macht.

124 Der nach Montan-MitbestG gebildete Aufsichtsrat hat stets **Personalkompetenz** und somit die Befugnis zur Bestellung und Abberufung der Geschäftsführer (§ 12 Montan-MitbestG i.V.m. § 84 Abs. 1 AktG). Mit der Bestellungs- und Abberufungskompetenz ist auch die Berechtigung zum Abschluss und zur Kündigung des Anstellungsvertrags als Annex mitumfasst.[300] Der Aufsichtsrat entscheidet hierbei mit einfacher Stimmenmehrheit, wobei bei Pattsituationen das weitere Mitglied im Sinne von § 4 Abs. 1 lit. c Montan-MitbestG ausschlaggebende Wirkung hat. Darüber hinaus ist die Bestellung und Abberufung des Arbeitsdirektors nach dem Montan-MitbestG nicht gegen die (Stimmen-) Mehrheit der Arbeitnehmervertreter möglich (§ 13 Abs. 1 Satz 2 Montan-MitbestG).

125 Die **Abberufung der Arbeitnehmervertreter** nach dem MontanMitbestG kann gem. § 11 Abs. 1, 2 Montan-MitbestG i.V.m. § 103 Abs. 1, 4 AktG durch die Gesellschaf-

---

300 Vgl. dazu *Marsch-Barner/Diekmann*, in: MünchHdbGesR, § 43 Rn. 14.

terversammlung bzw. das ermächtigte Organ erfolgen, wobei hierfür grundsätzlich eine ¾-Mehrheit der abgegebenen Stimmen erforderlich ist. Darüber hinaus bedarf es eines Vorschlags der Betriebsräte zur Abberufung für das Aufsichtsratsmitglied. Die Abberufung der von gewerkschaftlichen Spitzenverbänden benannten Aufsichtsratsmitglieder kann vom Betriebsrat nur vorgeschlagen werden kann, wenn dies der jeweilige Spitzenverband zuvor beim Betriebsrat beantragt hat (§ 11 Abs. 2 Satz 2 Montan-MitbestG). Die Abberufung des weiteren Mitglieds i.S.d. § 4 Abs. 1c Montan-MitbestErgG kann nur aus wichtigem Grunde und nur auf Antrag von mindestens drei Aufsichtsratsmitgliedern durch das Gericht erfolgen (§ 11 Abs. 3 Montan-MitbestG).

III. Der Aufsichtsrat bei einer grenzüberschreitenden Verschmelzung

126 Neben den deutschen mitbestimmungsrechtlichen Vorschriften können auf eine GmbH auch die besonderen Mitbestimmungsregelungen des Gesetzes über die Mitbestimmung der Arbeitnehmer bei einer **grenzüberschreitenden Verschmelzung** (MgVG)[301] Anwendung finden.

127 Ist eine deutsche GmbH im Rahmen einer grenzüberschreitenden Verschmelzung als aufnehmender Rechtsträger beteiligt, finden im Hinblick auf die unternehmerische Mitbestimmung die Regelungen des MgVG Anwendung. § 4 MgVG ordnet als Grundregel an, dass auf die aus einer grenzüberschreitenden Verschmelzung hervorgehende Gesellschaft die Regelungen des jeweiligen Mitgliedstaates über die Mitbestimmung der Arbeitnehmer in Unternehmensorganen anzuwenden sind, so dass bei einer Verschmelzung auf eine deutsche GmbH grundsätzlich die deutschen mitbestimmungsrechtlichen Vorschriften Anwendung finden. Dies gilt allerdings nur vorbehaltlich des § 5 MgVG. Nach § 5 Nr. 1 MgVG wird das **deutsche Mitbestimmungsrecht verdrängt** und die Regelungen des MgVG finden Anwendung, wenn in den sechs Monaten vor der Veröffentlichung des Verschmelzungsplans mindestens eine der beteiligten Gesellschaften durchschnittlich mehr als 500 Arbeitnehmer beschäftigt und in dieser Gesellschaft ein System der Mitbestimmung i.S.d. § 2 Abs. 7 MgVG besteht. § 5 Nr. 2 MgVG ordnet eine Verdrängung des deutschen Mitbestimmungsrechts für den Fall an, dass das für die aus einer grenzüberschreitenden Verschmelzung hervorgehende Gesellschaft maßgebliche innerstaatliche Recht nicht mindestens den gleichen Umfang an Mitbestimmung der Arbeitnehmer vorsieht, wie er in den an der Verschmelzung beteiligten Gesellschaft bestand. Nach § 5 Nr. 3 MgVG findet schließlich eine Verdrängung der deutschen Regelungen zur Mitbestimmung statt, wenn das für die aus einer grenzüberschreitenden Verschmelzung hervorgehende Gesellschaft maßgebende innerstaatliche Recht für Arbeitnehmer in Betrieben dieser Gesellschaft, die sich in anderen Mitgliedsstaaten befinden, nicht den gleichen Anspruch auf Ausübung von Mitbestimmung vorsieht, wie sie den Arbeitnehmern in demjenigen Mitgliedsstaat gewährt werden, in dem die aus der grenzüberschreitenden Verschmelzung hervorgehende Gesellschaft ihrer Sitz hat.

---

301 Gesetz vom 21.12.2006, BGBl I, 2006, 3332.

128 Sofern sich das Mitbestimmungsstatut vor diesem Hintergrund nach den Regelungen des MgVG bestimmt, ist zur Bestimmung des Umfangs der Mitbestimmung vom Grundsatz her zunächst ein **Verfahren zur Beteiligung der Arbeitnehmer** gem. §§ 6 ff. MgVG durchzuführen.[302] Dabei haben die an der Verschmelzung beteiligten (deutschen) Gesellschaften zunächst die zuständigen Arbeitnehmervertretungen bzw. – sofern solche nicht vorhanden sind – unmittelbar die Arbeitnehmer der Gesellschaft über die grenzüberschreitende Verschmelzung zu informieren und zur Bildung des besonderen Verhandlungsgremiums (BVG) aufzufordern (§ 6 Abs. 1 und 2 MgVG). Das BVG hat die Aufgabe, mit den beteiligten Gesellschaften die Beteiligungsrechte der Arbeitnehmer in der aus der Verschmelzung hervorgehenden Gesellschaft zu verhandeln und zu vereinbaren (§§ 6 Abs. 1 S. 2, 15 Abs. 1 S. 1 MgVG). Die im BVG auf die deutschen Arbeitnehmer entfallenden Mitglieder werden dabei von einem Wahlgremium gewählt, dass sich – abhängig von der jeweiligen Existenz – aus Mitgliedern des (Konzern-, Gesamt-) Betriebsrats zusammensetzt (§ 10 Abs. 2 MgVG). Zwischen dem BVG und den Geschäftsführungen der Gesellschaften wird nach der Konstituierung des BVG eine Vereinbarung über die Beteiligungsrechte der Arbeitnehmer verhandelt. Sofern eine solche Vereinbarung zustande kommt, richtet sich die Mitbestimmung in der aus der grenzüberschreitenden Verschmelzung hervorgegangenen Gesellschaft nach dieser Vereinbarung. Kommt eine Verständigung zwischen der Arbeitnehmer- und der Arbeitgeberseite im Rahmen des Verhandlungsweges innerhalb der gesetzlichen Frist (6 Monate mit einvernehmlicher Verlängerungsoption auf ein Jahr) nicht zu Stande oder entscheiden einseitig die Unternehmensleitungen der an der Verschmelzung beteiligten Gesellschaften, auf das Verhandlungsverfahren zu verzichten (§ 23 Abs. 1 S. 1 Nr. 3 MgVG),[303] kommt die gesetzliche Auffanglösung zur Anwendung. Gem. § 24 Abs. 1 Satz 2 MgVG richtet sich in diesem Fall der Anteil der Arbeitnehmervertreter im Aufsichtsrat der aus der grenzüberschreitenden Verschmelzung hervorgehenden Gesellschaft nach dem höchsten Anteil an Arbeitnehmervertretern, der in den Organen der beteiligten Gesellschaften vor der Eintragung der aus der grenzüberschreitenden Verschmelzung hervorgehenden Gesellschaft bestanden hat. Dies betrifft jedoch nur den Anteil der Arbeitnehmersitze an den gesamten vorhandenen Aufsichtsratssitzen, nicht jedoch auch die Anzahl an Sitzen als solche, die sich – unter Berücksichtigung der Regelung des § 95 AktG – nach der jeweiligen Regelung im Gesellschaftsvertrag bestimmt.[304] Die Sitze der Arbeitnehmerseite werden entsprechend der in den einzelnen Mitgliedstaaten beschäftigten Arbeitnehmer auf die Mitgliedstaaten verteilt (§ 25 Abs. 1 MgVG).

302 Vgl. dazu *Lunk-Hinrichs,* NZA 2007, 773.

303 Sofern das BVG beschließt, keine Verhandlungen aufzunehmen oder bereits begonnene Verhandlungen abzubrechen, bleiben die Mitbestimmungsgesetze des Staates, in dem die aus der grenzüberschreitenden Verschmelzung hervorgehende Gesellschaft ihren Sitz hat, weiterhin anwendbar (§ 18 S. 3 MgVG).

304 BT-Drs.16/2922, S. 27.

129 Das im Rahmen des dargestellten Verfahrens vereinbarte bzw. aufgrund der gesetzlichen Auffangregelung bestehende Aufsichtsratsstatut nach MgVG ist vom Grundsatz her **veränderungsfest**. Nachfolgende Umstände, die nach deutschem Recht zu einer Veränderung der Mitbestimmung führen würden, z.B. die Überschreitung der 2.000-Arbeitnehmerschwelle des MitbestG oder von Schwellenwerten des § 7 MitbestG, haben daher keine Auswirkungen auf die Mitbestimmung.[305] Eine Ausnahme hiervon besteht nur im Fall einer nachträglichen innerstaatlichen Verschmelzung (§ 30 MgVG). Folge einer der grenzüberschreitenden Verschmelzung nachfolgenden innerstaatlichen Verschmelzung ist bei einer deutschen Gesellschaft die Anwendbarkeit des deutschen Mitbestimmungsrechts. Sehen die einschlägigen Regelungen jedoch nicht mindestens den in der aus der grenzüberschreitenden Verschmelzung hervorgegangenen Gesellschaft bestehenden Umfang an Mitbestimmung im Sinne des § 5 Nr. 2 MgVG vor, gelten die für diese Gesellschaft maßgeblichen Regelungen über die Mitbestimmung für die Dauer von drei Jahren ab deren Eintragung in der aus der innerstaatlichen Verschmelzung hervorgehenden Gesellschaft fort (§ 30 S. 2 MgVG).

D. Der Beirat

130 Neben oder anstelle eines Aufsichtsrats finden sich bei der GmbH weitere Gremien, die vom Aufsichtsrat abzugrenzen sind. In der Praxis werden diese Gremien häufig als **»Beiräte«, »Gesellschafterausschüsse« oder »Verwaltungsräte«** etc. bezeichnet. Selbst wenn das Gesetz an einigen Stellen (vgl. dazu §§ 285 Nr. 9, 314 Abs. 1 Nr. 6 HGB) die Mitgliedschaft in einem Beirat derjenigen in einem Aufsichtsrat gleichstellt, bestehen zwischen der Mitgliedschaft in einem Aufsichtsrat und der in einem Beirat signifikante Unterschiede. Ein Aufsichtsrat unterscheidet sich von einem solchen Gremium vor allem dadurch, dass dieser zwingend als Kernaufgabe die Überwachung der Geschäftsführung innehat. Allerdings ist die Abgrenzung zwischen einem Beirat und einem (fakultativen) Aufsichtsrat in der Praxis zum Teil schwierig, da auch Beiräten, selbst wenn sie primär beratend tätig sind, häufig zumindest teilweise auch eine Überwachungsfunktion zukommt. Vom Vorliegen eines Aufsichtsrats und der damit verbundenen Einschlägigkeit der zwingend auf einen Aufsichtsrat anzuwendenden Vorschriften ist jedoch stets dann auszugehen, wenn das entsprechende Gremium im Gesellschaftsvertrag als »Aufsichtsrat« bezeichnet wird, da der Rechtsverkehr in diesen Fällen darauf vertrauen kann, dass ein die Geschäftsführung überwachendes Organ besteht.[306]

131 Ein Beirat ist nur dann ein **Organ der Gesellschaft**, wenn eine Verankerung des Beirats im Gesellschaftsvertrag erfolgt. Andernfalls handelt es sich lediglich um eine schuldrechtliche Absprache zwischen der Gesellschaft, den Gesellschaftern und/oder

305 *Müller-Bonanni/Müntefering*, BB 2009, 1699, 1702.

306 *Giedinghagen*, in: Michalski, GmbHG, § 52 Rn. 13; *Banspach/Nowak*, Der Konzern 2008, 195, 198; *Zöllner/Noack*, in: Baumbach/Hueck, GmbHG, § 52 Rn. 27.

Dritten, ohne dass dem Beirat Organqualität zukäme. Sofern die Gesellschafter (freiwillig) einen Beirat als weiteres Gesellschaftsorgan einrichten, besteht bzgl. der Ausgestaltung weitestgehend Freiheit. Insbesondere findet § 52 keine Anwendung.

132 **Mitglied des Beirats** können sowohl Gesellschafter als auch Dritte sein.[307] Die Bestellung der Beiratsmitglieder erfolgt durch Beschluss der Gesellschafterversammlung, sofern im Gesellschaftsvertrag das Bestellungsrecht nicht abweichend geregelt ist. Eine entsprechende Bestellungsbefugnis kann auch einzelnen Gesellschaftern als Sonderrecht oder sogar gesellschaftsfremden Dritten gewährt werden. Die Anzahl der Beiratsmitglieder und deren Amtszeit sind frei bestimmbar und werden, sofern die Satzung hierzu keine Vorgaben macht, durch die Gesellschafterversammlung oder das entsprechende Bestellungsorgan bestimmt. Die Abberufung der Beiratsmitglieder erfolgt entsprechend ihrer Bestellung durch das jeweils zuständige Bestellungsorgan. Bei Vorliegen eines wichtigen Grundes besteht daneben jedoch auch ein nicht abdingbares eigenständiges Abberufungsrecht der Gesellschafterversammlung.[308]

133 Das **organschaftliche Verhältnis eines Beiratsmitglieds** ist grundsätzlich mit dem eines Aufsichtsratsmitglieds in einem fakultativen Aufsichtsrat vergleichbar. Es treffen dieses Mitglied daher auch die allgemeinen Sorgfalts-, Treue- und Verschwiegenheitspflichten. Anders als beim Aufsichtsratsmitglied, das vor dem Hintergrund seiner Überwachungspflichten grundsätzlich weisungsfrei ist, kann das Beiratsmitglied allerdings an die Weisungen Dritter gebunden werden.

134 Die **Aufgaben und Kompetenzen des Beirats** werden durch die Gesellschafterversammlung definiert. Dies kann sowohl in Form einer entsprechenden Satzungsregelung als auch bei entsprechender Regelung im Gesellschaftsvertrag in Form einer Beschlussfassung durch die Gesellschafterversammlung erfolgen.[309] Dabei können dem Beirat grundsätzlich alle Rechte übertragen werden, die nicht zwingend einem anderen Organ der GmbH zugewiesen sind.

135 Die **innere Ordnung des Beirats** richtet sich entweder nach dem Gesellschaftsvertrag oder einem Gesellschafterbeschluss. Darüber hinaus kann sich der Beirat auch selbst eine Geschäftsordnung geben, die allerdings jederzeit durch die Gesellschafterversammlung geändert werden kann. Sofern keine Regelung vorliegt, kann für den Beirat auf die allgemeinen Grundsätze des körperschaftsrechtlichen Organisationsrechts zurückgegriffen werden, die auch für den fakultativen Aufsichtsrat gelten.[310]

---

307 *Lutter*, in: Lutter/Hommelhoff, GmbHG, § 52 Rn. 112, *Raiser/Heermann*, in: Ulmer/Habersack/Winter, GmbHG, § 52, Rn. 334; *Giedinghagen*, in: Michalski, GmbHG, § 52 Rn. 405, a.A. *Reuter*, Der Beirat der GmbH, S. 647.

308 *Lutter*, in: Lutter/Hommelhoff, GmbHG, § 52 Rn. 115, *Raiser*, in: Hachenburg, GmbHG, § 52 Rn. 329.

309 Vgl. dazu *Giedinghagen*, in: Michalski, GmbHG, § 52, Rn. 416; a.A. (Befugnisse ggü. anderen Organen nur auf Grund von Satzungsbestimmungen) *Schneider*, in: Scholz, GmbHG, § 52 Rn. 59; *Wicke*, GmbHG, § 52 Rn. 22.

310 *Raiser/Heermann*, in: Ulmer/Habersack/Winter, GmbHG, § 52 Rn. 342; *Giedinghagen*, in: Michalski, GmbHG, § 52 Rn. 424.

Vierter Abschnitt Abänderungen des Gesellschaftsvertrags

§ 53 Form der Satzungsänderung

(1) Eine Abänderung des Gesellschaftsvertrages kann nur durch Beschluss der Gesellschafter erfolgen.

(2) [1]Der Beschluss muss notariell beurkundet werden, derselbe bedarf einer Mehrheit von drei Vierteilen der abgegebenen Stimmen. [2]Der Gesellschaftsvertrag kann noch andere Erfordernisse aufstellen.

(3) Eine Vermehrung der den Gesellschaftern nach dem Gesellschaftsvertrag obliegenden Leistungen kann nur mit Zustimmung sämtlicher beteiligter Gesellschafter beschlossen werden.

Übersicht Rdn.

Schrifttum

Baumann/Reiss, Satzungsergänzende Vereinbarungen im Gesellschaftsrecht, ZGR 1989, 157; *Bürkle*, Rechte Dritter in der Satzung der GmbH, 1991; *Fleck*, Schuldrechtliche Verpflichtungen einer GmbH im Entscheidungsbereich der Gesellschafter, ZGR 1988, 104; *Habersack*, Unwirksamkeit »zustandsbegründender« Durchbrechungen der GmbH-Satzung sowie darauf gerichteter schuldrechtlicher Nebenabreden, ZGR 1994, 354; *Hoffmann-Becking*, Der Einfluss schuldrechtlicher Gesellschaftervereinbarungen auf die Rechtsbeziehung in der Kapitalgesellschaft, ZGR 1994, 442; *Lawall*, Satzungsdurchbrechende Beschlüsse im GmbH-Recht, DStR 1996, 1169; *Leitzen*, Neues zu Satzungsdurchbrechungen und schuldrechtlichen Nebenabreden, RNotZ 2010, 566; *Priester*, Satzungsänderung und Satzungsdurchbrechung, ZHR 151 (1987), 40; *Priester*, Satzungsänderungen bei der Vor-GmbH, ZIP 1987, 280; *Sieger/Schulte*, Vereinbarungen über Satzungsänderungen, GmbHR 2002, 1050; *Tieves*, Satzungsverletzende und satzungsdurchbrechende Gesellschafterbeschlüsse, ZIP 1994, 1341; *Ulmer*, Begründung von Rechten für Dritte in der Satzung einer GmbH, FS Werner, 1984, 911; *van Venrooy*, Gesellschaftersonderrechte in der GmbH, GmbHR 2010, 841; *Waldenberger*, Sonderrechte der Gesellschafter einer GmbH – ihre Arten und ihre rechtliche Behandlung, GmbHR 1997, 49; *Wälzholz*, Gesellschaftervereinbarungen (side letters) neben der GmbH-Satzung, GmbHR 2009, 1020; *Westermann*, Das Verhältnis von Satzung und Nebenordnungen in der Kapitalgesellschaft, 1994; *Wicke*, Echte und unechte Bestandteile im Gesellschaftsvertrag der GmbH, DNotZ 2006, 419; *ders.*, Schuldrechtliche Nebenvereinbarungen bei der GmbH, DStR 2006, 1137; *Wicke*, Die Bedeutung der öffentlichen Beurkundung im

GmbH-Recht, ZIP 2006, 977 ; *Wolff*, Die Verbindlichkeit der Gesellschafterliste für Stimmrecht und Beschlussverfahren, BB 2010, 454; *Zöllner*, Satzungsdurchbrechungen, FS Priester, 2007, 879.

A. Rechts- und Normentwicklung

1 § 53 (in der Fassung von § 1892: § 54) gehört zu den seit 1892 nahezu unveränderten Vorschriften des GmbH-Rechts. (Geringfügig) geändert wurde lediglich (mit Einführung des BeurkG im Jahre 1969) Absatz 2. Danach wurde der Normtext weder durch die GmbH-Novelle von 1980 noch durch das MoMiG verändert; durch das MoMiG wurde aber die amtliche Überschrift eingefügt. Historische Vorbilder der Norm waren Art. 215 AktG 1884 und § 16 GenG.[1]

B. Regelungsgegenstand

2 **Zusammen mit** § 54 regelt § 53 in seinen ersten beiden Absätzen die **allgemeinen Voraussetzungen jeder Änderung des Gesellschaftsvertrages**, verbreitet auch als »Satzungsänderung« bezeichnet (so seit dem MoMiG auch die amtliche Überschrift). Die §§ 55 ff. enthalten ergänzende Vorschriften über die Änderung des Stammkapitals der Gesellschaft. Einen weiteren Spezialfall regelt § 53 Abs. 3, nämlich die Leistungsvermehrung. § 53 enthält in Abs. 2 halbzwingendes, im übrigen zwingendes Recht.

Der Vorgang der Satzungsänderung setzt sich damit aus (mindestens) zwei Elementen zusammen, dem Rechtsgeschäft des Beschlusses nach § 53 Abs. 1, 2 und der Eintragung (§ 54) als äußerer Wirksamkeitsvoraussetzung. Hinzutreten können innere Wirksamkeitsvoraussetzungen, etwa Zustimmungen nach Abs. 3.[2]

C. Regelungszweck

3 Zu unterscheiden sind insoweit die Absätze 1 und 2 einerseits und Absatz 3 andererseits. Die Absätze 1 und 2 normieren **qualifizierte Voraussetzungen für jede Änderung des Gesellschaftsvertrages**, nämlich einen notariell beurkundeten Gesellschafterbeschluss mit qualifizierter Mehrheit. Die notarielle Beurkundung hat nach Ansicht der Rechtsprechung nicht nur Beweisfunktion, sondern auch Prüfungs-, Belehrungs- und Warnfunktion[3]; das Erfordernis der qualifizierten Mehrheit hebt Änderungen der Grundlagen, d.h. der Verfassung der Gesellschaft von einfachen Gesellschafterbeschlüssen ab. Absatz 3 bezweckt den Schutz jedes Gesellschafters vor Leistungsvermehrungen gegen seinen Willen und vor Eingriffen in bestimmte Gesellschafterrechte.

---

1 Stenographische Berichte über die Verhandlungen des Reichstages, 8. Legislaturperiode, I. Session 1890/1892, Fünfter Anlageband, Aktenstück 660, S. 3753.

2 *Noack*, GmbHR 1994, 349, 351.

3 BGHZ 80, 76; zu Recht krit. *Ulmer*, in: Ulmer/Habersack/Winter, GmbHG, § 53 Rn. 49.

Soweit § 53 keine Sonderregelungen enthält, gelten ergänzend die allgemeinen Bestimmungen über das Zustandekommen von Gesellschafterbeschlüssen, mithin die §§ 47 Abs. 2 bis 4, 48 Abs. 1, 2 (str.) und 3 sowie 49 – 51. 4

D. Abänderung des Gesellschaftsvertrages

I. Gegenständlicher Anwendungsbereich und Abgrenzung

1. Grundlagen

5 **Eine Änderung des Gesellschaftsvertragstextes ist nur nach Maßgabe der §§ 53, 54 GmbHG möglich.** Hierunter fallen zunächst Abänderungen des vorhandenen Satzungstextes (einschließlich Neufassung des gesamten Gesellschaftsvertrages) oder der Gliederung der Satzung (Nummerierung, Absätze, Zeichensetzung) sowie Ergänzungen und Streichungen aller Art. Satzungsänderung ist aber **auch die bloße Fassungsänderung.**[4] Dementsprechend können auch gegenstandslos gewordene oder unwirksame, aber im Register vollzogene Regelungen des Gesellschaftsvertrages nur nach Maßgabe der §§ 53 f. aus dem Vertragstext entfernt werden.[5] U.U. kann auch der Beschluss der Beibehaltung einer Satzungsregelung eine Satzungsänderung darstellen.[6]

6 Aus dem Erfordernis der Textänderung folgt, dass faktische und konkludente Änderungen nicht möglich sind.[7] Dasselbe gilt für die Änderung durch langjährige Übung (»Observanz«).[8] Hiervon unberührt bleibt die Möglichkeit einer anderen Auslegung einer Satzungsbestimmung im Lichte neuen Gesetzes- oder Satzungsrechts. Zu »faktischen Satzungsänderungen« unten Rdn. 11.

2. Formelle und materielle Satzungsbestandteile; schuldrechtliche Nebenabreden

7 Aus Rdn. 5 folgt nicht, dass eine Änderung oder Aufhebung nicht-korporativer Satzungsbestandteile materiell-rechtlich zwingend einen Beschluss nach § 53 GmbHG und die Registereintragung nach § 54 voraussetzen würde. Vielmehr kann eine in einen formellen Satzungsbestandteil gekleidete Regelung auch ohne Änderung des Satzungstexts nach den für sie geltenden Regeln aufgehoben oder geändert werden[9] (Beispiel: Austauschen des Geschäftsführers bei Geschäftsführerbestellung durch rein

4 Ganz h.M., OLG Brandenburg, NJW-RR 2001, 1185, 1186; BayObLG, NJW-RR 1992, 736; KG, OLG 44, 236; *Priester/Veil*, in: Scholz, GmbHG, § 53 Rn. 19; s. aber unten Rdn. 38 zur Änderung der Satzung nach Ausnutzung eines genehmigten Kapitals.

5 H.M., z.B. OLG Brandenburg, NJW-RR 2001, 1185; *Hoffmann*, in: Michalski, GmbHG, § 53 Rn. 21, 17; *Priester/Veil*, in: Scholz, GmbHG, § 53 Rn. 21, 31 f.; a.A. *Bayer*, in: Lutter/Hommelhoff, GmbHG, § 53 Rn. 35; *Zöllner*, in: Baumbach/Hueck, GmbHG, § 53 Rn. 24; *Ulmer*, in: Ulmer/Habersack/Winter, GmbHG, § 53 Rn. 31.

6 LG Köln, GmbHR 1988, 108.

7 OLG Köln, DB 1996, 467; *Priester/Veil*, in: Scholz, GmbHG, § 53 Rn. 32.

8 Anders zum Vereinsrecht OLG Frankfurt, ZIP 1985, 213; s. auch unten Rdn. 29.

9 Allg. M., BGHZ 18, 205, 208; OLG Stuttgart, NZG 2000, 264, 268.

formelle Satzungsregelung[10]). Eine Änderung des Satzungstexts ist hier weder notwendig noch in jedem Fall ausreichend. Für korporative Satzungsbestandteile ist das Verfahren nach §§ 53, 54 demgegenüber für eine Herbeiführung der Rechtsänderung konstitutiv. Dies gilt auch dann, wenn die Änderung eine überholte oder überflüssige Regelung betrifft (oben Rdn. 5).

8 Die §§ 53, 54 haben also einen **zweifachen Regelungsgehalt**: (Nur) materielle Satzungsbestandteile müssen nach Maßgabe der §§ 53, 54 geändert werden; dies ist gemeint, wenn davon die Rede ist, dass §§ 53, 54 nur auf materielle Satzungsbestandteile anwendbar sind.[11] Eine Änderung des Satzungstexts setzt immer gleichwohl immer die Einhaltung des Verfahrens nach §§ 53, 54 (»formelle Satzungsänderung«) voraus.[12] Das Registergericht soll nicht mit der Prüfung belastet werden, ob eine Regelung des Gesellschaftsvertrages materieller oder nur formeller Satzungsbestandteil ist. Die im Einzelfall sehr diffizile Abgrenzung zwischen formellen und materiellen Satzungsbestandteilen[13] ist insoweit also bedeutungslos. Sie ist aber aus Sicht der Gesellschafter insoweit von großer Bedeutung, als es um die Frage geht, ob das Verfahren nach §§ 53, 54 GmbHG Voraussetzung einer wirksamen Aufhebung oder Änderung ist.

9 Abgesehen von organisationsrechtlichen Regelungen können Gegenstände, die einer gesellschaftsvertraglichen Regelung zugänglich wären, außerhalb des Gesellschaftsvertrages durch schuldrechtliche Vereinbarung geregelt werden, ggf. auch in Abweichung vom Gesellschaftsvertrag.[14] Korporativen Charakter vermögen solche Vereinbarungen aber nicht zu erlangen. Das Gesetz verbietet auch nicht, dass sich Gesellschafter untereinander oder gegenüber Dritten dazu verpflichten, Änderungen des Gesellschaftsvertrages zu bewirken bzw. hieran mitzuwirken.[15] Die **Abänderung schuldrechtlicher Nebenabreden der Gesellschafter fällt nicht unter §§ 53 f.**[16] Dasselbe gilt für die Aufhebung einer Geschäftsordnung für die Geschäftsführung.[17]

3. Änderung des Musterprotokolls

10 Aus § 2 Abs. 1a S. 5 folgt die **Anwendbarkeit der §§ 53 ff. auf Änderungen der gesellschaftsvertraglichen Elemente des Musterprotokolls** (nach Eintragung der Gesell-

10 BGH, NJW 1961, 507; BGH DB 1968, 2166: einfacher Mehrheitsbeschluss.

11 H.M., etwa *Priester/Veil*, in: Scholz, GmbHG, § 53 Rn. 8, 17.

12 *Priester/Veil*, in: Scholz, GmbHG, § 53 Rn. 18, 21.

13 Hierzu § 2 Rdn. 8.

14 Zuletzt BGH, NZG 2010, 988.

15 Für die Verpflichtung gegenüber Dritten sehr str., wie hier: BGH, DStR 1991, 1290; *Zöllner*, in: Baumbach/Hueck, GmbHG, § 47 Rn. 113; einschr. *Priester/Veil*, in: Scholz, GmbHG, § 53 Rn. 36.

16 Allg. M., etwa *Wälzholz*, GmbHR 2009, 1020, 1026.

17 OLG Hamm, DStR 2010, 1950.

schaft)[18], dagegen z.B. nicht bei der Bestellung eines zweiten Geschäftsführers.[19] Soll das Musterprotokoll jedoch um darin nicht vorgesehene Regelungspunkte ergänzt werden, ist ein Ergänzungsbeschluss nicht ausreichend, sondern es bedarf der Verabschiedung eines vollständigen Gesellschaftsvertrages. In den übrigen Fällen kann das Gericht nicht die Aufstellung eines neuen Gesellschaftsvertrages verlangen.[20]

4. »Faktische Satzungsänderungen»

11 **Nicht von §§ 53, 54 erfasst** sind die sog. faktischen Satzungsänderungen. Hierzu zählen v.a. **Maßnahmen der Geschäftsführung, die von der Satzung nicht mehr gedeckt sind**, insbesondere Überschreitungen des Unternehmensgegenstandes und umwandlungs-/liquidationsähnliche Maßnahmen wie die Veräußerung des Unternehmenskerns. Jedoch gilt § 179a AktG entsprechend.[21] Die Geschäftsführung kann satzungswidrig im Außenverhältnis zwar grundsätzlich wirksam handeln, aber z.B. keine statutarische Wirksamkeitsvoraussetzung für eine Anteilsabtretung außer Kraft setzen.[22] Im Falle der »Satzungsunterschreitung« durch fehlende Ausfüllung des Unternehmensgegenstandes ist die Geschäftsführung zur Ausfüllung des Gegenstandes bzw. zur Unterlassung des satzungswidrigen Tätigkeit verpflichtet.[23]

5. Angaben zu Gesellschaftern, Geschäftsanteilen, Sacheinlagen, Gründungsaufwand/-vorteilen

12 Auch wenn ein Gesellschaftsvertrag zwingend Angaben zur Aufteilung des Stammkapitals enthalten muss, stellen **Teilung und Zusammenlegung von Geschäftsanteilen keine Änderungen des Gesellschaftsvertrages** dar. Dasselbe gilt für **Veränderungen des Gesellschafterkreises** nach Eintragung der Gesellschaft, ob durch Einziehung[24], Abtretung[25] oder Kapitalerhöhung.[26] Gem. § 3 Abs. 1 Nr. 4 notwendige Satzungsbestandteile müssen unabhängig von der Leistung der Einlagen nach Eintragung der Gesellschaft nicht Bestandteil des Satzungstexts bleiben.[27] Entsprechendes gilt hin-

18 Allg. M., etwa OLG München, NJW-RR 2010, 180; OLG München, DB 2010, 1637; *König/Herrler*, DStR 2010, 2138, 2142.

19 Ganz h.M., s. OLG Rostock, NotBZ 2010, 196.

20 OLG Düsseldorf, NZG 2010, 719; *König/Herrler*, DStR 2010, 2138, 2143.

21 *Priester/Veil*, in: Scholz, GmbHG, § 53 Rn. 176; zur KG BGH, NJW 1995, 596.

22 BGH, WM 1967, 1129.

23 OLG Köln, ZIP 2009, 1469, 1470.

24 OLG Karlsruhe, GmbHR 2003, 1482; BGH, NJW 1989, 168 unter 3; OLG Frankfurt, GmbHR 1980, 56; s.a. OLG Hamm, GmbHR 1979, 59.

25 Vgl. OLG Hamm, NJW-RR 1996, 482.

26 OLG München, DB 2010, 1637.

27 *Priester/Veil*, in: Scholz, GmbHG, § 53 Rn. 23; *Hueck/Fastrich*, in: Baumbach/Hueck, GmbHG, § 3 Rn. 18; *Krafka/Kühn*, in: Krafka/Willer/Kühn, Registerrecht, Rn. 1016; OLG Rostock, NJW-Spezial 2011, 433; zu ausgeschiedenem Gründungsgesellschafter BayObLG, NJW-RR 1997, 485; LG Köln, GmbHR 1988, 69; OLG Frankfurt, DNotZ 1974, 245; LG Stuttgart, NJW 1972, 1997; a.A. AG Arnsberg, GmbHR 1986, 164; LG Köln, GmbHR 1985, 24.

sichtlich der Person der Übernehmer bei einer Kapitalerhöhung.[28] Etwas anderes gilt für Angaben über Sacheinlagen und Gründungsaufwand: Diese dürfen erst nach Verjährung etwaiger Ansprüche gestrichen werden, Angaben zu Sondervorteilen erst nach Erledigung des Vorteils.[29]

Die Angleichung von Geschäftsanteilsnennbeträgen an das Stammkapital nach wirksamer Einziehung eines Geschäftsanteils fällt nur dann unter §§ 53, 54, wenn die Gesellschafter die Satzung entsprechend ändern; erforderlich ist dies nicht.[30] Hieran hat sich durch das MoMiG nichts geändert.[31]

6. Schreibfehlerberichtigung

13 Außerhalb der §§ 53 f. spielt sich auch die Berichtigung von Gründungsurkunde und nach §§ 8 ff. BeurkG beurkundeten Änderungsbeschlüssen nach § 44a Abs. 2 BeurkG ab. Voraussetzung hierfür ist, dass eine offenbare Unrichtigkeit vorliegt und der richtige Wortlaut ohne weiteres ermittelt werden kann. Gegenstand der §§ 53 f. ist die notarielle Urkunde in ihrer korrigierten Fassung. Auch ein Versammlungsprotokoll nach §§ 36 f. BeurkG ist der Korrektur zugänglich[32], wobei die beschlossene Änderung nur dann Gegenstand der Korrektur sein kann, wenn insoweit eine Divergenz zwischen Protokoll und Wahrnehmung des Notars besteht. Irrtümer der Gesellschafter können auf diese Weise nicht korrigiert werden.

7. Auflösung/Zweigniederlassung/inländische Geschäftsanschrift

14 **Keine Änderung i.S.d. § 53** ist auch die **Auflösung der Gesellschaft.**[33] § 60 Abs. 1 Nr. 2 statuiert hierfür aber gleichsam eine Dreiviertelmehrheit. Keine Änderung ist auch die **Errichtung oder Aufhebung einer Zweigniederlassung** oder die tatsächliche Änderung des Verwaltungssitzes.

8. Satzungsdurchbrechung

15 Die Satzungsänderung ist abzugrenzen von der bloßen Satzungsdurchbrechung. Hierunter ist nach herrschender Auffassung eine für den Einzelfall – zu dem Begriff sogleich – durch Gesellschafterbeschluss[34] getroffene Regelung zu verstehen, die mit der geltenden Satzung oder satzungsdispositivem Gesetzesrecht[35] nicht übereinstimmt, die

---

28 LG Ravensburg, BWNotZ 1982, 174; anders bei der Gründung: OLG Hamm, NJW 1987, 263.

29 LG Berlin, GmbHR 1993, 590; *Priester/Veil*, in: Scholz, GmbHG, § 53 Rn. 24.

30 BGH, NJW 1989, 168; BayObLG, NJW-RR 1992, 736.

31 *Strohn*, in: MünchKommGmbHG, § 34 Rn. 65, 121; *Haberstroh*, NZG 2010, 1094; s. aber LG Essen, GmbHR 2010, 1034.

32 LG Essen, GmbHR 1982, 213; *Winkler*, BeurkG, § 44a Rn. 37; zur AG BGH, NJW 2009, 2207, 2208.

33 OLG Karlsruhe, GmbHR 1982, 276.

34 Ohne Gesellschafterbeschluss liegt eine Satzungsverletzung vor (vgl. BGH, WM 1967, 1127).

35 Vgl. OLG Köln, GmbHR 1996, 291.

Satzung aber auch nicht für die Zukunft generell ändert bzw. ergänzt.[36] Die **herrschende Auffassung unterscheidet zwischen punktuellen Durchbrechungen**, deren Wirkung sich »in der betreffenden Maßnahme« erschöpfen, **und zustandsbegründenden Durchbrechungen**: Zu letzteren hat der BGH entschieden, dass der entsprechende Beschluss ohne Einhaltung der §§ 53, 54 GmbHG wirkungslos ist.[37] Zu punktuellen Durchbrechungen liegt nach wie vor keine belastbare BGH-Rechtsprechung vor. Nach überwiegender Auffassung sind solche Beschlüsse ohne Beurkundung und Registereintragung wirksam, aber anfechtbar.[38] **Zustandsbegründende satzungsdurchbrechende Beschlüsse bedürfen hingegen zu ihrer Wirksamkeit entsprechend §§ 53, 54 der Dreiviertelmehrheit[39], der notariellen Beurkundung[40] und der Eintragung im Handelsregister**, wobei allerdings keine Änderung des Satzungstexts erforderlich ist, sondern eine auf den Beschluss bezugnehmende Eintragung genügt.[41] Ohne Beurkundung sind entsprechende Beschlüsse nichtig[42], ohne Handelsregistereintragung wirkungslos. Beispiele bilden die Befreiung eines Geschäftsführers von den Beschränkungen des § 181 BGB ohne Satzungsgrundlage[43], die Abberufung eines Geschäftsführers mit statutarischem Sonderrecht[44] oder die Befreiung von einem statutarischen Wettbewerbsverbot über einen Einzelfall hinaus. Die Abgrenzung zwischen punktuellen und zustandsbegründenden Durchbrechungen kann im Einzelfall schwierig sein.[45] Vorzugswürdig ist die vor allem von Zöllner vertretene Gegenauffassung, die die Differenzierung ablehnt und »satzungsdurchbrechende« Maßnahmebeschlüsse aller Art für grundsätzlich wirksam, aber anfechtbar nach Maßgabe der §§ 241 ff. AktG ansieht.[46] Zu Öffnungsklauseln unten Rdn. 39.

16 Mit **Beschluss vom 15.3.2010** hat der BGH klargestellt, dass unbeschadet der Rechtsprechung zu satzungsdurchbrechenden Beschlüssen außerhalb des der Rege-

36 *Habersack*, ZGR 1994, 354 ff.; *Tieves*, ZIP 1994, 1341 ff.

37 BGHZ 123, 15; BGH, WM 1981, 1218.

38 H.M., *Ulmer*, in: Ulmer/Habersack/Winter, GmbHG, § 53 Rn. 39; vgl. BGH, NZG 2003, 127, 128; BGHZ 123, 15; nach a.A. wird auch für solche Beschlüsse Beurkundung und Registereintragung verlangt, s. *Habersack*, ZGR 1994, 354 ff.

39 Ganz h.M., etwa *Bayer*, in: Lutter/Hommelhoff, GmbHG, § 53 Rn. 32.

40 Ganz h.M., etwa *Priester/Veil*, in: Scholz, GmbHG, § 53 Rn. 30a; a.A. etwa *Lawall*, DStR 1996, 1169, 1174.

41 H.M., s. *Bayer*, in: Lutter/Hommelhoff, GmbHG, § 53 Rn. 32; *Hoffmann*, in: Michalski, GmbHG, § 53 Rn. 21, 38 ff.; *Ulmer*, in: Ulmer/Habersack/Winter, GmbHG, § 53 Rn. 38; zum AktG *Wagner*, in: Heidel, AktG, § 179 Rn. 20; a.A.; *Priester*, ZHR 151 (1987), 40, 54 f.

42 *Priester/Veil*, in: Scholz, GmbHG, § 53 Rn. 30.

43 So die h.Rspr., OLG Nürnberg, NZG 2010, 623; KG, GmbHR 2006, 653; OLG Celle, NJW-RR 2001, 175; OLG Köln, NJW 1993, 1018; BGHZ 87, 59.

44 OLG Nürnberg, GmbHR 2000, 563.

45 S. z.B. OLG Koblenz, GmbHR 1991, 264; für nicht mehr punktuell hat der BGH (Z 105, 123, 15) die Einsetzung eines Aufsichtsrats mit satzungswidrig langer Amtszeit der Mitglieder angesehen.

46 *Zöllner*, FS Priester, 2007, S. 879 ff.; i.E. ebenso *Tieves*, ZIP 1994, 1341, 1345 f.; ähnlich *Noack*, GmbHR 1994, 349, 353 ff.

lung durch Satzung vorbehaltenen innerorganisatorischen Bereichs[47] auch solche schuldrechtliche Nebenabreden der Gesellschafter zulässig bleiben, die in Abweichung zur Satzung Rechtsverhältnisse der Gesellschafter untereinander, aber auch zur Gesellschaft regeln.[48] Insoweit kommt, ggf. auch durch Umdeutung entsprechender (einstimmiger) Beschlüsse, auch ein Vertrag zugunsten der Gesellschaft (§ 328 BGB) in Betracht.

9. Abgrenzung zu Grundlagenbeschlüssen und Strukturmaßnahmen

17 Ebenfalls **nicht von § 53 erfasst sind Grundlagenbeschlüsse, die nicht mit einer Änderung des Gesellschaftsvertrags verbunden sind**, mögen sie auch materiell satzungsändernden Charakter haben.[49] Insbesondere keine Satzungsänderungen sind Strukturmaßnahmen, z.B. Umwandlungen. §§ 13, 20, 54 UmwG enthalten ähnliche Schutzbestimmungen. Für Zustimmungsbeschlüsse zu Gewinnabführungs- und Beherrschungsverträgen sind die Erfordernisse der notariellen Beurkundung und Eintragung im Handelsregister heute anerkannt[50], während im übrigen streitig ist, ob es der Zustimmung aller Gesellschafter oder lediglich eines Beschlusses mit satzungsändernder Mehrheit bedarf.[51] Für die stille Beteiligung an einer[52] und einen Teilgewinnabführungsvertrag mit einer GmbH[53] gilt entsprechendes nicht, ebenso wenig bei der Begründung von Genussrechten.[54]

II. Zeitlicher Anwendungsbereich

18 Den Vorschriften der §§ 53, 54 unterliegen nur Abänderungen des Gesellschaftsvertrages, d.h. Änderungen, die sich auf den Gesellschaftsvertrag **nach Eintragung der Gesellschaft** beziehen.

1. Änderungen im Gründungsstadium

19 Hinsichtlich des Wirkungszeitpunkts sind Änderungen des Gesellschaftsvertrages nach § 53 auch abzugrenzen von Änderungen im Gründungsstadium: Soll sich eine Änderung auf den **Inhalt der Ersteintragung der Gesellschaft** auswirken, liegt keine Satzungsänderung vor und ist § 53 nicht anwendbar; vielmehr sind die **Vorausset-**

---

47 Hierzu *Wälzholz*, GmbHR 2009, 1020, 1024.

48 BGH, NZG 2010, 988 m. Bspr. *Noack* 1017 gegen OLG Brandenburg, DB 2009, 724.

49 Ausf. *Ulmer*, in: Ulmer/Habersack/Winter, GmbHG, § 53 Rn. 151 ff.

50 BGHZ 105, 324.

51 Näher DNotI-Report 2009, 17, 18.

52 LG Darmstadt, ZIP 2005, 402; anders bei Betriebspachtvertrag: LG Berlin, ZIP 1991, 1180; anders auch für atypische stille Gesellschaft FG Hessen v. 5.9.2006 – 11 K 2034/05, juris.

53 OLG München, DStR 2011, 1139; BayObLG, NJW-RR 2003, 908.

54 Ganz h.M., etwa AG Berlin-Charlottenburg, GmbHR 2006, 258.

zungen des § 2 einzuhalten.[55] Den Gründern steht es aber frei, noch vor der Eintragung der Gesellschaft in der Vor-GmbH einen (durch die Eintragung bedingten) Beschluss nach § 53 zu fassen, der dann nach der Eintragung der Gesellschaft im Register vollzogen werden kann. Einen Anwendungsfall bildet die sog. Stufengründung. Da auch eine Vor-GmbH bereits wirksam Gesellschafterbeschlüsse (einschließlich Beschlüssen nach § 53) fassen kann, ist es auch denkbar, dass ein Beschluss nach § 53 vor dem Wirksamwerden eines Formwechsels in die GmbH gefasst wird. Entsprechendes gilt im Falle der Verschmelzung oder Spaltung zur Neugründung.

2. Änderungen in Liquidation und Insolvenz

20 Satzungsänderungen sind **auch noch nach Auflösung der GmbH**[56] **und während eines Insolvenzverfahrens zulässig**, wobei auch im zuletzt genannten Fall die Gesellschafter ihre Regelungskompetenz nicht verlieren.[57] Eine Beschlusskompetenz des Insolvenzverwalters besteht nicht[58], wohl aber ein Zustimmungsvorbehalt bei Firmenänderungen.[59] Hiervon zu unterscheiden ist die Insolvenz eines Gesellschafters: In diesem Fall steht das Stimmrecht aus dem Geschäftsanteil dem Insolvenzverwalter zu (s. auch unten Rdn. 58 zur Zustimmung nach Absatz 3).[60]

3. Keine Satzungsänderung mit Rückwirkung

21 Aus § 54 Abs. 3 folgt, dass eine **Satzungsänderung mit Rückwirkung unzulässig** ist. Ob ein Fall der Rückwirkung vorliegt, ist nach dem beabsichtigten Satzungswortlaut zu ermitteln. Insbesondere ist eine **Änderung des Geschäftsjahres** nur zulässig, wenn der Beginn des ersten Geschäftsjahres aufgrund der Neuregelung der Eintragung der Änderung im Handelsregister zeitlich nachfolgt.[61] Die rechtzeitige Antragstellung genügt nicht.[62] Keinen Fall der unzulässigen Rückwirkung bildet die nachträgliche Unwandlung einer Bareinlagepflicht in eine Pflicht zur Sacheinlage.[63]

---

55 BGHZ 134, 133; OLG Zweibrücken; GmbHR 2000, 1204; OLG Köln; GmbHR 1995, 725; *Hoffmann*, in: Michalski, GmbHG, § 54 Rn. 24; *Krafka/Kühn*, in: Krafka/Willer/Kühn, Registerrecht, Rn. 1012.

56 Heute allg. M., KG, NZG 2000, 688; BayObLG, Rpfleger 1995, 363; *Krafka/Kühn* in: Krafka/Willer/Kühn, Registerrecht, Rn. 1013; einschränkend noch OLG München, HRR 1938 Nr. 1547; s. zur Sitzverlegung auch KG, ZIP 2011, 1566.

57 Ganz h.M., BayObLG, ZIP 2004, 1426.

58 LG Essen, ZIP 2009, 1583.

59 OLG Karlsruhe, NJW 1993, 1931; *Cranshaw*, JurisPR-HaGesR 3/2010.

60 Ganz h.M., etwa OLG München, ZIP 2010, 1756.

61 H.M., FG Nürnberg, GmbHR 1999, 139; BFH, GmbHR 1997, 670; OLG Schleswig, NJW-RR 2000, 1425 (zur AG); LG Mühlhausen, GmbHR 1997, 313; *Bayer*, in: Lutter/Hommelhoff, GmbHG, § 53 Rn. 43; vgl. auch OLG Frankfurt, GmbHR 1999, 484.

62 So aber LG Dresden, NotBZ 2000, 383; LG Berlin, Rpfleger 1978, 143: *Ulmer*, in: Ulmer/Habersack/Winter, GmbHG, § 53 Rn. 29, 125; *Herrmann*, BB 1999, 2270.

63 BGHZ 132, 141 Rn. 29 f.; OLG Hamburg, ZIP 2005, 988; KG, GmbHR 2005, 95.

E. Gesellschafterbeschluss

I. Grundlagen

22 Nach Absatz 1 unterliegen Änderungen des Gesellschaftsvertrages entsprechend einem allgemeinen Prinzip der Körperschaften (§ 33 BGB, § 179 AktG, § 16 GenG) nicht denselben Regeln wie die Vertragserrichtung anlässlich der Gründung, bedürfen also nicht einer allseitigen und nach §§ 8 ff. BeurkG beurkundeten Vereinbarung. Entsprechend dem Grundsatz, dass die **Bestimmung von Gesellschaftsangelegenheiten durch Mehrheitsbeschluss** zu treffen ist, lässt das Gesetz auch hier einen Gesellschafterbeschluss (§ 48) genügen, stellt in § 53 Abs. 2 aber **qualifizierte verfahrensmäßige Voraussetzungen** auf.

23 Da das Gesetz nur die notarielle Beurkundung der Beschlussfassung vorschreibt, nicht das Erfordernis einer Gesellschafterversammlung, ist auch die **Beschlussfassung durch Umlaufbeschluss** (§ 48 Abs. 2)[64] oder im Wege **kombinierter Beschlussfassung**[65] nicht ausgeschlossen. Die notarielle Beurkundung bezieht sich dann auf die Beschlussfeststellung durch die hierzu berufene Person. In der Einpersonen-GmbH genügt nach allgemeinen Grundsätzen eine einseitige Erklärung des Alleingesellschafters.

Die Abstimmung kann nach dem Prinzip der sog. »doppelten Lesung» erfolgen.[66]

II. Voraussetzungen, Wirksamkeit und Inhalt des Beschlusses

1. Einberufung

24 Bei einer Vollversammlung kann auf die Einberufungsformalitäten verzichtet werden. Hierfür bedarf es nicht nur der Anwesenheit/Vertretung aller Gesellschafter, sondern auch des allseitigen Einverständnisses mit der Abhaltung einer Gesellschafterversammlung.[67] In den übrigen Fällen ist ein spezifisches Problem satzungsändernder Beschlüsse die dem Gesetz **entsprechende Ankündigung der Satzungsänderung in der Einberufung**: Hinreichend, aber auch notwendig ist die Ankündigung der Satzungsänderung als solche[68] sowie die zumindest sinngemäße Zusammenfassung der beabsichtigten Satzungsänderung; der Angabe des genauen Wortlauts bedarf es nicht.[69]

---

64 Inzwischen h.M., etwa *Wolff*, in: MünchHdbGesR, Band 3, § 39 Rn. 95; *Bayer*, in: Lutter/Hommelhoff, GmbHG, § 48 Rn. 21; *Priester/Veil*, in: Scholz, GmbHG, § 53 Rn. 65 f.; *Ulmer*, in: Ulmer/Habersack/Winter, GmbHG, § 53 Rn. 46; BT-Drs. 14/4987, S. 30; a.A. KG, NJW 1959, 1446, *Roth*, in: Roth/Altmeppen, GmbHG, § 48 Rn. 2; vgl. auch OLG Hamm, NJW 1974, 1057.

65 Zur kombinierten Beschlussfassung BGH, NJW 2006, 2044: zulässig nur bei Satzungsermächtigung oder allseitigem Einverständnis; *Wernicke/Albrecht* (GmbHR 2010, 393 ff.) empfehlen, in entsprechenden Satzungsklauseln Satzungsänderungen auszunehmen.

66 OLG Celle, NZG 2001, 374.

67 BGH, ZIP 2009, 562; *Strohn*, DB 2010, 37, 42.

68 *Roth*, in: Roth/Altmeppen, GmbHG, § 51 Rn. 10.

69 OLG Düsseldorf, NZG 2000, 1180; *Zöllner*, in: Baumbach/Hueck, GmbHG, § 51 Rn. 26.

2. Beschlusstatbestand

25 Der Beschluss muss wirksam sein. Voraussetzung hierfür ist zunächst ein **wirksamer äußerer Beschlusstatbestand**, was u.a. die Beschlussfähigkeit der Versammlung voraussetzt. **Vor Eintritt etwaiger aufschiebender Bedingungen oder Befristungen des Beschlusses** (nicht: der beschlossenen Satzungsregelung) ist ein **Registervollzug nicht möglich.**[70] Führt ein formeller oder materieller Mangel zur Nichtigkeit oder (ggf. schwebenden) Unwirksamkeit des Beschlusses oder ist der zunächst wirksame Beschluss erfolgreich angefochten worden, kann der Beschluss grundsätzlich nicht Grundlage einer wirksamen Änderung des Gesellschaftsvertrages sein. Hiervon zu trennen ist die Frage des registergerichtlichen Prüfungsrechts (hierzu § 54 Rdn. 16 ff.). Die Grundsätze über die konstitutive Beschlussfeststellung sind anwendbar.[71]

26 Ist der Beschluss angefochten worden, ist ein Freigabeverfahren **entsprechend § 246a AktG nicht zulässig.**[72]

27 Für die Frage, wem das Stimmrecht aus einem Geschäftsanteil zusteht, ist die Vorschrift des **§ 16 Abs. 1 GmbHG** entscheidend.[73] Maßgeblich für die Beurteilung der Frage, wer Gesellschafter ist und ob der Beschluss die notwendige Mehrheit erreicht, ist im übrigen das **Datum der Beschlussfassung.** So kann etwa ein Gesellschafterbeschluss auch dann noch im Register vollzogen werden, wenn sich im Nachhinein der Gesellschafterbestand geändert hat.[74] Die Stimmabgabe eines Unbefugten macht den Beschluss nicht schlechthin nichtig, führt bei Relevanz des Verstoßes aber zur Anfechtbarkeit, es sei denn, es läge gleichzeitig ein Fall von § 241 Nr. 1 AktG vor.[75]

28 Ist der Geschäftsanteil mit dem **Pfandrecht oder Nießbrauch eines Dritten** belastet, **verbleibt das Stimmrecht beim Gesellschafter** und kann eine Satzungsänderung ohne Zustimmung des Dritten beschlossen werden.[76] Ist der Geschäftsanteil Gegenstand einer Verwaltungs-Testamentsvollstreckung, übt grundsätzlich der **Testamentsvollstrecker** das Stimmrecht aus[77]; die Satzung kann dies aber auch ausschließen, was u.U. schon dann anzunehmen ist, wenn die Satzung die Vertretung eines Gesell-

---

70 Insoweit unklar OLG München, DNotZ 2010, 636.

71 BGHZ 14, 25 Rn. 25; BayObLG, NJW-RR 1992, 736.

72 Sehr str., wie hier KG, NZG 2011, 1068; *Sauerbruch*, GmbHR 2007, 189; *K. Schmidt*, in: Scholz, GmbHG, § 45 Rn. 137; a.A. *Zöllner*, in: Baumbach/Hueck, GmbHG, Anh. zu § 47 Rn. 197, 205, § 54 Rn. 28 ff.; *Geißler*, GmbHR 2008, 128, 132 f; *Leinekugel*, in: BeckOKGmbHG, § 53 Rn. 233.

73 Wolff, BB 2010, 454, 460; *Löbbe*, in: Ulmer/Habersack/Winter, GmbHG, § 16 Rn. 76; zu § 16 GmbHG a.F. *Noack*, GmbHR 1994, 349, 351 sowie *Schnorbus*, ZGR 2004, 126 ff.

74 *Noack*, GmbHR 1994, 349, 350 ff.

75 Näher *Leitzen*, Rpfleger 2010, 245 ff.

76 Wohl h.M., etwa *Bayer*, in: Lutter/Hommelhoff, GmbHG, § 53 Rn. 14; RGZ 139, 224, 228; a.A. *Priester/Veil*, in: Scholz, GmbHG, § 53 Rn. 99.

77 Ganz h.M., OLG Frankfurt, ZEV 2008, 606; BayObLG, NJW 1976, 1692; ausf. *Mayer*, ZEV 2002, 209, 210.

schafters auf bestimmte Personen beschränkt.[78] Ist der Geschäftsanteil Gegenstand einer **Nacherbfolge**, bedarf ein Satzungsänderungsbeschluss nicht der Zustimmung des Nacherben[79]; §§ 2205 Satz 3 bzw. 2113 Abs. 2 BGB kommen als Wirksamkeitsschranke für die Stimmabgabe des Testamentsvollstreckers bzw. Vorerben nicht in Betracht.[80]

3. Beschlussinhalt

29 Der Beschluss muss den **Inhalt der Änderung** mit **hinreichender Deutlichkeit** erkennen lassen und auf einen **bestimmte neue Satzungsfassung** gerichtet sein.[81] Soweit es nicht um die Aufhebung geht, müssen die Gesellschafter also den Wortlaut der neuen Fassung beschließen, was aber auch dergestalt erfolgen kann, dass die Gesellschafter z.B. nur beschließen *»Die Firma wird geändert in ...«*. Der grundsätzlich stets möglichen Auslegung von Beschlüssen sind hier Grenzen gesetzt.[82] Ausgeschlossen ist die konkludente, erst recht die faktische Satzungsänderung.[83]

30 Der Beschluss muss sich nicht zwingend auf die aktuelle Fassung des Gesellschaftsvertrages beziehen, solange nur die gewollte Fassung erkennbar ist. So ist es etwa zulässig, die Änderung eines Satzungsbestandteils zu beschließen, der erst seinerseits noch wirksam werden muss. Beispielsweise können die Gesellschafter eine weitere Erhöhung des Stammkapitals zu einem Zeitpunkt beschließen, in dem eine frühere Kapitalerhöhung noch nicht wirksam geworden ist.

31 Da die authentische Fassung des Gesellschaftsvertrags zwingend in deutscher Sprache abgefasst sein muss, muss der Änderungsbeschluss die deutsche Fassung der Neufassung beinhalten, mag auch die Abhaltung einer Gesellschafterversammlung in einer Fremdsprache zulässig sein.

---

78 BGH, DB 1979, 1715, 1716; BGH, NJW 1959, 1820; OLG Frankfurt, ZEV 2008, 606; *Zimmermann*, in: MünchKommBGB, § 2005 Rn. 51; *Petzold*, GmbHR 1977, 25, 28; DNotI-Gutachten Internetgutachten Nr. 40451; ausf. *Groß*, GmbHR 1994, 596 ff.; s. zur Personengesellschaft OLG Düsseldorf, FamRZ 2009, 643.

79 Im Grundsatz unstr., etwa *Buchholz*, MittRhNotK 1991, 1, 44 f.

80 A.A. Teile der Lit., etwa *Buchholz*, MittRhNotK 1991, 1, 44 f. unter Hinweis auf BGHZ 78, 177 zur Personengesellschaft (hierzu auch *Harder*, DNotZ 1994, 822 ff.), zur GmbH *Fleck*, FS Stimpel, 1986, S. 353 ff.

81 *Hoffmann*, in: Michalski, GmbHG, § 53 Rn. 60; OLG München, DB 2010, 1637.

82 Vgl. BGH, NJW 1997, 1510, 1511; s.a. LG München I, GmbHR 2001, 114.

83 OLG Köln, GmbHR 1996, 291 und oben Rdn. 6; s. aber zur Ergänzung einer Vereinssatzung durch langjährige Übung (Vereinsobservanz) OLG Frankfurt, ZIP 1985, 213; vgl. auch *Grunewald*, ZGR 1995, 68, 81.

4. Bedingungen und Befristungen

32 **Grundsätzlich unzulässig** sind **bedingte Gesellschafterbeschlüsse.**[84] Zulässig sind aufschiebende Befristungen sowie aufschiebende Bedingungen, deren Eintritt das Registergericht ohne weiteres überprüfen kann, insbesondere Registerbedingungen (Beispiel: Stufengründung, s.o.), nach Ansicht mancher auch andere, dem Registergericht nachweisbare Bedingungen.[85] Von bedingten Beschlüssen zu unterscheiden sind solche, die in ihrer Wirksamkeit nach Abs. 2 Satz 2 von weiteren Voraussetzungen abhängen (Rechtsbedingung). Von der Bedingung/Befristung des Beschlusses zu unterscheiden ist die **grundsätzlich zulässige Bedingung oder Befristung der beschlossenen Satzungsbestimmung.**[86] Unzulässig sind auch rückwirkende Beschlüsse (s. oben Rdn. 21 und § 54 Rdn. 30).

5. Vertretung von Gesellschaftern

33 Gesellschafter können sich auch bei Satzungsänderungsbeschlüssen durch einen Bevollmächtigten vertreten lassen. Für die **Vollmacht** genügt die **Form des § 47 Abs. 3**. Auch vollmachtlose Vertretung ist zulässig. Für die Nachgenehmigung der Stimmabgabe genügt ebenfalls die Textform. Eine vollmachtlose Vertretung ist auch in der **Einpersonen-GmbH** entsprechend § 180 Satz 2 BGB zulässig.[87]

6. Stimmverbote

34 Die Stimmverbote des § 47 **Abs. 4** finden auch auf den Satzungsänderungsbeschluss **keine Anwendung.**[88] Dies gilt **auch bei besonderer Selbstbetroffenheit eines Gesellschafters von der Änderung**, und zwar selbst dann, wenn für einen Einzelfallbeschluss als »Minus« ein Stimmverbot bestünde.[89] Stimmt ein Gesellschafter auch als Vertreter eines anderen oder liegt ein Fall der Mehrfachvertretung vor, gilt **§ 181 BGB** für die Stimmabgabe **entsprechend.**[90] Hieraus folgt, dass der gesetzliche Vertreter einen minderjährigen Gesellschafter dann nicht vertreten kann, wenn er selbst an der Gesellschaft beteiligt ist und sein Stimmrecht ausübt (§ 1795 Abs. 2 BGB), so

---

84 *Zöllner*, in: Baumbach/Hueck, GmbHG, § 53 Rn. 59; *Ulmer*, in: Ulmer/Habersack/Winter, GmbHG, § 53 Rn. 27.

85 *Priester*, ZIP 1987, 280, 285.

86 *Bayer*, in: Lutter/Hommelhoff, GmbHG, § 53 Rn. 44, Einzelheiten str.; ausf. zu § 179 AktG DNotI-Report 2008, 25 ff.; unklar zur Unterscheidung zwischen Befristung des Beschlusses und Befristung der Satzungsregelung OLG München DNotZ 2010, 636 und *Ulmer*, in: Ulmer/Habersack/Winter, GmbHG, § 53 Rn. 28.

87 OLG München, NZG 2010, 1427; OLG Frankfurt, GmbHR 2003, 415; allgemein LG Hamburg, GmbHR 1998, 987; *Bayer*, in: Lutter/Hommelhoff, GmbHG, § 47 Rn. 26.

88 OLG Stuttgart, NZG 1998, 601; *Ulmer*, in: Ulmer/Habersack/Winter, GmbHG, § 53 Rn. 63; *Bayer*, in: Lutter/Hommelhoff, GmbHG, § 57 Rn. 45.

89 *Priester/Veil*, in: Scholz, GmbHG, § 53 Rn. 100; *Hoffmann*, in: Michalski, GmbHG, § 53 Rn. 65; anders OLG Bamberg, GmbHR 2010, 709 (Befreiung vom Wettbewerbsverbot).

90 BGH, NJW 1989, 168; *Ulmer*, in: Ulmer/Habersack/Winter, GmbHG, § 53 Rn. 64; *Krafka/Kühn*, in: Krafka/Willer/Kühn, Registerrecht, Rn. 1012.

dass das Stimmrecht des Minderjährigen durch einen Ergänzungspfleger wahrgenommen werden muss.

7. Mehrheit von Satzungsänderungen/Mehrheit von Beschlüssen

35 **Mehrere Änderungen** können entweder in **einem Beschluss** zusammengefasst werden **oder** zum Gegenstand **separater Beschlüsse** gemacht werden. Auch bei der Zusammenfassung in einem Beschluss ist der **Teilvollzug** im Hinblick auf einzelne Änderungen registerrechtlich möglich, bedarf aber eines entsprechenden Teilvollzugsantrags.[91] Ob bei Zusammenfassung in einem (sog. zusammengesetzten) Beschluss Mängel eines Teils auf den übrigen Beschlussteil durchschlagen, ist eine Frage der Auslegung im Einzelfall.[92] Bei mehreren Beschlüssen gilt § 139 BGB nicht.[93]

36 Möglich ist auch die zeitlich aufeinanderfolgende Beurkundung sich inhaltlich widersprechender Satzungsänderungen. Welche Satzungsinhalt wirksam wird hängt davon ab, welcher Beschluss (zuerst) im Handelsregister eingetragen wird.

III. Rechtswirkungen des Beschlusses vor Registervollzug

37 Der Beschluss hat vor seinem Registervollzug zunächst nur gesellschaftsinterne Wirkungen. Sofern die Gesellschafter nichts anderes beschließen und die übrigen Voraussetzungen einer wirksamen Änderung vorliegen, ist die Geschäftsführung im Verhältnis zur Gesellschafterversammlung zur unverzüglichen Handelsregisteranmeldung verpflichtet. **Öffentlich-rechtlich** besteht aber **keine Anmeldepflicht**. Die Gesellschafter können ggf. untereinander verpflichtet sein, sich so zu behandeln, als sei die Satzungsänderung bereits wirksam.[94] Den Gesellschaftern steht es frei, von einer Mehrzahl von – ggf. sogar sich einander widersprechenden – Änderungsbeschlüssen nur einzelne vollziehen zu lassen oder einen Änderungsbeschluss seinerseits abzuändern oder aufzuheben. Der **Vollzug** darf jedoch **nicht in das freie Belieben der Geschäftsführung** gestellt werden.

IV. Kompetenz der Gesellschafter

38 Aus Absatz 1 folgt auch, dass Änderungen des Gesellschaftsvertrages den Gesellschaftern vorbehalten sind. Die Gesellschafter oder der Gesellschaftsvertrag können die **Änderungskompetenz nicht auf Nicht-Gesellschafter übertragen**, auch nicht etwa im Wege statutarischer Ermächtigung (Verbot der »Selbstentmündigung«).[95] Die Gesellschafter sind die Herren des Vertrages. Dieser zwingende Grundsatz gilt auch

---

91 Vgl. zu § 294 AktG OLG Karlsruhe, GmbHR 1994, 810; zum unzulässigen Teilvollzug bei uneingeschränkter Anmeldung BayObLG, NJW-RR 1987, 927; LG Dresden, NJW-RR 1994, 812.

92 Vgl. RGZ 146, 385, 394.

93 OLG Frankfurt, NZG 2009, 1226.

94 *Noack*, GmbHR 1994, 349, 350 und § 54 Rdn. 31.

95 H.M., *Priester/Veil*, in: Scholz, GmbHG, § 53 Rn. 62.

für bloße Fassungsänderungen.[96] Er verbietet es auch, nach Abs. 2 Satz 2 die Wirksamkeit einer Änderung des Gesellschaftsvertrages (anders als bloße Veränderungen im Gesellschafterbestand) von der Mitwirkung von Nicht-Gesellschaftern oder auch nur anderer Gesellschaftsorgane abhängig zu machen.[97] Ob in den Fällen des **genehmigten Kapitals** (§ 55a GmbHG) eine Annexkompetenz der Geschäftsführung zur Fassungsänderung oder – was zutreffend ist – wenigstens die Möglichkeit zur Ermächtigung analog § 179 Abs. 1 Satz 2 AktG anzuerkennen ist, ist umstritten.[98]

39 Von der unzulässigen statutarischen Ermächtigung zur Satzungsänderung zu unterscheiden sind **zulässige Öffnungsklauseln**, die es der Gesellschafterversammlung ermöglichen, **durch einfachen Gesellschafterbeschluss von einer konkreten Satzungsregelung im Einzelfall abzuweichen** (Beispiele: disquotale Gewinnverteilung[99] oder Befreiung von Wettbewerbsverbot). Nach Ansicht des OLG Stuttgart ist im Hinblick auf die Bestimmung des Geschäftsjahres auch eine Ermächtigung zugunsten der Geschäftsführung zulässig.[100]

In der Insolvenz der GmbH ist eine konkurrierende Zuständigkeit des Insolvenzverwalters für Satzungsänderungen abzulehnen (s. auch oben Rdn. 20).[101]

F. Notarielle Beurkundung

I. Grundlagen

40 Nach der seit 1969 geltenden Fassung ist nur noch die notarielle Beurkundung des Gesellschafterbeschlusses zugelassen, die gerichtliche Protokollierung dagegen nicht mehr. Zuständig für die Beurkundung sind neben deutschen Notaren auch Konsularbeamte nach Maßgabe des KonsularG. Nach der sehr bestrittenen Rspr. des BGH zulässig ist auch die **Beurkundung durch ausländische Notare**, sofern die Beurkundung einer solchen nach dem BeurkG **gleichwertig** ist.[102] Eine Satzungsänderung in

96 H.M., *Priester/Veil*, in: Scholz, GmbHG, § 53 Rn. 19.

97 RGZ 169, 65, 80 f.; *Priester/Veil*, in: Scholz, GmbHG, § 53 Rn. 63.

98 Für Annexkompetenz die h.M., etwa *Lieder*, DNotZ 2010, 655 ff.; *Priester*, in: Scholz, GmbHG, § 55a Rn. 32; krit. *Renaud*, ZNotP 2010, 203; allgemein zu Annexkompetenz *Fleischer*, GmbHR 2010, 449 ff.

99 BayObLG, NJW-RR 2002, 248; FG Hessen, NZG 2009, 320; *Priester*, FS W. Müller, 2001, S. 113, 119 ff.

100 OLG Stuttgart, NJW-RR 1992, 1391; *Bayer*, in: Lutter/Hommelhoff, GmbHG, § 53 Rn. 34.

101 LG Essen, ZIP 2009, 1583.

102 BGHZ 80, 76 (Beurkundung in Zürich); *Priester/Veil*, in: Scholz, GmbHG, § 53 Rn. 75; a.A. *Bayer*, in: Lutter/Hommelhoff, GmbHG, § 53 Rn. 17; Gleichwertigkeit verneint für Zürcher Notar von AG Köln, RIW 1989, 990.

Schriftform ist auch dann nicht möglich, wenn das GmbH-Recht am Ort der Satzungsänderung dies zulässt.[103]

41 Auch wenn nach dem gesetzlichen Regeltypus des Tatsachenprotokolls nicht die Erklärungen der Gesellschafter, sondern die Wahrnehmungen des Notars beurkundet werden[104], ist neben der Form des **Tatsachenprotokolls nach §§ 36 f. BeurkG** auch die Form der **Beurkundung von Willenserklärungen nach §§ 8 ff. BeurkG** zulässig.[105] Erstere ist unabhängig vom Umfang der Änderung auch durch Bezugnahme auf eine (nicht verlesene) Anlage zulässig, auch als vollständige Neufassung des Gesellschaftsvertrages. Die Beurkundung durch den Notar steht der konstitutiven Beschlussfeststellung durch den Versammlungsvorsitzenden gleich (s. § 54 Rdn. 17).

42 Unabhängig von der Art der Beurkundung **gilt** der etwa im Rahmen der § 311b Abs. 1 BGB und § 15 Abs. 4 geltende **Vollständigkeitsgrundsatz nicht.**[106] Wird in einer (»gemischten«) Gesellschafterversammlung über weitere Tagesordnungspunkte beschlossen, gilt die Formvorschrift des Abs. 2 Satz 1 für diese Beschlüsse nicht.

Zum (umstrittenen) Zweck der Beurkundungspflicht oben Rdn. 3.

II. Einzelheiten der Beurkundung

43 Hinsichtlich des notwendigen Inhalts des notariellen Protokolls ist zwischen beurkundungsrechtlichen und gesellschaftsrechtlichen Erfordernissen zu differenzieren. Beurkundungsrechtlich ist insbesondere § 37 BeurkG zu beachten. Die **Einhaltung der beurkundungsrechtlichen Muss-Vorschriften ist dabei zwingend notwendig.**[107] Aus gesellschaftrechtlicher Sicht ist notwendig, dass sich anhand des Protokolls die Mindestvoraussetzungen einer Beschlussfassung nach § 53 GmbHG belegen lassen, d.h. der Inhalt der Änderung (Beschlussgegenstand) und das Ergebnis der Abstimmung (Zahl der Ja- und Nein-Stimmen).[108] Wird das Beschlussergebnis förmlich festgestellt, ist auch dies zu beurkunden.

III. Reichweite des Formerfordernisses

44 Sofern, was ohne weiteres zulässig ist, ein Gesellschafter rechtsgeschäftlich vertreten oder vollmachtlos vertreten wird, bedarf die **Bevollmächtigung oder Nachgenehmigung** nicht der notariellen Form (§ 167 Abs. 2 BGB), vielmehr genügt die **Form des § 47 Abs. 3.**[109] Der Gesellschaftsvertrag kann insoweit aber abweichende Voraussetzungen statuieren.

---

103 H.M., etwa *Priester/Veil*, in: Scholz, GmbHG, § 53 Rn. 72; LG Mannheim, BWNotZ 2000, 150; a.A. OLG Düsseldorf, NJW 1989, 2200.

104 *Ulmer*, in: Ulmer/Habersack/Winter, GmbHG, § 53 Rn. 48.

105 Heute allg. M., etwa OLG Köln, NJW-RR 1993, 223; *Priester/Veil*, in: Scholz, GmbHG, § 53 Rn. 70.

106 DNotI-Report 1995, 125 ff.

107 OLG Köln, NJW-RR 1993, 223

108 *Ulmer*, in: Ulmer/Habersack/Winter, GmbHG, § 53 Rn. 50.

109 Allg. M., *Priester/Veil*, in: Scholz, GmbHG, § 53 Rn. 77.

45 Nicht anwendbar ist das Formerfordernis des § 53 Abs. 2 auf Verpflichtungserklärungen der Gesellschafter (untereinander oder gegenüber Dritten[110]), die auf die Änderung des Gesellschaftsvertrages gerichtet sind.[111] Dasselbe gilt für Stimmbindungsvereinbarungen und schuldrechtliche Nebenvereinbarungen (side letters).[112] Sehr umstritten ist die Rechtslage für die (nach h.M. denkbare) auf Satzungsänderung gerichtete **Verpflichtung der Gesellschaft gegenüber Dritten**. Die h.M. wendet das Beurkundungserfordernis hier entsprechend an.[113] Ob hierüber hinaus eine Eintragung der Verpflichtung im Handelsregister erforderlich ist, ist umstritten.[114]

G. Qualifizierte Mehrheit

46 Die Satzungsänderung erfordert abweichend von § 47 Abs. 1 eine Mehrheit von (mindestens) drei Vierteln der wirksam abgegebenen Stimmen, vorbehaltlich einer Verschärfung durch die Satzung und vorbehaltlich abweichender Gesetzesvorschriften (z.B. § 1 Abs. 3 EGGmbHG, § 37 Abs. 1 Satz 2 MitbestG 1976, § 56a Abs. 1 DMBilG 1990, § 97 Abs. 2 Satz 4 AktG i.V.m. § 27 EGAktG: einfache Mehrheit genügt). Auf die Annahme der Satzungsänderung müssen also (ohne Aufrundung) mindestens 75,00 % entfallen. Dabei werden **Stimmenthaltungen nicht berücksichtigt**, so dass im Extremfall eine einzige Ja-Stimme genügen kann.[115] Vorbehaltlich abweichender Satzungsregelung ist auch (anders als nach § 179 AktG) keine bestimmte Kapitalquote erforderlich. Es gelten die Grundsätze über die konstitutive Beschlussfeststellung.[116]

47 Die Zahl der auf einen Geschäftsanteil entfallenden Stimmen ergibt sich aus Gesellschaftsvertrag oder § 47 Abs. 2. **Mehr- oder Höchststimmrechte** und Stimmrechtsreduzierungen **gelten** grundsätzlich auch für Satzungsänderungsbeschlüsse.[117] Unberührt von einem Stimmrechtsausschluss bleibt aber das Erfordernis der Zustimmung

---

110 Nach h.M. können sich die Gesellschafter auch gegenüber Dritten zur Satzungsänderung bzw. zur entsprechenden Stimmabgabe verpflichten, s. Rdn. 9.

111 Sehr str., wie hier OLG Köln, GmbHR 2003, 416; *Priester/Veil*, in: Scholz, GmbHG, § 53 Rn. 36; *Sieger/Schulte*, GmbHR 2002, 1050 ff.; nun auch *Bayer*, in: Lutter/Hommelhoff, GmbHG, § 53 Rn. 40; a.A. etwa *Ulmer*, in: Ulmer/Habersack/Winter, GmbHG, § 53 Rn. 42.

112 BGH, ZIP 1983, 432; BGH, DB 2010, 1749.

113 *Bayer*, in: Lutter/Hommelhoff, GmbHG, § 53 Rn. 41; ausf. *Priester*, FS Werner, 1984, S. 657 ff.

114 Dafür *Priester/Veil*, in: Scholz, GmbHG, § 53 Rn. 35; *Bayer*, in: Lutter/Hommelhoff, GmbHG, § 53 Rn. 41.

115 Allg. M., *Priester/Veil*, in: Scholz, GmbHG, § 53 Rn. 82.

116 *Ulmer*, in: Ulmer/Habersack/Winter, GmbHG, § 53 Rn. 61, 101 sowie unten § 54 Rdn. 17.

117 Ganz h.M., *Hoffmann*, in: Michalski, GmbHG, § 53 Rn. 66; a.A. *Ivens*, GmbHR 1989, 61.

des Gesellschafters bei einem Eingriff in den Kernbereich seiner Mitgliedschaft und bei Leistungsmehrungen durch Satzungsänderung (Absatz 3).[118]

48 Im Einzelfall kann aufgrund gesellschaftsrechtlicher Treuepflicht eine Verpflichtung zur Zustimmung zu einer bestimmten Satzungsänderung bestehen.[119] Verletzt der Gesellschafter diese Pflicht, muss er auf Zustimmung verklagt werden. Eine Satzungsänderung ohne seine Zustimmung (oder die Ersetzung nach § 894 ZPO) kommt nicht in Betracht, sofern nur mit seiner Stimme die notwendige Mehrheit erreicht werden kann.

49 Das in § 53 Abs. 2 bestimmte Quorum ist notwendig, im Regelfall aber auch hinreichend. Eine materielle Beschlusskontrolle ist nur in Ausnahmefällen geboten. **Grenzen der Mehrheitsmacht** werden durch das Missbrauchsverbot, den Gleichheitsgrundsatz und den Grundsatz der Treuepflicht (gegenüber Gesellschaft und Mitgesellschaftern) gezogen.[120] Die Gesellschafter können das erforderliche Quorum durch schuldrechtliche Nebenabrede (Stimmbindungsvereinbarung) inter partes modifizieren.[121]

H. Zusätzliche Voraussetzungen

I. Eingrenzung des Anwendungsbereichs von § 53 Abs. 2 Satz 2

50 Von den in § 53 Abs. 2 Satz 2 GmbHG zugelassenen fakultativen weiteren Voraussetzungen der Satzungsänderung sind zunächst solche (»inneren«) Wirksamkeitsvoraussetzungen zu unterscheiden, die sich aus zwingendem Gesetzesrecht ergeben. Hierzu zählen öffentlich-rechtliche Genehmigungen grundsätzlich (nur) dann, wenn sie in der Person des Gesellschafters angelegt sind und Außenwirkung haben, beispielsweise kommunalrechtliche Genehmigungen.[122] Materiell-rechtlich **unbeachtlich** sind hingegen im Regelfall **Genehmigungen gewerberechtlicher Art** im Hinblick auf einen geänderten Unternehmensgegenstand.[123] Letztere sind im Regelfall, aber nicht immer auch registerrechtlich irrelevant (wichtigste Ausnahme: § 43 KWG). Beachtlich ist hingegen das auch auf Kapitalerhöhungen anwendbare Fusionsverbot des § 37 GWB (i.V.m. § 41 Abs. 1 Satz 2).[124]

51 **Regelungsspezifische Änderungsvoraussetzungen** gelten für gesellschaftsvertragliche Regelungen über Sondervorteile und Gründungsaufwand. Hierfür gilt § 26 AktG entsprechend. Nur steuerrechtlich relevant ist die Regelung des § 7 Abs. 4 Satz 3 KStG (Zustimmung des Finanzamts zur Änderung des Geschäftsjahres).

---

118 *K. Schmidt*, in: Scholz, GmbHG, § 47 Rn. 11.
119 *Priester/Veil*, in: Scholz, GmbHG, § 53 Rn. 60.
120 *Priester/Veil*, in: Scholz, GmbHG, § 53 Rn. 55 ff.
121 BGHZ 179, 13.
122 OLG München, NZG 2009, 1031 zu Beherrschungsvertrag.
123 *Leitzen*, GmbHR 2009, 480, 483; vgl. auch zur Aufhebung von § 181 Abs. 1 S. 3 AktG BT-Drs. 16/13098, S. 40.
124 *Bechtold*, Kartellrecht, § 37 GWB Rn. 24; ausf. DNotI-Internet-Gutachten 103257.

52 Ist ein Gesellschafter minderjährig oder steht oder Betreuung, bedarf die Stimmabgabe durch den Vertreter nicht der familiengerichtlichen Genehmigung: Insbes. **§ 1822 Nr. 3 BGB** ist auf die Änderung des Gesellschaftsvertrages von Kapitalgesellschaften **nicht anwendbar.**[125]

II. Anwendungsfälle von § 53 Abs. 2 Satz 2

53 Unbedenklich sind **Verschärfungen** in Gestalt eines **qualifizierten Quorums**, etwa durch das Erfordernis der Einstimmigkeit, der Zustimmung aller Gesellschafter oder der Erreichung einer bestimmten Kapital- oder Kopfmehrheit (Beispiel: ¾ der Stimmen, aber mindestens 50 % des Stammkapitals der Gesellschaft)[126], daneben auch **Verschärfungen der Form oder des Verfahrens**, etwa modifizierte Einberufungsvorschriften oder Regelungen zur Mindestanwesenheit.[127] Auch **Vetorechte** zugunsten einzelner Gesellschafter sind auch ohne sachlichen Grund zulässig.

54 Aus § 53 Abs. 1, 2 folgt, dass der Änderungsbeschluss als solcher **zwingend von den Gesellschaftern** gefasst werden muss (s. schon Rdn. 38). Unzulässig sind auch Regelungen, die auf eine Außerkraftsetzung des nach § 53 Abs. 2 Satz 1 Hs. 2 erforderlichen Quorums hinauslaufen, etwa als Stichentscheid eines Dritten oder eines anderen Gesellschaftsorgans für den Fall der Stimmengleichheit. Nach herrschender und zutreffender Ansicht ist es auch **nicht zulässig**, Satzungsänderungen an die **Zustimmung eines anderen Gesellschaftsorgans oder gar eines gesellschaftsfremden Dritten** zu binden.[128]

I. Zustimmung gem. § 53 Abs. 3 GmbHG

I. Grundlagen

55 Entsprechend dem Verbot des Vertrages zulasten Dritter hängt die Wirksamkeit statutarischer Leistungsvermehrungen davon ab, dass die betroffenen Gesellschafter zustimmen.

56 § 53 Abs. 3 ist zwingend und **Ausdruck eines verallgemeinerungsfähigen Rechtsgedankens** und wird über seinen Wortlaut hinaus auch auf die Beschneidung von – durch Auslegung zu ermittelnden[129] – statutarischen Sonderrechten (§ 35 BGB analog[130]) und relativ unentziehbaren (allgemeinen) Gesellschafterrechten ohne Sonder-

---

125 *Rust*, DStR 2005, 1992, 1994; *Reimann*, DNotZ 1999, 179, 198; *Ulmer*, in: Ulmer/Habersack/Winter, GmbHG, § 53 Rn. 25.

126 *Hoffmann*, in: Michalski, GmbHG, § 53 Rn. 67; vgl. auch OLG Frankfurt, ZIP 2010, 1033.

127 Vgl. OLG Frankfurt, ZIP 2010, 1033.

128 RGZ 169, 80; *Bayer*, in: Lutter/Hommelhoff, GmbHG, § 53 Rn. 7 und oben Rdn. 38.

129 BGH, NJW-RR 1989, 542; OLG Hamm, NZG 2002, 783.

130 Ganz h.M., krit. *van Venrooy*, GmbHR 2010, 841, 842.

rechtscharakter angewendet[131], ferner analog § 33 Abs. 1 Satz 2 BGB auf die Änderung des Unternehmenszwecks (nicht: Unternehmensgegenstandes).[132] Entsprechendes gilt, wenn die Satzungsänderung einen Eingriff in den absolut unentziehbaren Kernbereich der Mitgliedschaftsrechte[133] oder eine nicht alle Mitglieder gleichmäßig treffende Schmälerung der allgemeinen Mitgliedsrechte[134] zum Gegenstand hat. Dagegen gilt die Vorschrift nicht schlechthin für die Verkürzung von Gesellschafterrechten.[135] Auch die Einführung von Sonderrechten fällt nicht unter § 53 Abs. 3; jedoch kann hierin ein Verstoß gegen den Gleichbehandlungsgrundsatz vorliegen, der die Anfechtbarkeit (nicht: Nichtigkeit) des Beschlusses nach sich zieht.[136] Ebenfalls keinen Fall von Abs. 3 bilden Eingriffe in Rechte Dritter, abgesehen davon, dass solche unmittelbar durch die Satzung ohnehin nicht begründet werden können. S. ergänzend Rdn. 28 zur Belastung von Geschäftsanteilen mit Rechten Dritter. An einem Geschäftsanteil **dinglich Berechtigten** steht **kein eigenständiges Zustimmungsrecht** zu.[137]

57 Die Zustimmung ist nicht Bestandteil des satzungsändernden Beschlusses, sondern **weitere** (»innere«) **Wirksamkeitsvoraussetzung.**[138] Solange einzelne Gesellschafter ihre Zustimmung nicht erteilen, ist – sofern nicht die organisatorischen Grundlagen der Gesellschaft betroffen sind[139] – Auslegungsfrage, ob die Änderung im Verhältnis der übrigen Gesellschafter (»relative«) Wirksamkeit entfalten soll (s. auch Rdn. 69).[140] Hat ein Gesellschafter für den Beschluss gestimmt, kann darin in aller Regel auch seine Zustimmung nach Absatz 3 gesehen werden. Hat der Gesellschafter nicht an der Beschlussfassung teilgenommen, ist seine Zustimmung auch dann erforderlich, wenn der Beschluss einstimmig gefasst wurde. **Zustimmung** und **Beschlussquorum** stehen **unabhängig nebeneinander.**[141]

---

131 BGH, DStR 1993, 1566; *Priester/Veil*, in: Scholz, GmbHG, § 53 Rn. 44; ausf. *Waldenberger*, GmbHR 1997, 49 ff.

132 *Ulmer*, in: Ulmer/Habersack/Winter, GmbHG, § 53 Rn. 118; *Bayer*, in: Lutter/Hommelhoff, GmbHG, § 53 Rn. 23.

133 BGH, NJW 1995, 194 (zur Publikums-KG).

134 Stenographische Berichte über die Verhandlungen des Reichstages, 8. Legislaturperiode, I. Session 1890/1892, Fünfter Anlageband, Aktenstück 660, S. 3753.

135 BGHZ 116, 359, 362; *Priester/Veil*, in: Scholz, GmbHG, § 53 Rn. 54, heute ganz h.M.

136 Vgl. *Priester/Veil*, in: Scholz, GmbHG, § 53 Rn. 56 f.

137 Sehr str., wie hier *Zöllner*, in: Baumbach/Hueck, GmbHG, § 53 Rn. 39; a.A. etwa *Hoffmann*, in: Michalski, GmbHG, § 53 Rn. 90.

138 BGHZ 20, 368; *Noack*, GmbHR 1994, 349, 351; *Priester/Veil*, in: Scholz, GmbHG, § 53 Rn. 93.

139 *Ulmer*, in: Ulmer/Habersack/Winter, GmbHG, § 53 Rn. 92.

140 *Roth*, in: Roth/Altmeppen, GmbHG, § 53 Rn. 46; *Hoffmann*, in: Michalski, GmbHG, § 53 Rn. 95; RGZ 136, 185, 189; s. aber *Bayer*, in: Lutter/Hommelhoff, GmbHG, § 53 Rn. 20: Unwirksamkeit im Zweifel absolut; vgl. auch BGHZ 15, 177.

141 Allg. M., s. schon RGZ 121, 238, 244.

Es handelt sich um eine **gegenüber der Gesellschaft abzugebende, nicht formgebundene und auch konkludent mögliche Willenserklärung**, die dem Gesellschafterbeschluss vorausgehen oder nachfolgen kann. Das Registergericht kann die Beglaubigung der Unterschrift des Zustimmenden grundsätzlich nicht verlangen.[142] Die Zustimmung kann **auch antizipiert im Gesellschaftsvertrag** enthalten sein.[143] Die einmal erklärte Zustimmung ist nicht widerruflich.[144] **58**

II. Fälle der Leistungsvermehrung

Die **Begründung zusätzlicher Einlageverpflichtungen** fällt unter § 53 Abs. 3, wobei wegen des Inhalts und der Rechtsfolgen entsprechender Satzungsregelungen die Spezialvorschriften der §§ 26, 27 zu beachten sind.[145] **59**

Weitere Anwendungsfälle von § 53 Abs. 3 sind **Nebenleistungsverpflichtungen der Gesellschafter** (einschließlich Unterlassungspflichten). Mittelbare Leistungsvermehrungen fallen nicht unter § 53 Abs. 3. Hieraus folgt insbesondere, dass Kapitalerhöhungen gegen oder ohne den Willen eines Gesellschafters trotz der Ausfallhaftung der Mitgesellschafter nicht unter Absatz 3 fallen.[146] Unbeschadet dessen kann gegen den Willen eines Gesellschafters eine Pflicht desselben zur Teilnahme an einer Kapitalerhöhung nicht begründet werden. **60**

III. Andere belastende Satzungsregelungen

Im Grundsatz nicht unter § 53 Abs. 3 fallen demgegenüber Obliegenheiten, Pflichten und Beschränkungen für die Geltendmachung von Gesellschafterrechten (Modalitäten). So kann etwa eine Satzungsregelung zur Anmeldung zur Gesellschafterversammlung ohne Zustimmung aller Gesellschafter wirksam werden. **61**

IV. Kasuistik

Von der Rechtsprechung als zustimmungsbedürftig angesehen wurden: **62**

- die Verlängerung der zunächst befristeten Gesellschaft[147]
- die Änderung einer Abfindungsregelung[148]

---

142 *Hoffmann*, in: Michalski, GmbHG, § 54 Rn. 93; a.A. RGZ 136, 192; *Priester/Veil*, in: Scholz, GmbHG, § 54 Rn. 41.

143 Allg. M., *Strohn*, DB 2010, 37; *Ulmer*, in: Ulmer/Habersack/Winter, GmbHG, § 53 Rn. 4.

144 *Noack*, GmbHR 1994, 349, 351.

145 Etwa OLG München, GmbHR 2001, 981; KG, NZG 2000, 688.

146 *Ulmer*, in: Ulmer/Habersack/Winter, GmbHG, § 53 Rn. 86.

147 RGZ 136, 185, 190.

148 BGHZ 116, 359 Rn. 10; OLG Brandenburg, DB 2009, 726; KG, BeckRS 2007, 01656.

- die erstmalige Einführung der Einziehungsmöglichkeit[149] und die Einführung eines neuen Ausschließungsgrundes[150]
- die Einführung einer Vinkulierungsregelung[151]
- (bei Vorliegen besonderer Umstände) die Aufhebung einer Vinkulierungsregelung[152]
- die Aufhebung eines Vorerwerbsrechts der Mitgesellschafter[153]
- die Einführung eines statutarischen Vorkaufsrechts[154], dagegen nicht notwendigerweise die Abänderung einer bestehenden Vorkaufsregelung[155]
- die Abberufung eines Geschäftsführers bei entsprechendem statutarischem Sonderrecht[156] und die Aufhebung einer Satzungsregelung zur Mitwirkung bei der Geschäftsführerbestellung.[157]

63 Der allseitigen Zustimmung bedürfen die Einführung einer Schiedsklausel.[158]

V. Gesellschafterstellung; Zustimmungsbefugnis

64 Abs. 3 verlangt die Zustimmung des jeweils betroffenen Gesellschafters. **§ 16 Abs. 1 Satz 1 GmbHG findet insoweit Anwendung**, da die Befugnis zur Zustimmung Teil der Verwaltungsrechte des Gesellschafters ist.[159] Die Zustimmungsbefugnis verbleibt auch dann beim Gesellschafter, wenn der Geschäftsanteil mit einem Pfandrecht oder Nießbrauch belastet ist.[160] Im Falle der Insolvenz des Gesellschafters ist der Insolvenzverwalter für die Erteilung der Zustimmung zuständig.[161]

---

149 BayObLG, GmbHR 1978, 269.

150 BGH, DStR 1991, 1597.

151 OLG Dresden, GmbHR 2004, 1080.

152 OLG München, GmbHR 2008, 541 und OLG Düsseldorf, GmbHR 1964, 250; im Regelfall müssen der Aufhebung aber nicht alle Gesellschafter zustimmen: OLG Hamm, GmbHR 2001, 974 und OLG Stuttgart, NJW 1974, 1566; ausf. DNotI-Gutachten Dok.-Nr. 25242.

153 BezG Dresden, DStR 1993, 1566.

154 OLG Dresden, GmbHR 2004, 1080.

155 OLG Stuttgart, GmbHR 1997, 1108.

156 OLG Nürnberg, GmbHR 2000, 563.

157 BGH, NJW-RR 1989, 542.

158 *Roth*, in: Roth/Altmeppen, GmbHG, § 53 Rn. 39; *Hoffmann*, in: Michalski, GmbHG, § 53 Rn. 150.

159 *Wolff*, BB 2010, 454, 460; zu § 16 GmbHG a.F. *Noack*, GmbHR 1994, 349, 351; allgemein zur Anwendung von § 16 auf alle Verwaltungsrechte *Ebbing*, in: Michalski, GmbHG, § 16 Rn. 53 und *Heidinger*, in: MünchKommGmbHG, § 16 Rn. 155, 189.

160 RGZ 139, 224, 228 f.

161 *Heckschen*, ZIP 2010, 1319, 1321.

J. Aufhebung und Änderung satzungsändernder Beschlüsse

I. Vor Registervollzug

65 Die **Aufhebung** eines satzungsändernden Beschlusses ist **bis zur Registereintragung grundsätzlich ohne weiteres durch Beschluss möglich**, und zwar **ohne Beachtung der Voraussetzungen des § 53 Abs. 2 GmbHG.**[162] Die **Änderung** eines satzungsändernden Beschlusses ist bis zum Handelsregistervollzug **durch einen weiteren, den Anforderungen des § 53 GmbHG genügenden Beschluss möglich.**[163]

II. Nach Registervollzug

66 **Nach Registervollzug** kommt eine Änderung oder Aufhebung des Beschlusses nicht mehr in Betracht, sondern nur eine Änderung bzw. Aufhebung der entsprechenden Satzungsbestimmung.[164]

K. Verstöße

I. Fehlende Beurkundung

67 Bei **fehlender Beurkundung** ist der **Beschluss nichtig.**[165] Die fehlende Beurkundung wird **mit Eintragung geheilt**, § 242 Abs. 1 AktG analog.

II. Verfehlen der qualifizierten Mehrheit

68 Nichtig ist der Beschluss auch bei **Nichterreichen der erforderlichen Mehrheit,** wobei hier aber die Grundsätze über die fehlerhafte Beschlussfeststellung gelten.[166] Eine Umdeutung in eine schuldrechtliche Vereinbarung ist aber nicht ausgeschlossen.[167] Die Nichtigkeit wird nach Maßgabe von § 242 Abs. 2 Satz 1 AktG nach Ablauf von drei Jahren nach Eintragung geheilt.

III. Fehlende Zustimmung (§ 53 Abs. 3)

69 Grundsätzlich (zunächst schwebend) **unwirksam** (und damit registerrechtlich nicht vollziehbar) ist ein Beschluss **bei Fehlen einer nach Absatz 3 erforderlichen Zustim-**

---

162 Ganz h.M., *Ulmer*, in: Ulmer/Habersack/Winter, GmbHG, § 53 Rn. 84.

163 *Hoffmann*, in: Michalski, GmbHG, § 53 Rn. 53 f.; *Bayer*, in: Lutter/Hommelhoff, GmbHG, § 53 Rn. 45.

164 *Bayer*, in: Lutter/Hommelhoff, GmbHG, § 53 Rn. 45.

165 Allg. M., OLG Köln, NJW-RR 1993, 223; OLG Hamm, NJW-RR 2002, 761; *Priester/Veil*, in: Scholz, GmbHG, § 53 Rn. 68.

166 H.M., *Ulmer*, in: Ulmer/Habersack/Winter, GmbHG, § 53 Rn. 61, 101; *Römermann*, in: Michalski, GmbHG, Anh. § 47 Rn. 296 f., str.

167 BGH, NZG 2010, 988; einschränkend OLG München, GmbHR 2000, 981.

mung.[168] Fehlt nur eine von mehreren erforderlichen Zustimmungen, kann die Änderung im Verhältnis der übrigen Gesellschafter zueinander bzw. im Verhältnis dieser Gesellschaft zur Gesellschaft aber wirksam sein (sog. relative Wirksamkeit, Rdn. 57). Bei der fehlenden Zustimmung handelt es sich nicht um einen Nichtigkeits- oder Anfechtungsgrund nach §§ 241 ff. AktG; vielmehr ist der Beschluss in Bezug auf den nicht zustimmenden Gesellschafter – ggf. auch insgesamt – unwirksam, was der Gesellschafter mit der nicht fristgebundenen allgemeinen Feststellungsklage oder als Einrede gegen eine Klage der Gesellschaft geltend machen kann.[169]

IV. Beschlussmängel

1. Zustandekommen des Beschlusses

70 Betrifft der Mangel das Zustandekommen des Beschlusses (Zuständigkeit, Verfahren), ist zu unterscheiden:

- **Ladungsmangel**: Eine Nichtigkeit des Beschlusses wegen Ladungsmängeln kann analog § 242 Abs. 2 Satz 2 AktG durch Nachgenehmigung sämtlicher übergangener Gesellschafter geheilt werden. Die Nachgenehmigung bedarf keiner besonderen Form. Ohne Nachgenehmigung verbleibt es auch nach Eintragung bei der Nichtigkeit.
- **Andere Verstöße** führen grundsätzlich nur zur Anfechtbarkeit des Beschlusses. Solche Mängel berühren die Wirksamkeit der Satzungsänderung nach Eintragung des Beschlusses nicht. Soweit ein Verstoß zur Nichtigkeit führt, kann der Mangel nach Ablauf von drei Jahren nach Eintragung nicht mehr geltend gemacht werden (§ 242 Abs. 2 Satz 1 AktG analog).

2. Inhalt des Beschlusses

71 **Verstößt der Beschluss inhaltlich gegen zwingendes Recht**, ist er **in den Fällen der Nr. 3 oder Nr. 4 des § 241 AktG nichtig**, in den übrigen Fällen anfechtbar.

72 Nach Ablauf von drei Jahren nach Eintragung kann eine aus § 241 Nr. 3 oder 4 AktG folgende Nichtigkeit des Beschlusses nicht mehr geltend gemacht werden (§ 242 Abs. 2 Satz 1 AktG analog).[170] Problematisch ist diese Rechtsfolge, soweit es nicht um das Zustandekommen des Beschlusses, sondern seinen Inhalt geht. Auch hier ist im Grundsatz von einer Heilung auszugehen[171], jedoch vorbehaltlich einer

---

168 Allg. M., *Ulmer*, in: Ulmer/Habersack/Winter, GmbHG, § 53 Rn. 102; RGZ 121, 238, 244.

169 Str., wie hier *Strohn*, DB 2010, 37; vgl. RGZ 121, 238, 244 f.; für Anwendung von § 242 Abs. 2 Satz 1 AktG *Ulmer*, in: Ulmer/Habersack/Winter, GmbHG, § 53 Rn. 102.

170 BGH, WM 1984, 473; ob ein Inhaltsverstoß gegen zwingendes Recht stets zur Nichtigkeit führt, ist noch nicht abschließend geklärt, s. zur Diskussion Hüffer, AktG, § 241 Rn. 19 f.

171 H.M., s. BGHZ 99, 211; BGHZ 144, 365, 367 f.; OLG Stuttgart, NZG 2001, 40; *Hüffer*, AktG, § 242 Rn. 8.

Geltendmachung des Mangels mit Wirkung ex nunc nach den Grundsätzen der fehlerhaften Gesellschaft.[172] Vor Ablauf der Frist des § 242 Abs. 2 Satz 1 AktG ist die Regelung weder für die Geschäftsführung noch für die Gesellschafter untereinander verbindlich.[173]

73 Ob eine Heilung eines unwirksamen satzungsändernden Beschlusses außerhalb von § 242 AktG auch durch längere Akzeptanz der Mitglieder möglich ist, ist fraglich.[174]

74 Zu Fehlern im Rahmen der Eintragung s. § 54 Rdn. 30 ff., zur Amtslöschung nach §§ 395 FamFG § 54 Rdn. 40 ff.

§ 54 Anmeldung und Eintragung der Satzungsänderung

(1) [1]Die Abänderung des Gesellschaftsvertrages ist zur Eintragung in das Handelsregister anzumelden. [2]Der Anmeldung ist der vollständige Wortlaut des Gesellschaftsvertrags beizufügen; er muss mit der Bescheinigung eines Notars versehen sein, dass die geänderten Bestimmungen des Gesellschaftsvertrags mit dem Beschluss über die Änderung des Gesellschaftsvertrags und die unveränderten Bestimmungen mit dem zuletzt zum Handelsregister eingereichten vollständigen Wortlaut des Gesellschaftsvertrags übereinstimmen.

(2) Bei der Eintragung genügt, sofern nicht die Abänderung die in § 10 bezeichneten Angaben betrifft, die Bezugnahme auf die bei dem Gericht eingereichten Dokumente über die Abänderung.

(3) Die Abänderung hat keine rechtliche Wirkung, bevor sie in das Handelsregister des Sitzes der Gesellschaft eingetragen ist.

Übersicht **Rdn.**

---

172 *Stein*, ZGR 1994, 472, 485 ff.; zu dem Problemkreis auch *Vocke*, NZG 2010, 1249 ff.

173 A.A. zu unzulässiger Einberufungsregelung im Aktienrecht wohl OLG Frankfurt, NZG 2010, 185 (aufgehoben durch BGH, NZG 2011, 1105); wie hier *Vocke*, NZG 2010, 1249, 1254.

174 Dafür die h.M. zum Vereinsrecht: OLG Frankfurt, ZIP 1985, 213; BGHZ 23, 122, 129; 25, 311, 316.

Schrifttum

Baums, Eintragung und Löschung von Gesellschafterbeschlüssen, 1981; *Casper*, Die Heilung nichtiger Beschlüsse im Kapitalgesellschaftsrecht, 1998; *Leitzen*, Das registergerichtliche Recht zur Prüfung von GmbH-Gesellschafterbeschlüssen, Rpfleger 2010, 245; *Noack*, Fehlerhafte Beschlüsse in Gesellschaften und Vereinen, 1997; *Stein*, Rechtsschutz gegen gesetzeswidrige Satzungsnormen bei Kapitalgesellschaften, ZGR 1994, 472; *Wolff*, Die Zulässigkeit einer rückwirkenden Änderung des Geschäftsjahres bei Kapitalgesellschaften, DB 1999, 2149.

A. Rechts- und Normentwicklung

1 § 54 (in der Fassung von § 1892: § 55) als weitere Voraussetzung jeder wirksamen Satzungsänderung neben § 53 ist in seinem Kern (Handelsregistereintragung; Absatz 3) unverändert seit 1892. Im Jahr 1898 wurden die Absätze 1 und 2 geändert (insbes. Möglichkeit der Bezugnahme), ferner wurde die Norm 1969 durch das Gesetz zur Umsetzung der Ersten Richtlinie (Einfügung Abs. 1 S. 2 als Parallelnorm zu § 181 Abs. 1 Satz 2), 1993 (Änderung Abs. 2 S. 2), dann 2006 durch das EHUG (Aufhebung von Abs. 2 S. 2 und Anpassung von Abs. 2 S. 1 an den geänderten § 10) und 2008 durch das MoMiG (amtliche Überschrift) geändert. Historische Vorbilder waren Art. 214 AktG 1884 und § 16 Abs. 3, 4 GenG.[1]

B. Regelungsgegenstand

2 § 54 regelt als **zweite, neben § 53 tretende Normativbedingung** (äußere Wirksamkeitsvoraussetzung) **jeder Satzungsänderung** den Registervollzug. Den materiell-

1 Stenographische Berichte über die Verhandlungen des Reichstages, 8. Legislaturperiode, I. Session 1890/1892, Fünfter Anlageband, Aktenstück 660, S. 3753.

rechtlichen Kern bilden dabei Abs. 1 Satz 1 und Abs. 3 mit dem Erfordernis der Registereintragung. Abs. 1 Satz 2 regelt Einzelheiten zur Registeranmeldung, Abs. 2 technische Details der Registereintragung. Weitere Einzelheiten der Registereintragung sind in § 43 Ziff. 6 HRV geregelt.

3 § 54 ist die **Generalnorm**, die **für sämtliche Satzungsänderungen** gilt, d.h. auch für Kapitalmaßnahmen nach §§ 55 ff. Für diese gelten in registerrechtlicher Hinsicht ergänzend die §§ 57, 57i, 78 (vgl. auch 58a Abs. 5). § 54 gilt gem. § 2 Abs. 1a Satz 5 für durch **Musterprotokoll** gegründete Gesellschaften entsprechend, sofern gesellschaftsvertragliche Bestimmungen des Protokolls (Ziff. 1, 2, 3, 5) geändert werden.[2]

4 Soweit Unternehmensverträge mit einer GmbH als beherrschter Gesellschaft entsprechend § 53 GmbHG der Zustimmung der Gesellschafter bedürfen, sind sie analog § 54 in das Handelsregister einzutragen.[3]

5 Für vor 1986 eingetragene Gesellschaften ist die **Sondervorschrift** des Art. 12 § 7 des GmbHGÄndG i.d.F. von Art. 28 Abs. 2 des BilRiLiG zu beachten: Regelt der Gesellschaftsvertrag die Gewinnverwendung nicht, besteht für diese Gesellschaften bis zur Ergänzung eine **Registersperre**.[4] Für die Änderung der Gewinnverwendungsregelung genügt in diesen Fällen die einfache Mehrheit der Stimmen (Art. 12 § 7 Abs. 2 Satz 2 GmbHGÄndG). Eine weitere Registersperre enthält § 1 Abs. 1 Satz 4 EGGmbHG.

C. Regelungszweck

6 § 54 knüpft an die für die Ersteintragung der Gesellschaft geltenden Regelungen an und ist **Ausdruck des Grundsatzes der Registerpublizität im Recht der Körperschaften** (vgl. § 9 HGB, §§ 9, 10 HRV). Durch die materiell-rechtliche Regelung des Abs. 3 wird im Interesse der Rechtssicherheit sichergestellt, dass ohne Registereintragung keine Änderung der Satzung im materiellen Sinne und hierüber hinaus keine Änderung des formellen Satzungstextes möglich ist. Das Erfordernis der Anmeldung (Abs. 1) ist **nicht im Sinne eines öffentlich-rechtlichen Zwangs** zu verstehen, sondern als registerrechtliche Voraussetzung der Eintragung.

---

2 OLG München, NJW-RR 2010, 180; OLG München, DB 2010, 1637; *König/Herrler*, DStR 2010, 2138, 2142; näher *Krafka*, NotBZ 2010, 110; *Melchior*, notar 2010, 305 ff.; *Krafka/Kühn*, in: Krafka/Willer/Kühn, Registerrecht, Rn. 1012a, 1020.

3 Heute allg. M., *Altmeppen*, in: Roth/Altmeppen, GmbHG, Anh. § 13 Rn. 33.

4 Näher LG Köln, GmbHR 1988, 108; LG Düsseldorf, GmbHR 1988, 108.

D. Handelsregisteranmeldung (§ 54 Abs. 1 Satz 1)

I. Abänderung des Gesellschaftsvertrags

7 Voraussetzung der Anwendung von § 54 ist ein wirksamer Gesellschafterbeschluss nach § 53.[5] Eine etwaige Anfechtbarkeit schließt den Registervollzug grundsätzlich nicht aus. Ob der Beschluss einen materiellen oder nur formellen Satzungsbestandteil betrifft, ist ohne Bedeutung.[6]

II. Anmeldepflicht und Anmeldezuständigkeit

8 Ob eine Satzungsänderung im Register vollzogen werden soll, steht **im Belieben der Gesellschaft**. Eine öffentlich-rechtliche Anmeldepflicht besteht nicht (s. § 79 Abs. 2).[7] Hiervon zu unterscheiden ist die vorbehaltlich abweichender Weisung[8] grundsätzlich anzunehmende **Verpflichtung der Gesellschaftsorgane** im Verhältnis zu den Gesellschaftern. Ferner trifft den Notar aus § 53 BeurkG die Pflicht zur Veranlassung der Eintragung.[9]

9 Zu erklären ist die Anmeldung durch die Geschäftsführer (bzw. nach Auflösung durch die Liquidatoren) in vertretungsberechtigter Anzahl (§ 78), bei Kapitalmaßnahmen durch sämtliche Geschäftsführer bzw. Liquidatoren. Die **Bevollmächtigung Dritter ist zulässig**, für die Form der Bevollmächtigung gilt § 12 Abs. 1 Satz 2 HGB. Näher unten Rdn. 13 und § 78 Rdn. 9. Die Anmeldung der Eintragung darf nicht in das freie Ermessen der Geschäftsführung gestellt werden, um dieser nicht die Entscheidung über das Wirksamwerden zu überlassen.[10]

Änderungen, die noch im Gründungsstadium wirksam werden, d.h. den Inhalt der Ersteintragung beeinflussen sollen, müssen nicht förmlich angemeldet werden; entsprechend anwendbar ist aber § 54 Abs. 1 Satz 2.[11]

III. Form der Anmeldung

10 Es gilt **§ 12 Abs. 1 Satz 1 HGB**. Die Anmeldeerklärungen der Geschäftsführer/Liquidatoren sind – vorbehaltlich abweichender Spezialvorschriften (Art. 45 Abs. 1 EGHGB) – öffentlich zu beglaubigen und in elektronischer Form einzureichen. Die **Unterschriftsbeglaubigung** kann bei Gewährleistung der Gleichwertigkeit auch durch einen **ausländischen Notar** erfolgen, bedarf dann aber ggf. der Übersetzung (§ 184 GVG) und ggf. der Legalisation/Apostille (§ 438 ZPO). Anmeldung und

---

5 Vgl. BayObLG, NJW-RR 1992, 736 zu Aufstockungsbeschluss.
6 *Hoffmann*, in: Michalski, GmbHG, § 54 Rn. 3.
7 BayObLGZ 1984, 19.
8 Hierzu *Hoffmann*, in: Michalski, GmbHG, § 54 Rn. 11 f.
9 BGH, NJW 2000, 664 Rn. 32.
10 *Noack*, GmbHR 1994, 349, 353.
11 H.M., OLG Zweibrücken, NJW-RR 2001, 31; BayObLGZ 1988, 281; *Roth*, in: Roth/Altmeppen, GmbHG, § 54 Rn. 3.

Gesellschafterbeschluss können in derselben Urkunde enthalten sein.[12] Es gilt § 12 Abs. 2 Satz 2 Hs. 2 HGB[13], wobei die Satzungsbescheinigung auch ein originäres elektronisches Dokument sein kann.[14] Die beglaubigte Anmeldung kann auch von einer Behörde durch öffentliches elektronisches Dokument (§ 371a Abs. 2 ZPO) eingereicht werden.[15]

IV. Vorzulegende Unterlagen

11 Bei dem Registergericht sind (zumindest) **folgende Unterlagen** einzureichen:

- die von den Geschäftsführern (in vertretungsberechtigter Anzahl) oder einem wirksam Bevollmächtigten unterzeichnete Handelsregisteranmeldung als verfahrenseinleitende Erklärung (Rdn. 10);
- um dem Gericht die Prüfung der Wirksamkeit der Beschlussfassung (s. Rdn. 16 ff.) zu ermöglichen, ist der notariell beurkundete Gesellschafterbeschluss (§ 53 Abs. 1, 2) (in elektronisch beglaubigter Abschrift) einzureichen.[16]
- Hängt die Wirksamkeit des Beschlusses von weiteren Erklärungen oder Genehmigungen ab, sind auch diese einzureichen (Nachgenehmigungen, Zustimmungserklärungen nach § 53 Abs. 3[17] etc.);
- Satzungsbescheinigung nach § 54 Abs. 1 Satz 2 (Rdn. 19 ff.).

12 **Staatliche Genehmigungen** sind nur dann vorzulegen, wenn die Wirksamkeit der Satzungsänderung von ihrem Vorliegen abhängt. Bei Genehmigungsbedürftigkeit eines neuen Unternehmensgegenstandes ist dies die Ausnahme.[18] Einen wichtigen Ausnahmefall bildet insoweit § 43 Abs. 1 KWG.

V. Verfahren

13 Neben den bereits genannten Vorschriften gelten § 54 Abs. 1 S. 2 sowie die Vorschriften des FamFG (insbes. **§§ 374 ff. FamFG**) und des HGB (z.B. § 13h HGB als Zuständigkeitsregelung bei Sitzverlegung). **Gegenstand des Verfahrens** ist **die beantragte Handelsregistereintragung**, nicht der zugrunde liegende Beschluss; demnach kann der Beschluss auch der Anmeldung nachfolgen.[19] Die Anmeldung ist gleichbedeutend mit dem Eintragungsantrag.[20] Da **§ 378 Abs. 2 FamFG** anders als § 129 FGG keine Anmeldeverpflichtung mehr voraussetzt, kann der **Notar** bei der Anmel-

12 Allg. M., s. BayObLG, GmbHR 1994, 62.
13 Vgl. zur Listenbescheinigung nach § 40 Abs. 2 OLG Jena, NJW-RR 2010, 1190.
14 *Preuß*, in: Armbrüster/Preuß/Renner, BeurkG u. DONot, § 39a BeurkG Rn. 21.
15 Vgl. OLG Stuttgart, FGPrax 2009, 129.
16 Allg. M., *Hoffmann*, in: Michalski, GmbHG, § 54 Rn. 16; vgl. BayObLG, GmbHR 1994, 62.
17 Zur Form s. § 53 Rdn. 58.
18 *Priester/Veil*, in: Scholz, GmbHG, GmbHG, § 54 Rn. 13; näher *Leitzen*, GmbHR 2009, 480, 482.
19 Allg. M., OLG Hamm, NJW-RR 2002, 761.
20 BayObLG DNotZ 1978, 52.

dung von der **Vollmachtsvermutung** dieser Norm Gebrauch machen und die Anmeldeerklärung durch Eigenurkunde abgeben.[21]

14 Bei Satzungsänderungen, die die in **§ 10 Abs. 1 oder 2 genannten Angaben** betreffen, sind die entsprechenden Satzungsbestandteile anzugeben und die konkrete **Änderung schlagwortartig hervorzuheben.**[22] Dies gilt auch bei Satzungsneufassung.[23] Im übrigen braucht die Anmeldung den neuen Wortlaut nicht zu wiederholen, sondern kann auf den beigefügten Beschluss Bezug nehmen.[24]

15 Zum **Teilvollzug** bei mehreren Änderungen § 53 Rdn. 35.[25]

VI. Prüfungsrecht des Registergerichts

16 Das Registergericht ist berechtigt und verpflichtet, neben der **Wirksamkeit der Anmeldung** als Verfahrenshandlung (s. Rdn. 7 ff.) und der Vollständigkeit der eingereichten Unterlagen die **Wirksamkeit der zur Eintragung beantragten Satzungsänderung in formeller und materieller Hinsicht zu prüfen.** Dabei kommt es darauf an, ob im Zeitpunkt der Eintragung sämtliche Eintragungsvoraussetzungen vorliegen.[26] Im einzelnen (vgl. auch § 53 Rdn. 67 ff.):

1. Zustandekommen des Beschlusses

17 Die **formelle Wirksamkeit** betrifft das **Zustandekommen des Beschlusses**, d.h. Form und Verfahren der Beschlussfassung.[27] Gesetzes- oder Satzungsverstöße führen grundsätzlich zur Anfechtbarkeit und nur in den Fällen des § 241 Nr. 1, 2 oder 3 AktG zur Nichtigkeit des Beschlusses, insbesondere bei Ladungsmängeln.[28] Beanstandungen sind aber nur bei konkreten Anhaltspunkten für die Fehlerhaftigkeit und

---

21 OLG Karlsruhe, BeckRS 2011, 05289; OLG Oldenburg, BeckRS 2011, 23203; *Bayer*, in: Lutter/Hommelhoff, GmbHG, § 54 Rn. 2; *Priester/Veil*, in: Scholz, GmbHG, § 54 Rn. 7; ausf. DNotI-Report 2010, 112 ff.; zur Anmeldung durch Eigenurkunde OLG Schleswig, DNotZ 2008, 709, 711; abl. *Hoffmann*, in: Michalski, GmbHG, § 54 Rn. 6; *Zöllner*, in: Baumbach/Hueck, GmbHG, § 54 Rn. 3.

22 BGH, NJW 1987, 3191; der neue Inhalt muss nicht angegeben werden: OLG Düsseldorf, GmbHR 1993, 169; OLG Frankfurt, NZG 2003, 1075.

23 H.M., OLG Hamm, ZIP 2001, 2229; BayObLG, GmbHR 1985, 262; BayObLG, DNotZ 1979, 52; *Krafka/Kühn*, in: Krafka/Willer/Kühn, Registerrecht, Rn. 1019; a.A. OLG Schleswig, DNotZ 1973, 482 und Teile der Lit., *Zimmermann*, in: Rowedder/Schmidt-Leithoff, GmbHG, § 54 Rn. 4.

24 *Krafka/Kühn*, in: Krafka/Willer/Kühn, Registerrecht, Rn. 1019.

25 Vgl. auch zur Anwendung von § 54 Abs. 1 Satz 2 bei Teilvollzug: *Krafka/Kühn* in: Krafka/Willer/Kühn, Registerrecht, Rn. 1024 und OLG München, DNotZ 2010, 636.

26 Allg. M., OLG Hamm, NJW-RR 2002, 761.

27 OLG Hamm, NJW-RR 2002, 761.

28 Zu § 246a AktG s. § 53 Rdn. 26.

Relevanz des Beschlussmangels zulässig (s. ergänzend unten Rdn. 21).[29] Es gelten Grundsätze über die konstitutive Beschlussfeststellung[30], wobei die notarielle Beurkundung der Feststellung durch den Versammlungsleiter gleichsteht.[31] Die Unwirksamkeit der einzelnen Stimmabgabe darf dabei nicht mit der Unwirksamkeit des Beschlusses gleichgesetzt werden. **Verstöße gegen die gesellschaftsrechtliche Treuepflicht oder gegen Stimmbindungsvereinbarungen sind unbeachtlich.**[32]

2. § 53 Abs. 3 und weitere innere Wirksamkeitsvoraussetzungen

18 Zu prüfen sind auch **etwa erforderliche Zustimmungen** (§ 53 Abs. 3)[33] sowie weitere Wirksamkeitsvoraussetzungen, einschließlich des Eintritts einer Bedingung oder Befristung, unter der der Beschluss gefasst wurde.[34]

3. Beschlussinhalt

19 Hinsichtlich des Beschlussinhalts prüft das Gericht die **Vereinbarkeit der Satzungsänderung** – nicht der unveränderten Bestimmungen[35] – **mit Recht und Gesetz.** Dabei gilt die Beschränkung des § 9c für Satzungsänderungen nicht[36], und das Gericht hat die Satzung unter Berücksichtigung aller Regelungen auszulegen.[37] Die Eintragung einer zulässigen Satzungsänderung darf nicht deshalb abgelehnt werden, weil das Registergericht eine weitere Satzungsänderung für erforderlich hält.[38] Verstößt eine beschlossene Satzungsregelung inhaltlich gegen zwingendes Recht, ist das Gericht auch bei bloßer Anfechtbarkeit zur Ablehnung der Eintragung berechtigt, wenn Interessen der Gläubiger oder der Öffentlichkeit berührt sind (s. ergänzend unten Rdn. 21).[39] In der Regel wird in solchen Fällen aber bereits ein Fall der Nich-

---

29 *Krafka/Kühn*, in: Krafka/Willer/Kühn, Registerrecht, Rn. 157; *Melchior/Schulte*, HRV, § 25 Rn. 8; ausf. *Leitzen*, Rpfleger 2010, 245 ff.; z.B. OLG München, GmbHR 2010, 532, zu § 39 LG Hamburg, RNotZ 2010, 69.

30 *Krafka/Kühn*, in: Krafka/Willer/Kühn, Registerrecht, Rn. 1027 ff.; *Leitzen*, Rpfleger 2010, 245 ff.

31 Ganz h.M., BayObLGZ 1991, 371; *Krafka/Kühn*, in: Krafka/Willer/Kühn, Registerrecht, Rn. 1027; krit. *Hoffmann*, in: Michalski, GmbHG, § 53 Rn. 69.

32 Vgl. zu § 39 GmbHG OLG Frankfurt, ZIP 2009, 1930; für Stimmbindungsvereinbarungen sehr str., näher *Wicke*, DStR 2006, 1137, 1141 ff.

33 OLG Köln, NJW-RR 1993, 223.

34 Vgl. OLG München, DNotZ 2010, 636; hiervon zu unterscheiden ist die Bedingtheit/Befristung der beschlossenen Satzungsregelung.

35 Ganz h.M., s. BayObLG, NJW-RR 1997, 485.

36 Ganz h.M, s. BayObLG, NJW-RR 2002, 248; KG, DNotZ 2006, 304; LG München I, GmbHR 2001, 114.

37 KG, DNotZ 2006, 304; BayObLG, NJW-RR 1993, 494.

38 BayObLG, NJW-RR 1997, 485; *Heinemann*, in: Keidel, FamFG, § 395 Rn. 5.

39 H.M., *Bayer*, in: Lutter/Hommelhoff, GmbHG, § 54 Rn. 12; *Hoffmann*, in: Michalski, GmbHG, § 54 Rn. 32; BayObLG, WM 1987, 502; OLG München, NZG 2006, 35.

tigkeit entsprechend § 241 Nr. 3 AktG vorliegen.[40] Die Ablehnung der Eintragung ist auch dann geboten, wenn die Änderung zu **Widersprüchen innerhalb der Satzung** führt.[41] Die bloße Unzweckmäßigkeit kann nicht beanstandet werden; die **Unklarheit oder Widersprüchlichkeit der Regelung** ist nur dann ein Eintragungshindernis, wenn die **Satzungsbestimmung für Dritte relevant** sein kann, d.h. nicht nur die Innenbeziehungen der GmbH regelt.[42]

20 Nur wenn die Satzung **vollständig neugefasst** wird, erstreckt sich das **Prüfungsrecht des Registergerichts** auch auf die (aus heutiger Sicht zu beurteilende) **materiellrechtliche Zulässigkeit der unverändert übernommenen Satzungsregelungen.**[43] Anders bei der **Sitzverlegung**: Hier hat das Gericht am neuen Sitz die unveränderten Satzungsbestimmungen ohne erneute Prüfung zu übernehmen.[44] Eine Ausnahme gilt insoweit wegen § 30 HGB für die Prüfung der Firma.[45] Werden mit der Sitzverlegung weitere Satzungsänderungen verbunden und wird kein Teilvollzug beantragt, ist für die Prüfung das Gericht am neuen Sitz zuständig.[46]

4. Bedeutung von Anfechtung und Anfechtungsfrist

21 Führt ein Beschlussmangel zur Anfechtbarkeit des Beschlusses, ist das Registergericht grundsätzlich gleichwohl schon vor Ablauf der Anfechtungsfrist zur Vornahme der Eintragung berechtigt, aber nicht verpflichtet.[47] Wird der Beschluss angefochten und kassiert, kann die Eintragung später rückgängig gemacht werden. Bis zum Ablauf der Anfechtungsfrist kann das Gericht das Verfahren nach § 21 FamFG aussetzen.

22 Zur analogen Anwendung von § 246a AktG s. § 53 Rdn. 26.

---

40 Vgl. zum Aktienrecht auch den Überblick zu den Fehlerfolgen bei Verstößen gegen zwingendes Gesellschaftsrecht bei *Hüffer*, AktG, § 241 Rn. 19.

41 OLG München, DB 2010, 1637.

42 OLG Hamm, DNotZ 1996, 816; BayObLG, NJW-RR 1993, 494; DNotZ 1986, 50; OLG Zweibrücken, MittRhNotK 1978, 142.

43 OLG München, NZG 2006, 35; BayObLG, DNotZ 1978, 52; KG, DNotZ 2006, 304; *Krafka/Kühn*, in: Krafka/Willer/Kühn, Registerrecht, Rn. 1033; a.A. *Priester*, GmbHR 2007, 296.

44 OLG Hamm, NJW-RR 1997, 167; LG Limburg, GmbHR 1996, 771; BayObLG, DB 1978, 838; für die Prüfung von Änderungen im Zuge der Sitzverlegung ist das neue Gericht zuständig: OLG Hamm, NJW-RR 1991, 1001; a.A. LG Mannheim, GmbHR 1991, 24.

45 LG Nürnberg-Fürth, MittBayNot 1999, 398.

46 *Melchior/Schulte*, HRV, § 20 Rn. 5, 7.

47 Ganz h.M., *Ulmer*, in: Ulmer/Habersack/Winter, GmbHG, § 54 Rn. 53; *Priester/Veil*, in: Scholz, GmbHG, § 54 Rn. 43; *Preuß*, in: Fleischhauer/Preuß, Teil A Rn. 232 ff.

E. Satzungsbescheinigung (§ 54 Abs. 1 Satz 2)

23 Wie § 181 Abs. 1 Satz 2 AktG für das Aktienrecht verlangt § 54 Abs. 1 Satz 2 die Abgabe einer notariellen sog. Satzungsbescheinigung, vorbehaltlich abweichender gesetzlicher Vorschriften (s. etwa § 1 Abs. 3 EGGmbHG). Hierdurch soll erreicht werden, dass **dem Rechtsverkehr zu jeder Zeit eine vollständige Satzungsfassung in einem Dokument zur Verfügung steht**, wobei – anders als im Vereinsrecht[48] – für die textliche **Richtigkeit des Satzungstextes** im Sinne der **Auswirkungen der zuletzt wirksam gewordenen Änderung auf die vorherige, zuletzt bestätigte Satzungsfassung** im Kapitalgesellschaftsrecht ein Amtsträger einzustehen erklärt. Hierbei handelt es sich um die Ausstellung einer Bescheinigung über eine amtlich von dem Notar wahrgenommene Tatsache i.S.d. § 20 Abs. 1 BNotO.[49] Die Vorschrift gilt auch bei der **Änderung satzungsmäßiger Teile des Musterprotokolls** (Rdn. 3). Die Satzungsbescheinigung muss nicht von demjenigen Notar stammen, der die Satzungsänderung beurkundet hat. Bei Gleichwertigkeit ist auch die Abgabe einer Satzungsbescheinigung durch einen ausländischen Notar denkbar;[50] Für die Satzungsbescheinigung gilt insoweit vergleichbares wie für die Listenbescheinigung nach § 40 Abs. 2 Satz 2.[51]

24 Bei der Bescheinigung handelt es sich um eine Form des Vermerks nach § 39 BeurkG; nach § 12 Abs. 2 Satz 2 Hs. 2 HGB ist die elektronische Übermittlung entweder eines originären elektronischen Vermerks oder einer elektronisch beglaubigten Abschrift erforderlich (§ 39a BeurkG).[52]

25 Bei der **vollständigen Satzungsneufassung im Wege der Beurkundung nach §§ 8 ff. BeurkG** ist die Bescheinigung **nicht erforderlich**.[53] Dasselbe gilt mangels Änderung des Satzungstexts für die Fälle der **Satzungsdurchbrechung**.[54] Wird im Gründungsstadium die Gründungssatzung geändert, muss das Registergericht die Vorlage einer berichtigten Satzung mit Satzungsbescheinigung verlangen.[55]

---

48 OLG Düsseldorf, RNotZ 2010, 477.

49 Regierungsbegründung zu § 181 Abs. 1 Satz 2 AktG, BT-Drs. V/3862, S. 13 (zu § 54 s. die Verweisung in BT-Drs. V/3862, S. 16).

50 A.A. *Krafka/Kühn*, in: Krafka/Willer/Kühn, Registerrecht, Rn. 1023.

51 Dort ist die Befugnis ausländischer Notare zur Listeneinreichung sehr umstritten: Dafür etwa *Schneider*, in: Scholz, GmbHG, § 40 Rn. 42; *D. Mayer*, DNotZ 2008, 403, 411; a.A. etwa *Paefgen*, in: Ulmer/Habersack/Winter, GmbHG, § 40 Rn. 56.

52 Vgl. OLG Jena, NJW-RR 2010, 1190.

53 Sehr str., wie hier LG Magdeburg, NotBZ 2004, 445; OLG Zweibrücken, NJW-RR 2002, 607; OLG Celle, DNotZ 1982, 493; BayObLG, Rpfleger 1978, 143; LG Bonn, GmbHR 1994, 558; *Priester/Veil*, in: Scholz, GmbHG, § 54 Rn. 19; a.A. große Teile der Lit., etwa *Hoffmann*, in: Michalski, GmbHG, § 54 Rn. 21; offengelassen von OLG Düsseldorf, NJW-RR 1999, 400; noch weiter *Roth*, in: Roth/Altmeppen, GmbHG, § 54 Rn. 7 (Entbehrlichkeit bei jeder Satzungsneufassung).

54 *Zöllner*, in: Baumbach/Hueck, GmbHG, § 53 Rn. 53, str., s. § 53 Rdn. 15.

55 BayObLG, DNotZ 1989, 393; *Ulmer*, in: Ulmer/Habersack/Winter, GmbHG, § 54 Rn. 20; *Wicke*, GmbHG, § 2 Rn. 6.

26 Die Satzungsbescheinigung muss den gesamten neuen Satzungswortlaut umfassen, **einschließlich rein formeller Satzungsbestandteile und materiell überholter Satzungsbestandteile.**[56]

27 Ist ein Satzungsänderungsbeschluss aufschiebend befristet, kann die noch nicht wirksam gewordene Änderung weder eingetragen noch in einer Satzungsbescheinigung berücksichtigt werden.[57]

F. Eintragung (§ 382 FamFG) und Bekanntmachung (§ 10 HGB)

28 Zu unterscheiden ist die **ausdrückliche** von der **bezugnehmenden** Eintragung: Betrifft die Satzungsänderung Angaben nach § 10 Abs. 1 oder 2, verlangt § 54 Abs. 3 die ausdrückliche Abänderung der entsprechenden Registereintragung nebst Vermerk in Spalte 6 (§ 43 Ziff. 6 HRV).[58] In den übrigen Fällen ist der bezugnehmende Vermerk der Satzungsänderung (ohne Angabe des Gegenstandes[59]) in Spalte 6 hinreichend und notwendig.[60] Einzutragen sind Beschluss- und Eintragungsdatum, wobei ersteres nach zutreffender wohl h.M. keine Wirksamkeitsvoraussetzung ist.[61] § 16 HRV mit seinem Gebot der Rötung ist bloße Ordnungsvorschrift.[62] **Nach der Eintragung** ist diese **nach Maßgabe von § 10 HGB bekanntzumachen.** Bei fehlender bzw. unberechtigter Bekanntmachung gelten § 15 Abs. 1[63] und Abs. 3 HGB[64], aber nicht zugunsten zukünftiger Gesellschafter.[65]

29 Im Einzelfall kann auch eine gesetzliche Verpflichtung der Gesellschaft zur Anzeige einer (vollzogenen) Satzungsänderung bei einer Aufsichtsbehörde bestehen (z.B. § 7 Abs. 5 InvG).

---

56 Ganz h.M., *Hoffmann*, in: Michalski, GmbHG, § 54 Rn. 21; *Krafka/Kühn*, in: Krafka/Willer/Kühn, Registerrecht, Rn. 1023; a.A. *Ulmer*, in: Ulmer/Habersack/Winter, GmbHG, § 54 Rn. 20.

57 Vgl. OLG München, DNotZ 2010, 636.

58 *Krafka/Kühn*, in: Krafka/Willer/Kühn, Registerrecht, Rn. 62 f., 1034; *Zöllner*, in: KK-AktG, § 181 Rn. 40, 54; *Stein*, in: MünchKommAktG, § 181 Rn. 58.

59 KGJ 46, 295; vgl. *Melchior/Schulte*, HRV, § 43 Rn. 31.

60 BayObLG, DNotZ 1978, 52; LG Bielefeld, GmbHR 2003, 775.

61 OLG Hamm, NJW-RR 2002, 761; *Hoffmann*, in: Michalski, GmbHG, § 54 Rn. 37; *Zöllner*, in: Baumbach/Hueck, GmbHG, § 54 Rn. 37; nach a.A. ist auch die Eintragung des Beschlussfassungsdatums konstitutiv: *Priester/Veil*, in: Scholz, GmbHG, § 54 Rn. 53; *Bayer*, in: Lutter/Hommelhoff, GmbHG, § 54 Rn. 15.

62 OLG Hamm, ZIP 2001, 569.

63 *Bayer*, in: Lutter/Hommelhoff, GmbHG, § 54 Rn. 22; *Lieb*, in: MünchKommHGB, § 15 Rn. 26.

64 *Hoffmann*, in: Michalski, GmbHG, § 54 Rn. 49; *Preuß*, in: Oetker, HGB, § 15 Rn. 55.

65 *Noack*, GmbHR 1994, 349, 350.

G. Wirksamkeit der Satzungsänderung (§ 54 Abs. 3)

30 Nach § 54 Abs. 3 wird die Satzungsänderung **erst mit ihrer Eintragung im Handelsregister wirksam** (vgl. § 71 BGB, § 181 Abs. 3 AktG).[66] Die innere Wirksamkeit der neuen Satzungsregelung kann bedingt oder befristet sein. Eine Rückwirkung der Änderung kommt aufgrund der konstitutiven Wirkung der Eintragung nicht in Betracht.[67] Besondere Bedeutung hat dies bei der Änderung des Geschäftsjahres.[68]

31 § 54 Abs. 3 schließt es nicht aus, gleichzeitig mit der Satzungsänderung Beschlüsse zu fassen, die in dem noch zu schaffenden Satzungsrecht ihre Grundlage haben (sog. ausführende Beschlüsse).[69] Vor der Eintragung kann ggf. eine schuldrechtliche »Vorwirkung« dergestalt anzunehmen sein, dass sich die Gesellschafter so zu behandeln haben, als wäre die Regelung bereits korporativ festgelegt.[70]

32 Die **Eintragung** hat **bei Fehlen materiell-rechtlicher Voraussetzungen grundsätzlich keine heilende Wirkung**; sie ist notwendige, aber nicht immer hinreichende Bedingung der Wirksamkeit. Die Eintragung ist wirkungslos, vorbehaltlich einer Heilung nach § 242 AktG.

H. Verstöße

I. Unwirksame Anmeldung

33 **Fehlt es an einer wirksamen Anmeldung**, ist der Eintragungsantrag zurückzuweisen. Wird gleichwohl eingetragen, soll die Eintragung nach teilweise vertretener Ansicht wirkungslos sein.[71] Richtigerweise wird ist jedoch von der Wirksamkeit der Eintragung auszugehen, da die Anmeldung bloßes Verfahrenserfordernis ist und die §§ 53, 54 materiell-rechtlich nur einen Beschluss und eine korrespondierende Eintragung verlangen (vgl. auch unten Rdn. 43).

II. Fehlende/unrichtige Satzungsbescheinigung

34 Ob die Satzungsbescheinigung den richtigen Satzungswortlaut enthält, ist das Registergericht zu prüfen berechtigt, aber nicht verpflichtet.[72] Fehlt es an einer ordnungsgemäßen Satzungsbescheinigung, ist der Eintragungsantrag zurückweisungsreif. Wird gleichwohl eingetragen, berührt dies die Wirksamkeit der Satzungsänderung aber

---

66 Beispiel: Satzungssitzverlegung, s. OLG Brandenburg, ZIP 2003, 965; die Verlagerung des tatsächlichen Verwaltungssitzes ist aber ohne Satzungsänderung möglich.

67 OLG Frankfurt, GmbHR 1999, 484; vgl. auch zum Vereinsrecht OLG Hamm, DNotZ 2007, 317.

68 FG Nürnberg, GmbHR 1999, 139; näher § 53 Rdn. 21.

69 *Ulmer*, in: Ulmer/Habersack/Winter, GmbHG, § 54 Rn. 30; *Roth*, in: Roth/Altmeppen, GmbHG, § 54 Rn. 15; zum AktG *Wiedemann*, in: GroßKommAktG, § 181 Rn. 43.

70 *Noack*, GmbHR 1994, 349, 350.

71 *Hoffmann*, in: Michalski, GmbHG, § 54 Rn. 48.

72 OLG München, DNotZ 2010, 636; *Priester/Veil*, in: Scholz, GmbHG, § 54 Rn. 20.

nicht; nach h.M. ist aber die Erzwingung der nachträglichen Einreichung nach § 14 HGB möglich (näher § 79 Rdn. 7). Stellt die Gesellschaft fest, dass die bescheinigte Fassung fehlerhaft ist, hat sie unverzüglich eine fehlerfreie Fassung nachzureichen.[73]

III. Mängel der Eintragung

35 In den Fällen der **Änderung von Angaben nach § 10** ist die (ordnungsgemäße) **ausdrückliche Eintragung** in der betroffenen Spalte (2, 3 oder 4a) **Wirksamkeitsvoraussetzung** der Änderung[74], so dass die Änderung bei Abweichungen zwischen Beschluss und Eintragung nicht wirksam wird[75]; in den übrigen Fällen berührt eine fehlerhafte (bezugnehmende) Eintragung die Wirksamkeit der Änderung, wenn sie inhaltlich unrichtig ist. Die fehlerhafte Angabe des **Beschlussdatums** berührt die Wirksamkeit ebenso wenig wie das gänzliche Fehlen dieser Angabe.[76] Schreibversehen und andere offenbare Unrichtigkeiten können ohne weiteres von Amts wegen korrigiert werden, § 17 HRV.[77] Fehler, die nicht unter § 17 HRV fallen, können mit der sog. Fassungsbeschwerde beanstandet werden.[78]

IV. Mängel der Bekanntmachung

36 Das Fehlen oder die Mangelhaftigkeit der Bekanntmachung berührt die Wirksamkeit nicht.

V. Beschlussmängel

37 **Beschlussmängel** berühren die Wirksamkeit der Satzungsänderung nur dann, wenn sie zur Unwirksamkeit oder Nichtigkeit des Beschlusses führen. Dasselbe gilt für inhaltliche Mängel der neuen Satzungsregelung. Auch bei Nichtigkeit des Beschlusses wird der **Mangel** (erst) **mit Ablauf von drei Jahren nach Eintragung analog § 242 Abs. 2 Satz 1 AktG unbeachtlich** (Ausnahmen bei Nichtigkeit wegen Formmangels nach § 242 Abs. 1 und bei Ladungsmängeln nach § 242 Abs. 2 Satz 4 AktG: Heilung mit Eintragung bzw. mit Nachgenehmigung). Nach überwiegender Auffassung **gilt** dies **auch für Gesetzesverstöße des neuen Satzungsrechts.**[79] Richtigerweise wird man insoweit aber eine Vernichtung der Satzungsnorm mit Wirkung ex nunc zulassen müssen (s. § 53 Rdn. 71).

---

73 *Priester/Veil*, in: Scholz, GmbHG, § 54 Rn. 20.

74 *Hoffmann*, in: Michalski, GmbHG, § 54 Rn. 49; ebenso die h.M. zum Aktienrecht *Zöllner*, in: KK-AktG, § 181 Rn. 54; *Hefermehl*, in: Geßler/Hefermehl/Eckardt/Kropff, AktG, § 181 Rn. 84; *Wiedemann*, in: GroßKommAktG, § 181 Rn. 50.

75 *Ulmer*, in: Ulmer/Habersack/Winter, GmbHG, § 54 Rn. 35; OLG Hamm, GmbHR 1971, 15, 17.

76 Str., s. oben Rdn. 28.

77 *Priester*, BB 2002, 1613, 1615.

78 *Heinemann*, in: Keidel, FamFG, § 395 Rn. 5.

79 Näher § 53 Rdn. 71.

Das **Fehlen einer nach § 53 Abs. 3 erforderlichen Zustimmung** macht den Beschluss zumindest dem betroffenen Gesellschafter gegenüber unwirksam; diese Unwirksamkeit, sei sie relativ oder absolut, wird nach wohl h.M. auch nicht nach § 242 Abs. 2 Satz 4 AktG geheilt (näher § 53 Rdn. 69). **38**

Ist der Beschluss angefochten worden, schließt dies die Eintragung nicht aus; je nach den Umständen kann das Registergericht das Verfahren aber nach pflichtgemäßem Ermessen nach § 21 FamFG aussetzen.[80] **39**

I. Amtslöschung (§§ 395 FamFG)

Die Möglichkeit der **Amtslöschung nach dem FamFG** besteht **unabhängig von der Erhebung einer Klage und vom Ablauf der Frist des § 242 Abs. 2 Satz 1 AktG.**[81] **40**

– Betrifft die Eintragung einen der in § 399 Abs. 4 FamFG genannten Fälle, geht die Vorschrift des § 399 FamFG der allgemeinen Vorschrift des § 395 FamFG vor.[82] **41**

– Liegt kein Fall des § 399 FamFG vor, kann **§ 398 FamFG** anwendbar sein. Diese Vorschrift ist **auf satzungsändernde Beschlüsse anwendbar**[83], setzt aber voraus, dass der Mangel den **Inhalt des Beschlusses** betrifft, nicht sein Zustandekommen. Dementsprechend scheidet § 398 FamFG aus, wenn die Verletzung von Vorschriften über die Einberufung oder Abstimmung gerügt wird.[84] Die Nichtigkeit wegen Inhaltsverstoßes kann sich aus § 241 Nr. 3 oder 4 AktG ergeben, wobei der Verstoß auch Normen außerhalb des GmbHG betreffen kann, aber nicht die Satzung.[85] **42**

– Liegt kein Fall des § 399 FamFG und mangels Inhaltsverstoßes auch kein Fall des § 398 FamFG vor, ist **umstritten, ob Raum für eine Amtslöschung nach § 395 FamFG wegen eines Fehlers im Registerverfahren bleibt**. Die heute in Rechtsprechung und Literatur ganz herrschende Auffassung misst § 398 FamFG im Interesse der Eintragungsbeständigkeit eine umfassende Sperrwirkung bei, lässt eine Amtslöschung wegen registerverfahrensrechtlicher Mängel also grundsätzlich nicht zu.[86] § 398 FamFG wird danach als Einschränkung zu § 395 FamFG begrif- **43**

80 *Priester/Veil*, in: Scholz, GmbHG, § 54 Rn. 45.
81 *Hoffmann*, in: Michalski, GmbHG, § 54 Rn. 49.
82 Ganz h.M., *Heinemann*, in: Keidel, FamFG, § 395 Rn. 8; zu §§ 142, 144a FGG BayObLG, NJW-RR 1989, 867.
83 *Heinemann*, in: Keidel, FamFG, § 398 Rn. 11.
84 OLG München, NZG 2010, 474; *Heinemann*, in: Keidel, FamFG, § 398 Rn. 12, 15; krit. *Melchior*, EWiR 2010, 419.
85 *Heinemann*, in: Keidel, FamFG, § 398 Rn. 15.
86 Zu § 144 FGG OLG Düsseldorf, FGPrax 2004, 294; OLG Hamburg, NZG 2003, 981; OLG Frankfurt, NJW-RR 2003, 1121; OLG Karlsruhe, NJW-RR 2001, 1326; zum neuen Recht *Müther*, in: Bork/Jacoby/Schwab, FamFG, § 395 Rn. 1; *Walter*, in: Bassenge/Roth, FamFG, § 398 Rn. 1.

fen, ist also sinngemäß um die Worte »nur dann« zu ergänzen.[87] Die Gegenauffassung lässt eine Amtslöschung nach § 395 Abs. 1 FamFG zu, wenn eine wesentliche verfahrensmäßige Voraussetzung der Eintragung fehlt.[88] Hierunter soll insbesondere das Fehlen einer wirksamen Anmeldung fallen. Unstreitig ist, dass Mängel, die nur zur Anfechtbarkeit des Beschlusses führen, eine Amtslöschung nach § 395 FamFG nicht rechtfertigen. Andererseits lässt auch die herrschende Auffassung eine Amtslöschung zu, wenn es an einem Beschluss gänzlich fehlt oder wenn etwas anderes eingetragen als beschlossen wurde.[89]

§ 55 Erhöhung des Stammkapitals

(1) Wird eine Erhöhung des Stammkapitals beschlossen, so bedarf es zur Übernahme jedes Geschäftsanteils an dem erhöhten Kapital einer notariell aufgenommenen oder beglaubigten Erklärung des Übernehmers.

(2) [1]Zur Übernahme eines Geschäftsanteils können von der Gesellschaft die bisherigen Gesellschafter oder andere Personen, welche durch die Übernahme ihren Beitritt zu der Gesellschaft erklären, zugelassen werden. [2]Im letzteren Falle sind außer dem Nennbetrag des Geschäftsanteils auch sonstige Leistungen, zu welchen der Beitretende nach dem Gesellschaftsvertrage verpflichtet sein soll, in der in Absatz 1 bezeichneten Urkunde ersichtlich zu machen.

(3) Wird von einem der Gesellschaft bereits angehörenden Gesellschafter ein Geschäftsanteil an dem erhöhten Kapital übernommen, so erwirbt derselbe einen weiteren Geschäftsanteil.

(4) Die Bestimmungen in § 5 Abs. 2 und 3 über die Nennbeträge der Geschäftsanteile sowie die Bestimmungen in § 19 Abs. 6 über die Verjährung des Anspruchs der Gesellschaft auf Leistung der Einlagen sind auch hinsichtlich der an dem erhöhten Kapital übernommenen Geschäftsanteile anzuwenden.

Übersicht **Rdn.**

87 Instruktiv *Nedden-Boeger*, in: Schulte-Bunert/Weinreich, FamFG, § 398 Rn. 2.

88 *Hoffmann*, in: Michalski, GmbHG, § 54 Rn. 51 f.; vgl. auch Gutachten DNotI-Report 2005, 9, 10.

89 *Nedden-Boeger*, in: Schulte-Bunert/Weinreich, FamFG, § 395 Rn. 56; zu § 142 FGG: OLG Köln, ZIP 2002, 573; *Ulmer*, in: Ulmer/Habersack/Winter, GmbHG, § 54 Rn. 64; s. schon RGZ 125, 151; für formunwirksame Beschlüsse gilt aber § 242 Abs. 1 AktG.

Schrifttum

Bormann/Urlichs, Kapitalaufbringung und Kapitalerhaltung nach dem MoMiG, GmbHR Sonderheft Oktober 2008, 37; *Gerber/Pilz*, Die Barkapitalerhöhung um einen Rahmenbetrag bei der GmbH, GmbHR, 2005, 1324; *Habel*, Abtretung künftiger Aufstockungsbeträge bei Kapitalerhöhungen, GmbHR 2000, 267; *Heckschen*, Agio und Bezugsrechtsausschluss bei der GmbH, DStR 2001, 1437; *Hermanns*, Gestaltungsmöglichkeiten bei der Kapitalerhöhung mit

Agio, ZIP 2003, 788; *Kühne/Dietel,* »Anwachsung« des Bezugsanspruchs aus einem Kapitalerhöhungsbeschluss bei Verzicht bzw. Nichtausübung eines GmbH-Gesellschafters, NZG 2009, 15; *Müller,* Materielle und förmliche Erfordernisse eines Bezugsrechtsausschlusses, ZGR 1979, 401; *Priester,* Pflicht zur Quotenwahrung als Pendant des Bezugsrechts bei der GmbH?, GmbHR 2005, 1013; *ders.*, Kapitalaufbringungspflicht und Gestaltungsspielräume beim Agio, FS Lutter, 2000, S. 617; *ders.*, Das gesetzliche Bezugsrecht bei der GmbH, DB 1980, 1925; *Wagner,* Gründung bzw. Kapitalerhöhung von Kapitalgesellschaften: Aufgeld auf satzungsmäßiger bzw. schuldrechtlicher Grundlage, DB 2004, 293; *Zöllner,* Folgen der Nichtigerklärung durchgeführter Kapitalerhöhungsbeschlüsse, AG 1993, 68; *ders.*, Gerechtigkeit bei der Kapitalerhöhung, AG 2002, 585.

A. Allgemeines

I. Grundlagen

1. Regelungskontext

1 § 55 befasst sich mit der **Erhöhung des statutarischen Stammkapitals** (= gezeichneten Kapitals) **im Wege einer Mittelzuführung von außen**. Neben einer solchen – aufgrund der Mittelzuführung von außen auch als effektiv bezeichneten – Kapitalerhöhung kann das Stammkapital auch durch die Überführung bereits bei der Gesellschaft vorhandener Mittel ohne eine Mittelzufuhr von außen erhöht werden (nominelle Kapitalerhöhung). Bei der nominellen Kapitalerhöhung werden bei der Gesellschaft vorhandene Eigenmittel, namentlich Kapital- und Gewinnrücklagen in besonders geschütztes Stammkapital überführt, vergl. § 57d Abs. 1. Allen Erscheinungsformen der Kapitalerhöhung ist gemein, dass sie mit einer Änderung des Gesellschaftsvertrages verbunden sind, der nach § 3 Abs. 1 Nr. 3 den Betrag des Stammkapitals enthalten muss. Konsequent finden sich die Vorschriften zur Kapitalerhöhung im 4. Abschnitt des GmbHG zur Änderung des Gesellschaftsvertrages wieder.

2. Erscheinungsformen der effektiven Kapitalerhöhung

2 Die im Rahmen einer effektiven Kapitalerhöhung zuzuführenden Mittel können in Bargeld (**Barkapitaleinlage**) oder geldwerten Vermögensgegenständen (**Sacheinlage**) bestehen. Im Falle einer Sacheinlage findet neben § 55 ergänzend § 56 Anwendung. Neben einer Bar- oder Sacheinlage ist es zudem möglich, die geschuldete Einlage teilweise in bar und teilweise im Wege einer Sacheinlage zu erbringen (sogen. **Mischeinlage** – zu dieser siehe § 56 Rdn. 7). Bleibt bei einer Sacheinlage die Summe der Nennbeträge der übernommenen Geschäftsanteile hinter dem Wert des eingebrachten Vermögensgegenstandes zurück, so kann der überschießende Betrag in die Kapitalrücklage eingestellt oder gesondert vergütet werden. Soll der überschießende Betrag in anderer Weise als durch die Gewährung von Geschäftsanteilen vergütet werden (etwa in bar oder durch ein Vereinbarungsdarlehen), so spricht man von einer **gemischten (Sach)Einlage** (zu dieser siehe § 56 Rdn. 8). Wird bei der Durchführung einer Kapitalerhöhung in der Sache ein Vermögensgegenstand eingelegt, ohne die Sachkapitalerhöhungsvorschriften des § 56 einzuhalten, so liegt eine **verdeckte Sacheinlage** vor. Voraussetzungen und Rechtsfolgen sind inzwischen in § 19 Abs. 4 geregelt.

Als Sonderform der effektiven Kapitalerhöhung wurde mit dem MoMiG[1] in Anlehnung an die §§ 202 ff. AktG in § 55a ein **genehmigtes Kapital** aufgenommen. Die Möglichkeit, wie bei der AG (§§ 192 ff. AktG) **bedingtes Kapital** auszugeben, besteht demgegenüber bei der GmbH nicht. Auch können die §§ 192 ff. AktG nicht analog angewendet werden. 3

II. Ablauf einer Barkapitalerhöhung

Die einzelnen, zur Durchführung einer Barkapitalerhöhung notwendigen Schritte lassen sich allenfalls mit Mühe dem Gesetz entnehmen. Dies begründet sich nicht zuletzt darin, dass die Rechtsprechung des BGH teilweise deutlich über den Wortlaut des § 55 hinaus geht. Konstitutive Voraussetzungen einer Barkapitalerhöhung sind:[2] 4

- notariell beurkundeter **Gesellschafterbeschluss** über die Kapitalerhöhung und die Änderung des Gesellschaftsvertrages, der mithin mindestens (d.h. vorbehaltlich weitergehender gesellschaftsvertraglicher Regelungen[3]) einer Mehrheit von 75 % der abgegebenen Stimmen bedarf (§§ 53, 55);
- die (ausdrückliche oder konkludente) **Zulassung** der bisherigen und/oder künftigen Gesellschafter zur Zeichnung des Erhöhungsbetrags (§ 55 Abs. 2);
- **Übernahme** des Erhöhungsbetrags in notarieller Form durch die zugelassenen Personen (§ 55 Abs. 1);
- **Leistung der Einlage** durch die Übernehmer (§ 57 Abs. 2);
- **Anmeldung** der Kapitalerhöhung und der korrespondierenden Änderung des Gesellschaftsvertrages zur Eintragung ins **Handelsregister** (§ 57) und
- **Eintragung** der Kapitalerhöhung und der korrespondierenden Änderung des Gesellschaftsvertrages ins **Handelsregister** sowie Bekanntmachung der Eintragung (§ 10 HGB), wobei die Kapitalerhöhung und die Änderung des Gesellschaftsvertrages erst mit Eintragung ins Handelsregister wirksam werden.

B. Einzelerläuterungen

I. Kapitalerhöhungsbeschluss und Übernahmeerklärung (Abs. 1)

Abs. 1 ordnet allein an, dass für die Übernahme neu geschaffener Geschäftsanteile eine Übernahmeerklärung erforderlich ist. Die Notwendigkeit eines Gesellschafterbeschlusses indes folgt bereits aus § 53 und wird in Abs. 1 vorausgesetzt. 5

---

1 S. dazu: *Lieder,* ZGR 2010, 868 ff; *Bormann,* in: Bormann/Kauka/Ockelmann, HdbGmbHR, Kap. 4 Rn. 330 ff.

2 Muster zur Durchführung einer Sachkapitalerhöhung finden sich bei *Bormann,* in: Bormann/Kauka/Ockelmann, HdbGmbHR, Kap. 4 Rn. 359 ff.

3 Vgl. *Bayer,* in: Lutter/Hommelhoff, GmbHG, § 53 Rn. 13.

1. Kapitalerhöhungsbeschluss

6 Jede Erhöhung des Stammkapitals ist zwangsläufig mit einer **Änderung des Gesellschaftsvertrages** (hier § 3 Abs. 1 Nr. 3) verbunden. Damit hat jeder Kapitalerhöhungsbeschluss den Anforderungen der §§ 53, 54 zu genügen. Hieraus folgen sowohl inhaltliche als auch formelle Anforderungen.

7 a) **Mindestinhalt**. Der Mindestinhalt eines Kapitalerhöhungsbeschlusses ist überschaubar. Für einen wirksamen Kapitalerhöhungsbeschlusses reicht es aus, dass in dem Beschluss der **Betrag** benannt wird, um den das **Stammkapital erhöht werden soll**. Dabei enthält der Kapitalerhöhungsbeschluss in der Regel einen festen Betrag (»das Stammkapital wird um Euro [Betrag] erhöht«). Möglich ist es aber auch, eine Bandbreite anzugeben, um die das Kapital erhöht werden soll (»das Stammkapital wird um bis zu Euro [Betrag] erhöht«) – sogen. »bis zu»-Kapitalerhöhung (zu dieser siehe unten Rdnr. 11). Der **Mindestbetrag** für die Kapitalerhöhung ergibt sich aus den statutarischen und hilfsweise den gesetzlichen (§ 5 Abs. 2 Satz 1) Vorgaben zum Nennbetrag der Geschäftsanteile. Enthält der Gesellschaftsvertrag keine allgemeinen Angaben zum **Nennbetrag der Geschäftsanteile**, so sind die Nennbeträge der auszugebenden Anteile unter Beachtung von § 5 Abs. 2 Satz 1 in den Kapitalerhöhungsbeschluss ebenfalls aufzunehmen.[4] Steht den Gesellschaftern ein Bezugsrecht zu (dazu siehe unten Rdn. 16 ff.), so ist darauf zu achten, dass der gewählte Erhöhungsbetrag in Kombination mit dem durch den Gesellschaftsvertrag vorgegebenen oder im Beschluss gewählten Nennbetrag der neu auszugebenden Geschäftsanteile einer Ausübung des Bezugsrechts nicht entgegensteht.

8 Die **Zulassung zur Teilnahme an der Kapitalerhöhung** hat nicht im Kapitalerhöhungsbeschluss zu erfolgen, sondern gesondert (siehe hierzu unten Rdn. 51 ff.). Nicht erforderlich, wenngleich ratsam, ist es, im Kapitalerhöhungsbeschluss die nach der Kapitalerhöhung gültige Stammkapitalziffer zu benennen oder gar den **geänderten Wortlaut des Gesellschaftsvertrages** wiederzugeben.[5] Aus § 54 Abs. 1 Satz 2 folgt nichts gegenteiliges[6] – dieser findet zwar auch bei der Kapitalerhöhung Anwendung, allerdings befasst er sich mit der Handelsregisteranmeldung und nicht mit dem zugrundeliegenden Gesellschafterbeschluss. Lässt der vor der Kapitalerhöhung geltende Gesellschaftsvertrag indes nicht hinreichend erkennen, dass sich die in ihm enthaltenen Angaben nach § 3 Abs. 1 Nr. 4 nur auf das Gründungskapital beziehen, ist eine ausdrückliche Änderung des Gesellschaftsvertrages erforderlich.[7] Ebenso ist eine ausdrückliche Änderung des Gesellschaftsvertrages erforderlich, wenn die Gesellschaft unter **Verwendung des Musterprotokolls** gegründet wurde, da der bloße

---

4 *Lutter*, in: Lutter/Hommelhoff, GmbHG, § 55 Rn. 12; *Arnold/Born*, in: Bork/Schäfer, GmbHG, § 55 Rn. 13.

5 BGH, Urt. v. 15.10.2007 – II ZR 216/06, NZG 2008, 73, 74. Vgl. *Ulmer*, in: Ulmer/Habersack/Winter, GmbHG, § 55 Rn. 16 ff.

6 A.A. *Lutter*, in: Lutter/Hommelhoff, GmbHG, § 55 Rn. 8.

7 *Zöllner*, in: Baumbach/Hueck, GmbHG, § 55 Rn. 12.

Tausch der alten gegen die neue Kapitalziffer nicht zu einem widerspruchsfreien Wortlaut des Gesellschaftsvertrages führt.[8] Dabei ist in Bezug auf die Nennung neuer Gesellschafter im Gesellschaftsvertrag selbst mit Blick auf die Verwechselungsgefahr mit den Gründungsgesellschaftern Zurückhaltung geboten.

9 Werden in dem Kapitalerhöhungsbeschluss keine über den Mindestinhalt hinausgehenden Festlegungen getroffen, so richten sich die Bedingungen der Kapitalerhöhung im Übrigen nach dem Gesetz. Dabei gilt im Einzelnen folgendes:

- **Ausgegeben** werden die neuen Anteile **zum Nennwert** (»pari«), § 5 Abs. 3 Satz 2 (zur Vereinbarung eines Agios siehe unten Rdn. 12);
- **Fällig** ist zunächst nur die Mindesteinlage, §§ 56a, 7 Abs. 2 Satz 1, und zwar seit dem MoMiG auch bei der Ein-Mann-Gesellschaften; der ausstehende Teil der Einlage ist nach Aufforderung durch die Geschäftsführung fällig, wobei die Einforderung der Zustimmung der Gesellschafterversammlung bedarf, § 46 Nr. 2 (zur Vereinbarung abweichender Fälligkeitsregeln siehe unten Rdn. 15);
- Jeder Gesellschafter kann **entsprechend seiner Beteiligungsquote** an der Kapitalerhöhung **teilnehmen** (zum Bezugsrecht und seinem Ausschluss siehe unten Rdn. 16 ff.)
- **Ausgegeben** werden auch bei Beteiligung bereits der Gesellschaft angehörender Gesellschafter **neue Geschäftsanteile**, Abs. 3 (zur Aufstockung bestehender Anteile siehe unten Rdn. 60).

10 Umstritten ist, ab welchem Zeitpunkt **neu ausgegebene Anteile** ohne eine Regelung im Kapitalerhöhungsbeschluss **gewinnberechtigt** sind. Die wohl h.M.[9] geht davon aus, dass diese Anteile bereits für das Geschäftsjahr ihrer Ausgabe voll gewinnberechtigt sind. Dies vermag nicht zu überzeugen. Das für die Erzielung des vor dem Beitritt der neuen Gesellschafter erwirtschafteten Gewinns erforderliche Kapital haben allein die Altgesellschafter aufgebracht. Bei einer Beteiligung der Neugesellschafter an diesem Gewinn würde in das mitgliedschaftliche Gewinnteilhaberecht der Altgesellschafter eingegriffen.[10] Damit sind die neu ausgegebenen Geschäftsanteile erst ab dem Zeitpunkt der Eintragung der Kapitalerhöhung gewinnberechtigt.[11] Zu abweichenden Gestaltungen siehe unten Rdn. 26.

11 **b) Gestaltungsmöglichkeiten. aa) »Bis zu»-Kapitalerhöhung.** Bestimmt der Kapitalerhöhungsbeschluss einen fixen Betrag, um den das Stammkapital erhöht werden soll, so

---

8 OLG München, Beschl. v. 6.7.2010 – 31 Wx 112/10, BB 2010, 2009, 2010. Vgl. zu nachträglichen Änderungen auch OLG München, Beschl. v. 3.11.2009 – 31 Wx 131/09, GmbHR 2010, 312 mit Anm. *Kallweit.*

9 *Ulmer,* in: Ulmer/Habersack/Winter, GmbHG, § 55 Rn. 26; *Priester,* in: Scholz, GmbH, § 55 Rn. 29; *Arnold/Born,* in: Bork/Schäfer, GmbHG, § 55 Rn. 17.

10 Ebenso für die AG *Cahn/Senger,* in: Spindler/Stilz, AktG, § 58 Rn. 93; *Mertens,* in: FS Wiedemann, 2002, S. 1113, 1118 f.

11 So auch *Ziemons,* in: Ziemons/Jaeger, BeckOK GmbHG, § 55 Rn. 46; für eine Beteiligung pro rata temporis *Zöllner,* in: Baumbach/Hueck, GmbHG, § 55 Rn. 49.

kann die Kapitalerhöhung nur um diesen Betrag durchgeführt werden. Lassen sich nicht hinreichend Übernehmer für den beschlossenen Betrag finden, so kann die Kapitalerhöhung nicht durchgeführt werden (zur Unter- und Überzeichnung siehe auch Rdn. 43). Diese Schwierigkeiten lassen sich durch den Beschluss einer – allgemein anerkannten – **»bis zu«-Kapitalerhöhung** umgehen. Bei einer solchen Kapitalerhöhung wird im Kapitalerhöhungsbeschluss allein ein Höchstbetrag festgelegt, bis zu dem das Stammkapital in Abhängigkeit davon erhöht wird, in welchem Umfang neues Kapital übernommen wird. Ein solcher Höchstbetrag kann (muss aber nicht) mit einem Mindestbetrag kombiniert werden.[12] Zur Abgrenzung der »bis zu«-Kapitalerhöhung vom nunmehr auch für die GmbH in § 55a eingeführten genehmigten Kapital muss der Beschluss eine angemessene Frist für die Durchführung der Kapitalerhöhung enthalten.[13]

12 **bb) Ausgabepreis.** Ein **Ausgabepreis unterhalb des Nennbetrages** ist nicht möglich. Ein höherer Ausgabepreis kann indes vereinbart werden. Haben die neu ausgegebenen Geschäftsanteile einen höheren Wert als den Nennwert, führt eine Ausgabe der neuen Anteile zum Nennwert zu einer Vermögensverschiebung von den Altgesellschaftern zu den Übernehmern der Kapitalerhöhung. Damit kann auf ein **Aufgeld** (Agio) dann verzichtet werden, wenn die Altgesellschafter ein uneingeschränktes Bezugsrecht haben, da es in diesem Fall nicht zu einer unfreiwilligen Vermögensverschiebung kommt.[14] Wird das Bezugsrecht der Altgesellschafter eingeschränkt, kann auf ein Agio nur verzichtet werden, wenn sämtliche Gesellschafter dem Verzicht auf das Agio und der damit verbundenen Vermögensverschiebung zustimmen.[15]

13 Auch wenn es nahe liegt, dass sich das Agio an dem tatsächlichen Wert der neuen Anteile orientiert, so steht es den Gesellschaftern doch frei, die **Höhe des Agios** festzulegen. Auch können die Gesellschafter der Geschäftsführung die Bestimmung des Ausgabepreises übertragen. Allerdings verlangt die h.M.[16], dass der Geschäftsführung ein Maßstab vorgegeben wird, nach dem sie den Ausgabepreis zu ermitteln hat. Eine solche Vorgabe ist aus Sicht der Gesellschafter sicherlich sinnvoll, dass sie allerdings zwingend erforderlich sein sollte, vermag mit Blick auf § 315 BGB nicht zu überzeugen. Hinsichtlich der Höhe des Ausgabepreises können sich allerdings sowohl nach unten als auch nach oben Grenzen aus der Existenz des Bezugsrechts ergeben: Wird das Bezugsrecht eingeschränkt, so hat der Ausgabepreis mindestens dem wahren Wert der Anteile zu entsprechen (Untergrenze). Steht den Gesellschaftern ein Bezugsrecht zu,

---

12 *Priester*, in: Scholz, GmbHG, § 55 Rn. 19; *Ulmer*, in: Ulmer/Habersack/Winter, GmbHG, § 55 Rn. 17; *Zöllner*, in: Baumbach/Hueck, GmbHG, § 55 Rn. 11.

13 Ebenso die h.M. *Priester*, in: Scholz, GmbHG, § 55 Rn. 19; *Ulmer*, in: Ulmer/Habersack/Winter, GmbHG, § 55 Rn. 17; *Arnold/Born*, in: Bork/Schäfer, GmbHG, § 55 Rn. 12; a.A. *Zöllner*, in: Baumbach/Hueck, GmbHG, § 55 Rn. 11.

14 A.A. indes OLG Stuttgart, Urt. v. 1.12.1999 – 20 U 38/99, DB 2000, 135.

15 *Zöllner*, in: Baumbach/Hueck, GmbHG, § 55 Rn. 13.

16 *Priester*, in: Scholz, GmbHG, § 55 Rn. 27; *Zöllner*, in: Baumbach/Hueck, GmbHG, § 55 Rn. 13.

darf dieses nicht durch die Festlegung eines überhöhten Ausgabepreises faktisch ausgeschlossen werden (zum faktischen Bezugsrechtsausschluss siehe unten Rdn. 25). Sowohl von der Unter- als auch von der Obergrenze kann mit Zustimmung sämtlicher Gesellschafter abgewichen werden. Können sich die über die Kapitalerhöhung beschließenden Gesellschafter indes (mit den gesellschaftsfremden Übernehmern) nicht auf einen Ausgabepreis verständigen, sind die neuen Anteile mindestens zu ihrem tatsächlichen Wert auszugeben. Werden die Anteile zu einem geringeren Preis ausgegeben, kann der Kapitalerhöhungsbeschluss angefochten werden.

14 **Vereinbart werden kann ein Agio** sowohl **statutarisch** im Kapitalerhöhungsbeschluss nach § 3 Abs. 2 als auch **schuldrechtlich** zwischen den Gesellschaftern oder der Gesellschaft einerseits und den Zeichnern andererseits.[17] Die Art der Vereinbarung wirkt sich zum einen auf die Bilanzierung und zum anderen auf die Möglichkeiten der Aufhebung aus. Während das im Kapitalerhöhungsbeschluss festgesetzte Agio als Rücklage nach § 272 Abs. 2 Nr. 1 HGB zu verbuchen ist, ist das schuldrechtliche Agio als Rücklage nach § 272 Abs. 2 Nr. 4 HGB zu verbuchen.[18] Ein statutarisch festgelegtes Agio kann allein durch eine Änderung des Gesellschafterbeschlusses wieder geändert werden, während das schuldrechtliche Agio vertraglich geändert werden muss – wobei eine eigenmächtige Vertragsänderung seitens der Geschäftsführung freilich Schadensersatzansprüche nach sich ziehen kann. Unabhängig von der Art der Vereinbarung kann das Agio durch den Insolvenzverwalter eingefordert werden.[19]

15 cc) **Fälligkeit der Einlage.** Ohne eine Regelung im Kapitalerhöhungsbeschluss ist auf jede Einlage nur ein Viertel einzuzahlen, §§ 56a, 7 Abs. 2 Satz 1. Soll ein **höherer Betrag eingezahlt werden**, so bedarf es hierzu einer ausdrücklichen Festsetzung im Gesellschaftsvertrag oder im Kapitalerhöhungsbeschluss.[20] Bestimmt der Kapitalerhöhungsbeschluss die Fälligkeit der Einlage, kann die Fälligkeit nicht herausgeschoben werden; für eine frühere Fälligkeit ist die Zustimmung sämtlicher betroffener Gesellschafter erforderlich (§ 53 Abs. 3 GmbHG).[21] Dies spricht dafür, die Entscheidung über die Einforderung unter ausdrücklicher Abbedingung von § 46 Nr. 2[22] der Geschäftsführung oder einem etwaigen Aufsichtsrat zu übertragen.

16 **dd) Bezugsrecht und Bezugsrechtsausschluss.** Anders als das AktG **sieht das GmbHG kein Bezugsrecht** der Altgesellschafter **vor.** Einigkeit besteht allerdings,

---

17 BGH, Urt. v. 15.10.2007 – II ZR 216/06, NZG 2008, 73, 74; *Hermanns*, ZIP 2003, 788, 791; *Wagner*, DB 2004, 293, 294 f.

18 Vgl. OLG München, Urt. v. 27.9.2006 – 7 U 1857/06, AG 2007, 292, 294;

19 BGH, Urt. v. 15.10.2007 – II ZR 216/06, NZG 2008, 73, 74.

20 BGH, Urt. v. 29.6.1961 – II ZR 39/60, BB 1961, 953, 953; OLG Zweibrücken, Urt. v. 11.12.1994 – 8 U 158/93, GmbHR 1996, 122; *Kroppensteiner*, in: Rowedder/Schmidt-Leithoff, GmbHG, § 46 Rn. 15 m.w.N.

21 *Bormann*, in: Bormann/Kauka/Ockelmann, HdbGmbHR, Kap. 4 Rn. 90.

22 BGH, Beschl. v. 11.12.1995 – II ZR 268/94, DStR 1996, 111, 112; OLG Celle, Urt. v. 12.5.1997 – 9 U 204/96, GmbHR 1997, 748, 749.

dass dies nicht dazu führen kann, dass die Altgesellschafter einer möglichen Verwässerung ihrer Beteiligung schutzlos ausgesetzt sind. Uneinigkeit besteht indes über die Art und Weise des Schutzes. Während sich einige mit inhaltlichen Schranken beim Zulassungsbeschluss[23] oder einer Anwartschaft auf die Teilnahme an der Kapitalerhöhung behelfen,[24] hält die h.M.[25] derartige Maßnahmen nicht für ausreichend und gesteht den Altgesellschaftern ein **(über)gesetzliches Bezugsrecht** zu. Der h.M. ist zu folgen: Aufgrund der personalistischen Struktur der GmbH bedürfen ihre Gesellschafter mindestens im gleichen Maße wie die Aktionäre einer AG des Schutzes gegen Verwässerung. Dieser Schutz kann nur durch ein Bezugsrecht erfolgen.

17 Wurde das Bezugsrecht nicht ausgeschlossen (zum Ausschluss siehe Rdn. 20), entsteht mit der Fassung eines Kapitalerhöhungsbeschlusses (zum Bezugsrecht bei der Ausnutzung des genehmigten Kapitals siehe § 55a Rdn. 46 ff.) als Annex zu jedem Geschäftsanteil[26] ein Recht des jeweiligen Inhabers des Geschäftsanteils, sich entsprechend der mit dem Geschäftsanteil verbundenen Beteiligungsquote an einer Kapitalerhöhung zu beteiligen. Eines besonderen Zulassungsbeschlusses bedarf es beim Bestehen eines uneingeschränkten Bezugsrechts nicht.[27] Dieses **(konkrete) Bezugsrecht** kann unter den Voraussetzungen des § 15 sowie ergänzender statutarischer Regelungen (namentlich etwaiger Vinkulierungen) auch an Nichtgesellschafter abgetreten werden.[28] Bis zum Beschluss über die Kapitalerhöhung hingegen ist das (allgemeine) Bezugsrecht untrennbar mit dem dazugehörigen Geschäftsanteil verbunden.

18 **Ausgeübt wird** das Bezugsrecht durch die Übernahme (zu dieser siehe unten Rdn. 34) eines bei der Kapitalerhöhung geschaffenen Geschäftsanteils. Dabei steht es der Gesellschafterversammlung frei, im Kapitalerhöhungsbeschluss oder durch späteren Gesellschafterbeschluss entsprechend § 186 Abs. 1 Satz 2 AktG eine Frist zur Bezugsrechtsausübung zu setzen. Nach Ablauf der Frist ist eine wirksame Ausübung des Bezugsrechts nicht mehr möglich. Dabei kann das Bezugsrecht nach dem BGH[29] nur ganz oder gar nicht, nicht aber **teilweise ausgeübt** werden. Dies vermag nicht zu überzeugen. Auch genügt es nicht, die (Mit)Gesellschafter aus ihrer Treuepflicht heraus für verpflichtet zu halten, einzelne Gesellschafter mit einem Teilbetrag ihres Bezugsrechtes zuzulassen.[30] Bei einem solchen Vorgehen müssten sich die Gesell-

---

23 *Roth*, in: Roth/Altmeppen, GmbHG, § 55 Rn. 23 ff.; *Zimmermann*, in: Rowedder/Schmidt-Leithoff, GmbHG, § 55 Rn. 29.

24 So *Ulmer*, in: Ulmer/Habersack/Winter, GmbHG, § 55 Rn. 45 f.

25 Wie hier *Lutter*, in: Lutter/Hommelhoff, GmbHG, § 55 Rn. 17; *Zöllner*, in: Baumbach/Hueck, GmbHG, § 55 Rn. 20; *Priester*, DB, 1980, 1925, 1927 ff.; *ders.* in Scholz, GmbHG, § 55 Rn. 42 ff.

26 *Zöllner*, in: Baumbach/Hueck, GmbHG, § 55 Rn. 20.

27 *Zöllner*, in: Baumbach/Hueck, GmbHG, § 55 Rn. 21; *Arnold/Born*, in: Bork/Schäfer, GmbHG, § 55, Rn. 21; *Lieder*, in: MünchKommGmbHG, § 55 Rn. 105.

28 *Lutter*, in: Lutter/Hommelhoff, GmbHG, § 55 Rn. 17; *Arnold/Born*, in: Bork/Schäfer, GmbHG, § 55 Rn. 23.

29 BGH, Urt. v. 18.4.2005 – II ZR 151/03, NZG 2005, 551, 553.

30 So aber *Zöllner*, in: Baumbach/Hueck, GmbHG, § 55 Rn. 21.

schafter bereits vor Fassung des Kapitalerhöhungsbeschlusses nicht nur verbindlich entscheiden, ob, sondern auch in welchem Umfang sie an der Kapitalerhöhung teilzunehmen gedenken. Dieses Vorgehen steht im Widerspruch zum gesetzlichen Ablauf.[31] Da das Bezugsrecht mit den Geschäftanteilen verbunden ist, reduziert sich die praktische Bedeutung der teilweisen Ausübung des Bezugsrechts, wenn sämtliche Geschäftsanteile nur den Mindestnennwert haben. In diesem Fall stehen dem Gesellschafter zwangsläufig eine Vielzahl von Bezugsrechten zu, so dass der Gesellschafter sein Bezugsrecht für einige Anteile ausüben kann und für andere nicht.

19 **Üben nicht sämtliche Gesellschafter ihr Bezugsrecht** vollumfänglich **aus**, so erhöhen sich automatisch die Bezugsrechte der Gesellschafter, die von ihrem Bezugsrecht Gebrauch gemacht haben. Die Verteilung zwischen diesen Gesellschaftern richtet sich dabei nach ihren Beteiligungsverhältnissen untereinander. Hat ein Gesellschafter von einem Bezugsrecht nur teilweise Gebrauch gemacht, so nimmt er gleichwohl an der Verteilung der nicht ausgeübten Bezugsrechte teil. Zwar hat der sein Bezugsrecht nur teilweise ausübende Gesellschafter grds. zu verstehen gegeben, dass er an einer weiteren Übernahme von Anteilen nicht interessiert ist. Allerdings kann die Nichtausübung von Bezugsrechten durch Mitgesellschafter zur Folge haben, dass Mitgesellschafter die Möglichkeit haben, bestimmte Schwellenwerte zu überschreiten. Dies zu verhindern muss dem Gesellschafter ermöglicht werden, der sein Bezugsrecht nur teilweise ausübt. Wird der Minimal- oder Fixbetrag, um den das Stammkapital (mindestens) erhöht werden soll, auch nach einer Ausübung der erhöhten Bezugsrechte nicht erreicht, kann die Kapitalerhöhung nicht wie beschlossen durchgeführt werden. In diesem Fall ist es an den Gesellschaftern zu entscheiden, ob die Kapitalerhöhung gar nicht mehr oder um einen geringeren Betrag durchgeführt werden soll. In beiden Fällen bedarf es eines (Aufhebungs- oder Änderungs)Beschlusses der Gesellschafterversammlung, der der gleichen qualifizierten Mehrheit bedarf wie der Kapitalerhöhungsbeschluss selbst.[32]

20 **Ausgeschlossen werden kann das Bezugsrecht** sowohl im Gesellschaftsvertrag[33] als auch im Zuge der Kapitalerhöhung. Soll das Bezugsrecht im Zuge der Kapitalerhöhung ausgeschlossen werden, ist der Ausschluss in den Kapitalerhöhungsbeschluss selbst mit aufzunehmen und ist entsprechend § 186 Abs. 4 Satz 1 AktG in der Einladung zur Gesellschafterversammlung anzukündigen.[34] Da der Bezugsrechtsauschluss im Kapitalerhöhungsbeschluss selbst zu erfolgen hat, bedarf der Bezugsrechtsau-

---

31 Für eine nur teilweise Ausübbarkeit denn auch *Lutter*, in: Lutter/Hommelhoff, GmbHG, § 55 Rn. 19; *Arnold/Born*, in: Bork/Schäfer, GmbHG, § 55 Rn. 23; *Priester*, GmbHR 2005, 1013 ff.

32 Wie hier *Arnold/Born*, in: Bork/Schäfer, GmbHG, § 55 Rn. 20. Bei der Aufhebung eine einfache Mehrheit für ausreichend haltend *Lutter*, in: Lutter/Hommelhoff, GmbHG, § 55 Rn. 5; *Priester*, in: Scholz, GmbHG, § 55 Rn. 35 i.V.m. § 53 Rn. 185.

33 Zum Ausschluß des Bezugsrechts im Gesellschaftsvertrag siehe *Priester*, in: Scholz, GmbHG, § 55 Rn. 70.

34 *Priester*, in: Scholz, GmbHG, § 55 Rn. 61; *Zöllner*, in: Baumbach/Hueck, GmbHG, § 55 Rn. 25; *Lutter*, in: Lutter/Hommelhoff, GmbHG, § 55 Rn. 21.

schluss ebenso wie dieser der notariellen Beurkundung und einer für die Änderung des Gesellschaftsvertrages erforderlichen Mehrheit.[35] Sieht der Gesellschaftsvertrag keine abweichenden Regelungen vor, genügt mithin eine Mehrheit von 75% der abgegebenen Stimmen.[36] Sollen nur einzelne Gesellschaft vom Bezugsrecht ausgeschlossen werden, ist deren Zustimmung erforderlich.[37]

21 Neben den vorbeschriebenen formellen Anforderungen hat ein Bezugsrechtsausschluss auch bestimmten **materiellen Anforderungen** zu genügen. Namentlich ist ein Bezugsrechtsausschluss nur dann zulässig, wenn er der Erreichung eines berechtigten Gesellschaftsinteresses dient und sowohl erforderlich als auch verhältnismäßig ist. Insofern kann auf die aktienrechtlichen Anforderungen an einen Bezugsrechtsausschluss[38] zurückgegriffen werden. Allerdings ist bei der Übertragung der aktienrechtlichen Anforderungen die personalistische Struktur der GmbH zu berücksichtigen. Mithin sind die Anforderungen an einen Bezugsrechtsausschluss tendenziell höher als bei der AG.[39] Eine **schriftliche Begründung** des Bezugsrechtsausschlusses ist aufgrund der personalistischen Struktur der GmbH nicht erforderlich.[40]

22 Als **berechtigte Gesellschaftsinteressen** kommen etwa in Betracht:[41]

- Ein besonderes Interesse der Gesellschaft an einer bestimmten Leistung, die nur ein Dritter oder einer von mehreren Gesellschaftern (in der Regel im Wege einer Sacheinlage) erbringen kann;
- ein Geschäftspartner oder leitender Mitarbeiter macht die weitere Zusammenarbeit von der Einräumung einer gesellschaftsrechtlichen Beteiligung abhängig;
- Ausgleich von **Spitzenbeträgen**, was freilich aufgrund der neu geschaffenen Möglichkeit, Geschäftsanteile im Nennbetrag von 1 € auszugeben, kaum mehr praktische Bedeutung haben dürfte.

23 Dass die Gesellschaft indes zu ihrer **Sanierung** dringend einer (Bar)Kapitalerhöhung bedarf, rechtfertigt in der Regel keinen Bezugsrechtsauschluss. Sind einzelne Gesellschafter nicht willens oder in der Lage, an der Kapitalerhöhung teilzunehmen, so haben sie die Möglichkeit, ihr Bezugsrecht nicht oder nur teilweise (zur teilweisen

---

35 *Priester*, in: Scholz, GmbHG, § 55 Rn. 61.

36 Zudem auch noch eine Kapitalmehrheit für erforderlich haltend *Zöllner*, in: Baumbach/Hueck, GmbHG, § 55 Rn. 25.

37 *Bormann*, in: Bormann/Kauka/Ockelmann, HdbGmbHR, Kap. 4 Rn. 318.

38 Siehe hierzu BGH, Urt. v. 13.3.1978 – II ZR 142/76, BGHZ 71, 40, 46 f.; BGH Urt. v. 7.3.1994, BGHZ 125, 239, 242; *Hüffer*, AktG, § 186 Rn. 26 ff. m.w.N.; *Zöllner*, AG 2002, 585, 587 ff.

39 Ebenso *Priester*, in: Scholz, GmbHG, § 55 Rn. 54.

40 *Bormann*, in: Bormann/Kauka/Ockelmann, HdbGmbR, Kap. 4 Rn. 320. Ähnlich: *Priester*, in: Scholz, GmbHG, § 55 Rn. 61. Eine schriftliche Begründung für erforderlich haltend *Zöllner*, in: Baumbach/Hueck, GmbHG, § 55 Rn. 25; *Heckschen*, DStR 2001, 1437, 1440; je nach »*Informationsbedürfnis*« *Lutter*, in: Lutter/Hommelhoff, GmbHG, § 55 Rn. 21.

41 Vgl. dazu *Zöllner*, in: Baumbach/Hueck, GmbHG, § 55 Rn. 26 f.; *Priester*, in: Scholz, GmbHG, § 55 Rn. 56 ff.

Ausübung des Bezugsrechts siehe oben Rdn. 17) auszuüben. Eines Bezugrechtsausschlusses bedarf es indes nicht.

Ist der **Bezugsrechtsausschluss materiell rechtswidrig**, weil er den vorgenannten Anforderungen nicht genügt, so ist er zwar anfechtbar, aber nicht nichtig.[42] Das soll nach dem BGH[43] auch bei einer Kapitalerhöhung im Anschluss an eine Kapitalherabsetzung gelten, wobei es allerdings nach zutreffender Auffassung (siehe vorstehende Rdn.) in einer solchen Konstellation keines Bezugsrechtsausschlusses bedarf. Genügt der Bezugsrechtsausschluss bereits den **formellen Anforderungen** nicht, etwa weil er nicht im Kapitalerhöhungsbeschluss enthalten ist, ist er demgegenüber nichtig. 24

Neben dem formalen Bezugsrechtsausschluss können einzelne Gesellschafter auch rein faktisch vom Bezugsrecht ausgeschlossen werden. Bei einem solchen **faktischen Bezugsrechtsausschluss** steht den Gesellschaftern zwar rechtlich ein Bezugsrecht zu, allerdings sind die Bedingungen der Kapitalerhöhung so ausgestaltet, dass sie von diesem Bezugsrecht faktisch kein Gebrauch machen können. Hauptfall des faktischen Bezugsrechtsauschlusses ist die Festlegung eines Ausgabepreises (deutlich) oberhalb des Marktwertes. Anfechtbar ist ein Kapitalerhöhungsbeschluss unter faktischem Bezugsrechtsausschlusses nur dann, wenn der Ausschluss materiell rechtswidrig war. Rein formelle Fehler wie etwa das Fehlen eines ausdrücklichen Ausschlusses des Bezugsrechts im Kapitalerhöhungsbeschluss genügen nicht für eine Anfechtung, da die Gesellschafter verpflichtet gewesen wären, einem Bezugsrechtsausschluss zuzustimmen.[44] 25

ee) Gewinnteilnahme. Der Kapitalerhöhungsbeschluss kann vorsehen, dass die neuen Geschäftsanteile **nicht erst mit der Eintragung der Kapitalerhöhung im Handelsregister** (siehe hierzu oben Rdn. 10) am Gewinn beteiligt sind, sondern bereits zu einem früheren Zeitpunkt, etwa zu Beginn des laufenden oder des kommenden Geschäftsjahres. Auch kann der Beschluss vorsehen, dass die neuen Anteile pro rata – und nicht auf Grundlage einer Zwischenbilanz – ab Eintragung der Kapitalerhöhung am Gewinn partizipieren. Eine vom gesetzlichen Leitbild abweichende Regelung setzt allerdings eine Öffnungsklausel nach § 29 Abs. 3 Satz 2 voraus. Fehlt es an einer solchen Klausel im Gesellschaftsvertrag, ist eine abweichende Regelung im Kapitalerhöhungsbeschluss nur bei Einhaltung der Voraussetzungen für eine Satzungsdurchbrechung wirksam (zur Satzungsdurchbrechung siehe *Leitzen* § 53 Rdn. 15 f.). 26

ff) Sonstiges. Wie sonstige Änderungen des Gesellschaftsvertrages auch, kann der Kapitalerhöhungsbeschluss **nicht befristet oder bedingt** gefasst werden. Allerdings kann die Geschäftsführung angewiesen werden, die Kapitalerhöhung nur unter 27

42 BGH, Urt. v. 18.4.2005 – II ZR 151/03, NZG 2005, 551, 553.
43 BGH, Urt. v. 18.4.2005 – II ZR 151/03, NZG 2005, 551, 553.
44 *Bormann*, in: Bormann/Kauka/Ockelmann, HdbGmbHR, Kap. 4 Rn. 323. I.E. a.A. *Lutter*, in: Lutter/Hommelhoff, GmbHG, § 55 Rn. 21; *Heckschen*, DStR 2001, 1437, 1442.

bestimmten Voraussetzungen zur Eintragung ins Handelsregister anzumelden. Sollen mit den durch die Kapitalerhöhung neu geschaffenen Anteilen **Nebenpflichten** i.S.d. § 3 Abs. 2 2. Alt. verbunden sein, so sind diese Nebenpflichten in den Kapitalerhöhungsbeschluss aufzunehmen. Die – nunmehr nach § 40 Abs. 1 Satz 1 und Abs. 2 Satz 1 erforderliche – **Nummerierung der Geschäftsanteile** kann bereits im Kapitalerhöhungsbeschluss erfolgen, zwingend vorgeschrieben ist sie aber nicht.[45] In jedem Fall empfiehlt sich mit Blick auf die Zuordnung der einzelnen Geschäftsanteile an die Gesellschafter eine Wiederholung der Nummerierung im Zulassungsbeschluss und im Übernahmevertrag.

28 c) **Formelle Anforderungen**. Der Kapitalerhöhungsbeschluss ist auf die Änderung des Gesellschaftsvertrages gerichtet und hat damit den Anforderungen des § 53 zu genügen. Mithin bedarf der Gesellschafterbeschluss der **notariellen Beurkundung** und mindestens (d.h. vorbehaltlich weitergehender gesellschaftsvertraglicher Regelungen[46]) einer **Mehrheit von 75 %** der abgegebenen Stimmen. Dem Erfordernis eines notariell beurkundeten Gesellschafterbeschlusses ist auch dann genüge getan, wenn die Gesellschafter ihre Stimme zu Protokoll eines oder mehrerer Notare erklären, § 48 Abs. 2.[47] Da der Kapitalerhöhungsbeschluss als solcher keine Übernahme- oder Leistungspflicht begründet, ist nicht die Zustimmung sämtlicher Gesellschafter nach § 53 Abs. 3 erforderlich.[48] Einen Schutz vor etwaigen Haftungsrisiken, etwa aus § 24 (zu dieser Haftung siehe unten Rdn. 74) bezweckt § 53 Abs. 3 indes nicht[49], so dass sich auch aus dem Risiko einer Ausfallhaftung nicht die Notwendigkeit einer Zustimmung durch sämtliche Gesellschafter herleiten lässt.

29 **Stimmberechtigt** sind sämtliche Gesellschafter. **§ 47 Abs. 4** findet weder in Bezug auf die Kapitalerhöhung selbst noch in Bezug auf den Zulassungsbeschluss Anwendung.[50] Der Kapitalerhöhungsbeschluss ist auf innergesellschaftliche Willensbildung gerichtet und damit dem Anwendungsbereich des § 47 Abs. 4 entzogen.

30 Bei der **Entscheidung über die Kapitalerhöhung** sind die Gesellschafter frei, Grenzen können sich allerdings aus (Stimmbindungs)Verträgen oder der Treuepflicht ergeben. Eine **vertragliche Verpflichtung zur Durchführung einer Kapitalerhöhung**

---

45 *Lutter*, in: Lutter/Hommelhoff, GmbHG, § 55 Rn. 14; *Arnold/Born*, in: Bork/Schäfer, GmbHG, § 55 Rn. 16; *Bormann*, in: Bormann/Kauka/Ockelmann, HdbGmbHR, Kap. 4 Rn. 359.

46 Vgl. *Bayer*, in: Lutter/Hommelhoff, GmbHG, § 53 Rn. 13.

47 *Ulmer*, in: Ulmer/Habersack/Winter, GmbHG, § 55 Rn. 14; *Arnold/Born*, in: Bork/Schäfer, GmbHG, § 55 Rn. 7.

48 Allgemeine Meinung siehe nur *Lutter*, in: Lutter/Hommelhoff, GmbHG, § 55 Rn. 4; *Zöllner* in: Baumbach/Hueck, GmbHG, § 55 Rn. 17.

49 Ebenso *Roth*, in: Roth/Altmeppen, GmbHG, § 55 Rn. 7; *Zimmermann*, in: Rowedder/Schmidt-Leithoff, GmbHG § 55 Rn. 7.

50 *Ulmer*, in: Ulmer/Habersack/Winter, GmbHG, § 55 Rn. 14 und 40. Ebenso für den Kapitalerhöhungsbeschluss aber a.A. für den Zulassungsbeschluss *Zöllner*, in: Baumbach/Hueck, GmbHG, § 55 Rn. 29.

bedarf der Einbindung der Gesellschafter. Zwar kann sich auch die Gesellschaft, vertreten durch ihre Geschäftsführer, zur Durchführung einer Kapitalerhöhung verpflichten, da § 187 Abs. 2 AktG auch nicht analog gilt. Allerdings obliegt es allein den Gesellschaftern, über das Ob einer Kapitalerhöhung und die Zulassung zu entscheiden.[51] Damit steht jede Verpflichtung der Gesellschaft zur Durchführung einer Kapitalerhöhung unter dem Vorbehalt entsprechender Gesellschafterbeschlüsse. Die Gesellschafter indes können sich sowohl untereinander als auch gegenüber Dritten zur Durchführung einer Kapitalerhöhung verpflichten. Namentlich können sich die Gesellschafter zur Fassung eines Gesellschafterbeschlusses betreffend die Kapitalerhöhung und betreffend die Zulassung bestimmter Personen zur Kapitalerhöhung verpflichten.

31 Besondere Beachtung ist bei derartigen Vereinbarungen auf die **Bestimmtheit der Verpflichtung** zu legen, namentlich auf die Voraussetzungen für die Durchführung der Kapitalerhöhung und die Höhe des Ausgabebetrages (Agio). Einer besonderen **Form** bedarf eine solche Verpflichtung nach h.M.[52] nicht, insbesondere ist keine notarielle Beurkundung erforderlich. Konsistent ist diese h.M. indes nicht, ist doch nicht ersichtlich, weshalb die Verpflichtung zur Gründung einer GmbH zu beurkunden ist, die Verpflichtung zur Durchführung einer Kapitalerhöhung indes nicht.[53] Verpflichtungen zur Übernahme eines Geschäftsanteils bedürfen indes der notariellen Form (siehe hierzu unten Rdn. 44 ff.).

32 Die **gesellschaftliche Treuepflicht** kann sowohl zur Durchführung als auch zur Unterlassung einer Kapitalerhöhung[54] verpflichten. In beiden Fällen ist allerdings Zurückhaltung geboten. So wird eine Verpflichtung zur Durchführung einer Kapitalerhöhung nur dann angenommen werden können, wenn eine solche Kapitalerhöhung zur Erhaltung der Gesellschaft erforderlich ist. Eine solche Verpflichtung hat der BGH[55] bisher zwar nur im Zusammenhang mit der Anpassung des Gesellschaftskapitals an das erhöhte gesetzliche Mindestkapital durch das GmbHG 1980 angenommen. Allerdings lässt sich diese Rechtsprechung mit Fingerspitzengefühl auf Sanierungssituationen übertragen.[56]

---

51 *Priester*, in: Scholz, GmbHG, § 55 Rn. 118.

52 *Ulmer*, in: Ulmer/Habersack/Winter, GmbHG, § 55 Rn. 35; *Priester*, in: Scholz, GmbHG, § 55 Rn. 116. Ebenso OLG Köln, Urt. v. 25.7.2002 – 18 U 60/02, GmbHR 2003, 416 (LS) für die Verpflichtung zur Änderung des Gesellschaftsvertrages zur Einführung eines Beirates.

53 Siehe bereits *Bormann*, OLGReport 2004, K 45, K 48.

54 Zur Verpflichtung zur Unterlassung einer Kapitalerhöhung siehe BGH, Urt. v. 5.12.2005 –II ZR 13/04, GmbHR 2006, 321; *Lutter* in: Lutter/Hommelhoff, GmbHG, § 55 Rn. 4.

55 BGH, Urt. v. 25.9.1986 – II ZR 262/85, NJW 1987, 189, 190; BGH, Urt. v. 23.3.1987 – II ZR 244/86, NJW 1987, 3192, 3193.

56 Vgl. zur GbR BGH, Urt. v.19.10. 2009 – II ZR 240/08, NJW 2010, 65 ff.

33 Soll der **Kapitalerhöhungsbeschluss** nicht mehr durchgeführt werden (etwa weil der Erhöhungsbetrag nicht untergebracht werden konnte – siehe hierzu Rdn. 19), ist er **aufzuheben.** Dabei bedarf der Aufhebungsbeschlusses als *actus contrarius* zur Kapitalerhöhung der gleichen qualifizierten Mehrheit wie der Kapitalerhöhungsbeschluss selbst.[57]

2. Übernahmeerklärung

34 a) **Rechtscharakter und Funktion.** Nach Abs. 1 bedarf die Übernahme eines Geschäftsanteils im Zuge der Kapitalerhöhung einer notariell aufgenommen oder beglaubigten Erklärung des Übernehmers. Trotz des abweichenden Wortlautes besteht Einvernehmen, dass eine einseitige Erklärung des Übernehmers nicht ausreicht, sondern ein **Vertrag mit körperschaftlichem Charakter**[58] zwischen der Gesellschaft und dem Übernehmer erforderlich ist. Mit diesem Vertrag verpflichtet sich der Übernehmer zur Erbringung der vorgesehenen Einlage.[59] Im Gegenzug erwirbt er – aufschiebend bedingt auf die Eintragung der Kapitalerhöhung im Handelsregister – die Gesellschafterstellung und im Falle der Übernahme durch einen Gesellschafter erweiterte Gesellschafterrechte.

35 b) **Vertragsparteien und Vertretung.** Vertragsparteien des Übernahmevertrages sind die Gesellschaft und der Übernehmer. Dabei sind die **Vertragsparteien** hinreichend **zweifelsfrei zu bezeichnen.** Hierzu ist in jedem Fall die volle Firma der Gesellschaft und idealiter auch deren Handelsregisternummer in den Vertrag aufzunehmen. Die an die Bezeichnung des Übernehmers zu stellenden Anforderungen richten sich nach der Person des Übernehmers. Handelt es sich um eine natürliche Person, so ist der volle Name unter Angabe der aktuellen Meldeadresse anzugeben. Handelt es sich beim Übernehmer um eine Kapital- oder Personenhandelsgesellschaft, gelten die Ausführungen zur Gesellschaft entsprechend. Handelt es sich bei dem Übernehmer um eine **Gesellschaft bürgerlichen Rechts**, sind in dem Übernahmevertrag sämtliche Gesellschafter zu nennen, arg. §§ 162 Abs. 1 Satz 2 HGB, 47 Abs. 2 GBO. Wie bei Grundstücksgeschäften[60] kann es insbesondere beim Eintritt der GbR in die Gesellschaft erforderlich sein, einen Nachweis über die Existenz, die Identität und die Vertretungsverhältnisse der GbR zu führen. Dabei kann in dem Übernahmevertrag mit der GbR nicht vereinbart werden, dass nur die GbR, nicht aber die Gesellschafter

---

57 Wie hier *Arnold/Born*, in: Bork/Schäfer, GmbHG, § 55 Rn. 20. Eine einfache Mehrheit für ausreichend haltend *Ulmer*, in: Ulmer/Habersack/Winter, GmbHG, § 55 Rn. 15; *Lutter*, in: Lutter/Hommelhoff, GmbHG, § 55 Rn. 5; Vgl. zum Meinungsstand *Priester*, in: Scholz, GmbHG, § 55 Rn. 36 i.V.m. § 53 Rn. 185.

58 BGH, Urt. v. 11.1.1999 – II ZR 170/98, DStR 1999, 382; *Lutter*, in: FS Schilling, 1973, S. 207, 217.

59 BGH, Urt. v. 11.1.1999 – II ZR 170/98, DStR 1999, 382.

60 Siehe hierzu OLG Hamm, Beschl. v. 2.11.2010 – I 15 W 440/10, BeckRS 2010, 27687; OLG Brandenburg, Urt. v. 8.12.2010 – 3 U 145/09, BeckRS 2010, 31098.

der GbR für die Einlage haftet; eine solche Vereinbarung würde die Kapitalaufbringung gefährden.[61]

36 Die **Gesellschaft** wird beim Abschluss des Übernahmevertrages von ihren Gesellschaftern in Gesamtvertretung **vertreten.**[62] Allerdings können die Gesellschafter die Geschäftsführer formlos[63] ermächtigen, die Gesellschaft beim Abschluss des Übernahmevertrages zu vertreten. Eine solche Ermächtigung kann auch konkludent erfolgen, etwa durch einen Gesellschafterbeschluss, der nur bestimmte Personen als Übernehmer zulässt.[64] Lassen sich die Gesellschafter nicht vertreten, gelten die von ihnen in Form eines Gesellschafterbeschlusses abgegebenen Willenserklärungen allein gegenüber Anwesenden. Abwesenden gegenüber wird die Erklärung erst mit ihrer Übermittlung – etwa durch einen Geschäftsführer als Boten – wirksam.

37 In einer **Einmann-Gesellschaft** kann sich der alleinige Gesellschafter selbst zur Kapitalerhöhung zulassen. § 181 BGB steht dem nicht entgegen, da dieser durch § 47 Abs. 4 als lex specialis ausgeschlossen ist; § 47 Abs. 4 indes findet auf Einmann-Gesellschaften keine Anwendung.[65] Einen gesonderten Übernahmevertrag wird man bei der Zulassung des Allein-Gesellschafters zur Kapitalerhöhung nur dann verlangen können, wenn nicht bereits der (nicht erforderliche – siehe Rdn. 17) Zulassungsbeschluss den formellen Anforderungen an den Übernahmevertrag genügt.[66]

38 Sollen **Minderjährige** an der Kapitalerhöhung teilnehmen, obwohl einer ihrer Erziehungsberechtigten bereits Gesellschafter ist, ist eine Pflegerbestellung nach § 1909 BGB erforderlich; eine Befreiung von den Beschränkungen des § 181 BGB ist nicht möglich.[67] Entsprechendes gilt für Betreuer.

39 Lässt sich der Übernehmer **rechtsgeschäftlich vertreten**, bedarf die **Vollmacht** ebenfalls der notariellen Form (zu den Anforderungen an die Form im Einzelnen siehe unten Rdn. 44 ff.). Der Übernahmevertrag kann auch durch einen Vertreter ohne Vertretungsmacht geschlossen werden. Da es sich um einen Vertrag und nicht um eine einseitige Erklärung handelt (siehe oben unter Rdn. 34), findet § 180 BGB

---

61 *Zöllner,* in: Baumbach/Hueck, GmbHG, § 55 Rn. 19.

62 *Lutter,* in: Lutter/Hommelhoff, GmbHG, § 55 Rn. 32; *Zöllner,* in: Baumbach/Hueck, GmbHG, § 55 Rn. 34.

63 BGH, Urt. v. 30.11.1967 – II ZR 68/55, NJW 1968, 398, 399; *Ulmer,* in: Ulmer/Habersack/Winter, GmbHG, § 55 Rn. 77.

64 BGH, Urt. v. 30.11.1967 – II ZR 68/55, NJW 1968, 398, 399; *Zöllner,* in: Baumbach/Hueck, GmbHG, § 55 Rn. 34.

65 LG Berlin, Beschl. v. 23.8.1985 – 98 T 13/85, GmbHR 1985, 396; *Zöllner,* in: Baumbach/Hueck, GmbHG, § 55 Rn. 35; *Lutter,* in: Lutter/Hommelhoff, GmbHG, § 55 Rn. 36; *Priester,* in: Scholz, GmbHG, § 55 Rn. 77.

66 *Zöllner,* in: Baumbach/Hueck, GmbHG, § 55 Rn. 32.

67 *Lutter,* in: Lutter/Hommelhoff, GmbHG, § 55 Rn. 36; so wohl auch *Arnold/Born,* in: Bork/Schäfer, GmbHG, § 55 Rn. 37. A.A. indes *Priester,* in: Scholz, GmbHG, § 55 Rn. 106.

keine Anwendung. Allerdings bedarf in diesem Fall die Genehmigungserklärung der notariellen Form.

40 c) **Inhalt.** Die Anforderungen an den Inhalt des Übernahmevertrages folgen aus dessen Funktion. Der Übernehmer verpflichtet sich zur Erbringung der Einlage und erwirbt im Gegenzug Gesellschafterrechte (siehe hierzu oben Rdn. 34). Daraus folgt zunächst, dass die dem **Übernehmer obliegenden Verpflichtungen** zu nennen sind. Hierzu zählen jedenfalls der Nennbetrag der übernommenen Stammeinlage, ein etwaiges Agio sowie die Fälligkeit der vorgenannten Beträge, sofern diese von der gesetzlichen Regelung (siehe hierzu oben Rdn. 15) abweicht.[68] Enthält der Kapitalerhöhungsbeschluss bereits die erforderlichen Informationen, kann auf diesen verwiesen werden. Sind die Gesellschafter unter dem Gesellschaftsvertrag zu Nebenleistungen verpflichtet, namentlich zu Nachschüssen, so hat der Übernahmevertrag mit einem Nicht-Gesellschafter auch einen entsprechenden Hinweis etwa in Form einer Verweisung auf den Gesellschaftsvertrag zu enthalten, Abs. 2 Satz 2; rein schuldrechtliche Verpflichtungen sind indes nicht aufzunehmen.

41 Da der Übernahmevertrag auf den dinglichen Erwerb eines Geschäftsanteils gerichtet ist, hat er den **Anforderungen an den sachenrechtlichen Bestimmtheitsgrundsatz** zu genügen. Damit hat der Übernahmevertrag die Kapitalerhöhung erkennen zu lassen, auf die er sich bezieht; eine ausdrückliche Bezeichnung des Beschlusses durch Angabe des Datums oder der Urkundenrollennummer ist demgegenüber nicht erforderlich.[69] Weiterhin hat der Übernahmevertrag die Anzahl der übernommenen Geschäftsanteile sowie möglichst auch deren Nummern, § 40 Abs. 1, zu enthalten.[70] Werden die Bestimmtheitsanforderungen eingehalten, kann der **Übernahmevertrag** auch **bereits vor dem Kapitalerhöhungsbeschluss** geschlossen werden.[71]

42 Anders als bei der AG (§ 185 Abs. 1 Satz 3 Nr. 4 AktG) ist der Übernahmevertrag nicht zwingend zu **befristen**. Möglich ist die Aufnahme einer Befristung allerdings gleichwohl. Enthält der Übernahmevertrag eine Befristung und wurde die Kapitalerhöhung nicht bis zum Ablauf der Frist im Handelsregister eingetragen, führt der Fristablauf automatisch zur Beendigung des Übernahmevertrages, § 158 Abs. 2 BGB (zu den Möglichkeiten des Übernehmers, sich vom Übernahmevertrag zu lösen,

---

68 Siehe nur *Zöllner*, in: Baumbach/Hueck, GmbHG, § 55 Rn. 33. Geringere Anforderungen an den Inhalt der Übernahme stellt *Priester*, in: Scholz, GmbHG, § 55 Rn. 79 f.

69 Wie hier *Zöllner*, in: Baumbach/Hueck, GmbHG, § 55 Rn. 33; *Priester*, in: Scholz, GmbHG, § 55 Rn. 80. Eine genaue Bezeichnung des Beschlusses für erforderlich haltend *Lutter*, in: Lutter/Hommelhoff, GmbHG, § 55 Rn. 37; *Arnold/Born*, in: Bork/Schäfer, GmbHG, § 55 Rn. 35.

70 *Zöllner*, in: Baumbach/Hueck, GmbHG, § 55 Rn. 33; *Arnold/Born*, in: Bork/Schäfer, GmbHG, § 55 Rn. 35.

71 *Ulmer*, in: Ulmer/Habersack/Winter, GmbHG, § 55 Rn. 90; *Zimmermann*, in: Rowedder/Schmidt-Leithoff, § 55 Rn. 47.

wenn dieser keine Befristung enthält, siehe unten Rdn. 49 f.).[72] Hatte der Übernehmer seine Einlage bereits vor Fristablauf geleistet, so kann er diese nach Bereicherungsrecht zurückfordern.[73] Dabei kann sich die Gesellschaft gegenüber dem Rückforderungsanspruch des Übernehmers nicht auf Entreicherung (§ 818 Abs. 3 BGB) berufen, § 820 Abs. 1 Satz 2 BGB.[74]

43 Auslegungsfragen werfen Übernahmeverträge auf, wenn sie sich nicht mit dem Kapitalerhöhungsbeschluss decken, namentlich, weil weniger (**Unterzeichnung**) oder mehr (**Überzeichnung**) Einlagen gezeichnet werden, als im Kapitalerhöhungsbeschluss vorgesehen. Bei einer Unterzeichnung wird man regelmäßig davon ausgehen können, dass die Gesellschafter eine Kapitalerhöhung um einen geringeren Betrag als den beschlossenen nicht durchführen wollen. Damit kann die Kapitalerhöhung in der beschlossenen Weise nicht durchgeführt werden (siehe hierzu auch oben Rdn. 19 a.E.). Im Fall einer Überzeichnung hingegen sind die übernommenen Einlagen entsprechend zu kürzen.[75]

44 **d) Form.** Seinem Wortlaut nach verlangt Abs. 1 allein eine notariell Erklärung des Übernehmers. Gleichwohl ist anerkannt, dass es zur Übernahme eines Vertrages zwischen der Gesellschaft und dem Übernehmer bedarf. Aus dem Wortlaut lässt sich allerdings ableiten, dass nicht der gesamte Übernahmevertrag der notariellen Form bedarf. Vielmehr reicht es aus, dass die **Erklärung des Übernehmers notariell aufgenommen oder beglaubigt** wurde. Die Erklärung der Gesellschaft demgegenüber kann formfrei erfolgen.[76]

45 Die Erklärung des Übernehmers ist entweder «***notariell aufzunehmen***« oder zu beglaubigen. Weder das BGB noch das BeurkG sieht die gesonderte Form der »notariellen Aufnahme« vor, so dass grds. jede im BeurkG genannte Form den Anforderungen des Abs. 1 genügen könnte. Allerdings ist allgemein anerkannt, dass eine bloße Niederschrift der Gesellschafterversammlung nach § 36 BeurkG nicht ausreicht.[77] Damit hat die Erklärung des Übernehmers entweder in einer notariellen Urkunde nach §§ 8, 13 BeurkG oder in Form einer **Beglaubigung** nach § 40 BeurkG zu erfolgen. In jedem Fall sollte der Notar die Vertretungsmacht des für den Übernehmenden Handelnden bestätigten. Rechtlich bestehen keine Bedenken, die **Übernahmeerklärung** bereits **in den Kapitalerhöhungsbeschluss mit aufzunehmen**.[78] In

72 BGH, Urt. v. 11.1.1999 – II ZR 170/98, DStR 1999, 382; *Lutter,* in: Lutter/Hommelhoff, GmbHG, § 55 Rn. 37; *Priester,* in: Scholz, GmbHG, § 55 Rn. 84.

73 BGH, Urt. v. 11.1.1999 – II ZR 170/98, DStR 1999, 382.

74 So zur AG OLG Düsseldorf, Urt. v. 4.3.2010 – 6 U 49/09, BeckRS 2010, 16341.

75 Siehe *Hermanns,* in: Michalski, GmbHG; § 55 Rn. 91 ff. Mit Differenzierungen *Priester,* in: Scholz, GmbHG, § 55 Rn. 101.

76 *Zöllner,* in: Baumbach/Hueck, GmbHG, § 55 Rn. 32; *Lutter,* in: Lutter/Hommelhoff, GmbHG, § 55 Rn. 32.

77 *Lieder,* in: MünchKommGmbHG, § 55 Rn. 129; *Zöllner,* in: Baumbach/Hueck, GmbHG, § 55 Rn. 32; *Lutter,* in: Lutter/Hommelhoff, GmbHG, § 55 Rn 32.

78 OLG Celle, Beschl. v. 13.5.1986 – 1 W 8/86, NJW-RR 1986, 1482, 1483.

diesem Fall erhöht sich allerdings die Beurkundungsgebühr für den Kapitalerhöhungsbeschluss, weshalb die Übernahmeerklärung gesondert – und nur beglaubigt – erfolgen sollte.[79]

46 Verpflichtet sich der Übernehmer im Rahmen einer Sachkapitalerhöhung zur Einbringung von Vermögensgegenständen, zu deren Übertragung er sich nur unter Einhaltung einer **bestimmten Form** verpflichten kann (insbesondere Übertragung von Grundstücken oder GmbH-Geschäftsanteilen), so darf der gesamte Übernahmevertrag dieser Form.[80]

47 e) **Wirkung.** Wurde die Kapitalerhöhung vor Abschluss des Übernahmevertrages beschlossen, ist die **Gesellschaft zur Durchführung der Kapitalerhöhung verpflichtet.**[81] Steht der Kapitalerhöhungsbeschluss noch aus, entsteht die Pflicht zur Durchführung mit Wirksamwerden des Kapitalerhöhungsbeschlusses. Aufgrund der Pflicht zur Durchführung der Kapitalerhöhung haben die Geschäftsführer – vorbehaltlich einer abweichenden Anweisung im Kapitalerhöhungsbeschluss selbst (hierzu siehe oben Rdn. 27) – die Kapitalerhöhung zur Eintragung ins Handelsregister anzumelden. Melden die Geschäftsführer die Kapitalerhöhung nicht (rechtzeitig) zur Eintragung ins Handelsregister an, so machen sie sich den Gesellschaftern und ggf. auch der Gesellschaft gegenüber **schadensersatzpflichtig.**[82] Gleiches gilt, wenn die Gesellschafterversammlung eine bereits beschlossene Kapitalerhöhung gegen den Willen eines Übernehmers wieder (mit ¾-Mehrheit – siehe hierzu oben Rdn. 33) aufhebt. Bei der Bemessung des Schadensersatzes ist auf den Rechtsgedanken des § 162 BGB zurückzugreifen.

48 Ein **Anspruch auf Erfüllung**, d.h. Durchführung der Kapitalerhöhung, soll dem Übernehmer nach dem BGH[83] nicht zustehen. Dies vermag nur zu überzeugen, als es der Gesellschafterversammlung unbenommen bleibt, die beschlossene Kapitalerhöhung wieder aufzuheben (zum Schadensersatzanspruch des Übernehmers siehe vorstehende Rdn.). Anders verhält es sich indes, wenn die Geschäftsführung die Anmeldung der Kapitalerhöhung zur Eintragung ins Handelsregister verweigert oder verzögert, da die Geschäftsführer insoweit kein eigenes Entscheidungsrecht haben. Verweigert oder verzögert die Geschäftsführung die Anmeldung der Kapitalerhöhung eigenmächtig, so können sowohl die Übernehmer als auch die Gesellschafter, die für die Kapitalerhöhung gestimmt haben, sich aber nicht an der Kapitalerhöhung beteiligen, von der Geschäftsführung die Anmeldung der Kapitalerhöhung zum Handels-

79 *Bormann,* in: Bormann/Kauka/Ockelmann, HdbGmbHR, Kap. 4 Rn. 310; *Kowalski,* in: Wachter, FA Handels- und GesellschaftsR, Teil 2, 14. Kap. Rn. 116.

80 So zutreffend *Arnold/Born,* in: Bork/Schäfer, GmbHG, § 55 Rn. 33.

81 Wie hier *Ulmer,* in: Ulmer/Habersack/Winter, GmbHG, § 55 Rn. 80. A.A. *Lutter,* in: Lutter/Hommelhoff, GmbHG, § 55 Rn. 31.

82 *Ulmer,* in: Ulmer/Habersack/Winter, GmbHG, § 55 Rn. 80; *Zöllner,* in: Baumbach/Hueck, GmbHG, § 55 Rn. 38.

83 BGH, Urt. v. 1.11.1999 – II ZR 170/98, NJW 1999, 1252, 1253.

register verlangen. Gleiches gilt, wenn die Geschäftsführung auf Weisung der Gesellschafterversammlung handelt, vorausgesetzt, der entsprechende Beschluss der Gesellschafterversammlung wurde nicht mit der für die Aufhebung der Kapitalerhöhung erforderlichen ¾-Mehrheit (siehe hierzu oben Rdn. 33) gefasst.

49 Vor der Eintragung der Kapitalerhöhung ins Handelsregister finden auf den Übernahmevertrag die **allgemeinen Vorschriften** Anwendung. Damit ist der Übernahmevertrag nicht nur nach den §§ 119 ff. BGB **anfechtbar,**[84] sondern es können auch beide Parteien von dem Übernahmevertrag zurücktreten. So ist der **Übernehmer zum Rücktritt** entsprechend § 323 BGB **berechtigt**, wenn die Kapitalerhöhung nicht innerhalb einer angemessenen Frist und nach Setzung einer angemessenen (Nach)-Frist ins Handelsregister eingetragen wurde (zur Befristung der Übernahmeverpflichtung siehe Rdn. 42).[85] Für einen automatischen Wegfall der Leistungsverpflichtung des Übernehmers aufgrund von Unmöglichkeit (§§ 275, 326 Abs. 1 Satz 1 BGB) fehlt es indes bei einer Verzögerung der Eintragung an der Unmöglichkeit, da die Kapitalerhöhung weiterhin möglich ist.[86] Droht der Gesellschaft nach Abschluss des Übernahmevertrages die Insolvenz und hatte der Übernahme keine Kenntnis von der Krise der Gesellschaft, ist der Übernehmer auch ohne Setzung einer Frist zum Rücktritt berechtigt, § 313 Abs. 3 Satz 1 BGB.[87] Wurde die Kapitalerhöhung bereits ins Handelsregister eingetragen, kommen die Grundsätze der fehlerhaften Gesellschaft zur Anwendung; eine rückwirkende Geltendmachung von Rücktrittsrechten ist damit ausgeschlossen.[88]

50 Hat der Übernehmer seine Einlage trotz Mahnung seitens der Gesellschaft nicht geleistet, ist die **Gesellschaft zum Rücktritt berechtigt.**[89] Einem solchen Rücktritt steht § 19 Abs. 2 GmbHG nicht entgegen, da § 19 Abs. 2 GmbHG erst ab Eintragung der Kapitalerhöhung im Handelsregister greift. Allerdings stellt ein solcher Rücktritt vom Übernahmevertrag die Durchführung der Kapitalerhöhung in ihrer

---

84 Ebenso *Herrmanns*, in: Michalski, GmbHG, § 55, Rn. 94.

85 Ähnlich, allerdings unter Verzicht auf eine Fristsetzung entsprechend § 323 Abs. 1 BGB, ohne diesen Verzicht zu begründen *Zöllner*, in: Baumbach/Hueck, GmbHG, § 55 Rn. 37; Für ein Lösungsrecht nach § 314 BGB: *Ulmer*, in: Ulmer/Habersack/Winter, GmbHG, § 55 Rn. 80. Für die Anwendung des § 723 BGB: *Priester*, in: Scholz, GmbHG, § 55 Rn. 84.

86 Anders, wenn die Kapitalerhöhung nicht innerhalb von sechs Monaten eingetragen wird, *Lieder*, in: MünchKommGmbHG, § 55, Rn. 144. I.E. ebenso *Lutter*, in: Lutter/Hommelhoff, GmbHG, § 55 Rn. 21; *Lutter*, FS Schilling, 1973, S. 207, 214 ff.

87 Ebenso *Lieder*, in: MünchKommGmbHG, § 55, Rn. 145. Für ein »*Kündigungsrecht*« OLG Hamm, Urt. v. 15.6.1988 – 8 U 2/88, DB 1989, 167; OLG Düsseldorf, Urt. v. 17.12.99 – 16 U 29/99, GmbHR 2000, 569, 570; *Herrmanns*, in: Michalski, GmbHG, § 55, Rn. 95. Für ein automatisches Entfallen der Bindungswirkung *Zöllner*, in: Baumbach/Hueck, GmbHG, § 55 Rn. 37. S. auch Fn. 85.

88 Ausführlich m.w.N. *Lieder*, in: MünchKommGmbHG, § 57, Rn. 75 ff.

89 *Herrmanns*, in: Michalski, GmbHG, § 55, Rn. 95; *Priester*, in: Scholz, GmbGH, § 55 Rn. 96.

beschlossenen Form in Frage, weshalb die Geschäftsführer das Rücktrittsrecht nur auf Grundlage eines entsprechenden Gesellschafterbeschlusses erklären dürfen (vergl. auch oben Rdn. 47 f.).

II. Zulassung zur Übernahme eines Geschäftsanteils (Abs. 2)

51 Satz 1 stellt klar, dass **sowohl Gesellschafter als auch Dritte** zur Übernahme eines Geschäftsanteils zugelassen werden können. Wen die Gesellschafterversammlung im Rahmen des Zulassungsbeschlusses zur Teilnahme an der Kapitalerhöhung zulässt, ist den Gesellschaftern überlassen. Zu beachten haben sie allerdings das Bezugsrecht der Gesellschafter (siehe hierzu oben Rdn. 16 ff.) und etwaige Vorgaben des Gesellschaftsvertrages betreffend die Voraussetzungen, die ein Gesellschafter erfüllen muss. Satz 2 ordnet an, dass der Kapitalerhöhungsbeschluss oder der Übernahmevertrag bei der Zulassung Dritter einen Hinweis auf etwaige sonstige Leistungen enthalten muss, zu dem der Übernehmer verpflichtet ist (siehe hierzu oben Rdn. 40).

1. Mögliche Übernehmer

52 **a) Allgemeines.** Im Zuge einer Kapitalerhöhung können sich – **wie** auch **bei der Gründung** einer GmbH – natürliche und juristische Personen, Personenhandelsgesellschaften sowie Gesellschaften bürgerlichen Rechts[90] an der Gesellschaft beteiligen.[91] Auch Erbengemeinschaften und eheliche Gütergemeinschaften können sich – obwohl sie nicht rechtsfähig sind – an einer Kapitalerhöhung beteiligen;[92] Gesellschafter werden indes weder die Erben-, noch die Gütergemeinschaft, sondern ihre Mitglieder in gesamthänderischer Verbundenheit, § 18. Aus gesellschaftsrechtlicher Sicht spricht auch nichts dagegen, dass Minderjährige[93] oder Testatmentsvollstrecker[94] an einer Kapitalerhöhung teilnehmen.

b) Gesellschaft und verbundene Unternehmen als Übernehmer im Besonderen.

53 Bei einer Kapitalerhöhung nach § 55 wird der Gesellschaft Kapital von außen zugeführt (siehe hierzu oben unter Rdn. 1). An einer solchen Kapitalzuführung fehlt es jedenfalls, wenn die **Gesellschaft selbst** einen Geschäftsanteil übernehmen würde – die Einlage könnte sie allein aus ihrem eigenen Vermögen erfüllen, womit ihrem Vermögen nichts zugeführt würde. Damit steht der Grundsatz der realen Kapitalaufbringung der Übernahme eines eigenen Geschäftsanteils entgegen.[95]

---

90 BGH, Beschl. v. 3.11.1980 – II ZB 1/79, GmbHR 1981, 188 f.; OLG Hamm, Beschl. v. 18.12.1995 – 15 W 413/95, BB 1996, 921 ff.

91 *Arnold/Born*, in: Bork/Schäfer, GmbHG, § 55 Rn. 37; *Priester*, in: Scholz, GmbHG, § 55 Rn. 105.

92 *Ulmer*, in: Ulmer/Habersack/Winter, GmbHG, § 55 Rn. 60; *Lieder*, in: MünchKommGmbHG, § 55, Rn. 113.

93 Ausführlich hierzu *Priester*, in: Scholz, GmbHG, § 55 Rn. 106 ff.; siehe auch oben Rn. 35.

94 Ausführlich hierzu *Herrmanns*, in: Michalski, GmbHG, § 55, Rn. 79 f.

95 Allg. M. BGH, Beschl. v. 9.12.1954 – II ZB 15/54, BGHZ 15, 391, 393; *Lieder*, in: MünchKommGmbHG, § 55, Rn. 118; *Priester*, in: Scholz, GmbHG, § 55 Rn. 110; *Herrmanns*, in: Michalski, GmbHG, § 55, Rn. 81.

54 Auch in Bezug auf **verbundene Unternehmen** ist der Grundsatz der realen Kapitalaufbringung von Bedeutung. Anknüpfungspunkt ist hier die Tatsache, dass das Vermögen der Tochtergesellschaft wirtschaftlich bereits (anteilig) der Muttergesellschaft zuzurechnen ist. Würde nunmehr die Tochtergesellschaft i.R.e. Kapitalerhöhung einen Geschäftsanteil an der Muttergesellschaft übernehmen, so flösse der Muttergesellschaft bei wirtschaftlicher Betracht allein in dem Umfang Vermögen zu, in dem nicht konzernierte Dritte an der Tochtergesellschaft beteiligt sind. Eine reale Kapitalaufbringung fände allenfalls anteilig statt. Aus diesen Erwägungen heraus sind jedenfalls verbundene Unternehmen von einer Kapitalerhöhung bei der Muttergesellschaft auszuschließen.[96] Aufgrund des beschriebenen Effektes sollten aber auch Unternehmen von der Kapitalerhöhung ausgeschlossen sein, an denen die ihr Kapital erhöhende Gesellschaft mit mehr als 25% beteiligt ist.[97] Eine Ausnahme für **Vertragskonzerne** ist nicht angezeigt.[98] Das Bestehen eines Unternehmensvertrages ändert nichts daran, dass die Einlage (anteilig) aus dem Vermögen der ihr Kapital erhöhenden Gesellschaft herrührt.

55 Im Zuge einer Kapitalerhöhung bei einer GmbH, die **Komplementärin einer KG** ist, kann sich die KG beteiligen, sofern die GmbH nicht am Vermögen der KG beteiligt ist.[99] Dies gilt unabhängig davon, ob die KG bereits vor der Kapitalerhöhung an ihrer Komplementärin beteiligt war oder nicht.[100]

2. Zulassungsbeschluss

56 a) **Erforderlichkeit. Erforderlich** ist ein Zulassungsbeschluss allein dann, **wenn** nicht die vorhandenen Gesellschafter im Umfang ihres Bezugsrechtes (zu diesem siehe oben Rdn. 16 ff.) zugelassen werden.[101] Wird das **Bezugsrecht eingeschränkt** – sei es auch nur teilweise, etwa aufgrund ungenutzt verbleibender Spitzen –, so ist ein Zulassungsbeschluss zu fassen.

96 *Hermanns,* in: Michalski, GmbHG; § 55 Rn. 82; *Zöllner,* in: Baumbach/Hueck, GmbHG, § 55 Rn. 17; *Zimmermann,* in: Rowedder/Schmidt-Leithoff, GmbHG, § 55 Rn. 28.

97 Ebenso *Lutter,* in: Lutter/Hommelhoff, GmbHG, § 55 Rn. 34. Auf eine Mehrheitsbeteiligung abstellend *Priester,* in: Scholz, GmbHG, § 55 Rn. 112; *Zimmermann,* in: Rowedder/Schmidt-Leithoff, GmbHG, § 55 Rn. 28. Auf eine Abhängigkeit abstellend *Zöllner,* in: Baumbach/Hueck, GmbHG, § 55 Rn. 17.

98 Für eine solche Ausnahme aber *Lieder,* in: MünchKommGmbHG, § 55, Rn. 120; *Priester,* in: Scholz, GmbHG, § 55 Rn. 112; *Hermanns,* in: Michalski, GmbHG, § 55 Rn. 82.

99 Ebenso *Lieder,* in: MünchKommGmbHG, § 55, Rn. 121; *Ulmer,* in: Ulmer/Habersack/Winter, GmbHG, § 55 Rn. 63; *Zimmermann,* in: Rowedder/Schmidt-Leithoff, GmbHG, § 55 Rn. 28. A.A. LG Berlin, Beschl. v. 26.8.1986 – 98 T 24/86, GmbHR 1987, 395, 396.

100 Missverständlich insoweit *Zöllner,* in: Baumbach/Hueck, GmbHG, § 55 Rn. 19.

101 *Zöllner,* in: Baumbach/Hueck, GmbHG, § 55 Rn. 21; *Arnold/Born,* in: Bork/Schäfer, GmbHG, § 55 Rn. 21; *Lieder,* in: MünchKommGmbHG, § 55, Rn. 105.

57 b) **Inhalt.** Der Zulassungsbeschluss hat die **im Kapitalerhöhungsbeschluss** selbst **getroffenen Vorgaben** zu respektieren. Namentlich muss der Zulassungsbeschluss ein etwaiges aus dem Kapitalerhöhungsbeschluss resultierendes Bezugsrecht berücksichtigen. Ist der Zulassungsbeschluss dem Kapitalerhöhungsbeschluss zeitlich nachgelagert und berücksichtigt ein durch den Kapitalerhöhungsbeschluss bereits entstandenes Bezugsrecht nicht, ist er unwirksam.[102] Zudem kann der Berechtigte sein Bezugsrecht im Klagewege geltend machen und – sofern Erfüllung nicht mehr möglich ist – Schadensersatz verlangen.[103] Eine Beseitigung des Zulassungsbeschlusses nach der Eintragung des Kapitalerhöhungsbeschlusses ist nicht möglich; auch insoweit finden die Vorschriften zur fehlerhaften Gesellschaft Anwendung.[104]

58 c) **Form.** Der Zulassungsbeschluss kann **formlos** und grds. **mit einfacher Mehrheit** gefasst werden.[105] Enthält der Gesellschaftsvertrag indes eine Vinkulierungsklausel, nach der die Übertragung von Geschäftsanteilen eines zustimmenden Gesellschafterbeschlusses oder der Zustimmung einzelner oder sämtlicher Gesellschafter bedarf, so sind an den Zulassungsbeschluss die gleichen Anforderungen wie an eine Anteilsübertragung zu stellen.[106] Die Vinkulierung, die die Gesellschafter vor einer Beteiligung Dritter an ihrer Gesellschaft schützen soll, darf nicht über den Umweg eines Zulassungsbeschlusses ausgehöhlt werden. Bei der Beschlussfassung sind auch vom Beschluss begünstigte Gesellschafter stimmberechtigt (siehe oben Rdn. 29).

III. Erwerb eines weiteren Geschäftsanteils (Abs. 3)

59 Abs. 3 sieht vor, dass ein der Gesellschaft bereits angehörenden Gesellschafter für den Fall der Beteiligung an der Kapitalerhöhung einen weiteren Geschäftsanteil erwirbt. Die **Regelung begründet sich darin, dass** dem Rechtsvorgänger eines Gesellschafters für den Fall seiner Inanspruchnahme aus § 22 Abs. 4 der Zugriff auf den unveränderten Geschäftsanteil ermöglicht werden soll.[107] Diesem Zweck steht es jedoch nicht entgegen, dass ein Gesellschafter im Zuge einer Kapitalerhöhung **mehrere Geschäftsanteile** übernimmt. Die Zulässigkeit der Übernahme mehrerer Geschäftsanteile ergibt sich vielmehr aus der Änderung des § 5 Abs. 2 Satz 2 durch das MoMiG, auf den in Abs. 4 ausdrücklich verwiesen wird.

---

102 *Lutter*, in: Lutter/Hommelhoff, GmbHG, § 55 Rn. 26.

103 *Lutter*, in: Lutter/Hommelhoff, GmbHG, § 55 Rn. 26; *Priester*, in: Scholz, GmbHG, § 55 Rn. 68.

104 *Lieder*, in: MünchKommGmbHG, § 57, Rn. 73 f.

105 *Arnold/Born*, in: Bork/Schäfer, GmbHG, § 55 Rn. 21; *Lieder*, in: MünchKommGmbHG, § 55 Rn. 105.

106 *Zöllner*, in: Baumbach/Hueck, GmbHG, § 55 Rn. 28; *Priester*, in: Scholz, GmbGH, § 55 Rn. 64; *Ehlke*, DB 1995, 561, 566 f.

107 Vgl. BGH, Beschl. v. 24.10.1974 – II ZB 1/74, NJW 1975, 118; *Hermanns*, in: Michalski, GmbHG; § 55 Rn. 22.

60 Daneben kann die Kapitalerhöhung aber auch im Wege einer **Aufstockung** des oder der bestehenden Geschäftsanteile des Gesellschafters an der Gesellschaft erfolgen.[108] Mit Blick auf den Regelungszweck ist allerdings Voraussetzung für eine Aufstockung, dass die aufzustockenden Geschäftsanteile entweder noch von den Gründern oder ihren Gesamtrechtsnachfolgern gehalten werden,[109] oder die Einlagen auf die aufzustockenden Geschäftsanteile vollständig eingezahlt sind.[110] Eine etwaige Aufstockung bestehender Geschäftsanteile ist bereits im Kapitalerhöhungsbeschluss selbst zu beschließen – und zwar unter Beachtung des sachenrechtlichen Bestimmtheitsgrundsatzes.

IV. Anwendbarkeit von Gründungsvorschriften (Abs. 4)

61 Abs. 4 ordnet ausdrücklich die Anwendung der §§ 5 Abs. 2 und 3 sowie 19 Abs. 6 an. Diese ausdrückliche Nennung einzelner Vorschriften darf nicht darüber hinwegtäuschen, dass neben den ausdrücklich genannten Vorschriften selbstverständlich auch die übrigen **Vorschriften des Kapitalaufbringungsrechts** zur Anwendung kommen. Namentlich können die Einlageverpflichtungen auch im Rahmen einer Kapitalerhöhung nicht erlassen werden (§ 19 Abs. 2 Satz 2). Auch finden die Vorschriften zur verdeckten Sacheinlage (§ 19 Abs. 4) und zum Hin- und Herzahlen (§ 19 Abs. 5) Anwendung. Die Leistung des neuen Stammkapitals regelt § 56a, die Einzelheiten der Anmeldung der Kapitalerhöhung zur Eintragung ins Handelsregister regelt § 57.

V. Ausgewählte Einzelfragen

1. Mögliche Grenzen der Durchführung einer effektiven Kapitalerhöhung

62 **a) Kapitalerhöhung bei der Vor-GmbH.** Als solche entsteht die GmbH erst mit ihrer Eintragung ins Handelsregister, § 11 Abs. 1 GmbHG. Zwar finden auf die Vor-GmbH grds. die für die GmbH geltenden Vorschriften Anwendung, allerdings nur dann, wenn dem nicht der Sinn und Zweck der anzuwendenden Regelung entgegensteht.[111] Bei einer Kapitalerhöhung in der Gründungsphase stehen allerdings Sinn und Zweck einer Anwendung der §§ 55 ff. entgegen. Wie jede andere Änderung des Gesellschaftsvertrages auch (siehe hierzu *Link* § 11 Rdn. 17 bedarf eine Kapitalerhöhung in der Gründungsphase der **Einstimmigkeit und der notariellen Beurkun-**

---

108 Zur Abtretung des Aufstockungsbetrages siehe *Hermanns,* in: Michalski, GmbHG; § 55 Rn. 104; *Lieder,* in: MünchKommGmbHG, § 55 Rn. 151 f.

109 BGH, Beschl. v. 24.10.1974 – II ZB 1/74, NJW 1975, 118; OLG Hamm, Beschl. v. 24.2.1982 – 15 W 114/81, GmbHR 1983, 102.

110 BayObLG, Beschl. v. 25.4.1989 – BReG 3 Z 20/89, DB 1989, 1558, 1559; *Lutter,* in: Lutter/Hommelhoff, GmbHG, § 55 Rn. 15; *Hermanns,* in: Michalski, GmbHG, § 55 Rn. 22.

111 Ausführlich zum Rechtsanwendung bei der Vor-GmbH: *Schmidt-Leithoff,* in: Rowedder/Schmidt-Leithoff, GmbHG, § 11, Rn. 4 ff.; *Michalski/Funke,* in: Michalski, GmbHG, § 11 Rn. 42 ff.

dung, § 2.[112] Eine Ausnahme vom Einstimmigkeitserfordernis kommt nur dann in Betracht, wenn die Gesellschafter i.R.d. Gründung ausdrücklich auch für die Vor-GmbH vereinbart hatten, dass eine Änderung des Gesellschaftsvertrages mit einer (qualifizierten) Mehrheit erfolgen kann. Dass die Kapitalerhöhung indes erst nach der Eintragung der Gesellschaft ins Handelsregister wirksam werden soll, genügt demgegenüber nicht.[113]

63 b) **Kapitalerhöhung in der Liquidation.** Bei einer Gesellschaft in **Liquidation** besteht der Gesellschaftszweck in der Verwertung und Verteilung des Gesellschaftsvermögens. Mit diesem Gesellschaftszweck ist eine Kapitalerhöhung i.d.R. nicht vereinbar.[114] Allerdings bleibt es den Gesellschaftern unbenommen, den Gesellschaftszweck wieder zurück zu ändern und eine Gesellschaft, für die sie bereits die Liquidation beschlossen hatten, wieder in das werbende Stadium zurückzuführen (siehe hierzu *Beckmann/Hofmann* § 60 Rdn. 61 ff.). Beschließen nun die Gesellschafter einer in Liquidation befindlichen Gesellschaft eine Kapitalerhöhung, ist nicht der Kapitalerhöhungsbeschluss unwirksam, vielmehr ist der Beschluss regelmäßig dahingehend auszulegen, dass die Gesellschaft wieder ins werbende Stadium zurückgeführt werden soll.[115]

64 Wurde **zunächst** eine (noch nicht vollzogene) **Kapitalerhöhung und später** die **Liquidation** beschlossen, so soll sich nach h.M.[116] regelmäßig im Wege der Auslegung ergeben, dass die Kapitalerhöhung nicht mehr durchgeführt werden soll. Dem ist (nur) für den gesetzlichen Regelfall (§ 60 Abs. 1 Nr. 2) zu folgen, dass die Liquidation mit einer ¾-Mehrheit beschlossen wurde. Für die Aufhebung eines Kapitalerhöhungsbeschlusses bedarf es nach zutreffender Auffassung (siehe hierzu oben Rdn. 33) eines Beschlusses, der mit gleichen Mehrheit gefasst wurde, wie der Kapitalerhöhungsbeschluss selbst. Erforderlich ist mithin mindestens eine ¾-Mehrheit. Damit kann ein mit einer geringeren Mehrheit gefasster Gesellschafterbeschluss eine bereits beschlossene Kapitalerhöhung nicht aushebeln. Vielmehr spricht viel dafür, dass in einer solchen Situation der Liquidationsbeschluss ins Leere geht.

65 c) **Kapitalerhöhung in der Insolvenz.** Ebenso wie die Liquidation der Gesellschaft dem Beschluss einer Kapitalerhöhung nicht entgegensteht, können die Gesellschafter

---

112 *Roth,* in: Altmeppen/Roth, GmbHG, § 55 Rn.9; *Zimmermann,* in: Rowedder/Schmidt-Leithoff, GmbHG, § 55 Rn. 23; *Zöllner,* in: Baumbach/Hueck, GmbHG, § 53 Rn. 82. Für eine Anwendung der §§ 55 ff. indes *Priester,* ZIP 1987, 280 ff.

113 So aber *Lutter,* in: Lutter/Hommelhoff, GmbHG, § 55 Rn. 30.

114 Eine Kapitalerhöhung im Liquidationsstadium denn auch für unzulässig haltend KG, RJA 14, 152 f.; OLG Bremen, GmbHR 1957, 180.

115 Ähnlich *Lieder,* in: MünchKommGmbHG, § 55, Rn. 56; *Ulmer,* in: Ulmer/Habersack/Winter, GmbHG, § 55 Rn. 32; *Priester,* in: Scholz, GmbHG, § 55 Rn. 31.

116 *Lieder,* in: MünchKommGmbHG, § 55, Rn. 56; *Ulmer,* in: Ulmer/Habersack/Winter, GmbHG, § 55 Rn. 32; *Priester,* in: Scholz, GmbHG, § 55 Rn. 31; *Lutter,* in: FS Schilling, 1973, S. 207, 210 f.

auch **nach Eröffnung des Insolvenzverfahrens** noch eine **Kapitalerhöhung beschließen.**[117] Seit der Einführung der InsO ist das Insolvenzverfahren nicht mehr zwangsläufig auf die Zerschlagung der Gesellschaft gerichtet. Auch ist eine Erhöhung des Stammkapitals durchaus im Interesse der Gläubiger, stehen die der Gesellschaft im Zuge der Kapitalerhöhung zugeführten Mittel doch dem Insolvenzverwalter zur Befriedigung der Gläubigeransprüche zur Verfügung, § 35 Abs. 1 InsO. Wollen die Gesellschafter vermeiden, dass der Insolvenzverwalter die Mittel zur Befriedigung der Gläubigeransprüche verwendet, so sollte die Kapitalerhöhung in einen Sanierungsplan integriert werden.

66 Eine **vor Eröffnung des Insolvenzverfahrens beschlossene Kapitalerhöhung** wird nicht automatisch durch die Insolvenzeröffnung unwirksam.[118] Vielmehr haben die Gesellschafter die Möglichkeit, sich nach den Regeln zum Wegfall der Geschäftsgrundlage vom Übernahmevertrag zu lösen (siehe hierzu oben Rdn. 49). Darüber hinaus können sie den Kapitalerhöhungsbeschluss aufheben (siehe hierzu oben Rdn. 33) und die Geschäftsführer veranlassen, von einer Anmeldung der Kapitalerhöhung zum Handelsregister abzusehen (siehe hierzu oben Rdn. 47).

67 **d) Fehlende Volleinzahlung und Verlustvorträge.** Weder eine fehlende Volleinzahlung noch das Vorhandensein von Verlustverträgen stehen einer effektiven Kapitalerhöhung entgegen. Eine **Volleinzahlung** kann nicht verlangt werden, da das GmbHG keine dem § 182 Abs. 4 AktG vergleichbare Regelung kennt; auch verbietet sich aufgrund der Ausfallhaftung der Mitgesellschafter (§ 24) eine analoge Anwendung des § 182 Abs. 4 AktG.[119]

68 Anders als bei der Kapitalerhöhung aus Gesellschaftsmitteln (§ 57d Abs. 2) stehen vorhandene **Verlustvorträge** einer effektiven Kapitalerhöhung nicht entgegen.[120] § 57d Abs. 2 liegt kein allgemeiner Grundsatz zugrunde, sondern die Überlegung, dass die Gesellschaft bei wirtschaftlicher Betrachtung nicht über (hinreichende) Rücklagen verfügt, die in Stammkapital umgewandelt werden könnten. Zudem kann gerade bei einer Gesellschaft, die über signifikante Verlustvorträge verfügt, eine effektive Kapitalerhöhung im Interesse aller Beteiligter (Gesellschaft, Gläubiger und Gesellschafter) sein.

117 *Lieder*, in: MünchKommGmbHG, § 55 Rn. 57 f. m.w.N.; *Ulmer*, in: Ulmer/Habersack/Winter, GmbHG, § 55 Rn. 33; *Priester*, in: Scholz, GmbHG, § 55 Rn. 32 ff.

118 So aber OLG Hamm, Urt. v. 15.6.1988 – 8 U 2/88, GmbHR 1989, 162, 163; *Zöllner*, in: Baumbach/Hueck, GmbHG, § 55 Rn. 5; *Lutter*, in: Lutter/Hommelhoff, GmbHG, § 55 Rn. 45. Wie hier BGH, Urt. v. 7.11.1994 – II ZR 248/93, NJW 1995, 460; KG, Urt. v. 19.7.1999 – 23 U 3401/97, NZG 2000, 103, 104; *Ulmer*, in: Ulmer/Habersack/Winter, GmbHG, § 55 Rn. 33 m.w.N.

119 RGZ 132, 392, 397; *Ulmer*, in: Ulmer/Habersack/Winter, GmbHG, § 55 Rn. 30; *Lieder*, in: MünchKommGmbHG, § 55, Rn. 40.

120 *Lieder*, in: MünchKommGmbHG, § 55, Rn. 41 m.w.N.

69 e) **Fehlende Euroumstellung.** Eine Verpflichtung zur Umstellung des Stammkapitals von Deutsche Mark auf Euro besteht nicht, § 1 Abs. 1 Satz 1 EGGmbHG. Allerdings dürfen Änderungen des Stammkapitals nach dem 31. Dezember 2001 nur ins Handelsregister eingetragen werden, wenn das Stammkapital vor der einzutragenden Kapitalerhöhung umgestellt wurde oder im Zuge derselben[121] auf Euro umgestellt wird, § 1 Abs. 1 Satz 4 EGGmbHG (sog. »**Registersperre**«). Zu Einzelheiten siehe die Kommentierung zu § 1 EGGmbHG.

2. Übertragung des Übernahmevertrages und künftiger Geschäftsanteile

70 Sowohl der Übernahmevertrag als auch die im Zuge der Kapitalerhöhung zu schaffenden Geschäftsanteile können übertragen werden. Dabei stellt die **Übertragung des Übernahmevertrages** eine Vertragsübernahme dar.[122] Damit bedarf es einer dreiseitige Vereinbarung zwischen Gesellschaft, ursprünglichem Übernehmer und künftigem Übernehmer, wobei die Vereinbarung zwischen dem ursprünglichen und dem künftigen Übernehmer der notariellen Form bedarf. Die Gesellschaft wird bei Abschluss der Vereinbarung von der Gesellschafterversammlung vertreten, die auch darüber entscheidet, ob die Zustimmung erteilt wird. An diesen Beschluss der Gesellschafterversammlung sind die gleichen Anforderungen zu stellen wie an eine Anteilsübertragung[123] und wie an den Zulassungsbeschluß. Die Vinkulierung, die die Gesellschafter vor einer Beteiligung Dritter an ihrer Gesellschaft schützen soll, darf nicht über den Umweg einer Übertragung des Übernahmevertrages ausgehöhlt werden. Erfolgte die Vertragsübernahme vor der Anmeldung der Kapitalerhöhung zum Handelsregister, ist allein der Übernehmer zu benennen, auf den der Übernahmevertrag übertragen wurde. Anderenfalls ist die Handelsregisteranmeldung zu korrigieren.[124] Wird die Kapitalerhöhung wirksam, so entsteht der neu geschaffene Geschäftsanteil unmittelbar in der Person des Übernehmers, auf den der Übernahmevertrag übertragen wurde (**Direkterwerb**). Auf die Einlage haftet nur der Übernehmer, der den Geschäftsanteil auch erworben hat.

71 An Stelle des Übernahmevertrages kann auch der im Zuge der Kapitalerhöhung zu schaffende (**künftige) Geschäftsanteil abgetreten** werden; das aktienrechtliche Verbot (§ 191 AktG) greift nicht.[125] Eine solche Abtretung hat den Anforderungen des § 15 zu genügen. Namentlich bedürfen sowohl das schuldrechtliche als auch das dingliche Rechtsgeschäft der notariellen Form, der sachenrechtliche Bestimmtheitsgrundsatz ist einzuhalten und etwaige Vinkulierungsvorschriften sind zu beachten. Sind diese

---

121 *Zöllner*, in: Baumbach/Hueck, GmbHG, § 55 Rn. 55.

122 *Lieder*, in: MünchKommGmbHG, § 55 Rn. 150; *Hellwig*, FS Rowedder, 1994, S. 141, 151 f.

123 *Habel*, GmbHR 2000, 267, 271. Einen mit einfacher Mehrheit gefassten Beschluss ausreichen lassend *Lieder*, in: MünchKommGmbHG, § 55 Rn. 150.

124 *Lieder*, in: MünchKommGmbHG, § 55 Rn. 150; *Hellwig*, in: FS Rowedder, 1994, S. 141, 145.

125 *Lieder*, in: MünchKommGmbHG, § 55 Rn. 148; *Lutter*, in: Lutter/Hommelhoff, GmbHG, § 55 Rn. 42.

Voraussetzungen eingehalten, kann ein künftiger Geschäftsanteil auch abgetreten werden, bevor die Kapitalerhöhung überhaupt beschlossen wurde. Wird der Veräußerer in einem solchen Fall nicht zur Übernahme eines Geschäftsanteils zugelassen, greift § 185 BGB. Anders als bei der Übertragung des Übernahmevertrages kommt es bei der Abtretung eines künftigen Geschäftsanteils zu einem **Durchgangserwerb** beim Zeichner des Übernahmevertrages. Damit haftet dieser auch nach § 22 auf die Einlage.

72 Die Folgen einer Abtretung künftigen Geschäftsanteile, wenn im Zuge der Kapitalerhöhung keine neuen Geschäftsanteile ausgegeben, sondern die bestehenden **Geschäftsanteile aufgestockt** werden (siehe hierzu oben Rdn. 60) sind umstritten.[126] Im Ergebnis wird man davon ausgehen müssen, dass sich die Abtretung nicht auf den vollständigen Geschäftsanteil, sondern nur auf den aufgestockten **Teilgeschäftsanteil** bezieht und es zu einem **Durchgangserwerb** kommt.

3. Kosten

73 Eine Kapitalerhöhung löst sowohl **Notarkosten** (Beurkundung des Kapitalerhöhungsbeschlusses, § 47 KostO) als auch an das Handelsregister zu zahlende **Gebühren** (§ 38 Abs. 2 Nr. 7 KostO) aus. Zudem ist die **Bekanntmachung** der Kapitalerhöhung mit Kosten verbunden (§ 137 Nr. 4 KostO). Sämtliche dieser Kosten sind von der Gesellschaft zu tragen und stellen bei dieser handels- und steuerrechtlich Aufwand dar.[127] Zudem fallen Notarkosten im Zusammenhang mit der Übernahmeerklärung an, die von dem jeweiligen Übernehmer zu tragen sind.

4. Haftungsrisiken bei Durchführung einer Kapitalerhöhung

74 Die Beteiligung an einer Kapitalerhöhung ist mit verschiedenen Haftungsrisiken verbunden. Für die **(Alt- und Neu-)Gesellschafter** resultiert dieses Risiko namentlich aus § 24, der zu einer Haftung sämtlicher Gesellschafter für (noch) offene Einlagen führt, unabhängig davon, ob die offenen Einlagen aus der Kapitalerhöhung resultieren oder aus der Zeit davor.[128] Wurden im Rahmen der Kapitalerhöhung falsche Angaben gemacht, so haften die Gesellschafter neben den **Geschäftsführern** auf Schadensersatz, §§ 57 Abs. 4, 9a.

75 Neben den Gesellschaftern und Geschäftsführern können auch **Banken** haften, die im Zusammenhang mit einer Einzahlungsbestätigung falsche Angaben machen. Hat eine Bank in Kenntnis der Rückzahlung der Einlage an den Gesellschafter zur Vorlage beim Handelsregister eine Bestätigung ausstellt, dass die Einlage erbracht wurde

126 Siehe hierzu *Hermanns,* in: Michalski, GmbHG, § 55 Rn. 104; *Lieder,* in: MünchKommGmbHG, § 55 Rn. 151 f.

127 Ausführlich zu den Kosten bei einer Kapitalerhöhung *Lieder,* in: MünchKommGmbHG, § 55 Rn. 166 f.

128 *Lutter,* in: Lutter/Hommelhoff, GmbHG, § 55 Rn. 48; *Zöllner,* in: Baumbach/Hueck, GmbHG, § 55 Rn. 7.

und zur freien Verfügung der Geschäftsführer steht, haftet sie auf Schadensersatz.[129] Hieran hat sich durch die Einführung des § 19 Abs. 5 nichts geändert, denn § 19 Abs. 5 GmbHG setzt die Vollwertigkeit und sofortige Fälligkeit des Rückzahlungsanspruchs voraus; ob diese Voraussetzungen vorliegen, entzieht sich indes der Beurteilung der Bank.[130] Kommt es zu einer verdeckten Sacheinlage (§ 19 Abs. 4) können auch die **Berater der Gesellschaft**, wie Rechtsanwälte und Steuerberater[131] sowie die **beurkundenden Notare**[132] haften.

5. Fehlerhafte Kapitalerhöhung

76 Wie andere satzungsändernden Gesellschafterbeschlüsse auch (siehe hierzu *Leitzen* § 54 Rdn. 70 ff.) können Kapitalerhöhungsbeschlüsse analog § 241 AktG **nichtig** sein. Nichtige Kapitalerhöhungsbeschlüsse dürfen nicht ins Handelsregister eingetragen werden; die Nichtigkeit ist ein Eintragungshindernis. Kommt es gleichwohl zur Eintragung ins Handelsregister, kann die Nichtigkeit analog § 242 AktG geheilt werden. Kommt es zur Heilung, so entstehen fehlerfreie Geschäftsanteile.[133] Ist es trotz der Eintragung der Kapitalerhöhung ins Handelsregister (noch) nicht zur Heilung der Nichtigkeit gekommen, finden die Grundsätze der fehlerhaften Gesellschaft Anwendung; nur so kann Rechtssicherheit hergestellt werden.[134] Wurde die Kapitalerhöhung ausnahmsweise im Freigabeverfahren analog § 246a AktG[135] eingetragen, ist eine Rückabwicklung der Kapitalerhöhung auch für die Zukunft ausgeschlossen.

77 Ist der Kapitalerhöhungbeschluss **nicht nichtig, sondern nur anfechtbar**, so ist er bis zur Feststellung seiner Nichtigkeit uneingeschränkt wirksam. Auch besteht kein Eintragungshindernis, so dass das Handelsregister ihn eintragen muss.[136]

---

129 BGH, Urt. v. 18.2.1991 – II ZR 104/90, NJW 1991, 1754 einerseits und BGH, Urt. v. 16.12.1996 – II ZR 00/95, NJW 1997, 945 andererseits; s. hierzu auch *Spindler*, ZGR 1997, 537, 543 ff. Zu den Anforderungen an eine Bankbestätigung s. BGH, Urt. v. 7.1.2008 – II ZR 283/06, NZG 2008, 304 (zur AG).

130 *Bormann*, in: Bormann/Kauka/Ockelmann, HdbGmbHR, Kap. 4 Rn. 286.

131 BGH, Urt. v. 19.5.2009 – IX ZR 43/08, NZG 2009, 865; BGH, Urt. v. 2.12.1999 – IX ZR 415/98, NJW 2000, 725, 726.

132 BGH, Urt. v. 16.11.1995 – IX ZR 14/95, NJW 1996, 524, 525; BGH, Beschl. v. 2.10.2007 – III ZR 13/07, DStR 2007, 2124, 2125, Rn. 10 ff.; BGH, Urt. v. 24.4.2008 – III ZR 223/06, NZG 2008, 512, 513.

133 OLG Stuttgart, Urt. v. 17.5.2000 – 20 U 68/99, NZG 2001, 40, 44; *Lieder*, in: MünchKommGmbHG, § 57 Rn. 53.

134 Ausführlich *Lieder*, in: MünchKommGmbHG, § 57 Rn. 55 ff.; *M. Winter*, in: FS Ulmer, 2003, S. 699 ff. jeweils m.w.N.

135 Für die analoge Anwendbarkeit des § 246a AktG bei der GmbH etwa *Ulmer*, in: Ulmer/Habersack/Winter, GmbHG, § 57 Rn. 47a; *Lieder*, in: MünchKommGmbHG, § 57 Rn. 62; *Harbarth*, GmbHR 2005, 966, 969; a.A. indes *Priester*, in: Scholz, GmbH, § 57 Rn. 50; KG, Beschl. v. 23.6.2011 – 23 AktG 1/11, NZG 2011, 1068.

136 *Lieder*, in: MünchKommGmbHG, § 57 Rn. 72.

Zum **fehlerhaften Zulassungsbeschluss** siehe oben Rdn. 57; zum **fehlerhaften Übernahmevertrag** siehe oben Rdn. 49. **78**

Zur **fehlerhaften Handelsregisteranmeldung** siehe § 57 Rdn. 26 ff. **79**

§ 55a Genehmigtes Kapital

(1) [1]Der Gesellschaftsvertrag kann die Geschäftsführer für höchstens fünf Jahre nach Eintragung der Gesellschaft ermächtigen, das Stammkapital bis zu einem bestimmten Nennbetrag (genehmigtes Kapital) durch Ausgabe neuer Geschäftsanteile gegen Einlagen zu erhöhen. [2]Der Nennbetrag des genehmigten Kapitals darf die Hälfte des Stammkapitals, das zur Zeit der Ermächtigung vorhanden ist, nicht übersteigen.

(2) Die Ermächtigung kann auch durch Abänderung des Gesellschaftsvertrags für höchstens fünf Jahre nach deren Eintragung erteilt werden.

(3) Gegen Sacheinlagen (§ 56) dürfen Geschäftsanteile nur ausgegeben werden, wenn die Ermächtigung es vorsieht.

Übersicht **Rdn.**

Schrifttum

Bayer/Hoffmann, Genehmigtes Kapital für die GmbH als Ladenhüter, GmbHR 2009, 161; *dies./Lieder,* Ein Jahr MoMiG in der Unternehmenspraxis, GmbHR 2010, 9; *Bormann/Urlichs,* Kapitalaufbringung und Kapitalerhaltung nach dem MoMiG, GmbHR Sonderheft Oktober 2008, 37; *Cramer,* Das genehmigte Kapital der GmbH nach dem MoMiG, GmbHR 2009, 406; *Herrler,* Aktuelles zur Kapitalerhöhung bei der GmbH, DNotZ 2008, 903; *Klett,* Das genehmigte Kapital bei der GmbH, GmbHR 2008, 1312; *Lieder,* Der Einfluß des genehmigten Kapitals auf die Dogmatik des GmbH-Rechts, ZGR 2010, 868; *Priester,* Genehmigtes Kapital bei der GmbH, GmbHR 2008, 1177; *Schnorbus/Donner,* Das genehmigte Kapital bei der GmbHG – der neue § 55a GmbHG in der Praxis, NZG 2009, 1241.

A. Allgemeines

I. Grundlagen

1. Regelungskontext

1 Eingeführt wurde § 55a im Zuge des MoMiG. Dabei war er weder im Referenten-, noch im Regierungsentwurf vorgesehen, sondern wurde erst auf einen Vorschlag der Ausschüsse des Bundesrats[1] hin aufgenommen. Ausweislich der Begründung sollen die GmbHs durch die Schaffung eines genehmigten Kapitals **in die Lage versetzt werden**, »*flexibel und unkompliziert auf schnelle Weise neues Kapital zu beschaffen. Damit könnten für den Erwerb von Beteiligungen, Unternehmen oder zur Realisierung von Kapitalerhöhungen kurzfristig neue Anteile geschaffen werden. Bereits im Vorfeld*

1 Empfehlungen der Ausschüsse, BR-Drs. 354/01/07, S. 23 f. Grundlegend zur Dogmatik des genehmigten Kapitals: *Lieder,* ZGR 2010, 868 ff.

einer solchen Transaktion könnten damit die formellen Voraussetzungen geschaffen werden, um im richtigen Moment rasch handeln zu können«.

2 Wie nachstehende Gegenüberstellung zeigt, ist § 55a den **aktienrechtlichen Vorschriften** zum genehmigten Kapital **nachgebildet.**[2]

Regelung im GmbHG	Regelung im AktG
§ 5a Abs. 1 Satz 1	§ 202 Abs. 1
§ 5a Abs. 1 Satz 2	§ 202 Abs. 3 Satz 1
§ 5a Abs. 2	§ 202 Abs. 2 Satz 1
§ 5a Abs. 3	§ 205 Abs. 1

3 Trotz dieser Parallelen bleibt § 55a im Detail deutlich hinter den entsprechenden Vorschriften des AktG zurück. Daher kann nicht nur bei der Auslegung des § 55a auf die Rechtsprechung und Literatur zu den entsprechenden Vorschriften des AktG zurückgegriffen werden. Darüber hinaus können auch im Einzelfall die nicht ins GmbHG übernommenen Vorschriften des AktG ergänzend herangezogen werden.

2. Praktische Bedeutung des genehmigten Kapitals

4 Bisher spielte die Ausgabe von Geschäftsanteilen im Zusammenhang mit Akquisitionen auf GmbH-Ebene **allenfalls eine geringe Rolle**. Auch i.Ü. besteht keine praktische Notwendigkeit für ein genehmigtes Kapital:[3] Da auch bei der Ausnutzung des genehmigten Kapitals eine Übernahmeerklärung erforderlich ist, die der notariellen Form bedarf (siehe hierzu unten Rdn. 49), müssen die Übernehmer ohnehin einen Notar aufsuchen. Auch wird es bei der (durchweg) personalistisch organisierten GmbH in der Regel möglich sein, eine Vollversammlung durchzuführen. Zudem ist zu berücksichtigen, dass die Ausnutzung genehmigten Kapitals bei der AG insbesondere deswegen eine so große praktische Bedeutung hat, weil sich so die Anfechtungsrisiken bei der Durchführung einer Hauptversammlung vermeiden lassen. Dieser Aspekt ist indes bei der GmbH ohne Bedeutung.[4]

II. Ablauf der Ausnutzung des genehmigten Kapitals

5 Im Grundsatz vollzieht sich eine Kapitalerhöhung unter Ausnutzung des genehmigten Kapitals **in den gleichen Schritten wie** eine Kapitalerhöhung nach Maßgabe des

---

2 *Bormann,* in: Bormann/Kauka/Ockelmann, HdbGmbHR, Kap. 4 Rn. 332.

3 I.E. ebenso *Casper,* in: Ulmer/Habersack/Winter, GmbHG Erg-Band, § 55a Rn. 4 f.; *Ulmer,* GmbHR 2010, 1298, 1305. S. auch die Auswertung von *Bayer/Hoffmann/Lieder,* GbmHR 2010, 9, 13 ff.

4 *Zöllner,* in: Baumbach/Hueck, GmbHG, § 55a Rn. 2.

§ 55. **Modifikationen** ergeben sich allerdings daraus, dass kein Kapitalerhöhungsbeschluss der Gesellschafterversammlung erforderlich ist:[5]

- (privatschriftlicher) **Beschluss der Geschäftsführung** über die Ausübung, einschließlich der Festlegung der Bedingungen der Ausübung;
- Ggf. (privatschriftlicher) **Zustimmungsbeschluss des Aufsichtsrats** zum Ausübungsbeschluss der Geschäftsführung (sofern im Gesellschaftsvertrag oder in der Geschäftsordnung der Geschäftsführung vorgesehen);
- **Übernahme** des Erhöhungsbetrags in notarieller Form durch die zugelassenen Personen (§ 55 Abs. 1 GmbHG);
- **Leistung der Einlage** durch die Übernehmer (§ 57 Abs. 2 GmbHG) und
- **Anmeldung der Kapitalerhöhung** und der korrespondierenden Änderung des Gesellschaftsvertrags zur Eintragung ins Handelsregister, wobei beide erst mit Eintragung ins Handelsregister wirksam werden.

B. Einzelerläuterungen

I. Genehmigtes Kapital im Gründungs-Gesellschaftsvertrag (Abs. 1)

6 Mit dem genehmigten Kapital werden die Geschäftsführer ermächtigt, das Stammkapital durch Ausgabe neuer Geschäftsanteile zu erhöhen. Diese Ermächtigung darf höchstens für fünf Jahre gelten und die Hälfte des Stammkapitals, das zur Zeit der Ermächtigung vorhanden ist, nicht übersteigen.

7 Da es sich bei dem genehmigten Kapital um eine Ermächtigung handelt und im Zeitpunkt ihrer Erteilung nicht sicher ist, ob und wann die Geschäftsführung von ihr Gebrauch macht, hat das genehmigte Kapital bei der **Ermittlung der Stammkapitalziffer** für Zwecke der §§ 5 Abs. 1, 5a Abs. 1 **außer Betracht zu bleiben.**[6]

1. Materielle Anforderungen

8 **a) Empfänger der Ermächtigung.** Als Empfänger der Ermächtigung benennt Satz 1 ***«die Geschäftsführer«***. Von dieser Vorgabe kann der Gesellschaftsvertrag nicht abweichen. Der Gesellschaftsvertrag kann mithin weder nur einzelne Geschäftsführern ermächtigen, noch ein anderes Organ, etwa einen Aufsichts- oder Beirat.

9 Auch wenn keine anderen Organe ermächtigt werden können als die Geschäftsführer, so kann der Gesellschaftsvertrag doch – wie auch bei anderen Geschäftsführungsentscheidung – vorsehen, dass die Geschäftsführer für die Ausübung des genehmig-

5 *Bormann,* in: Bormann/Kauka/Ockelmann, HdbGmbHR, Kap. 4 Rn. 353; *Arnold/Born,* in: Bork/Schäfer, GmbHG, § 55a Rn. 5.

6 *Lieder,* in: MünchKommGmbHG, § 55a, Rn. 13.

ten Kapitals der **Zustimmung eines anderen Organs** bedürfen.[7] Dass der Gesetzgeber anders als bei der AG (§ 202 Abs. 3 Satz 2 AktG) darauf verzichtet hat, eine Zustimmung des Aufsichtsrates ausdrücklich vorzuschreiben steht dem nicht entgegen, ist doch bei der GmbH ein Aufsichtsrat anders als bei der AG nicht zwingend. Alternativ oder auch kumulativ zu einer Zustimmung durch den Aufsichtsrat kann der Gesellschaftsvertrag auch die Zustimmung durch die Gesellschafterversammlung vorsehen. Der Aufsichtsrat seinerseits kann indes die Ausübung des genehmigten Kapitals nicht seiner Zustimmung unterstellen, da hierdurch die Entscheidung der Gesellschafter unterlaufen würde, dass gerade keine Zustimmung des Aufsichtsrates erforderlich sein soll.[8] Das Erfordernis einer Zustimmung des Aufsichtsrates oder der Gesellschafterversammlung reduziert zwar die (ohnehin nur begrenzten – siehe hierzu oben Rdn. 4) Vorteile des genehmigten Kapitals, da die Gesellschafter in dessen Ausübung eingebunden sind. Allerdings kann der Zustimmungsbeschluss der Gesellschafterversammlung anders als ein Kapitalerhöhungsbeschluss schriftlich im Umlaufverfahren gefasst werden und bedarf nicht der notariellen Beurkundung. Zur Aufnahme einer Verpflichtung, das genehmigte Kapital auszunutzen, siehe unten Rdn. 15.

10 **b) Ermächtigungsdauer**. Die Ermächtigung darf für **höchstens fünf Jahre nach Eintragung der Gesellschaft** gelten. Beschrieben werden kann die Dauer der Ermächtigung im Gesellschaftsvertrag sowohl durch die Angabe einer Laufzeit (»für X Jahre nach Eintragung der Gesellschaft«, wobei X </= fünf sein muss) oder durch die Angabe eines fixen Enddatums (»bis zum 30. September 2014«). Die Angabe eines fixen Enddatums ist dabei allerdings zwangsläufig mit einer (minimalen) Verkürzung der Ermächtigungsdauer verbunden, da bei Gründung der Gesellschaft noch nicht bekannt ist, an welchem Tag die Gesellschaft eingetragen werden wird. Nach Ablauf der Ermächtigungsdauer ist – wie im Aktienrecht auch – eine Verlängerung der Frist unter Beachtung der allgemeinen Regeln (siehe hierzu unten Rdn. 26 ff.) möglich.[9]

11 **c) Ermächtigungsumfang**. Die Ermächtigung muss den Umfang erkennen lassen, um den die Geschäftsführer das Stammkapital erhöhen dürfen. Satz 1 spricht insofern ausdrücklich von einem »*bestimmten Nennbetrag*«. Ergänzend bestimmt Satz 2, dass der Nennbetrag die **Hälfte des Stammkapitals**, das zur Zeit der Ermächtigung

---

7 Wie hier *Bormann,* in: Bormann/Kauka/Ockelmann, HdbGmbHR, Kap. 4 Rn. 351; *Arnold/Born,* in: Bork/Schäfer, GmbHG, § 55a Rn. 14; *Priester,* in: Scholz, GmbHG Nachtrag MoMiG, § 55a Rn. 30; *Casper,* in: Ulmer/Habersack/Winter, GmbHG Erg-Band, § 55a Rn. 17; *Lieder,* in: MünchKommGmbHG, § 55a Rn. 34 m.w.N. A.A. *Herrmanns,* in: Michalski, GmbHG, § 55a Rn. 6.

8 *Bormann,* in: Bormann/Kauka/Ockelmann, HdbGmbHR, Kap. 4 Rn. 344; wohl auch *Lieder,* in: MünchKommGmbHG, § 55a, Rn. 34.

9 *Lieder,* in: MünchKommGmbHG, § 55a, Rn. 23; *Lutter,* in: Lutter/Hommelhoff, GmbHG, § 55a Rn. 12; *Arnold/Born,* in: Bork/Schäfer, GmbHG, § 55a Rn. 7. Vgl. zur AG etwa OLG Hamm, Beschl. v. 16.11.1984 – 15 W 312/82, DB 1985, 103, 104.

vorhanden ist, nicht übersteigen darf. Verfügt die Gesellschaft über mehrere genehmigte Kapitalia, etwa mit unterschiedlichen Laufzeiten oder für unterschiedliche Verwendungszwecke, so darf die Summe der genehmigten Kapitalia zusammen den Höchstbetrag nicht übersteigen.[10]

12 Die **Bestimmung des Betrages**, um den die Geschäftsführung das Stammkapital erhöhen kann, kann durch die Nennung des möglichen Erhöhungsbetrages erfolgen (»*das Stammkapital um bis zu [Betrag] EUR zu erhöhen*«).[11] Vereinzelt[12] wird es zudem für zulässig gehalten, den Betrag zu nennen, auf den (»*das Stammkapital auf bis zu [Betrag] EUR zu erhöhen*«) oder den Prozentsatz um den Stammkapital erhöht werden kann (»*das Stammkapital um bis zu X % des Stammkapitals zu erhöhen*«). Enthält die Ermächtigung indes eine der beiden vorgenannten Regelungen und kommt es im Nachgang zur Gründung zu einer Änderung der Stammkapitalziffer, so ist die Regelung nicht mehr aus sich selbst heraus verständlich, sondern bedarf der historischen Auslegung.[13] Selbst wenn dies der Zulässigkeit dieser Regelungen nicht entgegenstehen sollte, so ist der Praxis doch aufgrund der mit ihr verbundenen Unhandlichkeit von einer Verwendung abzuraten.

13 Entscheidender **Zeitpunkt**, für die Ermittlung des maximal zulässigen Erhöhungsbetrages ist der Tag der Eintragung der Gesellschaft. Ändern die Gesellschafter das Stammkapital nach Gründung, aber vor Eintragung der Gesellschaft ins Handelsregister noch und wird diese Änderung bei der Eintragung der Gesellschaft bereits berücksichtigt, so ist das geänderte Stammkapital entscheidend. Spätere Kapitalerhöhungen oder Kapitalherabsetzungen haben indes keinen Einfluss auf den im Rahmen einer bereits bestehenden Ermächtigung maximal zulässigen Erhöhungsbetrag. Allerdings bleibt es den Gesellschaftern unbenommen, die Ermächtigung später anzupassen.

14 **d) Ermächtigungsbedingungen. aa) Allgemeines.** Neben der Dauer und dem Umfang, die die Ermächtigung zwingend zu enthalten hat, **kann** die Ermächtigung auch weitere **Vorgaben zur Art und Weise der Ausübung der Ermächtigung** enthalten. Zu diesen Vorgaben gehören namentlich die folgenden:[14]

15 Die gesetzliche Ausgestaltung des genehmigten Kapitals als Ermächtigung schließt nicht aus, dass die Gesellschafter die Geschäftsführung bereits in der Ermächtigung selbst oder auch zu einem späteren Zeitpunkt (siehe hierzu unten unter Rdn. 43) **verpflichten, das genehmigte Kapital** unter bestimmten Voraussetzungen oder nur

---

10 *Zöllner*, in: Baumbach/Hueck, GmbHG § 55a Rndr. 6; *Casper*, in: Ulmer/Habersack/Winter, GmbHG Erg-Band, § 55a Rn. 13; *Roth*, in: Roth/Altmeppen, GmbHG, § 55a Rn. 16.

11 *Roth*, in: Roth/Altmeppen, GmbHG, § 55a Rn. 13; *Thun*, in: Bunnemann/Zirngibl, GmbH, § 6 Rn. 79; *Arnold/Born*, in: Bork/Schäfer, GmbHG, § 55a Rn. 7.

12 *Lieder*, in: MünchKommGmbHG, § 55a, Rn. 20. Vgl. auch *Lutter*, in: Lutter/Hommelhoff, GmbHG § 55a Rn. 11.

13 *Bormann*, in: Bormann/Kauka/Ockelmann, HdbGmbHR, Kap. 4 Rn. 341.

14 Siehe hierzu auch *Lieder*, in: MünchKommGmbHG, § 55a Rn. 24 ff.

unter bestimmten Voraussetzungen **auszunutzen.**[15] Auch kann die Ermächtigung vorsehen, das genehmigte Kapital **nur zu einem bestimmten Zweck** zu verwenden.

16 Soll das genehmigte Kapital nicht nur zu Bar-, sondern auch zu **Sachkapitalerhöhungen** verwendet werden, so ist dies bereits in der Ermächtigung vorzusehen, Abs. 3 (siehe hierzu unten Rdn. 36 f.). Gleiches gilt, sofern die durch die Ausnutzung des genehmigten Kapitals geschaffenen Geschäftsanteile mit **Sonderrechten** ausgestattet sein sollen, die im Gesellschaftsvertrag vorher nicht vorgesehen waren, wie etwa Mehrfach-Stimmrechten oder Sondergewinnrechten.

17 Die Ermächtigung kann letztlich auch Vorgaben dazu enthalten, ob im Zuge der Ausübung des genehmigten Kapitals **neue Geschäftsanteile ausgegeben** oder die **bestehenden Geschäftsanteile aufgestockt** werden sollen. Zwar ist in Abs. 1 Satz 1 allein von der Ausgabe neuer Geschäftsanteile die Rede. Wie aber auch § 55 Abs. 3 (siehe dazu § 55 Rdn. 60) schließt Abs. 1 Satz 1 die Aufstockung bestehender Geschäftsanteile nicht aus.[16] Daneben kann die Ermächtigung eine Aussage dazu enthalten, ob bei der Ausnutzung des genehmigten Kapitals pro Übernehmer **nur ein oder mehrere neue Geschäftsanteile** ausgegeben werden dürfen. Zulässig ist auch eine Regelung, nach der das Stammkapital im Rahmen des grds. zulässigen Erhöhungsumfanges (zu diesem siehe vorstehend Rdn. 11 ff.) je Ausnutzung des genehmigten Kapitals um einen **Mindest- oder einen Höchstbetrag** zu erhöhen ist (»*Die Geschäftsführer sind ermächtigt, das Stammkapital der Gesellschaft bis zum [Datum] durch Ausgabe neuer Geschäftsanteile gegen Bar- [oder Sach-] einlagen einmalig oder mehrmals um bis zu insgesamt [Betrag] € zu erhöhen, wobei die Erhöhung jeweils [mindestens/höchstens] [Betrag] € betragen [muss/darf]*«).

18 **bb) In Besonderheit: Bezugsrechtsausschluss.** Auch ohne eine ausdrückliche gesetzliche Regelung steht den GmbH-Gesellschaftern ein (über)gesetzliches Bezugsrecht zu (siehe hierzu § 55 Rdn. 16 ff.). Dieses **Bezugsrecht** kann **in der** gesellschaftsvertraglichen **Ermächtigung** zur Ausgabe neuer Geschäftsanteile – also in der statutarischen Vorschrift zum genehmigten Kapital selbst – oder auch aufgrund einer entsprechenden Ermächtigung im Zuge der Ausnutzung des genehmigten Kapitals **durch die Geschäftsführer ausgeschlossen** werden. Zwar enthält § 55a keine ausdrückliche Ermächtigung, das Bezugsrecht auszuschließen, allerdings hält sein Abs. 3 die Ausnutzung des genehmigten Kapitals durch Sacheinlagen für möglich; bei Sachkapitalerhöhungen ist indes der Bezugsrechtsausschluss der Regelfall.

---

15 *Zöllner,* in: Baumbach/Hueck, GmbHG, § 55a Rn. 7; *Casper,* in: Ulmer/Habersack/Winter, GmbHG Erg-Band, § 55a Rn. 17; *Lutter,* in: Lutter/Hommelhoff, GmbHG, § 55a Rn. 13. Weisung bereits im Ermächtigungsbeschluss ebenfalls für zulässig haltend *Arnold/Born,* in: Bork/Schäfer, GmbHG, § 55a Rn. 14; *Lutter,* in: Lutter/Hommelhoff, GmbHG, § 55a Rn. 13.

16 Ebenso *Lieder,* in: MünchKommGmbHG, § 55a Rn. 25; *Priester,* in: Scholz, GmbHG Nachtrag MoMiG, § 55a Rn. 25; *Schnorbus/Donner,* NZG 2009, 1241, 1245.

19 Ist der Bezugsrechtsausschluss bereits in der **Gründungssatzung** enthalten, so ist der Ausschluss von der einstimmigen Feststellung der Satzung erfasst; besondere formelle oder materielle Anforderungen an den Bezugsrechtsausschluss sind damit nicht erforderlich. Insbesondere bedarf der Bezugsrechtsauschluss keiner materiellen Rechtfertigung.[17] Zu den Anforderungen an den Ausschluss des Bezugsrechts zu einem späteren Zeitpunkt siehe unten Rdn. 30 ff.

20 Soll die **Entscheidung über den Ausschluss des Bezugsrechts** den **Geschäftsführern** im Rahmen der Ausübung des genehmigten Kapitals **überlassen** bleiben, so hat die gesellschaftsvertragliche Regelung zum genehmigten Kapital selbst entsprechend § 203 Abs. 2 AktG eine solche Ermächtigung zu enthalten.[18] Entsprechend den Ausführungen in vorstehender Rdn. bedarf die Aufnahme einer solchen Ermächtigung in die Gründungssatzung keiner sachlichen Rechtfertigung. Zu den Anforderungen an die Ermächtigung zum Ausschluss des Bezugsrechts zu einem späteren Zeitpunkt siehe unten Rdn. 30 ff.

21 **cc) In Besonderheit: Änderung der Fassung des Gesellschaftsvertrages.** Mit der Ausnutzung des genehmigten Kapitals wird der **Gesellschaftsvertrag unrichtig**, denn die im Gesellschaftsvertrag genannte Stammkapitalziffer stimmt nicht mehr mit der tatsächlichen Stammkapitalziffer überein. Mithin ist die Fassung des Gesellschaftsvertrages **anzupassen**. Dabei kennt das GmbHG keine dem § 179 Abs. 1 Satz 2 AktG vergleichbare Regelung, nach dem der Aufsichtsrat berechtigt ist, Änderungen der Fassung des Gesellschaftsvertrages vorzunehmen. Damit ist allein die Gesellschafterversammlung zur Änderung des Gesellschaftsvertrages berechtigt, § 53 Abs. 1. Wollte man es hierbei auch für den Fall der Ausnutzung des genehmigten Kapitals belassen, wären die ohnehin nur limitierten Vorteile genehmigten Kapitals dahin, denn dann müssten die Gesellschafter im Rahmen der Ausnutzung des genehmigten Kapitals auch einen notariellen Gesellschafterbeschluss fassen.[19]

22 Im Ergebnis dürfte **Einigkeit bestehen**, dass es **nicht bei der alleinigen Kompetenz der Gesellschafterversammlung** zur Änderung des Gesellschaftsvertrages **bleiben kann.** Umstritten ist indes, ob die Geschäftsführer einer ausdrücklichen Ermächtigung im Gesellschaftsvertrag bedürfen, die Fassung des Gesellschaftsvertrages anzupassen,[20] oder ob sich diese Kompetenz zur Änderung des Gesellschaftsvertrages als Annex aus § 55a ergibt.[21] Im Ergebnis ist davon auszugehen, dass den Geschäftsfüh-

---

17 Ebenso *Lieder*, in: MünchKommGmbHG, § 55a Rn. 63; *Herrler*, DNotZ 2008, 903, 912; Vgl. zur AG *Wamser*, in: Spindler/Stilz, AktG, § 203, Rn. 61; *Hüffer*, AktG, § 203 Rn. 9.

18 *Priester*, GmbHR 2008, 1177, 1182.

19 *Bormann*, in: Bormann/Kauka/Ockelmann, HdbGmbHR, Kap. 4 Rn. 335; *Thun*, in: Bunnemann/Zirngibl, GmbH, § 6 Rn. 96.

20 Eine solche Ermächtigung für erforderlich haltend *Lieder*, in: MünchKommGmbHG, § 55a Rn. 43 f. *Lutter*, in: Lutter/Hommelhoff, GmbHG, § 55a Rn. 33ff; *Heckschen*, in Heidinger, GmbH, § 10 Rn. 83.

21 Für eine Annex-Kompetenz *Priester*, GmbHR 2008, 1177, 1180; *Schnorbus/Donner*, NZG 2009, 1241, 1245. S.a. *Bormann/Urlichs*, GmbHR-Sonderheft 2008, S. 37, 46.

rern – ebenso wie dem Aufsichtsrat einer AG, wenn die Satzung zwar ein genehmigtes Kapital enthält, dem Aufsichtsrat aber nicht entsprechend § 179 Abs. 1 Satz 2 AktG die Befugnis zur Änderung der Satzung übertragen wurde[22] – eine Annex-Kompetenz zur Änderung des Gesellschaftsvertrages zusteht.

23 Soll die **Befugnis zur Änderung des Gesellschaftsvertrages** indes **nicht der Geschäftsführung obliegen**, sondern dem mit der Handelsregisteranmeldung der Kapitalerhöhung betrauten Notar oder dem Aufsichtsrat der Gesellschaft, so ist eine ausdrückliche Regelung im Gesellschaftsvertrag erforderlich.

2. Formelle Anforderungen

24 Die Ermächtigung hat **im Gründungsgesellschaftsvertrag selbst** zu erfolgen; eine gesonderte Ermächtigung der Geschäftsführer außerhalb des Gesellschaftsvertrages ist weder hinreichend noch erforderlich. Im Zuge der Anmeldung der Gesellschaft zur Eintragung **ins Handelsregister** ist die Existenz des genehmigten Kapitals gesondert anzumelden und **einzutragen**, § 10 Abs. 2 Satz 1.

25 **Wirksam** wird das genehmigte Kapital erst mit der **Eintragung** der Ermächtigung **ins Handelsregister**, § 54 Abs. 3. Erst ab diesem Zeitpunkt kann von der Ermächtigung Gebrauch gemacht werden. Soll die Ermächtigung vor ihrer Eintragung geändert werden, bedarf es hierzu wie zu jeder Änderung des Gründungsgesellschaftsvertrages[23] der Zustimmung sämtlicher Gesellschafter (zur Änderung einer nachträglichen Ermächtigung vor ihrer Eintragung ins Handelsregister siehe unten Rdn. 35). Soll die Ermächtigung nach ihrer Eintragung ins Handelsregister geändert werden, gelten die allgemeinen Vorschriften zur Änderung des Gesellschaftsvertrages.

II. Nachträgliche Einführung eines genehmigten Kapitals (Abs. 2)

1. Allgemeines

26 Sollen die Geschäftsführer nachträglich, also nach der Eintragung der Gesellschaft ins Handelsregister, zur Ausgabe neuer Geschäftsanteile ermächtigt werden, so bedarf es hierzu einer **Änderung des Gesellschaftsvertrages**. An diese Änderung sind gleichen Anforderungen zu stellen, wie an jede andere Änderung des Gesellschaftsvertrages auch (siehe hierzu § 53 Rdn. 5 ff.). Hinsichtlich der Ausgestaltung des genehmigten Kapitals gilt – vorbehaltlich der nachstehenden Ausführungen – das Gleiche wie bei einer Einführung genehmigten Kapitals mit dem Gründungsgesellschaftsvertrag.

---

22 *Wamser*, in: Spindler/Stilz, AktG, § 203 Rn. 39; *Cahn*, AG 2001, 181, 184 ff. Hiergegen indes *Stein*, in: MünchKommAktG, § 179 Rn. 171.

23 *Zöllner*, in: Baumbach/Hueck, GmbHG, § 55a Rn. 10. Zur Satzungsänderung im Gründungsstadium s. *Bayer*, in: Lutter/Hommelhoff, GmbHG, § 2 Rn. 33, 13; *Ulmer*, in: Ulmer/Habersack/Winter, GmbHG, § 2 Rn. 20.

2. Besonderheiten gegenüber der Einführung in der Gründungssatzung

27 Besonderheiten bei der nachträglichen Einführung des genehmigten Kapitals gegenüber der Einführung in der Gründungssatzung bestehen in Bezug auf die **Grenzen** (Dauer und Umfang) und in Bezug auf den **Bezugsrechtsausschluss**.

28 **a) Besonderheiten bei Dauer und Umfang.** So können die Geschäftsführer für **maximal fünf Jahre ab dem Zeitpunkt der Eintragung der Ermächtigung**, sprich der zugrundeliegenden Änderung des Gesellschaftsvertrages, zur Ausgabe neuer Geschäftsanteile ermächtigt werden. Bei der Berechnung der Frist tritt der Tag der Eintragung der Änderung des Gesellschaftsvertrages an die Stelle der Eintragung der Gesellschaft.

29 In Bezug auf den **Umfang der Ermächtigung** ergeben sich Besonderheiten daraus, dass bei einer nachträglichen Einführung des genehmigten Kapitals diese Einführung – anders als bei der Einführung des genehmigten Kapitals bei der Gründung – mit einer regulären Kapitalerhöhung zusammenfallen oder in einem engen zeitlichen Zusammenhang mit einer solchen stehen. Derartige Kapitalerhöhungen haben Einfluss auf die Obergrenze der Ermächtigung. Bis zur Eintragung des genehmigten Kapitals ins Handelsregister eingetragene Kapitalerhöhungen sind bei der Ermittlung der Obergrenze nach Abs. 1 Satz 2 zu berücksichtigen – und zwar auch dann, wenn die Kapitalerhöhungen erst nach der Änderung des Gesellschaftsvertrages zur Einführung des genehmigten Kapitals beschlossen wurde.[24]

b) Besonderheiten beim Bezugsrechtsausschluss. aa) Formelle Anforderungen.

30 Soll zu einem späteren Zeitpunkt als bei der Gründung der Gesellschaft ein genehmigtes Kapital unter Ausschluss des Bezugsrechts eingeführt oder bei einem bestehenden genehmigten Kapital nachträglich das Bezugsrecht ausgeschlossen werden, so bedarf es hierfür eines den Gesellschaftsvertrag ändernden Gesellschafterbeschlusses; der **Bezugsrechtsausschluss** muss **in der Ermächtigung selbst**, also der statutarischen Regelung des genehmigten Kapitals, enthalten sein, 186 Abs. 3 Satz 1 AktG analog.[25] Damit ist ein Bezugsrechtsausschluss außerhalb des Gesellschaftsvertrages ausgeschlossen.

31 Der Gesellschafterbeschluss hat allein den **Anforderungen des § 53 GmbHG sowie** etwaiger darüber hinausgehender **gesellschaftsvertraglicher Regelungen zur Änderung des Gesellschaftsvertrages** zu genügen. Eine qualifizierte Kapitalmehrheit entsprechend §§ 203 Abs. 1 Satz 1, 186 Abs. 3 Satz 2 AktG ist nicht erforderlich.[26] § 186

24 *Arnold/Born,* in: Bork/Schäfer, GmbHG, § 55a Rn. 7; *Zöllner,* in Baumbach/Hueck, GmbHG, § 55a Rn. 6. Vgl. *Hüffer,* AktG, § 202, Rn. 14.

25 *Lieder,* in: MünchKommGmbHG, § 55a Rn. 62; *Zöllner,* in: Baumbach/Hueck, GmbHG, § 55a Rn. 7; *Schnorbus/Donner,* NZG 2009, 1241, 1244.

26 *Lieder,* in: MünchKommGmbHG, § 55a Rn. 64; *Priester,* in: Scholz, GmbHG Nachtrag MoMiG, § 55 Rn. 61; *Lutter,* in: Lutter/Hommelhoff, GmbHG, § 55 Rn. 21 *Heckschen,* DStR 2001, 1437, 1439 f. A.A. *Zöllner,* in: Baumbach/Hueck, GmbHG, § 55 Rn. 25.

Abs. 3 Satz 2 AktG erklärt sich aus den strukturellen Besonderheiten der AG und ist nicht auf die GmbH zu übertragen. Allerdings ist die Beschlussfassung über den Bezugsrechtsausschluss in der Tagesordnung zur Gesellschafterversammlung (§ 51 Abs. 2) anzukündigen, § 186 Abs. 4 Satz 1 AktG.[27] Eine **schriftliche Begründung des Bezugsrechtsausschlusses** durch Geschäftsführung in entsprechender Anwendung von § 186 Abs. 4 Satz 2 AktG ist wie bei der regulären Kapitalerhöhung (siehe zu dieser § 55 Rdn. 21) aufgrund der personalistischen Struktur der GmbH **nicht erforderlich.**[28]

32 **bb) Materielle Anforderungen.** Materiell-rechtlich zulässig ist ein Bezugsrechtsausschluss nur, wenn der Ausschluss der **Erreichung eines berechtigten Gesellschaftsinteresses** dient (vergl. hierzu auch § 55 Rdn. 21 f.). Für die Anforderungen im Einzelnen ist entscheidend, wie konkret sich die Umstände der Kapitalerhöhung bereits abzeichnen:[29] Sofern bereits absehbar ist, in welchem Zusammenhang das genehmigte Kapital ausgenutzt werden soll, ist vor diesem konkreten Hintergrund zu prüfen, ob der Bezugsrechtsausschluss der Erreichung eines berechtigten Gesellschaftsinteresses dient. Je unkonkreter indes der Zusammenhang noch ist, in dem das genehmigte Kapital ausgenutzt werden soll, je schwieriger ist es, einen Bezugsrechtsausschluss zu rechtfertigen.

33 Ob der Bezugsrechtsausschluss darüber hinaus auch **erforderlich und verhältnismäßig** sein muss, ist umstritten.[30] Letztlich ist eine Entscheidung über die Erforderlichkeit und Verhältnismäßigkeit des Bezugsrechtsauschlusses nur in Kenntnis der Umstände der Kapitalerhöhung (sprich der Ausnutzung des genehmigten Kapitals) möglich. Diese Umstände sind indes im Zeitpunkt der Beschlussfassung aufgrund der Natur der Sache noch nicht bekannt. Damit wird man im Ergebnis nicht verlangen können, dass bereits der Bezugsrechtsausschluss erforderlich und verhältnismäßig ist. Dies führt freilich dazu, dass an das Gesellschaftsinteresse erhöhte Anforderungen zu stellen sind (siehe oben Rdn. 32).

---

27 *Arnold/Born,* in: Bork/Schäfer, GmbHG, § 55a Rn. 17; *Lieder,* in: MünchKommGmbHG, § 55a Rn. 65.

28 So indes *Lieder,* in: MünchKommGmbHG, § 55a Rn. 65, sofern nicht sämtliche Gesellschafter dem Verzicht zustimmen. Wie hier *Priester,* in: Scholz, GmbHG Nachtrag MoMiG, § 55 Rn. 61; *Herrmanns,* in: Michalski, GmbHG, § 55 Rn. 46.

29 *Lieder,* in: MünchKommGmbHG, § 55a, Rn. 68 ff.; *Priester,* in: Scholz, GmbHG Nachtrag MoMiG, § 55a Rn. 37.

30 Dagegen *Lieder,* in: MünchKommGmbHG, § 55a Rn. 67; BGH, Urt. v. 23.6.1997 – II ZR 132/93, NJW 1997, 2815, 2815. Für Prüfung erst bei Nutzung der Ermächtigung *Herrler,* DNotZ 2008, 903, 912. Dafür *Herrmanns,* in: Michalski, GmbHG, § 55a Rn. 10; *Cramer,* GmbHR 2009, 406, 41; *Thun,* in: Bunnemann/Zirngibl, GmbHG, § 6 Rn. 85; ebenso bei Ermächtigung des Geschäftsführers zum Ausschluss *Priester,* GmbHR 2008, 1177, 1182.

34 cc) **In Besonderheit: Ermächtigung der Geschäftsführer.** Wird das Bezugsrecht nicht in der Ermächtigung ausgeschlossen, sondern sollen die Geschäftsführer ermächtigt werden, im Rahmen der Ausübung des genehmigten Kapitals über einen Bezugsrechtsausschluss zu entscheiden, so bedarf die **Ermächtigung der Geschäftsführer** zum Ausschluss des Bezugsrechtes selbst **keiner sachlichen Rechtfertigung.** Allerdings müssen die Voraussetzungen für einen Bezugsrechtsausschluss im Zeitpunkt der Ausübung des genehmigten Kapitals durch die Geschäftsführung vorliegen (siehe hierzu unten Rdn. 46 ff.).

3. Nachträgliche Änderung und Aufhebung

35 Hinsichtlich der nachträglichen Änderung und Aufhebung des genehmigten Kapitals wird **von Teilen der Literatur**[31] **unterschieden:** Vor der Eintragung des genehmigten Kapitals ins Handelsregister soll die Ermächtigung durch einen mit einfacher Mehrheit zu fassenden Gesellschafterbeschluss wieder aufgehoben werden. Das soll unabhängig davon gelten, ob die Ermächtigung bereits im Gründungsgesellschaftsvertrag enthalten war oder in einem Gesellschafterbeschluss zur Änderung des Gesellschaftsvertrages. Wurde das genehmigte Kapital demgegenüber bereits ins Handelsregister eingetragen, so sollen die üblichen Anforderungen an die Änderung des Gesellschaftsvertrages zu stellen sein. Dem kann ebenso wie in Bezug auf die Aufhebung und Änderung einer Kapitalerhöhung (siehe hierzu § 55 Rdn. 33) nicht gefolgt werden.[32] Die Aufhebung ist *actus contrarius* zur Einführung und hat deswegen den gleichen Anforderungen zu genügen wie die Einführung. Für eine Änderung kann nichts anderes gelten.

III. Genehmigtes Kapital und Sacheinlage (Abs. 3)

36 Die Durchführung einer Sachkapitalerhöhung durch die Ausnutzung eines genehmigten Kapitals ist nur zulässig, wenn die Ermächtigung, sprich die **gesellschaftsvertragliche Regelung** zum genehmigten Kapital, **dies ausdrücklich vorsieht.** Da ein Bezugsrecht sämtlicher Gesellschafter bei einer Sach-Kapitalerhöhung faktisch in der Regel nicht in Betracht kommt, ist die Zulassung von Sacheinlagen mit einem **Bezugsrechtsausschluss** zu verbinden. Dabei muss das Bezugsrecht nicht bereits in der Ermächtigung selbst ausgeschlossen werden, vielmehr kann der Ausschluss des Bezugsrechtes auch der Geschäftsführung überlassen werden. Zu den Anforderungen an einen Bezugsrechtsausschluss siehe oben Rdn. 30 ff.

37 **Inhaltlich** kann sich die Ermächtigung darauf beschränken, Sacheinlagen generell für zulässig zu erklären. Allerdings ist es auch zulässig, Art und Umfang der Sacheinlagen näher zu beschreiben und zu beschränken, etwa nur bestimmte Vermögensgegenstände wie bspw. Unternehmensbeteiligungen als Sacheinlagen zuzulassen oder zu

31 *Roth,* in: Roth/Altmeppen, GmbHG, § 55a Rn. 9; *Lieder,* in: MünchKommGmbHG, § 55a Rn. 28. Vergl. auch den Meinungsstreit zu den Anforderungen an die Aufhebung einer Kapitalerhöhung, § 55 Rn. 32.

32 Ebenso *Arnold/Born*, in: Bork/Schäfer, GmbHG, § 55a Rn. 12.

verlangen, dass Einlagen vollständig oder nur bis zu einem bestimmten Anteil durch Sacheinlagen zu erbringen sind.[33] Ebenfalls möglich ist es, Sacheinlagen nur in bestimmten Situationen zuzulassen.

IV. Ausnutzung des genehmigten Kapitals

1. Allgemeines

38 Die Ausnutzung des genehmigten Kapitals setzt eine entsprechende Ermächtigung voraus. In der Welt ist diese Ermächtigung erst mit ihrer Eintragung ins Handelsregister (siehe bereits oben Rdn. 25). Damit kann das genehmigte Kapital auch erst ab dem Zeitpunkt seiner Eintragung ins Handelsregister ausgenutzt werden.

2. Zuständigkeit

39 Bereits Abs. 1 spricht davon, dass (nur) die Geschäftsführer zur Durchführung der Kapitalerhöhung ermächtigt werden können (siehe hierzu bereits oben Rdn. 8 f.). Die Entscheidung über die (Nicht-)Ausübung des genehmigten Kapitals stellt eine **Geschäftsführungsmaßnahme** dar.[34] Damit gelten für diese Entscheidung die gleichen Grundsätze, wie für andere Geschäftsführungsmaßnahmen auch. Namentlich sind die Geschäftsführer vorbehaltlich wirksamer Weisungen (hierzu sogleich unter Rdn. 43) zu pflichtgemäßen Ermessen hinsichtlich des Ob und des Wie der Ausnutzung des genehmigten Kapitals verpflichtet.

40 Besteht die Geschäftsführung aus mehreren Personen, so ist über die Ausübung der Ermächtigung ein **Beschluss der Geschäftsführung** herbeizuführen. Der Beschluss hat sich nicht nur über das Ob der Ausübung der Ermächtigung zu verhalten, sondern auch über die Bedingungen der Kapitalerhöhung, namentlich über den Umfang, den Ausgabepreis, die Art der Einlage (sofern die Ermächtigung Sacheinlagen vorsieht) und die Übernehmer sowie das Bezugsrecht und seinen Ausschluss. Soweit der Gesellschaftsvertrag oder die Geschäftsordnung für die Geschäftsführung keine geringeren Anforderungen stellt, bedarf der Beschluss der Einstimmigkeit.[35]

41 Der **Zustimmung des Aufsichtsrates** bedarf die Entscheidung der Geschäftsführung über die Ausübung der Ermächtigung grundsätzlich nicht.[36] Anders als das AktG in § 202 Abs. 3 Satz 2 enthält § 55a keine entsprechende Anordnung. Allerdings kann der Gesellschaftsvertrag oder die (von der Gesellschafterversammlung erlassene)

33 *Lieder*, in: MünchKommGmbHG, § 55a Rn. 28; *Priester*, in: Scholz, GmbHG Nachtrag MoMiG, § 55a Rn. 15.

34 *Lieder*, in: MünchKommGmbHG, § 55a Rn. 29; *Lutter*, in: Lutter/Hommelhoff, GmbHG, § 55a Rn. 16; *Roth*, in: Roth/Altmeppen, GmbHG, § 55a Rn. 7.

35 I.E. ebenso *Schnorbus/Donner*, NZG 2009, 1241, 1243. Eine einfache Mehrheit für ausreichend haltend *Casper*, in: Ulmer/Habersack/Winter, GmbHG Erg-Band, § 55a Rn. 20.

36 *Lutter*, in: Lutter/Hommelhoff, GmbHG, § 55a Rn. 18; *Priester*, in: Scholz, GmbHG Nachtrag MoMiG, § 55a Rn. 30.

Geschäftsordnung für die Geschäftsführung einen Zustimmungsvorbehalt zugunsten eines Aufsichtsrates vorsehen. Siehe hierzu auch oben Rdn. 9.

42 Auch eine **Zustimmung der Gesellschafterversammlung** zur Entscheidung der Geschäftsführung über die Ausübung der Ermächtigung ist in der Regel nicht erforderlich. Eine Ausnahme von diesem Grundsatz gilt zum einen, wenn der Gesellschaftsvertrag oder die (von der Gesellschafterversammlung erlassene) Geschäftsordnung für die Geschäftsführung eine Zustimmung der Gesellschafterversammlung vorsehen. Zum anderen kann sich die Notwendigkeit, die Zustimmung der Gesellschafterversammlung einzuholen, aus allgemeinen Grundsätzen ergeben, etwa wenn sich die Gesellschaft in einer Krise befindet oder der Geschäftsführung Bedenken der Gesellschafter gegen eine Ausübung der Ermächtigung bekannt sind. Mit Blick auf das Recht der Gesellschafterversammlung, der Geschäftsführung im Zusammenhang mit der Ausübung der Ermächtigung Weisungen zu erteilen (hierzu in der folgenden Rdn.), wird man allerdings verlangen müssen, dass die Geschäftsführung die **Gesellschafter** darüber **informiert**, dass sie plant, die Ermächtigung auszuüben.[37]

43 Wie bei anderen Geschäftsführungsmaßnahmen auch, kann die **Gesellschafterversammlung** der Geschäftsführung im Zusammenhang mit der Ausübung oder Nicht-Ausübung der Ermächtigung **Weisungen erteilen.**[38] Schon allein aufgrund der fehlenden Beurkundungsbedürftigkeit des einer Weisung zugrundeliegenden Beschlusses wird die Ermächtigung durch die Anerkennung eines solchen Weisungsrechtes nicht funktionslos. Mit welcher Mehrheit ein Weisungsbeschluss zu fassen ist, ist umstritten. Nach zutreffender Auffassung[39] ist eine einfache Mehrheit ausreichend, sofern der Beschluss nicht einer Änderung der Ermächtigung selbst gleich kommen.

3. Weitere Voraussetzungen für die Ausübung der Ermächtigung?

44 Neben dem Beschluss der Geschäftsführung sowie der Einholung etwaig erforderlicher Zustimmungen seitens des Aufsichtsrates oder der Gesellschafterversammlung sind keine weitere Voraussetzungen einzuhalten. Namentlich kann die Ermächtigung **auch dann** ausgeübt werden, **wenn** auf das bisherige Stammkapital **noch Einlagen ausstehen.** Eine dem § 203 Abs. 3 Satz 1 AktG vergleichbare Regelung fehlt, eine analoge Anwendung scheidet aus, da keine unbewusste Regelungslücke vorliegt.

45 Auch Bedarf die Ausübung der Ermächtigung als solche **keiner sachlichen Rechtfertigung.** Wäre eine sachliche Rechtfertigung erforderlich, so hätte dies faktisch einen Vorrang der ordentlichen Kapitalerhöhung vor der Ausübung der Ermächtigung zur

---

37 Ebenso *Cramer,* GmbHR 2009, 406; 409. Wohl a.A. *Klett,* GmbHR 2008, 1313, 1315.

38 Wie hier die h.M., siehe nur *Priester,* GmbHR 2008, 1177, 1179; *Lutter,* in: Lutter/Hommelhoff, GmbHG, § 55a Rn. 17. A.A. indes *Wicke,* in: Wicke, GmbHG, § 55a Rn. 7, 13; *Herrmanns,* in: Michalski, GmbHG, § 55a Rn. 11; eine Pflicht zur Ausnutzung der Ermächtigung ebenfalls ablehnend *Klett,* GmbHR 2008, 1313, 1315.

39 *Casper,* in: Ulmer/Habersack/Winter, GmbHG Erg-Band, § 55a Rn. 22; *Priester,* GmbHR 2008, 1177, 1179. Zweifelnd *Thun,* in: Bunnemann/Zirngibl, GmbH, § 6 Rn. 88.

Folge. Ein solcher Vorrang wäre indes mit der Vergrößerung der Flexibilität nicht vereinbar, die mit der Ermächtigung gerade bezweckt wird.[40]

4. Bezugsrechtsausschluss

46 Sieht die Ermächtigung vor, dass die Geschäftsführer das Bezugsrecht bei der Ausnutzung der Ermächtigung ausschließen können (siehe hierzu oben Rdn. 34), haben die Geschäftsführer im Rahmen der Entscheidung über die Ausnutzung der Ermächtigung auch darüber zu entscheiden, ob das Bezugsrecht bestehen oder ausgeschlossen werden soll. Zulässig ist ein Ausschluss des Bezugsrechts – wie bei einer ordentlichen Kapitalerhöhung – nur, sofern für den Ausschluss im Zeitpunkt der Beschlussfassung durch die Geschäftsführung ein **sachlicher Grund** vorliegt und der Ausschluss **geeignet, erforderlich und verhältnismäßig** ist (ausführlich hierzu § 55 Rdn. 21 f.).[41]

47 Wie in Bezug auf die Ausnutzung der Ermächtigung selbst sind die Geschäftsführer auch in Bezug auf den Bezugsrechtsausschluss den **Weisungen der Gesellschafterversammlung** unterstellt. Beschlüsse betreffend Weisungen, das Bezugsrecht auszuüben oder nicht auszuüben, bedürfen der gleichen Mehrheit wie Beschlüsse, mit denen das Bezugsrecht im Rahmen einer ordentlichen Kapitalerhöhung ausgeschlossen wird (siehe hierzu § 55 Rdn. 20). Wollte man eine geringere Mehrheit ausreichen lassen, so könnte das Mehrheitserfordernis für den Ausschluss des Bezugsrechts umgangen werden. Rechtmäßig und damit zu befolgen sind Weisungen, das Bezugsrecht auszuschließen, indes allein dann, wenn der angeordnete Bezugsrechtsausschluss materiell rechtmäßig ist (siehe hierzu vorstehende Rdn.). Haben sämtliche Gesellschafter dem Beschluss zugestimmt, mit dem die Geschäftsführung angewiesen wird, das Bezugsrecht auszuschließen, kann der Beschluss als allseitiger Verzicht auf das Bezugsrecht verstanden werden. In diesem Fall ist es nicht erforderlich, dass der Bezugsrechtsausschluss sachlich gerechtfertigt ist.

48 Soll die Gesellschafterversammlung die Möglichkeit haben, auf den (Nicht)Ausschluss des Bezugsrechts Einfluss zu nehmen, so sind die Gesellschafter nicht nur über die Ausnutzung des genehmigten Kapitals zu informieren (siehe hierzu oben Rdn. 42), sondern auch über den (Nicht)Ausschluss des Bezugsrechts. Hierzu hat die Geschäftsführung die Gesellschafter in einem **Vorabbericht** mit den Informationen zu versorgen, die erforderlich sind, um die Sinnhaftig- und Rechtmäßigkeit eines etwaigen Bezugsrechtsauschluss beurteilen zu können.[42]

---

40 I.E. ebenso *Schnorbus/Donner*, NZG 2009, 1241, 1244.

41 Ebenso *Lieder*, in: MünchKommGmbHG, § 55a Rn. 72; *Herrmanns*, in: Michalski, GmbHG, § 55a Rn. 10; *Lutter*, in: Lutter/Hommelhoff, GmbHG, § 55a Rn. 10.

42 Wie hier *Lieder*, in: MünchKommGmbHG, § 55a, Rn. 73; vgl. auch *Priester*, in: Scholz, GmbHG Nachtrag MoMiG, § 55a Rn. 38.

5. Durchführung

49 Auch wenn es an einer ausdrücklichen Verweisung auf § 55 fehlt, so ist doch unstreitig, dass eine Kapitalerhöhung unter Ausnutzung des genehmigten Kapitals den **allgemeinen Anforderungen des § 55 zu genügen** hat. Namentlich bedarf es einer notariellen Übernahmeerklärung seitens der Zeichner, der Leistung der Einlage und einer den Anforderungen des § 57 genügenden Handelsregisteranmeldung. Entgegen § 57 ist der Handelsregisteranmeldung allerdings kein Kapitalerhöhungsbeschluss beizufügen, da ein solcher nicht existiert. Die Beifügung des Ausnutzungsbeschlusses seitens der Geschäftsführung ist demgegenüber gesetzlich nicht angeordnet. Da das Registergericht jedoch die Vorlage dieses Beschlusses verlangen kann, empfiehlt es sich zur Vermeidung von Verzögerungen bei der Eintragung der Kapitalerhöhung, den Beschluss einschließlich etwaig erforderlicher Zustimmungen der Handelsregisteranmeldung beizufügen.[43]

50 Das **Registergericht hat** vor der Eintragung der Kapitalerhöhung die Wirksamkeit der Ermächtigung, die Wirksamkeit ihrer Ausübung, die Übernahmeerklärungen und die formellen Eintragungsvoraussetzungen **zu prüfen** (zu Mängeln der Ermächtigung und des genehmigten Kapitals siehe unten unter Rdn. 57 f.).[44] Sofern der Gesellschaftsvertrag Zustimmungsvorbehalte hinsichtlich der Ausnutzung des genehmigten Kapitals erhält, hat das Registergericht auch zu prüfen, ob diese Zustimmungen wirksam erteilt wurden.[45] Kommt das Registergericht zu dem Ergebnis, dass das genehmigte Kapital ordnungsgemäß ausgenutzt wurde, hat es die Kapitalerhöhung ausdrücklich (§ 10 Abs. 1 Satz 1) einzutragen. Verweigern darf das Registergericht die Eintragung allein, wenn ein Nichtigkeitsgrund vorliegt. Stellt das Gericht allein Anfechtungsgründe fest, kommt eine Verweigerung der Eintragung nur dann in Betracht, wenn die Verletzung öffentlicher Interessen in Rede steht, nicht aber etwa bei Mängeln des Bezugsrechtsausschlusses.[46] Ist die Ermächtigung wirksam, die Ausnutzung aber fehlerbehaftet, so ist der Gesellschaft die Möglichkeit zu geben, die Fehler zu korrigieren.[47]

51 Bis zur Eintragung der Kapitalerhöhung aufgrund der Ausnutzung des genehmigten Kapitals ins Handelsregister können die Geschäftsführer ihren Ausnutzungsbeschluss **aufheben oder ändern** und die Gesellschafterversammlung kann die Geschäftsfüh-

---

43 *Lieder*, in: MünchKommGmbHG, § 55a Rn. 53; *Lutter*, in: Lutter/Hommelhoff, GmbHG, § 55a Rn. 26.

44 *Lieder*, in: MünchKommGmbHG, § 55a Rn. 54; *Herrmanns*, in: Michalski, GmbHG, § 55a Rn. 17.

45 *Wicke*, in: Wicke, GmbHG, § 55a Rn. 16; *Roth*, in: Roth/Altmeppen GmbHG § 55a Rn. 32.

46 Siehe hierzu *Arnold/Born*, in: Bork/Schäfer, GmbHG, § 55a Rn. 25; *Wicke*, in: Wicke GmbHG, § 55a, Rn. 17.

47 *Arnold/Born*, in: Bork/Schäfer, GmbHG, § 55a Rn. 26; *Priester*, in: Scholz, GmbHG Nachtrag MoMiG, § 55a Rn. 51.

rung anweisen, den Ausnutzungsbeschluss aufzuheben oder zu ändern. Auch können bereits erteilte Zustimmungen widerrufen werden.

V. Ausgewählte Einzelfragen

1. Genehmigtes Kapital und Unternehmergesellschaft

52 Auch wenn der Bedarf nach einem genehmigten Kapital bei einer UG noch geringer sein dürfte, als bei der GmbH, so kann es doch eingeführt werden. **Besonderheiten** gelten insoweit, als **Sacheinlagen** ausgeschlossen sind (§ 5a Abs. 2 Satz 2) und der **Kapitalerhöhungsbetrag** vor der Handelsregisteranmeldung **voll eingezahlt** werden muss (§ 5a Abs. 2 Satz 1).[48]

2. Genehmigtes Kapital und Musterprotokoll

53 Das Musterprotokoll sieht kein genehmigtes Kapital vor. Da das Musterprotokoll aber nur in unveränderter Form verwendet werden kann, soll nicht die **Kostenprivilegierung** verloren gehen,[49] besteht keine Möglichkeit, bereits bei Gründung einer Gesellschaft unter Verwendung des Musterprotokolls ein genehmigtes Kapital einzuführen. Eine nachträgliche Einführung eines genehmigten Kapitals ist zwar möglich, allerdings ohne eine kostenmäßige Vergünstigung.[50]

3. Genehmigtes Kapital bei Liquidation oder Insolvenz

54 Befindet sich die Gesellschaft in Liquidation oder in der Insolvenz, kann gleichwohl noch ein **genehmigtes Kapital eingeführt** werden – wenn dies wirtschaftlich auch nur ausnahmsweise sinnvoll sein dürfte. Ein vor einer Liquidation oder Insolvenz geschaffenes **genehmigtes Kapital ausnutzen** dürfen die Geschäftsführer indes nur nach einer entsprechenden Weisung durch die Gesellschafterversammlung. Der Beschluss der Liquidation ist als Weisung an die Geschäftsführer zu verstehen, von dem genehmigten Kapital keinen Gebrauch mehr zu machen.[51] Hat die Geschäftsführung bereits vor der Liquidation oder Insolvenz einen Ausnutzungsbeschluss getroffen, ist dieser aber noch nicht durch Eintragung der Kapitalerhöhung ins Handelsregister umgesetzt, so hat die Geschäftsführung den Ausnutzungsbeschluss zu revidieren (siehe hierzu oben Rdn. 51) und den Antrag auf Handelsregistereintragung zurückzunehmen. Einer Weisung durch die Gesellschafterversammlung bedarf es hierfür nicht.[52]

48 *Lieder*, in: MünchKommGmbHG, § 55a Rn. 79 und § 56a, Rn. 8; *Lutter*, in: Lutter/Hommelhoff GmbHG, § 55a Rn. 40.

49 Dies übersehend *Priester*, in: Scholz, GmbHG Nachtrag MoMiG, § 55a Rn. 49.

50 Ebenso *Lieder*, in: MünchKommGmbHG, § 55a Rn. 80.

51 I.E. ebenso *Lutter*, in: Lutter/Hommelhoff, GmbHG, § 55a Rn. 37; *Arnold/Born*, in: Bork/Schäfer, GmbHG, § 55a Rn. 28; *Lieder*, in: MünchKommGmbHG, § 55a Rn. 77.

52 Eine solche aber für erforderlich haltend *Arnold/Born*, in: Bork/Schäfer, GmbHG, § 55a Rn. 29.

4. Genehmigtes Kapital und Arbeitnehmerbeteiligung

55 Sondervorschriften zur Beteiligung von Arbeitnehmern am Kapital der Gesellschaft durch die Ausnutzung genehmigten Kapitals enthält § 55a anders als das AktG in §§ 202 Abs. 4, 204 Abs. 3, 205 Abs. 5 nicht. Allerdings können die aktienrechtlichen Vorschriften entsprechend angewendet werden.[53]

5. Mängel des genehmigten Kapitals

56 Bei Mängeln des genehmigten Kapitals ist zwischen Mängeln bei der Ermächtigung und Mängeln bei der Ausnutzung der Ermächtigung zu unterscheiden.

57 **a) Mängel der Ermächtigung.** Bei Mängeln der Ermächtigung ist nach h.M.[54] zu unterscheiden: Enthält die Ermächtigung keine **Befristung der Laufzeit** oder keine **Kapitalobergrenze**, so soll die Ermächtigung unheilbar nichtig sein, § 241 Nr. 3 AktG analog. Überschreitet die Ermächtigung indes die gesetzlich zulässige Befristungsdauer oder die Kapitalobergrenze, so soll eine Heilung entsprechend § 242 Abs. 2 AktG möglich sein, wobei dann die gesetzlichen Obergrenzen zur Anwendung kommen sollen. Sachlich zu begründen ist diese Differenzierung nicht, zumal dann, wenn die Ermächtigung keine Befristung und keine Kapitalobergrenze enthält auch kein qualitativ anderer Irrtum über den Umfang der Ermächtigung bei den Gesellschaftern genährt wird, als wenn nicht zulässige Angaben gemacht werden. Mithin kommt eine Heilung auch dann in Betracht, wenn die Ermächtigung keine Obergrenzen enthält.[55]

58 Stützt sich die Geschäftsführung auf eine **unwirksame Ermächtigung** oder **fehlt** eine **Ermächtigung** ganz, so muss das Registergericht die Eintragung einer gleichwohl angemeldeten Kapitalerhöhung ablehnen. Trägt das Registergericht die Kapitalerhöhung gleichwohl ein, so kommen die Grundsätze zur fehlerhaften Gesellschaft zur Anwendung.[56]

59 **b) Mängel bei der Ausnutzung.** Beruht die **Ausnutzung** des genehmigten Kapitals auf einer wirksamen Ermächtigung ist aber ihrerseits **fehlerhaft**, so hat das Registergericht die Eintragung der Kapitalerhöhung zu verweigern (siehe hierzu bereits oben Rdn. 50). Eine gleichwohl eingetragene Kapitalerhöhung ist voll wirksam.[57] Allerdings können die Gesellschafter versuchen, die Eintragung der Kapitalerhöhung im Wege der vorbeugenden Unterlassungsklage zu unterbinden und Schadensersatzan-

53 Ausführlich *Lieder*, in: MünchKommGmbHG, § 55a Rn. 80 ff.

54 *Lieder*, in: MünchKommGmbHG, § 55a Rn. 85. Vgl. mit weiteren Nachweisen zur AG *Wicke*, in: Wicke, GmbHG, § 55a, Rn. 9 f.

55 Wie hier *Priester*, in: Scholz, GmbHG Nachtrag MoMiG, § 55a Rn. 50.

56 *Priester*, in: Scholz, GmbHG Nachtrag MoMiG, § 55a Rn. 51.

57 *Wicke*, in: Wicke, GmbHG, § 55a Rn. 17.

sprüche gegen die Geschäftsführer geltend machen.[58] Dies gilt auch dann, wenn die Geschäftsführer bei der Ausnutzung der Ermächtigung das Bezugsrecht der Gesellschafter verletzt haben.[59]

60 Unzweifelhaft richten sich die Rechtsfolgen nach § 19 Abs. 4 und 5, wenn im Ausnutzungsbeschluss eine Bareinlage festgelegt, aber **verdeckt** eine **Sacheinlage** geleistet oder die **Einlage zurückgezahlt** wird. Nichts anderes gilt, wenn die Ermächtigung keine Sacheinlage vorsieht (Abs. 3), es aber zu einer verdeckten Sacheinlage kommt.[60]

6. Kosten

61 Hinsichtlich der Kosten ist zwischen den Kosten der Schaffung und den Kosten der Ausnutzung des genehmigten Kapitals wie folgt zu unterscheiden:[61]

- Aufnahme eines genehmigten Kapitals in die **Gründungssatzung**: keine zusätzlichen Kosten
- **Nachträgliche Schaffung** eines genehmigten Kapitals oder **Verlängerung** eines auslaufenden genehmigten Kapitals:
  - Kosten der Beurkundung der Satzungsänderung: doppelte Gebühr, max. 5.000 EUR, § 47 KostO, basierend auf dem Nominalbetrag der Ermächtigung, § 41a Abs. 1 Nr. 3 KostO
  - Kosten der Handelsregisteranmeldung: § 38 Abs. 2 Nr. 7 KostO
  - Kosten der Handelsregistereintragung und Bekanntmachung: § 79 KostO i.V.m. Ziff. 2400 HRegGebV und § 137 Nr. 4 KostO
- **Ausnutzung** des genehmigten Kapitals:
  - Kosten der Handelsregisteranmeldung: § 38 Abs. 2 Nr. 7 KostO, basierend auf dem Nominalbetrag der Ermächtigung, § 41a Abs. 1 Nr. 3 KostO
  - Kosten der Handelsregistereintragung und Bekanntmachung: § 79 KostO i.V.m. Ziff. 2400 HRegGebV und § 137 Nr. 4 KostO
  - Anpassung des Gesellschaftsvertrages: kostenfrei
  - Einreichung einer aktualisierten Gesellschafterliste: kostenfrei[62]

62 Sämtliche der vorgenannten Kosten sind von der Gesellschaft zu tragen und stellen dieser handels- und steuerrechtlich Aufwand dar (vergl. § 55 Rdn. 73). Zudem fallen **Notarkosten** im Zusammenhang mit der **Übernahmeerklärung** an, die von dem jeweiligen Übernehmer zu tragen sind.

---

58 *Priester*, in: Scholz, GmbHG Nachtrag MoMiG, § 55a Rn. 40; *Wicke*, in: Wicke, GmbHG, § 55a Rn. 17.

59 Ausführlich hierzu *Lieder*, in: MünchKommGmbHG, § 55a Rn. 74 ff.

60 *Casper*, in: Ulmer/Habersack/Winter, GmbHG Erg-Band, § 55a Rn. 27; *Ulmer*, GmbHR 2010, 1298, 1305.

61 Ausführlich hierzu *Lieder*, in: MünchKommGmbHG, § 55a Rn. 88 ff.

62 Vergl. nur OLG Stuttgart, Beschl. v. 29.07.2009 – 8 W 305/09, NZG 2009, 999 f. sowie die Nachweise bei *Bormann*, in: Bormann/Kauka/Ockelmann, HdbGmbHR, Kap. 1 Rn. 21 auch zur Gegenansicht.

§ 56 Kapitalerhöhung mit Sacheinlagen

(1) [1]Sollen Sacheinlagen geleistet werden, so müssen ihr Gegenstand und der Nennbetrag des Geschäftsanteils, auf den sich die Sacheinlage bezieht, im Beschluss über die Erhöhung des Stammkapitals festgesetzt werden. [2]Die Festsetzung ist in die in § 55 Abs. 1 bezeichnete Erklärung des Übernehmers aufzunehmen.

(2) Die §§ 9 und 19 Abs. 2 Satz 2 und Abs. 4 finden entsprechende Anwendung.

Übersicht **Rdn.**

Schrifttum

Boehme, Kapitalaufbringung durch Sacheinlagen insbesondere obligatorische Nutzungsrechte, 1999; *Bongen/Renaud,* Sachübernahmen, GmbHR 1992, 100; *Bork,* (Nichts) Neues zur verdeckten Sacheinlage bei der Barkapitalerhöhung im GmbH-Recht, NZG 2007, 375; *Habersack,* Die gemischte Sacheinlage, FS Konzen, 2006, S. 181; *Haslinger,* Die Prüfungskompetenz des Registergerichts bei der Bildung von Kapitalrücklagen im Zusammenhang mit Sachgründungen und Sachkapitalerhöhungen, MittBayNot 1996, 278; *Joost,* Verdeckte Sacheinlagen, ZIP 1990, 549; *Klose,* Die Stammkapitalerhöhung bei der Unternehmergesellschaft (haftungsbeschränkt), GmbHR 2009, 294; *Krieger,* Zur Heilung verdeckter Sacheinlagen in der GmbH, ZGR 1996, 674; *Mülbert,* Die Anwendung der allgemeinen Formvorschriften bei Sachgründungen und Sachkapitalerhöhungen, AG 2003, 281; *Schäfer,* Rechtsprobleme bei Gründung und Durchführung einer Unternehmergesellschaft, ZIP 2011, 53; *Specks,* Kapitalerhöhungen bei der Unternehmergesellschaft, RNotZ 2011, 234; *Steinbeck,* Obligatorische Nutzungsrechte als Sacheinlagen und Kapitalersatz, ZGR 1996, 116; *Ulmer,* Verdeckte Sacheinlagen im Aktien- und GmbH-Recht, ZHR 154 (1990), 128; *Wachter,* Sacheinlage von Unternehmen in Kapitalgesellschaften, DB 2010, 2137.

A. Allgemeines

I. Grundlagen

1 Ebenso wie bei der Gesellschaftsgründung (§ 5 Abs. 4) können die Übernehmer ihre Einlage bei einer entsprechenden Festsetzung nicht in bar, sondern durch eine Sacheinlage erbringen. **Wirtschaftlich sinnvoll** ist eine solche Sacheinlage dann, wenn die Gesellschaft an einem bestimmten Vermögensgegenstand interessiert ist, der im Eigentum eines (zukünftigen) Gesellschafters steht, etwa bei der Gründung eines Joint Venture, oder wenn der (zukünftige) Gesellschafter keine Barmittel aufbringen will oder kann. Erreicht allerdings der Wert der Sacheinlage nicht den Wert der zu erbringenden Einlage, so gefährdet dies die **Interessen der Gesellschaftsgläubiger und der Mitgesellschafter** des Übernehmers:[1] Den Gläubigern steht ein geringeres Haftungspotenzial zur Verfügung, als die Stammkapitalziffer nahe legt, und der Übernehmer hat für die neu erworbene Beteiligung einen geringeren Preis gezahlt als seine Mitgesellschafter. Soll die Sacheinlage im Zuge einer Kapitalerhöhung erbracht werden, kommt hinzu, dass die Mitgesellschafter auf ihr Bezugsrecht verzichten müssen oder das Bezugsrecht ausgeschlossen werden muss: Über den als Sacheinlage zugelassenen Vermögensgegenstand verfügt in der Regel nur der Übernehmer, nicht aber auch die übrigen Gesellschafter.

2 Mit Blick auf die vorbeschriebene Interessenlage sind nicht nur **besondere Anforderungen an die** zu erbringenden **Sacheinlage** zu stellen (hierzu nachstehend unter Rdn. 15 ff.). Zudem sind – wie bei einer Sachgründung, § 5 Abs. 4 Satz 1 – bei der Vereinbarung einer Sacheinlage **zusätzliche Formalien** einzuhalten, namentlich sind im Kapitalerhöhungsbeschluss und in der Übernahmeerklärung der Gegenstand der Sacheinlage und der Nennbetrag des Geschäftsanteils anzugeben, Abs. 1 (hierzu nachstehend unter Rdn. 24 ff.). Ergänzend gelten bestimmte **Kapitalerhaltungsvorschriften**, Abs. 2 (hierzu nachstehend unter Rdn. 45).

3 Wesentlich **geändert** wurde § 56 nach seiner Neufassung im Jahre 1980 nicht. Im Zuge des MoMiG wurde lediglich die Bezugnahme auf den »*Nennbetrag des*

1 *Hirte,* Kapitalgesellschaftsrecht, Rn. 5.53; *Priester,* in: Scholz, GmbHG Nachtrag MoMiG, § 56 Rn. 1.

Geschäftsanteils« klargestellt, da der Übernehmer keine Einlage, sondern einen Geschäftsanteil übernimmt.

II. Ablauf einer Sachkapitalerhöhung

4 Im Grundsatz vollzieht sich eine Sachkapitalerhöhung in denselben Schritten wie eine Barkapitalerhöhung. Besonderheiten ergeben sich allerdings aus dem erhöhten Gefährdungspotential für die Gläubiger und Mitgesellschafter (siehe hierzu oben Rdn. 1):[2]

- notariell beurkundeter **Gesellschafterbeschluss** über die Kapitalerhöhung und die Änderung des Gesellschaftsvertrages, der mithin mindestens (d.h. vorbehaltlich weitergehender gesellschaftsvertraglicher Regelungen[3]) einer Mehrheit von 75 % der abgegebenen Stimmen bedarf (§§ 53, 55), wobei der Gesellschafterbeschluss den Gegenstand der Sacheinlage und den Nennbetrag des übernommenen Geschäftsanteils zu enthalten hat (§ 56 Abs. 1 Satz 1);
- die (ausdrückliche oder konkludente) **Zulassung** der bisherigen und/oder künftigen Gesellschafter zur Zeichnung des Erhöhungsbetrags (§ 55 Abs. 2);
- **Übernahme** des Erhöhungsbetrags in notarieller Form durch die zugelassenen Personen (§ 55 Abs. 1), wobei die Übernahmeerklärung den Gegenstand der Sacheinlage und den Nennbetrag des übernommenen Geschäftsanteils zu enthalten hat (§ 56 Abs. 1 Satz 2);
- **Leistung der Einlage** durch die Übernehmer (§ 57 Abs. 2);
- **Anmeldung** der Kapitalerhöhung und der korrespondierenden Änderung des Gesellschaftsvertrages zur Eintragung ins **Handelsregister** (§ 57) unter Beifügung eines Sachkapitalerhöhungsberichts (zu dessen Notwendigkeit siehe unten Rdn. 33) und ggf. einer Werthaltigkeitsbestätigung (zu deren Notwendigkeit siehe unten Rdn. 34);
- **Eintragung** der Kapitalerhöhung und der korrespondierenden Änderung des Gesellschaftsvertrages ins **Handelsregister** sowie Bekanntmachung der Eintragung (§ 10 HGB), wobei die Kapitalerhöhung erst mit Eintragung ins Handelsregister wirksam wird.

B. Einzelerläuterungen

I. Anwendungsbereich

5 Anwendung findet § 56, wenn eine Sacheinlage geleistet werden soll. Dabei ist zu nächst zu fragen, in welchen Erscheinungsformen eine Sacheinlage daher kommen kann (hierzu nachstehend unter Rdn. 6 ff.; zu den Anforderungen an eine Sacheinlage siehe nachstehend unter Rdn. 15 ff.). Steht fest, dass eine Sacheinlage vereinbart

---

2 Muster zur Durchführung einer Sachkapitalerhöhung finden sich bei *Bormann,* in: Bormann/Kauka/Ockelmann, HdbGmbHR, Kap. 4 Rn. 379 ff.

3 Vgl. *Bayer,* in: Lutter/Hommelhoff, GmbHG, § 53 Rn. 13.

werden soll, ist zu untersuchen, ob die Vereinbarung einer Sacheinlage ausnahmsweise verboten ist (hierzu nachstehend unter Rdn. 11 ff.).

1. Erscheinungsformen der Sacheinlage

6 Soll eine Sacheinlage geleistet werden, so hat der Übernehmer seine Einlage durch die Übertragung einer bestimmten Vermögensposition zu erbringen. Im **gesetzlichen Regelfall** erbringt der Übernehmer neben der Sacheinlage keine weitere Einlage und erhält für seine Einlage keine andere Gegenleistung von der Gesellschaft als den im Zuge der Kapitalerhöhung ausgegebenen neuen Geschäftsanteil (zur Ausgabe mehrerer Geschäftsanteile und zur Aufstockung bestehender Geschäftsanteile siehe unten Rdn. 27). Zwingend ist jedoch weder, dass der Übernehmer keine weiteren Einlagen erbringen darf, noch dass ihm keine weiteren Gegenleistungen gewährt werden dürfen (zu den Mischformen siehe nachstehend Rdn. 7 f.).

7 Erbringt der Gesellschafter einen Teil der übernommenen Einlage bar und einen Teil im Wege einer Sacheinlage, liegt eine sog. **Mischeinlage** vor. Bei dieser finden auf den Teil der Bareinlage die Vorschriften über die Barkapitalerhöhung und auf den Teil der Sacheinlage die Vorschriften über die Sachkapitalerhöhung Anwendung.[4]

8 Übersteigt der Wert der Sacheinlage die Summe der Nennbeträge der übernommenen Geschäftsanteile, so kann der übersteigende Betrag in die Kapitalrücklage eingestellt werden, und zwar entweder in die Rücklage nach § 272 Abs. 2 Nr. 1 HGB (soweit ein Aufgeld vereinbart wurde) oder in die Rücklage nach § 272 Abs. 2 Nr. 4 HGB (soweit es sich um eine freiwillige, nicht geschuldete Leistung handelt). Alternativ zu einer Einstellung in die Kapitalrücklage kann der die Einlage übersteigende Betrag dem Gesellschafter aber auch in anderer Weise als durch die Gewährung von Geschäftsanteilen vergütet werden. Diese andere Vergütung besteht regelmäßig in einer baren Ausgleichszahlung oder einem Verabredungsdarlehen. Bei einem Vereinbarungsdarlehen vereinbaren die Gesellschaft und der Gesellschafter, dass die Gesellschaft dem Gesellschafter einen bestimmten Betrag darlehenweise schuldet; in der Sache handelt es sich um einen gestundeten Kaufpreis. Erhält der Gesellschafter eine Ausgleichszahlung oder wird ein Darlehen vereinbart, spricht man von einer **gemischten (Sach)Einlage**. Aufgrund der mit einer Sacheinlage vergleichbaren Gefährdungssituation ist die gemischte Einlage insgesamt wie eine Sacheinlage zu behandeln. Dementsprechend unterliegt das Rechtsgeschäft insgesamt den für Sacheinlagen geltenden Regelungen.[5]

9 Beschließen die Gesellschafter eine Barkapitalerhöhung, obwohl wirtschaftlich ein Vermögensgegenstand eingelegt werden soll, so spricht man von einer **verdeckten**

---

4 *Herrmanns*, in: Michalski, GmbHG, § 56 Rn. 5; *Zöllner*, in: Baumbach/Hueck, GmbHG, § 56 Rn. 2; *Ulmer*, in: Ulmer/Habersack/Winter, GmbHG, § 56 Rn. 12.

5 BGH, Urt. v. 20.11.2006 – II ZR 1976/05, NJW 2007, 765, 767 Rn. 16 f.; BGH, Urt. v. 09.07.2007 – II ZR 62/06, NZG 2007, 754, 756 Rn. 13 (beide für die AG); BGH, Urt. v. 16.03.1998 – II ZR 303/96, NJW 1998, 1951, 1952.

Sacheinlage (siehe hierzu § 19 Rdn. 32 ff.). Zu verdeckten Sacheinlagen kommt es häufig, weil den Gesellschaftern das mit der Sachkapitalerhöhung verbundene Prozedere zu aufwendig ist.

2. Sachübernahme

10 Begrifflich von der Sacheinlage zu trennen ist die Sachübernahme. Bei der Sachübernahme besteht die **Gegenleistung** der Gesellschaft **nicht in Gesellschafterrechten, sondern in einer anderen**, in der Regel **monetären, Gegenleistung**. Diese Gegenleistung wird sodann vereinbarungsgemäß auf die Bareinlagepflicht des Übernehmers angerechnet. Zwar enthält das GmbHG – anders als das AktG in § 27 Abs. 1 Satz 1 2. Alt. – keine Regelung der Sachübernahme. Allerdings setzt § 19 Abs. 2 Satz 2, auf den in Abs. 2 ausdrücklich verwiesen wird, die Zulässigkeit einer Sachübernahme ausdrücklich voraus. Ist eine Sachübernahme indes auch bei der GmbH zulässig, so müssen bei ihr ebenso wie bei der AG die Vorschriften über die Sacheinlage entsprechende Anwendung finden.

3. Zulässigkeit von Sacheinlagen

11 **a) Allgemeines. Mit Ausnahme der Sonderfälle** Unternehmergesellschaft und Musterprotokoll ist eine Sachkapitalerhöhung **ohne weiteres zulässig**. Insbesondere bedarf es keines dringenden Interesses der Gesellschaft an der Sachkapitalerhöhung.[6] Soll die Sachkapitalerhöhung indes – wie regelmäßig – mit einem Bezugsrechtsausschluss für die übrigen Gesellschafter verbunden sein, so bedarf dieser Bezugsrechtsausschluss einer Rechtfertigung (zu den Anforderungen an einen Bezugsrechtsausschluss siehe § 55 Rdn. 20 ff.).

12 **b) Unternehmergesellschaft.** Bei der Unternehmergesellschaft sind **Sacheinlagen** nach § 5a Abs. 2 Satz 2 **ausgeschlossen**. Dieser Ausschluss gilt nicht nur für die Gründung, sondern auch für nachfolgende Kapitalerhöhungen.[7] Zwar scheint die systematische Stellung der Regelung für eine Anwendung allein auf den Gründungsvorgang zu sprechen. Der Schutzzweck der Regelung – auf missbrauchsanfällige Regelungen soll im Interesse des Gläubigerschutzes bei der UG ganz verzichtet werden[8] – wiegt indes schwerer als die Systematik.

13 **Erhöhen** die Gesellschafter das **Stammkapital der Gesellschaft** indes so, dass es **25.000 EUR** erreicht oder übersteigt, finden die Abs. 1 bis 4 – und damit auch Abs. 2 Satz 2 – keine Anwendung mehr. Fraglich ist damit, ob diese Freistellung von

---

6 So zutreffend *Zöllner*, in: Baumbach/Hueck, GmbHG, § 56 Rn. 6. S. a. zur Sachgründung *Schäfer*, in: Bork/Schäfer, GmbHG, § 5 Rn. 17. Missverständlich indes BGH, Urt. v. 13.03.1978 – II ZR 142/76, BGHZ 71, 40 im ersten Leitsatz.

7 Wie hier *Schäfer*, in: Bork/Schäfer, GmbHG, § 5a Rn. 21; *Fastrich*, in: Baumbach/Hueck, GmbHG, § 5a Rn. 11. Ebenso BGH, Beschl. v. 19.4.2011 – II ZB 25/10, GmbHR 2011, 699, 700. A.A. indes *Hennrichs*, NZG 2009, 1161, 1162 f.

8 So zutreffend *Schäfer*, in: Bork/Schäfer, GmbHG, § 5a Rn. 20.

den Restriktionen der Abs. 1 bis 4 erst gelten, nachdem die Kapitalerhöhung ins Handelsregister eingetragen wurde oder ob bereits die Kapitalerhöhung als Sachkapitalerhöhung durchgeführt werden kann, durch die das Stammkapital die Grenze von 25.000 EUR erreicht oder überschreitet. Mit dem BGH[9] ist der zweiten Auffassung zu folgen. Dies begründet sich darin, dass ansonsten die Kapitalerhöhung bei einer UG gegenüber der Neugründung einer GmbH benachteiligt würde.

14 c) **Musterprotokoll**. Das Musterprotokoll zur Gesellschaftsgründung im vereinfachten Verfahren (Anlage zu § 2 Abs. 1a) ist auf **Bargründungen** zugeschnitten; Sachgründungen sind nicht vorgesehen und damit ausgeschlossen.[10] Aus dem Ausschluss der Sachgründung kann indes nicht geschlossen werden, dass auch Sachkapitalerhöhungen ausgeschlossen sind.[11] Dies folgt bereits daraus, dass das Musterprotokoll allein für Gesellschaftsgründungen, nicht aber für Kapitalerhöhungen gilt. Soll allerdings bei einer unter Verwendung des Musterprotokolls gegründeten Gesellschaft eine Sachkapitalerhöhung durchgeführt werden, so ist eine (umfassende) Anpassung des Gesellschaftsvertrages erforderlich (vergl. auch § 55 Rdn. 8).

4. Anforderungen an die Sacheinlagefähigkeit

15 a) **Grundsatz**. Abs. 1 stellt besondere Anforderungen für den Fall, dass eine Sacheinlage erbracht werden soll. Offen lässt Abs. 1 indes – ebenso wie § 5 – welche Anforderungen an eine Sacheinlage zu stellen sind. Einigkeit[12] besteht, dass unter Rückgriff auf § 27 Abs. 2 AktG nur solche Gegenstände sacheinlagefähig sind, die einen gegenwärtigen erfassbaren **Vermögenswert** haben, der so auf die Gesellschaft **übertragen** werden kann, dass er der Gesellschaft zur freien Verfügung steht.

---

9 BGH, Beschl. v. 19.4.2011 – II ZB 25/10, GmbHR 2011, 699, 700 f.; ebenso u.a. *Rieder,* in: MünchKommGmbHG, § 5a Rn. 42; *Miras,* in: Michalski, GmbHG, § 5a Rn. 111; *Roth,* in: Roth/Altmeppen, GmbHG, § 5a Rn. 26; *Schäfer,* ZIP 2011, 53, 56 f. A.A. indes *Fastrich,* in: Baumbach/Hueck, GmbHG, § 5a Rn. 33; *Heckschen,* DStR 2009, 166, 170 f; ebenso wohl auch OLG München v. 23.9.2010 – 31 Wx 149/10, NJW 2011, 464, 465.

10 *Lutter,* in: Lutter/Hommelhoff, GmbHG, § 5a Rn. 12; *H.P. Westermann,* in: Scholz, GmbHG Nachtrag MoMiG, § 5a Rn. 18. S.a. RegE (MoMiG) BT-Drs. 16/6140 S. 32: die Gesellschafter können das Stammkapital ohnehin selbst bestimmen, Sachgründungen sind daher überflüssig.

11 Unklar insoweit *Lieder,* in: MünchKommGmbHG, § 56, Rn. 12.

12 BGH, Urt. v. 14.06.2004 – II ZR 121/02, NZG 2004, 910, 911; BGH, Urt. v. 15.05.2000 – II ZR 359/98, NZG 2000, 836, 837 m.w.N. Grundlegend *Ulmer,* in: Ulmer/Habersack/Winter, GmbHG, § 5 Rn. 39 ff.

16 **Keine Voraussetzung** für die Sacheinlagefähigkeit ist, dass der einzulegende Gegenstand selbständig **bilanzierungsfähig**[13] oder **zur Gläubigerbefriedigung geeignet**[14] ist. Ist der einzulegende Gegenstand nicht bereits per se bilanzierungsfähig, so folgt die Bilanzierungsfähigkeit jedenfalls aus der Einlage in die Gesellschaft, da der Gegenstand als immaterieller, erworbener Vermögensgegenstand zu aktivieren ist.[15] Auf die Geeignetheit zur Gläubigerbefriedigung kommt es nicht an, da die Einlage die Gesellschaft in die Lage versetzen soll, Gewinne zu erwirtschaften, also auf das lebende Unternehmen ausgerichtet ist.

17 **b) Einzelfälle.** Einlagefähig sind sowohl **Sachen** als auch **Rechte** und **sonstige vermögenswerte Positionen.**

18 **aa) Sachen.** Unter Sachen sind körperliche Gegenstände zu verstehen, und zwar bewegliche wie unbewegliche Sachen. Zu den Sachen zählen dabei auch Sachgesamtheiten, wie etwa **Unternehmen**, siehe § 5 Abs. 4 Satz 2, 2. Halbs. GmbHG. Soll ein Unternehmen eingebracht werden, so sind – vorbehaltlich abweichender Regelungen im Kapitalerhöhungsbeschluss und in der Übernahmeerklärung – sämtliche Aktiva *und* Passiva des Unternehmens zu übertragen, was bei der Bewertung der Sacheinlage zu berücksichtigen ist.

19 **Künftige Sachen**, die erst nach der Einreichung der Anmeldung der Kapitalerhöhung zur Eintragung ins Handelsregister hergestellt werden sollen, sind nicht einlagefähig. Ist nicht gesichert, dass die einzubringende Sache vor der Handelsregisteranmeldung hergestellt ist und nach den §§ 929 ff. BGB übertragen werden kann, so kann allein der Anspruch auf Herstellung und anschließende Übereignung der Sache eingebracht werden. Da in diesem Fall die Einbringung einer Forderung in Rede steht, finden auch die insoweit geltenden Besonderheiten (siehe hierzu unten unter Rdn. 22 f.) Anwendung.

20 Sollen **Sachen Dritter** eingebracht werden, so ist dies dann, aber auch nur dann möglich, wenn sich der Dritte dem Übernehmer oder der Gesellschaft gegenüber zur Leistung verpflichtet (hat). Bei einer Verpflichtung der Gesellschaft gegenüber sollte die notarielle Form der Übernahmeerklärung (siehe hierzu § 55 Rdn. 44) eingehalten werden. Für etwaige Mängel bei der Sacheinlage haftet jedenfalls der Übernehmer, ob daneben auch der Dritte haftet, richtet sich nach seiner Verpflichtungserklärung. Wie auch ansonsten ist die Einlage (durch den Dritten) vor der Anmeldung der Kapitalerhöhung zur Eintragung ins Handelsregister zu leisten, §§ 56a, 7 Abs. 2 Satz 1.

---

13 So aber noch LG Köln, Beschl. v. 26.02.1959 – 24 T 6/58, GmbHR 1959, 133; *Schnorr v. Carolsfeld*, DNotZ 1963, 404, 418. Wie hier *Hueck/Fastrich,* in: Baumbach/Hueck, GmbHG, § 5 Rn. 23. Ausführlich zum Meinungsstand: *Ulmer,* in: Ulmer/Habersack/Winter, GmbHG, § 5 Rn. 39 ff.

14 *Bayer,* in: Lutter/Hommelhoff, GmbHG, § 5 Rn. 14; *Hueck/Fastrich,* in: Baumbach/Hueck, GmbHG, § 5 Rn. 23.

15 *Bormann,* in: Bormann/Kauka/Ockelmann, HdbGmbHR, Kap. 4 Rn. 126.

bb) Rechte. Einbringungsfähige Rechte sind namentlich Forderungen, obligatorische Nutzungsrechte, Immaterialgüterrechte (insbesondere geschützte und schützbare Rechte wie Geschmacksmuster, Urheberrechte, Patente etc.[16]) und Mitgliedschaftsrechte (Aktien, GmbH-Geschäftsanteile, Kommanditbeteiligungen etc., aufgrund des Grundsatzes der realen Kapitalerhaltung nicht aber Geschäftsanteile an der Gesellschaft selbst[17]). 21

Für die Einlagefähigkeit von Forderungen ist entscheidend, gegen wen die Forderung gerichtet ist: So sind **Forderungen des Übernehmers gegen Dritte** im Rahmen ihrer Werthaltigkeit einlagefähig, vorausgesetzt, sie können an die Gesellschaft abgetreten werden.[18] Gleiches gilt für **Forderungen des Übernehmers gegen die Gesellschaft.**[19] Der Streit, ob den Kapitalersatzregeln unterliegende Darlehen einlagefähig sind,[20] hat sich mit der faktischen Abschaffung des Kapitalersatzrechts erledigt. 22

Ungeachtet der Einlagefähigkeit obligatorischer Rechte im übrigen (siehe hierzu sogleich) kann eine Sacheinlage nicht in der **Begründung einer Forderung der Gesellschaft gegen den Übernehmer** bestehen. Allein durch die Begründung einer solchen Forderung fließt der Gesellschaft noch kein Vermögensvorteil zu. Aufgrund seines Ausnahmecharakters kann aus § 19 Abs. 5 nichts anderes hergeleitet werden.[21] Aus dem gleichen Grund sind auch unentgeltliche Gebrauchsüberlassungen von Sachen oder Geldmitteln (sog. **obligatorische Nutzungsrechte**) nicht einlagefähig.[22] Für **Forderungen der Gesellschaft gegen Tochtergesellschaften des Übernehmers** dürfte im Ergebnis das gleiche gelten.[23] 23

---

16 BGH, Urt. v. 16.02.1959 – II ZR 170/57, NJW 1959, 934, 935; BGH, Urt. v. 12.10.1998 – II ZR 164/97, NJW 1999, 143, 143; *Ulmer*, in: Ulmer/Habersack/Winter, GmbHG, § 5 Rn. 63.

17 *Bayer*, in: Lutter/Hommelhoff, GmbHG, § 5 Rn. 19; *Ulmer*, in: Ulmer/Habersack/Winter, GmbHG, § 5 Rn. 64.

18 *Bayer*, in: Lutter/Hommelhoff, GmbHG, § 5 Rn. 17; *Hueck/Fastrich*, in: Baumbach/Hueck, GmbHG, § 5 Rn. 27.

19 *Bayer*, in: Lutter/Hommelhoff, GmbHG, § 5 Rn.17; *Hueck/Fastrich*, in: Baumbach/Hueck, GmbHG, § 5 Rn. 28; *Bormann*, in: Bormann/Kauka/Ockelmann, HdbGmbHR, Kap. 4 Rn. 137.

20 Vgl. zu diesem Streit *Ulmer*, in: Ulmer/Habersack/Winter, GmbHG, § 5 Rn. 58 m.w.N.

21 Wie hier *Schäfer*, in: Bork/Schäfer, GmbHG, § 5 Rn. 26; *Wälzholz*, GmbHR 2008, 841, 846; vgl. auch BGH, Urt. v. 16.2.2009 – II ZR 120/07, DStR 2009, 809, 810 Rn. 9.

22 A.A. aber BGH, Urt. v. 14.06.2004 – II ZR 121/02, GmbHR 2004, 1219; BGH, Urt. v. 15.05.2000 – II ZR 359/98, NZG 2000, 836, 837; *Haas*, in: FS. f. Döllerer, S. 169, 173 ff.; ausf. *Bork*, ZHR 154 (1990), 205 ff.; mit Einschränkungen für Nutzungsrechte an Immobiliargütern *Zeidler*, in: Michalski, GmbHG, § 5 Rn. 103 und *K. Schmidt*, ZHR 154 (1990), 237, 252 ff.

23 *Bormann*, in: Bormann/Kauka/Ockelmann, HdbGmbHR, Kap. 4 Rn. 144. A.A. indes *Märtens*, in: MünchKommGmbHG, § 5 Rn. 115 sowie – verbunden mit der Forderung nach einer vorsichtigen Bewertung – *Bayer*, in: Lutter/Hommelhoff, GmbHG, § 5 Rn. 17.

II. Festsetzungen im Kapitalerhöhungsbeschluss und der Übernahmeerklärung (Abs. 1)

24 Korrespondierend mit § 5 Abs. 4 für die Sachgründung sieht Abs. 1 für die Sachkapitalerhöhung vor, dass der Kapitalerhöhungsbeschluss (hierzu unter Rdn. 25 ff.) und die Übernahmeerklärung (hierzu unter Rdn. 30 ff.) die Festsetzung der Sacheinlage und der Nennbeträge der übernommenen Geschäftsanteile zu enthalten. Dieses **Erfordernis** einer ausdrücklichen Festsetzung **rechtfertigt sich** insbesondere darin, dass dem Registergericht ermöglicht werden soll, die Einlagefähigkeit und Werthaltigkeit des einzulegenden Gegenstandes zu beurteilen.[24]

1. Festsetzungen im Kapitalerhöhungsbeschluss (Satz 1)

25 Nach Satz 1 hat der Kapitalerhöhungsbeschluss den Gegenstand der Sacheinlage und den Nennbetrag der übernommenen Geschäftsanteile zu enthalten. **Alternativ** können diese Angaben auch **in der Übernahmeerklärung oder dem geänderten Gesellschaftsvertrag** enthalten sein, sofern diese gemeinsam mit dem Kapitalerhöhungsbeschluss beurkundet werden.[25] Im Beschluss selbst hingegen sind das Bezugsrecht der Mitgesellschafter auszuschließen (zum Bezugsrechtsausschluss siehe § 55 Rdn. 20 ff.) und – nach der h.M. (siehe hierzu unten Rdn. 29) – der zugelassene Übernehmer zu benennen.

26 a) **Gegenstand der Sacheinlage.** Dem Zweck der Festsetzung folgend, dem Registergericht eine Überprüfung der Einlagefähigkeit und der Werthaltigkeit des einzulegenden Gegenstandes zu ermöglichen (siehe Rdn. 24), hat der Kapitalerhöhungsbeschluss den einzulegenden Gegenstand so genau zu bezeichnen, dass seine **Identität zweifelsfrei festgestellt** werden kann.[26] Dieser Maßstab gilt auch bei einzulegenden Sachgesamtheiten, etwa Unternehmen. Hieraus kann allerdings nicht geschlossen werden, dass eine Bezeichnung sämtlicher Einzelgegenstände erforderlich wäre. Erforderlich, aber auch ausreichend ist die Verwendung einer Sammelbezeichnung. Der sachenrechtliche Bestimmtheitsgrundsatz kann dabei als Vergleichsmaßstab herangezogen werden.[27] Selbst wenn dieser Maßstab erfüllt ist, kann das Registergericht ergänzende Angaben, Informationen und Unterlagen verlangen, um seine Prüfungspflicht erfüllen zu können.[28]

---

24 *Ulmer,* in: Ulmer/Habersack/Winter, GmbHG, § 5 Rn. 128.

25 *Lieder,* in: MünchKommGmbHG, § 56 Rn. 32; *Roth,* in: Roth/Altmeppen, GmbHG, § 56 Rn. 2.

26 BGH, Urt. v. 24.7.2000 – II ZR 202/98, NZG 2000, 1226, 1227; *Zöllner,* in: Baumbach/Hueck, GmbHG, § 56 Rn. 8; *Lieder,* in: MünchKommGmbHG, § 56 Rn. 28.

27 Näher zu den Anforderungen an die Bestimmtheit *Ulmer,* in: Ulmer/Habersack/Winter, GmbHG, § 5 Rn. 134 ff.

28 OLG Düsseldorf, Beschl. v. 10.1.1996 – Wx 274/95, NJW-RR 1996, 605, 606; *Lieder,* in: MünchKommGmbHG, § 56 Rn. 28.

b) Nennbetrag der Geschäftsanteile. Weiterhin ist der Nennbetrag *des* Geschäftsanteils anzugeben, auf den sich die Sacheinlage bezieht. Ungeachtet dieses eindeutigen Wortlautes ist es nicht ausgeschlossen, für eine Sacheinlage **mehrere Geschäftsanteile** auszugeben;[29] in diesem Fall sind die auszugebenden Geschäftsanteile mit ihren jeweiligen Nennbeträgen anzugeben. Neben dem Nennbetrag der auszugebenden Geschäftsanteile ist der **Betrag** anzugeben, mit dem der Wert der Sacheinlage auf den Nennbetrag **anzurechnen** ist. Der Wert der Sacheinlage selbst ist demgegenüber nicht zwingend zu benennen.[30] Ist die **Aufstockung eines Geschäftsanteils** generell zulässig (hierzu § 55 Rdn. 60), so ist sie auch bei einer Sachkapitalerhöhung zulässig. Bei einer Aufstockung ist dann der Nennbetrag zu benennen, um den der bestehende Geschäftsanteil aufgestockt wird. 27

Steht keine reine Sachkapitalerhöhung in Rede, sondern eine **Mischform** (siehe hierzu oben Rdn. 7 f.), so hat dies auch Auswirkungen auf die Angaben im Kapitalerhöhungsbeschluss. So ist bei einer **gemischten Einlage** (siehe hierzu oben Rdn. 8) im Kapitalerhöhungsbeschluss zu erwähnen, dass der Gesellschafter, neben der Ausgabe eines neuen Geschäftsanteils noch eine weitere Vergütung erhält. Diese Vergütung muss zwar nicht betragsmäßig beziffert sein, sich aber auf Grundlage des Beschlusses beziffern lassen.[31] Bei der **Mischeinlage** ist im Kapitalerhöhungsbeschluss festzuhalten, dass der Gesellschafter die Differenz zwischen dem Wert der Sacheinlage und dem Nennbetrag der ausgegebenen Geschäftsanteile in bar auszugleichen hat. Auch hier ist eine betragsmäßige Bezifferung nicht im Gesellschafterbeschluss (wohl aber in der Handelsregisteranmeldung) erforderlich.[32] Nicht erforderlich ist indes, dass für die Sach- und die Bareinlage unterschiedliche Anteile ausgegeben werden.[33] Vielmehr ist es auch möglich, mehrere Geschäftsanteile auszugeben und die Einlagen auf diese Geschäftsanteile jeweils teilweise im Wege einer Sacheinlage und teilweise in bar zu erbringen. **28**

c) Benennung der Übernehmer? Über die in Satz 1 ausdrücklich geforderten Angaben hinaus sollen im Gesellschafterbeschluss nach **h.M.**[34] auch die Übernehmer **zu benennen** sein. Dogmatisch zu überzeugen vermag diese Auffassung nicht; namentlich kann diese Auffassung nicht damit begründet werden, dass im Kapitaler- **29**

29 Ausführlich *Bormann,* in: Bormann/Kauka/Ockelmann, HdbGmbHR, Kap. 4 Rn. 121 ff.

30 *Priester,* in: Scholz, GmbHG Nachtrag MoMiG, § 56 Rn. 26; *Zöllner,* in: Baumbach/Hueck, GmbHG, § 56 Rn. 9.

31 *Priester,* in: Scholz, GmbHG Nachtrag MoMiG, § 56 Rn. 27; *Ulmer,* in: Ulmer/Habersack/Winter, GmbHG, § 56 Rn. 25. Enger OLG Stuttgart, Urt. v. 22.10.1981 – 6 U 13/81, BB 1982, 397, 398; *Zimmermann,* in: Rowedder/Schmidt-Leithoff, GmbHG, § 56 Rn. 5.

32 *Priester,* in: Scholz, GmbHG Nachtrag MoMiG, § 56 Rn. 28; *Lieder,* in: MünchKommGmbHG, § 56 Rn. 31.

33 A.A. indes *Arnold/Born,* in: Bork/Schäfer, GmbHG, § 56 Rn. 10.

34 *Zöllner,* in: Baumbach/Hueck, GmbHG, § 56 Rn. 10; *Ulmer,* in: Ulmer/Habersack/Winter, GmbHG, § 56 Rn. 21; *Priester,* in: Scholz, GmbHG Nachtrag MoMiG, § 56 Rn. 24.

höhungsbeschluss mit Blick auf § 19 Abs. 2 und 4 klargestellt werden müsse, welchem Übernehmer die Erbringung einer Sacheinlage gestattet werde. Diese Festlegung kann auch in dem Zulassungsbeschluss oder der Übernahmeerklärung (zu dieser siehe § 55 Rdn. 34 ff.) erfolgen.[35] Zuzugeben ist freilich, dass Sachkapitalerhöhungen in der Regel mit einem Bezugsrechtsausschluss verbunden sind (siehe hierzu bereits oben Rdn. 1). Ein Bezugsrechtsausschluss ist indes in den Kapitalerhöhungsbeschluss mit aufzunehmen, so dass es sich anbietet, auch den Übernehmer zu benennen.

2. Festsetzungen in der Übernahmeerklärung (Satz 2)

30 Die Festsetzungen betreffend den Gegenstand der Sacheinlage und den Nennbetrag der übernommenen Geschäftsanteile sind auch in die Übernahmeerklärung aufzunehmen. **Hierdurch soll sichergestellt werden**, dass die Verpflichtung des Übernehmers, die erst durch die Übernahmeerklärung begründet wird, mit dem Kapitalerhöhungsbeschluss deckungsgleich ist.[36] Darüber hinaus noch den Schutz der Gläubiger und Mitgesellschafter zu bemühen, vermag nicht zu überzeugen.[37] Dieser Schutz wird bereits durch die Aufnahme der Festsetzungen in den Kapitalerhöhungsbeschluss selbst genüge getan.

31 Zwar legt der Wortlaut des Satz 2 nahe, dass die **Übernahmeerklärung selbst** die Festsetzungen zu enthalten hat. Mit Blick auf den Schutzzweck (siehe vorstehende Rdn.) ist es jedoch ausreichend, das auf den – nach § 44 BeurkG als Anlage zur Urkunde genommenen – Kapitalerhöhungsbeschluss Bezug genommen wird.[38] Auch können der Kapitalerhöhungsbeschluss und die Übernahmeerklärung in einem notariellen Protokoll enthalten sein, welches die Festsetzungen nur ein mal enthält.[39]

32 Auch wenn § 55 Abs. 1 nur von einer Erklärung des Übernehmers spricht, so ist doch unstreitig ein Vertrag zwischen der Gesellschaft und dem Übernehmer erforderlich. **Formbedürftig** ist allerdings – vorbehaltlich eines sich aus dem Gegenstand der Sacheinlage ergebenden Formzwangs – allein die Erklärung des Übernehmers, nicht auch die der Gesellschaft. Ausführlich zur Übernahmeerklärung § 55 Rdn. 34 ff.

3. Sonstige Anforderungen

33 **a) Sachkapitalerhöhungsbericht und Werthaltigkeitsbescheinigung.** Für die Sachgründung schreibt § 5 Abs. 4 Satz 2 vor, dass die Gesellschafter in einem **Sachgrün-**

35 Ebenso *Roth*, in: Roth/Altmeppen, GmbHG, § 55 Rn. 6.

36 *Ulmer*, in: Ulmer/Habersack/Winter, GmbHG, § 56 Rn. 27.

37 So aber *Herrmanns*, in: Michalski, GmbHG, § 56 Rn. 57; *Priester*, in: Scholz, GmbHG Nachtrag MoMiG, § 56 Rn. 29.

38 *Zöllner*, in: Baumbach/Hueck, GmbHG, § 56 Rn. 16; *Zimmermann*, in: Rowedder/Schmidt-Leithoff, GmbHG, § 56 Rn. 13.

39 BGH, Urt. v. 13.10.1966 – II ZR 56/64, WM 1966, 1262, 1263; *Arnold/Born*, in: Bork/Schäfer, GmbHG, § 56 Rn. 11; *Zöllner*, in: Baumbach/Hueck, GmbHG, § 56 Rn. 16.

dungsbericht »*die für die Angemessenheit der Leistung wesentlichen Umstände darzulegen*« haben. In den Vorschriften zur Sachkapitalerhöhung findet sich indes weder eine vergleichbare Regelung noch eine Verweisung auf § 5 Abs. 4 Satz 2. Allerdings basiert die registergerichtliche Prüfung der Vollwertigkeit der Sacheinlage (§ 9c Abs. 1 Satz 1) insbesondere auf dem Sachgründungsbericht. Eine Prüfung der Werthaltigkeit der Sacheinlage ist indes auch für die Sachkapitalerhöhung vorgeschrieben, § 57a. Damit ist im Fall einer Sachkapitalerhöhung auch ohne ausdrückliche gesetzliche Anordnung ein entsprechender Sachkapitalerhöhungsbericht vorzulegen.[40]

34 Eine **Werthaltigkeitsbescheinigung** entsprechend § 183 Abs. 3 AktG ist der Handelsregisteranmeldung demgegenüber nicht beizufügen.[41] Allerdings kann das Registergericht bei erheblichen Zweifeln an der Richtigkeit der Angaben zum Wert der Sacheinlage weitergehende Nachweise verlangen, §§ 57 Abs. 2 Satz 2, 8 Abs. 2 Satz 2. Zu diesen Angaben können auch Wertbescheinigungen zählen.[42]

35 **b) Änderung des Gesellschaftsvertrages.** Die Sachkapitalerhöhung führt – ebenso wie jede andere nominale Kapitalerhöhung auch – zu einer Erhöhung des Stammkapitals, weshalb der Betrag des Stammkapitals im Gesellschaftsvertrag, § 3 Abs. 1 Nr. 3, im Zuge der Kapitalerhöhung entsprechend anzupassen ist. Eine Festsetzung der Sacheinlage braucht der Gesellschaftsvertrag indes nicht zu enthalten.[43]

4. Leistung der Einlage

36 Zu leisten haben die Übernehmer die Sacheineinlage **vollständig vor** der **Anmeldung** der Kapitalerhöhung zum Handelsregister. Zu Einzelheiten siehe § 56a Rdn. 15.

5. Änderungen der Festsetzungen

37 Im Grundsatz gelten für die Änderung der Festsetzung eines Sachkapitalerhöhungsbeschlusses **vor der Eintragung** der Kapitalerhöhung ins Handelsregister die gleichen Anforderungen wie für die Änderung eines Barkapitalerhöhungsbeschlusses. Damit sind sowohl an eine Änderung als auch eine Aufhebung des Beschlusses die gleichen

---

40 Ebenso OLG Stuttgart, Urt. v. 19.01.1982 – 8 W 295/81, GmbHR 1982, 109, 112; OLG Jena, Beschl. v. 2.11.1993 – 6 W 24/93, GmbHR 1994, 710, 712; *Priester*, in: Scholz, GmbHG Nachtrag MoMiG, § 56 Rn. 39; *Timm*, GmbHR 1980, 286, 290. A.A. indes OLG Köln, Urt. v. 13.02.1996 – 3 U 98/95, NJW-RR 1996, 1250, 1251; *Zöllner*, in: Baumbach/Hueck, GmbHG, § 56 Rn. 17; *Lutter*, in: Lutter/Hommelhoff, GmbHG, § 56 Rn. 7; *Herrmanns*, in: Michalski, GmbHG, § 56 Rn. 64; *K. Schmidt*, GesR, § 37 V 1c.

41 Vgl. *Arnold/Born*, in: Bork/Schäfer, GmbHG, § 56 Rn.8.

42 *Lieder*, in: MünchKommGmbHG, § 56, Rn. 112; *Herrmanns*, in: Michalski, GmbHG, § 56 Rn. 64; *Wicke*, GmbHG, § 56 Rn. 6; *Ulmer*, in: Ulmer/Habersack/Winter, GmbHG, § 56 Rn. 57.

43 *Priester*, in: Scholz, GmbHG Nachtrag MoMiG, § 56 Rn. 31; *Lieder*, in: MünchKommGmbHG, § 56 Rn. 39. S.a. LG Memmingen, Beschl. v. 18.10.2004 – 2 HT 278/04, NZG 2005, 322, 323.

Anforderungen zu stellen, wie an den ursprünglichen Kapitalerhöhungsbeschluss selbst (siehe hierzu auch § 55 Rdn. 33 sowie zu den Folgen für die Übernahmeerklärung § 55 Rdn. 47 ff.).

38 Auch **nach der Eintragung** der Sachkapitalerhöhung als solcher ins Handelsregister ist noch eine Änderung der im Kapitalerhöhungsbeschluss getroffenen Festsetzungen möglich. Es kann dabei sowohl eine ursprüngliche Sacheinlageverpflichtung in eine Bareinlageverpflichtung geändert werden als auch umgekehrt.[44] Auch kann der Gegenstand der Sacheinlage ausgetauscht werden. Erforderlich für eine Änderung der Festsetzung nach Vollzug der Handelsregistereintragung ist nicht nur ein entsprechender Gesellschafterbeschluss, sondern auch eine neuerliche Anmeldung beim Handelsregister.

39 Besonderes Augenmerk ist bei der **Änderung einer Sach- in eine Bareinlageverpflichtung und beim Austausch des einzulegenden Vermögensgegenstandes** auf die Begründung eines etwaigen Bezugsrechtsausschlusses zu legen: Die ursprüngliche Begründung wird regelmäßig an den einzubringenden Vermögensgegenstand anknüpfen. Ändert sich der Einbringungsgegenstand aber, kann der Bezugsrechtsausschluss nicht mehr mit seiner ursprünglichen Begründung aufrecht erhalten bleiben. Lässt sich der Bezugsrechtsausschluss nicht anderweitig begründen, so ist den nicht zugelassenen Gesellschaftern ein Bezugsrecht einzuräumen. Weiterhin ist im Hinblick auf die Rückabwicklung der Sacheinlage Vorsicht geboten (zur Fälligkeit der Sacheinlage siehe oben Rdn. 36): Da lediglich die Art der Einlagenerbringung ersetzt werden soll, bleibt die Stammkapitalziffer unverändert. Soll auch die Stammkapitalziffer geändert werden, ist zusätzlich zur Änderung der Einlagenerbringung noch eine (weitere) Kapitalerhöhung oder eine Kapitalherabsetzung erforderlich. Bei einer unveränderten Stammkapitalziffer kann dem Erbringer der ursprünglichen Sacheinlage damit für deren Nutzung allenfalls ein Nutzungsentgelt in Höhe des freien Kapitals der Gesellschaft gezahlt werden. Auch steuerliche Belastungen im Zusammenhang mit der Rückübertragung des eingelegten Gegenstandes darf die Gesellschaft allenfalls bis zur Höhe des freien Kapitals tragen. Wie bei einer gemischten Einlage (zu dieser siehe oben Rdn. 8) ist eine etwaige Belastung der Gesellschaft im Beschluss der Ersetzung der ursprünglichen Einlage offenzulegen. Zur Änderung der Einlagenerbringung zum Zwecke der Heilung einer verdeckten Sacheinlage siehe § 19 Rdn. 32 ff.).

6. Rechtsfolgen mangelhafter Festsetzung

40 Weisen der **Kapitalerhöhungsbeschluss und die Übernahmeerklärung** denselben Fehler auf (etwa weil ein nicht sacheinlagefähiger Gegenstand als Sacheinlage festgesetzt wird, die Festsetzung nicht hinreichend bestimmt ist oder der Wert des als Sacheinlage vorgesehenen Gegenstandes hinter dem Nennwert der Kapitalerhöhung

---

44 BGH, Besch. v. 4.3.1996 – II ZB 8/95, NJW 1996, 1473, 1476; *Ulmer,* in Ulmer/Habersack/Winter, GmbHG, § 56 Rn. 32; *Herrmanns,* in: Michalski, GmbHG, § 56 Rn. 60.

zurückbleibt), so hat das Registergericht mittels einer Zwischenverfügung auf die Behebung des Mangels hinzuwirken. Wird der Mangel nicht behoben, so ist die **Eintragung** der Kapitalerhöhung zu **verweigern.**[45] Zu **Nachforschungen** im Zusammenhang mit den Festsetzungen und den Werten der einzubringenden Vermögensgegenstände ist das Registergericht nur befugt und berechtigt, wenn Anhaltspunkte für Unregelmäßigkeiten vorliegen.[46]

41 Wird die Kapitalerhöhung **trotz mangelhafter Festsetzung** im Kapitalerhöhungsbeschluss und der Übernahmeerklärung ins Handelsregister **eingetragen**, so ist die Kapitalerhöhung als solche wirksam.[47] Allerdings schuldet der Übernehmer nicht die Einbringung der fehlerhaft festgesetzten Sacheinlage, sondern eine Bareinlage.[48] Auf diese Bareinlageverpflichtung findet § 19 Abs. 4 entsprechende Anwendung[49] – findet eine Anrechnung statt, obwohl es an jeder Festsetzung fehlt, so muss eine Anrechnung erst recht stattfinden, wenn die Festsetzung fehlerhaft ist. Wurde ein nicht sacheinlagefähiger Gegenstand als Sacheinlage festgesetzt, erscheint ebenfalls eine entsprechende Anwendung des § 19 Abs. 4 sachgerecht.[50]

42 Ist **allein die Übernahmeerklärung**, nicht aber der Gesellschafterbeschluss **mangelhaft**, weicht also die Festsetzung in der Übernahmeerklärung von der im Gesellschafterbeschluss ab, so hat das Registergericht auch hier per Zwischenverfügung auf eine Anpassung hinzuwirken. Unterbleibt die Anpassung, so ist die **Eintragung zu verweigern.**[51]

43 Wird die Kapitalerhöhung **trotz mangelhafter Festsetzung** in der Übernahmeerklärung ins Handelsregister **eingetragen**, so ist die Kapitalerhöhung als solche wirk-

---

45 *Herrmanns,* in: Michalski, GmbHG, § 56 Rn. 61; *Lieder,* in: MünchKommGmbHG, § 56, Rn. 40; *Zimmermann,* in: Rowedder/Schmidt-Leithoff, GmbHG, § 56 Rn. 16.

46 *Lieder,* in: MünchKommGmbHG, § 56, Rn. 40. Vgl. *Ulmer,* in: Ulmer/Habersack/Winter, GmbHG, § 56 Rn. 33. *Priester,* in: Scholz, GmbHG Nachtrag MoMiG, § 56 Rn. 36.

47 *Zimmermann,* in: Rowedder/Schmidt-Leithoff, GmbHG, § 56 Rn. 16; *Priester,* in: Scholz, GmbHG Nachtrag MoMiG, § 56 Rn. 37.

48 *Ulmer,* in: Ulmer/Habersack/Winter, GmbHG, § 56 Rn. 34; *Roth,* in Roth/Altmeppen, GmbHG, § 56 Rn. 4; *Zimmermann,* in: Rowedder/Schmidt-Leithoff, GmbHG, § 56 Rn. 16.

49 *Priester,* in: Scholz, GmbHG Nachtrag MoMiG § 56 Rn. 37; *Lieder,* in: MünchKommGmbHG, § 56, Rn. 41.

50 So auch *Pentz,* in: MünchKommAktG, § 27 Rn. 92. Ausführlich *Bormann,* in: Bormann/Kauka/Ockelmann, HdbGmbHR, Kap. 4 Rn. 181 f. Über §§ 30, 31 GmbHG zu ähnlichen Ergebnissen kommend *Habersack,* GWR 2009, 129, 130; *Veil,* in: Scholz, GmbHG Nachtrag MoMiG, § 19 Rn. 26. Gegen eine Anwendung der Vorschriften zur verdeckten Sacheinlage indes BGH, Urt. v. 16.02.2009 – II ZR 120/07, DStR 2009, 809, 810 Tz. 9 m.w.N.; BGH, Urt. v. 01.02.2010 – II ZR 173/08 NJW 2010, 1747, 1748 Tz. 15 ff. (zur AG); ebenso *Ulmer,* in: Ulmer/Habersack/Winter, GmbHG, § 5 Rn. 175; *Ebbing,* in: Michalski, GmbHG, § 19 Rn. 135; *Habersack,* in: FS. f. Priester, S. 161 ff.

51 *Herrmanns,* in: Michalski, GmbHG, § 56 Rn. 62; *Ulmer,* in: Ulmer/Habersack/Winter, GmbHG, § 56 Rn. 35; *Arnold/Born,* in: Bork/Schäfer, GmbHG, § 56 Rn. 13.

sam.[52] Die Einlageverpflichtung soll sich in einer solchen Konstellation nach der Festsetzung im Kapitalerhöhungsbeschluss richten.[53] Dem ist jedenfalls für die Fälle zuzustimmen, in denen der Übernehmer selbst dem Kapitalerhöhungsbeschluss zugestimmt hat. Fraglich ist, ob das auch für den Fall gelten kann, dass der Übernehmer – etwa weil er noch nicht Gesellschafter ist – an dem Gesellschafterbeschluss nicht mitgewirkt und von ihm auch keine Kenntnis hatte. Den Übernehmer dann zu einer ihm nicht einmal bekannten Leistung zu verpflichten, erscheint nur schwer vertretbar. In jedem Fall wird man dem Dritt-Übernehmer einer Möglichkeit einräumen müssen, sich von der Übernahmeerklärung wieder zu lösen, etwa nach § 119 BGB.

44 **Formfehler der Übernahmeerklärung** können nur bis zur Leistung der Einlage geltend gemacht werden. Dies gilt auch, wenn aufgrund des einzulegenden Gegenstandes nicht nur die Erklärung des Übernehmers der notariellen Form bedarf, sondern auch die Erklärung der Gesellschaft (siehe hierzu oben unter Rdn. 32): Die formunwirksame Verpflichtung zur Übertragung wird regelmäßig durch die formwirksame Übertragung geheilt, vergl. nur §§ 15 Abs. 4 S. 2 GmbHG, 311b Abs. 1 S. 2 BGB. Fehlt es an einer formwirksamen Übertragung, so kann der Übernehmer nach der Eintragung der Kapitalerhöhung ins Handelsregister einen Formmangel gleichwohl nicht mehr geltend machen.[54]

III. Entsprechende Anwendung der §§ 9 und 19 Abs. 2 Satz 2 und Abs. 4 (Abs. 2)

45 Abs. 2 erklärt die zentralen Instrumente der realen Kapitalaufbringung wie sie in den Gründungsvorschriften geregelt sind, auch bei der Kapitalerhöhung für anwendbar. Namentlich ist der Übernehmer zum Ausgleich einer Differenz zwischen dem Wert der Sacheinlage und dem Nennbetrag des übernommenen Geschäftsanteils verpflichtet, § 9. Auch kommt das Aufrechnungsverbot des § 19 Abs. 2 Satz 2 zur Anwendung, einschließlich der Aufrechnungsbeschränkungen für die Gesellschaft und das Verzichtsverbot. Zudem finden auch die Vorschriften zur verdeckten Sacheinlage Anwendung, § 19 Abs. 4. Gleiches gilt aufgrund der Verweisung in § 56a auch für § 19 Abs. 5 zum Hin- und Herzahlen.

§ 56a Leistungen auf das neue Stammkapital

Für die Leistungen der Einlagen auf das neue Stammkapital finden § 7 Abs. 2 Satz 1 und Abs. 3 sowie § 19 Abs. 5 entsprechende Anwendung.

---

52 *Zimmermann,* in: Rowedder/Schmidt-Leithoff, GmbHG, § 56 Rn. 16; *Lieder,* in: MünchKommGmbHG, § 56, Rn. 42.

53 *Herrmanns,* in: Michalski, GmbHG, § 56 Rn. 62.

54 Vergl. auch *Lieder,* in: MünchKommGmbHG, § 56, Rn. 42.

Übersicht Rdn.

Schrifttum
Literatur: siehe §§ 7 und 19.

A. Allgemeines

1 § 56a verweist hinsichtlich der Erbringung der Einlagen auf die entsprechenden Gründungsvorschriften: Bareinlagen sind mindestens in Höhe von einem Viertel des Nennbetrages vor Anmeldung des Kapitalerhöhungsbeschlusses zu leisten, § 7 Abs. 2 Satz 1, Sacheinlagen in voller Höhe, § 7 Abs. 3. Zudem erklärt § 56a die Vorschriften zum Hin- und Herzahlen (§ 19 Abs. 5) für entsprechend anwendbar; auf die Vorschriften zur verdeckten Sacheinlage (§ 19 Abs. 4) wird bereits in § 56 Abs. 2 verwiesen. Durch diese Verweisungen wird ein **Gleichlauf des Kapitalaufbringungsrechts bei Gründung und Kapitalerhöhung** sichergestellt.

2 **Ausgenommen** von diesem Gleichlauf ist das Erfordernis der **Gesamtmindesteinzahlung** (§ 7 Abs. 2 Satz 2), nach dem die Einzahlung mindestens die Hälfte des Mindeststammkapitals nach § 5 Abs. 1 zu erreichen hat. Eine solche Mindesteinzahlung ist bei Kapitalerhöhungen nicht erforderlich, da bei bestehenden Gesellschaften davon ausgegangen werden kann, dass sie über hinreichende Liquidität verfügen.[1] Durch das MoMiG auch für die Gründung abgeschafft wurden die Sonderregelungen für **Ein-Mann-Gesellschaften**.

B. Einzelerläuterungen

I. Leistung von Bareinlagen

1. Mindesteinzahlung

3 Vorbehaltlich abweichender Festlegungen im Kapitalerhöhungsbeschluss (siehe hierzu § 55 Rdn. 15) sind bei Barkapitalerhöhungen vor der Handelsregisteranmeldung **mindestens ein Viertel des Nennbetrages der übernommenen Geschäftsanteile** (nicht auch eines etwaigen Agio) zu leisten, § 7 Abs. 2 Satz 1. Die Mindesteinlage ist für jeden neu ausgegebenen Geschäftsanteil zu leisten; sollten einzelne Übernehmer auf ihre Anteile die volle Einlage geleistet haben, so können sich die

1 *Lieder*, in: MünchKommGmbHG, § 56a, Rn. 4.

übrigen Übernehmer nicht darauf berufen, dass der Gesellschaft bereits durch die Zahlungen der voll einzahlenden Übernehmer ein Viertel des gesamten Erhöhungsbetrages zugeflossen ist.[2]

4 Für die **Aufstockung bestehender Geschäftsanteile** gelten keine Besonderheiten. Bei einer Aufstockung sind ein Viertel des Nennbetrages des Erhöhungsbetrages vor der Handelsregisteranmeldung einzuzahlen – und zwar auch dann, wenn die aufgestockten Geschäftsanteile voll eingezahlt waren.[3] Die Gegenauffassung[4] vermag nicht zu überzeugen: Die Art und Weise der Durchführung der Kapitalerhöhung kann nicht über das Schutzniveau entscheiden.

5 Abweichendes gilt für die **Unternehmergesellschaft**. Bei der Unternehmergesellschaft sind die Einlagen vor der Handelsregisteranmeldung in vollem Umfang zu leisten, § 5a Abs. 2 Satz 1. Dies gilt so lange, bis das Stammkapital der Unternehmergesellschaft dem Betrag des Mindeststammkapitals nach § 5 Abs. 1 entspricht (zu Einzelheiten siehe § 5a Rdn. 36 ff.).

2. Einzahlungen

6 Bareinlagen sind durch **Barzahlung** in die Kasse oder durch **Überweisung** auf ein Bankkonto der Gesellschaft zu erbringen. Wird die Bareinlage auf ein **debitorisches Konto** der Gesellschaft überwiesen, so führt dies nur dann zur Tilgung der Einlageverpflichtung, wenn die Geschäftsführer rechtlich und tatsächlich in der Lage sind, uneingeschränkt über die Mittel zu verfügen.[5] Hierfür ist in der Regel erforderlich, dass die Bank der Gesellschaft einen Überziehungskredit eingeräumt hat. Duldet die Bank die Überziehung der Kreditlinie lediglich, steht dies einer ungekündigten Kreditlinie *nicht* gleich; insoweit fehlt an einer gesicherten Rechtsgrundlage für die Verfügung.[6] Zahlt der Übernehmer auf ausdrückliche Anweisung der Geschäftsführung auf ein debitorisches Konto, tritt Erfüllungswirkung auch dann ein, wenn die Bank keine Verfügung über die eingezahlten Mittel zulässt. In einem solchen Fall hat die Geschäftsführung bereits durch die Anweisung an die Gesellschafter eine Verfügung getroffen.[7]

---

2 *Lieder*, in: MünchKommGmbHG, § 56a, Rn. 6.

3 BayObLG, Beschl. v. 17.1.1986 – BReg. 3 Z 228/85, NJW-RR, 1088; *Lutter*, in: Lutter/Hommelhoff, GmbHG, § 56a Rn. 2; *Ulmer*, in: Ulmer/Habersack/Winter, GmbHG, § 56a Rn. 6; *Priester*, in: Scholz, GmbH, § 56a Rn. 4.

4 U.a. *Roth*, in: Roth/Altmeppen, GmbHG, § 56a Rn. 3.

5 BGH, Urt. v. 24.09.1990 – II ZR 203/89, NJW 1991, 226; BGH, Urt. v. 03.12.1990 – II ZR 215/89, NJW 1991, 1294; *Bayer*, in: Lutter/Hommelhoff, GmbHG, § 7 Rn. 21; *Henze*, DB 2001, 1469, 1470.

6 Für befreiende Wirkung auch bei stillschweigender Gestattung BGH, Urt. v. 08.11.2004 – II ZR 362/02, NZG 2005, 180, 181.

7 Ebenso *Lieder*, in: MünchKommGmbHG, § 56a, Rn. 6 m.w.N.

Zahlungen an Gläubiger der Gesellschaft auf Anweisung der Geschäftsführer will die Rechtsprechung[8] nur insoweit Tilgungswirkung zuerkennen, als es nicht um die gesetzliche Mindesteinlage geht; die gesetzliche Mindesteinlage soll nur an die Gesellschaft direkt gezahlt werden können. Zu überzeugen vermag diese Ansicht nicht: Bleibt es der Geschäftsführung unbenommen, die zur Tilgung der Mindesteinlage erhaltenen Mittel sofort zur Tilgung von Verbindlichkeiten bei Gesellschaftsgläubigern einzusetzen, so muss es der Geschäftsführung auch möglich sein, den Zahlungsweg durch eine entsprechende Anweisung abzukürzen. Dem steht nicht entgegen, dass das Registergericht bei einer direkten Zahlung auf die Dritt-Forderung nicht den Wert der Verbindlichkeit prüfen kann.[9] Eine solche Prüfungsmöglichkeit besteht bei einer Überweisung durch die Gesellschaft auch nicht. Auch kann es im Verhältnis zwischen Gesellschaft und Gesellschafter nicht auf die Werthaltigkeit der Forderung eines Dritten ankommen.[10] 7

Die **Beweislast** für die wirksame Erbringung der Einlage trägt bereits nach allgemeinen Grundsätzen der Gesellschafter.[11] Allerdings kann der Gesellschafter den Nachweis, dass er die Einlage erbracht hat, im Einzelfall auch durch Indizien beweisen, wie etwa eine entsprechende Bilanzierung im Abschluss der Gesellschaft.[12] Ist im Rahmen der Beweisführung zweifelhaft, welchem Zweck eine Zahlung des Gesellschafters diente, so soll sich die **Tilgungsbestimmung** aus der Sicht des Geschäftsführers als objektivem Empfänger bestimmen.[13] Dabei wird man aufgrund der mit einer Einlageforderung verbundenen vergleichsweise hohen Sicherheit mit Blick auf § 366 Abs. 2 BGB nur dann von einer Leistung auf die Einlageverpflichtung ausgehen können, wenn hierfür konkrete Anhaltspunkte vorliegen. 8

Fließen die im Zuge der Kapitalerhöhung aufgebrachten **Mittel** unmittelbar **an den Übernehmer zurück**, so kann dies – je nach zugrundeliegendem Rechtsgrund – eine verdeckte Sacheinlage (§ 19 Abs. 4) oder ein Hin- und Herzahlen (§ 19 Abs. 5) darstellen. 9

3. In Besonderheit: Voreinzahlungen

Fällig ist die Bareinlage nach Abgabe der Übernahmeerklärung und vor Anmeldung der Kapitalerhöhung zum Handelsregister. Gleichwohl kommt es immer wieder vor, dass die Gesellschafter der Gesellschaft bereits vor dem Kapitalerhöhungsbeschluss 10

---

8 Siehe nur BGH, Urt. v. 13.07.1992 – II ZR 263/91, BGHZ 119, 177, 188 f. m.w.N. auch zur Gegenansicht.

9 So aber etwa *Ulmer*, in: Ulmer/Habersack/Winter, GmbHG, § 7 Rn. 42.

10 Wie hier *Bayer*, in: Lutter/Hommelhoff, GmbHG, § 7 Rn. 16.

11 BGH, Urt. v. 22.06.1992 – II ZR 30/91, NJW 1992, 2698, 2699; BGH, Urt. v. 09.07.2007 – II ZR 222/06, NZG 2007, 790; OLG Jena, 14.08.2009 – 6 U 833/08, ZIP 2009, 1759 f.

12 Hierzu BGH, Urt. v. 08.11.2004 – II ZR 202/03, DStR 2005, 297, 298; BGH, Urt. v. 09.07.2007 – II ZR 222/06, NZG 2007, 790.

13 OLG Dresden, Urt. v. 14.12.1998 – 2 U 2679/98, NZG 448, 449.

Mittel zur Verfügung stellen, namentlich, wenn sich die Gesellschaft in einer Schieflage befindet.[14] Hinsichtlich der rechtlichen Beurteilung von Voreinzahlungen ist zu unterscheiden:[15]

11 Ist der **eingezahlte Betrag** im Zeitpunkt der Beschlussfassung und der Abgabe der Übernahmeerklärung **als solcher noch** zweifelsfrei im Gesellschaftsvermögen **vorhanden** (etwa auf einem Sonderkonto), kommt der Voreinzahlung unproblematisch Erfüllungswirkung zu.[16] Die reale Kapitalaufbringung wird nicht gefährdet. Wird die Voreinzahlung indes auf ein debitorisches Konto geleistet, so ist der eingezahlte Betrag nach der Rechtsprechung[17] nicht mehr als solcher vorhanden.

12 Ist der **eingezahlte Betrag** im Zeitpunkt der Beschlussfassung und der Abgabe der Übernahmeerklärung **nicht mehr als solcher** im Gesellschaftsvermögen **vorhanden**, kommt der Voreinzahlung nach der Rechtsprechung des BGH[18] nur Tilgungswirkung zu, wenn

- die Beschlussfassung über die Kapitalerhöhung mit aller gebotenen Beschleunigung nachgeholt wird;
- ein akuter Sanierungsfall vorliegt;
- andere Maßnahmen nicht in Betracht kommen;
- die Rettung der sanierungsfähigen Gesellschaft scheitern würde, falls die übliche Reihenfolge der Durchführung der Kapitalerhöhung beachtet werden würde und
- die Voreinzahlung sowohl in dem Kapitalerhöhungsbeschluss als auch in der Handelsregisteranmeldung offengelegt wurde.

13 Diese Anforderungen dürften sich in der Praxis kaum erfüllen lassen, insbesondere, weil kaum ein Fall denkbar ist, in dem die Rettung der Gesellschaft an der Einhaltung der gesetzlich vorgeschriebenen Reihenfolge scheitern würde.[19]

---

14 Zur Informationspflicht des Notars in Bezug auf Voreinzahlungen siehe BGH, Urt. v. 24.04.2008 – III ZR 223/06, NZG 2008, 512.

15 Siehe hierzu auch *Bormann,* in: Bormann/Kauka/Ockelmann, HdbGmbHR, Kap. 4 Rn. 327 ff.

16 BGH, Urt. v. 15.03.2004 – II ZR 210/01, BGHZ 158, 283; BGH, Urt. v. 18.09.2000 – II ZR 365/98, BGHZ 145, 150, 154; OLG Nürnberg, Urt. v. 13.10.2010 – 12 U 1528/09, BeckRS 2010, 25668; OLG Celle, Urt. v. 31.08.2010 – 9 U 25/10, ZIP 2010, 2298, 2299.

17 BGH, Urt. v. 15.03.2004 – II ZR 210/01, BGHZ 158, 283, 286. Auch bei einer Voreinzahlung die Zahlung auf ein debitorisches Konto ausreichend lassend indes *Ehlke,* ZIP 2007, 749, 751; *Ulmer,* in: FS H.P. Westermann, 2008, S. 1567, 1576 ff.

18 BGH, Urt. v. 26.06.2006 – II ZR 43/05, GmbHR 2006, 1328; BGH, Urt. v. 07.11.1994 – II ZR 248/93, ZIP 1995, 28; OLG Celle, Urt. v. 31.08.2010 – 9 U 25/10, BeckRS 2010, 21813; OLG Nürnberg, Urt. v. 13.10.2010 – 12 U 1528/09, BeckRS 2010, 25668. Zu den einzelnen Kriterien s. *Goette,* in: FS für Priester, S. 95 ff.; *Bormann,* BGH-Report 2007, 119.

19 Kritisch auch *Priester,* DStR 2010, 494 ff.; *Bormann/Hösler,* jurisPR-HaGesR 2/2011 Anm. 4.

Liegen die Voraussetzungen für eine wirksame **Voreinzahlung nicht** vor, so bleibt der Übernehmer zur Bareinlage verpflichtet. Zugleich steht dem Übernehmer ein Bereicherungsanspruch (§ 812 Abs. 1 Satz 2 Alt. 2 BGB – *condictio causa data causa non secuta*) gegen die Gesellschaft zu, der allerdings in der Krise nach § 30 GmbHG gesperrt ist.[20] Diesen bereicherungsrechtlichen Anspruch kann der Übernehmer grds. im Wege der (verdeckten) Sacheinlage in die Gesellschaft einbringen. Allerdings wird es regelmäßig am Nachweis der Erbringung des Anspruchs als Einlage und der Vollwertigkeit des Bereicherungsanspruchs fehlen.[21] 14

II. Leistung von Sacheinlagen

Aus der Verweisung auf § 7 Abs. 3 folgt, dass Sacheinlagen auch bei Kapitalerhöhungen **in voller Höhe** vor der Anmeldung der Kapitalerhöhung zur Eintragung ins Handelsregister **zu leisten** sind. Die Art und Weise der Leistung richtet sich nach dem Gegenstand der Sacheinlage: Sachen sind nach den für sie anwendbaren Vorschriften zu übereignen, Forderungen und Rechte sind abzutreten. Dabei muss der Erwerbsvorgang bis zur Handelsregisteranmeldung abgeschlossen sein. Eine Ausnahme gilt allein bei der Übertragung von Grundstücken; da der Übernehmer keinen Einfluss darauf hat, wann der Eigentumsübergang eingetragen wird, genügt in diesen Fällen mit der h.M.[22] die Beantragung der Eigentumsumtragung. Die h.M.[23] will darüber hinaus generell eine auf die Eintragung der Kapitalerhöhung ins Handelsregister aufschiebend bedingte Kapitalerhöhung zulassen. Ein praktisches Bedürfnis hierfür besteht jedoch nicht; der Übernehmer kann sich hinreichend dadurch schützen, dass er das Eigentum auflösend unter der Bedingung überträgt, dass die Kapitalerhöhung endgültig nicht ins Handelsregister eingetragen wird. 15

§ 57 Anmeldung der Erhöhung

(1) Die beschlossene Erhöhung des Stammkapitals ist zur Eintragung in das Handelsregister anzumelden, nachdem das erhöhte Kapital durch Übernahme von Geschäftsanteilen gedeckt ist.

(2) [1]In der Anmeldung ist die Versicherung abzugeben, dass die Einlagen auf das neue Stammkapital nach § 7 Abs. 2 Satz 1 und Abs. 3 bewirkt sind und dass der Gegenstand der Leistungen sich endgültig in der freien Verfügung der Geschäftsführer befindet. [2]§ 8 Abs. 2 Satz 2 gilt entsprechend.

---

20 BGH, Urt. v. 26.06.2006 – II ZR 43/05, DStR 2006, 2266, 2267 f. Tz. 19; OLG Nürnberg, Urt. v. 13.10.2010 – 12 U 1528/09, BeckRS 2010, 25668.

21 OLG Nürnberg, Urt. v. 13.10.2010 – 12 U 1528/09, BeckRS 2010, 25668; OLG Celle, Urt. v. 31.08.2010 – 9 U 25/10, ZIP 2010, 2298, 2300.

22 *Hueck/Fastrich*, in: Baumbach/Hueck, GmbHG, § 7 Rn. 14; *Bayer*, in: Lutter/Hommelhoff, GmbHG, § 7 Rn. 17; *Ulmer*, in: Ulmer/Habersack/Winter, GmbHG, § 7 Rn. 51.

23 Siehe nur *Lieder*, in: MünchKommGmbHG, § 56a, Rn. 80; *Priester*, in: Scholz, GmbH, § 56a Rn. 43.

(3) Der Anmeldung sind beizufügen:

1. die in § 55 Abs. 1 bezeichneten Erklärungen oder eine beglaubigte Abschrift derselben;
2. eine von den Anmeldenden unterschriebene Liste der Personen, welche die neuen Geschäftsanteile übernommen haben; aus der Liste müssen die Nennbeträge der von jedem übernommenen Geschäftsanteile ersichtlich sein;
3. bei einer Kapitalerhöhung mit Sacheinlagen die Verträge, die den Festsetzungen nach § 56 zu Grunde liegen oder zu ihrer Ausführung geschlossen worden sind.

(4) Für die Verantwortlichkeit der Geschäftsführer, welche die Kapitalerhöhung zur Eintragung in das Handelsregister angemeldet haben, finden § 9a Abs. 1 und 3, § 9b entsprechende Anwendung.

Übersicht **Rdn.**

Schrifttum

Appel, Die Haftung einer Bank für die Richtigkeit ihrer Bestätigung über die freie Verfügbarkeit eingezahlter Bareinlagen, ZHR 157 (1993), 213; *Böhringer,* Erfordernisse der Anmeldung einer Kapitalerhöhung bei einer GmbH, BWNotZ 1988, 129; *Hommelhoff,* Zum vorläufigen Bestand fehlerhafter Strukturänderungen in Kapitalgesellschaften, ZHR 158 (1994), 35; *Keilbach,* Die Prüfungsaufgaben der Registergerichte, MittRhNotK 2000, 365; *Lutter,* Gescheiterte Kapitalerhöhungen, FS Schilling, 1973, S. 207; *ders./Leinekugel,* Fehlerhaft angemeldete Kapitalerhöhungen, ZIP 2000, 1225; *Spindler,* Zur Haftung unrichtiger Bankbestätigungen im GmbH-Recht, ZGR 1997, 537; *Ulmer,* Rechtsfragen der Barkapitalerhöhung bei der GmbH, GmbHR 1993, 189; *Zöllner,* Folgen der Nichtigkeit einer Kapitalerhöhung für nachfolgende Kapitalerhöhungen, FS Hadding, 2004, 725.

A. Allgemeines

1 § 57 regelt die Handelsregisteranmeldung einer Kapitalerhöhung und **ergänzt** insoweit **§ 54**, der die Handelsregisteranmeldung von Änderungen des Gesellschaftsvertrages zum Gegenstand hat. Dabei ist § 57 das Gegenstück zu § 8, der sich mit der Gründung der Gesellschaft befasst. Entsprechend **lehnt sich** § 57 weitgehend **an die Gründungsvorschriften an**. Wie jede andere Änderung des Gesellschaftsvertrages auch wird die Kapitalerhöhung erst mit Eintragung ins Handelsregister wirksam.

B. Einzelerläuterungen

I. Voraussetzungen für die Handelsregisteranmeldung (Abs. 1)

2 Nach Abs. 1 kann die Kapitalerhöhung erst zur Eintragung ins Handelsregister angemeldet werden, nachdem das **erhöhte Kapital (vollständig) übernommen** wurde. Übernommen ist das erhöhte Kapital, wenn die zugelassenen Übernehmer für den (gesamten) Betrag des erhöhten Kapitals wirksame Übernahmeerklärungen abgegeben haben.[1] Wurde eine »bis zu-Kapitalerhöhung« beschlossen (zu dieser siehe § 55 Rdn. 11), so genügt es, dass überhaupt ein Geschäftsanteil übernommen wurde. Wurde die »bis zu-Kapitalerhöhung« indes mit einem Mindesterhöhungsbetrag kombiniert, so müssen mindestens für diesen Mindesterhöhungsbetrag Übernahmeerklärungen vorliegen.

3 Zulässig, wenn auch nicht von allen Registergerichten anerkannt, ist es, dass die Geschäftsführer die **Handelsregisteranmeldung** einschließlich der erforderlichen Versicherungen **bereits bei Beschluss der Kapitalerhöhung** und damit vor Erbringung der Einlagen unterzeichnen.[2] Voraussetzung ist allerdings, dass der Notar die Handelsregisteranmeldung erst dann an das Handelsregister weiterleitet, wenn die Leistungen tatsächlich erbracht wurden. Nicht zulässig ist es demgegenüber, die Handelsregisteranmeldung bereits am Tage des Beschlusses der Kapitalerhöhung vom Geschäftsführer unterzeichnen zu lassen, aber zunächst das Datum offen zu lassen und anschließend das Datum der Leistung der Einlagen einzufügen.

4 Nicht in Abs. 1 erwähnt ist, dass die **Mindesteinlagen** vor der Anmeldung der Kapitalerhöhung geleistet werden müssen. Dies ergibt sich allerdings aus § 56a i.V.m. § 7. Danach müssen Bareinlagen zu einem Viertel und Sacheinlagen in Gänze vor der Handelsregisteranmeldung zu leisten.

II. Inhalt der Handelsregisteranmeldung (Abs. 2)

5 Abs. 2 regelt in Satz 1 den Inhalt der Handelsregisteranmeldung. Satz 2 hingegen verweist auf § 8 Abs. 2 Satz 2 und ermöglicht damit dem Registergericht, auch bei Kapitalerhöhungen unter bestimmten Voraussetzungen Nachforschungen zur Einlagenerbringung zu erbringen anzustellen.

---

1 *Lutter*, in: Lutter/Hommelhoff, GmbHG, § 57 Rn. 3.

2 Ebenso *Herrmanns*, in: Michalski, GmbHG, § 57 Rn. 4, 20.

1. Kapitalerhöhung und Versicherung der Geschäftsführer (Satz 1)

6 Nach Satz 1 ist in der Handelsregisteranmeldung die Versicherung abzugeben, dass die Einlagen bewirkt sind und zur freien Verfügung der Geschäftsführung stehen.

7 **a) Kapitalerhöhung. Gegenstand der Anmeldung** ist der Kapitalerhöhungsbeschluss. Dabei ist dem Grundsatz folgend, dass die Handelsregisteranmeldung den ins Handelsregister einzutragenden Text reflektieren soll, in der Handelsregisteranmeldung selbst zumindest die neue Stammkapitalziffer anzugeben.[3] Eine Bezugnahme auf den der Handelsregisteranmeldung beigefügten Gesellschafterbeschluss genügt demgegenüber nicht.[4] Üblich und sinnvoll ist es darüber hinaus auch den Erhöhungsbetrag anzugeben.

8 Zwingend ist die **Angabe des konkreten Erhöhungsbetrages** bei »bis zu-Kapitalerhöhungen«. Dabei ist zwar zwischen der (Erst)Anmeldung der Kapitalerhöhung und ihrer Eintragung ins Handelsregister noch eine Aufstockung des Erhöhungsbetrages möglich. Wurde jedoch die Kapitalerhöhung ins Handelsregister eingetragen, so ist der Beschluss über die »bis zu-Kapitalerhöhung« verbraucht und eine (nochmalige) Aufstockung ist ausgeschlossen.[5]

9 **b) Versicherung der Geschäftsführer.** Die Anmeldung muss zudem die Versicherung sämtlicher (siehe hierzu unten unter Rdn. 17) Geschäftsführer enthalten, dass die **Einlagen entsprechend § 7 Abs. 2 Satz 1 und Abs. 3 geleistet** wurden. Für Bareinlagen ist mithin zu versichern, dass sie zumindest zu einem Viertel des Nennbetrages (§ 7 Abs. 2 Satz 1) vor der Anmeldung der Kapitalerhöhung zum Handelsregister geleistet wurden, während für Sacheinlagen zu versichern ist, dass sie vollständig (§ 7 Abs. 3) vor der Anmeldung der Kapitalerhöhung zum Handelsregister geleistet wurden. Bei Mischeinlagen (siehe zu diesen § 56 Rdn. 7) gilt dies entsprechend.[6]

10 Wurden **Bareinlagen** vereinbart, so hat die Registeranmeldung nicht nur zu enthalten, dass insgesamt ein Viertel des Nennbetrages eingezahlt ist. Vielmehr ist in der Handelsregisteranmeldung mit Blick auf die Prüfung der Einlagenerbringung durch das Registergericht für jeden neu ausgegebenen oder aufgestockten Geschäftsanteil gesondert anzugeben, in welchem Umfang die Einlage erbracht wurde.[7] Auf diese Differenzierung kann allein dann verzichtet werden, wenn sämtliche Einlagen vollständig erbracht wurden.

---

3 *Lutter,* in: Lutter/Hommelhoff, GmbHG, § 57 Rn. 4.

4 Eine solche Bezugnahme für ausreichend haltend aber *Priester,* in: Scholz, GmbHG Nachtrag MoMiG, § 57 Rn. 4; *Zöllner,* in: Baumbach/Hueck, GmbHG, § 57 Rn. 7.

5 *Ulmer,* in: Ulmer/Habersack/Winter, GmbHG, § 57 Rn. 6.

6 *Priester,* in: Scholz, GmbHG Nachtrag MoMiG, § 57 Rn. 6.

7 BayOblG, Beschl. v. 18.12.1979 – Breg. 1 Z 83/79, DB 1980, 438, 439; OLG Hamm, Beschl. v. 24.2.1982 – 15 W 114/81, GmbHR 1983, 102, 103; *Ulmer,* in: Ulmer/Habersack/Winter, GmbHG, § 57 Rn. 8; *Roth,* in: Roth/Altmeppen, GmbHG, § 57 Rn. 7. A.A. indes *Priester,* in: Scholz, GmbHG Nachtrag MoMiG, § 57 Rn. 9.

Zur **Art und Weise der Erbringung der Einlagen** hat die Handelsregisteranmeldung nur dann Angaben zu enthalten, wenn ein Fall des Hin- und Herzahlens (§ 19 Abs. 5) vorliegt. Beim Hin- und Herzahlen ist die Offenlegung des Mittelrückflusses an den Gesellschafter Voraussetzung für den Eintritt der Erfüllung.[8] **11**

Die Handelsregisteranmeldung hat indes nicht nur die Aussage zu enthalten, dass die Einlagen erbracht wurden, sondern auch, dass sie endgültig **zur freien Verfügung der Geschäftsführung** stehen. Endgültig zur freien Verfügung der Geschäftsführung stehen die Einlagen dann, wenn sie in den Verfügungsbereich der Geschäftsführung gelangt sind und nicht wieder an den Übernehmer zurückgelangen.[9] Aus diesem Erfordernis folgt nicht, dass Abreden hinsichtlich der Verwendung der im Zuge der Kapitalerhöhung erhaltenen Mittel unzulässig wären. Allerdings dürfen diese Abreden nicht zur Folge haben, dass die Mittel wieder an den Übernehmer zurückfließen.[10] Auch muss nicht die Einlage selbst oder ein Wertäquivalent im Zeitpunkt der Eintragung der Kapitalerhöhung ins Handelsregister noch bei der Gesellschaft vorhanden sein.[11] Etwas anderes gilt allerdings für den Fall, dass die Einlage bereits vor der Beschlussfassung über die Kapitalerhöhung geleistet wurde (sog. Voreinzahlung – siehe hierzu § 56a Rdn. 10 ff.). **12**

Namentlich durch die gesetzliche Regelung zum **Hin- und Herzahlen** in § 19 Abs. 5 (siehe hierzu auch oben Rdn. 11 und unten Rdn. 15) hat das Erfordernis der Leistung zur freien Verfügung der Geschäftsführung eine erhebliche Einschränkung erfahren. Gleichwohl findet der Grundsatz der Leistung zur freien Verfügung der Geschäftsführung jenseits des § 19 Abs. 5 weiterhin Anwendung. Namentlich ist § 19 Abs. 5 als Ausnahmeregelung eng auszulegen und kann nicht herangezogen werden, um eine generelle Aufweichung des Erfordernisses der Leistung zur freien Verfügung zu begründen. **13**

2. Recht des Gerichtes, Nachweise zu verlangen (Satz 2)

Über die in Abs. 3 genannten Anlagen hinaus sind der Handelsregisteranmeldung keine Unterlagen beizufügen. Namentlich finden §§ 188 Abs. 2 Satz 1, 37 Abs. 1 Satz 3 AktG keine analoge Anwendung, nach denen durch eine **Bankbestätigung** **14**

8 BGH, Urt. v. 20.07.2009 – II ZR 273/07, NJW 2009, 3091 ff.; OLG Koblenz, Urt. v. 17.3.2011 – 6 U 879/10, BeckRS 2011, 06178; *Bormann/Urlichs,* GmbHR Sonderheft MoMiG, 2008, 33, 44; *Wälzholz,* GmbHR 2008, 841, 846; *Heckschen,* DStR 2009, 166, 173. A.A. indes LG Erfurt, 15.7.2010 – 10 O 994/09, BeckRS 2010, 29372; *Hueck/Fastrich,* in: Baumbach/Hueck, GmbHG, § 57 Rn. 80; *Roth,* in: Roth/Altmeppen, GmbHG, § 19 Rn. 108. *Veil,* in: Scholz, GmbHG Nachtrag MoMiG, § 19 Rn. 72.

9 *Lieder,* in: MünchKommGmbHG, § 57 Rn. 15.

10 BGH, Urt. v. 24.9.1990 – II ZR 203/89, GmbHR 1990, 554, 556; *Zöllner,* in: Baumbach/Hueck, GmbHG, § 57 Rn. 12.

11 *Ulmer,* in: Ulmer/Habersack/Winter, GmbHG, § 57 Rn. 9; *Zöllner,* in: Baumbach/Hueck, GmbHG, § 57 Rn. 12; *Lieder,* in: MünchKommGmbHG, § 57 Rn. 16. A.A. *Herrmanns,* in: Michalski, GmbHG, § 57 Rn. 19.

nachzuweisen ist, dass die Bareinlage geleistet wurde. Hat das Gericht allerdings erhebliche Zweifel an der Richtigkeit der Versicherung, so kann es Nachweise verlangen. Zu diesen Nachweisen gehören neben den ausdrücklich in § 8 Abs. 2 Satz 2 genannten Einzahlungsbelegen auch Bankbestätigungen.[12]

15 Bereits vor dem MoMiG war anerkannt, dass das Registergericht bei begründeten Zweifeln an der Richtigkeit der Versicherung weitergehende Nachweise verlangen konnte.[13] Dieser Maßstab wurde indes durch das MoMiG verschärft – nunmehr genügen nicht mehr begründete Zweifel, vielmehr sind **erhebliche Zweifel** erforderlich. Damit ist jedenfalls ausgeschlossen, dass das Gericht routinemäßig weitergehende Nachweise verlangt.[14] Erhebliche Zweifel an der Richtigkeit der Versicherung können etwa bestehen, wenn ein längerer Zeitraum zwischen der Abgabe der Versicherung und der Anmeldung der Kapitalerhöhung vergangen ist.[15] Zudem können im Zusammenhang mit einem Hin- und Herzahlen erhebliche Zweifel an der Richtigkeit der Versicherung (in diesem Fall in Bezug auf die Vollwertigkeit des Rückzahlungsanspruches) bestehen, etwa wenn die in Rede stehende Summe der Kapitalerhöhung in einem Missverhältnis zur Leistungsfähigkeit des Übernehmers steht.

III. Formelle Anforderungen an die Handelsregisteranmeldung

16 Anzumelden ist eine Kapitalerhöhung elektronisch in notariell beglaubigter **Form**, § 12 Abs. 1 Satz 1. **Zuständig** ist das **Gericht**, in dessen Zuständigkeitsbereich die Gesellschaft ihren statutarischen (nicht ihren tatsächlichen) Sitz hat, § 54 Abs. 3.

1. Anmeldender

17 Angemeldet wird die Kapitalerhöhung durch **sämtliche** (§ 78) im Zeitpunkt der Handelsregisteranmeldung bei der Gesellschaft vorhandenen **Geschäftsführer**, unabhängig davon, ob diese bereits als solche im Handelsregister eingetragen sind oder nicht.[16] Werden diese Geschäftsführer bis zur Eintragung der Kapitalerhöhung ins Handelsregister abberufen oder werden neue Geschäftsführer bestellt, haben diese keine Versicherung nachzureichen.[17] Prokuristen sind unabhängig von der konkreten Ausgestaltung ihrer Vertretungsmacht von der Mitwirkung an der Handelsregisteranmeldung ausgeschlossen.

---

12 *Lieder,* in: MünchKommGmbHG, § 57 Rn. 17. Zur Haftung der Bank im Falle der Erteilung einer freiwilligen Bestätigung siehe *Spindler,* ZGR 1997, 537; *Ulmer,* in: Ulmer/Habersack/Winter, GmbHG, § 57 Rn. 11. S.a. BGH, Urt. v. 16.12.1996 – II ZR 200/95, WM 1997, 318.

13 *Lutter/Hommelhoff,* in: Lutter/Hommelhoff, GmbHG 16. Auflage, § 57 Rn. 12.

14 *Roth,* in: Roth/Altmeppen, GmbHG, § 8 Rn. 13.

15 *Heckschen,* DStR 2009, 166, 172.

16 *Herrmanns,* in: Michalski, GmbHG, § 57 Rn. 7; *Priester,* in: Scholz, GmbHG Nachtrag MoMiG, § 57 Rn. 24.

17 *Priester,* in: Scholz, GmbHG Nachtrag MoMiG, § 57 Rn. 24, 6.

Hinsichtlich der Zulässigkeit einer **Stellvertretung** bei der Handelsregisteranmeldung ist zwischen der Anmeldung einschließlich der Übersendung von Unterlagen einerseits und den Versicherungen andererseits zu unterscheiden. Bei der Anmeldung ist eine Stellvertretung möglich.[18] Die Versicherungen hingegen fußen auf dem persönlichen Wissen der Geschäftsführer und sind insoweit höchstpersönlich. Bei der Versicherung ist mithin keine Stellvertretung zulässig.[19] 18

2. Pflicht zur Anmeldung?

Eine öffentlich-rechtliche Pflicht zur Anmeldung der Kapitalerhöhung besteht nicht.[20] Allerdings werden die Geschäftsführer vorbehaltlich ausdrücklicher Anweisungen durch die Gesellschafterversammlung in der Regel aufgrund ihrer Organstellung verpflichtet sein, die Kapitalerhöhung zur Eintragung ins Handelsregister anzumelden.[21] Nehmen die Geschäftsführer indes eine einmal erfolgte Anmeldung nachträglich wieder zurück, so stellt dies regelmäßig eine Pflichtverletzung dar (siehe hierzu auch bereits § 55 Rdn. 48). Dabei genügt es für die Rücknahme der Anmeldung einer Kapitalerhöhung bereits, dass einer Geschäftsführer seine Erklärung zurückzieht, da dann bereits entgegen § 78 nicht mehr sämtliche Geschäftsführer an der Handelsregisteranmeldung mitgewirkt haben. 19

IV. Anlagen zur Handelsregisteranmeldung (Abs. 3)

Der Handelsregisteranmeldung beizufügen sind nach Abs. 3 die Übernahmeerklärungen, die Übernehmerliste und im Falle einer Sacheinlage die hiermit im Zusammenhang stehenden Verträge. Die Notwendigkeit, der Handelsregisteranmeldung **zudem** den **Kapitalerhöhungsbeschluss** und die **geänderte Fassung des Gesellschaftsvertrages** beizufügen, ergibt sich bereits aus den Anforderungen an eine Änderung des Gesellschaftsvertrages. Die Einreichung einer aktualisierten **Gesellschafterliste** (§ 40) ist demgegenüber nicht der Handelsregistermeldung beizufügen, sondern vom Notar[22] gesondert einzureichen. Ebenfalls zulässig ist eine Einreichung gemeinsam mit der Handelsregisteranmeldung, verbunden mit dem Hinweis, die Liste erst ins Handelsregister aufzunehmen, nachdem die Kapitalerhöhung mit ihrer Eintragung ins Handelsregister wirksam geworden ist. 20

---

18 Einschränkend *Ulmer,* in: Ulmer/Habersack/Winter, GmbHG, § 57 Rn. 20, der nur bei *»Einreichung«* die Bevollmächtigung zulässt.

19 Wie hier *Roth,* in: Roth/Altmeppen, GmbHG, § 7 Rn. 7 f. A.A. indes *Lutter,* in: Lutter/Hommelhoff, GmbHG, § 57 Rn. 1. Einen Überblick über den Meinungsstand gibt *Priester,* in: Scholz, GmbHG Nachtrag MoMiG, § 57 Rn. 25.

20 BayObLG, Beschl. v. 7.2.1984 – BReg. 3 Z 190/83, BB 1984, 804; *Lieder,* in: MünchKommGmbHG, § 57, Rn. 34.

21 *Ulmer,* in: Ulmer/Habersack/Winter, GmbHG, § 57 Rn. 21.

22 OLG München, Beschl. v. 7.7.2010 – 31 Wx 73/10 mit Anmerkung *Bormann/Hösler,* in jurisPR-HaGesR 9/2010 Anm. 2; *Lieder,* in: MünchKommGmbHG, § 57 Rn. 21.

1. Übernahmeerklärungen (Nr. 1)

21 Beizufügen sind allein die Übernahmeerklärungen der Übernehmer, nicht aber auch die Annahmeerklärungen der Gesellschaft.[23] Bereits aus dem Wortlaut folgt, dass die Originale der Erklärungen oder aber beglaubigte Abschriften beizufügen sind. Sind die Übernahmeerklärungen in der Urkunde enthalten, die auch den Kapitalerhöhungsbeschluss enthält (zu deren Beifügung siehe vorstehende Rdn.), so ist eine gesonderte Beifügung der Übernahmeerklärung entbehrlich.[24]

2. Übernehmerliste (Nr. 2)

22 Weiterhin ist eine Liste der Übernehmer beizufügen, die von den Geschäftsführern oder ihren Vertretern zu unterzeichnen ist.[25] Inhaltlich hat die Liste den Anforderungen des § 8 Abs. 1 Nr. 3 zu genügen.

3. Verträge im Zusammenhang mit Sacheinlagen (Nr. 3)

23 Letztlich sind die Verträge der Handelsregisteranmeldung beizufügen, die den Festsetzungen nach § 56 zugrunde liegen oder zu ihrer Ausführung geschlossen wurden. Hierzu zählen namentlich die schuldrechtliche **Verträge** betreffend die Verpflichtung zur Übertragung des Eigentums einschließlich etwaiger Abreden zur Gewährleistung[26] als auch die Verträge, mit denen das Eigentum an den einzubringenden Sachen auf die Gesellschaft übertragen wird.[27] Wurden die betreffenden Verträge nicht schriftlich geschlossen, so ist dieser Umstand in der Handelsregisteranmeldung anzugeben.[28] Nr. 3 verpflichtet nicht dazu, ansonsten formfreie Verträge schriftlich zu schließen.

24 Darüber hinaus sind – ebenso wie bei der Gründung (§ 8 Abs. 1 Nr. 5) – **Nachweise zur Werthaltigkeit der** einzubringenden Sacheinlagen beizufügen.[29] Dies rechtfertigt sich daraus, dass nur so das Registergericht in die Lage versetzt wird, die Werthaltigkeit der Sacheinlage zu prüfen. Aus diesem Grunde ist auch ein Sachkapitalerhöhungsbericht beizufügen (zu diesem siehe § 56 Rdn. 33).

---

23 *Inhester,* in: Saenger/Inhester, GmbHG, § 57 Rn. 21; *Roth,* in Roth/Altmeppen, GmbHG, § 57 Rn. 8.

24 OLG Celle, GmbHR 1999, 1253, 1254; *Herrmanns,* in: Michalski, GmbHG, Rn. 22.

25 *Priester,* in: Scholz, GmbHG Nachtrag MoMiG, § 57 Rn. 17, 24.

26 *Lieder,* in: MünchKommGmbHG, § 57 Rn. 27.

27 *Zöllner,* in: Baumbach/Hueck, GmbHG, § 57 Rn. 20.

28 Wie hier *Ulmer,* in: Ulmer/Habersack/Winter, GmbHG, § 57 Rn. 16. A.A. *Lutter,* in: Lutter/Hommelhoff, GmbHG, § 57 Rn. 12.

29 *Priester,* in: Scholz, GmbHG Nachtrag MoMiG, § 57 Rn. 22; *Lutter,* in: Lutter/Hommelhoff, GmbHG, § 57 Rn. 14; *Herrmanns,* in: Michalski, GmbHG, § 57 28. A.A. *Zimmermann,* in: Rowedder/Schmidt-Leithoff, GmbHG, § 57 Rn. 19.

V. Haftung (Abs. 4)

Abs. 4 erklärt für die Haftung der Geschäftsführer die bei der Gründung geltenden Vorschriften (§ 9a Abs. 1 und 3, § 9b) für entsprechend anwendbar. Über diese speziellen Vorschriften hinaus kann sich aus den allgemeinen Regelungen eine Haftung der Geschäftsführer ergeben. Die Haftung der Gesellschafter ergibt sich aus den Verweisungen in § 56 Abs. 2. 25

VI. Fehlerhafte und fehlende Handelsregisteranmeldung

Ist die Handelsregisteranmeldung **fehlerhaft**, so hat das Registergericht eine Eintragung abzulehnen und die Gesellschaft mittels Zwischenverfügung zur Behebung der Mängel aufzufordern. Wird die Kapitalerhöhung trotz einer fehlerhaften Anmeldung ins Handelsregister eingetragen, so ist die Kapitalerhöhung wirksam – und zwar unabhängig davon, an welchem Fehler die Anmeldung leidet.[30] Auch wenn das Registergericht nach der Eintragung noch die Nachreichung fehlender Unterlagen verlangen kann, so kommt eine Amtslöschung doch nicht in Betracht.[31] 26

Fehlt es gänzlich an einer **Handelsregisteranmeldung**, so ist eine gleichwohl erfolgte Handelsregisteranmeldung wirkungslos, da es an einer Veranlassung durch die Gesellschaft fehlt.[32] Ob das auch gilt, wenn nicht sämtliche Geschäftsführer an der Anmeldung mitgewirkt haben oder eine einmal erfolgte Anmeldung zurückgenommen wurde,[33] erscheint fraglich. Viel spricht dafür, in einem solchen Fall von einer Veranlassung seitens der Gesellschaft auszugehen und die Handelsregisteranmeldung nur für fehlerhaft zu halten. 27

Zur **fehlerhaften Kapitalerhöhung** siehe § 55 Rdn. 76 ff. 28

VII. Eintragung

Wirksam wird die Kapitalerhöhung erst mit ihrer Eintragung ins Handelsregister. Erst mit der Wirksamkeit stehen den Übernehmern Gesellschafterrechte zu, auch können die neuen Geschäftsanteile erst mit der Eintragung kaduziert werden.[34] Allerdings kann die Gesellschaft bereits vor der Eintragung der Kapitalerhöhung den Anspruch auf Leistung der Einlage im Klagewege durchsetzen.[35] 29

---

30 OLG Stuttgart, Urt. v. 17.5.2000 – 20 U 68/99, NZG 2001, 40, 44; *Lieder,* in: MünchKommGmbHG, § 57 Rn. 88; *Zimmermann,* in: Rowedder/Schmidt-Leithoff, GmbHG, § 57 Rn. 47.

31 *Priester,* in: Scholz, GmbHG Nachtrag MoMiG, § 57 Rn. 57; *Herrmanns,* in: Michalski, GmbHG, § 57 Rn. 64.

32 Ausf. *Lieder,* in: MünchKommGmbHG, § 57 Rn. 85 ff.

33 Für eine solche Gleichstellung *Priester,* in: Scholz, GmbHG Nachtrag MoMiG, § 57 Rn. 58.

34 *Priester,* in: Scholz, GmbHG Nachtrag MoMiG, § 57 Rn. 33; *Lieder,* in: MünchKommGmbHG, § 57 Rn. 49.

35 *Priester,* in: Scholz, GmbHG Nachtrag MoMiG, § 57 Rn. 33; *Lieder,* in: MünchKommGmbHG, § 57 Rn. 49.

§ 57a Ablehnung der Eintragung

Für die Ablehnung der Eintragung durch das Gericht findet § 9c Abs. 1 entsprechende Anwendung.

Übersicht **Rdn.**

Schrifttum
Literatur: siehe § 9c.

A. Allgemeines

1 § 57a erklärt § 9c Abs. 1 hinsichtlich der Ablehnung der Eintragung durch das Gericht für entsprechend anwendbar, allerdings ohne deutlich zu machen, auf welche Anträge sich § 57a beziehen soll. Zwar schließt sich § 57a unmittelbar an die Vorschriften zur Kapitalerhöhung an, weshalb sein **Anwendungsbereich** auf Kapitalerhöhungen beschränkt sein könnte. Allerdings existiert kein eigener Abschnitt für Kapitalerhöhungen – § 57a ist Bestand des Abschnitt 4 Änderung des Gesellschaftsvertrages. Auch regelt der in Bezug genommene § 9c Abs. 1 nicht nur die Kapitalaufbringung, sondern den Gründungsvorgang insgesamt. Die Systematik spricht mithin dafür, dass § 57a nicht nur für Kapitalerhöhungen, sondern für sämtliche Änderungen des Gesellschaftsvertrages gilt. Dieses Ergebnis wird durch die Erwägung bestätigt, dass Eintragungen in öffentliche Register nur dann vorgenommen werden dürfen, wenn die Eintragungsvoraussetzungen nach der Überzeugung der registerführenden Stelle vorliegen.[1]

2 Auch wenn sich § 57a in erster Linie das allgemeine Prüfungsrecht manifestiert und insofern rein deklaratorischen Charakter hat, so ist er doch nicht überflüssig. Die Erstreckung der Prüfungspflicht auf die **Werthaltigkeit von Sacheinlagen** ließe sich ohne eine ausdrückliche Regelung zumindest nicht ohne weiteres begründen.[2]

3 Ausgenommen von der Verweisung ist **§ 9c Abs. 2**. Damit ist das Registergericht bei seiner Prüfung namentlich von Satzungsänderungen nicht auf die dort genannten Aspekte beschränkt. Vielmehr ist das Registergericht berechtigt, seine Prüfung auch auf nicht in § 9c Abs. 2 genannte Bereiche zu erstrecken. Hieraus kann allerdings nicht geschlossen werden, dass das Registergericht berechtigt wäre, eine Eintragung abzulehnen, wenn der zugrundeliegende Gesellschafterbeschluss zwar nicht nichtig,

---

1 Vergl. auch *Herrmanns*, in: Michalski, GmbHG, § 57a Rn. 1.
2 *Ulmer*, in: Ulmer/Habersack/Winter, GmbHG, § 57a Rn. 2.

aber anfechtbar ist;[3] bis zur Feststellung des Gegenteils ist das Registergericht an eine Beschlussfeststellung gebunden.

B. Einzelerläuterungen

4 Das Registergericht hat die Anmeldung formell und materiell zu prüfen. Bei der **formellen Prüfung** geht es namentlich um die Zuständigkeit des Gerichts und die Einhaltung der Form nach § 12 Abs. 1 HGB (§ 57 Rdn. 16), die wirksame Vertretung der Gesellschaft (§ 57 Rdn. 17 f.) und das Vorliegen der erforderlichen Versicherungen (§ 57 Abs. 2 Satz 1) und Anlagen (§ 57 Abs. 3).

5 In **materieller Hinsicht** hat das Registergericht insbesondere zu prüfen, ob der Kapitalerhöhungsbeschluss wirksam ist, die erforderlichen Übernahmeerklärungen wirksam vorliegen, Kapitalerhöhungsbeschluss sowie Übernahmeerklärungen übereinstimmen und die erforderlichen Einlagen geleistet wurden. Bei Bareinlagen hat das Gericht besonderes Augenmerk darauf zu legen, ob eine verdeckte Sacheinlage (§ 19 Abs. 4) oder ein Hin- und Herzahlen (§ 19 Abs. 5) vorliegt. Bei Sacheinlagen ist besonders deren Werthaltigkeit zu prüfen, § 9c Abs. 1 Satz 2.

6 Stellt das Gericht im Rahmen der Prüfung einen behebbaren Mangel fest, so hat es die Gesellschaft aufzufordern, den Mangel zu beheben. Kommt die Gesellschaft dieser Aufforderung nicht fristgerecht nach, so ist die Eintragung endgültig abzulehnen. Hat das Gericht konkrete Zweifel an den in der Handelsregisteranmeldung oder in den ihr beigefügten Unterlagen gemachten Angaben, so ist es berechtigt, weitere Unterlagen und Informationen zu verlangen.

§ 57b

(weggefallen)

1 Bis zum MoMiG waren bei der Bekanntmachung der Eintragung einer Kapitalerhöhung außer deren Inhalt auch etwaige Festsetzungen von Sacheinlagen aufzunehmen. Mit der Einführung des elektronischen Handelsregisters sind derartige gesonderte Bekanntmachungen indes nicht mehr erforderlich. In konsequenter Fortführung der Reduzierung der gesonderten Bekanntmachungen durch das EHUG wurde § 57b durch das MoMiG abgeschafft.

---

3 So aber wohl *Ziemons*, in: BeckOK GmbHG, § 57a Rn. 2; wie hier *Lieder*, in: MünchKommGmbHG, § 57 Rn. 72.

Vorbemerkung zu §§ 57c bis 57o Kapitalerhöhung aus Gesellschaftsmitteln

Übersicht **Rdn.**

Schrifttum

Beitzke, Kapitalerhöhung teilweise oder stufenweise aus Gesellschaftsmitteln, FS Hueck, 1959, 295; *Boesebeck,* Die Behandlung von Vorzugsaktien bei Kapitalerhöhungen aus Gesellschaftsmitteln, DB 1960, 404; *Börnstein,* Die Erhöhung des Nennkapitals von Kapitalgesellschaften aus Gesellschaftsmitteln, DB 1960, 217; *Fett/Spiering,* Typische Probleme bei der Kapitalerhöhung aus Gesellschaftsmitteln, NZG 2002, 365; *Geßler,* Die Kapitalerhöhung aus Gesellschaftsmitteln, BB 1960, 6; *Geßler,* Das Gesetz über die Kapitalerhöhung aus Gesellschaftsmitteln und über die Gewinn- und Verlustrechnung, WM Sonderbeilage 1, 1960; *Geßler,* Zweifelsfragen aus dem Recht der Kapitalerhöhung aus Gesellschaftsmitteln, DNotZ 1960, 619; *Habel,* Abtretung künftiger Aufstockungsbeträge bei Kapitalerhöhungen, GmbHR 2000, 267; *Hofmann,* Zur Liquidation einer GmbH (II), GmbHR 1976, 258; *Hommelhoff/Priester,* Bilanzrichtliniengesetz und GmbH-Satzung, ZGR 1986, 463; *Kerbusch,* Zur Erstreckung des Pfandrechts an einem GmbH-Geschäftsanteil auf den durch Kapitalerhöhung aus Gesellschaftsmitteln erhöhten oder neu gebildeten Anteil, GmbHR 1990, 156; *Köhler,* Kapitalerhöhung und vertragliche Gewinnbeteiligung, AG 1984, 197; *Korsten,* Kapitalerhöhung aus Gesellschaftsmitteln bei unrichtigem Jahresabschluss, AG 2006, 321; *Kowalski,* in: Wachter, Handbuch des Fachanwalts für Handels- und Gesellschaftsrecht, 2. Auflage 2010, Teil 2, Kapitel 14; *Küting/Weber,* Die Darstellung des Eigenkapitals bei der GmbH nach dem Bilanzrichtlinie-Gesetz, GmbHR 1984 165; *Lutter/Friedewald,* Kapitalerhöhung, Eintragung im Handelsregister und Amtslöschung, ZIP 1986, 691; *Pleyer,* Probleme der Kapitalerhöhung aus Gesellschaftsmitteln bei der GmbH, GmbHR 1961, 85; *Priester,* Nichtkorporative Satzungsbestimmungen bei Kapitalgesellschaften, DB, 1979, 681; *Priester,* Heilung verdeckter Kapitalerhöhung aus Gesellschaftsmitteln, GmbHR, 1998, 861; *Schemmann,* Asymmetrische Kapitalerhöhungen aus Gesellschaftsmitteln bei der GmbH, NZG 2009, 241; *Schippel,* Fragen der Kapitalerhöhung aus Gesellschaftsmitteln, DNotZ 1960, 371; *Schuler,* Die Pfändung von GmbH-Anteilen und die miterfaßten Ersatzansprüche, NJW 1960, 1428; *Simon,* Erhöhung des Stammkapitals aus Gesellschaftsmitteln bei einer GmbH, BB 1962, 72; *Teichmann,* Der Nießbrauch an Geschäftsanteilen – gesellschaftsrechtlicher Teil –, ZGR 1972, 13; *Temme,* Rechtsfolgen fehlerhafter Kapitalerhöhungen bei der GmbH, RhNotZ 2004, 16; *Wilhelmi/Friedrich,* Kleine Aktienrechtsreform, Berlin, 1960.

A. Neuregelung und früheres Recht

1 Die §§ 57c bis 57o sind durch Art. 4 des **Umwandlungsbereinigungsgesetzes** (UmwBerG) vom 28.10.1994[1] in das GmbH-Gesetz eingefügt worden und am 1.1.1995 in Kraft getreten. Die Bestimmungen sind zum größten Teil identisch mit den früheren Regelungen der §§ 1 bis 17 des Gesetzes über die Kapitalerhöhung aus Gesellschaftsmitteln und über die Verschmelzung von Gesellschaften mit beschränkter Haftung vom 23.12.1959 – **Kapitalerhöhungsgesetz** (KapErhG).[2] Sie entsprechen ferner weitgehend, von rechtsformspezifischen Besonderheiten abgesehen, dem für die Aktiengesellschaft maßgeblichen Recht zur Kapitalerhöhung aus Gesellschaftsmitteln, das ebenfalls im KapErhG geregelt war und heute in §§ 207 bis 220 AktG enthalten ist. Rechtsprechung und Literatur zum KapErhG und zum Aktiengesetz sind daher unter Berücksichtigung rechtsformspezifischer Besonderheiten auch auf die GmbH und die Regelungen der §§ 57c bis 57o übertragbar.[3] Das **Gesetz zur Modernisierung des GmbH-Rechts und zur Bekämpfung von Missbräuchen** (MoMiG) vom 23.10.2008[4] hat die Bestimmungen des GmbH-Gesetzes insgesamt mit amtlichen Überschriften versehen. Inhaltlich wurden die Vorschriften der §§ 57c bis 57o durch das MoMiG nur in § 57h Abs. 1 Satz 2 und § 57l Abs. 2 Satz 4 geändert, um die Bildung von Geschäftsanteilen mit jedem durch volle Euro teilbaren Betrag auch bei Kapitalerhöhungen aus Gesellschaftsmitteln zu ermöglichen.[5] Ferner wurden § 57f Abs. 3 Satz 2 und § 57n Abs. 2 Satz 4 letzter Halbsatz durch das **Gesetz zur Modernisierung des Bilanzrechts** (BilMoG) vom 30.07.2009[6] an die Änderungen des HGB angepaßt. Im Übrigen sind die Vorschriften seit 1995 unverändert.

B. Kapitalerhöhung ohne Zuführung neuen Kapitals

2 Der Sache nach handelt es sich bei der Kapitalerhöhung aus Gesellschaftsmitteln um eine **Aufstockung des gezeichneten Kapitals (Stammkapitals)**, allerdings nicht durch Zuführung neuer Einlagen, sondern im Wege der Umwandlung von bereits vorhandenen, aus einer geprüften Bilanz ersichtlichen **Rücklagen**. Das Vermögen der Gesellschaft wird dadurch nicht vermehrt, sondern lediglich »verteilbares in unverteilbares Vermögen umgewandelt«.[7] Zu einer Verschiebung der Beteiligungsverhältnisse kommt es nicht. Die Gesellschafter bleiben auch nach Durchführung der Kapitalerhöhung im Verhältnis ihrer bisherigen Beteiligung am Stammkapital beteiligt

---

1 BGBl 1994 I, 3210, 3257.

2 BGBl 1959 I, 789, ursprünglich in Kraft getreten unter der Überschrift: »Gesetz über die Kapitalerhöhung aus Gesellschaftsmitteln und über die Gewinn- und Verlustrechung«.

3 *Zöllner,* in: Baumbach/Hueck, GmbHG, vor § 57c Rn. 1. Zur Gesetzesgeschichte ferner eingehend *Priester,* in: Scholz, GmbHG, vor § 57c Rn. 1 ff.

4 BGBl 2008 I, 2026 ff.

5 Zu den damit verbundenen Erleichterungen zusammenfassend *Gehrlein,* Das neue GmbH-Recht (2009), Rn. 6 ff.

6 BGBl 2009 I, 2479.

7 *Priester,* in: Scholz, GmbHG, vor § 57c Rn. 11.

(§ 57j), wobei streitig ist, ob mit Zustimmung aller Gesellschafter das Beteiligungsverhältnis abweichend gestaltet werden kann (dazu § 57j Rdn. 4 ff.).

C. Einheitlicher Vorgang

3 Bereits vor Inkrafttreten des KapErhG bestand die Möglichkeit einer Kapitalerhöhung aus Gesellschaftsmitteln. Sie wurde allerdings dogmatisch als »Doppelmaßnahme« qualifiziert, bestehend aus (i) einer Verteilung von Rücklagen an die Gesellschafter und (ii) der anschließenden Wiedereinbringung dieser Rücklagen als Sacheinlage zur Erhöhung des Stammkapitals durch Verrechnung. Steuerlich handelte es sich dabei um einkommensteuerpflichtige Vorgänge. Das KapErhG folgte dieser Auffassung nicht, sondern behandelte die Kapitalerhöhung aus Gesellschaftsmitteln als einheitlichen Vorgang. Gleiches gilt für die Regelung der §§ 57c bis 57o. Eine steuerliche Doppelbelastung besteht heute nicht mehr.[8]

D. Anwendungsgrenzen

4 Eine zeitliche Grenze für die Kapitalerhöhung aus Gesellschaftsmitteln ergibt sich insoweit, als eine solche nach einhelliger Auffassung im **Liquidationsstadium** der Gesellschaft nicht mehr zulässig sein soll.[9] Zur Begründung wird angeführt, die Maßnahme widerspreche dem Liquidationszweck, da eine Zufuhr neuer Mittel bei dieser Form der Kapitalerhöhung nicht stattfinde. Zuzugeben ist, dass im Liquidationsstadium für eine Kapitalerhöhung aus Gesellschaftsmitteln regelmäßig kein Bedürfnis mehr besteht. Das allein rechtfertigt allerdings nicht, die Maßnahme im Liquidationsstadium auszuschließen, zumal das Gesetz eine solche Beschränkung nicht ausdrücklich angeordnet hat. Unabhängig davon kann eine Kapitalerhöhung aus Gesellschaftsmitteln zeitgleich beschlossen werden, wenn eine in Liquidation befindliche Gesellschaft wieder in eine werbende Gesellschaft zurückverwandelt wird.[10]

§ 57c Kapitalerhöhung aus Gesellschaftsmitteln

(1) Das Stammkapital kann durch Umwandlung von Rücklagen in Stammkapital erhöht werden (Kapitalerhöhung aus Gesellschaftsmitteln).

(2) Die Erhöhung des Stammkapitals kann erst beschlossen werden, nachdem der Jahresabschluss für das letzte vor der Beschlussfassung über die Kapitalerhöhung abgelaufene Geschäftsjahr (letzter Jahresabschluss) festgestellt und über die Ergebnisverwendung Beschluss gefasst worden ist.

---

8 *Zöllner,* in: Baumbach/Hueck, GmbHG, vor § 57c Rn. 4.

9 Einhellige Meinung. *Priester,* in: Scholz, GmbHG, vor § 57c Rn. 18 m.w.N.

10 *Priester,* in: Scholz, GmbHG, vor § 57 Rn. 18; *Zöllner,* in: Baumbach/Hueck, GmbHG, vor § 57c Rn. 6.

(3) Dem Beschluss über die Erhöhung des Stammkapitals ist eine Bilanz zu Grunde zu legen.

(4) Neben den §§ 53 und 54 über die Abänderung des Gesellschaftsvertrags gelten die §§ 57d bis 57o.

Übersicht Rdn.

Schrifttum

Literatur: siehe Vorbemerkung zu §§ 57c bis 57o

A. Grundlagen

I. Umwandlung von Rücklagen

1 Neben der ordentlichen Kapitalerhöhung (§§ 55 bis 57a) stellt das Gesetz in §§ 57c bis 57o die Kapitalerhöhung aus Gesellschaftsmitteln als weitere Möglichkeit bereit, um das gezeichnete Kapital (Stammkapital) einer GmbH zu erhöhen. Im Gegensatz zur ordentlichen Kapitalerhöhung erfolgt bei der Kapitalerhöhung aus Gesellschaftsmitteln allerdings **keine Zuführung von Geld oder Sachwerten**. Das Stammkapital wird nur durch **Umwandlung von Rücklagen** erhöht. **Bilanziell** handelt es sich bei der Kapitalerhöhung aus Gesellschaftsmitteln um einen bloßen **Passivtausch**, während bei der ordentlichen Kapitalerhöhung eine Aktiv-Passiv-Mehrung und damit eine Bilanzverlängerung stattfindet.

II. Keine Verbreiterung der Kapitalbasis

2 Die Kapitalerhöhung aus Gesellschaftsmitteln verbreitert *nicht* die Kapitalbasis der Gesellschaft. Das Eigenkapital (§§ 266 Abs. 3 A, 272 HGB) bleibt durch den Vorgang summenmäßig unverändert. Wohl aber wird die **gesellschaftsrechtliche Bindung** des in Stammkapital umgewandelten Eigenkapitals gestärkt.[1] Während Rücklagen in der GmbH jederzeit an die Gesellschafter zurückgeführt werden können, ist eine Rückzahlung von Stammkapital nur unter den Voraussetzungen einer ordentlichen Kapitalherabsetzung (§ 58) zulässig. Im Übrigen unterliegt das Stammkapital der Ausschüttungssperre des § 30.[2] Darüber hinaus wird die Erhöhung des Stammkapitals durch Eintragung im Handelsregister Dritten gegenüber sichtbar und dauerhaft festgeschrieben. Das Eigenkapital wird dagegen erst durch Offenlegung des Jahresabschlusses öffentlich bekannt und kann sich jederzeit, z.B. durch Verluste oder Ausschüttungen aus den Rücklagen, verändern.

III. Effektive Kapitalaufbringung

3 Die Kapitalerhöhung aus Gesellschaftsmitteln ist wie die ordentliche Kapitalerhöhung eine »echte« Kapitalerhöhung. Auch bei ihr gilt daher der **Grundsatz der effektiven Kapitalaufbringung**. Ansatzpunkt dafür ist allerdings nicht die Vollwertigkeit der Einlage von Vermögensgegenständen, sondern des bereits vorhandenen Vermögens der Gesellschaft, und zwar in Höhe des Teils ihrer Rücklagen, der in Stammkapital umgewandelt werden soll.

IV. Unveränderte Beteiligungsverhältnisse

4 Während die ordentliche Kapitalerhöhung auch dazu dienen kann, einen neuen Gesellschafter in die Gesellschaft aufzunehmen und damit die Beteiligungsverhältnisse zu verändern, ist bei der Kapitalerhöhung aus Gesellschaftsmitteln **eine Ver-**

---

1 *Priester*, in: Scholz, GmbHG, vor § 57c Rn. 11 m.w.N.
2 *Priester*, in: Scholz, GmbHG, vor § 57c Rn. 11.

schiebung der Beteiligungsverhältnisse ausgeschlossen. Die Gesellschafter erhalten neue Geschäftsanteile stets nur im Verhältnis ihrer bisherigen Beteiligung an der Gesellschaft (§ 57j). Ob davon abgewichen werden kann, wenn sämtliche Gesellschafter zustimmen, ist streitig, jedenfalls aber gegenwärtig nicht höchstrichterlich geklärt (näher dazu § 57j Rdn. 4 ff.). Das Verhältnis der mit den Anteilen verbundenen Rechte zueinander bleibt ebenfalls durch die Kapitalerhöhung unberührt (§ 57m), und der Zuwachs an neuen Geschäftsanteilen stellt keinen »Zugang« zu den ursprünglichen Anschaffungskosten dar (§ 57o).[3]

B. Kapitalerhöhungsbeschluss und Änderung des Gesellschaftsvertrages

I. Änderung des Gesellschaftsvertrages

5 Die Kapitalerhöhung aus Gesellschaftsmitteln ist – wie die Verweisung in Absatz 4 zeigt – eine Änderung des Gesellschaftsvertrages. Sie erfordert demgemäß einen **Gesellschafterbeschluss**, für den §§ 53 und 54 gelten. Der Kapitalerhöhungsbeschluss bedarf einer **Dreiviertelmehrheit** der Stimmen in der Gesellschafterversammlung und muss **notariell beurkundet** werden (§ 53 Abs. 2).

II. Auslandsbeurkundung

6 Ob der **Gesellschafterbeschluss** wirksam auch im Ausland beurkundet werden kann, ist umstritten[4] (allgemein zur Zulässigkeit der Auslandsbeurkundung bei der GmbH § 15 Rdn. 77 ff.). Da bestätigende Rechtsprechung zu diesem Punkt nicht vorliegt, es sich bei Änderungen des Gesellschaftsvertrages aber um »Strukturänderungen« handelt und einzelne Registergerichte[5] erklärt haben, Auslandsbeurkundungen bei Strukturänderungen generell nicht anzuerkennen, wird man in der Praxis eine Beurkundung von Änderungen des Gesellschaftsvertrages im Ausland – ungeachtet bestehender Bedenken gegen diese Auffassung – jedenfalls nicht empfehlen können.[6] Abgesehen davon ist die notarielle Gebühr bei Gesellschafterbeschlüssen begrenzt (vgl. § 47 Satz 2 KostO), so dass eine Auslandsbeurkundung unabhängig davon wirtschaftlich nicht lohnend sein dürfte. Die Unterschriften unter der **Handelsregisteranmeldung** (§ 54 Abs. 1), die lediglich notariell *beglaubigt* werden müssen, können dagegen auch von einem Notar im Ausland beglaubigt werden. Dafür kann ein praktisches Bedürfnis bestehen, wenn Geschäftsführer im Ausland ansässig sind. Vollzug der Unterschrift vor dem Notar oder Anerkenntnis der bereits geleisteten Unterschrift (vgl. § 40 Abs. 1 BeurkG) genügen auch bei Auslandsbeglaubigung. Allerdings

---

3 *Priester*, in: Scholz, GmbHG, vor § 57c Rn. 14.

4 Nachweise bei *Kowalski*, in: Handbuch des Fachanwalts für Handels- und Gesellschaftsrecht, 2. Auflage 2010, Teil 2, Kapitel 14, Abschnitt G, Rn. 88 ff.

5 So das AG Hamburg in einem Rundschreiben vom 9.2.2005 an den Präsidenten der Hamburgischen Notarkammer.

6 Näher dazu *Kowalski*, in: Handbuch des Fachanwalts für Handels- Gesellschaftsrecht, 2. Auflage 2010, Teil 2, Kapitel 14, Abschnitt G, Rn. 104.

kann das Registergericht bei ausländischen Beglaubigungen eine Legalisierung – ggf. nach Maßgabe des Haager Übereinkommens[7] (»Apostille«) – verlangen, soweit eine solche nicht aufgrund bestehender Staatsverträge entbehrlich ist. Bei fremdsprachigen Dokumenten ist außerdem eine Übersetzung in die deutsche Sprache erforderlich (§ 184 Satz 1 GVG).

III. Mehrheitserfordernisse

7 Sieht der Gesellschaftsvertrag **allgemein** für Änderungen des Gesellschaftsvertrages oder für Kapitalerhöhungen **weitergehende Zustimmungs-, Mehrheits- oder sonstige Erfordernisse** vor, gelten diese im Zweifel auch für eine Kapitalerhöhung aus Gesellschaftsmitteln.[8] **Sonderregelungen**, die dagegen erkennbar nur für eine »ordentliche Kapitalerhöhung«, eine »effektive Kapitalerhöhung« oder »eine Kapitalerhöhung nach § 55 GmbHG« vorgesehen sind[9] oder aus deren Formulierung im Gesellschaftsvertrag sich sonst ergibt, dass sie nur für eine ordentliche Kapitalerhöhung gelten sollen, sind auf die Kapitalerhöhung aus Gesellschaftsmitteln nicht anzuwenden. In den letztgenannten Fällen verbleibt es bei der gesetzlichen Regelung in § 53 Absatz 1 und 2.

IV. Keine weitergehenden Leistungspflichten

8 Absatz 4 von § 57c verweist auch auf § 53 Absatz 3, obgleich den Gesellschaftern bei einer Kapitalerhöhung aus Gesellschaftsmitteln keine weitergehenden Einlagepflichten auferlegt werden und damit eine **Leistungsvermehrung** ausgeschlossen ist. Die Verweisung erscheint deshalb wenig sinnvoll. Für § 53 Absatz 3 bleibt allenfalls dann noch ein Anwendungsbereich, wenn im Zusammenhang mit der Änderung des Gesellschaftsvertrages weitergehende Leistungspflichten für die Gesellschafter beschlossen werden sollen.[10]

C. Beschlussinhalt

I. Zwingender Beschlussinhalt

9 Der Inhalt des Kapitalerhöhungsbeschlusses ergibt sich nicht aus § 57c, sondern ist in verschiedenen Vorschriften der §§ 57c ff. verstreut enthalten. Erforderlich ist zunächst die Angabe eines **festen Erhöhungsbetrages**. Die Angabe eines Maximalbe-

---

7 Haager Übereinkommen vom 5.10.1961 zur Befreiung ausländischer öffentlicher Urkunden von der Legalisation, BGBl 1965 II, S. 875. Zur Anerkennung ausländischer öffentlicher Urkunden allgemein *Kowalski,* in Handbuch des Fachanwalts für Handels- Gesellschaftsrecht, Teil 2, Kapitel 14, Abschnitt G, Rn. 107 ff.

8 *Zöllner,* in: Baumbach/Hueck, GmbHG, § 57c Rn. 2; *Lutter,* in: Lutter/Hommelhoff, GmbHG, § 57 c Rn. 6; *Meyer-Landrut,* in: Meyer-Landrut, GmbHG, Anh. 57b § 1 KapErhG Rn. 2.

9 *Zöllner,* in: Baumbach/Hueck, GmbHG, § 57c Rn. 2.

10 *Zöllner,* in: Baumbach/Hueck, GmbHG, § 57c Rn. 2.

trages, der bei einer ordentlichen Kapitalerhöhung genügen würde (§ 55 Rdn. 11), ist bei der Kapitalerhöhung aus Gesellschaftsmitteln *nicht* zulässig.[11] Die Erwähnung sowohl der alten als auch der neuen Stammkapitalziffer im Beschluss ist zur Klarstellung zweckmäßig, aber kein Wirksamkeitserfordernis.[12] Unabdingbar für die Wirksamkeit des Beschlusses ist dagegen der Hinweis, dass es sich um eine »**Kapitalerhöhung aus Gesellschaftsmitteln**« handelt oder die Kapitalerhöhung »**durch Umwandlung von Rücklagen**« erfolgt. Ferner muss angegeben werden, welche **Bilanz** (die letzte Jahresbilanz oder, bei einer Zwischenbilanz, diese sowie die letzte Jahresbilanz) der Kapitalerhöhung zugrunde gelegt wird (§§ 57e, 57f). Ist die Bilanz als solche nicht bezeichnet, genügt es, wenn aus den übrigen Bestimmungen der notariellen Urkunde hinreichend deutlich entnommen werden kann, welche Bilanz der Kapitalerhöhung zugrundegelegt werden soll.[13] Sind mehrere Arten von Rücklagen in der Bilanz ausgewiesen, muss in dem Beschluss genau beschrieben werden, welche Rücklage und ggf. welcher Teil daraus in Stammkapital umgewandelt wird.[14] Ferner muss der Beschluss die **Art der Erhöhung** angeben (§ 57h Absatz 2), also ob neue Geschäftsanteile ausgegeben werden, der Nennbetrag vorhandener Geschäftsanteile erhöht wird oder eine Kombination aus beidem stattfindet. Fehlt einer der unverzichtbaren Bestandteile, ist der Kapitalerhöhungsbeschluss unwirksam und die Eintragung der Kapitalerhöhung in das Handelsregister abzulehnen.

II. Fakultativer Beschlussinhalt

10 Zu den nur fakultativen Beschlussbestandteilen, deren Fehlen die Wirksamkeit des Beschlusses nicht beeinträchtigt, zählen dagegen eine etwaige rückwirkende Gewinnberechtigung (§ 57n Absatz 2) sowie etwaige Anpassungsregeln in Bezug auf Nebenrechte und Nebenpflichten (§ 57m).

D. Jahresabschluss und Ergebnisverwendungsbeschluss

I. Jahresabschluss, Prüfung

11 Voraussetzung eines Beschlusses über die Kapitalerhöhung aus Gesellschaftsmitteln ist nach Absatz 2 in jedem Fall, dass der **Jahresabschluss**, dessen Bilanz der Kapitalerhöhung aus Gesellschaftsmitteln zugrunde gelegt wird, bei der Beschlussfassung über die Kapitalerhöhung bereits **festgestellt** ist. Wird eine Zwischenbilanz verwendet, muss der vorangehende Jahresabschluss festgestellt sein. »Feststellung« meint den entsprechenden Gesellschafterbeschluss (§ 46 Nr. 1) oder, wenn die Feststellung nach dem Gesellschaftsvertrag einem anderen Gremium vorbehalten ist, dessen entspre-

---

11 *Priester*, in: Scholz, GmbHG, § 57c Rn. 5.

12 Ebenso *Zöllner*, in: Baumbach/Hueck, GmbHG, § 57c Rn. 3; a.A. *Lutter*, in: Lutter/Hommelhoff, GmbHG, § 57c Rn. 10.

13 OLG Hamm, Beschl. v. 6.7.2010 – 15 W 334/09, DB 1010, 2096 f.

14 *Priester*, in: Scholz, GmbHG, § 57c Rn. 5; *Zöllner*, in: Baumbach/Hueck, GmbHG, § 57c Rn. 3.

chende Beschlussfassung (z.B. eines Beirats oder Aufsichtsrats). Eine vorherige **Prüfung** des Jahresabschlusses ist nach den allgemeinen Vorschriften nur bei mittelgroßen und großen Gesellschaften notwendig (§§ 267 Abs. 2 und 3, 316 Abs. 1 Satz 2 HGB; zur Prüfung nach § 57e Abs. 1 vgl. nachfolgend Rdn. 12). Wird ein nach handelsrechtlichen Vorschriften prüfungspflichtiger Abschluss allerdings festgestellt, ohne dass die Prüfung zuvor durchgeführt wurde, ist die Feststellung insgesamt unwirksam (§ 316 Abs. 1 Satz 2 HGB: »so *kann* der Jahresabschluss nicht festgestellt werden«). Wird eine solche Bilanz dem Kapitalerhöhungsbeschluss zugrunde gelegt, ist auch dieser nichtig und die Eintragung im Handelsregister abzulehnen (dazu unten Rdn. 17).

II. Prüfung nach § 57e Abs. 1

12 Nicht mit der Frage einer Prüfung des Jahresabschlusses nach HGB zu verwechseln ist das Erfordernis einer Prüfung der Bilanz nach § 57e Abs. 1. Ist die Gesellschaft nach HGB nicht prüfungspflichtig, bedarf es einer gesonderten Prüfung nach § 57e Abs. 1, wenn die Bilanz der Kapitalerhöhung zugrunde gelegt werden soll. Abweichend von der Pflichtprüfung nach HGB kann die Prüfung nach § 57e Abs. 1 allerdings bei kleinen und mittelgroßen Gesellschaften auch durch vereidigte Buchprüfer vorgenommen werden (§ 57e Abs. 2). Ferner muss die Prüfung – anders als bei der Pflichtprüfung nach HGB – nicht bereits bei der Feststellung des Jahresabschlusses, sondern erst bei Beschlussfassung über die Kapitalerhöhung abgeschlossen sein.

III. Feststellung des Jahresabschlusses

13 Liegt im Zeitpunkt der Beschlussfassung über die Kapitalerhöhung eine wirksame Feststellung des Jahresabschlusses noch nicht vor, so muss diese zunächst durchgeführt werden. Dies kann auch in derselben Gesellschafterversammlung geschehen, in der über die Kapitalerhöhung beschlossen wird.[15] Allerdings sollte dann darauf geachtet werden, dass aus dem Protokoll klar ersichtlich ist, dass der Feststellungsbeschluss zeitlich vor dem Kapitalerhöhungsbeschluss gefasst wurde. Die Möglichkeit, einen ausgewiesenen Jahresüberschuss in Rücklagen einzustellen und damit umwandlungsfähig zu machen, richtet sich nach § 29 sowie etwa ergänzenden Bestimmungen des Gesellschaftsvertrages (vgl. dazu § 29 Rdn. 35 ff.). In der Sache enthält § 29 ein **beschlussdispositives Vollausschüttungsgebot**.[16] Die Gesellschafter haben Anspruch auf Vollausschüttung des Gewinns, können diesen aber auch mit einfacher Mehrheit (oder einer davon abweichenden Mehrheit, wenn der Gesellschaftsvertrag dies vorsieht) ganz oder teilweise in die Rücklagen einstellen. Wenn der Gesellschaftsvertrag zwingend Vollausschüttung oder die Ausschüttung eines bestimmten Teils des Jahresüberschusses gebietet, sind dagegen verstoßende Thesau-

---

15 *Lutter*, in: Lutter/Hommelhoff, GmbHG, § 57c Rn. 8; *Zöllner*, in: Baumbach/Hueck, GmbHG, § 57c Rn. 4; *Meyer-Landrut*, in: Meyer-Landrut, GmbHG, Anhang § 57 b § 1 KapErhG Rn. 5; *Roth*, in: Roth/Altmeppen, GmbHG, § 57c Rn. 13.

16 *Priester*, in: Scholz, GmbHG, § 57c Rn. 9; *Hommelhoff/Priester*, ZGR Bd. 15, 1986, 505f.

rierungsbeschlüsse anfechtbar. Hat die Anfechtungsklage Erfolg, wird dadurch auch die Grundlage der Kapitalerhöhung vernichtet.

IV. Aufschiebend bedingter Kapitalerhöhungsbeschluss

14 Liegt die Bilanz bei Beschlussfassung über die Kapitalerhöhung noch nicht festgestellt vor, wird vereinzelt vertreten, der Kapitalerhöhungsbeschluss könne unter der **aufschiebenden Bedingung** gefasst werden, dass die zugrunde liegende Bilanz noch festgestellt wird.[17] Gegen diese Auffassung spricht, dass Gesellschafterbeschlüsse im Interesse der Rechtsklarheit bedingungsfeindlich sind und die Grundlage für die Kapitalerhöhung fehlt, wenn die Bilanz noch nicht festgestellt wurde. Selbst wenn dadurch der Grundsatz effektiver Kapitalaufbringung wegen der erst nachfolgenden Registeranmeldung nicht verletzt sein sollte, sollte eine bedingte Beschlussfassung allein aufgrund der damit verbundenen Rechtsunsicherheit in der Praxis nicht erfolgen.

V. Ergebnisverwendungsbeschluss

15 Der Beschluss über die Ergebnisverwendung muss nach Absatz 2 ebenfalls vor der Beschlussfassung über die Kapitalerhöhung vorliegen. Der Beschluss kann auch in derselben Gesellschafterversammlung (aber *vor* dem Kapitalerhöhungsbeschluss) gefasst werden. Eine Ausnahme gilt hinsichtlich der Ergebnisverwendung (nicht aber für die Feststellung des Jahresabschlusses) nur im Fall von § 57n Absatz 2, wenn neue Geschäftsanteile bereits am Gewinn des letzten, vor der Beschlussfassung über die Kapitalerhöhung abgelaufenen Geschäftsjahres teilnehmen sollen. In diesem Fall muss zunächst der Kapitalerhöhungsbeschluss gefasst werden (näher dazu unter § 57n Rdn. 3).

VI. Zeitpunkt

16 Zweckmäßig, aber keine Voraussetzung für die Wirksamkeit des Kapitalerhöhungsbeschlusses ist es, in dem Beschluss den Zeitpunkt der Feststellung der Bilanz und des Ergebnisverwendungsbeschlusses zu erwähnen, damit das Registergericht diese Voraussetzung leicht prüfen kann.

VII. Rechtsfolge bei fehlerhafter Reihenfolge

17 Umstritten ist, welche Rechtsfolge eintritt, wenn die gesetzlich vorgegebene Reihenfolge der Beschlussfassungen nicht beachtet wird. Die herrschende Auffassung nimmt in diesem Fall an, dass die Beschlussfassung über die Kapitalerhöhung analog § 241 Nr. 3 AktG **nichtig** ist.[18] Der Registerrichter hat die Eintragung abzulehnen.

---

17 Dafür LG Duisburg, GmbHR 1990, 85, *Priester*, in: Scholz, GmbHG, § 57c Rn. 10 und *Lutter*, in: Lutter/Hommelhoff, GmbHG, § 57c Rn. 9. Ablehnend z.B. *Zöllner*, in: Baumbach/Hueck, GmbHG, § 57c Rn. 4.

18 *Priester*, in: Scholz, GmbHG, § 57c Rn. 13 m.w.N.

Die Gegenauffassung[19], die von einer schwebenden Unwirksamkeit bis zur Vorlage der Beschlüsse zur Feststellung des Jahresabschlusses und der Ergebnisverwendung ausgeht, verkennt, dass in einem solchen Fall durchaus ein Inhaltsverstoß im Sinne von § 241 Nr. 3 AktG vorliegt, weil das Gesetz in Absatz 2 die Reihenfolge der Beschlussfassungen zwingend vorschreibt (»*kann* erst beschlossen werden«). Die Bestimmung dient der effektiven Kapitalaufbringung und damit auch dem Gläubigerschutz. Die Kapitalerhöhung darf erst beschlossen werden, wenn feststeht, welche Rücklagen tatsächlich vorhanden sind und in Stammkapital umgewandelt werden können. Dabei handelt es sich nicht nur um formale Ordnungsvorschriften, sondern um materielle Erfordernisse, die die effektive Aufbringung des Stammkapitals sicherstellen sollen und damit gläubigerschützenden Charakter haben.

E. Bilanz

I. Jahresbilanz; Erhöhungssonderbilanz

18 Gemäß Absatz 3 muss dem Kapitalerhöhungsbeschluss eine bestimmte Bilanz zugrunde gelegt werden. In Frage kommt die letzte **reguläre Jahresbilanz** (§ 57e), aber auch eine gegebenenfalls nur zu diesem Zweck aufgestellte **Zwischenbilanz** mit einem unterjährigen Stichtag als **Erhöhungssonderbilanz** (§ 57 f). In beiden Fällen darf der Stichtag der Bilanz höchstens **acht Monate** vor der Anmeldung der Kapitalerhöhung zum Handelsregister liegen (§§ 57e Abs. 1, 57f Abs. 1 Satz 2). Aus der Bilanz muss sich ergeben, in welchem Umfang umwandlungsfähige Rücklagen vorhanden sind. Zu den inhaltlichen Anforderungen an die Bilanz vgl. im Einzelnen die Kommentierung zu § 57e und § 57f.

II. Genaue Bezeichnung

19 Der Kapitalerhöhungsbeschluss muss die **Bilanz genau bezeichnen**, die dem Beschluss zugrunde gelegt wird. Zweckmäßig sind dazu Formulierungen wie z.B.: »Der Kapitalerhöhung wird die Bilanz der Gesellschaft zum ... zugrunde gelegt, die mit einer Bilanzsumme von € ... abschließt, als Bestandteil des Jahresabschlusses [von der XYZ-Wirtschaftsprüfungsgesellschaft geprüft und] am ... von der Gesellschafterversammlung festgestellt wurde.« Aber auch jede andere Formulierung, mit der die Bilanz eindeutig bestimmt wird, genügt den gesetzlichen Anforderungen. Eine **Beifügung der Bilanz** als Anlage zu der notariellen Urkunde über den Kapitalerhöhungsbeschluss ist *nicht* erforderlich.

III. Fehlende Bilanz

20 Existiert die Bilanz überhaupt nicht, ist sie nichtig, ihre Feststellung (soweit erforderlich, für die Erhöhungssonderbilanz vgl. dazu § 57f Rdn. 5) mit Erfolg angefochten oder fehlt die gesetzlich vorgeschriebene Prüfung, ist der Kapitalerhöhungsbeschluss

19 *Zöllner*, in: Baumbach/Hueck, GmbHG, § 57c Rn. 5.

nichtig (§ 241 Nr. 3 AktG analog).[20] Eine gleichwohl zwischenzeitlich erfolgte Eintragung des Kapitalerhöhungsbeschlusses in das Handelsregister hat für die Kapitalerhöhung **keine heilende Wirkung**. Erlangt das Handelsregister von der Unwirksamkeit Kenntnis, ist das Handelsregister von Amts wegen zu berichtigen. Eine Heilung tritt analog § 242 Abs. 2 AktG zwar nach Ablauf von drei Jahren seit Eintragung ein.[21] Vor Ablauf der Dreijahresfrist kann allerdings die Nichtigkeit jederzeit geltend gemacht werden.

IV. Folgen für nachfolgende Vorgänge

21 Liegt eine Unwirksamkeit vor und ist die Dreijahresfrist noch nicht abgelaufen, hat dies erhebliche Folgen für nachfolgende Vorgänge. Zweifelhaft ist insbesondere, welche Rechtsfolgen sich ergeben, wenn im Anschluss an die (unwirksame) Kapitalerhöhung aus Gesellschaftsmitteln weitere (für sich genommen wirksame) Kapitalerhöhungen stattgefunden haben, die allerdings auf der (materiell nicht wirksamen) Erhöhung des Stammkapitals durch die unwirksame Kapitalerhöhung aufbauen. (1) Am relativ einfachsten ist noch die Alternative, in der anschließend keine weiteren Kapitalmaßnahmen mehr stattfanden. In diesem Fall bestehen die Geschäftsanteile nach wie vor in der Form, in der sie vor der unwirksamen Kapitalerhöhung vorhanden waren. Wurden Geschäftsanteile übertragen, erfasst die Übertragung jeweils nur den wirksamen Teil. Wurden allerdings unwirksam aufgestockte Geschäftsanteile anschließend geteilt, ist die Teilung und damit auch die anschließende Übertragung unwirksam. Insoweit entsteht erheblicher Berichtigungs- und Rückabwicklungsbedarf. (2) Haben nach der unwirksamen Kapitalerhöhung weitere Kapitalerhöhungen stattgefunden, bauen diese auf einer falschen Stammkapitalziffer auf und sind damit ebenfalls unwirksam. Die solchermaßen ausgegebenen oder aufgestockten Geschäftsanteile existieren nicht. In beiden Fällen wird man die Kapitalerhöhung vorsorglich erneut durchführen und auch die anschließenden Maßnahmen wiederholen müssen, um das gewünschte Ergebnis zu erzielen.

F. Verbindung von nomineller und effektiver Kapitalerhöhung

22 Eine ordentliche Kapitalerhöhung kann mit einer Kapitalerhöhung aus Gesellschaftsmitteln verbunden werden.

I. Nominelle und effektive Kapitalerhöhung

23 Denkbar ist, zunächst eine Kapitalerhöhung aus Gesellschaftsmitteln zu beschließen und anschließend in einem getrennten Beschluss eine ordentliche Kapitalerhöhung durchzuführen. Beide Beschlüsse können in derselben Gesellschafterversammlung

---

20 *Priester*, in: Scholz, GmbHG, § 57c Rn. 13; *Zöllner*, in: Baumbach/Hueck, GmbHG, § 57c Rn. 7.

21 *Priester*, in: Scholz, GmbHG, § 57i Rn. 17.

gefasst werden. In diesem Fall erfolgt zunächst eine Aufstockung der Geschäftsanteile bzw. eine Ausgabe neuer Geschäftsanteile an die Gesellschafter im Verhältnis ihrer bisherigen Beteiligungsquote (§ 57j). Ob und inwieweit sich die Gesellschafter an der anschließenden ordentlichen Kapitalerhöhung beteiligen, berührt die Wirksamkeit der vorangehenden Kapitalerhöhung aus Gesellschaftsmitteln nicht. Daher wird ein solches Vorgehen allgemein und richtigerweise für zulässig gehalten.[22]

II. Effektive und nominelle Kapitalerhöhung

24 Umgekehrt kann auch – wiederum in getrennten Beschlüssen, die in derselben Gesellschafterversammlung gefasst werden können – zunächst eine ordentliche Kapitalerhöhung beschlossen werden mit anschließender Kapitalerhöhung aus Gesellschaftsmitteln. An der Kapitalerhöhung aus Gesellschaftsmitteln beteiligen sich die Gesellschafter dann im Verhältnis ihrer Beteiligung *nach* Durchführung der vorangehenden ordentlichen Kapitalerhöhung. Auch diese Variante wird einhellig für zulässig gehalten, weil kein Zwang für die Gesellschafter besteht, sich an der ordentlichen Kapitalerhöhung zu beteiligen.[23]

III. Verbindung in demselben Beschluss

25 Für *nicht* zulässig hält dagegen ein Teil des Schrifttums eine **Verbindung beider Maßnahmen in demselben Beschluss** mit dem Ziel, neue Geschäftsanteile teils aus umgewandelten Rücklagen, teils aus Einzahlungen zu bilden.[24] Gegen die Zulässigkeit wird angeführt, bei einer solchen Kombination bestehe keine hinreichende Klarheit hinsichtlich der Mittelaufbringung, der Deckung des Erhöhungsbetrages sowie der Folgen der Erhöhung. Frühere Begründungen führten außerdem an, es handele sich mittelbar um einen Zwang zur Beteiligung an der ordentlichen Kapitalerhöhung. **Rechtsprechung** und herrschende Meinung halten dagegen auch eine solche Kombination richtigerweise für zulässig, jedenfalls dann, wenn alle Gesellschafter zustimmen.[25] Reichen vorhandene Rücklagen nicht aus, um die beabsichtigte Kapitalaufstockung herbeizuführen, besteht durchaus ein Bedürfnis dafür, beide Kapitalerhöhungsvorgänge miteinander zu verbinden. Ein »mittelbarer Zwang« zur Beteiligung an der ordentlichen Kapitalerhöhung ist darin nicht zu sehen. Im Übrigen kann ein solcher Zwang auch bestehen, wenn die Maßnahmen in derselben Gesellschafterversammlung in getrennten Beschlüssen gefasst werden, was auch die Gegenauffassung für möglich hält. Ein neuer Geschäftsanteil kann daher sowohl teilweise

---

22 *Zöllner*, in: Baumbach/Hueck, GmbHG, § 57 c Rn. 8.

23 *Zöllner*, in: Baumbach/Hueck, GmbHG, § 57 c Rn. 8.

24 *Zöllner*, in: Baumbach/Hueck, GmbHG, § 57 c Rn. 8 m.w.N. zum gleichlautenden aktienrechtlichen Schrifttum.

25 LG München, RPfleger 1983, 157; OLG Düsseldorf, NJW 1986, 2060 (für personenbezogene GmbH bei Mitwirkung aller Gesellschafter); *Beitzke*, FS Hueck, 1959, S. 295 ff. sowie bei Zustimmung aller Gesellschafter; *Priester*, in: Scholz, GmbHG, vor § 57 c Rn. 20f.; *Wälzholz*, in: Kallmeyer, GmbH-Handbuch, I. Rn. 629.

aus einer Kapitalerhöhung aus Gesellschaftsmitteln und durch Einlage im Wege der ordentlichen Kapitalerhöhung geschaffen werden.[26]

G. Keine Verbindung mit Kapitalherabsetzung

26 Eine Verbindung der Kapitalerhöhung aus Gesellschaftsmitteln mit einer Kapitalherabsetzung ist *nicht* möglich. Bei der ordentlichen Kapitalherabsetzung steht einer solchen Verbindung das Sperrjahr (§ 58) entgegen, weil die Bilanz bei der Kapitalerhöhung aus Gesellschaftsmitteln die Achtmonatsfrist (§§ 57e Abs. 1, 57f Abs. 1 Satz 2) einhalten muss. Die vereinfachte Kapitalherabsetzung setzt dagegen die vorherige Auflösung aller Rücklagen bis auf 10 % des herabgesetzten Kapitals voraus.[27]

H. Handelsregisteranmeldung

27 Durch die Verweisung in Absatz 4 auf § 54 ist auch die Kapitalerhöhung aus Gesellschaftsmitteln zum Handelsregister anzumelden und einzutragen. Gleich der ordentlichen Kapitalerhöhung wirkt auch hier die **Eintragung konstitutiv.** Das Stammkapital wird demgemäß erst mit Eintragung im Handelsregister erhöht und der Gesellschaftsvertrag entsprechend geändert (§ 54 Abs. 3). Neben der Anmeldung der Kapitalerhöhung ist auch der geänderte Wortlaut des Gesellschaftsvertrages mit notarieller Bescheinigung zum Handelsregister einzureichen (§ 54 Abs. 1 Satz 2).

§ 57d Ausweisung von Kapital- und Gewinnrücklagen

(1) Die Kapital- und Gewinnrücklagen, die in Stammkapital umgewandelt werden sollen, müssen in der letzten Jahresbilanz und, wenn dem Beschluss eine andere Bilanz zu Grunde gelegt wird, auch in dieser Bilanz unter »Kapitalrücklage« oder »Gewinnrücklagen« oder im letzten Beschluss über die Verwendung des Jahresergebnisses als Zuführung zu diesen Rücklagen ausgewiesen sein.

(2) Die Rücklagen können nicht umgewandelt werden, soweit in der zu Grunde gelegten Bilanz ein Verlust, einschließlich eines Verlustvortrags, ausgewiesen ist.

(3) Andere Gewinnrücklagen, die einem bestimmten Zweck zu dienen bestimmt sind, dürfen nur umgewandelt werden, soweit dies mit ihrer Zweckbestimmung vereinbar ist.

---

26 Zur technischen Umsetzung zutreffend *Priester*, in: Scholz, GmbHG, vor § 57 c Rn. 22.
27 *Priester*, in: Scholz, GmbHG, vor § 57 c Rn. 23.

Übersicht

Schrifttum

Literatur: siehe Vorbemerkung zu §§ 57c bis 57o

A. Grundgedanke

1 Zweck der Vorschrift ist die Sicherstellung der Kapitalaufbringung. Es soll gewährleistet sein, dass genügend Eigenmittel bei der Gesellschaft zur Verfügung stehen, um den Erhöhungsbetrag zu decken. Dazu stellt das Gesetz verschiedene Regeln unter anderem für den Bilanzausweis auf, aus der sich die umzuwandelnden Rücklagen ergeben. § 57d enthält einen Teil dieser Regelungen. Weitere Voraussetzungen finden sich in den nachfolgenden Vorschriften.

B. Umwandlungsfähige Posten (Absatz 1)

2 Umwandlungsfähig sind grundsätzlich alle Kapital- und Gewinnrücklagen.

I. Kapitalrücklagen

3 Kapitalrücklagen (§ 272 Abs. 2 HGB) sind (1) Aufgeld bei Ausgabe neuer Anteile, (2) Aufgeld bei der Ausgabe von Wandelschuldverschreibungen (die für die GmbH allerdings nicht relevant sind), (3) Zuzahlungen von Gesellschaftern zur Gewährung von Vorzügen und (4) andere Zuzahlungen der Gesellschafter in das Eigenkapital. Umwandlungsfähig sind auch Kapitalrücklagen, welche die Gesellschafter zuvor in Form einer Sacheinlage eingebracht haben. Dabei handelt es sich nicht um eine Umgehung der Vorschriften über die Kapitalerhöhung gegen Sacheinlagen.[1]

---

1 So zum Recht der Aktiengesellschaft OLG Hamm, AG 2008, 713.

II. Gewinnrücklagen

4 Unter Gewinnrücklagen versteht § 266 Abs. 3 A III HGB die – bei der GmbH nicht vorgeschriebene – gesetzliche Rücklage, darüber hinaus Rücklagen für eigene Anteile, Rücklagen nach Maßgabe des Gesellschaftsvertrages sowie »andere« Gewinnrücklagen. Gemäß § 272 Abs. 3 Satz 1 HGB dürfen als Gewinnrücklagen nur Beträge ausgewiesen werden, die im Geschäftsjahr der betreffenden Bilanz oder in einem früheren Geschäftsjahr aus dem Ergebnis gebildet worden sind. Andere Gewinnrücklagen, die zweckbestimmt sind (Absatz 3), dürfen nur umgewandelt werden, soweit dies mit ihrer Zweckbestimmung vereinbar ist.

III. Jahresüberschuss

5 Der Jahresüberschuss als solcher (§ 266 Abs. 3 A V HGB) ist nicht umwandlungsfähig, da er nicht Bestandteil der Rücklagen ist. Die Gesellschafter können aber den Jahresüberschuss ganz oder teilweise **in umwandlungsfähige Rücklagen einstellen** und damit die Voraussetzung für eine spätere Kapitalerhöhung aus Gesellschaftsmitteln schaffen.[2] Dafür genügt der Ausweis der Zuführung zu den Rücklagen im letzten Ergebnisverwendungsbeschluss, wenn die letzte Jahresbilanz der Kapitalerhöhung zugrunde gelegt wird (§ 57d Abs. 1 am Ende). Wird eine Zwischenbilanz verwendet, muss der Jahresüberschuss aus der letzten Jahresbilanz bereits als Rücklage in der Zwischenbilanz ausgewiesen sein.[3] Nicht zulässig ist dagegen eine Umwandlung **künftiger Rücklagen**,[4] weil das Gesetz das Vorhandensein der umzuwandelnden Rücklagen in der zugrunde gelegten Bilanz voraussetzt und ansonsten der Grundsatz effektiver Kapitalaufbringung verletzt wäre.

IV. Nachschüsse

6 Haben die Gesellschafter Nachschüsse gemäß §§ 26 bis 28 geleistet, ist das entsprechende Kapital auf der Passivseite der Bilanz unter dem Posten »Kapitalrücklage« gesondert auszuweisen (§ 42 Abs. 2 Satz 3). Es kann demgemäß zur Kapitalerhöhung aus Gesellschaftsmitteln verwendet werden, wenn es sich um tatsächlich *geleistetes* Kapital handelt.[5] Die bloße Einforderung genügt nicht, weil anderenfalls nur ein Anspruch gegen den Gesellschafter Grundlage des Erhöhungsbetrages wäre, der selbst als Sacheinlage nicht in Frage käme.[6]

---

2 *Priester*, in: Scholz, GmbHG, § 57d Rn. 6 m.w.N.

3 Zutreffend *Zöllner*, in: Baumbach/Hueck, GmbHG, § 57d Rn. 5.

4 Einhellige Auffassung. *Priester*, in: Scholz, GmbHG, § 57d Rn. 7; *Geßler*, DNotZ 1960, 627; *Lutter*, in: Lutter/Hommelhoff, GmbHG, § 57d Rn. 4.

5 *Priester*, in: Scholz, GmbHG, § 57d Rn. 8; *Zöllner*, in: Baumbach/Hueck, GmbHG, § 57d Rn. 2.

6 *Priester*, in: Scholz, GmbHG, § 57d Rn. 8; *Zöllner*, in: Baumbach/Hueck, GmbHG, § 57d Rn. 2; a.A. *Zimmermann*, in: Rowedder/Schmidt-Leithoff, GmbHG, § 57d Rn. 6; *Küting/Weber*, GmbHR 1984, 173.

V. Rücklagen für eigene Anteile

7 Rücklagen für eigene Anteile (§ 272 Abs. 4 HGB) zählen ihrem Wortlaut nach ebenfalls zu den Rücklagen. Gleichwohl wird die Umwandlungsfähigkeit dieser Rücklagen in Stammkapital von der herrschenden Ansicht zutreffend verneint.[7] Zur Begründung wird angeführt, Rücklagen für eigene Anteile dienten lediglich dazu, den Erwerb eigener Anteile bilanziell zu neutralisieren. Würde man ihre Umwandlung in Stammkapital zulassen, wären die eigenen Anteile bilanziell wie Stammkapital zu behandeln, was § 33 gerade vermeiden wolle. Solange eigene Anteile noch aktiviert seien, müsse daher eine Umwandlung dieser Rücklagen in Stammkapital ausscheiden.

VI. Sonderposten mit Rücklagenanteil

8 Sonderposten mit Rücklagenanteil, die mit Inkrafttreten des BilMoG zum 29.5.2009 entfallen sind, waren aufgrund steuerrechtlicher Vorschriften erst bei ihrer Auflösung zu versteuern. Sie konnten nicht in Stammkapital umgewandelt werden.[8] Diese Posten fielen nicht unter den Begriff der Kapital- oder Gewinnrücklage. Nach heutigem Recht sind diese Positionen als Rückstellungen zu qualifizieren und daher ebenfalls nicht umwandlungsfähig.[9]

VII. Bilanzausweis

9 Die umzuwandelnden Rücklagen oder Nachschüsse müssen **in der letzten Jahresbilanz** ausgewiesen sein. Wird der Kapitalerhöhung eine andere (spätere) Bilanz als die letzte Jahresbilanz zugrunde gelegt, müssen die Rücklagen **in beiden Bilanzen** erscheinen (»auch«), es sei denn, es handelt sich um Gewinne aus der letzten Jahresbilanz, die in einem zwischenzeitlichen Gewinnverwendungsbeschluss den Rücklagen zugewiesen und als solche dann in der Zwischenbilanz ausgewiesen werden (§ 57d Abs. 1, 2. Alt.).

C. Umwandlungsverbote (Absatz 2)

I. Verlust oder Verlustvortrag

10 Eine Umwandlung ist nach Absatz 2 nicht möglich, *soweit* in der Bilanz ein Verlust oder Verlustvortrag ausgewiesen ist. Die Rücklagen sind also rechnerisch um einen Verlust und Verlustvortrag zu kürzen, um den Betrag zu erhalten, der danach noch

---

7 *Priester*, in: Scholz, GmbHG, § 57d Rn. 12; *Lutter*, in: Lutter/Hommelhoff, GmbHG, § 57d Rn. 8; *Ulmer*, in: Hachenburg, GmbHG, Anh § 57b § 2 KapErhG Rn. 3; *Zimmermann*, in: Rowedder/Schmidt-Leithoff, GmbHG, § 57d Rn. 4.

8 *Priester*, in: Scholz, GmbHG, § 57d Rn. 11; *Lutter*, in: Lutter/Hommelhoff, GmbHG, § 57d Rn. 6; *Ulmer*, in: Hachenburg, GmbHG, Anh § 57b § 2 KapErhG Rn. 12; *Zimmermann*, in: Rowedder/Schmidt-Leithoff, GmbHG, § 57d Rn. 11.

9 *Lutter*, in: Lutter/Hommelhoff, GmbHG, § 57d Rn. 6.

für eine mögliche Umwandlung zur Verfügung steht. Damit wird dem Prinzip der effektiven Kapitalaufbringung entsprochen, nur das tatsächlich noch vorhandene Eigenkapital in Stammkapital aufzuwerten. Der vorstehend ermittelte Betrag erhöht sich im Übrigen nicht, wenn rangrücktrittsbehaftete Gesellschafterdarlehen vorhanden sind.[10] Gesellschafterdarlehen, auch wenn sie nachrangig sind, sind nicht Bestandteil der Rücklagen und bereits aus diesem Grund nicht umwandlungsfähig.

II. Relevanter Zeitpunkt

11 Maßgebend für die Berücksichtigung von Verlusten und Verlustvorträgen ist die **Bilanz, die der Kapitalerhöhung zugrunde liegt**. Auf eine vorangehende Jahresbilanz kommt es nicht an. Ein in der vorangehenden Jahresbilanz noch enthaltener Verlustvortrag ist deshalb nicht mehr zu berücksichtigen, wenn er bis zur Aufstellung der Kapitalerhöhungsbilanz getilgt wurde. Umgekehrt mindert ein nach dem Stichtag der letzten Jahresbilanz aufgelaufener Verlust die in der Kapitalerhöhungsbilanz auszuweisenden umwandlungsfähigen Rücklagen.[11]

III. Verluste nach dem Stichtag

12 Der Grundsatz effektiver Kapitalaufbringung soll darüber hinaus gebieten, über den Gesetzeswortlaut hinaus auch **Verluste** von den umwandlungsfähigen Rücklagen abzuziehen, die **seit dem Stichtag der zugrunde gelegten Bilanz** entstanden sind, soweit diese für die Beteiligten erkennbar sind.[12] Die Auffassung ist insbesondere deshalb zutreffend, weil die Erklärungspflicht der Geschäftsführer nach § 57i Abs. 1 Satz 2 ausdrücklich an den Zeitraum vom Stichtag der zugrunde gelegten Bilanz bis zur Anmeldung anknüpft und nur dadurch dem Grundsatz effektiver Kapitalaufbringung genügt werden kann.

D. Zweckbestimmte andere Gewinnrücklagen (Absatz 3)

I. Zweckbindung

13 Sind Rücklagen zu einem bestimmten Zweck gebildet worden, dürfen sie nur in Stammkapital umgewandelt werden, wenn dies mit ihrem Zweck vereinbar ist. Über den Wortlaut hinaus gilt dies nicht nur für »andere« Gewinnrücklagen (§ 266 Abs. 3 A Abs. 3 Nr. 4 HGB), sondern auch für Rücklagen, die nach Maßgabe des Gesellschaftsvertrages oder durch Gesellschafterbeschluss gebildet werden.[13] Ob die Rücklage umwandlungsfähig ist, soll sich danach beurteilen, ob die Rücklage für aktivie-

---

10 *Priester*, in: Scholz, GmbHG,§ 57d Rn. 9.

11 *Priester*, in: Scholz, GmbHG, § 57d Rn. 10.

12 *Zöllner*, in: Baumbach/Hueck, GmbHG, § 57d Rn. 7; *Roth*, in: Roth/Altmeppen, GmbHG, § 57d Rn. 11; *Lutter*, in: Lutter/Hommelhoff, GmbHG, § 57d Rn. 7.

13 *Priester*, in: Scholz, GmbHG, § 57d Rn. 13; *Zöllner*, in: Baumbach/Hueck, GmbHG, § 57d Rn. 10; *Ulmer*, in: Hachenburg, GmbHG, Anh § 57b § 2 KapErhG Rn. 13.

rungsfähige Maßnahmen, insbesondere die Anschaffung von Anlagevermögen (Investitionen), bestimmt ist.[14] In diesen Fällen stünde eine Umwandlung in Stammkapital dem Zweck der Rücklage nicht entgegen, weil das entsprechende Vermögen zum **dauerhaften Verbleib** bei der Gesellschaft bestimmt ist. Demgegenüber sollen Rücklagen, die für laufende Ausgaben gebildet wurden, nicht umwandlungsfähig sein. Die wohl überwiegende Meinung stellt insoweit nicht auf die Bilanz ab, sondern auf die zum Ausdruck gekommene Absicht des Organs, das die Rücklage gebildet hat.[15] Nach der Gegenansicht ist auf die Zweckbestimmung in der Bilanz oder die erläuternden Angaben im Jahresabschluss abzustellen.[16] Entscheidend dürfte in der Tat nicht der formale Bilanzausweis sein, sondern die Absicht des die Rücklage bildenden Organs, dies allerdings nur, wenn diese Absicht in irgendeiner Form Ausdruck gefunden hat. Regelmäßig wird dies aus den Erläuterungen des Jahresabschlusses und bei prüfungspflichtigen Gesellschaften aus dem Prüfungsbericht hervorgehen. Auch Protokolle der Geschäftsführungssitzungen oder sonstige Unterlagen können dazu herangezogen werden. Bloße Erwartungen des Organs reichen dagegen nicht aus.

II. Aufhebung der Zweckbindung

14 Die **Zweckbindung** kann jederzeit durch das Organ **aufgehoben** werden, das die Zweckbindung beschlossen hat. Hat die Gesellschafterversammlung die Zweckbindung eingeführt, kann die Aufhebung auch in dem Beschluss über die Umwandlung der Rücklage in Stammkapital erfolgen. Die einfache Stimmenmehrheit genügt für die Aufhebung der Zweckbindung.[17] Beruht die Zweckbindung auf einer Bestimmung im Gesellschaftsvertrag, muss dieser zunächst (mit der für Änderungen des Gesellschaftsvertrages erforderlichen Mehrheit und in notariell beurkundeter Form) geändert werden. Obwohl die Änderung des Gesellschaftsvertrages erst mit Eintragung im Handelsregister wirksam wird, kann der Aufhebungsbeschluss bereits mit dem Kapitalerhöhungsbeschluss verbunden werden.[18] Die Kapitalerhöhung erfolgt dann unter der Voraussetzung, dass die Änderung des Gesellschaftsvertrages zuvor im Handelsregister eingetragen wird. Die Beseitigung der

---

14 Begründung, BT-Drs. III/416, S. 10; *Geßler*, BB 1960, 8; *Priester*, in: Scholz, GmbHG, § 57d Rn. 13.

15 *Priester*, in: Scholz, GmbHG, § 57d Rn. 13; *Ulmer*, in: Hachenburg, GmbHG, Anh § 57b § 2 KapErhG Rn. 14; *Zimmermann*, in: Rowedder/Schmidt-Leithoff, GmbHG, § 57d Rn. 12; *Hirte*, in: GroßkommAktG, 4. Aufl., § 208 Rn. 45.

16 *Wiedemann*, GroßkommAktG, 3. Aufl. § 208 AktG Rn. 11; *Wilhelmi/Friedrich*, Kleine Aktienrechtsreform, § 2 KapErhG Rn. 11; *Lutter*, in: KK-AktG, § 208 Rn. 19, der jedoch auch u.a. auf die nachweisbare Absicht des Organs abstellt, wenn die Bilanz die Zweckrichtung nicht ausweist.

17 *Priester*, in: Scholz, GmbHG, § 57d Rn. 14.

18 *Priester*, in: Scholz, GmbHG, § 57d Rn. 14; *Lutter*, in: Lutter/Hommelhoff, GmbHG, § 57d Rn. 12; *Zöllner*, in: Baumbach/Hueck, GmbHG, § 57d Rn. 11; abweichend *Bungeroth*, in: Geßler/Hefermehl/Eckardt/Kropff, AktG, § 208 Rn. 37.

Zweckbindung ändert den für die Kapitalerhöhung maßgebenden Jahresabschluss nicht, so dass das Vorgehen zulässig ist.

E. Folgen bei Nichtbeachtung

15 Die Vorschriften des § 57d Absätze 1 und 2 sind zwingend. Verstöße gegen Absatz 1 führen zur Nichtigkeit des Erhöhungsbeschlusses (§ 241 Nr. 3 AktG analog). Gleiches gilt bei einem Verstoß gegen Absatz 2. Der Registerrichter hat in diesen Fällen die Eintragung abzulehnen. Eine Unterdeckung durch zwischenzeitliche, nicht erkennbare Vermögensminderungen (oben Rdn. 12) hat dagegen keine Nichtigkeit zur Folge, wenn nicht die Rücklage bereits am Stichtag der zugrunde gelegten Bilanz aufgezehrt und die Bilanz aus diesem Grund analog § 256 Abs. 1 Nr. 1, Abs. 5 AktG nichtig war.[19] Ein Verstoß gegen Absatz 3 führt nur zur Anfechtbarkeit des Kapitalerhöhungsbeschlusses.[20]

§ 57e Zugrundelegung der letzten Jahresbilanz; Prüfung

(1) Dem Beschluss kann die letzte Jahresbilanz zu Grunde gelegt werden, wenn die Jahresbilanz geprüft und die festgestellte Jahresbilanz mit dem uneingeschränkten Bestätigungsvermerk der Abschlussprüfer versehen ist und wenn ihr Stichtag höchstens acht Monate vor der Anmeldung des Beschlusses zur Eintragung in das Handelsregister liegt.

(2) Bei Gesellschaften, die nicht große im Sinne des § 267 Abs. 3 des Handelsgesetzbuchs sind, kann die Prüfung auch durch vereidigte Buchprüfer erfolgen; die Abschlussprüfer müssen von der Versammlung der Gesellschafter gewählt sein.

Übersicht Rdn.

Schrifttum
Literatur: siehe Vorbemerkung zu §§ 57c bis 57o

19 *Zöllner*, in: Baumbach/Hueck, GmbHG, § 57d Rn. 8.
20 *Priester*, in: Scholz, GmbHG, § 57d Rn. 15.

A. Jahresbilanz

1 Als Grundlage der Kapitalerhöhung aus Gesellschaftsmitteln kommt zunächst die **letzte Jahresbilanz** in Betracht. Dies gilt auch, wenn es sich bei dieser Jahresbilanz um die Bilanz zum Ende eines **Rumpfgeschäftsjahres** handelt.[1] Die Verwendung der letzten Jahresbilanz empfiehlt sich, weil die Kosten der Aufstellung und Prüfung einer Zwischenbilanz dadurch vermieden werden können. Allerdings ist die Achtmonatsfrist (Absatz 1) zu beachten. Auch eine nur geringfügige Überschreitung der Frist führt dazu, dass die Frist nicht beachtet und die Eintragung zurückzuweisen ist.[2] Insbesondere der Notar, der die Kapitalerhöhung beurkundet, muss daher auf eine fristgerechte Einreichung beim Handelsregister achten, da anderenfalls eine Amtshaftung (§ 19 BNotO) droht. Ist die Frist nicht einzuhalten und soll die Kapitalerhöhung gleichwohl im laufenden Geschäftsjahr noch beschlossen werden, muss eine **Zwischenbilanz** aufgestellt und geprüft werden (§ 57f). Auch in diesem Fall muss allerdings die letzte Jahresbilanz vorliegen, bei prüfungspflichtigen Gesellschaften geprüft und festgestellt sein (§ 57c Abs. 2). Wird die Achtmonatsfrist eingehalten und kommt es anschließend zu behebbaren **Zwischenverfügungen** des Registergerichts, ist die Achtmonatsfrist weiterhin gewahrt, wenn der Mangel innerhalb der vom Registergericht gesetzten Frist behoben wird.[3] Nur wenn der Antrag nach Fristablauf endgültig zurückgewiesen wird, ist auch die Frist aus § 57e Abs. 1 nicht eingehalten.

B. Prüfung

I. Prüfung

2 Wird die Jahresbilanz der Kapitalerhöhung zugrunde gelegt, muss diese vor der Beschlussfassung über die Kapitalerhöhung **aufgestellt, geprüft und festgestellt** sein (Absatz 1; zur Feststellung näher § 57c Rdn. 11 f.). Die Vorschriften über die Kapitalerhöhung aus Gesellschaftsmitteln enthalten **keine Sonderregelungen** für die Aufstellung, Prüfung und Feststellung des Jahresabschlusses und die Gliederung der Bilanz, die der Kapitalerhöhung zugrunde gelegt wird. Die Einhaltung der allgemeinen Regeln genügt. Insbesondere eine gesonderte Gewinn- und Verlustrechnung ist nicht erforderlich.[4] Ist der Jahresabschluss nach HGB-Vorschriften nicht prüfungspflichtig, bedarf es einer **Prüfung nach § 57e Abs. 1**, damit die Bilanz der Kapitalerhöhung zugrunde gelegt werden kann. Die Prüfungspflicht entspricht dem Grundsatz effekti-

---

1 *Priester*, in: Scholz, GmbHG, §§ 57e-57g Rn. 1.

2 OLG Frankfurt, DB 1981, 1511; LG Essen, GmbHR 1982, 213.

3 Ganz herrschende Meinung. *Zöllner*, in: Baumbach/Hueck, GmbHG, § 57e Rn. 4; *Zimmermann*, in: Rowedder/Schmidt-Leithoff, GmbHG, § 57g Rn. 9; *Priester*, in: Scholz, GmbHG, §§ 57e-57g Rn. 16; im Ergebnis ebenso: *Lutter*, in: Lutter/Hommelhoff, GmbHG, § 57 e-g Rn. 11, der die Fristüberschreitung generell als Eintragungshindernis ansieht, bei dennoch erfolgter Eintragung aber eine Heilung annimmt. Abweichend *Ulmer*, in: Hachenburg, GmbHG, Anh. § 57b § 3 KapErhG Rn. 17.

4 *Priester*, in: Scholz, GmbHG, §§ 57e-57g Rn. 3 m.w.N.

ver Kapitalaufbringung. Die Prüfung kann bei kleinen und mittelgroßen Gesellschaften auch durch vereidigte Buchprüfer durchgeführt werden (Absatz 2). Bei großen Gesellschaften sind dagegen zwingend Wirtschaftsprüfer/Wirtschaftsprüfungsgesellschaften als Prüfer zu bestellen (§ 319 Abs. 1 Satz 1 HGB).

II. Bestätigungsvermerk

3 Die festgestellte Bilanz muss mit dem **uneingeschränkten Bestätigungsvermerk** versehen sein. Dies gilt auch bei geringfügigen Kapitalerhöhungen.[5] Einschränkungen des Bestätigungsvermerks für die Gewinn- und Verlustrechnung oder andere Teile des Jahresabschlusses außerhalb der Bilanz sind für die Kapitalerhöhung unschädlich.[6] Der Inhalt des Bestätigungsvermerks ergibt sich bei großen und mittelgroßen Gesellschaften aus § 322 HGB. Lässt eine kleine Gesellschaft ihren Jahresabschluss freiwillig prüfen, um die Bilanz für eine Kapitalerhöhung aus Gesellschaftsmitteln verwenden zu können, müssen mindestens die in § 57f Abs. 3 erwähnten Vorschriften beachtet werden.[7] Es handelt sich dann um eine gegenständlich beschränkte Prüfung, die sich auf die Werthaltigkeit der umgewandelten Rücklage bezieht.[8] Ein vollständiger Prüfungsvermerk wie bei einer Jahresabschlußprüfung ist bei einer solchen Prüfung nicht erforderlich. Ausreichend ist, wenn der Prüfer bescheinigt, dass die Prüfung zu keinen Einwendungen geführt hat und die Bilanz den gesetzlichen Vorschriften und den ergänzenden Bestimmungen des Gesellschaftsvertrages entspricht.[9] Der Prüfungsvermerk muss vom Prüfer unterzeichnet sein. Die Angabe von Ort und Datum (§ 322 Abs. 7 Satz 1 HGB) empfiehlt sich, ist aber keine Wirksamkeitsbedingung. Bei **nachträglichen Änderungen der Bilanz** ist ein neuer Bestätigungsvermerk erforderlich.[10] Gleiches gilt, wenn das **Testat nachträglich widerrufen** wird. In diesen Fällen ist die Kapitalerhöhung jedoch *nicht* automatisch unwirksam, insbesondere dann nicht, wenn der Widerruf des Testats nur die Gewinn- und Verlustrechnung, den Anhang oder den Lagebericht betrifft. Nichtig ist die Kapitalerhöhung in einem solchen Fall nach Sinn und Zweck der Kapitalaufbringungsregeln nur, wenn in der geänderten bzw. berichtigten Bilanz keine hinreichenden Rücklagen mehr ausgewiesen sind, die den Erhöhungsbetrag abdecken, oder der Jahresabschluss (und damit auch die Bilanz) entsprechend § 256 AktG insgesamt nichtig ist (§ 57c Rdn. 20).

---

5 BayObLG, DB 2002, 1544 zum Recht der AG.

6 *Priester,* in: Scholz, GmbHG, §§ 57e-57g Rn. 15; *Bungeroth,* in: Geßler/Hefermehl/Eckardt/Kropff, AktG, § 209 Rn. 16.

7 OLG Hamm, Beschl. v. 6.7.2010 – 15 W 334/09, DB 2010, 2096f.; *Zöllner,* in: Baumbach/Hueck, GmbHG, § 57e Rn. 2.

8 BGH, NJW 1997, 2516, (2517).

9 OLG Hamm, Beschl. v. 6.7.2010 – 15 W 334/09, DB 2010, 2096 f.

10 *Priester,* in: Scholz, GmbHG, §§ 57e-57g Rn. 15.

III. Wahl des Prüfers

4 Die Wahl des Prüfers erfolgt durch die **Gesellschafterversammlung**. Beschlussfassungen im schriftlichen Verfahren (§ 48 Abs. 2) sowie unter Verzicht auf Formen und Fristen sind selbstverständlich zulässig, wenn sämtliche Gesellschafter damit einverstanden sind.[11] Weist der Gesellschaftsvertrag die Bestellung des Abschlussprüfers einem **anderen Organ** der Gesellschaft zu, ist dieses Organ anstelle der Gesellschafterversammlung berufen, den Prüfer zu wählen (§§ 318 Abs. 1 Satz 2 HGB, 57f Abs. 3 Satz 2). Dies gilt auch dann, wenn die entsprechende Bestimmung des Gesellschaftsvertrages – was praktisch regelmäßig der Fall sein wird – die Kapitalerhöhung aus Gesellschaftsmitteln nicht ausdrücklich erwähnt.[12] Hat die Prüfung durch geeignete, aber nicht ordnungsgemäß bestellte Prüfer stattgefunden, kann deren Wahl vor dem Kapitalerhöhungsbeschluss nachgeholt werden.[13] Der **Prüfungsauftrag** selbst ist von der Geschäftsführung unverzüglich zu erteilen. Handelt es sich nicht um eine Pflichtprüfung, sondern um eine freiwillige Prüfung, um die Bilanz der Kapitalerhöhung zugrunde zu legen, kann der Prüfungsauftrag sich darauf beschränken, die Bilanz »zum Zwecke der Kapitalerhöhung aus Gesellschaftsmitteln« zu prüfen.[14] Hat die Gesellschaft einen Aufsichtsrat, erteilt dieser den Prüfungsauftrag.[15]

IV. Umfang der Prüfung

5 Handelt es sich bei der Bilanz um die Jahresbilanz einer prüfungspflichtigen Gesellschaft, bestimmt sich der Umfang der Prüfung nach § 317 Abs. 1 HGB. Wird eine Erhöhungssonderbilanz erstellt, richtet sich die Prüfung nach § 57f Abs. 2 Satz 1. Gleiches gilt, wenn die Jahresbilanz einer nicht prüfungspflichtigen Gesellschaft zugrunde gelegt wird. Die Gewinn- und Verlustrechnung ist in diesen Fällen nicht zu prüfen.[16] Inhaltlich erfasst die Prüfung neben der Einhaltung der Bilanzierungs- und Bewertungsvorschriften insbesondere die Frage, ob die in der Bilanz ausgewiesene Rücklage als solche ausgewiesen werden durfte. Nicht Bestandteil der Prüfung ist die Frage, ob die Rücklage in Stammkapital umgewandelt werden kann oder Regelungen des Gesellschaftsvertrages, z.B. ein Ausschüttungsgebot, dem entgegenstehen.[17] Handelt es sich nicht um eine Pflichtprüfung, ist aufgrund des beschränk-

---

11 *Zöllner*, in: Baumbach/Hueck, GmbHG, § 57e Rn. 3.

12 Zutreffend *Priester*, in: Scholz, GmbHG, §§ 57e-57g Rn. 8. A.A. *Zöllner*, in: Baumbach/Hueck, GmbHG, § 57e Rn. 3; *Ulmer*, in: Hachenburg, GmbHG, Anh § 57b §§ 3-5 KapErhG Rn. 7; *Lutter*, in: Lutter/Hommelhoff, GmbHG, § 57 e-g Rn. 7; wohl auch: *Zimmermann*, in: Rowedder/Schmidt-Leithoff, GmbHG, § 57g Rn. 7.

13 Ebenso *Priester*, in: Scholz, GmbHG, §§ 57e-57g Rn. 8; *Lutter*, in: Lutter/Hommelhoff, GmbHG, § 57 e-g Rn. 3.

14 OLG Hamm, Beschl. v. 6.7.2010 – 15 W 334/09, DB 2010, 2096 f.

15 *Priester*, in: Scholz, GmbHG, §§ 57e-57g Rn. 9.

16 *Priester*, in: Scholz, GmbHG, §§ 57e-57g Rn. 10; *Ulmer*, in: Hachenburg, GmbHG, Anh § 57b §§ 3-5 KapErhG Rn. 8; *Roth*, in: Roth/Altmeppen, § 57e Rn. 4.

17 *Priester*, in: Scholz, GmbHG, §§ 57e-57g Rn. 11 m.w.N.

ten Prüfungsumfangs auch die allgemeine wirtschaftliche Lage der Gesellschaft nicht zu prüfen.[18]

V. Informationsrechte der Prüfer; Verantwortlichkeit

6 Den Prüfern stehen **Auskunfts- und Einsichtsrechte** zu (§ 316 Abs. 1 Satz 2 HGB) sowie das Recht, **Nachweise** zu verlangen (§ 320 Abs. 2 HGB). Über das Ergebnis ihrer Prüfung haben die Prüfer zu **berichten** (§ 321 HGB). Ihre **Verantwortlichkeit** richtet sich nach § 323 HGB.

VI. Zeitpunkt der Prüfung

7 Hinsichtlich des Zeitpunktes der Prüfung gilt folgendes: Wird die Jahresbilanz der Kapitalerhöhung zugrunde gelegt, muss sie bei der prüfungspflichtigen Gesellschaft vor der Feststellung geprüft sein (§ 316 Abs. 1 Satz 2 HGB). Bei der nicht-prüfungspflichtigen Gesellschaft und bei einer Erhöhungssonderbilanz (§ 57f) muss die Prüfung nicht bis zur Feststellung der Bilanz, wohl aber vor dem Kapitalerhöhungsbeschluss stattgefunden haben; es genügt nicht, wenn die Bilanz in diesem Fall erst nach dem Kapitalerhöhungsbeschluss geprüft wurde.[19]

§ 57f Anforderungen an die Bilanz

(1) [1]Wird dem Beschluss nicht die letzte Jahresbilanz zu Grunde gelegt, so muss die Bilanz den Vorschriften über die Gliederung der Jahresbilanz und über die Wertansätze in der Jahresbilanz entsprechen. [2]Der Stichtag der Bilanz darf höchstens acht Monate vor der Anmeldung des Beschlusses zur Eintragung in das Handelsregister liegen.

(2) [1]Die Bilanz ist, bevor über die Erhöhung des Stammkapitals Beschluss gefasst wird, durch einen oder mehrere Prüfer darauf zu prüfen, ob sie dem Absatz 1 entspricht. [2]Sind nach dem abschließenden Ergebnis der Prüfung keine Einwendungen zu erheben, so haben die Prüfer dies durch einen Vermerk zu bestätigen. [3]Die Erhöhung des Stammkapitals kann nicht ohne diese Bestätigung der Prüfer beschlossen werden.

(3) [1]Die Prüfer werden von den Gesellschaftern gewählt; falls nicht andere Prüfer gewählt werden, gelten die Prüfer als gewählt, die für die Prüfung des letzten Jahresabschlusses von den Gesellschaftern gewählt oder vom Gericht bestellt worden sind. [2]Im übrigen sind, soweit sich aus der Besonderheit des Prüfungsauftrags nichts anderes ergibt, § 318 Abs. 1 Satz 2, § 319 Abs. 1 bis 4, § 319a Abs. 1, § 319b Abs. 1, § 320 Abs. 1 Satz 2, Abs. 2 und die §§ 321 und 323 des Handelsgesetzbuchs anzuwenden. [3]Bei Gesellschaften, die nicht große im Sinne des § 267 Abs. 3 des Handelsgesetzbuchs sind, können auch vereidigte Buchprüfer zu Prüfern bestellt werden.

---

18 OLG Hamm, Beschl. v. 6.7.2010 – 15 W 334/09, DB 2010, 2096 f.

19 *Priester*, in: Scholz, GmbHG, §§ 57e-57g Rn. 13.

Übersicht

Schrifttum

Literatur: siehe Vorbemerkung zu §§ 57c bis 57o

A. Überschrift und Regelungsgegenstand

1 Die durch das MoMiG eingeführte amtliche Überschrift von § 57f (»Anforderungen an die Bilanz«) ist missglückt. Die Vorschrift enthält Anforderungen nur für eine **Erhöhungssonderbilanz**, also eine Zwischenbilanz, die der Kapitalerhöhung zugrunde gelegt wird. Wird der Kapitalerhöhung dagegen die letzte **Jahresbilanz** zugrunde gelegt, ist nicht § 57f einschlägig, sondern § 57e sowie die allgemeinen Vorschriften über die Aufstellung, Prüfung und Feststellung der Jahresbilanz. Die Überschrift hätte daher richtigerweise »Erhöhungssonderbilanz« heißen müssen. Dies bleibt jedoch für die Anwendung der Vorschrift folgenlos.

B. Erhöhungssonderbilanz (Absatz 1)

2 Anstelle der Jahresbilanz kann eine Zwischenbilanz (auch als »besondere Bilanz«, »Erhöhungssonderbilanz« oder »Kapitalerhöhungssonderbilanz« bezeichnet) der Kapitalerhöhung zugrunde gelegt werden. Eine solche Zwischenbilanz ist insbesondere dann erforderlich, wenn die Achtmonatsfrist gemäß § 57f Abs. 1 bei Verwendung der letzten Jahresbilanz nicht eingehalten werden kann, die Kapitalerhöhung aber noch vor Feststellung der Jahresbilanz für das laufende Geschäftsjahr stattfinden soll. Auch für die Erhöhungssonderbilanz gilt wiederum die Achtmonatsfrist (Absatz 1 Satz 2). Für Fristüberschreitungen und die Einhaltung der Frist bei behebbaren Zwischenverfügungen vgl. § 57e Rdn. 1.

C. Gliederung und Wertansätze; Verhältnis zur Jahresbilanz

I. Anforderungen an die Bilanz

3 Die Erhöhungssonderbilanz muss in ihren Anforderungen an die Gliederung und Bewertung den Vorschriften über die Jahresbilanz entsprechen (Absatz 1 Satz 1). Zusätzlich muss der Grundsatz der **Bilanzkontinuität** gegenüber der letzten Jahresbilanz gewahrt sein.[1] Die Zwischenbilanz muss ebenfalls ein **Ergebnis** ausweisen; eine gesonderte Gewinn- und Verlustrechnung ist dagegen nicht erforderlich.[2] Die **Rücklagen**, die umgewandelt werden sollen, müssen sowohl in der letzten Jahresbilanz als auch in der Erhöhungssonderbilanz enthalten sein (§ 57d Abs. 1). Es muss sich jeweils um dieselbe Bilanzposition handeln. Wurde die in der Jahresbilanz ausgewiesene Rücklage verringert, steht der solchermaßen verringerte, in der Erhöhungssonderbilanz ausgewiesene Betrag für eine Umwandlung in Stammkapital zur Verfügung. Soweit in der vorangehenden Jahresbilanz die Rücklage noch nicht enthalten war, aber zwischenzeitlich eine Zuführung zu Rücklagen durch einen entsprechenden Ergebnisverwendungsbeschluss gebildet wurde, ist die solchermaßen gebildete bzw. aufgestockte Rücklage in der Erhöhungssonderbilanz entsprechend auszuweisen (§ 57d Abs. 1).

II. Aufstellung

4 Die Erhöhungssonderbilanz ist – wie die Jahresbilanz – von der Geschäftsführung aufzustellen. Insoweit ergeben sich gegenüber der Jahresbilanz keine Besonderheiten.

III. Feststellung

5 Ob eine förmliche **Feststellung** der Erhöhungssonderbilanz erforderlich ist, ist umstritten. Ein Teil des Schrifttums will zwar nicht völlig auf einen Feststellungsakt verzichten, lässt dafür allerdings auch eine »konkludente Feststellung« durch Bezugnahme auf die Erhöhungssonderbilanz im Kapitalerhöhungsbeschluss genügen.[3] Lediglich ein Teil des Schrifttums beharrt auf einer förmlichen Feststellung, die nicht konkludent in der Bezugnahme auf die Bilanz im Kapitalerhöhungsbeschluss enthalten sein soll.[4] Dieser letztgenannten Auffassung ist nicht zu folgen. Das Gesetz setzt in § 57d zwar eine Feststellung der Erhöhungssonderbilanz voraus. Im Gegensatz zur Jahresbilanz, die weitergehende Zwecke verfolgt (z.B. die Öffentlichkeit über die Vermögens-, Finanz- und Ertragslage der Gesellschaft zu unterrichten und als Grundlage

1 Zutreffend *Zöllner,* in: Baumbach/Hueck, GmbHG, § 57f Rn. 2.

2 *Priester,* in: Scholz, GmbHG, §§ 57e-57g Rn. 3.

3 So *Priester,* in: Scholz, GmbHG, §§ 57e-57g Rn. 3; *Ulmer,* in: Hachenburg, GmbHG, Anh § 57b §§ 3-5 KapErhG Rn. 13; *Zimmermann,* in: Rowedder/Schmidt-Leithoff, GmbHG, § 57g Rn. 10.

4 *Lutter,* in: Lutter/Hommelhoff, GmbHG, §§ 57 e-g Rn. 5; wohl auch *Zöllner,* in: Baumbach/Hueck, GmbHG, § 57f Rn. 12 soweit nicht erkennbar Einigkeit zwischen allen Gesellschaftern besteht.

eines Ergebnisverwendungsbeschlusses zu dienen), wird die Erhöhungssonderbilanz aber ausschließlich der Kapitalerhöhung aus Gesellschaftsmitteln zugrunde gelegt, um das Vorhandensein der Rücklage nachzuweisen. Daher ist es gerechtfertigt, an die Feststellung der Erhöhungssonderbilanz nicht die gleichen Anforderungen zu stellen wie an die Feststellung der Jahresbilanz. Aus § 57g folgt nichts anderes, da die Vorschrift nur die Bekanntgabe der Bilanz gegenüber den Gesellschaftern regelt, eine förmliche Feststellung aber gerade nicht anordnet. Ausreichend ist deshalb, dass die Erhöhungssonderbilanz geprüft wurde und von der Gesellschafterversammlung in dem Kapitalerhöhungsbeschluss als Grundlage für die Kapitalerhöhung bezeichnet wird.

IV. Abweichendes Gremium

6 Nicht eindeutig erörtert wird, was für die Erhöhungssonderbilanz gelten soll, wenn die Feststellung der Jahresbilanz nach dem Gesellschaftsvertrag einem anderen Gremium als der Gesellschafterversammlung überlassen ist. Verlangte man eine förmliche Feststellung der Erhöhungssonderbilanz, müsste konsequenterweise ein förmlicher Feststellungsakt durch das Gremium erfolgen, das für die Feststellung der Jahresbilanz zuständig ist. Richtigerweise genügt allerdings auch in diesem Fall die Billigung durch die Gesellschafterversammlung durch Bezeichnung der Bilanz im Kapitalerhöhungsbeschluss, weil die Erhöhungssonderbilanz einem eingeschränkten Zweck dient. Eine Ausnahme besteht nur, wenn der Gesellschaftsvertrag *ausdrücklich* eine Billigung auch einer Erhöhungssonderbilanz durch das Gremium vorsieht, das für die Feststellung des Jahresabschlusses zuständig ist, was jedoch selten vorkommen dürfte.

D. Prüfung (Absätze 2 und 3)

I. Prüfung

7 Die Zwischenbilanz muss nach den Grundsätzen der Prüfung einer Jahresabschlussbilanz **geprüft** werden, und zwar auch dann, wenn die Jahresbilanz selbst nicht prüfungspflichtig ist. Ungeprüfte Bilanzen bilden keine geeignete Grundlage für den Kapitalerhöhungsbeschluss. Ziel der Prüfung ist die Feststellung, ob die Bilanz den Grundsätzen von Absatz 1 entspricht. Es handelt sich dabei nicht um die reguläre Jahresabschlußprüfung, sondern um eine gegenständlich beschränkte Prüfung, die dem Registergericht lediglich eine Werthaltigkeitskontrolle ermöglichen soll. Nicht Gegenstand der Prüfung ist die Beurteilung der Lage der Gesellschaft insgesamt. Demgemäß ist der Prüfungsauftrag auf die Prüfung der Bilanz zum Zwecke der Kapitalerhöhung beschränkt, und der Prüfungsvermerk kann entsprechend enger gefaßt werden als bei einer normalen Jahresabschlußprüfung.[5]

---

5 So zutreffend OLG Hamm, Beschl. v. 6.7.2010 – 15 W 334/09, DB 2010, 2096.

II. Prüfer

8 Für die Prüfung im einzelnen verweist das Gesetz auf die entsprechenden handelsrechtlichen Vorschriften. Als Prüfer können Wirtschaftsprüfer oder Wirtschaftsprüfungsgesellschaften bestellt werden (§ 319 Abs. 1 Satz 1 HGB), bei kleineren und mittelgroßen Gesellschaften auch vereidigte Buchprüfer (Absatz 3 Satz 3).

III. Wahl der Prüfer

9 Die Wahl der Prüfer hat durch die Gesellschafter zu erfolgen (Absatz 3 Satz 1, 1. HS). Erfolgt keine Wahl, gelten die für den letzten Jahresabschluss gewählten oder vom Gericht bestellten Prüfer als gewählt (Absatz 3 Satz 1, 2. HS). Der Geschäftsführung ist zu empfehlen, die Gesellschafter vor Erteilung des Prüfungsauftrags zu befragen, ob eine Wahl stattfindet.[6] Eine Wahl im schriftlichen Verfahren ist zulässig, wenn sämtliche Gesellschafter damit einverstanden sind (siehe § 57e Rdn. 4).[7] Der Gesellschaftsvertrag kann die Zuständigkeit für die Wahl gemäß § 318 Abs. 1 Satz 2 HGB auf ein anderes Organ (z.B. einen Aufsichtsrat) delegieren (§ 42a Rdn. 27). Eine solche Delegation greift auch dann, wenn die entsprechende Bestimmung des Gesellschaftsvertrages – was praktisch regelmäßig der Fall sein wird – die Kapitalerhöhung aus Gesellschaftsmitteln nicht ausdrücklich erwähnt (vgl. § 57e Rdn. 4).

IV. Prüfungsauftrag

10 Die Erteilung des Prüfungsauftrages erfolgt durch die Geschäftsführung. Soweit ein Aufsichtsrat zur Erteilung des Prüfungsauftrages bei der regulären Abschlußprüfung ermächtigt ist, soll diese Ermächtigung nach einem Teil des Schrifttums wegen des beschränkten Prüfungsumfangs *nicht* für den Prüfungsauftrag bei einer Bilanz nach § 57f gelten.[8] Der begrenzte Prüfungsumfang gegenüber einer Pflichtprüfung des Jahresabschlusses spricht jedoch eher dafür, auch den Prüfungsauftrag für eine Bilanz nach § 57f durch den Aufsichtsrat erteilen zu lassen, wenn ein solcher bei der Gesellschaft gebildet wurde *(argumentum a maiore ad minus)*.

V. Durchführung der Prüfung

11 Für die Durchführung der Prüfung gelten die Auskunfts- und Einsichtsrechte der Prüfer nach §§ 320 Abs. 1 Satz 2 und Abs. 2 HGB mit der Maßgabe, daß sich die Rechte auf die zur Prüfung der Zwischenbilanz erforderlichen Informationen beschränken. Der Prüfer hat einen **Prüfungsbericht** zu erstellen und den Geschäftsführern vorzulegen (§ 321 HGB). Eine Vorlagepflicht gegenüber einem Aufsichtsrat besteht nicht.[9] Die Pflichten und Verantwortlichkeiten des Prüfers richten sich nach § 323 HGB. Der **Bestätigungsvermerk** muß *nicht* dem Bestätigungsvermerk einer

6 Zutreffende Empfehlung bei *Zöllner,* in: Baumbach/Hueck, GmbHG, § 57f Rn. 7.
7 *Zöllner,* in: Baumbach/Hueck, GmbHG, § 57f Rn. 7.
8 *Zöllner,* in: Baumbach/Hueck, GmbHG, § 57f Rn. 8.
9 *Zöllner,* in: Baumbach/Hueck, GmbHG, § 57f Rn. 10.

regulären Jahresabschlußprüfung (§ 322 Abs. 3 Satz 1 HGB) entsprechen. Aufgrund des begrenzten Prüfungsgegenstandes ist vielmehr ausreichend, wenn der Prüfer erklärt, daß seine Prüfung zu keinen Einwendungen geführt hat und die Bilanz den gesetzlichen Vorschriften und den ergänzenden Bestimmungen des Gesellschaftsvertrages entspricht.[10]

§ 57g Vorherige Bekanntgabe des Jahresabschlusses

Die Bestimmungen des Gesellschaftsvertrags über die vorherige Bekanntgabe des Jahresabschlusses an die Gesellschafter sind in den Fällen des § 57f entsprechend anzuwenden.

1 Wird der Kapitalerhöhung die letzte Jahresbilanz zugrunde gelegt, richtet sich deren Bekanntgabe gegenüber den Gesellschaftern nach § 42a, soweit der Gesellschaftsvertrag nichts Abweichendes bestimmt. Da auf die Erhöhungssonderbilanz § 42a nicht unmittelbar anwendbar ist, bestimmt § 57g, dass diese Regelungen auch für die Ergänzungssonderbilanz entsprechend gelten. Eine Veröffentlichung der Erhöhungssonderbilanz nach § 325 HGB ist dagegen nicht erforderlich.[1] Der Kapitalerhöhungsbeschluss (oder bei der Jahresbilanz der Feststellungsbeschluss) braucht keine Angaben über die vorherige Bekanntgabe gegenüber den Gesellschaftern zu enthalten.[2]

§ 57h Arten der Kapitalerhöhung

(1) [1]Die Kapitalerhöhung kann vorbehaltlich des § 57l Abs. 2 durch Bildung neuer Geschäftsanteile oder durch Erhöhung des Nennbetrags der Geschäftsanteile ausgeführt werden. [2]Die neuen Geschäftsanteile und die Geschäftsanteile, deren Nennbetrag erhöht wird, müssen auf einen Betrag gestellt werden, der auf volle Euro lautet.

(2) [1]Der Beschluss über die Erhöhung des Stammkapitals muss die Art der Erhöhung angeben. [2]Soweit die Kapitalerhöhung durch Erhöhung des Nennbetrags der Geschäftsanteile ausgeführt werden soll, ist sie so zu bemessen, dass durch sie auf keinen Geschäftsanteil, dessen Nennbetrag erhöht wird, Beträge entfallen, die durch die Erhöhung des Nennbetrags des Geschäftsanteils nicht gedeckt werden können.

---

10 OLG Hamm, Beschl. v. 6.7.2010 – 15 W 334/09, DB 2010, 2096f.

1 *Zöllner,* in: Baumbach/Hueck, GmbHG, § 57g Rn. 2.

2 So zutreffend *Priester,* in: Scholz, GmbHG, §§ 57e-57g Rn. 17; a.A. *Meyer-Landrut,* in: Meyer-Landrut, GmbHG, §§ 3-5 KapErhG Rn. 7.

Übersicht **Rdn.**

Schrifttum
Literatur: siehe Vorbemerkung zu §§ 57c bis 57o

A. Arten der Kapitalerhöhung (Absatz 1)

1 Die Kapitalerhöhung aus Gesellschaftsmitteln führt zu einer Erhöhung des Stammkapitals. Parallel dazu wird auch die Summe der Nennbeträge aller Geschäftsanteile um den Betrag der Kapitalerhöhung erhöht.[1] Das Gesetz stellt dafür zwei Wege zur Verfügung: Die **Aufstockung der bisherigen Nennbeträge** vorhandener Geschäftsanteile und die **Ausgabe neuer Geschäftsanteile**. Beide Wege können auch **miteinander verbunden** werden. Die Gesellschafterversammlung ist grundsätzlich in ihrer Wahl frei, welche dieser beiden Möglichkeiten (ggf. auch in Kombination) sie beschreitet,[2] solange nur die Summe der jeweiligen Nenn- bzw. Erhöhungsbeträge dem Betrag der Erhöhung des Stammkapitals entspricht. Lediglich bei nur teilweise eingezahlten Geschäftsanteilen ist die Bildung neuer Geschäftsanteile nicht zulässig; insoweit muss zwingend eine Aufstockung des Nennbetrages dieser Geschäftsanteile erfolgen (§ 57l Absatz 2 Satz 2, siehe die Kommentierung dort).

B. Stückelung und Teilbarkeit

2 Durch das MoMiG wurde § 5 Abs. 2 neu gefasst. Seitdem können Geschäftsanteile mit jedem beliebigen Nennwert gebildet werden, solange dieser durch einen Euro teilbar ist. Absatz 1 Satz 2 enthält eine korrespondierende Vorschrift für die Kapitalerhöhung aus Gesellschaftsmitteln. Werden zu deren Durchführung neue Geschäftsanteile ausgegeben (Absatz 1 Satz 2, 1. Alt.), muss deren Nennbetrag ebenfalls nur

---

1 *Priester*, in: Scholz, GmbHG, § 57h Rn. 1; *Zöllner*, in: Baumbach/Hueck, GmbHG, § 57h Rn. 1; *Roth*, in: Roth/Altmeppen, GmbHG, § 57h Rn. 1.

2 *Priester*, in: Scholz, GmbHG, § 57h Rn. 1; *Zöllner*, in: Baumbach/Hueck, GmbHG, § 57h Rn. 1; *Lutter*, in: Lutter/Hommelhoff, GmbHG, § 57h Rn. 1; *Schemmann*, NZG 2009, 241; *Fett/Spiering*, NZG 2002, 365.

noch durch volle Euro teilbar sein. Gleiches gilt für den Nennbetrag eines vorhandenen Geschäftsanteils nach dessen Aufstockung (Absatz 1 Satz 2, 2. Alt.). Ein Mindest-Nennbetrag für den Geschäftsanteil besteht auch bei der Kapitalerhöhung aus Gesellschaftsmitteln nicht mehr. Kapitalerhöhungen aus Gesellschaftsmitteln werden dadurch erheblich vereinfacht, weil das Beteiligungsverhältnis auch bei kleineren oder »ungeraden« Erhöhungsbeträgen nicht verschoben werden muss und Spitzenbeträge leicht vermieden werden können.

C. Ausgabe neuer Geschäftsanteile

3 Während vor Inkrafttreten des MoMiG jedem Gesellschafter im Rahmen der Kapitalerhöhung grundsätzlich nur ein Geschäftsanteil zugeteilt werden konnte[3], hat das MoMiG diese Beschränkung aufgehoben (§ 5 Abs. 2). Künftig können daher einem Gesellschafter im Rahmen einer Kapitalerhöhung aus Gesellschaftsmitteln ohne weiteres **mehrere Geschäftsanteile** (auch in Kombination mit der Aufstockung bestehender Geschäftsanteile) zugeteilt werden.[4] Dies ist insbesondere dann zweckmäßig, wenn bestehende Geschäftsanteile eines Gesellschafters mit unterschiedlichen Rechten ausgestattet oder nur einzelne der vorhandenen Geschäftsanteile mit Rechten Dritter belastet sind, aber – anders als vor Inkrafttreten des MoMiG – auch in allen sonstigen Fällen ohne weiteres zulässig. Zur Behandlung von dinglichen Rechten in solchen Fällen vgl. § 57m Rdn. 15 f.. Zwar kann ein Gesellschafter auch nach wie vor ein **Teilrecht** an einem Geschäftsanteil erwerben, wenn auf einen Geschäftsanteil nur ein Teil eines neuen Geschäftsanteils entfällt (§ 57k Abs. 1). Für diese Regelung dürfte jedoch nunmehr kaum noch ein Bedürfnis bestehen, nachdem die Mindest-Stückelung von Geschäftsanteilen und auch der Mindest-Nennbetrag ein Euro beträgt.

D. Erhöhung des Nennbetrages vorhandener Geschäftsanteile

4 Ein Mindestnennbetrag für die Erhöhung ist gesetzlich nicht vorgeschrieben. Nachdem auch die früher bei Kapitalerhöhungen aus Gesellschaftsmitteln vorgeschriebene Teilbarkeit des aufgestockten Geschäftsanteils durch zehn entfallen ist, ist eine Erhöhung um einen Euro und jeden weiteren durch einen Euro teilbaren Betrag zulässig. Die Aufstockung des Nennbetrages hat insoweit nach Inkrafttreten des MoMiG gegenüber der Neuausgabe von Geschäftsanteilen keinen Vorteil mehr. Der Nachteil der Aufstockung liegt darin, dass der aus der Kapitalerhöhung stammende Anteil nicht selbständig verwertbar ist. Allerdings ist die anschließende Teilung des

---

3 Ausnahmen wurden von einem Teil des Schrifttums bereits vor Inkrafttreten des MoMiG zugelassen, wenn zuvor mehrere Geschäftsanteile eines Gesellschafters mit unterschiedlichen Rechten bestanden; vgl. dazu *Priester,* in: Scholz, GmbHG, § 57h Rn. 4 m.w.N.

4 *Schemmann,* NZG 2009, 241, 242 mit Nachweisen zu der früheren – mit Inkrafttreten des MoMiG überholten – Diskussion.

Geschäftsanteils durch das MoMiG ebenfalls erleichtert worden.[5] Hält ein Gesellschafter mehrere Geschäftsanteile, nehmen diese bei einer Aufstockung proportional an der Erhöhung teil. Der Erhöhungsbetrag kann in diesem Fall aber auch abweichend verteilt werden, soweit § 57m Abs. 1 nicht entgegensteht.[6]

E. Kombination beider Erhöhungsarten

I. Möglichkeiten

5 Für den Fall des Vorhandenseins voll eingezahlter Geschäftsanteile neben teilweise eingezahlten Geschäftsanteilen gestattet das Gesetz in § 57l Abs. 2 Sätze 2 und 3 ausdrücklich, eine Ausgabe neuer Anteile mit einer Aufstockung des Nennwertes des vorhandenen (teileingezahlten) Anteils zu verbinden. Daraus ist jedoch nicht der Umkehrschluss zu ziehen, dass eine solche Kombination in anderen Fällen unzulässig wäre. Die ganz herrschende Meinung geht vielmehr davon aus, dass auch bei allseits voll eingezahlten Anteilen beide Erhöhungsarten miteinander kombiniert werden können, und zwar auch dann, wenn bisher nur ein einziger Geschäftsanteil vorhanden ist.[7] Dies gilt erst recht, nachdem das frühere Verbot eines Erwerbs mehrerer Anteile durch einen Gesellschafter mit Inkrafttreten des MoMiG entfallen ist.[8] Hält ein Gesellschafter mehrere Geschäftsanteile, kann der Erhöhungsbetrag sowohl (i) durch die Ausgabe nur eines neuen Geschäftsanteils, (ii) die Ausgabe mehrerer Geschäftsanteile, (iii) eine Aufstockung des Nennbetrages eines oder mehrerer vorhandener Anteile oder (iv) einer Kombination aus allen Möglichkeiten dargestellt werden, solange nur das Beteiligungsverhältnis insgesamt (§ 57j) nicht verschoben wird.[9] Ein Zwang zu »proportionaler« Verteilung neuer auf bereits vorhandene Geschäftsanteile besteht nicht.

II. Nennbetragsaufstockung

6 Die in der Tat misslich formulierte[10] Vorschrift des **Absatzes 2 Satz 2** verlangt im Fall der Nennbetragsaufstockung außerdem, den Betrag der Kapitalerhöhung so zu bemessen, dass bei jedem Geschäftsanteil die Teilbarkeitsvorschrift aus Absatz 1 Satz 2 eingehalten wird. Die Vorschrift dürfte in Zukunft keine praktische Bedeu-

---

5 Mit Aufhebung des § 17 a.F. fiel sowohl das Zustimmungserfordernis als auch die Voraussetzung, eine Teilung nur zum Zwecke einer anschließenden Veräußerung durchführen zu können, weg.

6 Ebenso *Priester*, in: Scholz, GmbHG, § 57h Rn. 5; *Schemmann*, NZG 2009, 241 ff.

7 *Priester*, in: Scholz, GmbHG, § 57h Rn. 7.

8 Bereits vor Inkrafttreten des MoMiG nahm die ganz herrschende Meinung an, dass das damals noch bestehende Verbot der Übernahme mehrerer Geschäftsanteile durch einen Gesellschafter einer Kombination der beiden Kapitalerhöhungsarten nicht entgegensteht. Vgl. *Priester*, in: Scholz, GmbHG, 9. Auflage 2002, § 57h Rn. 7 mit Nachweisen in Fn. 14.

9 Vgl. *Schemmann*, NZG 2009, 241, 243 ff.

10 Ebenso *Priester*, in: Scholz, GmbHG, § 57h Rn. 6.

tung mehr haben, nachdem Geschäftsanteile nur noch durch einen Euro teilbar sein und keinen darüber hinausgehenden Mindestnennbetrag mehr aufweisen müssen.

III. Wahlrecht

7 Das Wahlrecht über die Erhöhungsarten wird von der Gesellschafterversammlung im Beschluss über die Kapitalerhöhung mit der für diese erforderlichen Mehrheit ausgeübt. Ein Anspruch für die Gesellschafter, eine bestimmte Aufteilung zu erhalten, besteht nicht.[11] Allerdings ist der Grundsatz der Gleichbehandlung aller Gesellschafter zu beachten. Zwar soll eine Ungleichbehandlung gerechtfertigt sein, wenn dafür ein sachlicher Grund vorliegt. Nachdem das Gesetz keine Anforderungen mehr an den Mindestnennbetrag stellt, sondern nur noch die Teilbarkeit durch einen Euro vorschreibt, dürften die früher denkbaren Fälle eines sachlichen Grundes[12] in Zukunft kaum mehr vorliegen.

IV. Änderungen der Erhöhungsart

8 Bis zur Eintragung im Handelsregister kann die Erhöhungsart noch mit der Form und Mehrheit des Erhöhungsbeschlusses **geändert** werden.[13] Nach Eintragung müsste eine Teilung oder Zusammenlegung der Geschäftsanteile erfolgen, wobei die Teilung allerdings durch das MoMiG gegenüber der früheren Gesetzeslage durch die Streichung von § 17 a.F. erleichtert wurde und dafür lediglich noch ein Gesellschafterbeschluss (§ 46 Nr. 4) erforderlich ist.

F. Angaben im Kapitalerhöhungsbeschluss (Absatz 2 Satz 1)

9 Der Kapitalerhöhungsbeschluss muss die Art der Erhöhung angeben. Ausdrücklich zu bezeichnen ist, ob neue Geschäftsanteile ausgegeben, der Nennbetrag der bestehenden Anteile erhöht oder eine Kombination aus beiden Varianten gewählt wird. Bei einer Kombination ist eindeutig zu bezeichnen, wie die Aufteilung gewählt ist und welche Gesellschafter in welcher Weise an der Erhöhung teilnehmen.[14] Die Art der Erhöhung ist Angelegenheit der Gesellschafterversammlung; eine Delegation dieser Entscheidung auf die Geschäftsführung ist nicht möglich.[15] Wird nur eine Art der Erhöhung gewählt, bedarf es keiner weiteren Angaben.[16] Die Zuordnung der Erhöhungsbeträge bzw. der neuen Geschäftsanteile ergibt sich in diesem Fall aus § 57j Abs. 1.

---

11 *Priester*, in: Scholz, GmbHG, § 57h Rn. 8; *Lutter*, in: Lutter/Hommelhoff, GmbHG, § 57h Rn. 6; *Ulmer*, in: Hachenburg, GmbHG, Anh § 57b § 6 KapErhG Rn. 12.

12 Beispiele bei *Priester*, in: Scholz, GmbHG, § 57h Rn. 8.

13 *Priester*, in: Scholz, GmbHG, § 57h Rn. 2.

14 *Priester*, in: Scholz, GmbHG, § 57h Rn. 9.

15 *Priester*, in: Scholz, GmbHG, § 57h Rn. 9; *Ulmer*, in: Hachenburg, GmbHG, Anh § 57b § 6 KapErhG Rn. 11.

16 LG Mannheim, BB 1961, 303 mit zust. Anmerkung *Pleyer*, GmbHR 1961, 86; *Priester*, in: Scholz, GmbHG, § 57h Rn. 10; *Zöllner*, in: Baumbach/Hueck, GmbHG, § 57h Rn. 9.

G. Folgen bei Verstößen

10 Verstöße gegen Absatz 1 Satz 2 (Teilbarkeit) und Absatz 2 Satz 1 (Angaben im Beschluss) führen zur Nichtigkeit des Kapitalerhöhungsbeschlusses. Ob gleiches auch bei einem Verstoß gegen Absatz 2 Satz 2 gilt, war früher umstritten. Die nunmehr einhellige Auffassung nimmt auch in diesem Fall Nichtigkeit an,[17] während die früher vertretene, inzwischen aber aufgegebene Gegenansicht nur von einer Anfechtbarkeit der Beschlussfassung ausging.

§ 57i Anmeldung und Eintragung des Erhöhungsbeschlusses

(1) [1]Der Anmeldung des Beschlusses über die Erhöhung des Stammkapitals zur Eintragung in das Handelsregister ist die der Kapitalerhöhung zu Grunde gelegte, mit dem Bestätigungsvermerk der Prüfer versehene Bilanz, in den Fällen des § 57f außerdem die letzte Jahresbilanz, sofern sie noch nicht nach § 325 Abs. 1 des Handelsgesetzbuchs eingereicht ist, beizufügen. [2]Die Anmeldenden haben dem Registergericht gegenüber zu erklären, dass nach ihrer Kenntnis seit dem Stichtag der zu Grunde gelegten Bilanz bis zum Tag der Anmeldung keine Vermögensminderung eingetreten ist, die der Kapitalerhöhung entgegenstünde, wenn sie am Tag der Anmeldung beschlossen worden wäre.

(2) Das Registergericht darf den Beschluss nur eintragen, wenn die der Kapitalerhöhung zu Grunde gelegte Bilanz für einen höchstens acht Monate vor der Anmeldung liegenden Zeitpunkt aufgestellt und eine Erklärung nach Absatz 1 Satz 2 abgegeben worden ist.

(3) Zu der Prüfung, ob die Bilanzen den gesetzlichen Vorschriften entsprechen, ist das Gericht nicht verpflichtet.

(4) Bei der Eintragung des Beschlusses ist anzugeben, dass es sich um eine Kapitalerhöhung aus Gesellschaftsmitteln handelt.

Übersicht Rdn.

17 *Priester*, in: Scholz, GmbHG, § 57h Rn. 11; *Lutter*, in: KK-AktG, § 215 Rn. 14; *Hüffer*, Aktiengesetz, § 215 AktG Rn. 6; *Roth*, in: Roth/Altmeppen, GmbHG, § 57h Rn. 12; *Zöllner*, in: Baumbach/Hueck, GmbHG, § 57h Rn. 10 (abweichend noch in der Vorauflage).

Schrifttum

Literatur: siehe Vorbemerkung zu §§ 57c bis 57o

A. Regelungsgegenstand

1 Die Vorschrift regelt die Anmeldung der Kapitalerhöhung aus Gesellschaftsmitteln beim Handelsregister. Sie wird über § 57c Abs. 4 durch § 54 Abs. 1 ergänzt.

B. Inhalt der Handelsregisteranmeldung (Absatz 1)

I. Anmeldung

2 Der Kapitalerhöhungsbeschluss bedarf als Änderung des Gesellschaftsvertrages zu seiner Wirksamkeit der **Eintragung** in das Handelsregister (§§ 57c Abs. 4, 54). Die Eintragung ihrerseits setzt eine entsprechende Anmeldung voraus. Eine Pflicht gegenüber dem Registergericht oder Behörden zur Anmeldung besteht nicht. Wohl aber ist die Geschäftsführung gegenüber der **Gesellschaft** gehalten, die Anmeldung vorzunehmen, wenn die Voraussetzungen dafür vorliegen, insbesondere die Versicherung nach Absatz 1 Satz 2 abgegeben werden kann. Weigern sich die Geschäftsführer zu Unrecht, die Anmeldung vorzunehmen, besteht ein entsprechender Vornahmeanspruch der Gesellschaft, dessen gerichtliche Durchsetzung allerdings wegen der Achtmonatsfrist regelmäßig zu spät kommen dürfte.[1] Es verbleiben in solchen Fällen

1 *Priester*, in: Scholz, GmbHG, § 57i Rn. 1.

Schadensersatzansprüche gegen die Geschäftsführung (§ 43 Abs. 2 und Pflichtverletzung des Anstellungsvertrages) sowie unabhängig davon die Möglichkeit der sofortigen Abberufung aus wichtigem Grund. Einfach durchzusetzen sind diese Maßnahmen aber nur, wenn sich die Gesellschaftermehrheit darüber einig ist. Anderenfalls müsste gegebenenfalls zunächst im Innenverhältnis auf einen entsprechenden Gesellschafterbeschluss hingewirkt werden, Ansprüche gegen die Geschäftsführung zu verfolgen (§ 46 Nr. 8; näher dazu § 46 Rdn. 47 ff.).[2]

II. Anmeldende

3 Anmeldende sind nach § 78 zwingend **sämtliche Geschäftsführer** einschließlich etwaiger stellvertretender Geschäftsführer. Die Abgabe der Anmeldung nur durch Geschäftsführer in vertretungsberechtigter Zahl oder gar unter Mitwirkung eines Prokuristen genügt nicht. Die Anmeldung selbst kann auch durch **Bevollmächtigte** erfolgen. Die **Versicherung** gegenüber dem Registergericht nach Absatz 1 Satz 2 kann jedoch nur durch alle Geschäftsführer persönlich abgegeben werden.

III. Gegenstand der Anmeldung

4 Gegenstand der Anmeldung ist der Antrag, die Kapitalerhöhung aus Gesellschaftsmitteln im Handelsregister einzutragen. Zweckmäßig, aber nicht erforderlich ist es, in dem Antrag selbst die Höhe der Kapitalerhöhung anzugeben. Der Antrag bedarf keiner weiteren Ausführungen, soweit sich die Angaben aus dem beigefügten Erhöhungsbeschluss ergeben.[3] Er muss allerdings – ggf. durch die Bezugnahme auf die beigefügten Anlagen – erkennen lassen, dass die Eintragung einer Kapitalerhöhung aus Gesellschaftsmitteln gewünscht wird.

IV. Anlagen der Anmeldung

5 Als Anlagen sind dem Antrag folgende Unterlagen beizufügen:

1. Das **notarielle Protokoll** über den Erhöhungsbeschluss in Ausfertigung oder beglaubigter Abschrift nebst etwaigen **Vollmachten**;
2. die der Erhöhung zugrunde liegende **Bilanz** nebst **Bestätigungsvermerk**; dies gilt auch dann, wenn es sich um die Jahresbilanz handelt und diese bereits nach §§ 325 ff. HGB zum Handelsregister eingereicht wurde;
3. wenn eine **Zwischenbilanz** verwendet wird, auch die **letzte Jahresbilanz** (bei prüfungspflichtigen Gesellschaften nebst Bestätigungsvermerk), dies jedoch nur, soweit die letzte Jahresbilanz nicht bereits gemäß §§ 325 ff. HGB beim Handelsregister eingereicht wurde. Letzteren falls empfiehlt sich ein Hinweis auf die Offenlegung im Antrag, um den Registergericht die Prüfung zu erleichtern;

---

2 *Karsten Schmidt*, in: *Scholz*, GmbHG, § 46 Rn. 161 m.w.N. bei Fn. 7; *Kowalski*, ZIP 1995, 1315 (1317).

3 *Priester*, in: Scholz, GmbHG, § 57i Rn. 3; *Zöllner*, in: Baumbach/Hueck, GmbHG, § 57i Rn. 5; *Roth* in: Roth/Altmeppen, GmbHG, § 57i Rn. 2.

4. vollständiger Wortlaut des **Gesellschaftsvertrages** mit **notarieller Bescheinigung** gemäß §§ 57c Abs. 4, 54 Abs. 1 Satz 2, 2. Halbsatz;
5. **aktualisierte Liste der Gesellschafter.** Wenn ein inländischer Notar die Kapitalerhöhung beurkundet hat (was regelmäßig der Fall sein wird, da die Wirksamkeit einer ausländischen Beurkundung bei einer Kapitalerhöhung als Strukturmaßnahme zweifelhaft ist, siehe dazu § 57c Rdn. 6), ist dieser nach § 40 Abs. 2 verpflichtet, der Anmeldung eine von ihm unterschriebene aktualisierte Gesellschafterliste beizufügen, aus der sich die Beteiligungsverhältnisse *nach* Durchführung der Kapitalerhöhung ergeben. Ferner muss die Liste mit der Bescheinigung des Notars nach § 40 Abs. 2 Satz 2 versehen sein. Dies gilt auch dann, wenn die vorherige Liste vor Inkrafttreten des MoMiG zum Handelsregister eingereicht wurde und nicht elektronisch abrufbar ist.[4] Ausreichend ist im Übrigen, dass der Notar die Liste aufstellt, die Bescheinigung erteilt und einmal unterzeichnet. Zwei Unterschriften (unter der Liste *und* unter der Bescheinigung), wie dies von einzelnen Registergerichten in der jüngeren Vergangenheit offenbar verlangt wurde, sind *nicht* erforderlich, solange die Unterschrift erkennbar sowohl die Liste als auch die Bescheinigung abdeckt. Der Gesellschaft ist eine Kopie der Liste zu übermitteln.[5]

V. Bilanz

6 Die Bilanz ist von sämtlichen Geschäftsführern zu **unterzeichnen** (§ 264 Abs. 2 Satz 3 HGB). Fehlt die Unterschrift unter dem zum Handelsregister eingereichten Exemplar, kann dies allerdings auch nach Ablauf der Achtmonatsfrist noch nachgeholt werden, falls das Handelsregister eine entsprechende Zwischenverfügung erlässt.

VI. Gesellschafterliste

7 Vor Inkrafttreten des MoMiG wurde häufig vorsorglich auch eine Gesellschafterliste mit dem Beteiligungsverhältnis, wie es bei Beschlussfassung über die Kapitalerhöhung bestand, der Handelsregisteranmeldung beigefügt. Dadurch sollte etwaigen Zwischenverfügungen des Registergerichts in Fällen begegnet werden, in denen die Einreichung einer aktualisierten Gesellschafterliste bei vorangehenden Veränderungen im Gesellschafterkreis versehentlich unterblieben war. Ein solches Vorgehen ist nach Inkrafttreten des MoMiG nicht mehr möglich. Gegenüber der Gesellschaft gilt nach § 16 Abs. 1 nur noch derjenige als Gesellschafter, der in der im Handelsregister aufgenommenen Gesellschafterliste eingetragen ist (näher § 16 Rdn. 1). Deshalb muss bereits *vor* Beschlussfassung über die Kapitalerhöhung eine aktualisierte Gesellschafterliste zum Handelsregister eingereicht werden, aus der sich die Beteiligungsverhältnisse ergeben, die im Zeitpunkt der Beschlussfassung bestehen. Findet unmittelbar vor der Kapitalerhöhung eine Veränderung der Beteiligungsverhältnisse statt,

4 OLG München, DB 2009, 1395.

5 Zur Aufwertung der Gesellschafterliste durch das MoMiG insgesamt *Gehrlein,* Das neue GmbH-Recht, 2009, Rn. 84 ff.

genügt es, wenn die Liste unverzüglich nach dieser Veränderung dem Handelsregister übermittelt wird (näher dazu § 16 Rdn. 18 ff.). Der Wortlaut von § 16 Abs. 1 spricht allerdings irreführend von »Aufnahme« in das Handelsregister. Da die Gesellschaft die Aufnahme der Liste in das elektronisch geführte Register durch das Registergericht nicht beeinflussen kann, muss es ausreichen, wenn die Liste dem Handelsregister unverzüglich in der gesetzlich vorgeschriebenen Form (also elektronisch) *übermittelt* wird, die eine Aufnahme in das elektronische Handelsregister ohne weiteres ermöglicht.

VII. Liste der Übernehmer nicht erforderlich

8 Nicht erforderlich ist die Beifügung einer Liste der Übernehmer, die nach § 57 Abs. 3 Nr. 2 für die ordentliche Kapitalerhöhung vorgeschrieben ist. Die neuen Anteilsrechte stehen den bisherigen Gesellschaftern automatisch zu (§ 57j Satz 1), so dass es einer Übernahme und damit auch einer Liste der Übernehmer nicht bedarf.[6]

C. Form der Handelsregisteranmeldung

9 Die Anmeldung ist ausschließlich **elektronisch in öffentlich beglaubigter Form** zum Handelsregister einzureichen (§ 12 Abs. 1 Satz 1 HGB). Gleiches gilt für etwaige Handelsregistervollmachten (§ 12 Abs. 1 Satz 2 HGB). Die Anlagen sind ebenfalls ausschließlich in elektronischer Form einzureichen (§ 12 Abs. 2 HGB), wobei bei den zu beurkundenden oder zu beglaubigenden Dokumenten das elektronische Zeugnis des Notars hinzuzufügen ist.

D. Versicherung (Absatz 1 Satz 2)

10 Die Geschäftsführer haben in der Anmeldung (oder gesondert, dann aber ebenfalls in notariell beglaubigter Form)[7] zu erklären, dass nach ihrer Kenntnis seit dem Stichtag der zugrunde gelegten Bilanz bis zum Tag der Anmeldung **keine Vermögensminderung** eingetreten ist, die der Kapitalerhöhung entgegenstünde, wenn sie am Tag der Anmeldung beschlossen worden wäre. Die Erklärung dient dem Gläubigerschutz. Sie überbrückt die zeitliche Distanz zwischen dem Stichtag der Bilanz, auf den das Vorhandensein der umgewandelten Rücklage geprüft wurde, und der Anmeldung. Der Wortlaut stellt darauf ab, dass »nach Kenntnis« der Geschäftsführer keine Vermögensminderungen eingetreten sind. Über den Wortlaut hinaus verlangt die herrschende Auffassung, dass die Geschäftsführer sich nicht damit begnügen dürfen, lediglich ihre Unwissenheit über Vermögensminderungen zu versichern. Sie müssen sich vielmehr **positiv Gewissheit** darüber verschaffen, dass keine Vermögens-

---

6 *Priester*, in: Scholz, GmbHG, § 57i Rn. 5; *Zöllner*, in: Baumbach/Hueck, GmbHG, § 57i Rn. 12.
7 *Priester*, in: Scholz, GmbHG, § 57i Rn. 6.

minderung eingetreten ist.[8] Wenn monatliche betriebswirtschaftliche Auswertungen bei der Gesellschaft vorliegen, wird sich aus diesen regelmäßig ergeben, ob die Gesellschaft im Zeitraum bis zur Anmeldung Vermögensminderungen erlitten hat. Die Hinzuziehung dieser monatlichen Auswertungen ist dann erforderlich, aber auch genügend. Soweit noch keine Auswertung für den letzten Zeitraum vor der Anmeldung vorliegt, muss die Geschäftsführung zumindest bei ihren unmittelbar nachgeordneten Mitarbeitern erfragen, ob Geschäfte oder Ereignisse bekannt sind, die die Richtigkeit der Versicherung in Frage stellen könnten. Eine vollständige »Due Diligence« des gesamten Unternehmens zum Zwecke der Kapitalerhöhung kann dagegen nicht verlangt werden. Insbesondere wenn erhebliche Vorgänge auf den nachgeordneten Unternehmensebenen entgegen einer bestehenden Berichtspflicht nicht an die Geschäftsführung berichtet werden, ist eine objektiv unrichtige Erklärung von den Geschäftsführern nicht zu vertreten. Die Beachtung der üblichen Controlling-Instrumente reicht aus, sofern diese allgemein geeignet sind, Vermögensminderungen zeitnah zu erfassen.

E. Rechtsfolgen unrichtiger Erklärung

11 Ist die Erklärung unrichtig, kommt bei vorsätzlichem Handeln – und nur dann – eine Strafbarkeit der Geschäftsführer (§ 82 Abs. 1 Nr. 4), sowie gegenüber Gläubigern eine Haftung nach §§ 823 Abs. 2 BGB i.V.m. § 82 Abs. 1 Nr. 4 in Betracht, da diese Vorschrift erkennbar dem Schutz der Gläubiger dient.[9] Darüber hinaus besteht eine Haftung der Geschäftsführer – auch bei Fahrlässigkeit – gegenüber der Gesellschaft nach § 43 Abs. 2,[10] deren Geltendmachung einen Gesellschafterbeschluss nach § 46 Nr. 8 erfordert (siehe bereits oben Rdn. 2).

F. Zuständigkeit und Prüfung durch das Registergericht (Absatz 2 und 3)

I. Eingeschränkte Prüfung

12 Zuständig für die Eintragung ist das Registergericht, das auch für die Eintragung von Änderungen des Gesellschaftsvertrages zuständig ist (§ 54 Rdn. 7 ff.). Das Registergericht hat zunächst zu prüfen, ob die **formellen Voraussetzungen** einer Änderung des Gesellschaftsvertrages (§ 54 Rdn. 16) erfüllt sind. Die **Richtigkeit der eingereichten Unterlagen** kann dabei unterstellt werden. Dies gilt auch für die Richtigkeit der Versicherung nach Absatz 1 Satz 2. Nur wenn aufgrund der Anmeldung und der eingereichten Unterlagen Anhaltspunkte vorliegen, dass die Versicherung unzutreffend ist, sind weitere Ermittlungen des Registergerichts statthaft und geboten.[11]

---

8 *Priester*, in: Scholz, GmbHG, § 57i Rn. 6; *Lutter* in: Lutter/Hommelhoff, GmbHG, § 57i Rn. 6.
9 *Priester*, in: Scholz, GmbHG, § 57i Rn. 7; *Zöllner*, in: Baumbach/Hueck, GmbHG, § 57i Rn. 7.
10 *Priester*, in: Scholz, GmbHG, § 57i Rn. 7; *Lutter*, in: Lutter/Hommelhoff, GmbHG, § 57i Rn. 16.
11 *Priester*, in: Scholz, GmbHG, § 57i Rn. 8; *Lutter*, in: KK-AktG, § 210 Rn. 11.

II. Achtmonatsfrist

13 Das Gesetz ordnet darüber hinaus in Absatz 2 für die Kapitalerhöhung aus Gesellschaftsmitteln eine **besondere Prüfungspflicht** dahingehend an, ob die **Achtmonatsfrist** eingehalten wurde. In Absatz 3 wird abgrenzend klargestellt, dass eine Prüfung darüber, ob die zugrunde liegenden **Bilanzen** den gesetzlichen Anforderungen entsprechen, *nicht* stattzufinden hat. Nach einem Teil des Schrifttums und der Rechtsprechung soll es dem Registerrichter dessen ungeachtet nicht verwehrt sein, begründeten Zweifeln hinsichtlich der Einhaltung von Bilanzierungsregeln nachzugehen.[12] Dieser Auffassung ist kritisch zu begegnen. Der Registerrichter wird regelmäßig nicht über Kenntnisse und Erfahrungen bei der Aufstellung, Bilanzierung, Bewertung und Prüfung von Jahresabschlüssen verfügen. Aus diesem Grund schließt Absatz 3 bewusst jede Prüfung über diese Punkte aus, um die Kapitalerhöhung dadurch nicht zu erschweren. Ausnahmen von diesem gesetzlichen Grundsatz müssen daher **restriktiv** gehandhabt werden. Allenfalls dann, wenn sich eine Unrichtigkeit **für jeden Dritten ohne weitere Prüfung offensichtlich aufdrängt**, wird man das Registergericht für berechtigt halten dürfen, einer solchen Unrichtigkeit nachzugehen. Letzteres wird praktisch nur bei offensichtlichen Schreib- oder Rechenfehlern vorkommen, die dann aber möglicherweise die Eintragung der Kapitalerhöhung gerade nicht hindern.

III. Sonstige Prüfungsgegenstände

14 Zu prüfen ist durch das Registergericht dagegen, ob der Erhöhungsbeschluss die notwendigen Angaben enthält, ob die Anmeldung fristgerecht erfolgte und durch sämtliche Geschäftsführer vorgenommen wurde. Ferner ist zu prüfen, ob die zugrunde gelegte Bilanz vorliegt, die Bilanz (gegebenenfalls durch Bezugnahme im Kapitalerhöhungsbeschluss) festgestellt wurde, den uneingeschränkten Bestätigungsvermerk trägt und bei einer Zwischenbilanz auch die letzte Jahresbilanz vorliegt bzw. bereits eingereicht wurde. Hinsichtlich der Rücklagen erstreckt sich die Prüfung lediglich darauf, dass die Rücklagen in der zugrunde liegenden Bilanz ausgewiesen und umwandlungsfähig sind. Eine Prüfung, ob die gesetzlichen Vorschriften für die Aufstellung der Bilanz beachtet wurden, findet nach Absatz 3 nicht statt.

IV. Von der Prüfung ausgenommene Gegenstände

15 Nicht durch das Gericht zu prüfen ist, ob der Prüfer der Bilanz ordnungsgemäß gewählt wurde, der Ergebnisverwendungsbeschluss ordnungsgemäß gefasst war und bei zweckgebundenen Rücklagen die Umwandlung innerhalb des Zwecks liegt (§ 57d Abs. 3).[13]

12 *Priester*, in: Scholz, GmbHG, § 57i Rn. 10; *Zöllner*, in: Baumbach/Hueck, GmbHG, § 57i Rn. 13; OLG Hamm, AG 2008, 713 (715) im Fall einer Aktiengesellschaft.

13 *Priester*, in: Scholz, GmbHG, § 57i Rn. 10; *Zöllner*, in: Baumbach/Hueck, GmbHG, § 57i Rn. 13.

G. Eintragung (Absatz 4)

16 Aus der Eintragung muss sich ergeben, dass es sich um eine Kapitalerhöhung »aus Gesellschaftsmitteln« handelt. Darüber hinaus sind die erhöhte Stammkapitalziffer sowie das Datum des Kapitalerhöhungsbeschlusses und der Eintragung einzutragen. Der Inhalt der Eintragung ist nach § 10 HGB vom Gericht zu veröffentlichen.[14]

H. Wirkung der Eintragung

17 Die Eintragung ist für die Kapitalerhöhung und die Änderung des Gesellschaftsvertrages **konstitutiv.** Erst mit der Eintragung werden die Maßnahmen wirksam. Vom Zeitpunkt der Eintragung an hat die Gesellschaft das erhöhte Kapital in ihren Büchern auszuweisen. Eine anschließende Herabsetzung des Stammkapitals ist nur im Wege der Kapitalherabsetzung möglich. Mit der Eintragung entstehen auch die Anteilsrechte, wie sie nach Maßgabe des Kapitalerhöhungsbeschlusses begründet werden. Neue Geschäftsanteile, die durch die Kapitalerhöhung geschaffen werden, gelten als voll eingezahlt. Eine weitergehende Durchführung der Kapitalerhöhung ist nicht erforderlich[15] (zur Rechtslage bei der Entstehung von Teilrechten § 57k Rdn. 5).

I. Zwischenzeitliche Übertragungen

18 Werden Geschäftsanteile im Zeitraum zwischen der Beschlussfassung und Eintragung der Kapitalerhöhung übertragen, entstehen die neuen Geschäftsanteile bzw. erfolgt eine Aufstockung des Nennwertes eines übertragenen Geschäftsanteils bei dem Erwerber unmittelbar (§ 57j).[16] Wird dagegen ein im Rahmen der Kapitalerhöhung erst entstehender Anteil (oder der Teil des Erhöhungsbetrages) nach Beschlussfassung und vor Eintragung abgetreten, erwirbt der Erwerber diesen Anteil von dem bisherigen Gesellschafter im Wege eines Durchgangserwerbs.[17]

J. Folgen von Mängeln

I. Mängel des Kapitalerhöhungsbeschlusses

19 Ist der **Kapitalerhöhungsbeschluss nichtig**, führt die Eintragung im Handelsregister nur dann analog § 242 Abs. 1 AktG zur Heilung, wenn die Nichtigkeit ausschließlich auf einem Fehlen der notariellen Beurkundung beruht. Ein solcher Fall wird in der Praxis allerdings kaum vorkommen, weil die notarielle Beurkundung vom Register-

---

14 *Priester*, in: Scholz, GmbHG, § 57i Rn. 15.
15 *Priester*, in: Scholz, GmbHG, § 57i Rn. 16.
16 *Zöllner*, in: Baumbach/Hueck, GmbHG, § 57i Rn. 17; *Habel*, GmbHR 2000, 267.
17 *Priester*, in: Scholz, GmbHG, § 57i Rn. 16; *Zöllner*, in: Baumbach/Hueck, GmbHG, § 57i Rn. 17.

gericht leicht nachzuprüfen ist und überdies Einreichungen der zu beglaubigenden bzw. zu beurkundenden Unterlagen bei dem Registergericht nur noch in elektronischer Form durch den Notar selbst vorgenommen werden können. Handelt es sich um andere Nichtigkeitsgründe, besteht dagegen **keine Heilungswirkung durch Eintragung**. Analog § 242 Abs. 2 AktG erfolgt eine Heilung in solchen Fällen erst durch Zeitablauf mit Ablauf von drei Jahren nach der Eintragung. Zuvor ist weder das Stammkapital erhöht, noch sind neue Anteile entstanden.[18] Ob die Grundsätze der Scheingesellschaft, deren Anwendung bei dem Fall einer unwirksamen ordentlichen Kapitalerhöhung erörtert wird, bei Kapitalerhöhungen aus Gesellschaftsmitteln anzuwenden sind[19], ist zweifelhaft. Zwar ermöglicht § 16 Abs. 3 nach Inkrafttreten des MoMiG unter bestimmten Voraussetzungen einen gutgläubigen Erwerb von Geschäftsanteilen. Daraus allein wird man aber nicht folgern können, dass die Gesellschafterliste auch eine mittelbare Heilungswirkung für Mängel des Kapitalerhöhungsbeschlusses entfaltet. Anderenfalls würde man den Gutglaubensschutz auch auf überhaupt nicht existierende Anteile erstrecken, was mit § 16 Abs. 3 jedenfalls nicht ausdrücklich beabsichtigt wurde.

II. Verdeckte Sacheinlage

20 Wird durch die Gesellschafterversammlung eine Barkapitalerhöhung gemäß § 55 beschlossen, angemeldet und eingetragen, findet aber die Kapitalaufbringung lediglich durch Umbuchung freier Rücklagen in das Stammkapital statt, liegt eine verdeckte Sacheinlage vor. In diesem Fall erscheint eine Heilung in der Weise zulässig, dass die zunächst eingetragene Barkapitalerhöhung durch satzungsändernden Beschluss unter Beachtung der übrigen Voraussetzungen der §§ 57c ff. in eine Kapitalerhöhung aus Gesellschaftsmitteln umgewandelt wird.[20]

III. Mängel der Anmeldung

21 Mängel der Anmeldung lassen die Wirksamkeit der Kapitalerhöhung unberührt. Erfolgt eine Eintragung beispielsweise, obgleich die Achtmonatsfrist nicht eingehalten wurde oder die Versicherung nach § 57i Abs. 1 Satz 2 fehlt, ist die Kapitalerhöhung **wirksam** geworden.[21] Gleiches muss gelten, wenn vor der Anmeldung der Kapitalerhöhung ein **weiterer Geschäftsführer** bestellt wurde, dessen Bestellung aber noch nicht zum Handelsregister angemeldet wurde und der die Anmeldung nicht mit unterzeichnete. Da der Bestellungsakt konstitutiv ist (§ 46 Rdn. 29), hätte der Geschäftsführer nach § 78 an der Anmeldung mitwirken müssen. Auch in diesem Fall ist die Kapitalerhöhung allerdings nicht von vornherein unwirksam. Das Regis-

---

18 *Priester*, in: Scholz, GmbHG, § 57i Rn. 17 (im ersten Teil des Textes).

19 In diese Richtung denkend nunmehr *Priester*, in: Scholz, GmbHG, § 57i Rn. 17 (im zweiten Teil des Textes).

20 *Priester*, GmbHR 1998, 861.

21 *Lutter*, in: Lutter/Hommelhoff, GmbHG, § 57i Rn. 10; *Zimmermann*, in: Rowedder/Schmidt-Leithoff, GmbHG, § 57i Rn. 13.

tergericht hat den solchermaßen bestellten Geschäftsführer vielmehr zur (nachträglichen) Unterzeichnung der Anmeldung und zur Abgabe der Versicherung aufzufordern. Kommt der Geschäftsführer diesem Verlangen nicht nach, ist eine **Löschung von Amts wegen** nach § 395 FamFG (vormals § 142 FGG) möglich.[22] Wird ungeachtet einer zutreffenden Anmeldung die Angabe bei der Eintragung unterlassen, dass es sich um eine Kapitalerhöhung aus Gesellschaftsmitteln handelt, hat das Handelsregister die entsprechende Ergänzung von Amts wegen vorzunehmen und das Handelsregister zu berichtigen.[23] Die Wirksamkeit der Kapitalerhöhung wird dadurch nicht beeinträchtigt.

K. Unzureichende Rücklagen

22 Stellt sich im Nachhinein heraus, dass die zur Umwandlung verwendeten Rücklagen nicht oder nicht vollständig vorhanden waren, bleibt die Kapitalerhöhung nach ganz herrschender Meinung wirksam. Es kommt in diesen Fällen allerdings zu einer **Differenzhaftung** der Gesellschafter gegenüber der Gesellschaft analog § 9.[24] Darüber hinaus sind **Schadensersatzansprüche** gegen die Prüfer, aber auch gegen die Geschäftsführer (§ 43) denkbar. Eine Haftung wird vermieden, wenn das Stammkapital wieder herabgesetzt wird; eine Verpflichtung dazu besteht jedoch nicht.[25] Das Stehenlassen von Gewinnen reicht aufgrund der bestehenden Entnahmesperre des § 30 nicht aus.[26]

L. Aufbewahrung von Unterlagen

23 Die in elektronischer Form eingereichten Unterlagen werden bei dem Registergericht in elektronischer Form gespeichert (§ 12 HGB). Ihre Einsicht ist jedermann gestattet (§ 9 HGB).

---

22 *Priester*, in: Scholz, GmbHG, § 57i Rn. 18 und § 57 Rn. 58; *Ulmer*, in: Hachenburg, GmbHG, Anh § 57b § 7 KapErhG Rn. 23 und § 57 Rn. 23; *Lutter*, in: KK-AktG, § 210 Rn. 19; *Zimmermann*, in: Rowedder/Schmidt-Leithoff, GmbHG, § 57 Rn. 42; *Lutter/Friedewald*, ZIP 1986, 692.

23 LG Essen, BB 1982, 1821 f.; *Priester*, in: Scholz, GmbHG, § 57i Rn. 18; *Zimmermann*, in: Rowedder/Schmidt-Leithoff, GmbHG, § 57i Rn. 13; *Meyer-Landrut*, in: Meyer-Landrut, GmbHG, § 7 KapErhG Rn. 7.

24 *Priester*, in: Scholz, GmbHG, § 57i Rn. 20f.

25 *Priester*, in: Scholz, GmbHG, § 57i Rn. 21; *Ulmer*, in: Hachenburg, GmbHG, Anh § 57b § 8 KapErhG Rn. 6; a.A. *Lutter*, in: KK-AktG, § 211 Rn. 8; *Korsten*, AG 206, 321 (323).

26 *Priester*, in: Scholz, GmbHG, § 57i Rn. 21.

§ 57j Verteilung der Geschäftsanteile

[1]Die neuen Geschäftsanteile stehen den Gesellschaftern im Verhältnis ihrer bisherigen Geschäftsanteile zu. [2]Ein entgegenstehender Beschluss der Gesellschafter ist nichtig.

Übersicht | Rdn.

Schrifttum
Literatur: siehe Vorbemerkung zu §§ 57c bis 57o

A. Grundsatz

I. Gleichbleibende Beteiligungsverhältnisse

1 § 57j enthält eine grundsätzliche Aussage dahingehend, dass durch die Kapitalerhöhung aus Gesellschaftsmitteln das bestehende Beteiligungsverhältnis bei der Gesellschaft nicht verschoben werden darf. Während dies bei einer Aufstockung des Nennbetrages bestehender Geschäftsanteile bereits daraus folgt, dass die Gesellschafter aufgrund des Grundsatzes der Gleichbehandlung im Verhältnis ihrer bestehenden Beteiligung am Stammkapital auch an den Erhöhungsbeträgen teilnehmen, ist dies bei einer Ausgabe neuer Geschäftsanteile nicht selbstverständlich und deshalb von § 57j ausdrücklich angeordnet.

II. Begründung

2 Grund für diese Behandlung ist die Tatsache, dass die Gesellschafter auch an den umgewandelten Rücklagen im Verhältnis ihrer bisherigen Beteiligung am Stammkapital beteiligt sind und das erhöhte Stammkapital ihnen in demselben Verhältnis wirtschaftlich zusteht.[1]

---

1 So bereits die Regierungsbegründung zur Vorgängernorm § 12 KapErhG, BT-Dr. 3/416, S. 13; *Priester*, in: Scholz, GmbHG, § 57j Rn. 1.

III. Eingezogene Anteile; eigene Anteile

3 Aus dem vorstehenden folgt, dass eingezogene Anteile nicht zu berücksichtigen sind, während eigene Anteile der Gesellschaft an der Erhöhung ebenfalls teilnehmen (§ 57l Abs. 1).

B. Abweichende Beschlüsse

I. Bislang noch herrschende Meinung

4 Von dem Grundsatz in Satz 1 abweichende Beschlüsse sind aufgrund von Satz 2 nach wohl noch herrschender Meinung **unzulässig**, und zwar selbst dann, wenn sämtliche Gesellschafter zustimmen oder es sich nur um eine geringfügige Abweichung handelt.[2]

II. Neuere Auffassung

5 Eine andere Ansicht will dagegen Abweichungen mit Zustimmung aller Gesellschafter im Wege einer **teleologischen Reduktion** der Vorschrift gestatten.[3] Satz 2 habe ausweislich der Gesetzesbegründung lediglich eine (teilweise) Ausgabe von Belegschaftsaktien anlässlich einer Kapitalerhöhung aus Gesellschaftsmitteln verhindern wollen, schieße über dieses Ziel aber weit hinaus. Minderheitsgesellschafter würden nicht benachteiligt, wenn die Minderheit einer abweichenden Anteilsverteilung zustimme.

III. Teleologische Reduktion der Vorschrift

6 Für die letztgenannte Auffassung spricht, dass eine Einschränkung der Privatautonomie bei Zustimmung aller Gesellschafter nur dann sachlich gerechtfertigt und damit auch verfassungsrechtlich haltbar ist, wenn mindestens gleichwertige andere schutzwürdige Interessen dies gebieten. Im Fall der Kapitalerhöhung aus Gesellschaftsmitteln kommt nur der Schutz der Gläubiger in Betracht. Der Gläubigerschutz wird jedoch durch eine disproportionale Anteilsverschiebung nicht beeinträchtigt, da der Erhöhungsbetrag des Stammkapitals auch bei einer Veränderung der Beteiligungsverhältnisse nach wie vor uneingeschränkt vorhanden ist. Wird das Beteiligungsverhältnis verschoben, fänden Zuwendungen der Gesellschafter untereinander statt, die – je

---

2 *Zöllner,* in: Baumbach/Hueck, GmbHG, § 57j Rn. 4; *Lutter,* in: Lutter/Hommelhoff, GmbHG, § 57j Rn. 6; *Ulmer,* in: Hachenburg, GmbHG, Anh § 57b § 9 KapErhG Rn. 5; *Roth,* in: Roth/Altmeppen, GmbHG, § 57j Rn. 3; *Zimmermann,* in: Rowedder/Schmidt-Leithoff, GmbHG, § 57j Rn. 2; OLG Dresden, DB 2001, 584 für die Akiengesellschaft.

3 *Priester,* in: Scholz, GmbHG, § 57j Rn. 3; ebenso *Veil,* in: K. Schmidt/Lutter, AktG, § 212 Rn. 2 – *Priester* bemerkt in der vorangehenden Fundstelle (dort in Fn. 5) nicht ohne Stolz, *Veil* habe »gemerkt«, daß seine – *Priesters* – Auffassung richtig sei; vgl. auch *Hirte,* in: GroßKommAktG, 4 Aufl., § 212 Rn. 15; für eine Änderung von Satz 2 de lege ferenda *Schemmann,* NZG 2009, 241, 242.

nach Rechtsgrund – steuerlich unterschiedlich behandelt werden könnten. Auch dies gebietet aber nicht, disproportionale Erhöhungen bei Gelegenheit einer Kapitalerhöhung auszuschließen, solange sämtliche Gesellschafter damit einverstanden sind. Die Regelung ist daher in der Tat dahingehend **teleologisch zu reduzieren**, dass Abweichungen mit Zustimmung sämtlicher Gesellschafter möglich sind. Anderenfalls wird in die grundgesetzlich geschützte Privatautonomie (Art. 1 und 2 GG) ohne Rechtfertigung eingegriffen. Allerdings wird die Beratungspraxis ein solches Vorgehen jedenfalls gegenwärtig noch nicht uneingeschränkt empfehlen können, solange eine nicht unerhebliche Meinung Abweichungen von § 57j aufgrund des Wortlautes der Vorschrift generell nicht zulassen will und höchstrichterliche Entscheidungen dazu nicht vorliegen.

IV. Mittelbare Abweichungen

7 Soweit § 57j anzuwenden ist, verbietet die Regelung auch mittelbare Abweichungen von dem Grundsatz proportionaler Anteilsgewährung. Unzulässig ist es etwa, die Kapitalerhöhung davon abhängig zu machen, dass die Gesellschafter sich gleichzeitig auch an einer Kapitalerhöhung gegen Einlagen beteiligen. Auch darf nicht bereits im Erhöhungsbeschluss eine Abtretung der Anteile einzelner Gesellschafter vorgesehen werden. Individuelle Verpflichtungsabreden dazu sind dagegen uneingeschränkt zulässig.[4]

C. Automatischer Anteilserwerb

8 Die neu ausgegebenen Geschäftsanteile entstehen mit Eintragung der Kapitalerhöhung im Handelsregister automatisch in der Hand derjenigen, die zu diesem Zeitpunkt Gesellschafter sind. Es handelt sich um einen unmittelbaren Rechtserwerb kraft Hoheitsaktes. Zur Rechtsfolge bei zwischenzeitlichen Anteilsveräußerungen vgl. § 57i Rdn. 18. Weitergehende Erwerbsakte und insbesondere eine Übernahmeerklärung sind nicht erforderlich.[5]

D. Verstöße

9 Umstritten ist, welche **Rechtsfolge** eintritt, wenn § 57j Satz 1 nicht beachtet wird. Eine Auffassung nimmt an, dass in diesem Fall der gesamte Kapitalerhöhungsbeschluss nichtig ist.[6] Die Gegenauffassung geht davon aus, dass nur die abweichende Verteilung unwirksam ist. Die Frage, ob der Kapitalerhöhungsbeschluss insgesamt nichtig ist, soll sich nach **§ 139 BGB** beurteilen, also davon abhängen, ob der Erhöhungsbeschluss auch

---

4 *Priester*, in: Scholz, GmbHG, § 57j Rn. 4.
5 *Priester*, in: Scholz, GmbHG, § 57j Rn. 5.
6 *Ulmer*, in: Hachenburg, GmbHG, Anh. 57b § 9 KapErhG Rn. 7.

ohne den nichtigen Teil gefasst worden wäre.[7] Die Anwendung von § 139 BGB erscheint in der Tat sachgerecht. Sie ermöglicht eine flexible Handhabung im Interesse der Gesellschaft. Beruht die abweichende Verteilung beispielsweise auf einem Versehen, ist es angebracht, den Kapitalerhöhungsbeschluss aufrechtzuerhalten und die Verteilung der Anteile nach § 57j Satz 1 durchzuführen.[8] War dagegen die Verteilung der Anteile erkennbar das Hauptziel der Gesellschafter, das mit der Kapitalerhöhung erreicht werden sollte, wird man im Zweifel – dem Grundsatz des § 139 BGB folgend – den Beschluss insgesamt für nichtig halten müssen.

10 Liegt Nichtigkeit vor, ist die Eintragung abzulehnen. Erfolgt gleichwohl eine Eintragung, hat dies bis zum Ablauf der Dreijahresfrist (§ 242 Abs. 2 AktG)[9] **keine heilende Wirkung.**[10] Wegen der Wirkungen im Übrigen vgl. § 57i Rdn. 19 ff. Das Handelsregister ist verpflichtet, vor Ablauf der Dreijahresfrist die Eintragung von Amts wegen zu löschen. Ein »Nachschieben« des Beschlusses[11] wäre zwar aus praktischer Sicht zweckmäßig, ist aber aus Gründen der Rechtssicherheit abzulehnen. In Betracht kommt nur die Neuvornahme nach Löschung des zu unrecht eingetragenen Beschlusses.[12]

§ 57k Teilrechte; Ausübung der Rechte

(1) Führt die Kapitalerhöhung dazu, dass auf einen Geschäftsanteil nur ein Teil eines neuen Geschäftsanteils entfällt, so ist dieses Teilrecht selbstständig veräußerlich und vererblich.

(2) Die Rechte aus einem neuen Geschäftsanteil, einschließlich des Anspruchs auf Ausstellung einer Urkunde über den neuen Geschäftsanteil, können nur ausgeübt werden, wenn Teilrechte, die zusammen einen vollen Geschäftsanteil ergeben, in einer Hand vereinigt sind oder wenn sich mehrere Berechtigte, deren Teilrechte zusammen einen vollen Geschäftsanteil ergeben, zur Ausübung der Rechte (§ 18) zusammenschließen.

---

7 *Zöllner,* in: Baumbach/Hueck, GmbHG, § 57j Rn. 4; *Priester,* in: Scholz, GmbHG, § 57j Rn. 6; *Roth* in: Roth/Altmeppen, GmbHG, § 57j Rn. 4; *Schemmann,* NZG 2009, 241, 242.

8 Beispiel bei *Priester,* in: Scholz, GmbHG, § 57j Rn. 6.

9 *Priester,* in: Scholz, GmbHG, § 57j Rn. 6; *Ulmer,* in: Hachenburg, GmbHG, Anh § 57b § 9 KapErhG Rn. 8; *Zimmermann,* in: Rowedder/Schmidt-Leithoff, GmbHG, § 57j Rn. 5.

10 *Schemmann,* NZG 2009, 241, 242.

11 Vorgeschlagen von *Temme,* RhNotZ 2004, 16.

12 Ebenso *Schemmann,* NZG 2009, 241, 242.

Übersicht Rdn.

Schrifttum
Literatur: siehe Vorbemerkung zu §§ 57c bis 57o

A. Entstehung von Teilrechten (Absatz 1)

1 Aus dem Grundsatz beteiligungsproportionaler Anteilsgewährung (§ 57j) folgt, dass auf einen Gesellschafter **Spitzenbeträge** entfallen können, die der zwingenden Teilbarkeitsregelung in § 57h Abs. 1 widersprechen. Nach Inkrafttreten des MoMiG verbleibt für solche Teilrechte allerdings nur ein geringer Anwendungsbereich. Während das Gesetz früher eine Teilbarkeit durch 10 und eine Mindesthöhe von 50 Euro für einen Geschäftsanteil vorsah (§ 57h Abs. 1 Satz 2 a.F.) und damit die Entstehung von Teilrechten begünstigte, besteht heute nur noch das Erfordernis einer Teilbarkeit durch einen Euro, der zugleich den Mindestbetrag jedes Geschäftsanteils darstellt (§ 57h Abs. 1 Satz 2). Die Bildung von Teilrechten, für die früher ein praktisches Bedürfnis bestand,[1] wird daher heute kaum mehr erforderlich sein. Gleichwohl ist die Vorschrift des § 57k aufrechterhalten worden, da immerhin theoretisch nach wie vor denkbar ist, dass Spitzenbeträge verbleiben, die keinen vollen Geschäftsanteil bilden.

B. Keine Obergrenze

2 Die Entstehung von Teilrechten setzt voraus, dass ein durch einen Euro teilbarer Geschäftsanteil gebildet wird, an dem die einzelnen Gesellschafter mit Teilrechten beteiligt sind. Eine Obergrenze für den Nennbetrag des solchermaßen gebildeten Geschäftsanteils besteht nicht. Theoretisch könnte auch nur ein einzelner neuer Geschäftsanteil gebildet werden, an dem sämtliche Gesellschafter im Verhältnis ihrer bisherigen Beteiligungsquote beteiligt sind. Da die Ausübung von Teilrechten nach Absatz 2 allerdings erschwert ist, wird man jedem Gesellschafter das Recht zubilligen müssen, dass ihm ein größtmöglicher Erhöhungsbetrag bzw. neuer Anteil zufällt.[2]

---

1 Beispiele dazu bei *Priester*, in: Scholz, GmbHG, § 57k Rn. 3.
2 *Priester*, in: Scholz, GmbHG, § 57k Rn. 4.

Eine über das erforderliche Maß hinausgehende Teilrechtsbildung kann daher nur mit Zustimmung des betroffenen Gesellschafters erfolgen.[3]

C. Geltung bei Aufstockung

3 Seinem Wortlaut nach gilt § 57k nur für die Ausgabe neuer Geschäftsanteile. Das ist folgerichtig, da § 57h Abs. 2 Satz 2 bei Nennbetragserhöhungen Spitzenbeträge ausschließt. Absatz 1 gilt aber entsprechend, wenn entgegen § 57h Abs. 2 Satz 2 eine Aufstockung unter Bildung von Spitzenbeträgen erfolgt und im Handelsregister eingetragen wird.[4] Anderenfalls käme es in solchen Fällen zu einer unerwünschten Veräußerbarkeit von Teilrechten, die § 57k Abs. 2 gerade verhindern will.

D. Angaben im Kapitalerhöhungsbeschluss

4 Nach herrschender Meinung ist die **Höhe der Teilrechte im Kapitalerhöhungsbeschluss festzusetzen.**[5] Anderer Auffassung nach sollen sich die Teilrechte automatisch errechnen.[6] Die Gegenauffassung ist jedenfalls nach Inkrafttreten des MoMiG nicht mehr haltbar, weil ein Gesellschafter heute auch mehrere Geschäftsanteile und damit auch mehrere Teilrechte *(argumentum a maiore ad minus)* erwerben kann (§ 5 Abs. 2 Satz 2). Eine Festsetzung im Kapitalerhöhungsbeschluss ist deshalb jedenfalls für Kapitalerhöhungen nach Inkrafttreten des MoMiG zwingend erforderlich.

E. Selbständigkeit der Teilrechte

5 Die Teilrechte sind keine Bruchteilsrechte, sondern Mitgliedschaftsrechte. Sie sind nach Absatz 1 **selbständig veräußerlich und vererblich**, können also auch gepfändet und verpfändet werden.[7] Ferner ist eine Einziehung des Teilrechts nach § 34 möglich. Enthält der Gesellschaftsvertrag **Verfügungsbeschränkungen** für Geschäftsanteile, gelten diese auch für Teilrechte.[8] Die Veräußerung von und **Verfügungen über Teilrechte** erfolgen nach den für Geschäftsanteile geltenden Vorschriften, erfordern also

---

3 *Priester*, in: Scholz, GmbHG, § 57k Rn. 4.

4 *Zöllner*, in: Baumbach/Hueck, GmbHG, § 57k Rn. 2; *Lutter*, in: Lutter/Hommelhoff, GmbHG, § 57k Rn. 1; *Priester*, in: Scholz, GmbHG, § 57k Rn. 1; *Ulmer*, in: Hachenburg, GmbHG, Anh. § 57b § 10 KapErhG Rn. 5 und § 6 KapErhG Rn. 9.

5 *Ulmer*, in: Hachenburg, GmbHG, Anh. § 57b, § 10 KapErhG Rn. 2 und § 6 KapErhG Rn. 15; *Lutter*, in: Lutter/Hommelhoff, GmbHG, § 57k Rn. 1; *Priester*, in: Scholz, GmbHG, § 57k Rn. 5; *Simon*, BB 1962, 73.

6 *Zöllner*, in: Baumbach/Hueck, GmbHG, § 57k Rn. 3.

7 *Priester*, in: Scholz, GmbHG, § 57k Rn. 7.

8 *Priester*, in: Scholz, GmbHG, § 57k Rn. 7; *Zöllner*, in: Baumbach/Hueck, GmbHG, § 57k Rn. 6; *Lutter*, in: Lutter/Hommelhoff, GmbHG, § 57k Rn. 2.

notarielle Beurkundung (§ 15 Abs. 3).[9] In der **Gesellschafterliste** ist der gebildete Geschäftsanteil mit den einzelnen, daran bestehenden Teilrechten auszuweisen (näher § 40 Rdn. 8 ff.). Der Unterschied zum Geschäftsanteil ist zum einen quantitativ, da nur ein Teil des Nennbetrages eines Geschäftsanteils einem Gesellschafter zugeordnet wird. Zum anderen ist die Ausübung der Rechte aus dem Teilrecht gegenüber einem Geschäftsanteil beschränkt.

F. Ausübung von Mitgliedschaftsrechten (Absatz 2)

I. Keine selbständige Ausübung

6 Die Mitgliedschaftsrechte aus dem Teilrecht können nach Absatz 2 nicht selbständig ausgeübt werden. Dies gilt für sämtliche Verwaltungs- und Mitgliedschaftsrechte, die mit Geschäftsanteilen verbunden sind, insbesondere für das Stimmrecht und das Gewinnbezugsrecht, aber auch für Informations- und Einsichtsrechte oder das Recht zur Teilnahme am Liquidationserlös. Bei der Gewinnverteilung gemäß § 29 bleiben die Teilrechte solange unberücksichtigt, wie aus ihnen keine Rechte geltend gemacht werden können.[10]

II. Zusammenführung mehrerer Teilrechte

7 Erwirbt ein Gesellschafter so viele Teilrechte, dass daraus **ein Geschäftsanteil gebildet** werden kann, verschmelzen die Teilrechte automatisch zu einem einheitlichen Geschäftsanteil.[11] Die Rechte aus diesem Geschäftsanteil können sodann uneingeschränkt ausgeübt werden.

III. Zusammenschluss von Gesellschaftern mit Teilrechten

8 Mehrere Gesellschafter, deren Teilrechte einen vollen Geschäftsanteil ergeben, können sich auch zur Ausübung ihrer Rechte **zusammenschließen.** Im Innenverhältnis der Gesellschafter untereinander handelt es sich dann um eine **Gesellschaft bürgerlichen Rechts** (§§ 705 ff. BGB), im Außenverhältnis gilt § 18.[12] Werden die Teilrechte auf die BGB-Gesellschaft übertragen, findet eine Verschmelzung zu einem Geschäftsanteil statt (siehe vorstehend Rdn. 7). Gegenüber der Gesellschaft kann die Ausübung der Gesellschafterrechte stets nur einheitlich erfolgen (§ 18), unabhängig davon, ob die Teilrechte Gesamthandseigentum geworden sind oder im Eigentum der einzelnen Gesellschafter verbleiben. Die Bestellung eines gemeinsamen Vertreters

---

9 *Priester,* in: Scholz, GmbHG, § 57k Rn. 7; *Zöllner,* in: Baumbach/Hueck, GmbHG, § 57k Rn. 6; *Ulmer,* in: Hachenburg, GmbHG, Anh. § 57b § 10 KapErhG Rn. 6; *Lutter,* in: Lutter/Hommelhoff, GmbHG, § 57k Rn. 2; *Roth* in: Roth/Altmeppen, GmbHG, § 57k Rn. 4.

10 *Priester,* in: Scholz, GmbHG, § 57k Rn. 8.

11 *Priester,* in: Scholz, GmbHG, § 57k Rn. 9; *Ulmer,* in: Hachenburg, GmbHG, Anh. § 57b § 10 KapErhG Rn. 8.

12 *Priester,* in: Scholz, GmbHG, § 57k Rn. 10.

ist – anders als nach § 69 AktG – nicht erforderlich. Ist ein Vertreter nicht bestellt, kann die Gesellschaft allerdings Erklärungen gegenüber einem Berechtigten mit Wirkung für alle abgeben (§ 18 Abs. 3).[13]

§ 57l Teilnahme an der Erhöhung des Stammkapitals

(1) Eigene Geschäftsanteile nehmen an der Erhöhung des Stammkapitals teil.

(2) [1]Teileingezahlte Geschäftsanteile nehmen entsprechend ihrem Nennbetrag an der Erhöhung des Stammkapitals teil. [2]Bei ihnen kann die Kapitalerhöhung nur durch Erhöhung des Nennbetrags der Geschäftsanteile ausgeführt werden. [3]Sind neben teileingezahlten Geschäftsanteilen vollständig eingezahlte Geschäftsanteile vorhanden, so kann bei diesen die Kapitalerhöhung durch Erhöhung des Nennbetrags der Geschäftsanteile und durch Bildung neuer Geschäftsanteile ausgeführt werden. [4]Die Geschäftsanteile, deren Nennbetrag erhöht wird, können auf jeden Betrag gestellt werden, der auf volle Euro lautet.

Übersicht **Rdn.**

Schrifttum
Literatur: siehe Vorbemerkung zu §§ 57c bis 57o

A. Eigene Geschäftsanteile (Absatz 1)

I. Kapitalerhöhung und eigene Geschäftsanteile

1 Die Teilnahme eigener Geschäftsanteile der Gesellschaft an einer Kapitalerhöhung aus Gesellschaftsmitteln erscheint auf den ersten Blick merkwürdig, weil der Gesellschaft aus eigenen Geschäftsanteilen keine Rechte zustehen.[1] Sie rechtfertigt sich

---

13 *Priester*, in: Scholz, GmbHG, § 57k Rn. 10.

1 BGH, NJW 1995, 1027, 1028; *Hueck/Fastrich*, in: Baumbach/Hueck, GmbHG, § 33 Rn. 23 ff.

aber, weil eigene Geschäftsanteile ebenfalls eine **Beteiligung an den Rücklagen** enthalten, die bei der Kapitalerhöhung aus Gesellschaftsmitteln in Stammkapital umgewandelt werden. Würde man eigene Geschäftsanteile von der Teilnahme an der Kapitalerhöhung ausschließen, würde dadurch die **Beteiligung der Gesellschafter am Eigenkapital der Gesellschaft verschoben** und der Wert der eigenen Geschäftsanteile vermindert, was vom Gesetz erkennbar nicht gewünscht ist (§ 57j). Daher ist es aus Sicht des Gesetzgebers konsequent, eigene Geschäftsanteile an der Kapitalerhöhung zu beteiligen.[2] Auch hier sollte man allerdings abweichende Gestaltungen zulassen, wenn sämtliche Gesellschafter damit einverstanden sind (zur vergleichbaren teleologischen Reduktion von § 57j siehe dort Rdn. 6).

II. Behandlung eigener Anteile

2 Die eigenen Geschäftsanteile der Gesellschaft sind im Rahmen der Kapitalerhöhung genauso zu behandeln wie die Geschäftsanteile der übrigen Gesellschafter. Insbesondere sind die Regelungen der §§ 57h, 57j und 57k anzuwenden. Auch hinsichtlich eigener Geschäftsanteile besteht mithin das Wahlrecht, eine Aufstockung, die Ausgabe neuer Geschäftsanteile oder eine Kombination aus beiden Möglichkeiten herbeizuführen.[3] Der Gesellschaft steht bei der Beschlussfassung allerdings kein Stimmrecht zu. Umgekehrt ist der Kapitalerhöhungsbeschluss nach herrschender Auffassung nichtig, wenn er entgegen Absatz 1 vorsieht, eigene Geschäftsanteile von der Teilnahme an der Kapitalerhöhung auszunehmen.[4]

B. Teileingezahlte Geschäftsanteile (Absatz 2)

I. Teilnahme an der Kapitalerhöhung

3 Geschäftsanteile, deren Nennbetrag nur teilweise eingezahlt wurde, nehmen zwingend **in vollem Umfang**, also entsprechend ihres Nennbetrages (Absatz 2 Satz 1) an der Kapitalerhöhung aus Gesellschaftsmitteln teil, nicht nur mit dem Einzahlungsbetrag.[5] Eine »Verrechnung« von noch ausstehenden Einlagen mit den umzuwandelnden Rücklagen ist dagegen ausgeschlossen.[6] Eine Verwendung von Rücklagen zur Erfüllung der Einlagepflicht ist nur möglich außerhalb einer Kapitalerhöhung und nur durch Auflösung, Ausschüttung und Wiedereinlage, wobei die Wiedereinlage

---

2 Einhellige Meinung. Vgl. *Priester*, in: Scholz, GmbHG, § 57l Rn. 1, m.w.N.

3 *Priester*, in: Scholz, GmbHG, § 57l Rn. 2; *Roth*, in: Roth/Altmeppen, GmbHG, § 57l Rn. 1.

4 *Zöllner*, in: Baumbach/Hueck, GmbHG, § 57l Rn. 1; *Lutter*, in: Lutter/Hommelhoff, GmbHG, § 57l Rn. 1. Die bei § 57j vertretene Gegenauffassung sollte allerdings auch hier zu dem Ergebnis führen, abweichende Gestaltungen mit Zustimmung aller Gesellschafter zuzulassen.

5 *Zöllner*, in: Baumbach/Hueck, GmbHG, § 57l Rn. 2, *Priester*, in: Scholz, GmbHG, § 57l Rn. 4.

6 *Zöllner*, in: Baumbach/Hueck, GmbHG, § 57l Rn. 2, *Priester*, in: Scholz, GmbHG, § 57l Rn. 3.

wegen des engen zeitlichen und sachlichen Zusammenhangs außerdem als Sacheinlage zu qualifizieren wäre.[7]

II. Nennbetragsaufstockung

4 Bei teileingezahlten Geschäftsanteilen scheidet die Gewährung neuer Geschäftsanteile aus. In Betracht kommt **nur** eine **Aufstockung des Nennbetrags** des bestehenden Geschäftsanteils (Absatz 2 Satz 2). Durch die Regelung soll die Resteinlagepflicht des Gesellschafters gesichert werden.[8] Leistet der Gesellschafter nicht, könnte der Anteil eingezogen und verwertet werden (§ 21). Bei Ausgabe eines neuen Anteils wäre dieser voll eingezahlt und unterläge nicht der Einziehung, während der Wert des vorhandenen Anteils durch den »Wegfall« der auf ihn entfallenden Rücklage gemindert wäre.[9]

III. Verbot ungedeckter Spitzen

5 Absatz 2 Satz 2 war vor Inkrafttreten des MoMiG ein Hauptanwendungsfall des Verbots ungedeckter Spitzen (§ 57h Rdn. 2).[10] Durch die Vereinfachung der Teilbarkeit von Geschäftsanteilen dürfte dieses Thema obsolet geworden sein.

IV. Voll- und teileingezahlte Anteile

6 Bestehen bei der Gesellschaft sowohl voll- als auch teileingezahlte Geschäftsanteile, kann hinsichtlich der teileingezahlten Geschäftsanteile nur eine Aufstockung des Nennbetrages erfolgen. Bei den voll eingezahlten Anteilen besteht dagegen das Wahlrecht, eine Nennbetragsaufstockung durchzuführen oder insoweit neue Geschäftsanteile auszugeben (Absatz 2 Satz 3). Die aus dem Aktienrecht stammende Regelung ist bei der GmbH überflüssig, weil sich ihr Regelungsinhalt bereits aus § 57h Abs. 1 Satz 1 ergibt.[11]

V. Teilbarkeit

7 Sowohl für die Aufstockung als auch für die Ausgabe neuer Geschäftsanteile gilt, dass diese auf jeden Betrag gestellt werden können, der lediglich durch einen Euro teilbar sein muss (Absatz 2 Satz 4). Die frühere Regelung, die insoweit eine Erleichterung dadurch vorsah, eine Teilbarkeit durch 5 (abweichend von den allgemeinen Teilbarkeitsvorschriften) vorauszusetzen, ist durch das MoMiG überholt.

---

7 *Priester*, in: Scholz, GmbHG, § 57l Rn. 3.
8 AG Heidelberg, AG 2002, 527 (528) für die Aktiengesellschaft.
9 *Priester*, in: Scholz, GmbHG, § 57l Rn. 5.
10 Näher dazu *Priester*, in: Scholz, GmbHG, § 57l Rn. 6.
11 *Priester*, in: Scholz, GmbHG, § 57l Rn. 7.

C. Verstöße

Verstöße gegen das Gebot, bei teileingezahlten Anteilen eine Aufstockung des Nennbetrages vorzunehmen, führen zur Nichtigkeit, weil es sich bei der Regelung um eine gläubigerschützende Vorschrift handelt. Ein Teil des Schrifttums nimmt in diesem Fall Nichtigkeit der gesamten Kapitalerhöhung an.[12] Richtigerweise ist auch hier § 139 BGB anzuwenden.[13] Wenn erkennbar ist, dass die Kapitalerhöhung auch ohne die unwirksame Beschlussfassung gewollt war (z.B. weil für die Schaffung eines neuen Geschäftsanteils kein wirtschaftlicher Grund bestand), ist anzunehmen, dass die Kapitalerhöhung wirksam bleibt. Im Zweifel ist allerdings – entsprechend der Wertung des § 139 BGB – von ihrer Unwirksamkeit auszugehen.[14] 8

§ 57m Verhältnis der Rechte; Beziehungen zu Dritten

(1) Das Verhältnis der mit den Geschäftsanteilen verbundenen Rechte zueinander wird durch die Kapitalerhöhung nicht berührt.

(2) [1]Soweit sich einzelne Rechte teileingezahlter Geschäftsanteile, insbesondere die Beteiligung am Gewinn oder das Stimmrecht, nach der je Geschäftsanteil geleisteten Einlage bestimmen, stehen diese Rechte den Gesellschaftern bis zur Leistung der noch ausstehenden Einlagen nur nach der Höhe der geleisteten Einlage, erhöht um den auf den Nennbetrag des Stammkapitals berechneten Hundertsatz der Erhöhung des Stammkapitals, zu. [2]Werden weitere Einzahlungen geleistet, so erweitern sich diese Rechte entsprechend.

(3) Der wirtschaftliche Inhalt vertraglicher Beziehungen der Gesellschaft zu Dritten, die von der Gewinnausschüttung der Gesellschaft, dem Nennbetrag oder Wert Ihrer Geschäftsanteile oder ihres Stammkapitals oder in sonstiger Weise von den bisherigen Kapital- oder Gewinnverhältnissen abhängen, wird durch die Kapitalerhöhung nicht berührt.

Übersicht **Rdn.**

12 *Lutter*, in: Lutter/Hommelhoff, GmbHG, § 57l Rn. 4; *Roth*, in: Roth/Altmeppen, GmbHG. § 57l Rn. 5; *Zimmermann*, in: Rowedder/SchmidtLeithoff, GmbHG, § 57l Rn. 4; *Hermanns*, in: Michalski, GmbHG, § 57l Rn. 9.

13 So im Ergebnis *Ulmer*, in: Hachenburg, GmbHG, Anh. § 57b § 12 KapErhG Rn. 9.

14 Ähnlich *Zöllner*, in: Baumbach/Hueck, GmbHG, § 57l Rn. 3.

Schrifttum
Literatur: siehe Vorbemerkung zu §§ 57c bis 57o

A. Ausgangslage (Absatz 1)

I. Ergänzung von § 57j

1 Absatz 1 der Vorschrift ergänzt § 57j dahingehend, dass auch das Verhältnis der mit den Geschäftsanteilen verbundenen Rechte zueinander durch die Kapitalerhöhung nicht berührt wird.

II. Anteilsproportionaler Rechtszuwachs

2 Die rechtliche Ausstattung der neuen Geschäftsanteile ist unabhängig von § 57m unproblematisch, wenn alle bisherigen Geschäftsanteile entsprechend ihrem Nennbetrag die gleichen Rechte besitzen. Für diesen Fall gewährleistet bereits § 57j einen anteilsproportionalen Rechtszuwachs.[1] Gleiches gilt, wenn zwar **Sonderrechte** einzelner Gesellschafter bestehen, die neuen Anteile aber das Verhältnis dieser Sonderrechte zu den Stammrechten nicht verschieben. Letzteres ist insbesondere bei Mehrfachstimmrechten der Fall. Gewähren die Geschäftsanteile eines Gesellschafters für jeden Euro des Nennbetrages nicht nur eine, sondern z.B. zwei Stimmen, so erhalten auch die neuen Anteile automatisch dieses erhöhte Stimmrecht. Je nach Sachverhalt kann allerdings eine Anpassung des Gesellschaftsvertrages erforderlich werden.[2] Eines Rückgriffs auf § 57m Absatz 1 bedarf es nicht. Ein weiteres Beispiel sind Rechte, die

1 *Priester,* in: Scholz, GmbHG, § 57m Rn. 3.
2 *Zöllner,* in: Baumbach/Hueck, GmbHG, § 57m Rn. 2.

an die **Person eines Gesellschafters** anknüpfen, wie beispielsweise Teilnahmerechte, Informationsrechte oder auch das Sonderrecht, Geschäftsführer zu bestellen und abzuberufen. Derartige, vom Anteil losgelöste Rechte werden von der Kapitalerhöhung nicht berührt.[3] Ist das Sonderrecht dagegen **einem bestimmten Geschäftsanteil zugewiesen** unabhängig davon, welche Person diesen Geschäftsanteil hält, findet keine »Vervielfältigung« dieses Rechts durch die Kapitalerhöhung statt.[4]

III. Minderheitenrechte

3 Minderheitenrechte bleiben von der Kapitalerhöhung unberührt, soweit sie an eine bestimmte Beteiligungsquote anknüpfen. Denn die Beteiligungsquote jedes Gesellschafters bleibt bei der Kapitalerhöhung aus Gesellschaftsmitteln unverändert (§ 57j). Soweit solche Minderheitsrechte allerdings (atypischerweise) an den Nennbetrag der Geschäftsanteile anknüpfen, erhöhen sich die entsprechenden Nennbeträge durch die Kapitalerhöhung aus Gesellschaftsmitteln.[5]

IV. Vermögens-Vorzugsrechte

4 Handelt es sich dagegen um Vermögens-Vorzugsrechte, wie sie häufig bei Beteiligungen von Finanzinvestoren *(»Private Equity«)* anzutreffen sind, ist eine Anpassung erforderlich, wenn die Kapitalerhöhung aus Gesellschaftsmitteln nicht zu einer Ausweitung des Vorzugs führen soll.[6] Als Beispiel fungiert häufig der Fall eines Dividendenvorzugs, etwa in der Art, dass z.B. bei einem Stammkapital von € 500.000 Geschäftsanteilen im Nennbetrag von insgesamt € 100.000 ein Gewinnvorzug von 6 % gebührt. Erfolgt nunmehr eine Erhöhung des Stammkapitals aus Gesellschaftsmitteln um 50 % auf nominal € 750.000 und würde der neue Geschäftsanteil im Nennbetrag von € 50.000 ebenfalls mit dem Gewinnvorrecht ausgestattet, erhielte der Gesellschafter künftig 6 % + 3 % für den neuen Geschäftsanteil, insgesamt also 9 % als Gewinnvorab. Dementsprechend ist eine Anpassung dahingehend erforderlich, dass der Gewinnvorab entsprechend proportional herabgesetzt wird. Im Beispiel müsste der Gewinnvorab für den alten und den neuen Geschäftsanteil auf 4 % festgesetzt werden, damit der Gesellschafter auch nach der Kapitalerhöhung wirtschaftlich mit demselben Gewinnvorab beteiligt bleibt.[7] Mit Zustimmung des betroffenen Gesellschafters können die Gewinnvorzüge beider Geschäftsanteile auch abweichend,

---

3 *Priester,* in: Scholz, GmbHG, § 57m Rn. 3; *Zöllner,* in: Baumbach/Hueck, GmbHG, § 57m Rn. 2.

4 *Priester,* in: Scholz, GmbHG, § 57m Rn. 5; *Lutter,* in: Lutter/Hommelhoff, GmbHG, § 57m Rn. 7.

5 *Priester,* in: Scholz, GmbHG, § 57m Rn. 7; *Lutter,* in: Lutter/Hommelhoff, GmbHG, § 57m Rn. 9.

6 A.A. wohl *Lutter,* in: Lutter/Hommelhoff, GmbHG, § 57m Rn. 7, der davon ausgeht, daß die neuen Geschäftsanteile automatisch ohne den verwaltungsrechtlichen Vorzug entstünden.

7 Beispiel bei *Priester,* in: Scholz, GmbHG, § 57m Rn. 4; *Zöllner,* in: Baumbach/Hueck, GmbHG, § 57m Rn. 2; *Ulmer,* in: Hachenburg, GmbHG, Anh § 57b § 13 KapErhG Rn. 7; *Lutter,* in: KK-AktG, § 216 Rn. 6.

also z.B. nur ein Geschäftsanteil als Vorzugs-Geschäftsanteil ausgestaltet werden, solange nur der gesamte Gewinnvorzug im Ergebnis nicht verändert wird.[8] Soweit letzterenfalls eine Änderung des Gesellschaftsvertrages erforderlich ist, kann diese mit dem Beschluss über die Kapitalerhöhung verbunden werden.[9] Auch im Übrigen sind die Gesellschafter selbstverständlich nicht gehindert, mit Zustimmung aller Gesellschafter Abweichungen von dem Grundsatz in Absatz 1 zu beschließen und den Gesellschaftsvertrag entsprechend anzupassen.[10]

V. (Neben-) Pflichten

5 Absatz 1 gilt über seinen Wortlaut hinaus auch für die mit den Geschäftsanteilen verbundenen (Neben-) Pflichten, die durch die Kapitalerhöhung nicht verändert werden. Soweit die Pflichten an die Beteiligungsquote anknüpfen, bleiben sie bereits wegen § 57j unverändert erhalten. Soweit die Pflichten an den Nennbetrag der Geschäftsanteile anknüpfen, werden die neuen Anteile entsprechend davon erfasst; sind die Pflichten nicht Nennwert- oder Quotenbezogen, sind sie anteilig auf die alten und neuen Geschäftsanteile zu verteilen.[11] Um späteren Auseinandersetzungen vorzubeugen, empfiehlt es sich aber, unter den Gesellschaftern Einvernehmen über die Behandlung von (Neben-) Pflichten im Rahmen der Kapitalerhöhung herbeizuführen und den Gesellschaftsvertrag entsprechend anzupassen.[12]

B. Teileingezahlte Anteile (Absatz 2)

I. Grundgedanke

6 Für teileingezahlte Geschäftsanteile enthält Absatz 2 eine Regelung, die auf den ersten Blick nicht leicht zu verstehen ist. Zunächst stellt die Regelung darauf ab, dass Rechte teileingezahlter Geschäftsanteile sich nach der **bereits geleisteten Einlage** bestimmen. Das ist bei der GmbH allerdings nicht der Regelfall (vgl. §§ 29 Abs. 3 Satz 1 und 47 Abs. 2). Die Vorschrift greift daher nur in dem – in der Praxis seltenen – Fall ein, in dem der Gesellschaftsvertrag die Gesellschafterrechte an den Teil der bereits geleisteten Einlage knüpft.[13] Ansprüche auf ausstehende Einlagen bleiben durch die Kapitalerhöhung unberührt (vgl. § 19).

---

8 Ebenso *Priester*, in: Scholz, GmbHG, § 57m Rn. 4; *Zöllner*, in: Baumbach/Hueck, GmbHG, § 57m Rn. 3; a.A. *Ulmer*, in: Hachenburg, GmbHG, Anh § 57b § 13 KapErhG Rn. 7 und 13; *Lutter*, in: Lutter/Hommelhoff, GmbHG, § 57m Rn. 5.

9 *Zöllner*, in: Baumbach/Hueck, GmbHG, § 57m Rn. 3.

10 *Priester*, in: Scholz, GmbHG, § 57m Rn. 13.

11 *Priester*, in: Scholz, GmbHG, § 57m Rn. 8.

12 Gleiche und zutreffende Empfehlung bei *Zöllner*, in: Baumbach/Hueck, GmbHG, § 57m Rn. 5.

13 Ebenso *Priester*, in: Scholz, GmbHG, § 57m Rn. 14.

II. Erhöhung der Rechte

7 Für den vorgenannten Anwendungsbereich bestimmt Absatz 2 Satz 1, dass sich die Rechte aus teileingezahlten Anteilen (insbesondere Gewinnbezugsrecht und Stimmrecht) um den Prozentsatz erhöhen, um den der Nennbetrag gegenüber dem bisherigen Nennbetrag aufgestockt wird. Die Erhöhung führt also bei dem Gesellschafter nur im Umfang der bisherigen Einlagenleistung zu einer Rechtsvermehrung.[14] Anderenfalls wären entweder die Inhaber voll eingezahlter Geschäftsanteile benachteiligt oder, wenn die Anpassung unterbleiben würde, der Inhaber des nur teilweise eingezahlten Anteils.[15] Bei einer späteren Einzahlung erhöhen sich die Rechte des Gesellschafters nicht nur um die Einzahlung, sondern auch um die entsprechenden Teile aus der Kapitalerhöhung (Absatz 2 Satz 2).[16]

III. Liquidation

8 Das Gesetz enthält keine Sonderregelung für teileingezahlte Anteile im Fall der Liquidation. Würde man § 57m Absatz 2 Satz 1 anwenden, erhielte der Gesellschafter bei teileingezahlten Anteilen zunächst nur die tatsächlich geleisteten Einlagen, erhöht um den Prozentsatz der Nennbetragserhöhung. Der Rest würde nach den Nennbeträgen der Geschäftsanteile verteilt. Gemäß § 72 sind die Gesellschafter aber am Liquiditätsüberschuss stets im Verhältnis der Nennbeträge ihrer Geschäftsanteile beteiligt, ohne dass zwischen eingezahlten und nicht voll eingezahlten Anteilen unterschieden wird. Nach allgemeiner Ansicht soll daher insoweit § 271 Abs. 3 AktG entsprechend anzuwenden sein.[17] Danach sind zunächst die Einlagen zurückzugewähren. Der Überschuss wird anschließend nach Nennbeträgen verteilt. Auch insoweit kann der Gesellschaftsvertrag natürlich Abweichungen vorsehen.

IV. Rechtsfolgen

9 Die Rechtsfolgen des Absatzes 2 treten mit Wirksamwerden der Kapitalerhöhung automatisch ein.[18] Anderenfalls würde das Erfordernis einer Änderung des Gesellschaftsvertrages die Kapitalerhöhung blockieren. Soweit der Text des Gesellschafts-

---

14 So zutreffend *Priester*, in: Scholz, GmbHG, § 57m Rn. 15.

15 *Priester*, in: Scholz, GmbHG, § 57m Rn. 15.

16 Beispiele bei *Priester*, in: Scholz, GmbHG, § 57m Rn. 16 und bei *Zöllner*, in: Baumbach/Hueck, GmbHG, § 57m Rn. 6.

17 *Priester*, in: Scholz, GmbHG, § 57m Rn. 18; *Hofmann*, GmbHR 1976, 266; Haas, in: Baumbach/Hueck, GmbHG, § 72 Rn. 4; *Lutter*, in: Lutter/Hommelhoff, GmbHG, § 57m Rn. 13; *Hohner*, in: Hachenburg, GmbHG, § 72 Rn. 7.

18 Ganz herrschende Meinung. *Zöllner*, in: Baumbach/Hueck, GmbHG, § 57m Rn. 9; *Ulmer*, in: Hachenburg, GmbHG, Anh. § 57b § 13 KapErhG Rn. 11; *Boesebeck*, DB 1960, 404; *Köhler*, AG 1984, 198; *Lutter*, in: KK-AktG, § 216 Rn. 7; Lutter, in: Lutter/Hommelhoff, GmbHG, § 57m Rn. 10; *Roth*, in: Roth/Altmeppen, GmbHG, § 57m Rn. 8; *Zimmermann*, in: Rowedder/Schmidt-Leithoff, GmbHG, § 57m Rn. 5; *Hüffer*, Aktiengesetz, § 216 AktG Rn. 4.

vertrages mit der Rechtsänderung nicht mehr in Einklang steht, sind die Gesellschafter verpflichtet, an einer entsprechenden Änderung mitzuwirken; eine Änderung durch den die Kapitalerhöhung beurkundenden Notar »von Amts wegen« ist nicht möglich.[19] Der Registerrichter kann darüber hinaus die Eintragung der Kapitalerhöhung verweigern, wenn die entsprechenden Anpassungen des Gesellschaftsvertrages nicht zeitgleich zum Register angemeldet werden.[20]

C. Drittbeziehungen (Absatz 3)

I. Dritte

10 Die Vorschrift erstreckt den Grundsatz, dass die Kapitalerhöhung aus Gesellschaftsmitteln nicht zu einer Veränderung der Rechtsbeziehungen zwischen den Gesellschaftern führen darf, auf Dritte. »Dritte« im Sinne von Absatz 3 sind allerdings nicht nur Außenstehende, sondern auch die Gesellschafter selbst, soweit zwischen ihnen und der Gesellschaft besondere vertragliche Beziehungen außerhalb der Mitgliedschaftsrechte bestehen.[21]

II. Auswirkungen auf Drittbeziehungen

11 Absatz 3 bestimmt, dass der wirtschaftliche Inhalt vertraglicher Beziehungen zu Dritten durch die Kapitalerhöhung aus Gesellschaftsmitteln nicht berührt wird. Auch ohne die gesetzliche Regelung würden wohl dieselben Ergebnisse über eine Anwendung der Grundsätze über eine Änderung der Geschäftsgrundlage (§ 313 BGB) erzielt.[22] Gleich wie eine Änderung der Geschäftsgrundlage werden bestehende Regelungen durch Absatz 3 mit **rechtsgestaltender Wirkung** angepasst. Im Fall einer gerichtlichen Auseinandersetzung über die Reichweite der Anpassung ergeht daher **Feststellungs-**, nicht **Gestaltungsurteil**.[23] Eine Anpassung kann allerdings ausgeschlossen sein, wenn dies in dem Vertrag mit dem Dritten so bestimmt ist oder sich sonst aus dem Inhalt des Vertrages ergibt, dass gerade keine Anpassung stattfinden soll.

III. Tantiemeansprüche

12 Hauptanwendungsfall sind Tantiemeansprüche von Geschäftsführern. Soweit diese an das Jahresergebnis oder an sonstige Bilanzkennzahlen anknüpfen, besteht kein

19 *Zöllner*, in: Baumbach/Hueck, GmbHG, § 57m Rn. 9.

20 *Zöllner*, in: Baumbach/Hueck, GmbHG, § 57m Rn. 9; *Priester*, in: Scholz, GmbHG, § 57m Rn. 12, 26; *Lutter*, in: Lutter/Hommelhoff, GmbHG, § 57m Rn. 10.

21 *Priester*, in: Scholz, GmbHG, § 57m Rn. 19; *Priester*, DB 1979, 681 ff.; *Lutter*, in: Lutter/Hommelhoff, GmbHG, § 57m Rn. 14; *Ulmer*, in: Hachenburg, GmbHG, Anh § 57b § 13 KapErhG Rn. 20.

22 *Zöllner*, in: Baumbach/Hueck, GmbHG, § 57m Rn. 11.

23 *Priester*, in: Scholz, GmbHG, § 57m Rn. 20.

Anpassungsbedarf, weil das Jahresergebnis bzw. die Bilanzkennzahlen durch die Kapitalerhöhung nicht beeinflusst werden. Eine Anpassung nach Absatz 3 findet jedoch statt, wenn Tantiemeansprüche (bei der GmbH eher ausnahmsweise) aufgrund der bestehenden vertraglichen Vereinbarung an Dividendenprozente oder an eine Verzinsung des Stammkapitals anknüpfen.[24] Die Anpassung gilt in allen Fällen nur für laufende Verträge. Bereits beendete Verträge bleiben unberührt. Verträge, die erst nach Wirksamwerden der Kapitalerhöhung abgeschlossen werden, unterliegen ebenfalls keiner Anpassung.[25]

IV. Genussrechte und stille Gesellschaften

13 Einer Anpassung nach Absatz 3 unterliegen ferner **Genussrechte**, die bei einer GmbH allerdings selten vorkommen werden.[26] Auch bei diesen handelt es sich nicht um Mitgliedschafts-, sondern um Gläubigerrechte. Gleiches gilt für Beteiligungen **stiller Gesellschafter**.

D. Rechtsbeziehungen zwischen Gesellschaftern und Dritten

I. Ausgangslage

14 In Absatz 3 nicht geregelt sind Rechtsbeziehungen zwischen Gesellschaftern und Dritten. Insoweit greifen die allgemeinen Grundsätze der Vertragsauslegung und, soweit diese nicht zum Ziel führen, die Regeln über eine Änderung der Geschäftsgrundlage (§ 313 BGB). Werden Anteile vor der Kapitalerhöhung veräußert, ist regelmäßig anzunehmen, dass auch die neuen Anteile als mitveräußert gelten, weil sie wirtschaftlich bereits vorher (in Gestalt der umgewandelten Rücklagen) Bestandteil der alten Anteile waren.[27] Gleiches gilt bei Optionen auf bestimmte Geschäftsanteile, die im Zweifel auch die neuen Anteile einschließen.[28]

II. Dingliche Rechte an Anteilen

15 Sind vorhandene Geschäftsanteile mit dinglichen Rechten (Pfandrecht, Nießbrauch) belastet, stehen das Eigentum an den neuen Anteilen dem Gesellschafter zu, weil anderenfalls das Beteiligungsverhältnis verschoben würde (§ 57j). Ob die dinglichen Rechte sich nach Durchführung der Kapitalerhöhung automatisch auch auf die

---

24 *Priester*, in: Scholz, GmbHG, § 57m Rn. 21.

25 *Zöllner*, in: Baumbach/Hueck, GmbHG, § 57m Rn. 12.

26 *Priester*, in: Scholz, GmbHG, § 57m Rn. 22.

27 *Priester*, in: Scholz, GmbHG, § 57m Rn. 23; *Zöllner*, in: Baumbach/Hueck, GmbHG, § 57m Rn. 13; *Ulmer*, in: Hachenburg, GmbHG, Anh § 57 § 13 KapErhG Rn. 25; *Roth*, in: Roth/Altmeppen, GmbHG, § 57m Rn. 13; *Geßler*, DNotZ 1960, 638 (Anwendung von § 242 BGB).

28 *Priester*, in: Scholz, GmbHG, § 57m Rn. 23; *Schippel*, DNotZ 1960, 371.

neuen Anteile erstrecken, ist umstritten.[29] Jedenfalls dann, wenn sämtliche Geschäftsanteile eines Gesellschafters mit dem dinglichen Recht belastet sind, wird man annehmen können, dass eine automatische Erstreckung auf die neu ausgegebenen Geschäftsanteile wie auch auf einen etwaigen Erhöhungsbetrag stattfindet. Insoweit ergeben sich hinsichtlich der sachenrechtlichen Bestimmtheit keine Bedenken. Nachdem die Teilbarkeitsvorschriften durch das MoMiG aufgehoben wurden, könnte ein Gesellschafter allerdings auch eine Vielzahl von Anteilen halten, im Extremfall sogar nur Anteile mit Nennbeträgen von jeweils einem Euro. Ist nur ein Teil dieser Anteile pfandrechtsbelastet und erhält der Gesellschafter im Rahmen der Kapitalerhöhung ebenfalls mehrere Geschäftsanteile – was nach Inkrafttreten des MoMiG zulässig ist,[30] lässt sich nicht mehr feststellen, an welchen dieser Anteile sich die dinglichen Rechte fortsetzen würden. Da die Gestaltungsfreiheit der Gesellschafter insoweit nicht eingeschränkt wird, kann in diesen Fällen keine Erstreckung der dinglichen Rechte auf die neuen Anteile mehr stattfinden. Aus diesem Grund sind entsprechende Regelungen z.B. in Verpfändungsvereinbarungen[31] empfehlenswert, nach denen künftige Anteile als mitverpfändet gelten und der Pfandgeber darüber hinaus vorsorglich verpflichtet wird, das Pfandrecht proportional auch an neuen Anteilen einzuräumen, insbesondere wenn es sich um Anteile handelt, die im Wege einer Kapitalerhöhung aus Gesellschaftsmitteln geschaffen werden.

III. Sonstige Drittverhältnisse

16 Die vorgenannten Ausführungen gelten entsprechend bei **Vor- und Nacherbschaft** sowie der **Testamentsvollstreckung**. Die neuen Anteile gehören dem Gesellschafter, fallen aber – wenn sämtliche bisherigen Anteile mit den Rechten belastet waren – in den Nachlass bzw. unterliegen der Testamentsvollstreckung. Die Erstreckung der Rechte auf die neuen Anteile erfolgt automatisch, eines Bestellungsaktes bedarf es nicht.[32] Besteht **Sicherungseigentum** an sämtlichen bestehenden Geschäftsanteilen, stehen die neuen Geschäftsanteile ebenfalls dem Sicherungsnehmer zu. Der Sicherungsgeber kann die (Rück-) Abtretung an sich erst mit Erreichen des Sicherungszwecks verlangen.[33] Gleiches gilt für **Treuhandabreden**. Unterliegt nur ein Teil der vorhandenen Anteile den vorgenannten Rechten, erfolgt dagegen keine automatische Erstreckung, wenn mehrere Geschäftsanteile im Zuge der Kapitalerhöhung ausgegeben werden.[34]

---

29 Dafür: *Zöllner,* in: Baumbach/Hueck, GmbHG, § 57m Rn. 14; *Priester,* in: Scholz, GmbHG, § 57m Rn. 24; *Winter/Löbbe,* in: Ulmer/Habersack/Winter, GmbHG, § 15 Rn. 158; a.A. *Hermanns,* in: Michalski, GmbHG, § 57j Rn. 5; *Kerbusch,* GmbHR 1990, 157; *Schemmann,* NZG 2009, 241, 244;

30 Dazu *Schemmann,* NZG 2009, 241 ff.

31 So z.B. das Vertragsmuster bei *Heidenhain,* Münchener Vertragshandbuch Gesellschaftsrecht Muster IV.68 Ziffer 3.

32 *Priester,* in: Scholz, GmbHG, § 57m Rn. 24; *Schuler,* NJW 1960, 1428; *Teichmann,* ZGR Bd. 1, 1972, 16 ff.; *Zöllner,* in: Baumbach/Hueck, GmbHG, § 57m Rn. 14.

33 *Priester,* in: Scholz, GmbHG, § 57m Rn. 24.

34 Ebenso *Schemmann,* NZG 2009, 241 ff.

E. Ansprüche der Gesellschaft

17 Absatz 3 gilt – obwohl nicht von seinem Wortlaut umfasst – auch für gewinn- oder kapitalabhängige Ansprüche der Gesellschaft gegenüber Dritten. Als Beispiel wird eine auf das Stammkapital der Gesellschaft bezogene Dividendengarantie genannt. Die Garantiesumme bleibt in diesem Fall durch die Kapitalerhöhung unverändert. Ihr Prozentsatz verringert sich im Verhältnis der Kapitalerhöhung.[35]

F. Verstöße

18 Verstöße gegen Absatz 2 führen nur zur Anfechtbarkeit des Kapitalerhöhungsbeschlusses, nicht zu dessen Nichtigkeit. Stimmen sämtliche Gesellschafter einer Abweichung von den Regelungen des Absatzes 2 zu, ist der Beschluss in vollem Umfang wirksam. Eine Anpassung nach Absatz 1 bis 3 erfolgt dagegen automatisch. Wird die erforderliche Klarstellung im Gesellschaftsvertrag nicht vorgenommen, hat der Registerrichter die Eintragung abzulehnen (oben Rdn. 4). Die Kapitalerhöhung bleibt aber wirksam, wenn sie dessen ungeachtet eingetragen wurde. Beschließen die Gesellschafter abweichende Bestimmungen zu Absätzen 1 bis 3 und stimmen nicht sämtliche in ihren Mitgliedschaftsrechten betroffene Gesellschafter einer solchen Beschlussfassung zu, ist der zugrunde liegende Beschluss unwirksam; wenn sie mitstimmen, ist der Beschluss wegen Verstoßes gegen § 57m anfechtbar.[36] Eine Abweichung von den in § 57m geregelten Rechtsfolgen kann nur durch eine der Kapitalerhöhung nachfolgende Änderung des Gesellschaftsvertrages erreicht werden.[37]

§ 57n Gewinnbeteiligung der neuen Geschäftsanteile

(1) Die neuen Geschäftsanteile nehmen, wenn nichts anderes bestimmt ist, am Gewinn des ganzen Geschäftsjahres teil, in dem die Erhöhung des Stammkapitals beschlossen worden ist.

(2) [1]Im Beschluss über die Erhöhung des Stammkapitals kann bestimmt werden, dass die neuen Geschäftsanteile bereits am Gewinn des letzten vor der Beschlussfassung über die Kapitalerhöhung abgelaufenen Geschäftsjahrs teilnehmen. [2]In diesem Fall ist die Erhöhung des Stammkapitals abweichend von § 57c Abs. 2 zu beschließen, bevor über die Ergebnisverwendung für das letzte vor der Beschlussfassung abgelaufene Geschäftsjahr Beschluss gefasst worden ist. [3]Der Beschluss über die Ergebnisverwendung für das letzte vor der Beschlussfassung über die

35 *Priester*, in: Scholz, GmbHG, § 57m Rn. 25; *Ulmer*, in: Hachenburg, GmbHG, Anh § 57b, § 13 KapErhG Rn. 24.

36 So *Priester*, in: Scholz, GmbHG, § 57m Rn. 26; *Ulmer*, in: Hachenburg, GmbHG, Anh § 57b § 13 KapErhG Rn. 27; *Zimmermann*, in: Rowedder/Schmidt-Leithoff, GmbHG, § 57m Rn. 10.

37 *Ulmer*, in: Hachenburg, GmbHG, Anh § 57b § 13 KapErhG Rn. 27.

Kapitalerhöhung abgelaufene Geschäftsjahr wird erst wirksam, wenn das Stammkapital erhöht worden ist. [4]Der Beschluss über die Erhöhung des Stammkapitals und der Beschluss über die Ergebnisverwendung für das letzte vor der Beschlussfassung über die Kapitalerhöhung abgelaufene Geschäftsjahr sind nichtig, wenn der Beschluss über die Kapitalerhöhung nicht binnen drei Monaten nach der Beschlussfassung in das Handelsregister eingetragen worden ist; der Lauf der Frist ist gehemmt, solange eine Anfechtungs- oder Nichtigkeitsklage rechtshängig ist.

Übersicht **Rdn.**

Schrifttum
Literatur: siehe Vorbemerkung zu §§ 57c bis 57o

A. Gesetzlicher Regelfall (Absatz 1)

1 Wenn der Erhöhungsbeschluss nichts anderes bestimmt, nehmen die neuen Geschäftsanteile am Gewinn des gesamten Geschäftsjahres teil, in dem die Kapitalerhöhung aus Gesellschaftsmitteln beschlossen wurde. Maßgebend ist allein die Beschlussfassung, nicht die Eintragung der Kapitalerhöhung im Handelsregister.[1] Die Regelung ist zweckmäßig, weil das umgewandelte Eigenkapital der Gesellschaft im laufenden Geschäftsjahr bereits – wenn auch als »Rücklage» – zur Verfügung gestanden hat und eine unterschiedliche Behandlung in der Gewinnberechung hinsichtlich »alter« und »neuer« Anteile damit vermieden wird.[2]

B. Anderweitige Festsetzungen (Absatz 2)

I. Festsetzungen im Kapitalerhöhungsbeschluss

2 Die Vorschrift ermöglicht es, im Kapitalerhöhungsbeschluss zu bestimmen, dass die neuen Geschäftsanteile bereits am Gewinn des letzten vor der Beschlussfassung abgelaufenen Geschäftsjahres teilnehmen. Während eine solche Bestimmung unter den

1 *Priester*, in: Scholz, GmbHG, § 57n Rn. 1; *Zöllner*, in: Baumbach/Hueck, GmbHG, § 57n Rn. 1.
2 *Priester*, in: Scholz, GmbHG, § 57n Rn. 1.

Einschränkungen des Absatzes 2 steht, kann dagegen ohne weiteres bestimmt werden, dass die neuen Aktien im Beschlussjahr nicht oder nur anteilig dividendenberechtigt sind. Insoweit handelt es sich nur um Regelungen der Ausgabe, nicht um eine Rückverlagerung des Gewinnbezugsrechts.[3]

II. Rückverlagerung

3 Eine Rückverlagerung des Gewinnbezugsrechts in das bereits abgelaufene Geschäftsjahr ist nach Absatz 2 zulässig, obgleich in der GmbH an einer solchen Regelung ein geringeres Interesse bestehen dürfte als bei der AG. Technisch ist darauf zu achten, dass in einem solchen Fall die **abweichende Beschlussreihenfolge** gemäß Absatz 2 Satz 2 eingehalten wird (abweichend von § 57c Abs. 2 erst der Erhöhungs- und anschließend der Ergebnisverwendungsbeschluss). Dies gilt unabhängig davon, ob der Beschlussfassung die letzte Jahresbilanz oder eine Zwischenbilanz (Erhöhungssonderbilanz) zugrunde gelegt wird.[4] Der Ergebnisverwendungsbeschluss muss nicht innerhalb der Dreimonatsfrist des § 57n Abs. 2 Satz 4 gefasst werden.[5] Der Ergebnisverwendungsbeschluss muss auch nicht dem Registergericht vorgelegt werden.[6]

III. Bereits vorliegender Ergebnisverwendungsbeschluss

4 Liegt bei Beschlussfassung über die Kapitalerhöhung ein Ergebnisverwendungsbeschluss bereits vor, scheidet eine Rückverlagerung des Gewinnbezugsrechts nach Absatz 2 aus.[7] Der bereits bestehende Ergebnisverwendungsbeschluss kann allerdings auch wieder aufgehoben werden,[8] bei Thesaurierungsbeschlüssen mit der dafür nach Gesetz oder Gesellschaftsvertrag erforderlichen Mehrheit für Ausschüttungen, bei Ausschüttungsbeschlüssen nur mit Zustimmung sämtlicher Gesellschafter. Wird ein neuer Ergebnisverwendungsbeschluss unter Beachtung dieser Vorgaben gefasst, liegt darin im Zweifel eine konkludente Aufhebung des vorangehenden Beschlusses. Die in Absatz 2 vorausgesetzte Beschlussreihenfolge ist dann wieder eingehalten.

---

3 *Zöllner,* in: Baumbach/Hueck, GmbHG, § 57n Rn. 2; *Priester,* in: Scholz, GmbHG, § 57n Rn. 6.

4 *Priester,* in: Scholz, GmbHG, § 57n Rn. 3.

5 *Priester,* in: Scholz, GmbHG, § 57n Rn. 3; *Zöllner,* in: Baumbach/Hueck, GmbHG, § 57n Rn. 4.

6 Allgemeine Meinung; vgl. *Zöllner,* in: Baumbach/Hueck, GmbHG, § 57n Rn. 4; *Priester,* in: Scholz, GmbHG, § 57n Rn. 5; *Lutter,* in: Lutter/Hommelhoff, GmbHG, § 57n Rn. 2.

7 *Priester,* in: Scholz, GmbHG, § 57n Rn. 3; *Zöllner,* in: Baumbach/Hueck, GmbHG, § 57n Rn. 6.

8 Zutreffend *Priester,* in: Scholz, GmbHG, § 57n Rn. 4; *Zöllner,* in: Baumbach/Hueck, GmbHG, § 57n Rn. 5; a.A. *Hüffer,* AktG, § 217 Rn. 4; *Krieger,* in: MünchHdbGesR Band IV, Aktiengesellschaft, § 59 Rn. 51.

IV. Folgen nicht eingehaltener Reihenfolge

5 Liegt eine konkludente Aufhebung des Beschlusses nicht vor und ist die Reihenfolge nicht eingehalten, ist jedenfalls die Rückverlagerung des Gewinnbezugsrechts unwirksam. Ob auch der Kapitalerhöhungsbeschluss insgesamt **unwirksam** ist, beurteilt sich nach § 139 BGB. Im Zweifel dürfte anzunehmen sein, dass die Gesellschafter die Kapitalerhöhung auch ohne die Rückwirkung beschließen wollten, wenn nicht ausnahmsweise Gründe gegen eine solche Annahme sprechen.[9] Unabhängig davon ist der Kapitalerhöhungsbeschluss **anfechtbar**, wenn die Beschlussreihenfolge nicht eingehalten ist.[10]

V. Wirksamwerden

6 Der Ergebnisverwendungsbeschluss wird erst **wirksam**, wenn die Kapitalerhöhung in das Handelsregister eingetragen wurde (Absatz 2 Satz 3). Dadurch soll sichergestellt werden, dass zuvor keine Ausschüttungsansprüche entstehen.[11] Außerdem werden die neuen Geschäftsanteile erst mit Eintragung der Kapitalerhöhung im Handelsregister gebildet (vgl. § 57i Rdn. 17).

VI. Dreimonatsfrist

7 Der Kapitalerhöhungsbeschluss und der Ergebnisverwendungsbeschluss sind nichtig, wenn die Kapitalerhöhung nicht innerhalb von **drei Monaten** nach Beschlussfassung über die Kapitalerhöhung in das Handelsregister eingetragen wurde (Absatz 2 Satz 4). Eine sofortige Handelsregisteranmeldung ist daher unumgänglich, möglicherweise aber auch eine Vorabklärung mit dem zuständigen Registergericht, um die Eintragung zu beschleunigen. Ist die Anmeldung unverzüglich erfolgt, vollständig und steht gleichwohl zu befürchten, dass die Eintragung nicht innerhalb der Frist stattfindet, drohen dem Registergericht **Amtshaftungsansprüche**, wobei der Schaden insbesondere darin besteht, dass die Kapitalerhöhung wiederholt und zu diesem Zweck eine neue (Zwischen-) Bilanz aufgestellt und geprüft werden muss. Es empfiehlt sich deshalb, in der Anmeldung auf die Bedeutung der Frist aufmerksam zu machen. Der Lauf der Dreimonatsfrist wird unter den Voraussetzungen von Absatz 2 Satz 4, 2. Hs. lediglich gehemmt (§ 209 BGB), so dass nach Wegfall des Hindernisses keine neue Frist beginnt.[12]

---

9 Ebenso *Zöllner*, in: Baumbach/Hueck, GmbHG, § 57n Rn. 6; *Lutter*, in: Lutter/Hommelhoff, GmbHG, § 57n Rn. 2; *Roth*, in: Roth/Altmeppen, GmbHG, § 57n Rn. 5; a.A. *Ulmer*, in: Hachenburg, GmbHG, Anh. § 57b § 14 KapErhG Rn. 4; *Meyer-Landrut*, in: Meyer-Landrut, GmbHG, Anh. § 57b § 14 KapErhG Rn. 2, die in jedem Fall Gesamt-Nichtigkeit des Kapitalerhöhungsbeschlusses annehmen wollen.

10 Ebenso *Zöllner*, in: Baumbach/Hueck, GmbHG, § 57n Rn. 7.

11 *Priester*, in: Scholz, GmbHG, § 57n Rn. 5.

12 *Priester*, in: Scholz, GmbHG, § 57n Rn. 5.

§ 57o Anschaffungskosten

[1]Als Anschaffungskosten der vor der Erhöhung des Stammkapitals erworbenen Geschäftsanteile und der auf sie entfallenden neuen Geschäftsanteile gelten die Beträge, die sich für die einzelnen Geschäftsanteile ergeben, wenn die Anschaffungskosten der vor der Erhöhung des Stammkapitals erworbenen Geschäftsanteile auf diese und auf die auf sie entfallenden neuen Geschäftsanteile nach dem Verhältnis der Nennbeträge verteilt werden. [2]Der Zuwachs an Geschäftsanteilen ist nicht als Zugang auszuweisen.

Übersicht **Rdn.**

Schrifttum
Literatur: siehe Vorbemerkung zu §§ 57c bis 57o

A. Regelungsbereich

1 Die Vorschrift regelt einen bilanziellen Sachverhalt. Sie wird praktisch nur für diejenigen Gesellschafter relevant, die bilanzierungspflichtig sind und bei denen die Geschäftsanteile zum Betriebsvermögen gehören. In diesen Fällen stellt sich bei einer Kapitalerhöhung aus Gesellschaftsmitteln die Frage, ob sich der Bilanzansatz bei dem Gesellschafter durch die Kapitalerhöhung ändert, und welche Anschaffungskosten bei einer späteren Veräußerung der Beteiligung zugrunde zulegen sind. Die Regelung in § 57o entspricht dem Verständnis des Gesetzgebers, die Kapitalerhöhung nicht als Doppelmaßnahme anzusehen, sondern als bloßen bilanziellen Vorgang zu bewerten (Vorbemerkung vor §§ 57c bis 57o Rdn. 3). Der Gesellschafter hat keinen Zugang zu buchen und keinen Gewinn auszuweisen. Die Anschaffungskosten der alten Anteile sind auf die neuen mit zu verteilen.[1]

1 *Priester*, in: Scholz, GmbHG, § 57o Rn. 1.

B. Kein Zugang beim Gesellschafter

I. Unveränderte Beteiligungsverhältnisse

2 § 57o Satz 2 stellt fest, dass der Zuwachs an Geschäftsanteilen nicht als Zugang auszuweisen ist. Weder handelt es sich um einen materiellen Vermögenszuwachs noch um Zuschreibungen im Sinne von § 268 Abs. 2 Satz 2 HGB, da der Wert des Anteilsbesitzes des Gesellschafters sich durch die Kapitalerhöhung aus Gesellschaftsmitteln nicht erhöht. Der Gesellschafter ist vielmehr unverändert mit derselben Beteiligungsquote am Stammkapital der Gesellschaft beteiligt. Dies gilt sowohl, wenn die Anteile im Anlagevermögen des Gesellschafters, als auch in dessen Umlaufvermögen gehalten werden.[2]

II. Kein Gewinnausweis

3 Durch die Bestimmung in Satz 2 wird zugleich ein Gewinnausweis bei dem Gesellschafter vermieden. Dies gilt wegen § 3 KapErhStG auch steuerlich. Werden allerdings im Zuge der Kapitalerhöhung Teilrechte im Sinne von § 57k hinzu erworben, ist der dafür gezahlte Preis als Zugang auszuweisen.[3]

C. Verteilung der Anschaffungskosten

I. Verteilung auf die Geschäftsanteile

4 Anschaffungskosten für die neuen Geschäftsanteile sind bei dem Gesellschafter infolge der Kapitalerhöhung aus Gesellschaftsmitteln nicht angefallen, weil keine Gegenleistung für die neuen Geschäftsanteile erbracht wird (Vorbemerkung vor §§ 57c bis 57o Rdn. 2 und § 57c Rdn. 1). Allerdings vermindert sich durch die Kapitalerhöhung der Wert der bereits vorhandenen Geschäftsanteile im Umfang der neuen Geschäftsanteile. Aus diesem Grund sind die Anschaffungskosten der vorhandenen Geschäftsanteile auf diese und die neuen Geschäftsanteile **im Verhältnis ihrer Nennbeträge** zu verteilen.[4] **Beispiel** (bei einem Ausgangsstammkapital von € 25.000, einer Kapitalerhöhung um nominal € 25.000 auf insgesamt nominal € 50.000 und drei Gesellschaftern mit je einem Geschäftsanteil im Nennbetrag von € 5.000, € 10.000 und € 10.000):

2 *Priester*, in: Scholz, GmbHG, § 57o Rn. 2.

3 *Priester*, in: Scholz, GmbHG, § 57o Rn. 3 (sowie noch das Beispiel bei Rn. 7 in der Vorauflage); *Zimmermann*, in: Rowedder/Schmidt-Leithoff, GmbHG, § 57o Rn. 4; *Ulmer*, in: Hachenburg, GmbHG, Anh § 57b § 17 KapErhG Rn. 4; Zur Berechnung ferner *Geßler*, WM Sonderbeilage 1/1960, S. 22.

4 *Priester*, in: Scholz, GmbHG, § 57o Rn. 4; *Zöllner*, in: Baumbach/Hueck, GmbHG, § 57o Rn. 2.

5

Gesellschafter	Nennbetrag der vorhandenen Geschäftsanteile	Anschaffungskosten der vorhandenen Geschäftsanteile	Nennbetrag der neu ausgegebenen Geschäftsanteile	Anschaffungskosten Altanteile nach Aufteilung	Anschaffungskosten Neuanteile nach Aufteilung
A	5.000 €	5.000 €	5.000 €	2.500 €	2.500 €
B	10.000 €	7.500 €	10.000 €	3.750 €	3.750 €
C	10.000 €	15.000 €	10.000 €	7.500 €	7.500 €

6 Wandelt man das Beispiel dahingehend ab, dass eine Kapitalerhöhung z.B. nur um nominal € 10.000 stattfindet, gilt dasselbe Prinzip für die Aufteilung. Es ergeben sich dann lediglich ungerade Aufteilungsbeträge. Die Summe der Anschaffungskosten der ursprünglichen Anteile (im Beispiel € 27.500) ist in allen Fällen identisch mit der Summe der Anschaffungskosten für die Alt- und Neuanteile nach der Aufteilung.

II. Verteilung bei mehreren neuen Geschäftsanteilen eines Gesellschafters

7 Nach Inkrafttreten des MoMiG ist es zulässig, dass ein oder mehrere Gesellschafter **mehrere neue Geschäftsanteile** im Rahmen der Kapitalerhöhung aus Gesellschaftsmitteln (ggf. auch mit unterschiedlichen Nennbeträgen) erhalten. In diesem Fall sind die Anschaffungskosten sämtlicher vorhandener Geschäftsanteile ebenfalls proportional auf die neuen Anteile zu verteilen. Das vorgenannte **Beispiel** lässt sich dann wie folgt fortentwickeln (Ausgangszahlen wie im ersten Fall, aber mit dem Unterschied, dass Gesellschafter A und B jeweils zwei neue Geschäftsanteile erhalten sollen, wobei die Nennbeträge dieser Geschäftsanteile bei Gesellschafter A unterschiedlich sind):

8

Gesellschafter	Nennbetrag der vorhandenen Geschäftsanteile	Anschaffungskosten der vorhandenen Geschäftsanteile	Nennbetrag der neu ausgegebenen Geschäftsanteile	Anschaffungskosten Altanteile nach Aufteilung	Anschaffungskosten Neuanteile nach Aufteilung
A	5.000 €	5.000 €	3.500 €	2.500 €	1.750 €
			1.500 €		750 €
B	10.000 €	7.500 €	5.000 €	3.750 €	1.875 €
			5.000 €		1.875 €
C	10.000 €	15.000 €	10.000 €	7.500 €	7.500 €

III. Kein »Mischkurs«

9 Standen die bereits vorhandenen Geschäftsanteile mit einem niedrigeren Wert zu Buche, ist der niedrigere Wert auf die Anteile zu verteilen (in den Beispielen der Geschäftsanteil des Gesellschafters B im Nennbetrag von € 10.000, der mit € 7.500 bilanziert wurde).[5] Wurden die alten Anteile zu unterschiedlichen Preisen erworben, muss für mehrere neue Anteile kein Mischkurs gebildet zu werden. Die Buchwerte sind vielmehr getrennt auf die einzelnen Anteile – wie in den vorgenannten Beispielen geschehen – aufzuteilen.[6]

IV. Teilrechte

10 Erwirbt ein Gesellschafter Teilrechte hinzu, was nach Aufhebung der strengeren Teilbarkeitsvorschriften durch das MoMiG selten sein dürfte, ergibt sich der Wert des nach Zukauf entstandenen Vollrechts aus den anteilig errechneten alten Anschaffungskosten des vorhandenen Teilrechts zuzüglich der tatsächlich gezahlten Anschaffungskosten des hinzu erworbenen Teilrechts.[7]

§ 58 Herabsetzung des Stammkapitals

(1) Eine Herabsetzung des Stammkapitals kann nur unter Beobachtung der nachstehenden Bestimmungen erfolgen:

1. **der Beschluss auf Herabsetzung des Stammkapitals muss von den Geschäftsführern in den Gesellschaftsblättern bekanntgemacht werden; in dieser Bekanntmachung sind zugleich die Gläubiger der Gesellschaft aufzufordern, sich bei derselben zu melden; die aus den Handelsbüchern der Gesellschaft ersichtlichen oder in anderer Weise bekannten Gläubiger sind durch besondere Mitteilung zur Anmeldung aufzufordern;**
2. **die Gläubiger, welche sich bei der Gesellschaft melden und der Herabsetzung nicht zustimmen, sind wegen der erhobenen Ansprüche zu befriedigen oder sicherzustellen;**
3. **die Anmeldung des Herabsetzungsbeschlusses zur Eintragung in das Handelsregister erfolgt nicht vor Ablauf eines Jahres seit dem Tage, an welchem die Aufforderung der Gläubiger in den Gesellschaftsblättern stattgefunden hat;**
4. **mit der Anmeldung ist die Bekanntmachung des Beschlusses einzureichen; zugleich haben die Geschäftsführer die Versicherung abzugeben, dass die Gläubiger, welche sich bei der Gesellschaft gemeldet und der Herabsetzung nicht zugestimmt haben, befriedigt oder sichergestellt sind.**

---

5 *Priester*, in: Scholz, GmbHG, (9. Auflage 2002), § 57o Rn. 5; *Börnstein*, DB 1960, 217; *Lutter*, in: KK-AktG, § 220 Rn. 3; *Roth*, in: Roth/Altmeppen, GmbHG, § 57o Rn. 2.

6 *Priester*, in: Scholz, GmbHG, (9. Auflage 2002), § 57o Rn. 5; *Lutter*, in: Lutter/Hommelhoff, GmbHG, § 57o Rn. 1; *Zimmermann*, in: Rowedder/Schmidt-Leithoff, GmbHG, § 57o Rn. 2.

7 So zutreffend *Priester*, in: Scholz, GmbHG, (9. Auflage 2002), § 57o Rn. 7 unter Hinweis auf *Geßler*, WM-Sonderbeilage 1/1960, S. 22.

(2) [1]Die Bestimmung in § 5 Abs. 1 über den Mindestbetrag des Stammkapitals bleibt unberührt. [2]Erfolgt die Herabsetzung zum Zweck der Zurückzahlung von Einlagen oder zum Zweck des Erlasses zu leistender Einlagen, dürfen die verbleibenden Nennbeträge der Geschäftsanteile nicht unter den in § 5 Abs. 2 und 3 bezeichneten Betrag herabgehen.

Übersicht **Rdn.**

Schrifttum

Böhringer, Das neue GmbH-Recht in der Notarpraxis, BWNotZ 2008, 104; *Halm,* Formelle und materielle Erfordernisse der ordentlichen Kapitalherabsetzung im Recht der GmbH, DStR 1997, 1332; *Hochmuth,* Die Kapitalherabsetzung bei der GmbH unter der Geltung des MoMiG, GmbHR 2009, 349; *Jaeger,* Sicherheitsleistung für Ansprüche aus Dauerschuldverhältnissen bei Kapitalherabsetzung, DB 1996, 1069; *Kussmaul/Richter/Tcherveniachki,* Die Behandlung der Kapitalherabsetzung anlässlich der Abfindung eines lästigen Gesellschafters einer GmbH, GmbHR 2007, 911; *Lwowski/Wunderlich,* Insolvenzanfechtung von Kapitalherabsetzungs- und Umwandlungsmaßnahmen, NZI 2008, 595; *Maser/Sommer,* Die Neuregelung der »Sanierenden Kapitalherabsetzung« bei der GmbH, GmbHR 1996, 22; *Schröer,* Sicherheitsleistung für Ansprüche aus Dauerschuldverhältnissen bei Unternehmensumwandlungen, DB 1999, 317

A. Normzweck

1 Die Kapitalherabsetzung ist die Minderung des in der Satzung festgelegten Stammkapitalbetrages. Sie erfolgt durch Satzungsänderung. Das Verfahren der Kapitalherabsetzung ähnelt im Bezug auf die Regelungen zum Gläubigerschutz den Vorschriften zur Liquidation einer Gesellschaft (vgl. § 65 Abs. 2 Bekanntmachung und Gläubigeraufforderung sowie § 73 Sperrjahr), sodass bei der Herabsetzung des Stammkapitals auch von einer »Mini-Liquidation« gesprochen werden kann.

2 Dabei wird bilanziell betrachtet nur die Passivposition »Gezeichnetes Kapital« (§ 266 III A I HGB) verringert, was sich nicht zwingend auf das Vermögen der Gesellschaft auswirken muss. Teilweise wird daher von einem reinen Buchungsvorgang gesprochen.[1] Aus rechtlicher Sicht ermöglicht die Kapitalherabsetzung, dass das zunächst gebundene Stammkapital von der Bindungswirkung des § 30 befreit wird, um sodann anderen Zwecken zugeführt zu werden. Die Pflicht aus § 30 zur Erhaltung des Stammkapitals als Haftungsfond dient dem Schutz der Gläubiger einer Gesellschaft und fungiert als Ausgleich für die beschränkte Haftung. Durch eine Kapitalherabsetzung wird diese Haftungsmasse reduziert. Deshalb hat der Gesetzgeber § 58 als eine weitere Vorschrift zum Schutz der Gesellschaftsgläubiger eingeführt und erlaubt eine Herabsetzung lediglich nach Einhaltung des dort normierten Verfahrens. § 58 Abs. 1 Nr. 1 und 2 enthalten materielle Vorraussetzungen für das Herabsetzungsverfahren, die Bekanntmachung des Herabsetzungsbeschlusses, den Gläubigeraufruf sowie Befriedigung oder Sicherstellung der Gläubiger. Die Nummern 3 und 4 des ersten Absatzes regeln daneben die formellen Vorraussetzungen, den Ablauf eines Sperrjahres und Vorlage notwendiger Nachweise bei der Anmeldung des Herabsetzungsbeschlusses zum Handelsregister. Schließlich wird die Herabsetzung des Stammkapitals durch den Verweis in § 58 Abs. 2 auf § 5 auf das Mindeststammkapital von EUR 25.000,- begrenzt. Eine Kapitalherabsetzung bis in die UG (haftungsbeschränkt) § 5 a mit einem geringeren Stammkapital, ist damit nicht möglich.[2] Eine Unterschreitung des Mindeststammkapitals auch bei gleichzeitiger Kapitalerhöhung bis über die Grenze ist auf Grund des klaren Wortlautes des § 58 Abs. 2 S. 1 und dem Fehlen einer dem § 228 AktG entsprechenden Regelung abzulehnen.[3] Angesichts der ausdrücklichen Erlaubnis in § 58 a Abs. 4 und des erleichterten Verfahrens, wird in betreffenden Fällen gleichwohl die vereinfachte Kapitalherabsetzung durchgeführt.

3 Durch Art. 12 Nr. 4 des JKomG vom 22.3.2005[4] wurde im Zuge der Anpassung an den geänderten § 12 n. F. der Verweis in § 58 auf »bezeichnete Blätter« gem. § 30 a.

1 *Halm*, DStR 1997, 1332 mit Verweis auf *Schilling*, in: Hachenburg, GmbHG, 6. Aufl., § 58 Rn. 2, *Zöllner*, in Baumbach/Hueck, GmbHG, § 58 Rn. 1.

2 *Roth*, in Altmeppen/Roth, GmbHG, § 58 Rn. 3 und § 5a Rn. 5.

3 Dagegen *Casper*, in: Ulmer/Habersack/Winter, GmbHG, § 58 Rn. 26 mit Berufung auf LG Saarbrücken, GmbHR 1992, 380, dafür *Zöllner*, in: Baumbach/Hueck, GmbHG, § 58 Rn. 4.

4 Gesetz über die Verwendung elektronischer Kommunikationsformen in der Justiz – Justizkommunikationsgesetz vom 22.3.2005, BGBl. I 2005, 837.

F. gestrichen und durch Bekanntmachung in den »Gesellschaftsblättern« ersetzt. Die Abschaffung des Mindestbetrages eines Geschäftsanteils (zuvor Stammeinlage genannt) von EUR 100,–, sowie seiner Teilbarkeit durch 50 im § 5 durch Art. 1 des MoMiG[5], führten zu notwendigen Folgeänderungen des § 58 Abs. 2. Die Geschäftsanteile müssen nunmehr nur auf volle Euro lauten, worauf der § 58 Abs. 2 S. 2 für Kapitalherabsetzungen zum Zwecke der Zurückzahlung von Einlagen oder des Erlasses zu leistender Einlagen verweist.[6] Die vorerst letzte Veränderung erfuhr § 58 durch das ARUG .[7] Die Umgestaltung und Vereinfachung des AktG sowie des § 10 hinsichtlich der Eintragung von Änderungen zum genehmigten Kapital wirkten sich auf § 58 Abs. 1 Nr. 1 in der Streichung der Pflicht zur dreimaligen Bekanntmachung des Herabsetzungsbeschlusses aus, sodass die Anmeldung in Abs. 1 Nr. 3 bereits nach Ablauf eines Jahres nach der ersten Bekanntmachung möglich ist und auch nur der Nachweis einer einzigen Bekanntmachung gem. Abs. 1 Nr. 4 bei der Anmeldung einzureichen ist.

4 Das durch MoMiG neu geschaffene EGGmbHG[8] ersetzt in seinem § 1 den § 86 a. F. Zur Anpassung an die Umstellung der Währung können Änderungen des Stammkapitals gem. § 1 Abs. 1 Satz 4 EGGmbHG nach dem 31.12.2001 nur dann eingetragen werden, wenn das Stammkapital auf Euro lautet. Gem. § 1 Abs. 3 S. 3 Hs. 2 EGGmbHG ist jedoch § 58 bei der Umstellung der Nennbeträge auf Euro dann nicht zu beachten, wenn zugleich eine Erhöhung des Stammkapitals gegen Bareinlagen beschlossen und vor der Anmeldung auch geleistet wird. Der § 1 EGGmbHG wird als »privilegierte Kapitalherabsetzung« als Unterfall der ordentlichen Herabsetzung gesehen.[9]

B. Kapitalherabsetzung

I. Formen der Kapitalherabsetzung

5 Das Gesetz unterscheidet zwischen der **ordentlichen Kapitalherabsetzung** gem. § 58 und der **vereinfachten Kapitalherabsetzung** nach §§ 58 a-f[10], welche zum Zwecke des Ausgleichs einer Wertminderung oder sonstiger Verluste vorgenommen werden kann und – zumeist zum Zwecke der Sanierung – mit einer Kapitalerhöhung ver-

5 Gesetzt zur Modernisierung des GmbH-Rechts und zur Bekämpfung von Missbräuchen (MoMiG) vom 23.10.2008 (BT-Drs. 16/9737) BGBl. I 2008, 2026, in Kraft 1.11.2008.

6 Zu Änderungen durch MoMiG und den misslungenen Verweis in § 58 Abs. 2 S. 2 *Hohmuth*, GmbHR 2009, 349.

7 Gesetz zur Umsetzung der Aktionärsrechterichtlinie vom 30.7.2009 (BT-Drs. 16/13098) BGBl. I 2009, 2479, in Kraft 1.9.2009.

8 Verkündet durch Art. 2 MoMiG vom 23.10.2008 (BGBl. I 2008, 2026), in Kraft 1.11.2008.

9 Mehr *Zeidler*, in Michalski, GmbHG, EGGmbHG, § 1 Rn. 38.

10 Eingeführt durch Art. 48 EGInsO – Einführungsgesetz zur Insolvenzordnung vom 5.10.1994, BGBl. I 1994, 2911, in Kraft 1.1.1999.

bunden wird (mehr unter **§ 58 a Rdn. 20 ff.**). Die vereinfachte Kapitalherabsetzung dient dazu, eine bestehende Unterbilanz auszugleichen, indem die Stammkapitalziffer an das tatsächlich vorhandene Stammkapital anpasst wird.[11] Sie wird daher auch als **nominelle Kapitalherabsetzung bezeichnet**[12]. Die ordentliche Kapitalherabsetzung kann demgegenüber zum Zwecke der Freisetzung des gebundenen Vermögens für die Rückzahlung oder den Erlass von Stammeinlagen, der Abfindung ausscheidender Gesellschafter oder auch der Einstellung in Rücklagen erfolgen. Wird das Vermögen zur Ausschüttung frei oder zumindest für eine spätere Ausschüttung in die Rücklagen abgeführt, liegt ein Fall der effektiven Kapitalherabsetzung vor. Die unterschiedlichen Ausgangsituationen erfordern verschiedene Mechanismen zum Gläubigerschutz, demnach auch unterschiedliche Herabsetzungsverfahren. So ist für die ordentliche Kapitalherabsetzung der Ablauf eines Sperrjahres vor der Anmeldung des Herabsetzungsbeschlusses sowie die Befriedigung oder Sicherstellung der Gesellschaftsgläubiger vorgesehen, während die vereinfachte Kapitalherabsetzung nur die Ausschüttung für eine längere Zeit nach der Herabsetzung sperrt, § 58 d.

6 Eine Kapitalherabsetzung kann bereits in der Phase der Vor-GmbH erfolgen.[13] Nach Auflösung einer Gesellschaft ist die Kapitalherabsetzung – soweit der Abwicklungszweck nicht gefährdet wird – grundsätzlich möglich[14], wenngleich wenig sinnvoll.

7 Die Kapitalherabsetzung ist von anderen gesellschaftsrechtlichen Maßnahmen der Veränderung von Geschäftsanteilen, wie etwa der Einziehung i. S. v. § 34 abzugrenzen.[15] Beide können unabhängig voneinander durchgeführt werden. Nach einer erfolgten Amortisation gem. § 34 entspricht die Summe der Nennbeträge der Geschäftsanteile jedoch nicht mehr dem Stammkapital, was nicht nur einen Schönheitsfehler, sondern vielmehr einen Verstoß gegen § 5 Abs. 3 S. 2 darstellt.[16] Durch eine Kapitalherabsetzung kann eine Anpassung durchgeführt werden, um nach der Einziehung die Summe der Geschäftsanteile wieder mit dem Stammkapital zu harmonisieren.[17]

II. Zweck der Kapitalherabsetzung

8 Die Kapitalherabsetzung kann dazu eingesetzt werden, eine **Unterbilanz** zu beseitigen, also den Zustand auszugleichen, dass die Vermögensgegenstände einer Gesell-

---

11 *Priester,* in: Scholz, GmbHG, § 58 Rn. 14.

12 *Maser/Sommer,* GmbHR 1996, 22; *Waldner,* in: Michalski, GmbHG, Vorb. zu §§ 58 ff. Rn. 7.

13 Auch zu Fragen der Haftung siehe *Priester,* in: Scholz, GmbHG, § 58 Rn. 44; *Waldner,* in: Michalski, GmbHG, § 58 Rn. 11.

14 Auch zum Prüfungsumfang des Registergerichts im Falle der Auflösung: OLG Frankfurt, Beschl. v. 14.9.1973 – 20 W 639/73, NJW 1974, 463.

15 Siehe *Altmeppen/Roth,* in: Altmeppen/Roth, GmbHG, § 34 Rn. 72 ff. und § 58 Rn. 3.

16 *Altmeppen,* in: Altmeppen/Roth, GmbHG, § 34 Rn. 72.

17 *Inhester,* in: Saenger/Inhester, GmbHG, § 58 Rn. 9; *Waldner,* in: Michalski, GmbHG, Vorb. zu §§ 58 ff. Rn. 2.

schaft nach Abzug aller Schuldpositionen unter dem Betrag des Stammkapitals fallen. Hierbei wird kein Vermögen von der Bindung des § 30 frei, vielmehr wird die Stammkapitalziffer an den tatsächlichen Zustand angepasst[18], sodass den Gläubigern keine Haftungsmasse entzogen wird. Die Herabsetzung ermöglicht eine zukünftige Ausschüttung[19], da nachträglich anfallender Gewinn nicht mehr zur Deckung des Fehlbetrages und Auffüllung des Stammkapitals überführt werden muss. Als Gegenstück zur Kapitalerhöhung aus Gesellschaftsmitteln(§§ 57c ff.), dient die Herabsetzung der Anpassung an die bestehenden finanziellen Verhältnisse.[20] In diesen Fällen bedient sich die Praxis allerdings regelmäßig des schnelleren und einfacheren Verfahrens der vereinfachten Kapitalherabsetzung nach §§ 58 a ff (vgl. **§ 58a Rdn. 2**). Insbesondere weil diese mit einer gleichzeitigen Kapitalerhöhung verbunden werden kann und so in Sanierungsfällen effektiver ist.

9 Soweit das Stammkapital durch Aktiva gedeckt ist und keine Unterbilanz vorliegt, kann die Kapitalherabsetzung der Befreiung des Stammkapitals von der Bindungswirkung des § 30 dienen, zumindest bis zur Mindestgrenze des § 5 Abs. 1. Das frei gewordene Kapital kann zur **Gewinnausschüttung** oder **Rückzahlung von Stammeinlagen** (Zustimmungserfordernisse bei ungleichmäßiger Rückzahlung **Rdn. 15**) verwandt werden oder in die freien **Rücklagen eingestellt** werden. Zwar bewirkt die Einstellung in Rücklagen (§ 266 Abs. 3 A II HGB) wirtschaftlich betrachtet keine Änderung im Vermögen der Gesellschaft[21], gleichwohl kann über das Kapital nun jederzeit und frei verfügt werden, da die Kapitalbindung des § 30 sich nicht auf die freien Rücklagen erstreckt.[22] Die Kapitalherabsetzung kann zudem zum Zwecke des Erlasses noch **ausstehender und nicht voll eingezahlter Stammeinlagen** dienen, vgl. § 19 Abs. 3. Hierbei ist neben der Kapitalherabsetzung ein Erlassvertrag gem. § 397 BGB zwischen der Gesellschaft und den Gesellschaftern abzuschließen.[23] Scheiden Gesellschafter aus der Gesellschaft unter Einziehung ihrer Anteile von Seiten der Gesellschaft aus, haben sie einen Anspruch auf Abfindung, der nicht immer aus freien Gesellschaftsmitteln gezahlt werden kann. Hier kann die Kapitalherabsetzung zur **Abfindung ausscheidender Gesellschafter**[24] unter Korrektur des Stammkapitalbetrages mit Berücksichtigung des § 34 durchgeführt werden. Schließlich kann durch eine Kapitalherabsetzung eine **fehlerhafte Kapitalerhöhung** korrigiert werden.[25]

10 Gem. § 5 Abs. 3 S. 2 muss die Summe der Nennbeträge aller Geschäftsanteile mit dem Stammkapital übereinstimmen. Bei Minderung des Stammkapitalbetrages sind

18 *Casper*, in: Ulmer/Habersack/Winter, GmbHG, § 58 Rn. 13.

19 *Priester*, in: Scholz, GmbHG, § 58 Rn. 14.

20 *Priester*, in: Scholz, GmbHG, § 58 Rn. 14.

21 *Priester*, in: Scholz, GmbHG, § 58 Rn. 13.

22 *Casper*, in: Ulmer/Habersack/Winter, GmbHG, § 58 Rn. 12.

23 *Casper*, in: Ulmer/Habersack/Winter, GmbHG, § 58 Rn. 62 zum konkludenten Vertragsabschluss, *Priester*, in: Scholz, GmbHG, § 58 Rn. 79.

24 Zur Abfindung samt steuerlichen Aspekten siehe *Kussmaul/Richter/Tcherveniachki*, GmbHR 2007, 911.

25 *Zöllner*, in: Baumbach/Hueck, GmbHG, § 58 Rn. 27.

deshalb die einzelnen Geschäftsanteile an den neuen Betrag anzupassen. Dabei kann sich die Kapitalherabsetzung auf alle Geschäftsanteile gleichmäßig auswirken, sodass alle Nennbeträge der Geschäftsanteile entsprechend ihrem Verhältnis herabgesetzt werden.[26] Möglich ist aber auch einzelne Geschäftsanteile mit Zustimmung des betroffenen Gesellschafters stärker zu belasten und eine sog. disproportionale Herabsetzung zu bestimmen (siehe auch **Rdn. 15**). Die Höhe der Nennbeträge der Geschäftsanteile muss dabei nach dem MoMiG nur auf volle Euro lauten[27] (Verweis in § 58 Abs. 2 S. 2 auf § 5 Abs. 2 S. 1 n. F.[28]). Die Kapitalherabsetzung kann mit und ohne Einziehung von Geschäftsanteilen oder unter ihrer Zusammenlegung erfolgen.[29] Nach dem MoMiG ist die Kapitalherabsetzung unter Einziehung und Erlass eines Geschäftsanteils für die Praxis attraktiv geworden.[30]

C. Kapitalherabsetzungsbeschluss

I. Gesellschafterbeschluss

1. Form der Beschlussfassung

11 Die Kapitalherabsetzung stellt als Änderung des Stammkapitalbetrages (vgl. § 3 Abs. 1 Nr. 3) eine Satzungsänderung dar, sodass der **Beschluss auf Herabsetzung** des Stammkapitals nach § 58 Abs. 1 Nr. 1 nur durch die Gesellschafter in der Form des § 53 ergehen kann.[31] Nach § 53 Abs. 2 muss der Beschluss (durch einen deutschen Notar[32]) notariell beurkundet sein und bedarf einer Mehrheit von drei Vierteln der abgegebenen Stimmen, soweit keine strengeren Regelungen in der Satzung getroffen wurden (siehe § 53 Rdn. 40 ff., 46 ff.).

2. Inhalt des Beschlusses

12 Im Gesellschafterbeschluss sind die Entscheidung über eine Kapitalherabsetzung und der Betrag, auf den das Stammkapital herabgesetzt werden soll, anzugeben.[33] Der Betrag darf nicht unter dem Mindeststammkapital von EUR 25.000,- liegen (§ 58 Abs. 3 S. 1 i.V.m. § 5 Abs. 1). Es muss nicht notwendigerweise ein bestimmter Herabsetzungsbetrag, sondern es kann ein Höchstbetrag beschlossen werden, solange dieser bestimmbar ist.[34] Dies kann wegen möglicher Veränderungen der finanziellen

26 *Waldner*, in: Michalski, GmbHG, § 58 Rn. 11 ff.

27 *Priester*, in: Scholz, GmbHG, § 58 Rn. 25 ff.

28 Zur Unbeachtlichkeit der Ausnahme in § 58 Abs. 2 S. 2 und dem misslungenen Wortlaut *Hochmuth*, GmbHR 2009, 349; *Zöllner*, in: Baumbach/Hueck, GmbHG, § 58 Rn. 7a.

29 Näher *Priester*, in: Scholz, GmbHG, § 58 Rn. 16 ff.; *Casper*, in: Ulmer/Habersack/Winter, GmbHG, § 58 Rn. 7 ff.

30 *Hohmuth*, GmbHR 2009, 349, 351.

31 *Waldner*, in: Michalski, GmbHG, § 58 Rn. 3.

32 *Priester*, in: Scholz, GmbHG, § 58 Rn. 31.

33 Formulierungsvorschlag *Döbereiner*, in: Lorz/Pfisterer, Formular GmbH-Recht, S. 582 ff.

34 *Waldner*, in: Michalski, GmbHG, § 58 Rn. 6; *Priester*, in: Scholz, GmbHG, § 58 Rn. 34.

Umstände innerhalb des Sperrjahres sachdienlich sein. In der Praxis findet man etwa häufiger eine Herabsetzung um die in der Handelsbilanz ausgewiesenen Verluste. Der Betrag muss bei der Anmeldung zum Handelsregister durch objektive, im Beschluss genannte Kriterien festgelegt werden. Dies liegt daran, dass die Entscheidung über eine Kapitalherabsetzung den Gesellschaftern obliegt und für Dritte Bindungswirkung erzeugt, während die Anmeldung durch Geschäftsführer vollzogen wird (siehe **Rdn. 28**). Die Entscheidungskompetenz darf nicht eigenständig von den Geschäftsführern übernommen werden.[35] Neben der Kapitalherabsetzung sollte zugleich über die Minderung der einzelnen Geschäftsanteile beschlossen werden. Hierzu sind §§ 5 Abs. 3, 58 Abs. 2 S. 2 zu beachten, so dass die Summe der Nennbeträge der Geschäftsanteile mit dem neuen Kapitalnennbetrag übereinstimmen muss. Sollen die einzelnen Geschäftsanteile disproportional an das herabgesetzte Stammkapital angepasst werden, so muss auch dies explizit im Beschluss aufgenommen sein.[36] Erfolgt eine Bestimmung zur Minderung der einzelnen Geschäftsanteile nicht, werden die Nennbeträge der Geschäftsanteile *ipso jure* im Verhältnis der Kapitalbeteiligungen der Gesellschafter herabgesetzt.[37] Für die Berechnung der Notargebühren ist der Betrag der Kapitalherabsetzung als Geldwert maßgeblich, wobei sich die Kosten der ordentlichen und vereinfachten Kapitalherabsetzung nicht unterscheiden.[38] Es gilt die Höchstgebühr von EUR 5.000 (§ 47 S. 2 KostO).

13 Fraglich ist, ob der Gesellschafterbeschluss auch den **Zweck** der Kapitalherabsetzung enthalten muss. Obwohl eine dem Aktienrecht entsprechende Regelung zur Zweckangabe nach § 222 Abs. 3 AktG im GmbHG fehlt, plädiert die h. M. für eine Zweckbenennung.[39] Zur Begründung wird teilweise darauf abgestellt, dass der Zweck in entsprechender Anwendung des § 222 Abs. 3 AktG aus Gründen des Gläubigerschutzes anzugeben ist, damit Gläubiger besser entscheiden können, ob sie der Kapitalherabsetzung zustimmen oder widersprechen möchten.[40] Zugleich wird vertreten, dass das Registergericht eine Zweckangabe zur Prüfung der Einhaltung des § 58 Abs. 2 S. 2 benötige.[41] In seinem jüngsten Beschluss sieht das OLG Hamm[42] die Notwendigkeit der Zweckangabe in der alleinigen Befugnis der Gesellschafter einen Herabsetzungsbetrag festzulegen, an welchen die Geschäftsführer anschließend – ins-

35 *Priester*, in: Scholz, GmbHG, § 58 Rn. 34; *Luttter*, in: Lutter/Hommelhoff, GmbHG, § 58 Rn. 7.

36 H.M. *Zöllner*, in: Baumbach/Hueck, GmbHG, § 58 Rn. 19; *Priester*, in: Scholz, GmbHG, § 58 Rn. 35.

37 *Waldner*, in: Michalski, GmbHG, § 58 Rn. 11.

38 *Waldner*, in: Michalski, GmbHG, Vorb. §§ 58-58f Rn. 16.

39 *Zöllner*, in: Baumbach/Hueck, GmbHG, § 58 Rn. 20; *Roth*, in: Altmeppen/Roth, GmbHG, § 58 Rn. 15; *Priester*, in: Scholz, GmbHG, § 58 Rn. 37.

40 BayObLG, Beschl. v. 16.1.1979 – 1 Z 127/78, BayObLGZ 1979, 4 = MittbayNot 1979, 30 = GmbHR 1979, 111; bejahend auch *Maser/Sommer*, GmbHR 1996, 22, 28 sowohl für die ordentliche als auch für die vereinfachte Kapitalherabsetzung; *Roth*, in: Altmeppen/Roth, GmbHG, § 58 Rn. 15.

41 Kritisch dazu *Zöllner*, in: Baumbach/Hueck, GmbHG, § 58 Rn. 20.

42 OLG Hamm, Beschl. v. 11.11.2010 – I-15 W 191/10.

besondere bei einem nachträglichen Zweckwegfall – gebunden sind. Die Angabe des Zweckes ist richtig. Sie wird in der Praxis empfohlen und ist auch vom Gesetzgeber mittelbar bestätigt worden.[43] Es können mehrere Zwecke nebeneinander in einem bestimmten oder bestimmbaren Stufenverhältnis verfolgt werden.[44] Aufgrund der Bindungswirkung für Geschäftsführer ist die Bestimmung von Alternativzielen gleichwohl nicht erlaubt, da die Zweckfestlegung zu den Gesellschafterpflichten gehört.

14 Eine Änderung des Betrages und des Zweckes der Kapitalherabsetzung ist bis zur Eintragung im Handelsregister möglich, da die Wirksamkeit – wie bei allen Satzungsänderungen – gem. § 54 Abs. 3 erst mit Eintragung eintritt.[45] Die Änderung bedarf als Satzungsänderung der Form des § 53 und muss mit einer drei Viertel Mehrheit der abgegebenen Stimmen verabschiedet werden. Wird dabei der Betrag, um welchen das Kapital herabgesetzt werden soll, erhöht, müssen zum Schutz der Gläubiger wiederum die Vorschriften aus § 58 Abs. 1 eingehalten werden, sprich es hat eine Bekanntmachung des neuen Beschlusses zu erfolgen. Die Jahressperrfrist beginnt neu zu laufen. Die Aufhebung des Herabsetzungsbeschlusses ist nach der h. M. zur Aufhebung von satzungsändernden Beschlüssen (siehe **§ 53 Rdn. 65**) formlos und mit satzungsgemäßer, also regelmäßig einfacher Mehrheit möglich, da eine Verschlechterung der Gläubigerinteressen aufgegeben wird.[46] Nach Aufhebung des Herabsetzungsbeschlusses entfällt die Befriedigung bzw. Sicherstellung der Gläubiger.[47] Nach Eintragung der Kapitalherabsetzung ins Handelsregister soll eine Zweckänderung nur unter Zustimmung aller Gesellschafter möglich sein.[48]

3. Gesonderte Zustimmungserfordernisse

15 Grundsätzlich wird der Kapitalherabsetzungsbeschluss mit einer drei Viertel Mehrheit nach § 53 Abs. 2 beschlossen, soweit keine abweichenden strengeren Regelungen in der Satzung vorgeschrieben sind. Abweichungen hiervon können sich ergeben, wenn in Sonderrechte von Gesellschaftern eingegriffen wird. Dies ist der Fall, wenn die Herabsetzung zum Zwecke der Ausschüttung an Gesellschafter unabhängig von ihrem Anteil dient, wenn also einzelne Gesellschafter partiell benachteiligt werden. In einem solchen Fall wird zum Schutz der Minderheiten und der ungleich Benachteiligten bei der Herabsetzung oder der folgenden geplanten Ausschüttung ein

---

43 Gesetzesbegründung zur Einführung der §§ 58 a-f (BT-Drs. 12/3803 S. 87, 88): Zweckangabe auch ohne gesetzliche Regelung, sowohl bei § 58, als auch bei § 58 a.

44 *Waldner,* in: Michalski, GmbHG, § 58 Rn. 8.

45 *Waldner,* in: Michalski, GmbHG, § 58 Rn. 9; *Inhester,* in: Saenger/Inhester, GmbHG, § 58 Rn. 14.

46 *Priester,* in: Scholz, GmbHG, § 58 Rn. 43; *Inhester,* in: Saenger/Inhester, GmbHG, § 58 Rn. 14.

47 *Prieser,* in: Scholz, GmbHG, § 58 Rn. 43.

48 *Priester,* in: Scholz, GmbHG, § 58 Rn. 42; *Waldner,* in: Michalski, GmbHG, § 58 Rn. 10; *Lutter,* in: Lutter/Hommelhoff, GmbHG, § 58 Rn. 8.

Zustimmungsbedürfnis bejaht.[49] Uneinigkeit besteht gleichwohl bezüglich der Frage, wer zustimmen muss. Während *Roth*[50] sich nur für die Zustimmung der Benachteiligten unter Einhaltung des Gleichheitsgebotes ausspricht, wird richtigerweise von der vorherrschenden Meinung die Zustimmung aller, auch der Abwesenden, gefordert, sodass deren Fehlen zur Anfechtbarkeit oder gar Nichtigkeit (siehe **Rdn. 34**) des Beschlusses führen kann.[51] Wird die Kapitalherabsetzung mit der Einziehung eines Geschäftsanteils eines Gesellschafters kombiniert, so ist ihm das Stimmrecht versagt, wenn er auch für die Einziehung keines hat.[52]

II. Bekanntmachung des Beschlusses

1. Bekanntmachung

16 Die Pflicht zur dreimaligen Bekanntmachung ist zum 1.9.2009 auf Basis des ARUG[53] entfallen. Die **Bekanntmachung des Herabsetzungsbeschlusses** erfolgt nunmehr einmalig durch den oder die Geschäftsführer in vertretungsberechtigter Anzahl nach § 35 in den Gesellschaftsblättern. Gem. § 12 ist dies der elektronische Bundesanzeiger, soweit nicht etwas anderes im Gesellschaftsvertrag vorgesehen ist.

17 Die Bekanntmachung gem. § 58 Abs. 1 Nr. 1 muss nach h. M. nur den Herabsetzungsbetrag und die Aufforderung an Gläubiger enthalten, sich bei der Gesellschaft zu melden.[54] Im Falle einer Höchstbetragsherabsetzung sind zudem noch der Höchstbetrag und die Umstände zu nennen, nach denen sich der Maximalbetrag bestimmt.[55] Ob darüber hinaus auch der Zweck der Kapitalherabsetzung zu nennen ist, ist gesetzlich nicht geregelt. Die Rspr.[56] verneint eine solche Verpflichtung. Aus Gläubigerschutzinteressen fordert ein Teil der Lit. auch den Zweck der Kapitalherabsetzung bei der Bekanntmachung als notwendiges Bestandteil des Herabsetzungsbeschlusses zu benennen.[57] Nur in Kenntnis des Zweckes der Kapitalherabsetzung könnte ein Gläubiger die Entscheidung treffen, ob er sich bei der Gesellschaft melden und der Herabsetzung widersprechen solle, ob er zustimme und wie er künftig Geschäfte mit der Gesellschaft abwickele. Da die Angaben im Handelsregister für

---

49 *Priester*, in: Scholz, GmbHG, § 58 Rn. 41; *Lutter*, in: Lutter/Hommehoff, GmbHG, § 58 Rn. 10, 11; *Casper*, in: Ulmer/Habersack/Winter, GmbHG, § 58 Rn. 23 ff.

50 *Roth*, in: Altmepper/Roth, GmbHG, § 58 Rn. 14; bejahend auch *Heckschen*, in: Heckschen/Heidinger, GmbH, § 10 Rn. 207; *Waldner*, in: Michalski, GmbH, § 58 a Rn. 15.

51 *Lutter*, in: Lutter/Hommelhoff, GmbHG, § 58 a Rn. 20; *Priester*, in: Scholz, GmbHG, § 58 Rn. 41.

52 *Zöllner*, in: Baumbach/Hueck, GmbHG, § 58 Rn. 21.

53 ARUG BT-Drs. 16/13098 (BGBl. I 2009, 2479).

54 *Caspar*, in: Ulmer/Habersack/Winter, GmbHG, § 58 Rn. 40; *Lutter*, in: Lutter/Hommelhoff, GmbHG, § 58 Rn. 15; *Priester*, in: Scholz, GmbHG, § 58 Rn. 47; *Zöllner*, in: Baumbach/Hueck, GmbHG, § 58 Rn. 23.

55 *Inhester*, in: Saenger/Inhester, GmbHG, § 58 Rn. 15.

56 LG Augsburg, Beschl. v. 17.7.1979 – 2 HK 1715/79, MittBayNot 1979, 123.

57 *Roth*, in: Altmepper/Roth, GmbHG, § 58 Rn. 16; *Waldner*, in: Michalski, GmbHG, § 58 Rn. 16.

jedermann einsehbar sind, was das Diskretionsinteresse der Gesellschaft beeinträchtigen würde, ist richtigerweise der Zweck wegen der negativen Publizität der Rspr. folgend nicht zu veröffentlichen. Gleichwohl muss dieser auf Nachfrage dem Gläubiger mitgeteilt werden.[58]

2. Besondere Mitteilung

18 Neben der Bekanntmachung bedarf es nach § 58 Abs. 1 Nr. 1 einer **besonderen Mitteilung** an die der Gesellschaft aus Handelsbüchern oder in anderer Weise bekannten Gläubiger. Diese sind von Geschäftsführern zu ermitteln. Dabei sind Gläubiger nur Forderungsinhaber, deren Forderung noch nicht befriedigt oder nicht dinglich gesichert ist, unabhängig davon, ob ihre Forderung bereits fällig, betagt, streitig oder bedingt ist.[59] Bei einer persönlich haftenden GmbH in einer GmbH & Co KG sind Gläubiger auch solche der Kommanditgesellschaft, vgl. §§ 161, 128 HGB.[60]

19 Eine besondere Mitteilung ergeht an Gläubiger deren Forderung vor der Bekanntmachung begründet war. Ob auch später hinzutretende Gläubiger über den Kapitalherabsetzungsbeschluss zu informieren sind, ist umstritten. Nach h. M. bedarf es keiner weiteren Mitteilung[61], eine solche könne laut *Casper* nur nach allgemeinen schuldrechtlichen Grundsätzen über Aufklärungs- und Rücksichtnahmepflichten bestehen.[62] Teilweise wird von der h. M. eine Mitteilungspflicht bei größeren Geschäftsabschlüssen anerkannt.[63] Eine solche Benachteiligung der Neugläubiger gegenüber den alten Gläubigern widerspricht dem Zweck des § 58, der darin besteht Gläubiger vor Kapitalschmälerung zu schützen. Die Kapitalherabsetzung wäre erst nach Eintragung ins Handelsregister für die neuen Gläubiger erkennbar, gleichwohl vertrauen sie bei Vertragsabschluss auf die Haftsumme des Stammkapitals. Neben dem Gläubigerschutz spricht auch der Wortlaut der Norm für eine nochmalige Mitteilungspflicht, sonst würde die Bekanntmachung allein ausreichend sein, obschon der Gesetzgeber auch die besondere Mitteilung daneben geregelt hat. Demnach sind die praktischen Erschwernisse dieses Erfordernisses für die Gesellschaft im Interesse des Gläubigerschutzes hinzunehmen und neue Gläubiger auch nach Bekanntmachung zu informieren.[64]

---

58 So auch *Casper*, in: Ulmer/Habersack/Winter, GmbHG, § 58 Rn. 40; *Lutter*, in: Lutter/Hommelhoff, GmbHG, § 58 Rn. 15; *Priester*, in: Scholz, GmbHG, § 58 Rn. 46.

59 *Inhester*, in: Saenger/Inhester, GmbHG, § 58 Rn. 16; *Waldner*, in: Michalski, GmbHG, § 58 Rn. 17.

60 *Priester*, in: Scholz, GmbHG, § 58 Rn. 49; *Waldner*, in: Michalski, GmbHG, § 58 Rn. 17.

61 *Waldner*, in: Michalski, GmbHG, § 58 Rn. 17.

62 *Casper*, in: Ulmer/Habersack/Winter, GmbHG, § 58 Rn. 41.

63 *Priester*, in: Scholz, GmbHG, § 58 Rn. 51 f; bestätigend *Lutter*, in: Hommelhoff/Lutter, GmbHG, § 58 Rn. 16.

64 Siehe auch *Roth*, in: Altmeppen/Roth, GmbHG, § 58 Rn. 17; *Zöllner*, in: Baumbach/Hueck, GmbHG, § 58 Rn. 24.

20 Inhaltlich entspricht die besondere Mitteilung der Bekanntmachung § 58 Abs. 1 Nr. 1 (siehe **Rdn. 16**) und kann formlos ergehen. Aus Beweisgründen ist eine schriftliche Mitteilung dringend zu empfehlen. Wann die besondere Mitteilung ergehen muss, ist gesetzlich nicht geregelt und daher grundsätzlich bis zum Ablauf des Sperrjahres möglich. Der Normzweck wäre jedoch nur dann erfüllt, wenn Gläubiger genügend Zeit haben, sich auf die Mitteilung bei der Gesellschaft zu melden, weshalb die besondere Mitteilung mit bzw. nach der Bekanntmachung in Gesellschaftsblättern erfolgen sollte.[65] Die Mitteilungspflicht entfällt, wenn Gläubiger bereits über die Kapitalherabsetzung (nachweislich) informiert sind oder zugestimmt haben.

D. Gläubigerschutz

21 Gem. § 58 Abs. 1 Nr. 1 sind Gläubiger aufzufordern, sich bei der Gesellschaft zu melden (**Rdn. 20**). Anders als im Aktienrecht (vgl. § 225 Abs. 1 S. 2 AktG) müssen die Gläubiger nicht darüber hinaus über die Sicherstellung oder Befriedigung und die Folgen bei Nichtmeldung aufgeklärt werden.[66]

I. Widerspruch

22 Gläubiger können ihre bis zur Eintragung der Kapitalherabsetzung entstandenen Forderungen anmelden und der Kapitalherabsetzung widersprechen, soweit sie nicht bereits befriedigt sind oder zugestimmt haben. Auch bestrittene Forderungen berechtigen zur Anmeldung und zum Widerspruch.[67] Die Anmeldung bedarf weder einer bestimmten Form noch eines besonderen Inhalts. Ein ausdrücklicher Widerspruch der Gläubiger ist nicht erforderlich. Es reicht aus, wenn sich die Gläubiger anlässlich der Bekanntmachung oder Mitteilung bei der Gesellschaft melden und um Begleichung einer Forderung bitten. Eine Meldung ohne Bezug zur Kapitalherabsetzung genügt gleichwohl nicht. Die Gläubigermeldung ist keine Willenserklärung, sondern wegen der mit ihr verbundenen Rechtsfolgen eine geschäftsähnliche Handlung.[68] Unterlässt es der Gläubiger sich zu melden, so wird dies als Zustimmung aufgefasst. Seine Forderung bleibt hiervon unberührt, er kann nur die Eintragung nicht mehr verhindern. Der Widerspruch hat keine Auswirkungen auf die Forderung oder das Schuldverhältnis zwischen Gläubigern und der Gesellschaft.

---

65 Zu weit *Waldner*, in: Michalski, GmbHG, § 58 Rn. 17 »unverzüglich nach der Bekanntmachung«.

66 *Casper*, in: Ulmer/Habersack/Winter, GmbHG, § 58 Rn. 40, *Priester*, in: Scholz, GmbHG, § 58 Rn. 48, *Waldner*, in: Michalski, GmbHG, § 58 Rn. 16, *Zöllner*, in: Baumbach/Hueck, GmbHG, § 58 Rn. 23.

67 *Priester*, in: Scholz, GmbHG, § 58 Rn. 60 f.

68 *Zöllner*, in: Baumbach/Hueck, GmbHG, § 58 Rn. 27.

II. Befriedigung oder Sicherstellung

23 Entgegen der missverständlichen Formulierung in § 58 Abs. 1 Nr. 2 steht den Gläubigern im Falle einer Kapitalherabsetzung kein durchsetzbares Recht auf Befriedigung oder Sicherstellung aus dieser Norm zu.[69] § 58 ist keine eigene Anspruchsgrundlage, er normiert vielmehr eine Obliegenheit der Gesellschaft im Rahmen des Herabsetzungsverfahrens[70], bei deren Verletzung Gläubiger durch Widerspruch die Eintragung der Kapitalherabsetzung in das Handelsregister verhindern können (siehe auch **Rdn. 37**).

24 Zu befriedigen bzw. sicher zu stellen, sind diejenigen Gläubiger, die sich nach der Bekanntmachung bei der Gesellschaft melden und der Kapitalherabsetzung nicht zustimmen. Dabei steht den Gläubigern kein Wahlrecht zu. Die Entscheidung darüber, ob eine Befriedigung oder Sicherstellung in Frage kommt, liegt allein im Ermessen der Gesellschaft bzw. der Geschäftsführer. Davon unberührt bleibt das Recht des Gläubigers, seinen Anspruch geltend zu machen und ggf. auf Befriedigung aus dem Schuldverhältnis zu klagen.[71] Für die Entstehung der Forderung ist der Zeitpunkt der Anmeldung maßgeblich.[72] Eine Befriedigung oder Sicherstellung ist nicht notwendig, wenn Gläubiger ein ordnungsgemäßes Angebot der Gesellschaft ablehnen. Diese Gläubiger werden danach so behandelt, als wären sie befriedigt bzw. sichergestellt.

25 Unter der **Befriedigung** sind alle zum Erlöschen der Forderung führenden Rechtshandlungen zu verstehen, also Erfüllung gem. § 362 BGB oder Erfüllungssurrogate wie Aufrechnung §§ 387 ff BGB oder Hinterlegung §§ 372 ff BGB.[73] Die Forderung muss bereits erfüllbar sein, es sei denn der Gläubiger wünscht eine vorzeitigen Befriedigung.[74]

26 Statt der Befriedigung kommt auch **Sicherstellung** in Frage. Diese richtet sich nach den §§ 232 – 240 BGB und kann selbst bei fälligen Forderungen erfolgen. Sicherstellung ist nicht erforderlich, wenn der Gläubiger bereits im Sinne der §§ 232 ff. BGB gesichert ist oder wenn zumindest eine wirtschaftlich gleichstehende Absicherung der Forderung besteht.[75] Die Pflicht zur Sicherstellung entfällt auch, wenn Gläubiger im Falle der Insolvenz das Recht auf vorzugsweise Befriedigung aus der

---

69 *Casper*, in: Ulmer/Habersack/Winter, GmbHG, § 58 Rn. 43.

70 *Zöllner*, in: Baumbach/Hueck, GmbHG, § 58 Rn. 26.

71 *Priester*, in: Scholz, GmbHG, § 58 Rn. 57.

72 H. M. *Casper*, in: Ulmer/Habersack/Winter, GmbHG, § 58 Rn. 46; *Zöllner*, in: Baumbach/Hueck, GmbHG, § 58 Rn. 29 f.; a. A. *Roth*, in: Altmeppen/Roth, GmbHG, § 58 Rn. 25 Meldung der Gläubiger grds. auch nach Anmeldung erlaubt, könnte aber unzulässige Rechtsausübung sein, wenn frühre Meldung möglich und zumutbar war.

73 *Rühland*, in: Ziemons/Jaeger, Online GmbHG, § 58 Rn. 31.1.

74 *Zöllner*, in: Baumbach/Hueck, GmbHG, § 58 Rn. 32.

75 H.M. *Casper*, in: Ulmer/Habersack/Winter, GmbHG, § 58 Rn. 50; *Priester*, in: Scholz, GmbHG, § 58 Rn. 58; *Zöllner*, in: Baumbach/Hueck, GmbHG, § 58 Rn. 33; a. A. *Waldner*, in: Michalski, GmbHG, § 58 Rn. 22.

Deckungsmasse haben (§ 58 d Abs. 2 S. 3 ist hier nach h. M. entsprechend anzuwenden[76]). Ob auch **bestrittene Forderungen** sichergestellt werden müssen, ist umstritten. § 58 Abs. 1 Nr. 2 dient seinem Zweck nach dem Gläubigerschutz, weshalb die Gesellschaft sich nicht durch Bestreiten einer Forderung dieser einfach entledigen können soll. Deshalb müssen auch von der Gesellschaft bestrittene Forderungen sichergestellt werden.[77] Alternativ kann die Gesellschaft Feststellungsklage auf Nichtbestehen der Forderung erheben. Zum Schutz der Interessen der Gesellschaft berechtigen jedoch offensichtlich nicht bestehende und missbräuchliche Forderungsansprüche nicht zum Widerspruch und bedürfen keiner Sicherstellung.[78] Stellt der Geschäftsführer nach einer ordentlichen Prüfung fest, dass der Anspruch offensichtlich unbegründet ist, muss er diesen nicht absichern. Bei Abgabe der Versicherung gem. § 58 Abs. 1 Nr. 4 handelt er jedoch auf eigene Gefahr und ist im Falle einer Fehlentscheidung zivilrechtlichen und strafrechtlichen Folgen ausgesetzt (**Rdn. 37**).

27 Für die Bemessung der Höhe einer Sicherstellung bei Dauerschuldverhältnissen ist nicht die gesamte Laufzeit, sondern das konkrete Sicherungsinteresse entscheidend.[79] Dieses lässt sich nicht pauschal feststellen[80], sondern richtet sich vielmehr nach den jeweiligen Umständen und ist für den Einzelfall zu berechnen.[81] Bei bedingten Forderungen liegt die Höhe im Ermessen und deshalb im Risikobereich des Geschäftsführers.[82]

E. Verfahren der Kapitalherabsetzung

I. Anmeldung zum Handelsregister

1. Form und Inhalt

28 Für die Anmeldung der Kapitalherabsetzung gelten neben § 58 Abs. 1 Nr. 3 und 4 die Vorschriften für alle Satzungsänderungen gem. §§ 53, 54. Die Anmeldung erfolgt gem. § 78 Hs. 2 durch sämtliche Geschäftsführer persönlich und muss gem. § 12 HGB elektronisch in notariell beglaubigter Form eingereicht werden. Theoretisch ist

76 So auch *Priester*, in: Scholz, GmbHG, § 58 Rn. 58; *Zöllner*, in: Baumbach/Hueck, GmbHG, § 58 Rn. 33.

77 *Casper*, in: Ulmer/Habersack/Winter, GmbHG, § 58 Rn. 51; *Roth*, in: Altmeppen/Roth, GmbHG, § 58 Rn. 21; *Priester*, in: Scholz, GmbHG, § 58 Rn. 21.

78 So auch *Lutter*, in: Lutter/Hommelhoff, GmbHG, § 58 Rn. 21; *Priester*, in: Scholz, GmbHG, § 58 Rn. 61.

79 BGH, Urt. v. 18.3.1996 – II ZR 299/94, DB 1996, 930, NJW 1996, 1539.

80 *Jaeger*, DB 1996, 1069: Bemessung sollte sich nicht nach der ordentlichen Kündigung sowie gerichtlicher Anspruchsdurchsetzung richten, sondern nach der Fünf-Jahres-Frist des § 160 HGB.

81 *Schröer*, DB 1999, 317: gegen *Jaeger* (DB 1996, 1069) für Einzellfallberechnung des Sicherungsinteresses, trotz Aufwand in der Praxis.

82 *Priester*, in: Scholz, GmbHG, § 58 Rn. 58.

Stellvertretung für die Anmeldung möglich, praktisch jedoch ausgeschlossen.[83] Die abzugebende Versicherung durch die Geschäftsführer ist höchstpersönlicher Natur (siehe **Rdn. 31**). Daher müsste der Geschäftsführer die Vollmacht beglaubigen lassen (§ 12 Abs. 2 HGB) um dann erneut vor einem Notar die höchstpersönliche Erklärung abzugeben.

29 Die Anmeldung muss einen Antrag zur Eintragung der Kapitalherabsetzung an das Registergericht enthalten.[84] Diesem sind beizufügen: eine Ausfertigung oder beglaubigte Abschrift eines notariellen Protokolls des Kapitalherabsetzungsbeschlusses, ein Belegexemplar über die Bekanntmachung des Beschlusses gem. § 58 Abs. 1 Nr. 4, eine Versicherung sämtlicher Geschäftsführer über die Sicherstellung bzw. Befriedigung der Gläubiger gem. § 58 Abs. 1 Nr. 2 und der vollständige Satzungswortlaut gem. § 54 Abs. 1 S. 2 (durch einen deutschen Notar beglaubigt und mit Bescheinigung versehen[85]). Eine aktualisierte Gesellschafterliste muss erst nach Wirksamwerden der Kapitalherabsetzung gem. § 40 Abs. 2 vom Notar eingereicht werden. Aus Gründen der Praktikabilität empfiehlt es sich jedoch, diese bereits der Anmeldung beizulegen. Der Zweck der Herabsetzung sowie das Durchführungsverfahren müssen nicht explizit mit eingereicht werden, da sie nicht eingetragen werden und dem Registergericht für die Prüfung nach § 58 Abs. 2 S. 2 die Angaben in dem Herabsetzungsbeschluss ausreichen.[86]

2. Sperrjahr

30 Der Herabsetzungsbeschluss kann gem. § 58 Abs. 1 Nr. 3 nicht vor Ablauf eines Jahres angemeldet werden. Das **Sperrjahr** beginnt mit dem Tag der Bekanntmachung des Herabsetzungsbeschlusses in den Gesellschaftsblättern gem. § 58 Abs. 1 Nr. 1, wobei der Zeitpunkt der besonderen Mitteilung (**Rdn. 18 f.**) unbeachtlich ist.[87] Wird der Betrag der Herabsetzung nachträglich erhöht (zur Zulässigkeit und Form siehe **Rdn. 14**), so beginnt die Sperrzeit erst nach einer erneuten Bekanntmachung. Das Sperrjahr findet – ebenso wie bei der Liquidation – seine Berechtigung im Gläubigerschutz. Dennoch wird es in der Praxis vor allem in Sanierungsfällen als zu lang empfunden. Daher ist es der Grund, warum die Praxis eher von der vereinfachten

---

83 Zumindest praxisfremd *Rühland*, in: Ziemons/Jaeger, Online GmbHG, § 58 Rn. 37 für Vertretung mit öffentlich beglaubigter Vollmacht, da Anmeldung nicht höchstpersönlich ist.

84 Formulierungsbsp. *Krafka/Kühn*, in: Krafka/Willer/Kühn, Registerrecht, Handelsregister, Rn. 1075.

85 *Böhringer*, BWNotZ 2008, 104, 110.

86 H. M. statt vieler *Priester*, in: Scholz, GmbHG, § 58 Rn. 67.

87 Vgl. BayObLG, Beschl. v. 20.9.1974 – BReg. 2 Z 43/74, BayObLGZ 1974, 359, 364 = BB 1974, 1362 = GmbHR 1974, 287, 288.

Kapitalherabsetzung nach §§ 58 a ff Gebrauch macht.[88] Zur möglichen Umgehung der Sperrzeit durch Darlehens- und Umwandlungsmodelle siehe *Heckschen*.[89]

II. Versicherungen

31 Bei Anmeldung der Kapitalherabsetzung zum Handelsregister ist gem. § 58 Abs. 1 Nr. 4 von **sämtlichen Geschäftsführern eine Versicherung** darüber abzugeben, ob Gläubiger, die sich nach Bekanntmachung gemeldet und der Kapitalherabsetzung widersprochen haben, abgesichert oder sichergestellt wurden. Auf Grund der Strafbewährung in § 82 Abs. 2 Nr. 1 bei unwahrer Versicherung handelt es sich um eine höchstpersönliche Handlung, weshalb eine Vertretung ausscheidet. Nach h. M. richtet sich der Inhalt nach dem Gesetzeswortlaut und muss darüber hinaus keine besonderen Angaben über die Gläubiger, welche sich gemeldet hatten und keine Angaben über die Art der Absicherung bzw. Abweisung bei bestritten Forderungen enthalten.[90] Alternativ, ist eine Negativversicherung, dass sich keine Gläubiger bei der Gesellschaft gemeldet haben oder alle zugestimmt haben, nötig. Für diese gilt das zuvor Gesagte. Ein Nachweis über besondere Mitteilung an bekannte Gläubiger gem. § 58 Abs. 1 Nr. 1 ist entbehrlich. Diese Gläubiger sind durch Ersatzansprüche gegen den Geschäftsführer (**Rdn. 37**) ausreichend geschützt.[91]

III. Prüfung durch Registergericht

32 Das Registergericht prüft, ob sämtliche für eine Satzungsänderung notwendigen Voraussetzungen und eine vollständige Anmeldung gegeben sind. Das heißt, es muss ein ordnungsgemäßer Gesellschafterbeschluss mit Mindeststammkapital und Mindestnennbeträgen der Geschäftsanteile gem. § 5 vorliegen, das Sperrjahr nach einer belegten Bekanntmachung abgelaufen und Versicherung gem. § 58 Abs. 1 Nr. 4 wirksam erbracht sein. Das Registergericht vertraut gem. § 8 Abs. 2 grundsätzlich auf die Richtigkeit der Versicherung durch die Geschäftsführer, kann bei erheblichen Zweifeln jedoch Nachweise verlangen.[92] Zweifel können durch eigene Angaben der Geschäftsführer oder durch Meldung eines Gläubigers aufkommen. Gläubiger, deren Forderungen bestritten oder übersehen wurden, können die Eintragung durch einst-

---

88 Vgl. *Waldner*, in: Michalski, GmbHG, § 58 Rn. 23; *Priester*, in: Scholz, GmbHG, § 58 Rn. 63; *Casper*, in: Ulmer/Habersack/Winter, GmbHG, § 58 Rn. 56.

89 *Heckschen*, in: Heckschen/Heidinger, GmbH, § 10 Rn. 219 ff.

90 *Rühland*, in: Ziemons/Jaeger, Online GmbHG, § 58 Rn. 43; *Priester*, in: Scholz, GmbHG, § 58 Rn. 66; *Waldner*, in: Michalski, GmbHG, § 58 Rn. 24; a. A. *Roth*, in: Altmeppen/Roth, GmbHG, § 58 Rn. 24.

91 BayObLG, Beschl. v. 20.9.1974 – 2 Z 43/74, BayObLGZ 1974, 359 = BB 1974, 1362 = GmbHR 1974, 287.

92 *Priester*, in: Scholz, GmbHG, § 58 Rn. 70; OLG Frankfurt, Beschl. v. 14.9.1973 – 20W 639/73, NJW 1974, 463.

weiligen Rechtschutz verhindern.[93] Ob das Registergericht die Eintragung lediglich bei schweren Fehlern ablehnt, in sonstigen Fällen die Eintragung aussetzt und gem. § 398 FamFG eine Frist zur Erhebung einer negativen Feststellungsklage einräumt[94], ist umstritten. Nach allgemeiner Ansicht trifft das Registergericht zwar keine Pflicht, es hat aber ein Recht zur Forderungsprüfung.[95] Es liegt im Ermessen des Richters trotz Zweifel eine Kapitalherabsetzung einzutragen. Im Falle noch nicht abgesicherter Forderungen wird das Registergericht eine Zwischenverfügung auf Sicherstellung oder Befriedigung erlassen. Nicht zu prüfen ist die besondere Mitteilung an bekannte Gläubiger[96] oder die Befriedigung oder Sicherstellung widersprechender Gläubiger.[97]

IV. Eintragung zum Handelsregister

33 Stellt das Registergericht fest, dass alle Voraussetzungen einer ordnungsgemäßen Kapitalherabsetzung vorliegen, trägt es diese mit Angabe des Datums des Herabsetzungsbeschlusses der Gesellschafter ins Handelsregister ein (§ 8 a HGB). Eingetragen wird die Kapitalherabsetzung und der Betrag, um den das vorherige Stammkapital auf das neue Stammkapital reduziert wird. Der Zweck und die Form bleiben unerwähnt. Die Eintragung wird durch das Registergericht bekanntgegeben, vgl. § 10 HGB. Die Eintragung hat wie bei allen Satzungsänderungen konstitutive Wirkung, vgl. § 54 Abs. 3, deshalb kann erst hiernach anders bilanziert werden. Das zuvor nach § 30 gebundene Stammkapital wird von der Bindungswirkung befreit und kann in die Rücklagen überführt oder auch ausgeschüttet werden. Eines weiteren Beschlusses der Gesellschafter bedarf es nicht mehr. Zu Zweckänderungen nach Eintragung **Rdn. 14**. Nach der Eintragung im Handelsregister scheidet eine insolvenzrechtliche Anfechtung aus Gründen des Bestandschutzes aus.[98]

93 Ebenso *Casper*, in: Ulmer/Habersack/Winter, GmbHG, § 58 Rn. 45; *Lutter*, in: Lutter/Hommelhoff, GmbHG, § 58 Rn. 21; *Priester*, in: Scholz, GmbHG, § 58 Rn. 54; *Roth*, in: Altmeppen/Roth, GmbHG, § 58 Rn. 26; *Waldner*, in: Michalski, GmbHG, § 58 Rn. 54; a. A. nur Amtshaftungsanspruch *Zöllner*, in: Baumbach/Hueck, GmbHG, § 58 Rn. 28.

94 So *Waldner*, in: Michalski, GmbHG, § 58 Rn. 25 keine weitere Prüfungskompetenz des Registergerichts.

95 So auch *Priester*, in: Scholz, GmbHG, § 58 Rn. 71; *Lutter*, in: Lutter/Hommelhoff, GmbHG, § 58 Rn. 24; *Roth*, in: Altmeppen/Roth, GmbHG, § 58 Rn. 26; a. A. *Waldner*, in: Michalski, GmbHG, § 58 Rn. 25.

96 BayObLG, Beschl. v. 20.9.1974 – 2 Z 43/74, BayObLGZ 1974, 359 = BB 1974, 1362 = GmbHR 1974, 287.

97 *Inhester*, in: Saenger/Inhester, GmbHG, § 58 Rn. 24.

98 *Lwowski/Wunderlich*, NZI 2008, 595.

F. Fehlerquellen und rechtliche Konsequenzen

I. Fehler bei dem Kapitalherabsetzungsbeschluss

34 Neben den allgemeinen Wirksamkeitsvoraussetzungen für die Abänderung von Gesellschaftsverträge (siehe **§ 53 Rdn. 5 ff.**, **§ 54 Rdn.** 7 **ff.**), sind die besonderen Voraussetzungen des § 58 zu beachten. Fehlt die notarielle Beurkundung des Kapitalherabsetzungsbeschlusses, ist dieser formnichtig. Dieser wird – im unwahrscheinlichen Fall – der Eintragung analog § 242 AktG geheilt.[99] Wurde Kapitalherabsetzungsbeschluss nicht mit der notwendigen Mehrheit verabschiedet, verstößt er gegen zwingende gesetzliche Vorschrift des § 53 Abs. 2 und wird vom Registergericht bei der Anmeldung zurückgewiesen. Erfolgt trotz der fehlenden Mehrheit/Zustimmungserfordernisses eine Eintragung, so heilt diese die Fehlerhaftigkeit des Beschlusses auf Grund der verletzten Minderheitsrechte nicht.[100] Werden bei einer Kapitalherabsetzung die Nennbeträge einzelner Geschäftsanteile stärker gemindert als andere oder soll eine Ausschüttung nicht gleichmäßig verteilt werden, bedarf dies wegen des **Minderheitenschutzes** der Zustimmung aller. Stimmen die stärker benachteiligten Gesellschafter nicht zu, ist der Beschluss nichtig, da die Geschäftsanteilreduzierung einer Teilzwangseinziehung gleichkommt (es sei denn es sind zugleich die Voraussetzungen für eine Zwangseinziehung von Anteilen gem. § 34 gegeben).[101] Fehlt dagegen nur die Zustimmung der weniger Benachteiligten, während die stark Betroffenen einwilligen, verletzt der Beschluss zwar den gesellschaftsrechtlichen **Gleichbehandlungsgrundsatz**, ist aber lediglich anfechtbar.[102]

35 Nichtig sind Gesellschafterbeschlüsse, die eine Herabsetzung des Stammkapitals bis unter das Mindeststammkapital von EUR 25.000,- vorsehen und somit § 58 Abs. 2 S. 1 i.V.m. § 5 Abs. 1 widersprechen. Die Unterschreitung der Mindeststammkapitalgrenze ist auch bei gleichzeitiger Kapitalerhöhung, anders als bei der vereinfachten Kapitalherabsetzung gem. § 58 a, nicht möglich.[103] Demgegenüber stellt die Untergrenze für Geschäftsanteile gem. § 58 Abs. 2 S. 2 eine Gläubigerschutzvorschrift dar, die bei Unterschreitung nur zur Anfechtbarkeit führt.[104] Da Geschäftsanteile nach dem MoMiG aber auf volle Euro lauten dürfen, ist dies zwischenzeitlich praktisch wenig relevant geworden. Ein Beschluss ohne Angabe des Zweckes der Kapitalherabsetzung ist wegen der Gläubigergefährdung anfechtbar.[105] Diese Beschlüsse würde das Registergericht zur Eintragung abweisen. Ist der Zweck der Kapitalherabsetzung zwar

---

99 *Hoffmann*, in: Michalski, GmbHG, § 53 Rn. 70; § 54 Rn. 43 ff.

100 Anders die h.M. zu § 54; wie hier *Hoffmann*, in: Michalski, GmbHG, § 54 Rn. 45 in ausführlicher Darstellung des zu § 54 geführten Streits.

101 Mit weiteren Verweisen siehe *Priester*, in: Scholz, GmbHG, § 58 Rn. 41.

102 So auch *Priester*, in: Scholz, GmbHG, § 58 Rn. 41; *Lutter*, in: Lutter/Hommelhoff, GmbHG, § 58 Rn. 11 ff. mit Formulierungsbeispielen; *Casper*, in: Ulmer/Habersack/Winter, GmbHG, § 58 Rn. 23 ff.

103 LG Saarbrücken, Beschl. v. 11.6.1991 – 7 T 3/91 IV, GmbHR 1992, 380.

104 *Priester*, in: Scholz, GmbHG, § 58 Rn. 82.

105 Nur Gläubigerschutz verletzt so auch *Priester*, in: Scholz, GmbHG, § 58 Rn. 82.

genannt, aber nicht erreichbar, führt auch dies wie im Aktienrecht zur Anfechtbarkeit.[106] Ein anfechtbarer Beschluss kann durch einen folgenden wirksamen Beschluss geheilt werden (vgl. § 244 AktG), der aber das Sperrjahr erneut in Gang setzen würde.

II. Fehler bei der Bekanntmachung

36 Die Bekanntmachung des Herabsetzungsbeschlusses erfolgt grundsätzlich durch den oder die nach § 35 vertretungsberechtigten Geschäftsführer. Im Vordergrund der Vorschrift steht der Gläubigerschutz, welcher nach allgemeiner Ansicht allerdings auch dann nicht verletzt ist, wenn die Bekanntmachung durch ein anderes, nicht berechtigtes, Organ oder nicht durch alle Geschäftsführer veranlasst wird.[107]

37 Fehlt eine besonderen Mitteilung gem. § 58 Abs. 1 Nr. 1 können die dadurch benachteiligten Gläubiger einen Schadensersatzanspruch direkt gegen den Geschäftsführer aus § 823 Abs. 2 BGB i.V.m. § 58 Abs. 1 Nr. 1 und 4 (Schutzgesetz) und daneben einen Anspruch gegen die Gesellschaft i.V.m. § 31 BGB geltend machen.[108] Gibt der Geschäftsführer bei der Anmeldung zum Handelsregister bezüglich der fehlenden Mitteilung eine unwahre Versicherung zum Zwecke der Herabsetzungseintragung ab, kann der Tatbestand des § 82 Abs. 2 Nr. 1 verletzt sein und eine Strafbarkeit des Geschäftsführers entstehen. Gleiches gilt, wenn sich Gläubiger gemeldet haben und der Geschäftsführer der Wahrheit zuwider behauptet sie seien abgesichert worden. Die Haftung des Geschäftsführers gegenüber der Gesellschaft gem. § 43 bleibt hiervon unberührt. Bei bestrittenen Forderung liegt es im Risikobereich des Geschäftsführers abzuwägen, ob die Forderung offensichtlich nicht besteht und keiner Absicherung bedarf oder zu befriedigen bzw. abzusichern ist. Im Falle einer schuldhaften Fehleinschätzung kann er sich zivilrechtlich nach § 823 Abs. 2 BGB i.V.m. § 58 Abs. 1 Nr. 4 haftbar machen .[109] Auch hier kann bei Erfüllung des Tatbestandes von § 82 Abs. 2 Nr. 1 eine Strafbarkeit folgen. In diesen Situation können Gläubiger die Eintragung durch Meldung bei Gericht (einstweiliger Rechtschutz) verhindern, haben aber keinen Anspruch auf Löschung einer bereits eingetragenen Kapitalherabsetzung.[110] Erfährt das Registergericht davon, dass Gläubiger nicht befriedigt bzw. sichergestellt wurden, kann es die Eintragung der Kapitalherabsetzung aussetzen und der Gesellschaft durch Zwischenverfügung eine Frist zur Erhebung einer negativen Feststellungsklage gegen den Gläubiger aufgeben. Unterlässt die Gesellschaft die Klageerhebung, wird die Eintragung zurückgewiesen. Da gerichtliche Verfahren meist

---

106 LG Hannover, Urt. v. 9.3.1995 – 21 O 84/94, GmbHR 1996, 218 = WM 1995, 2098.

107 *Waldner*, in: Michalski, GmbHG, § 58 Rn. 15; *Priester*, in: Scholz, GmbHG, § 58 Rn. 47; *Zöllner*, in: Baumbach/Hueck, GmbHG, § 58 Rn. 23.

108 OLG Hamburg, Urt. v. 5.7.2000 – 8 U 173/99, OLGR Hamburg 2001, 83 = GmbHR 2001, 392; *Priester*, in: Scholz, GmbHG, § 58 Rn. 85.

109 OLG Hamburg, Urt. v. 5.7.2000 – 8 U 173/99, OLGR Hamburg 2001, 83 = GmbHR 2001, 392.

110 a. A. *Roth*, in: Altmeppen/Roth, GmbHG, § 58 Rn. 28 auch Amtslöschung gem. § 395 FamFG bei Missachtung von Gläubigerschutzvorschriften möglich.

langwierig sind, führt dies praktisch häufig dazu, dass Gesellschafter unter Druck geraten und die Gesellschaft veranlassen, die Forderung einfach auszuzahlen.

38 Die Pflicht zur Abgabe der Versicherung der Geschäftsführer erstreckt sich nicht auch auf die besonderen Mitteilungen. Demnach ist eine eingetragene Kapitalherabsetzung trotz des gänzlichen Fehlens der besonderen Mitteilungen wirksam.[111] Das Registergericht würde jedoch bei Kenntnis ihres Fehlens die Eintragung ablehnen. Zudem setzen sich die Geschäftsführer der Gefahr persönlicher Haftung aus (s.o.).

III. Fehler bei der Anmeldung

39 Das Registergericht prüft, ob das Kapitalherabsetzungsverfahren eingehalten wurde und ob die Anmeldungsunterlagen vollständig und in ordnungsgemäßer Form eingereicht wurden. Sind die Unterlagen nicht vollständig, weil zum Beispiel die Versicherung oder der Beleg für die Bekanntmachung fehlt, erlässt das Gericht eine Zwischenverfügung und setzt eine Frist zum Nachreichen der fehlenden Dokumente oder zur Nachholung der geforderten Form.[112] Erst nach Ablauf der Frist lehnt das Registergericht die Eintragung der Kapitalherabsetzung ab.[113] Wird dagegen festgestellt, dass der Herabsetzungsbeschluss nichtig ist, lehnt das Gericht die Eintragung sofort ab. Im Falle eines anfechtbaren Herabsetzungsbeschlusses liegt es im Ermessen des Richters die Eintragung abzuweisen oder vorzunehmen (**Rdn. 32**). Dabei wird seine Entscheidung davon abhängig sein, ob lediglich Vorschriften des Gesellschafterschutzes oder auch solche zum Schutz der Gläubiger verletzt wurden.[114] Das Sperrjahr ist eine primäre Vorschrift zum Gläubigerschutz (**Rdn. 30**). Eine Anmeldung vor Ablauf des Sperrjahres indiziert, dass potentielle Gläubiger sich nicht melden konnten und übersehen wurden, demzufolge auch die Versicherung nach § 58 Abs. 1 Nr. 4 nicht wahr sein kann. Eine vorzeitige Anmeldung wird deshalb selbst dann abgewiesen und kann nicht aufgeschoben werden, wenn sie nach Ablauf des Sperrjahres bei Gericht eingeht oder mit gleichzeitiger Kapitalerhöhung verbunden ist.[115] Gleiches gilt, wenn die Anmeldung nicht durch sämtliche Geschäftsführer beim Registergericht eingereicht wird. Vertreten wird, dass die Unterschriften der Geschäftsführer bereits früher beglaubigt werden können.[116] Obgleich dies der praktische Regelfall sein dürfte, ist er nicht frei von Risiko für die Geschäftsführer. In der Zeit nach der Beglaubigung können sich weitere Gläubiger bei der Gesellschaft melden. Die Geschäftsführer laufen daher Gefahr, dass ihre zuvor erklärte Versicherung nicht mehr der Wahrheit entspricht, was zur Haftung der Geschäftführer und zur Aussetzung der Eintragung führen kann.

---

111 BayObLG, Beschl. v. 20.9.1974 – BReg. 2 Z 43/74, BayObLGZ 1974, 359 = BB 1974, 1362 = GmbHR 1974, 287.

112 *Rühland*, in: Ziemons/Jaeger, Online GmbHG, § 58 Rn. 48.

113 *Rühland*, in: Ziemons/Jaeger, Online GmbHG, § 58 Rn. 48.

114 *Rühland*, in: Ziemons/Jaeger, Online GmbHG, § 58 Rn. 49.

115 LG Frankfurt, Beschl. v. 15.5.1991 – 3/11 T 9/91, GmbHR 1992, 381.

116 *Heckschen*, in: Heckschen/Heidinger, GmbH, § 10 Rn. 216.

§ 58a Vereinfachte Kapitalherabsetzung

(1) Eine Herabsetzung des Stammkapitals, die dazu dienen soll, Wertminderungen auszugleichen oder sonstige Verluste zu decken, kann als vereinfachte Kapitalherabsetzung vorgenommen werden.

(2) [1]Die vereinfachte Kapitalherabsetzung ist nur zulässig, nachdem der Teil der Kapital- und Gewinnrücklagen, der zusammen über zehn vom Hundert des nach der Herabsetzung verbleibenden Stammkapitals hinausgeht, vorweg aufgelöst ist. [2]Sie ist nicht zulässig, solange ein Gewinnvortrag vorhanden ist.

(3) [1]Im Beschluss über die vereinfachte Kapitalherabsetzung sind die Nennbeträge der Geschäftsanteile dem herabgesetzten Stammkapital anzupassen. [2]Die Geschäftsanteile müssen auf einen Betrag gestellt werden, der auf volle Euro lautet.

(4) [1]Das Stammkapital kann unter den in § 5 Abs. 1 bestimmten Mindestnennbetrag herabgesetzt werden, wenn dieser durch eine Kapitalerhöhung wieder erreicht wird, die zugleich mit der Kapitalherabsetzung beschlossen ist und bei der Sacheinlagen nicht festgesetzt sind. [2]Die Beschlüsse sind nichtig, wenn sie nicht binnen drei Monaten nach der Beschlussfassung in das Handelsregister eingetragen worden sind. [3]Der Lauf der Frist ist gehemmt, solange eine Anfechtungs- oder Nichtigkeitsklage rechtshängig ist. [4]Die Beschlüsse sollen nur zusammen in das Handelsregister eingetragen werden.

(5) Neben den §§ 53 und 54 über die Abänderung des Gesellschaftsvertrags gelten die §§ 58b bis 58f.

Übersicht — Rdn.

Schrifttum

Fabis, Vereinfachte Kapitalherabsetzung bei AG und GmbH, MittRhNotK 1999, 170 ff.; *Hohmuth,* Die Kapitalherabsetzung bei der GmbH unter Geltung des MoMiG, GmbHR 2009, 349 ff. ; *Langenfeld,* GmbH-Vertragspraxis, 2006;; *Maser/Sommer,* Die Neuregelung der »Sanierenden Kapitalherabsetzung« bei der GmbH, GmbHR 1996, 22 ff.; *Heybrock,* Praxiskommentar zum GmbH-Recht, 2010.

A. Normzweck und Verhältnis zu § 58

1 Wie bei der Kapitalerhöhung unterscheidet man auch bei der Kapitalherabsetzung zwischen effektiver (ordentlicher) und nomineller (vereinfachter) Herabsetzung, d.h. zwischen Herabsetzung mit und ohne Rückzahlung.[1] § 58a normiert die **vereinfachte** oder **nominelle Kapitalherabsetzung.** Soll eine Kapitalherabsetzung nur dazu dienen, Wertminderungen auszugleichen oder sonstige Verluste zu decken, soll also kein bisher gebundenes Kapital an die Gesellschafter ausgeschüttet werden, kann eine Gesellschaft auf die vereinfachte Kapitalherabsetzung nach § 58a zurückgreifen.[2]

2 Im Rahmen der Insolvenzrechtsreform[3] führte der Gesetzgeber mit den §§ 58a bis 58f ein vereinfachtes, beschleunigtes Verfahren zur Kapitalherabsetzung ein, welches mit der aktienrechtlichen Regelung der §§ 229 – 236 AktG überwiegend übereinstimmt. Nahezu wortgleich wurden beispielsweise § 233 Abs. 2 AktG in § 58 d Abs. 2 sowie die §§ 234, 235 AktG in §§ 58e und f übernommen. Durch die Einführung der §§ 58a-f sollte eine eigenständige Regelung für die Zwecke der vereinfachten Kapitalherabsetzung geschaffen werden, welche auch auf die sanierende Kombination mit einer Kapitalerhöhung abstellt.[4] § 58a gilt als Grundvorschrift, welche durch die §§ 58b-f ergänzt wird.[5] Anders als die ordentliche Kapitalherabsetzung verfolgt die vereinfachte Kapitalherabsetzung nach § 58a nicht das Ziel, das Gesellschaftsvermögen aus der Bindung des § 30 zu lösen, damit es den Gesellschaftern frei zur Verfügung steht.[6] Vielmehr hat die vereinfachte Kapitalherabsetzung das Ziel, eingetretene Verluste der Gesellschaft mit der Stammkapitalziffer bilanziell zu verrechnen und dadurch insbesondere eine Unterbilanz zu beseitigen.[7] Dabei soll das Stammkapital an das Aktivvermögen der Gesellschaft angepasst und hierdurch Verlustvorträge aus der Bilanz eliminiert werden.[8]

---

1 *Jung/Otto,* in: BeckHdbGmbHG, § 8 Rn. 110; *Casper,* in: Ulmer/Habersack/Winter, GmbHG, § 58a Rn. 1, 3.

2 BT-Drs. 12/3803, S. 87.

3 Mit dem Art. 48 Nr. 4 des Einführungsgesetzes zur Insolvenzordnung (EGInsO) vom 5.10.1994, BGBl. I, Nr. 70 vom 18.10.1994, S. 2911 ff. (in Kraft seit 1.1.1999).

4 *Maser/Sommer,* GmbHR 1996, 22, 25.

5 *Arnold/Born,* in: Bork/Schäfer, GmbHG, § 58a Rn. 4; *Priester,* in: Scholz, GmbHG, § 58a Rn. 1.

6 *Hohmuth,* GmbHR 2009, 349, 351.

7 *Hohmuth,* GmbHR 2009, 349, 351; siehe auch *Zöllner,* in: Baumbach/Hueck, GmbHG, § 58a Rn. 7.

8 *Jung/Otto,* in: BeckHdbGmbHG, § 8 Rn. 149.

3 Systematisch gesehen haben die Gesellschafter zum Zwecke des Verlustausgleichs nun wie im Aktienrecht auch ein Wahlrecht zwischen der Anwendung der §§ 58a-f, die ausschließlich für die vereinfachte Kapitalherabsetzung gelten, sowie der Norm des § 58, die nach wie vor auf sämtliche Herabsetzungsformen anwendbar bleibt.[9] Das bedeutet, dass wenn eine Sanierungssituation vorliegt, sich die Gesellschafter nach allgemeiner Auffassung[10] statt der vereinfachten auch weiterhin der ordentlichen Kapitalherabsetzung nach § 58 bedienen können. Dies verdeutlicht die Formulierung in § 58a Abs. 1 »*kann* als vereinfachte Kapitalherabsetzung vorgenommen werden«, was die nicht abschließende Natur[11] der Vorschrift hervorhebt. In der Praxis ist ein Rückgriff auf § 58 für die Sanierung einer Gesellschaft jedoch sehr unwahrscheinlich, da die Einschränkungen des § 58b Abs. 3 (Verwendung der Rücklagen) und des § 58c (Gewinnwendung) im Rahmen der vereinfachten Kapitalherabsetzung wohl nicht die Erschwernisse der ordentlichen Kapitalherabsetzung nach § 58 überwiegen werden.[12]

4 Die vereinfachte Kapitalherabsetzung nach § 58a erleichtert die Sanierung durch seine Begrenzung auf Verlustsituationen. Sie ist nur zum **Ausgleich von Wertminderungen** oder zur **Deckung sonstiger Verluste** zulässig (§ 58a Abs. 1). Die Vereinfachung gegenüber dem in § 58 beschriebenen Verfahren besteht im Wesentlichen darin, dass die Gläubiger nicht befriedigt und sichergestellt werden müssen und dass kein Sperrjahr (siehe **§ 58 Rdn. 23 ff., 30**) eingehalten werden muss. Grund dafür ist die Tatsache, dass die vereinfachte Kapitalherabsetzung nicht zu einer Auszahlung von Gesellschaftsvermögen an die Gesellschafter führt[13] und folglich ein **vereinfachter Gläubigerschutz** ausreicht.[14] Dieser ist zum einen in § 58a Abs. 2 festgelegt. Danach ist eine vereinfachte Kapitalherabsetzung zulässig, wenn die Kapital- und Gewinnrücklagen nicht über einen Betrag von 10% des nach der Herabsetzung verbleibenden Stammkapitals hinausgehen und kein Gewinnvortrag besteht. Zum anderen wird der geminderte Gläubigerschutz bei der vereinfachten Kapitalherabsetzung durch die §§ 58b-d sichergestellt (siehe dazu unten **Rdn. 13**).[15] Eine weitere Besonderheit besteht darin, dass es die §§ 58e-f der Gesellschaft gestatten, die vereinfachte Kapitalherabsetzung bilanziell vorzuverlegen und damit eine Unterbilanz nicht nach außen offenbaren zu müssen.[16] Sie dienen damit der sanierungserleichternden Rückbeziehbarkeit von Kapitalherabsetzung und Kapitalerhöhung.[17]

---

9 *Maser/Sommer,* GmbHR 1996, 22, 25.

10 Siehe z.B. *Casper,* in: Ulmer/Habersack/Winter, GmbHG, § 58a Rn. 9; *Priester,* in: Scholz, GmbHG, Vor § 58a Rn. 10.

11 *Casper,* in: Ulmer/Habersack/Winter, GmbHG, § 58a Rn. 9.

12 *Casper,* in: Ulmer/Habersack/Winter, GmbHG, § 58a Rn. 9; *Priester,* in: Scholz, GmbHG, Vor § 58a Rn. 10.

13 Wie es bei § 58 der Fall ist.

14 *Roth,* in: Roth/Altmeppen, GmbHG, § 58a Rn. 3.

15 *Waldner,* in: Michalski, GmbHG, § 58a Rn. 2.

16 *Hohmuth,* GmbHR 2009, 349, 351.

17 *Maser/Sommer,* GmbHR 1996, 22, 26.

Bei der vereinfachten Kapitalherabsetzung handelt es sich stets um eine Buchsanierung, weshalb sie in aller Regel mit einer gleichzeitigen Barkapitalerhöhung im Sinne des Abs. 4 verbunden wird (siehe näheres dazu bei **Rdn. 21 f.**).[18] Dies ist der typische Weg zur Sanierung einer Gesellschaft[19] und in der Praxis von erheblicher Bedeutung.[20] Die Teilnahme an einer solchen Kapitalerhöhung ist jedoch optional.[21] 5

Die §§ 58a ff. können zudem nach § 139 UmwG auch bei der Abspaltung oder Ausgliederung von Gesellschaften Anwendung finden, wenn dies *erforderlich* ist.[22] Dies bedeutet, sie kommt nur in Betracht, wenn keine offenen Eigenkapitalposten wie Rücklagen oder Gewinnvorträge vorhanden sind, durch deren Auflösung der Vermögensabgang kompensiert werden könnte.[23] Obwohl auch eine ordentliche Kapitalherabsetzung möglich ist, stellt die vereinfachte Kapitalherabsetzung bei **Spaltungsfällen** in der Praxis die Regel dar.[24] Die §§ 58a-f gelten dabei zutreffend als Rechtsfolgenverweisung.[25] Wäre es anders, könnte die vereinfachte Kapitalherabsetzung nur stattfinden, wenn bei der übertragenen Gesellschaft eine Unterbilanz aufgrund eingetretener Verluste vorläge.[26] Bei § 139 UmwG geht es jedoch um einen Bilanzausgleich und nicht eine Unternehmenssanierung.[27] 6

B. Vereinfachte Kapitalherabsetzung

Die Voraussetzungen der vereinfachten Kapitalherabsetzung entsprechen in wesentlichen Zügen denen der ordentlichen Kapitalherabsetzung nach § 58. Es entfallen lediglich der Gläubigeraufruf, eine etwaige Befriedigung oder Sicherstellung der Gläubiger sowie das Sperrjahr. Des Weiteren sind für die vereinfachte Kapitalherabsetzung gesonderte Voraussetzungen für die Beschlussfassung und die Durchführung der Herabsetzung vorgesehen. 7

---

18 *Priester*, in: Scholz, GmbHG, Vor § 58a Rn. 2.

19 *Wicke*, GmbHG, § 58a Rn. 7.

20 *Casper*, in: Ulmer/Habersack/Winter, GmbHG, § 58a Rn. 47.

21 *Lutter*, in: Lutter/Hommelhoff, GmbHG, § 58a Rn. 4.

22 Vgl. dazu *Mayer*, in: Wildmann/Mayer, UmwG, § 139 Rn. 22 ff.; *Priester*, in: Scholz, GmbHG, Vor § 58a Rn.45.

23 *Reichert*, in: Semler/Stengel, UmwG, § 139 Rn. 8; so auch AG Berlin, Beschl. v. 28.5.2008 – 99 AR 3278/08.

24 *Waldner*, in: Michalski, GmbHG, Vorb. §§ 58-58f Rn. 15.

25 Überwiegende Ansicht, vgl.: *Priester*, in: Lutter/Winter, UmwG, § 139 Rn. 5; *Kallmeyer/Sickinger*, in: Kallmeyer, UmwG, § 139 Rn. 1; *Reichert*, in: Semler/Stengel, UmwG, § 139 Rn. 6.

26 *Priester*, in: Scholz, GmbHG, § 58a Rn. 44.

27 *Zöllner*, in: Baumbach/Hueck, GmbHG, § 58a Rn. 3; *Priester*, in: Scholz, GmbHG, § 58a Rn. 44.

8 Als Voraussetzungen für die vereinfachte Kapitalherabsetzung ergeben sich daher[28]:

- der Zweck der Verlustdeckung oder der Ausgleich von Wertminderungen (Abs. 1),
- die Auflösung von Kapital- und Gewinnrücklagen sowie eines Gewinnvortrags (Abs. 2),
- die Beschlussfassung über die vereinfachte Kapitalherabsetzung,
- die Beachtung der Vorschriften über das Mindeststammkapital und die Anpassung der Nennbeträge von Geschäftsanteilen,
- die Anmeldung des Herabsetzungsbeschlusses zum Handelsregister der Gesellschaft und
- die Eintragung der vereinfachten Kapitalherabsetzung in das Handelsregister (im Falle des Abs. 4 innerhalb von drei Monaten).

I. Voraussetzungen des Abs. 1 und 2

1. Zum Zweck der Verlustdeckung (Abs. 1)

9 Entsprechend dem Ziel, eine praxisgerechte Lösung zur Beseitigung von Unterbilanzen oder von Insolvenzmerkmalen anzubieten bzw. überschuldete GmbHs bei gleichzeitiger Kapitalerhöhung zu sanieren[29], ist Voraussetzung der vereinfachten Kapitalherabsetzung, dass die sanierende Kapitalherabsetzung nur zu bestimmten, rein nominellen Zwecken erfolgen darf.[30] § 58a Abs. 1 entspricht dabei dem Wortlaut des § 229 Abs. 1 S. 1 AktG, wonach eine vereinfachte Kapitalherabsetzung nur dem **Ausgleich von Wertminderungen** oder der **Deckung sonstiger Verluste** dienen kann. Dabei handelt es sich nicht um Alternativen; Wertminderungen sind vielmehr ein Unterfall der »sonstigen« Verluste.[31] Diese einheitliche Zwecksetzungsart ist folglich auf die bilanzielle Beseitigung von Verlusten gerichtet.[32] Der Grund für die Verluste ist irrelevant.[33] Die Ursachen können von Wertminderungen des Aktivvermögens bis hin zu Veruntreuungen reichen.[34] Wie im Aktienrecht ist hierbei eine bestimmte Mindesthöhe des Verlustes – z.B. in Relation zum Stammkapital – grundsätzlich nicht erforderlich.[35]

10 Zur Höhe und zum Zeitpunkt des Verlustes wird in § 58a explizit nichts gesagt. Da sich die Ermittlung des Verlustes jedoch nach den Grundsätzen über den **Wertansatz**

---

28 Vgl. dazu *Rabe*, in: Heybrock, Praxiskommentar zum GmbH-Recht, § 58a Rn. 13.

29 *Priester*, in: Scholz, GmbHG, § 58a Rn. 2.

30 *Maser/Sommer*, GmbHR 1996, 22, 26.

31 Hierzu zutreffend: *Waldner*, in: Michalski, GmbHG, § 58a Rn. 3; *Priester*, in: Scholz, GmbHG, § 58a Rn. 3; *Casper*, in: Ulmer/Habersack/Winter, GmbHG, § 58a Rn. 11.

32 *Maser/Sommer*, GmbHR 1996, 22, 26.

33 *Priester*, in: Scholz, GmbHG, § 58a Rn. 3; *Lutter*, in: Lutter/Hommelhoff, GmbHG, § 58a Rn. 8; *Inhester*, in: Saenger/Inhester, GmbHG, § 58a Rn. 3.

34 Siehe *Casper*, in: Ulmer/Habersack/Winter, GmbHG, § 58a, Rn. 11 mit weiteren Beispielen.

35 *Priester*, in: Scholz, GmbHG, § 58a Rn. 10; *Fabis*, MittRhNotK 1999, 170, 184.

in der Jahresbilanz bestimmt[36], genügen auch **drohende**, noch nicht realisierte **Verluste**.[37] Dabei muss der Verlust jedoch mit solch hoher Wahrscheinlichkeit zu erwarten sein, dass für ihn Rückstellungen i.S.d. § 249 Abs. 1 HGB gebildet werden müssen.[38] Maßgeblich ist dabei die gewissenhafte Prognose des Geschäftsführers.[39] Dieser hat plausibel und nachvollziehbar darzulegen, dass die Verluste eingetreten und nicht nur vorübergehender Natur sind.[40] Geschieht dies nicht bzw. wurden unvertretbare Bewertungsmaßstäbe herangezogen[41], ist der Beschluss anfechtbar.[42] Dies ist vor allem für die Minderheitsgesellschafter von Bedeutung; denn der Kapitalherabsetzungsbeschluss greift erheblich in die Mitgliedschaft ein. Dadurch müssen sie vor der oberflächlichen oder willkürlichen Handhabung der Verlustschätzung geschützt werden.[43] Die Höhe und der Eintritt des Verlusts muss zudem von der Gesellschafterversammlung, dem insoweit ein Ermessensspielraum zusteht, **festgestellt** werden.[44] Es bedarf dabei keiner Verlust- bzw. Zwischenbilanz.[45] Ein bilanzieller Nachweis ist jedoch aus praktischer Sicht zum Schutz der Gesellschafterminderheit, zur Vermeidung und zum Nachweis in einem stattfindenden Anfechtungsverfahren empfehlenswert.[46] Dies gilt umso mehr als dass der Registerrichter im Rahmen seines plausibilisierenden Prüfungsrechts das Recht hat, Zwischenbilanzen einzufordern (siehe unten **Rdn. 25**). Ist der Verlust nach Feststellung der Geschäftsführung überraschend eingetreten, so müssen an die Begründung der Prognose höhere Anforderungen gestellt werden als bei Verlusten, die aufgrund anhaltend negativer Geschäftsentwicklung bereits absehbar waren, da sonst die Gläubigerschutzfunktion des § 58a Abs. 1 umgangen würde.[47]

---

36 *Inhester*, in: Saenger/Inhester, GmbHG, § 58a Rn. 4; *Priester*, in: Scholz, GmbHG, § 58a Rn. 13.

37 Vorherrschende Meinung, siehe BGH, Urt. v. 5.10.1992 – II ZR 172/91, NJW 1993, 57 (zu § 229 AktG); *Casper*, in: Ulmer/Habersack/Winter, GmbHG, § 58a Rn. 13; *Priester*, in: Scholz, GmbHG, § 58a Rn. 11.

38 *Inhester*, in: Saenger/Inhester, GmbHG, § 58a Rn. 4; *Priester*, in: Scholz, GmbHG, § 58a Rn. 11; vgl. dazu auch: *Hüffer*, AktG, § 229 Rn. 8.

39 *Fabis*, MittRhNotK 1999, 170, 184.

40 *Lutter*, in: Lutter/Hommelhoff, GmbHG, § 58a Rn. 9; *Lutter*, in: KK-AktG, § 229 Rn. 15.

41 *Casper*, in: Ulmer/Habersack/Winter, GmbHG, § 58a Rn. 14.

42 *Priester*, in: Scholz, GmbHG, § 58a Rn. 12; *Lutter*, in: Lutter/Hommelhoff, GmbHG, § 58a Rn. 9.

43 *Lutter*, in: Lutter/Hommelhoff, GmbHG, § 58a Rn. 9.

44 *Casper*, in: Ulmer/Habersack/Winter, GmbHG, § 58a Rn. 13.

45 *Zöllner*, in: Baumbach/Hueck, GmbHG, § 58a Rn. 10; *Casper*, in: Ulmer/Habersack/Winter, GmbHG, § 58a Rn. 13.

46 *Lutter*, in: Lutter/Hommelhoff, GmbHG, § 58a Rn. 9; *Priester*, in: Scholz, GmbHG, § 58a Rn. 12.

47 *Fabis*, MittRhNotK 1999, 170, 184.

2. Auflösung von Rücklagen und eines Gewinnvortrags (Abs. 2)

11 Nach § 58a Abs. 2 ist eine vereinfachte Kapitalherabsetzung nur dann zulässig, wenn die **Kapital- und Gewinnrücklagen**, welche 10% des nach Herabsetzung verbleibenden Stammkapitals übersteigen, vorher aufgelöst wurden und kein Gewinnvortrag vorhanden ist. Dabei knüpft das Gesetz an die Begriffdefinitionen des HGB[48] an und meint nur die Beträge, die im letzten Jahresabschluss der Gesellschaft förmlich als Kapital- oder Gewinnrücklage ausgewiesen oder als Bilanzgewinn auf die neue Rechnung vorgetragen sind.[49] Dieser Absatz dient dazu, den Missbrauch der vereinfachten Kapitalherabsetzung zu begrenzen[50], indem er die Anwendbarkeit der vereinfachten Kapitalherabsetzung auf die Fälle beschränkt, in denen sie zum Zwecke des Verlustausgleichs unbedingt notwendig ist und die Verluste nicht anderweitig aus Eigenkapital getilgt werden können.[51] Bei einer Herabsetzung des Stammkapitals unter EUR 25.000 bleibt es bei der 10%-Grenze, was bedeutet, dass Rücklagen bis EUR 2.500 nicht aufgelöst werden müssen.[52] Die Rücklagenzuführung kann ein zulässiger Nebenzweck der vereinfachten Kapitalherabsetzung sein, sodass auch ein die Verluste übersteigender Herabsetzungsbetrag festgelegt werden darf.[53] Aufgelöst werden müssen entsprechend dem Wortlaut des Gesetzes nur Kapital- und Gewinnrücklagen, die Eigenkapital gemäß §§ 266 Abs. 3 AII, III, IV, 272 Abs. 2 und 3 HGB darstellen.[54] *Nicht* aufzulösen sind hingegen Rückstellungen gemäß §§ 249 und 266 Abs. 3 HGB, etwaige sich aus den gesetzlichen Bewertungsvorschriften der Handelsbilanz gemäß §§ 252-254 HGB ergebende stille Reserven im Aktivvermögen[55] sowie Rücklagen für eigene Geschäftsanteile i.S.d. § 272 Abs. 4 S. 2 HGB.[56]

12 Daneben ist die vereinfachte Kapitalherabsetzung nicht zulässig, wenn ein **Gewinnvortrag** vorhanden ist. Ein solcher muss bei der Berechnung des Verlustes berücksichtigt werden und ebenfalls vorher beseitigt werden.[57] Zuständig für die Auflösung der Rücklagen und des Gewinnvortrags ist richtigerweise die Gesellschafterversamm-

48 Siehe § 272 Abs. 2 und 3 HGB.

49 *Lutter*, in: Lutter/Hommelhoff, GmbHG, § 58a Rn. 12.

50 *Casper*, in: Ulmer/Habersack/Winter, GmbHG, § 58a Rn. 17.

51 *Maser/Sommer*, GmbHR 1996, 22, 27.

52 *Casper*, in: Ulmer/Habersack/Winter, GmbHG, § 58a Rn. 17; *Arnold/Born*, in: Bork/Schäfer, GmbHG, § 58a Rn. 14; *Priester*, in: Scholz, GmbHG, § 58a Rn. 7.

53 *Inhester*, in: Saenger/Inhester, GmbHG, § 58a Rn. 6, 10; *Roth*, in: Roth/Altmeppen, GmbHG, § 58a Rn. 8.

54 *Maser/Sommer*, GmbHR 1996, 22, 26.

55 *Maser/Sommer*, GmbHR 1996, 22, 26.

56 *Arnold/Born*, in: Bork/Schäfer, GmbHG, § 58a Rn. 15; *Casper*, in: Ulmer/Habersack/Winter, GmbHG, § 58a Rn. 19; *Priester*, in: Scholz, GmbHG, § 58a Rn. 8.

57 *Rabe*, in: Heybrock, Praxiskommentar zum GmbH-Recht, § 58a Rn. 23; *Zöllner*, in: Baumbach/Hueck, GmbHG, § 58a Rn. 15.

lung, da die Auflösung in die Kompetenz des die Bilanz feststellenden Organs fällt.[58] Es bedarf zudem eines Auflösungsbeschlusses.[59] Umstritten ist, ob dieser ausdrücklich gefasst werden muss oder konkludent im Herabsetzungsbeschluss enthalten ist.[60] Für die Praxis ist es daher empfehlenswert, einen separaten Auflösungsbeschluss zu fassen, der mit dem Herabsetzungsbeschluss verbunden werden kann.[61] Der buchungstechische Vollzug erfolgt durch die Geschäftsführung und muss nicht in einer förmlichen (Zwischen-)Bilanz dokumentiert werden.[62]

13 Zum Zwecke des Gläubigerschutzes sieht das Gesetz zudem Verwendungsbeschränkungen hinsichtlich der Beträge aus der Rücklagenauflösung und der Kapitalherabsetzung. Gemäß § 58b ist dabei die Ausschüttung des Buchgewinns, welcher sich aus der vereinfachten Kapitalherabsetzung und aus der vorhergegangenen Auflösung der Rücklagen ergibt, für fünf Jahre verboten (siehe **§ 58b Rdn. 9**).[63] Es besteht zudem auch eine Ausschüttungssperre gegenüber den Gesellschaftern bei zu hoch berechneten Kapitalherabsetzungsbeträgen (siehe **§ 58c Rdn. 8**) sowie eine zeitliche und den Umfang betreffende Limitierung der Ausschüttung künftiger Gewinne (siehe **§ 58d Rdn. 11 ff., 15 ff.**).[64]

II. Kapitalherabsetzungsbeschluss

1. Formelle Beschlussvoraussetzungen

14 Die vereinfachte Kapitalherabsetzung ist eine Satzungsänderung. Als solche bedarf sie eines satzungsändernden Gesellschafterbeschlusses.[65] Neben den Regelungen der §§ 58a-f sind die Vorschriften über die Satzungsänderung gemäß §§ 53 und 54 – wie auch bei der ordentlichen Kapitalherabsetzung (siehe **§ 58 Rdn. 28**) – anwendbar. § 58a Abs. 5 verweist dabei lediglich aus Klarstellungsgründen[66] auf diese Vorschriften. Gemäß § 53 Abs. 2 bedarf der Beschluss der notariellen Beurkundung sowie

---

58 HM, vgl. *Priester*, in: Scholz, GmbHG, § 58a Rn.9; *Zöllner*, in: Baumbach/Hueck, GmbHG, § 58a Rn. 12; *Jung/Otto*, in: BeckHdbGmbHG, § 8 Rn. 151; **a.A.**: *Lutter*, in: Lutter/Hommelhoff, GmbHG, § 58a Rn. 13, welcher die Zuständigkeit bei der Geschäftsführung sieht.

59 *Casper*, in: Ulmer/Habersack/Winter, GmbHG, § 58a Rn. 20; *Priester*, in: Scholz, GmbHG, § 58a Rn. 9; *Inhester*, in: Saenger/Inhester, GmbHG, § 58a Rn. 12.

60 Konkludenten Beschluss nimmt *Waldner*, in: Michalski, GmbHG, § 58a Rn. 6 an; **ablehnend**: *Priester*, in: Scholz, GmbHG, § 58a Rn. 9; *Zöllner*, in: Baumbach/Hueck, GmbHG, § 58a Rn. 12.

61 So auch *Inhester*, in: Saenger/Inhester, GmbHG, § 58a Rn. 12.

62 *Zöllner*, in: Baumbach/Hueck, GmbHG, § 58a Rn. 12; *Casper*, in: Ulmer/Habersack/Winter, GmbHG, § 58a Rn. 22; *Inhester*, in: Saenger/Inhester, GmbHG, § 58a Rn. 12.

63 *Langenfeld*, GmbH-Vertragspraxis, S. 268.

64 *Langenfeld*, GmbH-Vertragspraxis, S. 268.

65 *Inhester*, in: Saenger/Inhester, GmbHG, § 58a Rn. 13.

66 *Inhester*, in: Saenger/Inhester, GmbHG, § 58a Rn. 13.

einer Mehrheit von drei Vierteln der abgegebenen Stimmen, sofern der Gesellschaftervertrag keine strengeren Voraussetzungen vorsieht (siehe **§ 53 Rdn. 44, 46**).[67]

15 Der Herabsetzungsbeschluss bedarf grundsätzlich *keiner* **sachlichen Rechtfertigung**[68], es sei denn, er greift unmittelbar in Rechte der Gesellschafterminderheit ein.[69] Der BGH hat in seinem *Sachsenmilch*-Urteil vom 9. Februar 1998[70] betreffend die Anforderungen eines Herabsetzungsbeschlusses einer AG im Insolvenzverfahren entschieden, dass dieser keiner sachlichen Rechtfertigung bedarf, weil die gesetzliche Regelung bereits eine abschließende Abwägung der Interessen von Gesellschaft und Aktionären vorgenommen habe.[71] Dies lässt sich auf das GmbH-Recht übertragen.[72]

16 Die Gesellschafter treffen bei der Satzungsänderung zudem *grundsätzlich* keine **Stimmpflichten.**[73] Sie dürfen nach freiem Ermessen gegen einen Antrag stimmen, auch wenn dadurch die Annahme eines Beschlusses verhindert wird.[74] Es kann jedoch bei Beschlussfassung eine **Mitwirkungspflicht** aus Treuepflicht bestehen, wenn die Kapitalherabsetzung **zum Zwecke der Sanierung** erfolgt.[75] Für das Aktienrecht hat der BGH[76] in diesem Zusammenhang entschieden, dass die Treuepflicht es dem einzelnen Gesellschafter unter bestimmten Voraussetzungen verbiete, eine sinnvolle Sanierung aus eigennützigen Gründen scheitern zu lassen.[77] Wenn die Kapitalherabsetzung Bestandteil eines aussichtsreichen, sinnvollen und mehrheitlich angestrebten Sanierungsplans ist[78], verlange die gesellschaftsrechtliche Treuepflicht insbesondere von einer Minderheit, wenn diese über eine Sperrminorität verfügt[79], dass sie der Sanierung zustimmt. Diese Entscheidung ist wegen der vergleichbaren Interessenlage und mit Rücksicht auf die personalisiertere Gesellschafterstruktur in der GmbH ohne Zweifel übertragbar.[80]

---

67 *Rabe*, in: Heybrock, Praxiskommentar zum GmbH-Recht, § 58a Rn. 24.

68 *Inhester*, in: Saenger/Inhester, GmbHG, § 58a Rn. 14; *Priester*, in: Scholz, GmbHG, § 58a Rn. 16, *Zöllner*, in: Baumbach/Hueck, GmbHG, § 58a Rn. 23.

69 *Priester*, in: Scholz, GmbHG, § 58a Rn. 16.

70 BGHZ 138, 71 = NJW 1998, 2054.

71 Siehe 1. Leitsatz des Urteils.

72 Siehe u.a. *Casper*, in: Ulmer/Habersack/Winter, GmbHG, § 58a Rn. 32; *Zöllner*, in: Baumbach/Hueck, GmbHG, § 58a Rn. 23.

73 *Priester*, in: Scholz, GmbHG, § 58a Rn. 18; *Casper*, in: Ulmer/Habersack/Winter, GmbHG, § 58a Rn. 24.

74 *Rühland*, in: BeckOK GmbHG, § 58a Rn. 24.

75 *Casper*, in: Ulmer/Habersack/Winter, GmbHG, § 58a Rn. 24; *Priester*, in: Scholz, GmbHG, § 58a Rn. 18.

76 *Girmes*-Urteil zur AG vom 20.3.1995,BGHZ 129, 136 = NJW 1995, 1739.

77 So auch *Priester*, in: Scholz, GmbHG, § 58a Rn. 18.

78 *Girmes*-Urteil zur AG vom 20.3.1995,BGHZ 129, 136 = NJW 1995, 1739; siehe 2. Leitsatz des Urteils.

79 *Lutter*, in: Lutter/Hommelhoff, GmbHG, § 58a Rn. 15b.

80 *Rühland*, in: Ziemons/Jaeger, BeckOK GmbHG, § 58a Rn. 24; *Priester*, in: Scholz, GmbHG, § 58a Rn. 19.

2. Inhalt des Beschlusses

17 Im Kapitalherabsetzungsbeschluss ist zunächst anzugeben, dass es sich um eine vereinfachte Kapitalherabsetzung handelt.[81] Dies ist nicht ausdrücklich im Gesetz geregelt, wird jedoch zur Abgrenzung gegenüber der ordentlichen Kapitalherabsetzung[82] – wie im Aktienrecht auch[83] – vorgenommen.

18 Des Weiteren bedarf es der Angabe eines **bestimmten**[84] **Herabsetzungsbetrages**, d.h. des Betrages, um den das Stammkapital insgesamt herabgesetzt wird.[85] Die Höhe dieses Betrages bestimmt sich nach dem abzudeckenden Verlust und der ggf. vorgesehenen Einstellung in die Kapitalrücklage.[86] Zu beachten ist dabei der in § 5 Abs. 1 festgelegte Mindestbetrag des Stammkapitals. Dieser muss grundsätzlich eingehalten werden[87], sofern nicht ein Fall des § 58a Abs. 4 vorliegt, wonach bei gleichzeitiger Kapitalerhöhung eine Herabsetzung bis auf Null möglich wird (siehe unten **Rdn. 21**).

19 Ferner ist zudem der **Zweck** des Beschlusses – nämlich die Verlustdeckung und ggf. die Rücklagenzuführung – anzugeben.[88] Im Gegensatz zu § 229 Abs. 1 AktG schreibt das GmbHG dies nicht ausdrücklich vor. Das OLG Hamm schließt sich in seinem Beschluss vom 11. November 2010 jedoch der herrschenden Ansicht an, da die Tatbestände des § 58a und § 229 AktG und die mit ihnen verfolgten Publizitäts- und Gläubigerschutzgründe im Wesentlichen gleichgelagert sind, so dass eine gleiche Behandlung geboten sei.[89] Dem ist zu folgen; die Pflicht zur Zweckangabe ist bereits deshalb zwingend erforderlich, da die Festsetzung des Herabsetzungszwecks allein

---

81 *Lutter*, in: Lutter/Hommelhoff, GmbHG, § 58a Rn. 16; *Priester*, in: Scholz, GmbHG, § 58a Rn. 20 ff.

82 *Casper*, in: Ulmer/Habersack/Winter, GmbHG, § 58a Rn. 25.

83 Siehe *Oechsler*, in: Kropff/Semler, MünchKommAktG, § 229 Rn. 17.

84 *Priester*, in: Scholz, GmbHG, § 58a Rn. 22; *Waldner*, in: Michalski, GmbHG, § 58a Rn. 12; noch strenger: *Lutter*, in: Lutter/Hommelhoff, GmbHG, § 58a Rn. 17, der bloßen Herabsetzungsrahmen als unzulässig deklariert; abweichend u.a.: *Roth*, in: Roth/Altmeppen, GmbHG, § 58a Rn. 13 für den Niedrigstgrenze ausreicht.

85 *Casper*, in: Ulmer/Habersack/Winter, GmbHG, § 58a Rn. 26.

86 *Waldner*, in: Michalski, GmbHG, § 58a Rn. 12; *Priester*, in: Scholz, GmbHG, § 58a Rn. 21.

87 *Priester*, in: Scholz, GmbHG, § 58a Rn. 21.

88 Zur h.M. vgl. nur: *Lutter*, in: Lutter/Hommelhoff, GmbHG, § 58a Rn. 18; *Priester*, in: Scholz, GmbHG, § 58a Rn. 23; *Casper*, in: Ulmer/Habersack/Winter, GmbHG, § 58a Rn. 8; **a.A**: *Zöllner*, in: Baumbach/Hueck, GmbHG, § 58a Rn. 19 mit näheren Ausführungen zur Gegenauffassung.

89 OLG Hamm, Beschl. v. 11.11.2010 – I-15 W 191/10, 15 W 191/10, unter II; vgl. auch BT-Drs. 12/3803, S. 87 f.

Sache der Gesellschafter ist und die Entscheidung hierüber nicht an die Geschäftsführer delegiert werden kann.[90]

3. Anpassung des Nennbetrages (Abs. 3)

20 Bezüglich der Geschäftsanteile muss zudem gemäß § 58a Abs. 3 eine **Anpassung des Nennbetrages** an das herabgesetzte Stammkapital erfolgen. Mit dieser Bestimmung sollte ein Streit innerhalb des § 58 geklärt werden.[91] Insoweit ist dort nämlich umstritten, ob bei einer Kapitalherabsetzung zur Beseitigung einer Unterbilanz die Nennbeträge der Gesellschaftsanteile an den Nennbetrag des herabgesetzten Stammkapitals angepasst werden müssen und bis zu welcher Grenze ggf. Zwerggeschäftsanteile gebildet werden dürfen.[92] Mit § 58a Abs. 3 ist eine solche Anpassung im Rahmen der vereinfachten Kapitalherabsetzung nun verpflichtend, damit die aus den Geschäftsanteilen der Gesellschafter fließenden Rechte in ihrem Umfang eindeutig identifiziert werden und dadurch Rechtssicherheit entsteht.[93] Die Nennwertherabsetzung hat dabei grundsätzlich beteiligungsproportional zu erfolgen, es sei denn, die betroffenen Gesellschafter stimmen einer Abweichung zu.[94] Laut Zöllner genügt für die »Anpassung« die eindeutige Bestimmbarkeit der Nennbeträge[95], wohingegen Priester zurecht differenziert und eine Einzelaufzählung der Nennbeträge nur beim Vorliegen weniger Geschäftsanteile verlangt.[96] Die Geschäftsanteile müssen dabei gemäß Abs. 3 S. 2 aufgrund des MoMiG in Übereinstimmung mit § 5 Abs. 2 S. 1 durch eins teilbar sein, d.h. auf volle Euro lauten, und mindestens EUR 1 betragen (mehr dazu unten **Rdn. 29**).[97] Ein Fehlen einer solchen Anpassung würde den Beschluss anfechtbar machen.[98]

C. Stammkapitalherabsetzung bei gleichzeitig beschlossener Kapitalerhöhung (Abs. 4)

21 Für eine nachhaltige Sanierung der GmbH ist eine Verbindung der Stammkapitalherabsetzung mit einer gleichzeitigen Kapitalerhöhung häufig zweckmäßig. Auf Grund der relativ geringen Kapitalausstattung der Mehrzahl deutscher GmbH dürfte sie mittlerweile den

---

90 OLG Hamm, Beschl. v. 11.11.2010 – I-15 W 191/10, 15 W 191/10, unter II.; BayOblG, Beschl. v. 16.1.1979, BayOblG 1979, 4 – BReg. 1 Z 127/78 S. 7; *Priester*, in: Scholz, GmbHG, § 58a Rn. 23;

91 Siehe BT-Drs. 12/3803, S. 88.

92 BT-Drs. 12/3803, S. 88.

93 BT-Drs. 12/3803, S. 88.

94 *Priester*, in: Scholz, GmbHG, § 58a Rn. 26.

95 *Zöllner*, in: Baumbach/Hueck, GmbHG, § 58a Rn. 18.

96 *Priester*, in: Scholz, GmbHG, § 58a Rn. 26.

97 *Lutter*, in: Lutter/Hommelhoff, GmbHG, § 58a Rn. 19; *Priester*, in: Scholz, GmbHG, § 58a Rn. 26.

98 *Zöllner*, in: Baumbach/Hueck, GmbHG, § 58a Rn. 22.

praktischen Regelfall darstellen.[99] Dabei kann sowohl die vereinfachte als auch die ordentliche Kapitalherabsetzung mit einer Kapitalerhöhung verbunden werden.[100] Gemäß § 58a Abs. 4 S. 1 kann das Stammkapital im Falle der vereinfachten Kapitalherabsetzung unter den in § 5 Abs. 1 bestimmten Mindestnennbetrag von EUR 25.000 herabgesetzt werden, wenn er durch eine gleichzeitige Kapitalerhöhung wieder erreicht wird.[101] Das Stammkapital kann dabei bis **auf Null** heruntergesetzt werden.[102] Sacheinlagen dürfen gemäß Abs. 4 S. 1 bei der Kapitalerhöhung nicht festgesetzt werden. Dies gilt allerdings nur für den Teil des Erhöhungsbetrages, der zur Erreichung des Mindeststammkapitals erforderlich ist.[103] Erforderlich ist eine **gleichzeitige Beschlussfassung**, d.h. dass sie innerhalb der gleichen Gesellschafterversammlung erfolgen muss[104]. Zudem bedarf es einer **gleichzeitigen Eintragung** in das Handelsregister (siehe unten **Rdn. 31**).[105] Ein einheitlicher Gesellschafterbeschluss ist nicht erforderlich, solange die getrennten Beschlüsse in einer Versammlung erfolgen.[106]

22 Gemäß Abs. 4 S. 2 müssen die beiden Beschlüsse ab Beschlussfassung innerhalb von **drei Monaten** in das Handelsregister eingetragen werden (mehr dazu unten **Rdn. 31**).

D. Anmeldung und Eintragung ins Handelsregister

I. Inhalt und Form der Anmeldung

23 Die Anmeldung zur Eintragung der vereinfachten Kapitalherabsetzung in das Handelsregister[107] folgt den allgemeinen Vorschriften. Sie hat daher gemäß § 12 Abs. 1 S. 1 HGB elektronisch in öffentlich beglaubigter Form zu erfolgen. Anders als bei der ordentlichen Kapitalherabsetzung, bei der sämtliche Geschäftsführer mitwirken müssen (siehe **§ 58 Rdn. 28**), genügt es bei § 58a, dass **Geschäftsführer in vertretungsberechtigter Zahl** handeln.[108] Dies richtet sich nach § 78 Halbsatz 1 und nicht nach Halbsatz 2, da § 58a in Halbsatz 2 explizit nicht in diesem Katalog enthalten ist. Bei einer Kombination aus vereinfachter Kapitalherabsetzung und anschließender

---

99 *Inhester*, in: Saenger/Inhester, GmbHG, § 58a Rn. 28; *Arnold/Born*, in: Bork/Schäfer, GmbHG, § 58a Rn. 29; *Casper*, in: Ulmer/Habersack/Winter, GmbHG, § 58a Rn. 47.

100 *Waldner*, in: Michalski, GmbHG, § 58a Rn. 17.

101 *Arnold/Born*, in: Bork/Schäfer, GmbHG, § 58a Rn. 29.

102 Mittlerweile nahezu allgemeine Meinung, vgl. *Priester*, in: Scholz, GmbHG, § 58a Rn. 41; *Zöllner*, in: Baumbach/Hueck, GmbHG, § 58a Rn. 33; *Waldner*, in: Michalski, GmbHG, § 58a Rn. 19; *Roth*, in: Roth/Altmeppen, GmbHG, § 58a Rn. 13.

103 *Priester*, in: Scholz, GmbHG, § 58a Rn. 40.

104 *Rabe*, in: Heybrock, Praxiskommentar zum GmbH-Recht, § 58a Rn. 36.

105 *Casper*, in: Ulmer/Habersack/Winter, GmbHG, § 58a Rn. 48.

106 *Zöllner*, in: Baumbach/Hueck, GmbHG, § 58a Rn. 34.

107 Gemäß § 58a Abs. 5 i.V.m. § 54 Abs. 1 S. 1.

108 *Casper*, in: Ulmer/Habersack/Winter, GmbHG, § 58a Rn. 41; *Priester*, in: Scholz, GmbHG, § 58a Rn. 23.

Kapitalerhöhung werden die beiden Maßnahmen in der Praxis gemeinsam zu Eintragung im Handelsregister angemeldet (mehr dazu unten **Rdn. 30**).[109]

24 Als Anlage sind der Anmeldung der Herabsetzungsbeschluss mit qualifizierter elektronischer Signatur des Notars[110] sowie der vollständige Wortlaut der neugefassten Satzung beizufügen.[111] Der Zeitpunkt der Anmeldung ist nicht festgelegt; sie kann direkt nach Beschlussfassung erfolgen, da es keiner besonderen Gläubigerschutzmaßnahmen oder des Ablaufs eines Sperrjahres (vgl. **§ 58 Rdn. 30 ff.**) bedarf.[112] Soweit eine solche ohnehin erstellt wurde, mag es in der Praxis ratsam sein, auch eine Zwischenbilanz zum Nachweis der Verlustdeckung (Absatz 1) beizufügen (ausführlicher unten **Rdn. 25**).

II. Prüfungskompetenz des Registergerichts

25 Das Registergericht prüft zunächst **formal**, ob die Voraussetzungen der vereinfachten Kapitalherabsetzung vorliegen, also insbesondere das Vorliegen eines erlaubten Zwecks und der Verfahrensangabe, die korrekte Anpassung der Nennbeträge der Geschäftsanteile und die notwendige Auflösung von Rücklagen.[113] Dabei können entsprechende Nachweise und Erläuterungen, wie z.B. nach h.M.[114] eine ungeprüfte und nicht testierte Zwischenbilanz, verlangt werden, insbesondere zur Auflösung von Rücklagen, die im vorigen Jahresabschluss ausgewiesen waren.[115] Da bei der vereinfachten Kapitalherabsetzung die Erstellung einer Zwischenbilanz nicht als materielles Erfordernis vorausgesetzt wird, darf ein solches Ersuchen nur *ultima ratio* sein.[116]

26 Bei der Überprüfung des Verlusts kann sich das Registergericht auf eine **Plausibilitätskontrolle**[117] beschränken, d.h. es überprüft, ob überhaupt ein Verlust plausibel von der Gesellschaft prognostiziert wurde.[118] Soll die Kapitalherabsetzung auch dazu dienen, gewonnene Beträge in die Kapitalrücklage einzustellen, so muss das Registergericht auch die Einhaltung der 10%-Grenze prüfen.[119] Zudem prüft es auch die korrekte Anpassung der Geschäftsanteile.[120]

---

109 *Rabe*, in: Heybrock, Praxiskommentar zum GmbH-Recht, § 58a Rn. 44.
110 Vgl. § 12 Abs. 2 S. 2 HGB i.V.m. § 39a BeurkG.
111 *Inhester*, in: Saenger/Inhester, GmbHG, § 58a Rn. 24.
112 *Casper*, in: Ulmer/Habersack/Winter, GmbHG, § 58a Rn. 42; *Zöllner*, in: Baumbach/Hueck, GmbHG, § 58a Rn. 31.
113 *Waldner*, in: Michalski, GmbHG, § 58a Rn. 22; *Inhester*, in: Saenger/Inhester, GmbHG, § 58a Rn. 25; *Priester*, in: Scholz, GmbHG, § 58a Rn. 34 f.
114 *Priester*, in: Scholz, GmbHG, § 58a Rn. 36; *Lutter*, in: Lutter/Hommelhoff, GmbHG, § 58a Rn. 24; *Inhester*, in: Saenger/Inhester, GmbHG, § 58a Rn. 25; *Casper*, in: Ulmer/Habersack/Winter, GmbHG, § 58a Rn. 44.
115 *Lutter*, in: Lutter/Hommelhoff, GmbHG, § 58a Rn. 24.
116 *Casper*, in: Ulmer/Habersack/Winter, GmbHG, § 58a Rn. 44.
117 *Inhester*, in: Saenger/Inhester, GmbHG, § 58a Rn. 25.
118 *Casper*, in: Ulmer/Habersack/Winter, GmbHG, § 58a Rn. 44.
119 *Casper*, in: Ulmer/Habersack/Winter, GmbHG, § 58a Rn. 44.
120 *Lutter*, in: Lutter/Hommelhoff, GmbHG, § 58a Rn. 24.

III. Eintragung ins Handelsregister

27 Hat das Registergericht seine Prüfung abgeschlossen, trägt es gemäß § 8a HGB die Kapitalherabsetzung in das Handelsregister ein. Die Eintragung ins Handelsregister ist konstitutiv, d.h. mit ihr wird die neue Stammkapitalziffer gemäß § 54 Abs. 3 wirksam.[121] Danach muss der Geschäftsführer die notwendigen Buchungen vornehmen.[122] Das Gericht hat die Eintragung anschließend gemäß § 10 HGB bekannt zu machen.[123]

E. Fehlerquellen

I. Bei Beschluss

28 Die Nichteinhaltung der Voraussetzung des Abs. 1 und 2, d.h. der Zweck der Verlustdeckung sowie die Auflösung von Rücklagen und eines Gewinnvortrags, führen nicht zur Nichtigkeit des Herabsetzungsbeschlusses, sondern zu dessen Anfechtbarkeit, da die Vorschriften nicht schwerpunktmäßig dem Gläubigerschutz dienen.[124] Berechnungs-, Schätzungs- oder Annahmefehler bei den Verlusten führen hingegen weder zur Unwirksamkeit der Herabsetzung noch zur Nichtigkeit oder Anfechtbarkeit des Beschlusses[125], sondern zur Bindung der überschießenden Beträge nach § 58b Abs. 2 (vgl. **§ 58b Rdn. 5**) und § 58c (siehe **§ 58c Rdn. 8**).[126]

29 Das MoMiG hat dazu geführt, dass eine bislang fehleranfällige Voraussetzung des § 58a, namentlich die in seinem Abs. 3 Satz 3 geregelte Anpassung der Nennbeträge der Geschäftsanteile, weniger praktisch relevant wurde. Die neuen Geschäftsanteile müssen mindestens EUR 1 betragen (**Rdn. 20**). Im Falle einer Unterschreitung dieses Mindestnennbetrages müssen die Geschäftsführer eine Vereinigung vornehmen, d.h. eine Zusammenlegung der Geschäftsanteile unter größtmöglicher Schonung der Gesellschafterinteressen.[127] Dieser Fall der Unterschreitung war vor dem MoMiG in § 58 a Abs. 3 S. 3-5 geregelt. Dort hieß es in S. 3, dass solche Geschäftsanteile von den Geschäftsführern zu gemeinschaftlichen Geschäftsanteilen zu vereinigen sind.[128] Der Gesetzgeber des MoMiG begründete die Streichung dieser Sätze damit, dass es eine Folge der Änderungen in § 5 sei.[129] Außerdem diene die ersatzlose Streichung der besseren Übersichtlichkeit des § 58a.[130] Angesichts des neuen Mindestnennbetra-

---

121 *Waldner*, in: Michalski, GmbHG, § 58a Rn. 22.
122 *Priester*, in: Scholz, GmbHG, § 58a Rn. 37.
123 *Rabe*, in: Heybrock, Praxiskommentar zum GmbH-Recht, § 58a Rn. 51.
124 *Zöllner*, in: Baumbach/Hueck, GmbHG, § 58a Rn. 22.
125 Vgl. *Hüffer*, AktG, § 229 Rn. 16.
126 *Lutter*, in: Lutter/Hommelhoff, GmbHG, § 58b Rn. 1.
127 *Zöllner*, in: Baumbach/Hueck, GmbHG, § 58a Rn. 27f.
128 *Priester*, in: Scholz, GmbHG, § 58a Rn. 27.
129 BT-Drs. 16/6140, S. 46.
130 *Hohmuth*, GmbHR 2009, 349, 352.

ges von EUR 1 bedürfe es einer solchen Vorschrift nicht mehr.[131] Jedoch kann es auch natürlich auch künftig durchaus vorkommen, dass dieser Betrag unterschritten wird, z.B. wenn vor der Kapitalherabsetzung ein Gesellschafter lediglich 1 Euro-Anteile besessen hat.[132] Aus diesem Grund wird bei einer Unterschreitung des Mindestnennbetrages eine Zusammenlegung der Geschäftsanteile – wie im Aktienrecht auch[133] – weiterhin zwangsläufig vorzunehmen sein.[134]

II. Bei Anmeldung

30 Die Herabsetzung unter EUR 25.000 in Verbindung mit einer gleichzeitigen Kapitalerhöhung (vgl. **Rdn. 21 f.**) ist regelmäßig von praktischer Relevanz und unterliegt gemäß Abs. 4 S. 2 einer **Eintragungsfrist** von **drei Monaten** für beide Beschlüsse (Kapitalherabsetzungs- und Kapitalerhöhungsbeschluss). Diese Frist beginnt mit Beschlussfassung und endet drei Monate später, wobei sich deren Berechnung nach §§ 187 Abs. 2 und 188 Abs. 2 BGB richtet.[135] Durch dieses Erfordernis soll ähnlich wie bisher durch § 58 Abs. 2 S. 1 vermieden werden, dass durch eine Kapitalherabsetzung ein andauernder, gegen § 5 Abs. 1 verstoßender und damit gesetzeswidriger Zustand bei der GmbH eintritt, der dem Schutzbedürfnis der Gläubiger erheblich widersprechen würde.[136] Wird diese Frist nicht eingehalten, sind beide Beschlüsse nichtig.[137] Es können jedoch jederzeit in einer weiteren Gesellschafterversammlung gleichlautende Beschlüsse gefasst werden, wodurch eine neue Frist von drei Monaten zu laufen beginnt.[138] Im Falle der Rechtshängigkeit einer Anfechtungs- oder Nichtigkeitsklage gegen einen der Beschlüsse oder gegen beide, ist diese Frist gehemmt.[139] Der Zeitraum der Hemmung bleibt bei der Berechnung der Frist gemäß § 270 BGB unberücksichtigt; nach Ende der Hemmung läuft die Frist weiter und beginnt nicht von neuem.[140] Zudem besteht die Möglichkeit der Rückbeziehbarkeit der Kombination von Kapitalherabsetzung und Kapitalerhöhung gemäß § 58f (siehe **§ 58f Rdn. 3**), wonach unter bestimmten Voraussetzungen die beiden Maßnahmen in den Jahresabschluss des letzten, der Beschlussfassung vorangegangenen Geschäftsjahres rückbezogen werden können, so dass gewährleistet wird, dass bei einem Versäumen der Frist kein zur Unanwendbarkeit der Maßnahme führender Zeitverlust entsteht.[141]

---

131 *Priester*, in: Scholz, GmbHG, § 58a Rn. 28.
132 *Priester*, in: Scholz, GmbHG, § 58a Rn. 28.
133 Vgl. § 222 Abs. 4 S. 2 AktG.
134 *Priester*, in: Scholz, GmbHG, § 58a Rn. 28.
135 *Waldner*, in: Michalski, GmbHG, § 58a Rn. 24.
136 *Maser/Sommer*, GmbHR 1996, 22, 29.
137 *Arnold/Born*, in: Bork/Schäfer, GmbHG, § 58a Rn. 32.
138 *Maser/Sommer*, GmbHR 1996, 22, 29.
139 *Zöllner*, in: Baumbach/Hueck, GmbHG, § 58a, Rn. 36; *Waldner*, in: Michalski, GmbHG, § 58a Rn. 24.
140 *Waldner*, in: Michalski, GmbHG, § 58a Rn. 24.
141 *Maser/Sommer*, GmbHR 1996, 22, 29 f.

31 Bei einer solchen Kombination aus vereinfachter Kapitalherabsetzung und anschließender Kapitalerhöhung sind beide Beschlüsse **gleichzeitig** im Handelsregister einzutragen.[142] Durch das gleichzeitige Wirksamwerden der beiden Bestandteile wird gewährleistet, dass sich das Stammkapital der GmbH nur für eine »logische Sekunde« unter dem Mindestnennbetrag des § 5 Abs. 1 befindet.[143] Ein Verstoß bleibt jedoch folgenlos, wenn beide Beschlüsse vor Ablauf der Dreimonatsfrist eingetragen sind. Abs. 4 S. 4 ist bloße Ordnungsvorschrift, sie zieht nicht die Nichtigkeit der Beschlüsse nach sich.[144] Gemäß § 57 Abs. 1 i.V.m. § 78 Halbsatz 2 ist bei gleichzeitiger Anmeldung einer Kapitalerhöhung im Gegensatz zur vereinfachten Kapitalherabsetzung allein jedoch unbedingt das **Handeln *sämtlicher* Geschäftsführer** erforderlich.[145] Ein Verstoß führt zur Abweisung der Eintragung durch das Registergericht.

§ 58b Beträge aus Rücklagenauflösung und Kapitalherabsetzung

(1) Die Beträge, die aus der Auflösung der Kapital- oder Gewinnrücklagen und aus der Kapitalherabsetzung gewonnen werden, dürfen nur verwandt werden, um Wertminderungen auszugleichen und sonstige Verluste zu decken.

(2) [1]Daneben dürfen die gewonnenen Beträge in die Kapitalrücklage eingestellt werden, soweit diese zehn vom Hundert des Stammkapitals nicht übersteigt. [2]Als Stammkapital gilt dabei der Nennbetrag, der sich durch die Herabsetzung ergibt, mindestens aber der nach § 5 Abs. 1 zulässige Mindestnennbetrag.

(3) Ein Betrag, der auf Grund des Absatzes 2 in die Kapitalrücklage eingestellt worden ist, darf vor Ablauf des fünften nach der Beschlussfassung über die Kapitalherabsetzung beginnenden Geschäftsjahrs nur verwandt werden

1. **zum Ausgleich eines Jahresfehlbetrags, soweit er nicht durch einen Gewinnvortrag aus dem Vorjahr gedeckt ist und nicht durch Auflösung von Gewinnrücklagen ausgeglichen werden kann;**
2. **zum Ausgleich eines Verlustvortrags aus dem Vorjahr, soweit er nicht durch einen Jahresüberschuß gedeckt ist und nicht durch Auflösung von Gewinnrücklagen ausgeglichen werden kann;**
3. **zur Kapitalerhöhung aus Gesellschaftsmitteln.**

142 *Rabe*, in: Heybrock, Praxiskommentar zum GmbH-Recht, § 58a Rn. 50.
143 *Maser/Sommer*, GmbHR 1996, 22, 29.
144 *Arnold/Born*, in: Bork/Schäfer, GmbHG, § 58a Rn. 32.
145 Siehe auch *Zöllner*, in: Baumbach/Hueck, GmbHG, § 58a Rn. 30.

Übersicht **Rdn.**

Schrifttum

Fabis, Vereinfachte Kapitalherabsetzung bei AG und GmbH, MittRhNotK 1999, 170; ; *Geißler*, Funktion und Durchführung der vereinfachten Kapitalherabsetzung bei der GmbH, GmbHR 2005, 1102; ; *Moser/Sommer*, Die Neuregelung der »Sanierenden Kapitalherabsetzung« bei der GmbH, GmbHR 1996, 22.

A. Normzweck

1 § 58b ist eine Ergänzung zu § 58a und regelt die Verwendung der durch die vereinfachte Kapitalherabsetzung gewonnenen Beträge. Die Regelung entspricht im wirtschaftlichen Ergebnis dem aktienrechtlichen Vorbild der §§ 230, 231 AktG, nicht jedoch der dortigen Regelungstechnik.[1] Im Aktienrecht wird im Gegensatz zum GmbHG (§ 58b) ausdrücklich die Ausschüttung an die Aktionäre untersagt (§ 230 S. 1 AktG); jedoch kommen sie am Ende zum gleichen Ergebnis, da durch die zwingende Verwendungsvorgabe (»nur«) in § 58b Abs. 1 (**Rdn. 4**) implizit Zahlungen an die Gesellschafter untersagt sind.[2] Primär handelt es sich bei § 58b um eine Bilanzierungsvorschrift, denn die Verringerung der Stammkapitalziffer schafft auf der Passivseite einen Spielraum und somit einen Buchgewinn.[3]

2 Zweck von § 58b ist der **Gläubigerschutz.**[4] Dadurch, dass bei der vereinfachten Kapitalherabsetzung auf die strengen Gläubigerschutzmaßnahmen, wie etwa das

1 *Priester*, in: Scholz, GmbHG, § 58b Rn. 2.

2 BT-Drs. 12/3803, S. 89; *Priester*, in: Scholz, GmbHG, § 58b Rn. 2.

3 *Geißler*, GmbHR 2005, 1102, 1107.

4 Einheitsmeinung: *Priester*, in: Scholz, GmbHG, § 58b Rn. 1; *Casper*, in: Ulmer/Habersack/Winter, GmbHG, § 58b Rn. 2; *Inhester*, in: Saenger/Inhester, GmbHG, § 58b Rn. 1.

Sperrjahr (**§ 58 Rdn. 30**) oder die Sicherstellung der Gläubiger (**§ 58 Rdn. 23 ff.**), verzichtet wird, müssen die Gläubiger auf andere Weise geschützt werden. Dies geschieht zum einen durch ein Auszahlungsverbot an die Gesellschafter und durch bilanzielle Verwendungsverbote hinsichtlich der frei gewordenen Beträge (**Rdn. 4**).[5] Eine derartige Bindung ist bereits in § 58a Abs. 1 (**§ 58a Rdn. 9**) durch die Regelung der zulässigen Zwecke der vereinfachten Kapitalherabsetzung vorgezeichnet.[6] Zum anderen werden durch die Vorschrift die überschüssigen, in die Kapitalrücklage eingestellten Beträge für fünf Jahre an die Gesellschaft gebunden (**Rdn. 9**) und können innerhalb dieser Zeit nur zu bestimmten Zwecken verwendet werden (**Rdn. 10 ff.**).[7] Beabsichtigen die Gesellschafter dennoch eine Ausschüttung der durch die Kapitalherabsetzung frei gewordenen Beträge, müssen sie den Weg über § 58 mit den damit verbundenen Gläubigerschutzvorschriften wählen.[8]

B. Verwendungsbeschränkungen für die gewonnenen Beträge

3 Die vereinfachte Kapitalherabsetzung (vgl. **§ 58a Rdn. 7 ff.**) führte zu einer Verringerung der Stammkapitalziffer, wodurch auf der Passivseite ein »Spielraum« geschaffen wird.[9] Dieser Spielraum kann wie folgt genutzt werden:

I. Verwendung zum Zwecke der Verlustdeckung (Abs. 1)

4 Gemäß § 58b Abs. 1 dürfen die aus der Auflösung der Kapital- und Gewinnrücklagen und aus der Kapitalherabsetzung nach § 58a (siehe **§ 58a Rdn. 7 ff.**) gewonnenen Beträge nur zum Ausgleich von Wertminderungen oder **zur Deckung sonstiger Verluste** verwendet werden. Damit spiegelt die Vorschrift wieder, was bereits in § 58a Abs. 1 (siehe **§ 58a Rdn. 9**) mit dem Zweck der vereinfachten Kapitalherabsetzung normiert wird.[10] Dies schließt – wie bei § 230 S. 1 AktG auch – ein, dass die gewonnenen Beträge nicht zu Auszahlungen an die Gesellschafter und zur Befreiung der Gesellschafter von der Verpflichtung zur Leistung von Einlagen verwendet werden dürfen.[11] Abs. 1 begründet damit ein **absolutes Ausschüttungsverbot** an die Gesellschafter (zu Verstößen gegen dieses Verbotes vgl. **Rdn. 15**).[12] Der Regelungsgehalt liegt in den Verwendungsbeschränkungen.[13] Diese betreffen nur solche Beträge, die

5 *Casper*, in: Ulmer/Habersack/Winter, GmbHG, § 58b Rn. 2.
6 *Inhester*, in: Saenger/Inhester, GmbHG, § 58b Rn. 1.
7 *Casper*, in: Ulmer/Habersack/Winter, GmbHG, § 58b Rn. 2.
8 *Wicke*, GmbHG, § 58b Rn. 1.
9 *Roth*, in: Roth/Altmeppen, GmbHG, § 58b Rn. 2.
10 *Priester*, in: Scholz, GmbHG, § 58b Rn. 4.
11 BT-Drs. 12/3803, S. 89.
12 *Casper*, in: Ulmer/Habersack/Winter, GmbHG, § 58b Rn. 4; *Zöllner*, in: Baumbach/Hueck, GmbHG, § 58b Rn. 3.
13 *Rabe*, in: Heybrock, Praxiskommentar zum GmbH-Recht, § 58b Rn. 5.

durch die vereinfachte Kapitalherabsetzung entstanden sind, nicht jedoch das sonstige Eigenkapital.[14]

II. Einstellung in die Kapitalrücklage (Abs. 2)

5 Zudem dürfen durch die Kapitalherabsetzung gewonnene Beträge in eine **Kapitalrücklage** eingestellt werden,[15] sofern sie nicht mehr als 10% des Stammkapitals betragen (Abs. 2 S. 1). Zu diesen Beträgen zählen der Herabsetzungsbetrag selbst, die auflösenden Teile der Kapitalrücklage sowie die Beträge aus den aufgelösten Gewinnrücklagen einschließlich des etwaigen Gewinnvortrags.[16] Abs. 2 S. 2 beschreibt, wie für diesen Fall das Stammkapital zu berechnen ist.[17] Als Bezugsgröße ist dabei der Stammkapitalbetrag maßgebend, der nach der Kapitalherabsetzung entstanden ist. Er muss jedoch mindestens die Höhe des in § 5 Abs. 1 festgelegten Mindestnennbetrages (EUR 25.000) betragen. Eine mit der Herabsetzung verbundene Erhöhung des Stammkapitals bleibt dagegen unberücksichtigt.[18] Abs. 2 stellt somit eine Ausnahmevorschrift zu Abs. 1 dar[19] und enthält das bilanzielle Seitenstück zu § 58a Abs. 2.[20]

6 Will man hingegen eine Kapitalrücklage bilden, mit der die zulässige Höhe von EUR 2.500 überschritten wird, darf sie nur durch Zuzahlung der Gesellschafter im Wege von Agio-Leistungen ausgestattet werden.[21] Dabei gilt die 10%-Grenze des Abs. 2 S. 1 nicht.[22] Auch nicht von dieser Grenze erfasst ist die zwangsweise Einstellung infolge eines zu hoch prognostizierten Verlustes, was sich aus § 58c (vgl. **§ 58c Rdn. 6**) ergibt.[23]

7 Die nach Abs. 2 in die Kapitalanlage eingestellten Beträge unterliegen einer Bindung nach Abs. 3 (vgl. **Rdn. 9**) und sind aus diesem Grund in der Bilanz **gesondert auszuweisen.**[24]

C. Verwendungsbindung für die Kapitalrücklage (Abs. 3)

I. Sinn der Verwendungsbindung

8 Soweit die durch die vereinfachte Kapitalherabsetzung freigewordenen Beträge gemäß Abs. 2 in eine Kapitalrücklage eingestellt worden sind, unterliegen sie auch

14 *Zöllner*, in: Baumbach/Hueck, GmbHG, § 58b Rn. 7.
15 *Fabis*, MittRhNotK 1779, 170, 185.
16 Vgl. *Lutter*, in: KK-AktG, § 230 Rn. 10.
17 BT-Drs. 12/3803, S. 89.
18 *Priester*, in: Scholz, GmbHG, § 58b Rn. 6; *Hüffer*, AktG, § 231 Rn. 5.
19 *Inhester*, in: Saenger/Inhester, GmbHG, § 58b Rn. 3.
20 *Casper*, in: Ulmer/Habersack/Winter, GmbHG, § 58b Rn. 5.
21 *Zöllner*, in: Baumbach/Hueck, GmbHG, § 58b Rn. 5.
22 *Casper*, in: Ulmer/Habersack/Winter, GmbHG, § 58b Rn. 6.
23 *Casper*, in: Ulmer/Habersack/Winter, GmbHG, § 58b Rn. 6.
24 *Arnold/Born*, in: Bork/Schäfer, GmbHG, § 58b Rn. 3; *Waldner*, in: Michalski, GmbHG, § 58b Rn. 4; *Priester*, in: Scholz, GmbHG, § 58b Rn. 16.

weiterhin Verwendungsbindungen (siehe unten **Rdn. 9 f.**).[25] Dadurch, dass das GmbH-Recht **keine gesetzliche Rücklage** kennt und in Ermangelung dessen sowohl Gewinn- als auch Kapitalrücklagen aufgrund eines Beschlusses der Gesellschafter jederzeit an diese ausschüttbar gemacht werden könnten[26], bedarf es der Regelung des § 58b Abs. 3 zur Gewährleistung des **Gläubigerschutzes.**[27] Durch diese Norm wird die Ausschüttung der im Wege der vereinfachten Kapitalherabsetzung gewonnenen Beträge an die Gesellschafter durch eine fünfjährige Bindung an die Gesellschaft verhindert.[28] Dies ist ein wesentlicher Unterschied zum Aktienrecht, welches die Bildung einer gesetzlichen Rücklage und ein Ausschüttungsverbot hinsichtlich aller Kapitalrücklagen im Sinne von § 272 Abs. 2 HGB vorsieht (vgl. § 150 AktG).[29] Amtlich begründet wird die in Abs. 3 festgelegte Bindungsfrist damit, dass die Gläubiger, nachdem die Gesellschaft die vereinfachte Kapitalherabsetzung fünf Jahre wirtschaftlich »überlebt« habe, nicht mehr gesondert schutzwürdig seien.[30] Zudem soll für einen Zeitraum von fünf Jahren Bilanzmanipulation verhindert werden, die dazu führen könnte, dass die gebundenen Mittel doch an die Gesellschafter fließen.[31] Ergänzt wird Abs. 3 durch die Gewinnausschüttungsbeschränkung des § 58d Abs. 1 (vgl. **§ 58d Rdn. 5 ff.**) sowie die Bindung zwangsweise eingestellter Beträge nach § 58c (vgl. **§ 58c Rdn. 8**).[32] Spätere Gewinne können somit innerhalb der Grenzen des § 58d in Gewinnrücklagen eingestellt werden und auch ausgeschüttet werden (vgl. **§ 58d Rdn. 5 ff.**).[33]

II. Ausschüttungssperre

9 § 58b Abs. 3 unterwirft den Teil der Kapitalrücklage, der durch eine vereinfachte Kapitalherabsetzung entstanden ist, einer **fünfjährigen Ausschüttungssperre** gegenüber den Gesellschaftern.[34] Eine Ausschüttung innerhalb dieser fünfjährigen Frist darf nur nach den in Abs. 3 Nr. 1-3 genannten Zwecken erfolgen (siehe **Rdn. 10 ff.**).[35] Die Fünf-Jahres-Frist beginnt mit dem Datum des Kapitalherabsetzungsbeschlusses und endet mit Ablauf des fünften nach dem Tag der Beschlussfas-

25 *Zöllner,* in: Baumbach/Hueck, GmbHG, § 58b Rn. 8.
26 *Priester,* in: Scholz, GmbHG, § 58b Rn. 8.
27 *Zöllner,* in: Baumbach/Hueck, GmbHG, § 58b Rn. 9; *Moser/Sommer,* GmbHR 1996, 22, 32.
28 *Inhester,* in: Saenger/Inhester, GmbHG, § 58b Rn. 6.
29 *Inhester,* in: Saenger/Inhester, GmbHG, § 58b Rn. 5.
30 BT-Drs. 12/3803, S. 89.
31 *Lutter,* in: Lutter/Hommelhoff, GmbHG, § 58b Rn. 4.
32 *Casper,* in: Ulmer/Habersack/Winter, GmbHG, § 58b Rn. 7.
33 *Zöllner,* in: Baumbach/Hueck, GmbHG, § 58b Rn. 7; *Priester,* in: Scholz, GmbHG, § 58b Rn. 15.
34 *Arnold/Born,* in: Bork/Schäfer, GmbHG, § 58b Rn. 4.
35 Vgl. BT-Drs. 12/3803, S. 89.

sung beginnenden Geschäftsjahres.[36] Wird der in die Kapitalrücklage eingestellte Betrag nicht verwendet, wird er nach Ablauf der fünf Jahre frei.[37]

III. Ausnahmen von der Ausschüttungssperre

10 Innerhalb der fünfjährigen Ausschüttungssperre dürfen die Beträge zum Schutz der Gläubiger nur zur Verlustdeckung (Abs. 3 Nr. 1 und 2, siehe **Rdn. 11 f.**) oder zu einer Umwandlung in Stammkapital (Abs. 3 Nr. 3, siehe **Rdn. 13**) verwendet werden.[38] Die dort verwendeten Begrifflichkeiten, wie z.B. »Jahresfehlbetrag«, »Verlustvortrag« oder »Gewinnvortrag« sind im Sinne der Bilanzpositionen des § 266 Abs. 3 HGB zu verstehen.[39]

1. Ausgleich eines Jahresfehlbetrags (Nr. 1)

11 Zunächst ist eine Ausschüttung der in die Kapitalrücklage eingestellten Beträge nach Abs. 2 zulässig, wenn es dem Ausgleich eines Jahresfehlbetrages dient, soweit er nicht durch einen Gewinnvortrag aus dem Vorjahr gedeckt ist und nicht durch Auflösung von Gewinnrücklagen ausgeglichen werden kann. Mit dem in Abs. 3 Nr. 1 genannten Gewinnvortrag ist nur ein **Vortrag aus dem Geschäftsjahr nach der Kapitalherabsetzung** im Sinne von § 58a Abs. 2 S. 2 gemeint.[40] Die Gewinnrücklagen können dabei jedoch auch aus der Zeit vor der Kapitalherabsetzung stammen, sofern die in § 58a Abs. 2 S. 1 (siehe **§ 58a Rdn. 11**) genannte Obergrenze eingehalten wurde.[41]

2. Ausgleich eines Verlustvortrags (Nr. 2)

12 Des Weiteren darf innerhalb der Ausschüttungssperre des Abs. 3 ausnahmsweise eine Verwendung zum Ausgleich eines Verlustvortrags aus dem Vorjahr stattfinden, soweit er nicht durch einen Jahresüberschuss gedeckt ist und nicht durch Auflösung von Gewinnrücklagen ausgeglichen werden kann. Dabei kann ein Verlust auch über zwei oder mehrere Jahre hinweg kumuliert werden und muss sich nicht auf die entstandenen Verluste des vorigen Geschäftsjahres beschränken.[42]

3. Kapitalerhöhung aus Gesellschaftsmitteln (Nr. 3)

13 Abs. 3 Nr. 3 gewährt weiterhin eine Verwendung des eingestellten Betrags innerhalb der fünfjährigen Frist zur Kapitalerhöhung aus Gesellschaftsmitteln. Bilanztechnisch ist darin eine Umbuchung von Rücklagen in Stammkapital zu verstehen.[43] Ausführ-

---

36 *Rabe*, in: Heybrock, Praxiskommentar zum GmbH-Recht, § 58b Rn. 10; *Lutter*, in: Lutter/Hommelhoff, GmbHG, § 58b Rn. 6.
37 BT-Drs. 12/3803, S. 89.
38 *Waldner*, in: Michalski, GmbHG, § 58b Rn. 6.
39 *Arnold/Born*, in: Bork/Schäfer, GmbHG, § 58b Rn. 6.
40 *Wicke*, GmbHG, § 58b, Rn. 3; *Arnold/Born*, in: Bork/Schäfer, GmbHG, § 58b Rn. 6.
41 *Casper*, in: Ulmer/Habersack/Winter, GmbHG, § 58b Rn. 8.
42 *Casper*, in: Ulmer/Habersack/Winter, GmbHG, § 58b Rn. 9.
43 *Zöllner*, in: Baumbach/Hueck, GmbHG, § 58b Rn. 8.

lich werden die Voraussetzungen in **§ 57c Rdn. 1 ff.** beschrieben. Beschließen die Gesellschafter daraufhin eine ordentliche Kapitalherabsetzung der erhöhten Stammkapitalziffer nach § 58, können ihnen die Beträge nach einem Jahr wieder ausgezahlt werden (§ 58 Abs. 1 Nr. 3).[44] In diesem Vorgehen liegt **keine Umgehung** der fünfjährigen Verwendungsbindung, da der mit Abs. 3 bezweckte Schutz der Gläubiger in diesem Fall durch die Schutzinstrumentarien des § 58 Abs. 1 Nr. 2 (siehe **§ 58 Rdn. 23 ff.**) gewahrt wird.[45] Eine etwaige Unzulässigkeit folgt auch nicht aus einem Umkehrschluss aus § 58d Abs. 2 S. 2, welcher eine Sicherung wie bei der ordentlichen Kapitalherabsetzung für eine über § 58d Abs. 1 S: 1 hinausgehende Gewinnausschüttung fordert.[46]

D. Fehlerquellen

I. Abweichender Verwendungszweck

14 Wenn die aus der vereinfachten Kapitalherabsetzung freigewordenen Beträge zu anderen als denen in Abs. 1 genannten Zwecken verwendet werden, so ist streitig, ob dies zu einer **Umdeutung in** eine **ordentliche Kapitalherabsetzung** nach § 58 führt. Richtigerweise muss aber an der durch Eintragung ins Handelsregister beschlossenen Rechtslage und der durch sie ausgelösten Bindung festgehalten werden.[47] Damit kommt eine Umdeutung in eine ordentliche Kapitalherabsetzung nicht in Betracht.[48] Vielmehr sind die Gläubiger in solch einem Fall gegenüber der Gesellschaft zum Schadensersatz berechtigt und können in diesem Rahmen gemäß § 58 Abs. 1 Nr. 2 (siehe **§ 58 Rdn. 23 ff.**) Sicherstellung verlangen, soweit die Gesellschaft die normgemäße gebundene Lage nicht umgehend wieder herstellt.[49]

II. Unzulässige Ausschüttungen

15 Ein Verstoß gegen das Ausschüttungsverbot an die Gesellschafter (siehe **Rdn. 4**) verletzt Gesetze, die zum Schutz der Gesellschaft und der Gläubiger erlassen wurden.[50] Regelmäßig stellen solche Zahlungen an die Gesellschafter einen Verstoß gegen § 30 Abs. 1 dar, sodass insoweit eine Rückzahlungspflicht der Gesellschafter an die Gesell-

---

44 *Priester*, in: Scholz, GmbHG, § 58b Rn. 13.

45 *Inhester*, in: Saenger/Inhester, GmbHG, § 58b Rn. 7; *Casper*, in: Ulmer/Habersack/Winter, GmbHG, § 58b Rn. 10.

46 *Casper*, in: Ulmer/Habersack/Winter, GmbHG, § 58b Rn. 10; *Zöllner*, in: Baumbach/Hueck, GmbHG, § 58b Rn. 10.

47 *Zöllner*, in: Baumbach/Hueck, GmbHG, § 58b Rn. 15.

48 Siehe *Casper*, in: Ulmer/Habersack/Winter, GmbHG, § 58b Rn. 15; *Inhester*, in: Saenger/Inhester, GmbHG, § 58b Rn. 11; *Rabe*, in: Heybrock, Praxiskommentar zum GmbH-Recht, § 58b Rn. 19; *Arnold/Born*, in: Bork/Schäfer, GmbHG, § 58b Rn. 10.

49 *Rabe*, in: Heybrock, Praxiskommentar zum GmbH-Recht, § 58b Rn. 19; *Priester*, in: Scholz, GmbHG, § 58b Rn. 21; *Zöllner*, in: Baumbach/Hueck, GmbHG, § 58b Rn. 15.

50 *Zöllner*, in: Baumbach/Hueck, GmbHG, § 58b Rn. 14.

schaft aus § 31 Abs. 1 besteht.[51] Dabei muss das ursprüngliche, nichtherabgesetzte Stammkapital zugrunde gelegt werden.[52] Soweit jedoch kein Verstoß gegen § 30 vorliegt, kommt § 812 BGB zur Anwendung.[53] Die Geschäftsführer sind dabei zum Ersatz eines der Gesellschaft verbleibenden Schadens gemäß § 43 verpflichtet.[54]

III. Jahresabschluss verletzt Verwendungsbindungsregeln

16 Verletzt hingegen der Jahresabschluss das Ausschüttungsverbot oder die Verwendungsbindungsregelungen des § 58b Abs. 1-3, so ist er und ein eventueller Ausschüttungsbeschluss der Gesellschafterversammlung entsprechend §§ 256 Abs. 1 Nr. 1, 241 Nr. 3 AktG **nichtig.**[55] Eine Verletzung der Verwendungsbindungsregeln kann beispielsweise darin liegen, dass der verbleibende Überschuss aus der Kapitalherabsetzung als Gewinn gebucht wird.[56] Ein nichtiger Jahresabschluss wird nach drei Jahren ab Bekanntmachung gemäß § 256 Abs. 6 AktG analog geheilt.[57]

IV. Überschreitung der 10%-Grenze des Abs. 2

17 Überschreiten die gewonnenen Beträge aus der Kapitalherabsetzung bei der Einstellung in die Kapitalrücklage die Grenze in Abs. 2 von 10% des Stammkapitals, führt dies zur Anfechtbarkeit des Kapitalherabsetzungsbeschlusses.[58] Grund dafür ist die Tatsache, dass Abs. 2 die Gesellschafterinteressen schützt.[59] Der fehlerhafte Herabsetzungsbeschluss führt dabei nicht zu dessen Nichtigkeit, da § 58c für den Fall des Prognosefehlers ausdrücklich vorschreibt, wie mit gewonnenen Beträgen zu verfahren ist.[60] Wird nicht angefochten, verbleibt der überschüssige Betrag nach Maßgabe des § 58c in der Kapitalrücklage.[61]

---

51 *Inhester,* in: Saenger/Inhester, GmbHG, § 58b Rn. 10.

52 *Zöllner,* in: Baumbach/Hueck, GmbHG, § 58b Rn. 14; *Casper,* in: Ulmer/Habersack/Winter, GmbHG, § 58b Rn.14.

53 *Casper,* in: Ulmer/Habersack/Winter, GmbHG, § 58b Rn. 14; *Priester,* in: Scholz, GmbHG, § 58b Rn. 20; demgegenüber wollen *Waldner,* in: Michalski, GmbHG, § 58b Rn. 9 und *Lutter,* in: Lutter/Hommelhoff, GmbHG, § 58b Rn. 5 stets nur auf § 812 BGB zurückgreifen; ausschließliche Anwendbarkeit des § 31 nehmen *Roth,* in: Roth/Altmeppen, GmbHG, § 58b Rn. 8 und *Zöllner,* in: Baumbach/Hueck, GmbHG, § 58b Rn. 14 an.

54 *Lutter,* in: Lutter/Hommelhoff, GmbHG, § 58b Rn. 5; *Priester,* in: Scholz, GmbHG, § 58b Rn. 20.

55 *Roth,* in: Roth/Altmeppen, GmbHG, § 58b Rn. 8; *Lutter,* in: Lutter/Hommelhoff, GmbHG, § 58b Rn. 3.

56 *Casper,* in: Ulmer/Habersack/Winter, GmbHG, § 58b Rn. 13.

57 *Casper,* in: Ulmer/Habersack/Winter, GmbHG, § 58b Rn. 13.

58 Allgemeine Auffassung: *Zöllner,* in: Baumbach/Hueck, GmbHG, § 58b Rn. 12; *Arnold/Born,* in: Bork/Schäfer, GmbHG, § 58b Rn. 9; *Inhester,* in: Saenger/Inhester, GmbHG, § 58b Rn. 9.

59 *Priester,* in: Scholz, GmbHG, § 58b Rn. 19.

60 *Waldner,* in: Michalski, GmbHG, § 58b Rn. 8.

61 *Arnold/Born,* in: Bork/Schäfer, GmbHG, § 58b Rn. 9.

§ 58c Nichteintritt angenommener Verluste

[1]Ergibt sich bei Aufstellung der Jahresbilanz für das Geschäftsjahr, in dem der Beschluss über die Kapitalherabsetzung gefasst wurde, oder für eines der beiden folgenden Geschäftsjahre, dass Wertminderungen und sonstige Verluste in der bei der Beschlussfassung angenommenen Höhe tatsächlich nicht eingetreten oder ausgeglichen waren, so ist der Unterschiedsbetrag in die Kapitalrücklage einzustellen. [2]Für einen nach Satz 1 in die Kapitalrücklage eingestellten Betrag gilt § 58b Abs. 3 sinngemäß.

Übersicht Rdn.

Schrifttum

Fabis, Vereinfachte Kapitalherabsetzung bei AG und GmbH, MittRhNotK 1999, 170 ff.; *Geißler,* Funktion und Durchführung der vereinfachten Kapitalerhabsetzung bei der GmbH, GmbHR 2005, 1102.

A. Normzweck

1 Die vereinfachte Kapitalherabsetzung nach § 58a kann nur zur Deckung von Verlusten durchgeführt werden (siehe **§ 58a Rdn. 9 f.**). Die Höhe dieser Verluste beruht auf einer Prognose im Zeitpunkt der Beschlussfassung, welche sich im Nachhinein auch als falsch herausstellen kann.[1] Wird also erst im Nachhinein deutlich, dass die Verluste in der angenommenen Höhe tatsächlich nicht eingetreten sind oder bereits ausgeglichen waren, was teilweise erst nach ein bis zwei Geschäftsjahren geschieht, greift § 58c.[2] Vorrangig ist § 58c für den Fall anwendbar, dass der Verlust zwar zu hoch erwartet, aber aufgrund ordnungsgemäßer Prognose ermittelt worden ist.[3] Dadurch, dass die Kapitalherabsetzung nach Eintragung ins Handelsregister nicht mehr rück-

1 *Arnold/Born,* in: Bork/Schäfer, GmbHG, § 58c Rn. 1.

2 *Casper,* in: Ulmer/Habersack/Winter, GmbHG, § 58c Rn. 1; *Inhester,* in: Saenger/Inhester, GmbHG, § 58c Rn. 1.

3 *Priester,* in: Scholz, GmbHG, § 58c Rn. 6.

gängig gemacht werden kann[4], ordnet § 58c die Einstellung der etwaigen Unterschiedsbeträge in die Kapitalrücklage an.[5] Damit soll eine Ausschüttung der überschüssigen Beträge an die Gesellschafter verhindert werden.[6] § 58c dient mithin dem **Gläubigerschutz**.[7] Satz 1 der Vorschrift ist dem Wortlaut des § 232 AktG nachgebildet und beinhaltet die zwangsweise vorzunehmende Einstellung in die Kapitalrücklage.[8] Satz 2 beschränkt dabei die Verwendung der aufgrund von Satz 1 in die Kapitalrücklage eingestellten Beträge nach Maßgabe des § 58b Abs. 3 (vgl. **§ 58b Rdn. 8 f.**).[9] So dürfen die für die Verlustdeckung nicht benötigten Beträge nicht ausgeschüttet werden, sondern müssen für fünf Jahre in die Kapitalrücklage eingestellt werden.[10]

B. Voraussetzungen der Rücklageneinstellung (S. 1)

I. Unterschiedsbetrag

2 § 58c betrifft alle bei der Beschlussfassung zur vereinfachten Kapitalherabsetzung angenommen Verluste, die tatsächlich nicht oder nicht in der prognostizierten Höhe eingetreten oder ausgeglichen sind.[11] Dies ist beispielsweise möglich, wenn sich eine bereits als uneinbringlich abgeschriebene Forderung doch noch realisieren lässt oder Rückstellungen sich als unnötig erweisen.[12] Die **Gründe** dafür, warum der erwartete Verlust niedriger ausfiel als gedacht, sind **unerheblich**.[13]

3 Maßgeblich für die Bestimmung des Unterschiedsbetrages ist jeweils der **Gesamtverlust** und nicht die einzelnen Posten.[14] Der Eintritt und die Höhe des Verlustes bemessen sich dabei nach handelsbilanziellen Grundsätzen.[15] Zur Berechnung des Unterschiedsbetrages muss der im Herabsetzungsbeschluss angenommene Gesamtverlust mit dem Gesamtverlust, der sich bei Aufstellung der Bilanzen aus dem Jahresabschluss tatsächlich ergibt, verglichen werden.[16]

---

4 *Wicke*, GmbHG, § 58c Rn. 1.
5 BT-Drs. 12/3803, S. 89; *Rabe*, in: Heybrock, Praxiskommentar zum GmbH-Recht, § 58c Rn. 2.
6 *Waldner*, in: Michalski, GmbHG, § 58c Rn. 1
7 *Priester*, in: Scholz, GmbHG, § 58c Rn. 2; *Zöllner*, in: Baumbach/Hueck, GmbHG, § 58c Rn. 1; *Lutter*, in: Lutter/Hommelhoff, GmbHG, § 58c Rn. 2.
8 *Casper*, in: Ulmer/Habersack/Winter, GmbHG, § 58c Rn. 1.
9 BT-Drs. 12/3803, S. 89.
10 *Fabis*, MittRhNotK 1999, 170, 195.
11 *Waldner*, in: Michalski, GmbHG, § 58c Rn. 3.
12 *Geißler*, GmbHR 2005, 1102, 1108.
13 *Casper*, in: Ulmer/Habersack/Winter, GmbHG, § 58c Rn. 2.
14 *Priester*, in: Scholz, GmbHG, § 58c Rn. 4; *Casper*, in: Ulmer/Habersack/Winter, GmbHG, § 58c Rn. 2.
15 *Inhester*, in: Saenger/Inhester, GmbHG, § 58c Rn. 2; *Roth*, in: Roth/Altmeppen, GmbHG Kommentar, § 58c Rn. 2.
16 *Waldner*, in: Michalski, GmbHG, § 58c Rn. 4.

4 **Nachträgliche Gewinne** sind von § 58c **nicht erfasst**, d.h. sie können nicht mit den eingetretenen Verlusten kompensiert werden und müssen deshalb auch nicht in die Kapitalrücklage eingestellt werden.[17] Sie können jedoch im Rahmen der in § 58d genannten Grenzen (vgl. **§ 58d Rdn. 2 f.**) ausgeschüttet werden.[18]

II. Maßgeblicher Zeitraum

5 Die Feststellung tatsächlicher Verluste erfolgt mittels der Jahresbilanz des Geschäftsjahres, in dem der Kapitalherabsetzungsbeschluss gefasst wurde, oder mittels der Jahresbilanzen der beiden nachfolgenden Geschäftsjahre.[19] Damit besteht eine auf insgesamt **drei Jahresabschlüsse** beschränkte Pflicht zur Rücklagenbildung.[20] Diese zeitliche Begrenzung auf drei Folgejahresbilanzen steht inkonsequenter Weise im Gegensatz zu der fünfjährigen Bindungsfrist des freigewordenen Stammkapitals, wie es in § 58b Abs. 3 und § 58c S. 2 für Kapitalrücklagen vorgesehen wird.[21] Dies ist wegen des klaren Wortlautes des Gesetzes hinzunehmen.[22] Auf die Eintragung des Kapitalherabsetzungsbeschlusses ins Handelsregister kommt es nicht an.[23] Dadurch kommt es zu keiner Fristverlängerung, wenn die Eintragung nicht mehr im gleichen Geschäftsjahr wie die Beschlussfassung erfolgt.[24]

III. Bilanzielle Behandlung

6 Der Unterschiedsbetrag zwischen den prognostizierten und den tatsächlich eingetretenen Verlusten ist gemäß § 58c S. 1 zwangsläufig in die Kapitalrücklage einzustellen.[25] Die 10%-Grenze des § 58b Abs. 2 gilt dabei nicht, da § 58c insoweit *lex specialis* ist.[26] Eine Einstellungspflicht besteht somit auch dann, wenn die Kapitalrücklage bereits mehr als 10% des Stammkapitals ausmacht.[27] Der Unterschiedsbetrag ist als »Einstellung in die Kapitalrücklage nach den Vorschriften über die vereinfachte Kapitalherabsetzung« – entsprechend § 240 S. 2 AktG – **gesondert auszuweisen**.[28] Er muss also bilanzmäßig »in Erscheinung treten«, da der Unterschiedsbetrag mit Hilfe

---

17 *Casper*, in: Ulmer/Habersack/Winter, GmbHG, § 58c Rn. 2.

18 *Casper*, in: Ulmer/Habersack/Winter, GmbHG, § 58c Rn. 2.

19 *Arnold/Born*, in: Bork/Schäfer, GmbHG, § 58c Rn. 3.

20 *Inhester*, in: Saenger/Inhester, GmbHG, § 58c Rn. 4.

21 *Zöllner*, in: Baumbach/Hueck, GmbHG, § 58c Rn. 3.

22 *Inhester*, in: Saenger/Inhester, GmbHG, § 58c Rn. 4; *Casper*, in: Ulmer/Habersack/Winter, GmbHG, § 58c,Rn. 4; **a.A.**: *Zöllner*, in: Baumbach/Hueck, GmbHG, § 58c Rn. 3, welcher dies als einen Wertungswiderspruch deutet, der vom Gesetzgeber korrigiert werden sollte.

23 *Priester*, in: Scholz, GmbHG, § 58c Rn. 7.

24 *Waldner*, in: Michalski, GmbHG, § 58c Rn. 2.

25 *Inhester*, in: Saenger/Inhester, GmbHG, § 58c Rn. 2.

26 *Casper*, in: Ulmer/Habersack/Winter, GmbHG, § 58c Rn. 1; *Priester*, in: Scholz, GmbHG, § 58c Rn. 9.

27 *Priester*, in: Scholz, GmbHG, § 58c Rn. 9.

28 *Inhester*, in: Saenger/Inhester, GmbHG, § 58c Rn. 5; *Waldner*, in: Michalski, GmbHG, § 58c Rn. 7; *Priester*, in: Scholz, GmbHG, § 58c Rn. 9.

der Jahresbilanz ermittelt wird.[29] Eine solche Trennung von etwaigen anderen Kapitalrücklagen ist erforderlich, da diese Beträge im Sinne des § 58c S. 2 nur unter den Voraussetzungen des § 58b Abs. 3 verwendet werden können (vgl. dazu **§ 58b Rdn. 8 ff.**).[30] Auf die Höhe des Unterschiedsbetrages kommt es nicht an.[31]

IV. Verpflichtetes Organ

7 Regelmäßig ist dasjenige Gesellschaftsorgan zur Einstellung in die Kapitalrücklage verpflichtet, welches den betreffenden Jahresabschluss feststellt.[32] Demnach hat zunächst der Geschäftsführer nach § 41 i.V.m. § 246 HGB den Bilanzentwurf zu fertigen.[33] Letztendlich wird die endgültige und verantwortliche Entscheidung über die Einstellung von der Gesellschafterversammlung nach § 46 Nr. 1 getroffen, es sei denn, ein anderes Organ – Aufsichtsrat oder Beirat z.B. – ist nach der Satzung für die Feststellung der Bilanz zuständig.[34] Bei Prüfungspflicht obliegt es dem Abschlussprüfer (§ 316 HGB) gemäß § 317 HGB (»Beachtung der gesetzlichen Vorschriften«) dann zu prüfen, ob § 58c bei der Erstellung der fraglichen drei Jahresbilanzen beachtet wurde.[35]

C. Bindung der Kapitalrücklage (S. 2)

8 Für einen nach S. 1 in die Kapitalrücklage eingestellten Unterschiedsbetrag gelten die Verwendungsbeschränkungen des § 58b Abs. 3 sinngemäß. Danach unterliegt der eingestellte Unterschiedsbetrag einer fünfjährigen Ausschüttungssperre, innerhalb derer er nur zur Verlustdeckung (§ 58b Abs. 3 Nr. 1 und 2) oder zu einer Umwandlung in Stammkapital (§ 58b Abs. 3 Nr. 3) verwendet werden darf.[36] Insoweit wird auf die Kommentierung zu **§ 58b Rdn. 11 ff.** verwiesen.

D. Fehlerquellen

I. Unterlassen der Einstellung in Kapitalrücklage

9 Wird aus dem betreffenden Jahresabschluss nicht ersichtlich, dass die nach § 58c S. 1 geforderte Einstellung in die Kapitalrücklage vorgenommen wurde, so ist der Jahresabschluss entsprechend § 241 Nr. 3 und § 256 Abs. 1 Nr. 1 AktG **nichtig**, da die

29 *Arnold/Born*, in: Bork/Schäfer, GmbHG, § 58c Rn. 5.

30 *Waldner*, in: Michalski, GmbHG, § 58c Rn. 7.

31 *Casper*, in: Ulmer/Habersack/Winter, GmbHG, § 58c Rn. 2; *Priester*, in: Scholz, GmbHG, § 58c Rn. 5.

32 *Wicke*, GmbHG, § 58c Rn. 2.

33 *Arnold/Born*, in: Bork/Schäfer, GmbHG, § 58c Rn. 7.

34 *Priester*, in: Scholz, GmbHG, § 58c Rn. 10.

35 *Rabe*, in: Heybrock, Praxiskommentar zum GmbH-Recht, § 58c Rn. 10; *Lutter*, in: Lutter/Hommelhoff, GmbHG, § 58c Rn. 7; *Priester*, in: Scholz, GmbHG, § 58c Rn. 10.

36 *Waldner*, in: Michalski, GmbHG, § 58b Rn. 6.

Gläubiger dann nicht ausreichend geschützt sind.[37] Zudem ist auch ein auf der Grundlage des Jahresabschlusses gefasster Gewinnausschüttungsbeschluss gemäß § 253 I 1 AktG analog nichtig.[38] Die Gewinnausschüttungen erfolgten dann aufgrund des nichtigen Gewinnausschüttungsbeschlusses rechtsgrundlos (§ 812 BGB) und sind daher von den Gesellschaftern – ggf. auch nach §§ 30, 31 – an die Gesellschaft zurückzuzahlen.[39] Daneben haften die Geschäftsführer aus § 43 und der Aufsichtsrat nach §§ 93, 116 AktG analog der Gesellschaft gegenüber auf Schadensersatz.[40]

II. Annahme zu hoher Verluste

10 § 58c findet analog Anwendung, wenn vorhandene Kapital- und Gewinnrücklagen bzw. ein Gewinnvortrag in zu geringem Umfang zum Ausgleich der Verluste genutzt worden sind und demzufolge der **Herabsetzungsbetrag zu hoch** bemessen worden ist.[41] Das heißt, dass, wenn ein rechtswidriger Kapitalherabsetzungsbeschluss nicht angefochten, aber in das Handelsregister eingetragen wird, muss der damit gewonnene Unterschiedsbetrag in die Kapitalrücklage eingestellt werden, da sonst das Ausschüttungsverbot des § 58c S. 2 unterlaufen werden würde.[42] Selbiges wird auch im Aktienrecht bei § 232 AktG vertreten.[43]

§ 58d Gewinnausschüttung

(1) [1]Gewinn darf vor Ablauf des fünften nach der Beschlussfassung über die Kapitalherabsetzung beginnenden Geschäftsjahrs nur ausgeschüttet werden, wenn die Kapital- und Gewinnrücklagen zusammen zehn vom Hundert des Stammkapitals erreichen. [2]Als Stammkapital gilt dabei der Nennbetrag, der sich durch die Herabsetzung ergibt, mindestens aber der nach § 5 Abs. 1 zulässige Mindestnennbetrag.

(2) [1]Die Zahlung eines Gewinnanteils von mehr als vier vom Hundert ist erst für ein Geschäftsjahr zulässig, das später als zwei Jahre nach der Beschlussfassung über die Kapitalherabsetzung beginnt. [2]Dies gilt nicht, wenn die Gläubiger, deren Forderungen vor der Bekanntmachung der Eintragung des Beschlusses begründet worden waren, befriedigt oder sichergestellt sind, soweit sie sich binnen sechs Monaten nach der Bekanntmachung des Jahresabschlusses, auf Grund dessen die Gewinn-

37 *Zöllner*, in: Baumbach/Hueck, GmbHG, § 58c Rn. 8; *Lutter*, in: Lutter/Hommelhoff, GmbHG, § 58c Rn. 8.
38 *Zöllner*, in: Baumbach/Hueck, GmbHG, § 58c Rn. 8.
39 *Waldner*, in: Michalski, GmbHG, § 58c Rn. 8; *Casper*, in: Ulmer/Habersack/Winter, GmbHG, § 58c Rn. 9.
40 *Rabe*, in: Heybrock, Praxiskommentar zum GmbH-Recht, § 58c Rn. 13; *Lutter*, in: Lutter/Hommelhoff, GmbHG, § 58c Rn. 8.
41 *Lutter*, in: Lutter/Hommelhoff, GmbHG, § 58c Rn. 5.
42 *Fabis*, MittRhNotK 1999, 170, 195.
43 Siehe z.B. *Hüffer*, AktG, § 232 Rn. 8.

verteilung beschlossen ist, zu diesem Zweck gemeldet haben. [3]Einer Sicherstellung der Gläubiger bedarf es nicht, die im Fall des Insolvenzverfahrens ein Recht auf vorzugsweise Befriedigung aus einer Deckungsmasse haben, die nach gesetzlicher Vorschrift zu ihrem Schutz errichtet und staatlich überwacht ist. [4]Die Gläubiger sind in der Bekanntmachung nach § 325 Abs. 2 auf die Befriedigung oder Sicherstellung hinzuweisen.

Übersicht **Rdn.**

Schrifttum

Fabis, Vereinfachte Kapitalherabsetzung bei AG und GmbH, MittRhNotK 1999, 170; *Geißler,* Funktion und Durchführung der vereinfachten Kapitalherabsetzung bei der GmbH, GmbHR 2005, 1102.

A. Normzweck des § 58 d

1 § 58d erweitert die dem **Gläubigerschutz** dienende Vermögensbindung der §§ 58a-c auf spätere Gewinne.[1] Die Norm entspricht § 233 AktG.[2] Später anfallende Gewinne sollen zumindest für eine bestimmte Zeitspanne (Fünfjahresfrist, vgl. **Rdn. 11 ff.**) im Unternehmen gebunden sein, da sie ohne die Kapitalherabsetzung zum Ausgleich

1 *Arnold/Born,* in: Bork/Schäfer, GmbHG, § 58d Rn. 1; *Rühland,* in: Ziemons/Jaeger, Online GmbHG, § 58d Einleitung; *Zöllner,* in: Baumbach/Hueck, GmbHG, § 58d Rn. 1.

2 *Casper,* in: Ulmer/Habersack/Winter, GmbHG, § 58d Rn. 2; *Fabis,* MittRhNotK 1999, 170, 194; *Inhester,* in: Saenger/Inhester, GmbHG, § 58d Rn. 1; *Waldner,* in: Michalski, GmbHG, § 58d Rn. 1.

von Verluste zu verwenden gewesen wären.[3] Damit ersetzt die Beschränkung der Gewinnausschüttung des § 58 d den präventiven Gläubigerschutz, welcher bei der **ordentlichen Kapitalherabsetzung** besteht (**§ 58 Rdn. 21 ff.**),[4] und versucht so die Interessen der Gesellschafter und solche der Gläubiger auszugleichen.[5] Soll es, ungeachtet der Begrenzung des § 58d, dennoch zu einer Gewinnausschüttung kommen, müssen die Gesellschafter die Gläubiger gemäß Abs. 2 wie bei einer ordentlichen Kapitalherabsetzung zuvor befriedigen oder sicherstellen.[6]

2 § 58d beinhaltet eine **absolute Ausschüttungssperre** (Abs. 1) und eine **höhenmäßige Ausschüttungsbeschränkung** (Abs. 2).[7] Gemäß Abs. 1 ist eine Gewinnausschüttung innerhalb einer Fünfjahresfrist nur zulässig, wenn die Gewinn- und Kapitalrücklagen gemeinsam zumindest 10 % des Stammkapitals nach der Kapitalherabsetzung erreichen. Zusätzlich legt Abs. 2 fest, dass die Ausschüttung eines Gewinnanteils von mehr als 4 % des Stammkapitals vor Ablauf einer Zweijahresfrist nur zulässig ist, wenn die Altgläubiger befriedigt oder sichergestellt sind.[8]

3 Die Voraussetzungen der beiden Absätze müssen kumulativ vorliegen, damit eine **Gewinnausschüttung** zulässig sein kann.[9] Sind ausreichende Rücklagen nach Abs. 1 vorhanden und eine Gewinnausschüttung somit erlaubt, darf diese jedoch nur in den in Abs. 2 festgelegten Grenzen erfolgen. Ebenso ist die Ausschüttungssperre des Abs. 1 anzuwenden, wenn wegen Sicherstellung der Gläubiger eine unbegrenzte Gewinnausschüttung zulässig wäre (Abs. 2 S. 2).[10]

4 Anders als etwa die Aktiengesellschaft, ist die GmbH nicht zur Bildung eines gesetzlichen Reservefonds verpflichtet. Eine solche Verpflichtung soll auch nicht durch die **vereinfachte Kapitalherabsetzung** hervorgerufen werden.[11] Dies wird durch die zeitliche Begrenzung des Ausschüttungsverbots gemäß § 58d Abs. 1 zum Ausdruck gebracht (vgl. **Rdn. 13**).[12] Zudem ist durch § 58d lediglich eine Ausschüttung des

---

3 *Inhester*, in: Saenger/Inhester, GmbHG, § 58d Rn. 1; *Zöllner*, in: Baumbach/Hueck, GmbHG, § 58d Rn. 1.

4 *Casper*, in: Ulmer/Habersack/Winter, GmbHG, § 58d Rn. 1.

5 *Fabis*, MittRhNotK 1999, 170, 195; *Rühland*, in: Ziemons/Jaeger, Online GmbHG, § 58d Rn. 1; *Waldner*, in: Michalski, GmbHG, § 58d Rn. 1.

6 *Casper*, in: Ulmer/Habersack/Winter, GmbHG, § 58d Rn. 1; *Priester*, in: Scholz, GmbHG, § 58d Rn. 2.

7 *Lutter*, in: Lutter/Hommelhoff, GmbHG, § 58d Rn. 1; *Priester*, in: Scholz, GmbHG, § 58d Rn. 1; *Waldner*, in: Michalski, GmbHG, § 58d Rn. 2.

8 *Lutter*, in: Lutter/Hommelhoff, GmbHG, § 58d Rn. 1; *Zöllner*, in: Baumbach/Hueck, GmbHG, § 58d Rn. 1.

9 *Rühland*, in: Ziemons/Jaeger, Online GmbHG, § 58d Rn. 2; *Waldner*, in: Michalski, GmbHG, § 58d Rn. 2.

10 *Rabe*, in: Heybrock, GmbH, § 58d Rn. 3; *Rühland*, in: Ziemons/Jaeger, Online GmbHG, § 58d Rn. 2; *Waldner*, in: Michalski, GmbHG, § 58d Rn. 2.

11 *Fabis*, MittRhNotK 1999, 170, 195; *Rühland*, in: Ziemons/Jaeger, Online GmbHG, § 58d Rn. 10; *Waldner*, in: Michalski, GmbHG, § 58d Rn. 3.

12 BT-Drucks. 12/3803, S. 89.

Gewinns untersagt.[13] Die Gesellschafter sind nicht daran gehindert den Gewinn kann anderweitig zu verwenden, etwa ihn in Rücklagen einzustellen, ihn vorzutragen oder das Kapital aus Gesellschaftsmitteln zu erhöhen.

B. Verbot der Gewinnausschüttung vor Auffüllung der Rücklagen (Abs. 1)

I. Vom Ausschüttungsverbot erfasste Zahlungen

5 Das Ausschüttungsverbot des § 58d Abs. 1 umfasst die Ausschüttung von **Gewinn**, d.h. alle einseitigen Ausschüttungen an Gesellschafter, unabhängig davon, ob dies in offener oder verdeckter Form geschieht.[14] Somit fallen auch die Zahlung von Vorschüssen und andere Umgehungstatbestände unter Abs. 1.[15] Ebenso sind Zahlungen aufgrund eines Gewinnabführungsvertrages (§ 291 AktG) untersagt.[16]

6 Von Abs. 1 nicht erfasst und somit zulässig sind Zahlungen aus anderen Rechtsgründen, wie Zahlungen an Gesellschafter, für die diese eine adäquate Gegenleistung erbringen (Drittgeschäfte), die Rückzahlung gewährter Darlehen und Zahlungen an Dritte, die auch gewinnabhängig sein können (z.B. Gewinnschuldverschreibungen, Zahlung aus partiarischen Darlehen, an Geschäftsführer zu zahlende Tantieme).[17] Bei gewinnabhängigen Zahlungen an Gesellschafter (z.B. stille Beteiligung, Genussrechte, Gewinnschuldverschreibung) ist für die Zuordnung zum Ausschüttungsverbot entscheidend, ob sie als eine (Vorweg-) Gewinnverteilung zu qualifizieren sind oder ob sie als angemessene Vergütung für eine Gegenleistung erbracht werden.[18] Zudem sind die Erfüllung von Dividendengarantien, Zahlungen aufgrund einer Gewinngemeinschaft (§ 292 Abs. 1 Nr. 1 AktG) und Verpflichtungen aus Teilgewinnabführungsverträgen (§ 292 Abs. 1 Nr. 2 AktG) bei angemessener Gegenleistung zulässig.[19] Entscheidend hier wird aber sein, dass die *causa* für die Ausschüttung bereits zum Zeitpunkt des Beschlusses der Kapitalherabsetzung gesetzt war.

---

13 *Rabe*, in: Heybrock, GmbH, § 58d Rn. 10; *Roth*, in: Altmeppen/Roth, GmbHG, § 58d Rn. 3; *Wicke*, GmbHG, § 58d Rn. 2; *Zöllner*, in: Baumbach/Hueck, GmbHG, § 58d Rn. 2.

14 *Inhester*, in: Saenger/Inhester, GmbHG, § 58d Rn. 4.

15 *Arnold/Born*, in: Bork/Schäfer, GmbHG, § 58d Rn. 2; *Rühland*, in: Ziemons/Jaeger, Online GmbHG, § 58d Rn. 3.

16 H.M. *Casper*, in: Ulmer/Habersack/Winter, GmbHG, § 58d Rn. 5; *Lutter*, in: Lutter/Hommelhoff, GmbHG, § 58d Rn. 3; *Roth*, in: Altmeppen/Roth, GmbHG, § 58d Rn. 7; *Zöllner*, in: Baumbach/Hueck, GmbHG, § 58d Rn. 4.

17 *Casper*, in: Ulmer/Habersack/Winter, GmbHG, § 58d Rn. 5; *Priester*, in: Scholz, GmbHG, § 58d Rn. 3; *Rühland*, in: Ziemons/Jaeger, Online GmbHG, § 58d Rn. 4.

18 *Rühland*, in: Ziemons/Jaeger, Online GmbHG, § 58d Rn. 4.

19 H.M. *Casper*, in: Ulmer/Habersack/Winter, GmbHG, § 58d Rn. 5; *Inhester*, in: Saenger/Inhester, GmbHG, § 58d Rn. 4; *Rühland*, Ziemons/Jaeger, Online GmbHG, § 58d Rn. 4; *Waldner*, in: Michalski, GmbHG, § 58d Rn. 6.

II. Rücklagenhöhe

7 Eine Gewinnausschüttung innerhalb einer Frist von fünf Jahren ist gemäß Abs. 1 nur zulässig, wenn die Gewinn- und Kapitalrücklagen gemeinsam zumindest 10 % des Stammkapitals erreichen. Als **Stammkapital** gilt der sich durch die Kapitalherabsetzung ergebende Betrag, mindestens allerdings ein Nennbetrag von EUR 25.000 gemäß § 5 Abs. 1. Daher müssen die Rücklagen bei einer Kapitalherabsetzung unter EUR 25.000 (**§ 58a Rdn. 11**) mindestens EUR 2.500 betragen.[20] Abgesehen von diesem Mindestwert, ist jedoch ausschließlich das herabgesetzte Stammkapital maßgeblich.[21] Gleichzeitig mit der Kapitalherabsetzung erfolgende Kapitalerhöhungen oder solche, die sich während der Fünfjahresfrist vollziehen, werden nicht einbezogen.[22]

8 Das Erreichen der **10 %-Grenze** ist während des Fünfjahreszeitraums für jedes Jahr gesondert zu prüfen.[23] Ab dem Geschäftsjahr, in dem die Rücklage die 10 %-Grenze erreicht, ist eine Gewinnausschüttung zulässig.[24] Es genügt, wenn die Rücklage in dem Jahresabschluss ausgewiesen ist, der auch die Gewinnausschüttung dokumentiert.[25]

9 Sowohl der Wortlaut des Abs. 1 (»erreichen« anstelle von »erreicht haben« in § 233 Abs. 1 AktG) als auch der Zweck des § 58d, der für eine Gewinnausschüttung eine gewisse finanzielle Konsolidierung der Gesellschaft zwecks Gläubigerschutz voraussetzt, zeigen, dass das einmalige Erreichen der 10 %-Grenze und ein Absinken danach wieder unter diese Grenze durch Verluste nicht genügt.[26] Geschieht dies nämlich, so wird die Gewinnausschüttung wieder unzulässig.[27] Die Kapital- und Gewinnrücklagen müssen vielmehr konstant die 10%-Grenze erreicht haben.

---

20 *Priester*, in: Scholz, GmbHG, § 58d Rn. 5; *Rabe*, in: Heybrock, GmbH, § 58d Rn. 6; *Zöllner*, in: Baumbach/Hueck, GmbHG, § 58d Rn. 2.

21 *Priester*, in: Scholz, GmbHG, § 58d Rn. 5; *Rühland*, in: Ziemons/Jaeger, Online GmbHG, § 58d Rn. 5.

22 *Casper*, in: Ulmer/Habersack/Winter, GmbHG, § 58d Rn. 8; *Priester*, in: Scholz, GmbHG, § 58d Rn. 5; *Rabe*, in: Heybrock, GmbH, § 58d Rn. 7; *Waldner*, in: Michalski, GmbHG, § 58d Rn. 3.

23 *Rabe*, in: Heybrock, GmbH, § 58d Rn. 8.

24 *Inhester*, in: Saenger/Inhester, GmbHG, § 58d Rn. 2; *Priester*, in: Scholz, GmbHG, § 58d Rn. 6; *Rühland*, in: Ziemons/Jaeger, Online GmbHG, § 58d Rn. 7.

25 *Roth*, in: Altmeppen/Roth, GmbHG, § 58d Rn. 4; *Rühland*, in: Ziemons/Jaeger, Online GmbHG, § 58d Rn. 7.

26 H.M. *Arnold/Born*, in: Bork/Schäfer, GmbHG, § 58d Rn. 4; *Casper*, in: Ulmer/Habersack/Winter, GmbHG, § 58d Rn. 4; *Fabis*, MittRhNotK 1999, 170, 196; *Inhester*, in: Saenger/Inhester, GmbHG, § 58d Rn. 3; *Rühland*, in: Ziemons/Jaeger, Online GmbHG, § 58d Rn. 7.

27 *Arnold/Born*, in: Bork/Schäfer, GmbHG, § 58d Rn. 4; *Casper*, in: Ulmer/Habersack/Winter, GmbHG, § 58d Rn. 4; *Inhester*, in: Saenger/Inhester, GmbHG, § 58d Rn. 3; *Roth*, in: Altmeppen/Roth, GmbHG, § 58d Rn. 4; *Rühland*, in: Ziemons/Jaeger, Online GmbHG, § 58d Rn. 7.

10 Ob die 10%ige Rücklage durch Gewinne oder Leistungen der Gesellschafter in das Eigenkapital gebildet wird, ist unerheblich.[28]

III. Fünfjahresfrist

11 Das Ausschüttungsverbot ist zeitlich begrenzt und schafft insoweit einen Ausgleich zwischen den Interessen der Gesellschafter und der Gläubiger.[29] Es beginnt an dem Tag der **Beschlussfassung über die Kapitalherabsetzung** – nicht mit der Eintragung des Beschlusses.[30] Für die Anknüpfung an die Beschlussfassung spricht zum einen der eindeutige Wortlaut des § 58d.[31] Zum anderen kann die Eintragung für den Beginn der Ausschüttungssperre nicht entscheidend sein, da sich die Gesellschafter, wenn sie zunächst eine Kapitalherabsetzung und im Anschluss eine Gewinnverwendung beschließen würde, widersprüchlich verhielten.[32] Zudem würde ein solches Verhalten gegen § 58a Abs. 2 verstoßen.[33] Eine vereinfachte Kapitalherabsetzung ist gemäß § 58a Abs. 2 nur in dem Umfang zulässig, dass das Stammkapital nach der Herabsetzung zuzüglich eines 10 %igen Aufschlags für Rücklagen zu einer ausgeglichenen Bilanz führt, und wenn die Gesellschaft so hohe Verluste erlitten hat, dass diese nicht durch Auflösung von Gewinnvorträgen oder Rücklagen ausgeglichen werden können (**§ 58a Rdn. 11**). Dürften die Gesellschafter nach der Beschlussfassung über die Kapitalherabsetzung die Ausschüttung von Gewinnen aus früheren Geschäftsjahren beschließen, statt diese zur Verlustdeckung der Gesellschaft zu verwenden, so würde dies dem eingeschränkten Anwendungsbereich entgegenstehen.[34] Die Eintragung der Kapitalherabsetzung ins Handelsregister und des Ausschüttungsverbots sind jedoch notwendig, um diese wirksam zu machen.[35]

12 Ist vor dem Kapitalherabsetzungsbeschluss ein wirksamer Gewinnverwendungsbeschluss gefasst worden, so ist dieser umzusetzen, da den Gesellschaftern Gläubigerrechte entstanden sind, in die durch den Beschluss über die Kapitalherabsetzung

---

28 *Inhester*, in: Saenger/Inhester, GmbHG, § 58d Rn. 2; *Priester*, in: Scholz, GmbHG, § 58d Rn. 6; *Rühland*, in: Ziemons/Jaeger, Online GmbHG, § 58d Rn. 6.

29 *Geißler*, GmbHR 2005, 1102, 1109.

30 H.M. *Arnold/Born*, in: Bork/Schäfer, GmbHG, § 58d Rn. 5; *Lutter*, in: Lutter/Hommelhoff, GmbHG, § 58d Rn. 2; *Rabe*, in: Heybrock, GmbH, § 58d Rn. 11; *Roth*, in: Altmeppen/Roth, GmbHG, § 58d Rn. 5; *Waldner*, in: Michalski, GmbHG, § 58d Rn. 5; für Beginn mit Eintragung: *Priester*, in: Scholz, GmbHG, § 58d Rn. 4.

31 *Arnold/Born*, in: Bork/Schäfer, GmbHG, § 58d Rn. 5; *Rabe*, in: Heybrock, GmbH, § 58d Rn. 11.

32 *Casper*, in: Ulmer/Habersack/Winter, GmbHG, § 58d Rn. 6; *Waldner*, in: Michalski, GmbHG, § 58d Rn. 5; *Zöllner*, in: Baumbach/Hueck, GmbHG, § 58d Rn. 5.

33 *Casper*, in: Ulmer/Habersack/Winter, GmbHG, § 58d Rn. 6.

34 *Rühland*, in: Ziemons/Jaeger, Online GmbHG, § 58d Rn. 8.

35 *Priester*, in: Scholz, GmbHG, § 58d Rn. 4; *Roth*, in: Altmeppen/Roth, GmbHG, § 58d Rn. 5.

nicht eingegriffen werden kann. Allerdings darf die Gewinnausschüttung nicht gegen § 30 verstoßen.[36]

13 Die **Fünfjahresfrist** beginnt mit Ablauf des Geschäftsjahres, in dem der Beschluss über die Kapitalherabsetzung gefasst worden ist und umfasst somit das laufende Geschäftsjahr sowie die fünf folgenden Geschäftjahre.[37] Diese zeitliche Regelung entspricht der in §§ 58b Abs. 3 (**§ 58b Rdn. 9**), 58c S. 2 (**§ 58c Rdn. 8**). Wie oben beschrieben berücksichtigt die zeitliche Begrenzung des Ausschüttungsverbots, dass es bei der GmbH keine gesetzliche Rücklage gibt, und dass auch die vereinfachte Kapitalherabsetzung nicht zu einer solchen führen soll.[38]

14 Auch wenn nach Ablauf der Frist, die maximal sechs Jahre betragen kann, die Kapitalrücklage nicht 10 % des Stammkapitals beträgt, erlaubt § 58d eine Gewinnausschüttung. Dies schließt nach richtiger Ansicht auch Gewinne ein, die während der Fünfjahresfrist erwirtschaftet worden sind.[39] Der Wortlaut des § 58d (Gewinnausschüttung »vor Ablauf des fünften […] Geschäftsjahres«) zeigt deutlich, dass es nicht darauf ankommt, ob der Gewinn in der Fünfjahresfrist erzielt wurde, sondern lediglich darauf, dass die Frist abgelaufen ist, bevor eine Gewinnausschüttung zulässig ist.[40] Dies zeigt auch der insoweit identische § 58b Abs. 3, dessen Verwendungsbeschränkung der in die Kapitalrücklage eingestellten Beträge gleichermaßen mit Ablauf des fünften nach dem Tag der Beschlussfassung beginnenden Geschäftsjahres endet (**§ 58b Rdn. 9 ff.**).[41]

C. Beschränkung der Höhe des ausschüttungsfähigen Gewinns (Abs. 2)

I. Voraussetzungen des Abs. 2 S. 1

15 Auf Grund der nach einer Kapitalherabsetzung häufig niedrigen Stammkapitalziffern bietet der Abs. 1 praktisch regelmäßig nur einen geringen Gläubigerschutz. Den »wahren« Schutz bietet der Abs. 2, der ebenfalls die Stammkapitalziffer als Bemes-

36 *Casper*, in: Ulmer/Habersack/Winter, GmbHG, § 58d Rn. 6; *Inhester*, in: Saenger/Inhester, GmbHG, § 58d Rn. 5; *Zöllner*, in: Baumbach/Hueck, GmbHG, § 58d Rn. 5.

37 *Casper*, in: Ulmer/Habersack/Winter, GmbHG, § 58d Rn. 6; *Lutter*, in: Lutter/Hommelhoff, GmbHG, § 58d Rn. 2; *Waldner*, in: Michalski, GmbHG, § 58d Rn. 5.

38 *Priester*, in: Scholz, GmbHG, § 58d Rn. 8 mit Verweis auf BT-Drucks. 12/3803, S. 89.

39 *Arnold/Born*, in: Bork/Schäfer, GmbHG, § 58d Rn. 5; *Casper*, in: Ulmer/Habersack/Winter, GmbHG, § 58d Rn. 7; *Priester*, in: Scholz, GmbHG, § 58d Rn. 8; *Rühland*, in: Ziemons/Jaeger, Online GmbHG, § 58d Rn. 9; *Waldner*, in: Michalski, GmbHG, § 58d Rn. 5; H.M.: Erstreckung der Ausschüttungssperre auf den Gewinn aus den fünf dem Herabsetzungsbeschluss folgenden Geschäftsjahren: *Lutter*, in: Lutter/Hommelhoff, GmbHG, § 58d Rn. 2; *Roth*, in: Altmeppen/Roth, GmbHG, § 58d Rn. 5; *Zöllner*, in: Baumbach/Hueck, GmbHG, § 58d Rn. 5.

40 *Rühland*, in: Ziemons/Jaeger, Online GmbHG, § 58d Rn. 9; *Waldner*, in: Michalski, GmbHG, § 58d Rn. 5.

41 *Rühland*, in: Ziemons/Jaeger, Online GmbHG, § 58d Rn. 9.

sungsgrundlage heranzieht, aber nur maximal 4 % in den auf die Kapitalerhöhung folgenden zwei Geschäftsjahren zur Ausschüttung zulässt.[42]

1. Gewinnanteil von 4 %

16 Im Gegensatz zu Abs. 1, bei dem es auf den Stammkapitalbetrag nach der Kapitalherabsetzung ankommt, ist bei Abs. 2 die jeweilige Stammkapitalziffer im Zeitpunkt des Gewinnausschüttungsbeschlusses die Bemessungsgrundlage; von dieser können maximal 4 % ausgeschüttet werden.[43] Kapitalerhöhungen, die zeitgleich mit oder später nach der Kapitalherabsetzung erfolgen, sind einzubeziehen.[44]

17 Die Ausschüttungsbegrenzung des Abs. 2 gilt, genauso wie das Ausschüttungsverbot, nur für **Gewinnanteile** und nicht für Zahlungen aus anderen Rechtsgründen. Es gelten die gleichen Grundsätze wie bei Abs. 1 (vgl. **Rdn. 5 f.**).[45]

18 Die **4 %-Grenze** betrifft den Gesamtausschüttungsbetrag. Wie dieser dann auf die Gesellschafter aufgeteilt wird, ist im Gesetz nicht festgeschrieben, sondern bestimmt sich nach Beschluss und Satzung.[46] Grundsätzlich gelten die allgemeinen Vorschriften, also vor Allem das Gebot der Gleichbehandlung. Daher nehmen grundsätzlich alle Geschäftsanteile gleichmäßig am Gewinn teil (**§ 29 Abs. 3 Rdn. 40**).[47] Erfolgt eine höhere Ausschüttung auf seinen Anteil für einen Gesellschafter, etwa bei Vorzügen bei der Gewinnverteilung, muss die Ausschüttung an die anderen Gesellschafter entsprechend geringer ausfallen.[48]

2. Zweijahresfrist

19 Die Ausschüttungsbeschränkung nach Abs. 2 beginnt genau wie das Ausschüttungsverbot nach Abs. 1 im Zeitpunkt des **Kapitalherabsetzungsbeschlusses.**[49] Die Auszahlung eines Gewinnanteils von mehr als 4 % des Stammkapitals ist weder in dem

---

42 ähnlich *Inhester*, in: Saenger/Inhester, GmbHG, § 58d Rn. 7.

43 *Inhester*, in: Saenger/Inhester, GmbHG, § 58d Rn. 8; *Priester*, in: Scholz, GmbHG, § 58d Rn. 11; *Rabe*, in: Heybrock, GmbH, § 58d Rn. 14; *Roth*, in: Altmeppen/Roth, GmbHG, § 58d Rn. 8.

44 *Arnold/Born*, in: Bork/Schäfer, GmbHG, § 58d Rn. 6; *Casper*, in: Ulmer/Habersack/Winter, GmbHG, § 58d Rn. 11; *Waldner*, in: Michalski, GmbHG, § 58d Rn. 7.

45 *Inhester*, in: Saenger/Inhester, GmbHG, § 58d Rn. 8; *Lutter*, in: Lutter/Hommelhoff, GmbHG, § 58d Rn. 5; *Priester*, in: Scholz, GmbHG, § 58d Rn. 10.

46 *Rühland*, in: Ziemons/Jaeger, Online GmbHG, § 58d Rn. 11; *Waldner*, in: Michalski, GmbHG, § 58d Rn. 7.

47 *Lutter*, in: Lutter/Hommelhoff, GmbHG, § 58d Rn. 4; *Rühland*, in: Ziemons/Jaeger, Online GmbHG, § 58d Rn. 12.

48 *Casper*, in: Ulmer/Habersack/Winter, GmbHG, § 58d Rn. 12; *Priester*, in: Scholz, GmbHG, § 58d Rn. 11; *Roth*, in: Altmeppen/Roth, GmbHG, § 58d Rn. 8.

49 *Casper*, in: Ulmer/Habersack/Winter, GmbHG, § 58d Rn. 10; *Fabis*, MittRhNotK 1999, 170, 196; *Rabe*, in: Heybrock, GmbH, § 58d Rn. 13; *Rühland*, in: Ziemons/Jaeger, Online GmbHG, § 58d Rn. 14; *Zöllner*, in: Baumbach/Hueck, GmbHG, § 58d Rn. 8.

Geschäftsjahr, in dem der Beschluss zur Kapitalherabsetzung gefasst wird, noch in den beiden folgenden Geschäftsjahren zulässig.[50] Vor der Kapitalherabsetzung beschlossene Gewinnausschüttungen bleiben unberührt.[51] Die zeitliche Grenze ändert sich auch nicht durch einen rückwirkenden Vollzug der Herabsetzung gemäß §§ 58 e und f (**§ 58e Rdn. 3 f., § 58f Rdn. 3**).[52] Dauert die Ausschüttungssperre des Abs. 1 länger als zwei Jahre an, hat Abs. 2 keine praktische Bedeutung.[53]

II. Ausnahme von der Ausschüttungsbeschränkung (Abs. 2 S. 2-4)

20 Gemäß § 58d Abs. 2 S. 2-4 gilt die Ausschüttungsbegrenzung des S. 1 dann nicht, wenn die **Gesellschaftsgläubiger** zuvor **befriedigt oder sichergestellt** worden sind. Das Ausschüttungsverbot des § 58d Abs. 1 bleibt allerdings weiterhin bestehen. Die Regeln zur Befriedigung und Sicherstellung der Gläubiger der Gesellschaft sind auch von § 58 Abs. 1 Nr. 2 für die **ordentliche Kapitalherabsetzung** vorgesehen.[54] Diese Regeln entsprechen sich weitgehend, weshalb bzgl. der Art und Weise der Befriedigung und Sicherstellung sowie zur Behandlung streitiger Forderungen auf die Ausführungen zu § 58 verwiesen werden kann (**§ 58 Rdn. 23 f.**). Im Übrigen gilt das Folgende: (**Rdn. 23–26**).

1. Zeitpunkt der Forderungsbegründung

21 Nur die Gläubiger, die bis spätestens zu dem Tag, an dem die Eintragung der Kapitalherabsetzung im Handelsregister bekanntgemacht wird, eine Forderung begründet haben, sind geschützt.[55]

2. Bekanntmachung

22 Gemäß § 58d Abs. 2 S. 4 ist nach § 325 Abs. 2 HGB in der Bekanntmachung des Jahresabschlusses darauf hinzuweisen, dass die Gläubiger, die bis zur **Bekanntmachung der Eintragung der Kapitalherabsetzung** Forderungen begründet haben, Befriedigung oder Sicherstellung dieser Forderungen verlangen können.[56] Eine dreimalige Aufforderung ist wie auch bei § 58 (**§ 58 Rdn. 16**) nicht mehr erforderlich, es

---

50 *Lutter*, in: Lutter/Hommelhoff, GmbHG, § 58d Rn. 4; *Rabe*, in: Heybrock, GmbH, § 58d Rn. 13; *Roth*, in: Altmeppen/Roth, GmbHG, § 58d Rn. 9.

51 *Casper*, in: Ulmer/Habersack/Winter, GmbHG, § 58d Rn. 10.

52 *Arnold/Born*, in: Bork/Schäfer, GmbHG, § 58d Rn. 7; *Priester*, in: Scholz, GmbHG, § 58d Rn. 10; *Zöllner*, in: Baumbach/Hueck, GmbHG, § 58d Rn. 8.

53 *Rühland*, in: Ziemons/Jaeger, Online GmbHG, § 58d Rn. 15; *Waldner*, in: Michalski, GmbHG, § 58d Rn. 8.

54 *Arnold/Born*, in: Bork/Schäfer, GmbHG, § 58d Rn. 8; *Priester*, in: Scholz, GmbHG, § 58d Rn. 12; *Roth*, in: Altmeppen/Roth, GmbHG, § 58d Rn. 10.

55 *Rabe*, in: Heybrock, GmbH, § 58d Rn. 19; *Waldner*, in: Michalski, GmbHG, § 58d Rn. 9; *Zöllner*, in: Baumbach/Hueck, GmbHG, § 58d Rn. 10.

56 *Arnold/Born*, in: Bork/Schäfer, GmbHG, § 58d Rn. 9; *Casper*, in: Ulmer/Habersack/Winter, GmbHG, § 58d Rn. 14; *Wicke*, GmbHG, § 58d Rn. 3.

genügt der einmalige Hinweis.[57] Bei großen Gesellschaften ist der Hinweis in der Bekanntmachung des Jahresabschlusses selbst (§ 325 Abs. 2 HGB), bei mittleren und kleinen Gesellschaften in der Bekanntmachung, dass der Jahresabschluss zum Handelsregister eingereicht ist (§ 325 Abs. 1 S. 1 HGB), beizufügen.[58] Anders als in § 58 muss die Bekanntmachung keine ausdrückliche Aufforderung zur Meldung bei der Gesellschaft enthalten.[59] Auch muss keine besondere Aufforderung an bekannte Gläubiger erfolgen (vgl. **§ 58 Rdn. 18**).[60]

3. Gewinnverteilung nach Ablauf der Sechsmonatsfrist

23 Nach der Bekanntmachung des Jahresabschlusses, auf Grund dessen die Gewinnverteilung beschlossen ist, müssen sich die Gläubiger innerhalb von sechs Monaten melden.[61] Nach Ablauf dieser Frist darf die Gewinnverteilung durchgeführt werden. Ein vorher gefasster Gewinnverwendungsbeschluss, der die Ausschüttungsgrenze von 4 % übersteigt, steht unter dem Vorbehalt, dass die Ausschüttung auch nach dem die Gläubiger, die sich innerhalb der Frist gemeldet haben, befriedigt oder sichergestellt sind, nicht rechtswidrig ist. Die Gesellschaft kann jedoch vor Ablauf der Frist eine Teilausschüttung in Höhe von 4 % vornehmen und mit der restlichen Ausschüttung bis nach Fristablauf und Durchführung der Befriedigung bzw. Sicherstellung warten.[62]

D. Fehlerquellen

I. Beim Gewinnausschüttungsbeschluss

24 Ein Gewinnausschüttungsbeschluss, der gegen § 58d Abs. 1 verstößt, ist gemäß § 241 Nr. 3 AktG analog wegen der **Verletzung gläubigerschützender Normen** nichtig.[63] Dasselbe gilt für einen Verstoß gegen Abs. 2, es sei denn, dass im Zeitpunkt der Beschlussfassung die Voraussetzungen der Ausnahme des Abs. 2 S. 2-4 vorliegen.[64] Ein Gewinnverwendungsbeschluss, der eine sofortige Ausschüttung von 4 % vorsieht

---

57 *Lutter*, in: Lutter/Hommelhoff, GmbHG, § 58d Rn. 6; *Priester*, in: Scholz, GmbHG, § 58d Rn. 13; *Zöllner*, in: Baumbach/Hueck, GmbHG, § 58d Rn. 11.

58 *Casper*, in: Ulmer/Habersack/Winter, GmbHG, § 58d Rn. 14; *Waldner*, in: Michalski, GmbHG, § 58d Rn. 9.

59 *Inhester*, in: Saenger/Inhester, GmbHG, § 58d Rn. 10; *Priester*, in: Scholz, GmbHG, § 58d Rn. 13; *Zöllner*, in: Baumbach/Hueck, GmbHG, § 58d Rn. 11.

60 *Rabe*, in: Heybrock, GmbH, § 58d Rn. 18; *Waldner*, in: Michalski, GmbHG, § 58d Rn. 9.

61 *Casper*, in: Ulmer/Habersack/Winter, GmbHG, § 58d Rn. 14; *Priester*, in: Scholz, GmbHG, § 58d Rn. 13.

62 *Roth*, in: Altmeppen/Roth, GmbHG, § 58d Rn. 12; *Waldner*, in: Michalski, GmbHG, § 58d Rn. 9; *Zöllner*, in: Baumbach/Hueck, GmbHG, § 58d Rn. 13.

63 *Arnold/Born*, in: Bork/Schäfer, GmbHG, § 58d Rn. 10; *Fabis*, MittRhNotK 1999, 170, 196; *Inhester*, in: Saenger/Inhester, GmbHG, § 58d Rn. 12.

64 *Lutter*, in: Lutter/Hommelhoff, GmbHG, § 58d Rn. 9; *Rabe*, in: Heybrock, GmbH, § 58d Rn. 22; *Rühland*, in: Ziemons/Jaeger, Online GmbHG, § 58d Rn. 22.

und eine darüber hinausgehende Gewinnverteilung dahingehend aufschiebend bedingt, dass die Voraussetzungen der Ausnahme vorliegen, ist zulässig.[65]

II. Verbotswidrige Gewinnausschüttungen

25 Gewinnausschüttungen, die gegen § 58d Abs. 1 oder 2 verstoßen, müssen gemäß § 812 Abs. 1 S. 1 Alt. 1 zurückgezahlt werden.[66]

III. Haftung der Geschäftsführer

26 Wurde in unzulässiger Weise Gewinn ausgeschüttet, haften die Geschäftsführer gemäß § 43 Abs. 2[67] gegenüber der Gesellschaft auf Schadensersatz.[68]

§ 58e Beschluss über die Kapitalherabsetzung

(1) [1]Im Jahresabschluss für das letzte vor der Beschlussfassung über die Kapitalherabsetzung abgelaufene Geschäftsjahr können das Stammkapital sowie die Kapital- und Gewinnrücklagen in der Höhe ausgewiesen werden, in der sie nach der Kapitalherabsetzung bestehen sollen. [2]Dies gilt nicht, wenn der Jahresabschluss anders als durch Beschluss der Gesellschafter festgestellt wird.

(2) Der Beschluss über die Feststellung des Jahresabschlusses soll zugleich mit dem Beschluss über die Kapitalherabsetzung gefasst werden.

(3) [1]Die Beschlüsse sind nichtig, wenn der Beschluss über die Kapitalherabsetzung nicht binnen drei Monaten nach der Beschlussfassung in das Handelsregister eingetragen worden ist. [2]Der Lauf der Frist ist gehemmt, solange eine Anfechtungs- oder Nichtigkeitsklage rechtshängig ist.

(4) Der Jahresabschluss darf nach § 325 des Handelsgesetzbuchs erst nach Eintragung des Beschlusses über die Kapitalherabsetzung offengelegt werden.

---

65 *Casper*, in: Ulmer/Habersack/Winter, GmbHG, § 58d Rn. 17; *Priester*, in: Scholz, GmbHG, § 58d Rn. 16; *Zöllner*, in: Baumbach/Hueck, GmbHG, § 58d Rn. 16; a.A. *Roth*, in: Altmeppen/Roth, GmbHG, § 58d Rn. 15.

66 *Priester*, in: Scholz, GmbHG, § 58d Rn. 16; *Roth*, in: Altmeppen/Roth, GmbHG, § 58d Rn. 16; *Wicke*, GmbHG, § 58d Rn. 4.

67 *Inhester*, in: Saenger/Inhester, GmbHG, § 58d Rn. 12; *Rühland*, in: Ziemons/Jaeger, Online GmbHG, § 58d Rn. 23; *Waldner*, in: Michalski, GmbHG, § 58d Rn. 12.

68 *Fabis*, MittRhNotK 1999, 170, 196; *Lutter*, in: Lutter/Hommelhoff, GmbHG, § 58d Rn. 9; *Rabe*, in: Heybrock, GmbH, § 58d Rn. 24.

Übersicht **Rdn.**

Schrifttum

Fabis, Vereinfachte Kapitalherabsetzung bei AG und GmbH, MittRhNotK 1999, 170; *Brete/Thomsen,* Nichtigkeit und Heilung von Jahresabschlüssen einer GmbH, GmbHR 2008, 176; *Geißler,* Funktion und Durchführung der vereinfachten Kapitalherabsetzung bei der GmbH, GmbHR 2005, 1102; *Naraschewski,* Die vereinfachte Kapitalherabsetzung bei der Spaltung einer GmbH, GmbHR 1995, 697; *Geißler,* Funktion und Durchführung der vereinfachten Kapitalherabsetzung bei der GmbH, GmbHR 2005, 1102.

A. Normzweck

1 Der § 58e[1] regelt in Anlehnung an § 234 AktG, dass der bei der Herabsetzung erzielte Buchgewinn bereits in der Bilanz für das letzte Geschäftsjahr in Erscheinung treten kann.[2] Somit erlaubt das Gesetz die Feststellung einer »falschen Bilanz«, in welcher ausnahmsweise vom **Stichtagsprinzip** für das bei der Beschlussfassung über die Kapitalherabsetzung bereits abgelaufenen Geschäftsjahr abgewichen wird.[3] Die Bilanz des vorangegangenen Jahres kann damit bereits so ausgewiesen werden, wie sie eigentlich erst nach der Kapitalherabsetzung vorliegt. Dies erleichtert die Sanierung und steigert die Kreditwürdigkeit[4] einer Gesellschaft durch Schaffung einer optisch verschönerten Bilanz, die weder die Unterbilanz noch die Sanierungsbedürftigkeit offen zeigt. Gleichwohl ist für einen kundigen Bilanzleser die tatsächliche Lage aus der Gewinn- und Verlustrechnung weiterhin ersichtlich.[5] Praktische Bedeutung kommt der Norm vor allem mit der gleichzeitigen Rückbeziehung einer Kapitalerhöhung gem. § 58f (vgl. **§ 58f Rdn. 3**) zu. Neben den Voraussetzungen des § 58e sind die allgemeinen Regelungen zur vereinfachten Kapitalherabsetzung insb. die beschränkte Verwendungsmöglichkeit und die Ausschüttungssperre zu beachten, §§ 53, 54, 58a ff.

---

1 Eingeführt durch Art. 48 Nr. 4 des Einführungsgesetzes zur Insolvenzordnung (EGInsO) vom 5.10.1994, BGBl. I 1994, 2911.

2 BT-Drucks. 12/3803, S. 89.

3 *Lutter,* in: Lutter/Hommelhoff, GmbHG, § 58e Rn. 1.

4 *Priester,* in: Scholz, GmbHG, § 58e Rn. 1; *Naraschewski,* GmbHR 1995, 697, 702.

5 Dennoch kritisch *Geißler,* GmbHR 2005, 1102, 1110; *Waldner,* in: Michalski, GmbHG, § 58e Rn. 1 spricht von einer »erlaubten Täuschung«.

Das MoMiG[6] brachte redaktionelle Änderungen, wie die Einführung der Überschrift sowie Anpassung des Wortlautes an § 5 n. F. und Ersetzung von »Stammeinlagen« durch »Geschäftsanteile«. Durch das ARUG[7] wurde zur Vereinfachung aus § 58f Abs. 2 S. 2 (wie auch in §§ 57n Abs. 2, 58a Abs. 4 n. F.) die Regelung gestrichen, dass durch beantragte jedoch noch nicht erteilte staatliche Genehmigungen eine Fristhemmung eintritt. 2

B. Bilanzielle Rückwirkung der Kapitalherabsetzung

Die Rückwirkung kann gem. § 58e Abs. 1 S. 1 für das letzte unmittelbar vor der Beschlussfassung über die Kapitalherabsetzung abgelaufene Geschäftsjahr ausgewiesen werden. Eine Rückbeziehung auf frühere Geschäftsjahre ist nach dem klaren Gesetzeswortlaut und der zutreffenden h.M.[8] in der Literatur nicht möglich. Verzögert sich die Eintragung der Kapitalherabsetzung (z. B. durch eintragungshemmende Klagen **Rdn.** 7), erfolgt die Eintragung erst in dem Jahr nach der Beschlussfassung oder später. Nach richtiger herrschender Ansicht[9] wird das Stichtagsprinzip dann auch in den Folgejahren durchbrochen. Hierfür spricht auch stark der Rechtsgedanke des Abs. 3 Satz 2. 3

Die Rückwirkung ist rein bilanzieller Natur, die materielle Wirksamkeit richtet sich weiterhin nach § 54 Abs. 3 und ist von der Eintragung im Handelsregister abhängig (**Rdn.** 7). Zur Verbindung der Kapitalherabsetzung mit einer Kapitalerhöhung wird auf **§ 58f Rdn. 3** verwiesen. Die Rückwirkung bezieht sich nur auf die ausdrücklich im § 58e Abs. 1 S. 1 genannten Bilanzpositionen, d. h. auf das Stammkapital (§ 266 Abs. 3 A I HGB) sowie die Kapital- und Gewinnrücklagen (§ 266 Abs. 3 A II, III HGB). Nur für diese wird das Stichtagsprinzip des § 252 Abs. 1 Nr. 3 HGB durchbrochen; für Vermögensgegenstände, Verbindlichkeiten und Rückstellungen verbleibt es beim Stichtagsprinzip.[10] 4

---

6 Gesetz zur Modernisierung des GmbH-Rechts und zur Bekämpfung von Missbräuchen vom 23.10.2008, BGBl. I 2008, 2026, in Kraft 1.11.2008.

7 Gesetz zur Umsetzung der Aktionärsrechterichtlinie vom 30.7.2009, BGBl. I 2009, 2479, in Kraft 1.9.2009.

8 *Zöllner*, in: Baumbach/Hueck, GmbHG, § 58e Rn. 3; *Lutter*, in: Lutter/Hommelhoff, GmbHG, § 58e Rn. 8; *Casper*, in: Ulmer/Habersack/Winter, GmbHG, § 58e Rn. 4; *Waldner*, in: Michalski, GmbHG, § 58e Rn. 3; *Priester*, in: Scholz, GmbHG, § 58e Rn. 3; *Inhester*, in: Saenger/Inhester, GmbHG, § 58e Rn. 3.

9 Ausführlich *Zöllner*, in: Baumbach/Hueck, GmbHG, § 58e Rn. 3; bestätigend *Inhester*, in: Saenger/Inhester, GmbHG, § 58e Rn. 3; *Lutter*, in: Lutter/Hommelhoff, GmbHG, § 58e Rn. 8; *Waldner*, in: Michalski, GmbHG, § 58e Rn. 3; *Roth*, in: Altmeppen/Roth, GmbHG, § 58e Rn. 3; *Casper*, in: Ulmer/Habersack/Winter, GmbHG, § 58e Rn. 4; *Arnold/Born*, in: Bork/Schäfer, GmbHG, § 58e Rn. 5.

10 *Zöllner*, in: Baumbach/Hueck, GmbHG, § 58e Rn. 2.

C. Beschlussfassung

5 Die Rückbeziehung ist nach § 58e Abs. 1 S. 2 nur zulässig, wenn der Jahresabschluss **durch einen Beschluss der Gesellschafter festgestellt** wird. Demnach müssen die Gesellschafter sowohl für die Kapitalherabsetzung als auch für den Jahresabschluss zuständig sein (Normalzuständigkeit gem. § 46 Nr. 1). Regelt die Satzung eine abweichende Kompetenz (Aufsichtsrat, Beirat oder Gesellschafterausschuss), so scheidet die bilanzielle Rückwirkung grundsätzlich aus.[11] Dieser Umstand kann durch eine bereits in der Satzung geregelten Ausnahme berücksichtigt werden. Ist dies nicht der Fall, so ist für den Feststellungsbeschluss eine Satzungsänderung[12] bzw. eine punktuelle Satzungsdurchbrechung[13] erforderlich. Eine von *Casper*[14] vorgeschlagene Umgehung durch Beiziehung des zuständigen Organs in die Gesellschafterversammlung kann nicht verhindern, dass der Jahresabschluss weiterhin entgegen § 58e Abs. 1 S. 2 nicht »durch«, sondern nur »mit« den Gesellschaftern festgestellt wird. Eine von *Zöllner*[15] vertretene analoge Anwendung des § 234 Abs. 2 AktG scheidet auf Grund des eindeutigen Wortlautes und der Gesetzesbegründung[16] aus. Umstritten ist, ob die Gesellschafter einen zuvor vom satzungsbedingt zuständigen Organ festgestellten Jahresabschluss beseitigen können. Ein Teil der Literatur[17] hält dies nach den allgemeinen Rückholregeln sowie den Aufhebungs- und Neufeststellungsgrundsätzen für möglich, sofern eine Offenlegung noch nicht erfolgt ist und die Gewinnbezugsrechte der Gesellschafter nicht beeinträchtigt werden. Dies würde allerdings zu einer Umgehung des Zweckes des § 58e Abs. 1 S. 2 führen.[18]

6 Nach der Regelung des § 58e Abs. 2 soll über die Feststellung des Jahresabschlusses zugleich mit dem Beschluss über die Kapitalherabsetzung beschlossen werden.[19] Gemeint ist damit – auf Grund des engen sachlichen Zusammenhangs – noch in

---

11 Gesetzesbegründung BT-Drucks. 12/3803 S. 90.

12 *Roth*, in: Altmeppen/Roth, GmbHG, § 58e Rn. 4.

13 *Priester*, in: Scholz, GmbHG, § 58e Rn. 6; *Lutter*, in: Lutter/Hommelhoff, GmbHG, § 58e Rn. 3; *Inhester*, in: Saenger/Inhester, GmbHG, § 58e Rn. 4.

14 *Casper*, in: Ulmer/Habersack/Winter, GmbHG, § 58e Rn. 5 spricht auch von analoger Anwendung des § 173 AktG; ähnlich *Arnold/Born*, in: Bork/Schäfer, GmbHG, § 58e Rn. 6.

15 *Zöllner*, in: Baumbach/Hueck, GmbHG, § 58e Rn. 5.

16 BT-Drucks. 12/3803 S. 90 » § 234 Abs. 2 Satz 1 AktG nicht übernommen werden kann«.

17 *Inhester*, in: Saenger/Inhester, GmbHG, § 58e Rn. 4; *Priester*, in: Scholz, GmbHG, § 58e Rn. 8; *Roth*, in: Altmeppen/Roth, GmbHG, § 58e Rn. 2.

18 Gegen die Beseitigungsmöglichkeit auch *Lutter*, in: Lutter/Hommelhoff, GmbHG, § 58e Rn. 3; *Casper*, in: Ulmer/Habersack/Winter, GmbHG, § 58e Rn. 6; *Rabe*, in: Heybrock, GmbHG, § 58e Rn. 13.

19 Formulierungsvorschlag: *Pfisterer*, in: Lorz/Pfisterer, Formular GmbH-Recht, S. 597.

derselben Gesellschafterversammlung.[20] Da es sich nur um eine Soll-Vorschrift handelt, bleibt ein Verstoß nach h.M.[21] folgenlos. Aus praktischer Sicht empfiehlt es sich, bei getrennter Beschlussfassung zunächst die Kapitalherabsetzung zu beschließen, da bei umgekehrter Reihenfolge der Jahresabschluss eine noch nicht beschlossene Kapitalherabsetzung ausweist. Für diesen Fall besteht gleichwohl Einigkeit darüber, dass der zuvor festgestellte Jahresabschluss unter der aufschiebenden Bedingung eines wirksamen Kapitalherabsetzungsbeschlusses gefasst werden kann.[22] Der Bilanzentwurf wird von den Geschäftsführern bereits unter Berücksichtigung der durch die Kapitalherabsetzung anstehenden Änderungen erstellt und vorgelegt.[23]

D. Eintragung

7 Die materielle Wirksamkeit der Kapitalherabsetzung hängt von deren Eintragung in das Handelsregister ab, vgl. § 54 Abs. 3. Für die Eintragung wird nach § 58e Abs. 3 S. 1 eine Frist von drei Monaten bestimmt. Wird die Frist nicht eingehalten, so werden beide Beschlüsse nichtig, d. h. sowohl der Kapitalherabsetzungs- als auch der Jahresabschluss-Beschluss.[24] In diesem Falle würde das Registergericht eine Eintragung ablehnen. Die Eintragungsfrist beginnt gem. § 187 Abs. 2 BGB[25] am Tag der Beschlussfassung. Das Ende bestimmt sich nach § 188 Abs. 2 BGB (vgl. **§ 58a Rdn. 30**). Wurden die beiden Beschlüsse abweichend von § 58e Abs. 2 getrennt gefasst, so ist für den Fristbeginn nach dem Sinn der Vorschrift – Verhinderung eines

---

20 H.M. *Casper*, in: Ulmer/Habersack/Winter, GmbHG, § 58e Rn. 7; *Zöllner*, in: Baumbach/Hueck, GmbHG, § 58e Rn. 6; *Roth*, in: Altmeppen/Roth, GmbHG, § 58e Rn. 5; *Waldner*, in: Michalski, GmbHG, § 58e Rn. 5; *Lutter*, in: Lutter/Hommelhoff, GmbHG, § 58e Rn. 4; *Priester*, in: Scholz, GmbHG, § 58e Rn. 9.

21 *Zöllner*, in: Baumbach/Hueck, GmbHG, § 58e Rn. 6; *Roth*, in: Altmeppen/Roth, GmbHG § 58e Rn. 5; *Lutter*, in: Lutter/Hommelhoff, GmbHG, § 58e Rn. 4; *Casper*, in: Ulmer/Habersack/Winter, GmbHG, § 58e Rn. 7.

22 *Priester*, in: Scholz, GmbHG, § 58e Rn. 9; *Zöllner*, in: Baumbach/Hueck, GmbHG, § 58e Rn. 6; *Lutter*, in: Lutter/Hommelhoff, GmbHG, § 58e Rn. 4; *Casper*, in: Ulmer/Habersack/Winter, GmbHG, § 58e Rn. 7; *Waldner*, in: Michalski, GmbHG, § 58e Rn. 6; *Roth*, in: Altmeppen/Roth, GmbHG, § 58e Rn. 2.

23 *Lutter*, in: Lutter/Hommelhoff, GmbHG, § 58e Rn. 3; *Priester*, in: Scholz, GmbHG, § 58e Rn. 7.

24 Kurze Frist dient der »Bilanzwahrheit« *Casper*, in: Ulmer/Habersack/Winter, GmbHG, § 58e Rn. 8.

25 So auch *Casper*, in: Ulmer/Habersack/Winter, GmbHG, § 58e Rn. 8; *Waldner*, in: Michalski, GmbHG, § 58e Rn. 8; *Zöllner*, in: Baumbach/Hueck, GmbHG, § 58e Rn. 8; a. A. für § 187 Abs. 1 BGB *Roth*, in: Altmeppen/Roth, GmbHG, § 58e Rn. 7; *Inhester*, in: Saenger/Inhester, GmbHG, § 58e Rn. 7; *Priester*, in: Scholz, GmbHG, § 58e Rn. 11.

dauerhaften ungewissen Zustandes – der jeweils erste Beschluss entscheidend.[26] Eine Ausnahme besteht jedoch, wenn der Jahresabschluss zwar zuerst, aber vom Kapitalherabsetzungsbeschluss bedingt festgestellt wird – dann ist der Kapitalherabsetzungsbeschluss maßgebend.[27] Die Frist ist gem. § 58e Abs. 3 S. 2 durch rechtshängige (§§ 253 Abs. 1, 261 Abs. 1 ZPO) Anfechtungs- oder Nichtigkeitsklage gehemmt (vgl. **§ 58a Rdn. 30**). Das Registergericht kann die Klagen daraufhin überprüfen, ob die Gesellschafter durch missbräuchliche Klageerhebung nur einen drohenden Fristablauf zu verhindern suchen.[28] Entscheidend ist die tatsächliche Eintragung in das Handelsregister – Anmeldung und Bekanntmachung sind unerheblich. Verzögerungen beim Registergericht gehen somit »zu Lasten« der Gesellschaft[29], sodass auf eine rechtzeitige, ordnungsgemäße und vollständige Anmeldung zu achten ist. Das Registergericht kann auch explizit auf § 58e hingewiesen werden. Bei schuldhaften Verzögerungen kommen Amtshaftungsansprüche in Betracht (Art. 34 GG i. V. m. § 834 BGB). Nach herrschender Ansicht kann der Kapitalherabsetzungsbeschluss auch so festgestellt werden, dass er unabhängig von der Wirksamkeit des Jahresabschlusses und der Rückwirkungsmöglichkeit des § 58e gelten soll. In diesem Fall ist der § 58e Abs. 3 S. 1 dahingehend teleologisch zu reduzieren[30], sodass eine Fristverletzung sich nicht auf den Kapitalherabsetzungsbeschluss auswirkt. Der Jahresabschluss bleibt dabei nichtig und muss erneut festgestellt werden.[31] Den Gesellschaftern bleibt unbenommen, die Beschlüsse erneut unter Einhaltung des § 58e zu fassen[32] und zur Eintragung anzumelden. Dabei ist jedoch zu beachten, dass durch Zeitverlust evtl. eine Rückbeziehung nicht mehr auf das zunächst gewollte Jahr möglich ist.[33] Dies wäre der Fall, wenn bereits ein neues Jahr angebrochen ist, da eine Rückbeziehung ausdrücklich immer nur für das Jahr unmittelbar vor der Beschlussfassung erlaubt ist (siehe bereits oben **Rdn. 3**).

---

26 a. A. *Roth*, in: Altmeppen/Roth, GmbHG, § 58e Rn. 6 stets Herabsetzungsbeschluss entscheidend; wie hier: *Casper*, in: Ulmer/Habersack/Winter, GmbHG, § 58e Rn. 8; *Lutter*, in: Lutter/Hommelhoff, GmbHG, § 58e Rn. 5; *Inhester*, in: Saenger/Inhester, GmbHG, § 58e Rn. 7; *Priester*, in: Scholz, GmbHG, § 58e Rn. 11; *Waldner*, in: Michalski, GmbHG, § 58e Rn. 8; *Zöllner*, in: Baumbach/Hueck, GmbHG, § 58e Rn. 8.

27 *Zöllner*, in: Baumbach/Hueck, GmbHG, § 58e Rn. 8.

28 *Fabis*, MittRhNotK 1999, 170, 194.

29 Kritisch *Fabis*, MittRhNotK 1999, 170, 194 Fristhemmung bei registerbedingten Verzögerungen, wegen Verfassungskonformität und Risiko der Gesellschaft.

30 H. M. *Roth*, in: Altmeppen/Roth, GmbHG, § 58e Rn. 8; *Lutter*, in: Lutter/Hommelhoff, GmbHG, § 58e Rn. 7; *Priester*, in: Scholz, GmbHG, § 58e Rn. 15; *Waldner*, in: Michalski, GmbHG, § 58e Rn. 11; *Casper*, in: Ulmer/Habersack/Winter, GmbHG, § 58e Rn. 11; *Zöllner*, in: Baumbach/Hueck, GmbHG, § 58e Rn. 12; *Arnold/Born*, in: Bork/Schäfer, GmbHG, § 58e Rn. 10.

31 *Brete/Thomsen*, GmbHR 2008, 176 allg. Nichtigkeit u. Heilung von Jahresabschlüssen.

32 *Lutter*, in: Lutter/Hommelhoff, GmbHG, § 58e Rn. 7.

33 *Priester*, in: Scholz, GmbHG, § 58e Rn. 13.

Hat das Registergericht trotz abgelaufener Frist die Kapitalherabsetzung eingetragen, ist nach Ablauf von drei Jahren eine Heilung beider Beschlüsse[34] analog § 242 Abs. 2 S. 1, Abs. 3 AktG möglich.[35] 8

E. Offenlegung

Der Jahresabschluss darf erst nach Eintragung der Kapitalherabsetzung gem. § 325 HGB offengelegt werden. Die Offenlegungssperre des § 58e Abs. 4 wurde aus § 236 AktG übernommen.[36] Sie bezieht sich sowohl auf die Bekanntmachung als auch bereits auf die Einreichung der Unterlagen[37] und gilt für alle Gesellschaftsgrößen. Da erst die Eintragung konstitutive Wirkung entfaltet, würde ein zuvor offengelegter Jahresabschluss etwas noch nicht bestehendes wiedergeben und zu Irrtümern des Rechtsverkehrs insb. der Gesellschaftsgläubiger[38] führen. Der § 58e Abs. 4 ist eine Schutznorm gem. § 823 Abs. 2 BGB, sodass Gläubiger, die auf einen zu früh offengelegten Jahresabschluss vertrauen, einen dadurch entstandenen Schaden gegen die Gesellschaft geltend machen können. Einen Schaden werden Gläubiger gleichwohl kaum darlegen können, da das ausgewiesene Stammkapital dem tatsächlich bestehenden und bereits geminderten entspricht.[39] Soweit die Eintragung erfolgt, ist eine Offenlegung unverzüglich[40] nachzuholen, da die Pflicht nur verschoben wurde und nicht entfallen ist. 9

§ 58f Kapitalherabsetzung bei gleichzeitiger Erhöhung des Stammkapitals

(1) [1]Wird im Fall des § 58e zugleich mit der Kapitalherabsetzung eine Erhöhung des Stammkapitals beschlossen, so kann auch die Kapitalerhöhung in dem Jahresabschluss als vollzogen berücksichtigt werden. [2]Die Beschlussfassung ist nur zulässig, wenn die neuen Geschäftsanteile übernommen, keine Sacheinlagen festgesetzt sind und wenn auf jeden neuen Geschäftsanteil die Einzahlung geleistet ist, die nach § 56a zur Zeit der Anmeldung der Kapitalerhöhung bewirkt sein muss. [3]Die Übernahme und die Einzahlung sind dem Notar nachzuweisen, der den Beschluss über die Erhöhung des Stammkapitals beurkundet.

---

34 *Zöllner,* in: Baumbach/Hueck, GmbHG, § 58e Rn. 14; *Roth,* in: Altmeppen/Roth, GmbHG, § 58e Rn. 9; *Priester,* in: Scholz, § 58e Rn. 14.

35 Statt aller *Casper,* in: Ulmer/Habersack/Winter, GmbHG, § 58e Rn. 10.

36 BT-Drucks. 12/3803 S. 90.

37 *Inhester,* in: Saenger/Inhester, GmbHG, § 58e Rn. 10.

38 *Casper,* in: Ulmer/Habersack/Winter, GmbHG, § 58e Rn. 12; *Zöllner,* in: Baumbach/Hueck, GmbHG, § 58e Rn. 15; *Arnold/Born,* in: Bork/Schäfer, GmbHG, § 58e Rn. 12.

39 *Waldner,* in: Michalski, GmbHG, § 58e Rn. 14; *Inhester,* in: Saenger/Inhester, GmbHG, § 58e Rn. 11.

40 *Lutter,* in: Lutter/Hommelhoff, GmbHG, § 58e Rn. 10; *Waldner,* in: Michlaski, GmbHG, § 58 Rn. 13.

(2) [1]Sämtliche Beschlüsse sind nichtig, wenn die Beschlüsse über die Kapitalherabsetzung und die Kapitalerhöhung nicht binnen drei Monaten nach der Beschlussfassung in das Handelsregister eingetragen worden sind. [2]Der Lauf der Frist ist gehemmt, solange eine Anfechtungs- oder Nichtigkeitsklage rechtshängig ist. [3]Die Beschlüsse sollen nur zusammen in das Handelsregister eingetragen werden.

(3) Der Jahresabschluss darf nach § 325 des Handelsgesetzbuchs erst offengelegt werden, nachdem die Beschlüsse über die Kapitalherabsetzung und Kapitalerhöhung eingetragen worden sind.

Übersicht **Rdn.**

Schrifttum

Böhringer, Das neue GmbH-Recht in der Notarpraxis, BWNotZ 2008, 104; *Hochmuth,* Die Kapitalherabsetzung bei der GmbH unter der Geltung des MoMiG, GmbHR 2009, 349.

A. Normzweck

1 § 58f ergänzt die vereinfachte Kapitalherabsetzung gem. § 58e um die Möglichkeit der gleichzeitigen Kapitalerhöhung sowie Rückwirkung beider auf das letzte Geschäftsjahr vor der Beschlussfassung unter Durchbrechung des Stichtagsprinzips des § 252 Abs. 1 Nr. 3 HGB. Dieses Vorgehen erleichtert die Sanierung einer Gesellschaft und erlaubt eine optische »Bilanzkosmetik«, sowohl auf der Passiv- als auch auf der Aktivseite. Durch die bilanzielle Vorverlegung der Kapitalherabsetzung sowie der Kapitalerhöhung müssen die Unterbilanz und Sanierungsbedürftigkeit nicht offenbart werden.[1] Diese lassen sich weiterhin nur aus der Gewinn- und Verlustrechnung der Bilanz und dem Handelsregister ablesen.[2] Aus diesem Grunde sind die Gläubigerschutzvorschriften aus § 58f Abs. 1 S. 2, 3 zwingend neben den Regelungen aus § 58e einzuhalten.

2 § 58f wurde im Rahmen der Regelung der vereinfachten Kapitalherabsetzung für Gesellschaften mit beschränkter Haftung durch Art. 48 Nr. 4 EGInsO[3] in Anlehnung

1 *Hochmuth*, GmbHR 2009, 349, 351.
2 *Inhester,* in Saenger/Inhester, GmbHG, § 58f Rn. 1.
3 Einführungsgesetz zur Insolvenzordnung vom 5.10.1994, BGBl. I 1994, 2911.

an die §§ 235, 236 (zweiter Fall) AktG[4] eingeführt. Erste Änderungen redaktioneller Art, wie Überschriftseinführung und Anpassung des Wortlautes an § 5 n.F. sowie Ersetzung von »Stammeinlagen« durch »Geschäftsanteile«, erfuhr die Norm durch das MoMiG.[5] Durch das ARUG[6] wurde aus § 58f Abs. 2 S. 2 (wie in §§ 57n Abs. 2, 58a Abs. 4 n. F.) die Regelung gestrichen, dass durch beantragte jedoch noch nicht erteilte staatliche Genehmigungen eine Fristhemmung eintritt.[7]

B. Rückbeziehung der Kapitalerhöhung

3 Die Rückbeziehung der Kapitalerhöhung hat nur bilanzielle Wirkung auf das abgelaufene Geschäftsjahr. Gemeint ist das letzte vor der Beschlussfassung über die Kapitalherabsetzung und gleichzeitige -erhöhung abgelaufene Geschäftsjahr (siehe **§ 58e Rdn. 3**). Die materielle Wirkung richtet sich nach dem – für alle Satzungsänderungen maßgeblichen – § 54 Abs. 3 und ist von der Eintragung im Handelsregister abhängig.[8] § 58f erlaubt die Rückbewirkung einer Kapitalerhöhung neben der gleichzeitigen Rückbewirkung einer Kapitalherabsetzung gem. § 58e. Beides ist jedoch nicht zwingend, weshalb sich drei Gestaltungsmöglichkeiten der Kapitalherabsetzung bei gleichzeitiger Kapitalerhöhung ergeben. Zulässig sind nach h.M. eine gleichzeitige Rückbeziehung der Kapitalherabsetzung und -erhöhung (1), nur die Rückbeziehung der Kapitalherabsetzung (2) oder auch der Verzicht auf jegliche Rückbeziehung (3).[9] Gesetzlich weder in den §§ 55 ff. noch im § 58f vorgesehen und wegen möglicher Irreführung des Rechtsverkehrs nach allgemeiner Ansicht nicht zulässig ist die alleinige Rückbeziehung der Kapitalerhöhung.[10]

C. Verfahren

I. Gleichzeitige Beschlussfassung

4 § 58f Abs. 1 S. 1 bestimmt, dass die Beschlüsse über die Kapitalherabsetzung und die Kapitalerhöhung[11] gleichzeitig gefasst werden müssen, d.h. in derselben Gesellschaf-

4 BT-Drucks. 12/3803, S. 90.

5 Gesetz zur Modernisierung des GmbH-Rechts und zur Bekämpfung von Missbräuchen vom 23.10.2008, BGBl. I 2008, 2026, in Kraft 1.11.2008.

6 Gesetz zur Umsetzung der Aktionärsrechterichtlinie vom 30.7.2009, BGBl. I 2009, 2479, in Kraft 1.9.2009.

7 Vereinfachung und Anpassung an § 8 n. F. siehe *Roth,* in: Altmeppen/Roth, GmbHG, § 58f Rn. 2, § 57n Rn. 3; *Böhringer,* BWNotZ 2008, 104, 105.

8 *Zöllner,* in: Baumbach/Hueck, GmbHG, § 58f Rn. 2.

9 *Inhester,* in: Saenger/Inhester, GmbHG, § 58f Rn. 3; *Roth,* in: Altmeppen/Roth, GmbHG, § 58f Rn. 2; *Zöllner,* in: Baumbach/Hueck, GmbHG, § 58f Rn. 3; *Priester,* in: Scholz, GmbHG, § 58f Rn. 4; *Casper,* in: Ulmer/Habersack/Winter, GmbHG, § 58f Rn. 3.

10 *Zöllner,* in: Baumbach/Hueck, GmbHG, § 58f Rn. 3; *Inhester,* in: Saenger/Inhester, GmbHG, § 58f Rn. 3; *Roth,* in: Altmeppen/Roth, GmbHG, § 58f Rn. 2; *Priester,* in: Scholz, GmbHG, § 58f Rn. 4; *Casper,* in: Ulmer/Habersack/Winter, GmbHG, § 58f Rn. 3.

11 Formulierungsbeispiel *Pfisterer,* in: Lorz/Pfister, Formular GmbH-Recht, S. 605.

terversammlung[12], nicht notwendig in demselben Beschluss.[13] Anders als bei der Soll-Vorschrift des § 58e Abs. 2 handelt es sich um ein zwingendes Erfordernis.[14] Wurde bereits zuvor eine Kapitalherabsetzung beschlossen, so besteht Einigkeit darüber, dass dieser Beschluss wieder aufgehoben werden kann, um in derselben Gesellschafterversammlung mit dem Kapitalerhöhungsbeschluss neu beschlossen werden zu können.[15] Die Auffassung von *Zöllner*, dass auch ein nachträglicher, sich auf die Kapitalherabsetzung beziehender Kapitalerhöhungsbeschluss möglich ist[16], wäre zwar aus Gründen der Praktikabilität äußerst wünschenswert, lässt sich aus der eindeutigen gesetzlichen Regelung nicht herauslesen. Der Beschluss über den Jahresabschluss muss nicht gleichzeitig gefasst werden, hier gilt weiterhin § 58e Abs. 2.[17] Unter dem Gesichtspunkt des Gläubigerschutzes ist die Beschlussfassung erst zulässig, wenn die neuen Geschäftsanteile übernommen und eingezahlt sind und beides dem beurkundenden Notar nachgewiesen wird, § 58f Abs. 1 S. 2, 3 (**Rdn. 5 ff.**).

II. Übernahme und Einzahlung der Geschäftsanteile

5 Die bei der Kapitalerhöhung entstehenden neuen Geschäftsanteile müssen vor der Beschlussfassung bereits übernommen[18] sein. Die Übernahme richtet sich nach § 55 (**§ 55 Rdn. 34 ff.**) und bedarf der notariell aufgenommenen oder beglaubigten Erklärung des Übernehmenden[19], der sowohl ein Gesellschafter als auch ein Anderer sein kann. Die Übernahme wird in der Praxis unter die Bedingung des Wirksamwerdens der Kapitalerhöhung gestellt[20], sodass die bereits eingezahlten Anteile gem. § 812

12 H.M. *Zöllner*, in: Baumbach/Hueck, GmbHG, § 58f Rn. 6; *Roth*, in Altmeppen/Roth, GmbHG, § 58f Rn. 4; *Casper*, in: Ulmer/Habersack/Winter, GmbHG, § 58f Rn. 5; *Waldner*, in: Michalski, GmbHG, § 58f Rn. 5; *Priester*, in: Scholz, GmbHG, § 58f Rn. 6; *Lutter*, in: Lutter/Hommelhoff, GmbHG, § 58f Rn. 6.

13 *Zöllner*, in Baumbach/Hueck, GmbHG, § 58f Rn. 6.

14 Roth, in: Altmeppen/Roth, GmbHG, § 58 f Rn. 4; *Priester*, in: Scholz, GmbHG, § 58f Rn. 6; *Lutter*, in: Lutter/Hommelhoff, GmbHG, § 58f Rn. 6; *Casper*, in: Ulmer/Habersack/Winter, GmbHG, § 58f Rn. 5, bestätigend, aber in der Folge abweichend *Zöllner*, in Baumbach/Hueck, GmbHG, § 58f Rn. 6; *Waldner*, in: Michalski, GmbHG, § 58f Rn. 5.

15 So jedenfalls *Inhester*, in: Saenger/Inhester, GmbHG, § 58f Rn. 4; *Casper*, in: Ulmer/Habersack/Winter, GmbHG, § 58f Rn. 5; *Priester*, in: Scholz, GmbHG, § 58f Rn. 6; a. A. gleichzeitig, wenn im gleichen Geschäftsjahr *Waldner*, in: Michalski, GmbHG, § 58f Rn. 5.

16 *Zöllner*, in: Baumbach/Hueck, GmbHG, § 58f Rn. 6.

17 *Inhester*, in: Saenger/Inhester, GmbHG, § 58f Rn. 4; *Priester*, in: Scholz, GmbHG, § 58f Rn. 6.

18 *Priester*, in: Scholz, GmbHG, § 58f Rn. 7; *Casper*, in: Ulmer/Habersack/Winter, GmbHG, § 58f Rn. 7f.; *Lutter*, in: Lutter/Hommelhoff, GmbHG, § 58f Rn. 7.

19 Formulierungsbsp. u. Kosten *Pfisterer*, in: Lorz/Pfisterer, Formular GmbH-Recht, S. 605.

20 *Inhester*, in: Saenger/Inhester, GmbHG, § 58f Rn. 5; *Zöllner*, in: Baumbach/Hueck, § 58f Rn. 9; *Casper*, in: Ulmer/Habersack/Winter, GmbHG, § 58f Rn. 7f.; *Roth*, in: Altmeppen/Roth, GmbHG, § 58f Rn. 5; *Priester*, in: Scholz, GmbHG, § 58f Rn. 7; *Michalski*, in: Waldner, GmbHG, § 58f Rn. 7; *Rabe*, in: Heybrock, GmbH, § 58f Rn. 15; *Pfisterer* spricht gar von immanenter Vereinbahrung, in: Lorz/Pfisterer, Formular GmbH-Recht, S. 604.

Abs. 1 S. 1 Alt. 1 BGB ohne Berufung auf § 818 Abs. 3 BGB bei gescheiterter Kapitalerhöhung zurückgefordert werden können.[21]

6 Auf die neuen Geschäftsanteile muss auch bereits die Einzahlung bewirkt sein, damit die tatsächliche Zufuhr neuer finanzieller Mittel nachprüfbar ist.[22] Die Einzahlung richtet sich nach § 56a i. V. m. § 7 Abs. 2 S. 1, sodass mindestens 25% (soweit nicht mehr vereinbart) ordnungsgemäß, d. h. endgültig zur freien Verfügung der Geschäftsführer gem. § 8 Abs. 2, eingezahlt sein müssen. Aus Gründen des Gläubigerschutzes dürfen weder offene noch verdeckte Sacheinlagen festgesetzt werden. Vielmehr handelt es sich um eine effektive Barkapitalerhöhung, die nicht wie bei § 58a Abs. 4 auf das Mindeststammkapital begrenzt ist.[23] Wegen der ausdrücklichen gesetzlichen Regelung ist im Rahmen des § 58f die Voreinzahlungsproblematik nicht relevant.[24]

7 Nach der eindeutigen gesetzlichen Regelung des § 58f Abs. 1 S. 2 ist die Beschlussfassung »nur zulässig«, wenn – zeitlich vorgelagert[25] – die Übernahme und Einzahlung bereits erfolgt sind. Insofern ist die Ansicht von *Zöllner*[26], beides sei bis zur Feststellung des Jahresabschlusses möglich, der nach den Beschlüssen zur Kapitalherabsetzung und -erhöhung erfolgen könne, nicht überzeugend. In der Praxis wird die Übernahme aufschiebend bedingt erklärt und zusammen mit dem Erhöhungsbeschluss in demselben notariellen Protokoll in der gesetzlich vorgesehenen zeitlichen Reihenfolge erfasst.[27]

III. Nachweise

8 Gem. § 58f Abs. 1 S. 3 sind Übernahme und Einzahlung dem den Beschluss der Kapitalerhöhung beurkundenden Notar nachzuweisen. An dieser aus dem Aktienrecht übernommenen Regelung wird Kritik geübt, da der Notar ohne Hinweis seitens der Gesellschafter nicht wissen kann, ob eine normale Kapitalerhöhung oder eine solche nach § 58f gewünscht ist.[28] Wodurch der Nachweis zu erbringen ist, liegt

---

21 *Casper*, in: Ulmer/Habersack/Winter, GmbHG, § 58f Rn. 10.

22 *Priester*, in: Scholz, GmbHG, § 58f Rn. 8; *Inhester*, in Saenger/Inhester, GmbHG, § 58f Rn. 6.

23 *Roth*, in: Altmeppen/Roth, GmbHG, § 58f Rn. 5, *Zöllner*, in: Baumbach/Hueck, § 58f Rn. 7.

24 ebenso *Roth*, in: Altmeppen/Roth, GmbHG, § 58f Rn. 5; *Zöllner*, in: Baumbach/Hueck, GmbHG, § 58f Rn. 10; *Priester*, in: Scholz, GmbHG, § 58f Rn. 9 mit Hinweis der Kennzeichnung als Einlageleistung.

25 Ebenso für zwingende zeitliche Reihenfolge *Priester*, in: Scholz, GmbHG, § 58f Rn. 7; *Roth*, in: Altmeppen/Roth, § 58f Rn. 5; *Casper*, in: Ulmer/Habersack/Winter, GmbHG, § 58f Rn. 7; *Lutter*, in: Lutter/Hommelhoff, GmbHG, § 58f Rn. 7; *Inhester* in: Saenger/Inhester, GmbHG, § 58f Rn. 5 spricht vom fehlenden praktischen Bedürfnis.

26 *Zöllner*, in: Baumbach/Hueck, GmbHG, § 58f Rn. 9; ähnlich auch *Waldner*, in: Michalski, GmbHG, § 58f Rn. 7.

27 *Inhester*, in: Saenger/Inhester, GmbHG, § 58f Rn. 5; *Roth*, in: Altmeppen/Roth, GmbHG, § 58f Rn. 7; *Casper*, in: Ulmer/Habersack/Winter, GmbHG, § 58f Rn. 8,12; *Lutter*, in: Lutter/Hommelhoff, GmbHG, § 58f Rn. 7; *Priester*, in: Scholz, GmbHG, § 58f Rn. 7: spricht von »Formalismus« und hält es – soweit im gleichen Protokoll – für möglich erst den Beschluss und dann die Übernahme aufzunehmen.

28 *Waldner*, in: Michalski, GmbHG, § 58f Rn. 9f.

im Ermessen des Notars.[29] Zumeist beglaubigt derselbe Notar die Übernahme (Reihenfolge str. **Rdn.** 7), der auch die Beschlüsse beurkundet, sodass der Nachweis sich erübrigt. Hierbei kann die Übernahme regelmäßig durch eine notariell beglaubigte Übernahmeerklärung gem. § 55 Abs. 1 und die Einzahlung durch Bankbestätigungen, Quittungen u. a. nachgewiesen werden.

D. Eintragung und Offenlegung

9 Die Beschlüsse über die Kapitalherabsetzung und -erhöhung sind gem. § 58f Abs. 2 S. 3 **gemeinsam in das Handelsregister einzutragen.**[30] Die Eintragung muss **innerhalb von drei Monaten** nach der Beschlussfassung (maßgebend §§ 187 Abs. 2, 188 Abs. 2 BGB) vorgenommen werden, anderenfalls werden sämtliche Beschlüsse, d. h. zur Kapitalherabsetzung, Kapitalerhöhung und zum Jahresabschluss, gem. § 58f Abs. 1 S. 1 nichtig.[31] Der Zeitpunkt der Anmeldung ist unerheblich. Die Frist ist durch Anfechtungs- und Nichtigkeitsklagen gehemmt (ebenso Abs. 4 S. 3 des **§ 58a Rdn. 30**). Das Registergericht kann seinerseits Nachweise der Übernahme und Einzahlung der neuen Geschäftsanteile anfordern.[32] In der Praxis empfiehlt es sich, bei der Anmeldung mitzuteilen, dass eine Kapitalherabsetzung nach § 58f beabsichtigt ist und auch zugleich Nachweise einzureichen[33], damit das Registergericht bemüht ist, seinerseits die dreimonatige Frist einzuhalten. Bei Verzögerungen kommen Amtshaftungsansprüche aus Art. 34 GG i. V. m. § 834 BGB in Frage.[34] Die Eintragung wirkt konstitutiv, § 54 Abs. 3.

10 In Anlehnung an die Regelung des § 58e Abs. 2 darf die Offenlegung des Jahresabschlusses der Gesellschaft im elektronischen Bundesanzeiger nach § 325 HGB auch im Falle des § 58f – zum Schutze des Rechtsverkehrs – erst nach erfolgter Eintragung erfolgen (siehe auch **§ 58e Rdn. 9**).

E. Fehlerquellen und Konsequenzen

11 Neben den bereits bei § 58e genannten Fehlerquellen, sind die allgemeinen Satzungsänderungsvorschriften, die Normen für die Kapitalerhöhung und -herabsetzung

---

29 *Priester*, in: Scholz, GmbHG, § 58f Rn. 11; *Waldner*, in: Michalski, GmbHG, § 58f Rn. 10; *Casper*, in: Ulmer/Habersack/Winter, GmbHG, § 58f Rn. 12.

30 Kritisch *Waldner*, in: Michalski, GmbHG, § 58f Rn. 13 anders als im Aktienrecht, kann Registergericht § 58f nicht erkennen.

31 Kritisch *Waldner*, in: Michalski, GmbHG, § 58f Rn. 12.

32 Insb. bei Zweifeln an Richtigkeit *Böhringer*, BWNotZ 2008, 104, 108; *Priester*, in: Scholz, GmbHG, § 58f Rn. 13; *Waldner*, in: Michalski, GmbHG, § 58f Rn. 13.

33 *Casper*, in: Ulmer/Habersack/Winter, GmbHG, § 58f Rn. 16.

34 *Inhester*, in: Saenger/Inhester, GmbHG, § 58e Rn. 7; *Lutter*, in: Lutter/Hommelhoff, GmbHG, § 58e Rn. 7; *Casper*, in: Ulmer/Habersack/Winter, GmbHG, § 58e Rn. 8; *Priester*, in: Scholz, GmbHG, § 58e Rn. 13.

sowie die Besonderheiten des § 58f zu beachten. Verstöße gegen § 58f Abs. 1 S. 1 u. 2 führen zur Nichtigkeit der Beschlüsse, analog § 256 Abs. 1 Nr. 1 AktG.[35]

12 Bei fehlenden Nachweisen gem. § 58f Abs. 1 S. 3 wird der Notar die Beurkundung des Kapitalerhöhungs- und -herabsetzungsbeschlusses zwar wohl nicht verweigern, sicher aber darüber aufklären und im Protokoll vermerken, dass die gewünschte Rückbewirkung auf das abgelaufene Geschäftsjahr nicht möglich ist.[36] Die Wirksamkeit der Beschlüsse bleibt, soweit allgemeine Voraussetzungen eingehalten sind, unberührt.[37] Soweit die materiellen Voraussetzungen des § 58f Abs. 1 erfüllt sind, bleibt der fehlende Nachweis nach Ansicht der Literatur.[38] folgenlos.

13 § 58f Abs. 2 S. 3 ist eine das Registergericht bindende Sollvorschrift, sodass eine nicht gleichzeitig vorgenommene Eintragung keine Auswirkungen auf die Wirksamkeit der Beschlüsse hat.[39] Wird die Drei-Monats-Frist nicht eingehalten, wobei nicht die Anmeldung, sondern die Eintragung entscheidend ist, führt dies zur Nichtigkeit der Beschlüsse. Eine gleichwohl vorgenommene Eintragung führt nach Ablauf von drei Jahren zur Heilung der Nichtigkeit, analog §§ 242 Abs. 3, Abs. 2 S. 1 AktG.[40] Möglich ist es aber auch, die Beschlüsse zu wiederholen.[41]

14 Die Offenlegungssperre aus § 58f Abs. 3 ist eine Schutznorm i. S. v. § 823 Abs. 2 BGB (praktisch relevanter als bei § 58e Abs. 4), sodass Schadensersatzansprüche gegen die Gesellschaft und die Geschäftsführer geltend gemacht werden können[42], wenn Gläubiger nachweisen können, auf die verfrühte Offenlegung vertraut zu haben und dadurch kausal geschädigt wurden (siehe auch **§ 58e Rdn. 9**).

§ 59

(weggefallen)

---

35 *Zöllner*, in: Baumbach/Hueck, GmbHG, § 58f Rn. 12; *Roth*, in: Altmeppen/Roth, GmbHG, § 58f Rn. 8.

36 *Priester*, in: Scholz, GmbHG, § 58f Rn. 12; *Inhester*, in: Saenger/Inhester, GmbHG, § 58f Rn. 7; *Casper*, in: Ulmer/Habersack/Winter, GmbHG, § 58f Rn. 11.

37 *Roth*, in: Altmeppen/Roth, GmbHG, § 58f Rn. 7; *Lutter*, in: Lutter/Hommelhoff, GmbHG, § 58f Rn. 4, 9.

38 *Priester*, in: Scholz, GmbHG, § 58f Rn. 12 a.E.; *Zöllner*, in Baumbach/Hueck, GmbHG, § 58f Rn. 12; *Waldner*, in: Michalski, GmbHG, § 58f Rn. 11.

39 *Lutter*, in: Lutter/Hommelhoff, GmbHG, § 58f Rn. 11; *Priester*, in: Scholz, GmbHG, § 58f Rn. 14; zu praktischen Schwierigkeiten des RG *Zöllner*, in Baumbach/Hueck, § 58f Rn.15.

40 *Rabe*, in Heybrock, GmbH, § 58f Rn. 25; *Zöllner*, in: Baumbach/Hueck, GmbHG, § 58f Rn. 14, § 58e Rn. 14.

41 Soweit im gleichen Geschäftsjahr *Inhester*, in: Saenger/Inhester § 58e Rn. 8.

42 *Priester*, in: Scholz, GmbHG, § 58f Rn. 16; *Casper*, in: Ulmer/Habersack/Winter, GmbHG, § 58f Rn. 17.

Fünfter Abschnitt Auflösung und Nichtigkeit der Gesellschaft

Vorbemerkungen zu §§ 60 ff. Auflösung und Nichtigkeit der Gesellschaft

Übersicht **Rdn.**

Schrifttum

Bork, Insolvenzrecht, § 14 D. Exkurs: Die Liquiditation von Gesellschaften, 5. Aufl. 2009; *Gehrlein*, Möglichkeiten und Grenzen der Fortsetzung einer aufgelösten GmbH, DStR 1997, 31; *Hirte*, Auflösung der Kapitalgesellschaft, ZInsO 2000, 127; *Hofmann, Christian,* Der Minderheitsschutz im Gesellschaftsrecht, 2011; *Hofmann, Paul,* Zur Auflösung einer GmbH, GmbHR 1975, 217; *Konow*, Die gerichtliche Auflösung der GmbH: Zur Regelung des § 62 GmbHG und der §§ 289 ff. des Entwurfes der Bundesregierung für eine neues GmbH-Gesetz, GmbHR 1973, 217; *Passarge/Torwegge*, Die GmbH in der Liquidation, 2008; *Römermann*, Münchener Anwaltshandbuch GmbH-Recht, 2. Aufl. 2009, § 23, Die GmbH in der Krise und in der Insolvenz; *Schmidt/Uhlenbruck*, Die GmbH in Krise, Sanierung und Insolvenz, 4.

Aufl. 2009; *Schmidt*, Zur Ablösung des Löschungsgesetzes: Was ändert die Insolvenzrechtsreform für GmbH bzw. GmbH & Co.?, GmbHR 1994, 829; *Schulz*, Die masselose Liquidation der GmbH, 1997; *Timm*, Der Missbrauch des Auflösungsbeschlusses durch den Minderheitsgesellschafter, JZ 1980, 665; *ders.*, Zur Sachkontrolle von Mehrheitsentscheidungen im Kapitalgesellschaftsrecht – dargestellt am Beispiel »strukturverändernder Entscheidungen« –, ZGR 1987, 403; *Volhard*, Kann die GmbH-Satzung die Einziehung des Geschäftsanteils eines Auflösungsklägers vorsehen?, GmbHR 1995, 617; *Wellensiek/Schluck-Amend*, in: Römermann, Münchener Anwaltshandbuch GmbH-Recht, § 23 Die GmbH in der Kriste und in der Insolvenz, 2. Auflage 2009; *Zeising*, in: Büchel/von Rechenberg, Handbuch des Fachanwalts Handels- und Gesellschaftsrecht, 11. Kapitel K. Auflösung und Liquidation, 2009.

A. Systematik des fünften Abschnitts

1 Der fünfte Abschnitt des GmbHG regelt in den §§ 60 bis 74 die Auflösung und Liquidation sowie in den §§ 75 bis 77 die Nichtigkeit der Gesellschaft. Den Anfang bilden die gesetzlich bestimmten Auflösungsgründe in § 60 Abs. 1, die in den §§ 61, 62 teilweise konkretisiert werden. Daneben eröffnet § 60 Abs. 2 die Möglichkeit zur gesellschaftsvertraglichen Bestimmung von Auflösungsgründen. Die §§ 65 bis 67 und 74 regeln die Liquidation (Abwicklung) der Gesellschaft, die §§ 68 bis 73 die Rechtsverhältnisse der Gesellschaft und Gesellschafter sowie die Aufgaben der Liquidatoren. § 64 betrifft die Gesellschaft in der Insolvenz und ist damit unsystematisch verortet.

B. Stadien bis zur Vollbeendigung

2 Das Eingreifen eines Auflösungsgrundes hat nicht die Vollbeendigung und Löschung der Gesellschaft im Handelsregister zur Folge. Vielmehr durchläuft die GmbH bis zur Vollbeendigung zunächst das Liquidations- bzw. Abwicklungsstadium.

I. Auflösung

1. Änderung des Gesellschaftszwecks

3 Mit Eintritt in das Abwicklungsstadium ändert sich der Zweck der Gesellschaft. Sie wird von einer werbenden zu einer auf Abwicklung ausgerichteten Gesellschaft.[1] Der Zweck der Abwicklungsgesellschaft besteht fortan darin, im Rahmen der Liquidation die laufenden Geschäfte zu beenden, insbesondere die Forderungen einzuziehen und Gläubiger zu befriedigen, vorhandene Vermögensgegenstände der GmbH zu versilbern und schließlich den Erlös an die Gesellschafter zu verteilen (vgl. dazu im Einzelnen §§ 72, 73).

---

1 *Hirte*, ZInsO 2000, 127, 128; *ders.*, Kapitalgesellschaftsrecht, 6. Aufl. 2009, § 7 Rn. 7.1; *Nerlich*, in: Michalski, GmbHG, § 60 Rn. 4; *Windbichler*, Gesellschaftsrecht, 22. Aufl. 2009, S. 328, Rn. 32.

2. Rechtsnatur und Liquidationszusatz

4 Die Gesellschaft besteht auch nach ihrer Auflösung als juristische Person fort und verliert auch nicht ihre Eigenschaft als Handelsgesellschaft nach § 13 Abs. 3. Sie bleibt damit rechts-, partei- und grundbuchfähig und unterliegt auch weiterhin den Sonderregeln für Kaufleute.[2] Ihre Firma ist gem. § 68 Abs. 2 als Liquidationsfirma zu bezeichnen. Üblich ist es dabei, die Firma der GmbH um den Zusatz »in Liquidation« (i.L.) zu erweitern (näher dazu unter § 68 Rdn. 15).

3. Rechtsbeziehungen

5 Die Auflösung der Gesellschaft bleibt ohne Auswirkungen auf bestehende Vertragsverhältnisse mit Dritten.[3] Der Eintritt der Gesellschaft in das Liquidationsstadium kann jedoch einen Grund darstellen, die Rechtsbeziehungen zu Dritten umzugestalten oder zu beenden. Insbesondere kann die Fortsetzung von Dauerschuldverhältnissen mit einer Liquidationsgesellschaft unmöglich oder sinnlos sein und nach §§ 313, 314 BGB zu Vertragsänderungen oder Kündigungen Anlass geben.[4]

4. Vertretung

6 Mit der Auflösung der GmbH erlischt die Vertretungsbefugnis der Geschäftsführer automatisch.[5] Sie geht auf die Liquidatoren über, die jedoch häufig mit den Geschäftsführern identisch sind, vgl. § 66 Abs. 1. Sonstige mit Vollmacht ausgestattete Vertreter, etwa Prokuristen und Handlungsbevollmächtigte, behalten ihre Vertretungsmacht.[6]

II. Liquidation

7 Auf die Auflösung der Gesellschaft folgt deren Liquidation (Abwicklung). Bei der Liquidation handelt es sich um ein gesetzlich geregeltes, dem Gläubigerschutz dienendes Abwicklungsverfahren. Im Rahmen der Liquidation sollen das Gesellschaftsvermögen versilbert, die Gesellschaftsgläubiger befriedigt und grundsätzlich nach Ablauf eines Sperrjahres, geregelt in § 73 Abs. 1, das verbleibende Vermögen unter den Gesellschaftern verteilt werden. Erst nachdem die Liquidation beendet wurde, kann die Gesellschaft im Handelsregister gelöscht und vollbeendet werden. Die

---

2 Siehe BAG, NJW 1988, 2637; *Berner*, in: MünchKommGmbHG, § 60 Rn. 17; *Haas*, in: Baumbach/Hueck, GmbHG, § 60 Rn. 42; *Nerlich*, in: Michalski, GmbHG, § 60 Rn. 4 und § 69 Rn. 1; *Kleindiek*, in: Lutter/Hommelhoff, GmbHG, § 69 Rn. 1; *K. Schmidt*, in: Scholz, GmbHG, § 69 Rn. 2-8.

3 *Berner*, in: MünchKommGmbHG, § 60 Rn. 19; *Passarge*, in: Torwegge/Passarge, Die GmbH in der Liquidation, 2008, Rn. 18.

4 *Casper*, in: Ulmer/Habersack/Winter, GmbHG, § 60 Rn. 124; *Haas*, in: Baumbach/Hueck, GmbHG, § 60 Rn. 11.

5 BayObLG, DB 1994, 978.

6 *Rasner*, in: Rowedder/Schmidt-Leithoff, GmbHG, § 73 Rn. 2; *Zeising*, in: Büchel/von Rechenberg, Handbuch des Fachanwalts Handels- und Gesellschaftsrecht, 2009, S. 820.

Gesellschafter können aber im Auflösungsstadium beschließen, die Liquidation der GmbH nicht zu Ende zu führen, sondern die Gesellschaft fortzusetzen (dazu § 60 Rdn. 61 ff.).

III. Vollbeendigung

1. Meinungsstand

8 Nach früher herrschender Ansicht war die Gesellschaft bereits mit Eintritt der Vermögenslosigkeit beendet. Die Löschung im Handelsregister sollte lediglich deklaratorisch wirken.[7] Nach der mittlerweile ganz h.M.[8], die der Lehre vom Doppeltatbestand folgt, ist die Löschung im Handelsregister dagegen konstitutiv und die Gesellschaft demnach erst mit der Eintragung der Löschung der vermögenslosen GmbH im Handelsregister vollbeendet. Stellt sich nach Löschung heraus, dass die Gesellschaft noch Vermögen besitzt, ist sie nicht vollbeendet und die Löschungseintragung fehlerhaft.[9] Zur problematischen Frage, inwieweit die Parteifähigkeit einer gelöschten Gesellschaft in einem laufenden Prozess fortbestehen kann, siehe § 74 Rdn. 27–29.

2. Überlegenheit der Lehre vom Doppeltatbestand

9 Die Lehre vom Doppeltatbestand ist aus Gründen der Rechtssicherheit überzeugend. Der Eintritt der Vermögenslosigkeit ist im Einzelfall für Dritte schwer erkennbar. Auch entspricht sie der gesetzlichen Konzeption: §§ 74 Abs. 1 S. 2, 394 FamFG gehen davon aus, dass die Gesellschaft mit Löschung endet, und § 66 Abs. 5 baut ganz offenbar auf der Lehre vom Doppeltatbestand auf. Außerdem ergibt sich mit der Gründung der GmbH eine spiegelbildliche Gestaltung: Nicht nur die Entstehung setzt nach §§ 11 Abs. 1, 13 einen formalen Gestaltungsakt voraus, sondern auch die Vollbeendigung. Allein auf die Vermögenslosigkeit der Gesellschaft abzustellen, würde zudem den Interessen der Praxis widersprechen, da dies eine bezweckte Mantelverwendung vereiteln könnte.[10]

---

7 RGZ 149, 293, 296; RGZ 155, 42, 44; RGZ 156, 23, 26; OLG Stuttgart, NJW 1969, 1493.

8 *Berner*, in: MünchKommGmbHG, § 60 Rn. 38; *Casper*, in: Ulmer/Habersack/Winter, GmbHG, § 60 Rn. 10 ff.; *Nerlich*, in: Michalski, GmbHG, § 60 Rn. 4; *Altmeppen*, in: Roth/Altmeppen, GmbHG, § 65 Rn. 23.

9 *Berner*, in: MünchKommGmbHG, § 60 Rn. 38 f.; *Haas*, in: Baumbach/Hueck, GmbHG, § 60 Rn. 7; *Passarge*, in: Passarge/Torwegge, Die GmbH in der Liquidation, Rn. 16.

10 Siehe zu diesen und weiteren Argumenten *Berner*, in: MünchKommGmbHG, § 60 Rn. 38; *Casper*, in: Ulmer/Habersack/Winter, GmbHG, § 60 Rn. 93 und 97 f.; *Haas*, in: Baumbach/Hueck, GmbHG, § 60 Rn. 6; *Nerlich*, in: Michalski, GmbHG, § 60 Rn. 10; *K. Schmidt*, GmbHR 1988, 209, 210.

IV. Nachtragsliquidation

1. Zur Vermögensverwertung

10 Endet das Liquidationsverfahren, obwohl die Gesellschaft nicht vermögenslos ist, wird eine Nachtragsliquidation notwendig. In dieser wird das noch vorhandene Vermögen zu Geld gemacht und anschließend an die Gesellschafter verteilt. Stehen der Gesellschaft noch Ansprüche zu, werden diese geltend gemacht, etwa Zahlungsansprüche gegen Gesellschafter, Geschäftsführer oder Liquidatoren. Die Vollbeendigung tritt erst ein, wenn die Nachtragsliquidation abgeschlossen ist. Wird die Gesellschaft zuvor gelöscht, ist sie nach der Lehre vom Doppeltatbestand dennoch nicht erloschen.

2. Bei anderen Maßnahmen

11 Problematisch sind die Fälle, in denen von einer vermögenslosen und gelöschten Gesellschaft Willenserklärungen oder andere Maßnahmen gefordert werden, etwa die Erteilung eines Arbeitszeugnisses, eine Rechnungslegung oder die Bewilligung einer Löschung im Grundbuch. Nach herrschender Meinung wird auch in diesen Fällen eine Nachtragsliquidation erforderlich.[11] Die Gegenansicht lehnt es hingegen ab, bei geringfügigen Maßnahmen eine Nachtragsliquidation einzufordern und befürwortet demgegenüber den Einsatz von Handlungsbevollmächtigten.[12] Dazu unter § 74 Rdn. 23.

V. Fortsetzung der aufgelösten GmbH

12 Die Gesellschaft kann nach Auflösung, aber vor Beendigung fortgesetzt werden. Hierdurch wird die Liquidationsgesellschaft in eine werbende Gesellschaft rückverwandelt. Zu den Voraussetzungen im Einzelnen unter § 60 Rdn. 61 ff.

C. Überblick über die Auflösungsgründe

I. Gesetzliche Auflösungsgründe

1. Nach § 60 Abs. 1 Nr. 1–6

13 § 60 Abs. 1 ordnet Gründe für die Auflösung der Gesellschaft an. Den ersten Auflösungsgrund nach § 60 Abs. 1 Nr. 1 stellt der Ablauf der festgelegten Lebensdauer der Gesellschaft dar (dazu im Einzelnen § 60 Rdn. 3–15). Darauf folgt der Auflösungsgrund nach § 60 Abs. 1 Nr. 2, der einen Gesellschafterbeschluss voraussetzt. Dieser muss, sofern in der Satzung nicht abweichend geregelt, von einer Dreiviertelmehrheit der abgegebenen Stimmen getragen sein (dazu im Einzelnen § 60 Rdn. 16–25). Die Auflösung nach

---

11 Vgl. BGH, NJW 1989, 220; BayObLG, BB 1984, 446; BayObLG, BB 1983, 1303; OLG Stuttgart, NJW-RR 1995, 805; *Nerlich*, in: Michalski, GmbHG, § 74 Rn. 46; *Haas*, in: Baumbach/Hueck, GmbHG, § 60 Rn. 106.

12 *K. Schmidt*, in: Scholz, GmbHG, § 74 Rn. 20.

§ 60 Abs. 1 Nr. 3 ist Folge eines staatlichen Hoheitsaktes (vgl. dazu § 60 Rdn. 26, § 61 und § 62). Mit Eröffnung des Insolvenzverfahrens über das Vermögen der Gesellschaft ist diese nach § 60 Abs. 1 Nr. 4 ebenso aufgelöst (dazu § 60 Rdn. 27–34) wie bei rechtskräftiger Ablehnung der Verfahrenseröffnung mangels Masse nach § 60 Abs. 1 Nr. 5 (dazu § 60 Rdn. 35–41). Schließlich führt es nach § 60 Abs. 1 Nr. 6 zur Auflösung, wenn nach § 399 FamFG durch registergerichtliche Verfügung ein Mangel des Gesellschaftsvertrages festgestellt wird (dazu § 60 Rdn. 42–45). Auflösungsgründe können sich auch im Zusammenhang mit behördlichen Eingriffsbefugnissen nach §§ 3, 17 VereinsG und § 38 KWG ergeben (vgl. dazu § 60 Rdn. 53).

2. Nach § 60 Abs. 1 Nr. 7 und nach Nichtigerklärung

14 Wird die Gesellschaft wegen Vermögenslosigkeit nach § 394 Abs. 1 FamFG gelöscht, soll dies nach § 60 Abs. 1 Nr. 7 zur Auflösung der Gesellschaft führen. Tatsächlich findet jedoch gerade keine Abwicklung statt. Ist die Gesellschaft tatsächlich vermögenslos und im Handelsregister gelöscht, liegen alle Voraussetzungen für eine Vollbeendigung vor. Sie wird daher nicht aufgelöst, sondern erlischt ohne Liquidationsverfahren (siehe im Einzelnen § 60 Rdn. 46–51).[13] Wird die Gesellschaft für nichtig erklärt, sind die Rechtsfolgen streitig. Eine Auflösung kommt nur nach der Ansicht in Betracht, die die Gesellschaft als existent betrachtet und daher einer Abwicklung unterwirft.[14] Nach der Gegenansicht fehlt es an einer abwicklungsfähigen Gesellschaft.[15] Da die Verhältnisse der als wirksam behandelten Gesellschaft gleichwohl abgewickelt werden müssen, ordnet § 77 Abs. 1 an, dass sich dieses Verfahren nach den Grundsätzen richtet, die auf eine aufgelöste Gesellschaft Anwendung finden.

II. Gesellschaftsvertragliche Auflösungsgründe

15 Über die gesetzlichen Auflösungsgründe hinaus können in der Satzung weitere Auflösungsgründe festgesetzt werden, etwa Tod oder Insolvenz eines Gesellschafters, Verlust eines Patents, Ausscheiden eines Gesellschafters, Beendigung der Mitarbeit eines Gesellschafters, Veräußerung des Unternehmens oder Einstellung des Betriebs.[16] Zu den inhaltlichen Schranken unter § 60 Rdn. 54–60.

III. Erwerb aller Geschäftsanteile durch GmbH (Keinmann-GmbH)

16 Einen Sonderfall stellt die »Keinmann«-GmbH dar, bei der die Gesellschaft selbst Inhaberin aller Geschäftsanteile ist. Allein das Zusammenfallen aller Geschäftsanteile in einer Person führt nicht zur Vollbeendigung der GmbH. Die Gesellschaft ist viel-

---

13 *Haas*, in: Baumbach/Hueck, GmbHG, § 60 Rn. 84; *K. Schmidt/Bitter*, in: Scholz, GmbHG, § 60 Rn. 47.
14 So *K. Schmidt*, in: Scholz, GmbHG, § 75 Rn. 1.
15 Vgl. *Haas*, in: Baumbach/Hueck, GmbHG, § 75 Rn. 5.
16 Zu beispielhaften Aufzählungen siehe *Wellensiek/Schluck-Amend*, in: Münchener Anwaltshandbuch GmbH-Recht, S. 1180; *Passarge*, in: Passarge/Torwegge, Die GmbH in der Liquidation, 2008, Rn. 76; *Haas*, in: Baumbach/Hueck, GmbHG, § 60 Rn. 89.

mehr aufgelöst und muss liquidiert werden.[17] Das Liquidationsvermögen steht analog §§ 45, 46 BGB den in der Satzung genannten Personen, ansonsten dem Fiskus zu.[18] Die GmbH kann als Alleingesellschafterin jedoch auch die Fortsetzung beschließen und den Auflösungsgrund beseitigen.[19]

IV. Keine Auflösungsgründe

17 Andere Veränderungen, und seien sie auch mit erheblichen Auswirkungen auf die Struktur und das Vermögen der Gesellschaft verbunden, führen nicht zur Auflösung der Gesellschaft.

1. Fortbestand der werbenden Gesellschaft

18 Das gilt für Veränderungen im Vermögen oder betriebenen Unternehmen. Dass das Gesellschaftsvermögen übertragen, der Geschäftsbetrieb eingestellt oder das betriebene Unternehmen verpachtet wird, stellt keinen Auflösungsgrund dar.[20] Auch der Tod eines Gesellschafters oder die Eröffnung des Insolvenzverfahrens über sein Vermögen führen, wenn diese Ereignisse nicht als Auflösungsgründe nach § 60 Abs. 2 in die Satzung aufgenommen wurden, nicht zur Auflösung der Gesellschaft.[21] Gleiches gilt, wenn eine für den Geschäftsbetrieb der GmbH erforderliche Gewerbeerlaubnis entzogen wurde oder eine erforderliche Konzession nicht mehr besteht.[22]

2. Beendigung der Gesellschaft ohne Auflösung und Liquidation.

19 **a) Bei Umwandlungsvorgängen.** Im Gegensatz zu den vorgenannten Veränderungen führen Vorgänge nach dem UmwG zu einer Beendigung der Gesellschaft, jedoch ohne Auflösung und Liquidation. Vielmehr rückt der neue Rechtsträger im Wege einer Gesamtrechtsnachfolge in die Rechtsposition der Gesellschaft ein. Wird die GmbH in eine andere Rechtsform nach §§ 190, 191 UmwG umgewandelt, besteht sie nach § 202 Abs. 1 Nr. 1 UmwG in der im Umwandlungsbeschluss bestimmten Rechtsform weiter. Im Falle einer Verschmelzung der GmbH auf eine OHG, KG, Partnerschaftsgesellschaft, GmbH, AG, KGaA oder eine eG nach §§ 3, 20 Abs. 1

---

17 H.M., siehe *Nerlich*, in: Michalski, GmbHG, § 60 Rn. 25; *Altmeppen*, in: Roth/Altmeppen, GmbHG, § 60 Rn. 29; *K. Schmidt/Bitter*, in: Scholz, GmbHG, § 60 Rn. 65.

18 *Haas*, in: Baumbach/Hueck, GmbHG, § 60 Rn. 81; *Nerlich*, in: Michalski, GmbHG, § 60 Rn. 25; *K. Schmidt/Bitter*, in: Scholz, GmbHG, § 60 Rn. 65.

19 *Nerlich*, in: Michalski, GmbHG, § 60 Rn. 25; *Altmeppen*, in: Roth/Altmeppen, GmbHG, § 60 Rn. 30; *K. Schmidt/Bitter*, in: Scholz, GmbHG, § 60 Rn. 65.

20 Siehe *Nerlich*, in: Michalski, GmbHG, § 60 Rn. 19; *Haas*, in: Baumbach/Hueck, GmbHG, § 60 Rn. 8.

21 *Passarge*, in: Passarge/Torwegge, Die GmbH in der Liquidation, 2008, Rn. 82; zur Insolvenz auch *Haas*, in: Baumbach/Hueck, GmbHG, § 60 Rn. 85.

22 *Haas*, in: Baumbach/Hueck, GmbHG, § 60 Rn. 86; *Passarge*, in: Passarge/Torwegge, Die GmbH in der Liquidation, 2008, Rn. 79.

Nr. 2 UmwG erlischt die GmbH ohne Durchführung einer Liquidation, wenn die Verschmelzung durch Neugründung oder durch Aufnahme erfolgt und die GmbH übertragender Rechtsträger ist.[23]

20 **b) Bei Vermögenslosigkeit.** Auch die Löschung der Gesellschaft wegen Vermögenslosigkeit nach § 394 Abs. 1 FamFG führt zum Erlöschen ohne Auflösung und Liquidation. Sie ist daher in § 60 Abs. 1 falsch verortet (siehe schon Rdn. 14 und unter § 60 Rdn. 46).

D. Verhältnis von Liquidation und Insolvenzverfahren

21 Die Vorschriften über die gesellschaftsrechtliche Liquidation sind nur anwendbar, wenn die Gesellschaft über ihr Vermögen disponieren darf. Das scheidet aus, soweit die Verteilung im Rahmen eines Insolvenzverfahrens erfolgt.[24] Die problematische und streitige Frage lautet dabei, in welchem Verhältnis Insolvenz- und Liquidationsverfahren zueinander stehen. Diese Frage kann in zwei Konstellationen relevant werden: erstens, wenn der Insolvenzverwalter Gesellschaftsvermögen freigibt und hierdurch Gesellschaftsvermögen aus der Masse ausscheidet; zweitens, wenn nach Beendigung des Insolvenzverfahrens Vermögen verbleibt.

I. Freigabe von Gesellschaftsvermögen

22 Eine Freigabe ist nach gefestigter Rechtsprechung möglich. Da der Insolvenzverwalter vornehmlich dem Wohle der Gläubiger verpflichtet sei, könne er solche Gegenstände, die wertlos seien oder Kosten verursachten, freigeben. Daher sei er nicht gehalten, diese Gegenstände alleine deshalb in der Masse zu behalten, um eine Vollbeendigung der Gesellschaft zu bewirken.[25] Als Folge müsste ein Liquidator das aus den freigegebenen Gegenständen bestehende Gesellschaftsvermögen abwickeln. Dem ist jedoch nicht so. Das Insolvenzverfahren dient nicht nur dem Gläubigerschutz, sondern gleichermaßen der Abwicklung der Gesellschaft.[26] Die Insolvenzmasse ist danach identisch mit der Liquidationsmasse und der Insolvenzverwalter obligatorischer Liquidator. Daher muss die Masse im Insolvenzverfahren umfänglich verwertet werden und die Freigabe einzelner Objekte ausscheiden.[27]

---

23 Zu allem vgl. *Haas,* in: Baumbach/Hueck, GmbHG, § 60 Rn. 4; *Passarge,* in: Passarge/Torwegge, Die GmbH in der Liquidation, 2008, Rn. 76.

24 *Wellensiek/Schluck-Amend,* in: Münchener Anwaltshandbuch GmbH-Recht, S. 1178.

25 BGHZ 163, 32, 34 ff.; BVerwG, ZIP 2004, 2145, 2147 f.

26 Zur Begründung aus der Systematik der InsO *K. Schmidt,* in: Schmidt/Uhlenbruck, Die GmbH in Krise, Sanierung und Insolvenz, 4. Aufl. 2009, S. 860; *Bork,* Insolvenzrecht, 5. Aufl. 2009, Rn. 135.

27 *Haas,* in: Baumbach/Hueck, GmbHG, § 60 Rn. 62; *Casper,* in: Ulmer/Habersack/Winter, GmbHG, § 60 Rn. 53; *Müller,* in: MünchKommGmbHG, § 64 Rn. 99; *Passarge,* in: Passarge/Torwegge, Die GmbH in der Liquidation, 2008, Rn. 53; *Wellensiek/Schluck-Amend,* in: Münchener Anwaltshandbuch GmbH-Recht, S. 1178; *K. Schmidt,* Gesellschaftsrecht, 4. Aufl. 2002, S. 1208 und S. 325 f.

II. Verbleibendes Vermögen nach Verfahrensende

23 Den zweiten Fall beantwortet § 199 S. 2 InsO. Danach hat der Insolvenzverwalter den verbleibenden Überschuss an die Gesellschafter herauszugeben. Daher kommt es auch in diesem Fall nicht zu einem gesellschaftsrechtlichen Liquidationsverfahren, wohl aber zur Anwendung solcher Liquidationsgrundsätze, derer es zur Verteilung durch den Insolvenzverwalter bedarf. So muss sich der Insolvenzverwalter bei der Verteilung an § 72 ausrichten.[28]

§ 60 Auflösungsgründe

(1) Die Gesellschaft mit beschränkter Haftung wird aufgelöst:

1. **durch Ablauf der im Gesellschaftsvertrag bestimmten Zeit;**
2. **durch Beschluss der Gesellschafter; derselbe bedarf, sofern im Gesellschaftsvertrag nicht ein anderes bestimmt ist, einer Mehrheit von drei Vierteilen der abgegebenen Stimmen;**
3. **durch gerichtliches Urteil oder durch Entscheidung des Verwaltungsgerichts oder der Verwaltungsbehörde in den Fällen der §§ 61 und 62;**
4. **durch die Eröffnung des Insolvenzverfahrens; wird das Verfahren auf Antrag des Schuldners eingestellt oder nach der Bestätigung eines Insolvenzplans, der den Fortbestand der Gesellschaft vorsieht, aufgehoben, so können die Gesellschafter die Fortsetzung der Gesellschaft beschließen;**
5. **mit der Rechtskraft des Beschlusses, durch den die Eröffnung des Insolvenzverfahrens mangels Masse abgelehnt worden ist;**
6. **mit der Rechtskraft einer Verfügung des Registergerichts, durch welche nach § 399 des Gesetzes über das Verfahren in Familiensachen und in den Angelegenheiten der freiwilligen Gerichtsbarkeit ein Mangel des Gesellschaftsvertrags festgestellt worden ist;**
7. **durch die Löschung der Gesellschaft wegen Vermögenslosigkeit nach § 394 des Gesetzes über das Verfahren in Familiensachen und in den Angelegenheiten der freiwilligen Gerichtsbarkeit.**

(2) Im Gesellschaftsvertrag können weitere Auflösungsgründe festgesetzt werden.

Übersicht Rdn.

28 Zu allem *Haas*, in: Baumbach/Hueck, GmbHG, § 60 Rn. 62.

Rdn.

Schrifttum
Siehe Schriftum zu Vorbemerkungen zu §§ 60 ff.

A. Systematik und Grundsätze des § 60

I. Auflösungsgründe

1 § 60 nennt Gründe, die zur Auflösung der Gesellschaft führen. Teilweise werden die Auflösungsgründe durch die nachfolgenden Vorschriften konkretisiert. So werden die Auflösungstatbestände in § 60 Abs. 1 Nr. 3 durch die §§ 61 f. näher ausgestaltet. Die Auflösungsgründe des § 60 Abs. 1 sind zugleich nicht abschließend, wie aus § 60 Abs. 2 hervorgeht. Die Gesellschafter sind vielmehr nach § 60 Abs. 2 frei darin, weitere Auflösungsgründe in der Satzung der GmbH festzulegen (zu Auflösungsgründen außerhalb des § 60 vgl. Vor §§ 60 ff. Rdn. 15 ff.).

II. Abwicklung und Vollbeendigung

2 Die Auflösung führt zu einer Zäsur. Die Gesellschaft geht vom werbenden Stadium in das Abwicklungsstadium über (vgl. Vor §§ 60 ff. Rdn. 3).[1] Die Auflösung ist allerdings umkehrbar. Durch einen Fortsetzungsbeschluss kann die Gesellschaft wieder in das werbende Stadium versetzt werden (vgl. dazu Rdn. 61 ff.). Erst auf die Abwicklung der Gesellschaft folgt ihre Vollbeendigung (vgl. Vor §§ 60 ff. Rdn. 2 ff.). Diese setzt nach herrschender Meinung voraus, dass ein Doppeltatbestand erfüllt ist: Die Gesellschaft muss nach Abschluss des Liquidationsverfahrens vermögenslos und im Handelsregister gelöscht worden sein (vgl. Vor §§ 60 ff. Rdn. 9). Die Löschung nach § 74 Abs. 1 S. 2 ist daher konstitutiv (vgl. Vor §§ 60 ff. Rdn. 9).[2] Soweit noch Vermögen vorhanden ist, führt nach der Lehre vom Doppeltatbestand indes auch allein die Löschung nicht zur Vollbeendigung. Die GmbH besteht bei noch vorhandenem Vermögen vielmehr als Liquidationsgesellschaft fort.[3] Hierdurch kann der Zweck der Abwicklungsgesellschaft, eine Vollbeendigung unter vollständiger Verteilung des Gesellschaftsvermögens zu bewirken, weiterhin erreicht werden. Auflösung und Voll-

1 *Hirte*, ZInsO 2000, 127, 128; *ders.*, Kapitalgesellschaftsrecht, 6. Aufl. 2009, § 7 Rn. 7.1; *Windbichler*, Gesellschaftsrecht, 22. Aufl. 2009, S. 307, Rn. 32.
2 Heute ganz h.M., OLG Koblenz, NZG 2007, 431 f.; OLG Düsseldorf, GmbHR 2004, 572, 574; *Haas*, in: Baumbach/Hueck, GmbHG, § 60 Rn. 6; *Nerlich*, in: Michalski, GmbHG, § 60 Rn. 9; *Altmeppen*, in: Roth/Altmeppen, GmbHG, § 60 Rn. 7.
3 BGH, NJW-RR 1994, 542; OLG Koblenz, NZG 2007, 431 f.; *Haas*, in: Baumbach/Hueck, GmbHG, § 60 Rn. 7; *Nerlich*, in: Michalski, GmbHG, § 60 Rn. 11.

beendigung fallen ausnahmsweise zusammen, wenn die vermögenslose Gesellschaft im Handelsregister nach § 394 FamFG (dazu Rdn. 46) gelöscht wird.[4]

B. Die einzelnen Auflösungsgründe

I. Auflösung durch Zeitablauf (Nr. 1)

3 Die Gesellschaft kann durch Zeitablauf aufgelöst werden. Dies setzt voraus, dass in der Satzung ein Endtermin im Sinne des § 3 Abs. 2 genannt ist, mit dem sich der Zeitpunkt der Auflösung zweifelsfrei bestimmen lässt.

1. Bestimmbarkeit

4 Es ist nicht erforderlich, dass ein bestimmtes Datum genannt wird.[5] Vielmehr reicht es aus, dass sich der Auflösungszeitpunkt bestimmen lässt, etwa weil er unmittelbar auf ein Ereignis folgt oder sich von diesem ausgehend berechnen lässt. Zum Schutz des Rechtsverkehrs dürfen jedoch keine Zweifel am Auflösungszeitpunkt bestehen bleiben. Soll die Auflösung an ein ungewisses Ereignis anknüpfen, handelt es sich nicht um eine Bestimmung über die zeitliche Dauer der Gesellschaft, sondern um eine auflösende Bedingung, die nach § 60 Abs. 2 zu behandeln ist.[6]

2. Eintragung des Endtermins

5 Der Endtermin muss nach § 10 Abs. 2 im Handelsregister eingetragen werden. Die Eintragung des Endtermins ist jedoch nur deklaratorischer Natur. Dies ergibt sich aus einer Gegenüberstellung der Auflösung durch Zeitablauf nach § 60 Abs. 1 Nr. 1 mit den Auflösungsgründen nach § 60 Abs. 2, für die keine formellen Wirksamkeitsvoraussetzungen bestehen und die auch ohne Eintragung im Handelsregister wirken.[7]

3. Auflösung und Laufzeitverlängerung

6 Tritt der Zeitablauf ein, ist die GmbH automatisch aufgelöst.[8] Diese Wirkung kann allerdings durch vorherige Änderung des Auflösungszeitpunktes in der Satzung verhindert werden. Nach Zeitablauf kann die Gesellschaft durch einen Fortsetzungsbeschluss der Gesellschafter in das werbende Stadium zurückkehren (dazu noch unter Rdn. 61).[9]

---

4 Siehe *K. Schmidt/Bitter*, in: Scholz, GmbHG, § 60 Rn. 73.

5 *Altmeppen*, in: Roth/Altmeppen, GmbHG, § 60 Rn. 9.

6 *Haas*, in: Baumbach/Hueck, GmbHG, § 60 Rn. 14; *Kleindiek*, in: Lutter/Hommelhoff, GmbHG, § 60 Rn. 2; *K. Schmidt/Bitter*, in: Scholz, GmbHG, § 60 Rn. 9.

7 Daher auch einhellige Auffassung, siehe *Haas*, in: Baumbach/Hueck, GmbHG, § 60 Rn. 13; *K. Schmidt/Bitter*, in: Scholz, GmbHG, § 60 Rn. 9.

8 *Kleindiek*, in: Lutter/Hommelhoff, GmbHG, § 60 Rn. 3; *Altmeppen*, in: Roth/Altmeppen, GmbHG, § 60 Rn. 10; *K. Schmidt/Bitter*, in: Scholz, GmbHG, § 60 Rn. 17.

9 *Kleindiek*, in: Lutter/Hommelhoff, GmbHG, § 60 Rn. 3; *Altmeppen*, in: Roth/Altmeppen, GmbHG, § 60 Rn. 11.

4. Gesellschafterschutz bei Laufzeitverlängerung

Eine Verhinderung der Auflösung durch vorherige Satzungsänderung wirft jedoch Fragen des Gesellschafterschutzes auf. Eine nachträgliche Veränderung der Zeitdauer durch Satzungsänderung kann zu einer erheblichen Beeinträchtigung der Rechte der Gesellschafter führen. Einigkeit besteht darüber, dass die betroffenen Gesellschafter einem die Laufzeit verlängernden Beschluss zustimmen müssen, soweit Nebenleistungspflichten im Sinne von § 3 Abs. 2 bestehen.[10] 7

a) **Treuepflicht**. Außerhalb solcher Nebenleistungspflichten scheint die h.M. bei einem verlängernden Beschluss jedoch von einem rechtfertigungsfreien Beschluss auszugehen, ebenso bei einer Verkürzung der Laufzeit, was teilweise dahingehend eingeschränkt wird, dass immerhin eine Bindung der Mehrheit an die Treuepflicht zu beachten sein soll. Hierdurch soll sich eine Stimmbindung jedoch nur ergeben, wenn die Mehrheit die verfrühte Auflösung dazu benutzt, sich das Gesellschaftsvermögen zu Zerschlagungswerten einzuverleiben.[11] **8**

b) **Rechtfertigungskontrolle**. Dabei bleibt außer Betracht, dass sich durch die Laufzeitbestimmung in der Satzung ein berechtigtes Vertrauen auf den Zeitpunkt der Beendigung der GmbH gebildet hat. Die zeitliche Komponente wurde durch die Anordnung in der Satzung zum Bestandteil der Mitgliedschaft.[12] Die Grundlagen der mitgliedschaftlichen Rechtsstellung, zu denen nach dem Gesagten auch die zeitliche Komponente zählt, dürfen jedoch gegen den Willen betroffener Gesellschafter nicht ohne Rechtfertigung verändert werden.[13] **9**

c) **Interessenabwägung**. Das bedeutet allerdings keineswegs, dass eine Verlängerung oder Verkürzung der Laufzeit stets unzulässig wäre. Bei den Gesellschaftern gebildetes Vertrauen in den Bestand der mitgliedschaftlichen Rechtsstellung kann nicht uneingeschränkt bestehen. Dem Mehrheitsprinzip ist die Folge immanent, dass bestehende Rechtspositionen verändert werden können, allerdings nur, wenn hierfür eine Rechtfertigung existiert. Dies läuft auf eine Interessenabwägung hinaus, die auch nicht durch das qualifizierte Mehrheitserfordernis des § 53 Abs. 2 GmbHG **10**

---

10 RGZ 136, 185, 188; *Haas*, in: Baumbach/Hueck, GmbHG, § 60 Rn. 15, 20; *Kleindiek*, in: Lutter/Hommelhoff, GmbHG, § 60 Rn. 3; *K. Schmidt/Bitter*, in: Scholz, GmbHG, § 60 Rn. 10.

11 BGH, NJW 1980, 1278, 1279. Ganz ohne Einschränkung sogar *Kleindiek*, in: Lutter/Hommelhoff, GmbHG, § 60 Rn. 4.

12 *K. Schmidt/Bitter*, in: Scholz, GmbHG, § 60 Rn. 10, wollen ein erhöhte Rechtmäßigkeitsvoraussetzungen auslösendes subjektives Recht auf Einhaltung der vereinbarten Dauer nur anerkennen, wenn es in der Satzung als Sonderrecht ausgewiesen ist.

13 Grundlegend untersucht und begründet in *Hofmann*, Der Minderheitsschutz im Gesellschaftsrecht, 2011, S. 133 ff. Vgl. auch unter § 29 Rdn. 39.

obsolet wird.[14] Im Mittelpunkt einer solchen Interessenabwägung steht gewöhnlich das Gesellschaftsinteresse als Bezugspunkt der gemeinsamen Zweckerreichungsabrede und geschuldeten Förderungspflicht. Doch auch die Interessen der Mitgesellschafter sind in die Abwägung einzubeziehen.

11 **d) Zeitlich begrenzte Zweckerreichungsabrede.** Diese allgemeinen Grundsätze erfahren eine Modifikation. Bei der Verlängerung der Laufzeit ist zu beachten, dass sich die Gesellschafter nur für die Dauer der vereinbarten Laufzeit zur Förderung des Gesellschaftszwecks verpflichtet haben. Es muss daher ausscheiden, sie über diesen Zeitpunkt hinaus weiter hierauf zu verweisen, so dass eine Orientierung am Gesellschaftsinteresse ausscheidet. Die Rechtfertigung kann sich vielmehr nur aus einer Abwägung der beteiligten Gesellschafterinteressen ergeben.

12 **e) Gesellschafterinteressen.** Auf der einen Seite steht dabei das Vertrauen der dissentierenden Minderheit in die gesellschaftsvertragliche Regelung der Laufzeit, auf der anderen Seite stehen die Interessen der den Beschluss tragenden Gesellschafter an einer Fortsetzung des Gesellschaftszwecks. Hier kommt es auf die Besonderheiten des Einzelfalls an. Bieten sich etwa Geschäftschancen, die durch eine verhältnismäßig kurze Verlängerung der werbenden Tätigkeit realisiert werden können, ist die Fortsetzung für die Minderheit regelmäßig zumutbar. Anderes gilt bei signifikanter Verlängerung. Hier wird die Bindung des eingebrachten Kapitals über die erwartete Laufzeit hinaus deutlich verlängert. Die Minderheit muss sich jedoch auf ein Recht zum Austritt unter Abfindung verweisen lassen, da hierdurch gerade der Zustand der von ihr favorisierten Auflösung erzeugt wird.[15]

5. Laufzeitverkürzung

13 Bei einer Verkürzung der Laufzeit gilt anderes. Es greift der allgemeine Grundsatz, dass die Mehrheit die Desinvestitionsentscheidung frei treffen darf (dazu sogleich unter Rdn. 21). Auch ohne Laufzeitbestimmung muss die Minderheit beständig mit einem Auflösungsbeschluss der Mehrheit rechnen. Nur ein besonderes Vertrauen des Minderheitsgesellschafters auf eine längere Laufzeit der Gesellschaft, das etwa auf eine Absprache der Gesellschafter zurückzuführen sein kann, rechtfertigt höhere Anforderungen.

---

14 A.A. die herrschende Meinung, die dem qualifizierten Mehrheitserfordernis von ¾ eine Richtigkeitsgewähr entnehmen zu können glaubt, siehe *Haas*, in: Baumbach/Hueck, GmbHG, § 60 Rn. 15; *Kleindiek*, in: Lutter/Hommelhoff, GmbHG, § 60 Rn. 4; *K. Schmidt/Bitter*, in: Scholz, GmbHG, § 60 Rn. 10; *Casper*, in: Ulmer/Habersack/Winter, GmbHG, § 60 Rn. 27.

15 *Altmeppen*, in: Roth/Altmeppen, GmbHG, § 60 Rn. 12.

6. Veränderung der Unauflöslichkeit

14 **a) Satzungsänderung.** Nach diesen Grundsätzen richtet sich auch der Fall, dass durch Satzungsänderung die im Gesellschaftsvertrag vereinbarte Unauflöslichkeit der GmbH verändert werden soll.[16] Allerdings besteht bei einer gesellschaftsvertraglich vorgesehenen Unauflöslichkeit gerade kein Recht zur freien Desinvestition, da in diesem Fall das begründete Vertrauen der Minderheit entgegen steht. Auch dieses Vertrauen besteht zugleich nicht uneingeschränkt, sondern steht unter dem Vorbehalt, dass ein satzungsändernder Beschluss durch überwiegende Interessen der Mehrheit gerechtfertigt ist.

15 **b) Rechtfertigungskontrolle.** Besteht Grund zu der Annahme, dass eine weitere Zweckverfolgung durch die Gesellschaft nicht sinnvoll ist, setzen sich die Interessen der Mehrheit, ihr Kapital für rentablere Investitionen freizubekommen, durch. Dieses Interesse der Mehrheit kann auf unterschiedlichen Konstellationen beruhen. Der Gesellschaft kann das Kapital, Know-how oder Personal fehlen, um ein betriebenes Unternehmen konkurrenzfähig weiterzuführen. Allerdings darf die Minderheit darauf dringen, dass vorrangig Abhilfe durch weniger einschneidende und allen Gesellschaftern zumutbare Veränderungen geschaffen wird. So kommt bei Kapitalknappheit etwa eine Kapitalerhöhung in Betracht. Unter diesen Voraussetzungen bedarf es keines einstimmigen Beschlusses, vielmehr genügt die Mehrheit von ¾, wie sich schon aus § 53 Abs. 2, aber auch aus dem Rechtsgedanken des § 60 Abs. 1 Nr. 2 ergibt.[17]

II. Auflösung durch Beschluss der Gesellschafter (Nr. 2)

1. Bedeutung

16 Die Auflösung der Gesellschaft durch Gesellschafterbeschluss ist der praktisch häufigste Auflösungsgrund und zugleich ein (besonders) minderheitsrelevanter Vorgang. Der Beschluss ist, da es sich bei der Auflösung der Gesellschaft nicht um eine Satzungsänderung handelt, formlos möglich[18], bedarf also insbesondere nicht der notariellen Beurkundung und führt mit der wirksamen Beschlussfassung bzw. dem in dem Beschluss genannten Auflösungstermin unmittelbar zur Auflösung. Der Beschluss muss den Willen zur Auflösung erkennen lassen, den Begriff Auflösung jedoch nicht enthalten.[19]

---

16 Nach a.A. soll hierin keine Satzungsänderung zu sehen sein, *Haas*, in: Baumbach/Hueck, GmbHG, § 60 Rn. 18.

17 A.A. *Haas*, in: Baumbach/Hueck, GmbHG, § 60 Rn. 17 f.: einstimmiger Beschluss erforderlich.

18 BGH, NJW 1999, 1481, 1483; BayObLG, NJW-RR 1995, 1001, 1002; *K. Schmidt/Bitter*, in: Scholz, GmbHG, § 60 Rn. 15.

19 BGH, NJW 1999, 1481, 1483; BayObLG, NJW-RR 1995, 1001, 1002; *Kleindiek*, in: Lutter/Hommelhoff, GmbHG, § 60 Rn. 5; *Nerlich*, in: Michalski, GmbHG, § 60 Rn. 42; *Altmeppen*, in: Roth/Altmeppen, GmbHG, § 60 Rn. 19.

2. Bedingung und Befristung

17 Auch bedingte und befristete Beschlüsse sind möglich,[20] allerdings tritt zum Schutz des Rechtsverkehrs die Auflösung nur dann ein, wenn aus dem Beschluss – und sei es im Wege der Auslegung – zweifelsfrei hervorgeht, dass und zu welchem Zeitpunkt eine Auflösung der Gesellschaft gewollt ist.

3. Verlegung des Satzungssitzes

18 Ob ein Beschluss über die Verlegung des Satzungssitzes ins Ausland als Auflösungsbeschluss anzusehen ist, wird kontrovers diskutiert. Nach der Streichung des § 4a Abs. 2 durch das MoMiG können Satzungssitz und Verwaltungssitz der GmbH auseinanderfallen. Die Verlegung des Verwaltungssitzes in das Ausland ist nun jedenfalls zulässig, soweit es nicht um Zuzugsstaaten außerhalb der EU geht, die ihrerseits der Sitztheorie folgen. Ein entsprechender Beschluss ist daher nicht mehr gesetzeswidrig und kann schon aus diesem Grund nicht mehr als Auflösungsgrund angesehen werden.[21] Die Verlegung des Satzungssitzes ist nach umstrittener Ansicht hingegen weiterhin unzulässig.[22] Daher stellt sich für einen entsprechenden Beschluss weiterhin die Frage, ob er zur Auflösung der Gesellschaft führt. Sie ist zu verneinen. Sofern sich nicht etwas anderes durch Auslegung ergibt, kann nicht davon ausgegangen werden, dass sich die Gesellschafter der Unzulässigkeit ihres Sitzverlegungsbeschlusses bewusst waren und eine Auflösung der Gesellschaft mit späterer Neugründung im Ausland beschließen wollten. Daher ist im Zweifel von einer unzulässigen Satzungsänderung und daher einem nichtigen Beschluss auszugehen, der nicht zur Auflösung der Gesellschaft führt.[23]

4. Rechtsfolgen des Auflösungsbeschlusses

19 Der Auflösungsbeschluss führt die Auflösung der Gesellschaft herbei, womit diese von einer werdenden Gesellschaft zu einer Liquidationsgesellschaft wird. Die Eintragung der Auflösung ist nur deklaratorisch.[24] Eine Ausnahme gilt, wenn der Beschluss eine Satzungsänderung ist; dann wird die Auflösung erst mit deren Wirksamkeit, die

---

20 RGZ 145, 99, 101 ff.; *Kleindiek*, in: Lutter/Hommelhoff, GmbHG, § 60 Rn. 5; *Nerlich*, in: Michalski, GmbHG, § 60 Rn. 45; *Altmeppen*, in: Roth/Altmeppen, GmbHG, § 60 Rn. 13; *K. Schmidt/Bitter*, in: Scholz, GmbHG, § 60 Rn. 13.

21 *K. Schmidt/Bitter*, in: Scholz, GmbHG, § 60 Rn. 13a.

22 So die wohl h.M., siehe OLG München, NZG 2007, 915; *Emmerich*, in: Scholz, GmbHG, Nachtrag MoMiG § 4a Rn. 6.

23 Sehr str., wie hier *K. Schmidt/Bitter*, in: Scholz, GmbHG, § 60 Rn. 13a; nach wohl h.M. soll es sich um einen Auflösungsbeschluss handeln, OLG Hamm, ZIP 1997, 1696; BayObLGZ 1992, 113. Zum Meinungsstand siehe auch *Kleindiek*, in: Lutter/Hommelhoff, GmbHG, § 60 Rn. 5.

24 BGH, NJW 1999, 1481, 1483; *Kleindiek*, in: Lutter/Hommelhoff, GmbHG, § 60 Rn. 5; *Nerlich*, in: Michalski, GmbHG, § 60 Rn. 48; *K. Schmidt/Bitter*, in: Scholz, GmbHG, § 60 Rn. 15.

wiederum von deren Eintragung abhängig ist, wirksam (dazu auch § 65 Rdn. 2, 22).[25] Der Auflösungsbeschluss kann durch die Gesellschafter nicht aufgehoben, wohl aber die Fortsetzung der Gesellschaft beschlossen werden (dazu unten Rdn. 61).[26] Auch kann er im Wege der Anfechtung beseitigt werden.[27] Dabei handelt es sich um den praktisch relevantesten Unwirksamkeitsgrund. Er erlangt Relevanz, wenn der Auflösungsbeschluss gegen den Willen der Minderheit gefasst wird. Deren Mitgliedschaft verändert sich durch den Übergang von der werbenden Phase in das Auflösungsstadium gegen ihren Willen in ebenso gravierendem Maße wie bei Strukturänderungen.

5. Minderheitsschutz

20 **a) Mehrheitserfordernisse.** Der Schwerpunkt der rechtlichen Problematik bei Auflösungsbeschlüssen liegt auf den Aspekten des Minderheitsschutzes und den Mehrheitserfordernissen. Das Gesetz trägt diesem Umstand ansatzweise dadurch Rechnung, dass ein Auflösungsbeschluss von einer Dreiviertelmehrheit der abgegebenen Stimmen getragen werden muss. Diese Regelung ist dispositiv. Es können daher beliebige Mehrheitserfordernisse, auch geringere, vereinbart werden.[28] Schon daraus ergibt sich, dass durch § 60 Abs. 1 Nr. 2 ein effektiver Minderheitsschutz nicht erreicht wird. Hinzu kommt, dass gerade in den konfliktträchtigsten Gesellschaften, in denen hohe Mehrheiten durch einen dominierenden Gesellschafter(block) leicht zu erreichen sind, willkürliche Entscheidungen auch durch das Erfordernis einer Dreiviertelmehrheit nicht verhindert werden.

21 **b) Freie Desinvestitionsentscheidung.** Daher bedarf es anderer, wirksamerer Schutzmechanismen. Wirksamer ist, den Minderheitsschutz durch das Erfordernis einer inhaltlichen Rechtfertigungskontrolle zu garantieren. Eine solche wird von der Rechtsprechung und h.M. für Auflösungsbeschlüsse jedoch nicht nur im GmbH-, sondern auch im Aktienrecht für den Beschluss nach § 262 Nr. 2 AktG verneint. Die Desinvestitionsentscheidung soll vielmehr im freien Belieben der Gesellschaftermehrheit stehen und sich der Kontrolle anhand objektiver Kriterien entziehen. Die Formulierung hierzu lautet, ein Auflösungsbeschluss »trage seine Rechtfertigung in

25 *Nerlich*, in: Michalski, GmbHG, § 60 Rn. 49; *K. Schmidt/Bitter*, in: Scholz, GmbHG, § 60 Rn. 18.

26 *Nerlich*, in: Michalski, GmbHG, § 60 Rn. 50; *K. Schmidt/Bitter*, in: Scholz, GmbHG, § 60 Rn. 18.

27 BGH, NJW 1980, 1278 f.; *Nerlich*, in: Michalski, GmbHG, § 60 Rn. 51; *K. Schmidt/Bitter*, in: Scholz, GmbHG, § 60 Rn. 18.

28 *Haas*, in: Baumbach/Hueck, GmbHG, § 60 Rn. 17; *Kleindiek*, in: Lutter/Hommelhoff, GmbHG, § 60 Rn. 6; *Altmeppen*, in: Roth/Altmeppen, GmbHG, § 60 Rn. 13; *K. Schmidt/Bitter*, in: Scholz, GmbHG, § 60 Rn. 19.

sich«.[29] Diese Formulierung ist verfehlt. Es handelt sich um einen Beschluss, der rechtfertigungsfrei ist, also schon keiner Rechtfertigung bedarf. Einerseits scheidet eine Orientierung am Gesellschaftsinteresse notwendigerweise aus, da den Interessen der Gesellschaft nichts so sehr widerspricht wie ihr eigener Untergang. Andererseits muss den Gesellschaftern die Entscheidungsfreiheit darüber erhalten bleiben, der Gesellschaft das gewährte Kapital wieder zu entziehen. Soll die Entscheidung des Gesellschafters, seine Investition zu beenden, wirklich in seinem freien Belieben stehen, so kann er auch nicht zur Wahrung der Interessen der Mitgesellschafter verpflichtet und daher auch der Auflösungsbeschluss nicht von einer Interessenabwägung abhängig gemacht werden. Aus den §§ 60, 61 geht hervor, dass nur von der Minderheit, nicht jedoch der Mehrheit ein objektives Bedürfnis für die Auflösung dargetan werden muss. Aus der Gegenüberstellung von § 60 Abs. 1 Nr. 2 und § 61 Abs. 1, 2 ergibt sich, dass der Gesetzgeber den von einer qualifizierten Mehrheit getragenen Auflösungsbeschluss, anders als den auf Antrag der Minderheit, nicht von weiteren Voraussetzungen abhängig machen wollte.[30] Daher ist die Mehrheit frei darin, den Gesellschaftszweck und die mit der Mitgliedschaft verbundenen Rechte der Minderheit zu beseitigen.[31]

22 c) **Verfolgung sachfremder Zwecke.** Der Schutz der widersprechenden Mitgesellschafter ist durch die Prüfung zu gewährleisten, ob die Mehrheit tatsächlich zur Desinvestition entschlossen ist oder die Möglichkeit, einen rechtfertigungsfreien Auflösungsbeschluss zu fassen, zu sachfremden Zwecken ausnutzt.[32] Der BGH bewertet es als zur Anfechtung berechtigenden Sondervorteil im Sinne des § 243 Abs. 2 AktG und Verstoß gegen die Treuepflicht, wenn der Mehrheitsgesellschafter bereits vor dem Auflösungsbeschluss mit dem Vorstand über die Übernahme wesentlicher Vermögensteile der Gesellschaft verhandelt und Absprachen trifft und damit der Minderheit die Möglichkeit nimmt, sich um Teile des Gesellschaftsvermögens zu bemühen.[33] Auch verstößt der Mehrheitsgesellschafter gegen seine der Gesellschaft geschuldete Förderungs-

---

29 BGH, NJW 1980, 1278. Für die AG BGHZ 103, 184, 190 (Linotype); OLG Stuttgart, AG 1994, 411, 413 (»Moto Meter I«); für die übertragende Auflösung auch BVerfG, NJW 2001, 279, 281.

30 *K. Schmidt/Bitter*, in: Scholz, GmbHG, § 60 Rn. 17.

31 BGHZ 14, 26, 38; BGHZ 103, 184, 190 f. (Linotype); *Haas*, in: Baumbach/Hueck, GmbHG, § 60 Rn. 20; *Kleindiek*, in: Lutter/Hommelhoff, GmbHG, § 60 Rn. 6; *Nerlich*, in: Michalski, GmbHG, § 60 Rn. 46 f.; *Altmeppen*, in: Roth/Altmeppen, GmbHG, § 60 Rn. 20; *K. Schmidt/Bitter*, in: Scholz, GmbHG, § 60 Rn. 17. Zustimmend für die AG *Lutter*, ZGR 1981, 171, 178; *Mülbert*, Aktiengesellschaft, Unternehmensgruppe und Kapitalmarkt, 2. Aufl. 1996, S. 305; *Hüffer*, in: MünchKommAktG, § 243 Rn. 64; *Raiser/Veil*, Recht der Kapitalgesellschaften, 5. Aufl. 2010, § 12 Rn. 51; *Riesenhuber*, in: K. Schmidt/Lutter, AktG, § 262 Rn. 11; *Timm*, JZ 1980, 665, 667 f.

32 *Hirte*, ZInsO 2000, 127, 128. Das ist auch der Ansatz des BGH, der von einer Rechtsmissbrauchskontrolle im Einzelfall ausgeht, BGHZ 76, 352, 353; BGHZ 103, 184, 191 (Linotype).

33 BGHZ 103, 184, 193-195 (Linotype).

pflicht, sie als werbende Gesellschaft zu betrachten und ihr Unternehmen wirtschaftlich zu unterhalten und zu fördern, wenn er bereits vor Auflösung der Gesellschaft Maßnahmen trifft, um das von dieser betriebene Unternehmen nach Auflösung und Liquidation der Gesellschaft selbst weiterführen zu können.[34]

23 **d) Minderheitsausschluss.** Über diese Ansätze der Rechtsprechung hinaus müssen auch alle anderen Fälle erfasst werden, in denen keine Desinvestitionsentscheidung vorliegt. Soll der Gesellschaft das investierte Kapital zur Verfolgung des Gesellschaftszwecks mit den vorhandenen Betriebsmitteln nicht dauerhaft entzogen werden, sondern nur die Minderheit aus der Gesellschaft ausgeschlossen werden, müssen die dafür geltenden Grundsätze zur Anwendung kommen.[35] Ein Minderheitsausschluss ist in der GmbH und Unternehmergesellschaft (haftungsbeschränkt) nur aus wichtigem Grund oder evtl. unter anderen in der Satzung vorgesehenen Gründen zulässig. Daher müssen diese Anforderungen erfüllt sein, wenn es der Mehrheit nur darum geht, das Ergebnis eines Minderheitsausschlusses herbeizuführen.[36]

24 **e) Umwandlungskonstellationen.** Zur Begründung der Zulässigkeit einer Auflösung ohne Willen zur Desinvestition werden häufig die Möglichkeiten der Mehrheit angeführt, die Struktur der Gesellschaft im Wege der Umwandlung zu verändern. Doch dieser Vergleich geht fehl. Dient der Auflösungsbeschluss der Mehrheit dazu, die Gesellschaft zu liquidieren, das Betriebsvermögen zu erwerben und auf eine andere Gesellschaft zu übertragen, kann dasselbe Ergebnis nicht etwa durch eine Umwandlung erreicht werden. Die Umwandlung begründet ein Austrittsrecht der Minderheit, führt jedoch gerade nicht zu einem Ausschluss wider Willen. Hinzu kommen mögliche inhaltliche Anforderungen an den Umwandlungsbeschluss, die eine weitere Hürde errichten können.[37] Vielmehr gilt: Der Mehrheit steht es frei, den

---

34 BGHZ 76, 352, 355 f.

35 So inhaltlich *Haas*, in: Baumbach/Hueck, GmbHG, § 60 Rn. 20; *Hirte*, Bezugsrechtsausschluss und Konzernbildung, 1986, S. 151 f.; *Lutter*, ZGR 1981, 171, 177 f.; *K. Schmidt/Bitter*, in: Scholz, GmbHG, § 60 Rn. 17; *Timm*, JZ 1980, 665, 669 f.; a.A. BGHZ 103, 184, 191 f. (Linotype). Für Anwendung von Treuepflicht und Gleichbehandlungsgebot im Einzelfall *Kleindiek*, in: Lutter/Hommelhoff, GmbHG, § 60 Rn. 6. Ähnlich *Altmeppen*, in: Roth/Altmeppen, GmbHG, § 60 Rn. 20.

36 A.A. *Nerlich*, in: Michalski, GmbHG, § 60 Rn. 47; *K. Schmidt/Bitter*, in: Scholz, GmbHG, § 60 Rn. 17. Siehe auch *Hirte*, ZInsO 2000, 127, 128.

37 Das Erfordernis inhaltlicher Kriterien ist streitig, für inhaltliche Kriterien einerseits *Bayer*, ZIP 1997, 1613, 1624; *Feddersen/Kiem*, ZIP 1994, 1078, 1084; *K. Schmidt*, in: GroßkommAktG, Stand 1995, § 243 Rn. 46; *Hirte*, Bezugsrechtsausschluss und Konzernbildung, 1986, S. 148; *Hofmann*, Der Minderheitsschutz im Gesellschaftsrecht, 2011, S. 549 ff. Gegen inhaltliche Anforderungen *Becker*, AG 1988, 223, 227; *Zimmermann*, in: Kallmeyer, UmwG, 3. Aufl. 2006, § 13 Rn. 12; *Lutter/Drygala*, in: Lutter/Winter, UmwG, § 13 Rn. 31-37; *Happ/Göthel*, in: Lutter/Winter, UmwG, § 233 Rn. 52; *Meyer-Landrut/Kiem*, WM 1997, 1361, 1365; *Gehling*, in: Semler/Stengel, UmwG, § 13 Rn. 36; *Semler/Volhard*, Arbeitshandbuch der Vollversammlung, 2. Aufl. 2003, § 42 Rn. 17; *Timm*, ZGR 1987, 403, 420.

Weg über die Vorgaben des UmwG zu beschreiten. Dass es ihr darum geht, die Minderheit aus der Gesellschaft zu drängen, ist unschädlich, solange sie alle Anforderungen, die das UmwG an diesen Vorgang stellt, auch erfüllt.

25 f) **Beweislastverteilung.** Wendet sich die überstimmte Minderheit gegen den Auflösungsbeschluss, gelten für die Verteilung der Beweislast die allgemeinen Grundsätze. Nach der herrschenden Meinung, die Rechtsschutz über die Treuepflicht wegen Missbrauchs der Mehrheitsherrschaft gewährt, liegt die Beweislast für deren Voraussetzungen beim Minderheitsgesellschafter.[38] Das ist jedoch verkürzt: Die Minderheit muss zunächst darlegen und beweisen, dass die Desinvestition nur vorgeschoben ist und die Mehrheit tatsächlich andere Ziele verfolgt. Gelingt dies, kehrt sich die Darlegungs- und Beweislast um: Nunmehr muss die Gesellschaft darlegen und beweisen, dass die an den tatsächlich bezweckten Vorgang zu stellenden Anforderungen erfüllt wurden. Dies kann dazu führen, dass die inhaltliche Rechtfertigung des Beschlusses darzulegen und zu beweisen ist.[39]

III. Auflösung durch Urteil oder Verwaltungsakt (Nr. 3)

26 Zur Auflösung der GmbH führt es auch, wenn die Auflösung in einem gerichtlichen Urteil oder durch Verwaltungsakt angeordnet wird. Dies richtet sich nach §§ 61, 62 und wird dort erörtert.

IV. Eröffnung des Insolvenzverfahrens (Nr. 4)

1. Insolvenzeröffnung

27 § 60 Abs. 1 Nr. 4 ordnet an, dass die Gesellschaft mit der Eröffnung des Insolvenzverfahrens aufgelöst wird. Das Insolvenzverfahren wird nach § 13 Abs. 1 InsO auf Antrag der Gesellschaft oder ihrer Gläubiger eröffnet, wenn ein Eröffnungsgrund vorliegt (ausführlich zum Insolvenzverfahren Vor § 64 Rdn. 2 ff.). Die Eröffnung des Insolvenzverfahrens führt zwingend zur Auflösung der Gesellschaft ipso iure. Der Auflösungszeitpunkt ist nach § 27 Abs. 2 Nr. 3 InsO der im Eröffnungsbeschluss angegebene Zeitpunkt nach Tag und Stunde. Die Auflösung wird von Amts wegen in das Handelsregister eingetragen.[40] Die Gesellschaft wird mit Eröffnung des Insolvenzverfahrens zur Liquidationsgesellschaft. Ihr Zweck ist fortan darauf gerichtet, das Vermögen zu verteilen.[41]

---

38 *Nerlich*, in: Michalski, GmbHG, § 60 Rn. 47.

39 Zu den allgemeinen Kriterien bei der Anfechtung von Beschlüssen *Hüffer*, AktG, § 243 Rn. 59 ff.

40 *Nerlich*, in: Michalski, GmbHG, § 60 Rn. 143.

41 *Haas*, in: Baumbach/Hueck, GmbHG, § 60 Rn. 42; *Nerlich*, in: Michalski, GmbHG, § 60 Rn. 145.

2. Kompetenzen des Insolvenzverwalters

28 Gegenüber den sonstigen Auflösungsgründen besteht die Besonderheit, dass die Geschäftsführer ihre Organstellung behalten und nicht durch Liquidatoren ersetzt werden, vgl. § 66 Abs. 1.[42] Ihre Wahrnehmungszuständigkeit wird jedoch durch die Befugnisse des Insolvenzverwalters überlagert und überwiegend verdrängt, da das Vermögen der Gesellschaft zur Insolvenzmasse wird und die Verfügungsbefugnis über die Vermögensgegenstände der GmbH nach § 80 Abs. 1 InsO auf den Insolvenzverwalter übergeht (vgl. zur Möglichkeit der Freigabe von Gesellschaftsvermögen Vor zu §§ 60 ff. Rdn. 22).[43]

3. Vermögensverteilung an Gesellschafter

29 Bleibt nach Befriedigung der Insolvenzgläubiger Vermögen übrig, wird dieses an die Gesellschafter verteilt. Die Abwicklung soll nach mehrheitlich vertretener Literaturauffassung durch den Insolvenzverwalter, nicht durch Liquidatoren erfolgen (näher zu den Details und dem Streitstand Vor §§ 60 ff. Rdn. 21 ff. m.w.N).

4. Löschung bei Vermögenslosigkeit

30 Nach Durchführung des Insolvenzverfahrens ist die Gesellschaft nach § 394 Abs. 1 S. 2 FamFG vom Registergericht zu löschen, wenn sie vermögenslos ist. Um den Rechtsverkehr vor vermögenslosen Gesellschaften zu schützen, muss das Registergericht die Löschung verfügen, wenn die Voraussetzungen vorliegen, ein Ermessen steht ihm nicht zu (dazu auch noch zu Nr. 7 unter Rdn. 48).

31 **a) Voraussetzungen.** Dies setzt voraus, dass es an Vermögensgegenständen fehlt, die zugunsten der Gläubiger verwertet werden können.[44] Das kann selbst dann der Fall sein, wenn die GmbH über bilanzierungsfähige Aktiva verfügt,[45] sofern diese offensichtlich nicht realisierbar sind. Sind Forderungen hingegen realisierbar und ihre Realisierung auch beabsichtigt, schließt dies die Vermögenslosigkeit aus.[46] Daher kommt es für die Entscheidung des Registergerichts entscheidend darauf an, ob ein

---

42 *Haas*, in: Baumbach/Hueck, GmbHG, § 60 Rn. 43; *Nerlich*, in: Michalski, GmbHG, § 60 Rn. 146.

43 *Haas*, in: Baumbach/Hueck, GmbHG, § 60 Rn. 43 f.; *Nerlich*, in: Michalski, GmbHG, § 60 Rn. 146; *Passarge* in: Passarge/Torwegge, Die GmbH in der Liquidation, 2008, Rn. 257.

44 BAG, NZG 2002, 1175, 1176; BayObLG, GmbHR 1999, 414; KG, GmbHR 2007, 659; OLG Frankfurt, GmbHR 2006, 94; OLG Düsseldorf, GmbHR 2006, 819, 821. Zu einer detaillierten Auflistung als verwertbar anzusehender Vermögensgegenstände *Haas*, in: Baumbach/Hueck, GmbHG, Anh. § 77 Rn. 5 f.

45 Hierauf stellt KG, GmbHR 2007, 659 ab.

46 KG, GmbHR 2007, 659; OLG Hamm, GmbHR 1993, 295, 298; BayObLG, BB 1994, 1307.

Liquidationsverfahren sinnvoll erscheint.[47] Regelmäßig kann es davon ausgehen, dass nach Abschluss des Insolvenzverfahrens kein Vermögen mehr vorhanden ist. Daher ist es ausreichend, wenn es nur dann Ermittlungen aufnimmt, wenn Anhaltspunkte für den Bestand von Vermögen vorliegen.[48]

32 **b) Widerspruch.** Das Registergericht muss vor der Löschung nach § 394 Abs. 2 FamFG den gesetzlichen Vertretern der Gesellschaft seine Absicht, die Gesellschaft zu löschen, bekannt geben und eine Frist zum Widerspruch festlegen. Nach § 394 Abs. 4 FamFG in Verbindung mit § 393 Abs. 5 FamFG darf die Gesellschaft erst gelöscht werden, wenn innerhalb der gesetzten und angemessenen Frist kein Widerspruch erhoben oder dieser durch rechtskräftigen Beschluss im Sinne von § 393 Abs. 3 FamFG zurückgewiesen worden ist.

33 **c) Widerspruchbefugnis Dritter.** Problematisch ist die Widerspruchsbefugnis Dritter, die ein berechtigtes Interesse daran haben, dass die Gesellschaft nicht gelöscht wird. § 394 Abs. 2 FamFG (Formulierung: »in diesem Fall«) legt den Schluss nahe, dass diese Dritten nur dann Widerspruch erheben dürfen, wenn die Bekanntmachung und die Bestimmung der Frist in einem elektronischen Informations- und Kommunikationssystem im Sinne von § 394 Abs. 2 S. 2 1. Hs. FamFG erfolgen. Eine derartige Beschränkung lässt jedoch den Umstand außer Acht, dass durch die Löschung der Gesellschaft geschützte Interessen der Gesellschafter und Gläubiger beeinträchtigt werden – und dies unabhängig von der Art der Bekanntmachung nach Abschluss des Insolvenzverfahrens. Um diesen Interessen Rechnung zu tragen, muss jeder Gesellschafter und Gläubiger Widerspruch erheben dürfen, unabhängig von der Art der Bekanntmachung.[49] Das Registergericht sollte bei seiner Bekanntmachung gerade darauf achten, dass diese Interessengruppen erreicht werden und die Möglichkeit erhalten, Widerspruch zu erheben.

34 **d) Erlöschen und Fortbestand.** Ist die Gesellschaft tatsächlich vermögenslos, erlischt sie nach der Lehre vom Doppeltatbestand zugleich mit der Löschung im Handelsregister (vgl. dazu schon Vor §§ 60 ff. Rdn. 9). Ist hingegen Vermögen vorhanden, führt die Löschung nach der Lehre vom Doppeltatbestand nicht zur Beendigung. Vielmehr muss sie nach § 66 Abs. 5 liquidiert werden (Fall der Nachtragsliquidation). In diesem Fall bleibt die Parteifähigkeit der Gesellschaft erhalten (vgl. Vor §§ 60 ff. Rdn. 16).[50] Klagt die gelöschte Gesellschaft, muss sie die Tatsachen darlegen, aus denen sich der behauptete Anspruch und damit ihre Parteifähigkeit ergeben sol-

---

47 *Kleindiek*, in: Lutter/Hommelhoff, GmbHG, § 60 Rn. 16; *Altmeppen*, in: Roth/Altmeppen, GmbHG, § 75 Rn. 57.

48 *Haas*, in: Baumbach/Hueck, GmbHG, Anh. § 77 Rn. 13.

49 I.E. ebenso *Haas*, in: Baumbach/Hueck, GmbHG, Anh. § 77 Rn. 9. Wurde die Löschung von Amts wegen hingegen von der GmbH angeregt, ist diese bei Einstellung des Amtslöschungsverfahrens nicht beschwerdebefugt, OLG München, ZIP 2011, 2076 f.

50 BAG, NZG 2002, 1175; BGH, NJW-RR 1994, 542.

len. Diese werden für die Zulässigkeit zunächst unterstellt bis über die Begründetheit der Klage entschieden ist (doppelrelevante Tatsachen) (vgl. zur Parteifähigkeit auch § 74 Rdn. 27 ff.).[51] Auch bei anderen, nach Löschung erforderlichen Abwicklungsmaßnahmen, die nicht in einer Liquidation des Gesellschaftsvermögens bestehen, bleibt die Gesellschaft bis zu deren Abschluss nach § 273 Abs. 4 AktG analog bestehen und parteifähig.[52] Hierbei ist streitig, ob es der Bestellung von Nachtragsliquidatoren bedarf (dazu unter § 74 Rdn. 23).

V. Ablehnung der Eröffnung des Insolvenzverfahrens mangels Masse (Nr. 5)

1. Auflösung von Gesetzes wegen

35 § 60 Abs. 1 Nr. 5 dient dem Gläubigerschutz. Wird die Eröffnung des Insolvenzverfahrens wegen Masselosigkeit der Gesellschaft nach § 26 Abs. 1 S. 1 InsO abgelehnt, führt der Beschluss des Insolvenzgerichts mit seiner Rechtskraft ipso iure zur Auflösung der Gesellschaft. Hierdurch soll eine Gläubigergefährdung durch die masselose Gesellschaft für die Zukunft ausgeschlossen werden. Davon ist der Fall abzugrenzen, dass ein eröffnetes Insolvenzverfahren nach § 207 InsO eingestellt wird. Die Gesellschaft ist dann schon nach § 60 Abs. 1 Nr. 4 aufgelöst, und unter den dortigen Voraussetzungen können die Gesellschafter die Fortsetzung beschließen.[53]

2. Voraussetzungen

36 Die Eröffnung des Insolvenzverfahrens mangels Masse wird abgelehnt, wenn die Insolvenzmasse der Gesellschaft voraussichtlich nicht ausreichen wird, um die Kosten des Insolvenzverfahrens zu decken. Die Kosten des Insolvenzverfahrens ergeben sich aus § 54 InsO und umfassen die Gerichtskosten für das gesamte Verfahren sowie die Vergütungen und Auslagen für den vorläufigen Insolvenzverwalter, den Insolvenzverwalter und die Mitglieder des Gläubigerausschusses.

3. Rechtswirkungen

37 **a) Eintragung.** Mit Rechtskraft des abweisenden Beschlusses ist die Auflösung nach § 65 Abs. 1 S. 2, 3 von Amts wegen in das Handelsregister einzutragen. Die Eintragung hat – wie in den übrigen Fällen des § 60 – hinsichtlich der Auflösung nur deklaratorische Bedeutung.

38 **b) Abwicklung.** Die Abwicklung verläuft nach den allgemeinen Grundsätzen. Das (geringfügige) Vermögen der Gesellschaft wird zunächst liquidiert, darauf folgt ihre Löschung und damit Beendigung. Da sich die Liquidation nach Gesellschafts-, nicht nach Insolvenzrecht richtet, ist problematisch, ob der Grundsatz der Gleichbehand-

---

51 BAG, NZG 2002, 1175, 1176.

52 KG, BB 2001, 324, 326 (fortbestehender Anspruch auf Arbeitszeugnis); *Haas*, in: Baumbach/Hueck, GmbHG, Anh. § 77 Rn. 18.

53 *Nerlich*, in: Michalski, GmbHG, § 60 Rn. 241.

lung der Gläubiger gilt.[54] Dafür spricht der Gedanke der Verteilungsgerechtigkeit, der auch außerhalb des Insolvenzverfahrens zur Geltung kommen sollte (näher unter § 70 Rdn. 14–16).[55] Sofern die Gesellschaft vermögenslos ist, fallen Auflösung und Beendigung zusammen, und sie wird nach § 394 Abs. 1 S. 1 FamFG (vormals § 141a FGG) gelöscht.

39 c) **Rechts- und Parteifähigkeit.** Die Rechts- und Parteifähigkeit der Gesellschaft bleibt bestehen.[56] Die GmbH besitzt jedoch nur noch ein eingeschränktes Eigeninteresse daran, als Prozessstandschafterin tätig zu werden. Klagt sie fremde Forderungen für die Gläubiger ein, besteht die Gefahr für die Anspruchsgegner, dass diese mit ihren gegen die Gesellschaft gerichteten Ansprüchen ausfallen (insbesondere bei erfolgloser Klageerhebung). Eine Prozessstandschaft ist daher nur zulässig, wenn sichergestellt ist, dass die Beklagten nicht unbillig benachteiligt werden.[57] Davon ist insbesondere auszugehen, wenn die Gesellschaft Ansprüche geltend macht, die ihr zunächst zustanden, die sie jedoch abgetreten hat, und sich die Vermögenslage der Gesellschaft zwischen Entstehung und Geltendmachung des Anspruchs nicht wesentlich verschlechtert hat, da sich dann für den Schuldner nur ein bewusst eingegangenes Risiko verwirklicht.[58]

40 d) **Liquidatoren.** An die Stelle der Geschäftsführer treten nach den allgemeinen Regeln die Liquidatoren, die im Regelfall mit den vorherigen Geschäftsführern identisch sind, vgl. § 66 Abs. 1. Diese Personenidentität kann stets zu Interessenkonflikten führen, wird jedoch bei § 60 Abs. 1 Nr. 5 als besonderer Missstand empfunden: Im Vermögen der GmbH können trotz der Masselosigkeit der Gesellschaft noch erhebliche Vermögenswerte, insbesondere Haftungsansprüche gegen Organmitglieder, vorhanden sein. Während bei Bestellung eines Insolvenzverwalters gewährleistet erscheint, dass diese Ansprüche auch geltend gemacht werden, bestehen bei ehemaligen Geschäftsführern, die nunmehr als Liquidatoren gegen sich selbst vorgehen müssten, berechtigte Zweifel.[59] De lege lata verbleibt es dennoch bei den allgemeinen Regeln, wonach die Liquidatoren das Vermögen liquidieren und diese Funktion auch von ehemaligen Geschäftsführern wahrgenommen werden kann.[60]

---

54 H.M., vgl. *Haas*, in: Baumbach/Hueck, GmbHG, § 60 Rn. 67; *Nerlich*, in: Michalski, GmbHG, § 60 Rn. 248 f.; *K. Schmidt/Bitter*, in: Scholz, GmbHG, § 60 Rn. 28.

55 Siehe auch *K. Schmidt/Bitter*, in: Scholz, GmbHG, § 60 Rn. 28.

56 BGH, NZG 2003, 813; BAG, NZG 2002, 1175; *K. Schmidt/Bitter*, in: Scholz, GmbHG, § 60 Rn. 26 m.w.N.

57 BGH, NZG 2003, 813, 814; BGH, NJW 1989, 1932, 1933.

58 BGH, NZG 2003, 813, 814.

59 *Haas*, in: Baumbach/Hueck, GmbHG, § 60 Rn. 63 m.w.N.

60 *K. Schmidt/Bitter*, in: Scholz, GmbHG, § 66 Rn. 1.

4. Rechtsbehelfe

41 Gegen den Beschluss des Insolvenzgerichts, mit dem die Eröffnung des Insolvenzverfahrens abgelehnt wird, kann die Gesellschaft oder ein sonstiger Antragsteller nach § 34 Abs. 1 InsO Sofortige Beschwerde einlegen. Die Frist beträgt nach §§ 4 InsO, 569 Abs. 1 ZPO zwei Wochen und beginnt nach § 6 Abs. 2 S. 1 InsO mit Verkündung der Entscheidung oder ihrer Zustellung. Gegen die Entscheidung des Beschwerdegerichts findet nach § 7 InsO die Rechtsbeschwerde zum BGH statt.[61]

VI. Registergerichtliche Auflösungsverfügung wegen Satzungsmängeln (Nr. 6)

1. Voraussetzungen

42 Nach § 60 Abs. 1 Nr. 6 folgt die Auflösung aus einer rechtskräftigen Verfügung des Registergerichts, mit der dieses einen Mangel des Gesellschaftsvertrages feststellt. Mängel der Satzung bestehen darin, dass eine nach § 3 Abs. 1 Nr. 1 oder § 3 Abs. 1 Nr. 4 erforderliche Bestimmungen fehlt oder eine dieser Bestimmungen oder die Bestimmungen nach § 3 Abs. 1 Nr. 3 nichtig sind. Das ist der Fall, wenn die Bestimmungen des Gesellschaftsvertrages über die Firma und den Sitz der Gesellschaft sowie die Zahl und die Nennbeträge der Geschäftsanteile, die jeder Gesellschafter gegen Einlage auf das Stammkapital (Stammeinlage) übernimmt, fehlen oder nichtig sind. Im Einzelnen gilt: Die Firma muss den Vorschriften der §§ 4 GmbHG, 18 Abs. 2 HGB entsprechen.[62] Die Bestimmung über den Satzungssitz muss § 4a genügen und daher innerhalb des Bundesgebiets liegen. Die Vorgaben über das Stammkapital müssen in Euro lauten und bei der GmbH einen Betrag von mindestens EUR 25.000 ausweisen. Außerdem darf das Kapital nicht von Geschäftsunfähigen oder Minderjährigen ohne Zustimmung des gesetzlichen Vertreters übernommen sein.

2. Gebundene Entscheidung

43 Das Registergericht wird nach § 399 Abs. 4 i.V.m. Abs. 1, 2 FamFG (vormals § 144a Abs. 4 FGG) tätig.[63] Die Vorschrift bestimmt, dass es bei Mängeln der Satzung zur Auflösung der Gesellschaft kommen *kann*. Obgleich der Wortlaut der Norm eine Ermessensentscheidung des Gerichts nahelegt, liegt doch eine gebundene Entscheidung vor. Aus Gründen der Rechtssicherheit muss das Registergericht das Verfahren

61 *K. Schmidt/Bitter*, in: Scholz, GmbHG, § 60 Rn. 25.

62 Zum Streit darüber, ob nur Verstöße gegen die Vorgaben in § 4 über die Firmenbestimmung in der Satzung oder jeder Verstoß gegen das Firmenrecht hierunter fällt, siehe *Altmeppen*, in: Roth/Altmeppen, GmbHG, § 4 Rn. 59; *K. Schmidt/Bitter*, in: Scholz, GmbHG, § 60 Rn. 38.

63 *K. Schmidt/Bitter*, in: Scholz, GmbHG, § 60 Rn. 34-37.

einleiten, wenn die Voraussetzungen vorliegen.[64] Es wird dabei von Amts wegen tätig.[65] Zuständig ist das Registergericht am Sitz der Gesellschaft.[66]

3. Verfahren und Rechtsfolge

44 Das Registergericht fordert die Gesellschaft zunächst auf, innerhalb einer gesetzten Frist den Mangel der Satzung zu beheben, indem die Eintragung in das Handelsregister angemeldet wird, oder die Unterlassung durch Widerspruch gegen die Aufforderung zu rechtfertigen. Zugleich hat es nach § 399 Abs. 1 FamFG in Verbindung mit § 399 Abs. 4 FamFG darauf hinzuweisen, dass anderenfalls ein nicht behobener Mangel im Sinne des § 399 Abs. 2 FamFG festzustellen ist und die Gesellschaft nach § 60 Abs. 1 Nr. 6 aufgelöst wird. Kommt die Gesellschaft der Aufforderung zur Behebung des Mangels nicht nach oder wird die Rechtfertigung in Form eines Widerspruchs zurückgewiesen, ergeht eine Auflösungsverfügung. Mit deren Rechtskraft ist die Gesellschaft aufgelöst,[67] wie sich aus §§ 40, 41, 45 FamFG ergibt.

4. Rechtsbehelfe

45 Als Rechtsbehelfe gegen die Auflösungsverfügung stehen nach § 399 Abs. 3 FamFG die Beschwerde nach §§ 58 ff. FamFG und, sofern vom Beschwerdegericht oder Oberlandesgericht nach § 70 Abs. 1 FamFG zugelassen, die Rechtsbeschwerde nach §§ 70 ff. FamFG (vormals §§ 19, 27 FGG) zur Verfügung.[68] Sowohl die Gesellschaft als auch die Gesellschafter sind dabei beschwerdebefugt.[69] Die Mängel des Gesellschaftsvertrages können noch während des Beschwerdeverfahrens behoben werden.[70]

VII. Registergerichtliche Löschungsverfügung wegen Vermögenslosigkeit (Nr. 7)

1. Unsystematische Verortung

46 Der Auflösungsgrund in § 60 Abs. 1 Nr. 7 knüpft nach seinem Wortlaut die Auflösung an die Vermögenslosigkeit der Gesellschaft. Tatsächlich geht es jedoch nicht um die Auflösung und anschließende Liquidation der Gesellschaft. Da die Gesellschaft vermögenslos und vom Registergericht gelöscht worden ist, handelt es sich vielmehr um ihre Beendigung. Die Regelung passt daher nicht in die Systematik des § 60 und auch nicht zu der Zuständigkeitsordnung der übrigen Auflösungs- und Liquidations-

---

64 *Nerlich*, in: Michalski, GmbHG, § 60 Rn. 274.

65 *Nerlich*, in: Michalski, GmbHG, § 60 Rn. 273.

66 *Kleindiek*, in: Lutter/Hommelhoff, GmbHG, § 60 Rn. 13; *Nerlich*, in: Michalski, GmbHG, § 60 Rn. 273.

67 *Nerlich*, in: Michalski, GmbHG, § 60 Rn. 277.

68 *Kleindiek*, in: Lutter/Hommelhoff, GmbHG, § 60 Rn. 13.

69 OLG München, GmbHR 2006, 91, 92 f.; OLG Düsseldorf, GmbHR 2006, 819, 820 (für Gesellschaft); *Kleindiek*, in: Lutter/Hommelhoff, GmbHG, § 60 Rn. 13; *Nerlich*, in: Michalski, GmbHG, § 60 Rn. 276. Siehe auch KG GmbHR 2004, 1286 zum Fortbestand der bisherigen Vertretungsverhältnisse.

70 BayObLG, GmbHR 2001, 347; *Kleindiek*, in: Lutter/Hommelhoff, GmbHG, § 60 Rn. 13.

vorschriften, wonach die Liquidatoren die Löschung der Gesellschaft betreiben.[71] In den Fällen des § 394 Abs. 1 S. 2 FamFG wäre es außerdem stimmiger, wenn der Insolvenzverwalter nach Beendigung des Insolvenzverfahrens die Gesellschaft zur Löschung im Handelsregister anmelden würde.[72] Das würde dem Gedanken des § 199 S. 2 InsO entsprechen.

2. Voraussetzungen von § 394 Abs. 1 FamFG

47 Die Beendigung der Gesellschaft tritt nicht ipso iure mit ihrer Vermögenslosigkeit ein, sondern setzt ein Handeln des Registergerichts voraus. Das Verfahren richtet sich nach § 394 Abs. 1 FamFG. Nach S. 1 kann eine GmbH, die kein Vermögen besitzt, von Amts wegen oder auf Antrag der Finanzbehörde oder der berufsständischen Organe gelöscht werden und ist nach S. 2 von Amts wegen zu löschen, wenn das Insolvenzverfahren über das Vermögen der Gesellschaft durchgeführt worden ist und keine Anhaltspunkte dafür vorliegen, dass die Gesellschaft noch Vermögen besitzt (zur Löschung nach Beendigung des Insolvenzverfahrens schon unter Rdn. 30–34). § 394 FamFG entspricht im Wesentlichen § 141a FGG a.F.

3. Gebundene Entscheidung des Registergerichts

48 Der Zweck des § 60 Abs. 1 Nr. 7 besteht im Schutz des Rechtsverkehrs und damit der Gläubiger vor vermögenslosen Gesellschaften. Das beantwortet die streitige Frage, ob die Verfahrenseinleitung im Ermessen des Gerichts steht, und zwar abschlägig, da ansonsten ein effektiver Gläubigerschutz nicht gewährleistet wäre.[73] Das Registergericht wird nach § 26 FamFG (vormals § 12 FGG) von Amts wegen tätig. Ein Antrag an das Gericht ist daher nur als Anregung, nicht als Voraussetzung zu verstehen. Im Interesse eines wirksamen Gläubigerschutzes muss das Registergericht konkreten Hinweisen auf die Vermögenslosigkeit nachgehen.[74]

4. Vermögenslosigkeit

49 Die Gesellschaft ist vermögenslos, wenn sie über keine wesentlichen Vermögenswerte verfügt, die zur Gläubigerbefriedigung oder Verteilung an die Gesellschafter geeignet sind.[75] Dabei kommt es auf die im Jahresabschluss anzusetzenden und bewertbaren Vermögensgegenstände an, während nicht-bilanzierungsfähiges Vermögen außer Betracht bleiben muss.[76] Die Masselosigkeit i.S.v. § 60 Abs. 1 Nr. 5 reicht nicht

---

71 *K. Schmidt/Bitter*, in: Scholz, GmbHG, § 60 Rn. 47.

72 *Nerlich*, in: Michalski, GmbHG, § 60 Rn. 281.

73 *Nerlich*, in: Michalski, GmbHG, § 60 Rn. 298; *K. Schmidt/Bitter*, in: Scholz, GmbHG, § 60 Rn. 55.

74 *Haas*, in: Baumbach/Hueck, GmbHG, Anh. § 77 Rn. 8; *Nerlich*, in: Michalski, GmbHG, § 60 Rn. 294; *K. Schmidt/Bitter*, in: Scholz, GmbHG, § 60 Rn. 59.

75 BayObLG, BB 1984, 315 f.; *Nerlich*, in: Michalski, GmbHG, § 60 Rn. 283; *K. Schmidt/Bitter*, in: Scholz, GmbHG, § 60 Rn. 49.

76 *Nerlich*, in: Michalski, GmbHG, § 60 Rn. 284.

unweigerlich aus, um Vermögenslosigkeit anzunehmen, da auch eine Gesellschaft, die die Kosten des Insolvenzverfahrens nicht aufbringen kann, durchaus noch über Vermögenswerte i.S.v. § 60 Abs. 1 Nr. 7 verfügen kann.[77] Die Anforderungen sind am Normzweck auszurichten. Nur sofern der Gläubigerschutz es auch vor dem Hintergrund des gravierenden Eingriffs in die Rechtsstellung der Gesellschafter, den eine Löschung bedeutet, gebietet, ist die Gesellschaft zu löschen.[78] Steht in naher Zukunft ein Zufluss bevor, schließt dies die Vermögenslosigkeit aus, insbesondere wenn sich die Gesellschafter bereitfinden, die Gesellschaft mit Vermögen auszustatten.[79]

5. Rechtsbehelfe

50 **a) Vor Löschung.** Das Registergericht gibt dem Geschäftsführer seine Absicht, die Gesellschaft zu löschen, bekannt. Gegen diese Bekanntmachung kann die Gesellschaft, daneben aber auch jeder Dritte, der ein berechtigtes Interesse daran hat, dass die Löschung unterbleibt, Widerspruch einlegen und geltend machen, dass die Gesellschaft nicht vermögenslos ist. Wegen des mit der Löschung verbundenen Eingriffs in die Mitgliedschaft sind dies jedenfalls die Gesellschafter, daneben aber auch die Gläubiger, die durch die Löschung mit ihren Forderungen auszufallen drohen.[80] Neben dem schon zu § 60 Nr. 4 Gesagten (Rdn. 33) gilt, dass das Gericht eine angemessene Widerspruchsfrist bestimmen muss, um diesen Interessenträgern Gehör zu verleihen. Hier entfaltet die Monatsfrist in Verwaltungsverfahren insoweit Leitbildfunktion, als sie jedenfalls nicht unterschritten werden darf.[81] Kommt es zu keinem Widerspruch oder wird ein solcher rechtskräftig nach §§ 394 Abs. 3, 393 Abs. 3, 4 FamFG (§§ 141a Abs. 2 S. 3, 141 Abs. 3, 4 FGG a.F.) zurückgewiesen, muss das Registergericht die Löschung der Gesellschaft verfügen. Wiederum im Interesse eines effektiven Gläubigerschutzes besteht kein Ermessensspielraum.

51 **b) Nach Löschung.** Gegen die Löschung sind nach § 383 Abs. 3 FamFG keine Rechtsmittel möglich. Die gelöschte Gesellschaft bleibt gelöscht, sofern nicht ausnahmsweise das Registergericht seine Löschungsverfügung nach § 395 FamFG von Amts wegen revidiert. Voraussetzung dafür ist, dass die Löschung auf einem wesentlichen Verfahrensmangel beruht. Ein solcher liegt z.B. vor, wenn den Betroffenen nicht ausreichend Gelegenheit zum Widerspruch gegeben wurde, weil sie von der Bekanntmachung des Registergerichts nicht Kenntnis nehmen konnten oder die Widerspruchsfrist zu kurz bemessen war, oder wenn die Rechtsmittel noch nicht aus-

77 *Nerlich*, in: Michalski, GmbHG, § 60 Rn. 283.

78 Ähnlich *Haas*, in: Baumbach/Hueck, GmbHG, Anh. § 77 Rn. 10; *Nerlich*, in: Michalski, GmbHG, § 60 Rn. 284.

79 *Haas*, in: Baumbach/Hueck, GmbHG, Anh. § 77 Rn. 10.

80 *Haas*, in: Baumbach/Hueck, GmbHG, Anh. § 77 Rn. 9.

81 I.E. *Haas*, in: Baumbach/Hueck, GmbHG, Anh. § 77 Rn. 9; *Nerlich*, in: Michalski, GmbHG, § 60 Rn. 308.

geschöpft waren und daher keine Rechtskraft eintreten konnte.[82] Fehlte es an der vom Registergericht angenommenen Vermögenslosigkeit, liegt hingegen kein schwerer Verfahrensfehler vor.[83] Vielmehr ist die Gesellschaft nach der herrschenden Lehre vom Doppeltatbestand (dazu Vor §§ 60 ff. Rdn. 9) nicht erloschen und muss deshalb abgewickelt werden. Hierfür gelten die Grundsätze des § 66 (vgl. dort).

6. Abgrenzung zur Nichtgesellschaft

52 Wird das Registergericht tätig, um eine Nichtgesellschaft zu löschen, fällt dies weder unter § 60 Abs. 1 Nr. 7 noch überhaupt unter § 60. Da eine Nichtgesellschaft nie zur Entstehung gelangt ist, kann sie auch nicht aufgelöst werden. Das Registergericht kann die GmbH nach § 397 FamFG löschen, wenn unter den Voraussetzungen der §§ 75, 76 Nichtigkeitsklage gegen sie erhoben werden könnte. Außerdem kann es sie nach § 395 FamFG von Amts wegen oder auf Antrag der berufsständischen Organe löschen, wenn die Eintragung im Register unzulässig ist, weil wesentliche Voraussetzungen für die Eintragung nicht erfüllt sind.

VIII. Weitere Auflösungsgründe

53 Neben den in § 60 genannten Auflösungsgründen existieren weitere, außerhalb des GmbHG geregelte Auflösungstatbestände. Zu nennen sind die Abwicklungsverfügungen der Bundesanstalt für Finanzdienstleistungsaufsicht nach § 38 Abs. 1 KWG, wenn die Betriebserlaubnis zurückgenommen wurde, und die mit einem Verbot nach §§ 3, 17 VereinsG verbundene Auflösung der Gesellschaft, wenn ihr Zweck oder ihre Tätigkeit den in § 17 Nr. 2 VereinsG genannten Strafgesetzen zuwiderläuft oder sie sich gegen die verfassungsmäßige Ordnung oder den Gedanken der Völkerverständigung richtet.

C. Gesellschaftsvertraglich vereinbarte Auflösungsgründe

I. Satzungsautonomie

54 § 60 Abs. 2 erweitert die Auflösungsgründe um die Festsetzungen im Gesellschaftsvertrag. Die Bestimmung ist Ausdruck der Satzungsautonomie. Die Gesellschafter sind grundsätzlich frei darin, über die gesetzlich angeordneten Auflösungsgründe hinauszugehen und im Gesellschaftsvertrag weitere Auflösungsgründe vorzusehen, nicht aber darin, gesetzliche Auflösungsgründe zu beseitigen.[84]

---

82 Ausführlich zu den Löschungsgründen *K. Schmidt/Bitter*, in: Scholz, GmbHG, § 60 Rn. 63.

83 KG, GmbHR 2004, 1286, 1287; OLG München, GmbHR 2006, 91, 93; OLG Hamm, DB 2001, 2087, 2088; OLG Frankfurt, GmbHR 1993, 298; *K. Schmidt/Bitter*, in: Scholz, GmbHG, § 60 Rn. 63.

84 *Nerlich*, in: Michalski, GmbHG, § 60 Rn. 315.

II. Bestimmtheit

55 Für die in der Satzung vorgesehenen Auflösungsgründe gilt ein strenges Bestimmtheitsgebot, da Zweifel über die Auflösung der Gesellschaft mit dem Gläubigerschutz unvereinbar sind. Zu unbestimmt und daher unwirksam sind Satzungsbestimmungen, die eine automatische Auflösung an das Vorliegen eines wichtigen Grundes oder die Unmöglichkeit der Zweckerreichung knüpfen.[85] Im Übrigen gelten die allgemeinen Grundsätze zu Satzungsbestimmungen. Insbesondere finden die Grenzen der Satzungsautonomie aus Gründen des individuellen Gesellschafterschutzes bei Verstößen gegen die guten Sitten nach § 138 BGB Anwendung.

III. Kündigungsklauseln

1. Willensakt der Gesellschafter

56 Von Auflösungsgründen sind Kündigungsklauseln zu unterscheiden, die nicht zu einer unwillkürlichen Auflösung führen, sondern einen Willensakt der Gesellschafter voraussetzen. Durch solche Klauseln können alle oder einzelne Gesellschafter zur Kündigung ermächtigt werden. Außerdem kann das Kündigungsrecht jedem Gesellschafter zur alleinigen Ausübung oder nur mehreren oder allen hierzu berechtigten Gesellschaftern gemeinsam zustehen. Läuft dies darauf hinaus, dass die Gesellschaftermehrheit kündigen muss, handelt es sich um einen (lediglich als Kündigung benannten) Fall des § 60 Abs. 1 Nr. 2, der den hierfür geltenden Regeln unterliegt.

2. Kündigung und ordentliches Austrittsrecht

57 **a) Abgrenzungskriterien.** Die Wahrnehmung solcher Kündigungsklauseln führt zur Auflösung der Gesellschaft, wenn diese Rechtsfolge (durch Auslegung) erkennbar den Gegenstand der Satzungsbestimmung darstellt. Nur wenn Anhaltspunkte vorliegen, dass es sich um ein ordentliches Austrittsrecht handeln soll, führt die Kündigung lediglich zum Ausscheiden des oder der kündigenden Gesellschafter.[86] Dem GmbH-Recht ist ein ordentliches Austrittsrecht anders als dem Personengesellschaftsrecht aus Gründen der Kapitalerhaltung und der dahinter stehenden Gläubigerinteressen fremd. Aus §§ 60, 61 geht hervor, dass Desinvestitionsentscheidungen nicht zum Ausscheiden der Gesellschafter und Fortbestand der Gesellschaft, sondern zu deren Auflösung führen. Die Konzeption des GmbH-Rechts ist darauf ausgelegt, dass der einzelne Gesellschafter ohne Kapitalentzug ausscheidet, indem er seine

---

85 *Haas*, in: Baumbach/Hueck, GmbHG, § 60 Rn. 89; *Kleindiek*, in: Lutter/Hommelhoff, GmbHG, § 60 Rn. 26; *Nerlich*, in: Michalski, GmbHG, § 60 Rn. 315.

86 Sehr str., siehe die Darstellung des Meinungsbilds bei *Nerlich*, in: Michalski, GmbHG, § 60 Rn. 320-329; *K. Schmidt/Bitter*, in: Scholz, GmbHG, § 60 Rn. 77. Ähnlich wie hier *Haas*, in: Baumbach/Hueck, GmbHG, § 60 Rn. 81; *K. Schmidt/Bitter*, in: Scholz, GmbHG, § 60 Rn. 77; a.A. etwa OLG Düsseldorf, GmbHR 2004, 356; *Kleindiek*, in: Lutter/Hommelhoff, GmbHG, § 60 Rn. 27: im Zweifel Ausscheiden des Gesellschafters. Wohl auch *Altmeppen*, in: Roth/Altmeppen, GmbHG, § 60 Rn. 34.

Beteiligung überträgt. Um Härten zu vermeiden, ist außerdem das Recht zum Austritt aus wichtigem Grund anerkannt. Dies schließt nicht aus, ein ordentliches Austrittsrecht durch Satzungsbestimmung zu schaffen, setzt jedoch voraus, dass ein derartiger Wille der Gesellschafter deutlich hervorgeht.

b) **Wirkung im Einzelfall.** Daher ist zu unterscheiden: Die Ausübung eines sich aus einer Kündigungsklausel ergebenden Kündigungsrechts führt regelmäßig nicht zum Ausscheiden des Gesellschafters. Die damit verbundenen gravierenden Auswirkungen für die Mitgesellschafter, deren Beteiligung an der GmbH gegen ihren Willen endet, sind hinzunehmen, wenn die Kündigungsklausel von Anfang an in der Satzung enthalten war. In diesem Fall wird der erweiterte Katalog der Auflösungsgründe zum Bestandteil der Mitgliedschaft. Die Gesellschafter schließen sich der Gesellschaft in Kenntnis der Details der Beteiligung an, weshalb sie nur bedingt schutzwürdig sind. Nur im Ausnahmefall wird sich der kündigende Gesellschafter auf seine Treuepflicht verweisen lassen müssen, wenn die Kündigung für die übrigen Gesellschafter zur Unzeit erfolgt und dem Kündigenden kein bedeutender Nachteil daraus erwächst, dass die Auflösung hinausgeschoben wird. **58**

c) **Verzicht bei Abfindung.** Auf sein Recht zur Kündigung muss ein zur Kündigung berechtigter Gesellschafter verzichten, wenn ihm ein Ausscheiden zum Verkehrswert (zur Berechnung § 61 Rdn. 7) seiner Beteiligung angeboten wird. Dies kann entweder durch Übernahme seines Anteils durch einen anderen Gesellschafter oder durch Einziehung seines Anteils durch einstimmigen Beschluss der übrigen Gesellschafter erfolgen, um den gravierenden Auswirkungen auf die Vermögenslage der Gesellschaft und mittelbar auf das Vermögen der verbleibenden Gesellschafter Rechnung zu tragen. Hierdurch wird sowohl dem Schutz des Kündigenden, der sich nicht auf einen Abfindungsstreit einlassen muss, als auch der Mitgesellschafter, die einen Kapitalentzug nicht zu dulden brauchen, Rechnung getragen. **59**

3. Nachträgliche Regelung durch Satzungsänderung

Ganz anders ist demgegenüber die Situation, wenn die Auflösungsgründe erst später in die Satzung aufgenommen werden und nicht sämtliche Gesellschafter zustimmen. Durch diese Satzungsänderung wird die Rechtsstellung der widersprechenden Gesellschafter gegen ihren Willen verändert. Eine Rechtfertigung dieser Beeinträchtigung durch die Gesellschaftsinteressen, die ansonsten regelmäßig den Bezugspunkt einer Inhaltskontrolle von Beschlüssen darstellen,[87] scheidet aus, da die Gesellschaft kein Interesse an ihrer Auflösung besitzen kann. Da auch die Notwendigkeit der Beschlusstragung durch eine qualifizierte Mehrheit von ¾ der abgegebenen Stimmen nach § 53 Abs. 2 keine Richtigkeitsgewähr in sich trägt, kommt es darauf an, ob Gründe der beschlusstragenden Mehrheit für die Einführung des Kündigungsrechts **60**

87 Dazu grundlegend *Hofmann*, Der Minderheitsschutz im Gesellschaftsrecht, 2011, S. 183-185.

bestehen und sich bei einer Abwägung gegen die Interessen der widersprechenden Minderheit an einer unveränderten Beibehaltung ihrer mitgliedschaftlichen Rechtsstellung durchzusetzen vermögen.

D. Fortsetzung der aufgelösten Gesellschaft

I. Allgemeine Voraussetzungen

1. Beschluss über Wiedereinritt in werbende Phase

61 Die Gesellschafter können im Liquidationsstadium beschließen, die Gesellschaft fortzusetzen und damit in das werbende Stadium zurückzukehren. Die Fortsetzung wird in das Handelsregister eingetragen, wobei es sich wiederum nur um eine deklaratorische Eintragung handelt.[88] Ein solcher Wiedereintritt setzt einen Gesellschafterbeschluss und die Beseitigung des Auflösungsgrundes voraus.[89]

2. Vermögenslage

62 Die Fortsetzung ist ausgeschlossen, wenn die Vermögenslage der Gesellschaft den Auflösungsgrund darstellt. Daher muss in den Fällen der § 60 Nr. 4, 5 und 7 zunächst das Vermögen der Gesellschaft aufgestockt werden, um einen Fortsetzungsbeschluss fassen zu können (dazu Rdn. 69 ff.). Auch in den übrigen Fällen scheidet eine Fortsetzung aus, wenn aufgrund der Vermögenslage Insolvenzantrag nach § 15a InsO gestellt werden muss.[90] Hingegen brauchen die Anforderungen an das Aktivvermögen im Errichtungsstadium nicht erreicht zu werden. Da es sich nur um die Fortsetzung der früheren Gesellschaft handelt, ist es aus Gründen des Gläubigerschutzes nicht geboten, das Aktivvermögen auf die Höhe des satzungsmäßigen Stammkapitals aufzustocken. Es kann daher bei der GmbH unter EUR 25.000 liegen.[91]

3. Nach Beginn der Vermögensverteilung

63 Streitig sind die zeitlichen Grenzen für einen Fortsetzungsbeschluss. Nach herrschender Meinung soll auch bei der GmbH ebenso wie nach § 274 Abs. 1 S. 1 AktG bei der Aktiengesellschaft eine Fortsetzung ausscheiden, wenn mit der Verteilung des Liquidationsvermögens an die Gesellschafter begonnen wurde. Das Hauptargument gegen eine Fortsetzung lautet, dass bei der Fortsetzung keine Kapitalausstattungskon-

---

88 *Gehrlein*, DStR 1997, 31; *K. Schmidt/Bitter*, in: Scholz, GmbHG, § 60 Rn. 81.

89 *K. Schmidt/Bitter*, in: Scholz, GmbHG, § 60 Rn. 85.

90 BayObLG, NJW-RR 1998, 902, 903; *K. Schmidt/Bitter*, in: Scholz, GmbHG, § 60 Rn. 86.

91 BayObLG, NJW-RR 1998, 902, 903; *K. Schmidt/Bitter*, in: Scholz, GmbHG, § 60 Rn. 86; *Gehrlein*, DStR 1997, 31.

trolle durch das Registergericht stattfindet.[92] Dieses Argument erscheint wenig stichhaltig. Ein Fortsetzungsbeschluss ist generell möglich, wie ausgeführt auch dann, wenn das Aktivvermögen der Gesellschaft das satzungsmäßige Stammkapital nicht erreicht.[93] Außerdem findet auch in der werbenden Gesellschaft keine registergerichtliche Kontrolle dahingehend statt, ob entgegen § 30 Ausschüttungen an die Gesellschafter vorgenommen wurden. Die Gläubiger sind bei einer Fortsetzung nach Beginn der Vermögensverteilung gegenüber der werbenden Gesellschaft insoweit sogar besser gestellt, als eine Verteilung und anschließende Fortsetzung ohnehin nur nach Ende des Sperrjahres nach § 73 stattfinden kann. Zu diesem Zeitpunkt sind sämtliche Gläubigerforderungen beglichen. Daher muss ein Fortsetzungsbeschluss auch nach begonnener Verteilung möglich sein.[94] Die Gesellschafter sind zur Rückzahlung des Erhaltenen verpflichtet, da der Rechtsgrund, die Liquidation des Gesellschaftsvermögens, entfallen ist.

4. Nach Abschluss der Vermögensverteilung

64 Erst wenn die Verteilung abgeschlossen ist, muss eine Fortsetzung ausscheiden, da mit der Vermögenslosigkeit der Gesellschaft die materielle Voraussetzung für ihre Beendigung vorliegt und es nach der Lehre vom Doppeltatbestand nur noch des Formalakts der Löschung im Handelsregister bedarf, um die Gesellschaft zum Erlöschen zu bringen.[95]

II. Fortsetzung in den Fällen des § 60 Abs. 1 Nr. 2

65 Der unproblematischste Fall einer Fortsetzung der aufgelösten GmbH ist der des § 60 Abs. 1 Nr. 2. Ebenso wie die Gesellschafter durch Mehrheitsbeschluss die Auflösung beschließen können, ist auch ein Beschluss über deren Fortsetzung möglich. Dabei sind kaum Gründe denkbar, aus denen sich das Erfordernis einer inhaltlichen Rechtfertigung des Fortsetzungsbeschlusses ergeben könnte. Der vorausgehende Auflösungsbeschluss bildet regelmäßig keine Grundlage für ein schutzwürdiges Vertrauen der Gesellschafter auf einen Fortbestand der Liquidation. Sollte sich durch die Fortsetzung im Ausnahmefall eine untragbare Situation für einen Gesellschafter ergeben, vermag dieser aus wichtigem Grunde auszuscheiden. Daher bedarf es auch keines einstimmigen Beschlusses.[96] In Analogie zu § 274 Abs. 1 S. 2, 3 AktG wird jedoch von der herrschenden Meinung eine qualifizierte Beschlussmehrheit von drei Vierteln gefordert.[97]

---

92 RGZ 118, 337, 339; OLG Düsseldorf, GmbHR 1979, 227, 228; *Haas*, in: Baumbach/Hueck, GmbHG, § 60 Rn. 91; *Gehrlein*, DStR 1997, 31; i.E. auch *Kleindiek*, in: Lutter/Hommelhoff, GmbHG, § 60 Rn. 29. Ausführlich zum Streitstand *Nerlich*, in: Michalski, GmbHG, § 60 Rn. 332-345.

93 *K. Schmidt/Bitter*, in: Scholz, GmbHG, § 60 Rn. 86.

94 So auch *Altmeppen*, in: Roth/Altmeppen, GmbHG, § 60 Rn. 44, wonach es ausreicht, dass die Gesellschaft weder insolvent noch masselos ist.

95 RGZ 118, 337, 340; *K. Schmidt/Bitter*, in: Scholz, GmbHG, § 60 Rn. 82.

96 A.A. RGZ 118, 337, 341.

97 *Haas*, in: Baumbach/Hueck, GmbHG, § 60 Rn. 92; *Nerlich*, in: Michalski, GmbHG, § 60 Rn. 347; *Altmeppen*, in: Roth/Altmeppen, GmbHG, § 60 Rn. 54.

III. Fortsetzung in den Fällen der §§ 60 Abs. 1 Nr. 1, Abs. 2, 61

1. §§ 60 Abs. 2, 61

66 Davon unterscheiden sich die Fälle, in denen die Auflösung auf einen Antrag der Minderheit nach § 61 oder ein individuelles Kündigungsrecht nach § 60 Abs. 2 zurückgeht. In diesen Fällen würde das Minderheitsrecht bzw. die individuelle Kündigungsmöglichkeit entwertet, wenn die Mehrheit die Fortsetzung der Gesellschaft beschließen könnte. Hier bedarf es der Zustimmung derjenigen, von denen die Kündigung herbeigeführt wurde.[98] Gleiches gilt, wenn durch die Fortsetzung zusätzliche Leistungsplichten begründet werden, insbesondere bei Wiederaufleben von Nebenleistungspflichten.[99]

2. § 60 Abs. 1 Nr. 1

67 Anderes gilt auch, wenn die Auflösung auf § 60 Abs. 1 Nr. 1 zurückgeht. Hier hat sich ein berechtigtes Vertrauen darauf gebildet, dass die Gesellschaft bei Eintritt bestimmter Umstände aufgelöst wird. Daher bedarf es in diesen Fällen eines einstimmigen Beschlusses.[100]

IV. Fortsetzung in den Fällen des § 62

68 Geht die Auflösung nicht auf einen Willensakt der Gesellschafter bzw. einen Auflösungsgrund in der Satzung zurück, ist ihnen die Entscheidung über eine Fortsetzung der Gesellschaft genommen. Eine behördliche Auflösungsverfügung kann mit Rechtsmitteln angegriffen werden. Nur auf diesem Weg ist die Auflösung zu verhindern, nicht durch einen Fortsetzungsbeschluss.[101]

V. Fortsetzung in den Fällen des § 60 Abs. 1 Nr. 4

1. Während des Insolvenzverfahrens

69 In den Fällen des § 60 Abs. 1 Nr. 4 ist eine Fortsetzung während der Dauer des Insolvenzverfahrens ausgeschlossen. Die Verfügungsbefugnis über das Gesellschaftsvermögen ist den Gesellschaftern im Insolvenzverfahren entzogen, und zwar nach der in der gesellschaftsrechtlichen Literatur herrschenden Meinung auch dann noch, wenn das Insolvenzverfahren beendet ist, da der Insolvenzverwalter die Verteilung des Ver-

---

98 *Nerlich*, in: Michalski, GmbHG, § 60 Rn. 348; für § 61 auch *Haas*, in: Baumbach/Hueck, GmbHG, § 60 Rn. 94; a.A. *Altmeppen*, in: Roth/Altmeppen, GmbHG, § 60 Rn. 56. Nach *Kleindiek*, in: Lutter/Hommelhoff, GmbHG, § 60 Rn. 34, scheidet der Kündigende unter Abfindung zum Liquidationswert aus der Gesellschaft aus.

99 *Haas*, in: Baumbach/Hueck, GmbHG, § 60 Rn. 92; *Kleindiek*, in: Lutter/Hommelhoff, GmbHG, § 60 Rn. 34.

100 A.A. *Altmeppen*, in: Roth/Altmeppen, GmbHG, § 60 Rn. 54, wonach eine ¾-Mehrheit ausreicht.

101 *Haas*, in: Baumbach/Hueck, GmbHG, § 60 Rn. 93; *Altmeppen*, in: Roth/Altmeppen, GmbHG, § 60 Rn. 53.

mögens zu Ende führt (vgl. zum Meinungsstand Vor §§ 60 ff. Rdn. 21).[102] Nur wenn das Insolvenzverfahren auf Antrag der Gesellschaft nach §§ 212, 213 InsO oder durch Bestätigung eines Insolvenzplans nach § 258 InsO eingestellt wird, ist ein Fortsetzungsbeschluss möglich.

2. Masseunzulänglichkeit nach § 211 InsO

70 Nach der wohl vorherrschenden Ansicht scheidet eine Fortsetzung auch aus, wenn das Insolvenzverfahren nach Anzeige der Masseunzulänglichkeit nach § 211 InsO eingestellt wird.[103] Aus der sich daran unweigerlich anschließenden Löschung nach § 394 Abs. 1 S. 1 FamFG ergibt sich, dass den Gesellschaftern die Befugnis zur Fortsetzung entzogen ist. Allerdings steht diese Löschung unter der Voraussetzung der Vermögenslosigkeit der Gesellschaft. Soweit die Gesellschaft nachweist, dass der Insolvenzgrund und die Masselosigkeit entfallen sind, kann die Löschung abgewendet und eine Fortsetzung beschlossen werden.[104]

VI. Fortsetzung in den Fällen des § 60 Abs. 1 Nr. 5

71 Entsprechend zu § 60 Abs. 1 Nr. 4 gilt in den Fällen des § 60 Abs. 1 Nr. 5: Aus Gründen des Gläubigerschutzes scheidet es aus, die Gesellschaft bei Ablehnung der Eröffnung mangels Masse fortzusetzen.[105] Soweit jedoch die Insolvenzreife bzw. die Masselosigkeit beseitigt wurde, kann eine Fortsetzung beschlossen werden.[106]

VII. Fortsetzung in den Fällen des § 60 Abs. 1 Nr. 6 und 7

1. § 60 Abs. 1 Nr. 6

72 In den Fällen des § 60 Abs. 1 Nr. 6 kann fortgesetzt werden, wenn der Mangel behoben wird.[107] Das gilt auch noch nach Eintragung der Auflösungsverfügung, da diese nicht zur Beendigung der Gesellschaft führt.[108]

102 *Haas*, in: Baumbach/Hueck, GmbHG, § 60 Rn. 95.

103 BayObLG, NJW 1994, 594; BayObLG, NJW-RR 1996, 417; KG, NJW-RR 1994, 229; *Gehrlein*, DStR 1997, 31, 34.

104 *Kleindiek*, in: Lutter/Hommelhoff, GmbHG, § 60 Rn. 33; *Altmeppen*, in: Roth/Altmeppen, GmbHG, § 60 Rn. 52; *K. Schmidt/Bitter*, in: Scholz, GmbHG, § 60 Rn. 96 f.

105 Einhellige Auffassung, siehe nur KG, NJW-RR 1994, 229; OLG Köln, ZInsO 2010, 682.

106 Sehr str., wie hier *Haas*, in: Baumbach/Hueck, GmbHG, § 60 Rn. 92; *Altmeppen*, in: Roth/Altmeppen, GmbHG, § 60 Rn. 47; *K. Schmidt/Bitter*, in: Scholz, GmbHG, § 60 Rn. 87. A.A. KG, NJW-RR 1994, 229.

107 *Haas*, in: Baumbach/Hueck, GmbHG, § 60 Rn. 98; *Altmeppen*, in: Roth/Altmeppen, GmbHG, § 60 Rn. 57.

108 *Haas*, in: Baumbach/Hueck, GmbHG, § 60 Rn. 98; *Altmeppen*, in: Roth/Altmeppen, GmbHG, § 60 Rn. 58.

2. § 60 Abs. 1 Nr. 7

73 Bei § 60 Abs. 1 Nr. 7 kommt eine Fortsetzung nur in Betracht, wenn doch Gesellschaftsvermögen vorhanden und die Gesellschaft daher zu liquidieren ist.[109] Weiter einschränkend ist eine Fortsetzung außerdem nur möglich, solange die Löschungsverfügung noch nicht rechtskräftig ist. Ist die Gesellschaft aus dem Handelsregister entfernt, dient die Verteilung eines mitunter noch vorhandenen Vermögens nur noch der Restabwicklung.[110]

E. GmbH & Co.KG

I. Grundsatz

74 Ist die GmbH Komplementärin einer GmbH & Co. KG, unterliegen sie und die KG keinem gemeinsamen Abwicklungsverfahren.[111] Während die Komplementär-GmbH nach §§ 60-62, 65 aufgelöst und nach den §§ 66-74 liquidiert wird, richtet sich die Auflösung der KG nach §§ 131, 161 Abs. 2 HGB und die Liquidation nach §§ 145 ff. HGB (vgl. dazu noch § 66 Rdn. 34). Daran ändert sich auch dann nichts, wenn die GmbH einzige Komplementärin der KG ist.

II. Die Rechtslage in der GmbH

1. Keine Auflösung ipso iure

75 Die Auflösung der KG stellt keinen gesetzlichen Auflösungsgrund für die GmbH dar.[112] Durch Satzungsbestimmung nach § 60 Abs. 2 kann eine abweichende Rechtsfolge angeordnet werden. Auch ohne Vereinbarung in der Satzung kann eine Verbindung bestehen, wenn die Auflösung der KG einen wichtigen Grund zur Erhebung der Auflösungsklage nach § 61 darstellt. Davon ist auszugehen, wenn sich der Zweck der Komplementär-GmbH auf die Wahrnehmung der Geschäftsführungsaufgaben in der werbenden KG beschränkt. Mit der Auflösung der KG wird die Wahrnehmung der Geschäftsführeraufgaben und damit der Gesellschaftszweck der Komplementär-GmbH unmöglich.[113]

---

109 *Haas*, in: Baumbach/Hueck, GmbHG, § 60 Rn. 98; *Kleindiek*, in: Lutter/Hommelhoff, GmbHG, § 60 Rn. 32.

110 KG, NJW-RR 1994, 229; OLG Celle, GmbHR 2008, 211, 212; *Kleindiek*, in: Lutter/Hommelhoff, GmbHG, § 60 Rn. 32; *K. Schmidt/Bitter*, in: Scholz, GmbHG, § 60 Rn. 99.

111 *Casper*, in: Ulmer/Habersack/Winter, GmbHG, § 60 Rn. 157.

112 *Nerlich*, in: Michalski, GmbHG, § 60 Rn. 348; Roth/*Altmeppen*, GmbHG, § 60 Rn. 58.

113 *Nerlich*, in: Michalski, GmbHG, § 60 Rn. 379; *Casper*, in: Ulmer/Habersack/Winter, GmbHG, § 60 Rn. 159.

2. Beschlusserstreckung

76 Sind an der Komplementär-GmbH und an der KG die gleichen Personen beteiligt, führt die Auflösung der KG durch einen einstimmigen Gesellschafterbeschluss im Zweifel auch zur Auflösung der Komplementär-GmbH, wenn sich ihre Tätigkeit darauf beschränkt, die Aufgaben des Komplementärs wahrzunehmen. Ist im Gesellschaftsvertrag der KG bestimmt, dass ein mehrheitlich gefasster Beschluss ausreicht, bedarf es keiner Einstimmigkeit.[114]

III. Die Rechtslage in der KG

1. Bei Auflösung der GmbH

77 Allein die Auflösung der Komplementär-GmbH führt grundsätzlich nicht zur Auflösung der KG.[115] Die Auflösung der Komplementär-GmbH hat lediglich den Übergang der Komplementär-GmbH vom Stadium der werbenden Gesellschaft in das Stadium der Liquidationsgesellschaft zur Folge. Sie behält ihre Rechtsfähigkeit und kann daher weiterhin ihre Pflichten gegenüber der KG erfüllen. Das gilt auch, wenn die Komplementär-GmbH die einzige persönlich haftende Gesellschafterin der KG ist.[116]

2. Bei Vollbeendigung der GmbH

78 Mit ihrer Vollbeendigung erlischt die GmbH (zu den Voraussetzungen unter Rdn. 2 sowie Vor §§ 60 ff. Rdn. 8 f.). Soweit hierdurch der einzige Komplementär wegfällt, kommt es bei der KG zur Auflösung. Diese führt zur Abwicklung der KG oder zur gleichzeitigen Vollbeendigung, wenn es sich um eine Zweipersonengesellschaft handelt.[117]

§ 61 Auflösung durch Urteil

(1) Die Gesellschaft kann durch gerichtliches Urteil aufgelöst werden, wenn die Erreichung des Gesellschaftszweckes unmöglich wird, oder wenn andere, in den Verhältnissen der Gesellschaft liegende, wichtige Gründe für die Auflösung vorhanden sind.

---

114 *Casper*, in: Ulmer/Habersack/Winter, GmbHG, § 60 Rn. 160; *Nerlich*, in: Michalski, GmbHG, § 60 Rn. 379.

115 H.M., siehe OLG Hamburg, NJW 1987, 1896; OLG Hamm, ZIP 2007, 1237; *Hopt*, in: Baumbach/Hopt, HGB, § 131 Rn. 20; zum Verhältnis von KG und stiller Gesellschaft vgl. auch BGH, WM 1982, 974.

116 *Nerlich*, in: Michalski, GmbHG, § 60 Rn. 381.

117 Zur Auflösung und Abwicklung der KG BGH, WM 1978, 675; BayObLG, BB 2000, 1211; OLG Hamburg, NJW 1987, 1896; auch zur Vollbeendigung OLG Hamm, ZIP 2007, 1237; *Hopt*, in: Baumbach/Hopt, HGB, § 131 Rn. 36.

(2) [1]Die Auflösungsklage ist gegen die Gesellschaft zu richten. [2]Sie kann nur von Gesellschaftern erhoben werden, deren Geschäftsanteile zusammen mindestens dem zehnten Teil des Stammkapitals entsprechen.

(3) Für die Klage ist das Landgericht ausschließlich zuständig, in dessen Bezirk die Gesellschaft ihren Sitz hat.

Übersicht Rdn.

Schrifttum
Siehe Schrifttum zu Vorbemerkungen zu §§ 60 ff.

A. Grundlagen

I. Überblick

1 Die seit 1892 unveränderte Vorschrift legt fest, unter welchen Voraussetzungen die in § 60 Abs. 1 Nr. 3 vorgesehene Auflösung der GmbH durch Urteil möglich ist. Sie räumt damit einer Gesellschafterminderheit die Möglichkeit ein, die Gesellschaft durch Urteil aufzulösen. Sie ergänzt damit die Möglichkeit zur Auflösung durch Mehrheitsbeschluss nach § 60 Abs. 1 Nr. 2 um ein **Minderheitsrecht** in sachlich begründeten Fällen. Auf die Vor-GmbH ist § 61 nicht anwendbar.[1]

II. Bedeutung als Minderheitsrecht

2 Dieses Minderheitsrecht erlangt insbesondere dann Bedeutung, wenn sich die Verhältnisse in der Gesellschaft so verändert haben, dass es der Minderheit unzumutbar ist, in der Gesellschaft zu verbleiben, sie aber auch keine Möglichkeit besitzt, die Situation zum Besseren zu verändern.[2] Der GmbH-Anteil der Minderheit wird sich gerade in den Fällen, in denen ihre Situation besonders nachteilig erscheint, kaum veräußern lassen. Das Minderheitsrecht auf Auflösung bei wichtigem Grund erzeugt die Voraussetzungen dafür, dass sich die Minderheit dennoch von ihrer Beteiligung

1 *Haas*, in: Baumbach/Hueck, GmbHG, § 61 Rn. 1.
2 *Altmeppen*, in: Roth/Altmeppen, GmbHG, § 61 Rn. 1.

lösen kann.[3] § 61 schafft daher auch einen Ausgleich für die gegenüber der Aktie erschwerte Fungibilität der Gesellschaftsanteile und findet daher keine Entsprechung im Aktienrecht.[4] § 61 ähnelt vielmehr § 133 HGB und bringt damit den **personalistischen Einschlag** der GmbH-Beteiligung zum Ausdruck.[5]

III. Vergleich mit § 133 HGB

3 Wie bei § 133 HGB handelt es sich bei der Auflösungsklage des § 61 um eine **Gestaltungsklage**, so dass die Gesellschaft mit Rechtskraft des stattgebenden Urteils aufgelöst ist (dazu noch Rdn. 34). Auch setzen beide Klagen einen wichtigen Grund voraus. Dieser muss bei § 61 jedoch in den **Verhältnissen der Gesellschaft** liegen, während die Auflösung nach § 133 Abs. 2 HGB auch auf Gründe in der Person der Gesellschafter gestützt werden kann (zu Überschneidungen aber noch unter Rdn. 19 f.). Im Unterschied zu § 133 HGB ist die Klage nach § 61 ferner gegen die Gesellschaft und nicht gegen die widersprechenden Mitgesellschafter zu richten.[6]

B. Unentziehbarkeit, abweichende Gestaltungen

I. Zwingendes Minderheitsrecht

4 Ebenso wie andere Minderheitsrechte des GmbH-Rechts (§§ 50 Abs. 1 und 2, 66 Abs. 2) ist § 61 halbzwingend. Daher kann das Klagerecht durch Satzung oder durch (auch einstimmigen) Gesellschafterbeschluss weder entzogen noch eingeschränkt, jedoch zu Gunsten der Minderheit erweitert werden.[7]

II. Unzulässige Satzungsbestimmungen

5 Als **unzulässige Einschränkung** ist beispielsweise die Erhöhung des für die Klage erforderlichen Anteils von 10% des Stammkapitals (§ 61 Abs. 2 S. 2) anzusehen.[8] Gleiches gilt für eine Satzungsklausel, die für bestimmte Gründe ausschließt, dass es sich um wichtige Gründe im Sinne des § 61 handeln kann.[9] Davon sind Satzungsbestimmungen zu unterscheiden, die lediglich der Konkretisierung des wichtigen

3 *Kübler/Assmann*, Gesellschaftsrecht, 6. Aufl. 2006, S. 298.
4 *Haas*, in: Baumbach/Hueck, GmbHG, § 61 Rn. 1.
5 *Casper*, in: Ulmer/Habersack/Winter, GmbHG, § 61 Rn. 1.
6 Zum Klagegegner in den Personenhandelsgesellschaften BGHZ 36, 187, 191 f.
7 BayOblG, DB 1978, 2164, 2165; *K. Schmidt/Bitter*, in: Scholz, GmbHG, § 61 Rn. 2; *Haas*, in: Baumbach/Hueck, GmbHG, § 61 Rn. 2; *Casper*, in: Ulmer/Habersack/Winter, GmbHG, § 61 Rn. 3.
8 *Haas*, in: Baumbach/Hueck, GmbHG, § 61 Rn. 3.
9 *Haas*, in: Baumbach/Hueck, GmbHG, § 61 Rn. 3; *Nerlich*, in: Michalski, GmbHG, § 61 Rn. 4; *K. Schmidt/Bitter*, in: Scholz, GmbHG, § 61 Rn. 2.

Grundes dienen, ohne eine abschließende Regelung darzustellen und die genannten Gründe als wichtige Gründe stets auszuschließen.[10]

III. Zulässige Satzungsbestimmungen

6 **Erweiterungen des Minderheitsrechts sind hingegen zulässig.**[11] So kann die Satzung etwa zusätzliche, stets ausreichende Gründe für eine Auflösungsklage vorsehen, die Höhe des für die Klage erforderlichen Mindeststammkapitalanteils unter 10 % senken oder gar jedem einzelnen Gesellschafter unabhängig von der Höhe seiner Beteiligung die Klagebefugnis einräumen.[12] Auch kann bestimmt werden, dass an die Stelle des Klagerechts die Kündigung aus wichtigem Grund mit der Folge der Auflösung der Gesellschaft tritt, da die Minderheitsgesellschafter hierdurch nicht schlechter gestellt werden als bei der Auflösungsklage.[13]

IV. Problemfall Zwangseinziehung

7 Problematisch sind die in der Praxis anzutreffenden Satzungsbestimmungen, die eine Einziehung oder Zwangsabtretung der Geschäftsanteile des klagenden Gesellschafters nach § 34 als Folge der Erhebung der Auflösungsklage vorsehen.[14] Nach ganz herrschender Meinung sind derartige Klauseln unwirksam.[15] Das ist jedenfalls insoweit richtig, wie ein Ausschluss unabhängig von einer Abfindungsregelung angeordnet wird.[16] Andererseits ist nicht zu übersehen, dass derartige Klauseln darauf abzielen können, den Bestand der Gesellschaft zu sichern. Für sie kann sprechen, dass sich der Normzweck erreichen lässt, die gravierende Rechtsfolge der Auflösungsklage aber vermieden werden kann. Die h.M. trägt diesem Umstand Rechnung, indem sie hohe Hürden durch die Subsidiarität der Auflösungsklage errichtet (dazu sogleich Rdn. 9).[17] Der dabei entstehende Wertungswiderspruch ist nicht aufzulösen: Die Subsidiarität soll es gebieten, gegen Abfindung aus der Gesellschaft auszuscheiden statt ihre Auflösung zu betreiben. Nichts anderes gilt aber, wenn Einziehungsklauseln für den Fall eingreifen, dass der betroffene Gesellschafter mit der Auflösungsklage seinen Willen zum Ausdruck bringt, seine Beteiligung an der Gesellschaft beenden zu wollen, und als unabdingbare Voraussetzung sichergestellt ist, dass der Kläger

10 *Haas*, in: Baumbach/Hueck, GmbHG, § 61 Rn. 3; *Casper*, in: Ulmer/Habersack/Winter, GmbHG, § 61 Rn. 52.

11 *Haas*, in: Baumbach/Hueck, GmbHG, § 61 Rn. 4.

12 *K. Schmidt/Bitter*, in: Scholz, GmbHG, § 61 Rn. 2.

13 *Casper*, in: Ulmer/Habersack/Winter, GmbHG, § 61 Rn. 51.

14 *Nerlich*, in: Michalski, GmbHG, § 61 Rn. 7.

15 OLG München, GmbHR 2010, 870, 871; BayObLG, DB 1978, 2164, 2165 für entsprechende Fortsetzungsklausel; *Haas*, in: Baumbach/Hueck, GmbHG, § 61 Rn. 3; *Lutter*, in: Lutter/Hommelhoff, GmbHG, § 34 Rn. 36; *Nerlich*, in: Michalski, GmbHG, § 61 Rn. 9; *Rasner*, in: Rowedder/Schmidt-Leithoff, GmbHG, § 61 Rn. 4; *Casper*, in: Ulmer/Habersack/Winter, GmbHG, § 61 Rn. 55.

16 In diesem Sinne auch *Kleindiek*, in: Lutter/Hommelhoff, GmbHG, § 61 Rn. 2.

17 So ausdrücklich *Haas*, in: Baumbach/Hueck, GmbHG, § 61 Rn. 3.

erhält, was er bei Liquidation der Gesellschaft erhalten würde, nämlich eine angemessene Abfindung für seine Beteiligung. Dies entspricht ebenso wie das Subsidiaritätsprinzip dem Grundsatz, dass ein Gesellschafter weichen muss, wenn die Gesellschaft ohne ihn fortgesetzt werden kann und er zudem angemessen abgefunden wird. Ein Interesse daran, die Fortführung der Gesellschaft ohne eigene Beteiligung zu verhindern, ist nicht anzuerkennen. Die Abfindung muss dem Verkehrswert der Beteiligung entsprechen. Bei Liquidation der Gesellschaft wäre dies der Liquidationswert. Da die Gesellschaft jedoch ohne den Ausgeschlossenen weiter geführt wird, entspricht der Liquidationswert nicht dem Verkehrswert. Vielmehr ist im Regelfall der Ertragswert zugrunde zu legen.[18]

C. Grundsatz der Subsidiarität

I. Ultima ratio-Prinzip

8 Um den gravierenden Rechtsfolgen der Auflösungsklage Rechnung zu tragen, ist sie als **ultima ratio** anzusehen. Sie kommt nur zur Anwendung, wenn weniger einschneidende Möglichkeiten für die Minderheit, sich von der Gesellschaft zu lösen, nicht bestehen.[19] Rechtspolitische Bedenken gegen die Norm haben nicht zu einer Änderung durch das MoMiG geführt. Dennoch wird allgemein auch weiterhin nach Möglichkeiten gesucht, um die gravierenden Wirkungen der Auflösungsklage zu vermeiden, insbesondere durch die Ausschließung und den Austritt einzelner Gesellschafter.

II. Subsidiarität der Auflösungsklage

9 Die Bedenken gegen die Norm haben sich in dem allgemein anerkannten, im Wortlaut der Norm jedoch nicht angelegten **Subsidiaritätsprinzip niedergeschlagen.** Die Klage nach § 61 kann nur äußerstes Mittel sein und ist daher ausgeschlossen, wenn andere, weniger einschneidende Maßnahmen der Konfliktbewältigung zur Verfügung stehen.[20] Als solche kommen in Betracht: Das Ausscheiden der Gesellschafter,

---

18 Zur Abfindung zum objektiven Verkehrswert der Beteiligung BGHZ 116, 359, 375; BGHZ 32, 17, 23; BGHZ 16, 317, 322; BGHZ 9, 157, 168; für die AG, aber verallgemeinerungsfähig BVerfG 2007, 175, 176; *Mühlberth/Leuschner*, ZHR 170 (2006), 615, 665. Zur Ertragswertmethode BGH, NJW 2001, 2080, 2982; BGH, WM 1998, 2530, 2531. Zu Ausnahmen (Substanzwert) *Gehrlein*, Ausschluß und Abfindung von GmbH-Gesellschaftern, 1997, Rn. 534.

19 *Altmeppen*, in: Roth/Altmeppen, GmbHG, § 61 Rn. 1.

20 Allg.M.: BGHZ 9, 157, 158; BGHZ 80, 346, 348; OLG Koblenz, ZIP 2005, 1873 f.; *Haas*, in: Baumbach/Hueck, GmbHG, § 61 Rn. 5; *Nerlich*, in: Michalski, GmbHG, § 61 Rn. 10; *Altmeppen*, in: Roth/Altmeppen, GmbHG, § 61 Rn. 1; *Rasner*, in: Rowedder/Schmidt-Leithoff, GmbHG, § 61 Rn. 2; *K. Schmidt/Bitter*, in: Scholz, GmbHG, § 61 Rn. 3; *Casper*, in: Ulmer/Habersack/Winter, GmbHG, § 61 Rn. 4.

die eine Auflösung betreiben, gegen angemessene Abfindung[21] sowie Anpassungen des Gesellschaftsvertrages. Hingegen ist es möglich, von einer Subsidiarität abzusehen, wenn die Auflösung der Gesellschaft ausnahmsweise nicht zur **Vernichtung des Unternehmenswertes** führt.[22]

III. Vorrangige Maßnahmen

10 Aus diesen Grundsätzen ergibt sich eine Staffelung zulässiger Maßnahmen, die sich an den Bedürfnissen der beeinträchtigten Minderheit sowie den Wirkungen für die an der Gesellschaft festhaltende Mehrheit orientiert: Zunächst kommen Maßnahmen überhaupt nur in Betracht, wenn die unveränderte Fortsetzung der Gesellschaft unzumutbar ist.[23] Ist dies der Fall, muss auf der nächsten Stufe geprüft werden, ob der Minderheit bereits mit einer Vertragsanpassung geholfen werden kann. Nur wenn die Unzumutbarkeit durch eine Satzungsanpassung nicht beseitigt werden kann, kommt ein Verweis der Gesellschafter auf den Austritt in Betracht. Können die Gesellschafter austreten, etwa weil die Satzung eine entsprechende Kündigungsklausel oder ein ordentliches Austrittsrecht vorsieht,[24] müssen sie sich auf diese Möglichkeit verweisen lassen.[25]

IV. Ausschluss einzelner Gesellschafter

11 Das Auflösungsrecht kann ferner hinter das **Recht zur Ausschließung einzelner Gesellschafter** zurücktreten (zu den Voraussetzungen § 34 Rdn. 77 ff.). Dies gilt insbesondere dann, wenn die Störung auf einem nicht behebbaren Zerwürfnis der Gesellschafter beruht, für das ausschließlich oder überwiegend ein Mitgesellschafter verantwortlich ist. Dabei ist danach zu unterscheiden, ob die Voraussetzungen in der Person des Klägers oder eines anderen Gesellschafters vorliegen. Erhebt die Gesellschaft begründete Ausschließungsklage gegen den Kläger der Auflösungsklage, ist dessen Auflösungsklage als unbegründet abzuweisen.[26] Dabei muss jedoch sichergestellt sein, dass sein Abfindungsanspruch in angemessener Zeit erfüllt wird.[27] Liegen die Voraussetzungen für einen Ausschluss hingegen in der Person eines anderen Gesellschafters vor, ist die Auflösungsklage erst dann unbegründet, wenn dessen Ausschluss tatsächlich vollzogen wurde, da der Kläger dies regelmäßig nicht selbst bewäl-

---

21 *Volhard*, GmbHR 1995, 617, 621.

22 BGH, NJW 1985, 1901; *Nerlich*, in: Michalski, GmbHG, § 61 Rn. 11.

23 *Nerlich*, in: Michalski, GmbHG, § 61 Rn. 11.

24 Zu solchen Gestaltungen *Hofmann*, Der Minderheitsschutz im Gesellschaftsrecht, 2011, S. 480, 483.

25 Zu allem *K. Schmidt/Bitter*, in: Scholz, GmbHG, § 61 Rn. 3; *Kleindiek*, in: Lutter/Hommelhoff, GmbHG, § 61 Rn. 1; *Nerlich*, in: Michalski, GmbHG, § 61 Rn. 11; *Altmeppen*, in: Roth/Altmeppen, GmbHG, § 61 Rn. 5; *Rasner*, in: Rowedder/Schmidt-Leithoff, GmbHG, § 61 Rn. 3; a.A. *Casper*, in: Ulmer/Habersack/Winter, GmbHG, § 61 Rn. 4.

26 BGHZ 80, 346, 349, 351; *K. Schmidt/Bitter*, in: Scholz, GmbHG, § 61 Rn. 4; *Casper*, in: Ulmer/Habersack/Winter, GmbHG, § 61 Rn. 4.

27 In diesem Sinne auch *Haas*, in: Baumbach/Hueck, GmbHG, § 61 Rn. 5.

tigen kann. Prozessual kann sich anbieten, das Verfahren über die Auflösungsklage auszusetzen, bis über das Ausschlussverfahren entschieden worden ist. Der Grundsatz der Subsidiarität steht der Auflösungsklage nicht entgegen, wenn die Parteien, insbesondere bei einer Zweimann-GmbH, wegen **allseitigen Verschuldens** an dem Ausschluss der jeweils anderen Partei gehindert sind.[28]

V. Verhältnis zur Nichtigkeitsklage und Anwendbarkeit der Auflösungsklage bei Mängeln des Gesellschaftsvertrages

1. Anwendungsbereich von §§ 75, 397, 399 FamFG

12 Mängel, die von § 75 und den §§ 397, 399 FamFG erfasst werden (zu diesen auch schon § 60 Rdn. 42 ff.) sind durch **Nichtigkeitsklage** geltend zu machen; als **Sonderregelung** geht sie der Auflösungsklage vor.[29]

2. Übrige Mängel

13 Sind die Mängel nicht von § 75 und §§ 397, 399 FamFG erfasst, ist zwischen **Mängeln des Gründungsvertrages** und mangelhaften Satzungsbestandteilen, die auf einer **Satzungsänderung** beruhen, zu unterscheiden.

14 **a) Gründungsvertrag.** Für Mängel der Gründungssatzung gilt: Soweit § 75 bzw. §§ 397, 399 FamFG nicht eingreifen, lassen andere Mängel des Gesellschaftsvertrages den Bestand der Gesellschaft regelmäßig unberührt und schließen eine Auflösungsklage aus.[30] Das gilt insbesondere, wenn der Mangel zwischenzeitlich in Folge der Zusammenarbeit in der Gesellschaft seine Bedeutung verloren hat.[31] **Mängel des Gründungsvertrages** rechtfertigen eine Klage nach § 61 ausnahmsweise dann, wenn bei einer an Gegenwart und Zukunft orientierten Betrachtung die Fortsetzung der Gesellschaft unzumutbar ist.[32]

15 **b) Vertragsänderungen. Mängel aufgrund von Satzungsänderungen** können generell nur durch Anfechtungs- oder Nichtigkeitsklage entsprechend den §§ 241 ff. AktG geltend gemacht werden.[33]

---

28 H.M. BGHZ 16, 317, 322 f.; BGHZ 80, 346, 352; *Nerlich*, in: Michalski, GmbHG, § 61 Rn. 12; *Casper*, in: Ulmer/Habersack/Winter, GmbHG, § 61 Rn. 4; a.A. *Altmeppen*, in: Roth/Altmeppen, GmbHG, § 61 Rn. 5.

29 *Haas*, in: Baumbach/Hueck, GmbHG, § 61 Rn. 12; *K. Schmidt/Bitter*, in: Scholz, GmbHG, § 61 Rn. 19; *Casper*, in: Ulmer/Habersack/Winter, GmbHG, § 61 Rn. 24.

30 *K. Schmidt/Bitter*, in: Scholz, GmbHG, § 61 Rn. 19; *Hueck/Fastrich*, in Baumbach/Hueck, GmbHG, § 2 Rn. 43.

31 *Haas*, in: Baumbach/Hueck, GmbHG, § 61 Rn. 12; *K. Schmidt/Bitter*, in: Scholz, GmbHG, § 61 Rn. 19; *Casper*, in: Ulmer/Habersack/Winter, GmbHG, § 61 Rn. 24.

32 *Haas*, in: Baumbach/Hueck, GmbHG, § 61 Rn. 12; *K. Schmidt/Bitter*, in: Scholz, GmbHG, § 61 Rn. 19.

33 *K. Schmidt/Bitter*, in: Scholz, GmbHG, § 61 Rn. 19; grundsätzlich auch *Casper*, in: Ulmer/Habersack/Winter, GmbHG, § 61 Rn. 24.

VI. Verhältnis zu den Auflösungsgründen nach § 60

16 Ein **Rangverhältnis** zu den anderen Auflösungsgründen in § 60 Abs. 1 Nr. 2 und Nr. 3 besteht nicht. Ein Auflösungskläger muss sich im Grundsatz nicht entgegenhalten lassen, er hätte zunächst einen Auflösungsbeschluss herbeiführen müssen. Eine Ausnahme kann gelten, wenn nach den Umständen zu erwarten ist, dass ein entsprechender Beschluss gefasst werden würde, da es dann am Rechtsschutzinteresse fehlen kann.[34]

D. Wichtiger Grund

I. Maßgeblicher Zeitpunkt

17 In materieller Hinsicht setzt § 61 Abs. 1 das Vorliegen eines **wichtigen Grundes** voraus. Der maßgebliche Zeitpunkt für das Vorliegen des wichtigen Grundes ist dabei die **letzte mündliche Verhandlung**. Nach Klageerhebung eintretende Entwicklungen sind daher bis zum Zeitpunkt der letzten mündlichen Verhandlung zu Gunsten und zu Lasten des Auflösungsklägers zu berücksichtigen.[35]

II. Verhältnisse der Gesellschaft

18 Der wichtige Grund muss dabei gerade **in den Verhältnissen der Gesellschaft** zu finden sein.[36] Wichtige Gründe sind solche, die den Fortbestand der Gesellschaft aus Sicht des oder der klagenden Gesellschafter dauerhaft unmöglich, sinnlos oder sonst unzumutbar machen.[37] Nicht ausreichend sind daher solche Gründe, die lediglich den Verbleib in der GmbH hindern oder die dem Fortbestand der Gesellschaft nur vorübergehend entgegenstehen. Dies entspricht dem Subsidiaritätsgedanken (oben Rdn. 8 ff.). Der Grundsatz der Subsidiarität ist bei der Feststellung des wichtigen Grundes durch wertende Entscheidung des Gerichts zu berücksichtigen und bildet zusammen mit dem Kriterium der Zumutbarkeit den Maßstab für die Beurteilung.[38]

III. Verhältnisse der Gesellschafter

1. Regelfall

19 Obwohl der wichtige Grund in den **Verhältnissen der Gesellschaft** liegen muss, sind **Gründe in der Person einzelner Gesellschafter** nicht stets ausgeschlossen. Bedeutend

---

34 *Casper*, in: Ulmer/Habersack/Winter, GmbHG, § 61 Rn. 6; vgl. auch *Altmeppen*, in: Roth/Altmeppen, GmbHG, § 61 Rn. 2.

35 *Casper*, in: Ulmer/Habersack/Winter, GmbHG, § 61 Rn. 23.

36 *Altmeppen*, in: Roth/Altmeppen, GmbHG, § 61 Rn. 2.

37 *K. Schmidt/Bitter*, in: Scholz, GmbHG, § 61 Rn. 18; *Casper*, in: Ulmer/Habersack/Winter, GmbHG, § 61 Rn. 10; noch enger *Nerlich*, in: Michalski, GmbHG, § 61 Rn. 18, der nur Unmöglichkeit gelten lässt.

38 *Casper*, in: Ulmer/Habersack/Winter, GmbHG, § 61 Rn. 10.

ist hierbei, wie **personalistisch** die einzelne Gesellschaft ausgestaltet ist.[39] Die Anforderungen sind zugleich sehr hoch. Gründe in der Person einzelner Gesellschafter reichen regelmäßig nicht aus.[40] Sie erfüllen vielmehr je nach Schwere die Voraussetzungen, um den störenden Gesellschafter auszuschließen.[41] Ein wichtiger Grund wurde daher im Falle der Verletzung gesellschaftsvertraglicher Pflichten[42], der Pflichten als Geschäftsführer, bei Insolvenz eines Gesellschafters[43] oder der Pfändung des Geschäftsanteils eines Gesellschafters[44] verneint.

2. Ausnahmen

20 Führt der Konflikt unter den bisherigen Gesellschaftern aber zu einer **tiefgreifenden unheilbaren Zerrüttung**, so kann sich dies über die Person der Gesellschafter hinaus auf die Verhältnisse der Gesellschaft erstrecken. Das ist jedenfalls dann der Fall, wenn die Zerrüttung zur Folge hat, dass die Willensbildung in der Gesellschaft dauerhaft blockiert wird oder eine Verständigung über zentrale Fragen nicht mehr möglich ist.[45] Der auf einer Zerrüttung der Gesellschafter beruhende wichtige Grund kann allerdings nicht von demjenigen Gesellschafter als Auflösungskläger geltend gemacht werden, der die Zerrüttung in einer Weise verschuldet hat, die auch ohne gesellschaftsvertragliche Regelung den Ausschluss dieses Gesellschafters rechtfertigen würde.[46]

IV. Unmöglichkeit der Zweckerreichung

1. Unmöglichkeit

21 Als Beispiel für einen wichtigen Grund nennt das Gesetz die Unmöglichkeit der Erreichung des **Gesellschaftszwecks**. Über den Wortlaut hinaus, der zunächst nur an eine **nachträgliche Unmöglichkeit** denken lässt (»unmöglich wird«), erfasst die Regelung auch die **anfängliche Unmöglichkeit**[47], etwa wenn sich ein eingebrachtes Patent als nichtig herausstellt.[48] Bei der Unmöglichkeit der Zweckerreichung handelt es sich um einen in der Praxis besonders bedeutsamen Grund für eine Auflösungsklage, da die GmbH mit der Unmöglichkeit ihre Existenzberechtigung verliert. In derartigen

---

39 *K. Schmidt/Bitter*, in: Scholz, GmbHG, § 61 Rn. 20.

40 OLG Saarbrücken, AG 1980, 26, 28.

41 *Casper*, in: Ulmer/Habersack/Winter, GmbHG, § 61 Rn. 4, 22; *Haas*, in: Baumbach/Hueck, GmbHG, § 61 Rn. 11.

42 *Casper*, in: Ulmer/Habersack/Winter, GmbHG, § 61 Rn. 23.

43 RGZ 82, 288, 292.

44 *Casper*, in: Ulmer/Habersack/Winter, GmbHG, § 61 Rn. 23.

45 So OLG München, GmbHR 2005, 428; *Haas*, in: Baumbach/Hueck, GmbHG, § 61 Rn. 11. Nicht ausreichend hingegen nach OLG Brandenburg, BB 2008, 1868, wenn Zerrüttung vorliegt, diese aber die Willensbildung nicht verhindert.

46 BGHZ 80, 346, 348 f.

47 *Kleindiek*, in: Lutter/Hommelhoff, GmbHG, § 61 Rn. 9; *K. Schmidt/Bitter*, in: Scholz, GmbHG, § 61 Rn. 17; *Casper*, in: Ulmer/Habersack/Winter, GmbHG, § 61 Rn. 18.

48 *K. Schmidt/Bitter*, in: Scholz, GmbHG, § 61 Rn. 17.

Konstellationen scheidet es regelmäßig aus, dem Grundsatz der Subsidiarität entsprechend auf eine andere Art der Konfliktlösung zu verweisen.[49]

2. Gesellschaftszweck

22 Der Gesellschaftszweck ist dabei grundsätzlich nicht mit dem **Gegenstand des Unternehmens** gleichzusetzen, wenn es auch sehr wohl Zusammenhänge bzw. Berührungspunkte gibt.[50] Während der Gegenstand des Unternehmens das Tätigkeitsfeld der Gesellschaft umschreibt, gibt der Gesellschaftszweck das von den Gesellschaftern mit der Gesellschaft verfolgte Ziel an.[51] Der Gesellschaftszweck ist anhand der Satzung unter Berücksichtigung der Eintragungsunterlagen und der Anlage des Unternehmens zu ermitteln.[52] Bei der Ermittlung des Gesellschaftszwecks kommt es auf die Beweggründe einzelner Gesellschafter nicht an.[53] Eine Berücksichtigung solcher Umstände, die keinen Ausdruck in der Satzung oder in den Eintragungsunterlagen gefunden haben, scheidet regelmäßig aus.[54] Der Zweck der GmbH wird zumeist erwerbswirtschaftlicher Natur sein, in Betracht kommen aber z.B. auch gemeinnützige Zwecke.[55]

3. Anwendungsfälle

23 Unmöglichkeit ist anzunehmen, wenn dauerhaft keine Aussicht auf die Verwirklichung des Gesellschaftszwecks besteht.[56] Nur vorübergehende Verhinderung der Zweckverwirklichung ist dagegen kein Auflösungsgrund.[57] Von Unmöglichkeit ist ebenfalls nicht auszugehen, wenn eine zumutbare Abhilfemöglichkeit, etwa in Form einer Kapitalerhöhung, besteht.[58] **Rechtliche Unmöglichkeit** kann sich aus einem kartellrechtlichen Verbot, aus der Untersagung eines Gewerbes oder des Betriebes einer für die Gesellschaft notwendigen Anlage ergeben.[59]

V. Weitere Gründe

24 Andere wichtige Gründe i.S.d. § 61 Abs. 1 können insbesondere wirtschaftlicher, rechtlicher und technischer Natur sein, soweit es sich bei diesen Gründen nicht um

---

49 *Casper*, in: Ulmer/Habersack/Winter, GmbHG, § 61 Rn. 13.

50 *Haas*, in: Baumbach/Hueck, GmbHG, § 61 Rn. 7; *Casper*, in: Ulmer/Habersack/Winter, GmbHG, § 61 Rn. 15.

51 *Haas*, in: Baumbach/Hueck, GmbHG, § 61 Rn. 7.

52 *Haas*, in: Baumbach/Hueck, GmbHG, § 61 Rn. 7; weniger weitgehend OLG Saarbrücken, AG 1980, 26, 28.

53 RGZ 164, 129, 140; OLG Saarbrücken, AG 1980, 26, 28.

54 *Casper*, in: Ulmer/Habersack/Winter, GmbHG, § 61 Rn. 17 m.w.N. zum Streitstand.

55 *K. Schmidt/Bitter*, in: Scholz, GmbHG, § 61 Rn. 16.

56 *Haas*, in: Baumbach/Hueck, GmbHG, § 61 Rn. 8; *Casper*, in: Ulmer/Habersack/Winter, GmbHG, § 61 Rn. 18.

57 *Rasner*, in: Rowedder/Schmidt-Leithoff, GmbHG, § 61 Rn. 13.

58 RGZ 164, 129, 139; *Altmeppen*, in: Roth/Altmeppen, GmbHG, § 61 Rn. 2.

59 *K. Schmidt/Bitter*, in: Scholz, GmbHG, § 61 Rn. 17.

eine bloße Erschwerung der Betätigung der Gesellschaft handelt. Ein wichtiger **wirtschaftlicher Grund** kann z.B. vorliegen, wenn auf Dauer keine Rentabilität zu erwarten ist oder das verbliebene Kapital nicht ausreicht, um die Geschäftstätigkeit der Gesellschaft fortzuführen. Häufig führen solche Gründe jedoch bereits zur Unmöglichkeit der Zweckerreichung.[60]

E. Verfahren

I. Parteien

1. Klagender Gesellschafter

25 **Klagebefugt** sind nur Gesellschafter. Für die Gesellschafterstellung ist § 16 maßgeblich.[61] Im **Insolvenzverfahren** der Gesellschaft (vgl. Vor § 64 Rdn. 2 ff.) ist nur der Insolvenzverwalter klagebefugt.[62] Mangels Gesellschafterstellung sind Treugeber, Pfandgläubiger oder Nießbraucher am Gesellschaftsanteil nicht klagebefugt, da diesen die Mitverwaltungsrechte nicht zustehen.[63] Es kommt auch nicht auf ihre Zustimmung an. §§ 1276, 1071 BGB sind nicht anwendbar.[64] Entsprechendes gilt für den in den Anteil vollstreckenden Privatgläubiger.[65]

2. Klagegegner

26 **Klagegegner** ist die durch die Geschäftsführer gemäß § 35 vertretene Gesellschaft.[66] Sind der oder die Geschäftsführer aufgrund von § 181 BGB an der Vertretung gehindert, weil sie selbst Auflösungskläger sind, ist eine Ersatzbestellung durch die Gesellschafterversammlung analog § 46 Nr. 8, durch das Registergericht (§ 29 BGB) oder das Prozessgericht (§ 57 ZPO) erforderlich. In analoger Anwendung des § 46 Nr. 8 kann auch die Gesellschaftermehrheit einen Vertreter bestellen.[67] Eine Ersatzbestellung wird auch notwendig, wenn Geschäftsführer nicht in der zur Vertretung erforderlichen Anzahl vorhanden sind.[68]

---

60 *Haas*, in: Baumbach/Hueck, GmbHG, § 61 Rn. 10.

61 *K. Schmidt/Bitter*, in: Scholz, GmbHG, § 61 Rn. 7; *Altmeppen*, in: Roth/Altmeppen, GmbHG, § 61 Rn. 7.

62 *Kleindiek*, in: Lutter/Hommelhoff, GmbHG, § 61 Rn. 3.

63 *Nerlich*, in: Michalski, GmbHG, § 61 Rn. 30; *Rasner*, in: Rowedder/Schmidt-Leithoff, GmbHG, § 61 Rn. 13; *Casper*, in: Ulmer/Habersack/Winter, GmbHG, § 61 Rn. 28.

64 *Haas*, in: Baumbach/Hueck, GmbHG, § 61 Rn. 14; *K. Schmidt/Bitter*, in: Scholz, GmbHG, § 61 Rn. 7.

65 *K. Schmidt/Bitter*, in: Scholz, GmbHG, § 61 Rn. 7.

66 *Nerlich*, in: Michalski, GmbHG, § 61 Rn. 33.

67 *Haas*, in: Baumbach/Hueck, GmbHG, § 61 Rn. 18; *Kleindiek*, in: Lutter/Hommelhoff, GmbHG, § 61 Rn. 4; *K. Schmidt/Bitter*, in: Scholz, GmbHG, § 61 Rn. 9.

68 *Haas*, in: Baumbach/Hueck, GmbHG, § 61 Rn. 18.

zugrundeliegenden Tatsachen und deren Würdigungen im Rahmen des tatrichterlichen Beurteilungsspielraums geht.[101]

G. Fortsetzung der Gesellschaft

I. Zulässigkeit

40 Die Fortsetzung der aufgelösten Gesellschaft bleibt auch im Rahmen von § 61 GmbHG möglich. Dem steht die **Rechtskraft** des Urteils nicht entgegen. Das Auflösungsurteil überführt die Gesellschaft in das Stadium der Abwicklung. Aus dem Abwicklungsstadium ist nach den allgemeinen Grundsätzen eine Rückkehr in das Stadium einer werbenden Gesellschaft möglich.[102]

II. Voraussetzungen

41 Neben der bereits nach den allgemeinen Regeln erforderlichen Dreiviertelmehrheit bedarf der Fortsetzungsbeschluss bei der Auflösung durch Auflösungsklage zusätzlich der Zustimmung des Auflösungsklägers oder der Auflösungskläger.[103] Dies wird aus der zwingenden Natur des Minderheitsrechts auf Auflösung der Gesellschaft gefolgert, da es ansonsten durch einen Fortsetzungsbeschluss der Mehrheit umgangen werden könnte. Anderes gilt jedoch, wenn es der Mehrheit gelingt, nachträglich den Auflösungsgrund zu beseitigen.[104]

H. GmbH & Co. KG

42 Bei der GmbH & Co. KG ist nach der gerichtlichen Auflösung der Komplementär-GmbH und der gerichtlichen Auflösung der Kommanditgesellschaft zu unterscheiden. Zu den Grundlagen siehe schon unter § 60 Rdn. 75 ff. Daher vollzieht sich die gerichtliche Auflösung der Komplementär-GmbH nach § 61, während sich die Auflösung der Kommanditgesellschaft nach § 133 HGB i.V. mit § 161 Abs. 2 HGB richtet (zu Unterschieden von § 61 und § 133 HGB schon oben Rdn. 3). Da die Auflösungsklage nach § 133 HGB anders als die Auflösungsklage nach § 61 von jedem Gesellschafter erhoben werden kann, kann auch die Komplementär-GmbH auf Auf-

---

101 *Kleindiek*, in: Lutter/Hommelhoff, GmbHG, § 61 Rn. 10; *Casper*, in: Ulmer/Habersack/Winter, GmbHG, § 61 Rn. 37.

102 *Rasner*, in: Rowedder/Schmidt-Leithoff, GmbHG, § 61 Rn. 21; *Haas*, in: Baumbach/Hueck, GmbHG, § 61 Rn. 27; *K. Schmidt/Bitter*, in: Scholz, GmbHG, § 61 Rn. 21; *Casper*, in: Ulmer/Habersack/Winter, GmbHG, § 61 Rn. 49. Zu den Grundsätzen siehe § 60 Rdn. 65 f.

103 H.M., BayOblG, DB 1978, 2164, 2165; *Haas*, in: Baumbach/Hueck, GmbHG, § 61 Rn. 27; *K. Schmidt/Bitter*, in: Scholz, GmbHG, § 61 Rn. 21; *Casper*, in: Ulmer/Habersack/Winter, GmbHG, § 61 Rn. 49.

104 *Nerlich*, in: Michalski, GmbHG, § 61 Rn. 54 a.E.; *Rasner*, in: Rowedder/Schmidt-Leithoff, GmbHG, § 61 Rn. 21; *K. Schmidt/Bitter*, in: Scholz, GmbHG, § 60 Rn. 94.

lösung der Kommanditgesellschaft klagen. Auch dieses Urteil entfaltet auflösende Wirkung erst mit Rechtskraft.[105] Die Auflösung der Kommanditgesellschaft kann einen wichtigen Grund zur Auflösung der GmbH im Sinne von § 61 darstellen, wenn der Gesellschaftszweck der Komplementär-GmbH ausschließlich in der Geschäftsführung der Kommanditgesellschaft besteht.[106]

§ 62 Auflösung durch eine Verwaltungsbehörde

(1) Wenn eine Gesellschaft das Gemeinwohl dadurch gefährdet, dass die Gesellschafter gesetzwidrige Beschlüsse fassen oder gesetzwidrige Handlungen der Geschäftsführer wissentlich geschehen lassen, so kann sie aufgelöst werden, ohne dass deshalb ein Anspruch auf Entschädigung stattfindet.

(2) Das Verfahren und die Zuständigkeit der Behörden richtet sich nach den für streitige Verwaltungssachen ... geltenden Vorschriften.[1] ...

Übersicht **Rdn.**

Schrifttum
Siehe Schrifttum zu Vorbemerkungen zu §§ 60 ff.

105 RGZ 123, 153; *Nerlich*, in: Michalski, GmbHG, § 61 Rn. 58.

106 *Nerlich*, in: Michalski, GmbHG, § 61 Rn. 56.

1 Dabei handelt es sich um den um gegenstandslose Bestandteile bereinigten Wortlaut der Norm. Siehe zur Entwicklung *K. Schmidt/Bitter*, in: Scholz, GmbHG, § 62 Rn. 1.

A. Grundlagen

I. Überblick

1 § 62 konkretisiert die in § 60 Abs. 1 Nr. 3 vorgesehene Auflösung durch eine Entscheidung des Verwaltungsgerichts oder der Verwaltungsbehörde. Die Norm ermächtigt zur Auflösung einer GmbH, die das Gemeinwohl in nachhaltiger Weise gefährdet. Damit ist sie erkennbar dem Gefahrenabwehrrecht zuzuordnen und als solche öffentlich-rechtlicher Natur.[2] Dies hat Konsequenzen für die Prüfung der behördlichen Verfügung: Ordnet die Verwaltung die Auflösung der Gesellschaft an, unterliegt sie allen Anforderungen an ein staatliches Eingriffshandeln, vor allem dem Verhältnismäßigkeitsgrundsatz.[3] Die Bedeutung der Vorschrift ist gering. Sie wurde bislang kaum angewandt, anders als der vergleichbare § 43 BGB.[4]

II. Anwendbarkeit

2 § 62 ist gegenüber den Sondervorschriften aus anderen Gesetzen subsidiär. Die Gesellschaft kann etwa nach den **Spezialregelungen der § 38 KWG, §§ 3, 17 VereinsG** durch behördliche Verfügung aufgelöst werden.[5]

III. Verfahrensfragen

1. Anordnung durch Verwaltungsakt

3 Nach heute ganz herrschender Meinung ermächtigt § 62 die **Verwaltungsbehörde** dazu, die Auflösung der Gesellschaft durch **privatrechtsgestaltenden Verwaltungsakt zu verfügen.**[6] Früher ging die herrschende Meinung demgegenüber davon aus, dass die Verwaltungsbehörde vor dem Verwaltungsgericht klagen müsse, um die Auflösung herbeizuführen, wie dies auch heute noch in § 396 Abs. 1 AktG vorgesehen ist.[7] Diese Ansicht war dem Umstand geschuldet, dass es an durchgängigem verwaltungsgerichtlichem Rechtsschutz fehlte und eine gerichtliche Befassung zum Schutz der

---

2 *Konow*, GmbHR 1973, 217; *K. Schmidt/Bitter*, in: Scholz, GmbHG, § 62 Rn. 1; *Casper*, in: Ulmer/Habersack/Winter, GmbHG, § 62 Rn. 1.

3 *Casper*, in: Ulmer/Habersack/Winter, GmbHG, § 62 Rn. 1, 4, 6.

4 *K. Schmidt/Bitter*, in: Scholz, GmbHG, § 62 Rn. 1; *Haas*, in: Baumbach/Hueck, GmbHG, § 62 Rn. 1; *Nerlich*, in: Michalski, GmbHG, § 62 Rn. 2. Bislang wurde – soweit ersichtlich – nur ein einziger Fall bekannt: KG, JW 1937, 1270.

5 Vgl. zu diesen Spezialregelungen näher *Kleindiek*, in: Lutter/Hommelhoff, GmbHG, § 62 Rn. 1; *Rasner*, in: Rowedder/Schmidt-Leithoff, GmbHG, § 62 Rn. 12; *Casper*, in: Ulmer/Habersack/Winter, GmbHG, § 62 Rn. 7 ff.

6 *Haas*, in: Baumbach/Hueck, GmbHG, § 62 Rn. 11; *Kleindiek*, in: Lutter/Hommelhoff, GmbHG, § 62 Rn. 2; *Nerlich*, in: Michalski, GmbHG, § 62 Rn. 22; *Altmeppen*, in: Roth/Altmeppen, GmbHG, § 62 Rn. 4; *Rasner*, in: Rowedder/Schmidt-Leithoff, GmbHG, § 62 Rn. 7; *K. Schmidt/Bitter*, in: Scholz, GmbHG, § 62 Rn. 8; *Casper*, in: Ulmer/Habersack/Winter, GmbHG, § 62 Rn. 26.

7 KG, JW 1937, 1270; *Hofmann*, GmbHR 1975, 217, 221; vgl. *Konow*, GmbHR 1973, 217, 218 m.w.N.

Gesellschaft daher notwendig erschien.[8] Daher bestimmt Abs. 2 S. 2 auch, dass bei fehlendem Verwaltungsstreitverfahren die Auflösung nur gerichtlich angeordnet werden kann. Die Regelung ist durch die Einführung der Verwaltungsgerichtsbarkeit in allen Ländern gegenstandslos geworden.[9]

2. Zuständigkeit

4 Zuständig ist die oberste Landesbehörde, regelmäßig das Wirtschaftsministerium.[10] Die in Abs. 2 S. 3 geregelte Ersatzzuständigkeit des Landgerichts ist durch die Einführung der Verwaltungsgerichtsbarkeit in allen Ländern gegenstandslos geworden.[11] Im Jahr 1960 ist an die Stelle der in Abs. 2 S. 1 in Bezug genommenen landesrechtlichen Verwaltungsprozessvorschriften die VwGO als Bundesrecht getreten.[12]

B. Tatbestandsvoraussetzungen

I. Gesetzwidrige Beschlüsse und Handlungen

5 Eine Auflösungsverfügung der Verwaltungsbehörde setzt voraus, dass **gesetzwidrige Beschlüsse** gefasst wurden oder die Geschäftsführer **gesetzwidrige Handlungen** begangen haben. Gesetzwidrig ist jeder Verstoß gegen eine Ge- oder Verbotsnorm, ohne dass es darauf ankommt, ob es sich dabei um eine zivilrechtliche, strafrechtliche oder öffentlich-rechtliche Norm handelt.[13] Dagegen ist eine Verletzung des Gesellschaftsvertrages nicht genügend.[14] Durch den Verstoß muss **das Gemeinwohl gefährdet** sein (dazu sogleich unter Rdn. 6–7). Gesetzesverstöße ohne Gemeinwohlbezug rechtfertigen den schweren Eingriff der Auflösungsverfügung nicht und reichen zur Anwendung des § 62 daher nicht aus.[15] Bei Beschlüssen muss sich der Verstoß aus

---

8 Vgl. *Haas*, in: Baumbach/Hueck, GmbHG, § 62 Rn. 11.

9 *Haas*, in: Baumbach/Hueck, GmbHG, § 62 Rn. 11; *K. Schmidt/Bitter*, in: Scholz, GmbHG, § 62 Rn. 8. Abs. 2 S. 2 bestimmt »Wo ein Verwaltungssteuerverfahren nicht besteht, kann die Auflösung nur durch gerichtliche Erkenntnis auf Betreiben der höheren Verwaltungsbehörde erfolgen«.

10 H.M., *Haas*, in: Baumbach/Hueck, GmbHG, § 62 Rn. 12; *Kleindiek*, in: Lutter/Hommelhoff, GmbHG, § 62 Rn. 2; *Altmeppen*, in: Roth/Altmeppen, GmbHG, § 62 Rn. 5; *K. Schmidt/Bitter*, in: Scholz, GmbHG, § 62 Rn. 10; *Casper*, in: Ulmer/Habersack/Winter, GmbHG, § 62 Rn. 27.

11 Anders noch bei Erlass von KG, JW 1937, 1270, 1271. Abs. 2 S. 3 lautet: »Ausschließlich zuständig ist in diesem Fall das Landgericht, in dessen Bezirk die Gesellschaft ihren Sitz hat«.

12 *Casper*, in: Ulmer/Habersack/Winter, GmbHG, § 62 Rn. 24. Abs. 2 S. 1 lautet: »Das Verfahren und die Zuständigkeit der Behörden richtet sich nach den für streitige Verwaltungssachen landesgesetzlich geltenden Vorschriften«.

13 *Hofmann*, GmbHR 1975, 217, 221; *K. Schmidt/Bitter*, in: Scholz, GmbHG, § 62 Rn. 3.

14 *Haas*, in: Baumbach/Hueck, GmbHG, § 62 Rn. 7; *Nerlich*, in: Michalski, GmbHG, § 62 Rn. 6; *Casper*, in: Ulmer/Habersack/Winter, GmbHG, § 62 Rn. 15.

15 *K. Schmidt/Bitter*, in: Scholz, GmbHG, § 62 Rn. 2.

dem Inhalt des Beschlusses ergeben; die **gesetzwidrige Art des Zustandekommens** führt zur Anfechtbarkeit oder Nichtigkeit des Beschlusses, rechtfertigt die Auflösung nach § 62 aber nicht.[16]

II. Gefährdung des Gemeinwohls

1. Nachhaltigkeit

6 Die tatbestandliche Weite der Norm wird in objektiver Hinsicht durch das Erfordernis der **Gefährdung des Gemeinwohls** begrenzt. Das Gemeinwohl ist erst dann berührt, wenn die festgestellten Gesetzesverstöße die Interessen breiter Verkehrskreise oder der Öffentlichkeit insgesamt in erheblichem Maße beeinträchtigen. Demgegenüber reicht es nicht aus, wenn nur die Interessen der Mitgesellschafter oder einzelner Vertragspartner der Gesellschaft oder sonstiger Dritter betroffen sind.[17]

2. Gefahrensituation

7 Eine **Gefahr** liegt vor bei einer Situation, die bei ungehindertem Ablauf des zu erwartenden Geschehens mit hinreichender Wahrscheinlichkeit zu einem Schaden führen wird.[18] Die Feststellung erfordert eine **Prognose** der zukünftigen Entwicklungen.[19] In der Vergangenheit liegende Verstöße reichen alleine nicht aus, lassen aber regelmäßig auf ein entsprechendes Verhalten in der Zukunft schließen. Dagegen muss die Eingriffsbefugnis entfallen, wenn die Gefährdung zum Zeitpunkt des Erlasses der Auflösungsentscheidung nicht mehr besteht, weil sie von den Gesellschaftern oder von den Gesellschaftsorganen beseitigt worden ist oder sich auf andere Weise erledigt hat.[20]

III. Zurechnung

8 Gegenstand der Gefahrenabwehr ist das **Verhalten der Gesellschaft**. Das Gesetz trägt der überragenden Stellung der Gesellschafter in der GmbH dadurch Rechnung, dass es als subjektives Element eine Zurechnung des Gesetzesverstoßes an die Gesellschafter fordert. Bei Gesellschafterbeschlüssen findet eine Zurechnung statt, wenn der Beschluss mit der notwendigen **Mehrheit** zustande kommt.[21] Bei gesetzwidrigen Handlungen der **Geschäftsführer** kommt es darauf an, dass die Gesellschaftermehrheit die Geschäftsführer wissentlich gewähren lässt. Dies setzt voraus, dass die Gesellschaftermehrheit von den Handlungen der Geschäftsführer und deren Gesetzwidrig-

---

16 *Casper*, in: Ulmer/Habersack/Winter, GmbHG, § 62 Rn. 20.

17 *Haas*, in: Baumbach/Hueck, GmbHG, § 62 Rn. 9; *Nerlich*, in: Michalski, GmbHG, § 62 Rn. 3; *Rasner*, in: Rowedder/Schmidt-Leithoff, GmbHG, § 62 Rn. 8; *K. Schmidt/Bitter*, in: Scholz, GmbHG, § 62 Rn. 3; *Casper*, in: Ulmer/Habersack/Winter, GmbHG, § 62 Rn. 16.

18 *Casper*, in: Ulmer/Habersack/Winter, GmbHG, § 62 Rn. 16.

19 *Kleindiek*, in: Lutter/Hommelhoff, GmbHG, § 62 Rn. 5.

20 *Rasner*, in: Rowedder/Schmidt-Leithoff, GmbHG, § 62 Rn. 4; *K. Schmidt/Bitter*, in: Scholz, GmbHG, § 62 Rn. 5; *Casper*, in: Ulmer/Habersack/Winter, GmbHG, § 62 Rn. 14.

21 Bei Stimmenmehrheit nach *K. Schmidt/Bitter*, in: Scholz, GmbHG, § 62 Rn. 4; *Casper*, in: Ulmer/Habersack/Winter, GmbHG, § 62 Rn. 20.

keit Kenntnis besitzt. Der Kenntnis steht es gleich, wenn sich die Gesellschafter bewusst davor verschließen, Kenntnis zu erlangen.[22]

C. Ermessen, Verhältnismäßigkeitsprinzip

9 Die Entscheidung nach § 62 steht nach wohl überwiegender Meinung im **Ermessen** der Verwaltung. Das ergibt sich zunächst aus dem Wortlaut der Norm und folgt überdies aus dem allgemeinen ordnungsrechtlichen Opportunitätsprinzip.[23] Bei der Ausübung des Ermessens ist insbesondere das **Verhältnismäßigkeitsprinzip** zu beachten. Die Auflösung der Gesellschaft muss daher zur Sicherung des Gemeinwohls geeignet, erforderlich und angemessen sein. In den meisten Fällen werden der Verwaltung mildere, gleich geeignete Mittel zur Verfügung stehen, um der Gefährdung des Gemeinwohls durch die Gesellschaft zu begegnen, etwa die Untersagung des Gewerbebetriebs oder Maßnahmen durch die Kartellbehörden.[24]

D. Rechtsfolge

10 Die Auflösungsverfügung wird als privatrechtsgestaltender Verwaltungsakt mit ihrer **Bekanntgabe** und daher Zustellung an die Gesellschaft **wirksam.**[25] Wie bei den übrigen in § 60 genannten Auflösungsgründen richten sich auch bei der Verfügung nach § 62 die Folgen der Auflösung nach den §§ 65 ff. Die Gesellschaft ist daher keineswegs vollbeendet, sondern muss abgewickelt werden. Ihre Auflösung ist nach § 65 zur Eintragung in das Handelsregister anzumelden.[26] Eine amtliche Benachrichtigung des Registergerichts ist jedoch ebenso wenig vorgesehen wie die bei § 3 VereinsG angeordnete **Beschlagnahme und Einziehung des Gesellschaftsvermögens.**[27]

---

22 *Haas*, in: Baumbach/Hueck, GmbHG, § 62 Rn. 8; *K. Schmidt/Bitter*, in: Scholz, GmbHG, § 62 Rn. 4; *Casper*, in: Ulmer/Habersack/Winter, GmbHG, § 62 Rn. 21; *Kleindiek*, in: Lutter/Hommelhoff, GmbHG, § 62 Rn. 4.

23 *Haas*, in: Baumbach/Hueck, GmbHG, § 62 Rn. 11; *Nerlich*, in: Michalski, GmbHG, § 62 Rn. 5, 26; *Rasner*, in: Rowedder/Schmidt-Leithoff, GmbHG, § 62 Rn. 6; *Casper*, in: Ulmer/Habersack/Winter, GmbHG, § 62 Rn. 5; a.A. *Altmeppen*, in: Roth/Altmeppen, GmbHG, § 62 Rn. 4; *K. Schmidt/Bitter*, in: Scholz, GmbHG, § 62 Rn. 11.

24 *Haas*, in: Baumbach/Hueck, GmbHG, § 62 Rn. 9; *Kleindiek*, in: Lutter/Hommelhoff, GmbHG, § 62 Rn. 1; *Nerlich*, in: Michalski, GmbHG, § 62 Rn. 10, 11; *Rasner*, in: Rowedder/Schmidt-Leithoff, GmbHG, § 62 Rn. 6; *K. Schmidt/Bitter*, in: Scholz, GmbHG, § 62 Rn. 6; *Casper*, in: Ulmer/Habersack/Winter, GmbHG, § 62 Rn. 6, 22, 23.

25 *Altmeppen*, in: Roth/Altmeppen, GmbHG, § 62 Rn. 6; *Rasner*, in: Rowedder/Schmidt-Leithoff, GmbHG, § 62 Rn. 9; *K. Schmidt/Bitter*, in: Scholz, GmbHG, § 62 Rn. 11; *Casper*, in: Ulmer/Habersack/Winter, GmbHG, § 62 Rn. 29.

26 *K. Schmidt/Bitter*, in: Scholz, GmbHG, § 62 Rn. 11; *Haas*, in: Baumbach/Hueck, GmbHG, § 62 Rn. 14.

27 *Rasner*, in: Rowedder/Schmidt-Leithoff, GmbHG, § 62 Rn. 9; *Casper*, in: Ulmer/Habersack/Winter, GmbHG, § 62 Rn. 29.

Gemessen an den hohen Voraussetzungen für die Auflösungsverfügung sind diese Rechtsfolgen überraschend schwach und tragen dem Umstand, dass von der Gesellschaft eine Gemeinwohlgefährdung ausgeht, kaum Rechnung. Die Auflösung erfolgt allerdings als Folge der Sozialpflichtigkeit des Eigentums entschädigungslos.[28]

E. Rechtsschutz

11 Der **Rechtsschutz** gegen die Auflösungsverfügung bestimmt sich nach §§ 42, 68 VwGO. Die **Anfechtungsklage** kann von der Gesellschaft und von jedem Gesellschafter erhoben werden (§ 42 Abs. 2 VwGO). Im Hinblick auf die Zuständigkeit der obersten Landesbehörde bedarf es der Durchführung eines vorherigen Widerspruchverfahrens nicht, § 68 Abs. 1 Nr. 1 VwGO.[29] Entgegen der herrschenden Meinung erscheint es mit Blick auf den mit der Klageerhebung verbundenen **Suspensiveffekt** nach § 80 Abs. 1 VwGO angebracht, vom Fortbestehen der bisherigen Vertretungsbefugnisse in der Gesellschaft auszugehen.[30]

F. Fortsetzung der Gesellschaft

12 Eine Fortsetzung der Gesellschaft bleibt möglich, allerdings genügt hierfür weder die bloße Beseitigung des Auflösungsgrundes noch die Zustimmung der Verwaltungsbehörde zum Fortsetzungsbeschluss. Ein Fortsetzungsbeschluss kann vielmehr nur dann wirksam gefasst werden, wenn die Auflösungsverfügung formell widerrufen oder zurückgenommen worden ist.[31]

§ 63

(weggefallen)

---

28 Näher *K. Schmidt/Bitter*, in: Scholz, GmbHG, § 62 Rn. 13.

29 *Casper*, in: Ulmer/Habersack/Winter, GmbHG, § 62 Rn. 31; a.A. *K. Schmidt/Bitter*, in: Scholz, GmbHG, § 62 Rn. 12.

30 So auch *Casper*, in: Ulmer/Habersack/Winter, GmbHG, § 62 Rn. 30. Dagegen jedoch die h.M. (Liquidatoren zuständig): *Haas*, in: Baumbach/Hueck, GmbHG, § 62 Rn. 13; *Nerlich*, in: Michalski, GmbHG, § 62 Rn. 30; *Rasner*, in: Rowedder/Schmidt-Leithoff, GmbHG, § 62 Rn. 9 a.E.; *K. Schmidt/Bitter*, in: Scholz, GmbHG, § 62 Rn. 12.

31 Ganz h.M., *Nerlich*, in: Michalski, GmbHG, § 62 Rn. 36; *Rasner*, in: Rowedder/Schmidt-Leithoff, GmbHG, § 62 Rn. 15; *K. Schmidt/Bitter*, in: Scholz, GmbHG, § 62 Rn. 15; *Casper*, in: Ulmer/Habersack/Winter, GmbHG, § 62 Rn. 34, § 60 Rn.143. Siehe auch § 60 Rdn. 68.

Vorbemerkung zu § 64

Übersicht | Rdn.

Schrifttum

Bauer/Dimmling, Endlich im Gesetz(entwurf): Der Debt-Equity-Swap, NZI 2011, 517 ff.; *Blum,* Stillschweigend vereinbarte Kündbarkeit einer nur für einen bestimmten Zeitraum benötigten Patronatserklärung, (Anmerkung zu BGH, Urt. v. 20.09.2010 – II ZR 296/08 –), NZG 2010, 1331 ff.; *Bork,* Abschaffung des Eigenkapitalersatzrechts zugunsten des Insolvenzrechts?, ZGR 2007, 250 ff.; *Braun/Heinrich,* Auf dem Weg zu einer (neuen) Insolvenzplankultur in Deutschland. Ein Beitrag zu dem Regierungsentwurf für ein Gesetz zur weiteren Erleichterung der Sanierung von Unternehmen, NZI 2011, 505 ff.; *Dahl/Schmitz,* Eigenkapitalersatz nach dem MoMiG aus insolvenzrechtlicher Sicht, NZG 2009, 325 ff.; *Eckert/Happe,* Totgesagte leben länger. Die (vorübergehende) Rückkehr des zweistufigen Überschuldungsbegriffs,

InsO).[1] Eine titulierte, etwa aus einer vollstreckbaren Urkunde herrührende Forderung ist, auch wenn der Schuldner sie bestreitet und dagegen mit Rechtsbehelfen vorgeht, zu berücksichtigen, sofern der Gläubiger daraus vollstrecken kann.[2] Da nur fällige Verbindlichkeiten in Ansatz zu bringen sind,[3] können **betagte, künftige** oder **gestundete** Verbindlichkeiten keine Zahlungsunfähigkeit auslösen. Hat der Gesellschafter für ein Darlehen oder eine sonstige Forderung einen **Rangrücktritt** (§ 19 Abs. 2 Satz 2, § 39 Abs. 2 InsO) erklärt, ist die Verbindlichkeit mangels Fälligkeit nicht geeignet, Zahlungsunfähigkeit zu begründen. Demgegenüber sind Forderungen der Gesellschafter zu berücksichtigen, die erst im eröffneten Verfahren durch das Gesetz mit einem Rangrücktritt belegt werden (§ 39 Abs. 1 Nr. 5 InsO).[4] Erfasst werden Zahlungspflichten gegenüber sämtlichen Gläubigern, gleich ob es sich um einen außenstehenden Dritten oder mit der GmbH verbundene Personen wie Gesellschafter oder Geschäftsführer handelt. Abweichend vom früheren Recht sind insbesondere auch Gesellschafterdarlehen in die Liquiditätsprüfung einzubeziehen, weil ihrer Rückführung nicht mehr § 30 entgegensteht.[5] Ausnahmsweise bleibt ein Gesellschafterdarlehen außer Betracht, wenn seine Rückzahlung wegen der dadurch hervorgerufenen Zahlungsunfähigkeit durch § 64 Satz 3 verboten ist. Keine Zahlungsunfähigkeit liegt nämlich vor, wenn die unterbliebene Zahlung auf einem gegen den Schuldner ergangenen gesetzlichen oder gerichtlichen Zahlungsverbot beruht. Die **Lieferunfähigkeit** bedeutet mangels einer Zahlungspflicht keine Zahlungsunfähigkeit; anders verhält es sich, wenn sich die Lieferpflicht in einen Schadensersatzanspruch umgewandelt hat, den die Gesellschaft nicht zu befriedigen vermag.

6 **b) Zu berücksichtigende Verbindlichkeiten des Schuldners.** Unter Geltung der InsO ist an dem schon in Anwendung der KO maßgeblichen Erfordernis des ernsthaften Einforderns als Voraussetzung einer die Zahlungsunfähigkeit begründenden oder zu dieser beitragenden Forderung festzuhalten. Freilich ist diese Formel nichts anderes als ein überholtes Relikt, auf das man aus Verständnisgründen besser verzichten sollte. Eine Forderung ist jedenfalls dann im Sinne von § 17 Abs. 2 InsO **fällig**, wenn eine Gläubigerhandlung feststeht, aus der sich der Wille, vom Schuldner Erfüllung zu verlangen, im Allgemeinen ergibt. Hierfür genügend, aber nicht erforderlich ist die Übersendung einer Rechnung. Das Merkmal des »ernsthaften Einforderns« dient damit lediglich dem Zweck, solche Forderungen auszunehmen, die rein tatsächlich – also auch ohne rechtlichen Bindungswillen oder erkennbare Erklärung – gestundet sind.[6] Im Gegenschluss setzt die Berücksichtigung einer fälligen Forderung nicht voraus, dass sie durch eine **besondere Gläubigerhandlung** geltend gemacht wurde. Mithin ist eine gesetzliche Forderung etwa aus Delikt einzubeziehen, selbst

1 BGHZ 173, 286, 288 Rn. 8.
2 BGH, ZInsO 2010, 331 Rn. 6, 7; 2010, 1091 Rn. 7 f.
3 BGH, ZInsO 2008, 103, 104 Rn. 7.
4 BGH, ZInsO 2010, 2091 Rn. 10.
5 BGH, ZInsO 2010, 2091 Rn. 10; BGH, ZInsO 2011, 1063 Rn. 11.
6 BGH, NJW 2009, 2600, 2602 Rn. 22; BGH, NZI 2011, 680 Rn. 9.

wenn dem Gläubiger als Geschädigter der Anspruch noch gar nicht bekannt ist. Darum können auch innerhalb der Drei-Wochen-Frist (§ 15a Abs. 1 InsO) fällig werdende Forderungen in die Liquiditätsbilanz einbezogen werden, obwohl es naturgemäß an einem Einfordern fehlt. Eine Zahlungszusage des Schuldners wie auch die kalendermäßige Fälligkeit der Forderung macht ein Zahlungsverlangen ohnehin entbehrlich.[7]

7 Nachrangige Forderungen im Sinne des § 39 Abs. 1 Nr. 5 InsO sind in die Liquiditätsprognose einzubeziehen.[8] Forderungen, deren Gläubiger sich für die Zeit vor Eröffnung eines Insolvenzverfahrens mit einer späteren oder nachrangigen Befriedigung einverstanden (§ 39 Abs. 2 InsO) erklärt haben, sind hingegen bei der Prüfung der Zahlungsunfähigkeit des Schuldners nicht zu berücksichtigen.[9] Gleiches gilt für Forderungen, die rechtlich oder auch nur tatsächlich – also ohne rechtlichen Bindungswillen oder erkennbare Erklärung – gestundet sind. Unter eine derartige Stundung fällt auch ein bloßes Stillhalteabkommen.[10] Bei der Prüfung, ob der Schuldner zahlungsunfähig ist, darf eine Forderung, die früher ernsthaft eingefordert war, nicht mehr berücksichtigt werden, wenn inzwischen ein Stillhalteabkommen – das keine Stundung im Rechtssinne enthalten muss – mit dem Gläubiger geschlossen wurde. Hat der Gläubiger das Stillhalten an die Erbringung gewisser Leistungen, insbesondere Ratenzahlungen, geknüpft, kann der Schuldner allerdings von neuem zahlungsunfähig werden, wenn er nicht in der Lage ist, diese Leistungen zu erbringen.[11] Bei der Annahme, ein Gläubiger habe stillschweigend in eine spätere oder nachrangige Befriedigung seiner Forderung eingewilligt, ist Zurückhaltung geboten. **Erzwungene Stundungen**, die dadurch zustande kommen, dass der Schuldner seine fälligen Verbindlichkeiten mangels liquider Mittel nicht mehr oder nur noch mit Verzögerungen begleicht, die Gläubiger aber nicht sofort klagen und vollstrecken, weil sie dies ohnehin für aussichtslos halten oder sie nicht den sofortigen Zusammenbruch des Schuldners verantworten wollen, stehen der Zahlungsunfähigkeit nicht entgegen. Dies gilt in besonderem Maße bei Nichtzahlung der Löhne von Arbeitnehmern.[12]

8 c) **Deckungslücke**. Unter Zahlungsunfähigkeit ist Geldilliquidität, also der Mangel an Zahlungsmitteln zu verstehen. Mit Rücksicht auf das (ungeschriebene) Merkmal der Dauer wird anstelle einer Zeitpunkt- eine Zeitraumilliquidität verlangt. Ganz geringfügige Liquiditätslücken reichen für die Annahme der Zahlungsunfähigkeit nicht aus.[13] Zwar hat der Gesetzgeber davon abgesehen, eine starre zahlenmäßige Grenze einzuführen, die automatisch über das Vorliegen der Zahlungsunfähigkeit entscheidet. Im Interesse der praktischen Handhabung des Begriffs der Zahlungsun-

7 BGH, NJW 2009, 2600, 2602 Rn. 24, 26.
8 BGH, ZInsO 2010, 2091 Rn. 10; ZInsO 2011, 1063 Rn. 11.
9 BGHZ 173, 286, 292 ff.; BGH, ZInsO 2010, 2091 Rn. 10.
10 BGH, ZInsO 2008, 273, 275 Rn. 25.
11 BGH, ZInsO 2008, 273, 275 Rn. 26.
12 BGH, ZInsO 2008, 378, 380 Rn. 22 f.
13 BGHZ 163, 134, 142 f.

fähigkeit kann auf eine zahlenmäßige Vorgabe nicht völlig verzichtet werden. Jedoch kommt die Einführung eines prozentualen Schwellenwerts nur in der Form in Betracht, dass sein Erreichen eine widerlegbare Vermutung für die Zahlungsunfähigkeit begründet. Aus der Überschreitung eines prozentualen Schwellenwerts der Unterdeckung kann auf den Insolvenzgrund der Zahlungsunfähigkeit geschlossen werden. Beträgt eine entsprechend dem Rechtsgedanken des § 15a Abs. 1 InsO innerhalb von drei Wochen nicht zu beseitigende Liquiditätslücke des Schuldners weniger als 10% seiner fälligen Gesamtverbindlichkeiten, ist regelmäßig von Zahlungsfähigkeit auszugehen, es sei denn, es ist bereits absehbar, dass die Lücke demnächst mehr als 10% erreichen wird. Soll bei einer Unterdeckung von weniger als 10 % Zahlungsunfähigkeit angenommen werden, müssen besondere Umstände vorliegen, die diesen Standpunkt stützen. Ein solcher Umstand kann auch die auf Tatsachen gegründete Erwartung sein, dass sich der Niedergang des Schuldner-Unternehmens fortsetzen wird. Beträgt die Liquiditätslücke des Schuldners dagegen 10% oder mehr, ist regelmäßig von Zahlungsunfähigkeit auszugehen, sofern nicht ausnahmsweise mit an Sicherheit grenzender Wahrscheinlichkeit zu erwarten ist, dass die Liquiditätslücke demnächst vollständig oder fast vollständig beseitigt werden wird und den Gläubigern ein Zuwarten nach den besonderen Umständen des Einzelfalls zuzumuten ist. Zur Entkräftung des Indizes ist in der Regel die Benennung konkreter Umstände erforderlich, die mit an Sicherheit grenzender Wahrscheinlichkeit erwarten lassen, dass die Liquiditätslücke zwar nicht innerhalb von zwei bis drei Wochen – dann läge nur eine Zahlungsstockung vor –, jedoch immerhin in überschaubarer Zeit beseitigt werden wird.[14] Bei der Beurteilung, ob eine Deckungslücke vorliegt, sind Zahlungseingänge des Schuldners auch zu berücksichtigen, wenn sie anfechtbar erworben werden oder auf strafbaren Handlungen beruhen.[15] Von der Zahlungsunfähigkeit ist die insolvenzrechtlich unschädliche Zahlungsunwilligkeit zu unterscheiden.

9 **d) Feststellung der Zahlungsunfähigkeit**. Zur Feststellung der Zahlungsunfähigkeit ist eine **Liquiditätsbilanz** zu erstellen. Darin sind die aktuell verfügbaren liquiden Mittel und die kurzfristig verwertbaren Vermögensbestandteile aufzunehmen, etwa ein Bankguthaben, der Kassenbestand, ein Pkw und die monatlich zu erwartenden Zahlungen. Danach sind die im maßgeblichen Zeitpunkt verfügbaren und innerhalb von drei Wochen mittels Forderungseingänge, Darlehensaufnahme und Veräußerungen des Anlage- und Umlaufvermögens flüssig zu machenden Mittel in Beziehung zu den an demselben Stichtag fälligen und eingeforderten Verbindlichkeiten zu setzen.[16] Ein jederzeit abrufbarer Kredit ist ungeachtet seiner tatsächlichen Auszahlung den verfügbaren Zahlungsmitteln zuzurechnen.[17] Anderes gilt für eine etwa seitens der Konzernmutter einem Gläubiger erteilte Patronatserklärung, die

14 BGHZ 163, 134, 145; BGH, ZInsO 2009, 2148, 2149 Rn. 11.
15 BGH, NJW 2009, 2600, 2601 f. Rn. 19.
16 BGHZ 173, 286, 296 Rn. 30; BGH, NZI 2007, 36, 38; NJW 2009, 2600, 2603 Rn. 37.
17 BGH, Beschl. v. 20.1.2011 – IX ZR 32/10, Rn. 4, 11.

keine eigenen Ansprüche des Schuldners begründet. In die Bilanz sind nicht nur die binnen drei Wochen zu erwartenden Eingänge, sondern ab dem Stichtag auch die innerhalb dieses Zeitraums **hinzukommenden Verbindlichkeiten** einzustellen, weil eine Unterdeckung von weniger als 10 % zur Vermeidung der Zahlungsunfähigkeit während der gesamten Periode gegeben sein muss.[18] Von dieser – regelmäßig die Zuziehung eines Sachverständigen erfordernden – Prüfung hängt es ab, ob die innerhalb von drei Wochen nicht zu beseitigende Liquiditätslücke des Schuldners mehr als 10% beträgt und folglich Zahlungsunfähigkeit eingetreten ist. Die erst nach einer Verfahrenseröffnung zu erwartenden Ansprüche aus anfechtbaren Rechtshandlungen dürfen folgerichtig nicht berücksichtigt werden.[19] Im **Anfechtungsprozess** (§§ 129 ff. InsO) ist eine Liquiditätsbilanz zur Feststellung der Zahlungsunfähigkeit nicht erforderlich, wenn im fraglichen Zeitpunkt **wesentliche** fällige Verbindlichkeiten bestanden haben, die bis zur Verfahrenseröffnung nicht mehr beglichen worden sind.[20]

2. Zahlungseinstellung

10 Eine Zahlungseinstellung kann aus einem einzelnen, aber auch aus einer Gesamtschau mehrerer darauf hindeutender, in der Rechtsprechung entwickelter **Beweisanzeichen** gefolgert werden. Sind derartige Indizien vorhanden, bedarf es nicht einer darüber hinaus gehenden Darlegung und Feststellung der genauen Höhe der gegen den Schuldner bestehenden Verbindlichkeiten oder gar einer Unterdeckung von mindestens 10 v.H.[21] Zahlungseinstellung ist dasjenige äußere Verhalten des Schuldners, in dem sich typischerweise eine Zahlungsunfähigkeit ausdrückt. Es muss sich also mindestens für die beteiligten Verkehrskreise der berechtigte Eindruck aufdrängen, dass der Schuldner nicht in der Lage ist, seine fälligen Zahlungspflichten zu erfüllen.[22] Die tatsächliche Nichtzahlung eines **erheblichen Teils der fälligen Verbindlichkeiten** reicht für eine Zahlungseinstellung aus. Dies gilt auch dann, wenn tatsächlich noch geleistete Zahlungen beträchtlich sind, aber im Verhältnis zu den fälligen Gesamtschulden nicht den wesentlichen Teil ausmachen.[23] Die schleppende Zahlung von **Löhnen** und **Gehältern** ist ein Anzeichen für eine Zahlungseinstellung.[24] Gleiches gilt bei einer Nichtzahlung oder schleppenden Zahlung von **Steuerforderungen** oder Energielieferungen durch den Schuldner.[25] Gegen den Schuldner betriebene Vollstreckungsverfahren oder die Nichteinlösung eines von ihm gegebenen Schecks kann die Schlussfolgerung der Zahlungseinstellung nahelegen.[26] Durch die Nichtzahlung der **Sozialversicherungsbeiträge**, der Löhne und der sonst fälligen

18 *Pape,* WM 2008, 1949, 1952.
19 BGHZ 173, 286, 296 Rn. 30.
20 BGH, ZInsO 2006, 1210 Rn. 28.
21 BGH, ZInsO 2001, 1410 Rn. 13.
22 BGH, ZInsO 2008, 273, 275 Rn. 21.
23 BGH, ZInsO 2006, 1210 Rn. 13 ff.; 2010, 673 Rn. 42; BGH, ZInsO 2001, 1410 Rn. 12.
24 BGH, NJW-RR 2008, 870, 872 Rn. 20.
25 BGH, ZInsO 2001, 1410 Rn. 16.
26 BGH, ZInsO 2001, 1410 Rn. 18.

Verbindlichkeiten über einen Zeitraum von mehr als drei Wochen nach Fälligkeit wird für die beteiligten Verkehrskreise hinreichend erkennbar, dass die Nichtzahlung auf einem objektiven Mangel an Geldmitteln beruht. Gerade Sozialversicherungsbeiträge und Löhne werden typischerweise nur dann nicht bei Fälligkeit bezahlt, wenn die erforderlichen Geldmittel hierfür nicht vorhanden sind.[27] Eine Zahlungseinstellung kann gegeben sein, wenn der Schuldner infolge der ständigen verspäteten Begleichung auch seiner sonstigen Verbindlichkeiten einen **Forderungsrückstand vor sich hergeschoben** hat und demzufolge ersichtlich am Rande des finanzwirtschaftlichen Abgrunds operierte.[28] Eigene Erklärungen des Schuldners, eine fällige Verbindlichkeit nicht begleichen zu können, deuten auf eine Zahlungseinstellung hin, auch wenn sie mit einer Stundungsbitte versehen sind.[29] Die tatsächliche Nichtzahlung eines erheblichen Teils der fälligen Verbindlichkeiten reicht für eine Zahlungseinstellung aus. Dies gilt auch dann, wenn tatsächlich noch geleistete Zahlungen beträchtlich sind, aber im Verhältnis zu den fälligen Gesamtschulden nicht den wesentlichen Teil ausmachen.[30] Die Nichtzahlung einer einzelnen erheblichen Forderung kann den Schluss auf eine Zahlungseinstellung rechtfertigen.[31] Allein eine **harte Patronatserklärung** – gleich ob es sich um eine konzerninterne von der Muttergesellschaft gegenüber ihrer Tochtergesellschaft oder eine konzernexterne von der Muttergesellschaft zugunsten eines Gläubigers ihrer Tochtergesellschaft abgegebene Erklärung[32] handelt – beseitigt nicht die Zahlungsunfähigkeit; anders liegt es, wenn mit Hilfe der durch die Patronatserklärung erlangten Mittel die Zahlungen tatsächlich wiederaufgenommen werden.[33] Die Zahlungseinstellung braucht nicht vom **Willen des Schuldners** getragen zu sein und es ist auch nicht erforderlich, dass er selbst seine Zahlungsunfähigkeit kennt, sofern diese nur objektiv vorliegt.[34] Eine Zahlungseinstellung kann allerdings dann nicht festgestellt werden, wenn der Schuldner die Zahlungen verweigert hat, weil er die Forderungen für unbegründet hielt.[35] Verwirklichen sich mehrere gewichtige **Beweisanzeichen**, ermöglicht dies die Bewertung, dass eine Zahlungseinstellung vorliegt.[36] Eine Zahlungseinstellung begründet eine **Vermutung** für den Eintritt der Zahlungsunfähigkeit, die von dem Prozessgegner durch den Antrag auf Einholung eines Sachverständigengutachtens zum Nachweis, dass eine Liquiditätsbilanz eine Deckungslücke von weniger als 10 v.H. ausweist, widerlegt werden kann.[37]

27 BGH, NZI 2007, 36, 37 Rn. 24.
28 BGH, ZInsO 2001, 1410 Rn. 16.
29 BGH, NJW-RR 2009, 634, 635 Rn. 14.
30 BGH, ZInsO 2006, 1210, 1211 Rn. 13 ff.; WM 2010, 711 Rn. 42.
31 BGH, NJW 2007, 2640, 2643 Rn. 22; WM 2010, 711 Rn. 39.
32 Vgl. BGH, ZInsO 2011, 17 ff.
33 BGH, WM 2010, 711 Rn. 48; ZInsO 2011, 1115 Rn. 17 ff., 22.
34 BGH, WM 2010, 711 Rn. 40.
35 BGH, WM 2010, 711 Rn. 41.
36 BGH, ZInsO 2001, 1410 Rn. 18.
37 BGH, ZInsO 2001, 1410 Rn. 20.

3. Zahlungsstockung

Nach der Vermutungsregel des § 17 Abs. 2 Satz 2 InsO ist Zahlungsunfähigkeit anzunehmen, wenn der Schuldner seine Zahlungen eingestellt hat. Es ist daran festzuhalten, dass eine Zahlungsunfähigkeit, die sich voraussichtlich innerhalb kurzer Zeit beheben lässt, lediglich als Zahlungsstockung gilt und keinen Insolvenzeröffnungsgrund darstellt. Eine bloße **Zahlungsstockung** ist anzunehmen, wenn der Zeitraum nicht überschritten wird, den eine kreditwürdige Person benötigt, um sich die benötigten Mittel zu leihen. Dafür erscheinen in Anlehnung an § 15a Abs. Abs. 1 Satz 1 drei Wochen erforderlich, aber auch ausreichend.[38] Eine bloß vorübergehende Zahlungsstockung liegt darum nicht vor, wenn es dem Schuldner schon seit mehreren Monaten nicht gelungen war, seine fälligen Verbindlichkeiten spätestens innerhalb von drei Wochen auszugleichen und die rückständigen Beträge insgesamt so erheblich waren, dass von lediglich geringfügigen Liquiditätslücken keine Rede sein kann.[39] Vermögen und Außenstände können eine Zahlungsunfähigkeit nur abwenden, wenn sie binnen drei Wochen nach Eintritt einer Zahlungsstockung versilbert werden können.[40] Nicht beleihbare oder nicht kurzfristig veräußerbare Vermögenswerte lassen hingegen die Zahlungsunfähigkeit unberührt. Damit muss Zahlungsunfähigkeit nicht nur zu einem bestimmten Zeitpunkt, sondern über einen **gewissen Zeitraum** – nämlich drei Wochen – bestehen 11

4. Beweislast

Eine einmal eingetretene Zahlungseinstellung wirkt grundsätzlich fort. Sie kann nur dadurch wieder beseitigt werden, dass der Schuldner seine Zahlungen allgemein wiederaufnimmt; dies hat derjenige darzulegen und zu beweisen, der sich auf den nachträglichen Wegfall einer zuvor eingetretenen Zahlungseinstellung beruft.[41] 12

II. Drohende Zahlungsunfähigkeit

Einschlägige Vorschriften der Insolvenzordnung: 13

§ 18 Drohende Zahlungsunfähigkeit

(1) Beantragt der Schuldner die Eröffnung des Insolvenzverfahrens, so ist auch die drohende Zahlungsunfähigkeit Eröffnungsgrund.

(2) Der Schuldner droht zahlungsunfähig zu werden, wenn er voraussichtlich nicht in der Lage sein wird, die bestehenden Zahlungspflichten im Zeitpunkt der Fälligkeit zu erfüllen.

---

38 BGHZ 163, 134, 139 f.

39 BGH, WM 2010, 711 Rn. 43; ZInsO 2001, 1410 Rn. 12, 16.

40 BGH, ZInsO 1999, 107, 109 spricht auf der Grundlage des früheren Rechts noch von vier Wochen.

41 BGH, ZInsO 2008, 273, 275 Rn. 24.

(3) Wird bei einer juristischen Person oder einer Gesellschaft ohne Rechtspersönlichkeit der Antrag nicht von allen Mitgliedern des Vertretungsorgans, allen persönlich haftenden Gesellschaftern oder allen Abwicklern gestellt, so ist Absatz 1 nur anzuwenden, wenn der oder die Antragsteller zur Vertretung der juristischen Person oder der Gesellschaft berechtigt sind.

1. Eigenantrag

14 Eine erst drohende Zahlungsunfähigkeit begründet nach dem eindeutigen Wortlaut des § 15a Abs. 1 keine Insolvenzantragspflicht. Drohende Zahlungsunfähigkeit kann jedoch eine Insolvenzanfechtung § 133 Abs. 1 Satz 2 InsO; vgl. auch § 3 Abs. 1 Satz 2 AnfG) rechtfertigen; sie ist Tatbestandsmerkmal der §§ 283, 283d StGB. Drohende Zahlungsunfähigkeit stellt nur bei einem **Eigenantrag** des Schuldners einen Eröffnungsgrund dar. Wird ein Eigenantrag gestellt, ist das Verfahren auch zu eröffnen, wenn statt drohender Zahlungsunfähigkeit tatsächlich Überschuldung vorliegt. Ein auf drohende Zahlungsunfähigkeit gestützter Fremdantrag wäre unzulässig. Unbenommen bleibt Dritten, einen auf Überschuldung gestützten Antrag zu stellen. Abweichend von § 15 Abs. 1 InsO ist bei einer juristischen Person nicht jedes Vertretungsorgan unabhängig von der Reichweite seiner Vertretungsmacht antragsbefugt. Vielmehr ist ein Antrag nach § 18 Abs. 3 InsO nur zulässig, wenn er von allen Mitgliedern des Vertretungsorgans oder mindestens einem allein vertretungsberechtigten Mitglied gestellt wird. Wird der Antrag nicht von allen Mitgliedern gestellt, ist der Insolvenzgrund der drohenden Zahlungsunfähigkeit glaubhaft zu machen. Bei einer GmbH sind die Geschäftsführer im Stadium nur drohender Zahlungsunfähigkeit im Innenverhältnis zu einer Antragstellung nur im Einverständnis der Gesellschafter befugt. Vor einer Antragstellung ist nach § 49 Abs. 2 die Gesellschafterversammlung einzuberufen. Ergreifen die Gesellschafter keine Sanierungsmaßnahmen, ist der Geschäftsführer berechtigt, sein Amt niederzulegen. Die eigenmächtige Antragstellung kann Schadensersatzansprüche gegen die Organe begründen.

2. Inhaltliche Voraussetzungen

15 Nach der Legaldefinition liegt drohende Zahlungsunfähigkeit vor, wenn der Schuldner voraussichtlich nicht in der Lage sein wird, die bestehenden Zahlungspflichten im Zeitpunkt der Fälligkeit zu erfüllen. Eine lediglich vorübergehende Zahlungsstockung genügt nicht. Vielmehr wird eine gravierende Liquiditätskrise vorausgesetzt. Unstreitig ist, dass bei dieser Bewertung bestehende Verbindlichkeiten auch zu berücksichtigen sind, soweit sie sich – wie Forderungen auf Lohn und Miete, Entgelte für Rohstoff- und Energiebelieferung, Verpflichtungen zur Zahlung von Steuern und Sozialabgaben – erst künftig verwirklichen. Bei der Bewertung sollten freilich nicht nur bereits bestehende, sondern auch während des Prognosezeitraums mit hinreichender Sicherheit zu erwartende neu begründete Verbindlichkeiten eingerechnet werden. Der **Prognosezeitraum** erstreckt sich bis zum Fälligwerden der letzten gegenwärtig bestehenden oder mit hinreichender Sicherheit künftig begründeten Verbindlichkeit. Eine verlässliche Beurteilung über einen längeren Zeitraum als das **laufende und folgende Geschäftsjahr** – also ein bis zwei Jahre – ist freilich kaum

möglich. Liegt der Deckungsgrad unter 90 %, ist drohende Zahlungsunfähigkeit anzunehmen. Das Tatbestandsmerkmal der **Voraussichtlichkeit** ist dahin zu verstehen, dass der Eintritt der Zahlungsunfähigkeit überwiegend wahrscheinlich sein muss als der Nichteintritt, die Wahrscheinlichkeitsquote also 50 % überschreitet.

III. Überschuldung

Einschlägige Vorschriften der Insolvenzordnung: 16

§ 19 Überschuldung

(1) Bei einer juristischen Person ist auch die Überschuldung Eröffnungsgrund.

(2) Überschuldung liegt vor, wenn das Vermögen des Schuldners die bestehenden Verbindlichkeiten nicht mehr deckt, es sei denn, die Fortführung des Unternehmens ist nach den Umständen überwiegend wahrscheinlich. Forderungen auf Rückgewähr von Gesellschafterdarlehen oder aus Rechtshandlungen, die einem solchen Darlehen wirtschaftlich entsprechen, für die gemäß § 39 Abs. 2 zwischen Gläubiger und Schuldner der Nachrang im Insolvenzverfahren hinter den in § 39 Abs. 1 Nr. 1 bis 5 bezeichneten Forderungen vereinbart worden ist, sind nicht bei den Verbindlichkeiten nach Satz 1 zu berücksichtigen.

(3) Ist bei einer Gesellschaft ohne Rechtspersönlichkeit kein persönlich haftender Gesellschafter eine natürliche Person, so gelten die Absätze 1 und 2 entsprechend. Dies gilt nicht, wenn zu den persönlich haftenden Gesellschaftern eine andere Gesellschaft gehört, bei der ein persönlich haftender Gesellschafter eine natürliche Person ist.

17 Absatz 2 wurde durch das Gesetz zur Umsetzung eines Maßnahmenpakets zur Stabilisierung des Finanzmarktes (Finanzmarktstabilisierungsgesetz) vom 17. Oktober 2008 befristet neugefaßt. Bisheriger und am 1. Januar 2014 wieder in Kraft tretender Wortlaut von Absatz 2 Sätze 1 und 2 (Artikel 6 Absatz 3, Artikel 7 Absatz 2 Finanzmarktstabilisierungsgesetz):

»Überschuldung liegt vor, wenn das Vermögen des Schuldners die bestehenden Verbindlichkeiten nicht mehr deckt. Bei der Bewertung des Vermögens des Schuldners ist jedoch die Fortführung des Unternehmens zugrunde zu legen, wenn diese nach den Umständen überwiegend wahrscheinlich ist.«

§ 39 Nachrangige Insolvenzgläubiger

(1) ...

(2) Forderungen, für die zwischen Gläubiger und Schuldner der Nachrang im Insolvenzverfahren vereinbart worden ist, werden im Zweifel nach den in Absatz 1 bezeichneten Forderungen berichtigt.

18 Für alle juristischen Personen und ausschließlich aus juristischen Personen bestehende Gesellschaften kennt das Gesetz mit der Überschuldung (§ 19 Abs. 1 und 3) einen zusätzlichen Eröffnungsgrund. Der Insolvenzgrund der Überschuldung ist rechtlich überaus komplex und in weiten Bereichen inhaltlich umstritten. Der

Gesetzgeber trägt infolge zeitlich unterschiedlicher Fassungen des § 19 Abs. 2 InsO nicht zu einer Vereinfachung bei, weil vor dem 18. Oktober 2008 der einstufige Überschuldungsbegriff galt, seit diesem Zeitpunkt infolge des FMStG vom 17. Oktober 2008[42] der sogenannte zweistufige Überschuldungsbegriff maßgeblich ist und das Gesetz mit dem 1. Januar 2014[43] zum einstufigen Überschuldungsbegriff zurückkehrt. Der einstufige Überschuldungsbegriff dürfte weiter auf Sachverhalte anzuwenden sein, die am 17. Oktober 2008 insoweit abgeschlossen waren, als in diesem Zeitpunkt das Insolvenzverfahren bereits **eröffnet** war. Diese rechtlichen Schwierigkeiten spiegeln sich allerdings – zumal einstufiger und zweistufiger Überschuldungsbegriff wegen der ohnehin ungünstigen Unternehmenslage im Einzelfall vielfach zu identischen Ergebnissen führen – weniger in der praktischen Handhabung, zumal die Überschuldung wegen der Probleme einer Glaubhaftmachung für Dritte (§ 14 Abs. 1 InsO) als Eröffnungsgrund kaum von Bedeutung ist, sondern vor allem die Geschäftsleiterhaftung bei verzögerter Antragstellung (§ 823 Abs. 2 BGB, § 15a InsO) und die Strafbarkeit aus § 19a Abs. 4 und 5 InsO betrifft.

1. Rechtspolitischer Hintergrund

19 Der Eröffnungsgrund der Überschuldung fußt auf der Erkenntnis, dass die juristische Person (§ 19 Abs. 1 InsO) und die Vereinigungen nach § 19 Abs. 3 InsO im Falle einer wirtschaftlichen Schieflage keinen rechtlichen Anspruch auf Unterstützung durch ihre Gesellschafter haben. Solange sämtliche Gläubiger aus dem begrenzten Haftungsfonds befriedigt werden können, darf die Gesellschaft ihre Tätigkeit fortsetzen. Umgekehrt müssen diese Verbände ihre wirtschaftliche Tätigkeit einstellen, wenn das Vermögen, also die verwertbaren Aktivposten, die bestehenden Schulden nicht mehr deckt (§ 19 Abs. 2 Satz 1 InsO). Andernfalls ginge das Risiko einer weiteren wirtschaftlichen Tätigkeit auf Kosten der Gläubiger.[44] Im Fall eines wirtschaftlichen Niedergangs tritt Überschuldung regelmäßig vor der erst nach Liquidierung verbliebener Vermögenswerte unabwendbaren Zahlungsunfähigkeit ein.

2. Einstufiger Überschuldungsbegriff

20 **a) Ursprünglicher Rechtszustand: Zweistufiger Überschuldungsbegriff..** Der mit Einführung der InsO im Jahre 1999 in Kraft getretene und ab dem Jahr 2014 wieder maßgebliche § 19 Abs. 2 InsO 1999/2014 geht von dem einstufigen Überschuldungsbegriff aus. Dem zuvor herrschenden zweistufigen Überschuldungsbegriff ist der Gesetzgeber durch die Tatbestandsfassung des § 19 Abs. 2 InsO 1999/2014 entgegengetreten. Nach dem **zweistufigen Überschuldungsbegriff** kann von einer Überschuldung nur dann gesprochen werden, wenn das Vermögen der Gesellschaft bei Ansatz von Liquidationswerten unter Einbeziehung der stillen Reserven die beste-

42 BGBl I 2008, 1982.

43 Gesetz zur Erleichterung der Sanierung von Unternehmen vom 24. September 2009, BGBl I 2009, 3151.

44 BT-Drs. 12/7302 S. 157.

henden Verbindlichkeiten nicht deckt (**rechnerische Überschuldung**) und die Finanzkraft der Gesellschaft nach überwiegender Wahrscheinlichkeit mittelfristig nicht zur Fortführung des Unternehmens ausreicht (**Überlebens- oder Fortbestehensprognose**).[45] Da auf die mittelfristige Finanzkraft des Unternehmens abgestellt wird, bedeutet die Fortbestehensprognose eine **Zahlungsfähigkeitsprognose** für einen Zeitraum von etwa **zwei Jahren** (das laufende und das folgende Geschäftsjahr).[46] Danach ist eine Gesellschaft trotz rechnerischer Überschuldung nicht insolvenzreif, wenn ihr eine positive Fortbestehensprognose gestellt werden kann.

b) Fortbestehensprognose als bloßer Bewertungsfaktor des Vermögens. aa) Liquidations- und Fortführungswerte. § 19 Abs. 2 InsO 1999/2014 misst demgegenüber der Fortbesehensprognose keine selbstständige Bedeutung zu. Zur Feststellung der Überschuldung ist maßgeblich ein Vergleich des Vermögens, das im Fall einer Eröffnung des Insolvenzverfahrens als Insolvenzmasse zur Verfügung stände, mit den Verbindlichkeiten, die im Falle der Verfahrenseröffnung gegenüber den Gläubigern bestånden. Eine positive Prognose für die Lebensfähigkeit des Unternehmens – die nach Annahme des Gesetzgebers leicht vorschnell getroffen wird – darf die Annahme der Überschuldung noch nicht ausschließen. Sie erlaubt nur eine andere Art der Bewertung des Unternehmens.[47] Aus dem Aufbau der Norm des § 19 Abs. 2 InsO 1999/2014 folgt, dass die Überschuldungsprüfung nach Liquidationswerten in Satz 1 den Regelfall und die nach Fortführungswerten in Satz 2, der eine positive Fortbestehensprognose voraussetzt, den Ausnahmefall darstellt.[48] Danach bildet die Fortbestehensprognose nur einen Faktor für die Bewertung des Vermögens. Das Vermögen der Gesellschaft kann für sich genommen nach zwei Alternativen bewertet werden: Einmal kann der Wert zugrunde gelegt werden, der bei einer Zerschlagung des Unternehmens für die Unternehmensbestandteile zu erzielen ist (sog. **Zerschlagungs- oder Liquidationswerte**). Zum anderen kann von dem Wert ausgegangen werden, den die Unternehmensbestandteile in ihrer Gesamtheit bei einer Fortführung des lebenden Unternehmens (going concern) verkörpern (sog. **Fortführungswerte**). Im letztgenannten Fall sind über die stillen Reserven hinaus auch der Firmenwert und ein »Good will« zu aktivieren. Danach können Fortführungswerte berücksichtigt werden, wenn der Gesellschaft eine **positive Fortbestehensprognose** bescheinigt werden kann, weil sie im laufenden und kommenden Geschäftsjahr voraussichtlich zur Zahlung ihrer Verbindlichkeiten in der Lage ist.

21

bb) Bestehen einer Überschuldung. Überschuldung scheidet aus, wenn nach beiden Methoden die Vermögenswerte die Schulden abdecken. Gleiches gilt in dem Ausnahmefall, dass – etwa beim Betrieb eines ertragsschwachen Kleinunternehmens auf einem eigenen Hausgrundstück in großstädtischer Innenstadtlage – die Liquida-

22

45 BGHZ 119, 201, 213 f. m.w.N.; 129, 136, 154.

46 OLG Naumburg, ZInsO 2004, 512, 513 f.; *Jaeger/Müller*, InsO, § 19 Rn. 37.

47 BT-Drs. 12/2443 S. 115.

48 BGH, NZI 2007, 44 Rn. 3; ZInsO 2010, 2396 Rn. 11.

tionswerte, aber nicht die Fortführungswerte die Verbindlichkeiten überschreiten, weil dann bei einer Liquidation sämtliche Gläubiger befriedigt werden können. Demgegenüber ist Überschuldung gegeben, wenn die Vermögenswerte nach beiden Methoden die Verbindlichkeiten unterschreiten. Scheidet nur bei günstiger Prognose eine Überschuldung aus, liegt keine Überschuldung vor, wenn die Fortführung des Unternehmens überwiegend wahrscheinlich ist. In aller Regel – stellt man sich die Alternative der Stillegung oder der Fortführung einer Automobilfabrik vor – sind die Fortführungswerte erheblich höher als Zerschlagungswerte anzusetzen. Von diesen Fortführungswerten darf nach § 19 Abs. 2 InsO 1999/2014 ausgegangen werden, wenn sie nach den Umständen überwiegend wahrscheinlich ist.[49] Ergeben auch die **Fortführungswerte eine rechnerische Überschuldung** der Gesellschaft, kann der Eröffnungsgrund, wie der Gesetzgeber ausdrücklich verlautbart hat,[50] nicht unter Berufung auf eine positive Fortführungsprognose verneint werden. Eine positive Fortführungsprognose kann für sich allein eine Insolvenzreife des Schuldners nicht ausräumen, sondern ist lediglich für die Bewertung seines Vermögens nach Fortführungs- oder Liquidationswerten von Bedeutung.[51]

23 cc) **Beweislast**. Gemäß § 19 Abs. 2 InsO 1999/2004 liegt eine Überschuldung vor, wenn das Vermögen des Schuldners die bestehenden Verbindlichkeiten nicht mehr deckt. Bei der Bewertung des Vermögens des Schuldners ist jedoch die Fortführung des Unternehmens zugrunde zu legen, wenn diese nach den Umständen überwiegend wahrscheinlich ist. Aus dem Aufbau des § 19 Abs. 2 InsO 1999/2014 folgt ohne weiteres, dass die Überschuldungsprüfung nach Liquidationswerten in Satz 1 den Regelfall und die nach Fortführungswerten in Satz 2, der eine positive Fortführungsprognose voraussetzt, den Ausnahmefall darstellt. Im Haftungsprozess wegen verbotener Zahlungen nach § 64 GmbHG hat die Geschäftsleitung daher die **Umstände darzulegen** und notfalls zu **beweisen**, aus denen sich eine günstige Prognose für den fraglichen Zeitraum ergibt.[52]

3. Zweistufiger Überschuldungsbegriff

24 a) **Inhalt**. Im Zuge des FMStG ist der Gesetzgeber ab dem 18. Oktober 2008 durch die Neufassung des § 19 Abs. 2 Satz 1 2008 für den Zeitraum bis zum 1. Januar 2014 zum überholt geglaubten zweistufigen Überschuldungsbegriff zurückgekehrt. Auslöser der Regelung war die Finanzkrise, die bekanntlich zu erheblichen Wertverlusten insbesondere bei Aktien- und Immobilienvermögen geführt hat. Die damit verbundene Wertberichtigung konnte nach der Befürchtung des Gesetzgebers zu einer Überschuldung von Unternehmen führen, für die sich eine positive Fortbestehensprognose abzeichnet und ein »Turnaround« in wenigen Monaten zu erwarten ist. Durch die Anknüpfung an den zweistufigen Überschuldungsbegriff soll ver-

49 BGH, ZInsO 2010, 2396 Rn. 11.
50 BT-Drs. 12/7302 S. 157; BT-Drs. 12/2443 S. 115.
51 BGHZ 171, 46, 54 Rn. 19; BGH, NZI 2007, 44.
52 BGH, ZInsO 2010, 2396 Rn. 11.

mieden werden, dass Unternehmen, für die eine überwiegende Wahrscheinlichkeit besteht, dass sie erfolgreich am Markt operieren, ein Insolvenzverfahren durchlaufen müssen.[53] Nach der Regelung des § 19 Abs. 2 InsO 2008 liegt in Übereinstimmung mit dem bis zum Jahre 1999 maßgeblichen zweistufigen Verständnis[54] Überschuldung nur vor, wenn das unternehmen **rechnerisch überschuldet** ist und ihm eine **negative Fortbestehensprognose** zu stellen ist. Umgekehrt fehlt es trotz rechnerischer Überschuldung an einer Überschuldung im Rechtssinne, falls die **Fortführung des Unternehmens überwiegend wahrscheinlich** ist, also eine positive Fortbestehensprognose eingreift. Reicht nach überwiegender Wahrscheinlichkeit die **Finanzkraft des Unternehmens mittelfristig** zur Fortführung aus, ist eine günstige Prognose gerechtfertigt.[55] Damit ist für die Bewertung letztlich eine **Zahlungsfähigkeitsprognose** für einen Zeitraum von etwa **zwei Jahren** (das laufende und das folgende Geschäftsjahr) ausschlaggebend.

25 b) **Überschuldungsprüfung.** In Anwendung des zweistufigen Überschuldungsbegriffs sind zunächst die Vermögensgegenstände nach **Liquidationswerten** – nicht Fortführungswerten – zu bewerten.[56] Sind nach dieser Prüfung die Verbindlichkeiten geringer als die Liquidationswerte, scheidet eine Überschuldung aus. Verhält es sich indessen umgekehrt, überschreiten also die Verbindlichkeiten die Aktiva, kommt es auf die Fortbestehensprognose an. Eine positive, die Überschuldung ausschließende Prognose kann gestellt werden, wenn mit **überwiegender Wahrscheinlichkeit** zu erwarten ist, dass die Gesellschaft ihre **Verbindlichkeiten in dem Prognosezeitraum** von etwa zwei Jahren (das laufende und das folgende Geschäftsjahr) erfüllen wird. Ist die Gesellschaft rechnerisch überschuldet, trägt nach der Tatbestandsfassung des § 19 Abs. 2 InsO 2008 der Geschäftsleiter die **Beweislast** für eine günstige Prognose.[57]

4. Fortbestehensprognose

26 An die Fortbestehensprognose sind unabhängig davon, ob der ein- oder zweistufige Überschuldungsbegriff einschlägig ist, **identische Anforderungen** zu stellen. Der Fortbestehensprognose als solcher kommt lediglich unter dem Blickwinkel des jeweils maßgeblichen Überschuldungsbegriffs eine unterschiedliche Tragweite zu: Rechtfertigt eine positive Fortbestehensprognose unter der Geltung des einstufigen Überschuldungsbegriffs lediglich die Ansetzung der Fortführungs- anstelle der Liquidationswerte, schließt sie in Anwendung des zweistufigen Überschuldungsbegriffs bereits für sich genommen die rechtliche Überschuldung aus.[58] Eine positive Fortbestehensprognose im Sinne einer Überlebensfähigkeit des Unternehmens kann nicht auf Einschätzungen oder bloße Hoffnungen der Organe gestützt werden, sondern

53 BT-Drs. 16/10600 S. 12 f.
54 BGHZ 119, 201, 213 f. m.w.N; 129, 136, 154; vgl. oben 2. a).
55 BGH, WM 2011, 979 Rn.30; BT-Drs. 16/10600 S. 13.
56 BGH, WM 2011, 979 Rn. 35; BT-Drs. 16/10600 S. 13.
57 BGH, WM 2011, 979 Rn. 31.
58 *Hirte/Knof/Mock,* ZInsO 2008, 1217, 1221.

erfordert die Aufstellung zuverlässiger Parameter.

27 a) **Fortführungsbereitschaft, Prognosezeitraum.** Die Fortführungsprognose ist bei der Beurteilung der Überschuldung nur ausschlaggebend, wenn die Fortführung des Unternehmens **überwiegend**, das bedeutet zu mehr als 50 %, **wahrscheinlich** ist. Die Wahrscheinlichkeit des Fortbestehens hängt zwar in erster Linie von ökonomischen Faktoren ab. Vorrangige Voraussetzung einer günstigen Prognose ist freilich eine Fortführungsbereitschaft der Gesellschafter.[59] Fehlt sie, können nur Liquidationswerte angesetzt werden. Ein fehlender Fortführungswille kann sich in der Entlassung von Arbeitnehmern manifestieren.[60] Sind die Gesellschafter nicht an einer Fortführung interessiert, kann gleichwohl ein Fortführungswille anzunehmen sein, wenn das Unternehmen von einem Erwerber betrieben werden soll. Eine positive Fortbestehensprognose kann grundsätzlich gestellt werden, wenn die Finanzkraft des Unternehmens ausreicht, die im **laufenden und künftigen Geschäftsjahr anfallenden Verbindlichkeiten** einschließlich der laufenden Betriebskosten zu tilgen.[61] Je nach Branchengegebenheiten und Spezifika des Unternehmens kann ein kürzerer oder längerer Zeitraum in Betracht kommen. Die **Fortbestehensprognose** ist mithin eine **Zahlungsfähigkeitsprognose.** Da dem Gläubigerschutz bereits durch die Schuldendeckungsfähigkeit genügt ist, kommt es nicht auf die Ertragsfähigkeit und insbesondere darauf an, ob das Unternehmen auch Gewinne erzielen wird.[62]

28 b) **Finanzplan.** Grundlage für die Fortbestehensprognose bildet ein von der Gesellschaft zu fertigender Ertrags- und Finanzplan mit einem schlüssigen und realisierbaren **Unternehmenskonzept** für einen angemessenen Prognosezeitraum.[63] Aus dem Unternehmenskonzept ergibt sich, welche Sanierungsmaßnahmen geplant sind, etwa eine Kapitalerhöhung, sonstige Zuschüsse der Gesellschafter, der Erlass von Gesellschafterdarlehen oder die Veräußerung nicht betriebsnotwendiger Vermögensbestandteile. Bedürfen Sanierungsmaßnahmen der Zustimmung Dritter, etwa der Gläubiger, gestattet das Konzept eine positive Prognose nur dann, wenn das Einverständnis überwiegend wahrscheinlich und nicht bereits verweigert ist. Als nicht realisierbar ist ein Konzept unbeachtlich, das etwa bei einer übertragenden Sanierung die Abtretung nicht übertragbarer Rechte vorsieht. Auf der Grundlage des Unternehmenskonzepts ist ein Finanzplan auszuarbeiten, aus dem sich ergibt, wie die Gesellschaft innerhalb des jeweiligen Zeitabschnitts unter Berücksichtigung des wirtschaftlichen Umfelds ihren fälligen Zahlungsverpflichtungen einschließlich Tilgung und Zins bei Darlehen genügen wird. Fehlt ein solcher Finanzplan, kann zwar in einem Prozess auf andere Indikatoren zurückgegriffen werden. Im Blick auf die ihn in einem auf der Grundlage von § 15a Abs. 1 InsO, § 823 Abs. 2 BGB geführten

59 BGH, ZInsO 2010, 2396 Rn. 13.

60 KG, ZInsO 2006, 437, 438.

61 *Hirte/Knof/Mock,* ZInsO 2008, 1217, 1223.

62 *Karsten Schmidt/Bitter,* in: Scholz, GmbHG, Vor § 64 Rn. 28.

63 BGH, ZInsO 2010, 2396 Rn. 13.

Rechtsstreit treffende **Beweislast** ist einem Geschäftsführer dringend anzuraten, einen solchen Finanzplan zu erstellen.

c) **Überschuldungsbilanz.** Gegenstand der Überschuldungsbilanz ist eine **Vermögensaufstellung**, deren ausschließlicher Zweck darin liegt, die Feststellung zu ermöglichen, ob der Insolvenzgrund der Überschuldung eingetreten ist. Für diese Bewertung bietet weder die Ertragswertmethode noch die Handelsbilanz eine verlässliche Grundlage. Ferner ist die Überschuldungsbilanz von der Vermögensübersicht nach § 153 InsO, der Rechnungslegung des Insolvenzverwalters (§ 66 InsO) und der Jahresrechnung im Insolvenzverfahren (§ 155 InsO) zu unterscheiden. Gleiches gilt für die **Handelsbilanz**, die der periodengerechten Gewinnermittlung dient und darum zur Feststellung des Schuldendeckungspotentials ungeeignet ist. Für die Feststellung, dass die Gesellschaft insolvenzrechtlich überschuldet ist, bedarf es grundsätzlich der Aufstellung einer Überschuldungsbilanz, in der die Vermögenswerte der Gesellschaft mit ihren aktuellen Verkehrs- oder Liquidationswerten auszuweisen sind. Insbesondere sind aus der nur Buchwerte erfassenden Handelsbilanz stille Reserven nicht ersichtlich. Freilich kann einer Handelsbilanz für die Frage, ob die Gesellschaft überschuldet ist, indizielle Bedeutung zukommen. Weist die Handelsbilanz eine Überschuldung aus, erlangt sie **indizielle Bedeutung**, wenn nach Prüfung und Erläuterung der Ansätze dargelegt wird, dass keine stille Reserven oder sonstige in der Handelsbilanz nicht ausgewiesene Vermögenswerte vorhanden sind.[64] 29

aa) **Notwendigkeit der Erstellung.** Im Zeitraum der Anwendbarkeit von § 19 Abs. 2 InsO 2008 liegt eine Überschuldung im Rechtssinne nicht vor, wenn der Gesellschaft eine positive Fortbestehensprognose zu stellen ist. Auf der Grundlage dieser Regelung wird die Erstellung einer Überschuldungsbilanz als **entbehrlich** angesehen, wenn der Gesellschaft eine positive Fortbestehensprognose zu stellen ist.[65] Danach ist ein Überschuldungsstatus nur bei einer negativen Fortbestehensprognose zur Feststellung geboten, ob die Zerschlagungswerte die Verbindlichkeiten überschreiten. Jedoch dürfte eine verlässliche Fortbestehensprognose ohne Kenntnis der auf der Grundlage von Fortführungswerten ermittelten rechnerischen Überschuldung kaum zu treffen sein. Deswegen hat auch im Rahmen des zweistufigen Überschuldungsbegriffs der Vermögensstatus als notwendige **Grundlage der Fortbestehensprognose** in den Finanzplan einzufließen.[66] Dabei ist es ohne Bedeutung, ob der Vermögensstatus nach Zerschlagungs-[67] oder Fortführungswerten[68] zu ermitteln ist, weil eine Überschuldung ohne das zweite eigenständige Merkmal einer negativen 30

64 BGH, NJW-RR 2005, 766, 767; NZG 2008, 148, 149 Rn. 4; 2009, 750 Rn. 9; WM 2011, 979 Rn. 33.

65 *Karsten Schmidt/Bitter*, in: Scholz, GmbHG, Vor § 64 Rn. 30; *Haas,* in: Baumbach/Hueck, GmbHG, § 64 Rn. 47a.

66 *Kleindiek*, in: Lutter/Hommelhoff, GmbHG, Anh zu § 64 Rn. 38.

67 *Eckert/Happe,* ZInsO 2008, 1098.

68 *Kleindiek*, in: Lutter/Hommelhoff, GmbHG, Anh zu § 64 Rn. 38.

Fortbestehensprognose nicht angenommen werden kann. Soweit § 19 Abs. 1 InsO 1999/2014 anzuwenden ist, bedarf es unabhängig vom Ergebnis der Fortbestehensprognose der Erstellung eines Vermögensstatus: Bei negativer Fortbestehensprognose sind in Anwendung von § 19 Abs. 2 1999/2014 für die einzelnen Bestandteile des Gesellschaftsvermögens Liquidationswerte anzusetzen, im Falle einer positiven Fortbestehensprognose hingegen die Fortführungswerte.

31 **bb) Bilanzzweck: Feststellung einer Überschuldung anhand von Liquidations- oder Fortführungswerten.** Die Überschuldungsbilanz soll die Feststellung ermöglichen, ob das Gesellschaftsvermögen die Verbindlichkeiten deckt. Soweit infolge einer **negativen Fortbestehensprognose Liquidations- oder Zerschlagungswerte** in Rede stehen, ist zu ermitteln, welcher Preis unter Abzug der Umsatzsteuer und der Verwertungskosten für die einzelnen Vermögensgegenstände der Gesellschaft am Markt zu erzielen ist. Es ist also der Zeitwert des einzelnen Vermögensgegenstandes unter **Auflösung stiller Reserven** anzusetzen. Mitunter kann bei einer Liquidation auch der Verkauf von Sachgesamtheiten in Betracht kommen, so dass der Erlös anteilig auf die einzelnen Vermögensgegenstände zu verteilen ist. Im Fall einer **positiven Fortbestehensprognose** hat ebenfalls eine **Einzelbewertung** der Unternehmensgegenstände nach Zeitwert unter Auflösung stiller Reserven, aber zu **Fortführungswerten** stattzufinden. Dabei geht es um den anteiligen Wert eines Wirtschaftsguts als Bestandteil des Gesamtkaufpreises für das fortgeführte Unternehmen. In der Praxis entsprechen die Fortführungswerte regelmäßig den Wiederbeschaffungswerten bzw. den Anschaffungs- und Herstellungskosten. Eine Richtschnur bilden außerdem die um **stille Reserven** zu erhöhenden Aktiva der letzten Handelsbilanz. Der Überschuldungsstatus ist – weil es auf die Frage eines Eröffnungsgrundes bzw. einer Haftung aus § 64 oder Insolvenzverschleppung (§ 823 Abs. 2 BGB, § 15a InsO) ankommt – auf einen notwendigerweise vor der Insolvenzeröffnung liegenden **Stichtag** zu erstellen. Mithin sind nach Insolvenzeröffnung entstehende **Aktiva** aus Anfechtung (§§ 129 ff. InsO), § 64 oder Insolvenzverschleppung (§ 823 Abs. 2 BGB, § 15a InsO) nicht zu berücksichtigen. Umgekehrt sind aus der Insolvenzeröffnung herrührende **Passiva** wie Kosten des Insolvenzverfahrens und Masseverbindlichkeiten (§§ 53 ff. InsO) außer Betracht zu lassen.

32 cc) **Aktiva**. Die Aktivseite umfasst alle Vermögenswerte der Gesellschaft, die bei Insolvenzeröffnung nach § 35 InsO als Massebestandteile (§ 35 InsO) der Verwertung zugunsten der Gläubiger unterliegen. Der **Firmenwert** ist als Vermögensbestandteil zu beachten,[69] sofern überwiegende Aussichten bestehen, im Insolvenzfall den Geschäftsbetrieb mit der Firma unter Erzielung eines darauf entfallenden Entgelts zu veräußern. Anders verhält es sich natürlich bei einer negativen Fortbestehensprognose, wo es zu einer Einzelverwertung des Gesellschaftsvermögens kommt. Einzubeziehen sind außerdem zum **Anlage- und Umlaufvermögen** gehörende Sachen und Rechte. Soweit sie als Kreditunterlage dienen, ist die Belastung auf der

69 BT-Drs. 16/10600 S. 13.

Aktivseite nicht mindernd zu berücksichtigen. Halbfertigerzeugnisse sind mit dem Halbfertigwert in Ansatz zu bringen, sofern sie auch im Insolvenzfall vollendet und verkauft werden können. **Immaterielle Vermögenswerte** (Patente, Gebrauchsmuster, Lizenzen, Know How) sind – auch wenn sie unentgeltlich erworben wurden (anders § 248 Abs. 2 HGB a.F.) – in Höhe ihres Veräußerungserlöses anzusetzen. **Finanzanlagen** und **Beteiligungen an Gesellschaften** zählen zu den Aktiva, **eigene Geschäftsanteile** nur, sofern eine positive Fortsetzungsprognose gerechtfertigt ist. **Forderungen** erhöhen das Vermögen, sofern sie durchsetzbar und vollwertig sind. Die Aktivierung eines Anspruchs auf Rückzahlung einer Mietkaution setzt voraus, dass der Anspruch einen nicht durch rückständige Mieten aufgezehrten realisierbaren Vermögenswert darstellt.[70] Entsprechendes gilt für Zahlungsforderungen gegen Gesellschafter, gleich ob sie Kapitalaufbringung, Kapitalerhaltung oder andere Rechtsgründe betreffen, sowie Schadensersatzansprüche gegen Geschäftsführer (§ 43 Abs. 2). Schwierigkeiten bei der Durchsetzung von Forderungen rechtfertigen Abschläge. Aktivierbar sind im Falle des Ausschlusses des Kündigungsrechts (§ 490 BGB) mit einer **Rangrücktrittserklärung** (§ 19 Abs. 2 Satz 3, § 39 Abs. 2 InsO) versehene Darlehensversprechen eines Gesellschafters. Bei der Besicherung eines Drittdarlehens durch einen Gesellschafter kann ein von ihm der Gesellschaft erteilter Freistellungsanspruch aktiviert werden. **Verlustausgleichspflichten** einer Obergesellschaft (§ 302 AktG) oder eines Gesellschafters[71] und **harte Patronatserklärungen** Dritter, die zugunsten der Gläubigergesamtheit und nicht einzelner von ihnen abgegeben wurden, sind den Aktiva zuzurechnen. Von Dritten für **bestimmte Verbindlichkeiten** der Gesellschaft erbrachte Bürgschaften, Garantieversprechen und dingliche Sicherheiten sind nicht dem Vermögen zuzuordnen, weil sie durch Rückgriffsansprüche ausgeglichen werden. Gleiches gilt für einen Anspruch auf Auszahlung eines Darlehens, der durch die Rückzahlungspflicht aufgezehrt wird. Schuldnerfremde Vermögensgegenstände, an denen ein Aussonderungsrecht besteht, können nicht aktiviert werden. Aufwendungen zur Ingangsetzung und Erweiterung des Geschäftsbetriebs bilden kein verwertbares Vermögen (vgl. § 269 HGB a.F.).

33 **dd) Passiva.** Unter den Passiva sind sämtliche Verbindlichkeiten zu erfassen, die in der Insolvenz **aus der Masse**, also dem verbliebenen Gesellschaftsvermögen, zu tilgen sind. Als Befriedigungsreserve sind **Stammkapital** und **freie Rücklagen** einschließlich Gewinnvortrag oder Jahresüberschuss nicht den Verbindlichkeiten zuzuordnen.[72] Nachrangig zu befriedigende Verbindlichkeiten wie etwa Gesellschafterdarlehen (§ 39 Abs. 1 Nr. 5 InsO InsO) sind zu berücksichtigen.[73] Außer Betracht bleiben indes Verbindlichkeiten, insbesondere Gesellschafterdarlehen, die mit einem **Rangrücktritt** (§ 19 Abs. 2 Satz 2, § 39 Abs. 2 InsO) ausgestattet sind.[74] Bei der Vereinbarung eines

70 BGH, ZInsO 2010, 2396 Rn. 14, 18.
71 Vgl. aber BGH, NZG 2008, 148.
72 BGH, WM 1959, 914.
73 BGH, ZInsO 2010, 2091 Rn. 10; ZInsO 2011, 1063 Rn. 11.
74 BGH, ZInsO 2010, 2091 Rn. 7, 10.

Rangrücktritts genügt der bloße Verweis auf § 39 Abs. 2 InsO; eine qualifizierte Erklärung, wie sie nach früherem Recht gefordert wurde,[75] ist entbehrlich. Entsprach ein vor Inkrafttreten des MoMiG vereinbarter Rangrücktritt nicht den von dem BGH aufgestellten inhaltlichen Anforderungen,[76] so kann eine solche Erklärung nach dem Inkrafttreten des MoMiG nicht als wirksamer Rangrücktritt im Sinne von § 39 Abs. 2 InsO verstanden werden.[77] Unberücksichtigt bleiben Forderungen, die aufschiebend bedingt auf den Insolvenzfall erlassen wurden. **Dinglich gesicherte** Verbindlichkeiten sind in voller Höhe anzusetzen. Falls der Sicherungsgegenstand zum Gesellschaftsvermögen gehört, ist auf der Aktivseite kein Wertabzug vorzunehmen. Auch durch Dritte besicherte Forderungen sind zu passivieren;[78] ein insoweit bestehender etwaiger **Freistellungsanspruch** ist unter den Aktiva zu buchen. **Noch nicht fällige** oder **gestundete Verbindlichkeiten** sind als Passiva anzusetzen. Künftige noch nicht fällige Verbindlichkeiten aus Zug um Zug zu erfüllenden Dauerschuldverhältnissen (Miete, Sukzessivlieferungsverträge) sind nicht zu berücksichtigen, sofern die Gegenleistung zugunsten des Unternehmens einen Ertragszuwachs in Höhe der Verbindlichkeit auslöst. Bei einer negativen Fortbestehensprognose sind künftige Mietforderungen nicht bis zum Ende der Laufzeit des Vertrages, sondern mit einem Abschlag zu veranschlagen; außerdem kann ein Schadensersatzanspruch des Vermieters zu berücksichtigen sein, falls nicht mit einer baldigen Nachvermietung zu rechnen ist.[79] **Betagte** und **befristete** Verbindlichkeiten, die nach § 41 InsO im Insolvenzverfahren geltend gemacht werden können, sind zu passivieren. Handelt es sich um eine bedingte Verbindlichkeit, erscheint ein am Grad der Wahrscheinlichkeit des Bedingungseintritts orientierter Abschlag angemessen.[80] Verbindlichkeiten aus unerfüllten Verträgen sind entsprechend dem Betrag einer Geldschuld, falls es sich um eine sonstige Schuld handelt, in Höhe des künftigen Aufwands zu veranschlagen. Die Einlage eines **stillen Gesellschafters** ist unabhängig von der Verlustbeteiligung als Verbindlichkeit zu buchen, weil ihm § 236 Abs. 1 HGB die Stellung eines Insolvenzgläubigers verleiht. Ist die Einlage durch den Verlustanteil aufgezehrt, findet eine Passivierung nicht statt. **Rückstellungen** können ungewisse Verbindlichkeiten (§ 249 Abs. 1 Satz 1 Alt. 1 HGB) oder drohende Verluste aus schwebenden Geschäften (§ 249 Abs. 1 Satz 1 Alt. 1 HGB) betreffen. Ungewisse Verbindlichkeiten sind – gleich ob sich die Ungewissheit auf den Grund oder die Höhe der Forderung bezieht – mit dem Betrag anzusetzen, der entsprechend dem Grad der Wahrscheinlichkeit vernünftiger kaufmännischer Betrachtung entspricht. Drohende Verluste aus schwebenden Geschäften sind zu passivieren, sofern sie unabhängig von einer Insolvenz zu befürchten sind. **Kosten des Insolvenzverfahrens** finden, weil dieses gerade vermieden werden soll, keine Berücksichtigung. **Pensionsverpflichtungen** gehören

75 BGHZ 146, 264, 271.
76 Vgl. BGHZ 146, 264, 271.
77 BGH, ZInsO 2010, 2091 Rn. 7.
78 OLG Celle, NZG 2002, 730, 731.
79 BGH, ZInsO 2010, 2396 Rn. 19.
80 *Karsten Schmidt/Bitter*, in: Scholz, GmbHG, Vor § 64 Rn. 44.

ungeachtet einer Einstandspflicht des Pensionssicherungsvereins zu den Verbindlichkeiten. Ebenso sind Verpflichtungen aus einem **Sozialplan** (§§ 112, 113 InsO) zu passivieren.

B. Insolvenzeröffnungsverfahren

34 Einschlägige Vorschriften der Insolvenzordnung:

§ 13 Eröffnungsantrag

(1) Das Insolvenzverfahren wird nur auf schriftlichen Antrag eröffnet. Antragsberechtigt sind die Gläubiger und der Schuldner. Dem Antrag des Schuldners ist ein Verzeichnis der Gläubiger und ihrer Forderungen beizufügen. Wenn der Schuldner einen Geschäftsbetrieb hat, der nicht eingestellt ist, sollen in dem Verzeichnis besonders kenntlich gemacht werden

1. die höchsten Forderungen,
2. die höchsten gesicherten Forderungen,
3. die Forderungen der Finanzverwaltung,
4. die Forderungen der Sozialversicherungsträger sowie
5. die Forderungen aus betrieblicher Altersversorgung.

Der Schuldner hat in diesem Fall auch Angaben zur Bilanzsumme, zu den Umsatzerlösen und zur durchschnittlichen Zahl der Arbeitnehmer des vorangegangenen Geschäftsjahres zu machen. Die Angaben nach Satz 4 sind verpflichtend, wenn

1. der Schuldner Eigenverwaltung beantragt,
2. die Voraussetzungen des § 22a Absatz 1 vorliegen oder
3. die Einsetzung eines vorläufigen Gläubigerausschusses beantragt wurde.

Dem Verzeichnis nach Satz 3 und den Angaben nach Satz 4 und 5 ist die Erklärung beizufügen, dass die enthaltenen Angaben richtig und vollständig sind.

(2) Der Antrag kann zurückgenommen werden, bis das Insolvenzverfahren eröffnet oder der Antrag rechtskräftig abgewiesen ist.

(3) Das Bundesministerium der Justiz wird ermächtigt, durch Rechtsverordnung mit Zustimmung des Bundesrates für die Antragstellung durch den Schuldner ein Formular einzuführen. Soweit nach Satz 1 ein Formular eingeführt ist, muss der Schuldner dieses benutzen. Für Verfahren, die von den Gerichten maschinell bearbeitet, und für solche, die nicht maschinell bearbeitet werden, können unterschiedliche Formulare eingeführt werden.

§ 14 Antrag eines Gläubigers

(1) Der Antrag eines Gläubigers ist zulässig, wenn der Gläubiger ein rechtliches Interesse an der Eröffnung des Insolvenzverfahrens hat und seine Forderung und den Eröffnungsgrund glaubhaft macht. War in einem Zeitraum von zwei Jahren

vor der Antragstellung bereits ein Antrag auf Eröffnung eines Insolvenzverfahrens über das Vermögen des Schuldners gestellt worden, so wird der Antrag nicht allein dadurch unzulässig, dass die Forderung erfüllt wird. In diesem Fall hat der Gläubiger auch die vorherige Antragstellung glaubhaft zu machen.

(2) Ist der Antrag zulässig, so hat das Insolvenzgericht den Schuldner zu hören.

(3) Wird die Forderung nach Antragstellung erfüllt, so hat der Schuldner die Kosten des Verfahrens zu tragen, wenn der Antrag als unbegründet abgewiesen wird.

§ 15 Antragsrecht bei juristischen Personen und Gesellschaften ohne Rechtspersönlichkeit

(1) Zum Antrag auf Eröffnung eines Insolvenzverfahrens über das Vermögen einer juristischen Person oder einer Gesellschaft ohne Rechtspersönlichkeit ist außer den Gläubigern jedes Mitglied des Vertretungsorgans, bei einer Gesellschaft ohne Rechtspersönlichkeit oder bei einer Kommanditgesellschaft auf Aktien jeder persönlich haftende Gesellschafter, sowie jeder Abwickler berechtigt. Bei einer juristischen Person ist im Fall der Führungslosigkeit auch jeder Gesellschafter, bei einer Aktiengesellschaft oder einer Genossenschaft zudem auch jedes Mitglied des Aufsichtsrats zur Antragstellung berechtigt.

(2) Wird der Antrag nicht von allen Mitgliedern des Vertretungsorgans, allen persönlich haftenden Gesellschaftern, allen Gesellschaftern der juristischen Person, allen Mitgliedern des Aufsichtsrats oder allen Abwicklern gestellt, so ist er zulässig, wenn der Eröffnungsgrund glaubhaft gemacht wird. Zusätzlich ist bei Antragstellung durch Gesellschafter einer juristischen Person oder Mitglieder des Aufsichtsrats auch die Führungslosigkeit glaubhaft zu machen. Das Insolvenzgericht hat die übrigen Mitglieder des Vertretungsorgans, persönlich haftenden Gesellschafter, Gesellschafter der juristischen Person, Mitglieder des Aufsichtsrats oder Abwickler zu hören.

(3) Ist bei einer Gesellschaft ohne Rechtspersönlichkeit kein persönlich haftender Gesellschafter eine natürliche Person, so gelten die Absätze 1 und 2 entsprechend für die organschaftlichen Vertreter und die Abwickler der zur Vertretung der Gesellschaft ermächtigten Gesellschafter. Entsprechendes gilt, wenn sich die Verbindung von Gesellschaften in dieser Art fortsetzt.

I. Antrag

1. Antragsberechtigte

35 Ein Insolvenzverfahren wird gemäß § 13 Abs. 1 Satz 1 InsO nur auf **schriftlichen Antrag**, also nicht von Amts wegen, eröffnet. Antragsberechtigt sind nach § 13 Abs. 1 Satz 2 InsO der **Schuldner** und seine **Gläubiger**. Handelt es sich bei dem Schuldner um eine juristische Person, ist nach § 15 Abs. 1 InsO jedes Mitglied des Vertretungsorgans ungeachtet seiner Vertretungsbefugnis, also auch in Fällen der Gesamtvertretung, allein antragsberechtigt. Von der aus § 13 Abs. 1, § 15 Abs. 1 InsO folgenden **Antragsberechtigung** ist die **Insolvenzantragspflicht** nach § 15a InsO zu unterschei-

den, der Vertretungsorgane (§ 15a Abs. 1 InsO) und im Fall der Führungslosigkeit Gesellschafter einer GmbH sowie Mitglieder des Aufsichtsrats einer AG oder Genossenschaft (§ 15a Abs. 3 InsO) unterliegen. Ein Antrag des Gläubigers kann auf Zahlungsunfähigkeit und Überschuldung (§§ 17, 19 InsO), der eines Schuldners zusätzlich auf drohende Zahlungsunfähigkeit (§ 18 Abs. 1 InsO) gestützt werden. Ist ein **Kreditinstitut** betroffen, ist nach § 46b KWG ausschließlich die BaFin antragsbefugt.

2. Antrag des Schuldners

a) Inhaltliche Anforderungen. aa) Eröffnungsgrund. Von dem Schuldner ist entsprechend § 253 Abs. 2 Nr. 2 ZPO in Verbindung mit § 4 InsO zu verlangen, dass einen Eröffnungsgrund in substantiierter, nachvollziehbarer Form darlegt. Erforderlich – aber auch genügend – ist die Mitteilung von Tatsachen, welche die wesentlichen Merkmale eines Eröffnungsgrundes im Sinne von §§ 17 f InsO erkennen lassen. Die tatsächlichen Angaben müssen die Finanzlage des Schuldners nachvollziehbar darstellen, ohne dass sich daraus bei zutreffender Rechtsanwendung schon das Vorliegen eines Eröffnungsgrundes ergeben muss; eine **Schlüssigkeit im technischen Sinne** ist nicht vorauszusetzen. Der Schuldner muss – wie sich im Umkehrschluss aus § 14 Abs. 1 InsO ergibt – den Eröffnungsgrund nicht glaubhaft machen.[81] Wenn das Insolvenzgericht die Voraussetzungen eines Eröffnungsgrundes nicht als gegeben ansieht, hat es in Ausübung der ihm obliegenden Amtsermittlungspflicht nunmehr eigenständig aufzuklären, ob der Eröffnungsantrag begründet ist.[82] Zwar greift die Amtsermittlungspflicht erst, wenn ein Insolvenzantrag zulässig ist.[83] Äußert sich der Antragsteller dezidiert zu den Vermögensverhältnissen des Schuldners, ist die Schwelle vom Zulassungs- zum Eröffnungsverfahren bereits überschritten.[84] 36

bb) Weitere Angaben zu den Gläubigern und zu dem Unternehmen. § 13 Absatz 1 Satz 3 InsO bestimmt, dass der Schuldner seinem Eigenantrag auf Eröffnung des Insolvenzverfahrens verpflichtend ein **Verzeichnis seiner Gläubiger** und **ihrer Forderungen** beifügen soll. Verpflichtend ist die Vorlage dieser Unterlagen gemäß § 13 Abs. 1 Satz 4 nur, wenn der Schuldner gleichzeitig die Eigenverwaltung beantragt, das laufende Unternehmen die Größenklassen des § 22a InsO erreicht oder die Einsetzung eines vorläufigen Gläubigerausschusses beantragt wird. Die Vorschrift soll einen ordnungsgemäßen Ablauf des Insolvenzverfahrens gewährleisten. Das einzureichende Gläubigerverzeichnis ist von zentraler Bedeutung für die frühzeitige Einbindung der Gläubiger in das Verfahren. Schon derzeit hat der Schuldner, der einen zulässigen Eröffnungsantrag gestellt hat, im Rahmen seiner Auskunfts- und Mitwirkungspflicht (§ 20 InsO) dem Gericht die Informationen zur Verfügung zu stellen, die zur Prüfung des Insolvenzgrunds erforderlich sind. Dies wird nunmehr im Hinblick auf ein Verzeichnis der Gläubiger und ihrer jeweiligen Forderungen 37

81 BGHZ 153, 205, 207; BGH, WM 2007, 1754 Rn. 8.
82 BGH, WM 2007, 1754, 1755 Rn. 14.
83 BGH, ZIP 2012, 139 Rn. 11.
84 BGH, WM 2007, 1754 Rn. 13.

schon bei der Antragstellung unter den Voraussetzungen des § 13 Abs. 1 Satz 4 InsO verpflichtend.[85] Dabei ist – wie dies nach § 305 Abs. 1 Nr. 3 InsO bereits für Verbraucher gilt – umfassend über die vorhandenen Gläubiger und die Höhe ihrer Forderungen Mitteilung zu machen. Jedoch beeinträchtigt es die Zulässigkeit eines Eröffnungsantrags nicht, wenn trotz gebührender Anstrengung des Schuldners bei der Zusammenstellung des Verzeichnisses vereinzelte Gläubiger oder einzelne Forderungen im Verzeichnis fehlen. Fehlt das Verzeichnis in den Fällen des § 13 Abs. 1 Satz 4 InsO dagegen **vollständig**, wird der Antrag in der Regel **unzulässig** sein.[86]

38 b) **Vertretung der juristischen Person.** Ist Schuldner eine juristische Person, insbesondere eine GmbH, fehlt dieser selbst die Handlungsfähigkeit. Ein Insolvenzantrag kann für sie folglich nur durch Vertreter gestellt werden.

aa) **Antragstellung durch Mitglieder des Vertretungsorgans.** aaa) **Mitwirkung**

39 **einzelner oder aller Mitglieder.** Bei einer juristischen Person sind insbesondere die Mitglieder des Vertretungsorgans sowie die Liquidatoren befugt, einen Insolvenzantrag im Namen der Gesellschaft zu stellen (§ 15 Abs. 1 Satz 1 InsO). Ein Bevollmächtigter der Gesellschaft, gleich ob Prokurist oder Generalbevollmächtigter, ist zur Antragstellung nicht berechtigt. Geschäftsführer und Liquidatoren sind nach dem Wortlaut des § 15 Abs. 1 Satz 1 InsO **ohne Rücksicht auf ihre** gesellschaftsrechtliche **Vertretungsbefugnis**, also auch in Fällen einer Gesamtvertretung, kraft durch die InsO verliehener Vertretungsmacht **einzeln befugt**, einen Eröffnungsantrag zu stellen.[87] Da die Rechtsprechung den **faktischen Geschäftsführer** der Insolvenzantragspflicht des § 15a InsO und damit in Verbindung mit § 823 Abs. 2 BGB der Insolvenzverschleppungshaftung unterwirft,[88] ist ihm – was mittelbar § 6 Abs. 5 wegen der dort genannten Obliegenheiten entnommen werden kann – ebenfalls im Rahmen des § 15 ein Antragsrecht zuzubilligen.[89] Nur wenn der Antrag auf **drohende Zahlungsunfähigkeit** gestützt und nicht von allen vertretungsberechtigten Mitgliedern gestellt wird, kommt es ausnahmsweise auf die Vertretungsmacht des antragstellenden Mitglieds des Vertretungsorgans an (§ 18 Abs. 3 InsO). **Gesellschaftern** und **Aufsichtsratsmitgliedern** ist – abgesehen vom Fall der Führungslosigkeit (§ 15 Abs. 1 Satz 2InsO) – eine Antragstellung verwehrt; stehen ihnen Forderungen gegen die Gesellschaft zu, können sie in ihrer Eigenschaft als Gläubiger einen Fremdantrag stellen. Die Geschäftsführer sind jedenfalls zu einer Antragstellung verpflichtet, wenn die Gesellschafter sie durch einen mit ¾ -Mehrheit gefassten Gesellschafterbeschluss (§ 60 Abs. 1 Nr. 2) hierzu anweisen. Selbst ein mit einfacher Mehrheit gefasster

85 BT-Drs. 17/5712 S. 22 f.

86 BT-Drs. 17/5712 S. 23.

87 BGH, NJW-RR 2008, 1439 Rn. 5.

88 BGH, NZI 2006, 63.

89 *Schmerbach*, in: FK-InsO, § 15 Rn. 11; a.A. *Karsten Schmidt/Bitter*, in: Scholz, GmbHG, Vor § 64 Rn. 66.

Beschluss ist von dem andernfalls fristlos kündbaren Geschäftsführer zu befolgen.[90] Eine Weisung der Gesellschafterversammlung, keinen Insolvenzantrag zu stellen, ist mit Rücksicht auf die Insolvenzantragspflicht (§ 15a InsO) nur verbindlich, wenn tatsächlich kein Insolvenzgrund eingreift.

bbb) Glaubhaftmachung des Eröffnungsgrundes. Uneingeschränkt zulässig ist ein von allen Mitgliedern des Vertretungsorgans unterzeichneter Antrag. Wird der auf Zahlungsunfähigkeit (§ 17 InsO) oder Überschuldung (§ 19 InsO) gestützte Antrag nicht von allen Mitgliedern des Vertretungsorgans gestellt, ist er nur zulässig, wenn zusätzlich der geltend gemachte Eröffnungsgrund **glaubhaft** gemacht wird (§ 15 Abs. 2 Satz 1 InsO). Das Insolvenzgericht hat in diesem Fall die anderen Geschäftsführer anzuhören (§ 15 Abs. 2 Satz 3 InsO). Ein aus **drohender Zahlungsunfähigkeit** (§ 18 InsO) hergeleiteter Insolvenzantrag kann, wenn nicht alle Mitglieder des Vertretungsorgan zusammenwirken, ohnehin nur durch einen vertretungsberechtigten Geschäftsführer wirksam gestellt werden. Auch dieser Antrag bedarf der Glaubhaftmachung; ferner sind die übrigen Mitglieder des Vertretungsorgans anzuhören. 40

bb) Vertretung bei Führungslosigkeit. Im Falle der Führungslosigkeit einer GmbH (§ 15 Abs. 1 Satz 2 InsO) sind die **Gesellschafter**, bei einer AG und Genossenschaft auch die **Mitglieder des Aufsichtsrats** jeweils einzeln antragsbefugt. 41

aaa) Begriff der Führungslosigkeit. Nach der Legaldefinition des § 10 Abs. 2 Satz 2 InsO (ebenso § 35 Abs. 1 Satz 2) ist eine Gesellschaft führungslos, die **keinen organschaftlichen Vertreter**, also weder einen Geschäftsführer noch einen Liquidator, hat. Führungslosigkeit ist anzunehmen, wenn nach Errichtung der GmbH der wirksamen Bestellung einer Person zum ersten Geschäftsführer ein Bestellungsverbot entgegensteht. Gleiches gilt in Fällen, in denen das Amt des **einzigen** Geschäftsführers durch Tod, Amtsunfähigkeit, Abberufung oder Amtsniederlegung endet, ohne dass ein anderer Geschäftsführer ordnungsgemäß eingesetzt wird. Eine Gesellschaft ist auch führungslos, wenn der rechtsunwirksam bestellte Geschäftsführer faktisch das Unternehmen leitet. Das Vorhandensein eines **faktischen Geschäftsführers** beseitigt also die Führungslosigkeit nicht. Nimmt hingegen ein wirksam bestellter Geschäftsführer sein Amt faktisch nicht wahr, weil er unerreichbar oder nicht handlungswillig ist, scheidet Führungslosigkeit aus. Mit der wirksamen Bestellung eines Geschäftsführers oder Liquidators wird die Führungslosigkeit beseitigt. 42

bbb) Vertretungsbefugnisse. Unter der Voraussetzung der Führungslosigkeit sind nach § 15 Abs. 1 Satz 2 InsO einzelne **Gesellschafter** sowie bei einer AG und Genossenschaft außerdem einzelne **Aufsichtsratsmitglieder** zur Antragstellung berechtigt. Handelt es sich um eine GmbH, sind nach der eindeutigen Gesetzfassung Mitglieder eines obligatorischen wie auch fakultativen Aufsichtsrats nicht zur Antragstellung 43

90 BGH, NJW 2005, 3069; NZG 2008, 148.

befugt.[91] Gesellschafter und Aufsichtsratsmitglieder haben – gleich ob einzelne oder alle den Antrag stellen – die **Führungslosigkeit glaubhaft** zu machen (§ 15 Abs. 2 Satz 2 InsO). Wird der Antrag nicht von allen Gesellschaftern oder Aufsichtsratsmitgliedern gestellt, ist als weitere Zulässigkeitsvoraussetzung der **Eröffnungsgrund glaubhaft** zu machen (§ 15 Abs. 2 Satz 1 InsO). Das Insolvenzgericht hat die übrigen Gesellschafter oder Aufsichtsratsmitglieder zu hören (§ 15 Abs. 2 Satz 3 InsO).

44 c) **Rücknahme des Antrags**. Ein Insolvenzantrag kann nach § 13 Abs. 2 InsO bis zur Verfahrenseröffnung oder seiner Abweisung zurückgenommen werden. Im Falle der Vertretung einer GmbH durch mehrere Geschäftsführer oder der Führungslosigkeit einer aus mehreren Gesellschaftern bestehenden GmbH bestünde danach die Möglichkeit, dass der von einem Geschäftsführer oder Gesellschafter gestellte Antrag von einem anderen Geschäftsführer oder Gesellschafter zurückgenommen wird – und der zuerst Handelnde nunmehr seinen Antrag wiederholt. Zur Vermeidung derartiger Komplikationen ist grundsätzlich nur der Geschäftsführer oder Gesellschafter, der den **Antrag gestellt** hat, zu dessen Rücknahme befugt.[92] Abweichende Vorstellungen der einer Antragstellung widersprechenden Antragsberechtigten können im Rahmen der gebotenen Anhörung (§ 15 Abs. 2 Satz 3 InsO) berücksichtigt werden. Ist der antragstellende Geschäftsführer abberufen worden oder der antragstellende Gesellschafter ausgeschieden und damit die jeweilige Rücknahmefähigkeit entfallen, sind ausnahmsweise die verbliebenen Geschäftsführer und Gesellschafter zur Rücknahme des Antrags befugt, sofern sich dies nicht als **Rechtsmissbrauch** darstellt.[93]

3. Antrag eines Gläubigers

45 Neben dem Schuldner sind auch Gläubiger antragsbefugt (§ 13 Abs. 1 Satz 2 InsO). Auf einen Gläubigerantrag wird das Verfahren eröffnet, wenn der Antragsteller Inhaber einer gegen die GmbH gerichteten Forderung ist, ein Insolvenzgrund eingreift und der Antragsteller ein rechtliches Interesse an der Eröffnung hat. Seine Forderung und den Insolvenzgrund hat der Antragsteller glaubhaft zu machen (§ 14 Abs. 1 InsO). Die Darlegungserfordernisse sind die gleichen wie im Falle eines Schuldnerantrags. Ein Antrag auf Eröffnung des Insolvenzverfahrens ist gegen einen **bestimmten Schuldner** zu richten. Ein Insolvenzantrag, der gegen eine gelöschte Handelsgesellschaft gerichtet ist, kann nicht in dem Sinne ausgelegt oder umgedeutet werden, dass er als Eröffnungsantrag gegen den Rechtsnachfolger zu behandeln ist.[94]

46 a) **Gläubigerstellung, Eröffnungsgrund**. Gläubiger ist jeder **Inhaber einer Forderung**, die am Insolvenzverfahren teilnimmt. Erfasst werden alle persönlichen Gläubiger der Gesellschaft, die einen bestehenden, nicht notwendig fälligen Anspruch

---

91 *Kleindiek*, in: Lutter/Hommelhoff, GmbHG, Anh zu § 64 Rn. 45; *Gehrlein*, Das neue GmbH-Recht S. 67 f; a.A. *Karsten Schmidt/Bitter*, in: Scholz, GmbHG, Vor § 64 Rn. 67.

92 BGH, NZI 2008, 550 Rn. 5 m.w.N.

93 BGH, NZI 2008, 550, 551 Rn. 10 ff.

94 BGH, WM 2008, 2128 f. Rn. 7.

gegen die Gesellschaft haben. Eine Insolvenzforderung im Sinne des **§ 38 InsO** liegt vor, wenn der anspruchsbegründende Tatbestand schon vor Verfahrenseröffnung abgeschlossen ist, mag sich eine Forderung des Gläubigers daraus auch erst nach Beginn des Insolvenzverfahrens ergeben. Nur die schulrechtliche Grundlage des Anspruchs muss schon vor Eröffnung des Insolvenzverfahrens entstanden sein. Unerheblich ist, ob die Forderung selbst schon entstanden oder fällig ist. Für die Frage, ob Steuerforderungen Insolvenzforderungen sind, ist entscheidend, ob die Hauptforderung ihrem Kern nach bereits vor Eröffnung des Insolvenzverfahrens entstanden ist. Auf die Frage, ob der Anspruch zum Zeitpunkt der Eröffnung des Insolvenzverfahrens im steuerrechtlichen Sinne entstanden ist, kommt es dagegen nicht an. Beitragsforderungen der Versicherungsträger entstehen, sobald ihre im Gesetz oder aufgrund eines Gesetzes bestimmten Voraussetzungen vorliegen.[95] Gesellschafter und Geschäftsführer, auch Arbeitnehmer der GmbH können als Inhaber einer Forderung zu den Gläubigern gehören. Allerdings folgt allein aus der Leistung der **Stammeinlage** keine Gläubigerstellung des Gesellschafters. Auch **nachrangige Gläubiger** (§ 39 InsO), insbesondere Gesellschafter als Darlehensgeber der GmbH (§ 39 Abs. 1 Nr. 5 InsO), sind zu berücksichtigen und damit antragsbefugt. Ebenso berührt ein Rangrücktritt (§ 39 Abs. 2 InsO) nicht die Gläubigerstellung. Absonderungsberechtigte Gläubiger sind kraft ihrer persönlichen Forderung antragsberechtigt. Der Fremdantrag kann nur auf **Zahlungsunfähigkeit** (§ 17 InsO) und **Überschuldung** (§ 19 InsO) gestützt werden; drohende Überschuldung (§ 18 InsO) ist nur bei einem Eigenantrag der Gesellschaft ein Eröffnungsgrund.

47 b) **Glaubhaftmachung.** Der Gläubiger hat den Eröffnungsgrund und seine Forderung glaubhaft zu machen (§ 14 Abs. 1 InsO). Die Glaubhaftmachung setzt eine **schlüssige Darlegung** der Forderung voraus. Handelt es sich um den Eröffnungsantrag eines **Sozialversicherungsträgers**, erfordert eine schlüssige Darlegung der Forderungen der Einzugsstelle regelmäßig eine Aufschlüsselung nach Monat und Arbeitnehmer. Zur Glaubhaftmachung muss die Einzugsstelle über einen bloßen Kontoauszug hinaus Leistungsbescheide oder Beitragsnachweise der Arbeitgeber vorlegen.[96] Der Insolvenzantrag eines **Finanzamts**, mit dessen Voraussetzungen sich das Beschwerdegericht bisher noch nicht befasst hat, ist grundsätzlich nur zulässig, wenn Steuerbescheide und gegebenenfalls etwaige Steueranmeldungen des Schuldners vorgelegt werden. Eine Liste der in der Vollstreckung befindlichen Rückstände reicht hierzu nicht aus. Eine Glaubhaftmachung der Forderung durch das Finanzamt durch Vorlage der Bescheide kann ausnahmsweise entbehrlich sein, wenn das Finanzamt die ausstehenden Steuern genau beschreibt und der Schuldner sich lediglich auf Erlassanträge und Gegenansprüche beruft.[97] Die Glaubhaftmachung der Forderung und des Insolvenzgrundes muss nicht notwendig durch Vorlage eines Titels und

95 BGH, ZVI 2011, 408 Rn. 3, 4.
96 BGH, ZInsO 2006, 828 Rn. 8.
97 BGH, ZInsO 2006, 828 Rn. 8; 2009, 1533 Rn. 3; ZInsO 2011, 1614 Rn. 4; BGH, Beschl. v. 15.12.2011 – IX ZB 180/11, Rn. 3.

einer Bescheinigung über einen fruchtlosen Vollstreckungsversuch erfolgen, ausreichend ist auch, dass der antragstellende Gläubiger den Eröffnungsgrund auf andere Weise glaubhaft macht.[98] Die Glaubhaftmachung erfolgt nach Maßgabe von § 4 InsO, § 294 ZPO, also auch mittels eidesstattlicher Versicherung. Eine Überschuldung wird ein außenstehender Gläubiger nur schwer glaubhaft machen können. An die Glaubhaftmachung **bestrittener Forderungen** sind hohe Anforderungen zu stellen. Es gehört nicht zu den Aufgaben des Insolvenzgerichts, den Bestand ernsthaft bestrittener, rechtlich zweifelhafter Forderungen zu überprüfen. Fällt die tatsächliche oder rechtliche Beurteilung nicht eindeutig aus, ist der Gläubiger schon mit seiner Glaubhaftmachung gescheitert.[99] Steht die wirksame Kündigung eines Darlehens durch einen Gesellschafter außer Streit, bedarf die angemeldete Forderung, wenn sich die GmbH lediglich auf eine Kündigung »zur Unzeit« beruft, keines weiteren Nachweises.[100] Ist die Forderung nicht tituliert, gehen Zweifel zu Lasten des antragstellenden Gläubigers, der auf den Prozessweg zu verweisen ist.[101] Soll der Insolvenzgrund **allein** aus der Forderung des Antragstellers hergeleitet werden, ist sie nicht nur glaubhaft zu machen, sondern zur vollen Überzeugung des Insolvenzgerichts nachzuweisen.[102] Der Beweis kann durch Vorlage eines **Titels** über die Forderung – gleich ob es sich um eine vollstreckbare Urkunde oder ein Gerichtsurteil handelt – geführt werden. In diesem Falle obliegt es dem Schuldner, etwaige Einwände gegen die Forderung in dem dafür vorgesehenen Verfahren überprüfen zu lassen.[103] Solange die Vollstreckbarkeit nicht auf diese Weise beseitigt ist, braucht das Insolvenzgericht die Einwendungen des Schuldners nicht zu beachten. Einwendungen gegen eine auf einer vollstreckbaren Urkunde beruhenden Forderung sind im Insolvenzeröffnungsverfahren nicht zu berücksichtigen, falls der Schuldner die für die Einstellung der Zwangsvollstreckung erforderliche Sicherheitsleistung nicht erbracht hat und der Titel weiter vollstreckbar ist.[104] Genügt bereits eine vollstreckbare Urkunde zum Nachweis der dem Antrag eines Gläubigers zugrunde liegenden Forderung, so ist ein im **Urkundenprozess erstrittener vollstreckbarer Titel**, der immerhin auf einer uneingeschränkten rechtlichen Schlüssigkeitsprüfung beruht, ebenfalls als hinreichender Forderungsnachweis zu erachten.[105] Gleiches gilt, sofern es sich um eine vollstreckbare öffentlich-rechtliche Forderung handelt.[106]

48 c) **Rechtliches Interesse.** In aller Regel wird einem Gläubiger, dem eine Forderung zusteht und der einen Eröffnungsgrund glaubhaft macht, das rechtliche Interesse an der Eröffnung des Insolvenzverfahrens schon wegen des staatlichen Vollstreckungs-

98 BGH, WuM 2009, 144 f. Rn. 3.
99 BGH, ZInsO 2006, 145, 146 Rn. 6.
100 BGH, ZInsO 2011, 1063 Rn. 10.
101 BGH, NZI 2007, 408, 409 Rn. 7.
102 BGH, WM 2006, 492, 493; ZInsO 2008, 103, 104 Rn. 6 ff.; ZInsO 2010, 2091 Rn. 14.
103 BGH, NZI 2007, 408, 409 Rn. 7; WM 2008, 227, 228 Rn. 9
104 BGH, ZInsO 2010, 331 Rn. 6, 7.
105 BGH, Beschl. v. 17.6.2010 – IX ZB 250/09, Rn. 3, juris.
106 BGH, ZInsO 2010, 1091 Rn. 7 f.

monopols nicht abgesprochen werden können.[107] Ein rechtliches Interesse, das von Amts wegen zu prüfen ist, kann einem Gläubiger nicht bereits mit Rücksicht auf den geringen Betrag seiner Forderung abgesprochen werden.[108] Ferner hängt das Rechtsschutzinteresse für einen Insolvenzantrag generell nicht davon ab, ob der Gläubiger in dem Verfahren eine Befriedigung erlangen kann. Auch im Falle **völliger Masseunzulänglichkeit** wird das Rechtsschutzinteresse für einen Eröffnungsantrag nicht berührt.[109] Die sich auf einen bestimmten Vermögensgegenstand beschränkende Anordnung einer **Nachtragsverteilung** in einem früheren Konkurs- oder Insolvenzverfahren lässt mit Rücksicht auf die demgegenüber umfassende Beschlagnahmewirkung eines Insolvenzverfahrens das Rechtsschutzbedürfnis für einen Insolvenzantrag unberührt.[110] Nach Eröffnung eines Insolvenzverfahrens über das Vermögen des Schuldners sind weitere **Anträge auf Eröffnung des Verfahrens** über das bereits insolvenzbefangene Vermögen **unzulässig**; das gilt gleichermaßen für Gläubiger- und für Eigenanträge und auch für solche, die vor Eröffnung gestellt worden sind.[111] Vermag der nach Eröffnung des Insolvenzverfahrens selbständig tätige Schuldner die daraus herrührenden Verbindlichkeiten nicht zu erfüllen, haben die **Neugläubiger**, solange das Insolvenzverfahren nicht abgeschlossen ist, grundsätzlich kein rechtlich geschütztes Interesse an der **Eröffnung eines weiteren Insolvenzverfahrens.**[112] Hat indessen der Insolvenzverwalter erklärt, dass das **Vermögen aus der selbständigen Tätigkeit** des Schuldners **nicht** zur Insolvenzmasse gehört, kann auf Antrag eines Neugläubigers ein auf dieses Vermögen **beschränktes zweites Insolvenzverfahren** eröffnet werden.[113] Dem Antragsteller ist dagegen ein rechtliches Interesse abzusprechen, wenn er **insolvenzfremde Zwecke** verfolgt und es ihm um die Erreichung anderer Ziele als desjenigen der Befriedigung der eigenen Forderung im Rahmen eines Insolvenzverfahrens geht. Das gilt insbesondere, wenn mit dem Antrag nur ein lästiger Wettbewerber oder Vertragspartner ausgeschaltet werden soll[114] oder die Finanzverwaltung mit einem Antrag die Abgabe einer Steuererklärung zu erzwingen sucht.[115] Notwendig ist in diesen Fällen aber stets, dass **ausschließlich** insolvenzfremde Zwecke verfolgt werden; erstrebt der Gläubiger auch eine Befriedigung, ist es unschädlich, wenn er zugleich einen Wettbewerber eliminieren will.[116] Ein Rechtsschutzinteresse scheitert nicht daran, dass der Gläubiger mit der Verfahrenseröffnung bezweckt, auf einen von dem Schuldner gegen seine Feuerversicherung geführten Rechtsstreit Einfluss zu nehmen. Es gehört gerade zu den Aufgaben des Insolvenzverwalters, die in Versiche-

107 BGH, ZInsO 2006, 824, 825 Rn. 7.
108 BGH, NJW-RR 1986, 1188 f.; BGH, Beschl. v. 7.5.2009 – IX ZB 262/08, HFR 2009, 1254 Rn. 2.
109 BGH, ZInsO 2010, 2091 Rn. 11.
110 BGH, ZInsO 2011, 94 Rn. 5.
111 BGH, ZInsO 2008, 924 Rn. 8 ff.
112 BGH, ZInsO 2004, 739.
113 BGH, ZInsO 2011, 1350 Rn. 7 ff.
114 BGH, WM 1962, 929, 930 f.; NZI 2008, 121, 122 Rn. 14.
115 AG Kaiserslautern, ZInsO 2006, 111, 112.
116 BGH, ZInsO 2011, 1063 Rn. 5 ff.

rungsansprüchen liegenden Werte der Masse zu realisieren.[117] Insolvenzzweckwidrig handelt ein Gläubiger, der nur zu seinem eigenen Vorteil und zum Nachteil anderer Gläubiger Vermögensgegenstände des Schuldners zu ermitteln sucht, um nach Rücknahme seines Antrags außerhalb eines Insolvenzverfahrens darauf im Vollstreckungsweg zuzugreifen.[118] Ferner fehlt ein rechtliches Interesse, sofern Zahlungen zahlungsunwilliger, aber solventer Schuldner durchgesetzt werden sollen.[119] Der Antrag eines Gläubigers, dessen Forderung **zweifelsfrei vollständig dinglich gesichert** ist, entbehrt eines rechtlichen Interesses.[120] Der Antrag eines Gläubigers ist jedoch nicht deshalb unzulässig, weil er **keine Auskunft** über die tatsächlichen Voraussetzungen eines Anfechtungsanspruchs gegen sich erteilt.[121] Auf eine infolge einer Einrede dauerhaft nicht durchsetzbare (insbesondere verjährte) Forderung kann ein Eröffnungsantrag nicht gestützt werden. Der Insolvenzantrag eines nachrangigen (§ 39 Abs. 1 Nr. 5 InsO) Gläubigers ist auch dann zulässig, wenn dieser im eröffneten Verfahren keine Befriedigung erwarten kann (§ 174 Abs. 3 InsO).[122]

4. Bedingter Antrag

49 Als Prozesshandlungen sind Anträge auf Eröffnung des Insolvenzverfahrens nach den allgemeinen Regeln **grundsätzlich bedingungsfeindlich**. Zwar gilt auch für Insolvenzanträge die weitere auf Prozesshandlungen allgemein anzuwendende Regel, dass sie an eine **bloße innerprozessuale Bedingung** geknüpft werden und deshalb hilfsweise für den Fall zur Entscheidung gestellt werden können, dass ein bestimmtes innerprozessuales Ereignis eintritt. Von einer solchen bloß innerprozessualen Bedingung, die etwa vorliegt, wenn der Antrag auf Verfahrenseröffnung an die Stundungsbewilligung geknüpft wird, ist aber nicht auszugehen, wenn der Schuldner den mit einem Eigenantrag auf Eröffnung des Insolvenzverfahrens verbundenen Restschuldbefreiungsantrag nur hilfsweise für den Fall stellt, dass das Insolvenzgericht den Antrag eines Gläubigers für zulässig und begründet hält. Ein Vorrangverhältnis, wie es innerhalb eines **bestehenden Prozessrechtsverhältnisses** bei einer eventuellen Klagehäufung dann als unbedenklich angesehen wird, wenn die Antragstellung vom Ergebnis der Sachentscheidung des Gerichts über den Hauptanspruch abhängig sein soll, kommt zwischen verschiedenen Insolvenzanträgen nicht in Betracht.[123]

117 BGH, NZI 2011, 632 Rn. 4, 6 jeweils a.E.
118 BGH, NZI 2008, 240 Rn. 7.
119 BGH, ZInsO 2006, 824, 825; NZI 2008, 240 Rn. 7.
120 BGH, ZInsO 2008, 103, 104 Rn. 12; NZI 2011, 632 Rn. 6.
121 BGH, NZI 2008, 240 Rn. 8 ff.
122 BGH, ZInsO 2010, 2091 Rn. 9 ff.
123 BGH, Beschl. v. 11.3.2010 – IX ZB 110/09, ZInsO 2010, 828 Rn. 7.

II. Zuständiges Gericht

1. Mittelpunkt der wirtschaftlichen Tätigkeit

50 **a) Inländische Zuständigkeit.** Die durch die InsO dem Insolvenzgericht überantworteten Aufgaben nimmt für den gesamten Bezirk eines LG ein nach durch das Landesrecht bestimmtes innerhalb des Bezirks gelegenes Amtsgericht wahr (§ 2 Abs. 1 InsO). Die Länder sind gemäß § 2 Abs. 2 Satz 1 InsO ermächtigt, durch Rechtsverordnung ein anderes Amtsgericht zum Insolvenzgericht für den Landgerichtsbezirk zu bestimmen und die Zuständigkeit eines Insolvenzgerichts über den Landgerichtsbezirk hinaus zu erstrecken. § 3 Abs. 1 Satz 1 InsO begründet eine **ausschließliche örtliche Zuständigkeit** des Insolvenzgerichts, in dessen Bezirk der Schuldner seinen **allgemeinen Gerichtsstand** hat. Im Falle einer GmbH oder anderen juristischen Person ist dies der Sitz der Vereinigung (§ 17 ZPO). Falls der Mittelpunkt der wirtschaftlichen Tätigkeit an einem anderen Ort liegt, ist das dortige Insolvenzgericht zuständig (§ 3 Abs. 1 Satz 2 InsO). Stellt die Gesellschaft ihre wirtschaftliche Tätigkeit ein, ist das Insolvenzgericht an ihrem Satzungssitz zuständig.[124] Unmaßgeblich ist eine nur zum Zwecke der Abwicklung vorgenommene Verlegung des Verwaltungssitzes, wenn am neuen Ort eine selbständige wirtschaftliche Tätigkeit nicht mehr stattfindet.[125]

51 **b) Auslandsberührung.** Unterhält die Gesellschaft den **»Mittelpunkt ihrer hauptsächlichen Interessen«** (COMI »centre of main interests«) in einem anderen Mitgliedstaat der EU, ist gemäß Art. 3, 4 EuInsVO die Zuständigkeit des ausländischen, nach dortigem innerstaatlichen Recht zu bestimmenden Gerichts eröffnet. Art. 3 Abs. 1 Satz 2 EuInsVO stellt für Gesellschaften und juristische Personen bis zum Beweis des Gegenteils die Vermutung auf, dass der Mittelpunkt ihrer hauptsächlichen Interessen der Ort des satzungsmäßigen Sitzes ist. Die Vermutung ist widerlegbar; sie muss jedoch durch hinreichende Anhaltspunkte entkräftet werden. Kann der Interessenmittelpunkt in einem anderen Mitgliedstaat nicht hinreichend sicher festgestellt werden, gibt der satzungsmäßige Sitz den Ausschlag.Wenn die Schuldnergesellschaft im Register gelöscht ist und sie jedwede Tätigkeit eingestellt hat, kommt es zur Bestimmung des zuständigen Gerichts auf den Zeitpunkt ihrer Löschung und der Einstellung ihrer Tätigkeit an. Denn nur so ist sichergestellt, dass an dem Ort das Insolvenzverfahren durchgeführt wird, zu dem die Gesellschaft objektiv und für Dritte erkennbar die engsten Beziehungen hat. Die internationale Zuständigkeit für die Eröffnung eines Insolvenzverfahrens über das Vermögen einer Gesellschaft mit Sitz im Ausland, die ihren Geschäftsbetrieb eingestellt hat und nicht abgewickelt wird, richtet sich danach, wo sie bei Einstellung ihrer Tätigkeit den Mittelpunkt ihrer hauptsächlichen Interessen hatte.[126]

---

124 BayObLG, ZInsO 2003, 1142, 1143.
125 BayObLG, NZI 2004, 88.
126 BGH, ZIP 2012, 139 Rn. 9 ff., 15.

52 Falls sich Vermögen einer solchen Gesellschaft im Inland befindet, kann ein **Partikularinsolvenzverfahren** (§§ 354 ff InsO) eröffnet werden. Hat das Gericht eines anderen Mitgliedstaats der Europäischen Union ein Hauptinsolvenzverfahren eröffnet, so ist, solange dieses Insolvenzverfahren anhängig ist, ein bei einem inländischen Insolvenzgericht gestellter Antrag auf Eröffnung eines solchen Verfahrens über das zur Insolvenzmasse gehörende Vermögen gemäß Art. 102 § 3 Abs. 1 Satz 1 EGInsO unzulässig. Ein entgegen dieser Bestimmung eröffnetes Verfahren darf nach Satz 2 der Vorschrift nicht fortgesetzt werden. Es ist gemäß Art. 102 § 4 Abs. 1 Satz 1 EGInsO von Amts wegen zugunsten der Gerichte des anderen Mitgliedstaats der Europäischen Union einzustellen. Nach der Bestimmung des Art. 102 § 4 Abs. 2 Satz 1 EGInsO bleiben **Wirkungen des Insolvenzverfahrens**, die vor dessen Einstellung bereits eingetreten und nicht auf die Dauer dieses Verfahrens beschränkt sind, auch dann bestehen, wenn sie Wirkungen eines in einem anderen Mitgliedstaat der Europäischen Union eröffneten Insolvenzverfahrens widersprechen, die sich nach der Europäischen Insolvenzverordnung auf das Inland erstrecken. Dies gilt jedoch nicht in Fällen, in denen das zweite Insolvenzverfahren im Inland nicht irrtümlich, sondern **in Kenntnis des ersten Hauptinsolvenzverfahrens** im Ausland eröffnet worden ist. Dann können dem inländischen Verfahren keine Rechtswirkungen beigemessen werden.[127] Ein Sekundärinsolvenzverfahren ist nur zulässig, wenn der Schuldner im Inland eine **Niederlassung** hat; allein inländisches Vermögen reicht nicht aus.[128]

2. Prüfungsprogramm

53 Das Insolvenzgericht, bei dem ein Antrag auf Eröffnung eines Insolvenzverfahrens eingeht, hat in einem ersten Prüfungsschritt der Frage nachzugehen, ob der Antrag zulässig ist. Dies ist der Fall, wenn er von einem **Antragsberechtigten** gestellt ist und die **Verfahrensvoraussetzungen** wie die **Zuständigkeit des Gerichts** und die **Insolvenzverfahrensfähigkeit** des Schuldners gegeben sind. Bei dem Antrag eines Gläubigers ist nach § 14 Abs. 1 InsO zusätzlich erforderlich, dass ein rechtliches Interesse an der Verfahrenseröffnung besteht und der Eröffnungsgrund und der Anspruch des Gläubigers glaubhaft gemacht sind. Die Begründetheit des Antrags setzt zusätzlich voraus, dass der **Eröffnungsgrund** vom Gericht festgestellt (§ 16 InsO) und eine die **Kosten des Verfahrens** deckende Masse vorhanden ist (vgl. § 26 Abs. 1 InsO). Bei der Beurteilung, ob das Schuldnervermögen zur Kostendeckung ausreicht, können auch **Steuererstattungsansprüche** von Bedeutung sein.[129] Die Eröffnung des Insolvenzverfahrens setzt einen Insolvenzgrund im **Zeitpunkt der Eröffnung** (Eröffnungsstunde) voraus; dessen nachträglicher Wegfall kann nur im Verfahren des § 212 InsO geltend gemacht werden. Dies folgt daraus, dass in der Eröffnungsentscheidung nach § 27 Abs. 2 Nr. 3 InsO die Stunde der Eröffnung anzugeben ist und hierdurch jeglicher Zweifel ausgeschlossen werden soll, wann die Wirkungen der mit der Eröffnung ver-

---

127 BGHZ 177, 12, 17 ff.
128 BGH, ZInsO 2011, 231 Rn. 4.
129 BGH, ZInsO 2010, 1224.

bundenen Eingriffe in die Rechte des Schuldners und in die Rechte Dritter eintreten.[130] Wird die einem Gläubigerantrag zugrundeliegende Forderung vor der Verfahrenseröffnung **erfüllt**, ist der Antrag abzuweisen. Dies gilt freilich nach § 14 Abs. 1 Satz 2 InsO nicht, wenn bereits in einem Zeitraum von **zwei Jahren vor Antragstellung** ein Insolvenzantrag gegen den Schuldner gestellt worden war. Insolvenzreifen Schuldnern soll damit nicht gestattet werden, wiederholt Insolvenzanträge durch Erfüllung abzuwenden. Bezogen auf diesen Zeitpunkt ist daher gemäß § 17 InsO auch die Zahlungsunfähigkeit oder Überschuldung (§ 19 InsO) des Schuldners festzustellen. Dem zuständigen Registergericht wird der Eröffnungsbeschluss mitgeteilt (§ 31 Nr. 1 InsO); er wird sodann in das **Handelsregister** eingetragen (§ 32 HGB). Wird die Eröffnung des Verfahrens mangels einer kostendeckenden Masse abgelehnt, erfolgt ebenfalls eine Mitteilung an das Registergericht (§ 31 Nr. 2 InsO). In beiden Fällen wird die GmbH kraft Gesetzes aufgelöst (§ 60 Abs. 1 Nr. 4, 5). Im Beschwerdeverfahren gegen die Abweisung der Verfahrenseröffnung mangels Masse ist die **nach Erlass** des Ablehnungsbeschlusses erfolgte Befriedigung der Forderung des den Insolvenzantrag stellenden Gläubigers nicht zu berücksichtigen.[131]

3. Beschwerde

54 a) **Beschwer.** Gegen die Ablehnung seines Eröffnungsantrags kann der Gläubiger **Beschwerde** bzw. **Rechtsbeschwerde** einlegen (§ 34 Abs. 1, §§ 6, 7 InsO, 569, 574 ZPO). Wird das Insolvenzverfahren auf Antrag eines Gläubigers eröffnet, kann der Schuldner dieser Entscheidung unter Berufung auf einen fehlenden Insolvenzgrund wie auch eine fehlende Kostendeckung mit der Beschwerde entgegentreten.[132] Wird das Insolvenzverfahren auf **Antrag des Schuldners** eröffnet, steht ihm gegen diese Entscheidung grundsätzlich kein Beschwerderecht zu. Diese rechtliche Würdigung beruht auf der Erwägung, dass der Schuldner durch die seinem Antrag entsprechende Verfahrenseröffnung **keine formelle Beschwer** als Zulässigkeitsvoraussetzung für die Einlegung eines Rechtsmittels erleidet. Daran anknüpfend ist einem Schuldner, der die auf seinem Antrag beruhende Verfahrenseröffnung unter dem Gesichtspunkt einer die **Kosten des Verfahrens nicht deckenden Masse** (§ 26 InsO) beanstandet, die Beschwer abzusprechen. Der Zweck einer rechtzeitigen Antragstellung darf nicht durch die den Organen an die Hand gegebene faktische Befugnis, den Antrag auf Eröffnung des Insolvenzverfahrens hinauszuzögern und die Verfahrenseröffnung durch den Hinweis auf die Masselosigkeit der Gesellschaft letztlich zu verhindern, angetastet werden. Anderenfalls bestünde die nahe liegende Gefahr, dass Gesellschaftsorgane die Schuldnerin vor Antragstellung ausplündern, um danach mit Hilfe eines Eigenantrags die Eröffnung des Insolvenzverfahrens und die Verwirklichung etwaiger Haftungsansprüche zu vereiteln.[133] Wird das Insolvenzverfahren eröffnet, so steht nach § 34 Abs. 2 InsO nur dem **Schuldner** die sofortige Beschwerde

---

130 BGHZ 169, 17, 20 ff.
131 BGH, WM 2011, 135 Rn. 3.
132 BGH, NZI 2004, 625.
133 BGH, ZInsO 2007, 663, 664 Rn. 3; NZI 2008, 557.

zu. Bei juristischen Personen ist dies die juristische Person selbst, nicht jedoch der **einzelne Gesellschafter** oder das einzelne Mitglied. Auch der **gesetzliche Vertreter** ist nicht kraft eigenen Rechts zur Beschwerde befugt.[134]

55 b) **Erledigungserklärung**. Der Antragsteller kann die Hauptsache nur solange für erledigt erklären, wie das Gericht den **Eröffnungsbeschluss noch nicht erlassen** hat. Dies folgt auch aus § 13 Abs. 2 InsO, wonach ein Eröffnungsantrag nur bis zur Eröffnung zurückgenommen werden kann. Der Begriff »Eröffnung« bezeichnet hier den Eröffnungsbeschluss als solchen, nicht den rechtskräftigen Eröffnungsbeschluss. Die der Vorschrift des § 13 Abs. 2 InsO zugrunde liegende Überlegung, die Wirkungen der Eröffnung dürften durch eine Antragsrücknahme nicht mehr in Zweifel gezogen werden, gilt für die Erledigungserklärung in gleicher Weise.[135] Wird ein Insolvenzantrag wegen nachträglicher Erfüllung der Forderung des Antragstellers abgelehnt, hat der Schuldner unabhängig von einem Erledigungsantrag die Kosten zu tragen (§ 14 Abs. 3 InsO).

56 c) **Maßgeblicher Sachverhalt**. Im Falle einer Beschwerde gegen einen **Eröffnungsbeschluss** kommt es auf die tatsächlichen Verhältnisse im **Zeitpunkt der Entscheidung des Insolvenzgerichts** an. War im Zeitpunkt der Eröffnungsstunde ein Insolvenzgrund gegeben, bleibt eine dagegen eingelegte sofortige Beschwerde ohne Erfolg, wenn der Insolvenzgrund bis zur Entscheidung des Beschwerdegerichts entfallen ist. Wurde hingegen ein Antrag auf Eröffnung des Insolvenzverfahrens **abgewiesen**, bleibt es bei dem allgemeinen Grundsatz, dass die Sach- und Rechtslage im Zeitpunkt der Entscheidung des Beschwerdegerichts maßgebend ist. Liegen die Eröffnungsvoraussetzungen in diesem Zeitpunkt – sei es auch erstmals – vor, ist das Insolvenzverfahren zu eröffnen.[136]

57 d) **Wirksamkeit eines Eröffnungsbeschlusses**. Es entspricht allgemeiner Auffassung, dass die Rechtskraft des Beschlusses über die Eröffnung des Insolvenzverfahrens für sämtliche Beteiligten bindende Wirkung hat und auch dann hinzunehmen ist, wenn er verfahrensfehlerhaft ergangen ist, sofern nicht ausnahmsweise ein Mangel vorliegt, der zur Nichtigkeit des Eröffnungsbeschlusses führt. Die Nichtigkeit folgt nicht daraus, dass gegen einen Verbraucher ein Regelinsolvenzverfahren eröffnet wurde.[137] Nichtig ist hingegen ein gegen eine nicht existierende Person ergangener Eröffnungsbeschluss.[138]

134 BGH, Beschl. v. 19.2.2009 – IX ZB 198/07 Rn. 3, juris.
135 BGH, Beschl. v. 26.6.2008 – IX ZB 238/07, Rn. 5, juris.
136 BGH, NZI 2008, 391 Rn. 6.
137 BGH, WM 2011, 946 Rn. 8.
138 BGH, ZInsO 2008, 973 Rn. 13.

III. Befugnisse im eröffneten Verfahren

1. Zweck des Insolvenzverfahrens

58 Von der durch die Insolvenzeröffnung bedingten Auflösung der GmbH (§ 60 Abs. 1 Nr. 4) ist ihre **Vollbeendigung** zu unterscheiden, die erst nach der Abwicklung eintritt. Auch die Firma der GmbH wird durch die Eröffnung nicht berührt. Den Insolvenzverwalter trifft nicht die Obliegenheit, die GmbH als juristische Person zu liquidieren. Vielmehr hat der Verwalter vorrangig die Interessen der Gläubiger zu wahren. Auch die InsO geht von dieser Sicht aus. Gemäß § 1 InsO dient das Insolvenzverfahren in erster Linie dazu, die Gläubiger eines Schuldners gemeinschaftlich zu befriedigen. Der in § 1 Abs. 2 Satz 1 des Regierungsentwurfs zur Insolvenzordnung vorgesehene weitere Zweck, für die **Abwicklung** juristischer Personen und Gesellschaften ohne Rechtspersönlichkeiten zu sorgen, ist nicht Gesetz geworden. Unabhängig davon, welche Rückschlüsse im Einzelnen aus der Gesetzgebungsgeschichte zu ziehen sind, wäre eine Abwicklung der juristischen Person jedenfalls dem als »wesentlich« hervorgehobenen gesetzlichen Hauptzweck des Gesamtvollstreckungs- oder Insolvenzverfahrens untergeordnet: Würde sie die Gläubigerbefriedigung verkürzen, hat diese uneingeschränkt Vorrang.[139]

2. Insolvenzmasse

59 Die Insolvenzmasse erfasst nach § 35 InsO das gesamte Gesellschaftsvermögen einschließlich der Firma und eines nach Eröffnung liegenden Neuerwerbs.[140] Einer GmbH können in der Insolvenz mangels der Möglichkeit eines Vollstreckungsschutzes keine pfändungsfreie Gegenstände (§ 36) verbleiben.[141] Mangels einer Haftung der Gesellschafter (§ 13 Abs. 2) hat der Insolvenzverwalter auf deren Vermögen keinen Zugriff. In Konstellationen der Durchgriffshaftung kann zwar der Verwalter nach § 93 InsO die Forderungen der Gläubiger im Interesse der Masse unmittelbar gegen die Gesellschafter klageweise durchsetzen; ein unmittelbarer Zugriff auf das **Gesellschaftervermögen** ist ihm auch in diesen Fällen verwehrt.[142] Der Verwalter ist auch im Insolvenzverfahren über das Vermögen einer Gesellschaft befugt, einen Massegegenstand freizugeben. Ein rechtlich schutzwürdiges Bedürfnis, dem Verwalter die Möglichkeit der **Freigabe** einzuräumen, besteht regelmäßig dort, wo zur Masse Gegenstände gehören, die wertlos sind oder Kosten verursachen, welche den zu erwartenden Veräußerungserlös möglicherweise übersteigen. Dies hat insbesondere bei **wertausschöpfend belasteten** oder **erheblich kontaminierten Grundstücken** große praktische Bedeutung. Es wäre mit dem Zweck der Gläubigerbefriedigung nicht zu vereinbaren, wenn der Insolvenzverwalter in solchen Fällen gezwungen wäre, Gegenstände, die nur noch geeignet sind, das Schuldnervermögen zu schmälern, allein deshalb in der Masse zu behalten, um eine Vollbeendigung der Gesell-

139 BGHZ 148, 252, 258 f.; 163, 32, 35 f.
140 BGHZ 85, 221.
141 *Jaeger/Müller*, InsO, § 35 Rn. 145.
142 BGHZ 165, 85, 89 ff.

schaft zu bewirken. Das berechtigte Interesse der Gläubiger, aus der Masse eine Befriedigung ihrer Ansprüche zu erhalten und deshalb möglichst die Entstehung von Verbindlichkeiten zu vermeiden, die das zur Verteilung zur Verfügung stehende Vermögen schmälern, hat im Rahmen der insolvenzrechtlichen Abwicklung unbedingten Vorrang. Erklärt der Verwalter die Freigabe eines vom Schuldner rechtshängig gemachten Anspruchs, wird dadurch der Insolvenzbeschlag aufgehoben mit der Folge, dass die **Unterbrechung des Verfahrens endet.**[143]

IV. Organisationsverfassung der GmbH

60 Die Eröffnung des Insolvenzverfahrens hat auf die Struktur der betroffenen Gesellschaft keinen Einfluss. Das gilt unabhängig von der Rechtsform der Gesellschaft. Die GmbH bleibt nach Verfahrenseröffnung als rechts- und handlungsfähiger Rechtsträger mit seinen Organen bestehen. Die Satzung und das GmbHG sind weiter beachtlich, werden allerdings durch die Regelungen der InsO überlagert.

1. Außenverhältnis

61 In der Insolvenz wird die Vertretungsmacht der Geschäftsführer (§ 35 GmbHG) durch die **Verwaltungs- und Verfügungsbefugnis** des Insolvenzverwalters (§§ 80 ff. InsO) verdrängt. Ausnahmsweise sind Maßnahmen des Insolvenzverwalters wegen Insolvenzzweckwidrigkeit unbeachtlich: Voraussetzung für die Unwirksamkeit ist danach außer einer **Evidenz der Insolvenzzweckwidrigkeit**, dass sich dem Geschäftspartner aufgrund der Umstände des Einzelfalls ohne weiteres begründete Zweifel an der Vereinbarkeit der Handlung mit dem Zweck des Insolvenzverfahrens aufdrängen mussten.[144] Der Insolvenzverwalter übt nach ständiger Rechtsprechung als **Partei kraft Amtes** die Verwaltungs- und Verfügungsbefugnis des Vermögensinhabers in eigenem Namen und aus eigenem Recht, nicht als Vertreter des Schuldners, aus. Dem steht nicht entgegen, dass der Gemeinschuldner mit der Eröffnung des Insolvenzverfahrens nicht aufgehört hat, Rechtsträger des betroffenen Vermögens zu sein.[145] Der Schuldner steht hinsichtlich der Masse einer geschäftsunfähigen gesetzlich vertretenen Person gleich. Die aus § 80 InsO fließende Verwaltungs- und Verfügungsbefugnisse des Verwalters ist jedenfalls nicht geringer als die eines gesetzlichen Vertreters.[146] Klagen gegen den Verwalter sind am Sitz der GmbH zu erheben (§ 19a ZPO). Der Verwalter des Vermögens einer in Insolvenz gefallenen GmbH kann deren **Firma mit dem Handelsgeschäft** rechtswirksam veräußern; ein Gesellschafter kann der Veräußerung grundsätzlich nicht widersprechen, auch wenn sein Name in der Firma enthalten ist.[147] Damit kann der Verwalter im Wege einer übertragenden Sanierung das gesamte Unternehmen an einen Erwerber veräußern. Mit Zustim-

143 BGHZ 163, 32, 34 ff.; BVerwG, ZInsO 2004, 1206, 1208 f.
144 BGHZ 150, 353, 360 ff.
145 BGHZ 88, 331, 334.
146 BGHZ 49, 11, 16 f.
147 BGHZ 85, 221.

mung des Gläubigerausschusses ist dies bereits vor dem Berichtstermin möglich (§ 158 Abs. 1 InsO). Zur Abwicklung des Unternehmens kann der Verwalter dann eine andere Firma wählen. Im Einvernehmen mit dem Insolvenzverwalter kann die Gesellschafterversammlung die Firma der GmbH ändern.[148] Der Erwerber unterliegt im Blick auf Verbindlichkeiten der insolventen GmbH nicht einer Haftung nach § 25 HGB,[149] § 75 AO[150] oder § 613a Abs. 1 Satz 1 BGB.[151] Die Arbeitsverhältnisse gehen indessen auf den Erwerber über (§ 613a Abs. 1 Satz 1 BGB). Infolge der Insolvenzeröffnung gehen **Prokura** und **Handlungsvollmacht** unter (§ 117 InsO). Der Insolvenzverwalter – nicht die Gesellschafterversammlung (§ 46 Nr. 7) – ist nach Verfahrenseröffnung berechtigt, eine neue Handlungsvollmacht, aber nicht eine neue Prokura,[152] zu erteilen. In der Wahrnehmung seiner Verwaltungs- und Verfügungsbefugnis unterliegt der Verwalter weder der Kontrolle der Gesellschafterversammlung noch eines – gleich ob fakultativen oder obligatorischen – Aufsichtsrats.

2. Innenverhältnis

62 Partei- und Prozessfähigkeit des Schuldners bleiben von der Eröffnung des Insolvenzverfahrens unberührt. Gleiches gilt für die Organstellung der Organe einer juristischen Person. Die Organe bleiben bestehen, nehmen aber nur solche Kompetenzen wahr, die nicht die Insolvenzmasse betreffen.[153]

63 a) **Gesellschafter.** Die Rechtsstellung der Gesellschafter wird infolge der Insolvenz der GmbH erheblich beschnitten. Zwar bleibt die Zuständigkeit der **Gesellschafterversammlung** für die **Bestellung** und die **Abberufung** der Geschäftsführer (§ 46 Nr. 5 GmbHG) erhalten, soweit der Gesellschaftsvertrag nichts anderes vorsieht. Freilich kann die Gesellschafterversammlung mit neu bestellten Geschäftsführern keine Vergütungsansprüche gegen die GmbH begründenden Dienstverträge schließen. Die Gesellschafterversammlung ist dem Verwalter nicht übergeordnet. Sie kann den Geschäftsführern nur noch insoweit Weisungen erteilen, als nicht die Masse berührt ist. **Informationsrechte** der Gesellschafter (§ 51a) im Blick auf nach Verfahrenseröffnung liegende Sachverhalte sind rein insolvenzrechtlicher Natur. Da Informationspflichten des Verwalters nur gegenüber dem Gericht (§ 58 InsO) und der Gläubigerversammlung (§§ 79, 156 InsO) bestehen, sind die Gesellschafter auf Akteneinsicht (§ 299 ZPO, § 4 InsO), Einsichtnahme in Rechnungslegungsunterlagen (§§ 66, 154 InsO) sowie in die Insolvenztabelle (§ 175 InsO) beschränkt. Nach Insolvenzeröffnung kann die Gesellschafterversammlung im Wege der Satzungsänderung eine **Kapitalerhöhung** beschließen. Dies dürfte sich nur im Zusammenhang mit einem Insolvenzplan

148 OLG Karlsruhe, NJW 1993, 1931.
149 BGHZ 104, 151, 153.
150 BFHE 186, 318, 320.
151 BAG, NJW 1980, 1124.
152 BGH, WM 1958, 430, 431; str. a.A. *Karsten Schmidt/Bitter*, in: Scholz, GmbHG, Vor § 64 Rn. 83.
153 BGH, ZInsO 2006, 260 Rn. 6.

empfehlen, weil die Mittel andernfalls in die Masse fallen (§ 35 InsO). Eine vor der Verfahrenseröffnung beschlossene Kapitalerhöhung kann von den Gesellschaftern rückgängig gemacht werden, indem sie den Kapitalerhöhungsbeschluss aufheben oder den Geschäftsführer anweisen, die Anmeldung bei dem Handelsregister zurückzunehmen. Darüber hinaus ist der einzelne Gesellschafter, dem die kritische Lage der Gesellschaft bei Übernahme der neuen Stammeinlage nicht bekannt war, zusätzlich dadurch geschützt, dass er regelmäßig berechtigt ist, den Übernahmevertrag aus wichtigem Grund zu kündigen.[154] Ein **Aufsichtsrat** bleibt – beschränkt auf eine Überwachung der nicht mehr verwaltungs- und verfügungsbefugten – Geschäftsführung im Amt; seine Mitglieder sind, weil ihnen keine Vergütungsansprüche gegen die Masse zustehen, zur Niederlegung des Amtes berechtigt.

64 b) **Geschäftsführer.** Ist die Schuldnerin eine GmbH, bleiben die Geschäftsführer im Amt. Ihnen obliegen die Aufgaben der Schuldnerin im Insolvenzverfahren (§ 35 GmbHG). Der Insolvenzverwalter ist nicht berechtigt, einen Geschäftsführer abzuberufen; er kann zur Vermeidung von Masseforderungen jedoch nach § 113 InsO dessen **Anstellungsvertrag kündigen.**[155] Sieht der Verwalter von dieser Möglichkeit ab, kann er die Geschäftsführer als Mitarbeiter einsetzen. Die **Geschäftsführer** haben die den Schuldner treffenden Auskunfts- und Mitwirkungspflichten (§§ 20, 97, 98, 101 InsO) zu erfüllen; sie können für die GmbH Rechtsbehelfe einlegen (§§ 34, 253 InsO), Anträge stellen (§ 161 Satz 2, §§ 212, 213, 218 Abs. 1 InsO) und von dem Verwalter Auskunft verlangen. Daneben obliegt ihnen die Verwaltung des massefreien Vermögens der GmbH sowie die Aufrechterhaltung der internen Organisation wie die Einberufung von Gesellschafterversammlungen. Der Verwalter kann ohne die Notwendigkeit eines Gesellschafterbeschlusses (§ 46 Nr. 2) **rückständige Einlagen** gegenüber den Gesellschaftern einfordern. Ebenso ist der Verwalter zu einer Kaduzierung (§ 21) sowie zum Regress gegen Mitgesellschafter (§ 24) berechtigt. Weitere der Masseanreicherung dienende Forderungen werden von dem Verwalter geltend gemacht: Ansprüche aus Vorbelastungshaftung, aus Gründungshaftung (§ 9a), aus einer Haftung des Sacheinlegers (§ 19 Abs. 4). Schadensersatzansprüche gegen Geschäftsführer (§ 43), auch wegen Insolvenzverschleppung (§§ 15a InsO, 823 Abs. 2 BGB), gegen Aufsichtsräte und herrschende Gesellschafter werden – ohne die Notwendigkeit eines Gesellschafterbeschlusses (§ 46 Nr. 8) – ebenso von dem Verwalter verfolgt. Der Verwalter hat nach § 155 InsO den **Rechnungslegungspflichten** der GmbH in Bezug auf die Masse zu genügen.

3. Führungslose GmbH im Prozess

65 Legt der einzige Geschäftsführer einer GmbH sein Amt nieder, ist eine gegen die Gesellschaft gerichtete Klage mangels gesetzlicher Vertretung und daraus folgender **Prozeßunfähigkeit** unzulässig (§ 52 Abs. 1 ZPO). Daran ändert § 35 Abs. 1 Satz 2

154 BGH, NJW 1995, 460.
155 BGH, NJW-RR 2007, 624, 626 Rn. 21.

GmbHG nichts. Nach dieser Vorschrift wird die Gesellschaft bei einer Führungslosigkeit, also beim Fehlen eines Geschäftsführers, von ihren Gesellschaftern gesetzlich vertreten, wenn ihr gegenüber Willenserklärungen abzugeben oder Schriftstücke zuzustellen sind. Das betrifft etwa die Zustellung der Klageschrift. Darin erschöpft sich die Prozessführung aber nicht. Einen Prozess kann die GmbH nur führen, wenn ihre Vertreter nicht nur zur Passivvertretung, sondern auch zur Aktivvertretung befugt sind, also auch Willenserklärungen mit Wirkung für die Gesellschaft abgeben können. Eine solche Rechtsmacht haben die Gesellschafter in den Fällen des § 35 Abs. 1 Satz 2 GmbHG nicht. Durch § 35 Abs. 1 Satz 2 GmbHG soll lediglich ermöglicht werden, dass der Gesellschaft auch dann Schriftstücke zugestellt werden können, wenn ihr Geschäftsführer sein Amt niedergelegt und die Gesellschaft damit keinen gesetzlichen Vertreter mehr hat. Nur diesen Zustellungsmangel wollte der Gesetzgeber heilen, nicht aber die Grundsätze der Prozessfähigkeit ändern. Dafür besteht auch kein Bedürfnis, weil – etwa im weiteren Verlauf eines durch Klagezustellung eingeleiteten Prozesses – der Mangel der Prozessfähigkeit durch Bestellung eines Notgeschäftsführers (§ 29 BGB) oder eines Prozesspflegers (§ 57 ZPO) geheilt werden kann.[156]

V. Insolvenzplan

66 Grundsätzlich bildet das Insolvenzverfahren ein Gesamtvollstreckungsverfahren. Durch die Einrichtung des **Insolvenzplanverfahrens** (§§ 217 ff. InsO) schafft das Gesetz die Möglichkeit, im Interesse der Gläubigerautonomie vom Regelverfahren abzuweichen. Der Insolvenzplan dient insbesondere dem Zweck, das insolvente Unternehmen zu erhalten (§ 1 Satz 1 InsO), und ist darum ein **Sanierungsinstrument**. Allerdings kann auch im Rahmen eines Insolvenzplans eine Liquidation des Unternehmens erfolgen. Allerdings bietet das Insolvenzplanverfahren auch die Möglichkeit einer gesellschaftsrechtlichen Umstrukturierung des Unternehmens und bildet deshalb das »gesellschaftsrechtliche Kernstück« des Insolvenzrechts.[157] Zulässig sind auch verfahrensleitende bzw. verfahrensbegleitende Insolvenzpläne, die das Regelinsolvenzverfahren lediglich in Verfahrensfragen ergänzen, aber nicht ersetzen.

1. Gang des Verfahrens

67 Die Befriedigung der Gläubiger, die Verwertung der Masse und die Haftung des Schuldners nach der Beendigung des Insolvenzverfahrens können nach § 217 InsO in einem Insolvenzplan abweichend von den sonstigen Vorschriften der InsO geregelt werden. Nach § 217 Satz 2 InsO können, wenn sich das Verfahren gegen eine juristische Person richtet, auch die Anteils- oder Mitgliedschaftsrechte der an dem Schuldner beteiligten Personen in den Plan einbezogen werden. Am Insolvenzplanverfahren wirken mithin nicht mehr nur der Schuldner und seine Gläubiger, sondern die

156 BGH, ZInsO 2010, 2404. Rn. 11 ff.
157 *K. Schmidt*, BB 2011, 1603, 1607.

Gesellschafter als zusätzliche Beteiligte mit.[158] Zur Vorlage eines Insolvenzplans sind der **Insolvenzverwalter** und der **Schuldner** berechtigt (§ 218 Abs. 1 InsO). In dem Plan sind – abhängig von ihrer jeweiligen Rechtsstellung – **Beteiligtengruppen** zu bilden (§ 222 InsO); innerhalb der jeweiligen Gruppe sind die einzelnen Gläubiger gleichzubehandeln (§ 226 Abs. 1 InsO). Die Inhaber von Anteils- und Mitgliedschaftsrechten sind bei der Gruppenbildung und Abstimmung nur zu berücksichtigen, wenn durch den Plan tatsächlich in ihre Rechte eingegriffen wird.[159] Sie genießen damit wie auch die Gläubiger Minderheitenschutz und haben das Recht, sich gegen den Plan mit Rechtsmitteln zu wehren. Der Insolvenzplan wird von dem Gericht geprüft und im Falle schwerwiegender Mängel zurückgewiesen (§ 231 InsO). Wird er nicht von dem Gericht zurückgewiesen, bedarf er der Annahme durch die Beteiligten und der Zustimmung des Schuldners (§§ 235 ff. InsO). Der Anschließend hat das Gericht den Plan zu bestätigen (§ 248 InsO); erlangt der Beschluss Rechtskraft, treten die in dem Plan festgelegten Wirkungen für und gegen alle Beteiligten ein (§ 254 InsO). Der Insolvenzplan ist seiner Rechtsnatur nach den **Rechtsgeschäften** zuzuordnen.

2. Inhalt des Insolvenzplans

68 Der Insolvenzplan besteht nach § 219 Satz 1 InsO aus einem darstellenden und gestaltenden Teil. Ferner kann eine Vermögensübersicht sowie ein Ergebnis- und Finanzplan (§ 229 InsO) nebst Anlagen hinzutreten.

69 **a) Darstellender Teil.** Im darstellenden Teil ist gemäß § 220 Abs. 1 InsO zu beschreiben, welche Maßnahmen nach der Eröffnung des Insolvenzverfahrens getroffen worden sind oder noch getroffen werden sollen, um die Grundlagen für die geplante Gestaltung der Rechte der Beteiligten zu schaffen. Da nach § 220 Abs. 2 InsO Angaben zu den Grundlagen und Auswirkungen des Plans zu machen sind, muss er sich zur **Vermögens-**, **Finanz- und Ertragslage** des Unternehmens äußern. Falls eine Sanierung vorgesehen ist, bedarf es einer **Erläuterung des Sanierungskonzepts** auch im Blick auf Änderungen der Rechtsform, der Satzung oder der Beteiligungsverhältnisse. Betriebsänderungen im Blick auf Stillegung von Betriebsteilen sowie personelle Maßnahmen wie eine Entlassung von Teilen der Belegschaft sind offenzulegen. Überdies hat der Plan die beabsichtigte Art der Verwertung zu bezeichnen, die in einer Liquidation, einer Sanierung des Unternehmensträgers oder einer übertragenden Sanierung bestehen kann. Es ist anzugeben, inwieweit von den gesetzlichen Verwertungsregeln abgewichen werden soll. Zu den wesentlichen Entscheidungsgrundlagen gehört auch eine Vergleichsrechnung, welche Befriedigung die Gläubiger ohne den Insolvenzplan zu erwarten haben.

158 *Hirte/Knof*, DB 2011, 632, 637.
159 BT-Drs. 17/5712, S. 30.

b) Gestaltender Teil. aa) Reichweite der Gestaltungsmacht. Gegenstand des Insolvenzplans ist die Befriedigung der absonderungsberechtigten Gläubiger und der Insolvenzgläubiger, die Verwertung der Insolvenzmasse und deren Verteilung an die Beteiligten sowie die Haftung des Schuldners nach Beendigung des Insolvenzverfahrens. Der gestaltende Teil legt fest, wie die Rechtsstellung der Beteiligten – des Schuldners, der absonderungsberechtigten Gläubiger, der sonstigen Insolvenzgläubiger und der Gesellschafter (§ 217 InsO) – durch den Plan geändert werden soll (§ 221 InsO). Der Schuldner oder Insolvenzverwalter, der einen Insolvenzplan vorlegt, ist nicht verpflichtet, in dem darstellenden Teil die möglichen **Versagungsgründe für die Restschuldbefreiung** darzulegen; offen ist hingegen, ob die rechtskräftige Verurteilung wegen Insolvenzstraftaten darzulegen ist.[160] In einem Insolvenzplan kann nicht geregelt werden, nach welchem Modus die Forderungen der Gläubiger zu berechnen sind. Die Vorschriften über die Feststellung der Forderungen der Insolvenzgläubiger können in einem Insolvenzplan nicht abbedungen werden.[161] Modifiziert werden können dagegen die Vorschriften über die **Verteilung** (§ 217 InsO). Der Insolvenzplan kann darum vorsehen, dass die Gläubiger wirksam bestrittener Forderungen binnen einer bestimmten Ausschlussfrist Tabellenfeststellungsklage erheben müssen, andernfalls die Forderung bei der Verteilung nicht berücksichtigt wird. Die Klagefrist beginnt jedoch erst mit Rechtskraft des Beschlusses zu laufen, der den Insolvenzplan bestätigt.[162] Der Verwalter kann nach § 221 Satz 2 InsO durch den gestaltenden Teil des Insolvenzplans dazu **bevollmächtigt** werden, die zur Umsetzung notwendigen Maßnahmen zu ergreifen und offensichtliche Fehler zu berichtigen. Eine solche Korrektur bedarf aber gemäß § 248a InsO der Bestätigung durch das Insolvenzgericht, das zuvor einen bestehenden Gläubigerausschuss, die Gläubiger und die Anteilseigner, sofern ihre Rechte berührt sind, und den Schuldner anzuhören hat. 70

bb) Einbeziehung der Anteilsrechte in den Plan. aaa) Rechtliche Ausgangslage. Umstrukturierungsmaßnehmen, die wie Kapital- und Umwandlungsmaßnahmen den Gesellschaftern vorbehalten sind, konnte der Insolvenzplan bislang nicht anordnen, allerdings seine Bestätigung von einer Umsetzung dieser Maßnahmen abhängig machen (§ 249 InsO). Die für die Reorganisation des Unternehmens erforderlichen Änderungen der rechtlichen Verhältnisse der Gesellschaft konnten folglich nur im Rahmen des § 249 InsO durch einen bedingten Insolvenzplan umgesetzt werden. Dies lief darauf hinaus, dass ein Gesellschafterrechte berührender Insolvenzplan erst bestätigt werden kann, wenn er gesellschaftsrechtlich – etwa durch einen Fortsetzungsbeschluss, eine Kapitalerhöhung oder eine Auswechslung der Gesellschafter – umgesetzt ist. Insbesondere auf die **gesellschaftsrechtlichen Strukturen** des Insolvenzschuldners konnte der Insolvenzplan keine Auswirkungen haben. Derartige Maßnahmen mussten vielmehr außerhalb des Insolvenzplanverfahrens getroffen werden. Im Insolvenzplan konnte allerdings vorgesehen werden, dass vor der Bestätigung 71

160 BGH, ZInsO 2009, 1252 Rn. 25, 26.
161 BGH, NJW-RR 2009, 839 Rn. 25, 26.
162 BGH, ZInsO 2010, 1448 Rn. 9, 12.

des Plans bestimmte Leistungen erbracht oder andere Maßnahmen verwirklicht werden sollen. Dies können auch Leistungen Dritter wie der Vorzugsaktionäre sein.[163] Eine – die Rechte der bisherigen Gesellschafter nicht beeinträchtigende – übertragende Sanierung wird den Interessen der Gläubiger vielfach nicht gerecht, weil an den Rechtsträger gebundene Berechtigungen wie **Lizenzen**, **öffentlichrechtliche Genehmigungen**, **vorteilhafte langfristige Verträge** oder Verlustvorträge auf ein Nachfolgeunternehmen nicht übergehen.[164] Deswegen eröffnet der Gesetzgeber nunmehr durch § 225a InsO Befugnisse, in Rechte der Gesellschafter des Schuldnerunternehmens einzugreifen.

72 **bbb) Die Neukonzeption des § 225a InsO.** Der Paradigmenwechsel zum bisherigen Recht kommt in § 225a Abs. 1 InsO zum Ausdruck, wonach die Mitgliedschaftsrechte nur unberührt bleiben, wenn der Insolvenzplan nichts anderes bestimmt. § 225a Abs. 2 InsO ermöglicht den von der Praxis gewünschten **Dept-Equaty-Swap**, nämlich **die Umwandlung der Forderungen** von Gläubigern in **Anteils- oder Mitgliedschaftsrechte** an dem Schuldner. Im Insolvenzplan kann nunmehr gemäß § 225a Abs. 3 InsO **jede Regelung** getroffen werden, die **gesellschaftsrechtlich zulässig** ist, insbesondere die Fortsetzung einer aufgelösten Gesellschaft oder die Übertragung von Anteils- oder Mitgliedschaftsrechten.[165] Danach kann beschlossen werden, dass Stammeinlagen auf einen Kapitalerhöhungsbetrag durch Leistung von Sacheinlagen übernommen werden können. Kapitalerhöhungen und -herabsetzungen, die Gewährung von Sacheinlagen und der Ausschluss des Bezugsrechts kommen in Betracht.[166] Gegenstand der Sacheinlage können nicht nur – wie in § 225a Abs. 2 InsO vorgesehen – Forderungen gegen die Gesellschaft, sondern alle sacheinlagefähigen Vermögensgüter sein.[167]

73 **ccc) Dept-Equaty-Swap.** § 225a Abs. 2 InsO sieht die Umwandlung von Fremdkapital in Eigenkapital vor. Auf diese Weise geht das Eigentum an dem Unternehmen auf die Gläubiger über, denen es im Falle einer Überschuldung wirtschaftlich bereits gehört.[168] Dies geschieht **außerhalb des Insolvenzverfahrens** durch einen Beschluss der Altgesellschafter, nach dessen Inhalt das Kapital – unter Umständen bis auf Null – herabgesetzt wird. Dadurch kann die einzubringende Forderung in ein angemessenes Verhältnis zum Wert des Unternehmens gebracht werden. Bei der anschließenden **Kapitalerhöhung** wird die Forderung des Gläubigers entsprechend ihrem Wert als Sacheinlage eingebracht. Anschließend erlischt die Forderung durch Konfusion oder aufgrund eines Erlassvertrages (§ 397 BGB).[169] Diese Vorgehensweise setzt

163 BGH, NZI 2010, 603 Rn. 22, 23.
164 *Braun/Heinrich,* NZI 2011, 505, 508.
165 *Braun/Heinrich,* NZI 2011, 505, 507.
166 *Willemsen/Rechel,* BB 2011, 834, 839.
167 *Hirte/Knof/Mock,* DB 2011, 632, 638.
168 *Braun/Heinrich,* NZI 2011, 505, 508.
169 *Meyer/Degener,* BB 2011, 846, 847.

jedoch gesellschaftsrechtlich das **Einverständnis der Altgesellschafter** voraus, die sich – um die Hereinnahme der Gläubiger als Gesellschafter verwirklichen zu können – einem ihre eigenen Anteilsrechte verwässernden Bezugsrechtsausschluss unterwerfen müssen.[170] Damit einerseits die Umwandlung von Fremd- in Eigenkapital ein funktionstaugliches Sanierungsinstrument wird, andererseits die Rechte der Alteigentümer hinreichend gewahrt werden, soll die Umwandlung in den **gestaltenden Teil** des Insolvenzplans eingestellt werden können. Die Inhaber von Anteils- oder Mitgliedschaftsrechten am Schuldner sind so als Beteiligte in das Insolvenzplanverfahren eingebunden und können als eigene Gruppe über den Plan und damit über den Forderungsumtausch abstimmen.

74 Im Plan ist im Einzelnen zu regeln, wie die Umwandlung einer Forderung in Eigenkapital technisch umgesetzt werden soll. Dies erfolgt – wie auch außerhalb des Insolvenzverfahrens – durch eine **Kapitalherabsetzung** mit anschließender **Kapitalerhöhung**, wobei die **Forderung als Sacheinlage** eingebracht wird. Einem **Kapitalschnitt**, durch den das Kapital um den durch Wertminderungen und Verluste aufgezehrten Teil herabgesetzt wird, folgt die Einlage der Forderung gegen die insolvente Gesellschaft.[171] Es ist allgemein anerkannt, dass auch Forderungen, die gegen die Gesellschaft selbst gerichtet sind, als Sacheinlage einlagefähig sind. Die Einbringung erfolgt entweder durch eine **Forderungsübertragung**, wobei die Forderung durch Konfusion erlischt, oder durch einen **Erlassvertrag**. Zugleich sind Regelungen für eventuell bestellte Sicherheiten zu treffen. Ein Gläubiger, dessen Forderung gesichert ist, wird sich regelmäßig überlegen müssen, ob er einer Umwandlung seiner Forderung in einen Anteil zustimmt und hierdurch möglicherweise seine Sicherung verliert oder ob er seine Forderung behält und den Ausfall beim Sicherungsgeber geltend macht. Es ist im Plan insbesondere anzugeben, welche **Kapitalmaßnahmen** durchgeführt werden sollen, mit welchem Wert ein Anspruch anzusetzen ist und wem das Bezugsrecht zustehen soll. Zur Frage der **Werthaltigkeit des Anspruchs** sind gegebenenfalls Gutachten einzuholen. Die Werthaltigkeit der Forderung wird aufgrund der Insolvenz des Schuldners regelmäßig reduziert sein, und der Wert wird nicht dem buchmäßigen Nennwert entsprechen, sondern deutlich darunter liegen.[172] Hierbei kann auch die **Quotenerwartung** berücksichtigt werden. Der Insolvenzplan hat eine entsprechende **Wertberichtigung** vorzusehen. Zugleich muss für die Kapitalerhöhung, die vom Inferenten übernommen wird, ein **Bezugsrechtsausschluss zu Lasten der Anteilsinhaber** geregelt werden.[173] Ist eine Kapitalherabsetzung beabsichtigt, so sind die zugrunde liegenden Wertminderungen und sonstige Verluste nach den Vorschriften des Handelsgesetzbuches zu ermitteln und zu erläutern, die für den Jahresabschluss gelten. Zu ihrer Wirksamkeit müssen die im Insolvenzplan gefassten Beschlüsse in das jeweilige **Handels-, Genossenschafts-, Partnerschafts- oder Vereinsregister** eingetragen werden. Dies obliegt regelmäßig den Organen des Schuld-

170 *Meyer/Degener*, BB 2011, 846, 847.
171 Vgl. *Hirte/Knof/Mock*, DB 2011, 632, 638; *Bauer/Dimmling*, NZI 2011, 517, 518.
172 *Hirte/Knof/Mock*, DB 2011, 632, 642; vgl. *Willemsen/Rechel*, BB 2011, 834, 839.
173 *Hirte/Knof/Mock*, DB 2011, 632, 638.

ners. Zur Vereinfachung des Verfahrens wird der **Insolvenzverwalter** jedoch ermächtigt, die Anmeldungen an Stelle der Organe selbst zu veranlassen (vgl. § 254a Absatz 2 InsO).[174]

75 Den Gläubigern, die durch eine Umwandlung ihrer Forderungen zu Anteilsinhabern werden, kommt das **Sanierungsprivileg** des § 39 Absatz 4 Satz 2 InsO und ggf. das **Kleinbeteiligungsprivileg** des § 39 Absatz 5 InsO zugute. Erwirbt der Gläubiger die Anteile aufgrund eines Debt-Equity-Swap in einem Insolvenzplan, ist davon auszugehen, dass sie zum Zweck der Sanierung im Sinne des § 39 Absatz 4 InsO erworben wurden.[175] Das Sanierungsprivileg kann insbesondere **Bedeutung** erlangen, wenn der Gläubiger nicht seine gesamte Forderung als Gesellschaftsanteil einbringt oder der Gesellschaft nach dem Anteilserwerb ein Darlehen gewährt.[176]

76 Werden Anteilsrechte in einen Insolvenzplan einbezogen, so muss im Falle ihrer Einziehung eine **finanzielle Kompensation** vorgesehen werden, sofern die Anteile noch werthaltig sind.[177] Hierfür hat der **Plan** nach § 251 Absatz 3 InsO gegebenenfalls die **erforderlichen Mittel** zur Verfügung zu stellen. Allerdings ist im Insolvenzverfahren **regelmäßig von einer Wertlosigkeit** der Anteile auszugehen. In diesem Fall ist auch eine **Entschädigung nicht erforderlich.** Der verfassungsrechtliche Eigentumsschutz der betroffenen Anteilsinhaber wird durch die Regelungen zum Minderheitenschutz und zum Rechtsmittel gegen die Planbestätigung in den §§ 245, 251 und 253 InsO gewährleistet. Damit ist sichergestellt, dass ein Anteilsinhaber für einen Verlust seines Anteilsrechts eine angemessene Entschädigung erhält. Eine Entschädigung ist nach § 251 Absatz 3 Satz 2 InsO **außerhalb des Insolvenzverfahrens** geltend zu machen, damit keine Verzögerung eintritt.[178] § 225a Abs. 4 InsO sieht ausdrücklich vor, dass die Maßnahmen nach § 225a Abs. 2 und 3 InsO Vertragspartner nicht zu einer Vertragskündigung berechtigen. Dadurch soll der breitflächigen Beendigung von Vertragsverhältnissen vorgebeugt werden. Unberührt bleiben vertragliche Regelungen, welche die Beendigung des Vertrages an Pflichtverletzungen des Schuldners knüpfen, die nicht mit Maßnahmen nach § 225a Abs. 2 und 3 InsO in Zusammenhang stehen. Schließlich regelt § 225a Abs. 5 die Abfindung von Gesellschaftern, die im Zuge von Maßnahmen nach § 225a Abs. 2 und 3 InsO ihre Mitgliedschaft fristlos kündigen. Im Interesse des Sanierungserfolgs richtet sich ihre Abfindung nach der Vermögenslage der Gesellschaft, die sich bei einer Abwicklung ergeben hätte. Überdies kann die Fälligkeit von Abfindungszahlungen hinausgeschoben werden.

77 cc) **Bevorrechtige Gläubiger.** Die Rechte **absonderungsberechtigter Gläubiger** werden im Zweifel durch den Plan nicht berührt (§ 223 InsO). In Rechte aussonderungsberechtigter Gläubiger und Massegläubiger, die nicht zu den Beteiligten gehö-

174 BT-Drs. 17/5712, S. 31 f.
175 BT-Drs. 17/5712, S. 32.
176 *Meyer/Degener,* BB 2011, 846, 848.
177 *Bauer/Dimmling,* NZI 2011, 517, 518.
178 BT-Drs. 17/5712, S. 32; *Bauer/Dimmling,* NZI 2011, 517, 518.

ren, wie auch sonstiger Dritter kann der Plan nicht eingreifen (§ 223 InsO). Damit sind etwa **Sanierungsbeiträge** absonderungsberechtigter Gläubiger bzw. Teilverzichte und Teilstundungen von Forderungen gemeint. Eingriffe in ihre Rechte können die Bestätigung des Insolvenzplans gefährden, wenn sie schlechter gestellt werden (§ 251 InsO). Es sind mindestens drei **Gruppen von Insolvenzgläubigern** zu bilden: Die absonderungsberechtigten Gläubiger, wenn in deren Rechte eingegriffen werden soll, die einfachen Insolvenzgläubiger und die nachrangigen Insolvenzgläubiger innerhalb der jeweiligen Rangklassen, soweit deren Forderungen nicht als erlassen gelten sollen (§ 222 Abs. 1 Nr. 1 bis 3 InsO). Es können weitere Gruppen gebildet werden (§ 222 Abs. 2 InsO), insbesondere die Arbeitnehmer, wenn sie in erheblichem Maße als Gläubiger beteiligt sind, in einer Gruppe zusammengefasst werden (§ 222 Abs. 3 InsO). § 222 Abs. 1 Nr. 4 InsO gestattet nunmehr auch die Einbeziehung der **Gesellschafter**, wenn deren Anteilsrechte in den Plan einbezogen werden. Innerhalb der jeweiligen Gruppe gilt der **Grundsatz der Gleichbehandlung** der Gläubiger (§ 226 Abs. 1 InsO); allerdings kann eine unterschiedliche Behandlung im Einverständnis der betroffenen vorgesehen werden (§ 226 Abs. 2 InsO).

78 **dd) Nachrangige Gläubiger**. Die **Forderungen nachrangiger Gläubiger** – also etwa der Gesellschafter als Darlehensgeber (§ 39 Abs. 1 Nr. 5 InsO) – gelten als erlassen, soweit der Plan nichts anderes vorsieht (§ 225 Abs. 1 InsO). Gleiches gilt in der Insolvenz einer Aktiengesellschaft für unselbständige Ansprüche von Vorzugsaktionären auf Nachzahlung von Vorzugsdividenden.[179] Der Schuldner gilt im Zweifel von seinen Schulden befreit, nachdem er die im gestaltenden Teil vorgesehene Befriedigung seiner Gläubiger bewirkt hat (§ 227 Abs. 1 InsO).[180] Zugleich erlischt eine Gesellschafterhaftung (§ 227 Abs. 2 InsO). Insofern führt der Plan zu einer Restschuldbefreiung des Schuldners. Allerdings kommt nach Bestätigung des Insolvenzplans und Aufhebung des Insolvenzverfahrens eine weitere Stundung der Verfahrenskosten nicht in Betracht.[181]

79 **ee) Differenzierung der Beteiligtengruppen**. Gemäß § 222 Abs. 2 InsO können aus den Gläubigern mit **gleicher Rechtsstellung** Gruppen gebildet werden, in denen Gläubiger mit gleichartigen wirtschaftlichen Interessen zusammengefasst werden. In Rechtsprechung und Literatur wird folgerichtig nicht in Zweifel gezogen, dass innerhalb der nach § 222 Abs. 1 InsO zu bildenden, sich an der Rechtsstellung der Beteiligten ausrichtenden Gruppen weiter differenziert werden kann, wenn diese Gruppen sachgerecht voneinander abgegrenzt werden und der Plan die Kriterien für die Abgrenzung wiedergibt (§ 222 Abs. 2 Satz 2 und 3 InsO).[182] Die Inhaber von Anteils- oder Mitgliedschaftsrechten am Schuldner sind bei der Abstimmung über den Insolvenzplan nach § 220 Abs. 2 InsO zu beteiligen, wenn in ihre **Rechte** durch

179 BGH, NZI 2010, 603 Rn. 27 ff.
180 BGH, WM 2011, 1082 Rn. 11.
181 BGH, WM 2011, 1082 Rn. 11.
182 BGH, Beschl. v. 10.1.2008 – IX ZB 97/07 (unveröffentlicht).

den Plan **eingegriffen** werden soll. Der Kreis der Personen, die über die Zustimmung zum Plan entscheiden, ist deshalb über die Gläubiger hinaus entsprechend zu erweitern; die entsprechenden Angaben sind in den darstellenden Teil des Plans aufzunehmen. § 222 Abs. 1 Satz 2 Nr. 4 InsO stellt klar, dass die am Schuldner beteiligten Personen eine **eigene Gruppe** (oder mehrere eigene Gruppen) bilden, wenn durch den Insolvenzplan in ihre Anteils- oder Mitgliedschaftsrechte eingegriffen werden soll.[183] Es können **verschiedene Gruppen gebildet** werden, in denen Anteilsinhaber mit gleichartigen wirtschaftlichen Interessen zusammengefasst werden. Voraussetzung ist, dass innerhalb dieses Personenkreises sachgerechte Abgrenzungskriterien im Hinblick auf die wirtschaftliche Interessenlage bestehen.[184]

3. Planverfahren

80 a) **Vorprüfung.** Nur der **Insolvenzverwalter** und der **Schuldner** sind berechtigt, dem Insolvenzgericht einen Insolvenzplan vorzulegen (§ 218 Abs. 1 InsO). Die **Gläubiger** selbst haben kein Initiativrecht; jedoch kann die Gläubigerversammlung den Verwalter beauftragen, einen Insolvenzplan auszuarbeiten (§ 157 Satz 2 InsO). An der Aufstellung eines von dem Verwalter zu errichtenden Plans wirken – falls vorhanden – der **Gläubigerausschuss**, der **Betriebsrat**, der **Sprecherausschuss der leitenden Angestellten** und der **Schuldner** beratend mit (§ 218 Abs. 3 InsO). Der erstellte Insolvenzplan, der nur bei Einreichung bis zum Schlusstermin berücksichtigt wird (§ 218 Abs. 1 Satz 3 InsO), unterliegt einer **Vorprüfung** durch das Gericht (§ 231 InsO), ob er insbesondere von einem Berechtigten verfasst ist und den von dem Gesetz aufgestellten inhaltlichen Vorgaben genügt. Ein Insolvenzplan ist zurückzuweisen, wenn er offensichtlich **keine Aussicht auf Annahme** durch die Gläubiger hat (§ 231 Abs. 1 Nr. 2 InsO). Bei der anzustellenden Prognose ist in erster Linie der Inhalt des Planes selbst zu berücksichtigen. In die Beurteilung können aber auch im Verfahren bereits erfolgte Stellungnahmen der Gläubiger einbezogen werden, die freilich mit Vorsicht zu bewerten sind, weil sich die Meinung der Gläubiger bis zur Abstimmung über den Plan noch ändern kann.[185] Bei dem Ablehnungsgrund der **fehlenden Erfüllbarkeit** des Insolvenzplans (§ 231 Abs. 1 Nr. 3 InsO) sind dem Insolvenzgericht maßvolle Prognosen erlaubt. Vor diesem Hintergrund kann die Würdigung, dass eine Umsetzung des Plans an der bereits erfolgten rechtsverbindlichen Veräußerung des Grundstücks scheitert, nicht beanstandet werden.[186] Dies gilt auch dann, wenn der Schuldner die Wirksamkeit der Zustimmung des Gläubigerausschusses zur Veräußerung bestreitet. Handlungen des Insolvenzverwalters sind nach § 164 InsO im Außenverhältnis selbst dann wirksam, wenn ein Verstoß gegen die §§ 160

183 *Braun/Heinrich,* NZI 2011, 505, 507.
184 BT-Drs. 17/5712, S. 31.
185 BGH, ZIP 2011, 340 Rn. 3; ZInsO 2011, 1550 Rn. 2.
186 BGH, Beschluss vom 3.2.2011 – IX ZB 243/08, Rn. 3.

bis 163 InsO vorliegt. Dies gilt auch für die Veräußerung des Unternehmens im Ganzen, sofern diese ohne die Einholung der Zustimmung der Gläubigerversammlung erfolgt.[187]

b) Beschlussfassung über Insolvenzplan. aa) Stellungnahmen, Ladung. Wird der Plan nicht von dem Gericht zurückgewiesen, sind Stellungnahmen zu dem Plan seitens des Gläubigerausschusses, des Betriebsrats, des Sprecherausschusses der leitenden Angestellten und – je nach dem wer den Plan eingereicht hat – des Schuldners und des Verwalters einzuholen (§ 232 InsO). Der Insolvenzplan ist nebst Anlagen und den eingeholten Stellungnahmen in der Geschäftsstelle zur Einsicht der Beteiligten niederzulegen (§ 234 InsO). Abgestimmt wird über den Plan in einem von dem Gericht zu bestimmenden **Erörterungs- und Abstimmungstermin** (§ 235 Abs. 1 InsO). Der auch öffentlich bekannt zu machende Termin (§ 235 Abs. 2 InsO) soll nicht über einen Monat hinaus angesetzt werden; er kann gleichzeitig mit der Einholung von Stellungnahmen nach § 232 InsO anberaumt werden. Soweit **Anteils**- oder **Mitgliedschaftsrechte** der am Schuldner beteiligten Personen in den Plan einbezogen sind, bedarf es nach § 235 Abs. 3 InsO ihrer gesonderten **Ladung** unter Beifügung des Insolvenzplans. Die Übernahme einer Beteiligung durch einen Gläubiger setzt nach § 230 Abs. 2 seine individuelle **Zustimmung** voraus.[188] 81

bb) Abstimmung in Gruppen. Die Abstimmung erfolgt jeweils innerhalb der in dem gestaltenden Teil festgelegten **Gläubigergruppen**; stimmberechtigt sind alle darin bezeichneten Gläubiger, deren Rechte durch den Plan beeinträchtigt werden (§ 237, 238 InsO). Die Feststellung des Stimmrechts eines Gläubigers, **dessen Forderung bestritten** wird, hat gemäß § 237 Abs. 1 InsO nach § 77 Abs. 2 InsO zu erfolgen. Der Gläubiger ist stimmberechtigt, soweit sich in der Gläubigerversammlung der Verwalter und die erschienenen stimmberechtigten Gläubiger über das Stimmrecht geeinigt haben. Kommt es nicht zu einer Einigung, so entscheidet das **Insolvenzgericht abschließend.** In einem anschließenden Verfahren über die Bestätigung des Insolvenzplans werden die Feststellungen zum Stimmrecht nicht mehr überprüft.[189] Die am Schuldner beteiligten Personen bilden gemäß § 222 Abs. 1 Nr. 4 InsO eine **eigene Gruppe** (oder mehrere eigene Gruppen), wenn durch den Insolvenzplan in ihre Anteils- oder Mitgliedschaftsrechte eingegriffen werden soll. Ebenso wie die Gläubiger müssen auch die **Inhaber von Anteils- oder Mitgliedschaftsrechten** am Schuldner nicht zwangsläufig gleich behandelt werden, auch wenn sie die gleiche Rechtsstellung haben. Es können **verschiedene Gruppen** – insbesondere nach § 222 Abs. 3 InsO für Kleingläubiger – gebildet werden, in denen Anteilsinhaber mit gleichartigen wirtschaftlichen Interessen zusammengefasst werden. Voraussetzung ist, dass innerhalb dieses Personenkreises sachgerechte Abgrenzungskriterien im Hinblick 82

187 BGH, ZInsO 2011, 1550 Rn. 4.
188 *Hirte/Knof/Mock*, DB 2011, 632, 639.
189 BGH, ZInsO 2011, 280 Rn. 7.

auf die wirtschaftliche Interessenlage bestehen.[190] Bei Einbeziehung der Anteils- oder Mitgliedschaftsrechte erfolgt die Willensbildung der Gesellschafter innerhalb ihrer **besonderen Gruppe**. Damit verdrängen die Regelungen des Insolvenzplans die allgemeinen gesellschaftsrechtlichen Anforderungen an die Beschlussfassung.[191]

83 cc) **Stimmrechte der Gesellschafter.** Werden die am Schuldnerunternehmen beteiligten Personen als **eigene Gruppe** am Zustandekommen des Insolvenzplans beteiligt, so können sie mit Mehrheit entscheiden, ob der Teil des Unternehmenswerts ausreichend ist, den ihnen der Insolvenzplan zuweist. Die **Zustimmung ihrer Gruppe** liegt vor, wenn die Summe der Beteiligungen der zustimmenden Anteilsinhaber mehr als die Hälfte der Summe der Beteiligungen der abstimmenden Anteilsinhaber beträgt. Auf eine **Kopfmehrheit** nach § 244 Abs. 1 Nr. 1 InsO kommt es hingegen nicht an. Hier setzen sich die Wertungen des Gesellschaftsrechts durch, nach denen für Beschlüsse in der Regel die Mehrheit des Kapitals entscheidet.[192] Nach § 238a Abs. 1 InsO richtet sich das **Stimmrecht** der am Schuldner beteiligten Personen ausschließlich nach der **Höhe ihrer Beteiligung** am gezeichneten Kapital des Schuldners bzw., je nach Art des Rechtsträgers, an dessen Vermögen. Eventuell bestehende Stimmrechtsbeschränkungen, Mehrstimmrechte oder Sonderstimmrechte bleiben bei der Bemessung des Stimmrechts außer Betracht.[193] Die Stimmrechte im Planverfahren entsprechen damit nicht zwangsläufig den Stimmrechten, die den jeweiligen Anteilsinhabern nach Maßgabe des einschlägigen Gesellschaftsrechts zustehen. In der Insolvenz kann lediglich noch die **Kapitalbeteiligung** relevant sein. Daher ist zu ermitteln, welcher Anteil am Rechtsträger dem einzelnen Anteilsinhaber zusteht. Bei Kapitalgesellschaften ist dabei auf den Anteil am eingetragenen Haftkapital abzustellen.[194] Die Regelung des § 238a Abs. 2 InsO stellt durch die Verweisung auf § 225a Abs. 1 InsO klar, dass die Ausübung des Stimmrechts davon abhängt, ob der Plan zu einer **Beeinträchtigung der Anteils- und Mitgliedschaftsrechte** der in Absatz 1 genannten Personen führt. Ist dies nicht der Fall, besteht kein Stimmrecht bei der Abstimmung über den Plan.[195]

84 dd) **Abstimmungsergebnis.** Jede Gruppe der Beteiligten stimmt nach § 243 InsO über den Plan ab. Der Insolvenzplan ist angenommen (§ 244 Abs. 1 Nr. 1 und 2 InsO), wenn **innerhalb jeder Gläubigergruppe** (§ 243 InsO) die Mehrheit sowohl nach der **Zahl der Gläubiger** als auch der **Summe der Forderungen** erreicht ist. Die Zustimmung der **Anteilsinhaber** ist nach § 244 Abs. 3 InsO gegeben, wenn die Summe der Beteiligungen der zustimmenden Anteilsinhaber mehr als die Hälfte der Summe der Beteiligungen der abstimmenden Anteilsinhaber beträgt. Damit stelle

190 BT-Drs. 17/5712 S. 31.
191 *Hirte/Knof/Mock*, DB 2011, 632, 639 f.
192 BT-Drs. 17/5712, S. 33.
193 *Braun/Heinrich*, NZI 2011, 505, 507.
194 BT-Drs. 17/5712, S. 33.
195 BT-Drs. 17/5712, S. 33; *Braun/Heinrich*, NZI 2011, 505, 507.

das Gesetz anstelle der Kopf- auf die Kapitalmehrheit ab.[196] Es genügt nicht, wenn die Mehrheit der Gruppen zustimmt; vielmehr wird die **Zustimmung aller Gruppen** verlangt,[197]damit auch der Gruppe der Anteilsinhaber.[198]

85 ee) **Obstruktionsverbot.** Das **Obstruktionsverbot** des § 245 Abs. 1 InsO will verhindern, dass ein sinnvoller Plan am Widerstand einzelner Gläubiger scheitert. Darum gilt die Zustimmung der Gläubiger einer bestimmten Gruppe als erteilt, wenn die Gläubiger durch den Plan nicht schlechter als ohne ihn gestellt werden und angemessen an dem Erlös partizipieren. § 245 Abs. 3 Nr. 1 und 2 InsO erstreckt das bestehende Obstruktionsverbot auf **die am Schuldner beteiligten Personen**. Eine angemessene Beteiligung der Anteilsinhaber einer Gruppe verlangt zum einen, dass **kein Gläubiger** wirtschaftliche Werte erhält, die den Betrag seines Anspruchs übersteigen, also dass er mehr bekommt als er zu beanspruchen hat. Zum anderen bedeutet eine angemessene Beteiligung, dass **kein rechtlich gleichstehender Anteilsinhaber** durch den Plan bessergestellt wird.[199] Wenn zum Beispiel die Angehörigen einer Gruppe der geringfügig beteiligten Anteilsinhaber im Sinne von § 222 Absatz 3 Satz 2 InsO nach dem Plan mehr bekommen sollen als die übrigen, rechtlich gleichstehenden Anteilsinhaber, kann die fehlende Zustimmung der Gruppe dieser übrigen Anteilsinhaber nicht durch das **Obstruktionsverbot** überwunden werden.[200] Die Zustimmung der Anteilinhaber gilt nach § 246 InsO als erteilt, wenn sich keiner der Beteiligten an der Abstimmung beteiligt.[201] Auch der **Schuldner** hat dem Plan zuzustimmen; sein Einverständnis gilt als erteilt, wenn er nicht spätestens im Abstimmungstermin widerspricht (§ 247 Abs. 1 InsO).

4. Gerichtliche Bestätigung

86 a) **Bedingter Plan.** Ist der Plan von den Beteiligten ordnungsgemäß angenommen worden, bedarf er noch der gerichtlichen Bestätigung (§ 248 InsO). Handelt es sich um einen bedingten Insolvenzplan (§ 249 InsO), kann er selbst bestimmte **Bestätigungsvoraussetzungen** statuieren, etwa – falls nicht § 225a InsO zur Anwendung gelangt – Kapital- und Umwandlungsmaßnahmen. Werden diese Voraussetzungen nicht binnen angemessener Frist erfüllt, ist die Bestätigung zu versagen (§ 249 Satz 3 InsO).

87 b) **Wesentlicher Mangel.** Die Bestätigung ist einem Insolvenzplan zu versagen, wenn das Verfahren an unheilbaren Mängeln – der fehlenden Einladung eines Gläubigers zum Erörterungs- und Abstimmungstermin (§ 235 Abs. 3 InsO)[202] – leidet

196 BT-Drs. 17/5712, S. 33; *Hirte/Knof/Mock*, DB 2011, 632, 640.
197 *Hirte/Knof/Mock*, DB 2011, 632, 640.
198 *Meyer/Degener*, BB 2011, 846, 848.
199 *Meyer/Degener*, BB 2011, 846, 848.
200 BT-Drs. 17/5712, S. 34.
201 *Braun/Heinrich*, NZI 2011, 505, 507.
202 BGH, ZInsO 2011, 280 Rn. 5.

(§ 250 Nr. 1 InsO) oder die Planannahme unlauter, etwa durch Begünstigung eines Gläubigers, erlangt wurde (§ 250 Nr. 2 InsO).[203]

88 aa) **Ladung und Durchführung der Gläubigerversammlung.** Die Ladung zur Gläubigerversammlung in einen **zu kleinen Sitzungssaal**, von dem die Versammlung in einen größeren Sitzungssaal verlegt wurde, stellt keinen Verfahrensmangel in einem wesentlichen Punkt (§ 250 Nr. 1 InsO) dar.[204] Die Ladung zur Gläubigerversammlung hat gemäß § 74 Abs. 2 Satz 1 InsO die **Zeit**, den **Ort** und die **Tagesordnung** anzugeben. Stellt sich allerdings bei oder vor Sitzungsbeginn heraus, dass der vorgesehene Sitzungssaal zu klein ist, bestehen gegen eine **Verlegung** in einen anderen Sitzungssaal keine Bedenken, wenn der neue Sitzungssaal durch Aushang bekannt gemacht und in kurzer Zeit unschwer zu erreichen ist.[205] Jede Gläubigerversammlung, auch der Erörterungs- und Abstimmungstermin über einen Insolvenzplan gemäß § 235 InsO, ist so durchzuführen, dass eine geordnete Willensbildung und Abstimmung der Gläubiger möglich ist. Zeichnet sich ab, dass die erforderliche Mehrheit für den Plan bereits gesichert ist, ist eine länger andauernde weitere Erörterung auf Verlangen einzelner ablehnender Gläubiger nicht mehr zwingend geboten.[206]

89 bb) **Angaben im darstellenden Teil.** Nach § 220 Abs. 2 InsO muss der darstellende Teil eines Insolvenzplans alle Angaben zu den Grundlagen und den Auswirkungen des Plans enthalten, die für die Entscheidung der Gläubiger über die Zustimmung zum Plan und für dessen gerichtliche Bestätigung erheblich sind. Bindende, in allen Planverfahren einzuhaltende Vorgaben können dabei schon wegen der Vielzahl der in Betracht kommenden Pläne sowie der unterschiedlichen Schuldner nicht gemacht werden. Diese sind vom Umfang und der jeweiligen wirtschaftlichen Bedeutung des Unternehmens abhängig. Ein wesentlicher Verstoß im Sinne des § 250 InsO gegen die Verfahrensvorschrift über den **Inhalt des darstellenden Teils** des Insolvenzplans liegt dann vor, wenn es sich um einen Mangel handelt, der **Einfluss auf die Annahme des Insolvenzplans** gehabt haben könnte. Ein solcher wesentlicher Mangel ist anzunehmen, wenn die Angaben erforderlich sind für die Vergleichsberechnung zu der Frage, inwieweit der Plan die Befriedigungschancen der Gläubiger verändert. Hierbei ist der Umfang der Masse von wesentlicher Bedeutung. Grundlage für die naturgemäß nur mögliche Schätzung wird in der Regel das nach § 151 Abs. 1 InsO vom Verwalter aufzustellende Verzeichnis der Massegegenstände sein und die dabei nach § 151 Abs. 2 InsO anzugebenden Werte. Anzugeben sind jedenfalls die Werte, die im Verhältnis zur Größe des Verfahrens von Bedeutung sind für die Meinungsbildung der Gläubiger und des Gerichts.[207] Ein wesentlicher Mangel scheidet aus, wenn das Fehlen der Vorlage einer **Liquiditätsberechnung in tabellarischer Form** durch

203 Vgl. BGHZ 162, 283.
204 BGH, ZInsO 2010, 1448 Rn. 28.
205 BGH, ZInsO 2010, 1448 Rn. 29 f.
206 BGH, ZInsO 2010, 1448 Rn. 34 ff.
207 BGH, ZInsO 2010, 1448 Rn. 41 ff.

schriftsätzliche Ausführungen zu den Einnahmen und Ausgaben des Schuldners im Planzeitraum behoben wurde.[208] Notwendiger Inhalt des darstellenden Teils des Insolvenzplans ist es, die Gläubiger auf **Darlehensforderungen gegen Gesellschafter** hinzuweisen und diese zu bewerten, um eine Grundlage für die Abstimmung oder gegebenenfalls zuvor für Nachfragen und Erörterungen zu schaffen.[209] Bestehende **Anfechtungsansprüche** sind, wenn sie für das Insolvenzverfahren von Bedeutung sind, in den darstellenden Teil aufzunehmen. Im gestaltenden Teil ist zu regeln, ob bis zur Aufhebung des Insolvenzverfahrens anhängig gemachte Anfechtungsklagen fortgeführt werden, weil andernfalls die Prozessführungsbefugnis des Insolvenzverwalters für die Anfechtungsklagen entfällt. Anzusprechen sind jedoch nur Anfechtungsansprüche, die wahrscheinlich bestehen, die also sinnvollerweise geltend gemacht werden.[210]

90 c) **Antrag eines Beteiligten.** Auf den Antrag eines Gläubigers oder einer an dem Schuldner beteiligten Person ist nach § 251 InsO die Bestätigung zu versagen, wenn dieser spätestens im Abstimmungstermin **ausdrücklich widersprochen** hat und durch den Plan **ungünstiger** als ohne den Plan stehen würde. Zu vergleichen ist die Position des Beteiligten bei Abwicklung des Insolvenzverfahrens nach den Vorschriften der Insolvenzordnung und bei Ausführung des Insolvenzplans. Bringt der Plan für den widersprechenden Beteiligten wirtschaftliche Nachteile, hat der Widerspruch Erfolg. Zulässig ist der Antrag, die Bestätigung des Insolvenzplans zu versagen, nur, wenn der Gläubiger **spätestens im Abstimmungstermin** die Verletzung seines wirtschaftlichen Interesses glaubhaft macht. Dazu muss er Tatsachen vortragen und glaubhaft machen, aus denen sich die überwiegende Wahrscheinlichkeit seiner Schlechterstellung durch den Insolvenzplan ergibt. Die Prüfung des Insolvenzgerichts ist auf die von dem Beteiligten vorgebrachten und glaubhaft gemachten Tatsachen und Schlussfolgerungen beschränkt.[211] Die abstrakte Möglichkeit, durch eine künftige Entwicklung – etwa das Entstehen von Steuererstattungsansprüchen in unbekannter Höhe während der Wohlverhaltensphase – Vorteile zu erlangen, die durch den Insolvenzplan ausgeschlossen werden, reicht für die Glaubhaftmachung einer Schlechterstellung durch den Insolvenzplan nicht aus.[212]

91 Eine **Einschränkung** oder der **Verlust des Mitgliedschaftsrechts** im Insolvenzplanverfahren ist unbedenklich, weil der Anteilsinhaber nach Eröffnung eines Insolvenzverfahrens, das ohne den Plan zu einer Abwicklung und damit Löschung des insolventen Rechtsträgers im Register führt, ohnehin nicht mehr mit dem Erhalt seines Anteils- oder Mitgliedschaftsrechts rechnen kann. Dem im Einzelfall möglicherweise fortbestehenden restlichen Vermögenswert des Anteils- oder Mitgliedschaftsrechts ist durch einen **Ausgleich im Insolvenzplan** Rechnung zu tragen. § 251 Abs. 3 InsO

208 BGH, ZInsO 2010, 85 Rn. 3.
209 BGH, ZInsO 2010, 1448 Rn. 47.
210 BGH, ZInsO 2010, 1448 Rn. 54 ff.
211 BGH, WM 2011, 946 Rn. 11.
212 BGH, ZInsO 2007, 491 Rn. 10.

stellt klar, dass in einem Plan dafür Vorsorge getroffen werden kann, dass ein Gläubiger oder eine Minderheit von Gläubigern bzw. ein Anteilsinhaber oder eine Minderheit von Anteilsinhabern eine Schlechterstellung durch den Plan geltend macht. Sieht der Plan vor, dass ein Gläubiger oder Anteilsinhaber für eine nachgewiesene Schlechterstellung einen **finanziellen Ausgleich** erhält, liegt im Ergebnis keine Schlechterstellung mehr vor. Damit besteht auch kein Grund, die Bestätigung des Plans zu versagen. Die Finanzierung des Ausgleichs muss durch eine **Rücklage**, eine **Bankbürgschaft** oder in **ähnlicher Weise** gesichert sein. Der Rechtsstreit um den finanziellen Ausgleich ist außerhalb des Insolvenzverfahrens in einem gesonderten **Rechtsstreit vor den ordentlichen Gerichten** auszutragen, damit hierdurch die Planbestätigung und die Aufhebung des Planverfahrens nicht verzögert wird. Allerdings muss das **Gericht vor der Bestätigung des Plans prüfen**, ob die bereitgestellten Mittel für die Beteiligten **ausreichend** sind, um eine Schlechterstellung des widersprechenden Beteiligten durch den Plan auszugleichen.[213] Im Fall einer Rückstellung wird eine **fehlende Schlechterstellung** fingiert.[214]

5. Beschwerde gegen Versagung der Bestätigung

92 **a) Beschwerdeberechtigte**. Wird die Bestätigung des Insolvenzplans abgelehnt, steht dagegen nur den **Gläubigern**, dem **Schuldner** und den am Schuldner beteiligten **Gesellschaftern**, aber nicht dem Insolvenzverwalter ein Rechtsmittel offen (§ 253 InsO).[215] Gerügt werden kann mit dem Rechtsmittel die Verletzung von Vorschriften über die Bestätigung des Insolvenzplans (§§ 248 bis 252 InsO).[216] Die Regelung des § 253 Abs. 2 InsO verschärft die Voraussetzungen für die Zulässigkeit der sofortigen Beschwerde. Bislang kam einzelnen Beschwerdeberechtigten erhebliches **Störpotential** zu, weil die Erhebung einer sofortigen Beschwerde gegen die Bestätigung des Plans nach der Regelung des § 254 Abs. 1 InsO, wonach die Wirkungen des Plans bis zu seiner Rechtskraft suspensiert sind, den Eintritt der Wirkungen des Insolvenzplans – zum Teil erheblich – verzögerte.[217] Weitergehend gestattet § 253 Abs. 4 Satz 1 InsO auf Antrag des Verwalters die Zurückweisung einer Beschwerde, wenn das alsbaldige Wirksamwerden des Insolvenzplans vorrangig erscheint, weil die Nachteile einer Verzögerung des Planvollzugs die Nachteile für den Beschwerdeführer überwiegen. Falls die Beschwerde Aussicht auf Erfolg gehabt hätte, kann der Beschwerdeführer Schadensersatz aus der Masse verlangen (§ 253 Abs. 4 Satz 3 InsO). Bei schwerwiegenden Pflichtverstößen wird die Abwägung jedoch zugunsten des Beschwerdeführers ausfallen (§ 253 Abs. 4 Satz 2 InsO).

93 **b) Beschwerdevoraussetzungen**. Allgemeine Voraussetzung einer Beschwerde ist unabhängig von § 253 Abs. 2 Nr. 1 bis 3 InsO das Vorliegen einer **Beschwer**. Die

---

213 BT-Drs. 17/5712 S. 35.
214 *Hirte/Knof/Mock*, DB 2011, 632, 641.
215 BGH, NJW-RR 2009, 839 Rn. 7 ff.; BT-Drs. 17/5712 S. 35.
216 *Hirte/Knof/Mock*, DB 2011, 693.
217 BT-Drs. 17/5712, S. 35; *Hirte/Knof/Mock*, DB 2011, 693.

Beschwerde setzt deshalb voraus, dass der Plan überhaupt in die Rechte des Beschwerdeführers eingreift. Neben der materiellen Beschwer in Gestalt einer **wirtschaftlichen Beeinträchtigung** muss damit auch eine **formelle Beschwer** vorliegen.[218] Nach § 253 Abs. 2 Nr. 1 InsO ist die Beschwerde nur dann zulässig, wenn der Beschwerdeführer zuvor seine verfahrensmäßigen Möglichkeiten ausgeschöpft hat, um die Bestätigung des Plans zu verhindern. Der Beschwerdeführer hat seine Beschwer durch einen **schriftlichen** oder zu **Protokoll des Abstimmungstermins** erklärten **Widerspruch** zweifelsfrei geltend zu machen. Im Interesse der Planbarkeit des Verfahrens ist eine eindeutige Äußerung des Beschwerdeführers zwingend. § 253 Abs. 2 Nr. 2 InsO knüpft das Beschwerderecht zum einen an eine **Beteiligung des Beschwerdeführers an der Abstimmung**, zum anderen muss dabei auch **gegen den Plan gestimmt** worden sein. § 253 Abs. 2 Nr. 3 InsO führt eine **Erheblichkeitsschwelle** für die Zulässigkeit der sofortigen Beschwerde ein. Eine **wesentliche Schlechterstellung** in diesem Sinne wird jedenfalls dann nicht angenommen werden können, wenn die Abweichung von dem Wert, den der Gläubiger voraussichtlich bei einer Verwertung ohne Insolvenzplan erhalten hätte, **unter zehn Prozent** liegt. Damit wird insbesondere die Beschwerde solcher Personen ausgeschlossen, die eine kleine Forderung nur zu dem Zweck erworben haben, gegen den Plan zu opponieren und sich ihr Obstruktionspotential gegebenenfalls abkaufen zu lassen. Eine Gefährdung des Sanierungserfolgs durch derartige Störmanöver wird damit in Zukunft erschwert. Der Beschwerdeführer hat die Schlechterstellung nach § 253 Abs. 2 Nr. 3 InsO glaubhaft zu machen.[219] Schließlich verdeutlicht § 253 Abs. 2 Nr. 3 InsO, dass eine Beschwer nur dann vorliegt, wenn ein etwaiger Nachteil nicht durch eine Zahlung nach § 251 Abs. 3 InsO ausgeglichen wird.[220]

94 c) **Belehrung.** § 253 Abs. 3 InsO stellt sicher, dass dem Kreis der betroffenen Personen die Notwendigkeit der Mitwirkung während des Verfahrens für die Geltendmachung ihrer Rechte nach § 253 InsO bekannt gemacht wird. Hatte der Beschwerdeführer **keine Kenntnis** und keine Möglichkeit der Kenntnisnahme hiervon, erscheint es aus rechtsstaatlichen Gründen geboten, ihn nicht grundsätzlich von Rechtsmitteln auszuschließen.[221]

6. Beschwerde gegen Bestätigung

95 Für die Zulässigkeit der **sofortigen Beschwerde** der Beteiligten, mit der geltend gemacht wird, dass dem Insolvenzplan gemäß § 250 InsO von Amts wegen die Bestätigung hätte versagt werden müssen, genügt, dass der Beteiligte geltend macht, durch den Insolvenzplan in seinen Rechten beeinträchtigt zu werden. Eine **Beschwer**

218 *Hirte/Knof/Mock*, DB 2011, 693.
219 BT-Drs. 17/5712, S. 35 f.
220 *Hirte/Knof/Mock*, DB 2011, 693.
221 BT-Drs. 17/5712, S. 36.

in Form einer Schlechterstellung durch den Plan gegenüber einem durchgeführten (Regel-)Insolvenzverfahren ist nicht erforderlich.[222]

7. **Wirksamwerden des Plans**

96 a) **Allgemeine Regeln.** Mit der rechtskräftigen Bestätigung des Plans treten die im gestaltenden Teil festgelegten Wirkungen ein (§ 254 Abs. 1 InsO). Bestimmte **Forderungen** sind damit beispielsweise (teilweise) erlassen oder gestundet; **Verpflichtungen**, etwa Sicherungsgut der Masse zu überlassen, sind als bestehend zu behandeln. **Willenserklärungen** als Voraussetzung einer dinglichen Verfügung gelten als abgegeben. Regressansprüche der Gläubiger gegen Dritte wie Bürgen und Pfandbesteller werden nicht berührt (§ 254 Abs. 2 Satz 1 InsO). In den Insolvenzplan aufgenommene **dingliche Erklärungen** (§ 228 InsO) gelten mit Wirksamwerden des Plans als abgegeben (§ 254 Abs. 1 Satz 2 InsO). Der Insolvenzplan bestimmt für die nicht nachrangigen Forderungen, inwieweit sie gekürzt oder gestundet werden (§ 224 InsO). Daneben kommt ein Zinserlass oder die Umwandlung einer Forderung in ein langfristiges Darlehen in Betracht.

97 **b) Gesellschaftsrechtliche Umstrukturierungen. aa) Differenzhaftung.** Um Planungssicherheit für die Gläubiger zu erzielen, die im Rahmen des Planverfahrens Forderungen gegen den Schuldner im Wege der Sacheinlage einbringen und damit Anteilsinhaber werden, wird eine spätere **Nachschusspflicht nach den Grundsätzen der Differenzhaftung** durch § 254 Abs. 4 InsO ausgeschlossen.[223] Diese besteht nach den gesellschaftsrechtlichen Kapitalaufbringungsregeln immer dann, wenn im Rahmen einer Kapitalerhöhung der Wert der Forderungen, die als Sacheinlage eingebracht worden sind, zu hoch angesetzt war. Scheitert die Sanierung später, droht dem Gläubiger unter Umständen nicht nur der Ausfall seiner Forderung, sondern auch eine Nachschusspflicht, gerichtet auf die Differenz zwischen dem Nennbetrag der Einlage und dem wirklichen Wert der Forderung. Durch den **Ausschluss dieser Haftung** ist sichergestellt, dass der Schuldner oder – in einer weiteren Insolvenz – dessen Insolvenzverwalter später nicht geltend machen kann, dass die eingebrachte Forderung im Plan überbewertet war. Um eine Sanierung im Planverfahren zu ermöglichen, brauchen die Gläubiger Kalkulationssicherheit.[224]

98 **bb) Gesellschaftsrechtliche Anforderungen.** In dem Insolvenzplan getroffene gesellschaftsrechtliche Regelungen treten mit der Rechtskraft der gerichtlichen Bestätigung des Plans in Kraft, ohne dass es Mitwirkungshandlungen der Organe – wie die Zustimmung der Hauptversammlung für eine Kapitalmaßnahme – bedarf.[225] Mit seiner Bestätigung gelten die in den Plan aufgenommenen Willenserklärungen der

---

222 BGH, ZInsO 2010, 1448 Rn. 23, 26.

223 *Hirte/Knof/Mock*, DB 2011, 632, 642; *Bauer/Dimmling*, NZI 2011, 517, 518; kritisch *K. Schmidt*, BB 2011, 1603, 1609.

224 BT-Drs. 17/5712, S. 36; vgl. *Willemsen/Rechel*, BB 2011, 834, 839.

225 BT-Drs. 17/5712, S. 30.

Beteiligten gemäß § 254a Abs. 1 InsO als in der **vorgeschriebenen Form** abgegeben. Eine zusätzliche notarielle Beurkundung oder Beglaubigung der Willenserklärungen – insbesondere des Kapitalerhöhungsbeschlusses (§ 53 GmbHG) und der Übernahmeerklärung (§ 55 GmbHG) – ist wegen der gerichtlichen Bestätigung des Plans nicht erforderlich.[226] Dies entspricht hinsichtlich der Begründung, Änderung, Übertragung oder Aufhebung von **Rechten an einer Gesellschaft mit beschränkter Haftung** und der Abtretung von Anteilen an diesen bereits der geltenden Rechtslage und wird nun aufgrund der erweiterten Möglichkeiten des Insolvenzplans im Anwendungsbereich ausgedehnt. § 254a Abs. 2 bestimmt, dass der Plan auch die **Gesellschafterbeschlüsse** und **Erklärungen** zur **Übertragung von Anteilen** oder zur Entgegennahme von Sacheinlagen ersetzt, die für die enthaltenen gesellschaftsrechtlichen Regelungen notwendig sind. Alle für die beabsichtigte Maßnahme erforderlichen **Formvorschriften** gelten als gewahrt. Auch ersetzt das Insolvenzplanverfahren die Bekanntmachungen, die nach dem einschlägigen Gesellschafts-recht erforderlich sind. Nicht durch den Plan ersetzt werden nachfolgende konstituierende **Publizitätsakte** wie die Eintragung ins Register. Die erforderlichen **Anmeldungen** obliegen nach dem jeweiligen Gesellschaftsrecht den zuständigen Organen des Schuldners. Zur Vereinfachung des Verfahrens und zur Vermeidung von Verzögerungen wird der **Insolvenzverwalter** jedoch ermächtigt, die Anmeldungen an Stelle der Organe zu veranlassen.[227] Das Registergericht hat nur noch eine eingeschränkte Prüfungskompetenz, weil das wirksame Zustandekommen des Plans von dem Insolvenzgericht zu kontrollieren war.[228]

8. Planerfüllung

99 Nach Rechtskraft des Bestätigungsbeschlusses hat der Verwalter unstreitige Masseansprüche zu berichtigen und für streitige oder noch nicht fällige Sicherheit zu leisten. Für nicht fällige Masseansprüche kann auch ein Finanzplan vorgelegt werden, aus dem sich ergibt, dass ihre Erfüllung gewährleistet ist (§ 258 Abs. 2 InsO). Danach beschließt das Insolvenzgericht die Aufhebung des Verfahrens (§ 258 Abs. 1 InsO). Zugleich endet das Amt des Insolvenzverwalters; der Schuldner erlangt seine Verfügungsbefugnis zurück (§ 259 Abs. 1 InsO). Die Planerfüllung obliegt dem Schuldner. Als Druckmittel einer zügigen Planerfüllung sieht § 255 InsO die **Hinfälligkeit** einer Stundung oder eines Erlasses einer Forderung vor, wenn der Gläubiger den Schuldner schriftlich gemahnt und diesem ohne Erfolg eine zweiwöchige Nachfrist gesetzt hat. Ferner können Gläubiger festgestellter, unbestrittener Forderungen aus dem Plan die **Zwangsvollstreckung** betreiben (§ 257 InsO).

---

226 *Hirte/Knof/Mock*, DB 2011, 632, 638 f.; *Braun/Heinrich*, NZI 2011, 505, 507; *Bauer/Dimmling*, NZI 2011, 517, 518.
227 BT-Drs. 17/5712, S. 36 f.
228 *Hirte/Knof/Mock*, DB 2011, 632, 639.

9. Behandlung nicht angemeldeter Forderungen

100 Forderungen von Gläubigern, die sich im Insolvenzplanverfahren nicht gemeldet haben, können auch noch nach Abschluss des Planverfahrens geltend gemacht werden. Dem Planverfahren kommt **keine Ausschlusswirkung** zu. Gemäß § 254 Absatz 1 InsO entfaltet der Insolvenzplan seine Wirkungen zwar auch für und gegen solche Insolvenzgläubiger. Diese werden mit ihren Forderungen den Beschränkungen unterworfen, die der Plan für vergleichbare Ansprüche vorsieht. Damit ist aber nicht ausgeschlossen, dass sich nach der Bestätigung des Plans Gläubiger melden, mit deren Forderungen – auch in der durch den Plan reduzierten Höhe – bei der Gestaltung des Plans nicht zu rechnen war. Solche unbekannten Gläubiger können im Einzelfall, abhängig von der Höhe der Forderung, die dem Plan zugrundeliegende Finanzplanung stören. Es ist geboten, eine Sanierung des Unternehmens nicht daran scheitern zu lassen, dass Gläubiger, die sich verschwiegen haben, nach Abschluss des Verfahrens wegen Ansprüchen in beträchtlicher Höhe die Zwangsvollstreckung gegen den Schuldner betreiben.[229]

101 **a) Vollstreckungsschutz.** Diesem Zweck dient der **besondere Vollstreckungsschutz** nach § 259a Abs. 1 und 2 InsO, der nur auf Antrag gewährt wird. Zuständig ist das **Insolvenzgericht**, weil es die Verhältnisse des Unternehmens aufgrund der vorangegangenen Befassung mit dem Insolvenzplan am besten beurteilen kann. Der Vollstreckungsschutz ist zu gewähren, wenn **beträchtliche Forderungen** nach Abschluss des Verfahrens durchgesetzt werden sollen und dadurch die **Sanierung gefährdet** würde. Die Gefährdung kann insbesondere darin bestehen, dass die **ordnungsgemäße Durchführung des Insolvenzplans** unmöglich gemacht würde oder dem Unternehmen zur **Fortsetzung seiner Tätigkeit benötigte Gegenstände** entzogen würden. Der Vollstreckungsschutz kann in der einstweiligen Einstellung der Zwangsvollstreckung oder der vollständigen oder teilweisen Aufhebung bereits erfolgter Vollstreckungsmaßnahmen bestehen; das Gericht kann aber auch künftige Vollstreckungsmaßnahmen untersagen. Dabei kann die Zwangsvollstreckung auch für die Dauer von einigen Jahren, maximal jedoch für **drei Jahre**, untersagt werden. Das Gericht wird den Schutz aber etwa nur gewähren, wenn die **begründete Aussicht** besteht, das sanierte Unternehmen werde die nachträglich geltend gemachten Forderungen – jedenfalls nach Erfüllung des Insolvenzplans und in Raten – aus den **erwirtschafteten Erträgen** bezahlen können. Unberührt von der Vorschrift bleiben die Rechte des Schuldners nach § 765a ZPO.[230]

102 **b) Verjährung.** Als weitere Maßnahme, die eine Gefährdung der Sanierung durch nachträglich geltend gemachte Ansprüche verhindern soll, dient eine besondere Ver-

229 BT-Drs. 17/5712, S. 37.
230 BT-Drs. 17/5712, S. 37 f.

jährungsregelung. Ansprüche, die nicht bis zum Abstimmungstermin angemeldet worden sind und die mithin nicht in die Finanzplanung im Planverfahren aufgenommen werden konnten, verjähren nach § 259b Abs. 1 InsO in **einem Jahr.** Die Verjährungsfrist läuft nach § 259a Abs. 2 InsO von der **Rechtskraft des Beschlusses** an, mit dem der Plan bestätigt worden ist. Jedoch beginnt die Verjährungsfrist nicht vor der Fälligkeit der Forderung. Die besondere Verjährungsfrist erfasst **alle Ansprüche,** selbst wenn für sie – wie zum Beispiel bei titulierten Forderungen nach allgemeinem Recht – die dreißigjährige Verjährungsfrist gilt. Die Jahresfrist ist nur dann maßgeblich ist, wenn sie – beginnend nach Maßgabe des § 259b Abs. 2 – **früher vollendet** wird als die Verjährung nach den **allgemeinen Vorschriften.** § 259b Abs. 4 stellt sicher, dass ein Anspruch nicht verjährt, während der Gläubiger aufgrund einer Anordnung des Insolvenzgerichts nach § 259a InsO keine Möglichkeit hat, seinen Anspruch geltend zu machen.[231]

10. Aufrechnung nach rechtskräftiger Bestätigung

103 Ein bei Eröffnung des Insolvenzverfahrens bestehendes **Aufrechnungsrecht** bleibt auch dann erhalten, wenn die **aufgerechnete Gegenforderung** nach einem rechtskräftig bestätigten Insolvenzplan als **erlassen** gilt. Die Aufrechnung mit einer Forderung, die nach dem Insolvenzplan als erlassen gilt, bleibt gemäß § 94 InsO möglich, wenn die Aufrechnungslage bereits zur **Zeit der Eröffnung des Insolvenzverfahrens** bestand. Nach § 94 InsO wird das bei Verfahrenseröffnung bestehende Recht eines Insolvenzgläubigers zur Aufrechnung »durch das Verfahren nicht berührt«. Bereits unter der Geltung der Konkursordnung, der Vergleichsordnung und der Gesamtvollstreckungsordnung konnte eine bei Eröffnung des Verfahrens bestehende Aufrechnungsmöglichkeit auch noch im Verfahren ausgeübt werden (§ 53 KO, § 54 Satz 1 VglO, § 7 Abs. 4 GesO). Von den Wirkungen eines Vergleichs wurde dieses Recht nicht berührt (§ 54 Satz 2 VglO). An dieser Rechtslage wollte der Gesetzgeber der Insolvenzordnung festhalten. Eine vor Insolvenzeröffnung erworbene Aufrechnungsbefugnis und die daraus folgende **Selbstexekutionsbefugnis** sind eine von der Rechtsordnung weitgehend geschützte Rechtsstellung (vgl. §§ 389, 392, 406 BGB), die auch im Insolvenzverfahren uneingeschränkt anerkannt bleiben soll. Letztlich erscheint ausschlaggebend, dass mit der Insolvenzordnung die nach früherem Recht bestehenden Aufrechnungsmöglichkeiten nicht beschränkt werden sollten.[232]

231 BT-Drs. 17/5712, S. 38.
232 BGH, ZInsO 2011, 1154 Rn. 9 ff.

C. Insolvenzverschleppungshaftung

104 Einschlägige Vorschriften der Insolvenzordnung:

§ 15a Antragspflicht bei juristischen Personen und Gesellschaften ohne Rechtspersönlichkeit

(1) Wird eine juristische Person zahlungsunfähig oder überschuldet, haben die Mitglieder des Vertretungsorgans oder die Abwickler ohne schuldhaftes Zögern, spätestens aber drei Wochen nach Eintritt der Zahlungsunfähigkeit oder Überschuldung, einen Eröffnungsantrag zu stellen. Das Gleiche gilt für die organschaftlichen Vertreter der zur Vertretung der Gesellschaft ermächtigten Gesellschafter oder die Abwickler bei einer Gesellschaft ohne Rechtspersönlichkeit, bei der kein persönlich haftender Gesellschafter eine natürliche Person ist; dies gilt nicht, wenn zu den persönlich haftenden Gesellschaftern eine andere Gesellschaft gehört, bei der ein persönlich haftender Gesellschafter eine natürliche Person ist.

(2) Bei einer Gesellschaft im Sinne des Absatzes 1 Satz 2 gilt Absatz 1 sinngemäß, wenn die organschaftlichen Vertreter der zur Vertretung der Gesellschaft ermächtigten Gesellschafter ihrerseits Gesellschaften sind, bei denen kein persönlich haftender Gesellschafter eine natürliche Person ist, oder sich die Verbindung von Gesellschaften in dieser Art fortsetzt.

(3) Im Fall der Führungslosigkeit einer Gesellschaft mit beschränkter Haftung ist auch jeder Gesellschafter, im Fall der Führungslosigkeit einer Aktiengesellschaft oder einer Genossenschaft ist auch jedes Mitglied des Aufsichtsrats zur Stellung des Antrags verpflichtet, es sei denn, diese Person hat von der Zahlungsunfähigkeit und der Überschuldung oder der Führungslosigkeit keine Kenntnis.

I. Grundlagen

105 Wer berechtigt ist, für eine GmbH einen Insolvenzantrag zu stellen, ergibt sich aus § 15 InsO. An dieses Vorschrift anknüpfend regelt § 15a InsO, der im Zuge des MoMiG an die Stelle des § 64 Abs. 1 a.F. getreten ist, welche Personen nach Eintritt der Insolvenzreife der GmbH verpflichtet sind, unverzüglich einen Insolvenzantrag zu stellen. Wird dieser Verpflichtung nicht genügt, unterliegen die Verantwortlichen gegenüber den Gesellschaftsgläubigern der aus § 823 Abs. 2 BGB, § 15a Abs. 1 InsO hergeleiteten **Insolvenzverschleppungshaftung**. Danach bildet § 15a InsO ein Schutzgesetz zugunsten sämtlicher Gläubiger, sowohl der **Altgläubiger**, deren Forderungen gegen die GmbH bereits vor Insolvenzreife entstanden waren, als auch der **Neugläubiger**, die nach Eintritt der Insolvenzreife Forderungen gegen die GmbH erworben haben. Erfasst werden jedoch nur solche Gläubiger, die ihre Forderung bereits **vor Verfahrenseröffnung** erworben haben,[233] so dass der Bundesagentur für Arbeit wegen der nach Eröffnung zu leistenden Insolvenzgeldes kein Anspruch aus

233 BGHZ 108, 134, 136 f.

§ 823 Abs. 2 BGB, § 15a InsO, wohl aber aus § 826 BGB,[234] zusteht. Durch die rechtzeitige Einleitung des Insolvenzverfahrens sollen Altgläubiger vor einer Verringerung der Haftungsmasse und Neugläubiger vor Vertragsabschlüssen mit notleidenden Gesellschaften geschützt werden. Der die Ersatzpflicht begründende Vorwurf an die Organmitglieder liegt darin, Gläubiger – in der Praxis vornehmlich Neugläubiger, die nach Insolvenzreife Gläubiger der GmbH geworden sind – durch die Fortsetzung der Geschäftstätigkeit der insolventen GmbH geschädigt zu haben. Von der deliktischen Insolvenzverschleppungshaftung sind etwaige Ansprüche von Vertragspartnern aus Verschulden aus Vertragsschluss zu trennen, die auf den Vorwurf gestützt werden, den gebotenen Hinweis auf die wirtschaftlichen Schwierigkeiten versäumt zu haben. Aus einer Insolvenzverschleppung können die GmbH selbst und ihrer Gesellschafter keine deliktischen Ansprüche gegen die Geschäftsführer herleiten. Unter dem Gesichtspunkt der **Massesicherungspflicht** sieht § 64 gesetzliche Ansprüche gegen Organmitglieder vor, die das Gesellschaftsvermögen nach Insolvenzeintritt durch Zahlungen gemindert oder durch Leistungen an Gesellschafter die Zahlungsunfähigkeit verursacht haben. Im Einzelfall kann die Gesellschaft möglicherweise aus § 43 Abs. 2 Schadensersatzansprüche gegen Geschäftsleiter herleiten, die es versäumt haben, erfolgversprechende Sanierungs- und Restrukturierungsmaßnahmen zu treffen.

II. Verpflichteter Personenkreis

106 Infolge der rechtsformneutralen Ausgestaltung gilt die Antragspflicht für alle Unternehmensleiter von Gesellschaften, die keine natürliche Person als persönlich haftenden Gesellschafter haben. Dies sind neben der GmbH Unternehmen wie AG, Genossenschaft, KGaA sowie KG und OHG, die keine natürliche Person als persönlich haftenden Gesellschafter haben. Die Bestimmung findet ferner auf die SE, aber auch auf **Auslandsgesellschaften** Anwendung, wenn deren Insolvenz nach deutschem Recht abgewickelt wird. Der Insolvenzantragspflicht unterliegen nur Organmitglieder und im Falle der Führungslosigkeit die Gesellschafter der GmbH. Allerdings ist zu beachten, dass außerhalb des Pflichtenkreises aus § 15a InsO stehende Dritte sich als Teilnehmer (§ 830 BGB) der unerlaubten Handlung (§ 823 Abs. 2 BGB, § 15a InsO) ersatzpflichtig machen können.[235] Dies gilt auch für Gesellschafter, die den Geschäftsführer dahin beeinflussen, von einer Antragstellung abzusehen. Freilich setzt die Teilnahme eine vorsätzliche, also nicht nur fahrlässige Haupttat des Organmitglieds voraus. Der Antragspflicht ist nur genügt, wenn die gesetzlichen Anforderungen an einen richtigen Eröffnungsantrag im Sinne von § 13 InsO – einschließlich der Angaben zu den Gläubigern – beachtet werden.[236] Fehlen lediglich einzelne Gläubiger, so ist der Antrag gleichwohl zulässig und der Antragspflicht genügt.[237]

234 BGHZ 175, 58, 62 Rn. 13; BGH, NJW-RR 2010, 351, 352 Rn. 7.
235 BGH, NJW 2005, 3137; vgl. auch BGHZ 90, 381, 399 mit Rückgriff auf § 826 BGB.
236 BT-Drs. 17/5712 S. 23.
237 *Hirte/Knof/Mock*, DB 2011, 632.

1. Antragspflicht der Organmitglieder

107 Infolge der rechtsformneutralen Ausgestaltung des § 15a Abs. 1 InsO unterliegen der Insolvenzantragspflicht insbesondere die **Mitglieder des Vertretungsorgans** und die **Abwickler**. Im Blick auf den verpflichteten Personenkreis stimmt § 15a Abs. 1 InsO mit § 15 Abs. 1 InsO überein. Ebenso wie jeder einzelne Geschäftsführer nach § 15 Abs. 1 zur Antragstellung berechtigt ist, hat jeder einzelne Geschäftsführer der Antragspflicht des § 15a Abs. 1 zu genügen. Eine Ressortverteilung enthebt einen intern unzuständigen Geschäftsführer nicht der Antragspflicht.[238] Ausgeschiedene Organmitglieder sind nicht antragspflichtig; ist die Antragspflicht bereits entstanden, wird sie durch eine spätere Amtsniederlegung mit der Folge einer unbeschränkten Haftung nicht berührt. Davon abgesehen kann mit der Amtsniederlegung die Pflicht einhergehen, die verbliebenen Organmitglieder oder – im Fall der Führungslosigkeit – die Gesellschafter zu einer Antragstellung zu veranlassen. Eine Weisung der Gesellschafterversammlung an die Geschäftsführer, trotz Insolvenzreife von einer Antragstellung abzusehen, ist unbeachtlich. Wird der Geschäftsführer, weil er zu erkennen gibt, dieser Weisung nicht zu folgen, abberufen, ist er infolge des Amtsverlusts nicht mehr antragspflichtig und auch nicht verpflichtet, verblieben Geschäftsführer auf die Antragspflicht hinzuweisen. Im Fall einer solchen Weisung kann der Geschäftsführer auch von sich aus zur Vermeidung einer Haftung sein Amt mit sofortiger Wirkung niederlegen.[239] Der Verschleppungshaftung unterliegen dann verbliebene Geschäftsführer oder im Fall der Führungslosigkeit die Gesellschafter. Der Insolvenzantragspflicht hat auch ein **faktischer Geschäftsführer** zu genügen, der zwar rechtlich nicht dem geschäftsführenden Organ einer Kapitalgesellschaft angehört, tatsächlich aber wie ein Organmitglied auftritt und handelt.[240] Insoweit macht es keinen Unterschied, ob der faktische Geschäftsführer fehlerhaft bestellt wurde oder das Amt ohne Bestellungsakt im Einverständnis der Gesellschafter ausübt.

2. Antragspflicht der Gesellschafter

108 a) **Führungslosigkeit als Voraussetzung der Antragspflicht**. In Übereinstimmung mit der Regelungen des § 15 Abs. 1 Satz 2 InsO werden die Gesellschafter durch § 15a Abs. 3 InsO bei **Führungslosigkeit** der GmbH kraft einer Ersatzzuständigkeit verpflichtet, den wegen Zahlungsunfähigkeit oder Überschuldung gebotenen Insolvenzantrag zu stellen. Auf diese Weise soll eine **Umgehung der Insolvenzantragspflicht** verhindert und ein mittelbarer Anreiz geschaffen werden, zur Befreiung von der eigenen Antragspflicht aktionsfähige Vertreter für die Gesellschaft einzusetzen. Sobald nämlich ein neuer Geschäftsführer wirksam bestellt ist, geht die Antragspflicht auf diesen über.[241] Der Gesetzgeber hat den Vorschlag, die Insolvenzantragspflicht bei Bestehen eines Aufsichtsrats – gleich ob er obligatorischer oder fakultati-

238 BGH, NJW 1994, 2149, 2150.
239 BGHZ 78, 82, 92; 121, 257, 262.
240 BGHZ 104, 44; 150, 61, 69.
241 BR-Drs. 354/07 S. 127.

ver Art ist – daneben oder gar im Verhältnis zu den Gesellschaftern vorrangig den Aufsichtsratsmitgliedern der GmbH aufzuerlegen, in Einklang mit der Regelung des § 35 Abs. 1 abgelehnt. Im Falle der Führungslosigkeit einer GmbH trifft also alleine die Gesellschafter eine die Insolvenzverschleppungshaftung auslösende Insolvenzantragspflicht, selbst wenn ein – obligatorischer oder fakultativer – Aufsichtsrat vorhanden ist. Mitglieder des Aufsichtsrats unterliegen im Fall der Führungslosigkeit nur dann einer Insolvenzantragspflicht, wenn es sich um eine Aktiengesellschaft oder Genossenschaft handelt. Bemerkenswert ist, dass Gesellschafter einer Aktiengesellschaft und einer Genossenschaft nach § 15 Abs. 1 Satz 2 InsO zur Antragstellung berechtigt sind, aber nicht der Antragspflicht des § 15a InsO unterliegen.

b) Keine Antragspflicht mangels Kenntnis von Führungslosigkeit und Insolvenzreife. Wie sich aus § 15a Abs. 3 HS 2 InsO ergibt, besteht keine Antragspflicht, falls der Gesellschafter von dem **Insolvenzgrund** (Zahlungsunfähigkeit, Überschuldung) oder der **Führungslosigkeit** keine Kenntnis hat. Die Antragspflicht entfällt, wenn der Gesellschafter **entweder** den Insolvenzgrund oder die Führungslosigkeit nicht kennt. Mit Kenntnis ist positive Kenntnis und nicht bloßes Kennenmüssen gemeint. Obwohl dem Gesellschafter keine näheren Nachforschungspflichten auferlegt werden, kann Kenntnis anzunehmen sein, wenn er sich bewusst der Kenntnisnahme verschlossen hat: Hat der Gesellschafter Kenntnis von dem Insolvenzgrund, besteht für ihn Anlass, sich darüber zu vergewissern, warum der Geschäftsführer keinen Insolvenzantrag stellt. Mit Hilfe der bei der Erkundigung gewonnenen Informationen kann er die Führungslosigkeit feststellen. Umgekehrt hat ein Gesellschafter, dem die Führungslosigkeit bekannt ist, Grund, sich über die Vermögensverhältnisse der Gesellschaft zu unterrichten. Den Gesellschafter trifft die volle **Beweislast** für diese Entlastung. Er hat darzulegen, die auf Zahlungsunfähigkeit bzw. Überschuldung und Führungslosigkeit hindeutenden Umstände nicht gekannt zu haben. Allerdings hat nach Auffassung des Gesetzgebers der **kleinbeteiligte Gesellschafter** geringeren Anlass, in derartige Überlegungen einzutreten.[242] Im Blick auf diese weitreichenden Pflichten sollte in der Praxis – soweit möglich – ein regelmäßig tagender Gesellschafterbeirat eingerichtet werden. Ist eine **juristische Person** Gesellschafter einer führungslosen GmbH, ist unter Berücksichtigung der Grundsätze der Wissenszurechnung[243] auf den Kenntnisstand ihrer Organmitglieder abzustellen. **109**

3. Antragspflicht nach Gläubigerantrag

110 Die Antragstellung durch ein Organmitglied – bei Führungslosigkeit durch einen Gesellschafter – befreit die anderen Organmitglieder bzw. Gesellschafter von der Antragstellung unabhängig davon, auf welchen Eröffnungsgrund der Antrag gestützt wurde. Wird der Antrag indes zurückgenommen, lebt bei fortbestehender Insolvenz-

242 BR-Drs. 354/07 S. 128.
243 Vgl. *Gehrlein/Weinland,* in: juris-PK-BGB, § 166 Rn. 9 ff.

reife die Antragspflicht wieder auf.[244] Ein verspätet gestellter Antrag ist, weil es sich um ein **Dauerdelikt** handelt, nicht geeignet, eine schon eingetretene Verschleppung rückwirkend zu heilen. Demgegenüber ist ein Gläubigerantrag nicht geeignet, die Antragspflicht zu suspendieren, weil er jederzeit zurückgenommen werden kann. Die Antragspflicht endet darum erst, wenn das Verfahren auf den Gläubigerantrag eröffnet oder die Eröffnung mangels Masse abgelehnt worden ist.[245]

III. Zeitpunkt des Antrags

111 Die Antragspflicht entsteht mit der Verwirklichung eines Insolvenzgrundes. Gleichwohl müssen die Antragspflichtigen nicht in unmittelbarer zeitlicher Folge, sondern nach dem Gesetzeswortlaut »ohne schuldhaftes Zögern«, spätestens nach Ablauf einer Frist von drei Wochen, zur Antragstellung schreiten. Damit gewährt das Gesetz insbesondere Geschäftsleitern eine Karenzfrist, um Sanierungsmöglichkeiten auszuloten.

1. Beginn der Frist

112 Die nachrangige Antragspflicht der **Gesellschafter** aktualisiert sich nach § 15a Abs. 3 InsO mit der Kenntnis des Insolvenzgrundes und der Führungslosigkeit. Auch hinsichtlich der Organmitglieder knüpft die Rechtsprechung den Fristbeginn an die subjektive Wahrnehmung des Insolvenzgrundes. Danach beginnt die Frist des § 15a Abs. 1 InsO erst zu laufen, wenn das Organ **positive Kenntnis** von dem Insolvenzgrund hat.[246] Dem steht es gleich, wenn sich das Organmitglied böswillig einer Kenntnisnahme verschließt. Im Schrifttum wird teils – möglicherweise in einer durch den gesetzgeberischen Willen kaum veranlassten Überbetonung des Wortlauts von § 15a InsO – auf den früheren Zeitpunkt des objektiven Eintritts des Insolvenzgrundes abgestellt.[247] Vorzugswürdig erscheint es, im Blick auf den für ein Organmitglied offenkundigen Eröffnungsgrund der Zahlungsunfähigkeit zeitgleich mit dessen Eintritt die Antragspflicht beginnen zu lassen. Soweit es auf den schwerer feststellbaren Eröffnungsgrund der Überschuldung ankommt, ist der Zeitpunkt maßgeblich, in dem der Insolvenzgrund zutage tritt.[248] Für die (zivil-) gerichtliche Praxis hat die Streitfrage nur nachrangige Bedeutung, weil die Insolvenzverschleppungshaftung bereits im Falle einer nur **fahrlässigen Versäumung** der Antragspflicht (vgl. § 15a Abs. 5 InsO) eingreift.[249]

2. Ende der Frist

113 Die Antragsfrist beträgt höchstens **drei Wochen** (§ 15a Abs. 1 Satz 1 InsO). Bis zu dieser Zeitschranke muss spätestens entweder der Insolvenzgrund beseitigt oder ein

244 AG Hamburg, ZInsO 2006, 559, 660.
245 BGH, NJW 2009, 157, 158; OLG Dresden, NZI 1999, 117.
246 BGHZ 75, 96, 110 f.; BGH NZG 2004, 42.
247 So nunmehr *Karsten Schmidt*, in: Scholz, GmbHG, Anh. § 64 Rn. 33.
248 *Kleindiek*, in: Lutter/Hommelhoff, GmbHG, Anh zu § 64 Rn. 51.
249 BGHZ 75, 96, 111; 126, 181, 199; BGH, NJW-RR 2007, 759 f. Rn. 8.

Insolvenzantrag gestellt worden sein. Mit Hilfe von Forderungsverzicht und Erlassverträgen, einer Kapitalerhöhung, freiwilliger Zuschüsse oder mit einem Rangrücktritt versehener Darlehen der Gesellschafter können Zahlungsunfähigkeit und/oder Überschuldung ausgeräumt werden. Nicht mit einem Rangrücktritt ausgestattete Gesellschafter- und Drittdarlehen sowie Stundungsvereinbarungen können nur die Zahlungsunfähigkeit, aber keine Überschuldung beheben. Drittzahlungen etwa von Gesellschaftern berühren nicht die Überschuldung, wenn ein Regressanspruch gegen die GmbH gegeben ist. Die Antragspflicht entfällt nur, wenn der Insolvenzgrund nachhaltig, also nicht nur vorübergehend beseitigt und sein Wiedereintritt nicht bereits absehbar ist.[250] Auch das Einverständnis sämtlicher Gläubiger, die werbende Geschäftstätigkeit fortzusetzen, lässt mangels einer Dispositionsbefugnis die Antragspflicht nicht entfallen. Die Drei-Wochen-Frist ist eine **Höchstfrist**, die nur aus triftigen Gründen ausgeschöpft werden darf. Erweist sich eine Sanierung als nicht realisierbar, ist unverzüglich und nicht erst nach Fristablauf der Antrag zu stellen.[251] Gleiches gilt, wenn feststeht, dass eine Sanierung innerhalb der Antragsfrist nicht umgesetzt werden kann. Wird der Insolvenzantrag verfrüht gestellt, kann dies eine Haftung gegenüber der GmbH, aber nicht im Verhältnis zu deren Gläubigern auslösen.

IV. Anspruchsinhaber

1. Alt- und Neugläubiger

114 Durch die dem Geschäftsführer einer GmbH auferlegte Antragspflicht werden nicht nur die bei Eintritt der Insolvenzreife bereits vorhandenen Gesellschaftsgläubiger (die »**Altgläubiger**«), sondern auch die erst später bis zur Antragstellung neu hinzukommenden (die »**Neugläubiger**«) geschützt. Diese wären, wenn der Geschäftsführer seiner Pflicht nachgekommen wäre, nicht in die Gläubigerstellung gelangt; sie hätten mit der Gesellschaft keinen Vertrag mehr geschlossen, ihr keinen Kredit gewährt und damit keinen Schaden erlitten. Die Ursache für diesen Schaden liegt in dem Verstoß gegen die Schutzvorschrift des § 15a InsO. Das hat nach allgemeinen Schadensersatzregeln zur Folge, dass der dem Vertragspartner auf diese Weise rechtswidrig und schuldhaft zugefügte Schaden zu ersetzen ist.[252] Die Verletzung von **Ab- und Aussonderungsrechten** wird nicht durch § 15a InsO geschützt, weil insoweit unmittelbare deliktische Ansprüche gegeben sind.[253] Auf dem Gesellschaftsverhältnis beruhende Ansprüche der Gesellschafter können nicht über § 15a InsO gegen Geschäftsführer durchgesetzt werden, weil der Schutzzweck der Vorschrift auf Gläubiger bezogen ist. Anders verhält es sich jedoch, falls Gesellschafter durch den Abschluss von Drittgeschäften (nicht nachrangige) Insolvenzgläubiger sind.

---

250 BGH, NJW 2007, 3130, 3131 Rn. 15.
251 BGHZ 75, 96, 111 f.
252 BGHZ 126, 181, 192 f.; BGH, WM 2011, 979 Rn. 40.
253 BGHZ 100, 19, 24.

2. Forderungserwerb nach Verfahrenseröffnung

115 Die einen Schadensersatzanspruch des Gläubigers tragende Forderung muss **vor Verfahrenseröffnung** gegen die GmbH entstanden sein. Wer in dem Zeitraum, in dem die dem Geschäftsführer zum Schutz der Gesellschaftsgläubiger auferlegte Pflicht zur rechtzeitigen Insolvenzantragstellung zu erfüllen war, nicht Gläubiger der Gesellschaft war, kann sich nicht aus eigenem Recht auf die Verletzung der Schutzpflicht aus § 15a InsO berufen. Die Verpflichtung der **Bundesagentur für Arbeit** zur Zahlung von Insolvenzausfallgeld an die Arbeitnehmer einer GmbH wird erst durch die Eröffnung des Insolvenzverfahrens infolge rückständiger Lohn- und Gehaltsansprüche ausgelöst, so dass ihre erst nach Verfahrenseröffnung erworbene Gläubigerstellung ausschließlich aus den auf sie übergegangenen Forderungen der Arbeitnehmer folgt und mithin ein Ersatzanspruch ausscheidet.[254] Insoweit kommen jedoch Ansprüche aus § 826 BGB in Betracht. Es entspricht gefestigter Rechtsprechung, dass der Geschäftsführer einer GmbH, dem eine Insolvenzverschleppung vorzuwerfen ist, der Arbeitsverwaltung für nicht vom Schutzbereich des § 64 GmbHG abgedeckte Vermögensschäden aus § 826 BGB haften kann[255] Gleichfalls sind die **Sozialversicherungsträger**, die Beitragsansprüche gegen eine GmbH nach Entstehung der Insolvenzantragspflicht erworben haben, deshalb nicht in den Schutzbereich des § 15a InsO einbezogen, weil ihre Gläubigerstellung im Rechtssinne nicht auf der Versäumung der Antragspflicht, sondern auf dem Bestehen eines versicherungspflichtigen Beschäftigungsverhältnisses beruht.[256] Ebenso gehört der Pensionssicherungsverein nicht zu den durch § 15a InsO geschützten Insolvenzgläubigern, weil Ansprüche und Anwartschaften auf ihn nach Verfahrenseröffnung übergehen.[257] **Massegläubiger** genießen gleichfalls keinen Schutz durch § 15a InsO.

V. Verschulden – Sorgfaltsmaßstab

116 Der Schadensersatzanspruch setzt schuldhaftes Verhalten des Antragspflichtigen voraus. Da § 15a Abs. 3 InsO bereits Fahrlässigkeit mit Strafe bedroht, genügt für den Schadensersatzanspruch ebenfalls eine **fahrlässige Verletzung** der Antragspflicht.[258] Kenntnis der Insolvenzreife und der Führungslosigkeit ist lediglich erforderlich, soweit der Anspruch gegen Gesellschafter gerichtet ist (§ 15a Abs. 3 InsO). Von Organmitgliedern ist zur Vermeidung des Fahrlässigkeitsvorwurfs die Beachtung **der Sorgfalt eines ordentlichen Geschäftsleiters** zu verlangen. Bei Anzeichen einer wirtschaftlichen und finanziellen Krise einer GmbH hat ihr Geschäftsführer die Pflicht, sich durch Aufstellung eines Vermögensstatuts einen Überblick über den Vermögensstand zu verschaffen und notfalls unter fachkundiger Prüfung zu entscheiden,

254 BGHZ 108, 134, 136 f.
255 BGHZ 175, 58, 62 Rn. 14; BGH, NJW-RR 2010, 351, 352 Rn. 7.
256 BGH, NJW 1999, 2182, 2183.
257 BGHZ 110, 342, 361 f.
258 BGHZ 75, 96, 111; 126, 181, 199; BGH, NJW-RR 2007, 759 f. Rn. 8.

ob eine positive Fortbestehungsprognose besteht.[259] Einer Handelsbilanz kann für die Frage, ob die Gesellschaft überschuldet ist, indizielle Bedeutung zukommen. Weist die Handelsbilanz eine Überschuldung aus, erlangt sie **indizielle Bedeutung**, wenn nach Prüfung und Erläuterung der Ansätze dargelegt wird, dass **keine stille Reserven** oder sonstige in der Handelsbilanz nicht ausgewiesene Vermögenswerte vorhanden sind.[260] Kein Verschulden liegt vor, wenn der Geschäftsleiter aufgrund einer höchstrichterlich ungeklärten Bewertungsfrage nicht von Überschuldung ausgehen muss.[261] Das Vorhandensein eines weiteren Geschäftsführers entbindet den anderen selbst dann nicht von seiner eigenen Verantwortlichkeit für die für die rechtzeitige Stellung eines Insolvenzantrags, wenn diese untereinander in zulässiger Weise eine Aufteilung der Geschäfte vorgenommen haben.[262] Ein organschaftlicher Vertreter einer Gesellschaft verletzt seine Insolvenzantragspflicht nicht schuldhaft, wenn er bei fehlender eigener Sachkunde zur Klärung des Bestehens der Insolvenzreife der Gesellschaft den Rat eines **unabhängigen, fachlich qualifizierten Berufsträgers** einholt, diesen über sämtliche für die Beurteilung erheblichen Umstände ordnungsgemäß informiert und nach eigener Plausibilitätskontrolle der ihm daraufhin erteilten Antwort dem Rat folgt und von der Stellung eines Insolvenzantrags absieht.[263]

VI. Reichweite der Haftung

117 § 15a InsO stellt ein Schutzgesetz im Sinne von § 823 Abs. 2 BGB dar. Deswegen haben die außen stehenden Gesellschaftsgläubiger, nicht die GmbH selbst und deren Gesellschafter, einen deliktischen Anspruch gegen den Geschäftsführer, der seiner gesetzlichen Verpflichtung zur rechtzeitigen Insolvenzantragstellung nicht genügt.[264] Wenn ein Geschäftsführer schuldhaft verspätet Insolvenzantrag stellt, haftet er den **Gläubigern** der von ihm geführten GmbH nach § 823 Abs. 2 BGB i.V. m. § 15a InsO wegen Insolvenzverschleppung auf Ersatz des ihnen durch die Pflichtverletzung entstandenen Schadens. Zwischen der Insolvenzverschleppung und dem eingetretenen Schaden muss ein **unmittelbarer Zusammenhang** gegeben sein. Er fehlt, wenn sich die GmbH nach der vormals entstandenen Insolvenzantragspflicht wirtschaftlich wieder erholt hat und, ohne dass dem Geschäftsführer ein Verstoß gegen § 15a InsO anzulasten ist, später in Insolvenz geraten ist.[265] Die Forderungen müssen bereits **vor Insolvenzeröffnung** entstanden sein, so dass der **Pensionssicherungsverein**, auf den nach § 9 Abs. 2 BetrAVG Ansprüche der Versorgungsberechtigten übergehen, und die **Bundesagentur für Arbeit**, die durch die Zahlung von Insolvenzgeld an die Arbeitnehmer einen Regressanspruch gegen die GmbH (§ 187 S. 1 SGB III) erwirbt,

259 OLG Oldenburg, ZInsO 2009, 154.
260 BGH, NJW-RR 2005, 766, 767; NZG 2008, 148, 149 Rn. 4; 2009, 750 Rn. 9.
261 BGH, NJW-RR 2007, 759 Rn. 8.
262 BGH, NJW 1994, 2149, 2150.
263 BGH, NJW 2007, 2119.
264 BGHZ 29, 100, 102 f.; 100, 19, 21.
265 BGH, NJW-RR 2007, 759 Rn.10; BGHZ 164, 50, 56.

nicht dem geschützten Personenkreis gehören.[266] Im Hinblick auf den Umfang des Schadens ist zwischen den **Altgläubigern** und den **Neugläubigern** zu unterscheiden. Ansprüche aus § 823 Abs. 2 BGB, § 15a InsO **verjähren** nach den für deliktische Ansprüche allgemein geltenden Vorschriften, also gemäß § 195 BGB binnen drei Jahren.[267] Die Verjährungsfrist beginnt mit der Eröffnung des Verfahrens, im Fall der Masselosigkeit der Ablehnung der Eröffnung, nicht schon der Versäumung des Antrags zu laufen. Stehen mit der Insolvenzverschleppung weitere Ansprüche in Verbindung (etwa aus § 823 Abs. 2 BGB, § 263 StGB), gilt insoweit die allgemeine Verjährung der §§ 195 ff. BGB.

1. Altgläubiger: Quotenschaden

118 Altgläubiger sind solche Gläubiger, die bei Eintritt der Insolvenzreife ihre Gläubigerstellung bereits erlangt hatten, also solche Gläubigern, denen die GmbH bereits etwas schuldete, bevor Insolvenzreife eintrat. Der Anspruch der Altgläubiger ist auf den **Quotenschaden** beschränkt, mithin den Betrag, um den sich die Insolvenzmasse und damit die dem einzelnen Gläubiger verbleibende Quote durch die Insolvenzverschleppung verringert hat. Dabei ist auf den fiktiven Zeitpunkt ordnungsgemäßer Insolvenzantragstellung abzustellen.[268] Der Quotenschaden kann nur zutreffend ermittelt werden, wenn in die Vergleichsrechnung alle sonstigen der GmbH gegen den Geschäftsführer, sei es auch in seiner Eigenschaft als Gesellschafter, zustehenden Forderungen eingestellt werden. Ansprüche wegen Verletzung des Kapitalerhaltungsgebots, aus Eigenkapitalersatz oder wegen schuldhaft fehlerhafter Geschäftsführung sind bei **Ermittlung des Quotenschadens**, auch wenn sie noch nicht realisiert worden sind, mit ihrem rechnerischen Wert mindernd anzusetzen. Die fiktive Quote ist aus dem Verhältnis der den Altgläubigern bei Insolvenzreife zur Verfügung stehenden Masse zu ihren damaligen Forderungen zu ermitteln. Die Quote ist mit den tatsächlichen Insolvenzforderungen der – in der Insolvenz noch vorhandenen Altgläubiger – zu multiplizieren; von dem Ergebnis ist der auf die Altgläubiger entfallende Masseanteil abzuziehen, der sich aus dem Verhältnis ihrer Forderungen zur Summe der Insolvenzforderungen ergibt.[269] Ausnahmsweise kann der Altgläubiger – freilich auf der Grundlage von § 823 Abs. 2 BGB, § 263 StGB – seinen vollen Schaden ersetzt verlangen, wenn er infolge einer Täuschung zu einer Vorleistung veranlasst oder an einer anfechtungsfreien Vollbefriedigung im Wege einer Zug-um-Zug-Leistung gehindert wurde. Ferner kommen Ansprüche aus § 823 Abs. 1 BGB, § 823 Abs. 2 BGB, § 246 StGB in Betracht, wenn der Geschäftsführer zugunsten eines Altgläubigers begründete insolvenzfeste Sicherheiten verwertet.

---

266 BGH, NJW 1989, 3277; BGHZ 110, 342, 361 f.
267 BGH, WM 2011, 979 Rn. 13 ff.
268 BGHZ 126, 181, 190.
269 BGHZ 138, 211, 221.

2. Neugläubiger: Vertrauensschaden

119 Neugläubiger sind solche Gläubiger, die ihre Forderung gegen die GmbH nach Eintritt der Insolvenzantragspflicht erworben haben. Zu den Neugläubigern gehört auch eine Bank, wenn der Kreditvertrag zwar schon vor Entstehen der Insolvenzantragspflicht geschlossen, eine Krediterweiterung aber erst danach vereinbart wurde. Bei **Dauerschuldverhältnissen** bildet also der Zeitpunkt der Insolvenzantragspflicht die Zäsur für die Bewertung, inwieweit der Anspruchsinhaber als Alt- oder Neugläubiger anzusehen ist.[270] Die Neugläubiger haben einen Anspruch auf Ausgleich des **vollen** – nicht durch den Quotenschaden begrenzten – **Vertrauensschadens**, der ihnen dadurch entsteht, dass sie in Rechtsbeziehungen zu einer überschuldeten oder zahlungsunfähigen GmbH getreten sind. Diese Bewertung trägt dem Umstand Rechnung, dass Neugläubiger bei rechtzeitiger Antragstellung gar nicht mehr in vertragliche Rechtsbeziehungen zu der GmbH getreten wären. War die Gesellschaft zu einem früheren Zeitpunkt überschuldet, hat sie sich aber im Zeitpunkt des Vertragsschlusses erholt, scheidet ein Schadensersatzanspruch aus, weil der Gläubiger nicht in Rechtsbeziehungen zu einer überschuldeten oder zahlungsunfähigen Gesellschaft getreten ist.[271] Überschuldung bzw. Zahlungsunfähigkeit müssen also im Zeitpunkt der Gläubigerschädigung gegeben sein.[272] Der Ersatzanspruch erfasst lediglich das **negative**, nicht auch das **positive Interesse** des Geschäftspartners. Der Neugläubiger so zu stellen, wie wenn er keine Rechtsbeziehung zu der Gesellschaft begründet hätte. Danach kann der Gläubiger, der an eine insolvente Gesellschaft geliefert hat, jedenfalls seine Anschaffungs- oder Herstellungskosten einschließlich der Vertriebskosten, bei Werken seine Selbstkosten beanspruchen. Wegen der Begrenzung auf das negative Interesse hat die vereinbarte Vergütung und damit der **Gewinnaufschlag** grundsätzlich außer Betracht zu bleiben. Eine Bank kann bei einer Darlehensvergabe die Darlehenssumme nebst ihrer Refinanzierungskosten, aber nicht die der GmbH berechneten höheren Zinsen als Schaden beanspruchen.[273] Dagegen ist ein Gewinn zu berücksichtigen sein, wenn dem Gläubiger der Abschluss eines Drittgeschäfts über die Leistung – insbesondere der Verkauf marktgängiger Ware – ohne weiteres möglich gewesen wäre.[274] Wird ein Arbeitnehmer nach Insolvenzreife eingestellt, kann er Schadensersatz nur aufgrund der Darlegung beanspruchen, dass er bei Kenntnis der Insolvenzreife durch Übernahme einer anderen Stelle Vergütungsansprüche erworben hätte.[275] Der Schadensersatzanspruch des Gläubigers ist nicht um die auf ihn entfallende Insolvenzquote zu kürzen, sondern dieser ist vielmehr verpflichtet, die Insolvenzforderung Zug um Zug gegen die Erfüllung des Schadensersatzanspruchs an den Geschäftsführer abzutreten.[276] Der Anspruch ist nicht im Wege der *Vorteilsausglei-*

270 BGH, NJW-RR 2007, 759 Rn. 13.
271 BGHZ 164, 50, 56; BGHZ 126, 181.
272 BGH, NJW-RR 2007, 759 Rn. 9.
273 BGH, NJW-RR 2007, 759 Rn. 21.
274 BGH, NZG 2009, 750, 751 Rn. 16; WM 2011, 979 Rn. 40.
275 LAG Hessen, MDR 2001, 350, 351.
276 BGH, NJW-RR 2007, 759 Rn. 20

chung um solche Zahlungsbeträge zu kürzen, welche die GmbH nach Eintritt der Insolvenzreife auf Altforderungen des Gläubigers erbracht hat, weil dies aufgrund wertender Betrachtung zu einer unbilligen Entlastung des Geschäftsführers führen würde.[277] Der Anspruch eines leichtfertigen Gläubigers kann durch ein **Mitverschulden** (§ 254 BGB) reduziert werden. Der BGH hat die Frage offen gelassen, ob der auf Ersatz des negativen Interesses gerichtete Anspruch über **Kontrahierungsschäden** hinaus auch auf gesetzliche Schuldverhältnisse zu erstrecken ist. Denn im Streitfall wurden von der klagenden Krankenkasse Beitragsausfälle geltend gemacht, die als positives Interesse nicht erstattungsfähig sind.[278] Soweit etwa **gesetzliche Ansprüche** – etwa aus ungerechtfertigter Bereicherung oder Delikt – im Raum stehen, scheidet ein Schadensersatzanspruch gegen den Geschäftsführer aus, weil diese Ansprüche nicht in den Schutzbereich des § 64 Abs. 1 GmbHG fallen.[279] Hier kann aber in gewissen Fällen § 826 BGB anwendbar sein, weil eine Insolvenzverschleppung jedenfalls dann den Tatbestand der Vorschrift erfüllt, wenn die Schädigung der Unternehmensgläubiger billigend in Kauf genommen wird.[280]

3. Verfolgung des Anspruchs

120 Zwar handelt es sich bei dem Anspruch der Altgläubiger auf Ersatz des Quotenschadens um einen in der Person des jeweiligen Gläubigers begründeten Anspruch. Der Quotenschaden der **Altgläubiger** wird freilich im Rahmen des Insolvenzverfahrens ohne die Notwendigkeit einer Abtretung gemäß § 92 InsO von dem **Insolvenzverwalter** verfolgt.[281] Dem Gläubiger ist eine Klage auch mit dem Antrag auf Feststellung der Ersatzpflicht oder Zahlung an den Insolvenzverwalter verwehrt. Kommt es nicht zu einer Verfahrenseröffnung, kann der einzelne Gläubiger seinen Anspruch ausnahmsweise gegen den Geschäftsführer selbständig verfolgen. Der Verwalter ist im Rahmen seines Klagerechts grundsätzlich berechtigt, durch einen Vergleich über die Ansprüche zu disponieren. Im Interesse der Masse darf der Verwalter mit dem Geschäftsführer freilich nur einen Vergleich schließen, wenn dieser der Haftungsverwirklichung und damit der Auffüllung der Masse objektiv dienlich ist. Als Schadensersatz ist so viel in die Insolvenzmasse zu zahlen, dass alle Gläubiger diejenige Quote erhalten, die auf sie entfallen wäre, wenn die Insolvenz ohne schuldhafte Verschleppung hätte eröffnet werden können. Für die Berechnung des Quotenschadens regelmäßig aus, dass der Insolvenzverwalter darlegt, welche Vermögenswerte der GmbH auf diese Weise verlorengegangen sind und der Insolvenzmasse nunmehr fehlen.[282] Der Geschäftsführer kann dem Insolvenzverwalter nicht entgegenhalten, im Blick auf die weggegebene Leistung die Geltendmachung erfolgversprechender Anfech-

277 BGH, BB 2007, 1243.
278 BGH, NZG 2003, 923.
279 BGHZ 164, 50, 60 ff.; a.A. *Gehrlein,* DB 2005, 2395; *Kleindiek*, in: Lutter/Hommelhoff, GmbHG, Anh zu § 64 Rn. 76.
280 BGHZ 108, 134, 142.
281 BGHZ 175, 58, 61 f. Rn. 10, BGH, NJW-RR 2007, 759 Rn. 12.
282 BGH, NJW-RR 1986, 579, 581.

tungsansprüche versäumt zu haben.[283] Der Vertrauensschaden der Neugläubiger ist nicht von dem Insolvenzverwalter, sondern von den **Neugläubigern** selbst geltend zu machen. Die einzelnen Neugläubiger sind befugt, ihren nicht auf Ersatz eines Quotenschadens begrenzten Anspruch auf Ausgleich ihres negativen Interesses gemäß § 15a InsO gegenüber dem Geschäftsführer der GmbH – auch in deren Insolvenz – eigenständig geltend zu machen. Dies folgt bereits daraus, dass der Ersatzanspruch darauf gerichtet ist, sie so zu stellen, wie wenn sie mit der insolvenzreifen Gesellschaft gar nicht in Rechtsbeziehungen getreten wären. Für eine konkurrierende, Befugnis des Insolvenzverwalters zur Geltendmachung eines Quotenschadens der Neugläubiger (§ 823 Abs. 2 BGB, § 15a InsO) oder eines solchen Schadens als Gesellschaftsschaden nach § 15a InsO ist daneben kein Raum. Anders als bei den Altgläubigern, die infolge der Insolvenzverschleppung regelmäßig einen einheitlichen Quotenverringerungsschaden und insofern einen Gesamtgläubigerschaden erleiden, besteht grundsätzlich kein einheitlicher Quotenschaden der Neugläubiger, der einer Geltendmachung durch den Insolvenzverwalter zugänglich wäre.[284] Mithin scheidet ein wirksamer Verzicht auf oder Vergleich über diese Ansprüche durch die GmbH oder den Insolvenzverwalter mit Bindungswirkung zu Lasten der Neugläubiger aus.

VII. Beweislast

121 Den Beweis für das Vorliegen der objektiven Voraussetzungen der Insolvenzantragspflicht einschließlich des eingetretenen Schadens hat grundsätzlich der Gläubiger zu erbringen. Dem Gläubiger kommen **Beweiserleichterungen** zugute, wenn der Geschäftsführer die Pflicht zur Führung und Aufbewahrung von Büchern und Belegen (§ 257 HGB, § 74 Abs. 2 GmbHG) missachtet hat.[285] Der Beweis des ersten Anscheins spricht dafür, dass ein Dauerschuldverhältnis bei Eintritt der Insolvenzantragspflicht gekündigt worden wäre.[286] Weist die Handelsbilanz eine Überschuldung aus, erlangt sie **indizielle Bedeutung**, wenn nach Prüfung und Erläuterung der Ansätze dargelegt wird, dass keine stille Reserven oder sonstige in der Handelsbilanz nicht ausgewiesene Vermögenswerte vorhanden sind.[287] Falls die Insolvenzreife für einen früheren Zeitpunkt bewiesen ist, so gilt der Nachweis der im Zeitpunkt des Geschäftsabschlusses noch andauernden Verletzung der Insolvenzantragspflicht (Dauerdelikt) jedenfalls bei relativ zeitnah erteilten Aufträgen als geführt, sofern der beklagte Geschäftsführer nicht seinerseits darlegt, dass im Zeitpunkt der Auftragserteilung die Überschuldung nachhaltig beseitigt und damit die Antragspflicht – wieder – entfallen war.[288] Steht fest, dass die Gesellschaft zu einem bestimmten Zeitpunkt rechnerisch überschuldet war, so ist es Sache des Geschäftsführers, die

283 BGH, NJW 1996, 850 f.
284 BGHZ 138, 211, 214; 175, 58, 61 f. Rn. 10.
285 BGH, BB 2007, 1243.
286 BGH, NJW-RR 2007, 759 Rn. 14.
287 BGH, NJW-RR 2005, 766, 767; NZG 2008, 148, 149 Rn. 4; 2009, 750 Rn. 9; WM 2011, 979 Rn. 33.
288 BGH, WM 2011, 979 Rn. 10.

Umstände darzulegen, die es aus damaliger Sicht rechtfertigten, das Unternehmen trotzdem fortzuführen. Hierzu ist er weit besser in der Lage als ein außenstehender Gläubiger, der in aller Regel von den für die Zukunftsaussichten der Gesellschaft maßgebenden Umständen keine Kenntnis haben wird. Dem Geschäftsführer ist die Darlegung dieser Umstände zumutbar, weil er ohnehin zu einer **laufenden Prüfung der Unternehmenslage** verpflichtet ist.[289] Ist eine rechnerische Überschuldung nachgewiesen, trägt also der Geschäftsleiter die Beweislast einer positiven Fortbestehensprognose.[290] Für den **subjektiven Tatbestand** des § 15a InsO genügt die Erkennbarkeit der Insolvenzreife für den Geschäftsführer, wobei ein entsprechendes Verschulden zu **vermuten** ist.[291] Verschulden scheidet aus, wenn der Geschäftsführer den Rat eines unabhängigen, fachlich qualifizierten Berufsträgers einholt, der nach Einblick in die Geschäftsbücher und sonstigen Unterlagen der Gesellschaft eine Insolvenzreife der nicht festzustellen vermag.[292]

D. Behandlung von Gesellschafterdarlehen in der Insolvenz

I. Aufgabe des früheren Eigenkapitalersatzrechts

122 Gesellschafterdarlehen, die der GmbH in der Krise gewährt oder belassen wurden, waren nach früherer, auf einer Analogie zu §§ 30, 31 GmbHG beruhender Rechtsprechung wie haftendes Eigenkapital zu behandeln. Infolge der **Gleichsetzung der Kreditmittel mit Stammkapital** war es der Gesellschaft verboten, das Darlehen an den Gesellschafter zurückzuzahlen. Gleichwohl erhaltene Darlehenstilgungen hatte der Gesellschafter der GmbH zu erstatten.[293] Die zwar im Ansatz einfachen, infolge ständiger Umgehungsversuche jedoch höchst komplexen,[294] auf im Inland tätige Auslandsgesellschaften unanwendbaren[295] Rechtsprechungsregeln und damit die Rechtsfigur des eigenkapitalersetzenden Darlehens wurden im Zuge des MoMiG zwecks Deregulierung durch die Neufassung des § 30 Abs. 1 S. 3 GmbHG aufgegeben, wonach S. 1 der Vorschrift nicht auf Gesellschafterdarlehen und ihnen wirtschaftlich entsprechende Rechtshandlungen anzuwenden ist.[296] Das Eigenkapitalersatzrecht ist weiter maßgeblich, soweit Gesellschaften betroffen sind, über deren Vermögen vor dem 1. November 2008 ein Insolvenzverfahren eröffnet wurde.[297] Umgekehrt gilt das neue Recht für alle ab dem 1. November eröffnete Verfahren. Tilgungsleistungen der Gesellschaft auf Gesellschafterdarlehen sind künftig auch in einer Krise – sofern § 64

289 BGHZ 126, 181, 200.
290 OLG Saarbrücken NZG 2001, 414, 415.
291 BGHZ 143, 184, 185 f.; 171, 46, 49 Rn. 8; BGH, WM 2011, 979 Rn. 38.
292 BGH, NJW 2007, 2118, 2120 Rn. 16 ff.
293 Vgl. nur etwa BGH, NZI 2005, 283; *Gehrlein,* BB 2011, 3, f.
294 Vgl. etwa BGH, NJW-RR 2007, 391.
295 *Hirte,* WM 2008, 1429, 1430.
296 BR-Drs. 354/07 S. 95; *Gehrlein,* BB 2011, 3, 5.
297 BGH, NJW 2009, 997 Rn. 9; 2009, 1277, 1278 f., Rn. 16 ff.

Satz 3 GmbHG nicht entgegensteht – unbedenklich zulässig;[298] umgekehrt kann auch die Rückzahlung des Darlehens von der Gesellschaft nicht mehr unter Berufung auf ihre finanzielle Lage verweigert werden.[299]

123 Mit der **Streichung der Rechtsprechungsregeln** wurden zugleich die damit korrespondierenden §§ 32a, 32b GmbHG aufgehoben. Das Tatbestandsmerkmal »kapitalersetzend« findet im neuen Recht keinen Platz mehr. Gesellschafterdarlehen werden nicht mehr »kapitalähnlich« behandelt.[300] Auch die Ausfallhaftung der Mitgesellschafter (§ 31 Abs. 3 GmbHG) wird bei der Rückgewähr kapitalersetzender Leistungen beseitigt.[301] Diese Umgestaltung soll zu einer wesentlichen Straffung des GmbH-Rechts beitragen, das gerade im Interesse der mittelständischen Wirtschaft einfach und leicht handhabbar bleiben soll. Schutzlücken werden durch flankierende Regelungen im Insolvenz- und Anfechtungsrecht geschlossen.[302] Grundgedanke des neuen Rechts ist es, Gesellschafterdarlehen ohne Rücksicht auf einen Eigenkapitalcharakter einer **insolvenzrechtlichen Sonderbehandlung** zu unterwerfen. Deshalb knüpfen die Rechtsfolgen der Gewährung von Gesellschafterdarlehen als tatbestandliche Voraussetzung an die Insolvenz der Gesellschaft an. Damit wird künftig nicht mehr auf eine »Krise«, sondern die Insolvenz der Gesellschaft abgehoben. Die Behandlung von Gesellschafterdarlehen wird folglich auf eine rein **insolvenz- und anfechtungsrechtliche Basis** gestellt:[303] In der Insolvenz sind sie **nachrangig**; ihre im Vorfeld der Insolvenz unabhängig von einer Gesellschaftskrise zulässige[304] Rückzahlung kann **angefochten** werden.[305] Rückzahlungen sind danach erst ein Jahr vor und in der Insolvenz der GmbH kritisch.[306]

II. Insolvenzrechtliche Regelungen

1. Nachrang von Gesellschafterdarlehen

124 Einschlägige Vorschriften der Insolvenzordnung:

§ 39 Nachrangige Insolvenzgläubiger

(1) Im Rang nach den übrigen Forderungen der Insolvenzgläubiger werden in folgender Rangfolge, bei gleichem Rang nach dem Verhältnis ihrer Beträge, berichtigt:

1. bis 4. …

5. nach Maßgabe der Absätze 4 und 5 Forderungen auf Rückgewähr eines Gesellschafterdarlehens oder Forderungen aus Rechtshandlungen, die einem solchen Darlehen wirtschaftlich entsprechen.

---

298 *Oppenhoff,* BB 2008, 1630, 1632; *Kallmeyer,* DB 2007, 2755, 2758.
299 BR-Drs. 354/07 S. 95.
300 *Hirte,* WM 2008, 1429, 1430.
301 *K. Schmidt*, GmbHR 2008, 449, 453.
302 *Fliegner,* DB 2008, 1668, 1670.
303 *Habersack,* ZIP 2005, 2145; *Karsten Schmidt,* GmbHR 2007, 1072, 1076.
304 *Hirte,* WM 2008, 1429, 1430.
305 *Karsten Schmidt,* GmbHR 2007, 1072, 1077; *Haas,* ZInsO 2007, 617 f.
306 BR-Drs. 354/07 S. 96.

(2) …

(3) …

(4) Absatz 1 Nr. 5 gilt für Gesellschaften, die weder eine natürliche Person noch eine Gesellschaft als persönlich haftenden Gesellschafter haben, bei der ein persönlich haftender Gesellschafter eine natürliche Person ist. Erwirbt ein Gläubiger bei drohender oder eingetretener Zahlungsunfähigkeit der Gesellschaft oder bei Überschuldung Anteile zum Zweck ihrer Sanierung, führt dies bis zur nachhaltigen Sanierung nicht zur Anwendung von Absatz 1 Nr. 5 auf seine Forderungen aus bestehenden oder neu gewährten Darlehen oder auf Forderungen aus Rechtshandlungen, die einem solchen Darlehen wirtschaftlich entsprechen.

(5) Absatz 1 Nr. 5 gilt nicht für den nicht geschäftsführenden Gesellschafter einer Gesellschaft im Sinne des Absatzes 4 Satz 1, der mit 10 Prozent oder weniger am Haftkapital beteiligt ist.

125 Die Bestimmung des § 39 unterwirft bestimmte Arten von Insolvenzforderungen (§ 38 InsO) einem Nachrang. Diese Forderungen dürfen erst nach Befriedigung der sonstigen Insolvenzgläubiger im Rangverhältnis des § 39 Abs. 1 Nr. 1 bis 5 befriedigt werden. **Gesellschafterdarlehen** werden durch § 39 Abs. 1 Nr. 5 InsO dem untersten Nachrang zugeordnet. Sie können erst nach Aufforderung durch das Insolvenzgericht angemeldet werden (§ 174 Abs. 3 InsO). Im Fall eines Rangrücktritts wird eine Forderung erst nach dem Rang des § 39 Abs. 1 Nr. 5 InsO beachtet. In der Praxis läuft dies auf einen regelmäßigen Ausfall der Gesellschafterdarlehen hinaus. Allerdings kann vor Eintritt der Insolvenz die Darlehensrückzahlung von der GmbH nicht verweigert werden. Eine etwaige Tilgung unterliegt jedoch der Anfechtung nach § 135 Abs. 1 Nr. 2 InsO. Der Geschäftsführer kann eine Darlehensrückzahlung verweigern, die mit § 64 Satz 3 InsO unvereinbar ist. Eine dingliche Besicherung des nachrangigen Darlehens bleibt nach Insolvenzeintritt grundsätzlich erhalten, kann aber nach § 135 Abs. 1 Nr. 1 InsO angefochten werden. Ist die Sicherung unanfechtbar, kann sich der Gesellschafter daraus abgesondert befriedigen.

126 **a) Art der Forderung.** Infolge der generalisierenden Betrachtungsweise des Gesetzes werden in der Insolvenz sämtliche **Gesellschafterdarlehen** ohne Rücksicht darauf, ob sich die Gesellschaft im Zeitpunkt ihrer Gewährung oder des späteren Stehenlassens in einer **Krise** befand, nachrangig behandelt. Als Gesellschafterdarlehen ist jedes Darlehen,[307] also auch ein Sachdarlehen, zinsloses Gefälligkeitsdarlehen oder partiarisches Darlehen, eines an einer Gesellschaft im Sinne des § 39 Abs. 1 Nr. 5 beteiligten Gesellschafters oder diesem gleichgestellten Dritten anzusehen. Der Nachrang erfasst jedes Darlehen, gleich ob es herkömmlich als kapitalersetzend zu charakterisieren oder mit einer anderen oder überhaupt keiner Zweckbestimmung verknüpft ist. Der Nachrang greift naturgemäß nur, wenn das Darlehen auch tatsächlich ausgezahlt

307 *Gehrlein,* BB 2011, 3, 5.

wurde; er ist auch zu beachten, wenn der Darlehensbetrag auf der Grundlage eines unwirksamen Vertrages gewährt wurde. In Konsequenz der gesetzlichen Regelung dürfte der Nachrang unabhängig von einer Stundung auch für aus einem Darlehen abgeleitete Zinsansprüche gelten. Ungeachtet des Entstehungsgrundes entsprechen einem Darlehen alle – etwa aus normalen Austauschgeschäften von Kauf bis Miete und Pacht herrührende – Forderungen, die der Gesellschaft – ob auf einem Rechtsgeschäfts beruhend, oder rein faktisch – **gestundet** wurden, weil jede Stundung bei wirtschaftlicher Betrachtungsweise eine Darlehensgewährung bewirkt.[308] Gleiches dürfte gelten, wenn der Gesellschaft ein ungewöhnlich langer, über die 30-Tage-Frist des § 286 Abs. 3 BGB hinausgehender Zahlungstermin für die Begleichung einer Gesellschafterforderung gewährt wird.

127 Eine ausdrückliche Stundungsabrede zwischen Gesellschafter und Gesellschaft ist entbehrlich, es genügt vielmehr, dass der Gesellschafter von der Berechtigung, die Forderung einzuziehen, faktisch keinen Gebrauch macht. Die Schwelle zur Stundung ist bereits überschritten, wenn die Forderung länger als bei einem Bargeschäft üblich nicht geltend gemacht wird. Die Begleichung von Nutzungsentgelten unterliegt als gleichgestellte Forderungen mithin nur der Anfechtung, wenn sie im Anschluss an eine mindestens faktische Stundung erfolgte, nicht aber, sofern die Vergütung fristgemäß gezahlt wurde.[309] Keine Stundung dürfte vorliegen, sofern die Forderung innerhalb des für ein Bargeschäft üblichen Zeitraums getilgt wird. Ist im Rahmen eines **cash-pools** die poolführende Konzernmutter Gesellschafterin eines Tochterunternehmens, so bildet die Glattstellung eines Soll-Saldos ein Darlehen. Die Tilgung kurzfristiger, spätestens binnen drei Wochen zurückzuzahlender **Überbrückungskredite**, die nach früherem Recht nicht als Eigenkapitalersatz behandelt wurden, unterliegt wie jede andere Darlehensrückzahlung der Anfechtung. Wandelt der Gesellschafter sein Darlehen in eine Kapitalrücklage um, fällt deren Auszahlung nicht in den Tatbestand des § 135 InsO; vielmehr sind lediglich § 130, 133 InsO einschlägig. Wird bei einem **cash-pool** ein Habensaldo von dem Geschäftskonto der Schuldnerin abgeführt und mittels Verrechnung ein ihr gewährtes Darlehen getilgt, kommt eine Anfechtung in Betracht. Das Bargeschäftsprivileg des § 142 InsO dürfte im Rahmen von § 135 InsO – also auch für einen cash-pool oder kurzfristige Überbrückungskredite – nicht gelten. Davon abgesehen dürfte ohnehin der von § 142 InsO geforderte zeitliche Zusammenhang infolge faktisch gewährter Stundungen regelmäßig fehlen. Die Vorschriften der §§ 130 ff. InsO sind neben § 135 InsO anwendbar. Wird eine Gesellschafterhilfe erst im **Eröffnungsverfahren** oder **nach Verfahrenseröffnung** gewährt, ist § 39 Abs. 1 Nr. 5 InsO unanwendbar.

128 b) **Betroffene Gesellschaften.** Die rechtliche Behandlung von Gesellschafterdarlehen wird mit Hilfe von § 39 Abs. 4 Satz 1 InsO **rechtsformneutral** auf alle Gesellschaften ausgedehnt, die weder eine natürliche Person noch eine Gesellschaft, bei der

308 *Gehrlein,* BB 2008, 846, 852; *ders.*, BB 2011, 1, 6.
309 *Rühle,* ZIP 2009, 1358, 1360; *G. Fischer* in FS Wellensich, 2011, S. 443, 445.

ein persönlich haftender Gesellschafter eine natürliche Person ist, als Gesellschafter haben.[310] Vom Anwendungsbereich der Norm ausgenommen sind folglich lediglich Gesellschaften, wo **wenigstens eine natürliche Person** als persönlich haftender Gesellschafter uneingeschränkter Haftung unterworfen ist. Somit werden von dem Gesetz die Kapitalgesellschaften GmbH, AG, KGaA, SE und dank der insolvenzrechtlichen und nicht gesellschaftsrechtlichen Anknüpfung im Inland ansässige **ausländische Kapitalgesellschaften**[311] wie etwa die Limited erfasst. Entsprechendes gilt für die Genossenschaft, auch diejenige europäischen Rechts (SCE), und eine GmbH & Co KG, aber auch eine OHG und selbst eine GbR ohne natürliche Person als persönlich haftenden Gesellschafter.[312] Eine Bürgschaft oder eine interne Verlustausgleichspflicht einer natürlichen Person schließt die Anwendbarkeit der Regelung nicht aus; anders verhält es sich nur, wenn die natürliche Person als Gesellschafter eine akzessorische Außenhaftung für alle Gesellschaftsverbindlichkeiten trifft. Die Regelung ist auch einschlägig, sofern sich eine dieser Gesellschaft bereits in Liquidation befindet. Der **Idealverein** fällt ebenso wie die **Stiftung** mangels einer Beteiligung von Gesellschaftern an einem Haftkapital nicht unter die Regelung.[313] Dagegen dürfte die Vor-GmbH erfasst werden, weil sie keine persönliche Außenhaftung der Gesellschafter kennt.

129 c) **Darlehensgeber. aa) Gesellschafter und gleichgestellte Dritte**. In erster Linie gehören Gesellschafter zu den Normadressaten der Regelung. Ohne Bedeutung ist, ob der Gesellschafter in die Gesellschafterliste aufgenommen ist. Mit Hilfe des Tatbestands der gleichgestellten Forderungen sollen nach dem Willen des Gesetzgebers die personellen und sachlichen Erweiterungen des früheren § 32a GmbHG von dem neuen Recht übernommen werden. In personeller Hinsicht ist darum abweichend von § 138 InsO der Kreis der dem Gesellschafter nahestehenden Personen auf der Grundlage der Rechtsprechung zu § 32a Abs. 3 Satz 1 GmbHG a.F. zu determinieren. Auf dieser Basis ist etwa ein **Strohmann**, der mit ihm überlassenen Mitteln eines Gesellschafters der Gesellschaft einen Kredit gewährt, in den Normbereich einbezogen. Gleiches dürfte für **Treuhandverhältnisse** sowohl in Bezug auf den Treuhänder als auch den Treugeber, Nießbraucher des Geschäftsanteils, atypische stille Gesellschafter, Unterbeteiligte, und mittelbar, etwa über eine Zwischenholding beteiligte Gesellschafter[314] gelten. Ist ein Gesellschafter sowohl an der darlehensnehmenden als auch der darlehensgebenden Gesellschaft beteiligt, unterliegt die Darlehensgeberin der Regelung des § 39 Abs. 1 Nr. 5 nur, wenn der Gesellschafter kraft einer Mehrheitsbeteiligung herrschenden Einfluss auf die darlehensgebende Gesellschaft ausüben kann.[315] Der **Inhaber eines Pfandrechts** an dem Gesellschaftsanteil ist als

310 *Gehrlein,* BB 2011, 3, 5.
311 BT-Drs. 16/6140 S. 57.
312 BGH, NJW 2009, 997, 998 Rn. 11 ff, 14; *Hirte,* WM 2008, 1429, 1433.
313 Vgl. BGH, ZInsO 2010, 1003 zur Analogie von § 64 GmbHG auf Vereinsvorstände.
314 Vgl. BGH, NZG 2008, 507, 508 Rn. 9.
315 Vgl. BGH, NZG 2008, 507, 508 Rn. 10.

gesellschaftsgleicher Dritter zu betrachten, wenn er sich durch weitergehende Nebenabreden eine Position einräumen lässt, die nach ihrer konkreten Ausgestaltung im wirtschaftlichen Ergebnis der Stellung eines Gesellschafters gleich- oder doch jedenfalls nahekommt.[316] Nicht anders ist es zu behandeln, wenn ein Dritter das Darlehen für Rechnung eines Gesellschafters gewährt.

130 Darlehen **naher Familienangehöriger** von Gesellschaftern gehören hingegen nicht zu den gleichgestellten Forderungen; insoweit begründet auch § 138 InsO keine Beweiserleichterungen. Der Anwendbarkeit von § 39 Ab. 1 Nr. 5 InsO steht zwar nicht entgegen, dass es sich bei dem Darlehensgeber nicht um einen Gesellschafter des Schuldners handelt, weil der Anwendungsbereich der durch das MoMiG aufgehobenen Vorschrift des § 32a Abs. 3 Satz 1 GmbHG auch in personeller Hinsicht übernommen werden sollte. Von der Neuregelung werden daher auch Rechtshandlungen Dritter erfasst, welche der Darlehensgewährung durch einen Gesellschafter wirtschaftlich entsprechen. Eine einem Gesellschafterdarlehen wirtschaftlich entsprechende Rechtshandlung liegt nicht schon vor, weil es sich bei dem Darlehensgeber um eine nahe stehende Person (§ 138 Abs. 1 Nr. 2, Abs. 2 Nr. 3 InsO) handelt. Entscheidend gegen die Anwendung des § 138 InsO im Anwendungsbereich des § 39 Abs. 1 Nr. 5 InsO spricht, dass die Vorschrift in der Sache auf einen anderen Regelungsbereich zugeschnitten ist. Hiervon werden Handlungen erfasst, die sich ohnehin durch eine besondere Verdächtigkeit auszeichnen (§ 131 Abs. 2 Satz 2, § 132 Abs. 3 i.V.m. § 130 Abs. 3, § 133 Abs. 2 InsO) oder bei denen die in § 138 InsO genannte Person der Insolvenz besonders nahe steht (§ 130 Abs. 3 InsO). Gewährt hingegen eine nahestehende Person der Gesellschaft ein Darlehen, ist dies für sich genommen unverdächtig.[317]

131 Die Einstufung der Leistung als Gesellschafterdarlehen ändert sich auch nach einer **Abtretung** der Forderung an einen Nichtgesellschafter grundsätzlich nicht (§ 404 BGB);[318] freilich ist eine analoge Anwendung des § 135 Nr. 2 InsO zugunsten solcher Zessionare zu erwägen, die ihre Forderung länger als ein Jahr vor dem Eröffnungsantrag erworben haben. Ebenso verhält es sich, wenn ein Gesellschafter seine **Beteiligung** abgibt, aber seine Stellung als Darlehensgeber behält: Geschah dies innerhalb der Jahresfrist des § 135 Abs. 1 Nr. 2 InsO, bleibt er dem Nachrang verhaftet, während er bei einer früheren Veräußerung seiner Beteiligung wie ein sonstiger Darlehensgeber zu behandeln ist.[319] Ein Darlehensgeber, der nach der Darlehensgewährung Anteile an der Gesellschaft erwirbt, unterliegt uneingeschränkt dem Nachrang. Anders verhält es sich, wenn der Darlehensgeber den Kredit vor Erwerb der Gesellschafterstellung abgezogen hat. Ebenfalls von der Regelung nicht betroffen ist, wer isoliert den Geschäftsanteil, aber nicht auch die Darlehensforderung erwirbt. Hat ein

316 BGHZ 119, 191, 195.
317 BGH, ZInsO 2011, 626; ebenso bereits zum früheren Kapitalersatzrecht BGH, NZG 2009, 782.
318 BGHZ 104, 33, 43; BGH, NJW 2008, 1153, 1156 Rn. 29 ff.
319 BGH, 15.11.2011 – II ZR 6/11, DB 2012, 47, 48 Rn. 15 f.

Darlehensgeber keine Gesellschafterstellung, werden ihm aber durch Nebenabreden (**financial covenants**) Einflussrechte eingeräumt, die das Gesetz nur einem maßgeblich beteiligten Gesellschafter zubilligt, so sind die Regeln über Gesellschafterdarlehen anwendbar.[320] Falls das Gesellschafterdarlehen länger als ein Jahr vor Insolvenzeröffnung erstattet wurde, kommt eine Anfechtung nach § 133 Abs. 1 InsO in Betracht. Haftet neben der Gesellschaft für die Verbindlichkeit ein **außenstehender Dritter**, kann dieser sich im Falle einer Inanspruchnahme durch den Gesellschafter auf den Nachrang berufen, wenn die Verbindlichkeit im Innenverhältnis von der Gesellschaft zu tragen ist.

132 bb) **Freistellung von dem Nachrang.** § 39 Abs. 4 Satz 2, Abs. 5 InsO statuieren mit dem Sanierungs- und Kleinbeteiligtenprivileg zwei Ausnahmetatbestände, in denen der insolvenzrechtliche Nachrang von Gesellschafterdarlehen durchbrochen wird.

133 cc) **Kleinbeteiligtenprivileg.** Das **Kleinbeteiligtenprivileg** befreit Darlehensgeber von dem Nachrang, die mit bis zu 10 % an dem Haftkapital der Gesellschaft beteiligt sind und nicht zu den geschäftsführenden Gesellschaftern gehören. Infolge der Geschäftsführung werden kleinbeteiligte Gesellschafter/Geschäftsführer oder über ein Aktienpaket verfügende Vorstände von der Privilegierung nicht erfasst. Ein gering beteiligter Gesellschafter profitiert nicht vom Kleinbeteiligtenprivileg, wenn er wie ein **faktischer Geschäftsführer** agiert; gleiches gilt für einen atypisch geschäftsführenden Kommanditisten. Dagegen genießt das Privileg ein Gesellschafter, der nur als Prokurist oder Aufsichtsrat eingesetzt ist. Maßgeblich für die Bewertung ist allein die Kapitalbeteiligung, nicht hingegen die Stimmkraft oder die Gewinnbeteiligung. Es kommt also auf das Verhältnis des Nennbetrages zum Haftkapital an. Außer Betracht bleiben auch die Möglichkeiten der Informationsbeschaffung und der Einflussnahme. Der zu mehr als 10 % beteiligte Gesellschafter kann sich nicht darauf berufen, dass die Kreditvergabe in keinem Zusammenhang mit seiner Gesellschafterstellung steht, er die Gesellschafterstellung nur treuhänderisch oder vorübergehend innehat. Bei einer aufeinander **abgestimmten Kreditvergabe durch mehrere Gesellschafter** sind die Beteiligungen zu addieren. Hingegen kommt es nur auf die Beteiligungsverhältnisse eines Mitgesellschafters als Treugeber an, der einem anderen Gesellschafter Mittel zwecks einer Kreditvergabe überlässt. Ferner ist die Beteiligung eines Mutterkonzerns und seiner Tochtergesellschaft an der darlehensnehmenden Gesellschaft zusammenzurechnen. Die Voraussetzungen des Kleinbeteiligtenprivilegs müssen nicht nur im Zeitpunkt der Kreditgabe, sondern während der gesamten Dauer des Darlehensverhältnisses gegeben sein. Ein Gesellschafter kann die Vergünstigung des Kleinbeteiligtenprivilegs folglich nicht nachträglich durch Verringerung seiner Beteiligung oder Aufgabe der Geschäftsführung gewinnen. Umgekehrt verliert ein privilegierter Kreditgeber für sein Darlehen diesen Status, sofern er nachträglich seine Beteiligung erhöht oder die Geschäftsführung übernimmt. Dagegen dürfte der Nachrang ausscheiden, wenn länger als ein Jahr vor Antragstellung die Geschäftsfüh-

320 *Krolop*, GmbHR 2009, 397, 400 f.

rung niedergelegt oder die Beteiligung auf höchstens 10 % verringert wird. Kommt das Kleinbeteiligungsprivileg einem Gesellschafter zustatten, gilt das auch für **außenstehende Dritte**, die – etwa als Unterbeteiligter, Treuhänder und Treugeber, Pfandgläubiger oder Nießbraucher – einem Gesellschafter gleich behandelt werden.

134 **dd) Sanierungsprivileg. aaa) Anteilserwerb.** In erster Linie zugeschnitten ist die Regelung auf einen von einem Neugesellschafter ab dem Stadium der **drohenden Zahlungsunfähigkeit** gewährten Kredit. Privilegiert ist – wenngleich dies wenig sachgerecht erscheint – jedenfalls nicht ein reiner Sanierungskredit, sondern nur eine mit einem erstmaligen Anteilserwerb verbundene Kreditgewährung. Mithin profitiert ein Altgesellschafter, der ein Sanierungsdarlehen gewährt, mangels eines Anteilserwerbs nicht von der Regelung. Unschädlich ist es, wenn die Kreditgewährung nicht durch den Gesellschafter, sondern eine ihm **nahestehende dritte Person** (vgl. oben d), etwa ein Tochterunternehmen, erfolgt. Da das **Sanierungsprivileg** auf den Anteilserwerb und nicht die Kreditvergabe im Zeitpunkt drohender bzw. eingetretener Zahlungsunfähigkeit oder Überschuldung abstellt, werden Altkredite begünstigt, wenn der Kreditgeber in einer Sanierungssituation eine Beteiligung erwirbt.[321] In einer solchen Lage wird erwartet, dass der Neugesellschafter jedenfalls das Management austauscht und damit das Unternehmen auf einen besseren Weg führt. Ohne Bedeutung ist es, auf welche Weise die Beteiligung – etwa durch Anteilsabtretung von einem Gesellschafter oder im Zuge einer Kapitalerhöhung – erworben wurde.

135 Obwohl dies dem Wortlaut entspricht, dürfte die Vorschrift nicht Gesellschaftern zugutekommen, die in der Krise ihre Beteiligung geringfügig (symbolisch) aufstocken; mit mehr als 10 % beteiligten Altgesellschaftern bleibt vielmehr das Sanierungsprivileg verschlossen; das Sanierungsprivileg dürfte allerdings einem kleinbeteiligten Gesellschafter zugutekommen, der seine Beteiligung über die 10 %-Grenze erhöht; nicht ausreichend ist dagegen ein Erwerb bis zu einer Quote von 10 %, weil der Gesellschafter dann als Kleinbeteiligter noch nicht zum Adressatenkreis der Regelung gehörte. Unerheblich ist es, ob die Beteiligung von einem professionellen Sanierer, einer Bank oder einem »einfachen« Gesellschafter übernommen wurde. Lässt sich ein Kreditgeber wegen der Insolvenzreife des Unternehmens durch Nebenabreden (**financial covenants**) weitgehende Mitspracherechte einräumen, kommt ihm, weil er wie ein Gesellschafter zu behandeln ist, auch das Sanierungsprivileg zustatten. Der Anteilserwerb und damit das Darlehen wird nur privilegiert, wenn er ab dem Zeitpunkt **drohender bzw. eingetretener Zahlungsunfähigkeit** oder **Überschuldung** erfolgt. Der zeitliche Korridor für Sanierungsbemühungen dürfte durch die Neuregelung, die nicht mehr an das Merkmal der Krise anknüpft, im Vergleich zum bisherigen Recht verkürzt werden, weil sich drohende Zahlungsunfähigkeit vielfach erst nach Eintritt der Krise abzeichnet.

321 Insoweit kritisch *Bork*, ZGR 2007, 250, 259.

136 **bbb) Sanierungseignung.** Das mit dem Anteilserwerb verbundene Darlehen muss auf der Grundlage einer ex-ante-Betrachtung nach **objektiven Maßstäben zur Sanierung geeignet** sein. Danach müssen – neben dem im Regelfall als selbstverständlich zu vermutenden Sanierungswillen – nach der pflichtgemäßen Einschätzung eines objektiven Dritten im Augenblick des Anteilserwerbs die Gesellschaft (objektiv) sanierungsfähig und die für ihre Sanierung konkret in Angriff genommenen Maßnahmen zusammen objektiv geeignet sein, die Gesellschaft in überschaubarer Zeit durchgreifend zu sanieren. Auf die lediglich subjektive Motivation des Sanierers kann es nach dem Gesetzeszweck schon deshalb nicht entscheidend ankommen, weil andernfalls die schutzwürdigen Interessen der übrigen Gesellschaftsgläubiger in ihrer Wertigkeit nur von dessen Behauptung, er verfolge Sanierungsabsichten, abhingen und deren Befriedigungschancen allein in seiner Hand lägen.[322]

137 Ein Sanierungsversuch setzt mindestens ein in sich **schlüssiges Konzept** voraus, das von den erkannten und erkennbaren tatsächlichen Gegebenheiten ausgeht und nicht offensichtlich undurchführbar ist. Sowohl für die Frage der Erkennbarkeit der Ausgangslage als auch für die Prognose der Durchführbarkeit ist auf die Beurteilung eines unvoreingenommenen – nicht notwendigerweise unbeteiligten –, branchenkundigen Fachmanns abzustellen, dem die vorgeschriebenen oder üblichen Buchhaltungsunterlagen zeitnah vorliegen. Eine solche Prüfung muss die **wirtschaftliche Lage des Schuldners** im Rahmen seiner Wirtschaftsbranche analysieren und die Krisenursachen sowie die Vermögens-, Ertrags- und Finanzlage erfassen. Das gilt grundsätzlich auch für den Versuch der Sanierung eines kleineren Unternehmens, weil dabei ebenfalls Gläubiger in für sie beträchtlichem Umfange geschädigt werden können; lediglich das Ausmaß der Prüfung kann dem Umfang des Unternehmens und der verfügbaren Zeit angepasst werden. Ein umsetzbares Sanierungskonzept scheidet aus, wenn neben erheblichen Verlusten und Umsatzrückgängen sowie dem Weggang eines Großkunden auch die Branchenaussichten ungünstig sind.[323] War die Sanierung nach diesen Maßstäben objektiv möglich, schadet es nicht, wenn sie gleichwohl gescheitert ist. Die Sanierungseignung könnte hingegen in Fällen eines Anteilserwerbs durch Altkreditgeber fraglich erscheinen.

138 **ccc) Dauer des Privilegs.** Das Sanierungsprivileg kommt Darlehen, aber auch einem Darlehen wirtschaftlich gleichstehenden Gesellschafterhilfen zugute. Die begünstigten Darlehen werden, gleich ob es sich um ein privilegiertes Alt- oder Neudarlehen handelt, bis zum **Zeitpunkt der »nachhaltigen Sanierung«** und nicht nur – wie noch im Referentenentwurf vorgesehen – bis zur **»Beseitigung der drohenden Zahlungsunfähigkeit«** vom Nachrang verschont. Das Sanierungsprivileg schützt den Gesellschafter also nicht auf Dauer, sondern entbindet das Darlehen nur solange von dem Nachrang, bis die im Zeitpunkt des Anteilserwerbs und der Darlehensgewäh-

322 BGHZ 165, 106, 112 f.
323 BGH, NJW 1998, 1561, 1563 f.

rung bestehende Schieflage überwunden ist.[324] Dies ist in Anlehnung an § 135 Abs. 1 Nr. 2 InsO anzunehmen, wenn die Kreditwürdigkeit der Gesellschaft über einen Zeitraum von mindestens einem Jahr wiederhergestellt ist. Bei Eintritt einer späteren Krise erlangt das stehen gelassene Darlehen nicht abermals das Sanierungsprivileg, wenn der Gesellschafter nunmehr weitere Anteile erwirbt, weil die Regelung maßgeblich beteiligten Gesellschaftern bei einem weiteren Anteilserwerb nicht zustattenkommt.

2. Gesellschafterbesicherte Darlehensansprüche

Einschlägige Vorschriften der Insolvenzordnung: **139**

§ 44a Gesicherte Darlehen

In dem Insolvenzverfahren über das Vermögen einer Gesellschaft kann ein Gläubiger nach Maßgabe des § 39 Abs. 1 Nr. 5 für eine Forderung auf Rückgewähr eines Darlehens oder für eine gleichgestellte Forderung, für die ein Gesellschafter eine Sicherheit bestellt oder für die er sich verbürgt hat, nur anteilsmäßige Befriedigung aus der Insolvenzmasse verlangen, soweit er bei der Inanspruchnahme der Sicherheit oder des Bürgen ausgefallen ist.

a) **Anwendungsvoraussetzungen**. Der § 32a GmbHG a.F. nachgebildete § 44a InsO befasst sich mit **Darlehensforderungen** bzw. **gleichgestellten Forderungen außenstehender Dritter** gegen die Gesellschaft, für die ein **Gesellschafter** eine – wobei eine persönliche und dingliche gleichstehen – Sicherheit erbracht hat. Die Bestellung einer Sicherheit durch den Gesellschafter für ein Fremddarlehen entspricht wirtschaftlich einer unmittelbaren Darlehensgewährung durch ihn an die Gesellschaft. Deswegen ist die Regelung nur anwendbar, wenn die Sicherung **rechtswirksam** bestellt wurde. Die Vorschrift dürfte auch anwendbar sein, wenn die Gesellschaft neben dem Gesellschafter selbst eine Sicherung gewährt hat. Tatbestandlich muss sich also um eine Drittforderung gegen die Gesellschaft handeln, die der Gesellschafter besichert. **140**

b) **Vorrangige Geltendmachung gegen Gesellschafter**. Forderungen dieser Art erleiden trotz der missverständlichen Formulierung des § 44a keinen **Nachrang** im Sinne des § 39 Abs. 1 Nr. 5 InsO. Die Vorschrift besagt lediglich, dass der Dritte mit Insolvenzeröffnung zunächst Befriedigung aus dem Gesellschaftervermögen suchen muss und nur mit seiner Restforderung am Insolvenzverfahren über das Vermögen der Gesellschaft teilnimmt. § 39 Abs. 1 Nr. 5 findet im Verhältnis des Gesellschafters zur Gesellschaft, aber nicht eines Drittgläubigers zur Gesellschaft Anwendung. Der Drittgläubiger nimmt an dem Insolvenzverfahren nur teil, soweit er bei der Inanspruchnahme der Sicherheit des Gesellschafters ausgefallen ist. Uneinheitlich beantwortet wird die Frage, ab wann und in welcher Höhe der Drittgläubiger seine Forde- **141**

324 *Gehrlein,* BB 2008, 846, 851.

rung in der Insolvenz der Gesellschaft anmelden darf. Die Anmeldung der Forderung in der Insolvenz der Gesellschaft setzt nicht voraus, dass der Gläubiger zuvor aus der Sicherheit gegen den Gesellschafter vorgegangen ist. Daran anknüpfend kann der Gläubiger die Forderung in voller Höhe und nicht nur den erwarteten Ausfallbetrag anmelden.[325] Es gilt nämlich der **Grundsatz der Doppelberücksichtigung** (§ 43 InsO), während das Ausfallprinzip des § 52 InsO unanwendbar ist, weil die Sicherheit nicht von der Gesellschaft selbst gestellt wurde.[326]

142 c) **Rückgriff des Gesellschafters, Doppelsicherung.** Löst der (sichernde) Gesellschafter das Darlehen ab, kann er seinen Regressanspruch gegen die Gesellschaft nur als **nachrangige Forderung** (§ 39 Abs. 1 Nr. 5 InsO) geltend machen.[327] Hat der Gesellschafter vor Insolvenzeröffnung tatsächlich gegenüber der Gesellschaft Regress genommen, ist er – wenn dies binnen Jahresfrist vor Antragstellung geschah – der **Anfechtung** (§ 135 Abs. 1 Nr. 2 InsO) ausgesetzt.[328] Im Falle einer **Doppelsicherung** durch die Gesellschaft und den Gesellschafter muss die Gesellschaft die abgesonderte Befriedigung an der von ihr gegebenen – etwa dinglichen – Sicherheit dulden, erlangt dann aber einen Erstattungsanspruch gegen den Gesellschafter.[329] Weitergehend wird vertreten, dass der Gläubiger aus der Sicherheit gegen die Gesellschaft erst vorgehen darf, soweit er mit seiner Sicherheit gegen den Gesellschafter ausgefallen ist.[330] Genießt der Gesellschafter das Kleinbeteiligungs- oder Sanierungsprivileg, greift die Bestimmung nicht ein, weil in einem solchen Fall auch ein von dem Gesellschafter selbst gegebenes Darlehen nicht dem Nachrang des § 39 Abs. 1 Nr. 5 InsO unterfiele.[331]

3. Anfechtung der Befriedigung und Sicherung von Gesellschafterdarlehen

143 Einschlägige Vorschriften der Insolvenzordnung:

§ 135 Gesellschafterdarlehen

(1) Anfechtbar ist eine Rechtshandlung, die für die Forderung eines Gesellschafters auf Rückgewähr eines Darlehens im Sinne des § 39 Abs. 1 Nr. 5 oder für eine gleichgestellte Forderung

1. **Sicherung gewährt hat, wenn die Handlung in den letzten zehn Jahren vor dem Antrag auf Eröffnung des Insolvenzverfahrens oder nach diesem Antrag vorgenommen worden ist, oder**

325 *Freitag,* WM 2007, 1681, 1684.
326 *Bitter,* in: MünchKommInsO, 2. Aufl., § 43 Rn. 23.
327 *Karsten Schmidt,* BB 2008, 1966, 1968.
328 *Karsten Schmidt,* BB 2008, 1966, 1970.
329 BGH, NJW 1985, 858.
330 *Bork,* in: FS Ganter, 2010 S. 136 ff.
331 *Freitag,* WM 2007, 1681, 1684.

2. Befriedigung gewährt hat, wenn die Handlung im letzten Jahr vor dem Eröffnungsantrag oder nach diesem Antrag vorgenommen worden ist.

(2) Anfechtbar ist eine Rechtshandlung, mit der eine Gesellschaft einem Dritten für eine Forderung auf Rückgewähr eines Darlehens innerhalb der in Absatz 1 Nr. 2 genannten Fristen Befriedigung gewährt hat, wenn ein Gesellschafter für die Forderung eine Sicherheit bestellt hatte oder als Bürge haftete; dies gilt sinngemäß für Leistungen auf Forderungen, die einem Darlehen wirtschaftlich entsprechen.

(3) Wurde dem Schuldner von einem Gesellschafter ein Gegenstand zum Gebrauch oder zur Ausübung überlassen, so kann der Aussonderungsanspruch während der Dauer des Insolvenzverfahrens, höchstens aber für eine Zeit von einem Jahr ab der Eröffnung des Insolvenzverfahrens nicht geltend gemacht werden, wenn der Gegenstand für die Fortführung des Unternehmens des Schuldners von erheblicher Bedeutung ist. Für den Gebrauch oder die Ausübung des Gegenstandes gebührt dem Gesellschafter ein Ausgleich; bei der Berechnung ist der Durchschnitt der im letzten Jahr vor Verfahrenseröffnung geleisteten Vergütung in Ansatz zu bringen, bei kürzerer Dauer der Überlassung ist der Durchschnitt während dieses Zeitraums maßgebend.

(4) § 39 Abs. 4 und 5 gilt entsprechend.

144

a) **Normzweck.** Gesellschafterdarlehen, die einer GmbH in der Krise gewährt oder belassen werden, waren nach bisheriger, auf einer Analogie zu §§ 30, 31 GmbHG beruhender Rechtsprechung wie haftendes Eigenkapital zu behandeln. Infolge der Gleichsetzung der Kreditmittel mit Stammkapital war es der Gesellschaft verboten, das Darlehen an den Gesellschafter zurückzuzahlen. Gleichwohl erhaltene Darlehenstilgungen hatte der Gesellschafter der GmbH zu erstatten. Diese Rechtsprechungsregeln und damit die Rechtsfigur des **eigenkapitalersetzenden Darlehens** wurden im Rahmen des **MoMiG** aufgegeben. Mit der Streichung der Rechtsprechungsregeln wurden die damit korrespondierenden §§ 32a, 32b GmbHG beseitigt. Das Tatbestandsmerkmal »kapitalersetzend« findet im neuen Recht keinen Platz mehr. Die Behandlung von Gesellschafterdarlehen wird folglich auf eine rein insolvenz- und anfechtungsrechtliche Basis gestellt: In der Insolvenz sind Gesellschafterdarlehen und gleichgestellte Verbindlichkeiten nach § 39 Abs. 1 Nr. 5 nachrangig; Tilgungsleistungen der Gesellschaft auf derartige Forderungen sind künftig auch in einer Krise unbedenklich zulässig; umgekehrt kann auch die Rückzahlung des Darlehens von der Gesellschaft nicht mehr unter Berufung auf eine Krise verweigert werden. Durch die Streichung des Kapitalersatzes entstehende Schutzlücken werden durch die Neufassung des § 135 (vgl. außerhalb der Insolvenz § 6 AnfG) geschlossen. § 135 Abs. 1 Nr. 1 unterwirft eine Rechtshandlung der Anfechtung, die innerhalb der letzten zehn Jahre vor dem Eröffnungsantrag für ein Darlehen oder eine gleichgestellte Forderung des Gesellschafters **Sicherung** gewährt hat; entsprechendes gilt nach § 135 Abs. 1 Nr. 2 für eine Rechtshandlung, durch die dem Gesellschafter im letzten Jahr vor dem Eröffnungsantrag **Befriedigung** gewährt wurde. Damit wird künftig nicht mehr auf eine »Krise«, sondern die Insolvenz der Gesellschaft abgehoben. § 135 Abs. 3 ist an die Stelle der kapitalersetzenden Nutzungsüberlassung getreten.

b) Anfechtung von Befriedigung und Sicherung. aa) Rechtshandlung, Gläubigerbenachteiligung.

145 Die Anfechtung setzt entsprechend den allgemeinen Grundsätzen eine **Rechtshandlung** (§ 129 InsO) voraus, durch welche die Gläubiger eine mindestens **mittelbare Benachteiligung** erfahren haben. Es gelten die allgemeinen Grundsätze: Eine Gläubigerbenachteiligung besteht, wenn die Befriedigungsmöglichkeit der Insolvenzgläubiger in irgendeiner Weise objektiv beeinträchtigt worden ist.[332] Wird ein besichertes Gesellschafterdarlehen innerhalb eines Jahres vor Antragstellung zurückgewährt, scheitert eine Anfechtung (§ 135 Abs. 1 Nr. 2 InsO) nicht an einer fehlenden Gläubigerbenachteiligung: Denn die Sicherung ist ihrerseits anfechtbar, wenn sie binnen zehn Jahren vor Antragstellung gewährt wurde (§ 135 Abs. 1 Nr. 1 InsO). Eine Gläubigerbenachteiligung liegt auch vor, wenn die Insolvenzmasse zur Befriedigung der Masseverbindlichkeiten und der Insolvenzgläubiger (§ 38 InsO), aber nicht aller nachrangigen Gläubiger ausreicht. Die Rechtshandlung braucht nicht von dem Schuldner herzurühren; anfechtbar sind auch Vollstreckungsmaßnahmen des Anfechtungsgegners, wegen der in Rede stehenden Forderungen also regelmäßig solche des **Gesellschafters**. Weitere objektive oder subjektive Erfordernisse stellt das Gesetz nicht auf.

146 **bb) Art der Forderung, Darlehensgeber, betroffene Gesellschaften.** Der nach Insolvenzeintritt durch § 39 Abs. 1 Nr. 5 InsO angeordnete Nachrang von Gesellschafterdarlehen wird im Vorfeld der Insolvenz durchgesetzt, indem Rückzahlungen der Gesellschaft auf Forderungen dieser Art gemäß § 135 InsO der Anfechtung unterliegen. § 135 Abs. 1 unterwirft mithin die Befriedigung und Sicherung eines **Gesellschafterdarlehens** und **gleichgestellter Forderungen** im Sinne des § 39 Abs. 1 Nr. 5 der Anfechtung. Die Tilgung kurzfristiger, spätestens binnen drei Wochen zurückzuzahlender **Überbrückungskredite**, die nach früherem Recht nicht als Eigenkapitalersatz behandelt wurden, unterliegt wie jede andere Darlehensrückzahlung der Anfechtung. Wandelt der Gesellschafter sein Darlehen in eine Kapitalrücklage um, fällt deren Auszahlung nicht in den Tatbestand des § 135 InsO; vielmehr sind lediglich § 130, 133 InsO einschlägig. Wird bei einem **cash-pool** ein Habensaldo von dem Geschäftskonto der Schuldnerin abgeführt und mittels Verrechnung ein ihr gewährtes Darlehen getilgt, kommt eine Anfechtung in Betracht. Das Bargeschäftsprivileg des § 142 InsO dürfte im Rahmen von § 135 InsO – also auch für einen cash-pool oder kurzfristige Überbrückungskredite – nicht gelten.[333] Im Blick auf den Charakter der Forderung, den Darlehensgeber und die betroffenen Gesellschaften kann auf die vorstehenden Ausführungen zu § 39 Abs. 1 Nr. 5, Abs. 4, 5 InsO verweisen werden. Infolge der Verweisung des § 135 Abs. 4 auf § 39 Abs. 4 und 5 ist die Anfechtung ausgeschlossen, wenn der Darlehensgeber unter das Sanierungs- oder Kleinbeteiligtenprivileg fällt.

---

332 BGHZ 105, 168, 187.

333 *Gehrlein,* BB 2011, 3, 6.

147 cc) **Sicherung, Befriedigung, Frist.** Unter einer **Sicherung** (§ 135 Abs. 1 Nr. 1 InsO) ist jede dem Gesellschafter für sein Darlehen oder die gleichgestellte Forderung aus Gesellschaftsmitteln gewährte Sicherheit – gleich ob Pfandrecht, Hypothek, Grundschuld, Sicherungsübereignung, Sicherungsabtretung, Patronatserklärung, Zwangshypothek oder Pfändungspfandrecht – zu verstehen. Freilich kann eine Patronatserklärung durch eine vertragsgemäße Kündigung, die allerdings die Einstandspflicht für bereits entstandene Verbindlichkeiten nicht entfallen lässt,[334] für die Zukunft gekündigt werden.[335] Wird die Patronatserklärung rückwirkend aufgehoben, kann eine Anfechtung nach § 134 InsO in Betracht kommen.[336] Die Verpflichtung des Gesellschafters, dem Kreditgeber von der Gesellschaft zur Sicherung übereignete Güter abzukaufen, stellt in Höhe der Differenz zwischen Preis und Wert der Gegenstände eine Sicherung dar.[337] Insoweit sieht die Bestimmung (§ 135 Abs. 1 Nr. 1) eine Anfechtungsfrist von **zehn Jahren** vor. Die Anfechtungsfrist von zehn Jahren ist ab der von dem Gesellschafter durch die Leistung der Gesellschaft erlangten Befreiung von der Sicherung zu berechnen. Die Länge der Frist erklärt sich daraus, dass die Sicherung dem Gesellschafter für seine an sich nachrangige Forderung (§ 39 Abs. 1 Nr. 5 InsO) nach Verfahrenseröffnung das Recht auf abgesonderte Befriedigung verschafft. Insoweit korrespondiert die Länge der Frist mit dem zeitlich unbeschränkten Nachrang. Die Anfechtung einer Befriedigung greift durch, wenn die Befriedigung gewährende Rechtshandlung binnen **eines Jahres** vor dem Insolvenzantrag – nicht bereits vor Eintritt der tatsächlichen Insolvenzreife[338] – oder danach vorgenommen wurde (§ 135 Abs. 1 Nr. 2). Die Frist berechnet sich nach § 139, der Zeitpunkt der Vornahme ist nach § 140 zu beurteilen. Einer Befriedigung steht der **Vollstreckungszugriff** gleich wie auch die Verwertung einer anfechtbar, also innerhalb eines Zeitraums von zehn Jahren vor Antragstellung, erlangten Sicherheit. Wird ein besichertes Gesellschafterdarlehen innerhalb eines Jahres vor Antragstellung zurückgewährt, scheitert eine Anfechtung nicht an einer fehlenden Gläubigerbenachteiligung: Denn die Sicherung ist ihrerseits anfechtbar, wenn sie binnen zehn Jahren vor Antragstellung gewährt wurde.

148 **Befriedigung** erlangt der Gesellschafter in anfechtbarer Weise, wenn seine Forderung zu Lasten des Gesellschaftsvermögens unmittelbar durch Zahlung oder mit Hilfe eines **Erfüllungssurrogats** wie Aufrechnung oder Leistung an Erfüllungs statt beglichen wird. Einer Befriedigung steht der **Vollstreckungszugriff** gleich wie auch die Verwertung einer anfechtbar, also innerhalb eines Zeitraums von zehn Jahren vor Antragstellung, erlangten Sicherheit (§ 135 Abs. 1 Nr. 1 InsO). Nach einem Verkauf der gegen die Gesellschaft gerichteten Forderung erlangt der Gesellschafter durch die Kaufpreiszahlung seitens des Erwerbers eine anfechtbare Befriedigung nur, wenn die

334 *Blum*, NZG 2010, 1331, 1332.
335 BGH, NJW 2010, 3442.
336 *Blum*, NZG 2010, 1331, 1332.
337 *Löser*, ZInsO 2010, 28.
338 *Gehrlein*, BB 2008, 846, 852.

Zahlung zu Lasten der Gesellschaft erfolgt.[339] Wird von dem Gesellschafter eine Kreditlinie gewährt, ist nicht jede während des Anfechtungszeitraums von der Gesellschaft darauf geleistete Zahlung, sondern nur der Betrag anfechtbar, um den die Kreditlinie während des Anfechtungszeitraums insgesamt zurückgeführt wurde.[340] Fehlt eine ausdrückliche Kreditlinie oder wird sie infolge einer geduldeten Erhöhung überschritten, ist auf die durchschnittlich gewährte Kreditlinie abzustellen.[341] Anfechtbar ist auch die Zahlung von Darlehenszinsen.

149 Der Anfechtung unterliegt nach § 135 Abs. 2 InsO ferner die einem Dritten für eine Darlehensforderung gewährte Befriedigung, sofern ein Gesellschafter für die Forderung eine Sicherheit bestellt hat. Der **Besicherung durch einen Gesellschafter** kommt wirtschaftlich die gleiche Bedeutung wie einem von ihm gewährten Darlehen zu. Für den besichernden Gesellschafter gelten die Voraussetzungen, die § 39 Abs. 4 und 5 InsO für einen darlehensgewährenden Gesellschafter oder gesellschaftergleichen Dritten verlangt. Hier beträgt die Anfechtungsfrist ein Jahr.

150 Wurde das Darlehen länger als ein Jahr vor Antragstellung zurückgewährt und ist darum die Frist des § 135 Abs. 1 Nr. 2 verstrichen, wird mitunter eine Anfechtung nach § 133 Abs. 1 InsO in Betracht kommen, weil die Kenntnis der Zahlungsunfähigkeit den Schluss auf den Benachteiligungsvorsatz der Gesellschaft und dessen Kenntnis bei dem Gesellschafter gestattet.[342] Außerdem ist eine Anwendung des § 133 Abs. 1 InsO zu erwägen, wenn die Gesellschaft **überschuldet** und dies dem **Gesellschafter**, dessen Darlehen befriedigt wird, **bekannt** ist. Zwar bezieht sich das Beweisanzeichen des § 133 Abs. 1 Satz 2 InsO nur auf die Kenntnis der (auch nur drohenden) Zahlungsunfähigkeit. Diese Regel ist aber – wie das Beweisanzeichen der Inkongruenz verdeutlicht – nicht abschließender Natur. Im Falle einer Überschuldung haben die Organe – bei Führungslosigkeit die Gesellschafter – spätestens binnen drei Wochen Insolvenzantrag zu stellen (§ 15a InsO). Es kommt dann ebenso wie bei Zahlungsunfähigkeit zur Gesamtbefriedigung. Ist die Antragstellung nach § 15a InsO geboten, so benachteiligt jede Befriedigung einzelner Gläubiger und damit auch eines Gesellschafters die Gläubigergesamtheit. Dieser Befund könnte die Anwendung des § 133 Abs. 1 InsO bei einer Darlehensrückzahlung in beiderseitiger Kenntnis der Überschuldung des Unternehmens rechtfertigen.

151 Jedoch scheidet – im Unterschied zum früheren Recht – bei einer außerhalb der Frist des § 135 Abs. 1 Nr. 2 InsO erlangten Befriedigung ein Rückgriff auf die Rechtsprechungsregeln aus. Ist die Anfechtungsfrist von einem Jahr gewahrt, ist es andererseits ohne Bedeutung, ob sich die Gesellschaft im Zeitpunkt der Befriedigung in einer **Krise** befand; anfechtbar ist eine innerhalb der Jahresfrist bewirkte Darlehensrückzahlung, auch wenn die Gesellschaft erst danach insolvent wurde.

339 BGH, NJW-RR 2007, 391, 392 Rn. 8 ff.
340 BGH, NJW 1995, 457.
341 BGH, NJW 1995, 457.
342 *Spliedt*, ZIP 2009, 149, 154; *Dahl/Schmitz*, NZG 2009, 325, 327.

Eine auf die Forderung erhaltene Befriedigung muss der Gesellschafter der Masse erstatten; eine Sicherung hat er zugunsten der Masse zu erstatten. Die getilgte Forderung lebt dadurch wieder auf (§ 144 InsO), freilich in Gestalt der Nachrangigkeit (§ 39 Abs. 1 Nr. 5 InsO). Die Anfechtbarkeit schafft zugunsten des Verwalters eine Einrede, die auch nach Verjährung des Anfechtungsanspruchs gegen den Zahlungsanspruch durchgreift (§ 146 Abs. 2 InsO). 152

c) **Anfechtung der Befriedigung gesellschafterbesicherter Drittforderungen**. In Anlehnung an § 32b GmbHG a.F. werden mit Hilfe von § 135 Abs. 2 Rechtshandlungen der Anfechtung unterworfen, durch die ein **außenstehender** – also kein gesellschaftergleicher – **Dritter** für seine Forderung gegen die GmbH Befriedigung erlangt hat, sofern ein Gesellschafter oder ein ihm gleich zu behandelnder Dritter für die Forderung eine Sicherheit übernommen hatte. Als Sicherung sind neben der ausdrücklich genannten Bürgschaft alle Personal- oder Sachsicherheiten zu berücksichtigen. Zahlungen der Gesellschaft an einen durch einen Gesellschafter gesicherten Gläubiger sind danach innerhalb **eines Jahres** anfechtbar. Freilich richtet sich die Anfechtung, weil der Tatbestand in der Sicherung der Gesellschaftsverbindlichkeit durch den Gesellschafter seine innere Rechtfertigung findet, nicht gegen den Gläubiger des Anspruchs, sondern gemäß § 143 Abs. 3 Satz 1 InsO gegen den **Gesellschafter als Sicherungsgeber**.[343] Dies ist nur folgerichtig, weil der Gesellschafter durch die Leistung der Gesellschaft von seiner Sicherheit befreit wurde. Der Anspruch ist nach § 143 Abs. 3 S. 2 InsO auf die Höhe der übernommenen Bürgschaft, bei einer dinglichen Sicherung auf den Wert der bestellten Sicherheit beschränkt. Handelt es sich um eine Realsicherheit, kann sich der Gesellschafter von der Inanspruchnahme befreien, indem er die als Sicherheit dienenden Gegenstände der Masse zur Verfügung stellt (§ 143 Abs. 3 Satz 3 InsO). Wird eine Darlehensverbindlichkeit der GmbH, für welche die GmbH selbst und ein **Gesellschafter** Sicherheit geleistet haben, nach Eröffnung des Insolvenzverfahrens über das Vermögen der GmbH infolge der Verwertung der von ihr gegebenen Sicherheit getilgt und die Gesellschaftersicherheit dadurch frei, stellt sich die Frage, ob der Insolvenzverwalter darauf zugreifen kann. Sie ist von den Instanzgerichten kontrovers beurteilt worden.[344] Der Fall, dass ein **doppelt gesicherter Gläubiger** nach der Eröffnung des Insolvenzverfahrens über das Vermögen der Gesellschaft durch Verwertung der Gesellschaftssicherheit befriedigt und die Gesellschaftersicherheit hierdurch frei wird, ist gesetzlich nicht geregelt. Bei wertender Betrachtung besteht kein Unterschied zwischen der Rückzahlung eines gesellschaftergesicherten Darlehens innerhalb der Fristen des § 135 Abs. Nr. 2 InsO und derjenigen nach der Eröffnung des Insolvenzverfahrens. Der gesetzlich geregelte Fall (§ 135 Abs. 2, § 143 Abs. 3 InsO) lässt ausreichen, dass Mittel der Gesellschaft aufgewandt wurden und dass die vom Gesellschafter gestellte Sicherheit hierdurch freigeworden ist. Nichts anders gilt in dem Fall der Befriedigung 153

343 BR-Drs. 354/07 S. 132.

344 Bejahend OLG Hamm (27. Senat) ZinsO 2011, 1602; Verneinen OLG Hamm (8. Senat) ZinsO 2011, 820.

des Gläubigers nach der Eröffnung des Insolvenzverfahrens. Darum ist der **Gesellschafter entsprechend § 143 Abs. 3 InsO** zur Erstattung des an den Gläubiger ausgekehrten Betrages zur Insolvenzmasse verpflichtet.[345]

154 **d) Anspruch der Masse auf Nutzungsüberlassung. aa) Nutzungsanspruch.** Die insolvenzrechtlichen Regelungen über Verträge finden auf Nutzungsverhältnisse zwischen Gesellschaft und Gesellschafter grundsätzlich Anwendung. Wählt der Verwalter Erfüllung des Vertrages, ist der Gesellschafter zur Gebrauchsüberlassung verpflichtet. Fehlt es an einem wirksamen Nutzungsverhältnis oder beendet der Insolvenzverwalter den Vertrag, begründet § 135 Abs. 3 ein gesetzliches Schuldverhältnis zwischen der Masse und dem Gesellschafter.[346]

155 **aaa) Verpflichteter.** Der Gesetzgeber hat in Anlehnung an ein österreichisches Vorbild die Fallgruppe der eigenkapitalersetzenden Nutzungsüberlassung eigenständig und damit abweichend von dem in der bisherigen Rechtsprechung entwickelten Modell im Rahmen des § 135 Abs. 3 InsO rechtsformneutral für alle Gesellschaften ohne natürliche Person als persönlich haftenden Gesellschafter geregelt. Danach ist der (nicht nach § 39 Abs. 4 und 5 InsO privilegierte)Gesellschafter, ein ihm **gleichgestellter Dritter** (§ 39 Abs. 1 Nr. 5 InsO)[347] wie auch ein **Dritterwerber** des von dem Gesellschafter überlassenen Gegenstandes im Interesse sachgerechter Sanierungsbemühungen verpflichtet, seinen **Aussonderungsanspruch** (§ 47 InsO) während der Dauer des Insolvenzverfahrens, längstens aber für eine Frist von **einem Jahr** ab dessen Eröffnung, nicht geltend zu machen.

156 **bbb) Erhebliche Bedeutung des Gegenstandes.** Der Nutzungsanspruch ist nur gegeben, wenn der Gegenstand für die Fortführung des Unternehmens des Schuldners – was bei betrieblich genutzten Grundstücken regelmäßig anzunehmen ist, aber auch für bewegliche Sachen, Rechte und immaterielle Gegenstände gelten kann – von **erheblicher Bedeutung** (§ 21 Abs. 2 Satz 1 Nr. 5 InsO) ist.[348] Sie kann sich daraus ergeben, dass der Betriebsablauf ohne das Wirtschaftsgut tatsächlich oder wirtschaftlich erheblich beeinträchtigt oder gar unmöglich gemacht würde. Ferner muss hinzukommen, dass das Wirtschaftsgut zu dem gleichen (häufig ermäßigten; vgl. nachfolgend bb)) Entgelt von dritter Seite nicht erlangt werden kann. Entfällt die erhebliche Bedeutung vor Ablauf eines Jahres, ist der Gegenstand an den Gesellschafter herauszugeben. Die Bestimmung ist bei einer masselosen Insolvenz wie auch einer fehlenden Unternehmensfortführung begrifflich unanwendbar. Gleiches dürfte gelten, wenn es zu einer übertragenden Sanierung kommt.[349] Da die Vorschrift unab-

---

345 BGH, WM 2011, 2376.

346 *G. Fischer* in FS Wellensiek, 2011, S. 443, 445 f.

347 *Gehrlein,* BB 2011, 3, 9 f.; *G. Fischer* in FS Wellensiek, 2011, S. 443, 447.

348 *Wälzholz,* GmbHR 2008, 841, 848.

349 *Gehrlein,* BB 2011, 3, 9; *G. Fischer* in FS Wellensiek, 2011, S. 443, 447.

dingbar ist, kann sie nicht durch **vertragliche Lösungsklauseln**, wonach das Nutzungsverhältnis infolge der Insolvenz endet, umgangen werden.[350]

157 ccc) **Nutzungsverhältnis.** Die Nutzungsüberlassung kann auf **Miete**, **Pacht**, einem Leasing- oder Lizenzvertrag, aber auch auf unentgeltlicher Leihe oder einem **nicht rechtsgeschäftlichen Gefälligkeitsverhältnis** beruhen. Der Verwalter muss nicht die Höchstnutzungsdauer von einem Jahr voll ausschöpfen, ist aber zur Vermeidung von Schadensersatzansprüchen gehalten, den Gesellschafter auf eine beabsichtigte Nutzungsbeendigung hinzuweisen, sobald sich diese abzeichnet.[351] Die Bestimmung ist mangels einer Betriebsfortführung im Falle einer masselosen Insolvenz wie auch einer Insolvenzeröffnung ohne Fortsetzung des Unternehmens unanwendbar. Wegen der gehinderten Unternehmensfortsetzung gilt gleiches[352] im Fall einer Kollision mit zugunsten außenstehender Dritter bestellter **Grundpfandrechte**[353] und im Fall einer **Doppelinsolvenz** von Gesellschaft und Gesellschafter.[354] Die Rechtsfolgen des § 135 Abs. 3 InsO verwirklichen sich nur, wenn sich der Verwalter im Rahmen einer formfreien **einseitigen empfangsbedürftigen Willenserklärung** gegenüber dem Gesellschafter ausdrücklich darauf beruft. Der Verwalter hat analog § 103 Abs. 2 Satz 2 und 3 InsO auf Anfrage des Gesellschafters unverzüglich zu erklären, ob der die Rechte aus § 135 Abs. 3 InsO wahrnimmt.

158 bb) **Nutzungsentgelt.** Bis Ablauf der Jahresfrist hat der Gesellschafter die Gegenstände zu den vereinbarten Konditionen, aber im Unterschied zu den bisherigen Rechtsprechungsregeln **nicht unentgeltlich** dem Betrieb zur Verfügung zu stellen. Das für die Überlassung vereinbarte Entgelt bildet einschließlich der verabredeten Zahlungsmodalitäten für die nach der Verfahrenseröffnung liegenden Zeiträume eine **Masseverbindlichkeit** (§ 55 Abs. 1 Nr. 2 InsO), während vorherige Rückstände einfache, im Fall der Stundung sogar nach § 39 Abs. 1 Nr. 5 InsO nachrangige Forderungen darstellen. Damit statuiert die Vorschrift ein **gesetzliches, entgeltliches Nutzungsverhältnis** für den Zeitraum nach Insolvenzeröffnung.[355] War zwar eine bestimmte Vergütung vereinbart, diese aber nicht gezahlt worden, bemisst sich die Höhe nach dem im letzten Jahr vor der Insolvenzeröffnung – bei kürzer Überlassungsdauer während dieser Zeit – im **Durchschnitt** tatsächlich Geleisteten.[356] Nachzahlungen in Erwartung der alsbaldigen Verfahrenseröffnung bleiben außer Betracht. Abweichend vom Gesetzeswortlaut und in Einklang mit den sonstigen Anfechtungsnormen sollte auf den im letzten Jahr bis zum **Eröffnungsantrag** und nicht den im letzten Jahr bis zur Verfahrenseröffnung gezahlten Durchschnittsbetrag abgestellt

350 *Marotzke,* ZInsO 2008, 1281, 1283.
351 *Karsten Schmidt,* DB 2008, 1727, 1734.
352 *Fischer/Knees,* ZInsO 2009, 745.
353 BGHZ 140, 147, 152 ff.
354 BGH, NJW 2008, 2188, 2189 Rn. 12 ff.
355 *Karsten Schmidt,* DB 2008, 1727, 1733.
356 *Hirte,* ZInsO 2008, 689, 693.

werden, weil im Eröffnungsstadium regelmäßig keine Zahlungen erfolgen.[357] Bei der Berechnung der durchschnittlichen Vergütung sind solche Zahlungen nicht zu berücksichtigen, die der Verwalter angefochten hat.[358] Maßgeblich ist das Entgelt, das der Gesellschafter trotz der Insolvenzeröffnung behalten darf.[359] Abgesehen von § 135 Abs. 1 Nr. 2 InsO kommt in den letzten drei Monaten vor Antragstellung auch eine Anfechtung nach § 130 InsO in Betracht. Ernsthaft eingeforderte, aber verspätet geleistete Zahlungen können nach § 130 anfechtbar sein, wenn die Zahlung innerhalb des Drei-Monats-Zeitraums vor Antragstellung stattfand. Einer Anfechtung nach § 130 InsO kann bei pünktlicher Zahlung der Bargesschäftseinwand (§ 142 InsO) entgegenstehen. Trotz eines Bargeschäfts kann eine Vorsatzanfechtung (§ 133 Abs. 1 InsO) durchgreifen, wenn etwa ein deutlich überhöhtes Nutzungssentgelt gezahlt wird. Von dem Gesellschafter ohne Erfolg verlangte vereinbarte Zahlungen sind nicht zu berücksichtigen.[360] Falls der Gesellschafter tatsächlich die geschuldete Vergütung nicht verlangt hat, wird ihm zugemutet, den Gegenstand der Gesellschaft auch weiter unentgeltlich zu belassen. Außerdem hat die weitere Nutzung auch dann unentgeltlich zu erfolgen, wenn es sich von vornherein um ein unentgeltliches Nutzungsverhältnis –Leihe – gehandelt hat. Wegen der Verweisung des § 135 Abs. 4 auf § 39 Abs. 3 und 4 InsO gelten zugunsten des Gesellschafters das **Sanierungs- und Kleinbeteiligtenprivileg.** Tritt ein außenstehender Dritter infolge des Erwerbs eines Grundstücks von einem Gesellschafter als Vermieter in dessen Mietverhältnis mit seiner Gesellschaft ein, ist er nicht verpflichtet, der Gesellschaft das Grundstück auf der Grundlage von § 135 Abs. 3 InsO zur Nutzung zu überlassen, auch wenn der Verkäufer hierzu verpflichtet wäre.[361]

cc) **Rechtsfolgen für Vertragsverhältnis zwischen Gesellschafter und Gesellschaft.**

159 Auf den Überlassungsvertrag zwischen dem Gesellschafter und der Gesellschaft sind grundsätzlich §§ 103 ff. InsO anwendbar. Dabei ist zwischen Verträgen über **unbewegliche Sachen** und **sonstige Wirtschaftsgüter** zu unterscheiden: Nach § 109 Abs. 2 InsO besteht ein Mietverhältnis über **Immobilien** fort, sofern Grundstück oder Räumlichkeiten dem Schuldner vor Verfahrenseröffnung überlassen waren. In diesem Fall kann der Insolvenzverwalter die Erfüllung nicht nach § 103 InsO verweigern; das Nutzungsrecht des Verwalters beruht folglich auf dem Vertrag und nicht auf § 135 Abs. 3 InsO. Rückständige Nutzungsentgelte kann der Gesellschafter als Insolvenzgläubiger geltend machen (§ 108 Abs. 2 InsO); nachrangig im Sinne von § 39 Abs. 1 Nr. 5 InsO sind nur solche Entgeltforderungen, die der Gesellschafter darlehensgleich – faktisch gestundet – stehen gelassen hat. Die Entgeltansprüche des Vermieters bilden ab Insolvenzeröffnung Masseforderungen (§ 55 Abs. 2 Nr. 1, § 108

---

357 *Gehrlein,* BB 2011, 3, 9; *G. Fischer* in FS Wellensiek, 2011, S. 443, 447.
358 *Rühle,* ZIP 2009, 1358, 1362.
359 *G. Fischer* in FS Wellensiek, 2011, S. 443, 447.
360 *G. Fischer* in FS Wellensiek, 2011, S. 443, 448 f.
361 BGHZ 166, 125, 133.

InsO). Allerdings ist der Verwalter berechtigt, das Nutzungsverhältnis mit einer gesetzlichen Kündigungsfrist von drei Monaten zu kündigen (§ 109 Abs. 1 Satz 1 InsO). Aus der Insolvenzsituation als solcher kann ein **fristloses Kündigungsrecht** nicht hergeleitet werden.[362] Auch dem Gesellschafter als Vermieter ist ein auf die Insolvenz gestütztes außerordentliches Kündigungsrecht verwehrt (§ 112 InsO). Die an das frühere tatsächliche Entgelt angepasste Vergütungspflicht gilt vor allem dann, wenn der Insolvenzverwalter von dem **Sonderkündigungsrecht** des § 109 InsO Gebrauch macht, aber die Weiternutzung des Vermögensgegenstandes beansprucht. Handelt es sich um **bewegliche Sachen** oder **Rechte**, hat der Verwalter nach § 103 InsO die Erfüllungswahl. Entscheidet er sich für eine Erfüllung, gilt das Nutzungsverhältnis **einschließlich der Vergütungsvereinbarung** fort.[363] Lehnt der Verwalter die Erfüllung ab, kann der Gesellschafter als Vermieter, Verpächter, Leasing- oder Lizenzgeber den daraus folgenden Nichterfüllungsschaden als Insolvenzforderung beanspruchen (§ 103 Abs. 2 InsO). Selbst wenn der Verwalter Nichterfüllung wählt, kann er einer Aussonderung entgegentreten und die Rechte aus § 135 Abs. 3 InsO erheben. Dann tritt das **gesetzliche Nutzungsverhältnis** des § 135 Abs. 3 InsO an die Stelle des vertraglichen.

160 dd) **Beendigung des Nutzungsverhältnisses vor Insolvenz.** Ungeklärt ist, wie es sich rechtlich verhält, wenn das Nutzungsrecht vor Antragstellung – etwa durch den von § 181 BGB befreiten Alleingesellschafter/Geschäftsführer – beendet wird.[364] Hier könnte man an eine Anfechtung (§§ 130, 131, 133 InsO) der auf die Nutzungsbeendigung gerichteten Rechtshandlung denken;[365] erwogen wird auch, von den Gesellschafter einem Anspruch auf Wertersatz für den Entzug auf die Dauer eines Jahres zu unterwerfen.[366] Ferner dürfte § 135 Abs. 3 InsO zu Lasten eines (ehemaligen) Gesellschafters anzuwenden sein, der seine Geschäftsanteile innerhalb der Jahresfrist des § 135 Abs. 1 Nr. 2 InsO veräußert hat. Hat der Gesellschafter den Nutzungsgegenstand auf einen Dritten übertragen, dürfte dieser ebenfalls den Pflichten des § 135 Abs. 3 unterliegen, falls die Veräußerung innerhalb der Jahresfrist des § 135 Abs. 1 Nr. 2 InsO erfolgte.[367] Der Verweisung des § 135 Abs. 4 InsO auf § 39 Abs. 4 und 5 InsO, die **Umgehungen** gerade ausschließen sollen, ist nicht zu entnehmen, dass sich der Gesellschafter seiner Verpflichtung durch Übertragung des Vermögensgegenstandes auf Angehörige entziehen kann. Wirkt der **Geschäftsführer** an der vorzeitigen Beendigung des Nutzungsverhältnisses mit, kann er sich Schadensersatzpflichtig machen.

161 ee) **Nutzungsrecht bei Konkurrenz mit Drittansprüchen.** Im Eigenkapitalersatzrecht war anerkannt, dass das unentgeltliche Nutzungsrecht der Gesellschaft bzw. des Insolvenz-

362 *Karsten Schmidt,* DB 2008, 1727, 1733.
363 *Gehrlein,* BB 2011, 3, 9.
364 Vgl. *Gehrlein,* BB 2011, 3, 10.
365 *Rühle,* ZIP 2009, 1358, 1364; *Gruschinske,* GmbHR 2010, 179, 181 f.
366 *Karsten Schmidt,* DB 2008, 1727, 1733.
367 *Rühle,* ZIP 2009, 1358, 1364 f.

verwalters an einem mit einem Grundpfandrecht belasteten Grundstück des Gesellschafters mit dem Beschluss über die Anordnung der Zwangsverwaltung endet.[368] Dies hat auch für das Nutzungsrecht aus § 135 Abs. 3 InsO zu gelten, weil der Grundpfandrechtsgläubiger als außenstehender Dritter nicht verpflichtet sein kann, sich mit einem ermäßigten Entgelt zu begnügen. Allerdings steht dem Verwalter in dieser Lage ein Ausgleichsanspruch gegen den Gesellschafter zu. Im Fall einer **Doppelinsolvenz** über das Vermögen der Gesellschaft und des Gesellschafters endete die Wirkung einer eigenkapitalersetzenden Gebrauchsüberlassung nach bisheriger Rechtsprechung spätestens mit Ablauf des der Insolvenzeröffnung über das Vermögen des Schuldners nachfolgenden Kalendermonat. Der insoweit maßgebliche Gedanke, dass Gläubiger des Gesellschafters nicht den Eigenkapitalersatzregeln unterstehen, ist auch auf das neue Recht übertragbar. Da die Gesellschaft im Vergleich zum Eigenkapitalersatzrecht durch die Verpflichtung zur Zahlung einer Nutzungsvergütung ungünstiger gestellt wird, wäre es nicht einsichtig, ihr im Falle eines Zugriffs von Gesellschaftergläubigern auf ein Grundpfandrecht oder bei Eintritt der Gesellschafterinsolvenz mehr Rechte als unter dem früheren Rechtszustand zuzuerkennen.[369]

4. Einzelanfechtung

162 Einschlägige Vorschriften der Insolvenzordnung:

§ 6 Gesellschafterdarlehen

(1) Anfechtbar ist eine Rechtshandlung, die für die Forderung eines Gesellschafters auf Rückgewähr eines Darlehens im Sinne des § 39 Abs. 1 Nr. 5 der Insolvenzordnung oder für eine gleichgestellte Forderung

1. **Sicherung gewährt hat, wenn die Handlung in den letzten zehn Jahren vor Erlangung des vollstreckbaren Schuldtitels oder danach vorgenommen worden ist, oder**
2. **Befriedigung gewährt hat, wenn die Handlung im letzten Jahr vor Erlangung des vollstreckbaren Schuldtitels oder danach vorgenommen worden ist.**

Wurde ein Antrag auf Eröffnung eines Insolvenzverfahrens nach § 26 Abs. 1 der Insolvenzordnung abgewiesen, bevor der Gläubiger einen vollstreckbaren Schuldtitel erlangt hat, so beginnt die Anfechtungsfrist mit dem Antrag auf Eröffnung des Insolvenzverfahrens.

(2) Die Anfechtung ist ausgeschlossen, wenn nach dem Schluss des Jahres, in dem der Gläubiger den vollstreckbaren Schuldtitel erlangt hat, drei Jahre verstrichen sind. Wurde die Handlung später vorgenommen, so ist die Anfechtung drei Jahre nach dem Schluss des Jahres ausgeschlossen, in dem die Handlung vorgenommen worden ist.

---

368 BGHZ 140, 147.

369 *Gehrlein,* BB 2011, 1, 10.

163 Die Anfechtbarkeit der Befriedigung von Gesellschafterdarlehen ist in §§ 6, 6a AnfG neu geregelt worden. Bei der außerhalb eines Insolvenzverfahrens eingreifenden Anfechtbarkeit wird der Zeitpunkt, ab dem die Anfechtungsfrist von einem bzw. zehn Jahren zurückgerechnet wird, im Interesse des Gläubigers vorverlegt. Da der Gläubiger Zeit benötigt, um einen Titel gegen die Gesellschaft zu erwirken, und erst nach erfolgloser Vollstreckung gegen die Gesellschaft zur Anfechtung schreitet, knüpfen die Anfechtungsfristen an den **Zeitpunkt der Erlangung des vollstreckbaren Schuldtitels** gegen die Gesellschaft als Berechnungsbeginn und nicht mehr an die Geltendmachung der Anfechtung an (§ 6 Abs. 1 S. 1 AnfG). Wenn ein Antrag auf Eröffnung des Insolvenzverfahrens mangels Masse abgewiesen wurde, bevor der Gläubiger einen Schuldtitel erstritten hat, läuft die Frist gemäß § 6 Abs. 1 S. 2 AnfG in Angleichung an die Situation eines eröffneten Insolvenzverfahrens ab der **Antragstellung**. Jedoch bleibt es bei dem Zeitpunkt der Erlangung des Titels, wenn das Insolvenzverfahren erst danach eröffnet wurde.[370] Die Zeit, die der Gläubiger benötigt, um einen vollstreckbaren Titel zu erlangen oder ein mangels Masse erfolgloses Insolvenzverfahren zu betreiben, wird nicht in die Anfechtungsfrist eingerechnet. § 6 Abs. 2 AnfG sieht, nachdem die Anfechtungsfrist nicht mehr an den Zeitpunkt der Geltendmachung der Anfechtung gebunden ist, für die Ausübung der Anfechtung eine Ausschlussfrist von drei Jahren ab Erwirkung des Titels vor.[371] Die in § 135 InsO entwickelten Grundsätze – etwa zum Ausscheiden eines Gesellschafters oder der Abtretung des Darlehens – sind auf § 6 AnfG zu übertragen.

164

§ 6a Gesicherte Darlehen

Anfechtbar ist eine Rechtshandlung, mit der eine Gesellschaft einem Dritten für eine Forderung auf Rückgewähr eines Darlehens innerhalb der in § 6 Abs. 1 Satz 1 Nr. 2 und Satz 2 genannten Fristen Befriedigung gewährt hat, wenn ein Gesellschafter für die Forderung eine Sicherheit bestellt hatte oder als Bürge haftete; dies gilt sinngemäß für Leistungen auf Forderungen, die einem Darlehen wirtschaftlich entsprechen. § 39 Abs. 4 und 5 der Insolvenzordnung und § 6 Abs. 2 gelten entsprechend.

165 Mit Hilfe von § 6a AnfG wird die Regelung des § 135 Abs. 2 InsO über die Bestellung einer Sicherheit in das Anfechtungsgesetz übernommen.[372] Das Kleinbeteiligtenprivileg dürfte auch im Rahmen dieser Vorschrift gelten. In diesen Fällen hat nach § 11 AnfG der Gesellschafter die Vollstreckung zu dulden oder den als Sicherung verwendeten Gegenstand dem Gläubiger zur Verfügung zu stellen.

---

370 BR-Drs. 354/07 S. 133.
371 BR-Drs. 354/07 S. 133.
372 BR-Drs. 354/07 S. 134.

§ 64 Haftung für Zahlungen nach Zahlungsunfähigkeit oder Überschuldung

[1]Die Geschäftsführer sind der Gesellschaft zum Ersatz von Zahlungen verpflichtet, die nach Eintritt der Zahlungsunfähigkeit der Gesellschaft oder nach Feststellung ihrer Überschuldung geleistet werden. [2]Dies gilt nicht von Zahlungen, die auch nach diesem Zeitpunkt mit der Sorgfalt eines ordentlichen Geschäftsmanns vereinbar sind. [3]Die gleiche Verpflichtung trifft die Geschäftsführer für Zahlungen an Gesellschafter, soweit diese zur Zahlungsunfähigkeit der Gesellschaft führen mussten, es sei denn, dies war auch bei Beachtung der in Satz 2 bezeichneten Sorgfalt nicht erkennbar. [4]Auf den Ersatzanspruch finden die Bestimmungen in § 43 Abs. 3 und 4 entsprechende Anwendung.

Übersicht Rdn.

Schrifttum

Altmeppen/Wilhelm, Quotenschaden, Individualschaden und Klagebefugnis bei der Verschleppung des Insolvenzverfahrens über das Vermögen der GmbH, NJW 1999, 673; *Arends/Möller*, Aktuelle Rechtsprechung zur Geschäftsführer-Haftung in Krise und Insolvenz der GmbH, GmbHR 2008, 169; *Böcker/Poertzgen*, Kausalität und Verschulden beim künftigen § 64 Satz 3 GmbHG, WM 2007, 1203; *Bork*, Grundtendenzen des Insolvenzanfechtungsrechts, ZIP 2008, 1041; *Bork*, Pflichten der Geschäftsführung in Krise und Sanierung, ZIP 2011, 101; *Cahn*, Das Zahlungsverbot nach § 92 Abs. 2 Satz 3 AktG – aktien- und konzernrechtliche Aspekte des neuen Liquiditätsschutzes, Der Konzern 2009, 7; *Commandeur/Frings*, Zahlungen des GmbH-Geschäftsführers von debitorisch geführten Konten, NZG 2010, 613; *Dahl/Schmitz*, Probleme von Überschuldung und Zahlungsunfähigkeit FMStG und MoMiG, NZG 2009, 567; *Desch/Bunnemann*, Anmerkung zu OLG München, Urt. v. 6.05.2010, Az. 23 U 1564/10, BB 2010, 1881; *Fleck*, Zur Haftung des GmbH-Geschäftsführers, GmbHR 1974, 224; *Flume*, Die Haftung des GmbH-Geschäftsführers bei Geschäften nach Konkursreife der GmbH, ZIP 1994, 337; *Gehrlein*, Die Behandlung von Gesellschaftsdarlehen durch das MoMiG, BB 2008, 846; *Giedinghagen/Göb*, Anmerkungen zu BGH, Urteil vom 25.1.2011 – II ZR 16/09, EWiR 2011, 257; *Greulich/Bunnemann*, Geschäftsführerhaftung für zur Zahlungsunfähigkeit führende Zahlungen an die Gesellschafter nach § 64 II 3 GmbHG-RefE – Solvenztest im deutschen Recht, NZG 2006, 681; *Greulich/Rau*, Zur partiellen Insolvenzverursachungshaftung des GmbH-Geschäftsführers nach § 64 S 3 GmbHG-RegE, NZG 2008, 284 ; *Greulich/Rau*, Zur Insolvenzverursachungshaftung des Geschäftsleiters einer Auslandsgesellschaft mit Inlandsverwaltungssitz, NZG 2008, 565; *Haas*, Aktuelle Fragen zur Krisenhaftung des GmbH-Geschäftsführers nach § 64 GmbHG, GmbHR 2010, 1; *Haas*, Gewährt die Haftungsnorm in § 64 Satz 3 GmbHG ein Leistungsverweigerungsrecht?, DStR 2010, 1991; *Hölzle*, Gesellschafterfremdfinanzierung und Kapitalerhaltung im Regierungsentwurf des MoMiG, GmbHR 2007, 729; *Jordan*, Gläubigerschutz in der kapitallosen Gesellschaft, Diss. 2010; *Kiefner/Langen*, Massesicherungspflicht und Versagen des Überwachungsorgans – Zum Haftungsgefälle zwischen obligatorischem und fakultativem Aufsichtsrat, NJW 2011, 192; *Knof*, Die neue Insolvenzverursachungshaftung nach § 64 Satz 3 RegE-GmbHG, DStR 2007, 1536; *Knof*, Die neue Insolvenzverursachungshaftung nach § 64 Satz 3 RegE-GmbHG (Teil II), DStR 2007, 1580; *Poertzgen*, Geschäftsführerhaftung aus § 64 Satz 1 GmbHG – Anwendungspraxis und rechtspolitische Kritik, ZInsO 2011, 305; *Poertzgen*, Die künftige Insolvenzverschleppungshaftung nach dem MoMiG, GmbHR 2007, 1258; *Poertzgen*, Neues zur Insolvenzverschleppungshaftung – der Regierungsentwurf des MoMiG, NZI 2008, 9; *Poertzgen*, Organhaftung wegen Insolvenzverschleppung, 2006; *Ringe/Willemer*, Zur Anwendung von § 64 GmbHG auf eine englische Limited, NZG 2010, 56; *K. Schmidt*, Aufsichtsratshaftung bei Insolvenzverschleppung – Das »Doberlug«-Urteil des BGH vom 20.9.2010 als neues Zeugnis eines unausgereiften Haftungskonzepts, GmbHR 2010, 1319; *K. Schmidt*, Reform der Kapitalsicherung und Haftung in der Krise nach dem Regierungsentwurf des

MoMiG, GmbHR 2007, 1072; *K. Schmidt*, Debitorisches Bankkonto und Insolvenzverschleppungshaftung – Ist Geben seliger denn Nehmen?, ZIP 2008, 1401; *Schön*, GmbH-Geschäftsführerhaftung für Steuerschulden – zur Konkurrenz zwischen dem Fiskus und den privatrechtlichen Gläubigern einer GmbH, FS Westermann, 2006, S. 1469; *Schulze-Osterloh*, Grenzen des Gläubigerschutzes bei fahrlässiger Konkursverschleppung, AG 1984, 141; *Schulze-Osterloh*, Zahlungen nach Eintritt der Insolvenzreife (§ 64 Abs. 2 GmbHG; §§ 92 Abs. 3, 93 Abs. 3 Nr. 6 AktG), FS Bezzenberger, 2000, S. 415; *Spliedt*, MoMiG in der Insolvenz – ein Sanierungsversuch, ZIP 2009, 149; *Strohn*, Existenzvernichtungshaftung, §§ 30, 31, 43 GmbHG und § 64 S. 3 GmbHG – Koordinierungbedarf?, ZHR 173 (2009), 589; *Strohn*, Faktische Organe – Rechte, Pflichten, Haftung; *Theiselmann/Redeker*, Die Geschäftsführer-Haftung für Zahlungen nach Insolvenzreife, GmbHR 2008, 961; *Weiß*, Strafbarkeit der Geschäftsführer wegen Untreue bei Zahlungen »entgegen« § 64 GmbHG?, GmbHR 2011, 350; *Winstel/Skauradszun*, Zahlungen an mehrere Gesellschafter in der Krise – Verteilungsmaßstäbe im Rahmen des § 64 S. 3 GmbHG –, GmbHR 2011, 185.

A. Überblick

I. Inhalt, Geschichte

1 Die Vorschrift normiert zwei Geschäftsführerhaftungstatbestände für Zahlungen der Gesellschaft im zeitlichen Zusammenhang mit der Verwirklichung der materiellen Insolvenztatbestände der Zahlungsunfähigkeit (§ 17 InsO) und der Überschuldung (§ 18 InsO). Satz 1 betrifft Zahlungen, die nach Verwirklichung dieser Insolvenztatbestände geleistet werden. Satz 3 enthält einen separaten Haftungstatbestand, der an Zahlungen anknüpft, die zeitlich vor der Verwirklichung der genannten Insolvenztatbestände liegen können, aber die Insolvenz in gewisser Weise (mit-)verursacht haben. Während Satz 1 Zahlungen an jegliche Dritte erfasst, gilt Satz 3 nur für Zahlungen an Gesellschafter. Für beide Haftungstatbestände erklärt Satz 4 Vorschriften des § 43 Abs. 3 und 4 über Verzicht und Verjährung der Ansprüche sowie über Weisungen der Gesellschafter als Grund für die Zahlungen für anwendbar.

2 Die jetzige Fassung des § 64 galt abgesehen von Satz 3 von 1892 bis zum 31.10.2008 (MoMiG[1]) als Abs. 2 des § 64 a.F.[2] Satz 3 wurde durch das MoMiG neu eingefügt. Die vormals in Abs. 1 geregelte Insolvenzantragspflicht der Geschäftsführer ist nun rechtsformübergreifend in § 15a InsO geregelt.[3]

1 Gesetz zur Modernisierung des GmbH-Rechts und zur Bekämpfung von Missbräuchen (MoMiG) vom 23. Oktober 2008, BGBl. I, S. 2026.

2 Vgl. *K. Schmidt*, in: Scholz, GmbHG, § 64 Rn. 1.

3 Vgl. auch RegBegr. MoMiG, BT-Drs. 16/6140, S. 55.

II. Normzweck, Systematik, Andere Anspruchsgrundlagen

3 Satzes 1 bezweckt unmittelbar den Gläubigerschutz.[4] Die Anspruchsberechtigung der Gesellschaft ist nur technisches Vehikel.[5] Zur Erreichung des Gläubigerschutzes zielt § 64 auf Masseerhaltung bzw. –sicherung durch haftungsbedingte Verhaltensanreize für die Verantwortlichen der Gesellschaft.[6] Die Gleichbehandlung der Gläubiger ist kein selbständiger Schutzzweck[7], aus dem Rückschlüsse für Tatbestand und Rechtsfolge hergeleitet werden könnten, sondern lediglich allgemeines Ziel der insolvenzrechtlichen Normen (§ 1 InsO).[8] Auch Satz 3 dient unmittelbar dem Gläubigerschutz[9], bedient sich dazu aber anders als Satz 1 des Konzepts eines Liquiditätsschutzes zugunsten der »außenstehenden« Gläubiger. Der Tatbestand ist auf die Verursachung der Zahlungsunfähigkeit durch Zahlungen speziell an Gesellschafter beschränkt. Eine echte Insolvenzverursachungshaftung[10] und damit eine Haftung für Handlungen im Vorfeld[11] materieller Insolvenz ergibt sich daraus im praktischen Ergebnis nur, wenn bei entsprechenden Zahlungen noch keine Überschuldung vorliegt.[12] Die vorrangige Befriedigung der Gläubiger[13] vor den Gesellschaftern ist kein eigenständiger Zweck des Satzes 3, sondern Reflex des Ziels der Verhinderung von Zahlungen an die Gesellschafter.[14]

4 Die Haftung nach Satz 1 steht in engem zeitlich-sachlichen Zusammenhang zur sog. Insolvenzverschleppungshaftung auf der Grundlage der Antragspflicht des § 15a InsO als Schutzgesetz i.S.d. § 823 Abs. 2 BGB (dazu ausführlich Vor § 64 Rdn. 65). Nach BGH und h.M. handelt es sich dabei systematisch um der Art nach verschie-

4 Vgl. BGH, GmbHR 2009, 654, 655; BGH, GmbHR 2000, 182, 183; *K. Schmidt*, in: Scholz, GmbHG, § 64 Rn. 6;

5 Anders *Altmeppen/Wilhelm*, NJW 1999, 673, 678 u. 681, die daraus wohl einen primären Schutz der Gesellschaft und nur einen mittelbaren Schutz der Gläubiger herleiten.

6 Vgl. *Haas*, in: Baumbach/Hueck, GmbHG, § 64 Rn. 1.

7 Unklar der BGH, vgl. BGH, ZIP 2008, 747, 748. A.A wohl *Casper*, in: Ulmer/Habersack/Winter, GmbHG, Ergänzungsband MoMiG, § 64 Rn. 4.

8 Näher dazu *K. Schmidt*, in: Scholz, GmbHG, § 64 Rn. 6.

9 *Casper*, in: Ulmer/Habersack/Winter, GmbHG, Ergänzungsband MoMiG, § 64 Rn. 110.

10 *Casper*, in: Ulmer/Habersack/Winter, GmbHG, Ergänzungsband MoMiG, § 64 Rn. 110.

11 *K. Schmidt*, in: Scholz, GmbHG, § 64 Rn. 66; *Casper*, in: Ulmer/Habersack/Winter, GmbHG, Ergänzungsband MoMiG, § 64 Rn. 110.

12 Praktisch tritt Zahlungsunfähigkeit häufig erst ein, wenn die Gesellschaft bereits überschuldet ist, also materielle Insolvenz nach § 19 InsO vorliegt, vgl. Vor § 64 Rn. 18. Siehe auch *Strohn*, ZHR 173 (2009), 589, 590f.

13 Vgl. *Haas*, in: Baumbach/Hueck, GmbHG, § 64 Rn. 2, der dies aus einer Übertragung der Wertung des § 199 Satz 2 InsO ableitet.

14 Kritisch dazu auch *Casper*, in: Ulmer/Habersack/Winter, GmbHG, Ergänzungsband MoMiG, § 64 Rn. 110.

dene Haftungstatbestände.[15] Satz 1 ist ein Ersatzanspruch eigener Art[16] und nicht deliktsrechtlicher[17] oder schadensersatzrechtlicher[18] Natur.[19] § 830 BGB findet deshalb keine Anwendung.[20] Inhalt und Umfang der Ersatzpflicht werden nicht auf einen Gesamtgläubigerschaden begrenzt, sondern sind weitergehend grundsätzlich an der vollumfänglichen Wiederauffüllung der durch den zahlungsbedingten Vermögensabfluss geschmälerten Masse ausgerichtet.[21] Dem ist zuzustimmen. Während der Haftung für die Verletzung der Insolvenzantragspflicht eine zeitlich-verfahrensrechtliche Perspektive zugrunde liegt, hat Satz 1 eine gegenständliche Perspektive bezogen auf die konkreten Zahlungen. Weitere Ersatzansprüche gegen Geschäftsführer im Zusammenhang mit der Insolvenz können sich neben § 64[22] insbesondere aus § 43 Abs. 2[23], aus §§ 280 Abs. 1, 311 Abs. 3 BGB sowie §§ 823 Abs. 2 BGB i.V.m. § 263 StGB bzw. anderweitigen Schutzgesetzen wie z.B. §§ 82 Abs. 2 Nr. 2, 265b StGB, §§ 331 ff. HGB, § 15a Abs. 4 InsO[24], aus § 826 BGB[25] und aus § 823 Abs. 1 BGB

15 Vgl. BGH, NJW 1994, 2220, 2223; *Haas*, in: Baumbach/Hueck, GmbHG, § 64 Rn. 7; *Kleindiek*, in: Lutter/Hommelhoff, GmbHG, § 64 Rn. 4. Ebenso auch zu § 130a Abs. 2 HGB, obwohl dieser von »Ersatz des entstandenen Schadens« spricht, BGH, GmbHR 2007, 936, 937. Vgl. auch *Casper*, in: Ulmer/Habersack/Winter, GmbHG, Ergänzungsband MoMiG, § 64 Rn. 7: Bestätigung der Sichtweise durch die Verschiebung der Insolvenzantragspflicht von § 64 Abs. 1 a.F. in § 15a InsO. A.A. *K. Schmidt*, in: Scholz, GmbHG, § 64 Rn. 10, 14: Einheitlicher Tatbestand der Insolvenzverschleppungshaftung aus §§ 823 Abs, 2 BGB, 15a InsO und § 64 als deliktischer Schadensersatzanspruch. Wiederum anders *Altmeppen*, in: Roth/Altmeppen, GmbHG, § 64 Rn. 26, der den Schutzgesetzcharakter der Insolvenzantragspflicht (§ 15a InsO) in Abrede stellt und in § 64 Satz 1 auch die Haftung wegen Insolvenzverschleppung einheitlich verankert sieht. Zur Frage, ob § 64 neben §§ 823 Abs. 2 BGB, 15a InsO entbehrlich ist, vgl. *Haas*, in: Baumbach/Hueck, GmbHG, § 64 Rn. 110: nicht entbehrlich; *Poertzgen*, NZI 2008, 9, 12: entbehrlich. Vgl. auch *Poertzgen*, ZInsO 2011, 305, 311 ff.

16 BGH, NJW 1974, 1088, 1089.

17 BGH, GmbHR 2008, 702, 703.

18 BGH, GmbHR 2007, 596, 597.

19 Vgl. *Haas*, in: Baumbach/Hueck, GmbHG, § 64 Rn. 7.

20 BGH, GmbHR 2008, 702, 703; *Casper*, in: Ulmer/Habersack/Winter, GmbHG, Ergänzungsband MoMiG, § 64 Rn. 80; *Haas*, in: Baumbach/Hueck, GmbHG, § 64 Rn. 7 u. 8. Im Ergebnis, aber von seinem Standpunkt aus mit anderer Begründung, ebenso *K. Schmidt*, in: Scholz, GmbHG, § 64 Rn. 44: Beweiserleichterung des § 64 komme nur den Geschäftsführern zugute.

21 A.A. *K. Schmidt*, in: Scholz, GmbHG, § 64 Rn. 10: Ausgleich nur der Quotenverringerung, die durch Insolvenzverschleppung entstanden ist.

22 *Haas*, in: Baumbach/Hueck, GmbHG, § 64 Rn. 159.

23 Wegen Unterlassens erfolgversprechender Sanierungs- und Restrukturierungsmaßnahmen, dazu Vor § 64 Rn. 64. Allgemein zu den Pflichten der Geschäftsführung in der Krise *Bork*, ZIP 2011, 101, 101 ff.

24 *Haas*, in: Baumbach/Hueck, GmbHG, § 64 Rn. 155.

25 Unterlassen der Aufklärung über die »Krisensituation«, vgl. insbesondere zur Haftung gegenüber der Arbeitsverwaltung BGH, GmbHR 2008, 315, 316; BAG, GmbHR 1998, 1221, 1225.

wegen Beeinträchtigung der Positionen von Sicherungsnehmern der Gesellschaft[26] oder wegen verfrühter Antragstellung[27] ergeben. Auch der Straftatbestand der Untreue (§ 266 StGB) kann nach einer Ansicht bei Verstoß gegen § 64 GmbHG verwirklicht sein.[28]

5 Satz 3 führt im Ergebnis zu einer Ausschüttungssperre im Vorfeld materieller Insolvenz und weist insoweit Ähnlichkeiten zu § 30 Abs. 1 auf.[29] Die dortige bilanzielle, auf das Stammkapital bezogene Betrachtungsweise wird durch die hier maßgebliche Betrachtung der Solvenz bzw. Liquidität ergänzt.[30] Zudem bestehen Ähnlichkeiten zur angelsächsischen Figur des *solvency test*[31] sowie zur deutschen Figur des *existenzvernichtenden Eingriffs*.[32] Anders als §§ 30, 31 oder die Existentvernichtungshaftung trifft die Haftung aus Satz 3 nur die Geschäftsführer.[33] In Satz 3 wird zudem eine Vorverlagerung des Zahlungsverbots aus Satz 1[34] sowie eine Ergänzung der Insolvenzanfechtungstatbestände insbesondere des im Einzelfall häufig wegen seiner zeitlichen und subjektiven Voraussetzungen nicht eingreifenden § 135 InsO[35] gesehen. Im Ergebnis kann Satz 3 zur zeitlichen Vorverlagerung der Wertung des insolvenzrechtlichen Nachrangs von Gesellschafterdarlehen (§ 39 Abs. 1 Nr. 5 InsO) und zu einem entsprechenden Zahlungsverbot im vorinsolvenzlichen Bereich führen, obwohl seit dem MoMiG nach § 30 wegen dessen Abs. 1 Satz 3 n.F. allgemein keine Besonderheiten mehr für Gesellschafterdarlehen gelten.[36]

---

26 *Haas*, in: Baumbach/Hueck, GmbHG, § 64 Rn. 157.

27 Vgl. zu Eingriffen in die Mitgliedschaft BGH, MDR 1990, 901, 903; OLG München, ZIP 1990, 1552, 1553.

28 Vgl. dazu *Weiß*, GmbHR 2011, 350, 358.

29 *K. Schmidt*, in: Scholz, GmbHG, § 64 Rn. 64. Vgl. zu den allgemeinen Grundlagen den Überblick bei *Jordan*, S. 139 ff.

30 RegE MoMiG, BT-Drs. 16/6140, S. 46; *Haas*, in: Baumbach/Hueck, GmbHG, § 64 Rn. 2.

31 RegE MoMiG, BT-Drs. 16/6140, S. 46; *K. Schmidt*, in: Scholz, GmbHG, § 64 Rn. 65; *K. Schmidt*, GmbHR 2007, 1072, 1079. Eine unbesehene Übertragung dürfte aber nicht möglich sein, sondern eine eigenständige Entwicklung auf der Grundlage des Sorgfaltsmaßstabs des Satzes 2 maßgeblich sein, vgl. *Casper*, in: Ulmer/Habersack/Winter, GmbHG, Ergänzungsband MoMiG, § 64 Rn. 111.

32 RegE MoMiG, BT-Drs. 16/6140, S. 46; vgl. auch *Casper*, in: Ulmer/Habersack/Winter, GmbHG, Ergänzungsband MoMiG, § 64 Rn. 111.

33 Dazu *K. Schmidt*, in: Scholz, GmbHG, § 64 Rn. 67: deshalb sei der Hinweis der Regierungsbegründung, Satz 3 enthalte keine abschließende Regelung der Existenzvernichtungshaftung, überflüssig.

34 *Haas*, in: Baumbach/Hueck, GmbHG, § 64 Rn. 2; hingegen sieht *K. Schmidt*, in: Scholz, GmbHG, § 64 Rn. 15 u. 64 ff. darin wegen seiner Ansicht zu Satz 1, darin sei kein Zahlungsverbot enthalten, zwar keine Vorverlagerung, erkennt aber in Satz 3 ebenfalls ein Zahlungsverbot und nimmt die Haftung nach Satz 3 damit aus dem von ihm befürworteten einheitlichen Haftungstatbestand einer Insolvenzverschleppungshaftung heraus.

35 Begr. RegE MoMiG, BT-Drs. 16/6140, S. 46. Dazu *K. Schmidt*, in: Scholz, GmbHG, § 64 Rn. 65.

36 Vgl. *Gehrlein*, BB 2008, 846, 849.

6 Satz 1 beinhaltet ein selbständiges Zahlungsverbot ab Eintritt materieller Insolvenz (§§ 17, 19 InsO).[37] Satz 3 statuiert ebenfalls ein Zahlungsverbot, allerdings nicht im Sinne der Vertiefung materieller Insolvenz, sondern im Sinne der Verursachung von Zahlungsunfähigkeit.[38]

III. Anwendungsbereich

7 Der für jede GmbH einschließlich der UG (haftungsbeschränkt) geltende § 64 wird in § 71 Abs. 4[39] sowie über § 71 Abs. 4 auch in den Fällen der §§ 75, 77 in Bezug genommen. Nach wohl überwiegender Ansicht gilt die Vorschrift auch für die Vor-GmbH.[40] Weder § 19 InsO noch § 64 gelten für die Vorgründungsgesellschaft.[41] Keine Anwendung findet die Vorschrift auf den Verein.[42] Nach h.M. stellen die Sätze 1 und 3 materielles Insolvenzrecht dar und gelten auf nach ausländischem Recht gegründete Gesellschaften mit Verwaltungssitz im Inland[43], nicht aber für inländische Zweigniederlassungen einer ausländischen Hauptniederlassung.[44]

8 In zeitlicher Hinsicht gilt das Zahlungsverbot nach Satz 1 ab Eintritt der Überschuldung oder Zahlungsunfähigkeit[45], auch bereits vor Ablauf der 3-Wochenfrist des § 15a InsO[46], und über den Zeitpunkt einer Insolvenzantragstellung hinaus bis zur Eröffnung des Insolvenzverfahrens.[47] Mit Verfahrenseröffnung gelten die Regeln des

---

37 BGH, Urteil v. 25.1.2011 – II ZR 196/09, juris Rn. 13; BGH, GmbHR 2010, 1200, 1202; *Haas*, in: Baumbach/Hueck, GmbHG, § 64 Rn. 60; vgl. dazu auch *K. Schmidt*, in: Scholz, GmbHG, § 64 Rn. 8.

38 *K. Schmidt*, in: Scholz, GmbHG, § 64 Rn. 64.

39 Vgl. *Haas*, in: Baumbach/Hueck, GmbHG, § 64 Rn. 16.

40 *Haas*, in: Baumbach/Hueck, GmbHG, § 64 Rn. 16; *Nerlich*, in: Michalski, GmbHG, § 64 Rn. 4. Zur Geltung des Insolvenzgrundes der Überschuldung vgl. *Haas*, in: Baumbach/Hueck, GmbHG, § 64 Rn. 16.

41 *Casper*, in: Ulmer/Habersack/Winter, GmbHG, Ergänzungsband MoMiG, § 64 Rn. 32; *Haas*, in: Baumbach/Hueck, GmbHG, § 64 Rn. 16.

42 BGH, DStR 2010, 1143, 1144; *Altmeppen*, in: Roth/Altmeppen, GmbHG, § 64 Rn. 5.

43 RegE MoMiG, BT-Drs. 16/6140, S. 47; KG, GmbHR 2010, 99, 100; *Casper*, in: Ulmer/Habersack/Winter, GmbHG, Ergänzungsband MoMiG, § 64 Rn. 35; *Haas*, in: Baumbach/Hueck, GmbHG, § 64 Rn. 21 u. 23; einschränkend *Greulich/Rau*, NZG 2008, 565, 569 zur Ltd.; ebenso, aber mit anderer Begründung *Altmeppen*, in: Roth/Altmeppen, GmbHG, § 64 Rn. 5: nicht disponibles Gläubigerschutzrecht. Anders bzgl. Satz 1 dagegen *Ringe/Willemer*, NZG 2010, 56, 57. Zu Satz 2 a.A. *K. Schmidt*, in: Scholz, GmbHG, § 64 Rn. 66, da wegen Bezug zu § 30 genuines Gesellschaftsrecht.

44 *Casper*, in: Ulmer/Habersack/Winter, GmbHG, Ergänzungsband MoMiG, § 64 Rn. 36.

45 BGH, GmbHR 2009, 654, 655.

46 BGH, GmbHR 2009, 654, 655; *Haas*, in: Baumbach/Hueck, GmbHG, § 64 Rn. 67; a.A. *Theiselmann/Redeker*, GmbHR 2008, 961, 964.

47 *Haas*, in: Baumbach/Hueck, GmbHG, § 64 Rn. 110; a.A. wohl *Kleindiek*, in: Lutter/Hommelhoff, GmbHG, § Anh 64 Rn. 61: bis zur Antragstellung.

Insolvenzverfahrens, auch für den Fall der Eigenverwaltung.[48] Erlässt das Insolvenzgericht vor Insolvenzeröffnung Maßnahmen nach § 21 Abs. 2 Satz 1 Nr. 2 InsO, endet die Anwendbarkeit des § 64 insoweit bereits in diesem Zeitpunkt. Bei Satz 3 besteht die Besonderheit, dass er bereits im Vorfeld materieller Insolvenz und darüber hinaus (Überschuldung) solange eingreifen kann, wie noch keine Zahlungsunfähigkeit eingetreten ist.

B. Haftung nach § 64 Satz 1 u. 2

I. Geschäftsführer

9 Haftungsadressaten und damit Schuldner des Erstattungsanspruchs aus Satz 1 sind die Geschäftsführer und im Fall des § 71 Abs. 4 die Liquidatoren. Daneben trifft die Haftung auch sog. faktische Geschäftsführer.[49] Wegen der eigenständigen Bedeutung des § 64 können aus § 15a InsO keine Erweiterungen abgeleitet werden.[50] Insbesondere Gesellschafter, Mitglieder eines Aufsichts- oder Beirats oder Prokuristen sind daher ohne Weiteres keine Haftungsadressaten.[51] Dies gilt für Gesellschafter auch im Fall der Führungslosigkeit.[52] Insbesondere Aufsichts- und ggf. Beiratsmitglieder können aber aufgrund der Verletzung ihrer eigenen Überwachungspflicht im Zusammenhang mit der Insolvenz haften.[53] Die Haftung der Mitglieder eines fakultativen Aufsichtsrats setzt allerdings anders als § 64 einen Schaden der Gesellschaft voraus, der noch nicht bei bloßer Minderung der Insolvenzmasse und damit in der Regel nicht vorliegt.[54] Eine Haftung nach den Grundsätzen der Teilnahme scheidet mangels Anwendbarkeit des § 830 BGB aus (Rdn. 4).

---

48 Vgl. *Haas*, in: Baumbach/Hueck, GmbHG, § 64 Rn. 67. Anders OLG Hamm, ZIP 1980, 280, 281.

49 Vgl. BGH, GmbHR 2008, 702, 703; *Kleindiek*, in: Lutter/Hommelhoff, GmbHG, § 64 Rn. 6; *Haas*, in: Baumbach/Hueck, GmbHG, § 64 Rn. 9; ausführlich *Strohn*, DB 2011, 158, 158 ff. Zur restriktiven Handhabung der Figur des faktischen Geschäftsführers vgl. OLG München, BKR 2010, 505, 507 f.

50 Anders *Haas*, in: Baumbach/Hueck, GmbHG, § 64 Rn. 9 aE mit 169, der eine Erstreckung über natürliche Personen hinaus auf Personenmehrheiten befürwortet.

51 *Kleindiek*, in: Lutter/Hommelhoff, GmbHG, § 64 Rn. 6; *Haas*, in: Baumbach/Hueck, GmbHG, § 64 Rn. 8.

52 *Kleindiek*, in: Lutter/Hommelhoff, GmbHG, § 64 Rn. 6; vgl. auch *Poertzgen*, NZI 2008, 9, 11; a.A. *Haas*, in: Baumbach/Hueck, GmbHG, § 64 Rn. 8; *K. Schmidt*, in: Scholz, GmbHG, § 64 Rn. 44.

53 Vgl. § 52 GmbHG, §§ 116, 93 AktG, vgl. auch *Kleindiek*, in: Lutter/Hommelhoff, GmbHG, § 64 Rn. 6.

54 BGH, NJW 2011, 221, 222 (*Doberlug*); kritisch dazu mit Blick auf das Haftungskonzept des § 64 insgesamt *K. Schmidt*, GmbHR 2010, 1319, 1321. Vgl. auch *Kiefner/Langen*, NJW 2011, 192, 196, die zudem innerhalb des obligatorischen Aufsichtsrats zwischen paritätischer und Drittelmitbestimmung differenzieren und bei letzterer den Verweis auf §§ 116, 93 AktG teleologisch reduzieren und § 93 Abs. 3 Nr. 6 AktG ausnehmen wollen.

10 Sind mehrere Geschäftsführer bestellt, sind sie ungeachtet einer etwaigen internen Ressortverteilung und etwaiger Vertretungsregelungen jeweils einzeln nach § 64 verantwortlich.[55] Entscheidend ist die formale Geschäftsführerposition, auf den Grund der Übernahme des Amtes kommt es nicht an.[56] Sachlich muss dem in Anspruch Genommenen die konkrete Zahlung aufgrund einer Veranlassung oder pflichtwidrigen Unterlassung durch ihn zurechenbar sein.[57] Ist ein Anspruch einmal entstanden, kann er nicht mehr durch Amtsniederlegung beseitigt werden.[58]

II. Zurechenbar geleistete Zahlungen

1. Definition

11 Der Begriff der »Zahlungen« wird untechnisch verstanden und nach Maßgabe des Normzwecks weit ausgelegt.[59] Satz 1 dient der Masseerhaltung und –sicherung im Stadium materieller Insolvenz. Daher wird unter Zahlung allgemein jede die Masse schmälernde Vermögensleistung aus dem Gesellschaftsvermögen verstanden.[60] Für den Tatbestand der Zahlung als solchen ist irrelevant, ob eine Verpflichtung zur Vornahme der Zahlung bestand und aus welchen Motiven sie sonst vorgenommen wurde.[61]

2. Geschütztes Gesellschaftsvermögen

12 Eine Zahlung setzt die Betroffenheit des geschützten Gesellschaftsvermögens voraus. Dieses kann unter Rückgriff auf die Grundsätze des § 35 InsO bestimmt werden.[62] Zahlungen aus echten Drittmitteln[63] sind ebenso unschädlich wie die Herausgabe von Vermögensgegenständen, für die in der Insolvenz ein Aussonderungsrecht besteht.[64] Deshalb ist die Weggabe eines Treugutes an den aussonderungsberechtig-

---

55 BGH, GmbHR 1994, 460, 461; *Haas*, in: Baumbach/Hueck, GmbHG, § 64 Rn. 8.

56 *Haas*, in: Baumbach/Hueck, GmbHG, § 64 Rn. 8.

57 BGH, GmbHR 2009, 937, 938 zu § 130a Abs. 2 HGB; *Kleindiek*, in: Lutter/Hommelhoff, GmbHG, § 64 Rn. 6; *Haas*, in: Baumbach/Hueck, GmbHG, § 64 Rn. 63.

58 Vgl. *Nerlich*, in: Michalski, GmbHG, § 64 Rn. 20; *Haas*, in: Baumbach/Hueck, GmbHG, § 64 Rn. 8. Vgl. zu von der Ansicht des BGH und der h.M. gänzlich anderen Einordnungen des Zahlungsbegriffs auf der Grundlage einer anderen dogmatischen Einordnug des § 64 *Altmeppen*, in: Roth/Altmeppen, GmbHG, § 64 Rn. 26 ff.

59 *K. Schmidt*, in: Scholz, GmbHG, § 64 Rn. 19; *Altmeppen*, in: Roth/Altmeppen, GmbHG, § 64 Rn. 9; *Haas*, in: Baumbach/Hueck, GmbHG, § 64 Rn. 65.

60 Vgl. BGH, NJW 2009, 1598, 1599; *K. Schmidt*, in: Scholz, GmbHG, § 64 Rn. 19; *Altmeppen*, in: Roth/Altmeppen, GmbHG, § 64 Rn. 9; *Kleindiek*, in: Lutter/Hommelhoff, GmbHG, § 64 Rn. 7; *Nerlich*, in: Michalski, GmbHG, § 64 Rn. 42.

61 OLG Celle, GmbHR 2008, 101, 102; *Haas*, in: Baumbach/Hueck, GmbHG, § 64 Rn. 65.

62 *Haas*, in: Baumbach/Hueck, GmbHG, § 64 Rn. 64; *Theiselmann/Redeker*, GmbHR 2008, 961, 966; für das Anfechtungsrecht vgl. BGH, ZIP 2007, 435, 436.

63 *Haas*, in: Baumbach/Hueck, GmbHG, § 64 Rn. 64.

64 OLG Hamburg, NZG 2010, 1225, 1225; *Haas*, in: Baumbach/Hueck, GmbHG, § 64 Rn. 64. Vgl. auch BGH, NJW 1987, 2433, 2434.

ten Treugeber keine Zahlung.[65] Das Kriterium des aussonderungsfähigen Treugutes ist auch für die Beurteilung von Zahlungen von Konzerngesellschaften an die insolvente Gesellschaft zwecks Weiterleitung an Gläubiger der einzahlenden Konzerngesellschaft oder der insolventen Gesellschaft maßgeblich.[66] Eine bloße Zweckabrede bzw. Weisung der Konzerngesellschaft als Gesellschafter reicht zur Begründung einer Masseneutralität nicht aus, kann aber im Rahmen einer Gesamtschau bzw. des Satz 2 relevant sein.[67] Unerheblich ist sowohl die Herkunft der Mittel als auch die Tatsache, dass es sich wirtschaftlich um einen »durchlaufenden Posten« handelt.[68] Entscheidend ist, dass die Mittel in das Schuldnervermögen gelangt und dort für Gläubiger pfändbar geworden sind.[69] Umgekehrt zählt Treuhandvermögen der Gesellschaft als Treugeberin zum geschützten Vermögen.[70]

13 Eine Sondervorschrift enthält § 28e Abs. 1 Satz 2 SGB IV.[71] Danach gilt seit dem 1.1.2008[72] die Zahlung des von dem Beschäftigten zu tragenden Anteils des Gesamtsozialversicherungsbeitrags als aus dem Vermögen des Beschäftigten erbracht. Daraus wird teilweise abgeleitet, dass das geschützte Gesellschaftsvermögen insoweit erst gar nicht betroffen ist.[73] Die Rechtsprechung scheint dem nicht zu folgen.[74]

14 Nicht betroffen ist das geschützte Gesellschaftsvermögen durch die bloße Begründung von Verbindlichkeiten der Gesellschaft, die deshalb nach richtiger Ansicht des BGH keine Zahlung darstellt.[75] Das gilt zudem für den Abschluss gegenseitiger Verträge, auch wenn es zu einer Haftung nach § 103 Abs. 2 InsO kommt.[76] Allenfalls werden die Befriedigungsaussichten der Gesamtgläubigerschaft verschlechtert. Ent-

---

65 BGH, DStR 2008, 1346, 1347; *K. Schmidt*, in: Scholz, GmbHG, § 64 Rn. 24; *Haas*, in: Baumbach/Hueck, GmbHG, § 64 Rn. 64.

66 BGH, DStR 2008, 1346, 1347: Masseneutralität nur bei Verbuchung der eingehenden Gelder auf einem Treuhandkonto unter Begründung von Aussonderungsrechten nach § 47 InsO für den Treugeber; BGH, NJW 2003, 2316, 2317 (Weiterleitung einer von Organgesellschaft erhaltener Gutschrift durch Geschäftsführer des Organträgers an Finanzamt bei Organschaft); zur GmbH & Co. KG OLG Celle, ZIP 2007, 2210, 2210.

67 BGH, DStR 2008, 1346, 1347; *Haas*, in: Baumbach/Hueck, GmbHG, § 64 Rn. 64.

68 *Kleindiek*, in: Lutter/Hommelhoff, GmbHG, § 64 Rn. 9.

69 *Kleindiek*, in: Lutter/Hommelhoff, GmbHG, § 64 Rn. 9.

70 Vgl. auch OLG Düsseldorf, ZIP 1998, 2101, 2102.

71 Vgl. dazu insgesamt *Haas*, in: Baumbach/Hueck, GmbHG, § 64 Rn. 64.

72 Zum zeitlichen Anwendungsbereich der Norm BGH, ZIP 2008, 747, 748; OLG Hamburg, ZIP 2008, 749, 749.

73 So *Haas*, in: Baumbach/Hueck, GmbHG, § 64 Rn. 64; a.A. *Bork*, ZIP 2008, 1041, 1043.

74 Vgl. BGH, Urteil v. 25.1.2011 – II ZR 196/09, juris Rn. 17, der die Vorschrift nicht erwähnt; vgl. auch BGH, ZIP 2009, 2301; *Giedinghagen/Göb*, EWiR 2011, 257, 258.

75 Vgl. BGH, DStR 2007, 1003, 1004; *Haas*, in: Baumbach/Hueck, GmbHG, § 64 Rn. 66; *K. Schmidt*, in: Scholz, GmbHG, § 64 Rn. 23; a.A. *Marsch-Barner/Diekmann*, in: MünchHdbGesR, Bd. 3, § 46 Rn. 48; *Poertzgen*, GmbHR 2007, 1258, 1262.

76 *Haas*, in: Baumbach/Hueck, GmbHG, § 64 Rn. 66; a.A. wohl *Flume*, ZIP 1994, 337, 341.

scheidend ist aber, ob die verteilungsfähige Masse angegriffen wird.[77] Sobald der Gesellschaft im Zusammenhang mit der neu begründeten Verbindlichkeit Mittel zufließen, die nicht dem Vollstreckungszugriff der Gläubiger entzogen sind, ist das geschützte Gesellschaftsvermögen bei Verwendung dieser Mittel betroffen. Dies kann auch bei einem reinen Passivtausch der Fall sein. Führt eine Überweisung von einem debitorischen Konto an einen (anderen) Gläubiger der Gesellschaft unter Inanspruchnahme einer (noch weiteren) Kreditlinie – wenn auch nur für eine logische Sekunde – zu einem pfändbaren[78] Auszahlungsanspruch, ist das Gesellschaftsvermögen entgegen der wohl vom BGH vertretenen Ansicht[79] betroffen.[80] Dass Gesellschaftszahlungen zulasten eines debitorischen Kontos – so der BGH – im Ergebnis immer allein zulasten der Bank als Gläubigerin gehen, kann erst im Rahmen einer Gesamtschau Berücksichtigung finden (Rdn. 20 ff.).

15 Mit Blick auf den Zweck der Verhinderung einer Masseverkürzung ist das geschützte Vermögen nicht betroffen, wenn die abfließenden Gegenstände wertlos oder den tatsächlichen Wert erschöpfend mit Rechten Dritter belastet sind.[81] Nicht betroffen ist das geschützte Vermögen auch bei Zahlungen an absonderungsberechtigte Gläubiger bis zur Höhe des Wertes des Sicherungsgutes.[82] Eine andere Frage ist, ob damit bereits der Tatbestand der Zahlung zu verneinen ist oder die Nichtbetroffenheit des geschützten Vermögens erst im Rahmen von Satz 2 berücksichtigt wird. Die Rechtsprechung geht wohl nicht zuletzt mit Blick auf die Zuordnung der Darlegungs- und Beweislast von letzterem aus.[83]

---

77 *Kleindiek*, in: Lutter/Hommelhoff, GmbHG, § 64 Rn. 10; *Haas*, in: Baumbach/Hueck, GmbHG, § 64 Rn. 66.

78 Vgl. auch *Haas*, in: Baumbach/Hueck, GmbHG, § 64 Rn. 64 (Zahlung, falls pfändbarer Anspruch auf Auszahlung des Darlehens) mit Verweis auf die Rechtsprechung zu §§ 129 InsO, vgl. BGH, ZIP 2002, 489, 490 zu einem tatsächlich abgerufenen Darlehen; siehe aber auch BGH, ZIP 2008, 747, 748 zur Differenzierung zwischen Anfechtungsrecht und § 64.

79 BGH, NJW 2009, 1598, 1599; BGH, ZIP 2007, 1006, 1007.

80 Ebenso wohl *K. Schmidt*, in: Scholz, GmbHG, § 64 Rn. 29. Dafür spricht auch der Vergleichsfall, dass die Überweisung zunächst auf ein anderes Konto der Gesellschaft erfolgt oder Barmittel abgehoben werden.

81 *Haas*, in: Baumbach/Hueck, GmbHG, § 64 Rn. 68.

82 OLG Hamburg, NZG 2010, 1225, 1225; OLG Oldenburg, ZIP 2004, 1315, 1317; *Haas*, in: Baumbach/Hueck, GmbHG, § 64 Rn. 68.

83 Vgl. OLG Oldenburg, ZIP 2004, 1315, 1317.

3. Erfasste Handlungen

16 Als Zahlung kommen nach h.M. jegliche Rechtshandlungen in Betracht.[84] Erfasst sind sowohl Geldleistungen in Form der Übereignung von Geldstücken als auch der unbaren Zahlung durch Buchgeldtransfer.[85] Dabei ist unerheblich, ob letzteres auf einer Lastschrift aufgrund Abbuchungs- oder Einzugsermächtigung,[86] durch Überweisung[87] oder durch die Einreichung eines Schecks[88] erfolgt.[89] Ebenso erfasst sind Leistungen an Zahlungs Statt oder zahlungshalber[90], insbesondere Forderungsabtretungen.[91] So können sowohl Aufrechnung als auch Verrechnung von Forderungen und Verbindlichkeiten Zahlungen sein.[92] Auch jede sonstige Übertragung von Vermögensgegenständen oder Wirtschaftsgütern kann eine Zahlung darstellen.[93] Dazu sollen nach verbreitet vertretener Ansicht neben Werkleistungen auch bloße Dienstleistungen gehören.[94] Soweit höchstpersönliche Dienstleistungen betroffen sind, spricht dagegen, dass wegen ihrer Zeitgebundenheit die Haftungsmasse dadurch nicht zulasten der Gläubiger geschmälert worden sein kann.[95] Als Zahlung ist auch der Forderungsverzicht oder –erlass anzusehen, da er die Masse schmälert.[96] Das Unterlassen der Erzielung einer möglichen höheren Vergütung bspw. bei Weggabe eines Gegenstandes unter dem Marktpreis stellt keine eigenständige Zahlung dar.[97] Die Frage ist, ob die Gegenleistung berücksichtigungsfähig ist und zum Verneinen des Zahlungstatbestandes führt.

---

84 BGH, GmbHR 1994, 539, 543; *Altmeppen*, in: Roth/Altmeppen, GmbHG, § 64 Rn. 11; *K. Schmidt*, in: Scholz, GmbHG, § 64 Rn. 20; *Kleindiek*, in: Lutter/Hommelhoff, GmbHG, § 64 Rn. 7; *Haas*, in: Baumbach/Hueck, GmbHG, § 64 Rn. 65. A.A. (nur Geldzahlungen): RGZ 159, 211, 234.

85 Vgl. BGH, ZIP 2007, 1006, 1007; *K. Schmidt*, in: Scholz, GmbHG, § 64 Rn. 20 u. 25.

86 BGH, WM 2007, 2246, 2247; *Haas*, in: Baumbach/Hueck, GmbHG, § 64 Rn. 65.

87 OLG Celle, ZIP 2007, 2210, 2210; *Haas*, in: Baumbach/Hueck, GmbHG, § 64 Rn. 65.

88 BGH, ZIP 2007, 1006, 1007; *Haas*, in: Baumbach/Hueck, GmbHG, § 64 Rn. 65.

89 Für den Bewirkenszeitpunkt bei Lastschrift vgl. *Casper*, in: Ulmer/Habersack/Winter, GmbHG, Ergänzungsband MoMiG, § 64 Rn. 88 (bereits Belastung des Kontos); *Haas*, in: Baumbach/Hueck, GmbHG, § 64 Rn. 65 (mit der herrschenden Genehmigungstheorie Verstreichenlassen der Widerspruchsfrist).

90 Vgl. zum Scheck *Casper*, in: Ulmer/Habersack/Winter, GmbHG, Ergänzungsband MoMiG, § 64 Rn. 89; *K. Schmidt*, in: Scholz, GmbHG, § 64 Rn. 20.

91 *K. Schmidt*, in: Scholz, GmbHG, § 64 Rn. 20; *Wicke*, GmbHG, § 64 Rn. 20: Übertragung von Rechten.

92 *Haas*, in: Baumbach/Hueck, GmbHG, § 64 Rn. 65; *K. Schmidt*, in: Scholz, GmbHG, § 64 Rn. 20.

93 *Kleindiek*, in: Lutter/Hommelhoff, GmbHG, § 64 Rn. 7.

94 OLG Düsseldorf, GmbHR 1996, 616, 619; *Kleindiek*, in: Lutter/Hommelhoff, GmbHG, § 64 Rn. 7; *Wicke*, GmbHG, § 64 Rn. 20; a.A. *K. Schmidt*, in: Scholz, GmbHG, § 64 Rn. 22: Dienstleistungen nein, Werkleistungen ja.

95 Abgestellt werden könnte z.B. auf eingesetztes oder abgenutztes Material.

96 A.A. *K. Schmidt*, in: Scholz, GmbHG, § 64 Rn. 22 mit Ausnahme für den Forderungsverzicht als Bestandteil eines Vergleichs.

97 Anders wohl *Haas*, in: Baumbach/Hueck, GmbHG, § 64 Rn. 65.

17 Überweisungen oder Einzahlungen Dritter auf ein debitorisches Bankkonto der Gesellschaft sind nach BGH als Zahlungen der Gesellschaft an die Bank als Gläubigerin vom Zahlungsverbot erfasst.[98] Die Geschäftsführer haben solche Zahlungen danach – notfalls unter Einrichtung eines neuen (kreditorischen) Kontos – durch Mitteilung an die Schuldner der Gesellschaft ebenso zu verhindern wie gesellschaftseigene Einzahlungen bzw. Überweisungen auf solche Konten.[99] Auch über den Fall des debitorischen Kontos hinaus wird angenommen, dass Zahlungen eines Gesellschaftsschuldners an einen anderen Gesellschaftsgläubiger auf Veranlassung des Geschäftsführers tatbestandlich sind.[100] Entgegen der wohl vom BGH vertretenen Ansicht[101] müssen konsequenterweise auch Überweisungen von einem debitorischen Konto an andere Gläubiger der Gesellschaft als Zahlungen angesehen werden, soweit das geschützte Gesellschaftsvermögen betroffen ist.[102] Im Fall eines über und unter Null oszillierenden Kontos sind dann sämtliche Abgänge Zahlungen i.S.d. § 64, während bei Eingängen danach zu differenzieren ist, inwieweit das Konto jeweils im maßgeblichen Zeitpunkt debitorisch ist.[103] Die Umbuchung von einem kreditorischen Konto auf ein debitorisches Konto führt ebenso wenig zu einer doppelten Haftung wie eine Überweisung von einem kreditorischen Konto an einen sonstigen Gläubiger der Gesellschaft.[104] Denn auch das Abheben von Geld vom Konto zugunsten der Gesellschaft stellt keine Zahlung dar.[105] Dasselbe gilt für die Umbuchung zwischen zwei debitorischen Konten, da in der Begründung einer Verbindlichkeit keine Zahlung liegt. Eine andere Frage ist, ob und inwieweit sich die verschiedenen Maßnahmen aufgrund einer Gesamtschau neutralisieren können. Die aufgrund einer Zahlung von einem debitorischen Konto durch das höhere Debet vergrößerte Zinsschuld stellt schon deshalb keine Zahlung dar, weil es sich nur um die Begründung einer Verbindlichkeit handelt.[106]

---

98 So der 2. Senat: BGH, GmbHR 2007, 596, 598; a.A. *K. Schmidt*, in: Scholz, GmbHG, § 64 Rn. 29: nicht die Summe der einzelnen Eingänge, sondern der Saldo des Kontokorrents; ebenso *Haas*, in: Baumbach/Hueck, GmbHG, § 64 Rn. 69; vgl. auch *Kleindiek*, in: Lutter/Hommelhoff, GmbHG, § 64 Rn. 8 mit Verweis auf BGH, GmbHR 2000, 1149, 1150 (offen lassend): Berücksichtigung der Auswirkungen der Eingänge auf die Verteilungsmasse dergestalt, dass nach einem Eingang die Bank wieder entsprechende Belastungen des Kontos zulässt und dadurch eine werthaltige Gegenleistung in das Gesellschaftsvermögen fließt. Eingehend *K. Schmidt*, ZIP 2008, 1401, 1407. Der 9. Senat des BGH nimmt für die Insolvenzanfechtung dagegen eine Gesamtschau und damit im Ergebnis eine Auszahlung in Höhe des Saldos an, BGH, NZI 2002, 311, 313.

99 Vgl. BGH, NJW 2000, 668, 669; *Arends/Möller*, GmbHR 2008, 169, 170 f.

100 OLG Schleswig, Urt. v. 14.2.2007 – 9 U 97/06, juris Rn. 11; *K. Schmidt*, in: Scholz, GmbHG, § 64 Rn. 23.

101 BGH, NJW 2009, 1598, 1599; BGH, ZIP 2007, 1006, 1007.

102 Ebenso *K. Schmidt*, in: Scholz, GmbHG, § 64 Rn. 29.

103 Vgl. dazu auch *K. Schmidt*, ZIP 2008, 1401, 1407.

104 Vgl. aber *K. Schmidt*, in: Scholz, GmbHG, § 64 Rn. 28 aE.

105 Vgl. auch *K. Schmidt*, ZIP 2008, 1401, 1407.

106 Vgl. BGH, ZIP 2007, 1006, 1007.

18 Bloßes Unterlassen des Geschäftsführers stellt grundsätzlich keine Zahlung dar.[107] Deshalb ist das Unterlassen der Kündigung eines Dauerschuldverhältnisses keine Zahlung.[108] Abzugrenzen davon ist das gesellschaftsinterne Unterlassen der Verhinderung von Zahlungen durch die Gesellschaft als Element der Verletzung der internen Kontrollpflicht im Rahmen der Zurechnung. Ähnlich ist auch der Nichtwiderspruch bei Abbuchungen von einem Bankkonto zu werten, der Bestandteil der unbaren Zahlung ist.[109]

4. Zurechnung

19 Die im Namen der Gesellschaft erfolgte Zahlung muss durch die Gesellschaft vorgenommen worden sein. Das ist der Fall, wenn sie dem Geschäftsführer zugerechnet werden kann.[110] Zurechenbarkeit ist gegeben, wenn die Zahlung vom Geschäftsführer veranlasst wurde oder pflichtwidrig nicht verhindert worden ist.[111] Dabei ist zu berücksichtigen, dass ein Geschäftsführer in der Krise eine umfassende Kontrollpflicht sowohl gegenüber Mitgeschäftsführern als auch gegenüber Mitarbeitern und Arbeitsabläufen hat.[112] Deshalb wird weithin angenommen, dass Zahlungen in der Regel zurechenbar sind.[113] Ausnahmen können sich insbesondere für Zahlungen ergeben, die auf Zwangsvollstreckungsmaßnahmen beruhen.[114] Soweit auch insoweit eine Mitwirkung als ausreichend angesehen wird[115], kann dem nur für den Fall gefolgt werden, dass das Gesetz dem Gesellschafter insoweit tatsächlich eine Wahl lässt.[116] Grundsätzlich wird für jede Rechtshandlung des Geschäftsführers separat zu prüfen sein, ob sie eine Haftung auslöst.[117] Eine Ausnahme gilt für die Fälle, in denen eine Gesamtschau anzustellen ist.

107 *K. Schmidt*, in: Scholz, GmbHG, § 64 Rn. 22.

108 *Haas*, in: Baumbach/Hueck, GmbHG, § 64 Rn. 66 mit Hinweis auf eine dennoch mögliche Haftung nach § 43 Abs. 2; *Marsch-Barner/Diekmann*, in: MünchHdbGesR, Bd. 3, § 46 Rn. 48.

109 *K. Schmidt*, in: Scholz, GmbHG, § 64 Rn. 22.

110 *Kleindiek*, in: Lutter/Hommelhoff, GmbHG, § 64 Rn. 6; *Haas*, in: Baumbach/Hueck, GmbHG, § 64 Rn. 63; *K. Schmidt*, in: Scholz, GmbHG, § 64 Rn. 43; vgl. zu § 130a Abs. 2 HGB auch BGH, GmbHR 2009, 937, 938.

111 *Kleindiek*, in: Lutter/Hommelhoff, GmbHG, § 64 Rn. 6; *Haas*, in: Baumbach/Hueck, GmbHG, § 64 Rn. 63; vgl. zu § 130a Abs. 2 HGB auch BGH, GmbHR 2009, 937, 938.

112 OLG Oldenburg, ZIP 2004, 1315, 1316; *Haas*, in: Baumbach/Hueck, GmbHG, § 64 Rn. 63.

113 *Haas*, in: Baumbach/Hueck, GmbHG, § 64 Rn. 63; *Kleindiek*, in: Lutter/Hommelhoff, GmbHG, § 64 Rn. 6.

114 Vgl. auch BGH, GmbHR 2009, 937, 938: Abbuchung aufgrund Kontopfändung; *Kleindiek*, in: Lutter/Hommelhoff, GmbHG, § 64 Rn. 6; *Haas*, in: Baumbach/Hueck, GmbHG, § 64 Rn. 63.

115 *Haas*, in: Baumbach/Hueck, GmbHG, § 64 Rn. 63.

116 Vgl. OLG München, DStR 2011, 279, 279.

117 *Haas*, in: Baumbach/Hueck, GmbHG, § 64 Rn. 63.

5. Wirtschaftliche Betrachtung und Gesamtschau

20 Grundsätzlich führt der bloße Vermögensabfluss in vorstehendem Sinne zur haftungsbegründenden Zahlung. Zahlungsvorgänge stehen allerdings häufig in Zusammenhang mit anderen Vorgängen, die die Masse vergrößern. Zweck des Zahlungsverbotes ist lediglich, Masseverkürzungen zu verhindern. Vermögensvorteile, die die Masse ohne die Zahlung nicht gehabt hätte, sollen ihr durch die Geschäftsführerhaftung nicht zukommen.[118] Dabei sind zwei Konstellationen zu unterscheiden. Einmal geht es um die Berücksichtigung von hinreichend verknüpften Gegenleistungen. Sie sind nach bestrittener Ansicht des BGH im Rahmen des Satz 2 zu berücksichtigen, selbst wenn sie eine Masseverkürzung erst gar nicht entstehen lassen.[119] Der BGH mag dabei im Auge haben, dass auch Satz 2 entsprechende Zahlungen bereits auf Tatbestandsebene ausschließt, gleichzeitig sich aber auch die Beweislast des Geschäftsführers zwanglos ergibt (Rdn. 27). Zum anderen handelt es sich um die Frage, ob und inwieweit einzelne Vorgänge als wirtschaftlich zusammengehörig und damit in einer Gesamtschau bewertet werden müssen, um den wirtschaftlichen Gehalt des Sachverhalts richtig zu erfassen.[120]

21 Nach Ansicht des BGH berühren Zahlungen von einem debitorischen Konto an einzelne Gesellschaftsgläubiger generell weder die verteilungsfähige Vermögensmasse noch gehen sie zum Nachteil der Gläubigergesamtheit. Es handele sich vielmehr um eine Zahlung mit Kreditmitteln, welche einen bloßen Gläubigeraustausch zur Folge habe.[121] Etwas anderes gelte nur dann, wenn die entsprechende Forderung der Bank durch die Gesellschaft besichert sei, da die Sicherheit dem Gesellschaftsvermögen mit der Inanspruchnahme der Kreditlinie entzogen werde.[122] Gegen diese Sichtweise wird teilweise der Gläubigergleichbehandlungsgrundsatz angeführt.[123] Die Gläubigergleichbehandlung ist aber nicht selbständiger Schutzzweck des § 64 (Rdn. 3) und daher ohne Bedeutung. Allerdings ist auch bei Zahlungen von debitorischen Konten das Gesellschaftsvermögen betroffen (Rdn. 14), sodass insoweit zunächst ein Vermögensabfluss vorliegt. Insofern ist zunächst kein Grund ersichtlich, die Bank anders zu behandeln als andere Gläubiger, die Zahlungsmittel zur Verfügung stellen. Entscheidend für die Beurteilung, ob eine Zahlung vorliegt, ist hier der Blick auf die durch den Abruf der Kreditlinie der Gesellschaft neu zur Verfügung stehenden Mittel. Da diese unmittelbar wieder abfließen, liegt insoweit grundsätzlich zunächst eine Zahlung vor. Die wirtschaftliche Neutralität sollte nicht mit einem pauschalen Verweis

---

118 *Haas*, in: Baumbach/Hueck, GmbHG, § 64 Rn. 68.

119 BGH, WM 1986, 237, 239; vgl. auch OLG Hamburg, GmbHR 2005, 1497, 1501; a.A. für unmittelbare Gegenleistungen (Berücksichtigung bereits beim Zahlungsbegriff aufgrund wertender Betrachtung) *Haas*, in: Baumbach/Hueck, GmbHG, § 64 Rn. 70; *Casper*, in: Ulmer/Habersack/Winter, GmbHG, Ergänzungsband MoMiG, § 64 Rn. 87.

120 Vgl. *Haas*, in: Baumbach/Hueck, GmbHG, § 64 Rn. 69.

121 BGH, GmbHR 2010, 428, 429; zustimmend *Commandeur/Frings*, NZG 2010, 613, 614.

122 BGH, GmbHR 2010, 428, 429.

123 *Haas*, in: Baumbach/Hueck, GmbHG, § 64 Rn.64.

auf einen bloßen Gläubigertausch begründet werden. Damit würde die Effektivität des Zahlungsverbotes des Satz 1 gefährdet. Deshalb sollte auch hier verlangt werden, dass eine materielle Verknüpfung zwischen dem Erhalt der Mittel und ihrer Verwendung für die Befriedigung von Gläubigern besteht, die die Gesamtschau rechtfertigt. Die Gewährung weiterer Mittel aufgrund eines Abrufs einer (weiteren) Kreditlinie mag in der Regel zweckgebunden erfolgen und daher im Ergebnis in der Regel nicht haftungsrelevant sein[124]; dies muss aber nicht in jedem Fall so sein.

22 Die Sichtweise des BGH zur Zahlung von einem debitorischen Konto an andere Gläubiger der Gesellschaft steht in gewissem Widerspruch zu seiner Beurteilung der Fälle der Durchleitung von Zahlungen von Konzerngesellschaften (Rdn. 12), wenn die in der Überweisung von einem debitorischen Konto liegende Darlehensaufnahme zweckgebunden für die Umschuldung gewährt wird. Denn auch in den Durchleitungsfällen sind die Mittel nur zweckgebunden überlassen worden. Dort verneint der BGH die Haftung im Ergebnis aber mit einem Verweis auf eine Strafbarkeit nach § 266 StGB gestützt auf Satz 2 und nicht mangels Zahlung.[125] Konsequenter wäre auch hier der Weg über eine Gesamtschau.[126]

23 Geht es um Eingänge auf einem debitorischen Konto durch Einzahlungen oder Überweisungen durch Schuldner der Gesellschaft, nimmt der 2. Senat[127] des BGH – anders als der 9. Senat[128] für das Insolvenzanfechtungsrecht nach §§ 129 ff. InsO und gegen deutliche Kritik aus dem Schrifttum[129] – keine Gesamtschau des Kontokorrents im Betrachtungszeitraum vor und stellt nicht auf den Saldo ab. Im Ergebnis sind deshalb grundsätzlich sämtliche Eingänge auf einem debitorischen Konto haftungsbegründend zu summieren. Zur Vermeidung einer ausufernden Haftung des Geschäftsführers wird in der Literatur unter Berufung auf die Rechtsprechung des 9. Senats[130] eine Gesamtbetrachtung des Saldos eines Kontokorrents bei Bankkonten gefordert.[131] Die Ansicht des BGH erscheint allerdings grundsätzlich konsequent,

---

124 Vgl. *Casper*, in: Ulmer/Habersack/Winter, GmbHG, Ergänzungsband MoMiG, § 64 Rn. 90 zur Umschuldung: das Darlehen werde in der Regel nur zweckgebunden zur Umschuldung gewährt, sodass es ohne diese Verwendung erst gar nicht zur Verfügung gestanden hätte.

125 BGH, ZIP 2008, 1229, 1230.

126 Kritisch auch *Kleindiek*, in: Lutter/Hommelhoff, GmbHG, § 64 Rn. 9. Vgl. auch *Altmeppen*, in: Roth/Altmeppen, GmbHG, § 64 Rn. 12: Keine Zahlung bei unentgeltlicher Zuwendung an die Gesellschaft mit Zweckbindung der Weiterleitung an bestimmten Gläubiger.

127 Für Zahlungseingänge auf dem debitorischen Konto BGH, NJW 2009, 1598, 1599; BGH, ZIP 2007, 1006, 1007.

128 BGH, NZI 2002, 311, 313.

129 Vgl. insbesondere *K. Schmidt*, ZIP 2008, 1401, 1407; *Haas*, in: Baumbach/Hueck, GmbHG, § 64 Rn. 69.

130 BGH, NZI 2002, 311, 313.

131 *Haas*, in: Baumbach/Hueck, GmbHG, § 64 Rn. 69; *K. Schmidt*, in: Scholz, GmbHG, § 64 Rn. 32; *K. Schmidt*, ZIP 2008, 1401, 1407.

wenn auf der Grundlage des Verständnisses der Norm als Ersatzanspruch eigener Art, der auf die Wiederauffüllung der Masse gerichtet ist, eine Einzelbetrachtung vorgenommen wird. Im Einzelfall muss aber nach allgemeinen Grundsätzen (Gesamtschau, Gegenleistung) berücksichtigungsfähig sein, wenn der Eingang auf einem debitorischen Konto erst ermöglicht, dass die Gesellschaft weiterhin konkrete Zahlungen von dem debitorischen Konto vornehmen, also weiterhin Kredit in Anspruch nehmen kann.[132]

24 Bei der Beurteilung einzelner Vorgänge wird teilweise eine wertende Betrachtung mit Blick auf das Stadium der Insolvenz angelegt. So soll in der Ausreichung eines Darlehens selbst bei Werthaltigkeit des Rückzahlungsanspruchs eine haftungsauslösende Zahlung liegen können.[133] Das gleiche soll für die Besicherung aus dem Gesellschaftsvermögen gelten.[134]

III. Privilegierte Zahlungen (Satz 2)

25 Satz 2 enthält nicht nur einen Exkulpationstatbestand im Sinne einer Beweislastregel[135], sondern nimmt davon erfasste Zahlungen bereits aus dem Tatbestand des Zahlungsverbots aus.[136] Aus der Negativregelung in Satz 2 ergibt sich, dass der Geschäftsführer die Darlegungs- und Beweislast dafür trägt, dass die Zahlung trotz materieller Insolvenz mit der Sorgfalt eines ordentlichen Kaufmanns vereinbar war.[137] Der Ausnahmetatbestand soll grundsätzlich eng auszulegen sein.[138] Dem kann nur insoweit gefolgt werden, als nicht Sachverhaltsaspekte betroffen sind, die bei Erfassung des vollen wirtschaftlichen Gehalts des Sachverhaltes bereits die Minderung der zu erhaltenden Masse und damit den Zahlungstatbestand in Frage stellen.

26 Satz 2 beinhaltet nicht nur einen Verschuldens-, sondern auch einen Pflichtenmaßstab.[139] Es geht nicht nur um die Frage, ob eine nach Satz 1 verbotene Zahlung nach Satz 2 vorgenommen werden *durfte*. Ebenso hat sich der Geschäftsführer zu fragen, ob er eine Zahlung vornehmen muss, um der Sorgfalt eines ordentlichen Geschäftsleiters zu genügen.[140] Beurteilungsmaßstab für die Sorgfalt eines ordentlichen Geschäftsmannes ist mit Eintritt der materiellen Insolvenz nicht mehr der Gesellschaftszweck, sondern das Interesse der Gläubiger.[141] Dabei besteht aber keine Pflicht

---

132 *Casper*, in: Ulmer/Habersack/Winter, GmbHG, Ergänzungsband MoMiG, § 64 Rn. 92.
133 *Haas*, in: Baumbach/Hueck, GmbHG, § 64 Rn. 65.
134 *Haas*, in: Baumbach/Hueck, GmbHG, § 64 Rn. 65.
135 Wie etwa § 280 Abs. 1 BGB oder § 831 Abs. 1 Satz 2 BGB.
136 *K. Schmidt*, in: Scholz, GmbHG, § 64 Rn. 38.
137 BGH, GmbHR 2007, 936, 937; *Kleindiek*, in: Lutter/Hommelhoff, GmbHG, § 64 Rn. 11; *K. Schmidt*, in: Scholz, GmbHG, § 64 Rn. 38.
138 *K. Schmidt*, in: Scholz, GmbHG, § 64 Rn. 38; *Altmeppen*, in: Roth/Altmeppen, GmbHG, § 64 Rn. 19; *Haas*, in: Baumbach/Hueck, GmbHG, § 64 Rn. 72.
139 *Haas*, in: Baumbach/Hueck, GmbHG, § 64 Rn. 71.
140 *Kleindiek*, in: Lutter/Hommelhoff, GmbHG, § 64 Rn. 12.
141 BGH, GmbHR 2001, 190, 193; *Haas*, in: Baumbach/Hueck, GmbHG, § 64 Rn. 73.

zur Gläubigergleichbehandlung.[142] Ein eigenständiges öffentliches Interesse am Bestand überlebensfähiger Betriebe ist nicht anzuerkennen.[143] Auch dieser Zweck ist in das maßgebende Gläubigerinteresses eingebunden. Zahlungen entsprechen deshalb dann der Sorgfalt eines ordentlichen Geschäftsleiters, wenn sie ex ante mehr Vor- als Nachteile für die Gläubigergesamtheit bringen.[144] Ob die Vorteile eintreten, ist unerheblich.[145]

27 Im Rahmen des Satz 2 berücksichtigt die Rechtsprechung Gegenleistungen, die die Gesellschaft für die Weggabe des Vermögensgegenstandes erhalten hat.[146] In der Literatur wird verbreitet bereits das Vorliegen einer Zahlung verneint (Rdn. 20).[147] Nur vereinzelt werden Gegenleistungen für gänzlich unbeachtlich gehalten.[148] Voraussetzung für den Ansatz von Gegenleistungen ist, dass mit ihr »ein Gegenwert in das Gesellschaftsvermögen gelangt und voll erhalten geblieben ist«.[149] Der Vermögensabfluss in Form der Zahlung muss nachhaltig ausgeglichen worden sein; es kommt nicht nur auf den Zeitpunkt des Erhalts der Gegenleistung an.[150] Andererseits ist nach BGH nicht allein ausreichend, dass die Masse im Ergebnis nicht verkürzt wurde. Es kommt auf die richtige Zuordnung an, d.h. einer Zahlung muss ein bestimmter Vermögenszugang gerade als Gegenleistung zugeordnet werden können. Erhält die Gesellschaft Mittel mit der Maßgabe, diese in bestimmter Weise zu verwenden, soll dies allein den folgenden Mittelabfluss (Zahlung) nicht privilegieren können.[151] Darüber hinaus muss eine hinreichend enge Verknüpfung vorliegen, die dem Zweck der effektiven Massesicherung in der Krise gerecht wird. Dienste des Arbeitnehmers sind nicht Gegenleistung für die Zahlung der Lohnsteuer an das Finanzamt.[152] Eine Gegenleistung ist zudem nicht berücksichtigungsfähig, wenn sie

---

142 *Kleindiek*, in: Lutter/Hommelhoff, GmbHG, § 64 Rn. 12.

143 *Haas*, in: Baumbach/Hueck, GmbHG, § 64 Rn. 72. A.A. *Kleindiek*, in: Lutter/Hommelhoff, GmbHG, § 64 Rn. 12.

144 BGH, ZIP 2008, 72, 73; *Haas*, in: Baumbach/Hueck, GmbHG, § 64 Rn. 72.

145 *Haas*, in: Baumbach/Hueck, GmbHG, § 64 Rn. 72.

146 BGH, ZIP 1986, 456, 459;

147 So *Haas*, in: Baumbach/Hueck, GmbHG, § 64 Rn. 70; *K. Schmidt*, in: Scholz, GmbHG, § 64 Rn. 31; *Casper*, in: Ulmer/Habersack/Winter, GmbHG, Ergänzungsband MoMiG, § 64 Rn. 94; *Kleindiek*, in: Lutter/Hommelhoff, GmbHG, § 64 Rn. 7. Vgl. OLG Brandenburg, GmbHR 2002, 910, 911.

148 Vgl. *Schulze-Osterloh*, in: FS Bezzenberger, 2000, 415, 423 ff., allerdings auch mit Verweis auf Satz 2; Vgl. auch *Altmeppen*, in: Roth/Altmeppen, GmbHG, § 64 Rn. 13 f. u. 27 ff. mit Blick auf sein Konzept vom Zahlungsbegriff.

149 BGH, NJW 1974, 1088, 1089; BGH, NJW 2003, 2316, 2316.

150 BGH, ZIP 2003, 1005, 1006; vgl. *Haas*, in: Baumbach/Hueck, GmbHG, § 64 Rn. 70 mit Verweis auf das Insolvenzanfechtungsrecht: ein mittelbarer Gläubigernachteil reiche aus.

151 BGH, ZIP 2003, 1005, 1006: Erhalt einer Gutschrift der Organgesellschaft zwecks Weiterleitung an das Finanzamt.

152 OLG Düsseldorf, NZG 1999, 894, 894 f.; *Haas*, in: Baumbach/Hueck, GmbHG, § 64 Rn. 70; a.A. *Schön*, in: FS Westermann, 2006, 1469, 1483 f.

deutlich später als die Zahlung erbracht wird.[153] Bloße Hoffnungen auf Wertzufluss reichen nicht aus.[154] Eine haftungsmindernde Berücksichtigung kann nur in Höhe ihres Wertes unter Berücksichtigung der Verwertbarkeit in der Insolvenz erfolgen.[155]

28 Der Sorgfalt eines ordentlichen Geschäftsmannes entsprechen auch Zahlungen, die der Geschäftsführer zur Durchführung eines ernsthaften und gerechtfertigten Sanierungsversuchs vornimmt.[156] Maßstäbe für die Rechtfertigung des Sanierungsversuchs sind insbesondere die Vereinbarkeit mit § 15a InsO[157] sowie die Finanzlage der Gesellschaft.[158] Es muss begründete Aussicht bestehen, dass eine Sanierung mit dem Ziel der Beseitigung der materiellen Insolvenz zur Abwendung der Stellung des Insolvenzantrags erfolgversprechend sein kann oder jedenfalls nicht aussichtslos ist.[159] Insoweit können zur Aufrechterhaltung des Betriebs insbesondere laufende Wasser-, Strom-, Heizkosten sowie laufende Lohn-, Miet- und Steuerschulden beglichen werden.[160] Auch kommen Zahlungen zur Aufrechterhaltung des Zahlungs-, Kredit- und Leistungsverkehrs in Betracht.[161] Eine Pflicht zur Gleichbehandlung der Gläubiger besteht dabei nicht.[162] Die vorrangige Befriedigung einzelner Gläubiger stellt allerdings keinen rechtfertigenden Zweck dar.[163] Auch Zahlungen, die im Fall späterer Insolvenzeröffnung größere Nachteile von der Masse abwenden, können privilegiert sein.[164]

29 Zielt § 64 darauf ab, das Gesellschaftsvermögen in der Phase materieller Insolvenz nach insolvenzrechtlichen Maßstäben zusammenzuhalten, ist dem Geschäftsführer auch der Einwand eröffnet, die Zahlung wäre bei normalem Lauf auch im Insolvenz-

153 *Haas*, in: Baumbach/Hueck, GmbHG, § 64 Rn. 70.
154 *Haas*, in: Baumbach/Hueck, GmbHG, § 64 Rn. 72.
155 *Casper*, in: Ulmer/Habersack/Winter, GmbHG, Ergänzungsband MoMiG, § 64 Rn. 89.
156 BGH, GmbHR 2008, 142, 143; OLG Hamburg, NZG 2010, 1225, 1226; *K. Schmidt*, in: Scholz, GmbHG, § 64 Rn. 41; *Haas*, in: Baumbach/Hueck, GmbHG, § 64 Rn. 73; *Altmeppen*, in: Roth/Altmeppen, GmbHG, § 64 Rn. 20; *Kleindiek*, in: Lutter/Hommelhoff, GmbHG, § 64 Rn. 12.
157 Nach OLG Hamburg, NZG 2010, 1225, 1226 müssen die Sanierungsbemühungen in der Regel innerhalb der 3-Wochenfrist abgeschlossen sein; bei Vorliegen besonderer Umstände komme aber eine maßvolle Verlängerung in Betracht.
158 *K. Schmidt*, in: Scholz, GmbHG, § 64 Rn. 41.
159 Vgl. auch *Haas*, in: Baumbach/Hueck, GmbHG, § 64 Rn. 73.
160 OLG Hamburg, NZG 2010, 1225, 1226; OLG Celle, GmbHR 2008, 101, 102; OLG Schleswig, ZInsO 2007, 948, 950; OLG Düsseldorf, NZG 1999, 1066, 1068; *Haas*, in: Baumbach/Hueck, GmbHG, § 64 Rn. 73; *K. Schmidt*, in: Scholz, GmbHG, § 64 Rn. 41. Vgl. aber auch OLG Dresden, GmbHR 2005, 173, 174.
161 So *Kleindiek*, in: Lutter/Hommelhoff, GmbHG, § 64 Rn. 12.
162 *Haas*, in: Baumbach/Hueck, GmbHG, § 64 Rn. 73; *Kleindiek*, in: Lutter/Hommelhoff, GmbHG, § 64 Rn. 12.
163 *Haas*, in: Baumbach/Hueck, GmbHG, § 64 Rn. 73.
164 BGH, GmbHR 2008, 142, 143; *Kleindiek*, in: Lutter/Hommelhoff, GmbHG, § 64 Rn. 12; *K. Schmidt*, in: Scholz, GmbHG, § 64 Rn. 41.

fall als Masseschuld beglichen worden.[165] Der Geschäftsführer darf nicht für Zahlungen haften, die insbesondere z.B. in der Phase einer vorläufigen Insolvenzverwaltung die Masse geschmälert hätten.[166] Die Schwierigkeit besteht in der Abgrenzung der Bestimmung des hypothetischen Verlaufs. Keinesfalls darf der Geschäftsführer sein Geschäftsleiterermessen an die Stelle des insolvenzrechtlichen Ermessens des Verwalters setzen.[167] Insoweit geht die Ansicht zu weit, die allgemein Zahlungen privilegiert, die ein besonnener Insolvenzverwalter vorgenommen hätte.[168] Eine allgemeine selbständige Befugnis des Geschäftsführers, die Gesellschaft im Gläubigerinteresse weiterzuführen, gibt es nicht.[169]

30 Grundsätzlich haftet der Geschäftsführer für Zahlungen unabhängig davon, ob die Gesellschaft zur Vornahme der Zahlung verpflichtet ist. Insoweit setzt sich das Zahlungsverbot im Ergebnis gegen Zahlungspflichten der Gesellschaft durch. Eine Pflichtenkollision ergibt sich aber, wenn das Gesetz für den Fall materieller Insolvenz Zahlungspflichten vorsieht, für die der Geschäftsführer persönlich haftet. Zu entscheiden ist dann, welche Norm sich durchsetzt. Dies betrifft zunächst die strafbewehrte (§ 266a StGB) Pflicht zur Abführung der Arbeitnehmeranteile zur Sozialversicherung. § 266a StGB ist Schutzgesetz gemäß § 823 Abs. 2 BGB, sodass sich der Geschäftsführer zwischen einer sich daraus oder aus § 64 Satz 1 ergebenden Haftung entscheiden müsste. Der BGH löst die Kollision zugunsten der Abführungspflicht auf, indem er entsprechende Zahlungen als mit der Sorgfalt eines ordentlichen Geschäftsmannes vereinbar ansieht.[170] Obwohl der BGH in Strafsachen innerhalb der 3-Wochenfrist des § 15a Abs. 1 InsO einen Rechtfertigungsgrund annimmt und eine Strafbarkeit verneint[171], ist Satz 2 nach Ansicht des 2. Zivilsenates bereits innerhalb dieser Insolvenzantragspflicht anwendbar.[172] Diese Grundsätze gelten wegen des fortbestehenden und mit Blick auf die Bemessung einer Strafe bzw. Straffreiheit rechtlich relevanten Interessenkonfliktes auch für die Nachzahlung von Rückständen, obwohl der Geschäftsführer schon mit der Nichtabführung der laufenden Steuer den Tatbestand der Ordnungswidrigkeit erfüllt und sich persönlich ersatzpflichtig

---

165 So mit Recht *K. Schmidt*, in: Scholz, GmbHG, § 64 Rn. 42.

166 *K. Schmidt*, in: Scholz, GmbHG, § 64 Rn. 42 mit Beispielen.

167 Vgl. OLG Hamburg, GmbHR 2007, 1037, 1040; *K. Schmidt*, in: Scholz, GmbHG, § 64 Rn. 42; *Haas*, in: Baumbach/Hueck, GmbHG, § 64 Rn. 73.

168 Vgl. dazu *Casper*, in: Ulmer/Habersack/Winter, GmbHG, Ergänzungsband MoMiG, § 64 Rn. 93.

169 Vgl. so wohl *Nerlich*, in: Michalski, GmbHG, § 64 Rn. 46; vgl. auch *Altmeppen*, in: Roth/Altmeppen, GmbHG, § 64 Rn. 20.

170 BGH, Urt. v. 25.1.2011 – II ZR 196/09, juris Rn. 18; BGH, ZIP 2007, 1265, 1266.

171 BGH, ZIP 2005, 1678, 1679.

172 Vgl. BGH, Urt. v. 25.1.2011 – II ZR 196/09, juris Rn. 11 ff., der auf den Zeitpunkt des Eintritts der Insolvenzreife abstellt; *K. Schmidt*, in: Scholz, GmbHG, § 64 Rn. 40; *Casper*, in: Ulmer/Habersack/Winter, GmbHG, Ergänzungsband MoMiG, § 64 Rn. 97; a.A. *Kolmann*, in: Saenger/Inhester, GmbHG, § 64 Rn. 43: Keine Rechtfertigung nach Ablauf der 3-Wochenfrist.

gemacht hat.[173] Die Zahlung von Arbeitgeberbeiträgen zur Sozialversicherung nach Insolvenzreife ist nicht nach Satz 2 gerechtfertigt.[174] Auch mit Blick auf die Haftung des Geschäftsführers für die schuldhafte Verletzung von Pflichten aus dem Steuerverhältnis aus §§ 34, 69 AO sieht der BGH entsprechend vorzunehmende Zahlungen einschließlich der von Rückständen als privilegiert an; dies jedenfalls insoweit, als die entsprechenden Pflichten wie die zur Abführung von Lohn- und Umsatzsteuer bußgeldbewehrt[175] sind.[176] Auch hier wendet der BGH Satz 2 bereits innerhalb der 3-Wochenfrist des § 15a Abs. 1 InsO an.[177] Der BGH rekurriert schließlich mit Blick auf § 266 StGB auch in dem Fall einer Zweckabrede für der Gesellschaft zur Verfügung gestellte Mittel auf Satz 2.[178] Erwogen wird die Anwendbarkeit des Satz 2 darüber hinaus auch für den Fall des Unterlassens des noch möglichen Widerrufs einer vor Eintritt der Insolvenzreife auf dem Konto der Gesellschaft eingereichten Lastschrift mit Verweis auf die mögliche persönliche Haftung des Geschäftsführers gegenüber dem betroffenen Gläubiger aus § 826 BGB.[179]

IV. Zeitlicher Bezugspunkt (Zahlungsunfähigkeit, Überschuldung)

31 Die nicht privilegierte Zahlung muss nach Eintritt der Zahlungsunfähigkeit der Gesellschaft oder nach Feststellung ihrer Überschuldung geleistet worden sein. Auf den Ablauf der Insolvenzantragsfrist (§ 15a InsO) kommt es nicht an.[180] Leistungszeitpunkt ist der Zeitpunkt des zugrunde liegenden Verhaltens des Geschäftsführers, der Eintritt der Erfüllungswirkung ist unerheblich.[181] Zahlungsunfähigkeit ist definiert in § 17 Abs. 2 InsO. Zeitlicher Bezugspunkt ist ihr Eintritt, der vorliegt, sobald ihr Tatbestand objektiv erfüllt ist.[182] Überschuldung ist definiert in § 19 Abs. 2 InsO und insoweit auch abhängig von dessen jeweils geltender Fassung.[183] Für die Überschuldung kommt es trotz des insoweit irreführenden Wortlauts (»Feststellung«) ebenfalls auf den Zeitpunkt an, in dem der Tatbestand der Überschuldung objektiv

---

173 BGH, Urt. v. 25.1.2011 – II ZR 196/09, juris Rn. 18; a.A. *Kolmann*, in: Saenger/Inhester, GmbHG, § 64 Rn. 43.

174 BGH, NZG 2009, 913, 913.

175 Für eine Differenzierung danach, ob die Pflicht straf- oder bußgeldbewehrt ist, *Casper*, in: Ulmer/Habersack/Winter, GmbHG, Ergänzungsband MoMiG, § 64 Rn. 98.

176 BGH, Urt. v. 25.1.2011 – II ZR 196/09, juris Rn. 11 ff.; BGH, ZIP 2007, 1265, 1266; a.A. zu Rückständen *Kolmann*, in: Saenger/Inhester, GmbHG, § 64 Rn. 43.

177 BGH, Urt. v. 25.1.2011 – II ZR 196/09, juris Rn. 29. Vgl. zur Frage der steuerrechtlichen Haftung im Zeitraum der Insolvenzantragspflicht BFH, ZIP 2009, 122, 123 wohl entgegen zuvor BFH, ZIP 2007, 1604, 1606 f. Vgl. *K. Schmidt*, in: Scholz, GmbHG, § 64 Rn. 40.

178 Ablehnend zu recht *Kleindiek*, in: Lutter/Hommelhoff, GmbHG, § 64 Rn. 13.

179 *Haas*, in: Baumbach/Hueck, GmbHG, § 64 Rn. 80.

180 BGH, WM 2009, 851, 851; *Altmeppen*, in: Roth/Altmeppen, GmbHG, § 64 Rn. 6.

181 BGH, GmbHR 2009, 654, 654; *K. Schmidt*, in: Scholz, GmbHG, § 64 Rn. 34.

182 *K. Schmidt*, in: Scholz, GmbHG, § 64 Rn. 35.

183 *K. Schmidt*, in: Scholz, GmbHG, § 64 Rn. 36.

verwirklicht ist.[184] Mit Blick auf eine Prüfung der positiven Fortbestehensprognose wird dem Geschäftsführer ein Beurteilungsspielraum zugebilligt.[185]

V. Verschulden

32 Subjektiv setzt der Haftungstatbestand des Satz 1 Verschulden des Geschäftsführers voraus. Nach BGH und h.M. genügt, wenn dem Geschäftsführer hinsichtlich sämtlicher anspruchsbegründender Tatsachen mindestens Fahrlässigkeit zur Last fällt.[186] Wie im Rahmen des Satz 2 wird das Verschulden vermutet.[187] Ist der objektive Tatbestand des Satz 1 erfüllt, hat der Geschäftsführer sich zu exkulpieren, also darzulegen und zu beweisen, dass er mit Blick auf sämtliche den jeweiligen Tatbestandsmerkmalen zugrunde liegenden Tatsachen die Sorgfalt eines ordentlichen Geschäftsmannes beachtet hat.[188]

33 Verschulden setzt insbesondere hinsichtlich Zahlungsunfähigkeit und Überschuldung deren – ebenfalls vermutete – Erkennbarkeit für einen Geschäftsführer voraus.[189] Damit ein Geschäftsführer eine (objektiv) erkennbare Zahlungsunfähigkeit oder Überschuldung auch rechtzeitig erkennen kann, obliegt ihm die Pflicht zur beständigen wirtschaftlichen Selbstkontrolle.[190] Die Vereinbarung einer internen Ressortaufteilung entbindet den danach nicht zuständigen Geschäftsführer nicht von seiner eigenen Verantwortung für die Erfüllung der Pflichten aus § 64.[191] Allgemein sind zunächst eine wechselseitige Kontrolle sowie die ordnungsgemäße Überwachung durch den betreffenden Ressortgeschäftsführer zu gewährleisten.[192] Mit Eintritt der Krise aktualisiert sich die Mitverantwortung der nicht zuständigen Geschäftsführer für das Verhalten des zuständigen Geschäftsführers. Sie haben ihn zu überwachen

---

184 *K. Schmidt*, in: Scholz, GmbHG, § 64 Rn. 36: Noch bedingt durch den bis 1986 geltenden Überschuldungsbegriff, der allgemein auf die bilanzielle Feststellung abstellte; *Wicke*, GmbHG, § 64 Rn. 20; *Altmeppen*, in: Roth/Altmeppen, GmbHG, § 64 Rn. 6.

185 OLG Schleswig, GmbHR 2010, 864, 865.

186 BGHZ 126, 181, 199; BGHZ 75, 97, 111; OLG Celle, GmbHR 2008, 1034, 1035; *Haas*, in: Baumbach/Hueck, GmbHG, § 64 Rn. 84; *K. Schmidt*, in: Scholz, GmbHG, § 64 Rn. 46; *Kleindiek*, in: Lutter/Hommelhoff, GmbHG, § 64 Rn. 14. A.A. (positive Kenntnis des Geschäftsführers von der Insolvenzreife erforderlich): *Schulze-Osterloh*, AG 1984, 141, 144; OLG Düsseldorf, ZIP 1985, 876, 886 zu § 92 Abs. 3 AktG a.F.

187 BGH, ZIP 2007, 1265, 1266; *Kleindiek*, in: Lutter/Hommelhoff, GmbHG, § 64 Rn. 14; *K. Schmidt*, in: Scholz, GmbHG, § 64 Rn. 47.

188 Vgl. *Haas*, in: Baumbach/Hueck, GmbHG, § 64 Rn. 84.

189 BGHZ 143, 184, 185; *Kleindiek*, in: Lutter/Hommelhoff, GmbHG, § 64 Rn. 14; *K. Schmidt*, in: Scholz, GmbHG, § 64 Rn. 36.

190 BGH, ZIP 2007, 1265, 1266; OLG Celle, GmbHR 2008, 1034, 1035; *Haas*, in: Baumbach/Hueck, GmbHG, § 64 Rn. 61.

191 BGH, ZIP 1994, 891, 892.

192 OLG Schleswig, EWiR 2008, 49, 50; vgl. aber auch OLG München, EWiR 2008, 275, 276; *Haas*, in: Baumbach/Hueck, GmbHG, § 64 Rn. 62.

und zu kontrollieren, letztlich sogar jede Zahlung zu prüfen.[193] Im Rahmen des Gebotenen und rechtlich Möglichen ist dafür Sorge zu tragen, dass keine Zahlungen mehr erfolgen.[194] Sie haben auf eine Einhaltung des Zahlungsverbotes durch den zuständigen Geschäftsführer gegebenenfalls auch unter Einschaltung der Gesellschafter hinzuwirken.[195] Auch gegenüber dem zuständigen Geschäftsführer besteht eine Verschuldensvermutung, die zur Haftung für Zahlungen eines anderen Geschäftsführers führt, wenn er nicht darlegt und beweist, alles ihm Mögliche zur Verhinderung verbotener Zahlungen unternommen zu haben.[196]

34 Die individuellen Fähigkeiten des jeweiligen Geschäftsführers sind unerheblich, können ihn also nicht entlasten.[197] Erforderlich ist gegebenenfalls die Einholung fachkundigen Rechtsrates.[198] Ist dieser fehlerhaft, entlastet den Geschäftsführer die Einholung nur, wenn der Berater vollständig und umfassend instruiert wurde, der Geschäftsführer sich dem Rat entsprechend verhält und ihm aufgrund einer anzustellenden Plausibilitätskontrolle keine offensichtlichen Unrichtigkeiten hätten auffallen müssen.[199]

VI. Insolvenzeröffnung, Anspruchsentstehung, Auswirkung wirtschaftlicher Genesung

35 Der 2. Senat des BGH hatte in einem früheren Urteil ausgeführt, dass der Erstattungsanspruch aus Satz 1 *grundsätzlich* die Eröffnung eines Insolvenzverfahrens voraussetze, da Satz 1 die Erhaltung der verteilungsfähigen Vermögensmasse einer insolvenzreifen GmbH im Interesse der Gesamtheit ihrer Gläubiger als künftige Insolvenzgläubiger bezwecke; davon geht ein Teil des Schrifttums bis heute aus.[200]

---

193 BGH, ZIP 1994, 891, 892; *Kleindiek*, in: Lutter/Hommelhoff, GmbHG, § 64 Rn. 15; *Haas*, in: Baumbach/Hueck, GmbHG, § 64 Rn. 62.

194 *Haas*, in: Baumbach/Hueck, GmbHG, § 64 Rn. 62.

195 *Haas*, in: Baumbach/Hueck, GmbHG, § 64 Rn. 62.

196 Vgl. BGH, ZIP 1994, 891, 892.

197 *Haas*, in: Baumbach/Hueck, GmbHG, § 64 Rn. 84.

198 OLG Oldenburg, ZInsO 2009, 154, 156; *K. Schmidt*, in: Scholz, GmbHG, § 64 Rn. 46.

199 BGH, ZIP 2007, 1265, 1267; *Haas*, in: Baumbach/Hueck, GmbHG, § 64 Rn. 84.

200 BGH, MDR 2000, 1388, 1389; ebenso, auch nach MoMiG, *Haas*, in: Baumbach/Hueck, GmbHG, § 64 Rn. 12; *Marsch-Barner/Diekmann*, in: MünchHdbGesR, Bd. 3, § 46 Rn. 52; *Kleindiek*, in: Lutter/Hommelhoff, GmbHG, § 64 Rn. 16, der allerdings nur eine sehr geringe praktische Relevanz der Frage sieht; *Nerlich*, in: Michalski, GmbHG, § 64 Rn. 47; vor MoMiG *Fleck*, GmbHR 1974, 224, 230. Vgl. auch *Casper*, in: Ulmer/Habersack/Winter, GmbHG, Ergänzungsband MoMiG, § 64 Rn. 102, der den Anspruch mit der Zahlung entstehen lassen will, ihn aber als bis zur Insolvenzeröffnungsentscheidung gehemmt ansieht.

Dem kann nicht gefolgt werden[201], wie sich nun auch aus jüngeren Entscheidungen des 2. und 9. Senats des BGH ergibt:

36 Der BGH hatte in der früheren Entscheidung anstelle der Insolvenzeröffnung ihre Ablehnung mangels Masse (§ 26 Abs. 1 InsO) mit dem Argument genügen lassen, dass in einem solchen Fall die verhältnismäßige Befriedigung aller Insolvenzgläubiger keine Rolle mehr spiele. Damit hatte er die Begründung für die Statuierung des Tatbestandsmerkmals sogleich selbst wieder zurückgenommen.[202] Dies ist richtig, da die systematische Stellung des § 64 im Anschluss an § 60 Abs. 1 Nr. 5 zeigt, dass die gleichmäßige Befriedigung sämtlicher Gläubiger nicht selbständiger Zweck des Ersatzanspruchs sein kann (Rdn. 3). Dann fragt sich aber, womit die Statuierung einer (ungeschriebenen) Voraussetzung der Insolvenzeröffnungsentscheidung (§ 26 Abs. 1 InsO oder § 27 InsO) gerechtfertigt werden könnte. Teilweise wird die Rechtfertigung aus dem Gläubigerschutzzweck des § 64 hergeleitet. Erst mit einem Eröffnungs- oder, mangels Masse, Abweisungsbeschluss komme es zu einem Insolvenzbeschlag des Vermögens zugunsten der Gläubiger und stelle sich die Frage, ob Befriedigungschancen der Gläubiger verkürzt worden seien.[203] Abgesehen davon, dass die gleichmäßige Gläubigerbefriedigung kein Zweck des § 64 selbst ist, ist diese Ansicht zu formalistisch. Letztlich verlangt diese Ansicht nur, dass in einer verfahrensrechtlichen Entscheidung das Vorliegen der Insolvenzgründe und eine Gefährdung der Gläubiger bestätigt werden. § 64 ist aber eine rein materiell-rechtliche Norm, deren Voraussetzungen sich auch ohne ein solches Verfahren feststellen lassen. Dies zeigt sich insbesondere, wenn ein Insolvenzgrund zunächst vorliegt, dann aber wieder beseitigt werden kann. Es kann hier keinen Unterschied machen, ob es erst gar nicht zu einem Insolvenzantrag kommt oder ob ein solcher bspw. mangels Masse abgelehnt wird und der Insolvenzgrund dann im Liquidationsverfahren[204] beseitigt wird. Systematisch ist darüber hinaus der Zusammenhang des Satzes 1 mit Satz 3 zu berücksichtigen. Jedenfalls Satz 3 verwirklicht den Gläubigerschutz ähnlich wie § 30 Abs. 1 (Rdn. 5) durch eine Sicherung des Haftungsfonds und hat eine gegenständliche Perspektive (Rdn. 4). Bezweckt ist der Schutz des Haftungsfonds in der speziellen Situation der materiellen Insolvenz. Dies gilt aufgrund der Besonderheiten der Situa-

201 Ebenfalls dagegen *Poertzgen*, Organhaftung, S. 220 (§ 5 III 1 a); bzgl. Satz 3 wohl auch *Böcker/Poertzgen*, WM 2007, 1203, 1208; ebenso wohl *K. Schmidt*, in: Scholz, GmbHG, § 64 Rn. 59, obwohl es sich nach dessen Modell bei § 64 um einen Teil eines einheitlichen Haftungstatbestands der Insolvenz*verschleppungs*haftung handelt.

202 Maßgebliches Argument für das Ausreichen der Ablehnungsentscheidung nach § 26 Abs. 1 InsO war für den BGH vielmehr, dass die Haftung erst recht bei solchen besonders krassen Vermögensverschlechterungen eingreifen müsse, vgl. BGH, NJW 2001, 304, 305. Kritisch gegenüber dieser Entscheidung auch *Casper*, in: Ulmer/Habersack/Winter, GmbHG, Ergänzungsband MoMiG, § 64 Rn. 102.

203 *Haas*, in: Baumbach/Hueck, GmbHG, § 64 Rn. 12; *Haas*, GmbHR 2010, 1, 2 ff.

204 Im Liquidationsverfahren ist zudem auch die Pfändung des Ersatzanspruchs nach Satz 1 im Wege der Einzelvollstreckung durch einzelne Gläubiger möglich, vgl. BGH, NJW 2001, 304, 305.

tion der materiellen Insolvenz auch für das Zahlungsverbot des Satzes 1.[205] Auf einen Insolvenzantrag kommt es nicht an, was nun auch rechtssystematisch durch die Verschiebung der Insolvenzantragspflicht in § 15a InsO bestätigt wird (Rdn. 2). Zudem würde andernfalls der präventive Charakter eingeschränkt, der durch die haftungstechnische Verhaltenssteuerung bewirkt werden soll (Rdn. 3).

37 Ohne die Frage zu erörtern hat der 2. Senat des BGH in einer neueren Entscheidung für die Entstehung des Anspruchs aus § 64 unter Verweis auf seine Rechtsprechung zu § 31 Abs. 1 auf den Zeitpunkt der die Masse schmälernden Zahlung abgestellt. Damit verzichtet auch der 2. Zivilsenat des BGH nun offenbar auf das Erfordernis eines Insolvenzantrags.[206] Ausdrücklich hat dies der 9. Zivilsenat nochmals klargestellt.[207]

38 Letztlich dürfte nicht die formale Insolvenzeröffnungsentscheidung, sondern die Frage entscheidend sein, wie es sich auf den Ersatzanspruch auswirkt, wenn im Zeitpunkt seiner Geltendmachung die materielle Insolvenz nachhaltig wieder beseitigt ist.[208] Ein Anspruch nach § 31 Abs. 1 bleibt nach BGH und h.M. bestehen, selbst wenn das Stammkapital auf andere Weise nachhaltig wieder hergestellt sein sollte.[209] Mit Blick auf § 64 könnte so die Präventionswirkung gestärkt werden.[210] Satz 2 ließe Spielraum für mögliche Sanierungsmaßnahmen (Rdn. 28).[211] Andererseits ergäbe sich ein Wertungswiderspruch zum Fall der Insolvenzeröffnung, wenn man anerkennt, dass der Geschäftsführer einen »Rückerstattungsanspruch« gegen die Gesellschaft in Höhe der tatsächlichen Insolvenzquote des durch die verbotene Zahlung befriedigten Gläubigers haben kann (Rdn. 40). Ohne die tatsächliche Durchführung des Insolvenzverfahrens wird man nicht bestimmen können, wie hoch die Insolvenzquote gewesen wäre.[212] Praktisch würde der Geschäftsführer dann im Fall der Wiedergenesung der Gesellschaft schlechter stehen als im Fall der Insolvenzeröffnung oder ihrer Ablehnung mangels Masse, da er letztlich den gesamten Betrag zu erstatten hätte. Dies

---

205 Ebenso wertet *Haas*, in: Baumbach/Hueck, GmbHG, § 64 Rn. 12 u. 15 die Entscheidung des BGH. Dagegen nehmen verbreitet auch diejenigen, die die Insolvenzeröffnung als Voraussetzung des Erstattungsanspruchs ansehen, einen Verjährungsbeginn mit Vornahme der Zahlung an, vgl. nur *Kleindiek*, in: Lutter/Hommelhoff, GmbHG, § 64 Rn. 33. Dann würde der Verjährungsbeginn aber vor dem Zeitpunkt der Anspruchsentstehung liegen. Für die Konstruktion einer auflösenden Bedingung gibt es dagegen keine Grundlage.

206 Dennoch an der Gegenansicht festhaltend *Haas*, in: Baumbach/Hueck, GmbHG, § 64 Rn. 12.

207 BGH, NZI 2011, 73, der dies auch als herrschende Meinung bezeichnet.

208 Vgl. zu Satz 3 im Sinne eines Korrektivs *Böcker/Poertzgen*, WM 2007, 1203, 1208.

209 BGH, GmbHR 2000, 771, 772; *Wicke*, GmbHG, § 31 Rn. 2.

210 Für einen Wegfall des Ersatzanspruchs durch nachhaltige wirtschaftliche (Wieder)Gesundung hingegen wohl *Haas*, in: Baumbach/Hueck, GmbHG, § 64 Rn. 67.

211 Vgl. *K. Schmidt*, in: Scholz, GmbHG, § 64 Rn. 37.

212 Vgl. *Altmeppen*, in: Roth/Altmeppen, GmbHG, § 64 Rn. 15; *Haas*, in: Baumbach/Hueck, GmbHG, § 64 Rn. 88.

spricht dafür, den der Berücksichtigung der Insolvenzquote zugrunde liegenden Gedanken auch bei nachhaltiger Beseitigung der materiellen Insolvenz anzuwenden. Dieser besteht darin, dass der Geschäftsführer die Rolle desjenigen Gläubigers bekommen muss, den er unter Verstoß gegen Satz 1 befriedigt hat.[213] Übertragen auf den Fall der Wiedergenesung bedeutet dies: Die auch ohne nachfolgende Insolvenzeröffnungsentscheidung entstehende Haftung des Geschäftsführers würde ausgeglichen, (i) wenn die materielle Insolvenz nachhaltig beseitigt wird und (ii) soweit der unter Verstoß gegen Satz 1 befriedigte Gläubiger im normalen Geschäftsverlauf endgültig befriedigt worden wäre. Folgt man auch hier der Konstruktion des BGH zur Berücksichtigung der Insolvenzquote (Rdn. 40)[214], könnte der Geschäftsführer mit einem entsprechenden Einwand nicht den Anspruch aus Satz 1 vernichten, sondern wäre auf eine Rückforderung von der Gesellschaft verwiesen.

VII. Inhalt der Ersatzpflicht

39 Der Ersatzanspruch geht auf den Ersatz des unter Verstoß gegen Satz 1 gezahlten Betrags abzüglich etwaiger mindernd zu berücksichtigender Vorteile, insbesondere einer Gegenleistung.[215] Für die Verzinsung gelten die allgemeinen Regeln (Verzug). Da der Geschäftsführer nicht zugleich Empfänger der Zahlung ist, finden § 143 Abs. 1 Satz 2 InsO, § 849 BGB und § 286 Abs. 2 Nr. 4 BGB keine Anwendung bzw. bringen kein anderes, besonderes Ergebnis.[216]

40 BGH und h.M. gehen davon aus, dass der Geschäftsführer nicht anspruchsmindernd gelten machen kann, dass der unter Verstoß gegen Satz 1 konkret befriedigte Gläubiger zumindest die Insolvenzquote erhalten hätte.[217] Hintergrund ist, dass die Insolvenzquote erst nach Durchführung des Insolvenzverfahrens feststeht und der Geschäftsführer dann entgegen dem Zweck des § 64 erst anschließend in Anspruch genommen werden könnte.[218] Im Ergebnis muss aber die Besserstellung der Masse zu Lasten des Geschäftsführers verhindert werden. Deshalb tritt der Geschäftsführer nach Erfüllung seiner Haftungsverbindlichkeit an die Stelle des befriedigten Gläubigers und kann einen Anspruch in der Höhe und dem Rang gegen die Masse geltend machen, die bzw. der auch für den Anspruch des befriedigten Gläubigers gegolten

---

213 So *Altmeppen*, in: Roth/Altmeppen, GmbHG, § 64 Rn. 16.
214 Vgl. nur BGH, GmbHR 2001, 190, 194.
215 BGH, NJW 1974, 1088, 1089; vgl. auch BGH, NJW 2003, 2316, 2317; *Haas*, in: Baumbach/Hueck, GmbHG, § 64 Rn. 85.
216 *Kleindiek*, in: Lutter/Hommelhoff, GmbHG, § 64 Rn. 18.
217 BGH, ZIP 2007, 1501, 1501; *Altmeppen*, in: Roth/Altmeppen, GmbHG, § 64 Rn. 15. A.A. auf der Grundlage ihres jeweiligen Normverständnisses *K. Schmidt*, in: Scholz, GmbHG, § 64 Rn. 57: Gegenbeweis zulässig; *Altmeppen*, in: Roth/Altmeppen, GmbHG, § 64 Rn. 31: Verlustausgleichsanspruch.
218 Vgl. *Haas*, in: Baumbach/Hueck, GmbHG, § 64 Rn. 88.

hätte.[219] Begründet wird dies verbreitet mit einer Analogie zu § 144 Abs. 1 InsO.[220] Nach der Rechtsprechung soll dem Geschäftsführer die Geltendmachung eines solchen Anspruchs von Amts wegen im Urteil vorzubehalten sein.[221]

41 Eine unter Verstoß gegen Satz 1 erfolgte Zahlung löst häufig nicht nur einen Ersatzanspruch gegen den Geschäftsführer, sondern auch einen Anfechtungsanspruch nach §§ 129 ff. InsO gegen den Gläubiger aus, der die Zahlung empfangen hat. Die Haftung des Geschäftsführers nach Satz 1 ist aber nicht subsidiär gegenüber den Anfechtungsregeln oder einem konkreten Anfechtungsanspruch und besteht unabhängig davon.[222] Im Ergebnis steht also dem Insolvenzverwalter das Wahlrecht zu, gegen wen er insbesondere aufgrund besserer Erfolgsaussichten vorgeht.[223] Hat der Insolvenzverwalter ein Anfechtungsrecht noch nicht ausgeübt, steht dem Geschäftsführer kein Leistungsverweigerungsrecht zu.[224]

42 Der Geschäftsführer kann Zug um Zug gegen Erfüllung seiner Verbindlichkeit aus Satz 1 aus § 255 BGB die Abtretung von Ersatzansprüchen verlangen, die der Gesellschaft gegen den befriedigten Gläubiger aus der Zahlung zustehen.[225]

VIII. Darlegungs- und Beweislast

43 Die Darlegungs- und Beweislast für das Vorliegen einer Zahlung zu einem Zeitpunkt, in dem die Gesellschaft zahlungsunfähig oder überschuldet war, obliegt der Gesellschaft.[226] Mit Blick auf eine Überschuldung gemäß § 19 InsO in der bis zum 17.10.2008 geltenden Fassung trägt allerdings der Geschäftsführer die Darlegungs- und Beweislast für eine positive Fortbestehensprognose.[227] Vom Geschäftsführer sind die Privilegierung nach Satz 2, die Exkulpation sowie behauptete Vorteile für die Masse, die die Haftung für die Summe der einzelnen Zahlungen mindern, darzule-

---

219 BGH, GmbHR 2001, 190, 194; OLG Jena, ZIP 2002, 986, 987; vgl. auch *Haas*, in: Baumbach/Hueck, GmbHG, § 64 Rn. 88.

220 Vgl. *Haas*, in: Baumbach/Hueck, GmbHG, § 64 Rn. 88; *Kleindiek*, in: Lutter/Hommelhoff, GmbHG, § 64 Rn. 19.

221 BGH, BB 2005, 1869, 1871; OLG Jena, ZIP 2002, 986, 986; ebenso *Kleindiek*, in: Lutter/Hommelhoff, GmbHG, § 64 Rn. 15. A.A. *Haas*, in: Baumbach/Hueck, GmbHG, § 64 Rn. 88: Vorbehalt nicht erforderlich, da Anspruch des Geschäftsführers erst mit Erfüllung entstehe und daher für Haftungsprozess bedeutungslos sei, anders ggf. bei § 259 ZPO.

222 BGH, BB 1996, 499, 500; *Haas*, in: Baumbach/Hueck, GmbHG, § 64 Rn. 86.

223 *Haas*, in: Baumbach/Hueck, GmbHG, § 64 Rn. 86.

224 OLG Oldenburg, GmbHR 2004, 1014, 1015; *Haas*, in: Baumbach/Hueck, GmbHG, § 64 Rn. 86. A.A. OLG Hamm, GmbHR 1993, 584, 585. Vgl. zu der Frage auch BGH, BB 1996, 499, 500.

225 *Kleindiek*, in: Lutter/Hommelhoff, GmbHG, § 64 Rn. 19; *Haas*, in: Baumbach/Hueck, GmbHG, § 64 Rn. 87 für noch nicht eingezogene Anfechtungsansprüche mit Verweis auf OLG Oldenburg, GmbHR 2004, 1014, 1015.

226 BGH, GmbHR 2005, 1117, 1121; *K. Schmidt*, in: Scholz, GmbHG, § 64 Rn. 60.

227 BGH, DStR 2011, 130, 131.

gen und zu beweisen.[228] Geschäftsführer haben zur Ermöglichung ihrer Verteidigung ein begrenztes Einsichtsrecht in die Bücher der Gesellschaft.[229]

IX. Anspruchsinhaber, Zuständigkeit

44 Anspruchsinhaber ist die Gesellschaft.[230] Nach Eröffnung des Insolvenzverfahrens ist der Insolvenzverwalter gemäß § 80 InsO für die Geltendmachung des Anspruchs gegen den Geschäftsführer zuständig.[231] Außerhalb eines Insolvenzverfahrens, d.h. vor einer Insolvenzeröffnungsentscheidung oder im Fall der Ablehnung der Eröffnung mangels Masse, bleibt es bei der organschaftlichen Vertretung.[232] Praktisch dürfte es deshalb solange nicht zu einer Geltendmachung kommen, wie der pflichtige Geschäftsführer daran mitwirken muss. Allerdings steht es den Gläubigern offen, außerhalb eines Insolvenzverfahrens, auch nach Ablehnung der Insolvenzeröffnung mangels Masse, im Wege der Einzelzwangsvollstreckung in den Anspruch zu vollstrecken.[233] Soweit eine Geltendmachung für die Gesellschaft durch einen Geschäftsführer oder einen Liquidator in Frage steht[234], stellt sich die Frage, ob über die Geltendmachung gemäß § 46 Nr. 8 die Gesellschafterversammlung zu entscheiden hat. Gegen die Geltung des § 46 Nr. 8 für Ansprüche aus Satz 1 spricht, dass der Anspruch wegen des Gläubigerschutzcharakters nicht zur Disposition der Gesellschafter stehen darf.[235]

C. Haftung nach § 64 Satz 3

I. Grundlagen

1. Systematische Bedeutung des Satz 1 für die Auslegung

45 Der Gesetzgeber hat sich bei Schaffung der Zahlungsunfähigkeitsverursachungshaftung nach Satz 3 mit der Verortung in § 64 und der Verwendung der Begriffe aus Satz 1 (Geschäftsführer, Zahlung, Zahlungsunfähigkeit) sowie mit dem Verweis auf Satz 2 an die Regelung in Satz 1 angelehnt. Dennoch dürfen die Auslegungsergebnisse zu Satz 1 nicht unbesehen für Satz 3 übernommen werden. Satz 3 unterscheidet sich in drei wesentlichen Punkten von Satz 1: (i) Satz 3 ist nur auf die Zahlungsunfä-

228 *K. Schmidt*, in: Scholz, GmbHG, § 64 Rn. 60.
229 BGH, GWR 2010, 356, 356.
230 *K. Schmidt*, in: Scholz, GmbHG, § 64 Rn. 59.
231 BGH, GmbHR 2000, 1149, 1150; *Casper*, in: Ulmer/Habersack/Winter, GmbHG, Ergänzungsband MoMiG, § 64 Rn. 103; *K. Schmidt*, in: Scholz, GmbHG, § 64 Rn. 58: nicht § 92 InsO, der Anspruch gehört zur Insolvenzmasse.
232 *K. Schmidt*, in: Scholz, GmbHG, § 64 Rn. 58.
233 BGH, GmbHR 2000, 1149, 1150; *Casper*, in: Ulmer/Habersack/Winter, GmbHG, Ergänzungsband MoMiG, § 64 Rn. 103.
234 Für den Insolvenzverwalter gilt § 46 Nr. 8 nicht, *Haas*, in: Baumbach/Hueck, GmbHG, § 64 Rn. 15.
235 *Haas*, in: Baumbach/Hueck, GmbHG, § 64 Rn. 15.

higkeit bezogen, nicht auf die Überschuldung; (ii) Satz 3 verlangt die »Herbeiführung« der Zahlungsunfähigkeit durch die Zahlung und lässt nicht eine Zahlung im Stadium der Zahlungsunfähigkeit genügen; (iii) Satz 3 erfasst nur Zahlungen an Gesellschafter, nicht auch an andere Gläubiger.

46 Daraus ergibt sich Folgendes: Satz 3 zielt anders als Satz 1 speziell auf einen Liquiditätsschutz, da Zahlungen anders als nach Satz 1 nur relevant sind, wenn sie sich auf die Zahlungsfähigkeit auswirken können. Den Gesellschaftern wird im Vergleich zu sonstigen Gläubigern bereits im vorinsolvenzlichen Stadium eine besondere Verantwortung auferlegt. Vor diesem Hintergrund muss Satz 3 zunächst aus sich heraus ausgelegt werden. Erst anschließend können die Ergebnisse unter Berücksichtigung der konzeptionellen Unterschiede mit Satz 1 verprobt werden. Die Bedeutung des Satz 1 für Satz 3 ist insoweit nachrangig.

2. Zahlungen auf fällige und durchsetzbare Gesellschafterforderungen

47 Kontrovers diskutiert wird insbesondere, ob fällige und durchsetzbare Ansprüche des Gesellschafters gegen die Gesellschaft bei der Prüfung der Zahlungsunfähigkeit berücksichtigt werden müssen. Nach allgemeinen Regeln ist dies grundsätzlich der Fall.[236] Bestimmte man den Begriff der Zahlungsunfähigkeit auch in Satz 3 – wie auch in Satz 1 – nach allgemeinen Regeln und stellte man fällige und durchsetzbare Gesellschafterforderungen in den Liquiditätsstatus ein, könnten Zahlungen auf diese Ansprüche die Zahlungsunfähigkeit *per definitionem* grundsätzlich nicht auslösen, da mit dem Mittelabfluss gleichzeitig entsprechend der Bestand der relevanten Verbindlichkeiten abnimmt. Eine Ausnahme bestünde nur in dem Fall, dass durch die Zahlung des vollen Forderungsbetrags aus einer unwesentlichen eine wesentliche Deckungslücke würde.[237] Im Übrigen wäre der Anwendungsbereich des Satz 3 auf Fälle offener oder verdeckter Ausschüttungen beschränkt, könnte aber auch hier leicht durch eine (auch konkludente) Vereinbarung über die Fälligkeit der Ausschüttung ausgehebelt werden.[238]

---

236 Siehe Vor § 64 Rn. 7.

237 Vereinfachtes Beispiel: Verbindlichkeiten von 100 stehen liquide Mittel von 91 gegenüber (Keine Zahlungsunfähigkeit wegen nur unwesentlicher Unterdeckung von weniger als 10%). Erfüllt der Geschäftsführer nun eine Forderung eines Gesellschafters von 50, stehen Verbindlichkeiten von 50 liquide Mittel von 41 gegenüber. Aus der unwesentlichen Unterdeckung wird eine wesentliche Unterdeckung von über 10%. Durch die Zahlung wird also Zahlungsunfähigkeit herbeigeführt. Siehe dazu *Haas*, in: Baumbach/Hueck, GmbHG, § 64 Rn. 99; *Haas*, GmbHR 2010, 1, 6.

238 Siehe *K. Schmidt*, in: Scholz, GmbHG, § 64 Rn. 77 Fn. 7.

48 Eine Ansicht will einen solchen beschränkten Anwendungsbereich hinnehmen.[239] Eine zweite Ansicht will zur Erweiterung des Anwendungsbereichs den Zahlungsbegriff gegenüber Satz 3 weiter auslegen. Nicht nur die Weggabe von Aktiva, sondern auch sonstige Einwirkungen auf die Zahlungsfähigkeit sollen als Zahlung anzusehen sein.[240] Bereits vor der »Krise« begründete, nun fällige und durchsetzbare Gesellschafterforderungen dürften in der »Krise« erfüllt werden und seien bei der Beurteilung der Zahlungsunfähigkeit zu berücksichtigen. In der »Krise« dürften aber keine weiteren Forderungen mehr begründet werden. Eine dritte Ansicht lässt fällige und durchsetzbare Gesellschafterforderungen hingegen bei der Beurteilung der Frage, ob eine Zahlung zur Zahlungsunfähigkeit führt, gänzlich unberücksichtigt.[241] Das Zahlungsverbot des Satz 3 soll so auch für Zahlungen auf fällige und durchsetzbare Gesellschafterforderungen gelten.

49 Die von der zweiten Ansicht befürwortete Erstreckung des Zahlungsbegriffs auf die Begründung einer Forderung gerät in Konflikt mit dem Wortlaut (Zahlung) und erfasst wie die zuerst genannte enge Ansicht nicht Zahlungen auf fällige und durchsetzbare Forderungen in der »Krise«, wenn diese vor der »Krise« begründet wurden.[242] Das ist nicht überzeugend, weshalb der dritten Ansicht zu folgen ist. Für die ersten beiden Ansichten lässt sich nicht § 30 Abs. 1 Satz 3 anführen, wonach Gesellschafterdarlehen auch dann zurück gezahlt werden dürfen, wenn sie eigenkapitalersetzende Funktion haben.[243] Auf der nachinsolvenzlichen Seite steht dem die Wertung des § 39 Abs. 1 Nr. 5 InsO gegenüber, wonach Gesellschafterdarlehen in der Insolvenz nachrangig sind.[244] Der Insolvenzanfechungstatbestand des § 135 InsO zeigt, dass diese Wertung auch Bedeutung für den vorinsolvenzlichen Bereich haben kann. Die entscheidende Frage ist also, wo Satz 3 in diesem Spannungsfeld zu verorten ist. Für die Maßgeblichkeit der insolvenzrechtlichen Wertungen spricht, dass Satz 3 gerade Zahlungen betrifft, die tatbestandlich unmittelbar mit der Insolvenz verknüpft sein müssen. Der Nachrang der Gesellschafter ist mit der im Vergleich zu Satz 1 bestehenden Beschränkung auf Zahlungen an Gesellschafter in der Norm selbst angedeutet. Darüber hinaus kann Satz 3 die ihm zugedachte Funktion, das mit der Unternehmergesellschaft (haftungsbeschränkt) abgesenkte Gläubigerschutzniveau

---

239 So generell OLG München, BB 2010, 1880, 1881; *Altmeppen*, in: Roth/Altmeppen, GmbHG, § 64 Rn. 61 ff., 64, jeweils unter Ausblendung auch des Ausnahmefalls und damit wohl die Anwendbarkeit auf jegliche Zahlungen auf Gesellschafterforderungen verneinend; *Desch/Bunnemann*, BB 2008, 1880, 1881 unter Berücksichtigung des Ausnahmefalls.

240 *Haas*, in: Baumbach/Hueck, GmbHG, § 64 Rn. 99; *Haas*, GmbHR 2010, 1, 6.

241 So wohl OLG Stuttgart, Beschl. v. 14.4.2009 – 1 Ws 32/09, juris Rn. 27 f. (im Rahmen einer Strafbarkeitsprüfung); *Spliedt*, ZIP 2009, 149, 159f.; *Dahl/Schmitz*, NZG 2009, 567, 569 f.; wohl auch *K. Schmidt*, in: Scholz, GmbHG, § 64 Rn. 77; *Casper*, in: Ulmer/Habersack/Winter, GmbHG, Ergänzungsband MoMiG, § 64 Rn. 114.

242 Auf letzteres weist auch *Casper*, in: Ulmer/Habersack/Winter, GmbHG, Ergänzungsband MoMiG, § 64 Rn. 114, Fn. 390 hin.

243 So *Altmeppen*, in: Roth/Altmeppen, GmbHG, § 64 Rn. 63.

244 *Casper*, in: Ulmer/Habersack/Winter, GmbHG, Ergänzungsband MoMiG, § 64 Rn. 114.

auszugleichen, wirksam nur erfüllen, wenn auch Gesellschafterforderungen erfasst sind. Dies spricht dafür, dass der Gesetzgeber mit Satz 3 entgegen der engen Ansichten auch vor dem Hintergrund des neuen § 30 Abs. 1 Satz 3 eine Art Kompensation vorgesehen hat.[245] Die Berücksichtigung von Gesellschafterforderungen bei der Prüfung der Zahlungsunfähigkeit im Rahmen des Satz 3 führte zu einer fast sinnentleerenden Einschränkung des Anwendungsbereichs.[246]

50 Für die Zahlungsunfähigkeit als Voraussetzung für eine Haftung nach Satz 3 kommt es deshalb darauf an, ob die vorhandenen Mittel der Gesellschaft ausreichen, die Forderungen der *übrigen* Gläubiger zu befriedigen.[247] Fällige und durchsetzbare Gesellschafterforderungen bleiben ausnahmsweise außer Betracht. Satz 3 liegt insoweit ein gegenüber Satz 1 und anderen Vorschriften wie etwa § 15a InsO besonderes Verständnis der Zahlungsunfähigkeit zugrunde.[248] In Satz 3 geht es nicht um die Anknüpfung an ein unabhängiges Merkmal der Zahlungsunfähigkeit, sondern um einen besonderen Liquiditätsschutz zulasten der Gesellschafter durch eine Zahlungsunfähigkeits*verursachungs*haftung.

51 Keine Rolle spielt in diesem Zusammenhang die Diskussion, ob Satz 3 als ungeschriebene Rechtsfolge ein Leistungsverweigerungsrecht der Gesellschaft beinhaltet. Aus einem etwaigen Leistungsverweigerungsrecht nach Satz 3 könnte nicht geschlossen werden, dass Gesellschafterforderungen bei der Prüfung der Zahlungsunfähigkeit für Zwecke des Satz 3 unberücksichtigt bleiben, da dies auf einen Zirkelschluss hinausliefe.[249] Dafür entscheidend sind vielmehr die genannten Besonderheiten des Satz 3. Eine andere Frage ist, ob das Zahlungsverbot, das sich für fällige und durchsetzbare Gesellschafterforderungen auf der Grundlage ihrer Nichtberücksichtigung im Liquiditätsstatus aus Satz 3 ergibt, dazu führt, dass fällige und durchsetzbare Gesellschafterforderungen bei der Prüfung der Zahlungsunfähigkeit auch nach allgemeinen Regeln, also insbesondere im Rahmen des § 15a InsO außer Betracht bleiben.[250] Dann hätte Satz 3 in der Tat eine Verzögerung der Insolvenzantragspflicht und eine Perpetuierung einer Krisenfinanzierung aus Gesellschafterhand zur Folge.[251] Gegen diese Schlussfolgerung spricht, dass dem Zahlungsverbot keine materiellrechtliche Bedeutung zukommt und sowohl Fälligkeit[252] als auch Durchsetzbarkeit der Gesellschafterforderung unberührt bleiben. Dem Zahlungsverbot unterliegt der

245 So *Gehrlein*, BB 2008, 846, 849.
246 So auch *Müller*, in: MünchKommGmbHG, § 64 Rn. 167.
247 *Müller*, in: MünchKommGmbHG, § 64 Rn. 167.
248 Vgl. zum unterschiedlichen Verständnis gegenüber Satz 1 *Müller*, in: MünchKommGmbHG, 2010, § 64 Rn. 167. Vgl. auch *Greulich*, in: Schulze, jurisPR-HaGesR 7/2010 Anm. 3, Anmerkung zum Urteil des OLG München v. 6.5.2010).
249 So zu recht *Desch/Bunnemann*, BB 2010, 1881, 1881. Anders dagegen *Dahl/Schmitz*, NZG 2009, 567, 569.
250 Vgl. dazu Vor § 64 Rdn. 8.
251 Vgl. dazu *Altmeppen*, in: Roth/Altmeppen, GmbHG, § 64 Rn. 63; OLG München, BB 2010, 1880, 1881.
252 Anders zur Fälligkeit wohl *Müller*, in: MünchKommGmbHG, § 64 Rn. 167.

Geschäftsführer im Innenverhältnis zur Gesellschaft.[253] Das Verhältnis der Gesellschaft zum Gesellschafter als Gläubiger bleibt unberührt.

II. Geschäftsführer

52 Hinsichtlich der potentiell Anspruchsverpflichteten gelten für Satz 3 keine Besonderheiten gegenüber Satz 1, sodass auf die dortigen Ausführungen verwiesen werden kann (Rdn. 9 ff.).[254]

III. Zahlungen an Gesellschafter

1. Zahlungsbegriff

53 Wie in Satz 1 gilt auch in Satz 3 grundsätzlich ein weiter Zahlungsbegriff.[255] Erfasst sein können grundsätzlich alle Vermögensabflüsse.[256] Besonderheiten gegenüber Satz 1 ergeben sich im Ergebnis daraus, dass die Zahlung kausal mit der Zahlungsunfähigkeit verknüpft ist. Insoweit kommt es zu Einschränkungen des Haftungstatbestands, die allerdings nicht im Zahlungsbegriff, sondern im Kausalitätserfordernis wurzeln. Praktisch von Interesse sind für den Zahlungsbegriff vor diesem Hintergrund Maßnahmen, die sich auf die Liquidität der Gesellschaft auswirken.[257] Andererseits führt die kausale Verknüpfung mit der Zahlungsunfähigkeit nicht zu einer uferlosen Erweiterung des Zahlungsbegriffs gegenüber Satz 1 im Sinne einer bloßen Zahlungsunfähigkeitsverursachung.[258] Dann hätte es des Merkmals der Zahlung in Satz 3 nicht bedurft. Vielmehr kommt ihm eine eigenständige und damit tendenziell eine die Haftung einschränkende Bedeutung zu. Auch im Rahmen des Satz 3 sind wegen der Wortlautgrenze deshalb weder die Begründung neuer Verbindlichkeiten noch Vermögensminderungen durch reines Unterlassen als Zahlung anzusehen.[259]

---

253 Vgl. *Müller*, in: MünchKommGmbHG, § 64 Rn. 125.

254 *Kleindiek*, in: Lutter/Hommelhoff, GmbHG, § 64 Rn. 23; *K. Schmidt*, in: Scholz, GmbHG, § 64 Rn. 74.

255 *Müller*, in: MünchKommGmbHG, § 64 Rn. 159; *Haas*, in: Baumbach/Hueck, GmbHG, § 64 Rn. 97; *Böcker/Portzgen*, WM 2007, 1203, 1203.

256 Vgl. *Müller*, in: MünchKommGmbHG, § 64 Rn. 159.

257 *Kleindiek*, in: Lutter/Hommelhoff, GmbHG, § 64 Rn. 24; *Müller*, in: MünchKommGmbHG, § 64 Rn. 159.

258 So aber in Ansätzen *Haas*, in: Baumbach/Hueck, GmbHG, § 64 Rn. 99: Zahlung als Einwirkung auf die Zahlungsunfähigkeit.

259 Zur Begründung neuer Verbindlichkeiten: *Kleindiek*, in: Lutter/Hommelhoff, GmbHG, § 64 Rn. 24; *Casper*, in: Ulmer/Habersack/Winter, GmbHG, Ergänzungsband MoMiG, § 64 Rn. 114; *K. Schmidt*, in: Scholz, GmbHG, § 64 Rn. 75; *Knof*, DStR 2007, 1536, 1538; a.A. *Haas*, in: Baumbach/Hueck, GmbHG, § 64 Rn. 99. Zum Unterlassen: *Müller*, in: MünchKommGmbHG, § 64 Rn. 159 u. 135; *Knof*, DStR 2007, 1536, 1538; a.A. *Haas*, in: Baumbach/Hueck, GmbHG, § 64 Rn. 98; *Greulich/Bunnemann*, NZG 2006, 681, 684; einschränkend auch *Casper*, in: Ulmer/Habersack/Winter, GmbHG, Ergänzungsband MoMiG, § 64 Rn. 113.

54 Die Bestellung dinglicher Sicherheiten für Verbindlichkeiten von Gesellschaftern kann eine Zahlung darstellen.[260] Auf die Wahrscheinlichkeit der Inanspruchnahme kommt es nicht an, soweit bereits die Bestellung dazu führt, dass sich die Gesellschaft nicht mehr durch eigene Verwertung des Gegenstandes kurzfristig Zahlungsmittel verschaffen kann.[261] Im Übrigen ist für die Beurteilung der Inanspruchnahme auf den Zeitpunkt der Bestellung abzustellen; die in diesem Zeitpunkt erkennbaren Entwicklungen sind zu berücksichtigen.[262] Die Gewährung von Personalsicherheiten zugunsten des Gesellschafters stellt keine Zahlung dar, da es sich um die Begründung von Verbindlichkeiten handelt.[263]

55 Teilweise wird aus der Beschränkung der möglichen Zahlungsempfänger auf Gesellschafter abgeleitet, dass wie bei § 30 nur Zahlungen erfasst sind, die *causa societatis* erfolgen.[264] Die Gegenansicht lässt sämtliche Zahlungen an Gesellschafter genügen, da es sich bei Satz 3 um eine Norm zum Schutze der Liquidität und nicht des Kapitals handele.[265] Der insolvenzrechtliche Bezug der Vorschrift spricht gegen die Relevanz eines Ausschüttungscharakters der Zahlung, sodass letzterer Ansicht zu folgen ist.

56 Wie auch bei Satz 1 ist entgegen teilweise vertretener Ansicht[266] unerheblich, ob die Gesellschaft zur Zahlung an den Gesellschafter verpflichtet ist, ob also eine grundsätzlich fällige und durchsetzbare Gesellschafterforderung besteht.[267] Dies gilt unabhängig davon, ob sie dem Kleinstbeteiligungs- oder dem Sanierungsprivileg unterfallen.[268] Der Rechtsgrund für die Zahlung an den Gesellschafter ist grundsätzlich unerheblich.[269] Auch die Zahlung von Nutzungsentgelt an Gesellschafter ist erfasst, kann aber im Rahmen des Satzes 2 privilegiert sein.[270]

---

260 *Haas*, in: Baumbach/Hueck, GmbHG, § 64 Rn. 98; *K. Schmidt*, in: Scholz, GmbHG, § 64 Rn. 75; *Müller*, in: MünchKommGmbHG, § 64 Rn. 159.

261 Vgl. *Müller*, in: MünchKommGmbHG, § 64 Rn. 159; *Cahn*, Der Konzern 2009, 7, 10; anders *Kleindiek*, in: Lutter/Hommelhoff, GmbHG, § 64 Rn. 24: nur unter der Voraussetzung, dass die Inanspruchnahme wahrscheinlich ist.

262 *Greulich/Bunnemann*, NZG 2006, 681, 684.

263 *Müller*, in: MünchKommGmbHG, § 64 Rn. 159; a.A. *Cahn*, Der Konzern 2009, 7, 9 f.

264 *Altmeppen*, in: Roth/Altmeppen, GmbHG, § 64 Rn. 61 u. 64; vgl. auch *Cahn*, Der Konzern 2009, 7, 11 zu § 92 Abs. 2 Satz 3 AktG.

265 *K. Schmidt*, in: Scholz, GmbHG, § 64 Rn. 77; *Casper*, in: Ulmer/Habersack/Winter, GmbHG, Ergänzungsband MoMiG, § 64 Rn. 116; *Kleindiek*, in: Lutter/Hommelhoff, GmbHG, § 64 Rn. 25 mit Einschränkungen im Bereich des Kleinstbeteiligungsprivilegs.

266 *Altmeppen*, in: Roth/Altmeppen, GmbHG, § 64 Rn. 61.

267 *K. Schmidt*, in: Scholz, GmbHG, § 64 Rn. 77 u. 79; vgl. auch *Casper*, in: Ulmer/Habersack/Winter, GmbHG, Ergänzungsband MoMiG, § 64 Rn. 106 mit Einschränkungen der Aussage. Vgl. zu nicht fälligen Gesellschafterforderungen, die bei der Zahlungsunfähigkeitsprüfung nicht passiviert werden dürfen, deren Erfüllung also in jedem Fall Zahlungen darstellen.

268 *K. Schmidt*, in: Scholz, GmbHG, § 64 Rn. 79; a.A. *Cahn*, Der Konzern 2009, 7, 12.

269 *K. Schmidt*, in: Scholz, GmbHG, § 64 Rn. 79.

270 Vgl. ausführlich *K. Schmidt*, in: Scholz, GmbHG, § 64 Rn. 79.

57 Bilanzielle Betrachtungsweisen sind für den Zahlungsbegriff unerheblich, da es auf die Liquidität ankommt. Rückzahlungen von Darlehen können ebenso eine Zahlung darstellen wie das Ausreichen von Darlehen bei Vollwertigkeit des Rückzahlungsanpruchs.[271]

58 Zahlungen können entweder vom Geschäftsführer selbst vorgenommen werden oder diesem zuzurechnen sein. Geht es um die Zurechnung, ist zu beachten, dass die Gesellschafter als Empfänger oftmals Zugang zur »Gesellschaftskasse« haben. Eine Zurechnung scheidet aber nicht von vornherein aus, nur weil Gesellschafter eigenmächtig gehandelt haben. Hier ist eine Zurechnung möglich, wenn eine mögliche Verhinderung pflichtwidrig unterlassen wurde.[272] Der Zahlungsverkehr aus der Gesellschaft mit den Gesellschaftern fällt dann jedenfalls in die Gesamtverantwortung der Geschäftsführung, wenn es um die Existenzgefährdung der Gesellschaft geht.[273]

2. Gesellschafter als Empfänger

59 Empfänger der Zahlung muss ein Gesellschafter sein, ohne dass es auf die Größe seiner Beteiligung an der Gesellschaft ankommt.[274] Erfasst sind auch Zahlungen an Dritte, die wirtschaftlich als Zahlungen an einen Gesellschafter anzusehen sind.[275] Das gleiche gilt für Zahlungen durch Dritte, die für Rechnung der Gesellschaft erfolgen; hier ist auf Ebene der Kausalität zu prüfen, ob sie tatsächlich die Zahlungsunfähigkeit nach sich ziehen können.[276] Maßgeblich ist grundsätzlich der Zeitpunkt der Zahlung der Gesellschaft.[277] Ist der Empfänger in diesem Zeitpunkt nicht mehr Gesellschafter, ist die Zahlung dennoch von Satz 3 erfasst, wenn sie an ihn noch als vormaliger Gesellschafter erfolgt.[278] Umgekehrt kann eine Zahlung vor Begründung der Gesellschafterstellung erfasst sein, wenn sie im engen zeitlichen und sachlichen

---

271 *Müller*, in: MünchKommGmbHG, § 64 Rn. 161.

272 *K. Schmidt*, in: Scholz, GmbHG, § 64 Rn. 76. Vgl. auch *Cahn*, Der Konzern 2009, 7, 10. Vgl. aber auch *Müller*, in: MünchKommGmbHG, § 64 Rn. 162: Veranlassung fehle regelmäßig bei Diebstahl oder Unterschlagung.

273 *Haas*, in: Baumbach/Hueck, GmbHG, § 64 Rn. 96; *Casper*, in: Ulmer/Habersack/Winter, GmbHG, Ergänzungsband MoMiG, § 64 Rn. 115: bei den für Satz 3 erforderlichen Größenordnungen regelmäßig Zurechenbarkeit an den Geschäftsführer.

274 *K. Schmidt*, in: Scholz, GmbHG, § 64 Rn. 77; *Kleindiek*, in: Lutter/Hommelhoff, GmbHG, § 64 Rn. 25.

275 *K. Schmidt*, in: Scholz, GmbHG, § 64 Rn. 77; *Knof*, DStR 2007, 1536, 1538; *Casper*, in: Ulmer/Habersack/Winter, GmbHG, Ergänzungsband MoMiG, § 64 Rn. 116 mit Verweis auf Fälle des Management-Buy-Out, qualifizierte Näheverhältnisse (familiäre Verbundenheit, verbundene Unternehmen) sowie der Treuhand, des Nießbrauchs oder der atypischen stillen Beteiligung.

276 Vgl. *K. Schmidt*, in: Scholz, GmbHG, § 64 Rn. 75; vgl. auch *Kleindiek*, in: Lutter/Hommelhoff, GmbHG, § 64 Rn. 25; *Cahn*, Der Konzern 2009, 7, 16.

277 *Casper*, in: Ulmer/Habersack/Winter, GmbHG, Ergänzungsband MoMiG, § 64 Rn. 116.

278 *K. Schmidt*, in: Scholz, GmbHG, § 64 Rn. 78.

Zusammenhang mit der nachfolgenden Begründung der Gesellschafterstellung des Empfängers steht.[279]

IV. Privilegierte Zahlungen (Satz 2)

60 Dem Wortlaut nach scheint der zweite Halbsatz des Satz 3 lediglich hinsichtlich des Sorgfaltsmaßstabs auf Satz 2 zu verweisen, im Übrigen aber keine echte Privilegierung bestimmter Zahlungen, sondern eine Verschuldensvermutung zu enthalten.[280] Richtigerweise ist Satz 2 im Rahmen des Satzes 3 allerdings in gleicher Weise wie bei Satz 1 anwendbar.[281] Mithin sind Zahlungen, die mit der Sorgfalt eines ordentlichen Geschäftsmannes vereinbar sind, vom Tatbestand des Satz 3 ausgenommen.

61 Inhaltlich gelten die Ausführungen zu Satz 2 grundsätzlich entsprechend (Rdn. 25 ff.).[282] Insbesondere können Gegenleistungen im Rahmen des Satz 2 zu berücksichtigen sein. Teilweise wird verlangt, dass die Gegenleistung liquiditätswirksam sein müsse.[283] Diese Sichtweise ist zu eng, wenn sie darauf abzielt, Gegenleistungen unberücksichtigt zu lassen, die den Mittelabfluss nicht unmittelbar kompensieren.[284] Um einen sinnvollen Leistungsaustausch zwischen der GmbH und ihren Gesellschaftern aufgrund der Haftungsgefahr nicht frühzeitig abzuschneiden, müssen begründete Sanierungsmaßnahmen oder z.B. Gegenleistungen in Form von Dienstleistungen, die betriebsnotwendig sind und die Insolvenz abwenden können, auch dann möglich sein, wenn sie nicht unmittelbar liquiditätswirksam sind.[285] Inwieweit eine Gegenleistung liquidätswirksam ist, kann allerdings für die Frage relevant sein, ob sie (zugleich) den Zurechnungszusammenhang unterbricht, weil sie die Zahlung als konkreten Mittelabfluss im Rahmen der Liquiditätsprüfung kompensiert.[286] Die Abgrenzung kann im Einzelfall für die Darlegungs- und Beweislast Bedeutung haben, auch wenn der Unterschied angesichts der sekundären Darlegungs- und Beweislast des Geschäftsführers beim Zurechnungszusammenhang praktisch gering sein dürfte.

---

279 *Müller*, in: MünchKommGmbHG, § 64 Rn. 163 mit beispielhaftem Verweis auf einen »Leveraged Buyout«.

280 Vgl. auch *K. Schmidt*, in: Scholz, GmbHG, § 64 Rn. 88.

281 *Haas*, in: Baumbach/Hueck, GmbHG, § 64 Rn. 106; *K. Schmidt*, in: Scholz, GmbHG, § 64 Rn. 88: Erst-recht-Schluss; ebenso *Müller*, in: MünchKommGmbHG, § 64 Rn. 165.

282 *Haas*, in: Baumbach/Hueck, GmbHG, § 64 Rn. 106; vgl. *Knof*, DStR 2007, 1580, 1584; *K. Schmidt*, in: Scholz, GmbHG, § 64 Rn. 88.

283 *Kleindiek*, in: Lutter/Hommelhoff, GmbHG, § 64 Rn. 24.

284 Dazu *Knof*, DStR 2007, 1580, 1584; vlg. auch *Müller*, in: MünchKommGmbHG, § 64 Rn. 165.

285 *Knof*, DStR 2007, 1580, 1584; vgl. auch *Böcker/Poertzgen*, WM 2007, 1203, 1203.

286 Vgl. *Knof*, DStR 2007, 1580, 1584. Wie bei Satz 1 dürften Gegenleistungen dagegen nicht bereits beim Zahlungsbegriff berücksichtigt werden können (so aber wohl *Müller*, in: MünchKommGmbHG, § 64 Rn. 165).

62 Bedeutsam kann Satz 2 darüber hinaus insbesondere auch für die Beurteilung von Zahlungen der Gesellschaft im Rahmen eines *cash pool*-Systems sein.[287]

V. Bezug zur Zahlungsunfähigkeit

63 Satz 3 statuiert eine Haftung für Zahlungen nur insoweit, als diese zur Zahlungsunfähigkeit führen mussten. Der Haftungstatbestand des Satz 3 ist erst vollendet, wenn Zahlungsunfähigkeit tatsächlich eingetreten ist (»musste«).[288]

64 Eine Haftung für die Herbeiführung einer Überschuldung kann Satz 3 angesichts des klaren Wortlauts entgegen teilweise vertretener Ansicht[289] nicht entnommen werden.[290] Satz 3 greift andererseits unabhängig davon, ob die Zahlung im Stadium der Überschuldung erfolgt.[291]

65 Für den Begriff der Zahlungsunfähigkeit ist grundsätzlich § 17 Abs. 2 InsO maßgeblich.[292] Nicht zuletzt auch für den Zurechnungszusammenhang von Bedeutung ist, dass die Beurteilung der Zahlungsunfähigkeit auf der Grundlage einer Zeitraumbetrachtung erfolgt und nicht auf einen konkreten Zeitpunkt bezogen ist.[293] Allerdings besteht die Besonderheit, dass für Zwecke des Satz 3 fällige und durchsetzbare Forderungen des Gesellschafters gegen die Gesellschaft bei der Bestimmung der Zahlungsunfähigkeit unberücksichtigt bleiben (Rdn. 47 ff.).

66 Der erforderliche Zurechnungszusammenhang zwischen Zahlung und konkret eingetretener Zahlungsunfähigkeit setzt zunächst voraus, dass die Zahlung für die eingetretene Zahlungsunfähigkeit kausal geworden ist. Daran fehlt es, wenn im Zeitpunkt der Zahlung bereits Zahlungsunfähigkeit vorlag oder wenn die Zahlungsunfähigkeit aus anderen Gründen nicht im Sinne einer *conditio sine qua non* durch die in Frage stehende Zahlung bedingt ist.[294]

67 Welche Anforderungen darüber hinaus an den erforderlichen Zurechnungszusammenhang zu stellen sind, ist nicht eindeutig und wird im Einzelnen unterschiedlich beurteilt. Die Regierungsbegründung zum MoMiG nennt einerseits *Zahlungen, die ohne Hinzutreten weiterer Kausalbeiträge zur Zahlungsunfähigkeit führen.*[295] Anderer-

287 *Greulich/Rau*, NZG 2008, 284, 287; *Haas*, in: Baumbach/Hueck, GmbHG, § 64 Rn. 106.

288 *Kleindiek*, in: Lutter/Hommelhoff, GmbHG, § 64 Rn. 27; *K. Schmidt*, in: Scholz, GmbHG, § 64 Rn. 81.

289 *Casper*, in: Ulmer/Habersack/Winter, GmbHG, Ergänzungsband MoMiG, § 64 Rn. 117.

290 *Haas*, in: Baumbach/Hueck, GmbHG, § 64 Rn. 102; *K. Schmidt*, in: Scholz, GmbHG, § 64 Rn. 81.

291 *K. Schmidt*, in: Scholz, GmbHG, § 64 Rn. 81.

292 *Casper*, in: Ulmer/Habersack/Winter, GmbHG, Ergänzungsband MoMiG, § 64 Rn. 117.

293 *Knof*, DStR 2007, 1536, 1539; *Greulich/Bunnemann*, NZG 2006, 681, 685.

294 *K. Schmidt*, in: Scholz, GmbHG, § 64 Rn. 83; *Müller*, in: MünchKommGmbHG, § 64 Rn. 169; vgl. auch *Casper*, in: Ulmer/Habersack/Winter, GmbHG, Ergänzungsband MoMiG, § 64 Rn. 118.

295 RegBegr. MoMiG, BT-Drs. 16/6140, S. 46 f.

seits müsse sich im Moment der Zahlung (nur) *klar abzeichnen*, dass die Gesellschaft *unter normalem Verlauf der Dinge* ihre Verbindlichkeiten nicht mehr werde erfüllen können.[296] Die Zahlung muss also nicht monokausal für die Zahlungsunfähigkeit sein, da sie nicht in dem Moment der Zahlung, also quasi mit der Zahlung eintreten muss, sondern sich auch erst später ergeben kann.[297] Zu der Zahlung können also weitere Liquiditätsabflüsse hinzutreten, ohne dass dies den erforderlichen Zurechnungszusammenhang zwingend unterbrechen würde.[298]

68 Der Wortlaut (»führen musste« – nicht führt) zeigt, dass nicht jede kausal gewordene Zahlung die Haftung auslöst, sondern nur eine Zahlung, bei der – aufgrund einer ex post Betrachtung – ex ante davon auszugehen war, dass sie unter Berücksichtigung anderer erkennbarer Umstände, die für die Liquidität von Bedeutung sind, zur Zahlungsunfähigkeit führen musste.[299] Außergewöhnliche Umstände, die eine Zahlungsunfähigkeit verhindern konnten, mit deren Eintritt aber realistischerweise nicht zu rechnen war, sollen außer Betracht bleiben; auf sie kann sich der Geschäftsführer nicht berufen.[300]

69 Im Übrigen werden unterschiedliche Anforderungen an die Prognose im Zeitpunkt der Zahlung gestellt. Ein Teil der Literatur legt ein eher weites Verständnis zugrunde. Die Möglichkeit[301] der Illiquidität soll ausreichen. Wohl überwiegend wird ihre überwiegende Wahrscheinlichkeit[302] gefordert. Die strenge Ansicht spricht sich für das Erfordernis einer (ex ante) mit an Sicherheit grenzender Wahrscheinlichkeit und damit für eine stärkere Eingrenzung der Haftung aus.[303] Mit der verbreitet vertretenen Ansicht ist auch mit Blick auf den Wortlaut (»führen *musste*«) eine überwiegende Wahrscheinlichkeit zu fordern, aber auch ausreichend. Ein strengerer Maßstab würde den Verhaltensanreiz, den Satz 3 zum Schutz der Gläubiger setzt, weitgehend leer laufen lassen. Im Ergebnis ist die Prognoseentscheidung wertender Natur, in deren Rahmen ein enger zeitlicher Zusammenhang Indizwirkung haben kann.[304] Feste

---

296 RegBegr. MoMiG, BT-Drs. 16/6140, S. 46 f.

297 *Kleindiek*, in: Lutter/Hommelhoff, GmbHG, § 64 Rn. 28; *K. Schmidt*, in: Scholz, GmbHG, § 64 Rn. 83; *Haas*, in: Baumbach/Hueck, GmbHG, § 64 Rn. 105.

298 *Kleindiek*, in: Lutter/Hommelhoff, GmbHG, § 64 Rn. 28.

299 So *K. Schmidt*, in: Scholz, GmbHG, § 64 Rn. 86; *Kleindiek*, in: Lutter/Hommelhoff, GmbHG, § 64 Rn. 27.

300 *Müller*, in: MünchKommGmbHG, § 64 Rn. 169; *Haas*, in: Baumbach/Hueck, GmbHG, § 64 Rn. 105.

301 So wohl *Casper*, in: Ulmer/Habersack/Winter, GmbHG, Ergänzungsband MoMiG, § 64 Rn. 119, der allerdings wohl auf der Ebene des subjektiven Tatbestandes korrigieren will.

302 *K. Schmidt*, in: Scholz, GmbHG, § 64 Rn. 86; *Haas*, in: Baumbach/Hueck, GmbHG, § 64 Rn. 105; *Knof*, DStR 2007, 1536, 1540: mehr als 50%.

303 Ähnlich *Müller*, in: MünchKommGmbHG, § 64 Rn. 170; *Cahn*, Der Konzern 2009, 7, 13.

304 *K. Schmidt*, in: Scholz, GmbHG, § 64 Rn. 84.

Faustformeln sind damit hingegen nicht vereinbar.[305] Maßgeblich ist eine Prognoseentscheidung, in die neben den vorhersehbaren Ausgaben die vorhandenen Zahlungsmittel und die zu erwartenden Zahlungseingänge periodisch geordnet gegenüberzustellen sind.[306]

VI. Verschulden

70 Der Anspruch aus Satz 3 setzt ebenso wie derjenige aus Satz 1 Verschulden voraus.[307] Die genannten Grundsätze (Rdn. 32 ff.) gelten entsprechend.[308] Erforderlich ist, dass bei Beachtung der Sorgfalt eines ordentlichen Geschäftsmannes erkennbar war, dass die Zahlung zur Zahlungsunfähigkeit führen musste.[309] Die Erkennbarkeit wird widerleglich vermutet.[310]

71 Abzugrenzen ist dieses Verschuldenserfordernis bzw. der Entlastungsbeweis durch den Geschäftsführer von dem objektiven Tatbestandsmerkmal des Zurechnungszusammenhangs, dass nämlich nach einer Prognose im Zeitpunkt der Zahlung diese zur Zahlungsunfähigkeit führen musste. Die Abgrenzung erfolgt nicht allein nach einer objektiven und einer subjektiven Sichtweise bezogen auf die Erkennbarkeit der Zahlungsunfähigkeit. Denn wegen der Anknüpfung an die Sorgfalt eines ordentlichen Geschäftsmannes ist insoweit auch das Verschuldenserfordernis objektiv und nicht subjektiv-individuell ausgerichtet.[311] Der Unterschied ist vielmehr darin zu sehen, dass sich der Zurechnungszusammenhang als objektives Tatbestandsmerkmal aus einem »*ex-post* gefällten *ex-ante* Urteil«[312] ergibt, während es für das Verschulden bzw. den Entlastungsbeweis darauf ankommt, ob der Geschäftsführer die relevanten Umstände aufgrund besonderer Umstände subjektiv nicht erkennen konnte und des-

305 *K. Schmidt*, in: Scholz, GmbHG, § 64 Rn. 84. A.A. *Casper*, in: Ulmer/Habersack/Winter, GmbHG, Ergänzungsband MoMiG, § 64 Rn. 119: Kausalität nur, wenn Zahlungsunfähigkeit binnen eines Jahres eintritt; *Haas*, in: Baumbach/Hueck, GmbHG, § 64 Rn. 108: widerlegliche Vermutung des Zusammenhangs bei Eintritt innerhalb von sechs Monaten.

306 *Müller*, in: MünchKommGmbHG, § 64 Rn. 171.

307 *Kleindiek*, in: Lutter/Hommelhoff, GmbHG, § 64 Rn. 30; *Haas*, in: Baumbach/Hueck, GmbHG, § 64 Rn. 106.

308 Vgl. *Haas*, in: Baumbach/Hueck, GmbHG, § 64 Rn. 106.

309 *K. Schmidt*, in: Scholz, GmbHG, § 64 Rn. 87; *Kleindiek*, in: Lutter/Hommelhoff, GmbHG, § 64 Rn. 30.

310 *Kleindiek*, in: Lutter/Hommelhoff, GmbHG, § 64 Rn. 30; *K. Schmidt*, in: Scholz, GmbHG, § 64 Rn. 87.

311 *K. Schmidt*, in: Scholz, GmbHG, § 64 Rn. 86; *Kleindiek*, in: Lutter/Hommelhoff, GmbHG, § 64 Rn. 30.

312 *K. Schmidt*, in: Scholz, GmbHG, § 64 Rn. 86.

halb nicht kennen musste.[313] Bedeutung hat die Abgrenzung mit Blick auf die Verteilung der Darlegungs- und Beweislast.[314]

72 Ein Geschäftsführer kann sich zu seiner Entlastung nicht auf einen Gesellschafterbeschluss berufen, mit dem er zur Zahlung angewiesen wurde.[315] Eine Gesellschafterweisung kann das zwingende Zahlungsverbot des Satz 3 nicht aushebeln.[316]

VII. Insolvenzeröffnung, Anspruchsentstehung, Auswirkung wirtschaftlicher Genesung

73 Ähnlich wie bei Satz 1 setzt der Anspruch aus Satz 3 nicht die Insolvenzeröffnung oder die Ablehnung eines Insolvenzantrags mangels Masse voraus.[317] Der Anspruch entsteht mit der Verwirklichung des Tatbestands unter Einschluss des Eintritts der Zahlungsunfähigkeit. Auf die Eröffnung des Insolvenzverfahrens oder die Ablehnung eines Insolvenzantrags mangels Masse kommt es auch für die Geltendmachung des Anspruchs nicht an.[318]

74 Unterschiedlich beurteilt wird, wie sich die Beseitigung der einmal eingetretenen Zahlungsunfähigkeit auf den Anspruch auswirkt. Einer Ansicht nach soll dadurch die Kausalität zwischen Zahlung und Zahlungsunfähigkeit unterbrochen werden.[319] Dagegen spricht, dass die Kausalität konkret auf die zunächst eingetretene Zahlungsunfähigkeit bezogen ist und insoweit von späteren Entwicklungen unberührt bleibt. Anderer Ansicht nach soll die Haftung nach ihrem Schutzzweck voraussetzen, dass die Zahlungsunfähigkeit noch im Zeitpunkt der Geltendmachung des Anspruchs besteht.[320] Konsequenterweise wird man wie bei Satz 1 auch bei Satz 3 davon auszugehen haben, dass der spätere Wegfall der Zahlungsunfähigkeit den einmal entstan-

---

313 *K. Schmidt*, in: Scholz, GmbHG, § 64 Rn. 86; vgl. auch *Müller*, in: MünchKommGmbHG, § 64 Rn. 173. Einen Unterschied wohl verneinend *Kleindiek*, in: Lutter/Hommelhoff, GmbHG, § 64 Rn. 30.

314 *K. Schmidt*, in: Scholz, GmbHG, § 64 Rn. 86. Vgl. aber auch *Kleindiek*, in: Lutter/Hommelhoff, GmbHG, § 64 Rn. 31, der unter Leugnung relevanter Unterschiede im praktischen Ergebnis wohl dem Anspruchsteller die Darlegungs- und Beweislast zuordnet.

315 *K. Schmidt*, in: Scholz, GmbHG, § 64 Rn. 89; *Casper*, in: Ulmer/Habersack/Winter, GmbHG, Ergänzungsband MoMiG, § 64 Rn. 123.

316 *K. Schmidt*, in: Scholz, GmbHG, § 64 Rn. 89.

317 Vgl. zur Frage der Anspruchsentstehung auch *Casper*, in: Ulmer/Habersack/Winter, GmbHG, Ergänzungsband MoMiG, § 64 Rn. 124. A.A. *Müller*, in: MünchKommGmbHG, § 64 Rn. 168.

318 *Casper*, in: Ulmer/Habersack/Winter, GmbHG, Ergänzungsband MoMiG, § 64 Rn. 124, der allerdings eine Ausnahme für den Fall zulässt, dass der negative Effekt der Zahlung trotz einer Rückzahlung fortdauert, z.B. weil Banken infolge des Verhaltens Kreditlinien gekündigt haben. A.A. *Müller*, in: MünchKommGmbHG, § 64 Rn. 175.

319 *Casper*, in: Ulmer/Habersack/Winter, GmbHG, Ergänzungsband MoMiG, § 64 Rn. 120.

320 *Böcker/Poertzgen*, WM 2007, 1203, 1208; *Hölzle*, GmbHR 2007, 729, 732: Haftung auflösend bedingt durch den Wegfall des Insolvenzgrundes; vgl. auch *Müller*, in: MünchKommGmbHG, § 64 Rn. 168; *K. Schmidt*, in: Scholz, GmbHG, § 64 Rn. 82.

denen Anspruch aus Satz 3 unberührt lässt, der Geschäftsführer aber die Position bekommen muss, die der befriedigte Gesellschaftergläubiger ohne die verbotene Zahlung gehabt hätte. Der Geschäftsführer kann den Haftungsbetrag deshalb zurückfordern, wenn die Zahlungsunfähigkeit nachhaltig beseitigt ist und soweit der unter Verstoß gegen Satz 3 befriedigte Gesellschafter deshalb im normalen Geschäftsverlauf endgültig befriedigt worden wäre. Die Darlegungs- und Beweislast für den Wegfall der wirtschaftlichen Rechtfertigung des Anspruchs muss den Geschäftsführer treffen.

VIII. Rechtsfolgen

1. Inhalt der Ersatzpflicht

75 Wie der Anspruch aus Satz 1 ist auch der Anspruch aus Satz 3 nicht auf Schadensersatz, sondern die Erstattung des unter Verstoß gegen Satz 3 geleisteten Zahlungsbetrags gerichtet.[321] Auch für die Verzinsung ergeben sich keine Besonderheiten.[322] Die Gesellschaft hat etwaige eigene Ansprüche gegen den empfangenden Gesellschafter (z.B. aus § 31) Zug um Zug gegen Zahlung durch den Geschäftsführer an diesen abzutreten, § 255 BGB.[323] Auch im Übrigen gelten die Ausführungen zu Satz 1 entsprechend, d.h. auch zur Insolvenzquote[324] und zum Verhältnis zur Anfechtung.

2. Leistungsverweigerungsrecht

76 Unterschiedlich beurteilt wird, ob der Gesellschaft bzw. dem Geschäftsführer ein Leistungsverweigerungsrecht zusteht. Eine Ansicht entnimmt Satz 3 die ungeschriebene Rechtsfolge eines Leistungsverweigerungsrechts der Gesellschaft, das sich aus der mit dem Zahlungsverbot verknüpften Leistungsverweigerungspflicht des Geschäftsführers ergebe.[325] Die Gegenansicht verneint ein Leistungsverweigerungsrecht aus Satz 3, da Satz 1 und Satz 3 einheitlich auszulegen seien und aus Satz 1 nach allgemeiner Ansicht kein Leistungsverweigerungsrecht abgeleitet wird und

321 *Müller*, in: MünchKommGmbHG, § 64 Rn. 175; *Kleindiek*, in: Lutter/Hommelhoff, GmbHG, § 64 Rn. 32; *Haas*, in: Baumbach/Hueck, GmbHG, § 64 Rn. 107; trotz seiner schadensersatzrechtlichen Deutung des § 64 im Ergebnis ebenso *K. Schmidt*, in: Scholz, GmbHG, § 64 Rn. 94.

322 *Kleindiek*, in: Lutter/Hommelhoff, GmbHG, § 64 Rn. 32.

323 *K. Schmidt*, in: Scholz, GmbHG, § 64 Rn. 94; *Knof*, DStR 2007, 1580, 1584.

324 *Haas*, in: Baumbach/Hueck, GmbHG, § 64 Rn. 107 mit Hinweis auf die geringere Relevanz wegen des Nachrangs nach § 39 Abs. 1 Nr. 5 InsO.

325 LG Berlin, GmbHR 2010, 201, 202; *K. Schmidt*, in: Scholz, GmbHG, § 64 Rn. 91; *Müller*, in: MünchKommGmbHG, § 64 Rn. 174; *Hölzle*, GmbHR 2007, 729, 732; *Dahl/Schmitz*, NZG 2009, 567, 569 f.; *Spliedt*, ZIP 2009, 149, 160; *Desch/Bunnemann*, BB 2010, 1881, 1881; *Winstel/Skauradszun*, GmbHR 2011, 185, 187; wohl auch *Casper*, in: Ulmer/Habersack/Winter, GmbHG, Ergänzungsband MoMiG, § 64 Rn. 123.

weil kein Schutzbedürfnis zugunsten des Geschäftsführers oder der Gesellschaft bestehe.[326]

77 Satz 3 beinhaltet ein Zahlungsverbot für den Geschäftsführer. Soweit das Zahlungsverbot greift, ist der Geschäftsführer selbstverständlich berechtigt, eine Zahlung zur Vermeidung seiner Haftung zu verweigern, d.h. nicht vorzunehmen. Das dürfte unstreitig sein. Die eigentliche Frage ist, ob daraus für die Gesellschaft ein eigenständiges Leistungsverweigerungsrecht folgt, das die Durchsetzbarkeit der Forderung für die Dauer des Zahlungsverbotes hindert und damit materielle Wirkungen hinsichtlich der Gesellschafterforderung zeitigen, also z.B. den Verzug ausschließen kann. Das ist zu verneinen. Dies ist weder erforderlich, um Gesellschafterforderungen aus der Prüfung der Zahlungsunfähigkeit im Sinne des Satz 3 herauszunehmen, was zudem einen Zirkelschluss darstellen würde (Rdn. 51).[327] Noch besteht ein Schutzbedürfnis für ein solches weitergehendes materielles Leistungsverweigerungsrecht.[328] Das tatsächliche Leistungsverweigerungsrecht zur Vermeidung einer Haftung ist letztlich Ausfluss kollidierender Handlungspflichten, von denen sich das Zahlungsverbot durchsetzt. Dass Satz 3 nur Forderungen von Gesellschaftern betreffen kann, rechtfertigt keine andere Behandlung als im Rahmen des Satz 1, zumal dort zu den Gläubigern auch Gesellschafter zählen können.[329]

IX. Darlegungs- und Beweislast

78 Die Darlegungs- und Beweislast hinsichtlich der Tatbestandsmerkmale der Zahlung, der Zahlungsunfähigkeit und des ausreichenden Zurechnungszusammenhangs trifft den Anspruchsteller, also die Gesellschaft.[330] Der Geschäftsführer als Verpflichteter ist darlegungs- und beweispflichtig hinsichtlich einer Privilegierung nach Satz 2 und der Exkulpation beim Verschulden.[331]

79 Insbesondere mit Blick auf den hinreichenden Zusammenhang zwischen Zahlung und Zahlungsunfähigkeit wird im Rahmen der freien Beweiswürdigung (§ 286 ZPO) zulasten des Geschäftsführers zu berücksichtigen sein, wenn dieser keine ausreichende Dokumentation der Liquiditätsplanung und etwaiger weiterer Grundlagen seiner Entscheidungsfindung vorgenommen hat.[332] Insoweit finden zugunsten der Gesellschaft die Grundsätze über die sekundäre Darlegungs- und Beweislast Anwen-

---

326 OLG München, BB 2010, 1880, 1881, das allerdings mehr die Frage behandelt, ob Zahlungen auf fällige und durchsetzbare Gesellschafterforderungen vom Tatbestand des Satz 3 erfasst sind, und wegen der Verneinung dieser Frage gar nicht mehr zur Frage eines Leistungsverweigerungsrechts Stellung nehmen muss; *Haas*, in: Baumbach/Hueck, GmbHG, § 64 Rn. 107; *Haas*, DStR 2010, 1991, 1991.

327 So aber wohl *Spliedt*, ZIP 2010, 149, 160.

328 Dazu ausführlich *Haas*, DStR 2010, 1991, 1991 f.

329 Anders *Spliedt*, ZIP 2009, 149, 160.

330 *K. Schmidt*, in: Scholz, GmbHG, § 64 Rn. 90.

331 *K. Schmidt*, in: Scholz, GmbHG, § 64 Rn. 90.

332 *K. Schmidt*, in: Scholz, GmbHG, § 64 Rn. 90.

dung.[333] Im Ergebnis wird der Geschäftsführer substantiiert darzulegen haben, warum er bei einer konkreten Zahlung davon ausgegangen ist, dass durch sie eine Zahlungsunfähigkeit nicht herbeigeführt werden würde.[334]

X. Anspruchsinhaber, Zuständigkeit

80 Anspruchsinhaber ist die Gesellschaft. Es gelten insoweit auch mit Blick auf die Zuständigkeit für die Geltendmachung keine Besonderheiten gegenüber Satz 1.

D. Verzicht, Vergleich, Weisung, Verjährung (Satz 4)

81 Satz 4 erklärt die Vorschriften des § 43 Abs. 3 und 4 für entsprechend anwendbar. Die Verweisung gilt sowohl für die Haftung nach Satz 1 als auch für diejenige nach Satz 3.[335] Gemäß §§ 43 Abs. 3 Satz 2, 9b Abs. 1 Satz 1 ist ein Verzicht der Gesellschaft auf Ansprüche aus Satz 1 oder Satz 3 oder ein Vergleich der Gesellschaft über diese Ansprüche unwirksam, soweit der Ersatz zur Befriedigung der Gläubiger der Gesellschaft erforderlich ist. Im Fall der Insolvenz wird dies regelmäßig der Fall sein.[336] Zu beachten ist, dass diese Beschränkungen für die Gesellschaft gelten, nicht aber unmittelbar für einen Insolvenzverwalter.[337] Dieser kann sich aber gegebenenfalls nach § 60 InsO schadensersatzpflichtig machen.[338] Ausnahmen können sich aus § 9b Abs. 1 Satz 2 ergeben.[339]

82 Gemäß § 43 Abs. 3 Satz 3 sind Gesellschafterweisungen an sich nur dann unbeachtlich, soweit der Ersatz zur Befriedigung der Gläubiger der Gesellschaft erforderlich ist. Im Rahmen des § 64 liegt aber entweder bereits materielle Insolvenz vor (Satz 1) oder wird durch die Zahlung hervorgerufen (Satz 3). Deshalb werden die weggegebenen Vermögensgegenstände typischerweise für die Befriedigung der Gläubiger erforderlich sein.[340]

83 Gemäß § 43 Abs. 4 verjähren Ansprüche aus Satz 1 und 3 in fünf Jahren ab ihrer Entstehung gemäß § 200 BGB.

---

333 *Müller*, in: MünchKommGmbHG, § 64 Rn. 172; *Kleindiek*, in: Lutter/Hommelhoff, GmbHG, § 64 Rn. 31; *K. Schmidt*, in: Scholz, GmbHG, § 64 Rn. 90.

334 *Knof*, DStR 2007, 1580, 1584.

335 *Casper*, in: Ulmer/Habersack/Winter, GmbHG, Ergänzungsband MoMiG, § 64 Rn. 124.

336 *Casper*, in: Ulmer/Habersack/Winter, GmbHG, Ergänzungsband MoMiG, § 64 Rn. 106.

337 *Haas*, in: Baumbach/Hueck, GmbHG, § 64 Rn. 15; *Casper*, in: Ulmer/Habersack/Winter, GmbHG, Ergänzungsband MoMiG, § 64 Rn. 106.

338 *Casper*, in: Ulmer/Habersack/Winter, GmbHG, Ergänzungsband MoMiG, § 64 Rn. 106.

339 Dazu und zu einer weitergehenden teleologischen Reduktion ausführlicher *K. Schmidt*, in: Scholz, GmbHG, § 64 Rn. 62.

340 *Böcker/Poertzgen*, WM 2007, 1203, 1207.

E. Materielle Bedeutung der Zahlungsverbote

84 Weder Satz 1 noch Satz 3 sind Verbotsgesetze gemäß § 134 BGB.[341] Eine Zahlung unter Verstoß gegen das jeweilige Zahlungsverbot ist nicht nichtig und kann nicht allein aufgrund eines Verstoßes etwa nach § 812 BGB zurückgefordert werden, da sie deshalb nicht rechtsgrundlos oder ungültig wird.[342] Die Erfüllungswirkung einer unter Verstoß gegen § 64 erfolgten Zahlung wird durch das Zahlungsverbot nicht berührt.[343] Entsprechend sind auch Leistungs- oder Fälligkeitsvereinbarungen, die mit dem Zahlungsverbot unvereinbar sind, nicht unwirksam.[344] Materiell ergeben sich insoweit keine Auswirkungen aus Satz 3.

85 Stehen im Fall des Satz 3 mehreren Gesellschaftern Zahlungsansprüche zu und führt das Zahlungsverbot dazu, dass der Geschäftsführer nicht alle Ansprüche voll befriedigen kann, richtet sich die Beantwortung der Frage, ob und in welchem Umfang der Geschäftsführer die Ansprüche jeweils befriedigen darf, nach allgemeinen regeln; aus § 64 ergeben sich hierzu keine Besonderheiten.[345]

§ 65 Anmeldung und Eintragung der Auflösung

(1) [1]Die Auflösung der Gesellschaft ist zur Eintragung in das Handelsregister anzumelden. [2]Dies gilt nicht in den Fällen der Eröffnung oder der Ablehnung der Eröffnung des Insolvenzverfahrens und der gerichtlichen Feststellung eines Mangels des Gesellschaftsvertrags. [3]In diesen Fällen hat das Gericht die Auflösung und ihren Grund von Amts wegen einzutragen. [4]Im Falle der Löschung der Gesellschaft (§ 60 Abs. 1 Nr. 7) entfällt die Eintragung der Auflösung.

(2) [1]Die Auflösung ist von den Liquidatoren in den Gesellschaftsblättern bekanntzumachen. [2]Durch die Bekanntmachung sind zugleich die Gläubiger der Gesellschaft aufzufordern, sich bei derselben zu melden.

Übersicht **Rdn.**

341 *Müller*, in: MünchKommGmbHG, § 64 Rn. 125; *Poertzgen*, Organhaftung, S. 219.
342 *K. Schmidt*, in: Scholz, GmbHG, § 64 Rn. 69 und 92.
343 *Müller*, in: MünchKommGmbHG, § 64 Rn. 125; *Poertzgen*, Organhaftung, S. 219.
344 *K. Schmidt*, in: Scholz, GmbHG, § 64 Rn. 92.
345 Siehe zu dieser Frage auch *Winstel/Skauradszun*, GmbHR 2011, 185, 187 ff.

Schrifttum
Siehe Schrifttum zu Vorbemerkungen zu §§ 60 ff.

A. Überblick

1 Die zuletzt durch das ARUG[1] geänderte Norm stellt sicher, dass die Auflösung der Gesellschaft publik gemacht wird. Dazu sieht § 65 Abs. 1 die Pflicht vor, die Auflösung zur Eintragung in das Handelsregister anzumelden. Die Eintragung wirkt dabei

1 Gesetz zur Umsetzung der Aktionärsrechte-Richtline, BT-Drs. 16/11642.

nur deklaratorisch.[2] Ferner regelt § 65 Abs. 2 die Bekanntmachung der Auflösung durch die Liquidatoren in den Gesellschaftsblättern, die mit dem sog. Gläubigeraufruf zu verbinden ist und den Lauf des Sperrjahres nach § 73 Abs. 1 in Gang setzt.

B. Anmeldung

I. Voraussetzungen der Anmeldepflicht

2 Die Anmeldepflicht erstreckt sich auf alle Fälle, in denen eine eingetragene Gesellschaft aufgelöst wird. Daher ist eine zur Eintragung angemeldete, aber noch nicht eingetragene **Vor-GmbH** nicht erfasst. Da die Auflösung jedoch ein **Eintragungshindernis** darstellt, ist sie dem Registergericht mitzuteilen.[3] Auch ist nur dann von einer Auflösung im Sinne der Vorschrift auszugehen, wenn der Auflösungstatbestand bereits verwirklicht ist. Bedarf es zur Auflösung einer gleichzeitig mit dem Auflösungsbeschluss gebilligten **Satzungsänderung**, wird die Auflösung wegen § 54 Abs. 3 erst mit der Eintragung der Satzungsänderung wirksam (dazu auch noch Rdn. 13, 22). Eine Pflicht, die Auflösung zur Eintragung in das Handelsregister anzumelden, besteht in diesem Fall nicht.[4]

II. Ausnahmen von der Anmeldepflicht

1. Eintragung der Auflösung von Amts wegen

3 Eine Pflicht zur Anmeldung besteht nicht, wenn die Auflösung bereits von Amts wegen einzutragen ist.[5] Die Eintragung muss insbesondere in den in § 65 Abs. 1 S. 2 genannten Fällen von Amts wegen erfolgen.

4 **a) Eröffnung des Insolvenzverfahrens.** Hiervon ist zunächst die Eröffnung des Insolvenzverfahrens durch Eröffnungsbeschluss gem. § 27 InsO betroffen. Dieser Vorgang stellt nach § 60 Abs. 1 Nr. 4 einen Auflösungsgrund dar.[6] Das Registergericht trägt die Auflösung der Gesellschaft nach § 65 Abs. 1 S. 2 sowie die Eröffnung des Insolvenzverfahrens nach § 32 HGB von Amts wegen in das Handelsregister ein. Auch die Abwicklung richtet sich nicht nach Gesellschafts-, sondern nach Insolvenzrecht.[7] Daher wird der Eröffnungsbeschluss nach § 30 InsO bekannt gemacht. § 32

---

2 *K. Schmidt*, in: Scholz, GmbHG, § 65 Rn. 1; *Paura*, in: Ulmer/Habersack/Winter, GmbHG, § 65 Rn. 4; *Kleindiek*, in: Lutter/Hommelhoff, GmbHG, § 65 Rn. 5; *Haas*, in: Baumbach/Hueck, GmbHG, § 65 Rn. 15.

3 *K. Schmidt*, in: Scholz, GmbHG, § 65 Rn. 1.

4 *Haas*, in: Baumbach/Hueck, GmbHG, § 65 Rn. 2; *Nerlich*, in: Michalski, GmbHG, § 65 Rn. 2; *Rasner*, in: Rowedder/Schmidt-Leithoff, GmbHG, § 65 Rn. 2; *Paura*, in: Ulmer/Habersack/Winter, GmbHG, § 65 Rn. 4.

5 *Paura*, in: Ulmer/Habersack/Winter, GmbHG, § 65 Rn. 8; *Haas*, in: Baumbach/Hueck, GmbHG, § 65 Rn. 5; *K. Schmidt*, in: Scholz, GmbHG, § 65 Rn. 1.

6 Siehe im Einzelnen § 60 Rdn. 27 ff.

7 Dazu schon Vor §§ 60 ff. Rdn. 21 ff.

Abs. 2 S. 2 HGB ordnet außerdem an, dass sich der Vertrauensschutz nicht nach § 15 HGB bestimmt. Vielmehr sind §§ 80-82 InsO einschlägig. Auch der Gläubigeraufruf nach § 65 Abs. 2 entfällt (zu diesem Rdn. 26 ff.). Die öffentliche Aufforderung an die Gläubiger erfolgt vielmehr nach § 28 InsO durch das Insolvenzgericht.[8]

5 b) **Weitere Fälle des § 65 Abs. 1 S. 2.** § 65 Abs. 1 S. 2 nennt außerdem die **Ablehnung der Eröffnung des Insolvenzverfahrens mangels Masse** nach § 26 InsO und die gerichtliche Feststellung eines **Mangels des Gesellschaftsvertrags** nach § 399 Abs. 4 FamFG. Beide Fälle führen nach § 60 Abs. 1 Nr. 5, 6 zur Auflösung der Gesellschaft. Die Eintragung der Auflösung erfolgt von Amts wegen. Anders als bei der Eröffnung des Insolvenzverfahrens sind jedoch die **Bekanntmachung der Auflösung** und der **Gläubigeraufruf** nach § 65 Abs. 2 nicht entbehrlich, da eine Benachrichtigung der Gläubiger nicht auf andere Weise sicher gestellt wird.[9]

6 c) **Abwicklungsverfügung nach KWG.** Die Entscheidung der Bundesanstalt für Finanzdienstleistungsaufsicht nach **§ 38 KWG**, ein Institut abzuwickeln, wirkt nach § 38 Abs. 1 S. 2 KWG wie ein Auflösungsbeschluss. Sie ist dem Registergericht nach § 38 Abs. 1 S. 3 KWG mitzuteilen und von diesem von Amts wegen einzutragen. Damit entfällt die Anmeldepflicht für die Gesellschaft. Auch hier bleibt es aber bei der Pflicht zur Bekanntmachung und zum Gläubigeraufruf nach § 65 Abs. 2.[10]

7 d) **Abwicklungsverfügung nach VereinsG.** Auf die Anzeige der Behörde, die ein unanfechtbar gewordenes Verbot einer GmbH verfügt hat, wird die Auflösung nach **§§ 7 Abs. 2, 17 VereinsG** von Amts wegen in das Handelsregister eingetragen. Damit entfällt die Anmeldepflicht der Gesellschaft. Die Abwicklung folgt eigenen Regeln. Sie vollzieht sich nach **§§ 13, 17 VereinsG**, die als speziellere Vorschriften dem Liquidationsverfahren nach §§ 66 ff. vorgehen.[11] Zum Schutz des Rechtsverkehrs muss es dennoch bei den Pflichten nach § 65 Abs. 2 bleiben.

2. Auflösung wegen Vermögenslosigkeit

8 An einer Pflicht zur Anmeldung der Eintragung fehlt es auch, wenn die Gesellschaft von Amts wegen aufgrund **Vermögenslosigkeit** gelöscht wird. Nach § 65 Abs. 1 S. 4 entfällt die Eintragung der Auflösung, da es sich bei der in § 60 Abs. 1 Nr. 7 genann-

---

8 *K. Schmidt*, in: Scholz, GmbHG, § 65 Rn. 12, 18; *Paura*, in: Ulmer/Habersack/Winter, GmbHG, § 65 Rn. 12.

9 *K. Schmidt*, in: Scholz, GmbHG, § 65 Rn. 19, 20; *Paura*, in: Ulmer/Habersack/Winter, GmbHG, § 65 Rn. 13, 14.

10 *Rasner*, in: Rowedder/Schmidt-Leithoff, GmbHG, § 65 Rn. 8; *K. Schmidt*, in: Scholz, GmbHG, § 65 Rn. 25; *Paura*, in: Ulmer/Habersack/Winter, GmbHG, § 65 Rn. 16.

11 *Rasner*, in: Rowedder/Schmidt-Leithoff, GmbHG, § 65 Rn. 8; *K. Schmidt*, in: Scholz, GmbHG, § 65 Rn. 26; *Paura*, in: Ulmer/Habersack/Winter, GmbHG, § 65 Rn. 17.

ten Vermögenslosigkeit nicht um einen Auflösungsgrund handelt, sondern die Gesellschaft mit ihrer Löschung durch das Registergericht beendet wird.[12]

3. Nichtigkeitsurteil

9 a) **Eintragung der Nichtigkeit nach § 75.** Umstritten ist, ob eine durch Urteil nach § 75 festgestellte Nichtigkeit der Gesellschaft von Amts wegen in das Handelsregister einzutragen ist. Soweit dies in Analogie zu § 275 Abs. 4 S. 3 AktG bejaht wird, erübrigt sich eine Anmeldung durch die Gesellschaft.[13] Da die Liquidatoren jedenfalls gemäß § 75 Abs. 2 in Verbindung mit § 248 Abs. 1 S. 2 AktG verpflichtet sind, das Urteil unverzüglich beim Handelsregister einzureichen, und diese Verpflichtung gemäß § 14 HGB erzwingbar ist, ist die praktische Bedeutung des Streits gering.[14]

10 b) **Eintragung der Löschung nach § 397 FamFG.** Das Registergericht kann in den Fällen, in denen nach §§ 75, 76 Nichtigkeitsklage erhoben werden könnte, auch die Löschung der Gesellschaft nach § 397 FamFG verfügen. Dabei ist umstritten, ob diese Löschung einen Auflösungsgrund darstellt.[15] Unabhängig davon ist eine Anmeldung nach § 65 Abs. 1 S. 1 entbehrlich, da die Eintragung ins Handelsregister von Amts wegen bewirkt wird.[16] Die Pflichten zur **Bekanntmachung** und zum **Gläubigeraufruf** nach **§ 65 Abs. 2** bleiben jedoch bestehen.

III. Fortsetzung der Gesellschaft

11 Ein die Auflösung aufhebender **Fortsetzungsbeschluss**[17] ist grundsätzlich ebenfalls zur Eintragung im Handelsregister anzumelden.[18] Wurde jedoch die Auflösung nicht ins Handelsregister eingetragen und war der Auflösungsgrund auch sonst nicht in einer den Rechtsverkehr beeinflussenden Weise nach außen getreten, braucht der Fortsetzungsbeschluss nicht eingetragen zu werden. Auch braucht die Auflösung

---

12 Dazu schon unter § 60 Rdn. 46–52.

13 Für Eintragung von Amts wegen *Haas*, in: Baumbach/Hueck, GmbHG, § 65 Rn. 5; *Altmeppen*, in: Roth/Altmeppen, GmbHG, § 75 Rn. 28; *Paura*, in: Ulmer/Habersack/Winter, GmbHG, § 65 Rn. 20; Eintragung gem. § 65 Abs. 1 erforderlich: *Kleindiek*, in: Lutter/Hommelhoff, GmbHG, § 75 Rn. 5; *Rasner*, in: Rowedder/Schmidt-Leithoff, GmbHG, § 65 Rn. 8; *K. Schmidt*, in: Scholz, GmbHG, § 65 Rn. 24.

14 *Limpert*, in: MünchKommGmbHG, § 65 Rn. 26; *Rasner*, in: Rowedder/Schmidt-Leithoff, GmbHG, § 75 Rn. 34.

15 Für Auflösungsgrund *K. Schmidt*, in: Scholz, GmbHG, § 75 Rn. 1; *Limpert*, in: MünchKommGmbHG, § 65 Rn. 26; a.A. *Haas*, in: Baumbach/Hueck, GmbHG, § 75 Rn. 5. Vgl. auch schon unter Vor §§ 60 ff. Rdn. 14.

16 *K. Schmidt*, in: Scholz, GmbHG, § 65 Rn. 23; *Paura*, in: Ulmer/Habersack/Winter, GmbHG, § 65 Rn. 18.

17 Zu den Voraussetzungen § 60 Rdn. 61 ff.

18 *Haas*, in: Baumbach/Hueck, GmbHG, § 65 Rn. 20; *Nerlich*, in: Michalski, GmbHG, § 65 Rn. 31; *Altmeppen*, in: Roth/Altmeppen, GmbHG, § 65 Rn. 10; *K. Schmidt*, in: Scholz, GmbHG, § 65 Rn. 4.

nicht nachträglich zur Eintragung angemeldet zu werden, wenn die Fortsetzung der Gesellschaft beschlossen wurde. An einer solchen Eintragung besteht kein Interesse, wenn die Gesellschaft fortgesetzt wird.[19]

C. Adressaten der Anmeldepflicht

I. Gesellschaft vertreten durch Liquidatoren

12 Anders als § 263 AktG bestimmt § 65 den Adressaten der Anmeldepflicht nicht. Daher trifft die Verpflichtung die **Gesellschaft** selbst. Sie wird durch ihre **gesetzlichen Vertreter** wahrgenommen. Da die Geschäftsführer mit der Auflösung ihre Vertretungsbefugnis verlieren, sind dies die **Liquidatoren**. Aus § 78 ergibt sich, dass sie in zur Vertretung berechtigter Zahl tätig werden müssen.[20] Da die Geschäftsführer einer GmbH nach § 66 Abs. 1 im Regelfall zu den sog. »geborenen« Liquidatoren der GmbH werden, sind Liquidatoren und Geschäftsführer zumeist identisch.[21]

II. Geschäftsführer bei konstitutiver Eintragung

13 Soweit die Wirkungen der Auflösung erst mit der Eintragung einsetzen, sind die Geschäftsführer weiterhin vertretungsberechtigt. Dies ist der Fall, wenn die Auflösung eine **Satzungsänderung** voraussetzt und Satzungsänderung und Auflösung gleichzeitig eingetragen werden sollen. Hier wirkt die Registereintragung wegen § 54 Abs. 3 **konstitutiv** (siehe auch unter § 60 Rdn. 19). Daher muss die Anmeldung von den **Geschäftsführern**, nicht den Liquidatoren vorgenommen werden.[22]

---

19 *Haas*, in: Baumbach/Hueck, GmbHG, § 65 Rn. 6; *Kleindiek*, in: Lutter/Hommelhoff, GmbHG, § 65 Rn. 3; *Nerlich*, in: Michalski, GmbHG, § 65 Rn. 33; *Paura*, in: Ulmer/Habersack/Winter, GmbHG, § 65 Rn. 11; *Altmeppen*, in: Roth/Altmeppen, GmbHG, § 65 Rn. 10. Nach *K. Schmidt*, in: Scholz, GmbHG, § 65 Rn. 5, sollen hingegen sowohl die Auflösung als auch der Fortsetzungsbeschluss nachträglich eingetragen werden müssen. A.A. auch BayObLG, DB 1987, 2139, 2140.

20 BayObLG, BB 1994, 958, 959; BayObLG, BB 1994 960, 961; OLG Oldenburg, GmbHR 2005, 367, 368; LG Halle, NZI 2004, 631; *Haas*, in: Baumbach/Hueck, GmbHG, § 65 Rn. 7; *Kleindiek*, in: Lutter/Hommelhoff, GmbHG, § 65 Rn. 2; *Nerlich*, in: Michalski, GmbHG, § 65 Rn. 9; *Altmeppen*, in: Roth/Altmeppen, GmbHG, § 65 Rn. 5; *Rasner*, in: Rowedder/Schmidt-Leithoff, GmbHG, § 65 Rn. 2; *K. Schmidt*, in: Scholz, GmbHG, § 65 Rn. 7; *Paura*, in: Ulmer/Habersack/Winter, GmbHG, § 65 Rn. 3 f.

21 Dazu noch unter § 66 Rdn. 7.

22 *K. Schmidt*, in: Scholz, GmbHG, § 65 Rn. 7; *Haas*, in: Baumbach/Hueck, GmbHG, § 65 Rn. 7; *Paura*, in: Ulmer/Habersack/Winter, GmbHG, § 65 Rn. 4.

III. Führungslose Gesellschaft

14 **Ausgeschiedene** Geschäftsführer oder Liquidatoren sind nicht zur Anmeldung verpflichtet oder berechtigt.[23] Dies gilt auch dann, wenn die Gesellschaft **führungslos** ist.[24] Hierzu kann es kommen, wenn in Abweichung von § 66 Abs. 1 die Geschäftsführer nicht die »geborenen« Liquidatoren der Gesellschaft sind und die »gekorenen« Liquidatoren ihre Stellung noch nicht angetreten haben. Es kann sich auch daraus ergeben, dass die »geborenen« Liquidatoren ihre Geschäftsführerstellung vor Auflösung der Gesellschaft bereits verloren haben. Hier bleibt nur die Möglichkeit, gerichtlich **Notgeschäftsführer** nach **§ 29 BGB** bestellen zu lassen. Antragsberechtigt ist jeder Beteiligte. Hierzu zählt, wer ein berechtigtes Interesse an der Bestellung glaubhaft machen kann. Das sind neben den Gesellschaftern und Gläubigern der Gesellschaft auch die ausgeschiedenen Geschäftsführer (siehe auch unter § 66 Rdn. 16, sowie zur Bestellung von Nachtragsliquidatoren § 74 Rdn. 24 f.).[25]

D. Verfahren der Anmeldung

I. Zuständigkeit

15 Die Anmeldung erfolgt beim Registergericht am **Sitz der Gesellschaft.**[26] Der Sitz ist nach § 4a der Ort im Inland, den der Gesellschaftsvertrag bestimmt. Bestehen **Zweigniederlassungen**, wird die Auflösung nach § 13 Abs. 1 S. 2 HGB auch bei den Registergerichten der Zweigniederlassung eingetragen. Die Anmeldung ist gleichwohl nur bei der Hauptniederlassung vorzunehmen.[27]

II. Form

16 Die **Form** der Anmeldung bestimmt sich nach **§ 12 Abs. 1 HGB**. Sie ist elektronisch in öffentlich beglaubigter Form einzureichen. Der **Auflösungsgrund** ist bei der Anmeldung zu benennen. Er muss jedoch nur in den Fällen des § 65 Abs. 1 S. 2 eingetragen werden, wie sich aus § 65 Abs. 1 S. 3 ergibt. Auch in anderen Fällen ist die Eintragung jedoch zulässig und zweckmäßig.[28] Nachweise, aus denen sich der Auflösungsgrund ergibt, brauchen nicht eingereicht zu werden. Im Hinblick auf die

---

23 *Haas*, in: Baumbach/Hueck, GmbHG, § 65 Rn. 7; *Nerlich*, in: Michalski, GmbHG, § 65 Rn. 13.

24 *K. Schmidt*, in: Scholz, GmbHG, § 65 Rn. 7; *Paura*, in: Ulmer/Habersack/Winter, GmbHG, § 65 Rn. 4.

25 *Haas*, in: Baumbach/Hueck, GmbHG, § 65 Rn. 8; *K. Schmidt*, in: Scholz, GmbHG, § 65 Rn. 7; *Paura*, in: Ulmer/Habersack/Winter, GmbHG, § 65 Rn. 5.

26 *Haas*, in: Baumbach/Hueck, GmbHG, § 65 Rn. 12; *K. Schmidt*, in: Scholz, GmbHG, § 65 Rn. 8; *Paura*, in: Ulmer/Habersack/Winter, GmbHG, § 65 Rn. 23.

27 *K. Schmidt*, in: Scholz, GmbHG, § 65 Rn. 8; *Hopt*, in: Baumbach/Hopt, HGB, § 13 Rn. 12.

28 *K. Schmidt*, in: Scholz, GmbHG, § 65 Rn. 4, 9; *Paura*, in: Ulmer/Habersack/Winter, GmbHG, § 65 Rn. 25.

Ermittlungspflicht des Registerrichters nach § 26 FamFG ist dies jedoch zweckmäßig. In den Fällen des § 60 Abs. 1 Nr. 1 genügt ein Hinweis auf die Satzung.[29]

III. Fristen

Eine **Anmeldefrist** ist nicht vorgesehen. Gleichwohl besteht Einigkeit darüber, dass im Hinblick auf den Schutz des Rechtsverkehrs die Anmeldung **unverzüglich**, also ohne schuldhaftes Zögern erfolgen muss. Eine kurzfristige Verzögerung kann im Hinblick auf die Belange der Gesellschaft gerechtfertigt sein, etwa wenn bei **zweifelhafter Rechtslage** Rechtsrat eingeholt werden muss.[30] 17

IV. Bedingung und Befristung

Die Anmeldung zum Handelsregister kann als **Verfahrenshandlung** nicht von einer **Bedingung** abhängig gemacht werden.[31] Bei **Befristungen** wird weniger streng verfahren. Es soll zulässig sein, die Auflösung der Gesellschaft befristet zum Jahresende zu beschließen.[32] Die Auflösung darf zum Schutz des Rechtsverkehrs jedoch nicht vor dem bestimmten Zeitpunkt eingetragen werden.[33] 18

V. Erzwingbarkeit

Die Pflicht zur Anmeldung durch die Verantwortlichen kann vom Registergericht grundsätzlich durch Festsetzung von **Zwangsgeld** nach **§ 14 HGB** durchgesetzt werden. Dies gilt wegen § 79 Abs. 2 nicht, wenn der zugrunde liegende Auflösungsbeschluss zugleich eine Satzungsänderung zum Inhalt hat und der Eintragung wegen § 54 Abs. 3 ausnahmsweise konstitutive Wirkung zukommt (dazu schon Rdn. 2, 13).[34] Die Festsetzung des Zwangsgeldes erfolgt gegenüber den anmeldepflichtigen Personen, nicht gegenüber der GmbH.[35] Auch die Gesellschafter sind nicht Adressa- 19

---

29 *Haas*, in: Baumbach/Hueck, GmbHG, § 65 Rn. 10; *Nerlich*, in: Michalski, GmbHG, § 65 Rn. 13; *Paura*, in: Ulmer/Habersack/Winter, GmbHG, § 65 Rn. 24; *K. Schmidt*, in: Scholz, GmbHG, § 65 Rn. 8.

30 RGZ 145, 99, 103; *Haas*, in: Baumbach/Hueck, GmbHG, § 65 Rn. 9; *Kleindiek*, in: Lutter/Hommelhoff, GmbHG, § 65 Rn. 3; *Paura*, in: Ulmer/Habersack/Winter, GmbHG, § 65 Rn. 7; *Altmeppen*, in: Roth/Altmeppen, GmbHG, § 65 Rn. 9.

31 BayObLG, GmbHR 1992, 672; OLG Hamm, GmbHR 2007, 762 = Rpfleger 2007, 327, 328; *Haas*, in: Baumbach/Hueck, GmbHG, § 65 Rn. 10; *Limpert*, in: MünchKommGmbHG, § 65 Rn. 10.

32 So i.E. mit widersprüchlicher Begründung OLG Hamm, GmbHR 2007, 762 = Rpfleger 2007, 327, 328.

33 I.E. *K. Schmidt*, in: Scholz, GmbHG, § 65 Rn. 9; *Limpert*, in: MünchKommGmbHG, § 65 Rn. 10; a.A. *Haas*, in: Baumbach/Hueck, GmbHG, § 65 Rn. 10. Unklar OLG Hamm, GmbHR 2007, 762 = Rpfleger 2007, 327, 328.

34 *Haas*, in: Baumbach/Hueck, GmbHG, § 65 Rn. 13; *K. Schmidt*, in: Scholz, GmbHG, § 65 Rn. 11; *Paura*, in: Ulmer/Habersack/Winter, GmbHG, § 65 Rn. 27 f.; *Altmeppen*, in: Roth/Altmeppen, GmbHG, § 65 Rn. 8; *Limpert*, in: MünchKommGmbHG, § 65 Rn. 17.

35 KGJ 41, 123, 130; *Limpert*, in: MünchKommGmbHG, § 65 Rn. 16.

ten der Zwangsmaßnahme, und zwar selbst dann nicht, wenn die Gesellschaft führungslos ist.[36] Das Zwangsgeldverfahren richtet sich nach §§ 388-391 FamFG.

E. Eintragung der Auflösung und Bekanntmachung durch das Registergericht

I. Inhalt der Eintragung

20 Das Registergericht trägt die Auflösung nach § 43 Nr. 6 b) dd) HRV in Spalte 6 der Abteilung B des Handelsregisters ein. In den Fällen der Eintragung von Amts wegen nach § 61 Abs. 1 S. 2 ist auch der Auflösungsgrund nach § 65 Abs. 1 S. 3 einzutragen, in allen übrigen Fällen ist seine Eintragung zulässig und zweckmäßig.[37]

II. Unrichtigkeit der Eintragung

21 Sind die Voraussetzungen der Auflösung nicht erfüllt, ist die Eintragung im Handelsregister unrichtig und kann auf Antrag gelöscht werden. Das Registergericht kann auch von Amts wegen nach § 395 FamFG löschen, wenn eine wesentliche Eintragungsvoraussetzung fehlte und die Eintragung daher unzulässig war.[38]

III. Wirkung der Eintragung

1. Deklaratorischer Charakter

22 Die Eintragung wirkt grundsätzlich nur **deklaratorisch.**[39] Die Eintragung nach § 65 Abs. 1 verlautbart lediglich den unabhängig von ihr wirksamen Auflösungstatbestand.[40] Eine unrichtige Eintragung führt daher weder zur Auflösung der Gesellschaft noch steht es der Wirksamkeit der Auflösung entgegen, wenn die Eintragung unterbleibt.[41] **Konstitutiver Charakter** kommt der Eintragung nur zu, wenn der Auflösungsbeschluss gleichzeitig eine **Satzungsänderung** zum Inhalt hat. Dies liegt jedoch an der Wirkung der Eintragung nach § 54 Abs. 3, nicht an der nach § 65.[42] Einen

36 *K. Schmidt*, in: Scholz, GmbHG, § 65 Rn. 11.

37 Für Zulässigkeit *Haas*, in: Baumbach/Hueck, GmbHG, § 65 Rn. 14; für Zweckmäßigkeit auch *K. Schmidt*, in: Scholz, GmbHG, § 65 Rn. 4, 9.

38 *K. Schmidt*, in: Scholz, GmbHG, § 65 Rn. 9.

39 BFH, DStRE 2007, 1076, 1079; OLG Oldenburg, GmbHR 2005, 367 f.; *Haas*, in: Baumbach/Hueck, GmbHG, § 65 Rn. 15; *Kleindiek*, in: Lutter/Hommelhoff, GmbHG, § 65 Rn. 5.

40 *Altmeppen*, in: Roth/Altmeppen, GmbHG, § 65 Rn. 11.

41 *K. Schmidt*, in: Scholz, GmbHG, § 65 Rn. 1; *Limpert*, in: MünchKommGmbHG, § 65 Rn. 34.

42 *Nerlich*, in: Michalski, GmbHG, § 65 Rn. 25; *Haas*, in: Baumbach/Hueck, GmbHG, § 65 Rn. 15; *Limpert*, in: MünchKommGmbHG, § 65 Rn. 34; *K. Schmidt*, in: Scholz, GmbHG, § 65 Rn. 1. Dazu auch schon Rdn. 2, 13.

Anwendungsfall bildet es etwa, wenn die satzungsmäßig festgelegte Dauer der Gesellschaft abgekürzt wird.[43]

2. Fortbestand der Gesellschaft

23 Die Eintragung der Auflösung lässt den Bestand der Gesellschaft unberührt. Sie führt dazu, dass die vormals werbende Gesellschaft mit einem geänderten, auf die Liquidation gerichteten Gesellschafszweck fortbesteht. Die Gesellschaft bleibt **parteifähig** und **Formkaufmann** nach § 6 HGB (dazu auch schon Vor §§ 60 ff. Rdn. 4).[44]

3. Publizitätswirkung

24 Mit der Eintragung der Auflösung ist ein **Vertrauensschutz** über **§ 15 HGB** verbunden. Solange die Auflösung nicht im Handelsregister eingetragen und bekannt gemacht ist, kann die Auflösung einem **Dritten** nur entgegen gehalten werden, wenn sie ihm bekannt war. Dies ergibt sich aus § 15 Abs. 1 HGB. Ist die Auflösung eingetragen und vom Registergericht veröffentlicht, muss ein Dritter sie gemäß § 15 Abs. 2 HGB gegen sich gelten lassen, es sei denn, dass Rechtshandlungen innerhalb der ersten 15 Tage nach der Bekanntmachung vorgenommen wurden und er die Auflösung weder kannte noch kennen musste. Bei unrichtiger Bekanntmachung schützt § 15 Abs. 3 HGB jeden Dritten in seinem Glauben an die Richtigkeit der Bekanntmachung. Wegen des Fortbestands der Gesellschaft in der Liquidationsphase ist die praktische Bedeutung der Rechtsscheinstatbestände jedoch gering.[45] Da die **Gesellschafter** keine Dritten im Sinne des § 15 HGB sind, können sie sich auf dessen Rechtsscheinswirkung nicht berufen.[46]

IV. Bekanntmachung durch das Registergericht

25 Die Eintragung der Auflösung der GmbH wird nach **§ 10 HGB** vom Registergericht bekannt gemacht. Diese Bekanntmachung durch das Registergericht ist von der Bekanntmachung nach § 65 Abs. 2, zu der die Liquidatoren verpflichtet sind, zu unterscheiden (dazu sogleich Rdn. 26 ff.). Die Veröffentlichung nach § 10 HGB erfolgt in den vorgesehenen elektronischen Informations- und Kommunikationssystemen. Seit 1.1.2007 ist dies für alle Bundesländer das Internetportal »www.handelsregisterbekanntmachungen.de«. Die **Eröffnung des Insolvenzverfahrens** wird nach § 32 Abs. 2 S. 1 HGB nicht durch das Registergericht bekannt gemacht. Vielmehr wird die Publizität durch die insolvenzrechtlich vor-

43 *Paura*, in: Ulmer/Habersack/Winter, GmbHG, § 65 Rn. 4, 33. Zur Auflösung durch Zeitablauf § 60 Rdn. 3 ff.

44 *Haas*, in: Baumbach/Hueck, GmbHG, § 65 Rn. 15; *Limpert*, in: MünchKommGmbHG, § 65 Rn. 35.

45 *K. Schmidt*, in: Scholz, GmbHG, § 65 Rn. 1; *Kleindiek*, in: Lutter/Hommelhoff, GmbHG, § 65 Rn. 5; *Limpert*, in: MünchKommGmbHG, § 65 Rn. 35.

46 *Nerlich*, in: Michalski, GmbHG, § 65 Rn. 29; *Kleindiek*, in: Lutter/Hommelhoff, GmbHG, § 65 Rn. 5; *Limpert*, in: MünchKommGmbHG, § 65 Rn. 35.

gesehenen Bekanntmachungspflichten sichergestellt, insbesondere durch die Bekanntmachung des Eröffnungsbeschlusses nach § 30 Abs. 1 InsO. Die Pflicht des Registergerichts erschöpft sich darin, die Eröffnung des Insolvenzverfahrens einzutragen. Auch der Vertrauensschutz richtet sich nicht nach § 15 HGB, sondern nach den insolvenzrechtlichen Vorschriften, insbesondere nach §§ 81 f. InsO.[47]

F. Bekanntmachung der Auflösung und Gläubigeraufruf, Abs. 2

I. Grundsatz

26 Unabhängig von der Eintragung und Bekanntmachung der Auflösung durch das Registergericht nach § 10 HGB sieht § 65 Abs. 2 eine gesonderte **Bekanntmachung** der Auflösung durch die Liquidatoren nebst **Gläubigeraufruf** vor. Der Gläubigeraufruf stellt die Aufforderung an die Gläubiger dar, sich bei der Gesellschaft zu melden. Hierdurch soll sichergestellt werden, dass die Gläubiger wegen ihrer Ansprüche Befriedigung aus dem Gesellschaftsvermögen suchen können.[48] Bekanntmachung und Gläubigeraufruf müssen **gleichzeitig** erfolgen.[49] Die bis 2009 erforderliche dreifache Bekanntmachung wurde durch das ARUG abgeschafft.[50]

II. Inhalt und Form der Bekanntmachung

27 Der Auflösungsgrund muss in der Bekanntmachung nicht angegeben werden[51] Auch besondere Aufforderungen sind nicht erforderlich.[52] Insbesondere eine individuelle Aufforderung an die bekannten Gläubiger ist nicht notwendig.[53] Üblich ist folgender Wortlaut: »Die Gesellschaft ist aufgelöst. Die Gläubiger der Gesellschaft werden hiermit aufgefordert, sich unter Angabe des Grundes und der Höhe ihres Anspruchs bei der Gesellschaft zu melden.«[54] Die Form der Bekanntgabe richtet sich nach § 12. Sie muss daher jedenfalls im elektronischen Bundesanzeiger erfolgen sowie daneben in weiteren Informationsmedien, sofern der Gesellschaftsvertrag dies bestimmt.

---

47 Zu allem vgl. *Nerlich*, in: Michalski, GmbHG, § 65 Rn. 20; *K. Schmidt*, in: Scholz, GmbHG, § 65 Rn. 18; *Paura*, in: Ulmer/Habersack/Winter, GmbHG, § 65 Rn. 32; *Limpert*, in: MünchKommGmbHG, § 65 Rn. 33.

48 *K. Schmidt*, in: Scholz, GmbHG, § 65 Rn. 12; *Paura*, in: Ulmer/Habersack/Winter, GmbHG, § 65 Rn. 35, 43.

49 *Haas*, in: Baumbach/Hueck, GmbHG, § 65 Rn. 18; *Nerlich*, in: Michalski, GmbHG, § 65 Rn. 24, 26; *K. Schmidt*, in: Scholz, GmbHG, § 65 Rn. 14; *Paura*, in: Ulmer/Habersack/Winter, GmbHG, § 65 Rn. 38.

50 Gesetz zur Umsetzung der Aktionärsrechte-Richtline, BT-Drs. 16/11642.

51 *Nerlich*, in: Michalski, GmbHG, § 65 Rn. 25; *Rasner*, in: Rowedder/Schmidt-Leithoff, GmbHG, § 65 Rn. 9; *Paura*, in: Ulmer/Habersack/Winter, GmbHG, § 65 Rn. 41.

52 *Paura*, in: Ulmer/Habersack/Winter, GmbHG, § 65 Rn. 45; *K. Schmidt*, in: Scholz, GmbHG, § 65 Rn. 14.

53 *Haas*, in: Baumbach/Hueck, GmbHG, § 65 Rn. 17.

54 Vgl. *Nerlich*, in: Michalski, GmbHG, § 65 Rn. 24; *K. Schmidt*, in: Scholz, GmbHG, § 65 Rn. 14.

III. Folgen bei unterlassener Bekanntmachung

28 An eine bestimmte **Frist** sind die Liquidatoren bei der Bekanntmachung nicht gebunden.[55] Die Verpflichtung aus § 65 Abs. 2 ist auch nicht nach § 14 HGB erzwingbar.[56] Dennoch besteht ein Interesse der Gesellschaft und Gesellschafter an einer unverzüglichen Bekanntmachung der Auflösung. Jede Verzögerung der Bekanntmachung hat zur Folge, dass das Sperrjahr nach § 73 Abs. 1 nicht zu laufen beginnt. Unter der Prämisse, dass verteilungsfähiges Vermögen nach Befriedigung der Gläubiger und Ablauf des Sperrjahres vorhanden ist, verzögert sich eine Verteilung des Gesellschaftsvermögens an die Gesellschafter bei einer verspäteten Bekanntmachung. Daher stellt eine unterlassene oder verzögerte Bekanntmachung eine **Pflichtverletzung** gegenüber der Gesellschaft dar, so dass ihr Ansprüche auf Schadensersatz nach §§ 43, 71 Abs. 4 zustehen können. Regelmäßig wird es aber an einem Schaden der Gesellschaft fehlen.[57] Näher liegen **Schäden der Gesellschafter**, da eine verspätete Verteilung des Liquidationsvermögens zu ihren Lasten geht. Da sie somit ein berechtigtes und schützenswertes Interesse daran haben, dass die Liquidatoren ihren Pflichten aus § 65 Abs. 2 nachkommen, liegt es nahe, sie als weitere Schutzsubjekte der Bestimmung einzuordnen.[58] Dies steht allerdings im Widerspruch zu der generellen Tendenz, Geschäftsführerpflichten eine **Schutzwirkung** zugunsten der Gesellschafter abzusprechen und daraus folgende Schadensersatzansprüche abzulehnen.[59] Diese Tendenz überzeugt jedoch nur insoweit, als die jeweilige Geschäftsführerpflicht nach ihrer gesetzlichen Konzeption nur die Gesellschaft selbst sowie allenfalls die Gesamtheit der Gesellschafter zu Schutzsubjekten erhebt. Eine solche Schutzrichtung liegt bei der allgemeinen Pflicht zu ordentlicher Geschäftsführung nahe. Bei spezielleren Pflichten, die individuellen Interessen dienen sollen, muss hingegen anderes gelten.[60] Zu den Ansprüchen der **Gesellschaftsgläubiger** bei Verletzung der Sperrfrist siehe ausführlich unter § 73 Rdn. 20 ff., insb. 28.

55 *Nerlich*, in: Michalski, GmbHG, § 65 Rn. 26.

56 *Kleindiek*, in: Lutter/Hommelhoff, GmbHG, § 65 Rn. 9; *Nerlich*, in: Michalski, GmbHG, § 65 Rn. 29; *Rasner*, in: Rowedder/Schmidt-Leithoff, GmbHG, § 65 Rn. 11; *Paura*, in: Ulmer/Habersack/Winter, GmbHG, § 65 Rn. 46.

57 *Haas*, in: Baumbach/Hueck, GmbHG, § 65 Rn. 19; *Nerlich*, in: Michalski, GmbHG, § 65 Rn. 30; *K. Schmidt*, in: Scholz, GmbHG, § 65 Rn. 17; *Paura*, in: Ulmer/Habersack/Winter, GmbHG, § 65 Rn. 46.

58 A.A. *Limpert*, in: MünchKommGmbHG, § 65 Rn. 51. Nach *K. Schmidt*, in: Scholz, GmbHG, § 65 Rn. 17, ist die Frage bislang ungeklärt.

59 Vgl. den Überblick bei *Schneider*, in: Scholz, GmbHG, § 43 Rn. 300 ff.

60 Siehe die kritische Darstellung bei *Hofmann*, Der Minderheitsschutz im Gesellschaftsrecht, 2011, S. 256-263 und 276-284. Siehe zur ähnlich gelagerten Frage nach Ansprüchen der Gesellschafter bei Beeinträchtigungen des Gewinnziehungsanspruchs unter § 29 Rdn. 20.

IV. Ausnahmen

1. Insolvenzverfahren

29 Keines Gläubigeraufgebots bedarf es bei der Auflösung durch die **Eröffnung des Insolvenzverfahrens.** In diesem Fall wird die Gesellschaft nicht nach den Regelungen des GmbHG, sondern nach insolvenzrechtlichen Regelungen liquidiert (dazu auch schon Vor §§ 60 ff. Rdn. 21 ff.). Die öffentliche Aufforderung an die Gläubiger erfolgt durch das Insolvenzgericht nach §§ 28, 30 InsO. Die Gläubiger melden ihre Forderungen beim Insolvenzverwalter, nicht bei der Gesellschaft an.[61]

2. Löschung nach § 394 FamFG

30 Bekanntmachung und Gläubigeraufruf sind außerdem im Falle der **Löschung wegen Vermögenslosigkeit** gem. § 394 FamFG entbehrlich, da der Normzweck nicht erreicht werden kann, wenn kein Vermögen zur Befriedigung der Gläubiger vorhanden ist.[62]

§ 66 Liquidatoren

(1) In den Fällen der Auflösung außer dem Fall des Insolvenzverfahrens erfolgt die Liquidation durch die Geschäftsführer, wenn nicht dieselbe durch den Gesellschaftsvertrag oder durch Beschluss der Gesellschafter anderen Personen übertragen wird.

(2) Auf Antrag von Gesellschaftern, deren Geschäftsanteile zusammen mindestens dem zehnten Teil des Stammkapitals entsprechen, kann aus wichtigen Gründen die Bestellung von Liquidatoren durch das Gericht erfolgen.

(3) [1]Die Abberufung von Liquidatoren kann durch das Gericht unter derselben Voraussetzung wie die Bestellung stattfinden. [2]Liquidatoren, welche nicht vom Gericht ernannt sind, können auch durch Beschluss der Gesellschafter vor Ablauf des Zeitraums, für welchen sie bestellt sind, abberufen werden.

(4) Für die Auswahl der Liquidatoren findet § 6 Abs. 2 Satz 2 und 3 entsprechende Anwendung.

(5) [1]Ist die Gesellschaft durch Löschung wegen Vermögenslosigkeit aufgelöst, so findet eine Liquidation nur statt, wenn sich nach der Löschung herausstellt, dass Vermögen vorhanden ist, das der Verteilung unterliegt. [2]Die Liquidatoren sind auf Antrag eines Beteiligten durch das Gericht zu ernennen.

---

61 *Nerlich*, in: Michalski, GmbHG, § 65 Rn. 23; *K. Schmidt*, in: Scholz, GmbHG, § 65 Rn. 12; *Paura*, in: Ulmer/Habersack/Winter, GmbHG, § 65 Rn. 36.

62 *Haas*, in: Baumbach/Hueck, GmbHG, § 65 Rn. 17; *Altmeppen*, in: Roth/Altmeppen, GmbHG, § 65 Rn. 40; *K. Schmidt*, in: Scholz, GmbHG, § 65 Rn. 12.

Übersicht **Rdn.**

Schrifttum

Siehe Schrifttum zu Vorbemerkungen zu §§ 60 ff.

A. Grundlagen

I. Überblick

1 § 66 steht am Anfang der Vorschriften über das Liquidationsverfahren. Die §§ 66 ff. regeln die Abwicklung der Gesellschaft vor allem mit Rücksicht auf den Schutz der Gesellschaftsgläubiger, daneben auch unter Beachtung der Interessen der Gesellschafter, vor allem der Minderheitsgesellschafter. Sie sind daher **zwingendes Recht.**[1] § 66 bestimmt, dass außerhalb eines Insolvenzverfahrens die **Liquidatoren** für die Abwicklung zuständig sind.[2] Abs. 1 regelt die **ordentliche**, Abs. 2 die **außerordentliche Bestellung** und Abs. 3 die **Abberufung** der Liquidatoren. Abs. 4 schränkt durch Verweis auf die Ausschlussgründe des § 6 Abs. 2 S. 2 den Kreis der möglichen Liquidatoren ein. Bei Abs. 5 handelt es sich um eine spezielle Regelung zur **Nachtragsliquidation**. Sie betrifft den Fall, dass eine gelöschte Gesellschaft noch Vermögen besitzt und daher zu Unrecht gelöscht wurde. Hierzu begründet Abs. 5 eine Zuständigkeit des Gerichts zur Bestellung der Liquidatoren.

II. Anwendungsbereich

2 Die §§ 66 ff. finden auf jede aufgelöste Gesellschaft Anwendung. Das gilt auch für die Vorgesellschaft, soweit die Vorschriften nicht gerade eine Handelsregistereintragung voraussetzen.[3] Von diesem Grundsatz ausgenommen sind die Fälle, in denen die Gesellschaft in einem anderen Verfahren abgewickelt wird oder eine Abwicklung nicht erforderlich ist.

1. Abwicklung bei Insolvenzverfahren

3 Nach Abs. 1 richtet sich die Liquidation der Gesellschaft im **Insolvenzverfahren** nicht nach §§ 66 ff. Vielmehr wickelt der Insolvenzverwalter die Gesellschaft ab. Das gilt auch in den seltenen Fällen, in denen **nach Abschluss des Insolvenzverfahrens** weiteres Gesellschaftsvermögen vorhanden ist. Nach § 199 S. 2 InsO führt der Insolvenzverwalter die Abwicklung über die insolvenzrechtliche Gläubigerbefriedigung hinaus zu Ende (siehe auch schon Vor §§ 60 ff. Rdn. 23).[4] Diese Anordnung ist sachgerecht, da der Insolvenzverwalter mit der Vermögenslage der Gesellschaft bestens

---

1 *Nerlich*, in: Michalski, GmbHG, § 66 Rn. 2; *Haas*, in: Baumbach/Hueck, GmbHG, § 66 Rn. 2.

2 Zum Verhältnis von insolvenzrechtlicher und gesellschaftsrechtlicher Abwicklung siehe Vor §§ 60 ff. Rdn. 21–23.

3 BGH, GmbHR 2008, 654, 655; OLG Hamm, WM 1985, 658, 659; *Haas*, in: Baumbach/Hueck, GmbHG, § 66 Rn. 3; *K. Schmidt*, in: Scholz, GmbHG, § 66 Rn. 1; *Nerlich*, in: Michalski, GmbHG, § 66 Rn. 6; ausführlich *Paura*, in: Ulmer/Habersack/Winter, GmbHG, § 66 Rn. 6.

4 *Haas*, in: Baumbach/Hueck, GmbHG, § 66 Rn. 2; *K. Schmidt*, in: Schmidt/Uhlenbruck, Die GmbH in Krise, Sanierung und Insolvenz, 4. Aufl. 2009, S. 861 f.; *ders.*, GmbHR 1994, 829, 831; *Nerlich*, in: Michalski, GmbHG, § 66 Rn. 3; *Müller*, in: MünchKommGmbHG, § 66 Rn. 3.

vertraut ist. Das Verteilungsverfahren richtet sich nach den Vorgaben in §§ 72 ff. Das **Sperrjahr** des § 73 braucht nicht eingehalten zu werden, da der Gläubigerschutz schon im Insolvenzverfahren ausreichend berücksichtigt wurde.[5]

2. Abwicklung bei fehlender Masse

4 Demgegenüber finden §§ 66 ff. Anwendung, wenn die Gesellschaft nach § 60 Abs. 1 Nr. 5 aufgelöst ist.[6] Voraussetzung ist, dass die Eröffnung eines Insolvenzverfahrens nach § 26 Abs. 1 InsO mangels Masse abgewiesen oder ein bereits eröffnetes Insolvenzverfahren nach § 207 Abs. 1 InsO mangels Masse eingestellt worden ist.

3. Vereinsverbot und Vermögenslosigkeit

5 Nicht anzuwenden sind §§ 66 ff., wenn eine GmbH als Konsequenz aus einem **Vereinsverbot** nach § 3 VereinsG abgewickelt wird. Die dann einschlägige Abwicklung nach §§ 13, 17 VereinsG geht dem gesellschaftsrechtlichen Liquidationsverfahren vor (siehe schon § 65 Rdn. 7).[7] Wird die Gesellschaft wegen **Vermögenslosigkeit** nach § 394 FamFG gelöscht, erlischt sie ohne Liquidationsverfahren, so dass auch in diesem Fall die §§ 66 ff. nicht zur Anwendung kommen.[8]

III. Organstellung und Anstellungsverhältnis

6 Wie beim Geschäftsführer sind auch beim Liquidator **Bestellungs- und Anstellungsverhältnis** zu unterscheiden. Die in § 66 geregelte Bestellung und Abberufung betrifft nur die **Organstellung** des Liquidators. Das Anstellungsverhältnis bleibt demgegenüber ungeregelt. Seine Begründung und Beendigung richtet sich daher nach den allgemeinen Regeln.[9] Erforderlich ist, dass sich die Gesellschaft mit dem Liquidator einigt. Das gilt auch bei einer gerichtlichen Bestellung der Liquidatoren. Nimmt der Liquidator die Bestellung an, wird seine Organstellung begründet (dazu auch Rdn. 9, 14). Fehlt es an einer vertraglichen Abrede mit der Gesellschaft, ergibt sich der Anspruch des Liquidators auf Vergütung und Auslagenersatz aus einer analogen Anwendung von § 265 Abs. 4 AktG.[10]

---

5 *Uhlenbruck*, in: Uhlenbruck, InsO, 13. Aufl. 2010, § 199, Rn. 3.

6 BGH, NJW 2009, 157 (Rn. 28); *Haas*, in: Baumbach/Hueck, GmbHG, § 66 Rn. 2; *Müller*, in: MünchKommGmbHG, § 66 Rn. 4; i.E. *K. Schmidt*, in: Scholz, GmbHG, § 66 Rn. 1. A.A. *Schulz*, Die masselose Liquidation der GmbH, 1997, S. 106 ff.: Einsetzung eines Notliquidators analog §§ 29, 48 BGB.

7 *Rasner*, in: Rowedder/Schmidt-Leithoff, GmbHG, § 65 Rn. 8; *K. Schmidt*, in: Scholz, GmbHG, § 65 Rn. 26; *Paura*, in: Ulmer/Habersack/Winter, GmbHG, § 65 Rn. 17.

8 *K. Schmidt*, in: Scholz, GmbHG, § 66 Rn. 1.

9 Vgl. *K. Schmidt*, in: Scholz, GmbHG, § 66 Rn. 50; *Haas*, in: Baumbach/Hueck, GmbHG, § 66 Rn. 23; *Nerlich*, in: Michalski, GmbHG, § 66 Rn. 72.

10 *Haas*, in: Baumbach/Hueck, GmbHG, § 66 Rn. 23; *Kleindiek*, in: Lutter/Hommelhoff, GmbHG, § 66 Rn. 9; *Altmeppen*, in: Roth/Altmeppen, GmbHG, § 66 Rn. 42; *K. Schmidt*, in: Scholz, GmbHG, § 66 Rn. 50; *Paura*, in: Ulmer/Habersack/Winter, GmbHG, § 66 Rn. 75; *Müller*, in: MünchKommGmbHG, § 66 Rn. 74.

B. Bestimmung der Liquidatoren durch die Gesellschaft, Abs. 1

I. Geborene Liquidatoren als gesetzlicher Regelfall

7 Die Bestimmung der Liquidatoren ist der Gesellschaft überlassen. Sofern es an Regelungen in der Satzung fehlt und auch kein Gesellschafterbeschluss existiert, kommt § 66 Abs. 1 1. Hs. zur Anwendung. Danach sind alle zur Zeit der Auflösung amtierenden Geschäftsführer **geborene Liquidatoren**, ohne dass ein Bestellungsakt oder eine Amtsannahme erforderlich wäre.[11] Die Geschäftsführer sind aus dem Anstellungsvertrag regelmäßig verpflichtet, die **Abwicklung** der Gesellschaft zu übernehmen, da es sich um die Fortsetzung der geschuldeten Aufgaben unter verändertem Zweck darstellt. Die Auflösung stellt für sich allein noch keinen wichtigen Grund dar, der den Geschäftsführer zur Kündigung berechtigen würde.[12] Gleichwohl gilt auch für ihn der Grundsatz, dass er sein Amt als Liquidator jederzeit und ohne Grund niederlegen kann, auch wenn damit eine Pflichtverletzung gegenüber der Gesellschaft verbunden ist (dazu Rdn. 24). Zu den Vertretungsregeln, insbesondere der streitigen Frage, ob sich die Vertretungsbefugnis der Liquidatoren nach der bisherigen Befugnis der Geschäftsführer richtet, siehe § 68 Rdn. 5–10.

II. Satzungsvorgaben

8 Nach Abs. 1 2. Hs. kann die Satzung anstelle der Geschäftsführer oder auch neben diesen andere Personen als Liquidatoren vorsehen. Hierbei sind, wie regelmäßig, strenge Maßstäbe an die **Bestimmbarkeit** dieser Personen anzulegen.[13] Streitig ist, ob die Satzung die Kompetenz zur Bestimmung der Liquidatoren der Gesellschafterversammlung entziehen und einem anderen Gesellschaftsorgan, einzelnen Gesellschaftern oder Dritten **übertragen** kann. Dies wird mit dem Argument verneint, es handele sich bei § 66 um zwingendes Organisationsrecht, von dem zum Schutz der Gesellschafter nicht abgewichen werden dürfe.[14] Stattdessen muss die Streitfrage jedoch nach einem elementaren Prinzip des Liquidationsrechts entschieden werden: Die Grundsätze, die für die werbende Phase gelten, können auf die Liquidationsphase angewandt werden, soweit keine spezielleren Vorschriften existieren und auch die Zielsetzung des Auflösungsverfahrens nicht entgegen steht (siehe § 69 Rdn. 1). Da derartiges nicht erkennbar ist, kann weiterhin § 45 Abs. 2 und somit der Grund-

11 BGH, ZInsO 2009, 105; BFH, GmbHR 2001, 839; BFH, GmbHR 2001, 927; OLG Karlsruhe, ZIP 2008, 505; OLG Zweibrücken, ZIP 2003, 1954; *Haas*, in: Baumbach/Hueck, GmbHG, § 66 Rn. 12; *Kleindiek*, in: Lutter/Hommelhoff, GmbHG, § 66 Rn. 2; *Rasner*, in: Rowedder/Schmidt-Leithoff, GmbHG, § 66 Rn. 3; *K. Schmidt*, in: Scholz, GmbHG, § 66 Rn. 5; *Paura*, in: Ulmer/Habersack/Winter, GmbHG, § 66 Rn. 16.

12 *K. Schmidt*, in: Scholz, GmbHG, § 66 Rn. 6; *Haas*, in: Baumbach/Hueck, GmbHG, § 66 Rn. 12.

13 *Haas*, in: Baumbach/Hueck, GmbHG, § 66 Rn. 13.

14 RGZ 145, 99, 104; *Nerlich*, in: Michalski, GmbHG, § 66 Rn. 26; *Rasner*, in: Rowedder/Schmidt-Leithoff, GmbHG, § 66 Rn. 9; *Altmeppen*, in: Roth/Altmeppen, GmbHG, § 66 Rn. 20.

satz gelten, dass die Gesellschafter eigene Kompetenzen übertragen können.[15] Wegen (hier vertretener) **Diskontinuität** von werbender Phase und Liquidationsphase kann eine auf die Geschäftsführer bezogene Regelung aber nicht ohne Weiteres auf die Liquidatoren bezogen werden (zum Grundsatz § 68 Rdn. 10, 13). Außerdem bleiben die Kompetenzen zur **Abberufung** nach Abs. 3 und das **Minderheitsrecht** nach Abs. 2 zwingend. Dadurch bleibt es den Gesellschaftern möglich, die Fremdentscheidung zu korrigieren.

III. Gesellschafterbeschluss

9 Die Liquidatoren können ferner durch Beschluss der Gesellschafterversammlung bestellt werden. Hierfür genügt grundsätzlich die **einfache Mehrheit**, wenn nicht die Satzung für die Wahl der Liquidatoren andere Stimmverhältnisse fordert.[16] Schreibt die Satzung **Qualifikationsmerkmale** voraus, müssen diese bei Bestellung der Liquidatoren eingehalten werden.[17] Ist der Beschluss unwirksam, bleibt es bei der Abwicklung durch die geborenen Liquidatoren.[18] Dagegen lebt das Amt des geborenen Liquidators nicht wieder auf, wenn eine andere Person zunächst wirksam zum Liquidator bestellt ist, ihr Amt dann jedoch wieder verliert, etwa durch Niederlegung.[19] Die Bestellung wird nicht bereits mit dem Beschluss wirksam. Vielmehr bedarf es einer entsprechenden Erklärung der Gesellschaft und der Annahme durch den Liquidator. Sofern der Bestellte bei dem Gesellschafterbeschluss zugegen ist, genügt es, wenn er der Bestellung nicht widerspricht.[20]

C. Bestellung der Liquidatoren durch Gericht

10 Die Liquidatoren können ihr Amt auch durch gerichtliche Bestellung erhalten.

---

15 I.E. und mit teils anderer Begründung *Löffler*, in: Heybrock, Praxiskommentar zum GmbH-Recht, 2. Aufl. 2010, § 66 Rn. 6; *K. Schmidt*, in: Scholz, GmbHG, § 66 Rn. 10; *Paura*, in: Ulmer/Habersack/Winter, GmbHG, § 66 Rn. 23; *Müller*, in: MünchKommGmbHG, § 65 Rn. 26.

16 OLG Frankfurt, NZG 1999, 833, 834 f.; *Haas*, in: Baumbach/Hueck, GmbHG, § 66 Rn. 14; *Kleindiek*, in: Lutter/Hommelhoff, GmbHG, § 66 Rn. 4; *K. Schmidt*, in: Scholz, GmbHG, § 66 Rn. 9; *Paura*, in: Ulmer/Habersack/Winter, GmbHG, § 66 Rn. 27.

17 *Haas*, in: Baumbach/Hueck, GmbHG, § 66 Rn. 14; *Altmeppen*, in: Roth/Altmeppen, GmbHG, § 66 Rn. 27; *K. Schmidt*, in: Scholz, GmbHG, § 66 Rn. 8.

18 *Haas*, in: Baumbach/Hueck, GmbHG, § 66 Rn. 14; *Nerlich*, in: Michalski, GmbHG, § 66 Rn. 32.

19 LG Frankenthal, GmbHR 1996, 131; *Haas*, in: Baumbach/Hueck, GmbHG, § 66 Rn. 12; *Kleindiek*, in: Lutter/Hommelhoff, GmbHG, § 66 Rn. 4; *Altmeppen*, in: Roth/Altmeppen, GmbHG, § 66 Rn. 22; *K. Schmidt*, in: Scholz, GmbHG, § 66 Rn. 31.

20 BGHZ 52, 316, 321; *Haas*, in: Baumbach/Hueck, GmbHG, § 66 Rn. 14; *Paura*, in: Ulmer/Habersack/Winter, GmbHG, § 66 Rn. 29.

I. Bestellung aus wichtigem Grund, Abs. 2

1. Zwingendes Minderheitsrecht

11 § 66 Abs. 2 enthält ein **Minderheitsrecht.** Eine Minderheit, die 10 % des Gesellschaftskapitals hält, kann einen Antrag auf Bestellung von Liquidatoren stellen. Dieses Antragsrecht ist **zwingend**, da § 66 Abs. 2 zum unabdingbaren Bestand formeller Minderheitsrechte gehört und als solches einen Bestandteil der Mitgliedschaft bildet.[21] Seine Voraussetzungen können durch die Satzung daher nur erleichtert werden, etwa durch Ausgestaltung als Individualrecht.[22]

2. Antragsberechtigung

12 Antragsberechtigt sind ausschließlich die **Gesellschafter**, nicht etwa die Gläubiger oder Liquidatoren der Gesellschaft.[23] Der Antrag muss darauf gerichtet sein, Liquidatoren zu bestellen, weil solche nicht (in erforderlicher Zahl) vorhanden sind. Möglich ist auch eine **Antragshäufung**: Mit dem Antrag, die alten Liquidatoren nach Abs. 3 abzuberufen (zu den Kriterien Rdn. 17 ff.), kann ein weiterer Antrag auf Neubestellung von Liquidatoren nach Abs. 2 verbunden werden.[24]

3. Wichtiger Grund

13 Der Antrag ist begründet, wenn ein **wichtiger Grund** dafür besteht, Liquidatoren auf gerichtlichem Wege zu bestellen. Bei der Beurteilung des wichtigen Grundes gelten Besonderheiten, die sich aus den Unterschieden zur werbenden Phase ergeben. In der werbenden Gesellschaft ist für die Beurteilung eines wichtigen Grundes das **Gesellschaftsinteresse** üblicherweise von zentraler Bedeutung.[25] Die Aufgabe der Liquidatoren besteht jedoch darin, die Gesellschaft aufzulösen. Im Liquidationsstadium scheidet das Gesellschaftsinteresse als Referenzpunkt der Prüfung daher aus.[26] Vielmehr kommt es auf die **Gesellschafter** an. Da deren wohlverstandenes Interesse darauf gerichtet ist, dass die Gesellschaft ordnungsgemäß liquidiert wird, liegt ein wichtiger Grund vor, wenn dies ohne Entscheidung des Gerichts nicht gewährleistet

---

21 *Paura*, in: Ulmer/Habersack/Winter, GmbHG, § 66 Rn. 34; *K. Schmidt*, in: Scholz, GmbHG, § 66 Rn. 12. Zur Bestimmung des Inhalts der Mitgliedschaft *Hofmann*, Der Minderheitsschutz im Gesellschaftsrecht, 2011, S. 122-129.

22 *Haas*, in: Baumbach/Hueck, GmbHG, § 66 Rn. 19; *Nerlich*, in: Michalski, GmbHG, § 66 Rn. 36; *Rasner*, in: Rowedder/Schmidt-Leithoff, GmbHG, § 66 Rn. 10; *K. Schmidt*, in: Scholz, GmbHG, § 66 Rn. 12; *Paura*, in: Ulmer/Habersack/Winter, GmbHG, § 66 Rn. 33; *Müller*, in: MünchKommGmbHG, § 66 Rn. 28.

23 *K. Schmidt*, in: Scholz, GmbHG, § 66 Rn. 17; *Müller*, in: MünchKommGmbHG, § 66 Rn. 29.

24 *K. Schmidt*, in: Scholz, GmbHG, § 66 Rn. 14.

25 Dazu exemplarisch für die Gewinnverwendung § 29 Rdn. 27–32. Ausführlich *Hofmann*, Der Minderheitsschutz im Gesellschaftsrecht, 2011, S. 133 ff.

26 Siehe § 60 Rdn. 21. *Hofmann*, Der Minderheitsschutz im Gesellschaftsrecht, 2011, S. 193 f. und S. 688 f.

erscheint.[27] Diese Voraussetzung liegt vor, wenn es an der für eine ordnungsgemäße Liquidation **notwendigen Anzahl** von Liquidatoren fehlt und ihre Bestellung wegen der Untätigkeit der Gesellschafter auch nicht absehbar ist. Fehlen demgegenüber Liquidatoren nur vorübergehend, muss das Gericht beachten, dass die Kompetenz zur Bestimmung der Liquidatoren nach Abs. 1 bei der Gesellschaftermehrheit liegt und die Minderheit der Mehrheit daher nicht zuvorkommen und gerichtlich Liquidatoren bestellen lassen darf.[28] Die Bestellung von **Notliquidatoren** analog §§ 29, 48 BGB (dazu unter Rdn. 16) ist demgegenüber nur vorübergehender Natur und steht einer dauerhaft angelegten Berufung nach Abs. 2 nicht im Wege.[29]

4. Zuständigkeit und Verfahren

14 Zuständig ist nach §§ 23a Abs. 1 Nr. 2, Abs. 2 Nr. 4 GVG, 375 Nr. 6, 377 Abs. 1 FamFG das Amtsgericht am statutarischen Sitz der Gesellschaft. Es entscheidet im unternehmensrechtlichen Verfahren nach §§ 376, 375 Nr. 6 FamFG, und zwar nach § 38 FamFG durch begründeten **Beschluss**.[30] Das Gericht ermittelt den Sachverhalt nach § 26 FamFG von Amts wegen.[31] Es wählt unparteiische Personen als geeignete Liquidatoren aus und ist nicht an die Vorschläge der Antragsteller gebunden. Es entscheidet auch darüber, ob es einen oder mehrere Liquidatoren bestellt und welche Vertretungsregeln gelten. Es braucht dabei weder die Vorgaben der Satzung noch die Regel in § 68 Abs. 1 S. 2 (Gesamtvertretung) zu beachten.[32] Soweit es einen wichtigen Grund bejaht, muss das Gericht einen Liquidator bestellen. Diese Entscheidung steht daher entgegen dem Wortlaut von Abs. 2 **nicht** im **Ermessen** des Gerichts. Ein Ermessensspielraum besteht demgegenüber bei der **Auswahl** der Liquidatoren und ihrer **Vertretungsmacht**.[33] Der Liquidator ist mit dem Beschluss des Gerichts bestellt, sein Amt beginnt jedoch erst mit seiner **Annahme**, zu der er nicht verpflichtet ist.[34]

---

27 Vgl. *Nerlich*, in: Michalski, GmbHG, § 66 Rn. 41; *Altmeppen*, in: Roth/Altmeppen, GmbHG, § 66 Rn. 33.

28 *K. Schmidt*, in: Scholz, GmbHG, § 66 Rn. 19.

29 Zu allem *K. Schmidt*, in: Scholz, GmbHG, § 66 Rn. 19; *Nerlich*, in: Michalski, GmbHG, § 66 Rn. 42 f.

30 *K. Schmidt*, in: Scholz, GmbHG, § 66 Rn. 13; *Haas*, in: Baumbach/Hueck, GmbHG, § 66 Rn. 21; *Müller*, in: MünchKommGmbHG, § 66 Rn. 37, 41; *Kleindiek*, in: Lutter/Hommelhoff, GmbHG, § 66 Rn. 6.

31 *K. Schmidt*, in: Scholz, GmbHG, § 66 Rn. 20; *Müller*, in: MünchKommGmbHG, § 66 Rn. 38.

32 Zu allem Vorstehenden *K. Schmidt*, in: Scholz, GmbHG, § 66 Rn. 22; *Müller*, in: MünchKommGmbHG, § 66 Rn. 42.

33 *K. Schmidt*, in: Scholz, GmbHG, § 66 Rn. 13; *Haas*, in: Baumbach/Hueck, GmbHG, § 66 Rn. 21; *Müller*, in: MünchKommGmbHG, § 66 Rn. 41 f.

34 *K. Schmidt*, in: Scholz, GmbHG, § 66 Rn. 22; *Müller*, in: MünchKommGmbHG, § 66 Rn. 43.

5. Rechtsmittel

15 Gegen den Beschluss des Gerichts kann nach §§ 402 Abs. 1, 375 Nr. 6, 58 ff. FamFG beim entscheidenden Gericht innerhalb eines Monats nach Bekanntgabe (§ 63 Abs. 1 FamFG) Beschwerde eingelegt werden. Das entscheidende Gericht kann abhelfen, wenn es die Beschwerde für begründet hält, anderenfalls entscheidet das OLG als Beschwerdegericht nach §§ 68, 69 FamFG. Soweit zugelassen, schließt sich daran nach §§ 70 ff. FamFG die Rechtsbeschwerde zum BGH (§ 133 GVG) an. **Beschwerdeberechtigt** sind bei **ablehnender** Entscheidung die Antragsteller, § 59 Abs. 2 FamFG. Sie müssen auch weiterhin über eine Beteiligung von mindestens 10 % verfügen.[35] Bei **stattgebender** Entscheidung sind die abberufenen Liquidatoren sowie die Gesellschaft beschwert. Daneben soll nach h.M. auch jeder Gesellschafter, der nicht im Lager der Antragsteller steht, beschwerdebefugt sein.[36] Es erscheint zwar inkonsequent, dies aus der Mitgliedschaft herzuleiten und daher die Entscheidung über die Liquidatorenbestellung als Individualrecht zu behandeln, da doch die Antragstellung nach Abs. 2 eine Minderheitsbeteiligung von 10 % voraussetzt. Im Ergebnis verdient die h.M. dennoch Zustimmung, da die Bedeutung der Liquidatorenbestellung für die Gesellschafter erheblich ist und es daher vorzugswürdig erscheint, die Quote des Abs. 2 auf ihren unmittelbaren Anwendungsbereich zu beschränken.

II. Notbestellung nach §§ 29, 48 BGB analog

16 Von der gerichtlichen Bestellung nach Abs. 2 ist die Notbestellung analog §§ 29, 48 BGB zu unterscheiden. Eine Notbestellung kann erfolgen, wenn Liquidatoren in erforderlicher Zahl nicht vorhanden sind und die Gesellschaft deshalb handlungsunfähig ist.[37] Die Notbestellung darf stets nur **vorübergehenden Charakter** besitzen, da die Bestellung der Liquidatoren den Gesellschaftern obliegt. Das wird dadurch gewahrt, dass die Bestellung ipso iure endet, wenn der Mangel behoben ist, insbesondere Liquidatoren nach Abs. 1 oder 2 bestellt werden.[38] Auch muss der Aufgabenkreis des Notliquidators auf die **Angelegenheiten** beschränkt werden, in denen ein dringendes Bedürfnis für eine Vertretung der Gesellschaft besteht.[39] Das **Antragsrecht** steht jedem der am Liquidationsverfahren Beteiligten zu. Dies sind die Gesellschaf-

---

35 *Haas*, in: Baumbach/Hueck, GmbHG, § 66 Rn. 22; *K. Schmidt*, in: Scholz, GmbHG, § 66 Rn. 23.

36 OLG Düsseldorf, DB 1998, 1132; *Haas*, in: Baumbach/Hueck, GmbHG, § 66 Rn. 27; *Kleindiek*, in: Lutter/Hommelhoff, GmbHG, § 66 Rn. 6; *K. Schmidt*, in: Scholz, GmbHG, § 66 Rn. 23; *Paura*, in: Ulmer/Habersack/Winter, GmbHG, § 66 Rn. 46. A.A. noch OLG Hamm, DB 1977, 2090.

37 BayObLG, BB 1976, 998; OLG München, GmbHR 2005, 1431; *Haas*, in: Baumbach/Hueck, GmbHG, § 66 Rn. 32; *Kleindiek*, in: Lutter/Hommelhoff, GmbHG, § 66 Rn. 7; *Nerlich*, in: Michalski, GmbHG, § 66 Rn. 53; *Rasner*, in: Rowedder/Schmidt-Leithoff, GmbHG, § 66 Rn. 15; *K. Schmidt*, in: Scholz, GmbHG, § 66 Rn. 33.

38 OLG Köln, GmbHR 2008, 103 f.

39 OLG München, GmbHR 2005, 1431, 1432.

ter, die Gläubiger und die Schuldner der Gesellschaft.[40] In Betracht kommen aber auch ehemalige Geschäftsführer, frühere und amtierende Liquidatoren sowie der Kommanditist bei einer GmbHG & Co. KG.[41]

D. Abberufung der Liquidatoren, Abs. 3

I. Abberufung durch Gesellschafterbeschluss

1. Kompetenz

17 Die ordentliche Abberufung von Liquidatoren nach Abs. 3 S. 2 stellt, wenngleich erst im Anschluss an die außerordentliche Abberufung geregelt, den praktischen Regelfall dar.[42] Hiernach können die Liquidatoren jederzeit und ohne wichtigen Grund abberufen werden, sofern sie nicht durch Gericht bestellt worden sind. Die Kompetenz zur Abberufung liegt bei der Gesellschafterversammlung. Während die Kompetenz zur Bestellung per Satzung auf ein anderes Organ übertragen werden kann (dazu Rdn. 8), gilt dies nicht für die Abberufung.[43] Die Gefahren für die Gesellschafter wären unverhältnismäßig, wenn die Fremdbestimmung nicht korrigiert werden könnte.

2. Verfahren

18 Die Gesellschafterversammlung entscheidet durch Beschluss mit einfacher Mehrheit, wenn nicht durch die Satzung strengere Anforderungen festgelegt sind.[44] Soweit die betroffenen Liquidatoren zugleich Gesellschafter sind, stimmen sie mit, sofern es sich nicht um eine Abberufung aus wichtigem Grund handelt oder im Sinne des § 47 Abs. 4 ein Zusammenhang mit der Versagung einer Entlastung besteht.[45] Nach diesen Grundsätzen kann sich auch der Gesellschafter einer Einmann-GmbH als Liquidator abberufen.[46] Die Abberufung wirkt mit ihrem Zugang beim betroffenen Liquidator im Sinne von § 130 Abs. 1 S. 1 BGB. Die Eintragung im Handelsregister nach § 67 Abs. 1 wirkt nur deklaratorisch.[47]

---

40 *Haas*, in: Baumbach/Hueck, GmbHG, § 66 Rn. 32; *Nerlich*, in: Michalski, GmbHG, § 66 Rn. 54.

41 *K. Schmidt*, in: Scholz, GmbHG, § 66 Rn. 35; *Paura*, in: Ulmer/Habersack/Winter, GmbHG, § 66 Rn. 49. Zum Kommanditisten BayObLG, BB 1976, 998.

42 *Nerlich*, in: Michalski, GmbHG, § 66 Rn. 62; *Rasner*, in: Rowedder/Schmidt-Leithoff, GmbHG, § 66 Rn. 25.

43 I.E., allerdings aus einer Parallele zur anders beurteilten Bestellung gefolgert *Haas*, in: Baumbach/Hueck, GmbHG, § 66 Rn. 24; *Nerlich*, in: Michalski, GmbHG, § 66 Rn. 64.

44 *Haas*, in: Baumbach/Hueck, GmbHG, § 66 Rn. 24; *Nerlich*, in: Michalski, GmbHG, § 66 Rn. 63.

45 *Haas*, in: Baumbach/Hueck, GmbHG, § 66 Rn. 24; *K. Schmidt*, in: Scholz, GmbHG, § 66 Rn. 43.

46 KGJ 45, 178, 181; *Müller*, in: MünchKommGmbHG, § 66 Rn. 62; *Haas*, in: Baumbach/Hueck, GmbHG, § 66 Rn. 25; *K. Schmidt*, in: Scholz, GmbHG, § 66 Rn. 43.

47 *Haas*, in: Baumbach/Hueck, GmbHG, § 66 Rn. 25; *Nerlich*, in: Michalski, GmbHG, § 66 Rn. 65; *Rasner*, in: Rowedder/Schmidt-Leithoff, GmbHG, § 66 Rn. 26; *Paura*, in: Ulmer/Habersack/Winter, GmbHG, § 66 Rn. 65.

3. Besonderheiten bei Satzungsbestimmungen

19 Andere Voraussetzungen gelten, wenn ein **satzungsmäßiges Sonderrecht** auf das Liquidatorenamt besteht. Zur Abberufung eines auf diese Weise privilegierten Liquidators ist dessen Zustimmung oder ein wichtiger Grund erforderlich.[48] Auch ist es wie bei § 38 Abs. 2 möglich, die Abberufungsmöglichkeit auf den Fall zu beschränken, dass ein wichtiger Grund vorliegt.[49] Voraussetzung ist, dass sich eine entsprechende Bestimmung in der Satzung zweifelsfrei auf die Liquidatoren bezieht.[50]

II. Abberufung durch Gericht

1. Anwendungsbereich

20 Spiegelbildlich zur außerordentlichen Bestellung nach Abs. 2 sieht das Gesetz in Abs. 3 S. 1 die Möglichkeit vor, die Liquidatoren **außerordentlich abzuberufen**. Das Registergericht kann sowohl die nach Abs. 1 berufenen als auch die vom Gericht nach Abs. 2 bestellten Liquidatoren jederzeit abberufen.[51] Hiervon werden auch solche Liquidatoren erfasst, denen die Satzung ein Sonderrecht auf das Liquidatorenamt zuspricht, da es sich um eine Abberufung aus wichtigem Grund handelt.[52] Außerdem erstreckt sich die Abberufungskompetenz auf die nach Abs. 5 ernannten Nachtragsliquidatoren.[53] Die nach §§ 29, 48 BGB bestellten Notliquidatoren können ebenfalls nach Abs. 3 abberufen werden. Da ihr Amt jedoch mit der Bestellung anderer Liquidatoren schon ipso iure endet (oben Rdn. 16), dient ihre förmliche Abberufung nach Abs. 3 nur der Klarstellung.[54]

48 *Nerlich*, in: Michalski, GmbHG, § 66 Rn. 66; *Rasner*, in: Rowedder/Schmidt-Leithoff, GmbHG, § 66 Rn. 26; *K. Schmidt*, in: Scholz, GmbHG, § 66 Rn. 44; *Paura*, in: Ulmer/Habersack/Winter, GmbHG, § 66 Rn. 57.

49 *K. Schmidt*, in: Scholz, GmbHG, § 66 Rn. 44; *Haas*, in: Baumbach/Hueck, GmbHG, § 66 Rn. 24; *Paura*, in: Ulmer/Habersack/Winter, GmbHG, § 66 Rn. 57; a.A. *Kleindiek*, in: Lutter/Hommelhoff, GmbHG, § 66 Rn. 11; *Altmeppen*, in: Roth/Altmeppen, GmbHG, § 66 Rn. 47; *Rasner*, in: Rowedder/Schmidt-Leithoff, GmbHG, § 66 Rn. 26.

50 So auch *Altmeppen*, in: Roth/Altmeppen, GmbHG, § 66 Rn. 47. Zum Grundsatz der Diskontinuität und den Anforderungen daran, Satzungsbestimmungen für Geschäftsführer auch auf Liquidatoren anzuwenden, siehe § 68 Rdn. 10, 13.

51 *Haas*, in: Baumbach/Hueck, GmbHG, § 66 Rn. 26; *Nerlich*, in: Michalski, GmbHG, § 66 Rn. 67; *K. Schmidt*, in: Scholz, GmbHG, § 66 Rn. 45; *Löffler*, in: Heybrock, Praxiskommentar zum GmbH-Recht, 2. Aufl. 2010, § 66 Rn. 20.

52 *Nerlich*, in: Michalski, GmbHG, § 66 Rn. 68; *K. Schmidt*, in: Scholz, GmbHG, § 66 Rn. 45.

53 KG, GmbHR 2005, 1613, 1615; OLG Köln, NZG 2003, 341; *Haas*, in: Baumbach/Hueck, GmbHG, § 66 Rn. 26.

54 *K. Schmidt*, in: Scholz, GmbHG, § 66 Rn. 45; *Nerlich*, in: Michalski, GmbHG, § 66 Rn. 68.

2. Voraussetzungen

21 Wegen der Voraussetzungen der Abberufung verweist Abs. 3 S. 1 auf die Voraussetzungen der Bestellung. Auch für die Abberufung bedarf es daher eines Antrags, der von Gesellschaftern, deren Geschäftsanteile zusammen wenigstens 10 % des Stammkapitals erreichen, getragen wird. Daneben ist ein wichtiger Grund für die Abberufung erforderlich. Dieser liegt bei Pflichtverletzungen oder mangelnder fachlicher Eignung vor.[55] Davon ist die mangelnde Eignung im Sinne von Abs. 4 i.V. mit § 6 Abs. 2 Satz 2 und 3 zu unterscheiden: Sie führt ipso iure zum Erlöschen der Bestellung, sofern sie nachträglich eintritt (siehe Rdn. 29).[56]

3. Anwendungsfälle

22 Ein wichtiger Grund liegt vor, wenn der Liquidator die Gesellschaftermehrheit begünstigt, da hierdurch seine Pflicht zur **Unparteilichkeit** verletzt wird.[57] Außerdem können **unüberbrückbare Differenzen** der Liquidatoren untereinander oder zwischen ihnen und den Gesellschaftern Grund zur Abberufung geben.[58] Dabei ist als weiterer Faktor zu berücksichtigen, dass die Liquidation nicht nur den Interessen der Gesellschafter dient, sondern dem Gläubigerschutz eine herausragende Bedeutung zukommt. Der Austausch der Liquidatoren ist daher auch unter Berücksichtigung der Gläubigerinteressen durchzuführen.[59]

4. Wirksamwerden

23 Die Abberufung wird nach §§ 40, 41 FamFG mit ihrer Bekanntgabe an den Liquidator durch das Gericht wirksam. Die Eintragung nach § 67 Abs. 1 ist nur deklaratorisch.[60]

---

55 KG, GmbHR 2005, 1613, 1615. Vgl. auch OLG Köln, NZG 2003, 341.

56 OLG Köln, NZG 2003, 341; BayObLG, BB 1987, 1625, 1627; *K. Schmidt*, in: Scholz, GmbHG, § 66 Rn. 48; *Haas*, in: Baumbach/Hueck, GmbHG, § 66 Rn. 26; *Nerlich*, in: Michalski, GmbHG, § 66 Rn. 68.

57 *Paura*, in: Ulmer/Habersack/Winter, GmbHG, § 66 Rn. 41; *Nerlich*, in: Michalski, GmbHG, § 66 Rn. 43.

58 Zu beidem *Nerlich*, in: Michalski, GmbHG, § 66 Rn. 43.

59 Ähnlich *Nerlich*, in: Michalski, GmbHG, § 66 Rn. 43.

60 Zu beidem *Haas*, in: Baumbach/Hueck, GmbHG, § 66 Rn. 26.

E. Amtsniederlegung

I. Erklärung

24 Der Liquidator kann seine Organstellung jederzeit einseitig beenden, indem er erklärt, sein Amt niederzulegen.[61] Die Amtsniederlegung wirkt sofort und unabhängig davon, ob ein wichtiger Grund vorliegt oder auch nur behauptet wird.[62] Ein wichtiger Grund kann jedoch darüber entscheiden, ob der Liquidator mit der Amtsniederlegung seine Pflichten gegenüber der Gesellschaft verletzt und Schadensersatz schuldet (siehe auch schon oben Rdn. 7).[63]

II. Empfangszuständigkeit

25 Die Erklärung der Amtsniederlegung erfolgt gegenüber der **Gesellschaft**. Diese wird jedenfalls durch die anderen Liquidatoren vertreten.[64] Entsprechend § 35 Abs. 2 S. 1 genügt auch die Erklärung gegenüber einem einzelnen der übrigen Liquidatoren. Außerdem kann die die Erklärung gegenüber allen **Gesellschaftern** als dem Bestellungsorgan abgegeben werden.[65] Nach a.A. soll die Erklärung demgegenüber nur dann gegenüber den Gesellschaftern erfolgen dürfen, wenn es an Liquidatoren fehlt,[66] oder umgekehrt immer zwingend die Gesellschafterversammlung als Bestellungsorgan zuständig sein.[67] Ist der einzige Gesellschafter zugleich einziger Liquidator, bleibt nur die Möglichkeit, die Niederlegung gegenüber dem Registergericht zu erklären.[68] Außerdem soll nach h.M. das Registergericht empfangszuständig sein, wenn der Liquidator nach Abs. 2 bestellt wurde.[69]

---

61 *Haas*, in: Baumbach/Hueck, GmbHG, § 66 Rn. 29; *Löffler*, in: Heybrock, Praxiskommentar zum GmbH-Recht, § 66 Rn. 23; *Kleindiek*, in: Lutter/Hommelhoff, GmbHG, § 66 Rn. 10; *Altmeppen*, in: Roth/Altmeppen, GmbHG, § 66 Rn. 51; *Paura*, in: Ulmer/Habersack/Winter, GmbHG, § 66 Rn. 70.

62 BayObLG, GmbHR 1994, 259; *Rasner*, in: Rowedder/Schmidt-Leithoff, GmbHG, § 66 Rn. 31; *K. Schmidt*, in: Scholz, GmbHG, § 66 Rn. 51.

63 *Haas*, in: Baumbach/Hueck, GmbHG, § 66 Rn. 29; *Nerlich*, in: Michalski, GmbHG, § 66 Rn. 81; *Rasner*, in: Rowedder/Schmidt-Leithoff, GmbHG, § 66 Rn. 31; *K. Schmidt*, in: Scholz, GmbHG, § 66 Rn. 51.

64 *Nerlich*, in: Michalski, GmbHG, § 66 Rn. 79; *Rasner*, in: Rowedder/Schmidt-Leithoff, GmbHG, § 66 Rn. 30.

65 *K. Schmidt*, in: Scholz, GmbHG, § 66 Rn. 52.

66 BayObLG, GmbHR 1994, 259; *Kleindiek*, in: Lutter/Hommelhoff, GmbHG, § 66 Rn. 10; *Altmeppen*, in: Roth/Altmeppen, GmbHG, § 66 Rn. 52.

67 *Haas*, in: Baumbach/Hueck, GmbHG, § 66 Rn. 30; *Paura*, in: Ulmer/Habersack/Winter, GmbHG, § 66 Rn. 70.

68 BayObLG, GmbHR 1994, 259, 260; *Haas*, in: Baumbach/Hueck, GmbHG, § 66 Rn. 30; *Nerlich*, in: Michalski, GmbHG, § 66 Rn. 79; *Altmeppen*, in: Roth/Altmeppen, GmbHG, § 66 Rn. 52; offen gelassen von LG Memmingen, NZG 2004, 828.

69 *Haas*, in: Baumbach/Hueck, GmbHG, § 66 Rn. 30; *Kleindiek*, in: Lutter/Hommelhoff, GmbHG, § 66 Rn. 10; *Altmeppen*, in: Roth/Altmeppen, GmbHG, § 66 Rn. 52; *Paura*, in: Ulmer/Habersack/Winter, GmbHG, § 66 Rn. 70; zweifelnd, aber anratend *K. Schmidt*, in: Scholz, GmbHG, § 66 Rn. 50. A.A. (Erklärung nur gegenüber der Gesellschaft) *Nerlich*, in: Michalski, GmbHG, § 66 Rn. 79; *Rasner*, in: Rowedder/Schmidt-Leithoff, GmbHG, § 66 Rn. 30.

III. Organstellung und Anstellungsvertrag

26 Die Amtsniederlegung betrifft die Organstellung des Liquidators. Sein Anstellungsverhältnis muss durch Kündigung beendet werden. Mit der Kündigung des Anstellungsverhältnisses bringt der Liquidator zum Ausdruck, für die Gesellschaft nicht mehr als Liquidator tätig sein und daher auch die Organstellung niederlegen zu wollen.[70] Im umgekehrten Fall ist dies nicht so eindeutig. Regelmäßig wird eine Amtsniederlegung zugleich auch als Kündigung des Anstellungsvertrages zu verstehen sein. Aus den Umständen kann sich jedoch anderes ergeben.[71]

F. Eignung zum Liquidator, Abs. 4

I. Voraussetzungen für natürliche Personen

27 Die Eignung zum Liquidatorenamt bemisst sich durch den Verweis in Abs. 4 nach § 6 Abs. 2 S. 2 u. 3. Hiernach scheidet als Liquidator aus, wer nach § 1903 BGB als Betreuter bei seinen Vermögensangelegenheiten einem Einwilligungsvorbehalt unterliegt, wem durch Urteil oder vollziehbare Verwaltungsentscheidung eine Tätigkeit untersagt ist, die mit dem Unternehmensgegenstand zumindest teilweise übereinstimmt oder wer innerhalb der letzten fünf Jahre seit Rechtskraft des Urteils wegen einer der unter § 6 Abs. 2 S. 2 Nr. 3 aufgeführten vorsätzlichen Straftaten verurteilt wurde. Dem steht nach § 6 Abs. 2 S. 3 eine Verurteilung im Ausland wegen einer vergleichbaren Tat gleich.

II. Personenverbände als Liquidatoren

28 Da § 6 Abs. 2 S. 1 nicht in der Verweisung des § 66 Abs. 4 enthalten ist, entfällt die Beschränkung auf natürliche Personen. Als Liquidatoren kommen somit auch **juristische Personen des Privatrechts und öffentlichen Rechts** in Betracht, nicht dagegen **Behörden**.[72] An Stelle einer Behörde kann jedoch ein Beamter oder Angestellter der Behörde als Liquidator berufen werden.[73] Auch **Personenhandelsgesellschaften** können Liquidatoren sein.[74] Dabei müssen die vertretungsberechtigten Organmitglieder oder Gesellschafter die Anforderungen in § 6 Abs. 2 S. 2, 3 erfüllen, da anderenfalls

---

70 BayObLG, DB 1994, 977, 978; *K. Schmidt*, in: Scholz, GmbHG, § 66 Rn. 51; *Haas*, in: Baumbach/Hueck, GmbHG, § 66 Rn. 29.

71 *K. Schmidt*, in: Scholz, GmbHG, § 66 Rn. 51; *Rasner*, in: Rowedder/Schmidt-Leithoff, GmbHG, § 66 Rn. 31; *Paura*, in: Ulmer/Habersack/Winter, GmbHG, § 66 Rn. 71.

72 *Haas*, in: Baumbach/Hueck, GmbHG, § 66 Rn. 6; *Nerlich*, in: Michalski, GmbHG, § 66 Rn. 17; *Altmeppen*, in: Roth/Altmeppen, GmbHG, § 66 Rn. 12; *Rasner*, in: Rowedder/Schmidt-Leithoff, GmbHG, § 66 Rn. 8; *K. Schmidt*, in: Scholz, GmbHG, § 66 Rn. 3a; *Paura*, in: Ulmer/Habersack/Winter, GmbHG, § 66 Rn. 12.

73 *K. Schmidt*, in: Scholz, GmbHG, § 66 Rn. 3a.

74 *Haas*, in: Baumbach/Hueck, GmbHG, § 66 Rn. 7; *Nerlich*, in: Michalski, GmbHG, § 66 Rn. 18; *K. Schmidt*, in: Scholz, GmbHG, § 66 Rn. 3a; *Paura*, in: Ulmer/Habersack/Winter, GmbHG, § 66 Rn. 13.

der Schutzzweck der Norm nicht gewährleistet wäre.[75] Soweit ihre Anerkennung als teilrechtsfähig reicht, kommt auch in Betracht, der **Gesellschaft bürgerlichen Rechts** die Eignung als Liquidatorin zuzusprechen.[76] Dies wird jedoch richtigerweise verneint, da es wegen der fehlenden Registereintragung der GbR an der notwendigen **Publizität der Vertretungsverhältnisse** im Liquidationsstadium der GmbH fehlen würde.[77]

III. Rechtsfolgen bei Verstößen und Eignungsversicherung

29 Liegt ein Ausschlussgrund vor, ist die Bestellung zum Liquidator nach § 134 BGB unwirksam.[78] Tritt einer der genannten Hinderungsgründe nachträglich ein, endet die Amtszeit damit automatisch.[79] Die Liquidatoren müssen in der Anmeldung zur Handelsregistereintragung versichern, dass keine ihrer Bestellung entgegenstehenden Hindernisse vorliegen. Bei gerichtsbestellten Liquidatoren wird diese Erklärung von Amts wegen im Verfahren eingeholt (dazu und zur Versicherung unter § 67 Rdn. 19–25).[80]

G. Liquidation nach Löschung der Gesellschaft wegen Vermögenslosigkeit, Abs. 5

I. Anwendungsbereich

30 Abs. 5 hat einen **begrenzten Anwendungsbereich**. Die Bestimmung erfasst nur den Fall, dass die Gesellschaft wegen Vermögenslosigkeit nach § 394 Abs. 1 FamFG gelöscht wurde und lässt andere Fälle, in denen sich nach der Löschung herausstellt, dass noch Vermögen vorhanden ist, außer Betracht.[81] Nach der **Lehre vom Doppeltatbestand** ist eine Gesellschaft erst dann beendet, wenn sie vermögenslos und im Handelsregister gelöscht worden ist (vgl. Vor §§ 60 ff. Rdn. 8 f.). Ist dagegen tatsächlich noch Vermögen vorhanden, ist die Gesellschaft mit ihrer Löschung nach

---

75 I.E. *Kleindiek*, in: Lutter/Hommelhoff, GmbHG, § 66 Rn. 1.

76 Zu den Kriterien für ihre Teilrechtsfähigkeit BGHZ 146, 341.

77 *Haas*, in: Baumbach/Hueck, GmbHG, § 66 Rn. 7; *K. Schmidt*, in: Scholz, GmbHG, § 66 Rn. 3a; *Paura*, in: Ulmer/Habersack/Winter, GmbHG, § 66 Rn. 13.

78 *Haas*, in: Baumbach/Hueck, GmbHG, § 66 Rn. 5; *Nerlich*, in: Michalski, GmbHG, § 66 Rn. 13; *Paura*, in: Ulmer/Habersack/Winter, GmbHG, § 66 Rn. 11.

79 BayObLG, BB 1987, 1625, 1626; Hessischer VGH, GmbHR 1991, 426; *Haas*, in: Baumbach/Hueck, GmbHG, § 66 Rn. 5; *Nerlich*, in: Michalski, GmbHG, § 66 Rn. 13; *K. Schmidt*, in: Scholz, GmbHG, § 66 Rn. 3a; *Paura*, in: Ulmer/Habersack/Winter, GmbHG, § 66 Rn. 3.

80 *Kleindiek*, in: Lutter/Hommelhoff, GmbHG, § 67 Rn. 6, 8; *Haas*, in: Baumbach/Hueck, GmbHG, § 67 Rn. 11; *Altmeppen*, in: Roth/Altmeppen, GmbHG, § 67 Rn. 11; *Ensthaler*, in: Ensthaler/Füller/Schmidt, GmbHG, § 67 Rn. 8. A.A. *Rasner*, in: Rowedder/Schmidt-Leithoff, GmbHG, § 67 Rn. 7.

81 *Haas*, in: Baumbach/Hueck, GmbHG, § 66 Rn. 37; *Nerlich*, in: Michalski, GmbHG, § 66 Rn. 91, 92; *K. Schmidt*, in: Scholz, GmbHG, § 66 Rn. 53.

§ 394 Abs. 1 FamFG lediglich **aufgelöst**, und es besteht Abwicklungsbedarf. Mit der Löschung der Gesellschaft enden jedoch die Ämter der Geschäftsführer und Liquidatoren.[82] Daher müssen neue Liquidatoren bestellt werden. Diese sollen nach ganz h.M. ausschließlich durch Gericht bestellt werden dürfen.[83]

II. Bestellung durch Gericht und Gesellschafter

31 Die Beschränkung auf eine gerichtliche Bestellung der Liquidatoren erscheint zweifelhaft. Solange die Gesellschaft besteht, ist auch die **Mitgliedschaft** der Gesellschafter nicht erloschen. Zu dieser gehört das Recht, nach § 66 Abs. 1 die Liquidatoren zu bestellen. Dieses wird beschnitten, wenn die Bestellung ausnahmslos auf Antrag eines Beteiligten durch Gericht erfolgen soll. Das gilt gleichermaßen in den anderen Fällen, in denen die Gesellschaft gelöscht wurde, obwohl noch Vermögen vorhanden war oder sonstiger Abwicklungsbedarf bestand.[84] Auch in diesen Fällen kann eine Bestellung von Liquidatoren notwendig werden. Diese soll sich nach ganz h.M. nach § 273 Abs. 4 AktG analog richten, so dass ebenfalls auf Antrag eines Beteiligten eine gerichtliche Bestellung von Liquidatoren erfolgt.[85] Das Argument der ganz h.M. lautet hierbei, dass sich eine gelöschte Gesellschaft nicht ohne vorherige Einschaltung des Gerichts im Rechtsverkehr betätigen soll.[86] Dies kann jedoch auf andere Art gewährleistet werden. Eine tatsächlich nicht erloschene Gesellschaft ist von Amts wegen wieder in das Handelsregister einzutragen.[87] Bis zu dieser Eintragung kann den Liquidatoren untersagt sein, im Rechtsverkehr für die Gesellschaft aufzutreten. Daher sollte in allen Fällen, in denen die gelöschte Gesellschaft nicht erloschen ist, die gerichtliche Bestellung von Liquidatoren nur als zusätzliche Möglichkeit verstanden werden, um eine Beendigung der Gesellschaft auch in den (nicht fernliegenden) Fällen gesellschafterlicher Untätigkeit zu ermöglichen.[88]

---

82 BGH, NJW-RR 1994, 542; BayObLG, NJW-RR 1998, 613, 614 jeweils zu § 2 LöschG; KG, NJW-RR 2004, 1555; *Heinemann,* in: Keidel, FamFG, 16. Aufl. 2009, § 394 Rn. 32.

83 *K. Schmidt*, in: Scholz, GmbHG, § 66 Rn. 55; *Haas*, in: Baumbach/Hueck, GmbHG, § 66 Rn. 37; *Müller*, in: MünchKommGmbHG, § 66 Rn. 78.

84 Zu den Anwendungsfällen siehe § 74 Rdn. 21–23.

85 Für die ganz h.M., OLG Koblenz, NZG 2007, 431, 432; OLG Hamm, NZG 2001, 1040, 1041; OLG Frankfurt, NJW-RR 1993, 932; *Altmeppen*, in: Roth/Altmeppen, GmbHG, § 74 Rn. 29; *Haas*, in: Baumbach/Hueck, GmbHG, § 66 Rn. 34. Nach *K. Schmidt*, in: Scholz, GmbHG, § 74 Rn. 22, bedarf es einer gerichtlichen Bestellung, die Gesellschafter dürfen diese jedoch durch Bestellung eigener Liquidatoren absetzen. Dagegen ausdrücklich *Nerlich*, in: Michalski, GmbHG, § 74 Rn. 53.

86 *Müller*, in: MünchKommGmbHG, § 66 Rn. 83.

87 *K. Schmidt*, in: Scholz, GmbHG, § 66 Rn. 54; *Müller*, in: MünchKommGmbHG, § 66 Rn. 83.

88 Siehe auch unter § 74 Rdn. 25.

III. Abwicklungsverfahren

32 Da die Gesellschaft mit ihrer Löschung im Handelsregister aufgelöst ist, findet in Ansehung des noch vorhandenen Vermögens ein gewöhnliches Abwicklungsverfahren nach §§ 68 ff. statt.[89]

H. Mitbestimmte Gesellschaft

33 Sämtliche dargestellten Grundsätze gelten auch für die mitbestimmte GmbH.[90] Ein vorhandener **Arbeitsdirektor**, der nach § 33 MitbestG bzw. § 13 MontanMitbestG berufen wurde, wird zu einem geborenen Liquidator. Er kann aber, wie jeder Liquidator, abberufen werden.[91] Auch setzt sich die Kompetenz des Aufsichtsrats, einen Arbeitsdirektor zu bestellen, in der Liquidationsphase nicht fort. § 265 Abs. 6 AktG findet auf die GmbH keine analoge Anwendung, daher werden gekorene Liquidatoren nach § 66 bestellt. [92] Da die Auflösung der Gesellschaft die Mitbestimmung jedoch nicht beseitigt, ist weiterhin ein Arbeitsdirektor unter den Liquidatoren erforderlich.[93]

I. GmbH & Co. KG

34 Bei der Liquidation der GmbH & Co. KG ist nach der Liquidation der Komplementär-GmbH und der Liquidation der KG zu unterscheiden. Bei der Liquidation der Komplementär-GmbH gilt § 66 uneingeschränkt.[94] Die Liquidation der Kommanditgesellschaft richtet sich nach §§ 145 ff., § 161 Abs. 2 HGB. Nach **§ 146 Abs. 1 HGB** sind mangels abweichender Vereinbarungen alle Gesellschafter geborene Liquidatoren. Daher sind im gesetzlich vorgesehenen Regelfall nicht nur die Komplementär-GmbH, sondern sämtliche Kommanditisten zu Liquidatoren berufen. In einer **Publikums-KG** kann sich dies bei entsprechender Größe als nicht praktikabel erweisen. Im Wege **ergänzender Auslegung** des Gesellschaftsvertrages kann sich in diesen Fällen ergeben, dass aus Praktikabilitätsgründen die bisherigen Leitungsregeln fortbe-

---

89 *K. Schmidt*, in: Scholz, GmbHG, § 66 Rn. 56; *Haas*, in: Baumbach/Hueck, GmbHG, § 66 Rn. 40; *Müller*, in: MünchKommGmbHG, § 66 Rn. 78.

90 *Haas*, in: Baumbach/Hueck, GmbHG, § 66 Rn. 15; *Nerlich*, in: Michalski, GmbHG, § 66 Rn. 8; *K. Schmidt*, in: Scholz, GmbHG, § 66 Rn. 32; *Müller*, in: MünchKommGmbHG, § 66 Rn. 50; *Altmeppen*, in: Roth/Altmeppen, GmbHG, § 66 Rn. 26.

91 *Nerlich*, in: Michalski, GmbHG, § 66 Rn. 8; *K. Schmidt*, in: Scholz, GmbHG, § 66 Rn. 32; differenzierend *Rasner*, in: Rowedder/Schmidt-Leithoff, GmbHG, § 66 Rn. 6.

92 *Haas*, in: Baumbach/Hueck, GmbHG, § 66 Rn. 15; *Altmeppen*, in: Roth/Altmeppen, GmbHG, § 66 Rn. 26; *Paura*, in: Ulmer/Habersack/Winter, GmbHG, § 66 Rn. 24; *Müller*, in: MünchKommGmbHG, § 66 Rn. 50; *K. Schmidt*, in: Scholz, GmbHG, § 66 Rn. 32.

93 *Haas*, in: Baumbach/Hueck, GmbHG, § 66 Rn. 15; *K. Schmidt*, in: Scholz, GmbHG, § 66 Rn. 32; *Paura*, in: Ulmer/Habersack/Winter, GmbHG, § 66 Rn. 15; *Müller*, in: MünchKommGmbHG, § 66 Rn. 50.

94 *Nerlich*, in: Michalski, GmbHG, § 66 Rn. 108.

stehen sollen und daher die Komplementär-GmbH Liquidatorin der Kommanditgesellschaft sein soll.[95] Die Gegenansicht schlägt vor, eine Lösung über einen **gerichtlichen Antrag** nach §§ 147, 161 Abs. 2 HGB zu suchen. Das Gericht kann die Geschäftsführer der Komplementär-GmbH zu Liquidatoren der Publikums-KG bestellen. Die bei einer Vielzahl von Liquidatoren bei der Publikums-KG auftretenden praktischen Probleme stellen den wichtigen Grund im Sinne des § 147 HGB dar, um die Kommanditisten als geborene Liquidatoren abzulösen.[96]

§ 67 Anmeldung der Liquidation

(1) Die ersten Liquidatoren sowie ihre Vertretungsbefugnis sind durch die Geschäftsführer, jeder Wechsel der Liquidatoren und jede Änderung ihrer Vertretungsbefugnis sind durch die Liquidatoren zur Eintragung in das Handelsregister anzumelden.

(2) Der Anmeldung sind die Urkunden über die Bestellung der Liquidatoren oder über die Änderung in den Personen derselben in Urschrift oder öffentlich beglaubigter Abschrift beizufügen.

(3) [1]In der Anmeldung haben die Liquidatoren zu versichern, dass keine Umstände vorliegen, die ihrer Bestellung nach § 66 Abs. 4 in Verbindung mit § 6 Abs. 2 Satz 2 Nr. 2 und 3 sowie Satz 3 entgegenstehen, und dass sie über ihre unbeschränkte Auskunftspflicht gegenüber dem Gericht belehrt worden sind. [2]§ 8 Abs. 3 Satz 2 ist anzuwenden.

(4) Die Eintragung der gerichtlichen Ernennung oder Abberufung der Liquidatoren geschieht von Amts wegen.

Übersicht **Rdn.**

95 *K. Schmidt*, in: Scholz, GmbHG, § 66 Rn. 59; *Müller*, in: MünchKommGmbHG, § 66 Rn. 91; *Altmeppen*, in: Roth/Altmeppen, GmbHG, § 66 Rn. 55. A.A. *Nerlich*, in: Michalski, GmbHG, § 66 Rn. 110; *Rasner*, in: Rowedder/Schmidt-Leithoff, GmbHG, § 66 Rn. 18.

96 Vgl. *Nerlich*, in: Michalski, GmbHG, § 66 Rn. 108-110; *Rasner*, in: Rowedder/Schmidt-Leithoff, GmbHG, § 66 Rn. 18.

Schrifttum

Bork, Insolvenzrecht, 5. Auflage 2009; *Büchel/von Rechenberg*, Handbuch des Fachanwalts Handels- und Gesellschaftsrecht, 2009; *Budde/Förschle/Winkeljohann*, Sonderbilanzen – Von der Gründungsbilanz bis zur Liquidationsbilanz, 4. Aufl. 2008; *Erle*, Die Funktion des Sperrjahres in der Liquidation der GmbH, GmbHR 1998, 216; *Fleischer*, Zur organschaftlichen Treuepflicht der Geschäftsleiter im Aktien- und GmbH-Recht, WM 2003, 1045; *Gehrlein*, Möglichkeiten und Grenzen der Fortsetzung einer aufgelösten GmbH, DStR 1997, 31; *Hirte*, Auflösung der Kapitalgesellschaft, ZInsO 2000, 127; *Hofmann, Christian*, Der Minderheitsschutz im Gesellschaftsrecht, 2011; *Hofmann, Paul*, Zur Auflösung einer GmbH, GmbHR 1975, 217; *Kind/Frank/Heinrich*, Die Pflicht zur Prüfung von Jahresabschluss und Lagebericht nach § 316 I 1 HGB in der Insolvenz, NZI 2006, 205; *Konow*, Die gerichtliche Auflösung der GmbH: Zur Regelung des § 62 GmbHG und der §§ 289 ff. des Entwurfes der Bundesregierung für eine neues GmbH-Gesetz, GmbHR 1973, 217; *Konzen*, Der Gläubigerschutz bei Liquidation der masselosen GmbH, Festschrift für Ulmer zum 70. Geburtstag, 2003, S. 323; *Passarge/Torwegge*, Die GmbH in der Liquidation, 2008; *Paulus*, Freiheit und Gleichheit als Grenzmarkierung zwischen Zivilrecht und Insolvenzrecht, Festschrift für Medicus zum 80. Geburtstag, 2009, S. 281; *Römermann*, Münchener Anwaltshandbuch GmbH-Recht, 2. Auflage 2009; *Schmidt/Uhlenbruck*, Die GmbH in Krise, Sanierung und Insolvenz, 4. Aufl. 2009; *K.Schmidt*, Zur Gläubigersicherung im Liquidationsrecht der Kapitalgesellschaften, Genossenschaften und Vereine, ZIP 1981, 1; *ders.*, Löschung und Beendigung der GmbH, GmbHR 1988, 209; *ders.*, Zur Ablösung des Löschungsgesetzes: Was ändert die Insolvenzrechtsreform für GmbH bzw. GmbH & Co.?, GmbHR 1994, 829; *Schulz*, Die masselose Liquidation der GmbH, 1997; *Timm*, Der Missbrauch des Auflösungsbeschlusses durch den Minderheitsgesellschafter. Zugleich Anmerkung zu BGH, JZ 1980, 355, JZ 1980, 665; *ders.*, Zur Sachkontrolle von Mehrheitsentscheidungen im Kapitalgesellschaftsrecht – dargestellt am Beispiel »strukturverändernder Entscheidungen« –, ZGR 1987, 403; *Volhard*, Kann die GmbH-Satzung die Einziehung des Geschäftsanteils eines Auflösungsklägers vorsehen?, GmbHR 1995, 617.

A. Überblick

1 § 67 regelt die Eintragung der Liquidatoren und ihrer Vertretungsbefugnis in das Handelsregister und stellt damit die Parallelvorschrift zu § 39 in der werbenden Phase dar. Die Bestimmung will sicherstellen, dass sich die Vertreter der Gesellschaft sowie der Umfang ihrer Vertretungsmacht auch im Liquidationsverfahren aus dem Handelsregister ergeben. Durch die Eintragung der Liquidatoren sowie die Bekanntmachung dieser Eintragung nach § 10 HGB soll allgemein ersichtlich werden, wer die Abwicklung vornimmt und über Vertretungmacht in der aufgelösten Gesellschaft verfügt.[1] Daher normiert Abs. 1 die Pflicht, eben diese Tatsachen zur Eintragung anzumelden. Nur in den Fällen der gerichtlichen Ernennung oder Abberufung erfolgt die Eintragung nach Abs. 4 von Amts wegen und bildet damit die Ausnahme. Abs. 2 bestimmt, welche Urkunden der Anmeldung in welcher Form beizufügen sind. Abs. 3 will sicherstellen, dass die Liquidatoren für ihr Amt geeignet sind, und normiert daher besondere Erklärungspflichten.

B. Wirkungen der Eintragung

2 Die Eintragungen nach Abs. 1 sind nur deklaratorischer Natur.[2] Die Bekanntmachung der Eintragungen richtet sich nach § 10 HGB und erfolgt von Amts wegen in den dazu bestimmten elektronischen Informations- und Kommunikationssystemen.[3] Die eingetragenen Tatsachen entfalten Rechtsscheinswirkung nach § 15 HGB. Die Folgen unterlassener Eintragungen und Bekanntmachungen bestimmen sich nach § 15 Abs. 1, die unrichtiger Bekanntmachungen nach § 15 Abs. 3.[4]

---

1 BayObLG, WM 1982, 1288, 1290; *Kleindiek*, in: Lutter/Hommelhoff, GmbHG, § 67 Rn. 1.

2 BayObLG, GmbHR 1994, 478, 479; *K. Schmidt*, in: Scholz, GmbHG, § 67 Rn. 5; *Haas*, in: Baumbach/Hueck, GmbHG, § 67 Rn. 16; *Kleindiek*, in: Lutter/Hommelhoff, GmbHG, § 67 Rn. 10; *Rasner*, in: Rowedder/Schmidt-Leithoff, GmbHG, § 67 Rn. 2.

3 *K. Schmidt*, in: Scholz, GmbHG, § 67 Rn. 15; *Kleindiek*, in: Lutter/Hommelhoff, GmbHG, § 67 Rn. 9; *Haas*, in: Baumbach/Hueck, GmbHG, § 67 Rn. 15.

4 BayObLG, NJW-RR 1988, 98, 99; *K. Schmidt*, in: Scholz, GmbHG, § 67 Rn. 15; *Haas*, in: Baumbach/Hueck, GmbHG, § 67 Rn. 16; *Kleindiek*, in: Lutter/Hommelhoff, GmbHG, § 67 Rn. 10.

C. Anmeldepflichtige Tatsachen

3 Sowohl die Identität der Liquidatoren als auch die Art ihrer Vertretungsmacht sind zur Eintragung in das Handelsregister anzumelden. Die Anmeldepflicht bezieht sich auf alle erstmalig begründeten Umstände wie auch jegliche Änderungen.

I. Person der Liqiuidatoren und Vertretungsmacht

4 Daher sind die Namen der ersten Liquidatoren ebenso wie ein Wechsel in der Person der Liquidatoren anzumelden. Ein solcher Wechsel kann sich durch Abberufung durch die Gesellschaft, durch Amtsniederlegung oder durch Tod des Liquidators ergeben. Auch Veränderungen von Art und Umfang der Vertretungsmacht der Liquidatoren sind anzumelden. Endet das Liquidatorenamt durch Beendigung der Liquidation, reicht eine Anmeldung nach § 74 Abs. 1 S. 1 aus. Die Anmeldung des Inhalts, dass die Liquidation beendet und die Gesellschaft zu löschen ist, enthält zugleich die Anmeldung, dass auch das Liquidatorenamt beendet ist.[5]

II. Fälle der Vermögenslosigkeit und Insolvenz

5 Wird die Löschung der Gesellschaft von Amts wegen nach § 60 Abs. 1 Nr. 7 i.V.m. § 394 FamFG verfügt, findet keine Liquidation statt. Da die Gesellschaft über kein Vermögen verfügt, erlischt sie mit der Löschung. Daher fehlt es in diesen Fällen an Liquidatoren, so dass auch keine Pflicht zur Anmeldung besteht.[6] Wird die Gesellschaft nach § 60 Abs. 1 Nr. 4 aufgelöst, findet kein Liquidations-, sondern ein Insolvenzverfahren statt. Daher werden keine Liquidatoren berufen, und entsprechend bedarf es auch keiner Anmeldung.[7] Anderes gilt, wenn die Gesellschaft aus anderem Grunde aufgelöst ist und die Liquidatoren mit der Auflösung sogleich die Löschung der Gesellschaft beantragen, weil die Gesellschaft über kein verteilungsfähiges Vermögen verfügt. Die Pflicht, die ersten Liquidatoren anzumelden, bleibt in diesen Fällen bestehen.[8] Grund ist, dass für jedermann erkennbar die Verantwortlichkeit für die Abwicklung aus dem Handelsregister erkennbar sein soll. Sollten doch Abwicklungsmaßnahmen erforderlich werden, darf kein Zweifel darüber bestehen, wer für diese zuständig und verantwortlich ist.[9]

---

5 BGH, NJW 1970, 1044, 1045; BayObLG, NJW-RR 1994, 617, 618; *K. Schmidt*, in: Scholz, GmbHG, § 67 Rn. 9 und § 74 Rn. 22; *Nerlich*, in: Michalski, GmbHG, § 74 Rn. 49; *Altmeppen*, Roth/Altmeppen, GmbHG, § 74, Rn. 9. A.A. noch die ältere Rechtsprechung, siehe RGZ 109, 394.

6 *Kleindiek*, in: Lutter/Hommelhoff, GmbHG, § 67 Rn. 3. Zur systemwidrigen Verortung der Löschung von Amts wegen in § 60 siehe dort, Rdn. 46.

7 *K. Schmidt*, in: Scholz, GmbHG, § 67 Rn. 2.

8 BayObLG, WM 1982, 1288, 1290; *Haas*, in: Baumbach/Hueck, GmbHG, § 67 Rn. 4; *Altmeppen*, in: Roth/Altmeppen, GmbHG, § 67 Rn. 7.

9 BayObLG, WM 1982, 1288, 1290.

III. Art der Vertretungsmacht

1. Generelle Regel

6 Die Art der Vertretungsmacht ist als generelle Regel anzumelden. Vor allem muss sich aus der Eintragung ergeben, ob den Liquidatoren Alleinvertretungsmacht, Gesamtvertretungsmacht oder eine Form gemeinschaftlicher Vertretungsmacht zusteht.[10] Diese generelle Regel gilt dann für alle Liquidatoren, sofern nicht bei einzelnen abweichende Bestimmungen eingetragen sind.[11]

2. Einzelner Liqiuidator

7 Ist nur ein einziger Liquidator vorhanden, sind die Eintragungsanforderungen umstritten. Nach überwiegender Ansicht genügt es nicht, dass schlicht seine Vertretungsmacht eingetragen wird. Vielmehr muss auch in diesem Fall eine generelle Vertretungsregel, die auf eine Gruppe von Liquidatoren Anwendung finden kann, angemeldet werden. Dies wird zurecht auf Rechtssicherheitserwägungen und die Parallele zu §§ 8 Abs. 4, 10 Abs. 1 S. 2 gestützt.[12]

IV. Befreiungen von § 181 BGB

8 Auch Befreiungen vom Verbot des Selbstkontrahierens nach § 181 BGB müssen zur Eintragung angemeldet werden.[13]

D. Anmeldepflichtige

I. Anmeldepflicht der Liquidatoren

9 Sowohl die bisherigen Geschäftsführer als auch Dritte können zu Liquidatoren der Gesellschaft werden. Im ersten Fall spricht man von »geborenen«, im zweiten Fall von »gekorenen« Liquidatoren. Beide Gruppen sind unabhängig von dieser Unterscheidung stets verpflichtet, die Eintragung ihrer Person und Vertretungsmacht anzumelden. Dies ergibt sich daraus, dass die Anmeldepflicht der Gesellschaft obliegt und von ihrem zur Vertretung berechtigten Organ wahrgenommen wird. In diese Organstellung rücken die Liquidatoren mit der Auflösung ein. Im Falle geborener Liquidatoren müssen daher die bisherigen Geschäftsführer ihre Stellung als Liquidatoren zur Eintragung anmelden. Mit der Auflösung der Gesellschaft endet ihr bisheriges Amt,

10 *Haas*, in: Baumbach/Hueck, GmbHG, § 67 Rn. 3.

11 *Rasner*, in: Rowedder/Schmidt-Leithoff, GmbHG, § 67 Rn. 2.

12 BGH, DStR 2007, 1452 f.; OLG Dresden, GmbHR 2005, 1310; *Haas*, in: Baumbach/Hueck, GmbHG, § 67 Rn. 3; *Kleindiek*, in: Lutter/Hommelhoff, GmbHG, § 67 Rn. 9; *Rasner*, in: Rowedder/Schmidt-Leithoff, GmbHG, § 67 Rn. 2. A.A. OLG Hamm, NJW-RR 1988, 221, 222; OLG Hamm, GmbHR 2005, 1308, 1309; *K. Schmidt*, in: Scholz, GmbHG, § 67 Rn. 3.

13 *Haas*, in: Baumbach/Hueck, GmbHG, § 67 Rn. 3; *Rasner*, in: Rowedder/Schmidt-Leithoff, GmbHG, § 67 Rn. 2.

und ein neues beginnt. Ihre Voreintragung als Geschäftsführer ersetzt die Eintragung als Liquidatoren daher nicht. Werden stattdessen andere Personen zu Liquidatoren bestimmt, verlieren die Geschäftsführer mit der Auflösung ihre Vertretungsberechtigung. Daher sind sie zur Anmeldung von Eintragungen nicht mehr berechtigt. Entgegen dem Wortlaut von Abs. 1 müssen daher auch die gekorenen Liquidatoren ihre Eintragung selbst anmelden.[14]

II. Ausnahme bei Satzungsänderung

10 Anderes gilt ausnahmsweise, wenn die Auflösung eine Satzungsänderung voraussetzt. In diesem Fall ist die Gesellschaft wegen § 54 Abs. 3 erst mit der Eintragung der Satzungsänderung aufgelöst. Bis zu diesem Zeitpunkt sind die Geschäftsführer daher weiterhin vertretungsberechtigt. Melden sie zugleich die Satzungsänderung und die zukünftigen Liquidatoren an, sind sie für beide Anmeldungen zuständig.[15]

III. Zahl der Anmeldenden

11 Bei einer Mehrzahl von Liquidatoren richtet sich nach den Vertretungsverhältnissen in der Gesellschaft, wieviele von ihnen die Anmeldung vornehmen müssen.[16] Daher muss sie nur dann von allen vorgenommen werden, wenn Gesamtvertretung besteht. Fehlt es an der danach erforderlich Zahl an Liquidatoren, müssen Notliquidatoren nach §§ 29, 48 BGB bestellt werden.[17] Zu deren Bestellung siehe im Einzelnen Rdn. 16.

IV. Wechsel in der Person der Liqiuidatoren

12 Bei einem Personenwechsel muss der neue Liquidator seine Anmeldung vornehmen. Dies folgt wiederum daraus, dass die Gesellschaft zur Anmeldung verpflichtet ist und die Vertretungsmacht des alten Liquidators schon mit der Beendigung seiner Stellung, nicht erst mit (eben nur deklaratorischer) Eintragung erloschen ist (siehe schon Rdn. 9).[18]

---

14 Allg. M., siehe *K. Schmidt*, in: Scholz, GmbHG, § 67 Rn. 8; *Kleindiek*, in: Lutter/Hommelhoff, GmbHG, § 67 Rn. 2; *Haas*, in: Baumbach/Hueck, GmbHG, § 67 Rn. 4; *Altmeppen*, in: Roth/Altmeppen, GmbHG, § 67 Rn. 5; *Rasner*, in: Rowedder/Schmidt-Leithoff, GmbHG, § 67 Rn. 3.

15 BayObLG, GmbHR 1994, 478, 479; *K. Schmidt*, in: Scholz, GmbHG, § 67 Rn. 8; *Haas*, in: Baumbach/Hueck, GmbHG, § 67 Rn. 4; *Kleindiek*, in: Lutter/Hommelhoff, GmbHG, § 67 Rn. 2; *Rasner*, in: Rowedder/Schmidt-Leithoff, GmbHG, § 67 Rn. 3.

16 BayObLG, GmbHR 1994, 478, 479; *K. Schmidt*, in: Scholz, GmbHG, § 67 Rn. 8; *Ensthaler*, in: Ensthaler/Füller/Schmidt, GmbHG, § 67 Rn. 2.

17 *K. Schmidt*, in: Scholz, GmbHG, § 67 Rn. 8; *Haas*, in: Baumbach/Hueck, GmbHG, § 67 Rn. 6; *Rasner*, in: Rowedder/Schmidt-Leithoff, GmbHG, § 67 Rn. 3.

18 *K. Schmidt*, in: Scholz, GmbHG, § 67 Rn. 8; *Haas*, in: Baumbach/Hueck, GmbHG, § 67 Rn. 5.

V. Erlöschen der Vertretungsbefugnis

13 Nicht nur die Entstehung, sondern auch die Beendigung organschaftlicher Vertretungsbefugnis ist zur Eintragung im Handlesregister anzumelden. Für die Geschäftsführer, deren Amt mit der Auflösung der Gesellschaft endet, ergibt sich dies aus § 39 Abs. 1. Dies fällt in die Zuständigkeit der Liquidatoren, da die Pflicht der Gesellschaft obliegt und von den Geschäftsführern nicht mehr erfüllt werden kann.[19] Aus § 67 Abs. 1 ergibt sich gleiches für die Liquidatoren, wenn deren Organstellung entfällt.[20] Ein an die Stelle des alten tretender neuer Liquidator meldet an, dass die Vertretungsbefugnis des Vorgängers erloschen ist. Auch bei Wiedereintritt der Gesellschaft in das werbende Stadium (zu den Voraussetzungen unter § 60 Rdn. 61–74) endet die Organstellung der Liquidatoren. Die Pflicht zur Anmeldung wird in diesem Fall von den Geschäftsführern wahrgenommen.

VI. Zuständigkeit und Zwang

14 Für sämtliche Anmeldungen ist das Registergericht am statutarischen Gesellschaftssitz nach § 7 Abs. 1 i.V.m. § 376 Abs. 1 FamFG zuständig.[21] Das Registergericht kann die Anmeldung durch die Verhängung von Zwangsgeld nach § 14 HGB erzwingen. Obwohl die Gesellschaft Adressatin der Anmeldepflicht ist, wird das Zwangsgeld aus Zweckmäßigkeitsgründen gegen die Liquidatoren verhängt. Ist der Liquidator eine juristische Person, ist es an den gesetzlichen Vertreter zu richten.[22]

E. Form der Anmeldung und beizufügende Unterlagen, Abs. 2

I. Öffentliche Beglaubigung

15 Für die Anmeldung selbst gilt § 12 HGB. Sie ist daher elektronisch in öffentlich beglaubigter Form einzureichen.[23] Abs. 2 regelt demgegenüber, welche Unterlagen ihr in welcher Form beizufügen sind. Die Vorgabe lautet, dass ihr die Urkunden über die Bestellung der Liquidatoren in Urschrift oder öffentlich beglaubigter Abschrift beigefügt werden müssen. Gleiches gilt, wenn Änderungen in der Person der Liquidatoren Anlass zur Anmeldung geben.

---

19 Siehe *K. Schmidt*, in: Scholz, GmbHG, § 67 Rn. 8.

20 OLG Köln, BB 1984, 1066; *Haas*, in: Baumbach/Hueck, GmbHG, § 67 Rn. 4; *Kleindiek*, in: Lutter/Hommelhoff, GmbHG, § 67 Rn.5; *Rasner*, in: Rowedder/Schmidt-Leithoff, GmbHG, § 67 Rn. 2. Dagegen tendenziell BayObLG, DNotZ 1995, 219, 220 f.

21 *K. Schmidt*, in: Scholz, GmbHG, § 67 Rn. 10; *Kleindiek*, in: Lutter/Hommelhoff, GmbHG, § 67 Rn.5.

22 *K. Schmidt*, in: Scholz, GmbHG, § 67 Rn. 13; *Haas*, in: Baumbach/Hueck, GmbHG, § 67 Rn. 7.

23 *K. Schmidt*, in: Scholz, GmbHG, § 67 Rn. 9; *Haas*, in: Baumbach/Hueck, GmbHG, § 67 Rn. 8.

II. Bestellung der Liquidatoren in Satzung

16 Gründet die Bestellung zum Liquidator auf den Vorgaben der Satzung, kann auf diese verwiesen werden. Sieht sie vor, dass die Geschäftsführer das Amt der Liquidatoren ausüben, genügt ein Verweis auf ihre Eintragung als Geschäftsführer.[24] Eine Erklärung des Inhalts, dass sich gegenüber diesen Satzungsvorgaben keine Veränderungen ergeben haben, ist nicht erforderlich.[25]

III. Bestellung der Liquidatoren durch Gesellschafterbeschluss

17 Beruht die Bestellung auf einem Gesellschafterbeschluss, genügt es, das Protokoll der Gesellschafterversammlung vorzulegen. Da die Bestellung durch die Gesellschafterversammlung auch in der Form des § 48 Abs. 2 als schriftlicher Gesellschafterbeschluss erfolgen kann, genügt die Vorlage dieser Urkunde in einfacher Schriftform, da es sich um eine Urschrift handelt.[26]

IV. Wechsel der Liquidatoren

18 Beruht die Stellung der anmeldepflichtigen Liquidatoren auf einem Wechsel, müssen Unterlagen, aus denen sich dieser Wechsel ergibt, eingereicht werden, etwa das Protokoll über den Gesellschafterbeschluss, in dem die bisherigen Liquidatoren abberufen wurden, oder die Sterbeurkunde des bisherigen Liquidators. Auch ein Urteil oder Verwaltungsakt kann vorgelegt werden, wenn sich daraus die Gründe ergeben, die einer weiteren Ausübung des Amtes durch den bisherigen Liquidator entgegen stehen.[27]

F. Versicherungen der Liquidatoren, Abs. 3

I. Eignungsprüfung

19 Abs. 3 enthält die Versicherungen, die von den Liquidatoren abgegeben werden müssen, um ihre Eignung für das angetretene Amt sicherzustellen. Sie dienen dazu, dem Registergericht die Prüfung zu erleichtern, ob ein Verbotstatbestand vorliegt.[28] Insbesondere soll so darauf verzichtet werden können, einen Bundeszentralregisterauszug

---

24 *Ensthaler*, in: Ensthaler/Füller/Schmidt, GmbHG, § 67 Rn. 6; *Kleindiek*, in: Lutter/Hommelhoff, GmbHG, § 67 Rn. 7.

25 H.M., LG Bremen, ZIP 1994, 1186; *Ensthaler*, in: Ensthaler/Füller/Schmidt, § 67 Rn. 6; *Kleindiek*, in: Lutter/Hommelhoff, GmbHG, § 67 Rn. 7; *Altmeppen*, in: Roth/Altmeppen, GmbHG, § 67 Rn. 12; *Haas*, in: Baumbach/Hueck, GmbHG, § 67 Rn. 8; a.A. *K. Schmidt*, in: Scholz, GmbHG, § 67 Rn. 11; *Nerlich*, in: Michalski, GmbHG, § 67 Rn. 10.

26 *Ensthaler*, in: Ensthaler/Füller/Schmidt, GmbHG, § 67 Rn. 5; *Rasner*, in: Rowedder/Schmidt-Leithoff, GmbHG, § 67 Rn. 5.

27 *Haas*, in: Baumbach/Hueck, GmbHG, § 67 Rn. 9.

28 BayObLG, BB 1984, 238; BayObLG, NJW-RR 1988, 98; OLG München, NJW-RR 2009, 971, 972.

einzuholen.[29] Im Einzelnen müssen die Liquidatoren versichern, dass keine Umstände vorliegen, die ihrer Bestellung nach § 66 Abs. 4 in Verbindung mit § 6 Abs. 2 S. 2 Nr. 2 und 3 sowie S. 3 entgegenstehen, und dass sie über ihre unbeschränkte Auskunftspflicht gegenüber dem Gericht belehrt worden sind.

II. Erfasste Liquidatoren

1. Grundsatz

20 Jeder Liquidator muss unabhängig von der Art seiner Bestellung eine Versicherung nach Abs. 3 abgeben. Selbst wenn nicht alle Liquidatoren an der Anmeldung mitwirken, weil die Bestimmungen der Satzung eine Vertretung zulassen (siehe oben Rdn. 11), sind auch die vertretenen Liquidatoren zur Versicherung verpflichtet.[30] Ist Liquidator eine juristische Person, müssen sämtliche ihrer organschaftlichen Vertreter eine Versicherung abgeben.[31]

2. Geborene Liquidatoren

21 Auch die geborenen Liquidatoren werden nicht durch ihre bisherige Stellung als Geschäftsführer von der Pflicht entbunden. Es ist erneut sicherzustellen, dass ihrer Betätigung als Vertreter der Gesellschaft keine persönlichen Mängel entgegen stehen.[32] Eine Ausnahme erscheint nur möglich, wenn die Bestellung zum Geschäftsführer und die zum Liquidator nahe aufeinander folgen. Davon kann jedenfalls nicht ausgegangen werden, wenn diese Zeitpunkte mehr als ein Jahr auseinander liegen.[33]

3. Gerichtlich bestellte Liquidatoren

22 Demgegenüber erübrigt sich bei den nach § 66 Abs. 2 gerichtlich bestellten Liquidatoren die Versicherung, da bei der gerichtlichen Bestellung die Eignungsvoraussetzungen von Amts wegen überprüft werden.[34]

---

29 *Haas*, in: Baumbach/Hueck, GmbHG, § 67 Rn. 10.

30 *K. Schmidt*, in: Scholz, GmbHG, § 67 Rn. 12; *Haas*, in: Baumbach/Hueck, GmbHG, § 67 Rn. 11; *Kleindiek*, in: Lutter/Hommelhoff, GmbHG, § 67 Rn. 8.

31 *K. Schmidt*, in: Scholz, GmbHG, § 67 Rn. 12; *Haas*, in: Baumbach/Hueck, GmbHG, § 67 Rn. 11.

32 BayObLG, WM 1982, 1288, 1290; *Kleindiek*, in: Lutter/Hommelhoff, GmbHG, § 67 Rn. 8. Zweifelnd *K. Schmidt*, in: Scholz, GmbHG, § 67 Rn. 12.

33 BayObLGZ 1982, 303, 308; BayObLG, NJW-RR 1988, 98 (ohne nähere Zeitangabe).

34 *K. Schmidt*, in: Scholz, GmbHG, § 67 Rn. 12; *Ensthaler*, in: Ensthaler/Füller/Schmidt, GmbHG, § 67 Rn. 8; *Kleindiek*, in: Lutter/Hommelhoff, GmbHG, § 67 Rn. 8; *Haas*, in: Baumbach/Hueck, GmbHG, § 67 Rn. 11; *Altmeppen*, in: Roth/Altmeppen, GmbHG, § 67 Rn. 11. A.A. *Rasner*, in: Rowedder/Schmidt-Leithoff, GmbHG, § 67 Rn. 7.

III. Inhalt der Versicherung

1. Kein pauschaler Verweis

23 Die Versicherung muss die einzelnen Bestellungshindernisse aufführen und verneinen. Ein pauschaler und verneinender Verweis auf alle Hindernisse im Sinne von § 6 Abs. 2 S. 2 und 3 genügt nicht.[35] Daher müssen die Liquidatoren die Hindernisse im Einzelnen aufführen und erklären, dass ihrer Bestellung keines dieser Hindernisse entgegen steht.

2. Straftatbestände

24 Streit herrscht darüber, wie detailliert die Erklärung über das Nichtvorliegen von Straftatbeständen ausfallen muss. Richtigerweise muss es genügen, wenn der Liquidator erklärt, nicht strafrechtlich verurteilt zu sein.[36] Dass er sämtliche Straftatbestände, die einer Bestellung entgegen stehen können, im Einzelnen aufführt und verneint, kann nicht gefordert werden.[37] Es ist nicht erkennbar, wieso dies dem Gericht die Arbeit erleichtern sollte. Die Erklärung, nicht strafrechtlich verurteilt zu sein, schließt sämtliche Straftatbestände, die eine Bestellung hindern könnten, ein. Die Befürchtung, einem Liquidator sei womöglich nicht bekannt, dass auch eine Verurteilung aufgrund von Straftatbeständen außerhalb des StGB einer Bestellung entgegen steht, kann nicht geteilt werden.[38]

IV. Aufklärung über unbeschränkte Auskunftspflicht

25 Die Liquidatoren müssen nach Abs. 3 S. 1 a.E. außerdem erklären, darüber aufgeklärt worden zu sein, dass ihre Auskunftspflicht unbeschränkt ist. Sie kommen nicht in den Genuss der Erleichterungen des § 53 Abs. 1 BZRG. Danach darf sich ein Verurteilter als unbestraft bezeichnen und braucht den der Verurteilung zugrunde liegenden Sachverhalt nicht zu offenbaren, wenn die Verurteilung nicht in das Führungszeugnis (oder nur in ein besonderes Führungszeugnis) aufzunehmen oder zu tilgen ist. Über diese Schlechterstellung gegenüber § 53 Abs. 1 BZRG müssen die Liquidatoren belehrt werden. Diese Belehrung kann nach § 67 Abs. 3 S. 2 i.V.m. § 8 Abs. 3 S. 2 auch durch einen Notar erfolgen.[39] Auch diese Versicherung unterliegt dem Formerfordernis des § 12 HGB, so dass sie in öffentlich beglaubigter Form einzureichen ist.[40]

---

35 BayObLG, BB 1984, 238; OLG München, NJW-RR 2009, 971, 972; *Ensthaler*, in: Ensthaler/Füller/Schmidt, GmbHG, § 67 Rn. 8; *Kleindiek*, in: Lutter/Hommelhoff, GmbHG, § 67 Rn. 8; *Altmeppen*, in: Roth/Altmeppen, GmbHG, § 67 Rn. 12; *Rasner*, in: Rowedder/Schmidt-Leithoff, GmbHG, § 67 Rn. 6.

36 So OLG Karlsruhe, NZG 2010, 557, 558 f. (n.rkr.).

37 A.A. OLG München, NJW-RR 2009, 971, 972.

38 So jedoch die Begründung in OLG München, NJW-RR 2009, 971, 972.

39 LG Bremen, GmbHR 1999, 865 f.; *K. Schmidt*, in: Scholz, GmbHG, § 67 Rn. 12; *Rasner*, in: Rowedder/Schmidt-Leithoff, GmbHG, § 67 Rn. 6.

40 *Ensthaler*, in: Ensthaler/Füller/Schmidt, GmbHG, § 67 Rn. 10; *Haas*, in: Baumbach/Hueck, GmbHG, § 67 Rn. 12.

G. Gerichtliche Bestellung oder Abberufung, Abs. 4

I. Gerichtliches Tätigwerden

26 Abs. 4 bestimmt, dass bei gerichtlicher Bestellung oder Abberufung von Liquidatoren die Entragung von Amts wegen veranlasst wird. Eine solche gerichtliche Bestellung erfolgt in den Fällen des § 66 Abs. 2, also auf Antrag einer Minderheit und bei Vorliegen eines wichtigen Grundes, sowie nach h.M. in der Nachtragsliquidation.[41] Außerdem kann das Gericht analog §§ 29, 48 Abs. 1 BGB Notliquidatoren bestellen und abberufen. Auch in diesen Fällen veranlasst es die Eintragung von Amts wegen.[42] Daher bedarf es in diesen Fällen keiner Anmeldung durch die Liquidatoren. Auch eine Versicherung nach Abs. 3 brauchen sie nicht abzugeben, da die Eignungsvoraussetzungen vom Gericht von Amts wegen überprüft werden.[43]

II. Auflösung mangels Masse

27 Wird die Gesellschaft nach § 60 Nr. 5 aufgrund Ablehnung des Insolvenzverfahrens mangels Masse aufgelöst, wird die Auflösung nach § 65 Abs. 1 S. 2, 3 mit Rechtskraft des abweisenden Beschlusses von Amts wegen in das Handelsregister eingetragen.[44] Damit geht jedoch keine gerichtliche Bestellung der Liquidatoren einher. Auch hier gilt daher Abs. 1, wonach die Liquidatoren zur Anmeldung verpflichtet sind.[45]

§ 68 Zeichnung der Liquidatoren

(1) [1]Die Liquidatoren haben in der bei ihrer Bestellung bestimmten Form ihre Willenserklärungen kundzugeben und für die Gesellschaft zu zeichnen. [2]Ist nichts darüber bestimmt, so muss die Erklärung und Zeichnung durch sämtliche Liquidatoren erfolgen.

(2) Die Zeichnungen geschehen in der Weise, dass die Liquidatoren der bisherigen, nunmehr als Liquidationsfirma zu bezeichnenden Firma ihre Namensunterschrift beifügen.

41 Zur Kritik daran siehe § 74 Rdn. 25.

42 *K. Schmidt*, in: Scholz, GmbHG, § 67 Rn. 6; *Haas*, in: Baumbach/Hueck, GmbHG, § 67 Rn. 13.

43 *Ensthaler*, in: Ensthaler/Füller/Schmidt, GmbHG, § 67 Rn. 8; *Kleindiek*, in: Lutter/Hommelhoff, GmbHG, § 67 Rn. 6, 8; *Haas*, in: Baumbach/Hueck, GmbHG, § 67 Rn. 11; *Altmeppen*, in: Roth/Altmeppen, GmbHG, § 67 Rn. 11. A.A. *Rasner*, in: Rowedder/Schmidt-Leithoff, GmbHG, § 67 Rn. 7.

44 Siehe § 60 Rdn. 37.

45 BayObLG, NJW-RR 1988, 98.

Übersicht **Rdn.**

Schrifttum
Siehe Schrifttum zu § 67.

A. Überblick

1 Die Norm regelt die Vertretung der Gesellschaft in der Liquidationsphase. Die Auflösung der Gesellschaft bedeutet auch für ihre Vertretung eine Zäsur. Die bisherigen Vertretungsregeln enden und werden durch liquidationsspezifische ersetzt.[1] § 68 ist damit das Pendant zu § 35 Abs. 2. Er wird durch § 70 ergänzt. Aus beiden Vorschriften ergibt sich, dass es sich bei den Liquidatoren um das Vertretungs- und Geschäftsführungsorgan der aufgelösten Gesellschaft handelt. Abs. 1 S. 1 bestimmt außerdem, dass die Vertretungsregeln von der Gesellschaft festgelegt werden können, und wird durch S. 2 ergänzt, der Gesamtvertretung durch sämtliche Liquidatoren zur Regel (*default rule*) erklärt. Abs. 2 legt fest, dass die Liquidatoren im Namen der Liquidationsgesellschaft auftreten. Durch den obligatorischen Liquidationszusatz wird verdeutlicht, dass sich die Gesellschaft in der Abwicklung befindet. Dies dient dem Schutz des Rechtsverkehrs.

1 BGH, NJW-RR 2009, 333, 334.

B. Vertretung und Geschäftsführung

I. Grundsatz

2 Die Grundsätze zur Geschäftsführung und Vertretung durch die Liquidatoren entsprechen im Ansatz denen durch die Geschäftsführer. Die Vertretungsmacht der Liquidatoren ist im Außenverhältnis unbeschränkbar und damit insbesondere nicht etwa auf Abwicklungsmaßnahmen beschränkt, wie sich aus einer jedenfalls sinngemäßen Heranziehung des § 37 Abs. 2 ergibt.[2] Demgegenüber stehen die Geschäftsführung und damit das Innenverhältnis zur Disposition der Gesellschafter und können an die Bedürfnisse der Gesellschaft angepasst werden. Hierfür gelten die in § 70 niedergelegten Grundsätze (siehe im Einzelnen dort Rdn. 3–9).

II. Beschränkungen bei Missbrauch der Vertretungsmacht

3 Nur die allgemeinen bürgerlich-rechtlichen Grundsätze zum Missbrauch der Vertretungsmacht können als allgemeine Prinzipien des Zivilrechts zu Beschränkungen der Liquidatoren im Außenverhältnis führen.[3] Dabei gelten die für den Missbrauch der Vertretungsmacht durch Geschäftsführer anerkannten Grundsätze. Jedenfalls bei kollusivem Zusammenwirken von Liquidator und Geschäftspartner zum Schaden der Gesellschaft ist der Geschäftspartner nicht schutzwürdig und das Geschäft daher nach den Grundsätzen über die Vertretung ohne Vertretungsmacht zu behandeln. Nach umstrittener, aber zutreffender Ansicht ist die Schutzwürdigkeit des Vertragspartners auch zu verneinen, wenn das pflichtwidrige Handeln des Liquidators evident ist, so dass auch grob fahrlässige Unkenntnis schadet.[4]

III. Eintragungspflicht

4 Die Vertretungsregeln nach Abs. 1 S. 1 stellen eintragungspflichtige Tatsachen dar und müssen daher nach § 67 Abs. 1 zur Eintragung im Handelsregister angemeldet werden. Die Eintragung ist deklaratorisch, vermag jedoch über § 15 HGB Rechtsscheinwirkung zu entfalten.[5]

---

2 OLG Stuttgart, ZIP 1986, 647; LG Köln, DNotZ 1980, 422; *K. Schmidt*, in: Scholz, GmbHG, § 68 Rn. 2; *Altmeppen*, in: Roth/Altmeppen, GmbHG, § 68 Rn. 2; *Kleindiek*, in: Lutter/Hommelhoff, GmbHG, § 68 Rn. 5; *Ensthaler*, in: Ensthaler/Füller/Schmidt, GmbHG, § 68 Rn. 3.

3 *Kleindiek*, in: Lutter/Hommelhoff, GmbHG, § 68 Rn. 5; *Altmeppen*, in: Roth/Altmeppen, GmbHG, § 68 Rn. 3; *Ensthaler*, in: Ensthaler/Füller/Schmidt, GmbHG, § 68 Rn. 2.

4 *K. Schmidt*, in: Scholz, GmbHG, § 70 Rn. 3; *Altmeppen*, in: Roth/Altmeppen, GmbHG, § 73 Rn. 24. Ausführlich zu den Voraussetzungen *Zöllner/Noack*, in: Baumbach/Hueck, GmbHG, § 37 Rn. 45 und 50 (dort auch Rn. 46-49 zu den streitigen Fallgruppen). Siehe auch *Rasner*, in: Rowedder/Schmidt-Leithoff, GmbHG, § 70 Rn. 6.

5 *Ensthaler*, in: Ensthaler/Füller/Schmidt, GmbHG, § 68 Rn. 11. Siehe dazu schon unter § 67 Rdn. 2.

C. Art der Vertretungsmacht, Abs. 1 S. 2

I. Grundsatz der Gesamtvertretung und abweichende Vereinbarungen

5 Abs. 1 S. 1 bestimmt, dass die Liquidatoren ihre Willenserklärungen in der Form abzugeben haben, die ihrer Bestellung entspricht. Damit überlässt es die Norm der Gesellschaft, die Vertretungsregeln zu bestimmen und Alleinvertretung, Gesamtvertretung oder gemeinschaftliche Vertretung zu vereinbaren.

1. Grundsatz der Gesamtvertretung

6 Abs. 1 S. 2 ordnet als dispositive Regel für die Aktivvertretung eine Gesamtvertretung durch sämtliche Liquidatoren an (Kollegialprinzip). Dies gilt für die gekorenen ebenso wie die geborenen Liquidatoren.[6] Eine gemeinschaftliche Ausübung ist nicht erforderlich. Es genügt vielmehr, wenn der handelnde Liquidator zur Vornahme eines Rechtsgeschäfts von den übrigen ermächtigt wird. Fehlt es daran, kann ein alleine vorgenommenes Geschäft von den übrigen Liquidatoren genehmigt werden.[7] Gesamtvertretungsmacht wird hingegen nicht zur Einzelvertretungsmacht, wenn einer der Liquidatoren ausfällt.[8] Vielmehr muss in diesen Fällen ein weiterer Liquidator bestellt werden. Dies kann durch Gesellschafterbeschluss oder gerichtliche Entscheidung nach § 66 Abs. 2 erfolgen. Daneben kann ein Notliquidator nach §§ 29, 48 Abs. 1 S. 2 BGB bestellt werden.[9]

2. Besonderheiten bei Passivvertretung

7 Für die Passivvertretung der Gesellschaft finden besondere Grundsätze Anwendung. Für diese gilt § 35 Abs. 2 S. 2, der über die Verweisung in § 69 Abs. 1 entsprechende Anwendung findet. Erklärungen mit Wirkung für die Gesellschaft können trotz Gesamtvertretungsregel auch gegenüber einem einzelnen Liquidator abgegeben wer-

---

6 BGH, NJW-RR 2009, 333, 334.

7 *K. Schmidt*, in: Scholz, GmbHG, § 68 Rn. 4; *Haas*, in: Baumbach/Hueck, GmbHG, § 68 Rn. 2; *Kleindiek*, in: Lutter/Hommelhoff, GmbHG, § 68 Rn. 2 (alle unter Heranziehung der zum oHG-Recht ergangenen Entscheidung KG, JR 1926, 2354). Siehe auch *Nerlich*, in: Michalski, GmbHG, § 68 Rn. 4; *Rasner*, in: Rowedder/Schmidt-Leithoff, GmbHG, § 68 Rn. 3.

8 BGH, NJW 1993, 1654; *Ensthaler*, in: Ensthaler/Füller/Schmidt, GmbHG, § 68 Rn. 6; *Haas*, in: Baumbach/Hueck, GmbHG, § 68 Rn. 2; *Kleindiek*, in: Lutter/Hommelhoff, GmbHG, § 68 Rn. 3; *Rasner*, in: Rowedder/Schmidt-Leithoff, GmbHG, § 68 Rn. 3; a.A. *Altmeppen*, in: Roth/Altmeppen, GmbHG, § 68 Rn. 4: nur insoweit, als der Gesellschaftsvertrag erkennen lässt, dass Einzelvertretungsmacht generell nicht erwünscht ist. Zweifelnd auch *Nerlich*, in: Michalski, GmbHG, § 68 Rn. 5.

9 *Nerlich*, in: Michalski, GmbHG, § 68 Rn. 5; *Ensthaler*, in: Ensthaler/Füller/Schmidt, GmbHG, § 68 Rn. 6.

den. Diese Regelung ist zwingend.[10] Fehlt es an Liquidatoren, wird die Gesellschaft nach §§ 69 Abs. 1, 35 Abs. 1 S. 2 durch die Gesellschafter passiv vertreten.[11]

3. Abweichende Bestimmungen

8 Statt der Gesamtvertretung kann auch Einzelvertretung durch jeden Liquidator oder gemeinschaftliche Vertretung durch mehrere (aber nicht alle, sonst Gesamtvertretung) vereinbart werden. Auch unechte Gesamtvertretung ist möglich. Danach wirken ein Liquidator und ein Prokurist zusammen, wobei nach dem Grundsatz der Selbstorganschaft ein Handeln der Liquidatoren ohne Mitwirkung eines Prokuristen möglich bleiben muss.[12] Solche abweichenden Regelungen können zugleich mit der Bestellung, durch Anordnung in der Satzung oder durch einen späteren Gesellschafterbeschluss getroffen werden.[13] Hierzu reicht ebenso wie bei der Abberufung und Neubestellung von Liquidatoren ein mit einfacher Mehrheit gefasster Beschluss aus.[14] Umstritten ist, ob dies auch gilt, wenn die Gesellschafter mit ihrem Beschluss von den Vorgaben der Satzung abweichen. Nach zutreffender Ansicht ist dies zu verneinen und vielmehr eine Satzungsänderung zu fordern.[15] Die Bestimmungen der Satzung sind zur Vertrauensgrundlage für alle Gesellschafter geworden, die nur durch eine Satzungsänderung beseitigt werden kann. Die Gegenansicht lässt demgegenüber einen mit einfacher Mehrheit gefassten Gesellschafterbeschluss zu.[16]

4. Vom Gericht bestellte Liquidatoren

9 Für gerichtlich bestellte Liquidatoren gelten Besonderheiten. Bestimmt das Gericht die Liquidatoren nach § 66 Abs. 2 oder als Notliquidatoren nach §§ 28, 49 BGB, kann es dabei zugleich auch deren Vertretungsbefugnis regeln. Von diesen Vorgaben des Gerichts können die Gesellschafter nicht abweichen. Ihnen ist es daher verwehrt,

---

10 Zu allem Vorstehenden *K. Schmidt*, in: Scholz, GmbHG, § 68 Rn. 7; *Haas*, in: Baumbach/Hueck, GmbHG, § 68 Rn. 3; *Rasner*, in: Rowedder/Schmidt-Leithoff, GmbHG, § 68 Rn. 2.

11 *K. Schmidt*, in: Scholz, GmbHG, § 68 Rn. 7; *Haas*, in: Baumbach/Hueck, GmbHG, § 68 Rn. 3; *Nerlich*, in: Michalski, GmbHG, § 68 Rn. 6.

12 *K. Schmidt*, in: Scholz, GmbHG, § 68 Rn. 6; *Haas*, in: Baumbach/Hueck, GmbHG, § 68 Rn. 8; *Rasner*, in: Rowedder/Schmidt-Leithoff, GmbHG, § 68 Rn. 5; *Nerlich*, in: Michalski, GmbHG, § 68 Rn. 12.

13 BGH, NJW-RR 2009, 333, 334; *Nerlich*, in: Michalski, GmbHG, § 68 Rn. 7; *Kleindiek*, in: Lutter/Hommelhoff, GmbHG, § 68 Rn. 2.

14 *Rasner*, in: Rowedder/Schmidt-Leithoff, GmbHG, § 68 Rn. 4; *Nerlich*, in: Michalski, GmbHG, § 68 Rn. 8; *Altmeppen*, in: Roth/Altmeppen, GmbHG, § 68 Rn. 9; *Ensthaler*, in: Ensthaler/Füller/Schmidt, GmbHG, § 68 Rn. 8. Zur Berufung von Liquidatoren siehe § 66 Rdn. 7–15.

15 *Altmeppen*, in: Roth/Altmeppen, GmbHG, § 68 Rn. 12; *Nerlich*, in: Michalski, GmbHG, § 68 Rn. 9; *K. Schmidt*, in: Scholz, GmbHG, § 68 Rn. 5a.

16 *Haas*, in: Baumbach/Hueck, GmbHG, § 68 Rn. 5; *Kleindiek*, in: Lutter/Hommelhoff, GmbHG, § 68 Rn. 2; *Rasner*, in: Rowedder/Schmidt-Leithoff, GmbHG, § 68 Rn. 4.

die Vertretungsbefugnis ihrerseits regeln zu wollen. Auch Satzungsbestimmungen entfalten keine Wirkung. Ordnet das Gericht demgegenüber keine Regel an, gilt nach Abs. 1 S. 2 der Grundsatz der Gesamtvertretung. Abweichende Vereinbarungen in der Satzung kommen zur Anwendung.[17]

5. Keine Fortgeltung früherer Regelungen

10 Für Bestimmungen über die Vertretungsmacht gilt der Grundsatz der Diskontinuität: Eine für das werbende Stadium, also die Geschäftsführer geltende Regelung gilt ohne weitere Anhaltspunkte nicht in der Liquidationsphase, und zwar nach der Rechtsprechung und entgegen dem überwiegenden Schrifttum auch dann nicht, wenn die früheren Geschäftsführer zu Liquidatoren werden (geborene Liquidatoren).[18] Die Rechtsprechung stützt dies darauf, dass es gerade keinen allgemeinen Grundsatz gibt, wonach die für den Geschäftsführer im Gesellschaftsvertrag getroffenen Regelungen ohne Weiteres auch für den Liquidator gelten sollen.[19] Die Regelungen über die Vertretung durch die Geschäftsführer können daher nur dann auf das Liquidationsstadium ausgedehnt werden, wenn Anhaltspunkte dafür existieren, dass sie auch auf diesen Zeitraum Anwendung finden sollen.[20] Ebenso bezieht sich eine den Geschäftsführern aufgrund Gesellschafterbeschlusses überantwortete Einzelvertretungsbefugnis nur auf diese, nicht jedoch auf die Liquidatoren.[21]

D. Verbot des Selbstkontrahierens

I. Verbot mit Befreiungsvorbehalt

11 Wie für alle Vertreter der Gesellschaft gilt auch für die Liquidatoren das Verbot des Selbstkontrahierens nach § 181 BGB. Eine Befreiung von diesem Verbot ist zugleich möglich. Hierzu bedarf es einer Satzungsbestimmung, evtl. im Wege einer Satzungsänderung. Soweit in der Satzung entsprechend vorgesehen, kann die Befreiung auch im Wege eines Gesellschafterbeschlusses erfolgen. Die erforderliche Mehrheit kann in

---

17 Zu allem Vorstehenden *Nerlich*, in: Michalski, GmbHG, § 68 Rn. 13; *Rasner*, in: Rowedder/Schmidt-Leithoff, GmbHG, § 68 Rn. 7; *Haas*, in: Baumbach/Hueck, GmbHG, § 68 Rn. 9; *Kleindiek*, in: Lutter/Hommelhoff, GmbHG, § 68 Rn. 3; *Altmeppen*, in: Roth/Altmeppen, GmbHG, § 68 Rn. 11; *Ensthaler*, in: Ensthaler/Füller/Schmidt, GmbHG, § 68 Rn. 10.

18 BGH, NJW-RR 2009, 333, 334; OLG Karlsruhe, NZG 2008, 236, 237; *Kleindiek*, in: Lutter/Hommelhoff, GmbHG, § 68 Rn. 2. Für geborene Liquidatoren a.A. *K. Schmidt*, in: Scholz, GmbHG, § 68 Rn. 5 (Grundsatz der Amts- und Kompetenzkontinuität); *Nerlich*, in: Michalski, GmbHG, § 68 Rn. 10; *Rasner*, in: Rowedder/Schmidt-Leithoff, GmbHG, § 68 Rn. 3; *Ensthaler*, in: Ensthaler/Füller/Schmidt, GmbHG, § 68 Rn. 7; *Haas*, in: Baumbach/Hueck, GmbHG, § 68 Rn. 4. Offen gelassen von BayObLG, DNotZ 1995, 222, 223.

19 BayObLG, DNotZ 1998, 843, 844; OLG Zweibrücken, NJW-RR 1999, 38, 39.

20 BGH, NJW-RR 2009, 333, 334.

21 BayObLG, DNotZ 1998, 843, 844.

der Satzung festgelegt werden, insbesondere ein einfacher Mehrheitsbeschluss für ausreichend erklärt werden.[22] Ohne Satzungsermächtigung soll demgegenüber selbst ein einstimmiger Beschluss der Gesellschafter den Liquidator nicht von dem Verbot des § 181 BGB befreien können.[23] Das ist nicht nachvollziehbar, da das Verbot des § 181 BGB dem Schutz der Gesellschaft und der dahinter stehenden Gesellschafter, nicht dem Schutz des Rechtsverkehrs dient. Über diesen Schutz können die Gesellschafter disponieren, da ansonsten auch eine entsprechende Satzungsbestimmung nicht weiterhelfen könnte. Somit sprechen nur Gründe des Minderheitsschutzes für hohe Voraussetzungen, die bei Zustimmung aller Gesellschafter eingehalten werden.

II. Grundsatz der Diskontinuität

12 Eine auf die Geschäftsführer bezogene Befreiung gilt im Liquidationsstadium nicht fort. Dabei sind zwei hoch umstrittene Konstellationen zu unterscheiden.

1. Befreiung der Geschäftsführer in der Satzung

13 Im ersten Fall befreit die Satzung die Geschäftsführer von dem Verbot des Selbstkontrahierens. Hier wird insbesondere für die geborenen Liquidatoren unterschiedlich beurteilt, ob damit auch zugleich eine Befreiung der Liquidatoren einhergeht.[24] Die h.M., insbesondere die Rechtsprechung, betont in diesem und anderem Kontext zu Recht die Zäsur, die der Übergang von der werbenden Phase in das Liquidationsstadium für die Vertreter der Gesellschaft mit sich bringt (siehe etwa schon die Begründung dafür, dass auch bei den geborenen Liquidatoren erneut eine Versicherung nach § 67 Abs. 3 abgegeben werden muss, vgl. § 67 Rdn. 21). Wegen der unterschiedlichen Zielsetzung von werbender Gesellschaft und Liquidationsgesellschaft kann nicht ohne Weiteres davon ausgegangen werden, dass die für die Gesellschaft und reflexartig die Gesellschafter nicht ungefährliche Befreiung vom Verbot des § 181 BGB auch über die werbende Phase hinaus gelten soll. Die Gesellschafter müssen vielmehr darüber befinden, ob ihnen eine solche Befreiung auch für das Liquidationsstadium sinnvoll erscheint. Daher bedarf es besonderer Anhaltspunkte dafür, dass eine solche Fortgeltung gewollt ist.[25]

---

22 BayObLG, BB 1985, 1148 (Rn. 13); *Kleindiek*, in: Lutter/Hommelhoff, GmbHG, § 68 Rn. 4. Zweifelnd *Nerlich*, in: Michalski, GmbHG, § 68 Rn. 8.

23 BayObLG, NJW-RR 1996, 611, 612; OLG Zweibrücken, NJW-RR 1999, 38, 39.

24 Für Diskonkontinuität BGH NJW-RR 2009, 333, 335; OLG Rostock NZG 2004, 288 f.; BayObLG NJW-RR 1996, 611, 612; OLG Düsseldorf NJW-RR 1990, 51 f.; OLG Hamm NJW-RR 1998, 1044 f.; *Kleindiek*, in: Lutter/Hommelhoff, GmbHG, § 68 Rn. 4; *Rasner*, in: Rowedder/Schmidt-Leithoff, GmbHG, § 68 Rn. 6; a.A. und daher für die geborenen Liquidatoren eine Fortgeltung befürwortend *K. Schmidt*, in: Scholz, GmbHG, § 68 Rn. 5a; *Nerlich*, in: Michalski, GmbHG, § 68 Rn. 11; *Ensthaler*, in: Ensthaler/Füller/Schmidt, GmbHG, § 68 Rn. 3; *Altmeppen*, in: Roth/Altmeppen, GmbHG, § 68 Rn. 4.

25 Zu weit aber BayObLG, NJW-RR 1996, 611, 612, das davon ausgeht, dass sich regelmäßig durch Auslegung der Wille der Gesellschafter zur Kontinuität feststellen lasse.

2. Gesellschafterbeschluss aufgrund von Satzungsermächtigung

14 Im zweiten Fall ermächtigt die Satzung zu einem befreienden Gesellschafterbeschluss, der erst die Befreiung der Geschäftsführer vom Verbot des Selbstkontrahierens herbeiführt. Dabei ist weiter danach zu differenzieren, ob diese Ermächtigung bereits zugunsten der Geschäftsführer im werbenden Stadium ausgeübt wurde oder nunmehr im Liquidationsstadium erstmalig ausgeübt werden soll. Im ersten Fall stellt sich die Frage, ob die erfolgte Befreiung der Geschäftsführer auch für die Liquidatoren wirkt. Dies wird überwiegend zu Recht mit denselben Argumenten verneint, die auch für eine entsprechende Befreiung durch die Satzung angeführt werden.[26] Im zweiten Fall ist problematisch, ob die sich auf das werbende Stadium beziehende Ermächtigung der Satzung, durch Gesellschafterbeschluss vom Verbot des § 181 BGB befreien zu können, auch in der Liquidationsphase fortwirkt. Dies wird von der ganz h.M. bejaht,[27] verdient jedoch keine Zustimmung. Auch in diesem Fall muss gelten, dass sich eine entsprechende Bestimmung in der Satzung, die eine Befreiung der Geschäftsführer durch Gesellschafterbeschluss erlaubt, nur dann auch auf die Liquidatoren bezieht, wenn entsprechende Anhaltspunkte vorhanden sind. Es sind keine Gründe ersichtlich, warum die von der h.M. betonte Differenzierung nach werbendem und auflösendem Stadium bei dieser Frage nunmehr unbedeutend sein sollte. Fehlen entsprechende Anhaltspunkte, müssen die Gesellschafter zunächst die Satzung ändern.

E. Zeichnung für die Liquidationsgesellschaft, Abs. 2

15 Nach Abs. 2 zeichnen die Liquidatoren für die Gesellschaft, indem sie der Firma ihre Namen beifügen. Die Firma selbst bleibt unverändert, wird jedoch um den Liquidationszusatz ergänzt. Üblicherweise wird das Liquidationsstadium durch den Zusatz »in Liquidation« bzw. »i.L.« verdeutlicht. Auch der Zusatz »in Abwicklung« verdeutlicht das Liquidationsstadium, während die Abkürzung »i.A.« wegen ihrer Mehrdeutigkeit (»im Auftrag«) vermieden werden sollte.[28] Die Bestimmung entspricht inhaltlich dem für Geschäftsführer geltenden § 35 Abs. 3. Sie dient dem Rechtsverkehr vor Irreführung. Bleibt sie unbeachtet, berührt dies die Wirksamkeit des Vertreterhan-

---

26 OLG Rostock, NZG 2004, 288 f.; *Ensthaler*, in: Ensthaler/Füller/Schmidt, GmbHG, § 68 Rn. 3; *Kleindiek*, in: Lutter/Hommelhoff, GmbHG, § 68 Rn. 4; *Nerlich*, in: Michalski, GmbHG, § 68 Rn. 11; a.A. *Altmeppen*, in: Roth/Altmeppen, GmbHG, § 68 Rn. 5.

27 OLG Zweibrücken, NJW-RR 1999, 38, 39; BayObLG, NJW-RR 1996, 611, 612; LG Bremen, GmbHR 1991, 67; *Ensthaler*, in: Ensthaler/Füller/Schmidt, GmbHG, § 68 Rn. 3; *Kleindiek*, in: Lutter/Hommelhoff, GmbHG, § 68 Rn. 4; *Rasner*, in: Rowedder/Schmidt-Leithoff, GmbHG, § 68 Rn. 3 und 6. Differenzierend *K. Schmidt*, in: Scholz, GmbHG, § 68 Rn. 5a.

28 *K. Schmidt*, in: Scholz, GmbHG, § 68 Rn. 9; *Altmeppen*, in: Roth/Altmeppen, GmbHG, § 68 Rn. 14. Unbedenklich nach *Haas*, in: Baumbach/Hueck, GmbHG, § 68 Rn. 11; *Kleindiek*, in: Lutter/Hommelhoff, GmbHG, § 68 Rn. 6.

delns nicht.[29] Verkennt der Vertragspartner wegen falscher oder irreführender Bezeichnung durch die Liquidatoren, dass es sich um eine Gesellschaft in Abwicklung handelt, kommen jedoch Schadensersatzansprüche in Betracht. Da die vorvertraglichen Beziehungen nur mit der Gesellschaft bestehen, haftet nur diese aus §§ 280 Abs. 1, 311 Abs. 2, 241 Abs. 2 BGB, indem ihr das Verhalten des Liquidators nach § 31 BGB zugerechnet wird. Die Gesellschaft kann bei den Liquidatoren nach §§ 71 Abs. 4, 43 Abs. 1, 2 Rückgriff nehmen.[30] Eine Vertretereigenhaftung nach §§ 280 Abs. 1, 311 Abs. 3 S. 2 BGB ist zwar möglich, die Voraussetzungen werden regelmäßig aber nicht vorliegen.[31] Daneben kommt eine Direkthaftung nach § 823 Abs. 2 BGB in Betracht. Die Einordnung von § 68 als Schutzgesetz wird zwar mitunter verneint, da es sich um eine bloße Ordnungsvorschrift handeln soll.[32] Nach zutreffender und inzwischen h.A. dient sie wegen der besonderen Bedeutung und Gefahren des Liquidationsstadiums jedoch gerade dem Schutz des Rechtsverkehrs und entfaltet damit individualschützende Wirkung.[33]

§ 69 Rechtsverhältnisse von Gesellschaft und Gesellschaftern

(1) Bis zur Beendigung der Liquidation kommen ungeachtet der Auflösung der Gesellschaft in bezug auf die Rechtsverhältnisse derselben und der Gesellschafter die Vorschriften des zweiten und dritten Abschnitts zur Anwendung, soweit sich aus den Bestimmungen des gegenwärtigen Abschnitts und aus dem Wesen der Liquidation nicht ein anderes ergibt.

(2) Der Gerichtsstand, welchen die Gesellschaft zur Zeit ihrer Auflösung hatte, bleibt bis zur vollzogenen Verteilung des Vermögens bestehen.

---

29 Allg. M., *K. Schmidt*, in: Scholz, GmbHG, § 68 Rn. 9; *Altmeppen*, in: Roth/Altmeppen, GmbHG, § 68 Rn. 15; *Ensthaler*, in: Ensthaler/Füller/Schmidt, GmbHG, § 68 Rn. 13; *Haas*, in: Baumbach/Hueck, GmbHG, § 68 Rn. 12; *Kleindiek*, in: Lutter/Hommelhoff, GmbHG, § 68 Rn. 7; *Rasner*, in: Rowedder/Schmidt-Leithoff, GmbHG, § 68 Rn. 8; *Nerlich*, in: Michalski, GmbHG, § 68 Rn. 17.

30 *K. Schmidt*, in: Scholz, GmbHG, § 68 Rn. 12; *Haas*, in: Baumbach/Hueck, GmbHG, § 68 Rn. 13.

31 So *Altmeppen*, in: Roth/Altmeppen, GmbHG, § 68 Rn. 17. Siehe auch *K. Schmidt*, in: Scholz, GmbHG, § 68 Rn. 13.

32 *Kleindiek*, in: Lutter/Hommelhoff, GmbHG, § 68 Rn. 6.

33 Unter Berufung auf die wirtschaftliche Bedeutung OLG Frankfurt a.M., NJW 1991, 3286, 3287; OLG Frankfurt a.M., NJW-RR 1998, 1246; OLG Naumburg, OLGR Naumburg 2000, 482 f.; i.E. auch *Haas*, in: Baumbach/Hueck, GmbHG, § 68 Rn. 13; *Altmeppen*, in: Roth/Altmeppen, GmbHG, § 68 Rn. 19; *Rasner*, in: Rowedder/Schmidt-Leithoff, GmbHG, § 68 Rn. 10; *Nerlich*, in: Michalski, GmbHG, § 68 Rn. 21. Siehe auch *K. Schmidt*, in: Scholz, GmbHG, § 68 Rn. 13.

Übersicht Rdn.

Schrifttum
Siehe Schrifttum zu § 67.

A. Überblick

1 Die Vorschrift erklärt in Abs. 1 die für die werbende Gesellschaft geltenden Vorschriften im Grundsatz auch für die Liquidationsphase für anwendbar. Sie verdeutlicht damit, dass der Übergang in das Abwicklungsstadium die Gesellschaft im ihrem Bestand unberührt lässt, insbesondere ihre Rechtsstellung nach außen nur insoweit tangiert wird, als der Eintritt in das Liquidationsstadium durch einen Firmenzusatz kenntlich gemacht werden muss (dazu unter § 68 Rdn. 15). Dabei ist der Verweis in Abs. 1 auf die Bestimmungen über die werbende Phase unvollständig. Erwähnt wer-

den nur der zweite und dritte Abschnitt. Gleichwohl ist allgemein anerkannt, dass auch die übrigen Abschnitte Anwendung finden.[1] Das gilt zugleich in unterschiedlichem Maße: Da der erste Abschnitt die Errichtung der Gesellschaft betrifft, können nur vereinzelt Vorschriften auf das Liquidationsstadium Anwendung finden. Die übrigen Abschnitte finden demgegenüber deutlich breitere Anwendung. Dabei gilt stets, dass die spezielleren Regelungen im fünften Abschnitt vorgehen. Zudem ist darauf zu achten, ob das Wesen der Liquidation nicht zu einer Abkehr von oder Modifikation zu den Vorschriften der übrigen Abschnitte zwingt. Entgegen dem Wortlaut von Abs. 1 sind diese Einschränkungen alternativ, nicht kumulativ anzuwenden.[2] Abs. 2 betrifft den Gerichtsstand der Gesellschaft. Die Vorgabe lautet, dass der letzte Gerichtsstand der werbenden Gesellschaft auch für die Liquidationsgesellschaft fortgilt.

B. Fortbestand der Gesellschaft und des Gesellschaftszwecks

2 Die Gesellschaft besteht auch nach der Auflösung unverändert fort. Sie ist weiterhin juristische Person und Handelsgesellschaft im Sinne von § 13 Abs. 1, 3. Damit behält sie ihre Rechts- und Parteifähigkeit.[3] Auch die Firma besteht unverändert fort und ist um einen die Liquidationspase kennzeichnenden Zusatz zu erweitern.[4] Der Zweck der Gesellschaft besteht grundsätzlich ebenfalls fort. Es gehört zu den Aufgaben der Liquidatoren, die laufenden Geschäfte zu beenden und für eine an den Interessen der Gesellschafter ausgerichtete Verwaltung des Gesellschaftsvermögens zu sorgen (dazu unter § 70 Rdn. 11–21). Um diesen Anforderungen gerecht werden zu können, müssen sie sich am bisherigen Zweck orientieren. Zugleich wird der Zweck durch die Abwicklung überlagert.[5] Die Liquidatoren richten ihre Einzelmaßnahmen auf die Vollbeendigung der Gesellschaft aus. Ihre Aufgaben sind erfült, wenn die Vorgaben

---

1 Einhellige Ansicht, siehe *Nerlich*, in: Michalski, GmbHG, § 69 Rn. 3; *K. Schmidt*, in: Scholz, GmbHG, § 69 Rn. 9; *Rasner*, in: Rowedder/Schmidt-Leithoff, GmbHG, § 69 Rn. 1; *Altmeppen*, in: Roth/Altmeppen, GmbHG, § 69 Rn. 2; *Ensthaler*, in: Ensthaler/Füller/Schmidt, GmbHG, § 69 Rn. 11-13; *Haas*, in: Baumbach/Hueck, GmbHG, § 69 Rn. 1.

2 Abs. 1 ist daher so zu lesen: »*soweit sich aus den Bestimmungen des gegenwärtigen Abschnitts oder aus dem Wesen der Liquidation nicht ein anders ergibt*«, siehe *Rasner*, in: Rowedder/Schmidt-Leithoff, GmbHG, § 69 Rn. 1; *Haas*, in: Baumbach/Hueck, GmbHG, § 69 Rn. 1; *Nerlich*, in: Michalski, GmbHG, § 69 Rn. 3.

3 Siehe BAG, NJW 1988, 2637; *Nerlich*, in: Michalski, GmbHG, § 60, Rn. 4 und § 69 Rn. 1; *Kleindiek*, in: Lutter/Hommelhoff, GmbHG, § 69 Rn. 1; *Gehrlein*, DStR 1997, 31. Ausführlich zu den sich daraus ergebenden Konsequenzen *K. Schmidt*, in: Scholz, GmbHG, § 69 Rn. 2-8. Vgl. auch schon unter Vor §§ 60 ff. Rdn. 4.

4 Dazu unter § 68 Rdn. 15.

5 *K. Schmidt*, in: Scholz, GmbHG, § 69 Rn. 3; *Nerlich*, in: Michalski, GmbHG, § 60, Rn. 2; *Kleindiek*, in: Lutter/Hommelhoff, GmbHG, § 69 Rn. 2. Nach der Gegenansicht findet zwar eine Zweckänderung statt, da die Gesellschaft fortan ganz auf Durchführung der Liquidation gerichtet ist, siehe *Altmeppen*, in: Roth/Altmeppen, GmbHG, § 69 Rn. 3. Praktische Auswirkungen dürfte das jedoch nicht haben.

des § 73 eingehalten, das Vermögen der Gesellschaft volständig verteilt und die Gesellschaft im Handelsregister gelöscht worden ist. Hierdurch unterscheidet sich die Zweckverfolgung in der Liquidation von der Zweckverfolgung in der werbenden Phase. Bedeutsam wird dies für die Bestimmung der Gesellschaftsinteressen, die ausgehend von der Zweckbestimmung der Gesellschaft zu ermitteln sind. An diesen Gesellschaftsinteressen richtet sich die hier allgemein favorisierte Abwägungslösung bei Eingriffen in die mitgliedschaftliche Rechtsstellung der Gesellschafter aus.[6] Gleiches gilt für die Prüfung der Treuepflicht, da auch diese auf eine Gegenüberstellung von Gesellschafts- und Gesellschafterinteressen hinausläuft und die Ausrichtung der Gesellschaft auf Vollbeendigung berücksichtigen muss.[7] Hierauf ist an entsprechender Stelle näher einzugehen.

C. Die anwendbaren Vorschriften im Einzelnen

I. Die Bestimmungen des ersten Abschnitts

1. Unanwendbare Vorschriften

3 Die Bestimmungen des ersten Abschnitts sind unanwendbar, soweit sie ausschließlich die Errichtung der Gesellschaft regeln, während solche Vorschriften, die sich auf die errichtete Gesellschaft beziehen, auch im Liquidationsstadium gelten.[8] Folgende Vorschriften sind unanwendbar oder doch jedenfalls bedeutungslos: §§ 1, 2, 5, 5a, 7, 9c, 10, 11, da sie ausschließlich die Errichtung der Gesellschaft betreffen.

2. Anwendbar aufgrund Verweisung

4 Andere Vorschriften beziehen sich ebenfalls auf die Errichtung der Gesellschaft, finden jedoch kraft Verweisung Anwendung. So ist § 6 nicht einschlägig, da die Liquidatoren an die Stelle der Geschäftsführer treten und für ihre Bestellung § 67 gilt. § 66 Abs. 4 verweist jedoch auf § 6 Abs. 2 S. 2 und 3. Daneben findet auch § 6 Abs. 3 Anwendung: Natürliche und andere Personen können nicht nur Geschäftsführer, sondern auch Liquidatoren werden (dazu im Einzelnen unter § 66 Rdn. 27 f.).[9] Auch § 8 betrifft die Errichtung der Gesellschaft. Da gerade im Liquidationsstadium zahlreiche Eintragungspflichten bestehen, finden einzelne seiner Bestimmungen über Verweise im 5. Abschnitt jedoch Anwendung, so § 8 Abs. 3 S. 2 über § 67 Abs. 3 S. 2.

---

6 Dazu unter § 29 Rdn. 27 ff., § 60 Rdn. 21 ff. Grundlegend *Hofmann*, Der Minderheitsschutz im Gesellschaftsrecht, 2011, S. 133–145.

7 Vgl. *K. Schmidt*, in: Scholz, GmbHG, § 69 Rn. 3; *Rasner*, in: Rowedder/Schmidt-Leithoff, GmbHG, § 69 Rn. 22.

8 *Haas*, in: Baumbach/Hueck, GmbHG, § 69 Rn. 2.

9 *Rasner*, in: Rowedder/Schmidt-Leithoff, GmbHG, § 69 Rn. 5; *Haas*, in: Baumbach/Hueck, GmbHG, § 69 Rn. 2; *K. Schmidt*, in: Scholz, GmbHG, § 69 Rn. 16.

3. Anwendbar wegen andauernder Bedeutung

5 Demgegenüber beziehen sich die übrigen Vorschriften auf die errichtete Gesellschaft und gelten bereits aus diesem Grunde fort.

6 a) **Satzungsbestimmungen.** § 3 ist insoweit bedeutsam, als auch in der Liquidation die Satzung die in § 3 vorgesehenen Bestimmungen enthalten muss. Außerdem besitzen die Bestimmungen über die Laufzeit der Gesellschaft in § 3 Abs. 2 für die Auflösung und evtl. Fortsetzung der Gesellschaft Relevanz (siehe dazu § 60 Rdn. 3–13 sowie 67). Weiter können auch Nebenleistungspflichten fortbestehen, wenn sich aus dem Zweck der Verpflichtung im Gesellschaftsvertrag ergibt, dass sie auch im Liquidationsstadium fortbestehen sollen.[10] Außerdem können mit Zustimmung der betroffenen Gesellschafter neue eingeführt werden, was nach §§ 3 Abs. 2, 53 in die Satzung aufgenommen werden muss.[11]

7 b) **Firmenfortführung.** Die bisherige Firma ist mit dem Liquidationszusatz fortzuführen. Dessen Hinzufügung bedeutet keine Firmenänderung.[12] § 4 gilt daher fort. Eine Firmenänderung bleibt auch im Liquidationsstadium möglich.[13] Da sich am Sitz der Gesellschaft im Liquidationsstadium nichts ändert, gilt § 4a fort (siehe dazu auch noch unter D.).[14] Die Differenzhaftung nach § 9, Schadensersatzansprüche nach § 9a und eine Gründerhaftung nach § 9b können auch im Liquidationsstadium geltend gemacht werden. Da Bekanntmachungen auch im Liquidationsstadium erfolgen und notwendig sein können, ist § 12 anwendbar.[15]

II. Die Bestimmungen des zweiten Abschnitts

8 Der zweite Abschnitt, der die Rechtsverhältnisse der Gesellschaft und Gesellschafter regelt, findet überwiegend Anwendung. Im Gegensatz zum ersten Abschnitt bildet die Unanwendbarkeit von Vorschriften die Ausnahme. Insbesondere die Vorschriften zur Gewinnverteilung und Kapitalerhaltung werden jedoch von den spezielleren Vorschriften des 5. Abschnitts überlagert.

1. Anwendbare Vorschriften

9 a) **§§ 13-18.** §§ 13-18 betreffen die Vorschriften über die Rechtsstellung der Gesellschaft als juristische Person, als Gesellschaft mit Haftungsbeschränkung sowie die Bestimmungen über die Geschäftsanteile. Sie gelten fort.[16]

---

10 *K. Schmidt*, in: Scholz, GmbHG, § 69 Rn. 12.
11 *Rasner*, in: Rowedder/Schmidt-Leithoff, GmbHG, § 69 Rn. 3.
12 *K. Schmidt*, in: Scholz, GmbHG, § 69 Rn. 13; *Rasner*, in: Rowedder/Schmidt-Leithoff, GmbHG, § 69 Rn. 3.
13 *K. Schmidt*, in: Scholz, GmbHG, § 69 Rn. 13; *Rasner*, in: Rowedder/Schmidt-Leithoff, GmbHG, § 69 Rn. 3.
14 *K. Schmidt*, in: Scholz, GmbHG, § 69 Rn. 14.
15 Zu allem Vorstehenden *K. Schmidt*, in: Scholz, GmbHG, § 69 Rn. 18 f.
16 *K. Schmidt*, in: Scholz, GmbHG, § 69 Rn. 22; *Rasner*, in: Rowedder/Schmidt-Leithoff, GmbHG, § 69 Rn. 7.

10 **b) Kapitalaufbringung.** §§ 19-25 betreffen die Kapitalaufbringung und deren Durchsetzung und gelten grundsätzlich fort.[17] Für die Einziehung rückständiger Einlagen gelten jedoch Besonderheiten. Einerseits können sie ohne Rücksicht auf die Fälligkeitsvereinbarung und ohne Gesellschafterbeschluss nach § 46 Nr. 2 eingezogen werden, falls sie zur Erfüllung der Verbindlichkeiten oder Beendigung der Geschäftstätigkeit (dazu § 70 Rdn. 18) noch erforderlich sind, da unter diesen Voraussetzungen der Gläubigerschutz bzw. die Gesellschaftsinteressen den Interessen der hierdurch betroffenen Gesellschafter vorgehen.[18] Andererseits gilt § 19 Abs. 2 mit der Besonderheit, dass eine Befreiung nicht grundsätzlich ausscheidet, da die Gesellschaft in der Liquidationsphase ohnehin auf eine Verteilung ihres Vermögens an die Gesellschafter ausgerichtet ist. Da die Gläubiger vorrangig zu befriedigen sind, scheidet eine Befreiung aus, wenn die Einlage hierzu benötigt wird.[19] Darüber hinaus darf es zu keiner Ungleichbehandlung der Mitgesellschafter kommen (siehe dazu § 72 Rdn. 17 f.).[20] Auch die Kaduzierung nach §§ 21 ff. ist weiterhin möglich.[21] Auch für die Ausfallhaftung nach § 24 gilt, dass sie auf den Fall beschränkt ist, dass es des geschuldeten Betrags zur Gläubigerbefriedigung oder zur Gleichbehandlung der Gesellschafter bedarf.[22] Nachschüsse nach §§ 26-28, die vor der Auflösung beschlossen wurden, sind sie wie offene Einlagen zu behandeln.[23] Außerdem können sie eingefordert werden, wenn dies in der Satzung auch für die aufgelöste Gesellschaft vorgesehen ist und sie daher nicht nur der Zweckverfolgung im werbenden Stadium, sondern auch der Gläubigerbefriedigung in der Liquidation zu dienen bestimmt sind.[24]

---

17 *K. Schmidt*, in: Scholz, GmbHG, § 69 Rn. 23; *Rasner*, in: Rowedder/Schmidt-Leithoff, GmbHG, § 69 Rn. 8.

18 Sinngemäß *K. Schmidt*, in: Scholz, GmbHG, § 69 Rn. 23 f.; *Rasner*, in: Rowedder/Schmidt-Leithoff, GmbHG, § 69 Rn. 8; *Ensthaler*, in: Ensthaler/Füller/Schmidt, GmbHG, § 69 Rn. 4; *Kleindiek*, in: Lutter/Hommelhoff, GmbHG, § 69 Rn. 5; *Gehrlein*, DStR 1997, 31. Für die Personengesellschaften, aber durchaus verallgemeinerungsfähig auch BGH, NJW 1978, 424.

19 BGH, NJW 1992, 2229 f.; BGH, NJW 1963, 102; BGH, NJW 1968, 398, 399 f.; *K. Schmidt*, in: Scholz, GmbHG, § 69 Rn. 23; *Rasner*, in: Rowedder/Schmidt-Leithoff, GmbHG, § 69 Rn. 8; *Haas*, in: Baumbach/Hueck, GmbHG, § 69 Rn. 4.

20 I.E. *Haas*, in: Baumbach/Hueck, GmbHG, § 69 Rn. 4; *K. Schmidt*, in: Scholz, GmbHG, § 69 Rn. 23 f.

21 *Haas*, in: Baumbach/Hueck, GmbHG, § 69 Rn. 4; *Rasner*, in: Rowedder/Schmidt-Leithoff, GmbHG, § 69 Rn. 8; *K. Schmidt*, in: Scholz, GmbHG, § 69 Rn. 26.

22 *Rasner*, in: Rowedder/Schmidt-Leithoff, GmbHG, § 69 Rn. 8.

23 *K. Schmidt*, in: Scholz, GmbHG, § 69 Rn. 27; *Kleindiek*, in: Lutter/Hommelhoff, GmbHG, § 69 Rn. 6; *Haas*, in: Baumbach/Hueck, GmbHG, § 69 Rn. 5; *Rasner*, in: Rowedder/Schmidt-Leithoff, GmbHG, § 69 Rn. 9.

24 *Haas*, in: Baumbach/Hueck, GmbHG, § 69 Rn. 5; ähnlich *K. Schmidt*, in: Scholz, GmbHG, § 69 Rn. 27; *Kleindiek*, in: Lutter/Hommelhoff, GmbHG, § 69 Rn. 6. A.A. *Rasner*, in: Rowedder/Schmidt-Leithoff, GmbHG, § 69 Rn. 9: Behandlung wie vor Auflösung beschlossene Nachschüsse.

2. Unanwendbare und vom Liquidationszweck überlagerte Vorschriften

a) Gewinnausschüttung. § 29 findet demgegenüber keine Anwendung. Gewinne dürfen in der Liquidationsphase nicht bezogen werden, da § 73 Vorrang besitzt.[25] Der in der Mitgliedschaft wurzelnde vermögensrechtliche Anspruch beschränkt sich in der Liquidationsphase auf den Anspruch auf anteilige Beteiligung am Liquidationserlös nach § 72. Eine Ausnahme gilt für einen vor der Auflösung beschlossenen Gewinnverteilungsbeschluss, der auch in der Liquidationsphase noch ausgeführt werden darf.[26] Da der Anspruch noch vor der Auflösung entstanden ist, richtet sich die Kapitalerhaltung im Gläubigerinteresse nach § 30, nicht nach § 73.[27] 11

b) Kapitalerhaltung. Im Grundsatz gelten die Kapitalerhaltungsvorschriften der §§ 30-32 fort. Sie werden jedoch durch § 73 überlagert.[28] Dies führt zu einer vollständigen Verteilungssperre, bis die Vorgaben des § 73 erfüllt und damit die Voraussetzungen der Vermögensverteilung geschaffen sind, auch wenn § 30 nicht entgegen steht.[29] Umgekehrt steht § 30 nicht entgegen, wenn § 73 eine Ausschüttung zulässt.[30] Gleiches gilt für die Bestimmungen zur Einziehung nach §§ 33, 34. Auch diese Vorschriften gelten zwar fort, Abfindungen an die Gesellschafter unterliegen jedoch der Ausschüttungssperre des § 73. Daran kann die Einziehung scheitern.[31] Außerdem sind Rückforderungen nach § 31 auch in der Liquidationsphase möglich.[32] 12

III. Bestimmungen des dritten Abschnitts

Im dritten Abschnitt ergibt sich ein geteiltes Bild. Die Vorschriften über die Geschäftsführung werden durch die spezielleren Vorgaben für die Liquidatoren überlagert, zugleich aber wiederum großflächig für entsprechend anwendbar erklärt, während die übrigen Vorschriften zur Organisation des Gesellschaftslebens überwiegend aus systematischen Gründen Anwendung finden können. 13

---

25 *Rasner*, in: Rowedder/Schmidt-Leithoff, GmbHG, § 69 Rn. 9.

26 *K. Schmidt*, in: Scholz, GmbHG, § 69 Rn. 28; *Kleindiek*, in: Lutter/Hommelhoff, GmbHG, § 69 Rn. 7. Siehe näher unter § 72 Rdn. 10.

27 *K. Schmidt*, in: Scholz, GmbHG, § 69 Rn. 28; *Haas*, in: Baumbach/Hueck, GmbHG, § 69 Rn. 6; *Rasner*, in: Rowedder/Schmidt-Leithoff, GmbHG, § 69 Rn. 9.

28 Zum Verhältnis von § 30 und § 73 auch unter § 73 Rdn. 7. Siehe auch unter § 71 Rdn. 17 und § 72 Rdn. 10.

29 *K. Schmidt*, in: Scholz, GmbHG, § 69 Rn. 29; *Kleindiek*, in: Lutter/Hommelhoff, GmbHG, § 69 Rn. 8

30 *K. Schmidt*, in: Scholz, GmbHG, § 69 Rn. 29; *Haas*, in: Baumbach/Hueck, GmbHG, § 69 Rn. 7.

31 *K. Schmidt*, in: Scholz, GmbHG, § 69 Rn. 31; *Kleindiek*, in: Lutter/Hommelhoff, GmbHG, § 69 Rn. 9; *Haas*, in: Baumbach/Hueck, GmbHG, § 69 Rn.9; *Rasner*, in: Rowedder/Schmidt-Leithoff, GmbHG, § 69 Rn. 10.

32 *K. Schmidt*, in: Scholz, GmbHG, § 69 Rn. 29; *Rasner*, in: Rowedder/Schmidt-Leithoff, GmbHG, § 69 Rn. 10. Zur analogen Anwendung des § 31 bei Verstößen gegen § 73 siehe unter § 73 Rdn. 20.

1. Vertretung und Geschäftsführung

14 Im Grundsatz regelt der fünfte Abschnitt die Vertretung und Geschäftsführung durch die Liquidatoren eigenständig.

15 a) **Unanwendbare Vorschriften.** § 35 wird durch die spezielleren §§ 68, 70 verdrängt, §§ 38, 39 werden durch §§ 66 Abs. 3, 67 ausgeschlossen. Da die Regelungen zur Vertretung und Geschäftsführung im fünften Abschnitt jedoch unvollständig sind, müssen ergänzend einzelne Grundsätze, die für die Geschäftsführer gelten, herangezogen werden. Hier ist an die Grundsätze zur Passivvertretung und die Anwendung des § 35 Abs. 2 S. 2 zu erinnern.[33] Ist kein Liquidator vorhanden, wird die Gesellschaft durch die Gesellschafter passiv vetreten, so dass auch § 35 Abs. 1 S. 2 Anwendung findet. Überdies muss auch § 35 Abs. 3 für den Liquidator gelten.[34] Außerdem kann das Recht der Gesellschafter zur Abberufung der Liquidatoren in der Satzung in Entsprechung zu § 38 Abs. 2 beschränkt werden.[35]

16 b) **Durch Verweisung anwendbar.** Außerdem erklärt § 71 Abs. 4 die Rechte und Pflichten der Geschäftsführer aus §§ 37, 41, 43 (mit Ausnahme des Abs. 3) für anwendbar. Daher gilt weiterhin nach § 37, dass die Satzung die Vertretungsmacht (nur) mit Wirkung für das Innenverhältnis beschränken kann. Auch können die Gesellschafter im Beschlusswege Anweisungen erteilen.[36] Außerdem gelten die in § 43 geregelten Pflichtbindungen auch für die Liquidatoren. Abs. 3 wird durch § 73 Abs. 3 für anwendbar erklärt. Seine Fortgeltung ergibt sich im Übrigen schon daraus, dass die Kapitalerhaltungsgrundsätze in der Liquidation fortgelten.[37] Nach §§ 41, 71 Abs. 4 sind die Liquidatoren zur Buchführung verpflichtet. Daneben gelten auch §§ 42, 42a.[38] Die Rechnungslegungspflichten werden im Einzelnen unter § 71 erörtert. Schließlich gilt § 35a über § 71 Abs. 5 in modifizierter Form.

17 c) **Konzeptionell anwendbar.** Weitere Bestimmungen sind nicht über eine Verweisung, sondern deshalb anwendbar, weil sie weder durch besondere Vorschriften im fünften Abschnitt verdrängt werden, noch dem Wesen der Liquidation entgegen stehen. Daher gilt § 40 fort. Die Liquidatoren sind verpflichtet, bei einer Veränderung des Gesellschafterkreises eine Gesellschafterliste einzureichen.[39] § 43a kommt bei Krediten an Liquidatoren und andere in der Bestimmung genannte Personen (mit

---

33 Siehe unter § 68 Rdn. 7.

34 Zum Vorstehenden *K. Schmidt*, in: Scholz, GmbHG, § 69 Rn. 33.

35 *Haas*, in: Baumbach/Hueck, GmbHG, § 69 Rn. 14. Zur Abberufung der Liquidatoren im Einzelnen unter § 66 Rdn. 17–23.

36 *Haas*, in: Baumbach/Hueck, GmbHG, § 69 Rn. 13.

37 *Haas*, in: Baumbach/Hueck, GmbHG, § 69 Rn. 17. I.E. auch *K. Schmidt*, in: Scholz, GmbHG, § 69 Rn. 36.

38 *Rasner*, in: Rowedder/Schmidt-Leithoff, GmbHG, § 69 Rn. 13.

39 *K. Schmidt*, in: Scholz, GmbHG, § 69 Rn. 34.

Ausnahme der nicht mehr vorhandenen Geschäftsführer) zur Anwendung.[40] § 44 gilt fort und gestattet die Bestellung stellvertretender Liquidatoren.[41] Zur Geltung des § 39 Abs. 1 siehe unter § 67 Rdn. 13.

2. Sonstige Bestimmungen

18 Die sonstigen Bestimmungen des dritten Abschnitts betreffen die Rechte der Gesellschafter und die Organisation der Gesellschafterversammlung.

19 a) **Kompetenzen der Gesellschafter.** § 46 gilt im Grundsatz fort, zumeist jedoch mit Einschränkungen: Nr. 1 wird von § 71 Abs. 2 S. 1 verdrängt, soweit es um die Feststellung des Jahresabschlusses geht. Gewinnverwendungsbeschlüsse können gefasst werden, führen jedoch nicht zu einer Ausschüttung. Vielmehr werden ausgewiesene Gewinne nur als Rechnungsposten geführt und können bei der abschließenden Verteilung des Gesellschaftsvermögens berücksichtigt werden.[42] Nr. 1a und 1b gelten fort, haben aber ohnehin einen sehr eingeschränkten Anwendungsbereich. Nr. 2 ist ausgeschlossen, da die Einlagen durch die Liquidatoren eingefordert werden können.[43] Hierfür gelten die gerade unter Rdn. 10 dargestellten Grundsätze. Bei Nr. 3, 4 ist § 73 zu beachten.[44] Nr. 5 wird durch § 66 verdrängt, soweit es um die Bestellung und Abberuf der Liquidatoren geht (siehe dort), findet aber auf die Entlastung Anwendung.[45] Nr. 6 ist anwendbar, da die Liquidatoren ebenfalls wie die Geschäftsführer von den Gesellschaftern kontrolliert werden.[46] Prokuristen und Handlungsbevollmächtigte können zur Abwicklung der Gesellschaft bestellt werden, so dass auch Nr. 7 gilt. Nr. 8 betrifft die Ansprüche der Gesellschaft gegen ihre Vertreter und gilt ebenfalls in der Liquidation.[47] Außerdem kann der Gesellschaftsvertrag auch weiterhin Zuständigkeiten der Gesellschafter bestimmen, soweit dem nicht zwingendes Recht entgegen steht.[48] Gleiches gilt für die Allzuständigkeit der Gesellschafterversammlung, mit der diese nahezu jede Angelegenheit an sich ziehen und im Innenverhältnis bindend entscheiden kann. Über solche Weisungen kann die Gesellschafterversammlung trotz des Ausschlusses von Nr. 2 auch Einfluss auf die u

---

40 *K. Schmidt*, in: Scholz, GmbHG, § 69 Rn. 36; *Rasner*, in: Rowedder/Schmidt-Leithoff, GmbHG, § 69 Rn. 13.

41 *K. Schmidt*, in: Scholz, GmbHG, § 69 Rn. 36; *Haas*, in: Baumbach/Hueck, GmbHG, § 69 Rn. 17; *Rasner*, in: Rowedder/Schmidt-Leithoff, GmbHG, § 69 Rn. 13.

42 *Rasner*, in: Rowedder/Schmidt-Leithoff, GmbHG, § 71 Rn. 20; *Nerlich*, in: Michalski, GmbHG, § 71 Rn. 18. Siehe auch unter § 71 Rdn. 17.

43 *K. Schmidt*, in: Scholz, GmbHG, § 69 Rn. 38.

44 *Rasner*, in: Rowedder/Schmidt-Leithoff, GmbHG, § 69 Rn. 14.

45 *K. Schmidt*, in: Scholz, GmbHG, § 69 Rn. 38; *Rasner*, in: Rowedder/Schmidt-Leithoff, GmbHG, § 69 Rn. 14.

46 BGH, NJW 2004, 365, 366; *K. Schmidt*, in: Scholz, GmbHG, § 69 Rn. 38.

47 *Haas*, in: Baumbach/Hueck, GmbHG, § 69 Rn. 19; *K. Schmidt*, in: Scholz, GmbHG, § 69 Rn. 38; *Rasner*, in: Rowedder/Schmidt-Leithoff, GmbHG, § 69 Rn. 14.

48 *K. Schmidt*, in: Scholz, GmbHG, § 69 Rn. 38.

Einforderung von Einlagen nehmen,[49] wobei auch hier die für Liquidatoren geltenden Grundsätze (siehe Rdn. 10) Anwendung finden.

20 **b) Übrige Vorschriften.** § 45 über die Rechte der Gesellschafter gilt fort.[50] Bei der Ausübung ihrer Rechte müssen die Gesellschafter gleichwohl Beschränkungen hinnehmen, die sich aus der Ausrichtung der Gesellschaft auf die Liquidation ergeben (dazu auch sogleich unter Rdn. 25–27). §§ 47 bis 52 gelten allesamt.[51] Nach §§ 49 Abs. 1, 2, 71 Abs. 4 wird die Gesellschafterversammlung durch die Liquidatoren in den in Abs. 2 genannten Fällen einberufen. Demgegenüber findet § 49 Abs. 3 keine Anwendung, da sein Zweck, über Maßnahmen gewinnbringenderer Geschäftstätigkeit zu beraten, in der Liquidationsphase nicht erreicht werden kann.[52]

IV. Bestimmungen des vierten Abschnitts

21 Obwohl in § 69 nicht aufgeführt, sind auch die Vorschriften des 4. Abschnitts über Satzungsänderungen grundsätzlich anwendbar.[53] Dabei ist im Einzelfall zu prüfen, ob die jeweilige Satzungsänderung mit dem Wesen der Liquidation vereinbar ist. Entscheidend ist dafür ihre Vereinbarkeit mit den Interessen der Gläubiger und der dissentierenden (Minderheits-)Gesellschafter. Das gilt auch, soweit sie zwar vor der Auflösung beschlossen wurde, sich ihre Wirkung jedoch erst im Liquidationsstadium entfaltet.[54]

1. allgemeine Grundsätze

22 Satzungsänderungen sind auch im Liquidationsstadium grundsätzlich zulässig. Dabei ist im Einzelfall jedoch zu beachten, ob eine Gläubigerbenachteiligung zu befürchten ist oder die überstimmten Gesellschafter in ihrer Rechtsstellung beeinträchtigt werden. Wegen möglicher Gläubigerbenachteiligung (Erschwerung der Geltendmachung von Forderungen nach § 73) können Firmenänderung, Sitzverlegung und Änderung des Unternehmensgegenstandes unzulässig sein. Sprechen sachliche Gründe für derartige Maßnahmen, sind sie jedoch zulässig. Eine Firmenänderung ist daher möglich, wenn das Unternehmen zusammen mit der bisherigen Firma veräu-

---

49 *K. Schmidt*, in: Scholz, GmbHG, § 69 Rn. 38.

50 *K. Schmidt*, in: Scholz, GmbHG, § 69 Rn. 37; *Rasner*, in: Rowedder/Schmidt-Leithoff, GmbHG, § 69 Rn. 13.

51 *K. Schmidt*, in: Scholz, GmbHG, § 69 Rn. 37, 39 f.; *Rasner*, in: Rowedder/Schmidt-Leithoff, GmbHG, § 69 Rn. 15 f.;

52 Vgl. *Rasner*, in: Rowedder/Schmidt-Leithoff, GmbHG, § 69 Rn. 15; *Haas*, in: Baumbach/Hueck, GmbHG, § 69 Rn. 19; *K. Schmidt*, in: Scholz, GmbHG, § 69 Rn. 37.

53 BayObLG, NJW-RR 1987, 1175, 1177; OLG Frankfurt a.M., NJW 1974, 463; *K. Schmidt*, in: Scholz, GmbHG, § 69 Rn. 41; *Haas*, in: Baumbach/Hueck, GmbHG, § 69 Rn. 20; *Rasner*, in: Rowedder/Schmidt-Leithoff, GmbHG, § 69 Rn. 17; *Kleindiek*, in: Lutter/Hommelhoff, GmbHG, § 69 Rn. 13; *Nerlich*, in: Michalski, GmbHG, § 69 Rn. 54.

54 OLG Frankfurt a.M., NJW 1974, 463.

ßert wird.[55] Die Liquidatoren haben sicherzustellen, dass die Gläubiger ausreichend informiert werden, um Irreführungen zu vermeiden. Veränderungen des Unternehmensgegenstandes sind in Verbindung mit einem Wiedereintritt in das werbende Stadium denkbar,[56] allerdings stellen sich hier Fragen des Minderheitsschutzes, die im Wege einer Abwägung zu lösen sind. Nur sofern die sachlichen Gründe im Interesse der (fortgesetzten) Gesellschaft die Nachteile für die dissentierende Minderheit überwiegen, ist die Satzungsänderung zulässig.[57]

2. Beeinträchtigungen bei Kapitalmaßnahmen

23 Kapitalmaßnahmen sind der wohl relevanteste und zugleich problematischste Fall einer Satzungsänderung im Liquidationsstadium. Beeinträchtigungen der Gläubiger sind durch effektive Kapitalherabsetzungen denkbar. Ein damit verbundener Kapitalabfluss ist mit dem Wesen der Liquidation regelmäßig unvereinbar, es sei denn, es bestehen ausnahmsweise sachliche Gründe im Gesellschaftsinteresse, insbesondere zur Vorbereitung einer Wiederaufnahme der werbenden Tätigkeit.[58] Selbst dann gilt jedoch § 73, dessen Ausschüttungsverbot auch durch sachliche Gründe im Gesellschaftsinteresse nicht überwunden werden kann.[59] Aus Sicht der Minderheitsgesellschafter sind Kapitalerhöhungsbeschlüsse relevant. Sie sind entgegen h.M. nur dann rechtmäßig, wenn sachliche Interessen der beschlusstragenden Mehrheit bestehen und sich gegen die Interessen der widersprechenden Minderheit durchsetzen (Abwägungslösung).[60] Sind sie zur Gläubigerbefriedigung oder Durchführung von Beendi-

---

55 I.E. auch *Haas*, in: Baumbach/Hueck, GmbHG, § 69 Rn. 23; *Rasner*, in: Rowedder/Schmidt-Leithoff, GmbHG, § 69 Rn. 18. Genereller BayObLG, NJW-RR 1996, 417; *Nerlich*, in: Michalski, GmbHG, § 69 Rn. 56.

56 *K. Schmidt*, in: Scholz, GmbHG, § 69 Rn. 41; *Haas*, in: Baumbach/Hueck, GmbHG, § 69 Rn. 23.

57 Allgemein zur Abwägungslösung *Hofmann*, Der Minderheitsschutz im Gesellschaftsrecht, 2011, S. 137–140.

58 *Haas*, in: Baumbach/Hueck, GmbHG, § 69 Rn. 22. Siehe zu einer anderen Konstellation OLG Frankfurt a.M., NJW 1974, 463, 464: Abwicklungsgesellschaft kann ein schutzwürdiges Interesse daran haben, durch eine Kapitalherabsetzung auch eine geringere Steuerbelastung zu erreichen.

59 In diesem Sinne OLG Frankfurt a.M., NJW 1974, 463, 464; *Haas*, in: Baumbach/Hueck, GmbHG, § 69 Rn. 22; i.E. auch *Rasner*, in: Rowedder/Schmidt-Leithoff, GmbHG, § 69 Rn. 18; *K. Schmidt*, in: Scholz, GmbHG, § 69 Rn. 42; *Altmeppen*, in: Roth/Altmeppen, GmbHG, § 69 Rn. 11; *Nerlich*, in: Michalski, GmbHG, § 69 Rn. 58.

60 Gegen diesen Ansatz die wohl h.M., die Kapitalerhöhungen für generell zulässig erklärt, siehe *Rasner*, in: Rowedder/Schmidt-Leithoff, GmbHG, § 69 Rn. 18; tendenziell auch *Haas*, in: Baumbach/Hueck, GmbHG, § 69 Rn. 21. Nach *K. Schmidt*, in: Scholz, GmbHG, § 69 Rn. 42, sind sie anfechtbar, wenn ein treuwidriger Zweck verfolgt wird.

gungsmaßnahmen erforderlich, setzen sie sich gegen die Minderheitsinteressen (regelmäßig) durch.[61] Im Übrigen fehlt ihnen die Rechtfertigung.

V. Bestimmungen des sechsten Abschnitts

24 Die Bestimmungen des sechsten Abschnitts sind insoweit anwendbar, als sie auf den Liquidator oder Gesellschafter Bezug nehmen.[62]

VI. Fortgeltung der Pflichtbindungen der Gesellschafter

1. Fortbestand der Treuepflicht und des Gleichbehandlungsgrundsatzes

25 Die für die GmbH allgemein anerkannte Treuepflicht gilt auch im Liquidationsstadium fort.[63] Weiterhin sind die Gesellschafter sich gegenseitig sowie auch der Gesellschaft gegenüber verpflichtet, bei der Wahrnehmung ihrer Rechte auf die Interessen der Mitgesellschafter und der Gesellschaft Rücksicht zu nehmen. Den Bezugspunkt zur Bestimmung von Inhalt und Reichweite der Treuerpflicht bildet weiterhin das am Gesellschaftszweck ausgerichtete Gesellschaftsinteresse, wobei zu beachten ist, dass der Zweck nunmehr in der Abwicklung der Gesellschaft besteht. Die Treuepflicht ist daher vor allem darauf gerichtet, die Abwicklung der Gesellschaft zu fördern.[64] Außerdem gilt der allgemeine Gleichbehandlungsgrundsatz fort.[65]

26 a) **Verstöße.** Verstöße können vor allem darin bestehen, dass ein Gesellschafter versucht, sich das Gesellschaftsvermögen unter Benachteiligung der Mitgesellschafter unter Wert anzueignen. Diese Frage stellt sich hauptsächlich bereits für den Auflösungsbeschluss (und wurde dort erörtert, siehe § 60 Rdn. 20–25). Sie kann aber auch im Auflösungsstadium relevant werden, wenn ein entsprechener Beschluss erst dann gefasst und eine entsprechende Vermögensaneignung betrieben wird. Da den Gesellschaftern ein in der Mitgliedschaft wurzelnder Anspruch auf ihre anteilsmäßige Beteiligung am verteilungsfähigen Liquidationserlös zusteht, stellt ein solches Vorgehen einen Eingriff in ihre Mitgliedschaft dar, gegen den sie sich zur Wehr setzen können sei es durch Beschlussanfechtung (zu den Kriterien § 60 Rdn. 20–25) oder im Wege eine Unterlassungs- oder Schadensersatzklage.[66] Da unter den Gesellschaf-

---

61 BayObLG, NJW-RR 1996, 417. I.E. auch *Kleindiek*, in: Lutter/Hommelhoff, GmbHG, § 69 Rn. 13; *Altmeppen*, in: Roth/Altmeppen, GmbHG, § 69 Rn. 10; *Nerlich*, in: Michalski, GmbHG, § 69 Rn. 57. Allgemein für die Zulässigkeit einer bei Eintritt des Auflösungsgrundes bereits beschlossenen und ins Handelsregister eingetragenen bedingten Kapitalerhöhung bei der AG BGH, NJW 1957, 1279 f.

62 *Haas*, in: Baumbach/Hueck, GmbHG, § 69 Rn. 24.

63 *Kleindiek*, in: Lutter/Hommelhoff, GmbHG, § 69 Rn. 2; *Haas*, in: Baumbach/Hueck, GmbHG, § 69 Rn. 3; *Altmeppen*, in: Roth/Altmeppen, GmbHG, § 69 Rn. 13; *Nerlich*, in: Michalski, GmbHG, § 69 Rn. 6.

64 *Rasner*, in: Rowedder/Schmidt-Leithoff, GmbHG, § 69 Rn. 22.

65 *Kleindiek*, in: Lutter/Hommelhoff, GmbHG, § 69 Rn. 5.

66 I.E. so auch *Rasner*, in: Rowedder/Schmidt-Leithoff, GmbHG, § 69 Rn. 22.

tern eine Sonderbeziehung existiert, zu deren Pflichteninhalt das Verbot gehört, sich unter Benachteiligung der Mitgesellschafter am Gesellschaftsvermögen zu bereichern, kann dieser Anspruch nicht nur auf Deliktsrecht, sondern auch auf § 280 Abs. 1 BGB gestützt werden.[67] Außerdem sind die Gesellschafter aus der Treuepflicht angehalten, die Abwicklung nicht zu behindern.[68]

27 b) **Ausschluss aus wichtigem Grund.** Auch die Verpflichtung des Geselschafters, bei wichtigem Grund zu weichen, besteht in der Liqidationsphase grundsätzlich fort. Der wichtige Grund kann nunmehr jeoch nur noch darin bestehen, dass ein Verbleib des Gesellschafters der Durchführung der Liquidation entgegen steht.[69] Die daran zu stellenden Anforderungen sind geringer als in der werbenden Gesellschaft, da die Mitgliedschaft ohnehin beendet wird und nur sicherzustellen ist, dass der Gesellschafter zum Liquidationswert abgefunden wird.

D. Gerichtsstand der Gesellschaft, Abs. 2

28 Nach § 17 Abs. 1 S. 1 ZPO bestimmt sich der allgemeine Gerichtsstand einer GmbH nach ihrem Sitz. § 69 Abs. 2 stellt klar, dass sich daran im Liquidationsstadium nichts ändert. Der Sitz der Gesellschaft ist nach § 4a stets der im Gesellschaftsvertrag bestimmte Ort.[70] Durch die Änderungen durch das MoMiG hat § 69 Abs. 2 seine vormals in Verbindung mit § 17 Abs. 1 S. 2 ZPO bestehende Bedeutung verloren: Da es vormals auf den Verwaltungssitz der Gesellschaft ankam, blieb der zum Zeitpunkt der Auflösung bestehende allgemeine Gerichtsstand am Sitz der Verwaltung bestehen, auch wenn sich der Ort der Verwaltung infolge der Abwicklung nicht mehr feststellen ließ.[71] Weiterhin von Bedeutung ist demgegenüber: Wird der Sitz im Abwicklungsstadium verlegt, entsteht hierdurch ein zusätzlicher Gerichtsstand am neuen Satzungssitz.[72] Gläubiger können die Gesellschaft jedoch weiterhin am alten Gerichtsstand verklagen.[73]

---

67 Ausführlich begründet bei *Hofmann*, Der Minderheitsschutz im Gesellschaftsrecht, 2011, § 7.

68 *K. Schmidt*, in: Scholz, GmbHG, § 69 Rn. 8; *Rasner*, in: Rowedder/Schmidt-Leithoff, GmbHG, § 69 Rn. 22. Für Personengesellschaften OLG Düsseldorf, MDR 1976, 665, 666.

69 OLG Frankfurt a.M., NZG 2002, 1022, 1023.

70 *Altmeppen*, in: Roth/Altmeppen, GmbHG, § 69 Rn. 17.

71 Dazu *Haas*, in: Baumbach/Hueck, GmbHG, § 69 Rn. 25; *Altmeppen*, in: Roth/Altmeppen, GmbHG, § 69 Rn. 17.

72 Vgl. *K. Schmidt*, in: Scholz, GmbHG, § 69 Rn. 44; *Haas*, in: Baumbach/Hueck, GmbHG, § 69 Rn. 25; *Nerlich*, in: Michalski, GmbHG, § 69 Rn. 62.

73 Vgl. *K. Schmidt*, in: Scholz, GmbHG, § 69 Rn. 44; *Haas*, in: Baumbach/Hueck, GmbHG, § 69 Rn. 25.

§ 70 Aufgaben der Liquidatoren

[1]Die Liquidatoren haben die laufenden Geschäfte zu beendigen, die Verpflichtungen der aufgelösten Gesellschaft zu erfüllen, die Forderungen derselben einzuziehen und das Vermögen der Gesellschaft in Geld umzusetzen; sie haben die Gesellschaft gerichtlich und außergerichtlich zu vertreten. [2]Zur Beendigung schwebender Geschäfte können die Liquidatoren auch neue Geschäfte eingehen.

Übersicht Rdn.

Schrifttum
Siehe Schrifttum zu § 67.

A. Überblick

1 Die Vorschrift regelt die Stellung der Liquidatoren als geschäftsführende und vertretungsberechtigte Organmitglieder der Gesellschaft. Sie erwähnt verschiedene Gruppen von Geschäften, die in den Pflichtenkreis der Liquidatoren fallen: Sie haben die laufenden Geschäfte der Gesellschaft zu beenden, ihre eingegangenen Verpflichtun-

gen zu erfüllen und ihre Forderungen einzuziehen. Neue Geschäfte sollen demgegenüber nach S. 2 nur eingegangen werden dürfen, soweit dies zur Beendigung schwebender Geschäfte notwendig ist. Außerdem ist das Vermögen der Gesellschaft zu veräußern und die Gesellschaft umfänglich zu vertreten. Diese Aufzählung ist zugleich nur exemplarisch. Die Liquidatoren rücken umfänglich in die Position der Geschäftsführer ein und sind nach §§ 71 Abs. 4, 43 Abs. 1 gebunden, sich bei ihrer Tätigkeit an der Sorgfalt auszurichten, die ein ordentlicher Geschäftsmann walten lässt.[1] Sie vertreten die Gesellschaft bei allen Rechtsgeschäften, auch bei solchen mit Gesellschaftern, sowie in Prozessen gegen Gesellschafter, insbesondere auch in Anfechtungsprozessen gegen den Auflösungsbeschluss.[2] Zu ihren Aufgaben gehört weiterhin, das Vermögen an die Gesellschafter zu verteilen, wenn die Voraussetzungen hierfür gegeben sind. Stellen sie fest, dass die Gesellschaft überschuldet ist, oder tritt im Laufe der Abwicklung ihre Zahlungsunfähigkeit ein, müssen die Liquidatoren nach §§ 11 Abs. 3, 15a Abs. 1 InsO binnen von drei Wochen Insolvenzantrag stellen (näher dazu unter § 64).[3] Sie üben außerdem für die Gesellschaft den Besitz aus (Organbesitz).[4]

B. Grundsätze von Vertretung und Geschäftsführung

I. Vertretungsmacht

2 Die Vertretungsmacht der Liquidatoren ist nach §§ 71 Abs. 4, 37 Abs. 2 unbeschränkbar und entspricht der Vertretungsmacht der Geschäftsführer. Allerdings ist die Zielrichtung unterschiedlich: Während die Geschäftsführer die Geschäfte der werbenden Gesellschaft leiten, übernehmen die Liquidatoren die Abwicklung der Gesellschaft.[5] Zugleich folgt daraus nicht etwa, dass die Vertretungsmacht im Außenverhältnis auf Abwicklungsmaßnahmen begrenzt ist.[6] Sie ist vielmehr ebenso wie die der Geschäftsführer unbeschränkt. Nur der Grundsatz des Missbrauchs der Vertretungsmacht bildet eine (von hohen Voraussetzungen abhängige) Schranke.[7]

1 *K. Schmidt*, in: Scholz, GmbHG, § 70 Rn. 6; *Altmeppen*, in: Roth/Altmeppen, GmbHG, § 70 Rn. 22.
2 BGHZ 36, 207; *K. Schmidt*, in: Scholz, GmbHG, § 70 Rn. 2.
3 *Haas*, in: Baumbach/Hueck, GmbHG, § 70 Rn. 3.
4 *K. Schmidt*, in: Scholz, GmbHG, § 70 Rn. 2.
5 *Rasner*, in: Rowedder/Schmidt-Leithoff, GmbHG, § 73 Rn. 3.
6 OLG Stuttgart, ZIP 1986, 647; LG Köln, DNotZ 1980, 422; *K. Schmidt*, in: Scholz, GmbHG, § 68 Rn. 2 und § 70 Rn. 3; *Altmeppen*, in: Roth/Altmeppen, GmbHG, § 68 Rn. 2; *Kleindiek*, in: Lutter/Hommelhoff, GmbHG, § 68 Rn. 5; *Ensthaler*, in: Ensthaler/Füller/Schmidt, GmbHG, § 68 Rn. 3; *Rasner*, in: Rowedder/Schmidt-Leithoff, GmbHG, § 70 Rn. 5.
7 Siehe dazu § 68 Rdn. 3.

II. Geschäftsführungsbefugnis

3 Davon ist die Geschäftsführungsbefugnis zu unterscheiden. Beschränkungen sind hier möglich, ihre Wirkung ist jedoch auf das Innenverhältnis beschränkt.[8] Die Beschränkungen können in der Satzung enthalten sein (zu den Voraussetzungen sogleich unter Rdn. 9). Außerdem unterliegen die Liquidatoren ebenso wie die Geschäftsführer den Weisungen der Gesellschafter (dazu unter Rdn. 5–8). Beides ergibt sich durch den Verweis in § 71 Abs. 4 auf § 37 Abs. 1.[9] Auch ohne explizite Vorgaben muss sich die Geschäftstätigkeit der Liquidatoren an dem Ziel ausrichten, die Vollbeendigung der Gesellschaft herbeizuführen. Daher muss sich die Geschäftstätigkeit der Liquidatoren generell am Maßstab einer wirtschaftlich sinnvollen Abwicklung ausrichten.[10] Nach § 71 Abs. 4 i.V.m. § 43 gilt dabei als Maßstab die Sorgfalt eines ordentlichen Geschäftsmannes. Entsprechend zur Tätigkeit der Geschäftsführer in der werdenden Phase steht den Liquidatoren ein an den Zielen der Liquidation ausgerichtetes Ermessen zu.[11]

1. Pflicht zur Geschäftsführung

4 Die Liquidatoren sind zur Geschäftsführung persönlich verpflichtet.[12] Sie können sich der Mithilfe von Prokuristen, Handlungsbevollmächtigten und Angestellten bedienen, diesen aber nicht die gesamte Geschäftstätigkeit überlassen.[13] Daher dürfen sie keine Generalvollmacht erteilen, da dies zu einer faktischen Liquidatorenbestellung unter Umgehung der Vorgaben des § 66 führen würde.[14] Die interne Zuständigkeit für die Bestellung von Prokuristen und Generalhandlungsbevollmächtigten richtet sich weiterhin nach § 46 Nr. 7. Ein fehlender Gesellschafterbeschluss berührt die Wirksamkeit der Bestellung im Außenverhältnis jedoch nicht.[15] Zum Zeitpunkt der Auflösung bestehende Prokuren und Handlungsvollmachten bleiben bestehen.[16]

---

8 *Nerlich*, in: Michalski, GmbHG, § 70 Rn. 2; *Rasner*, in: Rowedder/Schmidt-Leithoff, GmbHG, § 70 Rn. 5.

9 Siehe auch unter § 69 Rdn. 16.

10 *Nerlich*, in: Michalski, GmbHG, § 70 Rn. 2.

11 *Kleindiek*, in: Lutter/Hommelhoff, GmbHG, § 70 Rn. 6; *Nerlich*, in: Michalski, GmbHG, § 70 Rn. 17; *Altmeppen*, in: Roth/Altmeppen, GmbHG, § 70 Rn. 21.

12 *Rasner*, in: Rowedder/Schmidt-Leithoff, GmbHG, § 70 Rn. 2.

13 *K. Schmidt*, in: Scholz, GmbHG, § 70 Rn. 1; *Rasner*, in: Rowedder/Schmidt-Leithoff, GmbHG, § 73 Rn. 2.

14 *K. Schmidt*, in: Scholz, GmbHG, § 70 Rn. 1; *Nerlich*, in: Michalski, GmbHG, § 70 Rn. 4.

15 Für Bestellung durch Geschäftsführer BGHZ 112, 166, 168; für Liquidatoren *K. Schmidt*, in: Scholz, GmbHG, § 70 Rn. 1; *Rasner*, in: Rowedder/Schmidt-Leithoff, GmbHG, § 73 Rn. 2.

16 Siehe unter Vor §§ 60 ff. Rdn. 6. *Rasner*, in: Rowedder/Schmidt-Leithoff, GmbHG, § 73 Rn. 2.

2. Weisungen der Gesellschafter

Aus § 71 Abs. 4 i.V.m. § 37 Abs. 1 ergibt sich, dass die Geschäftsführer den Weisungen durch Gesellschafterbeschlüsse unterliegen. Diese können in Gestalt von Einzelweisungen oder eines Liquidationsplans erfolgen.[17] 5

a) **Voraussetzungen des Gesellschafterbeschlusses.** Dabei ist problematisch, dass diese Weisungen den Anspruch aller oder einzelner Gesellschafter auf das ihnen zustehende Restvermögen beeinträchtigen können. Für solche Beschlüsse wird daher ganz überwiegend Einstimmigkeit oder zumindest die Zustimmung betroffener Gesellschafter gefordert.[18] Das stimmt jedoch mit den allgemeinen Grundlagen der mitgliedschaftlichen Rechtsstellung nicht überein.[19] Jeder Gesellschafter muss sich gegen seinen Willen Beeinträchtigungen seiner Rechtsstellung gefallen lassen, wenn sie im Interesse der Gesellschaft gerechtfertigt sind. In der Liquidationsphase ist dieses kollektivierte Interesse stark gewandelt, es besteht aber weiterhin. Sofern die reibungslose Abwicklung der Gesellschaft es erfordert, muss ein Gesellschafter eine beeinträchtigende Maßnahme hinnehmen, sofern sie auch bei Abwägung mit seinen Interessen nicht als unverhältnismäßig erscheint. 6

b) **Anwendungsfälle.** Diese Grundsätze gelten auch für die Beitreibung der Ansprüche der Gesellschafter. Die Liquidatoren dürfen nur von der Beitreibung der Gesellschaftsforderungen absehen, wenn sie hierzu durch Gesellschafterbeschluss angewiesen werden. Fälle, in denen ein Schuldenerlass im Abwicklungsinteresse der Gesellschaft unumgänglich erscheint, sind kaum denkbar. Daher setzen sich die Interessen einer dissentierenden Minderheit, die gegen den Beschluss stimmt, durch. Regelmäßig wird somit ein einstimmiger Beschluss der Gesellschafter notwendig sein, wie er ohnehin von der überwiegenden Ansicht gefordert wird. Häufiger werden sich Weisungen auf die Art der Verwertung des Gesellschaftsvermögens beziehen, etwa die Frage betreffen, ob das geführte Unternehmen als Ganzes veräußert oder zerschlagen werden soll.[20] Hier vermögen die allgemeinen Grundsätze zu tragfähigen Ergebnissen zu führen. Ein sachlich gerechtfertigter Mehrheitsbeschluss vermag sich gegen die widersprechende Minderheit durchzusetzen. 7

c) **Bindung der Liquidatoren und Grenzen.** Grundsätzlich sind die Liquidatoren an Weisungen gebunden. Das gilt nicht, soweit die Weisung zu einem pflichtwidrigen Handeln anhält. Darunter fallen jedenfalls gesetzeswidrige Weisungen, etwa des 8

17 *K. Schmidt*, in: Scholz, GmbHG, § 70 Rn. 5.

18 Einstimmigkeit nach *Nerlich*, in: Michalski, GmbHG, § 70 Rn. 8; *Ensthaler*, in: Ensthaler/Füller/Schmidt, GmbHG, § 70 Rn. 7; Zustimmung betroffener Gesellschafter nach *K. Schmidt*, in: Scholz, GmbHG, § 70 Rn. 6; *Haas*, in: Baumbach/Hueck, GmbHG, § 70 Rn. 12.

19 Zu diesen *Hofmann*, Der Minderheitsschutz im Gesellschaftsrecht, 2011, § 3 D.

20 *Rasner*, in: Rowedder/Schmidt-Leithoff, GmbHG, § 73 Rn. 3.

Inhalts, die Insolvenzantragspflicht zu missachten.[21] Daneben sind Weisungen erfasst, die zu einer Beeinträchtigung der Gläubigerinteressen führen[22] oder die Minderheit in ihrer Rechtsstellung verletzen.[23] Von einer solchen Verletzung ist insbesondere bei Verstößen gegen den Gleichbehandlungsgrundsatz und bei Beeinträchtigungen der Rechtsstellung, die nicht durch die Liquidationsinteressen gerechtfertigt sind, auszugehen.[24]

3. Satzungsvorgaben

9 Beschränkungen können auch in Satzungsbestimmungen enthalten sein. Dabei ist es eine Frage des Einzelfalls, ob sich Beschränkungen für Geschäftsführer auch auf die Liquidatoren beziehen sollen. Davon kann nicht ohne Weiteres ausgegangen werden, da sich die Geschäftsführung in der Liquidationsphase grundlegend von der in der werbenden Phase unterscheidet.[25] Gleiches gilt für Gesellschafterbeschlüsse, mit denen Weisungen an die Geschäftsführer ausgesprochen wurden.[26] Damit entsteht ein Gleichlauf zur Vertretung, für die in weitem Umfang der Grundsatz der Diskontinuität gilt (siehe § 68 Rdn. 12–14).

4. Herbeiführung von Gesellschafterbeschlüssen

10 Für einzelne Maßnahmen kann es notwendig bzw. zur Vermeidung von Schadensersatzansprüchen sinnvoll sein, eine Entscheidung der Gesellschafter herbeizuführen. Hierzu können die Liquidatoren nach §§ 71 Abs. 1, 49 Abs. 1, 2 eine Gesellschafterversammlung einberufen.[27]

C. Abwicklung der Geschäfte der Gesellschaft

11 Die zunächst wichtigste Aufgabe der Liquidatoren besteht darin, die bestehenden Geschäfte der Gesellschaft abzuwickeln. Darunter sind solche Geschäfte zu verstehen, die in der werbenden Phase begründet wurden und nunmehr der Ausrichtung auf die Vollbeendigung entsprechend beendet werden.

---

21 *K. Schmidt*, in: Scholz, GmbHG, § 70 Rn. 5; *Nerlich*, in: Michalski, GmbHG, § 70 Rn. 9; *Rasner*, in: Rowedder/Schmidt-Leithoff, GmbHG, § 73 Rn. 3.

22 *K. Schmidt*, in: Scholz, GmbHG, § 70 Rn. 5; *Haas*, in: Baumbach/Hueck, GmbHG, § 70 Rn. 12. Vgl. *Altmeppen*, in: Roth/Altmeppen, GmbHG, § 70 Rn. 5.

23 *Altmeppen*, in: Roth/Altmeppen, GmbHG, § 70 Rn. 10.

24 Zur Eingriffsdogmatik durch Maßnahmen der Geschäftsleitung *Hofmann*, Der Minderheitsschutz im Gesellschaftsrecht, 2011, S. 253–263.

25 *Haas*, in: Baumbach/Hueck, GmbHG, § 70 Rn. 12; *Nerlich*, in: Michalski, GmbHG, § 70 Rn. 7.

26 *Nerlich*, in: Michalski, GmbHG, § 70 Rn. 8.

27 *Haas*, in: Baumbach/Hueck, GmbHG, § 70 Rn. 14; *Nerlich*, in: Michalski, GmbHG, § 70 Rn. 13.

I. Begleichung von Verbindlichkeiten

12 Hierbei ist von wesentlicher Bedeutung, die bestehenden Verbindlichkeiten zu begleichen.

1. Gesellschafter als Gläubiger

13 Gesellschaftsgläubiger sind mit ihren drittbezogenen Forderungen gesellschaftsfremden Gläubigern gleichgestellt, wie sich aus der Systematik der §§ 72, 73 ergibt.[28] Daher brauchen sie solche Forderungen gegen die Gesellschaft nicht zurückzustellen. Demgegenüber werden gesellschaftsbezogene Forderungen nur nachrangig behandelt. Sie dürfen erst nach Ablauf des Sperrjahres und Befriedigung oder Besicherung bekannter Gläubigerforderungen erfüllt werden.[29] Gewinnziehungsansprüche sind wie Drittforderungen zu behandeln, wenn sie vor der Auflösung bereits entstanden waren, der Gewinnverwendungsbeschluss daher vor Auflösung gefasst wurde. Dann steht nur § 30 entgegen.[30] Nach Wegfall der §§ 32a, 32b sind Darlehensgeschäfte mit den Gesellschaftern nunmehr als Drittgeschäfte zu behandeln.[31] Etwas anderes gilt, wenn sie mit einem vereinbarten Rangrücktritt versehen sind. Dann gehen sie den Forderungen der übrigen Gläubiger nach und dürfen erst nach Ablauf des Sperrjahres nach § 73 befriedigt werden.[32] Der Liquidator darf auch eine ihm selbst zustehende Forderung erfüllen, da es sich um die Erfüllung einer Verbindlichkeit im Sinne von § 181 BGB handelt.[33]

2. Verteilungsgerechtigkeit im Liquidationsverfahren

14 Bei der Erfüllung der Verbindlichkeiten der Gesellschaft sind die Liquidatoren im Ansatz an keine Vorgaben gebunden, sondern können Zweckmäßigkeitserwägungen walten lassen. Dieser Grundsatz erfährt Einschränkungen, wenn sich die Gesellschaft in Zahlungsschwierigkeiten befindet und eine Erfüllung aller Verbindlichkeiten ausscheidet.

---

28 BGHZ 53, 71, 74; *K. Schmidt*, in: Scholz, GmbHG, § 70 Rn. 8; *Rasner*, in: Rowedder/Schmidt-Leithoff, GmbHG, § 70 Rn. 10.

29 BGH, NJW 1985, 1898; *Ensthaler*, in: Ensthaler/Füller/Schmidt, GmbHG, § 70 Rn. 5; *Nerlich*, in: Michalski, GmbHG, § 70 Rn. 21; *Altmeppen*, in: Roth/Altmeppen, GmbHG, § 70 Rn. 18; *Rasner*, in: Rowedder/Schmidt-Leithoff, GmbHG, § 70 Rn. 10. Wohl auch *Kleindiek*, in: Lutter/Hommelhoff, GmbHG, § 70 Rn. 9. Siehe auch unter § 72 Rdn. 10.

30 *Altmeppen*, in: Roth/Altmeppen, GmbHG, § 70 Rn. 19; *Rasner*, in: Rowedder/Schmidt-Leithoff, GmbHG, § 70 Rn. 10.

31 *K. Schmidt*, in: Scholz, GmbHG, § 70 Rn. 9; *Kleindiek*, in: Lutter/Hommelhoff, GmbHG, § 70 Rn. 10 f.; *Nerlich*, in: Michalski, GmbHG, § 70 Rn. 20; *Altmeppen*, in: Roth/Altmeppen, GmbHG, § 70 Rn. 21; a.A. *Ensthaler*, in: Ensthaler/Füller/Schmidt, GmbHG, § 70 Rn. 5.

32 *Haas*, in: Baumbach/Hueck, GmbHG, § 70 Rn. 6.

33 *K. Schmidt*, in: Scholz, GmbHG, § 70 Rn. 8; *Haas*, in: Baumbach/Hueck, GmbHG, § 70 Rn. 5; *Nerlich*, in: Michalski, GmbHG, § 70 Rn. 22; *Altmeppen*, in: Roth/Altmeppen, GmbHG, § 70 Rn. 16.

15 **a) Gleichbehandlung der Gesellschafter.** Eine Ungleichbehandlung unter den Gesellschaftern ist mit den innergesellschaftlichen Pflichtbindungen unvereinbar, die auch in der Liquidationsphase gelten (siehe § 69 Rdn. 25). Reicht das Gesellschaftsvermögen zur Begleichung sämtlicher Verbindlichkeiten nicht aus, dürfen einzelne Gesellschafter nicht zum Nachteil der Mitgesellschafter bevorzugt werden.[34] In einem solchen Fall hat jeder Gesellschafter vielmehr nur Anspruch auf anteilige Befriedigung.[35] Danach richtet sich auch die Behandlung ausstehender Einlageverpflichtungen. Diese müssen eingezogen werden, soweit sie zur Befriedigung der Gläubigerforderungen anderer Gesellschafter benötigt werden.[36]

16 **b) Gleichbehandlung der Gläubiger.** Auch die Befriedigung sonstiger Gläubiger steht nicht im freien Ermessen der Liquidatoren. Zwar existiert außerhalb des Insolvenzverfahrens kein allgemeiner Grundsatz, der eine Gläubigergleichbehandlung gebietet;[37] zugleich sind auch dem Zivilrecht Ansätze einer Verteilungsgerechtigkeit bei Erfüllungsschwierigkeiten nicht gänzlich fremd. Die Gläubiger einer Gattungsschuld bilden eine »Interessen»- oder »Gefahrengemeinschaft«, die eine anteilige Befriedigung ihrer Forderungen gebietet.[38] Damit stimmt es überein, dass auch außerhalb des Insolvenzverfahrens eine anteilge Befriedigung der Gläubiger gefordert wird. Dies gilt jedenfalls, wenn die Eröffnung des Insolvenzverfahrens mangels Masse abgelehnt wird, und wird daraus abgeleitet, dass auch in diesen Fällen die insolvenzrechtlichen Grundsätze gelten.[39] Gleiches wird zu Recht gefordert, wenn Grund zur Annahme besteht, dass nicht alle Gläubiger volle Befriedigung werden erlangen können.[40] Bei alledem sollte beachtet werden, dass die Liqiuidatoren in erster Linie dem Wohl der aufgelösten Gesellschaft verpflichtet sind. Laufen die genannten Ansätze

---

34 BGHZ 53, 71, 74; *Nerlich*, in: Michalski, GmbHG, § 70 Rn. 23; *Ensthaler*, in: Ensthaler/Füller/Schmidt, GmbHG, § 70 Rn. 4; a.A. *Altmeppen*, in: Roth/Altmeppen, GmbHG, § 70 Rn. 17.

35 BGHZ 53, 71, 74.

36 BGHZ 53, 71, 74. Zu den Grundsätzen der Einforderung ausstehender Einlagen im Liquidationsverfahren siehe § 69 Rdn. 10. Zur Einziehung im Verteilungsverfahren unter § 72 Rdn. 17 f.

37 BGHZ 53, 71, 74; *K. Schmidt*, in: Scholz, GmbHG, § 70 Rn. 10; *Haas*, in: Baumbach/Hueck, GmbHG, § 70 Rn. 5; *Nerlich*, in: Michalski, GmbHG, § 70 Rn. 23; *Altmeppen*, in: Roth/Altmeppen, GmbHG, § 70 Rn. 14; *Rasner*, in: Rowedder/Schmidt-Leithoff, GmbHG, § 70 Rn. 11. Zur Verteilungsgerechtigkeit im Insolvenzverfahren *Paulus*, FS Medicus, 2009, S. 281, 289 ff.

38 Siehe grundlegend RGZ 84, 125, 128-130. Dazu *Paulus*, FS Medicus, 2009, S. 281, 288.

39 *K. Schmidt*, in: Scholz, GmbHG, § 73 Rn. 10; *Nerlich*, in: Michalski, GmbHG, § 73 Rn. 20; *Konzen*, FS Ulmer, 2003, S. 323, 346–348. A.A. *Altmeppen*, in: Roth/Altmeppen, GmbHG, § 70 Rn. 15.

40 *Nerlich*, in: Michalski, GmbHG, § 73 Rn. 19; *Rasner*, in: Rowedder/Schmidt-Leithoff, GmbHG, § 73 Rn. 11; *Kleindiek*, in: Lutter/Hommelhoff, GmbHG, § 73 Rn. 8; *K. Schmidt*, in: Scholz, GmbHG, § 73 Rn. 9. A.A. *Ensthaler*, in: Ensthaler/Füller/Schmidt, GmbHG, § 73 Rn. 8; *Rasner*, in: Rowedder/Schmidt-Leithoff, GmbHG, § 70 Rn. 11 (Möglichkeit, aber keine Pflicht).

einer Verteilungsgerechtigkeit der Zweckmäßigkeit der Liquidation und den Interessen der Gesellschaft entgegen, sind Abweichungen gerechtfertigt. Denkbar ist, dass einzelne Verbindlichkeiten trotz Zahlungsschwierigkeiten in voller Höhe erfüllt werden dürfen, da der Gesellschaft ansonsten Nachteile drohen, etwa weil sie auf noch nicht erbrachte Gegenleistungen angewiesen ist.

II. Einziehung von Forderungen

1. Verwertung der Ansprüche

17 Die Einziehung der Forderungen vergrößert ebenso wie die Versilberung des Unternehmensvermögens die Abwicklungsmasse und bereitet die Verteilung an die Gesellschafter vor. Der Begriff der »Einziehung« ist weit zu verstehen und schließt sämtliche Verwertungsmaßnahmen ein, soweit sie sich als ordnungsgemäße Geschäftsführung im Interesse an einer Vermehrung des Liquidationsvermögens erweisen. Daher können Forderungen auch verkauft oder aufgerechnet werden.[41]

2. Forderungen gegen Gesellschafter

18 Bei Ansprüchen gegen die Gesellschafter ist wiederum danach zu unterscheiden, ob es sich um Drittansprüche oder Ansprüche aus dem Gesellschaftsverhältnis handelt. Während Drittansprüche eingezogen werden müssen, weil nur dies einer ordentlichen Abwicklungstätigkeit entspricht, bestehen bei gesellschaftsbezogenen Ansprüchen Einschränkungen: Sie müssen eingefordert werden, wenn sie zur Gläubigerbefriedigung oder sonstigen Beendigung der Abwicklung erforderlich sind oder über den Liquidationsanteil des Gesellschafters hinausgehen.[42] Fehlt es daran, steht dem Gesellschafter ein Leistungsverweigerungsrecht zu.[43] Liegen die Voraussetzungen hingegen von, kann der Gesellschafter nicht etwa mit einem Anspruch auf den Liquidationserlös aufrechnen. Dieser besteht nur dem Grunde nach, seine Höhe ist erst bekannt, wenn die Verteilungsvoraussetzungen vorliegen. Erst dann tritt auch Fälligkeit ein.[44]

41 *Haas*, in: Baumbach/Hueck, GmbHG, § 70 Rn. 7; *Nerlich*, in: Michalski, GmbHG, § 70 Rn. 24.

42 Siehe dazu unter § 72 Rdn. 17 f.

43 Dazu auch unter § 69 Rdn. 10. I.E. so auch *Haas*, in: Baumbach/Hueck, GmbHG, § 70 Rn. 7; *Nerlich*, in: Michalski, GmbHG, § 70 Rn. 25; *Rasner*, in: Rowedder/Schmidt-Leithoff, GmbHG, § 70 Rn. 14. Siehe auch *Gehrlein*, DStR 1997, 31. Zur Beweislastverteilung RGZ 45, 153, 155.

44 *Rasner*, in: Rowedder/Schmidt-Leithoff, GmbHG, § 70 Rn. 14; *Nerlich*, in: Michalski, GmbHG, § 70 Rn. 25. Zum Anspruch auf den Verteilungserlös unter § 72 Rdn. 2.

III. Versilberung des Gesellschaftsvermögens

1. Grundsätze

19 Die Verwertung des Gesellschaftsvermögens dient der Schaffung und Vermehrung des verteilungsfähigen Vermögens, kann aber auch schon erforderlich sein, um überhaupt die Verbindlichkeiten der Gesellschaft begleichen zu können. Dem Interesse der Gesellschafter an einem hohen Verteilungserlös entspricht die Verpflichtung der Liquidatoren, sich um einen möglichst hohen Erlös für das Gesellschaftsvermögen zu bemühen.[45] Hier kommt der Weisungsgebundenheit der Liquidatoren besondere Bedeutung zu (siehe Rdn. 5–8). Die Verwertung erfolgt regelmäßig, jedoch nicht zwingend durch Veräußerung an Dritte. Soweit sich hierdurch ein gegenüber der Zerschlagung höherer Erlös erzielen lässt, ist vornehmlich das Unternehmen als Ganzes zusammen mit der Firma zu veräußern.[46] Gegenstände, die der Gesellschaft von den Gesellschaftern zur Nutzung überlassen wurden, werden nach § 732 BGB analog an diese zurückgegeben, nicht verwertet.[47]

2. Veräußerung an Gesellschafter

20 Bei einer Veräußerung des Gesellschaftsvermögens an die Gesellschafter besteht die Gefahr einer Benachteiligung der Gläubiger oder Mitgesellschafter. Beides ist pflichtwidrig. Daher muss der Liquidator sicherstellen, dass der Verkehrswert erzielt wird.[48] Was den Minderheitsschutz angeht, ist das alleine nicht ausreichend. Der Widerspruch eines Mitgesellschafters ist zwar unbeachtlich, wenn dieser keinen Vermögensnachteil erleidet und selbst zur Übernahme nicht bereit oder imstande ist.[49] Es kann jedoch einen Verstoß gegen den Gleichbehandlungsgrundsatz darstellen, wenn einzelne Vermögenswerte oder auch das ganze Vermögen auf einen Gesellschafter übertragen werden, obwohl auch andere Gesellschafter daran interessiert sind. Allerdings ist die Ungleichbehandlung sachlich gerechtfertigt, wenn ein Gesellschafter mehr bietet als die übrigen Gesellschafter und Dritte. Außerdem ist darauf zu achten, dass die Liquidation der Gesellschaft dem Mehrheitsgesellschafter nicht allein dazu dient, das Unternehmen unter Ausschluss der Minderheit weiterzuführen.[50]

---

45 *Rasner*, in: Rowedder/Schmidt-Leithoff, GmbHG, § 70 Rn. 15.

46 *K. Schmidt*, in: Scholz, GmbHG, § 70 Rn. 14; *Haas*, in: Baumbach/Hueck, GmbHG, § 70 Rn. 8; *Nerlich*, in: Michalski, GmbHG, § 70 Rn. 27. Damit geht eine Firmenänderung einher zu deren Zulässigkeit unter § 69 Rdn. 7.

47 *K. Schmidt*, in: Scholz, GmbHG, § 70 Rn. 13; *Haas*, in: Baumbach/Hueck, GmbHG, § 70 Rn. 8.

48 I.E. auch *K. Schmidt*, in: Scholz, GmbHG, § 70 Rn. 13; *Rasner*, in: Rowedder/Schmidt-Leithoff, GmbHG, § 70 Rn. 17.

49 Diese Fragen müssen insgesamt als wenig geklärt gelten. Ähnlich *K. Schmidt*, in: Scholz, GmbHG, § 70 Rn. 14; Für andere Kriterien *Nerlich*, in: Michalski, GmbHG, § 70 Rn. 26, 28; *Rasner*, in: Rowedder/Schmidt-Leithoff, GmbHG, § 70 Rn. 17. Zu beeinträchtigenden Bereicherungen einzelner Gesellschafter siehe auch *Hofmann*, Der Minderheitsschutz im Gesellschaftsrecht, 2011, § 7.

50 Dazu ausführlich unter § 60 Rdn. 22 f.

IV. Vermögensverwaltung

21 Da sich die Verwertung des Gesellschaftsvermögens hinziehen kann, entspricht es einer ordentlichen Geschäftsführung, dieses Vermögen zu verwalten. Grundstücke sind daher zu vermieten oder zu verpachten, Barvermögen ist anzulegen, gewerbliche Schutzrechte zu lizensieren, um nur einige Beispiele zu nennen. Auch hierbei müssen sich die Liquidatoren an dem Ziel orientieren, das Vermögen zugunsten eines hohen Verteilungsvolumens zu mehren.[51]

D. Eingehung neuer Geschäfte

22 Der Wortlaut von S. 2 beschränkt die Eingehung neuer Geschäft auf den Fall, dass schwebende Geschäfte unmittelbar beendet werden. Dies ist jedoch zu eng. Die den Liquidatoren obliegende Beendigung der laufenden Geschäfte meint die Beendigung der Geschäftstätigkeit insgesamt.[52] Daher werden alle Geschäfte, die zur Abwicklung sinnvoll sind, von der Geschäftsführungbefugnis umfasst.[53] Die Liquidatoren dürfen insoweit unternehmerisch tätig sein, wie es zur Abwicklung der Gesellschaft notwendig ist, etwa zur Vermeidung von Abwicklungsverlusten den Betrieb zeitlich begrenzt fortführen.[54] Damit geht es einher, dass sie nicht etwa zu einer möglichst schnellen Abwicklung verpflichtet sind. Eine vorzeitige Beendigung von Verträgen etwa geht regelmäßig mit einem Verlust einher, so dass sie einer ordnungsgemäßen Geschäftsführung gerade nicht entspricht.[55] Gleiches gilt für Kapitalanlagen. Eine schnelle Beendigung kann zu einem Ausstieg zur Unzeit führen und Verluste oder jedenfalls verlorene Gewinne nach sich ziehen. Die Grenze wird dadurch gezogen, dass ein Liquidator nicht faktisch die werbende Tätigkeit der Gesellschaft fortsetzen darf.[56] Hierzu soll er gleichwohl dann berechtigt sein, wenn eine Mehrheit von ¾ der

---

51 *Rasner*, in: Rowedder/Schmidt-Leithoff, GmbHG, § 70 Rn. 21. Vgl. auch *K. Schmidt*, in: Scholz, GmbHG, § 70 Rn. 15.

52 *K. Schmidt*, in: Scholz, GmbHG, § 70 Rn. 7 und 16; *Haas*, in: Baumbach/Hueck, GmbHG, § 70 Rn. 4; *Rasner*, in: Rowedder/Schmidt-Leithoff, GmbHG, § 70 Rn. 7.

53 Allg.M., siehe *Ensthaler*, in: Ensthaler/Füller/Schmidt, GmbHG, § 70 Rn. 10; *Altmeppen*, in: Roth/Altmeppen, GmbHG, § 70 Rn. 5; *Rasner*, in: Rowedder/Schmidt-Leithoff, GmbHG, § 70 Rn. 7.

54 *K. Schmidt*, in: Scholz, GmbHG, § 70 Rn. 7; *Haas*, in: Baumbach/Hueck, GmbHG, § 70 Rn. 4; *Nerlich*, in: Michalski, GmbHG, § 70 Rn. 12; *Rasner*, in: Rowedder/Schmidt-Leithoff, GmbHG, § 70 Rn. 8.

55 *Nerlich*, in: Michalski, GmbHG, § 70 Rn. 15.

56 Zum Vorstehenden siehe RGZ 72, 236, 240; OLG Karlsruhe, GmbHR 1960, 24, 25 (Erwerb von Grundstücken unter erheblicher Kreditaufnahme überschreitet Grenzen des S. 2); *K. Schmidt*, in: Scholz, GmbHG, § 70 Rn. 16; *Haas*, in: Baumbach/Hueck, GmbHG, § 70 Rn. 10; *Nerlich*, in: Michalski, GmbHG, § 70 Rn. 15; *Altmeppen*, in: Roth/Altmeppen, GmbHG, § 70 Rn. 5; *Rasner*, in: Rowedder/Schmidt-Leithoff, GmbHG, § 70 Rn. 8. Zu ähnlichen Erwägungen im Konkursverfahren siehe BGH, NJW 1980, 55 f.

Gesellschafter zustimmt.[57] Dem ist nicht beizutreten. Vielmehr wirft ein solcher Vorgang alle Fragen auf, die eine Fortsetzung der Gesellschaft mit sich bringt, und muss dementsprechend den dafür geltenden Voraussetzungen unterliegen (zu diesen unter § 60 Rdn. 61 ff.).[58] Auch sind stets die Kosten zu berücksichtigen. Soweit eine Verlängerung der Liquidationsphase mehr kostet als einbringt, kann es den Grundsätzen einer ordnungemäßen Geschäftsführung entsprechen, die Beendigung zu beschleunigen, etwa auch unter frühzeitiger Beendigung von Verträgen.[59]

E. Sonstige Aufgaben

23 Den Liquidatoren obliegt es auch, den Publizitätspflichten nachzukommen. Sie müssen nach § 67 die Auflösung zur Eintragung in das Handelsregister anmelden und nach § 65 Abs. 2 bekannt machen. Auch ihre eigene Eintragung als Liquidatoren der Gesellschaft sowie der Schluss der Liquidation nach § 74 Abs. 1 S. 1. sind anzumelden. Sie haben außerdem die Liquidationsbilanzen nach § 71 Abs. 1 aufzustellen. Weitere Pflichten bestehen darin, das Sperrjahr nach § 73 einzuhalten und schließlich das Vermögen an die Gesellschafter nach § 72 zu verteilen. Nach § 74 Abs. 2 haben sie dafür Sorge zu tragen, dass nach Beendigung der Liquidation die Bücher und Schriften der Gesellschaft sicher aufbewahrt werden.

F. Pflichtverletzungen und Haftung der Liquidatoren

24 Die Haftung der Liquidatoren gegenüber der Gesellschaft richtet sich nach §§ 71 Abs. 4, 43 und setzt voraus, dass sie ihre Pflichten verletzen.[60] Dies kommt insbesondere in Betracht, wenn sie ihre Tätikeit nicht darauf ausrichten, die Gesellschaft zu liquidieren.[61] Die Gesellschafter beschließen nach § 46 Nr. 8 darüber, Schadensersatzansprüche gegen die Liquidatoren geltend zu machen. Pflichtverletzungen können außerdem einen Grund zur außerordentlichen Kündigung des Dienstvertrages darstellen. Um sich gegen diese Folgen abzusichern, können die Liquidatoren im Vorfeld einer Maßnahme einen Gesellschafterbeschluss herbeiführen.[62]

57 *Nerlich*, in: Michalski, GmbHG, § 70 Rn. 16; *Rasner*, in: Rowedder/Schmidt-Leithoff, GmbHG, § 70 Rn. 9.

58 I.E. so auch *K. Schmidt*, in: Scholz, GmbHG, § 70 Rn. 16; vgl. auch *Altmeppen*, in: Roth/Altmeppen, GmbHG, § 70 Rn. 11.

59 Vgl. *Kleindiek*, in: Lutter/Hommelhoff, GmbHG, § 70 Rn. 6; *Haas*, in: Baumbach/Hueck, GmbHG, § 70 Rn. 4.

60 *K. Schmidt*, in: Scholz, GmbHG, § 70 Rn. 4; *Rasner*, in: Rowedder/Schmidt-Leithoff, GmbHG, § 70 Rn. 3; *Haas*, in: Baumbach/Hueck, GmbHG, § 69, Rn. 17.

61 *Nerlich*, in: Michalski, GmbHG, § 70 Rn. 13.

62 *K. Schmidt*, in: Scholz, GmbHG, § 70 Rn. 6; *Haas*, in: Baumbach/Hueck, GmbHG, § 70 Rn. 14; *Nerlich*, in: Michalski, GmbHG, § 70 Rn. 13.

§ 71 Eröffnungsbilanz; Rechte und Pflichten

(1) Die Liquidatoren haben für den Beginn der Liquidation eine Bilanz (Eröffnungsbilanz) und einen die Eröffnungsbilanz erläuternden Bericht sowie für den Schluss eines jeden Jahres einen Jahresabschluss und einen Lagebericht aufzustellen.

(2) [1]Die Gesellschafter beschließen über die Feststellung der Eröffnungsbilanz und des Jahresabschlusses sowie über die Entlastung der Liquidatoren. [2]Auf die Eröffnungsbilanz und den erläuternden Bericht sind die Vorschriften über den Jahresabschluss entsprechend anzuwenden. [3]Vermögensgegenstände des Anlagevermögens sind jedoch wie Umlaufvermögen zu bewerten, soweit ihre Veräußerung innerhalb eines übersehbaren Zeitraums beabsichtigt ist oder diese Vermögensgegenstände nicht mehr dem Geschäftsbetrieb dienen; dies gilt auch für den Jahresabschluss.

(3) [1]Das Gericht kann von der Prüfung des Jahresabschlusses und des Lageberichts durch einen Abschlussprüfer befreien, wenn die Verhältnisse der Gesellschaft so überschaubar sind, dass eine Prüfung im Interesse der Gläubiger und der Gesellschafter nicht geboten erscheint. [2]Gegen die Entscheidung ist die Beschwerde zulässig.

(4) Im übrigen haben sie die aus §§ 37, 41, 43 Abs. 1, 2 und 4, § 49 Abs. 1 und 2, § 64 sich ergebenden Rechte und Pflichten der Geschäftsführer.

(5) Auf den Geschäftsbriefen ist anzugeben, dass sich die Gesellschaft in Liquidation befindet; im Übrigen gilt § 35a entsprechend.

Übersicht **Rdn.**

Schrifttum
Siehe Schrifttum zu § 67.

A. Überblick

1 Die Vorschrift regelt eine Reihe von Pflichten der Liquidatoren. Dabei handelt es sich in erster Linie um die Vorgaben zur Rechnungslegung im Liquidationsstadium, die in den Abs. 1 bis 3 enthalten sind. Die Vorschrift entspricht insoweit sinngemäß § 270 AktG. Die Liquidatoren erstellen die Schlussbilanz der werbenden Gesellschaft, die Eröffnungsbilanz der Liquidationsgesellschaft und fortlaufend deren reguläre Jahresabschlüsse. Hinzu tritt die Liquidationsschlussbilanz sowie die im Einzelnen umstrittene Schlussrechnung. Abs. 4 verweist für die weiteren Pflichten der Liquidatoren auf die für Geschäftsführer geltenden Vorschriften. Die Bestimmung bringt damit zum Ausdruck, dass weder § 71 noch die §§ 68, 70 die Aufgaben, Pflichten und Kompetenzen der Liquidatoren umfassend regeln, sondern vielmehr ein Rückgriff auf die Bestimmungen zu den Geschäftsführern notwendig ist. Von dieser Verweisung ist § 43 Abs. 3 ausgenommen, da die Haftung der Liquidatoren für Verstöße gegen Kapitalerhaltungsvorschriften in § 73 Abs. 3 gesondert geregelt ist. Abs. 5 betrifft die Angaben auf Geschäftsbriefen. Diese müssen alle Angaben des § 35a enthalten und zusätzlich angegeben, dass sich die Gesellschaft in Liquidation befindet. Damit wiederholt die Bestimmung zum Teil schon die in § 68 Abs. 2 enthaltenen Vorgaben.

B. Grundsätze zur Rechnungslegungspflicht der Liquidatoren

I. Geltungsbereich

2 Die Rechnungslegungspflichten der Liquidatoren kommen zur Anwendung, wenn ein gesellschaftsrechtliches Liquidationsverfahren durchgeführt wird, daher nicht in

den Fällen der Amtslöschung und bei Durchführung eines Insolvenzverfahrens, da die Gesellschaft in der Insolvenz gerade nicht nach §§ 66 ff. abgewickelt wird.[1] Die Rechnungslegung im Insolvenzverfahren obliegt vielmehr dem Insolvenzverwalter.[2]

II. Zwingender Charakter und Haftung

3 Die Rechnungslegungspflichten sind zwingend. Eine Befreiung durch die Gesellschafter scheidet daher aus.[3] Bei Verstößen gegen die Rechnungslegungspflichten stehen der Gesellschaft wie allgemein bei Verstößen der Liquidatoren gegen die ihnen obliegenden Pflichten Ansprüche nach §§ 43 Abs. 2, 71 Abs. 4 zu.[4]

III. Grundsatz der Bilanzkontinuität

4 Für die Rechnungslegung in der Liquidation gelten nur einige Besonderheiten gegenüber der werbenden Phase. Vor allem Abs. 2 bringt zum Ausdruck, dass es in der Liquidation bei den allgemeinen Rechnungslegungsgrundsätzen bleibt und nur wenige Ausnahmen gelten.[5] Vor und nach Auflösung der Gesellschaft wird die Rechnungslegung daher vom Grundsatz der Kontinuität beherrscht.[6] Dies wird damit gerechtfertigt, dass die Bilanzierung dem Bereich der externen Rechnungslegung zuzurechnen sei, der auch nach der Auflösung überwiegend unberührt bleibe.[7]

1. Grundsatz der Unternehmensfortführung

5 Daher richten sich die Eröffnungsbilanz wie auch die folgenden Rechnungslegungen nach ganz herrschender Ansicht nach den allgemeinen Rechnungslegungsvorschriften, wie sie für die werbende Gesellschaft gelten. Es handelt sich daher nicht um Verteilungsbilanzen, sondern um die Rechnungslegung für eine zwar aufgelöste, aber weiterhin kapitalgesellschaftlich verfasste und als Formkaufmann geltende Gesellschaft.[8] Die Eröffnungsbilanz wird daher als fortgeführte Ertragsbilanz nach dem

---

1 *K. Schmidt*, in: Scholz, GmbHG, § 71 Rn. 10.

2 *Haas*, in: Baumbach/Hueck, GmbHG, § 71 Rn. 5; *Rasner*, in: Rowedder/Schmidt-Leithoff, GmbHG, § 71 Rn. 9; *Altmeppen*, in: Roth/Altmeppen, GmbHG, § 71 Rn. 2; *K. Schmidt*, in: Scholz, GmbHG, § 71 Rn. 3.

3 OLG Stuttgart, NJW-RR 1995, 805, 806; *Haas*, in: Baumbach/Hueck, GmbHG, § 71 Rn. 11; *Rasner*, in: Rowedder/Schmidt-Leithoff, GmbHG, § 71 Rn. 7; *Kleindiek*, in: Lutter/Hommelhoff, GmbHG, § 71 Rn. 1; *Nerlich*, in: Michalski, GmbHG, § 71 Rn. 22.

4 *K. Schmidt*, in: Scholz, GmbHG, § 71 Rn. 10; *Haas*, in: Baumbach/Hueck, GmbHG, § 71 Rn. 11; *Nerlich*, in: Michalski, GmbHG, § 71 Rn. 22.

5 *K. Schmidt*, in: Scholz, GmbHG, § 71 Rn. 2; *Ensthaler*, in: Ensthaler/Füller/Schmidt, GmbHG, § 74 Rn. 2; *Altmeppen*, in: Roth/Altmeppen, GmbHG, § 71 Rn. 21.

6 Dazu die Begründung zum Bilanzrichtliniengesetz, BT-Drs. 10/317, S. 113; *K. Schmidt*, in: Scholz, GmbHG, § 71 Rn. 4; *Nerlich*, in: Michalski, GmbHG, § 71 Rn. 9; *Ensthaler*, in: Ensthaler/Füller/Schmidt, GmbHG, § 74 Rn. 2.

7 *K. Schmidt*, in: Scholz, GmbHG, § 71 Rn. 4. Grundlegend a.A. *Haas*, in: Baumbach/Hueck, GmbHG, § 71 Rn. 16.

8 *K. Schmidt*, in: Scholz, GmbHG, § 71 Rn. 21.

Going-Concern-Prinzip aufgestellt.[9] Es wird vom Grundsatz der Unternehmensfortführung nach § 252 Abs. 1 Nr. 2 HGB ausgegangen, obwohl der Geschäftsbetrieb nur noch mit dem Ziel der Vollbeendigung der Gesellschaft fortgesetzt wird.[10] Die Gegenansicht befürwortet demgegenüber, die zu erwartenden Erlöse aus der Veräußerung der Vermögensgegenstände anzusetzen und nur dann von den Fortführungswerten auszugehen, wenn die Veräußerung des Unternehmens im Ganzen bevorsteht.[11]

2. Keine Neubewertung der Vermögensgegenstände

6 Nach vorzugswürdiger h.M. werden die Vermögengegenstände (außer in den Fällen des Abs. 2 S. 3) nicht neu bewertet.[12] Für das Anlage- und Umlaufvermögen gilt das Anschaffungswertprinzip nach § 253 HGB. Die Vermögensgegenstände dürfen daher höchstens mit den Anschaffungs- oder Herstellungskosten angesetzt werden. Die hierdurch entstehenden stillen Reserven werden nicht aufgelöst.[13] Wegen der jüngsten Änderungen durch die Reform der Bilanzierungsvorschriften ist darauf hinzuweisen, dass sich für immaterielle Vermögensgegenstände durch die Neufassung des § 266 HGB Veränderungen ergeben haben. Nunmehr müssen nur noch Konzessionen, gewerbliche Schutzrechte und ähnliche Rechte und Werte sowie Lizenzen an solchen Rechten und Werten entgeltlich erworben sein, um bilanziert werden zu können. Selbst geschaffene immaterielle Vermögensgegenstände des Anlagevermögens können demgegenüber nach § 248 Abs. 2 HGB als Aktivposten in die Bilanz aufgenommen werden. Das gilt jedoch nicht für selbst geschaffene Marken, Drucktitel, Verlagsrechte, Kundenlisten oder vergleichbare immaterielle Vermögensgegenstände des Anlagevermögens.[14]

---

9 KG, NZG 2001, 845, 846; *K. Schmidt*, in: Scholz, GmbHG, § 71 Rn. 22; *Kleindiek*, in: Lutter/Hommelhoff, GmbHG, § 71 Rn. 2; *Rasner*, in: Rowedder/Schmidt-Leithoff, GmbHG, § 71 Rn. 9; *Altmeppen*, in: Roth/Altmeppen, GmbHG, § 71 Rn. 21; *Nerlich*, in: Michalski, GmbHG, § 71 Rn. 8; *Fürsche/Deubert*, in: Budde/Förschle/Winkeljohann, Sonderbilanzen, 4. Aufl. 2008, Teil T, Rn. 20; a.A. *Haas*, in: Baumbach/Hueck, GmbHG, § 71 Rn. 16.

10 *Rasner*, in: Rowedder/Schmidt-Leithoff, GmbHG, § 71 Rn. 10; *Altmeppen*, in: Roth/Altmeppen, GmbHG, § 71 Rn. 20; a.A. *Haas*, in: Baumbach/Hueck, GmbHG, § 71 Rn. 16.

11 *Haas*, in: Baumbach/Hueck, GmbHG, § 71 Rn. 16.

12 *K. Schmidt*, in: Scholz, GmbHG, § 71 Rn. 22; *Kleindiek*, in: Lutter/Hommelhoff, GmbHG, § 71 Rn. 2.

13 *Kleindiek*, in: Lutter/Hommelhoff, GmbHG, § 71 Rn. 2; *Rasner*, in: Rowedder/Schmidt-Leithoff, GmbHG, § 71 Rn. 10. Nach *Altmeppen*, in: Roth/Altmeppen, GmbHG, § 71 Rn. 22, soll hierzu jedoch eine Ausnahme gelten, wenn die Verteilung unmittelbar bevorsteht und der Liquidationserlös feststeht.

14 Zur alten Rechtslage, wonach nur entgeltlich erworbene immaterielle Vermögengegenstände bilanzierungsfähig waren, *Kleindiek*, in: Lutter/Hommelhoff, GmbHG, § 71 Rn. 2; *Rasner*, in: Rowedder/Schmidt-Leithoff, GmbHG, § 71 Rn. 10; schon zur alten Rechtlage a.A. *Haas*, in: Baumbach/Hueck, GmbHG, § 71 Rn. 17.

3. Ausnahmen

7 Der Grundsatz der Bilankontinuität gilt zugleich nicht einschränkungslos. Den Besonderheiten des Liquidationsverfahrens wird dadurch Rechnung getragen, dass Abs. 2 nur die entsprechende Anwendung der für die werbende Gesellschaft geltenden Vorschriften anordnet und damit Raum für notwendige Abweichungen schafft.[15]

8 a) **Einstellung der Betriebstätigkeit.** Neue Bewertungsansätze dürfen daher gewählt werden, wenn die Vermögensverteilung nach Ablauf des Sperrjahres unmittelbar bevorsteht.[16] Auch der Vorschlag, dass ein Übergang von der Ertrags- zur Vermögensbilanz mit tatsächlicher Einstellung der Betriebstätigkeit geboten ist,[17] verdient Zustimmung. § 252 I Nr. 2 HGB, der von der Unternehmensfortführung ausgeht, gilt solange, wie die tatsächlichen Gegebenheiten nicht anderes gebieten. Die Liquidatoren bereiten mit Eintritt der Gesellschaft in die Liquidationsphase zwar die Auseinandersetzung der Gesellschaft vor, sind hierbei jedoch angehalten, den gewöhnlichen Geschäftsbetrieb zunächst weiterzuführen, soweit dies mit den Interessen der Gesellschafter übereinstimmt (siehe § 70 Rdn. 22). Wird die Betriebstätigkeit jedoch eingestellt, ändern sich die tatsächlichen Gegebenheiten so gravierend, dass für eine Bilanzierung anhand der Grundsätze der Firmenfortführung kein Raum verbleibt. Stattdessen sind die voraussichtlichen Veräußerungswerte anzusetzen.

9 b) **Die Ausnahmen des Abs. 2 S. 3.** Die bedeutendste Abweichung von den zuvor geltenden Grundsätzen benennt Abs. 2 S. 3. Die Bestimmung sieht vor, einzelne Vermögensgegenstände nicht mehr als Anlage-, sondern als Umlaufvermögen zu bilanzieren und so den Fortschritt der Abwicklung in der Bilanzierung zu dokumentieren. Sie dient damit der schrittweisen Annäherung der erfolgsbezogenen an die verteilungsbezogene Bilanzierung.[18] Sie gilt für sämtliche Bilanzen der Liquidationsgesellschaft, neben der Eröffnungsbilanz also auch für die Jahrebilanzen in der Liquidationsphase.[19]

10 aa) **Voraussetzungen.** In zwei Fällen wird Anlagevermögen wie Umlaufvermögen behandelt. Das betrifft zum einen den Fall, dass die Veräußerung von Vermögensgegenständen innerhalb eines übersehbaren Zeitraums beabsichtigt ist. Erforderlich ist dafür, dass die Veräußerung realisierbar und wahrscheinlich erscheint und außerdem in zeitlicher Nähe bevorsteht. Davon ist auszugehen, wenn die Veräußerung binnen

15 Begründung zum Bilanzrichtliniengesetz, BT-Drs. 10/317, S. 107; *K. Schmidt*, in: Scholz, GmbHG, § 71 Rn. 4; *Nerlich*, in: Michalski, GmbHG, § 71 Rn. 10.

16 Siehe *K. Schmidt*, in: Scholz, GmbHG, § 71 Rn. 21.

17 *Kleindiek*, in: Lutter/Hommelhoff, GmbHG, § 71 Rn. 2; *Rasner*, in: Rowedder/Schmidt-Leithoff, GmbHG, § 71 Rn. 10.

18 *K. Schmidt*, in: Scholz, GmbHG, § 71 Rn. 24; *Rasner*, in: Rowedder/Schmidt-Leithoff, GmbHG, § 71 Rn. 11; *Nerlich*, in: Michalski, GmbHG, § 71 Rn. 70; *Kleindiek*, in: Lutter/Hommelhoff, GmbHG, § 71 Rn. 2.

19 *K. Schmidt*, in: Scholz, GmbHG, § 71 Rn. 24.

eines Jahres ab dem Bilanzstichtag erfolgen soll.[20] Gegen die Zulässigkeit eines längeren Zeitraums spricht, dass Abs. 2 S. 3 für den Jahreabschluss gilt und somit jährlich die Möglichkeit zur Neubewertung besteht.[21] Zum anderen geht es um die Fälle, in denen Vermögensgegenstände nicht mehr dem Geschäftsbetrieb dienen. Voraussetzung dafür ist, dass der Vermögensgegenstand aus dem laufenden Geschäftsbetrieb effektiv entfernt wurde, während eine bloße Änderung der Zweckbestimmung im Sinne von § 247 Abs. 2 HGB nicht ausreicht.[22]

11 **bb) Rechtsfolgen.** Rechtsfolge für beide Fallgestaltungen ist, dass keine Bindung an Buchwerte mehr besteht, sondern der voraussichtlich erzielbare Preis dieser Gegenstände anzusetzen ist, wobei nach dem Niederstwertgebot des § 253 Abs. 4 S. 2 HGB die Anschaffungs- oder Herstellungskosten die Obergrenze bilden.[23]

IV. Feststellung der Bilanzen und Entlastung der Liquidatoren

12 Die Rechnungsabschlüsse werden auch in der Liquidation von der Gesellschafterversammlung festgestellt, wie sich aus Abs. 2 S. 1 ergibt.[24] Die Fristen richten sich nach § 42a Abs. 2 S. 1 i.V. mit § 264 HGB. Daher muss die Feststellung innerhalb von acht Monaten, bei kleinen Gesellschaften innerhalb von elf Monaten nach Ablauf des maßgebenden Geschäftsjahres erfolgen.[25] Ein Jahresüberschuss wird zwar ausgewiesen, es darf jedoch wegen § 73 keine Gewinnverteilung stattfinden.[26] Der Feststellungsbeschluss der Gesellschafterversammlung ist nach § 243 AktG analog anfechtbar.[27] Die Anfechtung kann, anders als in der Aktiengesellschaft (§ 257 Abs. 1 S. 2 AktG) auch auf inhaltliche Mängel des Abschlusses gestützt werden, insbesondere auf Verstöße gegen bilanzrechtliche Vorschriften.[28] Die Entlastung der Liquidatoren durch die Gesellschafterversammlung richtet sich nach den Grundsätzen des § 46

---

20 *Altmeppen*, in: Roth/Altmeppen, GmbHG, § 71 Rn. 23; *Kleindiek*, in: Lutter/Hommelhoff, GmbHG, § 71 Rn. 2; *Rasner*, in: Rowedder/Schmidt-Leithoff, GmbHG, § 71 Rn. 11.

21 *Nerlich*, in: Michalski, GmbHG, § 71 Rn. 11. Für einen Zeitraum von bis zu zwei Jahren demgegenüber *K. Schmidt*, in: Scholz, GmbHG, § 71 Rn. 24.

22 Siehe *K. Schmidt*, in: Scholz, GmbHG, § 71 Rn. 24; *Altmeppen*, in: Roth/Altmeppen, GmbHG, § 71 Rn. 24.

23 *Rasner*, in: Rowedder/Schmidt-Leithoff, GmbHG, § 71 Rn. 11; *Altmeppen*, in: Roth/Altmeppen, GmbHG, § 71 Rn. 24; *K. Schmidt*, in: Scholz, GmbHG, § 71 Rn. 24.

24 *Rasner*, in: Rowedder/Schmidt-Leithoff, GmbHG, § 71 Rn. 17; *Nerlich*, in: Michalski, GmbHG, § 71 Rn. 21 und 29; *K. Schmidt*, in: Scholz, GmbHG, § 71 Rn. 29.

25 *Rasner*, in: Rowedder/Schmidt-Leithoff, GmbHG, § 71 Rn. 17; *Haas*, in: Baumbach/Hueck, GmbHG, § 71 Rn. 13; *Altmeppen*, in: Roth/Altmeppen, GmbHG, § 71Rn. 29.

26 *Altmeppen*, in: Roth/Altmeppen, GmbHG, § 71 Rn. 19 und 30; *Rasner*, in: Rowedder/Schmidt-Leithoff, GmbHG, § 71 Rn. 14; *Nerlich*, in: Michalski, GmbHG, § 71 Rn. 33.

27 KG, NZG 2001, 845, 846; *Altmeppen*, in: Roth/Altmeppen, GmbHG, § 71 Rn. 27. Zur Anwendung des § 243 AktG auf Beschlüsse der Gesellschafterversammlung in der GmbH *Hofmann*, Der Minderheitsschutz im Gesellschaftsrecht, 2011, S. 243 ff.

28 KG, NZG 2001, 845, 846.

Nr. 5.[29] Ebenso wenig wie den Geschäftsführern steht den Liquidatoren ein Anspruch auf Beschlussfassung und Entlastung zu.[30]

V. Offenlegung, Abschlussprüfung und Befreiung durch Gericht, Abs. 3

13 Die Rechnungslegung in der Liquidation unterliegt der Abschlussprüfung nach §§ 316 ff. HGB.[31] Die gesamte Rechnungslegung ist außerdem nach §§ 325 ff. HGB offenzulegen.[32] Ausgenommen hiervon ist die Schlussrechnung, da sie rein interne Rechenschaft gibt (siehe § 71 Rdn. 27).[33] Nach Abs. 3 kann die Gesellschaft von der Pflicht zur Abschlussprüfung befreit werden, wenn die Verhältnisse der Gesellschaft so überschaubar sind, dass eine Prüfung im Interesse der Gesellschafter und Gläubiger nicht geboten erscheint. Dies läuft auf eine Abwägung der Interessen der Gläubiger und Gesellschafter an einer Prüfung und der Gesellschaft an deren Vermeidung, etwa aus Zeit- und Kostengründen, hinaus.[34] Antragsberechtigt ist die Gesellschaft, die von den Liquidatoren vertreten wird.[35] Zuständig ist das Registergericht am Sitz der Gesellschaft nach §§ 375 Nr. 6, 376 FamFG. Eine Befreiung kommt für jede Rechnungslegung in der Liquidationsphase in Betracht. Häufig werden die Voraussetzungen jedoch in einem späteren Stadium der Liquidation vorliegen, weil die fortschreitenden Maßnahmen die Vermögenslage und damit die Rechnungslegung beständig überschaubarer machen.[36] Umgekehrt ist bei bestehender Geschäftstätigkeit in nennenswertem Umfang eine Befreiung nicht zu erwarten. Auch die Größe und Struktur der Gesellschaft spielen eine entscheidende Rolle.[37] Demgegenüber wird die Offenlegungspflicht nach §§ 325 ff. HGB von der Befreiung nicht erfasst und daher stets geschuldet.[38]

29 *Altmeppen*, in: Roth/Altmeppen, GmbHG, § 71 Rn. 31.

30 *Rasner*, in: Rowedder/Schmidt-Leithoff, GmbHG, § 71 Rn. 27.

31 *K. Schmidt*, in: Scholz, GmbHG, § 71 Rn. 14; *Rasner*, in: Rowedder/Schmidt-Leithoff, GmbHG, § 71 Rn. 8; *Haas*, in: Baumbach/Hueck, GmbHG, § 71 Rn. 30; *Nerlich*, in: Michalski, GmbHG, § 71 Rn. 27.

32 KG, NZG 2003, 1119, 1120; *Haas*, in: Baumbach/Hueck, GmbHG, § 71 Rn. 33; *Nerlich*, in: Michalski, GmbHG, § 71 Rn. 27.

33 *Haas*, in: Baumbach/Hueck, GmbHG, § 71 Rn. 33.

34 *Nerlich*, in: Michalski, GmbHG, § 71 Rn. 36.

35 *Haas*, in: Baumbach/Hueck, GmbHG, § 71 Rn. 32.

36 *Nerlich*, in: Michalski, GmbHG, § 71 Rn. 36.

37 Zu beiden Punkten *Kind/Frank/Heinrich*, NZI 2006, 205; *K. Schmidt*, in: Scholz, GmbHG, § 71 Rn. 25.

38 *K. Schmidt*, in: Scholz, GmbHG, § 71 Rn. 26; *Nerlich*, in: Michalski, GmbHG, § 71 Rn. 32.

C. Schlussbilanz der werbenden Gesellschaft

I. Zeitraum

14 Der Auflösungszeitpunkt bezeichnet auch für die Rechnungslegung eine Zäsur. Das laufende Geschäftsjahr endet zu diesem Zeitpunkt, für die Rechnungslegung beginnt damit ein neuer Abrechnungszeitraum.[39] Für das letzte Geschäftsjahr der werbenden Gesellschaft muss eine letzte Rechnungslegung erfolgen, die das Ergebnis der werbenden Gesellschaft bis zum Auflösungszeitpunkt ausweist.[40] Sie bezieht sich auf ein Rumpfgeschäftsjahr, wenn die Auflösung nicht gerade zum Ende des Geschäftsjahres wirksam wird. Dieses Rumpfgeschäftsjahr endet am Tag vor dem Auflösungsdatum.[41]

II. Zuständigkeit, Prüfung und Offenlegung

15 Die Schlussbilanz wird von den Liquidatoren erstellt, obwohl sich die Rechnungslegung auf einen Zeitraum bezieht, zu dem nicht sie, sondern die Geschäftsführer die Gesellschaft geleitet haben. Da deren Amt jedoch mit der Auflösung beendet wurde, fällt die Zuständigkeit den Liquidatoren zu.[42] Der Abschluss muss nach § 316 HGB geprüft und nach §§ 325 ff. HGB offen gelegt werden. Eine Befreiung nach § 71 Abs. 3 kommt nicht in Betracht, da sich diese Bestimmung auf die Liquidationsphase bezieht.[43]

III. Bestandteile und Bewertungsansätze

16 Da es sich um einen Abschluss für die Gesellschaft in der werbenden Phase handelt, kommen die Bestimmungen zu den Jahresabschlüssen in §§ 264 ff. HGB ohne Einschränkung zur Anwendung. Erforderlich sind daher eine Bilanz nach §§ 266 ff. HGB, eine Gewinn- und Verlustrechnung nach §§ 275 ff. HGB, ein Anhang nach §§ 284 ff. HGB und ein Lagebericht nach § 289 HGB. Es ist vom Grundsatz der Unternehmensfortführung auszugehen.[44] Dass die Eröffnungsbilanz der Liquidationsgesellschaft wegen Abs. 2 S. 3 mitunter anderen Regeln folgt, wirkt sich auf die

---

39 *Altmeppen*, in: Roth/Altmeppen, GmbHG, § 71 Rn. 8; *K. Schmidt*, in: Scholz, GmbHG, § 71 Rn. 8; *Rasner*, in: Rowedder/Schmidt-Leithoff, GmbHG, § 71 Rn. 19.

40 *K. Schmidt*, in: Scholz, GmbHG, § 71 Rn. 8; *Rasner*, in: Rowedder/Schmidt-Leithoff, GmbHG, § 71 Rn. 4; a.A. *Fürsche/Deubert*, in: Budde/Förschle/Winkeljohann, Sonderbilanzen, 4. Aufl. 2008, Teil T, Rn. 64.

41 BayObLG, GmbHR 1994, 331, 332; BFH, DB 1974, 1990; *Altmeppen*, in: Roth/Altmeppen, GmbHG, § 71 Rn. 8; *K. Schmidt*, in: Scholz, GmbHG, § 71 Rn. 8; *Rasner*, in: Rowedder/Schmidt-Leithoff, GmbHG, § 71 Rn. 19; *Haas*, in: Baumbach/Hueck, GmbHG, § 71 Rn. 2; *Nerlich*, in: Michalski, GmbHG, § 71 Rn. 19.

42 *Haas*, in: Baumbach/Hueck, GmbHG, § 71 Rn. 2; *Nerlich*, in: Michalski, GmbHG, § 71 Rn. 16; *Altmeppen*, in: Roth/Altmeppen, GmbHG, § 71 Rn. 25.

43 *Haas*, in: Baumbach/Hueck, GmbHG, § 71 Rn. 4; *Nerlich*, in: Michalski, GmbHG, § 71 Rn. 18.

44 So und zum Meinungsstand *Haas*, in: Baumbach/Hueck, GmbHG, § 71 Rn. 3; *K. Schmidt*, in: Scholz, GmbHG, § 71 Rn. 8; *Nerlich*, in: Michalski, GmbHG, § 71 Rn. 17.

Ansätze in der Schlussbilanz der werbenden Gesellschaft nicht aus. Die hierdurch möglichen Abweichungen vom Grundsatz der Bilanzidentität gründen im Übergang von der werbenden zur auflösenden Phase und sind damit gerechtfertigt.[45]

IV. Gewinnverwendung

17 Diese Rechnungslegung weist das Ergebnis für das letzte Geschäftsjahr aus. Auf ihrer Grundlage sind daher auch Gewinnverwendungs- und Ausschüttungsbeschlüsse für das Geschäftsjahr vor der Auflösung möglich. Vom Zeitpunkt der Auflösung an gilt jedoch § 73, der ein absolutes Ausschüttungsverbot vor Ablauf des Sperrjahres und Befriedigung bzw. Besicherung der Gläubiger anordnet (siehe im Einzelnen § 73 Rdn. 3 ff.). Sämtliche Gewinnansprüche, die erst nach der Auflösung entstanden sind, unterfallen dieser Ausschüttungssperre. Das gilt auch, wenn sich der Gewinnanspruch auf einen Zeitraum vor der Auflösung bezieht, etwa das Rumpfgeschäftsjahr vor der Auflösung.[46] Bei den ausgewiesenen Gewinnansprüchen handelt es sich daher nur um Rechnungsposten, die bei der abschließenden Vermögensverteilung an die Gesellschafter berücksichtigt werden.[47] Nur soweit der Gewinnverwendungsbeschluss schon vor der Auflösung gefasst wurde, wird der Anspruch der Gesellschafter auf Ausschüttung nicht vom Ausschüttungsverbot des § 73 erfasst. Er wird als vor der Auflösung entstandenes Gläubigerrecht behandelt.[48] Siehe hierzu auch unter § 72 Rdn. 10.

D. Liquidationseröffnungsbilanz

18 Nach Abs. 1 sind die Liquidatoren verpflichtet, die Liquidationseröffnungsbilanz und einen erläuternden Bericht zu erstellen.

I. Zeitraum

19 Diese Eröffnungsbilanz für die Liquidationsphase folgt unmittelbar auf die letzte Bilanz der werbenden Gesellschaft. Es handelt sich um die erste Bilanz der Gesellschaft in der Liquidationsphase. Ihr Stichtag ist der Tag der Auflösung der Gesellschaft.[49] Das erste Geschäftsjahr der Liquidationsgesellschaft ist regelmäßig ebenfalls ein Rumpfgeschäftsjahr und ergänzt sich mit dem letzten Jahr der werbenden Phase zu einem vollen Kalenderjahr.[50]

---

45 *Rasner*, in: Rowedder/Schmidt-Leithoff, GmbHG, § 71 Rn. 20; *Haas*, in: Baumbach/Hueck, GmbHG, § 71 Rn. 3; *Nerlich*, in: Michalski, GmbHG, § 71 Rn. 16.

46 Zu allem Vorstehenden BFH, GmbHR 1999, 429; *Altmeppen*, in: Roth/Altmeppen, GmbHG, § 73 Rn. 11 und 14; *K. Schmidt*, in: Scholz, GmbHG, § 71 Rn. 9; *Rasner*, in: Rowedder/Schmidt-Leithoff, GmbHG, § 71 Rn. 20.

47 *Rasner*, in: Rowedder/Schmidt-Leithoff, GmbHG, § 71 Rn. 20; *Nerlich*, in: Michalski, GmbHG, § 71 Rn. 18.

48 *Altmeppen*, in: Roth/Altmeppen, GmbHG, § 73 Rn. 11.

49 BayObLG, GmbHR 1994, 331, 332.

50 *Nerlich*, in: Michalski, GmbHG, § 71 Rn. 24; *Altmeppen*, in: Roth/Altmeppen, GmbHG, § 71 Rn. 12.

II. Erstellungsfrist

20 Zu ihrer Erstellung haben die Liquidatoren nach Abs. 2 S. 2 i.V.m. § 264 Abs. 1 S. 3 HGB drei Monate Zeit, berechnet ab tatsächlicher Auflösung, nicht etwa ab der deklaratorischen Eintragung in das Handelsregister.[51] Überwiegend wird kleinen Gesellschaften nach § 264 Abs. 1 S. 4 HGB aus Praktikabilitätserwägungen eine Frist von sechs Monaten zugestanden, da die Unterlagen häufig weniger leicht präsent sind als bei größeren Gesellschaften.[52] Dagegen wird eingewandt, dass nur eine zügige Erstellung dem ordnungsgemäßen Geschäftsgang entspreche.[53] Das aber ist Frage des Einzelfalls und die Anwendbarkeit der Fristverlängerung auf kleine Gesellschaften daher im Ansatz zu bejahen.

III. Inhalt und Verhältnis zur Schlussbilanz

21 Inhaltlich gelten die allgemeinen Grundsätze, die unter B. dargestellt wurden. Daraus folgt, dass sich die Eröffnungsbilanz mit der Schlussbilanz des letzten Rumpfjahres der werbenden Gesellschaft decken kann. Hierdurch erübrigt sich die Aufstellung der Eröffnungsbilanz jedoch nicht etwa. Da sie nicht allein dem internen Informationsbedürfnis der Gesellschafter dient, können die Liquidatoren auch nicht von den Gesellschaftern von der Pflicht zur Erstellung befreit werden.[54] Umgekehrt können sich durchaus Abweichungen ergeben. Abs. 2 S. 3 gilt nur für die Eröffnungsbilanz der Liquidationsgesellschaft, nicht für die Schlussbilanz der werbenden Gesellschaft.[55] Sofern danach in der Eröffnungsbilanz Neubewertungen erforderlich sind, ergeben sich Abweichungen gegenüber der Schlussbilanz.

IV. Erläuternder Bericht

22 Die Liquidationseröffnungsbilanz ist nach Abs. 1 durch einen erläuternden Bericht zu ergänzen.[56] Dieser entspricht formell dem Anhang und dem Lagebericht nach §§ 284 ff., 289 HGB und ersetzt diese zugleich.[57] Er muss jedoch den Besonderheiten des Liqiuidationsstadiums gerecht werden und damit insbesondere auf die voraussichtliche Entwicklung der Liquidation eingehen und – soweit einschlägig –

---

51 *Altmeppen*, in: Roth/Altmeppen, GmbHG, § 71 Rn. 10; *K. Schmidt*, in: Scholz, GmbHG, § 71 Rn. 13; *Kleindiek*, in: Lutter/Hommelhoff, GmbHG, § 71 Rn. 6; *Rasner*, in: Rowedder/Schmidt-Leithoff, GmbHG, § 71 Rn. 7; *Haas*, in: Baumbach/Hueck, GmbHG, § 71 Rn. 12; *Nerlich*, in: Michalski, GmbHG, § 71 Rn. 24.

52 *Rasner*, in: Rowedder/Schmidt-Leithoff, GmbHG, § 71 Rn. 7; *Nerlich*, in: Michalski, GmbHG, § 71 Rn. 25.

53 *Haas*, in: Baumbach/Hueck, GmbHG, § 71 Rn. 12.

54 *K. Schmidt*, in: Scholz, GmbHG, § 71 Rn. 10; *Rasner*, in: Rowedder/Schmidt-Leithoff, GmbHG, § 71 Rn. 7.

55 *K. Schmidt*, in: Scholz, GmbHG, § 71 Rn. 8.

56 *Altmeppen*, in: Roth/Altmeppen, GmbHG, § 71 Rn. 15.

57 *K. Schmidt*, in: Scholz, GmbHG, § 71 Rn. 11; *Nerlich*, in: Michalski, GmbHG, § 71 Rn. 28.

von den allgemeinen Grundlagen abweichende Bewertungsgrundsätze und damit Unterschiede zur letzten Schlussbilanz erklären.[58] Fehlt es an diesen Abweichungen (weitgehend), ist der Bericht wegen der weitgehend identischen Erläuterungen in der Schlussbilanz der werbenden Gesellschaft dennoch nicht obsolet.[59] Eine Gewinn- und Verlustrechnung ist demgegenüber – im Gegensatz zur letzten Bilanz der werbenden Phase – nicht erforderlich.[60]

E. Die laufende Rechnungslegung

I. Pflicht zu periodischer Rechnungslegung

23 Auch in der Liquidationsphase ist eine periodische Rechnungslegung erforderlich.[61] Weiterhin müssen Jahresabschlüsse nebst Lageberichten bis zur Beendigung der Liquidation aufgestellt werden. Diese Rechnungslegung folgt im Grundsatz den allgemeinen Regeln, wie sie für die werbende Gesellschaft gelten. Sie dient dazu, die Gesellschafter über die Tätigkeit der Liquidatoren im vergangenen Geschäftsjahr zu informieren, nicht aber, die Vermögensverteilung vorzuzeichnen. Dies ist der Schlussrechnung nach § 74 vorbehalten.[62]

II. Zeitraum

24 Der Lauf der Geschäftsjahre richtet sich nach dem Auflösungsdatum, sofern die Satzung oder ein Gesellschafterbeschluss nicht Abweichendes bestimmen, etwa die Beibehaltung des bisherigen, für die werbende Phase geltenden Geschäftsjahres.[63] Die Liquidatoren können nur dann ein abweichendes Geschäftsjahr festlegen, wenn sie hierzu in der Satzung ermächtigt werden.[64] Die Fristen zur Erstellung der Rechnungslegung ergeben sich aus § 264 Abs. 1 S. 3, 4 HGB.[65] Danach gilt grundsätzlich eine Frist von drei Monaten, für kleine Gesellschaften mitunter nach § 264 Abs. 1

58 *Rasner*, in: Rowedder/Schmidt-Leithoff, GmbHG, § 71 Rn. 12; *Altmeppen*, in: Roth/Altmeppen, GmbHG, § 71 Rn. 16; *Nerlich*, in: Michalski, GmbHG, § 71 Rn. 28.

59 *Rasner*, in: Rowedder/Schmidt-Leithoff, GmbHG, § 71 Rn. 12

60 *Kleindiek*, in: Lutter/Hommelhoff, GmbHG, § 71 Rn. 4; *Rasner*, in: Rowedder/Schmidt-Leithoff, GmbHG, § 71 Rn. 11; *Nerlich*, in: Michalski, GmbHG, § 71 Rn. 21.

61 *K. Schmidt*, in: Scholz, GmbHG, § 71 Rn. 7; *Altmeppen*, in: Roth/Altmeppen, GmbHG, § 71 Rn. 33; *Rasner*, in: Rowedder/Schmidt-Leithoff, GmbHG, § 71 Rn. 14.

62 Siehe zum Meinungsstand *Haas*, in: Baumbach/Hueck, GmbHG, § 71 Rn. 8.

63 *Altmeppen*, in: Roth/Altmeppen, GmbHG, § 71 Rn. 13; *K. Schmidt*, in: Scholz, GmbHG, § 71 Rn. 18; *Haas*, in: Baumbach/Hueck, GmbHG, § 71 Rn. 23; *Nerlich*, in: Michalski, GmbHG, § 71 Rn. 30. A.A. *Fürsche/Deubert*, in: Budde/Förschle/Winkeljohann, Sonderbilanzen, 4. Aufl. 2008, Teil T, Rn. 201: Fortgeltung der bisherigen Bestimmungen im Gesellschaftsvertrag über das Geschäftsjahr.

64 OLG Stuttgart, NJW-RR 1992, 1391 f. (für die Geschäftsführer); *K. Schmidt*, in: Scholz, GmbHG, § 71 Rn. 18.

65 *Haas*, in: Baumbach/Hueck, GmbHG, § 71 Rn. 13; *Nerlich*, in: Michalski, GmbHG, § 71 Rn. 31.

S. 4, 2. Hs. HGB von sechs Monaten, soweit dies einem ordnungsgemäßen Geschäftsgang entspricht.

III. Bestandteile und Bewertungsansätze

25 Die Bewertung richtet sich nach den allgemeinen, für die Rechnungslegung in der Liquidation geltenden Grundsätzen (siehe unter B.). Bestandteile sind die Jahresbilanz, die Gewinn- und Verlustrechnung, der Anhang und der Lagebericht. Im Anhang sind die Bewertungsansätze zu erläutern, insbesondere Abweichungen von den gewöhnlichen Grundsätzen zu begründen.[66] Abs. 2 S. 3 findet Anwendung. Mit fortschreitender Liquidation werden die Besonderheiten des Abs. 2 S. 3 stärkere Bedeutung gewinnen und sich damit die Jahresabschlüsse stärker von den Grundlagen eines gewöhnlichen Jahreabschlusses entfernen.[67] Im Lagebericht wird vor allem über den Stand der Liquidation Auskunft erteilt.[68] Die Gewinn- und Verlustrechnung gibt den Fortgang der nach § 70 geschuldeten Tätigkeit der Liquidatoren wieder. Hier finden sich Angaben zu dem zu erwartenden Liquidationsüberschuss oder –fehlbetrag.[69]

F. Liquidationsschlussbilanz und Schlussrechnung

I. Inhalt der Liquidationsschlussbilanz

26 Am Ende der Abwicklung steht die Liquidationsschlussbilanz. Sie wird weder von § 71 noch § 74 ausdrücklich gefordert. Dennoch ist anerkannt, dass die Liquidatoren verpflichtet sind, eine solche aufzustellen. Das ergibt sich aus der generellen Verpflichtung der Liquidatoren, über jedes Geschäftsjahr und damit auch über das letzte (Rumpf-)Geschäftsjahr der Liquidationsphase Rechnung zu legen.[70] Als gewöhnliche Rechnungslegung besteht sie aus einer Bilanz, einer Gewinn- und Verlustrechnung für den verbliebenen Abwicklungszeitraum, einem Anhang und einem Lagebericht.[71]

II. Inhalt der Schlussrechnung

27 Problematisch ist das Verhältnis zu der in § 74 Abs. 1 vorausgesetzten Schlussrechnung. Bei dieser handelt es sich um die abschließende interne Rechnungslegung der

---

66 *Haas*, in: Baumbach/Hueck, GmbHG, § 71 Rn. 26; *Rasner*, in: Rowedder/Schmidt-Leithoff, GmbHG, § 71 Rn. 16; *Nerlich*, in: Michalski, GmbHG, § 71 Rn. 36.

67 *Rasner*, in: Rowedder/Schmidt-Leithoff, GmbHG, § 71 Rn. 14.

68 *Rasner*, in: Rowedder/Schmidt-Leithoff, GmbHG, § 71 Rn. 16; *Altmeppen*, in: Roth/Altmeppen, GmbHG, § 71 Rn. 17; *K. Schmidt*, in: Scholz, GmbHG, § 71 Rn. 16.

69 *Haas*, in: Baumbach/Hueck, GmbHG, § 71 Rn. 27.

70 *Haas*, in: Baumbach/Hueck, GmbHG, § 71 Rn. 28; *Altmeppen*, in: Roth/Altmeppen, GmbHG, § 71 Rn. 33.

71 Nach *Haas*, in: Baumbach/Hueck, GmbHG, § 71 Rn. 28 erübrigt sich der Lagebericht, nach *Nerlich*, in: Michalski, GmbHG, § 71 Rn. 39 ist er fakultativ, aber sinnvoll.

Liquidatoren gegenüber den Gesellschaftern im Sinne von § 259 BGB.[72] Da sie nur der internen Rechnungslegung dient, braucht sie weder veröffentlicht noch geprüft zu werden. Sie muss jedoch der Gesellschafterversammlung zur Feststellung vorgelegt werden.[73]

III. Verhältnis von Schlussbilanz und Schlussrechnung

28 Nach überwiegender Ansicht erfüllt bereits die Liquidationsschlussbilanz den Zweck der internen Rechnungslegung.[74] Sie muss das zur Verteilung zur Verfügung stehende Vermögen ausweisen.[75] Ihr Anhang hat auch einen Vorschlag zur Verteilung des Liquidationsüberschusses zu enthalten.[76] Daraus ergibt sich auch, dass sie vor der Verteilung erstellt werden muss.[77] Darüber hinaus eine Schlussrechnung zu fordern, ist nur sinnvoll, wenn man deren Zweck darin erblickt, über das Verteilungsverfahren Auskunft zu geben.[78] Ein solcher Bedarf besteht nur, wenn er von den Gesellschaftern eingefordert wird. Die Gesellschafter können daher in ihrer Gesamtheit auf die Schlussrechnung verzichten. Zum Schutz gerade der Minderheitsgesellschafter, die sich durch die Vermögenverteilung benachteiligt fühlen können, ist eine über das Verteilungsverfahren berichtende Schlussrechnung jedoch erforderlich, wenn sie auch nur ein Gesellschafter einfordert.[79]

G. Weitere Maßnahmen der Rechnungslegung

29 Verbreitet werden über diese gesetzlich vorgeschriebenen Rechnungslegungsmaßnahmen weitere Werke gefordert, die intern über den Stand der Liquidation Auskunft geben. Diese sollen die Vermögenslage der Gesellschaft dokumentieren und die Entwicklung der Abwicklung darstellen. Vor allem sollen sie dazu dienen, eine etwaige

---

72 *Rasner*, in: Rowedder/Schmidt-Leithoff, GmbHG, § 71 Rn. 26; *Altmeppen*, in: Roth/Altmeppen, GmbHG, § 71 Rn. 34; *Nerlich*, in: Michalski, GmbHG, § 71 Rn. 48; *Fürsche/Deubert*, in: Budde/Förschle/Winkeljohann, Sonderbilanzen, 4. Aufl. 2008, Teil T, Rn. 281.

73 Str., wie hier *Rasner*, in: Rowedder/Schmidt-Leithoff, GmbHG, § 71 Rn. 27; *Haas*, in: Baumbach/Hueck, GmbHG, § 71 Rn. 28. Zum Meinungsstand *Nerlich*, in: Michalski, GmbHG, § 71 Rn. 40-42.

74 *Haas*, in: Baumbach/Hueck, GmbHG, § 71 Rn. 29; *Rasner*, in: Rowedder/Schmidt-Leithoff, GmbHG, § 71 Rn. 26.

75 *Altmeppen*, in: Roth/Altmeppen, GmbHG, § 71 Rn. 34.

76 *Haas*, in: Baumbach/Hueck, GmbHG, § 71 Rn. 28.

77 *Rasner*, in: Rowedder/Schmidt-Leithoff, GmbHG, § 71 Rn. 26; a.A. *Altmeppen*, in: Roth/Altmeppen, GmbHG, § 71 Rn. 7.

78 So *Nerlich*, in: Michalski, GmbHG, § 71 Rn. 49; nach *Fürsche/Deubert*, in: Budde/Förschle/Winkeljohann, Sonderbilanzen, 4. Aufl. 2008, Teil T, Rn. 282, umfasst sie den Zeitraum von der Liquidations-Schlussbilanz bis zur Vermögenslosigkeit.

79 *Rasner*, in: Rowedder/Schmidt-Leithoff, GmbHG, § 71 Rn. 27.

Überschuldung der Gesellschaft festzustellen.[80] Die Verpflichtung der Liquidatoren hierzu folgt aus ihrer organschaftlichen Stellung. Als Maßnahmen zur rein internen Unterrichtung und Information unterliegen sie nicht den Rechnungslegungspflichten. Sie brauchen daher nicht festgestellt, geprüft und offen gelegt zu werden.[81]

H. Auf die Liquidatoren anwendbare Vorschriften, Abs. 4

30 Abs. 4 führt die in §§ 37, 41, 43 Abs. 1, 2 und 4, § 49 Abs. 1 und 2, § 64 benannten Rechte und Pflichten der Geschäftsführer an und erklärt diese auch auf die Liquidatoren für anwendbar. Diese Aufzählung ist unvollständig. Schon bei § 69 wurden die im Einzelnen auf die Liquidatoren anwendbaren Vorschriften dargestellt. Außerdem ergeben sich die Rechte und Pflichten aus §§ 72, 73 (siehe im Einzelnen dort).

I. Angaben auf den Geschäftsbriefen, Abs. 5

31 Abs. 5 erklärt § 35a für anwendbar und bringt damit zum Ausdruck, dass die Geschäftsbriefe der Liquidationsgesellschaft alle Angaben enthalten müssen, die für Geschäftsbriefe der werbenden Gesellschaft gelten. Darüber hinaus wird bestimmt, dass die Geschäftsbriefe kenntlich machen müssen, dass sich die Gesellschaft in Liquidation befindet. Diese Vorgabe ergibt sich schon aus § 68 Abs. 2.[82] Bei Zuwiderhandlungen ergeben sich die Sanktionen aus § 79.

§ 72 Vermögensverteilung

[1]Das Vermögen der Gesellschaft wird unter die Gesellschafter nach Verhältnis ihrer Geschäftsanteile verteilt. [2]Durch den Gesellschaftsvertrag kann ein anderes Verhältnis für die Verteilung bestimmt werden.

Übersicht **Rdn.**

80 *Kleindiek*, in: Lutter/Hommelhoff, GmbHG, § 71 Rn. 11; *Nerlich*, in: Michalski, GmbHG, § 71 Rn. 47; *K. Schmidt*, in: Scholz, GmbHG, § 71 Rn. 31.
81 *Kleindiek*, in: Lutter/Hommelhoff, GmbHG, § 71 Rn. 11.
82 *Kleindiek*, in: Lutter/Hommelhoff, GmbHG, § 71 Rn. 15; *Nerlich*, in: Michalski, GmbHG, § 71 Rn. 83 .

Schrifttum

Siehe Schrifttum zu § 67.

A. Überblick

1 Die Vorschrift regelt die Verteilung des Gesellschaftsvermögens an die Gesellschafter und bestimmt einen dispositiven Verteilungsschlüssel. Ihr Standort im Gesetz ist systematisch verfehlt. Die Verteilung des Gesellschaftsvermögens setzt voraus, dass die Vorgaben des § 73 erfüllt wurden. Sie bildet daher den Schluss des Liquidationsverfahrens.[1] Auf sie folgen nur noch wenige Maßnahmen, die in § 74 geregelt sind und für die Kosten anfallen können. Diese Kosten müssen berücksichtigt und Beträge hierfür zurückbehalten werden.[2] Schuldnerin des Verteilungsanspruchs ist die Gesellschaft, vertreten durch die Liquidatoren.[3] Dem Wesen einer haftungsbeschränkten

1 *Kleindiek*, in: Lutter/Hommelhoff, GmbHG, § 72 Rn. 1; *Altmeppen*, in: Roth/Altmeppen, GmbHG, § 72 Rn. 1; *K. Schmidt*, in: Scholz, GmbHG, § 72 Rn. 3.

2 *Altmeppen*, in: Roth/Altmeppen, GmbHG, § 73 Rn. 8; *Rasner*, in: Rowedder/Schmidt-Leithoff, GmbHG, § 74 Rn. 6. Siehe dazu im Einzelnen unter § 74 Rdn. 5.

3 *Kleindiek*, in: Lutter/Hommelhoff, GmbHG, § 72 Rn. 1; *Rasner*, in: Rowedder/Schmidt-Leithoff, GmbHG, § 72 Rn. 6; *Haas*, in: Baumbach/Hueck, GmbHG, § 72 Rn. 9.

Gesellschaft entsprechend gibt es keine Ausfallhaftung der Gesellschafter. Ist das Vermögen negativ, erhalten sie nichts, müssen jedoch auch keine Nachschüsse leisten.[4]

B. Mitgliedschaftlicher Anspruch auf Verteilungserlös

I. Bestand, Konkretisierung und Fälligkeit

2 Die Norm setzt den ungeschriebenen, aber anerkannten und in der Mitgliedschaft wurzelnden Anspruch der Gesellschafter auf den Überschuss nach Befriedigung der Gläubiger voraus.[5] Dieser wurzelt als zunächst abstrakter Anspruch in der Mitgliedschaft. Er konkretisiert sich zu einem durchsetzbaren Anspruch, wenn die Gesellschaft aufgelöst wird und ein verteilungsfähiger Überschuss vorhanden ist.[6] Hingegen bedarf es (insoweit anders als bei § 29) keines Gesellschafterbeschlusses.[7] Der Anspruch wird mit Ablauf des Sperrjahres fällig.[8] Ab diesem Zeitpunkt kann er daher klageweise durchgesetzt werden.[9] Er kann außerdem formlos abgetreten werden. Die Abtretung wird jedoch erst mit der Entstehung des Anspruchs wirksam, also nach Auflösung, wenn verteilungsfähiges Vermögen vorhanden ist. Auch hier ist die Fälligkeit bis zum Ablauf des Sperrjahres hinausgeschoben.[10]

II. Verjährung

3 Der Anspruch verjährt innerhalb der regelmäßigen Verjährungsfrist des § 195 BGB, und der Fristbeginn richtet sich nach § 199 BGB. Diese Vorgaben sind in den Grenzen des § 202 BGB dispositiv. Für abweichende Satzungsbestimmungen gilt, dass sie

---

4 *Haas*, in: Baumbach/Hueck, GmbHG, § 72 Rn. 2; *Nerlich*, in: Michalski, GmbHG, § 72 Rn. 5; *K. Schmidt*, in: Scholz, GmbHG, § 72 Rn. 22.

5 *Rasner*, in: Rowedder/Schmidt-Leithoff, GmbHG, § 72 Rn. 1; *Nerlich*, in: Michalski, GmbHG, § 72 Rn. 1. Nach *Haas*, in: Baumbach/Hueck, GmbHG, § 72 Rn. 2, ergibt sich der Anspruch unmittelbar aus der Norm. Dieser Unterschied kann bedeutsam werden, wenn der Gesetzgeber den Anspruch entwertet.

6 BGH, NJW 1984, 492, 493; BGH, NJW 1989, 458: »Nach der Rechtsprechung des Senats handelt es sich bei dem Anspruch des GmbH-Gesellschafters auf Abfindung oder das Auseinandersetzungsguthaben nicht um einen bereits bestehenden, nur noch nicht fälligen, also betagten, sondern um einen künftigen Anspruch, der erst mit dem Ausscheiden des Gesellschafters oder der Auflösung der GmbH entsteht (...), allerdings seit Beginn der Mitgliedschaft in der Person des Gesellschafters im Kern vorhanden ist.« Siehe auch *Nerlich*, in: Michalski, GmbHG, § 72 Rn. 6.

7 *Kleindiek*, in: Lutter/Hommelhoff, GmbHG, § 72 Rn. 1.

8 *K. Schmidt*, in: Scholz, GmbHG, § 72 Rn. 4; *Altmeppen*, in: Roth/Altmeppen, GmbHG, § 72 Rn. 3; *Rasner*, in: Rowedder/Schmidt-Leithoff, GmbHG, § 72 Rn. 2.

9 *Nerlich*, in: Michalski, GmbHG, § 72 Rn. 12; *Rasner*, in: Rowedder/Schmidt-Leithoff, GmbHG, § 72 Rn. 10.

10 Vgl. BGH, NJW 1984, 492, 493; BGH, NJW 1989, 458; *Haas*, in: Baumbach/Hueck, GmbHG, § 72 Rn. 8; *Nerlich*, in: Michalski, GmbHG, § 72 Rn. 6.

die Rechte der Gesellschafter nicht übermäßig beschränken dürfen.[11] Abweichungen von den zum Beitrittszeitpunkt geltenden Satzungsbestimmungen oder von § 195 BGB sind regelmäßig nur mit Zustimmung aller Gesellschafter möglich, da sich ein berechtigtes Vertrauen auf die zum Zeitpunkt des Beitritts geltende Regelung gebildet hat.[12] Sollen ausnahmsweise Gründe bestehen, die eine Benachteiligung widersprechender Gesellschafter zu rechtfertigen vermögen, trägt die Gesellschaft hierfür die Darlegungs- und Beweislast. Denkbar ist etwa, dass eine Verkürzung der Verjährung für eine effektive Abwicklung aus Sicht ex ante notwendig erscheint.

III. Erledigung und Fortbestand

4 Der Anspruch erledigt sich durch Beendigung der Vermögensverteilung.[13] In den Fällen eines Fortsetzungsbeschlusses besteht er fort, nun aber wiederum bedingt durch die Auflösung der Gesellschaft und fällig erst nach Ablauf des Sperrjahres nach § 73.[14] Rechtswidrige Fortsetzungsbeschlüsse kann jeder widersprechende Gesellschafter anfechten.[15] Er muss sich jedoch darauf verweisen lassen, unter Abfindung zum Liquidationswert auszuscheiden, da er hierdurch erhält, was im Falle einer ordnungegemäßen Auflösung geschuldet wäre.[16]

C. Ausschluss und Beschränkungen des Verteilungsanspruchs

5 Die Vorschrift ist dispositiv, wie sich schon aus S. 2 ergibt. Abweichende Vereinbarungen sind daher möglich.[17] Solche Abweichungen sind durch Vorgaben in der Satzung oder durch formlosen Gesellschafterbeschluss möglich. Beides kann auch noch im Stadium der Abwicklung erfolgen.[18]

I. Gesellschafterbeschluss

6 Erfolgen Beschränkungen des Anspruchs im Wege eines Gesellschafterbeschlusses, sind die Wirkungen auf die mitgliedschaftliche Rechtsstellung der Gesellschafter zu berücksichtigen. Dabei ist zu beachten, dass es sich bei dem Verteilungsanspruch um einen elementaren und unentziehbaren Vermögensanspruch der Gesellschafter han-

11 *Rasner*, in: Rowedder/Schmidt-Leithoff, GmbHG, § 72 Rn. 11; *Nerlich*, in: Michalski, GmbHG, § 72 Rn. 10.
12 Sehr str. Zum Meinungsstand *Nerlich*, in: Michalski, GmbHG, § 72 Rn. 10.
13 *K. Schmidt*, in: Scholz, GmbHG, § 72 Rn. 6.
14 *Rasner*, in: Rowedder/Schmidt-Leithoff, GmbHG, § 72 Rn. 5.
15 Zu den Voraussetzungen eines Fortsetzungsbeschlusses siehe § 60 Rdn. 61 ff.
16 Nur i.E. so auch *K. Schmidt*, in: Scholz, GmbHG, § 72 Rn. 6; *Haas*, in: Baumbach/Hueck, GmbHG, § 72 Rn. 6.
17 *Kleindiek*, in: Lutter/Hommelhoff, GmbHG, § 72 Rn. 1; *Haas*, in: Baumbach/Hueck, GmbHG, § 72 Rn. 2; *Nerlich*, in: Michalski, GmbHG, § 72 Rn. 4.
18 *Rasner*, in: Rowedder/Schmidt-Leithoff, GmbHG, § 72 Rn. 14.

delt.[19] Nachteilige Abweichungen von der dipsositiven Gesetzeslage sind daher nur mít Zustimmung der betroffenen Gesellschafter möglich, was regelmäßig dazu führen wird, dass der Beschluss nur einstimmig gefasst werden kann.[20] Bei Verstoß hiergegen ist der Beschluss nach allgemeinen Grundsätzen fehlerhaft und daher anfechtbar.[21]

II. Satzungsbestimmung

7 Besteht zum Beitrittszeitpunkt jedoch bereits eine von der Gesetzeslage abweichende Satzungsregelung, muss sich der Gesellschafter darauf verweisen lassen, dass seine Mitgliedschaft von vornherein keinen oder nur einen beschränkten Auseinandersetzungsanspruch beinhaltet. Es ist daher möglich, dass Gesellschaftsanteile ausgegeben werden, die keinen Anspruch auf den Liquidationserlös vermitteln. In diesem Fall können andere Gesellschafter, aber auch Dritte bezugsberechtigt sein. Die Liquidatoren werden durch solche Bestimmungen verpflichtet, die Verteilung an den Satzungsvorgaben auszurichten.[22] Gesellschaftsfremde Dritte erwerben durch ihre Benennung als Begünstigte in der Satzung kein Forderungsrecht im Sinne von § 328 BGB. Die Bestimmungen können daher durch Satzungsänderung auch gegen ihren Willen geändert werden.[23] Sie besitzen vielmehr nur dann einen schuldrechtlichen Anspruch auf den Liquidationserlös, wenn eine entsprechende vertragliche Vereinbarung mit der Gesellschaft existiert.[24] Dabei ist § 311b Abs. 2 BGB zu beachten.

D. Ermittlung der Verteilungsmasse

8 Die Höhe des Anspruchs richtet sich (mangels abweichender Vereinbarungen) nach der Beteiligungshöhe des Gesellschafters und der Verteilungsmasse.

I. Verteilungsmasse

9 Die Verteilungsmasse besteht aus dem Vermögen der Gesellschaft, das nach Befriedigung der Gläubiger und Ablauf des Sperrjahres nach § 73 verbleibt. Hiervon sind zusätzlich Ansprüche abzuziehen, die jedenfalls ihrem Grunde nach schon angelegt

---

19 *K. Schmidt*, in: Scholz, GmbHG, § 72 Rn. 3; *Rasner*, in: Rowedder/Schmidt-Leithoff, GmbHG, § 72 Rn. 2; *Nerlich*, in: Michalski, GmbHG, § 72 Rn. 7.

20 *Altmeppen*, in: Roth/Altmeppen, GmbHG, § 72 Rn. 4; *K. Schmidt*, in: Scholz, GmbHG, § 72 Rn. 2; *Rasner*, in: Rowedder/Schmidt-Leithoff, GmbHG, § 72 Rn. 2 und 13; *Ensthaler*, in: Ensthaler/Füller/Schmidt, GmbHG, § 72 Rn. 1; *Kleindiek*, in: Lutter/Hommelhoff, GmbHG, § 72 Rn. 9. A.A. für »weniger einschneidende Änderungen« *Haas*, in: Baumbach/Hueck, GmbHG, § 72 Rn. 2.

21 Vgl. *Nerlich*, in: Michalski, GmbHG, § 72 Rn. 12.

22 *K. Schmidt*, in: Scholz, GmbHG, § 72 Rn. 5; *Nerlich*, in: Michalski, GmbHG, § 72 Rn. 8.

23 *Rasner*, in: Rowedder/Schmidt-Leithoff, GmbHG, § 72 Rn. 4; *Nerlich*, in: Michalski, GmbHG, § 72 Rn. 8.

24 In diesem Sinne wohl *K. Schmidt*, in: Scholz, GmbHG, § 72 Rn. 5.

sind und für die daher Rücklagen zu bilden sind. Dabei kann es sich vor allem um Steuerschulden, Vergütungen der Liquidatoren und Kosten für die Verwahrung der Unterlagen im Sinne des § 74 handeln.[25] Außerdem sind noch ausstehende Ansprüche der Gesellschafter vorab zu befriedigen. Davon sind alle Ansprüche erfasst, die nicht wie Drittforderungen behandelt werden dürfen, zugleich aber nicht lediglich in dem allgemeinen Anspruch auf den Verteilungserlös nach § 72 aufgehen.

II. Vorabbefriedigung gesellschaftsbezogener Forderungen

10 Hierbei handelt es sich um die gesellschaftsbezogenen Forderungen der Gesellschafter, die gerade nicht vor Ablauf des Sperrjahres erfüllt werden durften.[26] Bei Gewinnansprüchen ist nach dem Zeitpunkt der Beschlussfassung zu unterscheiden. Wurde der Gewinnverwendungsbeschluss vor der Auflösung gefasst, ist der Anspruch nicht vom Ausschüttungsverbot des § 73 erfasst. Er ist dann als Gläuigerrecht schon vor der Auflösung entstanden. Seiner Erfüllung kann nur § 30, nicht aber § 73 entgegen stehen. Sämtliche Gewinnansprüche, die nach der Auflösung entstanden sind, unterfallen hingegen der Ausschüttungsperre des § 73. Dies gilt auch, wenn sich der Gewinnanspruch auf einen Zeitraum vor der Auflösung bezieht, etwa ein Rumpfgeschäftsjahr vor der Auflösung.[27] Bei letzteren handelt es sich daher um nunmher vorab zu befriedigende gesellschaftsbezogene Forderungen. Daneben sind mit Nachrang ausgestattete Gesellschafterdarlehen[28] und die Rückzahlung von Nachschüssen nach § 30 Abs. 2[29] erfasst. Reicht die Masse zu ihrer Befriedigung nicht aus, greift der Grundsatz der Verteilungsgerechtigkeit ein. Sie sind daher um den Verteilungsschlüssel zu kürzen.[30]

---

25 Siehe *Kleindiek*, in: Lutter/Hommelhoff, GmbHG, § 72 Rn. 3; *Haas*, in: Baumbach/Hueck, GmbHG, § 70 Rn. 1.

26 *Ensthaler*, in: Ensthaler/Füller/Schmidt, GmbHG, § 70 Rn. 5; *Nerlich*, in: Michalski, GmbHG, § 70 Rn. 21; *Altmeppen*, in: Roth/Altmeppen, GmbHG, § 70 Rn. 18. Wohl auch *Kleindiek*, in: Lutter/Hommelhoff, GmbHG, § 70 Rn. 9. Vgl. auch BGH, NJW 1985, 1898 f. Mit ihren Drittansprüchen werden die Gesellschafter wie gesellschaftsfremde Gläubiger behandelt, siehe dazu § 70 Rdn. 13.

27 Zu allem BFH, GmbHR 1999, 429, 430; *K. Schmidt*, in: Scholz, GmbHG, § 69 Rn. 28 und § 73, Rn. 2b; *Nerlich*, in: Michalski, GmbHG, § 73 Rn. 5; *Haas*, in: Baumbach/Hueck, GmbHG, § 69 Rn. 6; *Rasner*, in: Rowedder/Schmidt-Leithoff, GmbHG, § 69 Rn. 9 und § 73 Rn. 21; *Altmeppen*, in: Roth/Altmeppen, GmbHG, § 73 Rn. 11.

28 Zu diesen unter § 70 Rdn. 13. Siehe auch *Haas*, in: Baumbach/Hueck, GmbHG, § 70 Rn. 6.

29 *Kleindiek*, in: Lutter/Hommelhoff, GmbHG, § 72 Rn. 7.

30 *Kleindiek*, in: Lutter/Hommelhoff, GmbHG, § 72 Rn. 7.

E. Verteilungsverfahren

I. Anspruchsinhaber

11 Gläubiger des Anspruchs sind alle Gesellschafter, deren Mitgliedschaft zum Zeitpunkt der Verteilung im Sinne von § 16 besteht. Zu diesem Zeitpunkt ausgeschlossene Gesellschafter haben ihre Mitgliedschaft bereits verloren und sind daher nicht mehr anspruchsberechtigt.[31] Eine Ausnahme gilt, wenn der Gesellschafter zwar ausgeschlossen wurde, seine Anteile jedoch weiter hält und eine Abfindung bislang nicht erhalten hat. Die Abfindung eines Gesellschafters richtet sich grundsätzlich nach den jeweiligen auf ihn anwendbaren Abfindungsbedingungen.[32] Greifen die allgemeinen Grundsätze, wonach er bei Ausschluss einen Anspruch auf Abfindung zum Verkehrswert besitzt,[33] besteht sein Anspruch auf Abfindung in Höhe des auf seine Beteiligung entfallenden Anspruchs auf den Verteilungserlös, da dieser dem Verkehrswert im Abwicklungsstadium entsprechen dürfte. Befinden sich alle Anteile in der Hand der Gesellschaft und sind daher keine Gesellschafter vorhanden (Keinmann-Gesellschaft), steht der Erlös dem Fiskus analog §§ 45, 1936 BGB zu (siehe schon Vor §§ 60 ff. Rdn. 16).[34]

II. Befriedigung durch Geldleistung oder Sachwerte

1. Grundsatz

12 Die Gesellschafter haben Anspruch auf Geldleistung.[35] Daher ist das Vermögen der Gesellschaft im Regelfall zu verwerten und der Erlös an die Gesellschafter auszukehren.[36] Das gilt auch bei Sacheinlagen, da diese nach § 7 Abs. 3 der Gesellschaft endgültig zur freien Verfügung überlassen wurden.[37]

---

31 *K. Schmidt*, in: Scholz, GmbHG, § 72 Rn. 4; *Rasner*, in: Rowedder/Schmidt-Leithoff, GmbHG, § 72 Rn. 2; *Nerlich*, in: Michalski, GmbHG, § 72 Rn. 7.

32 *K. Schmidt*, in: Scholz, GmbHG, § 72 Rn. 13; *Haas*, in: Baumbach/Hueck, GmbHG, § 72 Rn. 5.

33 Grundlegend BVerfG, ZIP 2007, 175, 176 (Siemens/Nixdorf); BVerfG, ZIP 2000, 1670, 1672 (Moto Meter); BVerfG, NJW 1999, 3769, 3771 (DAT/Altana); BVerfG, NZG 2000, 28, 29 (Hartmann & Braun); BVerfG, NJW 2007, 3268, 3270; BGHZ 147, 108, 115. Zu Grundsatz und Ausnahmen ausführlich *Hofmann*, Der Minderheitsschutz im Gesellschaftrecht, 2011, S. 531–545.

34 *Rasner*, in: Rowedder/Schmidt-Leithoff, GmbHG, § 72 Rn. 3; *Nerlich*, in: Michalski, GmbHG, § 72 Rn. 7.

35 *K. Schmidt*, in: Scholz, GmbHG, § 72 Rn. 7; *Altmeppen*, in: Roth/Altmeppen, GmbHG, § 72 Rn. 6; *Rasner*, in: Rowedder/Schmidt-Leithoff, GmbHG, § 72 Rn. 7; *Haas*, in: Baumbach/Hueck, GmbHG, § 72 Rn. 3.

36 *K. Schmidt*, in: Scholz, GmbHG, § 72 Rn. 7 und § 70 Rn. 30; *Kleindiek*, in: Lutter/Hommelhoff, GmbHG, § 72 Rn. 10.

37 *K. Schmidt*, in: Scholz, GmbHG, § 72 Rn. 7; *Rasner*, in: Rowedder/Schmidt-Leithoff, GmbHG, § 72 Rn. 7; *Haas*, in: Baumbach/Hueck, GmbHG, § 72 Rn. 3.

2. Ausnahmen

13 Von diesen Grundsätzen können die Vorgaben der Satzung abweichen. Sie können vorsehen, dass einzelne Vermögensgegenstände an die Gesellschafter übereignet werden sollen. Das kommt insbesondere in Betracht, wenn die Gesellschafter ihre Einlageleistung in Sachwerten erbracht haben[38] oder mehrere Gegenstände gleicher Gattung vorhanden sind, etwa Aktien.[39] Fehlt es an derartigen Satzungsbestimmungen, müssen die betroffenen Gesellschafter dieser Verteilung zustimmen.[40] Wird die Zustimmung verweigert und wendet die Gesellschaft ein, dass eine Zustimmung aus der Treuepflicht geschuldet ist, trägt sie hierfür die Beweislast. Die Anforderungen an eine solche aus der Treuepflicht resultierende Pflicht zur Entgegennahme von Vermögengegenständen sind hoch, im Zweifel beliebt es bei dem Anspruch des Gesellschafters auf Barabfindung.[41] Umgekehrt können Mitgesellschafter, die selbst in Geld abgefunden werden, durch die Verteilung einzelner Vermögengegenstände an die Mitgesellschafter beeinträchtigt werden. Eine rechtmäßige Verteilung von Vermögengegenständen an einzelne Gesellschafter setzt daher regelmäßig auch die Zustimmung der Mitgesellschafter voraus.[42] Diese ist entbehrlich, wenn ihnen kein Nachteil droht. Die Gesellschaft kann nachweisen, dass die Gegenstände zum Verkehrswert angesetzt werden und daher eine Bevorzugung der Empfänger über den Wert ihres Liquidationsanspruchs hinaus ausscheidet. Melden diese Gesellschafter demgegenüber ihrerseits Interesse an den Gegenständen an, kommt es darauf an, ob sachliche Gründe für die Bevorzugung eines Gesellschafters existieren. Anderenfalls kommt aus Gründen der Verteilungsgerechtigkeit nur eine Versilberung in Betracht.[43]

3. Abgrenzung zu anderen Vorgängen

14 Davon zu unterscheiden ist die Rückgabe solcher Gegenstände, die der Gesellschaft nur zur Nutzung überlassen wurden. Da es sich um die Befriedigung des Rückgabeanspruchs handelt, sind diese Gegenstände in natura zurückzugewähren.[44] Auch ist die Verteilung von Gesellschaftsvermögen von der Veräußerung von Gesellschaftsvermögen an die Gesellschafter zu unterscheiden. Auch dabei handelt es sich nicht um eine Verteilungsmaßnahme, sondern um eine Versilberung des Gesellschaftsvermö-

---

38 *Altmeppen*, in: Roth/Altmeppen, GmbHG, § 72 Rn. 6.

39 *Kleindiek*, in: Lutter/Hommelhoff, GmbHG, § 72 Rn. 10; *Altmeppen*, in: Roth/Altmeppen, GmbHG, § 72 Rn. 6; *Nerlich*, in: Michalski, GmbHG, § 72 Rn. 16.

40 *K. Schmidt*, in: Scholz, GmbHG, § 72 Rn. 8; *Nerlich*, in: Michalski, GmbHG, § 72 Rn. 15.

41 Ähnlich *Nerlich*, in: Michalski, GmbHG, § 72 Rn. 15 f.

42 *K. Schmidt*, in: Scholz, GmbHG, § 72 Rn. 8.

43 Insgesamt wenig geklärte Fragen, siehe ähnliche Ansätze bei *K. Schmidt*, in: Scholz, GmbHG, § 72 Rn. 8; *Rasner*, in: Rowedder/Schmidt-Leithoff, GmbHG, § 72 Rn. 8; *Haas*, in: Baumbach/Hueck, GmbHG, § 72 Rn. 11.

44 *K. Schmidt*, in: Scholz, GmbHG, § 72 Rn. 7; *Rasner*, in: Rowedder/Schmidt-Leithoff, GmbHG, § 72 Rn. 7; *Haas*, in: Baumbach/Hueck, GmbHG, § 72 Rn. 3; *Nerlich*, in: Michalski, GmbHG, § 72 Rn. 16.

gens.[45] Die Liquidatoren müssen darauf achten, dass der Kaufpreis einem Drittvergleich standhält, da weder die Gläubiger benachteiligt noch die Ansprüche der Mitgesellschafter auf Beteiligung am Liquidationserlös verkürzt werden dürfen.[46] Unter diesen Voraussetzungen ist es zulässig, den Kaufpreisanspruch mit dem Verteilungsanspruch zu verrechnen.[47] Ausführlicher hierzu unter § 70 Rdn. 20.

III. Verteilungsmaßstab

1. Dispositiver Verteilungsmaßstab

15 Der Verteilungsmaßstab richtet sich nach S. 2 primär nach den Vorgaben der Satzung, in Ermangelung solcher nach den Vorgaben in S. 1. Danach wird das Vermögen der Gesellschaft nach dem Verhältnis der Nominalanteile der Beteiligungen zueinander verteilt. Relevant sind nur die von Gesellschaftern gehaltenen Anteile, die eigenen Anteile der Gesellschaft bleiben unberücksichtigt.[48] Die Gesellschafterversammlung kann nicht nur von der dispositiven Regelung in S. 1, sondern auch von eventuellen Vorgaben in der Satzung abweichen und einen anderen Verteilungsmaßstab festsetzen. Da es in der letzten Phase des Liquidationsverfahrens nur noch um die Befriedigung der Gesellschafterinteressen geht, sind die Gesellschafter zur freien Disposition über das verbleibende Gesellschaftsvermögen berechtigt. An einen solchen Beschluss sind die Liquidatoren nach §§ 71 Abs. 4, 37 Abs. 1 gebunden.[49]

2. Minderheitsschutz

16 Bei einem solchen Beschluss rückt der Minderheitsschutz in den Vordergrund. Ein mehrheitlich gefasster Gesellschafterbeschluss kann einzelne Gesellschafter gegen deren Willen in ihren berechtigten, auf die Satzung oder dispositive Gesetzeslage gestützen Erwartungen beeinträchtigen. Die allgemeinen Grundsätze zur Rechtfertigung von Beeinträchtigungen der mitgliedschaftlichen Rechtsstellung sind in diesem Stadium nicht anwendbar, da Gründe im Interesse der Gesellschaft ausscheiden.[50] Auch eine Abwägung der Interessen der beschlusstragenden und dissentierenden Gesellschaftergruppen gegeneinander scheidet aus, da die Gesellschafterinteressen im Verteilungsstadium allseitig darauf gerichtet sind, einen möglichst hohen Verteilungserlös zu erzielen. Daher bedarf es eines einstimmigen Beschlusses.

---

45 *Nerlich*, in: Michalski, GmbHG, § 72 Rn. 17.

46 *Altmeppen*, in: Roth/Altmeppen, GmbHG, § 72 Rn. 7; *K. Schmidt*, in: Scholz, GmbHG, § 70 Rn. 13; *Rasner*, in: Rowedder/Schmidt-Leithoff, GmbHG, § 70 Rn. 17.

47 *Altmeppen*, in: Roth/Altmeppen, GmbHG, § 72 Rn. 7.

48 *Kleindiek*, in: Lutter/Hommelhoff, GmbHG, § 72 Rn. 11; *Rasner*, in: Rowedder/Schmidt-Leithoff, GmbHG, § 72 Rn. 5; *Haas*, in: Baumbach/Hueck, GmbHG, § 72 Rn. 5. Zur Verteilung bei rechtswidrig fortgesetzter Gesellschaft siehe RGZ 81, 70.

49 *Altmeppen*, in: Roth/Altmeppen, GmbHG, § 72 Rn. 4.

50 Zu den Grundlagen *Hofmann*, Der Minderheitsschutz im Gesellschaftsrecht, 2011, S. 156–195.

3. Ausstehende Einlageforderungen

a) Berücksichtigung ausstehender Einlageforderungen. Bei der Verteilung ist zu berücksichtigen, ob die Einlageverpflichtungen der Gesellschafter erfüllt wurden. Ausstehende Einlagen brauchen im Auflösungsstadium grundsätzlich nicht mehr erbracht zu werden. Auch sonstige im Gesellschaftsverhältnis wurzelnde Ansprüche der Gesellschaft gegen die Gesellschafter werden nur noch ausnahmsweise eingefordert (zu Grundsatz und Ausnahmen siehe § 70 Rdn. 18). Bei der Verteilung muss dies jedoch Berücksichtigung finden, um eine Benachteiligung der Mitgesellschafter auszuschließen. Vor allem muss eine gleichmäßige Beteiligung aller am Verlust gewährleistet sein.[51] Dies geschieht durch eine Orientierung an den Vorgaben des § 271 Abs. 3 AktG.[52] 17

b) Beispielsrechnung. Zur Verdeutlichung ein Beispiel: Die GmbH hat ein Stammkapital von EUR 50.000, das die drei Gesellschafter A, B und C im Verhältnis 2/5, 2/5 und 1/5 aufzubringen haben. A und B haben die von ihnen jeweils geschuldeten EUR 20.000 eingebracht, während C seine Einlage in Höhe von EUR 10.000 schuldig geblieben ist. Verfügt die Gesellschaft über ein verteilungsfähiges Vermögen von EUR 100.000, kann ein jede Benachteiligung ausschließendes Ergebnis auf zwei Arten erzielt werden. A und B kann zunächst die Einlage in Höhe von jeweils EUR 20.000 zurückgewährt und anschließend der verbleibende Betrag von EUR 60.000 im Verhältnis von 2/5, 2/5 und 1/5 verteilt werden. Alternativ hierzu kann das Verteilungsvermögen im Verhältnis von 2/5, 2/5 und 1/5 aufgeteilt werden. Die Forderung des C in Höhe von EUR 20.000 kann gegen die ausstehende Einlageforderung in Höhe von EUR 10.000 aufgerechnet werden. Der hierdurch bei der Gesellschaft verbleibende Betrag in Höhe von EUR 10.000 muss seinerseits im Verhältnis von 2/5, 2/5 und 1/5 and die Gesellschafter A, B und C verteilt werden. auf beiden Wegen erhalten diese EUR 44.000 (A), EUR 44.000 (B) und EUR 12.000 (C). Reicht nun aber das verteilungsfähige Vermögen nicht einmal zur Rückgewähr der erbrachten Einlagen aus, genügt es nicht, die gewährten Einlagen anteilig rückzuerstatten. Stehen nur EUR 30.000 zur Verteilung an, erhalten A und B jeweils EUR 15.000. A und B können in diesem Fall nicht etwa jeweils 2/5 der ausstehenden Einlage von EUR 10.000 einfordern. Vielmehr muss zunächst die Einlage des C dem verteilungsfähigen Vermögen hinzugerechnet werden. Diese EUR 40.000 sind nun rechnerisch im Verhältnis 2/5, 2/5 und 1/5 zu verteilen. Da hierdurch A und B jeweils EUR 16.000 erhielten, haben sie eine Ausfallforderung gegen C in Höhe von jeweils EUR 1000, die sie direkt von diesem einfordern können. Eine Umwegszahlung an die Gesellschaft ist in diesem Stadium weder notwendig noch sinnvoll. Dem 18

---

51 *Kleindiek*, in: Lutter/Hommelhoff, GmbHG, § 72 Rn. 11; *Haas*, in: Baumbach/Hueck, GmbHG, § 72 Rn. 4; *Altmeppen*, in: Roth/Altmeppen, GmbHG, § 72 Rn. 10; *Rasner*, in: Rowedder/Schmidt-Leithoff, GmbHG, § 72 Rn. 12; *Ensthaler*, in: Ensthaler/Füller/Schmidt, GmbHG, § 72 Rn. 4.

52 *Rasner*, in: Rowedder/Schmidt-Leithoff, GmbHG, § 72 Rn. 12; *Haas*, in: Baumbach/Hueck, GmbHG, § 72 Rn. 4.

C steht es jedoch frei, seine Einlage in Höhe von EUR 10.000 an die Gesellschaft zu erbringen und anschließend EUR 8000 als anteilige Forderung in Höhe von 1/5 des gesamten Verteilungsvermögens von EUR 40.000 einzufordern.

F. Ansprüche bei fehlerhafter Verteilung

I. Ansprüche auf Schadensersatz gegen die Liquidatoren

19 Verstoßen die Liquidatoren im Verteilungsstadium gegen ihre Pflichten und kommt es hierdurch zu einem Schaden der Gesellschafter, stellt sich die Frage nach ihren Ansprüchen gegen die Liquidatoren. Zu einer fehlerhaften Verteilung kann es etwa kommen, wenn das Liquidationsvermögen falsch errechnet wird, bei Sachleistungen unrichtige Wertbemessungen zugrunde gelegt werden oder gegen die Verteilungsbestimmungen in der Satzung oder den Gesellschafterbeschlüssen verstoßen wird.[53] Nach ganz h.M. kommt in diesen Fällen als Anspruchsgrundlage nur § 826 BGB in Betracht.[54] Dieser Standpunkt ist geprägt von dem Verständnis, dass die Liquidatoren ebenso wie die Geschäftsführer ihre Pflichten nur der Gesellschaft, nicht jedoch den Gesellschaftern schulden.[55] Die Wertungen aus der werbenden Phase können jedoch nicht einfach in das Liquidationsstadium übernommen werden. Vielmehr ist nach den verschiedenen Stadien der Liquidationsphase zu differenzieren. Während des Sperrjahres stehen die Gläubigerinteressen im Vordergrund. Die hiernach geschuldeten Pflichten einzuhalten, steht im Interesse der Liquidationsgesellschaft, da diese bei pflichtwidrigem Verhalten ihrer Liquidatoren über § 31 BGB von den Gläubigern in Anspruch genommen werden kann. Davon unterscheidet sich das Stadium der Vermögensverteilung: Die Gesellschaft verliert hierdurch ihr Vermögen, und ihre Vollbeendigung durch Löschung steht unmittelbar bevor. Es existiert in diesem Stadium weder ein Interesse der Gesellschaft an einer pflichtgemäßen Verteilung, noch kommt sie als Haftungssubjekt in Betracht. Vielmehr dienen die auf die Vermögensverteilung gerichteten Pflichten der Liquidatoren ausschließlich den Interessen der Gesellschafter. Dies begründet ungeachtet der mit der Gesellschaft bestehenden organschaftlichen Beziehung eine Sonderbeziehung der Liquidatoren mit den Gesellschaftern, die als Grundlage einer Haftung nach § 280 Abs. 1 BGB bei schuldhaft fehlerhafter Verteilung des Liquidationsvermögens herangezogen werden kann.

---

53 Vgl. *Rasner*, in: Rowedder/Schmidt-Leithoff, GmbHG, § 72 Rn. 10.

54 *Kleindiek*, in: Lutter/Hommelhoff, GmbHG, § 72 Rn. 12; *Altmeppen*, in: Roth/Altmeppen, GmbHG, § 72 Rn. 13; *Haas*, in: Baumbach/Hueck, GmbHG, § 72 Rn. 20. *Nerlich*, in: Michalski, GmbHG, § 72 Rn. 13, erwägt nur, dass der Gesellschafter den Anspruch der Gesellschaft gegen den Liquidator pfänden und sich überweisen lassen können soll.

55 Für die h.M. und zum Meinungsstand *Zöllner/Noack*, in: Baumbach/Hueck, GmbHG, § 43 Rn. 64. Zur Kritik daran *Hofmann*, Der Minderheitsschutz im Gesellschaftsrecht, 2011, § 6, v.a. S. 280–282. Zur Schutzrichtung der Geschäftsleiterpflichten auch *Bayer*, NJW 2000, 2609, 2611; *Fleischer*, WM 2003, 1045, 1046 ff.

II. Bereicherungsrechtliche Ansprüche gegen Mitgesellschafter

20 Auch besteht gegen einen durch fehlerhafte Verteilungsmaßnahmen bereicherten Gesellschafter ein Anspruch aus § 812 BGB. Dieser steht jedenfalls der Gesellschaft zu.[56] Da durch die Bereicherung zugleich der Anspruch der Mitgesellschafter gemindert wird, können diese unmittelbar gegen den bereicherten Mitgesellschafter vorgehen. Gründe, die gegen eine Direktzahlung sprechen würden, exstieren nicht. Eine Zahlung an der Gesellschaft vorbei, die in der werbenden Gesellschaft gegen die Kapitalerhaltungsgrundsätze verstößt und dem Schutz der Gläubiger und Mitgesellschafter widersprechen kann, ist im Endstadium der Liquidation unbedenklich, da das Vermögen ohnehin nur noch zur Verteilung an die Gesellschafter dient.[57]

§ 73 Sperrjahr

(1) Die Verteilung darf nicht vor Tilgung oder Sicherstellung der Schulden der Gesellschaft und nicht vor Ablauf eines Jahres seit dem Tage vorgenommen werden, an welchem die Aufforderung an die Gläubiger (§ 65 Abs. 2) in den Gesellschaftsblättern erfolgt ist.

(2) [1]Meldet sich ein bekannter Gläubiger nicht, so ist der geschuldete Betrag, wenn die Berechtigung zur Hinterlegung vorhanden ist, für den Gläubiger zu hinterlegen. [2]Ist die Berichtigung einer Verbindlichkeit zur Zeit nicht ausführbar oder ist eine Verbindlichkeit streitig, so darf die Verteilung des Vermögens nur erfolgen, wenn dem Gläubiger Sicherheit geleistet ist.

(3) [1]Liquidatoren, welche diesen Vorschriften zuwiderhandeln, sind zum Ersatz der verteilten Beträge solidarisch verpflichtet. [2]Auf den Ersatzanspruch finden die Bestimmungen in § 43 Abs. 3 und 4 entsprechende Anwendung.

Übersicht **Rdn.**

---

56 *Kleindiek*, in: Lutter/Hommelhoff, GmbHG, § 72 Rn. 12. *Haas*, in: Baumbach/Hueck, GmbHG, § 72 Rn. 19; *Nerlich*, in: Michalski, GmbHG, § 72 Rn. 12.

57 I.E. auch *K. Schmidt*, in: Scholz, GmbHG, § 72 Rn. 17; *Rasner*, in: Rowedder/Schmidt-Leithoff, GmbHG, § 72 Rn. 10; *Altmeppen*, in: Roth/Altmeppen, GmbHG, § 72 Rn. 12; *Haas*, in: Baumbach/Hueck, GmbHG, § 72 Rn. 21; wohl auch *Nerlich*, in: Michalski, GmbHG, § 72 Rn. 12. Grundlegend zu Direktansprüchen der Gesellschafter gegeneinander *Hofmann*, Der Minderheitsschutz im Gesellschaftsrecht, 2011, S. 322–341.

Schrifttum

Siehe Schrifttum zu § 67.

A. Überblick

1 Die Vorschrift regelt in Abs. 1 und 2 die Voraussetzungen dafür, dass eine Verteilung des Gesellschaftsvermögens an die Gesellschafter nach § 72 erfolgen darf. Sie ordnet

ein absolutes Ausschüttungsverbot an, solange nicht alle bekannten Verbindlichkeiten der Gesellschaft befriedigt oder gesichert sind und außerdem ein Sperrjahr, das den Gläubigern dazu dient, ihre Forderungen anzumelden, abgelaufen ist. Sie verschärft die Kapitalerhaltungsgrundsätze gegenüber der werbenden Phase und den Bindungen durch § 30. Während des Sperrjahres darf unabhängig von der Höhe des vorhandenen Vermögens keinerlei Ausschüttung erfolgen.[1] Davon sind auch Abschlagszahlungen und Darlehen an die Gesellschafter erfasst.[2] Auch § 43a gilt weiterhin.[3] Das Gesetz will unabhängig von einer Prüfung der konkreten Vermögenslage sicherstellen, dass alle bekannten Gläubiger der Gesellschaft vorrangige Befriedigung erhalten und unbekannte Gläubiger ein Jahr lang Zeit haben, ihre Ansprüche geltend zu machen. Um die Wirksamkeit der Bestimmungen sicherzustellen, ordnet Abs. 3 die Haftung der Liquidatoren bei einem Verstoß gegen die Bestimmungen der Abs. 1, 2 an.

B. Zwingendes Recht

2 Die Vorschrift stellt die wesentliche Säule des Gläubigerschutzes im Liquidationsverfahren dar. Deswegen steht sie nicht zur Disposition der Gesellschafter. Sie kann weder durch die Satzung noch durch einen Gesellschafterbeschluss verändert werden.[4] Daneben scheidet auch eine Dispositionsbefugnis der bekannten Gläubiger aus. Wegen der Möglichkeit, dass unbekannte Gläubiger existieren, darf mit der Verteilung vor Ablauf des Sperrjahres auch dann nicht begonnen werden, wenn sämtliche bekannten Gläubiger zustimmen.[5]

1 *K. Schmidt*, in: Scholz, GmbHG, § 73 Rn. 1; *Kleindiek*, in: Lutter/Hommelhoff, GmbHG, § 72 Rn. 1.

2 BGH, NZG 2009, 659, 662; *K. Schmidt*, in: Scholz, GmbHG, § 73 Rn. 2c; *Nerlich*, in: Michalski, GmbHG, § 73 Rn. 8.

3 *Kleindiek*, in: Lutter/Hommelhoff, GmbHG, § 72 Rn. 1.

4 OLG Rostock, NJW-RR 1996, 1185, 1186; *K. Schmidt*, in: Scholz, GmbHG, § 73 Rn. 4; *Nerlich*, in: Michalski, GmbHG, § 73 Rn. 2; *Kleindiek*, in: Lutter/Hommelhoff, GmbHG, § 73 Rn. 1; *Rasner*, in: Rowedder/Schmidt-Leithoff, GmbHG, § 73 Rn. 5; *Haas*, in: Baumbach/Hueck, GmbHG, § 73 Rn. 2.

5 OLG Rostock, NJW-RR 1996, 1185, 1186; *K. Schmidt*, in: Scholz, GmbHG, § 73 Rn. 4; *Nerlich*, in: Michalski, GmbHG, § 73 Rn. 2; *Kleindiek*, in: Lutter/Hommelhoff, GmbHG, § 72 Rn. 1; *Altmeppen*, in: Roth/Altmeppen, GmbHG, § 73 Rn. 10; *Ensthaler*, in: Ensthaler/Füller/Schmidt, GmbHG, § 73 Rn. 2; *Rasner*, in: Rowedder/Schmidt-Leithoff, GmbHG, § 73 Rn. 5; *Haas*, in: Baumbach/Hueck, GmbHG, § 73 Rn. 2.

C. Lauf und Bedeutung des Sperrjahres

I. Beginn des Sperrjahres

3 Das Verbot, Gesellschaftsvermögen an die Gesellschafter auszuschütten, beginnt bereits mit der Auflösung der Gesellschaft.[6] Davon ist das in Abs. 1 geregelte Sperrjahr zu unterscheiden, das erst mit der Aufforderung an die Gläubiger nach § 65 Abs. 2 beginnt. Die Frist des Sperrjahres beginnt am Erscheinungstag des Gesellschaftsblattes, in dem die Aufforderung enthalten ist, zu laufen. Eine dreimalige Aufforderung wie nach alter Gesetzeslage ist nach Änderung des § 65 durch § 14b Nr. 9 ARUG nicht mehr erforderlich (dazu § 65 Rdn. 26). Zu den Anforderungen an die Veröffentlichung und die Folgen, wenn Fehler unterlaufen, siehe § 65 Rdn. 27 f.

II. Ablauf des Sperrjahres

4 Der Ablauf dieses Sperrjahres ist nur die Mindestvoraussetzung dafür, dass eine Vermögensverteilung an die Gesellschafter stattfinden darf. Auch danach besteht die Sperre fort, wenn bekannte Verbindlichkeiten noch nicht befriedigt oder im Sinne von Abs. 2 gesichert sind. Außerdem lässt der Ablauf des Sperrjahres die Ansprüche der Gläubiger unberührt. Es handelt sich daher nicht etwa um eine Ausschlussfrist.[7] Werden im Verlauf des begonnenen Verteilungsverfahrens Verbindlichkeiten bekannt, sind diese weiterhin vorrangig zu befriedigen und die Verteilungsmaßnahmen zu unterbrechen.[8]

III. Absichernde Wirkung

5 Zugleich sichert § 73 jedoch auch die Liquidatoren und Gesellschafter ab. Werden die Vorgaben eingehalten, können die Gläubiger unbekannter Forderungen im Ergebnis leer ausgehen. Die Liquidatoren haben ihre Pflichten nicht verletzt, wenn sie den Vorgaben des § 73 entsprechen und anschließend das Vermögen an die Gesellschafter verteilen. Daher scheiden gegen sie gerichtete Schadensersatzansprüche der Gläubiger aus. Die Gesellschafter sind zwar bereichert, jedoch mit Rechtsgrund,

---

6 *K. Schmidt*, in: Scholz, GmbHG, § 73 Rn. 1; *Nerlich*, in: Michalski, GmbHG, § 73 Rn. 10; *Ensthaler*, in: Ensthaler/Füller/Schmidt, GmbHG, § 73 Rn. 3.

7 *K. Schmidt*, in: Scholz, GmbHG, § 73 Rn. 3; *Nerlich*, in: Michalski, GmbHG, § 73 Rn. 11; *Kleindiek*, in: Lutter/Hommelhoff, GmbHG, § 72 Rn. 4 und § 73 Rn. 8; *Altmeppen*, in: Roth/Altmeppen, GmbHG, § 73 Rn. 12; *Ensthaler*, in: Ensthaler/Füller/Schmidt, GmbHG, § 73 Rn. 12; *Rasner*, in: Rowedder/Schmidt-Leithoff, GmbHG, § 73 Rn. 3 und 11.

8 *K. Schmidt*, in: Scholz, GmbHG, § 73 Rn. 3 und 13; *Nerlich*, in: Michalski, GmbHG, § 73 Rn. 11 und 34; *Kleindiek*, in: Lutter/Hommelhoff, GmbHG, § 72 Rn. 4; *Altmeppen*, in: Roth/Altmeppen, GmbHG, § 73 Rn. 3 f.; *Rasner*, in: Rowedder/Schmidt-Leithoff, GmbHG, § 73 Rn. 25; *Haas*, in: Baumbach/Hueck, GmbHG, § 73 Rn. 9.

da nach Ablauf des Sperrjahres und Befriedigung aller Gläubiger eine Verteilung an sie stattfinden durfte.[9] § 73 besitzt insoweit Ausgleichsfunktion.[10]

IV. Registergerichtliche Verfügungen

6 Der Lauf des Sperrjahres hat auch Bedeutung für die Verfügungen des Registergerichts. Das Erlöschen der Gesellschaft darf regelmäßig erst eingetragen werden, wenn das Sperrjahr abgelaufen ist. Davor ist eine Eintragung nur zulässig, wenn das Gesellschaftsvermögen durch Gläubigerbefriedigung erschöpft ist und keine Verteilung an die Gesellschafter mehr stattfindet.[11] In diesem Fall sind die Voraussetzungen von § 394 FamFG gegeben, der anordnet, dass eine GmbH, die kein Vermögen besitzt, von Amts wegen zu löschen ist (dazu § 60 Rdn. 46 ff.). Wird nach Löschung eine Nachtragsliquidation notwendig, brauchen Gläubigeraufruf nach § 65 Abs. 2 und Sperrjahr nach § 73 nicht beachtet zu werden.[12]

D. Verhältnis zu § 30 und Qualifizierung der Gesellschafteransprüche

I. Spezialitätsverhältnis zu § 30

7 § 73 ist gegenüber § 30 spezieller. Diese Spezialität bringt es mit sich, dass die Sperre des § 30 aufgehoben ist, wenn § 73 eine Vermögensverteilung gestattet. Bei einem Verstoß gegen § 73 ist die Verfügung demgegenüber zwar wirksam, doch kann das Geleistete zurückgefordert werden. Anspruchsgrundlage hierfür ist § 31 analog, selbst wenn kein Verstoß gegen § 30 vorliegt, da sich die Kapitalerhaltung in der Liquidation vornehmlich nach § 73 richtet.[13] Für noch nicht vollzogene Leistungen folgt aus § 73 ein Leistungsverweigerungsrecht.[14]

---

9 I.E. *Kleindiek*, in: Lutter/Hommelhoff, GmbHG, § 73 Rn. 9; *Rasner*, in: Rowedder/Schmidt-Leithoff, GmbHG, § 73 Rn. 24; a.A. wohl *Haas*, in: Baumbach/Hueck, GmbHG, § 73 Rn. 6; *Kleindiek*, in: Lutter/Hommelhoff, GmbHG, § 73 Rn. 9; *Erle*, GmbHR 1998, 216, 222.

10 Vgl. hierzu auch RGZ 124, 210, 214 f.

11 OLG Köln, NZG 2005, 83, 84; *K. Schmidt*, in: Scholz, GmbHG, § 73 Rn. 3; *Nerlich*, in: Michalski, GmbHG, § 73 Rn. 12; *Altmeppen*, in: Roth/Altmeppen, GmbHG, § 73 Rn. 13; *Ensthaler*, in: Ensthaler/Füller/Schmidt, GmbHG, § 73 Rn. 4; *Rasner*, in: Rowedder/Schmidt-Leithoff, GmbHG, § 73 Rn. 5.

12 OLG Hamm, GmbHR 1987, 470, 471; *Rasner*, in: Rowedder/Schmidt-Leithoff, GmbHG, § 73 Rn. 2.

13 BGH, NZG 2009, 659, 662; BGH, NJW 2009, 2127, 2131; *Haas*, in: Baumbach/Hueck, GmbHG, § 73 Rn. 17; *K. Schmidt*, in: Scholz, GmbHG, § 73 Rn. 5; *Kleindiek*, in: Lutter/Hommelhoff, GmbHG, § 73 Rn. 11, 15.

14 *K. Schmidt*, in: Scholz, GmbHG, § 73 Rn. 5.

II. Erfasste Gesellschafterforderungen

8 Der genauen Einordnung der Gesellschafteransprüche kommt für die Bestimmung der Reichweite des § 73 besondere Bedeutung zu. Nur die Ansprüche, die im Gesellschaftsverhältnis wurzeln, sind regelmäßig von der Sperre des § 73 erfasst, nicht jedoch Ansprüche, die auf eine Gläubigerstellung des Gesellschafters zurückgehen.[15] Ausnahmen gelten, wenn sich die im Gesellschaftsverhältnis wurzelnden Ansprüche zu einem selbständigen Forderungsrecht konkretisiert haben. Daher ist ein Anspruch aus einem vor der Auflösung beschlossenen Gewinnverwendungsbeschluss nicht von der Ausschüttungssperre erfasst.[16] Gleiches gilt seit Wegfall der §§ 32a, 32b auch für Ansprüche aus Gesellschafterdarlehen.[17] Ob ein Verstoß gegen § 30 vorliegt, richtet sich nach der Einordnung des Anspruchs. Bei Gewinnverwendung ist § 30 zu beachten, bei Drittansprüchen hingegen nicht.[18] Zu den Gewinnansprüchen der Gesellschafter siehe auch unter § 72 Rdn. 10, und § 69 Rdn. 11.

E. Tilgung bekannter Verbindlichkeiten, Abs. 2

I. Bekannte Verbindlichkeiten

9 Abs. 2 regelt das Verfahren zur Tilgung und Absicherung bekannter Verbindlichkeiten. Bekannte Gläubiger im Sinne der Vorschriften verfügen über Forderungen gegen die Gesellschaft, die den Liquidatoren nach Grund und Höhe im Wesentlichen bekannt sind.[19] Es geht daher primär um bekannte Forderungen gegen die Gesellschaft.[20] Daher braucht die Person des Gläubigers nicht bekannt zu sein, so etwa bei Inhaberschuldverschreibungen.[21] Vielmehr haben die Liquidatoren in diesen Fällen

15 *K. Schmidt*, in: Scholz, GmbHG, § 73 Rn. 2b; *Nerlich*, in: Michalski, GmbHG, § 73 Rn. 5; *Rasner*, in: Rowedder/Schmidt-Leithoff, GmbHG, § 73 Rn. 1 und 21. Vgl. auch BGH, NJW 1973, 1695.

16 *K. Schmidt*, in: Scholz, GmbHG, § 73 Rn. 2b; *Nerlich*, in: Michalski, GmbHG, § 73 Rn. 5; *Rasner*, in: Rowedder/Schmidt-Leithoff, GmbHG, § 73 Rn. 21.

17 *K. Schmidt*, in: Scholz, GmbHG, § 73 Rn. 2b; *Nerlich*, in: Michalski, GmbHG, § 73 Rn. 7. Zur alten Rechtslage unter Geltung der §§ 32a, 32b *Rasner*, in: Rowedder/Schmidt-Leithoff, GmbHG, § 73 Rn. 23.

18 *Hueck/Fastrich*, in: Baumbach/Hueck, GmbHG, § 30 Rn. 29; *Rasner*, in: Rowedder/Schmidt-Leithoff, GmbHG, § 73 Rn. 22. Zu den Gewinnsansprüchen auch *Altmeppen*, in: Roth/Altmeppen, GmbHG, § 70 Rn. 19; *Rasner*, in: Rowedder/Schmidt-Leithoff, GmbHG, § 70 Rn. 10.

19 RGZ 92, 77, 80; *Nerlich*, in: Michalski, GmbHG, § 73 Rn. 14; *Ensthaler*, in: Ensthaler/Füller/Schmidt, GmbHG, § 73 Rn. 6; *Rasner*, in: Rowedder/Schmidt-Leithoff, GmbHG, § 73 Rn. 1; *Haas*, in: Baumbach/Hueck, GmbHG, § 73 Rn. 6.

20 *K. Schmidt*, in: Scholz, GmbHG, § 73 Rn. 6; *Nerlich*, in: Michalski, GmbHG, § 73 Rn. 14; *Rasner*, in: Rowedder/Schmidt-Leithoff, GmbHG, § 73 Rn. 7.

21 *Nerlich*, in: Michalski, GmbHG, § 73 Rn. 15. A.A. wohl *Kleindiek*, in: Lutter/Hommelhoff, GmbHG, § 72 Rn. 5.

Nachforschungen anzustellen und bei Erfolglosigkeit Sicherheit zu leisten.[22] Ohne Weiteres bekannt sind alle Forderungen, die von den Liquidatoren selbst begründet werden. Fahrlässig unbekannte Forderungen sind für die Haftung von Bedeutung, stehen der Kenntnis jedoch nicht gleich.[23] Eine Meldung des Gläubigers nach § 65 Abs. 2 S. 2 ist nicht Voraussetzung dafür, dass eine Verbindlichkeit als bekannt gilt. Sie erleichtert dem Gläubiger jedoch den Nachweis darüber, dass seine Forderung bekannt war.[24]

II. Nachforschungspflichten

10 Die Anforderungen an die Nachforschungspflichten der Liquidatoren sind problematisch. Im Ansatz sind sie erforderlich, wenn der Liquidator die Tatsachen kennt, aus denen sich eine Inanspruchnahme ergeben kann. Sie müssen aber auch im Einzelfall zumutbar sein. Dabei ist einerseits zu beachten, dass den Gläubigern, die nicht berücksichtigt werden, erhebliche Nachteile drohen. Daher werden zu Recht strenge Maßstäbe gefordert.[25] Andererseits ist die Pflicht der Liquidatoren, nach § 65 Abs. 2 die Gläubiger der Gesellschaft zur Meldung aufzufordern, zu berücksichtigen. Hieraus folgt die Obliegenheit der Gläubiger, für eine Wahrung ihrer Rechte selbst zu sorgen.[26] Diese Umstände sind im Rahmen einer Abwägung zu berücksichtigen und davon ausgehend die Nachforschungspflichten der Liquidatoren im Einzelfall zu bestimmen. Im Zweifel ist es den Liquidatoren und Gesellschaftern zuzumuten, die Verteilung auszusetzen, bis eine Klärung erfolgt ist.[27] Siehe auch noch unter Rdn. 19 und 26.

III. Erfüllung der Verbindlichkeiten

1. Erfüllungspflicht

11 Die Liquidatoren sind verpflichtet, alle bekannten und überdies fälligen, unbedingten und unstreitigen Verbindlichkeiten der Gesellschaft zu erfüllen.[28] Das ergibt sich schon aus § 70 (siehe dort Rdn. 12 ff.). Bei diesen Forderungen reicht es nicht aus, nur Sicherheit zu leisten oder zu hinterlegen. Irrelevant ist, ob die Forderungen vor

---

22 *Rasner*, in: Rowedder/Schmidt-Leithoff, GmbHG, § 73 Rn. 7 f.

23 *K. Schmidt*, in: Scholz, GmbHG, § 73 Rn. 6; *Nerlich*, in: Michalski, GmbHG, § 73 Rn. 14; *Rasner*, in: Rowedder/Schmidt-Leithoff, GmbHG, § 73 Rn. 8; *Haas*, in: Baumbach/Hueck, GmbHG, § 73 Rn. 6.

24 *Kleindiek*, in: Lutter/Hommelhoff, GmbHG, § 72 Rn. 5; *Ensthaler*, in: Ensthaler/Füller/Schmidt, GmbHG, § 73 Rn. 6.

25 *Nerlich*, in: Michalski, GmbHG, § 73 Rn. 15; *Altmeppen*, in: Roth/Altmeppen, GmbHG, § 73 Rn. 3; *Rasner*, in: Rowedder/Schmidt-Leithoff, GmbHG, § 73 Rn. 8.

26 *K. Schmidt*, in: Scholz, GmbHG, § 73 Rn. 6.

27 *Altmeppen*, in: Roth/Altmeppen, GmbHG, § 73 Rn. 3; vgl. *K. Schmidt*, ZIP 1981, 1, 3.

28 *K. Schmidt*, in: Scholz, GmbHG, § 73 Rn. 9; *Nerlich*, in: Michalski, GmbHG, § 73 Rn. 17; *Altmeppen*, in: Roth/Altmeppen, GmbHG, § 73 Rn. 5; *Ensthaler*, in: Ensthaler/Füller/Schmidt, GmbHG, § 73 Rn. 9; *Haas*, in: Baumbach/Hueck, GmbHG, § 73 Rn. 3.

oder nach der Auflösung entstanden sind.[29] Betagte Forderungen werden durch den Lauf des Sperrjahres nicht etwa fällig.[30]

2. Insolvenzantragspflicht und Verteilungsgerechtigkeit

12 Bei der Befriedigung der Gläubiger müssen die Liquidatoren keine bestimmte Reihenfolge einhalten, sondern können sich von Zweckmäßigkeitserwägungen leiten lassen.[31] Anderes gilt, wenn eine Befriedigung aller Gläubiger ausscheidet oder zweifelhaft erscheint. Auch im Liquidationsverfahren sind die Liquidatoren verpflichtet, Insolvenzantrag zu stellen (zu den Voraussetzungen unter § 60 Rdn. 27 ff.). Wird das Insolvenzverfahren eröffnet, richtet sich die Gläubigerbefriedigung nach Insolvenzrecht. Danach findet eine pro rata-Verteilung statt. Wird die Eröffnung mangels Masse abgelehnt, verbleibt die Gläubigerbefriedigung hingegen bei den Liquidatoren. Auch dann gilt der Grundsatz der Verteilungsgerechtigkeit (dazu schon unter § 70 Rdn. 14), so dass die Liquidatoren das verbleibende Vermögen auf die Gläubiger pro rata verteilen müssen.[32] Relevanter ist ein anderer Fall: Zeichnen sich im Laufe des Liquidationsverfahrens Zweifel an einer ausreichenden Masse ab, sind die Voraussetzungen für eine Insolvenzantragspflicht aber noch nicht erfüllt, sind die Liquidatoren aus dem Grundatz der Verteilungsgerechtigkeit heraus verpflichtet, zunächst eine anteilige Befriedigung der Gläubiger vorzunehmen.[33] Erst wenn sich abzeichnet, dass die vorhandenen Mittel zur vollständigen Befriedigung aller Gläubiger ausreichen, dürfen die Gläubiger wieder voll befriedigt werden. Ausstehende Forderungen aus dem Geellschaftsverhältnis gegen die Gesellschafter, insbesondere Einlagenforderungen, müssen eingezogen werden, wenn das vorhandene Gesellschaftsvermögen zur Befriedigung der Gläubiger nicht ausreicht (dazu näher § 69 Rdn. 10; § 70 Rdn. 18).[34]

---

29 *Rasner*, in: Rowedder/Schmidt-Leithoff, GmbHG, § 73 Rn. 9; *Nerlich*, in: Michalski, GmbHG, § 73 Rn. 17; *Altmeppen*, in: Roth/Altmeppen, GmbHG, § 73 Rn. 17.

30 *Ensthaler*, in: Ensthaler/Füller/Schmidt, GmbHG, § 73 Rn. 12.

31 *K. Schmidt*, in: Scholz, GmbHG, § 73 Rn. 8; *Haas*, in: Baumbach/Hueck, GmbHG, § 73 Rn. 3; *Rasner*, in: Rowedder/Schmidt-Leithoff, GmbHG, § 73 Rn. 11; *Kleindiek*, in: Lutter/Hommelhoff, GmbHG, § 73 Rn. 8; *Nerlich*, in: Michalski, GmbHG, § 73 Rn. 17; *Altmeppen*, in: Roth/Altmeppen, GmbHG, § 73 Rn. 5; *Ensthaler*, in: Ensthaler/Füller/Schmidt, GmbHG, § 73 Rn. 8.

32 *K. Schmidt*, in: Scholz, GmbHG, § 73 Rn. 9; *Nerlich*, in: Michalski, GmbHG, § 73 Rn. 20.

33 I.E. auch *Nerlich*, in: Michalski, GmbHG, § 73 Rn. 19; *Rasner*, in: Rowedder/Schmidt-Leithoff, GmbHG, § 73 Rn. 11; *Kleindiek*, in: Lutter/Hommelhoff, GmbHG, § 73 Rn. 8; *K. Schmidt*, in: Scholz, GmbHG, § 73 Rn. 9. A.A. *Ensthaler*, in: Ensthaler/Füller/Schmidt, GmbHG, § 73 Rn. 8.

34 *Rasner*, in: Rowedder/Schmidt-Leithoff, GmbHG, § 73 Rn. 12.

F. Hinterlegung und Sicherheitsleistung, Abs. 2

I. Regelungszweck

13 § 73 Abs. 1 knüpft die Verteilung des Vermögens an die Gesellschafter an die Voraussetzung, dass alle Verbindlichkeiten erfüllt worden sind. Wegen der damit im Einzelfall verbundenen praktischen Schwierigkeiten ermöglicht es Abs. 2 den Liquidatoren, unter bestimmten Voraussetzungen auch hinterlegen und Sicherheit leisten zu dürfen. Hierdurch wird keine Pflicht zu Hinterlegung und Sicherheitsleistung begründet. Es handelt sich vielmehr um eine Möglichkeit, trotz offener Verbindlichkeiten der Gesellschaft eine Vermögensverteilung an die Gesellschafter vornehmen zu dürfen. Sehen die Liquidatoren von Hinterlegung und Sicherheitsleistung ab, darf auch keine Vermögensverteilung stattfinden.[35]

II. Verhältnis von Hinterlegung und Sicherheitsleistung

14 Abs. 2 scheint streng nach Hinterlegung und Sicherheitsleistung für verschiedene Konstellationen zu unterscheiden. Auch die Hinterlegung ist jedoch eine Form der Sicherheitsleistung, die für den Schuldner vor allem wegen § 378 BGB häufig vorzugswürdig, zur Sicherung des Gläubigers aber nicht notwendig ist. Dem von § 73 verfolgten Ziel, einen Ausfall der Gläubiger durch die Vermögensverteilung an die Gesellschafter zu verhindern, wird durch jede Form von Sicherheitsleistung Rechnung getragen. Ein Spezialitätsverhältnis von Hinterlegung und sonstiger Sicherheitsleistung existiert daher nicht.[36]

III. Die Hinterlegung

1. Anwendungsbereich

15 Das Gesetz unterscheidet in Abs. 2 nach bekannten Forderungen, die vom Gläubiger nicht eingefordert werden, und anderen Zahlungshindernissen. Meldet sich ein bekannter Gläubiger nicht, ist der geschuldete Betrag nach dem Wortlaut der Norm zu hinterlegen, sofern die Voraussetzungen für eine Hinterlegung vorliegen.[37] Die Bestimmung bezieht sich damit auf den in § 372 BGB genannten Annahmeverzug und spricht zudem nur von der Hinterlegung eines Geldbetrags. Darüber hinaus dürfen die Liquidatoren aber auch dann hinterlegen, wenn einer der anderen Fälle des § 372 BGB vorliegt. Daher dürfen auch Wertpapiere, sonstige Urkunden und

---

35 *K. Schmidt*, in: Scholz, GmbHG, § 73 Rn. 10; *ders.*, ZIP 1981, 1, 4; *Rasner*, in: Rowedder/Schmidt-Leithoff, GmbHG, § 73 Rn. 17; *Kleindiek*, in: Lutter/Hommelhoff, GmbHG, § 73 Rn. 8. A.A. *Ensthaler*, in: Ensthaler/Füller/Schmidt, GmbHG, § 73 Rn. 4.

36 I.E. auch *Rasner*, in: Rowedder/Schmidt-Leithoff, GmbHG, § 73 Rn. 12; *Nerlich*, in: Michalski, GmbHG, § 73 Rn. 22; *K. Schmidt*, in: Scholz, GmbHG, § 73 Rn. 10. A.A. *Haas*, in: Baumbach/Hueck, GmbHG, § 73 Rn. 6; *Kleindiek*, in: Lutter/Hommelhoff, GmbHG, § 73 Rn. 7.

37 Die Norm schafft daher nicht die Voraussetzungen für eine Hinterlegung, sondern setzt sie voraus, *Ensthaler*, in: Ensthaler/Füller/Schmidt, GmbHG, § 73 Rn. 13.

Kostbarkeiten hinterlegt werden, und zwar nicht nur bei Annahmeverzug, sondern auch bei unverschuldeter Ungewissheit über die Person des Gläubigers.[38] Da die Gläubigerinteressen auch durch Sicherheitsleistung ausreichend Beachtung finden, bedarf es hingegen keiner Ausdehnung der Hinterlegungsbefugnis über den Anwendungsbereich des § 372 BGB hinaus.[39] Daher ist eine Hinterlegung in dem von § 372 BGB nicht erfassten Fall, in dem die Unkenntnis über die Person des Gläubigers auf Fahrlässigkeit beruht, ausgeschlossen.[40]

2. Berechtigung

16 Soweit die Voraussetzungen zur Hinterlegung vorliegen, darf der Liquidator hinterlegen, ist hierzu jedoch nicht verpflichtet. Da § 73 sicherstellen will, dass alle Gläubigerforderungen möglichst getilgt, jedenfalls aber besichert sind, bevor eine Vermögensverteilung an die Gesellschafter stattfindet, dürfen die Verbindlichkeiten auch dann beglichen werden, wenn eine Hinterlegung oder Besicherung ausreichen würde. Das kommt insbesondere bei betagten Forderungen in Betracht, soweit sie nur erfüllbar sind, was nach § 271 Abs. 2 BGB im Zweifel der Fall ist.[41] Außerdem steht es dem Liquidator frei, eine andere Form der Sicherheitsleistung zu wählen (soeben Rdn. 14). Dem Liquidator steht die Entscheidung darüber, auf die Rücknahme zu verzichten, zwar zunächst frei.[42] Um die von § 73 bezweckte Gläubigersicherung zu erreichen, muss vor Vollbeendigung der Gesellschaft auf die Rücknahme jedoch verzichtet werden.[43] Die Hinterlegung besitzt dann nach § 378 BGB Erfüllungswirkung.

IV. Die Sicherheitsleistung

1. Anwendungsbereich

17 In den Fällen, in denen eine Verbindlichkeit zurzeit nicht berichtigt werden kann oder streitig ist, muss Sicherheit geleistet werden, bevor die Verteilung beginnen kann. Hauptanwendungsfälle sind Unklarheiten über die Person des Gläubigers oder dessen Annahmeverzug (wobei hier wahlweise auch eine Hinterlegung in Betracht kommen kann). Außerdem brauchen betagte Forderungen nicht erfüllt zu werden. Ist die Erfüllbarkeit entgegen § 271 Abs. 2 BGB hinausgeschoben, ändert auch das

---

38 *K. Schmidt*, in: Scholz, GmbHG, § 73 Rn. 10.

39 I.E. ablehnend *Haas*, in: Baumbach/Hueck, GmbHG, § 73 Rn. 6.

40 *Rasner*, in: Rowedder/Schmidt-Leithoff, GmbHG, § 73 Rn. 15.

41 Vgl. *Ensthaler*, in: Ensthaler/Füller/Schmidt, GmbHG, § 73 Rn. 14; *Rasner*, in: Rowedder/Schmidt-Leithoff, GmbHG, § 73 Rn. 6.

42 *Kleindiek*, in: Lutter/Hommelhoff, GmbHG, § 73 Rn. 7.

43 *K. Schmidt*, in: Scholz, GmbHG, § 73 Rn. 10. Tendenziell auch *Nerlich*, in: Michalski, GmbHG, § 73 Rn. 25.

Liquidationsverfahren nichts daran, dass nicht erfüllt werden darf. Bedingte Forderungen können vor Eintritt der Bedingung nicht erfüllt werden.[44]

2. Arten der Sicherheitsleistung

18 Die Sicherheitsleistung richtet sich primär nach Maßgabe der §§ 232-240 BGB, daneben sind aber die kaufmännischen Gepflogenheiten zu beachten, so dass auch andere Arten der Sicherung in Betracht kommen.[45] Vor allem sind Bürgschaften auch über § 232 Abs. 2 BGB hinaus zulässig, wenn es sich um einen Bürgen handelt, dessen Solvenz nicht zweifelhaft ist. Diese Voraussetzung liegt bei der Bürgschaft von Kreditinstituten vor.[46] Hingegen sind Bürgschaften von Gesellschaftern nur mit Zustimmung des Gläubigers ausreichend.[47] Verspricht bei einem Unternehmenskauf der Erwerber, die Verbindlichkeiten der Gesellschaft zu tilgen, handelt es sich dabei um eine lediglich im Innenverhältnis wirkende Schuldübernahme, die nicht als Sicherheitsleistung gelten kann.[48] Der einzelne Gläubiger kann über seinen Schutz aus § 73 jedoch disponieren und darauf sogar ganz verzichten, so dass er sich mit eigentlich unzureichenden Maßnahmen begnügen kann.[49] Bei Ansprüchen auf Altersversorgung, die erst in Zukunft fällig werden und der Höhe nach noch ungewiss sind, kann eine Zusage von einer Pensionskasse oder einem Lebensversicherungsunternehmen zugunsten des Versorgungsempfängers nach § 4 Abs. 4 BertAVG erworben werden.[50] Die Höhe der Zahlung der Gesellschaft richtet sich nach einer versicherungsmathematischen Schätzung.[51]

---

44 So oder ähnlich *Nerlich*, in: Michalski, GmbHG, § 73 Rn. 26; *Kleindiek*, in: Lutter/Hommelhoff, GmbHG, § 73 Rn. 7; *Rasner*, in: Rowedder/Schmidt-Leithoff, GmbHG, § 73 Rn. 16; *Haas*, in: Baumbach/Hueck, GmbHG, § 73 Rn. 7.

45 *K. Schmidt*, in: Scholz, GmbHG, § 73 Rn. 11; *Nerlich*, in: Michalski, GmbHG, § 73 Rn. 29.

46 *Kleindiek*, in: Lutter/Hommelhoff, GmbHG, § 73 Rn. 7; *Ensthaler*, in: Ensthaler/Füller/Schmidt, GmbHG, § 73 Rn. 20; *Rasner*, in: Rowedder/Schmidt-Leithoff, GmbHG, § 73 Rn. 18; so und weiter gehend *Haas*, in: Baumbach/Hueck, GmbHG, § 73 Rn. 7. Weiter gehend *Nerlich*, in: Michalski, GmbHG, § 73 Rn. 30.

47 *Altmeppen*, in: Roth/Altmeppen, GmbHG, § 73 Rn. 6; *Ensthaler*, in: Ensthaler/Füller/Schmidt, GmbHG, § 73 Rn. 20; *Rasner*, in: Rowedder/Schmidt-Leithoff, GmbHG, § 73 Rn. 18; *Haas*, in: Baumbach/Hueck, GmbHG, § 73 Rn. 7.

48 *K. Schmidt*, in: Scholz, GmbHG, § 70 Rn. 14.

49 *K. Schmidt*, in: Scholz, GmbHG, § 73 Rn. 11.

50 *K. Schmidt*, in: Scholz, GmbHG, § 73 Rn. 11; *Nerlich*, in: Michalski, GmbHG, § 73 Rn. 32; *Rasner*, in: Rowedder/Schmidt-Leithoff, GmbHG, § 73 Rn. 19.

51 *Nerlich*, in: Michalski, GmbHG, § 73 Rn. 32; *Kleindiek*, in: Lutter/Hommelhoff, GmbHG, § 73 Rn. 7; *Ensthaler*, in: Ensthaler/Füller/Schmidt, GmbHG, § 73 Rn. 19; *Haas*, in: Baumbach/Hueck, GmbHG, § 73 Rn. 7.

3. Streitige Forderungen

19 Im Hinblick auf streitige Forderungen bedarf der Wortlaut der Norm einer Korrektur. Offensichtlich unbegründete Forderungen brauchen nicht besichert zu werden.[52] Der Höhe nach unklare, dem Grunde nach aber als möglicherweise bestehend zu beurteilende Forderungen bedürfen demgegenüber einer Sicherheitsleistung.[53] Da die Grenzen fließend sind, laufen die Liquidatoren Gefahr, einem Irrtum zu unterliegen und sich haftbar zu machen. Für ihr Verschulden kommt es entscheidend darauf an, ob sie zum Zeitpunkt der Verteilung des Vermögens an die Gesellschafter davon ausgehen durften, dass die streitige Forderung offensichtlich unbegründet war.[54] Bei Zweifeln können sie im Wege einer negativen Feststellungsklage Klärung suchen.[55]

G. Rechtsfolgen von Verstößen gegen § 73 Abs. 1 und 2

I. Anspruch auf Rückgewähr nach § 31

1. Wirksamkeit pflichtwidriger Verfügungen

20 Unter Verstoß gegen § 73 vorgenommene Verfügungen an die Gesellschafter sind wirksam.[56] Eine Ausnahme gilt, wenn Liquidator und Gesellschafter kollusiv zusammenwirken[57] oder wenn das pflichtwidrige Handeln des Liquidators evident ist.[58] Bei wirksamer Verfügung sind die Gesellschafter zur Rückgewähr verpflichtet. Anspruchsgrundlage hierfür ist § 31 analog.[59] Die Voraussetzungen für eine analoge Anwendung bestehen, da die ratio legis des § 73 dem Normzweck der §§ 30, 31 nahe

52 *K. Schmidt*, in: Scholz, GmbHG, § 73 Rn. 12; *Haas*, in: Baumbach/Hueck, GmbHG, § 73 Rn. 8; *Ensthaler*, in: Ensthaler/Füller/Schmidt, GmbHG, § 73 Rn. 21.

53 BAG, NZA 2003, 1049, 1050.

54 *Haas*, in: Baumbach/Hueck, GmbHG, § 73 Rn. 8; *Ensthaler*, in: Ensthaler/Füller/Schmidt, GmbHG, § 73 Rn. 21; *Nerlich*, in: Michalski, GmbHG, § 73 Rn. 27; *K. Schmidt*, ZIP 1981, 1, 3.

55 *K. Schmidt*, in: Scholz, GmbHG, § 73 Rn. 12; *ders.*, ZIP 1981, 3; *Nerlich*, in: Michalski, GmbHG, § 73 Rn. 27.

56 Allg. M., *K. Schmidt*, in: Scholz, GmbHG, § 73 Rn. 19; *Altmeppen*, in: Roth/Altmeppen, GmbHG, § 73 Rn. 24; *Haas*, in: Baumbach/Hueck, GmbHG, § 72 Rn. 18.

57 Ganz h.M., BGH, NJW 1973, 1695 f.; *K. Schmidt*, in: Scholz, GmbHG, § 73 Rn. 19; *Nerlich*, in: Michalski, GmbHG, § 73 Rn. 43; *Haas*, in: Baumbach/Hueck, GmbHG, § 72 Rn. 18; *Kleindiek*, in: Lutter/Hommelhoff, GmbHG, § 68 Rn. 5; *Altmeppen*, in: Roth/Altmeppen, GmbHG, § 68 Rn. 3; *Ensthaler*, in: Ensthaler/Füller/Schmidt, GmbHG, § 68 Rn. 2.

58 Str., wie hier *K. Schmidt*, in: Scholz, GmbHG, § 70 Rn. 3; *Altmeppen*, in: Roth/Altmeppen, GmbHG, § 73 Rn. 24. Ausführlich zu den Voraussetzungen des Missbrauchs der Vertretungsmacht *Zöllner/Noack*, in: Baumbach/Hueck, GmbHG, § 37 Rn. 45 und 50 (dort auch Rn. 46-49 zu den streitigen Fallgruppen). Siehe auch unter § 68 Rdn. 3.

59 BGH, NZG 2009, 659, 662; *K. Schmidt*, in: Scholz, GmbHG, § 73 Rn. 19; *Altmeppen*, in: Roth/Altmeppen, GmbHG, § 73 Rn. 25. A.A. *Rasner*, in: Rowedder/Schmidt-Leithoff, GmbHG, § 73 Rn. 33.

steht, wenngleich die Schutzrichtungen nicht völlig deckungsgleich sind. § 73 dient ausschließlich dem Gläubigerschutz, während die dem § 30 innewohnende Komponente, das Interesse der Gesellschaft (und damit auch der Gesellschafter) an der Erhaltung ihres Kapitals, fehlt.[60]

2. Erfasste Leistungen

21 Die Rückgewährpflicht erstreckt sich auf alle Leistungen an Gesellschafter, die nicht als Gläubigerrechte einzuordnen sind (zur Abgrenzung Rdn. 8). Daher wird nicht nur die in der Vorschrift erwähnte Verteilung von Geldvermögen, sondern auch die von Sachwerten erfasst. Auch Kredite an die Gesellschafter, mit denen der Liquidationsanspruch vorfinanziert wird, sind betroffen.[61] Voraussetzung ist nicht etwa, dass eine Unterbilanz herbeigeführt wird, da § 73 die Kapitalerhaltung gegenüber § 30 verschärft.[62] Soweit neben den Verstoß gegen § 73 jedoch ein solcher gegen § 30 tritt, besteht in Höhe der erzeugten oder verschärften Unterbilanz ein Rückgewähranspruch der Gesellschaft gegen den Gesellschafter aus § 31 (direkt).[63] Alle Ansprüche bestehen jedoch nur in der Höhe, die zur Gläubigerbefriedigung erforderlich ist, da eine Kapitalerhaltung im Gesellschaftsinteresse im Liquidationsstadium ausscheidet.[64]

3. Ausfallhaftung und Rückgriff

22 Auch die übrigen Grundsätze des § 31 kommen zur Anwendung. Die Gutgläubigkeit der Gesellschafter ist nach § 31 Abs. 2 irrelevant, da die Norm einen wirksamen Gläubigerschutz sicherstellen will.[65] Auch haften die übrigen Gesellschafter nach § 31 Abs. 3 für die Ansprüche gegen die übrigen Gesellschafter, und ein Rückgriff gegen die Liquidatoren nach § 31 Abs. 6 ist möglich, soweit ein Gesellschafter über den selbst empfangegen Betrag hinaus in Anspruch genommen wird, also insbesondere in den Fällen des § 31 Abs. 3.[66] Nur soweit der Gesellschafter bereichert ist, trägt er im internen Ausgleich den Schaden, nicht die Liquidatoren.[67]

---

60 *Nerlich*, in: Michalski, GmbHG, § 73 Rn. 56.

61 *Altmeppen*, in: Roth/Altmeppen, GmbHG, § 73 Rn. 25; *Ensthaler*, in: Ensthaler/Füller/Schmidt, GmbHG, § 73 Rn. 23.

62 BGH, NZG 2009, 659, 662; BGH, NJW 2009, 2127, 2131; *Haas*, in: Baumbach/Hueck, GmbHG, § 73 Rn. 17; *K. Schmidt*, in: Scholz, GmbHG, § 73 Rn. 5; *Kleindiek*, in: Lutter/Hommelhoff, GmbHG, § 73 Rn. 11, 15; *Altmeppen*, in: Roth/Altmeppen, GmbHG, § 73 Rn. 26. Nach OLG Rostock, NJW-RR 1996, 1185, 1186 ist die Rückforderung hingegen auf Bereicherungsrecht zu stützen.

63 *K. Schmidt*, in: Scholz, GmbHG, § 73 Rn. 19.

64 *K. Schmidt*, in: Scholz, GmbHG, § 73 Rn. 19; *Nerlich*, in: Michalski, GmbHG, § 73 Rn. 59.

65 *K. Schmidt*, in: Scholz, GmbHG, § 73 Rn. 19; *Nerlich*, in: Michalski, GmbHG, § 73 Rn. 59; *Altmeppen*, in: Roth/Altmeppen, GmbHG, § 73 Rn. 27.

66 *K. Schmidt*, in: Scholz, GmbHG, § 73 Rn. 22 und 24; *Nerlich*, in: Michalski, GmbHG, § 73 Rn. 57; *Altmeppen*, in: Roth/Altmeppen, GmbHG, § 73 Rn. 27 und 32 f.

67 *Rasner*, in: Rowedder/Schmidt-Leithoff, GmbHG, § 73 Rn. 34; *Altmeppen*, in: Roth/Altmeppen, GmbHG, § 73 Rn. 32 f. Ausführlich *K. Schmidt*, in: Scholz, GmbHG, § 73 Rn. 35; *Nerlich*, in: Michalski, GmbHG, § 73 Rn. 64-67.

4. Verfolgungsrecht der Gläubiger

23 Der Anspruch nach § 31 analog steht der Gesellschaft zu. Zur Geltendmachung bedarf es keines Gesellschafterbeschlusses nach § 46 Nr. 8.[68] Ob daneben auch ein Verfolgungsrecht der Gläubiger besteht, ist umstritten. Der Ansicht, die ein solches aus Zweckmäßigkeitsgründen bejaht,[69] ist beizutreten. Der Weg über die Pfändung und Überweisung des Anspruches der Gesellschaft ist unnötig kompliziert. Außerdem besteht nur ein Interesse der Gläubiger (und Insolvenzverwalter) daran, diesen Anspruch geltend zu machen, nicht aber der Gesellschaft. Zwar ist die Haftung der Geschäftsleitung im GmbH-Recht systematisch als Innenhaftung ausgestaltet. Das ist in der Liquidation jedoch verfehlt, da es nicht mehr um die Erhaltung des zur Zweckverfolgung erforderlichen Kapitals geht, sondern um den Gläubigerschutz vor Verteilung des Vermögens. Dem ist durch ein Verfolgungsgrecht der Gläubiger abzuhelfen.

II. Haftung der Liquidatoren nach Abs. 3

1. Anwendungsbereich

24 Vertoßen die Liquidatoren gegen die Pflichten aus Abs. 1 und 2, steht der Gesellschaft gegen diese ein Anspruch nach Abs. 3 zu. Die Vorschrift findet nur auf Liquidatoren, nicht auf sonstige für die Gesellschaft Handelnde Anwendung.[70] Die Haftung soll nach bestrittener Ansicht einen Gesellschafterbeschluss voraussetzen, wenn der Anspruch von der Gesellschaft geltend gemacht wird.[71] Das wird zu Recht mit der Begründung abgelehnt, dass es sich nicht um einen Anspruch handelt, der den Interessen der Gesellschaft dient, weswegen § 46 Nr. 8 nur formal, nicht aber von seinem Gesetzeszweck ausgehend einschlägig ist.[72]

2. Voraussetzungen

25 Voraussetzung ist neben einem objektiven Verstoß gegen die Pflichten aus § 73 auch ein Verschulden des Liquidators. Aus der Parallele zur Haftung des Geschäftsführers ergibt sich, dass diesem der Entlastungsnachweis obliegt.[73] War die Forderung unbe-

---

68 *Altmeppen*, in: Roth/Altmeppen, GmbHG, § 73 Rn. 2. Siehe auch OLG Rostock, NJW-RR 1996, 1185, 1186 für einen bereicherungsrechtlichen Anspruch gegen die Gesellschafter.

69 *Altmeppen*, in: Roth/Altmeppen, GmbHG, § 73 Rn. 29; *Nerlich*, in: Michalski, GmbHG, § 73 Rn. 62.

70 *K. Schmidt*, in: Scholz, GmbHG, § 73 Rn. 27; *Nerlich*, in: Michalski, GmbHG, § 73 Rn. 44.

71 *Rasner*, in: Rowedder/Schmidt-Leithoff, GmbHG, § 73 Rn. 28; *Nerlich*, in: Michalski, GmbHG, § 73 Rn. 47.

72 *K. Schmidt*, in: Scholz, GmbHG, § 73 Rn. 28.

73 *K. Schmidt*, in: Scholz, GmbHG, § 73 Rn. 26; *Nerlich*, in: Michalski, GmbHG, § 73 Rn. 45; *Kleindiek*, in: Lutter/Hommelhoff, GmbHG, § 73 Rn. 12; *Altmeppen*, in: Roth/Altmeppen, GmbHG, § 73 Rn. 15; *Rasner*, in: Rowedder/Schmidt-Leithoff, GmbHG, § 73 Rn. 26.

kannt, fehlt es bereits an einer objektiven Pflichtverletzung.[74] Daher obliegt der Nachweis, dass die Forderung bekannt war, dem Anspruchsgläubiger.[75] Wegen der praktischen Schwierigkeiten, diesen Nachweis zu führen, müssen ihm Beweiserleichterungen zugestanden werden. Legt er Umstände dar, die auf eine Kenntnis des Liquidators hinweisen, muss dieser substantiiert bestreiten.[76]

3. Entlastungsnachweis

26 Steht fest, dass die Forderung dem Liquidator bekannt war, sind die Anforderungen an eine Entlastung hoch. Die Berufung darauf, die Forderung für unwirksam gehalten zu haben, reicht nicht aus.[77] Um dem in § 73 zum Ausdruck kommenden hohen Gläubigerschutzniveau zu genügen, muss der Liquidator in diesen Fällen vielmehr Nachforschungen anstellen. Auch besteht für eine Haftunsgbefreiung bei fahrlässiger Unkenntnis vom Bestand der Forderung kein Raum.[78] Es gehört zur Sorgfaltspflicht des Liquidators, sich einen umfassenden Überblick über die Geschäftslage der Gesellschaft zu verschaffen und davon ausgehend notwendige Erkundigungen anzustellen. Auch kann er sich von seiner Haftung nicht dadurch befreien, dass er auf Veranlassung der Gesellschafter handelt, wie sich aus dem Verweis in Abs. 3 S. 2 auf § 43 Abs. 3 S. 3 ergibt. Schon unter Rdn. 19 wurde darauf hingewiesen, dass der Liquidator bei umstrittenen Forderungen im Zweifel den Weg über die negative Feststellungsklage beschreiten kann.

4. Haftungsfolgen

27 Liegen die Anspruchsvoraussetzungen vor, wird der Schaden des Gläubigers ersetzt, der dadurch entstanden ist, dass die Ausschüttung an die Gesellschafter trotz der noch offenen Forderung erfolgte.[79] Mehrere Liquidatoren haften nach Abs. 3 S. 1 solidarisch. Daher finden die Regeln zur Gesamtschuld nach §§ 421 ff. BGB und, da eine Verschuldenshaftung vorliegt, auch § 254 BGB Anwendung.[80]

74 *Altmeppen*, in: Roth/Altmeppen, GmbHG, § 73 Rn. 15; *Rasner*, in: Rowedder/Schmidt-Leithoff, GmbHG, § 73 Rn. 26.

75 *Altmeppen*, in: Roth/Altmeppen, GmbHG, § 73 Rn. 16; *Rasner*, in: Rowedder/Schmidt-Leithoff, GmbHG, § 73 Rn. 26.

76 *Altmeppen*, in: Roth/Altmeppen, GmbHG, § 73 Rn. 16. Derartige Beweiserleichterungen sind im Gesellschaftsrecht verbreitet, siehe zu den Erleichterungen zugunsten des Gesellschafters *Hofmann*, Der Minderheitsschutz im Gesellschaftsrecht, 2011, S. 217–225. A.A. wohl *Rasner*, in: Rowedder/Schmidt-Leithoff, GmbHG, § 73 Rn. 26.

77 *Altmeppen*, in: Roth/Altmeppen, GmbHG, § 73 Rn. 15.

78 Zurecht *Altmeppen*, in: Roth/Altmeppen, GmbHG, § 73 Rn. 16.

79 *Rasner*, in: Rowedder/Schmidt-Leithoff, GmbHG, § 73 Rn. 30. Nach a.A. schützt die Vorschrift nicht den Anspruch des Gläubigers auf Befriedigung, sondern primär die Kapitalerhaltung in der Gesellschaft. Daher soll der Schaden in der Minderung des Gesellschaftskapitals bestehen. Zum Meinungsstand siehe *Nerlich*, in: Michalski, GmbHG, § 73 Rn. 45.

80 *K. Schmidt*, in: Scholz, GmbHG, § 73 Rn. 34.

5. Verfolgungsrecht der Gläubiger

28 Auch bei diesem Anspruch ist problematisch, ob ein Gläubiger den Anspruch nur im Wege der Pfändung und Überweisung geltend machen kann oder ein Verfolgungsrecht gegen den Liquidator besitzt. Letzteres wird überwiegend mit Zweckmäßigkeiterwägungen und einer Analogie zu §§ 93 Abs. 5, 268 Abs. 2 AktG bejaht.[81] Dem ist aus den gleichen Gründen wie oben zum Verfolgungsrecht bei § 31 analog (Rdn. 23) zuzustimmen. Eine effektive Rechtsdurchsetzung ist anderenfalls nicht gewährleistet, da die Liquidatoren und Gesellschafter kein Interesse an der Durchsetzung des Anspruchs haben und eine Pfändung und Überweisung des Anspruchs der Gesellschaft unnötig umständlich ist. Zu beachten ist aber, dass sich der einzelne Gläubiger keinen Vorteil gegenüber anderen Gläubigern verschaffen darf. Daher besitzt eine Geltendmachung durch die Gesellschaft Vorrang. Der Gläubiger kann der Gesellschaft eine angmessene Frist setzen, nach deren Ablauf er selbst klagen darf.[82] Soweit andere Gläubiger Ansprüche besitzen, muss er zudem Klage auf Zahlung an die Gesellschaft erheben.[83] Hierdurch wird eine Nachtragsliquidation notwendig.[84]

6. Anspruchshöhe

29 Die Gläubiger erhalten nur so viel, wie sie zum Zeitpunkt, zu dem ihre Forderung bekannt war, erhalten hätten. Dies bemisst sich nach dem Vermögen, das zu diesem Zeitunkt zur Verfügung stand. Der Anspruch der Gesellschaft besteht daher als Summe der den einzelnen übergangenen Gläubigern zustehenden Ansprüche.[85]

III. Haftung der Liquidatoren nach § 823 Abs. 2 BGB i.V.m. § 73

30 § 73 ist zudem Schutzgesetz zugunsten der Gläubiger. Die gläubigerschützende Funktion des § 73 ist stärker als die des § 30. Während § 30 auch dem Interesse an einer effektiven Zweckverfolgung und damit dem Gesellschafts- wie auch Gesellschafterinteresse dient, scheiden diese Gesichtspunkte in der Liquidationsphase aus. Das Zweckverfolgunsginteresse der Gesellschaft ist durch das Ziel der Vollbeendigung überlagert, und den Gesellschaftern ist nur noch an einer Verteilung des Vermögens gelegen.[86]

---

81 *K. Schmidt*, in: Scholz, GmbHG, § 73 Rn. 29; *Nerlich*, in: Michalski, GmbHG, § 73 Rn. 49; *Kleindiek*, in: Lutter/Hommelhoff, GmbHG, § 73 Rn. 13; *Altmeppen*, in: Roth/Altmeppen, GmbHG, § 73 Rn. 21; a.A. *Rasner*, in: Rowedder/Schmidt-Leithoff, GmbHG, § 73 Rn. 28.

82 *K. Schmidt*, in: Scholz, GmbHG, § 73 Rn. 29, 32; *Nerlich*, in: Michalski, GmbHG, § 73 Rn. 49.

83 Zu pauschal *Nerlich*, in: Michalski, GmbHG, § 73 Rn. 51.

84 BAG, NZA 2003, 1049, 1050; *K. Schmidt*, in: Scholz, GmbHG, § 73 Rn. 28; *Nerlich*, in: Michalski, GmbHG, § 73 Rn. 48; *Altmeppen*, in: Roth/Altmeppen, GmbHG, § 73 Rn. 18.

85 *K. Schmidt*, in: Scholz, GmbHG, § 73 Rn. 21 und 33; *Nerlich*, in: Michalski, GmbHG, § 73 Rn. 53.

86 I.E. ähnlich *Rasner*, in: Rowedder/Schmidt-Leithoff, GmbHG, § 73 Rn. 29; *Nerlich*, in: Michalski, GmbHG, § 73 Rn. 40. Grundlegend *K. Schmidt*, in: Scholz, GmbHG, § 73 Rn. 32; *ders.*, ZIP 1981, 1, 8.

Daher ist die Gegenauffassung, die den Schutzgesetzcharakter mit dem Argument verneint, § 73 diene dem Schutz der Gesellschaft und nur mittelbar dem der Gläubiger, abzulehnen.[87] Im Gegensatz zu dem Anspruch aus Abs. 3, der stets der Gesellschaft zusteht und von den Gläubigern nur als Verfolgungsrecht geltend gemacht werden kann, steht der Anspruch aus § 823 Abs. 2 BGB i.V.m. § 73 dem geschädigten Gläubiger direkt zu. Auch hier gilt, dass die Gläubiger nur so viel erhalten, wie sie zum Zeitpunkt, zu dem ihre Forderung bekannt war, erhalten hätten.

IV. Ansprüche gegen die Gesellschafter

31 Bereicherungsrechtliche Anprüche der Gläubiger gegen die Gesellschafter scheiden demgegenüber aus. Es fehlt an der Unmittelbarkeit der Bereicherung.[88] Damit bestehen im Ergebnis trotz des Verstoßes gegen § 73 keine Direktansprüche der Gläubiger gegen die Gesellschafter.[89] Nur im Ausnahmefall kann ein Anspruch aus § 826 BGB in Betracht kommen.[90]

H. Ansprüche unbekannter Gläubiger

32 Von den durch Verstoß gegen die Vorgaben des § 73 geschädigten Gläubigern sind die unbekannten Gläubiger zu unterscheiden. Sie verlieren mit Ablauf des Sperrjahres ihre Ansprüche nicht, da es sich nicht um eine Ausschlussfrist handelt (siehe Rdn. 4). Erst wenn die Gesellschaft vermögenslos und im Handelsregister gelöscht ist, werden die Ansprüche gegenstandlos (zum Doppeltatbestand unter Vor §§ 60 ff. Rdn. 8).[91] Sie laufen jedoch Gefahr, mit ihren Forderungen im Ergebnis auszufallen, wenn kein Vermögen mehr vorhanden ist.[92] Gegen die Gesellschafter bestehen keine Ansprüche, denn in Übereinstimmung mit § 73 an sie ausgekehrtes Vermögen wurde wirksam und mit Rechtsgrund auf sie übertragen.[93] Soweit jedoch Sicherheiten bestellt wurden, können diese auch nach der Vollbeendigung der Gesellschaft und damit Wegfall der besicherten Hauptforderung geltend gemacht werden.[94]

---

87 Zur Gegenauffassung *Altmeppen*, in: Roth/Altmeppen, GmbHG, § 73 Rn. 23.

88 *K. Schmidt*, in: Scholz, GmbHG, § 73 Rn. 19; *Nerlich*, in: Michalski, GmbHG, § 73 Rn. 60; *Altmeppen*, in: Roth/Altmeppen, GmbHG, § 73 Rn. 30; *Rasner*, in: Rowedder/Schmidt-Leithoff, GmbHG, § 73 Rn. 33.

89 *Nerlich*, in: Michalski, GmbHG, § 73 Rn. 1; *K. Schmidt*, in: Scholz, GmbHG, § 73 Rn. 20.

90 Näher dazu *K. Schmidt*, in: Scholz, GmbHG, § 73 Rn. 20.

91 *K. Schmidt*, in: Scholz, GmbHG, § 73 Rn. 16.

92 *K. Schmidt*, in: Scholz, GmbHG, § 73 Rn. 13; *Rasner*, in: Rowedder/Schmidt-Leithoff, GmbHG, § 73 Rn. 30; *Nerlich*, in: Michalski, GmbHG, § 73 Rn. 50; *Altmeppen*, in: Roth/Altmeppen, GmbHG, § 73 Rn. 34; *Ensthaler*, in: Ensthaler/Füller/Schmidt, GmbHG, § 73 Rn. 10.

93 *K. Schmidt*, in: Scholz, GmbHG, § 73 Rn. 18; *ders.*, ZIP 1981, 1, 6.

94 BGH, NJW 2003, 1250, 1251; *K. Schmidt*, in: Scholz, GmbHG, § 74 Rn. 16; *Kleindiek*, in: Lutter/Hommelhoff, GmbHG, § 74 Rn. 4; *Haas*, in: Baumbach/Hueck, GmbHG, § 74 Rn. 16; *Nerlich*, in: Michalski, GmbHG, § 74 Rn. 42. Siehe auch § 74 Rdn. 20.

So kann etwa ein Gesellschafter als Bürge in Anspruch genommen werden. Nach Befriedigung des Gläubigers besitzt er einen Anspruch gegen die Mitgesellschafter auf anteiligen Ausgleich.[95]

I. Vorläufiger Rechtsschutz

33 Um eine Beeinträchtigung ihrer Rechte bei (bevorstehenden und andauernden) Verstößen gegen die Vorgaben des § 73 und eine Verteilung des Vermögens an die Gesellschafter zu verhindern, können die Gläubiger gegen die Gesellschaft auf Unterlassung klagen und dies mit vorläufigem Rechtschutz verbinden. Bei Geldforderungen und solchen Ansprüchen, die in Geldforderungen übergehen können, ist ein dinglicher Arrest nach §§ 916 ff. ZPO möglich.[96] Soweit ein dinglicher Arrest ausscheidet, können sie eine einstweilige Verfügung nach §§ 935 ff. ZPO beantragen.[97] Auch gegen die Liquidatoren können sie im Wege der Unterlasungsklage vorgehen, da es sich bei § 73 um ein Schutzgesetz zugunsten der Gläubiger handelt (Rdn. 30) und daher ein Anspruch nach §§ 823 Abs. 2, 1004 BGB i.V.m. § 73 bestehen kann. Auch dieser kann durch einstweilige Verfügung besichert werden.[98]

J. Grundsätze in der GmbH & Co. KG

34 Eine KG unterliegt in der Liquidation den Vorgaben des § 155 HGB. Ein Sperrjahr nach dem Vorbild des § 73 ist nicht vorgesehen, und auch an einem Aufruf an die Gläubiger oder einer Pflicht zur Sicherheitsleistung fehlt es. Zum Schutz der Gläubiger der Gesellschaft wird von der ganz h.M. die Regelung des § 73 jedoch auch auf die GmbH & Co. KG angewandt.[99] Dies führt dazu, dass bei der Auflösung die KG sowohl den Vorgaben des § 155 HGB als auch des § 73 unterliegt. Wird auch die GmbH aufgelöst, gelten für diese zusätzlich alle für sie geltenden Vorschriften und damit auch die Bestimmungen des § 73.[100]

---

95 OLG Hamburg, ZIP 1985, 1390, 1391; *Altmeppen*, in: Roth/Altmeppen, GmbHG, § 73 Rn. 34

96 *K. Schmidt*, in: Scholz, GmbHG, § 73 Rn. 14; *Nerlich*, in: Michalski, GmbHG, § 73 Rn. 36; *Kleindiek*, in: Lutter/Hommelhoff, GmbHG, § 73 Rn. 10; *Altmeppen*, in: Roth/Altmeppen, GmbHG, § 73 Rn. 11; *Ensthaler*, in: Ensthaler/Füller/Schmidt, GmbHG, § 73 Rn. 15.

97 *Nerlich*, in: Michalski, GmbHG, § 73 Rn. 37; *Kleindiek*, in: Lutter/Hommelhoff, GmbHG, § 73 Rn. 10; *Altmeppen*, in: Roth/Altmeppen, GmbHG, § 73 Rn. 11; *Ensthaler*, in: Ensthaler/Füller/Schmidt, GmbHG, § 73 Rn. 15

98 *K. Schmidt*, in: Scholz, GmbHG, § 73 Rn. 15; *ders.*, ZIP 1981, 1, 4 f.; *Nerlich*, in: Michalski, GmbHG, § 73 Rn. 37 (auch zur Gegenansicht).

99 *K. Schmidt*, in: Scholz, GmbHG, § 73 Rn. 40; *Nerlich*, in: Michalski, GmbHG, § 73 Rn. 72; *Altmeppen*, in: Roth/Altmeppen, GmbHG, § 73 Rn. 35. Zur Anwendung von § 30 auf die GmbH & Co. KG siehe BGHZ 60, 324, 328 f.; BGHZ 110, 342, 346 f.

100 *K. Schmidt*, in: Scholz, GmbHG, § 73 Rn. 40.

§ 74 Schluss der Liquidation

(1) [1]Ist die Liquidation beendet und die Schlussrechnung gelegt, so haben die Liquidatoren den Schluss der Liquidation zur Eintragung in das Handelsregister anzumelden. [2]Die Gesellschaft ist zu löschen.

(2) [1]Nach Beendigung der Liquidation sind die Bücher und Schriften der Gesellschaft für die Dauer von zehn Jahren einem der Gesellschafter oder einem Dritten in Verwahrung zu geben. [2]Der Gesellschafter oder der Dritte wird in Ermangelung einer Bestimmung des Gesellschaftsvertrags oder eines Beschlusses der Gesellschafter durch das Gericht bestimmt.

(3) [1]Die Gesellschafter und deren Rechtsnachfolger sind zur Einsicht der Bücher und Schriften berechtigt. [2]Gläubiger der Gesellschaft können von dem Gericht zur Einsicht ermächtigt werden.

Übersicht Rdn.

Schrifttum
Siehe Schrifttum zu § 67.

A. Überblick

1 Die Vorschrift regelt (wenig systematisch) die letzten Pflichten der Liquidatoren zur Beendigung der Liquidation und etabliert zugleich Rechte der Gesellschafter und Gläubiger, die über die Existenz der Gesellschaft hinaus andauern. In Abs. 1 werden die Liquidatoren verpflichtet, bei Schluss der Liquidation Rechnung zu legen und die Löschung der Gesellschaft zu betreiben. Abs. 2 bestimmt, dass die Liquidatoren die Bücher und Schriften der Gesellschaft in Verwahrung geben müssen. Diese Pflichten gehören noch ins Liquidationsstadium. Wegen der angeordneten Verwahrdauer von zehn Jahren überdauert ihre Wirkung jedoch die Lebenszeit der Gesellschaft, die beendet ist, wenn sie kein Vermögen mehr besitzt und im Handelsregister gelöscht wird.[1] In Abs. 3 ist das Recht geregelt, Einsicht in die Unterlagen der Gesellschaft zu nehmen. Hierzu können die Gesellschafter, ihre Rechtsnachfolger und Gläubiger berechtigt sein. Hinzu tritt die weitere Pflicht, die letzten Verbindlichkeiten der Gesellschaft zu erfüllen, die das Gesetz nicht anführt.

B. Die Pflichten der Liquidatoren

I. Schlussrechnung und Liquidationsschlussbilanz

2 Am Schluss der Liquidationsphase schulden die Liquidatoren nach Abs. 1 S. 1 die Erstellung der Schlussrechnung. Dem geht die Liquidationsschlussbilanz voraus.[2] Sie besteht neben einer Bilanz aus einer Gewinn- und Verlustrechnung für den verblie-

1 Lehre vom Doppeltatbestand, siehe dazu Vor §§ 60 ff. Rdn. 8 f.
2 *Rasner*, in: Rowedder/Schmidt-Leithoff, GmbHG, § 71 Rn. 26; a.A. *Altmeppen*, in: Roth/Altmeppen, GmbHG, § 71 Rn. 7.

benen Abwicklungszeitraum, einem Anhang und einem Lagebericht.[3] Sie muss das zur Verteilung zur Verfügung stehende Vermögen ausweisen.[4] Außerdem muss ihr Anhang einen Vorschlag zur Verteilung des Liquidationsüberschusses enthalten.[5] Bei der Schlussrechnung handelt es sich demgegenüber um die abschließende interne Rechnungslegung der Liquidatoren gegenüber den Gesellschaftern im Sinne von § 259 BGB. Soll sie neben der Liquidationsschlussbilanz einen eigenständigen Informationsgehalt besitzen, kann ihr Zweck nur darin bestehen, über das Verteilungsverfahren Auskunft zu geben.[6] Nach umstrittener Ansicht ist die Pflicht, die Schlussrechnung zu erstellen, zwar der Gesellschaft geschuldet.[7] Sie dient jedoch ausschließlich zur Information der Gesellschafter, weshalb diese dispositionsbefugt sind und einstimmig verzichten können.[8]

II. Anmeldungen zum Handelsregister

1. Beendigung der Liquidation

3 Nach Abschluss aller übrigen Beendigungsmaßnahmen sind die Liquidatoren verpflichtet, den Schluss der Liquidation zum Handelsregister anzumelden. Dazu gehört es, alle zur Eintragung erforderlichen Maßnahmen zu ergreifen, insbesondere Rückfragen des Registergerichts zu beantworten und dessen Anweisungen nachzukommen.[9] Die Anmeldung nach Abs. 1 S. 1 lautet darauf, dass die Liquidation beendet ist.[10] Sie enthält zugleich die Erklärung, dass das Liquidatorenamt beendet ist.[11]

2. Löschung der Gesellschaft

4 Wie aus S. 2 hervorgeht, ist die Gesellschaft nach dem Ende der Liquidation zu löschen. Dabei handelt es sich nicht um eine Amtslöschung, sondern eine solche auf Antrag. Daher ist in der Anmeldung nach Abs. 1 S. 1 zugleich ein Antrag auf

---

3 Nach *Haas*, in: Baumbach/Hueck, GmbHG, § 71 Rn. 28 erübrigt sich der Lagebericht, nach *Nerlich*, in: Michalski, GmbHG, § 71 Rn. 39 ist er fakultativ, aber sinnvoll.

4 *Altmeppen*, in: Roth/Altmeppen, GmbHG, § 71 Rn. 34.

5 *Haas*, in: Baumbach/Hueck, GmbHG, § 71 Rn. 28; *Kleindiek*, in: Lutter/Hommelhoff, GmbHG, § 74 Rn. 8.

6 Siehe im Einzelnen *Rasner*, in: Rowedder/Schmidt-Leithoff, GmbHG, § 71 Rn. 26; *Altmeppen*, in: Roth/Altmeppen, GmbHG, § 71 Rn. 34; *Nerlich*, in: Michalski, GmbHG, § 71 Rn. 48 f.; *Fürsche/Deubert*, in: Budde/Förschle/Winkeljohann, Sonderbilanzen, 4. Aufl. 2008, Teil T, Rn. 281 f.; *Haas*, in: Baumbach/Hueck, GmbHG, § 71 Rn. 29.

7 *K. Schmidt*, in: Scholz, GmbHG, § 74 Rn. 3; *Rasner*, in: Rowedder/Schmidt-Leithoff, GmbHG, § 74 Rn. 3; *Nerlich*, in: Michalski, GmbHG, § 74 Rn. 8.

8 *Rasner*, in: Rowedder/Schmidt-Leithoff, GmbHG, § 71 Rn. 27 und § 74 Rn. 4. Siehe auch unter § 71 Rdn. 28.

9 *Rasner*, in: Rowedder/Schmidt-Leithoff, GmbHG, § 74 Rn. 6.

10 *Nerlich*, in: Michalski, GmbHG, § 74 Rn. 15.

11 BGH, NJW 1970, 1044, 1045; BayObLG, NJW-RR 1994, 617, 618; *K. Schmidt*, in: Scholz, GmbHG, § 74 Rn. 22; *Nerlich*, in: Michalski, GmbHG, § 74 Rn. 49; *Altmeppen*, in: Roth/Altmeppen, GmbHG, § 74 Rn. 9.

Löschung der Gesellschaft im Handelsregister enthalten.[12] Das Registergericht hat nicht nur die Beendigung der Liquidation, sondern auch das Erlöschen der Gesellschaft einzutragen.[13] Es ist aus § 26 FamFG berechtigt und verpflichtet, Nachforschungen anzustellen, um die Voraussetzungen der Löschung zu prüfen und damit eine Nachtragsliquidation zu vermeiden.[14] Versäumen die Liquidatoren es, diesen Antrag zu stellen, kann das Registergericht die Eintragung nach § 14 HGB erzwingen, aber auch pragmatisch vorgehen und die Löschung unter den Voraussetzungen von § 60 Abs. 1 Nr. 7 i.V.m. § 394 FamFG selbst verfügen, da diese Möglichkeit auch nach Beendigung der Liquidation fortbesteht. Zwar ist die Löschung nach § 74 Abs. 1 S. 2 von weiteren Voraussetzungen abhängig als nur der Vermögenslosigkeit der Gesellschaft. Dennoch verdrängt sie die Amtslöschung wegen Vermögenslosigkeit nach § 60 Abs. 1 Nr. 7 i.V.m. § 394 FamFG nicht.[15]

III. Erfüllung letzter Verbindlichkeiten

5 Die noch ausstehenden Verbindlichkeiten der Gesellschaft, die notwendigerweise nicht vor der Verteilung des Gesellschaftsvermögens beglichen werden konnten, sind zu begleichen. Hierzu gehören die Steuerschulden der Gesellschaft und die Kosten für die Eintragung und Veröffentlichung der Löschung.[16] Auch für die Verwahrung der Dokumente der Gesellschaft können noch Kosten anfallen. Die Liquidatoren mussten die hierfür erforderlichen Mittel zurückhalten und von einer Verteilung an die Gesellschafter absehen.[17]

IV. Übergabe der Bücher

6 Die letzte von den Liquidatoren geschuldete Handlung besteht in der Übergabe der Bücher nach Abs. 2.[18] Sie bildet den Schlusspunkt, da zunächst alle anderen Pflichten erfüllt sein müssen.

---

12 *K. Schmidt*, in: Scholz, GmbHG, § 74 Rn. 6.

13 Zu Formulierungsvorschlägen *Rasner*, in: Rowedder/Schmidt-Leithoff, GmbHG, § 74 Rn. 5; *K. Schmidt*, in: Scholz, GmbHG, § 74 Rn. 6.

14 *K. Schmidt*, in: Scholz, GmbHG, § 74 Rn. 5; *Kleindiek*, in: Lutter/Hommelhoff, GmbHG, § 74 Rn. 10; *Nerlich*, in: Michalski, GmbHG, § 74 Rn. 12.

15 Grundlegend *K. Schmidt*, in: Scholz, GmbHG, § 74 Rn. 9; *Nerlich*, in: Michalski, GmbHG, § 74 Rn. 14. I.E. *Kleindiek*, in: Lutter/Hommelhoff, GmbHG, § 74 Rn. 10.

16 *Rasner*, in: Rowedder/Schmidt-Leithoff, GmbHG, § 74 Rn. 3. Zum Verhältnis der Vorschriften zueinander und der Beschwerdebefugnis der Gesellschaft bei Ablehnung einer Amtslöschung siehe auch OLG München, ZIP 2011, 2076 f.

17 *Rasner*, in: Rowedder/Schmidt-Leithoff, GmbHG, § 74 Rn. 6; *Altmeppen*, in: Roth/Altmeppen, GmbHG, § 73 Rn. 8.

18 *Rasner*, in: Rowedder/Schmidt-Leithoff, GmbHG, § 74 Rn. 2.

C. Entlastung der Liquidatoren

7 Die Liquidatoren besitzen ebenso wenig wie die Geschäftsführer einen Anspruch auf Entlastung. Nur sofern die Liquidatoren eine Gesellschafterversammlung einberufen und die Gesellschafter für eine Entlastung stimmen, findet eine solche statt.[19] Dabei gelten die Grundsätze, die auch auf eine Entlastung der Geschäftsführer Anwendung finden. Die Entscheidung steht nur dann im freien Ermessen der Gesellschafter, wenn sie sich einstimmig für eine Entlastung aussprechen. Ansonsten gilt ein pflichtgemäßes Ermessen. Bei vorsätzlichen oder grob fahrlässigen Pflichtverstößen der Liquidatoren scheidet es aus, sie zu entlasten.[20] Die praktische Bedeutung ist demnach begrenzt. Eine Entlastung kommt namentlich in Betracht, wenn die Liquidatoren eine Verteilung des Gesellschaftsvermögens ohne vorherige Sicherheitsleistung vorgenommen haben, weil sie die angemeldeten Forderungen einzelner Gläubiger für unbegründet hielten.[21] Statt eine negative Feststellungsklage zu erheben, kann nachträglich Entlastung gesucht werden. Eine rechtmäßige Entlastung schließt zwar interne Schadensersatzforderungen aus, befreit jedoch nicht von Ansprüchen der Gläubiger.[22]

D. Aufbewahrung der Bücher und Schriften der Gesellschaft, Abs. 2

8 Abs. 2 gibt vor, dass die Bücher und Schriften der Gesellschaft nach Beendigung der Liquidation für die Dauer von zehn Jahren in Verwahrung zu geben sind. Es handelt sich dabei nicht um eine auf die Liquidation folgende Maßnahme, sondern um den letzten Schritt der Liquidation.[23] Die Pflicht besteht auch, wenn die Gesellschaft ohne Liquidationsverfahren erlischt, also in den Fällen des § 394 FamFG.[24]

I. Begründung der Pflichten zur und aus der Verwahrung

9 Das Gesetz begnügt sich damit, die zur Begründung der Verwahrung führende Pflicht zu benennen und die daraus resultierenden Pflichten und Rechte zu bestimmen, ohne sich zu deren Rechtsgrund zu äußern. Einsichtig ist die Pflicht der Liquidatoren, für die Sicherstellung der Verwahrung sorgen zu müssen. Es handelt sich um eine organschaftliche Aufgabe der Liquidatoren, bei deren Verletzung sie der

---

19 *Nerlich*, in: Michalski, GmbHG, § 74 Rn. 10; *Kleindiek*, in: Lutter/Hommelhoff, GmbHG, § 74 Rn. 8; *Altmeppen*, in: Roth/Altmeppen, GmbHG, § 74 Rn. 11.

20 Nach Rechtsprechung des BGH zur Aktiengesellschaft kommt es auf schwerwiegende Gesetzes- oder Satzungsverstöße an, siehe BGH, NZG 2005, 77, 78. Siehe zur GmbH OLG Düsseldorf, NZG 2001, 991, 992 f. Zu den Grundsätzen ausführlich *Zöllner*, in: Baumbach/Hueck, GmbHG, § 46 Rn. 41-49.

21 Dazu unter § 73 Rdn. 10, 19, 26.

22 Zu diesen unter § 73 Rdn. 28.

23 *Rasner*, in: Rowedder/Schmidt-Leithoff, GmbHG, § 74 Rn. 7; *K. Schmidt*, in: Scholz, GmbHG, § 74 Rn. 27.

24 *K. Schmidt*, in: Scholz, GmbHG, § 74 Rn. 27.

Gesellschaft zu Schadensersatz nach §§ 71 Abs. 4, 43 Abs. 3 verpflichtet sind.[25] Problematisch sind demgegenüber die Pflichten der Verwahrer. Sie entspringen weder der Mitgliedschaft noch einer Organstellung, da zwar Gesellschafter oder Liquidatoren zu Verwahrern bestellt werden können, hierzu jedoch nicht aus ihrer Verbindung zur Gesellschaft verpflichtet sind. Die Verwahrung wird vielmehr rechtsgeschäftlich zwischen der Gesellschaft und dem Verwahrer begründet, wobei damit zugleich auch ein gesetzliches Schuldverhältnis des Verwahrers mit den nach Abs. 3 Begünstigten entsteht. Nur so sind die gesetzlich angeordneten Phänomene zu erklären: Einerseits entsteht die Pflicht zur Verwahrung nur mit Zustimmung des Verwahrers.[26] Außerdem muss die Vergütung des Verwahrers individuell geregelt werden. Schuldnerin ist dabei die Gesellschaft.[27] Andererseits bestehen die Pflichten des Verwahrers trotz Fortfalls der Gesellschaft fort. Die Gesellschaft und damit die Gläubigerin des (rechtsgeschäftlich begründeten) Verwahrungsanspruchs erlischt mit ihrer Vollbeendigung, dennoch bleiben die Ansprüche der Gesellschafter und Gläubiger auf Einsicht nach Abs. 3 während der gesamten Laufzeit der Verwahrung bestehen.

II. Erfasste Unterlagen

10 Die Pflicht zur Verwahrung erstreckt sich auf alle Bücher und Schriften der Gesellschaft. Hiervon werden alle von der Gesellschaft geführten und gesammelten Unterlagen erfasst. Die Terminologie deckt sich damit mit der in § 51a.[28] Zu den wichtigsten Unterlagen zählen die in §§ 257 HGB, 147 AO genannten Dokumente, insbesondere also die Jahresabschlüsse und die Buchhaltung der Gesellschaft. Darüber hinaus ist die gesamte Korrespondenz der Gesellschaft zu verwahren, einschließlich der im Liquidationsverfahren angefallenen Unterlagen.[29]

III. Aufbewahrungsfrist

11 Die Dauer der Verwahrung beträgt nach Abs. 2 S. 1 zehn Jahre. Der Lauf der Frist beginnt mit der Übergabe der Unterlagen an die Verwahrer, nicht mit der möglicherweise zuvor eintretenden Beendigung der Gesellschaft.[30] Im Verhältnis zu anderen Verwahrungsfristen gilt: Soweit die andernorts angeordnete Aufbewahrungsfrist für

---

25 *K. Schmidt*, in: Scholz, GmbHG, § 74 Rn. 29; *Haas*, in: Baumbach/Hueck, GmbHG, § 74 Rn. 10.

26 Allg. M., *K. Schmidt*, in: Scholz, GmbHG, § 74 Rn. 30.

27 *K. Schmidt*, in: Scholz, GmbHG, § 74 Rn. 30; *Haas*, in: Baumbach/Hueck, GmbHG, § 74 Rn. 10; *Nerlich*, in: Michalski, GmbHG, § 74 Rn. 22.

28 *K. Schmidt*, in: Scholz, GmbHG, § 74 Rn. 27; *Nerlich*, in: Michalski, GmbHG, § 74 Rn. 18; *Altmeppen*, in: Roth/Altmeppen, GmbHG, § 74 Rn. 12.

29 BayObLG, NJW 1968, 56; *Haas*, in: Baumbach/Hueck, GmbHG, § 74 Rn. 7; *Rasner*, in: Rowedder/Schmidt-Leithoff, GmbHG, § 74 Rn. 7; *K. Schmidt*, in: Scholz, GmbHG, § 74 Rn. 27.

30 *K. Schmidt*, in: Scholz, GmbHG, § 74 Rn. 28; *Rasner*, in: Rowedder/Schmidt-Leithoff, GmbHG, § 74 Rn. 7; *Nerlich*, in: Michalski, GmbHG, § 74 Rn. 19; *Altmeppen*, in: Roth/Altmeppen, GmbHG, § 74 Rn. 13.

Unterlagen zum Schluss der Liquidation bereits abgelaufen ist, bedarf es keiner weiteren Aufbewahrung dieser Dokumente. Besondere Bedeutung besitzen die Fristen nach §§ 257 HGB, 147 AO.[31] Anderenfalls werden die Unterlagen von der Zehnjahresfrist des Abs. 2 S. 1 voll erfasst, auch wenn andere Verwahrungsfristen früher enden.[32] Umgekehrt bleiben aus anderen Vorschriften begründete längere Fristen unberührt und können daher zu längeren Laufzeiten führen, wiederum insbesondere die Fristen nach §§ 257 HGB, 147 AO.[33]

IV. Person des Verwahrers

1. Auswahl

12 Verwahrer kann ein Gesellschafter oder ein Dritter sein. Übernimmt ein Liquidator die Verwahrung, steht diese Aufgabe nicht in Zusammenhang mit seinen Pflichten als Liquidator. Die Willensbildung in der Gesellschaft richtet sich nach Abs. 2 S. 2. Der Verwahrer kann im Gesellschaftsvertrag benannt sein oder durch Gesellschafterbeschluss bestimmt werden. Außerdem kann die Satzung das Bestimmungsrecht den Liquidatoren übertragen.[34] Fehlt eine gesellschaftsinterne Willensbildung, ist der Verwahrer vom Registergericht zu bestimmen. Einen entsprechenden Antrag können die Liquidatoren, Gesellschafter oder Gläubiger stellen.[35] Bei der Unternehmensveräußerung ist es ausreichend, wenn der Erwerber die Unterlagen verwahrt. Für alle von ihm nicht übernommenen Unterlagen muss daneben ein weiterer Verwahrer bestellt werden.[36]

2. Zustimmung

13 Soweit der Gesellschaftsvertrag die Verwahrung durch einen namentlich benannten Gesellschafter anordnet, gilt folgende Besonderheit: Da die Pflicht zur Verwahrung in diesem Fall einen Bestandteil seiner Mitgliedschaft bildet, bedarf es keiner Zustimmung durch den Gesellschafter. Er ist mit Eintritt der Beendigung der Gesellschaft zur Verwahrung der Unterlagen verpflichtet. In allen übrigen Fällen besteht

---

31 *K. Schmidt*, in: Scholz, GmbHG, § 74 Rn. 28; *Nerlich*, in: Michalski, GmbHG, § 74 Rn. 19; *Haas*, in: Baumbach/Hueck, GmbHG, § 74 Rn. 7; *Rasner*, in: Rowedder/Schmidt-Leithoff, GmbHG, § 74 Rn. 7; *Kleindiek*, in: Lutter/Hommelhoff, GmbHG, § 74 Rn. 12.

32 *K. Schmidt*, in: Scholz, GmbHG, § 74 Rn. 28; *Haas*, in: Baumbach/Hueck, GmbHG, § 74 Rn. 8; *Nerlich*, in: Michalski, GmbHG, § 74 Rn. 19.

33 *K. Schmidt*, in: Scholz, GmbHG, § 74 Rn. 28; *Nerlich*, in: Michalski, GmbHG, § 74 Rn. 19; *Kleindiek*, in: Lutter/Hommelhoff, GmbHG, § 74 Rn. 13; *Altmeppen*, in: Roth/Altmeppen, GmbHG, § 74 Rn. 15.

34 *Haas*, in: Baumbach/Hueck, GmbHG, § 74 Rn. 9; *Nerlich*, in: Michalski, GmbHG, § 74 Rn. 20.

35 *Nerlich*, in: Michalski, GmbHG, § 74 Rn. 20; *Haas*, in: Baumbach/Hueck, GmbHG, § 74 Rn. 9.

36 *K. Schmidt*, in: Scholz, GmbHG, § 74 Rn. 32; *Haas*, in: Baumbach/Hueck, GmbHG, § 74 Rn. 9.

keine in der Mitgliedschaft wurzelnde Pflicht zur Verwahrung, daher muss der jeweilige Verwahrer zustimmen.[37] Das gilt auch für den gerichtlich bestellten Verwahrer.[38]

V. Inhalt des Einsichtsrechts und Berechtigte

1. Inhalt

14 Das Einsichtsrecht erstreckt sich auf alle verwahrten Unterlagen im Sinne von Abs. 2. Es bezieht sich auf die Zeit nach Beendigung der Gesellschaft und damit die Zeit, zu der § 51a keine Anwendung mehr finden kann.[39] Es umfasst das Recht, Abschriften anzufertigen, insb. also die Unterlagen zu fotokopieren. Auch Dritte, insb. Sachverständige können hinzugezogen werden.[40] Hierbei kann ein Konflikt mit Geheimhaltungsinteressen auftreten. Dieser Konflikt ist regelmäßig deutlich schwächer ausgeprägt als bei § 51a, da die Gesellschaft nicht mehr existiert und gegen Wettbewerbsnachteile durch das Bekanntwerden von Unternehmensinterna nicht mehr geschützt zu werden braucht. Soweit die Unterlagen bei einem Rechtsnachfolger, der das Unternehmen weiterführt, aufbewahrt werden, besteht der Konflikt hingegen fort. Hier verbleibt nur, im Wege einer Interessenabwägung zu bestimmen, ob Beschränkungen des Einsichtsrechts geboten sind.

2. Berechtigte

15 **a) Gesellschafter und Rechtsnachfolger.** Berechtigt sind die Gesellschafter, deren Mitgliedschaft zum Zeitpunkt der Beendigung der Liquidation bestand, sowie ihre Rechtsnachfolger. Den zuvor ausgeschiedenen Gesellschaftern fehlt das berechtigte Interesse an einer Einsichtnahme, sie sind daher nicht erfasst.[41] Dies entspricht der Rechtslage bei § 51a, wonach die Berechtigung zur Einsicht mit Beendigung der Mitgliedschaft endet.[42] Ihnen kann als Gläubiger ein Einsichtsrecht zustehen oder sich aus § 810 BGB ergeben.[43] Letzteres kommt insbesondere in Betracht, wenn ihnen (etwa im Rahmen einer Nachtragsliquidation) eine Inanspruchnahme droht.[44] Gleiches gilt für die Geschäftsführer.[45]

---

37 So, aber ohne die hier vertretene Ausnahme für den durch Satzungsbestimmung designierten Gesellschafter *K. Schmidt*, in: Scholz, GmbHG, § 74 Rn. 30.

38 OLG Stuttgart, BB 1984, 2169; *Nerlich*, in: Michalski, GmbHG, § 74 Rn. 20.

39 *K. Schmidt*, in: Scholz, GmbHG, § 74 Rn. 33.

40 *K. Schmidt*, in: Scholz, GmbHG, § 74 Rn. 36; *Haas*, in: Baumbach/Hueck, GmbHG, § 74 Rn. 12.

41 *K. Schmidt*, in: Scholz, GmbHG, § 74 Rn.35; *Haas*, in: Baumbach/Hueck, GmbHG, § 74 Rn. 13; *Nerlich*, in: Michalski, GmbHG, § 74 Rn. 25. A.A. *Altmeppen*, in: Roth/Altmeppen, GmbHG, § 74 Rn. 16.

42 Dort ganz h.M., siehe *Zöllner*, in: Baumbach/Hueck, GmbHG, § 51a Rn. 7.

43 *Haas*, in: Baumbach/Hueck, GmbHG, § 74 Rn. 13.

44 Siehe *Nerlich*, in: Michalski, GmbHG, § 74 Rn. 25.

45 *K. Schmidt*, in: Scholz, GmbHG, § 74 Rn. 35; *Altmeppen*, in: Roth/Altmeppen, GmbHG, § 74 Rn. 18.

b) Gläubiger. Gläubiger der Gesellschaft haben nur ein Einsichtsrecht, wenn sie hierzu vom Registergericht ermächtigt werden. Die Ermächtigung wird nur erteilt, wenn ein rechtliches Interesse glaubhaft gemacht wird.[46] Dieses rechtliche Interesse entscheidet auch über den Umfang des Einsichtsrechts. Unterlagen, die offensichtlich nicht erfasst sind, dürfen zurückgehalten werden.[47] So können auch etliche Konflikte mit Geheimhaltungspflichten im Kundeninteresse vermieden werden, wenn es sich bei der Gesellschaft um einen Finanzdienstleister handelte. Treten sie dennoch auf, muss den berechtigten Interessen der Geschäftspartner und Kunden Rechnung getragen werden. Das Einsichtsinteresse der Gläubiger darf sich nur unter der Voraussetzung durchsetzen, dass eine Abwägung aller Umstände des Einzelfalls zugunsten des Gläubigers ausfällt.[48] Entgegen h.M. genießt das Einsichtsrecht dabei keinen regelmäßigen Vorrang.[49] Gleiches gilt, wenn Verletzungen des Persönlichkeitsrechts denkbar sind, wobei auch hier die theoretische Möglichkeit nicht ausreicht, sondern eine Abwägung anhand konkreter Umstände erfolgen muss.[50] In diesen Konfliktfällen kann die Zwischenschaltung eines zur Berufsverschwiegenheit verpflichtenen Dritten Abhilfe schaffen. Sichtet dieser die Unterlagen und gibt nur die für den Antragsteller unmittelbar erforderlichen Informationen weiter, kann den Interessen der beeinträchtigten Dritten Rechnung getragen werden. 16

VI. Rechtsdurchsetzung

Die Pflicht der Liquidatoren, die Bücher in Verwahrung zu geben, wird vom Registergericht nur auf Antrag der Gesellschafter oder Gläubiger, nicht aber selbsttätig durchgesetzt.[51] Bei bestehender Verwahrung sind die begünstigten Gesellschafter, ihre Rechtsnachfolger und die Gläubiger zur Durchsetzung des Einsichtsrechts berechtigt, da die Gesellschaft ab ihrer Vollbeendigung nicht mehr existiert. Ihr Forderungsrecht wurzelt nach hier vertretener Konstruktion in dem mit der Übernahme der Verwahrung entstehenden gesetzlichen Schuldverhältnis.[52] Der Anspruch der ehemaligen Gesellschafter bzw. ihrer Rechtsnachfolger kann nur im Zivilprozess 17

46 *K. Schmidt*, in: Scholz, GmbHG, § 74 Rn. 35; *Haas*, in: Baumbach/Hueck, GmbHG, § 74 Rn. 14.

47 In seiner Generalität daher zu weit OLG Braunschweig, WM 1992, 1912; *Haas*, in: Baumbach/Hueck, GmbHG, § 74 Rn. 14, wonach sich die Ermächtigung generell auch auf die Unterlagen vor der Auflösung der Gesellschaft erstreckt.

48 Im Ansatz so auch BayObLG, NZG 2003, 439; OLG Braunschweig, WM 1992, 1912; *K. Schmidt*, in: Scholz, GmbHG, § 74 Rn. 35; *Haas*, in: Baumbach/Hueck, GmbHG, § 74 Rn. 14; *Nerlich*, in: Michalski, GmbHG, § 74 Rn. 26.

49 So jedoch BayObLG, NZG 2003, 439; OLG Braunschweig, WM 1992, 1912; *K. Schmidt*, in: Scholz, GmbHG, § 74 Rn. 35; *Haas*, in: Baumbach/Hueck, GmbHG, § 74 Rn. 14; *Altmeppen*, in: Roth/Altmeppen, GmbHG, § 74 Rn. 16.

50 So auch BayObLG, NZG 2003, 439, 440; *Haas*, in: Baumbach/Hueck, GmbHG, § 74 Rn. 14.

51 *Haas*, in: Baumbach/Hueck, GmbHG, § 74 Rn. 10.

52 I.E. ebenso *Haas*, in: Baumbach/Hueck, GmbHG, § 74 Rn. 10.

durchgesetzt werden.[53] Demgegenüber muss das Einsichtsrecht der Gläubiger vom Registergericht angeordnet werden. Es wird dabei auf Antrag des Berechtigten tätig. Antragsgegner ist der Verwahrer.[54] Ordnet das Gericht das Einsichtsrecht an und kommt es zu Unstimmigkeiten zwischen Verwahrer und Gläubiger, entscheidet hierüber das Registergericht im unternehmensrechtlichen Verfahren nach § 375 Nr. 6 FamFG. Dies ist wegen der Sachnähe zur Entscheidung über das Einsichtsrecht gegenüber einem zivilprozessualen Verfahren vorzugswürdig.[55]

E. Beendigung der Liquidation und Erlöschen der Gesellschaft

I. Voraussetzungen

18 Die Gesellschaft ist zu löschen, wenn das Sperrjahr abgelaufen ist und sie über kein verteilungsfähiges Vermögen mehr verfügt. Nach der Lehre vom Doppeltatbestand ist die Gesellschaft nur dann tatsächlich erloschen, wenn sie im Handelsregister gelöscht und kein Vermögen mehr vorhanden ist.[56] Die Löschung setzt voraus, dass das Liquidationsverfahren ordnungsgemäß beendet wurde. Nur im Ausnahmefall darf sie schon vor Ablauf des Sperrjahres gelöscht werden, wenn durch Gläubigerbefriedigung das Vermögen der Gesellschaft aufgebraucht ist und eine Verteilung an die Gesellschafter daher ausscheidet.[57]

II. Rechtsfolgen

19 Mit dem Erlöschen endet die Parteifähigkeit der Gesellschaft. Damit entfällt der Schuldner für gegen sie gerichtete Forderungen.[58] Der Fortbestand von Verbindlichkeiten hindert das Erlöschen der Gesellschaft nicht.[59] Gläubiger, deren Ansprüche bis zur Beendigung unbekannt geblieben sind, fallen mit ihren Forderungen aus.[60] Wur-

---

53 *K. Schmidt*, in: Scholz, GmbHG, § 74 Rn. 37; *Nerlich*, in: Michalski, GmbHG, § 74 Rn. 17.

54 BayObLG, NZG 2003, 439; *Haas*, in: Baumbach/Hueck, GmbHG, § 74 Rn. 14.

55 I.E. OLG Oldenburg, BB 1983, 1434; *Haas*, in: Baumbach/Hueck, GmbHG, § 74 Rn. 14; a.A. *Nerlich*, in: Michalski, GmbHG, § 74 Rn. 17. Zum Meinungsstand ausführlich *K. Schmidt*, in: Scholz, GmbHG, § 74 Rn. 37.

56 Zur h.L. vom Doppeltatbestand siehe Vor §§ 60 ff. Rdn. 8 f. und *Nerlich*, in: Michalski, GmbHG, § 74 Rn. 31; *Kleindiek*, in: Lutter/Hommelhoff, GmbHG, § 74 Rn. 6 f.

57 OLG Köln, NZG 2005, 83, 84; ausführlich unter Darstellung der Entwicklung des Meinungsstandes *K. Schmidt*, in: Scholz, GmbHG, § 74 Rn. 14; *Nerlich*, in: Michalski, GmbHG, § 73 Rn. 12; *Altmeppen*, in: Roth/Altmeppen, GmbHG, § 73 Rn. 13; *Ensthaler*, in: Ensthaler/Füller/Schmidt, GmbHG, § 73 Rn. 4; *Rasner*, in: Rowedder/Schmidt-Leithoff, GmbHG, § 73 Rn. 5; *Kleindiek*, in: Lutter/Hommelhoff, GmbHG, § 74 Rn. 3.

58 Zur theoretischen Frage, ob hierdurch die Verbindlichkeiten der Gesellschaft erlöschen oder nur das Haftungssubstrat entfällt, siehe *K. Schmidt*, in: Scholz, GmbHG, § 74 Rn. 15; *Nerlich*, in: Michalski, GmbHG, § 74 Rn. 42.

59 *Haas*, in: Baumbach/Hueck, GmbHG, § 74 Rn. 16.

60 *K. Schmidt*, in: Scholz, GmbHG, § 74 Rn.17.

den die Vorgaben des § 73 eingehalten und stellt sich nachträglich heraus, dass weitere Verbindlichkeiten bestehen, findet keine Nachtragsliquidation statt.[61]

III. Fortbestand von Sicherheiten

20 Demgegenüber wird der Grundsatz der Akzessorietät für bestellte Sicherheiten durchbrochen. Obwohl mit der Beendigung der Gesellschaft der Schuldner der besicherten Forderungen entfällt, gehen akzessorische Sicherheiten nicht unter, sondern bestehen als selbständige Forderungen fort. Dies wird aus reinen Zweckmäßigkeitserwägungen hergeleitet, da anderenfalls der mit dem Sicherungsmittel verfolgte Zweck, die Sicherung der Gläubiger auch für den Fall, dass sie mit ihrer Forderung gegen die Gesellschaft ausfallen, verfehlt würde.[62] Ob ein Gläubiger, der es versäumt hat, seine Forderung vor Beendigung der Liquidation geltend zu machen, die Sicherheiten in Anspruch nehmen kann, hängt davon ab, ob dies vom Sicherungszweck erfasst ist.[63]

F. Nachtragsliquidation

I. Notwendigkeit

21 Eine Nachtragsliquidation wird notwendig, wenn die Liquidation endet, bevor alle zur Vollbeendigung der Gesellschaft erforderlichen Maßnahmen erfolgt sind. Den Hauptanwendungsfall stellt es dar, wenn die Gesellschaft noch über Vermögen verfügt. In Betracht kommt dies vor allem, wenn ihr Zahlungsansprüche gegen Gesellschafter oder Liquidatoren zustehen.[64] Die Gesellschaft ist in diesen Fällen gerade nicht erloschen. Um ihre Vollbeendigung herbeizuführen, bedarf es einer Nachtragsliquidation. Da es bei der Nachtragsliquidation allein um diesen Zweck geht, scheidet es aus, dass die Gesellschafter während der Nachtragsliquidation die Fortsetzung der Gesellschaft beschließen (zur Fortsetzung siehe § 60 Rdn. 61 ff.).[65]

II. Wirkung

22 Die Gesellschaft ist, da noch nicht beendet, in der Nachtragsliquidation parteifähig. Sie kann daher prozessbeteiligt und Gegenstand von Vollstreckungsmaßnahmen

---

61 *K. Schmidt*, in: Scholz, GmbHG, § 74 Rn. 21. Siehe auch § 73 Rdn. 32.

62 Allg. M., siehe BGH, NJW 2003, 1250, 1251; *K. Schmidt*, in: Scholz, GmbHG, § 74 Rn. 16; *Kleindiek*, in: Lutter/Hommelhoff, GmbHG, § 74 Rn. 4; *Haas*, in: Baumbach/Hueck, GmbHG, § 74 Rn. 16; *Nerlich*, in: Michalski, GmbHG, § 74 Rn. 42.

63 BGH, NJW 2003, 1250, 1251. Generell verneinend *Nerlich*, in: Michalski, GmbHG, § 74 Rn. 42.

64 Zu diesen im Einzelnen unter § 73 Rdn. 20 ff. Siehe BAG, NZA 2003, 1049, 1050; BGH, NJW 1989, 220. Zu anderen vermögensrechtlichen Positionen siehe OLG Köln, GmbHR 1993, 823 (Erwerb dinglicher Rechte an Grundstück durch grundbuchrechtliche Erklärungen).

65 *K. Schmidt*, in: Scholz, GmbHG, § 74 Rn. 23; *Nerlich*, in: Michalski, GmbHG, § 74 Rn. 35; *Altmeppen*, in: Roth/Altmeppen, GmbHG, § 74 Rn. 38.

sein.[66] Die Nachtragsliquidation und die hierfür bestellten Nachtragsliquidatoren sind im Handelsregister einzutragen.[67] Ein Sperrjahr nach § 73 beginnt nicht (erneut) zu laufen, und es bedarf auch keiner Eröffnungsbilanz.[68] Für den Schluss gilt demgegenüber, dass die bei Beendigung eines Liquidationsverfahrens zu beachtenden Vorgaben einzuhalten sind.[69] Die Nachtragsliquidation einer nach § 394 FamFG gelöschten Gesellschaft, bei der sich das Vorhandensein von Vermögen herausgestellt hat, richtet sich nach § 66 Abs. 5 (siehe unter § 66 Rdn. 30–32).

III. Abwicklungsmaßnahmen nicht-vermögensrechtlicher Art

23 Soweit Abwicklungsmaßnahmen nicht-vermögensrechtlicher Art nach Beendigung der Gesellschaft notwendig werden, ist das Verfahren umstritten. Die h.M. fordert auch in diesen Fällen eine Nachtragsliquidation unter Beachtung der allgemeinen Anforderungen.[70] Soweit lediglich Einzelmaßnahmen eingefordert werden, die mit geringem Aufwand verbunden sind, ist dies jedoch abzulehnen. Die Erteilung eines Arbeitszeugnisses, eine Rechnungslegung oder die Bewilligung einer Löschung im Grundbuch rechtfertigen es nicht, dass die Gesellschaft als fortbestehend behandelt wird.[71] Es ist mit unverhältnismäßigem Aufwand verbunden, die mit der Nachtragsliquidation verbundenen Pflichten einzufordern und Nachtragsliquidatoren zu bestellen. Hinzu tritt das Problem, dass die Gesellschaft nicht (mehr) über Vermögen verfügt und daher die mit der Nachtragsliquidation verbundenen Kosten nicht tragen kann. Soweit vermögensrechtliche Ansprüche betroffen sind, ist jedoch anerkannt, dass die Nachtragsliquidation nur eröffnet wird, wenn die entsprechende Vermögensposition die Kosten der Nachtragsliquidation übersteigt.[72] Auch von diesem Grundsatz müsste daher bei einer Nachtragsliquidation wegen Abwicklungsmaßnahmen nicht-vermögensrechtlicher Art abgewichen werden. Es verbliebe nur, die Kos-

66 *K. Schmidt*, in: Scholz, GmbHG, § 74 Rn. 24.

67 *K. Schmidt*, in: Scholz, GmbHG, § 74 Rn. 23; *Altmeppen*, in: Roth/Altmeppen, GmbHG, § 74 Rn. 38; *Nerlich*, in: Michalski, GmbHG, § 74 Rn. 59.

68 *K. Schmidt*, in: Scholz, GmbHG, § 74 Rn. 23; *Altmeppen*, in: Roth/Altmeppen, GmbHG, § 74 Rn. 36; *Nerlich*, in: Michalski, GmbHG, § 74 Rn. 56.

69 *K. Schmidt*, in: Scholz, GmbHG, § 74 Rn. 23; *Nerlich*, in: Michalski, GmbHG, § 74 Rn. 56.

70 Tendenziell BGH, NJW 1989, 220; BayObLG, BB 1984, 446 (Zustellung eines Steuerbescheids oder Beiladung vom Finanzgericht); BayObLG, BB 1983, 1303 (steuerliche Pflichten); OLG Stuttgart, NJW-RR 1995, 805 (fehlende Eröffnungsbilanz). Nach *Nerlich*, in: Michalski, GmbHG, § 74 Rn. 46; *Haas,* in: Baumbach/Hueck, GmbHG, § 60, Rn. 106, ergibt sich dies aus einer offenbar für zwingend gehaltenen Analogie zu § 273 Abs. 4 AktG. Wegen dieser Ansprüche nicht-vermögensrechtlicher Art und dem von der h.M. angenommenen Fortbestand der Gesellschaft findet der Begriff der »Lehre vom erweiterten Doppeltatbestand« Verwendung, siehe *Rasner*, in: Rowedder/Schmidt-Leithoff, GmbHG, § 74 Rn. 9 f.; *Nerlich*, in: Michalski, GmbHG, § 74 Rn. 31.

71 Zu Beispielen für geforderte Maßnahmen *Haas,* in: Baumbach/Hueck, GmbHG, § 60, Rn. 105.

72 Dazu *Nerlich*, in: Michalski, GmbHG, § 74 Rn. 51.

ten der Nachtragsliquidation von dem Antragsteller einzufordern, was wiederum unverhältnismäßig erscheint. Der Vorschlag, stattdessen einen Handlungsbevollmächtigten zu bestimmen, der vom Registergericht bestellt werden kann und die ausstehende Maßnahme durchführt, erscheint daher vorzugswürdig.[73] Die Gesellschaft bleibt danach erloschen, und der Handlungsbevollmächtigte erbringt Leistungen, die von ihr geschuldet waren. Auch hier fallen für den Antragsteller Kosten an, deren Höhe gegenüber der Nachtragsliquidation jedoch geringer ausfallen dürfte. Soweit die erforderliche Maßnahme – wie häufig – im Zusammenhang mit den verwahrten Schriften der Gesellschaft steht, bietet es sich an, den Verwahrer zum Handlungsbevollmächtigten zu bestellen, was dessen Zustimmung voraussetzt. Dass der Fortbestand von Pflichten der Gesellschaft nach deren Erlöschen und ihre Wahrnehmung durch einen Handlungsbevollmächtigten keinen Systembruch bedeutet, zeigt sich gerade an den in Abs. 3 angeordneten Rechten und Pflichten, die ebenfalls die Gesellschaft überdauern und von den gesellschaftsfremden Verwahrern wahrgenommen werden.

G. Bestellung von Nachtragsliquidatoren

I. Ende des Liquidatorenamtes

24 Das Liquidatorenamt endet mit der Löschung der Gesellschaft im Handelsregister.[74] Das ist vor dem Hintergrund der Lehre vom Doppeltatbestand inkonsequent, aber der Rechtssicherheit geschuldet. Aus Gründen der Rechtssicherheit leben die Liquidatorenämter auch nicht automatisch wieder auf, wenn sich herausstellt, dass noch Gesellschaftsvermögen vorhanden ist. Hierdurch wird vermieden, dass nach den Liquidatoren gefahndet werden muss. Vielmehr bedarf es einer Neubestellung. Damit entspricht die Rechtslage der im Aktienrecht (§ 273 Abs. 4 AktG).[75]

II. Bestellung nach § 66

25 Da die Gesellschaft nicht erloschen ist, besteht auch die mitgliedschaftliche Rechtsstellung der Gesellschafter fort. Daher richtet sich die Bestellung der Liquidatoren nach § 66. Die Gesellschafter können, sobald sie von der Nachtragsliquidation Kenntnis erlangen, die Nachtragsliquidatoren bestellen. Es ist nicht gerechtfertigt, erneut von den allgemeinen Grundsätzen abzuweichen und ausschließlich eine

---

73 *K. Schmidt*, in: Scholz, GmbHG, § 74 Rn. 20 f.; *ders.*, GmbHR 1988, 209, 212 f.

74 *Nerlich*, in: Michalski, GmbHG, § 74 Rn. 33.

75 Ständige Rechtsprechung und h.M., siehe BGHZ 53, 266 (Rn. 11) = BGH, NJW 1970, 1044; BGH, NJW 1985, 2479; OLG Frankfurt, NJW-RR 1993, 932; OLG Hamm, NZG 2001, 1040, 1041; OLG Koblenz, NZG 2007, 431, 432; *K. Schmidt*, in: Scholz, GmbHG, § 74 Rn. 22; *Altmeppen*, in: Roth/Altmeppen, GmbHG, § 74 Rn. 28; *Nerlich*, in: Michalski, GmbHG, § 74 Rn. 49. A.A. noch die alte Rechtsprechung, RGZ 109, 387, 393.

gerichtliche Bestellung zuzulassen (dazu schon § 66 Rdn. 31).[76] Im praktischen Ergebnis wird die registergerichtliche Bestellung von Notliquidatoren auf Antrag allerdings häufig notwendig sein, da vom Erlöschen der Gesellschaft ausgehende Gesellschafter nur selten Veranlassung sehen werden, tätig zu werden. Antragsberechtigt ist, wer ein rechtliches Interesse an der Nachtragsliquidation glaubhaft macht.[77] Ein solches kann bei Gesellschaftern und Gesellschaftsorganen, darunter auch früheren Liquidatoren, sowie Gläubigern der Gesellschaft und sonstigen Dritten, etwa Beschäftigten der Gesellschaft, vorhanden sein.[78] Die Vertretungsmacht der Nachtragsliquidatoren ist unbeschränkbar, da die Grundsätze zu den Liquidatoren auf sie Anwendung finden.[79] Etwas anderes soll gelten, wenn es sich nur um die Durchführung einer einzelnen Maßnahme nicht-vermögensrechtlicher Art handelt.[80] Für eine solche bedarf es nach hier vertretener Ansicht jedoch keiner Bestellung von Nachtragsliquidatoren (siehe Rdn. 23). Die stattdessen eingesetzten Handlungsbevollmächtigten sind in ihrer Vertretungsmacht auf die jeweilige Maßnahme beschränkt.[81]

H. Parteifähigkeit der Gesellschaft

I. Erlöschen mit Beendigung

26 Mit dem Erlöschen endet die Parteifähigkeit der Gesellschaft. Nach ihrer Löschung im Handelsregister besteht sie nach der Lehre vom Doppeltatbestand fort, wenn sie noch über Vermögen verfügt. Da sie weiter parteifähig ist, sind Aktiv- und Passivprozesse weiter möglich. Ist sie demgegenüber vermögenslos und im Handelsregister gelöscht, ist sie nicht mehr parteifähig. Um prozessbeteiligt bleiben zu können, darf sie daher während eines laufenden Prozesses nicht gelöscht werden.

---

76 So jedoch die ganz h.M., OLG Koblenz, NZG 2007, 431, 432; OLG Hamm, NZG 2001, 1040, 1041; OLG Frankfurt, NJW-RR 1993, 932; *Altmeppen*, in: Roth/Altmeppen, GmbHG, § 74 Rn. 29. Nach *K. Schmidt*, in: Scholz, GmbHG, § 74 Rn. 22, bedarf es einer gerichtlichen Bestellung, die Gesellschafter dürfen diese jedoch durch Bestellung eigener Liquidatoren absetzen. Dagegen ausdrücklich *Nerlich*, in: Michalski, GmbHG, § 74 Rn. 53.

77 BAG, NZG 2008, 270 (Prozessbeteiligter); OLG Hamburg, NZG 2002, 296 (Inhaber titulierter Forderung); OLG Koblenz, NZG 2007, 431, 432 (ehemaliger Gesellschafter); Scholz/*K. Schmidt*, in: Scholz, GmbHG, § 74 Rn. 22; *Nerlich*, in: Michalski, GmbHG, § 74 Rn. 50.

78 *K. Schmidt*, in: Scholz, GmbHG, § 74 Rn. 22; *Altmeppen*, in: Roth/Altmeppen, GmbHG, § 74 Rn. 31.

79 OLG Koblenz, NZG 2007, 431, 432; a.A. OLG München, NZG 2008, 555, 557.

80 *Altmeppen*, in: Roth/Altmeppen, GmbHG, § 74 Rn. 37; *Nerlich*, in: Michalski, GmbHG, § 74 Rn. 54.

81 Im Anschluss an *K. Schmidt*, in: Scholz, GmbHG, § 74 Rn. 20.

II. Fortbestand in laufenden Prozessen

27 Wird sie dennoch gelöscht, bleibt ihre Parteifähigkeit unberührt. Bei Aktivprozessen ist dies evident, wenn die Gesellschaft gerade um Vermögenspositionen streitet, die eine Vermögenslosigkeit ausschließen.[82] Problematischer sind Passivprozesse, da die Gesellschaft durch diese keine Vermögensposition erwerben, sondern in Anspruch genommen werden soll. Der Fortbestand von Verbindlichkeiten steht einer Beendigung der Gesellschaft jedoch gerade nicht im Wege.[83]

1. Passivprozess um Ansprüche nicht-vermögensrechtlicher Art

28 Es ist anerkannt, dass auch gegen eine erloschene Gesellschaft Ansprüche nicht-vermögensrechtlicher Art geltend gemacht werden können. Zu ihrer Befriedigung muss nach h.M. ein Nachtragsliquidator, nach hier vertretener Ansicht ein Handlungsbevollmächtigter bestellt werden (siehe Rdn. 23). Konsequenterweise steht es dem Fortgang des Prozesses, in dem um diese Ansprüche gestritten wird, nicht entgegen, wenn die Gesellschaft gelöscht wird.[84]

2. Passivprozess um Ansprüche vermögensrechtlicher Art

29 Die h.M. bejaht den Fortgang des Prozesses darüber hinaus auch in den Fällen, in denen um vermögensrechtliche Ansprüche gestritten wird.[85] Stichhaltig ist dabei jedenfalls das Argument, dass für den Fall des Obsiegens ein Kostenerstattungsanspruch der Gesellschaft und damit eine Vermögensposition der Gesellschaft bestehen kann.[86]

3. Darlegungslast

30 Soweit ein Kläger seine Klage gegen die Gesellschaft darauf stützt, dass noch Vermögen vorhanden ist, behauptet er eine doppelt-relevante Tatsache. Für die Zulässigkeit der Klage ist entscheidend, dass er einen substantiierten Vortrag bietet, etwa darlegt,

---

82 BAG, NZA 2003, 1049, 1050; *K. Schmidt*, in: Scholz, GmbHG, § 74 Rn.17b; *Nerlich*, in: Michalski, GmbHG, § 74 Rn. 37; *Kleindiek*, in: Lutter/Hommelhoff, GmbHG, § 74 Rn. 4; *Haas*, in: Baumbach/Hueck, GmbHG, § 74 Rn. 18.

83 *Kleindiek*, in: Lutter/Hommelhoff, GmbHG, § 74 Rn. 4; *Haas*, in: Baumbach/Hueck, GmbHG, § 74 Rn. 16.

84 BAG, NJW 1982, 1831 (Feststellung, dass die außerordentliche Kündigung eines Arbeitnehmers wegen Vertragsverletzung unwirksam war); *K. Schmidt*, in: Scholz, GmbHG, § 74 Rn. 17b; *Nerlich*, in: Michalski, GmbHG, § 74 Rn. 37; *Haas*, in: Baumbach/Hueck, GmbHG, § 74 Rn. 19.

85 *K. Schmidt*, in: Scholz, GmbHG, § 74 Rn. 17b; *Kleindiek*, in: Lutter/Hommelhoff, GmbHG, § 74 Rn. 5; *Haas*, in: Baumbach/Hueck, GmbHG, § 74 Rn. 19; a.A. BGH, NJW 1982, 238.

86 *K. Schmidt*, in: Scholz, GmbHG, § 74 Rn. 17b; *Nerlich*, in: Michalski, GmbHG, § 74 Rn. 38.

worauf seiner Ansicht nach bestehende Ansprüche der Gesellschaft zu stützen sind.[87] Bloße Behauptungen sind nicht ausreichend. Gleiches gilt für in der Nachtragsliquidation für die Gesellschaft angestrengte Prozesse.[88]

I. Die GmbH & Co. KG

31 Auch die Beendigung der Liquidation einer Komplementär-GmbH richtet sich nach den dargestellten Grundsätzen, die der KG demgegenüber nach §§ 161 Abs. 2, 157 HGB. Dabei ist zu beachten, dass wegen der unbeschränkten Haftung nach §§ 161 Abs. 2, 128 HGB sowie des Freistellungsanspruchs der GmbH gegen die KG nach §§ 161 Abs. 2, 110 HGB eine Vollbeendigung der GmbH vor Beendigung der KG vermieden werden sollte.[89] Gerade wegen der Ansprüche nach § 110 HGB gegen die KG wird eine Vollbeendigung der GmbH ohne vorherige Vollbeendigung der KG praktisch auch gar nicht möglich sein.

§ 75 Nichtigkeitsklage

(1) Enthält der Gesellschaftsvertrag keine Bestimmungen über die Höhe des Stammkapitals oder über den Gegenstand des Unternehmens oder sind die Bestimmungen des Gesellschaftsvertrags über den Gegenstand des Unternehmens nichtig, so kann jeder Gesellschafter, jeder Geschäftsführer und, wenn ein Aufsichtsrat bestellt ist, jedes Mitglied des Aufsichtsrats im Wege der Klage beantragen, dass die Gesellschaft für nichtig erklärt werde.

(2) Die Vorschriften der §§ 246 bis 248 des Aktiengesetzes finden entsprechende Anwendung.

Übersicht **Rdn.**

87 BAG, NZA 2003, 1049, 1050.

88 *K. Schmidt*, in: Scholz, GmbHG, § 74 Rn. 17; *Haas*, in: Baumbach/Hueck, GmbHG, § 74 Rn. 19; *Nerlich*, in: Michalski, GmbHG, § 74 Rn. 39. Siehe auch schon § 60 Rdn. 34.

89 Siehe ausführlich *K. Schmidt*, in: Scholz, GmbHG, § 74 Rn. 38. Vgl. auch *Nerlich*, in: Michalski, GmbHG, § 74 Rn. 61.

Rdn.

A. Allgemeines

1 Die Vorschriften der §§ 75 – 77 behandeln die Nichtigkeit der Gesellschaft. Sie entsprechen im Wesentlichen den Regelungen der §§ 275 – 277 AktG. In den in § 75 abschließend aufgezählten Fällen kann Nichtigkeitsklage erhoben werden, die im Erfolgsfall zur Auflösung der Gesellschaft für die Zukunft und zu ihrer Abwicklung führt (§ 77 GmbHG). Bei der Nichtigkeit i.S.v. §§ 75 ff. geht es also nicht um eine Nichtigkeit von Anfang an i.S. der Rechtsgeschäftslehre, sondern lediglich um die Vernichtbarkeit der (wirksamen entstandenen) Gesellschaft.[1]

2 § 75 enthält zwar eine abschließende Aufzählung der Gründe für die Erhebung einer Nichtigkeitsklage, nämlich fehlende Bestimmung über die Höhe des Stammkapitals und fehlende oder nichtige Bestimmungen über den Gegenstand des Unternehmens, entfaltet jedoch keine Sperrwirkung gegenüber den Regeln zur amtswegigen Löschung einer Gesellschaft (§ 399 FamFG). Deshalb und weil die in § 75 genannten Mängel des Gesellschaftsvertrags regelmäßig bereits dazu führen, dass die Gesellschaft gar nicht erst eingetragen wird, ist die praktische Bedeutung der Vorschrift gering.[2]

B. Anwendungsbereich

3 Die Regelung des § 75 ist auf die Vor-GmbH nicht anzuwenden. Die Rechtsfolgen von Mängeln des Gesellschaftsvertrags der Vor-GmbH bestimmen sich nach den Grundsätzen über die fehlerhafte Vorgesellschaft.[3] Auf die aufgelöste GmbH kann die Nichtigkeitsklage grundsätzlich angewandt werden. Freilich wird es einer solchen Klage regelmäßig am Rechtschutzbedürfnis fehlen, weil die damit angestrebte Rechtsfolge ihrerseits nur in der Auflösung der GmbH besteht.[4]

1 Vgl. nur *Hillmann,* in: MünchKommGmbHG, § 75 Rn. 3.
2 Vgl. *Haas,* in: Baumbach/Hueck, GmbHG, § 75 Rn. 2;
3 *Hillmann,* in: MünchKommGmbHG, § 75 Rn. 4
4 *K. Schmidt,* in: Scholz, GmbHG, § 75 Rn. 3

C. Nichtigkeitsgründe

4 Laut § 3 Abs. 1 muss der Gesellschaftsvertrag enthalten: Firma und Sitz der Gesellschaft (Nr. 1), den Unternehmensgegenstand (Nr. 2), den Betrag des Stammkapitals (Nr. 3) und die Zahl und die Nennbeträge der Geschäftsanteile, die jeder Gesellschafter gegen Einlage auf das Stammkapital (Stammeinlage) übernimmt (Nr. 4). Fehlt es an einem dieser notwendigen Inhalte oder bestehen insoweit Mängel, so ist die Eintragung abzulehnen.[5] Erfolgt sie dennoch, so kann nach Eintragung der Gesellschaft ins Handelsregister in allen Fällen des Fehlens eines notwendigen Inhalts des Gesellschaftsvertrags das Registergericht nach § 399 Abs. 4 FamFG einschreiten, mit dem Ziel, die Gesellschaft aufzulösen. Im Falle des Fehlens oder der Nichtigkeit einer Bestimmung über den Unternehmensgegenstand (§ 3 Abs. 1 Nr. 2) und bei Fehlen des Betrags des Stammkapitals (§ 3 Abs. 1 Nr. 3) besteht zusätzlich die Möglichkeit einer amtswegigen Löschung (§ 397 S. 2 FamFG) oder eben der Erhebung einer Nichtigkeitsklage nach § 75. Die Wirkung einer Amtslöschung nach § 397 S. 2 bemisst sich wie diejenige einer erfolgreichen Nichtigkeitsklage nach § 77.[6]

I. Keine Bestimmungen über die Höhe des Stammkapitals

5 Die Nichtigkeitsklage ist nur erfolgreich, wenn eine Bestimmung über die Höhe des Stammkapitals fehlt, nicht aber, wenn eine solche Bestimmung des Gesellschaftsvertrags lediglich nichtig ist. Wird also beispielsweise die Mindeststammkapitalziffer des § 5 unterschritten, ohne dass die Gesellschaft als UG (haftungsbeschränkt) i.S.d. § 5a firmiert, so liegt zwar eine nichtige Bestimmung des Betrags des Stammkapitals vor, nicht aber ein vollständiges Fehlen einer solcher Bestimmung, mit der Folge, dass eine Nichtigkeitsklage nach § 75 nicht gegeben ist.

II. Fehlen einer Bestimmung über den Unternehmensgegenstand

6 Ein vollständiges Fehlen des Unternehmensgegenstandes wird allenfalls sehr selten vorliegen. Bloße Ungenauigkeiten oder die mangelnde Bestimmtheit des Unternehmensgegenstands stehen dem Fehlen nicht gleich und sind allenfalls Eintragungshindernis.[7]

III. Nichtigkeit der Bestimmung über den Unternehmensgegenstand

7 Praktisch bedeutsamer ist der Fall der Nichtigkeit der Bestimmungen über den Gegenstand des Unternehmens. Eine solche ist dann gegeben, wenn der im Gesellschaftsvertrag angegebene Unternehmensgegenstand auf eine gesetzes- oder sittenwidrige Tätigkeit abzielt (§§ 134, 138 BGB) oder wenn er nur zum Schein verein-

5 S. dazu ausführlich § 3 Rdn. 27.

6 *Heinemann,* in: Heidel, FamFG, 17. Auflage 2011, § 397 Rn. 25.

7 *Hillmann,* in: MünchKommGmbHG, § 75 Rn. 10.

bart wird (§ 117 BGB), etwa um den in Wirklichkeit verfolgten Unternehmensgegenstand zu verdecken.[8]

8 Sowohl das Fehlen einer Regelung über den Unternehmensgegenstand als auch die Nichtigkeit einer solchen Regelung sind nach § 76 heilbar.[9]

9 Ein nachträgliches Auseinanderfallen von tatsächlichem und satzungsmäßigem Unternehmensgegenstand ist kein Nichtigkeitsgrund. Es liegt insoweit kein Scheingeschäft vor, weil und sofern der ursprünglich festgelegte Unternehmensgegenstand seinerzeit tatsächlich gewollt war. Auch für eine analoge Anwendung von § 75 auf diese Fallgestaltung ist kein Raum, zumal die Gesellschafter durch Unterlassungs- und Schadensersatzansprüche gegen die Geschäftsführer sowie durch Austritts-, Auflösungs- und Kündigungsrechte aus wichtigem Grund hinreichend geschützt sind.[10]

D. Nichtigkeitsklage und gerichtliche Entscheidung

I. Klageart

10 Die Nichtigkeitsklage ist Gestaltungsklage, da im Erfolgsfall die Gesellschaft durch rechtsgestaltenden Richterspruch für nichtig erklärt wird und zwar mit Wirkung für die Zukunft (§ 77). Die Nichtigkeit kann auch im Wege der Wiederklage, nicht aber im Wege einer bloßen Einrede, etwa gegenüber einer Klage der Gesellschaft auf Zahlung rückständiger Einlagen, geltend gemacht werden.[11]

II. Klagebefugnis

11 Klagebefugt sind nur die in § 77 Abs. 1 genannten Personen, also jeder einzelne Gesellschafter, jeder einzelne Geschäftsführer und jedes einzelne Mitglied des Aufsichtsrats, sofern ein solcher besteht. Dabei spielt es keine Rolle, ob es sich um einen obligatorischen oder fakultativen Aufsichtsrat handelt. Unerheblich ist in allen Fällen, ob die Klageerhebung mit, ohne oder gegen den Willen der übrigen Gesellschafter, Geschäftsführer oder Aufsichtsratsmitglieder erfolgt.[12]

III. Klagefrist

12 Ob und wenn ja welche Klagefrist besteht, ist in der Literatur umstritten. Einigkeit herrscht dahingehend, dass jedenfalls die materielle Ausschlussfrist des § 246

---

8 *Hillmann,* in: MünchKommGmbHG, § 75 Rn. 11.

9 Siehe dazu § 76 Rdn. 2, 4 ff.

10 *Hillmann,* in: MünchKommGmbHG, § 75 Rn. 12; *Paura,* in: Ulmer/Habersack/Winter, GmbHG, § 75 Rn. 20; a.A. (für analoge Anwendung von § 75 auf die Konstellation des nachträglichen Auseinanderfallens von vereinbartem und tatsächlichem Unternehmensgegenstand) *K. Schmidt,* in: Scholz, GmbHG, § 75 Rn. 11; *Haas,* in: Baumbach/Hueck, GmbHG, § 75 Rn. 16.

11 *Hillmann,* in: MünchKommGmbHG, § 75 Rn. 13.

12 Vgl. *Haas,* in: Baumbach/Hueck, GmbHG, § 75 Rn. 21.

Abs. 1 AktG nicht gilt. Die Verweisung in § 75 Abs. 2 wird insoweit einhellig als Redaktionsversehen angesehen.[13] Teilweise wird allerdings eine entsprechende Anwendung von § 275 Abs. 3 AktG befürwortet. Danach muss bei einer Aktiengesellschaft die Klage auf Nichtigerklärung binnen drei Jahren nach Eintragung der Gesellschaft erhoben werden. Für die Heranziehung dieser Drei-Jahres-Frist mag man anführen, dass die §§ 275-277 AktG im Wesentlichen die gleiche Funktion haben wie im GmbH-Recht die §§ 75–77. Gerade dieser weitgehende Gleichlauf spricht aber dafür, bestehende Unterschiede im Wortlaut der Vorschriften umso schwerer zu gewichten. Hinsichtlich der Klagefrist enthält § 75 gerade keine ausdrückliche Regelung, was im Ergebnis gegen eine entsprechende Anwendung der Drei-Jahres-Frist spricht.[14] Eine Grenze für die Erhebung der Nichtigkeitsklage bildet daher nur das Institut der Verwirkung, das freilich nur in Ausnahmefällen eingreifen wird und zudem einem amtswegigen Vorgehen nach § 397 oder § 399 FamFG nicht entgegensteht.

IV. Vorherige Aufforderung zur Beseitigung des Mangels

13 Anders als in § 275 Abs. 2 AktG fehlt in § 75 eine ausdrückliche Bestimmung, wonach Nichtigkeitsklage erst erhoben werden kann, nachdem der Klageberechtigte die Gesellschaft aufgefordert hat, den Mangel zu beseitigen und die Gesellschaft binnen drei Monaten dieser Aufforderung nicht nachgekommen ist. Deshalb ist bei der GmbH nicht von einer grundsätzlichen Obliegenheit auszugehen, eine solche Aufforderung an die Gesellschaft zu richten, ehe Klage erhoben werden kann.[15] Freilich kann die Klageerhebung treuwidrig sein, wenn ein nach § 76 behebbarer Mangel vorlag und es dem Kläger auch zumutbar war, seine Mitgesellschafter zur Mangelbeseitigung aufzufordern.[16]

V. Passivlegitimation

14 Passivlegitimiert ist die Gesellschaft als Beklagte. Sie wird durch ihre Geschäftsführer und, falls ein solcher vorhanden ist, durch den Aufsichtsrat vertreten, § 75 Abs. 2 i.V.m. § 246 Abs. 2 S. 2 AktG. Klagt ein Geschäftsführer, so ist der Aufsichtsrat zur Vertretung berufen; klagt ein Aufsichtsratsmitglied, so wird die Gesellschaft nur von den Geschäftsführern vertreten (§ 246 Abs. 2 S. 3 AktG). Hat die Gesellschaft keinen Aufsichtsrat und klagt ein Geschäftsführer oder klagen Geschäftsführer

---

13 Vgl. nur *Haas,* in: Baumbach/Hueck, GmbHG, § 75 Rn. 3, wonach die Verweisung entsprechend »dem schludrigen Stil moderner gesellschaftsrechtlicher Gesetzgebung« missglückt ist; vgl. hierzu allgemein *Hacker/Appleby/Schiele,* Cabinet reshuffles and government watchdogs, 2010, S. 453 ff.

14 I.E. ebenso *Hillmann,* in MünchKommGmbHG, § 75 Rn. 20; *Altmeppen,* in: Roth/Altmeppen, GmbHG, § 75 Rn. 24; *Kleindiek,* in: *Lutter/Hommelhoff/Kleindiek,* GmbHG, § 75 Rn. 2; a.A. *Haas,* in: Baumbach/Hueck, GmbHG, § 75 Rn. 26.

15 A.A. (für analoge Anwendung von § 275 Abs. 2 AktG) *Haas,* in: Baumbach/Hueck, GmbHG, § 75 Rn. 27.

16 Ähnlich *Hillmann,* in: MünchKommGmbHG, § 75 Rn. 21.

und Aufsichtsratsmitglieder, so kann dies zur Folge haben, dass die Gesellschaft keinen gesetzlichen Vertreter für die Nichtigkeitsklage hat. Ihm muss dann durch das Prozessgericht ein Vertreter (§ 57 ZPO) oder durch das Registergericht analog § 29 BGB ein Notgeschäftsführer bestellt werden, sofern nicht die Gesellschafter nach § 46 Nr. 8 einen besonderen Vertreter berufen.[17]

VI. Zuständiges Gericht

15 Zuständig ist gem. § 75 Abs. 2 i.V.m. § 246 Abs. 3 S. 2 das Landgericht (Kammer für Handelssachen), in dessen Bezirk die Gesellschaft ihren Sitz hat.

VII. Kein Freigabeverfahren

16 Ein Freigabeverfahren findet nicht statt. Dass die Verweisung des § 75 Abs. 2 streng genommen auch § 246a AktG umfasst, ist offensichtlich verfehlt. § 246a AktG behandelt das aktienrechtliche Freigabeverfahren. Dessen Übertragbarkeit auf das GmbH-Recht ist generell schon zweifelhaft.[18] Jedenfalls passt es auf eine Nichtigkeitsklage von vornherein nicht. Dementsprechend verweisen die aktienrechtlichen Nichtigkeitsvorschriften gerade nicht auf § 246a AktG (vgl. § 275 Abs. 4 AktG).

VIII. Gerichtliche Entscheidung

17 Das Gericht entscheidet durch Gestaltungsurteil. Nach § 75 Abs. 2 i.V.m. § 248 Abs. 1 S. 1 AktG wirkt das rechtskräftige Nichtigkeitsurteil auch für und gegen diejenigen Gesellschafter, Geschäftsführer und Aufsichtsratsmitglieder, die nicht Klage erhoben haben, außerdem für und gegen jeden Dritten. Ein rechtskräftiges, klageabweisendes Urteil wirkt hingegen nur unter den Parteien.[19]

18 Das rechtskräftige Nichtigkeitsurteil ist mit Rechtskraftzeugnis unverzüglich durch die Liquidatoren zum Handelsregister einzureichen. Die Zuständigkeit der Liquidatoren folgt daraus, dass die Rechtskraft des Nichtigkeitsurteils unmittelbar zur Auflösung der Gesellschaft führt, die Geschäftsführer ab diesem Zeitpunkt also nicht mehr Vertretungsorgan sind.[20] Die Nichtigkeit der Gesellschaft wird nach Einreichung des rechtskräftigen Nichtigkeitsurteils sodann vom Registergericht von Amts wegen in das Handelsregister eingetragen, daneben ist eine Anmeldung der Auflösung durch die Liquidatoren nicht erforderlich.[21] Zu den Wirkungen der Nichtigkeit im Einzelnen vgl. die Kommentierung zu § 77.

---

17 *Hillmann,* in: MünchKommGmbHG, § 75 Rn. 24.

18 Ablehnend jüngst KG, ZIP 2011, 1474.

19 *Haas,* in: Baumbach/Hueck, GmbHG, § 75 Rn. 29.

20 *Hillmann,* in: MünchKommGmbHG, § 75 Rn. 30.

21 *Haas,* in: Baumbach/Hueck, GmbHG, § 75 Rn. 31; *Hillmann,* in: MünchKommGmbHG, § 75 Rn. 31 m.w.N. auch der Gegenansicht.

§ 76 Heilung von Mängeln durch Gesellschafterbeschluss

Ein Mangel, der die Bestimmungen über den Gegenstand des Unternehmens betrifft, kann durch einstimmigen Beschluss der Gesellschafter geheilt werden.

Übersicht **Rdn.**

A. Allgemeines

1 Die Vorschrift regelt die Heilung von zwei der drei in § 75 Abs. 1 genannten Mängel des Gesellschaftsvertrags, nämlich des Fehlens oder der Nichtigkeit der Bestimmungen über den Gegenstand des Unternehmens. In ihrer derzeitigen Fassung beruht die Vorschrift auf Art. 3 Nr. 12 des Gesetzes zur Durchführung der Ersten Richtlinie des Rates der Europäischen Gemeinschaften zur Koordinierung des Gesellschaftsrechts vom 15.8.1969.[1]

B. Heilbare Mängel

2 Heilbar sind ausweislich des Wortlauts des § 76 nur Mängel, die den Unternehmensgegenstand betreffen, gleichviel, ob entsprechende gesellschaftsvertragliche Bestimmungen vollständig fehlen oder nichtig sind.

3 Der dritte in § 75 Abs. 1 genannte Nichtigkeitsgrund, nämlich das Fehlen von Bestimmungen über die Höhe des Stammkapitals, ist in § 76 nicht erwähnt und dementsprechend einer Heilung nicht zugänglich.[2] Aus § 399 Abs. 1, 4 FamFG ergibt sich nichts anderes.[3] Diese Vorschrift betrifft die Möglichkeit, Satzungsmängel nach einer entsprechenden Aufforderung durch das Registergericht durch Satzungsänderung zu beheben, umfasst aber gerade nicht das Fehlen einer Bestimmung über das Stammkapital, sondern lediglich deren Nichtigkeit. Fehlt es also vollständig an einer Bestimmung über das Stammkapital der GmbH, so besteht weder eine Heilungsmöglichkeit durch Satzungsänderung noch entsprechend § 76; es bleibt nur die Auflösung der Gesellschaft, ggf. verbunden mit einer Neugründung.

---

1 BGBl. I, S. 1146.

2 So auch *Heyder*, in: Michalski, GmbHG, § 76 Rn. 3; *Altmeppen*, in: Roth/Altmeppen, GmbHG, § 76 Rn. 3.

3 So aber *Haas*, in: Baumbach/Hueck, GmbHG, § 76 Rn. 3; ähnlich *K. Schmidt*, in: Scholz, GmbHG, § 76 Rn. 1, 2.

C. Verfahren der Heilung

Beim Heilungsbeschluss handelt es sich um einen satzungsändernden Beschluss, bei dem die Voraussetzungen der §§ 53, 54 einzuhalten sind. Insbesondere muss der Beschluss notariell beurkundet und ins Handelsregister eingetragen werden. 4

Daneben verlangt § 76 ausdrücklich die Einstimmigkeit des Gesellschafterbeschlusses. Sind nicht sämtliche Gesellschafter bei der Gesellschafterversammlung anwesend, so bedarf die Zustimmung der nicht anwesenden Gesellschafter einer gesonderten Beurkundung. 5

Eine Zustimmungspflicht besteht – wie bei anderen Gesellschafterbeschlüssen auch – nur ausnahmsweise und kann sich im Einzelfall aus der Treupflicht der Gesellschafter ergeben.[4] Eine Zustimmungspflicht erscheint etwa dann denkbar, wenn sich die Gesellschafter über den Unternehmensgegenstand eigentlich einig waren, dieser aber versehentlich nicht in den Gesellschaftsvertrag aufgenommen worden ist.[5] 6

D. Rechtsfolgen der Heilung

Wird der Gesellschafterbeschluss ins Handelsregister eingetragen, so beseitigt er den zur Nichtigkeit der Gesellschaft führenden Mangel mit der Folge, dass eine etwa bereits erhobene Nichtigkeitsklage als unbegründet abzuweisen ist. Ein nach Rechtskraft des Nichtigkeitsurteils gefasster oder in das Handelsregister eingetragener Gesellschaftsbeschluss nach § 76 führt zur Fortsetzung der Gesellschaft, sofern die dafür erforderlichen Voraussetzungen vorliegen.[6] Die Zulässigkeit einer Fortsetzung der Gesellschaft richtet sich nach den allgemeinen Voraussetzungen.[7] 7

§ 77 Wirkung der Nichtigkeit

(1) Ist die Nichtigkeit einer Gesellschaft in das Handelsregister eingetragen, so finden zum Zwecke der Abwicklung ihrer Verhältnisse die für den Fall der Auflösung geltenden Vorschriften entsprechende Anwendung

(2) Die Wirksamkeit der im Namen der Gesellschaft mit Dritten vorgenommenen Rechtsgeschäfte wird durch die Nichtigkeit nicht berührt

---

4 *Heyder*, in: Michalski, GmbHG, § 76 Rn. 6; *Kleindiek*, in: Lutter/Hommelhoff/Kleindiek, GmbHG, § 76 Rn. 2; ähnlich DSkGE 2010, 344 (m. abl. Anm. *Baumann/Frenzel*).

5 *Hillmann*, in: MünchKommGmbHG, § 76 Rn. 7.

6 *Haas*, in: Baumbach/Hueck, GmbHG, § 76 Rn. 12 f.; *Hillmann*, in: MünchKommGmbHG, § 76 Rn. 8.

7 Vgl. hierzu § 60 Rdn. 61 ff.

(3) Die Gesellschafter haben die versprochenen Einzahlungen zu leisten, soweit es zur Erfüllung der eingegangenen Verbindlichkeiten erforderlich ist

Übersicht **Rdn.**

A. Allgemeines

1 Die Vorschrift enthält Regelungen zu den Rechtsfolgen eines nach § 75 ergangenen Nichtigkeitsurteils. Insoweit verweist Abs. 1 auf die Regelungen zur Abwicklung einer aufgelösten Gesellschaft, also auf die §§ 60 bis 74. Den Absätzen 2 und 3 kommt kein eigenständiger Regelungsgehalt zu, betonen sie doch nur Konsequenzen des Umstands, dass die erfolgreiche Nichtigkeitsklage lediglich zur Auflösung mit Wirkung für die Zukunft führt, also Rechte Dritter bis zur Vollbeendigung der Gesellschaft nicht berührt werden und rückständige Einlagen der Gesellschafter geleistet werden müssen.[1]

B. Rechtsfolgen der Nichtigkeit

I. Eintragung ins Handelsregister

2 Das rechtskräftige Nichtigkeitsurteil führt zur Auflösung der Gesellschaft. Die Eintragung ins Handelsregister[2] wirkt insoweit nur deklaratorisch.[3]

II. Anwendung der Abwicklungsregeln

3 Mit Rechtskraft des Nichtigkeitsurteils ist die Gesellschaft mit Wirkung für die Zukunft aufgelöst. Sie ist sodann nach den Regeln der §§ 60 bis 74 abzuwickeln. Das heißt insbesondere, dass die Gesellschaft nunmehr durch ihre Liquidatoren vertreten wird[4], die sodann die laufenden Geschäfte der Gesellschaft zu beendigen, ihre Verpflichtungen zu erfüllen, ihre Forderungen einzuziehen und das Vermögen der Gesellschaft in Geld umzusetzen haben (§ 70 GmbHG).

---

1 *K. Schmidt*, in: Scholz, GmbHG, § 77 Rn. 2 f.; *Hillmann*, in: MünchKommGmbHG, § 77 Rn. 4 f.

2 Vgl. hierzu oben § 75 Rdn. 15.

3 *Heyder*, in: Michalski, GmbHG, § 77 Rn. 2.

4 Vgl. hierzu oben § 70 Rdn. 2.

III. Rechtsgeschäfte mit Dritten

§ 77 Abs. 2 stellt (überflüssigerweise) klar, dass die Wirksamkeit der im Namen der Gesellschaft mit Dritten geschlossenen Rechtsgeschäfte durch die Nichtigkeit nicht berührt wird. Dies ist Konsequenz des Umstands, dass die Gesellschaft als Abwicklungsgesellschaft fortbesteht. Weder für die Zeit vor Rechtskraft des Nichtigkeitsurteils noch für den Zeitraum bis zu ihrer Vollbeendigung werden also Rechte Dritter durch die Auflösung der Gesellschaft berührt.[5] 4

IV. Rückständige Einlagen

Ebenfalls lediglich klarstellender Natur ist § 77 Abs. 3, wonach die Gesellschafter die versprochenen Einzahlungen zu leisten haben, soweit es zur Erfüllung der eingegangenen Verbindlichkeiten erforderlich ist. Zutreffend wird in der Literatur darauf hingewiesen, dass der Wortlaut nicht nur überflüssig, sondern auch unvollständig ist. Rückständige Einlagen müssen nämlich nicht nur eingezahlt werden, soweit sie zur Befriedigung der Gläubiger, sondern auch soweit sie zur Verteilung des Vermögens unter die Gesellschafter (§ 72) erforderlich sind.[6] 5

5 Vgl. nur *Hillmann*, in: MünchKommGmbHG, § 77 Rn. 4.
6 *Paura*, in: Ulmer/Habersack/Winter, GmbHG, § 77 Rn. 6.

Sechster Abschnitt Ordnungs-, Straf- und Bußgeldvorschriften

§ 78 Anmeldepflichtige

Die in diesem Gesetz vorgesehenen Anmeldungen zum Handelsregister sind durch die Geschäftsführer oder die Liquidatoren, die in § 7 Abs. 1, § 57 Abs. 1, § 57i Abs. 1, § 58 Abs. 1 Nr. 3 vorgesehenen Anmeldungen sind durch sämtliche Geschäftsführer zu bewirken.

Übersicht **Rdn.**

Schrifttum

Auer, Die antizipierte Anmeldung bei der GmbH, DNotZ 2000, 498; *Ulbert*, Die GmbH im Handelsregisterverfahren, 1997; *Waldner*, Handelsregisteranmeldung auf Vorrat, ZNotP 2000, 188 sowie die bei § 79 genannte Literatur.

A. Rechts- und Normentwicklung

1 Die Norm ist in ihrem Kern unverändert seit 1892. 1980 wurde in Halbsatz 2 die Anmeldung von Zweigniederlassungen gestrichen, ferner wurde mit Wirkung ab 1.1.1995 die Bezugnahme auf § 57i aufgenommen. Mit dem MoMiG wurde die amtliche Überschrift eingefügt.

B. Regelungsgegenstand

2 Die Norm regelt, wer in der GmbH für die Erklärung der Anmeldung zur Eintragung im Handelsregister zuständig ist. Die Vorschrift **gilt sowohl für die Fälle der Anmeldepflicht** (§§ 39, 65, 67, 74, Fortsetzungsbeschluss nach § 60) **als auch für die**

Fälle der im Belieben der Gesellschaft stehenden Anmeldungen (§§ 7, 54 Abs. 1, 57 Abs. 1, 57i, 58 Abs. 1 Nr. 3; wirtschaftliche Neugründung). Über ihren Wortlaut hinaus gilt sie **auch für die in anderen Gesetzen geregelten Handelsregisteranmeldungen**, unabhängig davon, ob eine Anmeldepflicht besteht oder nicht (§§ 13 Abs. 1, 3, 31 Abs. 1, 53 Abs. 1 HGB, 294 AktG, 16, 38, 198 UmwG). Die Norm hat in Halbsatz 1 insofern klarstellende Bedeutung, als dort bestimmt ist, dass die Vertretung im Registerverfahren den allgemeinen Regeln organschaftlicher Vertretung folgt, und stellt gleichzeitig klar, dass nicht jede Erklärung im Namen der Gesellschaft genügt, etwa (ohne Bevollmächtigung durch die Geschäftsführung) durch Prokuristen, Handlungsbevollmächtigte etc.

3 In Halbsatz 2 knüpft die Vorschrift an die in bestimmten Fällen von den Vertretungsorganen zusätzlich abzugebenden Erklärungen an und statuiert die Verantwortlichkeit sämtlicher Organwalter für die entsprechenden Registeranmeldungen.

4 Die Vorschrift **gilt** (anders als § 79) **nur für Anmeldungen und nicht für Erklärungen anderer Art gegenüber dem Registergericht**, etwa die Einreichung der Gesellschafterliste nach § 40 Abs. 1.

C. Regelungszweck

5 § 78 ist (anders als § 79) **keine Vorschrift zur Erzwingung der Registerpublizität.** Die Norm legt vielmehr die Zuständigkeit der Organe für Handelsregisteranmeldungen fest und hat insoweit verfahrensrechtlichen Gehalt, Halbsatz 2 führt mittelbar in Verbindung mit § 82 GmbHG zur Einstandspflicht jedes Organwalters für die Richtigkeit der jeweils mit der Anmeldung zu versichernden Tatsachen.

D. Anmeldezuständigkeit

I. Allgemeines

1. Handelsregisteranmeldung

6 Bei der **Anmeldung** handelt es sich um den **verfahrenseinleitenden Antrag i.S.d. §§ 7, 23 ff. FamFG.**[1] Die Erklärung wird erst mit Eingang bei Gericht wirksam.[2]

2. Organstellung; Insolvenzverwalter

7 Die Vorschrift knüpft für die Anmeldeberechtigung an die Organstellung an. Die Vertretungsbefugnis ist im Anmeldeverfahren von Amts wegen zu prüfen.[3] Weder bei Halbsatz 2 noch bei Halbsatz 1 kommt es darauf an, ob der Geschäftsführer bzw.

1 Allg. M., *Winter/Veil*, in: Scholz, GmbHG, § 78 Rn. 4.
2 OLG Düsseldorf, NJW-RR 2000, 702.
3 KG, NJW-RR 2004, 331.

Liquidator als solcher im Handelsregister bereits eingetragen ist. Die **Vorschrift des § 15 HGB gilt** nur für den Geschäftsverkehr, **nicht** auch im Verfahrensrecht.[4] »Geschäftsführer« i.S.d. § 78 ist auch der Stellvertreter i.S.d. § 44.[5]

8 Die Anmeldezuständigkeit verbleibt auch im **Insolvenzverfahren** den Geschäftsführern.[6] Neben den Geschäftsführern kann aber der Insolvenzverwalter die Anmeldung vornehmen, wenn die Insolvenzmasse berührt ist[7]; eine handelsrechtliche Pflicht besteht aber in keinem Fall.[8]

3. Bevollmächtigung

9 Da die Handelsregisteranmeldung keine höchstpersönliche Erklärung ist, ist eine **Bevollmächtigung Dritter** für die Anmeldeerklärung als Verfahrenshandlung **stets**[9] **zulässig** (§ 378 Abs. 1 FamFG), bedarf aber der Form des § 12 Abs. 1 S. 2 HGB.[10] Die Bevollmächtigung muss aber von den jeweils zuständigen Geschäftsführern erteilt sein, wobei auch eine Generalvollmacht in Betracht kommt.[11] Hieraus folgt aber nicht, dass jede Vollmacht von dem Fortbestand der Organstellung der sie erteilenden Person bis zum Eingang der Anmeldung abhängt.[12] Für den **Notar** gilt die **Vollmachtsvermutung des § 378 Abs. 2 FamFG** (und zwar unabhängig vom Bestehen einer Anmeldepflicht)[13], im Übrigen § 11 Satz 4 Hs. 2 FamFG.

10 Höchstpersönlicher Natur sind dagegen zusätzlich abzugebende strafbewehrte Erklärungen der Organwalter, insbesondere zu Inhabilitätsgründen (§ 6 GmbHG) und zur Kapitalaufbringung.[14]

---

4 OLG Schleswig, MittBayNot 1998, 456.

5 *Kleindiek*, in: Lutter/Hommelhoff, GmbHG, § 44 Rn. 1; *Paefgen*, in: Ulmer/Habersack/Winter, GmbHG, § 44 Rn. 3; zum stellv. Geschäftsführer *v. Venrooy* GmbHR 2010, 169.

6 BayObLG, DNotZ 2004, 881; OLG Köln, NJW-RR 2001, 147; OLG Rostock, Rpfleger 2003, 444.

7 BayObLG, DNotZ 2004, 881; LG Baden-Baden, GmbHR 1996, 682.

8 DNotI-Internet-Gutachten 100948; a.A. *Casper*, in: Ulmer/Habersack/Winter, GmbHG, § 78 Rn. 17; *Krafka/Kühn*, in: Krafka/Willer/Kühn, Registerrecht, Rn. 107; AG Berlin-Charlottenburg, NJW-RR 1997, 31; vgl. auch BGH, NJW 1981, 822.

9 Str., wie hier *Altmeppen*, in: Roth/Altmeppen, GmbHG, § 78 Rn. 5; *Preuß*, in: Fleischhauer/Preuß, Handelsregisterrecht, S. 85 f; für Differenzierung nach Ununterscheidbarkeit zwischen Anmeldung und zusätzlicher Erklärung etwa *Haas*, in: Baumbach/Hueck, GmbHG, § 78 Rn. 4; BayObLG, NJW 1987, 136 (Kapitalerhöhung).

10 H.M.; vgl. auch zur Anmeldung bei Personengesellschaft OLG Schleswig, FGPrax 2010, 147.

11 *Altmeppen*, in: Roth/Altmeppen, § 78 Rn. 4, str.

12 BayObLG, BB 1974, 1089 f.; *Ammon/Ries*, in: Röhricht/Graf von Westphalen, HGB, § 12 Rn. 10; *Schaub*, in. Ebenroth/Boujong/Joost/Strohn, HGB, § 12 Rn. 90; a.A. *Krafka/Kühn*, in: Krafka/Willer/Kühn, Registerrecht, Rn. 109.

13 Str., s. Gutachten DNotI-Report 2010, 112; zur Satzungsänderung s. § 54 Rdn. 13.

14 Allg. M., *Altmeppen*, in: Roth/Altmeppen, GmbHG, § 78 Rn. 5.

4. Beteiligte des Anmeldeverfahrens

11 Nicht abschließend geklärt ist, wer im Anmeldeverfahren **Verfahrensbeteiligter** i.S.d. (§§ 7, 383) FamFG ist. »**Antragsteller**« i.S.d. § 7 Abs. 1 FamFG ist nach zutreffender Ansicht **allein die Gesellschaft.**[15] Ob der Organwalter die Anmeldung als »eigene Erklärung«[16] oder im Namen der Gesellschaft abgibt, ist eine im wesentlichen terminologische Frage. Dass Antragsteller allein die Gesellschafter ist, äußert sich schon darin, dass zurückweisende Entscheidungen bei einem Wechsel in der Geschäftsführung nur der neuen Geschäftsführung bekanntzugeben ist, daneben auch darin, dass für die Gebühren der Anmeldung nur die Gesellschaft haftet.[17] Der (ggf. ehemalige) Geschäftsführer/Liquidator ist nur dann weiterer Beteiligter (§ 7 Abs. 2 Nr. 1 FamFG), wenn es um seine persönliche Amtsstellung (z.B. §§ 7, 39 GmbHG) geht, eine ihn treffende öffentlich-rechtliche Anmeldepflicht besteht und/oder er strafbewehrte Erklärungen abzugeben verpflichtet ist.[18] Die Differenzierung zwischen konstitutiv wirkenden und deklaratorisch wirkenden Registereintragungen kann dabei als Faustregel dienen. Der **Notar** ist auch dann nicht Beteiligter, wenn er von seinem Recht aus § 378 Abs. 2 FamFG Gebrauch macht.[19]

II. Zahl der Anmeldenden

1. Anmeldung in vertretungsberechtiger Anzahl

12 § 78 Hs. 1 verlangt die Abgabe durch organschaftliche Vertreter in vertretungsberechtigter Anzahl. Besteht im Zeitpunkt des Wirksamwerdens der Erklärung noch Gesamtvertretung, reicht die Unterzeichnung durch den späteren Alleingeschäftsführer nicht aus.[20] Bei aufschiebend befristeter Geschäftsführerbestellung genügt es nicht, dass das Amt im Zeitpunkt der Eintragung begonnen hat.[21] Die **Mitwirkung eines Prokuristen** ist in Gestalt einer **unechten Gesamtvertretung** (analog § 78 Abs. 3 Satz 1 AktG) **möglich**, nicht aber in Gestalt der gemischten Gesamtprokura.[22] Jeder anmeldende Geschäftsführer muss im Zeitpunkt des Wirksamwerdens der Anmeldung diese Funktion (noch) innehaben[23]; nach Wirksamwerden der Abberufung/Niederlegung kann der **Ex-Geschäftsführer** die Anmeldung **nicht** mehr vorneh-

15 Heute h.M., *Casper*, in: Ulmer/Habersack/Winter, GmbHG, § 78 Rn. 12; *Roth*, in: Bork/Schäfer, GmbHG, § 78 Rn. 4; vgl. OLG Köln, NZG 2010, 507 zur Eintragung der Auflösung; für Beteiligung der Gesellschaft auch *Krafka*, NZG 2009, 650, 651 f.

16 So *Peifer*, in: MünchKommAktG, § 184 Rn. 6 – 8.

17 *Lappe*, in: Korintenberg/Lappe/Bengel/Reimann, KostO, § 2 Rn. 75.

18 Vgl. BGHZ 105, 324 Rn. 13; a.A. noch BayObLG, GmbHR 1988, 71.

19 Vgl. OLG Nürnberg, NZG 2010, 623.

20 BayObLG, DNotZ 2004, 881.

21 Vgl. OLG Düsseldorf, NJW-RR 2000, 702 und DNotI-Gutachten Nr. 87476 (Internet).

22 Allg. M., OLG Frankfurt, FGPrax 2005, 135; BayObLG, NJW 1973, 2068; ausf. DNotI-Gutachten Fax-Abruf-Nr. 91958.

23 *Casper*, in: Ulmer/Habersack/Winter, GmbHG, § 78 Rn. 14 f.; näher *Waldner*, ZNotP 2000, 188 ff.; *Bärwald*, GmbHR 2000, 421, 422 f.; *Auer*, DNotZ 2000, 498, 503 f.; *Kallrath*, DNotZ 2000, 533, 534.

men.[24] Dies gilt auch dann, wenn es sich um den einzigen Geschäftsführer handelte.[25] Die bloße persönliche Betroffenheit von einer Anmeldung begründet hier ebenso wenig wie in anderen Fällen (Veränderung der Vertretungsbefugnis etc.) eine Alleinzuständigkeit. Folgt man der Auffassung, die die Amtsniederlegung des Alleingesellschafter-Geschäftsführers ohne Neubestellung für unwirksam hält[26], erübrigt sich das Problem. Auch in anderen Fällen folgt aus der persönlichen Betroffenheit eines (ggf. Ex-)Organwalters noch nicht dessen alleinige Anmeldebefugnis, etwa bei Veränderungen hinsichtlich seiner Vertretungsbefugnis.

2. Anmeldung durch sämtliche Geschäftsführer

13 Halbsatz 2 bestimmt, dass **bestimmte Anmeldungen** nur wirksam sind, wenn sie durch **sämtliche Geschäftsführer** erklärt werden. Dies betrifft namentlich die **Gründung** – einschließlich der wirtschaftlichen Neugründung[27] – sowie **Kapitalmaßnahmen**, daneben die Änderung des Gesellschaftsvertrages im Stadium der Vor-GmbH.[28]

14 Der Wortlaut des Gesetzes ist insoweit zu eng, als Kapitalmaßnahmen nach heute h.M. auch im Liquidationsstadium zulässig sind, so dass für die entsprechenden Anmeldungen die, d.h. **sämtliche Liquidatoren** zuständig sind.[29]

15 Einen weiteren Fall der Anmeldung durch sämtliche Geschäftsführer regeln die §§ 160, 222, 225c, 265, 278 UmwG. Bei der Verschmelzung oder Spaltung zur Neugründung einer GmbH wird die Anmeldung hingegen von dem übertragenden Rechtsträger vorgenommen (§§ 38, 137 UmwG), so dass sich eine Anmeldung durch die Geschäftsführer der übernehmenden GmbH erübrigt.

III. Rücknahme der Anmeldung

16 **Bis zur Eintragung** ist die **Rücknahme der Anmeldung jederzeit möglich**, auch bei nur deklaratorischen Eintragungen. Muss die Anmeldung von mehreren Personen ausgehen, genügt schon die Rücknahme durch eine Person, um die Zulässigkeit des Antrags entfallen zu lassen.[30]

---

24 OLG Zweibrücken, GmbHR 1999, 479; BayObLGZ 1981, 227; a.A. LG Köln, GmbHR 1998, 183; LG Nürnberg-Fürth, MittBayNot 1980, 123.

25 OLG Frankfurt, ZIP 2006, 1769; LG Berlin, ZIP 1993, 197; *Kleindiek*, in: Lutter/Hommelhoff, GmbHG, § 78 Rn. 1; a.A. *Haas*, in: Baumbach/Hueck, GmbHG, § 78 Rn. 2; *Kießling/Eichele*, GmbHR 1999, 1165, 1173 f.; *Altmeppen*, in: Roth/Altmeppen, GmbHG, § 78 Rn. 7; Müller, BB 1998, 329.

26 H.M., OLG München, NZG 2011, 432; OLG Köln, NZG 2008, 340; OLG Düsseldorf, DStR 2001, 454; *Kleindiek*, in: Lutter/Hommelhoff, GmbHG, § 38 Rn. 43.

27 *Podewils*, GmbHR 2010, 684, 685.

28 *Haas*, in: Baumbach/Hueck, GmbHG, § 78 Rn. 9.

29 *Haas*, in: Baumbach/Hueck, GmbHG, § 78 Rn. 10; *Casper*, in: Ulmer/Habersack/Winter, GmbHG, § 78 Rn. 20.

30 *Krafka/Kühn*, in: Krafka/Willer/Kühn, Registerrecht, Rn. 83.

E. Beschwerde (§§ 58, 382 Abs. 4 FamFG)

17 Von der verfahrensrechtlichen Frage, wer in Anmeldeverfahren Antragsteller ist (Rdn. 11) und der materiell-rechtlich Frage, wessen Erklärungen erforderlich sind (Rdn. 12 ff.) zu **unterscheiden** ist die Frage, wer im Falle einer Beeinträchtigung seiner Interessen durch die gerichtliche Entscheidung zur Beschwerde berechtigt ist. Dies ist in den Fällen der konstitutiven Eintragungen grundsätzlich nur die Gesellschaft, in den Fällen der deklaratorischen Eintragungen auch die von der Eintragung bzw. Nicht-Eintragung persönlich Betroffenen.[31]

§ 79 Zwangsgelder

(1) [1]Geschäftsführer oder Liquidatoren, die §§ 35a, 71 Abs. 5 nicht befolgen, sind hierzu vom Registergericht durch Festsetzung von Zwangsgeld anzuhalten; § 14 des Handelsgesetzbuchs bleibt unberührt. [2]Das einzelne Zwangsgeld darf den Betrag von fünftausend Euro nicht übersteigen.

(2) In Ansehung der in §§ 7, 54, 57 Abs. 1, § 58 Abs. 1 Nr. 3 bezeichneten Anmeldungen zum Handelsregister findet, soweit es sich um die Anmeldung zum Handelsregister des Sitzes der Gesellschaft handelt, eine Festsetzung von Zwangsgeld nach § 14 des Handelsgesetzbuchs nicht statt.

Übersicht Rdn.

Schrifttum

Ammon, Die Anmeldung zum Handelsregister, DStR 1993, 1025; *Bassenge*, Tatsachenermittlung, Rechtsprüfung und Ermessensausübung in den registergerichtlichen Verfahren nach §§ 132 bis 144 FGG, Rpfleger 1974, 173; *Heinemann*, Das Verfahren in Registersachen und das unternehmensgerichtliche Verfahren nach dem FamFG, FGPrax 2009, 1; *Hofmann*, Zwangsgeldverfahren in der freiwilligen Gerichtsverfahren, Rpfleger 1991, 283.

31 *Kleindiek*, in: Lutter/Hommelhoff, GmbHG, § 78 Rn. 8.

A. Rechts- und Normentwicklung

1 Ursprünglich beschränkte sich die Norm auf den heutigen Absatz 2. 1969 wurde dann durch das das Gesetz zur Umsetzung der Ersten Richtlinie der neue Absatz 1 als Sanktionsnorm zu den zeitgleich eingeführten §§ 35a, 71 Abs. 3 (seit BiRiLiG: Absatz 5) eingefügt. Weitere Änderungen betreffen die Ersetzung der »Ordnungsstrafe« durch das Zwangsgeld durch das EGStGB im Jahre 1974, die Umstellung von DM auf Euro durch das NaStraG im Jahre 2001 und die Einfügung der amtlichen Überschrift durch das MoMiG im Jahre 2008. Die Auslassungen in Absatz 2 betreffen die bis heute nicht aufgehobene Bezugnahme auf den schon 1937 aufgehobenen § 80 (Abs. 5).[1]

B. Regelungsgegenstand/Regelungszweck

2 Das Zwangsgeld ist keine Ahndung vergangener Verstöße, sondern **Zwangs- und Beugemaßnahme zur Bewirkung rechtmäßigen Verhaltens.**[2] § 79 enthält in Absatz 1 eine Rechtsgrundlage für die Verhängung von Zwangsgeldern aufgrund der in Satz 1 genannten Verstöße nicht registerrechtlicher Natur. Sie soll damit zur Einhaltung der entsprechenden Publizitätspflichten beitragen. Absatz 2 zieht die Konsequenz daraus, dass bei den konstitutiv wirkenden Registereintragungen ein öffentlich-rechtlicher Registerzwang nicht besteht, so dass für ein Zwangsgeld nach § 14 HGB grundsätzlich[3] kein Raum ist und stellt gleichzeitig klar, dass die **allgemeine Vorschrift des § 14 HGB auch im GmbH-Recht gilt**. Die Aufzählung in Absatz 2 ist nicht abschließend: Zu nennen sind hier noch § 58a Abs. 5 GmbHG, Anmeldungen nach dem UmwG (vgl. § 316 Abs. 2 UmwG) sowie § 294 AktG.

3 Von den durch § 79 GmbHG bzw. § 14 HGB sanktionierten Einreichungspflichten zu unterscheiden ist die Einreichungspflicht nach § 335 HGB.

C. Zwangsgelder

I. Sanktionierte Pflichten

4 Der Anwendungsbereich von Absatz 1 ist auf Verstöße gegen §§ 35a, 71 Abs. 5 begrenzt, wobei Verstöße nicht nur von deutschen GmbHs, sondern auch von **ausländischen Gesellschaften** begangen werden können (§ 35a Abs. 4).

5 Anmelde- und Einreichungspflichten, die Grundlage eines Zwangsgelds nach § 14 HGB sein können, können sich für die GmbH aus §§ 39, 40 Abs. 1, 52 Abs. 2 Satz 1 (i.V.m. § 37 Abs. 4 Nrn. 3, 3a AktG) und Satz 2, 65, 67, 74, 75 Abs. 2 (i.V.m. § 248 Abs. 1 Satz 2 AktG) GmbHG, der Fassung eines Fortsetzungsbeschlusses, und

1 Aufhebung durch Gesetz v. 30.1.1937, RGBl I, 166.

2 *Winter/Veil*, in: Scholz, GmbHG, § 79 Rn. 11.

3 Zu Ausnahmen s. Rdn. 7 a.E.

§§ 13, 13e, 13g, 53 HGB (s.a. § 316 Abs. 1 UmwG) sowie § 298 AktG analog ergeben. Pflichten zur Einreichung von Unterschriftszeichnungen bestehen nicht mehr. **Grundsätzlich fallen nur Anmeldungen für deklaratorisch wirkende Eintragungen unter § 14 HGB**, nicht dagegen Anmeldungen, bei denen erst die Eintragung die Rechtsänderung herbeiführt und die im Belieben der Gesellschaft stehen. Wegen § 13g HGB ist **die Verhängung von Zwangsgeldern auch gegen Organwalter ausländischer Gesellschaften möglich**[4], nach Maßgabe von § 13e Abs. 3 HGB auch gegen ständige Vertreter deutscher Zweigniederlassungen.[5] Nach h.M. setzt die Verhängung von Maßnahmen nach § 14 HGB in diesen Fällen aber voraus, dass sich der Adressat im Inland aufhält.[6]

II. Voraussetzungen der Zwangsgeldverhängung

1. Absatz 1

6 Für die Verhängung eines Zwangsgeldes nach Absatz 1 genügt **jeder Verstoß gegen § 35a oder § 71 Abs. 5**. Hierunter fallen das vollständige Fehlen ebenso wie fehlerhafte (unvollständige oder unrichtige) Angaben. Inhalt der Verfügung kann auch die Berichtigung des Geschäftsbriefs sein.[7]

2. § 14 HGB

7 Die Verhängung von Zwangsgeldern nach § 14 HGB setzt einen Verstoß gegen eine der in Rn. 4 genannten Anmelde- bzw. Einreichungspflichten voraus. Die **Vervollständigung einer nur fakultativen Anmeldung** kann hingegen nicht mit Zwangsgeld erzwungen werden, vielmehr ist die Anmeldung im Falle ihrer Unvollständigkeit nach Zwischenverfügung zurückzuweisen.[8] Nach der in Anbetracht des Wortlauts von § 14 HGB und der Löschungsmöglichkeit nach § 395 FamFG sehr fragwürdigen h.M. **soll anderes gelten, nachdem die Eintragung trotz Unvollständigkeit der Unterlagen vorgenommen worden ist.**[9] Das soll auch für die Nachholung einer wirksamen Anmeldeerklärung selbst gelten.

---

4 *Ammon/Ries*, in: Röhricht/Graf v. Westphalen, HGB, § 13e Rn. 14.

5 *Winter/Veil*, in: Scholz, GmbHG, § 79 Rn. 19a.

6 BayObLGZ 1978, 121, 127; krit. *Ammon/Ries*, in: Röhricht/Graf v. Westphalen, HGB, § 13e Rn. 14.

7 *Winter/Veil*, in: Scholz, GmbHG, § 79 Rn. 3.

8 Ganz h.M., *Krafka*, in: MünchKommHGB, § 14 Rn. 4; *Ransiek*, in: Ulmer/Habersack/Winter, GmbHG, § 79 Rn. 10; a.A. *Zimmermann*, in: Rowedder/Schmidt-Leithoff, GmbHG, § 79 Rn. 11

9 KGJ 41 A 123, 130; BayObLG, DNotZ 1989, 393; *Schaub*, in: Ebenroth/Boujong/Joost/Strohn, HGB, § 14 Rn. 13; *Ransiek*, in: Ulmer/Habersack/Winter, GmbHG, § 79 Rn. 10.

3. Kein Verschulden

8 **Auf ein Verschulden des Adressaten kommt es nicht an.** Hierin liegt der Unterschied zu Ordnungsgeld und -haft. Unberührt bleibt der öffentlich-rechtliche Verhältnismäßigkeitsgrundsatz.[10]

III. Rechtsfolgen und Verfahren

9 Für das Verfahren gelten die §§ 388 ff. FamFG (früher: §§ 132 ff. FGG). **Adressaten und Schuldner der Maßnahmen sind die jeweils amtierenden Organwalter** (Geschäftsführer/Liquidatoren), nicht die Gesellschaft als solche.[11] Die **GmbH haftet für das Zwangsgeld nicht.** Bedarf die Anmeldung des Zusammenwirkens mehrerer Organwalter, ist das Verfahren nur einheitlich gegen alle zulässig.[12] Überwiegend befürwortet wird die Verantwortlichkeit von Stellvertretern (§ 44 GmbHG)[13] und faktischen Organpersonen.[14]

10 Zuständig ist das Amtsgericht des Gesellschaftssitzes. Nach Erlangung glaubhafter Kenntnis (§ 388 Abs. 1 FamFG) von einem Verstoß ist das **Registergericht ohne Entschließungsermessen zum Einschreiten verpflichtet.** Für die Sachverhaltsaufklärung gilt der Amtsermittlungsgrundsatz des § 26 FamFG. Weder Androhung noch Festsetzung setzen den Vollbeweis des Verstoßes voraus.[15]

11 Der Verhängung des Zwangsgelds ist **zwingend die Androhung vorgeschaltet.** Die Verfügung muss die verletzte Pflicht genau bezeichnen[16] und das drohende Zwangsgeld genau beziffern.[17] Wird die Verpflichtung nicht erfüllt und fristgemäß auch kein Rechtsmittel erhoben, ist das Zwangsgeld unter Androhung eines erneuten Zwangsgeldes **festzusetzen** (§ 389 FamFG). Die **Grundsätze über den Fortsetzungszusammenhang** gelten entsprechend.[18] Wird die Verpflichtung vor der Beitreibung (ggf. auch verspätet) erfüllt, ist die Zwangsgeldfestsetzung aufzuheben.[19] Eine **Umwandlung in Haft ist nicht zulässig.**[20]

12 **Rechtsmittel** gegen die Androhung ist der Einspruch (§ 390 FamFG), gegen die Festsetzung die Beschwerde (§ 391 FamFG). Die Prüfung der materiellen Vorausset-

---

10 Allg. M., *Winter/Veil*, in: Scholz, GmbHG, § 79 Rn. 13.
11 Ganz h.M., BayObLG, GmbHR 1994, 331; KG, OLGRspr. 4, 463; *Winter/Veil*, in: Scholz, GmbHG, § 79 Rn. 18.
12 H.M., *Winter/Veil*, in: Scholz, GmbHG, § 79 Rn. 19.
13 Ganz h.M. *Paefgen*, in: Ulmer/Habersack/Winter, GmbHG, § 44 Rn. 3.
14 Zu beidem krit. *Ransiek*, in: Ulmer/Habersack/Winter, GmbHG, § 79 Rn. 4, 5.
15 Allg. M., *Winter/Veil*, in: Scholz, GmbHG, § 79 Rn. 21.
16 BayObLGZ 1967, 463; *Bassenge*, Rpfleger 1974, 173.
17 *Winter/Veil*, in: Scholz, GmbHG, § 79 Rn. 23.
18 *Altmeppen*, in: Roth/Altmeppen, GmbHG, § 79 Rn. 2.
19 BayObLG, DB 1979, 1981.
20 Allg. M., *Winter/Veil*, in: Scholz, GmbHG, § 79 Rn. 32.

zungen der Zwangsgeldfestsetzung ist ausschließlich dem Einspruchsverfahren vorbehalten.[21] Im Einspruchs- und Beschwerdeverfahren ist die Gesellschaft Beteiligte.[22]

13 Der Höchstbetrag jedes einzelnen Zwangsgelds darf nach § 14 Satz 2 HGB und § 79 Abs. 1 Satz 2 Euro 5.000 nicht übersteigen. Der Mindestbetrag ist nach Art. 6 Abs. 1 Satz 1 EGStGB 5 Euro. Die Vollstreckung festgesetzter Beträge erfolgt gem. § 1 Abs. 1 Nr. 3 JBeitrO.

§ 80

(weggefallen)

§ 81

(weggefallen)

Vorbemerkungen zu §§ 82 ff. Strafrechtliche Vorschriften

Übersicht **Rdn.**

---

21 OLG Schleswig, ZInsO 2010, 1157 m.w.N.

22 Vgl. BGHZ 105, 324 zum Anmeldeverfahren.

1 Der Gesetzgeber hat es in dem zum 1. November 2008 in Kraft getretenen MoMiG für geboten erachtet, die bisherige, historisch begründete Einordnung der Insolvenzantragspflicht in den einzelnen Gesellschaftsrechtsgesetzen aufzugeben und sich auf ihren originären insolvenzrechtlichen Zweck zu besinnen. Deshalb hat er in § 15a Abs. 1 bis 3 InsO die Pflichten und die verpflichteten Personen aufgeführt und an Stelle der bisher speziell für die GmbH maßgeblichen Strafvorschriften des § 84 Abs. 1 Nr. 2 GmbHG ein neues **Insolvenzstrafrecht** nach § 15a Abs. 4 und 5 InsO geschaffen (»Die bisherigen Strafvorschriften werden hier zusammengefasst«). Es hätte allerdings dem nachvollziehbaren Anliegen des Gesetzgebers zur Stärkung des Insolvenzrechts besser entsprochen, die in der InsO an doch etwas verborgener Stelle zu findenden Strafbestimmungen gleich in das Strafgesetzbuch – etwa in der Form eines § 283e StGB – zu übernehmen.[1] Dies wäre sicher angesichts der dort bereits vorhandenen Insolvenzstraftaten der §§ 283 bis 283d StGB systematisch vorzugswürdig gewesen. Um der gestiegenen forensischen Bedeutung der neuen Strafvorschriften zur Insolvenzverschleppung Rechnung zu tragen, sollen diese für die GmbH weiterhin wichtigen Regelungen hier vorab dargestellt werden, bevor dann auf die im GmbHG verbliebenen Strafvorschriften der §§ 82, 84 und 85 GmbHG eingegangen wird.

§ 15a Antragspflicht bei juristischen Personen und Gesellschaften ohne Rechtspersönlichkeit

(1) Wird eine juristische Person zahlungsunfähig oder überschuldet, haben die Mitglieder des Vertretungsorgans oder die Abwickler ohne schuldhaftes Zögern, spätestens aber drei Wochen nach Eintritt der Zahlungsunfähigkeit oder Überschuldung, einen Insolvenzantrag zu stellen. Das Gleiche gilt für die organschaftlichen Vertreter der zur Vertretung der Gesellschaft ermächtigten Gesellschafter oder die Abwickler bei einer Gesellschaft ohne Rechtspersönlichkeit, bei der kein persönlich haftender Gesellschafter eine natürliche Person ist; dies gilt nicht, wenn zu den persönlich haftenden Gesellschaftern eine andere Gesellschaft gehört, bei der ein persönlich haftender Gesellschafter eine natürliche Person ist.

1 So zu Recht *Bittmann*, Strafrechtliche Folgen des MoMiG, NStZ 2009, 113 ff.

(2) Bei einer Gesellschaft im Sinne des Absatzes 1 Satz 2 gilt Absatz 1 sinngemäß, wenn die organschaftlichen Vertreter der zur Vertretung der Gesellschaft ermächtigten Gesellschafter ihrerseits Gesellschaften sind, bei denen kein Gesellschafter eine natürliche Person ist, oder sich die Verbindung von Gesellschaften in dieser Art fortsetzt.

(3) Im Fall der Führungslosigkeit einer Gesellschaft mit beschränkter Haftung ist auch jeder Gesellschafter, im Fall der Führungslosigkeit einer Aktiengesellschaft oder einer Genossenschaft ist auch jedes Mitglied des Aufsichtsrats zur Stellung des Antrags verpflichtet, es sei denn, diese Person hat von der Zahlungsunfähigkeit und der Überschuldung oder der Führungslosigkeit keine Kenntnis.

(4) Mit Freiheitsstrafe bis zu drei Jahren oder mit Geldstrafe wird bestraft, wer entgegen Absatz 1 Satz 1, auch in Verbindung mit Satz 2 oder Absatz 2 oder Absatz 3, einen Insolvenzantrag nicht, nicht richtig oder nicht rechtzeitig stellt.

(5) Handelt der Täter in den Fällen des Absatzes 4 fahrlässig, ist die Strafe Freiheitsstrafe bis zu einem Jahr oder Geldstrafe.

A. Die vorsätzliche Insolvenzverschleppung nach § 15a Abs. 4 InsO

I. Verwendete Begriffe

2 Durch das MoMiG ist der bisherige § 84 Abs. 1 Nr. 2 GmbHG mit Wirkung vom 1. November 2008 aufgehoben worden und in dem neuen **Insolvenzstrafrecht** nach § 15a Abs. 4 und 5 InsO aufgegangen. Damit ist auch der Zusammenhang zwischen den neuen Strafvorschriften und den zivilrechtlichen **Legaldefinitionen** für die **Zahlungsunfähigkeit** (§ 17 InsO) und für die **Überschuldung** (§ 19 InsO) sichtbarer geworden. Die **drohende Zahlungsunfähigkeit** (§ 18 InsO) bildet im Falle eines Eigenantrags des Schuldners zwar einen Insolvenzgrund, begründet aber nach dem eindeutigen Wortlaut des § 15a Abs. 1 InsO **keine strafbewehrte Insolvenzantragspflicht**. Eine Neuerung gibt es bei § 15a InsO hinsichtlich des **Täterkreises**, der durch § 15a Abs. 3 InsO für den Fall der Führungslosigkeit einer Gesellschaft mit beschränkter Haftung auf alle Gesellschafter, im Fall der Führungslosigkeit einer Aktiengesellschaft oder einer Genossenschaft auf jedes Mitglied des Aufsichtsrats erstreckt wird.[2] Die Tathandlung wird als unterlassenes Stellen eines Insolvenzantrages, in den Varianten »**nicht, nicht richtig oder nicht rechtzeitig**« umschrieben. Wie nach bisherigem GmbH-Strafrecht wird sowohl das vorsätzliche als auch das fahrlässige Unterlassen unter Strafe gestellt. § 15a Abs. 4 InsO droht für das **vorsätzliche Unterlassen** eine Freiheitsstrafe bis zu drei Jahren oder Geldstrafe an, § 15a Abs. 5 InsO sieht für das **fahrlässige Unterlassen** eine Freiheitsstrafe bis zu einem Jahr oder Geldstrafe vor. Zuständig für die strafrechtliche Ahndung ist nunmehr nach einer vom Rechtsausschuss des Deutschen Bundestages

2 BegrReGE zu Art. 9 Nr. 3 in BT-Drs. 16/6140 S. 54 ff.

in Art. 6a des MoMiG verlangten Erweiterung des § 74c Abs. 1 Nr. 1 GVG die Wirtschaftsstrafkammer beim Landgericht.[3]

II. Geschütztes Rechtsgut

3 Die **Strafwürdigkeit der Verletzung der Insolvenzantragspflicht** wird wie bisher hergeleitet aus der Erkenntnis, dass ein nicht oder nicht rechtzeitig gestellter Insolvenzantrag regelmäßig zu einer erheblichen Benachteiligung sämtlicher Gläubiger führt.[4] Geschütztes **Rechtsgut** ist somit in erster Linie das Vermögensinteresse der gegenwärtigen und künftigen Gläubiger einer Gesellschaft. Es sollen aber auch die Gesellschaft und deren Arbeitnehmer (§ 283a Nr. 2 StGB) geschützt werden, weil die Drei-Wochen-Frist nach § 15a Abs. 1 zwar eine Höchstfrist ist, aber auch den verantwortlichen Organen der Gesellschaft die Möglichkeit geben soll, Sanierungsversuche durchzuführen, die auch im wohlverstandenen Interesse der Arbeitnehmer liegen.[5] Inwieweit das neue Insolvenzstrafrecht die **kriminalpolitischen Erwartungen** des Gesetzgebers erfüllen kann, lässt sich derzeit noch nicht absehen. Nach Auskunft des Bundesamtes für Justiz ist erstmals für 2010 eine aussagekräftige Statistik zu Verurteilungen wegen Insolvenzverschleppung nach § 15a InsO geplant, die ab Juni 2011 veröffentlicht werden soll.[6]

III. Formen der Begehung

4 Die Strafvorschriften sind als **echte Unterlassungsdelikte** und als **Dauerdelikte** ausgestaltet, die unabhängig vom Eintritt eines Erfolges die **Pflicht zur Antragstellung** statuieren. Aus den Vorschriften lässt sich **keine Garantenstellung** zur **Verhinderung der Folgen** eines nicht, nicht rechtzeitigen oder nicht nichtig gestellten Antrages ableiten. Die Antragspflicht der **maßgeblichen Vertretungsorgane** besteht auch über die Drei-Wochen-Frist hinaus, denn sie endet erst, wenn entweder die Zahlungsunfähigkeit oder die Überschuldung weggefallen sind oder das Insolvenzgericht eine Entscheidung über die Eröffnung des Insolvenzverfahrens getroffen hat. Die Antragstellung durch einen Gläubiger lässt die eigene Pflicht des Schuldners nicht entfallen.[7]

IV. Anwendung auf die Vor-GmbH

5 Ob § 15a Abs. 4 und 5 InsO auch auf die **Vor-GmbH** anwendbar sind, ist umstritten. Einerseits wird unter Hinweis auf das Analogie-Verbot des Art. 103 Abs. 2 GG damit argumentiert, die Vor-GmbH sei selbst keine juristische Person, sondern allen-

---

3 *Bittmann* bezweifelt in NStZ 2009 aaO 117 die praktische Bedeutung dieser erweiterten Zuständigkeit, weil bisher die Strafen selbst bei vorsätzlicher Insolvenzverschleppung allenfalls im Bereich von Geldstrafen zwischen 60 bis 120 Tagessätzen gelegen haben.

4 BGHSt 9, 86 zur Strafbarkeit der Konkursverschleppung nach § 240 Abs. 1 Nr. 2 KO.

5 BGHSt 48, 307, 309.

6 Vgl. *von Wilcken,* Infobrief Berlin Sanierung & Insolvenz II/2010 S. 5.

7 BGHSt 53, 24, 26; näher Rdn. 15.

falls eine Vorstufe dazu, auf die der Straftatbestand nicht ausgedehnt werden dürfe.[8] Der Geschäftsführer der Vorgesellschaft wird allerdings von § 7 GmbHG bereits als verantwortliches Organ bezeichnet, bevor er die erste Anmeldung der GmbH bewirkt hat. Deshalb spricht der Gesamtzusammenhang der zivil- und strafrechtlichen Regelung mehr für eine Einbeziehung der Vor-GmbH in die Strafnorm.[9]

V. Täterkreis

6 Zum **Täterkreis** des **Sonderdelikts** des § 15a Abs. 4 InsO gehören allein solche Personen, die in der Gesellschaft eine **besondere Pflichtenstellung** innehaben. Zum potentiellen Täterkreis der vorsätzlichen Insolvenzverschleppung ist deshalb in erster Linie zu zählen der **Geschäftsführer**, der **stellvertretende Geschäftsführer, der faktische Geschäftsführer** sowie der **Liquidator** einer GmbH.

1. Formen der Beteiligung

7 Der Geschäftsführer kann **Alleintäter, Mittäter oder mittelbarer Täter** sein. Jeder einzelne Geschäftsführer hat im Fall der Bestellung mehrerer Geschäftsführer (§ 15a Abs. 1 spricht von »die Mitglieder des Vertretungsorgans«) für sich allein die Pflicht, einen Insolvenzantrag nach § 15a Abs. 1 zu stellen. Eine interne Ressortverteilung enthebt auch den unzuständigen Geschäftsführer nicht der Antragspflicht, jeder hat das ihm Mögliche zur Herbeiführung des Insolvenzantrages durch das Organ zu tun und in einer notwendigen Abstimmung dafür zu stimmen.[10] Durch das Ausscheiden des Geschäftsführers, etwa durch Abberufung oder durch Amtsniederlegung während des Laufes der Antragsfrist kann er seiner bereits begründeten Antragspflicht nicht entgehen.

2. Beteiligung in Bestattungsfällen

8 In den so genannten »**Bestattungsfällen**« hat der neu bestellte Geschäftsführer regelmäßig kein genaues Wissen über die finanzielle und wirtschaftliche Lage der von ihm vertretenen GmbH. Ihm fehlt regelmäßig der Zugriff auf die Geschäftsunterlagen. Der Strafvorwurf kann dennoch gegen ihn erhoben werden, wenn er sich in Kenntnis seiner Pflicht in die Lage begeben hat, einen Insolvenzantrag stellen zu müssen, diese Aufgabe aber nicht erfüllen kann. In diesem Fall kann er Täter sein, seine Hintermänner dagegen entweder Mittäter, mittelbare Täter, Anstifter oder Gehilfen.[11]

---

8 *Tiedemann*, in: Scholz, GmbHG, Vor §§ 82 ff. Rn. 31.
9 *Ransiek*, in: Ulmer/Habersack/Winter, GmbHG, § 84 Rn. 33.
10 BGHSt 37, 106, 125f.; vgl. *Gehrlein*, Vor § 64 Rdn. 68.
11 Näher dazu *Bittmann*, NStZ 2009, 116.

3. Fälle der Führungslosigkeit

9 Scheidet der Geschäftsführer vor Beginn der Antragsfrist aus seinem Amt und entsteht dadurch ein Fall der »Führungslosigkeit« einer GmbH, ist der Kreis der Pflichtigen durch § 15a Abs. 3 InsO erweitert worden. In diesem Fall kann auch **jeder Gesellschafter** Täter sein.[12] Noch nicht näher geklärt ist, wie der Begriff der Führungslosigkeit im Sinne des § 15a Abs. 3 InsO auszulegen ist. Nach dem Wortlaut des § 35 Abs. 1 Satz 2 GmbHG (»Hat eine Gesellschaft keinen Geschäftsführer (Führungslosigkeit)« kommt es auf das »Fehlen« des Geschäftsführers, etwa im Fall des Niederlegens seines Amtes, an. Dem entspricht, wenn sich der Geschäftsführer mit unbekanntem Aufenthalt abgesetzt hat oder sich sonst handlungsunwillig zeigt.[13] Klärungsbedürftig ist, wenn der Geschäftsführer sein Amt nicht niedergelegt hat, die GmbH nicht mehr werbend tätig ist, der Geschäftsführer sich aber nicht mehr um die Gesellschaft und ihre Geschäfte kümmert.[14]

4. Faktischer Geschäftsführer

10 Die Auslegung des Begriffs »die Mitglieder des Vertretungsorgans« in § 15a InsO gebietet es – wie die des Tatbestandsmerkmals »als Geschäftsführer« in § 82 Abs. 1 GmbHG, – dass nicht nur der formell bestellte, sondern auch der **faktische Geschäftsführer** Normadressat ist. Damit kann nicht nur der formell bestellte Geschäftsführer Täter sein, sondern auch derjenige, der die Geschäftsführung im Einverständnis mit den Gesellschaftern ohne förmliche Bestellung faktisch übernommen und ausgeübt hat. Die Unternehmensführung darf allerdings nicht einseitig angemaßt, sondern muss im Einvernehmen mit den Gesellschaftern so erfolgt sein, dass sie zumindest als konkludente Bestellung zu werten ist. Weitere Voraussetzung für einen faktischen Geschäftsführer ist, dass er gegenüber dem formellen Geschäftsführer die überragende Stellung in der GmbH einnimmt oder zumindest ein deutliches Übergewicht hat.[15]

5. Ausländischer Geschäftsführer

11 Nicht abschließend geklärt ist bisher auch die Frage, ob der nicht aus Deutschland stammende Geschäftsführer einer im Ausland gegründeten, einer GmbH ähnlichen Gesellschaft, zum potentiellen Täterkreis des § 15a Abs. 4 InsO zu zählen ist.[16] Maßgeblich ist nicht, nach welchem Recht die Gesellschaft gegründet worden ist, sondern ob sie in Deutschland ihre Niederlassung und den Mittelpunkt ihres wirtschaftlichen Interesses hat. Gesellschaften wie die britische Ltd. oder die neue französische

---

12 Vgl. *Gehrlein,* Vor § 64 Rdn. 69.

13 *Gehrlein*, BB 2008, 846, 848.

14 *Bittmann,* NStZ 2009, 115 sieht diesen Fall nicht als solchen der Führungslosigkeit an.

15 Vgl. *Boetticher,* § 82 Rdn. 5.

16 Ausführlich *Tiedemann,* in: Scholz, GmbHG, Vor § 82 Rn. 63 ff.

SARL[17] sind juristische Personen, die in Deutschland nach der Rechtsprechung des EUGH und des BGH anzuerkennen sind,[18] wenn sie hier ihren Verwaltungssitz in der Form einer Zweigniederlassung genommen haben (vgl. auch Art. 3 EUInsVO). Für die Aufnahme spricht, dass über die Vorschriften zur Anwendung innerstaatlichen Strafrechts der §§ 3 und 9 StGB nicht zweifelhaft ist, dass Organe ausländischer Gesellschaften für Delikte wie die Untreue (§ 266 StGB) oder Bankrott (§§ 283 ff. StGB) zur Verantwortung gezogen werden können, wenn etwa durch Geschäfte solcher Zweigniederlassungen Gesellschafter und Gläubiger geschädigt oder gefährdet werden. Damit könnte auch der Direktor einer britischen Limited, die aufgrund des Niederlassungsrechts des EU-Vertrages eine Gesellschaft führt und die in Deutschland als juristische Personen angesehen wird, vom deutschen Insolvenzstrafrecht erfasst werden.[19] Dafür spricht auch, dass nach der EUInsVO nationales Insolvenzrecht für das Insolvenzverfahren und seine Wirkungen gilt. Es liegt nahe, dass auch die vorgelagerte Pflicht zur Insolvenzanmeldung auch nationaler Gesetzgebung unterliegt und damit auch der Schutzbereich des § 15a Abs. 4 und 5 InsO seine Wirkungen auch für ausländische Geschäftsführer entfaltet.[20] Dagegen spricht aber, dass der Gesetzgeber im MoMiG die Insolvenzverschleppung aus § 84 Abs. 1 Nr. 2 GmbHG aus den Anwendungsbereich des GmbHG herausgenommen hat und das GmbHG nur in § 82 Abs. 1 Nr. 5 (Fehlende Eignung zum Geschäftsführer auch bei einer Verurteilung durchein ausländisches Gericht) vorsichtig in Richtung Europa erweitert hat, ohne gleich den § 15a Abs. 4 InsO in vergleichbarem Sinne anzupassen.

6. Liquidator

12 Der **Liquidator** (§ 66 Abs. 1 GmbHG) hat u.a. die Pflichten aus § 71 Abs. 4 GmbHG, darunter auch die Insolvenzantragspflicht nach § 15a Abs. 1 InsO. Diese Pflicht erlischt jedoch, wenn ein Gläubiger einen Insolvenzantrag stellt und das Amtsgericht die GmbH durch Beschluss für aufgelöst erklärt. Wird der Liquidator in diesem Fall zur endgültigen Abwicklung der Gesellschaft nach § 70 GmbHG bestellt, kann dieser nach neuer Rechtsprechung des BGH nicht noch einmal Täter des § 15a Abs. 1 und 4 InsO sein. Begründet wird dies damit, dass das strafbewehrte »Aufleben« der Antragspflicht infolge neuer die Kosten eines Insolvenzverfahrens nunmehr voraussichtlich deckender Vermögensmittel im Beendigungsstadium der nach Auflösung abzuwickelnden GmbH vom Wortlaut der Strafvorschriften der § 84 Abs. 1

---

17 Die private company limited by shares bzw. die société a resposabilité limitée, die beide ohne das durch GmbHG vorgeschriebene Mindeststammkapital ausgestattet sein müssen.

18 BGH, NJW 2005, 1649.

19 In diesem Sinne *Fischer,* StGB, 57. Aufl., Vor § 283 Rn. 19 unter Hinweis auf AG Stuttgart, wistra 2008, 226 mit Anm. *Schumann*; nach *Bittmann/Gruber,* GmbHR, 2008, 867 sprechen die besseren Argumente für die europarechtliche Unbedenklichkeit. Aus Gründen der Rechtsklarheit sollten die Strafgerichte diese Frage jedoch bald dem EuGH vorlegen.

20 In diesem Sinne wohl *Bittmann,* NStZ 2009, 114.

Nr. 2 a. F. (jetzt § 15a Abs. 1 InsO) i.V.m. § 71 Abs. 4 GmbHG nicht erfasst ist.[21] Diese Normen knüpfen die Strafbewehrung der Verletzung der Antragspflicht allein an den Eintritt der Zahlungsunfähigkeit bzw. Überschuldung.

7. Andere Beteiligte

13 Fehlt die Sondereigenschaft als Täter, können andere Personen gleichwohl **Teilnehmer** (Anstifter oder Gehilfe) sein, wenn nicht nur die vorsätzliche Haupttat, sondern auch ein Teilnehmervorsatz festgestellt wird. So kann etwa auch der **Prokurist** Gehilfe sein, wenn er selbst die Umstände der Zahlungsunfähigkeit oder Überschuldung erkennt und nicht auf den Geschäftsführer einwirkt. Beim Fehlen der für die Tätereigenschaft notwendigen besonderen persönlichen Merkmale ist die Strafe des Teilnehmers gemäß § 28 Abs. 1 i.V.m. § 49 Abs. 1 StGB zu mildern

VI. Tathandlung

14 **Tathandlung** ist nach § 15a Abs. 4 InsO das vorsätzliche Unterlassen der maßgeblichen Vertretungsorgane oder Abwickler, wenn diese nicht spätestens drei Wochen nach Eintritt der Zahlungsunfähigkeit oder Überschuldung den Antrag auf Eröffnung des Insolvenzverfahrens **nicht, nicht richtig oder nicht rechtzeitig** stellen. Bisher nicht im GmbHG enthalten war die Variante der Strafbarkeit wegen eines »**nicht richtig**« gestellten Insolvenzantrages.[22] Auch bei dieser Variante handelt es sich um ein echtes Unterlassungsdelikt, denn auch ein unzulässiger Insolvenzantrag ist pflichtwidrig, wenn der Geschäftsführer zwar einen Insolvenzantrag gestellt, sich im Übrigen aber nicht um Nachbesserung gekümmert hat. Wird der Geschäftsführer in den sog. »Bestattungsfällen« neu bestellt, wird im Einzelfall zu ermitteln sein, über welche Informationen er verfügt und ob er in der Lage war, einen ordnungsgemäßen Insolvenzantrag zu stellen.

1. Eigene Antragspflicht

15 Die Antragspflicht kann entfallen, wenn ein anderes Mitglied der Vertretungssorgane einen wirksamen Antrag gestellt hat. Schon nach der Rechtsprechung des BGH zur alten Konkursordnung entfiel die Antragspflicht nicht schon dadurch, dass ein Gläubiger Konkursantrag stellte. Die Konkursverschleppung als Dauerdelikt und Unterlassungstat war erst dann beendet, wenn das Konkursverfahren auf Antrag des Gläubigers eröffnet wurde. Trotz gewichtiger Gegenargumente[23] hat der 5. Strafsenat des

---

21 BGH, Beschl. v. 28.10.2008, BGHSt 53, 24; a.A. *Tiedemann*, in: Scholz, GmbHG, § 84 Rn. 88; *Bieneck*, in: Müller-Gugenberger/Bieneck, Wirtschaftsstrafrecht, 4. Aufl., § 84 Rn. 21; *Maurer*, wistra 2003, 174, 176.

22 In den Gesetzesmaterialien gibt es zu dieser Variante keine Erläuterungen, vgl. *Bittmann*, NStZ 2009, 115f.

23 BGHSt 53, 24, a.A. *Tiedemann*, GmbH-Strafrecht, 4. Aufl., § 84 Rn. 91; *Bieneck*, in: Müller-Gugenberger/Bieneck, Wirtschaftsstrafrecht, 4. Aufl., § 84 Rn. 10; *Wegner*, in: Achenbach/Ransiek, Handbuch Wirtschaftsstrafrecht, 2. Aufl., Kap. VII Rn. 43.

BGH entschieden, dass auch unter Geltung der InsO die eigene Antragstellungspflicht des Geschäftsführers aufgrund eines von einem Gläubiger gestellten Insolvenzantrags nicht entfällt. Zur Begründung hat er ausgeführt, dass der Gläubiger ohne Begründung seinen Antrag nach § 13 Abs. 2 InsO bis zur Verfahrenseröffnung oder rechtskräftigen Abweisung seines Antrags zurücknehmen kann. Damit entfällt die – nach Amtsermittlungsgrundsätzen vorzunehmende – Prüfung der Verfahrensvoraussetzungen durch das Insolvenzgericht. In diesem Falle entsteht der Zustand, dass die Gesellschaft zwar insolvenzreif ist, über die Eröffnung des Insolvenzverfahrens aber nicht entschieden wird. Der mit der Antragspflicht des Geschäftsführers verfolgte Zweck, bei Vorliegen von Insolvenzgründen eine Entscheidung des Insolvenzgerichts über die weitere werbende Tätigkeit der GmbH oder aber die geordnete Verwertung ihres Vermögens zur gemeinschaftlichen Befriedigung der Gläubiger (§ 1 Satz 1 InsO) herbeizuführen, würde verfehlt, wenn man einen Insolvenzantrag eines zur Antragstellung nicht verpflichteten Gläubigers einer GmbH mit der damit verbundenen jederzeitigen Möglichkeit der voraussetzungslosen Beendigung des Insolvenzverfahrens durch Antragsrücknahme als einen Grund für das Erlöschen der Antragspflicht des Geschäftsführers anerkennt.

2. Anderweitige Antragstellung

16 Die Antragspflicht im Inland kann auch entfallen, wenn der Antrag von einem Mitglied der Vertretungsorgane bei einem zuständigen ausländischen Gericht gestellt wird (Art. 3 EUInsVO).

VII. Zahlungsunfähigkeit

17 Nach dem Wortlaut des auch für das Strafrecht geltenden Maßstabs aus § 17 Abs. 2 Satz 1 InsO liegt **Zahlungsunfähigkeit** vor, wenn der Schuldner außerstande ist, seine fälligen Zahlungspflichten zu erfüllen.[24] Nach der neueren Rechtsprechung des 1. Strafsenats des BGH hat der Gesetzgeber auf die Merkmale der »Dauer« und der »Wesentlichkeit« der Insolvenzordnung bei der Umschreibung der Zahlungsunfähigkeit bewusst verzichtet, um der unter Geltung des alten Rechts (§ 102 KO) verbreiteten Neigung zu begegnen, den Begriff der Zahlungsunfähigkeit stark einzuengen und damit eine über Wochen oder sogar Monate fortbestehende Illiquidität zur rechtlich unerheblichen **Zahlungsstockung** zu erklären. Mit dieser Legaldefinition ist auch die frühere Rechtsprechung überholt, wonach nur die von den Gläubigern »ernstlich eingeforderten« Verbindlichkeiten maßgebend waren. Entscheidend ist allein der Zeitpunkt der Fälligkeit einer Forderung, der nur durch eine Stundungsvereinbarung hinausgeschoben werden kann.[25] Beträgt die Liquiditätslücke des Schuldners dagegen **10% oder mehr**, ist regelmäßig von Zahlungsunfähigkeit auszugehen.[26]

---

24 Ausführlich *Gehrlein,* Vor § 64 Rdn. 8 ff.

25 BGH, NStZ 2007, 643 = wistra 2007, 312; *Bieneck,* in: Müller-Gugenberger/Bieneck, Wirtschaftsstrafrecht, § 76 Rn. 51 ff.

26 *Kirchhof,* HK, § 17 InsO, Rn. 18; *Gehrlein,* Vor § 64 Rdn. 11.

1. Zahlungsstockung

18 Von der Zahlungsunfähigkeit abzugrenzen ist – weiterhin – die bloße **Zahlungsstockung**, d.h. der kurzfristig behebbare Mangel an flüssigen Mitteln. Dieser muss in einem Zeitraum von maximal drei Wochen zu beseitigen sein, da eine kreditwürdige Person in der Lage ist, sich binnen zwei bis drei Wochen die benötigten Beträge darlehensweise zu beschaffen oder Vermögen zu versilbern. Sonst liegt – von vornherein – Zahlungsunfähigkeit vor. Nur geringe Liquiditätslücken oder Zahlungsunwilligkeit begründen dagegen die Zahlungsunfähigkeit nicht.[27]

2. Andere Beweisanzeichen

19 Neben der **Zahlungseinstellung** können auch sog. »wirtschaftskriminalistische Beweisanzeichen« herangezogen werden, die einen sicheren Schluss auf den Eintritt der Zahlungsunfähigkeit erlauben.[28] Dies können sein die schleppende Zahlung von Löhnen und Gehältern, fehlende Abführung von Steuern oder Sozialversicherungsbeiträgen, Kreditkündigungen von Banken, Häufigkeit der Wechsel- und Scheckproteste, Abbruch von langfristigen Geschäftsbeziehungen, fruchtlose Pfändungen, oder Abgabe der Eidesstattlichen Versicherung. Es reicht schließlich auch die Erklärung, eine erhebliche und fällige Verbindlichkeit nicht innerhalb der drei Wochen-Frist leisten zu können. Diese Beweisanzeichen bedürfen allerdings eingehender Darlegung und Begründung, wenn in einem Zeitraum von zwei Jahren, der als möglicher Tatzeitraum in Betracht kommt, die Summe der Erträge die Summe der Aufwendungen überstiegen hat.[29]

3. Liquiditätsstatus

20 Die Zahlungsunfähigkeit ist zu ermitteln durch Erstellen eines **Liquiditätsstatus**, in dem die vorhandenen Zahlungsmittel und die fälligen Verbindlichkeiten zu einem bestimmten Stichtag gegenüber gestellt werden. Aus einem ergänzenden **Finanzplan** muss sich die zukünftige Entwicklung ergeben. Dies beinhaltet eine Gegenüberstellung der aktuellen Verbindlichkeiten mit den Barmitteln, den Bankguthaben und den fälligen und einbringlichen Forderungen. Der Finanzplan muss eine tragfähige Prognose über die Beschaffung von Finanzmitteln durch neue Kredite oder frisches Kapital ermöglichen.

VIII. Überschuldung

21 Häufig der Zahlungsunfähigkeit vorgelagert ist der für die Strafjustiz nur mit Hilfe eines Sachverständigen festzustellende Zustand der **Überschuldung** einer Gesellschaft.[30] Dieser Insolvenzgrund ist aufgrund der der weltweiten Finanzkrise geschul-

---

27 BT-Drs. 12/2443 S. 114; vgl. auch *Gehrlein,* Vor § 64 Rdn. 2.
28 BGHSt 53, 24, 26, BGH, NJW 2000, 154 mit Anm. *Gehrlein,* NJW 2000, 1089.
29 BGH, NStZ 2003, 546.
30 BGH, StV 2007, 527, 528; ausführlich *Gehrlein,* Vor § 64 Rdn. 17 ff.

dete Sonderregelung des Finanzmarktstabilisierungsgesetzes (FMStG) vom 17. Oktober 2008 nicht übersichtlicher geworden. Für die Zeit vom 18. Oktober 2008 bis nunmehr dem 31. Dezember 2013 liegt Überschuldung nach § 19 Abs. 2 Satz 1 InsO vor, wenn das (Aktiv-)Vermögen die Schulden nicht mehr deckt, »es sei denn,« die Fortführung des Unternehmens ist nach den Umständen überwiegend wahrscheinlich.[31] Der seit 1999, mit Einführung der InsO geltende Überschuldungsbegriff soll wieder zum 1. Januar 2014 in Kraft treten.[32] Danach liegt eine Überschuldung vor, »wenn das Vermögen des Schuldners die bestehenden Verbindlichkeiten nicht mehr deckt. Bei der Bewertung des Vermögens des Schuldners ist jedoch die Fortführung des Unternehmens zugrunde zu legen, wenn diese nach den Umständen überwiegend wahrscheinlich ist.«[33] Mit diesem **Zeitgesetz nach § 2 Abs. 4 StGB** ist der Gesetzgeber vom **einstufigen Überschuldungsbegriff** wieder zum früheren, von der Rechtsprechung der Zivilsenate des BGH vertretenen, von der Strafjustiz modifiziert angewendeten **zweistufigen Überschuldungsbegriff**[34] zurückgekehrt.

1. Anzeichen für Überschuldung

22 Nach dieser früheren zivilrechtlichen Rechtsprechung lag Überschuldung vor, wenn das Vermögen der Gesellschaft bei Ansatz von Liquidationswerten unter Einbeziehung der stillen Reserven die bestehenden Verbindlichkeiten nicht deckte (rechnerische Überschuldung) und die Finanzkraft der Gesellschaft nach überwiegender Wahrscheinlichkeit mittelfristig nicht zur Fortführung des Unternehmens ausreichte (Überlebens- oder Fortbestehensprognose).[35] Damit sollten die Fortbestehensprognose und die prognostizierte Ertragskraft des Unternehmens von der rechnerischen Bewertung der einzelnen Vermögensgegenstände getrennt werden. War die Prognose auf Fortbestehen etwa für zwei Jahre günstig, lag rechtlich keine Überschuldung vor, weil in diesem Fall die Vermögensgegenstände nach ihren Veräußerungswerten günstiger bewertet wurden, als wenn sie nach Zusammenbruch der Gesellschaft nach Liquidationswerten veräußert werden mussten. Dem wollte der Gesetzgeber mit der ab 1999 geltenden Neuformulierung des § 19 Abs. 2 Satz 2 InsO nicht mehr folgen.[36] Nach dem Wortlaut der Vorschrift ist nunmehr zunächst die Bewertung des

---

31 Abs. 2 wurde durch das Gesetz eines Maßnahmepakets zur Stabilisierung des Finanzmarktes (FMStG), BGBl. I S. 1982, zunächst befristet bis zum 31. Dezember 2010, nunmehr verlängert bis zum 31. Dezember um den Halbsatz *»es sei denn, die Fortführung ist nach den Umständen überwiegend wahrscheinlich,«* geändert um eine Welle von Unternehmensinsolvenzen aufgrund der Finanzmarktkrise zu vermeiden (vgl. BT-Drs. 16/10600 S. 21).

32 Gesetz vom 24. September 2009, BGBl. I S. 3151; BT-Drs. 16/13927 vom 21. August 2009.

33 Zu der Behandlung der »Altfälle« und zur Anwendung von § 2 Abs. 4 StGB vgl. *Bittmann,* wistra 2009, 138, *Grube/Röhm,* wistra 2009, 81, *Bach,* StrFO 2009, 368 f. und *Adick,* HRRS 2009, 151.

34 BGHZ 119, 201, 213; vgl. ausführlich *Gehrlein,* Vor § 64 Rdn. 20 ff.

35 BGHZ 119, 201, 213.

36 BT-Drs. 12/2443 S. 115.

Vermögens vorzunehmen, »es sei denn« die Fortführung des Unternehmens ist »überwiegend wahrscheinlich.« Ergibt die Bewertung der Aktiva selbst unter der Prämisse der Fortführung der Gesellschaft, dass sie die Verbindlichkeiten nicht decken, ist trotz der günstigen Fortführungsprognose auch in diesem Fall von den Liquidationswerten der einzelnen Vermögensgegenstände der Gesellschaft auszugehen. Dies liegt im Interesse der Gläubiger, die nicht erst die Bewertung abwarten und erleben müssen, ob sich die Prognose später als richtig oder falsch erweist.[37]

2. Feststellungen zur Überschuldung

23 Für den Staatsanwalt und den Tatrichter bedeutet die gegenwärtige Fassung des § 19 Abs. 2 InsO, dass Feststellungen zur Überschuldung wieder schwieriger geworden sind. Zweck der Rückkehr zum zweistufigen Überschuldungsbegriff war es, die massenhaft befürchtete Insolvenz von Unternehmen in wirtschaftlich schwierigen Zeiten zu verhindern. Mit dem vorrangigen und optimistischen Abstellen auf das Vorliegen einer günstigen Prognose wird hingenommen, dass in vielen Fällen die Insolvenzreife hinausgeschoben wird. Damit ist § 19 Abs. 2 InsO n.F. gemäß § 2 Abs. 3 StGB das rückwirkend anzuwendende mildere Gesetz. Wird im Strafverfahren aus der Retrospektive der wirtschaftliche Zusammenbruch der Gesellschaft aufgearbeitet, kann sich der Beschuldigte – jedenfalls für den Zustand der Überschuldung – auf die von Banken und Gläubigern geteilte, wenn nicht akzeptierte günstige wirtschaftliche Prognose berufen. Er wird sich dann in vielen Fällen auf eine nicht beeinflussbare negative wirtschaftliche Entwicklung berufen, die die Gesellschaft überholt hat. Die zum Tatzeitpunkt gestellte günstige Prognose muss sich strafrechtlich zu Gunsten des Beschuldigten auswirken. Forensisch wird es daher nur wenige Fälle geben, in denen der strafrechtliche Vorwurf der Verletzung der Insolvenzantragspflicht allein für den Zustand der Überschuldung einer Gesellschaft erhoben werden kann.[38]

IX. Fristen

24 Der Insolvenzantrag ist ohne schuldhaftes Zögern, jedoch **innerhalb der Frist von drei Wochen** seit dem (objektiven) Eintritt der Zahlungsunfähigkeit oder Überschuldung der Gesellschaft zu stellen. Objektiv bedeutet, dass es für das Entstehen der Antragspflicht nicht auf die positive (subjektive) Kenntnis des Geschäftsführers oder Liquidators vom tatsächlichen Eintritt des Insolvenzgrundes ankommt. Eine besondere Form für den Antrag ist nicht vorgesehen. Die Drei-Wochen-Frist ist Höchstfrist, was bedeutet, dass sie verstrichen ist, selbst wenn günstige Sanierungsverhandlungen laufen und kurz vor dem Abschluss stehen. Die Frist kann weder mit Einverständnis der Gläubiger oder möglicher neuer Kreditgeber verlängert werden, es sei denn der Zustand der Überschuldung oder Zahlungsunfähigkeit wird wieder aufgehoben. Ist die Sanierung von Anfang an aussichtslos, ist der Insolvenzantrag sofort zu stellen.

---

37 Ausführlich *Ransiek*, in: Ulmer/Habersack/Winter, GmbHG, § 84 Rn. 57f. und *Tiedemann*, in: Scholz, GmbHG, Vor §§ 82 ff. Rn. 41 f.

38 Vgl. in diesem Sinne auch *Fischer*, StGB, 57. Aufl., Vor § 283 Rn. 7c und d.

X. Subjektiver Tatbestand

25 Im **subjektiven Tatbestand** setzt die vorsätzliche Verletzung der Insolvenzantragspflicht zumindest dolus eventualis voraus. Vorsatz ist anzunehmen, wenn der Täter die Begriffe der Zahlungsunfähigkeit und Überschuldung sowie die Drei-Wochen-Frist und die Folgen des Verstreichenlassens der Frist kennt. Nicht notwendig ist die sichere Kenntnis über den Beginn der Antragsfrist, die unabhängig von seiner subjektiven Kenntnis zu laufen beginnt. Der Täter, der aus dem Vertretungsorgan der Gesellschaft kommt und ohnehin verpflichtet ist, sich regelmäßig einen Überblick über die finanzielle Situation der Gesellschaft zu machen, muss ernsthaft mit dem Vorliegen der Überschuldung oder Zahlungsunfähigkeit rechnen (Wissenselement) und die Antragstellung bewusst unterlassen (Wollenselement). Dafür reicht aus, wenn der Täter ernstlich mit dem Erfolg bzw. der Verwirklichung des objektiven Tatbestandes rechnet und sich hiermit abfindet.

XI. Tatbestands- oder Verbotsirrtum

26 Kennt er die Umstände im Einzelnen nicht und hat er die Antragsfrist nach den Umständen nicht vorwerfbar verstreichen lassen, kann zu seinen Gunsten nach § 16 Abs. 1 Satz 1 StGB ein den Vorsatz ausschließender **Tatbestandsirrtum** vorliegen. Das gilt nicht, wenn der Täter meint, es liege ein Einverständnis oder eine Anweisung aller Gesellschafter vor, keinen Insolvenzantrag zu stellen. Kennt er alle Umstände, meint aber, der Antrag sei bereits durch einen anderen Geschäftsführer oder Gesellschafter gestellt oder die Antragstellung durch einen Gläubiger sei ausreichend, kann ein **Verbotsirrtum** nach § 17 StGB vorliegen.

B. Die fahrlässige Insolvenzverschleppung nach § 15a Abs. 5 InsO

27 Auch das **fahrlässige Nichtstellen** eines Insolvenzantrages stellt das Gesetz unter Strafe und droht dafür eine **Freiheitsstrafe bis zu einem Jahr oder Geldstrafe** an. Die erforderliche Sorgfalt richtet sich nach den Regeln des Zivilrechts. Soweit es keine zivilrechtliche Haftung für die Fälle des Kennenmüssens gibt, entfällt auch die strafrechtliche Haftung.[39] Eine Verurteilung setzt voraus, dass der Täter in der Krise der Gesellschaft objektiv gegen seine Sorgfaltspflichten verstößt und er den die Gläubiger und die Gesellschaft benachteiligenden Pflichtenverstoß nach seinen objektiven Kenntnissen und Fähigkeiten vorhersehen und vermeiden konnte. Der Vorwurf besteht darin, dass dem Täter vorzuwerfen ist, dass er nicht nur die Umstände der Krise der Gesellschaft nicht erfasst, sondern mit dem nicht oder nicht rechtzeitig gestellten Insolvenzantrag eine erhebliche Benachteiligung der gegenwärtigen und künftigen Gläubiger einer Gesellschaft herbeigeführt hat. Für den Fall der »Führungslosigkeit« nach § 15a Abs. 3 InsO kommt eine Verurteilung nur dann in Betracht, wenn ein Gesellschafter oder Aufsichtsrat trotz seiner Kenntnis von der Führungslosigkeit und Insolvenzreife vorwerfbar nicht weiß, was er zu tun hat.

39 *Bittmann*, NStZ 2009, 115.

§ 82 Falsche Angaben

(1) Mit Freiheitsstrafe bis zu drei Jahren oder mit Geldstrafe wird bestraft, wer

1. **als Gesellschafter oder als Geschäftsführer zum Zweck der Eintragung der Gesellschaft über die Übernahme der Geschäftsanteile, die Leistung der Einlagen, die Verwendung eingezahlter Beträge, über Sondervorteile, Gründungsaufwand und Sacheinlagen,**
2. **als Gesellschafter im Sachgründungsbericht,**
3. **als Geschäftsführer zum Zweck der Eintragung einer Erhöhung des Stammkapitals über die Zeichnung oder Einbringung des neuen Kapitals oder über Sacheinlagen,**
4. **als Geschäftsführer in der in § 57i Abs. 1 Satz 2 vorgeschriebenen Erklärung oder**
5. **als Geschäftsführer einer Gesellschaft mit beschränkter Haftung oder als Geschäftsleiter einer ausländischen juristischen Person in der nach § 8 Abs. 3 Satz 1 oder § 39 Abs. 3 Satz 1 abzugebenden Versicherung oder als Liquidator in der nach § 67 Abs. 3 Satz 1 abzugebenden Versicherung**

falsche Angaben macht.

(2) Ebenso wird bestraft, wer

1. **als Geschäftsführer zum Zweck der Herabsetzung des Stammkapitals über die Befriedigung oder Sicherstellung der Gläubiger eine unwahre Versicherung abgibt oder**
2. **als Geschäftsführer, Liquidator, Mitglied eines Aufsichtsrats oder ähnlichen Organs in einer öffentlichen Mitteilung die Vermögenslage der Gesellschaft unwahr darstellt oder verschleiert, wenn die Tat nicht in § 331 Nr. 1 oder Nr. 1a des Handelsgesetzbuchs mit Strafe bedroht ist.**

Übersicht Rdn.

A. Einführung in die Straftatbestände des § 82

I. Geschütztes Rechtsgut

1 Durch § 82 geschützt werden sowohl das Vermögen Dritter, die mit einer GmbH in wirtschaftlichen Beziehungen stehen oder eintreten wollen, als auch das Interesse der Allgemeinheit in die Richtigkeit und Zuverlässigkeit wichtiger Angaben gegenüber

einem öffentlichen Register.[1] § 82 soll also mit seinen einzelnen Straftatbeständen eine Vielzahl von Adressaten im Vorfeld des Betruges (§ 263 StGB) schützen und ist deshalb als **abstraktes Gefährdungsdelikt** ausgestaltet.[2] Die Vorschrift gewährt vorbeugenden Schutz, wenn bei einem individuellen Geschädigten noch kein konkreter Irrtum oder eine darauf beruhende Vermögensdisposition vorliegt. § 82 ist **Sonderdelikt**, denn er erfasst als Täter solche Personen, die **vor bzw. mit der Gründung** einer GmbH in einer besonderen Pflichtenstellung stehen und rechtlich wirksame Erklärungen gegenüber dem Registergericht abzugeben haben.

II. Rechtspolitische Einordnung

2 Die Vorschrift ist **Vergehen** und sieht einen Strafrahmen von **Geldstrafe bis zu einer Freiheitsstrafe von drei Jahren.** Der Versuch ist nicht strafbar, weil das Gesetz keine Regelung dafür vorsieht (§ 23 Abs. 1 StGB). Die Strafandrohung bleibt hinter den Strafandrohungen der Grundtatbeständen des Betruges (§ 263 StGB), der Untreue (§ 266 StGB)[3] oder der Insolvenzstraftaten nach §§ 283 ff. StGB zurück, die jeweils Geldstrafe Freiheitsstrafe bis zu fünf Jahren androhen. Von diesen Delikten wird § 82 in vielen Fällen konsumiert oder sie werden häufig in Anwendung der §§ 154 und § 154a StPO von den Staatsanwaltschaften oder Gerichten nicht durchgängig verfolgt. Die bisher geringe forensische Bedeutung des § 82 spiegelt sich auch in der Polizeilichen Kriminalstatistik (PKS 2009) wieder, in der allgemein die Straftaten gegen strafrechtliche Nebengesetze auf dem Wirtschaftssektor in der Nr. 710000 mit 29.020 (2008 noch 35.079) in Gruppen zusammengefasst sind. Unter der Schlüssel-Nr. 712000 sind 6.864 (2008 noch 6.775) werden sie nur pauschal als Straftaten nach dem AktG, GenG, GmbHG, HGB, RechnungslegungG, UmwandlungsG aufgeführt.[4] Auch die aktuelle Strafverfolgungsstatistik des Statistischen Bundesamtes für das Jahr 2009 weist bei 2.792 Personen, die wegen Untreue nach § 266 StGB verurteilt worden sind, **nur 1.442 Personen, die nach den Strafvorschriften des GmbH-Gesetzes verurteilt worden sind.** Weitere 20 Personen sind nach dem AktG (§ 400 Unrichtige Darstellung 7 Personen), 2 Personen sind nach dem GenG und 118 Personen sind nach dem HGB (§ 331 Unrichtige Darstellung 14 Personen; § 332 Verletzung der Berichtspflicht 1 Person; § 333 Verletzung der Geheimhaltungspflicht 1 Person; sonstige Strafvorschriften 102 Personen) verurteilt worden.[5] Die

1 LG Koblenz, DB 1991, 1269 sieht die Allgemeinheit zu Recht durch das Registergericht repräsentiert.

2 *Ransiek*, in: Ulmer/Habersack/Winter, GmbHG, Vor § 82 Rn. 2 und § 82 Rn. 5; *Kleindiek*, in: Lutter/Hommelhoff, GmbHG, § 82 Rn. 9, a.A. wohl *Altmeppen*, in: Roth/Altmeppen, GmbHG, Rn. 2, und *Tiedemann*, in: Scholz, GmbHG, § 82 Rn. 14, die § 82 grundsätzlich als reines Tätigkeitsdelikt ansehen.

3 Vgl. ausführlich zu den verschiedenen Formen der Organuntreue *Tiedemann*, in: Scholz, GmbHG, Vor §§ 82 ff. Rn. 4 bis 23.

4 PKS 2009, S. 195 ff. http://www.bka.de/pks/pks2009/startseite.html.

5 Strafverfolgungsstatistik 2009, Rechtspflege Fachserie 10 Reihe 3 S. 36 bzw. S. 178 ff. unter www.destatis.de.

geringe Zahl der Verurteilten lässt vermuten, dass in den Verurteiltenziffern beim Betrug oder der Untreue weitere Fälle auch wegen Verstoßes gegen die Strafvorschriften des GmbH-Gesetzes enthalten sind. Nach Auskunft des Bundesamtes für Justiz ist erstmals für 2010 eine aussagekräftige Statistik zu Verurteilungen wegen Insolvenzverschleppung nach § 15a Abs. 4 und 5 InsO geplant, die ab Juni 2011 veröffentlicht werden soll.[6] Dabei ist die GmbH mit ihrer geringen Kapitalausstattung, ihrer Haftungsbegrenzung für Wirtschaftskriminelle durchaus attraktiv, können sie sich doch beim häufig auch transnational betriebenen Handel mit GmbH-Mänteln, und bei undurchschaubaren Firmenkonstruktionen gut verbergen. Eher hilflos wirken demgegenüber die vom MoMiG vorgenommenen Änderungen § 6 zur persönlichen Eignung als Geschäftsführer. Personen, die – auch im Ausland – wegen eines Insolvenzdeliktes bestraft oder mit einem Berufsverbot belegt worden sind, sollen verstärkt von der Bestellung zum Geschäftsführer einer GmbH ausgeschlossen sein. Zur Erweiterung des präventiven Schutzes vor transnationaler Kriminalität ist deshalb der Anwendungsbereich des § 82 Abs. 1 Nr. 5 erweitert worden.[7]

III. Schutzgesetz

3 Einzelne Straftatbestände des § 82 sind anerkanntes **Schutzgesetz gemäß § 823 Abs. 2 BGB**. Schadensersatz kann allerdings nur der Gläubiger verlangen, der einen konkreten und unmittelbaren Schaden aufgrund der Abgabe falscher Erklärungen und der darauf beruhenden fehlerhaften Eintragung einer GmbH nachweisen kann.[8]

B. Täuschung bei Angaben zur Gründung § 82 Abs. 1 Nr. 1 (»Gründungsschwindel«)

I. Besondere Pflichtenstellung

4 Den **objektiven Tatbestand** des § 82 Abs. 1 Nr. 1 erfüllen Personen, die aufgrund ihrer **besonderen Pflichtenstellung** falsche Erklärungen gegenüber dem Registergericht mit dem Ziel abgeben, die **erste Eintragung** im Sinne einer Neugründung (»zum Zweck der Eintragung«) zu bewirken (§ 7 Abs. 1). Von dem Tatbestand sind nicht erfasst gründungsähnliche Vorgänge, wie etwa die Umwandlung einer GmbH

6 *Von Wilcken*, Infobrief Berlin Sanierung & Insolvenz II/2010, S. 5.

7 Vgl. ausführlich zur Bedeutung der GmbH-Kriminalität *Tiedemann*, in: Scholz, GmbHG, Vor § 82 Rn. 3.

8 OLG München, GmbHR 1999, 1137 Ein Geschädigter kann nicht verlangen, so gestellt zu werden, als hätte der anmeldende Gesellschafter wahre Angaben gemacht (hier: mit der Folge, dass die GmbH nicht gegründet worden wäre und der Geschädigte sie nicht erworben hätte).

in eine Aktiengesellschaft oder umgekehrt. Auch die Rück-Umwandlung einer aufgelösten GmbH in eine wieder werbend tätige Gesellschaft fällt nicht unter § 82 Abs. 1 Nr. 1.

1. Täterkreis

5 **Täter** können in erster Linie sein der **Geschäftsführer** und der **stellvertretende Geschäftsführer** (§ 44), die nach § 78, § 7 Abs. 1 die GmbH in das Handelsregister anzumelden haben (**sog. »Geschäftsführerdelikte«**). Diese Personen werden vom GmbHG schon als Geschäftsführer bezeichnet, obwohl die GmbH als Rechtsperson (§ 11) noch nicht entstanden ist. Nach ständiger Rechtsprechung der Strafsenate des BGH gebietet die Auslegung des Tatbestandsmerkmals »als Geschäftsführer«, dass nicht nur der formell bestellte, sondern auch der »**faktische Geschäftsführer**« Normadressat des § 82 ist (früher § 64 Abs. 1, 84 Abs. 2 Nr. 2). Damit soll nicht nur der formell zum Geschäftsführer Berufene Täter sein, sondern auch derjenige, der die Geschäftsführung **im Einverständnis mit den Gesellschaftern** ohne förmliche Bestellung faktisch übernommen hat und ausübt. Die Unternehmensführung darf allerdings nicht einseitig angemaßt, sondern muss im Einvernehmen mit den Gesellschaftern so erfolgt sein, dass sie zumindest als **konkludente Bestellung** zu werten ist. Auch muss der faktische Geschäftsführer gegenüber dem formellen Geschäftsführer die überragende Stellung in der Gesellschaft mit beschränkter Haftung einnehmen oder zumindest das deutliche Übergewicht haben. Zweck der in Einklang mit den Zivilsenaten des BGH stehenden Rechtsprechung ist es, mit Hilfe der zugegeben weiten Auslegung des § 82 Abs. 1 Nr. 1 die Allgemeinheit vor einer kriminellen Handhabung der Geschäftsführung einer GmbH zu schützen und die Wirtschaftskriminalität in diesem Bereich wirksam zu bekämpfen. Diese zum Bereich der organisierten Kriminalität zu rechnenden Betätigung zeichnet sich dadurch aus, dass häufig aus dem Hintergrund agierende Haupttäter legale gesellschaftsrechtliche Strukturen benutzen und dennoch zum Schaden der Geschädigten nicht zu ermitteln sind. Die weite Auslegung des Geschäftsführerbegriffs verstößt weder gegen das Analogieverbot noch gegen den Grundsatz der Tatbestandsbestimmtheit des Art. 103 Abs. 2 GG.[9] Die von der Literatur vorgebrachten Bedenken, damit werde der **Sonderdeliktscharakter der Vorschrift aufgehoben**, überzeugen nicht.[10] Im Übrigen scheint der Gesetzgeber mit der ständigen Rechtsprechung des BGH einverstanden zu sein. Dies ergibt sich nicht zuletzt daraus, dass er im Gesetzgebungsverfahren des MoMiG keine Veranlassung gesehen hat, den schon früher von der Kommentarliteratur angeführten Bedenken durch eine gesetzliche Neuordnung der strafrechtlichen

---

9 BGHSt 46, 62; 65, st. Rspr. BGHSt 3, 32, 37; 21, 101, 103; 31, 118, 122; BGHR, GmbHG § 64 I Antragspflicht 2 und 3; BGH, NStZ 2000, 34, 35; StV 1984, 461 f. a.A. *Ransiek*, in: Ulmer/Habersack/Winter, GmbHG, Vor § 82 Rn. 57 ff.; *Kleindiek*, in: Lutter/Hommelhoff, GmbHG, § 84 Rn. 7; *Joerden*, JZ 2001, 309, der eine gesetzliche Regelung fordert und *Schulz*, StraFo 2003, 155.

10 *Ransiek*, in: Ulmer/Habersack/Winter, GmbHG, Vor § 82 Rn. 61.

Vorschriften nachzugehen. Der Gesetzgeber sieht offensichtlich die Grenzen richterlicher Rechtsfortbildung nicht als überschritten an.

2. Erweiterter Täterkreis

6 **Täter** hinsichtlich falscher Angaben zur **Übernahme der Geschäftsanteile** (Abs. 1 Nr. 1) kann auch ein **GmbH-Gründungsgesellschafter** sein.[11] Dieser kann Mittäter oder mittelbarer Täter hinter dem Geschäftsführer sein, wenn dieser gutgläubig handelt, der Gesellschafter die Unrichtigkeit der Angaben kennt und dennoch die Anmeldung veranlasst. Der Gesellschafter ist etwa dann Täter im Sinne von § 82, wenn bereits der Gesellschaftsvertrag falsche Angaben über die Gesellschafter (etwa die Aufnahme toter oder gar erfundener Personen) enthält. Aufgrund dieses Identitätsschwindels ist die Erklärung gegenüber dem Registergericht falsch, wenn die angegebenen Personalien eine zweifelsfreie Identifizierung der zur Übernahme der Gesellschaftsanteile Verpflichteten nicht möglich ist.[12] Dagegen ist die Angabe über eine Person nicht falsch, die einen Gesellschafteranteil im Außenverhältnis übernimmt, im Innenverhältnis aber für eine andere Person hält und nach dessen Anweisungen handelt (Treuhandverhältnis). Der **Gesellschafter** kann als einer der mit besonderen Pflichten ausgestatteten Entscheidungsträger im strafrechtlichen Sinne auch **Garant und damit auch Täter durch Unterlassen sein** (§ 13 StGB). Hat er durch vorangegangenes Tun oder auch nur aufgrund eigener Kenntnis der unrichtigen Angaben den Einblick, dass es zu einer fehlerhaften Eintragung der GmbH kommt, hat er gegenüber dem Geschäftsführer die Verpflichtung, die Gründung der GmbH zu verhindern.

3. Beteiligungsformen

7 Fehlt die Sondereigenschaft als Täter, können andere Personen gleichwohl **Anstifter oder Gehilfe** sein, wenn nicht nur die vorsätzliche Haupttat, sondern auch ein Teilnehmervorsatz festgestellt werden kann. So kann etwa auch ein **Prokurist**, wenn er selbst eine unrichtige Erklärung abgibt oder dabei hilft, zwar kein Täter, aber Gehilfe sein. Fehlen die für die Tätereigenschaft notwendigen besonderen persönlichen Merkmale, ist die Strafe nach § 28 Abs. 1 i.V.m. § 49 Abs. 1 StGB zu mildern. Beschuldigte aus rechts- und wirtschaftsberatenden Berufen, denen Beihilfe zum Gründungschwindel vorgeworfen wird, berufen sich häufig auf sog. **»neutrale Handlungen,«** und nehmen für sich berufstypisches Verhalten von Rechtsanwälten, Notaren, Steuerberatern und Wirtschaftsprüfern in Anspruch.[13]

---

11 BayObLG, GmbHR 1994, 551 ff.

12 *Tiedemann*, in: Scholz, GmbHG, § 82 Rn. 66; ausführlich *Ransiek*, in: Ulmer/Habersack/Winter, GmbHG, § 82 Rn. 13, 14.

13 *Fischer*, StGB, 57. Aufl., § 27 Rn. 16 ff.

4. Berichtigungspflicht

8 Liegt eine Begehung durch (unechtes) Unterlassen vor, etwa durch die unvorsätzliche Abgabe falscher Erklärungen und erkennt der Täter dies nach Absendung oder nach Zugang der Unterlagen beim Registergericht, so trifft ihn aus **Ingerenz** eine Rechtspflicht zur Berichtigung.[14]

II. Tathandlung

9 **Tathandlung** ist das **Abgeben falscher Erklärungen**, die eine der oben genannten Personen, in der Regel in schriftlicher Form (§ 8), zum Zwecke der Eintragung der Gesellschaft gegenüber dem Registergericht (§ 7 Abs. 1) abgibt. **Nicht strafbar sind falsche Angaben gegenüber dem Notar oder der Industrie- und Handelskammer**, wenn sie dem Registergericht nicht zugehen. Erklärungen oder Angaben sind **falsch**, wenn sie objektiv mit der wirklichen Sachlage nicht übereinstimmen. Falsch sind auch unvollständige oder vollständig verschwiegene Angaben über erhebliche Sachverhalte im Sinne eines Unterlassens, weil dadurch in der Regel die übrigen Angaben im Sinne eines Begehens unrichtig abgegeben werden.[15] Dabei kommt es darauf an, ob die nicht mitgeteilten Umstände **selbständige Bedeutung** haben oder zu dem Inhalt der vom Täter gemachten Aussagen gehören.[16] Enthalten die Angaben Wertungen, Prognosen oder Schätzungen, sind sie falsch, wenn feststeht, dass eine abweichende Bewertung schlechthin nicht vertretbar ist.[17] Falsch können Angaben zur Höhe oder der Art der Anteile (Bar- oder Sacheinlage) oder in Bezug auf die Person des Übernehmers sein.[18] Hinweise für die Beurteilung, ob falsche Angaben gemacht werden, ergeben sich insbesondere aus den dem Eintragungsantrag beizufügenden Unterlagen, dem Gesellschaftsvertrag nach § 8 Abs. 1 Nr. 1, der Gesellschafterliste nach § 8 Abs. 1 Nr. 3, den Verträgen nach § 8 Abs. 1 Nr. 4, den Unterlagen nach § 8 Abs. 1 Nr. 5 sowie aus der Versicherung nach § 8 Abs. 2.

III. Übernahme der Geschäftsanteile

10 Strafbar nach § 82 Abs. 1 Nr. 1 sind falsche Angaben zur **Übernahme der Geschäftsanteile.** Nach § 3 Abs. 1 Nr. 4 muss schon der Gesellschaftsvertrag den Betrag enthalten, den jeder Gesellschafter als Teil des gesamten Stammkapitals (»**Einlageversprechen**«)[19] einbringt. Die Angaben sind falsch, wenn das Einlageversprechen nicht mit der tatsächlich gewollten Übernahme übereinstimmt. Auch werden Fälle der Identitätstäuschung erfasst, wenn etwa nicht existente Personen als Gründungsgesellschafter angegeben werden oder die im Gesellschaftsvertrag genannten Personen in Wahr-

---

14 Näher bei *Tiedemann*, in: Scholz, GmbHG, § 82 Rn. 98.

15 § 399 Abs. 1 AktG enthält ausdrücklich eine Begehens- und eine Unterlassensalternative.

16 *Tiedemann*, in: Scholz, GmbHG, § 82 Rn. 62.

17 RGSt 39, 222, 223; *Ransiek*, in: Ulmer/Habersack/Winter, GmbHG, Rn. 16; *Tiedemann*, in: Scholz, GmbHG, Rn. 60.

18 *Haas*, in: Baumbach/Hueck, GmbHG, § 82 Rn. 11.

19 *Ransiek*, in: Ulmer/Habersack/Winter, GmbHG, § 82 Rn. 20.

heit keine Stammeinlage übernommen haben. Falsch sind auch solche Angaben, die die zweifelsfreie Identifizierung des Versprechenden verhindern. Ebenso sind Angaben unwahr, wenn verschwiegen wird, dass die Übernahme angefochten ist oder aus anderen Gründen als nichtig angesehen wird.

IV. Leistung der Einlagen

11 Forensisch häufiger kommt die Variante des § 82 Abs. 1 Nr. 1 vor, die falsche Angaben zur **Erbringung der Stammeinlage** zum Gegenstand haben. Die Vorschrift bezieht sich nicht allein auf die tatsächliche **Zahlung von Geldeinlagen**, sondern auch die Erbringung von **Sacheinlagen.** Beide Formen werden in der Vorschrift zusammengefasst als »**Leistung der Einlagen.**«

1. Zahlung von Geldeinlagen

12 Für die Zahlung von **Geldeinlagen** ist maßgeblich, dass das Stammkapital »effektiv«, d.h. wirtschaftlich und im zivilrechtlichen Sinne, aus GmbH-fremden Mittel aufgebracht sein muss. Dazu ist ein Vergleich anzustellen zwischen dem Betrag, der sich aus dem Gesellschaftsvertrag ergibt und dem **Betrag, der tatsächlich eingegangen und geringer ist.** Ob Angaben zur erbrachten Zahlungen falsch sind, kann sich sowohl aus Erklärungen in den o. a. Unterlagen wie aus einem Vergleich von Einzahlungsquittungen über die Stammeinlage mit korrespondierenden Kassenberichten ergeben. Nachdem der Gesetzgeber sein noch im Regierungsentwurf des MoMiG angekündigtes Vorhaben aufgegeben hat, die Stammeinlage von EUR 25.000 herabzusetzen[20], ist es dabei geblieben, dass eine Anmeldung der GmbH nach § 7 Abs. 2 Satz 2 erst erfolgen darf, wenn auf jeden Geschäftsanteil mindestens ein Viertel und insgesamt die Hälfte der gesetzlichen Stammeinlage, also EUR 12.500 eingezahlt wurde. Falsch sind Angaben bei der Anmeldung, wenn Leistungen auf Geld- oder Sacheinlagen überhaupt nicht oder nicht in der angegebenen Höhe erbracht worden sind. Unwahr sind Angaben, wenn keine Bareinzahlung erfolgt ist, sondern nur ein Wechsel oder Scheck[21] oder eine andere Sachleistung[22] eingereicht oder die Leistungen im Wege der Aufrechnung erbracht wurden.[23]

2. Scheinzahlungen

13 Nicht wirksam erbrachte Geldleistungen sind **Scheinzahlungen,** denn sie stehen nicht zur **endgültigen und freien Verfügbarkeit** des Geschäftsführers. Solche sind etwa das kurzzeitig von einer Bank ausgeliehene Vorzeigegeld,[24] Gelder, die dem Gesellschafter zuvor als Darlehen gewährt wurden oder ein Betrag, der dem Einzah-

---

20 *Gehrlein,* Das neue GmbH-Recht, S. 17f., 122f.
21 RGSt 36, 185, 186.
22 RGSt 73, 232 ff.
23 RGSt 53, 149, 153f.
24 BGH, ZIP 2006, 1633, 1634.

ler sofort als Darlehen zur Verfügung gestellt wird.[25] Scheinzahlungen sind auch Gelder, bei denen die Gesellschaft dem Einzahlenden zur Absicherung eines von ihm aufgenommenen Kredites haftet oder für die eine Verpflichtung zur Verpfändung besteht.[26] Ebenso ist unwahr die Erklärung, es sei Barzahlung erfolgt, wenn ein Fall der Aufrechnung oder Sacheinlage vorliegt.[27] Unwahr ist auch das Verschweigen, dass die Einlage in Wahrheit auf das Privatkonto des Geschäftsführers geleistet worden ist.[28] Der BGH hat in einem von ihm entschiedenen Einzelfall allerdings noch keinen Beweis für eine Scheinzahlung darin gesehen, dass schon ein halbes Jahr nach Gründung das Stammkapital einer GmbH trotz Fehlens einer nach außen erkennbar gewordenen Geschäftstätigkeit nicht mehr vorhanden ist. Dies könne zwar darauf hindeuten, dass es die Bareinzahlung von Anfang an nicht der Geschäftsführung zur freien Verfügung stand. Im zu entscheidenden Fall sei dies jedoch (allein) kein tragfähiges Indiz, weil der Geschäftsführer das Stammkapital vor Gründung der Gesellschaft in bar erhalten und die Einzahlung auch quittiert hatte. Ob dies nur zum Schein erfolgte oder nicht, erschließe sich aus dem späteren Verkauf der GmbH nicht.[29] Der BGH unterscheidet damit deutlich zwischen **der Phase der Mittelaufbringung und der Phase der reinen Mittelverwendung.** Soll etwa die erbrachte Stammeinlage später zweckgebunden zur Ablösung einer Forderung Dritter verwendet werden, soll dies einer Erfüllungswirkung nicht entgegenstehen.[30]

3. Hin- und Herzahlungen

14 Die nach früherem Recht als problematisch angesehene **Hin- und Herzahlung** einer Bareinlage ist durch die vom MoMiG vorgenommene Neuordnung des § 19 entschärft worden, soweit diese nicht die Voraussetzungen einer verdeckten Sachanlage erfüllt. Nach der bisherigen zivilrechtlichen Rechtsprechung wurde die Einlagepflicht des Gesellschafters nicht erfüllt, wenn ihm im Wege der Hin- und Herzahlung der Einlagebetrag wieder zurückfloss. Unvollständige Angaben hierzu konnten falsch im Sinne des § 82 Abs. 1 Nr. 1 sein, weil es an einer Zahlung zur endgültigen Verfügung des Geschäftsführers (§ 8 Abs. 2) fehlte. Der Verstoß konnte geheilt werden, wenn es später zur Rückzahlung des Darlehens an die Gesellschaft kam. Das Registergericht musste prüfen, ob wegen der Vollwertigkeit des Rückzahlungsanspruchs gleichwohl die Voraussetzungen einer Erfüllungswirkung gegeben waren. War der Anspruch zum Zeitpunkt der Anmeldung nicht werthaltig, lag keine Leistung vor. Diese bisherige Rechtsprechung ging dem Gesetzgeber zu weit. Sie führe in der Praxis zu Unsicherheiten und setze die Gesellschafter zu weitgehend dem Vorwurf strafbaren Handelns aus. Im MoMiG hat er deshalb die Strafandrohung des § 82 für falsche

---

25 BGH, ZIP 2005, 2203.

26 BGHZ 96, 231, 241f.; BGH, GA1977, 340, 341.

27 *Tiedemann*, in: Scholz, GmbHG, § 82 Rn. 74; *Haas*, in: Baumbach/Hueck, GmbHG, § 82 Rn.12.

28 BayObLG, wistra 1987, 191.

29 BGH, wistra 2005, 68 mit Anm. *Wegner* wistra 2005, 150.

30 BGH NStZ 1996, 238.

Angaben im Zusammenhang mit dem Hin- und Herzahlen vorsichtig zurückgenommen. Aus dem Strafvorwurf herausgenommen wird der Fall, dass einem Gesellschafter aufgrund einer bei der Gründung getroffenen Absprache die geleistete Einlage als Neudarlehen gewährt wird. In diesem Fall ist die Einlageschuld trotz der Hin- und Herzahlung bereits mit der Hinzahlung erfüllt, wenn der Zahlungsanspruch gegen den Gesellschafter vollwertig ist. Dem Strafvorwurf des § 82 Abs. 1 Nr. 1 kann der Gesellschafter allerdings nur entgehen, wenn eine solche Absprache in den Gesellschaftsvertrag aufgenommen ist, denn für die Bewertung der Vollwertigkeit des Gegenleistungsanspruchs kommt es ja auf den späteren Zeitpunkt der tatsächlichen Rückzahlung an den Gesellschafter an.[31]

V. Sacheinlagen

15 Falsche Angaben zu **Sacheinlagen** unterfallen ebenfalls der Variante des § 82 Abs. 1 Nr. 1, weil allgemein von »**Leistung der Einlagen**« die Rede ist. Eingebrachte Sacheinlagen entfalten nur dann Erfüllungswirkung, wenn sie nach Art und Höhe im Gesellschaftsvertrag aufgeführt sind (§ 5 Abs. 4) und vor der Anmeldung sichergestellt ist, dass sie endgültig zur freien Verfügung der Geschäftsführung stehen. Dies können unbewegliche Sachen wie Grundstücke, eingebrachte Forderungen, die nicht verpfändet sind, Sachgesamtheiten wie ein Unternehmen oder sicherungsübereignete bewegliche Sachen sein.

1. Tatvarianten

16 Falsch sind Angaben zur Sacheinlage etwa dann, wenn ein einzubringendes Patent,[32] ein Grundstück mit einer Hypothek oder Grundschuld oder einem Pfandrecht belastet ist oder das Grundstück zu hoch bewertet oder aufgrund einer Täuschung hierzu die Bonität der GmbH insgesamt zu hoch angesetzt ist.[33] Dies kann umgekehrt der Fall sein, wenn die Zahlung einer Bareinlage mit der von vornherein erklärten Absicht erfolgt, ein höherwertiges Grundstück zu erwerben, das in Wirklichkeit überteuert ist.

2. Verdeckte Sacheinlagen

17 Für diesen Fall der verdeckten Sacheinlage hat der Gesetzgeber mit dem MoMiG nunmehr seine Haltung gegenüber möglichen Missbräuchen geändert und die Rechtsfolgen der verdeckten Sacheinlage auf eine **Differenzhaftung des Gesellschafters** beschränkt. Bisher war eine auf falschen Angaben beruhende verdeckte Sacheinlage nach § 19 Abs. 5 wegen der Umgehung der gesetzlichen Sacheinlagevorschriften verboten. Mit der Aufhebung des § 19 Abs. 5 und der Einführung des neuen § 19 Abs. 4 hat der Gesetzgeber nicht nur die zivilrechtliche, sondern auch die strafrechtli-

---

31 *Gehrlein,* Das neue GmbH-Recht S. 36.
32 RGSt 49, 340f.
33 Die Unterbewertung von Sacheinlagen fällt nicht unter § 82.

che Sanktion aus § 82 Abs. 1 Nr. 1 für falsche Angaben über die Art der Einlage vorsichtig zurückgenommen. Nach der Begründung des Regierungsentwurfs ist das Strafrecht in diesen Fällen als Sanktion unangemessen.[34] Übernimmt etwa der Gesellschafter eine Bareinlage von zwei Millionen EUR und veräußert er einige Monate später ein Grundstück für eine Million EUR an die GmbH, so lag bisher eine verbotene verdeckte Sacheinlage vor, wenn er den Kaufpreis zur Tilgung seiner Einlageschuld verwendete. Dies wurde als unzulässige Umgehung des bisherigen § 19 Abs. 5 mit der Folge angesehen, dass die Bareinlagepflicht des Gesellschafters in vollem Umfang fortbestand.[35] Das MoMiG will mit der Neugestaltung des § 19 Abs. 4 die »drakonischen« oder »katastrophalen« Folgen der fehlenden Erfüllungswirkung[36] einer Einlagezahlung abmildern, indem es eine **neue Anrechnungslösung** eingeführt hat. Zwar wird der Gesellschafter bei einer solchen verdeckten Sacheinlage nach § 19 Abs. 4 Satz 1 nach wie vor nicht von seiner Einlageverpflichtung befreit, der Wert des Vermögensgegenstandes wird aber nach § 19 Abs. 4 Satz 3 auf die Anlageschuld angerechnet. Es liegt somit eine **Teilerfüllung** vor, so dass nur die Differenz in bar auszugleichen ist.[37] Durch die Neuregelung soll eine sachgerechtere Rechtsfolge erzielt werden. Es soll sichergestellt werden, dass der Gesellschafter die Einlage wertmäßig nur einmal leisten muss. Offen ist allerdings die Frage, ob mit der Neuregelung des § 19 Abs. 4 falsche Angaben zur verdeckten Sacheinlage schon gar nicht mehr den Tatbestand des § 82 Abs. 1 Nr. 1 erfüllt.[38]

VI. Abgabe der Versicherung

18 Nach § 8 Abs. 2 ist die **Versicherung** abzugeben, dass die in § 7 Abs. 2 und 3 bezeichneten Leistungen auf die Geschäftsanteile bewirkt sind und dass der Gegenstand der Sacheinlage endgültig zur freien Verführung des Geschäftsführers steht. Der Gesetzgeber verlangt allerdings über diese mit der Strafbewehrung ausgestatteten Versicherung hinaus weitergehende Nachweise. Allerdings soll das Registergericht nur bei konkreten Zweifeln die Vorlage von Nachweisen, insbesondere von Einzahlungsbelegen, verlangen (§ 8 Abs. 2 Satz 2).

VII. Verwendung eingezahlter Beträge

19 Als weitere Variante in § 82 Abs. 1 Nr. 1 werden falsche Angaben über die »**Verwendung eingezahlter Beträge**« genannt, die eigentlich schon in der Variante über die »**Leistung der Einlagen**« enthalten ist. Hierzu zählen die nach § 8 Abs. 2 zu machenden Angaben über gezahlte **Steuern, Gebühren und Gründungskosten**, mit denen das Gesellschaftsvermögen zu Lasten der Gesellschaftsgläubiger von vornherein belastet sein könnte.

---

34 Begr.RegE zu Art. 1 Nr. 17 Buchstabe b (BT-Drs. 16/6140 S. 39 ff.).
35 BGH, NJW 2003, 3127.
36 Vgl. *Veil,* ZIP 2007, 1241, 1243.
37 Ausführlich *Gehrlein,* Das neue GmbH-Recht S. 41 ff.
38 So wohl *Ransiek*, in: Ulmer/Habersack/Winter, GmbHG, § 82 Rn. 36.

VIII. Sondervorteile

20 Vergleichbares gilt für die Varianten über falsche **Angaben zu »gewährten Sondervorteilen und über Gründungsaufwand oder Gründerlohn,«** die etwa an einen anderen Gesellschafter oder an einen Dritten gezahlt worden sind.

1. Aufwand zur Eintragung

21 Angaben über den **Aufwand, der für die Vorbereitung, Errichtung und Eintragung** der Gesellschaft entstanden ist, sind aus Gründen der Klarheit und Nachvollziehbarkeit gemäß § 8 Abs. 1 Nr. 1 in den Gesellschaftsvertrag aufzunehmen, um gegenüber der Gesellschaft wirksam zu sein. Werden überhöhte oder nicht gerechtfertigte Beträge zugesagt oder gezahlt, kann dies zu einer Vorbelastung des Gesellschaftsvermögens führen. Werden Verpflichtungen dieser Art nicht angegeben und besteht aufgrund der Nichtaufnahme in den Gesellschaftsvertrag keine rechtliche Verpflichtung für die Gesellschaft, können solche unrichtigen Angaben und die Auszahlung solcher Beträge zu einer Beeinträchtigung des Gesellschaftsvermögens insgesamt oder der zu erbringenden Geld- oder Sacheinlage des Gesellschafters führen.

2. Gründungsaufwand

22 Falsch sind auch Angaben, mit denen ein **Gründungsaufwand** behauptet wird, der gar nicht entstanden ist.[39] Falsch sind sowohl Angaben über den Rechtsgrund solcher Leistungen wie über die Person des Empfängers. [40] Unwahr können Angaben sein über die Höhe der Zahlungen für Beratungsleistungen, Aufwendungen für die Anbahnung und die konkrete Vorbereitung der Gründung. Falsch ist auch die Angabe tatsächlich nicht gewollter Sondervorteile sowie überhaupt nicht entstandener Gründungsaufwand. Zwar wird die Gesellschaft dadurch geschützt, dass solche Leistungen zivilrechtlich unwirksam sind und nicht von der Gesellschaft zu ersetzen sind, wenn diese gar nicht oder nicht wahrheitsgemäß im Gesellschaftsvertrag ausgewiesen sind.

3. Berichtigungspflicht

23 Die Pflicht **zur Berichtigung bereits erfolgter Angaben** ergibt sich wie bei den anderen Varianten dann, wenn der Täter nachträglich erkennt, dass er dem Registergericht gegenüber unrichtige oder unvollständige Angaben zu den Sondervorteilen oder dem Gründerlohn gemacht hat.

---

39 Vgl. *Tiedemann*, in: Scholz, GmbHG, § 82 Rn. 83 m.w.N.

40 *Ransiek*, in: Ulmer/Habersack/Winter, GmbHG, § 82 Rn. 44f. sehen wegen der unberechtigten Erfüllung solcher Zahlungen auch eine strafbare Untreue nach § 266 StGB.

IX. Subjektiver Tatbestand

24 Zur Erfüllung des **subjektiven Tatbestands** muss sich der Vorsatz auf sämtliche Merkmale der in § 82 Abs. 1 Nr. 1 enthaltenen Varianten erstrecken. Jede Vorsatzform kommt in Betracht, es reicht schon der Eventualvorsatz (dolus eventualis). **Fahrlässiges Handeln ist in § 82 nicht mit Strafe bedroht.**

X. Nebenentscheidungen

25 Begeht der Täter eine Straftat unter Missbrauch seines Berufs oder Gewerbes oder unter grober Verletzung von spezifischen Berufspflichten, kann neben einer Strafe ein Berufsverbot gemäß §§ **§ 70, 70a StGB angeordnet werden. Neben die Strafe können auch Verfall oder Einziehung nach** §§ 73 ff. StGB treten. Dies kann sich insbesondere auch auf das von der GmbH **durch die Straftat** »« § **§ 73 Abs. Abs. 3 StGB). Um den erlangten Vorteil abzuschöpfen, kann daneben gegen die GmbH nach** § § Unternehmensgeldbuße ausgesprochen werden. Diese kann nach § 30 Abs. 2 OWiG im Fall einer vorsätzlichen Straftat eines Vertretungsrgans einer GmbH bis zu einer Million Euro betragen.

XI. Verjährungsfristen

26 Die **Verjährungsfrist** bei Gründungstäuschung beginnt spätestens mit der Eintragung der GmbH in das Handelsregister.[41] Sie beträgt fünf Jahre (§ 78 Abs. 3 Nr. 4 StGB).

C. Täuschung beim Sachgründungsbericht (»Sachgründungsschwindel«) § 82 Abs. 1 Nr. 2

I. Tatvarianten

27 Die Gesellschafter haben in einem **Sachgründungsbericht** die für die »Angemessenheit« sowie über die »Wesentlichkeit« der die Sacheinlagen betreffenden Umstände darzulegen (§ 5 Abs. 4 Satz 2). Was angemessen ist, richtet sich nach den Umständen des Einzelfalles und der Eigenart des eingebrachten Vermögensgegenstandes (Alter, Marktwert, Verwendung).[42] Die Strafbarkeit falscher Angaben zum nicht näher bestimmten Merkmal der Wesentlichkeit der Umstände ist eher restriktiv und unter Beachtung des Verhältnismäßigkeitsgrundsatzes zu beurteilen. Da der Sachgründungsbericht schriftlich und persönlich zu erstatten ist, kommen nur **falsche schriftliche Angaben** in Betracht. Der Sachgründungsbericht ist nicht Teil des Gesellschaftsvertrages, so dass Abs. 1 Nr. 2 neben Abs. 1 Nr. 1 steht. Tathandlung kann etwa eine falsche Angabe über den überhöhten Wert eines Grundstücks sein. Wird gar kein Bericht abgegeben oder wird die Sacheinlage niedriger bewertet, liegt kein

---

41 BGH, GmbHR 1988, 195,

42 *Tiedemann*, in: Scholz, GmbHG, § 82 Rn. 103.

Fall des § 82 Abs. 1 Nr. 2 vor, weil die Berichtspflicht **keine Erfolgsabwendungspflicht** sondern nur eine **Handlungspflicht** statuiert. Strafbar ist auch nicht der Fall, dass sich einer der Gesellschafter nicht an der Erstellung des Sachgründungsberichts beteiligt.

II. Berichtigungspflicht

28 Vollendet ist die Tat nicht schon bei Erstellung des Berichts, auch nicht mit Zugang beim Notar, sondern erst bei Einreichung beim Registergericht. Beendet ist die Tat mit der Eintragung der GmbH. Anders als bei § 82 Abs. 1 Nr. 1 besteht bei Änderung der tatsächlichen Verhältnisse **keine Berichtigungspflicht**. Die Funktion als **Schutzgesetz im Sinne von § 823 Abs. 2 BGB** entfaltet § 82 Abs. 1 Nr. 2 nur dann, wenn andere Gesellschafter oder Gesellschaftsgläubiger eine auf den falschen Angaben beruhende Eintragung der GmbH und einen daraus unmittelbar entstandenen Vermögensschaden nachweisen können.

D. Täuschung bei der Kapitalerhöhung (»Kapitalerhöhungsschwindel«) § 82 Abs. 1 Nr. 3

I. Tatvarianten

29 Wie bei der ersten Einzahlung des Stammkapitals soll auch die Aufbringung neuen Kapitals zu Gunsten der Übrigen und zukünftigen Gesellschafter durch das Strafrecht geschützt werden. Der Geschäftsführer macht sich nach § 82 Abs. 1 Nr. 3 wegen falscher Angaben bei der Eintragung der Erhöhung neuen Stammkapitals, das entweder in einer Krise der Gesellschaft oder bei guter Geschäftslage zur Verbreiterung der Kapitalbasis benötigt wird. Gemeint ist in Abs. 1 Nr. 3 die **Kapitalerhöhung** gemäß den §§ 55 ff., d.h. die Aufbringung wirtschaftlich **»neuen« Kapitals** parallel zum Gründungskapital einer GmbH. Die Kapitalerhöhung aus Gesellschaftsmitteln nach den § 57c ff. fällt unter § 82 Abs. 1 Nr. 4. **Tathandlung** ist die Angabe falscher Erklärungen über das zu zeichnende neue Kapital, über dessen Einbringung und über die zum Zweck der Kapitalerhöhung neu eingebrachten Sacheinlagen. Die Vorschrift entspricht im Grundsatz der Variante »**Leistung der Einlagen**« in § 82 Abs. 1 Nr. 1. Sie enthält aber nicht die Schutzvarianten für nicht voll eingezahlte Geldeinlagen, für die Verwendung des neu eingezahlten Kapitals[43] sowie für etwaig vereinbarte oder gezahlte Sondervorteile oder Kapitalerhöhungsaufwand.

II. Bareinlage

30 Falsche Angaben über die **Kapitalerhöhung durch Einzahlung einer Bareinlage** liegen vor, wenn der Betrag nicht geleistet wird. Kein Fall des § 82 Abs. 1 Nr. 3 soll vorliegen, wenn das neue Kapital nicht direkt auf das Stammkapital geleistet, sondern

43 LG Koblenz, ZIP 1991, 1284f.

zur Vereinfachung des Zahlungsweges ein Darlehensgeber befriedigt wird.[44] Unwahr ist die behauptete Zahlung einer Bareinlage, wenn sie sich aufgrund einer Abtretung der GmbH noch auf einem Festgeldkonto befindet.[45] Soll die Kapitalerhöhung durch die Aufbringung einer Sacheinlage erfolgen, muss dies ausdrücklich im Beschluss über die Kapitalerhöhung enthalten sein. Für die verdeckte Sacheinlage gelten die zu § 82 Abs. 1 Nr. 1 gemachten Ausführungen. Denn der Schutzbereich des Abs. 1 Nr. 3 kann im Lichte des neuen § 19 nicht weiter sein als der Schutzbereich des Abs. 1 Nr. 1. Täter können hier aber nur der Geschäftsführer, nicht aber die Gesellschafter oder Liquidatoren sein. Insoweit ist die Vorschrift auch **Schutzgesetz im Sinne von § 823 Abs. 2 BGB.** Ein etwaiger Schaden muss auch hier konkret nachgewiesen werden.

E. Täuschung bei der Kapitalerhöhung aus Gesellschaftermitteln (»Kapitalerhöhungsschwindel«) § 82 Abs. 1 Nr. 4

31 Nach diesem strafrechtlichen Spezialfall macht sich der **Geschäftsführer** strafbar wegen falscher Angaben bei der nach § 57c Abs. 1 vorzunehmenden Erhöhung des Stammkapitals aus Gesellschaftsmitteln, insbesondere durch **Umwandlung von Rücklagen.** Da er zur Anmeldung verpflichtet ist, hat er nach § 57i Abs. 1 Satz 2 dem Registergericht gegenüber zu erklären, dass »**nach seiner Kenntnis**« seit dem Stichtag der zugrunde gelegten Bilanz bis zum Tag der Anmeldung keine Vermögensminderung eingetreten ist, die der Kapitalerhöhung entgegenstünde. Falsch sind Angaben, wenn sich die Vermögenslage der GmbH und ihrer Rücklagen seit der letzten Bilanz tatsächlich doch verändert hat. Die Rücklagen, die zur Kapitalerhöhung benutzt werden sollen, dürfen auch nicht durch Verluste geschmälert oder aufgezehrt worden sein. Dies muss für den Geschäftsführer auch erkennbar gewesen sein. Handelt er bezogen auf das bei ihm vorhandene Wissen zwar pflichtwidrig, ist ihm aber nur Fahrlässigkeit vorzuwerfen, macht sich der Geschäftsführer wegen **Fehlens eines Fahrlässigkeitstatbestandes nicht strafbar.** Auch eine **zivilrechtliche Haftung über § 823 Abs. 2 BGB scheidet damit aus.**[46]

F. Täuschung über die fachliche Eignung (»Eignungsschwindel«) § 82 Abs. 1 Nr. 5

I. Tatvarianten

32 Der Gesetzgeber hat in § 6 Abs. 2 Satz 2 MoMiG die Ausschlussgründe erweitert, nach denen eine Person kein **Geschäftsführer** (»**Inhabilität**«) sein kann.[47] Die Inha-

44 BGHZ 119, 177, 191.

45 OLG Jena, GmbHR 1998, 1043.

46 Vgl. zur rechtspolitischen Diskussion um diese Vorschrift *Tiedemann*, in: Scholz, GmbHG, § 82 Rn. 119a.

47 *Gehrlein*, Das neue GmbH-Recht, S. 85 ff.; *K. Schmidt*, GmbHR 2008, 449, 450.

bilität tritt **kraft Gesetzes** und nicht aufgrund eines Gestaltungsakts des Registergerichts ein.[48] Unverändert geblieben sind die Fälle des Ausschlusses einer unter Betreuung stehenden Person (§ 6 Abs. 2 Nr. 1) und eines von der Verwaltungsbehörde ausgesprochenen Ausübungsverbots (§ 6 Abs. 2 Nr. 2). Dagegen ist der **Katalog der Straftaten** erweitert worden, nach denen der Geschäftsführer in den letzten fünf Jahren nicht durch ein gerichtliches Urteil zu Strafe verurteilt worden sein darf. In der Anmeldung hat der Geschäftsführer gegenüber dem Registergericht gemäß § 8 Abs. 3 Satz 1 zu versichern, dass seiner Eignung keine der **Ausschlussgründe nach § 6 Abs. 2 Satz 2 Nr. 2 und 3 sowie Satz 3** entgegenstehen. Die Versicherung muss sich jetzt auch enthalten, dass er über **die unbeschränkte Auskunftspflicht gegenüber dem Gericht** belehrt worden ist. Der Nachweis über die erfolgte Belehrung nach § 53 Abs. 2 BZRG kann seinerseits schriftlich nachgewiesen werden. Sie kann auch durch einen Notar, einen im Ausland bestellten Notar, einen Vertreter eines vergleichbaren rechtsberatenden Berufes oder durch einen Konsularbeamten erfolgen.[49] Mit der vorgenommenen Erweiterung der Ausschlusstatbestände und dem Erfordernis des Nachweises einer erfolgten Belehrung über die unbeschränkte Auskunftspflicht soll das **Anmeldungs- und Prüfungsverfahren vereinfacht** werden. Der Gesetzgeber will damit dem Registergericht die präventive und regelmäßige Einholung einer Auskunft aus dem Bundeszentralregister ersparen, die nach § 41 Abs. 1 Nr. 1 BZRG möglich wäre. Dies soll das Registergericht nur bei Zweifeln über die Richtigkeit und Vollständigkeit der Versicherung tun. Die neue Regelung hat allerdings zur Folge, dass das Registergericht an Stelle einer Regelanfrage, die im Zeitalter der automatisierten Datenabfrage mehr Rechtschutz erbringen würde, erst bei begründeten Zweifeln über das Vorliegen falscher Angaben und damit einer möglichen Straftat tätig werden muss. Dem kriminalpolitisch begrüßenswerten Ziel, bereits präventiv strafrechtlich geahndete Personen von der erneuten Tätigkeit als Geschäftsführer einer GmbH fernzuhalten, dient ein umständlicher Umweg über das Strafrecht eher nicht.[50]

1. Vorverurteilungen

33 Das Gesetz zählt neben den schon bisher einschlägigen Verurteilungen zu einer Freiheitsstrafe von mindestens einem Jahr wegen eines Insolvenzdelikts nach den §§ 283 bis 283d StGB (§ 6 Abs. 2 Nr. 3b) nunmehr auch die Verurteilung wegen Insolvenzverschleppung zur Inhabilität (§ 6 Abs. 2 Nr. 3a). Dem gleichgestellt ist nach § 6 Abs. 2 Nr. 3c auch eine Verurteilung wegen falscher Angaben im Zusammenhang der Gründung einer Gesellschaft und der Erhöhung oder Herabsetzung des Stammkapitals (§ 82).

48 BT-Drs. 16/9737 S. 96.

49 BR-Drs. 354/07 S. 79.

50 *Ransiek*, in: Ulmer/Habersack/Winter, GmbHG, § 82 Rn. 102 äußern sogar verfassungsrechtliche Bedenken gegen die neue Vorschrift wegen eines möglichen Verstoßes gegen das Übermaßverbot.

2. **Kataloge**

34 Erweitert worden ist der Katalog aber auch um die Straftaten nach § 399 AktG sowie um die unrichtige Darstellung nach § 400 AktG, § 331 HGB, § 313 UmwG oder § 17 des PublizitätsG (§ 6 Abs. 2 Nr. 3e). Bedeutsam ist dabei, dass über den Regierungsentwurf hinaus, jetzt schon eine Verurteilung zu einer **Freiheitsstrafe von mindestens einem Jahr** nach den §§ 263 bis 264a oder den §§ 265a bis 266a StGB für die Inhabilitität ausreichen soll.[51] Dabei ist allerdings ungeklärt geblieben, ob eine Verurteilung zu einer **Einzelstrafe** von mindestens einem Jahr erforderlich ist, oder ob auch eine Gesamtstrafe in dieser Höhe ausreicht. Unklar ist insbesondere der Fall, dass in der Gesamtstrafe eine Nicht-Katalogtat enthalten ist.

II. Zeitraum der Vorverurteilungen

35 Die Änderungen des § 6 Abs. 2 durch das MoMiG konnten nicht ohne Auswirkungen auf den Schutzbereich des § 82 Abs. 1 Nr. 5 bleiben. Falsche Angaben können vom **Geschäftsführer** und vom **Liquidator** kommen. Sie sind schon bei der **Anmeldung** der GmbH in der nach § 8 Abs. 3 Satz 1 abzugebenden Versicherung verpflichtet, Änderungen in der Person des Geschäftsführers (§ 39 Abs. 3 Satz 1) oder bei der Anmeldung des Liquidators (§ 67 Abs. 3 Satz 1) anzugeben. Dies bezieht sich auch darauf, dass sie **in den letzten fünf Jahren** nicht zu einer der in § 6 Nr. 3 aufgeführten Delikte verurteilt worden sind. Dabei genügt es nach § 6 Abs. 2 Satz 2 Nr. 2, dass **Verbots- und Unternehmensgegenstand jedenfalls teilweise übereinstimmen**. Der Tatbestand des Abs. 1 Nr. 5 erfasst nach § 6 Abs. 2 Satz 3 auch Verurteilungen im Ausland wegen einer Tat, die den in Satz 2 Nr. 3 genannten Taten vergleichbar ist.[52] Diese uneingeschränkte Anerkennung ausländischer strafgerichtlicher Verurteilungen ist wegen der unterschiedlichen rechtsstaatlichen Standards kann zu neuen Problemen führen.

III. Fristen

36 Für die Fristberechnung ist maßgeblich der Zugang der Erklärung beim Registergericht. Die Frist beginnt mit der Rechtskraft des Strafurteils. Die Zeit ist nicht einzurechnen, in welcher der Täter in einer Anstalt verwahrt worden ist (§ 6 Abs. 2 Satz 2). Gleiches gilt für ein in einem Strafurteil ausgesprochenes gerichtliches Berufsverbot nach § 70 StGB. Ein nach § 70a StGB zur Bewährung ausgesetztes oder ein nach 132a StPO angeordnetes vorläufiges Berufsverbot reichen für die Erfüllung des Tatbestandes nach § 82 Abs. 1 Nr. 5 nicht aus. § 53 Abs. 1 Nr. 2 BZRG berechtigt zwar, dass sich ein Verurteilter als unbestraft bezeichnen darf, wenn die Verurteilung zu tilgen ist. **Der Geschäftsführer einer GmbH kann sich nach § 53 Abs. 2 BZRG nicht auf die Tilgung berufen.** Er muss sich im Rahmen des nach § 8 Abs. 3 vorgegebenen

---

51 BT-Drs. 16/9737 S. 96; *Seibert/Decker*, ZIP 2008, 1208, 1212.
52 *Tiedemann*, in: Scholz, GmbHG, § 82 Rn. 123.

Anmeldeverfahrens gegenüber dem Registergericht vollständig offenbaren, um nicht nach § 82 Abs. 1 Nr. 5 bestraft zu werden.[53]

IV. Rückwirkungsprobleme

37 **Falsch** sind Erklärungen, wenn sie nicht der Wahrheit entsprechen oder unvollständig sind. Wird überhaupt keine Erklärung abgegeben, ist das Schweigen nicht tatbestandsmäßig. Eine Berichtigungspflicht ergibt sich für die Zukunft nicht. Unwahre Angaben zu **Vorverurteilungen** können sich allerdings nach dem Inkrafttreten des MoMiG zum 1. November 2008 nur auf Verurteilungen wegen eines Insolvenzdelikts nach den §§ 283 bis 283d StGB beziehen, die in den letzten fünf Jahren erfolgt sind. Wegen des Stichtags kann dies nicht wegen einer erst durch das MoMiG für die Inhabilität aufgenommenen zusätzlichen Delikte wie der Insolvenzverschleppung nach § 84 Abs. 1 Nr. 2 (jetzt § 15a Abs. 4 und 5 InsO), Betrug, Untreue nach §§ 263, 266 StGB oder der neu als Katalogtaten nach §§ 399 ff. AktG etc. gelten. Falsche Angaben zu neuen Verurteilungen nach diesen Vorschriften **erfüllen gegenwärtig den Tatbestand nach § 82 Abs. 1 Nr. 5** noch nicht.

V. Schutzgesetz

38 Die Vorschrift des § 82 Abs. 1 Nr. 5 ist **kein Schutzgesetz im Sinne von § 823 Abs. 2 BGB**, da die Norm Gläubigerschutz nur mittelbar bewirkt. Sie dient allein der Durchsetzung der Richtigkeit der maßgeblichen Versicherungen und der Reduzierung des Verwaltungsaufwands.

G. Täuschung bei Herabsetzung des Stammkapitals (»Kapitalherabsetzungsschwindel«) § 82 Abs. 2 Nr. 1

I. Tatvarianten

39 Schutzzweck dieser Vorschrift ist, die der Norm des § 82 Abs. 1 Nr. 3 vergleichbar ist, die Vermögensinteressen der Gläubiger, insbesondere der Altgläubiger zu schützen, die einer Herabsetzung des Stammkapitals widersprochen haben.[54] Potentieller Täter ist der **Geschäftsführer**, der die **Herabsetzung des Stammkapitals** nach den §§ 78 und 58 Abs. 1 Nr. 3 beim Registergericht (§ 58 Abs. 1 Nr. 3 und 4) anzumelden hat. Falsche Angaben gegenüber dem Notar werden erst dann tatbestandsmäßig, wenn die Erklärung zur Kapitalherabsetzung dem Registergericht zugeht. Da für die Angaben der gegenüber dem Registergericht keine bestimmt Form vorgesehen ist, reicht jede Erklärung im Sinne von § 58 Abs. 1 Nr. 4 aus. Falsch sind solche Angaben, in denen die Gesellschaftsgläubiger, die sich gemeldet und der Herabsetzung widersprochen haben, nicht erwähnt werden oder behauptet wird, sie hätten einer Kapitalherabsetzung zugestimmt. Falsch sind auch solche Mitteilungen, über deren Erklärun-

53 *Tiedemann*, in: Scholz, GmbHG, § 82 Rn. 125.
54 OLG Jena, GmbHR 1998, 1041, 1043f.

gen zu deren angeblicher Zustimmung, der Befriedigung oder deren Sicherstellung im Sinne von § 58 sowie zu deren Person. Erkennt der Täter, nach Vollendung der Tat die Unwahrheit seiner Erklärung, ist er zur Berichtigung verpflichtet. Unterlässt er dies wiederum entgegen seiner Verpflichtung, liegt eine **Tatbegehung durch Unterlassen** vor.

II. Schutzgesetz

40 Da es um die Vermögensinterinteressen der Gläubiger geht, ist die Norm **Schutzgesetz im Sinne des § 823 Abs. 2 BGB.**[55] Der Vermögensschaden ist auch hier konkret nachzuweisen.

H. Täuschung über die Geschäftslage (»Geschäftslagetäuschung«) § 82 Abs. 2 Nr. 2

I. Tatvarianten

41 § 82 Abs. 2 Nr. 2 bedroht die Personen mit Strafe, die als Geschäftsführer, Liquidator oder Mitglied des Aufsichtsrats oder ähnlicher Organe (Beirat, Verwaltungsrat, Ausschuss) **»in einer öffentlichen Mitteilung«**[56] die Vermögenslage der Gesellschaft **unwahr darstellen** oder **verschleiern.** Allerdings darf die Tat nicht nach § 331 Nr. 1 oder 1a des HGB mit Strafe bedroht sein.[57] Die Subsidiarität der Vorschrift hat zur Folge, dass die in der Eröffnungsbilanz oder im Jahresabschluss darzustellende Vermögenslage der Gesellschaft (§ 325 HGB) nicht in den Anwendungsbereich des § 82 Abs. 2 Nr. 2 fällt, weil diese keine Informationen enthalten, die an das Registergericht gehen. Mitteilungen sind aber nicht nur solche, die ein Gesamtbild nur im Vergleich mit der letzten Bilanz ermöglichen, sondern auch alle Darstellungen der vorhandenen Vermögenswerte in Form von Sonder- oder Zwischenbilanzen oder in Halbjahres– oder Quartalsberichten.[58] Tathandlungen sind die unwahre Darstellung oder Verschleierung in jeder anderen Form einer **»öffentlichen Mitteilung.«** Dies können Verlautbarungen in mündlicher (Interview, Rede, Fernsehauftritt, Anpreisung) oder schriftlicher Form (Zeitungsanzeige, Prospekt, Brief, Datenträger, Werbung, Geschäftsberichte, Sanierungsplan, Äußerungen zu einzelnen Positionen der Bilanz oder der G+V-Rechnung), Quartalsberichte oder Zwischen- oder Sonderbilanzen) sein. Maßgeblich ist, dass sie einem **unbegrenzten Personenkreis** zugänglich gemacht werden und auf eine für die GmbH verantwortliche Person hindeuten. **Unwahr ist die Darstellung,** wenn die angegebenen Tatsachen objektiv mit der wirklichen Sachlage nicht übereinstimmen. Falsch sind auch unvollständige oder vollständig verschwiegene Angaben über erhebliche Sachverhalte im Sinne eines Unterlassens, weil

55 *Ransiek*, in: Ulmer/Habersack/Winter, GmbHG, § 82 Rn. 116.

56 Vgl. OLG Jena, GmbHR 1998, S. 1043 wonach auch die sog. mittelbare Öffentlichkeit durch Mitteilung zum Handelsregister ausreicht.

57 Eine teilweise ähnliche, aber weitergehende Regelung enthält § 400 AktG.

58 So *Tiedemann*, in: Scholz, GmbHG, § 82 Rn. 147, zutreffend *Ransiek*, in: Ulmer/Habersack/Winter, GmbHG, § 82 Rn. 136.

dadurch in der Regel die übrigen Angaben im Sinne eines Begehens unrichtig abgegeben werden. Die Mitteilung muss allerdings so umfassend sein, dass ein Gesamtbild der wirtschaftlichen Lage des Unternehmens ermöglicht und der Eindruck der Vollständigkeit erweckt wird. Gemeint ist der **Vermögensstand** im Sinne des Bilanzvermögens. Daneben meint der Begriff alle Umstände und Verhältnisse, die für die wirtschaftliche Beurteilung und die Kreditwürdigkeit der GmbH von Bedeutung sind.[59] Enthalten die Angaben Wertungen, Prognosen oder Schätzungen, sind sie unwahr, wenn feststeht, dass eine abweichende Bewertung schlechthin nicht vertretbar ist **Verschleiert** wird die Vermögenslage der Gesellschaft, wenn diese mit der Darstellung an sich zutreffend dargestellt wird, aber die verschleiernden Angaben doch die Informationen so erschwert, dass im Gesamtergebnis ein unvollständiges Bild entsteht.[60]

II. Berichtigungspflicht

42 Für den Täter besteht eine Berichtigungspflicht, wenn er erkennt, dass die von ihm oder anderen Verantwortlichen gemachten Angaben unwahr sind oder den wahren Sachverhalt verschleiern.

III. Schutzgesetz

43 Zum Schutz sowohl der gegenwärtigen und zukünftigen Gläubigern als auch der zukünftigen Gesellschafter der GmbH ist die Norm **Schutzgesetz** im Sinne des **§ 823 Abs. 2 BGB.**

§ 83

(weggefallen)

§ 84 Verletzung der Verlustanzeigepflicht

(1) Mit Freiheitsstrafe bis zu drei Jahren oder mit Geldstrafe wird bestraft, wer es als Geschäftsführer unterläßt, den Gesellschaftern einen Verlust in Höhe der Hälfte des Stammkapitals anzuzeigen.

(2) Handelt der Täter fahrlässig, so ist die Strafe Freiheitsstrafe bis zu einem Jahr oder Geldstrafe.

59 BGHSt 49, 381f. (EM-TV Gebrüder Haffa) mit zust. Anm. *Ransiek,* JR 2005, 161ff; Verfassungsbeschwerde wegen Verstoßes des § 400 AktG gegen den Bestimmtheitsgrundsatz nicht angenommen, BVerfG, Beschl. v. 27.4.2006 – 2 BvR 131/05.

60 Vgl. RGSt. 37, 433 f.; 41, 293 ff.; 68, 346 ff.

Übersicht

A. § 84 Abs. 1 Unterlassen der Anzeige eines Verlustes

I. Schutzzweck der Norm

1 Nach der durch das MoMiG veranlassten Aufhebung des bisherigen Abs. 1 Nr. 2 erhielt die Vorschrift nicht nur eine neue amtliche Überschrift. Neuer alleiniger **Schutzzweck der Vorschrift** des § 84 ist jetzt die strafrechtlich bewehrte präventive Warnung vor einer wirtschaftlichen Krise der Gesellschaft. Diese bezieht sich allerdings ausdrücklich allein auf das Stadium vor der Insolvenz. Erweitert worden ist der Anwendungsbereich des § 84. Erfasst werden nunmehr auch der GmbH vergleichbare Auslandsgesellschaften (z.B. die britische Ltd.), die ihren Verwaltungssitz und Betrieb im Inland haben und deutschem Insolvenzrecht unterfallen.

II. Täterkreis

2 Nach § 84 Abs. 1 wird dem **Geschäftsführer**, dem **stellvertretenden** und dem **faktischen Geschäftsführer**[1] (nicht dem Liquidator) unter Strafandrohung auferlegt, den Gesellschaftern einen Verlust großen Ausmaßes anzuzeigen, der das Eigenkapital (Reinvermögen) auf den Betrag der Hälfte des Stammkapitals reduziert hat. Strafbar ist das **Unterlassen der Anzeige**, ohne dass der Tatbestand an einen Erfolg anknüpft. § 84 ist damit **echtes Unterlassungsdelikt.** Die Vorschrift konkretisiert die allgemeine Verpflichtung der Geschäftsführer, sich regelmäßig einen Überblick über die finanzielle Situation der Gesellschaft zu machen. Sie ergänzt die Vorschrift des § 49 Abs. 3, nach der »die Versammlung unverzüglich« einzuberufen ist, »wenn aus der Jahresbilanz oder aus einer im Laufe des Geschäftsjahres aufgestellten Bilanz sich ergibt, dass die Hälfte des Stammkapitals verloren ist.« Beide Regelungen sehen das Vorliegen eines Verlustes großen Ausmaßes als so starkes Indiz für eine größere Krise an, dass von dem Geschäftsführer im Vorfeld der Einberufung eine rechtzeitige Warnung verlangt wird. Insoweit ist die Vorschrift auch **abstraktes Gefährdungsdelikt.** Wie der Geschäftsführer den Verlust der Hälfte des Stammkapitals erfährt oder feststellt, ist im Einzelnen im Gesetz nicht beschrieben. Die Vorschrift enthält jedenfalls kein ungeschriebenes Tatbestandsmerkmal, dass der Geschäftsführer den Verlust erst aus der Bilanz erfahren muss. Ansonsten wäre der »unordentliche« Geschäftsführer, der

1 Zum Meinungsstreit, ob der faktische Geschäftsführer auch hier tauglicher Täter sein kann, vgl. *Tiedemann*, in: Scholz, GmbHG, § 84 Rn. 17 m.w.N.

keine Bilanz erstellt hat, privilegiert.[2] Jede Form der Kenntnisnahme löst die Pflicht gegenüber allen Gesellschaftern aus, unverzüglich, d.h. ohne schuldhaftes Zögern, über das Auftreten des Verlustes zu informieren, damit der von der Norm ausgehenden Warnfunktion Genüge getan wird. Auch der ausgeschiedene Geschäftsführer ist strafbar, wenn die Unterrichtungspflicht schon bestand, bevor er ausgeschieden war oder sein Amt niedergelegt hatte. Allerdings entfällt die Pflicht zur Anzeige, wenn alle Gesellschafter bereits Kenntnis von dem Verlust hatten. Dies kann sowohl auf Informationen anderer Geschäftsführer, einzelner Gesellschafter oder Dritter beruhen. Die **Unkenntnis** ist deshalb **ungeschriebenes Tatbestandsmerkmal** des § 84. Eine bestimmte Form für die Mitteilung schreibt das Gesetz nicht vor, sie kann mündlich wie schriftlich erfolgen. Die Gesellschafter können auf die **Mitteilungspflicht** des Geschäftsführers nach § 84 in der Satzung der GmbH nicht von vornherein **verzichten.** § 84 Abs. 1 ist für die Gesellschaft und die Gesellschafter **Schutzgesetz im Sinne von § 823 Abs. 2 BGB.**

III. Tatvarianten

3 § 84 Abs. 1 verlangt nicht die **Vorlage einer Vermögensaufstellung**. Unter Strafe gestellt wird das **Unterlassen einer bilanzunabhängigen Information** der Gesellschafter, wenn Frühsignale einer Unternehmenskrise erkennbar geworden sind. Der unterschiedliche Regelungsgehalt lässt sich aus dem Wortlaut des § 49 Abs. 3 erkennen, in dem es heißt, dass »insbesondere« die Versammlung unverzüglich einberufen werden »muss,« wenn sich aus der »Jahresbilanz oder aus einer im Laufe des Geschäftsjahres aufgestellten Bilanz« ergibt, dass die Hälfte des Stammkapitals verloren ist.

IV. Beweisanzeichen

4 Zwar ergibt sich aus § 84 Abs. 1 nichts Näheres, wie und nach welchen Regeln die Geschäftsführer festzustellen haben, ob ein Verlust in Höhe der Hälfte des Stammkapitals vorliegt. Die Norm ist aber keine Blankettnorm, sondern enthält normative, dem Zivilrecht entnommene Tatbestandsmerkmale wie den »**Verlust**« und das »**Stammkapital.**« Es liegt deshalb wegen des sachlichen Zusammenhangs mit der durch das Strafrecht unterstützte zivilrechtliche Vorschrift des § 49 Abs. 3 nahe, dass die Geschäftsführer die Feststellung des Verlustes großen Ausmaßes nach den für die Aufstellung der Jahresbilanz geltenden handelsrechtlichen Regeln zu treffen haben. Die h.M. stellt für die Bewertung mit Recht auf die **Fortführungswerte** nach § 42 GmbHG i.V.m § 252 Abs. 1 Nr. 2 HGB ab. Droht der Zusammenbruchs der Gesellschaft und wird wegen des großen Verlustes eine Bilanz nicht mehr aufgestellt, so können auch die **Liquidationswerte** anzusetzen sein.[3]

---

2 *Kleindiek*, in: Lutter/Hommelhoff, GmbHG, § 84 Rn. 8.

3 *Ransiek*, in: Ulmer/Habersack/Winter, GmbHG, § 84 Rn. 21; *Tiedemann*, in: Scholz, GmbHG, § 84 Rn. 30.

B. § 84 Abs. 2 Fahrlässiges Unterlassen einer Anzeige eines Verlustes

5 Die Norm ist vorrangig als **vorsätzliches Unterlassungsdelikt** ausgestaltet, in seltenen Fällen ist aber auch die **fahrlässige Begehung** strafbar, wenn die Möglichkeit zur Erfüllung der Handlungspflicht vorwerfbar (z.B. nicht bei Krankheit) nicht wahrgenommen wird. Fahrlässigkeit liegt vor, wenn der Geschäftsführer nach Erkennen des Verlustes die Anzeige »vergisst.« Der Vorwurf ist auch zu erheben, wenn er den Verlust trotz vorhandener Möglichkeiten nicht erkennt, ihn nicht ermittelt oder falsch berechnet. Auch handeln er fahrlässig, wenn er den Verlust für möglich hält, aber darauf vertraut, er sei innerhalb der Anzeigefrist wieder ausgeglichen worden oder in Wahrheit nicht eingetreten. Der Vorwurf der Fahrlässigkeit kann auch dann erhoben werden, wenn der Geschäftsführer sich darauf beruft, die Höhe des Verlustes verkannt zu haben, weil sie keine Buchführung vorgenommen oder keine Bilanz aufgestellt haben.

§ 85 Verletzung der Geheimhaltungspflicht

(1) Mit Freiheitsstrafe bis zu einem Jahr oder mit Geldstrafe wird bestraft, wer ein Geheimnis der Gesellschaft, namentlich ein Betriebs- oder Geschäftsgeheimnis, das ihm in seiner Eigenschaft als Geschäftsführer, Mitglied des Aufsichtsrats oder Liquidator bekanntgeworden ist, unbefugt offenbart.

(2) [1]Handelt der Täter gegen Entgelt oder in der Absicht, sich oder einen anderen zu bereichern oder einen anderen zu schädigen, so ist die Strafe Freiheitsstrafe bis zu zwei Jahren oder Geldstrafe. [2]Ebenso wird bestraft, wer ein Geheimnis der in Absatz 1 bezeichneten Art, namentlich ein Betriebs- oder Geschäftsgeheimnis, das ihm unter den Voraussetzungen des Absatzes 1 bekanntgeworden ist, unbefugt verwertet.

(3) [1]Die Tat wird nur auf Antrag der Gesellschaft verfolgt. [2]Hat ein Geschäftsführer oder ein Liquidator die Tat begangen, so sind der Aufsichtsrat und, wenn kein Aufsichtsrat vorhanden ist, von den Gesellschaftern bestellte besondere Vertreter antragsberechtigt. [3]Hat ein Mitglied des Aufsichtsrats die Tat begangen, so sind die Geschäftsführer oder die Liquidatoren antragsberechtigt.

Übersicht **Rdn.**

A. § 85 Abs. 1 Unbefugtes Offenbaren eines Geheimnisses

I. Schutzzweck der Norm

1 Mit Hilfe des als **abstraktes Gefährdungsdelikt** ausgestalteten § 85 sollen die maßgeblichen Organmitglieder einer GmbH mit den Mitteln des Strafrechts zur Verhinderung der Preisgabe von Geheimnissen der Gesellschaft und einem daraus entstehenden Vermögensschaden nachdrücklich an ihre Geheimhaltungspflichten erinnert werden. Die Vorschrift ist fast wortgleich dem § 404 AktG nachgebildet und wurde im Jahr 1980 wegen der gleichen Interessenlage beider Gesellschaftsformen in das GmbHG aufgenommen. § 85 ist allerdings wegen der Nähe zum Untreuetatbestand des § 266 StGB, bei dessen Vorliegen wegen der Verletzung der Geheimhaltungspflicht regelmäßig ein bezifferbarer Vermögensschaden entsteht, von geringerer forensischer Bedeutung. Die Vorschrift knüpft nicht – anders als § 84 an § 49 Abs. 3 -, unmittelbar an die zivilrechtliche Norm des § 43 Abs. 2 an. Denn diese Vorschrift führt in ihrem Wortlaut den Bruch der Verschwiegenheitspflicht nicht einmal als eine der zu verletzenden Obliegenheitspflichten auf. **Schutzgüter** des § 85 sind sowohl das Interesse der Gesellschaft an der Wahrung ihres »**Wirtschaftsgeheimnisses**« aber auch das Interesse der Gesellschafter an der Funktionstüchtigkeit der GmbH als Institution und Teilnehmer am Wirtschaftsleben. Damit steht im Mittelpunkt die Wahrung des Individualinteresses der Gesellschaft und der Gesellschafter. Zum besseren Schutz des Vermögens der Gesellschaft ist § 85 Abs. 1 **Schutzgesetz im Sinne von § 823 Abs. 2 BGB.** Ein Schutz der Gesellschaftsgläubiger ist mit der Vorschrift nicht bezweckt.

II. Willensbildungsorgane

2 **Oberstes Willensbildungsorgan** für den **Geheimhaltungswillen** ist die **Gesamtheit der Gesellschafter.** Diese sind gegenüber den Geschäftsführern und Betriebsleitern weisungsbefugt und haben diesen gegenüber auch den Geheimhaltungswillen zu bilden und zu erklären. Schwierig an der Vorschrift ist, dass die Geschäftsführer oder Liquidatoren ebenso für die Bildung des Geheimhaltungswillens zuständig sein können. Das kann dazu führen, dass die maßgeblichen Organmitglieder im Fall widerstreitender Interessen innerhalb der Gesellschaft Geschädigte aber auch potentielle Täter des § 85 sein können. Diese Konstellation macht es den Strafverfolgungsbehörden und den Strafgerichten im Einzelfall schwer zu ermitteln, was ein schützenswertes Gesellschaftsgeheimnis ist, welcher der wahre Geheimhaltungswille der Gesell-

schaft ist und wer sich interessenwidrig verhält. Der Aufsichtsrat ist zuständig für den Geheimnisschutz in seinem Bereich. Weil ein schwer zu ermittelnder Wille der Gesellschaft nicht den Schutzbereich einer strafrechtlichen Norm bestimmen kann,[1] bedarf es einer aus Sicht eines Dritten einer objektivierbaren Interessenwidrigkeit sowie einer feststellbaren potentiellen wirtschaftlichen Beeinträchtigung der Gesellschaft.[2]

III. Deliktscharakter

3 § 85 Abs. 1 ist Vergehen und hat im Grundtatbestand einen Strafrahmen von Geldstrafe bis zu einem Jahr Freiheitsstrafe. Handelt der Täter gemäß § 85 Abs. 2 Satz 1 gegen Entgelt und tut er dies entweder in Bereicherungsabsicht oder in Schädigungsabsicht oder verwertet er nach § 85 Abs. 2 Satz 2 in sonstiger Weise unbefugt ein Betriebs- oder Geschäftsgeheimnis, so kann der Täter bei Erfüllung dieser Qualifikationen zu einer Freiheitsstrafe bis zu zwei Jahren verurteilt werden. Der Versuch des § 85 ist nicht strafbar, weil er im Gesetz nicht ausdrücklich unter Strafe gestellt ist (§ 23 Abs. 1 StGB). § 85 ist Sonderdelikt. Täter können nur Personen mit besonderen Pflichten gegenüber der Gesellschaft sein, wie die Geschäftsführer, stellvertretende und auch faktische Geschäftsführer, Mitglieder von Aufsichtsorganen oder Liquidatoren. Nur Teilnehme (Anstifter oder Gehilfe) ist möglich, wenn die besonderen persönlichen Pflichten fehlen. Die Strafen der Teilnehmer sind nach § 49 Abs. 1 StGB zu mildern (§ 28 Abs. 1 StGB). Nach § 85 Abs. 3 Satz 1 ist die Vorschrift im Gegensatz zur Untreue nach § 266 StGB Antragsdelikt. Da neben der Gesamtheit der Gesellschafter die Geschäftsführer, Liquidatoren oder Mitglieder des Aufsichtsrats sowohl für die Bildung des Willens für die Geheimhaltung aber auch potentieller Täter sein können, kann die Gesellschaft selbst entscheiden, ob sie sich mit strafrechtlichen Mitteln vor dem Bruch der Geheimhaltungspflicht schützen will und den Bruch der Geheimnisse öffentlich machen will. Die Verjährungsfrist beträgt fünf Jahre (§ 78 Abs. 3 Nr. 4 StGB). Zu einem möglichen Berufsverbot, zum Verfall und der Einziehung vgl. vor § 82. Da die Gesellschaft selbst gegen eine Straftat einer Organperson geschützt werden soll, scheidet die Auferlegung einer Unternehmensgeldbuße nach § 30 OWiG aus.

IV. Täterkreis

4 Den **objektiven Tatbestand** können Personen erfüllen, die mit besonderen Geheimhaltungspflichten gegenüber der Gesellschaft ausgestattet sind: die Geschäftsführer, stellvertretende Geschäftsführer (§ 44), faktische Geschäftsführer, Mitglieder des Aufsichtsrats oder Liquidatoren. Wird die Liquidation durch eine juristische Person oder eine Personengesellschaft durchgeführt, richtet sich die Strafbarkeit der handelnden Person nach § 14 Abs. 1 und 2 StGB. Hinsichtlich anderer Personen gelten die allgemeinen Vor-

1 *Ransiek*, in: Ulmer/Habersack/Winter, GmbHG, § 85 Rn. 20.
2 So zutreffend *Tiedemann*, in: Scholz/Tiedemann, GmbHG, § 85 Rn. 7 m.w.N.

schriften der §§ 203, 204 StGB oder § 17 UWG. In der **Insolvenz** geht die Dispositionsbefugnis des »**Geheimnisherrn**« auf den **Insolvenzverwalter** über.[3]

1. Wirtschaftsgeheimnis

5 Der Begriff »**Wirtschaftsgeheimnis**« ist weit zu fassen, weil es nicht nur um den Schutz von immateriellen Gütern (Gebäude, Produktionsstätte, Fuhrpark), bewegliche Sachen (Produktionsmittel, Werkzeuge, Maschinen, Produkte) geht, sondern auch um geistiges Eigentum wie Informationen über Produktionsverfahren, Kalkulationsunterlagen, Patente, Markenrechte, Werbekonzepte, Werbe- und Marktwert, Vertriebswege, Kundenstamm, Verkaufsstrategien, Sicherheitskonzepte u.ä. Die früher verwendete Abgrenzung des Unternehmensgeheimnisses in Betriebsgeheimnis als Bestandteil der technischen und Geschäftsgeheimnis als Element der kaufmännischen Seite ist ohne tatbestandliche Relevanz und daher entbehrlich.[4] Die Erfüllung des Tatbestandes erfordert in erster Linie einen unmittelbaren Vermögensbezug zwischen einem offenbarten Geheimnis und der Beeinträchtigung des Vermögens einer Gesellschaft. Denkbar sind allerdings auch Geschäftsgeheimnisse, die mittelbar Auswirkungen auf die Stellung der Gesellschaft im Markt und damit auf den Gesamtumsatz und den Gewinn haben können: etwa die Preisgabe von Geschäftsgeheimnissen über das Verstricktsein in riskante oder nicht erlaubte Geschäfte, Patentrechtsverletzungen, unerlaubte Preisabsprachen, Beteiligung an Kartellen, über den Umgang mit Mitarbeitern, über die Weigerung, die Wahl eines Betriebsrats zuzulassen, über die Anordnung der Sammlung von persönlichen Daten von Mitarbeitern oder über die Höhe bzw. Unregelmäßigkeiten bei der Zahlung von Löhnen und Gehältern. Ob solche »rechtswidrigen« Geschäftsgeheimnisse zum Tatbestand gehören oder zur Unbefugtheit gehören, ist umstritten.

2. Willenstheorie

6 Zur Feststellung, ob ein »**Wirtschaftsgeheimnis**« gebrochen worden ist, muss zunächst die Frage beantwortet werden, ob allein oder überwiegend der Wille der Gesellschaft maßgeblich ist, oder ob es zur Erfüllung des Tatbestandes objektivierbarer Kriterien bedarf. Nach der »**Willenstheorie**« wird ganz auf den **Willen der Gesamtheit der Gesellschafter** abgestellt. Danach soll jede Tatsache, die **nicht offenkundig** ist, ein Geheimnis sein, wenn sie im Zusammenhang mit dem Geschäftsbetrieb steht und nach dem Willen der Gesellschaft geheim gehalten werden soll. Offenkundig ist das Geheimnis dann nicht, wenn es nur einem eng begrenzten Personenkreis bekannt ist und Vorsorge gegen die Verbreitung getroffen worden sind. Dem ultima-ratio-Prinzip des Strafrechts würde es nicht entsprechen, die Reichweite des tatbestandlichen Schutzbereichs allein von einem individuellen Geheimhaltungswillen abhängig zu machen. Es bedarf sowohl einer ausdrücklichen oder wenigstens

3 BGHZ 109, 270.

4 *Cierniak*, in: MünchKommStGB, § 203 Rn. 13 für den Straftatbestand der Verletzung von Privatgeheimnissen.

konkludenten Erklärung des Willens gegenüber den anderen Organen. Anderenfalls kann ein Beschuldigter bei widerstreitender Interessenlage innerhalb der Gesellschaft den Vorwurf kaum widerlegen. Er müsste entgegen der im Strafrecht geltenden Beweislast das Gegenteil, etwa die Offenkundigkeit des Geheimnisses, das Einverständnis oder den Willen der Organmitglieder zur Offenbarung des Geheimnisses vollständig beweisen, will er sich von dem Strafvorwurf befreien. Allein den Geheimnisbegriff am subjektiven Willenselement auszurichten, führt dazu, materielles Recht und verfahrensrechtliche Grundsätze zu vermengen. Schließlich würde die Justiz der Gefahr ausgesetzt sein, in die Aufklärung rein subjektiver Befindlichkeiten und interner persönlicher Streitigkeiten und Intrigen hineingezogen zu werden.

3. Interessentheorie

7 Deshalb stellt die »**Interessentheorie**« auf ein **objektives Geheimhaltungsinteresse** ab. Diese wird damit begründet, dass es allein nicht auf den Willen des Betriebsinhabers ankommen kann, der damit den Schutzzweck und den Schutzbereich der Norm selbst bestimmen könnte. Es bedürfe Kriterien für eine **objektive Interessenwidrigkeit**. Dies könne dann der Fall sein, wenn der Gesellschaft durch den Bruch eines Geheimnisses objektiv, also gemessen am Maßstab ordnungsmäßiger Geschäftsführung, ein Schaden droht. Allerdings wird gegen diese Theorie eingewandt, § 85 sei Antragsdelikt und der Gesetzgeber überlasse es dem willen der Gesellschaft, ob sie selbst bei objektiv drohender Beeinträchtigung ein Strafverfahren in Gang setzen will.

4. Vermittelnde Auffassung

8 Am sichersten lässt sich aus einer **Kombination von objektivem Gesellschaftsinteresse und subjektivem Geheimhaltungswillen** feststellen, ob ein schützenswertes Gesellschaftsgeheimnis vorliegt. Zutreffend ist, davon abzusehen, den Geheimhaltungswillen als konstitutives Element für das Merkmal des Geschäftsgeheimnisses anzusehen. Ein Betriebsgeheimnis im Sinne von § 85 liegt vor, wenn die Information, gemessen am Unternehmensgegenstand und dem Interesse der Gesellschaft an einem erfolgreichen Wirtschaftsablauf, also aus **wohlverstandenem sachlich-wirtschaftlichem Eigeninteresse**, geheim sein soll und nachweisbar Vorkehrungen getroffen werden, dass die Information auch geheim bleiben soll. Mit solchen objektiven Indizien muss nicht vermengt werden, ob und wie die Gesellschaft über den Schutz des Geheimnisses disponiert und es mit Hilfe des Strafantrags nach § 85 Abs. 3 in der Hand hat, ihren Geheimhaltungswillen verfahrensrechtlich durchzusetzen oder nicht. Den objektiven Charakter des Geheimnisses verändert dies nicht.[5] Nach dieser herrschenden Meinung sind deshalb auch »**rechtswidrige Geheimnisse,**« also Informationen über verbotene Steuerhinterziehung, Nichtabführung von Sozialversicherungbeiträgen, illegale Beschäftigung, Kartell- oder Submissionsabsprachen etc. Teile

---

5 *Ransiek*, in: Ulmer/Habersack/Winter, GmbHG, § 85 Rn. 23f, vgl. auch *Kleindiek*, in: Lutter/Hommelhoff, GmbHG, § 85 Rn.4.

des »Wirtschaftsgeheimnisses« einer Gesellschaft im Sinne von § 85. Schließlich macht der Gesetzgeber auch in § 203 StGB keinen Unterschied zwischen legalen und illegalen Geheimnissen. Gleichgültig ist, wie das Geheimnis und das Geheimhaltungsinteresse zu bewerten sind. Höherrangige Interessen beseitigen nicht den Geheimnischarakter, sondern sind erst unter dem Gesichtspunkt der Offenbarungsbefugnis von Bedeutung.[6]

5. Offenbaren

9 »**Offenbaren**« heißt, dem Empfänger der Erklärung ein Wissen zu vermitteln, das diesem noch verborgen ist oder von dem dieser jedenfalls noch keine sichere Kenntnis hat. Ein Betriebsgeheimnis ist offenbart, wenn es daraufhin verwertet werden kann.[7] Anforderungen an die Art und Weise des Offenbarens stellt das Gesetz nicht. Es liegt vor, wenn das Geheimnis einer anderen Person schriftlich zugeht oder mündlich mitgeteilt wird. Das können sein: Veröffentlichung, Auskunftserteilung, Akteneinsichtgewährung, mündliche Weitergabe, Verschaffung von Zugang zu Dateien. Ein Geheimnis kann auch durch Unterlassen offenbart werden, wenn er wie hier als Inhaber einer besonderen Pflichtenstellung eine strafrechtliche Garantenstellung (neuerdings auch in der Funktion eines »Compliance Officers«) im Sinne von § 13 StGB innehat.[8] Verhindert ein Schweigepflichtiger nicht, dass sich ein Außenstehender Kenntnis von ihm anvertrauten Geheimnissen verschafft, etwa durch Einsicht in Unterlagen oder Mitnahme derselben, sind § 85 GmbHG i.V.m. § 13 StGB anwendbar. Das bloße offene Herumliegenlassen von Dokumenten im Büro, die Geheimnisse enthalten, genügt auch dann nicht, wenn die Möglichkeit besteht, dass Unbefugte Einsicht nehmen.[9]

6. Unbefugt

10 Der objektive Tatbestand des § 85 ist erfüllt, wenn die Weitergabe des Geheimnisses »**unbefugt**« erfolgt ist. Das Merkmal ist ein Blankettbegriff, der sowohl auf das Fehlen eines tatbestandlichen Einverständnisses als auch auf die Rechtwidrigkeit als allgemeines Verbrechensmerkmal verweist.[10] Bedeutung kommt dieser Frage allerdings nur in Irrtumsfällen bei der Anstiftung oder der Beihilfe zu, ansonsten gibt es im Ergebnis keine Unterschiede. Die Weitergabe eines Geheimnisses innerhalb der Gesellschaft an andere Geheimhaltungspflichtige sowie die Weitergabe nach einer von der Gesamtheit der Gesellschafter oder von einem anderen (zuständigen) Geschäftsführer erklärten Zustimmung (bei § 203 StGB wird von der Erklärung des

6 *Cierniak*, in: MünchKommStGB, § 203 Rn. 22.
7 RG, v. 4.10.1897, GA Bd. 45 S. 364, 365.
8 *Ransiek*, in: Ulmer/Habersack/Winter, GmbHG, § 85 Rn. 27; *Tiedemann*, in: Scholz/Tiedemann, GmbHG, § 85 Rn. 14; vgl. BGH, Urt. v. 17.7.2009 – 5 StR 394/08; BGHSt 54, 44 = NJW 2009, 3173.
9 *Cierniak*, in: MünchKommStGB, § 203 Rn. 52.
10 *Fischer*, StGB, 57. Aufl., § 203 Rn. 31f.

Einverständnisses gesprochen) führt zum Entfallen des Tatbestandes. Die Feststellungen sind allerdings im Einzelfall schwierig, wer innerhalb der Gesellschaft für die Erteilung der Zustimmung oder der (nachträglichen) Genehmigung zuständig ist, da auch diese Personen potentielle Täter sein können oder eigene persönliche Interessen verfolgen.[11]

7. Rechtspolitische Einordnung

11 Ein neues kriminologisches Dunkelfeld der unbefugten Preisgabe von Wirtschaftsgeheimnissen hat sich im Zusammenhang mit dem Verkauf von Kundendaten und belastendem Material zu Steuerhinterziehung deutscher Steuerbürger mit Hilfe liechtensteinischer und schweizerischer Banken ergeben. In diesen Fällen stellt sich nicht die Frage, ob die Weitergabe selbst strafbar ist. Allenfalls ist streitig, ob die aus einer unerlaubten Preisgabe erlangten internen Steuerdaten Grundlage von Strafverfahren gegen Steuerflüchtlinge genutzt werden dürfen oder einem Beweiserhebungs- oder Beweisverwertungsverbot unterliegen.[12]

8. Whistleblowing

12 Von der kriminellen, d.h. auf die den eigenen Vorteil bedachte Preisgabe von internen Wirtschaftsgeheimnissen streng zu unterscheiden ist das sog. »Whistleblowing« einer Person, die aus einer Gesellschaft, einer Organisation oder staatlichen Einrichtung über gesetzwidrige oder unethische Praktiken an eine dritte Institution berichtet, die dagegen Maßnahmen ergreifen kann.[13] Wichtig ist dabei die Unterscheidung von internem und externem Whistleblowing. Beim internen Whistleblowing, das in den Unternehmen auch anonym bzw. ohne direkte Konfrontation mit den Vorgesetzten erfolgen kann, geht es um interne Hinweise auf Missstände innerhalb des Unternehmens. Bekannt geworden sind Fälle von Bilanzfälschung bei Enron und WorldCom sowie die Schmiergeldzahlungen bei Siemens und EADS. Beim internen Whistleblower bestehen weniger strafrechtliche noch arbeitsrechtliche Probleme. Arbeitsrechtlich stellen § 612a BGB und § 84 Abs. 3 BetrVG klar, dass Arbeitnehmern durch die Erhebung von Beschwerden keine Nachteile erwachsen dürfen. Problematischer ist die Weitergabe von Informationen nach außen. In der »Liechtensteiner Steueraffäre« hatte ein Informant im Unternehmen gesammeltes Material über strafbares Verhalten über den BND an die Strafverfolgungsbehörden übergeben. Aufgrund dieses Falles wurde über einen vom Bundesministerium für Ernährung, Land-

---

11 Ausführlich *Ransiek*, in: Ulmer/Habersack/Winter, GmbHG, § 85 Rn. 28f.

12 *Schünemann*, NStZ 2008, 305; *Sieber*, NW 2008, 881; *Trüg/Habetha*, JNW 2008, 887. Die 1. Kammer des Zweiten Senats des Bundesverfassungsgerichts hat jüngst in einem Beschluss vom 9.11.2010 – 2 BvR 2101/09 – entschieden (http://www.bundesverfassungsgericht.de/entscheidungen), dass möglicherweise auch illegal aus Liechtenstein erworbenen Daten jedenfalls für die Bewertung eines Anfangsverdachts einer Steuerstraftat und die Anordnung einer Wohnungsdurchsuchung verfassungsrechtlich unbedenklich herangezogen werden dürfen.

13 *Hefendehl*, Alle lieben Whistleblowing, FS Amelung, S. 617 ff.; ders. in JZ 2006, 119 ff.

wirtschaft und Verbraucherschutz geplanten »Whistleblower-Paragraphen« erweiterten § 612a BGB diskutiert.[14] Nach *Bussmann/Werle* sind im Bereich der Wirtschaftskriminalität lediglich 5 % aller aufgedeckten Fälle auf staatliche Strafverfolgung, 47 % hingegen auf interne Hinweise zurückzuführen.[15] Das LKA Niedersachsen hat seit Oktober 2003 ein »Business Keeper Monotoring System (BKMS) eingesetzt, das im Zeitraum von Oktober 2003 bis Dezember 2005 empirisch untersucht worden ist.[16] Die Effektivität solcher Anzeige-Systeme wird kontrovers diskutiert und unterschiedlich beurteilt. Die Diskussion um das interne Whistleblowing hat durch die Kammerentscheidung des EGMR vom 21.7.2011 (Beschwerde-Nr. 28274/08) in der Sache der Altenpflegerin Brigitte Heinisch neuen Auftrieb erhalten. Die als Altenpflegerin tätige Beschwerdeführerin hatte mehrfach auf mutmaßliche Pflegemängel hingewiesen und danach Anzeige erstattet. Dafür war sie fristlos entlassen worden. Bei der gebotenen Interessenabwägung hat der EGMR das »öffentliche Interesse an Informationen über Mängel in der institutionellen Altenpflege in einem staatlichen Unternehmen« für so wichtig gehalten, dass es die »Interessen des Unternehmens am Schutz seines Rufes und seiner Geschäftsinteressen« überwiegt. Der EGMR hat der Beschwerdeführerin gemäß Art. 41 EMRK eine Entschädigung von 10.000 Euro und 5.000 Euro für entstandene Kosten zugesprochen.[17]

V. Subjektiver Tatbestand

13 Zur Erfüllung des **subjektiven Tatbestandes** muss sich der Vorsatz auf sämtliche Merkmale des objektiven Tatbestandes erstrecken. Jede Vorsatzform kommt in Betracht, es reicht schon der Eventualvorsatz (dolus eventualis). Der Täter muss erkennen, dass die Information oder Tatsache ein »Wirtschaftsgeheimnis« der Gesellschaft ist. Der Irrtum, es liege die Zustimmung der Gesellschafter oder der zuständigen Leitungspersonen der Gesellschaft für die Weitergabe der Information vor, kann das Vorliegen eines den Vorsatz ausschließenden Tatbestandsirrtum nach § 16 StGB bedeuten. Ein Verbotsirrtum nach § 17 StGB kann vorliegen, wenn der Täter irrig annimmt, ein anderer Geschäftsführer oder Gesellschafter sei befugt oder habe die Zuständigkeit, für die Gesellschaft über die Weitergabe der Information zu entscheiden.

VI. Qualifikationen

14 Als Qualifikation wird die Tat nach § 85 Abs. 2 Satz 1 höher bestraft, wenn der Täter gegen Entgelt oder in der Absicht handelt, sich oder einen anderen zu bereichern

---

14 *Koch,* ZIS 2008, 500 ff.

15 *Bussmann/Werle* British Journal of Criminology 2006, 1128, 1134f.

16 *Backes/Lindemann,* Staatlich organisierte Anonymität als Ermittlungsmethode bei Korruptions- und Wirtschaftsdelikten, 2006; *Backes,* StV 2006, 712, 714; eher skeptisch *Hefendehl,* FS *Amelung,* S. 624 ff.

17 Englische Fassung des Urteils vom 21.7.2011 (Nr. 28274/08) unter http://cmiskp.echr.coe.int; vgl. auch *Schulz,* Compliance – Internes Whistleblowing, BB 2011, 629; *Fahrig,* Die Zulässigkeit von Whistleblowing aus arbeits- und datenschutzrechtlicher Sicht, NZA 2010, 1223; *ders.* Verhaltenskodex und Whistleblowing im Arbeitsrecht, NJW 2010, 1503.

oder einen anderen zu schädigen. Gegen Entgelt handelt er, wenn er sich mit dem Empfänger des Geheimnisses bei Begehung der Tat darüber einig ist, dass der Vermögensvorteil die Gegenleistung für die Offenbarung sein soll (Unrechtsvereinbarung). Es kommt für die Erfüllung der Qualifikation nicht darauf an, ob das Entgelt tatsächlich geflossen ist. Zur Erfüllung der beiden anderen Varianten des § 85 Abs. 2 Satz 1 muss es dem Täter auf die Bereicherung oder die Schädigung ankommen (dolus directus 1. Grades). Die Absicht, sich oder einen anderen zu bereichern, braucht nicht auf die Erlangung eines rechtswidrigen Vermögensvorteils gerichtet zu sein. Schädigungsabsicht liegt vor, wenn es dem Täter darauf ankommt, seiner Gesellschaft einen materiellen Nachteil zuzufügen.[18] Über die Verwertung des offenbarten Geheimnisses gegen Entgelt hinaus, wird als dritte Variante in § 85 Abs. 2 Satz 2 jede andere Form der wirtschaftlichen Verwertung des Geheimnisses als weitere Qualifikation angesehen. Diese Qualifikation greift nicht ein, wenn der Täter gegen Entgelt handelt, die anderweitige Verwertung muss aber auch auf die Erzielung eines wirtschaftlichen Gewinns abzielen.[19] Hierzu muss allerdings feststellbar sein, dass der Gesellschaft ein Schaden entstanden ist.

VII. Konkurrenzen

15 **Konkurrenzrechtlich** geht § 85 als lex speziales den §§ 203, 204 StGB als den allgemeinen Vorschriften zum Schutz von Privatgeheimnissen vor. Da § 85 als abstraktes Gefährdungsdelikt seinen Anwendungsbereich im Vorfeld der Untreue nach § 266 StGB hat, wird § 85 in der Regel konsumiert, wenn ein Vermögensschaden festgestellt wird. In Einzelfall ist jedoch auch Tateinheit zwischen beiden Delikten denkbar. Findet die Vorschrift auf diesem Wege Aufnahme in die Urteilsformel, erscheint sie auch im Bundeszentralregister (BZR). Erfolgt die Verletzung des Geschäftsgeheimnisses im Wege der Unterschlagung (§ 246 StGB) oder des Diebstahls (§ 242 StGB) einer Urkunde oder sonstiger Schriftstücke, so können die Verwertung des Wirtschaftsgeheimnisses gegen Entgelt oder in sonstiger Weise nach § 85 Abs. 2 auch mitbestrafte Nachtat sein. Dies kann auch bei gleichzeitigem Verstoß gegen § 17 UWG der Fall sein; denkbar ist aber auch jeweils das Vorliegen von Tateinheit.

---

18 Bei wissenschaftlichen oder künstlerischen Vereinigungen kann dies auch zu immateriellen Schäden führen, so zu Recht *Schaalin*, in: Rowedder/Schmidt-Leithoff, GmbHG, § 85 Rn. 28.

19 *Tiedemann*, in: Scholz/Tiedemann, GmbHG, § 85 Rn. 15.

Einführungsgesetz zum Gesetz betreffend die Gesellschaften mit beschränkter Haftung (GmbHG-Einführungsgesetz – EGGmbHG)

Vom 23. Oktober 2008 (BGBl. I S. 2026, 2031)[1]
Geändert durch Artikel 9 des Gesetzes vom 25. Mai 2009 (BGBl. I S. 1102)

§ 1 Umstellung auf Euro

(1) [1]Gesellschaften, die vor dem 1. Januar 1999 in das Handelsregister eingetragen worden sind, dürfen ihr auf Deutsche Mark lautendes Stammkapital beibehalten; Entsprechendes gilt für Gesellschaften, die vor dem 1. Januar 1999 zur Eintragung in das Handelsregister angemeldet und bis zum 31. Dezember 2001 eingetragen worden sind. [2]Für Mindestbetrag und Teilbarkeit von Kapital, Einlagen und Geschäftsanteilen sowie für den Umfang des Stimmrechts bleiben bis zu einer Kapitaländerung nach Satz 4 die bis dahin gültigen Beträge weiter maßgeblich. [3]Dies gilt auch, wenn die Gesellschaft ihr Kapital auf Euro umgestellt hat; das Verhältnis der mit den Geschäftsanteilen verbundenen Rechte zueinander wird durch Umrechnung zwischen Deutscher Mark und Euro nicht berührt. [4]Eine Änderung des Stammkapitals darf nach dem 31. Dezember 2001 nur eingetragen werden, wenn das Kapital auf Euro umgestellt wird.

(2) [1]Bei Gesellschaften, die zwischen dem 1. Januar 1999 und dem 31. Dezember 2001 zum Handelsregister angemeldet und in das Register eingetragen worden sind, dürfen Stammkapital und Stammeinlagen auch auf Deutsche Mark lauten. [2]Für Mindestbetrag und Teilbarkeit von Kapital, Einlagen und Geschäftsanteilen sowie für den Umfang des Stimmrechts gelten die zu dem vom Rat der Europäischen Union nach Artikel 123 Abs. 4 Satz 1 des Vertrages zur Gründung der Europäischen Gemeinschaft unwiderruflich festgelegten Umrechnungskurs in Deutsche Mark umzurechnenden Beträge des Gesetzes in der ab dem 1. Januar 1999 geltenden Fassung.

(3) [1]Die Umstellung des Stammkapitals und der Geschäftsanteile sowie weiterer satzungsmäßiger Betragsangaben auf Euro zu dem nach Artikel 123 Abs. 4 Satz 1 des Vertrages zur Gründung der Europäischen Gemeinschaft unwiderruflich festgelegten Umrechnungskurs erfolgt durch Beschluss der Gesellschafter mit einfacher Stimmenmehrheit nach § 47 des Gesetzes betreffend die Gesellschaften mit beschränkter Haftung; § 53 Abs. 2 Satz 1 des Gesetzes betreffend die Gesellschaften mit beschränkter Haftung ist nicht anzuwenden. [2]Auf die Anmeldung und Eintragung der Umstellung in das Handelsregister ist § 54 Abs. 1 Satz 2 und Abs. 2 Satz 2 des Gesetzes betreffend die Gesellschaften mit beschränkter Haftung nicht anzuwenden. [3]Werden mit der Umstellung weitere Maßnahmen verbunden, insbesondere das Kapital verändert,

1 Red. Anm.: Artikel 2 des Gesetzes zur Modernisierung des GmbH-Rechts und zur Bekämpfung von Missbräuchen vom 23. Oktober 2008 (BGBl. I S. 2026)

bleiben die hierfür geltenden Vorschriften unberührt; auf eine Herabsetzung des Stammkapitals, mit der die Nennbeträge der Geschäftsanteile auf einen Betrag nach Absatz 1 Satz 4 gestellt werden, ist jedoch § 58 Abs. 1 des Gesetzes betreffend die Gesellschaften mit beschränkter Haftung nicht anzuwenden, wenn zugleich eine Erhöhung des Stammkapitals gegen Bareinlagen beschlossen und diese in voller Höhe vor der Anmeldung zum Handelsregister geleistet werden.

Übersicht **Rdn.**

Schrifttum

Böhringer, Notarielle Formalien bei der »Euro«-Umstellung für die GmbH, BWNotZ 1999, 81; *Heidinger,* Die Umstellung der GmbH auf Euro durch Aufstockung der Geschäftsanteile, GmbHR 2000, 414; *Heidinger,* Euro-Umstellung bei der GmbH durch Kapitalschnitt, DNotZ 2001, 750; *Heidinger,* Praktische Fälle – Neue Probleme der Euroumstellung im Gesellschaftsrecht, ZNotP 2002, 179; *Kopp/Heidinger,* Notar und Euro, 2. Aufl. 2001; *Kopp/Schuck,* Der Euro in der notariellen Praxis, 2. Aufl. 2000; *Ries,* Der Euro und die GmbH – Probleme aus der handelsregisterrechtlichen Praxis, GmbHR 2000, 264; *Schick/Trapp,* Die Konsequenzen der Einführung des Euro für die GmbH, GmbHR 1998, 209; *Schneider,* Die Anpassung des GmbH-Rechts bei Einführung des Euro, NJW 1998, 3158; *Seibert,* Die Umstellung des Gesellschaftsrechts auf den Euro, ZGR 1998, 1; *Simon,* Umstellung des Stammkapitals einer GmbH von DM auf Euro: Wahl der richtigen Umrechnungsmethode, DB 2008, 1616; *Wachter,* Einführung des Euro bei der GmbH, NotBZ 1999, 137; *Waldner,* Umstellung einer GmbH auf den Euro, ZNotP 1998, 490; *Werner,* Kapitalumstellung einer GmbH auf die Währungseinheit, NotBZ 2002, 21; *Zeidler,* Ausgewählte Probleme des neuen § 86 GmbHG, NZG 1999, 13.

A. Rechts- und Normentwicklung

1 Das Übergangsrecht zur Euro-Einführung geht auf das EuroEG zurück und war zunächst in § 86 GmbHG verortet. Nach dem Inkrafttreten zum 1.1.2000 wurde

Absatz 3 Satz 2 mit Wirkung zum 1.1.2007 geändert. Mit Inkrafttreten des MoMiG wurde die Regelung dann zu § 1 EGGmbHG, (zwecks Anpassung an § 5 Abs. 2 Satz 1 GmbHG) in Satz 4 geändert und mit einer amtlichen Überschrift versehen.

B. Regelungsgegenstand

2 Die Norm ist im Kontext von § 5 GmbHG zu sehen und gewährt GmbHs mit einem auf DM lautenden Stammkapital **Bestandsschutz** (Absatz 1) bzw. erlaubte für den Übergangszeitraum von 1999 bis 2001, während dessen die DM nicht mehr Währung, sondern nur noch Rechnungseinheit war (Art. 2 Euro-VO II), noch die Gründung von GmbHs mit einem auf DM lautenden Stammkapital (Absatz 2). Da nach wie vor **sehr viele Altgesellschaften mit DM-Kapitalbeträgen** existieren, hat die Vorschrift auch heute noch **große praktische Bedeutung.**[1] Der Bestandsschutz bezieht sich insbesondere auch auf die Rechtsbeziehungen im Innenverhältnis. Absatz 3 regelt Einzelheiten zur (fakultativen, s.o.) Euro-Umstellung.

C. Regelungszweck

3 Die Absätze 1 und 2 dienen – im Interesse einer möglichst schonenden Regelung[2] – dem Bestandsschutz (auch im Interesse der Entlastung der Registergerichte) und der Regelung der Frage, ob und in welchem Umfang auf vor dem 1.1.2002 eingetragene Gesellschaften partiell noch früheres GmbH-Recht anwendbar ist. **Absatz 3 erleichtert** gegenüber §§ 53, 54 GmbHG die in einer Euro-Umstellung stets liegende **Satzungsänderung.** Grund der Erleichterung ist, dass die bloße Umstellung im Kern rein formaler Natur ist.[3]

D. Altgesellschaften (Absatz 1)

4 Gesellschaften, die entweder vor dem 1. Januar 1999 eingetragen worden sind oder die zwar erst **in den Jahren 1999, 2000 oder 2001 eingetragen** worden sind, deren **Eintragung aber vor dem 1. Januar 1999 beantragt worden** ist, kommen in den Genuss des Bestandsschutzes nach Absatz 1 Satz 1. Darauf, ob der vor dem 1.1.1999 gestellte Antrag vollständig, d.h. die Gesellschaft noch im Jahr 1998 eintragungsreif war, kommt es nicht an, wohl aber auf die Wirksamkeit der Anmeldung.[4] Der **Bestandsschutz betrifft** neben den Vorschriften zu Stammkapital und Nennbeträgen (§ 5 GmbHG a.F.) auch die **Rechte und Pflichten der Gesellschafter im Verhältnis zur Gesellschaft** (Beispiel: § 47 Abs. 2 GmbHG a.F.) **sowie untereinander** und gilt bis zu einer Änderung (d.h. Erhöhung oder Herabsetzung, nicht nur Umstellung, s. S. 3) des Stammkapitals.

---

1 *Hoffmann/Lieder*, GmbHR 2010, R 209.

2 BegrRegE, BT-Drs. 13/9347, S. 38.

3 BegrRegE, BT-Drs. 13/9347, S. 39.

4 *Ulmer*, in: Ulmer/Habersack/Winter, § 86 Rn. 8 f.; einschränkend *Zeidler*, in: Michalski, EGGmbHG, § 1 Rn. 9.

5 **Zulässig bleibt** neben der Veräußerung und Belastung auch die **Teilung und Zusammenlegung von in DM denominierten Geschäftsanteilen**. Bei der Teilung muss das vor Inkrafttreten des EuroEG geltende Recht beachtet werden, d.h. der Nennbetrag der neuen Teilgeschäftsanteile muss mindestens 500 DM betragen und durch hundert teilbar sein (§ 5 Abs. 1, Abs. 3 Satz 2 GmbHG a.F.). Der **Teilungsvorgang als solcher** richtet sich seit dem 1.11.2008 nach dem ab diesem Zeitpunkt geltenden materiellen Recht.

6 Zur Verbindung von Umstellung und Glättung unten Rdn. 18 ff.

7 Für Altgesellschaften ordnet S. 4 eine **Registersperre** an, wonach eine Kapitalveränderung nur nach Euro-Umstellung eingetragen werden darf. Ein Verstoß hiergegen macht die Kapitalmaßnahme nicht unwirksam[5], beseitigt die Sperre für die Zukunft aber auch nicht.[6] Das Erfordernis der Euro-Umstellung setzt nicht voraus, dass alle DM-Angaben in der Satzung angepasst werden.[7] Andere Satzungsänderungen als die in Satz 4 genannten sind von der Registersperre nicht betroffen.[8]

E. Übergangsgesellschaften (Absatz 2)

8 **Bis Ende 2001** konnten GmbHs auch bei Anmeldung – nicht notwendigerweise Errichtung der Gründungsurkunde[9] – nach dem 1.1.1999 **noch mit einem auf DM lautenden Stammkapital eingetragen** werden, obwohl der Euro bereits ab 1999 an die Stelle der DM getreten war (vgl. § 5 GmbHG a.F.) . Anders als bei den Altgesellschaften ist der **DM-Betrag hier aber nur mehr Umrechnungswert** (ausgehend von dem Umrechungskurs 1:1,95583). Deshalb mussten bzw. müssen Stammkapital und Nennbeträge bereits den Vorgaben in Euro entsprechen, entsprechendes gilt für die Teilung (Beispiel: Stammkapital von DM 48.895,75 DM = EUR 25.000,00). Anders als bei den Altgesellschaften bedarf es hier zur »Umstellung« auf Euro keiner Änderung der Satzung im materiellen Sinne[10], die alten DM-Angaben reduzierten sich zum »ästhetischen Problem«.[11] Die praktische Bedeutung von Absatz 2 ist gering, da nur wenige Gesellschaften von der Möglichkeit der Gründung mit DM-Beträgen Gebrauch gemacht haben.[12]

9 Zur Anpassung des Satzungswortlauts, d.h. der ist gleichwohl eine Satzungsänderung nach §§ 53, 54 unerlässlich.[13] Da der Austausch des DM-Stammkapitals durch den

---

5 *Heidinger*, ZNotP 2002, 179, 181.
6 *Zeidler*, in: Michalski, EGGmbHG, § 1 Rn. 19.
7 A.A. *Zeidler*, in: Michalski, EGGmbHG, § 1 Rn. 20.
8 *Ulmer*, in: Ulmer/Habersack/Winter, § 86 Rn. 13.
9 LG Bonn, GmbHR 1999, 864.
10 *Bayer*, in: Lutter/Hommelhoff, EGGmbHG, § 1 Rn. 7.
11 *Zeidler*, NZG 1999, 13, 14.
12 *Ries*, GmbHR 2000, 264.
13 *Schneider*, in: Scholz, EGGmbHG, § 1 Rn. 29; *Altmeppen*, in: Roth/Altmeppen, EGGmbHG, § 1 Rn. 18.

entsprechenden Euro-Betrag noch weniger als eine Umstellung bei Altgesellschaften bedeutet, ist die Privilegierungsvorschrift des Absatz 3 auf Übergangsgesellschaften erst recht (entsprechend) anzuwenden.[14] Entsprechendes gilt für die Registersperre nach Absatz 1 Satz 4.[15]

F. Neugesellschaften

10 Nicht ausdrücklich geregelt ist die Neueintragung von Gesellschaften nach dem 31.12.2001. Aus Absatz 2 Satz 1 folgt in Verbindung mit dem seit 1.1.1999 geltenden GmbH-Recht aber ohne weiteres, dass für nach dem 31.12.2001 eingetragene Gesellschaften, unabhängig vom Anmeldedatum und vom Verschulden des Antragstellers an einer ggf. verzögerten Eintragung, ausschließlich das neue Recht gilt. **Seit dem 1.1.2002** können **Neueintragungen** also nur noch mit **Euro-Stammkapitalien** erfolgen. Wird hiergegen verstoßen, ist nicht §75 GmbHG, wohl aber §399 FamFG anwendbar.[16]

G. Umstellung und Glättung (Absatz 3)

I. Reine Umstellung (Altgesellschaften)

1. Überblick

11 Die Privilegierung der bloßen Umstellung und weiterer satzungsmäßiger Betragsangaben gilt nach zutreffender Ansicht nicht nur für Altgesellschaften, sondern auch für Übergangsgesellschaften.[17] Eine **Umstellung auf Euro ohne Kapitalveränderung** ist **auch noch nach dem 31.12.2001 möglich**. Ein Zwang zur Umstellung besteht nicht. Die Gesellschafter können es auch bei dem DM-Statut belassen.

12 Absatz 3 enthält für die in einer Euro-Umstellung liegende Satzungsänderung **Erleichterungen materiell-rechtlicher und formell-rechtlicher Art**. Satz 1 Halbsatz 2 legt abweichend von § 53 Abs. 2 das erforderliche Quorum auf die einfache Mehrheit fest und befreit von dem Erfordernis der notariellen Beurkundung. Abs. 3 Satz 2 privilegiert die Umstellung bei Bekanntmachung, wobei der Verweis auf § 54 Abs. 2 Satz 2 ein Redaktionsversehen ist und es richtig § 10 HGB heißen müsste.[18] Die Vorschrift gilt entsprechend für die Umstellung anderer satzungsmäßiger Betragsangaben, wobei Angaben zum Gründungsaufwand in DM belassen werden sollten.[19] Der Registervollzug der Euro-Umstellung des Kapitals kann nicht davon abhängig gemacht werden, dass alle Angaben umgestellt werden.

14 H.M., *Ulmer*, in: Ulmer/Habersack/Winter, § 86 Rn. 40; *Altmeppen*, in: Roth/Altmeppen, EGGmbHG, § 1 Rn. 18; a.A. *Zeidler*, in: Michalski, EGGmbHG, § 1 Rn. 24.

15 *Altmeppen*, in: Roth/Altmeppen, EGGmbHG, § 1 Rn. 18.

16 *Altmeppen*, in: Roth/Altmeppen, §75 Rn. 14.

17 S. Rdn. 9.

18 *Ulmer*, in: Ulmer/Habersack/Winter, § 86 Rn. 21.

19 *Schneider*, in: Scholz, EGGmbHG, § 1 Rn 61.

2. Einzelheiten zur Satzungsänderung (Absatz 3 S. 1, 2)

13 Ob **statutarische Erschwerungen für Satzungsänderungen** (vgl. § 53 Abs. 2 Satz 2, z.B. erhöhtes Quorum, Vetorechte für einzelne Gesellschafter etc.) auch für die Euro-Umstellung gelten, ist umstritten, nach richtiger Ansicht aber zu bejahen.[20] **Absatz 3 Satz 1 gilt insoweit** also **nicht entsprechend**.

14 Als weitere Erleichterung sieht **Art. 45 Abs. 1 EGHGB** vor, dass die Anmeldung der Umstellung nicht notariell beglaubigt zu werden braucht.

15 Die Erleichterungen gemäß Satz 1 und 2 betreffen nur die Umstellung der Kapitalziffer, der Nennbeträge der Geschäftsanteile und statutarischer Betragsangaben. Wird mit der Umstellung eine Kapitaländerung verbunden, gelten für die Maßnahme insgesamt die allgemeinen Grundsätze.[21] In solchen Fällen kommt bei Zusammenfassung in einem Beschluss eine Anwendung der Privilegierung nicht in Betracht, während bei **Aufteilung in mehrere Beschlüsse** eine getrennte Beurteilung für jeden Beschluss und damit auch ein separater Registervollzug der Umstellung denkbar sind.

16 Das Ergebnis der Umstellung zum Kurs von 1:1,95583 ist **für registertechnische Zwecke** in entsprechender Anwendung von Art. 5 Euro-VO I **auf zwei Stellen hinter dem Komma zu runden** (vgl. § 3 Abs. 4 EGAktG).[22] Dabei hat die Gesellschaft die Wahl, ob sie zunächst das Stammkapital rundet und sodann diesen Betrag quotal auf die einzelnen Anteile verteilt oder ob sogleich die Nennbeträge der Geschäftsanteile gerundet werden und die Summe der Nennbeträge dann das Stammkapital bildet (Methode des Herunterbrechens oder Additionsmethode).[23] Eine durch die Rundung ggf. entstehende Differenz zwischen Stammkapital und Summe der Nennbeträge ist hinzunehmen.[24]

3. Rechtsfolgen

17 Die in der Praxis sehr seltene bloße Umstellung von DM auf Euro **führt noch nicht zum Wegfall der früher für Teilbarkeit, Stimmrecht usw. maßgeblichen DM-Beträge.**[25] Das Mindeststammkapital bleibt also DM 50.000, und jeder Geschäftsanteil muss einen Mindestnennbetrag von DM 500 haben und ein Vielfaches von DM 100 sein. Die aus registertechnischen Gründen notwendige **Rundung hat rein rech-**

---

20 *Schneider*, in: Scholz, EGGmbHG, § 1 Rn. 31; *Bayer*, in: Lutter/Hommelhoff, EGGmbHG, § 1 Rn. 10.

21 Ganz h.M., etwa *Schneider*, in: Scholz, § 1 Rn. 29; *Ulmer*, in: Ulmer/Habersack/Winter, § 86 Rn. 16; vgl. BayObLG, NJW-RR 2002, 1189.

22 LG Bonn, NJW 2000, 3221.

23 LG Bielefeld, RNotZ 2008, 501; *Zeidler*, in: Michalski, EGGmbHG, § 1 Rn. 20.

24 *Schneider*, in: Scholz, EGGmbHG, § 1 Rn. 28; vgl. auch LG Stuttgart, BWNotZ 2004, 41.

25 *Schneider*, in: Scholz, EGGmbHG, § 1 Rn. 13; *Ulmer*, in: Ulmer/Habersack/Winter, § 86 Rn. 11.

nerische Bedeutung; sie berührt das Verhältnis der mit den Geschäftsanteilen verbundenen Rechte zueinander nicht.[26]

II. Umstellung und Glättung (Altgesellschaften)

1. Allgemeines

18 Kapitalerhöhungen und Kapitalherabsetzungen (einschließlich Kapitalglättungen) sind nach Satz 4 nur zulässig, wenn sie mit einer Euro-Umstellung verbunden sind. Wird hiergegen verstoßen, ist der entsprechende Beschluss nichtig (§ 241 Nr. 3 AktG analog), wobei aber § 242 Abs. 3 Satz 1 AktG entsprechend gilt. Eine **Glättung ohne Umstellung ist nicht möglich.**[27]

19 Für die Glättung des Stammkapitals und der Geschäftsanteile kommen Kapitalerhöhung wie Kapitalherabsetzung in Betracht. Satz 3 Hs. 1 ordnet an, die entsprechenden Vorschriften grundsätzlich uneingeschränkt einzuhalten sind. Von diesem Grundsatz gibt es nur eine Ausnahme, nämlich den in Hs. 2 geregelten Fall der Kapitalherabsetzung in Verbindung mit einer Kapitalerhöhung.[28]

20 Mit Inkrafttreten des MoMiG gilt, dass **Stammkapital und Nennbeträge** nach Glättung **nur noch auf volle Euro lauten müssen.**[29] Wird die Umstellung mit einer Veränderung des Kapitals verbunden, ist **keine bestimmte Reihenfolge der zwei Schritte vorgeschrieben**, so dass bei Aufstockung (s. Rdn. 24) auch die Kapitalerhöhung in Höhe eines DM-Betrages mit anschließender Umstellung zulässig ist.[30] Voraussetzung hierfür ist aber die Einhaltung von Abs. 1 Satz 4.

21 Eine disproportionale Aufstockung ist nach allgemeinen Grundsätzen nur mit Zustimmung der betroffenen Gesellschafter zulässig. Z.B. über die Homepage des Bundesministeriums der Justiz kann auf ein Hilfsprogramm (»GmbH-Euro-Rechner«) zugegriffen werden, mithilfe dessen diejenigen Mindesterhöhungsbeträge errechnet werden können, bei denen sich keine Veränderung der Beteiligungsquoten ergeben.[31]

22 Für die mit einer Glättung verbundene Euro-Umstellung ist wie der reinen Umstellung die Rundung durch Auf- bzw. Abrundung auf zwei Stellen hinter dem Komma zulässig und geboten.[32]

---

26 *Heidinger*, in: Heckschen/Heidinger, § 12 Rn. 10.
27 OLG Frankfurt, NJW-RR 2003, 1616; *Heidinger*, in: Heckschen/Heidinger, § 12 Rn. 16.
28 S. hierzu Rdn. 30.
29 *Bayer*, in: Lutter/Hommelhoff, EGGmbHG, § 1 Rn. 14; *Schneider*, in: Scholz, EGGmbHG, § 1 Rn. 14; *Ulmer*, in: Ulmer/Habersack/Winter, § 86 Rn. 14.
30 LG Bremen, GmbHR 2000, 287.
31 Vgl. auch *Schneider*, NJW 1998, 3158, 3159 und *Birner/Mehler*, MittBayNot 1999, 269.
32 *Ulmer*, in: Ulmer/Habersack/Winter, § 86 Rn. 27.

2. Kapitalerhöhung

23 In Betracht kommt die Kapitalerhöhung **entweder gegen Sach- oder Bareinlagen oder aus Gesellschaftsmitteln.**

24 Wird die **Umstellung mit einer Kapitalerhöhung verbunden**, muss die Kapitalerhöhung die hierfür geltenden Vorschriften vollständig einhalten, insbesondere **müssen neue – wie alte – Geschäftsanteile zulässige**, d.h. runde **Nennbeträge erhalten** und der Kapitalerhöhungsbeschluss muss inhaltlich klarstellen, wie die einzelnen Geschäftsanteile in Euro umgestellt und sodann erhöht werden.[33] Eine Glättung durch Kapitalerhöhung ist nur durch Aufstockung bestehender Anteile, nicht durch Bildung neuer Anteile mit »krummen« Beträgen möglich.[34] Ein Aufstockungsbetrag muss § 5 Abs. 2 GmbHG hingegen nicht genügen.[35] Die Glättung muss auch nicht auf den nächsthöheren zulässigen Betrag lauten (s. aber Rdn. 28 a.E.).[36] Stimmt aufgrund der mit der Euro-Umstellung einhergehenden Rundung die Summe mehrerer Einzelerhöhungen nicht mit der für die Erhöhung erforderlichen Summe überein, so ist dies unschädlich, wenn sich die Differenzen gegenseitig aufheben und beide Maßnahmen miteinander verwirklicht werden.[37]

25 Fraglich ist, ob eine Aufstockung auch im Falle der Glättung voraussetzt, dass die Anteile volleingezahlt sind oder noch dem ersten Gesellschafter oder seinem Gesamtrechtsnachfolger zustehen. Die inzwischen h.M. verneint dies unter Bezugnahme auf die mit § 1 Abs. 3 bezweckte Privilegierung der Glättung zur Euro-Umstellung.[38]

26 Hält die GmbH **eigene Anteile**, kommt eine Kapitalerhöhung gegen Einlagen nicht in Betracht, weil der Gesellschaft aus dem eigenen Anteil kein Bezugsrecht zustehen kann, so dass eine Erhöhung insoweit und damit zwingend insgesamt (s. Rdn. 29) ausscheiden muss. Es verbleiben die Möglichkeiten der Kapitalerhöhung aus Gesellschaftsmitteln oder der Kapitalherabsetzung.

27 Ist, was bei Vorhandensein mehrerer Geschäftsanteile mit verschiedenen Nennbeträgen häufig der Fall sein wird, eine verhältniswahrende Kapitaländerung nicht möglich, liegt eine teilweise Bezugsrechtsbeeinträchtigung vor, der der betroffene Gesell-

---

33 OLG Hamm, GmbHR 2011, 654; *Heidinger*, in: Heckschen/Heidinger, § 12 Rn. 27.

34 LG Mühlhausen, v. 11.6.2003 – 3 O 1228/01 (unveröff.), OLG Braunschweig, v. 26.2.2002 – 3 U 176/02 (unveröff.), *Bayer*, in: Lutter/Hommelhoff, EGGmbHG, § 1 Rn. 17; großzügiger bei unmittelbarer Zusammenlegung OLG Hamm, GmbHR 2003, 899; s.a. KG, DB 2005, 548, 549.

35 LG Bremen, DNotI-Report 1999, 123 = GmbHR 2000, 287; LG Bonn, NJW 2000, 3221.

36 LG Bonn, NJW 2000, 3221.

37 LG Stuttgart, BWNotZ 2004, 41.

38 *Schneider*, in: Scholz, EGGmbHG, § 1 Rn. 53; *Bayer*, in: Lutter/Hommelhoff, EGGmbHG, § 1 Rn. 20; *Ulmer*, in: Ulmer/Habersack/Winter, § 86 Rn. 28; *Ries*, GmbHR 2000, 264, 266; a.A. etwa *Waldner*, ZNotP 1998, 490, 491.

schafter zustimmen muss. Auch scheidet in diesen Fällen wegen § 57j eine Kapitalerhöhung aus Gesellschaftsmitteln aus.[39]

28 Verfahrensmäßig gelten für die Kapitalerhöhung im übrigen die allgemeinen Grundsätze. Insbesondere bedarf es **formgerechter Übernahmeerklärungen** und einer **Liste der Übernehmer.**[40] Zur kostenmäßigen Behandlung der Kombination s. § 45 Abs. 2 EGHGB *Heidinger*, in: Heckschen/Heidinger, § 12 Rn. 18. Zu beachten ist, dass § 45 Abs. 2 EGHGB nicht durch das MoMiG an die neue Teilbarkeitsregelung des § 5 Abs. 2 Satz 1 n.F. angepasst wurde, woraus folgt, dass die Kostenprivilegierung nach wie vor eine Glättung auf einen durch 10 teilbaren Euro-Betrag voraussetzt.

29 Da für die erfolgreiche Glättung die Glättung sämtlicher Geschäftsanteile erforderlich ist, kann eine Glättung an der fehlenden Bereitschaft auch nur eines Gesellschafters zur Aufstockung scheitern. Aus der **gesellschaftsrechtlichen Treuepflicht** der Gesellschafter untereinander kann die Verpflichtung folgen, an der Kapitalerhöhung zur Glättung teilzunehmen.[41] Dies gilt uneingeschränkt für eine Kapitalerhöhung aus Gesellschaftsmitteln[42] und eingeschränkt, d.h. nach Maßgabe des Verhältnismäßigkeitsgrundsatzes, für effektive Kapitalerhöhungen.[43]

3. Kapitalherabsetzung

30 Die Kapitalherabsetzung ist als **ordentliche** (§ 58) **oder vereinfachte** (§ 58a) möglich, und zwar nach den jeweils geltenden Regeln, d.h. ohne Privilegierungen. Wenn nicht die Voraussetzungen des § 58a (Verlustausgleich oder Wertminderungsausgleich) vorliegen, müssen also Gläubigeraufruf und Sperrjahr eingehalten werden (§ 58 Abs. 1). Eine **disproportionale Herabsetzung** ist nach allgemeinen Grundsätzen **nur mit Zustimmung der betroffenen Gesellschafter** zulässig.[44]

4. Kapitalschnitt (Satz 3 Hs. 2)

31 § 58 Abs. 1 GmbHG findet keine Anwendung (d.h. insbesondere Sperrjahr und Aufgebot sind überflüssig), wenn mit der Kapitalherabsetzung eine Barkapitalerhöhung in mindestens derselben Höhe beschlossen wird und die Einlagen in voller Höhe vor der Handelsregisteranmeldung erbracht werden. Der Kapitalerhöhungsbetrag muss also den zur Glättung verwendeten Reduzierungsbetrag übersteigen.[45] Dies ist **keine vereinfachte Kapitalherabsetzung i.S.d. §§ 58a ff. GmbHG**, so dass insbesondere die Erleichterung des § 58a Abs. 4 nicht anwendbar ist.

---

39 *Zeidler*, NZG 1999, 13, 19; *Ries*, GmbHR 2000, 264; *Kallmeyer*, GmbHR 1998, 963, 965.
40 BayObLG, NJW-RR 2002, 1189.
41 Näher *Ulmer*, in: Ulmer/Habersack/Winter, § 86 Rn. 32 ff.
42 Vgl. BGH, NJW 1987, 189.
43 *Zöllner*, in: Baumbach/Hueck, § 55 Rn. 57; ausf. *Ulmer*, in: Ulmer/Habersack/Winter, § 86 Rn. 32 ff.
44 *Schneider*, in: Scholz, § 1 Rn. 55; *Heidinger*, in: Heckschen/Heidinger, § 12 Rn. 19.
45 *Ulmer*, in: Ulmer/Habersack/Winter, § 86 Rn. 23.

5. Kombination

32 Eine Kombination von Auf- und Abstockung zur Glättung ist nicht zulässig.[46]

H. Umwandlung

33 Für die Umwandlung von Gesellschaften, deren Kapital noch auf DM lautet, gilt die Sondervorschrift des § 318 Abs. 2 UmwG.

34 Der Bestandsschutz in Abs. 1 u. 2 deckt auch die Beteiligung einer GmbH mit DM-Stammkapital als übertragender Rechtsträger an einer Umwandlung. Einen Formwechsel in eine AG ohne Umstellung auf Euro und Kapitalmaßnahme lässt § 1 Abs. 1 Satz 2 aber nicht zu.

§ 2 Übergangsvorschriften zum Transparenz- und Publizitätsgesetz

§ 42a Abs. 4 des Gesetzes betreffend die Gesellschaften mit beschränkter Haftung in der Fassung des Artikels 3 Abs. 3 des Transparenz- und Publizitätsgesetzes vom 19. Juli 2002 (BGBl. I S. 2681) ist erstmals auf den Konzernabschluss und den Konzernlagebericht für das nach dem 31. Dezember 2001 beginnende Geschäftsjahr anzuwenden.

1 § 42a GmbHG regelt in seinen Abs. 1 bis 3 das Verfahren zur Feststellung des Jahresabschlusses durch die Gesellschafter und die dem vorgelagerte Vorlage des Jahresabschlusses durch die Geschäftsführer. Dies betrifft grundsätzlich nur den nach HGB aufzustellenden Einzelabschluss der GmbH.

2 Mit dem Transparenz- und Publizitätsgesetz (TransPuG) vom 26.7.2007 wurden weitreichende Veränderungen im Bereich der Rechnungslegung und insbesondere auch der Konzernrechnungslegung vorgenommen. Soweit eine GmbH als Mutterunternehmen i.S.d. § 290 Abs. 1 HGB zur Aufstellung eines Konzernabschlusses und eines Konzernlageberichts verpflichtet ist, gelten nach § 42a Abs. 4 GmbHG die für den Einzelabschluss der GmbH vorgesehenen Verfahrensabläufe gem. § 42a Abs. 1 bis 3 entsprechend.

3 Nach § 2 EGGmbHG gelten diese Regelungen erstmals für einen Konzernabschluss und einen Konzernlagebericht für ein nach dem 31.12.2001 beginnendes Geschäftsjahr.

4 § 2 EGGmbHG wurde durch das MoMiG vom 23.10.2008 (Bundesgesetzblatt I 2008, 2026) eingeführt und ist an die Stelle des damit ersatzlos aufgehobenen und seinerzeit mit dem TransPuG eingefügten § 87 GmbHG getreten.

46 *Heidinger*, in: Heckschen/Heidinger, § 12 Rn. 24; a.A. LG Dresden, DNotI-Report 2003, 94.

§ 3 Übergangsvorschriften zum Gesetz zur Modernisierung des GmbH-Rechts und zur Bekämpfung von Missbräuchen

(1) [1]Die Pflicht, die inländische Geschäftsanschrift bei dem Gericht nach § 8 des Gesetzes betreffend die Gesellschaften mit beschränkter Haftung in der ab dem Inkrafttreten des Gesetzes vom 23. Oktober 2008 (BGBl. I S. 2026) am 1. November 2008 geltenden Fassung zur Eintragung in das Handelsregister anzumelden, gilt auch für Gesellschaften, die zu diesem Zeitpunkt bereits in das Handelsregister eingetragen sind, es sei denn, die inländische Geschäftsanschrift ist dem Gericht bereits nach § 24 Abs. 2 der Handelsregisterverordnung mitgeteilt worden und hat sich anschließend nicht geändert. [2]In diesen Fällen ist die inländische Geschäftsanschrift mit der ersten die eingetragene Gesellschaft betreffenden Anmeldung zum Handelsregister ab dem 1. Novebmer 2008, spätestens aber bis zum 31. Oktober 2009 anzumelden. [3]Wenn bis zum 31. Oktober 2009 keine inländische Geschäftsanschrift zur Eintragung in das Handelsregister angemeldet worden ist, trägt das Gericht von Amts wegen und ohne Überprüfung kostenfrei die ihm nach § 24 Abs. 2 der Handelsregisterverordnung bekannte inländische Anschrift als Geschäftsanschrift in das Handelsregister ein; in diesem Fall gilt die mitgeteilte Anschrift zudem unabhängig von dem Zeitpunkt ihrer tatsächlichen Eintragung ab dem 31. Oktober 2009 als eingetragene inländische Geschäftsanschrift der Gesellschaft, wenn sie im elektronischen Informations- und Kommunikationssystem nach § 9 Abs. 1 des Handelsgesetzbuchs abrufbar ist. [4]Ist dem Gericht keine Mitteilung im Sinne des § 24 Abs. 2 der Handelsregisterverordnung gemacht worden, ist ihm aber in sonstiger Weise eine inländische Geschäftsanschrift bekannt geworden, so gilt Satz 3 mit der Maßgabe, dass diese Anschrift einzutragen ist, wenn sie im elektronischen Informations- und Kommunikationssystem nach § 9 Abs. 1 des Handelsgesetzbuchs abrufbar ist. [5]Dasselbe gilt, wenn eine in sonstiger Weise bekannt gewordene inländische Anschrift von einer früher nach § 24 Abs. 2 der Handelsregisterverordnung mitgeteilten Anschrift abweicht. [6]Eintragungen nach den Sätzen 3 bis 5 werden abweichend von § 10 des Handelsgesetzbuchs nicht bekannt gemacht.

(2) [1]§ 6 Abs. 2 Satz 2 Nr. 3 Buchstabe a, c, d und e des Gesetzes betreffend die Gesellschaften mit beschränkter Haftung in der ab dem 1. November 2008 geltenden Fassung ist auf Personen, die vor dem 1. November 2008 zum Geschäftsführer bestellt worden sind, nicht anzuwenden, wenn die Verurteilung vor dem 1. November 2008 rechtskräftig geworden ist. [2]Entsprechendes gilt für § 6 Abs. 2 Satz 3 des Gesetzes betreffend die Gesellschaften mit beschränkter Haftung in der ab dem 1. November 2008 geltenden Fassung, soweit die Verurteilung wegen einer Tat erfolgte, die den Straftaten im Sinne des Satzes 1 vergleichbar ist.

(3) [1]Bei Gesellschaften, die vor dem 1. November 2008 gegründet worden sind, findet § 16 Abs. 3 des Gesetzes betreffend die Gesellschaften mit beschränkter Haftung in der ab dem 1. November 2008 geltenden Fassung für den Fall, dass die Unrichtigkeit in der Gesellschafterliste bereits vor dem 1. November 2008 vorhanden und dem Berechtigten zuzurechnen ist, hinsichtlich des betreffenden

Geschäftsanteils frühestens auf Rechtsgeschäfte nach dem 1. Mai 2009 Anwendung. [2]Ist die Unrichtigkeit dem Berechtigten im Fall des Satzes 1 nicht zuzurechnen, so ist abweichend von dem 1. Mai 2009 der 1. November 2011 maßgebend.

(4) [1]§ 19 Abs. 4 und 5 des Gesetzes betreffend die Gesellschaften mit beschränkter Haftung in der ab dem 1. November 2008 geltenden Fassung gilt auch für Einlagenleistungen, die vor diesem Zeitpunkt bewirkt worden sind, soweit sie nach der vor dem 1. November 2008 geltenden Rechtslage wegen der Vereinbarung einer Einlagenrückgewähr oder wegen einer verdeckten Sacheinlage keine Erfüllung der Einlagenverpflichtung bewirkt haben. [2]Dies gilt nicht, soweit über die aus der Unwirksamkeit folgenden Ansprüche zwischen der Gesellschaft und dem Gesellschafter bereits vor dem 1. November 2008 ein rechtskräftiges Urteil ergangen oder eine wirksame Vereinbarung zwischen der Gesellschaft und dem Gesellschafter getroffen worden ist; in diesem Fall beurteilt sich die Rechtslage nach den bis zum 1. November 2008 geltenden Vorschriften.

Übersicht Rdn.

A. Allgemeines

1 § 3 EGGmbHG enthält Übergangsvorschriften zum am 1. November 2008 in Kraft getretenen MoMiG.[1] Die Übergangsvorschriften der Abs. 1, 3 und 4 haben nur für solche Gesellschaften Bedeutung, die vor dem Inkrafttreten des MoMiG gegründet wurden.[2]

B. Anmeldung der inländischen Geschäftsanschrift (Abs. 1)

2 Gemäß § 8 Abs. 4 Nr. 1 GmbHG n.F. muss in der Anmeldung der Gesellschaft auch eine inländische Geschäftsanschrift angegeben werden.[3] § 3 Abs. 1 EGGmbHG bestimmt nun, dass auch solche Gesellschaften, die bereits vor dem Inkrafttreten des MoMiG ins Handelsregister eingetragen worden sind, ihre inländische Geschäftsanschrift anmelden müssen. Diese Verpflichtung mussten solche Altgesellschaften bei

1 Gesetz zur Modernisierung des GmbH-Rechts und zur Bekämpfung von Missbräuchen vom 23.10.2008 (BGBl. I 2026).
2 *Miras*, in: Michalski, GmbHG, § 3 EGGmbHG Rn. 1.
3 Vgl. dazu näher § 8 GmbHG Rdn. 45.

der ersten die Gesellschaft nach Inkrafttreten des MoMiG betreffenden Anmeldung, spätestens aber bis zum 31. Oktober 2009 erfüllen.

3 Lediglich in den Fällen, in denen dem Registergericht die Geschäftsanschrift über § 24 Abs. 2 HRV bekannt geworden ist, bedurfte es keiner erneuten Mitteilung der Geschäftsanschrift.

4 Für Gesellschaften, die ihrer Pflicht bis zum 31. Oktober 2009 nicht nachgekommen sind, kann das Registergericht von Amts wegen die kostenfreie Eintragung einer ihm bekannten Geschäftsanschrift anordnen. Ist dem Registergericht weder nach § 24 Abs. 2 HRV noch anderweitig eine inländische Geschäftsanschrift bekannt geworden, kann es die Gesellschaft im Wege der Zwischenverfügung zur Anmeldung ihrer inländischen Geschäftsanschrift auffordern.[4]

C. Hinderungstatbestände zur Geschäftsführerbestellung (Abs. 2)

5 § 6 Abs. 2 S. 2 Nr. 3 GmbHG sieht einen gegenüber der alten Rechtslage erweiterten Katalog vorsätzlich begangener Straftaten vor, die, sofern eine entsprechende rechtskräftige Verurteilung erfolgt ist, für die Dauer von fünf Jahren einen Hinderungsgrund für die Geschäftsführerbestellung darstellen.[5] § 3 Abs. 2 EGGmbHG regelt nun, dass Geschäftsführer, die bereits vor dem Inkrafttreten des MoMiG rechtskräftig wegen einer der neu in § 6 Abs. 2 S. 2 Nr. 3 lit. a, c, d oder e GmbHG aufgenommenen Straftaten rechtskräftig verurteilt worden sind, weiterhin im Amt bleiben dürfen.

6 Abzustellen ist insoweit nicht auf den Zeitpunkt der Verurteilung, sondern den des Eintritts der Rechtskraft. Liegt diese am 1. November 2008 oder danach, so führt die Verurteilung wegen einer der neuen im Katalog aufgenommenen vorsätzlichen Straftaten zu einer Beendigung der Geschäftsführerstellung bzw. dazu, dass die fragliche Person nicht zum Geschäftsführer bestellt werden kann.

7 Der Vertrauensschutz für vor dem 1. November 2008 in Rechtskraft erwachsene Verurteilungen gilt nur für die konkrete Geschäftsführerbestellung. Für nach dem Inkrafttreten des MoMiG zu übernehmende Bestellungen gilt die neue Rechtslage auch dann, wenn die Verurteilung bereits vor dem 1. November 2008 in Rechtskraft erwachsen ist.[6]

8 Neben einer Erweiterung des Straftatenkatalogs enthält § 6 Abs. 2 S. 2 Nr. 3 GmbHG n.F. aber auch eine Einschränkung dahingehend, dass fahrlässig begangene Insolvenzstraftaten nunmehr kein Bestellungshindernis mehr darstellen. Insoweit ist davon auszugehen, dass für eine Person, die vor dem 1. November 2008 wegen einer fahrlässigen Insolvenzstraftat rechtskräftig verurteilt wurde, ab dem Inkrafttreten des

4 *Miras*, in: Michalski, GmbHG, § 3 EGGmbHG Rn. 19.
5 Vgl. dazu im Einzelnen § 6 GmbHG Rdn. 9 ff.
6 *Bunnemann*, in: Bunnemann/Zirngibl, Auswirkungen des MoMiG auf bestehende GmbHs, § 3 Rn. 31.

MoMiG die neue, insoweit günstigere, Rechtslage gilt. Ab dem Inkrafttreten des MoMiG können solche Personen also zu Geschäftsführern bestellt werden, sofern keine anderweitigen Bestellungshindernisse vorliegen.[7]

D. Gutglaubenserwerb (Abs. 3)

9 Nach § 16 Abs. 3 GmbHG kann ein Geschäftsanteil oder ein Recht daran wirksam vom Nichtberechtigten erworben werden, wenn der Veräußerer als Inhaber des Geschäftsanteils in der im Handelsregister aufgenommenen Gesellschafterliste eingetragen ist.[8] Geschützt wird der gute Glaube an die Richtigkeit der Gesellschafterliste. Die Übergangsregelung des § 3 Abs. 3 EGGmbHG unterscheidet danach, zu welchem Zeitpunkt die Gesellschafterliste unrichtig war.

10 Ist die Unrichtigkeit der Gesellschafterliste erst am 1. November 2008 oder danach eingetreten, so gilt auch für Altgesellschaften die neue Rechtslage.

11 Sofern die Gesellschafterliste bereits vor dem Inkrafttreten des MoMiG Unrichtigkeiten aufwies, also eine unrichtige Liste vor dem 1. November 2008 ins Handelsregister aufgenommen wurde[9], ist für den gutgläubigen Erwerb nach der Zurechenbarkeit der Unrichtigkeit zu differenzieren. Ist die Unrichtigkeit dem Berechtigten zuzurechnen, so ist ein gutgläubiger Erwerb des entsprechenden Geschäftsanteils erst nach dem 1. Mai 2009 möglich. Ist die Unrichtigkeit der Gesellschafterliste dem Berechtigten nicht zuzurechnen, kann ein gutgläubiger Erwerb frühestens nach dem 1. November 2011 erfolgen. Berechtigter i.S. dieser Vorschrift ist derjenige, der in Folge der Verfügung durch den Nichtberechtigten nach § 16 Abs. 3 GmbHG einen Rechtsverlust am Geschäftsanteil erleiden würde.

E. Verdeckte Sacheinlagen und verbotenes Hin- und Herzahlen (Abs. 4)

12 Mit § 19 Abs. 4 und 5 GmbHG n.F. wurden die verdeckte Sacheinlage und der vorabgesprochene Rückfluss einer Einlageleistung (Hin- und Herzahlen) erstmals gesetzlich ausdrücklich geregelt. Gleichzeitig wurden die Rechtsfolgen gegenüber den von der Rechtsprechung entwickelten Regeln abgemildert. Im Falle der verdeckten Sacheinlage sind danach die Vereinbarungen und Rechtshandlungen zu ihrer Durchführung nicht mehr nichtig. Auf die gleichwohl fortbestehende Einlagepflicht des Gesellschafters wird der Wert der vom Gesellschafter erbrachten Sachleistung angerechnet.[10] Für den Fall des Hin- und Herzahlens sieht § 19 Abs. 5 GmbHG eine begrenzte Ausnahme von der fehlenden Erfüllungswirkung einer Einlageleistung vor.[11]

---

7 So auch *Miras*, in: Michalski, GmbHG, § 3 EGGmbHG Rn. 34.
8 Vgl. dazu und zu den Ausnahmen näher § 16 GmbHG Rdn. 33 ff.
9 Vgl. *Kort*, GmbHR 2009, 169, 171.
10 Vgl. dazu näher § 19 GmbHG Rdn. 45, 48 ff.
11 Siehe dazu näher § 19 GmbHG Rdn. 65 ff.

13 Hinsichtlich des zeitlichen Anwendungsbereichs ordnet § 3 Abs. 4 EGGmbHG eine grundsätzliche Rückwirkung der Neuregelungen des § 19 Abs. 4 und 5 GmbHG an.

14 Die Neuregelungen des § 19 Abs. 4 und 5 GmbHG gelten danach auch für solche Einlageleistungen, die vor dem 1. November 2008 bewirkt wurden. Unter Bewirken ist hier die Erfüllung des Tatbestands der verdeckten Sacheinlage bzw. des Hin- und Herzahlens zu verstehen.[12] Mit anderen Worten: Verdeckte Sacheinlagen und Hin- und Herzahlen sind seit dem Inkrafttreten des MoMiG unabhängig davon grundsätzlich nach der neuen Rechtslage zu behandeln, wann der jeweilige Tatbestand erfüllt wurde.

15 Gegen diese Rückwirkung wurden in der Literatur teilweise verfassungsrechtliche Bedenken geltend gemacht.[13] Dem ist zum einen entgegenzuhalten, dass die Regeln zur verdeckten Sacheinlage und zum Hin- und Herzahlen bis zum Inkrafttreten des MoMiG ohnehin nicht kodifiziert waren.[14] Zum anderen liegt kein verfassungsrechtlich geschützter Vertrauenstatbestand vor. Denn weder war nach alter Rechtslage der fragliche Sachverhalt bislang durch Erfüllung der Einlageverpflichtung abgeschlossen noch ist ein Vertrauen auf das Scheitern und die Rückabwicklung durch Vindikations- und Bereicherungsansprüche schutzwürdig.[15]

16 Eine Ausnahme von der Rückwirkung enthält § 3 Abs. 4 S. 2 EGGmbHG für die Fälle, in denen bereits vor Inkrafttreten des MoMiG ein Zahlungsanspruch der Gesellschaft gegen den Gesellschafter wegen verdeckter Sacheinlage oder Hin- und Herzahlens durch rechtskräftiges Urteil festgestellt worden ist oder in denen bereits eine dahingehende wirksame Vereinbarung zwischen der Gesellschaft und dem Gesellschafter getroffen worden ist. In diesen Fällen gilt weiterhin die alte Rechtslage, also die von der Rechtsprechung entwickelten Regeln.[16]

---

12 *Miras*, in: Michalski, GmbHG, § 3 EGGmbHG Rn. 49.

13 Vgl. *Grigoleit/Rieger*, GmbH-Recht nach dem MoMiG, 2009, Rn. 185; *Pentz*, GmbHR 2009, 505, 506 f.; *Söder/Bömeke*, Angelegenheiten moderner Gesellschaftsrechtsgesetzgebung, 2011, S. 111; *Wälzholz*, MittBayNot 2008, 425, 431.

14 *Miras*, in: Michalski, GmbHG, § 3 EGGmbHG Rn. 48.

15 So zurecht *Seibt*, in: Scholz, GmbHG; § 3 EGGmbHG Rn. 8.

16 Vgl. dazu näher § 19 GmbHG Rdn. 44, 64.

Stichwortverzeichnis

Halbfett gedruckte Ziffern verweisen auf den Paragraphen und mager gedruckte Ziffern auf die Randnummer der Kommentierung.